ENCYCLOPÉDIE

MÉTHODIQUE,

OU

PAR ORDRE DE MATIÈRES;

PAR UNE SOCIÉTÉ DE GENS DE LETTRES
DE SAVANS ET D'ARTISTES;

model

Précédée d'un Vocabulaire universel , servant de Table pour tou
l'Ouvrage , ornée des Portraits de MM. DIDEROT & D'ALEMBERT
premiers Éditeurs de l'Encyclopédie.

Z.

8531

ENCYCLOPEDIE
MÉTHODIQUE.

HISTOIRE,

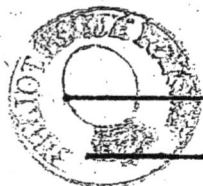

TOME CINQUIÈME.

A PARIS,

Chez **PANCKOUCKE**, Imprimeur-Libraire, hôtel de Thou, rue des Poitevins.

M. DCC. XCI.

AVEC PRIVILÈGE DU ROI.

LETTRE DE M. PANCKOUCKE

A MESSIEURS

LES SOUSCRIPTEURS DE L'ENCYCLOPEDIE,

PAR ORDRE DE MATIERES.

MESSIEURS,

LORSQUE j'ai entrepris l'Encyclopédie actuelle, je n'aurois jamais dû penser qu'elle devînt pour moi une source de désagrémens. Je ne me suis point déguisé, en la commençant, les difficultés (1) inséparables d'une pareille entreprise ; mais ces difficultés, je ne les croyois pas au-dessus de mon courage & de mes forces. Deux fois cet Ouvrage a été à la veille d'être détruit, & deux fois je l'ai sauvé, en imaginant *un Atlas & des planches de l'Histoire naturelle*, dont la combinaison & les avantages, pour les Souscripteurs, ont été si bien saisis, qu'il n'y a eu qu'un seul d'entre vous, Messieurs, qui ne les ait pas pris. Je vous ai fait part, dans le tems, de l'événement fâcheux qui m'est arrivé en Espagne. Ce Royaume s'étoit, pour ainsi dire, intéressé à cette entreprise. Une cédule du Roi m'en avoit permis l'entrée : des intrigues en ont fait arrêter la vente, & l'Inquisition s'y est emparée de mes magasins. J'y ai perdu trois cent trente

Souscriptions : depuis cet événement, & jusqu'à la trentième livraison, environ cinq cens Souscripteurs ont négligé de retirer leurs livraisons ; c'est malheureusement le sort des Ouvrages qui se publient par volumes séparés, & dont la marche n'est point assez rapide (2).

Quand je vous ai rendu, Messieurs, le compte des trente premières livraisons, j'ai vu avec effroi que le nombre des volumes étoit plus que doublé, & qu'il l'avoit été nécessairement pour l'utilité de l'ouvrage, sans aucune vue d'intérêt de la part des Auteurs, & moins encore de la mienne ; car cette multiplication de volumes est le plus grand des malheurs qui ait pu m'arriver dans cette laborieuse & très-pénible entreprise. Qu'ai-je fait, Messieurs, à cette époque pour vous satisfaire & prévenir des procès, qui auroient infailliblement entraîné la ruine de l'Encyclopédie ? Je me suis seul exécuté ; je vous ai alloué 46 à 48 volumes, à 6 liv. au lieu de 3 à 4, que vous auriez pu exiger à ce prix, d'après *le véritable esprit du Prospectus*.

L'universalité des Souscripteurs a senti ce sacrifice ; &, en applaudissant à ma

---

(1) Elles ont été extrêmes, puisque j'ai passé, relativement à cet Ouvrage, cent soixante-onze actes ; &, dans ce nombre, il y en a plusieurs sur lesquels on est revenu jusqu'à quatre fois. J'ai perdu plus d'une année de mon tems à faire des mémoires pour répondre à des difficultés, dont quelques Souscripteurs m'ont accablé ; vingt fois, je l'avouerai, j'ai été sur le point d'abandonner l'entreprise. Les marques d'estime & de confiance que ceux qui sont restés fidèles à l'Encyclopédie n'ont cessé de me donner, ont seules soutenu mon courage, & le soutiendront jusqu'à la fin.

(2) J'en pourrois citer un autre grand exemple. On a tiré du Buffon plus de six mille de moins des derniers volumes que des premiers ; mais il faut faire attention qu'il y a eu quarante ans d'intervalle entre les premiers & les derniers volumes de ce célèbre Auteur. L'Encyclopédie, en moins de douze ans, sera terminée.

Histoire, Tome V. Première Partie. A

conduite, il y en a eu d'affez généreux pour m'offrir de me payer 8, 9 & 10 liv. ces volumes à 6 liv., & c'eft ce que je n'ai pas cru devoir accepter.

La réuffite des planches d'Hiftoire naturelle devenoit néceffaire pour vous donner ce grand nombre de volumes à 6 liv. Le bénéfice de l'un pouvoit fervir à couvrir la perte de l'autre, ou du moins à l'atténuer. J'avois encore regardé comme néceffaire, pour venir à l'appui de cette opération, la vente des Dictionnaires féparés. Les contrefaçons (1) d'ailleurs me la commandoient. Cette vente des Dictionnaires féparés a néceffité la réimpreffion des feize premières livraifons, qui ont coûté près de 300 mille liv. de dépenfe.

Je vous prie d'obferver, Meffieurs, que c'eft le 27 Février 1789, que je vous ai rendu le compte des trente premières livraifons; c'eft à cette époque que je me fuis obligé de vous donner 46 à 48 volumes à 6 liv., & que la foufcription des Dictionnaires féparés a été ouverte. Nous touchions alors à un événement à jamais mémorable, qui tiendra une grande place dans l'Hiftoire, & qui ne doit jamais s'effacer de la mémoire des François. La Révolution, qui n'a point tardé à éclater, qui a renverfé tant d'états, de fortunes, détruit les plus brillantes efpérances, m'a attaqué dans tous les fens (2). Le com-

merce de la Librairie a, pour ainfi dire, été anéanti. Les principales maifons de la capitale, obligées de fufpendre leurs paiemens. La foufcription des Dictionnaires féparés de l'Encyclopédie, que le public, avant cette Révolution, defiroit ardemment, eut fi peu de fuccès, qu'on n'en a pas même retiré les frais du *Profpectus*, & qu'on fut obligé de la fufpendre & de rembourfer l'argent, quelques mois après l'avoir annoncée.

Je fentis dès-lors combien ma pofition alloit devenir embarraffante, relativement à cet ouvrage. A chaque livraifon nouvelle, un plus grand nombre de Soufcripteurs négligeoient de retirer les exemplaires; & il s'eft accru jufqu'à près de mille, à compter de la trente-unième livraifon à la quarante-quatrième comprife; de forte qu'en y ajoutant les 330 foufcriptions perdues en Efpagne, & tous ceux qui n'ont pas retiré les fuites des trente premières, j'ai perdu, jufqu'à ce jour, plus de 1700 foufcriptions, & on n'a publié, depuis le moment de la Révolution, aucune livraifon qui ait rendu les frais; de forte que l'entreprife devient de jour en jour plus onéreufe & impoffible à foutenir, fi les Soufcripteurs ne fe prêtent pas aux arrangemens dont je vais avoir l'honneur de leur faire part. Dans cette pofition, j'aurois pu la fufpendre. La prudence m'en faifoit une loi; plufieurs perfonnes me le confeilloient; mais on ne fait point attention qu'une fufpenfion, même de quelques mois, expofoit l'entreprife, & pouvoit détruire pour toujours le plus grand monument qui ait jamais été élevé à la gloire des Sciences & des Arts. Les Auteurs, n'étant point payés, fe feroient livrés à d'autres travaux. Il n'eût point été poffible de les rallier; & il y a dans l'Encyclopédie des parties, comme la *Botanique*, les *Infectes*, les *Vers & Coquilles*, &c., qui ont à leur tête des Auteurs uniques; & j'ofe dire qu'il ne feroit point poffible de les remplacer en Europe.

J'aurois pu encore, pendant la révolution, donner moins de livraifons;

---

(1) La crainte de ces contrefaçons n'eft point imaginaire; il en exifte actuellement deux entre mes mains : le *Dictionnaire de Grammaire & de Littérature*, & le *Dictionnaire de Théologie*. Si la Librairie de Paris ne fe réunit point pour folliciter de l'Affemblée Nationale la deftruction de cet abus, je la regarde comme perdue & anéantie. Les Gens-de-lettres ont le plus grand intérêt à fe joindre à elle pour obtenir des réglemens à cet égard. Un contrefacteur n'ayant point de manufcrits à payer, de deffins à faire, l'impreffion, le papier, la main-d'œuvre, lui coûtant 30 ou 40 pour cent meilleur marché qu'à Paris, il eft clair qu'il peut donner la contrefaçon à un prix fi inférieur à celui de la capitale, qu'il faut renoncer à compofer des livres, & à les imprimer, fi l'on n'arrête ce brigandage.

(2) J'ai rembourfé, en vingt-deux mois, 230 mille liv. de billets de Libraires de Paris & de Province.

mais ce parti n'étoit pas fans inconvénient. Quoique j'aie perdu un grand nombre de Souscripteurs, ceux auxquels leur fortune permet actuellement de retirer les livraisons à mesure qu'élles paroissent, ne redoutent rien tant que le ralentissement de cet Ouvrage. Nombre d'entre eux me l'ont exprimé dans différentes lettres ; ainsi, ralentir les livraisons, ç'auroit été augmenter le nombre de céux qui ne les retirent point, parce qu'ils ont la crainte que l'Ouvrage ne s'achève pas, ou du moins qu'il ne s'achève que dans un laps de tems, qui, retardant leurs jouiffances, en amène nécessairement le dégoût (1).

J'ai donc fait, dans les circonstances malheureufes & très-difficiles, où le Royaume de France s'est trouvé, ce qu'ordonnoit l'intérêt des Souscripteurs & le falut de l'Encyclopédie.

Une autre reflexion m'a dirigé. « Plus » ce grand Ouvrage, me fuis-je dit, fera » avancé, plus les Souscripteurs auront » fait de payemens, plus ils feront intéressés à ne pas perdre leurs avances,

» à foutenir l'entreprife & à en defirer » l'achevement ; ils applaudiront à mes » efforts, me fauront gré de mes facrifices. » L'Encyclopédie est une entreprife trop » chère & trop honorable à la Nation » pour qu'elle puiffe jamais être abandonnée fans honte. »

Le *deficit* de Souscripteurs n'est pas le feul malheur que j'aie éprouvé, relativement à cet Ouvrage ; plufieurs Auteurs ayant perdu leur état, leurs penfions, & n'ayant plus d'autres reffources que leurs travaux littéraires, ont demandé des augmentations, auxquelles j'ai crû devoir céder. Les frais d'impreffion, par l'établiffement de plus de cent nouvelles Imprimeries dans la Capitale (2), ont été augmentés, & tous les autres frais dans la même proportion (3). Voilà, Meffieurs, dans la plus exacte vérité le tableau abrégé des pertes, des facrifices, des malheurs, auxquels j'ai été expofé depuis la Révolution. Il est preffant pour moi d'y mettre un terme, car je ne pourrois, fans le plus grand danger, aller en avant fans un arrangement que néceffitent ma pofition, & l'état actuel de l'Encyclopédie.

Mes propofitions feront fimples & très-modérées. « Je ne vous dirai point, Meffieurs, remettons-nous à l'époque de la » foufcription, tranfportons-nous même à » celle de la 30.ᵉ livraifon, où il me » reftoit encore plus de 4000 foufcriptions, & il en faut plus que ce nombre

---

(1) Il est peut-être remarquable que, depuis la Révolution, on ait publié *26 volumes & demi de Difcours ; 2 volumes de planches d'Arts & Métiers mécaniques, & cinq livraifons de planches d'Hiftoire naturelle.* (Voyez-en le tableau ci-après). Combien n'en eût-on pas publié dans des momens de calme & de tranquillité? Il faut faire attention que nombre d'Auteurs ont été détournés de leurs travaux par des fonctions publiques ; toutes les Imprimeries ne furent bientôt plus occupées que de brochures, pamphlets, & fur-tout de Journaux de toute efpèce, dont le nombre, dans la feule capitale, fe monte à plus de cent. J'ai vu le moment où l'Encyclopédie alloit être abandonnée ; &, convaincu qu'il ne m'étoit pas poffible de publier autant de volumes de Difcours que j'en avois promis, j'ai été en avant fur les volumes de planches ; de forte que dans l'efpace de 22 mois, on a publié autant de livraifons de planches que dans les neuf années précédentes. Par-là j'ai foutenu l'Encyclopédie, qui devoit périr, fi l'on n'eût pas continué les livraifons ; & j'ai eu le bonheur d'être utile à foixante familles de Graveurs & d'Imprimeurs en taille-douce, pendant le temps le plus difficile de la Révolution.

(2) On m'a affuré & on m'a offert de m'en donner la lifte, qu'il y a actuellement dans Paris plus de deux cents Imprimeries. Il n'y en avoit que trente-fix privilégiées avant la Révolution ; ainfi, c'eft cent foixante-quatre de plus. Prefque toutes font occupées de Journaux.

(3) Il doit paroître affez étonnant que les Imprimeries fe multipliant, le prix de la main-d'œuvre ait augmenté au lieu de diminuer. Cette marche, inverfe de ce qui arrive ordinairement, a eu plufieurs caufes. Les Ouvriers, il faut en convenir, étoient fort mal payés avant la Révolution : ils ont, avec raifon, profité des circonftances pour améliorer leur fort. Les Journaux, s'imprimant prefque tous pendant la nuit, ont dû être payés beaucoup plus chers que ceux que l'on imprime pendant le jour. Les autres Ouvrages ont fubi une augmentation proportionnelle.

» pour les frais. A cette époque , (au » mois de Février 1789 , & ne pouvant » pas prévoir ce qui devoit arriver,) je. » vous ai très - inconfidérément promis » de vous donner 46 à 48 vol. à 6 liv. » quoique dans l'efprit du profpectus vous » n'ayez pu en prétendre que 3 à 4 à ce » prix. (1) La Révolution a malheureufe- » ment atteint l'Encyclopédie , elle m'en- » lève près de mille Soufcripteurs qui , » par la perte de leur état ou de leur » fortune , ou étant abfents du Royaume, » font dans l'impoffibilité de retirer leurs » livraifons. Je fuis d'une manière effrayante » au-deffous du pair de mes frais pour » chacune de celle que je publie; à ce » malheur joignez que la plupart des frais » ont été confidérablement augmentés. » Tous les actes, tous les contrats , toutes » les entreprifes que cette Révolution a » atteints , ne font-ils pas dans le cas d'être » annullés , ou du moins modifiés ? Je fuis » dans l'impoffibilité la plus abfolue de » continuer à vous donner des volumes » à 6 livres ; ce n'eft pas moi qui man- » que le premier à mes engagements ; » Meffieurs, c'eft le nombre des Soufcrip- » teurs qui manque à l'Encyclopédie , » en ne retirant pas exactement les livrai- » fons. Je fuis forcé d'établir tous les vo- » lumes de 6 liv. au prix de 12 liv. ; c'eft » le cours de la chofe publique qui m'en- » traîne. Je ne puis pas continuer plus long- » tems le jeu périlleux auxquel je fuis » expofé. » Voilà , Meffieurs , ce qu'un Entrepreneur, qui auroit moins de déli- cateffe que moi, auroit le droit de vous

dire, & je ne fais pas ce qu'on pourroit avoir à lui objecter, dans les circonftances ac- tuelles. Mes propofitions , Meffieurs , ne feront point de cette nature ; elles n'auront point pour objet une augmentation ac- tuelle de prix , fur les volumes de Dif- cours , ou fur ceux de planches ; les con- ditions *ftrictes* du profpectus , je les tien- drai, je m'en fuis impofé la loi & je ne profiterai point des circonftances pour l'en- freindre , que vous ne m'y contraigniez vous - mêmes , Meffieurs ; par une plus grande défertion de Soufcripteurs ; mais fi je me fuis impofé cette loi rigoureufe ; vous avez , fans doute , auffi des obliga- tions à remplir envers moi , quoique je n'aie aucun titre , aucun écrit de votre part ; & ces obligations , réglées par d'an- ciennes Ordonnances, que je ne fache pas qu'aucune loi nouvelle ait détruites, portent : « Que les Soufcripteurs font obligés de re- » tirer leurs exemplaires dans le délai de » fix mois, paffé lequel tems toutes les » foufcriptions demeureront nulles & de » nul effet. » Or, c'eft cette obligation à laquelle jufqu'ici, Meffieurs, je n'ai point cru devoir tenir rigoureufement, qui de- vient pour moi d'une néceffité indifpen- fable, dans la pofition très-délicate où je me trouve , & je crois que le falut de l'En- cyclopédie y eft attaché ; quoique je n'aie ceffé de vous en prévenir, dans les avis particuliers de nombre de livraifons ; j'y reviens aujourd'hui ; pour *la dernière fois* , forcé de vous déclarer ; qu'à dater de la 46.e livraifon , tous ceux qui , dans fix mois , n'auront pas retiré cette livrai- fon & les antérieures, feront privés des bé- néfices confidérables de la foufcription, (j'en joins ici le tableau,) ne prenant mê- me aucun engagement de leur fournir ; le délai expiré , les livraifons qui pour- roient leur manquer, la défection confi- dérable & actuelle des Soufcripteurs m'o- bligeant à des arrangements qui me met- tront dans l'impoffibilité la plus abfolue, de les fatisfaire à cet égard , même à aucun prix ; plufieurs parties de cette Encyclopé- die , n'étant pas dans le cas d'être imprimées ; au moins avant un certain nombre d'années

---

(1) Aucun Soufcripteur de bonne foi pourroit- il croire qu'ayant annoncé 53 volumes à 11 liv. j'aurois pu , dans aucun tribunal , être condamné à en donner 48 ne plus à 6 liv., le Profpectus fur-tout ne l'annonçant pas expreffément, & pou- vant démontrer que fi ce plus grand nombre de volumes eft néceffaire pour compléter l'Ency- clopédie, il eft infiniment contraire à mes inté- rêts , & qu'il a eu lieu, fans aucune follicitation de ma part, fans aucune vue d'intérêt de celle des Au- teurs, mais uniquement par l'extrême imperfec- tion de la première Encyclopédie, qui n'étoit pas connue lors de la publication du *Profpectus* de l'Encyclopédie actuelle.

Il y a dans les grandes entreprises de cette nature un éventuel incalculable qui pourroit en opérer la ruine & la mienne, si je ne voyois pas de loin, & si je n'usois pas de tous les moyens que me suggère ma position, pour me mettre en état de la soutenir.

Je vous prie, Messieurs, de considérer la grandeur de l'entreprise, les pertes qu'elle a éprouvées, la nécessité de nous concilier, de nous aider mutuellement dans les circonstances très-difficiles où l'on est encore. Des marques d'estime, de confiance, d'approbation, & l'exactitude à retirer les livraisons à l'instant qu'elles paroissent, exciteront mon courage & me donneront les moyens nécessaires pour terminer ce grand monument qui depuis quelques années fait le tourment de ma vie, & que je suis tous les jours au désespoir d'avoir entrepris, tant les difficultés ont été grandes & multipliées. Devenez - en l'appui, les protecteurs; je consacrerai vos noms, Messieurs, en témoignage de ma reconnoissance à la tête du Vocabulaire universel : considérez qu'il est élevé à plus des deux tiers & que nombre de copies sont faites en entier, quoiqu'elles ne soient pas encore imprimées. Je ne demande plus que deux à trois années de patience, & elles doivent, Messieurs, infiniment moins vous coûter qu'à moi. J'ose prendre l'engagement le plus solemnel, & il ne peut être indiscret aujourd'hui de ma part, d'après les nouveaux actes obligatoires que j'ai passés avec les Auteurs en retard, que l'Encyclopédie sera entièrement terminée à cette époque. Oui, Messieurs, j'ose m'en flatter, l'Encyclopédie s'élevera, s'achevera sous vos auspices. Vous ne voudrez point que l'Entrepreneur soit victime de son zèle. Vous n'oublierez pas que j'ai montré & que je montre encore dans cette entreprise le plus grand esprit d'équité & de désintéressement; vous serez justes, Messieurs, envers moi comme je l'ai été envers vous. Vous ferez vos efforts, vous employerez tous vos moyens de crédit pour retirer toutes les livraisons dont vous êtes en retard; vous ne pouvez point faire d'ailleurs un placement plus utile de vos fonds, si vous considérez que les volumes des trente premières livraisons ne vous sont revenues qu'à 9 livres 10 sols, (voyez page 16 du grand Mémoire publié sur l'Encyclopédie, imprimé à la tête du troisième volume des Mathématiques, qui a paru avec la 30e. livraison,) que vous en aurez 48 volumes à 6 livres, & que la Librairie n'offre aucun exemple de plus grands bénéfices accordés aux Souscripteurs, surtout si l'on fait attention que chacun de ces volumes contient autant de discours que cinq volumes *in-quarto* ordinaires, tels que ceux de Buffon ou de Velly, &c. (ce sont des *in-folio* déguisés en *in-quarto* nous mandoit un des Auteurs), & que c'est vingt-cinq ans après que la première Edition a paru, que ces prix sont établis; lorsque tout le monde sait que les prix d'impression & de gravure sont augmentés de plus d'un tiers, les manuscrits doublés & tous les frais de main-d'œuvre, de gestion & de manutention dans la même proportion.

Je ne cesserai aussi de vous remettre sous les yeux, Messieurs, qu'il y a des volumes dans cette Encyclopédie, comme ceux de Mathématiques, de Marine, des Insectes, &c. qui sont surchargés de calculs, de tableaux. Si ces volumes ne faisoient point partie d'une masse comme l'Encyclopédie, ils n'auroient pu être donnés à moins de 21 livres & de 24 livres. Je prends en témoignage de cette assertion toute la Librairie & l'Imprimerie de Paris sans craindre d'en être démenti, parce que ceux qui se chargeroient de tels ouvrages n'oseroient les tirer à plus de mille exemplaires, & que le prix des livres ne peut être établi qu'en proportion du nombre du tirage, du prix du manuscrit, de l'impression, &c. Cette observation m'a paru utile pour justifier la Librairie de Paris & celle de Province des prix auxquels certains ouvrages sont établis, & qui quelquefois paroît excessif.

Le Dictionnaire seul des *Arts & Métiers mécaniques* (1), qui ne forme qu'un cin-

---

(1) Ce Dictionnaire des Arts sera terminé dans quelques mois; la partie des planches qui lui est relative, l'est depuis long-temps; si cette

quantième de l'Encyclopédie actuelle, & qui peut être confidéré comme renfermant à lui feul *trois cents Dictionnaires* (car chaque art eft terminé par un vocabulaire alphabétique, dont le mot de cet art forme l'article principal), ne revient pas aux Soufcripteurs à 200 livres, tandis que la Collection des Arts de l'Académie, qui n'en comprend encore que quatre-vingt-treize, a coûté 1240 livres, c'eft-à-dire prefque autant que l'Ecyclopédie actuelle. On a joint à cette partie cent arts nouveaux, dont la defcription n'exifte encore dans aucun ouvrage en Europe.

Nous avons encore obfervé que les douze volumes *in-folio* de planches de la première édition font revenus aux Soufcripteurs à plus de 700 livres, & que nos onze volumes de planches d'Arts & Métiers mécaniques, quoiqu'augmentés de plus d'un tiers de planches nouvelles, ne reviendront qu'à 264 livres : le volume de Marine eft prefque en entier de planches nouvelles (1).

Il ne s'eft jamais fait en Europe un ouvrage qui foit feulement le tiers de celui-ci & d'une combinaifon plus utile au Public &

---

partie fi difficile eft à la veille d'être terminée, quel obftacle pourroit-il donc y avoir à la confection des autres ?

(1) Voici, au fujet des planches, ce que nous mandoit M. de Pommereuil, Colonel au fervice du Roi de Naples, & Infpecteur général de l'Artillerie des deux Siciles, en nous envoyant une partie du manufcrit du Dictionnaire de l'Artillerie, dont il a bien voulu fe charger: *au fujet des planches, il faut que nous convenions de nos faits. Voulez-vous, ou ne voulez-vous pas que je joigne à cet Ouvrage toutes celles qu'il doit avoir? Si vous dites oui, il faut compter fur une centaine, & alors vous aurez une collection qui manque à toute l'Europe. Si vous dites non, vous aurez un ouvrage tronqué, & dont l'utilité fera médiocre. Il faut que j'aie à ce fujet une réponfe claire & pofitive.*

J'ai répondu oui, & je fuis perfuadé que l'univerfalité des Soufcripteurs m'approuvera. Un homme à la tête d'une entreprife, comme l'Encyclopédie, qui auroit dit *non*, n'auroit été, j'ofe le dire, qu'un imbécile. Il y a donc des pofitions où un entrepreneur courroit le rifque de fe déshonorer, s'il fuivoit à la lettre les engagemens de fon *Profpectus.*

---

aux Soufcripteurs. Sur les cinquante-quatre Dictionnaires qui en forment l'enfemble, il y en a quarante-huit qui n'exiftent dans aucune langue plus complets & plus parfaits ; plufieurs font des chefs-d'œuvre, comme le Dictionnaire de *Botanique*, des *Infectes*, des *Vers*, &c. les Difcours qui font à la tête des planches de l'Hiftoire Naturelle, &c. Il y a tel de ces Dictionnaires compofés de quelques volumes feulement qui peuvent remplacer plufieurs milliers de volumes, comme ceux des *Mathématiques*, de *la Marine*, de *la Littérature*, de l'*Hiftoire Naturelle*, &c. Chaque carte de l'Atlas compofé par un de nos plus habiles Géographes (M. Bonne), ne revient guères aux Soufcripteurs qu'à 5 fols, tandis que l'on pourroit citer des ouvrages modernes, & d'un plus petit format, dont chaque planche coûte 12 à 15 fols.

L'Encyclopédie actuelle enfin contient cinq fois plus de difcours que la première *in-folio*, un tiers de plus de planches nouvelles ; elle fera l'équivalent de plus de 620 volumes *in-4°* ordinaires, ou de 80 volumes *in-folio*. Le nombre des volumes qui doivent la compofer, à 3 ou 4 près, en plus ou en moins, a été fixé dans le grand mémoire, cité ci-deffus, pour chacune des parties qui la compofent, & quelques Soufcripteurs qui, craignent qu'on ne l'excède, fe trompent à ce fujet.

La première Encyclopédie *in-folio* a été annoncée, par foufcription, à 280 lt. Elle ne devoit avoir, préfentée alors comme complette, que 8 volumes de difcours & 2 de planches ; elle s'eft élevée jufqu'à 21 vol. *in-folio* de difcours & 12 de planches, & elle s'eft vendue dans les ventes jufqu'à 1800 lt & 2000 lt, c'eft-à-dire, à un prix fupérieur à celui de notre Encyclopédie méthodique. Ce premier ouvrage qui a eu un fi grand fuccès dans toute l'Europe, dont il exifte 7 à 8 éditions différentes, qui feul fuffiroit pour immortalifer MM. Diderot & d'Alembert; cette Encyclopédie, traverfée dès les premiers volumes, plufieurs fois fufpendue, où les Libraires ont eu, pendant dix ans, leur fortune exposée , & dont deux font morts de chagrin du procès qu'elle leur a occafionné ; cette Encyclopédie , dis-je ; étoit pour les Editeurs & les Entrepreneurs d'une difficulté infiniment moindre que la nouvelle.

Je pourrois citer vingt Dictionnaires de l'Encyclopédie actuelle , dont on n'auroit pas trouvé de quoi faire vingt feuilles fupportables dans la première Encyclopédie. Les 54 grandes parties qui compofent la nôtre n'y formoient qu'un feul Dictionnaire , & comme on n'en avoit pas fait le Vocabulaire univerfel & qu'il eût été bien impoffible de le faire à cette époque , l'Editeur , (M. Diderot) employoit les manufcrits tels que les lui fourniffoient fes Collègues ; & comme tous les articles étoient pêle mêle , qu'un mot de Chymie , d'Anatomie étoient fuivis d'un article de Belles-lettres ou d'Agriculture , il lui eft arrivé fouvent , & fans s'en douter , d'omettre des 30 à 40 articles de fuite ; de forte que , comme on l'a déja dit , le plus grand défaut de cette Encyclopédie in-folio , eft qu'on n'y trouve prefque jamais ce qu'on y cherche. On fe convaincra de ce défaut d'articles , lorfque le Vocabulaire univerfel de l'Encyclopédie actuelle paroîtra. Je fuis fûr de n'avoir point exagéré en affurant qu'il contiendra cent mille articles plus que l'autre , & je n'en puis douter , d'après les notes qui m'ont été remifes par quelques Auteurs, puifqu'il y a des Dictionnaires qui , fans être capitaux , excèdent de 2000 , de 3000 les articles correfpondans de la première édition.

Les Dictionnaires de l'Encyclopédie traités féparément ont exigé un travail très-pénible, du moins pour le plus grand nombre , qui , n'ayant été qu'ébauchés dans la première édition , ou même entièrement oubliés , ont été refaits à neuf. On a d'abord commencé par faire la nomenclature de chacun d'eux. Cette nomenclature totale a été indifpenfable. Pour la Médecine , par exemple , les 20 Médecins qui s'y font attachés ayant pris chacun la partie où il excelloit le plus, il a bien fallu leur donner à tous la nomenclature de tous les mots de leur partie ;

& ce dépouillement entrepris par M. Vicq-d'Azyr a exigé feul plufieurs années d'un travail très-faftidieux & cependant très-important. Il en a été de même de la Chymie , de l'Agriculture , de tous les Dictionnaires enfin qui ont plufieurs Auteurs à leur tête.

On s'eft encore attaché , autant qu'il a été poffible , à renfermer chaque Dictionnaire dans l'objet même qu'il embrafe ; ainfi, le Dictionnaire de Médecine ne donne pas de détails d'*Anatomie*, de *Chirurgie* , de *Chymie* , de *Pharmacie*, d'*Hiftoire naturelle* , puifqu'il y a des Dictionnaires particuliers dans l'Encyclopédie de chacune de ces Sciences. Si , dans des cas particuliers, on s'en eft écarté , les Auteurs auxquels j'en ai fait mes repréfentations m'ont affuré qu'ils pouvoient en donner les raifons de néceffité , & eux feuls ont à répondre de leurs travaux au Public. Cette circonfcription eft même ce qui diftingue particulièrement les Dictionnaires féparés de l'Encyclopédie. La Médecine n'y empiète point fur la Chirurgie , & *vice verſá*. Un autre caractère qui leur eft particulier , eft d'être à-la-fois un Dictionnaire & un Traité de Science , au moyen des Tables de lecture qui terminent chacun d'eux. On doit faire attention que l'Encyclopédie actuelle eft le fruit des veilles & des travaux de plus de 250 Gens-de-lettres , & qu'en comptant le tems qu'il faut encore pour l'achever , les deux Encyclopédies in-folio & in-4.° auront exigé près de 36 années de compofition & de rédaction.

Si quelque chofe d'ailleurs peut conftater le mérite & l'utilité d'un ouvrage , c'eft le grand nombre d'éditions qui s'en font , l'empreffement des Etrangers à l'adopter. Je ne connois point de plus fûr thermomètre de la bonté d'un livre que cette adoption. On connoît toutes les éditions qui ont été faites de la première édition de l'Encyclopédie in-folio. L'édition actuelle eft traduite en Efpagne , & c'eft une entreprife véritablement étonnante que la traduction d'un ouvrage de 124 à 128 volumes de Difcours repréfentans, comme je l'ai déja dit , plus de 620 volumes in-4.°. Il y en a auffi 4 contrefaçons chez l'Etranger.

Il étoit essentiel, Messieurs, dans la circonstance présente, de vous mettre ce tableau abrégé sous les yeux pour rappeller les Souscripteurs en retard à l'Encyclopédie, pour · modérer la bouillante impatience de quelques-uns d'entre eux, qui se persuadent que, dans une pareille entreprise, on peut faire ce que l'on veut, ce que l'on desire. J'ai un trop puissant intérêt à la faire achever promptement, pour qu'à cet égard on ne s'en repose pas entièrement sur mon zèle & mon activité.

Je finirai cette lettre, déjà bien longue, par un seul mot. Voulez-vous, Messieurs, que l'Encyclopédie s'achève promptement; il faut trois choses : *Me laisser parfaitement tranquille ; avoir l'attention de retirer très-exactement les livraisons à mesure qu'elles paroissent, & de les payer comptant* (1).

Je suis, avec un profond respect,

Messieurs,

Votre très - humble & obéissant Serviteur

C. Panckoucke.

Sur le retard que l'Encyclopédie a éprouvé de la part de plusieurs Auteurs.

Les inquiétudes que ne cessent de nous témoigner les Souscripteurs ; la crainte qu'ont plusieurs d'entr'eux que l'Encyclopédie ne tarde trop à être terminée, sont aujourd'hui sans aucun fondement ; l'achevement de l'Encyclopédie tient uniquement à la Médecine, qui en forme un des Dictionnaires les plus capitaux. Et voici les derniers arrangements que l'on a pris pour terminer cette partie importante. Le 11 Avril 1789, il a été passé un acte entre les Editeurs, Auteurs & moi, par lequel ils « s'obligent; » & donnent leur parole d'honneur, d'a- » chever chacun les parties, dont ils se » chargent d'ici à trois ans au plus tard, & » de remettre un tiers de leurs copies » cette année, un tiers en 1790, & le reste » en 1791. » (Acte qu'ils ont déclaré avoir la même force, les mêmes droits & obligations que s'il étoit passé devant Notaire.) Vingt Médecins, presque tous de la Société Royale de Médecine, ont signé cet acte ; en voici les noms : MM. *Vicq - d'Azyr, de Horne, Michel, de Fourcroy, Mahon, de Brieude, Saillant, Caille, de la Guerenne, de la Porte, Champseru, Huzard, Goulin, Jeanroi, Chambon, Verdier, Audry, Macquart, Thouret, Hallé* pour plusieurs articles d'Hygiène. Nous sommes assurés que quelques-uns d'entr'eux ont actuellement fini les parties dont ils se sont chargés ; que la copie entière des trois premiers volumes est terminée, puisque les tomes deux, trois, quatre, sont sous presse, dans deux Imprimeries, & paroîtront cette année. Nous devons, au sujet de cette partie de la Médecine, & de quelques autres parties en retard, dont nous allons parler, faire une observation, dont les Souscripteurs, à ce que j'espère, sentiront toute la justesse. La Révolution, comme nous l'avons déjà dit, a changé toutes les dispositions, tous les actes & traités d'une certaine nature, & ils sont dans le cas d'être modifiés ; c'est un événement si imprévu, que tout homme, qui a traité de bonne-foi avant cette époque, ne peut être tenu à des engagements dont le salut public l'a détourné. Nous devons donc regarder les 22 mois d'évènements extraordinaires, qui sont arrivés, comme nuls, ou à-peu-près nuls, relativement aux travaux littéraires; ce qui a été imprimé pendant cet intervalle étoient des copies faites : nous croirions être injustes, si nous exigions des Médecins qu'ils tinssent leurs engagements pour ces époques ; nous croirions même faire tort à l'Encyclopédie, en pressant des travaux qu'il seroit facile d'achever promptement, mais qui, par cette raison là même, ne seroient plus

---

(1) La différence des recettes sur la dépense, depuis la Révolution, sur les Livraisons mises en vente, est un objet de plus de 200,000 livres.

plus dignes de cet Ouvrage & du Public. Cette partie de la Médecine, comme toutes les autres, qui font en retard, ne peuvent donc être terminées que dans trois ans, à compter du mois de Janvier de cette année (1). Ce tems eſt même néceſſaire pour terminer les Dictionnaires de Botanique, des Inſectes, des Vers, qui forment des parties entièrement neuves dans l'Encyclopédie ; des engagements ſemblables ont été pris par tous les autres Auteurs en retard. Quoique pluſieurs parties n'ayent pas encore paru, comme *la Phyſique, la Géographie-Phyſique, l'Artillerie*, les Souſcripteurs ne doivent avoir aucune inquiétude ſur ces Dictionnaires, qui ne doivent former qu'un ou deux volumes au plus, qu'on peut imprimer en ſix mois, en les diviſant dans pluſieurs Imprimeries; lorſque la copie ſera entièrement terminée. Les Auteurs n'ont ceſſé de s'en occuper ; une partie de leurs manuſcrits eſt déjà entre nos mains; la *Géographie-Phyſique*, par M. Deſmarets, eſt preſque entièrement terminée. Une partie des deſſeins en eſt faite, l'Auteur n'a retardé l'impreſſion de ſon Ouvrage, que pour y mettre plus d'enſemble dans toutes les parties. Comme on ne trouve rien, ou preſque rien, dans la première Encyclopédie ſur cette matière, les Souſcripteurs doivent concevoir que des Dictionnaires traités à neuf, ne peuvent être mis ſous preſſe, que lorſqu'ils ſont preſque compoſés en entier ; les derniers articles devant correſpondre avec les premiers. M. de Fourcroy, de l'Académie des Sciences, vient auſſi de s'arranger avec M. de Morveau, pour terminer le *Dictionnaire de Chymie*, & il a pris avec nous, le 12 Mai dernier, *l'engagement & donné ſa parole d'honneur la plus ſolemnelle*, d'achever la totalité de ce Dictionnaire, pour la fin de 1793 au plus tard.

M M. Thouin & l'Abbé Teſſier, tous deux de l'Académie des Sciences, ont ſigné un pareil acte, le premier Février 1790, où ils ont auſſi donné leur parole d'honneur de terminer le Dictionnaire d'Agriculture en 1792, au plus tard, MM. Parmentier, Regnier, de la Société d'Agriculture, ſe ſont réunis à leurs travaux & ont ſigné ce même acte.

J'ai un ſi grand intérêt à terminer l'Encyclopédie, que je n'ai épargné aucuns ſoins, aucune démarche auprès des Auteurs en *retard*, pour les engager à tenir leurs engagemens, ou à ſe faire remplacer par des perſonnes de leur choix. Le Public jugera de mes inſtances, de mes ſollicitations par l'extrait que je joins ici d'une lettre de 8 pages imprimées, qui leur a été écrite le 5 Août 1790.

« Dans la poſition difficile où je me
» trouve, j'oſe donc vous prier, vous
» conjurer d'être le ſauveur de l'Encyclo-
» pédie, à laquelle, Meſſieurs, votre gloire
» eſt attachée. Je n'ignore point que le
» danger de la choſe publique a enlevé
» pluſieurs d'entre vous à leurs travaux,
» & que le Public, qui eſt toujours juſte,
» quand on a de bonnes raiſons à lui don-
» ner, ne vous fera point de reproches
» d'avoir ſacrifié momentanément cet Ou-
» vrage, pour venir au ſecours de la Pa-
» trie; mais aujourd'hui que tous les pé-
» rils ſont paſſés, & que la néceſſité amè-
» nera la concluſion de toutes les choſes,
» pourriez-vous, ſans manquer aux enga-
» gements les plus ſacrés, vous détourner
» de vos travaux littéraires pour ſuivre
» une nouvelle carrière ? Ce que font la
» plupart d'entre vous pour l'Encyclopédie,
» une autre ne peut le faire ; mais l'Etat
» ne manquera point de Citoyens inſtruits
» & propres aux affaires publiques. Vous
» ne ſacrifierez point, à une ſatisfaction
» paſſagère, une gloire plus ſolide qui vous
» attend, en conſacrant vos noms, dans
» un Ouvrage qui ne doit jamais périr. Je
» réclame, Meſſieurs, la foi de vos ſer-
» mens; ſi mes engagements envers le Pu-
» blic ſont ſacrés, il le ſont ſans doute
» auſſi pour vous ; vous n'avez pas dû paſ-
» ſer des actes ſolemnels avec moi, ou

_____

(1) Un nouvel acte paſſé avec les Auteurs de ce Dictionnaire, le 5 Avril 1791, où les engagemens les plus rigoureux ont été pris, ne nous laiſſe aucun doute à cet égard.

Hiſtoire, Tome V. Première Partie,   B

» votre parole d'honneur eſt conſignée,
» & ne pas vouloir la tenir religieuſement.
» Si j'ai tout ſacrifié pour remplir les
» miens, je ne ferai pas ſans doute tou-
» jours le ſeul à m'exécuter dans cette en-
» trepriſe.

» Je vous avoue, Meſſieurs, que je ne
» vois point ſans effroi ce qui pourroit
» arriver ſi l'Encyclopédie venoit à être
» ſuſpendue par la négligence volontaire
» de quelques-uns d'entre vous. Le Public
» d'aujourd'hui n'eſt point le Public de
» l'ancien Régime, dont on ne s'eſt per-
» mis que trop ſouvent de ſe jouer impu-
» nément. Une ſeule partie en retard peut
» empêcher la publication du vocabulaire
» univerſel, qui doit couronner cette en-
» trepriſe, & ſans vocabulaire point d'En-
» cyclopédie. C'eſt ce dernier Ouvrage qui
» fera connoître toute l'étendue de vos
» travaux, l'immenſe utilité de ce livre
» qu'une bibliothèque de dix mille louis
» ne pourroit remplacer, & ſur-tout la
» grande imperfection de la première. Le
» Public verroit-il avec indifférence la
» perte de ſes avances qui ſont aujourd'hui
» très-conſidérables. Pluſieurs d'entre vous
» ne ſe verroient-ils pas expoſés dans leur
» état, leur fortune, leur honneur? Ne
» pourrois-je pas être forcé moi-même à
» des procédés qui répugnent autant à mon
» cœur qu'à mes principes? Ne nous abu-
» ſons pas, Meſſieurs, nos engagemens
» ſont communs; je n'en ai contracté moi-
» même avec le Public que parce que vous
» en avez pris de très-ſérieux avec moi; ne
» laſſons pas ſa patience, & puiſqu'il en
» eſt tems encore, laiſſez-moi la douce
» ſatisfaction de croire que je devrai bien
» plus à votre amitié, à l'eſtime, dont vous
» m'avez donné des marques dans pluſieurs
» occaſions, qu'à vos actes, l'achevement
» d'un ouvrage auquel mon ſort, celui de
» ma famille, & de mes amis ſont aujour-
» d'hui attachés.

» Il y a des Auteurs qui, depuis 9 ans
» qu'ils ont traité avec moi, ſe ſont per-
» mis de ne rien fournir, en promettant
» de mettre inceſſamment ſous preſſe,
» en alléguant qu'ils ne ſeroient point

» les derniers à terminer, & en paſſant
» de nouveaux actes: mais il eſt clair
» que ſi les Auteurs veulent ſe régler les
» uns ſur les autres à cet égard, c'eſt un
» ſûr moyen de ne rien terminer dans un
» ouvrage compoſé de cinquante quatre
» grandes parties, dont quelques-unes,
» comme la Médecine, dépendent de 20
» perſonnes. Il faut que chacun ſache ce
» qu'il a à faire, & les convenances
» d'un ou de pluſieurs ne doivent point
» apporter d'obſtacles à l'avancement de
» l'ouvrage: c'eſt l'intérêt public qui doit
» guider. Si les circonſtances me forçoient,
» pour ma propre juſtification, à publier
» tout ce que j'ai ſouffert, à l'occaſion
» de ces retards, & de pluſieurs actes,
» ſans ceſſe renouvellés; je doute que
» cette publication ne devînt infiniment
» déſagréable pour les Lettres, & que plu-
» ſieurs Auteurs n'euſſent à regretter de
» m'y avoir contraint.

» Je ſerois au déſeſpoir de faire de la
» peine à qui que ce ſoit; mais ma po-
» ſition, je ne vous le cache pas, Meſſieurs,
» peut devenir très-embarraſſante, ſi vous
» ne rempliſſez pas vos engagemens; car
» aujourd'hui il m'eſt démontré que l'En-
» cyclopédie ne peut me rendre mes fonds
» qu'en la terminant, & en la terminant
» très-promptement. Si quelques-uns
» d'entre vous ne peuvent point répondre
» de l'exécution rigoureuſe de leurs actes;
» s'ils ſont enchaînés par d'autres devoirs,
» ou les obligations de leur état, ils ſont
» parfaitement libres de ſe faire remplacer;
» mais ils ne doivent point faire céder
» l'impatience du Public à leurs conve-
» nances, expoſer l'Encyclopédie & la
» fortune de l'Entrepreneur, empêcher
» que d'autres ne faſſent ce qu'ils ne veu-
» lent pas faire, ou ce qu'ils ne ſont pas
» ſûrs de faire dans un tems déterminé.

» Je vous obſerverai, Meſſieurs, que
» vos propres Collègues ſouffrent de ces
» lenteurs, ſur-tout pour les Diction-
» naires, qui dépendent de pluſieurs Au-
» teurs. Il y en a qui ont fini preſque en
» entier les travaux dont ils ſe ſont
» chargés, & qui ne peuvent ni en jouir

» ni en recevoir les honoraires ; puisque
» leurs copies ne font pas employées.
» Ils m'ont fouvent fait part de leurs
» plaintes, de leur pofition, des dégoûts
» que ces retards leur occafionnent, &
» c'eſt auſſi en leurs noms que je vous
» fais les plus vives follicitations. L'En-
» cyclopédie terminée deviendra pour vous
» une jouiſſance de tous les jours ; &
» n'eſt-ce pas retarder vos plaiſirs que
» de ne pas vous empreſſer à la finir ?
» Cette entrepriſe peut être entière-
» ment achevée pour la fin de 1792 (1) ;
» mais, pour parvenir à ce but, il faut
» auſſi que chacun de vous ſe concilie
» avec les Imprimeurs ; qu'on ne ſoit plus
» expoſé à ces ſuſpenſions continuelles
» qui les déroutent, qui font déſerter les
» ouvriers, faute d'ouvrage, & qui ont
» cauſé une telle laſſitude à pluſieurs d'en-
» tr'eux, que voyant qu'ils ne pouvoient
» ſuivre cette beſogne avec exactitude,
» ils ſe font à la fin déterminés à y
» renoncer. »

Sur le Tableau Encyclopédique & Méthodique des trois règnes de la Nature, par MM. l'Abbé BONNATERE, LAMARK & BRUGNIÈRES.

Nous avons ſouvent été preſſés & ſollicités, par les Souſcripteurs de l'Encyclopédie, de publier des planches d'Hiſtoire naturelle ; mais l'exécution de ce projet n'étoit rien moins que facile : les Auteurs de l'Encyclopédie n'en ont point cité dans chacun des Dictionnaires qui traitent de cette partie, nous n'avions pas nous-mêmes formé le projet d'en donner une collection, en publiant le Proſpectus de l'Encyclopédie actuelle, & nous ne l'aurions pas même pu au très-bas prix auquel les volumes des planches d'Arts, de Métiers

mécaniques & de Sciences font établis, celles qui exiſtent dans la première édition *in-folio* font en ſi petit nombre, que réduites comme l'ont été les planches des Arts & Métiers mécaniques, elles n'en formeroient point 40 dans la nôtre (2).

Les planches, qui repréſentent les poiſſons, ne font qu'au nombre de ſix & ne contiennent que 30 figures de ces animaux & celles que nous avons données dans la première livraiſon en contiennent 420, & renferment les objets les plus intéreſſans de cette claſſe & ceux dont la repréſentation a pu être rendue ſenſible par la gravure ; nous diſons que ce projet étoit d'une exécution très-difficile & les Souſcripteurs ne pourront point en douter, s'ils conſidèrent que l'Encyclopédie étant particulièrement un ouvrage ſcientifique, il ne ſuffiſoit pas de donner des inſages au Public, mais il falloit que les figures repréſentaſſent fidèlement tous les objets connus des trois règnes de la Nature, que rien d'eſſentiel ni fût omis, que ces objets, conformément au plan de l'Encyclopédie, étant tous rangés dans un ordre méthodique, deviſſent le complément des matières traitées dans les Dictionnaires de cette partie, & que l'ouvrage fût tel enfin qu'un petit nombre de volumes de planches pût tenir lieu d'une foule d'ouvrages rares, précieux, écrits en toutes ſortes de langues, qu'on a publié ſur l'Hiſtoire naturelle, & dont l'enſemble formeroit à lui ſeul une Bibliothèque très-conſidérable.

Le même eſprit de combinaiſons qui nous a guidés dans le plan de l'Encyclopédie a ſervi à nous diriger dans celui-ci. Renfermer beaucoup de matière dans un petit eſpace ; réduire toutes les planches des Arts & Métiers, ſans en rien omettre d'eſſentiel, les augmenter d'un tiers de planches nouvelles, faire refaire à neuf preſque toutes les parties du Diſcours, établir une Encyclopédie contenant le quintuple des matières de la première & la donner pour

---

(1) Il faut une année de plus, comme je l'ai dit ci-deſſus, à cauſe des retards que la Révolution a occaſionnés.

(2) Nous donnons ici le détail de ces 108 planches de la première Encyclopédie *in-folio*.

B 2

moins du prix que cette première a coûté : voilà ce que nous avons fait, & ce qui nous femble n'étoit pas facile, furtout fi l'on confidère que notre édition paroît 25 ans après celle *in-folio*, & que, depuis ce tems, le prix de la main-d'œuvre, de l'impreffion, du papier, de la gravure, &c. eft augmenté de plus de 30 pour 100. Ces planches d'Hiftoire Naturelle offrent aux Soufcripteurs les mêmes avantages & même de plus grands, puifqu'ils auront pour une fomme très-modique, pour 12 à 15 louis, les gravures d'une infinité de livres très-rares & précieux fur l'Hiftoire Naturelle, dont l'acquifition partielle leur coûteroit plus de 2 à 3000 louis.

C'eût été déjà beaucoup que l'exécution d'un pareil ouvrage; mais, pour le rendre véritablement utile, il a fallu y joindre un difcours qui, fans être la répétition des matières traitées dans l'Encyclopédie, devînt pour chaque partie de l'Hiftoire Naturelle un tableau méthodique où les Savans & les Perfonnes qui fe deftinent à l'étude de cette Science puffent l'étudier à fond & reconnoître au befoin, par le fecours d'une bonne méthode, tous les objets qu'elle embraffe.

On peut juger par les fix Livraifons (1), que nous avons déjà publiées que les difcours font toujours relatifs aux

(1) La première Livraifon traite des Poiffons. La collection des efpèces décrites dans ce volume, eft prefque le double de celles qui fe trouvent dans le fyftème de la nature de Linnée; il y en a 413 dans ce dernier ouvrage, & le tableau Encyclopédique en contient 744.

La feconde Livraifon comprend les Baleines, Reptiles, Serpens.

La troifième, la fin des Serpens, les trente premières planches des Papillons, & les premières planches des Oifeaux.

La quatrième renferme cent planches d'Oifeaux.

La cinquième, la fin des planches des Oifeaux & le commencement de celles des Quadrupèdes.

La fixième ou la première partie des planches de Botanique, contient 100 Planches, avec 29 feuilles de texte.

figures & deviennent pour chacun des Dictionnaires de l'Encyclopédie, qui traitent de l'Hiftoire Naturelle de *vraies tables de lecture*, puifque les objets des trois règnes y font rangés par claffes, genres, efpèces; ce qu'on n'a pu faire dans l'Encyclopédie, où toutes les matières font traitées par ordre alphabétique. D'ailleurs ce tableau méthodique des trois règnes de la Nature, offre encore un autre avantage; il forme le complément des Dictionnaires Encyclopédiques de l'Hiftoire Naturelle. Les Auteurs de l'Hiftoire des Quadrupèdes & des Oifeaux ont traité principalement la partie économique, & n'ont recueilli que les individus que M. de Buffon a décrits. Dans celui-ci, on développe les premiers élémens de la Science, & on a augmenté l'Hiftoire des Animaux d'une multitude de nouvelles efpèces & de découvertes en tout genre, dont les relations des derniers voyages ont enrichi l'Hiftoire naturelle.

M. l'Abbé Bonnatere s'étoit d'abord chargé en entier de cette tâche, très-pénible & difficile. Son activité, fes connoiffances très-étendues en Hiftoire Naturelle, fes liaifons avec les Savans, les encouragemens qu'il en a reçus; les fecours qu'ils lui ont prodigués, pouvoient feuls nous déterminer à entreprendre un pareil Ouvrage. Indépendamment des fecours que l'Auteur a trouvés à la Bibliothèque, au Cabinet du Roi, & dans les cabinets de plufieurs Amateurs de la Capitale, qui poffèdent des Ouvrages rares fur l'Hiftoire Naturelle, nous avons fait venir d'Allemagne, d'Angleterre, pour une fomme très-confidérable de livres fur cette partie, que l'on ne trouvoit point à Paris. Nous avons cru auffi ne devoir rien épargner

Il paroîtra encore cette année quatre Livraifons de planches d'Hiftoire Naturelle; favoir:
La feptième, Vers infufoires, Infectes.
La huitième, Quadrupèdes, Infectes.
La neuvième ou la deuxième partie des planches de la Botanique.
La dixième, les Vers mollufques, &c.

pour les deſſins, pour les gravures (1), l'impreſſion, le papier, & ſi l'on conſidère que chacune de nos planches renferme ſix, ſept & huit ſujets (les Inſectes ſont triplés & quadruplés) & que ordinairement il n'y en a qu'un ſeul ſur les feuilles de ce même format, nous eſpérons qu'on nous rendra la juſtice, qu'au mérite de l'exécution, nous y avons joint celui de rendre l'acquiſition de cet Ouvrage facile à toutes les claſſes de Lecteurs.

Ces planches d'Hiſtoire Naturelle ne faiſant point partie de la ſouſcription de l'Encyclopédie, le prix de chaque livraiſon compoſée de *cent planches*, le Diſcours au nombre de quinze feuilles, & la brochure compris, eſt de 21 livres pour les Souſcripteurs de l'Encyclopédie ſeulement, & nous nous obligeons, *ſous toutes les peines de droit*, de ne jamais donner chaque Livraiſon au Public à moins de 36 livres, le Diſcours & la brochure compris.

Aucun Libraire en Europe ne pourroit donner un pareil ouvrage au prix auquel nous l'établiſſons; notre poſition pouvoit ſeule nous permettre cette combinaiſon, ſi

(1) La gravure de ces planches d'Hiſtoire Naturelle coûte infiniment plus que celle des *Arts & Métiers mécaniques*. Le Public éclairé ſait que le prix des gravures eſt relatif à leur exécution & aux objets qu'elles repréſentent; c'eſt par cette raiſon qu'on a vu quelquefois une ſeule planche ſe vendre juſqu'à trois & quatre louis. Dans le prix de 21 liv. auquel nous établiſſons chaque livraiſon de cent planches, elles ne reviennent qu'à quatre ſous; & les Souſcripteurs à ce prix ne paient le Diſcours & la brochure que vingt ſous. On ne peut pas fixer le nombre de feuilles de Diſcours de chaque partie de cent planches; nous avions compté ſur 15 pour chacune. S'il y en a un moindre nombre, nous en tiendrons compte aux Souſcripteurs ſur le pied de 5 ſous chaque feuille; s'il y en a davantage, ils nous en tiendront compte au même prix. Nous ſommes obligés de modifier nos engagemens ſur notre poſition. Se renfermer dans des clauſes ſtrictes pour des objets qui ne pouvoient pas nous être connus, lorſque nous les avons propoſés aux Souſcripteurs, c'eſt nous forcer à les mutiler & à gâter le plus bel ouvrage qu'on ait publié depuis que l'on imprime des livres.

ces planches ne faiſoient point partie d'une maſſe auſſi conſidérable que l'Encyclopédie, ſi les Souſcripteurs, d'après le vœu que le plus grand nombre a formé pour leur exécution, ne s'étoient pas déterminés à les prendre (& un ſeul les a refuſées), il eût été impoſſible de donner chaque livraiſon à moins de (2) 48 livres, car le Public doit ſavoir que plus on vend d'un ouvrage, plus il eſt poſſible de le donner à un prix modéré, parce qu'il y a des frais fixes, comme la copie, la gravure, l'impreſſion, &c. qui deviennent d'autant moindres qu'ils portent ſur un plus grand nombre d'exemplaires; c'eſt par cette même poſition que nous avons pu donner aux Souſcripteurs un Atlas dont les planches ne leur reviennent qu'à 5 ſols quelques deniers, tandis que nous pourrions citer des ouvrages modernes du même genre & d'un plus petit format qui coûtent 12 & 15 ſols chaque planche.

M. l'Abbé Bonnaterre avoit d'abord entrepris l'exécution entière de cet immenſe ouvrage, comme nous l'avons déjà dit; les volumes qu'il a publiés ſur l'Hiſtoire Naturelle prouvent que perſonne n'étoit plus propre que lui à remplir ce travail d'une manière digne du Public; mais occupé de toute la partie des animaux, des minéraux, & les planches de la Botanique étant relatives au Dictionnaire dont M. de Lamark eſt occupé, ce dernier a conſenti de ſe charger de ce nouveau travail. M. Brugnières, Auteur du Dictionnaire des Vers & Coquilles, travaille à la publication des

(2) L'Ouvrage de M. Bloch, qui eſt le dernier qu'on ait publié ſur les Poiſſons, contient 36 cahiers, dont chaque planche ne repréſente ordinairement qu'un ſeul Poiſſon. Les 36 cahiers coûtent 432 liv. Son ouvrage ne contient que les figures & la deſcription de 215 Poiſſons. Le nôtre comprend les repréſentations de 420 de ces animaux, & la deſcription de 744, & ne coûte que 21 livres.

N'avons-nous pas vu auſſi des *in-8°* ſans planches, d'une très-belle édition à la vérité, vendus 15 liv., parce qu'on ne les tiroit qu'à 200 ou 250, & les Libraires n'auroient pas pu, à cauſe du petit nombre, les donner à un moindre prix.

planches qui y font relatives celles qui paroiffent avec la quarante-fixième Livraifon peuvent faire juger du mérite de leur exécution.
L'ouvrage de M. l'Abbé Bonnatere, ceux
de MM. de Lamark & Brugnières forment
un *Linné* en grand, un *Linné* perfectionné,
augmenté de milliers d'efpèces dont ce
grand Naturalifte n'a pu avoir connoiffance,
repréfentées en figure où en indiquant dans
le Difcours les plus petites variétés qu'offrent
les efpèces, il a fallu faire un choix pour
les planches, & ne donner que celles dont
les différences font bien caractérifées, qui
forment des objets diftincts, & dont la gravure pouvoit donner une fidelle repréfentation, car pour tous ceux qui ne diffèrent que par des couleurs, le difcours feul
ou la peinture peuvent les exprimer.

Il n'exifte point en Europe d'ouvrage fur
ce plan; les animaux, les végétaux y font
rangés par claffes, genres & efpèces. Toutes
les plantes y font développées & repréfentées dans le plus grand détail, depuis
la racine jufqu'à la graine, avec toutes les parties de la fructification. Ces
planches fupérieurement gravées ont été
deffinées fous les yeux de MM. l'Abbé
Bonnatere, Lamark & Brugnières, par MM.
Foffier & Defeve, Deffinateurs très-habiles
en ce genre. M. Benard, Chef-Graveur, à qui
l'Encyclopédie doit les plus grandes obli-
grtions, qui en a fuivi les travaux avec un
zèle éclairé & une conftance infatigable, a
feul dirigé toute la gravure, ayant fous lui
foixante Graveurs qui l'ont fecondé dans
ce travail très-long, très-difficile par l'immenfité des détails qu'il embraffe.

Les Difcours qui font à la tête de ces
volumes de planches de Hiftoire Naturelle
remplacent, comme nous l'avons déjà dit,
les tables de lecture qui terminent les
Dictionnaires Encyclopédiques, & qui n'auroient pu avoir lieu pour ceux de l'Hiftoire Naturelle, vu l'immenfité d'objets
que préfente chacune des parties (voyez
pour plus de détails fur les planches publiées
par MM. l'Abbé Bonnaterre, Lamarck,
les avis particuliers de chaque Livraifon).

Je dois encore ajouter que le Difcours
qui précède ces planches eft en françois

& en latin; ce qui doit le rendre d'un
ufage univerfel. Il eft écrit dans le ftyle
le plus concis, dans celui que les Botaniftes connoiffent fous celui de *ftyle fyf-
tématique*, il correfpond en tout au Dictionnaire de Botanique du même Auteur,
dans lequel font expofées les defcriptions
& une exacte *fynonymie* de toutes les plantes
connues avec une notice de leurs divers
degrés d'utilité.

Ces planches d'Hiftoire Naturelle, lorfqu'elles feront terminées, (& plus de la
moitié eft actuellement entre les mains des
Graveurs) contiendront la repréfentation de
feize à dix-huit mille objets de la Nature.

Les 39 volumes *in-4.°* du *Buffon*, ne
contiennent pas 600 objets de la nature.

Nous allons maintenant répondre à une
objection que quelques Soufcripteurs pourroient nous faire. « Vous avez, nous dira-
» t-on, promis le *total* des planches con-
» tenues dans les douze volumes *in-folio*
» de la première édition de l'Encyclopé-
» die de Paris, & de fon fupplément, &
» nous avons du moins le droit d'avoir
» les planches d'Hiftoire Naturelle de cette
» édition, *réduites* au même prix que
» celles des Arts & Métiers mécaniques. »
D'abord nous n'avons point pris cet engagement; & ceux qui liront en entier
(*page 7 du Profpectus in-4.° à deux colonnes*) l'article qui concerne les planches,
verront que nous nous fommes permis
» des réductions & des fuppreffions qui
» doivent être remplacées par nombre de
» planches nouvelles, foit dans les Arts
» mécaniques, foit dans les Sciences. »
Or, cet engagement, nous l'avons rempli & au-delà de nos promeffes; car nous
pourrions démontrer que dans les huit volumes de planches d'Arts & Métiers, actuellement publiés, il y a un tiers de
planches faites fur de nouveaux deffeins,
dont un entrepreneur, qui n'auroit confulté que fes intérêts, auroit pu donner
un bien moindre nombre. Nous obferverons que ce n'eft point par aucune vue
d'intérêt perfonnel que nous nous fommes
déterminés à la publication d'un *corps* de
planches fur l'Hiftoire Naturelle; mais

cette publication & la réuffite de ces planches devenoient indifpenfablement néceffaires, pour donner aux Soufcripteurs 48 volumes de Difcours à 6 liv., le bénéfice de l'un devant fervir à couvrir la perte qu'il y a fur ces derniers, & nous nous trouvons heureux, dans cette combinaifon, d'avoir pu concilier les intérêts des Soufcripteurs avec le falut de l'Encyclopédie. Les Auteurs de l'Hiftoire Naturelle de la première édition in-folio n'ayant point cité de Planches dans leurs Difcours, rien ne nous obligeoit à en donner & cependant, comme nous defirons que, dans tous les tems, les Soufcripteurs n'aient qu'à fe louer de nos procédés, & que nous voulons nous mettre à l'abri même de la plus légère objection. Voici ce que nous ferons pour les fatisfaire.

Les cent (1) huit planches d'Hiftoire Naturelle de la première édition de l'Encyclopédie in-folio étant réduits dans notre format, compoferoient, d'après le calcul que nous en a donné M. Bénard, quarante planches in-4°., les Soufcripteurs ne paieront les 40 dernières planches, qui entreront dans le dernier volume du tableau Encyclopédique & Méthodique, que le

(1) *Voici le détail exact des Planches d'Hiftoire Naturelle de l'édition in-folio de l'Encyclopédie de Paris.*

Quadrupèdes . . . . 23 Planches *in-folio.*
Cétacées 1
Ovipares 2
Serpens 3
Oifeaux 22
Poiffons 6
Crabes 2
Ourfins 2
Etoiles de mer 2
Coquilles terreftres & fluviatiles 2
Coquilles de mer 9
Infectes 14
Polypiers 8
Règne végétal 12
──────
108

Le même arrangement aura lieu pour les Planches d'Antiquités.

même prix qu'ils ont payé celles des Arts & Métiers mécaniques.

Sur des planches encyclopédiques d'Antiquité, par M. Mongès, de l'Académie des Infcriptions.

Le Public, les antiquaires & les artiftes fe plaignent avec raifon de n'avoir point d'Ouvrage complet fur les *antiqit's & les coftumes des anciens* ; les Livres de ce genre, qui ont quelque réputation, font d'un prix trop confidérable, & d'une étendue trop volumineufe, pour l'ufage ordinaires, tels font Montfaucon, le Recueil d'Herculanum, de Caylus, &c.; plufieurs n'ont embraffé qu'une partie des objets d'antiquités ; tels font le recueils des lampes de Bellori, de Paffieri, le recueil de Vafes étrufques, de d'Hancarville, &c., &c. : quelques autres ont rendu leur collection trop volumineufe & trop chère, en la furchargeant de fcènes ou de tableaux complets, au lieu de matériaux préparés pour les artiftes qui doivent les mettre en ufage & en activité ; tels font dans Montfaucon les tableaux nombreux, tirés des Colonnes Trajane & Antonine, &c.

L'Auteur du Dictionnaire d'Antiquités, (M. Mongès, de l'Académie des Belles-Lettres) a cherché un milieu entre ces excès ; il a raffemblé, dans deux volumes, tous les coftumes des peuples anciens jufqu'au Bas-Empire ; il y a joint les têtes des perfonnages hiftoriques, que les monuments nous ont confervés inconteftablement : avec celles-ci on trouvera les têtes des êtres Mythologiques, que les artiftes anciens ont toujours produits fous les mêmes traits, tels, Hercule, Jupiter, Junon, Mercure, &c. ; quant aux perfonnages Mythologiques dont une tradition conftante n'a point fixé les traits, & qui n'ont de conftant que certains attributs ou fymboles ; tels que la victoire, la liberté, &c. On les donnera avec ces caractères diftinctifs, fans s'attacher fcrupuleufement à la vérité de la Phyfionomie , comme on l'a fait aux précédents.

Cette collection n'a été faite que d'après les Auteurs & les Artiftes , dont les lumières & les connoiffances , dans les arts font reconnues , tels que Winckelmann , le Comte de Caylus qui deffinoit & gravoit lui-même , Bartoli , &c. ; c'eft ainfi que l'on a repris dans les originaux, tout ce que Montfaucon avoit publié : l'on a indiqué les objets , dont Montfaucon a eu des deffeins originaux , mais dont nous ne nous rendons point refponfables.

Jamais il n'y eut un moment où le recueil de vafes , de meubles & d'uftenfiles pût être mieux accueilli que celui où le bon goût rappelle dans nos meubles, nos tapifferies , &c. , les formes élégantes & fimples de l'antiquité.

Les deux volumes de planches , qui formeront cette collection , feront l'extrait fidèle de plus de cent Ouvrages fur les antiquités, dont quelques-uns ont plus de dix volumes, & dont le format in-folio ou in-quarto , la multiplicité des gravures , rendent l'acquifition impoffible à des particuliers ; leur valeur excède la fomme de 20,000 livres, & les occafions de les raffembler ne s'offrent prefque jamais.

Nous ne dirons qu'un mot fur l'exécution des gravures ; on a cherché à éviter la féchereffe des figures, gravées au fimple trait, & le *fini*, trop recherché, qui donne aux antiques une teinte & une empreinte modernes. En un mot, on s'eft propofé de donner aux planches de cette collection, la *naïveté* qui caractérife les deffeins de ce genre faits en Italie. Le defir d'éviter de grands frais a fait remplir fes planches fans les furcharger ; l'ordre utile l'a toujours emporté fur une fymmétrie & un goût d'agencement qui ont trop dominé jufqu'ici dans les recueils d'antiquités ; les facilités qu'offrira l'arrangement des objets *par ordre de matières* aux recherches des Peintres, des Sculpteurs, des Décorateurs, des Directeurs de Théâtres, aux Ordonnateurs de fêtes, &c. , &c. , donnent un nouveau prix à cet Ouvrage.

SUR un *Atlas des 83 Départemens*, qui forment aujourd'hui la nouvelle divifion de la France, par M. CASSINI, de l'Académie Royale des Sciences.

DANS la première partie de notre Atlas Encyclopédique , précédemment publiée , (vingt-quatrième Livraifon) la Géographie de la France s'eft trouvée comprife en douze cartes, dont la grandeur limitée de de notre format a infiniment rapetiffé l'échelle.

Nous nous propofons aujourd'hui de donner à nos Soufcripteurs une Géographie particulière & plus étendue de la France ; nous y confacrerons un volume entier, compofé d'environ quatre-vingt-dix cartes. Ces cartes repréfenteront, avec un détail fatisfaifant, ce que l'on peut appeller la nouvelle Géographie de la France, c'eft-à-dire, la divifion de ce Royaume en Départemens, telle qu'elle a été décrétée par l'Affemblée Nationale.

Chaque Département occupera une carte particulière, à laquelle fera jointe une feuille , contenant une defcription géographique, courte & précife de ce même Département ; la comparaifon de l'ancienne à la nouvelle divifion , & un tableau des diftances à la méridienne , à la perpendiculaire, de la longitude & de la latitude de toutes les villes & principaux bourgs, d'après la grande carte générale, dite de l'Académie : ce qui rendra cet Atlas un véritable monument géographique, & le dépôt le plus précieux de la Géographie du plus beau Royaume de l'Europe. Pour faire préjuger le mérite de cet Ouvrage & le degré de confiance dont il fera digne, il nous fuffira de dire que c'eft M. de Caffini qui s'en eft chargé, & qui prend à cœur de dépofer dans notre collection Encyclopédique, une réduction exacte & foignée de cette belle carte de la France, qui fait tant d'honneur à fon nom, & un précis hiftorique auffi intéreffant que favant des immenfes travaux & des moyens d'exécution

tution qui, à ce sujet, ont occupé, depuis cent ans trois de ses Ancêtres, & lui-même ; enfin, de rassembler dans un même corps d'ouvrage les bases, les données & les principaux résultats du plus grand travail géographique qui ait été entrepris & conduit à sa fin.

DICTIONNAIRE Encyclopédique de l'Assemblée Nationale, contenant, 1.º l'Histoire de la Révolution. 2.º Les débats de l'Assemblée Nationale. 3.º Les actes de la Législation, ou la collection des nouvelles Lois, pour servir de supplément aux Dictionnaires de Jurisprudence, des Finances, du Commerce, de l'Économie politique & diplomatique, par une Société de Jurisconsultes & M. PEUCHET, Editeur, homme de Loi, un des Administrateurs provisoires de la ville de Paris, Auteur de la Police & de la Municipalité, de l'Encyclopédie méthodique.

CET OUVRAGE a été annoncé pour la première fois au mois de Janvier de l'année dernière. Depuis ce moment l'Éditeur a recueilli soigneusement les matériaux immenses qui doivent entrer dans sa composition, & a profité des réflexions dont les personnes éclairées ont bien voulu lui faire part sur les moyens de donner une plus grande perfection à son travail.

Il sera partagé en trois grandes divisions, 1.º l'Histoire de la Révolution ; 2.º les débats de l'Assemblée Nationale ; 3.º le tableau complet de la Législation positive, c'est-à-dire, la collection des nouvelles Loix présentées dans un ordre méthodique & suivant le rapport qu'elles présentent entr'elles.

C'est sur les pièces publiques, d'après les actes des Corps Administratifs, les procès-verbaux & les meilleurs mémoires du tems que la première Partie sera rédigée, on y présentera les évènemens sans y rien retrancher ni ajouter qui puisse en

altérer le sens ou en faire suspecter la vérité. Cette impartialité ou plutôt cette exactitude doit faire de cette partie un dépôt précieux où tous ceux qui voudront étudier la Révolution pourront puiser des documens authentiques & présentés sans exagération.

Elle servira d'introduction à la seconde Partie de l'ouvrage. Il eût été trop long & les répétitions eussent été trop multipliées, si l'on eût présenté dans le cours des débats de l'Assemblée Nationale tous les évènemens auxquels ils se sont rapportés ou dont au moins ils supposoient la connoissance. Le Lecteur se trouvera d'avance au courant de la délibération, lorsqu'il aura donné quelqu'attention au récit des faits contenus dans la première Partie.

On excepte cependant de cette règle les événemens qui sont devenus l'objet particulier d'un Decret, & qui ont fourni matière à un rapport dans l'Assemblée Nationale. Alors on trouvera sous la même indicatif du lieu de l'événement le développement des débats qu'il a fait naître avec les pièces lues de part & d'autre à l'appui des opinions respectives.

Cette méthode sera rigoureusement suivie pour tous les actes de la législature. On aura le plus grand soin de rapporter les Discours qui auront été prononcés par les Membres de l'Assemblée, sans aucun égard pour le parti auquel ils auront paru attachés ; il n'y a que cette manière d'être court, plein & impartial dans une aussi importante matière.

L'usage de cette partie de l'ouvrage sera commode, parce que tous les sujets de débats y seront présentés sous l'ordre alphabétique. Ainsi, aux mots *Assignats*, *Régence*, par exemple, on trouvera les Discours auxquels cette matière a donné lieu, & pour la connoissance des Décrets qui en ont été le résultat, l'on renverra à la troisième Partie.

Celle-ci plus particulièrement utile à ceux qui se destinent aux fonctions publiques, présentera, comme nous l'avons dit, la collection des Loix constitutionnelles, administratives & particulières émanées de l'Assemblée Nationale & du Roi.

On a cru devoir adopter dans leur exposé une forme méthodique qui en fit voir les rapports & en facilitât la classification dans l'esprit du Lecteur. Cette forme d'une grande ressource pour les esprits méditatifs a par-dessus tout l'avantage de former un corps complet & régulier de Loix, & de préparer l'étude de celles que l'on veut principalement connoître.

Une table des matières que l'on joindra à cette troisième partie la rendra d'un usage plus facile encore, ainsi que le reste de l'ouvrage ; on y trouvera les Loix & les objets importans contenus dans les trois divisions qui le composent,

Il n'y avoit qu'une attention suivie à recueillir, depuis la première Assemblée des Notables jusqu'aujourd'hui, tous les matériaux qui doivent entrer dans cet ouvrage, qui en ait pu rendre l'exécution possible. C'est ce que l'Editeur a constamment fait. Dès la fin du ministère de M. de Calonne une révolution quelconque se préparoit & l'on pouvoit prévoir que toutes les pièces publiques & les principaux mémoires du tems seroient nécessaires à quiconque en voudroit faire connoître les actes & les événemens ; c'est de cette époque que date l'histoire de la Révolution, c'est à elle que nous commencerons.

Il falloit encore, pour le succès d'un aussi grand travail, que la partie Typographique se réunît aux soins de l'Auteur sous un format & un caractère semblables à ceux de l'Encyclopédie ; l'on n'eût jamais pu suffire avec quatre à cinq volumes à l'exécution de l'entreprise ; mais, au moyen des facilités qu'ils donnent pour l'abondance des matières, on fera sûr d'avoir dans ce nombre de volumes ce qu'on ne pourroit se procurer qu'imparfaitement avec beaucoup de peines & de grandes dépenses.

Cet ouvrage sera terminé dans le courant de l'année 1792.

(N. B.) Les noms de tous les Députés à l'Assemblée Nationale seront imprimés à la tête du premier volume de ce Dictionnaire.

SUR une opinion qui commence à se répandre dans le Public, que la Révolution rend inutiles plusieurs Dictionnaires de l'Encyclopédie méthodique.

NOUS N'IGNORONS pas les plaintes & les reproches que plusieurs personnes répandent, contre un grand nombre des articles, qui sont contenus dans l'Encyclopédie & principalement contre ceux qui composent la partie de la Jurisprudence ; il leur semble que ces objets sont devenus totalement inutiles par la Révolution. Il paroît en effet que les Decrets de l'Assemblée Nationale, en supprimant les anciens corps judiciaires, en anéantissant les droits féodaux & les dîmes, en abolissant les titres de la majeure partie des bénéfices ecclésiastiques, en déclarant nationaux les biens qui en forment la dotation, semble également avoir détruit les principes qui régissoient ces matières ; & avoir rendu inutiles les discussions qui en apprenoient l'application aux espèces particulières.

Mais il est aisé de faire voir à nos Souscripteurs le peu de fondement de leurs plaintes, & ils en conviendront avec nous s'ils veulent prendre la peine de lire les observations que nous leur présentons.

C'est d'abord une injure manifeste, de reprocher aux Editeurs de l'Encyclopédie, d'avoir inséré dans leur ouvrage des ob- que l'Assemblée Nationale a corrigés ou détruits : à l'époque où le Dictionnaire de Jurisprudence a été imprimé il étoit d'une nécessité absolue d'y comprendre tous les articles qui le composent. La science du droit est une de celles qui intéressent le plus les sociétés civiles & politiques, parce que l'ordre social ne peut subsister sans des loix qui le gouvernent, & sans des Magistrats, qui en maintiennent l'observation. Chaque individu d'une société quelconque a dans toutes les circonstances de la vie des droits à exercer & des devoirs à remplir envers ses concitoyens & ses semblables ; il étoit donc important de lui donner alors un moyen de les connoître & de les confulter : tel étoit auffi le but du Dictionnaire de Jurifprudence, qui donne le tableau fidèle des loix qui étoient toutes en vigueur au moment où il a été préfenté au Public. Ainfi, fous ce rapport, (quand bien même il feroit feul,) ce Dictionnaire a un objet certain d'utilité qu'on ne peut lui contefter.

Mais allons plus loin, & ne craignons pas de dire que, fi on en recommençoit aujourd'hui la rédaction, on ne pourroit fe difpenfer d'y faire entrer tout ce qui s'y trouve fur les matières canoniques & féodales, fur les Tribunaux fupprimés & généralement fur tous les objets que les Décrets de l'Affemblée Nationale, ont ou modifiés, ou changés, ou détruits.

En effet, qu'eft-ce que c'eft que l'Encyclopédie ? le dépôt univerfel des Sciences, des Arts & de toutes les connoiffances humaines. Cet ouvrage rempliroit mal, ou plutôt ne rempliroit pas fon titre, s'il ne contenoit que les connoiffances & les ufages du moment ; s'il ne rappelloit pas ce que les anciens avoient découvert, ce que les modernes y ont ajouté, & la manière dont ils ont augmenté, ou modifié, ce qu'ils avoient appris de leurs Pères. Par une fuite de ces principes, le Dictionnaire de Jurifprudence qui forme le dépôt de de la Science du Droit, doit renfermer d'abord les principes généraux de la juftice éternelle, applicables à toutes les fociétés & à toutes les efpèces de gouvernements; certainement fous ce point-de-vue, on ne peut pas dire qu'il eft devenu inutile, depuis la Révolution, car elle ne doit ni ne peut changer les préceptes du droit naturel, & les règles primitives du *jufte* & de l'*injufte*, ni diffoudre les obligations refpectives des hommes, dans les conventions qu'ils ftipulent entr'eux.

En fecond lieu, un Traité de Jurifprudence doit faire connoître les variations, qu'ont éprouvées les loix civiles du pays, où il eft écrit, & pour lequel il eft principalement compofé, les changements arrivés dans la forme des jugements, dans l'organifation des Tribunaux, dans la Jurifdiction des différents corps de Magiftra-

ture, dans la procédure civile & criminelle ; c'eft par l'étude approfondie de l'antiquité & des divers ufages qu'on fuit la marche de l'efprit humain dans fes établiffemens, qu'on en découvre les vices & les avantages & qu'un homme d'Etat peut arrêter ou réformer les abus inféparables de toutes les inftitutions humaines.

On nous auroit reproché avec fondement de n'avoir préfenté à nos Lecteurs qu'un Traité informe de la Jurifprudence françoife, fi nous n'avions pas inféré, dans dans notre recueil, les actes & les formes de notre ancienne Légiflation, fi nous n'y avions pas donné connoiffance des Loix Saliques, Ripuaires, Bourguignones & Lombardes, ainfi que des capitulaires des Rois de la feconde Race, & des ordonnances poftérieures qui font tombées en défuétude ; parce qu'en effet, un Traité du Droit doit faire connoître les ufages, qui avoient lieu autrefois, les loix qui ont été ou abrogées ou oubliées, & celles qu'on a jugé néceffaires d'y fubftituer. Quel motif pourroit donc aujourd'hui faire regarder comme inutile la majeure partie d'un ouvrage qui étoit abfolument néceffaire, dans le tems de fa compofition, & qui aura toujours au moins l'utilité de conferver la connoiffance hiftorique des loix & des ufages qui nous régiffoient encore il y a un an.

Mais il y a plus ; les matières contenues dans le Dictionnaire de Jurifprudence feront long-tems d'un ufage journalier, & ferviront de règles dans les jugemens qui interviendront pendant une longue fuite d'années fur les objets qui paroiffent entièrement abolis, par les Decrets de l'Affemblée Nationale ; c'eft ce qu'il eft facile de démontrer.

L'Affemblée Nationale a détruit tous les droits féodaux, les uns fans indemnité, les autres par le rachat qu'elle a autorifé à en faire ; elle a aboli, fans indemnité, ceux de ces droits qui avoient trait à l'ancienne fervitude perfonnelle ; mais il eft difficile de connoître & de fixer la nature & l'effence de cette efpèce particulière. Le débiteur d'une redevance feigneuriale, pour fe libérer fans argent, foutiendra que celle dont il étoit chargé, tenoit à la perfonnali-té, & que, par conféquent, il ne doit aucun rembourfement; l'ancien Seigneur prétendra qu'elle eft un droit réel, attaché à la glèbe & dûe pour prix de la conceffion de la terre. Que faire alors ? Contefter devant le Juge qui, pour donner fa décifion avec connoiffance de caufe, & fuivant les règles de la Juftice, remontera à l'origine du contrat, examinera les claufes de l'afte d'inveftiture ou du bail à cens, & en difcutera les claufes, d'après les principes de la féodalité, que nous avons confignés dans notre Recueil de Jurifprudence.

Les droits déclarés rachetables doivent, fuivant les Decrets, continuer à être payés aux anciens Seigneurs, jufqu'au rembourfement; jufqu'à cette époque les Seigneurs ont le droit de les exiger; donc que, s'il s'élève fur leur perception des conteftations entr'eux & les redevables, il eft évident qu'elles doivent être jugées d'après les loix féodales, &, qu'à cet égard, le Dictionnaire de Jurifprudence eft encore d'une abfolue néceffité.

Il en eft de même par rapport aux dixmes. La perception de celles qui font inféodées doit avoir lieu jufqu'à leur rachat; il n'y a rien de ftatué fur celles qui font dûes à l'ordre de Malthe. Cette perception occafionnera fûrement jufqu'au rachat, ainfi que par le paffé, un grand nombre de procès fur leur nature, leur quotité, la forme de les payer, &c. Il fera urgent, dans ces circonftances, d'avoir recours aux articles qui traitent de cette matière. Combien de tems pourra durer cette preftation de dixmes ? L'Affemblée Nationale a pu décréter la faculté & le mode de leur rembourfement, mais il faut que le débiteur trouve dans fa richeffe perfonnelle les moyens de l'effectuer.

La fuppreffion des titres de bénéfices, autres que les Evêchés & les Cures, la vente des biens du Clergé, l'abolition des Ordres Religieux, la nouvelle forme introduite pour la collation des Evêchés & des Cures, paroiffent au premier coup-d'œil rendre inutiles un grand nombre d'articles de la Jurifprudence canonique;

mais ce feroit s'abufer que d'en conclure que cette partie du Droit François eft totalement abrogée; je ne répéterai pas ce que j'ai dit plus haut, fur la néceffité de faire connoître, dans un traité de Droit Canon, l'état dont a joui l'Eglife de France pendant plus de quatorze fiècles; mais il eft de fait que l'Affemblée Nationale, par fes Decrets, n'a point anéanti les principes & les règles du Droit Canon; il faudra, dans le nouvel ordre de chofes, comme dans tous les tems antérieurs, que les Eccléfiaftiques, les Tribunaux fe conforment, dans leur conduite & leurs jugemens, aux règles établies & confignées dans l'Encyclopédie, fur les mœurs, le choix & la qualité des Bénéficiers, fur la difcipline de l'Eglife de France, fur l'adminiftration extérieure des Sacremens & autres chofes femblables. La Hiérarchie de l'Eglife fubfifte toujours; fi nous n'avons plus d'Archevêques, nous avons des Métropolitains; fi les Evêques n'ont plus de Chapitres, on leur donne pour confeils un certain nombre de Vicaires; il n'y a, à cet égard, qu'un changement de dénomination; le fond des chofes eft & fera toujours le même, & les principes fur ces matières auront le même ufage & la même application.

Le Dictionnaire de Jurifprudence a l'avantage d'avoir fait entrer en peu de volumes tout ce qui eft renfermé dans les plus nombreufes collections d'ouvrages fur la Légiflation civile & criminelle. Un nombre infini d'articles généraux font même indépendans des modifications & des fuppreffions opérées par le Corps Légiflatif. Dépend-il, par exemple, d'aucune Puiffance de frapper de nullité ce qui a été dit de conforme à la juftice, à la raifon, aux principes immuables de la vérité fur les mots *Concubinage, Confultation, Dommage aux innocens accufés, Duel, Faillite, Galères, Jardins publics, Maifons royales, Mari, Péculat, Perturbateurs, Prifons, Subornation, Témoins néceffaires, Viol, Vol, Maladies vénériennes, confidérées comme délit ?*

Nous pourrions citer mille autres articles dans la partie de la Jurisprudence que leurs Auteurs ne traiteroient point aujourd'hui d'une manière différente dont ils y sont exposés. Doit-on aussi compter pour rien la faculté de pouvoir comparer, dans une même partie de l'Encyclopédie, tout ce qu'offroit de défectueux l'ancien monument de notre Code avec l'édifice moderne de nos Légiflateurs ? C'est cet avantage unique que présentera le Dictionnaire de l'Assemblée Nationale, dont nous venons de mettre le plan sous les yeux de nos Souscripteurs. La réunion de ces deux ouvrages leur offrira toute notre Légiflation ancienne & moderne. On y verra, dans plusieurs articles du Dictionnaire de Jurisprudence, *Contrebandes*, *Commiffions de grâce*, *Dépofition*, *Prifons d'Etat*, *Queftion*, *Secrétaires de Juges*, *Sollicitation*, que les Auteurs de cette partie étoient animés non-feulement du desir d'enfeigner ce qui étoit, mais encore de faire connoître ce qui devoit être. On leur saura peut-être quelque gré d'avoir contribué à éclairer la route qu'ont fuivie nos Légiflateurs, d'avoir fait entendre la vérité dans un tems où il y avoit quelque courage à la dire.

Nous pourrions étendre beaucoup plus loin ces réflexions ; mais ce que nous venons de dire fuffit pour démontrer à nos Souscripteurs, que l'Encyclopédie a dû contenir tous les articles qu'on y a inférés, qu'on les y comprendroit encore aujourd'hui, & qu'ils ferviront prefque tous de guide dans les conteftations qui s'élèveront à l'avenir par rapport aux objets mêmes que l'Affemblée Nationale paroît avoir voulu principalement changer.

Ce que nous venons de dire du *Dictionnaire de Jurisprudence* de l'Encyclopédie, nous pourrions l'appliquer à celui des *Finances* : quand on voudroit ne le confidérer que comme ne contenant que l'Hiftoire ancienne de cette partie, nous ne verrions rien à en fupprimer ; car l'Hiftoire ancienne & moderne de toutes les connoiffances humaines, *vérités* ou *erreurs*, doivent fe trouver dans l'Encyclopédie : les vérités, pour apprendre à les connoître ; les erreurs, pour s'en défendre & les éviter. (*Voyez fur ce Dictionnaire le grand Mémoire que j'ai publié fur l'Encyclopédie*, n.° XXIX.) Il comprend non-feulement tout l'ancien régime de l'Adminiftration de nos Finances, mais l'Auteur y a raffemblé, fous le nom de chaque état étranger, les renfeignemens les plus exacts qu'il a été poffible de fe procurer fur les différentes branches de leurs revenus, fur leur-exploitation ; & fur les différens genres de contributions dont elles étoient compofées.

PREMIER ETAT des paiemens faits par les Soufcripteurs, jufques & compris la trentième Livraifon, & des Volumes tant de Planches que de Difcours, publiés à chaque Livraifon.

ORDRE numérique DES LIVRAISONS.	NOMBRE de Volumes DE DISCOURS.	NOMBRE ET DÉNOMINATION DES VOLUMES DE PLANCHES.	PRIX de chaque LIVRAISON	
SOUSCRIPTION,	....	....	36	tb ꝑˢ
1.ere	....2.	....	22	ᴎ
2.e	....1 ½	....	16	10
3.e	....1 ½	& 1.er Volume de Planches, Arts & Métiers.	40	10
4.e	....2.	....	22	ᴎ
5.e	....2.	....	22	ᴎ
6.e	....1.	& 2.e Volume de Planches, Arts & Métiers.	35	ᴎ
7.e	....2.	....	22	ᴎ
8.e	....1 ½	....	16	10
9.e	....1 ½	& 3.e Volume de Planches, Arts & Métiers.	40	10
10.e	....2.	....	22	ᴎ
11.e	....2.	....	22	ᴎ
12.e	....1.	& 4.e Volume de Planches, Arts & Métiers.	35	ᴎ
13.e	....2.	....	22	ᴎ
14.e	....2.	....	22	ᴎ
15.e	....2.	....	22	ᴎ
16.e	....2.	....	22	ᴎ
17.e	....ᴎ ½	& 5.e Volume de Planches, Arts & Métiers.	35	ᴎ
18.e	....2.	....	22	ᴎ
19.e	....2.	....	22	ᴎ
20.e	....2.	....	22	ᴎ
21.e	....1.	& 6.e Volume de Planches, Arts & Métiers.	35	ᴎ
22.e	....2.	....	22	ᴎ
23.e	....2.	....	22	ᴎ
24.e	....2.	& le 1.er Volume de l'Atlas.............	22	ᴎ
25.e	....2.	....	22	ᴎ
26.e	....2.	....	22	ᴎ
27.e	....2.	....	22	ᴎ
28.e	....2.	& la 1.cre Livraifon des Planches d'Hifloire Natur.	22	ᴎ
29.e	....2.	....	21	ᴎ
30.e	....1 ½	& le 2.e Volume de l'Atlas.............	0	ᴎ
Total des Volumes de la Soufcrip- tion.........	....53......	Total des paiemens faits par les Soufcripteurs.	751	ᴎ

(N. B.) Sur cette fomme de 751 liv. il faut diminuer celle de 79 liv. pour objets fournis dans les trente premières Livraifons, & qui n'ont point été portés dans la dépenfe des Soufcripteurs, favoir : les deux Volumes *de l'Atlas ; la première Livraifon des Planches de l'Hifloire Naturelle ; un Volume excédent dans la trentième Livraifon.*

L'Atlas & les Planches d'Hifloire Naturelle ne font point partie de la Soufcription de l'Encyclopédie ; on a été parfaitement libre de les prendre.

Voyez, pour plus de détails, les pages 24 & 27 du grand Mémoire que j'ai publié fur l'Encyclopédie, à la tête du Tome troifième des Mathématiques, qui a paru avec la trentième Livraifon.

Le Total des paiemens faits par les Soufcripteurs, monte à....................... 751 ᵗᵇ.
Otant donc.. 79
Il refte pour total du paiement réel fait pour les objets de la *Soufcription* par les Soufcripteurs
à 672 liv. & ceux à 751 liv... 672 ᵗᵇ

DEUXIEME ÉTAT des paiemens faits par les Soufcripteurs jufques & compris la 44.e Livraifon.

ORDRE numérique DES LIVRAISONS.	NOMBRE des Volumes DE DISCOURS.	NOMBRE ET DÉNOMINATION des VOLUMES DE PLANCHES.	PRIX de chaque LIVRAISON.	
Paiement des 30 premières Livraifons...........	....	....	672	1
DEUXIEME SOUSCRIPTION.	....	....	36	»
31.e.....	...2.....	....	12	»
32.e.....	...1.....	& le 7.e Volume des Planches, Arts & Métiers...............	30	»
33.e.....	...1.....	& la 2.e Livraifon des Planches d'Hiftoire Naturelle........	23	»
34.e.....	...2.....	....	17	»
35.e.....	...2.....	....	17	»
36.e.....	...2.....	....	17	o
37.e.....	...½.....	& la 3.e Livraifon des Planches d'Hiftoire Naturelle........	27	12
38.e.....	...1.....	& la 4.e Livraifon des Planches d'Hiftoire Naturelle........	32	»
39.e.....	...2.....	....	17	»
40.e.....	...1.....	& la 5.e Livraifon des Planches d'Hiftoire Naturelle........	30	6
41.e.....	...2.....	....	17	»
42.e.....	...1.....	& le 8.e Volume des Planches, Arts & Métiers...............	32	10
43.e.....	...2.....	....	22	»
44.e.....	...1.....	& la 1.ere Livraifon des Planches de la Botanique, ou la 6.e Livraifon des Planches d'Hiftoire Naturelle......	29	10
			1031	18

Sur cette fomme de 1031 liv. 18 f., il faut ôter le prix des Livraifons de l'Hiftoire Naturelle, qui ne font point partie de la foufcription, favoir :

2.e Livraifon des Planches d'Hiftoire Naturelle... 17 »
3.e ....idem................... 24 12
4.e ....idem................... 21 »   105   8
5.e ....idem................... 21 16
6.e Livraifon ou la 1.re Livraifon de la Botanique.... 21 »

En ôtant donc cette fomme de 105 8, il refte pour total du paiement réel fait jufqu'à ce jour, pour les objets des deux Soufcriptions, jufques & compris la 44.e Livraifon....................................... 926 10

TABLEAU des Volumes de Difcours de Planches qui doivent compofer l'Encyclopédie, avec le détail des Dictionnaires & Volumes actuellement complets & à relier.

NOMBRE des DICTIONNAIRES	TITRE DES DICTIONNAIRES	NOMBRE des VOLUMES	DICTIONNAIRES ET VOLUMES COMPLETS A RELIER	TEMS où ils SERONT FINIS
1	Mathématiques	3	I, II. Le Dictionnaire des Jeux qui termine le Tome 3 est fous-preffe.	1792
2	Phyfique	2	Sous preffe	1792
3	Médecine	8	I. Les Tomes 2, 3, 4, fous-preffe.	1793
4	Anatomie humaine & comparée	2	Le premier Volume va paroître	1793
5	Chirurgie	2	I	1792
6	Chimie, Métallurgie, Pharmatie	3	I, Tome 2, fous-preffe	1793
7	Agriculture	3	I, Tome 2, fous-preffe	1792
8	Bois & Forêts	2	Sous preffe	1792
	Hiftoire Naturelle contenant			
9 à 13	Animaux Quadrupèdes, Cétacées, Quadrupèdes, Ovipares & Serpens, Poiffons, Infectes, Vers & Coquilles	9	I, II, III, IV, V	1793
14	Botanique	5	I, II, III	1793
15	Minéraux	1	Sous preffe	1793
16	Géographie, Phyfique	1	Sous-preffe	1792
17	Géographie & Hiftoire anciennes	3	I, II	1792
18	Géographie moderne	3	I, II, III	
19	Antiquités, Mythologie	5	I, II	1792
20	Hiftoire	5	I, II, III, IV	1791
21	Théologie	3	I, II, III	
22	Philofophie ancienne & moderne	3	Le 1.er demi-Volume vient de paroître; la fuite eft fous-preffe	1793
23 à 25	Métaphyfique, Logique, Morale, Education	4	I, II, III	1791
26	Grammaire, Littérature	3	I, II, III	
27	Jurifprudence	8	I, II, III, IV, V, VI, VII, il refte un demi-Volume à publier	1791
28	Police, Municipalité	2	I	1791
29	Finances	3	I, II, III	
30	Œconomie, Politique & Diplomatique	4	I, II, III, IV	
31	Commerce	3	I, II, III	
32	Marine	3	I, II, III	
33	Art Militaire	4	I, II, III; le Tome 4, fous-preffe	1791
34	Artillerie	1	L'Auteur eft à Naples & a déjà envoyé une partie du Manufcrit	1793
35	l'Ingénieur des Ponts & Chauffées	1		1793
36	Arts Académiques, Manége, Efcrime, Danfe, Natation	½	Ce demi-Volume fe reliera avec le Tome IV de l'Art Militaire	
37	Vénerie, Chaffe, Pêches	1	Sous-preffe	1792
38	Beaux-Arts	2	I; la 1.ere partie du Tome 2 vient de paroître	1791

NOMBRE des DICTIONNAIRES.	TITRE DES DICTIONNAIRES.	NOMBRE DES VOLUMES.	DICTIONNAIRES ET VOLUMES COMPLETS A RELIER.	TEMS où ils SERONT FINIS.
39	Musique ancienne & moderne...	2	Le 1.er demi-Volume a paru	1792
40	Architecture.................	4	I; les Tomes 2 & 3, sous-presse...	1793
41	Arts & Métiers mécaniques......	8	I, II, III, IV, V, VI, VII........	1791
42 à 43	Manufactures, Peaux, Cuirs, Teinture, &c......................	3	I, II. (Nota.) Le Tome 3.e contenant Peaux & Cuirs ne doit point être relié , il y manque une vingtaine de feuilles..........	1792
44	Vocabulaire..................	5	....	1793
45	Encyclopediana...............	1	I..............................	
46	Amusemens Mathématiques, Physiques & des Arts..........	1	Sous-presse	1791
47	Dictionnaire de l'Assemblée Nationale...................	4	Sous-presse....................	1792
	Planches des Arts & Métiers mécaniques....................	11	I, II, III, IV, V, VI, VII, VIII..	1793

Observations sur ce Tableau, & résultat à en tirer.

1.° Quoique la première Colonne ne présente que 47 Dictionnaires, il y en a cependant un plus grand nombre. Les *Mathématiques* forment 2 Dictionnaires ; l'*Art Militaire*, les Beaux-Arts de même ; dans ce dernier, l'un est de Théorie, l'autre est de Pratique. Le total des Dictionnaires, page 52 *du grand Mémoire* cité ci-dessus, étoit de 51. Si l'on ajoute les nombres 45 , 46 , 47 , il est actuellement de 54.

2.° Ce Tableau, d'un seul coup-d'œil, présente les Dictionnaires actuellement terminés (ce sont ceux où le chiffre romain égale le chiffre arabe), ceux qui le seront cette année. Voici la liste des premiers.

Géographie Moderne	3 Vol.
Théologie.....................................	3
Grammaire & Littérature.......................	3
Finances......................................	3
Economie , Politique & Diplomatique..........	4
Commerce.....................................	3
Marine..	3
Art Militaire..................................	3
Arts Académiques.............................	" ½
Manufacture..................................	2
Encyclopediana...............................	1

Dictionnaires qui seront terminés cette année 1791.

Histoire	5
Logique, Métaphysique, Morale, Education.....	4
Jurisprudence.................................	8
Police , Municipalité.........................	2
Art Militaire..................................	4
Vénerie, Chasse , Pêches......................	1
Beaux-Arts....................................	2
Arts & Métiers Mécaniques.....................	8
Jeux Mathématiques & Physiques...............	1

Il y aura donc à la fin de cette année vingt-deux Dictionnaires entièrement terminés, formant ensemble soixante-trois Volumes *in-4.°*, & les autres feront à la veille de l'être, à cette époque.

Il ne refte pas aujourd'hui un trentième du Manufcrit de la totalité de l'Encyclopédie à compofer, fi on en excepte la Médecine. On verra dans ce même Tableau, qu'il ne manque qu'un ou deux Volumes pour terminer tous les Dictionnaires.

Il y a dans cette lifte des parties qui font des Chefs-d'œuvre, comme *la Botanique*, *les Infectes*, *les Vers*, *les Coquilles*. Les matériaux de ces Dictionnaires n'exiftent que d'une manière infiniment éparfe dans des milliers de Volumes, écrits en toutes fortes de Langues. L'Anatomie comparée par M. Vicq-d'Azyr. Les Manufactures, par M. Roland de la Platiere, ont coûté trente années de travaux affidus de recherches, de méditations, de Voyages, &c.

Obfervations à MM. les Soufcripteurs , fur les Volumes de l'Encyclopédie qui peuvent être actuellement reliés (ces Volumes font indiqués par les chiffres *romains* du Tableau ci-deffus.)

Ils doivent recommander très-attentivement aux Relieurs de conferver l'ordre des Tomes de chaque Dictionnaire, favoir : *Jurifprudence*, Tomes 1, 2, 3, 4, 5, 6, 7, & de laiffer fur le dos de chaque Volume, une place pour indiquer l'ordre des numéros de la totalité des Volumes de l'Ouvrage, de forte que chaque Tome doit porter deux titres.

Le premier doit être :

Encyclopédie Méthodique,

* Tome 1, 2, 3, 4 à 124 ou 128.

* *C'eft cette feconde ligne qu'il faut laiffer vuide,*

Le fecond doit être :

Mathématiques, Tome I.er

Nous ne pouvons indiquer l'ordre des numéros de la feconde ligne, que lorfque le dernier Volume aura paru, ce font ces feuls numéros qui feront repris dans le Vocabulaire univerfel. Les feconds ne ferviroient qu'à y apporter de la confufion & à multiplier inutilement le nombre des Volumes de ce Vocabulaire.

(N. B.) *Aucune des Livraifons des Planches d'Hiftoire Naturelle ne doit être actuellement reliée. Ces Volumes ne font point complets , il y en a où il manque des feuilles de Difcours. Nous en avons donné les raifons dans les avis particuliers de chaque Livraifon. Lorfque les Planches qui repréfentent les Animaux feront terminées, & nous efpérons qu'elles le feront cette année ; nous indiquerons l'ordre du Difcours & des Planches qui doivent compofer chaque Volume.*

TABLEAU des Bénéfices réels que chaque Soufcripteur aura fur fon Encyclopédie, & des moyens de l'affurer.

Les Soufcripteurs à 672 liv., formant plus des cinq fixièmes de la première Soufcription, c'eft le calcul de leurs bénéfices que nous préfenterons d'abord. Celui de la feconde Soufcription, à 751 liv., eft facile à faire, puifqu'il ne s'agit que de retrancher, du bénéfice de la première Soufcription, la fomme de 79 liv., qui forme toute la différence entre les deux ordres de Soufcripteurs.

Les Soufcripteurs à 672 liv. ont cru qu'ils payoient chaque volume de Difcours *onze francs* ; mais ils font dans l'erreur à cet égard, parce qu'en leur tenant compte des 79 liv., qui forme la différence de leur Soufcription à celle de 751 liv., chaque volume ne leur revient qu'à *neuf liv. dix fous*. En voici la preuve.

7 Volumes de planches à 24 liv. font . . . . 168 liv.

53 Volumes de Difcours, à 9 liv. 10 fous, font 503 10

___

671 10

La différence n'eft que de dix fous fur la totalité du prix de la Soufcription. Nous négligerons cette petite différence.

Or, les Volumes à 9 liv. 10 f. ne feront jamais donnés à moins de 13 liv. Le bénéfice fur chacun d'eux eft donc de 3 liv. 10 fous ; & 53 fois 3 liv. 10 fous, donnent. . . . . 185 l. 10 l.

7 Volumes de planches à 30 l. au lieu de 24 liv., donnent. 42

___

Les bénéfices fur la première Soufcription font de 227 10

L'Ouvrage doit avoir 124 à 128 Volumes de *Difcours* ; nous compterons fur ce dernier nombre.

Il reftoit donc à publier, à l'époque de la trentième livraifon, 75 Volumes, dont 27 à 11 liv. & 48 à 6 liv.

Les 27 Volumes à 11 liv. pour 13 liv., donnent un bénéfice de . . . . 54 liv.

Les 48 Volumes à 6 liv. pour 13 liv., donnent 336

Les 4 Volumes de planches d'Arts & Métiers, à 30 liv. au lieu de 24 liv., donnent 24

Les 2 Volumes de l'Atlas, contenant 140 Cartes, ont coûté aux Souscripteurs 43 liv. 11 sous, ils se vendent 63 liv. Bénéfice . . . . . 20 11 s.

Les 6 Volumes de planches d'Histoire Naturelle, contenant 300 planches chacun; chaque Livraison de 100 planches coûte, avec les Discours qui les précède & la Brochure, 21 liv., se vend 36 liv. Bénéfice 270

Les 2 Volumes de planches d'Antiquités coûteront le même prix que les planches d'Histoire Naturelle, & présentent un bénéfice de 90

Le Volume de planches d'Architecture 45

Les Cartes de la Géographie-Physique, l'Atlas général de France, par M. de Cassini, formant environ 200 planches, donneront un bénéfice de 30

D'autre part 227 10

Total . . . . 1097 l. 1 s.

Ce tableau présente donc un bénéfice pour chaque Souscripteur à 672 liv., de 1097 livres 1 sou; & pour les Souscripteurs à 751 liv., de 1018 liv. 1 s.

Pourroit-on citer aucune entreprise de Librairie qui ait offert de plus grands avantages aux Souscripteurs ? Pourquoi pourroit-on contester ce bénéfice, puisque cette Encyclopédie est un Ouvrage presqu'entièrement refait à neuf, & terminée, ne doit-elle pas augmenter dans les

ventes, comme la première édition, qu'on a vu s'élever jusqu'à 1800 liv., 2000 liv.?

Ce bénéfice sera très-réel, puisque nous ne donnerons jamais les Volumes de Discours, publiés séparément, à moins de 13 liv., & les Volumes de Planches, au prix indiqué ci-dessus. Nous en prenons l'engagement solemnel, & sous toutes les peines de droit.

Les Volumes de planches qui restent à publier, ne doivent donner aucune inquiétude aux Souscripteurs, sur le tems indiqué de la terminaison de l'Encyclopédie; car le texte de ces Volumes ne doit point être repris dans le Vocabulaire universel, non plus que celui des Planches de l'Antiquité. Tous les mots de ce texte ayant été traités en détail dans le Dictionnaire de M. Mongès, il en est de même des Planches de la Botanique, de M. le Chevalier de la Mark; & de celles des Vers & Coquilles, de M. Brugnières. Les articles du texte de M. l'Abbé Bonnatere seront les seuls qui seront repris dans le Vocabulaire, parce qu'il a ajouté un grand nombre d'espèces à celles décrites dans les Dictionnaires de l'Encyclopédie, qui traitent des Animaux; & ces Planches de M. l'Abbé Bonnatere, seront terminées cette année; il en reste deux Livraisons à publier, qui contiennent la totalité des figures des Animaux.

Les Souscripteurs seront libres, & parfaitement libres de prendre l'Atlas de M. de Cassini; les Planches d'Antiquité. Nous ne concevons pas une Encyclopédie sans ces Planches & le plan de ces dernières, comme celles de l'Histoire Naturelle en a été si bien conçue, que le Public aura dans ces deux Volumes de Planches, la représentation d'une immensité d'objets tirés des Ouvrages publiés sur l'Antiquité, dont l'aquisition partielle lui coûteroit plus de cinq cent louis; c'est la liaison de ces Ouvrages à l'Encyclopédie; c'est l'espérance que la plus grande partie des Souscripteurs les prendront, qui nous a permis cette combinaison. (Voyez à ce sujet tout ce que nous avons dit sur les Planches d'Histoire Naturelle.) (1)

(1) On peut l'appliquer aux Antiquités & à l'Atlas de M. de Cassini.

D 2

MÉMOIRE

POUR M. PANCKOUCKE,

RELATIF AUX JOURNAUX DONT IL EST PROPRIÉTAIRE (1).

M. PANCKOUCKE eft inculpé, attaqué dans divers pamphlets; on voudroit lui ravir le feul bien qu'il defire, l'eftime & l'amour de fes Concitoyens; c'eft à eux que j'adreffe ces Obfervations:

Propriétaire de différens Journaux où l'on n'a pas les mêmes principes, fa pofition n'étoit qu'embarraffante; elle eft devenue de jour en jour plus difficile, & enfin cruelle.

Il l'a déjà déclaré plufieurs fois; eft-il jufte de le rendre refponfable de tout ce qui s'imprime dans les Journaux dont il eft propriétaire? S'il exiftoit des lois fur les délits de la preffe, pourroit-il fe voir inculpé à un tribunal, y être perfonnellement traduit?

Dans le régime où nous vivions, & déjà fi loin de nous par la foule des événemens, l'Auteur, le Libraire, n'étoient pas même refponfables, puifqu'ils étoient fous l'égide de la cenfure; & fi l'on peut citer quelques exemples du contraire, on les a toujours regardés comme des coups d'autorité arbitraire, contre lefquels le Public s'eft foulevé. Mais aujourd'hui, que nous n'avons plus de cenfure que la loi, n'eft-ce pas à la loi feule à prononcer? & fi les lois, qui doivent avoir pour objet les délits de la preffe, ne font pas faites, il doit donc y avoir une liberté indéfinie pour tous.

Certes, c'eft un grand mal que ces délits de la preffe; fûrs de l'impunité, l'anarchie ôte à la preffe fes plus précieux avantages. Dans le tumulte de toutes les paffions, au milieu de leurs excès, qui faura dire à quels fignes certains la juftice & la vérité doivent être reconnues?

Cependant la liberté indéfinie exifte; elle eft générale; elle ne peut être modifiée que par les lois. Les vrais amis du bien, les patriotes, penfent que leur interrègne eft un grand mal; mais ils penfent auffi que la tyrannie de l'arbitraire, dans quelque parti qu'elle fe montre, eft encore un mal plus grand.

Ou la France cefferoit d'être libre, ou chaque Auteur, en tout tems, aura le droit d'y faire un Journal, & de n'en répondre qu'aux Tribunaux. Sa penfée eft à lui; le Libraire ne peut pas en ordonner à fa volonté. Nous favons que M. Panckoucke a fouvent exprimé qu'il auroit defiré que tous les Journaux, dont il eft propriétaire, fuffent écrits avec la plus grande modération, & qu'ils serviffent de modèles aux autres. La prudence l'exigeoit de la part des Auteurs ; mais cette prudence a-t-elle pu avoir lieu dans le trouble de toutes les paffions, & dans des chocs d'opinions auffi terribles que ceux que nous venons d'éprouver.

Par les lettres anonymes que M. Panckoucke a reçues, les écrits incendiaires imprimés contre lui, les menaces qu'on lui a faites perfonnellement, il femble qu'on auroit voulu le forcer à confier à d'autres la rédaction de fes Journaux. Il a d'abord obfervé qu'il n'en avoit pas le droit. Il exifte des actes folemnels, entre lui & les Auteurs, antérieurs même à la Révolution : il doit les refpecter. Les lois feules, fi les Auteurs de ces Journaux font coupables, pourroient donner droit à la caffation de ces actes.

M. Panckoucke a fenti, dès le commencement de la Révolution, la pofition difficile où alloient le mettre les Journaux & Gazettes dont il étoit chargé. L'Auteur de la Gazette de France (M. Fontanelle) a été menacé dans fa propre maifon ; des lettres anonymes, plus effrayantes les unes que les autres, lui ordonnoient de rendre libre cette Gazette miniftérielle qui n'appartient point à M. Panckoucke. Qu'a fait ce dernier ? Pour fatisfaire le Public, il y a joint un Supplément fous le titre de Gazettin ; l'on y traite de l'Affemblée nationale, des nouvelles de France & étrangères qui ne font pas de nature à entrer dans la Gazette de France. Ce Gazettin refpire le patriotifme le plus pur.

Le Mercure de France mettoit le Libraire dans une pofition encore plus embarraffante. Son grand fuccès étoit une forte de crime aux yeux de ceux qui alloient devenir fes rivaux. Les moyens les plus vils furent employés pour lui enlever les foufcriptions ; on cherchoit à corrompre fes Commis ; on vouloit avoir les noms des Soufcripteurs, comme fi les noms des Soufcripteurs pouvoient les forcer de foufcrire à des Journaux qui ne font pas de leur goût : voyant qu'on n'y pouvoit parvenir, on porta l'indignité jufqu'à offrir aux Soufcripteurs de leur donner gratis, pendant trois mois, le Journal qu'on leur offroit, s'ils vouloient abandonner le Mercure. Ces efforts, en aigriffant M. Panckoucke, lui firent naître de nouvelles combinaifons. C'eft prefque toujours l'effet que produit le mal que l'on veut faire à une tête active, & qui a une grande habitude des reffources & des affaires. Non-feulement le Mercure fut fauvé, mais on gagna de nouvelles foufcriptions, & dans cette pofition, M. Panckoucke eut le plaifir d'annoncer au Public & aux Penfionnaires, qu'il paieroit les redevances impofées avant la Révolution. Puifque le fort de M. Panckoucke relativement à ces Journaux, bien loin d'être changé, étoit amélioré, il lui parut de toute juftice, dans cette pofition, de ne point profiter des avantages que lui offroit la Révolution, & qui auroit plongé

plus de cent perfonnes, penfionnaires de ces Journaux, dans le malheur (1).

M. Panckoucke fit plus ; fidèle à fes principes, & ne voulant pas qu'on pût lui attribuer ceux d'aucun des Auteurs des Journaux, puifqu'il n'avoit point le droit d'être leur cenfeur, ni de les diriger dans leur compofition, ni de rompre les actes paffés avec eux, il déclara plufieurs fois dans le Mercure & le Moniteur, qu'il ne pouvoit être refponfable ni directement ni indirectement d'aucuns des articles des Journaux dont il étoit chargé, & cette déclaration n'étoit que l'expofition de ce qui doit être dans tout pays où la liberté de la preffe eft decrétée, & que l'Auteur étant connu, le Libraire ne peut être refponfable. Il fit plus encore ; voulant balancer, &, pour ainfi dire, effacer le mauvais effet, que pourroient produire des principes en oppofition avec ceux de la majorité, & fe mettre lui-même à l'abri de tout reproche, il engagea les principaux Penfionnaires du Mercure de France, à fe charger de fa rédaction. Le civifme & les opinions de plufieurs d'entr'eux font trop connus, pour qu'on puiffe élever le moindre nuage à leur égard. Il étoit naturel d'ailleurs, M. Panckoucke confervant fes penfions, que les principaux Penfionnaires devinffent fon appui & en répondiffent aux yeux du Public. Cette nouvelle combinaifon, en foutenant le Mercure, auroit dû mettre le Libraire à l'abri des torts qui n'ont jamais pu le regarder ; mais elle n'a fervi qu'à augmenter le déchaînement. C'eft à l'époque du renouvellement des foufcriptions, époque intéreffante pour ceux qui déjà convoitent de partager fes dépouilles, que les clameurs ont été redoublées, & qu'on a cherché à l'entourer de craintes & de frayeurs.

Nous ne pouvons nous empêcher de l'avouer, cette conduite envers un Citoyen eftimable, nous a paru très-oppofée aux principes de la liberté. Sous tous les rapports nous ne croyons pas qu'on ait la plus légère plainte à élever contre M. Panckoucke. Sacrifier les Journaux & Gazettes dont il étoit chargé, même avant la Révolution, auroit été de fa part un facrifice en pure perte pour la Patrie ; il eût perdu, fans aucun fruit, 700,000 livres qu'il a mis dans ces Journaux ; les penfions auroient été expofées. Il eût vu vendre à fa porte ces mêmes ouvrages dont il fe feroit dépouillé, & qu'importe que le débit s'en faffe rue des Poitevins, ou rue Saint-Jacques, ou quai

<hr/>

(1) Quatre Libraires, dans le deffein d'atténuer l'action que faifoit M. Panckoucke, ont annoncé, dans un Journal, qu'ils offroient de payer les penfions du Mercure ; fi les Libraires n'euffent pas gardé l'anonyme, M. P........ leur auroit démontré qu'ils prennoient un engagement indifcret : il eût prouvé au Public que leurs offres étant acceptées, aucune des penfions fur le Mercure de France (lequel ne doit point être confondu avec le Journal Politique qui lui eft annexé) n'auroit été payée.

des Auguftins ? Il a donc fait, dans les circonftances délicates où il fe trouvoit, les feules combinaifons qui puffent concilier à fes intérêts
particuliers, une forte de bienveillance publique,
c'eft d'avoir joint à fes Journaux & Gazettes,
des Journaux abfolument dans le fens de la Révolution : fe croiroit-on en droit de le juger, plutôt
fur l'un que fur l'autre.

Sa défenfe dans ce moment-ci, eft celle de toute
la Librairie & de l'Imprimerie ; vouloir que le
Libraire réponde des ouvrages qu'il imprime,
lorfque l'Auteur eft connu, c'eft anéantir l'un &
l'autre état, c'eft établir une nouvelle législation
qui n'a jamais eu lieu chez aucun peuple libre,
c'eft remplacer la confiance par la terreur. Car,
qui voudroit traiter avec un Homme-de-lettres,
s'il pouvoit fe dire, je vais répondre à la Loi,
au Public, des penfées de cet Ecrivain, il faut
que je fois fon cenfeur, que je life fon manufcrit,
que j'en revoie toutes les épreuves, & que l'on
ne tire aucune feuille que je n'aie mis ma fignature
au bas de chaque page : quel eft le Libraire qui
pourroit fe charger de ce travail ? Quel feroit
l'Auteur affez vil pour s'y foumettre ? Ne rappel-
leroit-il pas les réglemens de l'ancien régime qui,
pendant tant d'années, ont fait de la Librairie &
la cenfure en France, le plus aviliffant de tous
les états.

D'après ce que nous venons de dire, il eft évident qu'il feroit fouverainement injufte de vouloir
rendre un Libraire refponfable des ouvrages qu'il
imprime, lorfque l'Auteur eft connu, & que M.
Panckoucke, dans la pofition où il s'eft trouvé,
a fait tout ce que l'honneur & le patriotifme pouvoient exiger de lui.

Comment, d'ailleurs les Libraires auroient-ils
pu avoir une règle fûre de conduite dans ces
tems de trouble & d'anarchie. Lorfque l'Affemblée
Nationale a toléré qu'on étalât & vendît dans le
temple même de fes féances, les écrits les plus
horribles contre fes Membres, contre fes opérations & les perfonnes les plus diftinguées de l'Etat ?
Il femble que cette augufte Affemblée, par cette
infigne tolérance, ait voulu familiarifer le Public
avec un genre de liberté inconnue jufqu'à ce jour ;
mais qui étant enfin modifiée & réglée par la Loi,
n'en recevra qu'une reftriction bornée, à laquelle
on n'eût pu fe réduire, fi les lois relatives à la
liberté de la preffe avoient été faites dès le commencement que cette liberté a été décrétée.

Quant aux fentimens particuliers de M. Panckoucke
& à fon civifme, il les a manifeftés dans plufieurs
Mémoires, qu'il a publiés dans le Mercure, le
Moniteur, & dont quelques-uns ont été diftri-
bués à l'Affemblée nationale, & préfentés aux
Comités. (I).

Ces ouvrages font les feuls dont il ait à répondre.

(I) Voici la lifte de ces mémoires. Avis d'un
membre du Tiers-Etat fur la réunion des ordres.— Obfervations à MM. les Electeurs de la ville de Paris. Sur
l'article important de la votation par ordre ou par tête.—
Sur la contribution patriotique.— Sur les affignats.—
Sur un figne métallique, repréfentatif des affignats.—
Sur la fuppreffion des Chambres fyndicales.— Sur l'organifation des Journaux & Papiers-nouvelles.— Sur
l'état actuel de l'Imprimerie.— Moyen fimple & facile
de mettre la dépenfe au niveau de la recette, de rétablir
la confiance, de donner un grand cours aux affignats,
de couvrir les befoins extraordinaires de 1790 : de faire
fur-le-champ reparoître le numéraire, fans mettre aucun
nouvel impôt & fans diminuer les capitaux.— Sur les
affignats de cinq livres.

Veuve HÉRISSANT, Imprimeur des Bâtimens du ROI. premier Juillet 1791.

TABLE

Des Objets contenus dans ce troisième Mémoire sur l'Encyclopédie.

(N. B.) *Le premier Mémoire se trouve à la tête du premier Volume des Beaux Arts, qui a paru avec la vingt-septième Livraison; le deuxième, à la tête du troisième Volume des Mathématiques , (trentième Livraison.)*

TABLE

TABLE

S A U   S A U

SAURIN , (*Hiſt. Litt. mod.*) nom porté par des miniſtres proteſtants & des hommes de lettres , tous célèbres.

1°. Elie , né en 1639 , dans la vallée de Pragelas, miniſtre de l'égliſe Wallone d'Utrecht, l'avoit été à Embrun , & avoit été obligé de quitter la France, pour avoir refuſé de ſaluer le Viatique en paſſant. Il a écrit contre Bayle, & ſur-tout contre Jurieu, qui écrivoit contre le monde , & avoit pour ennemis, les gens même de ſon parti. On a encore d'Elie Saurin, un traité de l'*Amour de Dieu*, & un traité de l'*Amour du Prochain*. Mort en 1703.

2°. Jacques *Saurin*, né à Niſmes en 1677, célèbre parmi les proteſtants , par ſon éloquence, que les gens de ſa ſecte ne trouvoient pas aſſez animée, parce qu'il ne la dégradoit pas par des injures bannales contre l'égliſe Romaine ; il paroît que cette éloquence produiſoit de grands effets : la première fois que le célèbre Abbadie put l'entendre, *eſt - ce un Ange*, s'écria-t-il , *ou un homme qui parle ?* On a ſes ſermons; ſes autres ouvrages ſont de controverſe. Né françois , il vécut expatrié pour ſa religion ; il fait ſur ce ſujet, à Louis XIV, dans quelques endroits de ſes ſermons, des reproches éloquents , juſtes & nobles, où on ſent les regrets du citoyen, plus que le reſſentiment d'un ennemi & que le fanatiſme d'un ſectaire. « Et toi, Prince redoutable, que j'honorai jadis comme mon Roi, & que je reſpecte encore comme le fléau du Seigneur , tu auras auſſi part à mes vœux. Ces Provinces que tu menaces , mais que le bras de l'éternel ſoutient ; ces climats , que tu peuples de fugitifs, mais de fugitifs que la charité anime; ces murs qui renferment mille martyrs que tu as faits , mais que la foi rend triomphans, retentiront encore de béné-dictions en ta faveur. Dieu veuille faire tomber le bandeau fatal qui cache la vérité à ta vue. Dieu veuille oublier ces fleuves de ſang dont tu as couvert la terre, & que ton règne a vu répandre ! Dieu veuille effacer de ſon livre ces maux que tu nous a faits, & en récompenſant ceux qui les ont ſoufferts , pardonner à ceux qui les ont fait ſouffrir ! Dieu veuille qu'après avoir été pour nous, pour l'égliſe , le miniſtre de ſes jugements, tu ſois le diſpenſateur de ſes graces et le miniſtre de ſes miſéricordes! ......

» On dira, dit-il ailleurs, on dira un jour à vos deſcendans, que l'année mille ſept cent neuf, la pa-tience de Dieu laſſée envers l'Europe , enveloppa dans une même condamnation, l'ami, l'ennemi, preſque toute l'enceinte de cette belle partie du monde. Ils diront qu'on vit tous les fléaux de Dieu, de concert , déchaînés pour perdre les peuples : ils

Hiſtoire. Tome V.

feront parcourir à leurs auditeurs , les vaſtes pays du Nord , & montreront le Boriſthène teint de ſang ; la contagion allant avec rapidité, comme ſur les aîles du vent , d'une ville à une autre ville , d'un royaume à un autre royaume , d'une province à une autre province ; ravageant dans une ſemaine tant de milliers de perſonnes, tant de milliers dans une autre. Ils parleront de ces monarchies, l'objet des prétentions de deux princes ; & par les ſanglantes images des exécutions qui y ont été opérées, ils feront douter ſi c'étoit le déſir de conquérir ces royaumes, ou le déſir de les détruire , qui avoit armé le bras de ces rivaux. . . . .

Après avoir décrit la bataille de Malplaquet, il ajoute :

« Ils parleront de ce royaume, l'un des plus fer-tiles de l'Europe , & ils rappelleront cette diſette, en ceci plus cruelle que la famine , qu'elle fait ſouvent périr d'une mort plus lente. Ils feront en-tendre le laboureur hurlant ſur les grands chemins. Ils repréſenteront *une férocité ſoudaine , s'emparant détous les eſprits , les hommes ſe ſaiſiſſant des convois publics , s'arrachant le pain les uns des autres , ne reconnoiſſant plus de retenue , plus de bonne ſoi , plus de religion* (ce qui eſt ici en italique eſt cité d'une lettre paſtorale de Fléchier.) *Saurin* ajoute :

» Cependant il ſubſiſte encore cet état , graces à tes miſéricordes infinies , mon Dieu ! il ſubſiſte encore cet état ; & , quoiqu'affligé , quoique preſſé , quoique laſſé d'une guerre longue , cruelle , il ſubſiſte avec autant de grandeur & autant de gloire qu'aucun état de l'univers. » !

On peut par ces traits , juger de l'éloquence de Jacques *Saurin*. Il mourut en 1730.

3°. Joſeph *Saurin*, de l'Académie des Sciences , né dans la principauté d'Orange en 1659 , fils de Pierre *Saurin*, miniſtre calviniſte à Grenoble , fut lui-même miniſtre à Lure auſſi en Dauphiné. Obligé de quitter le Royaume pour ſa religion , il ſe retira d'abord à Genève ; delà il paſſa dans l'état de Berne, qui lui donna une cure conſidérable dans le bailliage d'Iverdun. Il épouſa une demoiſelle de l'ancienne & noble famille de Crouzas , dans le pays de Vaud. La perſécution, dont aucune religion n'a ſu ſe défendre , lui fit perdre ſa cure. Les Gomariſtes, qui ſont les rigoriſtes de la réforme & les plus intolérans des Calviniſtes , faiſoient ſigner un de ces formulaires dont l'objet & l'effet dans tous les pays du monde a toujours été de mettre obſtacle au progrès de la raiſon. Joſeph *Saurin*, après avoir quelque temps échappé à cette tyrannie, par des moyens qui ſentoient l'artifice & la foibleſſe , & dont ſa franchiſe ne put s'accommoder , paſſa en Hollande,

A

où il acheva de se dégoûter du Calvinisme ; il écrivit à M. Bossuet, prit ses leçons, céda enfin à ses instructions & à son éloquence, & fit entre les mains de l'illustre prélat, son abjuration le 21 septembre 1690. Il s'agissoit d'en obtenir autant de sa femme, de la tirer de la Suisse & de l'amener en France ; M. *Saurin* eut à essuyer à ce sujet, de violents combats, que M. de Fontenelle, dans son Eloge, peint avec beaucoup d'intérêt ; & M. *Saurin* qui, dans son Mémoire contre Rousseau, les peint avec un intérêt encore plus développé, se rappellant ses déguisemens dangereux, ses entretiens secrets avec sa femme, les reproches qu'il eut à soutenir, les larmes qu'il eut à essuyer, les stratagêmes qu'il eut à employer dans cette négociation de religion, comme s'il eût été question d'une intrigue amoureuse, appelloit cette partie de son Histoire, *le Roman de sa Vie*; il vainquit enfin, & sa femme le suivit. Dans le choix d'un état à Paris, son goût le força de préférer la géométrie à la jurisprudence. Il eût été géomètre jusques dans le barreau, dit M. de Fontenelle. Il eut des combats à soutenir jusques dans la géométrie, contre M. Rolle, contre M. Huguens ; il défendit avec beaucoup de zèle, les restes du Cartésianisme contre Newton lui-même; mais l'évènement n'a pas confirmé les espérances & les prédictions de M. de Fontenelle sur le raffermissement prochain de l'univers cartésien, qu'il avoue être violemment ébranlé. L'Académie des Sciences adopta M. *Saurin* en 1707. Cet homme, qui ne s'occupoit que de géométrie, de méchanique, d'horlogerie, fut accusé par Rousseau, d'être l'auteur de ces trop fameux couplets dont Rousseau étoit lui-même accusé par la voix publique, & dont on croit encore qu'il avoit composé au moins une partie. Fontenelle nous paroît juger trop favorablement ces couplets, lorsqu'il dit que *c'étoit un ouvrage digne des trois Furies, si elles ont de l'esprit*. L'esprit ne paroît jamais dans ces couplets, qu'avili & gâté par la grossiéreté. *Voyez* à l'article DANCHET, les justes reproches que faisoit ce bon homme à l'auteur des couplets, de parler sans cesse de Grève & de bourreau. Mais l'opinion publique fut long-temps d'autant plus favorable à ces couplets, relativement au talent, qu'elle lui étoit plus contraire à cause de la méchanceté ; car l'esprit humain fait quelquefois de ces compensations. On voit cependant par le Mémoire même de M. *Saurin*, Mémoire bien fait & intéressant, que beaucoup de gens ne trouvoient guères le goût moins blessé dans ces couplets que la morale. « Ce fonds d'impudence & d'infamie, dit-il, m'a tellement blessé quantité d'honnêtes-gens, qu'ils ont été jusqu'à croire la versification mauvaise, illusion louable, & dont je puis me vanter moi-même, puisque la grossiéreté des injures m'a caché d'abord le mérite des tours, & que j'hésitai quelque temps à croire que l'ouvrage fût d'un bon poëte ». *Saurin* fut absous, & Rousseau banni par arrêt du 7 avril 1712, pour avoir voulu perdre *Saurin*, en subornant contre lui des témoins.

M. *Saurin* passa en 1731, à la vétérance dans l'Académie. Il mourut le 29 décembre 1723. Il étoit censeur royal & l'un des auteurs du Journal des Savans, sous M. le chancelier de Pont-Chartrain & M. l'abbé Bignon.

4°. Bernard-Joseph *Saurin*, de l'Académie-Françoise, fils du précédent, mort en 1782, auteur des tragédies de *Spartacus* & de *Blanche & Guiscard* ; des comédies de l'*Anglomane*, du *Mariage de Julie*, sur-tout des *Mœurs du Temps*, du drame terrible de *Beverley*, avoit d'abord été destiné à suivre la même carrière que son père. Il s'exerça dans la géométrie, & l'Académie des Sciences avoit déjà les yeux sur lui, lorsqu'il quitta la géométrie pour s'attacher au barreau, qu'il quitta bientôt pour ne s'attacher qu'aux lettres. Il espéra trouver, (dit M. le marquis de Condorcet, son successeur à l'Académie Françoise) non plus de liberté, mais plus de loisir dans la maison « d'un prince, & il vit » bientôt que ce n'étoit pas auprès des princes, que » la nature avoit marqué sa place ». En général, ce n'est guères là qu'est marquée la place des gens de lettres ; mais M. *Saurin* avoit un titre d'exclusion de plus dans une franchise rude & sauvage; dans des formes quelquefois si dures & si austères, qu'elles éloignoient même de lui des cœurs qui le respectoient, & qui auroient voulu l'aimer. Ce défaut avoit pour contrepoids, une extrême justesse dans l'esprit, une extrême justice dans le cœur : un de ses confrères lui appliquoit cet éloge d'un Troyen, dans Virgile :

Justissimus unus
Qui fuit in Teucris & servantissimus æqui:

Un autre de ses confrères, M. le Duc de Nivernois, qui avoit reçu M. *Saurin* dans l'Académie en 1761, & qui reçut son successeur, dit, en parlant du premier : « une certaine pétulance dans la dispute, donnoit à sa » société quelque chose de piquant sans y rien mêler » de fâcheux : c'étoit de la vivacité, & non pas de » l'orgueil ». La distinction est fine & juste, mais cette vivacité étoit cependant fâcheuse & pour lui et pour les autres ; car elle produisoit l'effet que j'ai dit. Au reste, il eut des amis illustres; Messieurs de Montesquieu, de Voltaire, Helvétius, Trudaine, Collé, &c. Ses ouvrages lui assûrent un rang distingué dans les lettres. Il a de ces vers qu'on n'oublie point, & qu'on cite souvent ; tel est celui-ci, dans *Blanche & Guiscard* :

Qu'une nuit paroît longue à la douleur qui veille !

Tel est dans le récit du combat de Spartacus sur l'arène, contre un autre Gladiateur, ce bel hémistiche :

Indigné de sa gloire.

Cette tragédie de *Spartacus*, disoit M. de Voltaire, est pleine de vers frappés sur l'enclume du grand Corneille.

Il y a loin du *Spartacus* de Florus & de Racine :

Spartacus, un esclave, un vil gladiateur.

De Stipendiario Thrace, miles, de milite desertor, inde

latro , deinde , in hnoore virium ; gladiator, au Spartacus de M. *Saurin*, à ce Spartacus, fils d'Arioviste, élevé dans la grandeur, formé à la vertu, le plus généreux des vainqueurs, le plus respectable des hommes & le vengeur du genre-humain. On a reproché à M. *Saurin* d'avoir fait naître Spartacus de parens illustres ; on a prétendu qu'en voulant l'ennoblir, il l'avoit rendu moins grand, & M. *Saurin* lui-même, dans sa préface, ne dédaigne point du tout cette objection. Il paroît en effet, que les droits de l'humanité eussent gagné quel que chose à n'être défendus que par un homme né & nourri dans la condition d'esclave. Un tel homme étoit le véritable vengeur de la nature outragée par l'esclavage.

M. *Saurin* répond que son objet a été de peindre un héros humain & vertueux ; qu'il devenoit nécessaire pour la vraisemblance d'un tel caractère, qu'il eût été formé par une éducation supérieure & même opposée à celle d'un Gladiateur ; d'ailleurs, M. *Saurin* avoue qu'il a craint le vers de Racine sur Spartacus ; qu'il a craint nos préjugés & notre délicatesse. Au reste, ce Spartacus, tel qu'il est, joint par-tout l'éloquence à la grandeur d'ame ; & c'est un des plus nobles caractères qu'on ait mis sur la scène. Emilie, fille de Crassus, amante de Spartacus, se montre toujours digne d'un tel amant, en ne manquant jamais à sa patrie ni à son père. Crassus ne pouvoit qu'être effacé par Spartacus ; mais il est ce qu'il doit être, il soutient fortement l'orgueil romain, & déploie habilement la politique déjà raffinée de sa nation ; bien loin que Crassus soit dégradé, ceux qui le connoissent par l'histoire, le trouveront ennobli. Quant aux Romains, l'auteur les a peints & a dû les peindre tels qu'ils étoient du temps de Spartacus, où ils avoient fort dégénéré des vertus antiques, & où ils se permettoient d'employer le crime & la trahison à l'appui de leurs vastes & ambitieux desseins. Spartacus reproche à Crassus de n'avoir vaincu que par trahison, Crassus répond :

Au salut des Romains j'ai fait servir un traître ;
Je l'ai dû.

Et Spartacus s'écrie :

De Pyrrhus que diroit le vainqueur ?
Que diriez-vous, Romains, dont la vieille candeur
Imprima le respect à la terre étonnée,
Et fonda sur l'honneur la haute destinée,
Sous qui Rome aujourd'hui tenant tout abattu,
Croit pouvoir désormais se passer de vertu ?

Avant sa défaite, on lui propose dans la pièce, la dignité de sénateur. Voici sa réponse :

Du temps des Scipions, j'aurois pu l'accepter ;
Rome étoit digne alors qu'on s'en fit adopter.
D'un perfide ennemi magnanime rivale...
Quel spectacle elle offrit aux yeux de l'univers !
Au bord de sa ruine on la vit toujours ferme,

Au succès d'Annibal marquer enfin leur terme,
Opposer au vainqueur un courage invaincu,
Et lasser le malheur à force de vertu :
Aujourd'hui qu'en son sein les richesses versées,
Usurpent tout l'éclat des vertus éclipsées,
Que l'orgueil, l'avarice ont infecté vos cœurs,
Et que de l'univers, av des oppresseurs,
Vous en avez conquis les trésors & les vices,
Que m'offrez-vous, sinon d'être un de vos complices?

Voilà le contraste des mœurs dans Rome vertueuse & dans Rome enrichie, très-bien marqué ; & c'est ainsi que Sertorius refuse de reconnoître Rome dans le séjour qu'habite Sylla.

Rome ! quoi ! le séjour de votre potentat,
Qui n'a que ses fureurs pour maximes d'Etat ?
Je n'appelle plus Rome un enclos de murailles ;
Que ses proscriptions comblent de funérailles ;
Ces murs dont le destin fut autrefois si beau,
N'en sont que la prison, ou plutôt le tombeau.
Mais pour revivre ailleurs dans sa première force,
Avec ses faux Romains elle a fait plein divorce ;
Et comme autour de moi j'ai tous ses vrais appuis,
Rome n'est plus dans Rome, elle est toute où je suis.

*Veios habitante Camillo ,
Illic Roma fuit.*

Beverley est le *Joueur Anglois*, imprimé à Londres en 1753, & qui a eu le plus grand succès sur le Théâtre de Drury-Lane ; mais M. *Saurin* a fait à cette pièce, de grands changemens pour l'adapter au Théâtre François.

1°. Il lui a donné de la régularité ; il a fixé, autant qu'il a été possible, le lieu de la scène ; on ne passe pas à tout moment, comme dans la pièce angloise, de la maison de Beverley dans celle de Stukély, dans celle de Wilson, dans une salle de jeu, &c. Il y a plus de liaison & d'ensemble ; la pièce est beaucoup mieux faite.

2°. M. *Saurin* a supprimé certains détails bassement horribles, pour lesquels le goût anglois a peut-être plus d'indulgence que le notre. On ne voit point Stukély préparer avec ses indignes agents, les pièges où ils doivent surprendre la crédulité de Beverley ; ces scélérats subalternes, les Bates, les Lewson ne fatiguent plus les yeux du spectateur, à l'indignation duquel il suffit de Stukély. L'épisode de l'assassinat qui doit être commis sur Lewson & imputé à Beverley, a disparu avec les dégoûtantes horreurs qu'il entraîne, & qui avoient entr'autres inconvéniens, celui d'être un peu trop étrangères au sujet *du Joueur*.

3°. Les caractères ont tout à la fois & plus de décence, & cependant encore plus d'énergie : Stukély seul est affoibli ; mais il falloit qu'il le fût. On a seulement fait grâce à ce personnage, des attentats qui mènent au dernier supplice ; on lui a laissé sa perfidie & sa funeste adresse ; on peut dire même que dans la pièce Françoise, Stukély s'y prend avec plus de finesse pour engager Beverley à jouer.

A 2

Stukély eſt auſſi lâche dans la pièce françoiſe que dans la pièce angloiſe; mais il l'eſt ſans indécence & avec une ſorte de fineſſe; au lieu que l'auteur anglois s'appeſantit ſur les détails honteux de cette lâcheté, et que chez lui, Lewſon s'avilit preſque à force d'avilir Stukély.

Ce Lewſon eſt ennobli par M. Saurin, dans la ſcène de ſon démêlé avec Beverley, & le monologue de Beverley qui ſuit, relève encore Lewſon, au lieu que ce monologue dans l'auteur anglois, n'eſt qu'un lieu commun ſur les duels.

Le caractère de Mᵐᵉ Beverley conſerve, chez M. Saurin, ſa vertu touchante, ſa douceur généreuſe, & il acquiert quelques traits d'élévation dans la ſcène où elle pénètre Stukély & le démaſque.

Il n'étoit pas poſſible de laiſſer à l'indigne amour de Stukély pour Mᵐᵉ Beverley, tout ce qu'il a de vil & de criminel. Nos mœurs exigeoient à cet égard, quelque adouciſſement. M. Saurin a donc ſuppoſé que Stukély avoit aimé, ſans ſuccès, Mᵐᵉ Beverley avant ſon mariage.

L'auteur anglois avoit ménagé à Beverley une dernière reſſource dans toutes ſes pertes, c'étoit la ſucceſſion d'un oncle riche; on apprend la mort de cet oncle, dans un moment où cette reſſource étoit ſi néceſſaire, que Mᵐᵉ Beverley elle-même reçoit & annonce cette nouvelle avec joie; petite circonſtance qui faiſoit tort à ſon caractère, & que M. Saurin a ſupprimée.

Beverley, dans le Joueur anglois, étoit trop conſtamment dupe, du moins à l'égard de Stukély. Il ne lui échappoit pas un ſeul trait de défiance contre ce faux ami. M. Saurin ſaiſit l'inſtant où Stukély ſe rend garant de la fidélité des joueurs qui ont ruiné Beverley, pour mettre dans la bouche de celui-ci, ce mot terrible pour un ſcélérat tel que Stukély.

Mais toi-même, l'es-tu ? (fidèle)

C'eſt avec beaucoup de raiſon encore, que M. Saurin a retranché un trait de hauteur & de dureté qui échappoit à Beverley contre ſa femme, & qui révoltoit. Beverley a tant de torts, & ſa femme a ſur lui tant d'avantages, qu'il ne doit ſonger à elle que pour la bénir & pour l'admirer. Il eſt beau que, dans ſon déſeſpoir, il ne tourne ſes fureurs que contre lui, & qu'il n'oublie pas un ſeul moment ce qu'il doit à cette femme céleſte.

Il eſt beaucoup parlé du fils du Joueur dans la ſcène angloiſe, mais ce fils ne paroît pas. M. Saurin a cru ajouter au pathétique du tableau en produiſant cet enfant ſur la ſcène.

Il en tire en effet, un parti bien terrible au moment de la cataſtrophe, dans ce moment où Beverley, qui s'eſt empoiſonné, qui va expirer, voit à ſes côtés, ſon fils qui dort d'un ſommeil tranquille, & qui, à ſon réveil, ne verra plus que des larmes, & n'aura plus que le déſeſpoir à partager. Beverley devenu plus féroce par ſon attentat ſur lui-même, ſonge que la pitié doit l'engager à être cruel, il veut épargner à cet enfant, peut-être un ſiècle de malheur; il veut le faire paſſer du ſommeil à

la mort. Il lève ſur lui le poignard qui échappe de ſa main; l'enfant ſe réveille, s'effraye, demande grace & ſe précipite dans les bras de ſa mère, qui arrive au même inſtant. Ce ſpectacle arrache à celle-ci le ſeul mot de reproche contre ſon mari, qui lui échappe dans toute la pièce; & ce trait de vigueur, qui paroît la faire ſortir de ſon caractère, mais qui lui eſt inſpiré par l'amour maternel, varie ce caractère ſans le démentir.

On a diſputé ſur la nature du ſentiment qu'excitoit ce tableau de l'enfant endormi, près d'être égorgé par ſon père; on a prétendu que la terreur y étoit pouſſée juſqu'à l'horreur. Ce ſeroit peut-être une grande queſtion de ſavoir juſqu'à quel point l'horreur, quand elle n'a rien de bas ni de dégoûtant, peut être admiſe au théâtre, & difficilement aſſigneroit-on les bornes préciſes où la terreur finit & où l'horreur commence. Tout étant égal entre la tragédie bourgeoiſe & la tragédie ordinaire, quant aux paſſions qu'elles ont droit de peindre, & aux mouvements qui en peuvent réſulter, nous ne trouvons d'autre différence entre Danaüs & Beverley levant le poignard, l'un ſur ſa fille, l'autre ſur ſon fils, ſinon que les motifs de Beverley ſont bien plus excuſables que ceux de Danaüs; & cette différence de motifs décide tellement de la ſituation, que le coup même pourroit être porté, ſans qu'on éprouvât d'horreur; c'eſt ce qui arrive dans le ſujet de Virginie, où l'on voit avec quelque douceur, l'innocence échapper par la mort, à la violence d'Appius, à la perfidie de Claudius, & où Virginius, au lieu d'exciter l'indignation, comme meurtrier de ſa fille, peut exciter l'admiration comme un héros qui arrache une victime à la tyrannie, & qui dérobe ſon ſang à l'infamie. Beverley ne pouvoit pas avoir des motifs auſſi nobles que Virginius; mais il en a de bien moins choquants que Danaüs; ſes motifs même conviennent à ſa ſituation, c'eſt la pitié d'un furieux; & cette pitié eſt conſéquente. « Mon fils & moi nous n'avons plus que » la mort pour aſyle. J'ai aſſuré mon repos, aſſurons » le ſien; » & c'eſt un trait bien dramatique & un bel hommage rendu à la nature, qu'au milieu de ce délire, Beverley ait le courage forcené de s'immoler lui-même, & n'ait pas celui d'immoler ſon fils.

M. Saurin a mieux préparé que l'auteur anglois, le moment de ſolitude qui fournit à Beverley les moyens de conſommer ſon crime; & quant à ce coup de théâtre de Beverley, par tendreſſe & par pitié, eſt prêt à poignarder ſon fils, il eſt adroitement amené par une précaution bien naturelle & bien délicate; c'eſt l'ordre que Mᵐᵉ Beverley, obligée de ſortir pour un inſtant, & pour ſervir ſon mari, donne au fidèle Jarvis d'épier le moment du réveil de Beverley pour lui préſenter ſon fils:

À cette chère vue
D'un ſentiment ſi doux un père a l'ame émue!

Le ſtyle de cette pièce eſt facile, naturel, élégant, énergique, ou terrible ou touchant, ſuivant la ſituation & le moment.

Si la mort, au lieu d'être un sommeil,
Etoit un éternel..... & funeste réveil !
Et si d'un Dieu vengeur..... il faut que je le prie :
   Dieu, dont la clémence infinie.....
Je ne saurois prier..... du désespoir sur moi
   La main de fer appesantie
M'entraîne..... cependant j'entends avec effroi,
Dans le fond de mon cœur, une voix qui me crie :
Arrête, malheureux ; tes jours sont-ils à toi ?
O de nos actions incorruptible juge,
Conscience !... mais quoi, sans espoir, sans refuge,
Voir ma femme, mon fils languir dans le besoin !
Auteur de leur misère, en être le témoin !

Ce vers est excellent & d'une précision admirable.

  Oh ! si l'homme au tombeau s'enfermoit tout entier !
  Mais des pleurs des vivans si l'ame encore émue,
  Voit ceux qui lui sont chers souffrans & malheureux,
    Si j'entends ses cris douloureux,
  O ma femme, ô mon fils, ô famille éperdue,
  L'enfer, l'enfer n'a pas de tourmens plus affreux.

Ces vers sont un modèle du style touchant.

SAUSSAY, (André du) (*Hist. Litt. mod.*) évêque de Toul, est auteur du *Martyrologium Gallicanum*, peu estimé de nos savans critiques agiographes tels que Papebroch & Baillet. On l'appelloit *Plaustrum mendaciorum.* Né vers l'an 1595. Mort à Toul en 1675.

SAUSSAYE, (Charles de la) (*Hist. Litt. mod.*) chanoine d'Orléans, puis de Paris, & curé de St. Jacques-de-la-Boucherie à Paris, né en 1565 à Orléans, mort en 1621, est auteur du livre intitulé : *Annales Ecclesiæ Aurelianensis.* On y trouve un traité : *De veritate translationis corporis sancti Benedicti ex Italia ad monasterium Floriacense diœcesis Aurelianensis.* Cette translation des corps de St. Benoît & de Ste. Scholastique sa sœur, a été la matière d'une grande contestation, non-seulement entre les Bénédictins de l'abbaye de Fleury ou de St. Benoît-sur-Loire & ceux du Mont-Cassin, mais en général entre les savans de France & ceux d'Italie. Parmi les Italiens, les uns, tels que Léon d'Ostie & Ange de la Noix, prennent le parti de nier cette translation, que Paul Diacre dans son Histoire des Lombards, paroît rapporter au règne de Cunibert, qui commence vers l'an 687 ou 688, dure douze ans, & finit avec le septième siècle ; les autres avouent que la translation a été faite, mais ils soutiennent que les corps de St. Benoît & de Ste. Scholastique ont été dans la suite reportés au Mont-Cassin, & qu'ils y existent encore. Parmi les François, le P. Le Cointe, dans les Annales Ecclésiastiques, à l'année 673, & sur-tout D. Mabillon, dans son second Siècle des Actes des Saints de l'ordre de St. Benoît, ont traité à fond cette matière ; Baillet en parle aussi au 21 mars de ses Vies des Saints. Baronius, quoiqu'il déclare ne pas vouloir entrer dans une question si épineuse, & quoiqu'il avoue que, si les Italiens ont pour eux des bulles de papes, ce genre de preuves ne

manque pas non plus aux François, prononce cependant en faveur du Mont-Cassin ; & le P. Pagi, avec une si belle occasion de le contredire, se contente de renvoyer aux auteurs, qui, de part & d'autre, ont traité cette question plus à fond. Fixons - en du moins l'état.

Le monastère du Mont-Cassin avoit été ruiné par les Lombards, vers l'an 580. On prétendoit que St. Benoît, mort en 543 ou 544, avoit vu d'avance cet événement dans une révélation, & le pape St. Grégoire le dit formellement dans ses Dialogues. On rapporte que St. Mommol ou St. Momble, second abbé de Fleury-sur-Loire, lisant un jour cet endroit des Dialogues de St. Grégoire, eut tout-à-coup, comme par inspiration, l'idée d'envoyer au Mont-Cassin, des religieux de sa maison, pour tâcher de recueillir quelques reliques au tombeau de St. Benoît, qui étoit alors abandonné ; il chargea de cette commission St. Aigulphe ou St. Ayou, un de ses religieux ; celui - ci rapporta en effet, le corps de St. Benoît & celui de Ste. Scholastique. Celui de St. Benoît fut déposé dans l'abbaye de Fleury, qui, par cette raison, a porté depuis le nom de St. Benoît-sur-Loire. Des habitans du Mans, qui avoient accompagné St. Aigulphe dans ce voyage, obtinrent de Mommol la permission de porter au Mans les reliques de Ste. Scholastique. Ce qui peut paroître assez singulier, c'est que ceux qui affirment cette translation, & ceux qui la nient, s'appuyent également sur le passage de Paul Diacre, que voici :

Circà hæc tempora, cùm in Castro-Cassino, ubi beatissimi Benedicti sacrum corpus requiescebat, aliquantis jam elapsis annis, vasta solitudo existeret, venientes de Cœnomannicorum vel Aurelianensium regione Franci, dùm apud venerabilis patris, pariterque ejus germanæ venerandæ Scholasticæ ossa auferentes, in suam patriam asportaverunt. Ubi singillatim duo monasteria in utriusque honorem, beati Benedicti & sanctæ Scholasticæ constructa sunt. Sed certum est nobis os illud venerabile & omni nectare suavius, & oculos semper cœlesta contuentes, cætera quoque membra, quamvis in cinerem defluxa remansisse.

Comme Paul Diacre, dans ce passage, semble dire deux choses contradictoires ; l'une, que le corps de St. Benoît a été transporté en France ; l'autre qu'il est resté en Italie ; il a fallu l'interpréter, & les deux partis l'ont interprété diversement, selon l'intérêt de la cause qu'ils avoient à défendre. Il étoit d'ailleurs important d'attirer à soi le témoignage de Paul Diacre, parce qu'il est un des plus anciens auteurs qui aient écrit sur ce fait, & que de plus, ayant vécu long-temps religieux au Mont-Cassin, où il est mort, il semble qu'il dépose d'un fait dont il a une connoissance personnelle, lorsqu'il dit : *sed certum est nobis os illud, &c. remansisse.*

Cependant, on ne sait pas bien si Paul Diacre étoit déjà retiré dans le monastère du Mont-Cassin, lorsqu'il écrivoit son Histoire des Lombards.

Léon d'Ostie, Jean de La Noix & les autres Italiens

qui nient la tranflation, diftinguent deux parties dans le récit de Paul Diacre : la première, felon eux, ne fait que rendre compte d'une tradition populaire, reçue alors, & que Paul Diacre ne rapporte, difent-ils, que pour la combattre dans la feconde partie de fon récit, où il parle de fon chef : *fed certum eft nobis, os illud, &c. remanfiffe.*

Mais, comme il n'y a aucune différence dans la forme entre la première & la feconde partie de ce récit, comme rien n'annonce que dans la première, l'auteur parle d'après les autres, & dans la feconde feulement d'après lui-même ; comme dans l'une & dans l'autre ; il a également le ton affirmatif d'un hiftorien fûr de ce qu'il dit, il faut, difent les François, examiner de plus près s'il eft vrai qu'il y ait contradiction entre les deux parties de ce récit, & on trouve que Paul Diacre dit feulement que les parties molles & réduites en cendres par laps de temps, *in cinerem defluxa*, font reftées au Mont-Caffin, & que les parties folides, les os, ont été tranfportés en France. Il n'y a là aucun contradiction. Cette interprétation paroît avoir un grand avantage fur la précédente, en ce qu'elle ne fait point violence au texte pour trouver entre les deux parties d'un feul & même récit, une différence qui rien n'annonce.

Au refte, rien de plus incertain que l'époque de cette tranflation. Baronius la rapporte à l'an 664 ; le père Le Cointe, à l'an 673 ; d'autres à différentes années : enfin, la chronologie fur cet article fe promène & fe joue, pour ainfi dire, dans un espace de vingt-fept ans, depuis 653 jufqu'en 680, & plus grand même encore, fi c'eft au règne du roi Lombard Cunibert qu'il faut rapporter cette tranflation : le *circâ hæc tempora* de Paul Diacre a une très-grande latitude.

SAUTEL, (Pierre-Jufte) (*Hift. Litt. mod.*) jéfuite dauphinois, poëte latin du dernier fiécle. On a dit de lui, qu'en le lifant, *on commençoit par le plaifir, on continuoit par la fatiété, on finiffoit par le dégoût.* Né à Valence en Dauphiné en 1613. Mort à Tournon en 1662.

SAUVAGE, (Denys) (*Hift. Litt. mod.*) connu auffi fous le nom du fieur Du Parc, hiftoriographe du roi Henri II, a traduit en françois, les hiftoires de Paul Jove, & donné des éditions de Froiffart & de Monftrelet, qui rendent encore néceffaires celles que prépare un écrivain plus inftruit & d'une meilleure critique. Il a auffi donné une édition d'une chronique de Flandre, qui s'étendoit depuis l'an 792, jufqu'en 1383, & qu'il a continuée jufqu'en 1435.

SAUVAGES, (François Boiffier de) (*Hift. Litt. mod.*) fameux médecin, né à Alais en 1706, de la Société Royale de Londres, des Académies d'Upfal, de Berlin, de Suéde, de Tofcane, & de celle des Curieux de la Nature de Bologne, de celle de Montpellier. Comme médecin, il fera jugé par les médecins : nous rapporterons ici les titres de fes principaux ouvrages. Ils ont obtenu l'eftime & les éloges du public. Sa Nofologie méthodique tient

le premier rang parmi ces ouvrages ; elle a été plufieurs fois traduite en françois : il a traduit lui-même la Statique des végétaux de Halles : il a donné des Élémens de Phyfiologie, une Pathologie, &c. Mort à Montpellier en 1767.

SAUVAGES, f. m. pl. (*Hift. mod.*) peuples barbares qui vivent fans loix, fans police, fans religion, & qui n'ont point d'habitation fixe.

Ce mot vient de l'Italien *falvagio*, dérivé de *falvaticus*, *felvaticus* & *filvaticus*, qui fignifie la même chofe que *filveftris*, agrefte, ou qui concerne les bois & les forêts, parce que les *fauvages* habitent ordinairement dans les forêts.

Une grande partie de l'Amérique eft peuplée de *fauvages*, la plûpart encore féroces, & qui fe nourriffent de chair humaine.

Le P. de Charlevoix a traité fort au long des mœurs & coutumes des *fauvages* du Canada, dans fon journal d'un voyage d'Amérique.

En général on appelle *fauvages* tous les peuples indiens qui ne font point foumis au joug du pays, & qui vivent à part.

Il y a cette différence entre les peuples *fauvages* & les peuples barbares, que les premiers font de petites nations difperfées qui ne veulent point fe réunir, au lieu que les barbares s'uniffent fouvent, & cela fe fait lorfqu'un chef en a foumis d'autres.

La liberté naturelle eft le feul objet de la police des *fauvages* ; avec cette liberté, la nature & le climat dominent prefque feuls chez eux. Occupés de la chaffe ou de la vie paftorale, ils ne fe chargent point de pratiques religieufes, & n'adoptent point de religion qui les ordonne.

Il fe trouve plufieurs nations *fauvages* en Amérique, à caufe des mauvais traitemens qu'elles ont éprouvés, & qu'elles craignent encore des Efpagnols. Retirés dans les forêts & dans les montagnes, elles maintiennent leur liberté, & y trouvent des fruits en abondance. Si elles cultivent autour de leurs cabanes un morceau de terre, le mays vient d'abord ; enfin, la chaffe & la pêche achèvent de les mettre en état de fubfifter.

Comme les peuples *fauvages* ne donnent point de cours aux eaux dans les lieux qu'ils habitent, ces lieux font remplis de marécages où chaque troupe *fauvage* fe cantonne, vit, multiplie & forme une petite nation. (*D. J.*)

SAUVAL, (Henri) (*Hift. Litt. mod.*) avocat au parlement de Paris, auteur de l'Hiftoire des Antiquités de la ville de Paris, continuée & corrigée par un auditeur des Comptes, nommé Rouffeau. *Sauval* mourut en 1670.

SAUVEUR, (Jofeph) (*Hift. Litt. mod.*) de l'Académie des Sciences, né à la Flèche en Anjou, le 24 mars 1653, fut muet jufqu'à l'âge de fept ans, & n'eut jamais les organes de la parole bien libres ; & la même chofe arriva auffi à un de fes fils. Au lieu de parler, *Sauveur* penſoit. & agiſſoit. Il étoit déjà machiniſte, & fut, dit M. de Fontenelle, l'ingénieur des autres enfants, comme Cyrus devint le roi de ceux avec qui il vivoit.

Il n'avoit point de mémoire, & ne ſaiſiſſoit rien qu'avec le ſecours du jugement; Cicéron & Virgile le touchèrent peu, l'arithmétique de Pelletier du Mans le charma.

Il vint à Paris en 1670. Il connut M. de Cordemoy, qui le fit connoître à M. Boſſuet, par le conſeil duquel il abandonna la médecine, à laquelle il s'étoit deſtiné, par raiſon plus que par goût, pour ſe livrer aux mathématiques, vers leſquelles ſon goût le portoit; il ſe mit à les enſeigner en même temps qu'il les étudioit; il les enſeigna au prince Eugène, à tous les jeunes princes, aux enfans de France. Le marquis de Dangeau lui demanda en 1678, le calcul des avantages du Banquier contre les Pontes, ce qui le fit encore plus connoître à la cour, où il expliqua ſon calcul au roi & à la reine. On lui demanda enſuite le calcul des autres jeux de hazard.

En 1680, il fut nommé maître de mathématiques des pages de Mme la Dauphine. Pendant un voyage de Fontainebleau, le maréchal de Bellefonds lui propoſa de faire un petit cours d'anatomie pour les courtiſans. « On dit que toute la cour alloit l'entendre; » mais je crains, dit M. de Fontenelle, qu'on ne faſſe » trop d'honneur à toute la cour ».

En 1681, il alla faire des expériences ſur les eaux à Chantilly, avec M. Mariote. Le grand Condé, qui aimoit tous ceux qui pouvoient l'inſtruire, le goûta, le diſtingua, l'appelloit ſouvent à Chantilly, étoit avec lui en commerce de lettres. *Sauveur* entretenoit un jour ce prince ſur quelque objet de ſcience; deux demi-ſavans, beaux parleurs, trouvant qu'il ne parloit pas aſſez bien pour entretenir un prince, lui coupèrent la parole; ce qui, dit M. de Fontenelle, n'étoit jamais difficile, & ſe mirent à expliquer ce que *Sauveur*, ſelon eux, avoit mal dit. Quand ils eurent fini, le prince leur dit: *Vous avez crû que Sauveur ne s'entendoit pas bien, parce qu'il parle avec peine; mais je le ſuivois & je l'entendois parfaitement. Vous m'avez parlé beaucoup plus éloquemment que lui, mais je ne vous ai pas compris, & peut-être ne vous comprenez-vous pas vous-mêmes.*

En 1686, il fut fait profeſſeur de mathématiques au Collège Royal.

Sauveur s'occupa des fortifications; &, pour joindre la pratique à la ſpéculation, il alla au ſiége de Mons en 1691. Il y montoit tous les jours à la tranchée, & l'amour de la ſcience étoit devenu en lui un courage guerrier.

Il entra dans l'Académie des Sciences en 1699.

En 1703, M. de Vauban, chargé juſqu'alors d'examiner les ingénieurs ſur un art qu'on n'avoit appris que de lui, ayant été fait maréchal de France, propoſa M. *Sauveur* pour cet examen, qui ne convenoit plus à ſa dignité.

M. *Sauveur* ne faiſoit cas que des mathématiques utiles; il attachoit peu de prix aux ſimples ſpécula-

tions, même les plus ſavantes, qu'il ſavoit cependant pouſſer très-loin, quand il daignoit le vouloir; il reſpectoit aſſez peu ceux qu'il appelloit *les infinitaires*. Ses travaux ordinaires étoient des méthodes abrégées pour les grands calculs; des tables pour la dépenſe des jets d'eau; les cartes des côtes de France, réduites à la même échelle & orientées de la même façon; l'indication du rapport des poids & des meſures de différens pays; une manière de jauger avec beaucoup de facilité & de préciſion, toutes ſortes de tonneaux; un calendrier univerſel & perpétuel, qui découvrit la fauſſeté d'un titre qu'on donnoit pour ancien, & qui fit condamner les fauſſaires, &c.

L'Académie l'avoit vu très-occupé d'un grand ouvrage, que la mort ne lui a pas permis d'achever; c'étoit ſon Acouſtique. « Il n'avoit, dit M. de Fontenelle, ni voix ni oreille, & ne ſongeoit plus qu'à » la muſique. Il étoit réduit à emprunter la voix ou » l'oreille d'autrui, & il en rendoit en échange, par » démonſtrations inconnues aux muſiciens. . . . Une » nouvelle langue de muſique, plus commode & plus » étendue, un ſyſtème des ſons, un monocorde ſin- » gulier, un échomètre, le ſon fixe, les nœuds des » ondulations ont été les fruits des recherches de M. » *Sauveur*. Il les avoit pouſſées juſqu'à la muſique des » anciens Grecs & Romains, des Arabes, des Turcs » & des Perſans; tant il étoit jaloux que rien ne lui » échappât de cette ſcience des ſons, dont il s'étoit » fait un empire particulier! »

M. *Sauveur*, dit M. de Fontenelle, n'avoit point de préſomption; il diſoit que ce qu'un homme peut en mathématiques, un autre le pouvoit auſſi. Il mourut le 6 juillet 1716.

SAXE (SAXONS.) (*Hiſt. Mod.*) Dans les premiers temps de notre Hiſtoire moderne, à la tête des Nations germaniques étoient les Saxons, grande puiſſance qui s'étendoit vers le nord, du Rhin juſqu'à l'Elbe, & même au-delà vers l'Oder, en s'avançant toujours plus ou moins vers le midi de la Germanie, où ils rencontroient les poſſeſſions que les Francs avoient conſervées ou plutôt qu'ils avoient conquiſes; telles que la Franconie, la Thuringe, le Palatinat du Rhin, la Suève ou pays de ces Allemands battus autrefois par Clovis à Tolbiac, puis par Charles Martel, Carloman & Pepin, & ſoumis aux François ſous Charlemagne.

Les Saxons, tributaires des François ſous Thierry & ſes enfans, avoient toujours profité des diviſions des Princes Mérovingiens pour attaquer la France. Soulevés en ſecret par Childebert, contre Clotaire I, ſon frère, lorſque celui-ci fut devenu Roi d'Auſtraſie par la mort de Théodebalde, petit-fils de Thierry, ils s'étoient révoltés, tandis que Clotaire étoit occupé loin d'eux. Clotaire les ſurprend & les taille en pièces, ils ſe ſoumettent; Clotaire s'éloigne, ils ſe ſoulèvent une ſeconde fois; Clotaire revient écumant de colère, & jurant qu'il va exterminer cette nation turbulente; les Saxons intimidés font des ſoumiſſions ſi fortes & des offres ſi avantageuſes, que Clotaire conſent de leur pardonner; fon armée n'y confent pas, & fe révolte, parce qu'on veut l'empêcher de combattre; Clotaire eft infulté par fes propres foldats, & forcé de les mener au combat; cette ardeur indocile des François & le défefpoir des Saxons changent la fortune; ceux-ci remportent la victoire la plus complette; les François font réduits à demander & à recevoir la paix, en fub'ffant les mêmes conditions auxquelles les Saxons s'étoient foumis, & qui avoient été rejettées.

Les Saxons accompagnèrent les Lombards à la conquête de l'Italie; à leur retour, ils firent une irruption en Provence, où ils furent battus par le Patrice Mummol, Général du Roi Gontran, & le plus grand homme de guerre de ce temps. Les Saxons alors redevinrent tributaires; Dagobert les affranchit de ce tribut, à condition qu'ils défendroient la frontière contre les autres nations Germaniques, condition qu'ils remplirent mal: loin qu'ils réprimaffent les autres, il fallut les réprimer eux-mêmes; battus cinq fois par Charles Martel, & deux fois par Pepin, ils n'étoient rien moins que domptés.

Les Saxons fe divifoient en Oftphaliens, qui habitoient fur la rive orientale du Vézer; Weftphaliens, placés plus près du Rhin; Angrivariens, fitués entre les deux premiers, vers les bords de la mer; Nortelbins, placés au nord de l'Elbe du côté des Danois ou Normands; Trans-Elbins, nom fous lequel on comprenoit indiftinctement tous les Saxons placés au-delà de l'Elbe, en s'éloignant davantage du Danemarck & de la Mer.

Les Saxons unis aux Frifons, formoient un état deux fois plus vafte que la France Germanique, & ils euffent aifément repouffé les François jufqu'au-delà du Rhin, s'ils euffent eu comme eux l'avantage d'être réunis fous un feul Chef, au lieu d'être divifés en une multitude de cantons, tous dépendants & difficiles à réunir pour la caufe commune, qui élifoient pour la guerre un ou plufieurs Généraux mal obéis, parce que leur pouvoir devoit ceffer à la paix. Cette mauvaife conftitution de la *Saxe*, jointe à l'afcendant que la France, fous Charlemagne, avoit fur tous les peuples, & que Charlemagne avoit perfonnellement fur tous les hommes, explique les victoires continuelles que ce Prince ne ceffa, pendant trente - trois ans, de remporter fur les Saxons.

Prefque aucun des vaftes domaines que poffédoient autrefois les Saxons, n'a retenu le nom de *Saxe*, excepté, cette foible portion qui porte aujourd'hui le nom de baffe *Saxe*, &, qui, par une autre fingularité, de tous les pays qui portent aujourd'hui ce nom de *Saxe*, eft le feul qui ait appartenu aux Saxons. Les Allemands au contraire, qui n'occupoient qu'une petite contrée de la Germanie, & qui n'égaloient pas à beaucoup près la puiffance des Saxons, ont eu l'honneur de donner leur nom à la Germanie entière.

Charlemagne, avec toute fa puiffance, tenta vainement & de foumettre les Saxons & de les convertir. Toujours vaincus, ils étoient toujours indomptables; il fit mille fois de leur pays un vafte défert,

mais les Saxons y reparoiffoient toujours en forces & toujours plus animés par leurs pertes. Quand Charlemagne étoit en deçà de l'Elbe, on fe révoltoit au-delà; quand il paffoit l'Elbe, la révolte étoit fur les bords du Véfer. Enfin ce ne fut qu'en 804 que Charlemagne parvint à couper entièrement la racine de ces guerres, par une tranfplantation générale des Saxons, exécutée fous fes yeux par fon armée victorieufe, dont toute la puiffance & toute la violence fuffifoient à peine pour arracher ces malheureux à une Patrie qu'ils aimoient d'autant plus, qu'ils la regardoient comme le feul véritable afyle de la liberté; les marais fitués vers l'embouchure de l'Elbe, leur étoient principalement chers par l'inacceffibilité qui les y avoit défendus fi long-temps. La Flandre & le Brabant étoient alors prefque entièrement couverts de forêts; dix mille familles Saxonnes y furent tranfplantées, & furent employées à les défricher; ouvrage doublement utile, & pour rendre ces contrées habitables, & pour dompter les Saxons par le travail.

On prétend cependant que le caractère dominant des Saxons, leur amour pour l'indépendance & pour la liberté, infpirés par eux aux naturels du pays, fut dans la fuite le principe de tant de révoltes des Flamands contre leurs Souverains; & c'étoit un proverbe commun, du temps de Philippe-le-Bel & de Philippe de Valois, que Charlemagne, en mêlant les Saxons avec les Flamands, *d'un diable en avoit fait deux*. Eh! Pourquoi vouloir affervir un peuple libre? Pourquoi exterminer ou tranfplanter un peuple, pour conquérir un défert au-delà duquel on retrouve encore la guerre & la haine!

Louis le débonnaire, fi inférieur en tout à Charlemagne, eut pourtant fur lui l'avantage dans fa conduite à l'égard des Saxons. Il jugea que fon Père les avoit traités avec trop de rigueur, il adoucit leur fort, il les déchargea d'une grande partie des impôts, il leur permit de vivre felon leurs loix; & ces peuples généreux, pénétrés de reconnoiffance, fe piquèrent envers lui d'une fidélité inviolable, que toutes les victoires & toute la puiffance de Charlemagne n'avoient pu obtenir d'eux. Non, les hommes ne connoiffent pas affez le pouvoir de la bienfaifance.

SAXE (Maifon de) (*Hift. mod.*) La prétention de la maifon de *Saxe*, eft de defcendre du fameux Vitikind, rival de gloire de Charlemagne, & qui défendit fi long-temps contre lui les Saxons fes compatriotes; (*Voyez* l'article VITIKIND ou WITIKIND.) On diftingue dans cette maifon: 1°. La Succeffion Chronologique des anciens Electeurs de *Saxe*, dont le premier (Bernard duc d'Angrie) mourut en 988, & le dernier, Albert III, mourut en 1422; & la fuite des Electeurs de Saxe que l'on nomme *Saxe moderne*, laquelle commence à Frédéric le Belliqueux, mort le 4 Janvier 1428. Il eut pour fils Frédéric II, dit le *Pacifique*, né en 1412, mort en 1464; & ici commence; 2°. la diftinction des deux fameufes branches *Erneftine* & *Albertine*, ayant pour tiges l'une Erneft, l'autre Albert le courageux, tous deux fils de Frédéric le Pacifique.

Erneft

Erneſt eût pour fils Frédéric *le Sage*; né le 17 Janvier 1463. Ce fut à lui que les Electeurs déférérent unanimement la Couronne Impériale en 1519, à la mort de l'Empereur Maximilien I; ce fut lui qui s'en montra le plus digne en la refuſant; ce fut lui qui prononça entre ces deux illuſtres concurrens Charles d'Autriche & François I, & qui détermina les Electeurs en faveur de Charles; il fut un des premiers & des plus reſpectables Protecteurs de Luther, (*Voyez* l'article LUTHER.) Il mourut le 5 Mai 1525.

Son frère Jean qui lui ſuccéda, & ſon neveu Jean Frédéric, dit le *Magnanime*, fils de Jean, continuèrent d'être les Chefs du parti Proteſtant; Jean-Frédéric le fut de la ligue de Smalcalde, formée contre ce même Charles-Quint, qui avoit dû l'empire à la modération de Frédéric le Sage; Charles-Quint écraſe le parti Proteſtant à la bataille de Mulberg, livrée le 14 Avril 1547; il fait priſonnier l'Electeur de Saxe, le prive de ſon électorat, le fait condamner à mort & le retient en priſon; il tranſporte l'électorat, de la branche Erneſtine à la branche Albertine, il le donne au Prince Maurice, petit fils d'Albert le courageux, frère d'Erneſt, & tige de la branche Albertine, & fils de Henri le pieux, qui avoit introduit le Luthéraniſme dans ſes états. Maurice étoit auſſi Luthérien; mais, comme malgré l'intérêt de religion, il avoit ſuivi le parti de l'Empereur, & qu'il avoit été fort utile à ce Prince, il reçut l'électorat pour prix de ſes ſervices, & conſentit à en dépouiller ſon couſin. Dans la ſuite, ce même Maurice, moins ſenſible au don que l'Empereur lui avoit fait de l'électorat de Saxe, qu'à l'outrage qu'il lui faiſoit en retenant priſonnier le Landgrave de Heſſe, ſon beau-père, pris auſſi après la bataille de Mulberg, raſſembla ſecrétement les Princes mécontens de l'Empereur, les Luthériens mécontens du règlement proviſoire qu'avoit fait l'Empereur, & qui eſt connu ſous le nom de *l'interim*; il traita auſſi avec le Roi de France Henri II; l'orage éclata ſans s'être annoncé. L'Empereur preſque ſurpris dans *Inſpruck*, fut obligé d'en ſortir précipitamment aux flambeaux, & en une nuit l'Empereur & le Roi des Romains ſon frère, ſe virent chaſſés de l'Allemagne, ſans avoir ſu ſeulement qu'ils y euſſent des ennemis; le Landgrave de Heſſe & l'Electeur de Saxe Jean Frédéric furent délivrés; mais ce dernier ne recouvra point ſon électorat, & Maurice étant mort le 11 juillet 1553, des bleſſures qu'il avoit reçues dans un combat, l'Electorat paſſa au frère de Maurice, nommé Auguſte, dont la poſtérité le poſſède encore aujourd'hui. Jean Frédéric II du nom, Duc de *Saxe Gotha*, fils de ce Jean Frédéric I, dépouillé de ſon électorat par Charles-Quint, s'attira plus fortement encore ſur ſon père, la haine de ce formidable Empereur; il fut mis au ban de l'empire, & Auguſte, ſon couſin, fut chargé de l'exécution de ce décret, à laquelle il avoit intérêt, puiſqu'il jouïſſoit de l'électorat. Auſſi, ce décret ne fut que trop bien exécuté; Jean Frédéric II, battu & fait priſonnier, mourut en priſon au bout de

vingt-huit ans, le 9 mai 1595. La branche Albertine triompha. La branche Erneſtine avoit produit une multitude d'autres branches. Nous remarquerons:

Dans celle de *Saxe-Altenbourg*, éteinte en 1672; Frédéric tué à vingt-ſix ans, au combat d'Hanovre, le 24 octobre 1625.

Dans celle de *Saxe-Weimar*, un autre Frédéric tué ſous le commandement du Comte de Mansfeld à un combat de Fleurus, le 19 août 1622.

Et le fameux Bernard, duc de *Saxe-Weimar*, l'ami, le compagnon, le ſucceſſeur, & le vengeur du Roi de Suède Guſtave-Adolphe, dans le commandement de ces armées, qui firent trembler l'empire & la maiſon d'Autriche. Elève de Guſtave, le duc de *Saxe-Weimar*, eût Turenne pour élève.

Telle forma Turenne au grand art de la guerre,
Près d'un autre Saxon la terreur de la terre :
Quand la Juſtice & Mars ſous un autre Louis,
Frappoient l'Aigle d'Autriche & relevoient les Lis.

(*Poëm. de Fontenoi.*)

Le héros Saxon mourut le 8 Juillet 1639, à trente cinq ans; le Roi de Suède étoit mort à trente huit.

Dans la branche de *Saxe-Eiſenach*; Frédéric Auguſte, mort le 31 ſeptembre 1684, dans ſa vingt-uniême année, d'une bleſſure reçue au ſiège de Bude.

Dans la branche de *Saxe-Gotha*, Jean-Guillaume, meſtre de camp & adjudant général de Guillaume III, Roi d'Angleterre, puis Major-général de l'armée Impériale, ſous le Prince de Bade, tué au ſiège de Toulon, le 13 août 1716.

Et Erneſt, duc de *Saxe-Hildebourg*, qui ſe ſignala aux batailles de Fleurus & de Leuze, où il étoit au ſervice des Etats-généraux.

C'eſt de la branche Albertine électorale qu'étoient les deux Rois de Pologne, électeurs de *Saxe*, du nom de Frédéric-Auguſte, rivaux heureux de Staniſlas Leczinski.

Et nôtre illuſtre Maréchal-Comte de *Saxe*, étoit fils naturel du premier de ces Rois, & frère du ſecond. Maurice, Comte de *Saxe*, naquit à Dreſde le 19 octobre 1696. Il fut l'unique fruit des amours d'Auguſte II, Electeur de *Saxe*, qui fut élu Roi de Pologne, l'année ſuivante (le 27 juin 1697), & d'Aurore, Comteſſe de Konigſmarck. On ſe rappelle le portrait que M. de Voltaire a fait de cette femme célèbre, dans l'hiſtoire de Charles XII, & les vers qu'elle avoit compoſés à la louange de ce Conquérant.

Ce fut contre ces mêmes François qu'il devoit commander un jour avec tant de gloire, quel Comte de *Saxe* fit ſes premières armes en 1708, au ſiège de Lille. Le Roi de pologne, ſon père, ſervoit en qualité de volontaire dans l'armée des alliés: le Comte de *Saxe* n'avoit alors que douze ans. Auguſte le confia au Comte de Schullembourg, à ce même général, qui, en 1704, avoit fait devant Charles

XII. cette belle retraite de *Punitz*, réputée une victoire, au jugement de Charles XII lui-même.

En 1709, le Comte de *Saxe* se trouva aux sièges de Tournay & de Mons, & à la bataille de Malplaquet.

En 1710, il servit & dans la guerre du Nord & dans celle qui se faisoit en Flandre ; au Printemps, il étoit au siège de Riga, sous le Czar-Pierre I ; l'Été, il étoit aux sièges de Béthune, de Saint-Venant & d'Aire.

En 1711, il servit en Poméranie sous le Roi son père ; au siège de Stralsund, il passa un des bras de l'Oder à la nage, sous le feu des retranchemens des Suédois ; trois Officiers & plusieurs cavaliers furent tués à ses côtés. Charmé de sa valeur, le Roi Auguste lui permit de lever un régiment de cavalerie, qu'il mit en état de servir dès la campagne suivante dans le Duché de Brême. Il étoit au siège de Stade ; il chargea trois fois à la tête de son régiment, à la bataille de Gadelbush, gagnée par le général Steinbock & les Suédois, contre les Danois & les Saxons.

En 1713, son régiment détruit à Gadelbush, ayant besoin d'être recruté & exercé, la comtesse de Konigsmarck profita de ce repos du comte de *Saxe*, pour lui faire épouser la comtesse de Loben ; elle se nommoit Victoire : ce nom décida le comte de *Saxe*, qui avoit peu d'inclination pour le mariage.

Charles XII, étant parti de Turquie le premier octobre 1714, & étant arrivé à Stralsund le 22 novembre, la guerre sembla se ranimer dans le Nord, où elle n'avoit point cessé. En 1715, le comte de *Saxe* se trouvant dans une espèce d'auberge au village de Crachnitz, près de Sandomir en Pologne, accompagné seulement de cinq officiers & de douze valets, y fut surpris par huit cent cavaliers, contre lesquels il se défendit, comme Charles XII s'étoit défendu à Varnitza, contre une armée de Turcs & de Tartares ; le comte de *Saxe* fut même plus heureux ; quoique blessé d'un coup de feu à la cuisse, il échappa aux ennemis & gagna Sandomir, où il fut en sûreté. L'exemple de Charles XII sembloit consacrer ces témérités brillantes, & l'on vit encore dans la suite, le comte de *Saxe* tenter en Courlande, une défense impossible contre les forces de l'empire Russe & celles de la Pologne.

Cette même année 1715, le comte de *Saxe* se trouva à l'attaque de l'Isle d'Usedom & au siège de Stralsund ; cette dernière place étoit défendue par Charles XII en personne ; le comte de *Saxe* brûloit de le voir, & il le rencontra en effet dans une sortie.

En 1717, le comte de *Saxe* alla servir en Hongrie sous le Prince Eugène contre les Turcs ; il avoit déjà servi sous lui en 1708 & les années suivantes contre les François ; il étoit à la bataille de Belgrade. A son retour, le roi Auguste son père lui donna l'ordre de l'aigle blanc.

En 1720 il vint en France, fut présenté à M. le duc d'Orléans, régent du Royaume, qui lui proposa d'entrer au service de France, avec le grade de

Maréchal de France, ce qu'il accepta du consentement du roi Auguste. Son mariage, qui n'avoit point été heureux, fut cassé ; sa femme, devenue libre, épousa un officier Saxon.

Le comte de *Saxe*, employa le loisir de la paix à étudier la Tactique, les Mathématiques, à méditer, à approfondir les principes de l'art de la guerre.

E 1726, il fut élu duc de Courlande. Nous avons dit qu'il succomba sous les forces réunies de deux grands empires.

La mort du roi Auguste, ayant fait renaître la guerre, le comte de *Saxe* servit au siège de Philipsbourg, d'abord sous les ordres de Maréchal de Berwick, ensuite sous ceux du Marquis d'Asfeld, qui fut fait Maréchal de France ainsi que le duc de Noailles, après que le Maréchal de Berwick eût été emporté d'un coup de canon le 12 juin 1734. Le comte de *Saxe* contribua beaucoup à la prise de Philisbourg, & courut plus d'une fois risque de la vie à ce siège. Le roi le nomma Lieutenant-général de ses armées le premier août de cette même année 1734. Le comte de *Saxe* dans un détachement, ayant eu à combattre un parti de Hussards, tua de sa main leur Commandant, dont il avoit reçu à la tête un coup de sabre, qui eût été mortel, si le comte n'avoit porté une calotte de fer. L'année suivante, il servit avec le même zèle & le même succès, jusqu'au moment où une trève, promptement suivie de la paix, mit fin aux hostilités.

Ce fut en 1738, qu'il composa en France, le livre qu'il intitula *mes rêveries*, & qui ne lui coûta, dit-on, que huit jours de travail ; mais dans un autre sens, c'étoit l'ouvrage de sa vie entière, c'étoit le résultat de travaux continuels & des méditations les plus profondes.

Le comte de *Saxe* étant retourné à Dresde en 1739, tomba de cheval dans une chasse à Mauritzbourg & se fracassa le genou ; la blessure qu'il avoit reçue à la défense de Crachnitz se rouvrit : ces accidens n'eurent pourtant point de suite fâcheuse. Le temps approchoit où ses grands talens, déployés dans tout leur éclat & toute leur étendue, alloient remplir l'Europe de sa gloire, & rendre la France triomphante ; l'Empereur Charles VI mourut le 20 octobre 1740, & la guerre se ralluma : c'est cette fameuse guerre de 1741, où les François ont toujours été victorieux, quand ils ont eu le Maréchal de *Saxe* à leur tête.

Il n'étoit encore que Lieutenant-général au commencement de cette guerre : il alla en 1741 servir en Allemagne & en Bohême, dans l'armée que commandoit l'électeur de Bavière, qui fut depuis l'Empereur Charles VII. Ce fut dans cette campagne (le 28 novembre 1741), qu'il emporta par escalade la ville de Prague, qui avoit été emportée d'assaut à pareil jour en 1631, par son trisaïeul Jean-Georges I, électeur de *Saxe*.

En 1742, le comte de *Saxe* prit aussi Egra en Bohême ; après cette expédition il partit pour Dresde, puis pour la Russie où l'appelloient des affaires particulières, il follicitoit la reftitution d'une terre fituée en Livonie, qui lui appartenoit en commun avec le comte de Lewenhaupt fon oncle; elle avoit été confifquée fur eux pendant la régence de la Princeffe Anne de Meckelbourg, Ducheffe de Brunfwick; l'Impératrice Elifabeth, qui régnoit alors en Ruffie, accorda au comte de Saxe fa demande. Le comte à fon retour, alla fervir en Bavière, puis en Bohême, fous le Maréchal de Maillebois. Dans une des marches de cette campagne, on vola au comte de Saxe fa caffette où il y avoit des effets affez précieux : le cardinal de Fleuri lui fit donner en dédommagement une gratification de dix mille écus ; dans une affaire de détachement du 3 octobre, où le duc d'Ayen & le comte de Noailles fe fignalèrent, le comte de Saxe fut bleffé légèrement. Il eut dans cette campagne un corps de troupes confidérable fous fes ordres.

En 1743, le Roi accorda au comte de Saxe, fon agrément pour lever un régiment de cavalerie de mille hommes; dont moitié dragons & moitié hullans. Le comte de Saxe, en l'abfence du Maréchal de Broglio, fut un moment chargé de la conduite de l'armée qui revenoit de Bavière, & qui devoit être aux ordres du Maréchal de Noailles, quand elle feroit arrivée fur les bords du Rhin.

L'hiver de 1743 à 1744, on projetta une expédition en Angleterre : le Prince Edouard devoit s'embarquer à Dunkerque, avec une petite armée, compofée de onze régimens, dont le commandement fut confié au comte de Saxe. Les vents contraires retinrent les François dans le port, & firent manquer l'entreprife ; le comte de Saxe, qui s'étoit rendu le premier mars à Dunkerque, revint à Paris, où il fut élevé à la dignité de Maréchal de France, le 26 mars 1744.

De ce moment, toutes les expéditions du Maréchal de Saxe, appartiennent fi effentiellement à l'hiftoire générale, elles ont été tellement célébrées par toutes les voix de la renommée, qu'il fuffira de les rappeller ici d'un feul mot.

L'année 1744, nous offre d'abord cette campagne de Courtrai, que les militaires regardent comme le chef-d'œuvre du Maréchal de Saxe : la favante & utile inaction à laquelle fe condamna ce général, eft préférée même à fes expéditions les plus actives & les plus brillantes ; on fait que, par une feule pofition, habilement choifie, il déconcerta toutes les mefures, & rendit inutile la fupériorité des ennemis.

En 1745, le 11 mai, le Maréchal de Saxe mourant gagne la bataille de Fontenoi.

C'eft là ce fier Saxon, qu'on croit né parmi nous,
Maurice, qui touchant à l'infernale rive
Rappelle pour fon Roi fon ame fugitive,
Et qui demande à Mars, dont il a la valeur,
De vivre encore un jour & de mourir vainqueur.

La prife de Tournay, de Gand, d'Oudenarde,

d'Oftende, de Niewport, &c.; fut le fruit de cette victoire.

L'hiver fuivant, le Maréchal de Saxe prend Bruxelles ; il pourfuit fes conquêtes. Louvain, Malines, Anvers, Mons, S. Guillain, Charleroi, Huy, Namur, &c.; font foumis, & cette brillante campagne de 1746, finit par la victoire de Rocoux.

Le Maréchal de Saxe, à qui le Roi avoit accordé les honneurs du Louvre, donné Chambord avec des penfions confidérables & des lettres de naturalité, eft fait Maréchal général des camps & armées du Roi au commencement de 1747.

Les Hollandois font attaqués: on leur prend l'Eclufe, le Sas de Gand, &c. Le Maréchal de Saxe gagne la bataille de Lawffelt fous les yeux du Roi, comme il avoit gagné celle de Fontenoi ; Berg-op-zoom eft pris, le Maréchal de Saxe eft nommé gouverneur des pays-bas qu'il avoit conquis ; le brevet eft du 12 janvier 1748 ; cette année fut la dernière de la guerre. La prife de Maeftricht amena une fufpenfion d'armes, qui fut fuivie de la paix ; & deux ans après, le Héros auquel on devoit tous fes fuccès, n'étoit plus : il mourut à Chambord le 30 novembre 1750. Il étoit, ainfi que le Roi Augufte fon père, d'une force de corps furprenante.

On connoît deux hiftoires du Maréchal de Saxe ; l'une a paru en 1754, l'autre en 1773, & il s'eft fait de celle-ci une feconde édition en 1775. Cette nouvelle hiftoire, bien fupérieure à la première, eft de feu M. le Baron d'Efpagnac, gouverneur de l'hôtel royal des Invalides. « Bien des perfonnes, dit-il, defireroient » qu'on plaçât le maufolée du Maréchal de Saxe » dans l'hôtel-royal des Invalides : quelle habitation » plus digne de lui que ce monument immortel des » fervices militaires ! Quoi de plus intéreffant pour » la mémoire de ce grand Capitaine, que de le voir » revivre au milieu de ces anciens vétérans, qu'il » mena fi fouvent à la victoire, fous les ordres & » en préfence du Roi » !

Le baron d'Efpagnac avoit fervi fept ans fous le Maréchal de Saxe, il avoit eu fa confiance, il avoit été aide-major général du corps d'armée que le comte de Saxe avoit commandé en 1742, & il avoit fait dans les campagnes poftérieures une étude fuivie des manœuvres & des expéditions de ce grand général.

SAXI, (Pamphile) (Hift. Litt. mod.) poëte latin de Modène au quinzième fiècle. Ses poëfies ont été publiées à Breffe en 1499.

SAYS, f. m. pl. (Hift. mod.) efpèce de prêtres ou de bonzes du royaume de Tonquin, qui paffent pour de très-grands fripons, & pour mener une vie oifive & licencieufe aux dépens du peuple, qui ne croiroit point que fes prières puffent être agréables à la divinité, fi elles n'étoient préfentées par ces fainéants qu'ils payent & qu'ils font fubfifter pour cela. Ces prêtres font très-nombreux ; le roi eft fouvent obligé de les envoyer à la guerre pour en diminuer le nombre, lorfqu'ils deviennent trop à charge à fes

B 2

fujets. Les gens de qualité les méprisent, & offrent eux-mêmes leurs prières & leurs facrifices. (*A .R.*)

SBIRRE, f. m. nom qu'on donne aux archers en Italie , & fur-tout à Rome où ils font un corps confidérable.

SCÆVA , (*Hift. Rom.*) Horace adreffe à *Scæva* la dix-feptième épitre du premier livre:

Quamvis , Scæva , fatis per te tibi confulis & fcis
Quo tandem pacto deceat Majoribus uti , &c.

Ce furnom de *Scæva* étoit celui de plufieurs familles confidérables de Rome , & ne fignifioit qu'un gaucher , ainfi que *Scævola* , *Scævinus* & *Lævinus*. L'hiftoire rapporte les exploits d'un ou de deux *Scæva*, vraiment dignes de mémoire. Céfar faifant la guerre en Efpagne , des Efpagnols vaincus fe retirèrent dans une île affez voifine du continent , mais où Céfar ne put les fuivre faute de vaiffeaux; il y fit cependant paffer quelques foldats fur des bateaux légers conftruits à la hâte. Les premiers foldats étant débarqués , le commandant alloit chercher les autres pour appuyer ceux-là ; mais il fut emporté par le reflux , &. les premiers foldats débarqués n'eurent d'autre reffource que de vendre cher leur vie ; ils furent tous tués , excepté un feul, c'étoit P. Scævius ou *Scæva* : celui-ci , percé de coups , ne pouvant plus réfifter , fe jetté à la mer , & repaffe à la nage dans le continent. Céfar voyoit du rivage toute cette action , & s'attendoit que ce foldat alloit lui demander le jufte prix de fon courage. Il fut bien étonné de le voir fe jetter à fes pieds , & lui demander pardon d'être revenu fans fon bouclier, tant cet homme portoit gravé dans fon cœur le refpect de la difcipline militaire! Céfar, pénétré d'admiration , l'éleva pour toute réponfe , au grade de centurion.

Ce *Scæva* feroit-il le même qu'un centurion du même nom , dont il eft parlé dans Valère-Maxime & dans Lucain, & qui ayant eu dans un combat près de Dyrrachium en Épire , un œil crevé d'une flèche , & l'ayant arraché l'œil avec la flèche , ayant d'ailleurs une épaule & une cuiffe percées de deux javelots , & ayant reçu cent trente coups , tant d'épée que de traits dans fon bouclier, appelle deux des ennemis, comme pour fe rendre , & lorfqu'ils fe font approchés , trouve encore affez de forces pour abattre à l'un l'épaule d'un coup de fabre , pour renverfer l'autre en le frappant de fon bouclier au vifage, & pour échapper à tous les deux.

Solvat, ait, pœnas, Scævam quicumque fubactum,
Speravit.   LUCAIN.

M. Crevier obferve que Valère-Maxime l'appelle *M. Cæfius,* & Lucain *Scæva*; il n'y a pas cependant entre ces deux auteurs l'oppofition que M. Crevier femble annoncer , puifque Valère-Maxime appelle ce centurion *M. Cæfius Scæva* ; mais fi le prénom eft exact , le *Scæva* de l'Epire ne peut être le même

que celui de l'Efpagne, qui s'appelloit *Publius* & *non Marcus.*

SCÆVOLA, (*Hift. Rom.*) (*Voyez* MUTIUS.)

SCALDES, f. m. pl. (*Hift. anc.*) c'eft ainfi que les anciens peuples du nord nommoient leurs poëtes. Les vers étoient le feul genre de littérature qui fût cultivé chez eux ; c'étoit la feule façon de tranfmettre à la poftérité les hauts faits des rois , les victoires des peuples , & la mythologie des dieux. On rendoit les plus grands honneurs aux *fcaldes* ou poëtes; ils étoient fouvent de la naiffance la plus illuftre , & plufieurs fouverains fe glorifioient de ce titre. Les rois avoient toujours quelques *fcaldes* à leur cour, & ces derniers en étoient chéris & honorés; ils leur donnoient place dans les feftins parmi les premiers officiers de la couronne , & les chargeoient fouvent des commiffions les plus importantes. Lorfque ces rois marchoient à quelque expédition, ils fe faifoient accompagner des *fcaldes* , qui étoient témoins oculaires de leurs exploits, les chantoient fur le champ de bataille , & excitoient les guerriers au combat. Ces poëtes ignoroient la flatterie , & ils ne louoient les rois que fur des faits bien conftatés. Un roi de Norwège nommé *Olaüs Trygguefon*, dans un jour de bataille , plaça plufieurs *fcaldes* autour de fa perfonne , en leur difant avec fierté, *vous ne raconterez pas ce que vous aurez entendu , mais ce que vous aurez vu.* Les poëfies des *fcaldes* étoient les feuls monumens hiftoriques des nations du nord ; & c'eft chez elles que l'on a puifé tout ce qui nous refte de l'hiftoire ancienne de ces peuples. *Voyez l'introduction à l'hiftoire de Danemarck* par M. Mallet. (*A.R.*)

SCALIGER, (Jules-Céfar & Jofeph-Jufte.) (*Hift. Litt. Mod.*) Pere & fils , tous deux célèbres.

Jules-Céfar Scaliger , ou *de l'Efcale,* né en 1484 à Vérone, ou dans le territoire , fe difoit defcendu des anciens feigneurs de l'Efcale , princes de Vérone , prétention que beaucoup d'auteurs traitent de chimère ridicule ; ce qu'il y a de certain, c'eft que lorfqu'en 1528 , *Scaliger* obtint en France des lettres de naturalité , il n'y prit point d'autres titres que ceux-ci : *Jules-Céfar de l'Efcale de Bordoms, docteur en médecine, natif de la ville de Vérone.*

Il fe vantoit d'avoir été militaire, & ne difoit pas qu'il avoit été cordelier ; il avoit jufqu'à la prétention d'être un guerrier illuftre. Ses prétentions très-vaftes auffi aux talens & à l'érudition font moins conteftées ; il fe diftingua par la critique & même par la poëfie ; mais fes amis exagéroient évidemment , lorfqu'ils difoient qu'il n'y avoit eu ni un plus grand philofophe depuis Ariftote, ni un plus grand poëte depuis Virgile, ni un plus grand médecin depuis Hippocrate. Jufte-Lipfe paffe toutes les bornes, lorfqu'après avoir dit que les quatre plus grands hommes qui aient paru dans le monde , font Homère, Hippocrate, Ariftote & Scaliger, il paroît préférer le dernier aux trois autres. Scaliger lui-même donnoit le ton à fes panégyriftes, il difoit que les idées de Xénophon & de Maffiniffa réunies, n'exprimoient qu'imparfaitement ce qui se trouvoit en lui seul. Cardan & Scioppius au contraire, l'ont trop rabaissé ; lui-même il a trop combattu Erasme, mais du moins il s'en est repenti, quoique trop tard, & il a fait une espèce de réparation à la mémoire de ce savant. En général, *Scaliger* fut, comme tous les savans du seizième siècle, trop aigre & trop emporté.

Scaliger avoit vu naître la réforme, & y étoit plutôt favorable que contraire ; il attiroit trop les regards dans la petite ville d'Agen, pour n'être pas observé ; on crut le trouver en défaut sur le jeûne du carême & sur l'abstinence des viandes ; cette irrégularité étoit le signe le plus apparent de la réforme ; on recueillit aussi de sa bouche quelques termes peu orthodoxes sur la *transsubstantiation* ; l'orage grossissoit, ses amis parvinrent pourtant à le dissiper, & *Scaliger* mourut catholique à Agen en 1558.

Ses trois principaux ouvrages sont *sa Poëtique*, son livre des *Principes de la Langue Latine* & ses *Exercitations contre Cardan*.

Il avoit de l'enthousiasme ; il disoit qu'il aimeroit mieux avoir fait les deux odes d'Horace :

Quem tu Melpomene, semel, &c.

Et

Donec gratus eram, tibi, &c.

que d'être roi d'Arragon. Il ne fut ni roi d'Arragon, ni auteur d'aussi beaux morceaux de poësie.

Il eut un grand nombre d'enfans : l'aîné, nommé Constant, & surnommé *le Diable*, fut assassiné en Pologne ; Léonard, le second, fut aussi assassiné à Laon en Picardie ; le troisième, nommé Sylvio, exerça la profession de son père, c'est-à-dire, qu'il fut médecin ; le quatrième, nommé Joseph-Juste, est le plus célèbre. C'est lui qui par son livre fameux *De emendatione temporum*, a créé la chronologie & frayé la route aux Petaux, aux Usserius, aux Marshams, aux Newtons. Il brilla sous les derniers Valois & sous Henri IV. Calviniste déclaré, il se retira en Hollande, & Henri IV ne fit aucun effort pour le retenir. On lit dans le *Menagiana*, que „lorsqu'appellé par les Hollandois pour être professeur à Leyde, il alla prendre congé de Henri IV, ce prince lui dit : *Eh bien*, M. de l'Escale, les Hollandois vous veulent avoir, & vous font une grosse pension ? J'en suis bien aise. Puis, changeant de discours, est-il vrai, lui dit-il, que vous avez été de Paris à Dijon, sans aller à la selle ? Joseph-Juste n'étoit pas moins vain que son père, mais il tournoit principalement sa vanité du côté des succès littéraires ; il se glorifioit de parler treize langues, mais cette variété de langues lui fournissoit seulement une plus grande variété d'injures, toutes plus grossières & plus savantes les unes que les autres, à vomir contre ses adversaires. Il ne traitoit guères mieux les saints & les pères de l'église les plus éloignés de son siècle ; il appelle Origène un rêveur ; Saint-Justin un imbécille ; Saint-Jérôme, un ignorant ; Rufin un vilain marand ; Saint-Chrysostôme, un orgueilleux vilain ;

Saint-Basile, un superbe ; & Saint-Thomas un pédant.

On a de *Scaliger le fils*, outre le livre *de emendatione temporum*, la chronique d'Eusèbe avec des notes, un traité *de Tribus sectis Judæorum*, des poësies, des notes sur les tragédies de Sénèque, sur Varron, sur Ausone, sur Pompeïus Festus, &c. Le *Scaligerana* a été recueilli des conversations de *Scaliger le fils*, mais n'est point de lui. *Scaliger*, sorti de France, vécut à Leyde, & y mourut après seize ans de séjour, le 21 janvier 1609. Gassendi rapporte que M. de Peiresc étant allé voir à Leyde *Joseph Scaliger*, celui-ci lui témoigna quelque desir d'aller mourir à Agen, pour mêler sa cendre à celle de son père. „Ce desir, lui dit M. de Peiresc, n'entraîne-t-il pas celui de mourir comme lui dans la foi de vos ayeux ? *Scaliger* ne répondit que par un torrent de larmes.

SCANDERBERG ou SCANDERBEG, (*Hist. des Turcs.*) Georges Castriot, roi d'Albanie, dit *Scanderberg*, c'est-à-dire, *Alexandre Seigneur*, fut célèbre au quinzième siècle par sa force, sa valeur & ses exploits. Ce fut principalement contre les Turcs & contre deux de leurs plus redoutables empereurs, Amurat II & Mahomet II, qu'il se signala ; il fut un véritable héros de roman ou de tragédie, & M. de la Motte en a fait le héros d'un de ses opéras. *Scanderberg* avoit été donné en ôtage par son père à l'empereur Amurat II, avec ses trois freres Reposé, Stonise & Constantin. Le sultan, dit-on, fit périr ces trois derniers par un poison lent : il prit *Scanderberg* en affection ; la première marque qu'il lui en donna fut de le faire circoncire, & ensuite de cultiver par l'éducation les heureuses dispositions qu'il trouva en lui. Il le forma pour la guerre, lui donna par degrés divers commandemens, dont *Scanderberg* s'acquitta toujours d'une manière brillante ; mais il ne perdoit point de vue le projet de remonter sur le trône de son père, mort en 1432, & de venger ses frères. Amurat l'envoya faire la guerre en Hongrie ; c'étoit l'envoyer reconquérir l'Albanie. *Scanderberg* se lia d'intérêt & d'intrigue avec le fameux Huniade Corvin, (*Voyez* HUNIADE.) général des Hongrois, & le plus formidable ennemi des Turcs ; il trahit ceux-ci, les livra aux Hongrois, dans une bataille où les Turcs croyoient marcher sous lui à la victoire. Il se saisit d'un sécretaire d'Amurat, le met aux fers, le force d'écrire & de sceller un ordre adressé par Amurat au gouverneur de Croja, capitale de l'Albanie. Cet ordre étoit de remettre au porteur la ville & la citadelle de Croja ; *Scanderberg* fut le porteur. Il avoit eu la précaution de massacrer le sécretaire après lui avoir fait expédier l'ordre, afin qu'il ne pût ni détromper le gouverneur, ni avertir Amurat. Par cette perfidie, qui est une grande extension du *dolus an virtus, quis in hoste requirat* ? *Scanderberg* remonta sur le trône d'Albanie en 1443 ; il étoit né en 1404. Il fut conserver sa conquête. Amurat mit deux fois le siège devant Croja, & fut deux fois obligé de la lever. Mahomet II lui fit onze ans la guerre par ses généraux ; ils furent souvent battus, & dans leurs

Plus grands fuccès, ils ne purent gagner un pouce de terrein; enfin, Mahomet, ce conquérant de la Grèce & de Conftantinople, échoua devant l'Albanie; il demanda la paix & l'obtint en 1461. Il avoit auffi deux fois tenté & levé le fiége de Croja. (*Voyez* à l'article *Anjou*, page 321 du 1er. volume,) ce que *Scanderberg*, à la follicitation du pape Pie II, fit en Italie, en faveur de la maifon d'Arragon, contre le duc de Calabre, fils du roi René de la maifon d'Anjou.) *Scanderberg* s'étoit trouvé & s'étoit monté à vingt-deux batailles; il avoit tué, dit-on, de fa main, près de deux mille Turcs, & n'avoit jamais reçu qu'une légère bleffure. On dit que Mahomet II, étonné des coups prodigieux qu'il portoit, & des bleffures terribles qu'il faifoit, lui envoya demander fon cimeterre; ni lui ni fes généraux ne purent en faire ufage. *Je lui ai envoyé mon cimeterre*, dit à ce fujet *Scanderberg, mais j'ai gardé le bras qui feul peut s'en fervir. Scanderberg* mourut en 1467, comblé de gloire, & portant le nom alors le plus illuftre de l'Europe & de l'Afie. Après fa mort, l'Albanie rentra fous la domination Turque. Le P. du Poncet, jéfuite, a écrit la vie de *Scanderberg*, publiée en 1709.

SCAPULA, (Jean) (*Hift. Litt. mod.*) Il eft fâcheux que nous devions à une infidélité l'utile Dictionnaire grec de *Scapula*. Cet homme étoit correcteur d'imprimerie chez Henri Etienne, dans le temps que ce favant faifoit imprimer fon *Tréfor de la Langue Grecque*; Il en prit ce qu'il y avoit de plus élémentaire & de plus à la portée des étudians; il en forma fon *Lexicon*, qui empêcha la vente du grand dictionnaire, & ruina Henri Etienne. Le *Scapula* parut en 1580, & fut imprimé à Leyde par les Elzévirs, en 1652.

SCARRON, (Paul) (*Hift. Litt. mod.*) *Voyez* au fujet de cet article, celui de *Maintenon*, puifqu'enfin ces deux êtres, fi parfaitement diffemblables, ont été unis. Il faut avouer que Madame de Maintenon avoit été affortie par la nature avec Louis XIV qu'avec Scarron. Ce dernier, bas bouffon, mais homme d'efprit, d'une fociété aimable, d'une gaité originale, étoit d'une famille de robe diftinguée; fon bifaïeul eft nommé avec honneur dans la Henriade, parmi ces magiftrats tyrannifés par les feize, & mis à la baftille, par le maître en fait d'armes Buffyle-Clerc; en haine de leur courageux attachement à la caufe de leurs rois.

Mufes, redites-moi ces noms chers à la France;
Confacrez ces héros qu'opprima la licence.
Le vertueux de Thou, Molé, Scarron, Bailleul,
Potier, cet homme jufte, & vous, jeune Longueil!

Confacré malgré lui, par fes parens, à l'églife, il fut d'abord un eccléfiaftique très-mondain. On fait quelle malheureufe partie de plaifir lui fit perdre à 27 ans, *ces jambes*, qui felon lui-même, *avoient bien danfé, ces mains qui avoient fu peindre & jouer du luth*, le réduifit à l'état de cul-de-jatte, & raffembla fur lui toutes les infirmités de la nature humaine, fans pouvoir altérer fa gaîté, contrafte par lequel il a fur-tout étonné. Chanoine du Mans, il

paffoit le carnaval dans cette ville, & en goûtoit les plaifirs, mieux qu'il ne convenoit à un chanoine. Il imagina de fe mafquer en fauvage, pour aller au bal, voulant & efpérant fans doute n'être pas reconnu. Mais la fingularité même de ce déguifement l'ayant fait pourfuivre par tous les enfans & tous les poliffons, il alla fe cacher au fond d'un marais; le froid le faifit, fon fang fut glacé, fes nerfs flétris & retirés. Pour comble de malheur, des procès où il plaida burlefquement fa caufe, parce qu'il falloit qu'il ramenât tout au burlefque, lui enlevèrent fa fortune. Il plaifanta & de fa maladie & de fa pauvreté, s'intitula: *Malade indigne de la reine*, demanda des graces & de l'argent en ftyle burlefque, en obtint quelquefois. Mazarin & Fouquet lui donnèrent des penfions. Il fut un des objets de la curiofité de la reine Chriftine, lorfqu'elle vint en France. Son caractère avoit en effet quelque chofe de philofophique, qui relevoit en lui la baffeffe du poëte burlefque. Dans fa dernière maladie, il eut un hoquet fi violent & fi continuel, qu'on craignoit à tout moment qu'il n'expirât. *Si j'en reviens*, dit-il, *je ferai une belle fatyre contre le hoquet*. Ses parens, fes domeftiques fondoient en larmes autour de fon lit, car il étoit très-aimable & très-aimé. *Mes enfans*, leur dit-il, *je ne vous ferai jamais autant pleurer que je vous ai fait rire*. Dans fon dernier moment, *je n'aurois jamais cru*, dit-il, *qu'il fût fi aifé de fe moquer de la mort*. Heureux qui peut alors tenir fans forfanterie un pareil langage. Il mourut en 1660. Il avoit époufé en 1551 la célèbre Françoife d'Aubigné, qui, malgré la différence de leurs humeurs, & le contrafte de leur ton & de leurs manières, fut plus heureufe avec lui qu'avec le fuperbe & augufte monarque qu'elle eut enfuite le trifte honneur d'époufer. On connoît quelques-unes des comédies de *Scarron*: Jodelet maître & valet, Dom Japhet d'Arménie; on les joue au carnaval, & le peuple croit y rire. On connoît fon roman comique, & on rit quelquefois très-véritablement à cette lecture. *La Rancune*, eft un caractère bien imaginé ou bien peint; *l'Enéide traveftie* amufe encore ceux qui ont le goût affez ignoble pour aimer à voir dégrader le genre noble. (*Voy.* à l'article BOILEAU, ce que ce cenfeur auftère difoit au fils de Racine, fur le foible qu'avoit fon père pour les plaifanteries de Scarron. Voyez-y auffi le jugement de Boileau fur les comédies de Scarron, jugement prononcé devant madame de Maintenon, & corrigez fur ces notions exactes les étonnantes erreurs qu'on trouve dans les mémoires de Saint-Simon, fur les caufes de la mort de Racine.)

SCAURUS, (*Hift. Rom.*) *Voyez* EMILES, EMILIENS.

SCEAU, (*Hift. des ufages*) la matière des fceaux a été fort différente & toujours arbitraire; on en voit d'or, d'argent, de plomb, de cire, qui eft à-préfent la plus ordinaire matière des fceaux des rois, des fouverains & des magiftrats. Le pape eft le feul qui fe ferve de plomb. Les Romains n'avoient pas, comme nous, des fceaux publics; les empereurs fignoient feulement les refcrits par une encre particulière appellée *ſacrum encauſtum*, dont leurs ſujets ne pouvoient ſe ſervir ſans encourir la peine du crime de lèſe-majeſté au ſecond chef. (*D. J.*)

SCEAU, *le grand*, (*Hiſt. mod. d'Angleterre*) inſtrument public, gravé & marqué des armes du prince & de l'état, dont l'empreinte faite ſur la cire ſert à rendre un acte authentique & exécutoire.

On n'a imaginé en Angleterre de mettre des *ſceaux* aux chartres qu'au commencement du xj. ſiecle. Il y a un ſeigneur & pair du royaume qui eſt lord *garde des ſceaux*. En 1643, le garde des *ſceaux* s'étant retiré de la chambre pour aller trouver le roi, & ayant emporté le *grand ſceau*, la chambre des communes fit voir à celle des pairs les inconvéniens qui naiſſoient de la privation du *grand ſceau*, dont on ne pouvoit ſe paſſer ſelon les loix, parce que le *grand-ſceau* étant la clef du royaume, il devoit toujours être tenu là où étoit le parlement, qui repréſentoit le royaume pendant qu'il ſiégeoit. En conſéquence de ces repréſentations, les deux chambres firent un nouveau *grand-ſceau*, & le remirent entre les mains des commiſſaires qu'ils nommèrent, pour avoir à cet égard le même pouvoir que le chancelier ou le garde du *grand-ſceau*.

Le roi & ſes partiſans traitèrent d'attentat l'action du parlement, & firent valoir les ſtatuts d'Edouard III, qui déclarent coupables de trahiſon ceux qui contrefont le *grand-ſceau*; mais il s'en faut beaucoup que le parlement fût dans le cas du ſtatut, comme ſeroient de ſimples particuliers; car le *grand-ſceau* n'eſt pas le ſceau du roi en particulier, mais le *ſceau* du royaume; & le royaume eſt un corps compoſé d'un chef, qui en eſt la tête, & du peuple qui en eſt les membres. Si le roi a la diſpoſition du *grand-ſceau*, ce n'eſt qu'en qualité de plus noble des membres de ce corps, conſidéré comme étant uni avec les autres membres & non comme en étant ſéparé, tout le pouvoir d'exécuter réſidant entre ſes mains.

Le *grand-ſceau* donne aux actes auxquels il eſt appliqué la vertu d'être inviolables. Si donc, dans le cas d'une guerre ouverte entre le roi & le parlement, le roi pouvoit, par le moyen du *grand-ſceau*, communiquer cette vertu à ſes actes particuliers, où ſeroient les bornes de ſon pouvoir, qui, par la conſtitution du gouvernement d'Angleterre, eſt limité par les loix? Il n'auroit qu'à déclarer par un acte ſcellé du *grand-ſceau*, comme Charles I. l'avoit déjà fait effectivement, que ſelon les loix les membres du parlement ſont des traîtres & des rebelles; & alors la queſtion ſeroit décidée, par la ſeule poſſeſſion du *grand-ſceau*, & le roi pourroit s'attribuer un pouvoir ſans bornes, par cette même autorité. Mais que ſeroit-ce ſi le parlement ſe trouvoit en poſſeſſion du *grand-ſceau*, que par un acte ſemblable, il déclarât le roi traître & rebelle? L'application du *grand-ſceau*, donneroit-elle à cet acte une autorité inviolable?

Il ſemble donc que le parlement n'avoit pas moins de droit de faire un *grand-ſceau* que le roi en auroit eu d'en faire un, ſi le *ſceau commun* s'étoit trouvé entre les mains du parlement; puiſque ce n'étoit pas le *ſceau* d'aucun des deux en particulier, mais de tous les deux conſidérés comme étant inſéparablement unis enſemble. En un mot, ni le roi, ni le parlement ſéparément, ne peuvent s'attribuer la diſpoſition du *grand-ſceau*, parce que le *grand-ſceau* eſt l'empreinte, la marque de leur autorité unie, & non ſéparée. (*D. J.*)

SCEPTRE, ſ. m. (*Hiſtoire ancienne & mod.*) dans l'origine, le *ſceptre* n'étoit qu'une canne ou bâton que les rois & les généraux portoient à la main pour s'appuyer; & c'eſt ce qu'on appelle en terme de médaille *haſta pura*, une pique ou hallebarde ſans fer qu'on voit à la main des divinités ou des rois: c'eſt le ſentiment de Nicod, qui paroît d'autant plus fondé que Juſtin raconte que le *ſceptre* des premiers rois étoit une lance. Cet hiſtorien ajoute que dans l'antiquité la plus reculée, les hommes adoroient la haſte ou le *ſceptre* comme des dieux immortels, & de ſon tems encore on mettoit par cette raiſon un *ſceptre* à la main des dieux. Celui de Neptune étoit ſon trident.

Dans la ſuite, le *ſceptre* devint un ornement royal, & la marque du ſouverain pouvoir. Dans Homère, les princes grecs ligués contre Troye, portent des *ſceptres* d'or. Celui d'Agamemnon, dit-il, ouvrage incomparable de Vulcain qui l'avoit donné au fils de Saturne, paſſa de Jupiter à Mercure, puis à Pélops, à Atrée, à Thyeſte & à Agamemnon; on le conſervoit encore du temps de ce poëte, on l'adoroit même; & on lui faiſoit tous les jours des ſacrifices à Chéronée, où l'on n'en montroit pourtant que le bois, les Phocéens ayant enlevé les lames d'or qui le couvroient.

Le *ſceptre* des rois fut donc revêtu d'ornemens de cuivre, d'ivoire, d'argent ou d'or, & de figures ſymboliques. Tarquin l'ancien le porta le premier à Rome, & les conſuls le portèrent auſſi ſous le nom de *ſcipio*, bâton de commandement. Les empereurs l'ont conſervé juſques dans les derniers tems, & les rois le portent dans les grandes cérémonies. Il eſt ſurmonté ou diſtingué par quelques pièces de leur bâton. Ainſi celui du roi de France eſt ſurmonté d'une fleur de lys double, celui de l'empereur d'un aigle à deux têtes, celui du grand-ſeigneur, d'un croiſſant, &c. Phocas eſt le premier qui ait fait ajouter une croix à ſon *ſceptre*: ſes ſucceſſeurs quittèrent même le *ſceptre* pour ne plus tenir à la main que des croix de différentes formes & de différentes grandeurs. M. le Gendre dit, le *ſceptre* de nos rois de la première race étoit un bâton d'or recourbé par le bout en forme de croſſe, & auſſi haut que le prince qui le portoit. (*A. R.*)

SCHAAF (Charles), (*Hiſt. Litt. Mod.*) ſavant allemand, profeſſeur de langues orientales à Leyde, mort en 1729, a donné les ouvrages ſuivans. *Grammatica Chaldæa & Syriaca: Novum Teſtamentum Syriacum: Lexicon Syriacum concordantiale: Epitome Grammatices Hebraicæ.*

SCHABAN, ſ. m. (*Hiſt. mod.*) huitième mois

des Arabes hagaréniens & des Turcs; il répond à notre mois d'avril. (*A. R*).

SCHABOL, (Jean-Roger) (*Hist. Litt. Mod.*) diacre du diocèse de Paris, s'occupa toute sa vie du jardinage; on en a de lui *la Théorie, la Pratique & le Dictionnaire.*

SCHACH ou SCHAH, f. m. (*Hist. Mod.*) en langue persane signifie *roi* ou *seigneur*. Ainsi, dans l'histoire *schah abbas*, & non pas comme l'ont écrit un grand nombre d'auteurs *cha abbas*, & *schah hussein* signifient le *roi Abbas*, le *roi Hussein*. Thamas Koulikan, après s'être emparé du trône de Perse, avoit pris le titre de *schah nadir*. *Padischah* dans la même langue, aussi bien qu'en turc, signifie aussi *empereur* ou *roi*. On croit que le titre de *schach* ou *schah* est une corruption du nom de *schich*, qui veut dire *prophete*. (*A. R.*)

SCHADA-SCHIVAOUN, f. m. (*Idolât. indienne.*) nom que les Indiens donnent à des génies qu'ils croyent chargés de régir le monde. Ils donnent à ces génies des femmes, mais ces femmes ne font que des attributs personnifiés. La femme de *Schada-Schivaoun* se nomme *Houmani*: c'est elle qui gouverne le ciel & la région des astres. (*D. J.*)

SCHAH, f. m. (*Hist. Mod.*) ce mot signifie *roi* en arabe & en persan. Les rois de Perse prennent toujours ce titre qui est au-dessus de celui de *kan*, en effet *kan* ne signifie qu'un *prince* ou un *gouverneur* de province, comme un *pacha* chez les Turcs: Le sultan des Turcs prend le nom de *Padischah*, qui signifie *empereur*: le roi de France est le seul prince chrétien à qui ils accordent ce titre. Le grand-seigneur s'appelle aussi *schahi alem penah*, empereur, refuge de l'univers. *Voyez* Cantemir, *hist. ottomane.* (*A. R.*)

SCHAMANS, f. m. pl. (*Hist. mod.*) c'est le nom que les habitans de Sibérie donnent à des imposteurs, qui chez eux font les fonctions de prêtres, de jongleurs, de forciers & de médecins. Ces *schamans* prétendent avoir du crédit sur le diable, qu'ils consultent pour savoir l'avenir, pour la guérison des maladies, & pour faire des tours qui paroissent surnaturels à un peuple ignorant & superstitieux: ils se servent pour cela de tambours qu'ils frappent avec force, en dansant & tournant avec une rapidité surprenante; lorsqu'ils se font aliénés à force de contorsions & de fatigue, ils prétendent que le diable se manifeste à eux quand il est de bonne humeur. Quelquefois la cérémonie finit par feindre de se percer d'un coup de couteau, ce qui redouble l'étonnement & le respect des spectateurs imbécilles. Ces contorsions font ordinairement précédées du sacrifice d'un chien ou d'un cheval, que l'on mange en buvant force eau-de-vie, & la comédie finit par donner de l'argent au *schaman*, qui ne se pique pas plus de désintéressement que les autres imposteurs de la même espèce. (*A. R.*)

SCHAH ABAS. (*Voyez* ABAS.)

SCHARDIUS, (Simon) (*Hist. Litt. mod.*) savant

allemand, mort en 1773, auteur d'un recueil des écrivains de l'histoire d'Allemagne.

SCHAT-ZADELER-AGASI, f. m. (*Hist. mod.*) en Turquie c'est l'eunuque noir à qui les enfans du grand-seigneur font donnés en garde. *Schat* signifie *maitre* ou *gardien*. Ricaut, *de l'empire ottoman*. (*A. R.*)

SCHEFFER, *ou* SCHOEFFER (Pierre) (*Hist. Litt. mod.*) un des inventeurs de l'imprimerie avec Guttemberg & Fault. (*Voyez* ces deux articles.)

Un autre SCHEFFER (Jean) né à Strasbourg en 1621, mourut en 1679 à Upsal où il enseignoit l'éloquence & la politique. On a de lui un traité *De Militiâ navali Veterum: Upsalia Antiqua: Laponia*, ouvrage qui a été traduit en françois: *Suecia Litterata: De re vehiculari Veterum.*

SCHEGKIUS, (Jacques) (*Hist. Litt. mod.*) philosophe, médecin & théologien allemand, mort en 1587, auteur d'un traité *De anima principatu* & de quelques ouvrages de controverse. On raconte de lui un trait qui, s'il étoit vrai, annonceroit beaucoup de bizarrerie. Devenu aveugle, & un oculiste lui promettant de lui rendre la vue, il refusa de la recouvrer, *ne voulant pas*, disoit-il, *revoir tant de choses odieuses ou ridicules*. Il y a une grande apparence que n'ayant nulle foi aux promesses de l'oculiste, il refusa seulement de subir les opérations douloureuses dont il n'attendoit aucun fruit, & ce refus ainsi motivé, est encore étonnant, quand il s'agit de la vue.

SCHEIK, f. m. (*Hist. mod.*) c'est le nom que les Turcs donnent à leurs prélats dans la religion mahométane. Les *scheiks* se distinguent des autres musulmans par un turban verd. Le mufti est qualifié de *scheik-ulismani*, ce qui signifie *prélat des élus*. Il y a des *scheiks* à qui on donne le nom de *scherif*, c'est-à-dire, de *saint*; ce titre se donne sur-tout aux prélats des jamis ou grandes mosquées.

Les *scheicks* font très respectés du sultan même; ils prétendent être les successeurs légitimes de Mahomet. Les Turcs en reconnoissent sept races. Le chef réside à la Mecque; sa dignité est héréditaire; cependant il doit être confirmé par le sultan. Quand le *scheik* de la Mecque lui écrit, il lui donne le nom de *vekilimuz*, c'est-à-dire, *vicaire du prophete*, & le sien dans l'empire du monde. *Voyez* Cantemir, *Hist. ottoman.* (*A.R.*)

SCHEIK-HALESMAN, f. m. (*terme de relation.*) c'est-à-dire, *le chef de la loi*, c'est le titre qu'on donne au grand iman ou mufti, qui est le pontife de la loi & de la religion musulmane. Toutes les métropoles avoient autrefois des imans qui portoient ce titre; mais on ne l'accorde aujourd'hui qu'à celui de Constantinople. (*D. J.*)

SCHEIKISTUM, f. m. (*terme de relation*) doyen du clergé mahométan en Perse. Le *scheikistum* est celui que l'on consulte pour l'explication de l'alcoran.

SCHEINER, (Christophe) (*Hist. Litt. mod.*) jésuite; c'est entre lui & Galilée que se partage la gloire de la découverte des taches du soleil. On dit que

que quand *Scheiner* fit part de fa découverte à fon provincial, le père Théodore Bufée, celui-ci lui dit avec dérifion : *Allez, jeune homme, j'ai lu trois fois Ariflote, & je puis bien vous répondre qu'il n'y eſt pas queſtion de taches dans le foleil. Scheiner* fut obligé de faire publier fa découverte par Marc Velfer, fénateur d'Ausbourg, fon ami, qui eut foin de ne le pas nommer, de peur de lui faire une affaire avec fon provincial. Le P. *Scheiner*, né allemand, mourut à Nice en 1650.

SCHEMKAL, f. m. (*terme de Relation*) autrement *chamkal* ou *kamkal* ; nom que les Tartares circaffes donnent à leur prince ou kan : cette dignité n'eſt point héréditaire, mais élective ; & l'élection fe fait par le moyen d'une pomme que le chef de la loi jette au milieu d'un cercle compofé de tous les murfes de la nation. Il fait fi bien jetter cette pomme, qu'il la fait tomber le plus près de celui qu'il veut favorifer de cette dignité ; auffi les autres murfes fes concurrents n'obéiffent à ce *fchemkal* qu'autant qu'il leur plaît. (*D. J.*)

SCHÉRIF, f. m. (*Hiſt. mod.*) titre que les Mahométans donnent à un prince arabe, qui eſt fouverain de la Mecque, & fous la dépendance du fultan, qui lui laiffe une ombre d'autorité. Ce titre, en arabe, fignifie *noble*, élevé par fa naiffance & fa dignité ; on le donne fur-tout aux defcendants de Mahomet, par fa fille Fatime & fon gendre Ali. Les *fchérifs* s'appellent auffi *émir* & *feid*, c'eſt-à-dire, *prince* & *feigneur* ; ils portent un turban verd pour fe diftinguer ; il y a eu plufieurs dynaſties de *fchérifs* en Afrique ; la race des princes qui occupe le trône de Maroc & de Fez, porte le titre de *fchérif. Voyez* d'Herbelot, *Biblioth. orient. (A. R.*)

SCHEUCHZER, (Jean-Jacques) (*Hiſt. Litt. mod.*) profeffeur de mathématiques & de phyfique Zurich fa patrie ; né en 1672, mort en 1733. On a lui *la Phyfique facrée*, ou *Hiſtoire naturelle de la Bible*, compofée en allemand, traduite en latin & en françois ; *Itinera Alpina ; Pifcium querelæ ; herbarium Diluvianum.*

Jean-Gafpard *Scheuchzer* fon fils, a traduit en anglois l'Hiſtoire du Japon de Kempfer. Mort en 1729, avant fon père.

Jean *Scheuchzer*, frère du premier, oncle du fecond, premier médecin de la république de Zurich, mort en 1738, a laiffé un livre intitulé : *Agroffographia, feu graminum, juncorum, &c. Hiſtoria*, & quelques autres ouvrages.

SCHIAIS, SCHIAITE ou SCHITE, f. m. (*Hiſt. mod.*) nom de la fecte des Mahométans de Perfe, ennemis de celle des Sunnis, ou mahométans turcs. Les *Schiais* ont en exécration les premiers fucceffeurs de Mahomet ; favoir *Abubeker, Omar* & *Ofman*, & tiennent qu'ils ont ufurpé la fucceffion du prophète, qui étoit due à Ali fon neveu & fon gendre ; & en conféquence, ils prétendent que la véritable fucceffion de Mahomet comprend douze prophètes, dont Ali eſt le premier, & les nomment le dernier *Mouhemmet-el-Mohadi Sahetzaman.* Ils croient que ce dernier iman ou pontife n'eſt pas mort, & qu'il reviendra

au monde. C'eſt pourquoi ils laiffent par teſtament, des maifons bien garnies & des écuries pleines de chevaux pour fon fervice, quand il paroîtra pour foutenir fa religion. Il y a des rentes pour l'entretien de ces maifons & de ces chevaux. Les *Schiais* fe contentent de pratiquer la lettre de la loi, c'eſt-à-dire, les commandemens contenus dans l'alcoran, au lieu que les *Sunnis* y ajoutent beaucoup de pratiques de furérogation, & qui ne font que de fimples confeils. D'Herbelot, *Bibliothèq. orient. (A. R.)*

SCHILLING, (Diebold) (*Hiſt. Litt. mod.*) fuiffe, auteur d'une Hiſtoire en allemand, de la guerre des Suiffes contre Charles-le-Téméraire, duc de Bourgogne. L'auteur avoit affiſté à toutes les batailles & à toutes les expéditions qu'il décrit.

SCHMID, (*Hiſt. Litt. mod.*) plufieurs favans allemands ont porté ce nom. Erafme *Schmid*, mort le 22 feptembre 1637, a donné une édition de Pindare, avec un docte commentaire. Les autres n'ont guère laiffé que des ouvrages de théologie.

SCHIRE-WYTE, f. m. (*Hiſt. mod. & Jurifprud.*) c'étoit une taxe ou impofition annuelle, payée au fcherif d'une comté ou province, pour tenir les affifes ou les cours des comtes. (*A. R.*)

SCHOLARIUS, (George) (*Hiſt. Litt. mod.*) favant grec, connu auffi fous le nom de Gennade, fût élu patriarche de Conſtantinople, après la prife de cette ville par les Turcs en 1453. On s'occupoit beaucoup de fon temps, du projet de réunir l'églife grecque avec l'églife latine ; il fut d'abord favorable & enfuite contraire à cette réunion. Il abdiqua en 1458, & mourut vers l'an 1460. Ses principaux ouvrages, qui rouloient fur les matières controverfées de fon temps, fe trouvent dans les Conciles du P. Labbe, & dans la Bibliothèque des Pères ; l'abbé Renaudot, dans fa *créance de l'Eglife orientale fur la Tranffubſtantiation*, donne le catologue de plufieurs ouvrages de *Scholarius.*

SCHOLASTIQUE, (fainte) (*Hiſt. Eccléf.*) fœur de St. Benoît, morte vers le milieu du feiziéme fiècle. (*Voyez* l'article SAUSSAYE.)

SCHOLASTIQUE, f. m. (*Hiſt. anc. & mod.*) titre de dignité qui a été en ufage dans divers temps pour diverfes perfonnes, & dans un fens différent.

Dès le fiècle d'Auguſte on donnoit ce nom aux rhéteurs qui s'exerçoient dans leurs écoles à faire des déclamations fur toutes fortes de fujets, & d'enfeigner à leurs difciples l'art de parler ; & fous Néron, on l'appliqua à ceux qui étudioient le droit, & fe difpofoient à la plaidoierie. Delà il paffa aux avocats qui plaidoient dans le barreau. Socrate & Eufèbe, qui étoient avocats à Conſtantinople, ont eu ce titre, auffi bien que le jurifconfulté Harmenopule & plufieurs autres ; ce qui montre qu'il étoit alors affecté aux perfonnes qui fe diſtinguoient dans la fcience des loix.

Depuis, quand Charlemagne eut conçu le deffein de faire refleurir les études eccléfiaſtiques, on nomma *fcholaſtiques* les premiers maîtres des écoles où l'on enfeignoit les lettres aux clercs. Quelques-uns cependant ont prétendu que, par ce terme, on n'entendoit que celui qui étoit chargé de leur montrer les langues, les humanités & tout ce qu'on comprend fous le nom de *Belles-Lettres* ; mais cette occupation n'étoit pas la seule du *scholastique*. Il devoit encore former les sujets aux hautes sciences, telles que la philosophie & la théologie, ou du moins ces deux fonctions auparavant séparées, furent réunies dans la même personne. Celui qu'on appelloit *scholastique*, se nomma depuis, en certains lieux, *écolâtre* & *théologal*, titres qui subsistent encore aujourd'hui dans la plûpart des cathédrales & autres chapitres de chanoines, quoiqu'il y ait long-temps qu'ils ne remplissent plus les fonctions des anciens *scholastiques*, sur-tout depuis que les universités se sont formées, & qu'on y fait des leçons réglées en tout genre. On peut dire que, depuis le 9me siècle jusqu'au quatorzième, les auteurs qui ont pris le titre de *scholastiques*, ne l'ont porté que comme une marque de la fonction d'enseigner qu'ils avoient dans les diverses églises auxquelles ils étoient attachés.

L'auteur du Supplément de Moréri a fait une remarque fort juste. C'est que le *scholastique* étoit le chef de l'école, appellé en quelques lieux où il y a université, *le chancelier de l'université ;* mais cette remarque ne détruit point ce que nous avons avancé ci-dessus, qu'on a donné ce nom d'*écolâtre* ou de *théologal* en certains lieux, à ceux qu'on appelloit auparavant *scholastiques* ; car il est certain qu'il n'y avoit pas des universités par-tout où il y avoit des églises cathédrales, & que dans presque toutes les églises cathédrales il y avoit des écoles à un chef d'études qu'on nommoit *scholastique*, auqu la succédé le théologal ou l'écolâtre. De ce que le théologal est plus aujourd'hui ce qu'étoit le *scholastique*, il ne s'en suit pas que le *scholastique* n'ait pas eu autrefois les mêmes fonctions dans les églises cathédrales ; & sous le nom de *clercs* que le *scholastique* devoit instruire, sont compris les chanoines auxquels le théologal est obligé de faire des leçons de théologie.

Genébrard assure que ce nom de *scholastique* étoit chez les Grecs un titre d'office ou de dignité ecclésiastique, semblable à la théologale des Latins, ou au notariat apostolique ; & il en apporte pour exemple Zacharie le *scholastique*, qui, sous Justinien, avoit rempli de pareils emplois. Quelquefois on le donnoit par honneur, à des personnages extrêmement distingués par leur savoir; & c'est en ce sens que Walafride Strabon a appelé le poëte Prudence le *scholastique*, c'est-à-dire, *le docteur de l'Espagne*. On a même enchéri, en le mettant au superlatif, pour des hommes qu'on regardoit alors comme de sublimes génies: ainsi, l'on a décoré Fortuna & Sedulius de l'épithète de *scholastissimi*. Si l'on croi Casaubon, Théophraste, disciple d'Aristote, est le premier qui, par le terme de *scholastique* ait désigné des personnages excellens en éloquence ou érudition. Ducange, *Glossar. latinit.* Baillet, *Jugement des sçav.* (A. R.)

SCHOMBERG, (*Hist. mod.*) Il y a deux maisons de *Schomberg* ; l'une est celle des *Schombergs* de Misnie,

ou des comtés de Nanteuil. L'autre étoit établie dans le diocèse de Trèves entre le Rhin & la Moselle. La première a donné deux maréchaux de France; la seconde en a donné une.

De la première étoit: 1°. Gaspard de *Schomberg*, qui fit l'acquisition du comté de Nanteuil-le-Haudouin. Il étoit protestant, & porta d'abord les armes en faveur de ce parti, au commencement des guerres de religion, sous Charles IX en 1562. Dans la suite il abjura, & servit les Catholiques avec zèle & avec capacité. Il fut naturalisé en 1570. Ce fut lui qui, dans le fameux duel des Mignons en 1577, sous Henri III, servit, avec Ribeyrac, de second à d'Entragues contre Quelus, Maugiron & Livarot; & ce fut pour la première fois que les seconds, qui, comme les anciens juges du camp, n'étoient d'abord que témoins & arbitres du combat, voulurent y être acteurs. Mûri par l'âge & par les événemens, en 1593, Henri IV le consulta sur sa conversion, & il contribua beaucoup, avec Louis de Revol, secrétaire d'état, & M. de Thou l'historien, à déterminer le roi au parti qu'il prit. En 1594, le roi le fit entrer au conseil des finances. En 1597, Henr. IV réunit toute l'autorité de ce conseil dans la seule personne de Sully; » ce qui, dit Sully lui-même, mortifia si fort Schomberg, » qu'il aima mieux aller servir au siége d'Amiens, » que de voir les finances soumises à mes ordres. » La même année *Schomberg* fut envoyé avec MM. de Thou, de Vic, de Caligson & de Montglat, à l'assemblée des Protestans, à Châtelleraut, pour leur faire des propositions, d'où résulta l'année suivante l'Edit de Nantes, que *Schomberg* fut chargé de dresser avec le président de Thou, Jeannin & Calignon. Un des articles de cet édit permettoit aux Réformés de convoquer & de tenir toutes sortes d'assemblées, en tel temps, en tel lieu, & toutes les fois qu'ils voudroient, sans la permission du roi, ni des magistrats, d'y admettre les étrangers, sans en donner connoissance aux tribunaux, & d'aller de même aux assemblées qui se tiendroient chez les étrangers. Cet article, que M. de Sully blâme hautement, & qui n'étoit pas approuvé des protestans modérés, avoit été accordé par les commissaires, qui ne se défendirent qu'en disant que les chefs du parti, tels que Mrs. de Bouillon & de la Trémoille, menaçoient de rompre tout accord & de reprendre les armes, si on leur refusoit cet article. L'article fut cependant réformé. Schomberg fut soupçonné, sur-tout dans cette occasion, de tenir toujours à la religion protestante, qu'il paroissoit avoir quittée. Il mourut d'apoplexie le 17 mars 1599, en carrosse, près de la porte St. Antoine, en revenant de Conflans; il avoit depuis long-temps, une difficulté de respirer, qui provenoit, dit-on, de ce que la membrane qui couvre le cœur, étoit devenue chez lui, osseuse du côté gauche du cœur, aussi bien que quelques-unes des autres parties voisines, ce qu'on reconnut à l'ouverture qui fut faite de son corps après sa mort. M. de Thou est beaucoup plus favorable à ce guerrier-ministre, que M. de Sully, qui ne rend pas toujours justice à tout le monde.

2°. Henri de *Schomberg* fon fils, fut le premier maréchal de France de fa maifon. Il reçut le bâton de maréchal au mois de juin 1625. Il avoit été en 1615, ambaffadeur extraordinaire en Angleterre. Il fut fait fur-intendant des finances en 1619. En 1621, il fut mis à la tête des affaires avec le cardinal de Retz. En 1623, il fut éloigné de la cour, & le duc de la Vieuville fut fait fur-intendant des finances à fa place. En 1624, il revint à la cour. Mais ce fut fur-tout à la guerre qu'il rendit les plus grands & les plus importans fervices, & contre les Huguenots, & contre les ennemis étrangers. Il défit les Anglois au combat de l'Ifle-de-Ré, le 8 novembre 1627. Il eut grande part à la réduction de la Rochelle en 1628. Il força le pas de Suze, où il fut bleffé d'une moufquetade dans les reins, le 6 mars 1629. Il fe rendit maître de Pignerol le 22 mars 1630, avec les maréchaux de Créqui & de la Force; il fecourut Cazal. Il a donné lui-même une relation de cette guerre de Piémont. Ce fut lui qui gagna, le 1er. feptembre 1632, la bataille de Caftelnaudari, où le duc de Montmorenci fut b'effé & pris; il y gagna le gouvernement de Languedoc qu'avoit cet illuftre & infortuné Montmorenci Il n'en jouit pas long-temps. Il mourut d'apopléxie, comme fon père, à Bordeaux le 17 novembre 1732.

3°. Charles de *Schomberg*, fils de Henri, fut le fecond maréchal de France de fa maifon, & de plus, il fut duc & pair d'Halluin, par fon mariage avec Anne d'Halluin; elle avoit d'abord époufé Henri, comte d'Halluin, qu'elle avoit fait duc & pair d'Halluin; ce premier mariage ayant été déclaré nul, elle époufa en 1620, Charles de Schomberg, qu'elle fit auffi duc & pair d'Halluin, & il y eut à ce fujet de nouvelles lettres d'érection en cette même année 1620. Le comte de Candale & Charles de *Schomberg* fe difputèrent la pairie; la décifion, qui peut paroître un peu étrange, fut qu'ils feroient tous deux pairs, & que quand l'un auroit pris fa place au parlement, l'autre feroit obligé de s'abftenir.

Schomberg ne fe diftingua pas moins que fon père par fes exploits guerriers; il fut bleffé en 1622, au fiége de Sommières en Languedoc, il le fut encore au combat de Rouvroy le 19 juin 1632. Il fut fait maréchal de France le 26 octobre 1637, après une victoire remportée fur les Efpagnols, près de Leucate en Rouffillon, le 28 feptembre précédent; il fe fignala encore dans d'autres combats en 1639, fit lever le fiége de la ville d'Ishes en Catalogne en 1640; il emporta les Villes de Perpignan & de Salfes en Rouffillon l'an 1642. Il prit d'affaut Tortofe en Catalogne l'an 1648. Il avoit été fait, en 1647, colonel général des Suiffes & Grifons. Mort le 6 juin 1656.

4°. De cette même maifon de *Schomberg*, étoit le cardinal Nicolas de *Schomberg*, dominicain, difciple de Savonarole, nommé cardinal par le pape Paul III, le 20 mai 1535. Clément VII l'avoit envoyé en France où il avoit eu part à la conclufion du traité de Cambrai entre Charles-Quint & François Ier. Il mourut à Rome le 9 feptembre 1537. Il étoit né le 23 août 1472.

Nous ignorons fi Pierre *Schomberg*, nommé cardinal en 1439, par le pape Eugène IV, & mort en 1469, étoit de cette maifon.

De la maifon de *Schomberg* d'entre le Rhin & la Mofelle, étoient:

1°. Théodoric de *Schomberg*. Ce capitaine fervit dans l'armée des Reitres, amenée en France au fecours des Proteftants en 1568, par le prince Jean-Cafimir, fils de l'électeur-palatin. Il fut tué en 1590, à la bataille d'Ivry, au fervice d'Henri IV. Ce fut à lui que ce prince eut le malheur de dire, la veille, un mot défobligeant, parce que Schomberg demandoit de l'argent pour fa troupe, & que Henri n'en avoit pas. Mais Henri avoit une manière de réparer fes torts, fupérieure à l'avantage de n'en avoir point eus; le jour de la bataille, il va embraffer *Schomberg*, & lui demander pardon. Ma réponfe, lui dit Schomberg, pleurant de tendreffe & de reconnoiffance, fera de mourir pour vous, en regrettant de n'avoir pas mille vies à vous facrifier. Il tint parole.

2°. Othon-Frédéric de *Schomberg*, tué à la bataille de Leipfick le 7 feptembre 1631, au fervice de l'empereur Ferdinand II.

3°. Le plus célèbre de tous eft le maréchal de *Schomberg*, Frédéric-Armand. Il s'attacha d'abord au fervice des Provinces-Unies, fous le prince d'Orange Frédéric-Henri; puis fous fon fils Guillaume: il paffa enfuite au fervice de la France; & en 1661, à celui du Portugal; ce fut lui qui contraignit l'Efpagne à faire la paix en 1668, en reconnoiffant le droit de la maifon de Bragance à la couronne de Portugal: il revint fervir la France, & c'étoit toujours l'avoir fervie, que d'avoir défendu le Portugal contre l'Efpagne. Ce fut encore contre l'Efpagne qu'il alla faire la guerre en Catalogne. Il y eut, en 1675, les plus grands fuccès; & cette année même, le 30 juillet, il fut compris, quoique proteftant, dans la promotion des huit maréchaux de France, que Mme Cornuel appelloit *la monnoie de M. de Turenne*. En 1676, le 27 août, il fit lever au prince d'Orange, le fiége de Maftricht. En 1685, la révocation de l'édit de Nantes le força de quitter la France. Il fe retira en Portugal; puis en Allemagne, où il s'attacha au fervice de l'électeur de Brandebourg, qui le combla d'honneurs. En 1688, il paffa en Angleterre avec le prince d'Orange, qui devint alors le roi Guillaume III. Il alla enfuite faire la guerre en Irlande pour la même caufe; à la bataille de La Boyne, livrée le 11 juillet 1690, il commanda les troupes angloifes, fous Guillaume III; il dit aux réfugiés françois qui fervoient dans fon armée, en leur montrant leurs compatriotes catholiques qui fervoient dans l'armée françoife: *Amis, voilà vos perfécuteurs.* Il fut tué dans une décharge que fes propres foldats firent fur les Irlandois, ignorant qu'ils emmenoient avec eux le maréchal de *Schomberg*, qui venoit d'être bleffé & pris. Le maréchal de *Schomberg* avoit été honoré & récompenfé chez toutes les nations qu'il avoit fervies. En France, il étoit parvenu aux honneurs fuprêmes de la guerre; il y poffédoit d'ailleurs plufieurs gou

C 2

vernements, & la charge de capitaine - lieutenant des gendarmes Ecossois ; il étoit duc & grand en Portugal ; en Allemagne, gouverneur de la Prusse, ministre d'Etat de l'électeur de Brandebourg, lieutenant-colonel de ses Mousquetaires & Grenadiers à cheval, & généralissime de ses armées ; en Angleterre, lord & duc, & chevalier de la Jarretière. De cinq fils qu'il laissa, trois moururent à la guerre : Othon fut tué au siége de Valenciennes en 1656 ; Henri mourut à Bruxelles, de blessures reçues dans un combat en Flandre, où il fut pris après avoir percé trois escadrons ; Charles mourut prisonnier des François, des blessures qu'il avoit reçues à la bataille de la Marsaille, en 1693, où il commandoit les protestans françois..

SCHONÆUS, (Corneille) (*Hist. Litt. mod.*) poëte latin, né à Goude en Hollande, mort en 1611, auteur d'un recueil de comédies intitulées : *Terentius Christianus, seu Comediæ sacræ,* & de quelques autres poësies.

SCHONER, (Jean) (*Hist. Litt. mod.*) professeur de mathématiques à Nuremberg, né à Carlstadt en Franconie en 1477, mort en 1547. On a de lui des tables astronomiques qui furent appellées *resolutæ* à cause de leur clarté ; on a encore de lui un recueil d'œuvres mathématiques.

SCHOOUBIAK, s. m. (*Hist. mod.*) secte qui s'est élevée parmi les Musulmans ; ceux qui la professent disent qu'il ne faut faire aucune acception des orthodoxes aux hétérodoxes ; qu'il faut en user également bien avec tous, & qu'il n'appartient qu'à Dieu de scruter les reins & les esprits. Ainsi l'on voit que si la folie est de tout pays, la raison est aussi de tout pays. Voilà les hommes autant & plus entêtés de leur religion qu'aucun peuple de la terre ; pêchant la tolérance à leurs semblables ; on les accuse, comme de raison, d'incrédulité, d'indifférence, & d'athéisme ; ils sont obligés de se cacher de leur doctrine ; on les persécute ; & cela parce que les prêtres étant les mêmes par-tout, il faut que la tolérance soit détestée par-tout. (*A. R.*)

SCHOT ou SCOT, (Reginald) (*Hist. d'Ang.*) Gentilhomme Anglois, fut condamné au feu en 1384, pour avoir traité de fable ce que le peuple raconte des magiciens & des sorciers.

Deux autres *Schott, Schot,* ou *Scot,* (André & Gaspard) tous deux jésuites, l'un d'Anvers, l'autre Allemand, sont connus : savoir, André, par son humeur obligeante & communicative, qui lui a procuré l'amitié & les éloges des protestans, aussi bien que des catholiques, & par de savantes notes sur plusieurs auteurs, tant grecs que latins, par des traductions de Photius, des éditions de différens écrivains entr'autres d'Isidore de Peluse, des vies de S. François de Borgia, de Ferdinand Nunnez, & de Pierre Ciaconius, & l'ouvrage intitulé *Hispania illustrata.* André *Schott,* né à Anvers en 1552, jésuite en 1586, mourut en 1629 ; François *Schott,* son frère, membre de la régence d'Anvers, mort en 1622, est auteur de l'*Itinerarium Italiæ, Germaniæ, Galliæ, Hispaniæ.*

Gaspard *Schott* est connu par sa *Physica curiosa, sive mirabilia naturæ & artis,* & par quelques autres ouvrages à-peu-près du même genre : né en 1608, mort en 1666.

SCHOTTELIUS, (Juste George) (*Hist. Litt. mod.*) allemand, auteur d'une grammaire allemande & d'autres écrits sur sa langue, né en 1612, mort en 1676.

SCHREVELIUS, (Corneille) (*Hist. Litt. mod.* auteur Hollandois très-connu par son *Lexicon,* & un peu moins par ses éditions d'Homère, d'Hésiode, &c.

SCHOUT, s. m. (*Hist. mod.*) c'est ainsi que l'on nomme en Hollande un magistrat ou officier public, dont l'emploi est de veiller à l'observation de la police, & de punir, soit par la prison, soit par une amende pécuniaire, ceux qui troublent le bon ordre & la tranquillité publique. (*A. R.*)

SCHULEMBERG, (Jean de Schulemberg, marquis de Montdejeu,) *Hist. de Fr.*) Maréchal de France, fut fait en 1652 Gouverneur d'Arras, dont il fit lever le siége, en 1654, au grand Condé, à l'Archiduc Léopold, & au comte de Fuensaldagne, c'est-à-dire, que par sa belle défense, il concourut à la victoire par laquelle le vicomte de Turenne força le prince & les Espagnols à lever le siège. Le marquis de Montdejeu fut fait maréchal de France en 1658, chevalier des ordres du roi en 1661. Il mourut en 1671.

SCHULEMBOURG, (Matthias Jean, Comte de) (*Hist. mod.*) célèbre général du commencement de ce siècle. Il commandoit en 1704, les troupes Saxones du roi de Pologne Auguste contre Charles XII ; il eut l'honneur de se mesurer avec l'Alexandre du Nord, & on connoît ce mot de Charles XII, qui suffit à la gloire de Schulembourg : *aujourd'hui Schulembourg nous a vaincus.* Cette victoire n'étoit cependant que le choix d'un bon poste qui garantit les Saxons d'une défaite, infaillible sous tout autre général ; il commandoit encore des troupes auxiliaires du roi de Pologne à la bataille de Malplaquet, où le prince Eugène conçut pour lui autant d'estime que Charles XII. Ce fut par l'entremise du prince Eugène, qu'il passa, en 1711, au service de la république de Venise ; il fut pendant plus de vingt-huit ans général des troupes de cette république ; il combattit les Turcs avec avantage, en 1716 ; il défendit contre eux l'isle de Corfou, & les Vénitiens lui dressèrent une statue dans cette isle qu'il leur avoit conservée. Nul autre général ne servit aussi utilement les Vénitiens, & n'eut aussi constamment & dans un si haut degré l'approbation du sénat & du peuple. Il mourut à Venise en 1743.

SCHULLENS, (Albert) (*Hist. Litt. mod.*) Savant hollandois, enseignoit à Leyde l'hébreu & les langues orientales. On a de lui beaucoup d'ouvrages remarquables par l'érudition & la critique, des commentaires sur la Bible, *vetus & regia via hebraizandi* ; un traité *des Origines Hébraïques ;* une vie de Saladin traduite de l'Arabe, & quelques autres traductions de l'Arabe, &c. mort en 1750.

SCHURMAN (Anne Marie de) (*Hift. litt. mod.*) fille extrêmement fingulière , & par fes talens & par fes écarts. Dès l'enfance , elle avoit montré une fi heureufe difpofition pour les arts , qu'elle les apprenoit tous en très-peu de temps & prefque fans maître ; elle les cultiva tous & en exerça quelques-uns avec la plus grande diftinction ; elle favoit toutes les langues & anciennes & modernes , le latin , le grec , l'hebreu , le françois , l'italien , l'anglois , elle étoit favante en géographie. Labadie , (*Voyez* fon article) la rendit quiétifte , & elle fit à fon tour un grand nombre de profélytes. Cette folie l'occupa toute entière , & affoiblit en elle l'amour des arts. Née à Cologne en 1606 , elle mourut en 1678. On a d'elle des opufcules , des lettres , des poëfies latines , une differtation auffi latine où elle examine *fi les femmes doivent étudier.* On a remarqué d'elle une fingularité fort indifférente , mais rare dans fon efpèce , les araignées étoient pour elle un des mets les plus agréables.

SCHWARTZ , (Berthold) *Hift. Mod.*) Rien de plus incertain que l'époque de l'invention de la poudre à canon ; cette découverte a vraifemblablement été faite à plufieurs reprifes. Le Cordelier Anglois , Roger Bacon , qui écrivoit vers le milieu du treizième fiècle , expofe nettement & la compofition & les effets de la poudre ; mais Roger Bacon indique plutôt des expériences , qu'il ne fit des découvertes. Il a plutôt dèviné qu'il n'a vu ; Ducange , dans fon gloffaire au mot *Bombarde* , rapporte un compte de Barthelemi de Drach , tréforier des guerres. Ce compte rendu en 1328 , prouve qu'au moins l'ufage des armes à feu n'étoit pas entièrement inconnu en France à cette époque , & il n'y a pas moyen de croire qu'il s'agiffe là d'ancienne artillerie & d'anciennes machines de guerre ; les termes du compte font fans équivoque : *pour avoir poudre & autres chofes néceffaires aux canons* qui étoient devant Puy Guillaume.

L'ufage des canons étoit donc certainement connu huit ans avant la bataille de Crécy , dont l'époque eft le 25 Août 1346 , & où on croit que les Anglois ufoient du canon ; cet ufage étoit même connu long-temps auparavant ; car on fait aujourd'hui qu'il y eut une pièce d'artillerie fondue en 1301 ; cependant beaucoup d'auteurs attribuent l'invention de cet art à un cordelier allemand , Bertold Schwartz , (fujet de cet article) , & ils fixent l'époque de cette découverte à l'an 1380. Ces diverfes opinions peuvent fe concilier. M. Hume obferve que l'ignorance des arts méchaniques dut rallentir confidérablement les progrès de ces nouvelles machines , que l'artillerie fut d'abord fi mal faite ; & d'un ufage fi difficile , que produifant peu d'effet , elle fut fouvent négligée ; il préfume que les François avoient du canon à Crécy auffi bien que les Anglois , mais que dans la précipitation de leurs mouvemens , ils l'avoient laiffé derrière eux comme un embarras inutile. Cette idée peut fatisfaire à tout. Roger Bacon avoit apperçu ce que la poudre à canon pouvoit être ; des expériences groffières en auront ébauché l'ufage

d'après les lueurs préfentées par ce phyficien ; on connoit la marche lente des arts & l'intervalle immenfe qui fépare fouvent l'invention d'un art & fa perfection. Un fiècle entier aura fuffi à peine pour rendre commun & facile l'ufage des armes à feu. Le grand effet des canons Anglois à Crécy , eft peut-être l'époque d'un progrès confidérable dans cet art , & Berthold Schwartz peut encore , trente-quatre ans après (en 1380) l'avoir tellement perfectionné , qu'il en aura fait un art nouveau , & aura mérité d'en être regardé comme le véritable inventeur.

SCHWERIN , (le Comte de) (*Hift. mod.*) général du feu roi de Pruffe , & digne de l'être ; il gagna , le 10 Avril 1741 , la bataille de Molwitz , & fut tué en 1757 à celle de Poftchernitz ou de Prague.

SCIOPPIUS , (Gafpar) (*Hift. Litt. mod.*) C'eft de tous ces favans groffiers du feizième & du dixfeptième fiécles , celui qui a le plus déshonoré la littérature par la baffeffe des injures , par l'atrocité des fatyres , par la violence d'un emportement le plus fouvent fans objet , par l'infolence & l'indécence ; c'eft l'homme qui a fait & fait faire le plus de mal aux lettres par l'action & la réaction de fon indigne caractère fur les autres , & du reffentiment des autres fur lui ; il ne refpectoit aucune perfonne ni aucune chofe. Le roi d'Angleterre Jacques I l'ayant contredit fur un point d'érudition indifférent , il traita le roi d'Angleterre dans fon livre intitulé *Ecclefiafticus* , avec un mépris dont ce prince crut ne pouvoir fe venger que par des voies de fait ; il lui fit , dit-on , donner des coups de bâton par le moyen de fon Ambaffadeur en Espagne ; le libelle de Scioppius , fut brûlé à Londres , & on crut bien divertir le roi en repréfentant devant lui une comédie où Scioppius étoit pendu en effigie. C'étoit un peu trop fe rapprocher de Scioppius. Ce furieux écrivain avoit été protestant , & fe fit catholique ; mauvaife acquifition pour quelque parti que ce pût être : cependant , comme la politique de l'efprit de parti eft de louer toujours ceux qui penfent ou qui parlent comme nous , le Cardinal Bellarmin , jéfuite , avoit loué en lui *peritiam fcripturarum facrarum , zelum converfionis hæreticorum , libertatem in Thuano reprehendendo , fapientiam in rege anglicano exagitando.* Ainfi , parce que le roi d'Angleterre étoit proteftant , Scioppius avoit fignalé fa fageffe , en lui manquant de refpect d'une manière indigne. Les Jéfuites furent mal récompenfés de ces éloges dans la fuite. Scioppius , né Allemand , avoit préfenté à la diète de Ratisbonne en 1630 , une requête par laquelle il demandoit une penfion ; les jéfuites confultés fur cette requête par l'empereur & les électeurs , n'y furent pas favorables ; dès-lors la guerre leur fut déclarée , Scioppius vomit contre eux plus de trente libelles , il publia en d'autres , en 1641 , fous le nom d'Alphonfe de Vargas , un écrit où il les dénonçoit aux rois & aux princes de l'univers , comme des ennemis publics , *relatio ad reges & principes de Stratagematibus , &c. focietatis Iefu.* Il termine un de fes plus violens libelles par cette fouf cription dévote. *Moi, Gaspar Scioppius, déïa fur le bord de ma tombe, & prêt de paroître devant le tribunal de Jesus-Chrift, pour lui rendre compte de mes œuvres.* Ainfi la fureur aveugloit cet homme au point de lui perfuader qu'un libelle étoit une œuvre méritoire; il avoit traité les Cafaubon, les Du Pleffis-Mornay, fur-tout les Scaliger, encore plus mal que les jéfuites; il n'avoit de tous côtés que des ennemis, & ne cherchoit que des ennemis; & lorfqu'il mourut en 1649 à Padoue, cette ville étoit peut-être le feul afyle qui lui reftât fur la terre. La lifte de fes ouvrages monte à 104, parmi lefquels il s'en trouve qui ont quelque mérite littéraire; tels que *Commentarius de arte criticâ, notationes criticæ in Phædrum*, &c. Sa folie à la fin de fa vie étoit d'expliquer l'apocalypfe, & cette folie pourroit paroître innocente, mais elle lui fourniffoit des injures à vomir contre ceux qui n'expliquoient pas comme lui ce livre difficile à expliquer; elle lui fourniffoit d'ailleurs des allégories contre fes ennemis.

SCIPIONS (*Hift. Rom.*) Un des plus grands ou le plus grand nom de la république romaine. Les *Scipions* étoient de la maifon Cornelia. Parmi les perfonnages diftingués de cette maifon, on trouve:

1°. Publius Cornelius *Scipion*, général de la cavalerie fous Camille, dictateur l'an de Rome 359.

2°. Lucius Cornelius *Scipion*, conful l'an de Rome 454, & qui fit la guerre aux Samnites & aux Falifques.

3°. Cneius Cornelius *Scipion* Afina, deux fois conful l'an de Rome 492 & l'an 498. Dans fon premier confulat, qui tombeit à la cinquiéme année de la première guerre Punique, il eut le commandement de la première flotte que les Romains euffent fait conftruire; Duilius, qui remporta la première victoire navale contre les Romains, étoit fon collégue; *Scipion* avoit pris les devants avec dix-fept vaiffeaux. Le général des Carthaginois lui ayant fait parler d'accommodement, *Scipion* fe rendit à la galère de ce général fur fa parole; à peine y fut-il entré que le Carthaginois, par un de ces traits qui ont fait paffer en proverbe *la foi Punique*, l'enleve avec les principaux officiers qui l'accompagnoient, & le conduit à Carthage, où il fut jetté dans un cachot, & où il effuya toute forte d'outrages. Nous ignorons fi c'eft pour s'être laiffé ainfi furprendre, que *Scipion* fut furnommé *Afina*, à-peu-près dans le même fens où Horace dit à Vinnius *Afella*.

Si te forté meœ gravis uret farcina chartœ;
Abjicito potiùs, quàm quò perferre juberis
Clitellas ferus impingas, Afinæque paternum
Cognomen vertas in rifum & fabula fias.

Valere Maxime admire les viciffitudes de la fortune de ce *Scipion*, devenu de conful captif, & de captif conful. Dans fon fecond confulat, il fit avec fon collegue la guerre en Sicile, où il prit Panorme (Palerme) & plufieurs autres places, & où il acquit beaucoup de gloire.

4°. Lucius Cornelius *Scipion*, conful l'an de Rome 493. Là première expédition des Romains contre la Sardaigne & la Corfe, eft de lui; il battit Hannon dans la Sardaigne. Une ancienne infcription lui affure la gloire d'avoir été l'homme le plus vertueux de fon temps.

5°. Publius Cornelius, & Cneius Cornelius *Scipion*, frères, & le premier, père, le fecond oncle du grand Publius *Scipion*, le premier Africain, furent tous deux confuls, & fe fignalèrent tous deux dans la feconde guerre Punique. Publius Cornelius étoit oppofé à Annibal dans la Gaule & en Italie, Cneius Cornelius l'étoit à Afdrubal, dans l'Efpagne. Publius fut vaincu par Annibal fur les bords du Tefin; il fut bleffé dans cette action, mis hors de combat, & il alloit perdre la vie fans la valeur furnaturelle de fon fils, alors âgé de dix-fept ans, & qui faifoit fous lui fa première campagne. Il le tira d'entre les mains des ennemis qui l'environnoient & qui l'accabloient, & le premier exploit de ce jeune *Scipion*, fut de fauver la vie à fon père.

A mon fils Xipharès, je dois cette fortune.

La manière dont Publius *Scipion*, malgré fa défaite & fa bleffure, échappa aux ennemis, paffa la Trébie, & fe fortifia fur fes bords, valut prefque une victoire. Il alla bientôt joindre fon frère en Efpagne, & lui porter des fecours. Leurs procédés généreux leur gagnèrent les cœurs des Efpagnols; leurs talens & leur bonne conduite, leur procurèrent de grands fuccès. Afdrubal étoit appellé en Italie; une victoire complette que les deux *Scipion* remportèrent fur lui, le retint enfermé dans l'Efpagne, ils le battirent encore, ainfi que d'autres généraux Carthaginois, dans plufieurs autres occafions; ils efpéroient enfin terminer cette guerre Punique en Efpagne; pour réuffir dans ce projet & tenter à la fois plufieurs expéditions, ils crurent bien faire de féparer leurs forces: Cneius eut en tête Asdrubal, la défection des Celtibériens, qui fervoient dans fon armée, lui fit perdre la bataille; Publius de fon côté ayant marché contre les autres généraux Carthaginois, fut défait & tué dans le combat; tous ces généraux réunirent alors leurs forces contre Cneius, tandis qu'il ignoroit encore la deftinée de fon frère; mais cette réunion même la lui faifoit preffentir; fon camp fut bientôt forcé par les vainqueurs, & il périt avec gloire comme fon frère un mois après lui. Cicéron les appelle deux foudres de guerre: *cùm duo fulmina noftri imperii fubitò in Hifpaniâ, Cneius & Publius Scipiones extincti occidiffent.* Ce n'eft pourtant pas d'eux, mais des deux *Scipions*, tous deux furnommés Africains, que Virgile a dit:

Geminos, duo fulmina belli,
Scipianas, cladem lybiæ.

Cneius avoit commandé pendant 7 ans en Efpagne, il étoit pauvre; il pria le fénat de lui donner un fucceffeur, pour qu'il pût aller à Rome chercher les moyens de marier fa fille, & de lui affigner une dot

Le fénat, pour ne pas priver la république des services d'un homme fi néceffaire, fe chargea de marier & de doter fa fille; mais quelle dot! la fomme que le fénat jugea fuffifante pour la fille de Scipion, dit Sénèque, ne fuffiroit pas aux filles de nos affranchis pour acheter un miroir: *jam libertinorum virgunculis in unum fpeculum non fufficit illa dos, quam dedit fenatus pro Scipione.*

6°. Publius Cornelius Scipion. C'eft le grand Scipion l'Africain, fils & neveu des deux précédens. Nous avons vu comment à dix-fept ans il avoit fauvé la vie à fon père au combat du Tefin, à dix-neuf ans il fauva la république, même après la bataille de Cannes, en s'oppofant avec autorité à la réfolution défefpérée qu'avoit prife l'élite de la jeuneffe & de la nobleffe Romaine, d'abandonner l'Italie, & de fe réfugier chez quelque roi, ami des Romains. Il fut fait Edile-Curule à vingt-un ans, quoique felon les loix annales, on ne pût être nommé à aucune magiftrature avant vingt-fept ans, & Lucius, fon frère aîné, fut nommé en même temps que lui à la même dignité. A vingt-quatre ans, Scipion fut nommé pour aller commander en Efpagne en qualité de proconful, comme le vengeur naturel de fon père & de fon oncle; il arrive, il prend Carthagène, & c'eft dans cette ville prife d'affaut qu'il fe diftingue à vingt-quatre ans par le trait connu fous le nom de continence de Scipion. (Voyez l'article ALLUCIUS) Il attire au parti des Romains les Rois de l'Efpagne, Indibilis & Mandonius, il remporte une pleine victoire fur Afdrubal, frère d'Annibal, & refufe le titre de roi, que lui offroient l'admiration & l'enthoufiafme des Efpagnols, difant que ce titre ne pouvoit jamais convenir à un Romain: *Regium nomen alibi magnum, Romæ intolerabile effe.* Il renvoie fans rançon & avec des préfens le jeune Maffiva, prince Num., pris dans cette bataille, à Maffiniffa, fon oncle, alors allié des Carthaginois. Par-tout de la grandeur, de la générofité, de la vertu. Bientôt il remporte une nouvelle victoire fur un autre Afdrubal, fils de Gifgon ou Gifcon, & fur Magon, frère d'Annibal. Il fait enfuite la démarche peut-être téméraire, mais héroïque, mais utile, de paffer feul en Afrique pour aller traiter avec Syphax, Prince Numide, fur la foi duquel il n'avoit pas lieu de compter; il y trouve cet Afdrubal, fils de Gifgon, qu'il venoit de vaincre, & qui avec fept vaiff. aux tenta vainement d'enlever fes ou fes galères; ils converfent dans la même cour, ils s'affeyent à la même table, fur un même lit, Syphax s'envyre de l'honneur de voir fon alliance recherchée par deux illuftres généraux des deux plus puiffantes nations de l'univers; mais Afdrubal voit avec inquiétude combien fon jeune & aimable ennemi a le talent de plaire & de féduire; il avoue à regret qu'il fe défend à peine de tant de féduction, que Syphax ne pourra s'en défendre, que Scipion eft auffi redoutable à fes ennemis par fes négociations, par fon feul entretien, que par fes armes. Il foupçonnoit d'ailleurs dans ce voyage des deffeins & des vues pour l'avenir; Annibal faifoit la guerre

en Italie & aux portes de Rome, Scipion avoit déjà plus d'une fois demandé pourquoi les Romains ne la porteroient pas en Afrique, & ne menaceroient point Carthage à leur tour. Il venoit en ce moment obferver l'Afrique, & voir par où il pourroit l'attaquer un jour.

Locum infidiis confpeximus ipfi.

Il vit dès ce moment tout ce qui alloit arriver, il vit que les Carthaginois devoient déformais fonger, non à recouvrer les Efpagnes, mais à conferver l'Afrique. Scipion rentre en Efpagne, prend d'affaut Illiturgis, foumet d'autres places, confacre à la mémoire de fon père & de fon oncle des jeux funebres & des combats de gladiateurs. Il tombe malade, on le croit mort, les alliés deviennent infidèles, les foldats féditieux; la révolte des Romains dans le camp de Sucrone ne fert qu'à faire connoître combien ce général a de reffources dans l'efprit, combien d'adreffe, de douceur & de fermeté; il paroît, il parle, il agit, tout eft calmé, la défection de Mandonius & d'Indibilis ne fait que lui fournir une nouvelle occafion de vaincre & de pardonner. Il retourne à Rome, il eft créé conful pour l'an de Rome 547. Alors éclate fon grand projet de porter la guerre en Afrique; projet combattu par Fabius, (voyez FABIUS) mais pleinement juftifié par le fuccès; un combat dans lequel Hannon eft défait & tué; une grande bataille gagnée contre Afdrubal, fils de Gifgon, & contre Syphax, qui ayant époufé Sophonsbe, fille d'Afdrubal, avoit quitté le parti des Romains, obligerent les Carthaginois de rappeller Annibal en Afrique; alors fe livre entre Annibal & Scipion, cette admirable bataille de Zama, où ces deux généraux épuiferent toutes les reffources de leur art, & où Annibal, qui fut vaincu, mérita l'admiration de fon vainqueur. Scipion retourne à Rome avec la gloire d'avoir terminé la feconde guerre punique, & avec le furnom d'Africain. Il reçoit les honneurs du triomphe; eh! qui jamais les avoit mieux mérités? il eft créé cenfeur l'an de Rome 553, conful pour la feconde fois pour l'an 558.

Ce grand homme s'oppofa toujours à ce honteux acharnement, avec lequel Rome pourfuivoit un grand homme dans la perfonne d'Annibal; il fe rencontra, dit-on, avec lui à la cour d'Antiochus, comme il s'étoit rencontré avec Afdrubal à la cour de Syphax, & c'eft là que, dans un entretien convenable à des héros, Annibal ayant donné à Alexandre le premier rang parmi les grands capitaines, & ayant nommé Pirrhus le fecond, parce qu'il avoit vaincu les Romains, fe nomma lui-même le troifième: Scipion fourit, & que diriez-vous donc, repliqua-t-il, fi vous m'aviez vaincu? Alors, répondit Annibal, je me ferois mis au deffus de Pyrrhus & même d'Alexandre.

Scipion alla fervir fous Lucius Cornelius Scipion, fon frère, dans la guerre contre Antiochus: fon fils fut fait prifonnier dans cette guerre; Antiochus le lui renvoya fans rançon; & en même temps il lui fit offrir une somme confidérable, s'il pouvoit-ou s'il vouloit procurer à la Syrie une paix avantageufe. La réponfe de *Scipion* fut en fubftance,

Vous connoiffez bien mal & Rome & fon génie.

Mais, ajoûta-t-il, en s'adreffant à l'Ambaffadeur, je fuis peu furpris que vous ne connoiffiez pas les Romains, vous ne-connoiffez pas même l'état où fe trouve votre maître & les dangers qui le menacent ; dites-lui qu'il s'en fie à la reconnoiffance d'un père. Il me rend mon fils ; touché d'un bienfait, je prétends m'en acquitter en lui confeillant en ami de mettre bas les armes, & de recevoir toutes les conditions que Rome voudra lui prefcrire ; c'eft le feul moyen de prévenir fa perte. On ne réfifte pas impunément à Rome.

Tel étoit *Scipion*, il fut cependant cité en jugement fur une accufation de péculat ; on prétendoit, d'après des conjectures vagues, qu'il avoit en effet reçu de l'argent d'Antiochus ; en fait comment, dédaignant de difcuter de femblables foupçons, & fe rappellant qu'à pareil jour il avoit vaincu Annibal, il entraîna toute l'affemblée au Capitole pour rendre graces aux Dieux de fes fervices & de fes victoires.

Scipion accufé fur des prétextes vains, Remercia les Dieux & quitta les Romains.

Il fentit qu'il falloit défarmer l'envie, il fe retira dans la folitude de Literne, où on eut bien de la peine à le laiffer en paix. (*Voyez* l'article GRAC-CHUS), on ne fait s'il mourut à Literne ou à Rome. Il mourut à-peu-près dans le même tems qu'Annibal, l'an de Rome 569. M. Rollin fait un parallèle détaillé de ces deux grands hommes ; nous obferverons feulement que *Scipion* étoit plus vertueux que fon rival. On l'accufe cependant d'avoir quelquefois trompé les foldats pour leur infpirer plus de confiance, & d'avoir, comme Numa, fuppofé un commerce myftérieux avec la divinité.

7°. Lucius Cornelius *Scipion*, furnommé d'*Afiatique*, frère de *Scipion* l'Africain, fait édile avec lui, fervit fous lui en Efpagne, fut nommé conful avec Lælius pour l'année 562. Il eut le département de la Grèce & de l'Afie, & fon illuftre frère, le vainqueur de l'Afrique, alla fervir fous lui. Il fait la guerre à Antiochus, le foumet après l'avoir vaincu, il lui impofe les conditions de la paix, il en triomphe & obtient le furnom d'*Afiatique*.

Lucius *Scipion* fut accufé de péculat & condamné. La vente de fes biens, l'examen de fes papiers le juftifièrent, & la honte retomba toute entière fur fes perfécuteurs. Caton le cenfeur le dégrada du rang de chevalier l'an 568 de Rome : ce qui ne fit point d'honneur à Caton, qui, auffi bien & plus encore que Fabius, avoit montré en toute occafion fa jaloufie & fa haine contre cette illuftre maifon des *Scipions*.

8°. Publius Cornelius *Scipion* Nafica, coufin germain de l'Africain & de l'Afiatique, & fils de Cnéius. A vingt-fept ans, il fut déclaré par le fénat l'homme le plus vertueux de la république, & comme

tel, il fut chargé de recevoir la *Mere des Dieux* apportée de Peffinonte à Rome, & qui avoit déclaré par la voix des oracles qu'elle vouloit être reçue par le plus vertueux des Romains. Tout cela tient à des fables fuperftitieufes, mais l'hommage rendu à la vertu de *Scipion* l'Africain, eft vrai & pur. Tout le crédit de *Scipion* l'Africain, fon oncle, joint à cette réputation de vertu, ne put lui procurer le confulat pour l'an 560, mais il l'obtint pour l'année fuivante ; il vainquit les Boïens & reçut les honneurs du triomphe malgré l'oppofition du tribun du peuple Publius Sempronius Blæfus.

9°. Son fils de même nom que lui, deux fois conful, fut auffi cenfeur ; il eut les vertus de fon père.

10°. Un autre Publius Cornelius *Scipion* Nafica, conful l'an de Rome 614, dans une conteftation entre les confuls & les tribuns, fut mis en prifon par ceux-ci : c'étoit la première fois que les tribuns du peuple fe portoient à cette violence, ce ne fut pas la dernière. C'étoit un homme hardi & courageux. Dans une délibération où il s'agiffoit d'un arrangement relatif aux bleds, il ouvrit un avis peu agréable au peuple, on l'interrompit par des murmures. *Romains*, dit-il, en hauffant la voix, *faites filence. Je fais mieux que vous ce qui eft utile à la république.* Toute l'affemblée fe tut avec refpect. *Quâ voce audiiâ omnes pleno venerationis filentio majorem ejus auctoritatis quàm fuorum alimentorum curam egerunt*, dit Valere Maxime. Ce Nafica fut l'auteur de la mort de l'aîné des Gracques (*voyez* GRACCHUS.) Il n'en fut que plus cher au fénat, mais il devint odieux au peuple ; & le fénat lui-même, pour le dérober à la fureur populaire, l'envoya en Afie avec une commiffion d'où il ne réfultoit qu'un exil honorable ; Nafica ne vit que l'exil, & il mourut de chagrin en arrivant près de Pergame, l'an de Rome 620, emportant les regrets des hommes les plus vertueux, fur-tout du parti des nobles ; Cicéron, quoiqu'homme nouveau, fait fon éloge en plufieurs endroits de fes ouvrages.

11°. Un autre *Scipion* Nafica, conful l'an de Rome 641, & mort dans l'année même de fon confulat, eut toutes les vertus de fes ancêtres, Cicéron en fait auffi l'éloge.

12°. *Scipion* l'Africain eut deux fils qui ne purent foutenir fa gloire ; l'un par défaut de talens, l'autre, par défaut de fanté. C'eft celui-ci qui adopta le fils de Paul Emile, & ce fils de Paul Emile fut le fecond *Scipion* l'Africain, qui n'étoit *Scipion* que par adoption. (*Voyez* fur ce qui le concerne, les articles : *Emiles, Emiliens, Gracchus, Lælius, Lucilius*).

13°. Un Lucius *Scipion*, conful l'an de Rome 669, fit la guerre à Sylla, qui lui débaucha jufqu'à deux fois fon armée, & qui le comprit dans les profcriptions.

14°. Céfar faifant la guerre en Afrique à *Scipion*, beau-père de Pompée, & fachant que le préjugé vulgaire étoit que le nom de *Scipion* étoit un garant infaillible de la victoire en Afrique, traînoit à fa fuite dans cette guerre un imbécille, fort décrié d'ailleurs

pour

pour ses mœurs, mais qui étoit du nom & de la race des *Scipions*.

Quant au *Scipion*, beau-père de Pompée, nommé Quintus Cœcilius Metellus, puis *Scipion*, voyez MÉTELLUS.

SCOPAS (*Hist. anc.*)

Quas aut Parrhasius protulit aut Scopas ;
Hic Saxo, liquidis ille coloribus,
Solers nunc hominum ponere, nunc Deum.

On voit par ces vers, que cet artiste grec étoit pour la sculpture, ce que Parrhasius étoit pour la peinture. Il vivoit environ 430 ans ava t J. C. Ses chef-d'œuvres étoient une Venus, transportée depuis à Rome, & le fameux Mausolée qu'Artemise avoit fait ériger dans Halicarnasse à Mausole, roi de Carie, son mari. Ce monument étoit une des sept merveilles du monde.

SCORDISGIENS, s. m. pl. (*Hist. anc.*) peuple de l'ancienne Thrace, mais originaire de la Gaule, qui vainquit les Romains. L'usage de l'or & de l'argent étoit défendu dans leur pays, ce qui ne les empêcha point d'aller, sous la conduite de Brennus, piller le temple de Delphes. (*A. R.*)

SCOT, (Jean) Voyez DUNS.

SCOTES, s. m. pl. (*Hist. anc.*) peuples qui, du tems des Romains, habitoient la partie septentrionale de l'île de la Grande-Bretagne, d'où ils faisoient de fréquentes incursions dans les provinces méridionales occupées par les Bretons, & les Romains leurs vainqueurs. C'est d'eux que descendent les Ecossois dont le pays se nomme encore en latin *scotia*. Les *Scotes* ne furent subjugués que sous l'Empereur Julien. (*A. R.*)

SCOT, (Jean) dit *Erigène*, (*Hist. litt. mod.*) Bel-esprit Philosophe & Théologien. Charles le chauve l'honora d'une amitié particulière, il ne pouvoit se passer de sa conversation ; il le faisoit coucher dans sa chambre. Ce Jean *Scot* avoit composé sur l'Eucharistie, un livre qui l'a fait regarder par quelques-uns, comme le premier auteur de l'Hérésie sacramentaire ; Bérenger s'appuyoit fort sur cette autorité ; le Concile de Rome tenu en 1059, près de deux siècles après la mort de Jean *Scot*, obligea Bérenger à jetter ce livre au feu, de peur d'y être jetté lui-même. (*A. R.*)

Jean *Scot*, qui avoit été sacramentaire sur l'Eucharistie, fut Pélagien sur la grace. Prudence, Evêque de Troyes, le réfuta.

SCOTTI, (Jules-Clément) (*Hist. litt. mod.*) Ex-Jésuite, quoique Profés des quatre vœux, est, dit-on, l'Auteur d'une Satire contre les Jésuites, intitulée : *Monarchia Solipsorum*, & qui a été traduite en françois par Restaut, auteur de la Grammaire. On a encore de *Scotti*, d'autres ouvrages toujours relatifs à la société des Jésuites, *de potestate Pontificiâ in Societatem Jesu*. mort à Padoue en 1669.

Histoire, Tome V.

SCOTUS, (Voyez MARIANUS.)

SCRIBANIUS, (Charles,) (*Hist. litt. mod.*) jésuite Flamand, auteur d'un ouvrage intitulé *Amphithéâtre d'honneur*, que Pasquier & Casaubon appelloient *Amphithéâtre d'horreur*, pour les maximes régicides qu'il contient. Un autre écrivain appelle l'auteur un *Ravaillac théologien*. Il s'est déguisé sous le nom de *Clarus Bonarscius*, anagramme de son vrai nom, *Carolus Scribanius* ; né en 1562, mort en 1629.

SCRIVERIUS, (Pierre.) (*Hist. litt. mod.*) savant hollandois, a publié le premier les Fables d'Hygin, & donné de bonnes éditions de Végèce, de Frontin & autres auteurs qui ont traité de l'art militaire. Il a écrit l'histoire de la Hollande son pays, *Batavia illustrata, Batavia Comitumque historia*, mort en 1653.

SCUDERI, (*Hist. litt. mod.*) les *Scuderis* sont d'une ancienne famille, originaire du Royaume de Naples, établie depuis long-temps en Provence, & Georges de *Scuderi* ne manquoit point de vanité sur sa naissance. C'est ce *Scuderi*, de l'Académie Françoise, bien moins connu par ses nombreux ouvrages que par ses vers de Boileau qui apprécient cette fécondité.

Bien heureux *Scuderi* dont la fertile plume,
Peut tous les mois sans peine enfanter un volume !
Tes écrits, il est vrai, sans art & languissans
Semblent être formés en dépit du bon sens :
Mais ils trouvent pourtant, quoiqu'on en puisse dire
Un Marcha d pour le ve..dre & des sots pour les lire.

Il n'y a plus aujourd'hui de ces sots là. On connoit à peine les titres de quelques-unes de ses pièces, telles que *l'amour libéral*, *l'amour tirannique* & le *Poëme d'Alaric*, dont on fait le premier vers :

Je chante le vainqueur des vainqueurs de la terre.

On connoit ses observations sur le *Cid*, monument de jalousie & de mauvais goût.

Georges de *Scuderi* étoit né en 1601, au Havre de grace. Il fut reçu en 1650, à l'Académie Françoise où il remplaça Vaugelas ; il mourut à Paris, le 14 mai 1667. Il se piquoit fort d'être homme de guerre, & de n'être homme de lettres qu'à force d'esprit. *J'ai*, dit-il, *passé plus d'années parmi les armes que d'heures dans mon cabinet, & beaucoup plus usé de méches en arquebuse, qu'en chandelles. Je sais mieux ranger les Soldats que les paroles, & mieux quarrer les bataillons que les périodes... Je sors d'une maison où l'on n'a jamais eu de plumes qu'un chapeau.* On sait qu'il étoit gouverneur de Notre Dame de la Garde en Provence ; il avoit fait de ce gouvernement une description magnifique, dont Bachaumont & Chapelle se sont plû à faire une parodie plaisante.

Mais il faut vous parler du fort
Qui sans doute est une merveille...

D

C'est notre-dame de la Garde ;
Gouvernement commode & beau ;
A qui suffit, pour toute garde,
Un Suisse avec sa hallebarde
Peint sur la porte du château.....

» Une description magnifique, qu'on a faite autre-
» fois de cette place, nous donna une curiosité de
» l'aller voir. Nous grimpâmes plus d'une heure avant
» que d'arriver à l'extrémité de cette montagne, où
» l'on est bien surpris de ne trouver qu'une méchante
» masure tremblante, prête à tomber au premier
» vent. Nous frappâmes à la porte ; mais doucement
» de peur de la jetter par terre ; & après avoir
» heurté long-tems, sans entendre même un chien
» abboyer sur la tour. »

Des gens qui travailloient là proche,
Nous dirent « Messieurs là dedans
» On n'entre plus depuis long tems.
» Le Gouverneur de cette roche
» Retournant en cour par la coche,
» A depuis environ quinze ans,
» Emporté la clef dans sa poche...

On lisoit avec peine sur un écriteau presque effacé.

Portion de Gouvernement
A louer tout présentement.

SCUDERI avoit épousé une demoiselle de la famille
de Martinvast en Normandie, qui lui survécut 41
ans, & mourut en 1711. Pour venger la mémoire
de son mari, décrié par Boileau, elle essaya inutilement d'irriter contre Boileau le comte de Bussy, au
sujet de ces vers de la satire 8e.

J'irois par ma constance aux affronts endurci,
Me mettre au rang des Saints qu'a célébrés Bussy ?.

Madeleine de Scuderi, sœur de Georges, naquit en
1607 au Havre de Grace ; sa réputation la fit nommer la Sapho de son siècle ; l'amitié qui l'unissoit
avec Pélisson, est célèbre comme leurs talens ; l'A-
cadémie des Ricovrati de Padoue nomma Mademoiselle de Scuderi ; pour remplacer la fameuse
Heléne Cornaro, (Voyez l'article CORNARO.)Toutes
les Académies où les femmes sont reçues, imitèrent
celle de Padoue ; Mademoiselle de Scuderi avoit
remporté le prix d'éloquence à l'Académie Françoise,
par un discours sur la gloire. Née sans fortune, elle
devint riche par les bienfaits des Protecteurs des Lettres ;
Christine, reine de de Suède, le cardinal Mazarin,
le chancelier Boucherat, Louis XIV lui donnèrent
des pensions considérables. Elle mourut en 1701,
dans sa 94e année. Il paroît par la liste de ses
ouvrages, qu'elle n'étoit pas un auteur moins fécond
que son frère.
Boileau & Molière ont donné, à l'hôtel de Rambouillet en général, & en particulier, à Mademoiselle

de Scuderi, qui en faisoit l'ornement, un ridicule
dont plusieurs personnes jugent qu'il faut un peu rabattre ;
elles conviennent que le précieux, l'affectation, le
mauvais ton de la bonne compagnie de ce tems là,
se font un peu sentir dans les écrits de cette fille
spirituelle ; mais elles soutiennent que la lecture de
ces écrits, seroit encore aujourd'hui instructive &
amusante, qu'elle formeroit les mœurs, qu'elle ensei-
gneroit des vertus ; l'amour qui fait l'âme de tous
les romans de Mademoiselle de Scuderi, n'y paroît
jamais qu'accompagné de la modestie, de la magnanimité, de la gloire. La plupart de ces romans
avoient encore, dit-on, un autre mérite moins considérable, mais qui a dû contribuer dans le temps à
leur succès, c'est le mérite de l'allégorie ; le roman
de Clélie étoit rempli de traits relatifs à des anecdotes de la cour de France ; Cyrus étoit le grand
Condé, & plusieurs actions réelles de ce héros moderne, étoient rapportées sous le nom du roi de
Perse.

Plusieurs morceaux des œuvres de Mademoiselle
de Scuderi, recueillis en 1766, sous le titre d'esprit
de Mademoiselle de Scuderi, sont des espèces de
plaidoyers pour & contre sur diverses matières ;
on propose une question, dont on soutient tour-à-
tour l'affirmative & la négative ; tout cela est bien
dans l'esprit de l'hôtel de Rambouillet, mais tout
cela ne fait le plus souvent que rendre sensible l'abus
du raisonnement & l'arbitraire de la plupart des
idées. Cependant Mademoiselle de Scuderi a quelquefois des pensées heureuses, & heureusement exprimées ; c'est elle qui a dit, « l'amour est je ne
sais quoi, qui vient de je ne sais où, & qui finit
je ne sais comment.

L'idée suivante sur l'amitié est assez délicatement
tournée.

» Quand nos vrais amis nous disent qu'ils ont des
» ennemis à combattre, la première chose qu'il faut
» leur dire, c'est : où sont-ils ? & non pas, qui
» sont-ils ?

C'est encore Mademoiselle de Scuderi qui a dit ce
mot, passé en proverbe :

» Une femme, qui reçoit des présens, se donne,
» ou, pour mieux dire, se vend.

Le portrait de Mademoiselle de Scuderi fut fait
par Nanteuil, & flatté de l'aveu même de Mademoiselle
de Scuderi, qui fit ces vers pour remercier Nanteuil ;

Nanteuil, en faisant mon image,
A de son art divin, signalé le pouvoir,
Je hais mes yeux dans le miroir,
Je les aime dans son ouvrage.

SCULTET, (Abraham.) (Hist. litt. mod.)
écrivain protestant d'Allemagne, auteur d'un ouvrage
théologique, intitulé Medulla Patrum. Observons
seulement qu'il avoit fait placer sur la porte de son
cabinet cette inscription.

Amice, quisquis huc venis,
Aut agito paucis, aut abi,
Aut me laborantem adjuva.

Né en 1566, mort en 1626.

SCUTAGE, f. m. (*Hift. d'Angl.*) le *fcutage* étoit un fervice militaire auquel les poffeffeurs des fiefs étoient obligés envers le roi. Ce mot défigné auffi la redevance que les feudataires payoient au prince pour être difpenfés de ce fervice ; enfin ce mot fignifie la taxe qu'on avoit mife fur chaque vaffal pour quelque fervice public. Depuis Guillaume I. les rois d'Angleterre avoient fouvent impofé de pareilles taxes fans le confentement des états, c'eft pourquoi le *fcutage* fut aboli par la grande charte. (*D. J.*)

SCYLAX, (*Hift. anc.*) étoit un Grec de l'afie mineure, de la ville de Cariandée en Carie, Darius, fils d'Hyftafpe, qui avoit la manie des conquêtes, s'étant mis dans la tête de conquérir l'Inde, voulut d'abord la connoître, il chargea *Scylax* d'obferver le pays fitué fur les deux cotés fur les bords de l'Indus. *Scylax* partit avec fes compagnons vers l'an 509, avant l'ere chrétienne ; ils defcendirent l'Indus, pafferent par fon embouchure dans l'Océan méridional, entrèrent dans la mer rouge par le détroit qu'on nomme aujourd'hui de *Babel-Mandel* ; après une navigation de treize mois, ils abordèrent en Egypte, d'où *Scylax* fe tranfporta enfuite à Suze, pour rendre compte à Darius de fon voyage & de fes découvertes. Ce prince fit fes préparatifs en conféquence pour la conquête de l'Inde, où il entra l'an 606 avant J. C. & dont il foumit toute la partie feptentrionale. Nous avons le *Périple* de *Scylax*, publié avec les ouvrages d'autres anciens géographes ; mais on ne croit pas que cet ouvrage foit de l'ancien *Scylax*, dont nous venons de parler.

SEBANICOU, f. m. terme de *relation* ; efpèce de vin préparé en Ethiopie avec un fruit appellé *Sebanicou* ; le vin & le fruit portent le même nom. (*A. R.*)

SEBASTIEN, roi de Portugal. (*Hift. de Portugal.*) Une imagination ardente, une intrépidité à l'épreuve des dangers les plus effrayans, un courage héroïque, un defir immodéré de gloire & de célébrité, foutenu par des idées fortes, outrées, romanefques, peuvent faire un guerrier formidable, un général entreprenant ; mais ces qualités ne font pas celles qui forment les grands rois. Tel fut pourtant, pour fon malheur, & pour celui du Portugal, le fameux *Sébaftien*, le plus intrépide des hommes, & le plus bizarre des rois. S'il fût né dans les fiècles héroïques, il eût été peut-être auffi loin qu'Alexandre ; il en avoit toute la fougue, toute l'impétuofité. Mais dans le XVIᵉ. fiecle, l'Europe étoit trop éclairée pour que la valeur d'Alexandre fuffît à un fouverain ambitieux de gloire. Cette ambition exceffive étoit en lui un défaut qu'il tenoit de l'éducation ; car il avoit reçu de la nature les plus aimables qualités : il étoit bon, libéral, magnifique, ami de

la juftice, ardent, incapable de crainte ; & fes inftructeurs abufant de cette rare intrépidité, lui avoient perfuadé que rien n'étoit plus beau, plus grand & plus fublime que d'exterminer les infidèles, & d'aller d'un pôle à l'autre, inonder la terre de leur fang. Le zèle mal entendu de *Sébaftien* pour la religion, lui fit regarder cette opinion meurtrière comme une vérité facrée ; & fa valeur ne fecondant que trop fon zèle religieux, il ne fut plus d'obftacle capable d'arrêter fes projets infenfés. Ce prince eût vraifemblablement penfé différemment, & il fe fût conduit avec plus de fageffe, fi le roi Jean III., fon grandpère, eut eu le tems de diriger fa jeuneffe, & de veiller à fon éducation ; mais il avoit à peine trois ans, lorfqu'une mort imprévue lui enleva Jean III, & il n'avoit jamais connu don Jean, prince de Portugal, fon père, qui étoit mort avant même que dona Jeanne, fon époufe, fille de l'Empereur Alphonfe, donnât le jour à *Sébaftien*. Dona Jeanne, peu de tems après avoir perdu fon époux, fe retira en Efpagne ; en forte que le jeune prince monta fur le trône fous la régence de la reine, dona Catherine, fa grand'mère, veuve de don Jean III, & fœur de l'empereur Charles-Quint. Pendant le peu de tems que cette princeffe fut à la tête de l'adminiftration, elle gouverna l'état avec autant de prudence que de modération. Elle fignala même fa régence par des fuccès éclatans contre les Maures, & par des victoires importantes ; mais quelqu'effentiels que fuffent fes fervices, ils ne purent éteindre l'averfion naturelle que les Portugais avoient pour le gouvernement d'une femme, & fur-tout cette femme étant efpagnole ; cette averfion alla fi loin, que dona Catherine, fe facrifiant généreufement à l'intérêt public, fe démit de la régence en faveur du cardinal Henri de Portugal, qui, ne fe réfervant que les foins du gouvernement, confia affez imprudemment l'éducation du jeune fouverain à don Gonçale de Camera & à deux prêtres, fort bien théologiens, mais très-peu incapables d'élever & de former un roi. Du refte, par les foins pacifiques du cardinal, le royaume devint tout auffi floriffant qu'il pouvoit l'être ; & auffi-tôt que *Sébaftien* fut parvenu à fa quatorzième année, le cardinal-infant fe dépouilla de la régence, & lui remit l'autorité fuprême. La nature avoit donné au jeune monarque un efprit vif, & un goût décidé pour les fciences ; mais fes inftructeurs, au lieu de profiter de ces difpofitions heureufes pour en faire un grand prince, avoient fi fort gâté fes bonnes qualités, que leurs foins n'aboutirent qu'à lui donner les opinions les plus bizarres. En effet, ils lui perfuadèrent que la qualité la plus effentielle d'un fouverain étoit le courage, & que le courage confiftoit à ne craindre aucun danger, à les chercher au contraire, à les braver, & que la religion fe réduifoit à nourrir une haine implacable contre les infidèles, & à faifir tous les moyens de les exterminer. Nourri dans ces fauffes idées, *Sébaftien* brûla dès fa plus tendre jeuneffe, du defir de fignaler fa valeur par les exploits les plus éclatans, & fur-tout d'anéantir les infidèles

Le cardinal n'eut pas affez de foin de corriger ces dangereufes opinions; auffi fut-il la victime des adulateurs du prince, qui bientôt lui rendirent fon oncle le cardinal fufpect, & tentèrent même de le faire dépofer de fon archevêché. La cour du jeune monarque étoit remplie de factions, d'intrigues, de cabales. La reine dona Catherine étoit très-éclairée, le cardinal avoit de bonnes intentions; mais ils fe détef-toient l'un l'autre, & ne cherchoient mutuellement qu'à fe perdre; Martin Gonçalès de Camera, frère du précepteur du roi, devint fon favori, & en flat-tant fes deux paffions, la gloire & la haine des Maures, il parvint à faire difgracier Alcaçova, miniftre intelligent, habile, & dont la retraite fut funefte à l'adminiftration. Don Alvare de Caftro s'in-finuoit dans l'efprit du roi, aux dépens des Jéfuites, qu'il déteftoit; & qui étoient prefqu'auffi puiffans à la cour, qu'ils défiroient de l'être. Don Alvare, dans un voyage qu'il fit feul avec le roi, dévoila fi bien le caractère intrigant & ambitieux des Jéfuites, que Sébaftien devint auffi violemment leur ennemi, qu'il avoit été docile à leurs confeils avant fon départ. Alvare de Caftro fe rendant juftice, s'apperçut qu'il n'avoit point le talent des affaires, & Alcaçova fut rappellé. Au milieu de ces intrigues l'état profpé-roit, & le commerce avoit fait les plus heureux progrès. Sébaftien fit publier un abrégé des loix, qu'il avoit faites lui-même, & qu'il eut foin de faire obfer-ver. Toujours dévoré du défir de fe fignaler par les armes, il forma le projet d'aller lui-même faire la guerre dans les Indes; mais l'adroit Alcaçova lui fit abandonner ce deffein. Toutefois il ne put le faire renoncer à celui d'aller tenter des conquêtes en Afri-que. Il fit partir quelques troupes fous la conduite de don Antoine, prieur de Crato, & il s'embarqua fort brufquement lui-même enfuite, avec quelques feigneurs de fa cour, aborda fur les côtes d'Afrique, fit affez infructueufement quelques courfes, fe remit en mer, fut accueilli par une violente tempête, & eut beaucoup de peine à retourner en Portugal. L'inuti-lité de ce voyage eût dû le guérir de ces romanef-ques idées; mais il fe croyoit trop obligé de détruire les infidèles pour renoncer fi facilement aux défirs qu'il avoit fi long-temps confervés; il ne cherchoit qu'une occafion de repaffer en Afrique, & fon mal-heur voulut qu'elle fe préfentât. Muley Mahamet, roi de Fez, de Maroc & de Tarudant, détrôné par Muley Molach fon oncle, paffa en Europe, alla demander du fécours au roi d'Efpagne, qui n'eut garde de lui en accorder, puis s'adreffa au roi de Portugal, auquel il céda Arzile, jadis conquis fur les Portugais. Sébaftien, perfuadé que c'étoit là une occafion d'aller étendre fes conquêtes en Afrique, s'engagea à fournir les plus grands fécours à Maha-met, & fit tous fes efforts pour s'affurer, dans cette guerre, de l'alliance de Philippe II, roi d'Efpagne, qui tenta tous les moyens poffibles de le détourner cette folle & téméraire entreprife. Il fut puiffam-ment fécondé par la reine Dona Catherine & par le cardinal Henri; mais leurs remontrances ne firent

que l'affermir encore plus dans fon projet. Philippe II n'ayant rien pu gagner fur fon neveu, promit de lui fournir cinquante galères & cinq mille hommes. Animé par ce petit fécours, Sébaftien ufa de toutes les reffources pour fe procurer les fonds nécef-faires à cette expédition; il leva une armée auffi nombreufe qu'il lui fut poffible; il refta inébranlable malgré toute la vivacité des follicitations du roi d'Efpagne, des grands de Portugal & du peuple réunis pour le conjurer de ne point entreprendre cette guerre. Le roi de Maroc, lui-même, inftruit des pré-paratifs de Sébaftien, lui écrivit, & après lui avoir expofé les raifons qui l'avoient contraint de détrôner fon neveu, qui, par fes vices & fa tyrannie, avoit foulevé fes fujets, lui confeilla de ne pas entrepren-dre de le rétablir, & fit prier par des ambaffadeurs le roi d'Efpagne, de détourner fon neveu de cette guerre, qui lui feroit inévitablement funefte. Sébaftien ne fit feulement point de réponfe à Molach, & s'em-barqua avec fes troupes, quelques efforts que l'on fit pour l'en empêcher. Ce qu'on avoit prévu arriva; Muley Molach, inftruit de fon approche, fe mit à la tête d'une armée de foixante mille chevaux & de quarante mille fantaffins, & marcha contre les Portugais. Les deux armées fe rencontrèrent aux en-virons d'Alcaçao-Quivir, près du gué de la rivière de Luc. La plûpart des officiers portugais opinèrent pour la retraite, par l'impoffibilité qu'il y avoit de forcer une armée auffi nombreufe & poftée auffi avantageufement. Quelques-uns dirent qu'il falloit donner la bataille, non qu'ils fuffent affurés de vain-cre, mais parce qu'ils regardoient le combat comme néceffaire, ne doutant point que les ennemis ne les y forçaffent bientôt. Le général de Mahamet vou-loit que, fans combattre ni fe retirer, on fe retran-chât dans le lieu qu'on occupoit, de manière à ne pouvoir être attaqués, parce qu'il fe flattoit que fi Molach, qui, quoiqu'à la tête de fon armée, étoit malade, venoit à mourir, la plûpart des Maures qui combattoient pour lui, s'empreffèroient de recon-noître Mahamet, & de lui rendre la couronne. Cet avis étoit le plus fage, mais il fut rejetté par Sébaftien qui voulut qu'à l'inftant même, on donnât le fignal du combat. Le chérif le pria du moins de différer jufqu'à quatre heures de l'après-midi, afin qu'en cas d'événement malheureux, on pût fe retirer à la fa-veur des ombres de la nuit. Le roi de Portugal traita cette précaution de lâcheté, & perfifta; le fignal fut donné; les deux armées s'ébranlèrent, & en vinrent aux mains. Dès le commencement de l'action, Sébaftien reçut un coup de feu à l'épaule; mais, quelque vive que fût la douleur, elle ne l'empêcha point de char-ger à la tête de la cavalerie. Molach monta auffi à cheval, & le fabre à la main, tenta de fondre fur les Chrétiens; mais il s'évanouit, & fes gardes le reçu-rent dans leurs bras; on le porta dans fa litière, où il expira un moment après, portant le doigt à fa bou-che pour recommander le fecret; fa mort ne rallentit point le feu du combat; fon armée enveloppa celle de Mahamet; les Allemands, les Italiens & les

Caſtillans ſe battirent très-courageuſement ; *Sébaſtien* fit des prodiges de valeur, mais fut très-mal ſecondé par l'infanterie portugaiſe, qui, diſent tous les hiſtoriens qui ont parlé de cette action, fit fort mal ſon devoir. Le déſordre ſe mit dans l'armée des Chrétiens ; ils lâchèrent le pied, ſe débandèrent, & furent entièrement défaits ; la plûpart furent maſſacrés, ſoit dans le combat, ſoit dans leur fuite. *Sébaſtien* entouré de quelques ſeigneurs, ſe défendoit avec la plus héroïque valeur ; mais à la fin les Maures l'enveloppèrent, le ſerrèrent de ſi près, qu'ils lui ôtèrent ſon épée, ſes armes, & ſe diſputèrent entr'eux à qui l'auroit en ſa puiſſance : un de leurs généraux accourant, &, furieux de ce qu'ils ſe battoient pour un priſonnier, déchargea un ſi terrible coup de cimeterre ſur *Sébaſtien*, qu'il le bleſſa à la tête, au-deſſous de l'œil droit, & le renverſa de cheval ; enſorte que les Maures, furieux de n'avoir pu ſe rendre maîtres d'un priſonnier dont ils avoient eſpéré une groſſe rançon, achevèrent de le tuer. C'eſt ainſi que racontent la mort de ce ſouverain quelques hiſtoriens judicieux ; la plûpart des autres diſent ; mais ſans preuves, ni vraiſemblance, qu'à force de valeur, il s'étoit fait jour à travers les vainqueurs ; qu'enſuite, fait priſonnier, il fut dégagé par quelques-uns des ſiens ; qu'il prit le chemin de la rivière, & que ce fut là que les Portugais, échappés au maſſacre, le virent pour la dernière fois *Sébaſtien* fut-il tué, ou ſurvécut-il à ſa défaite ? Cette queſtion n'a jamais été décidée, quoiqu'il y ait la plus grande apparence que, fougueux & intrépide autant qu'il l'étoit, il ſe fit maſſacrer. Cependant, l'opinion contraire prévalut ſi fort, qu'il parut dans la ſuite pluſieurs impoſteurs, qui prirent le nom de *Sébaſtien*, perſuadèrent le peuple & excitèrent des troubles. La ſuperſtition s'eſt mêlée à cette folle opinion, & il exiſte encore des Portugais qui, quoiqu'ils ne donnent d'ailleurs aucune preuve de démence, ſont pourtant fort intimement perſuadés que *Sébaſtien* vit, & qu'il eſt miraculeuſement conſervé. A la vérité, ils ignorent où il exiſte ; mais ils n'en croient pas moins, qu'un jour il paroîtra & remontera ſur le trône. Cette ſecte très-abſurde, porte le nom de *Sébaſtianiſtes* ; ſans doute elle ſe fonde ſur ce que *Sébaſtien*, perſuadé de la ſainte fureur d'exterminer les infidèles, a diſparu dans une bataille livrée contre les ennemis de Jeſus-Chriſt. Au reſte *Sébaſtien* périt en 1578, dans la ving-cinquième année de ſon âge, & dans la vingt-troiſième de ſon règne ; ſon imprudente valeur l'engagea à ſe ſacrifier & à ſacrifier ſes ſujets ; il épuiſa ſon royaume d'hommes & d'argent ; il fit périr la plus grande partie de la nobleſſe portugaiſe, qui l'avoit complaiſamment ſuivi en Afrique, & ſa rare valeur aboutit à rendre un objet de pitié ce même royaume, qui étoit ſi floriſſant & ſi riche à la mort de Jean III, ſon prédéceſſeur. (*E. C.*)

SEBASTIEN, (Jean Truchet) plus connu ſous le nom du P. *Sébaſtien*, carme, (*Hiſt. Litt. mod.*) de l'Académie des Sciences, machiniſte célèbre, naquit à Lyon en 1657, & entra chez les Carmes à l'âge

de dix-ſept ans ; il ſe forma dans le cabinet de M. de Servière à Lyon, objet de curioſité alors pour les voyageurs & les étrangers. Charles II, roi d'Angleterre, ayant envoyé à Louis XIV, les deux premières montres à répétition qu'on eût vues en France, ces montres s'étant dérangées, & ne pouvant s'ouvrir que par un ſecret, l'horloger du roi ne put y travailler, faute de ſavoir les ouvrir ; on alloit les renvoyer en Angleterre, lorſque cet horloger, qui connoiſſoit le génie du P. *Sébaſtien* pour la méchanique, indiqua le jeune carme, comme ſeul capable d'ouvrir les montres : en effet, il les ouvrit & les raccommoda, mais ſans ſavoir qu'il travaillât pour le roi. « Quelque » temps après, dit M. de Fontenelle, il vient, de la » part de M. Colbert, un ordre au P. *Sébaſtien* de » le venir trouver à ſept heures du matin d'un jour » marqué ; nulle explication ſur le motif de cet ordre, » un ſilence qui pouvoit cauſer quelque terreur. Le » P. *Sébaſtien* ne manqua pas à l'heure. Il ſe préſente » interdit & tremblant ; le miniſtre, . . . le loue ſur les » montres ; lui apprend pour qui il a travaillé, . . . lui » donne 600 liv. de penſion, *dont la première année,* » *ſelon la coutume de ce temps là, lui eſt payée le* » *même jour* ». Il n'avoit alors que dix-neuf ans. Ainſi encouragé le P. *Sébaſtien* fit des progrès rapides, & ſe diſtingua ſur-tout par des travaux utiles. Il fournit un grand nombre de modèles, pour différentes manufactures, pour les proportions des filières des tireurs d'or de Lyon, pour le blanchiſſage des toiles à Senlis, pour les machines des monnoies de France ; il ébaucha l'art perfectionné depuis de faire des mains artificielles dont on puiſſe ſe ſervir. Le czar Pierre Ier, vint voir le P. *Sébaſtien*, & voulut boire avec lui dans le même verre.

Le P. *Sébaſtien* imagina pour le duc de Noailles, qui faiſoit la guerre en Catalogne, de nouveaux canons, qui ſe portoient plus aiſément ſur les montagnes, & ſe chargeoient avec moins de poudre ; c'eſt lui qui a inventé une machine pour transporter de gros arbres tout entiers ſans les endommager, de ſorte, dit M. de Fontenelle, que du jour au lendemain, Marly changeoit de face, & étoit orné de longues allées arrivées de la veille. Il fit auſſi pour Marly, divers chefs-d'œuvres de méchanique, dont M. de Fontenelle donne une deſcription agréable, mais qui n'étoient que de curioſité, comme l'ont été depuis certains ouvrages de Vaucanſon. Au renouvellement de 1699, le P. *Sébaſtien* fut nommé un des honoraires de l'Académie des Sciences. Il mourut le 5 Février 1729. M. le Prince diſoit de lui, qu'il étoit *auſſi ſimple que ſes machines.*

SEBASTOCERATOR, ſ.m. (*Emp. de Conſtantin.*) M. de Fleury emploie ce mot dans ſon *Hiſt. Eccléſiaſtique*, tome XVIII. C'étoit le nom d'une dignité à la cour des empereurs de Conſtantinople. Le *ſébaſtocerator* étoit inférieur au ſébaſte, mais c'étoit une charge de faveur que l'empereur ne donnoit qu'à des favoris ; ils portoient des ornemens & des vêtemens particuliers, pour marque de leur dignité. (*D. J.*)

SEBONDE, (Raymond de) (*Hift. Litt. mod.*) philofophe efpagnol du quinziéme fiècle, auteur d'un traité, intitulé : *Theologia naturalis five liber Creaturarum*, & que Montagne a eftimé aflez pour le traduire.

SECKENDORFF, (Vite Louis de) (*Hift. Litt. mod.*) moins connu par l'avantage qu'il avoit d'être d'une noble & ancienne maifon, & par fes grands emplois auprès des divers princes de la maifon de Saxe, que par fon hiftoire du Luthéranifme. On a encore de lui, un *Etat des Princes d'Allemagne*, & une *Defciption de l'Empire Germanique*. Né en Franconie en 1626. Mort en 1692.

SECOND, (Jean) Secundus (*Hift, Litt. mod.*) hollandois, né à la Haye en 1511, poëte latin célèbre. On connoît fur-tout les dix-neuf Baifers de Jean *Second*; fes *Juvenilia* ont été recueillis dans la collection de Barbou. Il fut en Efpagne, fecrétaire de l'archevêque de Tolède, & fuivit Charles-Quint dans l'expédition de Tunis. Il mourut à Utrecht en 1536. Son nom de famille étoit Everard.

Nicolas Everard fon père, préfident du confeil fouverain de Hollande & Zélande, mort en 1532, avoit laiffé deux ouvrages confidérables; l'un intitulé, *Topica juris*; l'autre, *Confilia*. Nicolas Gradius & André Marius, frères de Jean *Second*, furent comme lui, mais moins que lui, connus par des poëfies.

SECONDAT. (*Voyez* MONTESQUIEU.)

SECOUSSE, (Denys François) (*Hift. Litt. mod.*) de l'Académie des Infcriptions & Belles-Lettres, naquit à Paris le 8 Janvier 1691, il fut élève de M. Rollin. Son père, avocat célèbre, le deftinoit au barreau, & il fut en effet reçu avocat en 1710; il plaida même une caufe qu'il perdit, mais qu'il étoit beau même de perdre : il foutenoit que les avocats n'étoient pas en droit d'exiger leur honoraire; on jugea contre cette opinion, mais cette opinion forma l'efprit de l'ordre des avocats. A la mort de fon père, M. *Secouffe* ferma fon digefte, comme il le difoit lui-même, & fe livra tout entier à l'étude de l'hiftoire. Il fut reçu à l'Académie des Belles-Lettres en 1722, & le Recueil de cette Académie eft plein de favans Mémoires qu'il y a lus. On a de lui des remarques critiques fur quelques-unes des Vies de Plutarque; une Differtation fur la conquête de la Perfe, par Alexandre, où il juftifie ce héros de fes conquêtes; une Hiftoire de Sabinus & d'Eponine, intéreffante & bien écrite; des Mémoires fur Paul de Foix, archevêque de Toulofe; des Recherches fur l'union de la Champagne à la Couronne; une apologie de Charles-Quint, contre les reproches faits à ce prince par les écrivains anglois, au fujet de la confifcation de la Guienne. Mais fon ouvrage le plus important, ce font fes fept Mémoires *fur les troubles qui s'élevèrent dans le Royaume*, & *fur-tout à Paris, après la bataille de Poitiers*. C'eft un morceau d'hiftoire fort précieux, & M. de Foncemagne en a donné un extrait curieux dans le feiziéme volume des Mémoires de l'Académie des Belles-Lettres. M. *Secouffe*, qui d'abord embraf-

foit toute l'hiftoire, fe borna dans la fuite, à l'hiftoire de France; & c'eft alors qu'il fut véritablement utile. Sa bibliothèque, fruit de quarante ans de recherches & de foins, renfermoit plus de douze mille volumes, la plûpart fur l'hiftoire de France. C'étoit la collection la plus riche en ce genre, que jamais particulier eût formée.

On doit encore à M. *Secouffe*, une nouvelle édition des Mémoires de Condé. Il fut chargé du grand recueil des Ordonnances de nos Rois de la troifiéme race en 1728, après M. de Laurière. Il avoit auffi entrepris une table chronologique des pièces imprimées fur les différens points de notre hiftoire, lefquelles ne faifant pas corps, & étant la plûpart comme égarées dans des ouvrages, où rien n'avertiffoit de les chercher, demeuroient inconnues, & par conféquent inutiles. A cette première table, dont l'infpection feule auroit guidé l'hiftorien & le jurifconfulte dans leurs recherches, il devoit joindre des tables géographiques & des tables des matières. Il eut le malheur de devenir aveugle plufieurs années avant fa mort; il fe fit faire fans fuccès, en 1751, l'opération de la cataracte. Il mourut le 15 mars 1754.

Ce favant vénérable, toujours occupé de chartres, de diplomes, d'actes & de titres de toute efpèce, livré à la recherche de nos antiquités, blanchi dans des travaux toujours férieux, avoit confervé jufques dans la vieilleffe, une paffion fingulière pour la danfe.

SECRÉTAIRE DE LA COUR DE ROME, (*Hift. mod.*) nous comprenons fous ce titre général, différentes efpèces d'officiers de cette cour, qui portent tous le titre de *fecrétaire*; qualifié par les objets de leurs emplois, & dont nous allons détailler les fonctions.

Secrétaire du facré collège eft un officier nommé par les cardinaux, qui a droit d'entrer au conclave, & qui écrit les lettres du collège des cardinaux pendant la vacance du faint fiége. Il affifte encore à toutes les affemblées générales qui fe tiennent tous les matins pendant la durée du conclave, & à celles des chefs d'ordre. Il tient un regiftre exact de tous les ordres, & décrets qui s'y donnent, auffi bien que des délibérations qui fe font dans les confiftoires fecrets, & qui lui font communiquées par le cardinal vice-chancelier. Il affifte même à ces confiftoires; mais quand on crie, *extra-omnes*, il doit en fortir comme tous ceux qui ne font pas cardinaux. Il a un fubftitut ou fous-fecrétaire, qu'on nomme *clerc national*.

Secrétaire du pape ou *fecrétaire d'état*. On nomme ainfi, pour fe conformer à l'ufage des autres cours, le cardinal à qui le pape confie l'adminiftration des plus grandes affaires. C'eft ce *fecrétaire* qui écrit & qui figne par ordre de fa fainteté, les lettres qu'on écrit aux princes, légats, nonces, & autres miniftres de la cour de Rome dans les pays étrangers. Il figne les patentes de certains gouverneurs, des podeftas, barigels ou prévôts, & autres officiers de l'état eccléfiaftique. Lorfque les ambaffadeurs des princes fortent de l'audience du pape, ils vont rendre compte au *fecrétaire* d'état de ce qu'ils ont traité avec fa fainteté. C'eft encore à lui que tous les min.ftres de Rome s'adreffent pour lui rendre compte de ce qui regarde leurs charges, & recevoir fes ordres. Il a pour l'ordinaire la qualité de *furintendant général* de l'état eccléfiaftique, qui lui eft donnée par un bref, auffi bien que celle de *fecrétaire* d'état. Le pape a quelquefois deux *fecrétaires* d'état.

Les autres *fecrétaires* font le *fecrétaire* des chiffres, celui de la confulte, celui des mémoriaux ou du bon gouvernement, dont on connoit peu les fonctions, celui des brefs qui portent taxe, & le *fecrétaire* des brefs fecrets.

Il y avoit autrefois vingt-quatre *fecrétaires* des brefs taxés, & leurs charges étoient vénales; mais Innocent XI les a fupprimés, & n'en a confervé qu'un feul, dont la fonction eft d'expédier les brefs qui doivent rétribution à la chambre apoftolique, & de les taxer. Le *fecrétaire* des brefs fecrets eft un officier qui fait les minutes des brefs, felon les ordres qu'il en reçoit du *fecrétaire* d'état. Ces minutes ne font ni vifées, ni fignées du cardinal préfet des brefs, parce qu'il n'a aucune autorité, ni fur ces brefs, ni fur le *fecrétaire* qui les expédie. *Relation de la cour de Rome*, de Jérême Limadoro. (*A. R.*)

SÉCULARISATION, (*Hift. polit. mod.*) dans le temps que les dogmes de Luther & des réformateurs eurent été adoptés par un grand nombre de princes d'Allemagne, un de leurs premiers foins fut de s'emparer des biens des évêques, des abbés & des moines, qui étoient fitués dans leurs états. L'empereur Charles-Quint n'ayant pu venir à bout de réduire les Proteftans, ni de faire reftituer à l'Eglife les biens qui en avoient été démembrés, laffé d'avoir fait une guerre longue & fans fuccès, il convint que chacun des princes proteftants demeureroit en poffeffion des terres eccléfiaftiques dont il s'étoit emparé, & que ces biens feroient *fécularifés*, c'eft-à-dire, ôtés aux gens d'églife. L'Allemagne ayant été déchirée par une guerre de 30 ans, fous les règnes de Ferdinand II & de fes fucceffeurs, on fut encore obligé de recourir à des *fécularifations*, pour fatisfaire les parties belligérantes; en conféquence, par le traité de Weftphalie, qui rendit la paix à l'Allemagne, on *fécularifa* un grand nombre d'évêchés & d'abbayes, en faveur de plufieurs princes proteftants, qui ont continué à jouir de ces biens jufqu'à ce jour, malgré les proteftations des papes, qui ne vouloient point donner les mains à de pareils arrangemens.

Les immenfes revenus que poffèdent un grand nombre d'évêchés & d'abbayes d'Allemagne, fourniroient une manière facile de terminer les difputes fanglantes qui déchirent fouvent les princes & les états féculiers dont le corps germanique eft compofé. Il feroit à défirer que l'on eût recours à la *fécularifation* pour tirer des mains des eccléfiaftiques, des biens que l'ignorance & la fuperftition ont fait autrefois

prodiguer à des hommes, que la puiffance & la grandeur temporelles détournent des fonctions du miniftère facré, auxquels ils fe doivent tout entiers. (*A. R.*)

SEDEH, f. m. (*terme de relation*), fête célèbre des anciens Perfans. A cette fête, ils allumoient de grands feux pendant la nuit, & faifoient en même temps des feftins & des danfes. Les Arabes appellent cette fête la *nuit des feux*. (*D. J.*)

SÉDRE, f. m. (*Hift. mod.*) le grand-prêtre de la fecte d'Haly, chez les Perfans.

Le *fédre* eft nommé par le fophi de Perfe, qui confère ordinairement cette dignité à fon plus proche parent.

La Jurifdiction du *fédre* s'étend à tout ce qui a du rapport aux établiffemens pieux, aux mofquées, aux hôpitaux, aux collèges, aux tombeaux & aux monaftères; il difpofe de tous les emplois eccléfiaftiques, & nomme tous les fupérieurs des maifons religieufes; fes décifions en matière de religion, font reçues comme autant d'oracles infaillibles, il juge de toutes les matières criminelles, dans fa propre maifon, fans appel, & il eft, fans contradiction, la feconde perfonne de l'empire.

Néanmoins le caractère du *fédre* n'eft pas indélébile, il quitte fouvent fa dignité, pour occuper un pofte purement féculier; fon autorité eft balancée par celle du *mudfitchid*, ou du premier théologien de l'empire. (*A. R.*)

SEGAUD, (Guillaume) (*Hift. Litt. mod.*) Le pere Segaud, jéfuite, prédicateur connu. On a fes fermons; on a auffi de lui des poëfies latines, entr'autres, un poëme fur le camp de Compiegne: *Caftra Compendienfia*. Né à Paris en 1674, mort auffi à Paris en 1748.

SÉGIADAH (*terme de relation*) c'eft, en arabe, le petit tapis ou natte de jonc dont les Mufulmans fe fervent en forme d'agenouilloir, quand ils font les cinq prières de chaque jour, prefcrites par la loi. (*D. J.*)

SEGRAIS, (Jean Regnault (*Hift. Litt. mod.*) Boileau a dit:

Que Segrais dans l'Eglogue en charme les forêts.

Greffet a dit:

Mais quand le paifible Elyfée
Poffeda Racan & Segrais,
Lorfque leur flûte fut brifée,
L'Idille perdit fes attraits;
A peine la mufe fleurie
D'un nouveau berger de Neuftrie,
En fauva-t-elle quelques traits.

Cependant on fait par cœur, malgré foi, plufieurs des idylles, ou, à peine, fait-on quelques vers de celles de Segrais. Il ne faut plus parler de fa traduction en vers françois des géorgiques de Virgile, depuis que celle de M. l'abbé de Lille a a paru, & si jamais la traduction de l'Enéide, par le même abbé de Lille, est publiée, il ne faudra plus parler non plus de celle de Segrais, dont même sans cela on ne parle déjà plus guères. On ne sait pas, & vraisemblablement, on ne saura pas jusqu'à quel point il a eu part à ces romans célèbres de Madame de la Fayette, *Zaïde*, *la Princesse de Clèves*, *la Princesse de Montpensier*. Segrais étoit né à Caën en 1624 d'une famille noble. Le comte de Fiesque, éloigné pour quelque temps de la cour, s'étoit retiré à Caën; il avoit connu Segrais, l'avoit goûté, l'avoit amené à Paris, l'avoit présenté à Mademoiselle de Montpensier. Cette princesse le goûta aussi, & se l'attacha d'abord à titre d'aumônier, puis à titre de gentilhomme ordinaire. Il lui déplut dans la suite, pour n'avoir point approuvé le mariage de Mademoiselle avec M. de Lauzun. Il se retira d'abord chez Madame de la Fayette, puis il revint dans sa patrie où il se maria; il recueillit l'académie de Caën, qui s'étoit dispersée après la mort de M. de Matignon, son protecteur. Il étoit de l'académie françoise. Il mourut en 1701. Quoiqu'il eût passé la plus grande partie de sa vie à la cour, & dans la meilleure compagnie de Paris, il n'avoit jamais pu perdre l'accent de son pays: Mademoiselle de Montpensier dit à un gentilhomme qui alloit faire avec Segrais le voyage de Normandie: *Vous avez là un fort bon guide, il sçait fort bien la langue du pays*. On a de Segrais, outre les ouvrages dont il vient d'être parlé, des *Nouvelles Françoises*, & le *Segresiana*, ou mélange d'histoire & de littérature.

SEGUENOT, (Claude) (*Hist. Litt. Mod.*) oratorien, traduisit le livre de Saint-Augustin *de la Virginité*. Le P. Joseph, capucin, crut y voir la satyre de sa conduite, & fit mettre le traducteur à la bastille, ne pouvant pas y faire mettre l'auteur. Tout homme puissant, qui se conduit mal, croit toujours qu'on parle de lui, & ce capucin étoit alors un homme puissant. Seguenot avoit encore un autre titre pour être persécuté; il étoit ami de Port-Royal. Né à Avalon en 1596, mort à Paris en 1676.

SEGUI, (Joseph) (*Hist. Litt. mod.*) prédicateur & poëte, abbé de Genlis & chanoine de Meaux. Il avoit remporté en 1732 le prix de poësie à l'académie françoise. Il fut dans la suite de cette académie. On a ses sermons & ses panégyriques; son oraison funèbre du maréchal de Villars a été vantée dans le temps. L'abbé Ségui mourut en 1761; il étoit de Rhodez.

SEGUIER, (*Hist. de Fr.*) ancienne famille originaire du Bourbonnois a produit plusieurs personnages célèbres, principalement dans la robe, un chancelier, cinq présidens à mortier, deux avocats généraux, treize conseillers au parlement de Paris, sept maîtres des requêtes, trois lieutenans civils. Les plus illustres sont:

1°. Pierre Seguier, président à mortier au parlement de Paris, que Scévole de Sainte-Marthe appelle *l'une des plus brillantes lumières du temple des loix*. Il fut fait avocat en 1550, & il brilla dans cet emploi. Président à mortier en 1554, le parlement employoit avec fruit ses talens & ses lumières dans les affaires importantes. La cour de Henri II avoit formé le projet d'établir en France l'inquisition; elle vouloit faire à l'édit de Château-Briant deux additions équivalentes à l'établissement de ce tribunal. L'une étoit de laisser aux juges d'église le droit de prononcer sans appel sur l'hérésie & sur les hérétiques, avec la seule obligation de renvoyer la procédure aux juges royaux les plus prochains, qui n'auroient de fonction que celle d'exécuter la première sentence; l'autre étoit de déclarer confisqués les biens de tous les protestans qui fuiroient la persécution, & de saisir ces biens au profit du roi, en quelque main qu'ils se trouvassent, quand même il seroit prouvé qu'il n'y auroit point eu de collusion entre l'acquéreur & le vendeur. Le parlement refusa d'enregistrer cette loi barbare, & arrêta des remontrances. Le président Seguier fut chargé de les rédiger & de les porter au roi. En arrivant à la cour, les députés du parlement apprirent que le roi étoit dans une grande colere contre cette compagnie; qu'il la regardoit comme un corps d'hérétiques, ou au moins de fauteurs d'hérésie. Les gens de la cour avertirent les députés d'avoir l'oreille basse, & de s'attendre à un mauvais accueil. L'air dont le roi les reçut ne démentoit point cet avis. Le président Seguier, qui portoit la parole, n'en fut point intimidé; il en prit un ton plus ferme pour dire des choses très-fermes en elles-mêmes. Il se plaignit en présence des ministres & des courtisans, des préventions que les ministres & les courtisans inspiroient au roi contre le parlement, & des violences qu'ils lui conseilloient contre ses sujets; mais c'est sur-tout par des principes de tolérance peu répandus alors, & par des maximes presque hardies sur les devoirs mutuels du souverain & des sujets que ces remontrances sont recommandables: « La religion, sire, que vous voulez maintenir dans vos états, dit le parlement, n'y a point été établie par le glaive » & par le feu; au contraire, elle a résisté pendant » trois siècles au feu & au glaive, & s'est accrue par » les moyens qu'on employoit pour la détruire... » Nous abhorrons l'établissement d'un tribunal de sang, » où la délation tient lieu de preuves, où l'on ôte » à l'accusé tous les moyens naturels de défense, & » où l'on ne respecte aucune forme judiciaire... L'histoire nous apprend que les empereurs romains l'employèrent contre le christianisme naissant; mais elle » nous apprend aussi que les plus sages d'entr'eux, » les Trajan & les Marc-Aurele, quoique zélés pour » leur fausse religion, le rejettèrent avec horreur, en » déclarant qu'il valoit infiniment mieux attendre que » les chrétiens se dénonçassent eux-mêmes par quelque » action d'éclat, que de faire pulluler la pernicieuse » engeance des délateurs, & de semer la terreur & » la défiance dans le sein des familles ».

Le parlement représente au roi, qu'en privant ses sujets du bénéfice de l'appel, & en donnant au clergé une jurisdiction souveraine en matière de crimes, il

abandonne

abandonne ses sujets, & renonce à sa souveraineté.
« Mais, sire, quand vous y pourriez consentir, en
» avez-vous le droit ? Les mêmes liens qui les unissent
» à vous, vous unissent à eux; s'ils vous doivent
» la taille, les aides & les gabelles, vous leur devez
» sûreté & protection, & il n'y en a aucun qui n'ait
» le droit incontestable d'appeller à vous, lorsqu'il se
» croit opprimé... Que vous conseillent donc les pro-
» moteurs du nouvel édit ? De méconnoître votre
» peuple, d'aliéner vos sujets, & de rompre le con-
» trat par lequel vous régnez.
  « Quant à vous, Messieurs, dit le président Séguier,
» en se tournant vers les ministres & les conseillers
» d'état, vous qui m'écoutez si tranquillement, & qui
» croyez apparemment que la chose ne vous regarde
» pas, il est bon que vous perdiez cette idée. Tant
» que vous jouissez de la faveur, vous mettez sage-
» ment le temps à profit; les biens & les graces
» pleuvent sur votre tête; tout le monde vous honore,
» & il ne prend envie à personne de s'attaquer à
» vous; mais plus vous êtes élevés, plus vous avoi-
» sinez la foudre, & il faut être étranger dans l'his-
» toire pour ignorer à quoi tient souvent une disgrace.
» Quand ce malheur vous arrivoit, vous vous retiriez
» du moins avec une fortune qui vous consoloit en partie
» de votre chûte, & que vous transmettiez à vos héri-
» tiers. A dater de l'enregistrement de l'édit, votre
» condition cessera d'être la même; vous aurez,
» comme auparavant, pour successeurs, des hommes
» affamés, qui, ne sachant combien de temps ils res-
» teront en place, brûleront de s'enrichir, & y trou-
» veront une merveilleuse facilité: bien sûrs d'obtenir
» du roi votre confiscation, il ne s'agira plus que de
» s'assurer d'un inquisiteur & de deux témoins, &
» fussiez-vous des saints, vous serez brûlés comme
» hérétiques ». A ces mots, le connétable de Montmorenci, se rappellant la disgrace où il étoit tombé
sous le règne précédent, fronça le sourcil & changea
de couleur; les autres ministres reculèrent d'épouvante.
Le roi dit aux députés qu'il prenoit en bonne part
leurs remontrances, & qu'il examineroit de nouveau l'affaire dans son conseil. Elle resta suspendue
quelque temps. Pierre Seguier mourut le 25 octobre
1580, à 76 ans.

  2°. Antoine Séguier, seigneur de Villiers & de
Fourqueux, conseiller au parlement, puis maître des
requêtes en 1577, lieutenant-civil, conseiller d'état
en 1586, avocat-général au parlement en 1587, président à Mortier en 1597, ambassadeur à Venise en
1598, mort en 1624, fondateur de l'hôpital de la
Miséricorde, au fauxbourg Saint-Marcel à Paris,
pour l'éducation de cent pauvres filles orphelines,
fils de Pierre.

  3°. Pierre II, aussi fils de Pierre I, & frère aîné
d'Antoine, conseiller au parlement en 1558, maître
des requêtes en 1572, puis lieutenant-civil, enfin président à mortier en 1576.

  4°. Dans la branche d'Autry, Jean, tige de cette
branche, frere de Pierre II & d'Antoine, conseiller
au parlement, maître des requêtes, & lieutenant-

civil. Il rendit de grands services aux rois Henri III
& Henri IV; il contribua beaucoup à ramener Paris
sous l'obéissance du dernier de ces Princes. Il mourut
d'une maladie contagieuse, victime de son zèle, pour
le soulagement du peuple.

  5°. Il fut père du fameux chancelier Séguier, duc
de Villemor, pair de France. Celui-ci naquit à Paris
le 29 mai 1588, fut successivement conseiller au parlement, maître des requêtes, & président au parlement. Il fut fait garde des sceaux en 1633, & à la disgrace du garde des sceaux de Châteauneuf, & chancelier en 1635, à la mort d'Etienne d'Aligre I. Châteauneuf se fit rendre les sceaux en 1650, & ils furent donnés en 1651 au président Molé, après la mort duquel ils
revinrent au chancelier Séguier, qui les garda jusqu'à
sa mort. Le parlement de Rouen ayant été interdit en
1639, pour ne s'être pas assez fortement opposé à une
sédition qui s'étoit élevée dans cette ville, le chancelier
Séguier y fut envoyé en 1640, pour déclarer l'interdiction. M. le président Hénault rapporte d'après
Aubery, le Vassor & du Chesne, que dans ce voyage le chancelier Séguier avoit le commandement des
troupes, qu'on portoit tous les soirs le drapeau blanc
dans sa chambre, que M. de Gassion étoit à ses
ordres, & prenoit le mot de lui; que le conseil du
roi marchoit à sa suite; que M. de la Vrillière, secrétaire d'état, eut ordre de se rendre auprès de lui,
pour signer les expéditions; que les arrêts rendus
pendant ce temps à Paris, au conseil de finance
auxquels le grand sceau devoit être apposé, étoient
datés du lieu où se trouvoit le chancelier.
  On sait qu'après la mort du cardinal de Richelieu,
le chancelier Séguier recueillit chez lui l'académie
françoise, & quelle le regarde comme son second
fondateur.

*Solus enim, tristes hâc tempestate camœnas
  Respexit.*

  Ce fut le chancelier Séguier, qui prononça au parlement l'arrêt du 18 mai 1643, par lequel la régence
& la tutelle furent déférées sans restriction à la reine
Anne d'Autriche.
  Il fut à la tête de la commission qui fit le procès
au surintendant Fouquet. Madame de Sévigné ne le
peint pas à son avantage dans cette affaire.
  Il fut à la tête d'une commission plus utile, qui fit
l'ordonnance de 1667, & les autres fameuses ordonnances du règne de Louis XIV.
  En 1650, la baronnie de Villemor fut érigée en
Duché-Pairie, en faveur du chancelier & de ses successeurs, tant mâles que femelles; mais les lettres ne
furent pas enregistrées. Le Tellier, consulté par le roi
sur cette érection, répondit que ces sortes de dignités
ne convenoient pas aux familles de robe, mot qui nuisit
depuis au marquis de Louvois son fils. Le Tellier,
sans porter ses vues dans l'avenir, ne pensa pour lors
qu'à dire ce qu'il pensoit, ou peut-être, qu'à nuire
au chancelier Séguier. Celui-ci mourut à Saint-
Germain en Laye, le 28 janvier 1672. Il avoit

                             E

succédé dans la dignité de chancelier à Etienne d'A-
ligre I; il eut pour successeur dans la même place
Etienne d'Aligre second, fils du premier.

6º. Louis Séguier, doyen de Notre-Dame de Paris,
fils de Pierre I, & frère de Pierre II, articles 1ᵉʳ
& 3ᵉ ci-dessus, fut envoyé en 1597 à Rome, auprès du pape Clement VIII, avec le duc de Nevers
& Claude d'Angennes, évêque du Mans, pour la
réconciliation d'Henri IV avec le St. Siége. Il mourut
le 9 septembre 1610. Il avoit refusé l'évêché de
Laon.

7º. Louis XIV. fut baptisé par Dominique Séguier,
évêque de Meaux, frère du chancelier Séguier, qui
avoit été précédemment conseiller au parlement,
Doyen de Notre-Dame, puis évêque d'Auxerre. Né
en 1593. Mort le 16 mai 1659.

Une autre ancienne famille de Séguier, originaire
du Quercy, a eu des sénéchaux du Quercy, des
chanceliers d'Armagnac, des présidents à mortier au
parlement de Toulouse.

SÉGUIER, (Jean-François), (Hist. Litt. mod.)
dit de Nîmes, parce qu'il en étoit. Une médaille
d'Agrippa, en bronze, tombée entre les mains de
M. Séguier, âgé alors de dix ans, fit de lui un antiquaire. De ce moment, on le voit intrépide & infatigable, bravant tout, sacrifiant tout, toujours prêt
à se sacrifier lui-même pour l'objet de son goût, tantôt
descendre dans un puits, au péril de sa vie, & y
passer une nuit entière, pour se procurer quelques
médailles romaines, échappées à toutes les recherches;
tantôt tomber malade de douleur de n'avoir pu payer
une médaille qu'il jugeoit précieuse, mais dont le prix
demandé étoit, quoique médiocre, trop au-dessus de
sa portée. Son goût dominant fut, selon l'usage, contrarié par son père, qui lui destinoit sa charge de conseiller au présidial de Nîmes, & qui en conséquence
ne lui permettoit d'autre étude que celle de la jurisprudence. M. Séguier prit un parti mitoyen entre la
révolte & l'obéissance aveugle; il suivit ses goûts, &
ne négligea point la jurisprudence. Il fit des collections
de médailles, il apprit à fond la botanique, autre
science qui avoit pour lui beaucoup d'attraits; il
fut antiquaire & naturaliste, parce que la nature l'a-
voit voulu, mais il eut aussi les connoissances d'un jurisconsulte, parce que ses parens le vouloient. Il apprit
par cœur les quatre livres des institutes de Justinien,
& il ne les oublia jamais.

En 1732, le marquis Maffei vint à Nîmes, pour
examiner les antiquités que cette ville renferme; il vit
le jeune Séguier; il vit de quel amour il étoit enflammé
comme lui pour les lettres & les belles connoissances.
C'étoit l'homme qu'il cherchoit depuis long-temps; il
le demande à son père, il l'obtient, il en fait le compagnon de ses voyages, de ses études, de sa gloire.

M. le marquis Maffei & M. Séguier travailloient à
rassembler en un seul corps les inscriptions recueillies
par divers antiquaires, & auxquelles ils en auroient
ajouté un grand nombre, lorsque la collection de Muratori parut en 1739. Alors M. Séguier se tourna principalement vers la botanique & l'histoire naturelle. Il

publia en 1740 la *Bibliotheca Botanica*; en 1745 ses
Plantæ Veronenses.

« Il avoit conservé dans l'âge mûr, dit l'historien
» des inscriptions & belles-lettres, la même intrépidité
» qu'il avoit montrée pour les sciences dans sa jeunesse.
» Ayant trouvé dans les environs de Vérone une espèce
» de champignon qu'il n'avoit pas encore vue, il osa
» en goûter pour en connoître les propriétés, & tomba
» presqu'aussitôt privé de sentiment. C'en étoit fait de
» sa vie, si des paysannes accourues à son secours, ne
» lui eussent fait avaler de l'huile d'une lampe qui brû-
» loit devant une madone, & qui avoit dans le pays
» la réputation de guérir les maux les plus incurables.
» On ne pouvoit heureusement lui administrer un meil-
» leur remède. Cette huile grasse & rance eut débarrassé
» dans un instant son estomach du fatal champignon,
» & sa guérison toute naturelle fut ajoutée à la longue
» liste des miracles opérés par cette lampe merveil-
» leuse ».

Les habitants des montagnes du Vincentin voulurent
le brûler comme sorcier: il fut emprisonné à Volterre
comme un voleur, parce qu'il cherchoit à enlever pendant la nuit une pétrification qu'il avoit remarquée
dans la partie antique des murailles de la ville.

Le fait suivant est un trait de caractère bien marqué
dans un genre bien rare. M. Séguier visitoit avec le
marquis Maffei un cabinet d'antiquités en Allemagne,
où leur montra un monument sur lequel étoient gravées quelques lettres grecques que personne n'avoit pu
encore interpréter; le marquis Maffei avoua qu'il n'en
devinoit pas le sens, & demanda du temps pour y ré-
fléchir. « M. Séguier, dans un premier mouvement,
» laissa échapper quelques mots qui firent penser qu'il
» savoit ce que ces lettres signifioient, & il le savoit
» réellement; mais il se retint aussitôt, & ce fut en vain
» qu'on le pressa d'en dire son avis. Il aima mieux qu'on
» crût qu'il s'étoit avancé témérairement, que de pa-
» roître savoir quelque chose que son maître igno-
» roit ».

Il passa vingt ans avec lui dans la plus douce union;
il le perdit en 1755, & revint chercher au sein de sa
famille & de ses anciens amis les consolations dont
il avoit besoin.

Ce fut peu de temps après son retour à Nîmes,
qu'il retrouva l'inscription de la maison quarrée. Peyresc
& d'autres antiquaires avoient espéré cette découverte;
mais le marquis Maffei qui, en 1733, avoit examiné
ce monument, avoit prononcé que la découverte étoit
impossible. M. Séguier, qui ne se permettoit jamais
d'être plus habile que son maître, avoit adopté la même
opinion, & s'y étoit confirmé de plus en plus par ses
propres observations; cependant l'académie des belles-
lettres s'occupa de cet objet en 1757. M. l'abbé Barthélemi, qui, en passant à Nîmes, avoit reconnu plusieurs lettres au bas de l'édifice, étoit persuadé qu'on
pourroit restituer l'inscription à la faveur d'un dessin
figuré, où les trous irréguliers semés sur l'entablement, seroient placés dans leur exacte correspondance.
Un autre académicien (feu M. Menard) (Voy. l'art.
Menard, Nº. IV.) en écrivit aux magistrats de Nîmes;

ils firent construire un échafaud, M. Séguier y monta, & par une suite d'opérations & de combinaisons scrupuleusement exactes, il parvint, contre son attente, à restituer l'inscription entière. On sut enfin ce qu'on avoit ignoré jusqu'alors, ce que c'étoit que la maison quarrée: ce n'étoit ni un capitole, ni une maison consulaire, ni un prétoire, ni un monument de la reconnoissance d'Adrien, pour Plotine, femme de Trajan, à laquelle il devoit son adoption, &c. comme on l'avoit conjecturé; c'étoit un temple élevé en l'honneur des Césars Caius & Lucius, petits-fils d'Auguste. C'est ce que démontra M. Séguier dans une dissertation qui parut en 1759. « Il semble que sa fortune littéraire » fût, en quelque sorte, attachée à la famille d'Agrippa; » une médaille de cet illustre Romain lui inspira le » goût de l'antiquité; le temple consacré à ses fils » est devenu un monument de sa gloire ».

Il fut nommé en 1772, associé libre régnicole de l'Académie des inscriptions & belles-lettres; l'académie de Nîmes, dont il étoit le bienfaiteur & un des principaux ornemens, & à laquelle il avoit donné son cabinet d'histoire naturelle, sa bibliothèque & son recueil d'antiquités & de médailles, le nomma par acclamation son protecteur, après la mort de M. de Becdelièvre, évêque de Nîmes. M. Séguier a peu joui de ce titre fastueux de protecteur, si contrastant avec sa simplicité modeste. Il mourut le premier septembre 1784, dans sa quatre-vingt-unième année.

SEGUIN, (Joseph) (*Hist. Litt. Mod.*) Avocat, né à la Ciotat, mort en 1694, auteur des antiquités de la ville d'Arles.

SÉGUR, (*Hist. de Fr.*) Une femme de ce nom, Olympe de Ségur, se distingua par son courage & par sa tendresse pour son mari, le marquis de Balcier, fils du premier président du parlement de Bordeaux: Le marquis, étant prisonnier au château Trompette, elle lui fit prendre ses habits, prit les siens, & le délivra en restant en ôtage à sa place. L'histoire, tant ancienne que moderne, fournit quelques autres exemples, mais peu communs, d'une pareille action.

Un évêque de ce nom se distingua par une action peut-être encore plus singulière, mais dont on a jugé diversement, c'est l'évêque de Saint-Papoul, Jean-Charles de Ségur. Il avoit été oratorien & appellant. La faveur où étoit sa famille sous la régence, lui ayant inspiré quelque ambition, il avoit quitté l'oratoire, révoqué son appel, avoit eu l'abbaye de Vermand, &, après avoir été grand-vicaire de M. de Saint-Albin, (fils du régent, & alors évêque de Laon, depuis archevêque de Cambrai) il fut fait évêque de Saint-Papoul. Il eut ensuite des remords sur son entrée dans l'épiscopat, fruit de la révocation de son appel; il se démit de son évêché, se condamna entièrement à la retraite & à l'obscurité, après avoir dit ses motifs & s'être accusé publiquement dans une instruction pastorale. Les molinistes n'ont voulu voir en lui qu'un apostat & un relaps; les Jansénistes y ont voulu voir un saint plein de grandeur & de courage, & sur-tout plein

de l'esprit de la primitive église. Né à Paris en 1695, mort aussi à Paris en 1748.

Il y a présentement (en 1789) quarante-deux ans passés que M. le maréchal de Ségur d'aujourd'hui, ministre d'état, & ci-devant secrétaire d'état de la guerre, cruellement blessé aux batailles de Raucoux & de Lawffelt, a été célébré par M. de Voltaire dans ces vers:

> Anges des cieux, puissances immortelles,
> Mettez Ségur à l'ombre de vos ailes;
> Déjà Raucoux vit déchirer son flanc;
> Ayez pitié de cet âge si tendre;
> Ne versez pas le reste de ce sang
> Que pour Louis il brûle de répandre.

SÉJAN, (Ælius) (*Hist. Rom.*) Son nom est devenu proverbe pour désigner les ministres ambitieux & corrompus qui abusent de leur pouvoir, & qui finissent par en être les victimes. Il étoit né à Volsinies en Toscane; Seïus Strabon, son père, étoit chevalier Romain. On accusoit *Séjan* de s'être prostitué dans sa jeunesse au voluptueux Apicius. Seïus Strabon étoit préfet du prétoire, & *Séjan*, son fils, lui fut associé dans cette place, dont il augmenta considérablement la puissance. Il gouverna long-temps sans bornes & sans partage le soupçonneux & jaloux Tibère, en nourrissant en lui ses soupçons & sa jalousie contre tout le monde, sur-tout contre la propre famille de Tibère & de Germanicus, qu'il paroit avoir eu le projet de détruire pour s'élever par dégrés jusqu'au trône, (*voyez* les articles DRUSUS 5 & DRUSUS 6, JULIE, fille de Drusus, LIVILLE, NÉRONS,) vous y trouverez la liste d'une partie de ses crimes; ses insinuations ne contribuèrent pas peu au parti que prit Tibère de se retirer dans l'île de Caprée; il espéroit que cet empereur, en s'éloignant de Rome & des affaires, lui laisseroit une autorité plus entière, & que le sénat & le peuple Romain, accoutumés à ne voir & à ne connoître que lui, seroient naturellement disposés à le donner pour successeur à Tibère: celui-ci ouvrit enfin les yeux & fut effrayé de la puissance qu'il avoit lui-même donnée à son favori, il crut devoir l'attaquer avec précaution, mais enfin,

> Sitôt qu'il veut nous perdre, un coup d'œil nous détruit.

La disgrace rapide de *Séjan* fut encore plus étonnante que son élévation; l'une & l'autre furent également funestes à Rome, *Deûm irâ in rem Romanam, cujus pari exitio viguit ceciditque*; ce n'est pas qu'il fût malheureux d'être délivré d'un tyran criminel, tel que *Séjan*, mais la persécution allumée contre tous ses ennemis pendant sa faveur, se tourna depuis sa disgrace contre ses parens & ses amis, ou plutôt ceux de sa fortune, & ceux-ci étoient en grand nombre:

> Et tombent avec eux d'une chûte commune
> Tous ceux que leur fortune
> Faisoit leurs serviteurs.

Les supplices, les cruautés, les proscriptions se multiplièrent: Tibère devint plus cruel encore, lorsque personne n'ayant plus sa confiance, il n'eût plus pour guide que ses aveugles soupçons; le sang ne cessa de couler pour le crime d'avoir paru aimer Séjan, jusqu'à ce qu'un chevalier Romain, Marcus Terentius, accusé de ce crime, déclara qu'il en étoit coupable, & que tout le monde l'avoit été, mais qu'il n'y avoit eu proprement qu'un coupable, & que c'étoit l'empereur; qu'on révéroit toujours, nécessairement son choix, sans se permettre de l'examiner; enfin il osa dire ce que tout le monde pensoit, & on n'osa le condamner; il fit rougir le sénat de la bassesse avec laquelle il consentoit à se rendre le ministre des barbaries & des vengeances absurdes d'un tyran qui punissoit ce qu'il avoit lui-même prescrit & rendu nécessaire. La disgrace de Séjan, leçon si forte pour les favoris, mais toujours oubliée par eux, est de l'an de Rome 782, de J. C. 31.

Tacite a peint comme il savoit peindre, la force & de corps & d'esprit de Séjan, son audace effrénée & sa profonde dissimulation, sa bassesse & son orgueil; cet extérieur de modération, qui cachoit l'ambition sans bornes dont il étoit dévoré.

Corpus illi laborum tolerans, animus audax; sui obtegens, in alios criminator: juxtà adulatio & superbia: palàm compositus pudor, intùs summa adipiscendi libido: ejusque causâ modò largitio & luxus, saepius industria ac vigilantia, haud minùs noxia, quoties parando regno finguntur.

Juvénal peint avec plus de force encore ce moment si instructif de la chûte de Séjan; la bassesse & l'inconstance des Romains, leur lâche empressement d'outrager le cadavre de celui qu'ils venoient d'adorer vivant; il tire de cet événement les plus grandes leçons sur la témérité de nos voeux, & sur les dangers de l'élévation.

*Jam stridunt ignes, jam follibus atque caminis.
Ardet adoratum populo caput & crepat ingens
Séjanus; deinde ex facie toto orbe secundâ
Fiunt urceoli, pelves, sartago, patellae.
Pone domi lauros, duc in capitolia magnum
Cretatumque bovem, Séjanus ducitur unco
Spectandus; gaudent omnes; quae labra, quis illi
Vultus erat. Nunquam, si quid mihi credis, amavi
Hunc hominem. Sed quo cecidit sub crimine? quisnam
Delator? quibus indiciis, quo teste probavit?
Nil horum; verbosa & grandis epistola venit.
A Capreis? Bene habet, nil plus interrogo. Sed quid
Turba Remi? sequitur Fortunam ut semper, & odit
Damnatos. Idem populus, si Nurtia Thusco
Favisset, si oppressa foret secura senectus
Principis, hâc ipsâ Sejanum diceret horâ
Augustum.*

*Perituros audio multos:
Nil dubium; magna est fornacula: pallidulus mi
Brutidius meus ad Martis fuit obvius aram:
Quàm timeo, victus ne poenas exigat Ajax,*

*Ut malè defensus! curramus praecipites, &
Dùm jacet in ripâ, calcemus Caesaris hostem.
Sed videant servi, ne quis neget, & pavidum in jus
Cervice obstrictâ Dominum trahat. Hi sermones
Tunc de Séjano, secreta haec murmura vulgi.
Visne salutari sicut Seïanus? habere
Tantumdem, atque illi sellas donare curules,
Illum exercitibus praeponere, tutor haberi
Principis Augusta Caprearum in rupe sedentis
Cùm grege Chaldaeo? vis certè pila, cohortes
Egregios equites & castra domestica? quidni
Haec cupias? & qui nolunt occidere quemquam
Posse volunt. Sed quae praeclara & prospera tanti,
Ut rebus laetis par sit mensura malorum?
Ergò quid optandum foret ignorasse fateris
Sejanum: nam qui nimios optabat honores,
Et nimias poscebat opes, numerosa parabat
Excelsae turris tabulata, unde altior esset
Casus & impulsae praeceps immane ruinae.
Quid Crassos, quid Pompeios evertit, & illum
Ad sua qui domitos deduxit flagra quirites?
Summus nempe locus nullâ non arte petitus
Magnaque. Numinibus vota exaudita ma
Evertere domos totas, optantibus ipsis
Dii faciles.*

Craignez, Seigneur, craignez que le ciel rigoureux
Ne vous haïsse assez pour exaucer vos voeux!
Souvent dans sa colère il reçoit nos victimes,
Ses présens sont souvent la peine de nos crimes.

SEIGNELAY, (*voyez* COLBERT).

SEIVIA, (*Hist. mod.*) nom d'une secte de bramines ou de Prêtres des idolâtres de l'Indostan, qui diffèrent des autres en ce qu'ils regardent *Ruddiren* ou *Issuren* comme le premier des trois grands dieux de l'Inde: ils le mettent au-dessus de *Ram* ou *Brama* & de *Vistnou.* Ceux qui font profession de cette secte, se marquent le front avec de la cendre de fiente de vache, brûlée; & quelques-uns portent le *lingam* au col, & le font porter à leurs enfans, en l'honneur de le urdieu favori, qui est le Priape des Indiens. (*A. R.*)

SEIZE, (les) f. m. plur. (*Hist. mod.*) nom d'une faction fameuse dans l'histoire de France. Elle se forma à Paris en 1579 pendant la ligue. On les nomma ainsi à cause des *seize* quartiers de Paris, qu'ils gouvernoient par leurs intelligences, & à la tête desquels ils avoient mis d'abord *seize* des plus factieux de leur corps. Les principaux étoient Bussi-le-Clerc, gouverneur de la Bastille, qui avoit été auparavant maître en fait d'armes: la Bruyere, lieutenant particulier: le commissaire Louchard: Emmonot & Monot, procureurs: Oudinet; Passart: & Senaut, commis au greffe du parlement; homme de beaucoup d'esprit, qui développa le premier cette question obscure & dangereuse du pouvoir qu'une nation peut avoir sur son roi. Un bourgeois de Paris, nommé la Rocheblond, commença cette ligue particulière pour s'opposer aux desseins d'Henri III, qui favoris foit, difoit-on, les Huguenots. Cette faction accrue & fomentée par ceux que nous avons nommés, & beaucoup d'autres, fe joignit à la grande ligue commencée à Péronne. Après la mort des Guifes à Blois, elle fouffla le feu de la révolte dans Paris, contre Henri III, & eut, à ce qu'on croit, bonne part au parricide de ce prince. Également oppofée à Henri IV, elle fe porta aux plus étranges extrêmités contre ceux qu'elle foupçonnoit être fes partifans; elle affecta même d'être indépendante du duc de Mayenne, & n'oublia rien pour faire tranfporter la couronne à l'infante Claire Eugénie, fille de Philippe II, roi d'Efpagne, ou à ce prince lui-même. Mais quand Paris fe fut foumis à fon légitime fouverain en 1594, cette faction fut entièrement diffipée, foit par la retraite des principaux d'entre les *feize*, foit par la clémence que ce prince témoigna envers les autres. (*A. R.*)

SELAM, (f. m.) *terme de relation* ; on appelle ainfi dans l'Amérique feptentrionale, certains poftes difpofés le long des côtes où les Efpagnols mettent les Indiens en fentinelle. Ce font comme des efpèces de guérites qui font bâties, tantôt à terre avec du bois de charpente, tantôt fur des troncs d'arbres, comme des cages, mais affez grandes pour recevoir deux hommes, avec une échelle pour y monter & en defcendre. (*D. J.*)

SELDEN, (Jean) (*Hift. Litt. mod.*) favant Anglois, zélé partifan de la liberté, & qui avoit pris pour devife : *La liberté fur toutes chofes*: il a beaucoup écrit fur les loix & les ufages des Hébreux & des Anglois. Tous fes ouvrages, tant en latin qu'en anglois, ont été recueillis en trois volumes in-fol. On y diftingue fon traité intitulé : *Mare claufum*, où il combat le *mare liberum* de Grotius. Ce dernier prenoit la défenfe de l'humanité entière, en propofant la liberté générale des mers; *Selden* emporté par ce zèle patriotique aveugle, qui voudroit afservir toutes les nations à la fienne, & qui ne voit pas que c'eft les armer toutes contre elle, trouvoit jufte que l'Angleterre feule eût l'empire de toutes les mers. On y diftingue encore une explication des marbres d'Arondel. Soit qu'on le confidère comme jurifconfulte ou comme littérateur, c'eft un des plus favans hommes que l'Angleterre ait produits.

SELEUCUS, (qui coule comme un fleuve.) (*Hift. Sacrée*) furnommé Nicanor, capitaine d'Alexandre, devint, après la mort de ce héros, roi de Syrie, & fut le chef de la race des Séleucides. Ce prince n'eft connu dans l'hiftoire des Juifs que par la haute confidération qu'il eut pour eux. Il leur accorda les mêmes privilèges & les mêmes immunités qu'aux Grecs & aux Macédoniens; c'eft ce qui en attira un très-grand nombre dans fes Etats, fur-tout à Antioche; qui en étoit la capitale. (†)

(Sur ce *Seleucus*, furnommé *Nicanor* ou *Nicator*, voyez l'article ANTIOCHUS I. Nous obferverons feulement ici que l'empereur Julien, dans fon *Mifopogon*, lève en partie la difficulté qui réfulte de la ceffion faite par *Séleucus* de Stratonice, fa femme, à Antiochus, fon fils, en difant qu'Antiochus ne voulut époufer Stratonice qu'après la mort de *Séleucus*.

SÉLEUCUS, (*Hift. Sacrée*,) fils d'Antiochus le Grand, fuccéda à fon père, & fut furnommé *Philopator*. Ce prince, par le refpect qu'il eut pour le grand-prêtre Onias, fourniffoit tous les ans ce qu'il falloit pour les facrifices du temple; mais comme c'étoit un prince qui avoit l'efprit foible, & qui fe laiffoit aifément perfuader, *vilis fimul & indignus decore regio*, Daniel xi 20. comme l'appelle Darrel, il céda aux follicitations de fes flatteurs, qui l'engagèrent à envoyer Héliodore piller le temple de Jérufalem. Quelque temps après, le même Héliodore l'empoifonna. (†)

SELGIUCIDES, (*Hift. orient.*) nom d'une dynaftie puiffante, qui a régné dans l'Orient, & dont le chef fe nommoit Selgiuk. Cette dynaftie a été divifée en trois branches; la première des *Selgiucides* de Perfe, dans laquelle on compte quinze empereurs; la feconde des *Selgiucides* du Kerman, qui a eu onze princes; la troifième des *Selgiucides* de Roum, qui a duré 220 ans fous quinze fultans. (*D. J.*)

SELIM, (*Hift. des Turcs*) il y a deux empereurs Turcs célèbres de ce nom : le premier fut un grand homme & un grand monftre, il empoifonna fon père, égorgea fes frères, fes neveux, fes bachas les plus fidèles, & qui l'avoient le mieux fervi. Affis fur le trône, il fut un grand prince, courageux, infatigable, fobre, libéral, inftruit même; il connoiffoit l'hiftoire, il cultivoit la poéfie; il fut conquérant, c'eft-à-dire, qu'après avoir égorgé fa famille & fes fujets, il eut encore befoin d'égorger fes voifins; mais dans cet affreux métier de conquérant, il déploya les plus grands talens, & eut les plus grands fuccès; il conquit l'Egypte & la réduifit en province, éteignit l'empire des Mamelus, & joignant toujours la cruauté à la valeur, fit pendre leur dernier roi, défola l'Afie & l'Afrique, fubjugua la Syrie, remporta fur les Perfes une victoire fignalée à Chalderon, & leur enleva Tauris & Kerman. Il menaçoit Rhodes, il alarmoit l'Italie, il inquiétoit toute l'Europe par les armemens formidables qu'il faifoit à la Vallone, vis-à-vis Otrante, il ne parloit que de rétablir dans fa fplendeur première l'empire de Conftantin, dont il fe difoit fucceffeur, & de redonner à cet empire fon ancienne étendue. Il mourut au milieu de fes vaftes projets, d'un charbon peftilentiel, en 1520: il ne portoit point de barbe comme fes prédéceffeurs, ne vouloit pas, difoit-il, que fes miniftres le menaffent par le menton. Il avoit d'excellentes troupes, parce qu'il les foumettoit à une difcipline févère.

Soliman II, fon fils, qui ajouta encore à la gloire & à la puiffance de l'empire Ottoman, fut père de Selim II. Celui-ci ne fit la guerre que par fes généraux : il enleva l'ifle de Chypre aux Vénitiens en 1570, mais il perdit le 7 octobre 1571, la bataille de Lépante.

Puis tranquille au ferail, dictant fes volontés,
Gouverna fon pays du fein des voluptés.

Il mourut en 1574.

SELLIUS, (Godefroi) (*Hift. Litt. mod.*) de
l'académie impériale & de la fociété royale de Londres, mort en 1767, eft auteur d'une hiftoire des
provinces-unies en huit volumes in-4°.; d'une hiftoire
naturelle de l'Irlande; d'une hiftoire des anciennes
révolutions du globe terreftre; d'un voyage de la
baye d'Hudfon; d'une defcription géographique du
Brabant Hollandois : il a traduit avec M. Du Jardin
les fatyres de Rabener : il étoit né à Dantzick.

SELVE, (Jean de) (*Hift. de Fr.*) fucceffivement premier préfident de Bordeaux, de Rouen,
de Paris. Il fut un des principaux négociateurs du
traité de Madrid, pour la délivrance de François I.
Il eft connu par fon amour pour les lettres. Il mourut en 1529 laiffant fix fils, dont cinq furent employés comme lui dans les ambaffades & les négociations; Lazare l'aîné, auprès des Suiffes; Jean-François, en Turquie; George, évêque de Lavaur, auprès de l'empereur; Jean Paul, Evêque de Saint
Flour, & Odet, à Rome & à Venife.

SEMELIER, (Jean Laurent le) (*Hift. Litt. mod.*)
prêtre de la doctrine chrétienne, auteur de conférences eftimées fur le mariage, fur l'ufure, & fur
la reftitution, &c. mort en 1725.

SEMANTRUM, f. m. (*Hiftoire*) morceau de
fer ou de bois ou de bronze à l'ufage des cloitres; avant
l'invention des cloches, on frappoit fur le *femantrum*
avec un marteau pour appeller les moines. (*A. R.*)

SEMENUT, (*Hift. mod.*) ville d'Egypte, entre
le Caire & Damiette, à l'occident du Nil, fur le bord
duquel elle eft bâtie. Tous les vaiffeaux qui vont au
Caire, font obligés de payer ici quelques droits.
(*D. J.*)

SEMINI ou CHEMINI, f. m. (*Hift. mod.*) c'eft
le nom qu'on donne dans le royaume de Pégu aux
nobles qui font chargés du commandement des troupes, & qui rempliffent les premiers emplois de l'état.
Ils font au-deffous des *bajas*, qui tiennent chez les
Péguans le même rang que les ducs & pairs. (*A.R.*)

SEMNONES ou SENNONES, (*Hift. anc.*) peuple
de l'ancienne Germanie, qui vint s'établir dans les
Gaules, & qui habitoit le Lyonnois. (*A. R.*)

SEMIRAMIS, (*Hift. des Affyriens*) Dans les
Mémoires de l'Académie des Belles-Lettres, tom. 3,
pag. 343. & fuiv. on trouve des recherches fur
l'hiftoire d'Affyrie, par M. l'abbé Sévin. La feconde
partie de ces recherches, pages 364 & fuivantes,
contient l'hiftoire particulière de *Sémiramis* : cette
hiftoire eft prefque entièrement fabuleufe, de l'aveu
de M. l'Abbé Sévin : voici à peu-près ce qu'elle
offre de plus avéré. Une obfcurité profonde couvre
fon origine & fa naiffance, & le merveilleux s'eft
emparé de tous ces premiers temps de fon hiftoire.

Simmas, intendant des troupeaux du roi d'Affyrie,
(Ninus) prit foin de fon éducation. Ses foins eurent
le plus grand fuccès. Ménonès, gouverneur de Syrie, la
vit, en devint amoureux, la demanda en mariage,
l'obtint & l'aima encore plus après le mariage, quand
il vit quel puiffant génie relevoit en elle l'éclat de
la beauté. Ménonès fuivoit Ninus dans fes conquêtes; on faifoit le fiége de Bactres, ce fiége traînoit en longueur; Ménonès fupportant impatiemment l'ennui d'être fi long-temps féparé de fa femme,
la fit venir au camp. Avide & capable de toute forte
de gloire, à peine eut-elle vu un camp & une armée, la voilà guerrière, la voilà général; elle obferve la place qu'on affiégeoit, reconnoit l'endroit
foible, fait fon attaque de fon côté, emporte la
place : Ninus, auffi touché de fa beauté que charmé
de fa valeur, propofe à Ménonès de la lui céder, &
lui offre en échange Sofane, fa fille : Ménonés ne
jugea pas le dédommagement fuffifant, il réfifta;
Ninus, en vrai conquérant, en vrai tyran, le
menace de lui faire crever les yeux; Ménonès fe
pend de défefpoir; *Sémiramis* époufe Ninus, & ne
lui eft pas moins chère qu'elle ne l'avoit été à Ménonès. Elle acquit fur fon efprit un empire abfolu,
l'ufage qu'elle en fit fut, dit-on, de le faire périr,
après en avoir eu un fils nommé Ninias. Cette idée
qui impute à *Sémiramis* la mort de Ninus, eft affez
généralement établie, & a fourni à notre théâtre une
très-belle tragédie; mais rien de plus incertain que ce
fait. Le plus grand nombre des auteurs affure que
Ninus, après avoir achevé fes conquêtes, mourut
de fa mort naturelle à Ninive. Dion & Plutarque, quelle
que foit leur autorité, difent des chofes bien étranges fur la mort de Ninus. Ils racontent que *Sémiramis*,
qui avoit du talent & du goût pour le commandement, pria fon mari de lui confier pour quelques
jours l'autorité fouveraine, & qu'ayant aifément obtenu cette grace d'un mari qui ne lui pouvoit rien
refufer, le premier ufage qu'elle fit de fon nouveau
pouvoir, fut de le faire maffacrer. Une femme affez
méchante pour vouloir fe défaire de fon mari, n'em-
prunte pas pour cela l'autorité de fon mari, & une
reine à qui le roi fon mari, auroit ainfi cédé pour
un temps l'autorité fouveraine, ne feroit point obéie,
quand elle ordonneroit de le maffacrer. Ce récit réduit à fa jufte valeur, fignifie que d'un côté *Sémiramis*
étoit déja toute puiffante fous Ninus; de l'autre,
qu'elle confpira contre lui & le fit mourir. Quelques auteurs difent au contraire que *Sémiramis* fe contenta de condamner Ninus à une prifon perpétuelle;
mais l'opinion de la mort a prévalu. Ninus difpofa
de fa couronne en faveur de *Sémiramis*, fon fils
étant encore trop jeune pour lui fuccéder. Ce récit
eût été trop fimple, on l'a encore chargé de merveilleux; Juftin raconte que, craignant de trouver les
Affyriens peu foumis à la domination d'une femme,
elle fe fit proclamer fous le nom de fon fils, auquel
elle reffembloit parfaitement & de taille & de vifage;
mais, quelque parfaite que foit la reffemblance entre
une mère & un fils la feule différence d'âge em-

pêche de les confondre. A travers bien des incertitudes & des contradictions sur ses voyages, ses expéditions, ses conquêtes, on voit clairement qu'elle sut regner avec gloire, étendre & embellir son vaste empire ; on voit une partie au moins de ce qu'Otane dit à *Sémiramis*;

   Et quinze ans de vertus & de travaux utiles,
   Les arides déserts par vous rendus fertiles ;
   Les sauvages humains soumis au frein des loix,
   Les arts dans nos cités naissans à votre voix ;
   Ces hardis monumens que l'univers admire,
   Les acclamations de ce puissant empire,
   Sont autant de témoins dont le cri glorieux
   A déposé pour vous au tribunal des Dieux.

D'un autre côté, on a fort exagéré sans doute les désordres de sa vie; elle a été accusée d'être descendue jusqu'aux infamies des Pasiphaë ; &, plus coupable que Phédre, d'avoir brûlé pour son propre fils, qui l'en punit, dit-on, en lui ôtant la vie.

   Etouffe dans mon sang mes détestables feux,
   La nature trompée est horrible à tous deux.

Mais Dans M. de Voltaire, cet amour n'est en effet que la nature trompée : il traite ce sujet avec beaucoup de délicatesse ; c'est un milieu entre la tendresse maternelle & l'amour.

   Non, ce n'est point l'amour qui m'entraîne vers lui,....
   Je crois sentir du moins de plus nobles tendresses....
   Otane, que veux-tu ? je fus mère autrefois.....
   Je m'étonne en secret du charme que j'éprouve:
   Arzace me tient lieu d'un époux & d'un fils.

Sémiramis dit à Ninias qu'elle prend encore pour Arzace, & qu'elle ne sait pas encore être son fils:

   Je tremble en vous offrant ce sacré diadême,
   Ma bouche en frémissant prononce, *je vous aime* :
   D'un pouvoir inconnu l'invincible ascendant
   M'entraîne ici vers vous, m'en repousse à l'instant ;
   Et par un sentiment que je ne puis comprendre
   Mêle une horreur affreuse à l'amour le plus tendre.

Elle mourut peu de temps après une expédition dans l'Inde, qu'elle avoit voulu conquérir. L'esprit d'exagération qui préside à toute l'histoire de Sémiramis, se fait encore sentir ici dans les moindres détails; dans cette expédition, les auteurs ne lui donnent pas moins de trois millions d'hommes d'infanterie & cinq cent mille de cavalerie ; elle battit d'abord Stabrobate, monarque de l'Inde, au passage de l'Indus ; mais dans une seconde bataille, elle fut vaincue & reçut deux blessures, son armée fut entièrement défaite, & à peine s'en sauva-t-il un tiers, mais ce tiers étoit de plus d'un million d'hommes, c'étoit encore une assez belle armée ; cependant l'expédition finit là.

Il y a beaucoup de difficulté à fixer l'époque du regne de *Semiramis* ; les conjectures de l'abbé Sévin sont, que le commencement de ce regne précéde de deux cents quinze ans le siége de Troye.

C'est principalement à *Sémiramis* qu'on attribue tous ces superbes ouvrages qui décoroient Babylone ; ces murailles de brique si célèbres.

    Ubi dicitur altam
   Coctilibus muris cinxisse Sémiramis *urbem*.

Ces quais, ce pont, ce lac, ces digues, ces canaux pour la décharge de l'Euphrate, ces palais, ces jardins suspendus, ce temple de Bélus.

   Quel art a pu former ces enceintes profondes
   Où l'Euphrate égaré porte en tribut ses ondes:
   Ce temple, ces jardins dans les airs soutenus,
   Ce vaste mausolée où repose Ninus ?
   Eternels monumens, moins admirables qu'elle !

SÉNATEURS DE POLOGNE, (*Hist. mod.*) c'est ainsi que l'on nomme en Pologne les grands du royaume qui forment un corps de 128 personnes, destiné à mettre des bornes à l'autorité royale, & empêcher le monarque d'empiéter sur les droits de ses sujets. On distingue les *sénateurs* en *grands* & en *petits*. Les grands *sénateurs* sont, 1°. vingt-trois palatins ou waywodes, c'est-à-dire, *gouverneurs de provinces* ; 2°. les trois castellans de Cracovie, de Vilna & de Troki ; 3°. le starofte de Samogitie. Les 29 autres *sénateurs* s'appellent *petits sénateurs*, quoique l'on compte parmi eux des archevêques, des évêques & d'autres personnes éminentes par leurs dignités & leur naissance.

Ce sont les *sénateurs* qui forment en Pologne l'assemblée, que l'on nomme *senatus-consilium*. (*A. R.*)

SÉNATEURS DE SUEDE, (*Hist. de Suede*) les *sénateurs de Suede* sont des personnes de qualité & de mérite qui aident sa majesté suédoise à gouverner le royaume, & de qui le roi prend l'agrément, pour toutes les grandes affaires qu'il souhaite d'entreprendre. Entre les *sénateurs*, il y en a cinq qui sont tuteurs du prince pendant sa minorité, & à qui, dans les résolutions des diètes, on a donné le titre de *gouverneurs du royaume*. Mais en général les *sénateurs* sont appellés les *sénateurs du roi & du royaume*. Leur nombre fut autrefois fixé à 12, ensuite à 24, & maintenant il s'étend à 40. Leurs charges ne sont ni vénales, ni héréditaires; quand on leur parle, ou qu'on leur écrit, on les traite d'*excellence*. (*D. J.*)

SENATUS-CONSILIUM, (*Hist. mod.*) on désigne sous ce nom en Pologne l'assemblée des sénateurs du royaume, dans laquelle, au défaut de la diète, on délibere sur les affaires de l'état. (*A. R.*)

SÉNAULT, (Jean François) (*Hist. Litt. mod.*) général de l'Oratoire. (*A. R.*)

   Traiter comme *sénault* toutes les Passions,

C'est en effet par le traité de l'*Ufage des Paffions* que le P. *Senault* eft le plus connu. Il a donné d'ailleurs quelques.livres de piété, de morale & de politique. Il fut un des premiers que le cardinal de Berulle attira dans fa fociété naiffante, il fut auffi un des réformateurs de la Chaire, un des Précurfeurs de Bourdaloue : né à Anvers en 1599, il mourut à Paris en 1672. L'abbé Fromentière, depuis évêque d'Aire, pronon̄ça fon oraifon funèbre.

SENEÇAI *ou* SENECE, (Antoine Bauderon) (*Hift. Litt. mod.*). premier valet - de - chambre de la reine Marie - Thérèfe, femme de Louis XIV, eft connu par fes poéfies. Il naquit en 1643 à Mâcon, fon père y étoit lieutenant-général, fon bifayeul, Brice Bauderon, étoit un favant médecin, dont on a une *Pharmacopée. Séneçai* s'étoit battu en duel dans fon pays, & avoit été obligé de chercher un afyle à la cour du duc de Savoye. Une autre affaire l'y attendoit contre les frères d'une femme qui, devenue amoureufe de lui, vouloit l'époufer malgré eux. Après la mort de Marie - Thérèfe, arrivée en 1683, la duchefle d'Angoulême Françoife de Narbonne, le reçut chez elle, & il y refta jufqu'à la mort de cette dame, arrivée en 1713, cent trente - neuf ans après celle de Charles IX, fon beau - père. *Séneçai* fe retira pour lors dans fon pays, où il mourut en 1737, ayant joui jufqu'à quatre-vingt quatorze ans de cet enjouement, de cette gaité douce, de cette joie innocente qu'il appelloit lui-même le *baume de la vie* : fes Poéfies font négligées, & cette négligence n'eft pas fans graces. Rouffeau faifoit cas de quelques ouvrages de *Séneçai*.

SÉNÉCHAL D'ANGLETERRE, (*Hift. d'Angleterre*) le grand-*fénéchal d'Angleterre* étoit autrefois le premier officier de la couronne ; mais cette charge fut fupprimée par Henri IV, parce qu'il en trouva l'autorité trop dangereufe. Aujourd'hui l'on en crée un nouveau, ou quand il faut couronner le roi, ou quand il s'agit de juger un pair du royaume accufé de crime capital. (*D. J.*)

SÉNÉCHAL AU DUC, (*Hift. mod.*) c'étoit un grand officier créé par les ducs de Normandie, qui jugeoit les affaires pendant la ceffation de l'échiquier. Il revoyoit les jugemens rendus par les baillis, & pouvoit les reformer. Il avoit foin de maintenir l'exercice de la juftice & des loix par toute la province de Normandie. Par les lettres qui rendirent l'échiquier fixe & perpétuel fous Louis XII en 1499, il eft porté qu'arrivant le décès du grand *fénéchal* de Brezé, cette charge demeureroit éteinte, & que la jurif-diction feroit abolie. *Supp. de Moreri, tome II.* (*A. R.*)

SÉNÉCHAL, (le) de Kercado de Mollac (*Hift. de Fr.*) ; le nom de le Sénéchal eft refté comme héréditaire dans la maifon de Kercado, parce que les Kercado dont l'origine fe perd dans les ténèbres du dixième fiècle, étoient de toute antiquité grands-fénéchaux en Bretagne. Les fonctions du grand-fénéchal, telles qu'on les voit énoncées dans un acte de 1258, étoient de commander la nobleffe & les armées, de veiller fur l'adminiftration de la juftice & des finances. Le féné-

chalat héréditaire de Bretagne fut porté fucceffivement par des femmes, de l'ancienne maifon le Sénéchal dans les maifons de Rieux, de la Chapelle, de Rohan, de Rofmadec. Mais cette ancienne maifon le Sénéchal fubfifta toujours dans différentes branches.

Nous diftinguerons ici :

1°. Dans la branche de Kercado ou Carcado, Pierre le Sénéchal, qui étant à la tête de trois cens chevaliers Bretons, fut tué à la défenfe du pofte de Montmartre, en 1411.

2°. Yves le Sénéchal, fon neveu, abbé de Rhedon, fage confeiller, excellent miniftre du duc de Bretagne François premier. Le pape Nicolas V érigea pour lui l'abbaye de Rhedon en évêché, par une bulle du mois de Juin 1449, datée de Spolète, qui porte que Rhedon fera le dixième évêché de Bretagne. L'oppofition des évêques de Bretagne, la mort du duc François arrivée l'année fuivante, & la diminution de la faveur d'Yves le Sénéchal, empêchèrent cette érection d'avoir fon effet.

3°. Jean le Sénéchal ; voici ce qu'on lit à fon fujet, au bas d'une eftampe moderne :

» Le 24 février 1525, à la bataille de Pavie, » Jean le *Sénéchal*, feigneur de Molac & de Carcado, » capitaine de cent hommes d'armes, gentilhomme » de la chambre de François Ier, voyant qu'un ar- » quebufier étoit prêt de tirer fur le roi, fe précipita » au-devant du coup, & lui fauva la vie par le » facrifice de la fienne. »

Ce fait eft confacré par une très-belle Eftampe de MM. Moreau le jeune & de Longueil, dédiée à M. le marquis de Molac, chef de la maifon, lieutenant-général des armées du Roi.

4°. Robert le Sénéchal, quoique catholique & allié des Guifes, eut la fermeté de leur réfifter & de former un parti contr'eux en Bretagne.

5°. François le Sénéchal fon fils, non moins attaché à la caufe de Henri IV, opprimé & ruiné pour cette caufe par le duc de Mercœur, parvint à détacher du parti de celui-ci un grand nombre de Bretons, & contribua beaucoup à réduire cet opiniâtre & dernier ennemi de Henri IV. Henri fit François le Sénéchal chevalier de fon ordre & gentilhomme de fa chambre, érigea en baronnie fa feigneurie de Kercado, & y établit un marché pour dédommager ce lieu des ravages qu'y avoit faits le duc de Mercœur.

6°. Jean-Baptifte le Sénéchal, marquis de Kercado, petit-fils de François, avoit reçu deux grandes bleffures dans les guerres de 1652, comme il porte fon brevet de colonel d'un régiment de fon nom, brevet en date du 30 avril 1653. Il fut tué à 29 ans au fiège de Stenay, en 1654.

7°. Claude-Hyacinthe le Sénéchal, marquis de Kercado, brigadier des armées du roi, & colonel du régiment Dauphin-Etranger, cavalerie, tué à 27 ans au fiège de Turin en 1706 : petit-fils de Jean-Baptifte.

8°. Dans la branche de Molac, René le Sénéchal, comte de Kercado, frère de Jean - Baptifte, grand-oncle de Claude-Hyacinthe, & tige de cette branche

de

de Molac, brigadier des armées du roi, tué à la bataille de Senef le 11 août 1674.

9°. Sébastien-Hyacinthe, chevalier de Kercado, son fils, pour lequel fut créé le régiment de Dauphiné, infanterie, tué au siège de Turin, ainsi que Claude-Hyacinthe.

10°. Réné-Alexis, frère aîné de Sébastien-Hyacinthe; Ce fut pour lui que fut créé le régiment de Bresse, il fut nommé lieutenant-général en 1708, & commanda en chef dans la vallée d'Aoste. Il acquit de la gloire dans les armées de Flandre, d'Italie & d'Espagne, sous Louis XIV, mort en 1744.

11°. Réné-Alexis, son fils, colonel du régiment de Berri, tué en 1741 au siège de Prague, à la tête des grenadiers de l'armée.

SÉNÉCHAUX, (Hist. mod.) en France; officiers qui avoient autrefois une très-grande autorité, puisqu'elle s'étendoit sur les loix, les armes & les finances. Les Ducs s'étant emparés du pouvoir d'administrer la justice, & ne voulant pas exercer en personne, établirent des officiers pour la rendre en leur nom & sous leur autorité : ils les appelloient baillifs en certains lieux, & en d'autres sénéchaux. Mais lorsque les rois de la troisième race, commencèrent à réunir à la couronne les villes qui en avoient été démembrées, particulièrement du temps de Hugues Capet, ils attribuèrent aux juges ordinaires, c'est-à-dire, aux baillifs & aux sénéchaux la connoissance des cas royaux & des causes d'appel du territoire des comtes. Sous la seconde race, c'étoient des commissaires ou missi dominici, que les vieux historiens appellent messagers, qui jugeoient ces causes d'appel dévolues au roi. Ainsi ces baillifs & sénéchaux, sous la troisième race, furent revêtus non-seulement du pouvoir des commissaires royaux ou missi dominici, mais ils succédèrent en quelque sorte à toute l'autorité des ducs & des comtes, enforte qu'ils avoient l'administration de la justice, des armes & des finances. Ils jugeoient en dernier ressort, ce qui a duré jusqu'au temps où le parlement fut rendu sédentaire sous Philippe le Bel. Avant cela, on ne remarque aucun arrêt rendu sur des appellations des jugemens prononcés par les baillifs ou sénéchaux : mais toutes les charges étant devenues perpétuelles par l'ordonnance de Louis XI, les baillifs & sénéchaux non-contens de n'être plus révocables, tâchèrent encore de devenir héréditaires. C'est pourquoi les rois appréhendant qu'ils n'usurpassent l'autorité souveraine, comme avoient fait les ducs & les comtes, leur ôterent d'abord le maniement des finances, & ensuite le commandement des armées en établissant des gouverneurs. On leur laissa seulement la conduite de l'arrière-ban, pour marque de leur ancien pouvoir. Il ne leur reste que la simple séance à l'audience, & l'honneur que les sentences & contrats sont intitulés en leur nom. Lorsque le sénéchal est présent, son lieutenant prononce, monsieur dit, & lorsqu'il est absent, nous disons. La plûpart des sénéchaussées ont été réunies successive-

Histoire. Tome V.

ment à la couronne. Les premiers rois de la troisième race n'avoient même conservé, sous ce titre, que Paris, la Beauce, la Sologne, la Picardie, & une partie de la Bourgogne. Le sénéchal de Bordeaux est grand-sénéchal de Guyenne. La Provence est divisée en neuf sénéchaussées sous un grand-sénéchal. Il y a un sénéchal particulier dans chaque sénéchaussée. François de Roye, in tract. de missis dominicis, Piganiol de la Force, nouv. Descrip. de la France, supplém. de Moréri ; tome II. (A. R.)

SÉNEQUE, (Hist. Rom.) Lucius Annæus Seneca étoit le nom & de Sénèque le père, dit l'Orateur, & du fameux Sénèque le fils, dit le philosophe; celui-ci est le précepteur de Néron; mais loin qu'il faille juger de lui par un tel élève, c'est au contraire à ses leçons & aux exemples de Burrhus son ami qu'il faut attribuer le peu de bien que fit Néron dans les premières années de son règne.

Sénèque étoit né à Cordoue en Espagne, sous l'empire d'Auguste; il étoit oncle de Lucain & frère de Gallion. (Voyez les articles GALLION & LUCAIN). Il embrassa la philosophie stoïque au moins dans ses écrits, & se piqua d'une grande sévérité de moeurs, ce qui ne l'empêcha pas d'être exilé pour adultère dans l'île de Corse, sous l'empire de Claude. (Voyez l'art. de JULIE, fille de Germanicus & d'Agrippine, & lisez ainsi : Agrippine, au lieu d'Agrippa qu'a mis l'imprimeur). Exilé par Messaline, qui n'avoit droit d'exiler personne pour adultère, il fut tiré d'exil par Agrippine, qui lui confia l'éducation de son fils. Et comme écrivain, & comme philosophe, on lui fait beaucoup de reproches ; comme écrivain, en reconnoissant qu'il est plein d'esprit, & fécond en idées, sinon principales, du moins accessoires, on l'accuse de dépravation de goût, on le met au rang des corrupteurs de l'éloquence. Ses tragédies que nous avons sous son nom, & dans la plûpart desquelles il y a de grandes beautés tragiques, sont véritablement de lui, le reproche augmente ; elles péchent sur-tout par le mauvais goût, l'enflure & la déclamation. Comme philosophe, on lui reproche une lettre assez basse, écrite du lieu de son exil à Polybe, affranchi de Claude, dans laquelle il sollicite son rappel, & dit qu'il adore avec respect la foudre qui l'a justement frappé. On lui reproche d'avoir fait pour Néron l'éloge funèbre de l'empereur Claude, & d'en avoir fait la satyre pour son propre compte. On lui reproche, ainsi qu'à Burrhus, de ne s'être pas opposé à la passion naissante de Néron pour une affranchie, nommée Acté; leur prétexte étoit la crainte de l'irriter par leur résistance, au point que ne le connoîtroit plus de frein, & que l'honneur des premières dames de Rome ne seroit plus à l'abri de ses attentats. On reproche à Sénèque, ainsi qu'à Burrhus, d'avoir reçu de Néron une partie de la dépouille de Britannicus. On lui reproche, ainsi qu'à Burrhus, non pas d'avoir été complices du parricide de Néron à l'égard d'Agrippine, mais d'avoir cherché à diminuer l'horreur de ce crime, & dans l'esprit de Néron, & dans celui des Romains. (Voyez l'article BURRHUS). On reproche encore à Sénèque ses immenses richesses, &

F

on ne lui accorde pas l'honneur d'en avoir toujours bien ufé ; mais il faut lui favoir gré, ainfi qu'à Burrhus, de tout le mal qu'ils empêchèrent. Néron de faire, de tous les citoyens qu'ils confervèrent, en arrêtant le bras de ce tyran, toujours levé pour frapper quelque victime ; ce fut ainfi qu'ils fauvèrent pour quelque tems Rubellius Plautus, à qui Néron ne pouvoit pardonner d'avoir été jugé digne de l'empire par plufieurs citoyens Romains. *Quelque fang que vous verfiez*, dit à ce fujet Sénèque à Néron, *vous ne pouvez pas tuer votre fucceffeur*. Sénèque fe retira des affaires, & offrit de remettre toutes fes richeffes ; il n'étoit pas impoffible que Néron acceptât l'offre ; il y avoit donc du courage à la faire. Il fut accufé d'être entré dans la conjuration de Pifon, & il n'eft pas prouvé qu'il en fût abfolument innocent ; Tacite dit même, à la vérité fans l'affurer, qu'il entroit dans les vues de plufieurs des conjurés, de déférer l'empire à Sénèque, en fe défaifant de Pifon, après s'être fervi de lui pour fe défaire de Néron, & que ce complot fe tramoit du confentement de Sénèque. Ce philofophe mourut avec affez de courage, étouffé par la vapeur du bain, après de longues douleurs, fon fang ne coulant que lentement de toutes fes veines ouvertes. Preffé par les foldats, impatiens d'aller rendre compte de fa mort à un maître qu'ils étoient apparemment dignes de fervir, il effaya fucceffivement de divers genres de mort ; il ne fuccomba enfin qu'à celui que nous venons de dire. (Voir l'article de POMPEIA PAULINA fa femme, au mot PAULINA). Les treize épitres, tant de Sénèque à Saint-Paul, que de Saint-Paul à Sénèque, font bien reconnues pour fuppofées.

SENETERRE, ou SAINT-NECTAIRE, (*Hift. de Fr.*) Grande maifon d'Auvergne, dont étoient :

1°. François, comte de Senneterre, chevalier de l'ordre du roi, qui fervit avec honneur fous plufieurs rois ; favoir : fous François premier, au fiége de Perpignan en 1542, & aux guerres de Champagne en 1544. Sous Henri II, il paffa en Ecoffe en 1548, & fervit au retour en Picardie ; en 1551, il accompagna en Angleterre le maréchal de Saint-André fon parent ; il fervit en Piémont en 1552. Il étoit enfermé dans Metz, lorfque Charles-Quint en fit & en leva le fiége en 1553, il commanda cette même année un corps de cavalerie, qui défit les Efpagnols, & fit prifonnier le duc d'Arfcot ; il fut fait prifonnier lui-même, le 11 novembre, fous Charles IX. Il fe trouva aux batailles de Dreux, de la Roche-Abeille, de Jarnac, &c. Mort avant 1568.

2°. Henri, fon fils, ambaffadeur en Angleterre & à Rome, miniftre d'état, mort le 4 janvier 1662.

3°. Henri II, fils du précédent, duc de la Ferté, pair & maréchal de France, & connu fous le nom de *maréchal de la Ferté*. Il s'étoit diftingué fous Louis XIII aux fiéges de la Rochelle, de Privas, de Moyenvic, de Trèves, de Hefdin, &c., & à ce dernier fiége, il fut maréchal de camp fur la brèche, ayant battu le corps de troupes que le général Picolomini vouloit jetter dans Hefdin ; il s'étoit fignalé auffi à l'attaque du Pas-de-Suze, au fecours de Cafal, à la ba-

taille d'Aveín, &c. fous Louis XIV. il commandoit l'aîle gauche à la bataille de Rocroy, & il y mérita d'être fait lieutenant-général ; il fe fignala enfuite au fiège d'Yprés & à la bataille de Lens ; il fit plufieurs fois la guerre avec fuccès en Lorraine, & fut fait maréchal de France en 1655, après avoir battu en 1650 le 9 octobre, le duc de Ligneville. En 1651, il força le comte de Harcourt, devenu rebelle, de faire fon accommodement. La même année, joint au vicomte de Turenne & au maréchal d'Hocquincourt, il battit le grand Condé devant Arras, le 25 août. En 1555, il étoit encore avec M. de Turenne en Flandre où ils prirent un grand nombre de places. En 1656, au fiège de Valenciennes, il fut battu & fait prifonnier par le grand Condé. En 1657, il prit Montmedi le 6 août ; en 1658, Gravelines le 30 août.

En 1663, il retourna faire la guerre en Lorraine, inveftit Marfal, & força le duc de Lorraine, Charles IV, de figner, le premier feptembre, le traité de Nomény.

Il avoit été fait chevalier de l'ordre en 1661, & peu de temps après duc & pair. Il mourut dans fon château de la Ferté en Sologne, à quatre lieues d'Orléans, le 27 feptembre 1681, à 81 ans.

4°. Henri-François, fon fils, duc de la Ferté, fuivit Louis XIV à la conquête de la Hollande en 1672, fut bleffé au fiège de Fribourg en 1677, fervit au fiège de Gand en 1678, au fiège de Luxembourg en 1684, & depuis en Allemagne & en Italie, brigadier des armées en 1684, maréchal de camp vers 1693, lieutenant-général en 1696, mort à Paris le 1 août 1703.

5°. Henri de Senneterre, marquis de Châteauneuf, neveu du maréchal de la Ferté, fe battit en duel avec le comte du Roure, le tua, & fut eftropié d'un bras ; bleffé à Privas le 13 octobre 1671, encore dans une querelle particulière, il mourut de fes bleffures le 25 du même mois.

6°. La même maifon a produit un fecond maréchal de France, élevé à cette dignité fous le règne de Louis XV, mort en 1771. Il fut pere de M. le comte de Senneterre, aveuglé par la petite vérole dès fa jeuneffe, & à qui la privation de la lumière laiffoit toutes les jouiffances de l'efprit.

7°. Nous ne devons pas oublier une héroïne de cette maifon, Magdeleine de Senneterre, fœur de François, comte de Senneterre, mentionné fous le N°. premier, & veuve de Guy de Saint-Exuperi, feigneur de Miremont, dans le Limofin ; elle fe diftingua en faveur du parti proteftant dans les guerres de religion ; elle courut le Limofin & l'Auvergne à la tête de foixante jeunes gentilshommes bien montés & bien armés ; elle défit deux compagnies que commandoit Montal, lieutenant de roi en Auvergne. Montal voulant prendre fa revanche, alla vers l'an 1575 affiéger le château de Miremont avec quinze cents hommes de pied, & deux cents chevaux. Magdeleine fait une fortie, taille en pieces un détachement, mais au retour trouvant les iffues du château occupées par les ennemis elle court à Turenne, & en amène quatre compagnies d'arquebufiers à cheval, attaque Montal dans un défilé où il l'attendoit pour lui fermer le paſſage ; Montal eſt bleſſé mortellement & va mourir quatre jours après dans un château voiſin. Sa troupe ſe diſperſe, Magdeleine rentre triomphante dans ſon château.

SENNACHERIB, (Hiſt. des Aſſyriens.) fils & ſucceſſeur de Salmanazar, exigea, comme ſon père, le tribut & l'hommage que le royaume de Juda, depuis Achaz, s'étoit obligé de payer aux aſſyriens. Ezéchias, humilié de cette dépendance, refuſa le tribut. Sennacherib punit bientôt ſa témérité. Il fait marcher ſon armée dans la Judée, & ſe rend maître de Lachis, dont la conquête lui aſſuroit celle de Jéruſalem. Ezéchias, étonné de la rapidité de ſes ſuccès, & touché des malheurs de ſon peuple, ſe ſoumit à toutes les conditions qu'on daigna lui preſcrire. Le monarque Aſſyrien, ſous le voile de la modération, n'exigea qu'une ſomme d'argent qui, en épuiſant les Juifs, les mettoit dans l'impuiſſance de renouveller la guerre. Mais, infidèle à ſes promeſſes & à ſes ſermens, il recommença les hoſtilités avec plus de violence qu'auparavant. Toutes les places de la Judée furent contraintes de ſe ranger ſous ſon obéiſſance, excepté Jéruſalem, dont il forma le ſiège, & qu'il fut obligé d'abandonner pour aller à la rencontre des Ethiopiens qui avançoient pour délivrer Jéruſalem. Leur projet étoit de faire leur jonction avec les Egyptiens commandés par leur roi Sabbace, qui réuniſſoit à ce titre celui de Prêtre de Vulcain. Ce roi Pontife, ſans capacité & ſans expérience dans la guerre, n'étoit propre qu'à préſider aux cérémonies religieuſes. Sennacherib, avec une armée aguerrie, ſe répandit dans l'Egypte qu'il parcourut en vainqueur, & dont il enleva de riches dépouilles : il retourna triomphant devant Jéruſalem. La foibleſſe des aſſiégés privés de ſecours étrangers, lui en promettoit la conquête, lorſque ſon armée fut miraculeuſement détruite par l'ange exterminateur qui, dans une nuit, frappa de mort cent quatre-vingt-cinq mille Aſſyriens. Les interprètes ſont partagés ſur l'explication de ce prodige. Quelques-uns prétendent que cet ange deſtructeur déſigne la foudre ou la peſte, ou quelqu'un de ces vents brûlans qui, dans ces contrées, portent les ravages & la mortalité. Sennacherib, avec les débris de ſon armée, ſe rétira avec précipitation dans ſes états, où, aigri par ſes pertes, il ſe vengea ſur ſes ſujets des outrages de la fortune. Ses cruautés le rendirent odieux à ſes peuples & même à ſa famille. Il fut égorgé par ſes propres enfans, tandis qu'il immoloit des victimes à ſes dieux. On prétend que ces fils dénaturés ne ſe ſouillèrent de ce parricide, qu'après avoir été inſtruits qu'il avoit réſolu de les ſacrifier pour éteindre dans leur ſang la colère du ciel. Cette aſſertion eſt ſans vraiſemblance ; jamais les Aſſyriens n'offrirent de ſacrifices humains. Les deux parricides ſe réfugièrent en Arménie, pour ſe dérober au châtiment que méritoit leur crime. Eſerhaddin, troiſième fils de Sennacherib, fut ſon ſucceſſeur au trône d'Aſſyrie. Ceux qui admettent deux Sardanapales, croient re-

connoître le Sardanapale conquérant dans cet Eſerhaddin. (T--N.)

SENSARIC, (Jean-Bernard) (Hiſt. Litt. mod.) Benedictin de la congrégation de Saint-Maur, prédicateur du roi, & prédicateur célèbre. On a ſes ſermons ; on a encore de lui une rhétorique ſous ce titre : L'art de peindre à l'eſprit. Né à la Réole, dioceſe de Bazas, en 1710, mort le 10 avril 1756.

SEPAYES, SIPAYES, ou SEPOYS, (Hiſt. mod.) on déſigne ſous ce nom, dans l'indoſtan, des ſoldats indiens, qui ſont entretenus & diſciplinés à la manière des troupes européennes. Les ſepayes ſont uſage des armes à feu, & ſont d'aſſez bons ſoldats lorſqu'ils ſont commandés par les Européens. (A. R.)

SEPHARITES, ſ. m. pl. (Hiſt. mod.) ſecte de mahométans, dont le nom vient de Séphar, qui ſignifie, qualité, attribut, forme. Ils admettent en Dieu des attributs de bonté, de puiſſance, d'éternité, &c. Ils croient même que Dieu a une figure viſible comme l'homme, & diſent que cette figure eſt compoſée de parties corporelles & ſpirituelles, & que les organes de ſon corps ne ſont point ſujets à la corruption, ni à aucune altération. Ce ſyſtème paroît copié d'après celui des anciens antropomorphites ; ceux d'entre les mahométans qui leur ſont le plus oppoſés, ſe nomment moatazalites. Voyez MOATAZALITES. Ricaut, de l'emp. ottom. (A. R.)

SÉPULTURE des Chinois, (Hiſt. de la Chine) les ſépultures de ce peuple ſont hors des villes, &, autant qu'on le peut, ſur des hauteurs ; ſouvent on y plante des pins & des cyprès. Juſqu'à environ deux lieues de chaque ville, on trouve des villages, des hameaux, des maiſons diſperſées çà & là, & diverſifiées de boſquets & de petites collines couvertes d'arbres, & fermées de murailles. Ce ſont autant de ſépultures différentes, leſquelles forment un point de vue qui n'eſt pas déſagréable.

La plupart des ſépulchres chinois ſont bien blanchis, & faits en forme de fer à cheval. On écrit le nom de la famille ſur la principale pierre. Les pauvres ſe contentent de couvrir le cercueil de chaume, ou de terre élevée de cinq à ſix pieds, en forme de pyramide ; pluſieurs enferment le cercueil dans une petite loge de brique, repréſentant un tombeau.

Pour ce qui eſt des grands & des mandarins, leurs ſépultures ſont d'une aſſez belle ſtructure. Ils conſtruiſent une voûte dans laquelle ils renferment le cercueil : ils forment au-deſſus une élévation de terre battue, haute d'environ douze pieds & de huit ou dix pouces de diametre, à-peu-près la figure d'un chapeau ; ils couvrent cette terre de chaux & de ſable, dont ils font un maſtic, afin que l'eau ne puiſſe pas y pénétrer ; ils plantent tout autour avec ſymmétrie des arbres de différentes eſpèces. Vis-à-vis eſt une longue & grande table de marbre blanc & poli, ſur laquelle eſt une caſſolette, deux vaſes & deux candelabres auſſi de marbre. De part &

F 2

d'autre, on range en plusieurs files des figures d'officiers, d'eunuques, de soldars, de lions, de chevaux sellés, de chameaux, de tortues, & d'autres animaux en différentes attitudes, qui marquent du respect & de la douleur, autant que leurs artistes sont capables d'exprimer les passions ; vous trouverez les détails de leurs funérailles au mot FUNERAILLES des chinois. (D. J.)

SEPULVEDA (Jean-Genès de) (Hist. Litt. mod.) Espagnol né à Cordoue en 1491, fut théologien & historiographe de Charles-Quint ; comme historiographe il n'a rien fait ; comme théologien on peut le juger par sa contestation avec le vertueux Barthelemi de Las-Casas, où il justifioit toutes les cruautés exercées par les Espagnols contre les Américains. Il a traduit des ouvrages d'Aristote. Il a fait des traités De regno & regis officio ; De appetenda gloria ; De honestate rei militaris. Un homme qui fait l'apologie du meurtre & de l'assassinat, connoît peu les devoirs des rois & la véritable gloire, & l'honnêteté dont la guerre peut être susceptible. Il a traité aussi contre Luther De fato & libero arbitrio ; mort en 1572, année qui lui eût fourni une belle apologie à faire dans le genre de la première.

SEQUANIENS, s. m. pl. (Hist. ancienne) peuple de la Gaule, qui, du temps des Romains, habitoit le pays connu aujourd'hui sous le nom de la Franche-Comté. (A. R.)

SERACH, s. m. terme de relation ; c'est ainsi qu'on appelle l'officier qui tient l'étrier du caïa des janissaires en charge, l'accompagne par-tout à cheval, & lui sert comme d'aide de camp. Au bout d'un certain temps, il obtient le titre de chous, & enfin devient lui-même caïa des janissaires, ou le commandement de l'aga du corps. Pocock Hist. d'Egypte. (D. J.)

SERAI ou SERAY, terme de relation ; ce mot signifie une maison, mais une maison grande & ample, un palais. C'est le nom du palais du grand seigneur, qu'on appelle mal-à-propos serail, car il s'écrit serai en turc ; mais l'usage l'a emporté. Les palais des bachas & des autres grands de la Porte prennent aussi ce nom ; c'est encore celui qu'on donne à ces hôtelleries publiques, où vont loger les caravanes ; car on les appelle caravanserai ou carvan-serai. Quelques-uns écrivent ce nom par un k ; d'autres, comme Thevenot, dans son voyage des Indes, écrivent quervan-serai ; un usage s'est prévalu, & décide pour serrail ; lorsqu'il s'agit d'un palais des souverains orientaux, & sur-tout de ceux où leurs femmes sont enfermées. Voy. SERRAIL. (D. J.)

SERAPION, (Jean) (Hist. Litt. mod.) médecin arabe des 8 & 9ème siècles. On a ses ouvrages in-folio.

SERASKER ou SERASKIER s. m. (Hist. mod.) c'est le nom que les Turcs donnent à leurs généraux, ou à ceux qui commandent en chef leur armée ; ils leur donnent aussi le nom de bachbog, chef ou général. On choisit le séraskier parmi les bachas à

deux ou trois queues ; mais si le séraskier n'a que l'honneur des deux queues, on ne souffre point de bacha à trois queues dans son armée, parce que ce seroit à lui que le commandement appartiendroit. Un séraskier n'est tenu que de communiquer ses plans aux autres officiers généraux ; mais il n'est point obligé de suivre leur avis, & son pouvoir est arbitraire ; il cesse aussitôt que la campagne est finie. Le bacha de Silistrie porte toujours le titre de séraskier, parce qu'il est obligé de veiller à la sûreté des frontières, du côté de la Pologne. Voyez Cantémir, hist. ottom. (A. R.)

SERAY-AGASI, (Hist. turque) c'est le quatrième aga du serrail ; il ne sort jamais de Constantinople, & est appelé pour cette raison séray-agasi, l'aga du serrail. Il fait l'office des trois autres aga, pendant qu'ils sont absens, c'est-à-dire, du capi-aga, du khazinedar-bachi, & du kilerdgi-bachi. du Loir. (D. J.)

SERBAJÉE, s. m. (terme de relation) nom que l'on donne à un capitaine de cavalerie qui est au service du grand-Seigneur. Pocock, description d'Egypte, pag. 176. (D. J.)

SERBELLONI, (Gabriel) (Hist. mod.) ; un des généraux de Charles-Quint & de Philippe II, qui se distingua en 1547, à la bataille de Mulberg, & en 1571, à la bataille de Lépante. Il fut fait vicéroi de Tunis, & défendit cette place contre les Turcs ; elle fut prise, il fut pris aussi ; &, pour l'échange de sa seule personne, il fallut rendre trente-six officiers Turcs. Il fut ensuite gouverneur ou lieutenant-général du Milanès. Il mourut en 1580. Avant le temps des Vauban & des Cohorn, on lui trouvoit de grands talens pour l'architecture militaire. Il étoit d'une ancienne maison d'Italie.

Pendant le cours des guerres entre la France & l'Espagne sous Louis XIII & Philippe IV, un Serbelloni commandoit les troupes Espagnoles ; il fut battu deux fois dans la Valteline par le duc de Rohan en 1635, & le duc d'Halluin lui fit lever le siége de Leucate en 1637.

SERDAR, s. m. (Hist. mod.) c'est le titre qu'on donne à un général de la Moldavie, qui est chargé de défendre les frontières contre les incursions des Cosaques & des Tartares. (A. R.)

SERDEN-GIECHDI, s. m. (Hist. mod.) nom que les Turcs donnent à une milice qui n'est point sur un pied fixe, mais qui est levée ou cassée au gré du sultan. Ce mot signifie homme qui méprise la vie. Dans les expéditions difficiles, le sultan ordonne la levée d'un certain nombre de ces soldats, à qui on donne dix aspres par jour ; les janissaires eux-mêmes s'y enrôlent, pour augmenter leur paye. Ces soldats combattent avec une férocité & une valeur à toute épreuve, & ceux qui échappent, ne peuvent être forcés à servir une seconde fois dans le même poste ; quand ils sont estropiés, ils ont une pension viagère de dix aspres par jour, & on leur donne le titre d'*oturak*, ou *sédentaire*. *Voyez* Cantemir, *hist. ottom.* (*A.R.*).

SÉRÉNISSIME adj. (*Hist. mod.*) titre d'honneur, dérivé du mot *sérénité*, qu'on employoit autrefois pour les rois mêmes, & la France n'en donnoit point d'autre aux rois du nord ; mais depuis que le nom de *majesté* est devenu commun à tous les souverains rois, le titre de *Sérénissime* est resté aux souverains qui ne sont pas têtes couronnées ; aux républiques de Venise & de Gênes, aux princes du sang de France qu'on traite d'*altesse sérénissime*, excepté M. le Dauphin, pour qui ce titre ne paroît point assez convenable. (*A. R.*)

SÉRÉNITÉ, (*Hist. mod.*) titre d'honneur qui a été pris autrefois par les rois de France, & même par les évêques. Nos rois de la première & de la seconde race, disoient *notre sérénité*, *serenitas nostra* ; & on voit qu'Adalard, évêque de Clermont, s'appliquoit la même qualité ; le pape & le sacré collège, écrivant à l'empereur, aux rois, au doge de Venise, leur donnent le titre de *sérénissime Caesar*, ou *rex*, ou *princeps* ; le doge de Venise prend particulièrement ce titre de *sérénité* ; le roi de Pologne le donne aux électeurs, quand il leur écrit ; & l'empereur, lorsqu'il traite avec eux, les qualifie de *sérénité électorale*, & les princes de l'empire de *sérénité ducale* ; les plénipotentiaires françois, à Munster, le refusèrent à l'électeur de Brandebourg, sur ce que le mot de *sérénité* n'étoit pas françois, & que le roi ne l'accordoit à personne ; les princes allemands estimoient autrefois plus ce titre que celui d'*altesse*, mais l'usage a enfin prévalu en faveur de ce dernier, & l'on qualifie sur-tout les électeurs, d'*altesse électorale*. (*A. R.*)

SERGENT EN LOI, (*Hist. mod. d'Angleterre*) *serviens ad legem* ; les *sergens en loi*, sont des docteurs en droit civil, au-dessus des docteurs en droit ordinaire. Ils ne plaident qu'à la cour des communs plaidoyers, & le roi en choisit ordinairement deux ou trois, qui font l'office de ses avocats, & qui parlent pour lui, principalement dans les procès criminels, où il s'agit de trahison. (*D. J.*)

SERGIUS, (*Hist. Ecclés.*) Il y a eu quatre papes de ce nom.

Le premier élu en 687, mort le 8 septembre 701. C'est lui qui ordonna qu'on chanteroit l'*Agnus Dei* à la messe ; c'est lui qui baptisa Cerdwalla, roi de Wessex, un des rois de l'Heptarchie.

Le second élu le 10 février 844, mourut le 27 janvier 847.

Le troisième élu d'abord en 898, mais ayant été obligé de se cacher devant des concurrens plus heureux, fut rappellé en 905, & mourut en 911. Il a été accusé d'un commerce suspect avec la trop fameuse Marozie. (*Voyez* l'article ALBÉRIC ; & lisez *fils*, au lieu de *fille* de la courtisane Marozie).

Le quatrième se nommoit *Os porci* ou *Bucca porci*, soit que lui-même, ou quelqu'un de ses peres eut eu le visage taillé en forme de grouin de porc. Des au-

teurs ont écrit que ce nom étant peu propre à inspirer le respect, il avoit été le premier pape qui eût donné l'exemple toujours suivi depuis, de changer de nom à son avénement ; mais il est constant que cet usage de changer de nom remonte beaucoup plus haut pour les papes. Sergius IV fut élu l'an 1009, & mourut l'an 1012.

Il y a eu aussi deux patriarches de Constantinople du nom de Sergius. Le premier, au septième siècle, se fit chef des Monothélites, & engagea l'empereur Héraclius à donner en leur faveur son édit sous le nom d'*Ecthèse*, pour lequel il surprit l'approbation du pape Honorius. Il mourut en 639, & fut condamné en 681 par le sixième concile général.

Le second Sergius, au onzième siècle, soutint & continua le schisme de Photius. Mort en 1019.

SERIN (le comte de) *Voyez* les articles FRANGIPANI & NADASTI.

SERJANIA, s. f. (*Hist. mod.*) genre de plante, ainsi nommée par le P. Plumier, en mémoire du P. Serjent, minime. Sa fleur est en rose, composée de quatre ou cinq feuilles placées circulairement ; du milieu du calice, il part un pistil qui dégénère ensuite en un fruit, qui a trois cellules, trois ailes, & dont chaque cellule contient une semence ronde. Le P. Plumier en compte trois espèces ; le docteur Guillaume Houston a trouvé ces plantes à la Veracruz & à Campêche, où elles s'élèvent à une grande hauteur ; elles croissent dans le voisinage des arbres, qui servent à les soutenir ; car elles ont des vrilles avec lesquelles elles s'attachent à tout ce qui les environne. (*D. J.*)

SERPENT-FÉTICHE, (*Hist. mod. superstition*) Les nègres d'Afrique prennent pour objet de leur culte le premier objet, soit animé, soit inanimé, qu'ils rencontrent en sortant de chez eux pour exécuter quelques entreprises ; tantôt c'est un chien, un chat, un insecte, un reptile ; tantôt c'est une pierre, ou un arbre, &c. Lorsque les nègres ont fait choix d'une divinité qu'ils nomment *fétiche*, ils lui font un offrande, & font vœu de continuer à lui rendre un culte, s'il les favorise dans le projet qu'ils méditent ; lorsqu'ils réussissent, ils attribuent leur succès à la divinité dont ils font choix ; si au contraire l'entreprise manque, le *fétiche* est oublié ; de cette manière, ces peuples font & défont leurs divinités à volonté. Ces superstitions si grossières, n'empêchent point ces nègres d'avoir des idées assez justes d'un être suprême, qu'ils regardent comme le souverain du ciel & de la terre ; ils lui attribuent la justice, la bonté, l'omniscience ; c'est un esprit qui réside dans les cieux & qui gouverne l'univers ; malgré cela, leurs hommages sont réservés pour les *fétiches* dont nous avons parlé.

C'est sur-tout un *serpent* qui est la divinité la plus révérée des nègres de la côte de Juidah ; ils l'invoquent dans les temps de sécheresse, dans les calamités publiques, dans la guerre, &c. On lui offre alors de l'argent, des pièces d'étoffes de soie, des marchandifes précieufes, des beftiaux vivans & des mets délicieux; toutes ces offrandes tournent au profit des prêtres. Le *ferpent*, qui eft l'objet de ce culte, eft très-familier, fa peau eft de fa plus grande beauté par la variété de fes couleurs. Il n'eft point venimeux, mais eft d'une efpece qui fait la guerre aux autres & qui les détruit efficacement; il eft même facile de les diftinguer par leur forme & leurs couleurs. Le refpect que l'on a pour le grand *ferpentfétiche*, s'étend à tous les ferpens de fon efpèce. Un capitaine anglois fut maffacré impitoyablement, parce que les matelots de fon équipage avoient eu le malheur de tuer un de ces *ferpens* qui étoit venu fe loger dans leur magafin. Comme les cochons fe nourriffoient de *ferpens*, on a pris le parti d'en détruire l'efpèce, de peur qu'ils ne continuaffent à manger les divinités favorites de la nation. Le grand *ferpent-fétiche* que les nègres croyent immortel, a un temple magnifique, des prêtres auxquels la crédulité des fouverains a fait accorder des terres & des revenus confidérables: de plus tous les ans on confacre à ce dieu un certain nombre de vierges choifies, deftinées à fes plaifirs, ou plutôt à ceux de fes miniftres. Ces impofteurs font parvenus à perfuader au peuple qu'il eft un temps dans l'année pendant lequel les *ferpens* faififfent toutes les jeunes filles qui leur plaifent, & les jettent dans une efpèce de délire qui fuit leurs embraffemens; les parens de ces filles, pour les faire guérir de cette frénéfie, les mettent dans des hôpitaux fous la direction des prêtres qui travaillent à leur cure, & qui fe font payer un prix confidérable à titre de penfion; de cette manière, ils favent fe faire payer même des plaifirs qu'ils fe procurent. Ces penfions & les préfens qui les accompagnent, font un produit immenfe, que les prêtres font pourtant obligés de partager avec le fouverain. Les filles qui ont été guéries dans ces fortes d'hôpitaux, font obligées de garder un fecret inviolable fur les chofes qu'elles y ont vues; la moindre indifcrétion feroit punie de mort. Cependant on nous dit que les prêtres impofteurs parviennent à fafciner tellement ces victimes de leur brutalité, que quelques-unes croient réellement avoir été honorées des embraffemens du grand *ferpentfétiche*. Bofman raconte que les filles d'un roi furent obligées de fubir ces épreuves des autres. Rien ne feroit plus dangereux que de révoquer en doute la probité des prêtres & la certitude des amours de leurs dieux. Ces prêtres fe nomment *fétichères*; ils ont un chef ou fouverain pontife qui n'eft pas moins révéré que le roi, & dont le pouvoir balance fouvent celui du monarque. Son autorité eft fondée fur l'opinion du vulgaire, qui croit que ce pontife converfe familièrement avec le dieu, & eft l'interprète de fes volontés. Les *fétichères* ont une infinité de moyens pour s'engraiffer de la fubftance des peuples qui gémiffent fous leurs cruelles extorfions; ils font le commerce, ont un grand nombre d'efclaves pour cultiver leurs terres; & la nobleffe, qui s'apperçoit fouvent de leur manège, eft accablée de leur crédit, & gémit en filence des impoftures de ces miférables.

Le grand *ferpent-fétiche* a auffi des prêtreffes, appellées *betas*, qui fe confacrent à fon fervice; les anciennes en choififfent tous les ans un certain nombre parmi les belles filles du pays. Pour cet effet, armées de bâtons, elles vont courir dans les villes; elles faififfent toutes les jeunes filles qu'elles rencontrent dans les rues; & fecondées des prêtres, elles affomment quiconque voudroit leur oppofer de la réfiftance. Les jeunes captives font conduites au féjour des prêtreffes, qui leur impriment la marque du grand *ferpent*. On leur apprend à chanter des hymnes en fon honneur, à former des danfes autour de lui, enfin à faire valoir leur charmes, dont elles partagent les revenus avec les vieilles prêtreffes qui les inftruifent. Cela n'empêche point que l'on n'ait pour elles la plus profonde vénération. (*A. R.*)

SERPENTIN, (f. m. *terme de relation*) c'eft un hamac de coton dans lequel les gens riches fe font porter au Bréfil. Ces hamacs de coton s'appellent *ferpentins*; & ce nom leur vient peut-être de ce qu'ils font faits fur le modèle de ceux dans lefquels les fauvages dorment, après les avoir fufpendus entre deux arbres, pour éviter les ferpens. (*D. J.*)

SERRE, (Jean Puget de la) *Hift. Litt. mod.*)

Morbleu! dit-il, la Serre eft un charmant auteur!

Ce jugement, mis dans la bouche d'un perfonnage ridicule, nous apprend ce que nous devons penfer du poëte la *Serre*; cependant fon *Secrétaire de la Cour* a eu plus de cinquante éditions, & fa tragédie de *Thomas Morus* a eu dans le temps, le plus grand fuccès. Il convenoit d'affez bonne foi, du peu de mérite de fes ouvrages; mais il fe vantoit d'un talent qu'on ne pouvoit, difoit-il, lui contefter; c'étoit d'avoir fu tirer beaucoup d'argent de fes mauvais ouvrages, tandis que d'autres mouroient de faim avec leurs excellentes productions. Si le profit étoit le thermomètre du mérite des ouvrages, il faudroit changer toutes les idées & anéantir les principes du goût. Un jour la *Serre* ayant affifté à un fort mauvais fermon, courut embraffer l'orateur: *Monfieur*, lui dit-il, *je puis me vanter d'avoir débité depuis vingt ans, bien du galimathias, mais je vous rends les armes; vous venez d'en dire plus en une heure que je n'en ai écrit dans toute ma vie*. Né à Touloufe vers l'an 1600. Mort en 1665.

Jean-Louis-Ignace de *la Serre*, fieur de Langlade, mort en 1756, à quatre-vingt-quatorze ans, étoit l'ami de Mlle de Luffan, et cette amitié les a fait connoître tous deux (*Voyez* l'article LUSSAN.) Il y a de lui plufieurs pièces de théâtre, fur-tout des opéras; c'eft lui qui a traduit de l'italien de Marini, le roman des *Défefpérés*. La *Serre* étoit joueur, & pendant qu'on donnoit la première réprésentation de fon opéra de *Diomède*, il en jouoit le produit fur une carte à l'hôtel de Gèvres; ce qui fit dire qu'*on jouoit ce jour là l'opéra de Diomède en deux endroits*.

SERRES, (Jean de) (*Hift. Litt. mod.*) eft princi

cipalement connu par son *Inventaire de l'Histoire de France*, dont Loisel disoit qu'on ne devoit y croire que par bénéfice d'inventaire. On a de lui aussi l'*Histoire des cinq Rois*, ou *Recueil des choses mémorables advenues en France*, *sous Henri II*, *François II*, *Charles IX*, *Henri III*, *& une partie du règne de Henri IV* ; une *Histoire des derniers troubles de France*, *sous Charles IX*. De *Serres* étoit zélé calviniste, & ses ouvrages s'en ressentent. Plusieurs sont des écrits polémiques contre les Jésuites & contre l'Eglise Romaine. Il ne contribua pas peu cependant à l'abjuration de Henri IV, en avouant à ce prince, qu'on pouvoit se sauver dans cette église. Il se repentit bien dans la suite, de ce trait de franchise. Il mourut en 1598 ; il étoit ministre à Nimes.

SERRION, s. m. (*Hist. mod.*) espèce de litière ou de voiture d'une grande magnificence, dans laquelle le roi de Pégu se fait porter les jours de cérémonies, lorsqu'il paroit en pubic. Cette voiture est une espèce de bâtiment ou de maison quarrée, couverte par le haut, & ouverte par les côtés ; elle est revêtue de lames d'or, & garnie de rubis & de saphirs, elle est portée par 16 ou 18 hommes. (*A. R.*)

SERTORIUS, (Quintus) (*Hist. Rom.*) l'un des plus grands capitaines & des plus sages citoyens de Rome dans les derniers temps de la république. On n'avoit alors que le choix des factions ; il falloit opter entre Marius & Sylla. Plébéien, il s'attacha au plébéien Marius, sous lequel il avoit fait ses premières armes ; il fut sous lui dans la suite, ce que Pompée fut sous Sylla. Aussi doux, aussi humain que Marius étoit violent & féroce, s'il eût été cru, il n'y auroit point eu de proscriptions. Il tâcha quelquefois d'inspirer à cet homme barbare une partie de son humanité ; il parvint à lui dérober de temps en temps quelques victimes. Il avoit d'abord suivi Marius dans les Gaules ; il y perdit un œil à la première bataille où il se trouva. Il s'applaudissoit de cette difformité glorieuse, qui attestoit ses services & sa valeur. Il contribua beaucoup à réduire la ville de Rome sous la puissance de Marius & de Cinna, l'an 667 de sa fondation. Après la mort de l'un & de l'autre, il fut un des principaux chefs de ce parti. Ce fut sur-tout en Espagne qu'il en soutint les restes avec gloire, & qu'il fit la guerre avec éclat, ou plutôt avec toutes les ressources du génie, pendant un grand nombre d'années. Nul n'entendoit mieux que lui cette guerre de chicane qui se fait dans les montagnes, qui rend inutiles les plus brillants succès de l'ennemi, qui reproduit les hostilités sous les formes les plus inattendues, qui tire parti du terrein, de la situation, de toutes les circonstances. Le grand Condé admiroit les connoissances militaires que suppose la belle scène de *Sertorius* & de Pompée dans la tragédie de Corneille, & s'écrioit : *où Corneille a-t-il donc appris la guerre ?* Il l'avoit apprise dans l'Histoire Romaine, en méditant son sujet, en étudiant les savantes campagnes de *Sertorius*, en le faisant parler comme il le voyoit agir, en développant l'ame d'un héros avec l'ame d'un poëte sublime. *Sertorius* est en effet noble,

généreux, grand, aimable, intéressant dans sa tragédie comme dans les plus beaux momens de son histoire.

Sertorius avoit échappé avec peine à Sylla, & s'étoit sauvé en Espagne. Là il bornoit son ambition à mener une vie obscure & ignorée, & à s'éloigner des hommes ; une sombre mélancolie saisit son ame à la vue des désordres qui déchiroient le sein de sa patrie ; lassé de voir prospérer des hommes cruels, il vouloit passer aux Isles Canaries, alors les Isles Fortunées, & s'y ensevelir dans une retraite : l'amour de la gloire, le désir de servir sa patrie & de sauver une partie de ses citoyens, le fixèrent dans l'Espagne ; il s'y mit à la tête de ceux que le parti de Sylla traitoit de rebelles. Bientôt les plus illustres proscrits se rassemblèrent autour de lui, & composèrent sa cour ; bientôt il eut une armée qu'il sût rendre formidable ; il forma dans cette terre étrangère une Rome nouvelle, & le nombre des sénateurs attirés à son parti croissant de jour en jour, il eut un véritable sénat qu'il consultoit & qu'il inspiroit ; & il put dire à Pompée, qui lui reprochoit d'être aussi absolu, aussi dictateur, aussi monarque que Sylla, & de régner en Espagne comme Sylla dans Rome :

> Vous pourriez en douter jusques-là,
> Et me faire un peu moins ressembler à Sylla.
> Si je commande ici, le sénat me l'ordonne,
> Mes ordres n'ont encore assassiné personne ....

Voyez à l'article SAURIN, la tirade qui commence par ce vers :

> Rome ! quoi ! le séjour de votre potentat ;

Il étoit également agréable à la noblesse & au peuple : aussi ne négligeoit-il rien pour se les attacher ; il portoit non-seulement sur l'art de la guerre, mais sur tous les objets, ses vues restauratrices & bienfaisantes ; il avoit établi en Espagne des écoles publiques, où on instruisoit les enfans des nobles dans les arts des Grecs & des Romains. Numa Pompilius avoit son Egérie ; Scipion se piquoit de divination ; il paroît qu'à leur exemple, *Sertorius* se permit l'usage de ces fraudes mystiques, assez souvent puissantes sur l'esprit des peuples. Il vouloit, comme Numa & Scipion, qu'on le crût en commerce avec les Dieux ; ils lui donnoient, disoit-il, des avis salutaires par l'organe d'une biche blanche, qu'il avoit élevée, qu'il avoit dressée à ce manège, & qui le suivoit par-tout, même au milieu des combats : elle lui parloit à l'oreille, & il couroit exécuter ses ordres, sûr que c'étoit courir à la victoire. Ses soldats le suivoient, pleins de la même assurance, & triomphoient, parce qu'ils se croyoient sûrs de triompher. C'étoit les tromper pour leur avantage ; mais il ne les trompoit pas, lorsqu'il leur disoit sans cesse, qu'ils seroient invincibles, s'ils étoient toujours unis. Ce fut lui qui, dans cet esprit, inventa l'apologue suivant. Dans un spectacle qu'il donnoit au peuple, il fit paroître sur la place publique, deux chevaux ; l'un ardent, vigoureux, dans toute la fleur & toute la force de la jeunesse ; l'autre vieux , efflanqué , sans haleine. Il ordonne à un jeune soldat, plein d'ardeur & de vigueur , d'arracher tout à la fois la queue du vieux cheval ; & à un vieux soldat relevant à peine de maladie, & ayant perdu toutes ses forces, de détacher, poil à poil, la queue du jeune cheval. C'est à quoi Horace paroît faire allusion dans ces vers :

Caudæque pilos ut equinæ
Paulatim vello , & demo unum , demo etiam unum.

Le vieux soldat exécuta aisément son ordre , tandis que l'autre donna inutilement les plus violentes secousses au cheval foible , sans pouvoir lui arracher un seul poil. C'étoit la fable du père & de ses enfans, & des dards unis & pris à part ; l'allégorie étoit frappante.

Les Romains alarmés des progrès continuels de *Sertorius* en Espagne, firent marcher contre lui Pompée; mais le grand nom de Pompée n'assura pas d'abord sa conquête. Il fut obligé de lever le siége d'une place importante après avoir perdu dix mille hommes. *Sertorius* ayant déjà battu Métellus, livra la bataille de Sucrone , dont le succès fut indécis. Il y perdit sa biche , & craignoit de perdre avec elle , l'empire que l'illusion lui avoit donné sur les esprits. Au bout de quelques jours, tirant parti de cet incident, il annonce à toute l'armée que sa biche va revenir, qu'il en a eu en songe une révélation certaine :

Post mediam noctem visus cùm somnia vera.

Un moment après la biche paroît , & vient caresser son maître , aux acclamations de l'armée. On soupçonneroit peut-être aujourd'hui que la scène avoit été préparée de concert avec ceux qui avoient trouvé la biche ; on aima mieux alors croire au miracle : en effet la révélation , le songe , la prédiction , tout se rapportoit , tout avoit été vérifié à la vue de tout le monde ; mais aucun politique vraiment habile , ne fondera ses succès sur l'illusion, une seule fraude apperçue fait toujours soupçonner la fraude. Métellus & Pompée ayant réuni leurs efforts, battirent Sertorius; mais c'étoit ne rien faire, les ressources s'offroient de toute part à l'esprit actif de ce général. Il fait alliance avec Mithridate , ce redoutable ennemi des Romains, & la réunion de ces deux hommes infatigables, qu'on pouvoit vaincre , mais qu'on ne pouvoit dompter, répandoit la terreur dans Rome , lorsque la perfidie vint au secours de Pompée, qui en profita en le méprisant & en la punissant. Perpenna, homme de qualité , un des lieutenants de *Sertorius*, jaloux de la gloire de ce grand homme , & ridiculement humilié de l'honneur dont il n'étoit pas digne, de servir sous un tel plébéien , l'assassina lâchement dans un repas , l'an 679 de la fondation de Rome. *Sertorius* avoit long-temps entretenu par une vie simple , frugale & toujours active, les forces & l'agilité que lui avoient données la nature. On dit que sur la fin de ses jours, il étoit devenu voluptueux & cruel , qu'il n'étoit presque occupé que de plaisirs, & qu'au nombre de ces plaisirs, il mettoit sur-tout la vengeance ; mais c'est

plutôt une allégation vague qu'une accusation portant sur des faits , & il est possible que ses assassins , pour excuser leur crime , ayent répandu ces bruits injurieux à la mémoire de leur illustre victime ; car , comment *Sertorius* auroit-il ainsi changé entièrement de caractère ? Il s'étoit composé une garde toute de Celtibériens , peuple d'Espagne ; il étoit possible que les Romains fussent mécontents de cette préférence donnée à des étrangers.

SERVET, (Michel) (*Hist. du Calvinisme*) né en 1509 , à Villa-Nueva en Arragon. Son mauvais génie le conduisit à Genève. Il exerçoit la médecine, & avoit succombé dans un procès contre les médecins de Paris, mais sur-tout il dogmatisoit , & il succomba dans un procès théologique contre Calvin. Tout est contradiction & inconséquence chez les hommes. Ce Calvin, qui , pour son premier ouvrage , avoit commenté le Traité de Sénèque sur la Clémence , et qui , dans son livre de l'*Institution*, faisoit rougir François I.er de brûler des hommes pour des opinions , est le même qui , le 27 octobre 1553 , fit brûler *Servet* à Genève , pour des opinions folles sur la Trinité ; & comme les hommes ne veulent jamais avoir tort, & que leur raison est toujours au service de leurs passions, & prête à les justifier , le même Calvin érigea en dogme, ainsi que Théodore de Bèze , le principe exécrable, qu'il faut punir de mort les Hérétiques. On dit que ce malheureux *Servet* resta deux heures dans le feu, sans pouvoir être consumé ni étouffé , parce que le vent agitoit trop les flammes. On l'entendoit crier : *quoi ! je ne pourrai mourir ! quoi ! avec cent pièces d'or & le riche collier qu'on m'a pris , on n'a pas pu acheter assez de bois pour me consumer plus promptement*.

SERVIEN , (Abel) (*Hist. de Fr.*) assez célèbre & assez mauvais ministre de Louis XIII. & de Louis XIV. Il avoit été procureur-général du Parlement de Grenoble , conseiller d'Etat, puis nommé à la première présidence du parlement de Bordeaux ; puis à une place de secrétaire d'Etat. Ayant été disgracié en 1636 , sous le cardinal de Richelieu , c'étoit un motif pour qu'il fût rappellé en 1643 , sous la régence d'Anne d'Autriche ; il le fut , il fut employé avec le comte d'Avaux , aux négociations de la paix de Munster ; il y parut jaloux du comte d'Avaux , d'ailleurs d'un esprit difficile & intraitable. Cette paix de Munster étoit un si grand ouvrage , qu'elle a donné de la célébrité à tous ceux qui y ont eu part ; mais *Servien* auroit pu y nuire. On raconte de lui un trait, qui , s'il est vrai , fait bien connoître le raffinement stupide du machiavellisme de ces temps-là. Le cardinal de Retz , dans le temps qu'il étoit prisonnier à Vincennes , ayant montré , au sujet des mets qu'on lui présentoit , une inquiétude injurieuse pour le gouvernement , *Servien* proposa , dit-on , dans le Conseil, que pour punir cette insolence, on la justifiât, en empoisonnant réellement le cardinal dans sa prison. *Servien* mourut en 1659 à Meudon , maison qui lui appartenoit , & qui n'étoit alors ni aussi magnifique qu'elle l'est devenue depuis , ni aussi négligée qu'elle l'est aujourd'hui.

SERVIN

SERVIN, (Louis) (*Hist. de Fr.*) avocat général au parlement de Paris, magistrat éloquent et courageux, mourut en 1626, martyr de son zèle patriotique, et victime de la tyrannie. Louis XIII tenoit un lit de justice pour faire enregistrer des édits bursaux, dont son ministre & ses courtisans avoient besoin; *Servin*, dans son discours, représenta fortement l'injustice & les inconvéniens de ces nouveaux impôts: le roi s'impatienta, interrompit *Servin*, le menaça, lui donna des marques de colère, auxquelles *Servin* ne répondit qu'en suppliant le roi dans ses conclusions, de livrer à la justice du parlement, les fabricateurs & les instigateurs de pareils édits. Alors la colère du roi fut au comble; *Servin* ne put la soutenir plus long-temps, il tomba mort, disent les uns, aux pieds de ce maître que la raison irritoit; d'autres disent qu'il se trouva mal dans l'assemblée, qu'on le rapporta chez lui, & qu'il y mourut quelques heures après, d'une attaque d'apopléxie, causée par une si vive émotion. Deux vers latins qui lui servent d'épitaphe, consacrent la mémoire de ce fait.

Servinum una dies pro libertate loquentem
Vidit, & oppressa pro libertate cadentem.

« Un même jour vit *Servin* parler pour la liberté » attaquée, & mourir pour la liberté opprimée. C'est le cas de dire, comme Cassius :

Amis, il faut tomber sous les débris des loix.

On a imprimé les plaidoyers & les harangues de *Servin*.

SERVIUS-TULLIUS, (*Hist. Rom.*) monta sur le trône de Rome après la mort de Tarquin l'Ancien. Il n'avoit encore rien fait qui pût lui mériter ce rang, & la tache de son origine sembloit devoir l'en exclure. Il étoit fils d'une femme esclave qui, par la souplesse de son esprit, s'insinua dans la faveur de Tanaquil, épouse de Tarquin. Cette princesse bienfaisante donna à l'enfant de sa favorite une éducation qui fut comme le présage de sa grandeur future. Tarquin, charmé de la vivacité de son esprit & de la douceur de son caractère, lui donna sa fille en mariage; & ce fut cette alliance qui lui fraya le chemin au pouvoir suprême. Le prince, en mourant, le nomma tuteur de ses enfans. La sagesse de sa régence prouva qu'il étoit véritablement digne de commander. Le poids des impôts fut adouci; & le droit de propriété fut respecté. L'abondance qu'il fit régner bannit le spectacle de la pauvreté. Il acquitta de ses propres deniers les dettes des pauvres insolvables. Cette générosité toucha le peuple qui voulut l'avoir pour roi. Le sénat qui, jusqu'alors, lui avoit marqué beaucoup d'opposition, réunit sa voix à celle de la multitude dont il redoutoit la fureur. Dès qu'il fut revêtu de la puissance souveraine, il s'occupa du soin de répartir les impôts avec égalité; & pour y réussir, il fit un dénombrement des citoyens, qui lui fit connoître les ressources de l'État, & où il se trouva

Histoire. Tome V.

plus de quatre-vingt-dix mille chefs de famille. Une si prodigieuse population ne lui parut pas encore suffisante pour être redoutable au-dehors; c'est pourquoi les affranchis furent gratifiés du droit de bourgeoisie. Après avoir rétabli la sûreté sur les routes qui étoient infestées de brigands, il conçut le dessein de former une puissance fédérative de tous les états d'Italie dont Rome devoit être le centre. Ce fut pour en favoriser l'exécution, qu'il fit bâtir, en l'honneur de Diane, un temple sur le mont Aventin, où les différentes villes & provinces devoient envoyer leurs députés pour y exposer leurs prétentions avant d'en venir aux hostilités. Cet établissement pacifique arma ses voisins; les Tarquiniens, les Véiens & les Toscans prirent les armes, & commencèrent une guerre où ils perdirent quarante mille hommes. Leur faute fut suivie d'un prompt repentir : ils implorèrent la clémence du vainqueur qui eut la générosité de leur pardonner. Dès que le calme fut rétabli, il orna Rome d'édifices magnifiques; il en étendit l'enceinte, en renfermant dans ses murailles les monts Quirinal & Viminal qui en étoient séparés. *Servius* avoit deux filles qu'il maria aux deux fils de Tarquin l'Ancien. Cette union répara l'injustice faite à ces deux princes qu'il avoit écartés du trône. L'aînée, qui étoit d'un caractère altier & féroce, épousa Lucius-Tarquin, aussi méchant qu'elle. Ces deux époux, également ambitieux & corrompus, ne purent attendre la mort d'un roi décrépit pour recueillir son héritage. Tarquin fit assembler le sénat, où il accusa *Servius* d'être l'usurpateur d'un trône que lui seul avoit droit d'occuper. Le roi se rendit au sénat, où son gendre, sans respecter sa vieillesse, le saisit par le corps, & le précipita du haut de l'escalier en bas. Il tâcha de regagner son palais, & dans le même moment il est environné d'assassins qui le percent de leurs poignards. Tullie, instruite d'un parricide qui élevoit son mari sur le trône, s'empressa de l'aller féliciter. Son chariot fut contraint de passer dans la rue où son père étoit étendu. Au lieu de se détourner, elle ordonna à son cocher de passer sur le cadavre, dont les os furent brisés par les chevaux & le chariot. Il fut assassiné l'an de Rome deux cent vingt-un. (T.—N.

SESOSTRIS, (*Hist. anc.*) un des plus puissans rois de l'Egypte & un des plus grands conquérans du monde. Il étoit l'aîné des deux fils d'Aménophis. Tous les enfants qui naquirent le même jour que *Sesostris*, furent amenés à la cour par leur père, pour être élevés avec le jeune prince & être les compagnons des amusements de son enfance & des travaux de sa jeunesse. Cette éducation n'eut rien de la mollesse de celle des princes ordinaires, c'étoit un conquérant qu'on vouloit former; c'étoient des ministres & des guerriers dignes d'exécuter ses vastes projets, qu'on vouloit former pour lui. On les accoutuma, dès l'âge le plus tendre, à une vie dure & laborieuse; on les exerça de bonne heure, par la chasse, aux fatigues de la guerre, & elles ne furent pour eux qu'un jeu dans la suite. On ne leur donnoit à manger qu'après qu'ils avoient fait une course considérable à pied ou à cheval.

G

Sefoftris n'eut point de plus braves foldats, d'officiers plus habiles, de fujets plus zélés, d'amis plus fidèles. Ils étoient au nombre de dix-fept cents, donnant à tous l'exemple du courage, & fur-tout de l'affection perfonnelle & du plus tendre intérêt pour le prince.

Sefoftris eut pour maître, Mercure, que les Grecs ont appellé Trifmegifte, c'eft-à-dire, trois fois grand; il apprit à fon élève, la politique & l'art de règner. Mercure étoit né en Egypte, & ce pays lui doit l'invention de tous les arts. Les ouvrages qu'on a fous fon nom, font fuppofés. Il y avoit eu plus anciennement en Egypte, un autre Mercure, célèbre auffi par fes rares connoiffances.

Aménophis voulut recueillir les fruits de l'éducation guerrière de fon fils : il lui fit commencer le cours de fes conquêtes par deux guerres; l'une au levant de l'Egypte, contre les Arabes; l'autre au couchant, contre la Lybie. Le fuccès en fut le même; il fubjugua une grande partie de la Lybie, il foumit les Arabes, nation jufques là indomptable. Il apprit dans leurs déferts, à fupporter la faim & la foif plus qu'il n'avoit fait encore.

Son père mourut l'an 1491 avant l'ere chrétienne. Sefoftris monté fur le trône, ne crut pouvoir répondre dignement à fes vues, qu'en entreprenant la conquête du monde. Il donna d'abord des foins au gouvernement de l'intérieur. Il s'affura du cœur de fes fujets, par une adminiftration fage & douce; il divifa tout le pays en trente-fix nomes ou gouvernements, à la tête defquels il mit des bras & des cœurs éprouvés.

Ce fut par le midi qu'il commença fes expéditions. Son armée montoit, dit-on, à fix cents mille hommes de pied & vingt-quatre mille chevaux, fans compter vingt-fept mille chars armés en guerre; car ces armées des nations de l'Orient font toujours innombrables.

Il rendit l'Ethiopie tributaire, & la força de lui payer tous les ans une certaine quantité d'ébène, d'ivoire & d'or, tandis qu'une flotte de quatre cents voiles avançant fur la Mer rouge, le rendoit maître des Ifles & des Villes maritimes. Il parcourut l'Afie. Il pénétra plus avant dans les Indes que n'avoient fait Hercule & Bacchus, & que ne fit depuis Alexandre, puifqu'il foumit des pays fitués au-delà du Gange, & qu'il s'avança jufqu'à l'Océan. Ce fut de lui qu'on put dire :

Nec verò Alcides tantùm telluris obivit,
Fixerit æripedem cervam licet, aut Erimanthi
Pacarit nemora & Lernam tremefcerit arcu;
Nec qui pampinis victor juga flectit habenis
Liber, agens celfo Nifæ de vertice tigres.

Au nord, il foumit les Scythes jufqu'au Tanaïs; il fubjugua auffi la Cappadoce & l'Arménie. Il établit une colonie jufques dans la Colchide; & les mœurs de l'Egypte s'y font confervées long-temps. Herodote a vu dans l'Afie - Mineure, de la Mer Egée au Pont-Euxin, les monuments des victoires de Sefoftris, avec cette infcription faftueufe : Sefoftris, le roi des rois & le feigneur des feigneurs, a conquis ce pays par fes

armes. Il y avoit de ces monuments & de ces infcriptions jufques dans la Thrace, & fon empire fe feroit étendu, s'il l'avoit voulu, du Gange au Danube. Mais à la différence des autres conquérants, Sefoftris ne vouloit que la gloire d'avoir foumis les nations, & n'ambitionnoit pas celle de conferver fes conquêtes :

Nec minor eft virtus quàm quærere parta tueri,

dit Ovide; il fembloit au contraire que Sefoftris eût pris pour devife ce vers :

Corpora magnanimo fatis eft ftraviffe leoni.

Il parcourut la terre pendant neuf ans, affujettiffant & dépouillant tout ce qui réfiftoit; & content d'avoir vaincu, il revint fe renfermer à-peu-près dans les anciennes limites de l'Egypte. Il mit les compagnons de fes victoires en état de jouir du fruit de leurs travaux, & ne s'attacha plus qu'à enrichir & orner fon pays. Il érigea cent temples fameux aux Dieux tutélaires des villes : ces grands ouvrages furent achevés fans fatiguer fes fujets ni de travaux ni d'impôts, il n'y employoit que la main des innombrables captifs qu'il avoit faits dans le cours de fes victoires.

Il fit conftruire dans toute l'Egypte, de hautes levées fur lefquelles il bâtit de nouvelles villes qui fervoient d'afyle aux hommes & aux beftiaux pendant les débordements du Nil.

Il fit creufer des deux côtés du fleuve, depuis Memphis jufqu'à la mer, un grand nombre de canaux pour la commodité du commerce & pour des communications néceffaires; & ces canaux avoient encore l'avantage de rendre l'Egypte inacceffible à la cavalerie des ennemis, qui auparavant étoient dans l'ufage de l'infefter fouvent par de fréquentes irruptions. Il fortifia depuis Pélufe jufqu'à Héliopolis, dans une efpace de plus de fept lieues en longueur, le côté oriental de l'Egypte, pour le mettre à l'abri des incurfions des Syriens & des Arabes.

Nous avons déjà vu du fafte & de l'orgueil dans fes infcriptions. Il pouffoit cet orgueil jufqu'à la dureté, jufqu'au mépris de l'humanité & de la royauté, lorfqu'en allant folemnellement au temple ou en faifant quelque cente triomphante dans Memphis ou dans une autre ville, il étoit traîné par les rois & les princes qu'il avoit vaincus, & qu'il faifoit atteler à fon char quatre à quatre, au lieu de chevaux, quoiqu'en toute autre occafion & dans le cours ordinaire de la vie, il les traitât avec douceur & avec bonté.

Ses longues & conftantes profpérités furent mêlées de quelques traverfes, & fa carrière finit par d'affez grandes infortunes, pour le déterminer à quitter la vie. Il s'étoit propofé d'auffi vaftes conquêtes dans l'Europe que dans les autres parties du monde; mais la difficulté de fe procurer des vivres l'arrêta dans la Thrace; & au retour de fes expéditions, fon propre frère lui dreffa des embûches dans la ville de Pélufe, & voulut le faire périr avec fa femme & fes enfants, en mettant le feu à l'appartement où ils étoient couchés. Il eût dans fa vieilleffe, le malheur de devenir aveugle ; & la vie lui étant devenue infupportable, ce grand conquérant eft au nombre de ces hommes courageux par foibleffe peut-être :

> Qui fibi letum
> 'Infontes peperere manu , lucemque peroſt
> 'Projecere animas.

Il avoit régné trente - trois ans : ainſi , fa mort tombe à-peu-près à l'an 1458 avant J. C. Ce frère qui lui avoit dreffé des embûches , ayant échoué dans fon projet, s'enfuit dans le Péloponnèse , il s'empara du royaume d'Argos. On croit que c'eſt le Danaus des Grecs.

SESAC, (Hiſt. d'Egypte.) Ce roi d'Egypte fut un prince dont le nom feroit reſté dans l'oubli , s'il n'eût été configné dans les annales des Juifs. Le filence des hiſtoriens profanes eſt une preuve qu'il n'eut ni de grands vices ni de grandes vertus. Les écrivains facrés nous apprennent qu'il donna un afyle à Jéroboam que Salomon pourſuivoit pour le faire mourir. Séfac lui fournit des troupes pour rentrer dans la Judée après la mort de fon perfécuteur. Ce fut par fon fecours qu'il enleva à Roboam dix tribus qui le reconnurent pour roi. Séfac fut l'inſtrument dont Dieu fe fervit pour punir les prévarications de fon peuple. Il entra dans la Judée avec une armée de Lybiens, de Troglodites & d'Ethiopiens. L'infanterie étoit fi nombreufe qu'on ne pouvoit la compter. Il y avoit douze cents chariots en guerre & foixante mille chevaux. Il n'étoit pas néceffaire de tant de combattans pour fubjuguer une nation fans difcipline & devenue efféminée. Séfac fe rendit maître de Jérufalem. Il conferva la vie aux habitants. Mais, plus avide de richeffes qu'ambitieux de commander à des étrangers, il enleva les tréfors du temple & ceux du palais du roi : il n'oublia point les trois cents boucliers d'or que Salomon avoit fait faire. (T--N.)

SESSA ou CHEHSA ou SISSA, fils de Daher (Hiſt. mod.) philofophe. Indien , inventeur du jeu des échecs. C'eſt dans l'Inde que ce jeu a été inventé, & l'hiſtoire de cette invention reffemble un peu à un conte oriental ; l'air de hafard qu'on a voulu répandre fur la conjecture, où la differtation de M. Fréret, concernant cette invention, a été lue à l'académie des infcriptions & belles-lettres , eſt véritablement un conte, & voici tout ce qu'il y a de vrai fur cela ; Louis XV, âgé de neuf ans, vint le 24 juillet 1719 avec M. le maréchal de Villeroy fon gouverneur, affifter à une affemblée de cette académie ; il annonça, dit l'hiſtorien de l'académie, qu'il vouloit être témoin du travail accoutumé tel qu'il fe faifoit dans les affemblées ordinaires. M. Fréret qui étoit en tour de lire, « traita » un fujet auffi heureufement amené à l'occaſion pré-« fente, que s'il eût été choifi exprès pour le rapport » qu'il avoit au goût & aux amufements de Sa Majeſté. » Il lut une differtation fur l'origine du jeu des échecs, » jeu dont le jeune roi s'amufoit beaucoup alors. »

Au commencement du cinquième fiècle de l'ère chrétienne , un jeune monarque Indien, dont les états étoient fitués vers les bouches du Gange , & qui prenoit le titre de roi des Indes, avoit tout l'orgueil de fon âge & de fon rang ; fes fujets ne pouvoient lui adreffer aucune plainte, ni fes miniſtres aucune remontrance ; il fe croyoit feul tout l'état & comptoit fes fujets pour rien. Il méritoit cependant d'être défabufé , il n'étoit ni fans efprit ni fans quelques qualités eftimables. L'Orient étant la patrie du defpotiſme , eſt par cette raifon là même , le berceau des hiéroglyphes , des emblêmes, des allégories : c'eſt-là que la vérité ne peut paroître fans voiles, c'eſt-là que l'apologue eſt né , & l'invention du jeu des échecs ne fut qu'un apologue ingénieux : Seffa , jugeant que fa leçon ne deviendroit utile que quand le prince fe la donneroit à lui-même , imagina ce jeu où le roi, quoique la plus importante de toutes les pièces , « eſt impuiffante pour attaquer » & même pour fe défendre contre fes adverfaires, » fans le fecours de fes fujets & de fes foldats. »

L'inventeur avoit prévu que le nouveau jeu deviendroit célèbre ; que le jeune roi en entendroit parler, qu'il voudroit l'apprendre, que l'inventeur feroit choifi pour le lui enfeigner, on peut croire que fa manière même d'enfeigner ne fit que rendre plus fenfibles les vérités qu'il vouloit inculquer au monarque. Le monarque les fentit bon gré à l'inventeur de les lui avoir ainfi déguifées en amufement. Dans l'effufion de fa reconnoiffance, il laiffa au bramine le choix de la récompenfe. Seffa demanda le nombre de grains de bled que produiroit le nombre des cafes de l'échiquier en doublant toujours d'une cafe à l'autre, depuis la première jufqu'à la foixante-quatrième. Le roi s'étonna de la modicité de cette demande & ne la trouva digne ni de fa magnificence, ni du mérite de l'invention ; le bramine fe laiffa ou faire le reproche, ou donner l'éloge d'être trop modéré dans fes vœux ; mais lorfque les tréforiers eurent calculé , ils trouvèrent que ni les tréfors ni les vaſtes états du prince ne pouvoient fuffire à la fomme demandée ; en effet on a évalué la fomme de ces grains de bled à 16384 villes dont chacune contiendroit 1024 greniers, dans chacun defquels il y auroit 174762 mefures, & dans chaque mefure 32768 grains. C'étoit encore une importante leçon que le bramine avoit voulu donner au prince pour le prému-nir contre l'avidité des courtifans & contre la fauffe modeſtie dont ils favent voiler leurs demandes les plus exorbitantes. La leçon fut encore entendue & goûtée, & la véritable récompenfe du bramine fut de voir fon prince fe corriger, eſtimer fes fujets & craindre fes courtifans.

Le jeu des échecs paffa de l'Inde à la Chine & dans la Perfe, puis des Perfans aux Grecs, aux Latins, aux Arabes qui l'ont porté en Efpagne. Nos vieux romanciers font les premiers auteurs qui aient parlé du jeu des échecs dans l'Occident. Il reçut dans les différents pays des modifications diverfes ; quelques-unes des principales pièces ont changé de nom & d'objet, & la ma ralité de ce jeu n'est plus aussi sensible dans tous ses détails qu'elle l'étoit dans l'origine.

SESSE, s. f. (*terme de relation*) c'est une bande ou écharpe de toile, dont les Orientaux entourent le bonnet de leur turban, & qui leur ceint la tête. Les émirs, ou descendans de Mahomet, ont droit de porter seuls le turban avec la *sesse* de laine verte. L'habit des femmes de Samos, au rapport de Tournefort, consiste en un doliman à la turque, avec une coëffe rouge, bordée d'une *sesse* jaune ou blanche qui leur tombe sur le dos, de même que leurs cheveux, qui le plus souvent sont partagés en deux tresses, au bout desquelles pend quelquefois un trousseau de petites plaques de cuivre blanches, ou d'argent bas. (*D. J.*)

SETIER, s. m. (*terme de relation* ;) c'est le nom que les Francs donnent à des barques turques, avec lesquelles ils font le commerce de proche en proche. (*D. J.*)

SEVERE, (Lucius-Septimius.) (*Hist. Rom.*) Lorsqu'après la mort du vertueux Pertinax, assassiné par les Prétoriens, qu'il vouloit discipliner, Didius-Julianus eut acheté l'empire honteusement mis à l'encan, il s'éleva de toutes parts d'autres prétendants à l'empire, dont le moins digne en étoit moins indigne que lui. Pescennius Niger en Syrie, Albin dans la Bretagne (l'Angleterre) *Sévère*, dans l'Illyrie furent proclamés chacun par leurs soldats. *Sévère*, comme le plus voisin de Rome, y arriva le premier ; Didius-Julianus ayant vainement essayé, d'abord de lui débaucher son armée, ensuite de le faire assassiner, finit par lui offrir de l'associer à l'empire, & il essuya un refus. Bientôt abandonné de tout le monde, il fut tué (l'an 193 de J. C.) *Sévère* entra comme en triomphe dans Rome. Il commença par venger la mort de Pertinax. Il avoit envoyé ordre aux Prétoriens de venir au-devant de lui, sans armes, avec les habits qu'ils portoient dans les solemnités où ils accompagnoient les empereurs. Ils se présentèrent avec des branches de laurier à la main. Le nouvel empereur les fit envelopper par toutes ses troupes ; & montant sur son tribunal, il leur reprocha d'un ton sévère & avec un visage irrité, le parricide commis dans la personne d'un grand prince, d'un vieillard vénérable, & le crime par lequel

> Ils mirent les premiers à d'indignes enchères ;
> L'inestimable prix des vertus de leurs pères ;

l'empire en un mot. Il leur fit grace de la vie, excepté à ceux qui avoient eu part en personne à la mort de Pertinax ; il les dégrada tous, leur ordonna de quitter leurs chevaux & toutes les marques de la milice romaine. Ils descendirent de cheval, & on les dépouilla jusqu'à la tunique ; ce corps séditieux & indiscipliné, essuya dans cette occasion, une confusion qu'il avoit souvent méritée. *Sévère* les relégua tous à cent milles de Rome, avec défense, sous peine de la vie, d'oser s'en rapprocher. Il y eut un de ces Prétoriens que son cheval suivit, malgré ceux qui voulurent l'en empêcher : ce soldat, ou pour évier tout soupçon de connivence, ou pour n'avoir pas de successeur dans la possession de cet animal fidèle,

Neque enim, fortissimè, credo
Jussa aliena pati, aut dominos dignabere Teucros;

eut le courage de le tuer, mais il se tua lui-même à l'instant.

Septime *Sévère* étoit né en Afrique, dans la ville de Leptis, l'an de J. C. 145 ou 146. Son père se nommoit M. Septimius Geta, & sa mère, Fulvia Pia, étoit sœur de deux consuls. Il fut lui-même questeur, tribun, proconsul, consul. Il étoit également propre à la guerre & aux affaires, & joignoit la capacité à la valeur, & la promptitude de l'exécution à la promptitude des vues ; un coup-d'œil lui apprenoit tout ce qu'il falloit faire, & il n'y avoit point de milieu pour lui entre voir & agir ; il prévoyoit tout, pénétroit tout, & songeoit à tout. Ami généreux, ennemi dangereux, d'ailleurs mauvais politique, puisqu'il étoit fourbe & cruel.

Tel est à-peu-près le jugement qu'en porte Dion Cassius ; il ajoute que Septime *Sévère* avoit plus d'inclination que de disposition pour les sciences. Il passoit pour fort savant dans l'astrologie judiciaire, que les Romains, dit Tacite, ont toujours condamnée & toujours étudiée.

Cet empereur étoit recommandable aussi par les avantages extérieurs ; la nature l'avoit traité favorablement ; elle lui avoit donné un corps robuste, un air auguste & vénérable, une voix sonore & agréable.

Il lui restoit à combattre des concurrents plus redoutables que le lâche Didius-Julianus. Niger, vaincu jusqu'à trois fois, fut pris & tué dans la dernière bataille qui se livra aux portes de Cilicie, aux environs de la ville d'Issus, où Darius avoit autrefois été vaincu par Alexandre. Niger fuyant vers l'Euphrate, fut atteint par les vainqueurs, qui lui coupèrent la tête, & la portèrent à *Sévère*. Celui-ci fit mourir aussi la femme, les enfants, tous les parents, tous les amis de Niger ; mais, comme il mêloit quelquefois de la grandeur à ses cruautés même les plus odieuses, il laissa subsister dans Rome une inscription faite en l'honneur de Niger. « Je veux, dit-il, que l'on connoisse l'ennemi que j'ai vaincu ».

Albin, son autre concurrent, lui parut assez redoutable, pour qu'il descendît à son égard jusqu'à la dissimulation la plus perfide. Il l'adopta, il le nomma César ; & Albin, content de ce titre & de la seconde place, ne contestoit plus rien à *Sévère*. Celui-ci fit confirmer ce titre de César par le sénat ; il ajouta encore à ce qu'il avoit fait pour Albin, il fit frapper des médailles en son honneur, il lui érigea des statues, il le nomma consul. Il lui prodigua les honneurs et les bons traitemens tant qu'il eut à combattre Niger. Mais dans le même temps où il en usoit ainsi avec Albin, & où il lui écrivoit des lettres pleines de protestations d'amitié, ses émissaires tentoient par des ordres, d'assassiner ou d'empoisonner ce même Albin. Quelques-uns d'entr'eux ayant été arrêtés & mis à la question sur des soupçons légitimes, révélèrent tout le complot. Albin ouvrit les yeux, & fut obligé d'armer pour sa défense ; car les succès de la politique artificieuſe viennent toujours aboutir à la défiance & à la guerre. *Sévère* alors alléguant l'ingratitude de cet Albin, comblé de ſes bienfaits, révoqua ſon adoption, & fit proclamer Céſar, Baſſien ſon fils aîné, c'eſt-à-dire, Caracalla, ſous le nom chéri de Marc-Aurèle-Antonin. Albin ſe fit de nouveau Proclamer empereur ; la guerre s'alluma. D'on rapporte un incident ſingulier de cette guerre. Un homme peu connu, nommé Numérien, paſſa dans les Gaules, devenues le théâtre des hoſtilités, il ſe donnoit pour un ſénateur du parti de *Sévère*, & chargé par lui de faire des levées ; il eut un camp volant, avec lequel il ſervit utilement *Sévère*, & battit un corps de cavalerie du parti d'Albin. *Sévère* inſtruit de cet avantage, lui écrivit une lettre de remerciement & de louanges, & lui donna en effet, la commiſſion dont il s'étoit dit chargé. Numérien remporta encore de plus grands avantages. Après la guerre terminée, il vint trouver l'empereur & ſe faire connoître à lui ; ce n'étoit point un ſénateur, c'étoit un ſimple maître d'école, qui n'avoit voulu qu'obtenir de l'emploi à la guerre & qu'acquérir de la gloire ; il refuſa les honneurs & les richeſſes que *Sévère* lui offrit pour récompenſe ; & rentrant dans ſon obſcurité, il alla paſſer le reſte de ſes jours à la campagne , où il vivoit de la penſion la plus modique. Cet homme n'avoit eu qu'un moment d'ambition, et cette ambition, qui n'avoit rien que d'eſtimable, étoit ſans aucun mêlage d'intérêt.

Le malheureux Albin fut vaincu à la bataille de Lyon, l'an 197. Les uns diſent qu'il ſe tua lui-même de déſeſpoir ; les autres, qu'il fut pris, & qu'on lui coupa la tête ; ce qui eſt certain, c'eſt que cette tête fut envoyée par lui à Rome, avec une lettre foudroyante pour ceux qui avoient ou embraſſé ou favoriſé le parti d'Albin, ne fût-ce que de leurs vœux, & dont il avoit trouvé les noms dans les papiers même d'Albin. « Je vous envoie cette tête, dit-il, afin que vous » voyiez ce qu'il en coûte, quand on m'offenſe ». Il exerça plus de cruautés encore ſur les parents & les amis d'Albin que ſur ceux de Niger. Une des déplorables victimes de ſa vengeance, lui dit : « *Sévère*, » vous pouviez être vaincu, vous pouviez vous trou- » ver en ma place. Vous auriez voulu alors rencontrer » un vainqueur plus humain ». Si j'euſſe été en ta place, répondit *Sévère*, j'aurois ſouffert ce que tu vas ſouffrir. Il aſſouviſſoit ainſi ſes vengeances ſans aucun remords ; il ſe juſtifioit à lui-même par la néceſſité d'empêcher que l'eſpérance du pardon ne rendît les révoltes plus faciles & plus fréquentes ; il louoit Marius, Sylla, Auguſte d'avoir, diſoit-il, pourvu à leur ſûreté, par des actes de rigueur utiles ; & Céſar, par ſa clémence imprudente, avoir été la cauſe de ſa perte ; il ne vouloit pas voir que les proſcriptions de Marius avoient entraîné celles de Sylla, qui en avoient été les repréſailles ; que le ſouvenir de celles d'Auguſte avoient, long-temps encore après, donné lieu à dix conjurations contre ſa perſonne ; que ſa clémence ſeule à l'égard de Cinna, avoit mis fin à ces conſpirations ; que Céſar avoit été aſſaſſiné, non à cauſe de ſa clémence, qui ſeule l'avoit défendu quelque

temps, mais malgré cette clémence, à cauſe qu'il avoit détruit la République & la liberté encore chères aux cœurs romains.

Caracalla, fils aîné de *Sévère*, applaudiſſoit à toutes ſes cruautés. Géta, frère de Caracalla, mais bien différent de lui, diſoit en ſoupirant : tous ces malheureux n'ont-ils donc point de parents ? Ils en ont beaucoup, lui répondoit-on ; que de gens, ajoutoit-il, vont donc s'affliger de notre victoire ! Il dit auſſi à Caracalla : Si vous tuez ainſi tout le monde, vous tuerez un jour votre frère. Il le tua en effet. Il vouloit tuer auſſi ſon père. Un jour en Bretagne, à la vue des armées Romaine et Bretonne, comme s'il eût fait trophée du parricide, il tira ſon épée, & parut prêt à frapper ſon père par derrière ; un cri d'horreur qui s'éleva de la part des aſſiſtants, le retint. *Sévère* tourna la tête, vit l'épée nue entre les mains de ſon fils, diſſimula & ſe tut. Le ſoir étant couché, il manda ſon fils, & en préſence du célèbre Juriſconſulte Papinien & de Caſtor, un de ſes domeſtiques les plus affidés, il lui préſenta une épée. « Pourquoi, lui dit-il, vous déſho- » norer par un parricide à la face de deux armées ; ſi » vous voulez tuer votre père, vous n'aurez du » moins ici que deux témoins ». Les légions ſoulevées par ce Caracalla, le proclamèrent empereur, et vouloient dépoſer *Sévère*, comme affoibli par l'âge & par la goutte ; il avoit en effet, la goutte aux pieds, mais ſon ame conſervoit toute ſa vigueur ; il mande les tribuns et les centurions, qui n'avoient point empêché la révolte, il leur fait couper la tête, & faiſant grace à ſon fils ſeul, pour lequel il n'avoit que trop l'indulgence d'un père : » apprenez, lui dit-il, jeune ambitieux, que c'eſt la » tête qui gouverne, & non pas les pieds ». Caracalla ſe fit l'effort d'attendre la mort de ſon père. Sur le mariage de ce monſtre de Caracalla ou Baſſien, avec Plautille, fille de Plautien, & ſur ſa conduite à l'égard de ſa femme & de ſon beau-père, *voyez* l'article PLAUTIEN. *Voyez* auſſi les articles CARACALLA & GÉTA.

Sévère fit la guerre avec ſuccès aux Bretons, dans les dernières années de ſa vie. Il répara le mur qu'Adrien avoit fait conſtruire pour réprimer les courſes des Bretons ſeptentrionaux. Il y avoit, dit-on, des tours à chaque mille de diſtance, & entre chaque tour des tuyaux d'airain, qui, portant d'une tour à l'autre le moindre bruit, avertiſſoient les garniſons renfermées dans ces tours, qui pouvoient ſe raſſembler & ſe ſecourir au beſoin. Ce mur s'étendoit, à ce qu'on croit, de Carliſle juſqu'à Neucaſtle.

Sévère eut le tort de perſécuter les Chrétiens ; le pape ſaint Victor, un autre ſaint Victor d'une famille illuſtre de Marſeille, ſaint Irénée, évêque de Lyon, Léonidas, père d'Origène, & beaucoup d'autres ſouffrirent le martyre ſous ce règne. Ce fut la cinquième perſécution élevée dans l'Égliſe.

Sévère mourut à Yorck, dans le cours de ſon expédition en Bretagne, l'an de J. C. 211. On croit qu'il avança volontairement ſes jours, mais depuis long-temps il ſe ſentoit mourir. Il reconnoiſſoit alors ſous la vanité de ces grandeurs humaines qu'il avoit recherchées & obtenues ! « J'ai été tout ce qu'un homme » peut être, disoit-il, de quel usage me sont aujourd'hui » ces honneurs si désirés ? » Réflexion toujours triviale & toujours nouvelle. Il voulut voir l'urne qui devoit contenir ses cendres. « Petite urne, dit-il, tu » vas donc renfermer celui que le monde entier n'a » pu contenir ! »

Ce prince avoit écrit lui-même l'histoire de sa vie ; elle est perdue. Aurélius Victor dit qu'elle étoit bien écrite ; Spartien, qu'elle l'étoit avec assez de sincérité.

On a remarqué qu'il y avoit eu sous le règne de *Sévère*, jusqu'à trois mille personnes accusées d'adultère.

SÉVÈRE, (Alexandre) (*Hist. Rom.*) cousin & successeur d'Héliogabale ou Élagabale, adopté & nommé César à douze ou treize ans par cet empereur insensé, fut bientôt à ses atteintes, parce que ses vertus douces & aimables, lui concilioient les cœurs du peuple & des soldats. Héliogabale tenta plusieurs fois de l'assassiner & de l'empoisonner ; mais Mamée sa mère, veilloit sur ses jours, & le garantit de ces pièges. Héliogabale fut tué, & Alexandre *Sévère* proclamé empereur, n'ayant pas encore quatorze ans. Il gouverna bien, ou plutôt, Mamée sa mère, gouverna bien sous son nom, & le gouverna bien lui-même ; elle lui procura & lui donna une excellente éducation, ne l'entoura que de bons conseils, de bons livres, de sages instituteurs, de sages ministres; les inclinations du prince répondirent heureusement à ses soins ; le jurisconsulte Ulpien fut toujours un de ceux dont il chercha le plus l'entretien ; il avoit sur le trône toute la simplicité d'un philosophe, & sa mère trouvoit qu'à force d'être affable & populaire, il compromettoit son autorité : « Je l'assure au contraire, » lui dit-il, & je la rends durable. Il avoit pour les mal-honnêtes gens & pour les gens suspects, une aversion naturelle, qui tenoit de l'instinct. Il n'étoit sévère qu'à l'égard des courtisans & de ceux qui abusoient de leur crédit. C'est sous lui qu'arriva l'aventure de ce Vetronius Turinus, qui, parce qu'un peu d'esprit lui procuroit l'honneur d'entretenir quelquefois le prince, vendoit à tout le monde un crédit qu'il n'avoit pas, ou du moins qu'il n'employoit pas. Alexandre sut combien il s'étoit rendu coupable en ce genre, il s'assura & le convainquit de ses fourberies ; & par un jugement juste, quoiqu'un peu trop rigoureux, il le fit lier à un poteau, & fit allumer autour de lui, du foin & du bois verd, dont la fumée l'étouffa, en punition de ce qu'il avoit vendu de la fumée.

Un magistrat prévaricateur, ayant osé se montrer devant lui : « cet homme, dit-il, me croit-il donc aveugle ? & il le chassa ignominieusement.

Un de ses secrétaires ayant commis un faux, il lui fit couper les jointures des doigts, pour qu'il ne pût jamais écrire.

Un autre de ses domestiques ayant reçu cent écus d'un homme, qui vouloit, par son crédit, conserver un vol qu'il avoit fait, Alexandre fit pendre le domestique qui s'étoit laissé corrompre.

S'il punissoit quelquefois avec rigueur, il récompensoit avec plaisir, par des honneurs & des graces, qui flattoient la vertu & qui l'inspiroient, sans rien coûter au peuple. L'économie, sans laquelle il n'est point de bons princes, étoit une de ses vertus favorites; il réforma tous les abus du règne insensé d'Héliogabale; il modéra les impôts, il fit fleurir les loix & la justice. Il fut favorable aux Chrétiens ; on prétendit même qu'il l'étoit au christianisme. Mamée sa mère, eut en effet avec Origène, des conférences dont on ne sait pas bien quel fut le résultat : Alexandre voulut, dit-on, élever un temple à J. C. Il prit du moins de la religion chrétienne cette maxime qui en est la base, ainsi que de toute morale : *ne point faire à autrui ce que nous ne voudrions pas qu'on nous fît à nous-mêmes*. Il la fit écrire en gros caractères dans son palais ; & comme elle doit être la loi sur laquelle on absout & on condamne ; lorsqu'on punissoit des criminels, il la faisoit publier à haute voix par un héraut ; c'est sur cette loi qu'il punissoit les soldats qui s'écartoient pour voler. « Voudriez-vous, leur disoit-il, qu'on fît sur » vos terres, ce que vous faites sur celles des autres ?

Lampride rapporte de lui un fait, que des historiens regardent comme fabuleux, & qui paroît avec quelques changements, une répétition de l'histoire de Denis-le-Tyran & de Damoclès, & de la fable de Philippe & de Vulteïus Mena dans Horace. Un sénateur, nommé Ovinius Camillus, conspiroit pour s'élever à l'Empire ; Alexandre le sut, il l'envoya chercher, & le remercia de ce qu'il vouloit bien se charger des affaires publiques. Il le fit revêtir des ornements impériaux, & il le pria, comme son collègue, de le suivre dans une expédition contre les Barbares : Alexandre dans ses marches, alloit à pied, il fallut que Camille en fît autant ; mais il n'étoit point exercé à ces fatigues; & Alexandre prenoit de lui alors la même vengeance que notre Roi Henri IV prit depuis du duc de Mayenne. Quand Camille s'avoua vaincu, Alexandre le fit monter à cheval, puis dans un char. Je vois, lui dit-il, que les voyages à pied, & les expéditions militaires ne sont pas ce qui vous convient ; vous serez sans doute plus propre aux affaires, & il le chargea de celles qu'il jugea les plus difficiles : jusqu'à ce qu'à la fin Camille succombant sous le poids, demanda d'en être déchargé & obtint comme une grace de renoncer à l'empire. Alexandre lui permit de se retirer à la campagne, & lui dit encore en substance, comme Henri IV à Mayenne: *voilà la seule vengeance que je prendrai de vous.*

Ce fut sous l'empire d'Alexandre *Sévère*, vers l'an 226 de J. C. que tomba l'empire des Parthes, & que celui des Perses fut rétabli sur ses ruines par le persan Artaxerxe. Cet aventurier illustre poussa ses conquêtes jusques sur des pays soumis à l'Empire Romain. Alexandre averti par les gouverneurs de Mésopotamie & de Syrie, marcha vers l'Orient pour réprimer en personne les courses d'Artaxerxe. Rome le vit partir avec douleur, le peuple le conduisit hors de la ville, en pleurant ; il versa lui-même des larmes, & se retourna souvent du côté de Rome. Pendant cette marche, il n'usa point d'autres mets que les simples soldats, & tout le monde pouvoit en être témoin, sa tente étant toujours ouverte pendant ses repas. Il cassa, non sans beaucoup de danger, des soldats mutins qui murmuroient & qui agitoient leurs armes en menaçant, il le cassa comme Alexandre le grand avoit cassé la garde Macédonienne, & avec autant de sang froid & de fermeté. Il fit observer une si exacte discipline qu'on croyoit voir, disoit-on, une armée de sénateurs, non de soldats. Il eut l'honneur de vaincre Artaxerxe; & on ne conçoit pas sur quel fondement Hérodien dit qu'Alexandre Sévère montra dans cette guerre, beaucoup de foiblesse & de timidité. Sa victoire contre les Perses est de l'an 233. Moins heureux l'an 235, dans une expédition contre les Germains, les légions des Gaules, soulevées par le Goth Maximin, se révoltèrent, & le massacrèrent ainsi que Mamée sa mère. On reprochoit à celle-ci de l'avarice & de l'ambition, & c'est à elle qu'on impute le malheur de son fils. Il paroit qu'elle étoit jalouse de l'autorité, & qu'elle vouloit gouverner son fils sans partage. On lui reproche encore d'avoir, par une suite de cette politique jalouse, maltraité & chassé du palais l'impératrice sa belle-fille, parce que son fils l'aimoit trop & avoit trop de confiance en elle & en son père ; elle finit par faire tuer le père & par exiler la fille. Il falloit qu'Alexandre Sévère ne fût pas sans quelque foiblesse, puisqu'il le souffrit.

L'Histoire Romaine offre encore d'autres Sévères.

Lucius-Aurelius-Severus Hostilius, l'un des concurrents de l'empereur Philippe, en 244, mais qui mourut peu de temps après son élection.

Un autre Sévère, plus connu que le précédent, est un des Césars nommés en 305, par Galérius, avec le consentement forcé de Dioclétien. Il étoit d'Illyrie, d'une basse naissance, de mœurs plus basses encore ; il ne vivoit que pour la débauche. Il fut envoyé contre Maxence, auquel il avoit été préféré, quoique ce Maxence fût fils de Maximien, qui avoit été empereur avec Dioclétien, et quoique ce même Maxence fût gendre de Galérius ; mais celui-ci avoit plus compté sur les vices de Sévère que sur ceux de Maxence. Maximien rappellé par son fils à l'empire, reprit la pourpre. Sévère s'avançoit contre eux, mais avec une armée composée de soldats, qui, deux ans auparavant, avoient servi sous Maximien. Maxence les corrompit aisément ; ils abandonnèrent Sévère, qui s'enferma dans Ravenne, où il fut assiégé par Maximien. La crainte d'être livré par le peu qui lui restoit de soldats, l'obligea de se rendre & de remettre à Maximien les marques de l'empire. Maximien, contre la parole donnée, retint Sévère prisonnier ; peu de temps après, il l'obligea de s'ouvrir les veines, & crut lui avoir fait grace en lui permettant un genre de mort, réputé un des moins douloureux. (307.)

Un autre Sévère encore (Libius-Severus) fut proclamé empereur d'Occident, à Ravenne, en 461. Le général Ricimer, qui régna sous son nom, & qui l'avoit fait nommer dans cette vue, l'empoisonna, dit-on, quand il commença d'en être embarrassé.

Lucius-Cornélius Severe, poëte latin du règne d'Auguste, vivoit environ 24 ans avant J. C. Il reste une partie de ses ouvrages, et on en a donné dans ce siècle, diverses éditions.

Sévère est aussi le nom d'un hérétique du second siècle, dont les disciples furent nommés Sévériens, & dont les erreurs rentroient dans le manichéisme; car, si le manichéisme tire son nom de Manès, il lui est bien antérieur. La doctrine des deux principes s'est présentée de tout temps aux hommes à la vue des contradictions & des contrastes qu'offre le monde & physique & moral.

SÉVERIN, (Saint) (Hist. Ecclés.) apôtre de la Bavière & de l'Autriche, y prêcha l'évangile au cinquième siècle; il mourut le 8 janvier 482.

Il y a eu aussi du nom de Séverin, un pape, élu au mois de mai 640, mort le 1er. août de la même année.

SÉVIGNÉ, (Mme. la marquise de) (Hist. Litt. mod.) modèle du genre épistolaire, comme La Fontaine l'est de l'apologue, fut un des ornements de la cour & du règne de Louis XIV. Marie de Rabutin, (c'étoit son nom) dame de Chantal & de Bourbilly, naquit le 5 février 1626, de Celse-Bénigne de Rabutin, chef de la branche aînée de Rabutin & de Marie de Coulanges.

Le baron de Chantal son père, étoit fils de Christophe Rabutin & de Jeanne-Françoise Fremiot, fondatrice de l'ordre de la Visitation, connue depuis sous le nom de la bienheureuse mère de Chantal. (Voyez l'article CHANTAL.) Il fut tué le 22 juillet 1627, à la descente des Anglois dans l'isle-de-Rhé; on assure qu'il fut tué de la main de Cromwel. Marie de Rabutin fut élevée par Marie de Coulanges sa mère & Christophe de Coulanges son oncle ; elle savoit le latin, l'espagnol & l'italien, avantage rare alors, & elle n'en étoit pas moins aimable. A dix-huit ans elle épousa, (le premier août 1644,) Henri, marquis de Sévigné, d'une des plus anciennes maisons de Bretagne, elle en eut un fils & une fille, dont on sait combien il est parlé dans ses lettres, & avec quelle tendresse. (Voyez les articles Grignan & Monteil,) l'éditeur de ses lettres dit qu'elle fut très-sensible aux fréquentes infidélités de son mari, qui n'eut pas pour elle tout l'attachement qu'elle méritoit. Bussy Rabutin, cousin de Madame de Sévigné, & qui ne l'aimoit pas, peut-être parce qu'il l'avoit trop aimée, en lui attribuant beaucoup de coquetterie, au moins dans l'esprit, rend un grand témoignage à sa sagesse, lorsque cet homme qui croyoit si peu à la vertu des femmes & qui exageroit leurs galanteries, dit qu'il croit que son mari s'est tiré d'affaire devant les hommes, mais que devant dieu il le tient pour un mari maltraité. Il fut tué en duel, le 2 février 1651, par le chevalier d'Albret :

Madame de la Fayette a fait de Madame de Sévigné un portrait charmant où l'on sent à chaque trait la vérité encore plus que l'amitié.

Madame *de Sévigné* mena pour la première fois sa fille à la cour, en 1663 ; celle-ci joua divers rôles dans les fêtes de 1663 & 1664, & Benserade fit des vers pour elle. En 1664, dans le ballet des amours déguisés, elle repréſentoit un amour déguiſé en nymphe de la mer. Benserade relève galamment à ſon ordinaire tous les traits de reſſemblance qu'il apperçoit entre l'amour & la jeune *Sévigné*, & il finit ainſi :

> Enfin, qui fit l'un a fait l'autre,
> Et juſques à ſa mère elle eſt comme la vôtre.

Dans une autre pièce il le dit avec un peu trop de recherche & avec un badinage qni n'eſt pas par-tout d'un goût excellent, en parlant de Mademoiselle *de Sévigné* :

> Elle verroit mourir le plus fidèle amant
> Faute de l'aſſiſter d'un regard ſeulement,
> Injuſte procédé, *ſotte façon de faire*,
> *Que la pucelle tient* de Madame ſa mère.

Il ajoute, en parlant de celle-ci :

> Se laſſant auſſi peu d'être belle que ſage.

Madame *de Sévigné* diſoit que ſa fille avoit été ſon préservatif contre l'amour ; « s'il eſt ainſi, dit-elle, je » vous ſuis trop obligée & je ne puis trop aimer » l'amitié que j'ai pour vous. » Meſſieurs de Port-Royal trouvoient de l'idolatrie dans cette tendreſſe paſſionnée d'une mère. Vous êtes une jolie payenne, lui diſoient-ils, moitié en la flattant, moitié en la grondant.

Mademoiselle *de Sévigné*, fut mariée le 29 janvier 1669, à François de Caſtelane, Adhémar de Monteil, comte de Grignan. (Voyez *Monteil*.)

Madame *de Sévigné*, en mariant ſa fille à un homme de la cour, eſpéroit paſſer ſa vie avec elle, le ſort en diſpoſa autrement, le ſervice du roi appella & retint M. de Grignan en Provence ; la conſolation de Madame *de Sévigné* fut tantôt d'attirer ſa fille à Paris, tantôt de l'aller chercher au fond de la Provence : en liſant ſes lettres, le lecteur déſireroit qu'elles euſſent toujours été ſéparées. Le dernier voyage de Madame *de Sévigné* à Grignan fut vers la fin du mois de mai 1694, elle n'en revint pas ; elle y fut préſente au mariage de Grignan ſon petit-fils avec Mademoiselle de Saint-Amant. Vers le milieu de l'année 1695, Madame de Grignan eut une longue maladie qui fit mourir ſa mère d'inquiétude & de fatigue. Elle tomba malade elle-même le 6 avril 1696, d'une fièvre continue, qui l'emporta le quatorzième jour.

L'éditeur de ſes lettres ne croit point que, comme quelques-uns l'ont dit, la mère mourut brouillée avec la fille. « Il n'y eut tout au plus, dit-il, dans le cours » de leur vie, que quelques légers nuages que la ſeule » tendreſſe avoit formés, & quel autre ſujet de plainte » pouvoit donc avoir Madame de Grignan contre » ſa mère ?

Quid enim niſi ſe quereretur amatam ?

Dans des lettres fauſſement attribuées à une contemporaine qui paroît jalouse de la réputation de la mère & de la fille, & qui prend plaiſir à leur donner du ridicule, on inſiſte plaiſamment ſur les inconvéniens de cette vive & inquiète tendreſſe, & on dit ce qu'ont dû dire dans le temps les gens frivoles & mal intentionnés. On croiroit ces lettres écrites par Madame de Marans ou par Madame de Lude, ſeules ennemies de Madame *de Sévigné* & de Madame de Grignan que les les traits de Madame *de Sévigné* nous faſſent connoître. L'auteur a fait quelque temps illuſion. Il falloit du talent pour ſe rendre ainſi propres, les idées, les ſentiments, ſur-tout les intérêts d'un ſiècle où on n'a pas vécu, & d'une ſociété qu'on n'a point connue. Ces lettres ont été publiées en 1685, ſous le titre de lettres de Madame la comteſſe de L... à M. le comte de R.... Madame de la Fayette y eſt auſſi maltraitée.

SEVIN, (François,) (*Hiſt. Litt. mod.*) de l'académie des Inſcriptions & Belles-Lettres, garde des manuſcrits de la bibliothèque du roi, étoit fils d'un docteur en médecine, de la faculté de Montpellier. Il naquit le 18 mai 1682, à Villeneuve-le-Roi, en Bourgogne, où ſon père exerçoit ſon art. Il fit connoiſſance & forma une étroite liaiſon avec M. Fourmont, à la communauté des trente-trois à Paris : ils étudioient enſemble le grec & l'hébreu, pendant que les autres écoliers ou dormoient ou étudioient ce jargon ſcholaſtique qu'on prenoit alors pour de la philoſophie & de la théologie. Ces études furent continuées hors du collége & leurs fruits bientôt portés dans l'académie des Inſcriptions & Belles-Lettres, où M. l'abbé *Sevin* entra en qualité d'élève en 1711, puis devint aſſocié en 1714, & penſionnaire en 1726. Voilà preſque toute la vie de M. l'abbé *Sevin* ; l'évènement le plus conſidérable de cette vie, fut le voyage littéraire qu'il fit dans le levant, par ordre du roi avec M. l'abbé Fourmont ; (Michel) frère puîné de ce ſavant Fourmont ſon amı & ſon compagnon d'études. Voici quels furent & la cauſe & l'objet de ce voyage. Mehemet Effendi, ambaſſadeur de la Porte en France en 1721, & Zaïd Aga, ſon fils, qui l'avoit ſuivi dans cette ambaſſade, y avoient porté le goût des lettres qu'ils reportèrent à Conſtantinople, plus éclairé & bien augmenté par les merveilles littéraires du genre qu'ils avoient vues en France. On vit en conſéquence, en 1726, une imprimerie établie à Conſtantinople ſous la protection du grand-vizir & l'autorité du ſultan. En 1727, ce même Zaïd Aga, fils de Mehemet Effendi, & que nous avons vu en 1742, ambaſſadeur en France comme ſon père, écrivit à M. l'abbé Bignon que s'il ſe trouvoit à Conſtantinople quelque ſavant, quelque académicien François, il pourroit être introduit dans la bibliothèque du grand-ſeigneur, qu'on croyoit être celle des anciens empereurs grecs, conſervée

conſervée par le commandement exprès de Mahomet II, lorſque le conquérant avoit pris Conſtantinople. L'eſpérance de trouver des manuſcrits grecs conſidérables, engagea le roi à nommer, au mois de juillet 1728, M. l'abbé Sevin & M. l'abbé Fourmont pour cette recherche. Ils partirent avec notre ambaſſadeur à la Porte, M. le marquis de Villeneuve. Ce voyage occupe les années 1729 & 1730. On en trouve la relation dans le ſeptième tome du recueil de l'académie des Belles-Lettres, pages 334 & ſuivantes. Le fruit de ce voyage fut que M. l'abbé Sevin rapporta plus de ſix cent manuſcrits choiſis, ſans ceux que ſes correſpondances procurèrent depuis. Le roi nomma M. l'abbé Sevin à l'abbaye de la Frenade, qu'il remit moyennant une penſion; il avoit refuſé précédemment un canonicat de Sens, qui l'auroit éloigné de ſes études favorites. Le recueil de l'académie eſt plein de ſes mémoires, parmi leſquels on diſtingue ſes recherches ſur l'hiſtoire d'Aſſyrie, de Lydie, de Carie, ſur les rois de Pergame & ceux de Bithynie; ſur la vie & les ouvrages de Juba le jeune, roi de Mauritanie, d'Hécatée de Milet, de Nicolas de Damas, d'Evhèmère, de Calliſthène, de Tyrtée, d'Archiloque, de Panœtius, de Thraſille, de Philiſte, de Jérôme de Cardie, d'Athénodore, de Charon de Lampſaque, de Théophane.

M. l'abbé Sevin fut fait garde des manuſcrits de la bibliothèque du Roi après M. l'abbé de Targni, mort le 3 mai 1737. Il mourut le 12 mars 1741. Il pouſſoit loin la ſimplicité littéraire, l'oubli des ſoins de la vie & l'indifférence pour tout ce qui n'étoit pas l'étude de lui-même, dit l'hiſtorien de l'académie, il n'auroit jamais ſongé à avoir du linge, un habit, il falloit l'en avertir, l'en preſſer: le plus ſûr étoit de le lui faire faire.

SEXTUS-EMPYRICUS; (Hiſt. Lit. anc.) ainſi nommé, parce qu'il étoit de la ſecte des Empyriques parmi les médecins, étoit de la ſecte des Pyrrhoniens parmi les philoſophes; il nous a laiſſé des inſtitutions pyrrhoniennes, qui ont été traduites en françois par un écrivain nommé Huart; il a laiſſé un ouvrage contre les mathématiciens, peut-être par l'éloignement naturel qu'un Pyrrhonien doit avoir pour des gens qui procèdent toujours par démonſtrations. Fabricius nous a donné en grec & en latin, la meilleure édition de Sextus-Empyricus: celui-ci vivoit ſous l'empire d'Antonin Pie, & fut, dit-on, un des inſtituteurs de Marc-Aurèle.

SEYAH, ſ. m. (Hiſt. mod.) eſpeces de moines turcs; ils ont des monaſtères, mais lorſqu'ils en ſont une fois ſortis, ils n'y rentrent plus, & paſſent le reſte de leur vie à courir de côté & d'autre & à faire les vagabonds. En leur donnant leur congé, leurs ſupérieurs les taxent à une ſomme d'argent, ou à une certaine quantité de proviſions qu'ils ſont obligés d'envoyer au couvent, faute de quoi l'entrée leur en eſt fermée. Lorſqu'un Seyah arrive dans une ville, il va au marché ou dans la ſalle qui eſt auprès de la grande moſquée; là il crie de toute ſa force,

ô dieu; envoyez-moi cinq mille écus, ou mille meſures de riz, &c. Après avoir reçu les aumônes des ames dévotes, le moine mendiant va faire le même métier dans un autre endroit, & vit toujours errant juſqu'à ce qu'il ait amaſſé la ſomme à laquelle il a été taxé. Il y a chez les Indiens & dans les états du grand-mogol une grande quantité de ces pieux fainéans, qui viennent ſouvent infeſter les états du grand-ſeigneur, à qui ils ſont ſi fort à charge, qu'un viſir fit dire au grand-mogol qui avoit fait des offres de ſervice au ſultan, que la plus grande faveur que ſa majeſté Indienne pût faire à ſon maître, étoit d'empêcher que les religieux mendians de ſes états n'entraſſent ſur ceux de ſa hauteſſe. Voyez Cantemir, Hiſt. Ottomane. (A. R.)

SEYMAR-BASSY, ſ. m. (Hiſt. Turq.) premier-lieutenant des janiſſaires; il commande en particulier ceux qu'on appelle ſeymenys. Lorſque l'aga marche en campagne, il prend le titre de ſon lieutenant à Conſtantinople, il peut mettre ſon propre cachet ſur les ordres qu'il donne: enfin, il a le maniment de toutes les affaires des janiſſaires. L'ulvir. (D. J.)

SEYMOUR, (Hiſt. d'Anglet.) dès le lendemain de l'exécution d'Anne de Boulen, Henri VIII épouſa Jeanne Seymour qui avoit enlevé à la première le cœur de ce terrible mari. Cette nouvelle femme ne fut pas plus heureuſe: ce fut aux dépens de ſa vie qu'elle donna un fils à Henri VIII, & ce fut ſon mari qui dicta ſon arrêt. Les chirurgiens donnèrent, dit-on, à Henri le choix de ſauver la mère ou l'enfant, ne pouvant les ſauver l'un & l'autre. Je trouverai, dit-il, aſſez d'autres femmes, & il dit vrai, tant le trône a de charmes! Le fils de Jeanne Seymour fut le roi Edouard VI qui ſuccéda immédiatement à Henri VIII.

Le duc de Sommerſet, l'aîné des Seymours, frères de Jeanne, fut protecteur du royaume pendant la minorité du roi ſon neveu, ce qui concentroit dans la perſonne de Sommerſet toute l'autorité de la régence. Thomas Seymour, ſon frère, qui avoit épouſé Catherine Parr, veuve de Henri VIII, étoit grand amiral. La méſintelligence ſe mit entre les deux frères & parvint à un tel excès que le protecteur fit faire le procès à l'amiral, qui eut la tête tranchée ſur des accuſations aſſez frivoles. Sommerſet eut le même ſort à ſon tour & le mérita encore moins, ſi ce n'eſt par ſon injuſtice, & ſa cruauté envers ſon frère. Des payſans que la nobleſſe opprimoit, s'étoient révoltés: Sommerſet après les avoir vaincus, les traitoit avec indulgence. Ce fut un des crimes qu'on lui imputa. La Nobleſſe, qu'un eſprit tyrannique rendoit implacable à l'égard de ces malheureux, trouva mauvais qu'il défendît contre elle les droits de l'humanité.

On lui fit encore un grand crime d'avoir propoſé de prévenir toute conteſtation avec la France, en reſtituant Boulogne moyennant une ſomme dont on conviendroit, & ceux qui lui en firent un crime rendirent Boulogne peu de temps après, pour une ſomme très-modique.

On fit deux fois le procès au duc de Sommerfet; la première fois il fut condamné à une amende ; mais Dudley, duc de Northumberland, qni s'étoit élevé fur fes ruines, jugea que la qualité d'oncle du roi rendoit Sommerfet un rival de crédit toujours redoutable; il réfolut de le perdre entièrement, & il y parvint. Il accufa Sommerfet d'avoir voulu le faire affaffiner & quoiqu'accufateur il le jugea lui-même avec les autres pairs : Sommerfet ne pouvoit manquer d'être condamné, le peuple entoura fon échafaud & parut vouloir le fauver; Sommerfet harangua & protefta de fon innocence, le peuple lui rendit témoignage, & s'écria : *rien n'eft plus vrai.* Quelques gardes chargés d'affifter à l'exécution, s'appercevant qu'ils arrivoient tard, & que Sommerfet étoit déjà fur l'échafaud, fe dirent les uns aux autres: *avançons, avançons ;* le peuple crut qu'ils apportoient la grace du duc, & fe mit à crier *grace.* Le duc affura lui-même le peuple qu'il n'y avoit point de grace à efpérer, & le pria de ne pas troubler fes derniers moments par l'intérêt même qu'il pareiffoit prendre à fon fort; l'exécution fe fit affez tranquillement (1552).

Édouard *Seymour*, duc de Sommerfet, laiffa trois filles; Anne, Marguerite & Jeanne, célèbres par le talent de la poëfie. Elles firent, fur la mort de la reine de Navarre, Marguerite de Valois, cette aimable fœur de François I. un ouvrage intitulé : *le Tombeau de Marguerite*, en 104 diftiques latins qui ont été traduits en grec, en italien, en françois, foit à caufe de l'intérêt du fujet, foit à caufe du mérite qu'on trouvoit alors à l'ouvrage.

SEYSSEL, (Claude de) (*Hift. litt. mod.*) natif d'un lieu nommé *Seyffel* en Bugey, fait Evêque de Marfeille, fous Louis XII en 1510, & Archevêque de Turin, fous François I. en 1517, eft principalement conñu par fon hiftoire de Louis XII. Il obferve un privilège affez remarquable de la Nation Françoife. «*Les* » *François*, dit-il, *ont toujours eu licence & liberté de* » *parler à leur volonté de toutes fortes de gens &* » *même de leurs Princes, non pas après leur mort* » *tant feulement, mais encore en leur vivant & en leur* » *préfence. Seyffel* mourut en 1520.

SEYTA, f. m, (*Hift. mod. fuperft.*) idole fameufe adorée par les Lapons. Ce dieu eft une pierre qui n'a aucune forme déterminée, non plus que fa femme & fes enfans qui ne font autre chofe que des maffes de pierres informes, auxquelles les Lapons font des facrifices, & qu'ils frottent avec le fang & la graiffe des victimes, qui font communément des rennes. Le hafard ou l'art a donné à la partie fupérieure de quelques-unes de ces pierres une forme dans laquelle on a cru trouver la reffemblance de chapeaux. Le lieu où font placées les idoles eft à l'endroit où le lac de Tornotrefch forme une rivière & une cataracte.

SFONDRATI, (Sfondrate.) (*Hift. d'Ital.*) famille Milanoife, qui a produit un Pape, (Grégoire XIV) & trois Cardinaux : François, père de Grégoire XIV.

lequel François étoit entré dans l'état Eccléfiaftique, après la mort de fa femme, & mourut en 1550; Paul Emile, neveu de Grégoire XIV, né en 1561, mort en 1618 ; Celeftin, petit neveu de Paul Emile, fait cardinal en 1695, mort le 4 feptembre 1696. Celui-ci eft connu par fon zèle pour les opinions ultramontaines ; il compofa fon *Gallia vindicata* contre les quatre fameux articles de l'affemblée du Clergé de 1682, qui bornoient l'autorité du Pape; en 1688, il écrivit contre les franchifes des quartiers des Ambaffadeurs, au fujet de l'affaire du marquis de Lavardin; mais fon ouvrage qui a fait le plus de bruit, eft celui qui a pour titre: *Nodus prædeftinationis diffolutus*, & il n'a fait de bruit qu'après fa mort ; l'auteur y traitoit toutes ces matières de la prédeftination & de la grace, qui, dans divers temps, mais fur-tout dans celui-là, ont été en poffeffion d'exciter de grandes difputes. M. Boffuet & le cardinal de Noailles, écrivirent à Rome pour faire condamner ce livre, mais ils prenoient mal leur temps ; le Pape Clément XI, outre qu'il étoit plus favorable au molinifme qu'au janfénifme, avoit eu pour maître, le cardinal Sfondrate, & étoit plus difpofé à honorer fa mémoire qu'à la flétrir.

SFORCE, (*Hift. d'Ital.*) Attendulo ou Jacomuzzo, fils d'un cordier felon les uns, d'un cordonnier felon les autres, eft le premier chef connu de cette famille; quelques auteurs lui donnent une origine noble, & Paul Jove dit expreffément, qu'il étoit d'une honnête famille; c'eft peut-être l'amour du merveilleux, qui a fait prévaloir l'opinion qu'il étoit d'une baffe origine; quoi qu'il en foit, cet homme, felon l'opinion la plus générale, étoit un fimple payfan, il labouroit en paix les champs de Cotignole; des foldats paffant fous fes yeux, c'eft afpect lui fit éprouver un fentiment fubit qui l'avertit qu'il étoit né pour les armes & pour la gloire. La fuperftition fe mêloit alors à tous les fentimens pour les confirmer ou pour les combattre; Attendulo confulta le fort à fa manière ; il jetta le coûtre de la charrue fur un arbre, réfolu de s'enrôler fi le coûtre y reftoit, & de s'en tenir à fon état de laboureur s'il retomboit. Le coûtre refta fur l'arbre. Attendulo partit, il devint bientôt le plus fameux capitaine de l'Italie; il eut une petite armée de volontaires qu'il vendoit à tous ces petits fouverains d'Italie, qui faifoient toujours la guerre & qui ne favoient pas la faire. Il eut la gloire de délivrer Jeanne feconde, reine de Naples, affiégée dans un des châteaux de fa Capitale, par Alphonfe Roi d'Arragon. Attendulo portoit alors le nom de *Sforce*, qu'il rendit le plus illuftre de fon temps. Une mort malheureufe termina cette glorieufe carrière ; fon cheval le jetta dans une fondrière, où il fut noyé en 1424.

Il laiffa des fils légitimes, que leur médiocrité à replongés dans le néant.

Mais François *Sforce*, fon bâtard, marcha fur fes traces, égala fa gloire & furpaffa fon bonheur. Protecteur & conquérant du Milanès il le défendit contre tous les voisins avides qui cherchoient à l'envahir, & le prit pour lui-même. Il avoit époufé la bâtarde du dernier duc de Milan, du nom de Vifconti, ce titre appuyé de fon épée, lui paroiffoit fuffifant; il n'en avoit pas eu d'autre pour fuccéder aux biens de fon Père, qui confiftoient dans l'armée qu'il commandoit, On fait d'ailleurs qu'en Italie, la bâtardife n'eft point un titre d'exclufion. Il ne demanda d'inveftiture ni au Pape ni à l'Empereur, parce qu'il n'étoit ni Guelphe ni Gibelin, mais il étoit un grand Prince. Il gouverna bien, il fortifia & embellit fon état; ce fut lui qui fit conftruire le château de Milan, qu'on regarda long-temps comme une forterefle imprenable. C'étoit l'ami & le confeil de Louis XI. Il mourut en 1466.

L'exemple qu'il avoit donné de ne point prendre d'inveftiture, fut fuivi par Galéas-Marie *Sforce* fon fils, affaffiné en 1476, & Jean-Galéas-Marie *Sforce*, fon petit-fils.

Ce dernier fut empoifonné en 1494, par Ludovic-Marie *Sforce* fon grand oncle, qui voulut règner à fa place.

Ludovic n'avoit ni le courage ni la politique des aventuriers célèbres dont il étoit né : il irritoit, par fes crimes & par fes violences, des peuples qui s'étoient donnés à la valeur & à la fageffe de fon père; il crut avoir pourvu à tout en prenant l'inveftiture de l'empereur Maximilien ; il défavoua baffement les titres de fouveraineté de fon père, de fon frère & de fes neveux; il affecta de les retrancher du nombre des ducs de Milan, de faire commencer à lui fa Dynaftie, & de s'intituler *quatrième* au lieu de *feptième* duc, en comptant feulement avant lui, les trois ducs du nom de Vifconti. Cependant, malgré les crimes qui le rendoient odieux à fa Nation, & la baffeffe qui le rendoit méprifable à toute l'Europe, il fe glorifioit avec quelque raifon d'avoir fait le deftin de l'Italie, parce que Charles VIII, qu'il y avoit appelé, fut heureux, tant que Ludovic le feconda, & tomba dans le malheur lorfque Ludovic entra dans la ligue ennemie. Il fe piquoit de prudence & fut furnommé *le More*, non, comme l'ont dit tant d'hiftoriens, à caufe de la couleur de fon vifage, fymbole de la noirceur de fon ame, mais parce qu'il avoit pris pour emblême le Mûrier, qui s'appelle en italien, *Moro*, & qu'il regardoit cet arbre, comme le fymbole de la prudence.

En 1499, Louis XII, héritier de la maifon de Vifconti par Valentine de Milan, fon ayeule, réclame le Milanés, attaque Ludovic, & celui-ci eft abandonné de tout le monde. Ludovic comptoit fur l'Empereur qu'il croyoit intéreffé à défendre l'honneur de fon inveftiture; l'Empereur fut défarmé par une trêve, & ceffa de vendre à Ludovic fes foibles fecours. Quinze jours fuffirent aux François & aux Vénitiens réunis, pour envahir tout le Milanés. Ludovic *Sforce* fe retira auprès de l'empereur Maximilien, avec fes enfans & fes tréfors, après avoir muni le château de Milan, dont il confia la défenfe

à Bernardin de Corté, qu'il croyoit fon plus fidèle fujet, & qui rendit lâchement aux François cette forterefle. Trivulce, nommé gouverneur du Milanés par Louis XII, révolta les efprits par une adminiftration dure; Ludovic fut rappellé en 1500, il revint avec une armée de fuifles, & rentra dans prefque toutes fes places; mais, la Tremoille, un des grands capitaines de ce temps, arrêta bientôt les progrès de Ludovic; il le joignit près de Novare; les Suiffes qui fervoient dans fon armée, gagnèrent ceux de Ludovic, qui livrèrent celui-ci aux François; il fut enfermé à Loches, & languit dans la captivité jufqu'en 1510 qu'il mourut.

Le Cardinal Afcagne Marie fon frère, tomba entre les mains des Vénitiens, qui le livrèrent auffi aux François; il fut enfermé dans la tour de Bourges.

Maximilien *Sforce*, fils de Ludovic, fut rétabli en 1512 dans le Milanés, par ces mêmes Suiffes qui avoient trahi fon père. En 1513, Louis XII renvoie en Italie la Tremoille, & pour la troifième fois le Milanés eft reconquis par les François. Maximilien s'enferme dans Novare, la Tremoille mande au Roi qu'il va lui envoyer le fils prifonnier comme il lui avoit envoyé le père, & que le même lieu aura été funefte à tous les deux; mais, les Suiffes fe piquèrent d'expier leur infidélité dans le même lieu où ils l'avoient commife; ils remportèrent une victoire complette fur la Tremoille, qui, forcé d'évacuer le Milanés, fut encore repouffé jufqu'au milieu de la Bourgogne. Les Suiffes demeurèrent les véritables maîtres du Milanés, & permirent à Maximilien *Sforce* d'y regner fous leur protection : Louis XII laiffa cet affront à venger à François I, qui, en 1515, gagna fur les Suiffes la bataille de Marignan, & affiégea dans Milan Maximilien *Sforce*, qui, après vingt jours de fiège, remit aux François les châteaux de Milan & de Crémone, les deux feules places qui lui reftaffent dans le Milanés; il renonça irrévocablement à tous fes droits fur le Duché, en faveur du Roi, qui lui donna un afyle en France, paya fes dettes & fe chargea de lui faire une penfion de mille écus, ou de lui fournir la même valeur en bénéfices, en lui procurant, s'il pouvoit, le chapeau de cardinal. *Sforce* fut conduit en France; il fortit de fes états fans témoigner ni honte ni douleur, charmé, difoit-il, d'échapper à l'infolente protection des Suiffes, aux exactions de l'Empereur, aux artifices des Efpagnols, à l'alliance frauduleufe du Pape, & paroiffant en effet fentir qu'il alloit être plus libre & plus heureux dans l'obfcurité paifible de fa retraite, qu'il ne l'avoit été fur ce trône où il avoit plu à fes maîtres de le faire affeoir. Les hiftoriens, qui en général aiment qu'on foit ambitieux, s'indignent de fa lâcheté, & chargent beaucoup le tableau de fes vices. A juger de lui par fa conduite, il paroit que c'étoit un Prince foible, fait pour être gouverné. Ni politique ni belliqueux, il n'avoit ni préparé fa défenfe par les intrigues du cabinet, ni commandé les armées qui combattoient pour lui; il fembloit que la querelle du Milanés lui fût étrangère; mais il eut du moins le

〈footer〉

mérite d'avoir renoncé de lui-même à un rang auquel il n'étoit point propre, & de ne l'avoir jamais regretté dans la suite. Il mourut à Paris, le 10 juin 1530.

En 1522, François *Sforce*, frère de Maximilien, avec la protection de l'Empereur Charles-quint, & du Pape, entra dans Milan, où il fut reçu avec des transports de joie. On se flattoit de voir revivre en lui ce premier François *Sforce*, dont le Gouvernement avoit été si glorieux & si doux. La même année, après le combat de la Bicoque, les Lansquenets de l'armée des confédérés, s'étant soulevés pour le refus de quelque gratification, *Sforce* seul eut le pouvoir de les appaiser.

En 1523, il courut un grand danger, auquel il eut le bonheur d'échapper; il alloit de Monza à Milan monté sur une petite mule; sa garde marchoit à quelques pas de lui pour ne pas l'incommoder par la poussière excessive que les chevaux élèvent en été dans les plaines de Lombardie; un jeune Milanois, nommé Boniface, de la maison de Visconti, monté sur un cheval turc, étoit assez près du Duc; on arrive à un carrefour, tout-à-coup Boniface s'élance sur le Duc un poignard à la main. *Sforce* ne dut la vie en cette occasion qu'aux mouvemens de la mule, qui s'effraya & recula, qu'à ceux du cheval turc que sa fougue empêchoit de rester en place; il ne fut atteint qu'à l'épaule. Boniface mit aussi-tôt l'épée à la main, & lui porta un second coup qui ne fit qu'une légère blessure. Ceux qui accompagnoient le Prince accoururent, Visconti s'enfuit par un des chemins qui aboutissoient au carrefour, & n'ayant pu être atteint par les gardes, il se sauva en Piémont. Le duc reprit la route de Monza, dans la crainte qu'il n'y eût quelque conspiration formée contre lui à Milan. Quelques mois avant cet accident, Moron, Chancelier du Milanès, (*voyez* son article) avoit fait assassiner à Milan, pour des raisons qu'on ignore, mais vraisemblablement par ordre du duc, un Monsignorino Visconti, parent de Boniface. Monsignorino avoit un frère Evêque d'Aléxandrie, Moron le fit arrêter; on ne trouva point qu'il fût complice de Boniface, & il fut relâché quelques mois après. On sçut que l'attentat de Boniface n'étoit que l'effet de mécontentemens particuliers & personnels; on avoit cassé sa compagnie, on lui avoit refusé un gouvernement, &c. Mais parmi tant d'ennemis des François, aucun n'eut l'injustice de concevoir sur leur compte un soupçon de complicité avec l'assassin du Duc. Pendant la prison de François I, après la bataille de Pavie, le Duc de Milan, opprimé, par l'empereur, entra dans la ligue des puissances de l'Italie en faveur de la France, contre Charles-quint devenu alors trop redoutable à l'Europe. (*Voyez* les articles MORON & PESCAIRE.). L'Empereur affecta de regarder cette défection d'un Prince, son vassal, comme une félonie qui donnoit lieu à la commise, & parut long-temps s'occuper du projet de lui faire son procès pour confisquer son fief; en attendant, les généreux Espagnols, Pescaire &

Antoine de Léve arrachoient toujours à *Sforce*, quelques portions du Milanès, *Sforce* prit le parti d'aller se jetter aux pieds de l'Empereur, & se justifier de la prétendue félonie. Les conjonctures lui étoient alors favorables: Charles-quint, en confisquant le Milanès, n'eût pas osé encore le prendre pour lui; il eût voulu faire un choix agréable à toute l'Italie, qu'il avoit alors intérêt de ménager, & ce choix étoit tout fait dans la personne de *Sforce*. Il lui donna un sauf-conduit, & *Sforce* vint le trouver à Bologne. Il parut devant son suzerain & son juge, avec une contenance modeste & assurée: « je ne veux point, lui dit-il, d'autre sûreté que mon innocence, & il jetta le sauf-conduit aux pieds de l'Empereur : cette manière ou franche ou noblement adroite plut à l'Empereur. Le Duc rejetta tout ce qu'il avoit fait sur les violences du marquis de Pescaire, qui l'avoient forcé à prendre les armes pour sa défense, lorsqu'il s'étoit vu pressé par ce furieux ennemi, dans le château de Milan. Pescaire étoit mort, il valoit mieux qu'il eût tort que *Sforce*; d'ailleurs, la conduite de Pescaire n'avoit jamais été bien éclaircie: (*voyez* les articles MORON & PESCAIRE.) Ces considérations jointes aux motifs politiques qui déterminoient alors l'Empereur, donnèrent beaucoup de poids à la justification du Duc. Le Pape, qui avoit aussi ses intérêts pour cela, employa ses bons offices en faveur de *Sforce*. L'Empereur confirma donc l'investiture qu'il avoit autrefois donnée du Milanès à *Sforce* : il la confirma moyennant quatre cens mille ducats, payables dans un an, cinquante mille autres ducats, payables d'année en année pendant dix ans. Le Duc, conservant ses états à ce prix, perdit l'amour de ses sujets, qu'il fut obligé d'accabler d'impôts pour pouvoir remplir des engagemens si onéreux. Le sort du duché de Milan, étoit toujours d'être opprimé par ses ennemis ou par ses maîtres. Ces événemens se passoient en 1529.

L'Empereur, pour s'assurer de plus en plus de la fidélité de *Sforce*, lui fit épouser dans la suite, Christine, princesse de Danemarck, sa nièce, fille de Christiern II, Roi de Danemarck, & d'Elisabeth, sœur de Charles-quint.

Ce fut pour complaire à l'Empereur, que *Sforce* fit trancher la tête, le 6 juillet 1533, à l'écuyer Merveille, Ambassadeur secret de François I, & ce fut après cet attentat, & comme pour lui payer le prix de son crime, que Charles-quint lui donna sa nièce en mariage.

Lorsque François I alloit prendre vengeance du Duc de Milan, & que l'Amiral de Brion-Chabot se préparoit à passer le Mont-cenis pour fondre sur le Milanès, François *Sforce* mourut sans enfans vers la fin d'octobre 1535, & les droits de François I au Milanès, parurent être sans concurrence; mais Charles-quint, en lui promettant toujours le duché, le prit pour lui.

La branche ducale de la maison de *Sforce*, fut éteinte à la mort de François *Sforce*.

Cette branche, outre les princes dont nous venons de parler, a voit produit une femme d'un grand caractère & d'un grand courage dans la personne de Catherine *Sforce*, fille naturelle de Galeas Marie *Sforce*, fils du premier François *Sforce*, & qui, comme nous l'avons dit, avoit été assassiné en 1476. Elle avoit épousé Jérôme Riario, prince de Forli. Celui-ci fut assassiné par ses sujets révoltés, qui s'emparèrent de sa femme & de ses enfans. & les retinrent prisonniers. La forteresse de Rimini tenoit encore pour elle & refusoit constamment de se rendre; les rebelles voulant se servir d'elle pour soumettre cette place, consentirent de l'y laisser entrer pour représenter à la garnison l'inutilité, le danger même de cette résistance: lorsque Catherine se vit parmi ses défenseurs, elle se mit à leur tête, parla aux rebelles du haut de la forteresse pour leur commander, sous peine du supplice, de mettre bas les armes: ils lui rappellèrent qu'elle avoit laissé entre leurs mains des ôtages bien précieux, ses enfans, & ils menacèrent de les égorger; elle répondit avec plus que de la fermeté; *qu'il lui restoit encore de quoi en faire d'autres*, ce qu'elle eût pu fort bien dire, sans accompagner ces paroles d'un geste indécent, comme le disent les historiens, qui ont peut-être inventé cet ornement historique. Elle recouvra ses états par sa bonne conduite & avec les secours de Ludovic Marie *Sforce*, son grand oncle. Elle épousa en secondes nôces Jean de Médicis, père de Côme dit le Grand. Elle fut exercée encore par d'autres épreuves; le duc de Valentinois, César Borgia, l'assiégea en 1500. dans Forli; elle se défendit jusqu'à la dernière extrémité, fut faite prisonnière & enfermée dans le château Saint-Ange; elle recouvra dans la suite la liberté seulement; elle perdit ses états, mais jamais le courage; elle mourut vers le commencement du seizième siècle.

S'GRAVESANDE, (*voyez* GRAVESANDE.)

SHADWEL, (Thomas.) (*Hist. litt. mod.*) Poëte dramatique anglois, Poëte lauréat & historiographe du roi Guillaume, à la place de Dryden. M. de Voltaire en parle avec peu d'estime; quelques-unes de ses comédies sont imitées de Molière. Son *libertin* est notre *festin de Pierre*; son *misérable* est *l'avare* de Molière; sa pièce des *Amants chagrins* ou *des impertinents*, est une imitation des *fâcheux* du même Molière.

Shadwel a de plus traduit en vers, les Satyres de Juvenal. Mort en 1692.

SHAFTESBURY, (*voyez* ASHLEY COOPER.) grand Chancelier d'Angleterre. Antoine Ashley Cooper, comte de *Shatsbury* ou de *Shaftesbury*, petit-fils du grand chancelier, se distingua par son éloquence & sa fermeté dans le Parlement, & par une manière de penser, libre, forte & hardie parmi les philosophes. Il fut disciple de Locke; il voyagea, observa & réfléchit. En Hollande, il se lia étroitement avec Bayle & le Clerc, & fit du bien au premier. La philosophie l'éloigna de l'ambition; le roi Guillaume lui offrit une place de Secrétaire d'état,

Shatsbury la refusa; la Reine Anne lui ôta même ce qu'il avoit, la vice-Amirauté de Dorset, qui étoit dans sa famille depuis trois générations. Il trouva sa consolation dans la philosophie, ou plutôt, grace à la philosophie, il n'eut pas même besoin de consolation: ses principaux ouvrages qui ont été traduits en françois, sont : *les mœurs* ou *caractères*; un *Essai sur l'usage de la raillerie & de l'enjouement dans les conversations qui roulent sur les matières les plus importantes*; une *lettre sur l'enthousiasme*.

Dans le premier de ces ouvrages, il s'attache, comme l'ont fait avant & après lui tant de Philosophes, à établir le système qu'il n'y a point de mal dans le monde à proprement parler; parce que le mal de chaque individu compose le bien général; mais toutes ces justifications de la providence ne peuvent être du ressort de la simple métaphysique; car, en mettant à part la révélation, ce seroit toujours un défaut dans l'ouvrage & une marque d'impuissance dans l'ouvrier, que d'avoir composé le bien général du mal particulier, au lieu de l'avoir composé du bien de chaque individu.

Raisonnons moins sûr toutes ces matières, & n'opposons rien au sentiment. La contemplation métaphysique de l'ordre général & la supposition, peut-être un peu gratuite, que notre mal particulier contribue au bien de l'ensemble, ne nous consoleront jamais de ce mal particulier, quand nous l'éprouvons. C'est dans des vertus morales & non dans des spéculations métaphysiques, qu'il faut chercher du remède ou du moins du soulagement à nos maux.

Le Lord *Shatsbury* étoit né à Londres en 1671, il mourut en 1713 à Naples, où il étoit allé chercher la santé dans un climat plus doux.

SHAKESPEAR ou SHAKESPEARE, (*Hist. litt. mod.*) (Guillaume), auteur tragique, & acteur anglois, plus connu comme auteur, naquit à Stratford dans le comté de Warwick en 1564. Son père, marchand de laine, quoique gentilhomme, le destina & l'appliqua d'abord à son négoce. On a dit que *Shakespeare*, dans sa jeunesse, étoit entré dans une troupe de voleurs; on a aussi nié ce fait. Après avoir dissipé son bien & celui de sa femme, il se fit comédien, & il eut bientôt sur ses camarades l'ascendant que donne le génie. Il employa utilement en faveur de Ben-Johnson, poëte tragique, qu'il encouragea comme parmi nous Molière encouragea dans la suite Racine. Ben-Johnson ne pouvoit obtenir que les comédiens jouassent une pièce qu'il leur avoit présentée: *Shakespeare* prit le parti de la pièce & de l'auteur, apprit aux comédiens le mérite de ce qu'ils rejetoient par ignorance; fit jouer la pièce & la fit réussir. Telle fut l'origine qui unit *Shakespeare* & Ben-Johnson, & ce ne fut pas la seule fois que *Shakespeare* acquit des amis par des bienfaits. Un jour étant allé voir, après une longue absence, une femme qu'il connoissoit, mais dont il avoit perdu de vue la destinée, il la trouve en deuil de son mari, chargée de l'entretien de trois filles, & ruinée par la perte d'un grand procès, n'ayant ni appui ni ressources ni espérance ; il se sent pénétré de douleur, embrasse la mère & les filles & sort en silence. On le voit bientôt revenir plus serein, apportant une somme considérable qu'il avoit empruntée d'un ami ; mais la trouvant trop légère encore pour les besoins qu'il s'agissoit de satisfaire, *voilà la première fois*, s'écria-t-il, en versant des larmes, *que j'ai désiré d'être riche* : Il le devint par les libéralités de la reine Élisabeth, du roi Jacques I, & de plusieurs seigneurs anglois ; un lord lui envoya un jour jusqu'à mille livres sterling, (près de mille louis) *Shakespeare* quitta le théâtre vers l'an 1610, & se retira dans sa patrie, à Stratford. Il mourut en 1616.

Le plus juste jugement sur *Shakespeare*, est celui qu'en a porté M. de Voltaire, non pas dans ces derniers temps, où il s'étoit peut-être mêlé de part & d'autre, un peu de passion & d'humeur à la grande question du mérite de *Shakespeare* ; mais dans le temps où M. de Voltaire faisoit connoître en France les beautés & les défauts de cet auteur, dont on n'avoit encore que fort peu d'idée hors de l'Angleterre.

» Les Anglois, dit M. de Voltaire, avoient déjà » un théâtre aussi bien que les Espagnols, quand les » François n'avoient encore que des tréteaux. *Shake-* » *peare*..... créa le théâtre ; il avoit un génie plein de » force & de fécondité, de naturel & de sublime, » sans la moindre étincelle de bon goût & sans la » moindre connoissance des règles. Je vais vous dire » une chose hasardée, mais vraie ; c'est que le mérite » de cet auteur a perdu le théâtre Anglois ; il y a » de si belles scènes, des morceaux si grands & si » terribles, répandus dans ses farces monstrueuses » qu'on appelle tragédies, que ces pièces ont toujours » été jouées avec un grand succès. Le temps, qui » seul fait la réputation des hommes, rend à la fin » leurs défauts respectables. La plûpart des idées bi- » zarres & gigantesques de cet auteur, ont acquis » au bout de cent cinquante ans, le droit de passer » pour sublimes. Les auteurs modernes l'ont presque » tous copié ; mais ce qui réussissoit dans *Shakespeare*, » est sifflé chez eux, & vous croyez bien que la » vénération qu'on a pour cet auteur, augmente à » mesure que l'on méprise les modernes. On ne fait » pas réflexion qu'il ne faudroit pas l'imiter, & le » mauvais succès des copistes fait seulement qu'on le » croit inimitable.

M. de Voltaire appelle avec raison la tragédie du More de Venise, *une pièce très-touchante*, il dit que les beautés de *Shakespeare demandent grace pour toutes ses fautes* ; &, peignant les tragiques Anglois en général avec des traits qui s'appliquent sur-tout à *Shakespeare*, il ajoute :

» Leurs pièces, presque toutes barbares, dépour- » vues de bienséance, d'ordre & de vraisemblance, » ont des lueurs étonnantes au milieu de cette nuit. » Le style est trop empoulé, trop hors de la nature, » trop copié des écrivains hébreux, si remplis de » l'enflure asiatique ; mais aussi il faut avouer que les

» échasses du style figuré, sur lesquelles la langue » Angloise est guindée, élèvent l'esprit bien haut, » quoique par une marche irrégulière.

Voilà certainement tout ce qu'on peut dire de plus raisonnable & de plus impartial sur ce sujet.

M. de la Harpe, qui n'a écrit sur *Shakespeare*, que depuis que la querelle sur la supériorité des deux théâtres Anglois & François, s'est élevée ; M. de la Harpe, condamné d'ailleurs par la pureté de son goût à rejetter impitoyablement tout ce que le goût désavoue, a peut-être un peu trop décrié *Shakespeare* ; mais aussi les éloges prodigués à cet auteur par les commentateurs Anglois & par les nouveaux traducteurs, supposent le renversement de toute regle & de tout principe de goût, l'anéantissement de tout art, la confusion des genres, des objets & des tons, enfin le retour du chaos. Quel est en effet l'état de la question entre les seuls Anglois d'un côté, & de l'autre les François, appuyés de l'exemple, de l'autorité des anciens & du suffrage de tous les modernes ? Le voici. Faut-il peindre la nature telle qu'elle se présente à nos yeux, avec ce mélange confus d'objets nobles & vils, intéressants & rebutans, tragiques & burlesques qu'elle entasse autour de nous ? Faut-il, sous prétexte de vérité, mettre à côté de ce que le pathétique a de plus touchant & de plus sublime, ce que le jargon des Halles a de plus bas & de plus dégoûtant ? Ou faut-il peindre une nature choisie, séparer les genres, distinguer les styles, être vrai avec décence & s'assujettir aux loix de la convenance ? Sans doute la regle gêne, & le goût met un frein au génie :

Mais la regle qui semble austère
N'est qu'un art plus certain de plaire.

On peut cependant accorder beaucoup de choses aux partisans, même outrés, de *Shakespeare* ; on peut convenir que, comme cette imitation de la nature dans toutes ses irrégularités, & tout son Chaos, est cependant l'imitation de la nature, & qu'elle a pour base la vérité, il est assez rare que *Shakespeare* ennuye, même dans ses scènes les plus basses & les plus déplacées ; elles blessent, elles révoltent, elles excitent le dégoût, quelquefois l'horreur ; elles causent rarement de la langueur. Plusieurs de ses pièces ont de l'intérêt ; presque tous ses personnages ont une physionomie marquée, & quoique le nombre en soit très-grand dans chaque pièce, ils n'y mettent point de confusion.

De cette différente manière de concevoir l'imitation de la nature & la vérité, ont résulté des différences essentielles dans le système de la tragédie Angloise & dans celui de la tragédie Françoise.

1°. Toute tragédie de *Shakespeare*, est essentiellement une tragi-comédie.

2°. Quoiqu'en général les François ne se piquent pas de ne choisir pour leurs tragédies que des sujets moraux, ou de les rendre tels par la manière de les traiter ; quoiqu'ils n'offrent pas dans toutes leurs pièces le spectacle consolant du vice puni & de la vertu récompensée ; cette moralité est cependant un mérite qu'ils aiment à donner à leurs tragédies, pour peu que le sujet en soit susceptible, ils arrangent même les événements relativement à ce but, & voilà ce que les Anglois ne se permettent point, eux qui se permettent d'ailleurs tant de choses, ils trouvent que c'est trop montrer la main de l'ouvrier, que c'est substituer l'art à la nature & s'écarter de la vérité, qui ne sépare point ainsi les événements heureux & malheureux, & ne les dispose pas, selon nos vœux, d'après un plan exact & suivi, mais qui mêle le bien & le mal, la joie & la douleur d'une manière en apparence confuse & irrégulière.

3°. Par une suite encore du même système, les tragédies historiques des Anglois altèrent beaucoup moins les faits que les tragédies Françoises ; les tragédies historiques de shakespeare en particulier, peuvent être regardées comme autant de chapitres de l'histoire d'Angleterre mise en action. C'est l'exemple de Shakespeare, qui a donné à M. le Président Henault, l'idée de son François II, mais le Président Henault n'a pas osé secouer entièrement le joug des regles ; il s'est tenu aussi près qu'il a pu des trois unités ; il a choisi un règne qui n'a, pour ainsi dire, qu'un seul événement arrivé dans un même lieu, la conjuration d'Amboise ; nous avons deux très-bonnes pièces du même genre, où l'on retrouve de même de l'unité, de la régularité, c'est l'Evêque de Lizieux, Jean Hennuyer, ou la Saint Barthélemi, & la mort de Louis XI, toutes deux de M. Mercier, & peut-être les meilleurs ouvrages. Ainsi, dans nos drames historiques il y a toujours du choix, du goût, de l'unité, de la regle, tandis que les Anglois ne mettent dans les leurs que de la vérité & plient leur scène mobile à toutes les irrégularités, à toutes les vicissitudes de l'histoire. Qui ne sauroit l'histoire que par nos drames historiques, la sauroit mal ; on peut dire au contraire, qu'avant que la grande Bretagne possédât son David Hume & ses autres bons historiens, qu'elle n'a eu que très-tard, les tragédies historiques de Shakespeare étoient au nombre des sources les plus pures & les plus fidelles de son histoire.

SHAKRI, ou CHAKRI, s. m. (Hist. mod.) Dans le royaume de Siam on désigne sous ce nom un des premiers magistrats de l'état qui est chargé de la police de l'intérieur. Toutes les affaires des provinces se portent devant lui, & les gouverneurs sont obligés de lui rendre compte & de recevoir ses ordres, c'est lui qui est le président du conseil d'état. (A. R.)

SHARP, (Jean.) (Hist. litt. mod.) Un des plus célèbres prédicateurs d'Angleterre, mort en 1713, Archevêque d'Yorck. On a ses sermons.

SHARVAKKA, (Hist. mod.) nom d'une secte de bramines, ou de prêtres indiens qui ont des sentimens très-peu orthodoxes & conformes à ceux des Epicuriens. Ils ne croyent point l'immortalité de l'ame, ni la vie à venir, & ils exigent de leurs adversaires des preuves sensibles & positives que l'on ne peut point trouver dans une fausse religion ; malgré cela on dit que les Sharvakkas menent une vie très-exemplaire. (A. R.)

SHASTER, ou CHASTER, s. m. (Hist. mod. sup.) c'est le nom que les idolâtres de l'Indostan donnent à un livre dont l'autorité est très-respectée parmi eux, qui contient tous les dogmes de la religion des brames, toutes les cérémonies de leur culte, & qui est destiné à servir de commentaire au livre appellé vedam, qui est le fondement de leur croyance, & il étoit fait dans la vue de prévenir les disputes qui pouvoient s'élever au sujet de ce livre ; mais il n'a point produit cet effet, parce qu'il n'est guère possible d'empêcher les disputes entre les différentes sectes d'une religion absurde par elle-même. On le nomme shafter, shastrum, ou jastra, ce qui signifie science ou système : aussi donne-t-on ce même nom à plusieurs autres ouvrages, sur-tout sur la philosophie & sur l'astronomie, qui n'ont d'ailleurs aucun rapport avec la religion des Indiens. Il n'est permis qu'aux bramines & aux rajahs ou princes de l'Inde de lire le vedam ; mais les prêtres des Banians, appellés shuderers, peuvent lire le shafter ; quant au peuple, il ne lui est permis de lire que le livre appellé puran ou pouran, qui est un commentaire du shafter ; ainsi il ne leur est permis de puiser les dogmes de la religion que de la troisième main.

Le shafter est divisé en trois parties, dont la première contient la morale des bramines ; la seconde contient les rites & les cérémonies de leur religion, & la troisième divise les Indiens en différentes tribus ou classes, & prescrit à chacune les devoirs qu'elle doit observer.

Les principaux préceptes de morale contenus dans la première partie du shafter sont, 1°. de ne tuer aucun animal vivant, parce que les animaux ont, selon les Indiens, une ame aussi-bien que les hommes ; 2°. de ne point prêter l'oreille au mal, & de ne point parler mal de soi-même ; de ne point boire de vin, de ne point manger de viande, de ne toucher à rien d'impur ; 3°. d'observer les fêtes prescrites, de faire des prières & de se laver ; 4°. de ne point mentir, & de ne point tromper dans le commerce ; 5°. de faire des aumônes suivant ses facultés ; 6°. de ne point opprimer, ni faire violence aux autres ; 7°. de célébrer les fêtes solemnelles, d'observer les jeûnes, de se retrancher quelques heures de sommeil pour être plus disposé à prier ; 8°. de ne point voler, ni frauder personne de ce qui lui appartient.

La seconde partie du shafter a pour objet les cérémonies : elles consistent 1°. à se baigner souvent dans les rivières. En y entrant, les Banians commencent par se frotter tout le corps avec de la boue ou du limon, après quoi ils s'enfoncent plus avant dans l'eau, & se tournent vers le soleil ; alors un bramine ou prêtre adresse une prière à Dieu pour lui demander de purifier l'ame de ses souillures ; les Banians se plongent quelquefois dans la rivière, & ils croyent par-là avoir obtenu le pardon de tous leurs péchés ; 2°. les Banians se frottent le front d'une couleur rouge, qui est le signe qu'ils font partie du peuple de Dieu ; 3°. il leur est ordonné de faire des offrandes, des prieres sous des arbres destinés à ces usages sacrés, & qu'ils doivent tenir en grande vénération ; 4°. de faire des prieres dans les temples, de faire des offrandes aux pagodes ou idoles, de chanter des hymnes, & de faire des processions, &c. 5°. de faire des pélerinages à des rivieres éloignées, & surtout au Gange, afin de s'y laver, & de faire des offrandes ; 6°. d'adresser leurs vœux à des saints qui ont chacun des départemens particuliers ; 7°. il leur est ordonné de rendre hommage à Dieu, à la vue de la premiere de ses créatures qui s'offre à leurs yeux après le lever du soleil ; de rendre leurs respects au soleil & à la lune, qui sont les deux yeux de la divinité ; de respecter pareillement les animaux qui sont regardés comme plus purs que les autres, tels que la vache, le buffle, &c. parce que les ames des hommes passent dans ces animaux : c'est pour cela que les Banians frottent leurs maisons avec leur fiente, dans l'idée de les sanctifier par ce moyen.

La troisième partie du shafter établit une distinction entre les hommes, & les divise en quatre tribus ou classes : la premiere est celle des bramines, ou prêtres chargés de l'instruction du peuple ; la seconde est celle des kutteris ou nobles, dont la fonction est de commander aux hommes ; la troisième est celle des shudderis, ou des marchands, qui procurent aux autres leurs besoins à l'aide du trafic ; la quatrième classe est celle des vises, ou artisans. Chacun est obligé de demeurer dans la classe ou tribu dans laquelle il est né, & de s'en tenir aux occupations qui lui sont assignées par le shafter.

Suivant les bramines, le shafter fut donné par Dieu lui-même à Brama, qui par son ordre le remit aux bramines de son temps pour en communiquer le contenu aux peuples de l'Indostan, qui en conséquence se diviserent en quatre tribus qui subsistent parmi eux jusqu'à ce jour. (A. R.)

SHAVV, (Thomas.) Hist. litt. mod.) Medecin Anglois de la société royale de Londres, principal du collége d'Edmond à Oxford, connu par des voyages en divers lieux de la Barbarie & du Levant. Ils ont été traduits en François : mort en 1751.

SHECTEA ou CHECTEA, (Hist. mod.) c'est le nom d'une secte de bramines ou prêtres indiens, qui croyent contre toutes les autres, que Ramon, Brama, Vistnou & Ruddiren sont des êtres subordonnés à Shecti ou Checti de qui seul ils ont dérivé leur pouvoir, & qu'ils regardent comme le créateur & le modérateur de l'univers. Ces sectaires, qui sont des déistes, n'admettent point l'autorité du vedam ou livre sacré ; de plus, ils refusent de croire les choses qui ne tombent point sous leurs sens, par conséquent ils ne croyent aucuns mysteres. Les Indiens les regardent comme des hérétiques dangereux, qui ne méritent que d'être exterminés. (A. R.)

SHEIK, s. m. terme de relation, nom de celui qui a le soin des mosquées en Egypte, & dont la charge répond à celle des imans à Constantinople. Ils sont plus ou moins de sheiks dans chaque mosquée, selon sa grandeur & ses revenus. Dans les grandes mosquées, il y en a un qui est le chef & n'a rien à faire ; mais dans les petites mosquées, tous les sheiks ont soin d'ouvrir le temple, d'appeller pour les prieres, & de défiler ensemble pour faire leurs courtes dévotions. Pocock, description d'Egypte, p. 171. (D. J.)

SHEIK-BELLET, terme de relation, nom d'un officier turc en Egypte, qui est le chef de la ville, & qui est placé par le Piasha. Son emploi est d'avoir soin qu'il n'arrive aucune innovation qui puisse préjudicier à la Porte ; mais toute son autorité dépend uniquement de son crédit ; car le gouvernement d'Egypte est de telle nature, que souvent ceux à qui l'on confere les moindres postes ont cependant la plus grande influence, & qu'un caya des janissaires ou des arabes trouve le secret, par ses intrigues, de gouverner malgré le pacha même. Pocock, description d'Egypte, p. 163. (D. J.)

SHEQUE, s. m. (Hist. anc.) les Arabes nomment sheques les chefs de leurs tribus. Les anciens Grecs les appelloient phylarques ; ce fut un de ces sheques ou phylarques arabes qui, semblables à Sinon, eut l'adresse de faire goûter à Crassus un plan de guerre contre les Parthes, dont le but étoit la perte de ce général, & il réussit dans son projet. Les anciens ne s'accordent point sur le véritable nom de ce fourbe si célebre dans l'histoire romaine ; Dion Cassius le nomme Abzarus, Plutarque Ariamnes, Florus Mazeres & Appien Acbarus. Quoi qu'il en soit, l'armée fut taillée en pieces ; Crassus périt dans des marais pleins de fondrieres, & sa défaite fut le plus terrible échec que les Romains eussent essuyé depuis la bataille de Cannes ; on leur tua vingt mille hommes, & il y en eut dix mille de pris. Artabaze reçut la tête de Crassus au milieu d'un festin de noces ; & la joie fut telle à cette vûe, qu'on versa de l'or fondu dans la bouche de cette tête, pour se moquer de la soif insatiable que ce romain avoit toujours eu de ce métal. Dion Cassius, l. II. c. I. Florus, l. III. c. ij. (D. J.)

SHERIF, s. m (Hist. mod.) est en Angleterre un magistrat dont le pouvoir s'étend sur toute une province, & dont le principal devoir est de faire exécuter les sentences des juges, de choisir les jurés, &c. C'est, pour ainsi dire, le grand prévôt de la province. Les sherifs étoient autrefois choisis par le peuple ; aujourd'hui c'est le souverain qui les nomme de cette maniere. Les juges présentent six personnes de chaque province, chevaliers ou écuyers riches de ces six le conseil d'état en choisit trois ; & parmi ces derniers le roi donne son agrément à celui qu'il veut. Ils étoient aussi anciennement plusieurs années de suite en charge : présentement on les change tous les ans ; il n'y a que celui de Westmorland dont la dignité

dignité soit héréditaire dans la famille du comte de Tanet. Les *sherifs* ont deux sortes de cours. La premiere se tient tous les mois par le *sherif* ou son substitut qu'on appelle *under sherif* ou *sous-sherif*, qui juge les causes de la province au-dessous de 40 schelings. L'autre cour se tient deux fois l'année ; un mois après Pâques, & un mois après la Saint-Michel. On y fait la recherche de toute offense criminelle contre le droit coutumier, hors les cas exceptés par acte du Parlement. Les pairs du royaume & tous ceux qui ont droit de tenir de semblables cours, sont exempts de la jurisdiction de celui-ci. C'est encore un des devoirs du *sherif* de rendre à la tréforerie toutes les taxes publiques, les amendes & les saisies qui se font faites dans les provinces, ou d'en disposer suivant les ordres du roi. Quand les juges font leurs tournées dans les provinces, le *sherif* doit prendre soin qu'ils soient bien reçus & bien gardés tout le temps qu'ils font dans la province dont il est *sherif*. A Lond.es seulement il y a deux *sherifs* qui portent tous deux le titre de *sherif de Londres* & *de Midlesex* province où Londres est située. Dans chaque province, le *sherif* a un substitut qui fait presque toutes les affaires, & dont l'emploi est fixe. *État de la grande Bretagne sous George II. tome II. page 188.* (*A. R.*)

SHEFFIELD, (Jean.) duc de *Buckingham*, né vers l'an 1646, fut ministre d'état en Angleterre. Il avoit été d'abord un guerrier assez illustre. Il avoit servi sur mer contre les Hollandois ; il avoit fait une campagne sur terre sous M. de Turenne. Il commanda une flotte que les Anglois envoyerent contre Tanger en Afrique. Il eut grande part à la confiance du roi Guillaume & de la reine Marie sa femme ; mais entraîné par le goût des lettres, & n'aimant que la retraite & l'étude, il refusa la place de grand chancelier d'Angleterre sous le règne de la reine Anne. On a ses œuvres en deux volumes in 8o. ; ses essais sur la poësie, ont été traduits en François. Sa comédie du *Rehearsal* fit révolution dans le théâtre Anglois ; il mourut en 1721.

SHERLOCK, (Guillaume & Thomas.) (*Hist. litt. mod.*) théologiens Anglois : Guillaume, auteur de quelques ouvrages de dévotion & de morale, qui ont été traduits en François. Thomas beaucoup plus célèbre, a fait la guerre aux incrédules de son temps & de son pays. Ses ouvrages ont aussi été traduits en françois. Ses *témoins de la résurrection* sont souvent cités.

Guillaume, né en 1641, mourut en 1707. Thomas est mort vers 1749, Evêque de Bangor.

SHIITES ou CHITES, s. m. pl. (*Hist. mod.*) Depuis environ onze siècles, les Mahométans sont partagés en deux sectes principales qui ont l'une pour l'autre toute la haine dont les disputes de religion puissent rendre les hommes capables. Les partisans de l'une de ces sectes s'appellent *Sonnites*, parce qu'ils admettent l'autorité des traditions mahométanes contenues dans la *Sonna*. Les Sonnites donnent à leurs adversaires le nom de *Shiites*,

par où ils désignent des *hérétiques*, des *sectaires*, des *gens abominables*, nom que ceux-ci retorquent libéralement à leurs adversaires.

Les *Shiites* se soudivisent, dit-on, en soixante & douze sectes qui enchérissent les unes sur les autres pour leurs extravagances. C'est Ali, gendre de Mahomet, & son quatrième successeur ou calife, qui est l'objet de leur querelle avec les Sonnites & les Karejites. Ils prétendent qu'Abubecre, Omar & Otman, qui ont succédé immédiatement à Mahomet, n'étoient que des usurpateurs ; & que la souveraineté & le pontificat des Musulmans appartenoit de droit à Ali & à sa famille. Non contens de ces prétentions, quelques *Shiites* soutiennent qu'Ali étoit au-dessus de la condition humaine ; que Dieu s'est manifesté par lui ; qu'il a parlé par sa bouche. Ils le préferent à Mahomet lui-même. D'autres, plus mitigés, les mettent sur la même ligne, & disent qu'ils se *ressemblent aussi parfaitement que deux corbeaux* : ceux-ci s'appellent *Gobarites*, c'est-à-dire, partisans de la secte des corbeaux. Quoiqu'Ali ait été assassiné, il y a des *shiites* qui soutiennent sa divinité : ils attendent son second avénement à la fin du monde, ce qui ne les empêche point d'aller faire leurs dévotions à Cufa où est son tombeau. Le respect des *Shiites* pour Ali est si grand, que toutes les fois qu'ils le nomment, ils ajoutent *que Dieu glorifie sa face*. Le surnom qu'ils lui donnent est celui de *lion de Dieu*. Les *Shiites* n'admettent point la *sonna* : ils traitent de mensonges & de rêveries les traditions contenues dans ce livre.

Tels sont les motifs de la haine implacable qui divise les Sonnites & les *Shiites*. Ces querelles qui ont fait couler des flots de sang, subsistent encore dans toute leur force entre les Turcs, qui sont Sonnites, & les Persans qui sont *Shiites*, ainsi que les Tartares-usbecs & quelques princes Mahométans de l'Indostan. (*A. R.*)

SHIP-MONEY, (*Hist. d'Angl.*) Ce mot signifie *argent de vaisseau*, ou pour les vaisseaux. C'est une taxe qui avoit été anciennement imposée sur les ports, les villes, &c. pour servir à la construction des vaisseaux. Charles premier renouvella cette taxe de sa propre autorité en 1640 ; mais elle fut abolie par le parlement le 7 d'Août 1641, comme contraire aux loix du royaume, à la propriété des sujets, aux résolutions du parlement & à la requête de droit. (*D. J.*)

SHIRLEY, (*Hist. d'Angl.*) Les deux frères *Shirley*, Antoine & Thomas, employés par la reine Elisabeth en différentes affaires, passerent en Perse avec des fondeurs de canons, dont cette nation avoit grand besoin. L'Empereur de Perse, Schah-Abas, donna sa confiance à ces deux frères, & les employa aussi en différentes négociations. Antoine finit par se fixer en Espagne, où il vivoit en 1631, étant né en 1565. On a la relation de ses voyages dans le recueil de Purchass. Thomas fut, comme son frère, envoyé par Schah-Abas en Ambassade, dans les diverfes cours de l'Europe , & même dans l'Angleterre , sa patrie ; mais il y éprouva un grand défagrément : il y vit arriver un autre Ambaffadeur Perfan, qui se prétendit seul envoyé par l'Empereur de Perse , & qui traita *Shirley* d'impofteur. Jacques I , qui regnoit alors en Angleterre, ne fachant qui des deux étoit le véritable ambaffadeur , prit le parti de les renvoyer tous deux en Perse , sous la conduire de Dodmer Cotton, auquel il donna le titre de son ambaffadeur auprès de Schah-Abas. L'impofteur s'empoifonna en route, ce qui juftifioit *Shirley* ; mais il vouloit une fatisfaction authentique qui le juftifiât avec éclat dans son pays ; il ne put l'obtenir , on ne fait pas pourquoi, & il en mourut de chagrin le 23 juillet 1627.

SHOKANADEN, f. m. (*Hift. mod. Superftit.*) divinité adorée dans le royaume de Maduré , sur la côte de Coromandel, & qui a un temple trèsfomptueux à Maduré, capitale du pays. Dans les jours de folemnité, on porte ce dieu sur un char d'une grandeur si prodigieufe, qu'il faut , dit-on , quatre mille hommes pour le traîner. L'idole , pendant la proceffion , eft fervie par plus de quatre cent prêtres qui font portés sur la même voiture, sous laquelle quelques Indiens se font écrafer par dévotion. (*A. R.*)

SHUDDERERS *ou* CHUDERERS , f. m. (*Hift. mod.*) c'eft ainfi que l'on nomme dans la partie orientale du Malabare les prêtres du second ordre , c'eft-à-dire , inférieurs aux bramines , qui font la fonction de defervir les temples ou pagodes de la tribu des Indiens idolâtres , appellés *shudderi* , qui eft celle des marchands ou banians. Il ne leur eft point permis de lire le *vedam* où livre de la loi, mais ils enfeignent à leur tribu le *shafter* , qui eft le commentaire du vedam. Ils ont le privilége de porter au col la figure obfcene , appellée *lingam.* (*A. R.*)

SHUCFORD, (Samuel) (*Hift. litt. mod.*) Chanoine de Cantorbery, chapelain du roi d'Angleterre , eft auteur d'une *hiftoire du monde , facrée & profane* , pour fervir d'introduction à celle de Prideaux, & d'un autre ouvrage qui , dans son intention, rentroit dans celui-là , & qui a pour titre : *La création & la chûte de l'homm.* ; mort en 1754.

SIAKA , RELIGION DE , (*Hift. mod. fuperftition.*) cette religion qui s'eft établie au Japon, a pour fondateur *Siaka* ou *Xaca* , qui eft aufli nommé *Budfdo* , & fa religion *Budfcoifme.* On croit que le *buds* ou le *fiaka* des Japonois, eft le même que le *foë* des Chinois, & que le *vif ou* , le *budu* ou *putza* des Indiens, le *fommonacodum* des Siamois; car il paroît certain que cette religion eft venue origirairement des Indes au Japon, où l'on profeffoit aupparavant la feule religion du *fintos.* Les Budsdoiftes difent que *Siaka* naquit environ douze cent ans avant l'ere chrétienne; que son père étoit un roi ; que son fils quitta le palais de son père, abandonna fa femme & son fils , pour embraffer une vie

pénitente & folitaire , & pour se livrer à la contemplation des chofes céleftes. Le fruit de ses méditations fut de pénétrer la profondeur des myftères les plus fublimes, tels que la nature du ciel & de l'enfer ; l'état des ames après la mort ; leur tranfmigration ; le chemin de l'éternelle félicité , & beaucoup d'autres chofes fort au-deffus de la portée du commun des hommes. *Siaka* eut un grand nombre de difciples ; se fentant proche de fa fin , il déclara que pendant toute fa vie , il avoit enveloppé la vérité fous le voile des métaphores , & qu'il étoit enfin temps de leur révéler un important myftère. *Il n'y a* , leur dit-il , *rien de réel dans le monde , que le néant & le vuide : c'eft le premier principe de toutes chofes ; ne cherchez rien au-delà , & ne mettez point ailleurs votre confiance.* Après cet aveu impie , *Siaka* mourut à l'âge de foixante-dix-neuf ans ; ses difciples diviferent en conféquence fa loi en deux parties ; l'une extérieure, que l'on enfeigne au peuple : l'autre intérieure, que l'on communique qu'à un petit nombre de profélites. Cette derniere confifte à établir le vuide & le néant , pour le principe & la fin de toutes chofes. Ils prétendent que les élémens, les hommes , & généralement toutes les créatures font formées de ce vuide , & y rentrent après un certain temps par la diffolution des parties ; qu'ainfi il n'y a qu'une feule fubftance dans l'univers , laquelle se diverfifie dans les êtres particuliers , & réçoit pour un temps différentes modifications , quoiqu'au fond elle foit toujours la même : à-peu-près comme l'eau eft toujours effentiellement de l'eau , quoiqu'elle prenne la figure de la neige , de la pluie , de la grêle ou de la glace.

Quant à la religion extérieure du *budfdoifme* , les principaux points de fa doctrine font , 1°. que les ames des hommes & des animaux font immortelles ; qu'elles font originairement de la même fubtance , & qu'elles ne different que felon les différens corps qu'elles animent. 2°. Que les ames des hommes féparées du corps font récompenfées ou punies dans une autre vie. 3°. Que le féjour des bienheureux s'appelle *gokurakf* ; les hommes y jouiffent d'un bonheur proportionné à leur mérite. Amida eft le chef de ces demeures céleftes; ce n'eft que par fa médiation que l'on peut obtenir la rémiffion de ses péchés , & une place dans le ciel , ce qui fait qu'Amida eft l'objet du culte des fectateurs de *Siaka.* 4°. Cette religion admet un lieu appellé *afigokf* , où les méchans font tourmentés fuivant le nombre & la qualité de leurs crimes. Jemma eft le juge fouverain de ces lieux ; il a devant lui un grand miroir , dans lequel il voit tous les crimes des réprouvés. Leurs tourmens ne durent qu'un certain temps , au bout duquel les ames malheureufes font renvoyées dans le monde pour animer les corps des animaux impurs, dont les vices s'accordent avec ceux dont ces ames s'étoient fouillées ; de ces corps , elles paffent fucceffivement dans ceux des animaux plus nobles , jufqu'à ce qu'elles puiffent rentrer dans des corps humains.

où elles peuvent mériter ou démériter fur nouveaux frais.

5°. La loi de *Siaka* défend de tuer aucunes créatures vivantes, de voler, de commettre l'adultère, de mentir, de faire ufage de liqueurs fortes. Cette loi prefcrit, outre cela, des devoirs très-gênans, & une mortification continuelle du corps & de l'efprit. Les bonzes ou moines de cette religion puniffent avec la derniere févérité, & de la manière la plus cruelle, les moindres fautes de ceux qui font foumis à leur direction; ces moines font de deux efpèces, les uns appellés *genguis*, & les autres appellés *goguis*. Ils menent une vie extraordinairement pénitente, & leur figure a quelque chofe de hideux : le peuple les croit des faints, & n'ofe réfifter à leurs ordres, quelques barbares qu'ils puiffent être, & lors même que leur exécution doit être fuivie de la mort. Ces bonzes font paffer les pelerins qui vifitent les temples de *Siaka*, par les épreuves les plus cruelles, pour les forcer de confeffer leurs crimes avant que de les admettre à rendre leurs hommages à ce dieu.

Cette religion a fes martyrs, qui fe donnent une mort volontaire, dans la vue de fe rendre agréables à leurs dieux. On voit, le long des côtes de la mer, des barques remplies de fanatiques, qui, après s'être attaché une pierre au col, fe précipitent dans le fond de la mer. D'autres fe renferment dans des cavernes qu'ils font murer, & s'y laiffent mourir de faim. D'autres fe précipitent dans les abymes brûlans des volcans. Quelques-uns fe font écrafer fous les roues des chariots fur lefquels on porte en proceffion Amida & les autres dieux de leur religion; ces fcènes fe renouvellent chaque jour, & les prétendus martyrs deviennent eux-mêmes les objets de la vénération & du culte du peuple.

Il y a plufieurs fêtes folemnelles que célébrent les fectateurs de la religion de *Siaka*. La principale eft celle que l'on appelle *la fête de l'homme*. L'on y porte en proceffion la ftatue du dieu *Siaka* fur un brancard, celle de fa maîtreffe paroît enfuite; cette derniere rencontre comme par hafard la ftatue de fa femme légitime : alors ceux qui portent celle-ci fe mettent à courir de côté & d'autre, & tâchent d'exprimer par leurs actions le chagrin que la rencontre d'une rivale préférée caufe à cette époufe infortunée; ce chagrin fe communique au peuple, qui communément fe met à fondre en larmes. On s'approche confufément des brancards comme pour prendre parti entre le dieu, fa femme & fa maîtreffe, & au bout de quelque temps, chacun fe retire paifiblement chez foi, après avoir remis les divinités dans leurs temples. Ces idolâtres ont une autre fête finguliere, qui femble faite pour décider, les armes à la main, la préféance que méritent les dieux. Des cavaliers armés de pied en cap, échauffés par l'ivreffe, portent fur le dos des dieux dont chacun d'eux s'eft fait le champion; ils fe livrent des combats qui ne font rien moins que des jeux, & le champ de ba-

taille finit par fe couvrir de morts; cette fête fert de prétexte à ceux qui ont à venger des injures perfonnelles, & fouvent la caufe des dieux fait place à l'animofité des hommes.

La religion de *Siaka* a un fouverain pontife, appellé *Siako*, des évêques que l'on nomme *tundes*, & des moines ou bonzes appellé *xénxus* & *xodoxins*. (*A. R.*)

SIAKO ou XACO, (*Hift. mod.*) c'eft le nom que l'on donne au Japon au fouverain pontife du Budsdoïfme, ou de la religion de Siaka. Il eft regardé par ceux de la fecte comme le vicaire du grand Budsdo ou Siaka. *Voyez l'article qui précéde*. Le *fiako* a un pouvoir abfolu fur tous les miniftres de fa religion; c'eft lui qui confacre les tundes, dont la dignité répond à celle de nos évêques, mais ils font nommés par le cubo ou empereur féculier. Il eft le chef fuprême de tous les ordres monaftiques du Budsdoïfme; il décide toutes les queftions qui s'élèvent au fujet des livres facrés, & fes jugemens font regardés comme infaillibles. Le *fiako* a, fuivant le P. Charlevoix, le droit de canonifer les faints, & de leur décerner un culte religieux, On lui attribue le pouvoir d'abréger les peines du purgatoire, & même celui de tirer les ames de l'enfer pour les placer en paradis. (*A. R.*)

SIARE, f. m. (*terme de relation*) nom que les habitans des iles Maldives donnent à un lieu qui eft confacré au roi des vents. Il n'y a prefque aucune de leurs îles où ils n'ayent un *fiare*, dans lequel ceux qui font échappés de quelque danger fur mer, vont faire leurs offrandes. Ces offrandes confiftent en de petits bateaux chargés de fleurs & d'herbes odoriférantes. On brûle ces herbes & ces fleurs à l'honneur du roi des vents, & on jette les petits bateaux dans la mer après y avoir mis le feu. Tous leurs navires font dédiés au roi des vents & de la mer. (*D. J.*)

SIBILET, (Thomas) (*Hift. litt. mod.*) Parifien, poëte du feizième fiècle, auteur d'un *art poëtique françois*. On a de lui auffi une traduction de l'*Iphigénie* d'Euripide en vers, de différentes mefures. Mort en 1589.

SIBILOT, (*Hift. de Fr.*) Fou de la cour de Henri III, & le feul fou d'alors qui ne fut pas funefte à l'état. Son nom étoit paffé en proverbe. Pour fignifier un fou, on difoit *un Sibilot*, comme Boileau appelle Alexandre, *ce fougueux Langely*.

SIBYLLINS, LIVRES, (*Hift. rom.*) anciens livres d'oracles & de prédictions extrêmement accredités chez les Romains. Ils furent apportés à Tarquin le Superbe, ou, felon Pline, à Tarquin l'ancien, par une vieille myftérieufe qui difparut comme une ombre; on la crut fibylle elle-même. On affembla les augures, on enferma les livres dans le temple de Jupiter au capitole; on créa des pontifes pour les garder; on ne douta point que les deftinées de Rome n'y fuffent écrites. Ces livres prophétiques périrent dependant dans l'incendie du capitole l'an 671 de Rome, fous la dictature de Sylla; mais on fe hâta de réparer cette perte. On en recueillit d'autres dans la ville d'Erythrée & ailleurs; on les rédigea par extraits. Augufte les renferma dans des coffres dorés, & les mit fous la bafe du temple d'Apollon Palatin qu'il venoit de bâtir. Ils y demeurèrent jufqu'au temps d'Honorius en 405 de J. C. & cet empereur, dit-on, donna des ordres à Stilicon de les jetter dans le feu. Traçons en détail toute cette hiftoire d'après les écrits de M. Freret, & faifons-la précéder de fes réflexions intéreffantes fur cette maladie incurable de l'efprit humain, qui, toujours avide de connoître l'avenir, change fans ceffe d'objets, ou déguife fous une forme nouvelle les anciens objets qu'on veut lui arracher. Croyons que l'hiftoire des erreurs qui femblent les plus décriées, peut encore ne pas être aujourd'hui des recherches de pure curiofité.

Dans tous les fiècles & dans tous les pays, les hommes ont été également avides de connoître l'avenir; & cette curiofité doit être regardée comme le principe de prefque toutes les pratiques fuperftitieufes qui ont défiguré la religion primitive chez les peuples policés, auffi-bien que chez les nations fauvages. Les différentes efpèces de divination que le hafard avoit fait imaginer, & qu'adopta la fuperftition, confiftoient d'abord dans une interprétation conjecturale de certains événements, qui par eux-mêmes ne méritoient le plus fouvent aucune attention; mais qu'on étoit convenu de prendre pour autant de fignes de la volonté des dieux. On commença probablement par l'obfervation des phénomènes céleftes, dont les hommes furent toujours très-vivement frappés; mais la rareté de ces phénomènes fit chercher d'autres fignes qui fe préfentoient plus fréquemment, ou même que l'on pût faire parcître au befoin. Ces fignes furent le chant & le vol de certains oifeaux; l'éclat & le mouvement de la flamme qui confumoit les chofes offertes aux dieux; l'état où fe trouvoient les entrailles des victimes; les paroles prononcées fans deffein, que le hafard faifoit entendre, enfin les objets qui fe préfentoient dans le fommeil à ceux qui par certains facrifices, ou par d'autres cérémonies, s'étoient préparés à recevoir ces fonges prophétiques.

Les Grecs furent pendant plufieurs fiècles fans connoître d'autres moyens que ceux-là de s'inftruire de la volonté des dieux; & chez les Romains, fi on en excepte quelques cas finguliers, cette divination conjecturale fut toujours la feule que le gouvernement autorifa; on en avoit même fait un art qui avoit fes règles & fes principes.

Dans les occafions importantes, c'étoit par ces règles que fe conduifoient les hommes les plus fenfés & les plus courageux; la raifon fubjuguée dès l'enfance par le préjugé religieux, ne fe croyoit point en droit d'examiner un fyftême adopté par le corps de la nation. Si quelquefois féduite par cette nouvelle philofophie, dont Tite-Live fait gloire de s'être garanti, elle entreprenoit de fe révoker, bientôt la force de l'exemple & le refpect pour les an-

ciennes opinions la contraignoient de rentrer fous le joug. En voulez-vous un exemple bien fingulier? le voici.

Jules Céfar ne peut être accufé ni de petiteffe d'efprit, ni de manque de courage, & on ne le foupçonnera pas d'avoir été fuperftitieux; cependant, ce même Jules Céfar ayant une fois verfé en voiture, n'y montoit plus fans réciter certaines paroles, qu'on croyoit avoir la vertu de prévenir cette efpèce d'accident. Pline qui nous rapporte le fait, *liv. XXVII. chap. ij.* affure que de fon temps, prefque tout le monde fe fervoit de cette même formule, & il en appelle la confcience de fes lecteurs à témoin.

Du temps d'Homère & d'Hefiode, on ne connoiffoit point encore les oracles parlants, ou du moins ils avoient fort peu de célébrité; j'appelle *oracles parlants*, ceux où l'on prétendoit que la divinité confultée de vive voix, répondoit de la même manière par l'organe d'un prêtre, ou d'une prêtreffe qu'elle infpiroit. L'oracle de Delphes qui fut le premier des oracles parlants, ne répondoit qu'un feul jour dans l'année, le feptième du mois bufios, ufage qui fubfifta affez long-temps: ainfi on imagina, pour la commodité de ceux qui vouloient connoître l'avenir, de dreffer des recueils d'oracles ou de prédictions écrites, que pouvoient confulter les curieux qui n'avoient pas le loifir d'attendre. Ces prédictions, conçues en termes vagues & ambigus, comme ceux des oracles parlants, étoient expliquées par des devins particuliers, qu'on nommoit *chrefmologues*, ou interprètes d'oracles.

On trouve dans les anciens écrivains trois différents recueils de cette efpèce, celui de Mufée, celui de Bacis, & celui de la Sibylle. Quoique ce dernier ait été beaucoup plus célèbre chez les Romains que chez les Grecs, on voit néanmoins par les ouvrages de ces derniers, qu'ils ne laiffoient pas d'en faire ufage. Il falloit même que ces prédictions fuffent très-connues aux Athéniens, puifque le poëte Ariftophane en fait le fujet de fes plaifanteries dans deux des comédies qui nous reftent de lui.

Différents pays, & différents fiècles avoient eu leurs fibylles: on confervoit à Rome avec le plus grand foin les prédictions de celle de Cumes, & on les confultoit avec appareil dans les occafions importantes; cependant les écrivains de cette ville, Pline, *l. XIII. c. xiij,* & Denis d'Halicarnaffe, *l. I, c. iv.* ne font d'accord ni fur le nombre de livres qui compofoient ce recueil, ni fur le roi auquel il fut préfenté. Ils s'accordent feulement à dire que Tarquin, foit le premier, foit le fecond de ceux qui ont porté ce nom, fit fermer ce recueil dans un coffre de pierre, qu'il le dépofa dans un fouterrein du temple de Junon au capitole, & qu'il commit à la garde de ces vers qu'on prétendoit contenir le deftin de Rome, deux magiftrats fous le titre de *duumviri facris faciundis*, auxquels il étoit défendu de les communiquer, & à qui même il n'étoit permis de les confulter que par

S I B

l'ordre du roi, & dans la suite par celui du sénat. Cette charge étoit une espèce de sacerdoce ou de magistrature sacrée, qui jouissoit de plusieurs exemptions, & qui duroit autant que la vie.

Quand les plébéiens eurent été admis à partager les emplois avec les patriciens, l'an 366 avant J. C. on augmenta le nombre de ces interprètes des destinées de la nation, comme les appelle P, Decius dans Tite-Live, *futurorum populi Romani interpretes*. On les porta jusqu'à dix, dont cinq seulement étoient patriciens, & alors on les nomma *décemvirs*. Dans la suite, ce nombre fut encore accru de cinq personnes, & on les appella *quindécemvirs*. L'époque précise de ce dernier changement, n'est pas connue ; mais comme une lettre de Cælius à Cicéron, *epist. famil. l. VIII, c. iv*, nous apprend que le quindécimvirat est plus ancien que la dictature de Jules César, on peut conjecturer que le changement s'étoit fait sous Sylla.

Ces magistrats que Cicéron nommoit tantôt *sibyllinorum interpretes*, tantôt *sibyllini sacerdotes*, ne pouvoient consulter les *livres sibyllins* sans un ordre exprès du sénat, & de-là vient l'expression si souvent répétée dans Tite-Live *libros adire jussi sunt*. Ces quindécemvirs étant les seuls à qui la lecture de ces livres fût permise, leur rapport étoit reçu sans examen, & le sénat ordonnoit en conséquence, ce qu'il croyoit convenable de faire. Cette consultation ne se faisoit que lorsqu'il s'agissoit de rassurer les esprits alarmés par la nouvelle de quelques présages fâcheux, ou par la vue d'un danger dont la république sembloit être menacée : *ad deponendas potius quàm ad suscipiendas religiones*, dit Cicéron ; & afin de connoître ce qu'on devoit faire pour appaiser les dieux irrités, ils en détourner l'effet de leurs menaces, comme l'observent Varron & Tite-Live.

La réponse des *livres sibyllins* étoit communément, que pour se rendre la divinité favorable, il falloit instituer une nouvelle fête, ajouter de nouvelles cérémonies aux anciennes, immoler telles ou telles victimes, &c. Quelquefois même les prêtres *sibyllins* jugeoient, qu'on ne pouvoit détourner l'effet du courroux céleste que par des sacrifices barbares, & en immolant des victimes humaines. Nous en trouvons un exemple dans les deux premières guerres puniques, les années 227 & 217 avant J. C.

Les décemvirs ayant vu dans les *livres sibyllins* que des Gaulois & des Grecs s'empareroient de la ville, *urbem occupaturos*, on imagina que, pour détourner l'effet de cette prédiction, il falloit enterrer vif dans la place, un homme & une femme de chacune de ces deux nations, & leur faire prendre ainsi possession de la ville. Toute puérile qu'étoit cette interprétation, un très-grand nombre d'exemples nous montre que les principes de l'art divinatoire admettoient ces sortes d'accommodements avec la destinée.

Le recueil des *vers sibyllins* déposé par l'un des Tarquins dans le capitole, périt, comme on l'a vu

S I B 69

au temps de la guerre sociale, dans l'embrasement de ce temple en 671 ; mais on se hâta de remédier à la perte qu'on venoit de faire, & dès l'an 76 avant J. C. le sénat, sur la proposition des consuls Octavius & Curion, chargea trois députés d'aller chercher dans la ville d'Erythrée, ce qu'on y conservoit des anciennes prédictions de la sibylle. Varron & Fenestella citès pat Lactance, ne parlent que d'Erythrée ; mais Denys d'Halicarnasse & Tacite ajoutent les villes grecques de la Sicile & de l'Italie.

Tacite qui devoit être instruit de l'histoire des *livres sibyllins*, puisqu'il étoit du corps des quindécemvirs, dit qu'après le retour des députés, on chargea les prêtres *sibyllins* de faire l'examen des différents morceaux qu'on avoit apportés ; & Varron assuroit, selon Denys d'Halicarnasse, que la règle qu'ils avoient suivie, étoit de rejetter comme faux tous ceux qui n'étoient pas assujettis à la méthode acrostiche. Nous indiquerons dans la suite quelle étoit cette méthode.

Auguste étant devenu souverain pontife, après la mort de Lepidus, ordonna une recherche de tous les écrits prophétiques, soit grecs, soit latins, qui se trouvoient entre les mains des particuliers, & dont les mécontents pouvoient abuser pour troubler sa nouvelle domination. Ces livres remis au préteur, montoient à deux mille volumes qui furent brûlés ; & l'on se conserva que les *vers sibyllins*, dont on fit même une nouvelle révision.

Comme l'exemplaire écrit au temps de Sylla commençoit à s'altérer, Auguste chargea encore les quindécemvirs d'en faire une copie de leur propre main, & sans laisser voir ce livre à ceux qui n'étoient pas de leur corps. On croit que, pour donner un air plus antique & plus vénérable à leur copie, ils l'écrivirent sur ces toiles préparées qui composoient les anciens *libri lintei*, avant qu'on connût l'occident l'usage du papier d'Egypte, & avant qu'on eût découvert à Pergame l'art de préparer le parchemin, *carta Pergamena*.

Cet exemplaire des *vers sibyllins* fut enfermé dans deux coffres dorés, & placé dans la base de la *statue* d'Apollon Palatin, pour n'en être tiré que dans les cas extraordinaires.

Il seroit inutile de suivre les différentes consultations de ces livres, marquées dans l'histoire romaine ; mais nous croyons devoir nous arrêter sur celle qui se fit par l'ordre d'Aurélien, au mois de Décembre de l'an 270 de J. C. parce que le récit en est extrêmement circonstancié dans Vopiscus.

Les Marcomans ayant traversé le Danube, & forcé le passage des Alpes, étoient entrés dans l'Italie, ravageoient les pays situés au nord du Pô, & menaçoient même la ville de Rome, dont un mouvement mal-entendu de l'armée romaine leur avoit ouvert le chemin. A la vue du péril où se trouvoit l'empire, Aurélien naturellement superstitieux, écrivit aux pontifes, pour leur ordonner de consulter les *livres sibyllins*. Il falloit, pour la forme, un décret du sénat ; ainsi le préteur proposa dans l'assemblée le requisitoire des pontifes, & rendit compte de la lettre du prince. Vopiscus nous donne un précis de la délibération, qu'il commence en ces termes : *prætor urbannus dixit, referimus ad vos, patres conscripti, pontificum suggestionem, & principis litteras quibus jubetur ut inspiciantur fatales libri*, &c. Le decret du sénat rapporté ensuite, ordonne aux pontifes *sibyllins* de se purifier, de se revêtir des habits sacrés, de monter au temple, d'en renouveller les branches de laurier, d'ouvrir les livres avec des mains sanctifiées, d'y chercher la destinée de l'empire, & d'exécuter ce que ces livres ordonneront. Voici les termes dans lesquels Vopiscus rapporte l'exécution du decret : *itum est ad templum, inspecti libri, prodíti versus, lustrata urbs ; cantata carmina, amburbium celebratum, ambarvalia promissa, atque ità solemnitas quæ jubebatur expleta est.*

La lettre de l'empereur aux pontifes, qu'il appelle *patres sancti*, finit par des offres de contribuer aux frais des sacrifices, & de fournir les victimes que les dieux demanderont, même, s'il le faut, des captifs de toutes les nations, *cujuslibet gentis captivos, quælibet animalia regia*. Cette offre montre que, malgré les édits des empereurs, on croyoit, comme je l'ai dit, les sacrifices humains permis dans les occasions extraordinaires, & qu'Aurélien ne pensoit pas que les dieux se contenteroient de cantiques & de processions.

Sa lettre aux pontifes commence d'une façon singulière, il marque qu'il est surpris qu'on balance si long-temps à consulter les *livres sibyllins*. Il semble, ajoute-t-il, que vous ayez cru délibérer dans une église de chrétiens, & non dans le temple de tous les dieux : *perindè quasi in christianorum ecclesiâ, non in templo deorum omnium tractaretis*. Ce qui augmente la singularité de l'expression de l'empereur, c'est qu'il est prouvé par les ouvrages de S. Justin, de Théophile d'Antioche, de Clément d'Alexandrie, & d'Origène, que depuis près de six vingt ans, les chrétiens citoient, au temps d'Aurélien, les ouvrages de la sibylle, & que quelques-uns d'entr'eux la traitoient de prophétesse.

Les *livres sibyllins* ne furent point ôtés du temple d'Apollon Palatin par les premiers empereurs chrétiens. Ils y étoient encore au temps de Julien qui les fit consulter en 363 sur son expédition contre les Perses ; mais au mois de Mars de cette année, le feu ayant consumé le temple d'Apollon, on eut beaucoup de peine à sauver ces livres qu'on plaça sans doute dans quelqu'autre lieu religieux : car Claudien nous apprend qu'on les consulta quarante ans après sous Honorius, lors de la première invasion de l'Italie, par Alaric en 403. Ce poëte parle encore de ces vers dans son poëme sur le second consulat de Stilicon en 405.

Il faut conclure de-là, que si, comme le dit Rutilius Numatianus, Stilicon fit jetter ces livres au feu, ce fut au plutôt dans les années 406, ou 407,

Au reste, comme ce poëte, zélateur ardent de l'ancienne religion, accuse en même temps Stilicon d'avoir appellé les barbares, & d'avoir détruit les *vers sibyllins*, dans la vue de causer la ruine de l'empire, en lui enlevant le gage de sa durée éternelle ; peut-être la seconde de ces deux accusations n'est-elle pas mieux fondée que la première.

Après avoir donné cette espèce d'histoire des *livres sibyllins*, qui renferme tout ce qu'on en sait d'assuré, je dois ajouter quelques remarques sur ce qu'ils contenoient. Ce que Tite-Live & Denis d'Halicarnasse nous racontent touchant les diverses consultations qu'on en faisoit, donne lieu de penser, qu'on ne publioit point la teneur même des prédictions, mais seulement la substance de ce qu'on prétendoit y avoir trouvé ; c'est-à-dire, le détail des nouvelles pratiques religieuses ordonnées par la sibylle pour appaiser les dieux. Comme il ne nous reste aucun des historiens antérieurs à la perte du premier recueil des *vers sibyllins*, il faut nous contenter de ce qu'en disent Denis & Tite-Live ; & nous devons même regarder comme supposé le long fragment des *vers sibyllins*, rapporté par Zozime, à l'occasion des jeux séculaires.

Ces vers qui devoient être tirés de l'ancien recueil, ne sont point dans la forme acrostiche ; ils contiennent le nom de Rome, du Tibre, de l'Italie, &c. & prescrivent les cérémonies qui devoient accompagner les jeux séculaires dans un détail qui démontre la supposition.

Le second recueil compilé sous Sylla, nous est un peu mieux connu, & je vais rapporter ce que les anciens nous en apprennent. 1°. Varron cité par Lactance, assure que ce recueil contenoit d'abord mille vers au plus ; & comme Auguste ordonna une seconde révision, qui en fit encore rejetter quelques-uns, ce nombre fut probablement diminué.

2°. Ce que disoit Varron cité par Denis d'Halicarnasse, qu'on avoit regardé comme supposés tous les vers qui interrompoient la suite des acrostiches, montre que cette forme regnoit d'un bout à l'autre de l'ouvrage.

3°. Cicéron nous explique en quoi consistoit cette forme. Le recueil étoit partagé en diverses sections, & dans chacune, les lettres qui formoient le premier vers, se trouvoient répétées dans le même ordre au commencement des vers suivans ; en sorte que l'assemblage de ces lettres initiales devenoit aussi la répétition du premier vers de la section : *acrostichus dicitur, cùm deinceps ex primis versûs litteris aliquid connectitur ...... In sibyllinis ex primo versû cujusque sententiæ primis litteris illius sententiæ carmen omne prætextitur.*

4°. Les prédictions contenues dans ce recueil étoient toutes conçues en termes vagues & généraux, sans aucune désignation de temps ou de lieu ; ensorte, dit Cicéron, qu'au moyen de l'obscurité dans laquelle l'auteur s'est habilement enveloppé, on peut appli-

quer la même prédiction à des événemens différens : callidè, qui illa compofuit, perfecit ut, quodcumque accidiffet, prædictum videretur, hominum & temporum definitione fublatâ. Adhibuit etiam latebram obfcuritatis ut iidem verfus alias in aliam rem poffe accommodari viderentur.

Dans le dialogue où Plutarque recherche pourquoi la Pythie ne répondoit plus en vers, Boéthius, un des interlocuteurs qui attaque vivement le furnaturel des oracles, obferve dans les prédictions de Mufée, de Bacis & de la Sibylle, les mêmes défauts que Cicéron avoit reprochés aux *vers fibyllins*. Ces auteurs de prédictions, dit Boéthius, ayant mêlé au hafard des mots & des phrafes qui conviennent à des événemens de toute efpèce, les ont, pour ainfi dire, verfés dans la mer d'un temps indéterminé : ainfi, lors même que l'événement femble vérifier leurs prophéties, elles ne ceffent pas d'être fauffes, parce que c'eft au hafard feul qu'elles doivent leur accompliffement.

Plutarque nous a confervé dans la vie de Démofthène, un de ces oracles qui couroient dans la Grece fous le nom de la *Sibylle* ; c'eft à l'occafion de la défaite des Athéniens, près de Chéronée ; on étoit, dit Plutarque, dans une grande inquiétude avant la bataille, à caufe d'un oracle dont tout le monde s'entretenoit : « Puiffai-je, difoit-il, m'éloigner de la » bataille du Thermodon, & devenir un aigle pour » contempler du haut des nues ce combat, où le » vaincu pleurera, & où le vainqueur trouvera fa » perte. » Il étoit bien difficile d'appliquer cet oracle à la défaite de Chéronée ; 1°. il falloit trouver un Thermodon auprès du champ de bataille ; & Plutarque qui étoit de Chéronée même, avoue qu'il n'a pu découvrir dans les environs de cette ville, ni ruiffeaux, ni torrents de ce nom. 2°. Le vainqueur ne trouva point fa perte à cette bataille, & même il n'y fut fut pas bleffé.

Lorfqu'on examinera les prédictions des oracles les plus accrédités, celles de la Pythie, de Mufée, de Bacis, de la Sibylle, &c. rapportées dans les anciens ; on trouvera toujours que Cicéron, *livre II. n. 56. de divinat.* a raifon de dire, que celles qui n'ont pas été faites après-coup, étoient obfcures & équivoques, & que fi quelques-unes n'avoient pas été démenties par l'événement, c'étoit au hafard qu'elles le devoient.

Quelques abfurdes que fuffent les conféquences que les partifans du furnaturel de la divination fe trouvoient obligés de foutenir dans les controverfes philofophiques, ils étoient excufables jufqu'à un certain point. Le principe qu'ils défendoient, faifoit chez eux une partie effentielle de la religion commune ; ce principe une fois admis, l'abfurdité des conféquences ne devoit point arrêter des hommes religieux. Mais que dire de ces rufés politiques, qui, pour couvrir les deffeins de leur ambition, forgeoient à leur gré des oracles *fibyllins ?* C'eft ainfi que P. Lentulus Sura, un des chefs de la conjuration catilinaire, n'eut point de honte de femer comme vraie, une prétendue prédiction des fibylles, annonçant que trois Cornéliens jouiroient à Rome de la fouveraine puiffance.

Sylla & Cinna, tous deux de la famille Cornélienne, avoient déjà vérifié une partie de la prédiction. Lentulus, qui étoit de la même famille, répandit dans le public que l'oracle devoit avoir fon accompliffement dans fa perfonne ; & peut-être eût-il réuffi fans l'heureufe prévoyance de Cicéron, qui fit mentir l'oracle.

Pompée voulant rétablir Ptolomée Auletès dans fon royaume d'Egypte, la faction qui étoit contraire à ce puiffant citoyen, prit le parti d'inventer une prédiction fibylline qui portoit, qu'au cas qu'un roi d'Egypte eût recours aux Romains, ils devoient l'affifter de leur protection, fans lui fournir de troupes. Cicéron qui foutenoit le parti de Pompée, favoit bien que l'oracle étoit fuppofé ; mais perfuadé qu'il étoit plus fage de l'éluder que de le réfuter, il fit ordonner au proconful d'Afrique, d'entrer en Egypte avec fon armée, de conquérir ce pays, & d'en gratifier Ptolomée au nom des Romains.

Jules-Céfar s'étant emparé de l'autorité fouveraine fous le nom de *dictateur*, fes partifans qui cherchoient à lui faire déférer la qualité de roi, répandirent dans le public un nouvel oracle *fibyllin*, felon lequel les Parthes ne pouvoient être affujettis que par un roi des Romains. Le peuple étoit déjà déterminé à lui en accorder le titre, & le fénat fe trouvoit contraint d'en figner le décret, le jour même que Céfar fut affaffiné.

Enfin cet abus de faire courir dans Rome & dans toute l'Italie des prédictions *fibyllines*, alla fi loin, que Tibere tremblant qu'on n'en répandît contre lui, défendit à qui que ce fût d'avoir aucun papier de prédictions *fibyllines*, ordonnant à tous ceux qui en auroient de les porter dans le jour même au préteur : *fimul commonefecit Tiberius, quia multa vana fub nomine celebri vulgabantur, fanxiffe Aũguftum, quem intrà diem ad prætorem urbanum deferrentur, neque habere privatim liceret.*

Ce qui caufe mon étonnement, n'eft pas de voir que les Romains cruffent aux oracles des fibylles, c'étoit un principe de leur religion, quelque ridicule qu'il fût en lui-même ; mais je fuis toujours furpris que dans des temps éclairés, tel qu'étoit la fin du dernier fiècle, la queftion du furnaturel des oracles eût encore befoin d'être traitée férieufement, & qu'une opinion fi folle & contredite par les faits mêmes fur lefquels la fondoit dans le paganifme, ait trouvé de nos jours, pour ainfi dire, & dans le fein du chriftianifme, des défenfeurs très-zélés. (*Le chevalier* DE JAUCOURT.)

SICARD, (Claude.) (*Hift. litt. mod.*) Jéfuite célèbre par fes miffions en Syrie & en Egypte, né à Aubagne près de Marfeille, en 1677, mort au Caire en 1726 ; on a de lui une differtation fur la paſſage de la mer rouge , & divers écrits ſur l'Egypte.

SICHARD, (Jean) (*Hiſt. litt. mod.*) Juriſconſulte Allemand, qui publia le premier l'abrégé des huit premiers livres du code théodoſien, compoſé par Anien. On lui doit auſſi les Inſtitutes de Caïus, & les *ſententiæ receptæ* de Julius Paulus; né en 1499, mort en 1552.

SICILE, *tribunal de la monarchie de*, (*Hiſt. de Sicile*) c'eſt ainſi qu'on nomme cette heureuſe juriſdiction eccléſiaſtique & temporelle, indépendante de la cour de Rome, dont jouiſſent les rois de *Sicile*. Il faut indiquer l'origine de ce beau privilége.

Dès que le comte Roger eut enlevé cette île aux Mahométans & aux Grecs, & que l'égliſe latine y fut établie, Urbain II. crut devoir y envoyer un légat pour y régler la hiérarchie : mais Roger reſuſa ſi fortement & ſi conſtamment de recevoir ce légat dans le pays de ſa conquête, que le pape voulant ménager une famille de héros ſi néceſſaire à l'entrepriſe des croiſades, dont il étoit tout occupé, prit le parti d'accorder, la derniere année de ſa vie, en 1098, une bulle au comte Roger, par laquelle il révoqua ſon légat, & créa ce prince & tous ſes ſucceſſeurs légats nés du ſaint ſiège en *Sicile*, leur attribuant tous les droits & toute l'autorité de cette dignité qui étoit à la fois ſpirituelle & temporelle. Voilà ce fameux droit attaché à cette monarchie ; droit, que depuis, les papes ont voulu anéantir, & que les rois de *Sicile* ont maintenu. Si cette prérogative, ajoute M. de Voltaire, eſt incompatible avec la hiérarchie chrétienne, il eſt évident qu'Urbain ne put la donner ; ſi c'eſt un objet de diſcipline que la religion ne réprouve pas, il eſt également certain que chaque royaume eſt maître de ſe l'attribuer. Ce privilége au fond, n'eſt que le droit de Conſtantin & de tous les empereurs, de préſider à la police de leurs états ; cependant il n'y a eu dans toute l'Europe catholique, qu'un gentilhomme qui ait ſu ſe procurer cette prérogative aux portes de Rome même: (*D. J.*)

SICINIUS DENTATUS, (*Hiſt. Rom.*) tribun du peuple, on le nommoit l'*Achille Romain*; & pour juger combien il méritoit ce titre, il ne faut que voir le compte qu'il rend lui-même de ſes ſervices & de ſes ſuccès dans une harangue qu'il fit l'an de Rome 298, au milieu des débats élevés entre le ſénat & le peuple au ſujet de la loi Agraire ; loi dont, en qualité de Plébéien & de tribun du peuple, il étoit le défenſeur naturel. « Il y a, dit-il, quarante ans que » je porte les armes, & trente ans que j'ai dans » les troupes divers commandemens. J'ai paſſé par » tous les dégrés de la milice. Je me ſuis trouvé à » cent vingt & une batailles ; j'y ai ſauvé la vie à » pluſieurs patriciens ; j'y ai plus d'une fois recouvré » des drapeaux qui, ſans moi, ſerviroient de trophées » à l'ennemi. Je puis montrer quatorze couronnes ci- » viques, huit murales, huit d'or, quatre-vingt-trois » colliers auſſi d'or, ſoixante bracelets, dix-huit lances, » vingt-trois chevaux avec leurs ornemens militaires,

» dont il y en a neuf qui ſont le prix d'autant de » combats ſinguliers, où je n'ai pas moins triomphé » des ennemis de l'état que dans les batailles. Cette » gloire que j'ai acquiſe, je l'ai payée de mon ſang ; » elle m'a coûté quarante-cinq bleſſures toutes reçues » par devant, (car toute autre me feroit rougir) » j'en ai reçu douze quand nous avons repris le ca- » pitole. Nous avons mes compagnons & moi reculé » les frontières de la république, nous avons con- » quis de vaſtes & de fertiles champs que nous » voyons poſſédés ſans droit par des gens ſans mérite, » tandis que nous n'en avons pas la moindre portion. » N'y aura-t-il donc jamais de prix pour la vertu ? » N'y aura-t-il jamais de fin à nos peines ? »

Une invaſion ſoudaine des Eques, ſuſpendit ces débats ; on courut aux ennemis, & *Sicinius* en donna l'exemple. Les conſuls qui ne l'aimoient pas, l'envoyerent à un poſte où il devoit périr, & dont il ne ſe tira que par une valeur ſupérieure encore à celle qu'il avoit montrée juſqu'alors. En allant à ce poſte il pénétroit les vues perfides & la coupable eſpérance des Conſuls ; au lieu d'y réſiſter il ſe faiſoit un noble plaiſir de les confondre : on livra bataille, & il eut la plus grande part à la victoire, mais, pour ſe venger des conſuls, il leur fit refuſer les honneurs du triomphe, & par ſon autorité de tribun il les fit condamner à de fortes amendes.

Il s'oppoſa courageuſement à la tyrannie des décemvirs. Appius n'eut pas d'ennemi plus redoutable ; mais il avoit des moyens de ſe défaire de ſes ennemis, qui n'étoient point à l'uſage de *Sicinius*, & dont celui-ci ne pouvoit qu'être la victime. On l'éleva pour le perdre. On lui donna un emploi honorable dans l'armée aſſemblée à Cruſtumium contre les Sabins ; mais comme on avoit éprouvé qu'il ſavoit ſe tirer des occaſions périlleuſes, on n'oſa plus s'en rapporter aux ennemis, du ſoin d'accabler ſa valeur ; on l'envoya en détachement, & ce détachement étoit compoſé de gens qui avoient ordre de le tuer. Ils l'attaquèrent au nombre de cent, mais il vendit cher ſa vie. Denis d'Halicarnaſſe aſſure qu'il en tua quinze, qu'il en bleſſa trente, & qu'il inſpira tant de crainte aux autres qu'ils n'oſerent plus l'attaquer que de loin, en l'accablant de traits & de pierres. Il ſuccomba enfin, & ſes aſſaſſins publièrent qu'il avoit été tué par les ennemis ; on affecta en conſéquence d'honorer ſa mémoire : on lui fit de magnifiques obſeques. Mais la vérité ſe fit jour à travers ces pompeuſes apparences, on ſçut qu'Appius & les Décemvirs étoient les véritables auteurs de ſa mort, & l'horreur qu'inſpira ce crime concourut avec l'aventure de Virginie, à détruire la tyrannie Décemvirale. *Sicinius Dentatus* fut tué l'an de Rome 304, à cinquantehuit ans. Une belle figure, un air de nobleſſe & d'audace, une éloquence aſſortie à cet air relevoient en lui l'éclat de la valeur, & ſi c'étoit le vaillant Achille, c'étoit auſſi Achille, le plus beau des Grecs.

Quelques-autres *Sicinius* figurent encore dans l'hiſtoire Romaine, tels que :

1°.

1°. *Sicinius* Bellutus ; celui-ci joue un grand rôle dans la retraite des légions & du peuple fur le *Mont facré*, l'an de Rome 259. Le Sénat, pour retenir le peuple, déclara qu'il ne congédioit point les légions, parce que les Sabins & les Eques, alors ennemis des Romains, étoient encore en armes. Or, chaque foldat, en s'enrollant, juroit de ne jamais quitter le drapeau fans un congé formel ; le fénat s'applaudiſſoit de cet expédient qui retenoit tous les foldats fous le drapeau par un motif de religion. *Sicinius* Bellutus leva ce fcrupule par une équivoque miférable, mais par une action hardie ; il alla enlever du camp les drapeaux de l'armée ; « fuivez-moi, dit-il alors aux foldats, venez » remplir votre ferment, voilà ce que vous avez juré » de ne pas abandonner. On le fuivit en effet fur le Mont Sacré, le peuple n'en defcendit qu'après avoir obtenu des magiftrats fpécialement chargés de fa défenfe, c'eſt-à-dire, des tribuns. *Sicinius* Bellutus fut le premier avec Junius Brutus. Ils furent créés l'an de Rome 262. L'an 262, ce *Sicinius* eut le malheur d'être l'accufateur & un des principaux perfécuteurs de Coriolan.

2°. *Sicinius* Sabinus, Conful avec Aquilius Tufcus, l'an de Rome 266 ; les Romains, fous la conduite de ces deux confuls, remporterent deux célèbres victoires, l'une fur les Herniques, l'autre fur les Volfques ; ceux-ci perdirent dans la bataille leur général Tullus Attius, dont la jaloufie & la haine avoient caufé la mort de Coriolan.

SIDNEY, (*Hiſt. d'Angl.*) le comte de Leicefter, favori d'Elifabeth reine d'Angleterre ; avant le comte d'Eſſex, & vicieux comme tous les favoris, eut un neveu qui périt en combattant fous lui pour la caufe des Flamands dans les pays bas, en 1586, & que tous les hiftoriens repréfentent comme un modèle accompli de talent, de conduite & de vertu. Le petit avantage que remporterent les Anglois en cette occafion, bien plus par la valeur des troupes que par la capacité du chef, tint lieu d'une calamité par la perte de ce feul homme. C'eſt le fameux Philippe *Sidney*, auteur de l'*Arcadia*, & de plufieurs autres ouvrages. Jamais il n'employa que pour le progrès des lettres & le bien de l'humanité, le crédit que la parenté lui donnoit fur le comte de Leicefter, & celui que cette même parenté, jointe à l'agrément de fon efprit & à l'éclat de fa réputation, lui donnoit fur la reine elle-même : fa vertu ne fe démentit pas dans fes derniers momens. Percé de coups, perdant tout fon fang, tourmenté d'une foif dévorante, il n'attendoit de foulagement que d'un peu d'eau qu'on lui apporta dans un flacon, & qu'on avoit eu bien de la peine à trouver ; il vit alors à fes côtés un foldat bleſſé comme lui. *Les befoins de cet homme*, dit-il, *font plus preſſans que les miens*. Il lui fit prendre le flacon & mourut. L'Angleterre & la Hollande le pleurèrent ; la reine d'Ecoſſe Marie Stuart, charmée de fes vertus, compofa des vers latins fur fa mort : ce tribut d'admiration payé à un Anglois, qu'elle devoit regarder comme un ennemi, rappelle le tombeau, que le petit-

Hiſtoire. Tome V.

fils du Grand Confalve de Cordoue fit ériger au Maréchal de Lautrec & à Pierre de Navarre, & les belles paroles qui terminent l'épitaphe du dernier : *hoc in fe habet virtus ut vel in hoſte fit admirabilis.* » C'eſt » la prérogative de la vertu, de fe faire admirer même » dans un ennemi.

Algernon *Sidney*, coufin germain du précédent, & fils du comte de Leicefter, avoit pris *Brutus* pour modèle, & vouloit, comme ce Romain, procurer la liberté à fon pays. Ce fut dans ces vues qu'il prit part à l'efpèce de conjuration connue fous le nom de *complot de la maifon de Rye*, fous le règne de Charles II, & dont il paroit que l'objet principal étoit d'exclure de la fucceſſion le duc d'Yorck, depuis Jacques II. *Sidney* périt fur un échafaud, condamné irrégulièrement fur des preuves incomplettes. L'inique & barbare Jeffreys, chef de juftice, (*voyez* fon article) ennemi de *Sidney*, parce qu'il l'étoit de tous les gens de bien & de tous les bons citoyens ; Jeffreys, le Laubardemont & le Laffemas de l'Angleterre, au défaut de preuves juridiques, érigea en preuve d'un attentat contre le Roi, des écrits faifis parmi les papiers de *Sidney*, & uniquement relatifs à fon fameux traité du Gouvernement. Ce même Jeffreys, triomphant d'avoir à prononcer à *Sidney* fa fentence de mort, affectoit de le plaindre & l'exhortoit avec une compaſſion hypocrite à fubir fon fort avec réfignation : *tâte-moi le pouls*, lui dit *Sidney*, *& vois fi mon fang eſt agité*.

Il avoit un frère, Henri *Sidney*, grand maître de la garde-robe. Au couronnement de Jacques II, où on remarqua comme à celui de Henri III, Roi de France, que la couronne chanceloit fur fa tête, Henri *Sidney* le foutint, et ne fe refufa pas le plaifir de dire, « Ce n'eſt pas la première fois que notre famille » a foutenu la Couronne. Il contribua beaucoup dans la fuite, à l'enlever à Jacques, pour venger Algernon *Sidney* fon frère.

SIDONIUS APOLLINARIS, (Sidoine Apollinaire) (*Hiſt. litt.*) Evêque de la ville d'Auvergne, qu'on a depuis nommée Clermont, Prélat diftingué par fes talens, par fes vertus, fur-tout par fa charité, naquit à Lyon vers l'an 430, fut fait évêque en 472, mourut le 23 août 488. Ses écrits, fur-tout fes poéfies, font un monument précieux de la littérature du cinquième fiècle, & nous font connoître divers ufages des François, relativement à la manière de s'habiller, de combattre, &c. Le fameux Savaron, & depuis encore le Père Sirmond, nous ont donné de bonnes éditions de *Sidonius Apollinaris*.

SIECLES D'IGNORANCE, (*Hiſt. Mod.*) les neuf, dix & onzième *fiècles* font les vrais *fiècles d'ignorance*. Elle étoit fi profonde dans ces temps-là, qu'à peine les rois, les princes, les feigneurs, encore moins le peuple, favoient lire ; ils connoiſſoient leurs poſſeſſions par l'ufage, & n'avoient garde de les foutenir par des titres, parce qu'ils ignoroient la pratique de l'écriture ; c'eſt ce qui faifoit que les mariages d'alors étoient fi fouvent déclarés nuls. Comme ces traités

K

de mariage se concluoient aux portes des églises, & ne subsistoient que dans la mémoire de ceux qui y avoient été présents, on ne pouvoit se souvenir ni des alliances, ni des degrés de parenté, & les parens se marioient sans avoir de dispense. Delà tant de prétextes ouverts au dégoût & à la politique pour se séparer d'une femme légitime : delà vient aussi le crédit que prirent alors les clercs ou ecclésiastiques dans les affaires, parce qu'ils étoient les seuls qui eussent reçu quelque instruction. Dans tous les siècles, ce sont les habiles qui dominent sur les ignorans. (D. J.)

SIEOUTSAI, (Hist. mod.) c'est ainsi qu'on nomme à la Chine le premier grade des lettres ; il répond à celui de nos bacheliers. Pour y être admis, il faut que les étudians aient subi un examen, qui consiste à composer un ouvrage sur une matiere qui leur a été donnée par un mandarin envoyé par la cour : lorsqu'ils ont réussi, ils obtiennent ce premier grade, & commencent à jouir de plusieurs priviléges, comme de porter une robe bleue bordée de noir, & un oiseau d'argent sur leur bonnet. Ils sont soumis à un supérieur particulier, qui seul a droit de les punir ; car dès-lors qu'ils sont admis, ils ne sont plus sujets à recevoir la bastonnade par ordre des magistrats ordinaires. Les sieoutsai sont obligés de subir un nouvel examen, qui ne se fait que tous les trois ans, dans la capitale de chaque province, en présence des mandarins & de deux commissaires de la cour ; ceux dont les ouvrages ont été approuvés, sont déclarés kirgin. (A. R.)

SIEUR, s. m. (Hist. mod.) est un titre d'honneur ou une qualité chez les François. Les Jurisconsultes s'en servent souvent dans les actes publics ou autres actes de cette espèce.

On dit, je plaide pour le sieur un tel, le sieur abbé, le sieur marquis, &c.

Le nom de sieur est un titre qu'un supérieur donne ordinairement à son inférieur dans les lettres ou autres écritures particulières ; comme dites au sieur Hubert qu'il fasse, &c.

Les autres l'employent souvent dans ce sens, par modestie en parlant d'eux-mêmes ; ainsi nous voyons à la tête de leurs livres : Traduction du sieur d'Ablancourt, Œuvres du sieur Despreaux, &c.

Sieur est aussi un terme qui signifie le possesseur d'une terre seigneuriale : comme écuyer ou sieur d'un tel endroit. (A. R.)

SIGEBERT II, CLOVIS II, rois de France, le premier en Austrasie, le second en Neustrie & en Bourgogne, fils & successeurs de Dagobert I.

Le regne de ces princes est la véritable époque de la dégradation des rois de la première race, & de l'élévation des maires du palais. Il étoit facile à ces derniers de consommer l'édifice de leur grandeur sous deux rois enfans, & dont le père s'étoit rendu odieux aux grands, par un excès de sévérité. Sigebert

l'aîné entroit dans sa huitieme année, & Clovis dans sa cinquieme. Dagobert ne s'étoit point fait illusion sur la puissance des maires du palais ; n'ayant pu les supprimer dans un regne trop court, il usa au moins du droit de pouvoir les destituer : ce prince ne manquoit pas de politique ; s'étant apperçu que Pepin I. tendoit à la tyrannie, il lui avoit retiré la mairie d'Austrasie : lorsqu'il donna le gouvernement de ce royaume à Sigebert II., il semble qu'il craignoit le ressentiment de Pepin. En effet, il employa les plus grands ménagemens ; il feignit un grand attachement pour cet officier, & le retint auprès de lui sous l'obligeant prétexte qu'il ne pouvoit se passer de ses conseils : il est aisé de voir que ce n'étoit qu'un prétexte sous lequel il déguisoit ses craintes. Si les conseils de Pepin étoient aussi salutaires qu'il s'efforçoit de le faire croire, c'étoit un motif pour n'en point priver Sigebert II, qui, comme nous l'avons observé, étoit encore dans la plus tendre enfance : dès que Dagobert fut mort, ce courtisan força aussi-tôt Adalgise de lui rendre la mairie d'Austrasie. Cet homme faux se montra sous les traits les plus séduisans, & tandis qu'il témoignoit le plus vif intérêt pour les jeunes princes, il s'efforçoit de flétrir la mémoire de leur père. Ega, maire du palais d'Austrasie, adopta le même plan : l'un & l'autre ouvrirent les trésors du prince défunt, sous prétexte qu'il avoit fait différentes usurpations, & qu'il étoit à-propos de restituer. La mort inopinée des deux mairés ne permit pas de connoître toute la portée de leurs projets : mais si on en juge par ceux de Grimoalde, fils & successeur de Pepin & d'Erchinoalde, ou Archambaud, on pourra croire qu'ils devoient être très-funestes aux deux rois. Sigebert mourut en 656, âgé seulement de 26 ans, pendant lesquels toujours enchaîné par les maires, il n'offrit qu'un fantôme de royauté : il laissoit de la reine Imnichilde un fils au berceau, nommé Dagobert ; il le recommanda à Grimoalde, & lui en confia la tutelle. Ce maire lui avoit inspiré des sentimens si tendres pour la religion, que le pieux monarque auroit regardé comme un grand péché de mettre des bornes à sa confiance. Grimoalde mit le jeune Dagobert sur le trône d'Austrasie, mais il l'en fit descendre presque aussi-tôt, il lui fit couper les cheveux & le relégua secrétement en Ecosse. Le trône ne resta pas long-temps vacant, le maire infidèle y plaça presqu'aussi-tôt Childebert son propre fils : il s'étoit d'une adoption fausse ou véritable qu'en avoit fait Sigebert II, en cas qu'il mourût sans postérité masculine, l'événement sembloit être tel par l'éclipse de Dagobert dont on avoit eu grand soin de taire la destinée : cette usurpation ne pouvoit plaire aux grands, elle ne dura qu'autant de temps qu'il leur en fallut pour dévoiler l'artifice, & se communiquer l'horreur qu'ils en avoient ; & soit que la veuve de Sigebert II les pratiquât secrétement, soit que Clovis leur eût fait des propositions avantageuses pour les engager à réunir le royaume d'Austrasie à celui de Neustrie, ou que leur amour-propre fût blessé d'obéir au fils d'un fujet fait pour obéir comme eux, ils détrônerent Childebert, & fe faifirent de la perfonne de Grimoalde qu'ils préfenterent à Clovis II, dans la pofture d'un criminel. Les feigneurs d'Auftrafie l'accufoient, Imnichilde demandoit vengeance : Clovis, dans cette caufe, avoit celle de fon fang & la fienne propre à venger. La condamnation du coupable ne pouvoit point être différée ; mais on ne fait quel fut le genre de fon fupplice. L'auteur des *Obfervations fur l'hiftoire de France* loue la modération d'Archambaud, qui le porta, fuivant lui, à févir contre l'ufurpateur, lorfqu'il étoit de l'intérêt de fon ambition de le favorifer, & que ce fuccès du maire d'Auftrafie fût devenu un titre pour lui en Neuftrie. On voit que cet auteur regarde la cataftrophe de Grimoalde & de fon fils, comme l'ouvrage d'Archambaud, & l'hiftoire attefte qu'elle fut opérée par les feigneurs de l'autre royaume qui jouiffoient d'une grande liberté fous un gouvernement où l'autorité du monarque étoit tempérée par celle du maire ; au lieu qu'ils avoient lieu de tout craindre d'un prince qui n'auroit pas manqué de réunir dans fa perfonne & la royauté & la mairie : on préfume aifément que l'ufurpateur auroit fupprimé une charge qui lui avoit fervi de degré pour monter fur le trône, & pour en précipiter le légitime poffeffeur : gardons-nous bien de penfer qu'Archambaud fût défintéreffé du côté de l'ambition ; fes démarches femb'ent avoir été mefurées fur celles de Grimoalde, & s'il montra moins d'audace, c'eft que les conjonctures ne furent pas les mêmes, la chûte de fon collegue devoit le rendre fage ; il s'étoit rendu maître abfolu des affaires du gouvernement, en tournant toutes les inclinations du jeune prince du côté de la religion : femblable à *Sigebert II*, fon frère Clovis II mit tous fes foins à fonder ou à gouverner des maifons religieufes : mais ce qui décele plus particulièrement Archambaud, ce fut le mariage du jeune monarque avec l'efclave Batilde, qui fut inconteftablement fon ouvrage ; il ne la lui fit époufer que pour l'avilir aux yeux de la nation, & pour le tenir dans fa dépendance : car enfin que ne devoit-il pas fe promettre de la reconnoiffance d'une femme qu'il avoit tirée de l'efclavage pour la mettre fur le trône ? Batilde avoit fervi à table le maire du palais, & ce fut cette femme que le traître fit époufer à fon roi. Mais il fe trompa : car Batilde fut non-feulement une grande fainte, mais une grande reine. Tout fert donc à démontrer que fi Archambaud conferva quelque refpect extérieur pour le trône, c'eft qu'il étoit perfuadé que le temps n'étoit point encore venu, & qu'il falloit l'abaiffer, le miner infenfiblement, & non pas le renverfer ; c'eft au moins ce que la politique autorife à croire, & ce que la conduite des fucceffeurs d'Archambaud change en démonftration. Clovis mourut dans l'année qui fuivit l'ufurpation & le fupplice de Grimoalde ; il laiffoit trois fils, Clotaire, Childeric & Thierri, qui furent élevés fous la tutelle de Batilde leur mère.

L'hiftoire militaire de *Sigebert II*, & de Clovis II n'offre rien de mémorable ; le premier livra deux batailles aux Thuringiens, il gagna la première & perdit la feconde, il n'y contribua que de fa préfence, il étoit dans un âge trop tendre, pour qu'il lui fût poffible d'y commander. Le regne de Clovis ne fut agité par aucune guerre ; & ce prince toujours occupé de reliques & de fondations pieufes, n'eût point été capable d'en diriger les opérations. On ne fauroit connoître quelles furent fes vertus & fes vices dans fa vie privée. Les moines étoient les feuls qui, dans ces temps de barbarie, dirigeoient la main de l'hiftoire : ils en ont fait tantôt un pompeux éloge, & tantôt une cenfure amère, parce qu'ils le peignoient toujours d'après leurs paffions : ils le louoient ou le blâmoient fuivant qu'ils en recevoient les bienfaits ou qu'ils croyoient avoir à s'en plaindre. Clovis vend-il quelques lames d'or ou d'argent qui couvrent le tombeau de S. Denis ; c'eft, difent-ils, un prince livré à tous les excès du vice, il eft débauché, il eft ivrogne ; c'eft un brutal, un voluptueux, un lâche. Accorde-t-il quelqu'immunité à l'abbaye : c'eft un prince débonnaire, un grand roi, dont la fageffe égale la bravoure, aimant la juftice & la religion, enfin un faint. Un excès de dévotion le porte à détacher un bras de faint Denis pour le placer dans fon oratoire : le tableau change une troifième fois, le bras enlevé diminuoit la vénération du peuple pour l'églife, alors c'étoit un imbécille, un impie digne de toute la colère célefte. Tel a été le fort de notre hiftoire dans les premiers fiècles de la monarchie, en proie à des moines ignorans, fuperftitieux & intéreffés : devons-nous être furpris, fi nous manquons fi fouvent de lumières pour marcher dans des champs auffi féconds ? (M - Y.)

SIGEBERT DE GEMBLOURS, (*Hift. litt. mod.*) ainfi nommé parce qu'il étoit moine de l'abbaye de Gemblours, dans le diocèfe de Namur, eft un de nos anciens chroniqueurs, mort en 1113 ou 1114 : fa chronique s'étend depuis l'an 381 jufqu'en 1113, & paroît n'avoir été interrompue que par fa mort.

SIGEBRAND, (*voyez* BATHILDE.)

SIGÉE, (Louife) *Aloyfia Sigea*, (*Hift. litt. mod.*) favante Efpagnole, femme d'Alphonfe Cuèva. On a d'elle un poëme latin, intitulé *Sintra*, du nom d'une montagne de l'Eftramadoure, mais le livre de *Arcanis Amoris & Veneris*, lui a été fauffement attribué. Il eft de *Chorier*. (Voyez cet article.)

SIGEFROI, (*Hift. du Danemarck.*) roi de Danemarck. Ce fut un roi pacifique, vertu rare dans ces fiècles de fang, où la profeffion des armes étoit la feule honorée : il donna fa fille en mariage au célèbre Vitikind, duc des Saxons, qui feul fut tenir tête à Charlemagne. Vitikind, dans les différens revers dont fut agitée, trouva un afyle à la cour de fon beau-père ; celui-ci fit alliance avec Charlemagne afin de l'appaifer en faveur de fon gendre :

K 2

on ignore le temps & le genre de fa mort ; on fait feulement qu'il vivoit dans le huitième fiècle. (*M. DE SACY.*)

SIGISMOND (*Hift. de Fr.*) Gondebaud, Roi de Bourgogne, du temps de Clovis, avoit laiffé deux fils, *Sigifmond* & Gondemar. *Sigifmond* avoit éu d'une première femme, nommée Oftrogothe, fille de Théodoric, roi des Oftrogoths en Italie, un fils, nommé Sigeric. Il époufa dans la fuite une fervante, qui, fuivant l'ufage des marâtres dans les fiècles barbares, irrita tellement *Sigifmond* contre Sigeric par fes intrigues & fes calomnies, qu'il le fit étrangler dans fon lit, en 622 ; il alla enfuite le pleurer quelque temps dans un couvent, & crut avoir fatisfait à la religion & à la nature, par quelques largeffes qu'il fit à des moines, & qui l'ont fait mettre au nombre des faints. Sur le refte de la vie & fur la mort de *Sigifmond*, *voyez* l'article CLODOMIR ; il y eft dit que *Sigifmond* étoit frère de Clotilde. C'eft une erreur, ils étoient enfants de deux frères, *Sigifmond* de Gondebaud, & Clotilde de Chilpéric, frère de ce Gondebaud, qui fut moins fon frère que fon bourreau.

SIGISMOND (empereur d'Allemagne), fils de l'empereur Charles IV, frère puîné de l'empereur Wenceflas, étoit de la maifon de Luxembourg. Il naquit en 1368. Roi de Bohême comme fon ayeul, fon père & fon frère, il fut élu roi de Hongrie en 1386, Empereur en 1410. Il s'occupa beaucoup de l'affaire du grand fchifme d'Occident, fit convoquer le Concile de Conftance pour terminer ce fchifme, & vint en 1416 à Paris & à Londres pour concerter avec les Rois de France & d'Angleterre, les moyens de rendre la paix à l'églife ; mais ces moyens n'étoient pas de violer la foi de fon fauf-conduit, en faifant brûler au Concile Jean Hus & Jérôme de Prague, fous le prétexte honteux & impie que la foi n'eft pas due aux Hérétiques. *Voyez* à l'article ZISKA comment *Sigifmond* fut juftement puni de cette infidélité. Cet Empereur, dont le règne eut d'ailleurs quelque chofe de glorieux, mourut en 1437, ayant enfin triomphé des ennemis implacables que fon crime lui avoit faits, & ayant fait reconnoître Albert d'Autriche fon gendre, pour héritier de fon Royaume de Bohême. Cette même année 1437 vit, par ce même Albert, la maifon d'Autriche remonter fur le trône Impérial, pour ne le plus quitter.

SIGISMOND I, (*Hift. de Pologne*) roi de Pologne, fut fucceffeur d'Alexandre ; il fut élu l'an 1507 : des foins pacifiques, & fur-tout le rétabliffement des finances, occupèrent les premières années de fon règne ; il trouva dans Jean Bonner, le plus rare préfent qu'un roi puiffe demander aux cieux, un miniftre défintéreffé ; mais bientôt Bafile, grand duc de Mofcovie, vint troubler fon repos & faccager la Pologne : *Sigifmond* s'avance, les Mofcovites fuient, il les pourfuit ; la bonté de leurs chevaux les dérobe à fa vengeance, mais leurs villes devinrent le théâtre de tous les maux que la Pologne avoit

foufferts. Les Mofcovites ofent enfin lui préfenter le combat, ils font vaincus fur les bords du Borifthène. Albert, marquis de Brandebourg, grand-maître de l'ordre Teutonique, voyant *Sigifmond* occupé à cette guerre, lui refufa l'hommage qu'il lui devoit : le roi tourna fes armes contre lui, & la Pruffe fut conquife. Le marquis de Brandebourg, devenu luther en, confentit à partager la Pruffe avec la Pologne ; partage qui dans la fuite fut également funefte aux deux nations. Une victoire remportée fur les Valaques, de nouvelles conquêtes en Mofcovie, illuftrèrent la vieilleffe de *Sigifmond* : fon règne ne fut qu'une fuite de triomphes, & fa fortune ne fe démentit pas un moment ; il mourut l'an 1548, âgé de 82 ans : il fut un des grands rois dont la Pologne s'honore ; brave fans imprudence, clément fans foibleffe : devenu par fes bienfaits defpote au milieu d'un peuple libre, il aima l'humanité autant qu'un conquérant peut l'aimer en travaillant à la détruire. (*M. DE SACY*)

SIGISMOND-AUGUSTE *ou* SIGISMOND II, avoit été reconnu roi de Pologne, du vivant de Sigifmond I, fon père ; ce prince, avant de fermer les yeux, lui donna d'importantes leçons fur la manière de gouverner un peuple libre. L'hiftoire de fa vie lui offroit des exemples plus frappants encore, trois batailles gagnées, le refus de trois couronnes, la renaiffance des arts, l'ordre remis dans les finances, les campagnes défrichées, les villes enrichies & embellies, ne laiffoient à *Sigifmond-Augufte* que la gloire de conferver l'ouvrage de fon père ; il étoit violent dans fes paffions, & lent dans les affaires. Elifabeth, fille de Ferdinand, roi des Romains, l'ayant laiffé veuf à la fleur de fon âge, il avoit époufé la fille de Georges de Radziwil ; ce mariage contracté à l'infçu du fénat, de la nation & de fon père même, n'étoit pas encore confommé lorfqu'on lui apprit que la Pologne venoit de perdre, dans Sigifmond I, un de fes plus grands rois. Le jeune prince monta donc au trône en 1548, & y plaça près de lui fa jeune époufe, belle, mais dont les charmes n'avoient aucun empire fur un peuple libre & farouche, qui vouloit difpofer du cœur de fon maître & diriger fes penchants. Le peu de refpect que ce prince avoit témoigné pour les coutumes de l'églife, avoit déjà aigri les efprits : cette alliance acheva de les foulever ; les ennemis échauffèrent cette première fermentation : les ennemis du roi élevèrent la voix avec audace, & le menacèrent de le dépofer, pour avoir ofé faire fon propre bonheur, comme fi un prince, né pour rendre fon peuple heureux, n'avoit pas le droit d'être lui-même. *Augufte* étoit amoureux, il brava ces menaces ; & l'irruption des Tartares fit fentir à la nation qu'elle avoit befoin d'un prince courageux & verfé dans l'art de la guerre ; on lui pardonna fon amour en faveur de fes victoires. La conquête de la Livonie, la foumiffion forcée des chevaliers porte-glaive, les duchés de Cour'ande & de Semigalle, devenus feudataires de la couronne ; tant de fuccès remportés dans l'efpace de trois années, firent aifément oublier en faveur de *Sigif-*

mond , les égarements excusables d'une jeuneſſe trop bouillante.

Il reçut en 1568 l'hommage d'Albert - Frédéric , duc de Pruſſe , qui ſuccédoit à ſon père Albert. La réunion de la Lithuanie à la Pologne, fut le chef-d'œuvre de ſon règne & la dernière de ſes actions : il mourut en 1571 ; en lui s'éteignit la race des Jagellons , qui pendant près de deux ſiècles avoit donné des rois à la Pologne. Le peuple qui l'avoit perſécuté le pleura ; ſon génie étoit lent, ſon ame vaſte ; ſon jugement ſain, ſon eſprit orné, ſon cœur bienfaiſant , il ouvrit à l'héréſie l'entrée de ſes états. Les ſoins de l'amour ne le détournoient point de ceux du gouvernement ; eſclave de ſes maitreſſes , il fut maître de l'état , de ſes voiſins & de ſes ennemis. (M. DE SACY.)

SIGISMOND III , roi de Pologne & de Suède ; il étoit fils de Jean, roi de Suède : un parti puiſſant l'appella au trône de Pologne , après la mort d'Etienne Battori ; Maximilien le lui diſputa , mais une victoire termina le différend ; & Sigiſmond triomphant, par les ſoins d Zamoski , fut couronné l'an 1587. L'archiduc fut pris les armes à la main ; Sigiſmond lui rendit la liberté , & n'exigea pour ſa rançon qu'une renonciation formelle à la couronne de Pologne. Les premières années du règne de Sigiſmond furent paiſibles , il aſſoupit les querelles des catholiques & des proteſtants , en accordant aux uns & aux autres le libre exercice de leur religion , & laiſſa aux Coſaques le ſoin de repouſſer les Tartares & les Turcs. Jean, roi de Suède , mourut ſur ces entrefaites , & laiſſa le ſceptre à ſon fils Sigiſmond , qui alla en prendre poſſeſſion. Il fut couronné à Upſal, l'an 1594 ; il étoit catholique , & on exigea de lui , à ſon ſacre , le ſerment de protéger la confeſſion d'Ausbourg ; il ne regardoit cette promeſſe que comme un moyen plus ſûr de rétablir un jour le catholiciſme dans ſa patrie : il eut l'imprudence de laiſſer appercevoir ſes deſſeins ; il en commit une plus grande encore en confiant la régence du royaume à Charles, duc de Sudermanie , ſon oncle , prince rempli de talents , dévoré d'ambition , & qui avoit l'art de ſe faire adorer des hommes qu'il aimoit peu. Charles prit bientôt le titre de vice-roi : Sigiſmond à qui des réflexions trop tardives avoient fait reconnoitre ſa faute , voulut lui ôter les rênes du gouvernement ; la nation s'y oppoſa. Le vice-roi fut diviſer les deux nations au ſujet de la Livonie , la guerre s'alluma : quelque parti que prît Sigiſmond , il falloit qu'il combattît contre ſes ſujets , & qu'il expoſât , ou la couronne de Suède , ou celle de Pologne ; il voyoit les eſprits des Suédois déja aliénés par les intrigues de Charles , & tout le royaume conquis , ou par ſes bienfaits , ou par ſes armes ; il ſe déclara en faveur des Polonois, mais le trône qui lui reſtoit n'étoit pas mieux affermi ſur ſes fondements : il avoit prétendu régner en maitre ſur un peuple libre ; en voulant accroître ſon autorité , il la haſarda toute entière. Deux partis ſe formèrent , l'un pour faire valoir les prétentions du roi , l'autre pour défendre

l'antique liberté : on en vint aux mains , les royaliſtes furent vaincus ; Sigiſmond qui avoit déjà perdu la couronne de Suède , alloit perdre encore celle de Pologne , lorſqu'une victoire remportée par ſes partiſas , rétablit le calme & l'obéſſance , en 1608. Une choſe preſque inconcevable , c'eſt qu'au lieu de reconquérir la Suède , ou de défendre au moins la Livonie , il entra ſans ſujet en Moſcovie, s'arrêta deux ans devant Smolensko , y fit périr inutilement deux cents mille Moſcovites, y perdit lui-même la moitié de ſon armée, entra dans Moſcou , dont on lui ouvrit les portes , y fit mettre le feu, n'en ſortit qu'après avoir vu la dernière maiſon réduite en cendres , & ramena en Pologne ſes débris de ſes troupes délabrées : il prétendoit diſpoſer de la couronne de Moſcovie en faveur d'Uladiſlas , ſon fils , lui qui n'avoit pu conſerver pour lui-même celle de Suède. Guſtave - Adolphe avoit été proclamé en 1611 ; & les hautes qualités de ce prince , les ſuccès qu'il avoit déjà eus dans la guerre , ne laiſſoient à Sigiſmond aucune eſpérance de rentrer dans ſes états. Sigiſmond en 1620 , fournit à l'empereur des troupes auxiliaires contre les Turcs ; ſon indiſcrette amitié lui attira ſur les bras toutes les forces de l'empire Ottoman ; cependant le génie , l'expérience , le courage des généraux Polonois , arrêtèrent tout-à-coup ſes rapides conquérants ; on fit la paix , & elle ne coûta pas cher à la Pologne ; Sigiſmond reſtitua Choczim , & l'empereur ſe réſerva le droit de nommer le vaivode de Moldavie. Pendant cette expédition, Guſtave avoit conquis toute la Livonie , & la Pologne ne put obtenir de lui qu'une trève de cinq ans en 1624 : elle expira en 1629 , & Sigiſmond qui craignoit d'être forcé de reprendre les armes contre le Lion du nord , obtint par la médiation de la France une nouvelle trève de ſix ans ; mais il fut contraint de céder à Guſtave toutes ſes conquêtes en Livonie. Tant de revers ſucceſſifs accablèrent enfin Sigiſmond , & le chagrin éteignit peu-à-peu le principe de ſa vie ; il mourut l'an 1632 : on ne lui reprochera point les maux qu'ils s'eſt faits à lui-même : ce ſont des fautes & non pas des crimes ; mais de quel œil la poſtérité peut-elle voir les maux qu'il a faits à l'humanité , deux cents mille Moſcovites maſſacrés dans un ſiège , cent mille maiſons & des richeſſes immenſes devenues la proie des flammes dans Moſcou ! (M. DE SACY.)

SIGNET (Guillaume) , (Hiſt. de Fr.) lorſque l'Empereur Sigiſmond vint en France en 1416 , il eut la curioſité d'aller entendre plaider au parlement ; deux concurrents ſe diſputoient une grande place qui avoit toujours été remplie par des Chevaliers , Signet ne l'étoit pas , & ſon adverſaire lui oppoſoit avec ſuccès ce défaut de titre. L'Empereur prit plaiſir à changer l'état de la cauſe , en faiſant un eſſai de ſa puiſſance ; il arma Signet chevalier , & lui fit ainſi gagner ſon procès. Cette conduite , & de la part de celui qui la tint , & de la part de ceux qui la ſouffrirent , eſt d'une irrégularité à laquelle on ne comprend rien ; quand par une politeſſe , jugée convenable à l'hospitalité , on auroit cru pouvoir permettre à un souverain étranger qui se prétendoit supérieur à tous les autres , d'exercer en France un acte d'autorité si solemnel , cet acte ne pouvoit changer la nature des loix , ni donner un effet rétroactif à la grace conférée par l'empereur ; le Roi même n'auroit pu chez lui opérer un tel changement ; il falloit toujours se reporter au moment de la vacance de la place , & de l'ouverture des droits. Il est à croire qu'en donnant un si plein effet à un caprice de l'Empereur, on dédommagea le chevalier , ou que la qualité de chevalier n'étoit pas si essentiellement requise pour la place dont il s'agissoit , que le défaut de cette qualité ne pût être suppléé par d'autres conditions , qui se rencontroient dans la personne de *Signet*.

SIGONIUS (Charles) (*Hist. Litt. Mod.*), c'est le Tite-Live moderne de l'Italie , grand historien , & pour le fond & pour la forme , véritable homme de lettres , n'aimant que l'étude & la retraite. Né à Modène , professeur à Padoue , il retourna mourir à Modène en 1584. Etienne Battori , Roi de Pologne , voulut le fixer à sa cour , il le refusa , il refusa aussi de se marier , disant que *Minerve & Venus n'avoient jamais pu vivre ensemble* , plus sage qu'intéressé dans le premier refus , plus philosophe dans le second , que fidèle aux devoirs de l'homme & du citoyen. Ses œuvres ont été recueillies en six volumes in-fol. & le célèbre Muratori a écrit sa vie. Son ouvrage le plus célèbre est *de regno Italiæ* ; mais on fait grand cas aussi de ce qu'il a écrit sur la république des Hébreux , sur celle d'Athènes , sur l'empire d'Occident , &c. . . . .

SIGOVESE & BELLOVESE , (*Hist. anc.*) deux chefs de colonies gauloises , dont parle Tite-Live , Décade Ire. liv. 5. *Sigovese* s'établit dans la Bohême & dans la Bavière ; *Bellovèze* conquit une partie de l'Ibérie & de l'Italie.

SIGTRUG , (*Hist. de Suède*) roi de Suède , vivoit vers la du premier siècle de l'ere chrétienne ; bon prince , sage législateur , père malheureux , il voulut laver dans le sang de Gram & des Danois , l'affront que ce prince lui avoit fait en enlevant sa fille ; mais trahi par ses soldats , il expira sous la massue de Gram. (*M. DE SACY.*)

SIKE , (Henri) (*Hist. Litt. mod.*) savant Allemand , du dix-septième siècle , a donné en Arabe & en latin , avec des notes (Utrecht , 1697) la meilleure édition de l'Evangile Apocryphe de l'enfance de Jésus-Christ.

SILAHDAR AGA , ou SELICTAR AGA , s. m. (*Hist. mod.*) officier du grand seigneur , tiré du corps des Itch-oglans ou Icoglans C'est le porte épée du sultan dans les cérémonies publiques. Le *silahdar* porte le cimeterre du grand seigneur & coupe les viandes à sa table. Il est comme le grand maître de la maison de l'empereur & règle toute sa cour. Son autorité s'étend aussi sur le reste de l'empire d'une manière particulière. Les grands lui parlent qu'avec réspect , & ne lui écrivent jamais sans lui donner le titre de *musahib*, c'est-à-dire , *conseiller privé* , quoiqu'il ne le prenne point dans les actes. Sa place qui lui permet d'approcher du sultan , l'élève quelquefois à la plus haute faveur. *Guer, mœurs des Turcs , tom. II.* (*A. R.*)

SILANUS , (*Hist. rom.*) nom connu à rome , & porté par plusieurs personnages distingués.

1°. *Silanus* Créticus , sous Tibère , étoit ami de Germanicus , & ce titre lui fit ôter le gouvernement de Syrie , lequel fut donné à Cneius Pison , avec des ordres secrets pour traverser en tout Germanicus , & même pour lui ôter la vie quand il en seroit temps. On avoit été obligé de confier les provinces d'Asie à Germanicus avec un pouvoir très-ample , & Tibère ne pouvoit souffrir un neveu qui le servoit trop bien , & qui avoit des vertus.

2°. Marcus Junius *Silanus* , beau-père de Caligula , fut une des victimes de cet Empereur fou & cruel.

3°. Sous l'empire de Claude , Messaline & Narcisse firent périr Appius Junius *Silanus*, & sa femme qui étoit belle-mère de l'empereur.

4°. Il firent périr aussi Lucius Junius *Silanus* , fils d'Appius & gendre de l'empereur.

5°. Dans les commencemens du règne de Néron , Agrippine , sa mère , qui avoit encore alors une grande autorité , dont elle abusoit cruellement , fit périr à l'insçu de son fils , Marcus Junius *Silanus* proconsul d'Asie , qui descendoit d'Auguste.

Junia Silana fit accuser Agrippine , par le comédien Paris , d'avoir conspiré contre Néron , son fils , & d'avoir voulu mettre à sa place sur le trône Rubellius Plautus qu'elle se proposoit d'épouser , & qui descendoit d'Auguste par sa Mère. Quoiqu'alors le crédit d'Agrippine fût bien diminué , elle se défendit avec tant de force , & demanda vengeance avec tant de hauteur , que Néron ne put se dispenser d'exiler Silana , châtiment bien foible , si l'accusation étoit calomnieuse.

SILHON , (Jean) (*Hist. Litt. mod.*) Conseiller d'état , un des premiers membres de l'Académie Françoise dans le temps de son institution. On a de lui un traité de l'immortalité de l'ame , & quelques ouvrages de politique ; mort en 1667.

SILHOUETTE , (Etienne de) *Hist. Litt. mod.*) On sait qu'après avoir été chancelier de M. le duc d'Orleans , il fut Contrôleur général & ministre d'Etat. Nous laissons à la postérité à marquer le rang qu'il doit tenir parmi les hommes d'état & les ministres des Finances , pour avoir voulu faire porter le principal fardeau des Impôts sur les grands & sur les riches , ce qui précipita sa disgrace , dans un temps où le gouvernement paroissoit croire encore , du moins à en juger par la pratique , que les riches devoient toujours être ménagés , & les pauvres toujours opprimés. D'un autre côté , il est vrai qu'il s'élève presque toujours contre l'impôt même le mieux choisi , le mieux assis & le mieux réparti , une objection invincible non pas contre tel ou tel ministre qui ne fait que passer , & qui prend les chofes dans l'état où il le trouve ; mais contre le gouvernement qui eft éternel , & qui doit tendre conftamment vers le bien , c'eft qu'il ne faudroit pas d'impôts , & qu'on auroit pu s'en paffer , foit par les reffources de l'économie , foit en évitant avec foin ces guerres qu'on entreprend toujours fi témérairement , & fi hors de propos, même lorfqu'on eft évidemment hors d'état de les foutenir , & toujours fans confulter la nation que l'on condamne à employer dans ces guerres fon fang & fa fortune.

En confidérant M. de *Silhouette* , fimplement comme homme de lettres , il a enrichi notre littérature de plufieurs traductions importantes ; on fait qu'il a traduit *l'effai fur l'homme* de Pope , tant traduit encore depuis , & en profe , & en vers. Il a traduit des *mélanges de littérature & de philofophie*, du même Pope ; *l'union de la religion & de la politique* de Warburton , il a traduit de l'Efpagnol de Balthafar Gracian , les *réflexions politiques fur les grands princes.* Il nous a donné une *idée générale du gouvernement Chinois*, & un *traité mathématique fur le bonheur* , la chofe qui eft peut-être le moins du reffort des mathématiques. M. de *Silhouette* étoit né à Limoges en 1709 , il fut fait controlleur général , au printemps de l'année 1759 , excita pendant l'été , un moment d'enthoufiafme , auquel fuccéda une averfion générale , & peut-être n'avoit il mérité,

Ni cet excès d'honneur , ni cette indignité.

Il fut renvoyé dans l'Automne de la même année 1759 , fans que fon nom eût eu le temps de paroître dans l'Almanach royal , parmi les Controleurs-généraux. Il mourut en 1767 , ayant furvécu affez long-temps à fa difgrace , & ayant vécu affez philofophiquement , & affez heureufement dans fa terre de Bry fur Marne , pour n'être pas accufé d'être mort de la maladie des miniftres difgraciés.

SILIKHTAR, f. m. *(terme de rélation)* page d'une des chambres du grand-feigneur. Il eft l'écuyer du grand-feigneur , porte fon épée , & l'accompagne par-tout quand il fort du ferrail. *(A. R.)*

SILIUS ITALICUS, (Caïus) (*Hift. Litt. rom.*) homme confulaire , vivoit fous Néron , & mourut, à ce qu'on croit , fous l'empire de Trajan ; on dit qu'accablé de maux à l'âge de 75 ans , il fe laiffa mourir de faim. Il eft accufé d'avoir exercé quelque temps l'odieux métier de délateur , mais une vie vertueufe expia ce moment d'un zèle aveugle , qui pouvoit même trouver fon excufe dans la pureté des motifs ; *Silius Italicus* poffédoit une maifon de campagne qui avoit appartenu à Ciceron , & une autre où eft le tombeau de Virgile , c'eft ce qu'on apprend par l'épigramme 49e. du livre onzième de Martial.

Silius hæc magni celebrat monumenta Maronis ,
  Jugera facundi qui Ciceronis habet.
Hæredem dominumque fui tumulive , larifve
  Non alium mallet nec Maro nec Cicero.

L'épigramme fuivante roule encore à-peu-près fur le même fujet :

Jam propè defertos cineres , & fancta Maronis
  Nomina qui colerat , pauper & unus erat.
Silius optatæ fuccurrere cenfuit umbræ :
  Silius & vatem non minor ipfe , colit.

Ce *non minor ipfe* eft une exagération de l'urbanité ou de l'amitié , & Pline a mieux jugé *Silius Italicus* , en difant : *fcribebat carmina majore curâ quàm ingenio ;* en effet , fes vers font travaillés , ils ont de la régularité , de l'harmonie , de l'énergie , mais ils font le plus fouvent fans génie , fans coloris, fur-tout fans ce charme qui fait qu'on fait par cœur la plupart des vers de Virgile ; ils font bien faits en un mot , mais ils ne font pas beaux , du moins ils ne font pas agréables ; or ce qu'Horace a dit en général des Poëmes , peut s'appliquer en particulier aux vers ;

Nec fatis eft pulchra effe poëmata , dulcia funto ;
Et quòcunque volent , animum auditoris agunto.

Voilà ce qui manque aux vers de *Silius* , & voilà ce qui fait qu'on en a fi peu retenu.

Il eft , comme on l'a dit , le *finge de Virgile* , mais il n'en eft que le finge , il n'en imite que les formes , il le rappelle à tout moment par les expreffions & par les tours , rarement par le talent & le génie. Non-feulement on ne trouve rien dans *Silius* qui puiffe entrer même de loin , en parallele avec le fecond , le quatrième , le fixième , le neuvième livre de l'Enéide ; non-feulement il n'offre aucun morceau à mettre à côté des épifodes de Pygmalion & de Sichée , de Polydore , d'Hélénus & d'Andromaque , de Polyphême , de Cacus , &c. Mais on n'y trouve pas même de ces vers , ou qui entraînent, comme celui-ci :

Una falus victis nullam fperare falutem.

Ou qui développent la fenfibilité naturelle , comme ceux-ci :

Non ignara mali , miferis fuccurrere difco.
Sunt lacrymæ rerum , & mentem mortalia tangunt.

Ou qui pénètrent l'ame de tendreffe & de douleur , comme ceux-ci :

O mihi fola mei fuper Aftyanactis imago ,
Sic oculos , fic ille manus , fic ora ferebat :
Et nunc æquali tecum pubefceret ævo.
Nate Deâ , vivifne ? aut fi lux alma receffit ,
Hector ubi eft ? . . .
Heu ! quis te cafus dejectam conjuge tanto
Excipit , aut quæ digna fatis fortuna revifit ?

Voilà les vers que *Silius* ne fait point imiter , & qui peut-être ne peuvent être imités ; il faut que le cœur les faffe , ou ils ne fe font point.

D'ailleurs, on prendroit *Silius* pour un Poëte latin des siècles modernes, tant il est plein de centons de Virgile, & tant sa manière générale est formée sur celle de ce Poëte ; c'est même ce dernier trait qui caractérise le plus particulièrement *Silius*. Ovide dans les Métamorphoses, imite des détails de Virgile, comme Virgile en a imité d'Homère ; mais Virgile & Ovide, au milieu de leurs imitations, conservent leur manière propre : *Silius* n'a point de manière à lui, il est Virgile, ou il n'est rien.

Si Virgile a dit, d'un côté,

> *Sedet æternùmque sedebit*
> *Infelix Theseus.*

De l'autre, en parlant de Didon,

> *Conjux. . . . . pristinus illi*
> *Respondet curis, æquatque Sichæus amorem.*

Silius dit, en parlant aussi de Didon :

> *Ipsa sedet tandem æternùm conjuncta Sichæo.*

Si Virgile dit :

> *Mercatique solum, facti de nomine Byrsam,*
> *Taurino quantùm possent circumdare tergo.*

Silius répète :

> *Tùm, pretio mercata locos, nova mœnia ponit*
> *Cingere quâ secto permissum littora tauro.*

Si Virgile s'écrie :

> *Heu ! quia nàm tanti cinxerunt æthera nimbi ?*

Silius déguise ainsi la même exclamation :

> *Heu ! quià nàm subitis horrescit turbida nimbis*
> *Tempestas !*

Enfin si Virgile décrit ainsi le Mont-Atlas :

> *Apicem & latera ardua cernit*
> *Atlantis duri, cœlum qui vertice fulcit*
> *Atlantis, cinctum assiduè cui nubibus atris*
> *Piniferum caput & vento pulsatur & imbri.*
> *Nix humeros infusa tegit, tùm flumina mento*
> *Precipitant senis & glacie riget horrida barba.*

Silius, dans la même description, n'emploie guères de traits qui ne soient dans Virgile :

> *Atlas subducto tracturus vertice cœlum.*
> *Sidera nubiferum fulcit caput, ætheriasque*
> *Erigit æternum compages ardua cervix :*
> *Canet barba gelu, frontemque immanibus umbris*
> *Pinea sylva premit, vastant cava tempora venti,*
> *Nimbosoque ruunt spumantia flumina rictu.*

Quelquefois même *Silius* imite mal Virgile, & décrit mal l'objet qu'il veut peindre. Par exemple,

Virgile décrit ainsi le météore si commun, que le peuple appelle *une étoile qui tombe* :

> *De cœlo lapsa per umbras*
> *Stella facem ducens multâ cum luce cucurrit.*
> *Illam summa super labentem culmina tecti,*
> *Cernimus Idæâ claram se condere sylvâ,*
> *Signantemque vias : tùm longo limite sulcus*
> *Dat lucem.*

On ne peut pas mieux marier les idées populaires avec les couleurs de la poësie, ni exprimer mieux les apparences sensibles de ce phénomène.

Voici comment *Silius* réduit & rétrécit le même tableau.

> *Sulcatum tremulâ secat aëra flammâ ;*
> *Qualis sanguineo præstringit lumina crine*
> *Ad terram cœlo decurrens ignea lampas.*

Le premier vers a de l'expression & de la poësie ; mais qu'est-ce que l'auteur a voulu peindre dans les deux autres ? *Sanguineo crine* désigne évidemment une comète ; *ad terram cœlo decurrens* ne convient qu'à ce qu'on appelle *une étoile qui file ou qui tombe* ; il n'y a donc point d'ensemble ni d'unité dans le tableau.

Ceux qui ont appelé *Silius Italicus*, *le singe de Virgile*, l'ont appelé en même-temps *le copiste de Polybe & de Tite-Live :* en effet il suit l'histoire assez exactement, & n'a pas, non plus que Lucain, d'autre plan. Sur cela, les pédans ne manquent pas de citer le P. le Bossu, qui dit, d'après Aristote, que la fable est de l'essence de l'épopée ; nous croyons qu'il n'y a rien d'essentiel à l'épopée, que de raconter, & que la fable nuit plus souvent à l'intérêt qu'elle n'y sert ; c'est du moins ce qui est très sensible dans la *Henriade*. Les allégories de la Discorde, de la Politique, &c. sont ce qu'il y a de plus froid dans ce poëme ; tout l'intérêt consiste dans ces beaux vers qui rendent l'histoire si imposante, qui donnent à la vérité un éclat ineffaçable, qui peignent si vivement, & les fureurs de la ligue, & les horreurs de la Saint Barthélemi, & l'assassinat du duc de Guise, & celui de Henri III, & tous les personnages de ces temps affreux.

Nous ne reprochons donc ni à Lucain, ni à *Silius Italicus*, de s'être presque bornés au récit ; & ce que nous en retrancherions le plus volontiers, est le peu de merveilleux & de fabuleux qu'ils ont cru devoir admettre. Nous sommes éloignés de reprocher, comme on l'a fait à Lucain, à *Silius Italicus*, & à M. de Voltaire, le choix de sujets modernes qui se refusent au merveilleux ; ces sujets n'en ont que plus d'intérêt. Celui de *Silius Italicus*, (la seconde guerre punique) est le plus beau morceau de l'histoire romaine ; c'est alors que les romains trouvent un ennemi digne d'eux ; c'est alors seulement qu'ils intéressent par leurs malheurs, autant qu'ils étonnent par leur constance ; c'est alors qu'ils rendent graces à Varron, après la bataille de Cannes, de n'avoir point désespéré de la république ; c'est alors que Rome met en vente un champ

occupé

occupé par l'armée Carthaginoise, & qu'il se trouve des acheteurs ; c'est alors enfin que le Poëte a les plus grands hommes à peindre, & parmi les romains, & parmi leurs ennemis.

Bien loin de reprocher à *Silius Italicus* d'avoir trop suivi Tite-Live, nous lui reprocherions au contraire d'être moins éloquent, moins animé, moins Poëte en vers que Tite-Live en prose.

Voici cependant un morceau où *Silius* est supérieur à lui-même, supérieur à Tite-Live, égal à Virgile dans ses plus beaux endroits.

On connoît dans Tite-Live la harangue éloquente que fait Pacuvius à Pérolla son fils, pour le détourner du projet que ce jeune homme avoit formé de délivrer sa patrie, en assassinant Annibal dans un festin.

Per ego te, fili, quæcumque jura liberos jungunt parentibus, &c.

Parmi beaucoup d'autres raisons, Pacuvius dit à son fils :

Unus aggressurus es Annibalem ? quid illa turba tot liberorum servorumque ! quid in unum intenti omnium oculi ? quid tot dextræ ? torpescentne in amentiâ illâ ? vultum ipsius Annibalis, quem armati exercitus sustinere nequeunt, quem horret populus romanus ; tu sustinebis ?

Silius a rendu ces divers traits.

Quin, casu in tanto comitum juxtàque jacentum Torpebunt dextræ ?
Tune illum, quem non acies, non mœnia & urbes Ferre valent, cùm frons propior lumenque corusco Igne micat, tune illa viri quæ vertice fundit Fulmina perculeris, si viso intorserit ense Diram, quâ vertit per campos agmina vocem ?

Jusqu'ici la supériorité est toute entière du côté de Tite-Live ; il est plus vif, plus pressant ; il vole, & *Silius* se traîne. Le style coupé de Tite-Live est celui qui convient au moment ; la marche périodique & pesante de *Silius* glace tout ce morceau.

Et alia auxilia desint, meipsum ferire, corpus meum opponentem pro corpore Annibalis, sustinebis ? Atqui per meum pectus petendus ille tibi, transfigendusque est.

Ce mouvement pathétique & rapide de Tite-Live que Racine a si bien rendu par ces deux vers :

Pour aller jusqu'au cœur que vous voulez percer,
Voilà par quel chemin vos coups doivent passer ;

est encore bien allongé, bien refroidi, dans ces vers de Stace :

Non jam tibi pectora pubis Sidoniæ fodienda manu tutantia regem ; Hoc jugulo dextram explora; namque hæc tibi ferrum, Si Pœnum invasisse paras, per viscera ferrum Nostra est ducendum. Tardam ne sperne senectam :

Histoire. Tome V.

Opponam membra atque ensem extorquere negatum Morte meâ eripiam.

Mais voici l'endroit où *Silius* est supérieur à tout & ce morceau, est entièrement de lui.

Fallit te, mensas inter quòd credis inermem ; Tot bellis quæsita viro, tot cædibus armat Majestas æterna ducem. Si admoveris ora, Cannas & Trebiam ante oculos, Thrasymenaque busta, Et Pauli stare ingentem miraberis umbram.

Voilà certainement, cinq des plus beaux vers, qui existent dans la langue latine : on voit ce général armé d'une Majesté éternelle ; on voit la grande ombre de Paul Emile se tenir debout devant lui, pour effrayer ceux qui voudroient l'attaquer. Si de pareils morceaux étoient plus nombreux chez *Silius Italicus*, Virgile même ne l'emporteroit pas sur lui.

On a encore cité plusieurs fois de *Silius* ces vers, sur un instant où l'on ne regardoit plus la vie que comme un fardeau, lorsque l'âge mettoit hors d'état de combattre.

Prodiga mens animæ, & properare facillima morten ; Namque ubi transcendit florentes viribus annos, Impatiens ævi spernit novisse senectam, Et fati modus in dextrâ est.

Ce dernier trait sur-tout, est d'une précision pleine de noblesse.

L'exclamation que fait Annibal, lorsqu'il reçoit l'ordre de revenir en Afrique, est encore très-belle, très-bien placée dans la bouche d'Annibal, & très-convenable à la situation.

O dirum exitium mortalibus ! ô nihil unquam Crescere, nec patiens magnas exurgere laudes Invidia !

Ce sont à peu près là les seuls vers de *Silius* qu'on ait distingués & cités ; presque tout le reste est d'une beauté monotone & assez froide.

Le poëme de *Silius Italicus* fut trouvé par le Pogge, (*voyez* l'article *Poggio*) dans une tour du monastère de Saint-Gal, pendant la tenue du Concile de Constance. La première édition qui en ait été donnée, parut à Rome en 1471. On distingue celle d'Alde, donnée en 1523 ; & celle de Drakenborch, donnée à Utrecht en 1717. in. 4°. M. le Febvre de Villebrune, qui en a donné en 1781, à Paris, une édition & une traduction, a consulté les meilleurs Manuscrits, & a conféré jusqu'à trente-sept éditions différentes de *Silius*, depuis 1471 jusqu'en 1775 ; il a retrouvé un fragment précieux de *Silius*, que Pétrarque s'étoit arrogé, & qu'il avoit inséré avec quelques changemens dans son poëme de l'*Afrique*, livre 6.

SILIUS, (Caïus) (*Hist. Rom.*) c'est ce jeune hom-

L

me que Meſſaline épouſa du vivant de l'Empereur Claude ſon mari. (voyez l'article MESSALINE.)

SILLERY, (voyez PUISIEUX)

SILLY ou SILLI, (Hiſt. de Fr.) maiſon conſidérable de Normandie, dont étoient :

1°. Jacques de Silli, Maître d'hôtel & Chambellan du Roi Charles VIII, qu'il accompagna au voyage d'Italie ; il exerça la charge de maître de l'artillerie, au ſiège de Capoue, en 1501 ; mort en 1503.

2°. François, ſon fils, capitaine de l'arrière-Ban, en 1513 ; mort au camp devant Pavie, le 21 Novembre 1524.

3°. François de Silli, comte de la Rocheguyon, Damoiſeau de Commerci, marquis de Guercheville, &c. chevalier des Ordres du Roi, Grand-Louvetier de France, mort au ſiège de la Rochelle, le 19 Janvier 1628.

4°. Son grand oncle, Nicolas de Silli, ſeigneur de la Rocheguyon, mort en Piémont, le 4 Octobre 1527.

5°. Madeleine de Silli, comteſſe de la Rochepot, Dame d'atours de la Reine Anne d'Autriche, femme de Charles d'Angennes, Seigneur du Fargis, Ambaſſadeur en Eſpagne. Elle avoit toute la confiance d'Anne d'Autriche, & c'eſt pourquoi cette Princeſſe ne put obtenir qu'elle reſtât auprès d'elle ; la comteſſe de Fargis fut une des victimes de la journée des dupes, immolée au Cardinal qu'elle n'aimoit pas : elle fut obligée de quitter ſa charge & la Cour ; morte en 1630.

SILVA, (Jean Baptiste) (Hiſt. Litt. mod.) fils d'un médecin Juif, quitta la religion de ſon père, il ſe fit médecin de Montpellier & de Paris : ſon eſprit, ſa grace, ſon éloquence, ſes connoiſſances ſans doute, lui procurèrent les plus grands ſuccès.

Malade & dans un lit de douleurs accablé,
Par l'éloquent Silva vous êtes conſolé,
Il ſait l'art de guérir autant que l'art de plaire.

La Czarine Catherine 1ere, veuve du Czar Pierre, lui fit propoſer la place de ſon premier médecin, avec des avantages conſidérables : il reſta en France, où il fut médecin conſultant du Roi, & premier médecin de M. le prince de Condé, alors dans l'enfance : il mourut à Paris en 1744. On a de lui un Traité de l'uſage des différentes ſortes de ſaignées, & principalement de celle du pied & des diſſertations & conſultations auxquelles M. Chirac eut part avec lui.

SILVAIN (FLAVIUS SILVANUS.) (Hiſt. rom.) Capitaine habile, accepta le titre d'Auguſte que les ſoldats lui déférèrent en 355, ſous l'Empereur Conſtance, & fut tué au bout d'un mois.

SILVERE, (Hiſt. Eccléſ.) fils du Pape Hormiſdas, Pape lui-même en 536, après Agapet I, fut calomnié, exilé, perſécuté, & mourut de faim en 537 dans une Iſle où il étoit relégué, & ce fut ſous l'empire du dévot Juſtinien qu'il fut traité ainſi,

parce que Théodora le voulut. (Voyez l'article THÉODORA.)

SILVESTRE ou SYLVESTRE, (Hiſt. Ecclés.) Il y a eu deux Papes de ce nom ; le premier a le titre de Saint. Il ſuccéda en 314 à Saint Melchiade, & mourut en 335. C'eſt à lui qu'on a dit, & qu'on a cru long-temps, que Conſtantin avoit fait une donation ſolemnelle de Rome & de quelques provinces d'Italie, donation bien reconnue aujourd'hui pour une fable, quoique le Saint Siège ait long-temps eſſayé de la faire valoir, quoique le Pape Adrien l'allègue expreſſément dans une lettre à Charlemagne, & qu'Hincmar en parle dans ſes œuvres comme d'un titre conſtant.

Le ſecond Pape Silveſtre, eſt le fameux Gerbert, né en Auvergne, d'une famille obſcure, élevé au monaſtère d'Aurillac, devenu d'abord par ſon mérite abbé de Bobbio, il parut comme un phénomène dans le dixième ſiècle ; il avoit été en Eſpagne, où il avoit tiré des Sarraſins toutes les lumières qu'ils étoient en état de fournir ; revenu en France, il eut pour diſciple le Roi Robert, fils de Hugues Capet, il en eut dans la ſuite un autre non moins auguſte, l'Empereur Othon III. Gerbert étoit mathématicien, le peuple le crut Magicien ; il devint Pape, le peuple dit qu'il avoit fait un pacte avec le diable. Ce fut lui, à ce qu'on croit, qui introduiſit en France le chiffre Arabe ou Indien, que les Sarraſins lui avoient fait connoître. Ce fut lui auſſi qui conſtruiſit la première horloge à roue. Avant d'être Pape, ſous le nom de Silveſtre II, il fut Archevêque de Reims, puis de Ravenne ; ce changement de ſièges, dont les noms commencent tous par la lettre R, Reims, Ravenne, Rome, a donné lieu à ce vers connu :

Tranſit ab R Gerbertus ad R, fit Papa regens R.

Elû Pape en 999, mort en 1003. Nous avons de lui 149 Epitres & d'autres ouvrages.

SILVESTRE ou SYLVESTRE de Prière, Dominicain, maître du ſacré Palais, ſe diſtingua parmi les premiers Antagoniſtes de Luther, par ſon zèle ultramontain ; il aſſura bien que le Pape étoit infaillible & ſupérieur au Concile ; que les indulgences attaquées par Luther, étoient ce qu'il y avoit de plus ſaint dans la religion, qu'on ne pouvoit en vendre trop, ni les vendre trop cher, pourvu que les Dominicains fuſſent toujours chargés de ce commerce ſacré.

SILURE, (Hiſt. anc.) Roi des Scythes, dont Plutarque rapporte le fait qui ſert de ſujet & de morale à la fable de la Fontaine, intitulée : le vieillard & ſes enfants, liv. 4. fable 18. Plutarque lui donne quatre-vingt enfants. Sa Fable n'en avoit que plus d'application & de moralité.

SIMÉON, qui est exaucé, (Hiſt. ſacrée) c'eſt le ſecond fils de Jacob & de Lia : Lia le nomma Siméon, parce que le Seigneur l'avoit exaucée. Il étoit frère utérin de Dina, il eut avec Lévi la principale part à la vengeance cruelle que les enfants de Jacob tirèrent de l'affront fait à leur sœur. Jacob leur témoigna l'horreur que lui causoit cette action détestable, & leur reprocha qu'ils l'exposoient lui et sa famille à la haine & au ressentiment des peuples du pays. Ce saint Patriarche en garda jusqu'à la mort le souvenir, & le temps ne put effacer de son esprit l'horreur d'une telle barbarie. *Siméon* fut un de ceux que Jacob envoya en Egypte pour y chercher du bled, & Joseph le retint pour ôtage, jusqu'à ce que ses autres frères eussent amené Benjamin. On ne convient pas du motif qui porta Joseph à traiter *Siméon* avec tant de rigueur; & la conjecture de ceux qui prétendent que c'est parce que *Siméon* avoit été des plus ardents à poursuivre sa mort, n'est pas recevable, parce qu'outre qu'elle n'a point de fondement dans l'écriture, c'est prêter gratuitement à ce Patriarche un motif de vengeance qui paroît blesser la charité. Jacob, sur le point de mourir, maudit la fureur de Lévi & de *Siméon*, & témoigna toute l'indignation que lui causoit la violence qu'ils avoient exercée contre les Sichimites. En effet, les Tribus de Lévi & de *Siméon* furent dispersées dans Israël. Dieu changea depuis, en faveur de Lévi, cette malédiction en bénédiction, à cause du zèle que marquérent ceux de cette Tribu, à venger l'injure de Dieu après l'adoration du Veau d'or: s'ils furent dispersés, ce fut par honneur, & vivant de l'autel, comme servant à l'autel. Pour *Siméon*, il ne reçut pour son lot, qu'un canton que l'on démembra de la Tribu de Juda, & quelques-autres que les Siméonites allèrent conquérir dans les montagnes de Séïr & dans le désert de Gades (†).

SIMÉON, (*Hist. sacrée*) ayeul de Mathatias, père des Macchabées, de la race des Prêtres, & descendant de Phinées. Un autre de ce nom fut du nombre de ceux qui répudièrent leurs femmes après la captivité, parce qu'elles étoient étrangères. (†)

SIMÉON, (*Hist. sacrée*) homme juste & craignant Dieu, qui vivoit à Jérusalem dans l'attente du Rédempteur d'Israel; le Saint-Esprit l'avoit assuré qu'il ne mourroit point sans l'avoir vu. Il demeuroit presque toujours dans le temple; & le Saint-Esprit l'y conduisit dans le moment que Joseph & Marie y présentèrent Jésus-Christ, pour obéir à la loi: alors ce vieillard prenant l'enfant entre ses bras, rendit graces à Dieu, & lui témoigna sa reconnoissance par un admirable cantique, qui est un excellent modèle d'actions de graces. Après cela, *Siméon* bénit le père & la mère, & prédit à Marie que cet enfant seroit exposé à la contradiction, & qu'elle même ressentiroit le contre-coup de toutes ses souffrances. C'est tout ce que l'Evangile nous apprend de ce saint homme; ce que l'on y ajoute de plus n'a aucun fondement solide. On trouve encore dans l'écriture, *Siméon*, fils de Juda, & père de Lévi, un des ayeux de Jésus-Christ. (†)

SIMIANE, (*Hist. de Fr.*) grande & ancienne Maison de Provence qui tenoit autrefois en souveraineté la ville d'Apt & tout le pays d'alentour. On distingue dans cette maison, Bertrand de *Simiane*, seigneur de Gordes, un de ces vertueux

gouverneurs qui s'honorèrent par leur désobéissance, dans le temps de la Saint Barthélemi. Charles de *Simiane*, son second fils, principalement connu dans l'histoire sous le nom d'Albigny, s'attacha, pendant les guerres de la Ligue, au duc de Savoie, Charles Emmanuel, dit le Grand, qui le fit chevalier de ses Ordres, lui donna le commandement de ses armées, le gouvernement de la Savoie, & lui fit épouser la princesse Mathilde, sa sœur naturelle. De ce mariage naquit le marquis de Pianesse. Sa mère se retira exprès de la cour, pour s'occuper entièrement de l'éducation de ce fils unique. Il répondit à de si tendres soins. Dès qu'il fut en état de servir, il se signala dans les Guerres de Gênes & du Montferrat. Le traité de Quérasque ayant fait cesser la guerre d'Italie en 1631, le marquis de Pianesse fut envoyé en Ambassade à Vienne. La guerre s'étant rallumée en 1635, il eut la charge de Colonel-général de l'infanterie de Savoie. Après la mort de Victor Amédée, fils de Charles Emanuel, arrivée le 7 Octobre 1637, la princesse Christine de France, fille de Henri IV, & veuve de Victor Amédée, qu'on appelloit *Madame Royale*, eut la tutelle des Princes ses fils; le marquis de Pianesse se distingua de nouveau, sous eux & sous elle, au combat de la Route, à Casal, à Turin, à Vérue. Madame Royale le fit chef de son Conseil; mais bien-tôt la dévotion vint l'enlever à la politique, à la guerre, à la gloire: on employa, tant on le jugeoit nécessaire ! la médiation du Pape, & des consultations de Casuistes, pour l'engager à rentrer dans le siècle & à continuer d'aider la cour de Turin de ses talents & de ses lumières : il céda plusieurs fois à des instances si flateuses; mais le goût de la retraite fut le plus fort, il se retira pour toujours chez les Prêtres de la mission, & tout ce qu'on put obtenir de lui, ce fut qu'il resteroit à Turin, pour qu'on fût à portée d'avoir recours à ses Conseils toutes les fois qu'on en auroit besoin. Il mourut à Turin en 1677. On a de lui quelques ouvrages de dévotion.

SIMILIS, (*Hist. rom.*) homme de cour ou du moins vivant à la cour, eut le bon esprit de sentir qu'il pouvoit vivre plus heureux. Sans aucun mécontentement personnel, il quitta la cour & tous ses emplois, pour aller vivre à la campagne, & il voulut qu'on gravât ces mots sur sa tombe : *j'ai demeuré soixante-seize ans sur la terre, & j'en ai vécu sept*. La cour qu'il avoit quittée étoit cependant celle de Trajan.

SIMLER, (Josias), (*Hist. litt. mod.*) Ministre de Zurich, mort en 1576, auteur d'un abrégé de la bibliothèque de Conrad Gesner, & d'un ouvrage intitulé : *de Helvetiorum republica*, qui a été imprimé chez Elzevir, & traduit en Français.

SIMNEL, (Lambert), (*Hist. d'Anglet.*) sous le roi Henri VII, qui étoit issu de la branche de Lancastre, & qui, quoique pour fortifier ses droits, il eût épousé l'ainée des filles d'Edouard IV, de la branche d'Yorck, prétendoit régner à titre de Lancastre, & haïssoit & persécutoit jusques dans sa femme, le nom d'Yorck ; fous ce règne , il reftoit de mâles de la branche d'Yorck, le comte de warwick , fils du duc de Clarence , que Henri VII retenoit prifonnier ; le comté de Lincoln , le duc de Suffolck et leurs frères, qu'il mécontentoit en toute occafion; le premier iffu des Yorck , de mâle en mâle ; les autres fortis du fang d'Yorck, par Elifabeth , leur mère, fœur d'Edouard IV, du duc de Clarence & de Richard III. Tous ceux qui tenoient à cette race opprimée , étoient autant d'ennemis ou fecrets ou déclarés de Henri VII : fa belle-mère, la veuve d'Edouard IV , le haïffoit , parce qu'il maltraitoit fa fille , & qu'il affectoit de méconnoître les droits qu'il tenoit d'elle. Ces conjonctures parurent favorables aux aventuriers, ils voulurent tenter fortune , en prenant le nom de quelque prince chéri & malheureux. Le bruit courut qu'une victime étoit échappée au cruel Richard III ; que le jeune duc d'Yorck, fecond fils d'Edouard IV , vivoit caché dans un coin de l'Angleterre. Un prêtre d'Oxford, nommé Simon, imagina de préfenter, fous le nom du duc d'Yorck , un jeune écolier qu'il élevoit, & qu'il jugea propre à jouer un tel perfonnage. Ce jeune homme fe nommoit Lambert Simnel, fils d'un menuifier, felon M. Smollett ; d'un boulanger, felon tous les autres. Vers le même temps, un autre faux bruit fe répandit que le comte de warwick , fils du duc de Clarence, s'étoit échappé de la tour de Londres; Simon alors changea fa fable , & fon élève fut le comte de warwick, impofture encore plus aifée à détruire que l'autre. Warwick avoit vécu quelque temps à la cour d'Edouard IV ; bien des gens le connoiffoient, il étoit difficile d'ailleurs que Simnel reffemblât également aux deux princes dont il jouoit le rôle tour-à-tour, & fur-tout il étoit mal-adroit & dangereux de le faire paffer pour un prince qui pouvoit paroître à tout moment, foit qu'il fût en prifon , foit qu'il fût libre. Tous ces obftacles n'arrêtèrent point Simon , il fit embarquer Simnel pour l'Irlande où il féduifit fans peine des ennemis du Gouvernement, qui vouloient être féduits; il fut couronné à Dublin. Des Yorckiftes Anglois, le comte de Lincoln à leur tête, commencèrent à fe déclarer pour lui ; on crut que la reine douairière avoit eu des intelligences avec lui, on en jugea par la cruelle ingratitude dont Henri VII paya fes bienfaits ; elle n'avoit rien négligé pour le porter fur le trône, afin d'y placer fa fille, Henri la fit enfermer, & confifqua fes biens. Il crut que pour détruire le parti de Simnel, il fuffiroit de montrer Warwick au peuple : mais ce fut fur Henri qu'on rejetta l'impofture, on vit Warwick, & l'on nia que ce fût lui, on avoit réfolu de croire à Simnel ; il fallut en venir aux armes. Henri VII fut vainqueur à la bataille de Stoke, près de Newarck ; (1486) le comte de Lincoln y fut tué, Simnel tomba entre les mains de Henri qui , pour toute punition, le rapprocha de fa condition originaire: Simnel fervit d'abord dans la cuifine du roi comme marmiton, enfuite dans fes chaffes, en qualité de fauconnier, & parut

content de fon fort. Henri recevant, quelque temps après cette bataille, des députés Irlandois, les fit fervir à table par le roi qu'ils avoient adopté ; le peuple fe dégoûta de fon fantôme, quand il le vit ainfi avili. Si la comteffe de Flandre Jeanne, fille de l'empereur Baudouin (Voyez l'article BAUDOUIN) , avoit eu cette politique indulgente, elle auroit évité le foupçon affreux d'avoir fait pendre fon père pour ne lui pas rendre fes états, & le temps auroit achevé d'éclaircir la vérité.

SIMON I, (Hift. facrée.) grand Prêtre des Juifs, que fa grande piété fit furnommer le jufte, étoit fils d'Onias I, auquel il fuccéda dans la grande facrificature l'an 3702. Le Saint-Efprit, par la bouche de Jefus, fils de Sirach, fait un éloge magnifique de ce Pontife des Juifs. Il répara le temple de Jerufalem qui tomboit en ruine, le fit environner d'une double muraille, & y fit conduire de l'eau par des canaux pour laver les hofties. Ce grand Prêtre laiffa en mourant, un fils unique en bas âge, nommé Onias, qui, étant trop jeune pour exercer la fouveraine facrificature, ne jouit de cette dignité qu'après qu'Eléazar fon oncle, & Manaffé fon grand-oncle, l'eurent exercée pour lui ; 2°. Simon, petit-fils du premier, fuccéda à Onias fon père l'an du monde 3785. C'eft fous fon Pontificat que Ptolomée Philopator vint à Jerufalem, &, après avoir fait des dons confidérables au temple, il voulut entrer dans l'intérieur, & pénétrer même dans le faint des faints, où le feul grand Prêtre pouvoit entrer une feule fois au grand jour des expiations. Mais ce grand Prêtre s'oppofa avec force à cette entreprife facrilège, & repréfenta au Roi la fainteté du lieu, & la loi formelle de Dieu qui lui en défendoit l'entrée. Ptolomée, inflexible dans fa réfolution, s'avançoit toujours pour entrer, lorfque Dieu étendit fon bras vengeur fur ce Prince impie, & punit fa profanation en le renverfant par terre fans force & fans mouvement. Quelques auteurs appliquent à Simon II, l'éloge du St-Efprit que nous avons rapporté à Simon I, (†).

SIMON MACCHABÉE, (Hift. facrée.) fils de Mathatias, furnommé Thafi, fut prince & pontife des Juifs, depuis l'an du monde 3860 jufqu'en 3869. Son père étant fur le point de mourir, le recommanda à fes autres enfans comme un homme de confeil, qui pouvoit leur tenir lieu de père. Simon fignala fa valeur dans plufieurs occafions, fous le gouvernement de Judas & de Jonathas fes frères. Le premier l'ayant envoyé avec trois mille hommes dans la Galilée, pour fecourir les juifs de cette province contre les habitans de Tyr, de Sidon & de Ptolémaïde, Simon défit plufieurs fois les ennemis, & revint triomphant & chargé d'un grand butin, auprès de fes frères. Il battit Apollonius, conjointement avec Jonathas ; celui-ci ayant été arrêté par Tryphon, Simon alla à Jerufalem pour raffurer le peuple que cette détention avoit alarmé. Il lui fit un excellent difcours dans lequel on voit éclater l'amour de la religion & de la patrie, le détachement de la vie,

& la ferme résolution où il étoit de remplir, à l'exemple de ses frères, sa vocation, en combattant jusqu'à la mort pour la gloire de Dieu, & pour le salut d'Israël. Ces sentimens héroïques rendirent le courage à tout le peuple, qui, ne voyant personne plus digne que *Simon*, d'être à la tête des affaires, l'élut tout d'une voix. *Simon*, devenu père de la Nation par ce choix unanime, fit bien voir par la sagesse de son gouvernement, que Dieu avoit présidé à cette élection ; il fit d'abord assembler tous les gens de guerre, répara en diligence les murailles & les fortifications de Jerusalem, & se disposa à marcher contre Tryphon, qui s'avançoit avec une grande armée dans le pays de Juda, résolu de lui livrer bataille. Mais celui-ci lui envoya des ambassadeurs pour lui dire qu'il n'avoit retenu Jonathas, que parce qu'il étoit redevable de quelques sommes au Roi ; mais que s'il vouloit lui remettre cent talens, & les deux fils de Jonathas en ôtage, il rendroit la liberté au père. Quoique *Simon* reconnût que le perfide ne parloit ainsi que pour le tromper, il se trouva cependant dans la cruelle nécessité de mettre ses deux neveux à la merci de ce traître, de crainte qu'en lui refusant ce qu'il demandoit, Israël ne rendît coupable de la mort du père. Ce qu'il craignoit arriva ; Tryphon ne renvoya point Jonathas ; mais désespéré de ce que *Simon* faisoit échouer son dessein sur Jerusalem, il assassina le père & les deux fils, & reprit le chemin de son pays. *Simon* envoya chercher les os de son frère, & les fit ensevelir honorablement à Modin, dans le sepulchre de ses pères, qu'il fit orner de colonnes, de pyramides & de trophées. Après cela, il s'appliqua à réparer les places de la Judée, & à les mettre en état de défense. Il envoya ensuite des ambassadeurs à Démétrius, qui avoit succédé, dans le royaume de Syrie, au jeune Antiochus, massacré par Tryphon, & pria ce prince de rétablir la Judée dans ses franchises, & de l'exempter de tributs. Démétrius accorda plus qu'on ne lui demandoit : il affranchit la Judée du joug des Syriens, laissa aux Juifs les places fortifiées & les exempta de toutes charges ; & l'on commença en cette année d'écrire sur les registres publics : la première année, sous *Simon*, grand pontife, chef & prince des juifs. Un an après que la liberté eut été rendue aux Juifs, les Syriens sortirent de la citadelle de Jerusalem, qu'ils occupoient depuis long-temps ; & *Simon*, après l'avoir purifiée, y entra en cérémonie, & établit une fête solemnelle en mémoire de cette réduction. Il s'appliqua ensuite à faire le bonheur de ses peuples ; il établit par-tout l'abondance, la joie, la sécurité & la paix ; il fit fleurir l'agriculture, protégea ceux qui cultivoient la terre, soulagea les pauvres, réprima l'injustice, rétablit la pureté du culte divin, & fit observer les loix de Dieu. Toute la suite de son administration nous trace l'image & le modèle du plus heureux gouvernement. Il renouvella avec les Lacédémoniens & les Romains, l'alliance que ces deux peuples avoient faite avec ses frères, & il envoya aux derniers par Mummius, un bouclier d'or, qui fût

reçu avec la plus grande satisfaction. Les Juifs, pour donner à ce généreux chef, un témoignage de leur reconnoissance, firent dresser un acte public des obligations qu'ils avoient à *Simon* & à toute sa famille ; lui confirmèrent pour toujours la dignité de prince & de Pontife de la Nation, pour en jouir, lui & ses descendans, à perpétuité, jusqu'à ce qu'il se levât parmi eux un Pontife fidèle. Ces dernières paroles marquent l'attente où étoient les juifs du règne du Messie. Cette déclaration fut écrite sur une table de cuivre, placée dans les galeries du temple, & on en mit une copie dans le tréfor pour servir à *Simon* & à ses enfans. Ce transport de la dignité pontificale dans la maison de *Simon*, qui étoit de la tribu de Lévi, paroît d'abord donner atteinte à la fameuse prophétie de Jacob, qui prédit que le sceptre ne sortira point de Juda jusqu'à ce que *celui qui doit être envoyé soit venu*. Mais il faut faire attention que les descendans de Juda faisoient alors la plus considérable partie du peuple juif, en qui résidoit l'autorité du gouvernement, & que ce peuple ne faisoit qu'user de son droit, en transportant à *Simon* toute sa puissance publique. Ainsi la Tribu de Juda ne se dépouilloit point du sceptre, elle ne faisoit que le mettre à la main de *Simon* & de ses successeurs pour vivre sous eux, dans l'espérance du Christ tant de fois promis. Antiochus Sidétes, roi de Syrie, ayant proposé à *Simon* de joindre ses troupes aux siennes pour chasser l'usurpateur Tryphon, le grand Prêtre y consentit à condition que le roi confirmeroit aux juifs les priviléges que ses prédécesseurs leur avoient accordés. Antiochus promit tout & beaucoup plus même qu'on ne demandoit ; mais quand il crut pouvoir se passer du secours de *Simon*, il ne garda aucun des articles du traité, & il voulut même le forcer à rendre plusieurs places qu'il prétendoit lui appartenir, ou à lui payer en échange mille talens d'argent. *Simon* lui ayant fait une réponse peu satisfaisante, il envoya Cendébée, son lieutenant, avec une puissante armée, pour ravager la Judée. *Simon*, que son grand âge mettoit hors d'état de commander les troupes, envoya Jean & Juda, ses deux fils, avec vingt mille hommes pour combattre les Syriens. Ces deux guerriers obéirent, &, après avoir défait Cendébée & dispersé ses troupes, ils retournèrent triomphans en Judée. Trois ans après cette victoire, *Simon* employant, pour le bien de l'état, tout ce qui lui restoit de vigueur, s'appliquoit à visiter les villes de son état, à y régler toutes choses, lorsqu'il arriva au château de Doch, où demeuroit Ptolémée, son gendre. Cet ambitieux, qui vouloit s'ériger en souverain du pays, méditoit depuis long-temps l'affreux projet de se défaire de ceux qui pouvoient mettre obstacle à l'élévation de sa fortune. Il crut en avoir trouvé l'occasion, & ce monstre se livrant sans remords à tout ce que l'ingratitude, la perfidie, la cruauté ont de plus noir, fit inhumainement massacrer *Simon* & deux de ses fils, au milieu d'un festin qu'il leur donna. Ainsi mourut ce grand prince, par la trahison d'un gendre dénaturé, dans le temps où sa valeur & sa sagesse affermiffoient de plus en plus la liberté du peuple Juif, & l'exercice de la religion : après avoir fervi, comme fes frères, Dieu & fon peuple, il devoit éprouver le même fort qu'eux ; il y étoit préparé depuis long-temps par la vive exhortation, que Mathatias, au lit de la mort, fit à fes enfans. (†).

SIMON, (Richard.) (Hift. litt. mod.) favant critique, fe rendit habile dans les langues orientales, & redoutable dans les difputes littéraires. Il entra dans la congrégation de l'Oratoire, il en fortit, il y rentra, il en reforti; il écrivit contre elle, il écrivit fur-tout contre les Bénédictins, qu'il ne laiffoit en paix dans prefque aucun de fes écrits polémiques. Il en a beaucoup de pfeudonymes; telle eft fon hiftoire de l'origine & du progrès des revenus eccléfiaftiques, qui parut fous le nom de Jérôme Acofta; fa bibliothèque critique, fous celui de Sainjore; fon hiftoire critique de la croyance & des coutumes des Nations du Levant, fous celui de Moni. Il écrivit contre la bibliothèque eccléfiaftique de M. Dupin, contre M. Boffuet, contre Spanheim, Leclerc, Jurieu, Levaffor, contre des gens de tout état, de tout parti, de tout mérite : en général, la critique étoit un de fes befoins. Sa traduction françoife du nouveau Teftament, fut condamnée par le cardinal de Noailles, par M. Boffuet. Ses lettres critiques, fa nouvelle bibliothèque choifie, fuite de fa bibliothèque choifie, font fort connues des favans. Il nous a fait connoître par fes traductions, des ouvrages de Gabriel de Philadelphie, de Léon de Modène, &c.

Lorfqu'il fortit pour la feconde & dernière fois de l'Oratoire, il prit pour fa devife ce vers pentamètre :

Altérius ne fit qui fuus effe poteft.

Il naquit & il mourut à Dieppe, (1638-1712.)

SIMON, (Jean-François) (Hift. litt. mod.) de l'Académie des Infcriptions & Belles-Lettres, né à Paris en 1654, fils d'un Chirurgien, fut inftituteur de M. le Peletier des Forts, & fecrétaire de M. le Peletier de Souzy, fon père. Il entra dans l'académie en 1701, & le recueil de cette compagnie, contient plufieurs mémoires de lui fur divers ufages des anciens en général, & en particulier des Romains. Il traduifit en latin l'hiftoire de Louis XIV, par médailles; il mit en latin & en vers François, le cantique de Débora. Il avoit du talent pour les médailles, les infcriptions, les devifes, &c.; il fut fait en 1712, garde des médailles du cabinet du Roi, à la place de M. Oudinet. Il mourut le 10 décembre 1719.

SIMON DE MONTFORT. (Voyez MONTFORT.)

SIMONEL, (Dominique) (Hift. litt. mod.) Avocat au Parlement de Paris, mort en 1755. On a de lui un traité des droits du Roi fur les bénéfices de fes états, une differtation fur les Pairs de France; un traité du refus de la communion à la Sainte Table.

SIMONETTA, (Louis) (Hift. Eccl.) Milanois, Cardinal, Légat du Pape Pie IV, au Concile de Trente. A la mort de ce cardinal arrivée en 1568, un voleur qui lui reffembloit beaucoup, prit fon nom, fes habits, fon équipage, fe fit paffer pour lui. Parmi fes complices, les uns paroiffoient être fes domeftiques, les autres fes amis, tous le traitoient d'Eminence, & l'aidoient à tromper. Il vendoit des bénéfices & des difpenfes, prodiguoit les excommunications, & fe rendoit très-facile à les lever pour de l'argent. La fraude enfin fut découverte, le faux cardinal, le faux légat fut arrêté, on lui fit fon procès, il fut pendu avec une corde d'or filé, une bourfe vuide attachée à fon cou & un écriteau portant ces mots, *fine monetâ*, par lefquels on prétendoit exprimer par un jeu de mots, qu'il n'étoit pas le cardinal Simonetta, mais un gueux fans argent, *fine monetâ*, & qui vouloit envahir celui des autres.

SIMONIDES, (Hift. anc.) Poëte Grec célébre, étoit de l'Ifle de Céos, une des Cyclades dans la mer Egée. Il vivoit au temps de l'expédition de Xerxès, environ 480 ans avant J. C. Il réuffiffoit principalement dans l'élégie; c'eft lui que défigne Horace, quand il parle des mufes de Céos.

Non fi priores Mæonius tenét
Sedes Homerus, Pindaricæ latent,
Cææque, & Alcæi minaces.
Stefichorique graves camœræ.

Et ailleurs :

Sed ne relictis, Mufa procax, jocis,
Cææ retractes munera nœniæ.

Catulle le défigne auffi par les larmes de l'Elégie :

Paulum quidlibet allocutionis,
Mœftius lacrymis Simonideis.

Præcipua ejus in commovendâ miferatione virtus, dit Quintilien.

Plutarque rapporte qu'à l'âge de quatre-vingts ans, *Simonide* remporta le prix de poëfie; Ciceron, dans le traité de la nature des Dieux, raconte qu'Hiéron, Roi de Syracufe, pria *Simonide* de lui dire ce que c'eft que Dieu :

Pour dire ce qu'il eft, il faut être lui-même,

A dit un moderne : Le poëte qui penfoit apparemment ainfi, demanda d'abord un jour pour examiner cette grande queftion. Le lendemain il en demanda deux, & à mefure qu'on le preffoit de répondre, il doubloit toujours le temps : plus j'examine cette matière, dit-il enfin à Hiéron qui s'étonnoit de ces délais, plus elle me femble obfcure, & il finit par ne point donner la définition demandée.

C'eft de lui qu'eft ce mot fi connu : *mecum mea*

Tüni cuncta : je porte avec moi tout ce qui est à moi.
Il revenoit dans l'Isle de Ceos, sa patrie, emportant
beaucoup d'argent, gagné dans les opulentes villes
de l'Asie, qu'il avoit parcourues en célébrant dans
ses vers des hommes puissants & riches. Le vaisseau
fit naufrage ; chacun en se sauvant emportoit ce qu'il
pouvoit, *Simonide* seul ne se chargea de rien, disant
qu'il portoit avec lui tout ce qu'il possédoit. On
aborda comme on put à Clazomène, mais parmi ses
compagnons de naufrage, quelques-uns furent noyés,
étant entraînés par le poids des choses qu'ils vouloient sauver, d'autres furent pillés par les voleurs.
Simonide trouva un habitant de Clazomène qui aimoit les lettres, & qui admirant ses Poésies, se fit un
plaisir & un honneur de le recevoir & de fournir
à tous ses besoins, pendant que les autres étoient
reduits à mendier dans la ville. Le poëte les rencontrant, leur expliqua ce qu'il leur avoit dit, & leur
en fit voir la justesse dans l'accueil fait à ses talens.

Dixi, inquit mea,
Mecum esse cuncta, vos quod rapuistis, perit.

On connoît dans l'auteur de ces vers (Phèdre),
& dans la Fontaine, la fable de *Simonide préservé
par les Dieux.* Ce fait est-il historique ? Est-il fabuleux ? Il tient au moins de la nature du merveilleux.
Tout ce qu'on en peut dire, c'est qu'il est rapporté
par Cicéron, par Phèdre, par Quintilien. On voit
comment Pindare mêle par-tout les louanges des
Dieux & des héros, à celles des Athlètes, dont il
célèbre les victoires remportées aux jeux olympiques,
pythiques, isthmiques, &c. *Simonide*, avant lui,
s'étoit exercé dans le même genre. Il avoit, dit-on,
fait marché avec un athlète, nommé Scopas, vainqueur au pugilat, pour chanter sa victoire. Dans la
pièce qu'il fit sur ce sujet, les épisodes l'emportèrent
sur le fond, le poëte s'étendit plus sur les louanges
de Castor & de Pollux, que sur celles de Scopas.
Celui-ci en conséquence ne lui paya que le tiers de
la somme promise, & le renvoya pour le reste aux
héros qu'il avoit mieux ou plus célébrés que lui. Cette infidélité les ayant refroidis sans les brouiller, & *Simonide*
étant à table chez Scopas, on vint avertir *Simonide*
que deux jeunes hommes couverts de poussière &
trempés de sueur le demandoient à la porte avec
empressement ; il sortit pour les aller trouver, & à
peine avoit-il le pied hors de la maison, que le
plancher de la salle du festin tombant tout à coup
accabla sous ses ruines l'Athlète & tous les convives.
On comprit que les deux jeunes hommes qui étoient
venus demander *Simonide*, étoient Castor & Pollux,
descendus tout exprès des Cieux pour le sauver, &
suivant cette explication, l'aventure est en effet très-
merveilleuse & très-semblable à nos Légendes, mais
on conçoit aussi que cette circonstance merveilleuse
de Castor & Pollux, venant venger & sauver *Simonide*,
n'est pas essentielle à l'histoire. Quelqu'un qui n'étoit
ni Castor ni Pollux, sera venu demander *Simonide*,

le plancher sera tombé, pendant ce temps, *Simonide*
seul aura été sauvé, voilà un hazard heureux, mais
il n'y a rien là de merveilleux ni d'incroyable : la
superstition se sera chargée d'achever l'histoire, &
de la rendre merveilleuse à la fois & morale, en
y introduisant Castor & Pollux, dédommageant leur
poëte de l'infidélité de l'Athlète.

Quoi qu'il en soit, cette histoire est assez d'accord
avec le reproche qu'on a fait à *Simonide*, d'avoir
rendu sa plume vénale.

Mercede partâ laudem victorem canens,

Dit Phèdre. On raconte qu'un autre Athlète,
vainqueur à la course, voulut l'engager à célébrer sa
victoire, mais comme la course s'étoit faite avec des
mules, ou plutôt comme les offres n'étoient pas assez
avantageuses au gré du Poëte, il trouva le sujet trop
peu noble, & dans la généalogie des mules, il ne
vit que la mère, c'est-à-dire, une anesse, & ne voulut point voir le père, c'est-à-dire, le cheval.
L'Athlète, qui avoit à cœur d'être chanté par *Simonide*,
augmenta les offres, alors la matière s'ennoblit & les
mules furent *les nobles filles des coursiers rapides.*

SIMPLICIUS, (*Hist. litt.*) Philosophe Péripatéticien
du cinquième siècle, auteur de commentaires sur
Aristote & sur Epictète, étoit de Phrygie.

SIMPSON) THOMAS)(*Hist. litt. mod.*) de la
société Royale de Londres & de l'Académie des
sciences de Paris, savant Mathématicien Anglois. Son
livre sur les *annuités* fut le sujet d'une dispute célèbre
entre lui & M. Moivre, son *traité des fluxions* est
aussi très connu ; on a encore de lui des élémens de
Géométrie qui ont été traduits en François, & il
y a de lui dans le recueil de la société royale de
Londres, plusieurs mémoires sur le calcul intégral :
né le 20 Août 1710 à Bosworth dans la province de
Leicester, mort en 1760, professeur de Mathématiques, à l'école militaire de Woolwich.

SIMSON (EDOUARD) *Hist. litt. mod.*)
Théolog en Anglois, auteur d'un *chronique universelle*
depuis le commencement du monde jusqu'à JC.
ouvrage souvent cité par les savants. Il écrivoit
vers le milieu du dernier siècle.

SIMULACRE, (*Hist. de l'idolât.*) vieux
mot consacré qui signifie *idole, image,
représentation.* Il en est si souvent parlé dans l'Ecriture
sainte, qu'il importe de rechercher la source de ce
genre d'idolatrie.

L'origine des *simulacres* vient de ce que les hommes se persuadèrent que le soleil, la lune & les étoiles étoient la demeure d'autant d'intelligences qui ani-
moient ces corps célestes, & en regloient tous les
mouvements. Comme les planètes étoient de tous ces
corps célestes les plus proches de la terre, &
ceux qui avoient le plus d'influence sur elle, ils en
firent le premier objet de leur culte. Telle a été
l'origine de toute l'idolatrie qui a eu cours dans le

monde. On fervit ces intelligences céleftes par des tabernacles, des chapelles, des temples, enfuite par des images & des *fimulacres*. C'eft pourquoi lorfque les peuples firent leurs dévotions à quelqu'une d'elles, ils dirigeoient leur culte vers la planète dans laquelle ils fuppofoient qu'habitoit cette intelligence divine, objet de leurs adorations. Mais ces corps céleftes fe trouvant la plupart du temps fous l'horifon, ils ne favoient comment les invoquer dans leur abfence.

Pour remédier à cet inconvénient, ils eurent recours aux ftatues dans lefquelles ils croyoient qu'a-près leur confécration, ces intelligences étoient auffi préfentes par leurs influences, que dans les planètes; & que toutes les prières qu'on leur adreffoit avoient autant d'efficacité devant l'une que devant l'autre.

Tel fut le commencement de l'adoration des *fimulacres*. On leur donna le nom des planètes qu'ils repréfentoient, qui font les mêmes qu'elles ont aujourd'hui : delà vient que nous trouvons Saturne; Jupiter, Mars, Apollon, Mercure, Vénus & Diane placés au premier rang dans le polythéïfme des anciens; c'étoient-là leurs grands dieux. Enfuite l'opinion s'étant établie que les ames des gens de bien, après leur féparation du corps, alloient habiter d'autres planètes, on déïfia plufieurs de ceux qu'on crut tels & le nombre des dieux s'augmenta dans les temps idolâtres.

L'adoration des *fimulacres* commença dans la Chaldée, fe répandit dans tout l'orient, en Egypte, & chez les Grecs qui l'étendirent dans tout l'occident. Ceux qui fuivoient ce culte dans les pays orientaux furent nommés *Sabéens*; & la fecte qui n'adoroit que Dieu par le feu, reçut le nom de *Mages*. Toute l'idolâtrie du monde fe vit partagée entre ces deux fectes. (*D. J.*)

SINGHILLOS, (*Hift. mod.*) c'eft le nom que les *Jagas* peuple anthropophage de l'intérieur de l'Afrique, donnent à leurs prêtres; ce font eux qui font chargés de confulter les manes de leurs ancêtres, qui paroiffent être les feuls dieux que ces peuples connoiffent; les prêtres le font par des conjurations, accompagnées ordinairement de facrifices humains, que l'on fait en préfence des offements des rois, confervés pour cet effet après leur mort, dans des efpeces de boëtes, ou de chaffes portatives. Ces prêtres, dont l'empire eft fondé fur la cruauté & la fuperftition, perfuadent à leurs concitoyens que toutes les calamités qui leur arrivent, font des effets de la vengeance de leurs divinités irritées, & qui veulent être appaifées par des hécatombes de victimes humaines; jamais le fang humain ne coule affez abondamment au gré de ces odieux miniftres; les moindres fouffles de vents, les tempêtes, les orages, en un mot les événemens les plus communs, annoncent la colère & les plaintes des ombres altérées de fang; plus coupables en cela que les peuples aveugles & barbares qu'ils gouvernent, & qu'ils entretiennent par la terreur dans des pra-

tiques révoltantes; c'eft à leurs fuggeftions que font dues les cruautés que ces fauvages exercent fur tous leurs voifins; ce font ces prêtres qui leur perfuadent que plus ils feront inhumains, plus ils plairont aux puiffances inconnues, de qui ils croyent dépendre. (*A. R.*)

SINGLIN (Antoine.)(*Hift. litt. mod.*) ami de Saint Vincent de Paul & de l'abbé de Saint Cyran, Directeur & Supérieur des Religieufes de Port Royal. Pafcal le confultoit fur tous fes ouvrages; il fut perfécuté, obligé de fe cacher de retraite en retraite, parce que Louis XIV avoit été élevé dans la peur & dans la haine du Janfénifme; il mourut en 1664. On a de lui des inftructions Chrétiennes, &c. & des lettres. L'abbé Goujet a écrit fa vie.

SINTOS ou SINTOÏSME, f. m. (*Hift. mod. Culte religieux*) c'eft le nom que l'on donne à la religion idolâtre la plus anciennement établie au Japon. Elle confifte dans le culte que l'on rend à des héros déïfiés, que les Japonois adorent fous le nom de *cami* ou *kami*, ce qui fignifie *efprits immortels*. On leur élève des temples dans lefquels on conferve des épées, & d'autres armes antiques dont ces héros, devenus dieux, fe fervoient pour exterminer les monftres & les ennemis de l'empire. Les *fintoïftes* ont la vénération la plus profonde pour les reliques de ces dieux, qu'ils regardent comme les génies tutélaires de la nation, fes fondateurs & fes premiers rois. L'hiftoire de ces dieux fait la principale partie de la théologie du *fintos*; elle eft remplie d'événemens miraculeux, de géans vaincus, de dragons exterminés, & d'autres aventures extraordinaires, qui reffemblent beaucoup à celles qui font contenues dans nos anciens livres de chevalerie. Le chef de la religion du *fintos*, & le fouverain pontife, fe nomme *mikaddo* ou *dairi*; il a feul le droit de placer les héros & les grands hommes de la nation au rang des dieux. On prétend qu'il defcend lui-même des anciennes divinités du pays, qui fe font un devoir de le vifiter une fois tous les ans.

La religion du *fintos* n'admet point la métempfycofe; cependant fes fectateurs s'abftiennent de tuer ou de manger les animaux utiles aux hommes. Ils croyent l'immortalité de l'ame, & un état futur de bonheur & de malheur. Ils font perfuadés que le diable anime le renard qu'ils appellent *ma*, c'eft-à-dire *efprit malin*, parce que cet animal caufe de grands dommages à leur pays.

Les principaux chefs de la religion du *fintos* fe réduifent à quatre.

1°. Les cérémonies légales : elles confiftent à ne point fe fouiller de fang; à s'abftenir de manger la chair; à ne point toucher aux corps morts; il n'eft point permis de fe préfenter aux temples lorfque l'on eft impur; toute effufion de fang, même la plus involontaire, eft regardée comme une grande fouillure, & l'on démoliroit un temple fi un ouvrier qui travailleroit travailloit à fa conſtruction , venoit à fe bleſſer juſqu'à répandre du ſang. La plus grande de toutes les impuretés , eſt celle que l'on contracte par la mort de ſes parens ; la ſouillure augmente à proportion de la proximité du dégré. Quelques caſuiſtes ajoutent que l'on peut contracter l'impureté des autres , ce qui arrive , ſoit en voyant , ſoit en entendant , ſoit en diſant des choſes impures & malhonnêtes. Les ſintoïſtes les plus rigides croyent encore que c'eſt un crime , que de ſe préſenter aux dieux avec un eſprit inquiet & chagrin ; ils diſent que *les prières des malheureux doivent être des objets fâcheux pour des êtres qui jouiſſent de la ſuprême félicité.*

2°. La célébration des fêtes de la religion eſt le ſecond objet du ſintoïſme. Ces fêtes s'apellent *rébi* , les principales ſe célèbrent en l'honneur de Tenſio-daï-ſin , qui eſt le plus grand des dieux du ſintoïſme : les autres dieux ſont *Suwa* , *Fatzman* , *Morizaki* ; *Sitios* , *Sitenno* , *Gotſutenno* , *Inari* , *Idſumo* , *Jébiſu* , *Daikoku* , *Toſſi-toku* , *Fottei* ou *Miroku.*

3° Un des principaux points de la religion du ſintos conſiſte à faire des pélerinages fréquens dans la province d'Iſjé , où ſont les temples conſacrés au plus grand de leurs dieux , les femmes ne s'exemptent point de ce devoir ; mais les grands s'en diſpenſent & font faire ce pélerinage par des ſubſtituts. Lorſque les pélerins ont viſité les ſaints lieux d'Iſjé , on leur donne une boëte appellée *oſavai* , qu'ils ont en grande vénération.

4°. La religion du ſintos a des ſociétés & des confréries religieuſes , & ſes moines. (*A. R.*)

SIOMIO , ſ. m. (*Hiſt. mod.*) C'eſt ainſi qu'on nomme au Japon des ſeigneurs particuliers de certains diſtricts ou terres dont ils ſont propriétaires , & où ils rendent la juſtice au nom des empereurs du Japon. Ils ſont dans une telle dépendance de la cour , qu'il ne leur eſt pas permis de reſter plus de ſix mois dans leurs terres ; ils ſont obligés de paſſer les ſix autres mois dans la ville de Jédo ; où l'on retient toute l'année leurs enfans , qui répondent au ſouverain de la fidélité de leurs pères. (*A. R.*)

SIONITE (GABRIEL) Voyez l'article : *Ecchellenſis.* (Abraham.)

SIRATICK , ſ. m. (*Hiſt. mod.*) c'eſt le nom ſous lequel on déſigne le ſouverain d'une nation de négres d'Afrique , appellée les *ſoulis* ; contre l'ordinaire des rois de ces climats , il gouverne avec la plus grande modération , ſes loix paroiſſent dictées par l'amour du bien public , & il n'eſt , pour ainſi dire , que l'organe de ſa nation ; cela n'empêche point que ſon autorité ne ſoit très-reſpectée & très-étendue ; les peuples ſe ſoumettent avec joie à des volontés qui tendent à leur bonheur. Le *ſiratick* a ſous lui un grand officier , qui eſt pour ainſi dire le lieutenant général du Royaume , qui commande à d'autres officiers ; ces derniers ſont tenus de fournir un certain

contingent en cavalerie & en infanterie , ſur le premier ordre qu'on leur donne ; ils ſont payés ſur le prix qui réſulte de la vente des priſonniers de guerre , & de ceux qui refuſent de ſervir le roi ou la patrie ; ce droit eſt fondé ſur les loix primitives de l'état , qu'il n'eſt point permis au *ſiratick* de changer , quoiqu'il ouvre la porte à des oppreſſions ſans nombre. La dignité de *ſiratick* ne paſſe point aux enfans , mais aux frères du roi défunt , ou bien , à leur défaut , au fils de ſa ſœur ; uſage qui eſt établi chez preſque tous les négres. (*A. R.*)

SIRE , ſ. m) *Hiſt. mod.*) eſt un titre d'honneur qu'on ne donne en France qu'au roi ſeul, & qui eſt comme une marque de ſouveraineté. Dans tous les placets , les demandes , les lettres , les diſcours qui s'adreſſent au roi , on lui donne la qualité de *ſire.*

Quelques-uns dérivent ce mot du latin *herus* , maître ; il ſemble que ce ſoit l'opinion de Budée , qui , en parlant au roi François premier , le nomme toujours *hore* , maître ou *ſire* : d'autres le dérivent du grec κύριος , ſeigneur ; telle eſt l'opinion de Paſquier; cet auteur ajoute que les anciens Francs donnoient le même titre à Dieu , en le nommant *beau ſire diex* ; d'autres font venir ce mot du ſyriaque , & ſoutiennent qu'on le donnoit d'abord aux Marchands qui négocioient en Syrie. Ménage prétend qu'il vient de *ſénior* , ancien , d'où eſt venu *ſeigneur* , enſuite *ſeignor* , & *ſire.*

Anciennement on ſe ſervoit également du mot *ſire*, dans le même ſens que ſieur & ſeigneur , & on l'appliquoit aux barons , aux gentilhommes & aux citoyens. Le *ſire* de joinville a écrit l'hiſtoire de S. Louis.

Il n'y avoit que de certaines familles d'une nobleſſe diſtinguée , qui pouvoient prendre le nom de ſire , devant le nom de leur maiſon , comme les *ſires de Coucy* , les *ſires de Beaujeu* ; mais lorſque le mot de *ſire* ſe trouve dans nos anciens auteurs , avec le nom de baptême , il ſignifie très-peu de choſe. Loyſeau dit que les barons de France , qui étoient barons des duchés ou comtés relevant de la couronne , pour ſe diſtinguer des barons inférieurs , s'appellèrent *ſires* , comme *ſire de Bourbon , &c.* On donne auſſi au roi d'Angleterre le titre de *ſire* , ſoit en lui parlant , ſoit en lui écrivant. Dans le même royaume le titre de *ſir* qui vient de *ſire* , eſt donné à toutes les perſonnes de diſtinction qui ſont au-deſſus des barons , & lorſqu'on parle d'un baronnet ou d'un ſimple chevalier , on l'applique toujours par ſon nom de baptême , joint à celui de *ſir* , comme *ſir Philippe Sydney.* Lorſque le roi d'Angleterre crée un ſimple chevalier , il le nomme par ſon nom de baptême , lui commande de ſe mettre à genoux , & après lui avoir touché l'épaule gauche de ſon épée nue , il lui dit en anglois , *riſe ſir* , c'eſt à dire *levez-vous , chevalier* , & il le nomme. Miege , *état nouveau de la grande Bretagne.* (*A. R.*)

SIRI (Vittorio) *Hiſt. litt. mod* Italien de Nation , hiſtoriographe de France , un homme historien , une mauvaiſe réputation , qu'il ne paroît pas avoir méritée ; des auteurs le repréſentent comme un mer-

M

cenaire , qui vendoit fa plume au plus offrant , qui flatoit fur-tout Gaston d'Orléans , parce qu'il en étoit penfionnaire. Nous voyons au contraire que dans fes *mémoire recondite* , (fes mémoires fecrets ,) dans fon *Mercure* qui en eft comme la fuite , il parle prefque toujours d'après les pieces les plus originales & les plus authentiques , d'après les dépêches des miniftres & des ambaffadeurs , dont il a eu communication. C'étoit M. de Lionne , miniftre des affaires étrangères , qui lui fourniffoit tous ces titres, & il faut louer ici dans un miniftre de Louis XIV, la bonne foi, l'amour des letres & de la vérité , qui l'engageoient à fournir de tels matériaux à l'hiftoire. Un miniftre tyran fe fût bien gardé d'ouvrir ainfi aux hiftoriens , les fources les plus fecretes de la vérité , & nous n'avons que trop vu de miniftres fous lefquels les dépôts publics , & les plus faits pour l'être , étoient rigoureufement & indiftinctement fermés. Ces hommes qui ne faifoient & ne vouloient faire que du mal , voyoient toujours la cenfure indirecte de leur conduite & de leur gouvernement dans les tableaux ou reffemblans , ou contraftants , que préfentoit l'hiftoire : tout leur étoit fufpect , *ils faifoient cartonner Platon.* Le cardinal Mazarin n'aimoit pas Vittorio Siri , mais il le craignoit , & lui faifoit du bien par foibleffe , ce n'étoit pas un mauvais moyen de réuffir auprès de ce miniftre , que de s'en faire craindre : plufieurs écrivains lui ont arraché des faveurs , en fe rendant redoutables par leurs fatires , & il a quelquefois paru généreux , lorfqu'il n'étoit que timide.

Vittorio Siri mourut à Paris , en 1685 , à foixante & dix-fept ans.

SIRICE (Saint.) *Hift. eccléf.*) pape en décembre 384, mort en novembre 398. C'eft le premier qui ait fait aux eccléfiaftiques , une loi du célibat , on a de lui plufieurs épitres dans le recueil de D. Conftant.

SIRMOND (Jacques) *Hift. litt. mod.*) fameux jéfuite, confeffeur de Louis XIII ; il étoit né à Riom en auvergne , en 1559, & il employa fon crédit auprès du roi fon pénitent , pour fixer à Riom le Bureau des finances , que la ville de Clermont vouloit lui enlever : il voulut l'employer auffi pour faire affocier Monsieur à la régence, mais il trouva trop d'oppofitions dans l'efprit du roi ; & cette tentative même le fit renvoyer à Rome , où il fut feize ans fecretaire d'Aqua-Viva , général de fon ordre ; il fut employé utilement pour les interêts de la france, il s'employa plus utilement encore pour les interêts des lettres : il eft principalement célèbre par fon édition des conciles. On a de lui auffi les éditions de Marcellin, de Théodoret, d'Hincmar de Reims ; des notes fur les capitulaires de Charles le chauve , & fur le code Théodofien ; cinq volumes in-fol. d'opufcules fur différentes matières. Il ne fut pas inutile au cardinal Baronius pour la compofition de fes annales : il eut des difputes affez vives, avec l'abbé de Saint Cyran. Il mourut en 1651 , à 92 ans. Colomiez a écrit fa vie. Le P. Sirmond avoit deux neveux de fon nom ;

Jean Sirmond de l'Académie Françoife , hiftoriographe de France , auteur d'une *vie du cardinal d'Amboife* imprimée fous le nom du fieur des Montagnes , qui n'eft qu'un panégyrique du cardinal de Richelieu ; auteur auffi de quelques poëfies latines , mort en 1649; & Antoine Sirmond , jéfuite mort en 1643 , auteur d'un ouvrage intitulé *défenfe de la vertu* , dans lequel il dit qu'il n'eft pas tant commandé d'aimer Dieu que défendu de le haïr : Nicole l'a réfuté dans fes lettres fur les provinciales.

SIVARD I , (*Hift. de Danemarck*) roi de Danemarck , monta fur le trône vers l'an 341. Un ambaffadeur Suédois qui venoit , au nom de fon maître , demander en mariage la fœur de *Sivard* , fut attaqué par des affaffins. Gothar, roi de Suede , crut ou feignit de croire que cet attentat s'étoit commis par l'ordre de *Sivard* , & faifit ce prétexte pour lui déclarer la guerre ; il battit fa flotte, prit plufieurs de fes vaiffeaux , lui enleva la Hallandie , conquit la Scanie , & époufa la fœur d'un prince qu'il avoit dépouillé d'une partie de fes états , & qu'il foupçonnoit être l'auteur d'un affaffinat. Les Vandales s'unirent aux Suédois pour porter à *Sivard* les derniers coups ; ils furent vaincus d'abord ; mais ils revinrent avec de nouvelles forces , s'emparerent de la Cimbrie ; Jarmeric, fils de *Sivard*, & fes deux fœurs , tombèrent entre les mains de ces barbares , qui les vendirent à l'encan. *Sivard* rentra dans la Scanie à main armée , réfolu de périr ou de vaincre , & fut tué dans un combat vers l'an 345.

SIVARD II partagea le royaume de Danemarck avec Ringon vers l'an 812 ; ce partage fut la fource des plus grands maux ; les deux princes fe firent une guerre cruelle ; *Sivard* fufpendit les hoftilités pour marcher contre les Slaves qu'il foumit ; Ringon avoit profité de fon abfence pour s'emparer de tout le Danemarck. *Sivard* revint fur une flotte nombreufe , & lui préfenta la bataille : Ringon fut tué dans le combat, *Sivard* fut bleffé & mourut peu de jours après. (*M. DE SACY.*)

SIUTO , f. m. (*Hift. mod. relig. & philof.*) c'eft le nom fous lequel on défigne au Japon une fecte de philofophes qui font profeffion de ne fuivre aucune des religions admifes dans cet empire. Ces philofophes font confifter la perfection & le fouverain bien dans une vie fage & vertueufe. Ils ne reconnoiffent point un état futur , & prétendent que les bonnes actions & les crimes n'ont point hors de ce monde de récompenfes ou de punitions à attendre. L'homme, felon eux , étant doué de la raifon , doit vivre conformément aux lumieres qu'il a reçues, & par conféquent il eft obligé de vivre fagement. Les *fiutoïftes* rejettent les chimeres de la métempfycofe , & toutes les divinités ridicules des religions du fintos & de fiaka. Ils croyent que nos ames , iffues d'un efprit univerfel qui anime toute la nature , après avoir été féparées du corps , retournent dans le fein de ce même efprit, de même que les fleuves, après avoir terminé leur cours , rentrent dans la mer d'où ils tiroient leur origine. *Tien*, c'est-à-dire le *ciel*, est le nom qu'ils donnent à cet esprit, qui est la seule divinité qu'ils admettent ; d'où l'on voit que les *siutoïstes* ont les mêmes idées sur la divinité que les lettrés chinois, c'est-à-dire, ce sont de vrais théistes ; car, quoique le mot *tien* signifie *le ciel*, il ne faut point croire que ce soit au ciel matériel & visible, que ces philosophes adressent leurs vœux, mais à l'Etre suprême, créateur du ciel & de la terre. Cependant on assure que quelques-uns d'entr'eux admettent un être intellectuel & incorporel qui gouverne la nature, mais qu'ils distinguent de son auteur, & qu'ils regardent comme étant lui même une production de la nature. Selon eux, cet être a été engendré par *In* & *Jo* ; deux puissances différentes, dont l'une est active, & l'autre passive ; l'une est le principe de la génération, & l'autre de la corruption. Les *siutoïstes* croient le monde éternel, mais que les hommes, les animaux, le ciel & tous les élèmens ont été produits par *In* & *Jo*. Ces philosophes n'ont aucun temple, ni aucune forme de culte ; ainsi que les lettrés chinois, ils font des cérémonies en mémoire de leurs ancêtres, sur les tombeaux desquels ils offrent du riz & des viandes ; ils allument des cierges devant leurs images, & donnent des repas somptueux en leur honneur. Ils regardent le suicide non seulement comme permis, mais même comme honorable.

Les *siutoïstes* ont, ainsi que les lettrés de la Chine, une profonde vénération pour la mémoire & les écrits de Confucius, & particulierement pour un de ces livres intitulé *siudo*, c'est-à-dire, *voie philosophique*, d'où l'on voit que leur secte a tiré son nom ; elle étoit autrefois très-nombreuse au Japon, & avoit beaucoup de partisans parmi les personnes savantes & éclairées, qui s'étoient détrompées des superstitions & des religions absurdes du pays. Mais ces philosophes eurent à essuyer de la part des bonzes ou des moines, des calomnies & des persécutions qui les obligerent de se conformer, du moins extérieurement, à l'idolâtrie du Japon. Le plus grand crime qu'on leur imputa, étoit de favoriser le Christianisme, accusation la plus terrible dont on puisse charger quelqu'un dans l'empire japonois. (*A. R.*)

SIX CENTIEMES, (*Hist. mod.*) terme qui chez les anciens Saxons, qui évaluoient les hommes, signifioit une personne de la valeur de six cent chelins ; dans le temps que les Saxons dominoient en Angleterre, tous le homme y étoient distribués en trois classes ; savoir le plus haute, la plus basse, & la moyenne ; desorte qu'une personne ayant reçu quelque injure, on proportionnoit la réparation à la valeur de l'offensé, & à sa classe.

Ceux de la plus basse classe s'appelloient *deux centièmes*, c'est-à-dire, des hommes évalués à deux cent chelins ; ceux de la moyenne s'appellent *six centièmes* ou gens évalués à six cent chelins ; ceux de la

plus haute s'appelloient *douze centièmes*, comme étant évalués à douze cent chelins.

SIXTE, (*Hist. eccl.*) Il y a eu cinq Papes de de ce nom.

Le second souffrit le martyre le 6 août 258, pendant la persécution de Valérien, & quatre jours avant son disciple Saint Laurent.

Le quatrième avoit été Cordelier comme le fut le cinquième, il avoit même été général de son ordre, & il prit parti pour les Cordeliers dans la question de l'Immaculée conception de la Vierge ; il accorda pour cette fête les mêmes indulgences que pour la fête du Saint Sacrement. Il prit parti encore pour les Cordeliers, dans une question où il s'agissoit de savoir si Sainte Catherine de Sienne avoit eu les Stigmates aussi bien que Saint François ; les Cordeliers assuroient que ce privilége n'avoit été accordé qu'à leur Patriarche ; *Sixte* Quint défendit de représenter Sainte Catherine dans ses images, avec les stigmates. Il s'occupa un peu sérieusement de beaucoup d'affaires semblables, mais il s'occupa aussi d'affaires plus importantes, & trop importantes peut-être pour un Pape ; il fit la guerre aux Turcs, ou du moins il envoya, en 1472, le cardinal Caraffe la leur faire à la tête de vingt-neuf galères, en qualité de légat du saint Siège & de général des troupes de l'Eglise. Ce cardinal, joint aux Napolitains & aux Vénitiens, prit Attalie en Pamphylie ; joint aux seuls Vénitiens, il prit Smyrne, & remporta des espèces *de dépouilles opimes.*

Insignis spoliis Marcellus opimis.

Mais *Sixte IV* ruina l'état de l'Eglise, & introduisit la vénalité des charges pour suffire aux dépenses de ces guerres & des bâtimens qu'il éleva dans Rome, & de la réparation du pont du Tibre, qui porte son nom après avoir porté celui d'Antoine. On impute à ce Pape les *regulæ Cancellariæ Romanæ*, traduites en François par Dupinet, & réimprimées sous le titre de la *banque romaine*, livre qui a tant fait triompher les protestans, & qui a fourni à Rousseau l'épigramme :

> Hélas, dit-il, le pauvre Catholique !
> Que n'est-il né Romain ou Ferrarois !
> Pour un écu la taxe Apostolique
> L'auroit absous du moins quatre ou cinq fois.

Sixte IV, mourut en 1484.

Sixte V, si connu sous le nom de *Sixte-quint*, a plus fait en cinq ans de pontificat, que la plûpart des autres souverains pendant le plus long règne. On sait qu'il avoit été pâtre dans le lieu de sa naissance, puis cordelier, qu'il s'étoit brouillé avec son ordre, & ce qui étoit un peu plus férieux, avec le Sénat de Venise, étant à Venise ; il fut obligé de s'enfuir secrétement & précipitamment de cette ville, *parce qu'ayant fait vœu*, disoit-il, *d'être Pape à Rome, il ne falloit pas commencer par être pendu à Venise.* Par cette plaisanterie, il écartoit, en les prévenant, les soupçons qu'on auroit pu concevoir de son ambition. On sait que, pour obtenir la Papauté, il s'en fit croire incapable, & que chacun des cardinaux, en lui donnant son suffrage, espéra de régner sous un vieillard imbécille & mourant, en gagnant d'ailleurs du tems pour mieux former sa brigue au prochain conclave. On sait comme, au moment où il se vit élu, il changea de ton, de maintien, de manières, dépouilla toute cette foiblesse apparente de corps & d'esprit, dont il n'avoit plus besoin, & ne fut plus qu'un grand Prince. Il exprimoit, disoit-on, lui-même dans la suite ce stratagême, en disant : *qu'il s'étoit baissé pour chercher les clefs de saint Pierre & qu'il les avoit trouvées* ; c'est ainsi que Brutus avoit autrefois contrefait l'insensé, pour parvenir un jour à la gloire d'affranchir & peut-être de gouverner sa patrie. Sixte-quint, comme Brutus, changea les mœurs de Rome & les rendit austères, il effraya le vice par des châtimens rigoureux, mais il passa les bornes ; il fut cruel & inflexible, cet excès étoit peut-être nécessaire ; mais quiconque excède donne lieu de penser qu'il ne sait pas s'arrêter, que la juste mesure, l'exacte proportion lui échappent ; qu'il lui manque le dégré de talent avec lequel on produit les mêmes effets & de plus grands encore sans ces moyens extrêmes. Sixte-quint n'eût pas dû souiller ses regards paternels & pontificaux du supplice des misérables qu'il faisoit exécuter souvent pour des fautes assez légères.

Patrios fœdasti funere vultus.

Il eut dû précipiter moins ces exécutions, pour s'assurer davantage de leur justice. Il étoit indécent & barbare, de dire au gouverneur de Rome au sujet d'un meurtre commis dans un premier mouvement : *je veux que justice en soit faite avant mon dîner, & qu'on se presse car j'ai grande faim.* Il étoit dur & amer, de dire à l'Ambassadeur d'Espagne & à des Cardinaux qui représentoient que le coupable étoit un gentilhomme Espagnol, & que s'il falloit lui ôter la vie, il falloit qu'il fût décapité & non pendu : *Il sera pendu, mais j'ennoblirai son supplice en l'honorant de ma présence.* Il étoit abominable enfin, de dire après le supplice, dont il n'avoit pas perdu la moindre circonstance ; *qu'on me serve à présent, car ce spectacle m'a mis en goût & en appétit.* Je sais que l'amour de la justice est le principe ou le prétexte de ces indécences, mais il s'y mêle aussi de la férocité personnelle. Le lendemain on fit une pasquinade, où un homme portant un bassin rempli de chaînes, de haches, de potences, de roues, disoit : que c'étoit *un petit ragoût pour réveiller l'appétit du saint Père.* Il méritoit ce reproche. En effet, on ne voyoit dans les fêtes & les divertissemens du carnaval, que des potences dressées pour punir le moindre délit que le libertinage ou l'ivresse pourroient produire ; on ne voyoit que des têtes exposées en public, & blessant les regards plus qu'elles ne contenoient les

malfaiteurs. Les peines étoient sans proportion avec les fautes ; non-seulement l'adultère étoit puni de mort, mais la même peine étoit infligée au mari qui ne dénonçoit pas sa femme. Il recommandoit lui-même aux juges la sévérité, & un visage sévère étoit un titre de recommandation auprès de lui. Un jeune homme de seize ans ayant été condamné à mort pour avoir résisté à des Sbirres qui avoient voulu l'arrêter, les juges eux-mêmes l'avertirent qu'il étoit contraire à la loi de faire mourir un homme à cet âge ; *eh bien ! dit ce cruel, je lui donne dix de mes années pour le rendre sujet à la loi.* Il eut aussi à se reprocher quelques loix inutiles ou bizares, il défendit l'astrologie judiciaire, & fit condamner quelques délinquans aux galères. Il défendit, mais ce ne fut du moins que sous peine d'excommunication, aux Cordeliers de se faire Capucins. Il fixa le nombre des Cardinaux à soixante-dix, par une bulle du 3 décembre 1586 ; & cette loi du moins n'étoit qu'indifférente. Il donna une nouvelle forme à la congrégation du saint Office, qu'il eût dû abolir, mais elle étoit trop selon son cœur. Son grand mérite est d'avoir purgé Rome de brigands & d'assassins par la seule force des loix, toujours sévèrement exécutées, & sans le secours des gens de guerre qu'il licencia, & des gardes dont il borna le nombre ; il établit dans Rome une police depuis long-temps inconnue. Sa conduite à l'égard des souverains, sembla n'annoncer d'abord qu'un Pape ordinaire ; il excommunia les princes hérétiques ou réputés fauteurs de l'hérésie, Elisabeth, Henri III, Henri IV, le Prince de Condé, & ces Princes repoussèrent cette injure avec beaucoup de hauteur, mais lorsqu'il connut Elisabeth & Henri IV, & que ces Princes le connurent, une estime mutuelle succéda aux orages qui s'étoient d'abord élevés entre eux : le duc de Nevers rapporte ce que Sixte-quint lui dit au sujet des projets & des espérances de la ligue, il condamna la conduite des ligueurs, & prévit qu'ils forceroient Henri III à se jetter entre les bras des protestans ; il prévit aussi qu'Henri IV triompheroit de la ligue, & il étoit disposé à le servir. Henri IV, de son côté, connoissant ses dispositions, disoit ; *c'est un grand Pape, il m'inspire le désir de me faire Catholique pour être fils d'un tel Père.* Et quand il apprit sa mort, il dit, *je perds un Pape qui étoit tout à moi.* Sixte-quint respectoit beaucoup aussi le caractère d'Elisabeth, il l'appelloit *un gran cervello di Principessa* ; il lui envioit (& on retrouve ici l'homme injuste & cruel) *le plaisir qu'elle avoit dû avoir*, disoit-il, *de faire sauter une tête couronnée* ; il regrettoit de n'avoir pas été dans le cas de l'épouser, persuadé que de lui & de cette reine, il n'auroit pu naître que de grands princes. On prétend que quand il reçut l'hommage du royaume de Naples avec la Haquenée, au nom de Philippe II, il tint un discours qui fit connoître qu'il n'avoit pas résolu de s'en tenir toujours à un simple hommage ; c'étoit cependant annoncer de grandes guerres, & Sixte-quint n'est pas au nombre des Papes belliqueux.

Il est au rang des papes magnifiques, il embellit

& enrichit Rome, il releva & déterra différens obélisques, & les fit placer devant les principales églises, il conſtruiſit des édifices, des tombeaux, des monumens ſuperbes, il bâtit une ville à Montalte, lieu de ſa naiſſance, & l'érigea en évêché, répara, enrichit, augmenta la bibliotheque du Vatican, fit conſtruire & orner l'édifice qui la renferme, bâtit une imprimerie près de cette bibliothèque. Il fit travailler à une verſion latine de la bible, enfin il renouvella Rome en tout genre, & laiſſa le tréſor pontifical trés riche; mais les peuples qui payoient ces magnificences, haïſſoient ſon gouvernement d'ailleurs triſte & dur. A ſa mort arrivée en 1590, ils briſèrent la ſtatue qui lui avoit été érigée. Grégorio Léti a écrit ſa vie qui a été traduite en françois, par Jean le Pelletier.

SIXTE DE SIENNE (*Hiſt. Litt. mod.*) d'abord Juif, puis Chrétien & Cordelier, fit ce qu'on appelle des héréſies, & ne voulant pas ſe rétracter, il fut condamné au feu. Mais l'Inquiſiteur, qui fut dans la ſuite le pape Pie V. n'ayant pas apparemment l'eſprit d'inquiſition, prit pitié de lui, & le fit paſſer de l'ordre de S. François, dans l'ordre de S. Dominique. Devenu ainſi lui-même miniſtre de l'Inquiſition, il riſqua moins d'en être la victime, & ſon ſauveur devenu pape, fut pour lui un protecteur utile. Sixte mourut à Gènes en 1659. Son principal ouvrage eſt ſa bibliothèque ſainte.

SLABODE ou SLOBODE, ſ. f. (*Hiſt. mod.*) c'eſt ainſi qu'on nomme à Moſcou, Pétersbourg & dans les autres villes de l'empire ruſſien, un fauxbourg deſtiné aux étrangers. On dit la *ſlabode* des allemands, la *ſlabode* des tartares, &c. ce mot qui eſt eſclavon ſignifie une *franchiſe*, à cauſe des priviléges accordés aux étrangers qui viendront y demeurer. En Sibérie & aux environs de Tobolskoy, on nomme *ſlabode*, une enceinte environnée d'une muraille de bois qui eſt preſque la ſeule fortification que l'on connoiſſe dans ce pays, pour ſe mettre à couvert des tartares non ſoumis à la Ruſſie.

SLEIDAN (Jean), (*Hiſt. Litt. mod.*), ainſi nommé parce qu'il étoit du village de Sléide, prés de Cologne, vivoit du temps de nos Rois François I & Henri II; il ſe diſtingua par ſes vertus, par ſes talens, & par ſes connoiſſances; il s'étoit acquis tant de conſidération parmi les proteſtans, que ſon égliſe le choiſit pour ambaſſadeur à la cour d'Angleterre; il ſignala dans cette ambaſſade des talens pour la négociation, qui engagèrent la ville de Strasbourg, à le choiſir pour ſon député au concile de Trente; il y ſoutint la réputation qu'il y avoit acquiſe. Auſſi bon hiſtorien que politique habile, il fit l'hiſtoire de l'empire d'Allemagne & de la Religion, depuis Luther juſqu'au temps où il vivoit; c'eſt ſon fameux ouvrage *de ſtatu Religionis & reipublicæ Germanorum ſub Carolo V*, traduit & commenté par le P. Le Courayer (voyez cet article). Il paroît que Sléidan aimoit la vérité, qu'il n'épargnoit ni travaux ni recherches pour la découvrir, & qu'il avoit le courage de la dire; cependant Charles-Quint appelloit

Paul Jove & Sléidan ſes deux menteurs; il reprochoit au premier trop de flaterie, au ſecond une aigreur trop injuſte. Sléidan étoit d'une ſecte perſécutée par Charles-Quint, on ne s'étonnera point que ſes récits ſoient quelquefois peu favorables à cet empereur.

Sléidan mourut à Strasbourg, d'une maladie épidémique en 1556. Il étoit né en 1506.

Son abrégé de l'hiſtoire des quatre grands empires, *de quatuor ſummis imperiis*, eſt un modèle de la brièveté inſtructive, qui convient aux abrégés hiſtoriques; on ne peut trop eſtimer l'art avec lequel l'auteur raſſemble dans un très petit volume, tant d'événemens ſi conſidérables, ſans confuſion, ſans obſcurité, ſans aucune omiſſion eſſentielle. Toutes les époques importantes ſont fixées, tous les faits mémorables ſont rapportés, tous les perſonnages illuſtres, ſoit dans la guerre ſoit dans les arts, ſont peints, toutes les révolutions ſont retracées, toutes les dynaſties diſtinguées; chaque ſiècle, chaque règne eſt caractériſé. Les ignorans peuvent y apprendre, & les ſavans ſe rappeller les principaux faits de l'hiſtoire de ces quatre grands empires annoncés à Nabuchodonoſor & à Daniel dans des viſions myſtérieuſes & prophétiques.

On a encore de lui un abrégé de l'hiſtoire de France, & des traductions latines de quelques-uns de nos hiſtoriens françois, tels que Philipe de Comines & Claude de Seyſſel.

SLOANE (le chevalier HANS), (*Hiſt. Litt. mod.*) de la ſociété royale de Londres, & de l'académie des ſciences de Paris, remplaça Newton dans la préſidence de la première de ces compagnies. Le roi Georges le nomma en 1716, chevalier baronnet & médecin de ſes armées. Georges II le choiſit en 1727 pour ſon premier médecin. Le chevalier Sloane étoit élève de Sydenham, & fut un des hommes de l'Angleterre les plus utiles. Médecin de l'hôpital de Chriſt, place importante, il recevoit ſes appointemens, en donnoit quittance, & les rendoit ſur le champ, pour être employés aux beſoins des pauvres; il établit à Londres le diſpenſatoire où les pauvres trouvent toute ſorte de remédes, ſans payer autre choſe que la valeur intrinſèque des drogues qui les compoſent. Les apothicaires durent à ſa généroſité, le terrein du jardin de Chelſea, & il contribua beaucoup par ſes dons à cet établiſſement. Tous les livres doubles de médecine qu'il avoit, il les envoyoit au collége de médecine, tous ceux des autres genres, il les envoyoit à la bibliothèque du chevalier Bodley; la ſienne étoit de cinquante mille volumes. L'attention, l'étude, l'expérience lui avoient donné un coup d'œil ſi ſûr dans l'exercice de la médecine, qu'on a trouvé que l'ouverture des cadavres avoit preſque toujours juſtifié ſes pronoſtics ſur la cauſe des maladies. On lui doit une poudre contre la rage, connue ſous le nom de *Pulvis Anti-Lyſſus*. Il étendit l'uſage du quinquina, des fièvres réglées, à beaucoup d'autres maladies, nommément aux hémorragies, aux douleurs de nerfs, &c. En 1740, âgé de quatre-vingt ans, il ſe retira dans fa terre de Chelfea , où il paffa encore de beaux jours, & continua d'être utile, foit au public , en publiant divers remèdes , foit aux particuliers, en répondant à tous ceux qui le confultoient. Il y vécut encore treize ans , & mourut en 1753. Son cabinet de curiofités, étoit la plus riche collection qu'aucun particulier ait jamais poffédée; il ne voulut ni en priver le public, ni fruftrer fes enfans d'une portion fi confidérable de fa fucceffion; il laiffa donc par teftament ce cabinet au public , mais en exigeant pour fa famille, une fomme de vingt mille livres fterling. Le parlement d'Angleterre accepta le legs & remplit la condition. On a du Chevalier Sloane , une hiftoire de la Jamaïque , & un catalogue des plantes de ce pays, & divers morceaux, foit dans les tranfactions philofophiques, foit dans les mémoires de l'Académie des fciences.

SMARTA , (Hift. mod.) nom d'une fecte de prêtres ou bramines de l'Indoftan , qui prétendent que les dieux Viftnou & Iffuren ou Ruddiren , ne font qu'une même divinité, adorée fous des emblêmes & des figures différentes Il y a peu de gens du peuple qui adoptent cette fecte , vu que fes principes paroiffentfort au-deffus de la capacité du vulgaire.(A.R.)

SMECTYMNUUS, f. m. (Hift. d'Angl.) eft un terme qui a été célèbre du tems des guerres civiles & durant l'interregne. Il étoit formé des lettres initiales des noms de cinq célèbres miniftres presbytériens de ce tems-là, qui font Etienne Marshal , Edmond Calamy, Thomas Yong , Matthieu Mewcomen, & Guillaume Spurftow, qui écrivirent enfemble un livre contre l'épifcopat , en l'année 1641 , d'où leur eft venu à eux & à leurs adhérens le nom de fmectymnuens. (A. R.)

SMERDIS , (Hift. anc.) ainfi nommé par Hérodote, nommé Mergis par Juftin, & Tanaxare par Xénophon , étoit fils de Cyrus, & frère de Cambyfe. Celui-ci conçut de Smerdis, qui l'accompagnoit dans l'expédition en Egypte, une fi violente jaloufie & le prit dans une fi forte averfion, que ne pouvant plus le fouffrir auprès de lui , il le renvoya en Perfe , & que peu de tems après ayant vu en fonge, (apparemment parce qu'il lui arrivoit fouvent d'y penfer éveillé) un courier qui venoit lui apprendre que Smerdis étoit affis fur fon trône, il envoya ordre de le faire mourir ; (voyez les articles CAMBYSE & PRÉXASPE.) Patifithe, que Cambyfe, à fon départ de Sufe pour l'Egypte , avoit mis à la tête des affaires, avoit, parmi les Mages , dont il étoit le chef, un frère qui reffembloit beaucoup à Smerdis; il ofa le mettre fur le trône, en le faifant paffer pour le fils de Cyrus. Ce frère de Patifithe , fe nommoit auffi Smerdis , peut-être à caufe de fa reffemblance avec le frère de Cambyfe. Les crimes fe commettent toujours avec un grand fecret, même dans les états les plus defpotiques; Patifithe fut inftruit de la mort de Smerdis ; mais les autres ou l'ignoroient ou en doutoient, & le Gouvernement de Cambyfe, étant devenu odieux, la proclamation du faux Smerdis

fous le nom du véritable, n'éprouva point de contradictions.

Cambyfe étoit toujours en Egypte ; auffi-tôt qu'il apprit cette révolution , il commença par s'affurer de toutes les circonftances de la mort de fon frère, enfuite il voulut partir pour aller combattre l'ufurpateur ; mais au moment où il montoit à cheval pour cette expédition, fon épée étant tombée du foureau , lui fit à la cuiffe une bleffure, dont il mourut peu de temps après. (Voyez l'article CAMBYSE, & voyez aux articles PRÉXASPE & DARIUS , fils d'Hyftafpes, comment l'impofture du faux Smerais fut découverte & punie.)

SMITH , (Thomas & Richard.) (Hift. litt. mod.) Le premier , Secrétaire d'état fous le Roi d'Angleterre Edouard VI , & fous la reine Elifabeth, & employé en plufieurs affaires importantes, eft auteur d'un traité touchant la république d'Angleterre, & des ouvrages intitulés : Infcriptiones græcæ Palmyrenorum ; De moribus Turcarum ; de Druydum moribus. Né en 1512, mort en 1577.

Le fecond , Théologien Anglois, connu par des conteftations contre les moines , nommément contre les Jéfuites , fur la queftion du droit que les Evêques ont ou prétendent avoir d'éprouver les Reguliers. Les deux Jéfuites Knot & Floïd fe diftinguèrent par le zèle avec lequel ils conteftèrent ce droit aux Evêques. Le Cardinal de Gondi, la Sorbonne & l'Affemblée du Clergé condamnèrent leurs écrits , & obligèrent les Jéfuites de France de les défavouer. Ce fut à l'occafion de cette querelle que parut le Petrus Aurelius de l'Abbé de Saint Cyran , & de l'abbé de Barcos fon neveu. (Richard Smith mourut à Paris en 1655.

SNELL DE ROYEN, (Wilbrod) (Hift. litt. mod.) (Snellius) Hollandois, fils d'un favant, plus favant lui-même; Huyghens dit que Snell avoit découvert avant Defcartes, la véritable loi de la réfraction ; il travailla fur la mefure de la terre, & y employa la même méthode à peu près qui a depuis été employée par MM. Picard & Caffini. On a de lui divers ouvrages de Mathématiques , entr'autres l'Eratofthenes Batavus , & le Cyclometrium. Né à Leyde, en 1591, mort auffi à Leyde , en 1626.

SNION , (Hift. de Danemarck.) roi de Danemarck , commença fon regne vers l'an 778 , ou plutôt il régnoit en effet du vivant de fon père Sivald, prince foible, qui fe repofoit fur fon fils du fardeau du gouvernement , & que les Danois ne refpectèrent que parce qu'il fut le père d'un grand roi. Snion trouva la monarchie démembrée par des voifins puiffans, & déchirée par des factions inteftines ; il appaifa les troubles & reconquit ce que fes prédéceffeurs avoient perdu : il demanda enfuite la fille du roi de Gothie en mariage ; celui-ci fit pendre les ambaffadeurs chargés de cette propofition ; Snion prit les armes, conquit la Gothie, tua le roi, & fit offrir à la princeffe une main toute fumante encore du fang de fon père : celle-ci l'accepta ; &

quoique déjà fiancée au roi de Suede , elle s'enfuit avec son nouvel amant. La guerre fut bientôt allumée entre les deux royaumes , & les peuples furent les victimes des extravagances de leurs princes. Malgré cette aventure *Snion* fut regardé par ses sujets comme un grand roi , parce qu'alors on ne connoissoit dans le Nord d'autres vertus que la force , l'activité & la bravoure : c'est à son regne qu'on rapporte l'époque de la migration des Cimbres , qui allèrent fonder en Italie , le royaume des Lombards. (*M. DE SACY.*)

SNORRO , (*Sturlesonius*) (*Hist. litt. mod.*) Islandois illustre , gouverneur de l'Islande , ministre d'état d'un roi de Suede & de trois rois de Norvége, au treizième siècle, fut forcé dans son château & mis à mort (en 1241) par un ennemi personnel, nommé Gyssurus. On a de lui un ouvrage intitulé ; *Chronicon Regum Norvegorum* , & une histoire de la Philosophie des Islandois , sous ce titre : *Edda Islandica* , que M. Mallet a traduite en François à la tête de son histoire de Danemarck.

SOANEN , (Jean) *Evêque de Sencz , prisonnier de Jesus-Christ* : c'est ainsi que signoit cet évêque janséniste , lorsqu'il eut été condamné & suspendu de ses fonctions par le concile d'Embrun , auquel présidoit le cardinal de Tencin. Il faut avouer que ni le concile ni le président, n'ont eu les suffrages du public. Le cardinal de Fleury , dont le zèle contre le jansénisme fut le principal tort de son ministère, voulut faire ce qu'on appelloit un exemple sur un évêque janséniste. On ne pouvoit pas s'y prendre autrement, si on eut juré de rendre la bulle odieuse. Des évêques mondains & courtisans , dont plusieurs avoient leur fortune à faire , & tous avoient à l'augmenter, n'eurent pas honte de condamner , de déposer un vieil Evêque , parvenu à l'épiscopat par ses talens & ses travaux , blanchi dans la pratique des vertus, père des pauvres, vrai modèle de la charité chrétienne, qui avoit refusé l'Evêché de Viviers , parce que cette ville étant sur une route fréquentée , l'auroit obligé de consumer en vaines représentations un revenu qu'il regardoit comme le patrimoine des pauvres, qui n'avoit accepté le pauvre évêché de Sencz, que parce que ce lieu étant isolé lui laissoit la liberté de répandre tout son revenu dans le sein des indigens, un prélat enfin qui avoit tellement en principe de ne jamais refuser l'aumône, qu'un jour ayant rencontré un pauvre , & n'ayant point d'argent sur lui, il lui donna sa bague. Quel étoit le crime pour lequel on persécutoit un tel évêque ? il n'aimoit point la bulle, il avoir été Oratorien , & le P. Quesnel étoit son confrère , son ami & son confesseur. Il étoit fils d'un procureur au présidial de Riom ; on crut que l'acte de rigueur qu'on vouloit faire seroit important , parce qu'il s'exerçoit sur un évêque , & qu'il seroit sans conséquence , parce que cet évêque ne tenoit à rien , comme si les talens & la vertu n'étoient rien sans la naissance, comme si c'étoit un léger scandale que de donner la vieillesse vertueuse à opprimer à des gens ambitieux & avides. Le con-

cile d'Embrun se tint en 1727. Le vieux *Soanen* , né en 1647 , avoit alors quatre-vingt ans. On ne se contenta pas de le déposer , on avoit alors la manie d'exiler , on l'exila au couvent de la Chaise-Dieu en Auvergne. Une foule d'honnêtes gens pleuroient en le voyant partir pour l'exil à cet âge ; il leur montroit ses cheveux blancs , *heureusement*, leur disoit-il , *cela ne sera pas long.* Il se trompoit , il y vécut treize ans , & n'y mourut qu'en 1740 , âgé de quatre-vingt douze à treize ans. Massillon & *Soanen* étoient, au jugement de M. de Fénélon , qui n'étoit rien moins que Janséniste , les deux meilleurs modèles pour l'éloquence de la chaire. « Il faut , dit un écrivain » très-impartial , il faut , en admirant les mœurs de » *Soanen*, plaindre le zèle qui jetta tant d'amertume » sur une vie si pure ; ajoutons qu'il faut plaindre bien davantage le zèle amer ou intéressé qui le persécuta. On a de lui des instructions pastorales, des mandemens , des lettres. On n'est pas sûr d'avoir ses sermons , quoiqu'on en ait qui portent son nom.

SOBIESKI , (Jean) (*Hist. de Pologne*) naquit en 1629 , sous le règne de Sigismond III , au château d'Olesko , petite ville du Palatinat de Russie. Il descendoit , par son père & par sa mère , de deux maisons illustres ; Zolkiewski , son ayeul maternel , avoit battu les Moscovites en 1610 , pris Moscou & le Czar Basile. Les monuments de cette victoire se voyoient encore au château de Varsovie , lorsque le Czar Pierre fut appellé en Pologne , pour défendre le Roi Auguste contre Charles XII , Roi de Suède , ce fut le Czar qui les fit enlever , pour effacer la honte de la nation Moscovite. En 1620 , le même Zolkiewski retraça la fameuse retraite des dix mille, lorsque s'étant ouvert un passage à travers cent mille Turcs & Tartares qui l'investissoient, il fit sa retraite devant cette armée formidable , qui ne cessa de le suivre , pendant une marche de cent lieues. Arrivé au bord du Nister , abandonné par sa cavalerie , qui se jetta dans le fleuve à la nâge, pressé par son fils de songer à sa propre conservation , il répondit que *la république lui avoit confié le soin de l'armée* ; il resta pour en défendre les restes ; il vit expirer son fils , il tomba lui-même percé de coups , entre les mains des Turcs, qui lui coupèrent la tête , & l'envoyèrent au Serrail ; cette tête fut rachetée ; le père & le fils furent renfermés dans un même tombeau, où l'on mit pour inscription ce vers de Virgile :

Exoriare aliquis nostris ex ossibus ultor.

Un fils qui restoit , voulut être ce vengeur , la mort fut le prix de son courage ; c'étoit à *Sobieski* qu'étoit réservé l'honneur de les venger tous trois. Jamais il ne vit sans émotion l'Epitaphe qui l'invitoit à la vengeance , & la Pyramide que la république avoit élevée à la gloire de ces Héros, au lieu même où leur sang avoit été versé pour elle. Son ayeul paternel , Marc *Sobieski* , Palatin de Lublin , avoit procuré la victoire aux Polonois , dans la bataille où Michel , Hospodar de Moldavie , avoit été défait. Il avoit auffi, en 1577, vaincu les Danzicois rebelles auprès de Difchaw, & pourfuivant leur général jufques dans la viftule où il s'étoit jetté, il l'avoit atteint & tué de fa main, au milieu des flots, fous les yeux de fon Roi Etienne Battori, qui dit plufieurs fois, que s'il fal'oit commettre la fortune de la Pologne au fort d'un combat fingulier, comme autrefois Rome fut confiée à la valeur des Horaces, il la confieroit fans héfiter au Palatin de Lublin.

Jacques *Sobieski*, fon fils, & père de Jean, n'acquit pas moins de g'oire à la bataille de Choczim, en 1621, fous le ègne de Sigifmond III : il alla enfuite à Conftantinople figner la paix que la Porte vaincue demandoit, & qu'il lui avoit rendue néceffaire:

Arbitre de la paix que la victoire amène.

Ce fut prefque toujours lui que la république emp'oya dans toutes les négociations délicates & difficiles.

Il avoit eu, de Théophile Zolkiewska, fa femme, deux fils, Marc & Jean. Marc l'aîné périt malheureufement à la fleur de fon âge, étant tombé dans un combat, entre les mains des Tartares, qui, au mépris du droit des gens, lui firent trancher la tête, ainfi qu'aux autres prifonniers.

Jean *Sobieski*, devenu le chef de fa maifon, fe fignala, fous le règne de Cafimir V, dans plufieurs combats contre les Tartares & les Cofaques, il les battit près de Zborow, & les força de figner la paix en 1649 ; cette paix dura peu, on repric les armes, *Sobieski* battit encore les Tartares & les Cofaques à la bataille de Bereftek ; il y fut bleffé. Bientôt le Czar Alexis, & Charles Guftave, Roi de Suède, fondent fur la Pologne. « Charles Guftave, dit Boffuet, parut à la Pologne furprife & trahie, » comme un Lion qui tient fa proie dans fes ongles, » tout prêt à la mettre en pièces.»

La proie échappa au Lion, & *Sobieski* eut part à fa délivrance ; le traité d'Oliva conclu en 1660, termina les conteftations de la Suède & de la Pologne, *Sobieski* battit les Cofaques, & fit rendre les armes aux Mofcovites.

Des troubles qui s'élevèrent en 1664 & 1665, dans le fein même de la république, fervirent à l'élévation de *Sobieski*, comme les guerres étrangères avoient fervi à fa gloire. Le général Lubomirski, Grand-Maréchal de Pologne & *petit général* de l'armée Polonoife, ayant irrité le Roi, en s'oppofant au projet que la Reine avoit infpiré à Cafimir, de faire élire fon fucceffeur, de fon vivant, le Roi le fit condamner dans une diète, comme ennemi de l'état & criminel de Lèze-Majefté, & donna fes charges à *Sobieski* qu'on en jugea digne, mais qu'on vit avec peine, profiter de la dépouille d'un homme du mérite de Lubomirski ; celui-ci, traité en rebelle, fut forcé de le devenir. Une mauvaife manœuvre à laquelle le Roi força *Sobieski*, malgré toutes fes repréfentations, & dont Lubomirski fut tirer avantage,

fit accabler l'armée royale, & elle eût été entièrement détruite, fi *Sobieski*, par une retraite auffi favante que difficile, n'en avoit fauvé les reftes. Ses ennemis même n'attribuèrent fa défaite qu'à l'obftination du Roi.

La généroficé avec laquelle Lubomirski facrifia fes intérêts perfonnels à ceux de la patrie, accéléra la paix ; *Sobieski* garda fes dignités ; en 1667 le *Grand Général* Staniflas Potocki mourut, & *Sobieski* lui fuccéda ; il commença par renoncer à tous les privilèges de fa nouvelle place, qui pouvoient paroître onéreux à la Nation.

Les Tartares & les Cofaques dévaftoient alors à l'envi, la Podolie, la Volhinie & le Palatinat de Ruffie, le Turc menaçoit auffi la Pologne ; on n'avoit point d'argent, pour payer dix ou douze mille foldats qui reftoient encore moins pour en lever de nouveaux. La république fe croyoit perdue, *Sobieski*, en faifant des levées fur fes propres Domaines, en empruntant fur fes propres fonds, parvient à raffembler vingt-mille hommes, à la tête defquels il court en défier cent mille dans le Palatinat de Ruffie ; il trace à fa femme, qui étoit alors en France, tout le plan de fa campagne, lui montre la plus ferme efpérance de ruiner, par fes opérations, toute cette nombreufe armée. Le Grand Condé, à qui cette lettre fut communiquée, ne croyoit pas le fuccès poffible. On ne le croyoit pas non plus dans la petite armée de *Sobieski*, on y murmuroit hautement, on menaçoit de quitter le camp. » Je ne » changerai rien à mon plan, dit fièrement *Sobieski*, » le fuccès fera voir s'il eft bien conçu ». Il avoit fait quelques prifonniers Tartares, il les renvoya à leur Général, « allez, leur dit-il, dites à Nuradin, » Sultan, que je le traiterai, comme il a traité mon frère ; Nuradin, pour toute réponfe, preffa l'attaque du camp Polonois ». *Sobieski*, au lieu d'attendre les ennemis, dans fes retranchements, marche à leur rencontre ; c'eft ce qu'ils défiroient, & ce qu'ils n'avoient ofé efpérer : mais tandis qu'ils croient n'avoir qu'à accabler une poignée de téméraires guidés par un défefpoir aveugle, divers corps raffemblés avec intelligence, les prennent en flanc, les mettent en défordre, les Tartares perdent leurs rangs, prennent la fuite, & entraînent les Cofaques ; c'eft alors que *Sobieski* fe flate de tenir parole à Nuradin, il le fait chercher par-tout pour l'immoler à la vengeance de fon frère ; mais Nuradin, qui avoit appris à redouter les menaces de *Sobieski*, s'étoit fui à temps, en laiffant vingt mille hommes fur le champ de bataille. Les barbares demandèrent la paix : les vainqueurs en avoient plus befoin que les vaincus ; elle fut fignée le 19 Octobre 1667, & *Sobieski* alla jouir à Varfovie de toute fa gloire. Elle fembloit devoir l'élever au trône, que l'abdication de Cafimir laiffa vacant dès l'année fuivante. Michel Wiefnowieski l'emporta fur tous les concurrens, tant étrangers que Nationaux, & en fut étonné lui-même ; Cafimir plus étonné encore d'avoir

un tel fucceffeur, s'écria en apprenant la proclamä-
tion : quoi ! ils ont couronné ce pauvre homme !

Sobieski fut en difgrace pendant tout ce nouveau
règne ; mais dans fa difgrace , il étoit plus Roi
que Wiefnowieski ; il fe forma une ligue pour détrôner celui-ci , & cette ligue mit Sobieski à fa tête.
Ce ne fut pas du moins le défir du trône qui le fit agir;
car il propofoit d'él re le jeune duc de Longueville
qui périt au paffage du Rhin , dans le cours de cette
négociation. Mahomet IV , empereur des Turcs ,
faifit l'occafion de ces troubles , pour entrer en Pologne. Le roi ne s'occupoit que de fa vengeance
contre fes fujets révoltés ; il condamnoit à mort le
Primat & Sobieski , & mettoit leurs têtes à prix. L'armée républicaine jura de défendre & de venger fon
général. Je reçois vos fermens , dit Sobieski , mais
défendons la patrie avant tout ; auffi-tôt il court,
non au Roi de Pologne, mais aux Turcs qui s'avançoient pour faire le fiége de Kaminieck , capitale de
la Podolie , & Boulevard de la Pologne, contre les
Turcs & les Tartares. Le roi , en fe réuniffant avec
Sobieski, pouvoit encore repouffer les Turcs; mais il
craignoit & haïffoit plus le feul Sobieski, que tous
les Turcs enfemble ; il envoya demander la paix à
Mahomet , & fe foumit à la honte d'un tribut annuel & perpétuel de cent mille ducats d'or. Sobieski
propofa dans une diète de révoquer ce traité igno-
minieux. Un gentilhomme accufa Sobieski, dans cette
même diète , d'avoir appellé ces mêmes Turcs , ces
mêmes Tartares qu'il avoit fortement combattus : l'accufateur avoua depuis qu'un parti puiffant l'avoit
pouffé à cette calomnie : il fut condamné à mort,
& remis entre les mains de Sobieski, pour l'exécution. C'étoit lui fauver la vie.

La guerre contre les Turcs fut réfolue, Sobieski
fut chargé de la faire ; mais bien-tôt l'inquiétude & la
jaloufie , plus que l'amour de la gloire , engagèrent le
roi à prendre lui-même le commandement de l'armée;
il y alloit moins pour en diriger les opérations , que
pour troubler celles de Sobieski, ce qui n'empêcha pas
celui-ci de forcer le camp des Turcs à Choczin , &
de les mettre en déroute ; le roi Wiesnowieski ne
jouit point de cette victoire , fes chagrins & un
ulcère dans les reins l'avoient mis au tombeau dès la
veille. Le trône ne pouvoit vaquer plus à propos
pour Sobieski : il fut élu en effet, le 19 Mai 1674,
& prit le nom de Jean III.

Sobieski ne fe crut que plus obligé de mériter le
trône , après l'avoir obtenu.

En 1675, Cara Muftapha, nouveau Vifir , neveu de Coprogli , chargé de la vengeance de Mahomet
contre la Pologne , étoit à la tête d'une armée qui
auroit fuffi pour renverfer les plus grandes puiffances :
Sobieski ne put jamais raffembler contre lui , plus de
quinze mille hommes ; cependant lorfqu'il vit que
Cara Muftapha, favori aimable , mais général mal-
habile , au lieu de marcher droit à lui , pour écrafer
fa petite armée , & conquérir enfuite la Pologne fans
réfiftance , s'amufoit à prendre des places inutiles dans
l'Ukraine , il dit : puifqu'il n'en fait pas davantage,

Hiftoire. Tome V.

je rendrai bon compte de fa grande armée avant la fin
de la campagne , & il tint parole.

Il y eut un moment où l'armée Polonoife , cam-
pée dans un pofte défavantageux , près de Léopold ,
& craignant d'être enveloppée par les Turcs & les Tartares , conjura le roi de mettre au moins fa perfonne
en sûreté ; vous me mépriferiez , dit-il , fi je fuivois
votre confeil.

Le Kan des Tartares vint attaquer Sobieski, qu'il
s'étoit vanté de prendre & de mener au Vifir ; il
fut repouffé avec grande perte ; les Turcs eux-mêmes furent battus fous les murs de Trembowla , &
obligés de fe retirer fous le canon de Kaminiek ; la
paix fe fit à des conditions raifonnables , & il ne fut
plus queftion du tribut infâmant que Wiesnowieski
s'étoit laiffé impofer :

Mais de tous les exploits qui ont immortalifé Sobieski , le plus fameux eft la délivrance de Vienne
en 1683. C'étoit fur l'empire qu'étoient tombés cette
année , tous les efforts de la Puiffance Ottomane ;
une confternation univerfelle avoit faifi l'Allemagne;
l'empereur & toute la famille impériale avoient fui de
Vienne à Lintz , puis à Paffau : Léopold imploroit
en tremblant , l'appui de Sobieski ; Sobieski arrive ,
voit l'ennemi , le combat , le défait , & diffipe comme
par enchantement cette multitude innombrable qui
fembloit devoir engloutir toute la chrétienté. Il en
coûta la vie à Cara Muftapha qui commandoit encore
les Turcs dans cette expédition , & dont les malheurs & les fautes lafsèrent à la fin la patience du
Sultan , qui lui envoya le cordon. La reconnoiffance de l'Europe chrétienne prodigua au vainqueur
les titres de Sauveur & d'envoyé de Dieu. Fuit homo
miffus à Deo, cui nomen erat Joannes ; tel fut à cette
occafion le texte d'un prédicateur ; mais la reconnoiffance de l'Empereur éclata beaucoup moins ; une
jaloufie fecrete le faifoit rougir d'avoir tant d'obligation à fon allié , & de voir l'éclat de fes grandeurs héréditaires fi effacé par l'éclat de la grandeur
perfonnelle de Sobieski. Mon frère , je fuis bien-aife
de vous avoir rendu ce léger fervice, dit froidement
Sobieski à l'empereur , en remarquant tout l'embarras de fa jaloufe ingratitude , dans l'entrevue qui
fuivit la délivrance de Vienne.

Tel fut Sobieski dans la guerre ; dans le gouvernement intérieur , il fut jufte , prudent & modéré. Sa
première démarche à fon avènement au trône , fut
de rendre le Grand-Maréchalat au fils de ce Lubomirski , aux dépens duquel il l'avoit autrefois obtenu. La clémence étoit , après le courage, la vertu
dont le Roi de Pologne fe piquoit le plus ; les favoris
qui l'avoient perfécuté , fous le règne de Wiefnowieski,
& qui ofoient encore l'outrager , par dépit & par
jaloufie , depuis qu'il étoit devenu Roi , le trouvèrent très-indulgent , pourvu qu'ils n'euffent offenfé
que lui. Un fcélérat avoit vomi contre lui mille injures,
&, comme s'il eût voulu s'effayer au régicide , il avoit
percé fon portrait d'une balle. Les loix le condamnoient
à mort , & l'arrêt étoit prononcé. Le Roi fit grace;

N

j'euffe été plus févère , dit-il *s'il avoit outragé la patrie.*

Dans une diète , il échappa , un jour , à *Sobieski* un mouvement d'impatience contre un eccléfiaftique , Chancelier de la Reine , qui , par l'ordre de la Reine elle-même, venoit l'importuner de demandes qu'il avoit déjà refufées : *fi votre Majefté oublie que je fuis prêtre,* lui dit le Chancelier offenfé , *qu'elle fe fouvienne du moins que je fuis Gentilhomme. Il me fuffit que vous foyez homme ,* reprit le Roi , avec une modération héroïque , *je fens mon tort, vous n'aurez plus à vous plaindre de moi.*

La vie de *Sobieski* eft remplie de ces fortes de traits : il mourut d'appopléxie, le 17 Juin 1696, la foixante-fixième année de fon âge, & la vingt-troifième de fon règne. *Un fi grand Roi ne devoit pas mourir* , dit Charles XII , en apprenant cette nouvelle.

Jean *Sobieski* avoit époufé , avant de monter fur le Trône, Marie Cafimire de la Grange d'Arquien, veuve de Radziwil, Palatin de Sendomir , & fœur de la Marquife de Béthune. On accufa *Sobieski* , devenu Roi , d'avoir aimé fa femme jufqu'à la foibleffe , & de lui avoir donné trop de part aux affaires.

Il en eut deux fils qui vécurent; le Prince Jacques-Louis & le Prince Alexandre : on l'accufa d'avoir cherché à procurer leur élévation par des moyens que les loix de la propriété réprouvoient.

Tous les reproches que la nation Polonoife , qui ne connoit point de Rois irréprochables , a faits à *Sobieski* , font d'avoir été trop bon mari & trop bon père.

Il eut auffi une fille , Thérèfe-Cunégonde-Sobieska, qui époufa, en 1694, l'Electeur de Bavière ; & fut mère de l'Empereur Charles VII.

Le nom de *Sobieski* eft éteint ; mais Jacques-Louis a laiffé entr'autres enfants , deux filles, dont l'une, Marie-Charlotte a été mère de M. le Duc de Bouillon d'aujourd'hui ; l'autre , Marie-Clementine , a époufé à Rome, le 3 Septembre 1719 , le chevalier de Saint-George & a été la mère du prince Edouard Stuart , & du Cardinal d'Yorck.

L'abbé Coyer a donné en 1761 , l'hiftoire de Jean *Sobieski*, Roi de Pologne.

SOBORMA ULLOSIENIA , (*Hift. mod. Jurifpr.*) c'eft ainfi que l'on nomme en Ruffie le corps de loix, ou le code d'après lequel on juge dans les tribunaux tous les procès & conteftations qui s'élèvent entre les fujets de l'empire. (*A. R.*)

SOBRINO, (François) (*Hift. litt. mod.*) auteur d'un *dictionnaire François & Efpagnol* , & d'une *grammaire Efpagnole.*

SOCIÉTÉ d'Edimbourg , eft le nom d'une académie de médecine , établie dans cette Capitale de l'Ecoffe. Elle a publié des mémoires eftimés, dont plufieurs volumes font traduits en françois.

SOCIÉTÉ ROYALE DE LONDRES , (*Hift. des acad. mod.*) académie de favans , établie à Londres pour la culture des arts & des fciences. Voici ce qu'en dit M. de Voltaire.

Quelques philofophes Anglois, fous la fombre ad-

miniftration de Cromwel, s'affemblèrent pour cher-cher en paix des vérités , tandis que le fanatifme opprimoit toute vérité. Charles II. rappellé fur le trône de fes ancêtres par l'inconftance de fa nation, donna des lettres patentes en 1660 , à cette académie naiffante ; mais c'eft tout ce que le gouvernement donna. La *fociété royale* , ou plutôt la *fociété libre de Londres* , travailla pour l'honneur de travailler.

Ses travaux commencèrent à adoucir les mœurs , en éclairant les efprits. Les Belles-lettres renaquirent , & fe perfectionnèrent de jour en jour. On n'avoit guerre connu, du temps de Cromwel , d'autre littérature que celle d'adapter des paffages de l'ancien & du nouveau Teftament aux diffenfions publiques; On s'appliqua , fous Charles II , à connoître la nature , & à fuivre la route que le chancelier Bacon avoit montrée. La fcience des mathématiques fut portée bien-tôt à un point que les Archimèdes n'avoient pu même deviner. Un grand homme , un homme étonnant , découvrit les loix primitives de la conftitution générale de l'univers ; & tandis que toutes les autres nations fe repaiffoient de fables , les Anglois trouvèrent les plus fublimes vérités. Les progrès furent rapides & immenfes en 30 années ; c'eft-là un mérite, une gloire qui ne pafferont jamais. Le fruit du génie & de l'étude refte ; & les effets de l'ambition & des paffions s'anéantiffent avec les temps qui les ont produits.

Enfin l'efprit de la nation angloife acquit , fous le règne de Charles II , une réputation immortelle , quoique le gouvernement n'en eût point. C'eft du fein de cette nation favante que font forties les découvertes fur la lumière , fur le principe de la gravitation , fur l'aberration des étoiles fixes , fur la géométrie tranfcendante , & cent autres inventions qui pourroient à cet égard , faire appeller le xvij. fiècle , le *fiècle des Anglois* , auffi bien que celui de Louis XIV.

M. Colbert , jaloux de cette nouvelle gloire des Anglois , voulut que les François la partageaffent ; &, à la prière de quelques favans , il fit agréer au Roi l'établiffement d'une académie des fciences. Elle fut libre jufqu'en 1699 , comme celle d'Angleterre ; mais elle n'a pas confervé ce précieux avantage.

Au refte , le docteur Sprat , évêque de Rochefter a donné l'hiftoire détaillée de la *fociété royale de Londres* ; & comme cette hiftoire eft traduite en françois, tout le monde peut la confulter. (*D. J.*)

Comme plufieurs favans défirent d'être admis dans cette fociété , fans en connoître les loix actuelles , nous inférerons ici le réglement fait à ce fujet , le 6 Février 1766.

α. On ne poura élire aucun étranger , qu'après avoir préalablement , fix mois à l'avance , préfenté au préfident de ladite fociété , en pleine affemblée , un certificat en fa faveur , figné du moins par trois membres domeftiques , & par trois membres étrangers. Ledit certificat fera affiché dans la falle d'affemblée, depuis le 30 Novembre jufqu'au 30 mai ; & les candidats feront propofés dans les féances de la fociété pendant ce temps-là , auffi fouvent que le préfident le jugera à propos.

Toutes les années, à la féance hebdomadaire qui tombera au 30 mai , ou à celle qui fuivra ce jour, on réduira le nombre des candidats à deux , de la manière fuivante.

On donnera une lifte des candidats à chacun des membres préfens à ladite féance ; chaque membre marquera deux des noms de cette lifte, & l'on recueillera les liftes ainfi marquées dans une boîte. Après les avoir examinées , l'on propofera pour l'élection les deux candidats qui fe trouveront avoir le plus grand nombre des fuffrages. Ce réglement cependant n'aura point lieu pour les princes étrangers , ni pour leurs fils , non plus que pour les étrangers qui , réfidant dans la Grande Bretagne , ou y ayant réfidé fix mois , défireront d'être admis dans ladite fociété aux mêmes conditions que les membres domeftiques , en payant les frais de l'admiffion , & les autres frais indiqués par les réglemens de la fociété ». (AA.)

SOCIÉTÉ ROYALE DES SCIENCES , c'eft fous ce nom que Louis XIV. fonda, en 1706, une académie à Montpellier. Les motifs qui l'engagèrent à cet établiffement, furent la célébrité de cette ville , fa fituation , la température & la férénité de l'air , qui mettent en état de faire plus facilement qu'en aucun autre endroit, des obfervations & des recherches utiles & curieufes; le nombre des favans qui y accouroient de toutes parts, ou qui s'y formoient dans les différentes fciences , & fur-tout dans l'une des parties la plus importante de la Phyfique. Le roi , pour exciter davantage l'émulation des membres qu'il y nomma, voulut que la *fociété royale des fciences* demeurât toujours fous fa protection , de la même manière que l'académie royale des fciences ; qu'elle entretînt avec cette académie l'union la plus intime , comme ne faifant enfemble qu'un feul & même corps ; que ces deux académies s'enverroient réciproquement un exemplaire de tout ce qu'elles feroient imprimer en leur nom ; qu'elles fe chargeroient auffi mutuellement d'examiner les matières importantes ; que leurs membres euffent féance dans les affemblées de l'une & de l'autre; que la *fociété royale des fciences* enverra toutes les années une des pièces qui y feront lues dans fes affemblées , pour être imprimées dans le recueil des mémoires de l'académie royale des Sciences, &c. *Lettres-patentes & ftatuts donnés au mois de Février* 1706.

Cette *fociété* n'a rien oublié pour répondre dans tous les temps aux vues & aux bontés de S. M. ; toutes les fciences y ont été cultivées avec beaucoup de zèle & de fuccès , & quoique la Médecine foit la fcience favorite de cette ville qui a été fon berceau & fon premier afyle en France , & quoiqu'on s'y applique avec un foin particulier aux objets qui y font relatifs, il ne laiffe pas d'y avoir

des perfonnes très-diftinguées dans les autres parties de la Phyfique & les Mathématiques. On pourroit en voir la preuve dans plufieurs articles de ce dictionnaire.

SOCIN , (voir les articles GENTILIS) Martyr (Pierre) & *Pauli* (Grégoire). Ces divers perfonnages furent les Apôtres du focinianifme, & ce furent les *Socins* , oncle & neveu , Lélio & Faufte, qui donnèrent leur nom à cette Secte. Elle étoit une branche de la réforme : Lélio Socin alla prêcher fa doctrine en Suiffe, il penfa être pendu à Zurich, où il mourut pourtant de fa mort naturelle en 1572. Il étoit né à Sienne en 1525.

Faufte *Socin* , neveu de Lélio , fit ce que fon oncle avoit prévu & défiré , il étendit beaucoup le focinianifme , qu'il alla auffi prêcher en Pologne, où il mourut en 1604, âgé de foixante-cinq ans, dans un Bourg à trois lieues de Cracovie. (*Voyez* à l'article *Pauli* (Grégoire), les deux vers latins qu'on mit fur le tombeau de Faufte *Socin*.

SOCRATE , (*Hift. anc.*) ce Philofophe , le plus fage des hommes & le plus vertueux , n'a laiffé aucun écrit ; c'eft par ceux de Platon & de Xénophon qu'il eft connu. Il naquit à Athènes l'an 471 avant J. C. Sophronifque , fon père , étoit fculpteur; Phénérète , fa mère , étoit fage-femme. Les profeffions même de fes parents fourniffoient à Socrate des comparaifons & des idées philofophiques ; il faifoit allufion à l'état de fon père , lorfqu'il s'étonnoit que tandis qu'un fculpteur appliquoit tout fon efprit à rendre une pierre brute femblable à un homme, un homme fît fi peu d'efforts pour n'être pas trop femblable à une pierre brute : il fe fouvenoit de la profeffion de fa mère , lorfqu'il fe difoit l'accoucheur des efprits , & lorfqu'il fe piquoit de leur faire produire au dehors , toutes leurs penfées ; c'étoit en effet le grand talent de Socrate. Il avoit une manière fine & adroite de cacher , pour ainfi dire , la marche de fes raifonnemens , & d'amener par une fuite d'idées fimples , claires & inconteftables , ceux contre lesquels il difputoit , à convenir avec lui des idées auxquelles ils paroiffoient & fe croyoient d'abord le plus oppofés. Il tiroit ainfi du fond de leur ame des fentimens qui s'y trouvoient à leur infçu, & qui confondoient tous leurs préjugés. Ce n'étoit pas lui qui les réfutoit , il faifoit plus , il forçoit à fe réfuter eux-mêmes. Pour lui , il avoit feulement l'air de les interroger , de chercher à s'inftruire avec eux & par eux , de leur propofer modeftement fes difficultés & fes doutes , en leur montrant d'avance , l'efpérance & le plaifir de les voir réfolus. Ses adverfaires, qui ne croyoient pas l'être, & qui fe croyoient au contraire fes maîtres , lui faifoient avec confiance tous les aveux que fes queftions rendoient néceffaires, ils ne s'appercevoient pas des avantages qu'il prenoit fur eux , à chacune de leurs réponfes , & du rapport éloigné qu'il fe ménageoit , entre ces aveux , & le but où il vouloit les amener. C'eft principalement dans cet art que confiftoit cette *Ironie* fi vantée de *Socrate*, &

N iij

c'étoit sur-tout avec les sophistes qu'il aimoit à la déployer. Ces Sophistes étoient des discoureurs pleins de jactance, abusant de la parole, cherchant à éblouir par un vain éclat & une stérile abondance. *Socrate* prenoit plaisir à déconcerter tout ce grand appareil d'élocution par son air timide & modeste, par sa simplicité apparente, par son ignorance affectée, par des questions naïves & en apparence presque niaises que le Sophiste accueilloit d'abord avec un sourire dédaigneux, mais qui finissoient par réduire ce même Sophiste à se contredire lui-même ou à se taire. Cette ironie étoit à-peu-près ce que nous avons depuis appelé du persiflage; car c'étoit toujours en applaudissant à toutes leurs réponses, en leur rendant grace des savantes instructions qu'ils vouloient bien lui donner, qu'il leur préparoit cette confusion, & quand il les avoit poussés ainsi doucement, & par un chemin de fleurs jusqu'à la contradiction ou au silence, il se plaignoit toujours avec douceur de ce que ces savans hommes se lassoient de l'instruire. C'est ce que Cicéron nous explique d'après Platon dans plusieurs endroits de ses ouvrages.

Socrates de se ipso detrahens in disputatione plus tribuebat iis quos volebat refellere. Itâ, cum aliud diceret atque sentiret, libenter uti solitus est illâ dissimulatione quam Græci εἰρωνείαν *vocant.* Academ. quæst. lib. 4.

Socrates in ironiâ dissimulantiâque longè omnibus lepore atque humanitate præstitit. De Orat. lib. 2.

Sed & Gorgiam & cæteros Sophistas ut è Platone intelligi potest, illusos videmus à Socrate. Is enim percontando atque interrogando elicere solebat eorum opiniones quibuscum differebat, ut ad ea, quæ ii respondissent, si quid videretur, diceret. De finib. lib. 2.

Cette ironie étoit secondée en lui par des dispositions naturelles; il avoit l'air commun, il étoit laid & d'une laideur favorable à ce caractère ironique; sa physionomie prenoit, quand il le vouloit, quelque chose de stupide & d'hébété, auquel il étoit aisé de se méprendre. Cicéron nous apprend qu'un physionomiste de profession y fut trompé, & qu'il prononça durement contre *Socrate*. Zopyrus physiognomon........stupidum esse Socratem dixit & tardum. Cic. de fat.

Il jugea stupide celui que l'Oracle de Delphes déclara le plus sage de tous les hommes. Non, disoit *Socrates*, il n'y a en moi aucune sagesse, & cependant l'oracle de Delphes n'a pu ni mentir, ni se tromper. Il y a en effet entre les autres hommes & moi, une différence essentielle, & cette différence, je l'avoue, peut être à mon avantage; la plupart des hommes croient savoir ce qu'ils ne savent pas, & *Socrate* le prouve par une énumération des hommes de tout état, & de leurs opinions, pour moi, ajoute-t-il, j'avoue toute mon ignorance, & tant que je ne sais rien, voilà ma science, voilà la seule supériorité que l'oracle a voulu observer en moi. Son sens est clair. « le plus » sage d'entre vous, a-t-il voulu dire, est celui qui

reconnoît, comme *Socrate*, qu'il n'y a véritablement en lui ni science ni sagesse.

Socrates in omnibus ferè sermonibus sic disputat, ut nihil affirmet ipse, refellat alios : nihil se scire dicat, nisi id ipsum, eóque præstare cæteris, quod illi quæ nesciant scire se putent; ipse se nihil scire id unum sciat, ob eamque rem se arbitrari ab Apolline omnium sapientissimum esse dictum, quòd hæc esset una omnis sapientia, non arbitrari sese scire quod nesciat. Cic. Acad. quæst. lib. 1.

Socrate avoit d'abord appris le métier de son père, & s'y étoit rendu habile. On voyoit encore, du temps de Pausanias, quelques ouvrages de *Socrate* dans ce genre, tels qu'un Mercure, & sur-tout trois Graces que l'on conservoit avec soin dans la Citadelle d'Athènes; elles étoient couvertes, au lieu que les autres Artistes les représentoient ordinairement nues, & le sage Rollin fait honneur de cette différence à la sagesse & à l'honnêteté de *Socrate*. Livré dans la suite tout entier à la philosophie, il prétendit que son premier art avoit contribué à l'y conduire par des rapports secrets qu'il appercevoit entre l'un & l'autre; car, disoit-il, comme la sculpture donne la forme à son objet, en retranchant les superfluités, de même la philosophie introduit la vertu dans le cœur de l'homme, en retranchant peu-à-peu toutes ses imperfections. C'est à peu près dans le même sens qu'Horace fait consister la sagesse & la vertu dans la suppression des folies & des vices,

Virtus est vitium fugere, & sapientia prima Stultitiâ caruisse.

On dit que ce fut Criton qui éleva *Socrate* de la sculpture à la philosophie, & qui le tira de l'attelier de son père. *Socrate* devint disciple d'Archelaüs, qui l'avoit été d'Anaxagore. Il s'attacha d'abord à la physique & à l'astronomie, & Xénophon nous assure qu'il y avoit fait de grands progrès : mais sa véritable gloire est d'avoir, comme le dit Cicéron, fait descendre la philosophie du ciel pour la placer au milieu des villes, pour l'introduire dans les maisons particulières, l'appliquer à l'usage de la vie commune, en faire la regle des mœurs, & en tirer des moyens de rendre les hommes plus raisonnables, plus vertueux, plus heureux.

Socrates primus philosophiam devocavit è cœlo, & in urbibus collocavit, & in domos etiam introduxit, & coegit de vitâ & moribus, rebusque bonis & malis quærere. Cic. Tusc. quæst. lib. 5.

Socrates mihi videtur id quod constat inter omnes, primus à rebus occultis & ab ipsâ naturâ involutis, in quibus omnes antè eum philosophi occupati fuerunt, avocavisse philosophiam, & ad vitam communem adduxisse, ut de virtutibus & vitiis, omninóque de bonis rebus & malis quæreret; cælestia autem vel procul esse à nostrâ cognitione censeret, vel si maximè cognita essent, nihil tamen ad benè vivendum conferre. Cic. académic. quæst. lib. 1.

C'eft de cette Philofophie, pour ainfi dire, usuelle qu'Horace nous entretient.

> *Quod magis ad nos*
> *Attinct & nescire malum eſt agitamus, utrumne*
> *Divitiis homi.es an fine virtute b.ati,*
> *Quidve ad amicitias usus rectumne trahat nos,*
> *Et quæ fit natura boni fummumque quid ejus.*

Socrate ne penfoit pas, comme quelques Philofophes, que la philofophie difpensât des charges publiques & des devoirs de citoyen; il porta les armes pour fa patrie, & fe diftingua même à la guerre, par fon courage. (*Voyez* l'article *Alciliade.*)

Il pouffa plus loin que perfonne le mépris des richeffes & l'amour de la pauvreté. Il regardoit comme une perfection divine de n'avoir befoin de rien, & il croyoit qu'on s'approchoit d'autant plus de la divinité, qu'on favoit mieux fe contenter de peu.

> *Quantó quifque fibi plura negaverit*
> *A Diis plura feret, nil cupientium*
> *Nudus caftra peto, & transfuga divitum*
> *Partes linquere geftio*
> *Contemptæ Dominus fplendidior rei,*
> *Quam fi quidquid arat non piger Appulus*
> *Occultare meis d.cerer horreis,*
> *Magnas inter opes inops.*

C'eft de lui qu'eft ce mot fi connu, à propos de la pompe que le luxe étaloit dans de certaines cérémonies, & de la quantité d'or & d'argent qu'on y portoit: *que de chofes dont je n'ai pas befoin!* Mais cet amour de la pauvreté n'étoit pas chez lui une affectation, comme chez Antifthène & Diogène. Il eût cru fe dégrader par le cynifme & la malpropreté. Il favoit refpecter le public, & fe refpecter luimême.

Il avoit hérité de fon père, quatre mille livres, un de fes amis en eut befoin, il les lui prêta, & il les perdit. Il lui refta pour tout bien, deuxcent-cinquante livres; il ne permit jamais à fes amis les plus opulents, de partager avec lui leurs richeffes. Un jour feulement il lui échappa de dire devant fes difciples: *fi j'avois de l'argent, j'aurois acheté un manteau.* Tous s'empreffèrent auffi-tôt de lui faire ce petit préfent. C'étoit trop tard, dit Sénèque, il eût fallu avoir prévenu fes befoins & fa demande. *Socrates, amicis audientibus: EMISSEM, inquit, PALLIUM SI NUMMOS HABEREM. Neminem popofcit, omnes admonuit. A quo acciperet, ambitus fuit.......poft hoc quifquis properaverit, feró dat, jam Socrati defuit.* Senec. de benef.

Il rejetta les offres d'Archelaüs, roi de Macédoine, qui vouloit l'attirer chez lui, il difoit qu'il ne vouloit point aller trouver un homme qui pouvoit lui donner plus qu'il n'étoit en état de lui rendre. Sénèque lui attribue d'autres motifs; cet homme libre,

dit-il, & dont même une ville libre trouvoit quelquefois la liberté exceffive, n'eut garde d'aller volontairement au-devant de la fervitude. *Noluit ire ad voluntariam fervitutem is cujus libertatem civitas libera ferre non potuit.*

On connoit en effet cette maxime:

> *Ad tecta quisquis fe tyranni contulit,*
> *Fit fervus illi, liber & fi venerit.*

Socrate étoit parvenu à une tranquillité d'ame que rien ne pouvoit altérer, il lui en avoit couté des efforts, il étoit né violent & emporté; il ne s'étoit pas contenté d'être, comme Horace le dit de lui-même:

> *Irafci celerem tamen ut placabilis effem,*

Il s'étoit dit de bonne heure & plus efficacement que le même Horace:

> *Ira furor brevis eft; animum rege, qui nifi paret,*
> *Imperat hunc frænis, hunc tu compefce catenâ.*

Il avoit exigé de fes amis qu'ils l'avertiffent quand ils le verroient près de fe mettre en colère; au premier fignal, il baiffoit le ton ou fe taifoit. Se fentant irrité contre un efclave; *comme je te frapperois,* dit-il, *fi je n'étois en colère! cæderem te nifi irafcerer.* Ayant un jour reçu un foufflet, il fe contenta de dire: *il eft fâcheux de ne pas savoir quand il faut s'armer d'un cafque.*

L'humeur de Xanthippe, fa femme, mit fa vertu aux plus rudes épreuves. Xénophon dit qu'il l'avoit choifie exprès dans cette vue, parce que, difoit-il, fi je puis vivre avec elle, il n'y aura perfonne avec qui je ne puiffe vivre. Ceci reffemble un peu à Robert d'Arbriffel qui s'expofe volontairement aux plus fortes tentations pour avoir la gloire de les vaincre. Si Socrate vouloit avoir à fouffrir de fa femme, il eut fatisfaction; il n'y avoit point d'outrage qu'elle ne lui fit. Sa modération ne faifoit qu'irriter la fureur de cette femme, elle l'accabloit d'injures en public; elle lui arracha un jour fon manteau en pleine rue; un autre jour, après fon débordement d'injures accoutumé, elle finit par lui jetter un pot d'eau fale fur la tête: *Il falloit bien,* dit-il en riant, *qu'il plût après un tel orage.*

Il paroit que ce qu'on a dit de Socrate que, du vivant même de Xanthippe, il avoit époufé une autre femme, nommée Myrto, petite-fille d'Ariftide, en vertu d'un décret d'Athènes qui permettoit cette bigamie, eft dénué de tout fondement; ainfi que M. Hardion l'a prouvé dans un des mémoires du recueil de l'académie des belles-lettres.

Quant au démon ou efprit familier de Socrate, il faut le mettre au même rang que les oracles dont Lycurgue & Solon fe prévaloient; il faut le mettre avec la Minerve de Zaleucus, la Déeffe Egérie de Numa Pompilius, les avis fecrets des Dieux donnés au premier Scipion l'Africain; la biche de

Sertorius, &c : & il faut reconnoître que le plus
sage des hommes n'a pas su, mieux que tous ces
autres sages, résister à la tentation d'en imposer aux
hommes pour s'assûrer leur suffrage.

Socrate ne tenoit point d'école publique comme
les autres Philosophes; il ne donnoit point ses leçons à des heures marquées; il philosophoit en con-
versant avec ses amis à table, à la promenade, dans
le silence de la retraite, dans le tumulte des camps,
par-tout, à toute heure. Ses leçons étoient ses discours & ses exemples. Ses principaux disciples étoient
Platon, qui rendoit graces aux Dieux de trois choses :
1°. de lui avoir donné une ame raisonnable, 2°.
de l'avoir fait naître Grec & non pas barbare ; 3°.
de l'avoir fait contemporain de Socrate ; Alcibiade,
que, malgré ses talents & son orgueil, il forçoit
à pleurer quelquefois sur ses erreurs & sur son orgueil même, & qui avouoit qu'il ne pouvoit vivre ni avec un tel censeur ni sans un tel ami ; Euclide de Mégare qui se déguisoit en femme, pour
entrer dans Athènes, & assister aux leçons de
Socrate, parce qu'il étoit défendu aux Mégariens,
sur peine de la vie, de mettre le pied dans l'Attique ;
Xénophon, qui, aussi bien que Platon, a immortalisé son Maître ; Aristippe, &c. Xénophon cite
d'après Socrate, une belle prière, tirée d'un Poëte
dont le nom n'est pas connu : « Grands dieux !
» donnez-nous les biens qui nous sont nécessaires, soit
» que nous vous les demandions, ou non, & éloi-
» gnez de nous toutes les choses qui pourroient nous
» nuire, quand même nous vous les demanderions. »
Cette prière est peut-être plus philosophique, &
certainement moins présomptueuse que celle que fait
Horace, & dans laquelle il se dispense de demander
aux Dieux, ce qu'il croit pouvoir se procurer à lui-
même :

Sed satis est orare Jovem quæ donat & aufert ;
Det vitam, det opes, animum mí æquum ipse parabo.

L'ironie de Socrate, & plus encore peut-être sa
sagesse, lui avoit fait d'irréconciliables ennemis.
Ces Sophistes, qu'il avoit démasqués, avoient deux
puissantes raisons de ne jamais lui pardonner ; ils les
avoit attaqués à la fois du côté de la vanité & du
côté de l'intérêt. En les confondant & les avilis-
sant aux yeux de leurs disciples, il avoit considérablement diminué le nombre de ceux ci. Tout le
monde quittoit les vaines & fastueuses leçons de ces
Sophistes, pour les entretiens simples & substantiels
de Socrate. Il est clair qu'il falloit perdre Socrate.

On commença d'abord par lui susciter un ennemi redoutable, Aristophane. Soit que ce célèbre
Poëte comique se fût vendu aux passions des Anytus, des Mélitus & de leurs semblables, soit qu'il
ne fît que suivre son propre ressentiment excité par
la préférence que Socrate, ami d'Euripide, donnoit
hautement à la tragédie sur la comédie, & par les
plaintes qu'il faisoit publiquement de la licence effrénée

qui régnoit dans l'ancienne comédie ; c'est-à-dire,
dans celle de son temps, il entreprit de jouer Socrate
dans sa comédie des Nuées.

Socrate n'alloit jamais aux comédies que quand
Alcibiade ou Critias l'y entraînoient malgré lui. Il
se trouva contre son ordinaire à la représentation
de la pièce des Nuées. Il savoit qu'elle étoit dirigée
contre lui. Il y fut conduit ou par le mouvement
de cette curiosité ordinaire qui nous fait désirer de
savoir ce qu'on dit de nous, ou par celui d'une
curiosité plus philosophique, qui joint à ce désir celui de se connoître mieux & de se corriger. Il lui
étoit plus d'une fois arrivé de laisser éclater son
mécontentement aux représentations de certaines comédies où l'abus de la satyre personnelle l'avoit révolté, & malgré sa prédilection pour la tragédie,
& son amitié pour Euripide, il étoit sorti une fois
tout indigné, d'une tragédie de cet Auteur où il
avoit été blessé d'une maxime dangereuse qu'il avoit
entendue parmi tant de maximes saines & utiles
dont les pièces de ce grand tragique sont remplies.
Socrate entendit la comédie des Nuées toute entière
sans montrer la moindre émotion ; & quelques étrangers demandant qui étoit ce Socrate dont il étoit tant
parlé dans la pièce, il vit tous les yeux se tourner
de son côté ; il crut devoir se prêter à cette curiosité, il se leva de sa place, & se laissa voir tant
qu'on voulut. Ceux qui l'encouroient, admiroient son
sang froid & sa patience : mais sa conduite étoit-
elle entièrement exempte d'ostentation ? Ses discours
au reste furent sages & modérés. J'ai crû, dit-il, assister à un repas, où mes amis m'avoient pris pour
objet de plaisanteries agréables, & je sais qu'il faut
entendre raillerie.

Ces plaisanteries agréables étoient de mettre dans
sa bouche, les plus fortes impiétés, pour autoriser
l'accusation d'athéisme & d'incrédulité que ses ennemis se disposoient dès lors à lui intenter ; c'étoit de
lui donner par-tout l'expression de la vanité, de
l'orgueil, du mépris pour les autres ; c'étoit de lui
imputer une doctrine criminelle, de le représenter
enseignant à un jeune homme à battre son père, au
père à fruster ses créanciers, & donnant l'exemple
de corrompre la jeunesse. Cette pièce, par le mauvais choix du sujet, qu'on vouloit censurer, & qui
ne méritoit que des éloges ; par la licence, l'indécence, l'injustice & la calomnie, fut l'opprobre
de l'ancienne comédie. Boileau le rappelle dans son
art poëtique :

On vit par le public, un poëte avoué,
S'enrichir aux dépens du mérite joué,
Et Socrate par lui, dans un chœur de Nuées
D'un vil amas de peuple attirer les huées.
Enfin de la licence, on arrêta le cours.
Le Magistrat, des loix emprunta le secours.
Et rendant par édit les Poëtes plus sages
Défendit de marquer les noms & les visages :
Le théâtre perdit son antique fureur,

Horace qui voyoit dans l'ancienne comédie le modèle & l'origine de la fatyre, en relève les avantages, & en diffimule les inconvéniens. Il goûte fort cette liberté de cenfurer tous les vices:

Eupolis atque Cratinus Ariftophanesque Poetæ,
Atque alii quorum comædia prifca virorum eft,
Si quis erat dignus defcribi, quod malus ac fur,
Quòd Mœchus foret, aut Sicarius, aut alioqui
Famofus, multâ cum libertate notabant.

Mais encore falloit-il s'affurer *fi quis erat dignus defcribi.* Après avoir vanté l'efficacité du ridicule pour corriger les mœurs:

             ridiculum acri
Fortiùs ac meliùs magnas plerumque fecat res.

Il ajoute à la louange de l'ancienne comédie:

Illi, fcripta quibus comædia prifca viris eft
Hoc ftabant, hoc funt imitandi.

Il ne falloit certainement pas imiter Ariftophane dans fa comédie fatyrique contre *Socrate.*

Lorfque le même Horace parle des vers Fefcennins & de l'origine de la comédie chez les Romains, ce qu'il en dit s'applique de foi-même à l'ancienne comédie des Grecs; alors il tient compte des inconvéniens, auffi bien que des avantages, il approuve qu'on ait mis un frein à la licence originaire, & qu'en ôtant à la comédie les moyens de nuire, on lui ait rendu plus néceffaire encore l'art de plaire.

Fefcennina per hunc invecta licentia morem
Verfibus alternis opprobria ruftica fudit,
Libertafque recurrentes accepta per annos,
Lufit amabiliter, donec jam fævus apertam
In rabiem cæpit verti jocus & per honeftas
Ire domos impunè minax. Doluere cruento
Dente laceffiti, fuit intactis quoque cura
Conditione fuper communi; quin etiam lex
Pænaque lata, malo quæ nollet carmine quemquam
Defcribi; vertere modum formidine fuftis.
Ad benè dicendum delectandumque redacti.
Græcia capta ferum victorem cepit & artes
Intulit agrefti Latio, fic horridus ille
Defluxit numerus Saturnius, & grave virus
Munditiæ pepulere, fed in longum tamen ævum
Manferunt, hodièque manent veftigia ruris.

Il dit encore dans l'art poëtique, en parlant de l'ancienne comédie grecque, qu'il ne loue plus alors fans reftriction.

Succeffit vetus his comædia, non fine multâ
Laude, fed in vitium libertas excidit, & vim
Dignam lege regi, lex eft accepta, chorufque
Turpiter obticuit, fublato jure nocendi.

La licence calomnieufe qu'Ariftophane s'etoit permife à l'égard d'un fage & d'un jufte tel que *Socrate,* devint plus odieufe encore dans la fuite, par le parti qu'en tirèrent les coupables ennemis du Philofophe. Ce fut dans la comédie des *Nuées* qu'ils puisèrent les principaux chefs d'accufation contre *Socrate.* Ils les réduifirent à deux: l'un, qu'il ne penfoit pas bien des dieux, l'autre qu'il corrompoit la jeuneffe. Les accufateurs furent Mélitus, Anythus & Lydon. *Socrate* dédaigna de follicicer fes juges, & de fe défendre par le miniftère d'un Orateur. Le célèbre Lyfias brigua l'honneur de plaider fa caufe, & lui communiqua un difcours qu'il avoit compofé fur ce fujet. *Socrate* le jugeant plus éloquent que convenable à un Philofophe tel que lui, donna de grands éloges à Lyfias, le remercia de fon zèle & de fon amitié, mais n'employa point fon plaidoyer ni fon miniftère. Cité devant les juges, il y comparut, il fe défendit avec les feules armes de la vérité, contre tous les artifices de Mélitus qui porta la parole lui même, & donna tant de vraifemblance à toutes fes calomnies, que *Socrate* n'en fut pas peu embarraffé. L'afcendant de la fageffe & de la vertu fe fit fentir dans fon Apologie, Libanius en a fait une long-temps après, c'eft une déclamation de Rhéteur: Platon qui avoit entendu celle de *Socrate,* nous l'a confervée, autant qu'il a pu s'en fouvenir, & c'eft un des chefs-d'œuvre de l'antiquité; mais les juges étoient prévenus & pervertis; ils voulurent voir de l'orgueil où il n'y avoit que de la fermeté. *Socrates, nec patronum quæfivit ad judicium capitis, nec judicibus fupplex fuit; adhibuitque liberam contumaciam à magnitudine animi ductam, non à fuperbiâ,* dit Cicéron, Tufc. quæft. Lib. I. *Socrates,* dit-il ailleurs, *ità in judicio capitis pro fe ipfe dixit, ut non fupplex aut reus, fed Magifter aut Dominus videretur effe judicum.* Cic. de orat. lib. I.

Apprends que dans les fers la probité fuprême,
Commande à fes tyrans & les juge elle-même.

A dit Greffét. Mais cette fécurité que donne l'innocence & cette fupériorité que donne le génie, ne faifoient qu'irriter les juges. Quintilien remarque avec beaucoup de juftéffe que les juges fe regardant comme maîtres abfolus de la vie, & de la mort des hommes, (ce qu'ils ne doivent jamais être), exigent, par une difpofition fecrete du cœur humain, qu'on ne paroiffe devant eux qu'avec une humble foumiffion & un refpectueux tremblement. C'eft un hommage qu'ils aiment à voir rendre à leur fuprême puiffance. *Odit judex ferè litigantis fecuritatem: cùm que jus fuum intelligat, tacitus reverentiam poftulat.*

Lorfque les juges demandèrent, felon l'ufage, à *Socrates,* avant de le juger, quelle étoit la peine qu'il croyoit mériter & à laquelle il fe condamnoit: je me condamne, dit-il, à être nourri le refte de mes jours dans le Prytanée, aux dépens de la république. Cette réponfe acheva de porter à fon comble la colère des juges ; & cette colère feule devoit les avertir de ne pas juger. Tout juge qui prononce dans un moment de paffion & de tranfport, eft un prévaricateur. *Cujus refponfo fic judices exarferunt, ut capitis hominem innocentiffimum condemnarent.* Ils le condamnèrent à la pluralité de deux cent quatre-vingt-une voix contre deux cent vingt, à boire la cigue, fupplice fort en ufage chez les Athéniens. Obfervons encore que, lorfqu'il y a un grand partage, comme dans le cas dont il s'agit, jamais un jugement capital ne devroit être exécuté. Faifons de plus une autre obfervation. Si les juges ont eu trop fouvent le malheur de condamner des innocens, ou ils les croyoient coupables, ou ils cèdoient par foibleffe à la tyrannie qui exigeoit d'eux une injuftice. Dans le jugement de *Socrate*, il n'y avoit perfonne, ni parmi les accufateurs, ni parmi les autres citoyens, qui ne fût convaincu non-feulement de l'innocence de *Socrate*, mais de la vertu fuprême qui le diftinguoit entre tous les autres hommes. On ne voit point d'ailleurs de puiffance redoutable aux juges qui ait pu les forcer à trahir leur confcience. Ce jugement paroît donc avoir été uniquement l'ouvrage de la jaloufie & de la haine. C'eft une des plus épouvantables iniquités dont un tribunal fe foit jamais fouillé. *Socrate* en eut pitié ; lorfqu'on lui déclara qu'il étoit condamné à mort, *la nature*, dit-il, *m'y avoit condamné dès le moment de ma naiffance.* Apollodore, un de fes difciples & de fes amis, lui témoignant fa douleur de voir ainfi périr un grand homme innocent, *aimeriez-vous mieux*, répond r-il, *me voir mourir coupable ?* Il ne perdit rien ni de la tranquillité de fon ame, ni de la férénité de fon vifage. Si on lui parloit avec indignation & avec horreur de fes accufateurs : *Anytus & Mélitus*, difoit-il, *peuvent me tuer, mais ils ne peuvent me faire du mal.* C'eft ainfi qu'Horace a dit :

Vir bonus & fapiens audebit dicere : Pentheu,
Rector thebarum, quid me perferre patique
Indignum coges ? Adimam bona : --- Nempè pecus, rem,
Lectos, argentum, tollas licet. -- In manicis &
Compédibus fævo te fub cuftode tenebo.
Ipfe Deus, fimul atque volam, me folvet, opinor,
Hoc fentit, moriar, Mors ultima linea rerum eft.

Voyant, dit Quintilien, que les hommes de fon fiècle lui rendoient fi peu de juftice, *Socrate* s'en remit au jugement de la poftérité. Il pouvoit encore, en s'humiliant devant fes juges, fe dérober à fon fort, il aima mieux facrifier les reftes d'une vieilleffe déja fort avancée, pour s'affurer l'eftime & l'admiration de tous les fiècles. *Quandò ab hominibus fui temporis parùm intelligebatur, pofterorum fe judiciis refervavit, brevi detrimento jam ultimæ fenectutis ævum fæculorum omnium confecutus.*

Socrate avoit vu Athènes affiègée & prife par Lyfandre, la forme du gouvernement changée, l'autorité des trente tyrans établie. Ils avoient refpecté

la vertu de *Socrate*, qui n'avoit point fléchi fous eux ; ils n'avoient été chaffés d'Athènes que peu de temps avant la condamnation de *Socrate*. Ce Philofophe, dit un autre Philofophe (Séneque), entra dans la prifon avec cette même conftance qui en avoit impofé aux trente tyrans, & dès ce moment la prifon perdit ce nom infâme, ce fut le féjour de l'honneur & de la vertu. *Socrates eodem illo vultu, quo aliquandò folus triginta tyrannos in ordinem redegerat, carcerem intravit, ignominiam ipfi loco detracturus. Neque enim poterat carcer videri in quo Socrates erat.* Senec. confolat. ad helv. cap 13.

Séneque dit encore ailleurs : *Socrates carcerem intrando purgavit, omnique honeftiorem curiâ reddidit.* Id. de vit. beat. cap. 27.

Ce fut là en effet qu'éclata toute la grandeur d'ame de *Socrate*. Il eut tout le temps de fe préparer à la mort ; il fe paffa trente jours entre fa condamnation & fon fupplice, parce qu'il étoit défendu de faire mourir perfonne dans la ville depuis le départ du vaiffeau que les Athéniens envoyoient tous les ans à Délos jufqu'au retour de ce même vaiffeau. *Socrate* vit tous les jours fes amis, & ne ceffa de philofopher avec eux. Toujours gai dans fon cachot, toujours libre les fers aux pieds, la veille de fa mort, il compofa un hymne en l'honneur d'Apollon & de Diane, il mit en vers une fable d'Efope, il dormit la nuit fuivante d'un fommeil tranquille. Il ne tint qu'à lui de s'échapper de fa prifon, le geolier étoit gagné, les portes alloient s'ouvrir, on lui offroit une retraite sûre en Theffalie ; *connoiffez-vous*, dit *Socrate*, *une retraite où l'on ne meure point ?* il refufa d'échapper à la mort en violant les loix ; mais la loi que nous impofe la nature de défendre & de conferver notre vie, n'étoit-elle pas violée par ce refus ? *Socrate* prouva qu'il ne devoit pas chercher à fe fouftraire à fon jugement, c'eft la matière du dialogue de Platon, qui a pour titre, *Criton*; & il eft vrai qu'en lifant ce dialogue, il paroît difficile de réfuter *Socrate*.

Le jour de fa mort, fes amis, en entrant dans fon cachot, trouvèrent Xanthippe fa femme affife auprès de lui, & tenant un de fes enfans dans fes bras ; dès qu'elle les apperçut, elle éclata en cris & en fanglots, *Socrate* demanda qu'on la fit retirer, pour qu'elle ne troublât pas fes derniers momens. Refté avec fes amis, il traita un fujet très-convenable au moment, celui de l'immortalité de l'ame ; c'eft le fujet de ce beau dialogue de Platon, intitulé *le Phédon*. En l'entendant parler, le breuvage mortel à la main, il fembloit, dit Cicéron, qu'on le voyoit s'élever au Ciel & fe réunir aux dieux, dont il avoit été fur la terre la plus parfaite image. *Cùm penè in manu jam mortiferum illud teneret poculum, locutus ità eft, ut non ad mortem trudi, verùm in cælum videretur afcendere........ Qui enim.. fe integros caftofque fervaviffent..... effentque in corporibus humanis vitam imitati deorum, his ad illos, à quibus effent profecti, reditum facilem patere.* Cic. tufc. queft. lib. 1.

Ses amis le virent boire la fatale ciguë, leur conf- tance alors les abandonna, quelques-uns d'entr'eux pouſſèrent des cris & des hurlemens. Y penſez-vous, mes amis ? s'écria *Socrate*; où eſt le courage ? où eſt la philoſophie ? n'eſt-ce pas pour ces foibleſſes que nous avons renvoyé ces femmes ?

Son dernier mot, en expirant, fut adreſſé à Criton: *Criton*, lui dit-il, *nous devons un coq à Eſculape*. On a interprété diverſement ce mot : les uns ont cru que *Socrate* chargeoit en effet Criton d'acquitter un vœu qu'il avoit fait à Eſculape : d'autres ont penſé que c'étoit une expreſſion proverbiale dont nous avons l'équivalent dans notre langue, mais en ſtyle bas, & dont le ſens étoit : *nous avons bien des graces à rendre aux Dieux ; nous voilà delivrés des miſéres & des dangers de la vie*. Eraſme diſoit, qu'en liſant le récit de la mort de *Socrate*, il étoit toujours tenté de s'écrier :*Saint Socrate, priez pour nous!*

Athènes ouvrit enfin les yeux, & pleura *Socrate* après l'avoir immolé.

Tu pleures ! ta pitié ſuccède à ta furie !

Les écoles furent fermées & les exercices in- terrompus ; on demanda compte aux accuſateurs du ſaïg innocent qu'ils avoient fait répandre ; Mélitus fut condamné à mort, les autres furent bannis. Plutarque obſerve que tous ceux qui avoient trempé dans le complot dont *Socrate* fut la victime, devinrent ſi odieux à tout le monde qu'on ne voulut plus avoir avec eux aucun commerce, qu'on refuſoit de leur donner du feu, de répondre aux queſtions qu'ils faiſoient, qu'on jettoit comme ſouillées toutes les choſes auxquelles ils avoient ſeulement touché ; ce qui réduiſit pluſieurs d'entr'eux à ſe donner la mort de déſeſpoir.

Les Athéniens firent ériger à *Socrate* une ſtatue par le célèbre Lyſippe, & la placèrent dans un lieu des plus apparens de la ville. Ils rendirent à ſa mémoire des honneurs qui tenoient du culte, & dans leſquels il entroit une vénération religieuſe.

Son nom eſt reſté celui de la philoſophie:

Libros Panetï, Socraticam & domum,

Dit Horace en parlant en général des livres de philoſophie.

Qualia vincant
Pythagôran, Anytique reum, doctumque Platona,...
Scribendi recté ſapere eſt & principium & fons ;
Rem tibi Socraticæ poterunt oſtendere chartæ.

On connoît la fable de la *maiſon de Socrate*, fondée ſur un mot de ce Philoſophe : *plût aux Dieux que je puſſe la remplir toute entière de véritables amis !* On peut voir dans le recueil de l'Académie des belles-lettres, ce que l'Abbé Fraguier a écrit ſur *Socrate*.

Dans l'expédition du jeune Cyrus contre Artaxerxe Mnémon ſon frère, les Achéens, qui ſervoient dans ſon armée, avoient pour chef particulier un *Socrate* d'Achaïe. Après la bataille de Cunaxa, où le jeune Cyrus fut tué, Tiſſapherne, gouverneur de Lydie, général des armées d'Artaxerxe, ſous prétexte de traiter avec les principaux chefs du parti de Cyrus, fut les amener à une entrevue, où ils furent arrêtés par trahiſon & conduits au Roi, qui leur fit trancher la tête : *Socrate* étoit du nombre de ces chefs. Cet événement arriva environ quatre ſiècles avant Jeſus- Chriſt.

Socrate eſt auſſi le nom d'un fils de Nicomède, roi de Bithynie, qui étant dans les intérêts de Mithridate, roi de Pont, ce célèbre ennemi des ro- mains, ſe ſouleva contre ſon frère, nommé Nicomède, ainſi que le père commun auquel il venoit de ſuc- céder, & le chaſſa du trône. Nicomède implora contre *Socrate* & contre Mithridate l'aſſiſtance des Romains, qui le rétablirent dans ſon royaume, vers l'an 89 avant J. C.

SOCRATE, (dit *le Scholaſtique*.) (*Hiſt. litt. mod.*) Auteur d'une hiſtoire eccléſiaſtique, qui eſt la con- tinuation de celle d'Euſèbe de Céſarée, étoit né à Conſtantinople, au commencement de l'Empire de Théodoſe, dit le Grand, vers l'an 380. On ignore le temps de ſa mort. Son hiſtoire, diviſée en ſept livres, commence à l'an 306, & finit en 439. Le Préſident Couſin l'a traduite du Grec en François.

SOEMIAS, (Julie) (*Hiſt. rom.*) mère d'Hé- liogabale ou Helagabale, contribua beaucoup, par ſes intrigues, à l'élection de cet empereur, parta- gea l'empire avec lui, ajouta des folies à ſes folies, & fut enveloppée dans ſa diſgrace. Elle étoit ad- miſe au ſénat & opinoit, ainſi que ſa mère avec les Sénateurs ; elle avoit, de plus, formé un ſénat de femmes, pour prononcer ſur les habits & la pa- rure des dames Romaines ; elle avoit cependant du courage : dans une occaſion, où les ſoldats d'He- liogabale commençoient à fuir, elle ſe jetta au milieu d'eux, & les fit retourner au combat. Les Prétoriens ſoulevés coupèrent la tête à la mère & au fils en 222. Ils ne régnoient que depuis 218, & avoient beaucoup trop régné.

SOFA, ſ. m. (*terme de relation*) eſpèce d'eſ- trade qui eſt d'uſage en Orient, & qui eſt élevée d'un demi-pied au-deſſus du niveau de la chambre d'honneur, où l'on reçoit les perſonnes les plus re- marquables. Chez les Turcs, tout le plancher eſt couvert d'un tapis de pied, & du coté des fe- nêtres, ils élèvent une eſtrade, qu'ils appellent *ſofa*. Il y a ſur cette eſtrade de petits matelas, de deux à trois pieds de large, couverts d'un petit tapis précieux. Les Turcs s'aſſeyent ſur ce tapis comme les tailleurs qui travaillent en France, les jam- bes croiſées ; & ils s'appuient contre la muraille ſur de grands carreaux de velours, de ſatin, & d'autre étoffe convenable à la ſaiſon. Pour prendre leur repas, on étend ſur le tapis de l'eſtrade un cuir qui fert de nappe ; on met fur ce cuir une table de bois faite comme un plateau rond, & on la couvre de plats. *Duloir.* (*D. J.*)

SOFI, f. m. (*Sience étymolog.*) ce mot fignifie proprement en arabe un *homme vêtu de laine* ; car *fof* ou *fuf*, veut dire de la laine. C'eft pourquoi on donne ce titre chez les Mahométans, à celui qui vit retiré du monde, & qui, par une efpèce de profeffion religieufe, eft groffièrement habillé. Ainfi *fofi* défigne un religieux Mahométan, qui porte auffi le nom de *dervis* en Turc & en Perfan, & que les Arabes appellent *fakir*. Shah-Ifmaël, roi de Perfe, eft le premier qui prit de fes ancêtres le furnom de *fofi*; & de-là vient que plufieurs de nos hiftoriens & de nos voyageurs, donnent aux rois de Perfe le nom de *fofi* ou de *grand-fohi*. (*D. J.*)

SOFTAS, f. m. (*Hift. mod.*) parmi les Turcs, ce font certains religieux ou dervis qui font bénéficiers rentés, & comme chanoines. Leur fonction eft de venir à la fin de chaque namas ou prière du jour, dire une forte d'office des morts auprès du tombeau des Sultans qui ont laiffé des fonds pour leur entretien. (*A. R.*)

SOGDIEN, (*Hift. anc.*) Artaxerxe, dit Longuemain, fils & fucceffeur de Xerxès, eut pour fucceffeur Xerxès II, le feul fils qu'il eut de la reine, fa femme. Il en avoit dix-fept autres de diverfes concubines, entr'autres *Sogdien*, que Ctéfias appelle Sécondien. Celui-ci, de concert avec Pharnacias, un des Eunuques de Xerxès II, s'introduifit dans la chambre du nouveau roi, qui s'y étoit retiré dans un état d'yvreffe au fortir d'un feftin ; il le tua, & fut nommé roi à fa place.

La veuve d'Artaxerxe, mère de Xerxès II, étoit morte le même jour que le roi, fon mari. Bagoraze, le plus fidèle des Eunuques d'Artaxerxe, avoit été chargé par Xerxès II, de conduire les deux corps au lieu de la fépulture ordinaire des rois de Perfe. A fon retour, il trouve Xerxès mort, & *Sogdien* fur le trône. Bagoraze avoir eu du vivant d'Artaxerxe quelque conteftation avec *Sogdien*; celui-ci ne l'avoit pas oublié, il fit une querelle injufte à l'Eunuque, & le fit lapider.

Ses crimes le rendirent l'horreur de l'armée & de la nobleffe. Affaffin de fon frère, il craignit de trouver des affaffins dans fes frères. Il foupçonna furtout Ochus à qui fon père avoit laiffé le gouvernement d'Hircanie, d'élever fes vues jufqu'au trône, & parce qu'il l'en foupçonnoit, il le força en effet d'y afpirer. Ce prince étoit tranquille dans fon gouvernement, *Sogdien* le mande, Ochus n'eut pas de peine à pénétrer le deffein de *Sogdien*; il diffère fon retour fous divers prétextes, lève des troupes, & quand il fe voit à la tête d'une armée, il s'annonce comme le vengeur de la mort de Xerxès, fon frère. A cette proclamation, les gouverneurs des provinces, les grands du royaume fe vengent autour de lui, tout le monde abandonne

Sogdien; Ochus eft couronné. *Sogdien* veut traiter avec ce frère qu'il avoit voulu perdre ; & malgré le confeil de quelques gens fages qui reftoient encore attachés par honneur à fon parti, il s'engagea dans des entrevues & des conférences, où fon frère s'étant rendu maître de fa perfonne, le fit périr par le fupplice de la cendre. C'étoit un fupplice très-cruel, particulier à la Perfe, & réfervé aux grands crimes. On rempliffoit de cendre une tour jufqu'à une certaine hauteur, on y jettoit le coupable, la tête la première, du haut de la tour. On remuoit la cendre autour de lui jufqu'à ce qu'enfin elle l'étouffât après de longues & terribles fouffrances. Ainfi périt Sogdien l'an 424 avant J. C.

SOHÊME, (*Hift. des Juifs*) frère de Ptolomée, roi d'Iturée, élevé à la cour d'Hérode le grand, obtint le dangereux honneur de fa confiance. La malheureufe Marianne étoit encore plus l'objet de la jaloufie que de l'amour d'Hérode. Il ne pouvoit fupporter l'idée que cette femme pût lui furvivre, & lui donner un fucceffeur. Tous ces rois, par la grace des Romains, n'étoient toujours que des fujets de Rome. Hérode avoit fuivi le parti d'Antoine, & avoit tout à craindre du reffentiment d'Augufte ; lorfqu'après la bataille d'Actium, il partit pour aller fléchir cet Empereur, il chargea *Sohême* de faire périr Marianne, s'il périffoit lui-même à Rome, & il avoit déjà donné à quelques-autres cette indigne commiffion.

Marianne étoit belle, & fes malheurs ajoutoient à l'intérêt que la beauté infpire, *Sohême* en fut touché ; il ne put lui cacher l'ordre d'Hérode : delà cette averfion invincible de Marianne pour Hérode, delà des reproches qui inftruifirent Hérode de l'infidélité de *Sohême*. Le cruel Hérode, pour s'en venger, entraîné par une jaloufie dont il n'étoit jamais le maître, fit mourir à la fois & *Sohême* & Marianne. C'étoit ce *Sohême* que M. de Voltaire avoit d'abord fait l'amant de Marianne, au lieu de Varus.

SOISSONS, (*Hift. de Fr.*) c'eft le nom d'un rameau de la branche de Bourbon Condé. Louis I, prince de Condé, eut de fon fecond mariage avec Françoife d'Orléans-Longueville, Charles de Bourbon, comte de Soiffons, Grand-Maître de France. C'eft ce Prince dont il eft parlé fi fouvent dans les mémoires de Sully, ce prince qui fut fi cher à la princeffe Catherine, fœur de Henri IV, mais que Henri IV, ne voulut jamais permettre à fa fœur d'époufer. Né le 3 Novembre 1566, il mourut le 1 novembre 1612.

Son fils, Louis de Bourbon comte de *Soiffons*, né le 21 Mai 1604, eft cet implacable ennemi du Cardinal de Richelieu, qui gagna la bataille de la Marfée ; mais qui fut tué dans cette bataille, le 6 Juillet 1641, ne laiffant qu'un fils naturel, (le chevalier de *Soiffons*.

La fucceffion de cette branche de Bourbon-Soiffons, paffa, ainfi que le nom de *Soiffons*, dans la Maison de Savoie, branche de Carignan; par le mariage de Marie de Bourbon, sœur du comte de Soissons, tué à la Marsée avec Thomas François de Savoie, prince de Carignan : de ce mariage naquit le prince Eugène, Maurice de Savoie, qui prit le nom de comte de Soissons, & fut la tige de la branche particulière de Soissons dans la Maison de Savoie ; ce fut lui qui épousa Olympe Mancini, l'une des nièces du Cardinal Mazarin ; c'est cette comtesse de Soissons si célèbre dans l'histoire des intrigues de la cour de Louis XIV ; c'est la mère du fameux prince Eugène, & ce prince, ce général illustre, est nommé Petit Soissons dans quelques chansons grivoises des soldats de ce temps-là.

Et cette branche de Soissons, & la branche de Carignan dont elle étoit issue, sont actuellement éteintes.

SOISSONS, (Académ. de) société littéraire établie à Soissons, sous la protection du Cardinal d'Estrées, par lettres patentes du roi, en 1674.

Avant qu'elle eût reçu cette forme munie de l'autorité royale, & dès l'an 1650, les premiers qui ont composé cette compagnie, s'assembloient régulièrement une fois la semaine, conféroient ensemble de leurs études, se communiquant leurs lumières, & corrigeant ensemble leurs compositions ; encouragés à ces exercices par les liaisons qu'ils avoient avec plusieurs membres de l'académie Françoise, qui leur donnèrent la pensée de former une académie, ensorte qu'on peut la regarder comme fille de l'académie Françoise avec laquelle elle conserve des liaisons très-étroites.

L'académie de Soissons a presque les mêmes statuts & les mêmes usages que l'académie Françoise. Le nombre de ses membres est fixé à 20, & elle doit toujours prendre un protecteur du corps de l'académie Françoise, à laquelle elle envoye tous les ans pour tribut, une pièce de sa composition. La perfection de la langue françoise, l'Eloquence, les Belles-lettres & l'Histoire, sont les objets de ses études ; & pour marquer encore davantage ses rapports avec la première de nos académies, elle a pris pour devise un aiglon qui s'élève vers le soleil à la suite d'un aigle, avec ces mots : maternis ausibus audax. Si quelque membre de l'académie Françoise se trouve à Soissons, les académiciens de cette dernière ville le prient de présider à leurs assemblées ; & de son côté l'académie Françoise admet dans les siennes les académiciens de Soissons, leur permet d'y prendre séance, & demande leur avis sur les matières qu'on y agite.

En 1734 M. de Laubrières, alors évêque de Soissons, fonda un prix annuel, qui doit être distribué à celui qui remplira le mieux, au jugement de l'académie, un sujet qu'elle propose sur quelque objet d'histoire ou de littérature. Ce prix est une médaille d'or de trois cents livres. (A. R.)

Un gentilhomme du Maine, nommé Soissons, est auteur d'un détail de la France, publié en 1716.

SOLAK, s. m. (terme de relation), soldat à pied de la garde du grand seigneur : les solaks ont un bonnet pareil à celui des tehornadgis, & portent chacun un arc à la main ; leur veste de dessous est retroussée jusqu'à la ceinture, avec des manches pendantes ; la chemise qu'ils ont par-dessus les caleçons, est brodée sur les coutures. Du Loir. (A. R)

SOLDURIER, (Hist. des Gaules) on appelloit solduriers dans les Gaules, certains braves qui s'attachoient à un prince ou à un seigneur, pour avoir part à sa bonne ou mauvaise fortune ; lorsque le seigneur périssoit dans un combat, ils mouroient avec lui, ou se tuoient après sa défaite. Voyez César, l. III. de la guerre des Gaules. (D. J.)

SOLE ou SOULLE, jeu de la, (Hist. mod.) Le jeu de la sole ou de la soulle étoit en usage autrefois dans le Berry, le Bourbonnois, la Picardie, & peut-être ailleurs. Ce mot vient, selon M. Ducange, de solea, une semelle de soulier ; parce que c'étoit avec la plante du pied que l'on poussoit l'instrument. On jouoit à la sole dès le xiv. siècle en plusieurs endroits du royaume. En certains pays, ce jeu s'appelloit la soule, en d'autres, la chéole. On voit ce jeu désigné dans les ordonnances de nos rois & dans les statuts synodaux. L'instrument du jeu, s'il étoit gros, s'appelloit soule, & soulette, s'il étoit petit ; en basse Bretagne il s'appelloit mellat en langue vulgaire du xv. siècle, qui est le temps auquel Raoul, évêque de Tréguier, le défendit. Son statut est de l'an 1440, & on le trouve au tom. IV. du thesaurus anecdotorum des PP. Martenne & Durant. L'ordonnance de Charles VI. qui parle de ce jeu auquel les paysans du Vexin s'exerçoient devant la porte de l'Abbaye de Notre-Dame de Mortcevert, le jour de carême-prenant, est de l'an 1387. Une autre ordonnance du roi Charle V. qui est de l'an 1369, met ce jeu dans le rang de ceux qui sont défendus, comme ne servant nullement à dresser la jeunesse pour la guerre. La sole, selon M. Ducange, étoit un balon enflé de vent, ou une boule de bois, & peut-être l'un & l'autre. Dans un décret ou statut du châtelet de Paris, de l'an 1493, il en est encore parlé sous le nom du jeu de la soule. On assure que les peuples de quelques villages de l'archiprêtré d'Hérisson en Bourbonnois, croyoient autrefois honorer Saint Jean l'évangeliste ou Saint Ursin, en courant la sole ; c'est-à-dire que cet exercice se faisoit dans l'une de ces paroisses le 27 Décembre, & dans une autre, le 29 du même mois. Voyez M. Ducange & ses continuateurs dans le glossarium mediæ & infimæ latinitatis, aux mots ludi, cheolare, mellat, &c ; le même M. Ducange, dans sa viij. dissertation sur Joinville, & le mercure de Mars 1735, où l'on trouve plusieurs réflexions de M. Lebeuf, chanoine & souschantre d'Auxerre, sur le même sujet. Supplément de Morery. (A. R.)

SOLEISEL , (Jacques de) (*Hift. litt. mod.*) gentl'homme du Forez, né en 1617, mort en 1680, eft auteur du *parfait maréchal*, & on difoit qu'il auroit encore mieux fait le *parfait honnête homme*.

SOLIGNAC , (Pierre Jofeph de la Pimpie , chevalier de) (*Hift. litt. mod.*) s'attacha au roi de Pologne Staniflas, le fuivit en Lorraine, & fut fecrétaire perpétuel de l'académie de Nancy. On a de lui une hiftoire de Pologne, un éloge hiftorique du roi Staniflas & d'autres éloges. Il étoit né à Montpellier en 1687. Il mourut en 1773.

SOLIMAN , (*Hift. de Turcs*) c'eft le nom de trois empereurs Turcs.

1°. *Soliman* I fils de ce Bajazet vaincu par Tamerlan , (*Voyez* Bajazet) à la bataille d'Ancyre en 1402, échappa aux dangers de cette bataille, & fut proclamé empereur par les troupes reftées en Europe. Il releva l'empire Ottoman, il en reconquit une partie du vivant même de Tamerlan. Détrôné en 1410, par fon frère Mufa, il alloit implorer la protection de l'empereur des Grecs, lorfqu'il fut tué dans un village entre Conftantinople & Andrinople.

2°. *Soliman* II fils de Selim I, fut le plus grand des empereurs Turcs après Mahomet II. Il recula de plus en plus les bornes de fon empire vers l'Occident, il renverfa ces deux boulevards de la chrétienté, ces deux écueils de la puiffance Ottomane, Belgrade & Rhodes, où il avoit trouvé des ennemis dignes de fon courage. C'eft de lui que Racine a dit :

Nul n'éleva fi haut la grandeur Ottomane. . . .
Soliman jouiffoit d'une pleine puiffance ,
L'Egypte ramenée à fon obéiffance ,
Rhodes, des Ottomans ce redoutable écueil,
De tous fes défenfeurs devenu le cercueil ,
Du Danube afferui les rives défolées ,
De l'empire Perfan les bornes reculées ,
Dans leurs climats brûlans les Africains domptés
Faifoient taire les loix devant fes volontés.

Il fuccéda en 1520 , à Selim, prit Belgrade en 1521, Rhodes en 1522. En 1526 , il entra en Hongrie, à la tête de cent-cinquante mille hommes. Louis , roi de Hongrie & de Bohême, de la maifon de Jagellon, Louis qui avoit époufé Marie , fœur de Charles Quint & de Ferdinand , & dont Ferdinand avoit époufé la fœur Anne Jagellon , Louis livra la bataille à *Soliman* II dans les plaines de Mohacs, près des bords du Danube, la perdit, & fut fubmergé dans des marais. Le Sultan conquit en 1529 & 1530, toute la baffe Hongrie, en garda les principales places, Cinq églifes, Bude, Albe-royale, Strigonie, Altembourg, & pourfuivant fes conquêtes le long du Danube, alla mettre le fiège devant Vienne ; mais il fut obligé de le lever avec perte de foixante mille hommes. Il

jura , en partant, de revenir bien-tôt avec un appareil plus terrible ; il effectua cette menace en 1532 ; il reparut devant Vienne avec une armée de trois cents mille chevaux fans compter l'infanterie : l'empereur lui en oppofa une d'environ deux cent mille hommes. Ces armements épouvantables ne fervirent qu'à donner à l'europe un fpectacle fingulier. *Soliman* arriva trop tard en Hongrie. Il avoit publié qu'il alloit marcher directement à l'empereur , fe mefurer avec lui dans une bataille , & décider de la deftinée des deux empires ; il ravagea quelques terres , fe montra & fe retira. Il fembla craindre l'empereur qui le craignoit encore plus, en faifant pourtant bonne contenance. Comme les Turcs fe retirérent, on publia qu'on les avoit vaincus , & *Soliman*, de fon côté, fit fon entrée triomphante dans Conftantinople , pour avoir, difoit-il, empêché l'empereur de conquérir la Hongrie.

Ce fut avec *Soliman* II. que François I. fe ligua contre la Maifon d'Autriche, devenue plus redoutable au refte de la chrétienté que l'empire Ottoman. En conféquence de ce traité, le Corfaire Barberouffe , devenu le grand Amiral de cet empire , fit en 1537 , une defcente dans le royaume de Naple, prit Caftro près de Tarente, courut jufqu'à Brindes , toujours ravageant & faifant du butin & des efclaves , & *Soliman* remporta près d'Effek en Hongrie, fur le roi des Romains Ferdinand I, une victoire fignalée , où l'on prétend que la perte des Turcs ne paffa pas douze ou treize cent hommes, & que celle des Impériaux fut de vingt-quatre mille hommes reftés fur la place , fans compter cinq mille prifonniers que firent les Turcs.

Pendant que *Soliman*, fe préparant à cette expédition , raffembloit fes troupes dans l'Albanie , un chef de voleurs, nommé Damien, entreprit d'aller l'affaffiner dans fa tente au milieu de fon armée ; il monta fur un arbre pour obferver le coup, il fut apperçu, on l'arrêta ; il pouvoit alléguer un prétexte, il confeffa la vérité, *Soliman* le fit dévorer par une bête féroce ; il paroît qu'on n'accufa ni Charles-quint ni Ferdinand d'avoir fait agir cet affaffin.

Mais on accufa & même on convainquit Charles-quint d'avoir fait affaffiner les embaffadeurs Rincon & Frégofe, que François I envoyoit, l'un à Conftantinople, l'autre à Venife. Delà naquit la guerre de 1542, dans laquelle *Soliman* fecourut encore la France fon alliée. Barberouffe fit avec le comte d'Enghien, en 1543, le fiège de Nice. On prit la ville, on leva le fiège du château.

Les avantages de *Soliman* fur les Perfes, font de l'an 1534, ceux qu'il remporta en Egypte font du commencement de fon règne. Il fe rendit maître de l'Ifle de Chio en 1566. Il mourut la même année 1566, le 30 août, au fiège de Sigeth en Hongrie , place qui fe rendit quatre jours après fa mort. Cet Empereur eût été trop grand s'il eût été moins defpotique & moins cruel.

Nimiùm vobis Romana propago
Vita potens, superi, propria hæc si dona fuissent.

Ce *Soliman* jetta les yeux sur Roxelane. (*Voyez* l'article ROXELANE.)

3°. *Soliman III*, fils d'Ibrahim, placé sur le trône en 1687, après la déposition de Mahomet IV, s'endormit sur ce même trône, dont la gloire fut cependant soutenue par le visir Mahomet Coprogli, qui prit Belgrade d'assaut, rétablit les affaires des turcs en Hongrie, & fut tué d'un coup de canon à la bataille de Salankemen, le 19 août 1691. (*Voyez* l'article COPROGLI, vers la fin.)

SOLIN, (*Caïus Julius Solinus*) (*Hist. Litt. anc.*) ancien philologue, qui a laissé une description de la terre. On ne sait pas précisément le temps où il vivoit. Il y a sur cette époque diverses opinions. Cet auteur est cité par Saint-Jérôme, il vivoit donc avant la fin du quatrième siècle. Son ouvrage est un extrait de divers auteurs, & particulièrement de Pline le Naturaliste.

SOLIS, (Antoine de) (*Hist. litt. mod.*) Poëte espagnol, auteur de comédies, de poësies fugitives, est bien plus connu par son *histoire de la conquête du Mexique*, qui a été traduite en François par Citri de la Guette. Il étoit secrétaire du roi d'Espagne Philippe IV. Il étoit né à Alcala de Henarez, en 1610. Il mourut en 1686.

SOLON, (*Hist. anc.*) célèbre législateur d'Athénes, étoit d'ailleurs un des sept sages de la Grèce. C'étoit en effet un de ces hommes sages & doux, qui savent se concilier l'affection, l'estime & la vénération de tous leurs concitoyens. Il s'étoit sur-tout attaché à la partie de la philosophie qui regarde l'art de gouverner, & il avoit profondément réfléchi sur cet art. Il étoit aussi brave guerrier que bon politique. Son esprit de modération & de douceur l'indiquoit à sa République, comme le point de réunion des différens partis qui la divisoient alors. Les habitans se partageoient sur la nature du gouvernement, d'après la nature du terrein qu'ils habitoient. Les montagnards toujours & par-tout plus enclins à la liberté, tenoient pour le gouvernement populaire, les habitans de la plaine pour l'oligarchie, ceux de la côte maritime, désiroient un gouvernement mêlé d'aristocratie & de démocratie. Les pauvres demandoient un nouveau partage des terres, ressource qui ne peut avoir lieu que dans de très-petits états, plus semblables à une famille qu'à un empire, encore cette ressource ne doit-elle y être tentée qu'à l'extrêmité, & que dans des cas fort rares, où plutôt elle ne doit jamais être tentée, étant contraire à la propriété & à la justice. Le partage est censé avoir été fait originairement. C'est au travail, à l'industrie, au commerce, aux conventions des hommes à transférer & à varier les propriétés. D'un autre côté, les riches devenus créanciers des pauvres, les traitoient avec une dureté qui avoit souvent poussé ces derniers à la révolte.

Solon n'avoit pris part ni à la dureté des riches ni à la révolte des pauvres. Il fut nommé Archonte, on le chargea de concilier tous ces divers intérêts; agréable à tous, aux riches comme riche lui-même, aux pauvres comme homme de bien, tous le prirent pour arbitre & pour législateur. Il eut pu se faire Roi, s'il eut voulu & ses amis l'y invitoient; il résista constamment à leurs instances.

Il n'alla point jusqu'à proposer le partage des terres, il n'osa désobliger les riches à ce point, mais une loi expresse déclara quittes tous les débiteurs & libres tous ceux que leurs dettes avoient forcés à se vendre eux-mêmes. La dernière partie de cette disposition, (celle qui affranchissoit les débiteurs esclaves) étoit juste & conforme à l'humanité; celle qui annulloit les dettes étoit évidemment inique.

Solon eut encore le malheur d'être trahi dans cette opération par ceux de ses amis auxquels il en confia le secret, pour qu'ils l'aidassent de leurs conseils; ceux-ci sachant ce qui alloit arriver, s'empressèrent d'emprunter secrétement de fortes sommes avec lesquelles ils firent de grandes acquisitions en fonds de terre; ces acquisitions leur resterent, & la loi qui survint annulla leurs dettes. Une telle infidélité méritoit qu'au moins on privât du bénéfice de cette loi ceux qui en avoient usé ainsi; c'étoient des banqueroutiers frauduleux. On crut *Solon* complice de leur fourberie, quoiqu'il n'y eût aucune part. C'étoit à lui à faire cesser ce soupçon, en dénonçant lui-même les traitres, puisqu'il les connoissoit.

On est étonné qu'un homme aussi impartial que nous avons représenté *Solon*, ait flétri l'impartialité par la loi qui obligeoit à prendre un parti dans les dissensions civiles, & qui déclaroit les neutres infames, les dépouilloit de tous leurs biens, & les condamnoit au bannissement perpétuel. Les partisans de cette loi encore injuste, disent qu'il vouloit par-là punir l'indifférence & l'insensibilité aux maux de la patrie. Ils ajoutent une autre raison fort ingénieuse, mais un peu tirée. Il avoit observé, disent-ils, que les riches, les puissants, les sages même & les gens de bien, étoient les plus réservés à s'exposer aux suites funestes des troubles civils, soit parce qu'ils avoient le plus à perdre, soit parce que le zèle seul du bien public est un ressort naturellement moins actif & moins puissant que la passion qui anime les factieux. Or, si les gens bien intentionnés & intéressés jusqu'à un certain point à la bonne cause, prenoient le parti de la neutralité par la crainte de l'événement, cette espèce de désertion pouvoit donner trop d'avantage aux méchans, & faire triompher l'audace & la violence. Mais n'est-il pas à craindre qu'en forçant ainsi tout le monde à se déclarer, on ne fortifie aussi le mauvais parti par l'accession, 1°. des irrésolus qui se détermineront au hasard & par la seule nécessité de se déterminer; 2°. des gens timides qui se détermineront même contre leur conscience, en faveur du parti qui leur paroîtra le plus fort. Cette loi n'est-elle pas propre d'ailleurs à entretenir, à enflammer les factions & l'esprit de parti, & n'est-il pas à propos qu'au milieu des discordes civiles il reste des hommes tranquilles & impartiaux, qu'on puisse prendre pour médiateurs & qui puissent ramener la paix ?

La loi qui permettoit à tout le monde de pour-suivre en justice la réparation d'un outrage fait à un particulier, convenoit bien parfaitement à un état qui ne formoit, pour ainsi dire, qu'une seule famille, c'étoit un puissant lien pour attacher chaque particulier à la République. Un état où l'injure faite à un seul devient l'affaire de tous, n'a pas à craindre que l'affaire de tous puisse être indifférente aux particuliers.

Avant *Solon*, il n'étoit point libre de tester, les biens du mort appartenoient à l'héritier désigné par la loi. Pourquoi faut-il en effet, qu'un homme soit encore le maître de ses biens, quand il n'est plus, au préjudice de celui dont le tour d'en être le maître est arrivé ? *Solon* établit l'usage des testamens, & la liberté de donner tout à qui l'on voudroit, quand on mouroit sans enfans. Il est permis de douter que ce changement fût avantageux. Peut-être seroit-il dur de priver de la faculté de tester ceux qui en sont en possession, mais cette faculté n'existant pas, il n'étoit peut-être pas fort expédient de l'établir. Les hommes en général ne sont pas assez raisonnables, assez justes, assez au-dessus des préventions, assez à l'abri des suggestions pour que cette faculté de tester ne devienne pas souvent dans leurs mains une arme dangereuse.

Une loi bien utile, bien convenable à un petit état, & qu'il faudroit chercher les moyens d'exécuter même dans les états les plus étendus, c'est celle par laquelle *Solon* avoit chargé l'aréopage de s'in-former avec soin des ressources que chacun avoit pour s'assurer sa subsistance, & de punir ceux qui menoient une vie oisive. C'étoit prévenir la plûpart des crimes qui troublent la terre. Ceux qui ne font rien & qui ne travaillent pas, ont déclaré la guerre à la société ; il veulent au moins lui être à charge. L'impuissance & la nécessité de subsister les dispose, les force même au vol & à toutes les fraudes ou violences qu'il entraîne. De plus, c'est parmi ces ennemis du travail qu'on trouve le plus de ces esprits inquiets, avides de nouveautés, instrumens de séditions & de troubles, intéressés aux révolutions qui peuvent seules changer leur situation.

Par une espèce de corollaire de cette loi, *Solon* déclara qu'un fils ne seroit pas tenu de nourrir son père, si celui-ci ne lui avoit pas fait apprendre un métier ; car c'étoit avoir refusé à son fils les moyens de le nourrir un jour.

Les bâtards étoient aussi dispensés du même devoir, parce que le père n'ayant songé qu'à satisfaire une passion d'un moment, & n'ayant point étendu ses vues sur eux, a livré leur naissance & leur vie à l'opprobre.

Solon n'avoit point fait de loi contre le parricide ; ce crime n'existoit pas, disoit-il, & il ne falloit pas

qu'on le crût même possible. Prononcer des peines pour un cas qu'on devoit regarder comme imaginaire, il lui sembloit que c'étoit plutôt enseigner, pour ainsi dire, ce crime que le défendre. Cicéron approuve & cette réticence & ce motif ; *sapienter fecisse dicitur, cùm de eo nihil sanxerit, quod antcà commissum non erat ; ne, non tam prohibere quàm admonere videretur.* Cic. pro Rosc. amer.

Il ajouta beaucoup par ses loix au respect des temples, des tribunaux, des lieux d'assemblées pu-bliques, à la police des théâtres pendant les jeux. Il rétablit & augmenta l'autorité de l'aréopage : il voulut que ce sénat ne fût composé que d'Archontes sortis de charge. On sait quel étoit le respect sévère de l'aréopage pour la justice & la vérité, quelles précautions scrupuleuses il prenoit contre toute espèce de séduction, quelle sage défiance il opposoit à l'art des orateurs ; il leur avoit interdit, sinon l'éloquence qu'on ne peut ni prescrire ni défendre, au moins les formes oratoires, l'exorde, la péroraison, les digressions, &c. Il ne tenoit ses séances que dans les ténèbres, pour n'être pas entraîné par l'expression du visage ou du geste ; &c.

Solon ne prétendoit pas avoir donné aux Athé-niens, les meilleures loix possibles, mais seule-ment les meilleures qu'ils fussent en état de recevoir. Il trouva & laissa l'autorité entre les mains du peu-ple ; il tâcha de donner des contre-poids à cette autorité ; il créa un Conseil de quatre cent hommes, où l'on rapportoit & où l'on examinoit mûrement toutes les affaires avant de les proposer dans l'assem-blée du peuple ; ce n'étoit pas décider, mais c'étoit influer sur la décision, car la décision dépend beau-coup de la manière dont les affaires sont présentées ; mais enfin la décision proprement dite n'appar-tenoit qu'au peuple, ce qui faisoit dire au Scythe Anacharsis qu'à Athènes les sages ne faisoient que délibérer, & que c'étoient les fous qui décidoient. Le Philosophe Scythe s'étonnoit aussi qu'on eût confiance aux loix écrites ; accoutumé à voir un grand peuple gouverné par les mœurs, qui plus bornées, mais plus sûres, paroissent être aux loix, ce que l'instinct est à la raison, il préféroit ces mœurs traditionnelles, aux loix écrites, qui selon lui, n'a-voient de force que contre la foiblesse ; c'est lui qui comparoit les loix écrites à des toiles d'araignées où les mouches sont prises, mais qui sont aisément rompues par les oiseaux ; & c'étoit à l'occasion des loix de *Solon* qu'il faisoit cette comparaison.

Solon ne laissa subsister des loix de Dracon que celles qui concernoient les meurtriers ; il cassa tou-tes ces autres loix, qui, selon Demade, étoient écrites, non avec de l'encre, mais avec du sang ; elles avoient encore un autre inconvénient non moins grand que leur excessive rigueur, c'est qu'il pa-roit qu'elles étoient sans aucune proportion entr'elles, sans aucun rapport des peines aux délits, & qu'elles avoient été dictées d'après ce principe métaphysique adopté depuis par les Stoïciens, que la loi est un point unique, & que tout ce qui s'en écarte, est toujours également vicieux, également punissable, comme étant également-hors de ce point unique dans lequel consistent la justice & la loi. En conséquence, les loix de Dracon punissoient également de mort toutes les fautes ; ceux qui n'avoient volé que des herbes & des fruits dans un jardin, subissoient le même supplice que les assassins, comme étant également hors de l'ordre. C'est ce principe sophistique & erroné qu'Horace attaque avec tant de raison dans plusieurs endroits de ses ouvrages.

Cur non
Ponderibus modulisque suis ratio utitur, ac res
Ut quæque est, itâ suppliciis delicta coercet ?
Si quis eum servum, patinam qui tollere jussus
Semesos pisces tepidumque ligurierit jus
In cruce suffigat, Labeone insanior inter
Sanos dicatur : quanto furiosius atque
Majus peccatum est, paululûm deliquit amicus
(Quod nisi concedas, habeare insuavis, acerbus,)
Odisti & fugis ! . . . .
Comminxit lectum potus, mensâve catillum
Evandri manibus tritum dejecit, ob hanc rem,
Aut positum ante meâ quia pullum in parte catini
Sustulit esuriens, minus hoc jucundus amicus
Sit mihi ? quid faciam, si furtum fecerit, aut si
Prodiderit commissa fide sponsumve negârit ?
Queis paria esse ferè placuit peccata, laborant
Ut ventum ad verum est, sensus moresque repugnant,
Atque ipsa utilitas justi prope mater & æqui. . . .
Nec vincet ratio hoc tantûmdem ut peccet idemque
Qui teneros caules alieni fregerit horti,
Et qui nocturnus sacra legerit, alsit
Regula, peccatis quæ pœnas irroget æquas,
Ne scuticâ dignum horribili sectere flagello.
Nam ut ferulâ cædas meritum majora jubire
Verbera, non vereor, cùm dicas esse pares res
Furta latrociniis, & magnis parva minaris
Falce recisurum simili te . . . .

Quand Solon eut publié ses loix, & qu'Athènes se fut engagée par un serment public à les observer religieusement, au moins pendant cent années, il s'éloigna pour leur donner le tems de s'établir & de se fortifier par l'usage, sans que sa présence pût contribuer à répandre sur ces loix ni faveur ni défaveur, & il est à présumer que cette absence leur fut favorable. Elle dura dix ans, & c'est vraisemblablement dans cet intervalle de tems qu'il faut placer ses voyages en Egypte, en Lydie, à la cour de Cræsus, à Milet chez Thalès, &c. (*Voyez* les articles Cræsus & Thalès.)

A son retour dans sa patrie, il trouva bien des changemens : les partis de la plaine, de la côte & de la montagne s'étoient ranimés, & tous avoient des chefs qui ne manquoient pas d'ambition ; le fameux Pisistrate (*Voyez* son article) qui aspiroit à la tyrannie, & qui sut y parvenir, étoit à la tête du parti de la Montagne, qui étoit principalement

celui de la pauvreté & de la liberté. Il séduisoit tout le monde par ses bienfaits envers les pauvres, par son zèle apparent pour le bien public. Solon seul le pénétra, & le ménagea cependant d'abord, dans l'espérance de le ramener aux sentimens patriotiques dont il étoit l'apparence. Quand il vit Pisistrate, sous de vains prétextes, demander qu'on lui donnât des gardes, il s'opposa de tout son pouvoir à cette nouveauté ; mais quand il le vit s'emparer de la Citadelle, ce fut alors qu'il éclata entièrement contre lui, & qu'il ne cessa de reprocher au peuple sa lâcheté, au tyran sa perfidie. Ses amis effrayés du danger où il s'exposoit, lui demandoient avec inquiétude ce qui pouvoit lui inspirer tant d'audace : *c'est ma vieillesse,* dit-il. Solon ne survécut pas deux ans entiers à la liberté de son pays, mais ses loix ont survécu à la tyrannie, & ont continué de regner dans Athènes. Solon mourut vers l'an 559 avant J. C., âgé de quatre-vingts ans.

Solon s'étoit encore opposé à une autre nouveauté qui dans ses progrès devint la gloire d'Athènes, c'est l'art de la tragédie que Thespis commençoit alors à faire connoître (*Voyez* l'article Thespis) ; ce genre étoit, dit-on, inventé avant lui, mais ce n'étoit qu'un chœur, & par conséquent, c'étoit plutôt une ode, & sans doute une mauvaise ode, ou si l'on veut, une élégie chantée, à peu près comme nos romances, qu'une tragédie ; Thespis fut le premier qui rendit ce spectacle dramatique en y introduisant un acteur qui récitoit quelque discours & formoit comme des Monologues entre deux chants du chœur. Ces discours étoient des fictions, & Solon croyoit dangereux d'accoutumer les hommes aux fictions: On ne pouvoit pas prévoir alors le parti que l'allégorie pourroit tirer un jour de ces fictions, même en faveur de la morale, & il n'est pas étonnant que des hommes, même éclairés, se fissent des idées fausses d'un art inconnu jusqu'alors ; il nous semble donc que l'erreur de Solon sur ce point fait honneur à son amour pour la vérité, sans trop faire de tort à ses lumières. Il alla, comme tout le monde, entendre Thespis qui, selon la coutume des Poëtes anciens, jouoit lui-même dans sa tragédie, si l'on peut l'appeler ainsi ; après le spectacle, il appella Thespis, & lui demanda s'il n'avoit point de honte de mentir ainsi devant tant de gens ? Thespis tâcha de lui faire entendre que ces fictions n'avoient rien que d'innocent, & que ce qu'il appelloit mensonge, n'étoit après tout qu'un jeu. Oui, repliqua Solon avec véhémence, *mais si nous souffrons & si nous approuvons ce jeu là, il passera bien-tôt jusques dans nos contrats & dans toutes nos affaires*. L'expérience a fait voir que c'étoit s'alarmer sans sujet.

On raconte que Solon trouvant un jour un de ses amis plongé dans une profonde tristesse, le fit monter au haut de la Citadelle d'Athènes, & de là lui montrait toutes les maisons de la ville. *Voyez*

" lui dit-il, & nombrez, fi vous le pouvez, toutes
" ces demeures des malheureux mortels ; fongez de
" combien de chagrins ils ont autrefois été le fé-
" jour, combien de chagrins les habitent en ce
" moment, combien de chagrins les habiteront
" dans la fuite des temps ; voyez vos ennuis per-
" fonnels noyés & abîmés dans cet Océan d'ennuis
" divers, & tirez-en l'avantage d'affoiblir en vous
" le fentiment particulier d'un malheur qui vous
" eft commun avec tous les hommes." Ces idées
philofophiques font vaftes & belles fans doute, mais
elles font bien peu confolantes. Suis-je moins malheureux, parce que d'autres l'ont été, le font
ou le feront ? Le temps *qui démolit en filence*, qui
affoiblit ou efface tous les fouvenirs, voilà le con-
folateur le plus fûr, fi en emportant tous nos chagrins, il ne nous emportoit pas nous-mêmes.

SOLTAN ou AL-SOLTAN, (*Hift. des Arab.*)
première dignité chez les Arabes. Les hiftoriens
orientaux nous apprennent que Mahmud Gazni,
fils de Sabektekin, fut le premier à qui Khalef, fils
d'Ahmed, gouverneur du Ségiftan, donna ce titre.
Ce fut alors qu'on le fubftitua au titre d'*émir*, qui
jufques-là avoit été conftamment en ufage.

Le mot de *foltan* eft commun à la langue chal-
daïque, fyriaque & arabe, & fignifie *roi, prince,
feigneur, empereur*. Les princes des Dynafties, qui
ont précédé celle des Gaznévides, comme les Thahé-
riens, des Soffariens, des Samanides, des Deyla-
mites, ne portoient que le titre d'*émir* ; mais les Gaz-
nevides, les Khowarafmiens, les Selgiucides, & les
princes mahométans qui font venus depuis, ont généralement porté le titre de *foltan* ou *fultan*. Aujourd'hui encore c'eft celui que prennent plufieurs
princes mahométans d'Afie & d'Afrique ; auffi-bien
que le grand-feigneur. (*D. J.*)

SOMAISE, (Antoine Baudeau, fieur de)(*Hift.
litt. mod.*) il déchira Molière & mit en très-mauvais
vers fa comédie des *Précieufes ridicules*, ce qui étoit
une autre manière de le déchirer, & ne fortant plus
de ce cercle, il fit *les véritables Précieufes*, le *Procès
des Précieufes*, le *Dictionnaire des Précieufes*.

SOMMISTE, f. m. (*Chancel. rom.*) c'eft le
principal miniftre de la chambre romaine, pour l'expédition des bulles ; il en fait faire les minutes, les
fait recevoir & plomber. (*D. J.*)

SOMMONA-CODOM, (*Hift. des cultes relig.
Pagan.*) Kœmpfer a une opinion fingulière fur
l'origine de *Sommona-Codom*, ou *Sommona-Khutama*,
comme il écrit. C'eft l'inftituteur de la religion de
prefque tous les peuples de l'Afie, au-delà de l'Inde,
connu des Chingulois, fous le nom de *Budhum*,
Budha (a) ou *Budhou*, & des Chinois & des Japonois fons celui de *Saka* ou *Siaka*. Tous ces peuples
ne s'accordent point fur le pays de la naiffance de

ce dieu, héros, faint, impofteur ou légiflateur ;
tout comme on voudra l'appeller. Kœmpfer conjecture qu'il étoit Egyptien ou Maure, chaffé
d'Egypte par Cambyfe. Voici les raifons qu'il allègue en faveur de fon opinion, elles ne nous paroiffent pas deftituées de vraifemblance.

1°. La conformité fur différens points effentiels,
entre ce paganifme oriental & celui des anciens
Egyptiens : l'un & l'autre très-différens de celui des
Chaldéens & des Perfes, qui étoient placés entre
les Egyptiens & les Indiens. Deux des principaux
articles de la religion des Egyptiens, & qui fubfiftent encore parmi les Orientaux, c'étoit la tranfmigration des ames, dont une conféquence affez
naturelle eft le fcrupule de faire mourir aucun animal, & l'adoration des vaches. Ce qu'il y a de remarquable, c'eft que plus ces païens font proches
de l'Egypte, plus ils font paroître de zèle fur ces
deux articles. Ceux qui habitent à l'oueft du Gange,
n'oferoient tuer les infectes les plus chétifs & les
plus nuifibles ; & dans les royaumes les plus orientaux, les prêtres même ne font aucun fcrupule de
manger de la chair de vache, pourvu qu'ils n'aient
pas donné occafion, ni confenti qu'on les tuât.

2°. 536 ans avant l'ere chrétienne, Cambyfe tua
Apis & perfécuta les prêtres : or l'ere des Siamois,
qui commence, à ce qu'ils difent, à la mort de
Sommona-Codom, eft tellement reculée que l'ere chrétienne
de 543 ou 544 ans ; d'où notre auteur infère que
ce légiflateur étoit quelqu'un de ces prêtres égyptiens
fugitifs qui établit dans les Indes la fecte qui y
fubfifte encore.

Pour que cette conjecture foit recevable, il faut
fuppofer quelque erreur dans l'un ou dans l'autre
de ces nombres, fans quoi *Sommona-Codom* feroit
mort 7 ou 8 ans avant la mort d'Apis & la perfécution de Cambyfe. Il y a plus encore, c'eft que,
fuivant toute apparence, l'époque Siamoife eft purement (b) aftronomique, & n'a aucun rapport avec
la mort de *Sommona-Codom* qu'en vertu d'une tradition plus que fufpecte. Enfin, les Japonois, fuivant notre auteur même, placent la mort de Siaka
près de 950 ans avant J.-C., & nous avons vu
qu'il prétend que Siaka & *Sommona-Codom* ne font
que des noms différens du même homme.

3°. Ce faint eft repréfenté avec des cheveux cré-
pés comme un Maure, d'où l'on peut conclure qu'il
étoit plutôt né en Afrique, que dans les Indes, dont
les peuples ont les cheveux longs, droits & très-peu
frifés.

On fait que *Sommona-Kodom* eft un perfonnage fameux, qui eft l'objet de la vénération, & même du culte des Siamois, des habitans de Laos, & du Pégu. Suivant les tala-

(a) Voyez la *Relation de Ceylan*, par Knox.

(b) C'eft le fentiment de MM. de la Loubere & Caffini.
Voyez le *Voyage de Siam*, de la Loubere, Tom. I, page
197, & Tome II, page 209.

poins,

poins, ou prêtres siamois, le nom propre de cet homme est *Kodom*, & *sommona* signifie le *solitaire* ou le *religieux des bois*, parce que ce législateur, devenu l'idole des Siamois, étoit un *sarmane* ou *sammane*, de la côte de Malabar ou de Coromandel, qui leur apporta la religion qu'ils suivent aujourd'hui, & qui est prêchée par ses talapoins ses disciples. On croit cet homme, ou ce dieu, est le même que *Poutisat* ou *Budda*, nom qu'on lui donne en différentes parties de l'Inde : on présume aussi que c'est lui qui est adoré par une secte de Chinois qui l'appellent *Shaka*, ou *She-kia*. Quoi qu'il en soit de ces opinions, les prêtres siamois font une histoire non moins merveilleuse que ridicule, de leur législateur, ils disent qu'il est né d'une fleur, sortie du nombril d'un enfant qui mordoit le gros doigt de son pied, & qui lui-même n'étoit que la feuille d'un arbre nâgeant à la surface des eaux. Malgré cela, les Siamois ne laissent pas de donner à *Sommona-kodom*, un père qui étoit roi de Tanka, ou de Ceylan, une mère appellée *Maha*, ou *Marya*, ou suivant d'autres, *Man-ya*. Ce nom a attiré l'attention des missionnaires chrétiens qui ont été à Siam ; il a fait croire aux Siamois que Jesus-Christ étoit un frère de *Sommona-kadom*, qu'ils appellent le méchant *Thevetat*, qui, selon ces aveugles idolâtres, est tourmenté en enfer, par un supplice qui a du rapport avec celui de la croix.

Sommona-kodom mourut, suivant les annales de Siam, 544 ans avant l'ere chrétienne ; les talapoins, dont le but principal est de tirer de l'argent du peuple, qu'ils séduisent, assurent que non-content d'avoir donné tout son bien aux pauvres, n'ayant plus rien, il s'arracha les yeux, & tua sa femme & ses enfans, pour les donner à manger aux talapoins. Ces charités si inouies dégagèrent le saint homme de tous les liens de la vie : alors il se livra au jeûne, à la prière, & aux autres exercices qui menent à la perfection ; il ne tarda point à recevoir la récompense de ses bonnes œuvres ; il obtint une force de corps extraordinaire, le don de faire des miracles, la faculté de se rendre aussi grand & aussi petit qu'il vouloit, celle de disparoître, ou de s'anéantir, & d'en substituer un autre à sa place ; il savoit tout, connoissoit le passé & l'avenir ; il se transportoit avec une promptitude merveilleuse, d'un lieu dans un autre, pour y prêcher ses dogmes. Suivant les mêmes traditions, ce prétendu prophete eut deux disciples, qui partagèrent avec lui la vénération & le culte des Siamois ; l'un d'eux pria un jour son maitre d'éteindre le feu de l'enfer, mais il ne voulut en rien faire, disant que les hommes deviendroient trop méchans, si on leur ôtoit la crainte de ce châtiment. Malgré sa sainteté, *Sommona-kodom* eut un jour le malheur de tuer un homme ; en punition de ce crime, il mourut d'une colique, qui lui vint d'avoir mangé de la viande de porc : avant de mourir, il ordonna qu'on lui érigeât des temples & des autels, après quoi il alla jouir du *n.reupan*, c'est-à-dire, de l'état d'anéantissement dans lequel la théologie siamoise fait consister la félicité suprême ; là, il ne peut faire ni bien ni mal ; cela n'empêche point qu'on ne lui adresse des vœux. Les Siamois attendent la venue d'un second *Sommona-kodom*, prédit par le premier ; ils le nomment *Pra-narotte* ; il sera si charitable, qu'il donnera ses deux fils à manger aux talapoins ; action qui mettra le comble à ses vertus. *Voyez* la Loubere, *hist. & descript. de Siam.* (*A. R.*)

SOMTOU, ou SOMTOC, s. m. (*Hist. mod.*) c'est ainsi que les Chinois nomment les vice-rois des provinces. C'est une des plus éminentes dignités de l'empire. Ils ont deux provinces sous leurs yeux, qui ont outre cela des gouverneurs nommés *fu-yen*. (*A. R.*)

SONGES, *fêtes des* (*Hist. mod.*) les sauvages de l'Amérique septentrionale appellent *fête des songes* ou du *renversement de cervelle*, une espèce de bacchanale qui se célèbre parmi eux vers la fin de l'hiver, & qui dure ordinairement 15 jours. Pendant ce tems, il est permis à chacun de faire toutes les folies que la fantaisie lui suggere. Chaque sauvage barbouillé ou déguisé de la manière la plus bisarre, court de cabanes en cabanes, renverse & brise tout sans que personne puisse s'y opposer ; il demande au premier qu'il rencontre l'explication de son dernier rêve, & ceux qui devinent juste, sont obligés de donner la chose à laquelle on a rêvé. La fête finie, on rend tout ce qu'on a reçu, & l'on se met à réparer les desordres qu'une joie licencieuse a causés. Comme l'ivresse est souvent de la partie, il arrive quelquefois des tumultes & des catastrophes funestes dans ces sortes d'orgies, où la raison n'est jamais écoutée.

SONNA, s. f. (*Hist. mod.*) c'est le nom que les Mahométans donnent à un recueil de traditions contenant les faits & les paroles remarquables de Mahomet leur prophete. Quoique ce recueil soit rempli de rêveries les plus absurdes & les plus destituées de vraisemblance, ils l'ont en très-grande vénération, & c'est après le koran ou l'al-koran, le livre qui a le plus d'autorité chez les sectateurs de la religion mahométane. La *sonna* est, pour ainsi dire, un supplément à cet ouvrage ; elle contient, outre les traditions dont on a parlé, les réglemens & les décisions des premiers califes ou successeurs de Mahomet : ce qui constitue un corps de Théologie dont il n'est point permis de s'écarter. L'attachement des Mahométans pour cet ouvrage leur a fait donner le nom de *Sonnites* ou *Traditionites*. Quelques-uns des faits merveilleux qui y sont rapportés, sont même attestés & confirmés par l'al-coran, & deviennent par-là des articles de foi. Tels sont les miracles de Mahomet, son voyage au ciel, & d'autres événemens merveilleux dont le prophete fait attester la vérité par la voix de Dieu-même. Les *Sonnites* regardent l'al-coran comme coéternel à Dieu. Ils ont encore des opinions relatives à la politique, par lesquelles ils différent de ceux qu'ils appellent *Shutes* ou *sectaires schismatiques* : ces derniers regardent les califes ou successeurs de Mahomet qui ont précédé Ali, gendre de ce prophête, comme des usurpateurs, ils prétendent que c'est à Ali que l'autorité pontificale & souveraine étoit dévolue de droit après la mort de Mahomet. Les Persans sont shutes, & les Turcs, ainsi que les Arabes, sont sonnites : ces deux sectes s'anathématisent réciproquement, & ont l'une pour l'autre toute la haine dont les opinions religieuses peuvent rendre les hommes susceptibles. Les Sonnites assurent qu'au jour du jugement, leurs adversaires seront montés sur les épaules des Juifs qui les conduiront au grand trot en enfer. Les Sonnites se divisent en quatre sectes principales qui sont toutes regardées comme orthodoxes par tous les Musulmans qui ne sont point shutes. (A. R.)

SOPHI, (Hist. mod.) (voyez l'art. SOFI) c'est un titre ou une qualité qu'on donne au roi de Perse, qui signifie prudent, sage, ou philosophe.

Quelques-uns prétendent que ce titre doit son origine à un jeune berger de ce nom, qui parvint à la couronne de Perse en 1370. D'autres le font venir des sophoi, sages, anciennement appellés magi. Vossius donne à ce mot une autre étymologie ; il observe que sophi, en arabe, signifie laine : & il ajoute que les Turcs l'appliquoient par dérision aux rois de Perse, même depuis le temps d'Ismaël ; parce que suivant leur religion, ils ne doivent se couvrir la tête que d'un morceau d'étoffe de laine ordinairement rouge: c'est de-là qu'on appelle aussi les Perses kezelbaschs, c'est-à-dire, têtes rouges, Mais Bochart assure que sophi, dans le langage persan d'où il est tiré, signifie une personne qui suit sa religion dans toute sa pureté, & qui préfère le service de Dieu à toute autre chose ; & il le fait venir d'un ordre religieux qui porte ce nom.

Les sophis font gloire de leur illustre extraction, & ce n'est pas sans raison, puisque cette famille ne le cède à aucune autre dans tout l'orient : ils sont descendus en droite ligne de Houssein, second fils d'Ali, cousin de Mahomet, & de Fathime, fille de Mahomet; mais on prétend qu'elle a été éteinte dans la dernière révolution de Perse. Il n'y a point de prince dans le monde dont l'autorité soit plus absolue que celle des sophis de Perse; leur pouvoir n'est jamais borné par aucune loi, même celles qu'il pourroit établir ; car il les suspend, les change, les casse, comme il le juge à propos.

SOPHIS ou SOPHÉES, (Hist. mod.) espèce d'ordre de religieux mahométans en Perse, qui répond à celui qu'on appelle dervis, chez les Turcs & les Arabes; & fakirs, chez les Indiens.

Quelques-uns prétendent qu'on les nomme sophis, à cause d'une espèce d'étoffe qu'ils portent, qu'on appelle souf, parce qu'elle se fabrique dans la ville de Souf, en Syrie ; d'autres, parce qu'ils ne portent, par humilité, à leur turban, qu'une étoffe de laine qu'on nomme en arabe, sophi; d'autres enfin veulent que ce soit du mot arabe sophie, qui signifie pur

& simple, parce qu'ils professent la pure religion de Mahomet, qui est, selon eux, celle de la secte d'Aly.

Le plus éminent de ces sophis est toujours décoré du titre de scheik, c'est-à-dire, révérend. Scheik sophi qui jetta les premiers fondemens de la grandeur de la maison royale de Perse, éteinte par les dernières révolutions, fut le fondateur ou plutôt le restaurateur de cet ordre. Ismaël qui conquit la Perse, étoit lui-même sophi, & se faisoit gloire de l'être. Il choisit tous ses gardes parmi les membres de cet ordre, & voulut que tous les grands seigneurs de sa cour fussent sophis. Le roi de Perse & les seigneurs continuent à y entrer, quoiqu'il soit à-présent tombé dans un grand mépris ; car les sophis du commun sont employés ordinairement en qualités d'huissiers ou de domestiques de la cour, & même d'exécuteurs de la justice ; & les derniers rois de Perse ne vouloient pas leur permettre de porter l'épée en leur présence. Ce mépris dans lequel sont les sophis, a été cause que les rois de Perse ont quitté ce titre pour prendre celui de scheik, qui signifie roi ou empereur. Mais M. de la Croix s'est trompé, en prétendant qu'ils n'avoient jamais porté le nom de sophi. (A. R.)

SOPHOCLE, (Hist. litt. anc.) Eschyle (voyez son article, étoit depuis long-temps en pleine possession de la gloire du théâtre, & des suffrages du public, lorsque Sophocle âgé de vingt-cinq ans, entra en lice avec lui, & l'emporta sur lui. Sophocle étoit né à Colone, bourg de l'Attique, l'an 495 avant J. C. il a rendu immortel le lieu de sa naissance, par sa tragédie d'Œdipe à Colone, l'une de ses pièces les plus intéressantes, & qui chez nous-mêmes, dans ces derniers temps, a fait faire une très-bonne tragédie & un excellent opéra. Ce fut l'an 470 avant J. C., que, pour son coup d'essai, il remporta la victoire sur Eschyle. Il fut couronné jusqu'à vingt fois, dans le cours de sa vie. Cette tragédie d'Œdipe à Colone, dont nous venons de parler, est encore célèbre, parce qu'elle lui servit de titre pour confondre des enfants ingrats & avides qui, pour se mettre en possession de ses biens, vouloient le faire interdire, prétextant un état de démence que son grand âge rendoit vraisemblable. Il n'eut besoin que de lire aux juges cette tragédie d'Œdipe à Colone dont il étoit occupé alors, pour faire reconnoître qu'il jouissoit non seulement de tout son bon sens, mais de toute la supériorité d'un talent éminent auquel l'âge n'avoit encore porté aucune atteinte. Il mourut âgé de quatre-vingt dix ans, l'an 405, avant J. C. Les uns disent qu'il mourut, en récitant sa tragédie d'Antigone, d'un effort violent qu'il fit pour prononcer de suite une longue période, après laquelle il ne lui fut plus possible de reprendre haleine ; d'autres, que ce fut d'un saisissement de joie, en apprenant qu'à cet âge, & contre son attente, il venoit d'être déclaré vainqueur. On remarque dans son talent poëtique deux caractères principaux qui le distinguent avantageusement parmi les Poëtes tragiques Grecs. L'un est la noblesse & l'élévation ; l'autre est la doucœur touchante de ſes vers, qui l'a fait appeller l'Abeille & la Sirène attique, & qui a fait graver ſur ſon tombeau un eſſain d'abeilles ; monument ſymbolique, par lequel on a voulu lui rendre hommage, & caractériſer ſon talent. C'eſt dans le même eſprit qu'on a imaginé que des abeilles s'étoient arrêtées ſur ſes lèvres, lorſqu'il étoit au berceau. Horace raconte ſur lui-même, une fable à peu près ſemblable dans la quatrième Ode du livre 3.

Deſcende cœlo, dic age, tibiâ.

Sophocle avoit compoſé, les uns diſent 117, les autres 130 pièces de théâtre, il ne nous en eſt reſté que ſept ; ſavoir *Ajax*, *Electre*, *Œdipe Roi*, *Antigone*, *Œdipe à Colone*, *les Trachiniennes* & *Philoctete* ; l'*Oreſte* de M. de Voltaire eſt à beaucoup d'égards l'*Electre* de *Sophocle*, & M. de Voltaire a montré par cet exemple que M. de Crébillon avoit témoigné peu de goût & peu de connoiſſance de l'antiquité, en diſant avec tant de légèreté, que s'il avoit eu quelque choſe à imiter de *Sophocle*, ce n'auroit pas été l'*Electre*. L'*Œdipe Roi*, de *Sophocle*, a auſſi ſervi de modèle à l'*Œdipe* de M. de Voltaire, où l'on regrette que ce dernier n'ait pas oſé retracer ce cinquième acte ſi terrible & ſi attendriſſant de *Sophocle*, où Œdipe qui s'eſt crevé les yeux, & qui part pour l'exil, auquel il s'eſt condamné, fait ſes adieux à ſes enfans, & à tout ce qu'il laiſſe de cher à ſon cœur dans ſa patrie. Le *Philoctete*, chef-d'œuvre de la ſimplicité antique, a été preſque entièrement traduit, & de la manière la plus vive, la plus originale & en proſe par M. de Fénelon dans *Télémaque*, & en vers par M. de la Harpe. Nous ne parlons pas de beaucoup d'autres traductions connues de *Sophocle*, par M. Dacier, par M. de Rochefort, ni de la nouvelle traduction du théâtre des Grecs, à laquelle pluſieurs mains habiles ont été employées.

Sophocle fut élevé à la dignité d'Archonte, il commanda en cette qualité les armées de la république d'Athènes avec Périclès, & ſignala ſa valeur en diverſes occaſions.

On a diſputé ſur la ſupériorité de *Sophocle* ou d'Euripide chez les Grecs, comme parmi nous ſur celle de Corneille & de Racine. *Illuſtraverunt hoc opus*, dit Quintilien, *Sophocles atque Euripides: quorum in diſpari dicendi viâ uter ſit Poëta melior, inter plurimos quæritur.*

Le ſeul nom de *Sophocle* repréſente à l'eſprit la tragédie Grecque dans toute ſa gloire :

Sola Sophocleo tua carmina digna Cothurno,

dit Virgile.

Quid Sophocles & Theſpis & Æſchylus utile ferrent,

dit Horace.

On trouve dans l'hiſtoire Grecque un autre *Sophocle*, général Athénien, qui fut exilé quelques années après la mort de Périclès, pour avoir manqué la conquête de la Sicile.

SORANUS, (*Hiſt. rom.*)

Stoicus occidit Baream, delator amicum, Diſcipulumque ſenex, ripâ nutritus in illâ Ad quam Gorgonei delapſa eſt penna caballi.

Voyez à l'article *Egnatius*, comment ce *Soranus* Barea, l'un des hommes les plus vertueux de Rome, & dont Tacite dit que Néron, en faiſant périr Barea *Soranus*, & Pœtus Thraſea, ſembla vouloir exterminer la vertu même : *voyez* comment il fut livré aux fureurs de Néron, par ce Publius Egnatius, Stoïcien hypocrite, ami perfide, né à Tarſe en Cilicie, comme l'expriment les vers de Juvénal. On ne pouvoit reprocher à *Soranus* que quelques traits d'adulation envers l'affranchi Pallas.

SORBET, ſ. m. (*Confit. & boiſſon des Turcs*) celui que les Turcs boivent ordinairement n'eſt qu'une infuſion de raiſins ſecs, dans laquelle ils jettent une poignée de neige : cette boiſſon ne vaut pas la tiſane de l'hôtel-Dieu de Paris.

Tournefort raconte dans ſes voyages, qu'étant dans l'iſle de Crète ſur le mont Ida, il s'aviſa de faire du *ſorbet* pour rétablir ſes forces épuiſées des fatigues qu'il avoit eſſuyées en grimpant cette montagne. « Nous remplîmes, dit-il, nos taſſes » d'une belle neige cryſtalliſée à gros grains, & la » diſpoſâmes par couche avec du ſucre, ſur lequel » on verſoit enſuite d'excellent vin ; tout cela ſe » fondoit promptement en ſecouant les taſſes ». Ce *ſorbet* eſt ſans contredit meilleur que celui des Turcs ordinaires ; car ceux qui ſont riches & raffinés font leur *ſorbet* avec du ſuc de limon & des citrons confits au ſucre, qu'on délaye dans de l'eau glacée ; ainſi le *ſorbet* des Turcs riches eſt une compoſition ſeche faite de citron, de ſucre, d'ambre, &c. Ils appellent auſſi du même nom le breuvage que l'on fait de cette compoſition battue avec de l'eau ; mais les pauvres gens ne boivent guère de cette eſpèce de *ſorbet*. (*D. J*)

SORBIERE, (Samuel) *Hiſt. litt. mod.*) né au dioceſe d'Uzès en 1615, de parents proteſtans, ſe fit catholique. On crut avoir fait une grande acquiſition pour la foi, & on le combla de bénéfices & de penſions. Les Papes, Louis XIV, le Cardinal Mazarin, le clergé de France lui prodiguèrent les honneurs & les graces, *Sorbière* n'étoit cependant qu'un uſurpateur de réputation, qui mettoit aſſez d'artifice dans les moyens de s'en procurer. Il vouloit paſſer pour ſavant & pour philoſophe, & il n'étoit ni l'un ni l'autre, mais il ſe lioit avec les ſavans & les philoſophes, & il ſe ſervoit des uns, pour ſe faire valoir auprès des autres. Par exemple Hobbes lui écrivoit ſur des matières de philoſophie. *Sorbière* envoyoit ſa lettre à Gassendi ; en lui demandant son avis sur les idées de Hobbes, & la réponse de Gassendi fournissoit à *Sorbière* la matière de sa réponse à Hobbes ; celui-ci lui rendoit sans le savoir le même service auprès de Gassendi, & de plusieurs autres, *Sorbière* n'étoit ainsi que le Courtier de la philosophie ; mais il se donnoit, & on le prenoit pour un Philosophe. A la fin ce manège fut découvert, & il arriva pour lors à *Sorbière* le malheur dont Horace menace Celsus,

> *Ne si forte suas repetitum venerit olim*
> *Grex avium plumas, moveat Cornicula risum,*
> *Furtivis nudata coloribus.*

On a de lui une traduction françoise de l'*Utopie de Thomas Morus*, & une de la *Politique de Hobbes*, des lettres, des discours, divers écrits en latin & en françois. On a un *Sorberiana*, mais il n'est point son ouvrage. C'est un recueil de bons mots qu'on prétend avoir retenus de lui dans la conversation. Il mourut en 1670. Il se faisoit craindre par son penchant à la satyre.

SORBONNE, s. f. (*Hist. mod.*) collége de théologie, fameux dans l'université de Paris, & qui tire son nom de Robert de Sorbon son fondateur. Celui-ci, qui étoit confesseur & aumônier du roi Saint Louis, ayant formé en 1256, le dessein d'établir un collége en faveur de 16 pauvres étudiants en théologie, 4 de chaque nation de l'université, le roi donna à ce collége plusieurs maisons qui étoient de son domaine dans la rue Coupe-gueule, vis-à-vis le palais des Thermes, & au moyen de quelque échange de rentes, Robert de Sorbon fit bâtir dans cet emplacement, ce collége pour 16 écoliers & un proviseur, c'est-à-dire un principal ou supérieur. On les appelloit *les pauvres de Sorbonne*, & leur maison *la pauvre Sorbonne, pauper Sorbonna*. Mais par la suite elle s'enrichit, & de collége destiné à loger des étudiants, elle devint une société particulière dans la faculté de théologie de Paris, & une retraite pour un certain nombre de docteurs & de bacheliers de cette maison. Cependant elle s'étoit toujours maintenue dans son ancienne simplicité, jusqu'au temps que le cardinal de Richelieu la fit rebâtir avec une magnificence, qui seule seroit capable d'immortaliser son nom : ce qu'on y admire le plus, c'est l'église dans laquelle est le mausolée de ce cardinal. Trois grands corps de logis comprennent, outre la bibliothèque, la salle des actes, la salle à manger, les cuisines, &c. trente-six appartements pour les docteurs & bacheliers de la maison, & ces appartements sont donnés à l'ancienneté. Pour être admis dans cette maison, dès qu'on a été reçu bachelier en théologie, il faut professer un cours de philosophie dans quelque collége de l'université ; cependant on postule, ou, comme on

dit, on supplie pour être aggrégé à la maison & société, & l'on soutient un acte que l'on appelle *Robertine*, du nom du fondateur, ce que les bacheliers font ordinairement avant que d'entrer en licence. De ceux qui sont de la maison, on en distingue de deux sortes ; les uns sont de la *société*, & ont droit de demeurer en *Sorbonne*, & de donner leur suffrage dans les assemblées de la maison, les autres sont de l'*hospitalité*, c'est-à-dire, aggrégés à la maison sans être de la société. On les appelle ordinairement *docteurs licenciés* ou bacheliers de la maison & société de *Sorbonne*. Mais leur véritable titre, & celui qu'ils prennent dans les actes de la faculté, est de docteurs licenciés & bacheliers de la faculté de Paris, de la maison & société de *Sorbonne* ; ce qu'on exprime en latin par *doctor, licentiatus*, ou *baccalaureus theologus sacræ facultatis Parisiensis, socius Sorbonicus*. On donne aussi communément aux autres docteurs de la faculté le titre de *docteur de Sorbonne* ; & bien des gens en prennent occasion de penser que la maison de *Sorbonne* a quelque supériorité dans la faculté de théologie de Paris. Cette maison respectable par les hommes célèbres qu'elle a produits, par les savants qui la composent, & par ceux qu'elle forme encore tous les jours, n'est après tout qu'une société particulière, comme plusieurs autres, & sur-tout celle de Navarre, qui composent le corps de la faculté de théologie avec une autorité & des fonctions parfaitement égales dans les assemblées, & les autres actes de faculté. Il est vrai encore que les assemblées soit ordinaires, soit extraordinaires de la faculté, se tiennent dans la grande salle de *Sorbonne* ; mais cet usage ne tire point à conséquence, parce qu'elle s'assembloit autrefois aux mathurins, & qu'elle peut encore s'assembler dans telle maison de son corps qu'elle juge à propos.

Il y a proche de la *Sorbonne* des écoles extérieures, où six professeurs, dont quatre sont entretenus par le roi, & deux ont été fondés par des particuliers, font des leçons reglées de théologie. Ces chaires sont toujours remplies par des sujets de la maison de *Sorbonne*, laquelle nomme aussi à plusieurs autres places, comme à celle de grand maître du collége Mazarin, dont les chaires de philosophie, ainsi que celles du collége du Plessis sont toujours données à des membres de la maison & société de *Sorbonne*. Le premier supérieur de la maison se nomme *proviseur* ; & dans l'intérieur, l'autorité, c'est-à-dire, le maintien des réglements & du bon ordre, appartient au chef des docteurs, qu'on nomme *senieur de Sorbonne*, & au chef des bacheliers en licence, qu'on appelle *prieur de Sorbonne*. (*A. R.*)

SORBONNE, (Robert de) (*Hist. litt. mod.*) ainsi nommé du lieu de sa naissance, qui est un petit village du Réthelois au diocèse de Rheims, fut chapelain & confesseur de Saint Louis. Il s'est illustré par la fondation du collége de *Sorbonne* ou des pauvres maîtres, si magnifiquement réédifié depuis par le cardinal de Richelieu; Robert fonda aussi le college de Calvi qu'on appeloit *la petite Sorbonne.* Son objet dans ces fondations étoit d'établir l'instruction gratuite, qui ne fut établie d'une manière générale dans l'université, que sous la minorité de Louis XV, & la régence de Philippe, duc d'Orléans. Cette institution, si applaudie, si célèbre alors, est vue aujourd'hui d'un autre œil par quelques Philosophes, ils la trouvent très-avantageuse pour les maîtres à qui elle procure un état certain & solide, en les dispensant même de s'en rendre dignes, mais fort peu pour les écoliers auxquels il seroit beaucoup plus utile de payer leurs maîtres, & de pouvoir les choisir. Il est vrai que ceux qui seroient hors d'état de payer, seroient privés du bénéfice de l'instruction, & que s'il y a des raisons contre, il y en a aussi pour l'instruction gratuite. Robert de *Sorbonne* fit sa fondation principale en 1253, & mourut en 12–4. Il étoit né en 1201; on a de lui des ouvrages dignes du temps. *Le chemin du Paradis. Les trois moyens d'aller en Paradis,* &c.

SOREL, (Agnès) (*Hist. de Fr.* on connoît ces quatre vers de François I. sur *Agnès Sorel:*

> Gentille *Agnès* plus d'honneur en mérite,
> La cause étant de France recouvrer,
> Que ce peut dedans un cloître ouvrer
> Chose Nonain, ou bien devot hermite.

Ce qui distingue avantageusement *Agnès Sorel*, parmi les maîtresses des Rois, c'est qu'au lieu que les autres ont trop souvent avili leurs amants, elle a illustré le sien, & ne s'est servi de l'empire que l'amour lui donnoit sur Charles VII, que pour lui inspirer le courage convenable à sa situation, & qui seul pouvoit le sauver; elle vouloit être la maîtresse d'un roi, & d'un roi victorieux; Charles VII fut roi pour lui plaire, & vainqueur pour le mériter. L'amour, qui écarte tant de Héros des sentiers du devoir & de la gloire, y ramena l'heureux Charles VII.

Une autre singularité qui prouve qu'*Agnès* n'étoit pas une femme ordinaire, c'est que la reine, Marie d'Anjou, princesse vertueuse, & très attachée au roi son mari, ne cessa d'aimer & d'estimer *Agnès*, & de travailler de concert avec elle au bonheur & à la gloire du roi; des historiens disent que les principaux membres du conseil & les capitaines les plus attachés à la fortune de Charles VII, firent sentir à la reine qu'il étoit de son intérêt (à elle reine), & sur-tout de l'intérêt de l'état, que Charles restât attaché à *Agnès.*

Agnès au reste est plus célèbre que connue. L'histoire nous en apprend peu de chose, si l'on doit appeller peu de chose les deux traits que nous avons rapportés. Il paroît qu'elle naquit vers l'année 1409; elle étoit d'une famille noble & ancienne, de la province de Touraine; son père, Jean *Sorel*, étoit seigneur de St. Géran & de Fromenteau; elle perdit ses parents étant encore en bas âge, & fut élevée par la dame de Maignelais, sa tante, qui avoit une fille du même âge. *Agnès* maria celle-ci dans la suite, au seigneur de Villequier; mais sa cousine, plus jalouse de sa faveur que touchée de ses bienfaits, lui disputa le cœur du Roi, par des moyens coupables; elle y employa l'intrigue, la calomnie, & jusqu'au crime de faux. Elle supposa des lettres pour faire croire *Agnès* infidelle; la vérité, la beauté, la vertu triomphèrent; & la dame de Villequier, qui avoit voulu enlever à *Agnès* son amant, vit son propre mari se ranger parmi les adorateurs de cette fille célèbre, qu'on ne voyoit guère sans l'aimer.

Agnès avoit été élevée à Fromenteau, dans le voisinage de Chinon, où Charles VII. tenoit sa cour. Le bruit de sa beauté avoit engagé le roi à l'aller voir. Il engagea la dame de Maignelais, tante d'*Agnès*, à l'envoyer, ou à l'amener à la cour, où il la plaça auprès de la reine, en qualité de fille d'honneur. Ce fut vers l'an 1426 ou 1427.

Les historiens font deux observations importantes sur *Agnès Sorel*; l'une qu'elle se défendit long-temps contre son amant, & cet amant étoit beau roi, « toute » simple demoiselle que je suis, disoit-elle, un jour au brave Poton de Saintrailles, vieil ami de sa maison, » la conquête du roi ne sera pas facile; » je le révère & l'honore; mais je ne crois pas » que j'aye rien à démêler avec la reine à son » sujet.

Ce langage n'est point celui d'une ame commune sans doute; mais la chûte est quelquefois bien voisine du plus beau langage.

L'autre observation est que les amours du roi n'eurent point un éclat capable d'offenser les mœurs publiques. Ce qu'il y a de certain du moins, c'est que Charles VII eut onze enfants de la Reine pendant sa liaison avec *Agnès*, & que l'amour n'insulta point à l'hymen, en altérant l'union des deux époux.

Agnès Sorel eut de Charles VII trois filles, dont l'aînée, Charlotte, qui épousa Jacques de Brézé, comte de Maulevrier, eut une destinée tragique; son mari l'ayant surprise en adultère, la poignarda, ainsi que l'amant, qui étoit un homme attaché à son service.

Marguerite, la seconde de ses filles, fut mariée à Olivier de Coetivi, seigneur de Taillebourg.

Jeanne, la troisième, à Antoine de Beuil, comte de Sancerre.

Agnès Sorel eut un frère qui fut fait grand véneur, & il est à remarquer que ce ne fut qu'après la mort d'*Agnès*, ce qui prouve quel attachement le roi conservoit pour sa mémoire.

Charles avoit donné à *Agnès* le château de Beauté sur Marne. Elle mourut en 1449 ou 1450, à quarante ans, étant encore, disent les historiens, *la plus* belle perfonne de France. On la crut empoifonnée ; on accufa la dame de Villequier , fa coufine & fa rivale ; le Dauphin , depuis Louis XI , fon ennemi déclaré , qui , dans une querelle qu'il avoit eut avec elle , s'étoit emporté jufqu'à lui donner un foufflet ; on foupçonna jufqu'à Jacques Cœur , fon ami , qu'elle nomma fon exécuteur teftamentaire. (*Voyez* l'article *Cœur*) (Jacques.)

Elle fut enterrée dans l'églife collégiale de Loches , dont elle avoit été la bienfaitrice ; les chanoines lui firent élever dans leur chœur un Maufolée. Lorfque Louis XI. fut fur le trône , ils crurent , dit-on , lui faire leur cour , en lui offrant de détruire ce monument. Louis XI , roi quelquefois jufte , les fit rougir d'une telle ingratitude envers une femme qui les avoit comblés de bienfaits.

Cette *Agnès Sorel* , digne d'eftime à beaucoup d'égards , comme on vient de le voir , fut accufée de n'avoir pas eu pour Jeanne d'Arc , pour la fameufe *Pucelle d'Orléans* , les fentimens qu'elle devoit à la libératrice du Roi , fon amant , au génie tutélaire de la France ; elle fut même foupçonnée d'avoir contribué , par une jaloufie politique , trop indigne d'elle , à l'indifférence coupable avec laquelle Charles VII. laiffa périr miférablement cette brave Amazone,

La honte des Anglois , & le foutien du trône.

SOREL, (Charles) *Hift. litt. mod.*) fieur de Souvigni , neveu & fucceffeur de Charles Bernard, hiftoriographe de France (quels hiftoriographes !) a continué la *généalogie de la maifon de Bourbon* , commencée par fon oncle, a donné une *bibliothèque françoife* , une *hiftoire de la monarchie françoife* , un *abrégé du règne de Louis XIV* , dont il n'a vu qu'une partie ; un *traité des droits des rois de France* : il a laiffé auffi des romans , le *berger extravagant* , *Francion* , des *nouvelles Françoifes*. Né à Paris en 1599 , mort en 1674.

SORGUGE, f. f. (*Hift. mod.*) c'eft ainfi que les Turcs nomment une aigrette faite en plume , & ornée de pierreries que l'on porte au turban. Le fultan feul a le droit d'en porter trois. Les grands pachas ou gouverneurs d'Egypte , de Babylone & de Damas , en portent une feule du côté gauche ; les officiers d'un moindre rang portent auffi une aigrette , mais elle eft toute fimple. (*A. R.*)

SORTS. (*Théologie payenne.*) *fortes.* Le fort eft l'effet du hazard , & comme la décifion ou l'oracle de la fortune ; mais les *forts* font l'inftrument dont on fe fert pour favoir quelle eft cette décifion.

Les *forts* étoient le plus fouvent des efpèces de dés , fur lefquels étoient gravés quelques caractères ou quelques mots dont on alloit chercher l'explication dans des tables faites exprès. Les ufages étoient différens fur les *forts*. Dans quelques temples on les

jettoit foi-même ; dans d'autres on les faifoit fortir d'une urne , d'où eft venue cette manière de parler fi ordinaire aux Grecs , *le fort eft tombé*.

Ce jeu de dés étoit toujours précédé de facrifices & de beaucoup de cérémonies ; apparemment les prêtres favoient manier les dés ; mais s'ils ne vouloient pas prendre cette peine , ils n'avoient qu'à laiffer aller ; ils étoient toujours maîtres de l'explication.

Les Lacédémoniens allerent un jour confulter les *forts* de Dodone , fur quelque guerre qu'ils entreprenoient ; car outre les chênes parlans , & les colombes & les baffins & l'oracle , il y avoit encore des *forts* à Dodone. Après toutes les cérémonies faites , fur le point qu'on alloit jetter les *forts* avec beaucoup de refpect & de vénération , voilà un finge du roi de Moloffes , qui étant entré dans le temple , renverfe les *forts* & l'urne. La prêtreffe effrayée dit aux Lacédémoniens qu'ils ne devoient pas fonger à vaincre , mais feulement à fe fauver ; & tous les écrivains affurent que jamais Lacédémone ne reçut un préfage plus funefte.

Les plus célèbres entre les *forts* étoient à Prénefte & à Antium, deux petites villes d'Italie. A Prénefte étoit la fortune , & à Antium les fortunes. *Voyez* SORTS DE PRÉNESTE.

Les fortunes d'Antium avoient cela de remarquable , que c'étoient des ftatues qui fe remuoient d'elles-mêmes , felon le témoignage de Macrobe , *l. I c. xxiij.* & dont les mouvemens différens , ou fervoient de réponfe , ou marquoient fi l'on pouvoit confulter les *forts*.

Un paffage de Cicéron , au *liv. II. de la divination* , où il dit que l'on confultoit les *forts* de Prénefte par le confentement de la fortune , peut faire croire que cette fortune favoit auffi remuer la tête , ou donner quelqu'autre figne de fes volontés.

Nous trouvons encore quelques ftatues qui avoient cette même propriété. Diodore de Sicile & Quinte-Curce , difent que Jupiter-Ammon étoit porté par quatre-vingt prêtres dans une efpèce de gondole d'or , d'où pendoient des coupes d'argent ; qu'il étoit fuivi d'un grand nombre de femmes & de filles qui chantoient des hymnes en langue du pays , & que ce dieu porté par fes prêtres , les conduifoit en leur marquant par quelques mouvemens où il vouloit aller.

Le dieu d'Héliopolis de Syrie , felon Macrobe , en faifoit autant : toute la différence étoit qu'il vouloit être porté par les gens les plus qualifiés de la province , qui euffent long-temps auparavant vécu en continence ; & qui fe fuffent fait rafer la tête.

Lucien , dans le *traité de la déeffe de Syrie* , dit qu'il a vu un Apollon encore plus miraculeux , car étant porté fur les épaules de fes prêtres , il s'avifa de les laiffer là , & de fe promener par les airs , & cela aux yeux d'un homme tel que Lucien , ce qui eft confidérable.

Dans l'Orient les *sorts* étoient des flèches, & aujourd'hui encore les Turcs & les Arabes s'en servent de la même manière. Ezéchiel dit que Nabuchodonosor mêla ses flèches contre Ammon & Jérusalem, & que la flèche sortit contre Jérusalem. C'étoit-là une belle manière de résoudre auquel de ces deux peuples il feroit la guerre.

Dans la Grece & dans l'Italie on tiroit souvent les *sorts* de quelque poëte célèbre, comme Homère ou Euripide; ce qui se présentoit à l'ouverture du livre, étoit l'arrêt du ciel. L'histoire en fournit mille exemples. *Voyez* SORTS d'*Homère*.

On voit même que quelques 200 ans après la mort de Virgile, on faisoit déjà assez de cas de ses vers pour les croire prophétiques, & pour les mettre en la place des *sorts* qui avoient été à Préneste; car Alexandre Severe encore particulier, & dans le tems que l'Empereur Héliogabale ne lui vouloit pas de bien, reçut pour réponse dans le temple de Préneste cet endroit de Virgile dont le sens est : « Si tu peux » surmonter les destins contraires, tu seras Marcellus. *Voyez* SORTS de *Virgile*.

Les *sorts* passèrent jusques dans le christianisme; on les prit dans les livres sacrés, au lieu que les payens les prenoient dans leurs poëtes. S. Augustin, dans l'*épître cxix.* à Januarius, paroît ne désapprouver cet usage que sur ce qui regarde les affaires du siècle. Grégoire de Tours nous apprend lui-même quelle étoit sa pratique; il passoit plusieurs jours dans le jeûne & dans la prière; ensuite il alloit au tombeau de saint Martin, où il ouvroit tel livre de l'Ecriture qu'il vouloit, & il prenoit pour la réponse de Dieu le premier passage qui s'offroit à ses yeux. Si ce passage ne faisoit rien au sujet, il ouvroit un autre livre de l'Ecriture.

D'autres prenoient pour *sort* divin la première chose qu'ils entendoient chanter en entrant dans l'église. *Voyez* SORTS *des Saints*.

Mais qui croiroit qu'Héraclius délibérant en quel lieu il feroit passer l'hiver à son armée, se détermina par cette espèce de *sort* ? Il fit purifier son armée pendant trois jours; ensuite il ouvrit le livre des évangiles, & trouva que son quartier d'hyver lui étoit marqué dans l'Albanie. Etoit-ce là une affaire dont on pût espérer de trouver la décision dans l'Ecriture ?

L'Eglise est enfin venue à bout d'exterminer cette superstition; mais il lui a fallu du tems. Du moment que l'erreur est en possession des esprits, c'est une merveille, si elle ne s'y maintient toujours. (*D. J.*)

SORTS d'*Homère*, (*Divinat. du paganisme*) *sortes Homerica*; espèce de divination. Elle consistoit à ouvrir au hasard les écrits d'Homère, & à tirer à la première inscription de la page qui se présentoit à la vue, un augure ou pronostic de ce qui devoit arriver à soi-même & aux autres, ou des regles de conduite convenables aux circonstances dans lesquelles on se trouvoit. Les Grecs donnoient à ce genre de

divination le nom de σνοιχειωμαντεια, ρἀψωδομαντεια, ρἀψωδομαντιχή.

L'antiquité payenne semble avoir regardé ceux qui avoient le talent supérieur de la poësie, comme des hommes inspirés; ils se donnoient pour tels; ils assuroient qu'ils parloient le langage des dieux, & les peuples les ont crus sur leur parole. L'Iliade & l'Odyssée sont remplis d'un si grand nombre de traits de religion & de morale; ils contiennent dans leur étendue, une si prodigieuse variété d'événemens, de sentences & de maximes applicables à toutes les circonstances de la vie, qu'il n'est pas étonnant que ceux qui par hazard ou de dessein formé, jettoient les yeux sur ces poëmes, ayent cru y trouver quelquefois des prédictions ou des conseils : il aura suffi que le succès ait justifié de temps en temps la curiosité des personnes, qui dans des situations embarrassantes ont eu recours à cet expédient, pour qu'on se soit insensiblement acccutumé à regarder les écrits de ce poëte, comme un oracle toujours prêt à rendre des réponses à quiconque voudroit l'interroger. On ne peut s'imaginer à quel point les hommes portent la crédulité, lorsqu'ils sont agités par la crainte, ou par l'espérance.

Ce n'étoit point là un de ces préjugés qui ne règnent que sur le vulgaire; de grands personnages de l'antiquité, ceux principalement qui aspiroient à gouverner les autres, n'ont pas été exempts de cette chimère. Mais ce ne fut point par cette idée superstitieuse que Socrate dans sa prison, entendant reciter ces vers qu'Homère met dans la bouche d'Achille : j'arriverai le troisième jour à la fertile Phthie,

Ηματί κεν τριτάτω φϑίην ἐριβωλον ἱκοίμην,

se mit à dire qu'il n'avoit donc plus que trois jours à vivre; il badinoit sur l'équivoque du mot φϑίην, qui signifie le pays de Phthie, & la *corruption* ou la *mort*; cependant ce badinage qu'il fit en présence d'Eschine, ne fut point oublié, parce qu'il mourut trois jours après.

Valere-Maxime raconte que Brutus eut le triste présage du sort qui l'attendoit à la bataille de Philippe. Le hazard lui ayant offert cet endroit de l'Iliade, où Patrocle se plaint que « le cruel destin » & le fils de Latone lui ont ôté la vie.

Α᾿λλά με μοῖρ᾿, ἢ Λητοῦς ἔκτανεν υἱος.

L'application que cet illustre romain s'en fit à lui-même, fut justifiée par l'événement.

Si l'on en croit Lampride, l'empereur Macrin curieux d'apprendre dans le même poëte, si son règne seroit long & heureux, tomba sur ces vers qu'on peut rendre ainsi. « Vieillard, vous êtes furieusement serré » par de jeunes guerriers; votre force est anéantie, » & vous êtes menacé d'une triste vieillesse.

Ωγερον, ἢ μάλα δή τε νέοι τείρουσι μάχηται.
Σὴ δ᾿ ἔ β᾿ἡ λέλυται, χαλεπον δέ σε γῆρας ὀπάζει.

Comme cet empereur étoit déjà avancé en âge, lorsqu'il parvint à la souveraine puissance, qu'il ne régna que quatorze mois, & que Héliogabale n'étoit âgé que d'un pareil nombre d'années, lorsqu'il lui ôta la vie avec l'empire, on trouva dans ces paroles une prédiction de la mort tragique de Macrin.

Au reste, Homère ne fut pas le seul dont les vers eussent le privilége d'être regardés comme renfermant des oracles ; les Grecs firent quelquefois le même honneur à ceux d'Euripide ; il paroît par un endroit d'Hérodote, qu'on croyoit que les poësies de Musée contenoient aussi des présages. Cet historien raconte qu'Onomacrite qui faisoit profession d'interpréter ou de développer ces sortes de prédictions, fut banni d'Athènes par Hipparque, fils de Pisistrate, pour avoir altéré les écrits de ce poëte & y avoir inséré un vers qui portoit, que les îles adjacentes à celles de Lemnos, seroient submergées.

Enfin, Virgile eut la gloire de succéder aux poëtes grecs, & de partager avec eux l'art de prédire les événemens. *Voyez* SORTS DE VIRGILE. (*D. J.*)

SORTS DE PRÉNESTE, (*Divinat. des Rom.*) les plus célèbres de toute l'Italie ; c'est une curiosité raisonnable de chercher à savoir en quoi consistoit cet oracle, & comme il se rendoit.

Cicéron, *liv. II.* de la divination, *sect.* 41. nous apprend que les archives de Préneste portoient, qu'un homme des plus considérables de la ville, Numerius Suffucius, fut averti par plusieurs songes réitérés & menaçans, d'aller entr'ouvrir un rocher dans un certain lieu ; qu'il y alla, brisa ce rocher, & qu'il en sortit plusieurs *sorts* ; c'étoit de petits morceaux de bois de rouvre bien taillés & bien polis, r lesquels étoient écrites des prédictions en caractères antiques ; on mit ces petits morceaux de bois dans un coffre d'olivier. Pour les consulter, on ouvroit ce coffre, on faisoit mêler ensemble tous ces *sorts*, par un enfant, il en tiroit un, & c'étoit la réponse que l'oracle donnoit aux consultans. Ce coffre, continue Cicéron, est aujourd'hui religieusement gardé, à cause de Jupiter enfant, qui y est représenté avec Junon, tous deux dans le sein de la fortune qui leur donne la mammelle, & toutes les bonnes mères y ont une grande dévotion.

Plutarque prétend qu'on tiroit plusieurs petits morceaux de bois du coffre, & que les caractères gravés sur chacun étant rassemblés composoient la prophétie ; mais outre que Cicéron dit le contraire, il paroît clairement par un passage de Tite-Live, que chacun de ces *sorts* contenoit toute la prophétie ; voici les propres termes de l'historien, au commencement du liv. XXII *Faleriis cælum findi visum velut magno hiatu, quæque patuerit, ingens lum n effulsisse, sortes sua sponte attenuatas, unamque excidisse ita scriptam, Mars telum suum concutit.* « On vit à

» Faleres le ciel se fendre & s'entr'ouvrir, & une » grande lumière remplir ce grand vuide. Les *forts* » diminuerent & s'appetisserent d'eux-mêmes, & il » en tomba un où étoient écrites ces paroles : *Mars* » prépare ses armes.

Les prêtres se servirent habilement de ces *sorts* pour se procurer du profit & du crédit. *Tota res est inventa fallaciis, aut ad quæstum, aut ad superstitionem*, dit Cicéron.

Mais que signifient ces mêmes *sorts* dont parle Tite-Live, qui diminuerent & s'appetisserent d'eux-mêmes, *sortes sua sponte attenuatas* ? Peut-être que ces *sorts* étoient doubles, je veux dire, qu'il y en avoit de grands & de petits, tous semblables, & que les prêtres faisoient tirer les uns ou les autres, selon qu'ils vouloient effrayer ou encourager les consultans. Il est certain qu'en matière de prodiges, on prenoit à bon augure les choses qui paroissoient plus grandes que de coutume ; & au contraire, on tenoit à mauvais présage les choses qui paroissoient plus petites qu'elles ne sont naturellement, comme Saumaise l'a prouvé dans ses commentaires sur Solin. Il suit de-là que les *sorts* appetissés, *sortes attenuatæ*, pronostiquoient pour eux-mêmes un événement sinistre ; mais j'aime à voir ce que les Philosophes pensoient des *sorts* en général, & ce que devinrent ceux de Préneste en particulier ; Cicéron m'en éclaircit lui-même.

Qu'est-ce à votre avis, que les *sorts*, disoit-il à un stoïcien ? C'est-à-peu-près, comme de jouer au nombre, en haussant & en fermant les doigts, ou de jouer aux osselets & aux dés ; en quoi le hazard & peut-être une mauvaise subtilité, peuvent avoir quelque part, mais où la sagesse & la raison n'en ont aucune. Les *sorts* sont donc pleins de tromperie, & c'est une invention, ou de la superstition, ou de l'avidité du gain. La divination par les *sorts* est désormais entierement décriée. La beauté & l'antiquité du temple de Préneste a véritablement conservé le nom des *sorts* de Préneste, mais parmi le peuple uniquement ; car y a-t-il quelque magistrat, quelqu'homme un peu considérable qui y ait le moindre recours ? Par-tout ailleurs on n'en parle plus, & c'est ce qui faisoit dire à Carnéade, qu'il n'avoit jamais vu la fortune plus fortunée qu'à Préneste.

Cependant, il s'en fallut peu qu'ils ne revinssent en crédit du temps de Tibere. Suétone nous apprend, que cet empereur ayant formé le projet de ruiner tous les oracles voisins de Rome, ceux d'Antium, de Cœrés, de Tibur & de Préneste, en fut détourné par la majesté de ces derniers, car s'étant fait remettre le coffre bien fermé & bien cacheté, les *sorts* ne s'y trouverent point, mais ce coffre ne fut pas plutôt reporté dans le temple de Préneste, que les *sorts* s'y trouverent comme de coutume.

Il n'est pas difficile de reconnoître ici l'adresse des prêtres, qui voulurent relever le crédit de leur ancien oracle ; mais son temps étoit passé, personne ne

se

se rendit sur les lieux pour y avoir recours ; & ce qu'il y a de bien singulier, les *sorts* de Virgile n'ayant pour eux aucun apparat de religion, emportèrent la balance, & succèdèrent à ceux de Préneste. *Voyez* SORTS DE VIRGILE. (*D. J.*)

SORTS DE VIRGILE, (*Divinat. du Paganis.*) *sortes Virgilianæ*, divination qui consistoit à ouvrir les œuvres de Virgile, & à en tirer, à l'inspection de la page que le hasard offroit, des présages des événemens futurs.

Le temps ayant insensiblement donné de l'autorité aux poësies de Virgile, les Latins s'accoutumèrent de même à les consulter dans les occasions où il leur étoit important de connoître la volonté du ciel. L'histoire des empereurs Romains, sur-tout depuis Trajan, en fournit plusieurs exemples. Le premier dont nous ayons connoissance est celui d'Adrien : inquiet de savoir quelles étoient les dispositions de Trajan à son égard, & s'il le désigneroit pour son successeur à l'empire, il prit l'Enéide de Virgile, l'ouvrit au hasard, & y lut ces vers du VIe. livre.

Quis procul ille autem ramis insignis olivæ
Sacra ferens? nosco crines incanaque menta
Regis Romani, primus qui legibus urbem
Fundabit, Curibus parvis & paupere terrâ
Missus in imperium magnum . . . .

Comme on ne se rend pas difficile sur les choses qui flattent les desirs, quelques légères convenances qu'Adrien trouva dans ces vers avec son caractère, ses inclinations, le goût qu'il avoit pour la philosophie & pour les cérémonies religieuses, le rassurèrent; & si l'on ajoute foi à Spartien, le fortifièrent dans l'espérance qu'il avoit de parvenir à l'empire.

Lampride rapporte qu'Alexandre Sevère qui devoit pour lors être très-jeune, puisqu'il n'avoit que treize ans lorsqu'il fut nommé empereur, s'appliquant avec ardeur à l'étude de la Philosophie & de la Musique, Mammée, sa mère, lui conseilla de faire plutôt son occupation des Arts & des Sciences nécessaires à ceux qui sont destinés à gouverner les hommes, & qu'Alexandre se conforma d'autant plus volontiers à cet avis, qu'ayant consulté Virgile sur le *sort* qui lui étoit réservé, il crut y trouver un présage assuré de son élévation à l'empire dans ces fameux vers:

Excudent alii spirantia mollius æra,
Credo equidem, &c.
Tu regere imperio populos, Romane, memento ;
Hæ tibi erunt artes.

Claude le Gothique voulant savoir quelle seroit la durée de son règne, consulta Virgile à l'ouverture du livre, & lut ces vers.

Tertia dum latio regnantem viderit æstas.

alors il tira la conclusion, qu'il n'avoit au plus que trois ans à vivre ; l'auteur qui nous a conservé ce fait, assure que Claude ne survécut en effet que deux ans à cette espèce de prédiction ; & que celles qu'il crut de même avoir trouvées dans Virgile sur ce qui devoit arriver à son frère & à sa postérité, eurent aussi leur accomplissement.

On rencontre dans les auteurs plusieurs exemples de cette espèce ; Bullengerus en a recueilli une partie dans le traité qu'il a composé sur ce sujet ; mais ceux que l'on vient de rapporter suffisent pour montrer jusqu'où peut aller la superstition humaine. (*D. J.*)

SORTS DES SAINTS, (*Divinat. des Chrétiens*) *sortes sanctorum*, espèce de divination qui, vers le troisième siècle, s'est introduite chez les Chrétiens à l'imitation de celles qu'on nommoit parmi les payens, *sortes homericæ, sortes virgilianæ.*

Elle consistoit à ouvrir au hasard les livres sacrés, dans l'espérance d'y trouver quelques lumières sur le parti qu'ils avoient à suivre dans telles & telles circonstances ; d'y apprendre, si le succès des évènemens qui les intéressoit, seroit heureux ou malheureux, & ce qu'ils devoient craindre ou espérer du caractère, de la conduite, & du gouvernement des personnes auxquelles ils étoient soumis.

L'usage avoit établi deux manières de consulter la volonté de Dieu par cette voie : la première étoit, comme on vient de le dire, d'ouvrir au hasard quelques livres de l'Ecriture-sainte, après avoir imploré auparavant le secours du ciel par des jeûnes, des prières, & d'autres pratiques religieuses. Dans la seconde qui étoit beaucoup plus simple, on se contentoit de regarder comme un conseil sur ce qu'on avoit à faire, ou comme un présage du bon ou du mauvais succès de l'entreprise qu'on méditoit, les premières paroles du livre de l'Ecriture, qu'on chantoit dans le moment où celui qui se proposoit d'interroger le ciel par cette manière, entroit dans une église.

Saint Augustin, dans son épître à Januarius, ne paroît condamner cette pratique qu'au sujet des affaires mondaines ; cependant il aime encore mieux qu'on en fasse usage pour les choses de ce siècle, que de consulter les démons.

S. Grégoire, évêque de Tours, nous a fait connoître d'une manière assez particulière les cérémonies religieuses, avec lesquelles on consultoit les *sorts des saints.* Les exemples qu'il en donne, & le sien propre, justifient que cette pratique étoit fort commune de son temps, & qu'il ne la désapprouvoit pas.

On en jugera par ce qu'il raconte de lui-même en ces termes : « Leudaste, comte de Tours, qui cher-» choit à me perdre dans l'esprit des *sorts* de Frédé-» gonde, étant venu à Tours avec de mauvais des-» seins contre moi ; frappé du danger qui me mena-» çoit, je me retirai fort triste dans mon oratoire ; » j'y pris les pseaumes de David, pour voir si à leur

» ouverture,, je n'y trouverois rien d'où je puiffe
» tirer quelque confolation, & j'en eus une très-
» grande de ce verfet, que le hafard me préfenta: *Il les*
» *fit marcher avec efpérance & fans crainte, pendant*
» *que la mer enveloppoit leurs ennemis.* En effet,
ajoute-t-il, ». Leudafte n'ofa rien entreprendre contre
» ma perfonne; car ce comte étant parti de Tours
» le même jour, & la barque fur laquelle il étoit
» monté ayant fait naufrage, il auroit été noyé, s'il
» n'avoit pas fu nâger. »

Ce qu'il rapporte de Meroüée fils de Chilpéric,
mérite de trouver place ici, parce qu'on y voit quelles étoient les pratiques de religion auxquelles on
avoit recours pour fe rendre le ciel favorable, avant
que de confulter les *forts des faints*, & pour mieux
s'affurer de la vérité de la réponfe qu'on y cherchoit.

» Meroüée, dit Grégoire de Tours, étant dif-
» gracié de Chilpéric fon père, fe réfugia dans la
» bafilique de faint Martin, & ne fe fiant point à
» une pythoniffe, qui lui avoit prédit que le roi
» mourroit cette même année & qu'il lui fuccède-
» roit, il mit féparément fur le tombeau du faint,
» les livres des pfeaumes, des rois, des évan-
» giles; il veilla toute la nuit auprès du tombeau,
» & pria faint Martin de lui faire connoître ce qui
» devoit lui arriver, & s'il règneroit ou non. Le prince
» paffa les trois jours fuivants dans le jeûne, les
» veilles & les prières; puis s'étant approché du
» tombeau, il ouvrit d'abord le livre des rois; &
» le premier verfet portoit ces mots : *Comme vous*
» *avez abandonné le Seigneur votre Dieu, pour courir*
» *après des dieux étrangers, & que vous n'avez pas*
» *fait ce qui étoit agréable à fes yeux, il vous a livré*
» *entre les mains de vos ennemis.* Les paffages qui
» s'offrirent à lui dans le livre des pfeaumes, & dans
» celui des évangiles (paffages qu'il feroit inutile de
» rapporter), ne lui annonçant de même rien que
» de funefte, il refta long-temps aux pieds du tom-
» beau fondant en larmes, & fe retira en Auftrafie,
» où il périt malheureufement, trois ans après, par
» les artifices de la reine Frédegonde, fa belle
» mère. »

Dans cet exemple, on voit que c'eft Meroüée qui,
fans recourir au miniftère des clercs de faint Martin
de Tours, pofe lui-même les livres faints, & les
ouvre. Dans celui que l'on va citer toujours d'après le
même auteur, on fait intervenir les clercs de l'églife,
qui joignent leurs prières à celles du fuppliant; voici
comme le même auteur expofe ce fait.

» Chramne s'étant révolté contre Clotaire I. & fe
» trouvant à Dijon, les clercs de l'églife fe mirent
» en prières pour demander à Dieu fi le jeune
» prince réuffiroit dans fes deffeins, & s'il parvien-
» droit un jour à la couronne. Ils confultèrent, comme
» dans le fait précédent, trois différens livres de
» l'Ecriture-fainte, avec cette différence, qu'à la
» place du livre des rois & des pfeaumes, ils joi-
» gnirent ceux du prophète Ifaïe, & les épîtres de faint

» Paul, au livre des Evangiles. A l'ouverture d'Ifaïe,
» ils lurent ces mots : *J'arracherai la haie de ma*
» *vigne, & elle fera expofée au pillage; parce qu'au*
» *lieu de porter de bons raifins, elle en a produit de*
» *mauvais.* Les paffages des épîtres de faint Paul, &
» ceux de l'évangile qui fe préfentoient enfuite, ne
» parurent pas moins menaçans, & furent regardés
» comme une prédiction de la mort tragique de ce
» prince infortuné. »

Non-feulement on employoit les *forts des faints*
pour fe déterminer dans les occafions ordinaires de
la vie, mais même dans les élections des évêques,
lorfqu'il y avoit partage. La vie de faint Aignan fait
foi, que c'eft de cette manière qu'il fut nommé évêque d'Orléans. Saint Euverte qui occupoit le fiège
de cette ville fur la fin du iv. fiècle, fe trouvant
accablé de vieilleffe, & voulant le défigner pour fon
fucceffeur, le clergé & le peuple s'oppofèrent vivement à ce choix. Saint Euverte prit la parole, & leur
dit : « Si vous voulez un évêque agréable à Dieu,
» fachez que vous devez mettre Aignan à ma place.»
Mais pour leur faire connoître clairement que telle
étoit la volonté du Seigneur, après que ce prélat eut
indiqué, felon la coutume, un jeûne de trois jours,
il fit mettre d'un côté fur l'autel des billets (*brevia*),
& de l'autre, les pfeaumes, les épîtres de faint Paul,
& les évangiles. Ce que l'hiftorien qu'on vient de
citer, appelle ici *brevia*, étoient, comme je l'ai traduit, des billets fur chacun defquels on écrivoit le
nom d'un des candidats.

Saint Euverte fit enfuite amener un enfant qui
n'avoit point encore l'ufage de la parole, & lui commanda de prendre au hafard un de ces billets; l'enfant ayant obéi, il tira celui qui portoit le nom de
faint Aignan, & fe mit à lire à haute voix : *Aignan*
eft le pontife que Dieu vous a choifi. Mais faint Euverte, continue l'hiftorien, pour fatisfaire tout le monde, voulut encore interroger les livres faints; le
premier verfet qui fe préfenta dans les pfeaumes, fut :
Heureux celui que vous avez choifi, il demeurera dans
votre temple. On trouva dans faint Paul ces mots :
Perfonne ne peut mettre un autre fondement que celui
qui a été pofé; & enfin dans l'évangile ces paroles :
C'eft fur cette pierre que je bâtirai mon églife. Ces
témoignages parurent fi décififs en faveur de faint
Aignan, qu'ils réunirent pour lui tous les fuffrages,
& qu'il fut placé aux acclamations de tout le peuple
fur le fiège d'Orléans.

Les Grecs, auffi-bien que les Latins, confultoient
les *forts des faints* dans les conjonctures critiques;
Cedrenus rapporte, comme nous l'avons dit en parlant des *forts* en général, que l'empereur Héraclius,
après avoir eu de grands avantages fur Cofroez roi
des Perfes, fe trouvant incertain fur le lieu où il
prendroit fes quartiers d'hiver, purifia fon armée
pendant trois jours; ce font les termes de l'hiftorien; qu'enfuite il ouvrit les évangiles, & qu'il trouva qu'ils lui ordonnoient d'aller hiverner en Albanie.

Depuis le huitième siècle, les exemples de cette pratique deviennent un peu plus rares ; cependant il est certain que cet usage subsista jusque dans le quatorzième siècle, avec cette seule différence, qu'on ne se préparoit plus à cette consultation par des jeûnes & des prières, & qu'on n'y joignoit plus cet appareil religieux, que jusqu'alors on avoit cru nécessaire pour engager le ciel à manifester ainsi ses volontés.

L'église tant grecque que latine, conserva sans cesse quelques traces de cet usage. La Coutume étoit encore dans le xv. & xvj. siècle, quand un évêque étoit élu, que dans la cérémonie de son sacre, immédiatement après qu'on lui avoit mis sur la tête le livre des évangiles, on l'ouvroit au hasard, & le premier verset qui se présentoit, étoit regardé comme un pronostic de ce qu'on avoit à espérer ou à craindre de son caractère, de ses mœurs, de sa conduite, & du bonheur ou du malheur qui lui étoit réservé durant le cours de son épiscopat ; les exemples en sont fréquens dans l'histoire ecclésiastique.

Si l'on en croit un de ses écrivains qui a fait la vie des évêques de Liége, la mort funeste d'Albert, évêque de cette ville, lui fut annoncée par ces paroles, que l'archevêque qui le sacroit trouva à l'ouverture du livre des évangiles : *Il envoya un de ses gardes avec ordre de lui apporter la tête de Jean ; & ce garde étant entré dans la prison lui coupa la tête.* L'historien ajoute que ce prélat en fut si frappé, qu'il adressa la parole au nouvel évêque, & lui dit en le regardant avec les yeux baignés de larmes : *Mon fils, en vous donnant au service de Dieu, conduisez-vous avec crainte & avec justice, & préparez votre ame à la tentation ; car vous serez un jour martyr.* Il fut en effet assassiné par des émissaires de l'empereur Henri VI. & l'église l'honore comme martyr.

On ajoutoit tant de foi à ces sortes de pronostics ; ils formoient un préjugé si favorable ou si désavantageux aux évêques, qu'on les alléguoit dans les occasions les plus importantes, & même dans celles où il étoit question de prononcer sur la canonicité de leur élection.

La même chose se pratiquoit à l'installation des abbés, & même à la réception des chanoines ; cette coutume subsiste encore aujourd'hui dans la cathédrale de Boulogne, dont le diocèse aussi-bien que ceux d'Ypres & de Saint-Omer, a été formé des débris de cette ancienne église, après que la ville de Térouanne eut été détruite par Charles-Quint. Toute la différence qui s'y trouve présentement, c'est qu'à Boulogne, le nouveau chanoine tire les *sorts* dans le livre des pseaumes, & non dans celui des évangiles. Feu M. de Langle évêque de Boulogne, peu d'années avant sa mort qui arriva en 1722, rendit une ordonnance qui tendoit à abroger cet usage ; il craignoit avec raison qu'il n'eut quelque chose de superstitieux. Il avoit d'ailleurs remarqué, qu'il arrivoit quelquefois que le verset du pseaume que le hasard offroit au nouveau chanoine, contenoit des imprécations, des reproches, ou des traits odieux, qui devenoient pour lui une espéce de note de ridicule, ou même d'infamie. Mais le chapitre qui se prétend exempt de la jurisdiction épiscopale, n'eut point égard à cette ordonnance ; & comme, suivant la coutume, on inséroit dans les lettres de prise de possession de chaque chanoine le verset du pseaume qui lui étoit tombé à sa réception, le chapitre résolut seulement, qu'à l'avenir on ajouteroit à ces lettres, qu'on ne faisoit en cela que suivre l'ancienne coutume de l'église de Térouanne.

Quant à la seconde manière de consulter les *sorts des saints*, elle étoit, comme on l'a dit, beaucoup plus simple, & également connue dans les deux églises grecque & latine. Cette manière consistoit à regarder comme un bon ou un mauvais augure, ou comme une déclaration de la volonté du ciel, les premières paroles de la sainte-Ecriture, qu'on chantoit à l'église dans le moment qu'on y entroit à cette intention : les exemples en sont très-nombreux.

Saint Cyprien étoit si persuadé que Dieu manifestoit quelquefois ses volontés par cette voie, qu'il y avoit souvent recours ; c'étoit pour ce père de l'église un heureux présage lorsqu'il trouvoit que les premières paroles qu'il entendoit en mettant le pied dans l'église, avoient quelque relation avec les choses qui l'occupoient.

Il faut cependant convenir que dans le temps où cet usage de consulter des *sorts* à venir par l'Ecriture, étoit le plus en vogue, & souvent même accompagné d'un grave appareil d'actes de religion ; on trouve différens conciles qui condamnent en particulier les *sorts des saints*, & en général toute divination faite par l'inspection des livres sacrés. Le concile de Vannes, par exemple, tenu sous Léon I, dans le v. siècle ; le concile d'Agde assemblé en 506 ; les conciles d'Orléans & d'Auxerre, l'un de l'an 511, & l'autre de l'an 595, proscrivent les *sorts des saints* ; & l'on trouve un capitulaire de Charlemagne publié en l'an 789, qui contient aussi la même défense. Mais les termes dans lesquels ces défenses sont conçues, donnent lieu de croire que la superstition avoit mêlé une infinité de pratiques magiques dans les *sorts des saints*, & qu'il ne faut peut-être pas confondre la manière de les consulter condamnée par ces canons, avec celle qui étoit souvent employée dans les premiers siècles de l'Eglise par des personnes éminentes en piété.

Ce qu'il y a de sûr, c'est que quelques théologiens conviennent en général qu'on ne peut pas excuser les *sorts des saints* de superstition ; que c'étoit tenter Dieu que de l'interroger ainsi ; que les Ecritures ne contiennent rien dont on puisse conclure que Dieu ait pris là-dessus aucun engagement avec les hommes, & que cette coutume, bien loin d'être autorisée par aucune loi ecclésiastique, a été abrogée dans les temps éclairés ; cependant ces mêmes théologiens, oubliant ensuite la solidité des principes qu'ils venoient d'établir, se sont persuadés que dans

certaines occaſions, pluſieurs de ceux qui ont conſulté les forts des ſaints, y ont été portés par une ſecrette inſpiration du ciel. (*D. J.*)

SOSIGENES, (*Hiſt. anc.*) habile aſtronome
Egyptien, que Céſar fit venir à Rome, & ſur les
obſervations duquel il réforma le calendrier. Romulus n'avoit diviſé l'année qu'en dix mois, qui
étoient alternativement de trente-un & de trente
jours. Il s'en falloit ſoixante-un jours que cette année ne s'accordât avec la vraie année ſolaire. Le
calendrier de Romulus fut réformé par Numa ; au
moyen de ce changement qui étoit fort compliqué,
l'année romaine avançoit d'un jour ſur l'année aſtronomique, d'où réſulta un grand dérangement dans
l'ordre des ſaiſons. Jules-Céſar, en qualité de Souverain Pontife & de Dictateur, voulut y remédier;
il manda *Soſigènes*, pour faire cette réforme qui
fut faite l'an de Rome 707, quarante-ſept ans avant
J. C. Le réſultat des calculs de *Soſigènes* fut que
l'année aſtronomique étoit de 365 jours, ſix heures ;
en conſéquence les trois premières années qu'on appelle années communes ont 365 jours, & la quatrième qu'on nomme *biſſextile*, parce que le jour in-
tercalaire étoit une répétition du 24 Février, *ſexto
calendas Martias*, & ſe nomme *bis ſexto*, cette
quatrième année avoit 366 jours. Tel eſt le calendrier Julien. Telle eſt la réforme de *Soſigènes*.

Mais la véritable durée de l'année aſtronomique
eſt de 365 jours, 5 heures quarante-huit minutes,
quarante-huit ſecondes ; & cette différence d'onze
minutes, douze ſecondes, continuée depuis Jules-
Céſar, juſqu'en 1582, ſous le Pontificat de Gregoire XIII, apportoit encore un dérangement ſenſible dans les ſaiſons, & dans l'époque de la célébration de la Pâque. Ce Pape fit une réforme utile,
& que les proteſtans même ont adoptée, après s'en
être long-temps défendus; elle conſiſte à ſupprimer
trois biſſextiles ſur quatre ſiècles, ou vingt-ſept biſſextiles ſur trente-ſix ſiècles. Ainſi l'année Gré-
gorienne n'eſt autre que l'année Julienne, corrigée
par la ſuppreſſion de trois biſſextiles, en quatre ſiècles.
Les Ruſſes ſont les ſeuls qui aient conſervé le calendrier Julien, ou le vieux ſtyle, & la différence
de leur année à la nôtre eſt d'onze jours.

SOSTRATE, (*Hiſt. anc.*) célèbre architecte de
l'antiquité. Ce fut lui qui conſtruiſit dans l'Iſle de
Pharos, cette ſuperbe tour au haut de laquelle un
fanal guidoit la nuit les voyageurs dans leur route.
Cette tour, que pluſieurs auteurs mettent au nombre
des ſept merveilles du monde, prit le nom de l'Iſle,
& ce nom de *Pharos*, *Phare*, a paſſé, dans la ſuite,
aux autres tours conſtruites pour le même uſage.
Sur la tour de l'Iſle de Pharos étoit cette inſcription : *Soſtrate Cnidien*, *fils de Dexiphane*, *aux
dieux ſauveurs*, *en faveur de ceux qui vont ſur
mer*. Ce fut Ptolomée Philadelphe qui employa *Soſtrate* à cet ouvrage, & le nom de ce prince ne ſe
trouvoit pas ſur le monument, choſe aſſez étonnante.
Lucien, dans ſon traité de la manière d'écrire l'hiſ-

toire, en rend raiſon. Il raconte que *Soſtrate* avoit
mis le nom du Roi ſur de la chaux, dont le marbre étoit enduit, & avoit mis ſon nom deſſous &
ſur le marbre même ; la chaux tomba dans la ſuite
du temps, & le nom de *Soſtrate* gravé ſur le marbre, reſta ſeul, comme *Soſtrate* l'avoit prévu &
déſiré, pour avoir ſeul chez la poſtérité tout l'honneur
de cet ouvrage. *Soſtrate* vivoit & travailloit vers
l'an 273 avant J. C. Le géographe de Nubie, auteur qui vivoit il y a environ ſix-cents-cinquante
ans, parle de la tour du Phare, comme d'un monument encore ſubſiſtant à cette époque.

SOTADE, (*Hiſt. anc.*) Poëte ſatyrique Grec,
inventa les vers nommés de ſon nom *Sotadiques*,
c'étoit une ſorte de vers iambiques irréguliers. Il avoit
fait contre le roi d'Egypte, Ptolomée-Philadelphe,
au ſujet de ſon mariage avec Arſinoë, ſa propre
ſœur, une ſatyre qu'on dit avoir été violente, & on
dit qu'en général ce poëte étoit décrié pour ſes
écrits & pour ſes mœurs : quoi qu'il en ſoit, *Sotade*
étant tombé entre les mains de Patrocle, un des
officiers de Ptolomée, Patrocle le fit mettre dans
une eſpèce de coffre de plomb, & jetter vivant
dans la mer. M. Rollin appelle cela une juſte punition ; c'eſt montrer, à ce qu'il nous ſemble, plus de
zèle contre la ſatyre que de juſtice ; quelqu'odieux
que ſoit le crime de la ſatire, il l'eſt bien moins
que le crime de la cruauté.

SOTELO, (Louis.) (*Hiſt. mod.*) religieux de l'ordre de Saint-François, miſſionnaire au Japon, y
ſouffrit, dit-on, le martyre en 1624 : on a de lui
une lettre qu'il écrivit, de ſa priſon, au pape Urbain VIII, & où il lui rend compte de l'état de
l'égliſe du Japon.

SOTER, (Saint) (*Hiſt. eccléſ.*) pape, ſouffrit le martyre l'an 177, pendant la perſécution dite
de l'empereur Marc-Aurele.

SOTO, (*Hiſt. d'Eſpagne*) deux ſavants Dominicains de œnom, Dominique & Pierre furent tous les
deux *confeſſeurs* de l'empereur Charles-Quint, & ſe ſi-
gnalèrent tous les deux au Concile de Trente. Pierre
mourut en 1563, avant la clôture du Concile. Dominique étoit mort dès 1560, tous deux laiſſèrent des ouvrages eſtimés de leur temps, négligés aujourd'hui, ſur différentes matières eccléſiaſtiques.

Un autre *Soto*, (Fernand de) Portugais, fut
un des plus illuſtres compagnons de François Pizarro,
conquérant du Pérou, il mourut dans ſes courſes
le 21 Mai 1542.

SOTWEL, (Nathanuël) *Hiſt. litt. mod.*) Jéſuite,
auteur d'une continuation, depuis 1642 juſqu'en
1675, de la *bibliothèque des écrivains de la ſociété
de Jéſus*, commencée par Ribadeneira, & continuée par Philippe Alegambe. Mort en 1676.

SOUBA ou SUBA, ſ. m. (*Hiſt. mod.*) c'eſt
ainſi qu'on nomme dans l'Indoſtan des eſpèces de vice-
rois ou de gouverneurs généraux, qui ont ſous leurs

ordres des gouverneurs particuliers , que l'on nomme *nababs* ; ils font nommés par le grand-mogol. (*A. R.*)

SOUBISE , (*Hist. de Fr.*) ancienne maison françoise fondue dans celle de Rohan. Son nom étoit Parthenai, auquel on ajoutoit le surnom de l'archevêque , parce que les Parthenai descendoient, dit-on, d'un archevêque de Bordeaux , nommé Josselin de Parthenay , mort en 1086. On croit que cette maison de Parthenai étoit sortie de celle de Lusignan , avant l'an 1000. Les seigneurs de Parthenai-Soubise étoient séparés de la branche aînée dès l'an 1330.

Cette branche des Parthenai-Soubise s'honore particulièrement de Jean de Parthenai, seigneur de Soubise, l'un des Héros du XVI.e siècle , dans le parti protestant. Il avoit commandé l'armée de Henri II en Toscane , & Le Laboureur dit qu'il étoit homme *de grande menée , & de grand service.* Dans les guerres de religion , il fut un des plus habiles & des plus utiles Lieutenants du Prince de Condé Louis I. Il fut soupçonné d'avoir eu part à la mort du duc de Guise (François) *voyez* à l'article *Coligny* , quel fut le fondement de ce soupçon. Il avoit été gentilhomme de la chambre du Roi , & fut fait chevalier de l'ordre le 7 Décembre 1561. Il mourut en 1566 , laissant pour héritière , une fille unique, Catherine de Parthenai. Elle épousa d'abord Charles de Quelenec, baron du Pont en Bretagne, qui prit le nom de Soubise , & qui l'illustra ; il fut aussi zélé que son beau-père , pour la cause des protestants, il fut fait prisonnier à la bataille de Jarnac en 1569 ; il reçut deux blessures au siège de Saintes , & fut tué à la saint-Barthélemi. C'est de lui qu'il est parlé dans ces vers de la Henriade :

Marsillac & Soubise au trépas condamnés ,
Défendent quelque temps leurs jours infortunés ,
Sanglants, percés de coups, & respirants à peine ,
Jusqu'aux portes du Louvre on les pousse, on les traine;
Ils teignent de leur sang ce palais odieux ,
En implorant leur roi qui les trahit tous deux.

Dans les notes, M. de Voltaire observe d'après tous les mémoires du temps , que comme sa femme lui avoit intenté un procès pour cause d'impuissance, les dames de la cour allèrent voir son corps nud & tout sanglant , par une curiosité barbare , digne de cette cour abominable.

Catherine de Parthenai-Soubise épousa en secondes nôces , René II. du nom , vicomte de Rohan , & fut mère du duc de Rohan , & du seigneur de Soubise, tous deux si célèbres par les guerres qu'ils soutinrent contre Louis XIII , en faveur des protestants. Elle partagea , elle anima leur zèle pour cette cause , elle s'enferma dans la Rochelle avec Anne de Rohan sa fille , y souffrit avec constance toutes les horreurs de la famine , elles furent réduites à vivre pendant trois mois , de chair de cheval & de quatre onces de pain par jour ; elles refusèrent d'être comprises dans la capitulation , & restèrent prison-

nières de guerre, elles furent menées au château de Nyort en Poitou , le 2 Novembre 1628. Catherine de Parthenai avoit alors 74 ans. La Croix du Maine dit qu'elle composa plusieurs tragédies & comédies françoises , entr'autres la comédie d'Holopherne , laquelle fut représentée en public à la Rochelle l'an 1574. Cette dame fit encore plusieurs élégies , traduisit les préceptes d'Isocrate , &c.; elle fit contre Henri IV. un ouvrage intitulé ironiquement : *Apologie pour le roi Henri IV. , envers ceux qui le blâment de ce qu'il gratifie plus ses ennemis que ses serviteurs.* Il ne falloit ni l'en blâmer ni l'en justifier , il falloit l'en plaindre. Marguerite de Rohan , fille du fameux duc de Rohan , & petite-fille de Catherine de Parthenai , épousa Henri de Chabot ; de ce mariage naquit Anne , dame de Soubise , qui épousa François de Rohan , prince de Soubise , tige de la branche de Rohan-Soubise.

SOUCHAI , (Jean-Baptiste) (*Hist. litt. mod.*) L'abbé *Souchai* , de l'académie des belles lettres , né au Bourg de Saint Amand près de Vendôme , fut un homme de lettres estimable , mais sans éclat ; il donna des éditions de divers manuscrits; on a de lui quelques mémoires assez curieux dans le recueil de l'Académie des Inscriptions & Belles-Lettres , tels que son mémoire sur les Psylles , un discours sur la vie & sur le caractère de Mécène , un autre sur Asinius Pollion , une dissertation sur l'Epithalame , divers mémoires sur l'élégie & les Poëtes Élégiaques , sur les hymnes des anciens , &c. Il entra dans l'Académie en 1726 , & fut fait Professeur d'éloquence au collège royal en 1732. Il mourut le 25 août 1746.

SOUCIET , (Etienne) (*Hist. litt. mod.*) Le P. *Souciet* , Jésuite , Bibliothécaire du collège de Louis le grand , savant connu , né à Bourges en 1671 , mort à Paris en 1744, a donné des observations astronomiques , faites à la Chine & aux Indes, il a écrit contre Newton , sur la chronologie , il a écrit aussi sur l'Ecriture-Sainte.

Il avoit un frère (Etienne-Augustin) aussi Jésuite au collège de Louis le grand , & qui ne lui survécut que de deux jours. On a de lui deux poëmes latins , l'un sur les Comètes , l'autre sur l'agriculture.

SOUDAN, s. m. (*Hist. mod.*) ou comme on le trouve dans nos vieux auteurs *soldan* , & en latin *soldanus* , étoit le nom qu'on donnoit autrefois aux lieutenans généraux des califes dans leurs provinces & dans leurs armées ; mais la puissance des califes étant déchue peu-à-peu par diverses révolutions , & sur-tout par la trop grande étendue de pays soumis à leur domination , ces lieutenans généraux s'érigèrent en souverains. Saladin , général des troupes de Noradin roi de Damas , prit ce titre , & fut le premier *soudan* d'Egypte. Les empereurs turcs détruisirent toutes les petites dynasties que les *soudans* avoient fondées dans l'Asie mineure , comme celles de Cogni , de Caramanie , &c. & soumirent aussi celles d'Egypte en 1516. Pour l'étymologie du mot *soudan*, voyez SULTAN. (*A. R.*)

SOUDAN, ou SOLDAN, f. m. (*Hist. mod.*) est le nom d'un officier de la cour de Rome, qu'on appelle autrement *juge de la tour de nove*, ou *maréchal de Rome à la cour de favelles*; c'est une espèce de prévôt qui a la garde des prisons, & qui connoît de plusieurs affaires criminelles, sur-tout de celles où les courtisanes sont impliquées. Pendant la vacance du siège, on lui confie quelquefois la garde du conclave avec des soldats sous ses ordres. Ducange, *glossar. latinit.* (*A. R.*)

SOUDRAS, f. m. (*Hist. mod.*) c'est le nom sous lequel on désigne dans les Indes orientales une tribu d'Indiens idolâtres, parmi laquelle sont tous les ouvriers, les laboureurs & les artisans. Dans quelques endroits on les nomme *Veys*. Cette tribu se soudivise en plusieurs ordres ou castes, qui se méprisent les unes les autres, suivant les fonctions auxquelles elles se livrent. Chaque caste a ses usages particuliers; il y en a qui se permettent de manger les animaux, & d'autres, de même que ceux des tribus plus distinguées, ne mangent rien de ce qui a eu vie. (*A. R.*)

SOUFY, SECTE DES (*Religion persane*) secte ancienne chez les Persans, on en fixe l'origine vers l'an 200 de l'égire. Sheic-Aboufaïd, philosophe austère, en fut le fondateur; c'est une secte toute mystique, & qui ne parle que de révélations, d'unions spirituelles avec Dieu, & d'entier détachement des choses de la terre. Ils entendent spirituellement tout l'alcoran, & spiritualisent tous les préceptes qui regardent l'extérieur de la religion, excepté pour les jeûnes qu'ils observent avec la plus grande austérité. Leur foi & leur doctrine ont été recueillies dans un livre qu'ils ont en vénération, & qu'ils nomment *galchendras*, c'est-à-dire, *le parterre des mystères*. Il est vraisemblable que leur théologie mystique a passé d'orient en occident par la voie de l'Afrique, & qu'elle s'est ainsi communiquée d'abord à l'Espagne, ensuite par l'Espagne en Italie, en France & ailleurs. (*D. J.*)

SOULIER, (Pierre) (*Hist. litt. mod.*) Curé du Diocèse de Sarlat, auteur d'une mauvaise histoire du Calvinisme, & d'autres mauvais écrits contre les Calvinistes; il écrivit vers la fin du dix-septième siècle.

SOUPER, (*Hist. des usages de France*) on soupe dans ce siècle à dix heures à la cour, & dans les grandes maisons de Paris; dans le quinzième siècle, & même sous la minorité de Charles IX, c'étoit l'usage à la cour de France de *souper* à six heures du soir, & de dîner à onze du matin. Il n'étoit que huit heures quand le duc d'Orléans fut assassiné le 23 novembre 1407, & cependant à cette heure il avoit déjà *soupé* avec la reine; c'est qu'alors les princes, ainsi que les bourgeois, n'aimoient point à se *déheurer*, pour me servir de l'expression du cardinal de Retz. (*D. J.*)

SOURDIS, (Escoubleau de) (*Hist. de France.*) Ancienne maison originaire du Poitou, connue dès le commencement du treizième siècle. On y distingue:

1°. Dans la branche aînée, René d'Escoubleau, seigneur de *Sourdis*, mort en 1600, chevalier de l'ordre du Roi. Il s'étoit jetté dans la ville de Melun, en 1588, & avoit maintenu cette place dans l'obéissance de Henri III, service important dont ce prince lui témoigna sa satisfaction par trois lettres restées dans la famille.

2°. Dans la branche d'Alluye, François, marquis d'Alluye, tué au siège de Renti, en 1637.

Cette maison a produit plusieurs autres guerriers utiles, mais elle a sur-tout été illustrée par deux Prélats.

3°. Le cardinal de *Sourdis*, François d'Escoubleau, Archevêque de Bordeaux, de la branche d'Alluye. Ce fut Henri IV qui, pour reconnoître ses services personnels & ceux de sa maison, lui procura le chapeau de cardinal, le 3 mars 1598. A l'Assemblée des Notables tenue en 1625, pour l'affaire de la Valteline, on accusoit le Pape & son légat de partialité pour les Espagnols, & tous ceux qui vouloient faire leur cour au Cardinal de Richelieu, qu'on savoit très-porté pour la guerre, insistoient fortement sur les torts de l'Espagne & sur la connivence du Pape. Le Cardinal de *Sourdis*, qui ne vouloit faire sa cour à personne, proposa une suspension d'armes à l'égard de l'Espagne, & prit hautement le parti du Pape; il embarrassa beaucoup le Cardinal-Ministre, qui affectant de l'impartialité, même de l'indifférence, laissoit parler tout le monde & ne disoit rien, mais qui ne voulut pourtant confier qu'à lui-même le soin de réfuter le Cardinal de *Sourdis*, dont il parut craindre que l'avis ne l'emportât. Le Cardinal de *Sourdis* avoit tenu en 1624 un concile provincial, dont les ordonnances furent estimées. Il mourut à Bordeaux, le 8 février 1628.

4°. Il eut pour successeur dans ce siège, Henri d'Escoubleau, son frère; c'est ce fameux Archevêque de Bordeaux, *Sourdis*, marin & guerrier assez célèbre, qui commanda les flottes Françoises avec des succès divers sous le règne de Louis XIII & du Cardinal de Richelieu; qui en 1639, battit la flotte Espagnole sur les côtes de la Biscaye; qui en 1641, eut aussi sur les Espagnols quelques avantages compensés par des fautes & des malheurs, d'où naquit entre lui & le maréchal de la Motte, une grande contestation. (*Voyez* article MOTTE. (la) L'Archevêque de Bordeaux, soit qu'il fût ou non querelleur & tracassier, eut le malheur d'avoir plus d'une fois des querelles qui entraînerent des voies de fait; le Maréchal de la Motte lui donna des coups de canne. Sa fameuse querelle avec le duc d'Epernon, gouverneur de Guyenne, eut aussi des suites fâcheuses. Le Cardinal de Richelieu, qui vouloit mortifier la vieillesse de d'Epernon, parce que cet ancien favori de Henri III, refusoit de fléchir sous sa puissance, avoit nommé *Sourdis* à l'Archevêché de Bordeaux. *Sourdis*, ou pour faire sa cour au Cardinal; ou pour défendre les droits de son archevêché, forma des prétentions que d'Epernon, vieillard impatient & emporté, ne put souffrir ; la querelle s'étant échauffée entre eux, d'Epernon en faisant de sa canne un geste de mépris, fit tomber la mitre de l'Archevêque dans une procession. L'Archevêque prétendit avoir été frappé & crut devoir s'en venger, non en militaire, mais en prélat ; il excommunia le gouverneur : l'affaire fut portée au conseil du roi ; le roi étoit pour le duc d'Epernon, le cardinal de Richelieu contre lui ; par conséquent le duc d'Epernon perdit sa cause : il eut ordre de s'absenter pendant quelque temps de son gouvernement, & de se soumettre aux censures ; il fallut qu'il écrivit à l'archevêque une lettre très-soumise, & qu'il écoutât à genoux une reprimande sévère que lui fit l'archevêque avant de lever l'excommunication. Cette triste cérémonie eut pour témoins le Maire, les Jurats, & vingt-cinq tant présidents que conseillers au parlement de Bordeaux, qui en dresserent procès-verbal.

L'Archevêque de Bordeaux finit par être relégué à Carpentras, pour de mauvais succès à la guerre.

SOUS-BACHA, ou SOUS-BACHI, s. m. (Hist. mod.) le second après le bacha ; officier subordonné à celui-ci. (A. R.)

SOUS-CAMÉRIER, s. m. (Hist. mod.) celui qui est subordonné au camérier, & qui succède à ses fonctions. (A. R.)

SOUS-CHAMBELLANS DE L'ÉCHIQUIER, (Hist. mod.) deux officiers de ce tribunal de Londres, qui fendent les tailles, & qui en font la lecture, afin que le clerc de la peau & ses contrôleurs puissent voir que les entrées sont justes.

C'est eux aussi qui font la recherche de tous les actes enregistrés à la trésorerie, & qui sont chargés de la garde du grand cadastre ou terrier d'Angleterre. (A. R.)

SOUS-ÉCUYER, s. m. (Hist. mod.) officier de la maison du roi d'Angleterre, dont la fonction est de présenter & de tenir l'étrier au roi lorsqu'il monte à cheval. (A. R.)

SOUS-OFFICIERS de l'empire, (Hist. mod.) sub-officiales imperii : on a dit à l'article ELECTEURS quels étoient les grands officiers de l'empereur de l'empire ; chacun de ces princes fait exercer ses fonctions par des sous-officiers héréditaires qui possédent des fiefs pour cette raison. C'est ainsi que l'électeur de Saxe, qui est grand maréchal de l'empire, lors du couronnement de l'empereur, est représenté dans ses fonctions par le comte de Pappenheim ; l'électeur de Brandebourg qui est grand Chambellan, est représenté par le prince de Hohenzollern ; l'électeur de Bohême, par le comte d'Althan ; l'électeur de Bavière, par le comte de Truches-Waldburg ; l'électeur Palatin, par le comte de Sinzendorf. (A. R.)

SOUS-TRÉSORIER d'Angleterre, (Hist. mod.)

officier dont il est fait mention dans le statut 39. d'Elisabeth, chap. vij. & que plusieurs autres statuts confondent avec le trésorier de l'échiquier.

Sa fonction étoit d'ouvrir le trésor du roi à la fin de chaque terme, de faire un état de l'argent qui se trouvoit dans chaque caisse, & de le voir porter à la trésorerie du roi qui est à la tour de Londres, pour soulager d'autant le grand-trésorier dans ses fonctions.

Qand la charge de grand-trésorier étoit vacante, le sous-trésorier le remplaçoit dans toutes les fonctions concernant la recette des deniers royaux. (A.R.)

SOUSI, ou SOUZI, (voyez PELETIER. (le)

SOUVRÉ, (Hist. de Fr.) ancienne maison Françoise assez considérable. On y distingue :

1°. Antoine de Souvré, qui servit en Italie sous Louis XII, & fut blessé à la bataille de Ravenne. Il servit aussi sous François I.

2°. Son petit-fils, le maréchal de Souvré, chevalier des ordres du roi, gouverneur de Touraine. Il s'étoit attaché au service & à la personne du duc d'Anjou depuis Henri III, & l'avoit suivi en Pologne en 1573. Revenu en France, il fut fait grand-maître de la garde-robe, & capitaine du château de Vincennes. Il se distingua en 1587, à la bataille de Coutras. Il reçut Henri III à Tours, & rendit toujours des services fidèles à ce prince & à Henri IV son successeur ; ce dernier le nomma gouverneur de Louis XIII ; il fut aussi premier gentilhomme de la chambre de son élève, qui le fit maréchal de France en 1615. Mort en 1626, à quatre-vingt-quatre ans.

3°. Jacques de Souvré, grand-prieur de France, fils du Maréchal, se signala au siège de Casal, sous Louis XIII en 1630. En 1646, sous Louis XIV, il commanda les galères de France au siège de Portolongone ; il fut fait grand-prieur de France en 1667 ; c'est lui qui a fait bâtir l'hôtel du temple à Paris, pour être la demeure des grands-prieurs de France. Il mourut le 22 mai 1670.

4°. Françoise, sa sœur, fut gouvernante de Louis XIII.

5°. Louis, leur neveu, fut tué le 2 juin 1640, à l'attaque des lignes d'Arras.

6°. Charles de Souvré, marquis de Courtenvaux, son frère, eut une fille unique, Anne de Souvré, marquise de Courtenvaux, mariée le 19 mars 1662, au marquis de Louvois ; c'est par ce mariage que les noms & les biens des Courtenvaux & des Souvré ont passé dans la famille le Tellier.

SOUZA, (Louis de) (Hist. litt. mod.) Dominicain, un des meilleurs écrivains Portugais, auteur de la vie de don Barthélemi des martyrs, qui a été traduite en François par MM. de Port-Royal, & d'une histoire de Saint Dominique. Souza s'étoit fait Dominicain en 1614 ; il mourut en 1633.

SOVA ou SOVI, (*Hist. mod.*) c'est le nom qu'on donne en Afrique dans les royaumes de Congo & d'Angola à des espèces de gouverneurs ou de vice-rois, qui font soumis aux rois du pays ou aux Portugais, & qui tyrannisent les habitans qui font fous leurs ordres, de la manière la plus cruelle; ils jugent les procès & des différends, & ne manquent pas de vendre à leur profit ceux à qui ils donnent tort.

SOZIGENE, (*voyez* SOSIGENE.)

SOZOMENE, (Hermias) (*Hist. Eccl.*) furnommé *le Scholastique*, écrivain du quatrième & du cinquième siècle, auteur d'une histoire ecclésiastique connue, qui a été traduite en François par le Président Cousin.

SPAHI-AGASI. f. m. *terme de relation*; aga ou commandant des spahis. Le *spahi-agasi* & les caziasques vont chez le grand-seigneur avec beaucoup de cérémonies, toutes les fois que se tient le divan. *Duloir.* (*D. J.*)

SPAHILAR-AGA, f. m. (*Hist. mod.*) colonel-général de la cavalerie turque ou des spahis; c'est un des grands officiers du sultan. Il a la même autorité sur les spahis, que l'aga des janissaires sur ce corps d'infanterie, elle étoit même autrefois si grande, qu'elle étoit redoutable au grand-seigneur; mais le visir Cuprogli a beaucoup diminuée, en abaissant le corps des spahis qui avoient détrôné l'empereur Osman. Guer, *Mœurs des Turcs*, tome II.(*A. R.*)

SPAHIS, f. m. (*Hist. mod.*) chez les Turcs, font les soldats qui composent la cavalerie de leurs armées.

On les nommoit autrefois *selictarlis*, c'est-à-dire hommes d'épée, mais ayant plié lâchement dans une occasion, Mahomet III. les cassa & leur substitua un nouveau corps qu'il nomma *spahis*, c'est-à-dire, simples cavaliers, & leur donna un étendard rouge. On les tire ordinairement d'entre les baltagis & les ichoglans du trésor & de la fauconnerie, & d'entre les Turcs naturels d'Asie.

Les *spahis* se servent de l'arc & de la lance plus commodément que des armes à feu. Quelques-uns portent à la main un *girit* espèce de dard de 2 pieds de long, qu'ils lancent avec autant de force que d'adresse, mais leur arme la plus redoutable est le cimeterre; quelques-uns portent aussi pour armes défensives des cottes de mailles, des cuirasses & des casques, mais le plus grand nombre n'a que l'habillement ordinaire des Turcs, & le turban.

Autrefois les *spahis* d'Asie ne paroissoient jamais à l'armée, que suivis de trente ou quarante hommes chacun, sans compter leurs chevaux de faix, tentes & bagages; aujourd'hui ils y vont sur le pied de simples soldats. Leur corps n'est pourtant jamais qu'une multitude confuse qui n'est distribuée ni en

régimens, ni en compagnies; ils marchent par pelotons, combattent sans beaucoup d'ordre, s'absentent du camp & quittent le service sans congé. Ils ont cependant quelques capitaines qu'on nomme *agas*, qui ont cent-cinquante aspres de paye par jour; celle des *spahis* est depuis 12 aspres jusqu'à 30; mais ceux qui ne se trouvent pas à la paye du mois de Novembre, font rayés de dessus les registres du grand-seigneur. Cette cavalerie passoit anciennement pour la meilleure de l'Europe; mais depuis qu'on a permis aux domestiques des bachas d'y entrer, elle est devenue molle, vile & libertine: leur général en chef se nomme *spahilar-aga*. Guer, *Mœurs des Turcs*, tome II. (*A. R.*)

SPANHEIM, (*Hist. litt. mod.*) nom illustré en Allemagne & en Hollande, par trois savans personnages, père & fils.

1°. Frederic *Spanheim*, Professeur en théologie à Leyde, mort en 1649. Homme ardent & intolérant, qui avoit pour maxime qu'il falloit se battre même contre ses frères dans les moindres choses qui intéressoient la religion, principe infernal dans un homme d'ailleurs honnête. On a de lui des ouvrages théologiques: *Dubia evangelica*, *exercitationes de gratiâ universali*; des ouvrages historiques: *commentaires historiques de la vie & de la mort de Messire Christophe, vicomte de Dhona*; une *vie de l'Electrice Palatine* de son temps, & quelques autres ouvrages.

2°. Ezechiel *Spanheim*, fils aîné du précédent, ami de deux savans ennemis, Heinsius & Saumaise, fut appellé à la cour de l'électeur Palatin Charles Louis, pour être gouverneur du prince électoral Charles, son fils unique. L'électeur palatin lui trouvant de grands talens pour la négociation, l'employa dans presque toutes les cours de l'Italie & de l'Allemagne. L'électeur de Brandebourg, qui fut dans la suite roi de Prusse, le lui demanda & il voulut bien le lui céder. Son nouveau maître l'envoya deux fois en France, il l'envoya ensuite en Hollande, puis en Angleterre auprès de la reine Anne, en qualité d'Ambassadeur. L'histoire lui rend le témoignage qu'il cultiva les sciences comme s'il n'eût été que savant, & la politique, comme s'il n'eût été qu'homme d'état. Il possédoit les langues anciennes, & parloit avec facilité les langues modernes. C'est à lui qu'on doit l'édition des œuvres de l'empereur Julien, & la traduction de sa satire des Cesars. On a de lui encore un traité fort connu *de præstantiâ & usu numismatum antiquorum*, & des lettres & dissertations sur diverses médailles. Né à Genève en 1629, mort à Londres en 1710.

3°. Frederic, second fils du premier Frederic, fut, comme son père, Professeur de théologie à Leyde. On a de lui en latin une *histoire Ecclésiastique* très-connue, mort en 1701.

SPANNOCHI, (*Hist. mod.*) gentilhomme de Sienne,

Sienne, au dix-septième siècle. On rapporte de lui une preuve remarquable d'un bien petit talent qui n'est absolument que de curiosité. Il avoit écrit sans aucune abbréviation l'évangile de Saint-Jean, qu'on dit à la fin de la Messe depuis ces mots : *in principio erat verbum*, jusques & compris les mots : *plenum gratiæ & veritatis*, sur du vélin, dans un espace de la grandeur de l'ongle du petit doigt, le tout d'un caractère très-bien formé & très-lisible.

SPARRE, (*Hist. de Suède*) baron & sénateur de Suède au seizième siècle, homme d'état, est auteur du livre de *Lege, Rege & Grege*, qui est au nombre des écrits les plus sévèrement défendus en Suède.

SPARTACUS, (*Hist. rom.*) l'homme a un droit si naturel à la liberté en général, & un droit si imprescriptible à la portion de cette liberté, qu'il s'est réservée, c'est-à-dire, qu'il n'a pas volontairement sacrifiée aux avantages de la société ; l'esclavage, en lui donnant même pour origine la guerre, la victoire & la conservation ou généreuse ou intéressée de l'ennemi vaincu, est toujours si essentiellement illégitime, que quiconque a combattu pour la liberté, soit qu'il ait réussi, soit qu'il ait succombé, a toujours un nom intéressant dans l'histoire. Le nom de *Spartacus*, vil gladiateur tant qu'on voudra, est celui d'un héros ; s'il fut esclave, il eut une ame libre ; s'il fut vaincu, ce ne fut pas sans avoir eu la gloire de vaincre ses tyrans. Ce ne fut pas sans qu'il en eût coûté beaucoup de sang à l'Italie pendant trois années, depuis 680 jusqu'en 683. Soixante & dix esclaves, soixante & dix gladiateurs ayant à leur tête *Spartacus*, s'échappent d'une école d'escrime où on les exerçoit à Capoue, pour les rendre dignes d'être produits sur l'arène aux regards cruels des Romains, & de mourir avec grace pour le plaisir de leurs maîtres ; bientôt ce même *Spartacus* se vit à la tête de soixante & dix mille hommes, dont la devise étoit *Liberté*, mot intéressant & respectable, quand ce ne font pas des rebelles & des brigands oppresseurs qui le prononcent. Le Gladiateur eut l'honneur de vaincre deux consuls. Crassus enfin termina cette guerre par une grande victoire qu'il remporta sur *Spartacus*, qui se fit tuer dans la bataille. Son parti qui ne tenoit qu'à lui, se dissipa dès qu'on fut sa mort. Ses malheureux compagnons moururent ou de misère ou dans les supplices. (*Voyez* sur *Spartacus* l'article SAURIN.)

SPARTIEN, (*Ælius Spartianus*) un des *écrivains de l'histoire d'Auguste* avoit écrit les vies de tous les empereurs Romains, depuis Jules César jusqu'à Dioclétien, sous l'empire duquel il vivoit, il n'en reste plus que quelques-unes, le reste est perdu.

SPEED, (Jean) (*Hist. litt. mod.*) écrivain Anglois, protégé par Jacques I, est auteur du *théâtre de la grande Bretagne*, qu'il composa en Anglois, & qui a depuis été traduit en latin. C'est une histoire estimée de ce pays. Mort en 1629.

SPELMAN, (Henri) (*Hist. litt. mod.*) che

Histoire. Tome V.

valier Anglois, historien & littérateur habile, mort en 1641. On a de lui une collection des conciles d'Angleterre ; *Villare Anglicum*, description par ordre alphabétique des villes, bourgs & villages d'Angleterre ; *Codex legum veterumque statutorum Angliæ* ; *reliquiæ Spelmanicæ. Vita Alfredi magni.* On a de lui aussi dans un autre genre, *Glossarium Archæologicum.*

SPENCER, ou SPENSER, (*Hist. d'Angleterre*) (*voyez* les articles GAVESTON, MORTEMER, ÉDOUARD II.) Edouard II, ne pouvoit se passer de mignons & de favoris ; les barons Anglois avoient fait trancher la tête à Gaveston, aimable & malheureux objet de ses foiblesses. Les *Spensers* père & fils prirent auprès de lui la place de Gaveston, (*voyez* son article) l'un dans le crédit, l'autre dans la faveur. Edouard donna en mariage au jeune *Spenser* une de ses nièces, sœur d'une autre qu'il avoit donnée à Gaveston, & l'une des plus riches héritières du royaume.

L'histoire ne reproche à *Spenser* le père, qu'un amour aveugle pour son fils, & lui donne d'ailleurs des éloges. Quant au fils, c'étoit Gaveston avec tous ses agrémens, tous ses vices & toute son insolence sans ses talens. Les Barons prirent les armes, & forcèrent le roi de bannir les deux *Spensers* : le comte de Lancastre, premier prince du sang, petit-fils du roi Henri III, étoit à la tête des barons contre les *Spensers* : il y avoit été contre Gaveston. C'étoit lui qui, après avoir fait périr Gaveston, & pour le faire oublier, avoit forcé le roi (en 1320) à prendre le jeune *Spenser* pour favori. *Spenser* ayant réussi, voulut se rendre indépendant de son premier protecteur, qu'il voyoit être l'ennemi du roi, & qui alors devint son ennemi. Le comte de Lancastre marcha contre le roi à la tête de dix-huit mille hommes ; il fut pris dans une bataille. Les *Spensers* avoient été rappellés, ils oserent donner des conseils sanguinaires. L'exemple de Gaveston les alarmoit : ils crurent devoir y opposer un exemple semblable, appuyé de l'autorité du roi ; mais au lieu de faire juger le premier Prince du sang par ses juges naturels, ils le firent condamner par une cour militaire. Edouard, quoique naturellement peu vindicatif, étant animé par ses favoris, ne put résister au desir de venger Gaveston sur le chef de ses meurtriers. On trancha la tête au comte de Lancastre ; on chargea son supplice de circonstances ignominieuses. On le conduisit à l'échafaud, coëffé d'un capuchon, vêtu d'un habit grossier, monté sur un mauvais cheval sans bride, exposé aux huées du peuple ; ceux de ses partisans qui avoient été pris avec lui, périrent du supplice des traîtres ! Ces supplices achevèrent d'aigrir les esprits ; à mesure qu'ils se multiplioient, les attentats contre la vie des *Spensers* devenoient plus fréquens.

Au milieu de ces troubles, la guerre qui s'étoit rallumée entre la France & l'Angleterre, ayant été suspendue par une trève, pendant laquelle on cherchoit les moyens de conclure une paix définitive, la

R

reine d'Angleterre paſſa en France. Cette reine, (Iſabelle de France) étoit fille de Philippe-le-Bel & ſœur de Charles le-Bel, qui regnoit alors. Son prétexte, pour ce voyage, étoit d'achever la réconciliation de ſon mari & de ſon frère, mais ſon motif véritable étoit bien différent : elle venoit au contraire armer ſon frère contre ſon mari ; elle venoit demander du ſecours contre les *Spenſers* qui ne ceſſoient de l'outrager. Tant qu'Iſabelle avoit été innocente, elle n'avoit oſé riſquer une pareille démarche ; mais devenue coupable à l'exemple de ſon mari, enhardie par les paſſions, excitée par les intérêts d'un amant, elle oſa tout. Le déſordre entraîne le déſordre & ſemble l'excuſer. Edouard ne pouvoit ſe paſſer de mignons, Iſabelle ſe permit des amans, & comme lui elle choiſit bien. Roger de Mortemer, d'une famille originaire de Normandie, qui la gouvernoit alors comme *Spenſer* gouvernoit le Roi, étoit le plus bel homme d'Angleterre & le plus ſpirituel.

Les *Spenſers* perſécutèrent tant Mortemer, qu'ils craignoient encore plus qu'Iſabelle, que ce malheureux, toujours menacé de la mort, fut réduit à chercher un aſyle en France. Cette retraite & la guerre alors ſubſiſtante entre la France & l'Angleterre, furent encore pour les *Spenſers* une occaſion de perſécuter Iſabelle. On lui ſuppoſa des intelligences avec la France, & ſous ce prétexte, Edouard la dépouilla du comté de Cornouaille, dont elle jouiſſoit en vertu de l'uſage établi alors en France & en Angleterre, de donner aux reines des domaines particuliers pour l'entretien de leur maiſon. Après l'avoir ainſi attaquée dans ſes inclinations & dans ſa fortune, on eut l'indiſcrétion de l'envoyer en France, & de lui confier les intérêts de l'état. Charles le Bel exigeoit qu'Edouard vînt lui rendre hommage en perſonne, ce qu'il n'avoit pas fait encore. Ce voyage d'Edouard en France, étoit ce qui embarraſſoit le plus les *Spenſers* ; ils ne pouvoient ſe réſoudre à l'y laiſſer aller ſans eux, & ils n'oſoient, en l'accompagnant, s'expoſer à paroître devant le frère de leur reine. On imagina donc de la faire paſſer en France, dans l'eſpérance qu'elle trouveroit quelque expédient pour diſpenſer le roi ſon mari, du voyage. Elle porta tout ſon reſſentiment au tribunal du roi ſon frère. Ses premiers mots furent des plaintes contre un mari injuſte & des miniſtres inſolens. « Le noble roi » Charles qui la voyoit, dit Froiſſard, lamenter » & plorer, fut touché de compaſſion, & lui dit: » *Belle ſœur, eppaiſez-vous, car foi que je dois à* » *Dieu & à Monſeigneur Saint Denis, je y pour-* » *voirai de remède.*

Mais, lorſque l'affaire eut été mûrement examinée dans le conſeil, on fit une réponſe très-ſage ; On dit au roi qu'il falloit permettre en ſecret à la reine d'Angleterre de ſe faire des amis & de lever des troupes en France, que le roi pouvoit même l'aider, dit Froiſſard, couvertement d'or & d'argent, qui eſt le metal de quoi on acquiert l'amour des gentilshommes &

des pauvres ſouldoyars ; mais que l'émouvoir guerre pour un tel ſujet, ce n'étoit pas choſe qui appartenoit. Le roi fit rendre cette réponſe tout coyement à ſa ſœur, qui parut s'en contenter, & qui voulut avoir rempli aux yeux du public, l'objet apparent de ſon voyage. Elle fit donc conclure un traité entre les deux nations ; mais Charles le Bel ne vouloit toujours point diſpenſer Edouard de l'hommage qu'il devoit rendre en perſonne ; nous avons dit les raiſons qu'avoient les *Spenſers* d'empêcher ce voyage. Iſabelle ſecondoit leurs vues par des vues différentes : elle n'avoit pas plus d'empreſſement de voir Edouard en France qu'ils n'en avoient de l'y envoyer. Les *Spenſers* trouvèrent un expédient par lequel on peut juger de la fidélité de ces miniſtres. Ils propoſèrent au roi de céder au jeune Edouard, ſon fils, la Guyenne & le Ponthieu, afin qu'il fût ſeul vaſſal du roi de France. Edouard II approuva fort cet expédient : il fit partir ſon fils, & reſta en Angleterre. Iſabelle reſtoit auſſi en France, où elle étoit réunie avec Mortemer ſon amant. Charles la voyoit rarement, la traitoit froidement, lui parloit peu, mais ne la renvoyoit point. Edouard, qui ne devoit que trop tôt la revoir, la redemandoit hautement, on ne voit pas pourquoi. Il avoit une ſi belle occaſion de diminuer ſa propre honte, & de jouir de toute ſa liberté en reſtant ſéparé d'elle ! Iſabelle répondit qu'elle ne rentreroit dans l'Angleterre, que quand les *Spenſers* en ſeroient chaſſés pour toujours. Dès lors elle eut le peuple Anglois pour ami.

Les *Spenſers* couroient à leur perte par la violence avec laquelle ils pouſſoient cette affaire. Ils firent condamner comme ennemis de l'état la reine d'Angleterre & ſon fils, ils firent déclarer la guerre à la France, ſans ſonger que c'étoit le moyen d'engager Charles le Bel à prendre ouvertement le parti de ſa ſœur ; mais ce prince, conſultant plus l'honneur que les *Spenſers* ne conſultoient la prudence, refuſa conſtamment ſon ſecours à une ſœur qu'il en jugeoit indigne par ſa conduite, & ſe contenta de lui donner un aſyle. Ni les armes ni les intrigues de l'Angleterre ne purent obtenir qu'il renvoyât Iſabelle, mais à la fin le Pape, à la ſollicitation des *Spenſers* parla & menaça ; alors Charles fit dire à Iſabelle : *qu'elle vuidât hativement de ſon royaume, ou qu'il la feroit vuider à honte.* Il fit plus ; gagné, dit-on, par l'argent de l'Angleterre, il défendit à tout François d'accompagner Iſabelle ſi elle retournoit dans ce royaume, & d'embraſſer ſa querelle. Il paroît que les charmes de cette princeſſe lui avoient procuré bien des partiſans tant en France qu'en Angleterre. Le comte de Kent, auſſi mécontent du gouvernement d'Edouard II, ſon frère, & des *Spenſers*, que la reine elle-même, étoit venu la joindre en France ; Robert d'Artois, ſon couſin ; Jean, frère du comte de Haynault, armèrent pour elle, ils jurèrent la replacer ſur le trône d'Angleterre, & de mettre tous ſes ennemis à ſes pieds ; auſſi-tôt qu'elle eut débarqué dans un port de la province de Suffolck, elle fut jointe par Henri de Lancaſtre, frère, ou ſelon le P. d'Or-

Icins, fils du malheureux Thomas, cette illuftre victime des *Spenfers*. L'armée de la reine groffiffoit à chaque pas. Edouard & les *Spenfers*, abandonnés, s'enferment dans Briftol, fans amis, fans troupes, fans argent. Ifabelle les y affiège. Le roi & le jeune *Spenfer* prennent la fuite ; le père refte dans Briftol pour le défendre. La garnifon fe fouleve ; *Spenfer* le père eft pris, traîné fur un bahut dans les rues de Briftol, pendu, éventré, décapité, mis en quartiers à quatre-vingt-dix ans. Le roi & le jeune *Spenfer* vouloient fe fauver par mer fur un petit bâtiment ; ils font pris. *Spenfer* le fils fut traité comme fon père, avec des circonftances d'atrocité encore plus horribles ; il fouffrit de plus la mutilation, & fut pendu comme Aman, (car on affecta cette reffemblance) à un gibet de cinquante pieds de haut ; un de fes complices fut pendu au même gibet, à dix pieds au-deffous. Il fubit fon fupplice à Héreford, le 29 novembre 1326.

La ruine des *Spenfers* entraîna celle d'Edouard II, qui fut dépofé, puis cruellement affaffiné en prifon. Sa mort fut vengée dans la fuite par celle de Mortemer & par la captivité d'Ifabelle.

Sous le règne de Charles VI en France, & de Richard II en Angleterre, vivoit & guerroyoit un *Spenfer*, évêque de Norwick, Prélat belliqueux, connu pour avoir été le chef d'une croifade publiée en Angleterre, par le pape Urbain VI, contre les Clémentins fes adverfaires, au commencement du grand fchifme d'Occident ; *Spenfer*, de peur de manquer d'ennemis, fit la guerre & aux Clémentins & aux Urbaniftes indiftinctement ; il fit une defcente en Flandre, quoique le comte de Flandre fût Urbanifte, mais il étoit fous la protection de la France, & la France & l'Angleterre étoient toujours ennemies & rivales ; *Spenfer* prit Gravelines & quelques autres places, battit un corps de douze mille hommes, mit le fiège devant Ypres. Ce fut là le terme de fes conquêtes. Le Roi vint lui-même à fa rencontre, lui fit lever le fiège, reprit Bergues que les Anglois avoient abandonné, les enveloppa eux-mêmes dans Bourbourg, où il les auroit pris à difcrétion, fi le duc de Bretagne, leur ami fecret, ne leur eût obtenu par fa médiation une capitulation honorable & un retour libre en Angleterre.

SPENCER (Edmond) (*Hift. litt. mod.*), poëte anglois, agréable à la reine Élifabeth & au comte d'Effex qui le combèrent de préfens. Pendant la maladie dont il mourut en 1598, le comte d'Effex lui envoya vingt livres fterling, il le refufa : *remportez cet argent, dit il, je n'aurois pas le temps de le dépenfer.* On lui fit cette épitaphe, qui prouve dans quelle eftime fes poéfies étoient en Angleterre,

> *Anglica, te vivo, vixit plaufitque poëfis,*
> *Nunc moritura timet, te moriente, mori.*

SPENCER *ou* SPENSER eft encore le nom de deux favans Anglois, dont l'un (Jean) doyen d'Ely, né en 1630, mort en 1693, a écrit fur les loix des Hébreux & fur d'autres fujets ; l'autre (Guillaume) de Cambridge, a donné une bonne édition grecque & latine du traité d'Origene contre Celfe.

SPENER (Jacques Charles), (*Hift. litt. mod.*) hiftorien Allemand, auteur du *Notitia Germaniæ antiquæ*, & de l'*Hiftoria germanica univerfalis & pragmatica.*

SPERON *ou* SPERONI (*Hift. litt. mod.*) Padouan, écrivain du feizieme fiècle, auteur de dialogues italiens qui ont été traduits en françois, d'une tragédie de Canace, & de quelques autres ouvrages. Il interprétoit d'une maniere affez plaifante le chiffre romain gravé fur la porte du palais du pape, & qui marquoit l'époque de fa conftruction. Le pape étoit Leon X, le chiffre M. CCC. LX. Voici l'interprétation *Multi cœci Cardinales creaverunt Leonem decimum.*

SPEUSIPPE (*Hift. anc.*), neveu, difciple & fucceffeur de Platon, mais non pas fon imitateur, avoit été chaffé de la maifon paternelle pour fes déréglemens ; celle de fon oncle lui fervit d'afyle ; Platon la traitoit avec une indulgence dont il étoit étonné. Attendez l'événement, difoit-il à ceux qui le lui reprochoient, & croyez que quand il aura vu par l'exemple de ce qui fe paffe ici, la différence qu'il y a entre le vice & la vertu, il ne lui fera plus poffible de retourner au vice ; en effet il le corrigea de fes inclinations vicieufes, & il fit de plus fervir l'enjouement & les graces de ce jeune homme à corriger les mœurs un peu auftères du vertueux Dion.

Après la mort de Platon, *Speufippe* tint pendant huit ans l'école de ce philofophe ; les infirmités précoces, fruit des défordres de fa jeuneffe, l'obligerent de remettre cette école à Xénocrate. Il fut fidèle à la doctrine de fon oncle, mais il n'eut pas fes vertus, fa douceur, fa tempérance & fon défintéreffement. Il exigea un falaire de fes difciples, ce qui étoit contraire à la pratique & aux principes de Platon. Il vivoit vers l'an 347 avant Jéfus-Chrift.

SPIFAME, (Jacques Paul)(*Hift. de Fr.*)La deftinée de cet homme fut finguliere. D'abord confeiller au Parlement, puis préfident aux enquêtes, maître des requêtes & confeiller d'Etat, il remplit une autre carriere dans l'églife ; il fut chanoine de Paris, chancelier de l'univerfité, après en avoir été recteur, abbé de Saint-Paul fur Vannes, diocèfe de Sens, grand-vicaire de Rheims, fous le cardinal Charles de Lorraine, & enfin évêque de Nevers. Il quitta depuis fa religion & fon évêché pour une femme, & alla chercher un afyle à Genève où Calvin le fit miniftre. Toujours utile à tous les corps où il fut admis, & à tous les partis qu'il embraffa, magiftrat, il affura l'indult au Parlement, comme nous l'expliquerons tout-à-l'heure ; évêque, il fe diftingua dans l'Eglife & aux états affemblés à Paris en 1557; miniftre proteftant, il négocia en 1561 à la diète de

Francfort, pour le prince de Condé, chef des protestans françois, & il lui procura les secours de l'Allemagne. Il finit par avoir la tête tranchée à Genève, le 23 mars 1566, sans que la cause de sa mort, diversement rapportée par les auteurs catholiques ou protestans, soit parfaitement éclaircie.

Il paroît que le vrai motif de cette rigueur fut la crainte que cet homme inconstant ne retournât à la religion catholique, comme le faisoient soupçonner quelques démarches hazardées de sa part ; le prétexte que l'on prit, fut que la femme avec laquelle il vivoit, n'étoit point sa femme, comme il l'avoit avancé & prouvé par un faux contrat de mariage, & qu'il vivoit avec elle dans le concubinage & l'adultère, ce que les loix du sévère Calvin punissoient de mort.

Ce fut vers l'an 1538 que *Spifame*, alors conseiller au Parlement, feuilletant avec soin les registres de sa compagnie, y trouva dans les temps antérieurs tant de traces de l'exercice du droit d'indult, que le Parlement, sur son rapport, y fit une attention particulière ; il parut même, par les découvertes de *Spifame*, que postérieurement au concile de Bâle & à la pragmatique, le droit d'indult avoit été exercé en vertu de la seule autorité royale. Charles VIII avoit quelquefois donné aux officiers du parlement des lettres-patentes, pour qu'ils fussent pourvus des premiers bénéfices vacans, par les collateurs ordinaires. On observoit seulement de donner aux mandemens du Roi la forme de prières. Il y avoit en 1494, une négociation entamée, pour faire confirmer ces lettres-patentes par le pape, & pour faire rétablir le droit d'indult. D'après toutes ces considérations, le parlement jugea en 1538, qu'il avoit mal-à-propos négligé ce droit, mais qu'il ne l'avoit pas perdu & qu'il ne s'agissoit que de le faire revivre. Les conjonctures étoient favorables. C'étoit le temps de l'entrevue de Nice, où le pape Paul III s'employoit avec zèle à la conciliation des différends de Charles-Quint & de François I, afin qu'ils s'employassent avec le même zèle à l'agrandissement de la maison Farnèse. Si le Roi vouloit dire un mot, l'indult renaissoit : *Spifame* fut député à Nice pour cette affaire devenue la sienne, il la proposa au Roi, qui se chargea de la faire réussir. En effet Paul III, par une bulle du 19 juin 1538, qui forme le véritable titre de l'indult, rappelle, confirme des bulles précédentes déjà favorables à cette expectative, & donne à l'indult du parlement, à-peu-près la même forme & la même étendue qu'il a aujourd'hui. L'indult depuis ce temps, reçoit son exécution directe en France, et le parlement n'envoye plus comme autrefois à Rome des rôles de nomination, non plus que l'université.

Spifame avoit un frère nommé Raoul, avocat au parlement de Paris, qui mourut en 1563. On a de lui un livre rare & singulier, intitulé : *Dicaærchiæ Henrici, regis christianissimi progymnasmata*, où il suppose qu'Henri second fit en 1556, une multitude de ré-

glemens & rendit des arrêts qui sont entièrement de la composition de *Spifame*. Un écrivain moderne, M. Auffray, a pris dans ce livre les idées qui lui ont paru les plus judicieuses, & les a publiées sous ce titre : *vues d'un politique du seizième siècle*, Paris 1775.

La famille des *Spifames* étoit originaire de Luques ; elle a fini dans la personne de Jean *Spifame*, sieur des Granges, mort en 1643.

SPIGELIUS, (Adrien) (*Hist. litt. mod.*) professeur d'Anatomie à Padoue, né à Bruxelles en 1578, mort en 1625. On a ses œuvres anatomiques. On lui attribue la découverte du petit lobe du foye, & ce lobe porte son nom.

SPIGURNEL, s. m. (*Hist. mod.*) étoit anciennement celui qui avoit la charge des *espigurnantia*, ou de sceller les actes du roi. Spielman & du Fresne rapportent ce mot sans y ajouter aucune interprétation. Mais il semble qu'il est pris du saxon *sparrau*, qui signifie *serrer*, *sceller* ou *assurer*. Voyez *Kennet's gloss. in parozh. antiquit. (A. R.)*

SPINA, (Alexandre) (*Hist. mod.*) Dominicain Italien, est regardé par ses compatriotes comme ayant été l'inventeur des lunettes vers la fin du treizième siècle ; mais il paroît qu'elles étoient en usage en France vers la fin du douzième.

Un autre *Spina* (Alfonse) Franciscain Espagnol, qui vivoit vers le milieu du quinzième siècle, est l'auteur d'un ouvrage connu des seuls savans, intitulé *Fortalitium fidei*.

SPINELLO, (*Hist. mod.*) Peintre Toscan du quatorzième siècle ; nous n'en parlons que pour observer un fait qui montre le pouvoir de l'imagination sur les hommes de génie, & qui fait voir combien le talent est quelquefois voisin de la folie. On raconte de lui, que dans un tableau représentant la chute des mauvais Anges, il avoit peint Lucifer sous une forme si horrible, qu'il en fut lui-même effrayé. Cette image le poursuivoit jusques dans son sommeil. Une nuit il vit en songe le diable lui apparoitre tel qu'il étoit dans son tableau, & lui dire d'une voix menaçante : *où m'avois-tu donc vu pour me peindre si effroyable ?* Mélange bien singulier d'effroi & de vanité dans cette vision ! Depuis ce temps il parut toujours avoir l'esprit troublé. Cette histoire, par une raison contraire, rend vraisemblable celle de Pygmalion, amoureux de sa statue.

SPINHUYS, s. m. (*Hist. mod. Econom. politique*) ce mot est hollandois, & signifie *maison où l'on file* ; on donne ce nom en Hollande à des maisons de force établies dans presque toutes les villes, dans lesquelles on renferme les femmes de mauvaise vie, qui ont attiré l'attention de la police ; on les y occupe à filer & à différens autres travaux convenables à leur sexe ; on ne leur épargne point les corrections, lorsqu'elles manquent à remplir la tâche qui leur est imposée. Ces sortes de maisons sont ordinairement sous la direction de deux échevins, qui nomment un infpecteur & une infpectrice , qui leur rendent compte.(*A. R.*)

SPINOLA, (*Hift. mod.*) maifon originaire de Gênes , dont diverfes branches fe font répandues dans diverfes parties de l'Italie & en Efpagne : de cette maifon étoient :

1o. Le fameux marquis *Spinola* , (Ambroife) un des grands capitaines qu'ait eus l'Efpagne , & le rival du prince d'Orange , Maurice de Naffau ; ce fut lui qui réduifit Oftende en 1604 , après ce long fiège qui avoit duré plus de trois ans ; c'eft de lui que Maurice , à qui on demandoit quel étoit à fon jugement le premier capitaine de fon fiècle , difoit : *Spinola eft le fecond* ; réponfe beaucoup moins modefte que celle d'Annibal à Scipion , qui lui faifoit une queftion à peu près femblable fur la comparaifon des grands capitaines tant anciens que modernes (*voyez* ANNIBAL.) Semblable à ce prince de Parme, Alexandre Farnèfe qui pouvoit dire à Henri IV : *j'arrive pour délivrer Paris , je vais déboucher la Marne & la Seine , prendre Lagny & Corbeil , tâchez de m'en empêcher , fi vous pouvez , Spinola* ne cachoit point fes deffeins , ou fi l'on veut , il les cachoit d'autant plus habilement qu'il paroiffoit les publier avec indifcrétion ; il vint à Paris après le fiège d'Oftende: Henri IV lui demanda quels étoient fes projets pour la campagne fuivante , bien perfuadé que *Spinola* le connoiffant pour allié fecret de Maurice , lui diroit tout le contraire de ce qu'il fe propofoit de faire. *Spinola* prit le roi au piège que le roi lui tendoit , il dit exactement ce qu'il avoit réfolu de faire. Henri & Maurice furent les dupes de leur défiance. *Les autres trompent en mentant*, dit Henri IV à cette occafion , *celui-ci trompe en difant vrai*. *Spinola* pouvoit dire alors :

Eh bien ! à vos dépens vous verrez que Sévère
Ne fe vante jamais que de ce qu'il peut faire.

Dans la guerre de la fucceffion de Clèves & de Juliers , *Spinola* prit Aix-la-Chapelle & Wefel ; en 1620 , il ravagea les états héréditaires de l'Electeur Palatin Frédéric ; en 1621, il recommença la guerre dans les pays-bas contre Maurice ; en 1622 , il fut obligé de lever le fiège de Berg-Op-Zoom , après y avoir perdu plus de dix mille hommes , & ce fut encore un trait de conformité qu'il eut avec le prince de Parme , qui, en 1588 , avoit été forcé auffi de lever le fiège de cette place. En 1624 , il affiégea Breda , qu'il prit en 1625 au bout de dix mois. Maurice mourut de douleur de n'avoir pu faire lever ce fiège ; en 1630 *Spinola* prit Cazal en Italie , mais il ne put foumettre la citadelle , parce que la manie ordinaire des miniftres de vouloir , de la cour & de leur ca-binet diriger des opérations dont la néceffité & la poffibilité dépendent de l'infpection des lieux , des difpofitions du moment & des occurrences fortuites & fugitives , fit que toutes fes opérations étoient gênées par la cour de Madrid : il en mourut de douleur à fon tour , en répétant jufqu'au dernier fou-

pir : *ils m'ont ravi l'honneur*. Exemple déplorable , fait pour corriger à jamais les Miniftres qui veulent commander les armées de deux cents lieues ; il n'em-pêcha pas cependant Louvois de prefcrire de Ver-failles , aux Condés & aux Turennes ce qu'ils devoient faire en Flandre & fur les bords du Rhin.

2o. Char es *Spinola* Jéfuite , Miffionnaire au Japon, brûlé vif à Nangafaqui pour la foi , le 10 fep-tembre 1622. Le P. d'Orléans a écrit fa vie.

3o. Thomaffine *Spinola*. Cette noble Gênoife avoit conçu pour notre roi Louis XII , cet amour dégagé des fens , qui ne s'attache qu'à l'ame , & dont il eft tant queftion chez les poëtes & les Romanciers ; elle le pria elle-même d'être fon *Intendio* , elle ne voulut plus vivre que pour l'aimer , même fans le voir. Quand Louis XII quitta Gênes , où il avoit allumé cette paffion , Thomaffine ne le fuivit point ; mais ce prince ayant eu en 1504 , une maladie dangereufe , le bruit fe répandit en Italie qu'il étoit mort , & la fidèle *Spinola* en mourut réellement de douleur. Louis XII chargea d'Auton , fon hiftorien , de célébrer. l'amour & les vertus de fa dame *Intendix* , c'eft ainfi que d'Auton appelle cette fingulière Gênoife.

SPINOSA, (Baruch de) (*Hift. litt. mod.*) fameux Athée , dont l'Athéifme n'eft cependant pas démontré à tout le monde , parce qu'il faut l'induire d'écrits très obfcurs , où il paroit tantôt établi & tantôt combattu : on donne d'ailleurs beaucoup d'éloges à fes mœurs ; il étoit fobre , tempérant , doux , modéré , ne bleffoit jamais dans fes difcours ni dans fa conduite , la charité ni la pudeur , il ne parloit qu'avec refpect de l'être fuprême , il affif-toit aux temples & vouloit qu'on y affiftât. Quand on lui apprenoit qu'un ami le trahiffoit , qu'un en-nemi le calomnioit , *les procédés des méchans* , difoit-il , *ne doivent pas nous empêcher d'aimer & de pratiquer la vertu*. Il remit par défintéreffement aux héritiers de Jean de Witt , une penfion de deux cens florins que lui faifoit cet homme célèbre. Il étoit fils d'un juif Portugais ; un coup de couteau qu'il reçut d'un juif en fortant de la fynagogue , joint aux objections qui s'élevoient dans fon efprit contre la religion Ju-daïque , le fit renoncer à cette religion; la Synagogue de fon côté l'excommunia : il demeuroit d'abord à Amfterdam , enfuite à la Haye , il parut s'attacher à la plus tolérante des communions proteftantes , celle des Arminiens. Il vivoit folitaire , paffoit quelquefois trois mois fans fortir de fa maifon , s'amufant à faire des télefcopes & des microfcopes. Il étoit né à Amfterdam en 1632 , il mourut en 1677. Il avoit été difciple du maître d'école Vanden-Ende , qui fut pendu en 1674 , pour avoir eu part à la conjura-tion du chevalier de Rohan. On a de *Spinofa* , l'ouvrage intitulé : *Tractatus theologico - politicus* , c'eft le plus célèbre de fes écrits , il a été traduit en François par faint-Glain , on trouve qu'il y jette les femences de l'Athéifme qu'il développe dans fes œuvres pofthumes ; on a encore de lui *les principes de Réné Defcartes , démontrés felon la manière des Géomètres*.

SPITHAME, f. f. (*Mefure anc.*) nom équivoque qu'on avoit donné chez les Grecs à deux mefures différentes, dont l'une, affez rare, faifoit feulement la moitié de l'autre, & n'étoit que la quatrième partie de la coudée, compofée de fix doigts grecs, qui revenoient à quatre doigts romains. La grande *fpithame* étoit la moitié de la coudée grecque, & les trois quarts du pied, d'où vient qu'on y comptoit douze doigts, comme on en comptoit fix à la petite. C'eft du moins là l'opinion de M. de la Barre que nous ne prétendons pas garantir ; mais on peut le confulter dans les *mém. des Infcript. tom. XIX.* (*D. J.*)

SPON, (*Hift. litt.*) Charles & Jacob, père & fils, le premier, Médecin & Poëte, né à Lyon en 1609, mort aufli à Lyon en 1684. On a de lui la Pharmacopée de Lyon.

Le fecond, né à Lyon en 1647, eft beaucoup plus connu que fon père, il l'eft fur-tout par fes *voyages d'Italie, de Dalmatie, de Grèce & du Levant,* & par fon hiftoire de la ville & de l'état de Genève. On a encore de lui des recherches curieufes d'antiquités ; des *Mifcellanea eruditæ antiquitatis,* des recherches des antiquités de Lyon. *Bevanda Afiatica,* feu *le café,* &c. Obligé en 1685, de quitter la France à caufe de la révocation de l'Edit de Nantes, il alloit fe fixer à Zurich, il mourut en chemin à Vevay.

SPONDE, (Henri de) (*Hift. litt. mod.*) né en 1568, à Mauléon de Soule fur les confins du Béarn & de la Navarre, fut élevé dans la religion Calvinifte ; convaincu, dit-on, par les livres de controverfe des Cardinaux du Perron & de Bellarmin, il abjura le Calvinifme en 1595, accompagna le Cardinal de Sourdis à Rome, embraffa l'état eccléfiaftique, & fut fait évêque de Pamiers en 1626. Ses ouvrages ont été recueillis en fix volumes *in-folio.* Les principaux font un traité de *Cœmeteriis facris,* mais fur-tout fon abrégé des annales de Baronius. Il y témoigne un grand zèle contre la religion qu'il a quittée, & ce zèle lui dicte quelquefois des jugements peu juftes ; il voudroit, par exemple, nous donner pour une action louable une profanation bien infolente d'un bourgeois de Mauléon, nommé Pierre-Arnauld Maytia. Gérard Rouffel, que la reine de Navarre, Marguerite de Valois, fœur de François I., avoit fait Evêque d'Oléron, & qui étoit fufpect aux Catholiques zélés, d'un peu de penchant pour le Calvinifme, avoit envoyé à Mauléon, patrie de *Sponde,* dans le Diocèfe d'Oléron, un moine qu'il avoit chargé, dit *Sponde,* de prêcher contre le culte des Saints & contre les indulgences ; Maytia d'abord chaffa ce Moine, l'Evêque vint à Mauléon prêcher lui-même, Maytia va l'entendre, & avec une hache qu'il tenoit cachée fous fon manteau, il brife la chaire, fait tomber l'Evêque, qu'on remporte demi-mort, & qui mourut peu de temps après ; Maytia eft cité pour cet attentat au Parlement de Bordeaux, qui auroit dû le punir avec rigueur ; quelque tort que pût avoir l'Evêque, & qui ne le punit point,

Sponde obferve que la famille de ce Pierre Arnauld Maytia, donna depuis deux Evêques à l'églife d'Oléron, la Providence, dit-il, élevant ainfi un trône d'honneur, à une maifon qui avoit renverfé fi généreufement une chaire de peftilence. *Sponde* loue beaucoup l'action de Maytia, il l'appelle *pium & eximium facinus, une pieufe & excellente action ; Sponde* eft pourtant d'ailleurs un écrivain affez judicieux. Il mourut à Touloufe en 1643.

Il avoit un frère (Jean), qui abjura aufli le Calvinifme, & mourut en 1595. On a de lui des commentaires fur Homère & quelques écrits de controverfe.

SPOTSWOOD, (Jean) (*Hift. litt. mod.*). Archevêque de Glafcou, puis de Saint André, Primat d'Ecoffe, & Lord-Chancelier fous Charles I, eft auteur d'une hiftoire eccléfiaftique d'Ecoffe en Anglois ; mort en 1639.

STAAL, (Madame de) *Hift. litt. mod.*) fes Mémoires font connus, & par conféquent fon hiftoire. Sous une plume ordinaire, cette hiftoire n'auroit point de faits, elle eft du plus grand intérêt, fous la plume enchantereffe de madame *de Staal* ; elle contient d'ailleurs des particularités curieufes fur la Cour de madame la Ducheffe du Maine, fur fa prifon, fur celle de M. le Duc du Maine. On a de madame de *Staal,* deux jolies comédies, *l'Enjouement* & *la mode.* Ses Mémoires la mettent au rang de nos meilleurs écrivains. Il eft impoffible de répandre plus de philofophie & de fentiment fur ces légers détails de la vie, où le commun des homme ne voit rien & ne fent rien : madame de *Staal* eft cette même mademoifelle de Launai, que fa lettre à M. de Fontenelle, fur l'aventure de mademoifelle Teftard, fit connoître fi avantageufement dans le monde, & à qui l'abbé de Chaulieu (*voyez* fon article) adreffe fa fameufe epitre :

Launai, qui fouverainement
Poffèdes le talent de plaire, &c.

On a prétendu que madame de *Staal* n'avoit pas tout dit dans fes Mémoires, & qu'une dame de fes amies lui ayant demandé comment elle parleroit de fes intrigues galantes, elle avoit répondu : *je me peindrai en bufte.* Elle ne fe ménage point dans le portrait qu'elle fait d'elle même ; une femme qui l'avoit bien connue, & qui n'étoit pas plus portée qu'une autre à l'indulgence, madame du Deffant, la peint bien plus avantageufement. Le portrait que madame de *Staal* fait de madame la ducheffe du Maine dans fes Mémoires, laiffe appercevoir des défauts qui font rendus encore plus fenfibles dans un portrait manufcrit de cette princeffe, fait avec plus de précifion encore, hors des mémoires, par la même madame de *Staal,* mais elle y rend fi ce aufli aux bonnes qualités de cette princeffe. Madame de *Staal,* qui, par un concours fingulier de conjonctures, après avoir été noblement élevée, s'étoit vue forcée d'en tré en qualité de femme de chambre chez madame la duchesse du Maine, & qui à force d'esprit étoit parvenue à être de la Cour de cette princesse & dans son intimité, avoit été mise à la Bastille pour ses intérêts, & y étoit restée deux ans, disoit qu'elle n'avoit connu la liberté que dans ce séjour de l'esclavage. Qu'on juge par ce mot de l'esclavage des Cours, pour ceux mêmes qui ont le malheur d'y être en faveur. Madame de *Staal* mourut en 1750.

STACE, (*P. Papinius Statius*) (*Hist. litt. rom.*) vivoit sous Domitien. On a remarqué que Martial ne parle jamais de lui, quoiqu'ils vécussent à Rome en même temps. Ce silence peut ne rien signifier ; on a voulu qu'il signifiât quelque chose, & on l'a expliqué par la jalousie que les succès de *Stace* auprès de Domitien inspiroient, dit-on, à Martial ; jalousie qui, à la vérité, est toujours une chose fort vraisemblable. Nous avons de *Stace* deux Poëmes Epiques ; la Thébaïde en douze livres, qui a de la réputation ; l'Achilléide qui est moins connue parce qu'elle n'a que deux livres, & qu'elle est restée imparfaite. Ces deux poëmes sont adressés à Domitien, après la guerre contre les Daces & Décébale, leur Roi, l'an 86 de J. C., guerre dont il ne falloit pas parler pour l'honneur de Domitien, qui fut réduit à marchander la paix, & qui n'en revint pas moins triompher à Rome de ces mêmes Daces. *Stace* flate encore Domitien en plusieurs endroits de ses *Sylves*, espèce de Bucoliques. Domitien étoit l'Auguste de ce Virgile, & il y a entre les deux princes à-peu-près la même distance qu'entre les deux Poëtes.

Stace avoit fait aussi des Tragédies, entr'autres une Agavé, c'est Juvenal qui nous l'apprend, & il nous apprend en même temps que *Stace*, malgré la faveur de Domitien, vivoit dans l'indigence, & qu'il avoit besoin de vendre ses pièces aux comédiens, pour subsister :

Sed cùm fregit subsellia versu
Esurit, intactam Paridi nisi vendat Agaven.

Stace mourut à Naples, vers l'an 100 de J. C., sous l'empire de Trajan. En général ce Poëte est plus célèbre que connu, plus estimé que lu.

'Et franchement, quoiqu'un peu censuré,
J'aime encore mieux être lu qu'admiré.

disoit Rousseau.

Stace a plus de talent que de charme ; ses vers sont bien faits, ils sont même beaux, & on ne les retient point, leur couleur est terne & monotone. Son poëme de la Thébaïde a de l'intérêt, son style n'en a point, il n'a que de la poësie ; il fait sentir toute l'utilité de ce précepte d'Horace :

Nec satis est pulchra esse poemata, dulcia sunto,
Et quôcumque volent animum auditoris agunto.

Voilà ce que Virgile sait si bien faire ; c'est ainsi que par une variété toujours riche & heureuse, par la justesse, la propriété précise, la convenance toujours parfaite de son expression, par un sentiment exquis de l'harmonie dans tous les genres, il attache toujours & remplace par le charme des détails, ce qui manque quelquefois à l'intérêt du fond. Il y a certainement beaucoup moins d'intérêt dans les six derniers livres de l'Enéïde, que dans quelque livre de la Thébaïde que l'on veuille choisir ; mais dans ces livres même défectueux de l'Enéïde, on sera beaucoup plus attaché par le mérite intéressant des détails, que dans la Thébaïde entière. Cette différence se fait sentir dans les endroits mêmes que *Stace* imite de Virgile, & ces endroits sont nombreux. Comparez, par exemple, dans le troisième livre de la Thébaïde, les regrets d'Idée, mère de deux guerriers tués par Tidée, & les regrets de la mère d'Euryale, dans le neuvième livre de l'Enéïde ; aux mouvements si vrais, si passionnés de celle-ci, à cet abandon, à cet épanchement du cœur d'une mère, vous reconnoîtrez la nature, & vous ne pourrez retenir vos larmes ; la douleur d'Idée, quoiqu'exprimée avec esprit, & en beaux vers, vous laissera froidement observer & estimer l'art du Poëte imitateur ; encore trouverez-vous cet art en défaut, & bien inférieur à celui de Virgile ; car Virgile, avant d'exposer à vos yeux, la mère d'Euryale, vous a fait aimer son fils, & vous a fait comprendre combien une mère devoit l'aimer. Ce généreux enfant s'étoit dévoué pour ses concitoyens, il mouroit pour la cause la plus noble & la plus intéressante ; en partant, il avoit déjà fait couler vos larmes, par la piété tendre avec laquelle il avoit recommandé sa mère au jeune Ascagne.

Hanc ego nunc ignaram hujus quodcumque pericli est
Inque salutatam linquo ; nox & tua testis
Dextera, quòd nequeam lacrymas perferre parentis.
At tu, oro, solare inopem & succure relictæ ;
Hanc sine me spem ferre tui, audentior ibo
In casus omnes.

Vous avez pleuré Euryale, avant que sa mère fût instruite de son sort, vous avez pressenti avec douleur & avec effroi, le moment où la nouvelle de la mort d'un tel fils parviendroit aux oreilles d'une telle mère. Mais les deux fils que pleure Idée, ne sont que de vils assassins, apostés par un Tyran, pour égorger un ambassadeur ; leur cause est odieuse & infame ; ils succombent dans un combat inégal où ils sont cinquante contre un ; tout l'intérêt est pour leur vaillant ennemi Tidée qui en tue quarante neuf, & n'en laisse vivre qu'un pour porter à Thèbes la nouvelle de ce combat. Idée est mère, on souffre sa douleur, mais on ne la partage pas, parce que ceux qu'elle regrette ne sont pas intéressans. On pourroit même faire de cette observation une espèce de règle, & mettre en principe que, pour que la douleur en pareil cas soit intéressante, il faut, &

que l'objet qu'on regrette , & que l'objet qui regrette foient intéreffans ; fi l'un des deux ne l'eft pas , la pitié eft nulle , ou du moins foible. Laufus dans l'Enéide eft vertueux , il meurt pour fon père ; Mézence eft malheureux fans doute de perdre un tel fils ; mais Mézence eft pour ainfi dire indigne de le pleurer. Mézence eft un fcélerat & un impie , Virgile n'a pas même fongé à rendre fa douleur touchante , il a donné à cette douleur le caractère de la fureur , qui étonne , mais qui n'attendrit pas. Voyez au contraire combien eft touchante la douleur d'Evandre qui , dans cette même guerre , perd fon fils Pallas ; c'eft qu'Evandre & Pallas font tous deux vertueux & intéreffans.

Nous ne devons pas diffimuler ici que ce charme attirant & attachant de Virgile , qui nous paroît manquer à Stace , ce *dulce* que nous lui refufons , en lui accordant le *pulchrum* , eft précifément le mérite que paroît louer en lui Juvenal , qui devoit s'y connoître mieux que nous , & qui en général n'étoit pas difpofé à prodiguer ni à exagérer la louange. Voici le jugement qu'il porte de Stace dans la Satyre huitième :

Curritur ad vocem jucundam ac carmen amicæ
Thebaidos, lætam fecit cùm Statius urbem
Promifitque diem , tantâ dulcedine captos
Afficit ille animos , tantâque libidine vulgi
Auditur !

Nous répondrons , 1°. que Juvénal parle peut-être en général du fuccès des lectures de la *Thébaïde* , & du plaifir qu'y paroiffoit faire ce poëme , plutôt qu'il ne veut caractérifer avec précifion la nature de ce plaifir , & du mérite de l'ouvrage.

2°. Que Juvénal étoit peut-être l'ami de Stace , dont il étoit certainement le contemporain , & qu'il voyoit peut-être dans l'ouvrage de fon ami un mérite qui n'y étoit pas.

3°. Nous ne prétendons pas refufer entièrement à la *Thébaïde* le mérite dont il s'agit ; mais tant que nous aurons des objets de comparaifon , tels que l'*Enéïde* & les *Métamorphofes* , nous dirons toujours que Stace , avec des beautés continues , n'a pourtant ni le charme de Virgile , ni l'agrément infini d'Ovide.

Quant à l'éloge que Grotius fait de Stace , en difant qu'il laiffe la victoire incertaine entre Virgile & lui :

Ambiguam magno palmam factura Maroni
Carmina, quæ docto Statius ore dedit.

C'eft l'éxagération d'un panégyrifte , qui , voulant louer l'éditeur de Stace , commence par louer Stace outre mefure. D'ailleurs l'autorité de Grotius ne feroit toujours que celle d'un moderne , qui n'a point de titre pour juger mieux que nous des anciens.

Rapportons-nous en à Stace lui-même , qui adore & fuit de loin avec refpect la divine Enéïde , fans effayer de l'égaler.

Nec tu divinam Eneïda tenta ,
Sed longè fequere , & veſtigia femper adora

L'opinion de Nicolas de Clémangis , célèbre docteur des quatorzième & quinzième fiècles , eft plus modérée & plus jufte que celle de Grotius : il donne à Virgile fur Stace , une fupériorité inconteftable , mais il ne la donne qu'à lui.

Omnium inter héroïcos , uno excepto Virgilio , graviffimus , ſtudiofiffimâque Virgilii imitatione, alter quaſi Virgilius.

Si , comme on le doit , on place Ovide parmi les poëtes héroïques , il faudra encore une exception en fa faveur.

Jules Cefar Scaliger , appelle auffi Stace : *héroïcorum poëtarum , ſi phænicem illum noſtrum maronem eximus , tùm latinorum , tùm etiam græcorum facilè princeps.*

On a reproché à Stace de l'enflure , Scaliger réfute ce reproche. Il examine fur-tout le début de ces deux poëmes : la *Thébaïde* & l'*Achilléïde* : Il prouve aifément que le début de la *Thébaïde* n'eft qu'exact , & n'eft point enflé.

Fraternas acies, alternaque regna profanis
Decertata odiis fontefque evolvere Thebas
Pierius menti calor incidit.

Peut-être ne faut-il pas le vanter d'une chaleur poëtique ; mais enfin les deux premiers vers expofent le fujet avec juftefle & fimplicité.

Le début de l'Achilléïde paroît d'abord avoir quelque chofe de plus enflé :

Magnanimum Œaciden formidatamque tonanti
Progeniem & patrio vetitam fuccedere cœlo ,
Diva refer.

Ce trait , *formidatam tonanti progeniem* feroit la plus ridicule des hyperboles afiatiques , s'il n'avoit pas ici un fens particulier très-raifonnable. Jupiter avoit craint d'être père du fils de Thétis , parce que l'oracle avoit déclaré que le fils de cette Déeffe feroit plus grand que fon père , ce qui fut vérifié à l'égard de Pélée. Le reproche d'enflure paroît donc encore injufte à cet égard , & nous ne voyons pas trop non plus de quoi le fonder dans les détails de ces deux poëmes. Ce reproche feroit quelquefois plus jufte à l'égard de Lucain ; mais les beautés de Lucain nous paroiffent avoir un plus grand caractère , une énergie plus originale que celles de Stace , qui font plus égales & plus continues.

Nous ne préférerions pas non plus Stace à Silius Italicus , fans quelque reftriction à l'égard de certaines

certaines beautés de ce dernier poëte, qui nous paroissent supérieures à tout : tel est, par exemple, ce
morceau où il nous montre Annibal entouré des
journées glorieuses de Cannes, de Trébie, de
Thrasymène, & l'ombre du grand Paul Emile se tenant
debout devant lui par respect, prête à défendre elle-
même son vainqueur contre ceux qui voudroient
violer dans ce grand homme la majesté de la
victoire.

Fallit té, &c. (*Voyez* l'article SILIUS ITALICUS.)

On a reproché à ces trois poëtes (Lucain, *Stace*,
& Silius Italicus) de n'avoir fait que des poëmes
purement historiques. Tant mieux, ils en sont plus
intéressans ; beaucoup d'anciens rhéteurs ont distingué
le poëme historique du poëme épique, ils ont cru
que c'étoient les fictions & le merveilleux qui consti-
tuoient essentiellement l'épopée. Oserions-nous dire que
ce n'est là qu'un vieux préjugé démenti par la réflexion
& par l'expérience ; que les poëmes historiques sont
les plus intéressans des poëmes épiques, & que dans
les poëmes mêmes où régnent ces fictions qu'on
voudroit regarder comme essentielles à l'épopée, c'est
toujours la partie historique qui fait le plus d'effet ?
Voyez les beaux vers historiques de la Henriade,
la relation du massacre de la saint Barthélemi, de
l'assassinat de Henri III, de la bataille d'Ivri, du
siége de Paris ; les portraits du duc de Guise, de
Catherine de Médicis, de la reine Elisabeth, comparez ces morceaux qui gravent l'histoire dans l'imagination en caractères ineffaçables, avec ces allégories ingénieuses, mais froides de la Discorde & de
la Politique. Voyez dans l'Enéide, la description
du sac de Troye, les amours d'Enée & de Didon. Que
Junon vienne tendre à Venus un petit piège dans lequel
elle est prise elle-même, que vous importe ? Qu'est-ce
qui vous entraîne, qui vous enflamme ? C'est l'amour
de Didon, c'est la douleur tendre, sa fureur éloquente, son désespoir, son courage. L'action des
Dieux est toujours aux dépens de celle des hommes,
ou plutôt elle est toujours froide & inutile ; ce sont
les hommes ; ce sont leurs passions qu'on veut voir
en mouvement. Dans la Thébaïde, c'est Etéocle &
Polinice, c'est la haine furieuse de ces deux frères ;
c'est le vaillant Tidée, c'est le hardi Capanée qu'on
veut voir agir ; mais, que Jupiter envoye Mars
animer à la guerre les peuples de la Grèce ; que
Vénus éplorée aille retarder la course de Mars ; que
Mars, après avoir essayé de la consoler, poursuive
sa route par l'impossibilité de désobéir à Jupiter,
tout est froid, tout languit ; que Capanée soulève le
Conseil d'Adraste par le récit du crime auquel il a
su échapper ; que Capanée entraîne les peuples à
la guerre, au mépris des terreurs religieuses d'Am-
phiaraüs & de Mélampe, tout s'anime, tout s'enflamme. Comparez au septième livre les discours de
Jupiter & de Bacchus, avec ceux de Jocaste &
de Tidée, dans le camp de Polinice ; quelle différence !

Il a paru en 1783, une traduction nouvelle de
Histoire. Tome V.

Stace, par M. l'Abbé de Cormilliolle, curé de Coye
entre Luiarche & Chantilly.

STAFFORD, (*Hist. d'Angl.*) nous avons parlé à
l'art, du docteur *Arnauld*, de la prétendue *conspiration
papiste*, dont il a si éloquemment & si solidement
démontré la fausseté. Le Parlement d'Angleterre,
qui n'accréditoit les bruits de cette prétendue conspiration, que pour éloigner du trône le duc d'Yorck,
qui fut depuis le roi Jacques II, défendit de nier
la réalité de la conspiration papiste, ce qui prouve
qu'il n'y croyoit pas. On a eu la barbarie dans cette
occasion, de verser des flots de sang innocent, on
fit même tomber des têtes illustres ; le vicomte de
Stafford, de la maison Howard, homme simple &
vertueux, d'ailleurs vieillard infirme, fut décapité
le 29 décembre 1680, parce qu'un faussaire de la
lie du peuple, déclara lui avoir vu remettre une
commission du P. Oliva, général des Jésuites, qui
le croit trésorier d'une prétendue armée papale qu'on
devoit lever pour faire la conquête des trois royaumes.
Le vicomte de *Stafford*, en partant pour l'exécution,
demanda un manteau à cause du froid : *je pourrai
trembler de froid*, dit-il, *mais je ne tremblerai pas de
peur.*

STALH, (Georges Ernest) (*Hist. litt. mod.*)
Célèbre chymiste Allemand, du siècle dernier & de
celui-ci, né en Franconie en 1660, fut le premier
Professeur en médecine dans l'Université de Hall,
qu'il vit fonder en 1694. Il fut appelé à Berlin en
1716, & y fut conseiller de la cour & médecin du
roi. Il mourut en 1734. On a de lui *Theoria medica
vera*, *opusculum chymico-physico-medicum* ; un excellent traité de métallurgie ; des observations chy-
miques, des élémens de chymie qui ont été traduits
en François par M. de Machy.

STANDONS ou STADONHC, (Jean) (*Hist.
de Fr.*) principal du collège de Montaigu, à Paris,
en est regardé comme le second fondateur. Touché
de la vertu de Jeanne de France, première femme
de Louis XII, & sensible à l'affront qu'essuyoit cette
sage & pieuse reine, il se permit de parler un peu
librement sur la répudiation de cette princesse ; sa
liberté déplut, il fut chassé du royaume, Cambray
fut son asyle ; il revint au bout de deux ans, &
mourut dans son collège de Montaigu ; il est enterré
dans la chapelle de ce collége. Il étoit né à Malines
en 1443 ; il mourut en 1504.

STANHOPE, (Jacques comte de) (*Hist.
d'Angl.*) fils d'Alexandre Stanhope, envoyé ou
ambassadeur extraordinaire du roi Guillaume en Espagne, se distingua dans le métier de la guerre & parvint par son mérite au commandement des armées.
Il fit ses premières armes en 1695, sous le roi
Guillaume, lorsque ce prince reprit Namur. En 1709,
il fut nommé commandant en chef des troupes
Angloises en Espagne. Le 27 Juillet 1710,
il remporta près d'Almanara une victoire,
dont l'empereur Joseph lui fit des remercimens
publics. Le 20 août suivant, il contribua beaucoup
avec le comte de Staremberg, à la victoire de

S

Sarragosse. La même année il défendit vaillamment Brihuega, mais cette place ayant été prise d'assaut le 9 décembre, par le duc de Vendôme, *Stanhope* resta prisonnier avec les cinq mille Anglois qu'il avoit introduits dans Brihuega. Echangé en 1712, contre le duc d'Escalone, vice-roi de Naples, il fut secrétaire d'Etat & membre du conseil privé sous le roi George I. Il alla en Ambassade à Vienne, & il étoit nommé plénipotentiaire au congrès de Cambrai, lorsqu'il mourut à Londres, en 1721.

STANISLAS LESZCZINSKI, (*Hist. de Pologne.*) roi de Pologne, duc de Lorraine & de Bar: il naquit à Léopold le 10 octobre 1677; une éducation dure, mâle & simple, lui donna les forces que la nature lui avoit refusées; mais en prenant soin du corps on n'oublia pas la culture de l'esprit; le droit public de Pologne fut sa principale étude; son amour pour sa patrie dirigea celui qu'il avoit pour les sciences; il voyagea en Italie; à son retour il trouva le grand Sobieski son ayeul maternel, prêt à descendre dans la tombe; il reçut ses derniers soupirs; sa mort fut suivie d'un interregne orageux; les prétendans à la couronne ne furent point effrayés par le fardeau qu'ils s'imposoient en succédant à Sobieski: enfin, Frédéric Auguste, électeur de Saxe, l'emporta sur ses rivaux, & fut couronné le 15 septembre 1697. La même année la Suède perdit Charles XI, plaça sur le trône le jeune Charles XII, & le déclara majeur à quinze ans. Les rois de Pologne & de Danemarck & le czar de Russie ne crurent point que cette majorité précoce déférée par les états fût une preuve des talens prématurés de Charles; résolus de le dépouiller d'une partie de ses domaines, ils formèrent une ligue offensive contre lui; Charles attaqua le duc d'Escalone dans leurs foyers, écrasa les Moscovites à Narwa, & tourna ses armes contre Frédéric-Auguste. La république n'avoit point approuvé les projets ambitieux de celui-ci; Charles, par-tout vainqueur & conquérant, trouva aisément en Pologne une faction contre son ennemi, & la diète assemblée à Varsovie, le 14 février 1704, déclara Auguste déchu du trône. Charles, qui avoit eu assez de force pour ôter un roi aux Polonois, prétendit avoir le droit de leur en donner un autre; il avoit nommé d'abord Jacques Sobieski; mais ce prince & Constantin son frère furent arrêtés par des partisans d'Auguste; *Stanislas* engagea Charles à monter sur le trône, ce fut en vain; le jeune Alexandre Sobieski montra le même désintéressement; *Stanislas*, député près de Charles, avoit inspiré à ce prince une estime sentie; ses manières douces & nobles, son esprit actif & pénétrant, la justesse avec laquelle il apprécioit les hommes, son éloquence mâle & sans art, la candeur qui régnoit dans ses réponses; toutes ces qualités l'élevoient d'autant plus au-dessus de ses rivaux, qu'il ne vouloit être lui-même le rival de personne: il n'avoit point brigué le sceptre, & Charles le mit dans ses mains: « voilà, dit-il, le roi qu'auront les Polonois »: *Stanislas* objecta que les princes Jacques & Constantin étoient

absens, & qu'on ne pouvoit faire une élection sans eux; « il faut une élection pour sauver la républi- » que, répondit Charles XII ». Le primat qui avoit intérêt de différer l'élection pour perpétuer son autorité, essaya de perdre *Stanislas*, & dans l'esprit de Charles & dans l'esprit de la noblesse polonoise. *Stanislas* ne lui opposa d'autre brigue que l'estime publique. Le prélat ne put la détruire, ni même l'affoiblir: on s'assembla au Colo: Charles s'y glissa secrètement; cria *vivat Stanislas*, & à ce cri le prince fut proclamé par toute l'assemblée; le primat & ses autres ennemis vinrent lui rendre hommage. Le roi ne fit paroître aucun ressentiment dans ses discours, parce qu'il n'en avoit aucun dans le cœur.

Stanislas étoit élu, mais il n'étoit point couronné; le pape, qu'Auguste avoit mis dans ses intérêts, voulut traverser cette cérémonie. La Pologne fut inondée de brefs, par lesquels tous les prélats qui assisteroient au sacre, étoient menacés des foudres du Vatican: La nouvelle Rome a cru long-temps avoir hérité de l'ancienne, du droit de donner & d'ôter les couronnes. Le primat refusa de couronner *Stanislas*, mais il mourut peu de jours après; l'archevêque de Léopold remplit les fonctions du primat: ce fut en présence de Charles XII qu'il couronna *Stanislas* & Charlotte-Catherine Opalinska, son épouse. Auguste vaincu par-tout n'obtint la paix qu'en renonçant à la couronne: Charles XII le força de féliciter *Stanislas* sur son avénement au trône; ce prince lui répondit en ces termes:

« Monsieur & frère, la correspondance de votre » majesté est une nouvelle obligation que j'ai au roi » de Suède; je suis sensible, comme je le dois, » aux complimens que vous me faites sur mon » avénement: j'espère que mes sujets n'auront point » lieu de me manquer de fidélité, parce que j'ob- » serverai les loix du royaume. »

Tandis qu'Auguste, par des intrigues secretes, essayoit de soumettre des places, *Stanislas* conquéroit des cœurs par ses bienfaits: il fut bientôt universellement reconnu; les cours d'Allemagne, de France, d'Angleterre & de la Porte, joignirent leurs suffrages à ceux des Polonois; mais bientôt l'appareil effrayant de l'armée du czar, les menées sourdes d'Auguste, l'or que ses émissaires versoient à pleines mains, aliénoient quelques factieux qui donnoient leur estime à *Stanislas*, & leur sang à son rival. Pour comble de malheurs, Charles XII fut battu à Pultava, le 28 juin 1709, & s'enfuit en Turquie. Tous les princes du Nord se liguèrent pour partager la dépouille du vaincu; Auguste rentra en Pologne, & réclama contre la cession forcée qu'il avoit faite de la couronne: ce fut alors que *Stanislas* fit éclater toute la noblesse de son ame; abandonné par des amis foibles, n'ayant plus de ressources pour acheter des créatures, il se retira en Poméranie, pour défendre les états de son bienfaiteur. Jusqu'alors on l'avoit connu prince généreux, bon citoyen, ami fidèle ; à Stralfund, à Stetin, à Roftock, à Guftrôw on le vit foldat intrépide, habile général; ne pouvant plus fe maintenir en Poméranie, il paffa en Suède pour raffurer la fidélité du peuple, ébranlée par les malheurs & par l'abfence de fon maître, réfolut enfuite de rendre la paix à la Pologne, en defcendant du trône : il courut à Bender pour faire confentir Charles XII à cette abdication, mais il fut arrêté en Moldavie, conduit de prifons en prifons, & ne put voir Charles XII : dès qu'il fut remis en liberté, il traverfa l'Allemagne, arriva à Deux-Ponts, & y fit venir fa famille. Ce fut là que la mort lui enleva fa fille aînée en 1714; cette perte lui fut plus fenfible que celle de la couronne. La fortune n'avoit point changé : mais le czar avoit changé de deffeins & d'intérêts. L'ennemi de Charles étoit devenu fon allié, & vous deux vouloient replacer *Stanislas* fur le trône, où Augufte étoit monté une feconde fois. Les ennemis de *Stanislas* effayèrent de l'enlever; mais la confpiration fut découverte, le roi fit venir les coupables, fe vengea par un pardon généreux, & leur donna de l'argent pour retourner dans leur patrie, tandis qu'il en manquoit lui-même pour foutenir fa maifon. La mort de Charles XII renverfa toutes les efpérances que les amis de *Stanislas* avoient conçues pour lui-même; il fe retira à Veiffenbourg l'an 1718, & y demeura jufqu'au mariage de Louis XV avec Marie fa fille, célébré à Fontainebleau le 7 feptembre 1725 : *Stanislas* lui donna les confeils les plus fages; il ne pouvoit lui en donner un plus beau que l'exemple de fa vie. Ce prince fixa fa cour à Chambord, où Louis XV lui donna de quoi foutenir fon rang, & fatisfaire la douce habitude qu'il avoit contractée de faire des heureux. Sur ces entrefaites Frédéric-Augufte mourut le premier février 1733, *Stanislas* quitta fa paifible retraite pour remplir ce qu'il devoit à fa patrie, à Louis XV, à lui-même : il arrive déguifé à Varfovie, fe montre au peuple & eft encore proclamé roi par plus de cent mille bouches; quelques palatins raffemblèrent des troupes pour traverfer cette élection; on preffa *Stanislas* de prendre les armes pour diffiper cet orage. « Non, non, dit-» il, je ne fuis pas venu pour faire égorger mes » compatriotes, mais pour les gouverner : s'il faut » que mon trône foit cimenté de leur fang, j'aime » mieux y renoncer pour jamais. »

Cependant Frédéric-Augufte III, électeur de Saxe & fils de Frédéric-Augufte II, fut élu par un parti puiffant : il avoit époufé la nièce de Charles VI, & cet empereur joignit fes armes à celles de Ruffie pour captiver les fuffrages des Polonois. Le roi de France lui déclara la guerre ; Dantzik fut affiégé par les Mofcovites. Les habitans de cette ville idolâtroient *Stanislas*; il fe jetta parmi eux; ils montrèrent ainfi que lui un courage au-deffus des plus grands périls; mais enfin voyant le fecours qu'il attendoit de France intercepté, la ville démantelée, la garnifon menacée d'une mort certaine, les biens des habitans prêts à être livrés au pillage, enfin fa

tête mife à prix, (& ce dernier malheur étoit celui qui le touchoit le moins,) il réfolut de s'enfuir pour la laffer aux Dantzikois la liberté de capituler; il partit déguifé en payfan; un centumvir, en apprenant fa fuite, tomba mort fur les genoux du comte de Poniatowski. Il eft peu de rois fans doute à qui on ait donné de pareilles preuves d'attachement : mais il en eft moins encore qui les aient autant méritées que *Stanislas*. « Je vous embraffe tous bien tendre-» ment, écrivoit-il à fes partifans, & je vous con-» jure par vous-mêmes & par conféquent par ce que » j'ai de plus cher, de vous unir plus que jamais » pour foutenir les intérêts de la chère patrie qui » n'a d'autre appui qu'en vous feuls : les larmes qui » effacent mon écriture m'obligent de finir. » Il donna aux Dantzikois les mêmes témoignages de reconnoiffance & d'amitié : fes lettres ainfi que fes difcours portent l'empreinte de la vérité & du fentiment; de tous les talens il ne lui manquoit que celui de tromper, & s'il avoit eu celui-là, il n'auroit peut-être jamais perdu la couronne. Les bornes de cet article ne me permettent pas de le fuivre dans fa fuite; errant au milieu de fes ennemis, à la merci de quelques guides mercenaires & peu fidèles, expofé à toutes les injures de l'air, rencontrant la mort à chaque pas, trahi quelquefois par cet air de nobleffe, qui le faifoit reconnoître fous les haillons dont le couvroient, tournant fans ceffe fes regards attendris vers Dantzik; enfin reçu dans les états du roi de Pruffe avec tous les égards qu'on devoit à fon rang, à fes malheurs & fur-tout à fa vertu, il quitta bientôt fon nouvel afyle pour revenir en France. Enfin la paix fut fignée; on laiffa à *Stanislas* le titre & les honneurs de roi de Pologne & de grand duc de Lithuanie : il abdiqua la couronne, & entra en poffeffion des duchés de Lorraine & de Bar, qui devoient après fa mort être réunis à la couronne de France. Il fe forma depuis un parti en Pologne pour le replacer fur le trône, mais il fe hâta de diffiper cette faction par une lettre où il fait éclater & le patriotifme le plus pur & le défintéreffement le plus héroïque; il ne s'occupa plus que du bonheur de fes nouveaux fujets, & ne fe permit d'autre délaffement que l'étude; des hôpitaux fondés, des églifes bâties, des manufactures établies, la ville de Nancy ornée, celle de Saint-Diez ruinée par un incendie & reconftruite par fes foins ; les établiffemens les plus fages pour l'éducation de la jeuneffe, font autant de monumens de fa bienfaifance & de fon goût pour les arts : enfin il félicita le comte Poniatowski fur fon avénement au trône l'an 1763; cette démarche fut libre, & fait plus d'honneur à la mémoire de *Stanislas* qu'une pareille lettre dictée par Charles XII ne fait de tort à celle de Frédéric-Augufte. Il fit plus; il engagea les cours de France & de Vienne à reconnoître le nouveau roi. Il favoit que la nation avoit fait un choix éclairé, & que le mérite de ce prince avoit feul brigué les fuffrages. La mort de fon époufe & celle de monfeigneur le dauphin jettèrent une amertume profonde fur fes dernières années,

Perfécuté long-temps, frappé dans ce qu'il avoit de plus cher, il fit des heureux & ne le fut pas lui-même. Enfin il tomba dans le feu, & mourut le 23 février 1766, au milieu des douleurs les plus cuifantes. Il les foufrit avec cette force qui vient du courage & qui tient plus au moral qu'au phyfique ; la reine lui ayant recommandé de fe munir contre le froid, « vous auriez dû plutôt, lui dit-il, me recommander de me munir contre le chaud.» Stanislas avoit l'efprit jufte, le jugement fain, les reparties vives, le cœur droit & fenfible ; il aimoit les arts & les cultivoit : fa piété n'avoit rien d'âpre & de farouche. Clément fans oftentation il pardonnoit fans effort, & ne s'en faifoit pas un mérite ; fon ame naturellement belle n'avoit pas befoin de l'école du malheur pour s'épurer, mais fes difgraces le rendoient plus intéreffant ; il parloit notre langue avec pureté & même avec élégance : fes écrits en font une preuve ; ceux fur-tout où il raconte fes malheurs portent un caractère de vérité qui les fera furvivre long-temps à leur auteur. (M. DE SACY.)

STANLEY, (Hift. d'Angl.) le Lord Stanley avoit époufé Marguerite de Sommerfet, mére du comte de Richemont, qui fut dans la fuite le roi Henri VII. Richard III, ce monftrueux prince qui s'étoit élevé au trône par le meurtre ou l'empoifonnement de tous les princes qui l'en écartoient, s'aveugloit au point de croire que Stanley lui feroit fidèle au préjudice du comte de Richemont fon beau-fils. Stanley n'attendit qu'un moment décifif, pour fe ranger fous les drapeaux du comte. Il fe déclara pour lui à la bataille de Bosworth, du 22 août 1485, qui décida & termina la querelle des deux Rofes, par la mort de Richard III ; celui-ci avoit voulu, comme nous l'avons dit à fon article, (voyez l'article RICHARD III.) combattre la couronne fur la tête, foit pour braver fon ennemi, foit pour mourir (s'il le falloit), avec les marques de la royauté. La couronne de Richard, trouvée fur le champ de bataille après fa mort, fut ramaffée par Stanley, qui la pofa lui-même fur la tête de Richemont, qu'il fit proclamer roi fous le nom de Henri VII. Ce roi fe montra bien ingrat dans la fuite ; il voulut perdre le Lord Guillaume Stanley, frère de celui auquel il devoit la couronne ; les richeffes de Stanley étoient fon vrai crime, celui qu'on lui imputa n'étoit pas plus puniffable, c'étoit d'avoir dit que rien ne lui feroit porter les armes contre Perkin, dit Warbeck, (voyez l'article PERKIN) s'il le croyoit le duc d'Yorck. Les moyens qu'on employa pour convaincre Stanley d'un tort fi léger, furent infames. Clifford, efpion ordinaire de Henri, fe jettant aux pieds de ce prince devant le confeil, l'accufa d'avoir eu des intelligences avec Warbeck & fes amis, parmi lefquels il nomma Stanley ; le confeil frémit, le roi fit éclater une feinte colère contre Clifford, & le menaça de le faire pendre, fi l'accufation fe trouvoit fauffe. Clifford, avec l'ingénuité de Simon, confirma ce qu'il avoit avancé ; Stanley arrêté fur cette

dépofition, avoua le propos que nous venons de rapporter ; fur cet aveu il eut la tête tranchée, & tous fes biens furent confifqués au grand fcandale & au grand effroi de l'Angleterre. Voilà ce que vaut aux tyrans avares, cette inique loi de la confifcation qui fubfifte encore.

Un autre Stanley, (Thomas) mort en 1678, eft connu dans les lettres par une belle édition d'Efchyle & par une hiftoire de la philofophie, en Anglois, qui a été traduite en latin, en partie par le Clerc, & en totalité par Godefroi Olearius.

STAPLETON, (Thomas) (Hift. litt. mod.) Controverfifte catholique Anglois, dont on a les œuvres en quatre volumes in-folio. Né à Henfield en 1535, mort à Louvain en 1598.

STAROSTE, f. m. (Hift. mod.) en Pologne on donne ce nom à des gouverneurs de villes & de châteaux ; ils font nommés par le roi pour veiller fur fes revenus, & pour rendre la juftice en fon nom ; on appelle ftaroftie le diftrict fous leur jurifdiction : cependant il y a des ftaroftes qui n'ont point de jurifdiction, alors ils ne doivent être regardés que comme des châtelains.

STAROSTIE, f. f. (Hift. de Pologne) on appelle ftaroftie en Pologne, des terres que les rois de Pologne diftribuent comme bon leur femble, pourvu que ce foit à des Polonois. Autrefois elles faifoient le domaine de ces princes, & c'eft pour cela qu'on les nomme biens royaux. Sigifmond-Augufte céda volontairement ce domaine aux gentilshommes, pour leur aider à foutenir leurs dépenfes militaires. Il fe réferva feulement, pour lui & pour fes fucceffeurs, le droit de nommer à ces feigneuries, & que le tréfor de la république jouiroit du revenu pendant la vacance, jufqu'à la nomination d'un ftarofte, comme les rois de France ont droit de jouir des évêchés & autres bénéfices de leur nomination par économat. Outre cela il chargea les ftaroftes d'un impôt appellé quarta (kwarta), parce qu'il eft la quatrième partie du revenu de la terre, ce qui fait avec ce qu'on lève fur les biens d'églife, le fonds pour l'entretien des arfenaux de l'artillerie, & de la cavalerie Polonoife.

Il y a deux fortes de ftaroftes, les unes fimples, les autres à jurifdiction. Ces dernières font un tribunal appellé grode, avec un juge, & un tabellionage, où s'enregiftrent tous les actes paffés dans le reffort de la ftaroftie, les proteftations, les contrats, & autres ; comme elles ont auffi le privilège de pouvoir juger à mort, les femmes ne poffédent jamais de ces fortes de ftaroftes, ni aucun jeune homme avant fa majorité. (D. J.)

STATHOUDER ou STADHOUDER, f. m. (Hift. mod.) c'eft ainfi que l'on nomme, dans la république des Provinces unies des pays-bas, un prince à qui les états donnent le commandement des troupes, & une grande part dans toutes les affaires du gouvernement. Ce titre répond à celui de lieu-

tenant-général de l'état ; il ne confère point les droits de la souveraineté, qui réside toujours dans l'assemblée des états généraux, mais il jouit de prérogatives qui lui donnent la plus grande influence dans la république.

Dans le temps de la naissance de la république des Provinces unies, elle avoit besoin d'un chef habile & propre à soutenir sa liberté chancelante contre les efforts de Philippe II. & de toute la monarchie espagnole. On jetta les yeux sur Guillaume I. de Nassau-Dillembourg, prince d'Orange, qui possédoit de grands biens dans les pays qui venoient de se soustraire au despotisme du roi d'Espagne, & qui d'ailleurs étoit déja gouverneur des provinces de Hollande, de Zélande & d'Utrecht. Ce prince, par son amour pour la liberté, & par ses talens, parut le plus propre à affermir l'état qui venoit de se former ; dans cette vue les provinces de Hollande & de Zélande lui conférèrent, en 1576, la dignité de *stathouder* ou de *lieutenant-général de l'état ;* l'exemple de ces provinces ne tarda point à être suivi par celles de Gueldre, d'Utrecht, & d'Overyssel. On attacha à cette dignité le commandement des armées, tant par terre que par mer, avec le titre de capitaine-général & d'amiral ; le *stathouder* eut le droit de disposer de tous les emplois militaires, celui de nommer les magistrats, sur la nomination des villes, qui lui étoient présentés, enfin celui de faire grace aux criminels. Outre cela il assistoit aux assemblées des états, dans lesquelles on ne prenoit aucune résolution que de son consentement. Il présidoit dans chaque province à toutes les cours de justice ; il étoit chargé de l'exécution des décrets de la république ; il étoit l'arbitre des différends qui survenoient entre les villes & les provinces de la république. Tous les officiers étoient obligés de lui prêter serment de fidélité, après l'avoir prêté aux états des provinces, & au conseil d'état.

Guillaume I. ayant été assassiné en 1584, les mêmes provinces, en reconnoissance des services éminens de ce prince, conférèrent la dignité de *stathouder* au prince Maurice son fils, avec la même autorité & les mêmes prérogatives. Frédéric Henri, frère du prince Maurice, lui succéda en 1625 ; après avoir fait respecter sa république, il mourut en 1647, & Guillaume II. son fils prit possession du stathouderat, dont on lui avoit accordé la survivance du temps même de son père. Il ne jouit jusqu'à sa mort arrivée en 1650. Comme les vues ambitieuses de ce prince avoient donné de l'ombrage aux provinces de la république, elles prirent des mesures pour renfermer l'autorité du *stathouder* dans des bornes plus étroites, & même la province de Hollande forma le dessein d'exclure son fils Guillaume III. depuis roi d'Angleterre, de toutes les charges possédées par ses ancêtres. Cependant en 1672, la Hollande étonnée des progrès de Louis XIV. nonobstant les efforts de la faction républicaine, déclara le prince Guillaume *stathouder* & capitaine-général des forces de la république, avec le même pouvoir dont avoient joui ses prédécesseurs. Cet exemple fut suivi de quatre autres provinces. En considération de ses services, les états de Hollande déclarèrent, en 1674, la charge de *Stathouder* héréditaire, & accordèrent qu'elle passeroit aux héritiers mâles de Guillaume III. De cette manière il fut *stathouder* de cinq provinces, & il conserva cette dignité, même après être monté sur le trône d'Angleterre. Ce prince exerçoit en Hollande un pouvoir si absolu, qu'on disoit de lui, qu'il étoit *roi de Hollande & stathouder d'Angleterre.* Il mourut sans enfans en 1702, & déclara pour son légataire universel le jeune prince de Nassau-Dietz, son parent, descendu de Guillaume-Louis de Nassau-Dietz ; cousin de Guillaume I. fondateur de la république, qui étoit déjà *stathouder* héréditaire des provinces de Frise & de Groningue ; ce prince eut le malheur de se noyer en 1711, en passant un bras de mer appellé le *Moerdyck.* Il n'avoit point été *stathouder* de toute la république, mais simplement de deux provinces susdites. Son fils posthume, Guillaume-Charles-Henri Frison, prince de Nassau-Dietz, succéda à son père dans ses biens & dans le stathoudérat des provinces de Frise & de Groningue ; en 1722 la province de Gueldre le nomma aussi son *stathouder,* mais les quatre autres provinces, dans lesquelles le parti républicain dominoit, ne voulurent jamais lui accorder cette dignité. Enfin en 1747, ces provinces forcées par le peuple, & d'ailleurs effrayées des victoires de la France, déclarèrent ce prince *stathouder,* lui accordèrent une autorité plus grande qu'à aucun de ses prédécesseurs, déclarèrent le stathoudérat héréditaire dans sa famille, & y appellèrent même les femmes au défaut des mâles. Ce prince a joui de la dignité de *stathouder* jusqu'à sa mort ; après lui elle est passée au prince Guillaume son fils, né en 1746.

On donne aussi dans les Pays-Bas le nom de *stathouders* à des officiers municipaux, qui font dans de certains districts les fonctions des subdélégués des intendans de province en France. (---)

STATIRA, (*Hist. anc.*) l'histoire ancienne nous offre quatre Princesses célèbres du nom de *Statira.*

1º. Une femme d'Artaxerxès Mnémon, Roi de Perse, connue par les vengeances qu'elle exerça & qu'elle éprouva. Elle étoit fille d'Hidarne, gouverneur d'une des principales provinces de l'empire de Perse : elle avoit un frère nommé Tériteuchme, & une sœur nommée Roxane, qui égaloit *Statira* en beauté. Tériteuchme avoit épousé Amestris ou Hemestris, fille de Darius & de Parysatis, & sœur d'Artaxerxès. Tériteuchme conçut pour Roxane, une passion incestueuse, si dans un pays où la loi permet d'épouser sa sœur, il peut y avoir de l'inceste ; mais ce qui est criminel en tout pays, c'est que pour devenir libre de l'épouser, il voulut tuer Amestris ; Darius, père d'Amestris, instruit de ce complot, fit assassiner Tériteuchme lui-même, par un perfide ami nommé Udiaste, qui eut pour récompense le gouvernement qu'avoit eu Tériteuchme.

Un fils d'Udiaste, nommé Mithridate, étoit un des gardes de Tériteuchme. Il étoit fort attaché à son maitre; quand il sçut que son père étoit l'assassin de Tériteuchme, il se révolta contre ce père coupable, & voulut rétablir le fils de Tériteuchme, dans le gouvernement qu'Udiaste avoit acquis par le crime. Il fut accablé par la puissance d'Udiaste & sur-tout par celle de Darius. Celui-ci livra toute la famille d'Hidarne à la vengeance de Parysatis, qui ne pouvoit pardonner à Roxane l'amour qu'elle avoit inspirée à Tériteuchme, & qui avoit pensé être si funeste à Amestris fille de Parysatis; la barbare Parysatis, (voyez son article & celui D'ARTAXERXÈS-MNÉMON.) fit scier en deux Roxane, & fit périr toute la famille d'Hidarne, excepté Statira, qu'elle fut obligée d'accorder aux larmes & aux tendres sollicitations d'Artaxerxès, et le fils de Tériteuchme qu'elle épargna aussi pour lors. Darius approuva toutes ces violences, & vouloit même qu'on fit périr Statira.

Darius mourut; alors Statira montée sur le trône avec Artaxerxès, se fit livrer Udiaste; elle lui fit arracher la langue, le fit périr dans les tourmens & donna son gouvernement à Mithridate, parce qu'il étoit devenu, comme nous l'avons dit, l'ennemi de son père. Parysatis de son côté, poursuivant le cours de ses vengeances, empoisonna le fils de Tériteuchme; elle parvint ensuite à empoisonner Statira elle-même, qui prenoit cependant la précaution de ne manger qu'après elle des mêmes viandes & des mêmes morceaux. Gigis, une des femmes de Parysatis & sa complice, avoua ce crime & eut la tête écrasée entre deux pierres; le roi se contenta de confiner Parysatis sa mère à Babylone, qu'elle choisit pour le lieu de sa retraite, & il lui jura qu'il ne la reverroit jamais.

2°. Statira, femme de Darius Codoman, fut prise avec Sisygambis, mère du même Darius, par Aléxandre après la bataille d'Issus. Aléxandre sachant qu'elle étoit belle, refusa de la voir pour ne pas s'exposer au danger d'abuser de la victoire. Il lui fit rendre tous les honneurs dus à la femme d'un grand roi. Elle étoit grosse lorsqu'elle fut faite prisonnière, elle fit une fausse couche & mourut, pleurée d'Aléxandre, qui lui fit faire de magnifiques obsèques.

3°. Statira, fille de Darius Codoman & de la précédente Statira, fut proposée pour femme par Darius à Aléxandre; elle eût pu être alors un gage de paix entre ces deux rivaux: Aléxandre la refusa pour lors, il ne la connoissoit point: quand il l'eût vue il l'aima, il l'époufa; elle lui survécut ainsi que Roxane autre femme d'Aléxandre; celle-ci étoit grosse à la mort d'Aléxandre, & craignant que Statira ne le fût aussi, et que l'enfant qui naîtroit d'elle n'enlevât au sien la succession de ce prince en tout ou en partie, elle la fit périr par trahison.

4°. Statira, une des sœurs du grand Mithridate, roi de Pont; ce prince ayant été battu par Lucullus, & craignant que ses femmes & ses sœurs ne tombassent au pouvoir du vainqueur, leur envoya l'ordre de mourir. Roxane, une de ces sœurs, n'avala le poison, qu'en vomissant mille imprécations contre Mithridate; Statira, plus douce & plus résignée, lui fit rendre grace de ce qu'au milieu des dangers où il étoit lui-même exposé, il ne les avoit pas oubliées, & leur avoit fourni les moyens de mourir libres.

STATUT DE SANG, (Hist. d'Angleterre) c'est ainsi qu'on nomma en Angleterre le réglement qu'Henri VIII fit en 1539 au sujet de la religion. Il décerna la peine de feu ou du gibet contre ceux; 1°. qui nieroient la transsubstantiation; 2°. qui soutiendroient la nécessité de la communion sous les deux espèces; 3°. qu'il étoit permis aux prêtres de se marier; 4°. qu'on peut rompre le vœu de chasteté; 5°. que les messes privées sont inutiles; 6°. que la confession auriculaire n'est pas nécessaire pour le salut. Gardiner, évêque de Winchester, étoit le véritable auteur de ces loix. Il avoit fait entendre au prince, que c'étoit le seul moyen d'empêcher qu'il ne se formât une ligue contre lui; que ce qu'il avoit aboli n'étoit pas essentiel à la religion; & qu'enfin personne ne le regarderoit comme hérétique, pendant qu'il maintiendroit ces six articles. On rechercha ceux qui les condamnoient, mais on en découvrit un si grand nombre, que le roi se vit obligé de changer la peine de mort, en celle de la confiscation des biens contre ceux-là seulement qui seroient coupables de violation du quatrième statut. Enfin, en 1547, sous Edouard VI. la loi des six articles fut révoquée pour toujours, ce fut-là l'aurore des jours plus heureux qui reparurent sous le règne d'Elisabeth. (D. J.)

STAUPITS ou STUPITZ, (Jean) (Hist. du Luthéran.) Vicaire général des Augustins en Allemagne; lorsqu'il vit l'emploi de publier les indulgences, transféré en 1517, des Augustins aux Dominicains, prit le parti de crier non pas contre les indulgences, non pas même contre la vente de ces indulgences, mais contre la manière dont elles se publioient & se vendoient, ce qui signifioit seulement : les Dominicains n'entendent rien à cette commission, il faut la rendre aux Augustins. Staupits étoit un homme de mérite pour son état, & pour le temps; l'Electeur de Saxe lui avoit confié la direction d'une Université nouvellement fondée à Vittemberg, & Staupits l'avoit remplie d'Augustins. Ce fut lui qui chargea Luther d'écrire contre les nouveaux vendeurs d'indulgences. Il mourut à Salzbourg en 1527, laissant quelques ouvrages de dévotion qu'il n'est plus question de lire.

STAURACE ou STORACE, (Hist. de l'Empire Grec) c'est le nom, 1°. du fils de Nicephore I, empereur d'Orient. Il avoit été associé à l'empire par son père en 803; & il ne lui succéda point;

le peuple de Constantinople lui préféra Michel Rhangabé, son beau-frère. *Staurace* mourut en 812, dans un monastère.

2°. D'un Ministre de l'Impératrice Irène, détrônée par ce Néphore dont nous venons de parler. *Staurace* étoit en effet le grand Ministre des violences & des perfidies de cette princesse, l'ardent instigateur du meurtre de son fils ; mais il voulut, comme tous ces coupables ambitieux, n'avoir travaillé que pour lui-même. Déjà il commençoit à braver Irène, & à conspirer presque publiquement. Irène alla en personne l'accuser en plein Sénat, & le déclarer déchu de tous ses emplois. Le même jour, il fut attaqué d'une de ces maladies inconnues, qui faisoient toujours périr tous les ennemis d'Irène, au moment & dans les circonstances où sa politique l'exigeoit. C'est ainsi qu'avoient péri Constantin Copronyme, son beau-père, Léon Porphyrogénète, son mari, Constantin Porphyrogénète, son fils.

STEELE, (Richard) (*Hist. litt. mod.*) ami d'Addisson ; il a donné ensemble quelques ouvrages qui n'ont d'abord été attribués qu'à Richard *Stèele*, Addisson ayant voulu garder *l'incognito* ; mais il y a de lui, dans le Spectateur & ailleurs, plusieurs morceaux excellens.

Richard *Stèele* publia en 1709, le *Tatler* ou le *Babillard*, premier journal moral qui ait paru en Angleterre, & même dans le monde. Il eut un grand succès.

Le *Babillard* n'étoit que le précurseur d'un autre journal du même genre, publié bien-tôt après par le même M. *Stèele*, sur un plan qu'on a jugé beaucoup meilleur ; c'est *le Spectateur*, « le livre de » morale le plus agréablement écrit, le plus uni- » versellement lu, & par cela même le plus utile, » ce semble, que l'Angleterre ait produit, dit M. » l'abbé Blanchet, qui en a traduit des morceaux choisis.

Osons dire que le *Spectateur François*, quoique d'un ton bien différent, (car quel autre que M. de Marivaux a jamais eu le ton de M. de Marivaux, ou comment M. de Marivaux auroit-il pu avoir le ton d'un autre ?) n'est cependant pas indigne du Spectateur Anglois ; qu'il est tout aussi moral, d'une moralité aussi agréable & aussi attachante, & qu'il contient, comme le *Spectateur* de Richard *Stèele*, beaucoup d'histoires intéressantes jusqu'aux larmes.

Le *Guardien*, où le *Mentor* du même Richard *Stèele* suivit de près le *Spectateur*. C'est, dit M. l'abbé Blanchet, un cadet qui ne déshonore point cet illustre aîné, quoiqu'il n'en ait ni la réputation ni tout le mérite.

Ces trois journaux furent publiés feuille à feuille, dans l'espace de quatre ans & demi. La première feuille du *Babillard* est du 12 Avril 1709, & la dernière du *Mentor* est du 1 Octobre 1713. Le *Babillard* paroissoit trois fois la semaine ; le *Spectateur*, & ensuite le *Mentor* parurent tous les jours, excepté le Dimanche. Toutes les feuilles rassemblées, sous ces trois titres, composèrent quatre volumes in-12°.

Ces divers journaux ont paru sous des noms d'emprunt : le *Babillard* sous celui d'Isaac Bickerstaff, astronome & médecin ; le *Mentor* sous le nom de Nestor Ironside, « vieillard encore verd, qui se » charge de rendre à toute sa nation, le même » service qu'il rend à une famille particulière, à » quatre grands garçons & à cinq filles à marier, » dont il est le Gouverneur & la Gouvernante. »

Le *Spectateur* a paru sous le nom de M. Buckley, observateur taciturne, qui passe sa vie à la Bourse, où les marchands le croient un de leurs confrères, & au café de Jonathan, où les agioteurs le prennent pour un Juif ; qui se fourre par-tout, écoute toujours, ne parle jamais, est tout dans la spéculation, rien dans la pratique, & sur-tout n'est ni Wigh ni Tory, mérite bien rare alors.

Beaucoup d'auteurs François modernes ont puisé dans ces sources, sur-tout dans le *Spectateur* ; c'est de là qu'est tirée l'histoire d'Inkle & Iarico, dont M. Dorat a fait deux Héroïdes : on la trouve dans le N°. 11 du *Spectateur*, M. d'Arnaud a fait un drame de l'histoire touchante de Constance & de Théodose, N°. 164 du *Spectateur* ; & l'histoire d'Eudoxe & Léonce, N°. 123 du *Spectateur*, a fourni le fond d'une comédie moderne intitulée : *l'école des pères*.

Les morceaux d'Addisson, comme nous l'avons dit, sont les principaux ornemens des journaux de *Stèele* ; voici comment ce sage & tendre Addisson parle de la bonté.

« Il n'est ni commerce ni société dans le monde, » qui puisse subsister long-temps sans la bonté, ou » du moins sans quelque chose qui lui ressemble, & » qui en tienne lieu. Cela est si vrai, que les hom- » mes ont été forcés d'inventer une espèce de bonté » artificielle, qu'ils ont appelée *politesse*. Car, si l'on » y prend garde, la politesse n'est autre chose » qu'une bonté imitée ou contrefaite, ou, si l'on » veut, c'est l'affabilité, la complaisance & la dou- » ceur naturelle qu'on a voulu rendre en art. Ainsi » le signe de la bonté n'est pas rare ; & quand la » chose se trouve jointe au signe, rien n'est plus » propre à gagner tous les cœurs. Mais, sans bonté » réelle, la politesse est comme l'hypocrisie, qui, » démasquée une fois, devient plus odieuse qu'une » impiété ouverte & déclarée. »

Dans notre comédie du *Glorieux*, le comte de Tufière dit :

Quant à moi, j'aime la politesse.

Et le bourgeois Lisimon répond :

Moi je ne l'aime pas, car c'est une traîtresse.

Addisson poursuit :

« En lisant le célèbre morceau de Salluste, où

» les caractères de César & de Caton forment un
» si beau contraste, nous sentons que le fond du
» caractère de César est la bonté ; qu'avec ses amis
» & ses ennemis, avec ses cliens & ses domestiques,
» avec les malheureux & les coupables, sa bonté,
» sous différentes formes, est toujours la même.
» Nous sentons de l'autre côté, que le juste Caton
» nous inspire plus de vénération, que d'amour &
» de confiance. Il semble que la justice est plus ana-
» logue à la nature de Dieu, & l'indulgence à
» celle de l'homme. L'être qui n'a pas besoin de
» pardon, peut traiter chacun selon ses mérites :
» mais nous, dont les meilleures actions ne veulent
» pas être examinées à la rigueur, nous ne saurions
» être trop doux, trop compatissants, trop prompts
» à pardonner à nos semblables.»

Hélas ! tous les mortels ont besoin de clémence,

a dit M. de Voltaire dans *Olympie*. Comme ce
trait de sentiment est raisonné dans Addisson ! Quelle
profondeur de philosophie dans ce seul mot !
« Il semble que la justice est plus analogue à la
» nature de Dieu, & l'indulgence à celle de l'homme !
C'est une idée-mère & applicable à tout.
M. de Voltaire a aussi très-bien rendu ce contraste des caractères de César & de Caton, dont
parle M. Addisson, & que Salluste avoit rendu si
sensible : Caton, dans *Rome sauvée*, tonne contre
les Clodius & les autres envieux de la gloire de
Cicéron. César l'interrompt :

Caton, que faites-vous, & quel affreux langage ?
Toujours votre vertu s'exprime avec outrage ;
Vous révoltez les cœurs, au lieu de les gagner.

C A T O N.

Sur des cœurs corrompus vous cherchez à régner.

Richard *Stéele* étoit né à Dublin, mais de parens Anglois ; il porta d'abord les armes, & les
quitta ensuite, pour se livrer entièrement aux lettres.
Il mourut en 1729. On a de lui, outre ses journaux, plusieurs comédies, telles que *le Convoi Funèbre* ; *le Mari tendre* ; *les Amans Menteurs* ; *les
Amans convaincus intérieurement de leurs flammes mu-
tuelles.*
STEENSTURE I, (*Hist. de Suède*) administrateur en Suède ; au milieu des troubles qui agitèrent
la Suède, sous le règne de Charles Canutson ;
Steensture fut proclamé administrateur par un
parti puissant l'an 1471. L'autorité attachée à
ce titre n'étoit bornée que par l'ambition de celui
qui en étoit revêtu, ou par l'indocilité du peuple.
Steensture auroit désiré peut-être de régner sous le
nom de roi ; mais Charles lui conseilla de conserver le titre modeste d'administrateur, pour donner
moins d'ombrage à la noblesse, & s'emparer plus
sûrement du pouvoir suprême auquel il aspiroit. Charles, avant sa mort, arrivée le 31 Mai 1470, désigna *Steensture* pour son successeur, une partie de

la nation approuva ce choix. La Dalécarlie fit éclater sur-tout pour l'administrateur un zèle à l'épreuve
des événements ; une partie de la noblesse avoit embrassé la défense de Christiern I, roi de Danemarck qui prétendoit à la couronne, en vertu de
l'union de Calmar, *Steensture* marcha contre lui, remporta
une victoire, & se vit du moins un moment maître
de la Suède. Christiern mourut en 1481, on tint
à Calmar une assemblée des députés des trois royaumes, pour rétablir dans cette ville même le systême politique qui y avoit pris naissance ; Jean, fils
de Christiern fut proclamé ; *Steensture* eut l'art de
lui imposer des conditions qu'il savoit bien que ce
prince ne rempliroit pas. Ainsi son ambition ne
manqua point de prétextes pour l'écarter du trône
de Suède. Si *Steensture* n'avoit eu que des étrangers
pour ennemis, il eût rencontré peu d'obstacles dans
le cours de ses prospérités ; mais au sein de la
Suède Yvar-Axelson, aussi ambitieux, mais moins
habile, formoit des cabales, & s'efforçoit d'arracher à son concurrent l'autorité que le peuple lui
avoit confiée. La plus grande partie du peuple se
déclara hautement pour *Steensture*, & Yvar s'enfuit dans le Gothland, il y régna en brigand,
exerça la piraterie, & acheva de mériter la haine
de sa nation ; il eut la lâcheté de céder cette Isle
au roi Jean, qui nomma un autre gouverneur malgré la parole qu'il lui avoit donnée, & le fit traîner en Danemarck où il mourut dans l'indigence ;
le roi Jean, qui commençoit à sentir combien il
étoit difficile de réduire l'administrateur par la voie
des armes, essaya de le vaincre par les bienfaits.
Mais celui-ci se défioit des caresses du prince Danois,
& d'une main il acceptoit ses présents, de l'autre
il signoit avec la république de Lubec un traité de
ligue contre le Danemarck. Les Russes, animés
par le Roi Jean, causoient dans la Finlande les
plus affreux ravages ; Suante Nilson commandoit
l'armée dans cette province ; *Steensture* eut avec lui
une querelle très-vive ; il se vengea en calomniant Suante
Nilson ; il l'accusa de lâcheté ; celui-ci se défendit
avec tant d'éloquence, que le sénat indigné contre
l'administrateur, le déposa l'an 1497. La noblesse &
le clergé, jaloux de la grandeur de *Steensture* applaudirent à sa chûte ; mais le peuple l'adoroit, & vint
lui offrir son sang. Ce ramas de troupes mal dis-
ciplinées ne servit qu'à accélérer sa décadence ; après
avoir perdu plusieurs batailles, il se vit contraint
de céder la Suède au roi de Danemarck, qui lui
laissa la Finlande, les deux Bothnies, & quelques
autres domaines.

On régla qu'il ne rendroit aucun compte de son
administration, & cette ordonnance faite pour étouffer
les murmures de l'envie, rend peut-être son désintéressement un peu suspect. Jean le nomma Maréchal de sa cour, dès qu'il fut couronné roi de Suède ;
quelque belle que fut cette dignité, après le rôle
que *Steensture* avoit joué dans sa patrie, c'étoit
moins un honneur pour lui qu'une humiliation vé-

ritable ;

riable ; il ne tarda pas à échauffer les esprits , &
à rendre le roi Jean odieux au peuple ; ce fut en
1501 que la conjuration éclata : l'infraction du traité de Calmar en étoit le prétexte. *Steenslure* fut reçu
triomphant dans Stockholm , & rejetta avec hauteur les propositions de paix que le roi lui fit offrir.
La reine étoit renfermée dans le château , *Steenslure*
s'empara de cette place ; mais il manqua à sa parole ,
& fit jetter la princesse dans un couvent. Bientôt
après il lui rendit la liberté ; il mourut au milieu
de ses prospérités l'an 1503. Si *Steenslure* n'avoit pas
calomnié Suante Nilson , s'il n'avoit pas violé une
capitulation , & fait servir quelquefois à ses desseins
des moyens que l'honneur désavoue, on ne verroit
en lui qu'un citoyen armé pour la défense de sa
patrie , & qui cherchoit à détruire un traité utile
au roi seul , & funeste aux trois nations. Il laissa
trop entrevoir l'ambition dont il étoit dévoré. Il refusa le titre de roi que le peuple lui offroit , mais
il en conserva l'autorité que le sénat vouloit enlever.
Il séduisit le peuple , s'en fit aimer en l'opprimant,
l'asservit en criant liberté , & fut le Cromwel de
la Suède. Du reste savant dans la guerre comme
dans les négociations, capable de créer de bonnes
loix alors même qu'il les violoit ; roi , ministre ,
magistrat , général tout ensemble , il eut tous les
talens des grands hommes, mais il n'en eut pas les
vertus. (*M. DE SACY.*)

STEENSTURE II, administrateur en Suède. Il étoit
fils de Suante Nilson-Sture , & fut élu après sa
mort l'an 1513 , pour gouverneur de la Suède au
milieu des discordes civiles qui la déchiroient. Christiern II venoit de monter sur le trône de Danemarck,
& prétendoit monter sur celui de Suède , en réta-
blissant l'union de Calmar. La cour de Rome, vendue à ce prince, excommunia l'administrateur & ses
partisans , pour avoir défendu la liberté de leur patrie. Gustave Trolle, archevêque d'Upsal , atisa
mieux encore le feu des guerres civiles, ouvrit au
roi de Danemarck l'entrée de la Suède , malgré une
trève conclue avec ce prince par *Steenslure*. L'administrateur remporta d'abord quelques avantages sur
les Danois ; il marcha au secours de Stockholm,
assiégée par Christiern , & fut vainqueur dans un
combat. Cette victoire fut suivie d'un traité qu'il
viola aussi-tôt qu'il fut signé. Trolle avoit conspiré
contre la patrie. *Steenslure* le fit déposer , & la cour
de Rome excommunia tous les Suédois pour avoir
puni un traître , & les condamna à payer une
amende de cent mille ducats. L'an 1520, Christiern
parut dans la Gothie occidentale , à la tête d'une
armée, l'administrateur marcha contre lui ; mais ses
secrets étoient vendus à Christiern. Il fut contraint
de fuir, il se blessa sur la glace , & mourut de sa
blessure. (*M. DE SACY.*)

STEINBOCK , (Magnus) (*Hist. de Suède*) Feld-
Maréchal de Suède, un des plus habiles généraux
de Charles XII, fut fait Gouverneur de Cracovie,
lorsque Charles XII eut pris cette place en 1702.

Histoire. Tome V.

« *Steinbock* ayant ouï dire qu'on avoit caché des
» trésors dans les tombeaux des rois de Pologne,
» qui sont à Cracovie, dans l'église de Saint-Ni-
» colas , les fit ouvrir; on n'y trouva que des or-
» nemens d'or & d'argent, qui appartenoient aux
» églises : on en prit une partie, & Charles XII
» envoya même un calice d'or à une église de Suède ;
» ce qui, dit M. de Voltaire, auroit soulevé contre
» lui les Polonois catholiques, si quelque chose avoit
» pu prévaloir contre la terreur de ses armes.»

Après la bataille de Pultava , & pendant la prison de Charles XII , le comte de *Steinbock* soutint
quelque temps l'honneur de armes Suédoises. A la
tête de huit mille hommes d'anciennes troupes , &
de douze mille de nouvelles milices, la plupart paysans
Suédois , vêtus de leurs saraux de toile, ayant à
leur ceinture des pistolets attachés avec des cordes,
il se trouva le 10 Mars 1710 en présence des Danois, à trois lieues d'Helsimbourg. Les paysans demandèrent à grands cris la bataille le jour même
de leur arrivée ; « *Steinbock* profita de cette dis-
» position des esprits, qui, dans un jour de bataille,
» vaut autant que la discipline militaire ; on atta-
» qua les Danois; & c'est là qu'on vit ce dont il
» n'y a peut-être pas deux exemples de plus , des
» milices toutes nouvelles égaler , dans le premier
» combat, l'intrépidité des vieux corps. Deux ré-
» gimens de ces paysans armés à la hâte , tail-
» lèrent en pièces le régiment des gardes du roi de
» Danemarck, dont il ne resta que dix hommes. »

Steinbock ne put secourir Stade que les ennemis
bombardèrent & réduisirent presque en cendres ,
mais les ayant atteints dans le duché de Mecklebourg,
près d'un lieu nommé Gadebush , il remporta
encore une victoire complette, le 20 Décembre
1712.

Ce fut lui qui, la nuit du 9 Janvier 1713, brûla
cruellement la ville d'Alténa , disant aux généraux
ennemis qui lui en faisoient des reproches, que les
flambeaux qui venoient de mettre Alténa en cendres, étoient les représailles des boulets rouges, par
qui Stade avoit été consumée.

Steinbock perdit par les détails, ce qu'il avoit gagné
par des actions signalées , & après cinq petits
échecs, étant entré dans Tonningue , & s'y voyant
bloqué par le Czar , le roi de Danemarck & le
roi de Prusse, il fut obligé de se rendre prisonnier
avec ses troupes, le 17 Mars 1713, au roi de Danemarck, qui la traita d'abord avec plus de considération que l'incendiaire d'Alténa ne devoit naturellement en attendre , & le laissa libre dans Copenhague sur sa parole ; mais ayant tenté de s'échapper , il fut arrêté , convaincu d'avoir manqué à
sa parole ; alors il fut étroitement resserré , il fut
réduit à demander grace au roi de Danemarck , qui
voulut bien la lui accorder. Aussi sincère que vaillant , il eut le courage de désapprouver le détrônement du roi de Pologne , ce n'étoit pas faire sa
cour à Charles XII. Les mémoires du comte de

Steinbock ont été imprimés en quatre volumes in 4°., & ont paru en 1765.

STELLA, (Jules César) (*Hist. litt. mod.*) Poëte latin du seizième siècle, né à Rome, avoit composé à vingt ans les deux premiers livres d'un poëme intitulé : *la Colombëide*, ou *les expéditions de Chriſtophe Colomb dans le nouvèau monde* : Muret faiſoit grand cas de ce poëme.

STELLINGUES, ſ. m. pl. (*Hist. ſaxone*) c'eſt le nom que ſe donnèrent les Saxons, à qui Lothaire, fils de Louis le Débonnaire, accorda la permiſſion de profeſſer le paganiſme, que Charlemagne avoit obligé leurs pères d'abandonner. Lothaire ſe trouvant enveloppé de grandes affaires à cauſe des guerres qu'il avoit contre ſes frères, Louis & Charles-le-Chauve, requit les Saxons ſes ſujets de le ſecourir de troupes & d'argent, & pour les y diſpoſer, il leur accorda la liberté de ſuivre telle religion qu'ils voudroient. Alors la plupart des Saxons retournèrent à leur ancien paganiſme, & ſe nommèrent *Stellingues*, en conſéquence de la permiſſion de Lothaire. *Stelling*, en ancien Saxon, ſignifie *réglement*, *ſyſtême*, *hypothèſe*, *arrangement* ; telle eſt l'origine du nom biſarre qu'ils prirent, de *Stellingues*, comme qui diroit gens attachés à un ſyſtême, ou à un réglement de religion. (*D. J.*)

STENCHILL-MILDE, *Hist. de Suède*) roi de Suède ; il régnoit vers la fin du neuvième ſiècle. L'évangile à peine introduit dans le Nord y chanceloit encore. Deux partis diviſoient alors la Suède, L'un tenoit pour la nouvelle religion, l'autre pour l'ancienne. Le roi renverſa le temple d'Upſal, & briſa les idoles. Le peuple furieux le maſſacra ſur les débris du temple, & ſe priva d'un bon roi, pour venger de mauvaiſes ſtatues ; ſa douceur lui avoit fait donner le ſurnom de *Débonnaire*. (*M. DE SACY.*)

STENON, (PAROTIDE DE) (*Releveur de Stenon*) s'eſt attaché à la recherche des glandes & des conduits lymphatiques. Il a découvert le premier les principaux conduits ſalivaires ſupérieurs. Il nous a laiſſé encore différents autres ouvrages. Le conduit de la Parotide & les releveurs des côtes portent ſon nom. (*A. R.*)

STERNE, (*Hist. litt. mod.*) curé & prédicateur Anglois, mort depuis quelques années, auteur du *voyage ſentimental*, & de l'ouvrage intitulé : *la vie & les opinions de Triſthram Shandy*, l'un & l'autre traduits en François, & très connus en France. Cet auteur a dans ſes écrits, & avoit dans ſon caractère une originalité qui le diſtinguoit avantageuſement. Il n'avoit, diſoit-il, trouvé en France où il étoit venu en 1762, aucun caractère original qu'il pût être tenté de peindre : *les hommes y ſont*, ajoutoit-il, *comme les pièces de monnoie, dont l'empreinte eſt effacée par le frottement*.

STESICHORE, (*Hist. litt. anc.*)

Steſichorique graves camenæ,

dit Horace. *Steſichore* étoit comme lui un Poëte lyrique célèbre, qui chantoit les Héros & les guerres illuſtres, & de qui on pouvoit dire dans ſon genre ce que le même Horace a dit d'Homère :

Res geſtæ regumque ducumque & fortia bella
Quo ſcribi poſſent numero monſtravit,

& c'eſt ce que Quintilien a dit encore plus poëtiquement de *Steſichore* même, *Steſichorum, quàm ſit ingenio validus, materiæ quoque oſtendunt, maxima bella & clariſſimos canentem duces, & Epici carminis onera lyrâ ſuſtinentem*, rempliſſant avec la lyre ſeule toutes les charges de l'Epopée ou ſoutenant avec la Lyre ſeule toutes les charges de l'épopée.

Pauſanias raconte que les dieux avoient ôté la vue à *Steſichore* pour le punir des vers ſatyriques qu'il avoit faits contre Hélène, & la lui avoient rendue lorſqu'il eût expié ce crime par une rétractation ſolemnelle, ce qu'on appella, dans la ſuite, *chanter la Palinodie*, & ce qu'Horace paroit avoir voulu imiter dans l'Ode ſeizième du livre premier.

O matre pulchrâ filia pulchrior !
Quem criminoſis eſtmque voles modum
Pones Iambis, ſive flammâ,
Sive mari libet Adriano.

Cette fable de Pauſanias ſur Hélène ſignifie, ſans doute, qu'il falloit être injuſte juſqu'à l'aveuglement, pour décrier Hélène. *Steſichore* eſt, dit-on, l'inventeur de la fable de l'homme & du cheval, ſujet traité par les plus grands fabuliſtes, Phèdre & la Fontaine, à la tête deſquels on peut mettre Horace. L'objet politique de *Steſichore* dans cette fable, étoit, dit-on, de détourner les habitans d'Himère en Sicile, ſes compatriotes, de l'alliance du tyran Phalaris, & on ajoute qu'il réuſſit. On attribue auſſi à *Steſichore* l'invention de *l'Epithalame* ou *Chant nuptial* ; mais l'Epithalame n'eſt pas un genre, c'eſt un ſujet, & on n'eſt pas inventeur, pour avoir traité tel ou tel ſujet. *Steſichore* vivoit plus de cinq ſiècles & demi avant J. G.

STEVIN, (Simon) (*Hist. litt. mod.*) enſeigna les Mathématiques au prince d'Orange Maurice, & fut Intendant des digues d'Hollande. On lui attribue l'invention des *chariots à voiles*, dont on s'eſt quelquefois ſervi en Hollande. On a de lui un traité *de portuum inveſtigandorum ratione*, un traité de Statique, des Problêmes géométriques, des Mémoires mathématiques. Il étoit de Bruges ; ſes ouvrages compoſés en Flamand, ont été traduits en latin par Snellius. *Stevin* mourut en 1635.

STEWART, GREAT ;(*Hist. d'Angleterre*) c'eſt-à-dire *grand ſénéchal*, lequel ſeul pouvoit prononcer l'arrêt de mort contre un pair accuſé de haute trahiſon. Cette charge étoit autrefois perpétuelle, & la première du royaume ; mais l'excès du pouvoir qui lui étoit attribué l'a fait abolir en Angleterre ; comme on a aboli en France celle de connétable ; avec cette différence toutefois , que la charge de *grand stewart* , est rétablie par *interim* pour le couronnement du roi , & lorsqu'il s'agit de la vie d'un pair. Le roi Georges I donna cette commission au lord Cowper en 1716 , par rapport aux auteurs de la rébellion d'Ecosse , dont le comte de Nithisdale étoit du nombre ; mais son épouse lui sauva la vie la veille de l'exécution , en gagnant le principal officier de la garde de la tour de Londres ; en faisant sauver son mari sous ses habits , elle resta prisonnière avec les siens. Toute la grande Bretagne applaudit à l'action héroïque de cette dame , & vint lui témoigner son estime. Quelqu'outré qu'on fût dans le ministère , de la tendresse ingénieuse de la comtesse de Nithisdale , on ne crut pas devoir prendre d'autre parti que de la mettre en liberté. C'est ordinairement le lord chancelier que le roi charge de la commission de présider aux procès des pairs accusés de haute trahison. Ce fut aussi le chancelier qui présida en 1746 , au jugement des quatre pairs d'Ecosse , les comtes de Kilmarnock & de Cromarty , & les lords Balmérine & Lovat. (D. J.

STILICON, (*Hist. rom.*) Vandale de nation, fut long-temps le plus ferme appui de l'empire , contre les nations barbares qui l'attaquoient alors de tous côtés ; général des armées de l'empereur Théodose le grand , il épousa Serène nièce de ce prince , fille de son frère. Par le choix de ce même Théodose , il fut tuteur d'Honorius dans l'empire d'Occident comme Rufin l'étoit d'Arcadius , dans l'empire d'Orient. Il battit les Goths dans la Ligurie , vers l'an 402 , il arrêta les conquêtes d'Alaric , tout prospéroit sous lui & par lui. Mais dans la suite , soit qu'il eût eu des mécontentemens à la cour d'Honorius , soit que la foiblesse méprisable de cette cour réveillât naturellement son ambition , en lui montrant jusqu'où il pouvoit s'élever , il porta , dit-on, ses vues jusqu'au trône , voulut déposer Honorius , & mettre son propre fils Eucher à la place de ce foible prince. Il commença par embrouiller les affaires de l'empire , pour se rendre plus nécessaire. Il favorisa l'évasion d'Alaric , qui ne pouvoit lui échapper ; il sollicita secrètement les Vandales, les Suèves , les Alains , toutes les nations barbares , de reprendre les armes , & leur promit ses bons offices ; il brouilla les deux frères , porta la guerre & l'intrigue dans l'empire d'Orient , & parvint à faire massacrer Rufin , son concurrent. On démêla ses artifices , on se réunit contre lui , il fut obligé de se cacher , puis de s'enfuir à Ravenne. Honorius l'y poursuivit, le prit , lui fit trancher la tête l'an 408 ; Serène , sa femme , Eucher , son fils , furent étranglés. *Stilicon* est le sujet d'une des tragédies de Thomas Corneille.

STILLINGFLEET , (Edouard) (*Hist. litt. mod.*) fameux Théologien Anglois , évêque de Worchester. On a ses ouvrages en six volumes *in-folio* ; il a écrit contre Locke , sur la question , si l'immortalité de l'ame ne peut être prouvée que par l'écriture. On a traduit en François , un traité , où il examine , si un Protestant quittant sa religion pour la communion romaine , peut se sauver dans celle-ci ? Les savans font cas de ses *origines Britannicæ*. Né en 1639 , dans le comté de Dorset ; mort en 1699.

STILPON , (*Hist anc*) Philosophe de Mégare , qui vivoit environ trois siècles avant J. C. & qui est regardé comme un des chefs de la secte stoïque. Il reprochoit un jour à la courtisane Glycère qu'elle égaroit & corrompoit la jeunesse. *Qu'importe* , répondit-elle , que *la jeunesse soit égarée par les voluptés ou par des Sophismes*. Il faut rendre justice à *Stilpon* , il profita de cette réponse , pour purger autant qu'il étoit en lui la philosophie de ce qu'elle pouvoit avoir de Sophistique , il s'occupa des moyens de la rendre moins discoureuse , & plus utile au genre humain. Sénèque rapporte que quand Démétrius Poliorcètes eut pris la ville de Mégare , il demanda au Philosophe *Stilpon* s'il n'avoit rien perdu dans ce siège ; ce fut alors que *Stilpon*, qui, malgré les ordres de Demetrius , n'avoit pas été plus épargné que les autres , fit cette réponse si connue & souvent citée : *rien du tout , car je porte avec moi tous mes biens. Nihil* , inquit , *omnia namque mea mecum sunt*. Il entendoit la philosophie & la vertu. *Cogita nunc* , s'écrie Sénèque , *an huic quisquam facere injuriam possit, cui bellum , & hostis ille egregiam artem quassandarum urbium professus eripere nihil potuit*. Tel est donc l'avantage de ces deux biens, qu'ils n'ont rien à craindre ni de la guerre ni de ces structeurs du monde qu'on appelle héros & vainqueurs. On dit que *Stilpon* parvint à faire comprendre à Demetrius qu'il y avoit une gloire plus désirable que celle de prendre des villes , & que le surnom de *bienfaisant* étoit plus flateur à obtenir que celui de Poliorcètes ; Démétrius touché de ses leçons , se piqua d'être le bienfaiteur de Mégare , mais il en enleva tous les esclaves dont apparemment il avoit besoin. Il dit , en partant , à *Stilpon* , *je vous laisse la ville entièrement libre. Il est vrai , seigneur* , repliqua *Stilpon , que vous n'y laissez pas un esclave*.

STOBÉE , (Jean) (*Hist. litt. anc.*) auteur Grec , du quatrième ou du cinquième siècle, dont il ne nous reste que des fragmens. Photius , dans sa *Bibliothèque* , parle de divers ouvrages de *Stobée*, dont les plus importans sont ses recueils.

STOCK , (Simon *ou* Siméon) Anglois, général des Carmes , mort à Bordeaux en 1265. Avant d'être Carme , il avoit été Hermite , & avoit habité le tronc d'un gros arbre , delà son nom de *Stock* , qui , en Anglois & dans plusieurs autres langues, signifie tronc d'arbre ou souche. C'est à lui que dans une vision la Sainte Vierge apporta le Scapulaire ; le docteur Launoi , fléau de ces sortes de fraudes pieuses dans un temps où elles étoient assez accréditées pour avoir besoin d'être discutées , a fait un gros & savant livre , pour prouver que la vision de Simon *Stock* est une fable.

Un autre *Stock* (Christian) Allemand , versé dans les langues Orientales , a donné un dictionnaire hébreu sous ce titre : *Clavis linguæ sanctæ veteris testamenti.* On a aussi de lui : *Disputationes de pœnis Hebræorum capitalibus.* Né en 1672 , mort en 1733.

STOOR - JUNKARE, (*Idolâtrie des Lapons*) dieu des Lapons Idolâtres; ils croyent que tous les animaux , & en particulier les bêtes sauvages , comme les ours , les loups , les renards , les cerfs , & les rennes , sont sous son empire ; c'est pourquoi ils lui sacrifient de temps à autre un renne mâle. Chaque famille a son *stoor-Junkare* , & lui rend un culte sur quelque rocher , ou près de quelque caverne , ou sur le bord d'un lac. La figure de ce dieu est une espèce de pierre brute , qui semble avoir une tête ; & c'est à cette pierre que se borne la religion de ce peuple imbécille. (*D. J.*)

STORCK , (Nicolas) (*Hist. d'Allem.*) étoit avec Pfeiffer , moine apostat , & Thomas Muncer , un des chefs des paysans Anabaptistes , soulevés contre leurs seigneurs vers les années 1525 & suivantes , il porta successivement son fanatisme & ses fureurs dans la Bavière , dans la Souabe , dans la Franconie , dans la Moravie , dans la Pologne , & mourut miserable malgré ses succès. Son nom en Allemand signifie *Cigogne* , il le changea selon l'usage du temps en celui de *Pelargus* , qui en Grec signifie la même chose.

Un autre *Storck* , (Ambroise) qui prit le même nom de *Pelargus* , dominicain , théologien de l'Archevêque de Treves , écrivit sur la Messe contre Œcolampade ; on a aussi de lui des lettres à Erasme. Mort en 1557.

STOSCH , (Philippe) (*Hist. litt. mod.*) donna en latin l'explication des pierres gravées , publiée par Bernard Picard , & cette explication a été traduite en François par Limiers.

STOUFFACHER , (Verner) (*Hist. des Suisses*) un des premiers auteurs de la liberté Helvétique en 1307. Il étoit du canton de Schwits , ses compagnons furent Walter Furst , du canton d'Ury & Arnold de Melctal , de celui d'Undervald; ils s'associèrent ensuite Guillaume Tell.

STRABON , (*Hist. litt. anc.*) philosophe & historien Grec , disciple du philosophe Péripatéticien Xenarchus , est connu avantageusement par sa géographie , le seul de ses ouvrages qui nous reste. Il étoit d'Amasie , ville de Cappadoce ; il vivoit sous l'empire d'Auguste & sous celui de Tibère ; on croit qu'il mourut vers la douzième année de l'empire de ce dernier.

STRABON , (*voyez* Wallafride STRABON.)

STRADA , (Famien) (*Hist. litt. mod.*) Jésuite Romain , si connu par son histoire latine , des guerres de Flandre , dont nous avons une traduction Françoise , & dont le caustique & amer Scioppius , (*voyez*

son article) a fait sous le titre *d'Infamia Familiæ Siradæ* , une critique sanglante qui ajoure encore à la réputation de l'ouvrage de *Strada* , mort en 1649.

STRAFFORT , (Thomas Wentworth comte de) (*Hist. d'Angl.*) Vice-roi d'Irlande , ami fidèle du malheureux Charles I , jusqu'à la mort & à la mort sur l'échafaud. Il eut la tête tranchée le 12 mai 1741. Charles I , prêt à monter lui-même sur l'échafaud , se fit un reproche , il déclara qu'il mouroit justement , non pour les prétendus crimes qui lui étoient imputés par des rebelles , mais pour la foiblesse qu'il avoit eue de sacrifier à la rage des Communes , le comte de *Straffort* , son ami , qui n'avoit point d'autre crime que ce titre ; Charles avoit cru assouvir ces bêtes féroces , en leur livrant le sang innocent dont elles étoient altérées ; voilà , non pas sa justification , elle est impossible , mais son excuse ; *Straffort* demanda lui-même d'être sacrifié , mais il fut étonné de l'être , & s'écria : *nolite confidere in principibus ... in quibus non est salus !* Pseaume 145.

» Ne mettez point votre confiance dans les Prin» ces..... N'attendez point d'eux votre salut. En effet le Roi avoit toujours promis au comte en propres termes , *que le parlement ne toucheroit pas à un poil de sa tête.* Straffort , en montant sur l'échafaud , dit , & ce fut son dernier mot : « je crains que ce ne » soit un mauvais présage pour la réforme qu'on pro» jette dans l'état , que de commencer par l'effusion du » sang innocent. »

STRAGENICK , s. m. (*Hist. mod.*) c'est le nom qu'on donne en Pologne à un officier général qui commande l'avant-garde de l'armée de la république. (*A. R.*)

STRAPAROLE , (Jean-François) (*Hist. litt. mod.*) Italien , du seizième siècle , auteur de contes dans le goût de Bocace ; ils ont été traduits en François.

STRATON , (*Hist. anc.*) philosophe de l'école d'Aristote , étoit de Lampsaque ; on l'appella *le physicien* , sans doute parce qu'il s'occupoit principalement de la physique , il paroit cependant que dans le nombre de ses ouvrages dont il ne reste plus rien , il y en avoit plusieurs qui rouloient sur divers points de morale. Il fut le maître du roi Ptolémée-Philadelphe. On dit qu'il ne reconnoissoit point d'autre dieu que la nature , il vivoit deux siècles & demi avant J. C.

Un autre *Straton* , ami intime de Brutus , s'étant enfermé avec lui après la perte de la bataille de Philippes , l'an 712 de Rome , Brutus , qui ne vouloit pas survivre à la république & à la liberté , le pria de lui rendre ce qu'il appelloit le dernier devoir de l'amitié , c'est-à-dire , de le tuer. On est étonné qu'un Romain , que Brutus voulant mourir , empruntât une main étrangère , c'étoit sans doute la crainte de se manquer. *Straton* , par amitié même , ne pouvant se résoudre à remplir ce cruel office , Brutus appella un de ses esclaves pour lui donner le même ordre. Le point d'honneur varie selon les différentes Nations : dans les idées romaines , c'eût été une tache éternelle à l'amitié de laisser mourir son ami de la main d'un esclave quand on pouvoit le délivrer soi-même. Non , s'écria Straton , il ne sera pas dit que le grand Brutus, ne trouvant pas un ami dans l'adversité , ait été forcé d'avoir recours à un esclave pour se délivrer des peines de la vie. Alors détournant la tête , il présenta la pointe de son épée à Brutus, qui se jetta dessus & mourut sur le champ.

STRATONICE, (voyez les articles COMBABUS & ANTIOCHUS.)

STREEÈE, (Jacques-Louis) Hist. litt. mod.) de Rheims, mort vers l'an 1550 ; connu par une traduction latine des morales , des économiques , & des politiques d'Aristote.

STRÉLITS, (Hist. de Russie) milice de Russie, cassée & abolie par le czar Pierre I. au sujet d'une grande rébellion qu'elle excita dans son empire. La milice des Strélits, comme celle des Janissaires, disposa quelquefois du trône de Russie, & troubla l'état presque toujours autant qu'elle le soutint. Ces Strélits composoient le nombre de quarante mille hommes. Ceux qui étoient dispersés dans les provinces, subsistoient de brigandages ; ceux de Moscou vivoient en bourgeois , ne servoient point , & poussoient à l'excès l'insolence. Enfin après plusieurs révoltes ces Strélits marchèrent vers Moscou pendant que le czar étoit à Vienne en 1698 ; il formèrent le dessein de mettre Sophie sur le trône , & de fermer le retour à un czar, qui osa violer les usages , en osant s'instruire chez les étrangers. Pierre instruit de cette révolte, part secrettement de Vienne , arrive à Moscou , & exerce sur la milice des Strélits un châtiment terrible ; les prisons étoient pleines de ces malheureux. Il en fit périr deux mille dans les supplices , & leurs corps restèrent deux jours exposés sur les grands chemins. Cette sévérité étoit sans exemple ; ce prince eût été sage de condamner les chefs à la mort , & de faire travailler les autres aux ouvrages publics , car ce furent autant d'hommes perdus pour lui & pour l'état ; & la vie des hommes doit être comptée pour beaucoup , sur-tout dans un pays presque désert , & où par conséquent la population demande tous les soins d'un législateur. Le czar au contraire ne montra dans cette occasion que de la fureur, par la multitude des supplices : il cassa le corps des Strélits , & abolit leur nom ; ce qu'il pouvoit faire en les dispersant dans ses vastes états, & en les occupant à défricher les terres. Histoire de l'empire de Russie par M. de Voltaire. (D. J.

STROZZI , Hist. mod. ancienne maison de Florence , alliée & rivale de celle de Médicis. Dans un traité de confédération du 11 juillet 1426, entre le duc de Savoye, la république de Venise , & celle de Florence contre le duc de Milan ; on trouve un Strozzi ainsi qualifié : Spectabilis & egregius vir dominus Marcellus Stroce de Strocis, legum doctor, honorabilis civis Florentinus sydicus & procurator magnificæ communitatis Florentiæ.

Philippe Strozzi en 1536 , étoit estimé un des plus riches marchands de la Chretienté. Il ne faut pas que ces titres de marchand & de docteur en droit donnent ici des idées de roture , toutes les grandes maisons de Florence devoient leur élévation au commerce , & quant à l'étude & à l'enseignement des loix , outre qu'il n'y a rien que de noble dans cette occupation en tout pays , l'usage plus particulier de l'Italie , est que la plus haute noblesse se livre avec plaisir à ce noble & utile emploi d'enseigner publiquement les sciences.

Ce Philippe Strozzi fut un de ceux qui après la mort du pape Clément VII, s'employèrent avec le plus de zèle pour délivrer Florence du joug d'Aléxandre de Médicis, dont elle étoit bien aise. Alexandre avoit été placé sur le trône de Florence par l'empereur Charles-Quint , dont il avoit épousé la fille naturelle. On négocia d'abord à la cour de Charles-Quint pour l'engager à détruire lui-même son ouvrage. Sur son refus on prit le parti de faire assassiner Aléxandre. Ce fut Laurent de Médicis son ccusin , qui se chargea de l'exécution , & Philippe Strozzi , qui fut l'instigateur du coup , étoit aussi allié d'Alexandre , ayant épousé Clarice de Médicis, nièce du pape Léon X. Laurent de Médicis introduisit la nuit dans la chambre d'Aléxandre , des assassins au lieu d'une femme qu'il s'étoit chargé d'y introduire , & que l'incontinence d'Alexandre attendoit. Mais la liberté n'y gagna rien ; Laurent de Médicis fut massacré à son tour par les vengeurs d'Alexandre ; Cosme de Médicis , qui fut depuis nommé Cosme le grand , prit la place d'Alexandre , & affermit la maison de Médicis sur le trône de la Toscane. Ce fut en vain que Philippe Strozzi voulut s'opposer à son établissement ; Cosme le vainquit & le fit prisonnier à la bataille de Marone près de Florence ; Philippe Strozzi se tua dans sa prison en 1538. Balzac parle de lui comme on pourroit parler de Caton : « avant qu'exécuter cette étrange résolution, dit-il , il fit son testament, dont j'ai vu l'original » à Rome parmi les papiers du feu seigneur Pompée » Frangipane , où entr'autres dispositions ; cet homme » que l'antiquité eût adoré , ordonne & prie ses » enfans de vouloir déterrer ses os du lieu où on » les aura mis dans Florence, & les vouloir transporter » à Venise, afin , dit-il , que s'il n'a pu avoir le » bonheur de mourir dans une ville libre , il puisse » jouir de cette grace après sa mort, & que ses » cendres reposent en paix hors de la domination du » vainqueur. Cela fait , il grava avec la même pointe » du poignard dont il se tua , sur le manteau de la » cheminée de la chambre où il étoit détenu ; ce vers » de Virgile :

Exoriare aliquis nostris ex ossibus ultor.

Ce que ses enfans exécutèrent fidèlement , &c.

» venus en France au fervice du roi, contre l'empéreur
» Charles-Quint, qui avoit fondé la demination des
» Médicis à Florence. Il ne faut point oublier que
» le même Philippe Strozzi, à l'entrée de fon tefta-
» ment, témoigne avec beaucoup de confiance,
» d'efpérer de la miféricorde de dieu le pardon de fa
» mort, puifqu'il la fouffroit en homme d'honneur
» pour le foutien de fa liberté, après la perte de
» laquelle il croyoit qu'une perfonne libre avoit le
» congé de mourir. Mais les loix de l'évangile font
» contraires à cette croyance, & la nouvelle Rome
» appelle défefpoir ce que l'ancienne appelloit grandeur
» de courage. Elle excommunie aujourd'hui ce qu'elle
» eût autrefois déifié.

On trouva dans fa chambre un écrit, qui indiquoit qu'un des motifs qui le déterminèrent à fe tuer,
fut la crainte des aveux que les douleurs de la queftion
pourroient lui arracher, & du danger où il pourroit
expofer fes amis. « Bel exemple des miferes humaines,
s'écrie le baron de Fourquevaux, & du peu de
» certitude des chofes du monde ! Philippe Strozzi,
» qui fort peu de mois auparavant étoit l'un des
» hommes d'Italie des plus eftimés & honorés, non
» feulement pour fes richeffes, qui pour un Citoyen
» étoient démefurées, ni pour l'antiquité de fa race
» qui avoit honorablement continué depuis plufieurs
» centaines d'années, mais auffi par fon agréable
» converfation, pour fa magnificence & libéralité,
» pour fa doctrine, & pour la pratique & connoif-
» fance qu'il avoit des chofes du monde, eft contraint
» de devenir captif, dans la ville qu'il a voulu con-
» ferver libre, & de mourir de fes propres mains
» pour éviter la cruauté de celles de fes ingrats ci-
» toyens. »

Il laiffa plufieurs enfans; entr'autres :

Léon, chevalier de Malthe, prieur de Capoue
& général des galères de France, qui acquit beaucoup de gloire par fes exploits fur mer, & qui fut
tué en combattant pour la France au fiège du château de Piombino en 1554. Brantome dit que ce
fut près de là au fiège de Scarlino, qu'il appelle
Efcarling.

Pierre, maréchal de France, deftiné d'abord à
l'état eccléfiaftique, mais que fon goût & fes talens,
quoique malheureux quelquefois, appelloient à la profeffion des armes. Il fervit d'abord en Italie fous le
comte Guy Rangon en 1536, & ne contribua pas
peu à faire lever aux Impériaux le fiège de Turin.
L'année fuivante le 2 Août, il fut défait près d'un
lieu nommé Montemarlo, par ce même Cofme de
Médicis, vainqueur de fon père, mais il n'eut pas,
comme fon père, le malheur de tomber dans les
fers du grand duc. Il paffa en France, & au renouvellement de la guerre entre Charles-Quint &
François I, fufpendue en 1538 par la trève de Nice,
il fe trouva en 1543 au fiège de Luxembourg,
où on lui donna la direction d'une batterie importante. Il avoit amené avec lui de Tofcane, une
compagnie de trois cens foldats d'élite, ou plutôt

un corps de trois cens officiers armés de corcelets
dorés, & dont chacun avoit réellement fervi en
qualité d'officier. Leur fervice reffembloit à celui de
nos dragons ; tantôt montés fur des chevaux d'une
viteffe extrême, ils accompagnoient les coureurs de
l'armée, tantôt ils combattoient à pied, par-tout
également actifs & intrépides ; ils fe rangeoient en
bataille d'eux-mêmes, fans fergent qui les commandât,
& avec un ordre & une promptitude admirables.

Au mois de Juin 1544, il fut battu par le prince
de Sulmone. Il fervit dans l'expédition navale de
1545, fous l'Amiral d'Annebaut. Il eut dans le règne
fuivant le commandement d'une armée que Henri II.
envoyoit en Italie au fecours des fiens ; il eut d'abord
quelque avantage fur divers généraux Italiens, mais
il perdit le 2 Août 1554, la bataille de Marciano
contre le marquis de Marignan, & il y fut dan-
gereufement bleffé. Il eut la même année le bâton
de maréchal de France, fa défaite n'ayant pu effacer la mémoire ni affoiblir le mérite de tant de
fervices. En 1557, il fit quelques expéditions heureufes autour de Rome, reprit le port d'Oftie, foumit d'autres places. Etant revenu en France, il fervit
au fiège de Calais au mois de Janvier 1558, puis
au fiège de Thionville où il fut tué d'un coup de
moufquet le 20 Juin, en allant reconnoître un endroit où il vouloit dreffer une batterie. Il avoit auffi
époufé une Médicis.

Brantome qui l'avoit vu, dit que c'étoit un bel
homme de corps & de vifage, *plus furieux pourtant que doux.* Il parle beaucoup de fon goût pour
la lecture, de fon amour pour les fciences, du parti
qu'il tiroit à la guerre, de fes connoiffances hiftoriques,
il parle de fa bibliothèque, de fon cabinet de curiofités,
de fa falle d'armes, ou l'on voyoit des modèles de
toutes les armures, foit antiques, foit étrangères. Il
avoit, felon Brantome, traduit en Grec les commentaires de Cefar, & les favants parmi lefquels
Brantome nomme Ronfard & Durant, parloient avec
éloge de cette traduction ; il y avoit ajouté des inftructions pour les gens de guerre. Du Bellay a fait
fon épitaphe en vers latins. Le duc de Guife avoit
en lui la plus grande confiance. Une note de la dernière édition de Brantome, nous apprend que le maréchal paffoit pour Athée.

Philippe II. du nom, fils du maréchal de Strozzi,
fut auffi un capitaine d'une grande réputation. Il
naquit à Venife en 1541, fut amené en France à
l'âge de fept ans, & fut élevé en qualité d'enfant
d'honneur auprès de François II. alors dauphin.
Etant fort jeune encore & entendant parler des guerres
qui fe faifoient en Piémont fous le maréchal de Briffac,
il fe dérobe, dit Brantome, avec deux chevaux
feulement & fon arquebufe de Milan à l'arçon de fa
felle, s'y en alla non fans avoir dérobé quelque
baffin, « coupe & aiguière d'argent à madame la
» Maréchale fa mère ; ce qu'ayant fu M. le Maréchal
» fon père & le fujet pour quoi il l'avoit fait, dit
» que fi c'eût été pour autre chofe que pour cela,

»'qui étoit honorable & glorieux, & pour voir de
» 'la guerre qu'il l'eût pendu, mais qu'il lui pardonnoit
» & lui pardonneroit quand il en pourroit prendre
» davantage, mais que ce fût pour un si valeureux sujet.»

Ils ne firent qu'en rire ensemble uand ils se re-
virent. Philippe se trouva dans la suite avec le Maréchal son père au siège de Calais en 1558, & à
celui de Guines en 1560. Il alla servir en Ecosse,
dans les guerres civiles, il fut blessé d'un coup d'arquebuse à la prise de Blois, servit au siège de Rouen,
se distingua aux batailles de St. Denis & de Jarnac,
fut fait prisonnier par les Huguenots au combat de la
Roche-Abeille, se signala encore à la bataille de
Montcontour, puis au siège de la Rochelle en 1573.
Ce fut dans le cours de ces guerres qu'il commit
pour le maintien de la discipline une action bien
cruelle; des courtisanes infectoient les armées. Strozzi
qui commandoit un corps de troupes contre les Huguenots, voulut préserver son camp d'un tel poison;
n'ayant pu y réussir, parce qu'il étoit mal obéi sur
ce point par ses soldats, il fit jetter dans la rivière
au pont de Cé, huit cent de ces Malheureuses, sans
être touché de leurs cris & de leur désespoir, spectacle
affreux, & qui pensa faire révolter l'armée. Strozzi
passoit cependant pour un homme doux & indulgent,
mais telle étoit la férocité où les mœurs étoient par-
venues par la continuité de la guerre & l'habitude
du carnage.

Strozzi fut fait colonel général de l'Infanterie
Françoise après la mort de d'Andelot en 1569, & reçut
l'ordre du saint Esprit à son institution, le premier
janvier 1579. Ce fut lui, dit Brantome, qui arma
si bien l'Infanterie, & qui lui porta la façon &
l'usage des belles arquebuses de calibre.

Après la mort de dom Sébastien, Roi de Portugal,
Catherine de Médicis, qui savoit combien son alliance
avec la maison de France avoit paru disproportionnée,
voulut faire voir que la maison de Médicis pouvoit
de son chef, prétendre à des trônes; elle se mit au
nombre des concurrens, à la faveur d'une généalogie
très-suspecte; mais pour lui donner plus de force,
elle acheta les droits du prieur de Crato, qui étoient
les plus apparens & que la nation Portugaise avoit
consacrés; on parut donc s'armer pour le roi que
le Portugal même avoit adopté en le proclamant. La
France envoya une flotte contre l'Espagne, dont le
roi, Philippe II, avoit envahi le Portugal; cette flotte
fut commandée par Philippe Strozzi, qui, aussi grand
admirateur de la gloire que Léon Strozzi, son oncle,
avoit acquise sur mer, qu'il étoit ardent détracteur
de celle que le Maréchal Strozzi, son père, avoit
acquise sur terre, voulut après avoir à ce qu'il
croyoit, effacé celui-ci, égaler l'autre encore s'il étoit
possible. La flotte Espagnole, commandée par le marquis de Ste. Croix, vint à sa rencontre, le combat
s'engagea près des Isles Açores, les François furent
vaincus; Strozzi blessé, fut pris & présenté au
marquis de Ste.-Croix, qui déshonorant sa victoire,
le fit tuer devant lui à coups de hallebarde & jetter

dans la mer le 26 juillet 1582: il envoya au supplice tous les prisonniers, parmi lesquels on comptoit
quatre-vingt gentilshommes, & ces malheureux s'étant
confessés à un Prêtre François, il fit pendre encore
ce prêtre après eux. Le prieur de Crato, qui étoit
de l'expédition de Strozzi, eut beaucoup de peine à
regagner la France.

Nous trouvons divers Strozzi, distingués dans les
lettres, tous Florentins ou du moins Italiens, & qui
étoient vraisemblablement de la maison de Strozzi.

1°. Quiric ou Kiriac Strozzi, noble Florentin, fils
de Zacharie Strozzi, né le 22 avril 1504 près de
Florence, mort à Pise l'an 1565, professeur en langue
Grecque & en philosophie à Florence, à Bologne,
à Pise. Il ajouta deux livres à ceux d'Aristote sur la
république. Il traduisit en latin les stromates de Saint-
Clément d'Aléxandrie.

2°. Laurence Strozzi sa sœur, religieuse Dominicaine,
née le 6 mars 1514, morte le 10 septembre 1591,
étoit aussi très-savante, & même dans les langues,
elle composa un livre d'Hymnes & d'Odes latines
sur toutes les fêtes de l'année.

3°. Jules Strozzi, mort avant 1637, auteur de la
Venetia œdificata ou de l'origine de la ville de Venise,
poëme estimé en Italie.

4°. Nicolas Strozzi, aussi poëte Florentin, auteur
de poësies estimées, les Sylves du Parnasse, diverses
Idylles, deux tragédies, David de Trébizonde, le
Conradin d'Allemagne. Né le 3 novembre 1590,
mort le 17 janvier 1654.

5°. Thomas Strozzi, Jésuite, auteur d'un poëme
latin sur la manière de faire le chocolat, de cocho-
latis opificio; auteur aussi de quelques ouvrages de
controverse & de dévotion. Il vivoit dans le dix-
septième siècle.

STRUVE, (Burchard Gotthlieb)(Hist. litt. mod.)
professeur en droit à Jéne, ainsi que George-Adam,
son père, est connu comme historien & publiciste;
on a de lui Antiquitatum Romanarum Syntagma;
Syntagma Juris Publici, (son père avoit fait Syntagma Juris Civilis) Syntagma historiæ germanicæ.
Une histoire d'Allemagne en Allemand. Historia
Misnensis, mort en 1738; son père étoit mort en
1691.

STRUYS (Jean) (Hist. litt. mod.) Hollandois
célèbre par ses voyages en Moscovie, en Tartarie,
en Perse, aux Indes, &c., depuis 1647 jusqu'en
1673. Nous en avons les relations qui ne furent ré-
digées qu'après sa mort.

STUART, (Hist. Britanniq.) ce nom de Stuart
ou Stewart, signifie Sénéchal, & il est devenu celui
de la maison royale d'Ecosse, qui fut aussi une
des maisons royales d'Angleterre, parce que la dignité
de sénéchal d'Ecosse, étoit héréditaire dans cette
maison avant qu'elle fût parvenue au trône d'Ecosse.
Elle étoit depuis long-temps en possession de cette
dignité de sénéchal d'Ecosse, lorsqu'au milieu des

longues divisions des maisons de Bailleul & de Brus, relativement à la couronne d'Ecosse, qui resta enfin à la maison de Brus, Walter *Stuart*, grand-sénéchal d'Ecosse, épousa Marie de Brus, fille de Robert I, & sœur de David II, rois d'Ecosse. De ce mariage naquit Robert *Stuart*, qui, après la mort du roi David II, son oncle maternel, arrivée en 1370, fut reconnu roi d'Ecosse sous le nom de Robert II. Cet avénement à un trône en quelque sorte inattendu, & dans la suite l'avénement de Jacques VI à la couronne d'Angleterre, & la réunion des Royaumes Britanniques sous ce prince, cette accumulation d'empires & de titres, ces faveurs de la fortune où la politique semble placer le bonheur suprême, n'ont pas empêché que cette maison de *Stuart* n'ait mérité entre toutes le titre respectable *d'infortunée*, par une suite de disgraces que le temps n'a point vu finir, & c'est principalement des *Stuarts*, qu'on a dû dire:

Tolluntur in altum
Ut casu graviore ruant.

Robert III fils de ce Robert II, qui le premier des *Stuarts*, étoit monté sur le trône, mourut (en 1406) de douleur, de ce que son fils étoit tombé entre les mains des Anglois qui le retenoient prisonnier.

Ce fils, qui fut dans la suite Jacques I, après avoir été dix-huit ans prisonnier en Angleterre, fut massacré la nuit dans son lit (1437) par ses propres sujets, par ses propres parens, par son oncle Walter comte d'Athol, escorté d'une troupe d'assassins. Le roi étoit logé avec la reine sa femme, dans le couvent des Dominicains à Perth; ses domestiques avoient été gagnés, & le roi ne fut défendu que par deux femmes. Une jeune dame de la maison de Douglas, attachée à la Reine, entendit le bruit que faisoient les assassins en voulant enfoncer la porte de l'appartement; elle courut à cette porte pour en fermer les verroux, les domestiques les avoient enlevés; elle opposa aux efforts des assassins la foible résistance de son bras, elle eut le bras coupé. Le roi plein de valeur comme de vertus, saisit son épée & tua quelques-uns de ces assassins; la reine dont la tendresse animoit le courage, s'élance au devant de leurs épées, & fait à son mari un rempart de son corps. Elle fut percée de plusieurs coups qui firent craindre pour sa vie; le roi en reçut vingt-huit, la plûpart mortels, & tomba enfin accablé par le nombre; dans la suite tous les assassins périrent au milieu des supplices; celui du comte d'Athol fut horrible comme son crime. On commença par le promener nud dans Edimbourg, on lui donna ensuite l'estrapade, on lui mit sur la tête une couronne de fer ardent. On lui déchira les entrailles, on les brûla. On le tenailla, enfin on lui arracha le cœur, & on le jetta au feu; puis on décapita, on écartela son cadavre.

Les filles de Jacques I, à la mort de leur père,

furent réduites à chercher un asyle en France où une de leurs sœurs étoit dauphine, c'étoit la première femme de Louis XI; victime de la calomnie, elle mourut à vingt ans, moitié de maladie, moitié de douleur, & déja lasse de la vie. Son dernier mot fut: *fi de la vie, qu'on ne m'en parle plus.* Elle mourut sous le règne de Charles VII son beau-père, & ne fut point reine.

Jacques II fut tué à vingt-neuf ans, de l'éclat d'un canon qui creva devant le château de Roxboroug, qu'il assiègeoit en 1460.

Jacques III, n'avoit pas trente-cinq ans, lorsqu'il fut tué à la bataille de Baunockburn, en 1488, par ses sujets rebelles.

Jacques IV, gendre du roi d'Angleterre Henri VII, ayant fait en 1513, pour servir la France, une irruption dans les états de Henri VIII, son beau-frère, termina par une mort violente une vie toujours agitée. Il fut trouvé parmi les morts à la bataille de Flodon.

Henri VIII, ayant à son tour fait une irruption en Ecosse, mit en déroute l'armée Ecossoise, près du Golphe de Solway, & fit beaucoup de prisonniers importans. Jacques V en mourut de chagrin à trente ans en 1542, laissant pour unique héritiere, Marie *Stuart* sa fille, qui venoit de naître.

Quelle destinée sembloit devoir être & plus brillante & plus heureuse que celle de cette princesse! Reine d'Ecosse dès le Berceau, reine de France par son mariage avec François II, ayant même des prétentions aux Royaumes d'Angleterre & d'Irlande, & indépendamment de ces prétentions dès lors acquises ayant à cette riche succession les espérances les mieux fondées pour l'avenir, quelle magnifique carrière sembloit s'ouvrir devant elle! Aussi les L'hôpital, les Ronsard, les Joachim du Bellay, tous les poëtes de son temps, en célébrant sa beauté naissante, ses graces qui se développoient de jour en jour, ses douces vertus & ses talens pour le moins égaux aux leurs, ne voyoient-ils pour elle dans l'avenir qu'un long enchaînement de prospérités; tant d'avantages vinrent aboutir à l'échafaud après dix-neuf ans de captivité.

Ses ennemis lui ont imputé deux crimes, l'un pour la perdre en Ecosse, l'autre pour la perdre en Angleterre. Le premier étoit d'avoir été complice de la mort violente de son second mari, Henri *Stuart* d'Arnley, le second d'être entré dans des complots contre la vie de la reine Elisabeth; il doit m'être permis de dire que la preuve de son innocence sur ces deux points, est portée jusqu'à la démonstration dans la neuvième volume de l'histoire de la rivalité de la France & de l'Angleterre, c'est le second volume du supplément. *Voyez* sur cette question l'article ELISABETH, reine d'Angleterre, les observations du rédacteur sur le récit de l'auteur de cet article, M. L. C.; *voyez* aussi les articles LESLEY, MORTON, MURRAI, NORFOLCK, RICCIO, (*David*) WALSINGHAM,)

Malgré les malheurs de sa mère, Jacques VI remplaça

plaça sur le trône d'Angleterre la meurtrière de Marie Stuart, il réunit les royaumes Britanniques & fut Jacques I. en Angleterre, il n'éprouva pas personnellement d'autre calamité que celle d'être beaucoup trop méprisé de ses sujets, qu'il obligeoit de vivre en paix, & qui auroient mieux aimé le trouble.

Marie Stuart avoit été envoyée à l'échafaud par une étrangère, par une ennemie qui abusoit du droit du plus fort. Il étoit réservé à Charles I d'y être conduit par ses propres sujets; mais cessons de reprocher à l'Angleterre un crime qu'elle déteste, & qu'elle expie tous les ans en solemnisant le martyre de Charles I. Observons seulement qu'il n'arrive jamais à la maison Stuart une apparence de fortune, qui ne soit pour elle la source d'une disgrace beaucoup plus cruelle; c'est toujours le

Tolluntur in altum
Ut casu graviore ruant.

Après la terrible & imposante tyrannie de Cromwel, les Stuart sont rétablis contre toute espérance, & bientôt par l'expulsion de Jacques II en 1688; ils sont à jamais renversés du trône, & toute la postérité de Jacques est proscrite avec lui.

Le prince Edouard, son petit-fils, secondé plutôt par les vœux que par les forces de la France, a d'abord quelques succès brillants en Ecosse; mais le terme en est court, & ses succès n'ont d'autre issue que de porter ses amis à l'échafaud, il y échappe lui-même avec peine; bientôt abandonné, emprisonné même par ses protecteurs, il n'a plus d'asyle qu'à Rome. On peut dire aujourd'hui:

Le Ciel même peut-il réparer les ruines
De cet arbre séché jusques dans ses racines?

Tel a été le sort de la branche royale de Stuart; dans les autres branches nous trouvons aussi quelques personnages célèbres, & un beaucoup plus grand nombre de malheureux.

1°. Dans une branche des ducs d'Albanie, Jean, comte de Buchan, connétable de France, tué à la bataille de Verneuil au Perche, le 17 Août 1424.

2°. Robert, son frère, tué avec lui dans la même bataille.

3°. Mordac Stuart, duc d'Albanie, neveu des deux précédens, & régent du royaume d'Ecosse, eut la tête tranchée en 1427, avec ses deux fils Gautier & Alexandre. Un autre de ses fils, Jacques Stuart, mourut exilé en Irlande.

4°. Dans la branche de Darnley-Lenox, Jean Stuart, seigneur de Darnley, tué en 1313.

5°. Jean Stuart, second du nom, arrière-petit-fils du précédent, sujet utile à notre roi Charles VII, qui récompensa ses services par le don du comté d'Evreux, & des seigneuries d'Aubigny & de Concressaut; tué en 1429, au combat de Patay.

6°. Alain Stuart, seigneur de Darnley, fils aîné du précédent, tué le 29 octobre 1438.

7°. Mathieu Stuart, premier du nom, comte de Lenox, petit-fils du précédent, tué à la bataille de Flodon en 1513.

8°. Robert Stuart, comte de Beaumont le Roger, seigneur d'Aubigny, chevalier de l'ordre du Roi, capitaine des cent gardes Ecossoises, connu sous le nom du maréchal d'Aubigny, frère puîné de Mathieu, fut fait maréchal de France en 1515. C'étoit un des compagnons de Bayard, il avoit servi avec succès en Italie & en Provence, dans le temps de la fameuse expédition de Charles-Quint en 1536.

9°. Jean Stuart, fils de Mathieu I, tué en 1527, dans un combat entre les Douglas & les Hamiltons.

10°. Mathieu Stuart II du nom, fils de Jean, comte de Lenox, & régent d'Ecosse, tué en 1572.

11°. Son fils fut ce malheureux Henri Stuart Darnley, second mari de la reine d'Ecosse, Marie Stuart. La nuit du 9 au 10 février 1567, la maison où étoit logé Darnley, sauta en l'air par le jeu d'une mine, & on retrouva le corps de ce prince à quelque distance delà sous un arbre. Darnley fut père de Jacques VI en Ecosse, ou Jacques I en Angleterre. Ainsi, ce roi qui réunit les trois royaumes Britanniques, n'étoit de la branche royale d'Ecosse que par sa mère, il étoit par son père de celle de Darnley-Lenox.

12°. Dans la branche des Stuarts d'Aubigny-Richemont; Jean Stuart, mort de blessures reçues au combat de Bramden, le 29 mars 1644.

13°. Bernard son frère, comte de Leichfeild; tué au combat de Chester, le 22 septembre 1645.

14°. Georges Stuart, baron d'Aubigny, frère des deux précédens, tué au combat de Kineton, le 23 octobre 1642.

STUCKIUS, (Jean-Guillaume) (*Hist. litt. mod.*) de Zurich, savant qui vivoit vers la fin du seizieme siècle, est auteur de commentaires sur Arrien, d'un *traité des festins des anciens & de leurs sacrifices*; il fit à la louange de Henri IV, un ouvrage intitulé: *Carolus Magnus redivivus.* Mort en 1607.

STUNICA, (Jacques Lopez) (*Hist. litt. mod.*) docteur de l'université d'Alcala, a écrit contre Erasme & contre Le Fèvre d'Etaples. Mort à Naples, en 1530.

STUPPA ou STOUP, (Pierre) *Hist. des Suiss.* natif de Chiavenna au pays des Grisons, se distingua au service de Louis XIV, dans la guerre de 1672, nommément à la bataille de Senef; il fut fait colonel du régiment des Gardes Suisses en 1685, & lieutenant-général, & fut employé avec succès dans diverses négociations en Suisse. Il devroit être célèbre, quand il n'auroit pour l'être que le mot qu'il dit à Louis XIV, en présence de M. de Louvois: il sollicitoit le paiement fort arriéré des appointemens des officiers Suisses. *Sire,* s'écria Louvois, en

V

cherchant à excuser ce retardement ; *si votre Majesté avoit tout l'argent qu'elle & ses prédéceffeurs ont donné aux Suiffes, elle pourroit payer d'argent une chauffée de Paris à Bâle ; mais auffi,* repliqua Stuppa, *fi votre Majesté avoit tout le fang que les Suiffes ont répandu pour le fervice de la France, elle pourroit faire un fleuve de fang de Paris à Bâle.*

Un autre *Stuppa,* compatriote & parent de Pierre, fut tué à la bataille de Steinkerque. Pendant que les François étoient maîtres de la Hollande en 1673, il avoit publié à Utrecht contre les Hollandois, un écrit intitulé : *la Religion des Hollandois,* auquel un profeffeur de Groningue, Jean Braun, répondit par un autre, ayant pour titre : *la véritable Religion des Hollandois.*

STURMIUS, (*Hift. litt. mod.*) c'eft le nom de deux favants, tous deux auffi nommés Jean, l'un Allemand, auteur d'un livre intitulé : *linguæ latinæ resolvendæ ratio,* & de notes fur la rhétorique d'Ariftote, fur Hermogène, & mort en 1589. L'autre, Flamand, auteur du premier volume du recueil intitulé: *Inftitutio litterata.*

SUANTE NILSON STURE, (*Hift. de Suede*) adminiftrateur en Suede. Jean, roi de Danemarck, prétendoit à la couronne de Suede en vertu du traité de Calmar & foutenoit fes droits les armes à la main. L'adminiftrateur Steenfture lui fermoit l'entrée du royaume. Jean excita fecrètement les Ruffes à fe jetter fur la Finlande ; on leur oppofa une armée commandée par *Suante Nilfon Sture.* Ce général defcendoit d'une des plus anciennes familles du Nord & dont le fang fe mêloit avec celui des rois : fier de fa nobleffe, il refufa d'obéir à Steenfture : cet adminiftrateur pouvoit l'accufer d'indocilité, mais il l'accufa de lâcheté & de trahifon ; *Suante Nilfon* comparut devant le fénat l'an 1497, fe juftifia, & fit dépofer Steenfture (*voyez* ce mot). Celui-ci ce cependant remonter au faîte des grandeurs dont il étoit tombé ; mais il mourut l'an 1503, & la nation lui nomma pour fucceffeur dans l'adminiftration, ce même *Suante Nilfon Sture.* Celui-ci fuivit le plan que fon ennemi lui avoit tracé, s'oppofa au rétabliffement de *l'union de Calmar,* fit la guerre au roi Jean, & l'empêcha de règner ; pour règner lui-même fous les titres modeftes de *protecteur & d'adminiftrateur.* Le peuple le regarda comme le défenfeur de la liberté publique ; il montra en effet des vues plus droites, un patriotifme plus véritable, que l'ambition déguifée de Steenfture. Mais s'il avoit plus de vertus que fon prédéceffeur, il avoit moins de talens, & la Suede, fous fon adminiftration, éprouva de plus grands ravages que fous celle de Steenfture. Il mourut l'an 1512. (*M. DE SACY.*)

SUARÈS, (François) (*Hift. litt. mod.*) Jéfuite Espagnol, connu par fon fyftême du *Congruifme,* qui n'eft qu'une modification du molinifme. Sa fécondité s'eft étendue jufqu'à vingt-trois volumes in-folio, de théologie & de morale. Son *traité des loix* a été réimprimé, même en Angleterre ; *fa défenfe*

de la foi catholique, &c. y a été brûlée auffi bien qu'en France, & Jacques I écrivit au roi d'Espagne Philippe III, pour fe plaindre du livre & de l'auteur. Philippe lui répondit par une apologie du livre, chofe louable fi le livre n'étoit pas coupable, & par une exhortation à rentrer dans la voie de la vérité.

Il s'agiffoit principalement dans cette difpute théologique du *ferment d'allegeance,* fubftitué par le roi Jacques au *ferment de fuprématie :* aucun catholique ne peut prêter celui-ci, il paroît qu'aucun fujet ne peut refufer de prêter celui-là. Dans le ferment de fuprématie, on reconnoiffoit le roi pour chef de l'Église ; dans le ferment d'allégeance, on reconnoiffoit feulement que le pape n'a aucun droit fur la vie ni fur le temporel des rois, & qu'il ne peut en aucun cas délier les fujets du ferment de fidélité. Mais ce dernier ferment ne plaifoit pas beaucoup plus que l'autre aux papes ; Paul V. fit écrire contre par *Suarès,* & le remercia de fon écrit par un bref du 9 feptembre 1613. Urbain VIII défendit, fous peine de damnation, de prêter ce ferment, fans qu'on puiffe trouver d'autre motif de cette défenfe que les grandes prétentions des Grégoires VII & des Bonifaces VIII, à la monarchie univerfelle. Le cardinal Bellarmin écrivit auffi contre ce ferment qu'il jugeoit contraire à l'unité, Jacques daigna répondre au cardinal Bellarmin, comme autrefois Henri VIII à Luther, & avec le même avantage. *Suarès* apprenant le fort de fon livre en Angleterre & en France, témoigna qu'il auroit voulu être brûlé lui-même comme fon livre, ou du moins *fceller de fon fang les vérités qu'il avoit défendues avec fa plume.* Il mourut à Lisbonne en 1617 ; fon dernier mot fut : *je ne croyois pas qu'il fût fi doux de mourir.* Le P. Defchamps a écrit fa vie.

Un autre *Suarès* (Jofeph-Marie) Evêque de Vaifon, mort en 1670, eft auteur d'une *defcription* latine *de la ville d'Avignon & du Comtat Venaiffin.* Il a donné auffi une traduction latine des opufcules de Saint Nil avec des notes.

SUBLET DESNOYERS, (François) *Hift. de Fr.*) baron de Dangu, fecrétaire d'Etat fous Louis XIII, étoit fils d'un intendant du cardinal de Joyeufe : après la mort du cardinal de Richelieu, dont il avoit eu à quelques égards la confiance, il efpéra jouer un rôle principal dans le miniftère, & comme il avoit remarqué que l'offre que le cardinal de Richelieu faifoit quelquefois de fa démiffion, finiffoit toujours par accroître fa faveur & fortifier fon autorité, il crut devoir tenter ce moyen ; mais Louis XIII, qui s'apperçut de l'imitation & ne jugeoit pas Defnoyers auffi néceffaire à conferver que Richelieu, le prit au mot fur la première offre de fa démiffion. (*Voyez* l'article TELLIER (le) Defnoyers, dupe de fa politique, fe retira dans fa maifon de Dangu, où il mourut en 1645. Ce miniftre aimoit comme Richelieu, les talens & les arts ; il ne manquoit ni de grandeur ni de lumières. Ce fut lui qui, fous Richelieu, établit l'imprimerie Royale dans les galeries du Louvre, & en fut le fur-intendant.

SUBLIGNY, (*Hift. litt. mod.*) bel efprit du dix-feptième fiècle, qui écrivit contre Racine & enfuite pour lui, fe croyant d'abord fon rival & enfuite fon ami, indigne de l'un & de l'autre titre.

Indigne également de vivre & de mourir.

Ce fût lui qui enfeigna les règles de la verfification à la comteffe de la Suze. C'eft lui qui a traduit les fameufes lettres Portugaifes dont le maréchal de Chamilly avoit rapporté les originaux du Portugal. Sa comédie de la *Folle Querelle*, étoit dans fon intention une critique de *l'Andromaque* de Racine; il eft auteur auffi du roman de la *fauffe Clélie*. Tel étoit fon amour pour le théâtre, qu'il permit à fa fille d'entrer à l'opéra parmi les danfeufes. Il exerçoit ou étoit cenfé exercer la profeffion d'avocat.

SUDATSES, LES, *terme de relation*, nom des Tartares-méridionaux, tributaires du grand cham de Tartarie, & voifins des Tartares Zagatai, & du royaume de Turkeftan. (*D. J.*)

SUENON, (*Hift. de Danemarck.*) roi de Danemarck, il étoit fils de Harald & d'Efo. Ce prince avoit introduit le chriftianifme dans fes états, Suenon impatient de régner, ne laiffa pas échapper cette occafion de prendre les armes contre fon père; la défenfe de l'ancien culte fut le prétexte de fa révolte. Harald périt dans un combat; mais fon armée fut victorieufe; & avant de couronner *Suenon*, lui impofa les conditions les plus dures. Il fut bientôt s'en affranchir; ce fut vers l'an 980 qu'il monta fur le trône. Politique auffi rufé que général habile, il rompit l'alliance projetée entre la Norwege & la Suede en promettant fa fœur au roi de Norwege à qui il la refufa enfuite avec mépris. Celui-ci voulut venger les armes à la main l'affront qu'il avoit reçu; mais fon armée fut taillée en pièces. Vainqueur des Norwégiens, *Suenon* defcendit en Angleterre, força le roi Éthelrede à lui payer tribut, revint en Danemarck, reparut dans la Grande-Bretagne, conquit des provinces, gagna des batailles, vendit à fon ennemi une paix qu'il viola dès qu'elle fut fignée, & ne diffimula plus le projet qu'il avoit formé de ranger toute l'Angleterre fous fes loix. Ethelrede, par des foumiffions humiliantes, par des contributions énormes, crût détourner l'orage: il fe trompa. *Suenon* reçut fes préfens & lui arracha fa couronne. Ce prince avoit fait alliance avec Richard, duc de Normandie: il tenta le fiège de Londres, mais en vain: il pénétra dans l'Ecoffe, foumit quelques provinces, & fut reconnu roi d'Angleterre par une faction puiffante; mais il ne régna jamais fur toute la Grande Bretagne. Il mourut vers l'an 1014. (*M. DE SACY*)

SUENON II, roi de Danemarck & d'Angleterre, étoit fils d'Ulph & d'Eftrite, fœur de Canut, premier du nom. Après la mort fon oncle il fe fit reconnoître roi de la Grande-Bretagne, que les Danois avoient conquife depuis long-temps, Edouard fe reconnut fon tributaire; mais tandis que *Suenon* étoit

occupé à foumettre le Danemarck dont Magnus, roi de Norwege, s'étoit emparé, Edouard fit égorger toutes les garnifons Danoifes l'an 1043. La rufe parut à *Suenon* une voie plus fûre que celle des armes: pour arriver à fon but, il gagna d'abord la confiance de Magnus qui le fit régent du royaume, puis celle du peuple qui le proclama roi de Danemarck, l'an 1044. La fortune ne le feconda pas auffi bien que la nation: Magnus leva des troupes & remporta fur lui une victoire fignalée; *Suenon* fut contraint de paffer quelque temps dans l'obfcurité; mais Magnus étant mort l'an 1047, *Suenon* remonta fur le trône. Harald, fucceffeur de Magnus en Norwege, ne tarda pas à le lui difputer; le Danemarck fe vit de nouveau en proie à toutes les horreurs de la guerre. Le peuple ne ceffoit de crier qu'il étoit la victime des débats des deux rois, & qu'il falloit que *Suenon* les terminât par une victoire décifive ou qu'il renonçât au trône; un rendez-vous fut indiqué pour les deux flottes; mais au jour marqué *Suenon* ne parut point, Harald éclata en reproches, & le peuple en murmures, on fe donna un nouveau rendez-vous; ce fut l'an 1051, à l'embouchure du Gothelbe, que fe donna cette bataille navale, l'une des plus fanglantes dont l'hiftoire ait parlé; *Suenon* fut vaincu & s'enfuit en Zélande. Mais comme les vainqueurs n'avoient tiré d'autre triomphe d'autre avantage que celui de demeurer maîtres de l'embouchure du fleuve; il fallut en venir à un accommodement; & *Suenon* demeura fur le trône de Danemarck. On prétend que dans un accès de colère, il fit égorger au milieu de l'églife de Rofchild des courtifans qui l'avoient infulté; que lorfqu'il fe préfenta pour entrer dans l'églife, l'évêque Guillaume lui donna dans la poitrine un coup de fon bâton paftoral en lui difant: Arrête, bourreau, l'entrée de ce temple t'eft interdite; on ajoute que le roi fit une pénitence publique, remercia l'évêque de la clémence avec laquelle il l'avoit traité, lui rendit fes bonnes graces ou plutôt lui demanda les fiennes, & qu'ils vécurent enfuite dans la plus grande intimité. *Suenon* voulut en 1069 tenter la conquête de l'Angleterre; il fit partir le général Osbern fuivi d'une flotte nombreufe; mais celui-ci fe laiffa gagner par les largeffes de Guillaume, roi d'Angleterre, & rentra dans les ports de Danemarck. *Suenon* mourut l'an 1074 après avoir affuré la couronne à Harald, l'aîné de fes enfans naturels, & réglé l'ordre de la fucceffion entr'eux. Il ne laiffa point d'enfans légitimes. Les grands fervices que Harald & Canut avoient rendus à l'état fembloient effacer la tache de leur naiffance. (*M. DE SACY.*)

SUENON III furnommé *Gratenhede*, roi de Danemarck. Eric ayant abdiqué la couronne en 1147, elle devint la proie de plufieurs concurrens; mais *Suenon*, fils naturel d'Eric Emund, fut préféré à fes rivaux; Canut, fils de Magnus, leva une armée, la guerre civile s'alluma; le jeune Waldemar I embraffa la défenfe de *Suenon*. Celui-ci ayant fait enfermer l'archevêque de Lunden, fut contraint de lui rendre la liberté, & donna de grands biens

à l'églife pour appaifer fa colere. Après avoir confacré fes armes aux progrès de la religion dans les
contrées du nord encore idolâtres, *Suenon* les tourna
contre Canut, gagna fur lui trois batailles célèbres;
Canut s'enfuit à la cour de l'empereur, dont il fe
confeffa être le vaffal afin d'intéreffer l'ambition de
ce monarque à le placer fur le trône de Danemarck.
L'empereur attira *Suenon* & Waldemar à fa cour
l'an 1153, fous le prétexte féduifant d'un accommodement. Mais il les força de fe reconnoître vaffaux de
l'empire comme Canut l'avoit fait. Quel que fût le
roi de Danemarck, peu importoit à Frédéric pourvu
qu'il lui rendît hommage. Les princes réclamèrent
bientôt contre un traité que la force leur avoit arraché; *Suenon* de retour en Danemarck, fit avec
Canut une paix fimulée qu'il viola prefque auffitôt.
Waldemar indigné de fa perfidie, abandonna fon
parti & fe jetta dans celui de Canut. *Suenon* voulut
faire arrêter Waldemar, mais il ne trouva point de
foldats affez hardis ou affez méchans pour ofer porter
leurs mains fur un prince fi généreux & fi brave.
La guerre fe ralluma, *Suenon* vaincu alla mendier
des fecours chez les peuples voifins, fe fit reconnoître
par ces mêmes nations qu'il avoit opprimées au nom
d'un Dieu pur, & trouva affez de force pour
recouvrer une partie de fes états; mais il fallut en
céder la plus belle moitié pour conferver le refte.
Le royaume fut partagé, & Waldemar fut l'arbitre
du partage. Le fombre & perfide *Suenon* réfolut
d'affaffiner deux concurrens qu'il n'avoit pu vaincre.
Les miniftres de fa vengeance égorgèrent Canut;
mais l'intrépide Waldemar fe fit jour à travers les
affaffins, leva une armée, & préfenta la bataille
à *Suenon* qui périt dans la déroute de fon armée l'an
1157. C'étoit un de ces rois que le ciel donne dans
fa colère, cruel par penchant, commettant quelquefois par plaifir des crimes dont il n'attendoit aucun
fruit; fans reconnoiffance pour fes amis, fans refpeêt
pour les loix. Son nom devint fi odieux qu'après lui
aucun roi de Danemarck ne voulut le porter. (*M.*
DE SACY.)

SUERCHER I, (*Hift. de Suede.*) roi de Suede,
fut le premier qui fit bâtir des monaftères dans la
Suede & les peupla de moines étrangers. La Suede,
long-temps barbare, lui fut long-temps gré de cette
inftitution. *Suercher* avoit pour Jean fon fils cette
tendreffe aveugle dont les effets reffemblent fi fort
à ceux de la haine. Son indulgence plongea le jeune
prince dans les plus infâmes débauches; il viola la
femme & la fœur d'un feigneur Danois: une guerre
fanglante fut la fuite de ce crime. Jean périt en
brave fcélérat, & *Suercher* fut affaffiné l'an 1144.
C'étoit un prince bon, mais foible, qui ne fut gouverner ni fes états, ni fa famille, ni lui-même. (*M.*
DE SACY.

SUERCHER II, roi de Suede. Il étoit fils de
Charles Suercherfon. Cette famille fut cruellement
perfécutée par Canut Ericfon. Cependant *Suercher*
lui fuccéda vers l'an 1192, & fut contraint de défigner pour fon fucceffeur Eric, fils de Canut. Mais

il ne le laiffa quelque temps tranquille dans fa retraite que pour lui porter des coups plus fûrs. Tous
les defcendans de Canut furent maffacrés: Eric feul
échappa au carnage; les Uplandois fe foulevèrent en
fa faveur; le feu de la révolte fe communiqua bientôt à toute la Suede; *Suercher* vaincu s'enfuit en
Gothie, il reparut à la tête d'une armée Danoife
& eut le même fort; fon courage ne l'abandonna
point; rien ne lui fembloit digne de lui que le trône,
la victoire ou la mort. Il vint près du même champ
de bataille en préfenter une feconde à fon ennemi:
mais il fut tué combattant au premier rang, comme
tous les anciens rois du Nord. Ce fut le 17 juillet
de l'an 1210, que fa mort affura la couronne de
Suede à Eric Canutfon. (*M. DE SACY.*)

SUETONE, (*Hift. Rom.*) l'hiftoire Romaine
offre deux hommes célèbres de ce nom:

L'un eft Caïus Suetonius Paulinus, général
fous Caligula, & fous Néron, Othon & Vitellius;
gouverneur de Numidie, fous le premier de ces
empereurs, l'an 40 de J. C. il vainquit les Maures,
conquit leur pays jufqu'au-delà du Mont Atlas, &
pénétra beaucoup plus avant dans l'Afrique qu'aucun
général Romain ne l'avoit fait avant lui. Il donna
lui-même une relation de cette guerre.

Sous l'empire de Néron, le même Suetonius Paulinus fit
la guerre dans les royaumes Britanniques. Il réduifit l'Ifle
de Mona ou d'Anglefey; le fpectacle fingulier des
femmes de l'Ifle, échevelées, vêtues en Furies, fecouant des torches enflammées, répétant avec fureur
les chants fuperftitieux qu'entonnoient leurs Druydes
& les cris de guerre que pouffoient leurs foldats,
ce fpectacle l'étonna fans l'arrêter, il brûla les Druydes
dans le feu qu'ils avoient préparé pour d'autres victimes humaines. N'aura-t-on jamais que des cruautés à
oppofer à des cruautés?

Quelques Centurions Romains avoient fait un outrage fanglant à Boadicea ou Bondicea, reine des
Iceni ou Iceniens, peuple de la Bretagne (Angleterre)
femme d'un grand courage; ils l'avoient traitée en
efclave, l'avoient fait fouetter par des efclaves,
avoient déshonoré fes filles & défefpéré fes fujets par
d'affreufes extorfions. Les Icéniens révoltés, s'affemblent au nombre de cent vingt mille hommes, chaffent le gouverneur Romain qu'on leur avoit donné,
égorgent ou livrent à divers fupplices jufqu'à foixante
& dix mille Romains.

Suetonius Paulinus, auquel il ne manqua dans cette
occafion que de combattre pour une caufe plus jufte
dans fon origine, accourut avec dix mille hommes
feulement à Londres, ville qui fe diftinguoit dès-
lors par fon commerce; il attaque avec fa foible
troupe la nombreufe armée des Icéniens. Bondicea
étoit elle-même à la tête de fes troupes, elle alloit
de rang en rang, animant fes foldats & ne refpi-
rant que la vengeance; elle combattit en héros &
fes fujets imitèrent fa valeur, mais que peuvent &
la valeur & le nombre fans la difcipline? Les Romains avoient à cet égard trop d'avantage pour n'être

pas vainqueurs. Il périt dans cette occasion quatre vingt mille Bretons. Les chariots dont ils avoient environné leur camp, leur ayant fermé le chemin de la retraite, Bondicca, qui n'avoit voulu vivre que pour se venger, voyant sa vengeance manquée, s'empoisonna de désespoir.

Suetonius fut consul sous l'empire du même Néron, l'an 66 de J. C. Il contribua beaucoup à mettre Othon sur le trône, & il finit par le trahir, du moins il eut la lâcheté de s'en vanter à Vitellius, & de dire qu'il avoit perdu exprès cette bataille décisive de Bébriacum, entre Crémone & Vérone, après laquelle Othon se tua si courageusement. Quelle différence de ce généreux dévouement d'Othon &, de cet aveu de Suétone, également honteux s'il étoit sincère & s'il étoit faux ! La gloire de celui-ci en est restée flétrie. —

L'autre Suétone est sur-tout connu par son histoire des douze premiers empereurs Romains. Il se nommoit Caius Suetonius Tranquillus, il étoit fils de Suetonius Lenis, Tribun légionnaire, qui se trouva aussi à la bataille de Bébriacum, dont Suétone a écrit les principales circonstances d'après le récit qu'il en avoit entendu faire à son père. C'est d'après lui par exemple qu'il rapporte l'anecdote suivante, qui donne une assez grande idée du dévouement des soldats pour Othon. Il avoit été unanimement décidé qu'Othon ne se trouveroit point à la bataille, afin que si l'événement n'étoit pas heureux, son parti ne restât pas sans ressource. Othon attendoit impatiemment dans un lieu sûr des nouvelles du combat, il fut long-temps sans en apprendre, parce que les uns ne voulant point de quartier & les autres n'en faisant point, personne ne pouvoit parvenir jusqu'à lui. Un seul soldat échappé du combat vint enfin l'instruire, pour qu'il ne fut pas surpris, & qu'il eût le temps de ménager ses ressources. Les amis ou les courtisans qui environnoient Othon, voulant ou paroissant vouloir douter du désastre que ce soldat annonçoit, & insinuant qu'il n'alléguoit une defaite que pour excuser sa fuite, le soldat, sans daigner répondre à un pareil reproche, tira son épée, se perça le cœur & tomba mort aux pieds d'Othon. Cette preuve énergique de fidélité ne contribua pas peu à la résolution que prit Othon de périr pour ménager le sang précieux que ses intérêts faisoient répandre.

L'historien Suétone vivoit sous l'empire de Trajan & sous celui d'Adrien ; une amitié tendre l'unissoit avec Pline le jeune, qui en fait l'éloge dans ses lettres.

SUEUR, (le) (Hist. litt. mod.) sans compter le célèbre Eustache le Sueur, qu'il faut abandonner au département des arts ; il y a quelques hommes connus de ce nom :

1°. Nicolas le Sueur, (Sudorius) Président au Parlement de Paris, assassiné par des voleurs en 1594, a traduit Pindare en vers latins, & cette traduction a été estimée.

2°. Jean le Sueur, Ministre protestant, pasteur de la Ferté-sous-Jouarre en Brie, au dix-septième siècle, auteur d'une histoire de l'église & de l'Empire, assez estimée aussi.

3°. Thomas le Sueur, Minime à Rome, de l'académie des sciences de Paris, mort en 1770, fit avec son inséparable ami le P. Jacquier, un bon commentaire sur les principes de Newton, un traité du calcul intégral, sans qu'on ait jamais pu savoir quelle part chacun d'eux avoit à ces deux ouvrages ; amitié supérieure à l'amour de la gloire & plus estimable que le talent même.

SUFFETIUS, (voyez METIUS.)

SUFFOLCK, (voyez POOLE (la) ou POLUS, voyez aussi BRANDON.)

SUFFREN, (Jean) (Hist. litt. mod.) Jésuite, confesseur de Marie de Medicis, & qui par elle le fut aussi de Louis XIII son fils, employoit son ministère & son crédit, à rapprocher ces deux cœurs, que le cardinal de Richelieu s'étudioit à éloigner l'un de l'autre. Le cardinal le fit renvoyer, mais le P. Suffren resta toujours attaché à la reine mère, & il mourut à Flessingue en 1641, en passant avec elle de Londres à Cologne, où elle alloit chercher un asyle, & où elle mourut de faim l'année suivante. Il est l'auteur d'une année chrétienne, qui a été abrégée par le P. Frizon.

SUGER, (Hist. de Fr.) Abbé de Saint-Denis, Ministre & Régent du Royaume de France, sous les rois Louis le Gros & Louis le Jeune ; le premier de ces princes élevé à Saint-Denis, y avoit connu l'Abbé Suger : devenu roi, il s'empressa de l'employer dans les affaires ; on croit assez généralement que l'Abbé Suger eut beaucoup de part à l'établissement des communes ; on lui tient compte pour le moins d'une partie du bien qui s'est fait sous ce règne, & de tout le mal qui ne s'est pas fait sous le règne de Louis le Jeune. Lorsque ce dernier eût réduit en cendres la ville de Vitry en Perthois, & brûlé impitoyablement une foule innocente dans une église, où elle s'étoit réfugiée comme dans un asyle inviolable ; Saint-Bernard, pour appaiser les remords de Louis, lui proposa une expédition dans la terre sainte, jugeant que pour expier le mal fait aux chrétiens, il falloit en aller faire aux Musulmans ; l'Abbé Suger, s'élevant au-dessus de son siècle, crut qu'on n'expioit le crime qu'en le réparant ; il conseilla au roi de rester chez lui, d'adoucir par des bienfaits le mal qu'il avoit fait aux habitans de Vitry, & de faire oublier au reste de la terre par une administration douce & sage la fureur d'un moment. Cette politique si simple le trouva trop sublime pour Louis le Jeune par la raison même qu'elle étoit simple ; le conseil de Bernard prévalut, il proposoit une chose extraordinaire.

Lorsque l'aversion réciproque de Louis le Jeune & d'Eléonore d'Aquitaine, eut persuadé au roi que son honneur & sa conscience exigeoient la séparation demandée d'abord par la reine & bientôt poursuivie avec plus d'ardeur par le roi lui-même, l'Abbé Suger, avant de mourir, lui rendit encore l'important fervice de fufpendre au moins une fi funefte réfolution ; mais dès que ce fage miniftre eut les yeux fermés, Louis ne garda plus de mefures ; les prélats affemblés par fon ordre à Beaugency, prononcèrent la nullité de ce trifte mariage qui eut dû être heureux, fi les convenances morales fe régloient toujours fur les arrangemens politiques. Ainfi, l'ouvrage de la fageffe de Louis le Gros fut détruit, & toute la grandeur que cette alliance avoit promife à la France, paffa, comme Suger l'avoit prévu, à une Puiffance rivale.

C'eft l'Abbé Suger qui a bâti l'Eglife de Saint-Denis, telle qu'on la voit aujourd'hui, à l'exception du portail & des deux tours qui l'accompagnent ; monumens vénérables, dit le préfident Hénault, de l'ancienne églife bâtie par Pepin & par Charlemagne. On croit que c'eft à Suger qu'il faut faire honneur du projet de la compilation des grandes chroniques de Saint-Denis. Il a écrit la vie de Louis le Gros, & M. de la Curne de Sainte Palaye, le croit auteur de toute la partie de l'hiftoire de Louis le Jeune, qui précède l'année 1152, qui fut celle de la mort de l'Abbé Suger. Que d'ailleurs Saint-Bernard lui ait reproché fa vie féculière & mondaine, fon fafte royal, fa fuite nombreufe ; Suger qui eut la fageffe de fe corriger d'après fes avis, eût pu lui reprocher à fon tour d'autres erreurs plus funeftes à l'état ; mais que Suger ait paffé pour un des perfécuteurs d'Héloïfe & d'Abailard, dont les amours malheureux & fidèles font fous la protection de toutes les ames tendres, c'eft peut-être une plus grande tache à la mémoire de cet homme célèbre, le premier bon miniftre qu'on rencontre dans notre hiftoire.

Dom Gervaife a écrit fa vie en trois volumes in-12.

SUIDAS, (Hift. litt.) écrivain Grec, qui vivoit fous l'empire d'Alexis Comnène, vers la fin du XIe fiècle, eft auteur d'un lexicon hiftorique & géographique, extrêmement connu.

SUINTHILA, roi des Vifigoths, (Hift. d'Espagne.) Une mort prématurée avoit fait tomber du trône le jeune Recarede II, après quatre mois de règne, lorfque les Vifigoths lui donnèrent pour fucceffeur, en 621, le brave Suinthila, que fon mérite perfonnel, fa valeur, fes rares qualités rendoient digne de ce haut rang ; quelques hiftoriens affurent que ce prince étoit l'un des fils de Recarede le catholique, & de la reine Bada ; quelques autres le nient, mais ils conviennent tous de fes vertus & des fervices qu'il avoit rendus à la nation, avant que la reconnoiffance publique eût placé la couronne fur fa tête ; il commença fon règne par des réglemens utiles, & réprima les abus qui s'étoient introduits dans l'adminiftration de la juftice, qu'il voulut que l'on rendît déformais avec impartialité & fans acception de per-

fonnes. Sa fageffe & fa vigilance avoient ramené le calme dans l'état, lorfque les Navarrois, faifant une irruption foudaine dans le royaume, y portèrent le ravage & la défolation : Suinthila raffembla toutes fes troupes, arrêta dans leur courfe ces ennemis dévaftateurs, les battit, & rendit leur retraite fi difficile & fi dangereufe, qu'il lui envoyèrent des députés pour implorer fa clémence : il fe laiffa fléchir, mais ne leur permit de fe retirer, qu'après avoir rendu tout le butin qu'ils avoient fait, & qu'après avoir aidé les Vifigoths à conftruire une ville nouvelle, qu'il fit bâtir fur la frontière, pour empêcher des incurfions femblables. On ne fait quelle eft cette ville ; les anciens hiftoriens lui donnent le nom d'Oligito, d'autres difent que c'eft Fontarabie, & quelques-uns Valladolid ; quoi qu'il en foit, cette place fut conftruite, & Suinthila rentra triomphant à Toledo. Les Impériaux poffédoient encore en Efpagne une petite contrée, aux environs du cap Saint-Vincent, Suinthila fatigué de ce voifinage, réfolut de les en chaffer, & marcha contr'eux, fuivi de toutes fes troupes : le patrice qui gouvernoit dans ce canton, n'avoit qu'une petite armée à oppofer aux Vifigoths, & l'empereur Héraclius avoit trop d'affaires à Conftantinople pour donner du fecours à fes fujets établis en Efpagne. Suinthila ne voulant pas profiter de fa fupériorité, propofa au patrice de le dédommager, lui & les Impériaux, de ce qu'ils abandonneroient, s'ils vouloient évacuer le pays ; la propofition fut acceptée, & par le départ de ces étrangers, Suinthila devint feul roi de toute l'Efpagne. La gloire dont il s'étoit couvert, & l'attachement qu'il avoit infpiré à fes peuples, l'engagèrent à demander aux grands qu'il lui fît permis d'affocier fon fils Licimer à la royauté, ils y confentirent ; Suinthila ne trouvant, ni dans fes entreprifes, ni dans l'exécution de fes volontés aucune réfiftance, fe laiffa éblouir par les faveurs trop conftantes de la fortune ; fon bonheur l'enivra, & oubliant que c'étoit à la fageffe & à la bienfaifance qu'il devoit fes fuccès, il changea de conduite & de manière de penfer ; fon ame devint dure & fon cœur corrompu. Il avoit jufqu'alors été jufte & modéré, il fut tyran & perfécuteur : il maltraita les grands, foula le peuple, & l'accabla d'impôts : fa cruauté, fes vexations excitèrent un mécontentement général. Sifenaud, gouverneur de la Gaule Narbonnoife, homme éclairé, guerrier recommandable par fa valeur & fes victoires, mais rempli de l'ambition la plus outrée, apprit avec joie le changement qui s'étoit opéré dans le caractère du roi, & l'impreffion défavorable que ce changement faifoit fur la nation, il crut qu'il ne lui feroit pas impoffible de hâter la chûte du tyran, & de s'élever lui-même au trône : plein de ces idées, il entra en correfpondance avec les principaux d'entre les mécontens d'Efpagne ; mais ceux-ci, que la valeur de Suinthila intimidoit, n'ofoient fe déclarer & lever hautement l'étendard de la rébellion. Sifenaud s'adreffa à Dagobert, roi de France : Dagobert étoit un très-illuftre fouverain ;

mais il avoit un goût décidé pour le faste & l'osten- tation : Sisenaud profitant de ce foible, lui offrit, s'il vouloit le seconder, une fontaine d'or, du poids de cinquante livres, qu'Aëce, général Romain, avoit jadis donnée à Torismond, & qui étoit depuis dans le palais des rois des Visigoths : Dagobert ne ré- sista point à cette offre, il fournit une armée à Sise- naud, qui se mit à la tête de ces troupes, passa en Espagne, & pénétra jusques dans Sarragosse ; Suin- thila parut devant les murs de cette ville, suivi d'une nombreuse armée : les deux rivaux se disposoient à vuider leur querelle par une bataille décisive ; mais au moment où le combat alloit commencer, Suin- thila eut la douleur de voir toutes ses troupes passer sous les drapeaux de Sisenaud, & suivre l'exemple de Geilan, son propre frère, par les conseils duquel il avoit irrité la nation qui, dans ce moment criti- que, donnoit le signal de la défection. Abandonné de tout le monde, le roi des Visigoths prit la fuite, & se retira secrètement, ne cherchant plus qu'à sau- ver sa vie, puisqu'il avoit irrévocablement perdu la couronne. On ignore dans quelle contrée il alla se cacher, & l'on ne sait pas plus combien de temps encore il survécut à sa chûte. Il étoit devenu tyran, & cruel ; sa couronne étoit élective, il mérita de la perdre, comme il fit en 631, après un règne glo- rieux en partie, & en partie détestable, de dix années. (*L. C.*)

SULLY, (Maurice de) (*Hist. de Fr.*) Maurice & Odon de *Sully*, furent tous deux évêques de Paris ; ce fut Maurice qui succéda au fameux Pierre Lombard, dit le maître des sentences. Maurice se nommoit de *Sully*, parce qu'il étoit né à Sully-sur-Loire ; Mais Odon étoit de la maison de *Sully*, issue des comtes de Champagne. Ce sont ces deux prélats qui ont fait bâtir l'Eglise de Notre-Dame de Paris : Maurice en jetta les fondations. C'est lui aussi qui a fondé les abbayes de Hérivaux & de Hernières. Il mourut en 1195, & voulut qu'on gravât sur son tombeau, ces mots de l'office des morts : *Credo quòd redemptor meus vivit, & in novissimo die de terrâ surrecturus sum.*

SULLY (Maximilien de Béthune) *voyez* BÉTHUNE.) Un célèbre art ste Anglo s, nommé Henri *Sully* qui se fit catholique, & s'établit à Paris, où il mourut en 1728, est auteur des deux ouvrages sui- vans : *Description d'une horloge pour mesurer le temps sur mer. Regle artificielle du temps.* C'est lui qui a dirigé le méridien de l'Eglise de Saint-Sulpice à Paris.

SULPICE-SÉVÈRE, (*Hist. litt.*) historien Ecclé- siastique, auteur de l'*historia sacra*, continuée depuis par Sleidan. Il fut le disciple fidèle de Saint-Martin dont il a aussi écrit la vie. On l'appella le *Salluste chrétien.* Il étoit d'Agen en Aquitaine, & possédoit de grandes terres dans les provinces qu'on appelle aujourd'hui le Languedoc & la Guyenne. C'étoit un riche ver- tueux, utile, éclairé. On croit qu'il mourut vers l'an 420.

Il y a encore un Saint-*Sulpice Sévère*, évêque de Bourges, mort en 591, & un autre Saint-*Sulpice* aussi évêque de Bourges, mort en 647.

SULPICIA, (*Hist. Rom.*) dame Romaine, qui vivoit sous l'empire de Domitien, vers l'an 90 de J. C., fit contre cet empereur barbare, un poëme pour la défense des philosophes qu'il persécutoit. Elle avoit aussi composé sur l'amour conjugal, un poëme dont Martial fait l'éloge dans l'épigrame 35e. du livre 10.

Omnes Sulpitiam legant puellæ,
Uni quæ cupiunt viro placere.
Omnes Sulpitiam legant mariti,
Uni qui cupiunt placere nuptæ........
Hâc condiscipulâ vel hâc magistrâ,
Esses doctior & pudica Sappho........

Sulpicia étoit encore auteur de plusieurs autres ouvrages : son poëme contre Domitien se trouve dans divers recueils, tels que le *corpus poëtarum* de Mait- taire, les *Poëtæ latini minores*, &c. ; & à la suite des satyres de Juvenal, dans plusieurs éditions. M. de Sauvigny en a donné une traduction libre en vers François, dans le *Parnasse des Dames.* Le mari de *Sulpicia* se nommoit Calenus.

SULPICIUS ou SULPITIUS, (*Hist. Rom.*) la maison *Sulpicia* étoit très-illustre dans Rome.

1°. Servius *Sulpitius*, consul l'an de Rome 254, découvrit & dissipa une conjuration formée en faveur des Tarquins ; il fit venir dans le *Forum*, les chefs de cette conjuration ; & les ayant entourés de soldats armés, il les fit tous passer au fil de l'épée.

2°. Caius *Sulpitius* Peticus, fut fait dictateur l'an de Rome 395, & vainquit les Gaulois.

3°. Publius *Sulpicius* Saverrio, & Publius Decius Mus, consuls l'an 474, perdirent la seconde bataille livrée à Pyrrhus contre les Romains, près d'Ascoli dans la Pouille.

4°. P. *Sulpicius* Galba, fut fait dictateur l'an 550. Il fut envoyé d'abord comme proconsul, ensuite comme consul, l'an 553, contre Philippe, roi de Macédoine ; il eut sur lui des avantages continuels, qu'il cou- ronna par une grande victoire, où Philippe renversé de son cheval qui avoit reçu sous lui une violente blessure, courut risque de la vie, & alloit être percé de coups, si un cavalier ne l'eût promptement re- monté sur son propre cheval en donnant sa vie pour celle du roi. Philippe envoya le soir un héraut au consul demander une suspension d'armes pour enterrer les morts ; *Sulpicius* étoit à table, il fit dire que le lendemain matin on auroit sa réponse. Philippe sentant bien à quelle réponse il devoit s'attendre, la prévint par une fuite précipitée pendant la nuit, en employant le stratagème ordinaire, de laisser beaucoup de feux allumés dans son camp pour persuader qu'il y étoit resté.

5°. Dans la guerre des mêmes Romains contre

Persée, fils de ce même Philippe, Caius *Sulpicius* Gallus , Tribun Légionaire dans l'armée. de Paul Emile , rendit à ce général & à toute l'armée , le service important de prévenir la superstition des soldats sur une eclipse de lune, grand événement alors; des connoissances astronomiques , rares en ce temps , & qui distinguoient avantageusement *Sulpicius* , lui avoient appris que cette éclipse auroit lieu le lendemain. Paul Emile , auquel il fit part de ses observations à ce sujet , & qui , général habile & grand homme d'ailleurs , n'étoit ni moins superstitieux ni moins ignorant que ses soldats , consentit cependant qu'ils fussent instruits & désabusés. *Sulpicius* leur annonça l'éclipse qui devoit arriver le lendemain , le moment précis où elle devoit commencer , le temps qu'elle devoit durer. Lorsque les soldats Romains virent l'éclipse arriver au temps marqué & durer le temps prescrit , ils ne furent étonnés que de la science profonde de *Sulpicius* , qui leur parut avoir quelque chose de divin , quoiqu'il leur eût rendu sensible par des explications simples & claires la cause de ce phénomène. Les Macédoniens au contraire furent saisis d'épouvante & d'horreur , & il se répandit un bruit sourd dans toute l'armée que ce prodige les menaçoit de la perte de leur roi, qui en effet ne tarda point à perdre la bataille de Pydna , puis à être pris avec ses enfans & conduit en triomphe à Rome, à la suite du vainqueur, l'an de Rome 585.

Le même *Sulpicius* Gallus , se conduisit avec bien moins de sagesse , lorsque l'an 587 , étant consul & ayant eu commission du Sénat de s'informer adroitement & secrétement, si Antiochus , roi de Syrie , & Eumène , roi de Pergame , ne tramoient point ensemble quelque complot contre les Romains , il commença par se déclarer hautement contre Eumène , sans avoir rien appris , & s'érigeant un tribunal suprême dans la ville de Sardes , il fit savoir à toutes les villes de l'Asie mineure , qu'il étoit prêt à y recevoir toutes les plaintes & toutes les accusations qu'on auroient à faire contre ce même Eumène.

6°. *Sulpicius* , Tribun du peuple de la faction de Marius; lorsque le commandement de l'armée de l'Asie destinée à servir contre Mithridate , eût été donné à Sylla , ce tribun, par ses intrigues, parvint à faire nommer pour cette même expédition Marius au lieu de Sylla. Celui-ci qui étoit encore en Italie avec une partie des légions , instruit de ce qui se passoit à Rome , y revint aussitôt à la tête de ces mêmes légions , fit proscrire Marius & le tribun *Sulpicius* , il partit ensuite pour l'Asie , & quoiqu'en son absence, *Sulpicius* étant tombé entre les mains de gens de son parti, fut mis à mort par ses ordres , l'an de Rome 666 , avant J. C. 86.

7°. Cicéron parle avec beaucoup d'éloge de l'Orateur *Sulpicius* , il loue en lui un style noble & imposant jusqu'au tragique ; une voix douce , forte , éclatante ; un geste & des mouvemens pleins de grace & une grace particulière qui convient au barreau ; une éloquence rapide abondante sans passer les bornes & sans jamais se répandre en superfluités. Cotta étoit son rival , Cotta étoit disciple d'Antoine & le prenoit pour modèle ; *Sulpicius* s'étoit formé sur le modèle de Crassus , qui avoit pareillement été son maître. Cicéron ajoute que les maîtres ne furent point égalés par leurs disciples , malgré tout le bien qu'il dit de ceux-ci : *Fuit enim Sulpitius vel maximè omnium , quos quidem ego audiverim , grandis & , ut ità dicam , tragicus orator. Vox cùm magna , tùm suavis & splendida : gestus & motus corporis ità venustus, ut tamen ad forum , non ad scenam institutus videretur. Incitata & volubilis , nec ea redundans tamen, nec circumfluens oratio. Crassum hic volebat imitari , Cotta malebat Antonium. Sed ab hoc vis aberat Crassi , ab illo lepos.*

Sulpicius mourut jeune , Cotta remplit toute sa carrière, devint Consul , & plaida même encore dans un âge avancé, contre Hortensius jeune alors.

8°. L'empereur Servius ou Sergius *Sulpicius* Galba , successeur de Néron , étoit aussi de cette famille Sulpicia. (*Voyez* GALBA.)

SULPICIUS, (Jean) (*Hist. litt. Rom.*) surnommé *Verulanus*, parce qu'il étoit de Véroli en Italie-, a le premier publié Vitruve vers l'an 1492. Il fit aussi imprimer Végèce.

SULTAN, s. m. (*Hist. mod.*) ce mot qui est arabe , signifie *empereur* ou *seigneur* ; on croit qu'il vient de *selatat* qui signifie *conquérant* ou *puissant*. Le nom de *sultan* tout court , ou précédé de l'article *le* désigne alors l'empereur des Turcs; cependant le titre de *padischah* est réputé plus excellent ; & les Turcs appellent le sultan *Padischahi Alem Penah*, c'est-à-dire , *empereur* , *le refuge & le protecteur du monde* , ou bien on le nomme *Aliothman Padischahi*, empereur des enfans d'Othman. *Voyez l'article* SCHAH. On donne aussi le titre de *sultan* au fils du kan de la Tartarie Crimée. Le mot *sultanum* est chez les Turcs un titre de politesse qui répond à celui de *monsieur* parmi nous.

Le *sultan* exerce sur ses sujets l'empire le plus despotique. Selon la doctrine des Turcs , leur empereur a le privilège de mettre à mort impunément chaque jour , quatorze de ses sujets , sans encourir le reproche de tyrannie ; parce que , selon eux , ce prince agit souvent par des mouvemens secrets , par des inspirations divines , qu'il ne leur est point permis d'approfondir ; ils exceptent cependant le parricide & le fratricide qu'ils regardent comme des crimes , même dans leurs *sultans*. Cela n'empêche point que les frères des empereurs n'ayent été souvent les premières victimes qu'ils ont immolées à leur sûreté. Les *sultans* les plus humains les tiennent dans une prison étroite dans l'intérieur même du palais impérial ; on ne leur permet de s'occuper que de choses puériles , & très-peu propres à leur former l'esprit , & à les rendre capables de gouverner. Malgré ce pouvoir si absolu des *sultans* , ils sont souvent eux-mêmes exposés à la fureur & à la licence d'un peuple furieux & d'une soldatesque effrénée, qui les dépose & les met à mort, sous les prétextes les plus frivoles.

Le

Le lendemain de fon avénement au trône, le *fultan* va vifiter en grand cortege un couvent qui eft dans un des fauxbourgs de Conftantinople; là le fcheik ou fupérieur du monaftère, lui ceint une épée, & pour conclure la cérémonie, il lui dit: *allez, la victoire eft à vous; mais elle ne l'eft que de la part de Dieu.* Jamais l'empereur ne peut fe difpenfer de cette cérémonie qui lui tient lieu de couronnement.

On n'aborde le *fultan* qu'avec beaucoup de formalités; nul mortel n'eft admis à lui baifer la main; le grand vifir, lorfqu'il paroît en fa préfence, fléchit trois fois le genou droit; enfuite touchant la terre de fa main droite, il la porte à fa bouche & à fon front, cérémonie qu'il recommence en fe retirant.

Le *fultan* n'admet perfonne à fa table; nul homme n'ofe ouvrir la bouche fans ordre dans fon palais; il faut même y étouffer jufqu'aux envies de touffer ou d'éternuer; on ne fe parle que par fignes; on marche fur la pointe des pieds; on n'a point de chauffure, & le moindre bruit eft puni avec la dernière févérité.

Les réfolutions prifes par le *fultan* paffent pour irrévocables, quelqu'injuftes qu'elles foient; il ne peut jamais fe rétracter. Ses ordres font reçus comme s'ils venoient de Dieu même, & c'eft une impiété que de défobéir; quand il veut faire mourir le grand vifir, il lui fignifie fa fentence par écrit en ces termes: *tu as mérité la mort, & notre volonté eft qu'après avoir accompli l'abdeft* (c'eft-à-dire, l'ablution de la tête, des mains & des pieds ordonnée par la loi), *& fait le namaz ou la prière felon la coutume, tu réfignes ta tête à ce meffager que nous t'envoyons à cet effet.* Le vifir obéit fans héfiter, fans quoi il feroit déshonoré & regardé comme un impie & un excommunié. Le *fultan* prend parmi fes titres celui de *zillulah* qui fignifie *image* ou *ombre de Dieu*; ce qui donne à fes ordres un caractère divin, qui entraine une obéiffance aveugle.

Malgré tout ce pouvoir, le *fultan* ne peut point toucher, fans la néceffité la plus urgente, au tréfor public de l'état, ni en détourner les deniers à fon ufage particulier; ce qui occafionneroit infailliblement une révolte: ce prince n'a la difpofition que de fon tréfor particulier, dont le gardien s'appelle *hafnadar bachi*, & dans lequel, du temps du prince Cantemir, il entroit tous les ans jufqu'à vingt-fept mille bourfes, chacune d'environ 1500 livres argent de France; c'eft dans ces tréfors qu'entrent toutes les richeffes des bachas & des vifirs que le *fultan* fait ordinairement mourir, après qu'ils fe font engraiffés de la fubftance des peuples dans les différentes places qu'ils ont occupées. La confifcation de leurs biens appartient de droit à leur maître.

Les *fultans* font dans l'ufage de marier leurs fœurs & leurs filles dès le berceau aux vifirs & aux bachas; par-là ils fe déchargent fur leurs maris du foin de leur éducation; en attendant qu'elles foient nubiles, ceux-ci ne peuvent point prendre d'autre femme

avant que d'avoir confommé leur mariage avec la fultane; fouvent le mari eft mis à mort avant d'avoir rempli cette cérémonie; alors la femme qui lui étoit deftinée, eft mariée à un autre bacha. En moins d'un an la fœur d'Amurath IV. eut quatre maris, fans que le mariage eût été confommé par aucun d'eux; auffi-tôt que la cérémonie nuptiale tiroit à fa conclufion, le mari étoit accufé de quelque crime, on le mettoit à mort, & fes biens étoient adjugés à fa femme; mais on prétend qu'ils entroient dans les coffres de l'empereur.

Les *fultans* ont un grand nombre de concubines. Dans les temps du *Bairam* ou de la pâque des Mahométans, les bachas envoyent à leur fouverain les filles les plus charmantes qu'ils peuvent trouver; parmi ces concubines il fe choifit des maîtreffes, & celles qui ont eu l'honneur de recevoir le *fultan* dans leurs bras & de lui plaire, fe nomment *fultanes hafekis*. Voyez *l'hiftoire ottomane* du prince Cantemir. (*A. R.*)

SULTAN-CHÉRIF, (*terme de relation*) titre du prince qui gouverne la Mecque. Ce prince étoit d'abord foumis & tributaire du grand-feigneur; mais dans la divifion de l'empire mufulman, la race du prophète s'eft confervé la fouveraineté & la poffeffion de la Mecque & de Médine, fans être dans la dépendance de perfonne; c'eft alors qu'on a donné à ces princes le titre de *fultans-chérifs*, pour marquer leur prééminence. D'ailleurs tous les autres princes mahométans ont pour eux & pour les lieux qu'ils poffédent, une extrême vénération, leur envoyant fouvent des offrandes & des préfens confidérables. Enfin les *fultans-chérifs* ont ufurpé un grand pays fur les Abyffins, lefquels ne poffédent plus aujourd'hui de port en propriété fur la mer Rouge. (*D. J.*)

SULTANE, f. f. (*Hift. mod.*) maîtreffe ou concubine du grand-feigneur. Nous ne difons pas *fon époufe*, parce que la politique des empereurs turcs ne leur permet pas d'en prendre. *Sultane* favorite eft une des femmes du ferail que le fultan a honorée de fes faveurs, & qu'on nomme *afeki fultana*.

Sultane regnante eft la première de toutes qui donne un enfant mâle au grand feigneur. On l'appelle ordinairement *bujuk afeki*, c'eft-à-dire, la première ou la grande favorite.

Sultane validé eft la mère de l'empereur regnant, comme nous difons la *reine mère*.

Toutes ces *fultanes* font renfermées dans le ferrail fous la garde d'eunuques noirs & blancs, & n'en fortent jamais qu'avec le grand-feigneur, mais dans des voitures fi exactement fermées, qu'elles ne peuvent ni voir ni être vues.

Quand le grand-feigneur meurt, on perd l'empire par quelque révolution, toutes ces *fultanes* font confinées dans le vieux ferrail.

X

Sultane est aussi le nom que les Turcs donnent à leurs plus gros vaisseaux de guerre.

SULTANE, *en terme de Confiseur*, ce sont des petits ouvrages d'assortiment & de symmétrie dont on se sert pour garnir quelque tourte ou autre chose. (*A. R.*)

SUNA, (*Religion mahométane*) nom du recueil des traditions qui concernent la religion mahométane; c'est leur thalmud; mais les exemplaires de ce thalmud sont fort différens les uns des autres, parce que la tradition est toujours différente, selon les divers pays. Aussi celle des Perses musulmans, des Arabes, des Africains, des habitans de la Mecque, sont opposées les unes aux autres. Cette opposition a produit les diverses sectes de la religion mahométane, & a introduit toutes les variations qui règnent dans les explications de l'alcoran. (*D. J.*)

SUNNET, s. m. (*Hist. mod.*) les Mahométans distinguent deux espèces de préceptes dans l'alcoran ; ils appellent *sunnat*, ceux dont on peut être dispensé en de certaines occasions ; de ce nombre sont la circoncision, les rites ecclésiastiques, &c. On ne peut cependant les omettre sans péché véniel ; à moins qu'il n'y eût nécessité. Quant aux préceptes qui sont d'une nécessité indispensable, ils les nomment *fars* ; tel est le précepte appelé *salavat*, c'est-à-dire, la confession de foi mahométane, qu'on ne peut négliger sans mettre son salut en danger ; tel est aussi le *zekkiat*, ou la nécessité de donner aux pauvres la cinquantième partie de son bien. (*A. R.*)

SUNNIS ou SONNIS, (*Hist. mod.*) secte des mahométans Turcs attachés à la sunna ou sonna, & opposés à celle des schiais, c'est-à-dire, des mahométans de Perse.

Les *Sunnis* soutiennent que Mahomet eut pour légitime successeur Abubekir, auquel succéda Omar, puis Osman, & ensuite Mortuz-Ali, neveu & gendre de Mahomet. Ils ajoutent qu'Osman étoit secrétaire du prophête & homme d'un génie profond ; que les trois autres étoient aussi fort éclairés, & d'ailleurs très-grands capitaines, & qu'ils ont plus étendu la loi par la force des armes que par celle des raisons. C'est pourquoi dans la secte des *Sunnis*, il n'est pas permis de disputer de la religion, mais seulement de la maintenir le cimeterre à la main. Les Schiais ou Schistes traitent les *Sunnis* d'hérétiques, qualification que ceux-ci ne ménagent pas davantage à l'égard des Schistes. Tavern. *Voyage de Perse.* (*A. R.*)

SUPPERVILLE, (Daniel de) (*Hist. litt. mod.*) né en 1657, à Saumur ; passa en 1685, dans le temps de la révocation de l'édit de Nantes, à Roterdam, où il mourut ministre de l'église Wallonne, le 9 juin 1728, ayant acquis quelque réputation dans sa secte, par ses sermons & quelques livres de dévotion, entr'autres celui qui a pour titre : *les devoirs de l'église affligée.*

SUPPRAJONCTAIRES, s. m. (*Hist. mod.*) officiers de justice créés par Jacques II. roi d'Arragon, pour faire exécuter les sentences des juges ; ils étoient, dit-on, en Espagne, ce que sont ici les prévôts des maréchaussées. On les appelloit auparavant *paciaires* & *vicairos.*

SURA, (*Hist. Rom.*) surnom porté par plusieurs Romains de différentes maisons. Le préteur Caïus Lentulus, complice de Catilina, portoit ce surnom. C'est aussi celui de Lucius Licinius, ami particulier, & si l'on veut, favori de Trajan. Des courtisans, à qui sa faveur faisoit ombrage, l'attaquèrent de la manière la plus propre à le perdre dans l'esprit d'un empereur qui eût moins connu l'amitié & qui eût été moins sûr de ses amis, ils l'accusèrent de former des desseins contre la vie de Trajan. Le hazard sembla d'abord les bien servir & favoriser les soupçons qu'ils avoient voulu faire naître dans l'esprit du prince ; car le même jour *Sura* invita l'empereur à souper chez lui. Trajan s'y rendit, & pour ne point outrager l'amitié par des précautions, il renvoya ses gardes ; il demanda aussi-tôt le chirurgien & le barbier de *Sura*, se fit couper les sourcils par l'un & la barbe par l'autre ; il descendit ensuite tout seul au bain, & vint se mettre tranquillement à table. Il raconta toutes ces circonstances aux accusateurs de *Sura* : vous voyez, leur dit-il, que ce n'est pas par défaut d'occasion qu'il n'a point attenté à ma vie. Je vous rends graces de votre zèle, mais que vos soupçons respectent mes amis. Il survécut à *Sura*, il le pleura, il honora sa mémoire, & lui fit élever des statues.

SURA ou SURE, (*Relig. Mahomét.*) mot arabe qui signifie proprement un *pas* ; mais les collecteurs de l'alcoran désignent par ce mot, les différentes sections de cet ouvrage, qui sont au nombre de 114. Le père Souciet dit *surate* au lieu de *sura*, parce qu'en arabe le *hé* final marqué de deux points, se prononce comme *te*. (*D. J.*)

SURBECK, (Eugène-Pierre de) (*Hist. litt. mod.*) correspondant honoraire étranger de l'académie des Inscriptions & belles lettres ; naquit à Paris, le 15 décembre 1678. Ce nom d'Eugène lui venoit de ce qu'il avoit été tenu sur les fonts de baptême par le fameux prince Eugène.

La famille des *Surbeck* est originaire de Suisse. M. de *Surbeck*, le père, fut le premier de cette famille qui passa au service de la France. Il y mourut colonel d'un régiment de son nom, inspecteur d'Infanterie, & lieutenant-général des armées du roi.

Eugène-Pierre fit ses études chez les Oratoriens à Jully ; il s'y distingua par une sagesse & une circonspection qui le faisoient appeler & par ses compagnons & par ses maîtres, *le petit vieillard, in juventute senex.*

Destiné à servir dans les troupes de sa nation, il

apprit si bien l'Allemand & en acquit si parfaitement l'usage en dix-huit mois, que personne ne le parloit mieux que lui dans la compagnie aux Gardes, où il entra à l'âge de 17 ans : pour ne parler que de ce qui le distinguoit le plus particulièrement de ses compagnons d'armes, il excelloit sur-tout dans la relation des expéditions militaires. Le talent qu'il avoit d'écrire sur ces matières, l'avoit fait choisir par M. le duc de Maine, colonel-général des Suisses, pour son correspondant à l'armée ; M. le duc du Maine communiquoit ces relations au roi, qui en louoit toujours la précision & la clarté.

Lorsque sous la régence M. le prince de Dombes, âgé de 16 à 17 ans, obtint l'agrément d'aller servir en Hongrie contre les Turcs sous le prince Eugène, M. le duc du Maine annonça qu'il comptoit donner à son fils, pour l'accompagner & pour le former, quelque bon colonel Suisse. Sur ce mot, les plus anciens officiers de la Nation se présentèrent en foule & briguèrent l'honneur d'être préférés. M de Surbeck, qui n'étoit encore que colonel à brevet, & qui ne l'étoit que depuis trois ans, ne paroissoit point à la cour de Sceaux, où tout étoit en mouvement. Madame la Duchesse du Maine dit un jour à madame la comtesse de Béranger, sœur de M. de Surbeck, qu'elle étoit étonnée de ne point voir son frère, & lui demanda s'il auroit de la répugnance à faire la campagne de Hongrie avec le prince de Dombes ; la comtesse de Béranger répondit pour son frère, que la modestie & la crainte de paroître vouloir entrer en concurrence avec ses anciens, étoient tout ce qui l'engageoit à se tenir à l'écart ; en même-temps elle instruisit son frère des bontés de la Princesse : il accourut à Sceaux. Dès que M. le duc du Maine le vit, il lui dit, vous me fuyez & je vous cherche, c'est de vous que j'ai besoin auprès du prince de Dombes. A la bataille de Belgrade, gagnée sur les Turcs, par le prince Eugène, le 16 août 1717, M. de Surbeck fut toujours dans le plus grand feu de l'action aux côtés du prince Eugène & à la suite du prince de Dombes ; au sortir de l'action, il en rendit le compte le plus détaillé à M. le duc du Maine. La compagnie générale des Suisses étant venue à vaquer, M. le duc de Maine y nomma aussi-tôt M. de Surbeck. Il fit à la tête de cette compagnie les campagnes de la guerre de 1733.

Considéré comme académicien, M. de Surbeck fut un Antiquaire très-instruit, curieux de médailles & profond connoisseur en ce genre. Il se fit un plan d'études qui embrassoit toute l'antiquité, qui éclaircissoit l'histoire par les médailles & les médailles par l'histoire ; il s'engagea même dans une contestation sur les médailles avec le P. Hardouin ; il publia un écrit dans lequel il combattoit quelque système de ce systématique Jésuite ; celui-ci qui soupçonnoit de cet écrit, quelque savant de sa compagnie, répondit avec tant d'aigreur, que M. de Surbeck, qui l'estimoit d'ailleurs & le voyoit souvent, n'osa le désabuser ; mais il répliqua par une seconde lettre à laquelle le P. Hardouin répondit avec plus d'aigreur encore ; enfin une troisième lettre, restée sans réplique, assura une pleine victoire à M. de Surbeck.

Il avoit à Bagneux une belle maison de campagne, où il avoit formé un jardin de plantes rares qu'il cultivoit de ses mains, & un cabinet d'histoire naturelle, où il avoit rangé par suites, toutes les différentes espèces de bois, de graines, de racines, de marbres, de pierres précieuses. Il y mourut le 31 août 1741. Un détachement de deux cens hommes du régiment des Gardes-Suisses, vint à Bagneux, pour honorer ses obsèques ; on y reconnoissoit, dit M. de Beze, les officiers & les soldats de sa compagnie, aux larmes qu'ils ne pouvoient s'empêcher de répandre.

SURENA, (Hist. Romaine.) général des Parthes, se rendit célèbre par la victoire qu'il remporta sur Crassus. Les détails de sa vie sont tombés dans l'oubli, parce que les barbares n'avoient point d'historiens pour transmettre à la postérité le nom de leurs héros. On sait qu'il étoit d'une naissance illustre, & que sa famille tenoit le second rang dans sa nation : il soutenoit par l'éclat de ses grandes richesses la fierté de son origine : il passoit pour le plus habile général des Parthes, pour le plus capable de gouverner. Orodes lui fut redevable de son rétablissement sur le trône, & ce service, qui devoit inspirer une reconnoissance éternelle, fut payé de la plus lâche ingratitude. Le monarque, jaloux de son autorité, craignit d'être un jour abattu par la main qui l'avoit relevé. La fidélité de Surena lui devint suspecte, & il le fit assassiner. On prétend qu'il n'eut d'autre crime que de s'être concilié l'amour des peuples, qui le regardoient comme leur bouclier contre les attentats de la tyrannie & les invasions des étrangers. Quoique personne ne lui contestât la supériorité des talens, il vécut asservi à ses sens. Il vivoit au milieu d'une troupe de concubines dévouées à ses plaisirs, il s'habilloit comme elles, & à l'exemple de Sardanapale, il consacroit à la mollesse & aux voluptés les momens, qu'il devoit donner aux affaires. Il eut tous les vices qu'on reproche aux barbares. Sans foi dans les traités & les négociations, il donna un exemple de ses perfidies dans la conduite qu'il tint avec Crassus. Il l'engagea à une entrevue pour y traiter d'un accommodement. Le général romain s'y rendit sans défiance, & dès qu'il l'eut en son pouvoir, il lui fit trancher la tête ; il insulta même à Crassus après sa mort : le jour de son entrée dans Ctesiphon, il força un prisonnier romain à faire le rôle de Crassus pour jouir des outrages que la populace fit à ce général supposé. (T—N.)

SURGERES, (voyez ROCHEFOUCAULT)(la)

SURIAN, (Jean-Baptiste) (Hist. litt. mod.) d'abord Prêtre de l'Oratoire, puis nommé en 1728 Evêque de Vence, il mourut en 1754. Pour tout éloge & pour toute vie de M. de Surian, on a placé à la tête de ses sermons publiés en 1778, le discours de réception de M. d'Alembert à l'Académie Françoise, & la réponse de M. Gresset ; il en résulte en effet le plus bel éloge de M. de Surian , que M. d'Alembert remplaçoit à l'Académie Françoise.

» M. l'évêque de Vence , dit M. d'Alembert , ne » fut redevable qu'à lui-même de la réputation & » des honneurs dont il a joui ; il ignora la souplesse » du manège, la bassesse de l'intrigue , & ces autres » moyens vils qui mènent aux dignités par le mépris : » il fut éloquent & vertueux, & mérita par ces » deux qualités l'épiscopat & l'académie..... Il » respectoit assez la Religion pour vouloir la faire » aimer aux autres ; il savoit...... que la modéra- » tion , la douceur & le temps détruisent tout , » excepté la vérité. Il fut sur-tout bien éloigné de » ce zèle aveugle & barbare , qui cherche l'impiété » où elle n'est pas, & qui moins ami de la religion » qu'ennemi des sciences & des lettres , outrage & » noircit des hommes irréprochables dans leur con- » duite & dans leurs écrits. » M. Gresset, dans son abondance toujours animée, loue aussi M. de Surian par de beaux mouvements & de grands traits d'élo- quence. « Qui nous rappellera , dit-il , ces orateurs » puissans, ces modérateurs de l'esprit humain, ces » maîtres des passions elles-mêmes , ces ministres » vraiment dignes d'annoncer aux hommes la vérité » éternelle, l'unique vérité devant qui la terre doit » rester en silence avec ses maîtres & ses sages ?.... » le génie lui-même n'est point encore assez pour » un ministre de la parole sainte ; il n'a rien , il » n'arrive à rien , s'il ne joint aux talens & au génie » l'autorité de l'exemple & l'éloquence des mœurs... » On est bien foible contre les passions d'autrui , » quand on est soupçonné de les partager...... M. » l'évêque de Vence n'étoit point de ces prédicateurs » frivoles & méprisables , qui , à la face des autels » mêmes , cherchant moins les palmes du sanctuaire » que les lauriers des spectacles , viennent montrer » qu'ils ne savent que le langage du monde...... » & n'emportent de nos temples , aux yeux du » christianisme & de la raison , qu'une gloire sacrilège » & des succès ridicules..... attendu sur un peuple » nombreux , sans avoir mendié d'auditeurs , du » fond de sa retraite, il venoit apporter la lumière , » dévoiler les chimères du monde, les illusions de » l'amour propre, les petitesses de la grandeur, la » foiblesse des esprits forts, le néant de la sagesse » humaine ; il venoit consoler l'infortuné, attendrir » la prospérité , apprendre aux impies à trembler , » aux incrédules à adorer , aux grands à mourir , » aux hommes à s'aimer ; il étoit pénétré , il tou- » choit...... bien différent de ces Pontifes agréables » & profanes , crayonnés autrefois par Despréaux, » & qui , regardant le devoir comme un ennui , » l'oisiveté comme un droit, la résidence comme un » exil, venoient promener leur inutilité parmi les » écueils, le luxe & la mollesse de la capitale, ou » venoient ramper à la cour & y traîner de l'am- » bition sans talens , de l'intrigue sans affaires & de » l'importance sans crédit.»

On se rappelle les applaudissemens que cette der- nière phrase sur-tout reçut à l'académie , les nom- breuses éditions qui se sont faites coup sur coup de ces discours , sur-tout à cause de cette même phrase, qui parut alors de la plus grande hardiesse, & le scandale qu'elle excita au contraire à la cour , où prêcher la résidence aux prélats de cour , parut le comble de l'impiété.

Mais c'est aux sermons mêmes de M. de Surian à le louer dignement ; ces sermons sont au nombre de neuf, dont un seulement avoit été imprimé avant 1778. Les huit autres avoient été prêchés en 1719 , devant Louis XV, alors enfant. M. de Surian parut le plus digne rival de Massillon ; il n'a ni les orne- mens , ni la grace , ni cette profonde connoissance du cœur humain, qui assurent à Massillon la su- périorité, mais le caractère dominant de son éloquence nous paroît être l'onction ; on sent qu'il aime l'au- guste enfant qu'il est chargé d'instruire ; qu'il s'at- tendrit sur lui comme Joad sur Joas ; qu'il redoute pour lui les dangers de la royauté, comme un père tendre craint pour son fils les périls de l'enfance & les erreurs de la jeunesse. « Mon Dieu ! s'écrie-t-il , » qu'un jeune roi, ainsi livré aux flateurs, fait de » pitié à ceux qui l'aiment ! Non, les tigres, les » lions, les bêtes les plus féroces sont moins à » craindre pour lui & le dévoreroient avec moins de » rage. De tous les fléaux dont Dieu punit Roboam, » le plus terrible sans doute, fut celui de le livrer » à ces jeunes flateurs, qui l'endormirent dans ses » vices , qui , maîtres de son cœur, y entretinrent » la hauteur, la dureté, l'injustice , & firent, comme » il arrive, d'un roi flaté , un roi cruel, un roi » malheureux , un roi haï de Dieu & des hommes.

» Triste condition des grands ! Le monde envie » leur sort : aux yeux de la foi, qu'ils sont à plaindre ! » qu'on se sent pressé, quand on les aime, de pleurer » sur eux , comme Samuel pleuroit sur Saül !.... » L'innocence dans les particuliers est un mérite , » mais dans les rois elle est un miracle.......

» Qui ne sait pas maîtriser son cœur, gouverne » mal ses peuples, & le premier de tous les empires » est celui qu'on a sur ses desirs......

» Ils abuseront, pour vous surprendre , de la » vertu même. Ils feindront de la piété, si c'est par » la piété qu'on peut vous prendre , & pour se » mieux jouer de vous , ils se joueront de Dieu » même.

» Pour vous mieux défendre des flateurs, com- » mencez par ne vous pas flater vous-même. Le » plus dangereux de nos séducteurs , c'est notre » amour propre ; on ne nous trompe jamais qu'en » second.

» A quoi, grands du monde, devez-vous aspirer » davantage qu'à vous gagner les cœurs ? Dans cette » abondance infinie de toutes choses où vous met » la grandeur, c'est l'unique bien qui vous manque. » N'oubliez jamais que vous êtes hommes & que

» vous règnez fur des hommes ! Ne fortez jamais
» de la bienféance , mais fortez quelquefois de la
» grandeur.... Avec un peuple comme le vôtre,
» vous ne perdrez rien à être bon ; il y a dans le
» cœur des François un aſſez grand fonds de vénéra-
» tion pour leur maître, pour ſubſiſter au milieu
» des marques les plus fenſibles de vos bontés.

» Choiſiſſez pour miniſtres, des hommes qui oſent
» vous dire, s'il venoit des temps de calamité &
» de diſette : maître, les pauvres n'ont pas de pain:
» non habent quid manducent. S'ils ne ſont ſoulagés,
» ils périront de miſère : déficient.

» Les grands, pour la plûpart, ſont ſur nos têtes
» comme ces nuées plus hautes & plus brillantes,
» mais qu'une pluie ſalutaire ne ſuit jamais, & qui
» belles ſeulement par le ſpectacle, ne ſont à la terre
» aucun bien, nubes ſine aquá. Si le ſouverain bonheur
» eſt de faire tout le bien qu'on veut, la vertu
» ſuprême eſt de vouloir faire tout le bien qu'on
» peut. Nihil habet nec fortuná tua majus quàm ut
» poſſis, nec natura tua melius quàm ut velis con-
» ſervare quàm plurimos, dit Cicéron à Céſar,
» pro Ligario.

M. Guérin, avocat au parlement d'Aix, a fait
un éloge de M. de Surian, où il remarque qu'en
vingt-ſept ans d'épiſcopat, il n'a jamais demandé
une ſeule lettre de cachet. On fait quel abus les
évêques, ſes confrères, en faiſoient alors.

On lui offrit d'autres ſièges que le ſien : je ne
quitte point, dit-il, une femme pauvre pour en prendre
une riche.

Les Autrichiens ayant fait en 1747, une irruption dans la Provence, M. de Surian raſſembla ſon
peuple, ſe mit à ſa tête, alla trouver les généraux
ennemis, leur parla en évêque & en citoyen ; avec
reſpect & nobleſſe, il fut traité par eux avec tous
les égards que les circonſtances pouvoient permettre.

Un officier ennemi lui demanda le temps qu'il
faudroit à l'armée Autrichienne pour aller à Lyon:
je ſais, lui répondit-il, le temps que je mettrois à
m'y rendre, mais je ne puis vous dire le temps qu'il
faudroit à une armée qui auroit à combattre les troupes
Françoiſes.

Charles-Quint, prêt à partir pour ſon expédition
de Provence en 1536, demandoit au brave Laroche
du Maine, combien il y avoit de journées du lieu
où il étoit alors près de Foſſan & de Coni en
Piémont, juſqu'à Paris. « Si par journées, dit la Roche
» du Maine, vous entendez des batailles, il y en
» a au moins douze, à moins que vous ne ſoyez
» battu dès la première.

L'Evêque de Vence ne conſentit de faire quelque
bien à ſes parens que parce qu'ils étoient pauvres, &
qu'en proportion de leur pauvreté.

SURI, ſ. m. (terme de relation.) liqueur que
les Indiens tirent du palmier cocotier, & qui enivre
comme du vin ; elle eſt agréable au goût dans la
nouveauté, mais à la longue, elle devient forte,
& propre à produire un eſprit par la diſtillation. On
en obtient encore un vinaigre & une eſpèce de ſucre
que les habitans appellent jagra. Pour avoir du ſuri,
on fait une inciſion au ſommet de l'arbre, on éleve
l'écorce en talus, & le ſuri qui diſtille ſe recueille
dans des vaiſſeaux ; celui du matin eſt déjà aceſcent,
& celui du troiſième jour eſt acide. Le vinaigre du
ſuri ſe fait en mettant la liqueur fermenter pendant
quinze jours. (D. J.)

SURINTENDANT, ſ. m. (Hiſt. mod.) titre uſité
en France en divers temps & pour différentes charges
dans leſquelles il marque la première ſupériorité.

Surintendant de la navigation & du commerce de
France, fut le titre que prit le cardinal de Richelieu,
à qui n'auroit pas convenu, à-cauſe de ſon état, celui
d'amiral dont la charge avoit toujours été remplie
par des militaires du premier ordre.

Surintendant des Finances, officier qui avoit le
maniment, & la direction de toutes les finances ou
revenus du roi. Ce titre fut ſupprimé en 1661,
après la diſgrace de M. Fouquet. Les fonctions &
l'autorité du ſurintendant ont paſſé au contrôleur
général des finances.

Surintendant des bâtimens de France, il y avoit
autrefois les ſurintendans particuliers pour les principales maiſons royales. Mais les ſurintendans des bâtimens royaux de Paris étant les plus conſidérables,
ils ont eu enſuite le titre de ſurintendant général des
bâtimens, auquel on a joint le ſoin des arts & manufactures qui ſervent à la conſtruction & à l'embelliſſe-
ment des maiſons royales, comme l'architecture, la
peinture, la ſculpture, les tapiſſeries. M. Colbert qui
eut le titre de ſurintendant des bâtimens du roi, y
ajouta l'inſpection ſur tous les arts & manufactures
du royaume. Après la mort de Manſart on ſubſtitua
au nom de ſurintendant celui de directeur général
des bâtimens du roi, c'eſt ce qu'on appelle en Angleterre inſpecteur des travaux.

Surintendant général des poſtes & relais de France,
eſt un miniſtre chargé de l'inſpection des poſtes. Ce
titre eſt encore ſubſiſtant.

Surintendant de la maiſon de la reine, premier
officier de la maiſon de la reine qui en a la principale
adminiſtration, pour règler les dépenſes, payer les
officiers, entendre & arrêter les comptes. (A. R.)

SURITA, (voyez ZURITA.)

SURIUS, (Laurent) (Hiſt. litt. mod.) né à
Lubeck en 1522, chartreux à Cologne, principalement connu par ſes vies des ſaints. On a auſſi de
lui un recueil des Conciles, & des mémoires de ſon
temps qui ont été traduits en François, & quelques
autres ouvrages ; mort en 1578.

SURMECH, ſ. m. (terme de relation) les Turcs
appellent ſurmech une poudre d'antimoine cru, de
laquelle ils ſe ſervent pour noircir les ſourcils, uſage
des plus anciens qui ſoit dans le monde. Le meilleur

furmech de l'Orient se fait dans la ville d'Hamadan en Perse , & les plus austères des derviches , ainsi que les femmes turques , s'en peignent les sourcils & les paupières. (*D. J.*)

SUTOR , (*voyez* COUSTURIER.) le

SWAMMERDAM , (Jean) (*Hist. litt. mod.*) médecin d'Amsterdam au 17ᵉ siècle ; Boerhave a écrit sa vie. Il est principalement connu par son *histoire générale des insectes*, à la tête de laquelle on trouve cette vie. On a aussi de *Swammerdam* un traité *de fabricâ uteri mutieris* , & un traité de la respiration & de l'usage des poûmons.

SWIFT , (Jonatham) (*Hist. litt. mod.*) écrivain , si connu par son *Gulliver* , qu'a traduit l'abbé Desfontaines , par son *conte du tonneau* , qu'on a aussi traduit en François , ainsi que sa *guerre des livres*, par son poëme de *Cadenus & Vanessa* , & par beaucoup d'autres ouvrages. On l'a surnommé *le rabelais d'Angleterre* , (*voyez* à l'article RABELAIS le parallele que M. de Voltaire fait de ces deux écrivains) voyez aussi dans les *lettres historiques & philologiques du comte d'Orrery , sur la vie & les ouvrages de Swift , pour servir de supplément au spectateur moderne de Stéele* , le parallele peut être un peu moins juste que le comte d'Orrery fait de *Swift* avec Horace , parce que *Swift* eut sa Vanessa comme Horace eut sa Lidie ; parce qu'il fut protegé par le comte d'Oxford & par Milord Bolingbroke , comme Horace par Mécène & par Agrippa , parce qu'il fut ami de Pope , comme Horace de Virgile ; mais il ne flata point les rois comme Horace avoit flaté Auguste. Son caractère avoit de la bizarrerie & de l'inégalité comme son talent. Il a fondé des hôpitaux & fait des établissemens utiles à l'humanité. Il étoit Irlandois, né à Dublin en 1667, mort en 1745.

SUZE , (Henriette de Coligny , comtesse de la) (*Hist. de Fr.*) *voyez* COLIGNI , *voyez* aussi SUBLIGNY) elle étoit fille du second maréchal de Châtillon, petit-fils de l'amiral de Coligny , & fut aussi célèbre par son esprit & par sa beauté , que ses pères l'avoient été par leur gloire militaire & par leurs grandes aventures. Elle avoit d'abord épousé un seigneur écossois, Thomas Adington , qui la laissa veuve très-jeune ; elle épousa en secondes noces le comte de la *Suze*, mari jaloux & sévère , qui la rendit très-malheureuse, elle prit le parti de s'en séparer. Elle étoit protestante ainsi que ses pères , & le comte de la *Suze* étoit aussi protestant, elle commença par se faire catholique , *pour ne voir son mari ni dans ce monde ni dans l'autre* , disoit la reine Christine. Mais malgré ce changement de religion , le comte de la *Suze* prétendant conserver toute son autorité, elle se fit séparer par arrêt, puis par accommodement elle consentit de donner à son mari vingt-cinq mille écus pour qu'il la laissât tranquille ; sur quoi on dit qu'elle avoit fait un mauvais marché pour s'être trop pressée, & que pour peu qu'elle eût attendu , c'auroit été lui qui lui auroit donné vingt-cinq mille écus pour être débarrassé d'elle. Devenue libre , elle se livra toute

entière à la poësie & aux plaisirs de la société. Sa maison fut le rendez-vous des esprits aimables & de la bonne compagnie. On jugeoit de son temps qu'elle excelloit dans l'élégie , & qu'elle y mettoit une grande délicatesse ; elle étoit beaucoup lue , elle l'est peu aujourd'hui , mais il lui reste, comme par tradition , quelque chose de son ancienne réputation , elle a été fort célébrée en diverses langues. On connoît ces vers que le P. Bouhours rapporte dans sa manière de bien penser sur les ouvrages d'esprit , & que quelques-uns lui attribuent à lui-même :

Quæ dea sublimi rapitur per inania curru ?
An Juno ? an Pallas ? an Venus ipsa venit ?
Si genus inspicias , Juno ; si scripta, Minerva ;
Si spectes oculos, mater amoris erit.

Ces vers sont faits à la loüange de madame de la *Suze*. Elle mourut en 1673.

Il y avoit eu long-temps avant elle une autre comtesse de la *Suze*, dont François I. avoit , dit-on, été amoureux & pour laquelle il avoit fait bâtir le château de la Versine sur Oyse entre Creil & saint Leu. J'ai cherché dans ce vieux château tombé en ruine, quelques traces de François I. & de madame de la *Suze* , & je n'en ai trouvé que deux : l'une est une plaque de cheminée , sur laquelle étoit représentée la salamandre ; l'autre une porte de bois où des barreaux aussi de bois , figuroient des lettres , & ces lettres formoient cette inscription dont le lecteur expliquera l'allégorie comme il voudra , car il y en a certainement une :

Tout à la fin s'use.

SYBARITES, (*Hist.*) peuples de Sybaris , ville de la Lucanie : les terribles échecs qu'ils éprouvèrent de la part des Crotoniates , ne changèrent rien à leur luxe & à leur mollesse. Athénée & Plutarque vous en feront le détail que je supprime ici , persuadé qu'on aimera mieux y trouver le tableau des *Sybarites* modernes , par le peintre du temple de Gnide.

On ne voit point , dit-il , chez eux de différence entre les voluptés & les besoins ; on bannit tous les arts qui pourroient troubler un sommeil tranquille ; on donne des prix aux dépens du public , à ceux qui peuvent découvrir des voluptés nouvelles ; les citoyens ne se souviennent que des bouffons qui les ont divertis, & ont perdu la mémoire des magistrats qui les ont gouvernés.

On y abuse de la fertilité du terroir, qui y produit une abondance éternelle ; & les faveurs des dieux sur Sybaris , ne servent qu'à encourager le luxe & la mollesse.

Les hommes sont si efféminés, leur parure est si semblable à celle des femmes ; ils composent si bien leur teint ; ils se frisent avec tant d'art ; ils employent tant de temps à se corriger à leur miroir, qu'il semble qu'il n'y ait qu'un sexe dans toute la ville.

Les femmes se livrent, au lieu de se rendre; chaque jour voit finir les desirs & les espérances de chaque jour; on ne sait ce que c'est que d'aimer & d'être aimé; on n'est occupé que de ce qu'on appelle si faussement *jouir*.

Les faveurs n'y ont que leur réalité propre; & toutes ces circonstances qui les accompagnent si bien, tous ces riens qui sont d'un si grand prix, ces engagemens qui paroissent toujours plus grands, ces petites choses qui valent tant, tout ce qui prépare un heureux moment; tant de conquêtes au lieu d'une; tant de jouissances avant la dernière; tout cela est inconnu à Sybaris.

Encore si elles avoient la moindre modestie, cette foible image de la vertu pourroit plaire: mais non; les yeux sont accoutumés à tout voir, & les oreilles à tout entendre.

Bien-loin que la multiplicité des plaisirs donne aux *Sybarites* plus de délicatesse, ils ne peuvent plus distinguer un sentiment d'un sentiment.

Ils passent leur vie dans une joie purement extérieure; ils quittent un plaisir qui leur déplaît, pour un plaisir qui leur déplaira encore; tout ce qu'ils imaginent est un nouveau sujet de dégoût.

Leur ame incapable de sentir les plaisirs, semble n'avoir de délicatesse que pour les peines: un citoyen fut fatigué toute une nuit d'une rose qui s'étoit repliée dans son lit, plus doux encore que le sommeil.

La mollesse a tellement affoibli leurs corps, qu'ils ne sauroient remuer les moindres fardeaux; ils peuvent à peine se soutenir sur leurs pieds; les voitures les plus douces les font évanouir; lorsqu'ils sont dans les festins, l'estomac leur manque à tous les instans.

Ils passent leur vie sur des siéges renversés, sur lesquels ils sont obligés de se reposer tout le jour, sans s'être fatigués; ils sont brisés, quand ils vont languir ailleurs.

Incapables de porter le poids des armes, timides devant leurs concitoyens, lâches devant les étrangers, ils sont des esclaves tout prêts pour le premier maître. (D. J.)

SYDENHAM, (Thomas) (*Hist. litt. mod.*) médecin Anglois célèbre, se distingua sur-tout par l'usage des rafraîchissans dans la petite vérole, du quinquina dans les fièvres aigues après l'accès, & du laudanum. Ses ouvrages ont été recueillis en deux volumes in-4°., sous le titre d'*opéra Medica*. Sa *Praxis Medica* est imprimée séparément en deux volumes in-8°., elle a été traduite en François par M. Sault. Son traité de la goutte jouit d'une réputation particulière, & il avoit le droit de s'en occuper, car elle fit le tourment de sa vieillesse. En général le nom de *Sydenham*, est une des grandes autorités qu'on puisse citer en médecine. Il étoit né dans le comté de Dorset en 1624; il mourut en 1689.

SYLBURG, (Frédéric) (*Hist. litt. mod.*) savant Allemand, présida aux éditions que Wechel & Commelin faisoient des anciens auteurs Grecs & Latins. On estime sa *grammaire grecque* & son *Etymologicon magnum*. Il eut part au trésor de la langue Grecque d'Henri Etienne. On a de lui quelques poésies Grecques. Il mourut à Heidelberg en 1569, à la fleur de son âge.

SYLLA, (*Lucius Cornelius*) (*Hist. Rom.*) ce rival terrible du terrible Marius, commença par être son questeur dans la guerre contre Jugurtha; ce fut lui qui, par ses intrigues, engagea Bocchus à lui livrer Jugurtha, son beau-frère, l'an de Rome 647. L'an 650, il suivit le même Marius à la guerre contre les Cimbres. Ces barbares, à leur passage de l'Espagne dans les Gaules, avoient attiré à leur parti les Toulousains: Marius battit en particulier ces nouveaux ennemis, & *Sylla* fit prisonnier Copilus leur roi; il se distingua encore ainsi que Marius dans la *guerre sociale* ou *des Alliés*, l'an de Rome 664. En 666, il battit deux fois les Samnites, & contribua beaucoup par ses succès à terminer cette *guerre sociale*. Il mit lui-même un prix à ses services, & ce prix fut le consulat; il le demanda & il l'obtint. On lui donna le commandement de l'armée qu'on envoyoit en Asie contre Mithridate, on voulut ensuite, par un effet des intrigues du tribun Sulpicius, le lui reprendre pour le donner au vieux Marius que cette dernière ambition tourmentoit encore; delà les factions & ces discordes funestes de Marius & de *Sylla*, (*voyez* les articles MARIUS, MITHRIDATE, SULPICIUS.) Avant de partir pour l'Asie, il avoit donné à Rome des ordres en vertu desquels Sulpicius fut tué & Marius réduit à s'enfuir en Afrique à travers mille dangers. Ce parti sembloit abattu pour toujours, & *Sylla* se livroit tout entier aux soins de la guerre contre Mithridate, lorsque du fond de son exil, Marius parvint à rentrer triomphant dans Rome, où il inonda du sang des amis & des partisans de *Sylla*, & où il rasoit la maison & confisquoit les biens de ce général, qu'il faisoit déclarer ennemi de la Patrie. Pendant ce temps *Sylla* rendoit la patrie triomphante dans la Grèce & dans l'Asie, & acquéroit avec le titre d'*heureux* une gloire immortelle. Il remettoit Ariobarzane sur le trône de Cappadoce, dont Mithridate l'avoit dépouillé: il recevoit une ambassade du roi des Parthes avec une dignité si imposante & une fierté si noble, qu'un des assistans s'écria : *c'est le maître du monde, ou il le sera bientôt*. Il battoit près d'Athènes Archelaüs, un des généraux de Mithridate, & par d'autres victoires, il enlevoit au roi de Pont la Grèce, la Macédoine, l'Ionie, toute l'Asie mineure. Les Athéniens vaincus, lui étalant dans de fastueuses harangues leurs anciennes victoires de Marathon, de Salamine, Platée; *je ne suis pas venu ici*, leur dit-il , *pour entendre vos antiques prouesses, mais pour châtier votre rébellion* ; il prit leur ville, la livra au pillage, il vouloit la raser , & cette superbe Athènes alloit disparoître pour toujours ; il se souvint alors de la gloire de ses anciens héros , & *pardonna* , dit-il , *aux vivans en considération des morts* , mais il brûla toutes les fortifications , & ce magnifique arsénal , ouvrage du célébre architecte Philon ; il coupa ces belles allées de l'académie & du Lycée , & n'épargna ni les bois sacrés ni les trésors des temples. Il transporta les œuvres d'Aristote, de la bibliothèque d'Appellicon à Athènes, dans sa propre bibliothèque à Rome , dont elles firent le principal ornement. Il vainquit encore ces Grecs & ce Mithridate , dont ils avoient reconnu l'empire , il les vainquit à Chéronée, à Orchomène. Dans cette dernière bataille il ramena seul la victoire qui alloit lui échapper. Ses soldats fuyoient & se dispersoient , il accourt , saisit une enseigne , se précipite au milieu du danger : *il m'est glorieux de mourir ici*, s'écrie-t-il , *pour vous , si l'on vous demande où vous avez abandonné votre général , vous répondrez que c'est à Orchomène.* Ce mot rendit aux Romains leur courage & leur audace , & décida du succès. Cependant , & ses intérêts & le triomphe du parti de Marius dans Rome , & la foule des Sénateurs proscrits qui se réfugioient dans le camp de *Sylla*, & Métella sa femme, qui s'étant sauvée à peine avec ses enfans , venoit l'exhorter à la vengeance, tout le rappelloit à Rome & l'invitoit à terminer promptement cette guerre lointaine. Archelaüs le savoit, & c'étoit sur ces conjonctures qu'il fondoit l'espérance d'obtenir pour Mithridate, son maître, une paix avantageuse : dans une entrevue avec *Sylla*, il lui proposa d'unir ses intérêts avec ceux de Mithridate , qui lui fourniroit de l'argent , des troupes & des vaisseaux , pour faire la guerre au parti de Marius.

Sylla ne répondit à ces offres qu'en proposant de son côté au général de Mithridate de lui livrer la flotte de son maître, de prendre le titre de roi dans son gouvernement , & de devenir en son propre nom l'ami & l'allié du peuple Romain. Archelaüs s'écria que ce seroit une trahison. Eh bien ! repliqua *Sylla*, quand l'esclave , le serviteur du moins d'un maître barbare , regarde comme une lâcheté d'abandonner son service , tu oses proposer à un Romain de trahir les intérêts de sa république ? as-tu donc oublié mes victoires ? crois-tu que nous traitions ici d'égal à égal ? n'est-tu plus cet Archelaüs vaincu , fugitif dans tant de combats , & que mes derniers succès ont réduit à se cacher dans les marais d'Orchomène ?

Déconcerté par une réponse si fière , Archelaüs reçut avec soumission les conditions que *Sylla* voulut prescrire , & promit d'engager Mithridate à les recevoir. Ce prince proposa d'adoucir & de changer quelques articles. Il est trop heureux, dit *Sylla*, que je lui laisse la main dont il a signé l'ordre pour égorger de sang froid cent mille Romains dans l'Asie. (*Voyez* l'article MITHRIDATE.) J'attendois des re-

mercimens de ma clémence & de ma modération ; & il propose des difficultés. C'étoit avec cette hauteur que *Sylla* traitoit les ennemis du nom Romain, lors même qu'il se préparoit à faire la guerre aux Romains.

Mithridate espéra que dans une entrevue avec *Sylla*, il réussiroit mieux qu'Archelaüs & qu'il obtiendroit des conditions plus douces. Cette entrevue se fit dans la Troade. Mithridate avoit une armée pour escorte , *Sylla* n'avoit qu'une escorte assez foible ; il n'en reçut pas le roi de Pont avec moins de fierté ; Mithridate s'avança au devant de lui & lui tendit la main ; avant de recevoir ce signe d'amitié, acceptez-vous , lui dit *Sylla*, les conditions proposées ? & comme Mithridate , blessé & embarrassé d'une telle interpellation , gardoit un moment le silence ; parlez , Mithridate , ajouta-t-il c'est aux supplians à s'expliquer : le vainqueur n'est ici que pour entendre & prononcer. Mithridate alors voulut entreprendre son apologie ; elle eût été difficile , & les cent mille Romains égorgés en pleine paix dans l'Asie, n'étoient pas un article facile à excuser. *Sylla* lui en épargna la peine , il l'interrompit , lui présenta la liste de ses crimes , & finit par lui demander une seconde fois , s'il ne vouloit pas ratifier les conditions qu'Archelaüs s'étoit chargé de lui présenter ? Mithridate perdant l'espérance de séduire cet homme incorruptible & inflexible , déclara qu'il ratifioit les conditions; alors *Sylla* reçut ses embrassemens & lui présenta deux rois précédemment dépouillés par lui & avec lesquels il vouloit le réconcilier ; c'étoient Ariobarzane, roi de Cappadoce , & Nicomède , roi de Bithynie.

Velleïus Paterculus ne trouve rien de plus admirable dans toute la vie de *Sylla* , que la patience avec laquelle il laissa la faction de Marius & de Cinna dominer pendant trois ans en Italie , sans jamais dissimuler qu'il se préparoit à en tirer vengeance , mais sans jamais interrompre , pour cette querelle personnelle, la guerre qu'il faisoit à l'ennemi de son pays, & jugeant qu'il falloit avoir abattu les ennemis étrangers avant de soumettre & de punir les ennemis domestiques. *Vix quidquam in Sylla operibus clarius duxerim , quàm quod , cùm per triennium Cinnanæ Marianæque partes Italiam obsiderent , neque illaturum se bellum iis dissimulavit , nec quod erat in manibus omisit ; existimavitque antè frangendum hostem , quàm ulciscendum civem ; repulsoque externo metu , ubi quod alienum esset vicisset , superaret , quod erat domesticum.*

La guerre civile se faisoit déjà dans l'Asie avant de commencer en Italie. Le parti de Marius envoyoit contre Mithridate des généraux, qui étoient bien plutôt envoyés contre *Sylla*. Leur commission étoit de chercher à séduire les soldats de *Sylla*, & si par force ou par artifice ils trouvoient les moyens de nuire à ce général , de n'en pas perdre l'occasion. *Sylla* , débarrassé enfin de Mithridate , marcha contre le plus redoutable & le plus menaçant

de

de ces généraux Romains du parti de Marius, c'étoit Fimbria, il avoit aussi de son côté remporté d'assez grands avantages contre Mithridate, & une des raisons qu'avoit eues *Sylla* de conclure promptement (quoique sans complaisance & sans foiblesse, comme on l'a vu) la paix avec Mithridate, étoit la crainte que Fimbria ne le prevînt & que joignant ses forces à celles de ce prince, réconcilié par son entremise avec les Romains, ils ne vinssent ensemble accabler *Sylla*. Délivré de cette inquiétude, *Sylla* marcha lui-même contre Fimbria qu'il trouva campé sous les murailles de Thyatire dans la Lydie, & il assit son camp près de celui de Fimbria. Ce général n'étoit point aimé de ses troupes & n'avoit pas pour leur imposer le grand art de *Sylla*. Dès que les soldats de Fimbria virent de loin les soldats de *Sylla*, ils coururent en tunique & sans armes les embrasser & les aider à se retrancher dans leur camp. Fimbria jugeant, d'après ces dispositions, qu'il ne pourroit résister à *Sylla*, tenta de le faire assassiner, & n'ayant pu y réussir, il se tua lui-même.

Sylla ne se comporta pas avec moins de hauteur à l'égard des Romains qu'à l'égard de Mithridate. Il ne dissimula point ses desseins, quoique dans l'exécution de ces mêmes desseins il employât beaucoup de prudence, & que le consul Carbon, son ennemi, devenu chef de la faction de Cinna & de Marius, eût coutume de dire que dans le seul *Sylla* il avoit à combattre un lion & un renard, & qu'il craignoit plus encore le renard que le lion; il écrivit au sénat une lettre menaçante dans laquelle il exposoit les nombreux & glorieux services qu'il venoit de rendre à la république & il se plaignoit de l'injustice & de l'ingratitude du parti de Marius qui, pour toute récompense, proscrivoit sa tête & envoyoit contre lui des assassins; il déclaroit qu'il venoit venger les injures de la république & ses injures particulières, mais qu'il sauroit distinguer & honorer les bons citoyens. Sur cette lettre, Cinna & Carbon firent des levées pour s'opposer à *Sylla*; le Sénat flottant entre les deux partis, envoya une députation porter à *Sylla* des propositions de paix & lui offrir des satisfactions qu'il jugea insuffisantes; lorsque les députés retournoient à Rome rendre compte de leur commission, ils apprirent que les soldats de Cinna sachant qu'on les menoit contre le vainqueur de Mithridate, avoient refusé de marcher, & que Cinna ayant voulu les y forcer, avoit été tué dans le tumulte que ces débats avoient excité; ils revinrent sur leurs pas demander à *Sylla* de nouveaux ordres; *Sylla* répondit qu'il alloit les porter lui-même. Sur sa route Metellus Pius, Pompée, depuis nommé le grand, Cethegus, tous ceux qui avoient à se plaindre du parti de Marius, ou qui gémissoient de cette tyrannie, vinrent se joindre à *Sylla*; Marius étoit mort l'an 667 de Rome, Cinna, l'an 670. Les chefs de ce parti étoient Marius le fils, & Carbon, auxquels se joignirent les consuls de l'année 671; Caïus Junius Norbanus & Lucius Cornelius Scipion. Norbanus fut mis en déroute près de Cannes, par un des lieutenans de

Histoire   *Tome V.*

Sylla; Scipion, trahi par ses troupes, fut livré avec son fils à *Sylla* lui-même en 672. Marius le fils & Carbon furent consuls, Norbanus ayant encore été défait, se tua lui-même. Marius, près d'être forcé dans Préneste par *Sylla*, se tua aussi lui-même; Pompée ayant fait Carbon prisonnier, lui fit trancher la tête, qui fut envoyée à *Sylla*; enfin *Sylla* par-tout vainqueur, soit par lui-même, soit par ses lieutenans, fit son entrée triomphante dans Rome. De ce moment, ce n'est plus ce héros brillant & sublime, qui la rendoit triomphante elle-même pendant qu'on le proscrivoit, c'est un digne & barbare rival de l'affreux Marius, c'est un vainqueur impitoyable, yvre de sang, avide de vengeance, c'est l'horreur & le fléau de Rome. Il assemble le Sénat dans le temple de Bellone qui donnoit sur le cirque. Tout-à-coup des cris effrayans se font entendre & troublent l'assemblée, on s'agite, on s'épouvante, on regarde *Sylla* en tremblant. *Ce n'est rien*, dit-il froidement, *c'est un petit nombre de rebelles qu'on châtie par mes ordres*. C'étoient six ou sept mille prisonniers de guerre auxquels il avoit promis de conserver la vie & qu'il s'amusoit à faire égorger sous les yeux du Sénat. Chaque jour voyoit de nouveaux massacres, jusqu'à ce qu'enfin un jeune Sénateur Caïus Metellus, osa demander en plein Sénat à ce tyran, quel terme il prétendoit mettre aux terreurs & aux infortunes de ses concitoyens? *Nous ne demandons point*, lui dit-il, *que tu pardonnes à ceux que tu as résolu d'immoler, mais délivre-nous de l'incertitude, apprends-nous du moins ceux que tu veux sauver. Je n'en ai pas encore déterminé le nombre*, répondit-il. *Fais-nous connoître au moins*, répliqua-t-on, *ceux que tu as condamnés? Je le ferai*, dit-il tranquillement & comme s'il eût été question d'une action presque indifférente. Delà ces cruelles proscriptions dont les listes se multiplioient & grossissoient de jour en jour. On récompensoit l'esclave qui apportoit la tête de son maître, le fils qui présentoit celle de son père;

> Le fils tout dégoûtant du meurtre de son père
> Et sa tête à la main demandant son salaire.

Ces vers d'une énergie effroyable, & auxquels on sait par tradition, que Baron donnoit une expression si terrible, sont le récit fidèle de ce qui se passoit au temps des proscriptions. La réputation seule d'être riche, quelque part qu'on eût eue ou qu'on n'eût pas eue aux affaires publiques, étoit un arrêt de mort. Un citoyen paisible, Quintus Aurelius, qui avoit vécu, loin des factions & des affaires, & qui se croyoit ignoré, voyant son nom sur la liste fatale, s'écria: *ah! malheureux! c'est ma terre d'Albe qui me proscrit*, & il fut assassiné à quelques pas delà. Catilina, jeune encore, fut un des bourreaux les plus ardens des proscriptions, il s'y distingua par le meurtre de son frère & par des recherches de cruauté qui lui valurent la faveur & les récompenses de *Sylla*. C'est à ces exploits de la jeunesse de Catilina que pensoit Salluste, lorsqu'il disoit: *huic ab adoles*-

V

centiâ cædes, rapinæ, difcordia civilis grata fuere, ibi-que juventutem fuam exercuit. Ce fut lui qui fe chargea d'arracher les yeux , de couper les mains & la langue , de brifer les os des cuiffes , de trancher enfin la tête au frère de Marius.

Sylla fe laiffa enlever une illuftre victime qu'il vouloit étouffer pour ainfi dire au berceau , c'eft Céfar : je vois, difoit-il , *dans ce jeune homme plus d'un Marius.*

Cicéron dit dans *Rome fauvée* :

J'y vois plus d'un *Sylla*, mais j'y vois un grand homme.

C'eft le même mot, excepté qu'à Marius on fubftitue *Sylla*, qui a lui-même dit le mot. Ob-fervons au refte que *Sylla* pouvoit voir dans Céfar naiffant le germe d'un grand homme, mais qu'il ne devoit pas y voir un Marius , à moins que ce ne fût pour les talens & pour le goût des factions, qu'il avoit lui-même au plus haut degré. Qu'y avoit-il d'ailleurs de commun entre le brillant , l'aimable , le clément , le généreux, le magnifique , même le vicieux Céfar, & le fombre, le farouche, l'auftère, le barbare Marius ? Ce n'eft pas que Céfar n'ait eu le malheur de faire répandre autant de fang pour le moins que Marius , mais il n'en verfa que dans les batailles ; point de profcriptions , point de ven-geances cruelles ni exercées de fang froid. Cicéron, dans *Rome fauvée* , a d'autant plus de raifon de fubftituer au nom de Marius celui de *Sylla* , qu'il avoit toujours craint & haï *Sylla* , au lieu que dans fes ouvrages il parle prefque toujours de Marius avec admiration & refpect ; d'ailleurs la générofité brillante de Céfar , a bien plus de conformité avec la grandeur fublime de *Sylla* qu'avec la férocité de Marius , mais il n'eut la cruauté ni de l'un ni de l'autre.

Quand *Sylla* fe fut affouvi de carnage , il voulut régner , il fe fit élire dictateur, mais dictateur perpé-tuel, ce qui étoit fans exemple ; il changea les loix comme le gouvernement , & bientôt las de régner comme il l'avoit été de fe venger , il abdiqua la dictature qu'il avoit briguée. Par un excès d'impru-dence qui a fait dire avec autant de raifon que d'énergie à Crébillon dans *Catilina* :

Abdique infolemment le pouvoir fouverain ;

Ce grand criminel, les mains encore teintes du fang de fes concitoyens , verfé au gré de fon avarice & de fa haine, cet homme qui venoit de boule-verfer toutes les loix ; offrit de faire hommage aux loix & de rendre compte de fes actions, comme le citoyen le plus innocent & le plus pur. Il eft vrai que, comme il ne dépofoit point avec la dictature la puiffance du vainqueur & la terreur qu'il étoit en poffeffion d'infpirer, perfonne n'ofa lui demander le compte qu'il ofoit offrir : on admira cette abdica-tion inattendue ; on ne voulut voir que la grandeur avec laquelle il fe dépouilloit de la dignité fuprême

& rendoit la liberté à fa patrie , qu'il pouvoit con-tinuer d'opprimer.

Long-temps dans notre fang *Sylla* s'étoit noyé
Il rendit Rome libre , & tout fut oublié.
Cet affaffin illuftre entouré de victimes
En defcendant du trône effaça tous fes crimes.

Il n'y eut qu'un jeune homme qui le prit au mot fur fon offre de rendre compte , & qui le pourfuivi de la tribune aux harangues jufques dans fa maifon l'accablant de reproches & d'injures. *Sylla* ne dé mentant point la modération dont il paroiffoit donne alors une fi éclatante preuve , fe contenta de dire voilà un jeune homme qui empêchera un autre d'ab diquer la dictature. Ce mot fut une prédiction.

Pouzzols , lieu de fa retraite, devint pour lui ce que l'Ifle de Caprées fut depuis pour Tibère ; il s'y livra aux plus infames débauches : il fembloit que ce fût fa reffource contre les remords qui devoien le dévorer.

Cet homme heureux & qui en avoit pris le titre, trop démenti fans doute par les paffions qui l'agi-toient, mourut d'une maladie pédiculaire, l'an de Rome 676 ; fon corps , de fon vivant même, n'étoit déjà que corruption ; il avança encore la fin de fes jours par un accès de colère qui lui fit crever un abcès dans les entrailles. Il avoit , dit-on, compofé lui-même fon épitaphe , qui portoit en fubftance que perfonne n'avoit fait tant de bien à fes amis ni tant de mal à fes ennemis. Velleïus Paterculus , en raifon de dire que *Sylla* auroit été *heureux* , s'il avoit ceffé de vivre le jour où il ceffa de combattre & de vaincre , & où fa gloire n'avoit pas encore été fouillée par la vengeance. Il avoit paffé pour aimer beau-coup Métella , fa femme ; cependant Plutarque rap-porte un trait qui s'accorde mal avec cette idée & qui fuffiroit pour le faire haïr. Pendant une fête qu'il donnoit au peuple Romain , fa femme tomba dan-gereufement malade, il prit le moment où elle étoit à l'extrêmité pour la répudier & l'envoyer mourir dans une autre maifon , afin qu'ayant ceffé d'être fa femme & lui étant devenue étrangère, fa mort n'interrompît point la fête & ne répandît point le deuil dans fa maifon.

Sylla étoit fuperftitieux ; il croyoit aux devins , aux aftrologues, aux fonges prophétiques. Il avoit compofé des mémoires dans lefquels il écrivit deux jours avant fa mort, qu'il avoit été averti en fonge que le moment de fa réunion avec Métella , fa femme , étoit arrivé. Le corps de *Sylla* fut brûlé par le fouvenir & par la crainte du traitement qu'il avoit fait lui-même à Marius , dont le corps déterré avoit été jetté à la voirie par fes ordres.

Sylla , qui fe croyoit heureux , donna le nom d'heureux à deux enfans jumeaux, mâle & femelle, dont accoucha Métella , fa femme , il appella l'un *Fauftus* , l'autre *Faufta* ; heureux , heureufe. Faufta fut galante & Fauftus plaifant. Outre Vil'ius & Longarenus, amans qu'Horace donne à Faufta dans ces vers de la feconde fatyre :

Villius in Fauftâ , Syllœ gener, hoc mifer uno
Nomine deceptus , pœnas dedit , ufque fuperque
Quàm fatis eft , pugnis cœfus ferroque petitus ;
Exclufus fore , cùm Longarenus fôret intus:

Elle en avoit pour le moins deux autres, Pompeïus Macula, & Fulvius Fullo. Sur quoi Fauftus difoit : *miror fororem meam habere Maculam cùm Fullonem habeat*, jouant fur l'équivoque des mots *Macula* & *Fullo*, dont l'un fignifie *tache* & l'autre *Foulon* ou *blanchiffeur*. « Je fuis furpris que ma fœur ait *Macula*, une tache, ayant *Fullo* le blanchiffeur ; à tous ces amans il faut joindre encore le célèbre hiftorien Sallufte : Faufta étoit femme de ce Milon, ennemi de Clodius, & qui fut défendu par Cicéron avec tant d'éloquence, mais fi peu de fuccès. Milon furprit Sallufte avec fa femme, & le fit rudement fouetter.

Ille flagellis
Ad mortem cœfus.

Ce châtiment n'alla pas cependant jufqu'à la mort, mais Milon lui fit racheter fa vie par une fomme d'argent confidérable :

Dedit hic pro corpore nummos.

Ce n'eft pourtant pas de Sallufte qu'Horace parle dans ces vers ; au contraire dans cette fatire, Sallufte qui n'aime que les affranchies & les femmes du peuple, eft oppofé à ceux qui recherchent les femmes de qualité & s'expofent pour elles à beaucoup de dangers.

Tutior at quantò merx eft in claffe fecundâ !
Libertinarum dico, Salluftius in quas
Non minùs infanit quàm qui mœchatur.

Au refte, ce Sallufte dont parle Horace, n'eft pas Sallufte l'hiftorien, qui, d'après fon aventure avec Faufta, paroît avoir eu un goût tout contraire, c'étoit le petit-fils de fa fœur. (*Voyez* l'article SALLUSTE.)

Quant à Fauftus, il étoit très-fier, dès fon enfance, de la dictature de fon père, & il en tiroit vanité parmi fes compagnons d'étude. Le jeune Caffius, qui étoit de ce nombre, &, qui, felon Plutarque, fe diftingua dès lors par des inclinations républicaines, prit querelle avec lui fur cette dictature, & s'emporta jufqu'à lui donner des foufflets. L'affaire ne fut point regardée comme un jeu d'enfant, les parens & les amis de *Sylla*, car *Sylla* ne vivoit plus, demandèrent vengeance de cette injure ; Pompée fe rendit l'arbitre de la querelle, il manda les deux enfans ; quand ceux-ci furent en fa préfence, Caffius ne fit point à Fauftus d'autre réparation que de lui dire en le regardant de travers : « recommence, fi tu l'ofes, à tenir en préfence de Pompée, les mêmes difcours que tu m'as tenus, & moi en fa préfence même je recommencerai à te traiter de la même manière.

Sorti de l'enfance & âgé d'environ vingt ans, Fauftus donna des combats de gladiateurs & des fêtes folemnelles pour honorer la mémoire du dictateur, fon père ; ce fut l'an de Rome 692.

Dans la fuite il fe trouva engagé dans la même caufe que Caffius, c'eft-à-dire, dans la caufe de Pompée & du Sénat contre Céfar : après la bataille de Pharfale, Caton le recueillit à Patras & le mena en Egypte avec lui. A la bataille de Thapfus, il tomba entre les mains de Céfar qui le haïffoit doublement & comme gendre de Pompée, (il avoit époufé Pompéïa, fa fille,) & comme fils de *Sylla* qu'il avoit toujours haï & dont il avoit eu tout à craindre ; Céfar oublia fa clémence à l'égard de Fauftus, il le fit mettre à mort l'an de Rome 706.

L'hiftoire romaine nous offre un Publius *Sylla*, proche parent du dictateur. Conful défigné pour l'année 687 de Rome, il fut accufé de brigue & condamné ; on foupçonna depuis que le dépit l'avoit fait entrer dans la conjuration de Catilina : ayant encore été accufé fur ce point, il fut défendu par le célèbre Hortenfius & renvoyé abfous. Il prit le parti de Céfar, & à la bataille de Pharfale il commandoit fous lui la droite de l'armée ; il a laiffé la réputation d'un mauvais citoyen & d'un homme avide, qui d'abord fous *Sylla*, fon parent, & depuis fous Céfar, s'étoit enrichi des dépouilles des profcrits & des vaincus.

SYLVIUS, (Jacques) (*Hift. litt. mod.*) médecin célèbre & profeffeur en médecine, mort en 1555. Ses ouvrages ont été recueillis *in-folio* fous ce titre : *opera medica* ; on y diftingue la Pharmacopée, qui a été traduite en François par Caille. Ce *Sylvius* étoit d'une avarice fordide ; elle le rendoit ridicule aux jeunes étudians, qui lui appliquèrent par forme d'épitaphe ce diftique de Buchanan :

Sylvius hic fitus eft, gratis qui nil dedit unquam;
Mortuus &, gratis quòd legis ifta, dolet.

C'eft lui qui paffoit l'hyver fans feu, & n'ayant que deux reffources contre le froid ; l'une de jouer au balon, l'autre de porter fur fon efcalier une groffe buche qu'il faifoit retomber quand il étoit monté au grenier & qu'il retournoit chercher ; &, comme on veut toujours juftifier fes ufages les plus bizarres, il fondoit celui-ci fur l'intérêt de fa fanté, & difoit que la chaleur qu'il acquéroit par cet exercice étoit beaucoup plus faine que celle que le feu procuroit.

Il avoit un frère, (François *Sylvius*) profeffeur d'éloquence à Paris, mort vers 1530, qui avoit laiffé des *Progymnafmata in artem oratoriam*, dont

Y 2

on a un abrégé. Ce nom de *Sylvius* eſt, comme on fait, celui de Dubois latiniſé.

SYMBACE, (*Hiſt. du bas Empire*) gendre de Bardas, lequel étoit beau-frère de l'empereur Théophile & oncle de l'empereur Michel, par l'impératrice Théodora, ſa ſœur, fut engagé vers l'an 866, par Baſile le Macédonien, favori de l'empereur Michel, dans une conjuration contre Bardas, ſon beau-père. Baſile avoit fait entendre à *Symbace* que l'empereur Michel l'aimoit lui *Symbace*, & qu'ayant le deſſein & le deſir de le nommer Céſar, il ſe repentoit d'avoir conféré ce titre à Bardas. Dès lors l'ambitieux *Symbace* ne voyoit plus dans Bardas ſon beau-père, qu'un rival & qu'un obſtacle à ſon élévation, & il en jura la perte dans ſon cœur. Il demanda une audience ſecrette à l'empereur, & lui avoua en grande confidence que Bardas formoit une conſpiration contre lui : Baſile de ſon côté en déclara autant à l'empereur, qui ſachant d'ailleurs que Bardas étoit capable de tout, & redoutant depuis long-temps ſa puiſſance, ne voulut pas douter d'un crime qui lui avoit été révélé d'abord par le gendre même du coupable. Mais comme il y avoit du danger à arrêter Bardas à Conſtantinople, on uſa d'artifice envers lui, l'empereur entreprit une expédition contre les Sarraſins de l'Iſle de Crète & invita Bardas à l'y ſuivre. On commença par le réconcilier avec Baſile, dont la faveur toujours croiſſante lui faiſoit ombrage. L'empereur parut vouloir préſider à la réconciliation ; il fit jurer à Bardas & à Baſile ſur le ſang de J. C., de s'aimer & de s'unir pour ſon ſervice, & ſur ce même ſang il ſe rendit lui-même garant envers l'un & l'autre de la ſincèrité de leurs promeſſes réciproques. Sur cette aſſurance, Bardas partit & fut aſſaſſiné par Baſile de concert avec *Symbace*, qui s'attendit alors à être nommé Céſar, lorſqu'il entendit avec autant d'étonnement que de dépit, l'empereur déclarer publiquement que Bardas Céſar avoit conſpiré contre lui, que cette conſpiration qui lui avoit été révélée par *Symbace* & par Baſile, avoit été punie par le dernier, qu'il avouoit lui être redevable de la vie, & qu'il croyoit ne pouvoir récompenſer dignement un tel ſervice, qu'en aſſociant ſon libérateur à l'empire, & il proclama Baſile empereur. *Symbace* alors voyant qu'il n'avoit été qu'un des inſtrumens d'un crime dont un autre recueilloit tout le fruit, leva hautement l'étendard de la rébellion, fit une ligue avec George Pégane, maître de la milice, & porta le ravage dans le voiſinage de Conſtantinople. Tous deux tombèrent entre les mains de l'empereur qui leur fit crever les yeux, & chargea leur ſupplice de diverſes circonſtances de dériſion & d'ignominie, puis les renvoya dans leurs maiſons, où il les fit garder à vue.

SYMMAQUE, (*Hiſt. mod.*) Ce nom eſt celui :

1°. D'un Pape ſucceſſeur d'Anaſtaſe II, & qui fut élu le 22 novembre 498. On a de lui onze épitres dans le recueil de dom Couſtant, & divers décrets.

2°. de *Quintus Aurelius Avianus Symmacus*, préfet de Rome & conſul en 391, fort zèlé pour le rétabliſſement du paganiſme, & qui trouva dans Saint Ambroiſe un puiſſant adverſaire ; il fut banni de Rome par l'empereur Théodoſe, dit le grand. Il reſte de lui dix livres d'épitres.

3°. Du beau-père de Boëce, que Théodoric, roi des Oſtrogoths, fit périr avec ſon gendre ; (*voir* l'article BOECE.) C'étoient deux hommes d'une rare vertu & dignes d'un autre ſort. Il paroît que Theodoric eut de violens remords de ſon injuſtice à leur égard, & que ces remords troublèrent ſa raiſon. Procope raconte qu'un jour qu'on avoit ſervi à ce prince la tête d'un gros poiſſon, il crut reconnoitre la tête de *Symmaque* qui le menaçoit, & ſe leva ſaiſi d'effroi comme pour fuir le phantôme qui le pourſuivoit : la fièvre le prit, il ſe mit au lit & n'en releva point, il mourut le 30 août 526.

SYNCELLE, (George) (*Hiſt. litt. mod.*) ou *le Syncelle*, ainſi nommé parce qu'il étoit *Syncelle*, c'eſt-à-dire, l'officier ou le clerc, compagnon aſſidu par état de Taraiſe, Patriarche de Conſtantinople, vivoit vers l'an 792. On a de lui une *Chronographie*, que le P. Goar (Dominicain) a publiée en grec & en latin en 1652, & dont on attend encore une meilleure édition. Cet ouvrage eſt principalement important pour ce qui concerne les dynaſties de l'Egypte.

SYNESIUS, c'eſt le nom :

1°. D'un philoſophe platonicien, dont il reſte quelques traités. On ne ſait dans quel temps il vivoit.

2°. D'un autre philoſophe qui vivoit au commencement du cinquième ſiècle, & qui étoit diſciple de la fameuſe Hypacie d'Alexandrie. Il ſe fit chrétien & fut évêque de Ptolémaïde. Le ſavant Père Pétau nous a donné une édition de ſes œuvres en grec & en latin. Ce ſont des épitres, des homélies, &c.

SYNODE *des Calviniſtes en France* (*Hiſt. du Calviniſ.*) nom des aſſemblées eccléſiaſtiques formées des miniſtres & des anciens des égliſes calviniſtes en France. Ces égliſes ont tenu dans ce royaume vingt-neuf *ſynodes* nationaux, depuis l'an 1559, juſqu'à l'année 1659. Le premier *ſynode* national des égliſes réformées, ſe tint à Paris le 25 mai 1559, au fauxbourg Saint Germain. L'on y dreſſa la confeſſion de foi en quarante articles, & un projet de diſcipline qui fut ſouvent retouché par les *ſynodes* ſuivans. Dans le dernier *ſynode* qui ſe tint à Londun en 1659, le commiſſaire du roi déclara que ces nombreuſes aſſemblées coûtant beaucoup de frais & d'embarras, & les affaires pouvant être réglées par des *ſynodes* provinciaux, ſa majeſté avoit réſolu qu'on ne convoqueroit plus de *ſynode* national, que lorſqu'elle le jugeroit expédient. On peut conſulter ſur ce ſujet, l'*Hiſtoire de l'édit de Nantes*, & celle des *ſynodes nationaux des Calviniſtes*, par Aymon. (*D. J.*)

SYPHAX, (*Hiſt. de Numidie*) roi des Maſſyliens,

peuples Numides , fut tour-à-tour l'ennemi & l'allié des Romains. Ces conquérans politiques l'armèrent contre Massinissa qui , uni aux Carthaginois, sembloit alors tenir dans ses mains le destin de l'Afrique. Syphax qui avoit tout à redouter de sa puissance, s'engagea dans une guerre malheureuse: deux sanglantes batailles qu'il perdit le dégoûtèrent de l'alliance des Romains qui ne cherchoient qu'à l'éblouir par le faste de leurs promesses : leur intérêt étoit de semer la division parmi les princes Africains qui auroient pu se rendre redoutables s'ils eussent pu rester unis. Les Carthaginois profitèrent de son mécontentement pour l'attirer dans leur parti. Asdrubal , dont l'esprit inquiet & turbulent souffloit par-tout la guerre & la discorde , fut chargé de se rendre à sa cour : ce négociateur artificieux lui représenta que l'amitié des Carthaginois lui fournissoit les moyens de tenir dans l'abaissement Massinissa, prince inquiet , dont l'ambition dévoroit l'héritage de ses voisins : sa négociation fut encore favorisée par les charmes de sa fille Sophonisbe que le sénat promit de donner en mariage à Syphax chargé d'années : le père consentit avec répugnance à cette union que l'âge rendoit si disproportionnée : cette princesse nièce du célèbre Annibal , ne porta pour dot à son époux débile & caduc , que sa beauté & sa haine héréditaire contre les Romains. Syphax , possesseur d'un trésor dont sa vieillesse l'empêchoit de jouir, devint l'implacable ennemi de Massinissa qui étoit également indigné du mariage de Sophonisbe dont il étoit éperdument amoureux. Les préludes de cette guerre furent favorables à Syphax. Massinissa toujours vaincu & toujours fécond en moyens de réparer ses pertes, fut réduit à se réfugier avec soixante & dix cavaliers dans les déserts qui séparoient les Garamantes des possessions des Carthaginois. Les Romains dont il étoit devenu l'ami, lui envoyèrent une flotte qui le mit en état de recommencer les hostilités. La fortune , qui jusqu'alors lui avoit été contraire , se rangea sous ses enseignes : ses combats

furent autant de victoires : ses pertes étoient réparées par les secours qu'il recevoit des Romains. Syphax vaincu par Scipion qui avoit mis le feu à son camp, laissa Carthage sans défense, & cette ville eût tombé sous la puissance des vainqueurs, si Scipion n'eût fait la même faute qu'Annibal après la journée de Canne. Syphax relevé de sa chûte eut le commandement d'une aile de l'armée carthaginoise à la bataille de Zama : il y fut fait prisonnier ; & Scipion le destinoit à servir d'ornement à son triomphe : mais la mort dont il fut frappé en allant à Rome , prévint son humiliation. Ses états furent donnés à Massinissa dont il avoit toujours été l'ennemi : il mourut l'an de Rome 551, & deux cens trois ans avant Jésus-Christ. (T—N)

SYRIEN , (Syrianus) (Hist. litt.) Sophiste d'Alexandrie, qui vivoit vers l'an 470 , & qui avoit écrit sur Homère ; sur Platon & sur la République d'Athènes. Ses ouvrages ne sont point parvenus jusqu'à nous.

SYRUS , (voyez PUBLIUS.)

SYSIGAMBIS , (voyez les articles ALEXANDRE & DARIUS.) On a remarqué à la gloire d'Alexandre, que cette femme ayant supporté avec assez de courage la perte de Darius son fils , n'en trouva pas pour soutenir celle de son vainqueur , & en mourut de douleur , tant elle avoit été touchée des procédés respectueux & généreux de ce grand prince , qui ne l'appelloit jamais que sa mère.

SZOPA , (Hist. mod.) c'est ainsi que l'on nommoit en Pologne un vaste bâtiment de bois soutenu par des piliers. Autrefois il étoit ouvert de tous côtés ; mais actuellement il est fermé pour éviter les violences. Ce bâtiment se construit au milieu du champ où s'assemble la diète de Pologne pour l'élection d'un roi ; il est destiné aux sénateurs ; & les nonces ou députés de la noblesse assistent à leurs délibérations , dont ils rendent compte à leurs constituans. (A. R.)

T

T A B

T A B A ou TABO-SEIL, f. m. (*Hift. mod.*) c'eft le nom fous lequel les Nègres qui habitent la côte de grain en Afrique défignent leur roi, dont le pouvoir eft très-arbitraire, vû que les peuples le regardent comme un être d'une nature fort fupérieure à la leur, fentiment qui eft fortifié par les prêtres du pays, qui, comme en beaucoup d'autres endroits, font les plus fermes fupports de la tyrannie & du defpotifme, lorfqu'ils n'y font point foumis eux-mêmes. (*A. R.*)

TABACOS, f. m. (*terme de relation*) Les efpagnols du Mexique appellent *tabacos* des morceaux de rofeaux creux & percés, longs de trois pieds ou environ, remplis de tabac, d'ambre liquide, d'épices & d'autres plantes échauffantes; ils allument ces rofeaux par un bout, & ils attirent par l'autre la fumée, qui les endort en leur ôtant toute fenfation de laffitude & de travail; c'eft là l'opium des Mexicains, qu'ils nomment dans leur langue *pocylt*. (*D. J.*)

TABAGIE, f. f. (*Hift. mod.*) lieu où l'on va fumer. Celui qui tient la *tabagie*, fournit des pipes & du tabac à tant par tête. On caufe, on joue & l'on boit dans les mêmes endroits. Il y a des *tabagies* publiques en plufieurs villes de guerre nommées; on les appelle auffi *cftaminets*. On donne auffi le nom de *tabagie* à la caffette qui renferme la pierre, le briquet, l'amadou, le tabac & la pipe, en un mot, l'attirail du fumeur. (*A. R.*)

TABÉITES, (*Hift. du mahomét.*) c'eft-à-dire, les *fuivans*, fectateurs, ou adhérens de Mahomet, & ils forment le fecond ordre de mufulmans qui ont vécu de fon tems. Les *tabéiftes* ont de commun avec les-fahabi ou compagnons du prophète, que plufieurs d'entr'eux ont été fes contemporains, mais la différence qu'il y a, c'eft qu'ils ne l'ont point vu, ni n'ont converfé avec lui. Quelques-uns ont feulement eu l'honneur de lui écrire, & de l'informer de leur converfion à l'iflamifme. Tel fut le Najashi, ou roi d'Ethiopie, le premier prince, felon Abd'al-Baki, que Mahomet invita à embraffer fa religion, mais qui ne le vit jamais, & eut feulement commerce avec quelques-uns de fes compagnons. Tel fut auffi Badhan le perfan, gouverneur de l'Arabie heureufe, avec tous les perfans, qui, à fon exemple, embrafsèrent fans difficulté l'iflamifme. Tels furent enfin tous les peuples de l'Arabie, & les princes que le prophète convertit à fa religion. (*D. J.*)

TABEOUN, f. m. *terme de relation*, ce mot veut dire *les fuivans*; c'eft ainfi que les mufulmans appellent les perfonnages qui ont fuivi les compagnons de Mahomet, & qui ont enfeigné fa doctrine; comme ils n'ont paru qu'après la centième année de l'hégire, leur autorité eft beaucoup moindre que celle de leurs prédéceffeurs. (*D. J.*)

TABLALEM, f. m. (*Hift. mod.*) titre que l'on donne chez les Turcs à tous les gouverneurs des provinces; on le donne aux vifirs, bachas, begs. *Além* eft un large étendard porté fur un bâton, furmonté d'un croiffant ou d'une demi-lune. Le *tabl* eft un tambour. Les gouverneurs font toujours précédés de ces chofes. (*A. R.*)

TABLES, *loix des douze*, (*Hift. Rom.*) code de loix faites à Rome, par les décemvirs vers l'an 301 de la fondation de cette ville.

Les divifions qui s'élevoient continuellement entre les confuls & les tribuns du peuple, firent penfer aux Romains qu'il étoit indifpenfable d'établir un corps de loix fixes pour prévenir cet inconvénient, & en même-temps affez amples, pour régler les autres affaires civiles. Le peuple donc créa des décemvirs, c'eft-à-dire, dix hommes pour gouverner la république avec l'autorité confulaire, & les chargea de choifir parmi les loix étrangères, celles qu'ils jugeroient les plus convenables pour le but que l'on fe propofoit.

Un certain Hermodore, natif d'Ephèfe, & qui s'étoit retiré en Italie, traduifit les loix qu'on avoit rapportées d'Athènes, & des autres villes de la Grèce les mieux policées, pour emprunter de leurs ordonnances, celles qui conviendroient le mieux à la république Romaine. Les décemvirs furent chargés de cet ouvrage, auquel ils joignirent les loix royales; c'eft ainfi qu'ils formèrent comme un code du Droit romain. Le fénat, après un férieux examen, l'autorifa par un fénatus-confulte, & le peuple le confirma par un plébifcite dans une affemblée des centuries.

L'an 303 de la fondation de Rome, on fit graver ces loix fur dix *tables* de cuivre, & on les expofa dans le lieu le plus éminent de la place publique : mais comme il manquoit encore plufieurs chofes pour rendre complet le corps des loix romaines; les décemvirs, dont on continua la magiftrature en 304, ajoutèrent de nouvelles loix qui furent approuvées, & gravées fur deux autres *tables*, qu'on joignit aux dix premières, & qui firent le nombre de douze. Ces douze *tables* fervirent dans la fuite de jurifprudence à la république Romaine. Cicéron en a fait un grand éloge en la perfonne de Craffus, dans fon premier livre de l'Orateur, *n°. 43 & 44.* Denys d'Halicarnaffe, Tite-Live & Plutarque traitent auffi fort au long des loix décemvirales, car c'eft ainfi qu'on nomma les loix des douze *tables.*

Elles fe font perdues ces loix par l'injure des temps; il ne nous en refte plus que des fragmens difperfés dans divers auteurs, mais utilement recueillis par l'illuftre Jean Godefroy. Le latin en eft vieux & barbare, dur & obfcur; & même, à mefure que la langue fe poliça chez les Romains, on fut obligé de le changer dans quelques endroits pour le rendre intelligible.

Ce n'eft pas là cependant le plus grand défaut du code des loix décemvirales. M. de Mofites va nous l'apprendre; la févérité des loix royales faites pour un peuple compofé de fugitifs, d'efclaves & de brigands, ne convenoit plus aux Romains. L'efprit de la république auroit demandé que les décemvirs n'euffent pas mis ces loix dans leurs *douze tables;* mais des gens qui afpiroient à la tyrannie, n'avoient garde de fuivre l'efprit de la république.

Tite-Live, *livre I.* dit, fur le fupplice de Métius-Fuffétius, dictateur d'Albe, condamné par Tullus-Hoftilius, à être tiré par deux chariots, que ce fut le premier & le dernier fupplice où l'on témoigna avoir perdu la mémoire de l'humanité; il fe trompe; le code des *douze tables* a plufieurs autres difpofitions très-cruelles. On y trouve le fupplice du feu, des peines prefque toujours capitales, le vol puni de mort.

Celle qui découvre le mieux le deffein des décemvirs, eft la peine capitale prononcée contre les auteurs des libelles & les poëtes. Cela n'eft guere du génie de la république, où le peuple aime à voir les grands humiliés. Mais des gens qui vouloient renverfer la liberté, craignoient des écrits qui pouvoient rappeller l'efprit de la liberté.

On connut fi bien la dureté des loix pénales, inférées dans le code des *douze tables*, qu'après l'expulfion des décemvirs, prefque toutes leurs loix, qui avoient fixé les peines, furent ôtées. On ne les abrogea pas expreffément; mais la loi *Porcia* ayant défendu de mettre à mort un citoyen romain, elles n'eurent plus d'application. Voilà le vrai temps auquel on peut rapporter ce que Tite-Live, *li. I.* dit des Romains, que jamais peuple n'a plus aimé la modération des peines.

Si l'on ajoute à la douceur des peines, le droit qu'avoit un accufé de fe retirer avant le jugement, on verra bien que les loix décemvirales s'étoient écartées en plufieurs points de l'efprit de modération, fi convenable au génie d'une république, & dans les autres points dont Cicéron fait l'éloge, les loix des *douze tables* le méritoient fans doute. (*D. J.*)

TABLETTES, (*Hift. anc. & mod.*) les *tablettes* que nous employons pour écrire, font une efpece de petit livre qui a quelques feuilles d'ivoire, de

papier, de parchemin préparé, fur lefquelles on écrit avec une touche, ou un crayon, les chofes dont on veut fe fouvenir.

Les *tablettes* des Romains étoient prefque comme les nôtres, excepté que les feuillets étoient de bois, dont elles eurent le nom de *tabellæ*, c'eft-à-dire, *parvæ tabulæ*; elles contenoient deux, trois, ou cinq feuillets; & felon le nombre de ces feuillets, elles étoient appellées *diptycha*, à deux feuillets; *triptycha*, à trois feuillets; *penteptycha*, à cinq feuillets; celles qui avoient un plus grand nombre de feuillets fe nommoient *polyptycha*, d'où nous avons fait *puletica*, des poulets, terme dont on fe fert encore pour dire des lettres de galanterie, des lettres d'amour. Les anciens écrivoient ordinairement les lettres d'amour fur des *tablettes*, & la perfonne à qui on avoit écrit la lettre amoureufe, faifoit réponfe fur les mêmes *tablettes*, qu'elle renvoyoit, comme nous l'apprenons de Catulle, *ode 43.* (*D. J.*)

TABOR, (Jean-Othon) (*Hift. litt. mod.*) né à Bautzen en Luface, l'an 1604; confeiller du Landgrave de Heffe-Darmftat, mort en 1674, eft auteur de divers ouvrages de droit en deux volumes *in-folio*. Prafchius, fon gendre, a écrit fa vie. Il y a peu de gens dont on dût écrire la vie, & celle de gens de lettres eft dans leurs écrits. Cependant, *Tabor* avoit éprouvé des chagrins & des révolutions. Sa patrie avoit été réduite en cendres dans les guerres d'Allemagne, il avoit perdu dans les malheurs publics fon état & fa fortune.

TABOT, f. m. (*Hift. mod.*) c'eft ainfi que l'on nomme, chez les Ethiopiens, une efpece de coffre qui fert en même-tems, fur lequel leurs prêtres célebrent la meffe. Ils ont la plus grande vénération pour ce coffre, dans l'idée que c'eft l'arche d'alliance confervée dans le temple de Jérufalem, mais qui, fuivant eux, fut enlevée furtivement par des miffionnaires juifs, qui furent envoyés en Ethiopie par le roi Salomon pour inftruire les peuples dans la loi du vrai Dieu. Les Abyffins, quoique convertis au chriftianifme, confervent toujours le même refpect pour le *tabot*. Le roi lui-même n'a point la permiffion de le voir. Ce coffre eft porté en grande cérémonie par quatre prélats qui font accompagnés de beaucoup d'autres; on dépofe le *tabot* fous une tente qui fert d'églife dans les camps où le roi fait fa demeure ordinaire. Les miffionnaires portugais ayant voulu foumettre les Abyffins au fiége de Rome, tâcherent de fe rendre maîtres de cet objet de la vénération du pays. Mais des moines zélés le tranfporterent fecretement dans des endroits inacceffibles, d'où le *tabot* ne fut tiré qu'après l'expulfion des miffionnaires catholiques, que l'on avoit trouvés trop entreprenans. (*A. R.*)

TABOUET, (Julien) (*Hift. litt. mod.*) auteur d'une généalogie des princes de la maifon de Savoye. *Sabaudiæ principum genealogia, verfibus & latiali dialecto digefta*, traduite en François, en profe & en vers, par Pierre Trebedan, fuivie d'une hiftoire de France, abrégée dans le même goût, étoit pro-cureur-général du Senat de Chambéry. Il eut de grands procès contre Raymond Peliſſon, Premier Préſident de cette compagnie, & il s'en tira mal. Raymond Peliſſon lui avoit fait, par ordre de cette même compagnie, une ſévère mercuriale: *Tabouet*, pour s'en venger, l'accuſa de malverſations, & Peliſſon fut condamné par le Parlement de Dijon, à une peine infamante en 1552. Il obtint la réviſion du procès, fut renvoyé abſous en 1556, & *Tabouet* condamné comme calomniateur. *Tabouet* fut encore depuis mis au pilori & banni; ainſi ſon nom n'honore pas les lettres. Mort en 1562.

TABOUROT, (Etienne) ſieur des *Accords*, (*voyez* ACCORDS) (des) Il étoit neveu de Jean *Tabourot*, chanoine & official de Langres, auteur du *Calendrier des bergers* & d'une *méthode pour apprendre toutes ſortes de danſes*, ouvrages aſſez ſinguliers pour un official; auſſi ne les publia-t-il pas ſous ſon nom, mais ſous celui de Thoinot Arbeau. Jean *Tabourot* mourut en 1595.

TABULCHANA, ſ. m. (*Hiſt. mod.*) c'eſt ainſi qu'on nomme chez les Turcs l'accompagnement ou le cortège militaire que le ſultan accorde aux grands officiers qui ſont à ſon ſervice. Le *tabulchana* du grand viſir eſt compoſé de neuf tambours, de neuf fifres, ſept trompettes, quatre zils, ou baſſins de cuivre qu'on heurte les uns contre les autres, & qui rendent un ſon aigu & perçant. On porte devant lui trois queues de cheval treſſées avec art; un étendard de couleur verte, nommé *alem*, & deux autres étendards fort larges, qu'on nomme *bairak*. Les autres bachas n'ont point un *tabulchana* ſi conſidérable; ils ne font porter devant eux que deux queues de cheval avec les trois étendards. Un beg n'a qu'une ſeule queue de cheval avec les étendards. Les officiers inférieurs n'ont qu'un ſanjak, ou étendard, & ils ne font point porter la queue de cheval devant eux. *Voyez* Cantemir, *hiſt. ottomane.* (A. R.)

TACFARINAS, (*Hiſt. Rom.*) général Numide, eſſaya pluſieurs fois d'affranchir ſon pays de la tyrannie des Romains du temps de Tibère: ſa première tentative eſt de la vingtième année de l'ère chétienne. Ce ne fut qu'une entrepriſe étouffée dès ſa naiſſance; mais *Tacfarinas* ne perdit jamais de vue ce projet, de procurer la liberté aux Numides. Deux ans après, (l'an 22) il ſe révolte encore; Junius Bléſus marcha promptement contre lui, le prévint avant qu'il eût eu le temps de fortifier ſon parti, & remporta une pleine victoire, qui rendit le calme à la Numidie, ou plutôt aux Romains, pour deux ans encore. *Tacfarinas* avoit inſpiré tant d'alarmes, & l'expédition de Bléſus parut ſi importante, que les légions, ſelon l'ancien uſage, le ſaluèrent *imperator*, c'eſt-à-dire, ſeulement général & vainqueur, & que Tibère le trouva bon. *Tacfarinas* ſe révolta enfin pour la troiſième fois l'an 24; il fut vaincu par Publius Dolabella, & mourut les armes à la main. Il avoit fatigué pluſieurs proconſuls d'Afrique, Furius Camillus, Apronius, Junius Bléſus, Dolabella; il

avo't remporté divers avantages; il avoit aſſiégé dans un fort le vaillant Décrius; il avoit repouſſé la garniſon dans une ſortie qui va'oit une bataille. Décrius, après y avoir reçu pluſieurs bleſſures, & y avoir perdu un œil, finit par être vaincu & tué par *Tacfarinas*. Enfin, ce Numide eſt au nombre des ennemis que Rome a redoutés, & dont elle n'a triomphé qu'avec peine.

Bléſus ayant eu l'honneur du triomphe pour avoir vaincu *Tacfarinas*, Dolabella qui, plus heureux encore, avoit entièrement terminé cette guerre, demanda le même honneur, & ne put l'obtenir.

TACHARD, (Guy) (*Hiſt. litt. mod.*) jéſuite, connu par ſes deux voyages à Siam, où il avoit accompagné, en qualité de miſſionnaire, le chevalier de Chaumont & l'abbé de Choiſy. Il mourut au Bengale d'une maladie contagieuſe dans l'exercice de ſes travaux apoſtoliques, vers l'an 1694. On le trouve flatteur & crédule dans la relation & la deſcription des merveilles qu'il a vues à Siam.

TACHON, (dom Chriſtophe) (*Hiſt. litt. mod.*) bénédictin de Saint-Sever, au diocèſe d'Aire, mort en 1693, a laiſſé un livre *de la ſainteté & du devoir d'un prédicateur évangéliſte*, avec *l'art de bien prêcher*, & une courte méthode pour catéchiſer.

TACHOS ou TACHUS. (*Hiſt. anc.*) L'Egypte, ſoumiſe par Cambyſe, roi de Perſe, fils de Cyrus, avoit depuis ſecoué le joug, & recommencé d'avoir ſes rois particuliers. L'an 377, Artaxercès-Mnémon, roi de Perſe, entreprit de la réduire. Il échoua dans ſon projet; mais il ne ſe rebuta point, & l'an 383 avant J. C. il forma de nouveau la même entrepriſe: c'étoit *Tachos* qui régnoit alors en Egypte. Il envoya en Grèce demander des ſecours; l'Athénien Chabrias vint lui offrir ſes ſervices. Sparte lui fournit un corps de troupes, commandé par Agéſilas, un de ſes rois, qui paſſoit alors pour le plus grand capitaine du monde, & que *Tachos* promettoit de faire généraliſſime de ſes armées. Sur le bruit de ſon nom, les Egyptiens s'empreſſèrent de venir à ſa rencontre, & ſe diſpoſoient à lui rendre toutes ſortes d'honneurs; mais quand au lieu d'un grand roi, d'un prince magnifique qu'ils attendoient, & dont ils s'étoient formé l'idée ſur le modèle d'un grand roi de Perſe ou d'Egypte, ils virent un vieillard foible, de mauvaiſe mine, de petite taille, ſans éclat, ſans magnificence, vêtu d'une étoffe groſſière, ils eurent peine à s'empêcher de rire; & on dit que *Tachos*, entraîné par les ſens comme ſes ſujets, lui fit une application déſobligeante de la fable de la montagne en travail qui enfante une ſouris; à quoi Agéſilas répondit: *Vous éprouverez un jour que cette ſouris eſt un lion.*

Tachos commença par lui manquer de parole ſur le point le plus important. Au lieu de le nommer général de toute ſon armée, comme il l'avoit promis, il ne lui donna que le commandement particulier des troupes étrangères; Chabrias eut celui des troupes de mer, & *Tachos* retint pour lui le commandement en chef. Ce ne fut pas tout. *Tachos*, en toute occaſion, négligea

gligea les avis d'Agéfilas, & ayant toujours le malheur de ne pouvoir croire à un mérite que l'extérieur fembloit démentir, il manqua tellement à tous les égards qu'il devoit à ce grand homme, que celui-ci ne put s'empêcher d'en avoir & d'en témoigner du reffentiment. Agéfilas n'étoit pas le feul que la conduite de *Tachos* mécontentât; il fe formoit alors parmi les Egyptiens un parti puiffant qui vouloit mettre à la place de ce roi peu fenfé Néctanébus fon fils, felon Diodore de Sicile, fon coufin felon Plutarque. Agéfilas appuya ce parti, & fe déclara pour Néctanébus. *Tachos* n'eut d'autre reffource que de fe retirer à la cour de ce roi de Perfe contre lequel il armoit, & qui le regardoit comme un rebelle. Artaxerxès l'accueillit cependant, parce que les Egyptiens lui paroiffoient plus rebelles encore, & que c'étoient eux qu'il s'agiffoit de dompter. Ces deux princes unirent leurs intérêts & leurs haines. Artaxercès donna même à *Tachos* le commandement de fes troupes contre l'Egypte. Mais ici finit l'hiftoire de *Tachos*: on ignore ce qu'il devint. Néctanébus régna en Egypte, & en eût principalement l'obligation aux fecours & aux talens d'Agéfilas.

TACITE, (C. Cornelius Tacitus) (Hift. litt. Rom.) hiftorien Romain fi célèbre, & que les hommes d'état préférent à tout autre, parce qu'aucun ne dit autant de chofes en fi peu de mots, & ne fait autant penfer.

On fait peu de chofes de fon hiftoire. On apprend de lui-même que Vefpafien, Tite & Domitien contribuèrent tour-à-tour à fa fortune & à fon élévation: *Dignitatem noftram à Vefpafiano inchoatam, à Tito auctam, à Domitiano longiùs provectam non abnuerim.*

Il fut préteur fous ce dernier empereur, & conful fous Nerva. Il fut fubrogé dans le confulat à Verginius Rufus, & il fit fon panégyrique.

Il étoit l'ami particulier de Pline le jeune. On fait qu'il étoit plus âgé que Pline, qui étoit né l'an de J. C 61.

Tacite ne s'attacha, dit-on, à écrire l'hiftoire, qu'après y avoir inutilement engagé Pline fon ami, &, pour ainfi dire, qu'à fon refus. Pline, de fon côté, fut un des premiers admirateurs de Tacite, & toute fon ambition étoit de mériter que fa vie fût écrite par un hiftorien tel que *Tacite*. Ce font les lettres de Pline qui fourniffent le plus de particularités fur Tacite. On aime à voir cette union des grands talens, cette amitié de deux hommes illuftres. On aime à voir Horace s'applaudir de l'amitié de Virgile & de Varius. On aime à voir *Tacite* célébré par le panégyrifte de Trajan.

Tacite plaida même après avoir été conful; & il paroit qu'il avoit donné au public fes plaidoyers: ce fait femble indifférent, & ne l'eft point du tout. *Tacite* feroit le feul exemple d'un avocat qui n'eût pas pris au barreau l'ufage d'employer un peu plus de mots qu'il n'en faut pour chaque chofe. Cicéron même n'eft pas à l'abri de tout reproche à cet égard; il donne beaucoup au développement des idées, & à l'harmonie des mots; il parle à l'oreille, *Tacite* ne parle qu'à l'ame. Il n'y a

point d'autre exemple auffi remarquable, même hors du barreau, de ce laconifme énergique:

Qui prodigue le fens & compte les paroles.

Ses mots ont plus de valeur que ceux des autres; chacune de fes idées eft le réfultat & la fubftance de mille idées profondes.

Il avoit époufé la fille de Cneius Julius Agricola, célèbre par la conquête de l'Angleterre, plus célèbre par l'ouvrage de *Tacite*, qui contient l'hiftoire de fa vie. On croit que *Tacite* laiffa des enfans de la fille d'Agricola; car l'empereur Tacite fe difoit defcendu de lui: on croit au moins qu'il étoit de la même famille.

La defcription de la Germanie par *Tacite*, eft encore l'ouvrage le plus fubftantiel & le plus profond dans fon admirable brièveté.

Tacite avoit écrit l'hiftoire Romaine dans le même ordre où M. Hume a depuis écrit l'hiftoire d'Angleterre, c'eft-à-dire, dans un ordre inverfe & rétrograde. En effet, fes *hiftoires* qui commencent à la mort de Galba, & qui finiffoient à la mort de Domitien, avoient été compofées avant les *annales* qui contenoient les règnes de Tibère, de Caligula, de Claude & de Néron; car dans un endroit des *annales* il renvoie à l'hiftoire de Domitien, qu'il avoit écrite auparavant: ces deux beaux & grands ouvrages ne nous font parvenus qu'avec d'énormes lacunes. Des quatre empereurs, objet des *annales*, il n'y a que Tibère & Néron dont nous ayons l'hiftoire prefqu'entière; encore nous manque-t-il trois années de Tibère & les dernières années de Néron. Nous n'avons que la fin de Claude; nous n'avons rien de Caligula.

Quant aux *hiftoires*, des vingt-huit ans qu'elles contenoient depuis l'an de J. C. 69, époque de la mort de Galba, jufqu'à l'an 96, époque de la mort de Domitien, il ne nous refte que l'année 69, & qu'une partie de l'année 70. Les lettres de Pline le jeune, où il raconte les particularités de la mort de fon oncle, enfeveli dans les cendres du Véfuve, étoient des mémoires qu'il fourniffoit à *Tacite* pour le regne de Titus dans la partie qui l'intéreffoit. Parmi les lettres de Pline, il nous en eft refté une de *Tacite*, monument de leur amitié. (*Voyez* les articles PLINE.)

Tacite avoit deffein d'écrire auffi l'hiftoire de Nerva & de Trajan. Il n'a pu que rendre témoignage en un feul mot à la félicité de ces temps, où l'on pouvoit penfer ce qu'on vouloit, & dire ce qu'on penfoit: *rarâ temporum felicitate, ubi fentire quæ velis, & quæ fentias dicere licet.* Dans une certaine rigueur métaphyfique, *penfer ce qu'on veut,* (*fentire quæ velis*) n'eft pas une expreffion parfaitement exacte; on ne penfe ni on ne croit ce qu'on veut; on penfe & on croit ce qu'on eft obligé de penfer & de croire, d'après les événemens, d'après fes notions ou fes préjugés, d'après mille circonftances indépendantes de notre volonté; mais on entend bien ce que l'auteur veut

Z

dire, & ce qu'il dit fait regretter les temps dont il parle.

Tacite avoit auffi fait quelques vers. Si ces vers n'a-voient pas les graces de ceux d'Ovide, ils n'en avoient pas à coup fûr les défauts; tels que la diffufion & la rédondance.

On croit que c'eft *Tacite* que Quintilien défigne par ce célèbre hiftorien de fon temps qu'il ne nomme pas; mais qui eft la gloire de fon fiècle, qui a des admira-teurs, & point d'imitateurs; à qui l'amour de la vérité a nui, en faifant fupprimer une partie de fes écrits; mais qui, dans ce qui en refte, montre un génie élevé & des penfées hardies & généreufes: *fupereft adhuc & exornat ætatis noftræ gloriam, vir fæculorum memoriâ dignus, qui olim nominabitur, nunc intelligitur. Habet amatores, nec imitatores, ut libertas, quanquàm cir-cumcifis quæ dixiffet ei nocuerit; fed clatum abundè fpiritum & audaces fententias deprehendas etiam in iis quæ manent.*

Ce paffage nous expliqueroit, à l'avantage de *Tacite,* les nombreufes & fréquentes lacunes de fes *annales* & de fes *hiftoires.* D'ailleurs, quel écrivain! quel philo-fophe! quel peintre! quel tableau révoltant de tyrannie & d'efclavage fous Tibère! quel intérêt augufte & tendre l'auteur répand fur Germanicus! quelle indi-gnation il excite contre Pifon & Plancine! quelle fer-mentation, lorfque les vaiffeaux qui ramenoient en Italie la veuve & les cendres de Germanicus, rencontrent les vaiffeaux de Pifon! quelle trifte & confolante affluence d'amis éperdus fur le rivage d'Italie où aborde Agrippine! quel éloquent filence, quelle douleur pro-fonde & muette à l'afpect de la veuve, des enfans & de l'urne de Germanicus!

Que peut vous importer Meffaline, après avoir épuifé toutes les horreurs du vice & toutes les fureurs du crime? Eh bien! le pinceau magique de *Tacite* va vous forcer de la plaindre. Ce n'eft plus cette impéra-trice toute puiffante, terrible & criminelle: l'orage s'eft élevé du côté d'Oftie, *tempeftatem ab Oftiâ atrocem;* c'eft une infortunée fans appui, fans défenfe, que l'inflexible Narciffe repouffe loin du char de l'em-pereur; elle lui préfente en vain fes enfans, en criant: *ne condamnez point, fans l'entendre, la mère de Britan-nicus & d'Octavie!* Sa voix eft étouffée par les cris barba-res de Narciffe, qui commande à l'empereur le meurtre & la vengeance. Cependant l'imbécille Claude s'atten-drit, & le fléchiffeur veut lui. Claude veut entendre fa fem-me; il va lui pardonner d'avoir époufé publiquement Si-lius, lui vivant; de lui avoir fait figner à lui, fon mari, fon empereur, fon contrat de mariage avec ce Silius: mais Narciffe, qui fent le danger, fe hâte de la faire égorger au nom de Claude même. On la trouve dans les jar-dins de Lucullus renverfée par terre, abymée dans le défefpoir & dans la terreur, mourante fur le fein de fa mère, qui, long-temps éloignée d'elle par l'éclat de fa fortune, mais ramenée auprès d'elle par fon malheur, la confoloit, l'encourageoit, pleuroit avec elle. Le tribun préfente le fer à Meffaline, elle veut fe percer; mais fon ame, affoiblie par un long ufage des volup-

tés, eft incapable de ce dernier trait de courage. Elle pleure, elle héfite; le tribun aide fa main tremblante: elle expire dans les bras de fa mère. Quand ce tableau, tracé par *Tacite*, eft fous vos yeux, vous avez oublié tous les crimes de cette femme, vous ne voyez que fes malheurs.

La mort d'Agrippine, mère de Néron, feroit, d'a-près le même *Tacite*, un beau fujet de tragédie, s'il n'étoit trop horrible. Racine n'a ofé le montrer qu'en paffant, & dans le lointain:

Je prévois que tes coups iront jufqu'à ta mère.

Je ne fais s'il y a dans aucune tragédie un trait compa-rable à ce cri terrible & déchirant d'Agrippine au centurion qui alloit la percer ou l'affommer: *ventrem feri. Frappe les entrailles qui ont pu produire ce monftre.*

Tacite a eu en France & en Italie une foule de traduc-teurs. La traduction italienne de Davazanti a été fort cé-lébrée. En France celle d'Ablancourt a joui quelque temps de quelque eftime: on l'appelloit du moins *la belle infidelle*. Celle d'Amelot de la Houffaye & de M. Guérin font oubliées. Quelques parties de celle de l'abbé de la Bletterie font encore eftimées, malgré la baffeffe re-cherchée du ftyle. Celle du P. Dotteville fe fait lire; celle de M. d'Alembert laifferoit peu de chofes à defirer, fi elle n'étoit pas bornée à des fragmens. Le P. Dotte-ville, dans la préface des hiftoires de *Tacite*, effaie, comme avoit déjà fait M. l'Abbé de la Bletterie, de détruire le reproche de mifanthropie, fi fouvent fait à *Tacite*. Il trouve dans Suétone, dans Xiphilin, dans Plutarque, dans Juvénal (poète à la vérité, poète faty-rique même, & non hiftorien) des portraits plus chargés que ceux de *Tacite*; il tâche de prouver que cet écrivain rend juftice à ceux qu'il diffame, & que fi quelque vertu, quelque bonne qualité s'eft mêlée à leurs vices, il ne la diffimule jamais. Pourquoi donc ce préjugé s'eft-il particulièrement élevé contre *Tacite*? C'eft que les temps dont il écrivoit l'hiftoire fourniffent plus de crimes que d'actions vertueufes; mais c'eft fur-tout parce que fes peintures affectent fortement l'ame, et laiffent de longs fouvenirs; c'eft parce qu'il met les faits fous les yeux du lecteur, tandis que la foule des hiftoriens ne fait que les raconter.

TACITE, (*Hift. Rom.*) empereur Romain, fuccef-feur d'Aurélien. Autant le fénat & l'armée, ou plutôt les diverfes armées, s'étoient difputé jufqu'alors le droit d'élire les empereurs, autant un efprit de modé-ration, une vertueufe émulation de déférences & d'é-gards mutuels s'empara tout-à-coup des Romains; c'é-toit l'effet de la difcipline qu'Aurélien avoit introduite parmi les troupes, & de l'ordre qu'il avoit établi dans le gouvernement. L'ambition étoit affoupie, perfonne n'afpiroit à l'empire; perfonne ne vouloit y nommer. L'armée renvoyoit cet honneur au fénat; le fénat le renvoyoit à l'armée; ce combat de générofité fut affez long, pour donner lieu à un interrègne de huit mois. Le Sénat céda enfin, il élut *Tacite*; mais *Tacite* étoit auffi peu empreffé de régner, que le Sénat l'avoit été peu de difoler de l'empire : il refufa. Il fe retira dans une de fes maifons en Campanie ; on alla l'y chercher. Il avoit une excufe dans fon âge avancé ; il la fit valoir, & ne fut point écouté. On lui fit violence, il fallut qu'il régnât ; mais en l'élifant pour fon mérite perfon-nel, on prit des précautions pour qu'à l'avenir ce prix de la vertu & des talens ne fût donné qu'à la vertu & aux talens, & qu'il ne devînt pas héréditaire ; on pria *Tacite* de ne pas nommer fes enfans auguftes, & de nommer pour fon fucceffeur celui qu'il en jugeroit le plus digne, comme on l'avoit nommé lui-même, parce qu'on l'avoit jugé le plus digne. *Tacite* avoit alors foixante-quinze ans, (l'an de Rome 275.) On ne fait rien de fon extraction, finon que, comme nous l'avons dit, il fe prétendoit parent de *Tacite* l'hiftorien, dont il voulut que les ouvrages fuffent mis dans toutes les bi-bliothéques.

Le Sénat ne s'étoit point mépris dans fon choix. *Tacite* fit régner la fageffe & la juftice ; il donna fes biens à l'état, il diftribua aux foldats l'argent qui fe trouva dans fes coffres, il fit des loix fages, il rétablit les mœurs, les lieux de proftitution furent fupprimés, les bains publics furent fermés après le coucher du fo-leil. Jamais empereur ne fe régla tant par les confeils du Sénat, & ne lui laiffa tant d'autorité ; cette com-pagnie lui refufa impunément le confulat qu'il de-mandoit pour Florien fon frère : *il eft à croire*, dit-il en apprenant ce refus, *que le fénat a un meilleur choix à faire*. Econome, & ennemi du luxe, il défendit l'u-fage de l'or & des broderies dans les habits ; mais comme il favoit que l'exemple de l'économie & de la modeftie, pour être efficace, devoit toujours partir du trône, il crut devoir interdire abfolument à l'impé-ratrice l'ufage des pierreries.

Malgré fon grand âge il entreprit de porter la guerre chez les Perfes & les Scythes afiatiques ; il entreprit de la faire lui-même. Il fe mit en marche, & il s'avança jufqu'à Tarfe en Cilicie. La fatigue du chemin, les foins de la royauté le confumoient ; la fièvre le prit, & il mourut en peu de jours, l'an de J. C. 276 : il n'avoit régné que fix mois. Quelques auteurs difent que ce furent fes propres foldats qui lui ôtèrent la vie : il fe nommoit *Marcus Claudius Tacitus*.

Florien, fon frère, difputa l'empire à Probus ; & n'ayant point réuffi dans ce projet, il fe fit ouvrir les veines, & mourut la même année.

TADGIES, (*terme de relation*) nom qu'on donne aux habitans des villes de la Tranfoxane, & du pays d'Iran, c'eft-à-dire, à tous ceux qui ne font ni Tar-tares, ni Mogols, ni Turcs ; mais qui font naturels des villes ou des pays conquis. (*A. R.*)

TAGLIACOCCI, (Gafpard) (*Hift. litt. mod.*) profeffeur en médecine & en chirurgie dans l'univerfité de Bologne, fa patrie, mort en 1553, eft auteur d'un li-vre fameux, intitulé : *Decurtorum chirurgia per inftitio-nem*, où il enfeigne la manière de réparer les défauts des narines, des oreilles & des lèvres, dans le cas de mutilation ou de difformité de ces parties. Il rapporte

des exemples de nez perdus, qui ont été rétablis par fon art, & fa ftatue, placée dans la falle d'anatomie de Bologne, le repréfente un nez à la main. On peut bien penfer que ces cures merveilleufes ont trouvé, trouvent, & trouveront des incrédules. Un nommé Verdun, dans le fiècle fuivant, a renouvellé l'idée de *Tagliacocci* dans un livre, intitulé : *De novâ artium decurtandorum ratione*. Une fi utile découverte ne paroît pas avoir eu d'autres fuites.

TAIKI, f. m. (*Hift. mod.*) c'eft ainfi qu'on nomme chez les Tartares mongüls les chefs qui commandent à chaque horde ou tribu de ces peuples. La dignité de *taïki* eft héréditaire, & paffe toujours à l'aîné des fils. Il n'y a point de différence entre ces chefs, finon celle qui réfulte du nombre des familles qu'ils ont fous leurs ordres. Ces chefs font foumis à un kan, dont ils font les vaffaux, les confeillers & les officiers généraux. (*A. R.*)

TAI-KI ; (*Hift. mod. Philofophie*) ce mot en chi-nois fignifie le *faîte d'une maifon*. Une fecte de philo-fophes de la Chine, appellée *la fecte des ju-kiau*, fe fert de ce mot pour défigner l'Etre fuprême, ou la caufe première de toutes les productions de la nature. (*A. R.*)

TAILLE, (Jean & Jacques de la) (*Hift. litt. mod.*) freres, nés à Bondaroi, près de Pethiviers, dans la Beauce, d'une noble & ancienne famille, poëtes dramatiques françois, mais du feizième fiècle, temps où il n'y avoit ni théâtre françois, ni poëfie françoife. Jacques, né en 1542, mourut de la pefte en 1562, n'ayant pas encore vingt ans, & ayant déjà fait cinq tragédies, & d'autres poëfies. Jean a laiffé auffi des tragédies, des comédies, & d'autres poëfies ; un ouvrage inféré dans la fatyre Menippée, intitulée : *les fingeries de la ligue*. Il étoit fort ennemi de la ligue, & très-attaché dans tous les temps à Henri IV & à fon parti. Il avoit reçu au vifage une grande bleffure au com-bat d'Arnay-le-Duc fous les yeux de ce prince, qui l'em-braffa tout fanglant après le combat, & lui donna fes chirurgiens pour le panfer : il mourut en 1608. On a de lui encore un *difcours des duels* ; & il a eu en tout beau-coup de réputation, & comme guerrier, & comme homme de lettres.

TAILLEPIED, (Noël) (*Hift. litt. mod.*) fran-cifcain du feizième fiècle, auteur d'une hiftoire des Druides, d'un traité de l'apparition des efprits, d'un recueil fur les antiquités de Rouen, d'une traduction françoife des vies de Luther, de Carloftad & de Pierre Martir. Mort en 1589.

TAIX ou **TAIS**, (Jean, feigneur de) (*Hift. de Fr.*) d'une famille noble de Touraine, fut le premier colonel-général de l'infanterie Françoife, lorfque cette charge fut inftituée en 1544, & il commandoit cette infanterie à la bataille de Cérifoles. Dans cette même année 1544 le dauphin, qui trois ans après fut le Roi Henri II, ayant effayé de furprendre Boulogne, dont les Anglois venoient de s'emparer, envoya Fouquef-foles & *de Taix* avec un corps confidérable pour exé-cuter l'entreprife. Le défaut de certaines précautions la fit échouer, malgré la valeur de Fouqueſſolles & de *Taix*, qui forcèrent la baſſe-ville, & taillèrent en pièces tout ce qui voulut la défendre. Leurs ſoldats enivrés de ce premier ſuccès s'étant livrés au pillage, un gros d'ennemis vint fondre ſur eux de la ville haute, & les mit en déroute, quoique les François euſſent l'avantage du nombre. Fouqueſſolles & *de Taix* voulant les rallier & les ſoutenir, furent accablés. Fouqueſſolles fut tué ſur la place; *de Taix* fut bleſſé d'un coup de flèche. *De Taix* fut auſſi grand-maître de l'artillerie, & perdit cette place pour avoir tenu quelques propos ſur les amours ſecrets & peut-être entièrement chimériques de la ducheſſe de Valentinois & du Maréchal de Briſſac. On ne doit jamais perdre un emploi militaire, fruit des ſervices & prix des talens pour des propos échappés dans la ſociété, car les raiſons qui vous ont fait confier un tel emploi, ſont toujours étrangères aux tracaſſeries de la ſociété & d'un ordre bien ſupérieur. Les indiſcrétions ou témérités de la converſation doivent avoir leurs peines particulières adaptées au genre & tirées de la choſe même, mais ſans nulle influence ſur les récompenſes & les peines qui regardent le ſervice de l'état. De *Taix* fut tué dans la tranchée au ſiège de Heſdin en 1553.

On trouve dans les mélanges de Camuſat une relation curieuſe des états de Blois de 1576, de Guillaume de *Taix*, doyen de l'égliſe de Troyes, qui étoit de la même famille que Jean de *Taix*.

TAKIAS, *terme de relation*; nom que les turcs donnent aux monaſtères des dervis, dans leſquels ces moines logent avec leurs femmes. Il leur eſt néanmoins défendu d'y danſer, & d'y jouer de la flûte. Les *takias* ſont plus ou moins grands. Il y en a en Turquie de très-beaux, & d'autres très-médiocres. (*D. J.*)

TALAPOINS, ou TALEPOIS, (*Hiſt. mod.*) c'eſt le nom que les Siamois & les habitans des royaumes de Laos & de Pégu donnent à leurs prêtres: cependant, dans les deux derniers royaumes, on les déſigne ſous le nom de *Fé*. Ces prêtres ſont des eſpèces de moines qui vivent en communauté dans des couvens, où chacun, comme nos chartreux, a une petite habitation ſéparée des autres.

Le P. Marini, jéſuite miſſionnaire, nous dépeint ces moines avec les couleurs les plus odieuſes & les plus noires; ſous un extérieur de gravité qui en impoſe au peuple, ils ſe livrent aux débauches les plus honteuſes; leur orgueil & leur dureté ſont pouſſées juſqu'à l'excès. Les *talapoins* ont une eſpèce de noviciat, ils ne ſont admis dans l'ordre qu'à l'âge de vingt-trois ans, alors ils choiſiſſent un homme riche ou diſtingué qui leur ſert, pour ainſi dire, de parrein lorſqu'ils ſont reçus à la profeſſion; elle ſe fait avec toute la pompe imaginable. Malgré cette profeſſion, il leur eſt permis de quitter leurs couvens, & de ſe marier, ils peuvent enſuite y rentrer de nouveau ſi la fantaiſie leur prend. Ils portent une tunique de toile jaune qui ne va qu'aux

genoux, & elle eſt liée par une ceinture rouge; ils ont les bras & les jambes nuds, & portent dans leurs mains une eſpèce d'éventail pour marque de leur dignité; ils ſe raſent la tête & même les ſourcils, le premier jour de chaque nouvelle lune. Ils ſont ſoumis à des chefs qu'ils choiſiſſent entr'eux. Dès le grand matin ils ſortent de leurs couvens en marchant d'abord deux à deux; après quoi ils ſe répandent de divers côtés pour demander des aumônes, qu'ils exigent avec la dernière inſolence. Quelques crimes qu'ils commettent, le roi de Laos n'oſe les punir; leur influence ſur le peuple les met au-deſſus des loix, le ſouverain même ſe fait honneur d'être leur chef. Les *talapoins* ſont obligés de ſe confeſſer de leurs fautes dans leur couvent, cérémonie qui ſe fait tous les quinze jours. Ils conſacrent de l'eau qu'ils envoyent aux malades, à qui ils la font payer très chèrement. Le culte qu'ils rendent aux idoles conſiſte à leur offrir des fleurs, des parfums, du riz qu'ils mettent ſur les autels. Ils portent à leurs bras des chapelets compoſés de cent grains enfilés. Ces indignes prêtres ſont ſervis par des eſclaves qu'ils traitent avec la dernière dureté: les premiers de l'état ne font point difficulté de leur rendre les ſervices les plus bas. Le reſpect qu'on a pour eux vient de ce qu'on les croit ſorciers, au moyen de quelques ſecrets qu'ils ont pour en impoſer au peuple, qui ſe dépouille volontairement de tout ce qu'il a pour ſatisfaire l'avarice, la gourmandiſe & la vanité d'une troupe de fainéans inutiles & nuiſibles à l'état. La ſeule occupation des *talapoins* conſiſte à prêcher pendant les ſolemnités dans les temples de *Shaka* ou *Sommona-Kodom* qui eſt leur légiſlateur & leur dieu. *Voyez* cet article. Dans leurs ſermons ils exhortent leurs auditeurs à dévouer leurs enfans à l'état monaſtique, & ils les entretiennent des vertus des prétendus ſaints de leur ordre. Quant à leur loi, elle ſe borne, 1°. à ne rien tuer de ce qui a vie; 2°. à ne jamais mentir; 3°. à ne point commettre l'adultère; 4°. à ne point voler; 5°. à ne point boire de vin. Ces commandemens ne ſont point obligatoires pour les *talapoins*, qui, moyennant des préſens, en diſpenſent les autres, ainſi qu'eux-mêmes. Le précepte que l'on inculque avec le plus de ſoin, eſt de faire la charité, & des préſens aux moines. Tels ſont les *talapoins* du royaume de Laos. Il y en a d'autres qui ſont beaucoup plus eſtimés que les premiers; ils vivent dans les bois; le peuple, & les femmes ſur-tout, vont leur rendre leurs hommages; les viſites de ces dernières leur ſont fort agréables: elles contribuent, dit-on, beaucoup à la population du pays.

A Siam les *talapoins* ont des ſupérieurs nommés *ſancrats*. Il y en a comme à Laos, de deux eſpèces; les uns habitent les villes, & les autres les forêts.

Il y a auſſi les religieuſes *talapoines*, qui ſont vêtues de blanc, & qui, ſuivant la règle, devroient obſerver la continence, ainſi que les *talapoins* mâles. Les Siamois croient que la vertu véritable ne réſide que dans les *talapoins* : ces derniers ne peuvent jamais pécher, mais ils font faits pour abfoudre les péchés des autres. Ces prêtres ont de très-grands privilèges à Siam ; cependant les rois ne leur font point fi dévoués qu'à Laos ; on ne peut pourtant pas les mettre à mort, à moins qu'ils n'aient quitté l'habit de l'ofdre. Ils font chargés à Siam de l'éducation de la jeuneffe, & d'expliquer au peuple la doctrine contenue dans leurs livres écrits en langue *balli* ou *palli*, qui eft la langue des prêtres. *Voyez* Laloubere, *defcription de Siam*. (*A. R.*)

TALBE, f. m. *terme de relation*, nom qu'on donne à un docteur mahometan, dans les royaumes de Fez & de Maroc. (*D. J.*)

TALBOT, (*Hift. d'Anglet.*) grande maifon d'Angleterre, originaire de Normandie, a produit plufieurs perfonnages d'un mérite diftingué :

1°. Le plus célèbre eft Jean *Talbot*, comte de Shrewsbury & de Waterford ; il fut fait gouverneur de l'Irlande, qu'il avoit beaucoup contribué à réduire fous l'obéiffance de Henri V. Il paffa en France en 1417, pour partager les avantages que l'Angleterre y remportoit alors, & bientôt fon nom égala, puis furpaffa ceux des capitaines Anglois les plus illuftres ; les Salisburi, les Arondel, les Warwick, les Willoughbi, &c. En 1428, il prit Alençon, Pontoife, Laval. Au fiège d'Orléans, il commandoit les affiègeans avec Salisburi & Suffolk. Prifonnier au combat de Patay, le brave *Talbot* fut préfenté au roi charles VII, par le brave Saintrailles, qui en même-temps lui demanda la permiffion de le renvoyer libre à l'inftant fans rançon. *Talbot* eut le bonheur de prendre fa revanche dans la fuite à l'égard de Saintrailles. Il montra qu'il étoit libre en emportant d'affaut Beaumont fur Oyfe. Le roi d'Angleterre le fit maréchal de France en 1441, puifqu'enfin il étoit roi de France.

Le principal objet des François, lorfqu'après les exploits de la Pucelle d'Orléans, la fortune leur fut devenue conftamment favorable, fut de recouvrer la Normandie ; tous leurs efforts furent heureux ; la bataille de Fourmigny, où Thomas Kyrle ou Tyrrel fut défait & pris par le connétable de Richemont, ôta aux Anglois toute efpérance de conferver cette province ; *Talbot* même ne put qu'en retarder quelque-temps la perte. Ce fut en vain que ce grand-homme, à qui fa nation devoit les feuls fuccès qu'elle eût eus depuis la mort du duc de Bedfort, épuifa toutes les reffources de fon génie pour la défendre ; il eut encore des fuccès de détail, il perça plus d'une fois les armées Françoifes pour introduire des convois dans les places affiègées ; il acquit beaucoup de gloire, mais une gloire ftérile pour fa nation, qui acheva de perdre courage, lorfque *Talbot* eût été tué avec fon fils à la bataille de Caftillon en Guyenne, le 17 Juillet 1453. Il étoit allé dans cette province après la réduction de la Normandie, pour défendre ce qui reftoit aux Anglois en France. Ce *Talbot* étoit l'Hector des Anglois, vertueux, vaillant & malheureux ;

il s'enfevelit fous les ruines de fa nation qui, fans lui, auroit beaucoup plutôt fuccombé. Il fervit avec autant d'éclat dans les négociations que dans les armées. C'étoit *Talbot* qui difoit que fi Dieu étoit homme d'armes, il feroit pillard. Il parloit de ce qu'il voyoit & non de ce qu'il faifoit.

2°. Quelques autres perfonnages du même nom & de la même maifon, fans être parvenus à la même gloire, ont mérité que l'hiftoire fît mention d'eux. Tel eft Pierre *Talbot*, archevêque de Dublin, né en 1620 ; recommandable par fon zèle pour la religion catholique, qui alla prefque jufqu'au martyre. Il mourut en prifon vers l'an 1682, perfécuté par les proteftans. On a de lui une hiftoire des Iconoclaftes, un traité *de naturâ fidei & hærefis*, un autre *de religione & regimine*, le *Politicorum catechifmus*.

3°. Richard *Talbot*, duc de Tirconnel, frère de Pierre, partageoit fon zèle pour la foi catholique. Il s'étoit trouvé, dès l'âge de quinze ans, à une bataille où il étoit refté trois jours parmi les morts. Fortement attaché aux Stuarts, Jacques II lui confia la vice-royauté d'Irlande, lorfqu'il paffa en France. *Talbot* défendit en Irlande les droits de Jacques II. Il mourut en 1692, dans un moment où il fe préparoit à livrer bataille aux Anglois du parti de Guillaume. Son oraifon funèbre fut prononcée à Paris, par l'abbé Anfelme.

4°. On a des fermons d'un Guillaume *Talbot*, évêque d'Oxford, puis de Sarisbury & e fin de Durham. Il étoit de la même maifon que les précédens, mais d'une branche proteftante, mort en 1730. Il fut le père :

5°. De Charles *Talbot*, Lord, grand-chancelier d'Angleterre, né en 1686, mort en 1736.

TALED, f. m. (*Hift. Judaïque.*) nom que les Juifs donnent à une efpèce de voile quarré, fait de laine blanche ou de fatin, & qui a des houpes aux quatre coins. Ils ne prient jamais dans leurs fynagogues qu'ils ne mettent ce voile fur leur tête ou autour de leur col, afin d'éviter les diftractions, de ne porter la vue ni à droite ni à gauche, & d'être plus recueillis dans l'oraifon, fi l'on en croit Léon de Modène. Mais dans le fond, ce *taled* n'eft qu'une affaire de cérémonial ; les Juifs le jettent fur leur chapeau qu'ils gardent fur la tête pendant la prière, à laquelle ils font fi peu attentifs qu'ils y parlent de leur négoce & autres affaires, & qu'ordinairement ils la font avec une extrême confufion. (*A. R.*)

TALESTRIS, (*voyez* THALESTRIS.)

TALEYRAND, (*Chalais, Périgord*) (*Hift. de Fr.*) Le Périgord, après avoir appartenu à nos rois, eut vers le neuvième fiècle des comtes particuliers ; c'eft de ces comtes que defcend la noble & antique maifon des *Taleyrand* ou Tallerand-Périgord. De cette maifon étoit le cardinal de Tallerand-Périgord, légat du pape Innocent VI, en France, dans le temps de cette funefte bataille de Poitiers. Il ne tint pas à lui d'épargner à la France ce défaftre.

Les François étoient déjà en mouvement, lorsque ce ministre de paix s'avança entre les deux armées pour suspendre leurs coups ; rôle sublime, à quelque motif qu'on veuille l'attribuer. L'inflexible roi Jean, ne l'attribua qu'à la prédilection qu'il supposoit au pape pour les Anglois. Le cardinal conjura le roi, *les mains jointes*, de laisser agir son zèle. Il alla & revint plusieurs fois d'un camp à l'autre, sans rien obtenir, mais sans se rebuter. Le roi ne vouloit rien entendre ; le prince de Galles ne demandoit que des conditions raisonnables ; il offroit de rendre tout, places & prisonniers, & de ne porter les armes de sept ans contre la France. Le roi n'osant rejetter entièrement la mé-diation du légat, demanda que le prince se rendît prisonnier, avec cent des principaux chevaliers : » Si jamais je perds ma liberté, dit le prince, ce » ne sera que les armes à la main. » La nuit survint, le cardinal rentra dans Poitiers, ayant du moins gagné un jour. Le lendemain il reparoît encore : croira-t-on que les François poussèrent la férocité jusqu'à le menacer ? on lui dit en -propres termes, que s'il ne se retiroit *il lui en pourroit mal prendre*. Il alla trouver le prince de Galles : *Beau-fils*, lui dit-il, *il faut combattre. Eh bien !* dit le prince, *Dieu veuille aider au droit !* En effet le droit étoit pour lui dans ce moment, puisqu'il ne faisoit plus que se défendre. Ceux qui veulent excuser le procédé des François à l'égard du cardinal dans cette occasion, accusent celui-ci de partialité ; ils observent que ce jour qu'il gagna par ses négociations, perdu pour les François, fut employé par les Anglois à fortifier de plus en plus leur camp.

Le cardinal de Périgord perdit à la bataille de Poitiers, Robert de Duras, son neveu. Le prince Noir lui renvoya le corps sur un bouclier, en lui faisant faire quelques reproches de ce qu'il souffroit que ses parens & les gens de sa suite, au lieu de rester neutres, servissent contre les Anglois. Ainsi les deux partis accusoient de partialité ce cardinal, qui auroit épargné tant de maux, si sa médiation eut été acceptée.

Pendant les guerres des Anglois en France, il arriva souvent aux comtes de Périgord, dont les domaines touchoient à ceux des Anglois, de s'allier avec eux. Archambaud IV, neveu du cardinal de Périgord, prit ce parti, & il en fut puni par un arrêt du parlement du 18 avril 1396, qui le bannit du royaume & confisqua ses biens. Archambaud V, son fils, ayant persisté dans la même alliance, & ayant introduit les Anglois dans le Périgord, le maréchal de Boucicaut lui fit la guerre, le prit dans son château de Montignac, l'amena prisonnier à Paris, où on lui fit son procès, & par arrêt du parlement du 9 juillet 1399, il fut condamné à perdre la tête, & ses biens furent confisqués. Le roi Charles VI lui fit grace de la vie, mais la confiscation eut lieu & fut donnée par le roi au duc d'Orléans, son frère. Le comté de Périgord a passé depuis, tant par vente que par succession, dans la maison de Bretagne, dans celle

d'Albret, dans celle de Bourbon ; Henri IV le réunit à la couronne ; quant à la maison de Périgord, aujourd'hui subsistante, elle descend des comtes de Périgord - *Tallerand*. De cette même maison des *Tallerand-Périgord*, étoit ce jeune & infortuné comte de Chalais Henri, décapité en 1626.

M. l'Abbé Anquetil, dans l'*Intrigue du cabinet*, s'exprime ainsi : « On ne sait ce que les commit- » saires demandèrent à Chalais, s'il y eut des té- » moins, s'ils furent confrontés : enfin il ne reste » aucun détail de cet étrange procès, dont les pièces » ont été enlevées & soustraites à la connoissance du » public.

Les pièces de ce procès ont été publiées en 1781, dans un *recueil de pièces intéressantes pour servir à l'histoire des regnes de Louis XIII & de Louis XIV*. Elles ont été tirées de la bibliothèque de feu M. le maréchal de Richelieu, où elles étoient en original.

Il paroit en résulter que le comte de Chalais étoit coupable tout au plus d'être entré dans les intrigues de ceux qui vouloient traverser le mariage de M. (Gaston) avec Mademoiselle de Montpensier, & à la tête desquels étoient la jeune reine Anne d'Autriche, & la duchesse de Chevreuse, sur-intendante de sa maison. Chalais étoit amoureux de la duchesse de Chevreuse, la duchesse ne l'aimoit pas & n'en avoit que plus d'empire sur lui ; ainsi elle l'attira aisément au parti d'Anne d'Autriche ; voilà, selon toutes les apparences, tout le crime ou toute la faute du comte de Chalais.

Ignoscenda quidem, scirent si ignoscere Manes.

Il est vrai que le comte de Chalais fut accusé du plus grand des crimes, celui d'avoir attenté à la vie du roi, & d'avoir voulu profiter, pour ce régicide, de la liberté que sa faveur & sa charge de maître de la garde-robe lui donnoient d'entrer à toute heure dans la chambre de ce prince ; mais par qui fut-il accusé de ce projet ? par Louvigny, son rival, amoureux comme lui de la duchesse de Chevreuse. Quelle preuve Louvigny apporta-t-il de cette accusation ? un roman ; des chasseurs dont il étoit séparé par une haie, & qu'il n'avoit pu ni joindre ni voir, s'entretenoient de ce complot, en le détestant & en faisant des imprécations contre le comte de Chalais qu'ils en accusoient. Le duc de Retz, le duc de Bellegarde, le duc de la Rochefoucauld déposent du même fait, mais tous comme l'ayant entendu dire, ou à M. de Louvigny, à des gens qui le tenoient de lui. Aussi ne paroit-il pas qu'on ait eu dans le procès du comte de Chalais, le moindre égard à ces dépositions.

Lamont, exempt des Gardes-du-Corps, chargé de garder le comte de Chalais dans sa prison à Nantes, servoit d'espion, & abusoit cruellement contre lui de tous les traits d'impatience & d'indiscrétion qui lui échappoient.

Les lettres du comte de Chalais au roi & au

cardinal de Richelieu, annoncent de la légereté, de l'inconséquence ; elles sont pleines d'une obscurité, qui n'étoit peut-ê re pas là même alors, & de contradictions qui sont les mêmes dans tous les temps ; mais elles n'annoncent point une ame coupable ; & la manière dont Madame de Chalais, sa mère, avoue qu'il l'étoit, prouve encore qu'il ne l'étoit pas, & que sa légère faute avoit été expiée d'avance par ses services. Cette lettre de Madame de Chalais au Roi, vaut mieux que toutes celles de son fils, elle est pleine à la fois d'adresse & de sensibilité.

» Sire, j'avoue que qui vous offense, mérite avec
» les peines temporelles, celles de l'autre vie, puis-
» que vous êtes l'image de Dieu. Mais quand il
» promet pardon à ceux qui le demandent avec
» une digne repentance, il enseigne aux rois comme
» ils en doivent user ; car, puisque les larmes chan-
» gent les arrêts du ciel, les miennes, Sire, n'au-
» ront elles pas le pouvoir d'émouvoir votre pitié ?
» La justice est un moindre effet de la puissance des
» rois que la miséricorde, le punir moins louable
» que le pardonner. Combien de gens vivent au
» monde, qui seroient sous la terre avec infamie,
» si Votre Majesté ne leur eût pardonné ; Sire, vous
» êtes roi, père & maître de ce malheureux pri-
» sonnier. Peut-il être plus méchant que vous n'êtes
» bon, & plus coupable que vous n'êtes miséri-
» dieux ; ne seroit-ce pas vous offenser que ne point
» espérer en votre bonté ? Les meilleurs exemples
» pour les bons sont de la pitié ; le méchants devien-
» nent plus fins & non pas meilleurs pour les sup-
» plices d'autrui : Sire, je vous demande, les genoux
» en terre, la vie de mon fils, & de ne permettre
» point que celui que j'ai nourri pour votre service,
» meure pour celui d'autrui : que cet enfant que j'ai
» élevé si chèrement, soit la désolation & la perte
» de jours qui me restent, & enfin que celui que
» j'ai mis au monde me mette au tombeau : hélas !
» Sire, que ne mouroit-il en naissant, ou du coup
» qu'il reçut à Saint-Jean, ou en quelques autres
» des périls où il s'est trouvé pour votre service,
» tant à Montauban, Montpellier qu'autres lieux, ou
» de la main même de celui qui nous a causé tant
» de déplaisirs ! ayez pitié de lui, Sire, son in-
» gratitude passée rendra votre miséricorde d'autant
» plus recommandable ; je vous l'ai donné à huit
» ans, il est petit-fils du maréchal de Montluc, &
» du Président Jeannin, par alliance. Les siens vous
» servent tous les jours, qui n'osent se jeter à vos
» pieds de peur de vous déplaire, me laissant les de
» demander en toute humilité & révérence, les larmes
» à l'œil, avec moi, la vie de ce misérable, soit
» qu'il la doive achever dans une prison perpétuelle,
» ou dans les armées étrangères en vous faisant ser-
» vice. Ainsi, Votre Majesté peut délivrer les siens
» de l'infamie & de la perte, satisfaire à votre justice
» & relever votre clémence : nous obligeant de
» plus en plus à louer votre bénignité, & prier
» Dieu continuellement pour la santé & prospérité
» de votre royale personne, &c.

L'Editeur croit avoir trouvé dans les pièces de ce procès, de quoi détruire diverses opinions établies par les historiens, sur l'amour qu'on veut que la duchesse de Chevreuse ait inspiré au cardinal de Richelieu, sur les visites que le cardinal fit au comte de Chalais dans la prison, sur la mort un peu prompte du maréchal d'Ornano à Vincennes.

Rien n'est détruit, tout est plutôt confirmé. La Politique sombre, que le gouvernement employoit alors, répand plus d'ombres & de mystères sur les événemens de ce temps-là, que toutes ces demi-lueurs ne peuvent en dissiper. On se flate toujours trop tôt d'avoir fait une découverte, & on se presse trop de démentir l'histoire sur la foi de quelque écrit inconnu, dont on ignore les circonstances ; s'il faut éclaircir l'histoire par les actes, il faut aussi très-souvent éclaircir les actes par l'histoire, & une tradition constante est quelque chose, jusqu'à ce qu'elle soit démontrée fausse.

La grace du malheureux comte de Chalais ayant été refusée, la dernière ressource de ses amis fut de faire cacher le bourreau de Nantes pour gagner du temps & donner lieu à de nouvelles instances ; cet incident ne fit que rendre son supplice plus douloureux ; on chargea de l'exécution deux criminels aux-quels on accorda la grace. Ils employèrent tour-à-tour & avec une égale mal-adresse, l'épée d'un suisse & la doloire d'un tonnelier ; ils hacherent en pièces le malheureux patient, il reçut jusqu'à trente coups avant que la tête fût séparée du corps, & cria jusqu'au vingtième. Ce supplice fut la première cruauté insigne du cardinal de Richelieu.

TALHOUET, (*Hist. de Fr.*) condamné à mort sous la régence en 1723, pour prévarication dans l'administration des affaires de la banque & de la compagnie des Indes ; sa peine fut commuée en une prison perpétuelle aux Isles de Sainte-Marguerite. Il survécut long-temps à son affaire. On a remarqué qu'elle avoit donné lieu à un tic singulier auquel il fut sujet le reste de sa vie. Comme le principal chef d'accusation contre lui étoit d'avoir ordonné des choses repréhensibles, son imagination avoit été frappée de ces mots, *ordonner des choses*, & il les plaçoit involontairement dans chaque phrase qu'il disoit, ce qui occasionnoit quelquefois des équivoques plaisantes.

TALI, s. m. *terme de relation*, nom que les Indiens de Carnate donnent au bijou que l'époux, dans la cérémonie du mariage, attache au cou de l'épouse, & qu'elle porte jusqu'au décès de son état ; pour marque de son état ; à la mort du mari, le plus proche parent lui coupe ce bijou, & c'est-là la marque du veuvage. (*D. J.*)

TALISMAN, (*terme de relation*) nom d'un ministre inférieur de mosquée chez les Turcs. Les *talismans* sont comme les diacres des imans, marquent les heures des prières en tournant une horloge de sable de quatre en quatre heures ; & les jours de bazran, ils chantent avec l'iman, & lui répondent. *Du Loir.* (*A. R.*)

TALLARD ou TALLART, (*Hist. de Fr.*) Hostun de la Baume de) est le nom d'une noble & ancienne maison du Dauphiné, distinguée dans cette province dès le treizième siècle.

On remarque dans cette maison plusieurs personnages célèbres, sur-tout parmi les chevaliers hospitaliers de Saint-Jean de Jérusalem:

1°. Antoine, chevalier de cet ordre à Rhodes, commandeur de Grenoble, au quinzième siècle;

2°. Un autre Antoine, commandeur & maréchal du même ordre à Rhodes; au seizième siècle;

3°. Theodore, chevalier du même ordre, tué d'un coup de fauconneau, à la prise de Rhodes par Soliman II, en 1522;

4°. Laurent d'Hostun, capitaine de vaisseau, mort au siège de Candie en 1669.

Aucun de ces d'Hostun n'avoit porté le nom de *Tallard*, qui jusques-là leur étoit étranger. Le chef de la branche des comtes, puis ducs de *Tallard*, est Roger d'Hostun, marquis de la Baume, qui fut comte de *Tallard* par son mariage avec Catherine de Bonne, fille & unique héritière d'Aléxandre de Bonne d'Auriac, vicomte de *Tallard*.

De ce mariage naquit le 14 Février 1652, le maréchal de *Tallard*, Camille d'Hostun; c'est le personnage le plus considérable de sa maison. Il entra au service aussi-tôt qu'il put y entrer; il fut mestre de camp du régiment des Cravates, à seize ans en 1668; en 1672, il suivit Louis XIV à la conquête de la Hollande, & combattit sous le grand Condé en 1674, à la sanglante affaire de Senef; il se trouva dans le cours de cette guerre à un grand nombre d'actions & y reçut plusieurs blessures. Dans cette même année 1674, M. de Turenne le choisit pour commander le corps de bataille de son armée aux combats de Mulhausen, le 25 décembre 1674, & de Turkeim, le 5 Janvier 1675; car la guerre se fit pendant tout l'hiver.

Dans la guerre de 1688, il eut divers corps d'armée sous ses ordres: pendant l'hiver de 1690, il commanda dans les pays situés entre la Sare, la Moselle & le Rhin; il conçut & exécuta le dessein presque téméraire de passer le Rhin sur la glace pour mettre à contribution des pays situés au-delà. Il fut fait lieutenant général en 1693. En 1698, il fut envoyé ambassadeur à Londres, & les deux traités de partage de la succession d'Espagne, l'un du 11 octobre 1698, qui donnoit l'Espagne au prince électoral de Bavière; l'autre des 13 & 25 Mars 1700, après la mort du prince électoral, furent en grande partie l'ouvrage de M. de *Tallard*.

Malgré tous ces traités, la mort du roi d'Espagne fit renaître la guerre. En 1702 le comte de *Tallard* prit Trèves, le 25 octobre, la ville & le château de Traerbac le 6 novembre, & chassa les Hollandois du camp de Mulheim.

En 1703 le 14 janvier, il fut fait maréchal de France. La même année il commanda l'armée d'Allemagne sous M. le duc de Bourgogne, avec M. de Vauban, qui venoit d'être fait maréchal de France en même-temps que lui. Après le départ du duc de Bourgogne, il gagna la bataille de Spire le 15 novembre, contre le prince de Hesse, qui fut depuis roi de Suède, & il prit Landau le lendemain. Cette campagne de Spire & de Landau est la campagne brillante du maréchal de *Tallard*, & ce fut la dernière campagne heureuse des François dans cette guerre. Le cours de leurs prospérités fut interrompu dès l'année suivante. La bataille d'Hochstet fut perdue par les maréchaux de *Tallard* & de Marsin, qui commandoient sous l'électeur de Bavière; le maréchal de *Tallard* fut blessé, pris & conduit en Angleterre, où il fut détenu sept ans. Le roi, pour lui montrer qu'il ne jugeoit point de lui par l'événement, le nomma gouverneur de Franche-Comté, peu de mois après cet échec d'Hochstet. Quand il fut revenu d'Angleterre, il fut fait duc en 1712, & pair en 1715.

Louis XIV le nomma par son testament pour être du conseil de régence. En 1726 il fut fait ministre d'état.

Il entra dans l'académie des sciences en qualité d'honoraire en 1723. Il mourut le 29 mars 1728.

Il avoit eu deux fils: l'aîné fut tué à la bataille d'Hochstet; le second, Marie-Joseph d'Hostun, duc de *Tallard*, fut blessé dangereusement & fait prisonnier à la bataille de Ramillies; le 23 mai 1706; il se distingua au combat de Rumersheim dans la haute Alsace, le 26 août 1709. Il fut fait brigadier d'infanterie, le premier février 1719; gouverneur de Franche-Comté en survivance le 20 mai 1720, chevalier des ordres du roi le 3 juin 1724. Il mourut en 1755. Il a formé une académie des belles-lettres à Besançon, & y a fondé des prix. Sa femme, Marie-Isabelle-Gabrielle de Rohan, fut nommée gouvernante des enfans de France, en survivance de la duchesse de Ventadour, son ayeule maternelle, le 4 septembre 1729. La duchesse de Ventadour donna sa démission au mois de mars 1732.

TALLEMANT, (François) (*Hist. litt. mod.*) de l'académie Françoise,

C'est le sec traducteur du françois d'Amyot; sa traduction de Plutarque, aujourd'hui généralement abandonnée eut sept éditions de son vivant. Il a traduit aussi l'histoire de Venise du procurateur Nani. Il étoit aumônier du roi, & il le fut ensuite de madame la dauphine, princesse de Bavière. Né à la Rochelle vers 1620, il mourut en 1693.

L'abbé *Tallemant* avoit un parent du même nom, (Paul *Tallemant*) qui étoit aussi de l'académie Françoise, & qui fut secrétaire de l'académie des Inscriptions & belles-lettres. Celui-ci naquit à Paris, le

18

18 Juin 1642. Il étoit fils de Gédéon *Tallemant*, maître des requêtes, & de Marie du Puget de Montoron ou Montauron, fille du fameux Montoron, receveur général des finances. Le secrétaire de l'académie des belles-lettres, successeur de Paul *Tallemant*, M. de Boze, nous apprend que M. *Tallemant* le père vivoit en grand-seigneur, & que sa munificence s'exerçoit sur-tout à l'égard des gens de lettres. Montoron, son beau-père, le surpassoit encore dans ces sortes de libéralités, *les dédicaces pleuvoient autour de lui*, dit M. de Boze, c'est à lui que Corneille dédia *Cinna*, dédicace qui n'étonna personne dans le temps, & qui lui a été tant reprochée de nos jours, car chaque siècle toujours si fécond en erreurs, qui lui sont propres, ne conçoit point les erreurs & les mœurs d'un autre siècle. On ne peut au reste qu'estimer deux simples particuliers d'avoir fait ce qui honoreroit de grands princes. Né de tels pères, proche parent de François *Tallemant*, de Jean Puget de la Serre, historiographe, auteur de beaucoup d'ouvrages, & si connu par Scuderi & par Boileau, parent aussi de Madame la Sablière, & de beaucoup d'autres personnages (hommes & femmes) célèbres dans les lettres, Paul *Tallemant* se trouva dès l'enfance environné de ce que la littérature & le monde avoit de plus distingué, il suivit la carrière qui lui étoit ouverte, fit des vers galans, des idylles, des pastorales, des opéras, &c. qui furent assez estimés pour qu'à vingt-deux ou vingt-trois ans l'auteur fût reçu à l'académie françoise. Il faut avouer qu'il n'en reste plus rien aujourd'hui, non plus que d'un grand nombre de panégyriques & de discours qu'il fit dans la suite sur les événemens du temps.

De toute l'opulence dans laquelle il avoit été élevé, il ne lui resta dans la suite qu'une pension de quinze cens francs que M. Colbert, touché de ses malheurs & de ceux de sa famille, lui fit donner par le roi. Son père avoit absorbé le fonds de plus de cent mille livres de rente par ses profusions dans ses intendances, & par de grosses pertes qu'il avoit faites au jeu contre le cardinal Mazarin, ministre contre lequel il ne falloit pas jouer. Montoron de son côté avoit dissipé des richesses immenses, & peu de temps avant sa mort, la chambre de justice avoit soigneusement recherché ce que sa magnificence n'avoit pas épuisé. Des débris de ces deux successions, Madame *Tallemant* recueillit à peine de quoi subsister avec cinq enfans; *heureusement*, disoit-elle, *en voilà un d'établi*, en parlant de Paul, parce qu'il étoit de l'académie Françoise. Cet établissement, qui n'en est pourtant pas un relativement à la fortune, augmenta par son admission dans l'académie des Inscriptions & belles-lettres dont il fut nommé secrétaire en 1694. Il se démit de cet emploi en 1706, & on lui donna, selon ses vœux, pour successeur M. de Boze. M. l'abbé *Tallemant*, car il étoit dans l'état ecclésiastique ainsi que François *Tallemant*, mourut le 30 juillet 1706. Sa famille étoit de la Rochelle & calviniste, son père avoit abjuré, & l'abbé *Tallemant*, grand con-

vertisseur, avoit fait abjurer plusieurs de ses parens. Il avoit beaucoup prêché.

TALON, (Omer & Denys) (*Hist. de Fr.*) père & fils, deux avocats généraux célèbres au Parlement de Paris. Le cardinal de Retz, dans ses mémoires, donne une assez haute idée de l'éloquence du premier & des effets qu'elle pouvoit produire lorsqu'il dit : « *Talon*, avocat général, qui parloit toujours » avec dignité & avec force, fit une des plus belles » déclamations qui se soient jamais faites en ce genre. » Je n'ai jamais rien oui ni lû de plus éloquent ; il » accompagna ses paroles de tout ce qui leur put » donner de la force, jusqu'à invoquer (évoquer) » les Manes de Henri le Grand : il recommanda la » France en général à Saint-Louis, un genou en » terre. Vous vous imaginez peut-être que vous » auriez ri à ce spectacle, mais vous en eussiez été » émus comme toute la compagnie, qui s'émut si » fortement, que j'en vis la clameur des enquêtes » commencer à s'affoiblir.

Omer *Talon* étoit fils & petit-fils de conseillers d'état, & Jacques *Talon*, son frère aîné, qui avoit aussi été avocat-général avant lui, fut fait conseiller d'état en 1631, & lui céda sa charge. Omer *Talon* mourut en 1652, à cinquante-sept ans. On a de lui huit volumes *in-douze* de mémoires depuis 1630. On y trouve des détails curieux sur les troubles de la fronde.

Denys fut digne de son père, & par ses talens & par ses vertus; il y a des pièces de lui dans les mémoires de son père. Il ne mourut pas comme lui dans la charge d'avocat-général, il fut président à mortier, & les juges lui reprochoient de porter dans sa manière d'opiner ce balancement des opinions, cette discussion approfondie de toutes les raisons des parties dont il avoit pris l'habitude dans les fonctions du ministère public; il mourut en 1698. La famille des *Talon* étoit originaire d'Irlande.

TAMAYO, (Martin) (*Hist. mod.*) soldat Espagnol, célèbre par une de ces aventures, qui font toujours une grande réputation; il servoit en 1546 dans l'armée de Charles-Quint en Allemagne, contre les princes protestants. Un soldat de l'armée des princes, espèce de géant à qui sa force & sa vaillance inspiroient beaucoup de présomption, s'avançoit chaque jour entre les deux camps, une hallebarde à la main, provoquant au combat tous les braves de l'armée Impériale. Ces sortes de défis, toujours acceptés, étoient assez fréquens alors pour affoiblir les armées; & celle de Charles-Quint étant alors la plus foible, ce prince avoit défendu, sous peine de la vie, à tous les siens d'accepter aucun défi. Le géant revenoit tous les jours insulter à ce qu'il appelloit la lâcheté des Impériaux. *Tamayo*, à la fin, ne put souffrir tant d'insolence, il court à cet homme, le renverse d'un coup de hallebarde dans la gorge, lui arrache sa propre épée, lui en coupe la tête, & la porte aux pieds de Charles-Quint en lui demandant la vie. Il est difficile en pareil cas de

A a

ne point faire grace, Charles-Quint la refufa cependant, non-feulement à *Tamayo*, qui la demandoit en vainqueur, mais aux principaux officiers de l'armée qui la follicitoient pour lui ; mais il arriva ce qui arrive toujours en pareil cas, on craignit que l'armée ne voulût pas fouffrir le châtiment de celui qu'elle egardoit comme fon vengeur ;

Quoi ! qu'on envoye un vainqueur au fupplice !

S'écrie le vieil Horace :

Charles-Quint ne voulant ni condamner ni abfoudre *Tamayo*, le remit entre les mains du duc d'Albe, qui lui fit grace, quoiqu'il n'aimât point à faire grace.

TAMBOS, f. m. (*Hift. mod.*) c'eft le nom que les anciens Péruviens, fous le gouvernement des Incas, c'eft-à-dire, avant la venue des Efpagnols, donnoient à des efpèces de magafins établis de diftance en diftance, où l'on confervoit des habits, des armes & des grains, enforte que par-tout l'empire une armée nombreufe pouvoit être fournie en chemin, de vivres & d'équipages, fans aucun embarras pour le peuple. Les *Tambos* étoient en même-temps des hôtelleries où les voyageurs étoient reçus gratis. (A. R.)

TAMBOULA, f. m. inftrument des nègres de l'Amérique, fervant à marquer la cadence lorfqu'ils s'affemblent en troupe pour danfer le *calinda* ; c'eft une efpèce de gros tambour, formé du corps d'un tonneau de moyenne groffeur, ou d'un tronçon d'arbre creufé, dont l'un des bouts eft couvert d'une peau préparée & bien tendue ; cet inftrument s'entend de fort loin, quoique le fon en foit fourd & lugubre : l'action de frapper le *tambôula* s'appelle *baroula*, & la manière de s'en fervir eft de le coucher par terre, en s'affeyant deffus, les jambes écartées à peu-près comme on repréfente Bacchus fur fon tonneau ; le nègre, dans cette fituation, frappe la peau du plat de fes deux mains, d'une façon plus ou moins accélérée, & plus ou moins forte, mais toujours en mefure, pour indiquer aux danfeurs les contorfions & les mouvemens vifs & ralentis qu'ils doivent exécuter ; ce qu'ils font tous avec une extrème juftefse & fans confufion ; leur principale danfe, qu'ils nomment *calinda*, s'exécute prefque toujours terre à terre, variant les attitudes du corps avec affez de graces, & agitant les pieds devant eux & par le côté, comme s'ils frottoient la terre : ce pas a fes difficultés pour l'exécuter avec précifion, furtout en tournant par intervalles réglés. Nos chorégraphes pourroient en tirer parti dans la compofition de leurs ballets, & le nommer *pas de calinda* ou *de frotteur*.

Dans les affemblées nombreufes, le *tamboula* eft toujours accompagné d'une ou deux efpèces de guitarre à quatre cordes, que l'on appelle *banzas* ; les nègres entremêlent cette mufique de chanfons à voix feule, dont les refrains fe répètent en chorus par toute la troupe, avec beaucoup de juftefse ; ce qui

de loin, ne produit pas un mauvais effet. *Article de M.* LE ROMAIN.

TAMBURINI, en françois TAMBOURIN, (Thomas) Sicilien, jéfuite cafuifte, qui n'a pas été oublié par Pafcal dans fes provinciales, ni par le parlement, qui a fupprimé fes ouvrages par arrêt du 6 mars 1762 ; mais qui feroit oublié depuis long-temps fans cela, & qui l'eft aujourd'hui malgré cela.

TAMERLAN, (*ou* TIMUR-LANC, c'eft-à-dire, TIMUR LE BOITEUX) (*Voyez* l'article BAJAZET) (*Hift. de l'Afie.*) *Tamerlan* eft un des grands conquérans, c'eft-à-dire, un des fléaux les plus funeftes dont la mémoire fe foit confervée chez les hommes ; témoin les huit cens mille hommes qu'on dit avoir péri dans Bagdad, lorfqu'il prit, pilla & détruifit cette ville. D'ailleurs, que ne foumit-il pas ? Le Chorafan, le Candahar, toute l'ancienne Perfe, Bagdad, les Indes, la Syrie, la Paleftine, l'Arménie, l'Egypte, l'Afie mineure ; & lorfque la mort l'arrêta, il avoit entrepris la conquête de la Chine. Ce tyran barbare ne permettoit pas même la défenfe à ceux qu'il avoit réfolu d'attaquer ; la ville de Sébafte, qu'il avoit fommée, ayant ofé réfifter, il en fit paffer les habitans au fil de l'épée, en réfervant les principaux pour un fupplice épouventable. On les plia en deux, on leur lia la tête aux cuiffes, on les jetta dans une foffe profonde, que l'on couvrit de poutres & de planches, fur lefquelles on jetta de la terre, ce fut-là le tombeau où on les enfevelit tout vivans, fans leur laiffer feulement la trifte liberté de varier leur fupplice, par les mouvemens impuiffans & inutiles qu'ils fe feroient donnés, fi on n'avoit pris la précaution de leur rendre ces mouvemens impoffibles. Quel monftre qu'un conquérant ! Quelles mœurs que les mœurs barbares ! On cite cependant de ce *Tamerlan* des traits qui fembleroient prouver que c'étoit un homme. (*Voyez* un de ces traits dans l'article BAJAZET.) S'il eft vrai qu'il ait écrit au fils de Bajazet : *reçois l'héritage de ton père ; une ame royale fait conquérir les royaumes & les rendre*, il avoit de la magnanimité. Il y en a, fans doute, à rendre des royaumes après les avoir conquis ; mais comme la conquête eft déjà un grand mal, il feroit plus jufte & plus humain de ne rien prendre, & de n'avoir rien à rendre. Quoique tous les conquérans foient funeftes, il y a cependant du choix entr'eux, & *Tamerlan*, qui, comme Gengiskan, détruifit beaucoup de villes, fans en bâtir aucune, eft, fans doute, inférieur à Alexandre, qui bâtit Alexandrie & d'autres villes. On dit que *Tamerlan* permettoit à fes fujets de fe familiarifer avec lui, même de s'égayer à fes dépens. Un poëte Perfan, Homedy, étant au bain avec lui, & d'autres courtifans, on jouoit à un jeu qui confiftoit à eftimer en argent ce que valoit chacun d'eux, & à motiver fon évaluation : *je vous eftime trente afpres*, dit le poëte au grand-kan--- *La ferviette dont je m'effuie les vous*, répondit *Tamerlan* ; *auffi eft-ce en comptant la ferviette*, répliqua Homedy. Le conquérant ne fit que rire : il étoit de bonne humeur ce jour-là.

Tamerlan, de race royale felon les uns, fils d'un berger felon les autres, naquit en 1335 à Kefch, ville de l'ancienne Sogdiane. Dans le temps de fa gloire & de fa puiffance, Samarkande étoit comme la capitale de fes vaftes états. La vie de *Tamerlan* a été compofée en Perfan par un auteur contemporain, & traduite en François par Petis de la Croix. *Tamerlan* mourut en 1405, à Otrar, dans le Turqueftan.

TAMOLE, f. m. (*Hift. mod.*) Les *tamoles* font les chefs du gouvernement des Indiens des iles Carolines; ils laiffent croître leur barbe fort longue, commandent avec empire, parlent peu, & affectent un air fort réfervé. Lorfqu'un *tamole* donne audience, il paroît affis fur une table élevée, les peuples s'inclinent devant lui, reçoivent fes ordres avec une obéïffance aveugle, & lui baifent les mains & les pieds quand ils lui demandent quelque grace : il y a plufieurs *tamoles* dans chaque bourgade. (*D. J.*)

TANAQUIL ou TANAQUILLE, (*Hift. Rom.*) femme de Tarquin l'ancien. (*Voyez* TARQUIN) Après la mort de fon mari, elle fit couronner Servius Tullius fon gendre, affurant que Tarquin, dont elle avoit caché la mort pendant plufieurs jours, pour laiffer à Servius Tullius le temps de s'affurer du peuple, l'avoit ainfi ordonné. Si *Tanaquil* n'avoit eu à écarter que les fils d'Ancus Martius, au préjudice defquels elle avoit déja régné avec Tarquin fon mari, on concevroit l'intérêt qu'elle avoit de placer fon gendre fur le trône, à l'exclufion de ces étrangers; mais c'étoit à fes propres enfans qu'elle préféroit Servius Tullius; c'étoient fes propres enfans qu'elle excluoit, par des intérêts que l'hiftoire ne nous a pas affez fait connoître. Cependant quand on voit avec quelle facilité Tarquin l'ancien s'étoit fait élire à la mort d'Ancus Martius, fans qu'on eût eu le moindre égard aux droits des enfans que laiffoit Ancus; quand on voit avec quelle facilité Servius Tullius parvint à exclure les fils de Tarquin l'ancien, avec le fecours même de leur mère, on conçoit que la couronne étant élective à Rome, les Romains, nation dès-lors toute guerrière, excepté fous Numa, ayant befoin de chefs qui les menaffent aux combats, ne faifoient jamais tomber leur choix fur des enfans : ceux-ci étoient exclus par leur feule foibleffe. On conçoit alors que *Tanaquil* n'ayant rien à prétendre pour fes enfans, devoit former fes vœux, & peut-être des brigues pour fon gendre. Le refpect même que les Romains ont toujours confervé pour la mémoire de *Tanaquil*, annonce affez qu'ils ne voyoient point en elle une marâtre capable de facrifier fes fils, & fes avoient eu des droits. On gardoit avec foin & avec refpect des ouvrages qu'elle avoit filés de fa main, fa ceinture, & une robe royale qu'elle avoit faite pour Servius Tullius. On adopta; on conferva long-temps, avec une efpèce de vénération religieufe, certains ufages qu'elle avoit introduits dans la manière de fe vêtir. C'étoit une femme eftimable & habile, & qui n'avoit pas moins contribué à l'élévation de Lucumon ou Tarquin l'ancien fon mari, qu'à celle de Servius Tullius fon gendre.

TANCHELIN ou TANQUELIN, (*Hift. mod.*) fou fanatique du douzième fiècle, & cependant affez adroit. Il époufoit publiquement la vierge; mais il pla-

çoit deux trônes à côté de fon image; & annonçoit qu'il jugeroit par le produit des aumônes lequel des deux fexes avoit le plus de zèle pour lui & pour fa femme. Il époufoit auffi quelquefois les filles en préfence de leurs mères, les femmes en préfence de leurs maris, & tout le monde étoit enchanté de cette faveur du prophète. Un archevêque de Cologne le fit mettre en prifon, & un prêtre crut faire un œuvre méritoire en le tuant en 1125.

TANCREDE DE HAUTEVILLE, (*Hift. de Fr. & d'Italie*) feigneur Normand, fe voyant chargé d'une nombreufe famille, à laquelle il avoit peu de biens à laiffer, envoya plufieurs de fes fils, entr'autres Guifcard & Roger, tenter fortune en Italie. Ils prirent Palerme en 1070, & fe rendirent maîtres de la Sicile, où leurs defcendans régnèrent long-temps avec gloire. » Tancrède, dit M. le préfident Hénault, avoit été » marié deux fois; il eut douze enfans, qui devinrent » autant de paladins, dont le nom remplit l'univers, & » qui ont donné l'air de la fable à ce moment de » l'hiftoire. Guillaume, furnommé *bras de fer*, Drô- » gon & Onfroy, furent les trois premiers comtes de » la Pouille. Robert Guifcard fut duc de la Pouille & » de la Calabre; il eut pour fils Bohémond, père de » Tancrède; & Roger, le plus jeune de tous les » frères, s'empara de la Sicile, & en établit la mo- » narchie vers l'an 1129 : les deux Siciles furent réu- » nies dans la perfonne de Roger II fon fils. Ses fuc- » ceffeurs furent Guillaume I, Guillaume II, Tan- » crède, bâtard de Roger II, & enfin Guillaume fon » fils, à qui l'empereur Henri VI (de la maifon de » Suabe, fils de l'empereur Frédéric Barberouffe) fit » crever les yeux pour s'emparer de ces deux royau- » mes, aux droits de fa femme Conftance, fille de » Roger II.»

Environ un fiècle avant la fondation de la monarchie de Sicile par les enfans de *Tancrede de Hauteville*, quarante autres gentilshommes Normands revenant de la Terre-Sainte, abordèrent en Italie au moment où les Sarrafins affiégeoient la ville de Salerne; ils s'enfermèrent dans cette place, la délivrèrent, & taillèrent en pièces les Sarrafins; exploit réel, qui préfente encore l'apparence & les caractères de la fable.

TANCREDE DE ROHAN. (*Voyez* ROHAN.)

TANEVOT, (Alexandre) (*Hift. litt. mod.*) premier commis des finances, né à Verfailles en 1691, mort à Paris en 1773, auteur de deux tragédies, *Sethos* & *Adam & Eve*, & de quelques poëfies fugitives. Honnête homme, médiocre poëte; mais fa tragédie d'*Adam & Eve* a des beautés.

TANJA ou TANJOU, f. m. (*Hift. mod.*) c'eft le nom que les anciens Turcs ou Tartares donnoient à leurs fouverains, avant que de fortir de la Tartarie pour faire des conquêtes en Afie, (*A. R.*)

TANNÉGUI DU CHATEL. (*Voyez* CHATEL.)

TAN-SI; f. m. (*Hift. mod.*) c'eft ainfi que dans le royaume de Tonquin l'on nomme les lettrés ou favans du premier ordre, qui ont paffé par des degrés inférieurs, diftingués par différens noms. Le premier degré par lequel ces lettrés font obligés de paffer, eft celui des *fin-de*; il faut, pour y parvenir, avoir étudié la rhétorique, afin de pouvoir exercer les fonctions d'avocat, de procureur & de notaire. Le candidat, après avoir acquis la capacité requife, fubit un examen, à la fuite duquel on écrit fon nom fur un regiftre, & on le préfente au roi, qui lui permet de prendre le titre de *fin-de*. Le fecond degré s'appelle *dow-kum*; pour y parvenir, il faut avoir étudié pendant cinq ans les mathématiques, la poëfie & la mufique, l'aftrologie & l'aftronomie. Au bout de ce temps on fubit un nouvel examen, à la fuite duquel on prend le titre de *dow-kum*. Enfin, le troifième degré, qui eft celui des *tan-fi*, s'acquiert par quatre années d'étude des loix, de la politique & des coutumes. Au bout de ce temps, le candidat fubit un nouvel examen en préfence du roi, des grands du royaume, & des lettrés du même ordre. Cet examen fe fait à la rigueur; & fi le candidat s'en tire bien, il eft conduit à un échafaud dreffé pour cet effet; là il eft revêtu d'un habit de fatin que le roi lui donne, & fon nom eft écrit fur les tablettes fufpendues à l'entrée du palais royal. On lui affigne une penfion, & il fait partie d'un corps parmi lequel on choifit les mandarins ou gouverneurs, les miniftres & les principaux magiftrats du pays.

TANSILLO, (Louis) (*Hift. litt. mod.*) poëte Italien, qu'on a comparé avec Pétrarque, mais qui a beaucoup moins de réputation. Né à Nole vers l'an 1510, il étoit juge de Gaëte en 1569. Ses poëfies furent mifes à l'*index*, comme trop libres. Pour expier cette faute, il préfenta au pape Paul IV un poëme intitulé : *le lagrime de fan Pietro*, les larmes de faint Pierre, emblême de fon repentir. C'eft ce poëme que Malherbe a mis en vers François, où on trouve des hyperboles ridicules, & d'autres traces du mauvais goût de l'original. C'eft-de-là qu'eft tirée cette ftrophe indigne de Malherbe, & qu'on a tant citée comme modèle d'un ftyle faux & exagéré.

C'eft alors que fes cris en tonnerres éclatent ;
Ses foupirs fe font vents, qui les chênes combattent ;
Et fes pleurs, qui tantôt defcendoient mollement,
Reffemblent un torrent qui, des hautes montagnes,
Ravageant & noyant les voifines campagnes,
Veut que tout l'univers ne foit qu'un élément.

Ce poëme des larmes de faint Pierre de *Tanfillo* fut auffi traduit en Efpagnol.

Tarfillo eut le crédit de faire retirer fes poëfies de l'*index*; mais fon poëme, intitulé : *il Vendemiatore*, *Vendangeur*, y refta autant valoit y refter pour le tout. On jugea que dans ce poëme il avoit peint avec trop de vérité les plaifirs & la licence qu'il avoit vu régner pendant les vacances dans les campagnes de Nole.

TAPACACU, f. m. (*Hift. nat. terme de relation*) valet au fervice des talapoins de Siam. Chaque talapoin a pour le fervir un ou deux *tapacaous*. Ces domef-

tiques font féculiers, quoiqu'ils foient habillés comme leurs maîtres, excepté que leur habit eft blanc, & que celui des talapoins eft jaune. Ils reçoivent l'argent que l'on donne pour les talapoirs. Ils ont foin des jardins & des terres du couvent, & font tout ce que les talapoins ne peuvent faire felon la loi. (*D. J.*)

TAPISSERIE DES GOBELINS ; l'on nomme ainfi une manufacture royale établie à Paris au bout du fauxbourg faint Marceau, pour la fabrique des *tapifferies* & meubles de la couronne.

La maifon où eft préfentement cette manufacture, avoit été bâtie par les frères Gobelins, célèbres teinturiers, qui avoient les premiers apporté à Paris le fecret de cette belle teinture d'écarlate, qui a confervé leur nom, auffi-bien que la petite rivière de Bièvre, fur le bord de laquelle ils s'établirent, & que depuis l'on ne connoît guère à Paris que fous le nom de *rivière des Gobelins*.

Ce fut en l'année 1667 que celle-ci changea fon nom de *Tobie Gobelin*, qu'elle avoit porté jufques-là, en celui d'*hôtel royal des Gobelins*, en conféquence de l'édit du roi Louis XIV.

M. Colbert ayant rétabli et embelli les maifons royales, fur-tout le château du Louvre & le palais des tuileries, fongea à faire travailler à des meubles qui répondiffent à la magnificence de ces maifons. Dans ce deffein, il raffembla une partie de ce qu'il y avoit de plus habiles ouvriers dans le royaume en toutes fortes d'arts & de manufactures, particulièrement de peintres, de tapiffiers, de fculpteurs, d'orfévres & d'ébéniftes, & en attira d'autres de différentes nations par des promeffes magnifiques, des penfions, & des privilèges confidérables.

Pour rendre plus ftable l'établiffement qu'il projettoit, il porta le roi à faire l'acquifition du fameux hôtel des Gobelins, pour les y loger, & à leur donner des réglemens qui affuraffent leur état, & qui fixaffent leur police.

Le roi ordonne & ftatue que lefdites manufactures feront régies & adminiftrées par le fur-intendant des bâtimens, arts & manufactures de France ; que les maîtres ordinaires de fon hôtel prendront connoiffance de toutes les actions ou procès qu'eux, leur famille & domeftiques pourroient avoir ; qu'on ne pourra faire venir des pays étrangers des *tapifferies*, &c.

La manufacture des Gobelins eft jufqu'à préfent la première de cette efpèce qu'il y ait au monde ; la quantité d'ouvrages qui en font fortis, & le grand nombre d'excellens ouvriers qui s'y font formés, font incroyables.

En effet, c'eft à cet établiffement que la France eft redevable du progrès que les arts & les manufactures y ont fait.

Rien n'égale fur-tout la beauté de ces *tapifferies*. Sous la fur-intendance de M. Colbert & de M. de Louvois fon fucceffeur, les *tapifferies* de haute & de baffe-liffe y ont acquis un degré de perfection fort fupérieur à tout ce que les Anglois & les Flamands ont jamais fait.

Les batailles d'Alexandre, les quatre faisons, les quatre élémens, les maisons royales, & une suite des principales actions du roi Louis XIV depuis son mariage jusqu'à la première conquête de la Franche-Comté, exécutés aux Gobelins sur les desseins du célèbre M. le Brun, directeur de cette manufacture, sont des chefs-d'œuvre en ce genre. (*A. R.*)

TARABITES, s. f. (*Hist. mod.*) ce sont des machines, aussi simples que singulières, dont les habitans du Pérou se servent pour passer des rivières, & pour se faire transporter d'un côté à l'autre, ainsi que les chevaux & les bestiaux. La *tarabite* est une simple corde faite de liane; ou de courroies très-fortes de cuir, qui est tendue d'un des bords d'une rivière à l'autre. Cette corde est attachée au cylindre d'un tourniquet, au moyen duquel on lui donne le degré de tension que l'on veut. A cette corde ou *tarabite*, sont attachés deux crocs mobiles, qui peuvent parcourir toute sa longueur, & qui soutiennent un panier assez grand pour qu'un homme puisse s'y coucher, en cas qu'il craigne les étourdissemens auxquels on peut être sujet en passant des rivières, qui sont quelquefois entre des rochers coupés à pic, d'une hauteur prodigieuse. Les Indiens donnent d'abord une secousse violente au panier, qui, par ce moyen, coule le long de la *tarabite*, & les Indiens de l'autre bord, par le moyen de deux cordes, continuent d'attirer le panier de leur côté. Quand il s'agit de faire passer un cheval ou une mule, on tend deux cordes ou *tarabites* l'une près de l'autre; on suspend l'animal par des sangles, qui passent sous son ventre, & qui le tiennent en respect, sans qu'il puisse faire aucun mouvement. Dans cet état on le suspend à un gros croc de bois, qui coule entre les deux *tabarites*, par le moyen d'une corde qui l'y attache: la première secousse suffit pour faire arriver l'animal à l'autre rive. Il y a des *tarabites* qui ont 30 à 40 toises de longueur, & qui sont placées à 25, ou 30 toises au-dessus de la rivière. (*A. R.*).

TARAISE, (*Hist. ecclés.*) patriarche de Constantinople, que l'impératrice Irène fit élire en 784, aida cette princesse à rétablir dans l'église d'orient le culte des images. Ils voulurent consacrer ce dogme par la solemnité d'un concile œcuménique, tenu dans le même lieu que le premier des conciles œcuméniques, c'est-à-dire, à Nicée en Bithynie. Irène, à la sollicitation de *Taraise*, écrivit, en son nom & au nom de l'empereur Constantin Porphyrogénète son fils, au pape Adrien, pour le prier d'assister au Concile en personne ou par ses légats: le concile se tint en 787. On établit le culte des images, & on en fixa les principes. On apporta une image de la vierge au milieu de l'assemblée; elle y fut saluée par tous les évêques, & on brûla devant elle les écrits des iconoclastes. Charlemagne & ses évêques, trompés par une mauvaise traduction des actes du concile, firent écrire contre ses décisions; & au concile de Francfort sur le Mein, qui se tint en 794, le second concile de Nicée fut re-

jetté. Cette opposition de deux conciles, tous deux très-nombreux & très-solemnels, fit redouter dès-lors au pape Adrien la séparation des deux églises, qui ne devoit avoir lieu que dans le siècle suivant. Il craignoit de voir naître ce schisme d'un mal-entendu, dans le moment où l'église Grecque, abjurant l'erreur dont on avoit voulu l'infecter, se réunissoit à l'église Romaine sous une impératrice orthodoxe, & prenoit avec le saint siege de nouveaux engagemens. Il se donna tant de mouvemens auprès de Charlemagne, que le mal-entendu cessa enfin, & que la paix se maintint entre les deux églises & entre les deux empires. Le patriarche *Taraise* mourut en 806.

TARD-VENUS, s. m. pl. (*Hist. de France.*) ou MALANDRINS; c'étoient de grandes compagnies, composées de gens de guerres, qui s'assembloient sans être autorisées par le prince, & se nommoient un chef. Elles commencèrent à paroître en France, suivant le continuateur de Nangis, en 1360, & furent nommés *tard-venus*. Jacques de Bourbon, comte de la Marche, fut tué à la bataille de Brignais, en voulant dissiper ces grandes compagnies qui avoient désolé la France, & qui passèrent ensuite en Italie. *Hénault.* (*D. J.*)

TARPA, (*Spurius Mætius* ou *Mæcius*) (*Hist. Rom.*) fameux critique du temps d'Auguste, qui tenoit dans le temple d'Apollon un tribunal, où on examinoit les pièces de théâtre avant qu'elles fussent représentées:

Quæ nec in æde sonent certantia judice Tarpâ,

dit Horace.

TARPEIA. (*Hist. Rom.*) Dans la guerre que l'enlèvement des Sabines fit naître entre les Sabins & les Romains, la sixième année de la fondation de Rome, *Tarpeia*, fille de Spurius Tarpeius, lequel commandoit dans un poste situé sur une des sept collines, depuis si fameuses, trahit son père & sa patrie, & livra ce poste aux Sabins: elle étoit convenue avec eux qu'ils lui donneroient pour prix de sa trahison une espèce de bracelets qu'elle leur avoit vue, & qui l'avoit tentée. Sur une fausse équivoque qu'ils voulurent trouver dans la désignation des bracelets, les Sabins feignirent de croire que c'étoient leurs boucliers qu'elle leur avoit demandés, & sous prétexte de les lui donner, ils l'en frappèrent & l'en accablèrent, se chargeant ainsi de punir eux-mêmes, par une perfidie cruelle, la perfidie intéressée dont ils profitoient. La colline en prit le nom de *Tarpéienne*, qui fut changé depuis en celui de capitole, ou mont capitolin. Il fut ainsi nommé, parce que les ouvriers employés par *Tarquin* l'ancien à la construction d'un temple en l'honneur de Jupiter, trouvèrent dans la terre la tête d'un certain Tolus (*caput Toli*) encore teinte de sang vermeil; mais la pointe du rocher conserva le nom de roc Tarpéien ou roche Tarpéienne, & c'est de-là qu'on précipitoit les criminels d'état. Avant l'infidélité de *Tarpeia*, cette colline se nommoit le mont de Saturne.

TARQUIN, (*Hist. Rom.*) nom d'abord fameux, & enfuite diffamé dans les premiers temps de l'hiftoire Romaine. Un Grec, nommé Démarate, riche marchand de Corinthe, quitta fa patrie agitée de troubles civils, & vint s'établir à Tarquinie, ville d'Etrurie. Il y époufa une femme de condition, dont il eut Lucumon; c'eft *Tarquin* l'ancien, qui prit ce nom de *Tarquin* du lieu de fa naiffance. Ce fut lui qui époufa Tanaquil, & qui é ant venu s'établir à Rome avec elle, trouva par fon adreffe & par celle de fa femme les moyens de plaire à Ancus Martius, quatrième roi de Rome. Il fervit bien l'état, & à la guerre & dans les affaires, & obtint à la fois la confiance du prince & celle du peuple. Ancus, en mourant, lui confia la tutelle de fes fils, encore dans l'enfance, & le fénat l'élut roi en la place d'Ancus. (*Voyez* l'article TANAQUIL.) Il régna trente-huit ans; fit la guerre aux Latins, aux Sabins, à plufieurs villes d'Etrurie; introduifit les plébéiens dans le fénat, fous le titre de *patres minorum gentium*. Il enrichit Rome d'édifices fomptueux pour le temps; il décora le *Forum* de galeries, de portiques, de boutiques, &c. Le grand égoût de Rome, dont fix cens ans encore après, Denys d'Halicarnaffe admiroit la magnificence, fut fon ouvrage; il jetta les fondemens du Capitole; il rendit les fpectacles du cirque plus commodes, en y faifant faire des fiéges pour les fpectateurs : il mourut affaffiné par les fils d'Ancus Martius. Il eut pour fucceffeur Servius Tullius fon gendre, qui écarta du trône les fils de *Tarquin* fes beaux-frères, comme *Tarquin* en avoit écarté les enfans d'Ancus.

On ne fait pas bien certainement fi *Tarquin*, dit le *Superbe*, & qui fut quelque chofe de plus, étoit fils ou feulement petit-fils de *Tarquin* l'ancien. On donne à la vérité quarante-quatre ans de durée au règne de Servius Tullius, qui fépare les règnes des deux *Tarquins*. Mais fi *Tarquin* le Superbe avoit, comme on le prétend, quatre-vingt-dix ans lorfqu'il mourut l'an 257 de Rome, il pouvoit n'être que le fils de *Tarquin* l'ancien, mort l'an de Rome 176 : il auroit eu huit ans à cette époque. Quoi qu'il en foit, il femble que Servius Tullius, en mariant fes deux filles aux *Tarquins*, eut voulu les dédommager du royaume qu'il leur avoit enlevé. De ces deux filles, l'une modefte & vertueufe, étoit tombée en partage à Lucius *Tarquin*; c'eft le Superbe; l'autre (c'étoit Tullie, & ce nom feul annonce la fille la plus dénaturée, la reine la plus criminelle) époufa d'abord Aruns *Tarquin*, frère de Lucius, jeune homme qui montroit des inclinations heureufes. Lucius ne voyoit dans fon beau-père qu'un ufurpateur de fes droits. Impatient de les réclamer, il ne vouloit pas attendre la mort de Servius, ou vouloit l'accélérer. Sa vertueufe femme n'étoit pas propre à recevoir une pareille confidence, encore moins à feconder un pareil projet. Tullia, fa belle-fœur, étoit la femme dont il avoit befoin; ce fut à elle auffi qu'il s'adreffa, & ils convinrent d'abord qu'il falloit qu'ils s'uniffent par des nœuds plus intimes. Lucius fe chargea de la mort de fa femme, Tullie de celle d'Aruns fon mari. Alors Lucius & Tullie, véritablement faits l'un pour l'autre, véritablement dignes l'un de l'autre, fe marièrent en-

femble, & prirent à loifir leurs mefures pour détrôner Servius, ou pour le faire périr. (*Voyez* l'article TULLIE.)

Ils y réuffirent, & *Tarquin* fut roi. Parvenu au trône à force de crimes, fon gouvement ne fut qu'une fuite de crimes contre la juftice & contre l'humanité : il jugeoit arbitrairement toutes les caufes portées à fon tribunal. Pour affoiblir le fénat, il n'y rempliffoit aucune des places vacantes; les prétextes ne lui manquoient jamais pour perdre les fénateurs opulens, & s'arroger leur confifcation. Marcius Junius fut du nombre, quoiqu'uni avec lui par des liens intimes; car il avoit époufé Tarquinie, fille de *Tarquin* l'ancien. Un fils aîné qu'il avoit eu de ce mariage fut auffi la victime des cruautés du tyran, & Lucius Junius, fon fecond fils, ne put échapper à cet ennemi des talens & des vertus, qu'en cachant ce grand caractère & cette vertu rigide qui devoient le diftinguer un jour, fous le voile d'une ftupidité affectée, qui lui fit donner le nom de Brutus, & qui le faifoit fervir de jouet à fes coufins Sextus & Titus, fils de *Tarquin* le Superbe.

Laiffons la petite hiftoire de l'oracle confulté par les fils de *Tarquin*, accompagnés de Brutus, & qui leur répond : *que celui-là fera le maître, qui embraffera le premier fa mère*; ce que Brutus feul, par fon grand fens, entend de la mère commune, la terre; comme dans l'oracle rendu par Thémis à Deucalion & Pyrrha :

Magna parens terra eft, lapides in corpore terræ
Offa reor dici, jacere hos poft terga jubemur.

Ce font ces fortes de contes qui ont perfuadé à M. de Pouilly que l'hiftoire des premiers fiècles de Rome, fur-tout celle de fes rois, etoit apocryphe.

Il y a peut-être encore un peu de merveilleux dans l'hiftoire de ces neuf livres Sybillins préfentés à *Tarquin* par une femme étrangère & inconnue, qui en demanda un prix exceffif, & qui ayant été refufée, brûla trois de ces livres, & demanda le même prix des fix qui reftoient; & ayant alors été congédiée comme une folle, revint une troifième fois, en ayant encore brûlé trois, & demandant toujours le même prix des trois feuls qui reftoient. Cette perfévérance donnant à *Tarquin* une haute idée de ces livres, il fe repentit d'avoir laiffé perdre les fix premiers, & fe hâta d'acheter les trois derniers que cette femme menaçoit encore de brûler. Ils furent enfermés dans un coffre de pierre, dépofé fous une des voûtes du capitole, que *Tarquin* avoit achevé de bâtir : on les confultoit dans les grands événemens & dans les malheurs publics. La garde en fut confiée aux *quindecimvirs*, qui furent inftitués exprès pour cette fonction : ces livres périrent dans l'incendie du capitole, l'an de Rome 671.

Tarquin fit la guerre avec fuccès aux Sabins & aux Volfques; mais ce ne fut pas fans mêler l'artifice à la valeur, & la tyrannie à l'un & à l'autre. Ce double caractère d'un tyran & d'un fourbe, fe montre fur-tout dans la manière dont il s'y prit pour réduire les Gabiens. Il faisoit le siège de Gabies, & ce siège traînoit en longueur. Sextus son fils se présente aux Gabiens, se plaint avec amertume des mauvais traitemens qu'il éprouve de la part de son père ; déclare qu'il veut s'en venger, & qu'il vient offrir ses services à la ville de Gabies. Les Gabiens, comme autrefois les Troyens,

Ignari scelerum tantorum artisque pelasgæ,

donnèrent dans le piege.

Credita res captique dolis lacrymisque coacti
Quos neque tydides nec Larissæus Achilles,
Non anni domuere decem, non mille carinæ.

Ils reçurent Sextus ; ils le firent même leur gouverneur. Quand il eut reconnu l'état de la place, démêlé le caractère des principaux habitans, mesuré leur degré d'autorité, il envoya un de ses confidens demander à son père comment il devoit en user avec ces principaux habitans. Tarquin se promenant dans son jardin, d'un air distrait, abbattoit les plus hautes tiges des pavots devant l'envoyé de son fils, & le congédia sans lui faire d'autre réponse ; mais les tyrans s'entendent. Sextus, sur le récit de son envoyé, jugea de la conduite qu'il devoit tenir ; il trouva des prétextes pour abbattre les principales têtes des Gabiens, & livra ensuite leur ville, sans chefs & sans défenseurs, au tyran qui l'assiégeoit. On trouve un pareil fait dans l'histoire Grecque ; il est attribué au tyran Périandre, qui étoit pourtant un des sept sages. Ces sortes d'histoires, qui se reproduisent sous différens noms & chez différens peuples, sont toujours un peu suspectes ; & celle ci n'est pas sans quelques invraisemblances.

Les *Tarquins* faisoient la guerre aux Rutules, & assiégeoient Ardée, capitale de ces peuples, lorsque l'aventure de Lucrèce éclata, & produisit la révolution qui mit Rome en liberté. (*Voyez* l'article LUCRECE.) Ce fut ce même Sextus, dont nous venons de parler, qui fit violence à Lucrèce, & le mari de cette vertueuse femme étoit *Tarquin* Collatin, petit neveu de *Tarquin* l'ancien. Ce fut alors que Lucius Junius Brutus, déployant ce génie qu'il avoit voilé jusques-là, fit détrôner *Tarquin*, & abolir la royauté. Lucretius, père de Lucrèce, fut d'abord nommé *interrex*. Les deux premiers consuls créés ensuite, furent ce Brutus, vengeur de Lucrèce, & auteur de la révolution, & *Tarquin* Collatin, que l'injure qu'il avoit reçue de Sextus désignoit naturellement comme le plus irréconciliable ennemi des *Tarquins*.

Ceux-ci ayant été chassés de Rome, se retirèrent d'abord à Gabies ou à Céré. Ils se mirent ensuite sous la protection de Porsenna, roi d'Etrurie, qui arma pour eux, & vint assiéger Rome. Ce fut alors que l'amour de la liberté enfanta & l'action hardie de Mutius Scævola & la témérité brillante d'Horatius Coclès, défendant seul un pont contre une armée, & la fuite glorieuse de Clélie, traversant le Tibre à la nage à travers les traits qu'on lançoit sur elle & sur ses compagnes.

Nec non Tarquinium ejectum Porsenna jubebat
Accipere, ingentique urbem obsidione tenebat :
Æneadæ in ferrum pro libertate ruebant.
Illum indignanti similem similemque minanti
Aspiceres, pontem auderet quòd vellere Cocles,
Et fluvium vinclis innaret Clælia ruptis.

Il se forma une conspiration dans Rome en faveur de *Tarquin*. Les deux fils de Brutus, Titus & Tberinus y entrèrent. Leur propre père les condamna lui-même, & les fit exécuter.

Vis & Tarquinios fastus animamque superbam
Ultoris Bruti fascesque videre receptos ?
Consulis imperium hic primus sævasque secures
Accipiet, natosque pater nova bella moventes
Ad pœnam pulchrâ pro libertate vocabit ;
Infelix ! Utcumque ferent ea facta minores :
Vincet amor patriæ laudumque immensa cupido.

Collatin s'étant montré moins ardent à punir les conjurés, devint suspect à la république naissante ; il le sentit, & prit le parti d'abdiquer le consulat, & de se bannir volontairement. Ce fut alors que Rome put dire :

Qu'aux *Tarquins* désormais il ne reste en ces lieux
Que la haine de Rome & le courroux des Dieux !

Dans un combat violent entre *Tarquin* & les Romains, Aruns, fils de *Tarquin*, & Brutus, qui étoient l'un & l'autre au premier rang, chacun dans son armée, fondirent l'un sur l'autre avec impétuosité, & se tuèrent tous deux : *Tarquin* perdit la bataille. Il fit depuis beaucoup d'autres tentatives pour se faire rétablir dans la royauté ; toutes furent inutiles & malheureuses. Il souleva successivement contre Rome les Etrusques, les Latins, les Fidénates, les Volsques ; jusqu'à ce qu'enfin abandonné de tous, & ayant eu le malheur de survivre à toute sa famille, il seroit mort errant & vagabond, sans la pitié que sa vieillesse & ses infortunes inspirèrent au prince de Cumes, qui lui donna un asyle, où il mourut du moins tranquille.

TARTAGNI, (Alexandre) (*Hist. litt. mod.*) plus connu sous le nom d'Imola, qui est celui de sa naissance, professeur en droit à Bologne & à Ferrare, fut nommé le *monarque du droit & le père des jurisconsultes*. On a de lui des commentaires sur les *clémentines* & sur le *texte*; mort à Bologne en 1587.

TARTERON, (Jérôme) (*Hist. litt. mod.*) jésuite, a traduit & n'a pas bien traduit Horace, Perse & Juvénal ; mort en 1720 à Paris, au collège de Louis-le-Grand, où il étoit professeur.

TARTINI. (Joseph) (*Hist. litt. mod.*) Nous ne considérons ici ce grand musicien que comme auteur d'un traité de musique imprimé en 1754. Il étoit né en 1692, dans l'Istrie ; il mourut en 1770.

TARY, s. m. (*terme de relation*) c'est ainsi que les voyageurs appellent la liqueur qui distille des cocotiers. C'est le seul vin que l'on recueille dans le pays de Malabar, & même dans toute l'Inde ; car la liqueur qui se tire des autres espèces de palmiers, est presque de même nature que celle qui sort du cocotier. Ce vin n'est pas à beaucoup près si agréable que celui que l'on exprime des raisins, mais il enivre tout de même. Quand il est récemment tiré, il est extrêmement doux ; si on le garde quelques heures, il devient plus piquant, & en même-temps plus agréable. Il est dans sa perfection du soir au matin ; mais il s'aigrit au bout de vingt-quatre heures.

On n'a point dans les Indes d'autre vinaigre que celui-là. En distillant le jus du cocotier, lorsqu'il est parvenu à sa plus grande force, & avant qu'il ait commencé de contracter de l'aigreur, on en fait d'assez bonne eau-de-vie : on peut même la rendre très-forte, en la passant trois fois par l'alembic.

Les Brésiliens ne s'adonnent point, comme les Indiens, à tirer le *tary* des cocos ; ils n'en font pas non plus d'eau-de-vie, parce que les cannes de sucre leur en fournissent suffisamment, & que d'ailleurs on leur en porte beaucoup de Lisbonne, qui est bien meilleure que celle qu'ils pourroient faire. (*D. J.*)

TASSE. (le) (*Torquato Tasso.*) (*Hist. litt. mod.*) La famille du *Tasse* étoit noble & ancienne. On dit que ses ancêtres, connus autrefois dans le Milanès sous le nom de la Tour, & chassés par les Visconti, s'établirent sur la montagne de Tasso, entre Côme & Bergame, & que le nom de Tasse leur en resta. Quoi qu'il en soit, Bernardo Tasso, père de Torquato, avoit été réduit, par l'état de sa fortune, à s'attacher, en qualité de secrétaire, à Ferrand de Sanseverin, prince de Salerne, avec lequel il passa dans le royaume de Naples, où il épousa Porcia de Rossi, d'une famille noble de ce pays. Torquato Tasso leur fils, naquit à Sorrento, près de Naples, le 11 Mars 1544 : il fut élevé à Naples. L'auteur de sa vie, Jean-Baptiste Manso, marquis de Ville, dit que dans sa plus tendre enfance on ne le vit jamais rire ni pleurer ; qu'à sept ans il savoit le latin, & même assez bien le grec. Précoce en tout, cet avantage tourna contre lui, lorsque le prince de Salerne étant tombé dans la disgrace de Charles-Quint, pour avoir voulu s'opposer à l'établissement de l'inquisition dans le royaume de Naples, fut obligé de quitter ce royaume. Bernardo Tasso le suivit, & emmena son fils avec lui. Le vice-roi de Naples fit condamner à mort, comme rebelles, le Prince de Salerne & ses adhérans, parmi lesquels fut compté Torquato Tasso, âgé alors de neuf ans ; & qui parut dès-lors assez instruit, assez éclairé pour être coupable aux yeux des persécuteurs. Le talent de Tor-

quato pour la poésie ne tarda pas à se déclarer ; à dix-sept ans il fit son poëme de *Renaud*, qui précéda & qui annonçoit la *Jérusalem délivrée*.

A vingt ans le *Tasse* fut reçu dans l'académie de Padoue.

A vingt-deux ans il alla s'établir à Ferrare, attiré par les offres d'Alphonse II., duc de Ferrare, & du cardinal d'Est son frère. Il vint en France à la suite de ce cardinal, & fut très-accueilli de Charles IX & de sa cour ; & cependant ni l'*Aminte*, original du *Pastor fido* & de la *Fili di sciro*, l'*Aminte* qui fit regarder le *Tasse* comme le restaurateur de la poésie pastorale, ni la *Jérusalem délivrée*, qui le fit regarder comme le restaurateur de la poësie épique, n'avoient encore paru.

Le succès de la *Jérusalem délivrée* surpassa les espérances du *Tasse*. Ce poëme fut traduit, dès qu'il parut, en Latin, en François, en Espagnol, même en plusieurs langues orientales : il s'en fit huit éditions en cinq ans. Tous les beaux esprits, tous les savans, toutes les académies y applaudirent : on ne voyoit paroître que les éloges du *Tasse* & de son poëme. Le *Tasse* sembloit n'avoir qu'à jouir de sa gloire, lorsque l'amour vint troubler sa vie.

Le duc de Ferrare avoit une jeune sœur, nommé Léonore, qui demeuroit dans le palais d'Alphonse avec la duchesse d'Urbin, sa sœur aînée. Léonore aimoit les lettres ; le *Tasse* l'aima, & comme les poëtes ni les amans ne peuvent garder leur secret, le *Tasse* confia le sien au papier, & fit de la princesse l'objet de ses galanteries poétiques.

Ille velut fidis arcana sodalibus, olim
Credebat libris.

Vous eûtes un esprit que la France admira ;
J'en eus un qui vous plut, l'univers le saura.

Jusques-là ce pouvoit n'être qu'un amour purement poétique, & sans conséquence ;

Vous avez tant d'Iris, de Philis, d'Amarantes,
Que par tout, dans vos vers, vous peignez si
charmantes !

Et pour qui vous jurez tant d'amoureuse ardeur !

mais il eut l'imprudence d'avouer à un jeune gentilhomme Ferrarois, qu'il croyoit son ami, que la poésie n'étoit pour lui qu'un masque favorable, sous lequel il pouvoit entretenir, sans contrainte, celle qu'il aimoit de sentimens, dont elle connoîtroit seul la vérité, & qui seroient d'autant moins crus des autres, qu'ils étoient plus solemnellement exprimés. Le confident fut indiscret ou infidèle, par ce penchant malheureux qu'ont les jeunes gens à plaisanter sur leurs amis, sur-tout quand il s'agit d'amour ; maladie dont ils sont convenus de ne plaindre personne, malgré les malheurs & les crimes qu'elle a

ij

si souvent causés. Le *Tasse*, qui voyoit son secret divulgué, rencontrant son ami dans le palais du duc de Ferrare, lui fit des reproches que le jeune étourdi vouloit toujours tourner en plaisanterie. Le *Tasse*, qui ne plaisantoit point, lui donna un soufflet: ils sortirent pour s'aller battre. Trois frères du jeune homme ayant appris cette querelle, accoururent à son secours; ils fondirent tous ensemble sur le *Tasse*, qui, sans s'effrayer de leur nombre, soutint leur choc avec courage, blessa d'eux d'entr'eux, & donna le temps à ceux qui voyoit de loin ce combat inégal, de venir séparer les combattans. Les quatre frères n'osèrent rentrer dans la ville, & prévinrent d'eux-mêmes l'arrêt qui les en bannit. Cette aventure rendit le *Tasse* aussi célèbre par la valeur, qu'il l'étoit déjà par ses talens. Tout le monde sut comment il s'étoit battu, mais tout le monde sut aussi pourquoi il s'étoit battu. Alphonse jugea qu'en acquérant cette gloire nouvelle, le *Tasse* avoit peu ménagé l'honneur de la princesse Léonore; il en eut tout le ressentiment qu'en devoit avoir un frère & un prince. Il fit arrêter le *Tasse*, sous prétexte de le mettre à couvert de la vengeance de ses ennemis. Le *Tasse* se crut perdu; son imagination, naturellement tournée à la mélancolie, s'exalta & s'égara; il crut que le poison ou le supplice alloit terminer son sort. Il ne s'abandonna pas cependant lui-même; il s'échappa de la prison à la faveur d'un déguisement; & se cacha sous un faux nom à Turin. Il y fut bientôt reconnu, & le duc de Savoie lui rendit les honneurs que sa réputation lui attiroit par-tout; mais frappé de l'idée que la vengeance du duc de Ferrare le poursuivroit aussi par tout, il craignit de lui être livré, & s'enfuit de Turin. Rome devoit être son asyle; mais l'inquiétude d'esprit qui le travailloit, & qui lui montroit tant de dangers où il n'y en avoit point, le précipita au-devant du danger le plus réel où il pût s'exposer. Il conçut le désir, bien naturel d'ailleurs, d'aller à Sorrento, sa patrie, voir sa sœur ainée, qui étoit établie dans cette ville, & qu'il n'avoit point vue depuis son enfance. L'arrêt de mort prononcé contre lui à Naples subsistoit toujours; il se travestit en paysan, & arriva heureusement à Sorrento. Il y reçut des nouvelles de la princesse Léonore, qui lui avoit pardonné les brillantes imprudences que lui avoit fait faire un amour qu'elle partageoit. Elle le rappelloit auprès d'elle, & lui annonçoit, qu'elle l'avoit réconcilié avec le duc de Ferrare son frère. Il partit pour se remettre dans ses premiers fers; une grande maladie le retint quelque temps à Rome: il arriva enfin à Ferrare.

Le duc ne le reçut point mal; mais peu à peu il se refroidit, & ce qui fut plus sensible au *Tasse*, il rompit tout commerce entre lui & la princesse Léonore. Sa mélancolie redoubla, jusqu'au point de dégénérer en une espèce de folie. Il quitta Ferrare; il erra en diverses villes d'Italie; il revint encore à Ferrare, & les symptômes de sa folie alloient toujours en augmentant. Alphonse le fit enfermer dans un hôpital, où on lui ordonna des remèdes, qui

joints à la perte de la liberté, aigrirent son mal au lieu de l'adoucir: il en accusa la magie, & devint tout-à-fait visionnaire. Cette seconde détention du *Tasse* fut plus longue & plus fâcheuse que la première. L'empereur, le pape, toutes les puissances d'Italie sollicitèrent si fortement en faveur du *Tasse*, qu'il obtint enfin sa liberté: il étoit alors dans sa quarante-deuxième année. Il étoit malade de corps & d'esprit depuis neuf ans; il avoit été prisonnier pendant sept ans. Il mena encore une vie errante; à Mantoue, à Naples, à Florence. Il fit un troisième poëme, *Jérusalem conquise*, qui n'eut pas le succès de la *Jérusalem délivrée*. Si le *Tasse* avoit été poëte avant le temps, il cessa aussi de l'être avant le temps.

Cependant on lui préparoit des honneurs qui, depuis long-temps, n'avoient été déférés qu'à Pétrarque. Le Cardinal Cinthio Aldobrandin, auquel il avoit dédié son nouveau poëme de la *Jérusalem conquise*, obtint du pape Clément VIII, son oncle, que la couronne de laurier, & le triomphe au capitole fussent solemnellement décernés au *Tasse*. Celui-ci fut mandé à Rome, & y fut logé dans le palais du pape: *venez illustre poëte*, lui dit Clément VIII, *venez recevoir une couronne à laquelle vous allez faire autant d'honneur qu'elle en a fait à ceux qui l'ont reçue avant vous.* Tandis qu'on faisoit tous les préparatifs avec la plus grande diligence possible, l'infortuné poëte, auquel il ne fut presque jamais donné de jouir d'un plaisir pur & entier, n'étoit déjà plus en état de recevoir les honneurs qu'on lui destinoit; il tomba dans une foiblesse qui lui annonçoit sa fin. Il se fit porter dans la maison des religieux de saint-Onuphre, où il mourut le 15 Avril 1595, âgé de cinquante-un ans, un mois & quelques jours.

On connoit le jugement de Boileau sur le *Tasse*:

A Malherbe, à Racan préférer Théophile,
Et le clinquant du *Tasse* à tout l'or de Virgile.

Ce trait de critique vint fort à propos pour Leclerc, qui publioit alors sa traduction des cinq premiers chants de la *Jérusalem délivrée*. Cette traduction tomba, & Leclerc tâcha de se faire l'illusion d'en imputer la chûte à la critique que Boileau avoit faite de l'original; mais la traduction de Leclerc n'avoit point de clinquant. Elle tomba par la même raison que ses tragédies, parce qu'elle étoit ennuyeuse. Celles qu'ont données depuis MM. Mirabaud, Lebrun & Panckoucke ont mieux réussi.

Quant au jugement porté par Boileau, & dans lequel il a persisté jusqu'à la mort, M. Mirabaud a prouvé qu'il étoit directement contraire à celui qu'ont porté du *Tasse* les Italiens les plus opposés au *Tasse*. En France on lui reprochoit du clinquant & des *concetti*; en Italie on lui reprochoit d'en manquer: on le trouvoit sec & froid. L'académie de la Crusca, qui donna son sentiment sur le poëme de la *Jérusalem délivrée*, comme l'académie

B b

Françoife donna dans la fuite le fien fur le *Cid*, relève fur-tout dans le *Taffe* ce défaut de fleurs & d'agrémens, de forte qu'on pourroit dire de lui à cet égard, ce que dit M. de Voltaire fur un autre fujet : « qu'il lui arriva la même chofe qu'à M. de » Langeais, qui étoit pourfuivi par fa femme au » parlement de Paris pour caufe d'impuiffance, & » par une fille, au parlement de Rennes, pour lui » avoir fait un enfant. Il falloit qu'il gagnât une » des deux affaires ; il les perdit toutes deux. «

On peut dire cependant que le *Taffe* les a gagnées toutes deux. Il n'a ceffé en effet de gagner dans la poftérité ; il eft généralement reconnu aujourd'hui, en tout pays, que le *Taffe* ne manque point de fleurs & d'ornemens, & que ces ornemens ont rarement le défaut que Boileau a défigné par le *clinquant* du *Taffe*. La *Jérufalem délivrée* a eu, comme les grands poëmes de l'antiquité, l'avantage de fournir des tableaux aux peintres, des fujets à tous les arts & à tous les talens ; elle a fait faire à Quinault le poëme immortel d'*Armide*, comme l'Ariofte lui a fait faire celui de *Roland* ; elle a fait faire à Danchet même celui de *Tancrède* ; elle eft enfin au nombre des cinq ou fix poëmes épiques dont les premières nations du monde, tant anciennes que modernes, ont à fe glorifier. Le rang entre ces divers poëmes épiques s'affigne diverfement, felon le goût du lecteur. M. de Voltaire, après avoir parlé d'Homère & de Virgile, ajoute :

> De faux brillans, trop de magie
> Mettent le *Taffe* un cran plus bas,
> Mais que ne tolère-t-on pas
> Pour Armide & pour Herminie ?

on pourroit ajouter, & pour Clorinde, mourant de la main, & fous les yeux de Tancrède fon amant, & pour Olinde & Sophronie, dont les fentimens font fi tendres & fi purs, & pour Renaud l'Achille de ce poëme, &c.

Le mot de Boileau tiroit d'autant plus à conféquence, que ce n'étoit qu'un mot, & qu'on ne pouvoit le difcuter. On le regardoit comme un réfultat général, comme un jugement abfolu. Boileau s'eft expliqué depuis, dans un difcours tenu peu de temps avant fa mort, où il confirme ce jugement ; mais en convenant que le *Taffe* (ce font ces termes) *étoit un génie fublime, étendu, heureufement né pour être poëte, & grand poëte* : un tel aveu pouvoit fervir de paffeport à bien des critiques. Celles que fait, ou plûtôt qu'annonce Boileau, font générales ; & comme elles ne font point appliquées à des exemples, elles ne peuvent être réfutées. Ce difcours de Boileau eft rapporté dans l'hiftoire de l'académie Françoife par M. l'abbé d'Oliver, qui l'avoit entendu.

Le P. Bouhours, autre critique févère, eft en général de l'avis de Boileau fur le *Taffe* : & comme il motive fa critique, comme il l'applique à des exemples, on peut raifonner avec ou contre lui.

Il relève, par exemple, ce vers du dix-neuvième chant, où, en parlant de la mort du féroce Argant, le *Taffe* dit :

> *Minacciava morendo, e non languia.*

« Qu'il menace, dit-il, que fes dernières paroles » aient quelque chofe de fier, de fuperbe & de ter- » rible,

> *Superbi, formidabili, feroci,*
> *Gli ultimi moti fur, l'ultime voci*

« Cela convient au caractère d'Argant ..., mais » de n'être point foible lorfqu'on fe meurt, *e non* » *languia*, c'eft ce qui n'a point de vraifemblance. » La fermeté de l'ame n'empêche pas que le corps » ne s'affoibliffe ....; cependant le *non languia*, » qui va au corps, exempte Argant de la loi com- » mune, & détruit l'homme en élevant le héros. » Cette critique nous paroît minutieufe, févère, & même injufte. Le *Taffe* ne dit point que le corps d'Argant ne s'affoiblit pas, puifqu'il a dit plufieurs fois le contraire :

> *Già nelle fcene forze il furor langue ...*
> *Tancredi chel vedea col braccio efangue*
> *Girar i colpi ad or più lenti, &c.*

Il parle du dernier caractère que l'ame d'Argant imprime fur fon vifage, & il dit que c'eft un caractère de colère, de menace, & non de langueur. C'eft ainfi que Salufte dit de Catilina, que mort ou mourant, il confervoit l'air de fierté qu'il avoit en vivant : *ferociam animi quam habuerat vivus, in vultu retinens*. C'eft ainfi que Velleius Paterculus dit d'un général des Samnites vaincu, qu'il avoit plus l'air d'un vainqueur que d'un mourant : *victoris magis quàm morientis vultum præferens*. C'eft ainfi que le même *Taffe* dit d'un autre Sarrazin, que, tout mort qu'il eft, il menace encore les chrétiens :

> *E morto anco minaccia.*

Ce qui vraifemblablement n'a point déplu à Racine, qui dans le récit du combat & de la mort des *Frères ennemis*, dit, en parlant de Polinice :

> Tout mort qu'il eft, Madame, il garde fa colère ;
> Et l'on diroit qu'encore il menace fon frère.
> Son vifage, où la mort a répandu fes traits,
> Démentre plus terrible, & plus fier que jamais.

Il eft peut-être affez remarquable que le P. Bouhours approuve dans Sidoine Apollinaire un trait à-peu-près du même genre, & qui eft exprimé par un jeu de mots :

> *Animoque fuperfunt*
> *Jàm prope poft animam.*

Armide dit à Renaud : *je ferai ce qu'il vous plaira, ou votre écuyer, ou votre bouclier ;* mais ces mots d'écuyer ou de bouclier, forment dans l'Italien un jeu de mots, que le P. Bouhours ne passe point au Tasse :

Sarò qual più vorrai Scudiero o scudo.

Le cardinal Palavicini, dont le P. Bouhours rapporte le sentiment sans l'improuver, blâmoit le *Tasse* d'avoir dit, qu'au commencement d'une bataille les nuées disparurent, le ciel voulant voir sans voile les grandes actions qui alloient se faire :

E senza velo
Volse mirar l'opre grandi il cielo.

Si c'est le ciel matériel, dit le cardinal Palavicini, il ne voit rien ; si ce sont les habitans du ciel, ils voient à travers les nuages.

Il nous semble que cette manière de critiquer tend à détruire toute poésie.

Le P. Bouhours nous paroît reprendre avec plus de justice les morceaux suivans, comme affectés & trop peu convenables à la situation.

Tancrède ayant tué Clorinde sans la connoître, apostrophe la main qui vient de frapper son amante, & lui dit : » perce donc aussi mon sein ! .... mais » peut-être qu'accoutumée à des actions atroces, bar- » bares, tu regarderois comme un bienfait une mort » qui finiroit mes douleurs : »

Passa pur questo petto, e fieri scempi
Col ferro tuo crudel fa del mio core.
Ma forse, usata à fatti atroci ed empi
Stimi pietà dar morte al mio dolore.

Il y a certainement dans cette idée un raffinement & une affectation bien contraires au vrai langage de la douleur.

On peut encore faire de justes reproches au passage suivant : » O restes chéris ! .... Si des monstres » en ont fait leur proie, je veux aussi être la proie » des monstres ; je veux que leurs entrailles soient » notre tombeau commun. »

L'original pèse bien davantage sur des idées désagréables, dont la délicatesse de notre langue exige qu'on supprime les détails :

—Amare spoglie
.... S'egli avien che i vaghi membri suoi
Stati sian cibo di ferine voglie,
Vuò che la bocca stessa anco me ingoi
E'l ventre chiuda me che lor raccoglie.

Dans un autre passage encore, c'est toujours Tancrède qui pleure Clorinde, mais qui la pleure avec trop d'esprit & de recherche ; selon le père Bouhours :

O sasso amato ed onorato tanto
Che dentro hai le mie fiamme, e fuori il pianto ;
Non di morte sei tu, ma di vivaci
Ceneri albergo, ov'e è riposto amore.

» O tombe si chérie, si respectée, qui renfermes » l'objet de ma flamme, & que j'arrose de mes lar- » mes ! Non, tu n'es pas le séjour de la mort ; mais » d'une cendre animée, où l'amour repose ! »

Nous nous servons ici, & par-tout, de la dernière traduction, celle de M. Panckoucke, la seule qu'on ait osé faire paroître à côté du texte, la seule qui rende ce texte strophe par strophe. Nous devons observer que dans la traduction de ce passage, la petite antithèse recherchée & badine de *dentro e fuori*, disparoît sous cette expression plus décente : *qui renferme l'objet de ma flamme, & que j'arrose de mes larmes !* C'est la même chose, & il n'y a plus d'antithèse. Philanthe, qui dans la *Manière de bien penser* du P. Bouhours, est le défenseur du clinquant, fait bien plus sentir ce défaut, par l'éloge même qu'il en fait.

» Quoi de plus spirituel, dit-il, que ce marbre » qui a *des feux au-dedans, des pleurs au-dehors* ; » qui n'est pas la demeure de *la mort*, mais qui ren- » ferme des *cendres vives*, où l'amour repose ? »

Les jeux d'esprit, répond Eudoxe, ne s'accordent pas bien avec les larmes, & le P. Bouhours applique ici le mot de Quintilien : *sententiolisne flendum erit ?*

Mais veut-on voir ces deux vers, *non di morte sei tu*, &c. bien embellis, bien corrigés, purgés d'antithèses, respirant l'amour & la douleur ? Rappellons-nous ces vers de M. de Voltaire :

Non, ces bords désormais ne seront plus profanés,
Ils contiennent ta cendre ; & ce triste tombeau,
Honoré par nos chants, consacré par tes mânes,
    Est pour nous un temple nouveau.

C'est encore avec trop d'art & d'*esprit*, selon le P. Bouhours, qu'Armide se plaint de Renaud, qui la quitte :

O tu che porte
Teco parte di me, parte ne lassi ;
O prendi l'una, o rendi l'altra, o morte
Da insieme ad ambe.

On pourroit croire que ce seroient ces vers qui auroient fait faire à Corneille ces fameux vers du *Cid*,

La moitié de ma vie a mis l'autre au tombeau,
Et m'oblige à venger, après ce coup funeste,
Celle que je n'ai plus, sur celle qui me reste.

s'ils n'étoient pas dans Guillen de Castro :

La mitad de mi vida
Ha muerto la otra mitad.

Bb 2

Y al vengar
De mi vida la una parte
Sin las dos he de quedar.

Et ce n'eft point ainfi que parle la nature,

dit à ce fujet M. de Voltaire, d'après *le Mifanthrope*; puis il ajoute une réflexion fine, pleine de fentiment & de goût.

» Par quel art cependant, dit il, ces vers touchent-ils ? » N'eft-ce point que *la moitié de ma vie a mis l'autre au* » *tombeau*, porte dans l'ame une idée attendriffante, qui » fubfifte encore malgré les vers qui fuivent ? »

Les exemples de *concetti* que nous venons de ci-ter, & quelques autres femblables, que le *Taffe* pré-fente, & dont on ne trouveroit pas la moindre trace dans Virgile, font, fans doute, ce qui fonde la critique de Boileau & du P. Bouhours, que M. de Voltaire paroît confirmer. Voilà pour les faux brillans.

Quant à la magie, elle eft le principal reffort du merveilleux dans la *Jérufalem délivrée*, & elle y rem-place l'intervention des dieux, fi ordinaire, & tou-jours fi froide dans les poëmes épiques. Mais on peut dire de cette magie :

L'effet en eft trop beau pour en blâmer la caufe.

La Forêt enchantée, le Palais & les Jardins d'Ar-mide, ont fourni aux arts des fujets, & au public des fpectacles intéreffans.

Virgile avoit imité Homère, fur-tout dans les dé-tails. Il nous femble qu'on n'a pas affez dit combien le *Taffe* a imité Virgile.

Quant au plan du poëme, il paroît conçu d'après celui de l'Iliade, non-feulement par la multitude des combats généraux & particuliers ; non-feulement parce que dans l'un de ces poëmes on affiége Troie, dans l'autre, Jérufalem ; mais fur tout parce que dans tous les deux le mécontentement & l'indocilité aux ordres du général, tiennent long-temps le héros prin-cipal dans l'inaction, ce qui donne aux héros fecon-daires le moyen de paroître avec éclat & avec avantage. La colère feule retient Achille immobile dans fes vaiffeaux ; le jeune Renaud eft enchaîné par la volupté, ce qui eft pour le moins auffi moral.

Quant aux détails, c'eft Virgile fur-tout que le *Taffe* s'attache à imiter ; & comme Virgile lui-même a fouvent imité Homère, il arrive quelquefois que le *Taffe* les imite tous deux.

On verra fans doute avec plaifir la manière du *Taffe*, rapprochée de celle de Virgile dans plu-fieurs de ces imitations.

Nox erat, & placidum carpebant feffa foporem
Corpora per terras, fylvæque & fæva quiôrant
Æquora, cùm medio volvuntur fidera lapfu
Cùm tacet omnis ager, pecudes pictæque volucres,
Quæque lacus latè liquidos, quæque afpera dumis
Rura tenent, fomno pofitæ fub nocte filenti

Lenibant curas & corda oblita laborum;
At non infelix animi Phæniffa : neque unquam
Solvitur in fomnos, oculifve aut pectore noctem
Accipit.

Era la notte allor ch'alto ripofo
Han l'onde e i venti, e parea muto il mondo,
Gli animai laffi, e quei che'l mare ondofo,
O dè liquidi laghi alberga il fondo,
E chi fi giace in tana, o in mandra afcofo,
E i pinti Augelli, nell oblio giocondo
Sotto il filenzio de' fecreti orrori
Sopian gli affanni e raddolciano i cori.
Ma ne'l campo fedel, ne'l Franco Duca
Si difcioglie dal fonno, o almen s'accheta.

» La nuit règnoit fur l'univers ; l'onde & les vents » étoient parfaitement calmes, toute la nature pa-» roiffoit en filence : les animaux fatigués, les ha-» bitans des mers & des lacs ; les hôtes des antres, » des forêts ou des bergeries, les oifeaux de toute » efpèce oublioient dans un doux repos & dans le » filence d'une fecrète horreur, leurs travaux, leurs » peines, & calmoient leurs inquiétudes.

» Mais, ni Godefroy ni les chrétiens ne goûtent » le repos & ne fe livrent au fommeil :

Centauri in foribus ftabulant fcyllæque biformes,
Et centumgeminus Briareus, ac bellua Lernæ
Horrendum ftridens, flammifque armata chimæra,
Gorgones, harpyiæque & forma tricorporis umbræ.

Qui mille immonde Arpie vedrefti e mille
Centauri, e Sphingi, e pallide Gorgoni,
Molte e molte latrar voraci Scille,
E fifchiar Idre, e fibilar Pitoni,
E vomitar Chimere atre faville,
E Polifemi orrendi, e Gerioni,
E in nuovi Moftri, e non piu intefi o vifti,
Diverfi afpetti in un confufi, e mifti.

» Là, on voit des milliers de harpies immondes, » des milliers de Centaures, de Sphinx & de pâles » Gorgones ; nombre de Scylles dévorantes qui » aboient, des hydres qui fifflent & des pythons » qui fiflent ; des Chimères qui vomiffent des torrens » d'une noire fumée, des Polyphêmes effrayans, » des Gérions, mille monftres nouveaux inconnus, » ignorés, de formes différentes, mêlés & confondus » tous enfemble.

Dans cet exemple le *Taffe* a feulement chargé le même tableau d'un plus grand nombre d'objets;

O quam te memorem, virgo ! namque haud tibi vultus
Mortalis, nec vox hominem fonat. O Dea certa.
Sis felix, noftrumque leves quæcumque laborem.

Donna, fe pur tal nome a te conviensi,
Che non fomigli tu cofa terrena,.....

Fà ch'io sappia chi sei ; sà ch'io non erri
Nell'onorarti , e s'e ragion , m'atterri.

» Madame, si je dois vous appeller de ce nom,
» car vous ne ressemblez en rien à une mortelle.....
» apprenez-moi qui vous êtes ; faites que je ne me
» trompe pas dans les hommages que je vous rends ;
» permettez que je me prosterne à vos pieds.

Sed mihi vel tellus optem prius ima dehiscat ,
Vel Pater omnipotens adigat me fulmine ad umbras ,
Pallentes umbras Erebi noctemque profundam ,
Ante , pudor , quàm te violo aut tua jura resolvo.

Ahi che fiamma dal Cielo anzi in me scenda ,
Santa onestà ch'io le tue leggi offenda.

» O sainte pudeur , que la foudre m'écrase , plutôt
» que jamais je viole tes loix !

Gratior & pulchro veniens in corpore virtus.
La..... virtute........
Che in sì bel corpo più cara venia.

» La valeur que rehaussent les graces de Renaud.

Forsan & hæc olim meminisse juvabit.....
Durate, & vosmet rebus servate secundis.
Tosto un dì fia che rimembrar vi giove
Gli scorsi affanni , e sciorre i voti a Dio.
Or durate magnanimi , e voi stessi
Serbate , prego , ai prosperi successi.

» Un jour viendra que vous aimerez à vous rap-
» peller les dangers que vous aurez courus pour
» acquitter vos vœux ; maintenant ranimez tout votre
» courage , & reservez-vous , je vous conjure , pour
» des succès heureux.

Multa gemens.... quos amisit inultus amores.
Et tentat sese , atque irasci in cornua discit,
Arboris obnixus trunco , ventosque lacessit
Ictibus, & sparsâ ad pugnam proludit arenâ.

Non altramente il tauro , ove l'irriti
Geloso amor con stimoli pungenti
Orribilmente mugge , e cò muggiti
Gli spirti in se risveglia , e l'ire ardenti
E'l corno aguzza ai tronchi : e par qu'inviti
Con vani colpi alla bataglia i venti :
Sparge col piè l'arena , e'l suo rivale
Da lunge sfida a guerra aspra e mortale.

» Ainsi , un taureau , que les fureurs d'un amour
» jaloux irritent , mugit horriblement ; par ses mugisse-
» mens , il reveille son courage & ses bouillans
» transports ; il aiguise ses cornes contre les troncs
» des arbres ; il semble , par d'inutiles coups , défier
» les vents au combat : il lance le sable avec les
» pieds ; & de loin il appelle & provoque son rival
» à une guerre sanglante & mortelle.

O mihi prætoritos referat si Jupiter annos ,
Qualis eram , cùm primum aciem Prænestę sub ipsâ
Stravi , scutorumque incendi victor acervos ,
Et Regem hâc Herilum dextrâ sub tartara misi , &c.

Oh foss'io pur sul mio vigor degli anni !.....
E quale allora fui quando al conspetto
Di tutta la Germania , alla gran corte
Del secondo Corrado , apersi il petto
Al feroce Leopoldo ; e'l posi à morte.

» Ah ! si j'étois encore dans la vigueur de mon
» jeune âge !..... ou si j'étois encore tel que je
» fus, quand , aux yeux de toute l'Allemagne , à la
» cour brillante de Conrad II , je perçai la poitrine
» du farouche Léopold , & lui connai la mort !

Avidis ubi subdita flamma medullis,
Vere magis (quia vere calor redit ossibus) illæ
Ore omnes versæ in zephyrum stant rupibus altis,
Exceptantque leves auras , & sæpe sine ullis
Conjugiis , vento gravidæ (mirabile dictu.)

Talora
L'avida madre del guerriero armento ,
Quando l'alma stagion che n'innamora ,
Nel cor le instiga il natural talento ,
Volta l'aperta bocca in contra l'ora
Raccoglie i semi del secondo vento :
E dè tepidi fiati (o maraviglia !)
Cupidamenta ella concepe , e figlia.

» Quelquefois quand le printemps ramène les amours
» & excite dans les cœurs des desirs naturels , la
» cavale , animée d'une fureur nouvelle , présente à
» l'air sa bouche béante , reçoit l'haleine féconde des
» vents , & par un miracle de nature , conçoit &
» devient mère , en respirant ces souffles animés.

Quàm multa in sylvis autumni frigore primo
Lapsa cadunt folia , aut ad terrem gurgite ab alto
Quàm multæ glomerantur aves , ubi frigidus annus
Trans pontum fugat , & terris immittit apricis.

Non passa il mar d'augei sì grande stuolo,
Quando ai soli più tepidi s'accoglie:
Nè tanta vede mai l'Autunne al suolo
Cader, co' primi freddi, aride foglie.

» Jamais une si grande troupe d'oiseaux n'a traversé
» les-mers pour chercher de plus douces contrées ;
» jamais , aux premiers froids de l'automne , on n'a
» vu tomber sur la terre tant de feuilles dessechées.

Vix ea fatus erat , cùm circumfusa repentè
Scindit se nubes , & in æthera purgat apertum.

Cio disse appena, e immantinente il velo
Della nube, che stesa è lor d'intorno,
Si finde, e purga nell'aperto Cielo.

» A peine a-t-il parlé , soudain le nuage

» qui l'enveloppe , fe déchire & fe diffipe dans
» les airs.

Nifus ait : Diine hunc ardorem mentibus addunt,
Euryale ? an fua cuique Deus fit dira cupido?
Aut pugnam ait aliquid jam dudùm invadere magnum
Mens agitat mihi , nec placidâ contenta quiete eft.

   Buona pezza è fignor , che in fe raggira ,
   Un non fo chè d'infolito e d'audace
   La mia mente inquieta : o Dio l'infpira ,
   O l'uom del fuo voler fuo Dio fi face.

   » Il y a bien long-temps , feigneur , que mon
» efprit inquiet roule un projet hardi , extraordi-
» naire ; ou c'eft un Dieu qui me l'infpire , ou
» l'homme fe fait un Dieu de fon defir.
   Le refte de l'épifode de Nifus & d'Euryale a
fourni plufieurs traits au *Taffe.*

Men! igitur focium fummis adjungere rebus
Nife , fugis ? folum te in tanta pericula mittam ?

   Tu là n'andrai , rifpofe , e me negletto
   Qui lafcierai tra la volgare gente !

   » Tu iras là , lui dit-il , & moi , tu me laifferas
» ici , méprifé , confondu dans la foule des guerriers
» vulgaires !

Eft hic , eft animus lucis contemptor , & iftum
Qui vitâ benè credat emi , quò tendis , honorem.

   Ho core anch'io che morte fprezza , e crede
   Che ben fi cambi con l'onor la vita.

   » J'ai comme toi un cœur qui méprife la mort ,
» je crois comme toi , qu'il eft beau de changer la vie
» contre l'honneur.

Di Patrii , quorum femper fub numine Troja eft ,
Non tamen omninò Teucros delere paratis,
Cùm tales animos juvenûm & tam certa tuliftis
Pectora.

   Nè già fi tofto caderà , fe tali
   Animi forti in fua difefa or fono.

   » Non , il ne tombera pas , puifqu'il lui refte pour
» appui des cœurs fi magnanimes.

Difce , puer , virtutem ex me verumque laborem,
Fortunam ex aliis.

   Viva e fol d'onestate a me fomigli :
   L'efempie di fortuna altronde pigli.

   » Qu'elle vive , ma fille , qu'elle me reffemble
» feulement par fon honnêteté ! mais qu'elle ap-
» prenne d'une autre à être plus heureufe.

Te , dulcis conjux , te folo in littore fecum ,
Te veniente die , te decedente canebat ....

Qualis populeâ mœrens Philomela fub umbrâ
Amiffos queritur fœtus , quos durus arator
Obfervans nido implumes detraxit , at illa
Flet noctem , ramoque fedens miferabile carmen
Integrat , & mæftis latè loca queftibus implet.

   Lei nel partir , lei nel tornar del fole
   Chiama con voce ftanca è prega , e plora:
   Come ufignuol cu'l villan duro invole
   Dal nido i figli non pennati ancora ;
   Che in miferabil canto , afflitte e fole
   Piange le notti , e n'empie i bofchi e l'ora.

   » D'une voix mourante il appelle Clorinde quand
» le jour finit ; il l'appelle quand le jour commence ;
» il l'invoque , il la pleure : ainfi, un roffignol , à
» qui un barbare Villageois a enlevé fes petits , fait
» entendre pendant les nuits un chant trifte , folitaire
» & douloureux ; de fes plaintes il remplit l'air
» & les bois.

   L'épifode de Polydore fe retrouve auffi dans le
treizième livre de la *Jérufalem délivrée* , & il eft très-
bien placé parmi tous les prodiges de la forêt enchantée. En cet endroit , Virgile eft encore traduit
prefque littéralement. Dans plufieurs autres il n'eft
qu'imité ; dans quelques-uns il eft embelli , il l'eft par
exemple dans le paffage fuivant :

Labitur infelix ftudiorum atque immemor herbæ
Liber equus , fontefque avertitur , & pede terram
Crebra ferit , demiffæ aures ....

   Langue il corfier già fi feroce , e l'erba
   Chè fu fuo caro cibo a fchifo prende ;
   Vacilla il piede infermo , e la fuperba
   Cervice dianzi , or giù dimeffa pende.

   » Le courfier , jadis fi fier , languit auprès d'une
» herbe aride & devenue pour lui fans faveur : fes
» pieds chancellent , fa tête auparavant fi fuperbe ,
» tombe négligemment penchée.
   Jufques-là , tout eft à peu près égal entre le
modèle & l'imitateur , mais ce dernier ajoute au tableau
d'autres traits qui l'embelliffent , & que nous ne
rapporterons point , parce qu'ils deviennent étrangers
à l'imitation de Virgile , que nous confidérons feule
ici.

Ter conatus ibi collo dare brachia circàm ,
Ter fruftrà comprenfa manus effugit imago ,
Par levibus ventis volucrique fimillima fomno.

   Gli ftendea poi con dolce amico affetto
   Tre fiate le braccia al collo intorno :
   E tre fiate in van cinta l'imago
   Fuggia , qual leve fogno od aer vago.

   » Et auffi tôt lui tendant les bras avec une douce
» affection , trois fois il effaye de le ferrer contre
» fon fein ; mais , tel qu'un fonge ou une vapeur
» légère , trois fois l'ombre échappe à fes vains
» embraffemens.

Armide, au moment où Renaud la quitte, lui tient le même discours que Didon à Enée; le *Tasse* ne fait que traduire en cet endroit ce mouvement éloquent & passionné.

Nec tibi Diva parens, generis nec Dardanus auctor, &c.

Les amours d'Antoine & de Cléopâtre, & la bataille d'Actium font représentés dans le palais d'Armide comme sur le bouclier d'Enée, ce qui donne encore occasion au *Tasse* de traduire Virgile; mais ce beau mouvement sur la fuite d'Antoine, appartient en propre au *Tasse*.

E fugge Antonio ! e lasci or può la speme
Dell' imperio del mondo, ov'egli aspira !
Non fugge no, non teme il fier, non teme,
Ma segue lui che fugge, e seco il tira.

La ceinture d'Armide est à-peu près celle de Venus dans Homère.

Le bouclier de Renaud est celui d'Achille & celui d'Enée, mais bien plutôt le second que le premier; en quoi le *Tasse* a montré son bon goût; en effet les objets gravés sur le bouclier d'Achille manquent de convenance; ils font tous étrangers & indifférens à ce héros :: Virgile a corrigé cette faute; tout intéresse Enée dans les objets que représente son bouclier, ce font tous les héros de sa race, tous les faits de l'histoire romaine.

Illic res Italas Romanorumque triumphos
...... Illic genus omne futuræ
Stirpis ab Ascanio pugnataque in ordine bella,....
Attollens humero famamque & fata nepotum:

Il en est de même du bouclier de Renaud. Ce guerrier est un des ancêtres du duc de Ferrare, protecteur du *Tasse*; tous les ancêtres de Renaud, dont les exploits font gravés sur son bouclier, font les auteurs de la maison d'Est.

Il y a beaucoup d'autres imitations de Virgile dans la *Jérusalem délivrée*, elles font toutes heureuses & heureusement placées; nous n'avons voulu montrer ici que quelques unes des principales, mais elles s'offrent en foule. Ce n'est pas cependant par besoin qu'il imite, c'est par goût, c'est par choix, c'est parce qu'il juge qu'on a dit avant lui ce qu'il avoit de mieux à dire dans les diverses situations où son sujet le place; il imite toujours en maître & en original; il n'affoiblit jamais ce qu'il imite & souvent il l'embellit; d'ailleurs il n'est pas moins heureux comme créateur que comme imitateur, son poëme abonde en beautés de tous les genres qui font uniquement à lui. Nous citerons encore ici deux morceaux, parce qu'ils font peut-être les plus propres de tous à donner la plus haute idée de son talent.

Le premier est celui qu'on cite toujours pour prouver que le *Tasse* ne le cède point aux anciens dans le talent de l'harmonie pittoresque & figurative; il prouve encore, ainsi que le suivant & plusieurs autres, ce qu'a dit M. de Voltaire, « que quand le sujet » demande de l'élévation, on est étonné comment » la mollesse de la langue Italienne prend un nouveau » caractère sous les mains du *Tasse*, & se change en » majesté & en force.

Chiama gli abitator dell'ombre eterne
Il rauco suon della tartarea tromba ::
Treman le spaziose atre caverne,
E l'aer cieco a quel romor rimbomba:
Nè sì Stridendo mai dalle superne
Regioni del Cielo il folgor piomba
Nè sì scossa giammai trema la terra;
Quando vapori in sen gravida serra.

« D'un son rauque la trompette du Tartare ap- » pelle les habitans des ombres éternelles. Les caver- » nes noires, & profondes de l'enfer en font ébranlées, » l'air ténébreux, à ce bruit, retentit. Jamais la foudre, » qui tombe des régions supérieures du Ciel, n'éclate » avec tant de fracas, & de moins terribles secousses » ébranlent la terre, quand les vapeurs qu'elles ren- » ferment dans son sein s'agitent & s'embrasent.

Giacè l'alta Cartago : appena i segni
Dell'alte sue ruine il lido serba.
Muojono le Città; muojono i regni
Copre i fasti e le pompe arena ad erba :
E l'uom d'esser mortal pur che si sdegni;
O nostra mente cupida e superba !

» L'altière carthage n'est plus : cette rive conserve » à peine quelques signes de ses débris. Les villes » périssent, les royaume périssent, l'herbe & le » sable couvrent les monumens du faste, & l'homme » semble s'indigner d'être mortel ! ô folie ! ô chi- » mère de l'ambition & de l'avarice !

Le P. Bouhours croit que cette belle idée de la mort des Cités & des Empires, & la réflexion qui la suit, pourroient bien avoir été fournies au *Tasse*, par ce passage de la lettre de Sulpicius à Cicéron sur la mort de sa fille : *hem ! nos homunculi indignamur si quis nostrûm interiit, euorum vita brevior esse debet cùm uno loco tot oppidorum cadavera projecta jaceant.* Ce passage est beau; mais si le *Tasse* l'a imité, quelle création seroit supérieure à une pareille imitation ! Bossuet a dit, soit d'après Sulpicius, soit d'après le *Tasse*, soit d'après lui-même : *Les empires meurent comme leurs maitres.*

On a dit du vingtième livre de la *Jérusalem délivrée*, que le *Tasse* y avoit l'air d'un Dieu qui achève une monde.

TASSIN, (René Prosper) (*Hist. litt. mod.*)) Bénédictin de la congrégation de Saint-Maur, a continué la nouvelle diplomatique de dom Toustain, son confrère & son ami. On a aussi de lui, l'histoire littéraire de la congrégation de Saint-Maur. Né en

1697, dans le diocèse du Mans, mort à Paris, en 1777.

TASSONI, (Alexandre)(*Hist. litt. mod.*) savant & poëte célèbre : comme savant, il est peu connu ; peu de personnes savent qu'il est auteur d'une histoire ecclésiastique, dans laquelle il combat souvent Baronius ; mais c'est par son fameux poëme héroï-comique de la *Secchia rapita*, qu'il est sur-tout connu très-avantageusement : il rendit ridicule la guerre qui s'étoit élevée entre les Modénois & les Bolonois, au sujet d'un sceau enlevé. La petitesse des objets aide à donner du ridicule aux guerres des petits états ; on ne sait pas que celles des grands états sont au fond aussi ridicules qu'elles sont funestes ; au reste, il est toujours utile de couvrir de ridicule les passions qui répandent la division parmi les hommes, & qui produisent ou les guerres entre les états ou les procès entre les particuliers ; ainsi, ce sont non-seulement des ouvrages agréables, mais des ouvrages utiles que la *Secchia rapita* chez les Italiens, *Hudibras*, chez les Anglois, *le Lutrin*, & dans un autre genre plus vaste & plus politique, la *Satyre Ménippée* chez les François. On a encore du *Tassoni*, des observations sur Pétrarque.

Tassoni, né à Modène en 1565, étoit gentilhomme ordinaire & conseiller d'état de François I, duc de Modène. Il mourut dans la cour de ce prince en 1635. Sa vie a été écrite par le savant Muratori.

TASTE, (Dom Louis la) (*Hist. litt. mod.*) Bénédictin, évêque de Bethléem, en 1738, mort à Saint-Denis en 1754. Il prit dans les disputes du Jansénisme, un parti qui plut médiocrement à ses confrères ; il combattit le Jansénisme, il persécuta les Carmélites, dont il étoit visiteur général, & qui se traitent assez rigoureusement elles-mêmes pour qu'on doive s'abstenir de les tourmenter pour leurs opinions. Ses ouvrages sont des lettres théologiques contre les convulsions & les miracles attribués à M. Pâris ; une de ces lettres fut supprimée par arrêt du Parlement ; des lettres contre les Carmélites de la rue Saint-Jacques à Paris ; une réfutation des lettres dites pacifiques. On peut croire que tous ces écrits polémiques ne restèrent pas sans répliques & sans injures de la part des Jansénistes.

TATIEN, (*Hist. Ecclésiastique.*) Syrien de naissance, élevé dans le paganisme, nourri des principes de la philosophie Platonicienne, embrassa le Christianisme & fut disciple de Saint-Justin ; il fit l'apologie des chrétiens contre les Gentils, & cette apologie existe, mais il donna dans quelques erreurs, il devint le chef de la secte des *Encratites* ou *Continens*. Il y a une savante dissertation de l'abbé de Longuerue, sur *Tatien*. Celui-ci vivoit vers la fin du second siècle.

TATIUS, (*Hist. Rom.*) Titus-Tatius étoit roi des Sabins, & la ville de Cures étoit la capitale de son royaume, lorsque l'enlèvement des Sabines fit naître la guerre entre lui & Romulus ;

Nec procul hinc Romam & raptas sine more Sabinas
Concessu caveæ, magnis Circensibus actis,
Addiderat, subitóque novum consurgere bellum
Romulidis Tatioque seni curibusque severis.
Post idem inter se posito certamine Reges
Armati, jovis ante aram paterasque tenentes
Stabant, & cæsâ jungebant fœdera porcâ.

En effet, les Sabines, première cause de la guerre, s'étant faites médiatrices de la paix entre leurs pères & leurs maris, cette paix fut conclue sous les conditions suivantes : « que Romulus & *Tatius* régne- » roient ensemble à Rome avec un pouvoir égal ; » que la ville désormais commune aux deux peuples, » retiendroit son premier nom de Rome, mais que » ses habitans porteroient celui de *Quirites*, du nom » de la ville de Cures, capitale des Sabins & patrie » de *Tatius* ; que les deux peuples n'en formeroient » plus qu'un ; que tous les Sabins qui voudroient » aller s'établir à Rome, y jouiroient de tous les » priviléges des anciens citoyens ; que cent des plus » qualifiés d'entre les Sabins, entreroient dans le » sénat, déjà composé de cent Romains.

Cette union des deux peuples fut formée la douzième année de la fondation de Rome. Les deux rois regnèrent pendant cinq années assez tranquillement comme ceux de Lacédémone, & sans que le partage ni la jalousie d'autorité parût exciter le moindre trouble. La sixième année, c'est-à-dire, la dix-huitième de Rome, *Tatius* fut assassiné, sans que Romulus ait été soupçonné de ce crime, lui que la mort violente de Remus, son frère, sembloit offrir naturellement aux soupçons :

Acerba fata Romanos agunt
Scelusque fraternæ necis
Ut immerentis fluxit in terram Remi
Sacer nepotibus cruor.

Tatius fut tué par les habitans de Lavinie, pour quelques dénis de justice, & pour avoir fait tuer lui-même, très-injustement, des députés qu'ils avoient envoyés demander réparation de violences exercées contre eux. Romulus leur donna satisfaction sur leurs plaintes, & se contenta d'honorer la mémoire de son collègue sans la venger.

TATIUS, (Achilles) (*Hist. litt. anc.*) On le croit auteur du roman Grec, des *amours de Leucippe & de Clitophon*, qui a été traduit en François par Baudouin & par Duperron de Castera ; il a écrit aussi sur les phénomènes d'Aratus, & ce qu'il a écrit sur ce sujet, a été traduit en latin par le P. Petau, & imprimé en grec & en latin dans *Uranologium*.

TAVANNES, (de Saulx) (*Hist. de Fr.*) illustre & ancienne maison de la province de Bourgogne, qui tire son nom du château de Saulx, situé à quelques lieues de Dijon. Les comtes de Saulx étoient déjà de très-grands seigneurs au commencement du douzième siècle

siècle. Saint Bernard avoit des alliances avec cette maison ; Belote de Fontaine sa nièce avoit épousé Guillaume de Saulx, & avoit porté dans cette maison la terre de Fontaine. La charge de Grand-Gruyer de Bourgogne étoit héréditaire dans la maison de Saulx dès le treizième siècle.

Jean de Saulx, seigneur d'Aurain, épousa, par contrat du 18 Avril 1504, Marguerite de *Tavannes*, sœur & héritière de Jean de *Tavannes*, né dans le comté de Ferrette, en Allemagne, naturalisé en France en 1518. Ce Jean de *Tavannes* avoit amené d'Allemagne des secours à François I, & ces secours lui furent utiles en diverses occasions, nommément à Marignan. Le fameux maréchal de *Tavannes*, Gaspard de Saulx, étoit fils de Jean de Saulx & de Marguerite de *Tavannes*.

Il fut un des plus célèbres capitaines de son temps ; mais il eut deux réputations, & la Saint-Barthélemi lui en a donné une qui ternit l'autre. Il fut élevé page de François I, & fut ensuite auprès de ce prince à la bataille de Pavie. Il se sauva de sa prison, & servit avec honneur dans la compagnie des gendarmes de Galiot de Genouillac ; il fut ensuite lieutenant de celle du jeune duc d'Orléans, dernier fils de François. Il lui plut par son étourderie & sa bravoure téméraire ; il fut, avec le jeune Castelnau, de toutes ces parties périlleuses & nocturnes, que ce prince aimoit tant ; il eut le bonheur de n'en pas être la victime comme Castelnau. (*Voy.* à l'article ORLÉANS, l'article particulier du duc d'Orléans, fils de François I.) Il faisoit soixante lieues en poste, uniquement pour chercher un danger & une querelle contre des inconnus. Toutes leurs folies n'étoient pas héroïques ; ils se permettoient quelquefois des espiégleries de bien mauvais goût, comme quand ils mirent pendant la nuit un pendu dans le lit de la comtesse d'Uzès, qui, en se réveillant, le trouva couché à côté d'elle. *Tavannes* étoit d'une agilité extrême ; il sauta un jour dans la forêt de Fontainebleau d'un rocher à un autre, qui en étoit éloigné de vingt-huit pieds : mais ne parlons que de ses exploits militaires. Il contribua en 1536 à la défense de Fossan, place réduite à l'extrémité par la trahison du marquis de Saluces ; il aida aussi à chasser cette même année les Impériaux de la Provence. En 1537 il contribua encore à la défense de Térouane ; en 1542 il se distingua aux sièges de Damvilliers, d'Ivoy & de Luxembourg ; en 1544 il se signala bien plus encore à la bataille de Cérisoles. Telle est la liste de ses faits d'armes sous François I.

Sous Henri II, en 1554, à la bataille de Renti, où ce prince commandoit en personne, *Tavannes* égala la gloire du duc de Guise. Le roi le voyant revenir tout sanglant de la mêlée, l'embrassa, & lui donna sur le champ de bataille le collier de son ordre.

En 1558 il aida le duc de Guise à reprendre

Histoire. Tome V.

Calais, & à chasser entièrement les Anglois de la France.

Dans les guerres civiles, sous Charles IX, attaché au duc de Guise & à la religion Catholique, il se montra toujours le même, toujours *Tavannes*, aux combats de Jarnac, de la Roche-l'Abeille, de Montcontour. Il fut fait maréchal de France le 28 Novembre 1570, gouverneur de Provence & amiral des mers du Levant au mois d'Octobre 1572 : le nombre des maréchaux de France étoit alors fixé à quatre ; *Tavannes* fut le cinquième. On lui fait même dire dans une inscription en vers, gravée sur son mausolée sur le chœur de la sainte chapelle de Dijon :

Cinquième maréchal, premier je fus en France.

Il n'est pas exactement vrai qu'il ait été le premier exemple d'un cinquième maréchal de France ; François I, qui porta le nombre des maréchaux de France de trois à quatre, le porta même pendant quelque temps jusqu'à cinq. Les guerres presque continuelles qu'il eut à soutenir, lui donnèrent plus de sujets à récompenser ; mais il avoit fini par réduire le nombre des maréchaux de France à trois ;

Après avoir vu quels furent les services militaires du maréchal de *Tavannes*, & quelle en fut la récompense, voyons quelle fut sa conduite à la cour. Il ne haïssoit pas l'intrigue, & il étoit sur-tout attaché à la grande intrigante, Catherine de Médicis, & au parti des Guises, qui n'étoit pas non plus sans intrigue. Il étoit, selon l'expression d'un auteur, *l'homme de main de la cour* ; c'étoit à lui qu'on s'adressoit quand on avoit besoin d'un coup hardi, & il attendoit pas toujours qu'on lui en proposât. Sous le règne de Henri II il proposa lui-même & offrit à Catherine de Médicis de couper le nez à sa rivale, la duchesse de Valentinois. Catherine, qui ne se sentoit pas alors assez de crédit pour faire excuser une pareille violence, en fut épouvantée, & représenta au maréchal que c'étoit un moyen sûr de se perdre. Le maréchal consentoit à sa perte, » pourvu, disoit-il, qu'il pût exter-» miner le vice, dissiper l'enchantement du roi, & » mettre fin aux maux du royaume. »

Par une suite de son attachement à Catherine de Médicis & aux Guises, il faisoit profession d'être l'ennemi déclaré de la maison de Coligny-Châtillon. Un jour l'amiral, ayant eu avis d'une entreprise formée contre lui, & dont il soupçonnoit *Tavannes*, le traita, en présence d'un gentilhomme, & presqu'en public, avec assez de hauteur. *Tavannes* ne répondit rien ; le gentilhomme, qui connoissoit la hardiesse & le caractère peu endurant de *Tavannes*, parut s'étonner de sa patience à supporter espèce d'insulte publique : » j'en tirerai, dit *Tavannes*, » une vengeance plus publique encore, & dans peu » de jours ; » c'étoit en effet peu de temps avant la saint Barthélemi.

C 6

D'Andelot, frère de Coligny, ayant au contraire averti *Tavannes* par un homme attaché à lui d'Andelot, que la vie de *Tavannes* étoit menacée ; celui-ci prit l'avertissement avec assez de mépris : *je remercie votre maître ; quand les huguenots donnent de tels avis, c'est qu'ils ont eux-mêmes de mauvais desseins. J'ai trop d'honneur pour devenir poltron ; & je l'avertis, moi, que, quand la guerre sera ouverte, je ne l'épargnerai point.*

Il fut un des plus ardens instigateurs & des plus violens exécuteurs du massacre de la Saint-Barthélemi. Il est flétri à ce titre dans la *Henriade* :

Nevers, Gondy, *Tavanne*, un poignard à la main,
Echauffoient les transports de leur zèle inhumain ;
Et portoient devant eux la liste de leurs crimes,
Les conduisoient au meurtre, & marquoient les victimes.

» *Tavannes* couroit dans les rues la nuit de la Saint-» Barthélemi, criant : *saignez, saignez ; la saignée* » *est aussi bonne au mois d'Août qu'au mois de Mai.* » Son fils, qui a écrit des Mémoires, rapporte que » le maréchal étant au lit de la mort, fit une con-» fession générale, & que le confesseur lui ayant dit » d'un air étonné : *quoi ! vous ne me parlez point de* » *la Saint-Barthélemi ! Je la regarde*, répondit le » maréchal, *comme une action méritoire, qui doit* » *effacer mes autres péchés.* »

Brantôme, qui a fourni à M. de Voltaire une partie de cette note, raconte que la veille de cette sanglante exécution, on fit venir au louvre le prévôt des marchands & quelques notables habitans, pour leur faire part du projet, lesquels, dit Brantôme, firent de grandes difficultés, & y apportèrent de la conscience. » Mais M. de *Tavannes*, devant » le roi, les rabroua si fort, les injuria, les me-» naça que s'ils ne s'y employoient, le roi les fe-» roit tous pendre, & le dit au roi de les en me-» nacer. Les pauvres diables ne pouvant faire autre » chose, répondirent alors : *hé ! le prenez-vous là,* » *sire, & vous Monsieur ! nous vous jurons que vous* » *en aurez nouvelle ; car nous y mettrons si bien les* » *mains à tort & à travers, qu'il en sera mémoire à* » *jamais de la fête Saint-Barthélemi très-bien chau-* » *mée.* A quoi ils ne faillirent, je vous assure ; mais » ils ne le vouloient du commencement. »

Tavannes épargna cependant un gentilhomme huguenot, nommé la Neuville, qui implora sa protection. » Ce gentilhomme étant entre les mains de ce » peuple enragé, & ayant reçu six ou sept coups » d'épée dans le corps & dans la tête, ainsi qu'on » le vouloit achever, vint à passer M. de *Tavannes*, » auquel il accourut aussi-tôt, & se prit à ses jam-» bes, en disant : *ah ! Monsieur, ayez pitié de moi ;* » & *comme grand capitaine que vous êtes en tout,* » *soyez moi aussi miséricordieux.* M. de *Tavannes*, » soit ou qu'il eût compassion, ou que ce ne fût » été son honneur de lui tuer ainsi ce pauvre

» gentilhomme entre ses jambes, le sauva, & le fit » panser, quoique ce gentilhomme fut attaché à » d'Andelot. »

Charles IX vouloit envoyer *Tavannes* à la Rochelle & en Guyenne poursuivre les restes des huguenots. *Tavannes*, acceptant la commission, traça devant toute la cour la route qu'il alloit suivre, annonça toutes les conquêtes qu'il alloit faire. Il ne voyoit par-tout que succès faciles & assurés : il alloit infailliblement exterminer jusqu'au dernier huguenot, & il en donnoit sa parole au roi. » Il y » eut quelqu'un là présent qui l'ouit ainsi parler, & » qui dit à un autre : *voilà le discours du roi Pi-* » *crocole de Rabelais, ou de la femme du pot au* » *lait, qui le portoit vendre au marché, & en fai-* » *soit de beaux petits songes & projets ; mais sur* » *ce il se cassa*, ainsi qu'il lui arriva ; car étant » parti d'avec le roi, & marchant en bonne réso-» lution & affection de le servir avec son armée, » il n'alla guères avant, car il tomba malade à » Châtres sous Montlhery, & là il mourut. »

Ici Brantôme se trompe sur un fait indifférent, *Tavannes* mourut dans son château de Sully, le 19 juin 1573.

Brantôme dit qu'un très-grand prince, mais huguenot, & *qui ne vouloit trop grand bien à M. de Tavannes*, l'avoit assuré avoir appris du roi Henri III, que *Tavannes* étoit mort enragé & desespéré ; sur quoi Brantôme observe *que Dieu envoie telles afflictions aux sanguinaires.*

Le maréchal de *Tavannes* avoit un frère, Guillaume de Saulx, baron de Sully, qui, après la malheureuse journée de Saint-Quentin, contribua par sa sagesse & son courage à défendre la Bourgogne où il commandoit, & à empêcher les Autrichiens d'y pénétrer.

Le maréchal eut deux fils célèbres, Guillaume, qui refusa constamment d'entrer dans la ligue, & Jean, zélé liguer, attaché au duc de Mayenne.

Guillaume fut élevé en qualité d'enfant d'honneur auprès du roi Charles IX ; combattit avec honneur sous son père en 1567, contre les Reîtres huguenots, à la bataille de Jarnac & dans toutes ces guerres de religion ; ce ne fut point faute de zèle pour la foi catholique, mais par attachement pour ces rois qu'il résista aux instances de son frère qui vouloit l'attirer au parti de la Ligue ; il conserva au roi les villes de Beaune & de Châlons en Bourgogne, il prit dans cette même province Flavigny, Saint-Jean de Lône, Semur, Saulieu. Il combattit pour Henri IV à Fontaine-Françoise, le 5 juin 1595. Il avoit été fait chevalier des ordres du roi, le dernier décembre 1585. Il vivoit encore en 1633 ; on a de lui des mémoires.

C'est par Jean, son frère, qu'ont été publiés ceux du maréchal leur père. Ce Jean de Saulx, gentilhomme de la chambre de Charles IX, s'engagea en 1585 dans la Ligue, & suivit la fortune du duc de Mayenne, qui le fit un des maréchaux de la

Ligue ; il fut fait prifonnier en 1591, én voulant fecourir la ville de Noyon contre le roi Henri IV ; le duc de Mayènne, auquel il étoit utile, en fit l'échange contre la mère, la femme & deux fœurs du duc de Longueville. Jean de Saulx fit fon accommodement en 1595 ; il n'eft point au rang des maréchaux de France, quoiqu'il en ait eu le titre, les armes, la penfion & les honneurs, & que deux brevets, l'un de Henri IV, donné dars le temps de l'accommodement, & l'autre de Louis XIII, du 4 mars 16 6, lui ayent affuré le bâton. Son teftament eft du 6 octobre 1629. Il eut plufieurs fils diftingués par leurs fervices :

1°. Henri, marquis de Mirebel, élevé enfant d'honneur du roi Louis XIII, qui commanda pour ce prince à Cafal & dans le Montferrat, qui fe diftingua en 1635 à la bataille d'Avein. Mort le 11 octobre 1653.

2°. Jacques, vicomte de Lugny, colonel du régiment de Navarre, mort au fiège de Montauban en 1621.

3°. Lazare-Gafpard de Saulx, chevalier de Malte, tué au fiège de Quiers en 1637.

Guilaume, fils aîné du maréchal, & frère aîné de Jean, eut auffi des fils & des defcendans recommandables par leurs fervices :

1°. Claude de Saulx, comte de *Tavannes*, lieutenant-général des armées du roi, mort au fiège de Fontarabie en 1638.

2°. Jacques, fils de Claude, un des plus braves hommes, & des chefs les plus expérimentés de fon temps. Il a laiffé des mémoires.

3°. Nicolas, chevalier de Malte, auffi fils de Claude, tué d'une moufquetade dans un combat près de Quiers en 1659.

4°. René, marquis de *Tavannes*, fils de Jacques & petit-fils de Claude, tué en Candie, le 16 décembre 1668.

5°. Charles-Marie, marquis de *Tavannes*, frère de René, bleffé au combat de Senef en 1674, beaufrère du chancelier d'Agueffeau, & père du cardinal de *Tavannes*, grand-aumônier de France.

6°. Gafpard, marquis d'Arc-fur-Til, frère des précédens, tué à la bataille de Caffel en 1677.

TAVAYOLE, f. f. (*terme de relation.*) grand mouchoir qu'on met fur la tête en Turquie, pour recevoir l'odeur des parfums. Chez les Turcs, dans les vifites de cérémonie, un peu de temps après qu'on eft affis, le maître de la maifon fait apporter une caffolette auprès de fon ami, & deux valets lui couvrent la tête d'une *tavayole*, afin que la fumée du parfum qu'on lui préfente ne s'échappe pas, & qu'il la refpire toute entière. (*D. J.*)

TAUBMAN, (Frédéric) (*Hift. litt. mod.*) Littérateur Allemand, mort en 1613 ; auteur de commentaires fur Plaute & fur Virgile ; on a auffi

de lui des poëfies & un recueil de mots fous le titre de *Taubmaniana*.

TAUCOLES, f. m. (*Hift. mod.*) feuilles d'arbres dont les Chingulais ou habitans de l'île de Ceylan fe fervent pour écrire ; elles reçoivent facilement l'impreffion du ftilet, mais on ne peut point les plier fans les rompre. (*A. R.*)

TAVERNIER, (Jean-Baptifte (*Hift. litt. mod.*) voyageur célèbre dont on a un recueil de voyages connus, pour la rédaction defquels Samuel Chappuzeau & la Chapelle lui prêtèrent leur plume. Louis XIV avoit donné à *Tavernier* des lettres de nobleffe. Il mourut à Mofcou, dans le cours de fes voyages en 1689. Il étoit de la religion réformée.

TAUPKANE, f. m. *terme de relation ;* arfénal d'artillerie chez les Turcs : il eft fitué à la pointe qui regarde le ferrail hors des murs de Galata ; *taupkane* veut dire *place des canons*. (*D. J.*)

TAUREAUX, *combats de*, (*Hift. mod.*) fêtes très-célèbres & très-ufitées parmi les Efpagnols qui les ont prifes des Mores, & qui y font fi attachés, que ni le danger qu'on court dans ces fortes d'exercices, ni les excommunications que les papes ont lancées contre ceux qui s'y expofent, n'ont pu les en déprendre.

Ces fpectacles font partie des réjouiffances publiques dans les grands événemens, comme au mariage des rois, à la naiffance des infans dans de grandes places deftinées à cet ufage en préfence du roi & de la cour, des miniftres étrangers, & d'un nombre infini de fpectateurs placés fur des amphithéatres dreffés autour de la place. Voici à-peu-près ce qui s'y paffe de plus remarquable.

A l'un des coins de la place eft un réduit appellé *tauril* ou *toril*, capable de contenir trente ou quarante *taureaux* qu'on y enferme dès le matin. Lorfque le roi eft placé fur fon balcon, fes gardes s'emparent de la place, en chaffent toutes les perfonnes inutiles pour la laiffer libre aux combatans ; quatre huiffiers-majors vifitent les portes de la place ; & lorfqu'ils ont affuré le roi qu'elles font fermées, fa majefté commande qu'on faffe fortir un *taureau*. Ces jours-là les combattans font des perfonnes de qualité, & ils ne font vêtus que de noir, mais leurs *creados* ou *eftafiers* font richement habillés à la turque, à la morefque, &c. On ne lâche qu'un *taureau* à-la-fois, & on ne lui oppofe qu'un combattant qui l'attaque ou avec la lance, ou avec des efpèces de javelots qu'on appelle *rejonnes*. On ouvre le combat fur les quatre heures du foir ; le champion entre dans la carrière à cheval, monté à la genette, fuivant l'ufage du pays, c'eft-à-dire, fur des étriers tellement raccourcis que fes pieds touchent les flancs du cheval. Le cavalier, accompagné de fes creados, va faire la révérence au roi, aux dames les plus apparentes, tandis que, dans le tauril, on irrite le *taureau*, qu'on en lâche quand il eft en furie. Il fa

Cc ij

fort avec impétuofité & fond fur le premier qui l'attend, mais le combattant le prévient en lui jettant fon manteau, fur lequel l'animal paffe fa première fougue en le déchirant en mille pièces ; c'eft ce qu'on appelle *fuerte buena*. A ceux qui l'attendent de pied ferme, le *taureau* n'enlève quelquefois que leur chapeau, quelquefois il les pouffe en l'air avec fes cornes, & les bleffe ou les tue. Cependant le cavalier, en l'attaquant de côté, tâche de lui donner un coup de javelot ou de lance dans le cou, qui eft l'endroit favorable pour le tuer d'un feul coup. Tandis que le *taureau* attaque & combat, il eft défendu de mettre l'épée à la main pour le tuer. Mais fi le cheval du combattant vient à être bleffé, ou lui-même defarçonné, alors il eft obligé d'aller à pied & le fabre à la main fur le *taureau* ; c'eft ce qu'on nomme *empeno* ; & les trompettes donnent le fignal de ce nouveau genre de combat, dans lequel les creados & les amis du cavalier accourent dans l'en-clos l'épée à la main, & tâchent de couper les jarrets au *taureau* ; la précipitation ou la témérité font qu'il en coûte fouvent la vie à plufieurs : cependant il s'en trouve d'affez adroits pour couper une jambe au *taureau* d'un feul coup, fans lui donner prife fur eux : dès qu'il eft une fois abattu, tous les combattans fondent fur lui l'épée nue, le frappent d'eftoc & de taille jufqu'à ce qu'il foit mort, & quatre mules richement caparaçonnées le tirent hors de la carrière. Enfuite de quoi, on en lâche un autre, & ainfi jufqu'à vingt-trois. Ce n'eft pas feulement à Madrid &, dans les autres grandes villes, mais encore dans les bourgs & les villages qu'on prend ces divertiffemens. Jouvain, *voyage d'Efpagne*.(*A. R.*)

TAUSIHEB, f. m. *terme de relation* ; tribunal chez les Perfes, qui connoit de toutes les finances, & qui juge toutes les affaires qui s'y rapportent.(*A. R.*)

TAUT - SE, f. f. (*Hift. mod.*) c'eft le nom d'une fecte de la Chine, dont *Lao-kiun* eft le fondateur, & qui a un grand nombre de partifans dans cet empire. Les livres de *Lao-kiun* fe font confervés jufqu'à ce jour ; mais on affure qu'ils ont été altérés par fes difciples, qui y ont ajouté un grand nombre de fuperftitions. Ces ouvrages renferment des préceptes de morale propres à rendre les hommes ver-tueux, à leur infpirer le mépris des richeffes, & à leur inculquer qu'ils peuvent fe fuffire à eux-mêmes. La morale de Lao-kiun eft affez femblable à celle d'Epicure ; elle fait confifter le bonheur dans la tran-quillité de l'ame, & dans l'abfence des foins qui font fes plus grands ennemis. On affure que ce chef de fecte admettoit un dieu corporel. Ses difciples font fort adonnés à l'alchymie, ou à la recherche de la pierre philofophale ; ils prétendent que leur fonda-teur avoit trouvé un elixir au moyen duquel on pouvoit fe rendre immortel. Ils perfuadent de plus au peuple qu'ils ont un commerce familier avec les démons, par le fecours defquels ils opèrent des chofes merveilleufes & furnaturelles pour le vulgaire. Ces miracles, joints à la faculté qu'ils prétendent avoir

de rendre les hommes immortels, leur donnent de la vogue, fur-tout parmi les grands du royaume & les femmes ; il y a eu même des monarques chi-nois à qui ils en ont impofé. Ils ont plufieurs tem-ples dédiés aux démons en différens endroits de l'empire ; mais la ville de Kiang-fi eft le lieu de la réfidence des chefs de la fecte ; il s'y rend une grande foule de gens qui s'adreffent à eux pour être guéris de leurs maladies, & pour favoir l'avenir ; ces impofteurs ont le fecret de leur tirer leur argent, en place duquel ils leur donnent des papiers chargés de caractères magiques & myftérieux. Ces forciers offrent en facrifice aux démons un porc, un oifeau & un poiffon. Les cérémonies de leur culte font accompagnées de poftures étranges, de cris effrayans, & d'un bruit de tambour qui étourdit ceux qui les confultent, & leur fait voir tout ce que les impofteurs veulent. *Voyez* Duhalde, *Hiftoire de la Chine.*(*A. R.*)

TAUVRY, (Daniel) (*Hift. litt. mod.*) de l'académie des fciences, fils d'Ambroife *Tauvry*, médecin de la ville de Laval, naquit en 1669. A neuf ans & demi, il foutint une thèfe de logique, à dix ans & demi, une thèfe générale de philofophie ; il vint à Paris à treize ans, à quinze il fut reçu docteur en médecine dans l'univerfité d'Angers ; il n'avoit eu d'autre maître que fon père dans toutes fes études, & c'eft fans doute une des caufes de la rapidité de fes progrès : à dix-huit ans il donna fon *anatomie raifonnée*, à vingt & un ans fon *traité des médicamens* ; quelque temps après, il fut reçu docteur dans la faculté de médecine de Paris. Sa *nouvelle pratique des maladies aigues & de toutes celles qui dé-pendent de la fermentation des liqueurs*, parut en 1698, il avoit alors vingt-huit à vingt-neuf ans ; ce fut alors auffi qu'il entra dans l'académie des fciences comme élève de M. de Fontenelle. On fait qu'il y avoit autrefois des élèves dans l'académie des belles-lettres & dans l'académie des fciences, & que chaque académicien avoit le droit d'en nommer un. « Quoi-» que ma nomination, dit M. de Fontenelle, avec » une modeftie ingénieufe, « ne fut pas affez honorable » pour lui, l'envie qu'il avoit d'entrer dans cet » illuftre corps, l'empêcha d'être fi délicat fur la ». manière d'y entrer.

En 1699, M. *Tauvry* paffa de la place d'élève à celle d'affocié.

En 1700 parut fon *traité de la génération & de la nourriture du Fœtus*. Ce fut le fruit d'une difpute dans laquelle il s'engagea contre M. Méry, fur la circulation du fang dans le Fœtus.

M. de Fontenelle eut bientôt à faire l'éloge funèbre de fon jeune élève, confumé par les travaux & mort phtifique à trente-un ans & demi, au mois de février 1701. Il avoit, dit M. de Fontenelle, le don du fyftème, &, felon les apparences, il auroit brillé dans l'exercice de la médecine, quoiqu'il n'eût ni protection, ni cabale, ni art de fe faire valoir.

TAXE DES TERRES, (*Hift. d'Angleterre.*) Il n'y a point en Angleterre de taille ni de capitation arbitraire, mais une *taxe* réelle fur les terres ; elles ont été évaluées fous le roi Guillaume III.

La *taxe* fubfifte toujours la même, quoique les revenus des terres ayent augmenté ; ainfi perfonne n'eft foulé, & perfonne ne fe plaint ; le payfan n'a point les pieds meurtris par des fabots, il mange du pain blanc, il eft bien vêtu, il ne craint point d'augmenter le nombre de fes beftiaux, ni de couvrir fon toit de tuiles, de peur que l'on ne hauffe fes impôts l'année fuivante. Il y a dans la grande-Bretagne beaucoup de payfans qui ont environ cinq ou fix cent livres fterling de revenu, & qui ne dédaignent pas de continuer à cultiver la terre qui les a enrichis, & dans laquelle ils vivent libres. *Hift. Univerf. t. IV.* (*D. J.*)

TAXCOTE, f. m. (*Hiftoire mod.*) officier dans l'empire grec, dont la fonction étoit celle des appariteurs ou huiffiers des princes & des magiftrats. (*A.R.*)

TAYAMOM, f. m. (*Hift. mod. Superft.*) c'eft ainfi que les mahométans nomment une efpèce de purification ordonnée par l'alcoran ; elle confifte à fe frotter avec de la pouffière, du fable, ou du gravier, lorfqu'on ne trouve point d'eau pour faire les ablutions ordinaires ; cette forte de purification a lieu pour les voyageurs, ou pour les armées qui paffent par les déferts arides, & où l'on ne trouve point d'eau ; pour lors elle tient lieu de la purification connue fous le nom de *wodu*, ou d'*abdeft*. (*A. R.*)

TAY-BOU-TO-NI, f. m. (*Hift. mod.*) c'eft le nom que les habitans du Tonquin donnent à des jongleurs, ou prétendus magiciens, qui, au moyen de quelques charmes, perfuadent au peuple qu'ils peuvent guérir toutes fortes de maladies ; leur manière de procéder à la guérifon d'un malade, eft de danfer autour de lui, en faifant un bruit horrible, foit avec une trompette, foit avec une efpèce de tambour, foit avec une clochette, &c. & en proférant des paroles myftérieufes pour conjurer les démons, auprès defquels ils prétendent avoir beaucoup de crédit. (*A. R.*)

TAYDELIS, f. m. (*Hift. mod.*) c'eft ainfi que l'on nomme au royaume de Tonquin des efpèces de devins, qui n'ont d'autre fonction que de chercher & d'indiquer les endroits les plus avantageux pour enterrer les morts ; ces endroits, fuivant les Chinois & les Tonquinois, ne font rien moins qu'indifférens, & l'on apporte le plus grand fcrupule dans leur choix. Les *taydelis* examinent pour cet effet, la pofition des lieux, les vents qui y règnent, le cours des ruiffeaux, &c. & jamais un tonquinois n'enterreroit fes parens fans avoir confulté ces prétendus devins fur la fépulture qu'il doit leur donner. Le devin, fuivant l'ufage, ne lui donne point fes confeils gratuitement. (*A.R.*)

TAYLOR, (*Hift. d'Angleterre.*) ce nom fe rencontre fouvent dans l'hiftoire d'Angleterre : c'eft celui, 1°. d'une des victimes de la cruauté de Marie,

reine d'Angleterre, & des deux évêques bourreaux, Gardiner & Bonner ; (*voyez* les articles, MARIE PREMIÈRE, reine d'Angleterre, & GARDINER.) Ce *Taylor*, vicaire d'Hadley, vieillard proteftant, fut condamné à être brûlé pour fa religion ; en allant au bucher il voulut haranguer le peuple ; un foldat, pour le faire taire, le frappa rudement à la tête, un autre lui lança un fagot, qui lui mit le vifage tout en fang : *mon ami*, dit doucement *Taylor*, *trouvois-tu que je n'euffe pas affez de mal* ? Il voulut réciter de pfeaumes en Anglois, fuivant le rit proteftant ; *parle latin*, lui dit un des gardes, en le frappant au vifage ; un autre d'un coup de hallebarde lui fit fauter la cervelle, & le laiffant mort fur la place, lui épargna du moins par fa brutalité, une partie des tourmens qui lui étoient deftinés.

2°. D'un profeffeur d'Oxford, (Jérémie *Taylor*) attaché à la caufe de Charles I, & qui, après avoir fouffert pour cette caufe, fut fait évêque de Downe & de Connor en Irlande, au rétabliffement de Charles II. Il eft auteur d'un livre intitulé : *Ductor dubitantium*, & d'une *hiftoire des antiquités de l'Univerfité d'Oxford*. Mort en 1667.

3°. D'un cabaretier poëte, (Jean *Taylor*) attaché auffi à la caufe de Charles I, qui n'avoit pas dédaigné la dédicace de fes poëfies. Après la mort de ce prince, il prit pour enfeigne une *couronne noire*, & craignant de fe rendre fufpect au parti de Cromwel, par un emblème fi fignificatif, il s'avifa de le corriger, en mettant au-deffus fon portrait avec une infcription en deux vers Anglois, dont le fens étoit : *on voit pendre aux cabarets pour enfeignes, des têtes de rois & même de faints, pourquoi n'y mettrois-je pas la mienne* ? Ce badinage niais paroît tenir un peu de la ftupidité affectée de Brutus. Jean *Taylor* mourut vers l'an 1654.

TAZI, (*Hift. mod. Cult.*) c'eft le nom que les Méxicains donnoient à la déeffe de la terre : on dit que ce mot fignifioit l'*ayeule commune*. (*A. R.*)

TCHAOUCH, f. m. terme de relation, cavalier turc, de la maifon du grand-feigneur ; les *tchaouth* ont le pas devant les fpahis ; ils portent des piftolets aux arçons de leurs felles, & des turbans d'une figure plate & ronde. *Duloir.* (*D. J.*)

TCHENEDGIR, f. m. terme de relation, officier de la table du grand-feigneur ; ils font au nombre de cinquante pour le fervir, & leur chef fe nomme *Tchenedgir-Bachi. Duloir.* (*D. J.*)

TCHIAOUSCH-BACHI, f. m terme de relation, commandant ou chef des chiaoux ; il garde avec le capidgi-bachi la porte du divan, quand il eft affemblé, & ces deux officiers mènent au grand-feigneur les ambaffadeurs, quand il leur donne audience. *Duloir.* (*D. J.*)

TCHOHAGAR, f. m. terme de relation, portemanteau du grand-feigneur ; il exerce troifième page de la cinquième chambre appelé *Khas-oda*, c'eft-à-dire, *chambre privée*, qui a cet emploi. *Duloir.* (*D. J.*)

TCHORBA , *terme de relation* , c'eft une efpèce de crême de riz , que les Turcs avalent comme un bouillon ; il femble que ce foit la préparation du riz dont les anciens nourriffoient les malades (*D. J.*)

TCHORVADGI , f. m. *terme de relation* , capitaine de janiffaires ; les *Tchorvadgis* portent dans les cérémonies des turbans pointus , du fommet defquels fort une haute & large aigrette , plus grande encore que ne font les panaches qu'on met en France fur la tête des mulets. *Duloir.* (*D. J.*)

TCHUKOTSKOI , (*Hift. mod.*) peuple de l'Afie orientale , qui habite les confins de la Sibérie , fur les bords de l'Océan oriental ; ils font au nord de Korekis , & de la peninfule de Kamtschatka , qui eft foumife à l'empire de Ruffie ; ils font féparés du pays des Korekis , par la rivière Anadir , & vivent dans l'indépendance. Ces peuples habitent dans des cabanes fous terre , à caufe de la rigueur du froid qui règne dans ce climat ; ils fe nourriffent de poiffon qu'ils pêchent dans la mer , ou de la chair des rennes , dont ils ont de grands troupeaux , & qu'ils emploient aux mêmes ufages que l'on fait ailleurs des chevaux ; ils fe font tirer par ces animaux attelés à des traineaux , & voyagent de cette manière. Ces peuples , ainfi que ceux de leur voifinage , n'ont ni idée de Dieu , ni culte , ni temps marqué pour faire des facrifices ; cependant , de temps à autre , ils tuent une renne ou un chien , dont ils fixent la tête & la langue au haut d'un pieu ; ils ne favent point eux-mêmes à qui ils font ces facrifices , & ils n'ont d'autre formule que de dire ; *c'eft pour toi , puiffe-tu nous envoyer quelque chofe de bon.*

Les *Tchukotskoi* n'ont point une morale plus éclairée que leur religion. Le vol eft chez eux une chofe eftimable , pourvû que l'on ne foit point découvert. Une fille ne peut être mariée à moi qu'elle n'ait fait preuve de fon favoir faire en ce genre. Le meurtre n'eft pas non plus regardé comme un grand crime , à moins que ce ne foit dans fa propre tribu , alors ce font les parens du mort qui fe vengent fur le meurtrier. La polygamie eft en ufage parmi eux ; ils font part de leurs femmes & de leurs filles à leurs amis , & regardent comme un affront , lorfqu'on refufe leur politeffe. Les *Tchukotskoi* font de dangereux voifins pour les Korekis & pour les fujets de la Ruffie , chez qui ils font de fréquentes incurfions. (*A. R.*)

TCHUPRIKI , (*Hift. mod. économie*) c'eft le nom que les habitans de Kamtschatka donnent à du poiffon , moitié cuit & moitié fumé , dont ils fe nourriffent , & qu'ils font auffi fécher pour le manger comme du pain. On affure que le poiffon préparé de cette manière eft affez bon. (*A. R.*)

TÉCUITLES , f. m. pl. (*Hift. mod.*) c'eft ainfi que les Mexicains nommoient ceux qui avoient été reçus dans une efpèce d'ordre de chevalerie , où l'on n'étoit admis qu'après un noviciat très-rude & très-bizarre. Cet honneur ne s'accordoit pourtant qu'aux fils des principaux feigneurs de l'empire. Le jour de la réception , le récipiendaire accompagné de fes parens , & des anciens chevaliers , fe rendoit au temple ; après s'être mis à genoux devant l'autel , un prêtre lui perçoit le nez avec un os pointu ou avec un ongle d'aigle ; cette douloureufe cérémonie étoit fuivie d'un difcours dans lequel le prêtre ne lui épargnoit point les injures ; il finiffoit par lui faire toute forte d'outrages , & par le dépouiller de fes habits. Pendant tout ce temps , les anciens chevaliers faifoient un feftin pompeux aux dépens du récipiendaire , auquel on affectoit de ne faire aucune attention ; le repas étant fini , les prêtres lui apportoient un peu de paille pour fe coucher , un manteau pour fe couvrir , de la teinture pour fe frotter le corps , & des poinçons pour fe percer les oreilles , les bras & les jambes. On ne lui laiffoit pour compagnie que trois vieux foldats chargés de troubler fans ceffe fon fommeil pendant quatre jours , ce qu'ils faifoient en le piquant avec des poinçons , auffitôt qu'il paroiffoit s'affoupir. Au milieu de la nuit il devoit encenfer les idoles , & leur offrir quelques gouttes de fon fang , ce qui étoit fuivi de quelques autres cérémonies fuperftitieufes. Les plus courageux ne prenoient aucune nourriture pendant ces quatre jours ; les autres ne mangeoient qu'un peu de maïz , & ne buvoient qu'un verre d'eau. Au bout de ce temps le récipiendaire prenoit congé des prêtres , pour aller renouveller dans les autres temples des exercices moins rudes à la vérité , mais qui durcient pendant un an ; alors on le remenoit au premier temple où on lui donnoit des habits fomptueux ; le prêtre lui faifoit un grand difcours rempli des éloges de fon courage ; il lui recommandoit la défenfe de la religion & de la patrie , & la fête fe terminoit par des feftins & des réjouiffances. Les *Técuitles* fe mettoient de l'or , des perles ou des pierres précieufes dans les trous qu'on leur avoit faits au nez , ce qui étoit la marque de leur éminente dignité. (*A. R.*)

TEFTARDAR ou DEFTARDAR , f. m. *terme de relation.* C'eft le tréforier des finances dans l'empire turc ; il eft affis au divan à côté du nichandgi-bacchi qui eft le garde des fceaux de l'état.

Le *tefterdar* , comme l'écrit Pocock , eft en Egypte le tréforier des tributs qu'on paie fur les terres au grand-feigneur ; il n'eft nommé dans fa charge par la Porte que pour un an , mais il eft ordinairement continué plufieurs années de fuite.

Cet office eft quelquefois donné à un des plus pauvres beys , pour l'aider à foutenir fon rang , & fréquemment à un homme qu'on croit d'un caractère éloigné de l'intrigue ; car aucun parti ne defire qu'un homme remuant du parti oppofé , foit revêtu d'un emploi auffi lucratif & auffi important , que l'eft celui du *tefterdar.* (*D. J.*)

TEISSIER , (Antoine) (*Hift. litt. mod.*) favant calvinifte , né à Montpellier en 1632 ; fe retira en Pruffe à la révocation de l'édit de Nantes , & fut conseiller de légation & historiographe de l'électeur de Brandebourg. Il mourut à Berne en 1715. Il est principalement connu par les *éloges des hommes savans*, tirés de l'histoire du président de Thou. Il a donné aussi un abrégé de la vie de divers princes illustres ; un abrégé de l'histoire des quatre grandes monarchies, de Sléidan; un traité des *devoirs de l'homme & du citoyen*, traduit du latin de Puffendorf ; des instructions morales & politiques ; un ouvrage ou recueil intitulé : *catalogus auctorum qui librorum catalogos, indices, bibliothecas, virorum litteratorum elogia, vitam aut orationes funebres scriptis consignârunt.*

TEKELI, (Emmerick comte de)(*Hist. de Hongrie.*) La noblesse Hongroise souffroit impatiemment depuis long-temps la dureté du gouvernement Autrichien, & les tentatives que faisoit la maison d'Autriche pour rendre héréditaire le royaume de Hongrie. Les mouvemens que ces dispositions firent naître, donnèrent lieu en 1671 à de sanglantes exécutions ; les comtes de Serin & de Frangipani eurent la tête tranchée. Etienne *Tekeli*, père du comte Emmerick, étoit mêlé dans cette funeste affaire : assiégé dans ses forteresses par les troupes Impériales, il trouva le moyen de faire échapper son fils déguisé en paysan, capitula ensuite & mourut peu de temps après. Emmerick *Tekeli* se cacha quelque temps dans la Pologne, puis reparut dans la Transylvanie avec les principaux chefs des mécontens de Hongrie, qui bientôt l'élurent lui-même pour leur chef. Il commença en 1680, une guerre soutenue & suivie, qui alarma la cour de Vienne; ses étendards portoient cette inscription : *Comes Tekeli, qui pro deo & patriâ pugnat.* Il épousa en 1682 la princesse Ragotski, fille du comte de Serin, qui fit alliance avec les Turcs, qui, de concert avec lui, assiégèrent Vienne en 1683. On sait avec quelle gloire Sobieski fit lever ce siège. Le visir Mustapha craignant les suites de sa défaite, attribua le mauvais succès de ses armes à *Tikeli*, & voulut le rendre suspect au sultan Mahomet IV. *Tekeli* part pour Andrinople, se justifie, & dans la suite le grand-seigneur le nomma prince de Transylvanie. Le roi de Pologne, Sobieski, tenta vainement de le réconcilier avec l'empereur. *Tekeli* devint encore suspect aux Turcs en 1685, dans le temps du combat de Gran, de la prise de Neuhausel & de tous les avantages des chrétiens sur les Turcs, il fut même arrêté, ce qui nuisit encore aux affaires des Turcs. Remis en liberté, il continua de défendre ses droits sur la Transylvanie par des prodiges de valeur. A la paix de Carlowitz, en 1699, les Turcs cédèrent la Transylvanie à l'empereur, mais sans vouloir lui livrer *Tekeli*, qui se retira même à Constantinople, où il mourut le 13 septembre 1705.

TEK-KIDA, s. m. (*Hist. mod.*) fête qui se célèbre avec beaucoup de solemnité parmi les habitans du Tonquin. On y fait une espèce d'exorcisme, par le moyen duquel on prétend chasser tous les démons ou esprits malins du royaume. Toutes les troupes y assistent, afin de prêter main-forte aux exorcistes.

TELESPHORE, (Saint)(*Hist. Ecclésiastique.*) Pape, successeur de Sixte I, étoit né dans la Grèce, delà son nom grec. Il monta sur la chaire de Saint-Pierre l'an 127, & souffrit le martyre le 12 janvier 139.

TELLEZ, (Emmanuel-Gonzalès)(*Hist. litt. mod.*) Professeur de droit à Salamanque, vers le milieu du dix-septième siècle. On a de lui un commentaire sur les décrétales.

TELLIER, (le) (*Hist. de Fr.*) famille illustrée par le ministère & par les plus grandes dignités. On y distingue :

1°. Michel le *Tellier*, chancelier de France. Il étoit fils d'un conseiller de la cour des aides. Il naquit à Paris en 1603, & fut d'abord conseiller au grand-conseil ; en 1631, il eut la charge de procureur du roi au châtelet ; il fut ensuite maître des requêtes, puis intendant de l'armée de Piémont en 1640. Ce fut là que le cardinal Mazarin le connut, le goûta & se l'attacha. En 1643, Desnoyers, à sa disgrace, eut ordre de traiter de sa charge de secrétaire-d'état avec le *Tellier*, celui-ci eut le département de la guerre. Pendant les orages qui s'élevèrent contre le cardinal Mazarin, & qui l'obligèrent deux fois de quitter la France, le *Tellier* fut d'autant plus fidèle au cardinal, son bienfaiteur, qu'il étoit le confident de l'attachement que la reine mère conservoit pour lui, & des intelligences qu'elle entretenoit avec lui. Le *Tellier* fut l'exécuteur le plus respectueux des ordres que le cardinal ne cessa d'envoyer de Cologne & de Bouillon, & qui régloient toujours la conduite de la reine. Après la mort du cardinal & la disgrace de Fouquet à laquelle il contribua beaucoup, il partagea la confiance du roi avec celle de Colbert. En 1666, il remit la charge de secrétaire-d'état de la guerre au marquis de Louvois, son fils aîné, qui en avoit déjà la survivance, mais il resta dans le conseil, ayant toujours en perspective la dignité de chancelier, à laquelle Fouquet avoit aspiré, & à laquelle Colbert aspiroit, & à laquelle Pussort, conseiller-d'état, neveu & créature de Colbert, pensoit aussi pour son propre compte. Le chancelier Séguier leur fit d'abord attendre jusqu'en 1672, & alors ce ne fut aucun d'eux qui fut nommé, ce fut le vieux d'Aligre qui porta dans cette place un nom déjà illustré dans cette même place par son père. Il ne la conserva que trois ans, & à sa mort, arrivée en 1677, Michel le *Tellier* fut fait chancelier & garde des sceaux. Il avoit soixante & quatorze ans, car la vieillesse, où on ne devroit songer qu'à la retraite & au repos, est principalement l'âge de l'ambition ; Sire, dit-il à Louis XIV. *vous avez voulu couronner mon tombeau.* Il mourut dans cette place le 31 octobre 1685, dans sa quatre-vingt-troisième année, ayant signé dix jours auparavant avec joie la révocation de l'édit de Nantes ; toute l'éloquence de

Bossuet n'a pu faire approuver à la postérité, le *nunc dimittis* que le chancelier prononça dans cette occasion, & qui est en effet le cri coupable du fanatisme & de l'intolérance. Cette oraison funèbre de le *Tellier*, prononcée par Bossuet, & où le chancelier est toujours représenté comme un juste & un grand homme est peut-être ce qui a le plus décrié les oraisons funèbres : M. le président Hénault, qui loue toujours un peu trop aisément tout ce qui a été agréable à Louis XIV, loue assez M. le *Tellier*. « Le » *Tellier*, dit-il, avoit l'esprit net, facile, & ca- » pable d'affaires ; personne ne fut avec plus d'adresse » se maintenir dans les diverses agitations de la cour, » sous des apparences de modération, & il ne pré- » tendit jamais à la première place dans le ministère , » pour occuper plus sûrement la seconde. » Quelle est donc cette première place dans le ministère à laquelle le *Tellier* ne prétendit jamais ? Ce n'est assurément pas la chancellerie ; c'est la place de premier ministre ; il paroît que personne n'y prétendit sous Louis XIV ; depuis la mort du cardinal Mazarin & la disgrace de Fouquet , on savoit trop bien que Louis XIV se piquoit de mériter l'éloge contenu dans ces deux fameux vers de Boileau :

Et qui seul sans ministre, à l'exemple des Dieux,
Soutiens tout par toi-même & vois tout par tes yeux.

Il se piquoit même d'avoir formé ses ministres, sans en excepter ceux qui l'avoient formé lui-même à son insçu.

Il est vrai que le *Tellier* avoit dans le caractère une souplesse & une foiblesse qu'on pouvoit prendre quelquefois pour un défaut d'ambition. M. le président de Lamoignon, fils du premier président, raconte que son père ayant souvent proposé à Louis XIV de porter dans la justice le même esprit de réforme , que M. Colbert portoit dans les Finances, M. le *Tellier* qui aspiroit ouvertement à la dignité de chancelier, pria M. le premier Président, dont il craignoit la concurrence, de lui laisser prendre la première place dans cet ouvrage ; M. le premier président y consentit , mais en le priant de ne pas en user comme il avoit fait lors de la chambre de justice, (dans l'affaire du procès de M. Fouquet) » car, après lui avoir promis qu'il (le premier » président) n'auroit de relation qu'avec lui , il » l'abandonna , aussitôt qu'elle fut commencée, à l'im- » pétuosité de M. Colbert.

» Ce qui étoit arrivé dans la chambre de justice, » arriva encore dans la réformation ; (c'est-à-dire que Colbert s'en empara , & fit faire cet ouvrage par Pussort & par d'autres de son choix) Ce ministre » (le *Tellier*) n'a jamais été bien sûr pour les garan- » ties. Il n'aime que sa famille , & sur-tout sa per- » sonne , & il est si foible , que si son fils n'avoit » pas pris sur lui l'ascendant qu'il a , on le verroit » sans aucun chagrin porter le porte-feuille chez M.

» Colbert, qui étoit, il n'y a pas trente ans, com- » mis d'un de ses commis. »

C'étoit donc cette foiblesse qui lui donnoit souvent l'air de la modération ; mais on pouvoit dire de lui à la cour :

Et ses roulemens d'yeux & son ton radouci
N'imposent qu'à des gens qui ne sont pas d'ici.

En effet , dans le temps du déchaînement de Colbert contre Fouquet, quelques personnes que ce déchaînement révoltoit, y opposoient la modération apparente de M. le *Tellier*. M. de Turenne n'en fut pas la dupe : « il est vrai, dit-il, que M. Colbert a plus » d'envie que Fouquet soit pendu , & que M. le » *Tellier* a plus de peur qu'il ne le soit pas ; mot qui contient un jugement fin sur les caractères.

» Il eut, dit l'abbé de Saint-Pierre , deux moyens » principaux de réussir ; l'un c'étoit d'étudier mieux » que ses rivaux, toutes les choses qui déplaisoient » à celui qui gouvernoit, pour les éviter , & toutes » les choses qui lui plaisoient , & celles qui lui plai- » soient le plus, pour les rechercher avec soin dans » l'étendue de son ministère. Le second fut de détruire » finement, doucement & lentement dans l'esprit du » maître , tous ceux qui entroient en quelque fa- » veur........

» On lui attribua pour maxime : *qu'un habile* » *voyageur doit songer à renverser de bonne heure les* » *arbres à droite & à gauche , de peur qu'ils ne vien-* » *nent à tomber & à se rencontrer dans son chemin.*

Voyez à l'article PELETIER (le) , comment par une critique adroite & obligeante qu'il fit du caractère de M. le Peletier, qu'il aimoit & qu'il ne craignoit pas, il le fit préférer pour la place de contrôleur-général à ses concurrens, qu'il combla d'éloges perfides pour les perdre.

» Un jour , dit encore l'abbé de Saint-Pierre , » le roi lui louoit la capacité & la probité de feu » M. de Harlay , & disoit que ce seroit un bon chan- » celier ; il convint de tout, & même il y ajouta » d'autres louanges : mais cependant *je craindrois* , ajouta-t-il, *que la cire ne devînt pas molle entre* » *ses mains* : le roi comprit à ce mot, que Harlay » résisteroit quelquefois à ses volontés, lorsqu'il fau- » droit sceller certains édits; ainsi il ne songea plus » à le donner pour successeur à le *Tellier*.

Le comte de Grammont le voyant sortir un jour du cabinet du roi, plus gai qu'à l'ordinaire, disoit : *il me semble que je vois une souine qui vient d'égorger une demi-douzaine de pigeons dans un colombier, & qui en sort en se léchant encore les barbes.*

» Le *Tellier*, après le conseil, restoit quelquefois » un demi-quart d'heure seul avec le roi, & or- » dinairement c'étoit pour rendre de mauvais offices » à diverses personnes, mais toujours sous le pré- » texte de consulter le roi comme un oracle de » sagesse........ il lui avoit persuadé que sa majesté

» en savoit plus dans la guerre que les plus habiles
» généraux, & qu'il étoit l'auteur de toutes les bonnes
» vues qui avoient réussi.

Il n'avoit donné qu'une instruction à Louvois son
fils, c'étoit de louer toujours le roi :

On ne peut trop louer tro s fortes de personnes.
Les Dieux, sa maîtresse & son roi.

» Voilà, dit l'abbé de Saint-Pierre, pourquoi le
» roi se plaisoit plus à travailler avec le Tellier &
» avec son fils, qu'avec les autres secrétaires d'état...
» Pour intéresser davantage le roi à la fortune de
» son fils, il avoit trouvé le moyen de persuader
» à ce prince, que c'étoit l'élève du roi même &
» sa créature, & qu'il n'avoit de lumières que celles
» qu'il empruntoit du roi. Cela étoit venu au point
» que c'étoit le roi qui prenoit soin de raccommoder
» le fils avec le père, quand le père paroissoit mé-
» content de la conduite du fils : c'étoit, je crois,
» le courtisan le plus fin & le plus adroit flatteur
» qui eût depuis long-temps paru à la cour ; mais
» il n'avoit nul trait de bon citoyen, & traitoit de
» sottise la justice & l'amour du bien public, quand
» ils se trouvoient opposés à l'augmentation de la
» fortune. »

On sait combien la tragédie d'Esther est par-tout
allégorique : voici ce qu'on y trouve jusques dans
les chœurs contre les gens du caractère de le Tellier
& de Louvois.

Rois ! chassez la calomnie ;
Ses criminels attentats
Des plus paisibles états
Troublent l'heureuse harmonie.

Sa fureur de sang avide
Poursuit par-tout l'innocent,
Rois ! prenez soin de l'absent
Contre sa langue homicide.

De ce monstre si farouche
Craignez la feinte douceur,
La vengeance est dans son cœur,
Et la pitié dans sa bouche.

La fraude adroite & subtile
Sème de fleurs son chemin ;
Mais sur ses pas vient enfin
Le repentir inutile.

D'un souffle l'Aquilon écarte les nuages,
Et chasse au loin la foudre & les orages.
Un roi sage, ennemi du langage menteur,
Ecarte d'un regard le perfide imposteur.

Détourne, roi puissant, détourne tes oreilles
De tout conseil barbare & mensonger.
Il est temps que tu t'éveilles ;

Histoire. Tome V.

Dans le sang innocent ta main va se plonger,
Pendant que tu sommeilles.
Détourne, roi puissant ! détourne tes oreilles
De tout conseil barbare & mensonger.

Louis XIV, après une représentation d'*Esther*,
disoit à madame de Sévigné : *Racine a bien de
l'esprit.* Il étoit bien éloigné de savoir combien Racine
avoit d'esprit, s'il ne sentoit pas toutes ces leçons indirectes ; & s'il les eût senties, les auroit-il goûtées ?

2°. François-Michel le Tellier, marquis de Louvois,
fils du chancelier. Les allusions d'*Esther* à ce ministre
sont encore plus fortes & plus directes. Aman
est visiblement M. de Louvois, les juifs proscrits par
Aman, sont visiblement les protestans persécutés par
Louvois, & comme *Esther* est bien évidemment
madame de Maintenon, le but de la pièce n'est pas
d'établir une parfaite intelligence entre cette dame &
le marquis de Louvois, qu'elle n'aimoit guères. M.
de Louvois n'est pas seulement désigné dans la pièce
par la situation générale & par son caractère altier
& inflexible, il l'est encore par des traits particuliers
& personnels :

Il sait qu'il me doit tout :

Dit Aman en parlant d'Assuérus ; or savoit que M.
de Louvois avoit dit la même chose de Louis XIV,
que Louis XIV en étoit instruit & qu'il en étoit indigné ; ce propos étoit en effet bien contraire aux
leçons que l'adroit le Tellier avoit toujours données
à son fils « mon fils ! lui disoit-il, comptez-
» vous êtes perdu, si le roi vient seulement à soup-
» çonner que vous ayez plus d'esprit que lui. Mon
» fils ! fais-toi petit, disoit Parménion à Philotas.

Les partisans de M. de Louvois, en convenant
de la fierté, de la dureté même qu'on lui reprochoit, disoient que jamais on n'avoit vu de ministre
plus zélé pour la gloire du roi, & que c'étoit là
le but unique où se rapportoient toutes ses démarches
& même ses fautes ; aussi lorsqu'*Esther* désigne Aman
par ce vers :

Un ministre ennemi de votre propre gloire.....

Aman s'écrie-t-il :

De votre gloire ? moi ! Ciel ! le pourriez-vous croire ?
Moi, qui n'ai d'autre objet, ni d'autre Dieu.....

Mardochée, qu'Aman veut perdre pour n'avoir
pas voulu fléchir le genou devant lui, & dont il
dit, avec toute la sensibilité du despotisme & de l'orgueil blessé :

L'insolent devant moi ne se courba jamais.

Mardochée représente tantôt Turenne contrarié &

traverfé dans fes fuccès, tantôt Luxembourg perfécuté pour n'avoir pas rampé fous Louvois.

On a imprimé en 1782, une collection de lettres & mémoires trouvés dans les porte-feuilles de M. de Turenne, deux volumes *in-folio*. La correfpondance de M. de Turenne avec M. de Louvois, forme la partie principale de ce recueil ; on n'y appercevroit que d'affez foibles traces de leur méfintelligence fans certaines lettres adreffées au roi par M. de Turenne, une entre autres de l'année 1674, dont le fens général reffemble beaucoup à ce mot de M. de Villars :

Je ne crains que Verfailles,
Contre vos ennemis je marche fans effroi ;
Défendez-moi des miens, ils font près de mon roi.

Voici les termes de la lettre de M. de Turenne :

» Comme j'aurai l'honneur de pouvoir parler à » votre majefté ici, & de lui écrire quand elle fera » éloignée, je lui dirai ou lui ferai favoir les pas » que M. de Louvois continuera de faire, pour entrer » dans les fentimens de fon père, qui n'a jamais » pardonné ; & cela joint avec la hauteur & l'am- » bition du fils, votre majefté peut bien juger du » danger où eft un homme éloigné, & quel eft le » précipice qu'il voit à chaque pas devant foi ; puif- » qu'étant près, elle a remarqué quantité de petits » endroits qui ne l'affurent que trop de cette véri- » té là.

Quant au maréchal de Luxembourg, *voyez* vers la fin de l'article *Montmorenci*, l'indigne procès que le marquis de Louvois n'eut pas honte de lui faire fufciter pour magie & empoifonnement.

C'eft à Louvois qu'on a toujours imputé le double embrâfement du palatinat en 1674 & en 1689. On dit que Louis XIV fe repentit de ces cruautés, & que le remords qu'il en eut, fut une des caufes qui diminuèrent, fur la fin, la faveur de Louvois.

Madame de Sévigné rapporte un trait de Louvois, qui annonce à la vérité un caractère altier & impérieux, mais qui montre en même-temps une févérité, un amour de la difcipline très-convenable dans le miniftre d'un grand roi.

M. de Louvois dit l'autre jour tout haut à M. de Nogaret : « Monfieur, votre compagnie eft en fort » mauvais état. Monfieur, dit-il, je ne le favois » pas. Il faut le favoir, dit M. de Louvois : l'avez-vous » vue ? non Monfieur, dit Nogaret. Il faudroit l'avoir » vue, Monfieur. Monfieur, j'y donnerai ordre. Il » faudroit l'avoir donné : il faut prendre parti, » Monfieur, ou fe déclarer courtifan, ou s'acquitter » de fon devoir, quand on eft officier.

M. de Louvois s'étoit accoutumé à vouloir que Louis XIV fût le maître du monde, afin de l'être fous lui :

Et tous ceux qu'à fes yeux le fort venoit offrir,
Lui fembloient fes fujets, & faits pour obéir.

Héinfius, créature de Guillaume III, roi d'Angleterre, prince d'Orange, & qui lui devoit fa place de penfionnaire de Hollande, avoit autrefois été envoyé en France par ce prince, après la paix de Nimégue, pour traiter d'affaires concernant la principauté d'Orange. Son zèle pour les intérêts de Guillaume avoit déplu à Louvois, qui regardant tous les Européens comme des fujets de fon maître, s'étoit emporté jufqu'à menacer Héinfius de la Baftille. Long-temps après la mort de Guillaume & de Louvois, Héinfius montra aux conférences de la Haye & de Gertruydemberg qu'il n'avoit oublié ni les bienfaits de l'un, ni les menaces de l'autre ; & qu'iqu'il fût naturellement doux & modéré, le fage & modeft. Torci eut quelquefois à expier de fa part les violences de Louvois. On accufe auffi Louvois d'avoir entrepris des guerres, & de les avoir prolongées, & d'avoir embarraffé les affaires pour en tenir feul le fil, & fe rendre néceffaire. Mais la difcipline établie & maintenue parmi les troupes, l'entretien & l'approvifionnement des armées, toujours fournies avec une fupériorité d'intelligence & d'activité vraiment admirables ; la célèbre inftruction pour le fiège de Gand envoyée au maréchal d'Humières, la conftruction de l'hôtel royal des Invalides, une foule d'établiffemens militaires, ou néceffaires ou utiles, une continuité de fuccès, qui ne peut appartenir qu'à l'habileté ; voilà les titres de gloire du Marquis de Louvois, dont le nom ne réveille pas moins l'idée d'un grand miniftre, que d'un homme altier & dur : il étoit, dit-on, pour l'oppreffion & pour la gloire de fa patrie. Il avoit tellement ranimé l'ancien efprit militaire dans les armées Françoifes, & en avoit fi bien banni la molleffe, qu'un officier ayant paru à une alerte en robe de chambre, le général le fit brûler à la tête du camp, comme une recherche de commodité indigne d'un homme de guerre. On fait avec quelle injufte rigueur Louvois fit traiter Dupas pour avoir rendu Naerden.

» Il ne tint à la vérité que quatre jours, dit l'auteur » du fiècle de Louis XIV ; mais il ne remit fa ville » qu'après un combat de cinq heures, donné fur de » mauvais ouvrages, & pour éviter un affaut géné- » ral, qu'une garnifon foible & rebutée n'auroit point » foutenu. Le roi, irrité du premier affront que rece- » voient fes armes, fit condamner Dupas à être traîné » dans Utrecht une pèle à la main, & fon épée fut » rompue ; ignominie inutile pour les officiers Fran- » çois, qui font affez fenfibles à la gloire, pour qu'on » ne les gouverne pas par la crainte de la honte. Il » faut favoir qu'à la vérité les provifions des comman- » dans des places les obligent à foutenir trois affauts ; » mais ce font de ces loix qui ne font jamais exécutées. » Dupas fe fit tuer un an après au fiège de la petite » ville de Grave, où il fervit volontaire. Son courage » & fa mort durent laiffer des regrets à Louvois, qui » l'avoit fait punir fi durement : la puiffance fouveraine » peut maltraiter un brave homme, mais non pas le » déshonorer. »

On a une lettre de Louvois, où il trouve qu'on a ufé d'indulgence envers Dupas, & que fon crime prétendu méritoit la mort.

C'étoient toujours les moyens les plus durs & les plus violens que Louvois jugeoit les plus efficaces ; & en cela l'*esprit*, comme dit M. de la Rochefoucault, *étoit chez lui la dupe du cœur. Si l'ennemi brûle un village de votre gouvern. ment*, écrivoit-il au maréchal de Boufflers, *brûlez-en dix du sien*. On pouvoit lui répondre : » Si l'ennemi pense comme vous, sa réplique » sera d'en brûler cent, la vôtre d'en brûler mille, & » ces horreurs iront toujours en augmentant ». Le marquis de Louvois étoit un ministre impénétrable. Dans les opérations de l'armée, dans les délibérations du conseil, par-tout, il faisoit régner le secret le plus inviolable. Prêt de partir pour un voyage, il feignit un jour de vouloir dire où il alloit ; *Ne nous le dites point*, dit le comte de Grammont, *nous n'en croirions rien*.

M. de Louvois étoit parvenu à mettre son caractère hautain & altier en liberté avec le roi. Le roi, qui ne l'aimoit plus, & qui s'étoit accoutumé aussi à le lui faire sentir, lui ayant témoigné du mécontentement sur une affaire dont Louvois lui rendoit compte : *Oh !* s'écria celui-ci, *il n'y a plus moyen de vous servir*. Le roi, indigné, courut prendre sa canne ; madame de Maintenon l'arrêta. Louvois retourna chez lui, également désespéré de son imprudence & de sa disgrace ; il but un verre d'eau, & mourut subitement le 16 Juillet 1691 à cinquante-un ans. On ne manqua pas de croire qu'il avoit été empoisonné ; mais Louis XIV n'empoisonnoit pas, & un roi puissant n'empoisonne pas un ministre qui lui déplaît, il le renvoie. On dit que Louis XIV, qui, sans avoir attenté à sa vie, pouvoit se reprocher sa mort, & qui devoit au moins avoir pitié de lui, avoua que l'année 1691 lui avoit été favorable, en le délivrant de trois hommes qui lui étoient devenus insupportables ; & dont le premier étoit Louvois. Ce fut-là le prix de tant de travaux, & le terme de tant d'ambition.

De tous ceux qui ont écrit sur Louvois, celui qui lui est le plus favorable est le président de Lamoignon, (Chrétien-François) fils du premier président, & père du chancelier de Lamoignon : » J'avois engagé, dit-il, » entre mon père & M. de Louvois une amitié qui » auroit assurément duré très-long-temps ; car M. de » Louvois a toutes les bonnes qualités de son père, (nous avons vu quelles étoient ces bonnes qualités) » & y a joint une grande fidélité pour ses amis ; j'en » ai reçu des marques si certaines, que je m'en sou- » viendrai toute ma vie ».

Le marquis de Louvois étoit né à Paris en 1641. Il fut reçu en survivance de la charge de secrétaire d'état de la guerre en 1664, & son père le lui abandonna entièrement en 1666. Il fut fait sur-intendant général des postes en 1668. En 1683, à la mort de M. Colbert, il fut fait sur-intendant des bâtimens : il étoit d'ailleurs chancelier des ordres du roi, grand-vicaire des ordres de Saint-Lazare & du Mont-Carmel.

3°. Charles-Maurice le *Tellier*, second fils du chancelier le *Tellier*, & frère puîné du marquis de Louvois, fut archevêque de Reims, commandeur de l'ordre du Saint-Esprit, proviseur de Sorbonne, conseiller d'état, &c. Il tenoit un peu du caractère de son frère ; on lui reprochoit de la hauteur, du faste, & une sorte de brusquerie grossière dans les manières. C'est à lui qu'on impute d'avoir dit, en voyant le roi d'Angleterre, Jacques II, à Saint-Germain, après la révolution : *Voilà un bon homme qui a sacrifié trois royaumes pour une messe* ; propos peu ecclésiastique.

La maison de Bouillon avoit engagé l'archevêque de Paris, Péréfixe, à demander pour c. adjuteur l'abbé d'Albret, très-jeune encore, & qui fut depuis le cardinal de Bouillon : c'étoit le neveu de M. de Turenne. Louis XIV, qui se souvenoit de tout l'embarras que lui avoit causé dans son enfance un archevêque de Paris turbulent, (le cardinal de Retz) ne vouloit point mettre dans ce siége un jeune homme ardent & de grande maison, qui lui paroissoit être du même caractère. L'abbé d'Albret, ou, comme on l'appelloit alors, le duc d'Albret, fut rejetté, & les le *Tellier*, ennemis de M. de Turenne, triomphèrent de ce refus. Vers le même temps l'énorme crédit des le *Tellier* procuroit à Charles-Maurice l'archevêché de Reims, & faisoit d'un homme à peine noble le premier pair du royaume. M. de Turenne indigné vouloit aller reprocher au roi, non pas le refus fait à son neveu, mais la grace accordée à l'abbé le *Tellier* ; il vouloit, disoit-il, le faire rougir de sa foiblesse pour ses ministres. *Profitons de cette foiblesse*, dit l'abbé d'Albret, *& ne la lui reprochons pas ; demandons un digne dédommagement de l'archevêché de Paris. Après une telle grace accordée aux le* Tellier, *le roi n'osera pas refuser deux fois M. de Turenne*. Il fut convenu qu'on demanderoit au roi le cardinalat pour l'abbé d'Albret : le cardinalat à son âge ! c'étoit se relever de la manière la plus brillante du refus de l'archevêché de Paris. Ce que l'abbé d'Albret avoit prévu arriva ; le roi trouva la grace un peu forte, mais il n'osa la refuser ; il se contenta d'exiger le secret pour quelque temps. Pendant cet intervalle, l'abbé d'Albret & le nouvel archevêque de Reims revenant ensemble de Saint-Germain, quand on fut à la montagne de Chantecoq, l'archevêque feignant d'ignorer le refus fait à l'abbé d'Albret de l'archevêque de Paris, & ignorant en effet le dédommagement accordé, tourna ses regards vers Paris, & dit à l'abbé, en lui montrant les tours de Notre-Dame : *Voilà deux tours qui vous conviendroient parfaitement, & je vous les souhaite de tout mon cœur*. L'abbé d'Albret le remercia aussi de tout son cœur. Peu de temps après les le *Tellier* apprirent, avec dépit, que l'abbé d'Albret étoit le cardinal de Bouillon,

C'est de l'archevêque de Reims que madame de Sévigné raconte, avec son enjouement & sa vivacité pittoresque, l'histoire suivante.

» L'archevêque de Reims revenoit hier fort vite de » Saint-Germain ; c'étoit comme un tourbillon : il » croit bien être grand seigneur ; mais ses gens le » croyent encore plus que lui. Ils passoient au travers » de Nanterre, *trà, trà, trà*. Ils rencontrent un

» homme à cheval : *gare, gare.* Ce pauvre homme
» se veut ranger ; fon cheval ne le veut pas. Enfin , le
» carroffe & les fix chevaux renverfent cul par-deffus
» tête le pauvre homme & le cheval , & paffent par-
» deffus , & fi bien par-deffus , que le carroffe en fut
» verfé , & renverfé. En même-temps l'homme &
» le cheval, au lieu de s'amufer à être roués, fe
» relèvent miraculeufement , & remontent l'un fur
» l'autre & s'enfuient , & courent encore , pendant
» que les laqua's & le cocher de l'archevêque, &
» l'archevêque même , fe mettent à crier : *arrête,*
» *arrête ce coquin, qu'on lui donne cent coups de bâ-*
» *ton ;* & l'archevêque, en racontant ceci , difoit :
» *Si j'avois tenu ce maraud-là , je lui aurois rompu les*
» *bras & co pé les oreilles* ».

L'archevêque de Reims étoit maître de la chapelle
du roi, & en cette qualité il étoit l'arb tre du fort des
muficiens employés à cette chapelle. Un d'eux lui fit
une réponfe un peu fière , dont il s'offenfa , & il réfolut de lui ôter fa p'ace ; mais , comme ce muficien
étoit agréable au roi, par fa voix & fon chant , il
falloit préparer de loin fa difgrace , comme celle d'un
courtifan : il avoit fenti fa faute , & en avoit fait prévenir Louis XIV. Le lendemain, à la meffe du roi,
l'archevêque dit tout haut : » Voilà un pauvre homme
» qui perd fa voix ; il eft temps qu'il fonge à la re-
» traite. Non, dit Louis XIV, il chante bien , mais
» il parle mal ; il doit aller vous en faire fes excufes ,
» & je vous prie de lui pardonner à ma confidéra-
» tion ».

L'archevêque de Reims étoit janfénifte , & jouoit
un rôle dans le parti ; mais fes mœurs s'accordoient
mal avec fa doctrine , & on fit fur lui cette chanfon :

> Le gros Maurice dans Paris
> Défend la grace gratuite
> Par fes difcours , par fes écrits ;
> Et plus encor par fa conduite ;
> S'il va jamais en parad's,
> Qui pourra douter du *gratis ?*

L'archevêque de Reims aimoit les lettres. Il avoit une
bibliothéque de cinquante mille volumes , qui forme
encore aujourd'hui (en 1789) le fonds de la bibliothéque de Sainte-Géneviève à Paris. Il étoit né à Paris
en 1642 ; il y mourut fubitement en 1710. Il défendit
qu'on lui fît aucune oraifon funèbre : il avoit raifon ;
& Boffuet avoit eu tort d'en faire une au chancelier
fon père , plus tort encore d'avoir confacré & canonifé fon into'érance à l'égard des proteftans , de l'avoir
repréfenté chantant le cantique de Siméon , & rendant graces au ciel de ce que fes yeux , prêts à fe
fermer, avoient vu ce triomphe de la foi catholique ,
(la révocation de l'édit de Nantes) auquel il ne furvécut que huit jours : cette révocation eft du 22
octobre 1685 , & le chancelier le *Tellier* mourut
le 31.

4°. Enfans de M. de Louvois. Le Marquis de Louvois, immenfément riche par lui-même & par fes

places , avoit époufé Anne de Souvré , marquife de
Courtenvaux , l'une des plus riches héritières du
royaume. Il en avoit quatre fils & plufieurs filles ; &
c'eft encore lui qui eft défigné dans ce chœur d'*Efther* :

> Je n'admirai jamais la gloire de l'impie :
> Au bonheur du méchant qu'un autre porte envie.
>   Tous fes jours paroiffent charmans ;
>   L'or éclate en fes vêtemens :
> Son orgueil eft fans borne , ainfi que fa richeffe.
> Jamais l'air n'eft troublé de fes gémiffemens ;
> Il s'endort, il s'éveille au fon des inftrumens :
>   Son cœur nâge dans la molleffe.
>   Pour comble de profpérité ,
> Il efpère revivre en fa poftérité ;
> Et d'enfans, à fa table, une riante troupe ,
> Semble boire avec lui la joie à pleine coupe.

On avoit fait fur fes quatre fils de M. de Louvois
une chanfon prophétique & fatyrique , où , de peur
de ne pas infulter affez de monde , on finiffoit par
infulter les ducs & pairs en corps :

> L'abbé vife au card'nalat ,
> Souvré fera notre Turenne ;
> Barbézieux régira l'état.
> De Courtenvaux je fuis en peine :
> C'eft un fat , il a mauvais air ;
> Nous en ferons un duc & pair.

L'événement a démenti toutes ces prédictions, à la réferve de celle qui concerne M. de Barbézieux , lequel a
véritablement régi l'état : il avoit beaucoup d'efprit &
de talent naturel. Il avoit fuccédé à fon père dans le
miniftère de la guerre , & il forma la troifième génération de miniftres dans fa famille fous Louis XIV ;
mais il mourut en 1701 , trop jeune pour qu'on eût
pu le bien connoître , & au moment où la guerre de la
fucceffion d'Efpagne alloit ouvrir à fes talens la plus
vafte carrière : il mourut pour avoir voulu allier les
plaifirs avec le travail. On lui reprochoit du fafte &
de la diffipation , & c'étoit Louis XIV lui-même qui
lui faifoit ces reproches. Voici ce que le roi écrivoit à
l'archevêque de Reims fon oncle , pour qu'il l'avertît
de fe corriger.

» Je fais ce que je dois à la mémoire de M. de Lou-
» vois ; mais fi votre neveu ne change de conduite ,
» je ferai forcé de prendre un parti : j'en ferai fâché ;
» mais il en faudra prendre un. Il a des talens ; mais
» il n'en fait pas un bon ufage. Il donne trop fouvent à
» fouper aux princes , au lieu de travailler : il néglige
» fes affaires pour fes plaifirs ; il fait attendre trop
» long-temps les officiers dans fon antichambre ; il
» leur parle avec hauteur , & quelquefois avec du-
» reté ».

L'abbé de Louvois, (Camille le *Tellier*) foit qu'il
vifât ou non au cardinalat , ne fut point cardinal , pi
même évêque , quoiqu'il eût été nommé , en 1717, à
l'évêché de Clermont ; mais il le refufa , ce qui étoit
bien éloigné de vifer au cardinalat.

Il étoit né à Paris le 11 avril 1675. Dès 1684, à l'âge de neuf ans, il fut nommé au prieuré de Saint-Belin, à l'abbaye de Bourgueil & à celle de Vauluisant. La même année on réunit pour lui, sous le titre général de bibliothéquaire du roi, les charges de garde de la bibliothéque & d'intendant du cabinet des médailles, dont étoit pourvu l'abbé Colbert, & celle de grand-maître de la librairie, que deux Jérôme Bignon avoient successivement remplie.

Son éducation avoit été très-cultivée, & l'avoit été fructueusement ; la nature lui avoit donné les dispositions les plus heureuses, & il eut les plus grands maîtres en tout genre. Son précepteur fut M. Hersan, professeur de rhétorique, célèbre dans son temps, & que M. Rollin a dignement loué. (*Voyez* l'article HERSAN.) M. Boivin le cadet lui apprit le grec ; M. l'abbé Vittemant, depuis sous-précepteur du roi Louis XV, fut son maître de philosophie. Il fit son cours de mathématiques sous le fameux Lahire, de chymie sous Homberg & Geoffroy, d'anatomie sous Duverney. Aucun de ses soins ne fut perdu ; les talens du jeune Colbert s'annoncèrent avec éclat par un exercice public qu'il fit à douze ans sur les deux grands poëmes d'Homère, dans une salle de la bibliothéque du roi, & où le grand Bossuet, qui aimoit Homère, & qui le connoissoit autant que les pères de l'église, prit plaisir à s'en entretenir avec cet enfant précoce. Baillet n'a pas manqué de donner à l'abbé de Louvois une place honorable parmi ses enfans célèbres par leurs études. Les thèses de philosophie qu'il soutint à dix-sept ans eurent encore plus d'éclat, & furent chantées par une multitude de poëtes Grecs, Latins & François : ce furent des fêtes solemnelles dans l'université. Mais bientôt sa réputation franchit ces bornes étroites ; on connut son talent pour les affaires. Il voyagea en Italie, il étendit ses connoissances ; & recherchant dans toutes les villes où il passoit tous les livres qui manquoient à la bibliothéque du roi, il ramassa plus de trois mille volumes : conquête littéraire importante.

Il fut reçu en 1706 à l'académie Françoise, & en 1718 à l'académie des Inscriptions & Belles-Lettres. On dit que les Jésuites le tinrent éloigné de l'épiscopat pendant toute la vie de Louis XIV, parce qu'il étoit neveu de l'archevêque de Reims, & suspect de jansénisme. Les raisons qu'il eut de refuser, en 1717, l'évêché de Clermont, attestent la régularité de ses mœurs, & son respect religieux pour ses devoirs : voici ces raisons, selon M. de Boze. » Des douleurs » qu'il supportoit, sans se plaindre, depuis près de » deux ans, l'avoient déjà intérieurement convaincu » qu'il étoit atteint de la pierre, & que le mal, aug- » mentant nécessairement de jour en jour, ne lui » permettroit pas de faire exactement la visite d'un » si grand diocèse, dont les paroisses d'ailleurs, si- » tuées pour la plûpart dans les montagnes, ne pou- » voient être parcourues qu'à cheval ».

En effet, le mal augmentant, il se fit sonder : on sentit la pierre. Il se détermina sur le champ à l'opéra-

tion ; s'y prépara comme à une mort certaine, résigna ses bénéfices : il fut taillé le 29 octobre. La pierre se trouva d'une nature molle ; elle s'écrasa sous la tenette, & on ne put l'extraire que par fragmens ; la fièvre survint, & la mort au bout de huit jours : c'étoit en 1718. L'abbé de Louvois n'avoit alors que quarante-quatre ans & demi.

Le marquis de Souvré, (Louis-Nicolas le *Tellier*) fut la tige de la branche de Souvré.

Le marquis de Courtenvaux, (Michel-François le *Tellier*) l'aîné des quatre fils de M. de Louvois, né le 15 Mai 1663, mort le 11 Mai 1721, ne fut point duc & pair ; il fut capitaine des Cent-Suisses de la garde du roi. Il épousa, le 28 Novembre 1691, Marie-Anne-Catherine d'Estrées, qui fut l'héritière de la maison d'Estrées, & par laquelle ce nom d'Estrées a passé à la famille le *Tellier*. Il a été porté par le dernier maréchal d'Estrées ; celui qui, en 1757, gagna la bataille d'Hastembecke, & fut rappellé. (*Voyez l'article* ESTRÉES.)

Le maréchal d'Estrées eut pour petit-neveu le marquis de Montmirail, (Charles-François-César le *Tellier*) déjà illustre, & déjà moissonné à trente ans. A des talens distingués pour la guerre, talens qui n'attendoient plus pour briller dans tout leur lustre que le secours de l'expérience & l'honneur du commandement, il joignoit des vertus aimables, un amour éclairé des lettres & des sciences, des connoissances, des lumières, & sur-tout l'art de se faire aimer. Il étoit né à Paris, le 11 Septembre 1734, de François-César le *Tellier*, marquis de Courtenvaux, petit-fils du premier marquis de Courtenvaux, fils du ministre Louvois & de Louise-Antoine de Gontaut de Biron, sœur du dernier maréchal de Biron. A dix-sept ans il entra dans la première compagnie des Mousquetaires ; à vingt ans il fut reçu dans la charge de capitaine-colonel des Cent-Suisses, sur la démission de M. le marquis de Courtenvaux son père, le 28 Novembre 1754. M. le maréchal d'Estrées, son grand-oncle, ayant eu, comme nous l'avons dit, le commandement des troupes en 1757, le marquis de Montmirail le suivit en qualité d'aide-de-camp. Il devint bientôt capable de seconder ses vues, par ses opérations sur les bords du Véser : il obtint les éloges des François, l'estime des Anglois, & du duc de Cumberland leur général. Il se distingua beaucoup à la bataille d'Hastembecke, & dans la suite à celle de Crevelt, où il commandoit le Régiment de Royal-Roussillon, dont le roi l'avoit nommé mestre-de-camp au mois de Juillet 1758. Les regrets de ce régiment à la mort de M. de Montmirail, & une lettre qu'écrivit à ce sujet, le 9 Avril 1765, de l'aveu de tous les officiers, M. de Changey, major de ce régiment, suffiroient à la gloire du jeune colonel. En 1761 & 1762 M. de Montmirail avoit servi de nouveau sous M. le maréchal d'Estrées, toujours avec une plus grande distinction, toujours avec une réputation croissante. Il mérita & obtint avant vingt-huit ans, le 25 Juillet 1762, le brevet de brigadier des armées du roi ; il eut aussi

Ja même année la croix de Saint-Louis. La paix, en lui ôtant des occasions de gloire, ne fit que montrer en lui d'autres talens & d'autres vertus. Ses qualités sociales se développèren, avec plus d'éclat; libre de se livrer aux sciences avec plus d'ardeur, il gagna les cœurs des savans comme ceux des guerriers. L'académie des Sciences l'avoit reçu en 1761 à la place d'honoraire, vacante par la mort de M. de Séchelles; le roi le nomma vice-président en 1762, & président en 1763. » Jamais l'académie, dit l'historien de cette compagnie, n'a été plus sagement conduite que par » ce président de vingt-neuf ans, qui ne la connoissoit » que depuis trois années, dont il avoit employé la » plus grande partie à ses campagnes. Il avoit pénétré » tous les intérêts de ce corps; il en connoissoit tous » les membres, & il ne s'occupoit que des moyens » d'y entretenir la noble émulation, qui en est l'ame, » & d'éloigner tout ce qui pouvoit en retarder les » travaux, ou en refroidir l'ardeur ».

M. de Montmirail avoit épousé, le 20 Juin 1763, madame la marquise de Lanmary, fille de M. le comte de Brétonvilliers & d'Adélaïde-Françoise de Chertemps de Seuil. Il est mort le 13 Décembre 1764.

TELLIER, (Michel le) (Hist. de Fr.) c'est le trop fameux P. le Tellier, jésuite, auteur de la constitution Unigenitus, & de tous les troubles qui ont agité l'église de France en conséquence. Ce terrible jésuite, dont la mémoire est en horreur aux jansénistes, n'est ni cher ni agréable aux jésuites mêmes, qu'il a rendus odieux; ce jésuite étoit, selon l'usage d'alors, un des honoraires de l'académie des Inscriptions & Belles-Lettres. On a toujours regardé comme une singularité remarquable le sec & court éloge qu'on a fait de lui dans cette académie; cet éloge n'est que d'une demi-page, & le voici.

» Michel le Tellier naquit auprès de Vire, en basse-» Normandie, le 16 de Décembre 1643, & fit ses » études à Caën au collège des jésuites, qui en ju-» gèrent si favorablement, qu'ils le reçurent parmi » eux dès l'âge de dix-sept à dix-huit ans. Après » avoir régenté avec succès la philosophie & les hu-» manités, ses supérieurs parurent le destiner unique-» ment aux lettres. Il fut chargé de travailler sur » Quinte-Curce pour l'usage de feu Monseigneur; » & l'édition qu'il en donna en 1678 le fit choisir » avec quelques autres pères, distingués par de sem-» blables travaux, pour établir à Paris, dans le col-» lége de Clermont, une société de savans, qui suc-» cédât aux Sirmonds & aux Pétaux. Mais ce projet, » dont l'exécution étoit assez difficile, » fut encore dérangé par le goût que le P. le Tellier » prit pour un genre d'écrire tout différent, qui le » conduisit par degrés aux premiers emplois de sa » compagnie. Il y fut successivement reviseur, rec-» teur, provincial. Enfin, le P. de la Chaize étant » mort en 1709, le P. le Tellier fut nommé confes-» seur du roi & académicien honoraire de cette aca-» démie. Il est mort à la Flèche le 2 du mois de Sep-» tembre 1719, âgé de 76 ans ».

Cet éloge, comme on voit, n'est presque qu'un recueil de dates; & c'est en cela que consiste l'épigramme. M. d'Alembert juge que cette réticence ne suffisoit pas, & qu'il falloit oser dire la vérité toute entière. En effet, l'épigramme dont il s'agit ne pouvoit avoir qu'un mérite, ou de finesse ou de hardiesse. Quant à la finesse, on peut en juger; elle s'apperçoit de loin. Quant à la hardiesse, en falloit-il tant pour oser condamner un moine mort dans la disgrace & dans l'exil? Il est vrai que les jésuites, qui ne l'aimoient pas, ne l'abandonnoient pas cependant à la critique des autres, & que par sa bulle Unigenitus il leur avoit mis entre les mains une arme, dont ils se servoient pour écraser leurs ennemis. On sait que cette bulle avoit pour objet de perdre le cardinal de Noailles, qui avoit approuvé le livre du P. Quesnel, condamné par cette bulle. Toutes ces intrigues n'étoient qu'un tissu de vengeances théologiques. Les jansénistes étoient parvenus à faire condamner, même à Rome, un des livres du P. Quesnel sur les cérémonies Chinoises; le pape Clément XI, qui adopta & consacra la bulle Unigenitus, fabriquée par le P. le Tellier, avoit fait imprimer; dans le temps qu'il étoit le cardinal Albani, un livre moliniste, semi-Pélagien, si l'on veut, du cardinal Sfondrate son ami; Noailles s'étoit rendu le dénonciateur de ce livre. Le Tellier trouvant donc dans le pape Clément XI un juge prévenu, & lié avec lui d'intérêt & de vengeance, parvint aisément à faire condamner le P. Quesnel, pour parvenir ensuite à faire déposer le cardinal de Noailles; car son projet n'aboutit pas à moins que cela. Il avoit déterminé Louis XIV à porter lui-même au Parlement une déclaration, par laquelle tout évêque qui n'auroit pas reçu la bulle purement & simplement, seroit tenu de la recevoir ainsi, sous peine d'être poursuivi à la requête du procureur-général comme rebelle. Mais M. d'Aguesseau, alors procureur-général, étant absolument incapable de se prêter à ces violences perfides, le P. le Tellier mit dans ses intérêts un magistrat plus flexible & plus ambitieux, M. Chauvelin, alors avocat-général, frère aîné de celui que nous avons vu depuis ministre des affaires étrangères & garde des sceaux: on devoit supprimer la charge de procureur-général, & la recréer à l'instant pour M. Chauvelin. Ce M. Chauvelin l'aîné étoit un homme d'esprit, peu studieux, peu appliqué, par conséquent médiocrement instruit, mais doué d'une éloquence naturelle, très-facile & très-brillante. Il a, dit-on, existé un billet du P. le Tellier, adressé à ce magistrat, & dans lequel il lui disoit : » Le roi ira un tel jour au parlement; » servez-vous de votre éloquence accoutumée, & » vous êtes procureur-général ». Le roi ne put aller au parlement, parce que le jour même où il devoit y venir, il tomba malade de la maladie dont il mourut; ainsi le P. le Tellier vérifia la prédiction que lui avoit faite le cardinal de Polignac. Ce cardinal, suivant l'éditeur des lettres du président de Montesquieu, avoit plusieurs fois raconté que le P. le Tellier, dans le temps où il tentoit tous les moyens de perdre le cardinal de Noailles, l'étoit venu trouver un jour,

(lui cardinal de Polignac) & lui avoit dit que le roi ayant réfolu de faire foutenir dans toute la France l'infaillibilité du pape, le prioit (toujours lui cardinal) de donner les mains à ce projet. Le cardinal lui répondit : *mon pere, fi vous entreprenez une pareille chofe, vous ferez bientôt mourir le roi.* En effet, en perfécutant ainfi le roi pour le rendre perfécuteur, il accéléra & empoifonna fes derniers momens. On n'a rien dit contre les mœurs du P. le *Tellier*; & ces hommes pleins de fiel, de haine, d'orgueil & de théologie fcholaftique, ont affez communément des mœurs auftères.

L'auteur de la vie de M. de Caylus, évêque d'Auxerre, dernier évêque ouvertement janfénifte, raconte d'une manière affez intéreffante la nomination du P. le *Tellier* à la place de confeffeur du roi. » M. de » Caylus, dit-il, tenoit de madame de Maintenon, » qu'après la mort du P. de la Chaife les jéfuites pré- » fenterent trois à feurs. Ils parurent en même-temps » devant le roi ; deux tinrent la meilleure contenance » qu'ils purent, & dirent ce qu'ils crurent de mieux » pour parvenir au pofte éminent qui faifoit tant de » jaloux. Le P. le *Tellier* fe tint derrière eux les yeux » baiffés, portant fon grand chapeau fur fes deux » mains jointes, & ne difant mot. Ce faux air de » modeftie réuffit ; le P. le *Tellier* fut choifi. Il avoit » raifon de baiffer les yeux ; car il avoit quelque » chofe de louche ou de travers dans fon regard. On » le fit marquer au roi, & on lui dit qu'il pour- » roit y avoir du danger pour madame la ducheffe de » Bourgogne de voir cet objet pendant fa groffeffe. » Le roi balança quelque temps pour le renvoyer ; » mais enfin il paffa par-deffus ».

» Le P. le *Tellier* fit, dit M. de Voltaire, tout le mal » qu'il pouvoit faire dans cette place, où il eft trop aifé » d'infpirer ce qu'on veut & de perdre qui l'on hait, » fur-tout quand c'eft d'un vieux roi qu'un méchant » homme dirige la confcience.

» Il faifoit remplir toutes les prifons de malheureux » citoyens qu'il accufoit de janfénifme ; & c'étoit à la » perfécution qu'il attachoit le falut de fon pénitent. Ce » qu'il y a de plus honteux, dit encore M. de Voltaire, c'eft qu'on portoit à ce jéfuite le *Tellier* les » copies des interrogatoires faits à ces infortunés ». On a retrouvé en 1768 à la maifon profeffe des jéfuites ces monumens de leur tyrannie.

Le P. le *Tellier*, outre fon Quinte-Curce & fon livre fur les cérémonies Chinoifes, cenfuré à Rome, a laiffé plufieurs écrits polémiques, aujourd'hui ou- bliés. Sa mémoire eft encore reftée chargée du crime d'avoir raffuré la confcience de Louis XIV fur les impôts, dont le malheur des temps, à la fuite de tant d'imprudentes & exceffives dépenfes, le força d'accabler fon peuple dans les dernières années de fon règne. On l'accufe d'avoir procuré au roi des déci- fions de théologiens, qui lui déféroient la propriété de tous les biens du royaume ; & il faut convenir que ce n'eft pas-là un médiocre attentat contre la liberté & la propriété.

TEMGID, *terme de relation*, nom d'une priere que les turcs doivent faire à minuit ; cependant comme cette heure eft fort incommode, & que les mofquées ne font ouvertes que pendant trois lunes de l'année, celles de Redjeb, de Cholban & de Ramazan, où même alors elles ne font fréquentées que par les dévots, la plûpart des turcs fe difpenfent du *temgil*, & font cette priere le foir ou le matin ; mais quand on enfevelit un mufulman, les prêtres qui l'accompagnent, chantent toujours le *temgd*, parce que cette priere leur eft auffi ordonnée pour ce fujet. (*D. J.*)

TEMPLE, (Guillaume) (*Hift. d'Angleterre.*) le chevalier *Temple*, né en 1628, voyagea pendant le règne de Charles I, & fe cacha pendant la tyrannie de Cromwel, en Irlande :

> Fortifiant fon cœur dans l'étude des loix
> Et du Lycée & du Portique.

Et joignant l'étude de la politique à celle de la phi- lofophie. Après la reftauration, il vint employer fes talens, fes lumières, fes études au profit de fon pays & de fon roi. Ce fut fur-tout dans les négociations qu'il fe diftingua. Le traité de la triple alliance du 28 janvier 1668, entre l'Angleterre, la Hollande & la Suède, traité qui arrêta les premières conquêtes de Louis XIV, & qui fit conclure la paix d'Aix-la-Chapelle, le 2 mai de la même année 1668, fut fon ouvrage. Il affifta auffi à ces conférences d'Aix-la-Chapelle en qualité d'ambaffadeur extraordinaire pour confommer ce même ouvrage. Il vit avec douleur l'Angleterre s'unir malgré lui en 1670, avec la France, ou plutôt Charles II s'unir malgré fa nation avec Louis XIV. Il affifta auffi aux conférences de Nimègue pour la paix de 1678. Il fut admis au confeil, puis difgracié. Il fe retira dans une terre, où les lettres & la philofophie qui avoient formé fa jeuneffe, confolèrent fa vieilleffe. On a de lui des mémoires curieux, des remarques fur l'état des provinces unies ; une introduction à l'hiftoire d'An- gleterre, des lettres, des œuvres mêlées, fruits heureux de fon loifir. M. Hume le regarde comme le feul écrivain du temps de Charles II, qui ait fu fe garantir d'une indécence générale, d'une corruption de goût que la licence avoit introduites dans cette cour, en haine de l'efprit de pédanterie & d'aufterité que le Puritanifme avoit répandu parmi le peuple. Il mourut en 1698.

TEMPLES DES CHINOIS, (*Hift. de la Chine*) parmi les édifices publics où les Chinois font paroître le plus de fomptuofité, on ne doit pas omettre les *temples*, ou les pagodes, que la fuperftition des princes & des peuples a élevés à de fabuleufes divinités : on en voit une multitude prodigieufe à la Chine ; les plus célèbres font bâtis dans les mon- tagnes.

Quelqu'arides que foient ces montagnes, l'induftrie chinoife a fuppléé aux embelliffemens &

aux commodités que refufoit la nature; des canaux travaillés à grands frais, conduifent l'eau des montagnes dans des baffins deftinés à la recevoir ; des jardins, des bofquets, des grottes pratiquées dans les rochers, pour fe mettre à l'abri des chaleurs exceffives.d'un climat brulant, rendent ces folitudes charmantes.

Les bâtimens confiftent en des portiques pavés de grandes pierres quarrées & polies, en des falles, en des pavillons qui terminent les angles des cours, & qui communiquent par de longues galeries ornées de ftatues de pierre, & quelquefois de bronze; les toîts de ces édifices brillent par la beauté de leurs briques, couvertes de vernis jaune & verd, & font enrichis aux extrémités, de dragons en faillie de même couleur.

Il n'y a guères de ces pagodes où l'on ne voye une grande tour ifolée, qui fe termine en dôme : on y monte par un efcalier qui règne tout autour; au milieu du dôme eft d'ordinaire un *temple* de figure quarrée; la voûte eft fouvent ornée de mofaïque, & les murailles font revêtues de figures de pierres en relief, qui repréfentent des animaux & des monftres.

Telle eft la forme de la plûpart des pagodes, qui font plus ou moins grandes, felon la dévotion & les moyens de ceux qui ont contribué à les conftruire: c'eft la demeure des bonzes, ou des prêtres des idoles, qui mettent en œuvre mille fupercheries pour furprendre la crédulité des peuples, qu'on voit venir de fort loin en pélerinage à ces *temples* confacrés à la fuperftition; cependant, comme les Chinois, dans le culte qu'ils rendent à leurs idoles, n'ont pas une coutume bien fuivie, il arrive fouvent qu'ils refpectent peu & la divinité & fes miniftres.

Mais le *temple* que les Chinois nomment *le temple de la Reconnoiffance*, mérite en particulier que nous en difions quelque chofe. Ce *temple* eft élevé fur un maffif de brique qui forme un grand perron, entouré d'une baluftrade de marbre brut : on y monte par un efcalier de dix à douze marches, qui règne tout le long; la falle qui fert de *temple*, a cent pieds de profondeur, & porte fur une petite bafe de marbre, haute d'un pied, laquelle, en débordant, laiffe tout autour une banquette large de deux; la façade eft ornée d'une galerie, & de quelques piliers; les toîts (car felon la coutume de la Chine, fouvent il y en a deux, l'un qui naît de la muraille, l'autre qui la couvre) ; les toîts, dis-je, font de tuiles vertes, luifantes & vernilfées; la charpente qui paroît en dedans, eft chargée d'une infinité de pièces différemment engagées les unes dans les autres, ce qui n'eft pas un petit ornement pour les Chinois. Il eft vrai que cette forêt de poutres, de tirans, de pignons, de folives, qui règnent de toutes parts, a je ne fais quoi de fingulier & de furprenant, parce qu'on conçoit qu'il y a dans ces fortes d'ouvrages, du travail & de la dépenfe, quoiqu'au fond cet embarras ne

vienne que de l'ignorance des ouvriers, qui n'ont encore pu trouver cette fimplicité qu'on remarque dans nos bâtimens européens, & qui en fait la folidité & la beauté : la falle ne prend le jour que par fes portes ; il y en a trois à l'orient, extrêmement grandes, par lefquelles on entre dans la fameufe tour de porcelaine, & qui fait partie de ce *temple*. (*D. J.*)

TEMPLES DES JAPONOIS, (*Idolat. afiatiq.*) on doit diftinguer dans le Japon les *temples* des Sintoïftes & ceux des Budfoïftes.

Les fectateurs de la religion du Sintos appellent leurs temples *mia*, mot qui fignifie *la demeure des ames immortelles*, & ils nomment *fiusja*, la cour du mia, avec tous les bâtimens qui en dépendent.

Leurs mias ont beaucoup de rapport aux *fana* des anciens Romains; car généralement parlant, ce font des monumens élevés à la mémoire des grands hommes. Les mias font fitués dans les lieux les plus rians du pays, fur le meilleur terrein, & communément au-dedans ou auprès des grandes villes. Une allée large & fpacieufe, bordée de deux rangs de cyprès extrêmement hauts, conduit à la cour du *temple*, où fe trouvent quelquefois plufieurs mias; & dans ce cas-là l'allée dont on vient de parler mène tout droit aux principaux mias; la plûpart font fitués dans un bois agréable, quelquefois fur le penchant d'une colline tapiffée de verdure, où l'on monte par des marches de pierre.

L'entrée de l'allée qui conduit au *temple*, eft diftinguée du grand chemin ordinaire par un portail de pierre ou de bois d'une ftructure fort fimple; deux piliers pofés perpendiculairement foutiennent deux poutres mifes en travers, dont la plus haute eft, par manière d'ornement, courbée vers le milieu, & s'élève aux deux extrêmités. Entre ces deux poutres il y a une table quarrée, qui eft ordinairement de pierre, où le nom du dieu à qui le mia eft confacré eft écrit en caractères d'or. Quelquefois on trouve une autre porte faite de la même manière, devant le mia, ou devant la cour du *temple*, s'il y a plufieurs mias dans une cour; à quelque diftance du mia, il y a un baffin de pierre plein d'eau, afin que ceux qui vont faire leurs dévotions puiffent s'y laver. Tout contre le mia, il y a un grand coffre de bois pour recevoir les aumônes.

Le mia eft un bâtiment fimple, fans ornement ni magnificence, communément quarré, fait de bois, & dont les poutres font groffes & affez propres. La hauteur n'excède guère celle de deux ou trois hommes, & la largeur n'eft que de deux ou trois braffes. Il eft élevé d'environ une verge & demie au-deffus de la terre, & foutenu par des piliers de bois. Autour du mia il y a une petite galerie où l'on monte par quelques degrés.

Le frontifpice du mia eft d'une fimplicité qui répond au refte; il confifte en une ou deux fenêtres grillées, qui découvrent le dedans du *temple* à ceux

ceux qui viennent faire leurs dévotions, afin qu'ils se prosternent devant le lieu sacré ; il est toujours fermé, & souvent il n'y a personne qui le garde.

Le toit est couvert de tuiles, de pierre ou de copeaux de bois, & il s'avance beaucoup de chaque côté pour couvrir cette espèce de galerie qui règne tout-autour du *temple*. Il diffère de celui des autres bâtimens, en ce qu'il est recourbé avec plus d'art, & composé de plusieurs couches de poutres, qui, s'avançant par-dessous, ont quelque chose de fort singulier. À la cime du toit, il y a quelquefois une poutre plus grosse & plus forte que les autres, posée en long, & à ses extrémités deux autres poutres toutes droites qui se croisent.

Cette structure est faite à l'imitation, aussi-bien qu'en mémoire de celle du premier *temple* ; & quoiqu'elle soit fort simple, elle est néanmoins très-ingénieuse & presque inimitable, en ce que les poids & la liaison de toutes ces poutres entrelacées, sert à affermir tout l'édifice.

Sur la porte du *temple* il pend une grosse cloche plate, qui tient à une corde longue, forte & pleine de nœuds : ceux qui viennent faire leurs dévotions frappent la cloche, comme s'ils vouloient avertir les dieux de leur arrivée : mais cette coutume n'est pas ancienne, & on ne la pratiquoit pas autrefois dans la religion du Sintos ; elle a été empruntée du Budso, ou de la religion idolâtre étrangère.

Dans le *temple*, on voit du papier blanc suspendu & coupé en petits morceaux, & par-là on veut donner au peuple une idée de la pureté du lieu. Quelquefois on place un grand miroir au milieu du *temple*, afin que les dévots puissent s'y voir & faire réflexion, que comme ils apperçoivent très-distinctement les taches de leur visage dans ce miroir, de même les taches de leur cœur les plus secretes paroissent à découvert aux yeux des dieux immortels.

Il y a un grand nombre de ces *temples*, qui n'ont aucune idole ou image du Cami, auquel ils sont consacrés ; & en général l'on peut dire qu'ils n'ont point d'images dans leurs *temples*, à moins que quelque incident particulier ne les engage à y en mettre ; tels par exemple, que la grande réputation & la sainteté du sculpteur, ou quelque miracle éclatant qu'aura fait le Cami. Dans ce dernier cas, on place dans le lieu le plus éminent du *temple*, vis-à-vis de l'entrée, ou du frontispice grillé, une châsse appellée *fonga*, c'est-à-dire, le véritable *temple*, & devant cette châsse les adorateurs du Cami se prosternent ; l'idole y est enfermée, & on ne l'en tire qu'à la grande fête du Cami, qui ne se célèbre qu'une fois tous les cent ans. On enferme aussi dans cette châsse des reliques du même dieu, comme ses os, ses habits, ses épées, & les ouvrages qu'il a travaillés de ses propres mains.

Le principal *temple* de chaque lieu a plusieurs chapelles qui en dépendent, qui sont ornées par-dehors de corniches dorées. Elles sont soutenues par deux

bâtons pour être portées avec beaucoup de pompe à la grande fête du dieu auquel le *temple* est consacré.

Les ornemens du *temple* sont ordinairement des dons qui ont été faits en conséquence de quelque vœu, ou par d'autres raisons pieuses.

Les *temples* du Sintos sont desservis par des laïques, qui sont entretenus ou par des legs, ou par des subsides, ou par des contributions charitables. Ces desservans du *temple* sont soumis pour le temporel aux juges impériaux des *temples* que nomme le monarque séculier.

Quant à ce qui regarde les *temples* des budsdos, c'est-à-dire, des sectateurs du paganisme étranger reçu au Japon, nous nous contenterons de remarquer que ces *temples* ne sont pas moins magnifiques que ceux des sintoïstes. Ils sont également remarquables par leur grandeur, par leur situation charmante, & par leurs ornemens : mais les ecclésiastiques qui les desservent, n'ont ni processions, ni spectacles publics, & ne se mêlent d'autre chose que de faire leurs prières dans le *temple* aux heures marquées. Leur supérieur relève d'un général qui réside à Miaco. Ce général est à son tour soumis aux commissaires de l'empereur, qui sont protecteurs & juges de tous les *temples* de l'empire ; *voyez* de plus grands détails dans Kæmpfer. J'ajouterai seulement que tous les *temples* du Japon ressemblent beaucoup aux pagodes des Chinois ; que ces *temples* sont extrêmement multipliés, & que leurs prêtres sont sans nombre ; pour prouver ce dernier article, il suffira de dire qu'on compte dans Miaco & aux environs 3894 *temples*, 37093 prêtres pour y faire le service. (*D. J.*)

TEMPLES, (*Hist. des Arts*) après avoir parlé des *temples* en littérature, il faut terminer ce vaste sujet par considérer leur mérite & leurs défauts, du côté des beaux arts. Salomon fit construire dans la terre promise un *temple* magnifique, qui fut l'ornement & la consolation de Jérusalem. Depuis cette époque, le peuple choisi a toujours soupiré pour la montagne de Sion ; mais la décoration de cet édifice n'est pas assez connue, pour que nous puissions la faire entrer dans l'histoire des goûts.

On ne sauroit remonter en ce genre avec certitude, au-delà des Grecs ; l'ouvrage dogmatique le plus ancien que nous ayons dans cet art, est celui de Vitruve, qui vivoit sous Auguste, & qui ne dit presque rien des monumens qui avoient pu précéder ceux de la Grèce.

Les Grecs n'ornèrent jamais d'enjolivemens de sculpture l'intérieur de leurs *temples* ; les murs étoient élevés perpendiculairement, & voilà tout ; l'enceinte avoit la figure d'un parallélogramme régulier ; les portes & les frontons étoient sur les deux petits côtés opposés ; il n'y avoit presque que le seul *temple* de la Vertu qui n'eût point de porte de derrière.

Ces *temples* qui, dans leur simplicité intérieure, pouvoient laisser à l'esprit le recueillement qu'il doit apporter dans son humiliation : ces *temples*, dis-je, étoient au-dehors d'une architecture magnifique. La plûpart étoient environnés de péristyles à plusieurs rangs de colonnes ; les deux petits côtés portoient des frontons ; sur le tympan de ces frontons, on représentoit en bas-relief des combats & des sacrifices.

Toutes les colonnes étoient à une même hauteur, & on ne plaça jamais les unes sur les autres ; les *temples* les plus simples n'avoient que quatre colonnes, c'est-à-dire, deux sur le devant, & deux sur le derrière ; les *temples* plus ornés étoient entourés de péristyles à un ou deux rangs de colonnes. La profondeur de ces péristyles ne pouvoit produire d'obscurité incommode ; car ces *temples* n'étoient point éclairés par les côtés ; ils recevoient le jour, ou parce qu'ils étoient découverts, ou par les portes, ou par des croisées pratiquées au-dessus de l'édifice. Quelquefois enfin, le *temple* étoit séparé des colonnes ; tel étoit à Athènes celui de Jupiter Olympien ; entre le péristyle & le *temple*, il y avoit comme une cour.

Dans les *temples* de Jupiter, on employoit l'ordre dorique, qui pouvoit rendre la majestueuse simplicité du maître des dieux. On faisoit ceux de Junon d'ordre ionique, dont l'élégance pouvoit convenir à une déesse ; le *temple* de Diane d'Ephèse avoit un double péristyle, & étoit, selon quelques auteurs, de ce même ordre ionique, qui, par sa légereté, pouvoit avoir été choisi comme étant le plus convenable à la divinité des chasseurs. Enfin, on doit dire à la louange des Grecs, qu'ils furent toujours très-attentifs, dans la construction de leurs *temples*, à faire choix des ordres qui convenoient le mieux aux différens caractères des divinités.

Les Romains qui, dans tous les arts, s'étoient efforcés de suivre les traces des Grecs, furent quelquefois égaler leurs maîtres dans l'Architecture. Les richesses immenses de l'empire laissoient aux artistes qui s'y rendoient de toutes parts, la facilité de se livrer à la beauté de leurs compositions, ou des modèles de la Grèce ; une sorte d'élévation d'ame, qui portoit les Romains à faire élever de superbes édifices ; une politique sage, qui encourageoit la vertu & les talens par des arcs de triomphe, ou par des statues ; en un mot, toutes ces vûes de grandeur, multiplièrent étonnamment des monumens respectables, que le temps ni la barbarie n'ont pu détruire encore entièrement.

Les *temples* romains, quoique plus grands & plus magnifiques que ceux de la Grèce, avoient à-peu-près les mêmes décorations extérieures. Ceux de Jupiter foudroyant, du ciel, de la terre, de la lune, étoient découverts. Pour les dieux champêtres, on construisoit des grottes dans le goût rustique. Au milieu de ces *temples*, on plaçoit la statue du dieu qu'on vouloit honorer ; au pied de la statue, étoit un autel pour les sacrifices ; les autels des dieux célestes étoient fort exhaussés ; ceux des dieux terrestres, étoient

un peu plus bas ; & ceux des dieux infernaux, étoient enfoncés.

Les Romains eurent aussi des basiliques d'une belle architecture ; c'étoient des lieux publics destinés à assembler le peuple, lorsque les rois ou les principaux rendoient la justice. Ces édifices étoient ornés intérieurement par plusieurs rangs de colonnes. Lorsqu'on eût commis à de petits magistrats le soin & l'emploi de juges, les marchands commencèrent à fréquenter les basiliques ; enfin, ces édifices furent destinés à célébrer les mystères des nouveaux chrétiens.

Dès que le Christianisme eut pris faveur, il abandonna les basiliques, pour décorer intérieurement les églises de son culte ; & ces ornemens intérieurs dont on les chargea, servirent de modèle pour toutes celles qu'on fit construire dans la suite. On s'éloigna de la simplicité intérieure des *temples* antiques ; on n'eut plus d'attention à conserver dans des maisons d'adoration, une sorte de dignité majestueuse, de laquelle les idolâtres ne s'étoient jamais éloignés. Dans la Grèce, il n'y avoit qu'un ou deux *temples*, dont l'intérieur fût orné par des colonnes ; mais ces *temples* n'étoient point fameux, & ne méritent pas de faire d'exception.

Un *temple* grec étoit dans la simplicité de quatre murs élevés perpendiculairement ; il étoit entouré de colonnes toutes égales, & qui soutenoient un même entablement. D'un premier regard, on ne disoit point comme dans le gothique, par quelle adresse étonnante a-t-on pu élever un édifice si peu soutenu, tout découpé à jour ; & qui cependant dure depuis plusieurs siècles ? Mais plutôt l'esprit se reposant dans la solidité apparente & réelle de toutes les parties, s'occupoit agréablement à développer les sages ressources que l'art avoit su se faire ; pour mettre un certain accord entre des beautés constantes, & qui à chaque fois qu'on les voyoit, savoient produire une nouvelle satisfaction.

Lors du renouvellement des arts & des sciences, le goût gothique se trouva généralement répandu dans l'Architecture ; les artistes ne purent employer les béautés de l'antique, qu'en les rapprochant de la dégradation, que l'instinct habituel faisoit applaudir. Ainsi, en conservant le fond de l'architecture des Goths, on chercha à y introduire les plus belles proportions des anciens.

Dans la construction des églises modernes, on a donné au plan la forme d'une croix ; on a réservé tous les ornemens pour l'intérieur. On a ouvert plusieurs portes ; on a fait des bas côtés ; il y a eu des fenêtres sur toute la longueur & à toute hauteur ; & c'est ce qu'on ne voyoit point aux *temples* des Grecs ; mais aussi on a mis le chœur & la nef dans une même direction ; on a supprimé les faisceaux des colonnes, pour n'en admettre qu'un seul ordre avec un entablement régulier ; les vitres ont été laissées dans leur transparence ; les ornemens n'ont été employés qu'avec économie, & ce font-là tout autant de corrections des erreurs gothiques.

Les modernes, ajoutera-t'on, pratiquent encore de belles décorations; j'en conviens : mais elles font rarement à leur place. Ainsi, quoique plus rapprochés en apparence des Grecs, que ne l'étoient les Goths, nous pourrions, à certains égards, nous en être fort éloignés. Je le crois d'abord par la vérité du fait; en fecond lieu, parce que nous nous en croyons plus près; enfin, parce que nous fommes venus après les Goths, & que la fucceffion des goûts pourroit nous avoir détournés de la pureté primitive.

Quoiqu'il ait paru de temps à autres des artiftes très habiles; avec un peu d'attention, on ne peut méconnoître la dégradation du goût, & cette fatalité qui a toujours interrompu l'efprit dans fa marche. Dans tous les arts, il a fallu, pendant long-temps, fe traîner dans la carrière fatiguante & incertaine des effais mal conçus, avant que de franchir l'intervalle immenfe qui peut conduire à quelque perfection. Lorfque l'efprit a atteint à quelques beautés vraies & conftantes, rarement fait-il s'y repofer. De fauffes fubtilités fe préfentent; on croit, en s'y abandonnant, renchérir fur la belle fimplicité de la nature; & les arts retombent dans la période des erreurs, que l'imbécillité d'un inftinct perverti fait néanmoins applaudir.

L'architecture des *temples* mahométans n'eft pas propre à rectifier notre goût; car ce font des ouvrages communément tout ronds avec plufieurs tours. Quelques-unes de ces tours qui font à la mofquée de Médine, où eft le tombeau de Mahomet, font torfes, non pas cependant comme nos colonnes, dont les fpires font dans différens plans; ce font plutôt comme des courbes, qui rampent autour de ces tours circulaires. Cette figure des *temples* mahométans, aux tours près, eft celle que les anciens avoient conftamment employée dans les *temples* de Vénus. Se feroit-on afferví à cette fimilitude, parce que le ciel de mahomet eft celui de la déeffe des plaifirs? (*Le chevalier DE JAUCOURT.*)

TEMPLES, nom que les Anglois donnent à deux collèges, où les chevaliers du *temple* faifoient autrefois leur demeure.

Après la fuppreffion de l'ordre des Templiers, quelques profeffeurs en droit achetèrent ces maifons, & ils les convertirent en auberges ou hôtelleries.

On appelle un de ces bâtimens le *temple intérieur*, relativement à l'hôtel d'Effex, qui faifoit auffi partie de la demeure des Templiers; & l'autre s'appelle le *temple extérieur*, comme étant fitué hors de la barre du *temple*.

Du temps des Templiers, le tréfor du roi d'Angleterre étoit gardé dans le *temple* intérieur, comme celui du roi de France au *temple* à Paris.

Le chef de cette maifon s'appelloit le *maître du temple*, qui fut cité au parlement la 49ᵉ année du règne d'Henri III. & le principal miniftre de l'églife du *temple*, s'appelle encore aujourd'hui du même nom.

Nous avons auffi à Paris une efpèce d'ancienne fortereffe nommée le *temple*, qui étoit la maifon ou le monaftère des chevaliers Templiers. Après la deftruction de ceux-ci, elle a paffé avec leurs autres biens à l'ordre de faint-Jean de Jérufalem ou de Malte; mais elle a toujours confervé le nom de *temple*. C'eft dans fon enceinte qu'eft fitué le palais du grand prieur de la langue de France, qui y a un bailli, d'autres officiers, & une jurifdiction particulière. L'enceinte du *temple* eft un lieu privilégé pour des ouvriers & artifans qui n'ont pas droit de maîtrife dans Paris. On ne peut pas non plus y arrêter un homme pour dettes. L'églife eft defferviе par des chapelains de l'ordre de Malte; les archives & la chancellerie de la langue de France y font auffi renfermées, & le chapitre général s'y tient tous les ans le 11 de Juin. (*A.R.*)

TENCIN, Pierre Guérin de (*Hift. de Fr.*) né à Grenoble en 1679. Il convertit le fameux Law, & Law l'enrichit lui & fa famille. En 1721 il fut conclavifte du cardinal de Biffy à Rome; il fut enfuite chargé des affaires de France dans cette cour. Nommé archevêque d'Embrun en 1724, il tint en 1727, le trop fameux concile d'Embrun, où le vieux & vertueux Soanen fut dépofé : en 1739, il fut fait cardinal fur la nomination du roi Jacques III; en 1740 archevêque de Lyon, en 1742, miniftre d'état. Il crut & tout le monde crut qu'il alloit fuccéder à toute la puiffance du cardinal de Fleury. Quant il vit fes efpérances fruftrées, il fe retira dans fon diocèfe, où il éprouva que l'aumône couvre la multitude des péchés, dans ce monde comme dans l'autre. Il n'avoit emporté, en quittant le confeil, que la réputation d'un prélat courtifan, qui avoit toujours été, comme difoit un courtifan, *le très-humble ferviteur des circonftances*. Il montra dans la retraite un homme tout nouveau, un prélat charitable, un voifin doux & commode, un homme aimable, un bon citoyen, & s'il eft vrai qu'il mourut de douleur d'avoir vu échouer le projet qu'il avoit conçu, du fond de fa retraite, d'épargner à la France & au monde le fléau de la guerre de 1756 en entrant exprès en correfpondance avec la Margrave de Bareith, fœur du roi de Pruffe, fa mémoire ainfi que celle de M. de Voltaire qui l'engagea dans cette négociation, (*voyez* fon article) doit être chère à tous les amis de la paix & de l'humanité. Il mourut en 1758.

Claudine-Alexandrine-Guérin de *Tencin*, fa fœur, avoit été religieufe dans le monaftère de Montfleury, près de Grenoble. Un bref de Rome, obtenu, dit-on, par le crédit de Fontenelle, a rendu au monde qu'elle avoit quitté, mais qu'elle aimoit & où elle fut aimée. Elle fervit beaucoup à la fortune & à la réputation de fon frère, & elle eut comme lui une réputation à laquelle quelques époques de fa vie ont fait quelque tort. L'aventure de la Frefnaye, confeiller au grand confeil, qui fe tua dans fon appartement par un défespoir d'amour, donna lieu aux interprétations les plus finiftres, & lui attira les traitemens les plus durs; elle fut mife au châtelet, puis à la Baftille. Enfin, fon innocence fut reconnue; car enfin les efpérances que la coquetterie peut donner, & les folies tragiques où ces efpérances fruftrées peuvent précipiter un amant crédule & fenfible, ne font point des crimes que les loix ayent droit de punir.

> Ces féductions
> Qui vont au fond des cœurs chercher les paffions,
> L'efpoir qu'on donne à peine afin qu'on le faififfe,
> Ce poifon, préparé des mains de l'artifice,
> Sont les armes d'un fexe auffi trompeur que vain,
> Que l'œil de la raifon regarde avec dedain.

Voilà ce que dit dans fa fureur un amant maltraité, & voilà toute la peine que méritent les artifices dont il parle.

Madame de *Tencin* eut le mérite de très-bien choifir fes amis en tout genre, & le talent de fe les attacher; tout ce que la cour avoit de plus aimable & la littérature de plus poli, formoit fa fociété. Le cardinal Profper-Lambertini étoit en correfpondance réglée avec elle; & lorfqu'il fut devenu le pape Benoit XIV, il lui envoya fon portrait. On a retenu des phrafes de la lettre de remerciment qu'elle lui écrivit à ce fujet: « *Votre affabilité, votre bonté, votre fidélité dans l'amitié*, lui difoit-elle, *vous avoient fait de tendres amis de ceux qui font devenus vos enfans. Depuis long-temps mes vœux plaçoient votre fainteté fur la chaire de Saint-Pierre. J'étois par mes defirs votre fille fpirituelle, avant que vous fuffiez le père commun des fidèles*. » Madame de Tencin mourut à Paris en 1749. On a de cette femme célèbre le roman du *fiège de Calais*, & celui des *malheurs de l'amour*; les *mémoires du comte de Comminges*, ouvrage plein d'intérêt & par le fonds du fujet & par la manière dont il eft traité. Il a fourni à M. d'Arnauld le drame de Comminges; enfin *les anecdotes d'Edouard II*. Ce dernier ouvrage n'a paru que long-temps après fa mort. On ne fait pas jufqu'à quel point elle a aidé dans la compofition de ces ouvrages par M. de Pont-de-Vefle, fon neveu.

TENCTÉRIENS, f. m. pl. (*Hift. anc.*) peuples de l'ancienne Germanie, qui du temps de Céfar habitoient en Weftphalie, vers les bords du Rhin. (*A.R.*)

TENDE. (*Voyez* SAVOIE.)

TENDOURS, f. m. (*terme de relation*) On nomme *tendours*, dans le Levant, des tables garnies de bois par les côtés, dans lefquelles les Turcs s'enferment jufqu'à la ceinture, hommes & femmes, filles & garçons. Ils y mettent en hiver un petit poêle pour échauffer le lieu, & paffent ainfi des journées entières dans leurs *tendours* à converfer, fumer & boire du forbet. (*D. J.*)

TENECHIR, f. m. (*terme de relation*) planche ou pierre fur laquelle les Turcs mettent les morts pour les laver entièrement, de peur qu'il ne leur refte quelque tache de fouillure. (*D. J.*)

TENHALA, f. m. (*Hift. mod.*) c'eft le nom que les habitans du Sénégal donnent aux princes du fang de leurs fouverains, qu'ils nomment *Damel*. Les nobles du pays fe nomment *Sahibobos*. Le fouverain a fous lui deux feigneurs, revêtus des poftes les plus éminens de l'état. Le premier s'appelle *Kondi*; il eft chargé du département de la guerre, & du commandement des armées. Le fecond s'appelle le grand *Jarafo*; il a le département des affaires civiles, & eft le chef de toutes les cours de judicature. Le *Damel*, ou fouverain lui-même, ne peut point annuller fes décifions. Il eft chargé de parcourir les provinces, afin d'écouter les plaintes des peuples contre les *Alcaires*, qui font des magiftrats municipaux, chargés de la perception des revenus de l'état. (*A.R.*)

TENTE DU LEVANT; (*ufages des Orientaux*) les *tentes du Levant* font moins embarraffantes que celles de ce pays-ci. Elles n'ont qu'un arbre au milieu, qui fe démonte en deux quand on veut plier bagage, mais qui foutient, lorfque la tente eft placée, un pavillon de groffe toile bien ferrée, fur laquelle l'eau coule aifément. Le pavillon eft arrêté dans fa circonférence avec des cordons, que l'on accroche à des chevilles de fer fichées en terre. Aux deux tiers de la hauteur de ce pavillon font attachées des cordes, que l'on bande fortement par le moyen d'autres chevilles, plus écartées de l'arbre que les premières. Ces cordes tirent le haut du pavillon en-dehors, & lui font faire un angle faillant, en manière de manfarde. (*D. J.*)

TERCIER, (*Jean-Pierre*) (*Hift. litt. mod.*) de l'académie des Infcriptions & Belles-Lettres, naquit à Paris le 7 Octobre 1704. Pierre *Tercier*, fon père, étoit né en Suiffe, dans le canton de Fribourg. M. Baizé, célèbre avocat au confeil, qui l'avoit guidé dans l'étude du droit, & qui avoit conçu pour lui une tendreffe de père, le fit connoître au marquis de Monti, nommé alors à l'ambaffade de Pologne, qui prit M. *Tercier* en qualité de fecrétaire; il partit de Paris le 25 Mai 1729, & arriva le 4 Juillet à Varfovie. Indépendamment de l'intérêt politique du moment, il s'agiffoit de prévoir & de préparer l'avenir; il s'agiffoit de difpofer les efprits des Polonois à rendre leur couronne, quand elle viendroit à vaquer, au roi que Charles XII leur avoit autrefois donné, & que plufieurs d'entr'eux regrettoient avec raifon. Le marquis de Monti & M. *Tercier* travaillèrent conftamment fur ce plan: le marquis étoit l'ame de la négociation, M. *Tercier* en étoit l'organe. Grace à fes vertus & à leurs foins, Stanislas régnoit dans les cœurs des Polonois, lorfque la mort d'Augufte II fit revivre les droits qu'il avoit à la couronne de Pologne. Stanislas fut élu; mais l'empereur, qui avoit une grande influence fur la Pologne; & la Ruffie, qui en avoit une plus grande encore, étoient dans les intérêts de fon concurrent, fils du roi dernier mort. La Pologne attendoit le roi qu'elle venoit de fe redonner. Pour aller jufqu'à elle, il falloit qu'il traverfât toute l'Allemagne.

pays ennemi. Il fut tromper toute l'Allemagne à la faveur d'un déguisement ; il la traversa toute entière impunément, fous le nom du fils du marquis de Monti. M. *Tercier* avoit envoyé un plan fi parfaitement fidèle du palais de l'ambassadeur, que le roi de Pologne vint descendre au milieu de la nuit droit à la porte du jardin ; M. *Tercier* l'y attendoit, & son hommage fut le premier que le nouveau souverain reçut dans ses états : il étoit seul dans le secret ; seul enfermé avec le roi dans son appartement, gardant sa chambre sous prétexte de maladie. Quand, par d'adroites insinuations, on eut fait monter à son comble l'impatience qu'avoient les Polonois de voir arriver Staniflas, on répandit, avec précaution & successivement, le bruit qu'il étoit en route, qu'il arrivoit, qu'il étoit arrivé, qu'il alloit paroître. Il parut ; il sortit du palais de l'ambassadeur habillé à la Polonoise, & alla, au milieu des acclamations du peuple, rendre graces à Dieu dans la principale église de Varsovie.

Des temps orageux succédèrent à des commencemens si favorables ; les forces de l'Empire & de la Russie portèrent le fils d'Auguste sur le trône, & Dantzick fut bientôt le seul asyle de Staniflas : le marquis de Monti & M. *Tercier* y étoient enfermés avec lui. Cette ville soutint pendant plus de quatre mois un siége meurtrier. (*Voyez* sur ce siége l'article PLÉLO-BRÉHAN vers la fin, & le dévouement généreux de l'ambassadeur en Danemarck.) Ce fut M. *Tercier* qui assura l'évasion du roi de Pologne ; évasion devenue également difficile & nécessaire. Ce fut lui qui déguisa le roi en paysan, qui lui donna la main pour le conduire hors de la maison du marquis de Monti, à dix heures du soir. Staniflas embrassa tendrement M. *Tercier*, en se recommandant à ses vœux & à ses regrets, & alla trouver la mort au milieu de deux armées ennemies. M. *Tercier*, de son côté, traversa une place foudroyée par les bombes, pour s'acquitter de la dangereuse commission dont le roi l'avoit chargé en partant, d'aller porter au primat & aux seigneurs Polonois, qui le croyoient encore à Dantzick, une lettre où il les instruisoit de son évasion. S'il n'étoit plus à Dantzick, il n'en étoit encore que trop près : retardé par mille obstacles, à peine avoit-il pu s'écarter d'un quart de lieue. Il étoit au milieu des marais, dans une misérable cabane, voyant & entendant sans cesse des partis de Cosaques errant de tous côtés pour le chercher : ce fut à travers tant de dangers qu'il parvint enfin à s'échapper.

Le général Munich, qui s'étoit flatté de faire Staniflas prisonnier, & de le mener à Pétersbourg, fut tellement irrité de son évasion, qu'il condamna au supplice de la roue tous ceux qui l'avoient favorisée, nommément M. *Tercier* ; mais Dantzick, qu'il tenoit assiégé depuis le 20 Février, s'étant rendu le 28 Juin, appaisé en partie par cette réduction, il modéra la sentence qu'il avoit rendue dans un premier emportement, & voulut bien faire grace de la vie à des sujets fidèles, auxquels il ne pouvoit reprocher que d'avoir fait leur devoir. Il se fit remettre, contre le

droit des gens, le marquis de Monti & M. *Tercier*. On les traîna de prison en prison ; à Elbing, à un château près de Mariembourg, à Torn, où M. *Tercier* resta dix-huit mois enfermé dans une chambre étroite & mal-saine, environné jour & nuit de sentinelles la bayonnette au bout du fusil, sans avoir la permission de s'entretenir avec personne, d'écrire, de recevoir des lettres. La confession lui fut interdite ; on le gardoit à la messe. Enfin il revint en France en 1736, avec une santé ruinée, que les eaux de Plombières rétablirent.

Il fut ensuite employé long-temps sans titre dans les affaires du ministère, jusqu'en 1748. Alors il accompagna M. le comte de Saint-Severin aux conférences d'Aix-la-Chapelle ; il fut chargé de dresser les articles préliminaires de la paix, & de les porter au roi. Il fut fait premier commis des affaires étrangères, & jouit de toute la protection de la reine & du roi Staniflas son père, retiré pour lors en Lorraine. Il la perdit, du moins en partie, à l'occasion du fameux livre de l'*Esprit*. Nous rapporterons cette triste aventure dans les propres termes du secrétaire de l'académie des Inscriptions & Belles-Lettres, M. le Beau, sans y rien ajouter, sans en rien garantir.

» La qualité de censeur-royal, devenue dangereuse » en ces derniers temps, lui fit perdre le fruit des » travaux de trente années. On jetta au travers de » ses occupations un ouvrage qui avoit besoin des » distractions du censeur. La droiture de son cœur, » sa confiance dans les personnes intéressées, le nuage » d'affaires dont il étoit enveloppé, tout concourut » à lui fermer les yeux. Sa vertu, réveillée par le » cri public, s'étonna de se voir trahie par une im- » prudence ; il reçut, sans murmurer, l'orage qui » éclata sur sa tête. La sagesse de sa conduite en cette » occasion, couvrit la faute d'une aveugle sécurité, » & les personnes équitables ne firent que le plaindre, » tandis qu'il se condamnoit lui-même ».

Sa retraite de la cour ne le fit pas oublier. M. le duc de Choiseul le chargea de rédiger une suite de mémoires historiques sur les négociations, pour l'instruction de M. le Dauphin : cet ouvrage fait partie du dépôt des affaires étrangères.

M. *Tercier* avoit toujours aimé les lettres, & les avoit cultivées avec succès au milieu de ses importantes occupations. Il savoit une multitude de langues ; le Latin, le Grec, l'Arabe, le Turc, l'Allemand, le Polonois, l'Italien, l'Espagnol, l'Anglois. Il fut reçu à l'académie des Belles-Lettres en 1747 ; il étoit aussi de celles de Nanci, de la Rochelle, & de celle de Munich.

Il y a de lui dans le recueil de l'académie plusieurs mémoires curieux, & qui exigeoient la connoissance des langues Turque & Arabe. Il a paru de lui, mais sans son nom, divers extraits dans la *Bibliothèque raisonnée*, & dans d'autres journaux.

Il avoit un frère, mort en 1759, aide-major de Philippeville. Après plusieurs années de service, ce frère laissa une famille sans fortune, dont M. *Tercier* prit soin, & qu'il combla de bienfaits.

Il avoit épousé la petite-fille de ce M. Baizé, qui, en l'attachant à M. de Monti, lui avoit ouvert la carrière des affaires & de la fortune. De ce mariage, constamment heureux, , est née une famille aimable & intéressante. Ces trois générations, qu'on voyoit rassemblées, M. & madame Baizé, père & mère de madame *Tercier*, M. & madame *Tercier*, leurs deux filles, leur fils, alors enfant, aujourd'hui maître des requêtes, l'union, la tendre cordialité, la douce familiarité, le badinage aimable qui animoit doucement leur commerce, & qui attestoit leur tendresse mutuelle, formoient un spectacle agréable à tous les yeux, attendrissant pour tous les cœurs. Tous aimables, tous obligés de s'aimer, ils ne pouvoient qu'être heureux; & ils présentoient en effet l'image la plus parfaite du bonheur.

C'étoit en jouant paternellement avec ses enfans, que M. *Tercier* fit une chûte malheureuse, d'où résulta une blessure à la jambe, qu'aucun remède ne put guérir, & qui le rendit boiteux tout le reste de sa vie.

M. *Tercier* avoit personnellement une gaîté franche & animée, qui se communiquoit sensiblement. Il étoit utile, à ce simple rapport, à ses amis, lorsqu'ils avoient quelques-unes de ces peines d'esprit, ou de ces dispositions à la tristesse, qui demandent de la dissipation.

Il mourut subitement d'apopléxie le 21 Janvier 1767.

TÉRENCE. (*Hist. litt. Rom.*) (*Publius Terentius Afer.*) Ce surnom d'*Afer* indique sa patrie. En effet, il étoit né à Carthage; mais il fut élevé à Rome: c'est Rome qui a formé ses talens, & qui doit s'en applaudir :

Caton forma tes mœurs, Caton seul est ton père.

On conjecture que *Térence* fut enlevé encore enfant, ou du moins fort jeune, par les Numides, dans les courses qu'ils faisoient sur les terres des Carthaginois, leurs voisins & leurs ennemis. Il fut vendu comme esclave à un sénateur Romain, nommé Terentius Lucanus, qui prit le plus grand soin de son éducation, qui joignit à ce bienfait celui de l'affranchir, & qui lui fit porter son nom, comme c'étoit alors la coutume à l'égard des affranchis. Le second Scipion l'Africain, & le sage Lælius furent liés avec lui d'une amitié particulière; on croit qu'ils eurent part à la composition de ses pièces, & il se faisoit lui-même honneur de ce bruit, qui étoit en effet un préjugé favorable pour le mérite de ces mêmes pièces. On peut voir ce qu'il dit sur cela dans le prologue de sa comédie des *Adelphes*. Valgius, qu'Horace met à la tête de ceux dont il désire le suffrage :

Valgius & probet hæc Octavius optimus atque
Fuscus & hæc utinam Viscorum laudet uterque, &c.

Valgius dit, en parlant des comédies de *Térence*, qu'il les croit de Scipion :

Hæ quæ vocantur fabulæ cujus sunt ?
Non has, qui jura populis recensens dabat,
Honore summo affectus, fecit fabulas ?

Boileau a consacré cette opinion, par ces vers adressés à Molière :

Celui qui sut vaincre Numance,
Qui mit Carthage sous sa loi,
Jadis, sous le nom de *Térence*,
Sut-il mieux badiner que toi?

Nous n'avons sous le nom de *Térence* que six comédies. On raconte que quand il vendit la première aux Ediles, pour être jouée dans une des fêtes publiques où présidoient ces magistrats, comme *Térence* étoit fort jeune alors, & n'étoit nullement connu, on exigea qu'il lût auparavant sa pièce à Cécilius, célèbre poète comique de ce temps, dont Horace parle dans ce vers :

Vincere Cæcilius gravitate, Terentius arte.

Son jugement devoit décider du sort de la pièce. *Térence* arrive chez son juge, & le trouve à table. Il avoit peu d'apparence ; il étoit mal vêtu. On lui donna, comme par grace, auprès du lit de Cécilius un petit siége, sur lequel il s'assit modestement, & commença de lire. Quand Cécilius, qui se disposoit à écouter avec distraction, & par complaisance, eut entendu les premiers vers, frappé de ce respect & de cette admiration que le talent inspire au talent, quand il ne lui inspire pas trop d'envie, il changea entièrement de manières avec l'auteur ; le retint à souper, le fit asseoir à côté de lui sur un même lit, & redoubla d'admiration, lorsqu'après le souper il entendit le reste de la pièce.

L'*Eunuque* de *Térence* eut un succès qui fait époque dans les succès du théâtre. On observe comme une marque éclatante de ce succès, que cette pièce fut jouée deux fois en un jour, le matin & le soir ; ce qui n'étoit arrivé à aucune autre pièce.

Saint-Augustin parle aussi du transport & de l'applaudissement universel qu'excita cette phrase tant citée depuis, & qui le sera toujours :

Homo sum, humani nil à me alienum puto.

C'est à ces sortes de traits qu'on peut toujours appliquer ces vers non moins admirables de M. Gresset :

Tous les cœurs sont remplis d'une volupté pure ;
Et c'est-là qu'on entend le cri de la nature.

César appelle *Térence* un *demi-Ménandre*, & il

trouve que c'est assez pour le mettre au premier rang parmi les écrivains :

Tu quoque, tu, in summis, ô dimidiate Menander,
Ponuris, &c.

Cicéron a célébré en vers les talens de *Térence* ; il dit que c'est le Menandre Latin. Il loue très-bien les charmes de son style ; mais il ne les imite pas. Ses vers sont flateurs pour *Térence* ; mais ils ne sont pas bons.

Tu quoque, qui solus lecto sermone Terenti
Conversum expressumque Latinâ voce Menandrum
In medio populi sedatis vocibus effers,
Quidquid come loquens, atque omnia dulcia linquens.

Ce vers :

Conversum expressumque Latinâ voce Menandrum

n'exprime ici qu'une imitation vague de Menandre, & qu'une ressemblance générale avec ce poëte, non une véritable traduction ; mais on dit qu'en effet *Térence* avoit traduit cent huit pièces de Menandre, & qu'il mourut de douleur de les avoir perdues dans un voyage qu'il avoit fait en Grèce.

On ne sait en quel temps ni comment il mourut. Il quitta Rome, & on ne le revit plus : il n'avoit pas encore trente-cinq ans. Les uns disent qu'il mourut sur mer, à son retour de la Grèce : les autres qu'il mourut en Arcadie, dans la ville de Stymphale, sous le consulat de Cneius Cornelius Dolabella, & de Marcus Fulvius.

C'est l'Auteur Latin qui a le plus approché de cette délicatesse, de cette pureté pleine d'élégance & de grace, qu'on appelle proprement *atticisme*.

La majesté du peuple Romain n'avoit pas permis à *Térence* d'insulter le gouvernement par ces satyres qu'Athènes applaudissoit dans Aristophane. Ils attaquoient les mœurs des citoyens, non les délibérations du sénat, ou l'administration des consuls : la comédie se rapprochoit de son objet véritable.

Il est difficile d'apprécier le mérite des auteurs comiques Latins au bout de deux mille ans, dans une terre étrangère, à travers la différence des usages, & dans un genre où les usages font tout. Les finesses de la langue, les familiarités heureuses, les allusions, les bons mots, tous ces ornemens naturels de la comédie, sont en grande partie perdus pour nous, & nos suppositions gratuites les remplaceront toujours mal en les exagérant. César ne loue dans *Térence* que la douceur & la pureté du langage.

Quant à la conduite des pièces, le bon sens de tous les siècles peut en juger. *Térence* fait souvent marcher de front deux actions différentes, dont la liaison n'est pas assez intime ; défaut qui paroît tenir à l'enfance de l'art, & que Molière a eu tort d'imiter dans les *Fourberies de Scapin*, où les amours d'Octave

& d'Hyacinthe, de Léandre & de Zerbinette, ne sont liés qu'au dénouement ; & dans l'*Avare*, où ceux de Valère & d'Elise, de Cléandre & de Mariane, ont le même inconvénient.

Térence, malgré le petit nombre de ses pièces, met une assez grande variété dans la nature de ses sujets ; & quand il sait se contenter d'une seule action, comme dans l'*Hécyre*, il est intéressant jusqu'aux larmes. Ces détracteurs de toute nouveauté, qui ne cherchent qu'à borner & resserrer les genres, que tout nous invite à étendre & à varier, ont voulu décrier la comédie touchante, qu'ils ont regardée comme une invention de nos jours, & dont ils n'ont combattu les succès, que parce qu'ils l'ont crue sans appui du côté de l'antiquité. Comment ont-ils pu n'en pas voir le modèle dans l'*Andrienne*, & plus encore dans l'*Hécyre* ?

Térence ne connoît que les caractères généraux, qui résultent du sexe, de l'âge, de la condition : point, ou peu de caractères personnels. Ses vieillards, ses jeunes gens, ses femmes, ses esclaves se ressemblent ; il paroît avoir cru que tous les hommes étoient les mêmes dans les mêmes conjonctures. On pourroit seulement faire une exception en faveur des *Adelphes*, où même les deux frères ont plutôt des principes opposés sur l'éducation des jeunes gens, que des caractères véritablement différens. Molière seul a bien senti que l'art de dessiner les caractères, consiste à saisir les différences qui distinguent les hommes, à combiner les caractères généraux avec les caractères particuliers & personnels ; non-seulement il ne faut pas faire parler

Un vieillard en jeune homme, un jeune homme en vieillard.

Mais c'est encore les *faire parler au hazard*, que de donner un même langage à tous les vieillards, à tous les jeunes gens.

TERKAN *ou* TACKAN, s. m. (*Hist. mod.*) c'est ainsi qu'on nommoit, parmi les Tartares Monguls soumis à Genghis-Kan, ceux qui, pour quelque grande action ou quelque grand service, étoient exemptés par le Grand Kan de toute taxe. Il leur étoit permis de s'approprier tout le butin qu'ils faisoient à la guerre, sans en faire part à l'empereur. Ils pouvoient se présenter au souverain toutes les fois qu'il leur plaisoit ; & leurs fautes, de quelque nature qu'elles fussent, leur étoient pardonnées jusqu'à neuf fois. (*A.R.*)

TERPANDRE. (*Voyez* THERPANDRE.)

TERRASSON. (*Hist. litt. mod.*) Plusieurs personnages de ce nom, tous de la même famille, & ayant tous Lyon pour patrie, se sont fait connoître avantageusement dans les lettres. Distinguons d'abord trois frères, André, Jean & Gaspard. André & Gaspard furent tous deux oratoriens ; tous deux prédicateurs célèbres : on a de tous deux des sermons estimés. Gaspard fut persécuté pour le jansénisme, & obligé de quitter l'oratoire & la chaire. On a de lui des lettres sur la justice chrétienne, qui ont été censurées par la sorbonne : il n'en est, ou du moins il n'en fut que plus célèbre. André mourut en 1723 ; Gaspard en 1752.

Jean, frère cadet d'André, & frère aîné de Gaspard, né en 1670, fut aussi oratorien un moment, ou plutôt deux momens ; car après être sorti de l'oratoire il y rentra, & en resortit encore ; inconstance qui déplut tant à son père, qu'il le réduisit à sa légitime. Le système le dédommagea amplement, & l'enrichit par hazard ; mais il pouvoit dire des biens de la fortune, ce que Titon dit des années de la jeunesse :

Rendez-les moi, grands Dieux ! pour les reperdre encore.

Il les perdit en effet en peu de temps, vécut toujours dans une extrême médiocrité ; mais toujours content. Il fut reçu à l'académie des Sciences en 1707 ; il obtint en 1721 une chaire de philosophie Grecque & Latine au collège Royal ; il fut reçu en 1732 à l'académie Françoise ; ce fut-là sa fortune. Il vivoit dans le monde, & il y paroissoit entièrement étranger, parce qu'il négligeoit, par principe, de s'occuper, même pour les besoins de la conversation, des intérêts des princes & des affaires d'état. Il disoit qu'il ne sçut point se mêler du gouvernail, dans un vaisseau où l'on n'est que passager. Il est pourtant bien dur, quand on est passager dans un vaisseau, de ne pouvoir pas arrêter des manœuvres qui tendent manifestement à submerger le vaisseau. Son ignorance profonde & systématique des choses que tout le monde croit savoir, parce que tout le monde en parle ; son apathie philosophique sur ce qui intéresse & agite tous les autres, lui donnoient un air de simplicité naïve, qu'on avoit quelque peine à concilier avec l'idée de l'esprit. Ceux qui, d'après ses ouvrages, ne pouvoient pas lui en refuser, disoient qu'il étoit homme d'esprit que de profil. La marquise de Lassai ne s'y trompoit pas, & disoit qu'il n'y avoit qu'un homme de beaucoup d'esprit qui pût être d'une pareille imbécillité. Il n'est personne qui ne se vante (& on ne croit pas que se soit le vanter beaucoup) d'avoir une probité au-dessus de toutes les tentations de la fortune ; l'abbé Terrasson parloit plus modestement de lui, &, semblable à cette sage reine qui disoit ; vous en direz tant, qu'à la fin il faudra bien succomber ; il disoit : je réponds de moi jusqu'à un million : cette réserve même pouvoit ajouter à la confiance. L'abbé Terrasson avoit des amis ; il en avoir peu. Il disoit : que ceux qui avoient tant d'amis avoient peu d'amitié. On connoît ses ouvrages. Son roman moral & poëtique de Sethos, donne lieu à des épigrammes ; mais il fut, & il est encore estimé. Il prit parti contre les anciens dans la fameuse dispute des anciens & des modernes. Sa dissertation critique sur l'Iliade n'a pas été traitée avec mépris par les savans, parce qu'elle étoit d'un savant. Sa traduction de Diodore de Sicile est estimée. Ses réflexions en faveur du système de Law sont peu connues ; c'étoit un monument passager de reconnoissance pour un système

auquel il avoit dû sa richesse passagère. L'abbé Terrasson mourut en 1750.

Mathieu Terrasson, parent des précédens, avocat au parlement de Paris, censeur-royal, un des auteurs du journal des Savans, né en 1669, mort en 1734. On a ses œuvres in-4°. recueillies par son fils, Antoine Terrasson, aussi avocat & censeur-royal, auteur de l'histoire de la jurisprudence Romaine.

TERTRE, (Jean-Baptiste du) (Hist. litt. mod.) dominicain, missionnaire aux isles de l'Amérique : on a de lui une histoire générale des Antilles. Né à Calais en 1610, il entra dans l'ordre de Saint-Dominique en 1635 ; revint de ses voyages en 1658 ; mourut à Paris en 1687 : il avoit servi avant d'entrer dans l'état Ecclésiastique & Monastique.

TERTRE, (François-Joachim du Port du) (Hist. litt. mod.) de la société littéraire militaire de Besançon, & de l'académie d'Angers, auteur d'un abrégé peu connu de l'histoire d'Angleterre, d'une histoire un peu plus connue des conjurations & des conspirations célèbres, de l'almanach des Beaux-Arts, connu depuis sous le nom de la France-Littéraire : c'est lui qui a publié en 1753 les mémoires du marquis de Chrupes ; mort en 1759 à quarante-quatre ans. Il étoit de Saint-Malo : il avoit été Jésuite.

TERTULLIEN, (Quintus Septimus Florens Tertullianus) (Hist. Eccl.) Prêtre de Carthage, fils d'un centenier, qui servoit sous le proconsul d'Afrique, est mis à quelques égards au rang des pères de l'Eglise, & à quelques égards au rang des hérésiaques. Il adopta les erreurs de Montan, & la sa des sectateurs, on nomma Tertullianistes : on dit que ses écrits faits avant sa chûte, & ses écrits faits depuis sa chûte. Né dans le Paganisme, il s'étoit fait Chrétien ; & son apologie des Chrétiens qu'il fit à Rome pendant la persécution de l'empereur Sévère, est le plus célèbre de ses ouvrages : plusieurs de ces ouvrages ont été traduits en François. Tertullien étoit d'un caractère ardent & sévère ; la chaleur Africaine l'emporte souvent au-delà des bornes, & lui inspire de fortes hyperboles. C'est lui qui dit dans son livre de la chair de Jésus-Christ : le fils de Dieu est mort ; cela est croyable, parce que cela est ridicule. Ayant été enseveli, il est ressuscité ; cela est certain, parce que cela est impossible. » Mortuus » est Dei filius, credibile est quia ineptum est ; & » sepultus resurrexit ; certum est quia impossibile » est ».

C'est lui qui faisoit aux Payens ce défi. » Amenez-» moi votre vierge céleste qui promet des pluies, & » votre Esculape qui conserve la vie à ceux qui la » doivent perdre quelque temps après, s'ils ne con-» fessent pas qu'ils sont des démons, (n'osant mentir » devant un Chrétien) versez le sang de ce Chrétien » téméraire. Qu'y a-t-il de plus manifeste ? Qu'y a-» t-il de plus prouvé ? » Enfin, c'est un homme éloquent & passionné, dont il ne faut employer l'autorité qu'avec précaution. La meilleure édition de ses œuvres, est celle qu'en a donnée Nicolas Rigault à
Venise

Venife en 1746 : Thomas, feigneur du Foffé, a donné les vies de Tertuilien & d'Origène.

TESAURO, (Emmanuel) (*Hift. litt. mod.*) hiftorien Piémontois du dix-feptième fiècle, eft auteur d'une hiftoire de Piémont & d'une hiftoire de Turin. En travaillant il étendit fes idées, & entreprit une hiftoire générale de toute l'Italie, dont il n'y a que l'abrégé d'imprimé à Turin en 1664, avec des notes de Valerio Caftiglione.

TESCATILPUTZA, (*Hift. mod. fuperft.*) nom d'une divinité adorée par les Mexicains, à qui ils adreffoient leurs vœux pour obtenir le pardon de leurs fautes. Cette idole étoit d'une pierre noire, lui-fante, & polie comme du marbre, & parée de ru-bans. Elle avoit à la lévre inférieure des anneaux d'or & d'argent, avec un petit tuyau de cryftal, d'où fortoit une plume verte ou bleue. La treffe de fes cheveux étoit dorée, & fupportoit une oreille d'or, fouillée par de la fumée, pour repréfenter les prières des pécheurs. Cette ftatue avoit fur la poitrine un lin-got d'or fort grand ; fes bras étoient couverts de chaînes d'or, & une grande émeraude formoit fon nombril ; elle tenoit dans la main gauche une plaque d'or unie comme un miroir, d'où fortoient des plumes de diffé-rentes couleurs; la main droite portoit quatre dards. Ce dieu étoit très-redouté des Mexicains, parce qu'on craignoit qu'il ne punît & ne révélât les crimes que l'on avoit pu commettre. Sa fête fe célébroit tous les quatre ans ; c'étoit une efpèce de jubilé, qui ap-portoit un pardon général de toutes les fautes. (*A. R.*)

TESIIK-AGASI-BACHI, (*terme de relat.*) c'eft ainfi qu'on nomme en Perfe le commandant de la garde du roi, compofée de deux mille fantaffins. (*D. J.*)

TESKEREGI-BACHI, f. m. (*Hift. mod.*) grand officier de la Porte-Ottomane, pour l'adminiftration des affaires de l'empire fous le grand-vifir. C'eft le premier fecrétaire d'état, chargé de toutes les affaires importantes qui fe décident, foit au galibé divan, foit par le prince en fon particulier. Le *teskeregi-bachi* expédie toutes les lettres-patentes & miffives du grand-feigneur, les fauf-conduits, kat-chérifs, & autres mandemens. Tous les fecrétaires, tant du prince que des bachas, & des tréforiers de l'épargne, en un mot, de tous ceux qui manient la plume pour les affaires de l'état, de la guerre & des finances, font foumis à ce fecrétaire majeur, qui eft leur chef, ainfi quelle porte fon nom. *Teskeregi*, en langue turque, fignifiant *fecrétaire*, & *bachi*, *chef*, c'eft-à-dire ; *chef ou fur-intendant des fecrétaires.* Guer. *Mœurs des Turcs*, *tom. II.*

TESSÉ, (Froulai de) (*Hift. de Fr.*) noble & ancienne famille du Maine, qui, dans les temps les plus difficiles, s'eft toujours piquée d'un attachement inviolable à fes rois & à la religion Catholique; c'eft ce que qu'exprime la devife de cette maifon : *pro rege & pro fide.* Les Froulai tirent leur nom de la châtellenie de Froulai, qui relève du duché de Mayenne : ils font connus par des titres de fondation dès le dou-zième fiècle. Nous diftinguerons dans cette fa-mille :

1°. Guillaume II, chevalier, tué en 1317 à la ba-taille de Blangi.

2°. Ambroife de Froulai, fon petit-fils, tué dans un combat de trente François contre trente Anglois, qu'il ne faut pas confondre avec ce qu'on appelle *le combat des Trente*, dont l'époque eft 1350. Celui dont nous parlons fe livra en 1436 à Argentan, en Normandie, au fort des guerres de Charles VII contre les Anglois.

3°. Guillaume III, frère d'Ambroife, tué à la ba-taille de Caftillon en 1453, en fervant le même Charles VII contre les mêmes Anglois.

4°. André, feigneur de Froulai, chevalier de l'ordre du roi, fe diftingua dans les guerres de religion à la bataille de Montcontour en 1569, à la défaite des Reîtres à Auneau en 1587, & dans beaucoup d'autres occafions. Il paffa enfuite au fervice des Véni-tiens, qui le nommèrent colonel-général de leur in-fanterie. Il époufa le 11 Juillet 156? l'héritière de *Teffé.*

5°. C'eft en faveur de René fon fils que *Teffé* a été érigé en comté. Il porta la cornette blanche en 1598 au voyage qui fe fit en Bretagne pour la réduction de cette province.

6°. René III, c'eft le maréchal de *Teffé.* Il fit fes premières armes en 1670, commanda en 1677 le corps des dragons en Allemagne, fous le maréchal de Créquy, & fe diftingua dans une multitude de petits combats; il fe trouva cette même année au fiége de Fribourg. En 1678 il fut fait brigadier des armées, en 1680 lieutenant-général des provinces du Maine, du Perche & du comté de Laval; en 1683 il com-manda en chef dans le Languedoc & dans le Dau-phiné ; en 1684 il fut fait meftre-de-camp-général des dragons de France ; en 1688, le 24 Août, maréchal de camp; en 1689 il commanda un corps de troupes dans le palatinat; en 1690 il mit à contribution une partie du pays de Juliers; en 1691, fervant dans l'armée de Savoie, il reçut une bleffure confidérable à la prife de Veillane ; en 1692 il eut la charge de colonel-général des dragons, & fut fait lieutenant-général; en 1693 il fit lever le blocus de Pignerol, & contribua au gain de la bataille de la Marfaille; en 1694 il fut fait chevalier des ordres du roi ; en 1695 il travailla au traité pour la démolition de Cazal; en 1696, ambaffadeur auprès du duc de Savoie, il négocia la paix & le mariage de la princeffe de Savoie avec le duc de Bourgogne, il conduifit la princeffe à Fontai-nebleau ; en 1697 il fervit en Flandre fous le maréchal de Catinat; en 1700 il accompagna jufqu'aux fron-tières le nouveau roi d'Efpagne, Philippe V ; en 1701 il battit le comte de Merci, & le fit prifonnier; en 1702 il étoit au combat de Santa-Vittoria & à la bataille de Luzara ; en 1703 il fut fait maréchal de France; en 1704 il alla commander les troupes des deux couronnes en Espagne, & reçut la Grandesse. Il fut obligé de lever le siége & le blocus de Gibraltar ; mais il fit lever aux Portugais le siége de Badajos le 16 Octobre 1705 ; en 1706 il fut obligé de lever le siége de Barcelone ; en 1707 il chassa de la Provence le duc de Savoie & le prince Eugène qui avoient fait une irruption dans cette province ; en 1708 il alla, en qualité d'ambassadeur extraordinaire, à Rome, & en revint en 1709. Après la mort du duc de Vendôme, il fut fait général des galères le 21 Octobre 1712; en 1716 il se défit de cette place en faveur du chevalier d'Orléans ; il fut du conseil de la marine établi en 1715 au commencement de la régence ; il porta la main de justice au sacre de Louis XV le 25 Octobre 1722 ; à la fin de 1723 il fut chargé des affaires de France en Espagne : il partit pour Madrid le 26 Janvier 1724 ; il avoit été fait en 1722 premier écuyer de la reine future, qui devoit être alors l'infante d'Espagne, & qui fut en 1725 la princesse de Pologne, Marie Leczinska ; le roi d'Espagne lui donna le 27 Février 1725 le collier de l'ordre de la Toison d'or, enrichi de diamans, qui avoit été celui du feu roi D. Louis, en faveur duquel Philippe V avoit abdiqué la couronne d'Espagne, qu'il reprit après la mort de ce prince. Le maréchal de Tessé, après son retour en France, où il arriva le 3 Avril de la même année 1725, rentra dans la retraite des Camaldules, où il vivoit déjà depuis plusieurs années, dont il n'étoit sorti que pour son dernier voyage d'Espagne, & où il mourut le 30 Mai suivant. Citoyen utile, moins illustré par des succès éclatans à la guerre, que recommandable par la multitude & la continuité des services.

7°. Il avoit pour frère Philibert-Emmanuel, dit le chevalier de Tessé, lieutenant-général des armées du roi d'Angleterre, Jacques II, qui livra le combat d'Akrem en Irlande, soutint le siége de Limerick, & ramena en France un corps de vingt mille Irlandois. Il mourut à Crémone en Italie le 20 Août 1701.

8°. René-Mans du Froulai, comte de Tessé, fils du maréchal, fut blessé le 22 Mai 1702 dans une sortie au siége de Mantoue ; servit en 1704 & 1705, sous M. de Vendôme, à ce long siége de Verrue ; en 1707 à la défense de Toulon, & il porta au roi la nouvelle de la levée de ce siége & de la retraite des ennemis ; il fut lieutenant-général des armées du roi, premier écuyer de la reine, chevalier des ordres du roi, grand d'Espagne. Mort au Mans le 22 Août 1746.

9°. René-Marie de Froulai, marquis de Tessé, fils du précédent, mort de ses blessures à Prague le 23 Août 1742.

10°. Dans la branche des comtes de Froulai, Louis, comte de Froulai, grand maréchal des logis de la maison du roi, tué au combat de Consabrick, près de Trèves, en 1675.

11°. Louis, son frère, mort à Mons le 10 Juillet 1691, de blessures reçues devant Hall.

TESSERE DE L'HOSPITALITÉ, (Hist. Rom.)

tessera hospitalitatis, marque justificative de l'hospitalité qu'on avoit contractée avec quelqu'un.

Les personnes de quelque rang chez les Romains possédoient dans leurs maisons beaucoup plus de logement qu'elles n'en pouvoient occuper, afin d'avoir toujours des appartemens prêts pour y recevoir les étrangers avec lesquels elles jugeoient à propos de contracter un droit d'hospitalité ; & ce droit, par une obligation respective, se transmettoit jusqu'aux descendans.

Le gage & le témoignage assuré de la convention, consistoit dans certaines marques doubles d'ivoire ou de bois, qu'ils nommèrent tessères d'hospitalité.

On ne peut donner une idée plus approchante de ces marques, qu'en les comparant à ces tailles dont se servent nos boulangers & quelques ouvriers pour marquer la quantité de marchandises qu'ils nous ont fournies à diverses reprises. C'étoient pareillement des marques de bois coupées dans la même pièce, qui faisoient deux morceaux séparés, & qui en se joignant n'en formoient plus qu'une, sur laquelle on avoit gravé quelques caractères qui se correspondoient. Ces sortes de tailles formoient la lettre de créance, & à leur représentation on reconnoissoit ses hôtes.

Quand deux personnes avoient contracté ensemble l'engagement d'hospitalité, chacune gardoit une de ces marques ; elles servoient non-seulement à ceux qui avoient ce droit personnellement, mais encore à ceux à qui ils le vouloient prêter ; ensorte que le porteur de cette espèce de bulletin, ou lettre de créance, étoit aussi bien reçu, logé & nourri, qu'auroit été celui à qui il appartenoit. Les anciens se firent une espèce de religion des loix & des droits de cette vertu de bénéficence, qu'ils nommèrent hospitalité ; & même ils établirent des Dieux pour punir ceux qui les violeroient.

J'ajoute qu'il me paroît étrange que cet usage, qui est une noble charité, soit si fort aboli chez les Chrétiens, qui font une profession particulière de cette vertu. Il semble d'abord que ce n'en seroit pas une de l'exercer, comme les anciens, envers des voyageurs aisés ; mais ces voyageurs, quelque riches qu'ils soient, ne peuvent guère trouver pour de l'argent, en pays étranger, un logement aussi commode que celui que les honnêtes gens du lieu pourroient leur procurer, si c'étoit encore la coutume ; & qu'ainsi la dépense qu'on feroit à les loger gratuitement, comme autrefois, seroit, à le bien prendre, un service d'honnêteté des plus louables & des mieux placés.

TEST, (Hist. mod.) en Angleterre, mot tiré du latin testimonium. C'est une protestation ou déclaration publique sur certains chefs de religion & de gouvernement, que les rois & les parlemens ont ordonné de faire à ceux qui prétendoient aux dignités de l'église anglicane, ou aux charges du royaume. On y a joint des loix pénales contre les ecclésiastiques, les seigneurs du parlement, les commandans & officiers qui refusent de prêter le serment con-

formément à ces *teſts*, dont voici les principaux formulaires.

Teſt des eccléſiaſtiques. » Je N. déclare ici, ſans
» diſſimulation, que j'approuve & conſens, ſoit en
» général, ſoit en particulier, à tout ce qui eſt
» compris dans le livre intitulé : *le livre des communes*
» *prières, de l'adminiſtration des ſacremens, & autres*
» *exercices & cérémonies de l'égliſe, ſuivant l'uſage de*
» *l'égliſe anglicane* ».

Loi pénale. » Celui qui ſera en demeure de faire
» cette déclaration, ſera entièrement déchu de toute
» promotion eccléſiaſtique. Tous les doyens, cha-
» noines, prébendaires, maîtres, chefs, profeſ-
» ſeurs, &c. ne ſeront point admis à leur emploi,
» qu'ils n'aient fait cette profeſſion ».

ı *Teſt du ſerment de ſuprématie.* » Je N. confeſſe &
ı déclare, pleinement convaincu en ma conſcience,
» que le roi eſt le ſeul ſouverain de ce royaume, &
» de toutes les puiſſances & ſeigneuries, auſſi bien
» dans les choſes ſpirituelles & eccléſiaſtiques que
» temporelles, & qu'aucun prince étranger, prélat,
» état ou puiſſance n'a & ne peut avoir nulle juriſ-
» diction ni prééminence des choſes eccléſiaſti-
» ques ou ſpirituelles de ce royaume ».

Loi pénale. » Perſonne ne pourra être reçu à au-
» cune charge ou emploi, ſoit pour le ſpirituel, ſoit
» pour le temporel ; il ne ſera non plus admis à
» aucun ordre ou degré du doctorat, qu'il n'ait prêté
» ce ſerment, à peine de privation dudit office ou
» emploi ».

Henri VIII, après ſa ſéparation d'avec l'égliſe Romaine, impoſa la néceſſité de ces *teſts*, dont les for-
mules varièrent à quelques égards ſous les règnes
d'Edouard VI, d'Elizabeth, de Jacques I, & de
Charles I. En 1662 Charles II révoqua les *teſts*, &
accorda la liberté de conſcience ; ce qu'il renouvella
en 1669 & 1672. Jacques II. qui lui ſuccéda, en
uſa de même ; mais après la révolution qui détrôna
ce prince, le *teſt* rétabli, & on le prête encore
aujourd'hui. En 1673 le parlement dreſſa un nouveau
teſt, par lequel tous ceux qui entreroient dans quelque charge publique, ou qui en ſeroient revêtus,
rejetteroient par ſerment le dogme de la tranſſubſtantiation, ſous peine d'excluſion deſdites charges. On
augmenta en 1678 ce *teſt* dont la formule étoit conçue en ces termes :

» Moi N. j'atteſte, juſtifie & déclare ſolemnelle-
» ment & ſincèrement en la préſence de Dieu, que
» je crois que dans le ſacrement de la cène du Sei-
» gneur, il n'y a aucune tranſſubſtantiation des élé-
» mens du pain & du vin dans le corps & le ſang de
» Jeſus-Chriſt, dans & après la conſécration faite par
» quelque perſonne que ce ſoit, & que l'invocation
» ou adoration de la vierge-Marie ou de tout autre
» ſaint, & le ſacrifice de la meſſe, dans la manière
» qu'ils ſont en uſage à préſent dans l'égliſe de Ro-
» me, eſt ſuperſtition & idolâtrie. »

On déclare enſuite que ce ſerment eſt fait ſans
aucune réticence, c'eſt à-dire, ſans aucune reſtriction
mentale.

TESTU, (*Hiſt. litt. mod.*) l'académie Françoiſe a poſſédé en même-temps deux abbés *Teſtu*,
morts tous deux en 1706, l'un le 10 avril, l'autre
au mois de Juin. Le premier étoit Jean *Teſtu* de
Mauroi, abbé de Fontaine-Jean & de S. Chéron ;
l'autre Jacques *Teſtu*, abbé de Belval. M. d'Alembert
préſume qu'ils n'étoient point parens ; car, dit-il,
» la raiſon ſeule de parenté avoit privé la compagnie
» de poſſéder à la fois les deux Corneilles, Thomas
» Corneille ne fut élu qu'après la mort du grand
» Corneille ſon frère ; il n'y a pas d'apparence,
ajoute-t-il, « que l'académie eût traité les deux
» *Teſtu* plus favorablement.

Un de ces deux abbés *Teſtu* étoit connu dans
le monde par le ſobriquet de *Teſtu tai-toi*. Si c'étoit
parce qu'il avoit peu de titres pour ſe faire écouter,
ce pouvoit être *Teſtu* de Mauroy ; ſi c'étoit parce
qu'il aimoit à parler, à décider, à faire la loi, &
que par cette raiſon, il recherchoit ſur-tout la ſociété
des femmes & des gens de la cour, où il craignoit
moins d'être contredit, ce pouvoit être *Teſtu* de
Belval. Au reſte le nom de *Teſtu* ne faiſoit point
d'équivoque ; car le premier étoit plus connu ſous
le nom de Mauroy ; c'eſt ſous ce nom que Boileau
l'avoit d'abord placé dans ſes ſatyres :

Faut-il d'un froid rimeur dépeindre la manie ?
Mes vers comme un torrent couleent ſur le papier ;
Je rencontre à la fois Perrin & Pelletier,
Bardou, Mauroy, Bourſault, Colletet, Titreville.

Boileau étant dans la ſuite devenu ami autant qu'il
pouvoit l'être, dit M. d'Alembert ; de Mauroy &
de Bourſault, ôta leurs noms, & grace à la meſure,
l'inconnu Bardou diſparut avec eux. Bonnicorſe &
Pradon remplirent ſeuls l'hémiſtiche.

Boileau avoit auſſi traduit pour Mauroy le vers
de Virgile :

Qui Bavium non odit, amet tua carmina, Mævi !

Qui ne haït pas tes vers, ridicule Mauroy,
Pourroit bien pour ſa peine aimer ceux de Fourcroy.

On apprend par là que l'abbé de Mauroy avoit
fait des vers ; on n'en ſauroit rien ſans cela.

Tout ce qu'on ſait de l'abbé *Teſtu* de Mauroy,
c'eſt qu'il avoit été inſtituteur des princeſſes, filles
de Monſieur, frère de Louis XIV, & que, quand
il voulut être de l'académie Françoiſe, Monſieur ne
croyant pas devoir refuſer à un homme de ſa maiſon
une recommandation qu'il regardoit comme ſans
conſéquence, envoya un de ſes gentilshommes à
l'académie, pour lui recommander l'abbé de Mauroy ;
la réponſe de l'académie fut beaucoup plus favorable
que Monſieur ne s'y attendoit : quoi ! dit Monſieur

tout étonné du fuccès de fa recommandation , eft-ce qu'ils le recevront ? ils le reçurent. Ils en furent honteux , & le directeur qui faifoit la cérémonie de la réception , Barbier d'Aucourt, eut foin de lui faire entendre qu'il avoit dû les fuffrages de l'académie à la feule recommandation de Monfieur ; le fucceffeur de Mauroy , l'abbé de Louvois , dit auffi à l'académie : *vous l'aviez reçu d'un prince à qui les cœurs des François ne pouvoient rien refufer.* L'abbé Tallemant, qui répondoit à l'abbé de Louvois , borne de même tout le mérite de l'abbé *Teftu* de Mauroy à des qualités morales ; ainfi , la mémoire de Monfieur refta chargée de ce mauvais choix ; mais l'exacte vérité eft qu'il ne l'avoit ni défiré ni efpéré ; qu'il avoit cru remplir un devoir de maître de maifon , qu'il s'en étoit rapporté à l'académie du foin de remplir le fien , qui étoit d'élire le plus digne , mais que la prompte fervitude des académiciens alla au-devant des chaînes , qu'on ne fongeoit pas même à leur donner ; ce fut une méprife & une lourde méprife , fur le dégré de déférence que des électeurs libres peuvent devoir à des follicitations qui fuppofent toujours les fuffrages engagés au plus digne. Ce qu'il y a d'affez remarquable , c'eft que Racine & Boileau même trempèrent, dit-on , dans le complot (car c'en fut un) de l'élection de l'abbé de Mauroy , c'eft qu'il s'agiffoit d'exclure Fontenelle , ennemi de Racine , à caufe de Corneille , fon oncle , & de Boileau , à caufe qu'il n'admiroit pas affez les anciens ; tels font les excès où les paffions & les préventions précipitent les plus grands hommes.

L'abbé *Teftu* de Belval avoit de l'efprit ; & paffoit dans fon temps pour avoir quelque talent ; il avoit prêché avec fuccès à la cour ; fes vers chrétiens ont de la douceur & de la facilité, mais point de poëfie. On a de lui des noëls, dans l'un defquels fe trouvent ces petits vers antithétiques :

L'Eternel a pris naiffance ,
L'impaffible eft tourmenté ,
Le verbe eft dans le filence ,
Et le foleil fans clarté.

Qui reffemblent beaucoup à la première ftrophe de l'hymne : *ftupete gentes.*

Fit Deus Hoftia ,
Se fponte legi legifer obligat ,
Orbis redemptor nunc redemptus ,
Seque piat fine labe Mater.

Ce fecond abbé *Teftu* étoit dévoré de l'ambition d'être évêque ; mais Louis XIV déclara qu'il ne le trouvoit pas affez *homme de bien* pour conduire les autres. *Sire* , répondit madame d'Hudicourt , qui follicitoit pour lui , *il attend, pour le devenir, que vous l'ayez fait évêque.*

Son ambition n'étant point fatisfaite, il étoit rongé de vapeurs ; *maladie d'autant plus affreufe*, difoit un philofophe vaporeux , (l'abbé Mongault) *qu'elle fait voir tous les objets tels qu'ils font.* Le marquis de Saint Aulaire , fucceffeur de l'abbé Teftu à l'académie, infinue qu'il abufoit de la facilité de parler , *aux dépens des droits naturels de la converfation* ; il dominoit fur-tout à l'hôtel de Richelieu , & dans la fociété de madame de Montefpan & de fes fœurs : c'étoit lui qui difoit : « que madame de Montefpan parloit » comme une perfonne qui lit ; madame de Thianges , » comme une perfonne d'efprit qui rêve , & madame » l'Abbeffe de Fontevrault , comme une perfonne qui » parle.

Madame de Sévigné parle plufieurs fois & affez avantageufement de cet abbé *Teftu.*

Nous avons parlé à l'article *Lamoignon* , du refus fait d'une place à l'académie Françoife , d'après des conjonctures particulières par M. le préfident de Lamoignon, fils du premier Préfident, & père du chancelier. On n'a jamais fu parfaitement les raifons de ce refus, & on les ignore même dans fa famille. Meffieurs de Lamoignon ont feulement fur cette affaire des lettres affez curieufes de Tourreil , alors directeur de l'académie ; de l'abbé de Choify, chancelier ; de Regnier Defmarais, fecretaire ; de Defpréaux , & fur-tout de l'abbé *Teftu.* Il en réfulte que Tourreil , Regnier Defmarais & l'abbé Boileau avoient répondu à l'académie que M. de Lamoignon accepteroit , quoiqu'il eût toujours dit qu'il avoit des raifons effentielles pour refufer cet honneur.

On voit par les lettres de ces académiciens, que Tourreil & l'abbé *Teftu* , tous deux amis de la maifon de Lamoignon, étoient fort ennemis entre eux. L'abbé *Teftu* , qui avoit long-temps défiré que M. de Lamoignon fût de l'académie, ne le defiroit pas dans cette occafion, foit qu'il s'intéreffât pour l'abbé de Chaulieu qu'un grand parti vouloit exclure , foit par d'autres raifons fur lefquelles on ne trouve rien dans fes lettres; mais il y engage fortement M. de Lamoignon à perfifter dans fon refus ; il trouve fort mauvais que dans fa lettre d'excufe à l'académie , M. de Lamoignon conferve des ménagemens pour ceux qui avoient répondu qu'il accepteroit , & qui par là, dit-il , l'avoient compromis ; il n'oublie rien pour irriter contre eux M. de Lamoignon. Tourreil , de fon côté, fit contre l'abbé *Teftu* , au fujet de ce refus de M. de Lamoignon, une épigramme dans laquelle , après avoir peint l'abbé *Teftu* comme un énergumène intrigant , portrait que ceux qui avoient connu l'abbé *Teftu* , difoient être fort reffemblant , & qui paroît juftifié par les lettres de l'abbé , il fuppofe que M. de Lamoignon difoit à l'abbé :

Tirez-moi de fouci ;
De cette Académie..... en êtes-vous auffi ?
Si j'en fuis , moi ? fans doute , & j'y régente en maître.
Suffit , dit Lamoignon, je n'en veux donc plus être.

TETE-PLATE , (*Hift. d'Amérique.*) nom françois qui répond à celui d'*omagnas* , dans la langue du Pérou ; & à celui de *camberas* , dans la langue du

Bréfil. Les peuples qui habitent le long de la rivière des Amazones, ont la bifarre coutume de preffer entre deux planches, le front des enfans qui viennent de naître, & de leur procurer l'étrange figure applatie qui en réfulte, pour les faire mieux reffembler, difent-ils, à la pleine lune. Le plus difficile à comprendre, c'eft qu'il n'en réfulte pas des dérangemens confidérables dans l'organe du cerveau. (*D. J.*)

TÊTE-RONDE, (*Hift. d'Anglet.*) fobriquet qu'on donna fous Charles I. en 1641 au parti du peuple, qui vouloit exclure les évêques de la chambre haute. Les apprentis de plufieurs métiers qui coururent cette année dans Londres & dans Weftmunfter, en criant, *point d'évêques*, portoient alors leurs cheveux coupés en rond. La reine voyant dans la foule de ces apprentis, un nommé *Barnadifton*, fe mit à dire, oh, la belle *tête-ronde!* Telle eft l'origine du nom de *tête-ronde* qui fut donné aux parlementaires de la chambre baffe, comme le nom de *cavalier* fut donné aux partifans du roi. Ces deux fobriquets durèrent jufqu'au rétabliffement de Charles II, qu'ils furent changés peu-à-peu, en ceux de Torys & Whigs. (*D. J.*)

TÉTRICUS, (*Hift. Rom.*) (*Publius Pefurius*) eft au nombre de ces empereurs qu'on appelle *tyrans*, parce que l'empire ne leur eft pas refté. Sous l'empire du foible Gallien au troifième fiècle, il s'éleva une foule de ces tyrans. Une femme nommée Victorine ou Victoire, (*Aurelia Victorina*) héroïne de ce temps, ne pouvant prendre l'empire pour elle-même, eut le crédit de le donner plus d'une fois, & pour refter le plus près qu'il étoit poffible de la couronne Impériale, elle prit le titre d'*Augufta*. Les légions à la tête defquelles elle fe mit avec courage, & auxquelles elle fut infpirer le plus grande confiance, lui donnèrent un titre dont elle dût être encore plus flatée; elles l'appelloient *la mère des armées*; elle fit élire empereur Victorin, fon fils, qui la laiffa régner; mais cet empereur, affez peu digne & de fa mère & de l'empire, ayant été tué par un mari dont il avoit féduit la femme, Victorine fe hâta de faire proclamer empereur Lucius Aurelius Victorinus, fils unique de fon fils, & qui l'auroit encore bien mieux laiffé régner, mais cette proclamation s'étant faite fans le confentement de l'armée, les légions qui prétendoient avoir le droit exclufif de nommer les empereurs, regardèrent celui-ci comme un intrus & le maffacrèrent: Victorine ne fe rebuta pas. N'ayant plus dans fa famille de fantôme à placer fur le trône, elle chercha parmi les étrangers ceux dont elle crut que la pareffe ou la reconnoif-fance laifferoit le plus volontiers le pouvoir fuprême entre fes mains; elle fit d'abord nommer Lucius Aurelius Marius, fourbiffeur de profeffion, qui fut tué, deux jours après fon élection, par un foldat qui avoit été apprenti dans fa boutique, & qui le perça d'une épée forgée par Marius lui-même:

Non hos quæfitum munus in ufus.

Alors Victorine, à force d'intrigues, parvint à

faire décorer de la pourpre Impériale le fénateur *Tetricus*, à qui le jeune *Tetricus*, fon fils, fut affocié. Ils furent proclamés à Bordeaux en 268, & ils regnèrent principalement dans les Gaules, car fous Gallien, l'empire fut prefque toujours démembré. Ce prince, content de règner fur l'Italie, abandonnoit les provinces à la cupidité des divers tyrans qui s'y rendoient les plus forts. Si Victorine avoit cru trouver dans *Tetricus* un homme dont l'indolente complaifance la laifferoit règner fous un nom d'emprunt, elle l'avoit mal connu; *Tetricus* fut un empereur & un empereur très-actif: il foumit entièrement les Gaules, il conquit une partie de l'Efpagne, il remporta plufieurs victoires fur les peuples du Nord, qui cherchoient à s'établir dans les terres de l'empire. La ville d'Autun s'étant révoltée contre lui, il la réduifit après un fiège mémorable; il furvécut à Gallien & à Claude II. Lorfqu'Aurélien fut parvenu à l'empire, il céda d'autant plus aifément à la fortune de ce vaillant empereur, qu'il étoit bien ennuyé de l'être. En effet, efclave fur le trône où on l'avoit élevé malgré lui, fatigué par des féditions continuelles, il n'avoit pas même la liberté de rentrer dans la condition privée, il falloit qu'il confervât une autorité toujours bravée par ceux qui la lui avoient donnée; indigné enfin de cette tyrannie infupportable, il implora contre lui-même le fecours d'Aurélien, il feconda fecrètement les fuccès de ce vainqueur en paroiffant le combattre, il lui écrivoit ce que Palinure dit à Énée dans les enfers:

Eripe me his, invicte, malis.

Aurélien l'exauça & le vainquit par pitié. Il viola toutes les bienféances par la vanité qu'il eut de mener en triomphe ce *Tetricus*, un romain, un fénateur, un perfonnage confulaire, qui s'étoit foumis volontairement à lui comme à un ami, comme à un libérateur. Ce moment paffé, Aurélien en ufa humainement & généreufement avec *Tetricus* & fon fils; non-feulement il rendit au père la dignité fénatoriale, mais il lui donna une forte d'autorité fouveraine fur la Lucanie & fes dépendances, en lui difant qu'il étoit plus beau de gouverner un canton de l'Italie, que de règner dans la Gaule. Il prenoit plaifir à lui prodiguer les diftinctions, l'appelloit fon collègue, lui donnoit quelquefois le titre d'empereur. Il combla auffi d'honneurs *Tetricus* le fils. Ils habitoient dans Rome une très-belle maifon, où ils firent peindre leur aventure en mofaïque. On y voyoit Aurélien leur donnant la robe Prétexte, qui étoit alors l'habillement des fénateurs, & recevant d'eux les ornemens de la dignité Impériale. L'ouvrage achevé, ils invitèrent Aurélien à voir cette peinture. Ils furent affez fages pour renoncer fans regret à leurs grandeurs paffées, & pour trouver leur bonheur dans une vie fûre & tranquille.

TETZEL, (Jean) (*Hift. du Lutheran.*) Dominicain, inquifiteur de la foi, avoit été chargé par l'ordre teutonique, de publier vers le commencement du feizième siècle, des indulgences pour une croïsade entreprise contre les Moscovites ennemis de cet ordre, & si peu connus alors en Italie, qu'on les croyoit à peine chrétiens. *Tetzel* s'étoit acquitté de cette commission avec tant de succès, que sur sa réputation, l'électeur de Mayence, Albert de Brandebourg, à qui les indulgences destinées pour l'Allemagne en 1517 furent adressées, crut ne pouvoir faire un meilleur choix pour la publication des nouvelles indulgences contre lesquelles Staupits ou Stupitz, vicaire général des Augustins, (*voyez* son article) chargea Luther de parler & d'écrire. La qualité d'inquisiteur qu'avoit *Tetzel*, pouvoit d'ailleurs donner du poids à ses prédications. *Tetzel* ne manqua pas de s'associer dans cet emploi des religieux de son ordre au lieu des Augustins qui en avoient été chargés autrefois. Quand ces Jacobins avoient prêché & bien exagéré la vertu des indulgences, les commis des entrepreneurs du bail faisoient leur quête; ces commis avoient établi leurs bureaux dans des cabarets, où ils dissipoient une partie de la recette en excès & en débauches à la vue des pauvres, qui, frustrés des aumônes qu'on portoit aux indulgences, expiroient de faim dans la rue. Quiconque, disoient *Tetzel* & ses confrères, met au tronc de la Croisade un teston, ou la valeur, pour une ame étant en purgatoire, il délivre ladite ame incontinent, & s'en va infailliblement ladite ame aussi-tôt en Paradis. *Itaque*, en baillant dix testons pour dix ames, voire mille testons pour mille ames, elles s'en vont incontinent & sans doute en Paradis; proposition condamnée par la Sorbonne, le 6 mai 1518,

» Avec une bulle du Pape, disoient-ils encore, » on ne peut jamais être damné, dans quelque dis- » position que l'on soit; le pape étoit le maître de » faire sortir les damnés même de l'enfer.

Ils poussoient jusqu'au sacrilège l'indécence de leurs hyperboles. Les indulgences absolvoient à l'instant tout coupable, quel que fût son crime, *etiamsi Matrem domini stuprasset*. « J'absous plus de pêcheurs par mes » indulgences, disoit *Tetzel*, que S. Pierre n'a con- » verti des gentils par sa prédication.

» On ne peut nier, dit le zélé catholique Florimond » de Remond, « qu'il n'y eût de l'abus, de l'ordure » & de la vilénie en ces avares quêteurs.

Luther afficha, selon une pédanterie du temps, à la porte de l'église de Vittemberg, quatre-vingt-quinze propositions contre *Tetzel* & les Jacobins, & leur prédication d'indulgences. *Tetzel* répondit par cent six propositions qu'il fit afficher de même à Francfort sur l'Oder; il avoit encore une autre arme, il s'en servit. En qualité d'inquisiteur, il fit brûler les propositions de Luther; on fit aussi brûler ses cent six propositions à Hall.

L'Electeur de Saxe étoit le protecteur déclaré de Luther; le pape, dans un moment où il crut avoir des raisons de ménager cet électeur, lui envoya pour nonce Miltiz, gentilhomme Saxon, qu'il choisit ex-

près parce qu'il étoit né sujet de l'électeur & qu'il pouvoit lui être agréable; Miltiz prit avec Luther le parti de la douceur, c'est-à-dire, selon Palavicin, de la bassesse; il caressa & flata Luther, qui, fier de voir son parti grossir à chaque pas, daignoit à peine l'écouter. Miltiz poussa la complaisance jusqu'à lui sacrifier ses ennemis, il accabla en sa présence le dominicain *Tetzel* de reproches si amers, que ce malheureux en mourut de douleur (en 1519), & mérita la pitié de Luther même.

TEXEIRA, (Joseph) (*Hist. litt. mod.*) Dominicain Portugais, attaché à la personne & au parti de dom Antoine, prieur de Crato, après la mort du roi dom Sebastien & du cardinal Henri. Il détestoit Philippe II, roi d'Espagne & tous les Espagnols. Il disoit, en prêchant sur l'amour du prochain: « nous » devons aimer tous les hommes de quelque secte » & de quelque nation qu'ils soient, *fussent-ils* » *Castillans!* On a de lui un traité de l'oriflamme, un *de portugalliæ ortu*; les aventures de dom Sebastien & quelques autres ouvrages. Il étoit venu en France en 1481, à la suite du prieur de Crato, il y avoit obtenu la faveur de Henri III & de Henri IV, ennemis nés de Philippe II. Il mourut en 1604.

TFUOI, s. m. (*Hist. chin.*) nom chinois d'une espèce particulière de vernis qu'ils mettent à la porcelaine, pour lui donner un fond violet, & y appliquer de l'or par-dessus. Leur ancienne méthode étoit de mêler l'or avec le vernis ordinaire, & d'y ajouter du bleu, ou de la poudre d'une agate grossière calcinée, qu'on trouve en abondance sur les bords de leurs rivières; mais ils ont remarqué depuis que le vernis brun, qu'ils nomment *tsekin*, réussit beaucoup mieux; le bleu se change en violet, & l'or s'y attache parfaitement. Les Chinois vernissent encore leur porcelaine d'une manière variée, en la vernissant de blanc intérieurement, & extérieurement d'une couleur brune avec beaucoup d'or. Enfin ils diversifient les nuances de la même couleur extérieurement, en faisant sur la porcelaine plus ou moins de couches du même vernis. *Observations sur les coutumes de l'Asie.* (D. J.)

THAIM, s. m. *terme de relation*, provision que la Porte fournit aux princes à qui elle accorde un asyle. Mehemet Baitagi, grand-visir, retrancha au roi de Suède son *thaim* qui étoit considérable, consistant en cent écus par jour en argent, & dans une profusion de tout ce qui peut contribuer à l'entretien d'une cour dans la splendeur & dans l'abondance. *Voltaire.* (D. J.)

THAIS, (*Hist. anc.*) courtisane Grecque, justement diffamée dans l'histoire, pour avoir, dans une partie de plaisir, engagé Aléxandre à brûler Persépolis, sous prétexte de représailles, parce qu'autrefois Xerxès avoit brûlé Athènes. Elle étoit la maîtresse de Ptolémée, fils de Lagus, qui, après la mort d'Aléxandre, se fit roi d'Egypte.

THALÈS. (*Hist. anc.*) Le système de *Thalès*,

qui conftitue l'eau principe univerfel, appartient à l'expofition de la philofophie ancienne, & ne nous regarde pas : nous dirons feulement ce qui concerne la perfonne de ce philofophe. Il étoit de Milet, ville célèbre de l'Ionie ; il naquit vers l'an 640 ayant J. C. Il voyagea pour s'inftruire ; & ce fut lui qui inftruifit fes maîtres dans le cours de fes voyages. Ceux qui lui enfeignèrent la géométrie à Memphis, apprirent de lui la manière de mefurer exactement les pyramides. Il parut avec éclat à la cour d'Amafis, roi d'Egypte, & à celle de Cræfus, roi de Lydie ; mais fon amour pour la liberté, fes déclamations contre la tyrannie, le rendoient peu agréable dans les cours, & lui rendoient les cours peu agréables. Il pouffa cet amour de la liberté, jufqu'à refufer conftamment à fa mère de fe marier. Il lui dit toujours : *il n'eft pas encore temps ;* & enfuite : *il n'eft plus temps.* Solon, qui vint le voir à Milet, lui en fit la guerre. Peu de temps après un voyageur arrive d'Athènes ; & annonce qu'il a laiffé la ville confternée de la mort inopinée d'un jeune homme, dont le père, alors abfent, étoit, difoit-on, le plus honnête homme & le plus fage de la ville : cet homme étoit Solon. L'état où le mit cette nouvelle fe conçoit aifément ; Thalès n'eut pas la cruauté de l'y laiffer : *Raffurez-vous,* lui dit-il, *votre fils eft vivant ; mais vous venez de voir pourquoi je ne veux pas me marier.* Il y a des réponfes, fans doute, à cette objection, quoique très-forte contre le mariage ; mais nous difons les faits, & nous ne difcutons point les fyftèmes.

Thalès eft mis par toute l'antiquité à la tête des fept fages. Il eft le fondateur de la fecte Ionique ; il eft le premier des Grecs qui ait traité des matières de phyfique : on lui attribue plufieurs découvertes importantes. Il avoit des idées nobles de la Divinité ; & c'étoit alors un mérite. On lui demandoit ce que c'étoit que Dieu ? *C'eft,* dit-il, *ce qui n'a ni commencement ni fin.* On lui demandoit fi l'homme ne pouvoit pas dérober à Dieu la connoiffance de fes actions ? *Pas même,* dit-il, *celle de fes penfées :* » interrogatus an facta hominum Deos fallerent ; nec cogitata inquit ». On eft fi familiarifé aujourd'hui avec ces idées, qu'on eft prefque étonné d'en voir faire honneur à un fage ; mais il faut confidérer les temps & les lieux. Il vouloit encore que les hommes fuffent bien convaincus que la Divinité rempliffoit tout & voyoit tout : *C'étoit,* difoit-il, *le moyen de les rendre plus fages & plus religieux :* » Homines exiftimare oportere Deos omnia cernere, » deorum omnia effe plena : fore enim omnes caftiores ».

Un aftrologue un jour fe laiffa cheoir
Au fond d'un puits. On lui dit : *pauvre bête,*
Tandis qu'à peine à tes pieds tu peux voir,
Penfes-tu lire au-deffus de ta tête ?

Cet aftrologue ou aftronome étoit Thalès ; & ce fut une bonne femme qui lui tint ce propos. Il n'en eft pas moins vrai, cependant, que l'homme qui fouvent ne voit pas ce qui eft à fes pieds, lit dans les cieux la marche des aftres & l'hiftoire de l'année :

Le ciel devint un livre, où la terre étonnée
Lut en lettres de feu l'hiftoire de l'année.

Thalès mourut l'an 548 avant J. C. âgé de quatre-vingt-douze ans.

Outre Thalès le philofophe, il y a Thalès le poëte lyrique, qui fut attiré à Sparte par Lycurgue, auquel il fut très-utile, & auquel il prépara les voies par des maximes vertueufes exprimées en vers d'une harmonie douce, qui portoit à l'amour des chofes honnêtes, à la paix & à la concorde.

THALESTRIS, reine des Amazones, vint, dit-on, de fort loin pour voir Alexandre, & en avoir des enfans. Cette hiftoire eft un peu reléguée au rang des fables.

THANE, f. m. (*Hift. mod.*) eft le nom d'une dignité parmi les anciens Anglo-Saxons.

Skene dit que la dignité de *thane* étoit égale autrefois à celle de fils d'un comte ; mais Cambden prétend que les *thanes* n'étoient titrés que relativement aux charges dont ils étoient revêtus.

Il y avoit deux fortes de *thanes ;* favoir, les thanes du roi & les *thanes* ordinaires. Les premiers étoient des courtifans ou des officiers fervant à la cour des rois anglo-faxons, & poffédant des fiefs qui relevoient immédiatement du roi ; de forte que, dans le grand cadaftre d'Angleterre, ils font appellés indifféremment thanes & officiers du roi, *thani & fervientes regis.*

Peu de temps après que les Normands eurent fait la conquête de l'Angleterre, le nom de *thanes* fut aboli, & remplacé par celui de barons du roi, *barones regis.*

L'origine des *thanes* eft rapportée au roi Canut, qui ayant compofé fa garde de la principale nobleffe Danoife, au nombre de trois mille hommes, & les ayant armés de haches & de fabres à poignées dorées, il les appella *thing-litt,* des deux mots Danois *thein,* corps de nobleffe, & *lith,* ordre de bataille.

Les *thanes* ordinaires, *thani minores,* étoient les feigneurs des terres, qui avoient la jurifdiction particulière dans l'étendue de leurs feigneuries, & rendoient la juftice à leurs fujets & tenanciers.

Ces deux fortes de *thanes* changèrent leur nom en celui de *barons ;* & c'eft pour cela que leurs jurifdictions s'appellent encore aujourd'hui *cours de barons.*

Dans les anciens auteurs & dans les vieilles chartres, le nom de *thane* fignifie un *noble,* quelquefois un *vaffal libre,* & fouvent un *magiftrat.*

Terres des *thanes,* étoient celles dont les rois faxons avoient invefti leurs officiers.

THARGELIE, (*Hift. anc.*) courtifane de Milet, qui paroît avoir fervi de modèle à la célèbre Afpafie

Ses talens pour l'éloquence lui ont mérité le titre de sophiste, qui, dans l'antiquité, ne se prenoit point en mauvaise part. Elle étoit dans les intérêts de Xerxès, & fit usage de son esprit & de ses charmes pour attirer au parti de ce prince plusieurs villes Grecques. Elle épousa le souverain de la Thessalie, & vécut trente ans sur le trône : elle vivoit quatre siècles & demi avant J. C.

THAUMAS DE LA THAUMASSIÈRE, (Gaspard) (Hist. litt. mod.) avocat au parlement de Paris, né à Bourges; savant jurisconsulte, savant historien; consulté comme un oracle sur tout ce qui concerne le Berri. On a de lui une histoire du Berri; des notes sur la coutume de Berri & sur celle du Beauvoisis; un traité du franc-aleu du Berri. Mort en 1712.

THÉANO. (Hist. anc.) Cette prêtresse d'Athènes s'est acquis un nom immortel, par le courage qu'elle eut de s'opposer au décret qui, condamnant Alcibiade à mort par contumace, & confisquant ses biens, enjoignoit à tous les prêtres & à toutes les prêtresses de le maudire. Elle répondit qu'elle étoit prêtresse pour bénir, & non pas pour maudire. M. de Voltaire, qui sait toujours si bien employer tout ce qui est bon, a fait usage de ce mot dans sa tragédie d'Œdipe ;

Un prêtre, quel qu'il soit, quelque Dieu qui l'inspire,
Doit prier pour ses rois, & non pas les maudire.

THÉER, s. m. (terme de relation) c'est ainsi qu'on nomme aux Indes certains hommes de la plus basse espèce, qui ne servent qu'à écurer les cloaques, les privés, ou à écorcher les bêtes mortes. Ils ne demeurent point dans les villes, mais dans les extrémités des fauxbourgs, parce que les Indiens les ont en abomination. (D. J.)

THÉGAN, (Hist. de Fr.) corévêque de Trèves, titre qui existe encore dans quelques églises d'Allemagne & des Pays-Bas, a écrit la vie de Louis-le-Débonnaire, du temps duquel il vivoit. Les reproches qu'il adresse, dans son histoire, à cet ingrat & perfide Ebon, archevêque de Rheims, oppresseur de Louis-le-Débonnaire, son bienfaiteur, ne sont pas sans éloquence, & prouvent d'ailleurs que les vrais principes sur la soumission due aux puissances, n'étoient pas, même alors, entièrement inconnus au clergé.

THÉIAS, (Hist. d'Ital.) roi des Ostrogoths, élu à la fin de l'an 552, tué en 553 dans un combat contre Narsès, près du mont Vésuve.

THÉMINES, (Pons de Lausières, marquis de) (Hist. de Fr.) chevalier des ordres du roi, maréchal de France, d'une noble & ancienne famille, se distingua sous Henri III & sous Henri IV par son fidèle attachement à ses rois, & par ses exploits guerriers. Il se signala sur-tout au combat de Villemur ; mais ce ne fut qu'après avoir arrêté, dans le louvre, le prince de Condé en 1616 ; & ce ne fut, dit-on, que pour l'avoir arrêté, qu'il fut fait maréchal de France. Il se

distingua encore dans la guerre contre les protestans sous Louis XIII. Il leur prit plusieurs places ; il échoua devant quelques-unes. Il est difficile de dire quel étoit son mérite comme général ; les occasions de se faire connoître à ce titre lui ont manqué, mais c'étoit un brave & intrépide soldat. Il mourut en 1727, âgé de soixante-quatorze ans.

THÉMISEUL. (Voyez SAINT-HYACINTHE.)

THEMISON, (Hist. anc.) médecin de l'antiquité, né à Laodicée; exerçant son art à Rome peu de temps avant la naissance de J. C. n'est guères connu que par ce vers de Juvénal, qui n'en donne pas une idée avantageuse :

Quot Themison ægros autumno occiderit uno:

& que Boileau & Rousseau ont ainsi rendu :

En un mot, qui voudroit épuiser ces matières,
Peignant de tant d'esprits les diverses manières ;
Il compteroit plutôt combien dans un printemps
Guénaud & l'antimoine ont fait mourir de gens.
Boileau.

Bref, qui voudroit nombrer ses privilèges,
Auroit plutôt calculé tous les morts
Que dans Paris Finot & ses consorts,
Dont, par respect, je tais ici l'éloge,
On inséré dans leur martyrologe.
Rousseau.

THEMISTIUS, (Hist. litt.) est au nombre des sophistes ou déclamateurs du quatrième siècle ; mais il est très-supérieur à ceux qu'on désigne par ce titre dans le temps dont il s'agit : il flate moins les princes de son temps, & leur donne plus de leçons utiles. Il étoit payen, & n'en étoit pas moins l'ami de saint Grégoire de Nazianze : il paroît qu'il étoit fort tolérant. Il y a de lui un discours à l'empereur Valens, où il l'exhorte à faire cesser sa persécution Arienne contre les Catholiques ; &, chose étonnante de la part d'un persécuteur, l'empereur se rendit à ses remontrances. Il reste de Themistius trente-trois discours, dont le P. Pétau & le P. Hardouin ont donné des éditions : cette dernière a été faite au louvre, & elle est en grec & en latin. On a aussi de lui des notes sur Aristote ; celles qu'il avoit faites sur Platon sont perdues. Il avoit fait encore un traité de l'immortalité de l'ame, dont Stobée cite un passage. Themistius étoit originaire de Paphlagonie. L'empereur Constance l'avoit fait sénateur ; Théodose le fit, en 384, préfet de Constantinople. Le temps de sa mort est ignoré.

THEMISTOCLE, (Voyez les articles MILTIADE & ARISTIDE.) général Athénien, rival d'Aristide; égal au moins en talens, mais inférieur en vertus à cet homme juste, dut à la bataille de Marathon ; & les lauriers de Miltiade tourmentoient déjà, d'une utile émulation, cette ame ardente & avide de gloire.

Ce

Ce fut lui qui tourna, le premier, toutes les forces d'Athènes du côté de la mer. Dans l'irruption que Xercès fit en Grèce, *Thémistocle* n'avoit pas besoin, sans doute, de motifs particuliers pour désirer le commandement; il en eut un cependant, & ce motif étoit digne d'un bon citoyen. Il voyoit la république prête à nommer pour général un certain Epicyde, homme à qui, par une erreur assez commune dans les démocraties, on croyoit du talent, parce qu'il avoit quelque facilité à parler; mais il, dans la vérité, étoit non-seulement sans talent, du moins pour la guerre, mais encore dangereux par sa vénale avidité. *Thémistocle* tira parti de ce vice de son compétiteur; il fut l'écarter à force de présens, & se faire élire en sa place.

Il avoit fait exiler Aristide par l'ostracisme; mais sentant que ce grand homme seroit aussi utile à la Grèce, qu'Epycide auroit pu lui être funeste, il le fit rappeller de son exil.

Son grand objet fut toujours de procurer aux Athéniens le commandement général de la Grèce, qui étoit alors entre les mains de Lacédémone; mais il marcha toujours vers ce but avec une prudente modération. Lorsqu'il eut engagé les Athéniens à employer leurs fonds à la construction de cent galères, comme cet armement formoit à lui seul les deux tiers de la flotte Grecque, Athènes prétendit que c'étoit à elle à nommer le généralissime, & cet honneur devoit naturellement regarder *Thémistocle*; mais les suffrages des alliés s'étant réunis en faveur du Lacédémonien Eurybiade, & ces alliés menaçant de se séparer, si leur choix n'étoit pas suivi, *Thémistocle*, qui sentit toutes les conséquences d'une pareille séparation devant un ennemi formidable, donna le conseil & l'exemple d'obéir à Eurybiade. Cette supériorité, qu'il étoit si jaloux de procurer à sa patrie sur les diverses républiques de la Grèce, il vouloit sur-tout la conquérir dans les combats par les services & les succès. Il battit les Perses à Artemise, à Salamine. Ce fut avant cette dernière bataille que *Thémistocle* donna ce grand exemple de modération qu'on a tant cité, pour prouver que les Grecs ne connoissoient pas notre point d'honneur Européen moderne, mais qui est sur-tout recommandable par le généreux mépris des injures particulières, & par le sacrifice de toutes les considérations personnelles fait à la patrie & au bien public. C'est le fameux: *frappe, mais écoute*, de *Thémistocle* à Eurybiade, qui, dans la chaleur de la contradiction, avoit levé sur lui la canne. On juge bien qu'après un pareil mot, ce fut l'avis de *Thémistocle* qui l'emporta. Il s'agissoit d'attirer les Perses au combat dans le détroit de Salamine, où l'avantage du nombre seroit perdu pour eux; ce qui arriva en effet. Aristide partage avec *Thémistocle* la gloire de cette illustre victoire; mais tous les capitaines Grecs rendirent à *Thémistocle* un témoignage plus glorieux qu'ils ne vouloient. C'étoit une coutume, d'une bonne politique, dans la Grèce, qu'après un combat les capitaines adjugeoient le prix de la valeur à ceux qui s'y étoient

les plus distingués. Chacun écrivoit sur un billet le nom de celui qu'il vouloit couronner: c'étoit le contraire de l'ostracisme; on écrivoit aussi sur ce billet le nom de celui qui avoit mérité le second prix, ou l'*accessit*. Il arriva que chacun se donna le premier rang; mais que tous donnèrent le second à *Thémistocle*, qui, par-là, eut le premier sans contradiction.

Avant cette bataille, les Athéniens, par le conseil de *Thémistocle*, avoient abandonné leur capitale, leur patrie, la terre-ferme, pour chercher leur salut sur la mer. Cette résolution, qui parut à plusieurs un acte de désespoir, fut, dit-on, prescrite par l'oracle de Delphes, qui répondit qu'Athènes ne pouvoit trouver son salut que dans des murs de bois; car dans l'histoire ancienne, sur-tout dans l'histoire Grecque, tout se fait en vertu d'oracles.

Quidquid Græcia mendax
Audet in historiâ.

S'il y eut un pareil oracle, *Thémistocle* pouvoit bien l'avoir fait rendre, & il se rendit maître de l'interprétation. Les murs de bois furent des vaisseaux; parce que *Thémistocle* vouloit des vaisseaux, & ramenoit tout à la marine.

Les Ioniens qui servoient dans l'armée du roi de Perse, & que *Thémistocle*, soit pour les attirer à lui, soit du moins pour les rendre suspects aux Perses, avoit avertis, par des caractères gravés sur des pierres le long des côtes de l'Eubée, de se souvenir qu'ils tiroient leur origine de la Grèce, furent en effet, selon ses vœux & ses espérances, les premiers de l'armée Persane qui prirent la fuite.

Thémistocle, qui aimoit à joindre l'artifice à la valeur, & dont la devise auroit pu être & *dolus* & *virtus*, après avoir, par de faux avis & des machinations secrettes, attiré les Perses dans le piége qu'il leur tendoit à Salamine, employa les mêmes moyens après la bataille pour délivrer entièrement la Grèce, & de la présence de Xercès, & de la plus grande partie de son innombrable armée; il lui fit parvenir des avis secrets de la résolution que les Grecs, disoit-il, avoient prise de rompre le fameux pont que Xercès avoit fait construire à si grands frais sur l'Hellespont pour le transport de ses troupes. A cette nouvelle Xercès, saisi d'effroi, s'enfuit de nuit précipitamment; son armée de terre le suit à grandes journées; sa flotte se retire vers la côte de l'Asie: des forces qui, malgré sa défaite, suffisoient encore pour battre & conquérir toute la Grèce, si elles avoient eu un chef, n'osent plus confier leur salut qu'à la fuite. Xercès arrive à son pont, qu'il trouve en effet renversé, non par les Grecs, qui n'auroient pu parvenir jusques-là, & qui n'avoient pas même songé à le tenter, mais par une tempête que la mer, malgré le châtiment ridicule qu'il lui avoit précédemment imposé pour une pareille faute, avoit encore osé exciter. Cette fois il ne s'arrêta pas à la châtier; il fut trop heureux de la passer, presque seul, à petit bruit, dans une chétive barque de pêcheur; lui, ce grand roi, aux flottes & aux armées duquel, si peu de temps auparavant, la terre & les mers pouvoient à peine suffire. Grand & mémorable exemple de l'instabilité des choses humaines, & de la foiblesse des plus grandes forces : c'est la réflexion que fait Justin.

Erat res spectaculo digna, & æstimatione fortis humanæ rerum varietate miranda, in exiguo latentem videre navigio, quem paulò antè vix æquor omne capiebat, carentem etiam omni servorum ministerio, cujus exercitus, propter multitudinem, terris graves erant. Justin, lib. 2, cap. 13.

Cette grande révolution étoit principalement l'ouvrage de *Thémistocle.* Sa récompense fut une couronne d'olivier, un char qu'on lui donna, des honneurs qu'on lui rendit hors de sa patrie, à Sparte & ailleurs ; sur-tout les acclamations des jeux Olympiques, lorsqu'il y parut. Ce jour, où tous les yeux se détournoient des jeux & des combats pour ne regarder que *Thémistocle,* & où il étoit seul tout le spectacle, fut le plus beau jour de sa vie, & surpassa ses espérances, & presque ses désirs, comme il prenoit plaisir à l'avouer à ses amis.

L'habileté de *Thémistocle,* & ce mélange heureux d'adresse & de courage qui le caractérise, paroissent dans toute la conduite qu'il tint après l'expulsion des Perses. Les Athéniens rentrèrent alors dans leur ville, qu'ils avoient abandonnée avec tant de regret ; ils reprirent possession de tout ce qu'ils avoient de plus cher ; ils firent revenir leurs femmes & leurs enfans, qu'ils avoient mis en dépôt où ils avoient pu. Les Perses avoient presqu'entièrement détruit Athènes ; *Thémistocle* entreprit de la rétablir & de la fortifier. Les Lacédémoniens, qui avoient le projet qu'il avoit de donner à son pays la supériorité de la Grèce, & qui sentoient combien sa gloire personnelle & ses triomphes pouvoient faciliter ce projet, commencèrent à voir ces travaux d'un œil inquiet & jaloux ; ils craignoient qu'Athènes, qui venoit de se montrer si puissante sur mer, le devenant encore du côté de la terre, ne fût en état de faire la loi, & d'enlever à Lacédémone la prééminence. Ils firent donc leur députation aux Athèniens, pour leur représenter que l'intérêt général de la Grèce demandoit qu'il n'y eût hors du Péloponnèse aucune ville fortifiée, qui, dans le cas d'une nouvelle irruption des Perses, pût leur servir de place d'armes. *Thémistocle* n'eut pas de peine à comprendre que les Lacédémoniens feignoient de craindre les Perses, & qu'ils ne craignoient en effet que les Athéniens : Ils veulent ruser avec nous, dit-il au sénat ; il faut ruser avec eux. La réponse fut qu'on enverroit des députés à Lacédémone, pour les rassurer sur ses inquiétudes. On ne se pressa point de les envoyer ; & quand il fallut enfin satisfaire à cette promesse, *Thémistocle,* qui eut soin de se faire nommer parmi les députés, ne se pressa point de partir : cependant il partit le premier ; ses collègues ne partirent ni en même-temps que lui, ni les uns en même-temps que les autres. Arrivé à Lacédémone, *Thémistocle* laissa passer plusieurs jours

sans visiter les Magistrats, sans demander audience au sénat. Quand on lui demandoit la raison de ces délais : *j'attends,* disoit-il, *mes collègues, & je ne conçois pas ce qui peut les retarder.* Ils arrivèrent successivement, & toujours à quelque distance les uns des autres. Cependant on pressoit les travaux d'Athènes avec la plus grande vivacité ; femmes, enfans, étrangers, esclaves, tous mettoient la main à l'ouvrage ; tous travailloient, & le jour & la nuit : on ne l'ignoroit pas à Lacédémone, & on en fit de grandes plaintes. *Thémistocle* nia le fait ; se plaignit lui-même de ce qu'on en croyoit des bruits vagues & sans fondement. Il demanda que la chose fût éclaircie, & qu'on envoyât à Athènes une nouvelle députation, pour s'assurer de ce qui en étoit : tout cela faisoit gagner du temps. Il ne manqua pas d'avertir les Athéniens de retenir les nouveaux députés, pour lui servir d'ôtages, à lui & à ses collègues, jusqu'à leur retour, craignant d'être arrêté à Lacédémone. Enfin, toutes ces mesures étant prises, & tous les députés Athéniens arrivés à Sparte, *Thémistocle* demanda audience, & déclara en plein sénat qu'Athènes avoit en effet voulu pourvoir à sa sûreté ; que c'étoit pourvoir à celle de toute la Grèce ; que le Péloponèse même & la Laconie n'en étoient que mieux défendus par ces barrières extérieures ; que plus on auroit d'obstacles à opposer aux Perses, moins on auroit à craindre leurs irruptions ; qu'enfin, ces fortifications avoient été jugées nécessaires, qu'elles étoient achevées, & que la ville étoit en état de se défendre contre quiconque oseroit l'attaquer ; que les Lacédémoniens auroient grand tort de prétendre assurer leur puissance sur la foiblesse de leurs alliés, au lieu de l'établir sur leurs propres forces & sur leur courage. *Graviter castigat eos, quòd non virtute, sed imbecillitate sociorum potentiam quærerent,* Justin, lib. 2, cap. 15 ; & cette déclaration, & l'art employé par les Athéniens pour se mettre en état de la faire, déplurent beaucoup aux Lacédémoniens ; mais les premiers venoient de se rendre trop utiles à la Grèce, pour qu'on pût, avec honneur, rompre avec eux dans ce moment. Sparte dissimula donc, & attendit une occasion plus favorable. Les députés furent renvoyés de part & d'autre, & *Thémistocle* revint à Athènes comblé de nouveaux honneurs par les Lacédémoniens mêmes, & ayant aussi utilement servi sa patrie dans cette négociation par son adresse, que dans les combats par ses armes.

En fortifiant Athènes, *Thémistocle* ne perdoit pas de vue la mer. Athènes n'avoit eu jusques là qu'un port peu spacieux, peu commode, peu propre aux grands desseins de *Thémistocle,* le port de Phalère ; ce fut lui qui fit bâtir & fortifier le Pirée.

Si *Thémistocle* n'eût employé que de pareils moyens pour élever & aggrandir sa république, sa gloire seroit sans tache ; mais il mérita le reproche qu'il avoit fait lui-même aux Lacédémoniens, de vouloir fonder leur puissance sur la foiblesse de leurs alliés, & il mérita de plus le reproche de vouloir la fonder sur le crime. On sait qu'il annonça dans l'assemblée du peuple un projet important, mais dont le succès dépendoit du secret, & que par cette raison il ne pouvoit, disoit-il, communiquer au peuple. Il demanda qu'on nommât quelqu'un avec qui il pût en conférer; Aristide fut nommé. Son rapport fut, que le projet étoit très-utile, mais très-injuste : sur ce seul mot il fut rejetté. Ce projet étoit de brûler la flotte des Grecs qui étoit dans un port voisin; ce qui devoit, selon Thémistocle, procurer aux Athéniens le commandement de la Grèce; parce qu'alors Athènes eût été la seule ressource des Grecs pour la marine. Que ce projet fût injuste & criminel; c'est un point accordé & jugé. Mais qu'est-ce donc qu'Aristide pouvoit trouver de si utile dans un pareil projet? Ce jugement pouvoit tenir de l'erreur de tant de politiques Machiavellistes, qui croyent le crime utile, parce qu'ils ne portent jamais leurs regards au-delà du moment, & qu'ils ne songent point au lendemain. Si les Athéniens eussent brûlé la flotte Grecque, qu'en seroit-il arrivé? Ce crime les eût à jamais diffamés dans la Grèce; il auroit excité une haine universelle. Ceux des alliés qui pouvoient balancer entr'eux, & les Lacédémoniens, se seroient hautement déclarés pour ceux-ci, ou si la crainte eût contenu l'horreur, ce n'auroit été que pour un moment, & jusqu'à la première occasion de vengeance. Le jugement d'Aristide étoit donc encore trop favorable au projet, qu'il fit cependant rejetter; mais le peuple fut très-estimable de le rejetter, par la seule raison que le projet étoit injuste; & en cela il ne se montra pas moins politique que vertueux.

Ce commandement de la Grèce, que Thémistocle avoit voulu procurer à sa patrie par le crime, Aristide & Cimon le lui procurèrent par la vertu. La perfidie de Pausanias, général Lacédémonien, qui trahit les Grecs, & se permit des intelligences criminelles avec Xercès, contribua beaucoup à ce changement.

Pausanias étoit ami particulier de Thémistocle. Celui-ci, par son orgueil, par l'étalage perpétuel de ses services, autant que par sa puissance, avoit attiré sur lui l'ostracisme, qu'il avoit auparavant excité lui-même contre le modeste Aristide. Il avoit bâti près de sa maison un temple à Diane, sous le nom de Diane Aristobule, c'est-à-dire, du bon conseil, en mémoire des bons conseils qu'il se flattoit d'avoir donnés aux Athéniens, & à toute la Grèce. En toute occasion il fatiguoit ses concitoyens du récit de ses exploits & de ses victoires, & sembloit leur reprocher d'en avoir perdu le souvenir. Quelqu'un lui demandant un jour s'il n'étoit pas las de répéter toujours les mêmes choses : Hé! vous lassez-vous, leur dit-il, de recevoir souvent du bien des mêmes personnes. C'étoit provoquer les honneurs de l'ostracisme, & il les obtint : il se retira d'abord à Argos. Pendant qu'il y vivoit tranquille, Pausanias, son ami, ourdissoit sa trame. Il lui en avoit précédemment fait mystère; mais quand il le vit chassé, comptant sur le ressentiment que cet homme fier & sensible auroit d'une telle injure, il lui fit part de ses projets, & le pressa d'y entrer. Thémistocle s'y refusa entièrement; mais il lui garda le secret, & continua de recevoir ses confidences.

Le complot de Pausanias ayant été découvert, & ce général convaincu & mis à mort, on trouva dans ses papiers des lettres de Thémistocle, qui donnèrent contre lui des soupçons de complicité. Les Lacédémoniens trouvant cette occasion de se venger de lui, ne la laissèrent point échapper; ils envoyèrent à Athènes des députés pour l'accuser, & les envieux qu'il avoit parmi les Athéniens, même se joignirent à eux. Thémistocle se défendit par lettres. Il allégua pour sa justification cet orgueil même qui lui avoit été tant reproché, & qui lui avoit valu l'ostracisme : » Je l'avoue, dit-il, j'aime, j'ai recherché » la domination : toute dépendance m'est insupportable, tout joug me pèse. Comment avec cet amour, » non-seulement de la liberté, mais encore de l'autorité, aurois-je été chercher l'esclavage à la cour » du roi de Perse? Comment, d'ailleurs, aurois-je » démenti tant de services, dont on m'accuse, avec » quelque raison, peut-être, d'avoir tiré trop de vanité? Comment aurois-je voulu livrer à des ennemis, » que j'ai vaincus, à des barbares, que je méprise, » cette Grèce que ma gloire est d'avoir rendue tant » de fois triomphante?

» Mais j'ai su le complot de Pausanias, & ne l'ai » point révélé.

» Il est vrai, l'amitié me défendoit d'être le dé» nonciateur & le bourreau de cet infortuné. Je le » voyois s'égarer dans sa folle entreprise; j'avois pitié » de lui, & ne craignois rien pour la Grèce. Une » machination si mal concertée, ne pouvoit avoir une » heureuse issue, & j'espérois toujours qu'il y renon» ceroit de lui-même, comme j'avois soin de l'y » exhorter ».

Malgré cette apologie l'accusation prévalut; on envoya des gens à Argos pour l'amener à Athènes afin qu'il fût jugé par le conseil de la Grèce. Cette résolution ne put être assez secrette pour que Thémistocle l'ignorât; il alla chercher un asyle dans l'isle de Corcyre, à laquelle il avoit autrefois rendu quelque service; mais ne s'y trouvant pas en sûreté, il passa jusqu'en Epire, & s'y voyant encore poursuivi par les Athéniens & les Lacédémoniens, il prit le parti de se retirer chez un ennemi qu'il espéra trouver moins implacable que ses propres concitoyens : cet ennemi, ce n'étoit pas encore le roi de Perse, mais Admète, roi des Molosses. Ce prince, dans une occasion importante, avoit demandé aux Athéniens un secours, que Thémistocle lui avoit fait refuser; il en conservoit un vif ressentiment, & ne respiroit que la vengeance. Thémistocle, qui avoit de la grandeur dans l'ame, imagina que le meilleur moyen de l'appaiser seroit d'aller se remettre dans ses mains, & le rendre l'arbitre de son sort. Quand il arriva dans la cour d'Admète, ce prince étoit absent. Il vit la reine sa femme; il la mit dans ses intérêts; lui demanda conseil, & ce fut elle qui lui enseigna la manière dont il devoit se présenter devant Admète, pour le désarmer & toucher son cœur. Au retour de ce prince, Thémistocle prenant dans ses bras le fils du roi, s'asseyant au milieu de son foyer, au sein de ses Dieux domestiques : » Grand

» roi! lui dit-il, je vous apporte une tête ennemie; » vous pouvez vous en venger, & dès-lors vous ne » le voudrez plus. Je suis Thémiſtocle, d'abord banni, » puis pourſuivi de retraite en retraite par mes ingrats » concitoyens. Je ſuis innocent envers eux; je ſuis » coupable envers vous: je ſuis malheureux, diſpoſez » de mon ſort ». Le roi ſurpris & touché de voir à ſes pieds le héros de la Grèce, le vainqueur de l'Aſie, le releva, le conſola, lui accorda ſa protection. En effet, les Athéniens & les Lacédémoniens étant venus le réclamer : » C'eſt mon hôte, leur dit-il; c'eſt un » ſuppliant. Mes Dieux domeſtiques l'ont pris ſous leur » garde; il ne leur ſera point arraché ».

Pendant qu'il étoit à la cour d'Admète, un de ſes amis trouva le moyen d'enlever d'Athènes ſa femme & ſes enfans, & de les faire parvenir juſqu'à lui; il fut recherché dans la ſuite pour cet acte d'amitié généreuſe, & on n'eut pas honte de le condamner à la mort : le plus grand malheur de l'humanité, peut-être, conſiſte dans ce renverſement des idées, qui fait punir comme des crimes, des actions qu'on ne peut s'empêcher d'eſtimer. Les amis de Thémiſtocle ſauvèrent auſſi la plus grande partie de ſes biens, & la lui firent tenir dans le lieu de ſa retraite; ce qu'ils ne purent dérober aux recherches & aux pourſuites de ſes ennemis, & qui fut porté au tréſor public, montoit encore à cent talens; il n'en poſſédoit pas trois quand il étoit entré dans le gouvernement. Ces richeſſes, trop conſidérables & trop promptement acquiſes, dépoſoient contre lui. En effet, ce héros n'eut jamais les mains pures, & le déſintéreſſement n'étoit point au nombre de ſes vertus, ou plutôt il étoit grand ſans être vertueux. Le généreux Ariſtide lui ayant dit un jour que le déſintéreſſement lui paroiſſoit une des premières qualités dans un général & dans un homme d'état, Thémiſtocle ne lui pardonna jamais, & Ariſtide auroit eu à venger ſur Thémiſtocle beaucoup d'injures; mais il ne voulut jamais contribuer en rien à la diſgrace d'un grand homme.

Cependant les Grecs mécontens du refus d'Admète, firent auprès de lui de nouvelles tentatives, & le menacèrent de porter la guerre dans ſon pays, s'il ne leur livroit leur victime, ou s'il ne conſentoit du moins à l'abandonner. Admète craignant à la fois & pour lui & pour ſon hôte, avertit celui-ci de ſon danger, & favoriſa ſa fuite. Thémiſtocle prit le parti de ſe mettre enfin ſous la protection qu'on l'avoit injuſtement accuſé d'avoir recherchée. Il partit; il alla par terre gagner Pydna, ville maritime de Macédoine ſur le golfe Thermaïque ou de Theſſalonique; là il s'embarqua ſur un vaiſſeau marchand qui faiſoit voile pour l'Ionie. Il courut dans la route un danger plus grand que celui qu'il fuyoit; ce vaiſſeau fut porté par la tempête près de l'île de Naxos, dont les Athéniens faiſoient alors le ſiége. Perſonne ne le connoiſſoit dans le vaiſſeau; on alloit aborder à la côte de Naxos, pour ſe repoſer des fatigues de la mer. Il fut obligé de ſe faire connoître, & de dire ſon

ſecret au pilote, pour obtenir que, ſans s'arrêter, on voulut bien reprendre la route de l'Aſie. Il aborda enfin à Cumes, ville d'Eolie, dans l'Aſie mineure; il y trouva encore d'autres dangers. Le roi de Perſe avoit mis ſa tête à prix, & ce prix étoit de deux cent talens; cette proſcription d'un empire à l'autre, n'étoit pas auſſi chimérique qu'elle pouvoit le paroitre, les accidens de la mer pouvant tous les jours pouſſer les vaiſſeaux partis des côtes de la Grèce, ſur les côtes de l'Aſie Mineure. Il s'enfuit avec peine à Œges, petite ville de l'Eolie, où il n'étoit connu de perſonne que de Nicogène, ſon hôte & ſon ami qui avoit des relations à la cour de Perſe, & qui arrangea tout pour le faire conduire à Suſe en ſûreté, après qu'il fut reſté pluſieurs jours caché dans ſa maiſon ſans s'expoſer aux regards de perſonne; il fallut encore prendre la même précaution pendant la route. Les Perſes dès lors très jaloux, menoient les femmes dans des chariots couverts pour les dérober à tous les regards; ce fut dans un de ces chariots couverts que voyagea Thémiſtocle ſous le nom d'une jeune dame Grecque, qu'on menoit à un grand-ſeigneur de la cour de Perſe.

Arrivé à Suſe, il falloit paroitre devant un roi aſſez mal diſpoſé à ſon égard pour avoir mis ſa tête à prix, il s'adreſſa au capitaine des gardes, lui dit qu'il étoit un Grec, qui venoit parler au roi d'affaires importantes qui regardoient ſon ſervice. Cet officier l'avertit d'un cérémonial auquel il ſavoit que les Grecs avoient peine à s'aſſujettir, mais qui étoit abſolument néceſſaire pour obtenir de parler au roi en perſonne. C'étoit de ſe proſterner profondément devant lui & de l'adorer; car, lui dit-il, nôtre loi nous ordonne d'adorer le roi comme l'image vivante de la Divinité. Thémiſtocle n'étoit pas venu de ſi loin, à travers tant de dangers, & guidé par de ſi grands intérêts pour diſputer ſur un vain cérémonial, il ſe ſoumit à tout, puis il débuta chez le roi de Perſe comme chez le roi des Moloſſes par ces : je ſuis, Thémiſtocle, il convint d'avoir fait beaucoup de mal aux Perſes, mais en faiſant alors ſon devoir; il avoua que le moment étoit venu où le roi pouvoit ſe venger de lui, mais il ajouta qu'une telle vengeance exercée ſur un malheureux, ſur un ſuppliant, ſeroit trop indigne d'un ſi grand roi.

Le roi ne répondit rien ſur l'heure, & Thémiſtocle ſortit de ſon audience ſans ſavoir rien de certain ſur ſon ſort; il put même concevoir d'aſſez grandes inquiétudes du diſcours d'un des Gardes, qui ayant entendu ſon nom, s'écria d'un ton menaçant : ſerpent de Grèce, plein de ruſe & de malice, c'eſt la fortune du roi qui t'amène ici ! c'étoit ſa fortune en effet, mais il ſut en bien uſer.

On n'eſt pas d'accord ſur la perſonne du roi auquel Thémiſtocle ſe préſenta; c'étoit Artaxerxe, ſelon Thucydide ſuivi par Uſſerius, & c'étoit au commencement de ſon règne; c'étoit encore Xerxès, ſuivant Strabon, Plutarque & Diodore de Sicile. Quoi qu'il en ſoit, ce roi regarda comme le plus beau jour de ſon règne, celui où le vainqueur des Perſes venoit ainſi s'offrir ou à ſa vengeance ou à ſa clémence. Il pria ſon dieu Arimane d'envoyer toujours à ſes ennemis cette diſpoſition aveugle à ſe priver & à l'enrichir de leurs plus grands perſonnages :

Dü, meliora püs, errorcmque hoſtibus illum!

Il en rêva pendant toute la nuit, & on l'entendit pluſieurs fois s'écrier pendant ſon ſommei : *j'ai Thémiſtocle l'Athénien.*

Le lendemain, dès le point du jour, il manda les plus grands ſeigneurs de ſa cour, il fit appeler devant eux *Thémiſtocle*, qui ne s'attendoit à rien que de triſte, & lui dit de l'air le plus ſerein & le plus aimable : « j'ai promis deux cent talens à celui qui » me livreroit *Thémiſtocle*, vous me l'avez livré, » cette ſomme eſt à vous. Il ne ſe borna pas à ce préſent, il lui entretint une maiſon conſidérable, lui aſſigna de grands revenus, lui fit rendre toute ſorte d'honneurs dans ſa cour, rendit en ſa faveur au Lacédémonien Démarate, ſes bonnes graces que ce Grec avoit perdues par une vanité imprudente & ridicule. *Thémiſtocle*, empreſſé de ſe rendre le plus agréable & le plus utile qu'il pourroit à ce roi généreux, s'empreſſa d'apprendre le Perſan, pour pouvoir entretenir le roi ſans interprète, ſur tout ce qu'il déſiroit de ſavoir concernant la Grèce, & dans l'eſpace d'un an il ſe rendit ſi habile dans cette langue, que les Perſes lui rendoient le témoignage qu'il la parloit plus élégamment qu'eux-mêmes.

Le roi, pour fixer plus ſûrement *Thémiſtocle* à ſa cour ou du moins dans ſes états, lui fit épouſer une femme d'une des plus conſidérables & des plus nobles familles de la Perſe, *Thémiſtocle* devint auprès de lui un véritable favori; il avoit toutes les entrées & chez le roi & chez les princeſſes; le roi avoit ſouvent avec lui des entretiens particuliers qui donnoient de la jalouſie & de l'inquiétude aux courtiſans, & l'on rapporte ſur-tout comme une marque très-particulière de ſa faveur que par l'ordre ſpécial du roi, il fut admis à entendre les leçons & les diſcours des Mages, & qu'il fut initié par eux à tous les myſtères de leur philoſophie. Enfin cette faveur de *Thémiſtocle* fut telle qu'elle paſſa pour ainſi dire en proverbe, & que ſous les règnes ſuivans où les affaires des Perſes furent encore plus mêlées avec celles des Grecs, quand les rois vouloient attirer un Grec à leur ſervice, ils lui promettoient qu'il ſeroit auſſi grand ou plus grand auprès d'eux que *Thémiſtocle* ne l'avoit été auprès du roi Artaxerxe Longuemain.

Thémiſtocle ſentit vivement ce bonheur qu'il n'avoit oſé eſpérer, & en voyant l'abondance qui règnoit dans ſa maiſon & à ſa table, & qui étoit plus de ſon goût que la ſimplicité & la frugalité républicaines, il s'écrioit tranſporté de joie au ſein de ſa famille : *mes enfans, nous périſſions ſi nous n'euſſions péri*, PERIERAM NISI PERIISSEM.

Cependant, ſoit que la jalouſie des courtiſans fût parvenue à lui procurer un exil honorable & avantageux, ſous prétexte de l'employer utilement, ſoit qu'en effet l'intérêt du roi demandât que *Thémiſtocle* fit ſon ſéjour dans l'Aſie Mineure, pour être à portée d'obſerver les diſpoſitions & les mouvemens, ſoit des Grecs Aſiatiques, ſoit de ceux des Iſles, il fut envoyé à Magnéſie ſur le Méandre, qui fut pour lui comme une eſpèce de domaine royal & de petit empire particulier dont il touchoit les revenus, & où ſa maiſon, toujours entretenue avec abondance & avec ſplendeur, étoit une eſpèce de cour de Satrape.

La puiſſante des Athéniens & la gloire de Cimon, fils de Miltiade, prenoient tous les jours de nouveaux accroiſſemens. Artaxerxe en étoit alarmé; *Thémiſtocle*, comblé de ſes bienfaits lui avoit promis ſes ſervices, le roi crut qu'il étoit temps de les employer; il fit propoſer à *Thémiſtocle* de l'envoyer dans l'Attique, à la tête d'une nombreuſe armée. *Thémiſtocle*, dans les proteſtations de zèle & les offres de ſervice que la reconnoiſſance lui avoit inſpirées, avoit ſans doute eſpéré que ſes talens ne ſeroient pas employés directement contre Athènes; ce qu'il devoit à un roi, qui l'avoit accueilli avec tant de grandeur, n'étouffoit point dans ſon ame ce qu'il croyoit devoir à ſa patrie; le temps affoibliſſoit d'ailleurs chaque jour le reſſentiment dans la chaleur duquel il avoit promis au roi de le ſervir contre cette même patrie, qu'il avoit fait triompher avec tant d'éclat. Il alloit donc démentir ſes premiers exploits & flétrir ſes premiers lauriers! Le libérateur des Grecs alloit-se devenir l'oppreſſeur. Voilà ce qui pouvoit lui arriver de plus heureux, ſi en traînant aux combats les eſclaves efféminés d'un deſpote, il pouvoit ſe flatter des mêmes ſuccès qu'il avoit eus autrefois en menant contre eux des hommes libres combattant pour la liberté; mais on prétend qu'à ces conſidérations ſe joignit ſur-tout la crainte de compromettre ſa vieille gloire contre la gloire toujours croiſſante du jeune Cimon, (*voyez* l'article CIMON) & que l'amour & le reſpect de la patrie ne ſervirent que d'un voile honorable à ce motif plus puiſſant ſur ſon ame : il prit donc le parti de ne manquer ni au roi de Perſe, ni à ſa patrie; il ſe donna la mort, après avoir invité ſes amis à un ſacrifice ſolemnel, où leur ayant fait ſes adieux, il avala, dit-on, en leur préſence du ſang de taureau, ſi c'eſt un poiſon, ou quelqu'autre poiſon dont l'effet fut très-prompt.

Mais dans le dialogue de Cicéron, intitulé, *Brutus*, Atticus, un des interlocuteurs, traite ce récit de fable inventée par des rhéteurs pour faire briller leur éloquence & leur imagination, & Thucydide, en convenant qu'il courut un bruit que *Thémiſtocle* ou s'étoit empoiſonné ou l'avoit été par d'autres, croit qu'il mourut de maladie, & que ſes amis tranſportèrent ſecrétement ſes os à Athènes, où du temps de Pauſanias, le voyageur, on voyoit encore ſon tableau près du grand Port. On voyoit auſſi ſon tombeau dans la place publique à Magnéfie, où il étoit mort l'an 466 avant J. C., & ce tombeau fubfiftoit encore du temps de Plutarque, c'eft-à-dire, au bout d'environ fix cents ans.

Thémiftocle, quoiqu'attaché à l'argent, comme nous l'avons vu, eut le mérite de préférer dans le choix d'un gendre, un honnête homme pauvre à un riche d'une réputation fufpecte, difant : qu'*il aimoit mieux du mérite fans bien que du bien fans mérite* ; c'eft Cicéron qui lui rend ce témoignage dans fes offices, lib. 2. *Thémiftocles, cùm confuleretur utrùm bono viro pauperi, an minus probato diviti filiam collocaret : EGO VERÒ, inquit, MALO VIRUM QUI PECUNIA EGEAT, QUÀM PECUNIAM QUÆ VIRO.*

Selon Thucydide & Cornelius Nepos, le trait le plus marqué du génie de *Thémiftocle*, étoit une préfence d'efprit qui lui montroit dans l'inftant même le parti qu'il falloit prendre & une pénétration qui fembloit lire dans l'avenir : *De inftantibus, ut ait Thucydides, veriffimè judicabat, & de futuris callidiffimè conjiciebat.* Corn. Nep. in *Thémift.*

On a vu dans cet article les principaux traits de fon caractère ; ajoutons-y feulement qu'il ne fe piquoit pas d'impartialité, & qu'il difoit à quelqu'un qui lui recommandoit cette qualité : « Aux Dieux ne » plaife que je fois jamais affis fur un tribunal, où » mes amis n'aient pas plus de crédit & de faveur » que les étrangers !

En un mot, *Thémiftocle* fut un grand homme, s'il peut y en avoir fans la vertu.

THÉOCRITE, (*Hift. litt. anc.*) fameux poëte Grec, né à Syracufe, vivoit à la cour d'Egypte, du temps de Ptolémée Philadelphe, près de trois fiècles avant J. C. Il vivoit auffi à la cour d'Hieron, roi ou tyran de Syracufe, & fa feizième Idylle porte le nom de ce prince. Il femble lui reprocher tacitement de payer mal les vers qu'on fait en fon honneur, reproche qui fait tomber la honte de l'avarice fur le poëte, bien plus que fur ce prince fi fameux par fes libéralités. On fait peu de chofes de *Théocrite*, il exifte tout entier dans fes ouvrages ; des auteurs difent qu'Hieron le fit périr pour avoir mal parlé de lui ; ce feroit bien un autre reproche à faire à ce tyran.

Théocrite, premier modèle de l'Idylle, a été imité, célébré par Virgile, qui le reconnoît pour fon maître, c'eft là fa gloire. Il eft pour le genre paftoral ce qu'Homère eft pour la poëfie épique ; ce n'eft pas que *Théocrite* fe foit borné au genre paftoral, car des trente Idylles de *Théocrite*, il n'y en a que dix qui foient dans le genre paftoral. Le mot même d'Idylle, en grec, ne fignifie pas un *poëme champêtre*, mais feulement un *petit poëme*, une *pièce de vers*. Parmi les Idylles de *Théocrite*, il y en a de comiques, il y en a d'héroïques, il en eft une qui s'élève jufqu'au ton de la tragédie ; mais il a des maîtres dans tous ces genres, & il eft reconnu pour le premier des maîtres dans le genre bucolique.

On peut voir ce qu'en dit M. l'abbé Fraguier dans fa differtation fur l'églogue, tom. 2 des mémoires de l'Académie des Infcriptions & Belles-lettres, pages 121 & fuivantes. On peut voir auffi dans le 4e tome, pages 520 & fuivantes, la traduction que M. Hardion a donnée de la quatrième Idylle de *Théocrite*, les remarques qu'il fait fur cette Idylle & fon difcours fur les bergers de *Théocrite*, placé à la fuite de ces remarques. Il faut voir fur-tout ce qu'a dit M. de Chabanon dans fon effai fur *Théocrite* & fur les Poëtes bucoliques, placé à la tête de la traduction qu'il nous a donnée de *Théocrite*. Il obferve dans le talent de ce poëte, cinq caractères principaux :

1°. Le naturel & les graces.
2°. Le don de peindre par l'expreffion.
3°. L'abondance & la variété des tableaux.
4°. La douceur des fentimens.
5°. La force & la vérité des paffions.

Il défend *Théocrite* contre M. de Fontenelle. Il parcourt, il juge & caractèrife les poëtes bucoliques de toutes les nations ; parmi les Grecs, Bion & Mofchus ; parmi les latins, tant anciens que modernes, Virgile, Némélien, Calpurnius, Pétrarque, Bocace, le Mantouan, Sannazar ; parmi les Anglois, Pope ; parmi les Italiens, le Taffe & le Guarini ; parmi les François, Racan, Segrais, Racine, Rouffeau, Madame Deshoulières, Fontenelle & la Motte ; parmi les Allemands, M. Geffner. Il nous paroit un peu févère à l'égard de madame Deshoulières, de Fontenelle, de la Motte & de Rouffeau. Il y a en général, un principe qui influe peut-être un peu trop fur la plupart des jugemens qu'on porte en matière de littérature ; c'eft qu'on regarde les genres comme fixés & comme circonfcrits par les fuccès des premiers écrivains qui ont illuftré chaque genre. *Théocrite* & Virgile font les premiers & certainement les meilleurs modèles pour l'Idylle ; mais doivent-ils être les feuls ? Eft-on condamné à les imiter toujours ? Ne peut-on s'ouvrir des routes nouvelles ? Eft-il défendu d'étendre la carrière & de varier le genre ? Madame Deshoulières nou, paroît avoir un caractère très-marqué, c'eft une trifteffe tendre, une mélancolie douce & philofophique, qui attache & qui pénètre, qui, fans rejetter les images, fe nourrit avec plus de complaifance & de réflexions & de fentimens. La defcription de la fontaine de Vauclufe, l'Idylle des *moutons*, celle des *fleurs*, celle des *oifeaux*, celle de *l'hiver*, celle du *ruiffeau*, celle de la *folitude* ; l'Idylle allégorique, qui commence par ces vers :

> Dans ces prés fleuris
> Qu'arrofe la feine, &c.

L'églogue de *Daphnis*, celle d'*Iris*, celle de *Célimène*, & une multitude de ftances & de chanfons dans le goût paftoral, ont le mérite dont nous parlons. M. de Chabanon obferve qu'elle fe plaît trop fouvent à comparer dans fes Idylles, le deftin de l'homme avec celui d'une fleur, d'un ruiffeau, &c.

Mais n'est-ce pas par ce retour philosophique sur la condition humaine, qu'on anime ces tableaux champêtres, & qu'on en redouble l'intérêt ? D'ailleurs combien cette comparaison n'est-elle pas variée ? ne s'apperçoit-on pas qu'elle est toujours faite par le sentiment, jamais par l'esprit ? Nous ne pensons donc pas comme M. de Chabanon, que madame Deshoulières ait dû sa gloire en partie à l'avantage d'être femme, & d'être belle. Sa gloire dans ce cas, auroit péri avec elle, ou même sa beauté ; ce qui n'est point arrivé. Nous avouons seulement que sa versification a de la foiblesse & de la négligence ; mais nous y trouvons aussi le *molle atque facetum*, qu'Horace attribue à Virgile, quoiqu'à soit d'un autre genre.

Nous trouvons encore le jugement de M. de Chabanon sur M. de Fontenelle, beaucoup trop sévère. M. de Fontenelle n'est point de l'école de *Théocrite* & de Virgile, il est de celle de d'Urfé ; c'est *l'Astrée* qui est son modèle, c'est *l'Astrée* qu'il embellit de toutes les graces de l'esprit, & de toute la délicatesse d'une sensibilité superficielle, mais douce ; ce ne sont, ni des pâtres, ni des bouviers, ni des pêcheurs qu'il peint :

> C'est Timarette & le tendre Tirsis
> De roses couronnés, sous des myrtes assis,
> Entrelaçant leurs noms sur l'écorce des chênes,
> Vantant avec esprit leurs plaisirs & leurs peines.

C'est une bergerie idéale, ou purement de goût & de choix comme celle de René, roi de Sicile, & de Jeanne de Laval, sa femme, lorsqu'ils gardoient les moutons dans les champs de la provence ; comme celle de Des Iveteaux, quand une houlette à la main, il feignoit de garder des troupeaux dans son beau jardin du fauxbourg Saint-Germain à Paris. M. de Chabanon critique dans M. de Fontenelle, jusqu'à la fameuse églogue d'*Ismène* :

> Sur la fin d'un beau jour, &c.

Il voudroit qu'elle fût naïve & touchante ; M. de Fontenelle n'a voulu la faire que galante & ingénieuse. Un mot répond à la critique, tout le monde sait cette Idylle par cœur. En général, on est convenu de dire du mal des églogues de Fontenelle, mais on les aime & on les sait ; & cet esprit tant reproché, est peut-être un caractère national qui doit se trouver dans tous les ouvrages François dont le genre n'y répugne pas essentiellement. Or, l'Idylle n'étant pas essentiellement un genre sublime, ni un genre touchant, ne rejette point l'esprit. « Ayez, dit M. de Voltaire, autant d'esprit que vous voudrez ou que vous pourrez dans un Madrigal, dans des vers legers, dans une scène de comédie, qui ne sera ni passionnée ni naïve, dans un compliment, dans un petit roman ; en un mot, dans tous les ouvrages, dont l'objet n'est ni d'instruire ni

de toucher. Virgile, dont le goût est si sûr, a de l'esprit dans ses églogues :

> *Carmina vobis ;*
> *Huic aliud mercedis erit.*

Est un trait d'esprit & un trait plaisant :

> *Malo me Galatea petit, lasciva puella,*
> *Et fugit ad salices, & se cupit antè videri.*

Est tout à la fois un tableau enchanteur & un trait d'esprit. Horace est plein d'esprit dans les odes qui ne sont point Pindariques, le

> *Facili sævitiâ negat*
> *Quæ poscente magis gaudeat eripi.*

Le *digito malè pertinaci*, le

> *Latentis proditor intimo*
> *Gratus puellæ risus ab angulo.*

Sont comme le morceau de Virgile sur Galathée, des tableaux dignes de l'Albane, & des traits d'esprit piquans.

M. de Fontenelle a pris le fonds de l'idée de Virgile sur Galathée, & il en a formé un autre tableau, mais dont l'objet est toujours le même, celui de donner cet innocent badinage pour une preuve d'amour.

> Damon y gagneroit ; nous sommes tous témoins
> Combien à Timarette il a plû par ses soins.
> L'autre jour cependant elle vint par derrière,
> Au fier & beau Thaimire ôter sa pannetière ;
> Damon étoit présent, elle ne lui dit rien ;
> Pour moi, de leurs amours je n'augurai pas bien ;
> Ces tours-là ne se font qu'au berger que l'on aime.

Molière a employé aussi la même idée sous une forme différente. Dans le *festin de Pierre*, Pierrot dit à Charlotte, qu'il accuse de froideur à son égard. » L'en fait mille petites singeries aux parsonnes, quand » on les aime du bon du cœur. Regarde la grosse » Thomasse, comme alle est assotée du jeune Robain ; » alle est toujou autour de li, à l'agacer, & ne le » laisse jamais en repos. Toujou alle li fait queuque » niche, ou li baille queuque taloche en passant ; & » l'autre jour qu'il étoit assis sur un escabiau, al fut » le tirer de dessous li, & le fit cheoir tout de son » long par tarre. Jarni vlà où l'en voit les gens qui » s'amont.

Pour revenir à M. de Fontenelle, on peut accuser d'esprit tant qu'on voudra ses pastorales ; mais on y revient toujours malgré soi avec plaisir ; il faut donc que cet esprit là ne manque ni de naturel, ni d'à propos.

Les églogues de M. de la Motte, qu'il renfermoit, dit M. de Fontenelle, peut-être par un principe d'amitié pour moi, sont dans le genre de celles de M. de Fontenelle, mais elles ont moins de mérite & beaucoup moins de célébrité ; cependant M. de Fontenelle n'eût point désavoué la neuvième églogue de M. de la Motte, qui a pour titre : l'*oiseau*.

Quand on rejette le genre de Fontenelle & de la Motte, il semble qu'on devroit aimer l'églogue de *Daphnis & Palémon* de Rousseau, où ce genre est attaqué dans les vers suivans :

Ils savent seulement chanter sur leur hautbois
Je ne sais quel amour inconnu dans nos bois,
Tissu de mots brillans où leur esprit se joue,
Badinage affecté que le cœur désavoue ;
Enfin te le dirai-je, ô mon cher Palémon !
Nos bergers n'ont plus rien de berger que le nom.

M. de Chabanon cependant ne traite pas plus favorablement cette églogue que celles de Fontenelle & de la Motte. Nous ne saurions être de son avis. Cette églogue nous paroît excellente, dans le goût de *Théocrite* & de *Virgile* ; on peut même la regarder comme une traduction en très-beaux vers, de morceaux choisis de ce dernier poëte.

Des trente Idylles de *Théocrite*, dont M. de Chabanon a donné une traduction complette en prose ; il a imité treize en vers. On y trouve des beautés de tous les genres.

L'Idylle intitulée : *Thirsis & Damon*, du nom des interlocuteurs, pourroit être intitulée : *Daphnis*. Elle contient l'éloge de ce berger. Virgile l'a imitée dans sa cinquième églogue, intitulée : *Daphnis*, & encore plus dans la dixième, qui a pour titre : *Gallus*. Damon décrit un vase qu'il propose à Thirsis pour prix de son chant. Parmi les divers tableaux qu'il présente à cette occasion, est celui-ci, dont l'expression forte contraste avec la douceur du reste de l'Idylle :

Là le vieil Alcidon, sur la pénible arène,
Soulève un lourd filet, qu'avec effort il traîne :
Il marche, on croit le voir : tous ses membres roidis
Font saillir de son corps les muscles arrondis.
Son front est déjà vieux, son bras est jeune encore.

Voici des vers d'un ton bien différent dans la chanson de Thirsis :

Quand Daphnis expiroit, Nymphes de ces vallons,
Du Pinde ou de l'Etna franchissiez-vous les Monts ?
L'Etna ne vous vit point sur sa cime éthérée ;
L'Acis rouloit, sans vous, son eau pure & sacrée :
Les lions dans les bois, les agneaux dans les champs,
Les bœufs, autour de lui, couchés & languissans,
De leurs cris douloureux attristoient les campagnes.

Les Dieux le visitent les uns après les autres, &

ces détails sont encore imités par Virgile, dans l'Idylle de *Gallus*.

Vénus vint le trouver : la Déesse implacable
Déguisoit son courroux, sous un sourire aimable.
» Daphnis ! d'un vain espoir te voilà donc déçu ?
» Tu défiois l'amour, & l'amour t'a vaincu.

» O Vénus, lui dit-il, ô cruelle ennemie !
» Tu triomphes, je touche au terme de ma vie ;
» Mais jusques dans l'horreur du ténébreux séjour,
» Mes malheurs serviront de reproche à l'amour.

» Vas sous les hauts cyprès dont l'Ida se couronne,
» Près des buissons fleuris où l'abeille bourdonne,
» Jure au Pasteur Anchise une éternelle foi ;
» Adonis, qui te plut, fut berger comme moi.

» O Pan, sur le Ménale & sur le frais Lycée,
» Si tu gravis des Monts la cime hérissée,
» Descends ; viens d'un berger écouter les adieux :
» Viens ; reçois de ma main les rayaux mélodieux
» Dont la cire liante a formé l'assemblage.
» Je meurs. L'amour m'entraîne au ténébreux rivage.

» Adieu, belle Aréthuse, adieu vastes forêts ;
» Et vous, monstres errans qu'ont poursuivis mes traits,
» Collines du tymbris, fleuves de la Sicile,
» Où mes troupeaux lassés puisoient une eau tranquille ;
» Echo, qui répondois à mes chants assidus,
» Champs aimés, bois heureux, je ne vous verrai plus !

Il dit, & reposa sa tête languissante :
Vénus veut soulever cette tête charmante,
Elle sent défaillir ce corps inanimé.
Ainsi mourut Daphnis : les Nymphes l'ont aimé,
Et les filles du Pinde ont chéri sa jeunesse.

Voici encore des vers d'un autre caractère ; le poëte y élève quelquefois l'églogue & l'élégie jusqu'au ton & à l'intérêt de la tragédie. C'est dans l'Idylle intitulé : *l'enchanteresse*, que Virgile a imitée dans sa huitième églogue.

Me voilà seule. — O nuit, retrace à ma mémoire
Des maux que j'ai soufferts la douloureuse histoire.
Quand cet amour fatal a-t-il donc commencé ?
Ce fut, je m'en souviens, quand la jeune Anaxé,
Au temple de Diane ordonnoit une fête ;
A ces solemnités je me vis entraînée,
Malheureuse ! qui peut prévoir sa destinée ?
Autour de moi, le lin de mes riches habits,
Noué négligemment, flottoit en longs replis ;
Delphis parut : ô jour, jour heureux & funeste ! ...
Je le vis, je rougis ; interdite, immobile,
Tout mon sang se troubla : l'éclat de ces beaux lieux,
La pompe de ce jour n'attiroit plus mes yeux ;
Distraite, le cœur plein d'une image si chère,
Je reviens m'exiler sous mon toît solitaire ;

Lij

La fièvre dans mon sang alluma ses ardeurs ;
Mourante, je baignois ma couche de mes pleurs ;
Mes yeux s'obscurcissoient, couverts d'un voile
sombre.
Mon front se dépouilloit, je n'étois plus qu'une
ombre.

Elle envoie Thestylis avouer à Delphis son
amour.

Elle part & soudain je la vois revenir.
Delphis l'accompagnoit............
Je le vois ; je l'entends, tout mon sang refroidi
S'arrête................
La sueur de mon front inonde mon visage ;
Je veux parler ; ma voix expire, & de mon sein
Avec peine s'échappe un murmure incertain ;....
Je demeure sans voix, sans vie & sans couleur ;
Le cruel près de moi s'avance avec douceur :
Son timide regard vers la terre s'incline,
» Corinne, me dit-il, ô ma chère Corinne !
» Tu me cherchois ; mes vœux ont prévenu tes vœux ;
» Oui, j'atteste l'amour, j'en jure par ses feux,
» Cette nuit, m'égarant dans l'ombre & le silence,
» J'eusse erré près des lieux qu'embellit ta présence ;
» Le front orné de pourpre & d'un feuillage épais,
» De ces lieux adorés j'eusse imploré l'accès :
» Heureux de contempler l'asyle où tu reposes,
» Heureux de respirer sur tes lèvres de roses !......
» Ah ! tout cède à l'amour ; tout ressent ses fureurs.
» Les Vierges, en tremblant, implorent ses faveurs ;
» Il dompte la fierté de leur instinct rebelle :
» Il inspire à l'épouse un desir infidèle ;
» Et du lit nuptial où s'endort un époux,
» Il l'arrache, & l'entraîne à des plaisirs plus doux.
Que la voix d'un amant persuade sans peine !
Déja ma raison cède au charme qui l'entraîne :
Mes bras demi vaincus résistent mollement
Et ma bouche s'entrouvre aux baisers d'un amant.
Pressé contre mon sein, son sein tremblant s'agite,
Et voisin de son cœur, mon cœur brûle & palpite.

Delphis devient infidèle.

Deuze fois le soleil a quitté l'hémisphère,
Et Delphis,..... qu'il revienne aujourd'hui dans
mes bras ;
S'il résiste, l'enfer est ouvert sous ses pas,
Phébé, reine des nuits, retourne au sein de l'onde ;
Ma voix t'enchaîne plus ta course vagabonde :
Vous, qui suivez son char, & qui formez sa cour,
Astres, disparoissez & faites place au jour !

Observons que l'enchanteresse de Théocrite est plus
intéressante que celle de Virgile, en ce qu'elle étoit
autrefois aimée & qu'elle raconte l'histoire de ses
amours. On ne sait si Daphnis a aimé l'enchanteresse
de Virgile, on pourroit l'inférer de ces vers :

Has olim exuvias mihi perfidus ille reliquit,
Pignora cara sui ; quæ nunc ego limine in ipso
Terra, tibi mando : debent hæc pignora Daphnim.

Mais comment ne le dit-elle pas d'une manière plus
formelle, sur-tout en cet endroit !

Talis amor Daphnim, qualis cùm fessa juvencum
Per nemora atque altos quærendo bucula lucos,
Propter aquæ rivum viridi procumbit in herbâ
Perdita, nec seræ meminit decedere nocti,
Talis amor teneat, nec sit mihi cura mederi.

Comment oublieroit-elle de dire ici : *qu'il m'aime*
comme il m'aimoit autrefois.

Dans l'Idylle, intitulé : *Amaryllé*, M. de Chabanon
justifie par son exemple, ce que nous avons dit,
qu'il faut de l'esprit dans les ouvrages François. Lamon
charge Tityre de garder ses troupeaux, tandis qu'il
va soupirer ses amours devant la grotte d'Amaryllé
qui ne l'écoute point. *Théocrite* n'en dit pas davantage.
M. de Chabanon ajoute :

Tandis qu'aux antres sourds il raconte sa peine,
La sévère Amaryllé, insensible à ses vœux
Ailleurs prévient les soins d'un amant plus heureux :
Tityre.... quoi ! Tityre ? oui, le berger fidèle
Qui gardoit les troupeaux, gardoit aussi la Belle...
Théocrite, il est vrai, conte autrement la chose,
Mais un peu de mensonge embellit bien les vers ;
Et j'écris, après tout, pour un siècle pervers ;
Tityre fut heureux, Tityre fut aimable ;
Le succès en amour justifie un coupable.

L'imitateur quitte ici bien évidemment *Théocrite*
pour Fontenelle, & semble prouver par là que la
sécheresse du premier lui paroît avoir besoin d'être
corrigée par la gaîté ingénieuse du second. Tant
l'esprit a d'attraits pour ceux mêmes qui condamnent
l'esprit.

THEODAT, (*voyez* l'article AMALASONTE.)

THEODEBERT, (*Hist. de Fr.*) fils de Thierry,
& petit-fils de Clovis. A la mort de Thierry,
Childebert & Clotaire, ses oncles, s'unirent pour
envahir sa succession & en frustrer son fils *Théodebert* ;
mais celui-ci étoit en état & dans l'intention de se
défendre ; il les prévint, sut les diviser & s'affermir
dans le trône de son père. Dès le vivant de Thierry,
il avoit vaincu & tué de sa main, un prince ou
capitaine Danois, nommé Cochiliac ; qui, se prétendant issu de Clodion, exerçoit des pirateries sur
les côtes de France, & qui avoit fait une descente
sur les terres de Thierry. *Théodebert*, après s'être
aggrandi du côté de la Germanie, alla s'engager dans
de fâcheuses guerres en Italie, où il étoit appelé à
la fois & par l'empereur Justinien, & par les Ostrogoths, ennemis de l'Empire. Il écouta toutes leurs
propositions, dans l'espérance de les perdre les uns
par les autres, & de former de leurs débris un
grand établissement. Il fit avec ces deux puissances
des traités frauduleux, qui tournèrent enfin à sa honte.
Théodebert, guerrier violent, mourut, non à la guerre,
mais à la chasse, exercice, dit M. Hume, qui étoit

H h

le feul amufement & à peu-près la principale occupation des princes, dans un temps où les charmes de la fociété étoient peu connus, & où les beaux arts offroient peu d'objets dignes d'attention. Un taureau fauvage, que *Théodebert* attendoit un épieu à la main, & que fes veneurs pouffoient de fon côté, rompit une forte branche d'arbre, qui vint frapper rudement *Théodebert* à la tête; le prince mourut des fuites de ce coup en 548. C'eft ainfi, du moins qu'Agathias raconte fa mort; d'autres auteurs le font mourir de maladie; cette maladie, que quelques-uns qualifient de maladie de langueur, peut avoir eu pour caufe l'accident dont parle Agathias.

Les Chroniqueurs l'ont beaucoup vanté, parce qu'il a beaucoup fait la guerre, ce qu'ils eftiment le plus après les donations faites aux églifes; car, ces Chroniqueurs étoient des moines. Quelques-uns lui ont même donné le furnom de *prince utile*, il ne fut utile à perfonne, pas même à lui; il ne fut point utile à fes peuples, car il les accabla d'impôts, & ils s'en vengèrent fur fon miniftre Parthénius. (*Voyez* cet article.)

On cite de *Théodebert* un mot remarquable. Il avoit prêté aux habitans de Verdun, à la prière de leur évêque, une fomme dont ils avoient befoin: lorfqu'au bout d'un certain temps l'évêque rapporta cette fomme, *Théodebert* refufa de la reprendre : » Nous fommes trop heureux, dit-il à l'évêque, » vous de m'avoir procuré l'occafion de faire du » bien, & moi, de ne l'avoir pas laiffé échapper. Le mot eft beau; quant à l'action, pour juger fi elle mérite d'être louée, il faudroit en favoir mieux les circonftances. Si ce don fut pris fur les épargnes de *Théodebert*, on peut le louer; s'il ne fit que prendre fur fon peuple pour donner à une partie de ce même peuple, comme en ufent tant de princes à l'égard de leurs courtifans, cette action eft loin de mériter aucune louange.

Théodebert s'étoit montré l'efclave de fes paffions; il avoit répudié Wifigarde, fa femme, fille de Wachon, roi des Lombards, pour époufer Deuterie, dame de Cabrières, qui avoit fon mari, & que *Théodebert* fut forcé de répudier auffi dans la fuite; mais Théodebalde, né de Deuterie, & par conféquent bâtard adultérin, fuccéda fans difficulté à *Théodebert*, & fes grands oncles, qui avoient effayé de dépouiller *Théodebert*, prince légitime, ne tentèrent pas la même chofe à l'égard de Théodebalde. Celui-ci mourut fans avoir rien fait que d'envoyer ou de laiffer aller deux armées Françoifes périr en Italie.

THÉODEBERT. II. (Théodoric & leur race.) (*Hift. de Fr.*) Childebert, fils de Sigebert, roi d'Auftrafie, & de Brunehaut, mourut en 595, lorfqu'il fembloit vouloir gouverner fans fa mère. Faileube fa femme, qui eût pu avoir la tutelle de fes enfans, & en exclure Brunehaut, mourut auffi prefqu'en même-temps. On a dit qu'ils étoient morts de poifon, & on a foupçonné Frédégonde, mais plus encore

Brunehaut elle-même, qui n'avoit plus que ce moyen de conferver l'autorité.

Théodebert & Théodoric, petits-fils de Brunehaut, partagèrent les états de Childebert leur père, & de Gontran leur oncle. Théodebert eut l'Auftrafie, Théodoric la Bourgogne. Brunehaut gouvernoit ces deux royaumes fous le nom de fes deux petits-fils; mais elle demeuroit en Auftrafie, à la cour de *Théodebert*, l'aîné de ces deux princes, où elle pourfuivoit le cours de fes violences. Tous les grands de ce pays fe foulevant à la fois contr'elle, obligèrent fon petit-fils de l'abandonner : cette révolution fut univerfelle. Brunehaut, honteufement chaffée d'Auftrafie, & conduite fur la frontière, où on la laiffa feule, fut rencontrée dans la campagne d'Arcis-fur-Aube par un homme, à qui elle fe fit connoître, & qu'elle pria de la mener vers Théodoric, fon autre petit-fils. Cet homme obéit, & eut depuis, pour récompenfe, l'évêché d'Auxerre.

Brunehaut fut très-bien reçue de Théodoric. Elle eut bientôt l'adreffe de fe rendre auffi puiffante en Bourgogne qu'elle l'avoit été en Auftrafie; mais elle y fut auffi injufte, auffi déréglée dans fa conduite. Pour s'affurer un empire éternel fur l'efprit & fur les états de Théodoric, elle s'attacha toujours à le rendre incapable de gouverner. Elle eut foin de l'environner de concubines & de filles infames; elle l'empêcha toujours de prendre une femme légitime, qui eût pu devenir pour elle une rivale de crédit & d'autorité. Pour l'apprivoifer plus aifément avec le vice, elle lui en donna l'exemple; elle fe proftituoit aux jeunes gens de la cour; fa puiffance fuppléant, pour les attirer, à ce que l'âge avoit pu lui ôter d'agrémens.

Les enfans de Childebert, depuis qu'ils étoient montés fur le trône, avoient prefque toujours été en guerre contre Clotaire leur coufin, fils de Chilpéric & de Frédégonde, & qui eft le roi Clotaire II. (*Voyez* fon article.) Ils firent la paix avec Clotaire, pour fe détruire l'un l'autre.

Ils y étoient excités par Brunehaut, qui ne pouvoit pardonner à *Théodebert* l'affront qu'il lui avoit fait, de confentir à fon expulfion de l'Auftrafie. Elle ne ceffoit d'animer Théodoric contre lui : » Que ne demandez- » vous à *Théodebert*, difoit-elle, les tréfors de votre » père, dont il s'eft emparé? Vous favez qu'il n'eft » point votre frère, & que c'eft le fils d'un jardi- » nier ». Théodoric fentoit fa cupidité s'enflammer par ce difcours; la guerre eft réfolue. Les armées étant en préfence, & prêtes d'en venir aux mains, les chefs de l'armée de Théodoric eurent horreur de voir une ayeule animer fes petits-fils à s'égorger l'un l'autre : ils obligèrent ces frères de faire la paix; mais Brunehaut ne put fouffrir qu'elle durât long-temps. Ils reprirent les armes; (609.) le fort fut favorable à Théodoric. Il défit *Théodebert* dans deux grandes batailles; l'une, auprès d'Andelau; l'autre, à Tolbiac, (612.) dans l'endroit même où Clovis avoit vaincu les Allemands. Théodoric pourfuivit *Théodebert* jufqu'à Cologne. Le malheureux *Théodebert* y fut pris,

& périt, ou par la main de Théodoric, ou par celle des habitans de Cologne, qui ne purent éviter qu'à ce prix le ravage de leurs terres.

Un trait paroît peindre *Théodebert*. Il avoit épousé, sans doute par quelqu'intrigue de Brunehaut son ayeule, une Bilichilde, qui avoit été esclave de Brunehaut. Il s'en dégoûta, & devint amoureux d'une autre femme, nommée Tendichilde, qu'il voulut épouser. Il pouvoit, ou répudier la première, ou avoir deux femmes à la fois, comme plusieurs rois de sa race ; le barbare aima mieux poignarder Bilichilde de sa main.

A la mort de *Théodebert*, les fils qu'il laissoit, tous dans l'enfance, furent égorgés, ou de la main de Théodoric, ou de la propre main de Brunehaut. Un d'entr'eux, à peine sorti des eaux du baptême, eut la tête écrasée contre une pierre.

Théodoric devint amoureux d'une fille de *Théodebert*, qui étoit sa prisonnière, & voulut l'épouser. Brunehaut, qui ne vouloit point souffrir qu'il se mariât, lui représenta, pour l'en détourner, qu'il ne lui étoit pas permis d'épouser sa nièce, quoiqu'elle-même elle eût épousé son neveu, du moins le neveu de son mari, Mérouée, fils de Chilpéric & de la reine Audouère. Théodoric, détestant alors les crimes que Brunehaut lui avoit fait commettre, s'écria, plein d'indignation : *Méchante femme, l'horreur de Dieu & des hommes, ne m'avois-tu pas dit qu'il n'étoit pas mon frère ? Tu m'as donc rendu fratricide ?* Alors mettant l'épée à la main, il l'auroit percée, si on ne l'eût dérobée à sa fureur.

La mort de Théodoric suivit de près cet emportement ; on croit qu'il fut empoisonné par Brunehaut, parce qu'il commençoit à la connoître.

Elle espéroit régner encore en Austrasie & en Bourgogne, sous le nom de ses arrières petits-fils, enfans de Théodoric : ils étoient au nombre de quatre ; tous nés de concubines.

Mais l'exemple de Thierry, fils aîné de Clovis, qui avoit eu sa part du royaume de son père, quoiqu'il fût né d'une concubine, & beaucoup d'autres exemples pareils, leur étoient favorables. Ces quatre enfans se nommoient Sigebert, Childebert, Corbe, Mérouée. Brunehaut destinoit l'Austrasie à Sigebert l'aîné, âgé de douze ans, & la Bourgogne à Childebert, âgé de dix. Mais les seigneurs Austrasiens & Bourguignons, las du joug de Brunehaut, traitèrent avec Clotaire ; & Brunehaut ayant voulu tenter le sort des armes, non armée, au lieu de combattre, livra les princes à Clotaire. Childebert seul échappa : on n'a jamais su ce qu'il étoit devenu.

A l'égard de ses frères, l'opinion commune est que Clotaire fit périr Sigebert & Corbe, & n'épargna que Mérouée, parce qu'il l'avoit tenu sur les fonts. Brunehaut fut prise, & menée à Clotaire.

Austrasiens, Bourguignons, Neustriens, tous les François étoient assemblés autour de Clotaire, qui leur demanda justice des crimes de cette femme ; publiant tous ceux de Frédégonde, sa propre mère.

Sur l'accusation de Clotaire, tous les François s'écrièrent, d'une voix commune, que Brunehaut méritoit les plus rigoureux tourmens. Ce fut-là son arrêt : il fut exécuté. Elle fut livrée, pendant trois jours, aux tortures ; promenée ensuite dans tout le camp sur un chameau, attachée à la queue d'un cheval fougueux, ou, selon quelques auteurs, tirée à quatre chevaux. Ses restes, sanglans & déchirés, furent jettés au feu.

Ainsi fut traitée, à près de quatre-vingts ans, une reine, fille & mère de tant de rois ; mais aussi une femme meurtrière, & empoisonneuse de ses propres enfans : on l'a comparée à Jésabel & à sa fille Athalie. On prétend qu'elle ne désespéroit pas de séduire Clotaire, qui, pour l'engager à se remettre en sa puissance, lui avoit fait parler de mariage. On ajoute, qu'elle parut devant Clotaire pompeusement parée, comme Jésabel devant Jéhu, & avec le même succès. Son supplice fut affreux, si l'on considère son rang, son sexe & son âge. Il fut juste, si l'on considère ses crimes. (*Voyez* l'article BOCACE, relativement aux apologistes de Brunehaut, & aux foibles raisons qu'ils ont alléguées en sa faveur.)

THEODORA. (*Hist. mod.*) Plusieurs femmes de ce nom sont restées célèbres, sur-tout dans l'histoire de l'empire Grec.

1°. La femme de l'empereur Justinien. C'étoit une fille de basse naissance, & qui s'étoit prostituée publiquement à Alexandrie & à Constantinople. Justinien ne l'ignoroit pas : car en étant devenu passionnément amoureux, il obtint de l'empereur Justin, dit *le Bouvier*, son oncle, la révocation de la loi qui défendoit à un sénateur d'épouser une femme de mauvaise vie. Quelle fut la conduite de cette femme sur le trône ? Procope, dans ses *Anecdotes*, en fait une peinture affreuse ; mais il l'avoit louée dans son *Histoire*. Elle mourut vers l'an 565.

2°. THEODORA *Despuna*, femme de l'empereur Théophile. Cet empereur s'étoit marié comme Racine, d'après l'écriture, le raconte d'Assuérus.

Dans ses nombreux états il fallut donc chercher
Quelque nouvel objet qui l'en pût détacher.
De l'Inde à l'Hellespont ses esclaves coururent ;
Les filles de l'Egypte à Suse comparurent ;
Celles même du Parthe, & du Scythe indompté,
Y briguèrent le sceptre offert à la beauté.

Théodora, née dans la Paphlagonie, d'un tribun militaire, fut l'Esther de cet Assuérus. Elle fit monter, avec elle, toutes les vertus sur le trône. Restée veuve en 842, elle gouverna quinze ans avec la plus grande sagesse, pendant la minorité de Michel son fils, & lorsque ce fils ingrat, dont elle combattoit les passions, l'eût reléguée, en 857, dans un monastère, il trouva dans le trésor royal des sommes considérables, amassées par l'économie de sa mère. Elle vécut & mourut saintement dans sa retraite : les Grecs célèbrent sa fête le 11 Février.

3°. Il y a eu plufieurs autres impératrices de ce nom, entr'autres une fille de Conftantin XI, qui, après la mort de Conftantin Monomaque, en 1054, gouverna l'empire, pendant environ dix-neuf mois, avec beaucoup de gloire. Elle mourut en 1056; & en elle périt la famille de Bafile le Macédonien, montée fur le trône en 867.

4°. THÉODORA eft auffi le nom trop célébre d'une dame Romaine, Meffaline moderne, qui faifoit papes fes amans, entr'autres Jean X, & qui fut mère de Marofie, fameufe, comme elle, par fa beauté, & par l'ufage qu'elle en faifoit. (*Voyez* MAROSIE.) *Théodora* vivoit au commencement du dixième fiècle.

THÉODORE eft le nom,

1°. De deux papes; l'un, élu le 24 Novembre 642, mort le 13 Mai 649. On obferve que c'eft le premier pape qu'on eut appellé *fouverain pontife*, & le dernier que les évêques ayent appellé *frère*; l'autre, élu en 898, mourut au bout de vingt jours.

2°. D'un évêque Neftorien, de Mopfuefte en Cilicie, fameux dans l'affaire, dite *des trois Chapitres*, & condamné long-temps après fa mort, en 553, au concile de Conftantinople, cinquième concile œcuménique. *Théodore* de Mopfuefte étoit mort en 428.

3°. D'un philofophe, difciple d'Ariftippe, qui enfeignoit publiquement l'athéifme. Les Cyrénéens le chafsèrent; il prit Athènes pour fon afyle. L'aréopage alloit le condamner; Démétrius de Phalère le fit échapper. Il fe retira en Egypte auprès de Ptolemée, fils de Lagus, qui l'accueillit, & l'employa dans les affaires. Il l'envoya en ambaffade auprès de Lyfimaque, auquel il parla d'un ton fi audacieux, que tout le monde en fut furpris & indigné. Un officier de Lyfimaque lui dit: *Théodore, tu ne crois donc pas plus aux rois qu'aux Dieux !*

On croit qu'il finit par être condamné à mort, & obligé de prendre du poifon: il vivoit trois fiècles avant J. C.

THÉODORE, (roi de Corfe.) (*Hift. de Corfe.*) Les Phéniciens, les Egyptiens, les Grecs, les Troyens, les Gaulois, les anciens peuples d'Italie, les Liguriens, les Efpagnols, paroiffent avoir, tour-à-tour, peuplé la Corfe. Environ fix fiècles avant l'ère chrétienne, une colonie de Phocéens vint s'y établir: ces mêmes Phocéens paffent pour les fondateurs d'Aléria. Chaffés quelque temps après de l'ifle de Corfe par les Etrufcues, ils allèrent dans la Provence fonder Marfeille. Les Etrufques furent à leur tour chaffés par les Carthaginois, & ceux-ci par les Romains. Sénèque fut exilé dans l'ifle de Corfe; auffi a-t-il décrit cette ifle à peu près comme Ovide fur les bords de l'Euxin.

Dans la décadence de l'empire, la Corfe fut ravagée, tour à tour, par les Vandales, par les Goths, par les Grecs, par les Lombards, qui tous la poffédèrent plus ou moins long-temps. Elle tomba enfuite fous la tyrannie des Sarrafins, dont Charles Martel la délivra, en l'annexant à l'empire François. Les Sarrafins fe relevèrent, pendant que le jeune Pepin, fils de Charlemagne, régnoit en Italie. Charlemagne

les écrafa une feconde fois. Hugues Colonne & Blanc fon fils portèrent le dernier coup à la puiffance Mahométane. Colonne eut le titre de comte de Corfe, fous la protection des papes, qui dès-lors regardèrent la Corfe comme un fief relevant du faint-fiège. Les Colonnes y régnèrent environ un fiècle; après quoi la Corfe tomba dans l'anarchie. Puis les Pifans y régnèrent; & enfin les Génois en firent la conquête vers la fin du douzième fiècle. Le refte de l'hiftoire de la Corfe eft rempli par les efforts prefque continuels des naturels du pays pour défendre leur liberté fauvage, & par ceux des Génois pour maintenir, étendre & affermir leur autorité dans cette ifle.

On peut voir à l'article ORNANO, comment le fameux Sampietro engagea Henri II, roi de France, à s'emparer de la Corfe; ce qui donna lieu à l'expédition de Paul de Termes de 1553.

Depuis l'an 1572 l'ifle de Corfe fut affez tranquille, jufqu'au temps de la fameufe révolte de 1729. Ce fut dans le cours de cette guerre qu'on vit paroître le roi *Théodore*, un des aventuriers les plus étonnans dont l'hiftoire faffe mention. Il étoit fils du baron de Newhoff, gentilhomme du comté de la Marck, dans le cercle de Weftphalie, qui, ayant époufé la fille d'un marchand de Vifeu, dans l'évêché de Liége, vint s'établir à Paris, pour éviter les reproches de fa famille fur un mariage fi difproportionné. Le baron obtint, à la recommandation de madame la ducheffe d'Orléans, un petit gouvernement dans le pays Meffin. Il eut de fon mariage deux fils, dont *Théodore* étoit le fecond, & une fille, qui époufa le marquis de Trévoux. A la mort du baron de Newhoff, le comte de Mortagne, chevalier d'honneur de madame la ducheffe d'Orléans, prit foin de leur éducation. *Théodore* fut page de cette princeffe, qui lui procura une compagnie dans le régiment de la Marck; il s'y comporta mal; un goût de magnificence, peu convenable à la médiocrité de fa fortune, le jetta dans le défordre; fon ambition le conduifit auprès du fameux baron de Goertz, premier miniftre de Charles XII roi de Suède; ce miniftre l'envoya en Efpagne pour concerter avec le cardinal Albéroni, les moyens de rétablir le prétendant fur le trône d'Angleterre. Albéroni lui trouva des talens & lui donna fa confiance. Après fon retour en Suède, il accompagna le baron de Goertz à la Haye, fit plufieurs voyages à Londres, toujours pour le même projet du rétabliffement de Jacques III. Après la mort de Charles XII & le fupplice du baron de Goertz, il quitta la Suède, obtint un régiment en Efpagne; le baron de Ripperda lui fit époufer Lady Forsfield, fille du Lord Kilmanock, parent du duc d'Ormond. Il la quitta pour venir à Paris, où il devint l'ami de Law: après la chûte du fyftême, qui entraîna la fienne au bout de quelques fuccès, il parcourut les cours étrangères, cédant à la néceffité de changer fouvent de féjour pour éviter les pourfuites de fes créanciers; il vint à Gênes, où les mouvemens de la Corfe lui infpirèrent le projet de s'en faire roi. Un moine Corfe le mit en relation avec quelques-uns des révoltés qu'il enflamma par son éloquence, & auxquels il persuada sur-tout qu'il avoit un grand crédit dans toutes les cours, & il est vrai du moins qu'il paroissoit en avoir une grande connoissance : il négocia, il emprunta, & parut en Corse à la rade d'Aléria, sur un petit bâtiment Anglois ; ce bâtiment étoit chargé de malles pleines d'habits pour les troupes, de deux cent fusils, autant de pistolets, quelques canons de petit calibre, & quelques petits sabres d'une espèce si singulière, que *Théodore* distribuoit comme une faveur signalée, à ses zélés partisans. Son air noble, sa taille avantageuse, son éloquence éblouissent : la Corse croit voir en lui un sauveur envoyé du Ciel, on l'élit roi. L'acte d'élection est du Dimanche 15 avril 1736. On lui met sur la tête une couronne de laurier sauvage, on l'élève en l'air, on le montre au peuple, il dicte des loix, il confère des dignités, inflige des châtimens, institue un ordre de chevalerie sous le nom propice de la *délivrance*, frappe des monnoies, les unes portant d'un côté les lettres initiales de son nom, avec ces mots à l'exergue : *pro bono publico regni Corsæ*, de l'autre côté une couronne soutenue de deux palmes ; les autres présentant d'un côté une tête noire, armes de la Corse, de l'autre l'image de la Vierge, avec cette légende : *Monstra te esse Matrem* ; l'année précédente les Corses avoient mis leur isle sous la protection de l'Immaculée Conception de la Vierge.

Théodore, jaloux d'imiter les plus grands rois, du moins par le faste, se faisoit escorter de trois ou quatre cent gardes, le sabre à la main. Cependant sa conduite démentant quelquefois l'illusion à laquelle il devoit le respect public, & refroidissant l'enthousiasme, on ne voyoit plus alors que l'aventurier, le roi disparoissoit ; il eut le malheur d'éprouver & de mériter des humiliations. Il voulut séduire une jeune paysane, sœur d'un de ses gardes ; cet homme, sensible à l'honneur, maltraite sa sœur & menace le roi lui-même ; le roi le mande, il répond avec une fermeté, qui parut aisément tenir de l'insolence. Le roi, avec une froide colère, ordonne qu'on le pende à la fenêtre : personne n'obéit. Il se lève pour se venger lui-même : le garde s'arme d'une chaise, ses camarades accourent à ses cris, prennent parti pour lui ; le roi fut obligé de se sauver par la fenêtre & de se cacher dans une maison voisine jusqu'à ce que le tumulte fût appaisé. Convaincu par cet exemple & par quelques autres, du refroidissement de la Nation à son égard, il prit le parti de quitter pour un temps son royaume, sous prétexte d'aller chercher au-dehors des forces pour le défendre ; il partit sur la fin de novembre de la même année 1736, n'étant resté que huit mois en Corse, & n'y ayant regné qu'un peu plus de sept mois. Pendant son absence, les Génois, qui avoient mis sa tête à prix, firent avec les François un traité, qui donna lieu à l'expédition du comte de Boissieux en 1737. *Théodore*, dont on avoit si long-temps ignoré le sort, parce qu'il étoit retenu pour dettes à Amsterdam, reparut au port de Sorraco, près de Porto-Vecchio, &

débarqua quantité de munitions de guerre ; mais le comte de Boissieux ayant défendu sous de fortes peines, de le recevoir, il n'osa s'engager dans le pays. Pour sortir des prisons d'Amsterdam, il avoit hypothéqué aux marchands Hollandois la ville d'Ajaccio, dont il promettoit de faire le siège, & en général il avoit hypothéqué ainsi à ses créanciers de tous les pays, toutes les parties de son royaume ; il tenta d'assiéger Ajaccio : son escadre fut repoussée par les vents jusques dans le port de Naples, où il fut encore arrêté par ordre du gouvernement. Devenu libre, il n'osa plus retourner en Corse, & prit le parti de se retirer à Londres. Au comte de Boissieux, mort le 2 février 1739, succéda le marquis, depuis maréchal de Maillebois. La guerre s'étant rallumée dans l'isle de Corse, à peu-près en même-temps qu'elle devenoit générale dans l'Europe, à l'occasion de la mort de l'empereur Charles VI, *Théodore* parut dans une isle voisine de la Corse & publia un manifeste, mais qui resta sans effet, par l'indifférence de ses sujets ; retourné encore à Londres, il y fut encore emprisonné pour dettes, car son sort fut de vivre beaucoup plus en prison que sur le trône ; M. Horace Walpole lui procura la liberté, en ouvrant une souscription, dont le produit suffit pour appaiser ses créanciers. *Théodore* mourut quelque temps après à Londres, le 11 décembre 1746.

THEODORET, (*Hist. Ecclésiastique*) Evêque de Cyr, fut élève, d'un côté, de Théodore de Mopsueste, de l'autre, de Saint-Jean-Chrysostome. Il fut mêlé avec Théodore de Mopsueste dans l'affaire des trois chapitres ; il défendit Nestorius contre Saint-Cyrille, & ce qu'il écrivit en cette occasion, fut condamné en 553, au Concile Œcuménique de Constantinople. Il n'en est pas moins au nombre des pères de l'Eglise, & il a mérité cet honneur par tous ses autres ouvrages & par sa doctrine, telle qu'il l'avoit exposée en 451 au concile œcuménique de Chalcedoine, où elle avoit triomphé des Eutychiens. La meilleure édition des œuvres de *Théodoret*, est celle qu'en a donnée le P. Sirmond, grec & en latin, en quatre volumes *in-folio*, auxquels le P. Garnier, aussi Jésuite, a depuis ajouté un cinquième volume. Le plus célèbre de ces ouvrages, est son histoire Ecclésiastique, qui commence où Eusèbe a fini la sienne, c'est-à-dire, à l'an 324 de Jesus-Christ, & finit à l'an 429. On distingue aussi la *Thérapeutique* spirituelle contre les erreurs des Payens, qui a été traduite par le P. Mourgues, Jésuite ; ses *vies des Saints Solitaires*, ses *sermons*, ses *lettres*. Le reste consiste principalement en écrits polémiques contre les hérétiques, & en commentaires sur les divers livres de la Bible. *Théodoret* avoit orné la ville de Cyr, de plusieurs ouvrages publics, de ponts, de bains, de fontaines, d'aqueducs, &c. ; il en avoit été fait évêque vers l'an 420. Il mourut vers le milieu de ce cinquième siècle.

THEODORIC, (*Hist. d'Italie*) roi des Ostrogoths, & grand roi (*voyez* les articles ALARIC, BOECE, CASSIODORE, CLOVIS, ODOACRE, SYMMAQUE) vainqueur d'Odoacre, qui avoit détruit l'empire d'Occident, il devint la principale ou l'unique puissance de l'Italie. Il regna glorieusement avec son secrétaire ou son ministre Cassiodore. Il embellit Rome de plusieurs édifices, il en releva les murailles, il enrichit Pavie & Ravenne. Beau-frère de Clovis, & gendre d'Alaric, il vengea ce dernier en remportant sur Clovis, auprès d'Arles, une grande victoire, qui priva Clovis d'une partie considérable de ses conquêtes, qui réunit le royaume des Wisigoths à celui des Ostrogoths, & qui conserva pour la suite le premier au jeune Amalaric, fils d'Alaric, & petit-fils de Théodoric. On eut à lui reprocher le meurtre d'Odoacre, lâchement assassiné dans un festin, malgré les promesses les plus solemnelles de lui conserver & la vie & même la couronne. On eut à lui reprocher encore la mort de Symmaque & de Boëce, qui faisoient l'ornement de son règne, & qui furent les victimes de la calomnie. Il paroît du moins que Théodoric mourut des remords qu'il sentit de son injustice envers Symmaque.

Théodoric, quoiqu'Arien n'eut point le tort de persécuter les Orthodoxes, il vouloit qu'on ne consultât que sa conscience dans le choix d'une religion. Il n'aimoit pas qu'on en changeât, sur-tout quand le motif de ce changement lui étoit suspect d'adulation, mais il alloit trop loin de ce côté-là, s'il est vrai qu'il ait fait trancher la tête à un de ses officiers, uniquement pour avoir embrassé l'Arianisme, & qu'il lui ait dit : *Si tu n'as pas gardé la foi à Dieu, comment pourras-tu me la garder à moi, qui ne suis qu'un homme ?* Le discours étoit fort bon, mais le châtiment étoit trop fort, quel que fût le motif de cet homme. Grace à Cassiodore, Théodoric est au rang des princes législateurs. Il mourut le 30 août 526.

Les *Théodorics* de l'histoire de France sont la même chose que *Thierry*, (voyez ce nom.)

THEODORAS PRODROMUS, (*Hist. litt.*) auteur Grec, connu par le roman des *Amours de Rhodante & Dosicles*, imprimé en grec & en latin, à Paris en 1625, & traduit en François par Beauchamps en 1746. On ignore en quel temps il vivoit.

THEODOSE, (*Hist. Rom.*) c'est le nom de trois empereurs du bas Empire, dont le premier est *Théodose* le grand ; *Flavius Theodosius Magnus*, grand prince qui fit de grandes fautes. Il étoit fils du comte *Théodose*, général illustre sous les empereurs Valentinien & Valens ; ce comte avoit fait la guerre en Afrique avec beaucoup de prudence & de courage contre des princes maures soumis à l'empire Romain & qui s'étoient révoltés, il y avoit acquis beaucoup de gloire, & son nom étoit le plus grand qu'on pût citer dans tout l'Empire, ce fut ce qui le perdit ; Valens, un de ces tyrans imbécilles, qui ont déshonoré l'empire Romain, se défiant de tout ce qui n'étoit pas imbécille comme lui, lui fit trancher la tête à Carthage en 373, parce qu'ayant bien servi l'Empire, il étoit un de ceux

que la voix publique appelloit à le gouverner. On ajoute qu'un magicien avoit prédit à Valens, que son sceptre tomberoit un jour entre les mains d'un homme dont le nom commenceroit par les lettres *Théod*. Les prédictions ne se font jamais qu'après l'événement, mais on sent que l'empereur lui-même ou tout autre envieux de la gloire du comte *Théodose*, peut avoir fait celle-ci d'avance pour la perdre.

Théodose, son fils, né dans la Galice en Espagne, s'étoit distingué sous son père, & avoit déjà obtenu assez de gloire pour faire ombrage aux tyrans & aux flateurs ; il s'éloigna d'eux, il alla pleurer son père dans la retraite & se consoler en faisant du bien & en cultivant ses jardins. Cependant une multitude effroyable de barbares Goths, Alains, Sarmates, Huns, Vandales, Quades, Marcomans, inondoient les plus belles provinces de l'Empire, pilloient & saccageoient tout, renversoient ou profanoient les temples, égorgeoient les prêtres, déshonoroient les vierges consacrées à Dieu, outrageoient la nature & par la débauche & par la cruauté :

Des fureurs des humains c'est ce qu'on doit attendre.

Les barrières de l'Empire étoient forcées de toutes parts. L'empereur Gratien, fils de Valentinien I, prince qui ne craignoit pas le mérite parce qu'il en avoit, sentant par la même raison qu'il ne pouvoit pas résister seul à tant d'ennemis, crut devoir leur opposer la valeur déjà éprouvée de *Théodose*, il lui écrivit de venir promptement le trouver à Sirmium dans la Pannonie (Sirmick en Hongrie) ; il le fit général de son armée contre les Goths. *Théodose* justifia ce choix par une victoire signalée qui obligea les barbares de repasser le Danube, & dont il vint lui-même apporter la nouvelle à la cour. Les envieux qui avoient réussi à perdre le père, tentèrent aussi de perdre le fils ; le bruit se répandit par leurs soins que cette victoire dont *Théodose* se vantoit, étoit la plus déplorable défaite, & que sa prompte arrivée à la cour étoit une fuite honteuse ; mais les calomniateurs n'avoient plus affaire à Valens, Gratien savoit qu'il falloit que les accusations fussent prouvées. A la prière de *Théodose* même, il envoya en Thrace des personnes de confiance & sans intérêt, s'informer de l'état des affaires ; il se trouva que *Théodose* avoit été très-modeste, que la défaite des Goths, le nombre des morts, celui des prisonniers, la quantité du butin surpassoient de beaucoup ce qu'il en avoit dit. Pour toute réponse aux calomnies des envieux, Gratien voulut associer *Théodose* à l'Empire : celui-ci se montra d'autant plus digne de cet honneur qu'il le refusa ; mais Gratien sentoit la nécessité de partager l'Empire pour pouvoir le défendre ; en effet c'étoit moins une simple association qu'il proposoit, qu'un véritable partage ; il parvint à vaincre la résistance de *Théodose*. L'armée eut ordre de s'assembler auprès de Sirmium, le 19 janvier 379. Gratien s'y rendit avec *Théodose* & les principaux de sa cour ; il exposa l'état où se trouvoit l'Empire ; un seul homme, dit-il,

» ne peut foutenir tant de guerres, ni remédier à tant » de défordres. J'ai befoin d'être foulagé. Il feroit plus » flateur fans doute pour l'ambition de règner feul ; » c'eft un grand facrifice que je viens faire, mais » je le fais au bien public. Je partage l'empire pour » l'affermir. Il me faut un collègue qui ait fes intérêts » & fes guerres à part, & qui en défendant l'état » défende fon propre bien. J'ai fait choix de *Théodofe* » & je lui abandonne l'Orient, me réfervant l'Occident & l'Afrique. »

Après que *Théodofe* eut été proclamé folemnellement à la grande fatisfaction de l'armée, il marcha vers Theffalonique pour recommencer la guerre contre les barbares qui s'étoient jettés de nouveau fur la Thrace, la Mœfie & la Pannonie ; il les furprit, les battit, les foumit & vint prendre poffeffion de Conftantinople, capitale de fon empire, le 24 novembre de la même année 379.

Athanaric, qui fe faifoit appeller le juge des rois des Goths, parce qu'il étoit le chef & le prince de toute la nation, avoit été long-temps un grand objet de terreur pour l'Empire, qu'il ne ceffoit d'attaquer, & pour les chrétiens qu'il ne ceffoit de perfécuter ; il avoit fourni des fecours à l'ambitieux Procope, qui avoit voulu détrôner Valens, il avoit foutenu long-temps la guerre contre cet empereur, il l'avoit forcé de venir au milieu du Danube figner un traité de paix ; il jouiffoit dans tout le Nord d'une grande puiffance & d'une grande réputation. Des troubles furvenus dans fes états l'engagèrent, en 380, à rechercher l'alliance du nouvel empereur. Ces troubles s'étant accrus par cette alliance même & par le foin que prenoit Athanaric, d'empêcher fes fujets de fe jetter fur les provinces de l'Empire, ce qui étoit toujours l'objet de tous leurs vœux, il y eut contre lui un foulèvement géneral, qui l'obligea, en 381, de venir demander à *Théodofe* un afyle dans fa cour. Sur la première propofition qu'il lui en fit faire, en lui mandant que, détrôné par fes rebelles fujets, chaffé de fes états, fans reffources, fans afyle, livré au defefpoir, il s'étoit fouvenu de la génerofité de *Théodofe*, & qu'il avoit été confolé, *Théodofe* répondit que l'Empire étoit ouvert à Athanaric, que toute la puiffance des Romains feroit fa fauvegarde, que la cour de Conftantinople feroit la fienne. Ce prince-trouva fur fon paffage les ordres donnés pour qu'il fût reçu par-tout honorablement ; on lui prépara une entrée magnifique dans la ville Impériale. L'empereur alla fort loin au devant de lui, l'accompagna jufqu'au palais qui lui étoit deftiné, & mefura noblement fes attentions & fes foins fur la gloire paffée & fur les malheurs préfens de ce prince.

Athanaric avoit une ame fenfible, & fufceptible des impreffions les plus vives ; il avoit été fi fortement affecté de la révolte de fes fujets, il fut fi tendrement touché des bontés délicates de fon généreux ennemi, que ce combat de la douleur & de la joie lui devint fatal ; la fièvre le faifit, il mourut quinze jours après fon arrivée à Conftantinople. *Théodofe*

lui fit faire de magnifiques obsèques, & décora fa tombe d'un riche monument. Ces bienfaits ne furent pas perdus, & c'eft un reffort que la politique devroit plus fouvent mettre en œuvre. Athanaric mourant raffembla autour de fon lit, tous les capitaines qui l'avoient accompagné dans fa retraite ; & dans l'effufion de fa reconnoiffance, il les fit jurer d'être à jamais fidèles à ce grand empereur, & quand ils feroient retournés dans leur patrie, d'y publier fes bienfaits & de porter leurs concitoyens à une alliance folide & durable avec l'empire. Ils le jurèrent & tinrent parole. Après la mort d'Athanaric, *Théodofe* leur ayant offert des emplois honorables dans fes armées, ils préférèrent de retourner dans leur pays où ils lui feroient plus utiles. Ils racontèrent à leurs concitoyens ce qu'ils avoient vu & ce qu'ils avoient éprouvé, les détails de la bienfaifance de *Théodofe* à leur égard, les honneurs dont ils avoient été comblés, ils montrèrent les préfens qu'ils avoient reçus, ils firent aimer & refpecter l'empire & l'empereur. Fritigerne, un de leurs rois, voulut faire alliance avec *Théodofe*. On leur abandonna une partie de la Thrace & de la Mœfie qu'ils cultivèrent en paix ; vingt mille Goths s'enrôlèrent dans les troupes de l'Empire ; les autres fe chargèrent de garder les paffages du Danube, & de fervir de barrière à l'Empire Romain contre les courfes des barbares.

En 382, *Théodofe* battit encore d'autres peuplades de ces barbares, il leur infpira une telle terreur, qu'ils fe réfugièrent au fond de leurs régions feptentrionales, & qu'on ne les vit plus reparoître.

Lorfque le Tyran Maxime eut fait affaffiner Gratien en 383, *Théodofe* diffimula quelque temps & defcendit jufqu'à traiter avec lui, de peur que dans le cours de fes profpérités, il n'opprimât la foibleffe du jeune Valentinien II, frère de Gratien & fon affocié à l'Empire. Maxime promit de ne point inquiéter Valentinien, & fut reconnu pour empereur par Valentinien & par *Théodofe*.

L'Impératrice Juftine, mère de Valentinien II, Arienne zèlée, avoit l'imprudence de perfécuter les catholiques, & Saint-Ambroife même, qui n'avoit pas peu contribué à contenir Maxime, & à lui infpirer des fentimens de paix. *Théodofe* voyoit avec douleur, premièrement ces violences en elles-mêmes, enfuite le fpécieux prétexte qu'elles alloient fournir à Maxime d'envahir les états de Valentinien. En effet Maxime, fous couleur de prendre la défenfe des catholiques & de Saint-Ambroife, marcha droit à Milan & fe rendit maître de tout l'empire d'Occident. Juftine alors implora le fecours de *Théodofe*. Dans le confeil de ce prince, tout le monde fut d'avis de marcher fans délai contre le tyran. Non, dit *Théodofe*, n'entreprenons jamais une guerre fans avoir tout tenté pour la prévenir, & renouvellant l'ancien ufage établi par Numa, d'envoyer des Féciaux demander juftice avant de déclarer la guerre, & la déclarer avant de la faire, il envoya propofer à Maxime de rendre à Valentinien les états dont il l'avoit dépouillé ; fur fon refus, il fit fes préparatifs.

La foule des historiens auroit pu se disperser de mettre au nombre des mesures sages par lesquelles il attira la bénédiction de Dieu sur ses armes, des édits de persécution contre les Ariens & les autres hérétiques, du reste ses mesures furent en effet très-sages, & elles furent efficaces. Théodose remporta sur les généraux & les lieutenans de Maxime, deux victoires complettes; l'une sur les bords de la Save, l'autre sur ceux de la Drave, tandis qu'Arbogaste détaché de son armée, alloit dans les Gaules s'emparer de la personne du jeune Victor, fils de Maxime, & que son père avoit fait nommer César; il le prit & lui fit trancher la tête, ce que Théodose n'eût peut-être point fait. Maxime lui-même fut fait prisonnier dans Aquilée, & amené les pieds nuds & les mains liées devant Théodose, qui, touché de ce spectacle d'un empereur détrôné, captif & enchaîné, donna des marques de compassion, & alloit lui faire grace; mais ses soldats voulant le venger malgré lui-même, se jetèrent sur le tyran, l'arrachèrent à la clémence du prince & lui firent trancher la tête le 27 août 388. (Voyez l'article MAXIME.) Le comte Andragate, qui, pour servir Maxime, son maître, avoit trempé ses mains dans le sang de Gratien, jugeant qu'il n'avoit point de grace à espérer, se noya dans la mer de Sicile. Théodose rétablit le jeune Valentinien dans tous ses états, & rendit dans la personne de ce prince, à Gratien son frère, ce qu'il avoit reçu de lui. Du reste il fit chérir sa victoire & bénir sa clémence. Cette révolution n'entraîna ni supplices, ni confiscation, ni emprisonnement, ni exil, &, comme le dit un historien moderne, « à ceux qui avoient sujet d'appréhender le dernier supplice, n'eurent pas même » à rougir d'une réprimande. Les filles de Maxime s'étoient exilées volontairement dans la crainte d'un traitement plus rigoureux, elles furent rappellées, & des revenus convenables leur furent assignés sur l'épargne. Théodose entra en triomphe dans Rome, & resta dans l'Occident le temps nécessaire, non-seulement pour affermir Valentinien sur son trône, mais pour l'instruire dans l'art de régner, & pour réformer les abus que la jeunesse du prince & les troubles élevés dans cette partie de l'Empire, y avoient fait naître, ou y avoient entretenus. Quand il fut retourné en Orient, Valentinien, abandonné à lui-même, éprouva bientôt de nouvelles révolutions. Cet Arbogaste, que nous avons vu servir ce prince sous Théodose, & qui avoit fait périr le jeune Victor, étoit devenu général des armées de Valentinien & tout-puissant dans sa cour. C'étoit un Gaulois fier, cruel, ambitieux, qui étoit parvenu à se rendre redoutable aux peuples & à son maître; celui-ci n'osoit le contredire & le laissoit disposer de tout. Il arriva cependant enfin qu'il ouvrit les yeux, & que sentant le joug, il voulut le secouer. Un jour au milieu d'une audience publique, il lança sur le comte Arbogaste un regard de courroux, avant-coureur d'une disgrace, & il lui fit remettre un écrit par lequel il le dépouilloit du commandement des armées ; ce n'est pas

de lui que je le tiens, dit insolemment Arbogaste, en déchirant le papier & le jettant par terre ; il sortit ensuite de la salle pour courir à la vengeance. Les courtisans, les officiers du prince, placés tous de sa main, lui étoient vendus, il les mit dans ses intérêts & leur donna ordre d'environner le palais du prince, qui étoit alors à Vienne en Dauphiné. Un jour que ce prince se promenoit après son diner sur le bord du Rhône, ses eunuques, gagnés par Arbogaste, se jettèrent sur Valentinien, l'étranglèrent & le pendirent à un arbre par son mouchoir, pour faire croire qu'il s'étoit pendu lui-même. Ainsi mourut à vingt ans Valentinien II, le samedi 15 mai 392, veille de la Pentecôte. Saint-Ambroise le fit transporter à Milan, où il lui fit de magnifiques funérailles, prononça son oraison funèbre à laquelle les regrets publics ne donnoient pas moins de prix que l'éloquence d'Ambroise, car ce jeune prince annonçoit beaucoup de talens & de vertus, & on reconnoissoit en lui un élève de Théodose dans l'art de régner. Ce fut par Saint-Ambroise que la nouvelle de sa mort parvint à Théodose, qui le regretta comme un fils, & résolut de le venger.

Soit qu'Arbogaste craignît qu'en prenant la place de Valentinien, il ne parut s'avouer trop hautement pour son meurtrier, soit qu'il eût d'autres motifs de ne point prendre la pourpre, il aima mieux régner sous le nom d'un homme qui lui fût entièrement dévoué ; il fit choix d'Eugène, autrefois rhéteur, alors secrétaire d'état, qui tenoit de son premier métier une sorte d'éloquence, & du second la connoissance des affaires, il lui donna le nom d'empereur, s'en réservant l'autorité. Eugène envoya des ambassadeurs à Théodose pour lui faire part de son élévation à l'Empire, & le prier de le reconnoître pour son collègue; Théodose accueillit les ambassadeurs, leur fit des présens, mais les renvoya sans aucune réponse sur l'objet de leur mission, & prépara tout pour la vengeance de Valentinien. Il part à la tête d'une armée formidable, grossie du concours de ces peuples barbares qu'il avoit su affectionner à l'empire par les bienfaits, Stilicon & Alaric, si célèbres depuis, servoient sous lui; arrivé par la Thrace & par l'Illyrie, il force le passage des Alpes, dont Flavien, préfet du prétoire, réputé savant & dans l'art de la divination & dans l'art de la guerre, avoit répondu au tyran Eugène ; Flavien se fit tuer dans le combat pour échapper au reproche d'avoir donné de fausses espérances, & de s'être trompé dans ses prédictions. Eugène & Arbogaste attendirent Théodose dans la plaine d'Aquilée, & c'est là que devoit se décider cette grande querelle, à laquelle la religion n'étoit pas moins intéressée que la politique ; Théodose étant le protecteur déclaré, non-seulement du Christianisme en général, mais encore de la foi orthodoxe contre les Ariens, & Eugène ayant renouvellé l'idolâtrie dans Rome, offert des sacrifices aux Dieux, consulté les entrailles des victimes, où il avoit trouvé tous les heureux présages qui pouvoient l'aveugler, ayant d'ailleurs relevé les statues de Jupiter & l'autel de la victoire,

victoire, & portant pour enseigne principale l'image d'Hercule. La bataille dura deux jours comme dans la suite celle de Marignan ; la première journée fut favorable à Eugène, & plusieurs des principaux capitaines de *Théodose* lui conseilloient la retraite : « Quoi donc ! s'écria-t-il, la croix de Jesus-Christ peinte dans mes drapeaux fuiroit devant les images de Jupiter & d'Hercule, qu'étalent insolemment les enseignes de ces infidèles ! »

C'est le même mouvement que dans cette tirade d'*Athalie* :

O crainte, a dit mon père, indigne, injurieuse !
L'arche qui fit tomber tant de superbes tours,
Et força le Jourdain de rebrousser son cours,
Des Dieux des nations tant de fois triomphante
Fuiroit donc à l'aspect d'une femme insolente !

Théodose renouvella le combat le lendemain, & Eugène & Arbogaste, qui croyoient marcher à une victoire certaine contre les déplorables restes d'une armée presque détruite la veille, furent entièrement défaits. Les auteurs ecclésiastiques, comme s'il s'agissoit d'un chrétien d'un côté, d'un païen de l'autre, ont chargé le récit de cette victoire de visions prophétiques & de miracles, qu'ils disent si avérés, que le poëte Claudien lui-même, quoique payen, n'a pu s'empêcher d'y rendre témoignage dans un poëme qu'il composa dix-huit mois après à la louange de l'empereur Honorius, fils de *Théodose*. Arbogaste, après des prodiges de valeur dignes d'une autre cause & dignes de la victoire, chercha son salut dans la fuite. Les chefs des légions qu'il commandoit, mirent bas les armes & implorèrent la clémence du vainqueur auquel ils prêtèrent serment. *Théodose* leur demanda pour unique preuve de leur fidélité une infidélité assez forte, celle de lui amener Eugène. Ils partirent pour exécuter cet ordre. Aussi-tôt qu'Eugène les apperçut, *eh bien ! leur dit-il, m'amenez-vous Théodose ? non*, répondirent-ils, *mais nous allons vous mener à lui*. En effet, l'ayant dépouillé des ornemens Impériaux, ils le traînèrent aux pieds du vainqueur les mains derrière le dos, comme Maxime y avoit paru autrefois ; il eut aussi le sort de Maxime, il fut décapité le 6 septembre 394. Arbogaste, abandonné de tout le monde, erra longtemps dans les montagnes, jusqu'à ce qu'enfin sachant qu'on le cherchoit & n'espérant point de grace, il se perça lui-même de deux coups d'épée. La vengeance de *Théodose* se borna encore à ces deux victimes nécessaires, & il usa de cette dernière victoire comme il avoit fait de toutes les autres. Ce fut en effet la dernière qu'il remporta.

Nous venons de l'envisager comme guerrier & comme empereur ; considérons-le présentement comme prince chrétien, car il fut grand encore sous cet autre point de vue.

Rousseau a célébré sa foi dans cette belle strophe de son ode contre les Turcs :

O honte ! ô de l'Europe infamie éternelle !
Un peuple de brigands sous un chef infidèle
De ses plus saints remparts détruit la sûreté :
Et le mensonge impur tranquillement repose,
Où le grand *Théodose*
Fit règner si long-temps l'auguste vérité.

Théodose n'étoit point encore baptisé, lorsqu'il fut associé à l'empire en 379 ; il le fut à la suite d'une maladie dangereuse qu'il eut au commencement de l'an 380 ; ce fut Saint-Ascole, évêque de Thessalonique, qui en fit la cérémonie. Dans sa ferveur de Néophyte, il donna un édit daté de Thessalonique, par lequel il ordonnoit aux peuples de son obéissance de suivre la foi de l'église Romaine & du pape Damase sur l'égalité des trois personnes & la consubstantialité du verbe, sous peine d'être punis comme hérétiques. Commander de croire, punir l'hérésie, & même de mort, c'étoient là les grandes errreurs du temps, & l'on ne peut ici reprocher à *Théodose* que de n'avoir point sû s'élever au-dessus de ces erreurs accréditées.

En conséquence de son édit, il voulut obliger Démophile, patriarche Arien de Constantinople, d'embrasser la foi catholique ; sur son refus, il le chassa & mit en sa place Saint-Grégoire de Nazianze.

En 381, nouvel édit contre les hérétiques. Ses loix étoient sévères ; mais comme son caractère étoit doux, il en temperoit l'exécution. Cependant il employoit les soldats à chasser les Ariens, comme *des loups ravissans* ; des églises qu'ils occupoient ; les soldats dans les affaires ecclésiastiques, sont bien d'autres *loups ravissans*.

Il signala encore plus son zèle contre l'idolâtrie que contre l'hérésie, il interdit tous les sacrifices & toutes les cérémonies payennes ; il fit murer les portes des temples, nommément de celui de Serapis, si célèbre dans Aléxandrie par sa magnificence & par les impostures des prêtres.

Tous ces actes de domination sur la croyance sont essentiellement des actes de tyrannie ; mais on ne le savoit pas alors, & d'ailleurs la prudente douceur de *Théodose* savoit faire respecter ses ordres. Cependant comme les intérêts de religion sont ordinairement, & étoient, sur-tout dans ce temps, ceux qui agissoient le plus fortement sur les ames, il se forma de la part des payens une conjuration contre l'empereur ; elle fut découverte. *Théodose* commença par déclarer que ceux qui n'avoient fait qu'en entendre parler, & qui n'y avoient point pris part formellement, n'étoient point coupables ; il ajouta que ceux auxquels il étoit échappé dans leur douleur ou leur colère des paroles peu respectueuses, étoient excusables, & qu'on ne puniroit point les paroles. Les vrais conjurés furent jugés & condamnés. Pendant le cours du procès, un des juges ayant dit à *Théodose* que leur principal soin devoit être d'assurer la vie du prince ; vous devez, répondit *Théodose*, songer encore plus à sa réputation. Ce mot ne pouvoit avoir d'autre objet en cette occasion que de recommander aux juges une équité plus voisine de la clémence que de la rigueur. Les criminels furent conduits au lieu du supplice, & , dans le moment où les exécuteurs levoient le fer pour leur trancher la tête, un grand bruit se fit entendre du côté du palais, c'étoit un courier qui apportoit leur grace demandée par l'Impératrice Flaccile, accordée par l'empereur, & signée par le jeune Arcadius , alors associé à l'empire, & auquel son père voulut donner cette leçon de clémence. « Plut-à-Dieu , disoit Théodose , » qu'il fût en mon pouvoir de ressusciter les morts ! Ce mot lui fut rappellé bien à propos par Flavien, évêque d'Antioche, au sujet de l'affreuse sédition qui s'éleva dans cette ville en 387, à l'occasion de quelques impôts que la guerre contre Maxime rendoit nécessaires. (Voyez l'article FLAVIEN.)

Théodose n'é.oit point aveugle dans la protection qu'il accordoit aux chrétiens ; & quand leur zèle devenoit excessif & indiscret , il savoit le réprimer. Les chrétiens ayant brûlé une synagogue à Callinique dans la Mésopotamie, & un temple des hérétiques Valentiniens dans le territoire de la même ville , Théodose, pour réparer cette violation de la police, & ces coups d'autorité privée, ordonna que l'évêque de Callinique, qui sans doute avoit provoqué ou encouragé ces actes de violence, rétabliroit la synagogue à ses frais , & que les incendiaires seroient punis. Saint-Ambroise, qui jugeoit que cet ordre sévère, mais non pas injuste , livroit la religion chrétienne aux insultes de ses ennemis, & que ceux-ci alloient en triompher , parvint enfin avec bien de la peine à le faire révoquer.

En 390 , arriva le massacre de Thessalonique , le plus grand événement de la vie de Théodose , crime qui auroit souillé à jamais son règne, s'il n'avoit été expié par la pénitence ; & qui, malgré cette pénitence , est encore la tache de ce règne.

Bothéric , Gouverneur d'Illyrie , avoit un cocher qui faisoit les délices du peuple de Thessalonique dans les jeux du cirque, par la grace & l'adresse avec laquelle il conduisoit les chars. Cet homme , corrompu par cette faveur populaire, & par l'importance qu'on attachoit à son talent frivole, avoit une conduite fort déréglée & mérita, par ses désordres, que le gouverneur le fit mettre en prison ; le temps des jeux du cirque approchoit, & le peuple, qui se faisoit un plaisir de l'y voir exercer son talent , voulut forcer la porte de sa prison, se jetta sur les officiers du gouverneur , qui voulurent le réprimer, les traîna dans les ruisseaux , en assomma plusieurs à coups de pierres ; le gouverneur étant accouru pour appaiser le tumulte , y périt lui-même.

Cette nouvelle étant arrivée à Milan , où l'empereur s'étoit arrêté à la suite de son expédition contre Maxime, & où plusieurs évêques tenoient un concile sous la direction de Saint-Ambroise, archevêque de cette ville , l'empereur, dans un de ces accès de colère

auxquels il étoit sujet, ordonna de punir sévèrement les coupables & d'étendre même sa vengeance sur toute la ville. Cette dernière partie de son ordre étoit évidemment injuste. Dans les troubles civils, les gens de bien gémissent en silence & ne peuvent rien. N'ayant point eu part à la révolte , ils ne doivent donc pas en avoir à la peine. Saint-Ambroise & les évêques assemblés à Milan , appaisèrent l'empereur, & obtinrent grace pour le peuple de Thessalonique ; mais les courtisans revinrent à la charge , ils dirent à Théodose que la licence des peuples croît par l'impunité, que s'il avoit puni Antioche, la révolte de Thessalonique n'auroit pas eu lieu , qu'il deviendroit enfin la victime de sa clémence s'il n'y mettoit pas des bornes. En effet, l'art de règner consiste dans un juste tempérament , dans un mélange heureux de clémence & de rigueur ; mais quelle politique assez fine, assez éclairée pour assigner avec précision les bornes respectives de l'une & de l'autre , suivant l'exigence de tous les cas particuliers ? C'est dans cette juste mesure que consiste principalement l'art de règner , & cet art est difficile. Nous croyons qu'en général on a toujours eu, on aura toujours moins à se repentir de la clémence que de la sévérité.

Théodose prit le dernier parti, il ordonna de tirer une rigoureuse vengeance de la ville de Thessalonique, il y envoya des troupes & abandonna les détails à la conduite des chefs. Ces détails furent affreux. On prépara la cruauté par la fourberie. On annonça une fête , ce qui rassembla tous les citoyens dans le Cirque ; on commença par quelques courses , & tout à coup, à un signal donné , les soldats se jettent sur l'assemblée, passant tout au fil de l'épée, sans distinction d'âge, de sexe, de condition , d'innocence ou de crime. On a remarqué parmi ces victimes de la fureur militaire , un père qui offroit son bien & sa vie pour sauver ses deux enfans qu'il avoit amenés à cette fête sang'ante ; on lui dit que le nombre désigné des victimes n'étant pas rempli , on ne pouvoir sauver qu'un de ses fils, & on lui en remit le choix, comme si un pareil choix n'étoit pas impossible à un père, il pleura, il balança, & on les égorgea tous les deux. On égorgea pendant trois heures entières, il périt environ sept mille personnes. Ce massacre est au rang de ces grands crimes politiques, dont l'univers a conservé la mémoire avec horreur. Lorsqu'on en reçut la nouvelle à Milan , Saint-Ambroise en écrivit à Théodose , en évêque, en défenseur né de l'innocence opprimée & de l'humanité outragée ; sa lettre étoit tendre, respectueuse & véhémente ; il ne lui dissimula pas que son crime, (car il l'appelle ainsi.) ne pouvoit se laver que dans les larmes de la pénitence ; il le menaça des censures de l'église. « Je rends hommage , lui dit-il , à votre piété, à vos vertus ; je » vous aime , je vous respecte , je prie pour vous , » mais je le dis dans l'amertume de mon cœur, je » n'ose offrir le sacrifice de l'agneau sans tache , si » vous voulez y assister. Ce qui ne seroit pas permis » après le sang répandu d'un seul innocent, le sera-» t-il après le carnage d'un si grand nombre ?

Malgré cet avertiffement, *Théodofe*, à l'inftiga-tion de fes courtifans, s'étant préfenté à l'églife un jour de folemnité, l'archevêque, en habits pontificaux, vint l'attendre & l'arrêter au-delà du veftibule. « Vous » ne fentez point, lui dit-il, l'énormité de votre crime, » puifque vous croyez avoir confervé le droit de vous » préfenter dans l'affemb'ée des fidèles ; comment » oferez-vous tendre ces mains encore foui'lées du » fang innocent vers le Dieu de clémence & de » pureté, comment oferez-vous l'implorer de cette » même bouche, qui a pu commander tant de » meurtres ?

Théodofe étoit pieux, il n'ofa pas réfifter au mi-niftre d'un Dieu irrité, il fe retira dans fon palais, où il refta huit mois entiers, éloigné des faints myf-tères, & menant une vie pénitente & mortifiée. La fête de noël approchoit, Rufin, un des principaux officiers de l'empereur, le trouvant extraordinaire-ment abattu, lui en demanda la raifon :« Je pleure, dit *Théodofe*, « en voyant que le temple de Dieu, » ouvert aux mendians & aux efclaves, eft encore » fermé pour moi. Rufin, touché de la douleur de fon maître, voulut fe faire médiateur entre *Théodofe* & Ambroife; il trouva l'archevêque inflexible. Eh bien ! répondit le prince, j'irai me préfenter & je recevrai l'affront que je mérite. Il alla trouver Ambroif: & lui demander l'abfolution, le priant d'avoir égard à fa pénitence. Quelle pénitence avez-vous donc faite ? reprit Ambroife.— C'eft à vous, dit *Théodofe*, à m'apprendre ce que je dois faire. L'archevêque le foumit à la pénitence publique comme le moindre de fes fujets; l'empereur fe dépouilla fur le champ de fes ornemens impériaux, fe profterna fur les mar-ches du veftibule, fe foumit avec tant de ferveur à toutes les humiliations de la pénitence, & donna tant de marques d'un repentir fincère, que Saint-Ambroife crut pouvoir abréger le temps de fa péni-tence & le réconcilier à l'églife. Voilà, s'écrient fur cela les écrivains eccléfiaftiques, voilà le bel endroit de la vie de *Théodofe*; voilà le titre qui lui mérita le furnom de *Grand*. Ces mœurs fi éloignés des nôtres, que nous ne fommes peut-être pas même en état d'en juger. J'ignore quel dégré d'humiliation & de pénitence devoit être épargné à un prince qui avoit pu ordonner tant de meurtres, j'obferve feulement que cette pénitence de *Théodofe* paroît avoir fervi de modèle à celle de Louis le Débonnaire & de quelques autres princes, dans l'humilité defquels on a cru voir trop d'abaiffement & de foibleffe. « Un » roi, dit le P. d'Orléans, doit tellement humilier » fa majefté devant Dieu, qu'il ne l'aviliffe pas de-» vant les hommes. Mot excellent & digne d'un fage.

Théodofe mourut à Milan dans un autre voyage, le 17 janvier 395; dans les bras de Saint-Ambroife, qu'il pria de ne le point abandonner. On l'a beau-coup comparé, foit pour les avantages extérieurs, foit pour les vertus, à Trajan dont il defcendoit. Aurélius Victor dit qu'il en avoit les vertus fans

les défauts; Claudien l'a comblé d'éloges. Le Sophifte Thémiftius, (*voyez* fon article) le met au-deffus des plus grands hommes de l'antiquité; Zofime l'a maltraité, Zofime étoit un payen zélé, Symmaque payen comme lui, mais plus inftruit, & qui avoit vu *Théodofe* de plus près, lui a donné de juftes louanges. Les auteurs eccléfiaftiques en ont fait un faint & leur héros particulier.

Ce grand *Théodofe* fut le père des pétits & foibles empereurs Arcadius & Honorius; il n'avoit cepen-dant rien négligé pour leur éducation. L'empereur Gratien & le pape Damafe avoient été confultés fur le choix d'un inftituteur pour le jeune Arcadius. *Théodofe* cherchoit le plus fage & le plus favant homme de l'Empire, le pape Damafe lui procura le vertueux Arfène, dont le nom eft refté célèbre parmi les inftituteurs des princes, & préfente l'idée d'un modèle en ce genre. *Théodofe*, en lui préfentant fon fils, dit à ce jeune prince : « Mon fils ! voici votre vé-» ritable père, il va l'être bien plus que moi; vous » ne me devez que la naiffance, vous lui devrez la » fageffe & la crainte de Dieu.

On fait que *Théodofe*, étant un jour entré chez fon fils à l'heure de la leçon, fut furpris de le trouver affis & Arfène debout, il fit lever Arcade & affeoir Arfène; celui-ci allégua en vain le refpect qu'il avoit cru devoir à fon empereur, car le jeune prince étoit dès-lors affocié à l'empire; *Théodofe* décida qu'entre le maître & le difciple, c'étoit au maître que le refpect étoit dû.

Arfène donna un exemple qui n'avoit point été donné avant lui & qui ne fut point fuivi. Burrhus & Sénèque ne quittèrent point Néron, malgré fes crimes, & mourrurent victimes de fon ingratitude; Montaufier & Boffuet fouffrirent patiemment que le réfultat de leurs travaux & de leurs foins fût un prince nul & fans caractère : Arfène reconnoiffant de jour en jour l'indocilité & l'incapacité incurables de fon élève, prit le parti de l'abandonner & de s'enfevelir dans les déferts de l'Egypte, où *Théodofe* le fit chercher inutilement. Il fentit alors avec dou-leur que fon fils étoit condamné. (*Voyez* l'article ARSÈNE.)

Théodofe eut pour femmes : 1°. Sainte-Flacille ou Flaccile, dont les vertus ont été célébrées par Saint-Grégoire de Nyffe, & canonifées par l'églife : elle fut la mère d'Arcadius & d'Honorius.

2°. Galla, qu'il aima tendrement, qu'il convertit de l'arianifme à la foi catholique, & dont il eut Placidie; il furvécut auffi à Galla, & la pleura toute fa vie. Elle étoit fœur de Valentinien II, & n'étoit pas un foible nœud de l'amitié qui uniffoit ces deux princes.

Il nous refte à dire un mot des loix de *Théodofe*, car il eft diftingué auffi comme légiflateur. Nous avons parlé de fes loix eccléfiaftiques; elles fe fen-tent de l'efprit du temps. Parmi fes loix civiles, on remarque principalement celle qui concerne les tréfore découverts. Celui qui trouve un trésor dans son propre fonds, doit le posséder tout entier, c'est, dit le législateur, un droit d'équité naturelle. Celui qui en trouve un sur le fonds d'autrui, en aura les trois quarts, le dernier quart réservé au propriétaire, sans néanmoins, ajoute le législateur, qu'il soit permis de fouiller dans la terre d'un autre sans sa permission; mais cette permission obtenue, on juge que la découverte du trésor est due au bonheur ou à l'industrie de l'exploitation, que le propriétaire du sol est trop heureux d'avoir le quart d'un trésor que son sol receloit infructueusement pour lui, & dont il ne soupçonnoit pas même l'existence. S'il la soupçonnoit & qu'il fît fouiller d'après ses conjectures, comme alors il seroit le maître d'accorder ou de refuser la permission de fouiller dans sa terre, il pourroit faire telles conditions qu'il voudroit pour le partage : c'est avec édification que dans tous ces cas on ne voit rien pour le fisc. Nerva, ce bon empereur, avoit jugé de même sur ce sujet. (Voyez l'article ATTICUS.)

Théodose prononça des peines sévères contre les femmes qui se remarient pendant l'année du deuil. Il défendit aux magistrats les spectacles, excepté dans certains cas & à certains jours exprimés dans la loi.

On a sur-tout justement exalté cette loi pleine de justice & d'humanité concernant les discours peu mesurés qui échappent quelquefois à l'impatience, à l'humeur, au mécontentement contre les princes & les personnes constituées en dignité, faute qui ne peut jamais être taxée de crime, mais que la tyrannie des princes & sur-tout des ministres, n'a que trop souvent érigée en crimes d'état. Quand un de nos sujets aura mal parlé de nous, dit Théodose, si c'est par légèreté, son propos ne mérite pas qu'on y fasse attention; si c'est par folie, il faut le plaindre; si c'est même par méchanceté, il faut pardonner.

THÉODOSE II, ou le jeune, fils d'Arcadius, & petit-fils de Théodose I, monta sur le trône impérial à huit ans, mais sous la conduite d'Anthémius, un des plus excellens personnages de son siècle. Son règne sert d'époque aux ravages des Alaric, des Ataulfe, des Genséric, à l'établissement des François dans les Gaules, aux hérésies de Nestorius & d'Eutychès : il prit trop de part à ces hérésies, comme tous les souverains de son temps, il en prit trop peu aux autres événemens. Il passa de la tutelle d'Anthémius sous celle de Pulchérie, sa sœur, princesse d'un grand caractère & d'un esprit distingué. Théodose l'associa en 414 à l'empire, ce qui étoit sans exemple. Elle se chargea de son éducation, quoiqu'elle n'eût que deux ans plus que lui (voyez l'article PULCHÉRIE), elle lui donna les plus habiles maîtres en tout genre, & ses leçons & ses exemples firent le reste; elle étoit très-instruite, parloit & écrivoit très-bien tant en grec qu'en latin; elle dressoit elle-même toutes les ordonnances & les faisoit signer à son frère pour lui laisser l'honneur du gouvernement. Théodose signoit tout en aveugle, mais elle lui donna sur cela

même une excellente leçon, en lui faisant signer parmi les autres expéditions un acte par lequel il lui vendoit ou lui abandonnoit l'impératrice sa femme, pour être son esclave. Cette femme étoit aussi une princesse d'un rare mérite, c'est la célèbre Athénaïs ou Eudoxie, fille du philosophe Athénien Léonce, (voyez l'article EUDOXIE) elle réunissoit comme Pulchérie les graces, l'esprit, les connoissances; Pulchérie, ayant eu occasion de la bien connoître, fit précisément le contraire de ce que le Machiavellisme eût d'abord inspiré dans sa place à beaucoup d'autres princesses, qui se seroient crues bien habiles ; au lieu d'éloigner de son frère une femme si dangereuse pour elle, si propre à séduire le prince & à s'emparer de toute autorité, elle la lui fit épouser. Athénaïs, née payenne, embrassa le christianisme, & changea ce nom payen d'Athénaïs ou Minerve, en celui d'Euxodie. Vers le temps de son couronnement, la célèbre Placidie, fille de Théodose I, & tante de Théodose II, vint s'établir à Constantinople, comme si le sort eût pris plaisir à rassembler à la cour de ce dernier prince, toutes les femmes les plus illustres par l'esprit & par la beauté. Théodose II mourut l'an 450, le 28 juillet. Ce fut lui qui publia le 15 janvier 438, le code Théodosien.

THÉODOSE III dit L'ADRAMITAIN, ne fut que montré à l'empire. En 714, sur la fin du règne d'Anastase, les troupes révoltées passant par Adramite, ville de Phrygie, élurent empereur malgré lui, un receveur des impôts publics, homme simple & droit, mais sans mérite, c'étoit Théodose. Cet homme épouvanté de sa grandeur, s'échappa des mains des soldats & se sauva dans les montagnes où on eut beaucoup de peine à le retrouver : mais cette fuite même & ce refus de l'empire paroissant parler en sa faveur, les soldats s'obstinèrent à défendre leur choix, ils jurèrent à Théodose de mourir pour lui, & le forcèrent de marcher à leur tête, tout lui réussit en effet. Anastase, abandonné de tout le monde, courut s'enfermer dans un cloître à Thessalonique. Non-seulement Théodose combattit, mais même il régna, & ne régna point mal; il montra des intentions droites, il réforma quelques abus, cependant l'empire n'eut jamais de charmes pour lui; ce qui prouve qu'au moins cet homme avoit du sens. Léon l'Isaurien, plus ambitieux, se déclara contre lui sous prétexte de venger Anastase, son maître & son bienfaiteur; Théodose saisit l'occasion, il céda l'empire à celui qui en faisoit l'objet de son ambition, & ne demanda point d'autre grace sinon qu'on le laissât se faire suivre l'exemple d'Anastase ; il prit les ordres sacrés ainsi que son fils, se retira dans Ephèse, où on ne parla que de ses vertus pendant sa vie & de ses miracles après sa mort. Il n'avoit possédé l'empire que quatorze mois. Ce Théodose, assez dédaigné par les historiens, ne méritoit pas tant de l'être.

THÉODOTE, (Hist. Ecclésiastique) c'est le nom de divers Hérésiarques :

1°. Théodote le Valentinien, ainsi nommé, parce

qu'il prétendoit fonder fur l'autorité de l'écriture fainte la doctrine Platonique & fur-tout très-obfcure de Valentius, autre Héréfiarque, qui dogmatifoit au fecond fiècle. Le P. Combefis a publié & commenté l'ouvrage de *Théodote*, il porte le titre *d'Eglogues*.

2°. *Théodote* de Byzance, dit le *Corroyeur*, d'abord chrétien, renia J. C. fous la perfécution de Marc-Aurèle, & attaqua fa Divinité. Il fut excommunié par le pape Victor, vers la fin du fecond fiècle.

3°. *Théodote*, dit le *Banquier*, découvrit que Melchifédec étoit fupérieur à J. C. Mais parmi fes difciples, un plus habile homme, Hierax, fur la fin du troifième fiècle, s'apperçut que Melchifédec étoit le Saint-Efprit.

THEODULPHE ou THEODULFE; (*Hift. litt. mod.*) étoit, à ce qu'on croit, Lombard de naiffance, il plut par fon érudition & fes lumières à Charlemagne, qui lui donna ou lui procura l'évêché d'Orléans, l'abbaye de Fleury ou de Saint-Benoît fur Loire, & d'autres bénéfices. Il fut avec Alcuin un des principaux coopérateurs de Charlemagne dans la reftauration des lettres. Les ouvrages de *Théodulfe* fe rapportent à la religion, comme ceux d'Alcuin & comme prefque tous ceux de ce temps. Un des plus confidérables de ces ouvrages, eft une inftruction pour fon clergé. On voit qu'il fe plaint comme d'un abus déjà ancien, de l'ufage d'enterrer les morts dans les églifes, & de faire, dit-il, des temples des cimetières. Il profcrit cet ufage, & n'admet d'exception que pour les prêtres; à la bonne-heure, cette exception eft fans équivoque; mais il ajoute : & *les perfonnes diftinguées par leurs vertus*, & dès-lors chacun peut y prétendre pour les perfonnes auxquelles il s'intéreffe. Tant il importe de bien fpécifier les exceptions, ou plutôt tant il importe d'en admettre peu!

Divers articles de cette inftruction font foi de certains ufages du temps. Nous y voyons, par exemple, qu'on ne faifoit alors, même dans les grandes villes, comme Orléans, qu'un feul office folemnel le Dimanche, & que tous les curés & les fidèles de la ville & des fauxbourgs fe réuniffoient dans la cathédrale, pour affifter à cet office. Nous y voyons l'hofpitalité recommandée de manière à faire croire qu'il n'y avoit point encore alors d'hôtelleries publiques. Il y eft dit auffi que le Jeudi, le *Vendredi*, le Samedi faints & le jour de Pâques font des jours de Communion générale. Cette loi mérite d'être remarquée au moins par rapport au Vendredi Saint, qui n'eft plus à préfent un jour de Communion, même particulière. Enfin il eft défendu aux femmes d'approcher de l'autel, même pour aller à l'offrande; elles refteront à leurs places, & le prêtre ira recevoir leurs offrandes.

Les poëfies de *Théodulphe* paffent pour les meilleures du temps & ne font pas bonnes. Il eft l'auteur d'une hymne dont on chante encore le commencement à la proceffion du Dimanche des Rameaux.

Gloria laus & honor tibi fit, Rex Chrifte redemptor, Cui puerile decus prompfit hofanna pium.

Théodulfe entra, dit-on, dans la conjuration de Bernard, roi d'Italie, contre Louis le Débonnaire, & fut mis en prifon. Un jour que l'empereur paffoit devant le lieu où il étoit renfermé, *Théodulfe* fe mit à chanter fon hymne, & Louis, qui apparemment aimoit beaucoup les vers & s'y connoiffoit fort peu, la trouva fi belle, qu'il mit fur le champ *Théodulfe* en liberté. Ce prélat mourut vers l'an 821. Le P. Sirmond a donné en 1646, une bonne édition de fes œuvres.

THÉOGNIS, (*Hift. litt. anc.*) Poëte Grec, natif de Mégare, vivoit environ cinq fiècles & demi avant J. C. On a de lui des fragmens.

THEON, (*Hift. ancienne*) eft dans l'antiquité le nom :

1°. D'un fophifte Grec, connu par un traité de rhétorique.

2°. De deux mathématiciens, l'un d'Aléxandrie, qui vivoit du temps de Théodofe le grand, & qui fut père de la favante Hypatie; on a de lui des ouvrages de mathématiques.

L'autre de Smyrne; on a de lui un traité de l'arithmétique, dans lequel il parle de l'algèbre fous le nom d'analyfe.

THÉOPHANE, (George) (*Hift. litt. mod.*) écrivain dont la chronique fait partie de la Byzantine; elle commence où finit celle du Syncelle, & va jufqu'au règne de Michel Curopalate; elle a été imprimée au Louvre en grec & en latin, en 1655. *Théophane* mourut en 818, dans l'Ifle de Samothrace où l'empereur Léon l'Arménien l'avoit exilé.

On a de lui un autre *Théophane*, furnommé *Cerameus*, c'eft-à-dire, *le Potier*, évêque de Tauromine en Sicile, au onzième fiècle.

THEOPHANIE, (*Hift. du bas Empire*) fille d'un cabaretier, Impératrice d'Orient, femme affez femblable à l'Impératrice Irène, par la réunion des talens & des crimes. Ce font ces fortes de perfonnages qui éblouiffent les petits efprits machiavelliftes, & qui leur perfuadent qu'il y a de l'efprit & de la grandeur à commettre le crime, parce que quelquefois ces deux avantages ont procuré au crime des fuccès paffagers. Cette malheureufe erreur eft encore beaucoup plus commune qu'on ne le croiroit; il n'eft pas rare de voir des gens très-incapables de crime, admirer ceux qui ont commis de grands crimes, les envier en quelque forte d'en avoir été capables, & joindre à une conduite irréprochable, une théorie criminelle. S'ils examinoient de plus près l'hiftoire, s'ils la raifonnoient, s'ils obfervoient le réfultat général que donne la foule des événemens, ils verroient que le crime eft rarement refté fans châtiment, parce que fans remonter ici à la juftice divine, dont les décrets font fouvent voilés à nos foibles yeux, il est dans la nature des choses que le crime soit d'un côté très-difficile à cacher, que de l'autre, quand il est connu il révolte, il inspire la haine, les soupçons, les défiances, les vengeances. Irène fut punie de ses crimes par ses crimes mêmes, *Théophanie* le fut aussi des siens. Elle avoit épousé en 959, Romain le Jeune, empereur d'Orient ; ce prince étant mort en 963, elle eut la régence de son fils aîné Etienne ; mais Nicèphore Phocas lui plut, elle l'épousa, & fit descendre son fils du trône pour y placer son amant. Non moins coupable épouse que mère dénaturée, s'étant bientôt lassée de ce nouvel époux, elle le fit assassiner en 969 par Jean Zimisces, qu'elle fit encore reconnoître pour empereur. Celui-ci se montra tout-à-la-fois juste & ingrat en punissant sa complice, qu'il exila dans une Isle où il la laissa languir pendant tout le cours de son règne. Il mourut en 975, alors Basile & Constantin, fils de *Théophanie*, la rappellèrent à Constantinople, & firent sans doute beaucoup plus qu'ils ne devoient en lui donnant quelque part dans le gouvernement. On ignore l'époque de sa mort.

THÉOPHILACTE, (*voyez* THÉOPHYLACTE,)

THÉOPHILE, est le nom :

1°. Du sixième évêque d'Antioche, élu l'an 176 de J. C., mort vers l'an 186, dont il nous reste trois livres en grec, adressés à Autolycus, en faveur de la religion chrétienne, où se trouve, dit on, pour la première fois le nom de *Trinité*. Cet ouvrage a été imprimé en grec & en latin, avec les œuvres de Saint-Justin.

2°. D'un patriarche d'Aléxandrie, élu l'an 385, prélat intrigant, ennemi de Saint-Jean-Chrysostôme, mais qui, mourant l'an 412, dit un mot bien chrétien au souvenir de la longue pénitence de Saint-Arsène : *que vous êtes heureux*, *Arsène*, *d'avoir toujours eu cette heure devant les yeux !*

3°. D'un empereur d'Orient, qui succéda en 829, à Michel son père, qui fut comme lui grand iconoclaste, grand persécuteur des catholiques, dont par cette raison les Iconoclastes ont dit beaucoup de bien, les catholiques beaucoup de mal, & qui mourut en 842, de douleur d'avoir perdu plusieurs batailles contre les Sarrasins. (*Voyez* ci-dessus l'article THÉODORA DESPUNA, sa femme.)

4°. D'un poëte François, surnommé Viaud, disent quelques auteurs, mais qui plutôt, à ce que je soupçonne, se nommoit Viaud, & fut surnommé *Théophile*, c'est-à-dire, ami de Dieu par antiphrase à cause de sa réputation d'athéïsme & d'impiété. En effet il fut déclaré criminel de lèze majesté divine, & condamné à être brûlé, & il fut brûlé en effigie, comme auteur du *Parnasse Satyrique*, publié en 1622 ; ouvrage noté doublement & pour la satyre & pour l'impiété. *Théophile*, fuyant vers les pays-bas, fut arrêté au Catelet en Picardie, ramené à Paris, & renfermé dans le même cachot où avoit été Ravaillac, tant la fermentation excitée par ce livre étoit grande :

Sur ses dénégations constantes, mais auxquelles on ne crut point, sur l'insuffisance des preuves pour faire prononcer la peine de mort, on le condamna du moins au bannissement, soit qu'on trouvât les preuves suffisantes pour autoriser ce jugement moins sévère, soit qu'on saisit cette occasion de le punir de ses autres délits satyriques. En effet, dès 1619, il avoit été obligé de passer en Angleterre, & ses amis n'avoient obtenu son rappel que sous la condition qu'il abjureroit le calvinisme, ce qui, chez un homme d'une si légère croyance, ne signifioit absolument rien. L'arrêt du parlement contre *Théophile*, resta sans exécution. Ce poëte ne garda point son ban. Le maréchal de Montmorenci, celui-là même qui eut la tête tranchée en 1632, lui donnoit un asyle à Paris, dans son hôtel, & à Chantilly, dans la solitude de *Sylvie*, qu'il a célébrée. Il mourut en 1626, à l'hôtel de Montmorenci. Boissat, son ami, l'étant allé voir la veille de sa mort, *Théophile* lui témoigna un extrême désir de manger des anchois & le pria de lui en envoyer. Boissat, regardant cette demande comme une fantaisie de malade contraire à son état, n'y eut aucun égard, il eut depuis le regret de penser que c'étoit peut-être une de ces indications de la nature qu'on rejette trop souvent parce qu'on les trouve bizarres, & qui sont les seules quelquefois qui puissent guérir les malades. Il se repentit amèrement de n'avoir pas eu cette condescendance pour les derniers désirs d'un ami. *Théophile* a été si cruellement déchiré par le déclamateur Garasse, satyrique dévot, plus atroce que tous les satyriques profanes, qu'il en résulte en sa faveur une sorte d'intérêt ; la protection du généreux Montmorenci est encore un titre pour lui ; l'espèce d'irrégularité de l'arrêt, qui, après l'avoir condamné au feu le condamne au bannissement pour un crime dont il ne paroit pas avoir été convaincu, la réputation d'esprit & de talent que cet homme eut toute sa vie, toutes ces circonstances lui sont favorables, & sa mémoire en totalité n'est point restée flétrie par son arrêt ; mais l'arrêt que Boileau a prononcé contre ses ouvrages, est resté :

A Malherbe à Racan préférer *Théophile*,
Et le clinquant du Tasse à tout l'or de Virgile.

Il a laissé des ouvrages mêlés de prose & de vers, des tragédies, & ce qui pourroit affoiblir l'idée de son impiété, un *traité de l'immortalité de l'ame*. Tout est oublié & *Théophile* le seroit tout entier sans les vers de Boileau.

THÉOPHILE RAYNAUD, (*voyez* RAYNAUD.)

THÉOPHOBE, (*Hist. du bas-empire.*) beau-frère de l'empereur Théophile, & général de ses armées, fut deux fois proclamé empereur, & refusa constamment l'empire. Mais quelle conduite peut dissiper les défiances politiques ? Théophile craignit qu'enfin sa résistance ne se laissât vaincre ; il craignit que *Théophobe* n'enlevât à son fils le trône qu'il avoit laiffé au père. Malade, & mourant, il fit arrêter *Théophobe*, lui fit trancher la tête; fe fit apporter cette tête, & dit, avec la fatisfaction d'un tyran: *bientôt Théophile ne fera plus; mais du moins Théophobe n'eft déjà plus*. L'époque de ces deux morts eft 842.

THEOPHRASTE, (*Hift. litt. anc.*) philofophe Grec, né dans l'île de Lesbos, fut difciple de Platon, puis d'Ariftote : fon nom étoit Tyrtame. Ariftote qui difoit de lui, *qu'il comprenoit d'abord d'une chofe tout ce qui en pouvoit être connu*, auffi charmé de fon éloquence que de fa pénétration, lui donna d'abord le nom d'Euphrafte, *qui parle bien*; & ce nom exprimant encore trop foiblement le plaifir qu'il avoit à l'entendre, il lui donna celui de *Théophrafte*, c'eft-à-dire, homme dont le langage eft divin.

Les anciens étoient beaucoup plus intolérans qu'on ne le croit. L'intolérance eft une maladie de tous les temps & de tous les pays; les grands génies ont été par-tout, & toujours en butte à la perfécution. Ariftote craignant pour lui le fort de Socrate, abandonna fon école l'an 322; la remit à *Théophrafte*, ainfi que fes écrits, & alla chercher fa fûreté loin d'Athènes. *Théophrafte* foutint la gloire de cette école, & en augmenta la réputation : on compta bientôt dans le Lycée jufqu'à deux mille difciples. Comme il fe diftinguoit par le talent de la parole, & qu'il fe piquoit du plus pur atticifme, il fut un peu furpris de fe voir traiter d'étranger par une vendeufe d'herbes, à laquelle il marchandoit quelques légumes, & qui démêla en lui un accent dont il fe croyoit corrigé. On a fait grand bruit de cette petite hiftoire, comme fi elle prouvoit, dans le peuple même d'Athènes, une délicateffe d'organes particulière : *quel goût il y avoit à Athènes jufques dans le petit peuple!* s'écrie à ce fujet M. Rollin. Mais quelle eft, parmi nous, la femme de la halle qui ne démêlât pas d'abord l'accent picard, ou normand ou gafcon? Quel eft l'homme du peuple qui ne fente pas le plus léger graffeyement avec d'autant plus de facilité, que le graffeyement eft très-rare parmi le peuple?

Théophrafte eut l'eftime & la familiarité des rois. Caffandre, Ptolémée, fils de Lagus; tous ces fucceffeurs d'Alexandre, au milieu de leurs guerres & de leurs difcordes, étoient fes amis, & quelques-uns même faifoient gloire d'être fes difciples. Démétrius de Phalère le fut auffi, & lui fait encore plus d'honneur. La philofophie de *Théophrafte* tenoit de la douceur & de la condefcendance accommodante d'Ariftippe. Ce qu'il penfoit des dieux n'eft pas fort clair; & il paroît avoir varié fur cet article. Il penfoit comme Ariftote & comme Ariftippe, que les douceurs & les commodités de la vie font effentielles au bonheur; opinion que le ftoïcien Cicéron lui reproche, comme dégradant la vertu, & la dépouillant de la gloire de fuffire feule au bonheur de l'homme. Qu'elle y fuffife feule, ce peut être l'objet d'une queftion parmi les philofophes; mais qu'elle y foit néceffaire au point de ne pouvoir être fuppléée par rien, au

fein même de la profpérité, & qu'elle foit dans l'adverfité la confolation la plus douce & la plus efficace, c'eft ce qui ne peut être contefté; & cet intérêt de lui être fidèle, refte encore affez grand.

Cicéron dit qu'en mourant dans un âge très-avancé, *Théophrafte* fe plaignit de la nature, qui accordoit une fi longue vie aux cerfs & aux corneilles, fans aucun fruit pour ces animaux, privés de perfectibilité; tandis qu'elle bornoit tellement la vie des hommes, qui peuvent toujours fe perfectionner par l'étude & l'expérience. Mais la longévité des cerfs & des corneilles, étoit-elle une opinion digne d'un naturalifte tel que *Théophrafte*?

On a de lui une *hiftoire des Pierres*, dont M. Hill a donné en 1746, à Londres, une belle édition en Grec & en Anglois; un *traité des Plantes*, qui a été traduit en Latin.

On connoît fes *Caractères*, que la Bruyère a traduits en François, & qu'il a imités enfuite avec tant de fupériorité, en traçant ceux de fon fiècle.

Ifaac Cafaubon a fait d'amples commentaires fur le petit livre des *Caractères* de *Théophrafte*.

THEOPHYLACTE SIMOCATTA. (*Hift. du bas empire.*) hiftorien Grec, vivoit fous l'empire d'Héraclius, vers les commencemens du feptième fiècle. Son hiftoire de l'empereur Maurice, imprimée au louvre en 1647, fait partie de la Byzantine.

THEOPOMPE. (*Hift. anc.*) L'hiftoire ancienne nous offre deux perfonnages célèbres de ce nom; l'un, eft un roi de Sparte, qui régnoit environ cent trente ans après Lycurgue. Ce fut fous fon règne que s'établit l'autorité des Ephores; *Théopompe* ne s'oppofa point à cet établiffement. Sa femme lui reprochoit qu'il laifferoit à fes enfans la royauté beaucoup moindre qu'il ne l'avoit reçue; il lui répondit : *au contraire, je la leur laifferai plus grande, parce qu'elle fera plus durable.*

Ce fut fous fon règne qu'au rapport d'Hérodote il s'éleva entre les Argiens & les Lacédémoniens, au fujet d'un petit pays appelé *Thyrea*, qui confinoit aux deux peuples, une guerre, où le récit d'Hérodote pourroit bien avoir fervi de modèle à celui du combat des Horaces & des Curiaces. Les deux armées étant en préfence, on convint de remettre la décifion de la querelle à trois cens hommes, qu'on choifiroit de part & d'autre parmi les plus braves. Ils s'entretuèrent tous, à l'exception de trois, deux du côté des Argiens, un du côté des Lacédémoniens, la nuit les fépara. Les deux Argiens fe regardèrent comme vainqueurs, & coururent porter à Argos la nouvelle de leur victoire. Le Lacédémonien refta fur le champ de bataille, dépouilla les corps des Argiens, & s'empara de leurs armes. Nouvelle querelle fur la queftion quel étoit le peuple vainqueur. Il étoit refté deux Argiens; mais le Lacédémonien étoit refté maître du champ de bataille. On ne put s'accorder; on en vint aux mains. La fortune fe déclara pour les Lacédémoniens, & le champ Thyreate leur refta. Dans la première guerre des mêmes Lacédémoniens contre les Messéniens, Aristomène ou Aristodème, roi des Messéniens, battit les Lacédémoniens, prit *Théopompe* leur roi, &, selon l'usage si général d'immoler des victimes humaines, il égorgea, en l'honneur de Jupiter d'Ithome, trois cens prisonniers Lacédémoniens, à la tête desquels étoit *Théopompe* leur roi.

L'autre *Théopompe* est un historien & un orateur célèbre; mais dont les ouvrages sont perdus. Il avoit été disciple d'Isocrate, qui disoit, en parlant de lui & d'Ephore, ses deux disciples les plus célèbres, » qu'il étoit obligé d'user d'éperon à l'égard d'Ephore, » & de bride à l'égard de *Théopompe* : » *se calcaribus in Ephoro, contrà autem in Theopompo frenis uti solere. Alterum enim exultantem verborum audaciâ reprimebat, alterum cunctantem et quasi verecundum incitabat.* Artémise, femme de Mausole, roi de Carie, si célèbre par les honneurs qu'elle rendit à la mémoire de son mari, & qui a fait étendre à tous les tombeaux magnifiques le nom de mausolée, comme le nom d'Artémise s'étend, par une espèce d'acception proverbiale, à toutes les veuves tendres & fidèles. Artémise proposa aux orateurs un prix d'éloquence pour le meilleur éloge de son mari. Isocrate & *Théopompe* furent du concours, & le disciple l'emporta sur le maître: *Théopompe* eut le prix. On remarqua que dans son histoire, il avoit représenté ce même Mausole comme un prince d'une avarice sordide, & à qui tout moyen étoit bon pour amasser de l'argent.

THEOXÈNE. (*Hist, anc.*) Dans le temps des guerres de Philippe, roi de Macédoine, père de Persée, contre les Romains, ce prince soupçonneux & féroce, à qui tout faisoit ombrage, se livroit à toute sorte de cruautés. Il soupçonnoit, & peut-être ne se trompoit-il pas, que plusieurs de ses sujets auroient préféré la domination romaine à la sienne. Dans cette persuasion il versa beaucoup de sang, & ne fit que fortifier cette disposition; & comme souvent un crime en nécessite plusieurs autres, ou du moins les fait croire nécessaires, Philippe, après avoir fait périr ceux qui lui étoient suspects, crut n'avoir pas d'autre moyen d'assurer sa propre vie, que de faire arrêter & enfermer leurs enfans, qu'il faisoit périr dans la suite, s'il les croyoit à craindre. En attendant, il arrivoit souvent, on le croyoit du moins, que leur jeunesse les exposoit au danger d'assouvir les passions brutales de Philippe & de ses satellites, & d'être réduits, par eux, à l'état d'eunuques; idée qui redoubloit encore la haine contre Philippe, & qui causa le désastre d'une famille des plus puissantes & des plus illustres de la Thessalie.

Philippe, sur quelque soupçon juste ou injuste, avoit fait aussi périr Hérodique, chef de cette famille, & ses deux gendres. Ses deux filles, nommées *Théoxène* & Archo, (*Voyez* ARCHO.) restoient avec chacune un fils. *Théoxène* resta veuve; Archo épousa un seigneur de la ville d'Enia & du pays des Edianes, sur la rive orientale du globe Thermaïque ou de Thessalonique; il se nommoit Poris. Elle en eut plu-

sieurs enfans, qu'elle laissa en bas âge. *Théoxène* les adopta tous, en prit le même soin que de son propre fils; & pour être plus particulièrement leur mère, elle épousa Poris : les loix du pays permettoient apparemment cette alliance. Quand *Théoxène* fut instruite de l'étrange résolution que Philippe avoit prise de faire enfermer les enfans de ceux qu'il avoit fait périr; craignant bien moins pour eux la mort que l'infamie, elle déclara qu'elle égorgeroit tous ses enfans de ses propres mains, plutôt que de les laisser tomber entre les mains de Philippe. Poris, épouvanté d'un tel projet, lui dit : » qu'il avoit dans la ville » d'Athènes des amis affidés, qui ne refuseroient pas » de s'en charger, & qu'il iroit lui-même les remettre entre leurs mains ». Ils partent de Thessalonique, où ils faisoient leur séjour, pour se rendre à Enia, & se trouver à une fête solemnelle qu'on y célébroit tous les ans en l'honneur d'Enée, fondateur de cette ville, dont il est parlé dans *l'Enéide* :

> *Feror huc & littore curvo*
> *Mænia prima loco, fatis ingressus iniquis,*
> *Æneadasque meo nomen de nomine fingo.*

Le jour même de la fête, vers minuit, tout le monde étant endormi, ils s'embarquèrent sur une galère, comme pour retourner à Thessalonique; mais leur intention étoit de passer dans l'ile d'Eubée, & de cette ile à Athènes : un vent contraire les repoussa toujours vers la côte. Au point du jour les officiers du roi, qui avoient la garde du port, les ayant apperçus, envoyèrent une chaloupe armée pour ramener la galère. Poris, éperdu, tantôt pressoit les rameurs d'avancer, & d'échapper à la chaloupe; tantôt levoit les mains au ciel, & imploroit les dieux :

> *O quantus instat navitis sudor tuis*
> *Tibique pallor luteus,*
> *Et illa non virilis ejulatio,*
> *Preces & aversum ad jovem!*

L'intrépide *Théoxène*, ayant tout prévu, s'étant pourvue de tout, & revenant à son premier dessein, présente à ses enfans du poison & des poignards; qu'elle avoit eu soin d'apporter avec elle : » Mes » enfans, leur dit-elle, j'ai fait tout ce que j'ai pu » pour vous sauver; les dieux ne le permettent pas. » C'est à l'esclavage & à l'infamie que vous êtes » réservés, si vous avez la foiblesse de vivre. Voilà » les derniers secours que j'ai à vous offrir : choisissez. » Ayez le mérite de disposer de vous-mêmes; sûrs » que vos parens ne vous survivront pas ». Tous obéirent; les uns choisissent le poison, les autres le fer. Tous furent jettés dans la mer, morts ou mourans. *Théoxène* alors embrassant son mari, s'y jette aussi avec lui. Les officiers de Philippe arrivent; se saisissent de la galère, & la trouvent vuide.

Tite-Live, qui rapporte ce tragique événement, dit qu'en l'écrivant il se sent pénétré de tendresse & d'admiration pour cette femme sublime. Il ajoute que la haine contre Philippe s'en accrut à tel point, qu'il étoit devenu l'objet des imprécations publiques; imprécations qui furent entendues des dieux, & qui eurent leur effet. Ce père, aveugle & insensé, ayant bientôt après sévi contre son propre sang, dans la personne de Démétrius son fils, par les instigations & les suggestions de Persée, parce que Démétrius faisoit profession d'estimer les Romains.

THERAMÈNE, (*Hist. anc.*) général Athénien, disciple de Socrate, fut un des trente tyrans établis par Lysandre à Athènes, &, seul de ces trente, ne fut pas un tyran; aussi fut-il leur victime. Critias, un d'entr'eux, qui avoit été lié intimement avec lui, l'accusa de troubler l'état, & de vouloir renverser le gouvernement présent. Comme ce gouvernement étoit tyrannique, le vœu secret de tout citoyen étoit de le renverser, sans doute. *Théramène*, sachant que ses ennemis & ses collègues avoient résolu de le perdre, embrassa les autels sans espoir d'y trouver un asyle, mais pour coûter, dit-il, aux assassins un crime de plus, & faire voir qu'ils ne respectoient ni les dieux ni les hommes. Socrate, que les Anitus & les Melitus n'avoient pas encore immolé à leurs fureurs, fut le seul des sénateurs qui osa prendre la défense de *Théramène*. Il ne put empêcher ce malheureux de succomber : on lui fit avaler la ciguë. Il mourut avec le plus grand courage; il but la plus grande partie du verre de ciguë, & jetta le reste sur la table, en disant : *ceci est pour le beau Critias*; voulant faire entendre que son tour viendroit, & peut-être tarderoit peu. Critias, qui avoit été lui-même disciple de Socrate, ne put pardonner à son maître d'avoir parlé pour *Théramène*; il préluda au crime des assassins de Socrate, en lui faisant interdire l'instruction de la jeunesse. Peut-être eût-il été plus loin; mais la prédiction de *Théramène* eut son effet. Critias fut tué peu de temps après dans un combat contre Thrasybule, qui détruisit le règne des trente tyrans. *Théramène* mourut environ quatre siècles avant l'ère chrétienne.

THERESE, (*sainte*) (*Hist. ecclés.*) étoit fille d'Alphonse Sanchez de Cépède & de Béatrix d'Ahumade, tous deux de maisons distinguées d'Espagne. Elle eut de bonne heure une imagination vive & ardente. La vie des saints, qu'elle entendoit lire assiduement dans la maison paternelle, produisit sur elle d'abord tout son effet. Elle étoit encore dans l'enfance, lorsqu'elle s'échappa, ainsi qu'un de ses frères, pour aller chercher le martyre chez les Maures. On les rencontra, & on les ramena, honteux & affligés de n'avoir pu être martyrs. Ils se consolèrent en se faisant hermites; mais sans sortir de chez eux. On les laissa, tant qu'ils voulurent, construire de petites cellules dans le jardin de leurs pères, & s'y retirer pour prier : elle avoit fait tous ces novicias de sainteté avant la mort de son père, qu'elle perdit n'ayant encore que douze ans. Alors, soit qu'on veillât sur elle avec moins d'exactitude, soit que la même vivacité avec laquelle elle avoit pris le goût des choses saintes se portât naturellement sur d'autres objets,

l'amour des romans, l'amour du monde, l'envie de plaire eurent leur temps. Ce temps fut court; son âge demandoit qu'on la mit dans un couvent. Les idées de perfection revinrent la saisir; elle se regarda comme heureusement échappée d'un grand danger, & pour n'y pas retomber, elle prit l'habit le 2 Novembre 1536, dans le monastère de l'incarnation de l'ordre du Mont-Carmel, à Avila, sa patrie. Ce couvent lui parut dans un relâchement, que sa piété ne put souffrir : elle le réforma. Elle vit le premier monastère de sa réforme fondé dans Avila en 1562. Après les religieuses elle réforma aussi les religieux, dans un monastère fondé en 1568 à Dorvello, diocèse d'Avila. Le bienheureux Jean de la Croix, à la tête de ses religieux, embrassa cette réforme : c'est l'origine des Carmes Déchaussés.

Elle eut le plaisir de voir jusqu'à trente monastères de sa réforme, quatorze d'hommes & seize de filles. Son institut passa en France, en Italie, aux Pays-Bas, dans toute la chrétienté; il fut même porté au Mexique de son vivant. Elle mourut le 4 Octobre 1582 à Alve, en revenant de Burgos, où elle venoit de fonder un nouveau monastère. Elle étoit née le 28 Mars 1515; le pape Grégoire XV la canonisa en 1621. On a ses lettres, avec les notes de dom Juan de Palafox d'Osma; sa vie, composée par elle-même, & on en a aussi une composée par Villefore. On a ses divers ouvrages, traduits presque tous par M. Arnauld d'Andilly. Ils sont recommandables par l'onction; ils peignent une ame affectueuse & tendre, une imagination enflammée. C'est elle qui a dit du démon : *ce malheureux, qui n'aimera jamais*; mot dont M. de Voltaire a employé la substance dans ces vers :

> Le paradis est fait pour les cœurs tendres,
> Et les damnés sont ceux qui n'aiment rien.

Etant sainte, elle se souvenoit encore d'avoir été belle. Un religieux de sa réforme lui disant qu'il la regardoit déjà comme une sainte sur la terre, & qu'elle en avoit la réputation. *On a dit de moi trois choses*, répondit-elle, *que j'étois assez bien faite, que j'avois de l'esprit, & que j'étois sainte. J'ai cu la vanité de croire les deux premières, & je m'en suis confessée; mais je n'aurai pas la folie de croire la troisième.*

THERMES, (*Hist. de Fr.*) (Paul de la Barthe, seigneur de) général habile, quoique souvent malheureux, se distingua par ses services sous les règnes de François I, de Henri II, & de François II. Ce n'étoit pas seulement comme militaire qu'il étoit malheureux; il eut dès sa jeunesse, & dès son entrée au service, des disgraces & des traverses de plus d'un genre. En 1528 une affaire d'honneur l'obligea de sortir du royaume. D'autres orages encore le tinrent éloigné de sa patrie; & lorsque le calme sembloit vouloir renaître, lorsque de *Thermes* étoit en route pour rentrer en France, il tombe entre les mains des corsaires, & subit une longue & dure captivité. Retardé dans fa courfe par ces diverfes aventures, il regagna le temps perdu, & fe remit promptement à fa place par fes exploits & fes fervices. A la bataille de Cerifoles il commandoit la cavalerie légère, qui foutenoit l'infanterie Françoife, commandée par de Taix. Il contribua beaucoup au gain de cette mémorable affaire; mais comme il falloit prefque toujours que le malheur vînt affoiblir les fuccès dus à fa bonne conduite, fon cheval ayant été tué fous lui, il fut fait prifonnier; & il en coûta, pour le racheter, trois des plus illuftres prifonniers ennemis. Dans les intervalles de paix il fut employé en différentes ambaffades, & en général il y fut heureux. Sous le règne de Henri II il commanda en Italie avec beaucoup de diftinction, & mérita d'être fait maréchal de France en 1558. Cette même année il vint fervir en Flandre. Il y prit Dunkerque d'affaut; mais il y perdit, contre le comte d'Egmont, la bataille de Gravelines, où il fut bleffé, & où il eut encore le malheur d'être fait prifonnier. La paix de Cateau-Cambrefis, conclue l'année fuivante, lui procura la liberté, ainfi qu'au connétable de Montmorenci, comme lui général habile & malheureux, & qui avoit été fait prifonnier, un an avant de Thermes, à la bataille de Saint-Quentin. Ce qui diftingue le plus de Thermes, & parmi les généraux, & parmi les courtifans, c'eft la fageffe. La fageffe du maréchal de Thermes étoit paffée en proverbe, & cette fageffe n'étoit pas ce qu'entre militaires on appelle ironiquement de la prudence; c'étoit en lui une qualité impofante & glorieufe, utile à fes amis, redoutable à fes ennemis: Dieu nous garde de la fageffe de Thermes, difoient ceux-ci. Ce général mourut à Paris en 1562, à quatre-vingts ans. Il étoit de Conferans d'une famille noble & pauvre: il ne laiffa point de poftérité.

THERPANDRE ou TERPANDRE, (Hift. anc.) poëte, muficien célèbre dans l'antiquité; mais dont il ne nous refte aucun ouvrage. On croit qu'il étoit de Lesbos; mais on ne fait rien de certain ni fur fa patrie, ni fur le temps où il vivoit. On croit qu'il remporta le premier le prix aux jeux Carniens, inftitués à Lacédémone dans la vingt-fixième olympiade. Il remporta auffi quatre fois de fuite le prix aux jeux Pythiques. On dit qu'à Lacédémone il appaifa une fédition par fes chants mélodieux, accompagnés des fons de fa cithare. Il perfectionna la lyre, & y fit entrer jufqu'à fept cordes; mais les innovations, dans la mufique, déplaifoient aux Lacédémoniens, qui croyoient même que la politique y étoit intéreffée. Les Ephores, loin d'accueillir l'invention de Therpandre, la punirent, & condamnèrent l'inventeur à l'amende. Therpandre, poëte & muficien, faifoit, à la fois, les paroles & les airs de fes odes ou chanfons.

THESPIS, (Hift. anc.) inventeur de la tragédie chez les Grecs. Tout fon article eft renfermé dans ces trois vers d'Horace:

   Ignotum tragicæ genus inveniffe camœnæ
   Dicitur & plauftris vexiffe poëmata thefpis

Qui canerent agerentque peruncti facibus ora.

Voilà le tombereau, les poëmes, les acteurs barbouillés de lie; voilà l'enfance du théâtre. Brutus dit dans la *mort de Céfar*:

   Voilà vos fucceffeurs, Horace, Décius, &c.

On peut dire, dans un fens contraire: *voilà vos prédéceffeurs*, Sophocle, Corneille, Racine, &c.

Thefpis vivoit près de cinq fiècles & demi avant J. C.

THEVENOT; (Jean & Melchifedech) (Hift. litt. mod.) tous deux voyageurs. Le premier, mort en 1667, apporta, dit-on, le café en France en 1656: on a de lui un voyage en Afie. On a du fecond, plus connu encore que le premier, des voyages, & un *Art de nâger*. Il fut garde de la bibliothèque du roi; il l'augmenta d'un nombre confidérables de volumes & de manufcrits qu'il avoit rapportés de fes voyages. Il mourut en 1692.

THEVET, (André) (Hift. litt. mod.) connu auffi par beaucoup de voyages, hiftoriographe de France, & cofmographe du roi, eft auteur d'une *Cofmographie*, d'une *Hiftoire des hommes illuftres*, des *fingularités de la France antarctique*, & de quelques autres ouvrages au-deffous du médiocre. Il étoit cordelier, & aumônier de la reine Catherine de Médicis. Mort en 1590.

THIARD ou TYARD DE BISSY. (Hift. de Fr.) On remarque principalement dans la famille des *Thiard* de Biffy deux prélats célèbres.

1°. Pontus de *Thiard* de Biffy, né à Biffy, dans le diocèse de Mâcon, en 1521; moins connu cependant pour avoir été nommé à l'évêché de Châlons, en 1578, par le roi Henri III, que comme poëte. Nous avons fes poëfies & fes homélies; les poëfies, fur-tout, firent du bruit dans le temps. Ronfard, fon contemporain, dit qu'il fut l'introducteur du fonnet en France. Il mourut en 1605.

2°. Henri de *Thiard* de Biffy (c'eft le cardinal de Biffy) fe fignala, fur-tout, par un zèle pour la bulle *Unigenitus*, qui ne lui fut pas infructueux. Il fut évêque de Toul en 1687, de Meaux en 1704, où il fut le fucceffeur de Boffuet, cardinal en 1715, & enfin commandeur des ordres du roi: il mourut en 1737. On a prétendu que le P. Germon, jéfuite, avoit eu beaucoup de part à fes ouvrages théologiques en faveur de la bulle. M. le comte de Biffy, de l'académie Françoife, & M. le marquis de *Thiard*, font neveux de M. le cardinal de Biffy.

THIARUBEKESSIS, f. f. terme de relation, balayeur des mofquées en Perfe; cet emploi, parmi nous méprifable, eft recherché en Perfe, & appartient à un ordre inférieur du clergé mahométan de ce royaume. (A. R.)

THIBAUD ou THIBAUT. (Hift. de Fr.) Il y a eu de ce nom plufieurs comtes de Champagne. Le plus fameux eft *Thibaud* VI, qui fut depuis roi de Navarre. Né pofthume en 1205, il hérita de la Navarre en 1234; il mourut à Pampelune en 1253: il eft fur-tout connu par fes chanfons, & par fon amour pour Blanche de Caftille, mère de faint Louis. On ne le crut pas innocent de la mort de Louis VIII. On remarqua qu'ayant fuivi ce prince à la croifade contre les Albigeois, il l'avoit quitté fans congé après fes quarante jours, terme fixé par la loi féodale pour le fervice d'un vaffal; mais dans les guerres ordinaires, l'honneur & la chevalerie prévaloient fouvent fur cette loi, & dans une croifade, les motifs religieux avoient plus de force encore. Ces motifs réunis ne purent tenir, dit-on, contre l'amour qui rappelloit le comte auprès de la reine Blanche. Il demanda un congé; n'ayant pu l'obtenir, il le prit. Le roi, foit qu'il eût ou qu'il foupçonnât le principe de cette défobéiffance, foit que l'action feule fuffit pour l'irriter, avoit laiffé échapper quelques menaces, qui déterminèrent le comte de Champagne à fe défaire d'un rival, & à prévenir un maître outragé. Tel eft-à-peu près le fondement fur lequel Matthieu Paris appuie la conjecture que Louis VIII fut empoifonné par *Thibaud*. Les feigneurs conjurés qui voulurent troubler la régence de Blanche, comptoient beaucoup fur lui. L'air de difgrace qu'avoit jetté fur *Thibaud* fa querelle avec Louis VIII, fondoit apparemment leur confiance; mais fi cette querelle avoit pour fondement l'amour du comte de Champagne pour la reine Blanche, leur confiance étoit imprudente; auffi fut-elle trahie. Les feigneurs confédérés s'apperçurent des trahifons du comte de Champagne & s'en vengèrent! Ils prirent contre lui la protection d'Alix, reine de Chypre, qui redemandoit à *Thibaud* la Brie, & la Champagne. Henri I, comte de Champagne & de Brie, avoit eu deux fils: Henri II, & *Thibaud* V. Henri II, ne laiffa que des filles, dont Alix étoit l'aînée, *Thibaud* V, fuccéda donc à fon frère; il fut père de *Thibaud* VI. Alix, fa coufine germaine, prétendoit qu'étant fille de l'aînée, elle avoit dû exclure *Thibaud* V, fon oncle. C'étoit la grande querelle entre la proximité & la mafculinité, querelle fur laquelle en France on devoit toujours décider en faveur de la mafculinité. Les confédérés furent pour la proximité en haine de *Thibaud*; les foupçons qui s'étoient répandus fur la mort de Louis VIII, devinrent alors un cri public répété par tous les partifans de la Ligue. On n'appelloit plus *Thibaud*, que le *traître* & l'*empoifonneur*. Philippe, comte de Boulogne, frère naturel de Louis VIII, offrit de convaincre *Thibaud* & de venger fon frère par le duel. On fe jetta fur les terres de *Thibaud*, il implora le fecours de fa dame pour laquelle il s'eftimoit heureux d'éprouver tant de haine, elle diffipa les rebelles & devint feule arbitre de la conteftation entre *Thibaud* & Alix, au fujet de la fucceffion de Champagne. Toujours attentive à profiter des foibleffes de *Thibaud*, elle lui adjugea cette fucceffion, moyennant quarante mille marcs, qu'il payeroit à fa coufine Alix. Elle favoit que *Thibaud* n'avoit point d'argent: le roi lui

fournit cette fomme; mais il la lui vendit cher: il fallut que *Thibaud* lui remît les comtés de Blois, de Chartres, de Chateaudun & de Sancerre. C'étoit l'ouvrage de Blanche; *Thibaud* adora la main qui le dépouilloit en le protégeant. On l'appella *Thibaud* le Grand & le Chanfonnier. Il mourut à Pampelune, en 1253; il étoit né en 1205.

THIERRY, (*Hift. de Fr.*) c'eft le nom de plufieurs rois de France de la première race:

1°. *Thierry* I, fils aîné de Clovis, quoique né d'une concubine, hérita auffi bien que les fils de Clotilde; il fut roi de Metz.

Sous fon règne, vers les années 517 & 518, un prince ou capitaine Danois, qui fe prétendoit cependant iffu de Clodion, Cochiliac, exerçoit des pirateries fur les côtes de France; il fit une defcente fur les terres de *Thierry*, qui envoya contre lui Théodebert fon fils. (*Voyez* l'article THÉODEBERT I.) Celui-ci furprit le Danois au moment où il alloit fe rembarquer avec le butin qu'il avoit fait; il l'attaqua, le défit, & le tua de fa main.

A l'article *Hermenfroy*, voyez la conduite de *Thierry* à l'égard de cet Hermenfroy, de Baldéric & de Berthier, trois frères, rois de Thuringe; voyez auffi l'art de CHILDEBERT I.

Thierry demande à Clotaire, le plus jeune de fes frères, un entretien fecret pour traiter de quelques affaires: Clotaire, en entrant dans le lieu indiqué, apperçut des foldats, dont les pieds paffoient par-deffous une tapifferie; derrière laquelle ils avoient prétendu fe cacher; il retint fon efcorte, tout fe paffa tranquillement, & il ne fut parlé ni de l'efcorte ni des foldats cachés. A l'article *Munderic*, voyez la conduite de *Thierry* envers ce prince ou cet aventurier.

Ce *Thierry*, fi injufte envers Munderic, paffa pour jufticier & pour populaire, parce qu'il fit trancher la tête à Sigivalde, un de fes parens, pour quelques exactions faites fur le peuple dans fon gouvernement d'Auvergne. *Thierry* mourut en 538.

2°. *Thierry* II, fut le premier exemple d'un defcendant de Clovis, qui n'eût eu aucune part à la fucceffion paternelle. Il étoit le troifième & dernier fils de Clovis II. De fes deux frères, Clotaire III eut la Neuftrie & la Bourgogne; Childéric, l'Auftrafie; *Thierry* fut pleinement déshérité; dans la fuite, il réunit tout le royaume; il eut tout & ne fut rien. Son hiftoire n'eft que celle d'Ebroin, fon maire & fon tyran. (*Voyez* l'article EBROIN.) *Thierry* II mourut en 692.

3°. *Thierry* III, dit de Chelles, fils unique de Dagobert III, fut d'abord rejetté à la mort de fon père, peut être parce qu'il étoit alors au berceau. Il fut dans la fuite un de ces fantômes de rois que Charles Martel étoit encore obligé de faire affeoir fur le trône, tandis que toute la puiffance royale étoit réellement entre fes mains. *Thierry* de Chelles mourut en 738.

THIERRY DE NIEM, (*Hist. litt. mod.*) de Paderborn en westphalie, secrétaire de divers papes, a fait l'*histoire du Schisme* des papes, depuis la mort de Grégoire XI, jusqu'à l'élection d'Aléxandre V; une *vie du pape Jean XXIII*, son bien faiteur, qu'il avoit accompagné au concile de Constance, & qu'il traite fort mal; un journal du concile de Constance, &c; mort vers l'an 1417.

THIERS, (Jean-Baptiste) (*Hist. litt. mod.*) curé dans le diocèse de Chartres, critique ecclésiastique, plus libre & plus hardi peut-être qu'exact. Parmi une multitude d'ouvrages polémiques, dont quelques-uns ont du mérite, il s'en permit un dont le titre n'est qu'une turlupinade, & dont le fond parut une satyre; en voici le titre: *La Sauffe Robert ou avis falutaire à Messire Jean-Robert, grand archidiacre de Chartres*; il s'agissoit de quelques superstitions, que *Thiers*, grand ennemi des superstitions, attaquoit avec avantage. Ce libelle ou plutôt ce livret suscita des affaires fâcheuses à l'auteur; il fut décrété de prise de corps par l'officialité de Chartres. Un huissier vint avec une brigade de maréchaussée pour exécuter le décret; il trouva *Thiers* fort tranquille dans sa cure, qui les reçut très-bien lui & sa brigade, les retint à diner & leur promit de les suivre de bonne grace après le diner, il leur tint parole, partit avec eux & ne fit pas la moindre tentative pour échapper. On étoit en hyver, il geloit fort, & la glace portoit; on passa le long d'un étang glacé, alors les satellites furent fort étonnés de voir leur prisonnier prendre sa route à travers cet étang, il avoit pris la précaution de faire ferrer son cheval à glace, les autres n'ayant pas le même avantage, ne purent le suivre; il se retira dans le diocèse du Mans, appella comme d'abus de la procédure criminelle de l'officialité, & fut déchargé de l'accusation. L'évêque du Mans, (de la Vergne de Tressan) l'accueillit comme un savant distingué, & comme un homme habile, lui donna la cure de Vibraye, & par une autre turlupinade, écrivit à l'évêque de Chartres pour le remercier de lui avoir envoyé *le tiers de son diocèse*. *Thiers* mourut paisiblement dans cette cure de Vibraie le premier avril 1702. Les principaux de ces ouvrages (car l'énumération entière seroit trop longue) sont: un traité des superstitions qui regardent les sacremens; un traité de l'exposition du saint-sacrement; un sur l'usage des biens d'église, qu'on accuse les ecclésiastiques de n'avoir point approuvé; un traité des clochés, une *histoire des perruques, où l'on fait voir leur origine, leur usage, leur forme, l'abus & l'irrégularité de celles des ecclésiastiques.* Que les ecclésiastiques n'ayent point d'autre irrégularité que celle de ne pas vouloir s'enrhumer quand ils font chauves, on n'aura gueres à se plaindre d'eux. Un ouvrage plus utile & dont on a profité, comme on profite, c'est-à-dire, avec le temps, c'est celui qui a pour titre: *de festorum dierum imminutione*; un ouvrage assez raisonnable dans sa sévérité, est celui où il attaque comme blasphématoire la fameuse inscription du grand portail des Cordeliers de Reims, conçue en

ces termes: *Deo homini & Beato Francisco, utrique crucifixo!* Un ouvrage utile dans tous les temps, est celui de notre auteur sur les jeux permis & défendus. Le docteur *Thiers*, qui aimoit les combats littéraires & théologiques, a écrit contre le docteur Launoy, contre l'abbé Boileau, sur le livre des Flagellans, contre le P. de Sainte-Marthe, en faveur de l'abbé de la Trappe, &c., contre les réformateurs du Breviaire de Cluni.

THINITE, f. m. (*Hist. d'Egypte*) c'est le nom qu'on donne aux rois d'Egypte qui ont règné à This, capitale de leur royaume. Il y a eu deux dynasties de *thinites*. La première commença à Ménès, & finit à Bienachès: elle comprend huit rois; la seconde commença à Boëthus, & finit à Neperchetes; elle comprend dix rois, en sorte qu'il y a eu en tout dix-huit rois *thinites*, qui ont possédé ce royaume pendant six cent trois ans. Ce royaume, selon Usserius, commença 2130 ans avant J. C. (*D. J.*)

THIOIS, LE, (*Langue*) le *thiois*, autrement dit *théotisque*, est la même chose que l'ancienne langue teutonique ou tudesque. (*A. R.*)

THICUT, (Antoine) (*Hist. litt. mod.*) habile horloger de Paris, mort en 1767, est auteur d'un traité d'horlogiographie.

THOMAS, est le nom:

1°. D'un apôtre surnommé *Didime*. Toute son histoire connue est renfermée dans le chapitre 20 de l'évangile de Saint-Jean, elle consiste dans son incrédulité sur la résurrection de J. C., & dans la manière dont le Christ la confondit en lui fournissant toutes les preuves qu'il avoit désirées. On ajoute à cette histoire connue, qu'il alla prêcher l'évangile dans le pays des Parthes, des Perses, des Mèdes & jusques dans les Indes, où il souffrit, dit-on, le martyre; mais on dispute sur le lieu; les uns disent que ce fut à Calamine, & que delà son corps fut transporté à Edesse, où il a toujours été honoré; d'autres prétendent que ce fut à Méliapour ou Saint-Thomé, & ils allèguent ce nom de Saint-Thomé. les Portugais soutiennent que son corps y fut trouvé dans les ruines d'une ancienne église qui lui étoit dédiée, qu'il fut transporté à Goa, où on l'honore encore aujourd'hui & où l'inquisition fait bien faire respecter cette tradition vraie ou fausse.

2°. D'un soldat de fortune, devenu général des troupes de l'Empire, sous l'empereur Léon l'Arménien. Celui-ci ayant été assassiné en 820, *Thomas* prit les armes, sous prétexte de venger sa mort. Il se faisoit passer alors pour fils de l'impératrice Irène, morte en 802. (*Voyez* son article.) Il se fit couronner comme tel à Antioche, par le patriarche nommé Job. Il eut d'abord quelques succès, mais il finit par être livré à Michel le Bègue, successeur de Léon, qui le fit mourir dans les tourmens en 822. Ainsi *Thomas* est au nombre de ceux qu'on appelle tyrans, parce qu'ils ont succombé sous des tyrans plus forts.

3°. De Becket, dit Saint-Thomas de Cantorbéri, fils d'un bourgeois de Londres : l'Angleterre, la France, l'Italie l'inftruifirent tour-à-tour. L'univerfité de Paris eut l'honneur de le former ; Bologne lui enfeigna le droit, Auxerre fe glorifie d'avoir fermé la carrière de fes études. A fon retour en Angleterre, il exerça d'abord quelques emplois obfcurs. Un archidiacre de l'églife de Cantorbéri fut fon protecteur, & il lui fuccéda dans cette place. Henri II, auquel il fut recommandé par le primat Théobald ou Thibaud, lui en donna une que le Primat lui-même eût peu envier : il le fit chancelier du royaume, & lui confia l'éducation du prince Henri, fon fils aîné. Devenu riche & puiffant, fa dépenfe fut exceffive comme fes revenus. On lui a beaucoup reproché depuis, le luxe de fa table, de fes meubles, de fes équipages, le nombre de fes chevaliers, écuyers, pages, fecrétaires ; ces vaiffeaux qui le fuivoient quand il paffoit la mer, ces mille hommes qu'il traînoit à fa fuite au mariage du jeune Henri, fon élève, avec Marguerite de France, fes amufemens, fes jeux, fes goûts, fes talens mêmes, qui tous étoient d'un homme opulent & frivole ; fes victoires à la courfe & à la joute, fes inclinations cavalières, fur-tout ce fafte royal, objet d'étonnement & de curiofité pour le roi lui-même ; Becket s'en corrigea bien dans la fuite. Fitz-Stephen, fecrétaire de Becket, & qui en a écrit l'hiftoire, rapporte un trait plaifant de la familiarité dont le roi d'Angleterre ufoit avec fon chancelier. En paffant enfemble à cheval dans les rues de Londres, ils rencontrèrent un pauvre prefque nud & tremblant de froid. « Ne feroit-ce pas une » œuvre jufte, dit Henri, de donner un bon habit » à ce pauvre homme dans une faifon fi rigoureufe ? Sans doute, répondit Becket, qui loua fort le roi de ce deffein charitable. « Eh bien, dit le roi, il » en aura donc un tout-à-l'heure. En même-temps il faifit l'habit du chancelier & s'efforça de le lui ôter ; le chancelier défendit fon habit, & ce ne fut qu'après un long combat, que l'habit refta entre les mains du roi, qui le jetta au mendiant. Celui-ci ne connoiffant aucun des deux cavaliers, fut fort furpris du préfent, mais il en profita. Tous deux auroient été plus heureux fi ce ton de badinage & de liberté eut pû continuer entr'eux.

L'archevêché de Cantorbéri étant venu à vaquer, Henri l'offrit à Becket, qui voulut d'abord le refufer, & qui ne l'accepta qu'en remettant la chancellerie.

Dès lors on ne le reconnut plus, tout fon fafte difparut : l'humilité chrétienne, la difcipline eccléfiaftique réglèrent toutes fes démarches, la cérémonie du facré fembla lui avoir imprimé le caractère apoftolique avec tout ce qu'il a de faint & d'inflexible.

Becket crut avoir des demandes exorbitantes à faire aux poffeffeurs de divers biens qui avoient autrefois appartenu à l'Archevêché de Cantorbéri. Ces demandes tendoient réellement à la ruine de cent familles confidérables & utiles à l'état. La nobleffe s'alarma : le roi vint à fon fecours, & défendit à l'archevêque de troubler ces familles dans leur poffeffion. L'archevêque crut que Dieu le lui ordonnoit, il perfifta. Il en fut de même de toutes les prétendues immunités du clergé, elles trouvèrent toujours dans Becket, un défenfeur intrépide & opiniâtre.

Un eccléfiaftique avoit féduit la fille d'un gentil-homme du comté de Worcefter, & avoit enfuite tué le père de cette fille, parce qu'il vouloit le faire punir. Becket ne voulut jamais permettre que le coupable comparût dans les tribunaux laïcs : il le fit mettre dans la prifon de l'archevêché.

Un voleur qui n'étoit point eccléfiaftique, prit un calice dans la cathédrale de Londres. Le roi réclama fon jufticiable ; mais comme le vol avoit été commis dans une églife & s'appelloit un facrilége, l'archevêque fe chargea de le punir, & entreprenant vifiblement fur l'autorité laïque, qui feule peut infliger des peines corporelles, il fit marquer le voleur d'un fer rouge au front.

Le roi voulant arrêter ces défordres, affembla les évêques à Weftminfter, & demanda qu'un juge royal affiftât déformais au jugement des eccléfiaftiques, afin qu'au moins les meurtriers fuffent livrés au bras féculier. Les évêques furent ébranlés par les raifons du roi, le Primat feul fut inflexible. Cependant on négocia, il fe tint à Clarendon une nouvelle affemblée d'évêques, où l'autorité royale fit recevoir feize articles contraires aux vaftes prétentions du clergé ; ce font les fameufes conftitutions de Clarendon, qui cauférent plus de troubles que toutes les conteftations précédentes. Les évêques s'étonnèrent de les avoir foufcrites : le pape les condamna, le primat les défavoua, en difant que le pape les ayant condamnés, il ne lui reftoit plus qu'à gémir devant Dieu de la foibleffe qu'il avoit eue de les figner. Le roi indigné de ce qu'il appelloit la palinodie de Becket, fit rechercher toute fa conduite pendant le temps qu'il avoit été chancelier ; le Primat fe voyant cité à comparoître devant le roi, vint au palais en faifant porter fa croix devant lui, & fignifia hautement un appel au pape. On le jugea par provifion, on voulut lui lire fa fentence, il protefta de nullité, prit fa croix à la main & fortit : des voix s'élevèrent contre lui, il reçut & rendit beaucoup d'injures, & s'il eut dans cette occafion le courage d'un martyr, il n'en eut point la patience.

Le Primat envoya trois évêques demander en fon nom au roi, un fauf-conduit pour fortir du royaume. Le roi remit fa réponfe au lendemain ; ce délai fut fufpect au Primat, il partit dès la nuit même, fans attendre le fauf-conduit.

Ce fut en France qu'il alla chercher un afyle ; le pape Aléxandre III, étoit alors à Sens, c'étoit devant lui que l'archevêque de Cantorbéri vouloit aller fe vanter des combats qu'il avoit foutenus pour la caufe commune ; c'étoit d'ailleurs dans les états de Louis VII, que devoit fe retirer un ennemi de Henri II.

Henri écrivit à Louis de chasser de ses états cet ennemi des rois, & il envoya une ambassade au pape pour solliciter la déposition du Primat.

Louis alla lui-même trouver l'archevêque de Cantorberi à Soissons, pour le remercier de s'être retiré dans ses états, & pour l'assurer que l'honneur de protéger un si saint prélat, lui paroissoit une des plus belles prérogatives de la couronne.

Les ambassadeurs de Henri, qui, comme on le juge bien, n'obtinrent rien du pape, rencontrèrent dans leur route l'archevêque de Cantorberi, escorté de trois cent cavaliers, avec lesquels il entra comme en triomphe dans la ville de Sens. Les cardinaux mêmes étoient allés à cheval au devant de lui. Le pape à son arrivée se leva & courut l'embrasser. Il cassa tout ce qui avoit été fait en Angleterre contre ce prélat, & le nomma son légat en Angleterre, l'abbaye de Pontigny se chargea de le défrayer. Henri II traita en ennemis, & le Primat, & le Pape, & Louis VII. Il écrivit à Citeaux, il écrivit aux moines de Pontigny, que s'ils continuoient à garder Becket dans leur abbaye, tous les biens que leur ordre possédoit dans ses états, alloient être saisis. Cet emportement paroit dégrader Henri; il devoit lui suffire que l'Angleterre fût délivrée d'un sujet qu'il jugeoit trop turbulent.

Après beaucoup de débats & même quelques hostilités, Louis VII, se réconciliant avec Henri II, se piqua de faire en même-temps la paix particulière du primat avec ce prince, il ménagea une conférence entre eux, & voulut y assister comme arbitre ; on étoit convenu avant l'entrevue, qu'il n'y seroit point parlé des constitutions de Clarendon. L'archevêque crut bien s'humilier devant son roi & déférer beaucoup à son bienfaiteur, en lui jurant une soumission parfaite, sauf l'honneur de Dieu & les libertés de l'église. Henri, qui savoit par expérience la vertu de ces restrictions, voulut un serment d'obéissance pleine & entière, mais par égard pour le roi de France, il offrit de rétablir Becket dans son archevêché, avec tous les privilèges & toute l'autorité dont avoient joui ses prédécesseurs, pourvu que Becket promit de lui rendre les mêmes respects & la même obéissance que les plus puissans de ces prélats eussent jamais rendus au plus foible monarque de l'Angleterre. Louis VII applaudit à cette modération, mais Becket trouva ce serment trop vague. Henri prit le parti de dissimuler pour ramener Becket en Angleterre, espérant qu'éloigné de ses protecteurs il seroit plus docile ; Henri parut donc accorder tout ce qu'on vouloit ; mais Becket, se défiant de tant de facilité, demanda caution ; chacun s'écria qu'il étoit indécent de demander caution à son roi ; alors s'éleva un incident singulier & qui tenoit vraisemblablement à des usages du temps dont nous n'avons plus qu'une idée imparfaite ; Becket, pour toute caution, demanda que le roi lui donnât le baiser de paix, & le roi le refusa, parce que dans sa colère il avoit juré de ne le jamais donner, ce qui prouve encore qu'on

attachoit alors à ce baiser une importance particulière. On n'imagineroit pas de combien de négociations ce baiser fut l'objet, & aujourd'hui même il n'est pas encore constant, si Becket se désista de la demande du baiser, ou si Henri consentit enfin de le donner, ou s'il fut donné en sa place par le jeune Henri, son fils, qui fut couronné vers ce temps à Westminster, suivant l'usage commun alors en France, & connu aussi en Angleterre, de couronner du vivant du roi l'héritier du trône, pour assurer à celui-ci la succession à ce même trône. Ce couronnement fut encore un incident dans la querelle de Henri II & de Thomas Becket ; celui-ci le regarda comme un nouvel affront pour lui, parce que la cérémonie avoit été faite par l'archevêque d'Yorck, malgré les défenses & les fulminations de l'archevêque de Cantorberi, qui demanda & qui obtint à cet égard une satisfaction pour son église.

Enfin, après beaucoup de difficultés & de marques de défiance, Becket retourna en Angleterre. Son arrivée fut une fête & sa marche un triomphe. Le clergé de toutes les villes par où il passoit, alloit au-devant de lui en procession, chantant des hymnes que le peuple répétoit. On dit qu'enivré de cet accueil, Becket ne mit plus de bornes à son orgueil, & qu'il abusa plus que jamais de l'autorité de primat fortifiée de celle de légat, dont le Pape lui avoit laissé le titre. On parle beaucoup d'insolence & de sédition ; mais on spécifie peu d'actions insolentes & séditieuses. La plus hardie paroit être celle qui concerne six évêchés qui avoient vaqué pendant l'absence de Becket ; le roi avoit offert de s'en rapporter sur cet article, aux pairs, au clergé, à l'université de France ; il ne s'en étoit rapporté qu'à lui-même ; il avoit chargé l'archevêque d'Yorck & les évêques de Londres & de Sarum, de choisir avec les députés des chapitres, les personnes qu'il leur avoit nommées pour chacun des sièges vacans ; le primat indigné avoit notifié une suspense à l'archevêque d'Yorck, & une excommunication aux évêques de Londres & de Sarum. Ceux-ci partirent aussi-tôt pour la Normandie, où le roi d'Angleterre étoit toujours resté ; ils lui portèrent leurs plaintes de la hardiesse du primat, dont ils peignirent la conduite, des couleurs les plus odieuses. Henri avoit épuisé dans les détails de cette affaire toute la modération dont il étoit capable. Ce récit le rendit à son impétuosité naturelle, & sa fureur n'eut plus de bornes. Il se promenoit dans sa chambre avec une agitation terrible & un silence farouche, entrecoupé seulement de mots pleins de violence, que l'emportement lui arrachoit & que son cœur désavouoit. Tantôt il vouloit faire juger Becket, selon la rigueur des loix, comme rebelle & séditieux ; tantôt il paroissoit rouler dans son esprit des idées encore plus funestes, & au milieu de ses transports, ce mot affreux lui échappa : n'ai-je donc pas un ami ? Il eut des courtisans.

Quatre chevaliers, officiers de sa maison, Guillaume de Tracy, Renaud Filzurze ou Falsours, Hugues de Morville, Richard Brito, jurent entre eux de le venger, fût-ce malgré lui. Ils quittent la cour, & de peur que le roi ne se rétracte & ne les rappelle, ils s'embarquent chacun dans un port de France différent, & arrivent de même dans différens ports d'Angleterre. Ils se rejoignent près de Cantorberi, où douze autres assassins grossissent leur troupe. Ils courent tous ensemble au palais de l'archevêque ; les douze s'emparent des portes ; les quatre montent à l'appartement. Parmi ces derniers, l'archevêque en reconnut trois qui avoient été ses domestiques dans le temps qu'il étoit chancelier : il leur reprocha leur ingratitude à son égard ; ils lui reprochèrent la sienne à l'égard du roi. Leur intention vraisemblablement n'avoit été que de donner un avertissement à l'archevêque, & de tenter sur lui un dernier effort pour le plier aux volontés du monarque, car ils étoient venus sans armes. Aigris par la dispute, ils coururent en chercher, & pendant ce temps l'archevêque auroit pu se sauver par son église, dont les portes n'étoient point gardées. Les moines de Cantorberi l'en pressoient, mais il étoit dans le caractère & dans la destinée d'un tel homme de rechercher la gloire du martyre. Il rejetta tout conseil timide & voulut assister à vêpres à la tête de ses moines. Les assassins entrant dans l'église à sa suite, fondirent sur lui à coups d'épées & de massues ; il reçut à la tête quatre blessures mortelles, & alla tomber au pied de l'autel de Saint-Benoît, qui fut tout couvert de son sang & de sa cervelle. Il étoit né en 1117, avoit été nommé primat en 1162 ; il périt le 29 décembre 1170.

De ce moment tous ses torts furent oubliés. On ne vit plus le sujet turbulent, on ne vit que le saint & le martir ; le peuple entroit en foule pour le voir & pour l'invoquer ; les dévots trempoient leurs doigts dans son sang, & s'en faisoient des croix sur le front & sur le cœur. Les assassins à la faveur du tumulte, se sauvèrent au comté d'Yorck, dans un château appartenant à l'un d'entr'eux ; ils y demeurèrent un an entier, séparés de toute société, abhorrés du peuple, rejetés de tous les honnêtes gens avec effroi & avec mépris, désavoués du roi qu'ils avoient cru servir ; ils allèrent enfin à Rome demander pardon au pape, qui les envoya dans la terre sainte.

Henri II n'avoit pas tardé à se reprocher son emportement ; il avoit senti avec terreur quelle force certains mots pouvoient avoir dans la bouche des rois ; il avoit frémi sur-tout en ne voyant plus paroître à sa cour les quatre chevaliers, & leur départ l'avoit déterminé à commander qu'on arrêtât l'archevêque bien moins pour attenter à sa liberté que pour lui sauver la vie. La diligence des assassins prévint l'exécution de cet ordre. Lorsque Henri apprit le funeste service qu'on lui avoit rendu, il fut saisi de désespoir. Il s'enferma pendant trois jours sans vouloir prendre ni consolation ni nourriture : il ne vit plus que l'horreur de sa situation, la fureur du pape, l'indignation du clergé, les intrigues des moines, le soulèvement des peuples. On n'alloit plus voir en lui que le persécuteur

& le bourreau des saints ; on n'entendoit parler que de miracles opérés au tombeau de l'archevêque. De fausses apparences s'élevoient même contre le roi. Sa réconciliation avec l'archevêque sembloit n'avoir été qu'un stratagême pour attirer ce prélat dans le piège & le conduire à la mort. Henri eut la politique de désarmer le pape, en lui demandant la permission de conquérir l'Irlande, & en lui promettant d'y établir le denier de Saint-Pierre. Alexandre III, se contenta donc de canoniser Becket, & d'excommunier en général ses assassins, leurs fauteurs & instigateurs, sans nommer le roi.

A son retour d'Irlande, deux légats le citèrent à leur tribunal sur cette affaire de l'assassinat de Becket. Il fallut que Henri achetât par bien des humiliations & des sacrifices le pardon du crime qu'il n'avoit ni commis ni ordonné. On lui fit grace de la discipline & de quelques autres cérémonies humiliantes ; mais Henri II ne voulut pas profiter de cette indulgence, il alla subir à Cantorberi toute la rigueur de la pénitence publique. Il traversa la ville pieds nuds, depuis l'église de Saint-Dunstan jusqu'à celle du Christ, se soumit à recevoir la discipline de la main des moines, les arma chacun d'un fouet, & se découvrit les épaules lui-même.

Pierre de Blois s'est plu à décrire dans ses lettres la pénitence de ce monarque. Il disoit aux légats : *mon corps est entre vos mains, faites-en tout ce qu'il vous plaira*, paroles qui, selon Pierre de Blois, tiroient des larmes des yeux de tous les assistans ; elles pourroient aujourd'hui en faire verser de pitié : » Un roi, dit le P. d'Orléans, doit tellement humilier » sa majesté devant Dieu, qu'il ne l'avilisse pas de- » vant les hommes.

4°. De S. *Thomas* d'Aquin, Jacobin, dit *le docteur Angélique*, *l'ange de l'école*, *l'aigle des théologiens*, disciple d'Albert le Grand & d'Alexandre de Halès. Il étoit d'abord froid & taciturne, ses compagnons l'appelloient *le bœuf muet*. Albert le Grand prophétisa que *les doctes mugissemens de ce bœuf retentiroient un jour dans tout l'univers*.

On connoit la somme théologique de S. *Thomas* d'Aquin, & l'office qu'il composa pour la fête du Saint-Sacrement, instituée de son temps par Urbain IV, sur-tout cette prose, *Lauda, Sion*, où le mystère de l'Eucharistie est exposé en vers rythmiques, sinon avec élégance, du moins avec une précision toujours difficile. Le nouvel abrégé chronologique nous a conservé l'ingénieuse réponse qu'il fit au Pape Innocent IV, dans la chambre duquel il entra un jour au moment où l'on y comptoit de l'argent ; le pape lui dit : vous voyez que l'église ne peut plus dire : je n'ai ni or ni argent ; il est vrai, répondit S. *Thomas*, mais aussi elle ne peut plus dire au boiteux : lève-toi & marche.

Son application continuelle à la théologie lui donnoit quelquefois des distractions un peu fortes. On conte que mangeant un jour avec S. Louis, il frappa tout-à-coup fur la table, en s'écriant avec enthoufiafme: *voilà qui eſt concluant contre l'héréfie de Manès*, & que le roi moins choqué de la diſtraction, qu'édifié du principe qui l'avoit cauſée, fit mettre par écrit l'argument péremptoire contre Manès. S. *Thomas*, né à Aquin, petite ville de la Campagnie dans le royaume de Naples, mourut à Foſſeneuve, abbaye de l'ordre de Citeaux dans le diocéſe de Terracine, le 7 mars 1274. Le pape Jean XXII le canoniſa en 1313.

5°. De S. *Thomas* de Villeneuve, ainſi nommé du lieu de ſa naiſſance, village du diocéſe de Tolède. Il fut prédicateur ordinaire de Charles-Quint ; on a ſes ſermons. Il mourut en 1555, archevêque de Valence ; il étoit de l'ordre de Saint-Auguſtin.

THOMASSIN. (Louis) (*Hiſt. litt. mod.*) le P. *Thomaſſin*, oratorien, célèbre, homme vertueux, ſavant, ſtudieux, a beaucoup écrit ſur la diſcipline eccléſiaſtique & ſur les études, tant eccléſiaſtiques que profanes. Le pape Innocent XI voulut l'attirer à Rome. Le cardinal Caſanata, bibliothécaire de ce pontife, en fit parler au roi par l'archevêque de Paris. La réponſe fut : *qu'un tel ſujet ne devoit pas ſortir du royaume.* En effet, quand les étrangers nous envient un ſujet, quelle raiſon peut-il y avoir de le leur céder ? Notre facilité, à cet égard, pourroit leur perſuader qu'ils ſe ſont trompés, & que nous ne croyons pas leur faire un grand préſent. Le P. *Thomaſſin*, né à Aix en Provence en 1629, mourut à Paris, la nuit de Noël, en 1695.

THOMIN, (Marc) (*Hiſt. litt. mod.*) habile opticien, dont on a un traité d'optique. Mort à Paris en 1752.

THOMSON, (Jacques) (*Hiſt. litt. mod.*) célèbre poëte Anglois, né en Ecoſſe; homme d'ailleurs inſtruit dans plus d'un genre, a fait des tragédies & divers poëmes; mais c'eſt par le poëme *des Saiſons* qu'il eſt le plus connu Ce poëme a paru traduit en François en 1759, par madame Bontems. » *Thomſon*, dit M. de Saint-Lambert, voit la nature ſublime & grande; il » aime mieux la peindre étonnante qu'aimable..... » *Thomſon* chantoit la nature chez un peuple qui la » connoît, & qui l'aime; je l'ai chantée chez une » nation qui l'ignore, ou la regarde avec indiffé- » rence. Le poëte Anglois parle à des amans, de » leur maîtreſſe; il eſt ſûr de leur plaire. Je veux » inſpirer de l'amour pour une belle femme qu'on » n'a pas vue, & je montre ſon portrait. *Thomſon* » veut qu'on admire la nature, & je voudrois la » faire aimer ».

THOR, (*Hiſt. du nord*) nom d'un roi du nord, dont l'hiſtoire tient beaucoup de la fable. Il fut juſte, tolérant, humain; préférant la vertu à la gloire, & ſes ſujets à lui-même. Après ſa mort ſon peuple, pour ſe conſoler de ſa perte, le plaça dans les cieux; ce qui fait douter un peu qu'il ait jamais exiſté ſur la terre. (M. de SACY.)

THORILLIÈRE. (le Noir de la) (*Hiſt. litt.*

mod.) C'eſt le nom de trois acteurs de la comédie Françoiſe; père, fils & petit-fils, qui ont occupé la ſcène pendant un ſiècle & plus, depuis 1658 que la *Thorillière* le père y monta, juſqu'en 1759 que le petit-fils eſt mort. Le père, mort en 1679, avoit donné une tragédie de Marc-Antoine : il avoit été dans la troupe de Molière. A la mort de Molière il avoit paſſé dans la troupe de l'hôtel de Bourgogne. Le fils : Pierre) étoit mort en 1731, doyen de la troupe des comédiens. Le petit-fils (Anne-Maurice) étoit auſſi petit-fils, par ſa mère, du fameux arlequin (Dominique.)

THORUS, (Raphaël) (*Hiſt. litt. mod.*) médecin eſtimé, mort de la peſte à Londres en 1629, ſous le règne de Jacques I, auteur d'un poëme ſur le tabac, & d'une lettre *de cauſâ morbi & mortis Iſaaci Caſauboni.*

THOU, (de) (*Hiſt. de Fr.*) noble & ancienne famille diſtinguée, principalement dans la robe. Elle poſſédoit dès le commencement du quatorzième ſiècle, & ſous le règne de Philippe de Valois, la terre du Bignon, près d'Orléans.

1°. Le premier de cette famille qui vint s'établir à Paris, fut Jacques de *Thou*, troiſième du nom, ſeigneur du Bignon. Il parut avec éclat au barreau; fut fait conſeiller au parlement, puis préſident en 1525. Il eut vingt-un enfans, dont quatorze moururent jeunes.

2°. L'aîné de ceux qui reſtèrent fut le premier préſident Chriſtophe de *Thou*, ſucceſſeur de Gilles le Maitre, & prédéceſſeur immédiat d'Achille de Harlay. Lorſque Henri III, par ſon ordonnance de 1576, donnée à Blois, eut déclaré tous les princes du ſang pairs nés, & leur eut aſſuré la préſéance qui leur étoit due, ſelon l'ordre de primogénité *ſur tout ce qui peut naître ou paroître de nouvelles grandeurs dans l'état*, ſelon l'expreſſion de le Laboureur, le premier préſident Chriſtophe de *Thou* dit au roi, au ſujet de cette loi, *que depuis l'avènement de Philippe de Valois à la couronne, il ne s'étoit rien fait de ſi utile pour la conſervation de la loi Salique*. Cette ordonnance étoit ſur-tout très-utile dans les conjonctures délicates où l'état ſe trouvoit alors relativement à la ſucceſſion au trône, par l'éloignement, ſans exemple, du ſeul degré de parenté dans l'héritier, & par tous les obſtacles que la Ligue lui oppoſoit, ſous prétexte de religion.

Chriſtophe de *Thou* travailla en 1580, avec les conſeillers Viole, Anjorant, Longu.il & Chartier, à la réformation de la coutume de Paris. Il mourut en 1582. Henri III, qui n'avoit pas aſſez ſuivi ſes conſeils, l'honora de ſes regrets tardifs, & lui fit faire des obſèques ſolemnelles.

3°. Nicolas de *Thou*, un des frères du premier préſident, fut évêque de Chartres. Ce fut lui qui eut l'honneur de ſacrer à Chartres notre roi Henri IV le dimanche 27 Février 1594. Il laiſſa quelques ouvrages de dévotion. Mort en 1598.

4°. Augustin de *Thou*, second du nom, frère des deux précédens, fut d'abord avocat du roi au châtelet; puis en 1567 avocat général au parlement de Paris. Il fut reçu en 1585 dans la charge de président à mortier qu'avoit eue le fameux Pibrac. Il s'en démit en 1595.

5°. Les enfans de Christophe de *Thou*, premier président, furent aussi en assez grand nombre; nous ne parlerons ici que de ceux qui sont connus dans l'histoire.

Christophe-Auguste de *Thou*, seigneur de Saint-Germain, grand-maître des eaux & forêts de Normandie, fut assassiné dans sa maison avec Christophe de *Thou*, son fils unique, pendant les troubles de la ligue.

6°. Un autre fils du premier président, bien plus connu que le précédent, est le fameux historien Jacques-Auguste de *Thou*, tige de la branche des barons de Meslai. Il naquit à Paris le 9 octobre 1553; fut dans ses études un des ornemens des universités de Paris & d'Orléans, & avide d'instruction, il voyagea ensuite en Italie, en Flandre, en Allemagne. Comme le plus jeune des fils du premier président, il avoit été destiné à l'état ecclésiastique, & l'évêque de Chartres son oncle, Nicolas de *Thou*, lui avoit résigné ses bénéfices. Il s'en démit; fut fait maître des requêtes en 1584, & reçu en 1586 dans celle de président à mortier. Après la journée des Barricades, il alla joindre à Chartres le roi Henri III, qui l'employa en différentes négociations; d'abord dans plusieurs provinces de France, qu'il s'agissoit de maintenir dans le devoir, ou d'y ramener; puis en Allemagne & à Venise. Il reçut dans cette dernière ville la nouvelle de la mort de Henri III, & se rendit aussi-tôt auprès de Henri IV, qui sentit aisément tout le parti qu'il pouvoit tirer de ses talens & de son zèle. Il fut employé en 1593 à la conférence de Surène. Il traita dans la suite, pour les intérêts du roi, avec les députés du duc de Mercœur, le plus ardent & le plus opiniâtre des ligueurs. Il fut aussi un des commissaires catholiques à la conférence de Fontainebleau en 1600, entre l'évêque d'Evreux du Perron, depuis cardinal, & du Plessis Mornay. A la mort du fameux Amyot, le roi le nomma grand-maître de sa bibliothèque. Pendant la minorité de Louis XIII, il fut un des trois directeurs généraux des finances, nommés pour remplacer le duc de Sully en 1611. Les deux autres étoient M. de Châteauneuf & le président Jeannin. C'est au milieu de tant d'emplois importans, d'occupations & d'agitations, qu'il parvint à élever le plus beau & le plus grand monument de notre histoire. Le premier président son père avoit aussi formé une entreprise à-peu-près pareille. Il avoit même commencé à l'exécuter; mais c'étoit au fils qu'é.oit réservé l'honneur d'être notre Tite-Live. Il a embrassé un plan moins vaste que Tite-Live, puisqu'il se borne à-peu-près à l'histoire de son temps; mais il le remplit d'une manière plus vaste. On a encore de lui des poësies latines estimées; entr'autres un poëme de la fauconnerie, *de re accipi-*

traria. La meilleure édition de son histoire a été long-temps celle de Genève, 1620, en cinq volumes *in-fol.* C'est aujourd'hui celle que Thomas Carte a donnée à Londres 1733, en sept volumes aussi *in-fol.*

Jacques-Auguste de *Thou* mourut à Paris le 7 Mai 1617. On connoît les quatre vers que Roi a fait pour être mis au bas de son portrait:

> Tel fut ce grave historien,
> Intègre magistrat & zélé citoyen,
> Dont la plume, sans fiel comme sans flaterie,
> Défendit les autels, le trône & la patrie.

Duryer avoit mal traduit, selon sa coutume, une partie seulement de l'histoire de M. de *Thou*. Il en a paru en 1734 une traduction complete, en seize volumes *in-*4°. dont M. Remond de Saint-Albine a donné, en 1759, un abrégé en dix volumes *in-*12.

Les suffrages des savans ont consacré depuis long-temps la réputation de M. de *Thou*, considéré comme historien. Cet amour de l'ordre, cette haine courageuse du vice, cette horreur de la tyrannie & de la rébellion, cet attachement aux droits de la couronne & aux maximes du royaume, cette énergie dans les peintures, cette fidélité dans les portraits, cette solidité dans les maximes, cette exactitude avec laquelle l'auteur tient la parole qu'il donne de tout dire & de tout juger, *procul ab odio & gratiá*; enfin, tous ces caractères de vérité, de courage & d'impartialité qui éclatent de toutes parts dans son ouvrage, l'ont fait mettre au rang des sources les plus pures de l'histoire du seizième siècle; quoique tant d'avantages distinguent assez noblement sa manière d'écrire l'histoire; quant au fonds des choses, on pourroit désirer qu'elle eût été distinguée encore, quant à la forme, par un plan général qui eût été plus propre à l'auteur: ceci demande quelque explication.

La forme des annales, ou la forme chronologique, est vraisemblablement la première qui se soit présentée aux auteurs qui ont entrepris d'écrire l'histoire. C'est en effet la plus simple, la plus naturelle. Les esprits ordinaires la saisissent d'abord; elle dispense de toute invention, de toute combinaison; on peut même dire qu'elle a sur toutes les autres méthodes un avantage certain, celui de présenter les événemens dans l'ordre où ils se sont passés, & d'être par conséquent un tableau plus fidèle de la réalité dans toutes ses circonstances. A l'égard d'un autre avantage qu'on voudroit lui attribuer, de mettre plus de variété dans le récit, par le passage fréquent & toujours rapide d'un événement à un autre, d'une nature toute différente, il nous semble qu'on auroit tort de lui faire un mérite de ce qui fait son principal défaut. Rien, en effet, n'est plus fatiguant dans une histoire, que cet asservissement scrupuleux de sa marche à l'ordre chronologique. Ce plan ne vous présente jamais un fait, un tableau entier; toujours des portions de faits, des morceaux de tableaux, qui, faute de suite & de contexture, ne peuvent se graver dans la tête. C'est la liaison des faits, c'est l'unité, c'est l'intégrité du tableau qui peuvent s'emparer de l'imagination du lecteur, & y faire une impression durable :

Tantùm series juncturaque pollet.

Dans les annales l'intérêt n'a jamais le temps de se former, & s'il se formoit, ce ne seroit que pour impatienter le lecteur, qui se verroit à tout moment arracher, avec violence, à tous les objets de sa curiosité. L'attention sans cesse égarée, entraînée malgré elle vers des objets imprévus, isolés, étrangers les uns aux autres, est obligée de se ranimer d'elle-même avec effort, de revenir sur ses pas, de se demander ce qu'est devenu l'objet dont elle s'occupoit d'abord, & qu'elle ne reverra pas de long-temps ; ce que deviendra celui dont elle s'occupe à présent, & s'il ne disparoîtra pas de même, pour ne reparoître que lorsque, par toutes ces interruptions, il lui sera redevenu indifférent ; il faut qu'elle rapproche laborieusement les traits épars, les portions de faits répandues çà & là dans un ouvrage immense, & séparées par de longs intervalles. Mais ces rapprochemens, ce soin de réunir les parties homogènes, & de séparer les hétérogènes ; tout cet embarras enfin, étoit-ce au lecteur qu'il falloit le laisser ? N'étoit-ce pas à l'auteur à se charger N'est-ce pas à lui qu'il convient d'arracher toutes les épines, de lever tous les obstacles qui peuvent dégoûter de l'instruction, en la rendant plus difficile ? Quelle obligation avez-vous à un maître qui ne veut vous instruire que selon la méthode qui lui coûte le moins, & qui vous coûte le plus ?

Or, c'est cette méthode chronologique, dont nous osons nous plaindre que l'illustre M. de *Thou* n'ait point assez secoué le joug, ni évité les inconvéniens.

Mais quelle méthode falloit-il substituer à la méthode chronologique, sur-tout dans une histoire universelle, qui devoit contenir tant d'événemens différens, & appartenans à des nations différentes ?

Seroit-il donc impossible de former dans l'histoire, des espèces de périodes, dans lesquelles on feroit entrer naturellement, & dans un ordre favorable à l'imagination, tous les événemens qui concernent toutes les différentes nations ? On choisiroit pour le fait principal de chaque période quelque époque importante & remarquable, telle que la ligue de Smalcade, & ses suites, la rivalité ou de Louis XI & de Charles-le-Téméraire, ou de Charles-Quint & de François I, & les guerres qu'elle entraîna ; le changement de religion en Angleterre, avec toutes ses diverses révolutions, &c. Cet événement principal de chaque période seroit suivi depuis son commencement jusqu'à sa fin sans aucune interruption, sans aucun passage à d'autres événemens arrivés chez les autres nations pendant le cours de cette période ; on les placeroit ou suivant l'ordre de cette importance, ou suivant l'ordre qui avoit été d'abord établi entre les différentes nations. Mais quels que fussent ces événemens, & quelle que fût leur importance, on auroit

soin de ne les jamais morceler, de les rapporter toujours tout entiers à la fois, quand même leur commencement ou leur fin appartiendroient, l'un à la période précédente, l'autre à la période suivante. Par-là chaque tableau seroit complet & embrassé tout entier d'une seule vue ; rien ne traverseroit l'intérêt ; l'instruction deviendroit facile & agréable. La chronologie seroit satisfaite ; car cette méthode ne dispenseroit point, & redoubleroit au contraire l'obligation de marquer exactement l'époque de toutes les portions de faits réunies, comme on marqueroit dans l'ordre chronologique l'époque de toutes les portions de faits dispersées. Or, la chronologie n'a rien de plus à prétendre.

Ce n'est point une idée nouvelle que nous présentons ici ; elle a souvent été exécutée par de grands historiens postérieurs à M. de *Thou*. Ce plan, que nous proposons pour l'histoire universelle ; ce plan, qui consiste à présenter des faits toujours entiers, s'exécuteroit à plus forte raison, & avec plus de facilité encore, dans l'histoire particulière, & il s'y exécute tous les jours. Quel est, par exemple, l'historien qui, dans la vie de François I, ayant à parler du fameux procès de Semblançay, ne l'ait pas rapporté tout entier à l'année 1522, & qui ait imaginé de le couper dans cette année, & d'en renvoyer la fin à l'année 1527, parce qu'en effet il ne fut fini qu'en 1527 ? On se contente de marquer d'avance l'époque du supplice ; & ce tribut payé à la chronologie, on renverse l'ordre chronologique pour l'intérêt de la narration.

Mezeray, lui-même, dans son *Abrégé chronologique*, saisit, autant qu'il peut, l'occasion de secouer le joug qu'il s'est imposé, & de présenter des tableaux entiers. Le morceau des guerres de Naples sous Charles VIII, celui des guerres de religion sous Charles IX, le règne entier de François II, sont traités par cet écrivain avec cette liberté que nous désirons, & qui fait se dérober à toutes les épines chronologiques. Toute histoire asservie au plan chronologique, quelque bien faite qu'elle soit d'ailleurs, est toujours essentiellement ennuyeuse, par les raisons que nous avons dites.

Ce plan chronologique a d'ailleurs d'autres inconvéniens ; l'historien y est arrêté sans cesse dans sa course, par la difficulté de multiplier & de varier à l'infini les transitions : il marcheroit d'un pas toujours libre dans l'autre carrière. De plus, le chronologiste a besoin d'une attention plus marquée, & d'une mémoire plus sûre, pour se rappeler le point précis où il a laissé les événemens suspendus dont il veut poursuivre la narration. Les exemples des fautes, des inconséquences, des contradictions où entraîne ce défaut, soit d'attention, soit de mémoire, seroient innombrables. Nous n'en citerons qu'un, qui se présente à nous en ce moment.

Dans le premier volume d'une histoire de Louis XI, qui a paru en 1755, long-temps après celle de M. Duclos, l'auteur s'exprime ainsi : » On voyoit les » deux aînés de la maison de Montmorenci transf-

» plantés aux Pays-Bas, par une aventure qui s'ex-
» pliquera dans son lieu ». A la fin du second volume
on rapporte à l'année 146? la mort de leur père, Jean
de Montmorenci, second du nom, & on ajoute:
» nous avons rapporté comment & pourquoi il avoit
» déshérité ses deux fils du premier lit, établis en
» Flandre ».

Cependant on n'en a point encore parlé ; ce n'est
enfin que dans le sixième & dernier volume qu'on
dit ce *comment* & *ne pourquoi*, qu'on supposoit avoir
été dits précédemment.

On a reproché, avec raison, à M. de *Thou*, un
reste de superstition, dont ses lumières auroient dû
le garantir. En voici un exemple dans la merveilleuse
histoire qu'il raconte au sujet de la conjuration formée en 1547 contre Pierre-Louis Farnèse, duc de
Parme & de Plaisance. Le duc savoit, dit-on, qu'il
y avoit une conjuration contre lui ; mais il ignoroit les noms des conjurés, & le lieu où ils devoient exécuter leur projet. Il employa, pour le
découvrir, tous les prétendus secrets de la magie.
Un homme qui faisoit profession de cet art imposteur, & qui étoit sans doute instruit du complot
formé contre Farnèse, l'assura qu'il n'avoit qu'à
consulter une pièce de la monnoie, & qu'elle lui
fourniroit toutes les lumières dont il avoit besoin.
L'événement seul expliqua cette énigme. Sur la
monnoie de Parme étoient gravés ces caractères,
P. Alois. Farn. Parm. & Plac. dux. C'étoient les
quatre lettres *Plac.* qui contenoient tout le mystère ;
rassemblées, elles désignoient Plaisance, où le
duc devoit être tué ; séparées, c'étoient les lettres
initiales des noms des principaux conjurés, *Pal-
lavicini, Lando, Anguisciola, Confalonieri.* M. de
Thou dit, après quelques historiens, dont il adopte
le récit, que ce prétendu magicien qui fit à Farnèse
cette réponse, dont celui-ci ne profita point, n'é-
toit autre que le démon, qui, évoqué par la force
des enchantemens, apparut au duc de Parme:
Ferunt, dit-il, *nec vanus rumor est, incantationibus
evocatum dæmonem.* Puis il ajoute : *quod inter memo-
rabilia magicæ delusionis exempla merito recenseri
potest.*

Il arrive quelquefois à M. de *Thou* de n'être pas
suffisamment instruit, sur-tout en ce qui regarde
l'histoire des nations étrangères. Il avoit adressé à
Camden des lettres, dans lesquelles il s'excuse d'avoir
suivi, sur les troubles d'Ecosse, l'autorité si suspecte
de Buchanan. » C'étoit, dit-il, le seul écrivain qu'il
» eût été à portée de consulter ». Il regrette de n'avoir
pas reçu de Camden des instructions sur l'Ecosse,
comme il en avoit eu sur l'Irlande. Camden lui envoie
une liste des erreurs où ce défaut d'instructions, &
une déférence aveugle pour l'autorité infidèle de
Buchanan avoient en effet entraîné de *Thou*. Le roi
Jacques se plaignit lui-même au fils du président de
Thou, que son père eût copié les calomnies de Buchanan contre Marie Stuart, mère de Jacques.

Varillas prétend que le roi Jacques ne put obtenir

de Buchanan, son gouverneur, qu'il rétractât en
mourant ce qu'il avoit écrit contre Marie Stuart.
Buchanan, selon Varillas, répondit » que sa conscience
» ne lui reprochoit rien à cet égard, & qu'il avoit
» écrit la vérité ». Varillas prétend avoir vu à la bibliothéque du roi un exemplaire imprimé de l'histoire
du président de *Thou*, en cinq volumes, aux marges
desquels le plus jeune de MM. Dupuy avoit écrit de
sa main les faits les plus curieux, que son frère & lui
avoient jugé à propos de retrancher à l'impression.
Or, dans les additions au quatrième volume, Varillas avoit lu le fait qu'on vient de rapporter.

Voilà ce que Varillas dit dans la préface du cinquième
volume de l'histoire de l'héréfie ; & l'on en pourroit
déjà conclure que MM. Dupuy avoient reconnu la
fausseté du fait qui concerne Buchanan, puisqu'ils
l'avoient retranché à l'impression.

Mais dans le corps du livre, Varillas oublie tout ce
qu'il a dit dans la préface. Ce n'est plus dans un
exemplaire imprimé du président de *Thou* qu'il a lu
ce fait ; c'est dans l'original même du président de
Thou. Ce n'est plus de la main de Dupuy que ce
fait est écrit ; c'est de la main du président de *Thou*
lui-même.

Le même Varillas dit que Buchanan *continua de
persécuter Marie Stuart après qu'on lui eut tranché la
tête.* Il ignore que Buchanan étoit mort en 1582,
cinq ans avant Marie Stuart.

On voit par-là quelle confiance on doit prendre
dans la prétendue note, soit du président de *Thou*,
soit de Dupuy, & s'il est possible d'opposer l'autorité
de Varillas à celle de Camden.

M. de *Thou* représente aussi comme coupable le
malheureux Coucy de Vervins, décapité en 1549,
& dont M. de Belloy, d'après Dupuy, a si parfaitement démontré l'innocence, & justifié la réhabili-
tation. Mais on ne peut reprocher à M. de *Thou*
cette erreur, qui lui est commune avec tous les historiens, & à laquelle le récit des auteurs contemporains
les plus accrédités a donné lieu.

Le fils aîné de M. de *Thou* l'historien, est ce célèbre
infortuné François-Auguste de *Thou*, qui, déplorable
victime de l'amitié, eut la tête tranchée à Lyon le
12 Septembre 1642, pour n'avoir pas cru devoir
dénoncer son ami Cinq-Mars sur la conjuration dans
laquelle celui-ci étoit entré contre le cardinal de Richelieu. On a prétendu que des intérêts de famille,
& des motifs de vengeance étrangers à cette affaire,
avoient influé sur le sort de M. de *Thou*. Le cardinal
avoit, dit-on, conservé un vieux ressentiment de ce
que le président de *Thou* avoit dit dans son histoire,
d'un des grands oncles de Richelieu, Antoine du
Plessis de Richelieu, dit le moine, aventurier coupable, auquel il attribue tous les excès de la licence
& de la débauche : *Antonius Plessiacus Richelius,
vulgò dictus monachus, quòd eam vitam professus
fuisset ; dein voto ejurato, omni se licentiæ ac libidinis
genere contaminasset.* Il est difficile de savoir jusqu'à

quel point ce zèle pour la mémoire d'un homme de son nom a pu animer Richelieu ; on prétend qu'il dit à cette occasion : *de Thou le père a mis m n nom dans son histoire ; je mettrai le fils dans la mienne.* Comme Cinq-Mars & de *Thou* furent tous deux décapités, on fit sur eux une épitaphe, qui dit, » que leur mort fut la » même, mais que là cause en fut différente ; que » l'un fut coupable pour avoir parlé, l'autre pour » s'être tu : »

Morte unâ periere duo, sed dispare causâ,
Fit reus ille loquens, fit reus ille tacens.

C'est une petite recherche d'antithèse assez déplacée dans ce triste sujet, & d'ailleurs fausse. Cinq-Mars ne s'étoit pas rendu coupable en parlant seulement, mais en conspirant.

De *Thou* avoit les vertus & les talens de son père ; il étoit, comme lui, l'objet de la tendresse & de la vénération des savans : il étoit aussi grand-maître de la bibliothèque du roi.

Lorsqu'il avoit été arrêté, il avoit fait vœu, s'il obtenoit la liberté, de fonder une chapelle aux cordeliers de Tarascon. Condamné à mort, & prêt à marcher au supplice, il interpréta ce mot de liberté en faveur de son vœu, appliquant, par un sentiment pieux, à la délivrance de l'ame ce qu'il avoit entendu de la délivrance du corps :

His cùm solutâ vinculis
Mens evolârit, ô deus !
Videre te, laudare te,
Amare te non desinet.

En conséquence, une heure avant sa mort il fit l'inscription suivante :

Christo liberatori
Votum in carcere pro libertate conceptum
Franc. Augustus Thuanus
E carcere vitæ jam jam liberandus
Meritò solvit, 12 Sep. 1642.

Il mourut à trente-sept ans.

Peut-être ne peut-on pas mettre indistinctement au nombre des victimes innocentes de la politique & de la vengeance François-Auguste de *Thou*, parce qu'il paroit trop chargé par les différens actes recueillis dans les mémoires de Montrésor, dans le journal du cardinal de Richelieu, &, sur-tout, dans le quatrième tome des mémoires d'histoire, de critique & de littérature de M. l'abbé d'Artigny, & , parce qu'après avoir nié dans tous ses interrogatoires qu'il eût eu aucune connoissance du voyage de Fontrailles en Espagne, & du traité conclu avec les Espagnols par Monsieur, par Cinq-Mars & le duc de Bouillon, il finit par avouer, à la confrontation avec Cinq-Mars, qu'il avoit appris par Fontrailles lui-même l'existence de ce traité, & que Cinq-Mars la lui avoit depuis

confirmée. Cette variation, les liaisons de de *Thou* avec les conjurés, ses démarches auprès d'eux pendant le cours de cette affaire, les rendez-vous qu'il ménageoit entr'eux avec beaucoup de mystère, leurs conférences, dont il paroit ne s'être éloigné ou absenté ; que pour son pouvoir dire qu'il n'avoit pas su ce qui s'y traitoit ; toutes ces circonstances le rendent au moins très-suspect, quoiqu'elles puissent s'expliquer en partie par un point qui est demeuré constant au procès ; c'est que de *Thou* n'approuva jamais le traité fait avec l'Espagne, & ne cessa d'en détourner Cinq-Mars, mais sans vouloir dénoncer son ami.

Au reste, nous croyons qu'on doit peser avec attention l'apologie que Pierre Dupuy a faite de cet infortuné magistrat, & qui termine le quinzième volume de la traduction françoise, *in-4°.*, de l'histoire du président de *Thou* son père ; car, s'il est vrai qu'on ait falsifié les actes du procès ; s'il est vrai qu'on ait supprimé une lettre, par laquelle Monsieur rétracté ce qu'on lui avoit fait dire dans sa déclaration, sur la connoissance qu'avoit eue de *Thou* du traité fait avec l'Espagne, & sur les démarches qu'il avoit faites auprès du duc de Beaufort pour l'engager dans ce complot ; s'il est vrai que le chancelier Séguier, entièrement vendu au cardinal, ait rédigé la déclaration seul avec Monsieur, hors de la présence des autres commissaires ; s'il est vrai que le chancelier ayant averti le cardinal qu'il n'y avoit point de charges suffisantes contre de *Thou*, le cardinal ait répondu : *n'importe, il faut qu'il meure ;* s'il est vrai que le prince de Condé ayant voulu, à la sollicitation du chancelier, disposer le cardinal à permettre qu'on usât de quelque indulgence envers de *Thou*, le cardinal ait répondu : *monsieur le chancelier a beau dire, il faut que M. de Thou meure ;* s'il est vrai qu'en conséquence le chancelier ait employé l'intrigue & l'autorité pour porter le procureur-général & les juges à la rigueur ; toutes allégations avancées & répétées partout dans l'ouvrage de Dupuy, ce seroient sans doute de puissans préjugés de l'innocence de M. de *Thou ;* ce seroient au moins d'énormes irrégularités de la part de ses juges.

On ne peut trop peser encore ce que dit Dupuy sur l'abus de donner force de preuve à la déposition d'un témoin, accusé, coupable, & non confronté, quelle que puisse être la qualité du témoin. Il faut examiner aussi la discussion détaillée que fait le même Dupuy de la loi *quisquis ad legem jul. majest.* de la loi de Louis XI, rapportée par Laubardemont, & des sentimens des jurisconsultes sur ces objets.

Il faut avouer cependant que cet ouvrage de Dupuy contient bien des déclamations contre le cardinal de Richelieu, & qu'on y trouve des imputations bien étranges. Comment ajouter foi, par exemple, au trait suivant ? » On sait, & très-certainement, qu'il » (Richelieu) avoit fait instance par le cardinal Bagni d'obtenir, sous le nom du roi, un bref du pape » pour faire mourir, sans charge de conscience, des » personnes dans les prisons par des voies secrettes

» fans forme ; ni figure de procès , contre lesquelles » il n'y auroit point de preuves fuffifantes pour les » faire mourir en juftice ; ce qui lui fut dénié, avec » horreur de fa fainteté , & avec cette confidération , » qu'il plaignoit grandement le roi & la France d'être » entre des mains fi barbares & fi cruelles ».

Obfervons au refte que ce fait , fi incroyable , eft rapporté auffi comme inconteftable dans les mémoires de Montchal, archevêque de Touloufe , tom. 1, pag. 19.

Quant à la maxime que Dupuy attribue dans le même endroit à Richelieu ; favoir , *qu'un favori, qu'un miniftre ne périt jamais pour faire trop de mal ; mais pour n'en faire pas affez*, il paroit qu'en effet elle a dirigé toute la conduite de ce miniftre ; mais nous croyons pouvoir affurer que cette maxime trompera tous ceux qui auront le malheur de l'adopter.

THOYRAS. (*Voyez* RAPIN.)

Pour le maréchal de *Toiras*, (*Voyez* TOIRAS.)

THRASEAS. (*Hift. Rom.*)

THRASIBULE. (*Voyez* TRASYBULE.)

THUCYDIDE , (*Hift. anc.*) célèbre hiftorien Grec, avoit treize ans de moins qu'Hérodote , ce père de l'hiftoire grecque. On place la naiffance de *Thucydide* vers l'an 471 avant J. C. Il eut pour père Olore, & pour mère Hégéfipyle , qui defcendoit des rois de Thrace. Il étudia la rhétorique fous Antiphon , & la philofophie fous Anaxagore. Il touchoit encore à l'âge de l'enfance , lorfque , foit à Athènes , à la fête des Panathénées , foit à l'affemblée des jeux Olympiques , il enter-dit Hérodote faire la lecture de fon hiftoire. Elle le tranfporta d'admiration & de plaifir ; & fa fenfibilité fe déclara par fes larmes. Hérodote les vit couler : il en jouit. Il diftingua & eftima ce jeune homme ; il le recommanda fortement à fon père fur la foi de ces mêmes larmes, qui annonçoient un goût , avant-coureur & garant du talent.

Quoique porté principalement à l'étude par fon inclination , il ne négligea point les exercices militaires. Il entra au fervice ; il fit quelques campagnes.

A vingt-fept ans il fut chargé de conduire & d'établir à Thurium , dans la grande Grèce , une colonie d'Athéniens. Il époufa une fille de Thrace fort riche , & fit toujours un emploi fort noble de fon bien.

Il fervit dans la guerre du Péloponnèfe , qu'il a décrite : il y eut même du commandement. Il fut témoin oculaire de ce qui fe paffa pendant les huit premières années de cette guerre. Il tomba enfuite dans la difgrace des Athéniens , fes concitoyens , à l'occafion du fiège d'Amphipolis , dans la Thrace , à l'embouchure du Strymon , place d'une grande importance pour les deux partis. Les Lacédémoniens l'affiégeoient ; *Thucydide* fut commandé pour y porter du fecours. Il arriva trop tard ; Brafidas , général des Lacédémoniens , étoit déjà dans la place. Tout ce que put faire *Thucydide* , ce fut de prendre fa revanche , en s'em-

parant d'Éione , place située auffi fur le Strymon ; mais on ne jugea pas que ce fût une jufte compenfation. On continua d'imputer à fa lenteur & à fa négligence la prife d'Amphipolis ; on lui en fit un crime , & l'odieux Cléon , fon accufateur , le fit condamner à l'exil.

Thucydide fit ce que font les fages ; il mit fa difgrace à profit. Il employa fon loifir à écrire fon immortelle hiftoire. On lui rend le témoignage que jamais hiftorien n'a montré plus de refpect pour la vérité, n'a fait plus d'efforts , de recherches , de dépenfes même pour fe procurer des mémoires fûrs & fidèles. Il voulut toujours avoir les obfervations , fouvent oppofées , des officiers des deux partis , pour tirer plus fûrement la vérité de cette oppofition même. Auffi Cicéron l'appelle-t-il , par excellence , *rerum geftarum pronunciator fincerus*.

Lorfque Trafybule eut chaffé d'Athènes les trente tyrans , il fut permis à tous les exilés de revenir. *Thucydide* profita de ce décret , & revit Athènes , après un exil de vingt ans. Dodwel dit que ce ne fut qu'alors que *Thucydide* travailla réellement à la compofition de fon hiftoire, dont il n'avoit fait jufques-là que raffembler les matériaux. Elle ne va que jufqu'à la vingt-unième année de la guerre du Péloponnèfe , qui dura vingt-fept ans. Les fix dernières années ont été fuppléées par Théopompe & par Xénophon : d'Ablancourt a traduit *Thucydide*.

On croit que *Thucydide* vécut encore treize ans depuis fon retour de l'exil , & qu'il mourut âgé de plus de quatre-vingt ans , vers l'an 391 avant J. C. à Athènes , felon quelques-uns , & felon d'autres en Thrace , d'où fes os furent rapportés à Athènes. Plutarque dit , » que de fon temps on y montroit » encore le tombeau de *Thucydide* ».

2°. THUCYDIDE , beau-frère de Cimon , homme d'une fageffe éprouvée , fut le rival que les ennemis de Périclès lui oppofèrent. (*Voyez* l'article PÉRICLÈS.) Il n'avoit pas , à la vérité , fes grands talens pour la guerre , ni cette magnificence corruptrice qui embellit & perdit Athènes ; mais il avoit , comme Périclès , le talent dangereux de manier à fon gré les efprits du peuple , & de difpofer des affemblées ; & s'attachant conftamment , par fyftême & par inclination , à combattre & à contredire Périclès , il parvint à rétablir l'équilibre , que le crédit prédominant de Périclès avoit entièrement rompu. Mais Périclès , redoublant d'efforts & d'adreffe pour renverfer ce rival , & fe brouillant ouvertement avec lui , amena les chofes au point qu'il falloit abfolument que l'un ou l'autre fubît le ban de l'oftracifme. Ce fut Périclès qui l'emporta : il vint à bout de faire chaffer *Thucydide* ; & ce fut alors feulement qu'il devint le maître abfolu de la ville & des affaires.

THUILERIES ou TUILLERIES , (Claude de Moulinet ; abbé des) (*Hift. litt. mod.*) favant eccléfiaftique , de la ville de Séez , s'eft occupé principalement de notre hiftoire. Il a écrit fur ce qui concerne la Normandie en général, & la ville de Séez en particulier. Son ouvrage le plus connu, est sa dissertation sur la mouvance de la Bretagne, par rapport à la Normandie.

Les savans ont été partagés sur la question de savoir si, sous les deux premières races de nos rois, la couronne étoit élective, ou si elle étoit héréditaire. Hotman, du Haillan, Larrey l'ont crue élective,

Du Tillet, Cujas, Jérôme Bignon, le P. Lecointe l'ont jugée héréditaire.

Le P. Daniel a distingué les temps ; elle étoit, selon lui, héréditaire sous la première race, élective sous la seconde, & elle est redevenue héréditaire sous la troisième.

M. l'abbé des *Thuileries*, dans son *Eclaircissement sur l'élection des anciens rois de France*, a soutenu, contre le P. Daniel, que la couronne avoit été à la fois élective & héréditaire sous les deux premières races ; ce qu'il explique, en disant ; » Que le même » esprit qui portoit les François à ne vouloir pour » rois que les fils de leurs monarques, les engageoit » également, pour éviter les dissensions, à les choisir » toujours selon l'ordre de leur naissance, qui les » destinoit à régner ».

M. l'abbé de Vertot a combattu tous ces sentimens à la fois ; il a cru que sous les deux premières races la couronne avoit été réellement héréditaire & élective à la fois. Elle étoit héréditaire dans la maison royale, en ce qu'il falloit être de cette maison pour pouvoir être élu ; mais le choix de la nation pouvoit tomber indistinctement sur tous les princes du sang royal.

Enfin, M. de Foncemagne a combattu l'opinion de M. l'abbé de Vertot, & il paroît avoir établi que le royaume de France a été successif-héréditaire dans la première race. Il ne s'est pas expliqué sur la seconde.

L'opinion la plus générale, est que sous la seconde race la couronne étoit à la fois héréditaire & élective, de la manière dont l'a entendu M. de Vertot, c'est-à-dire, qu'il falloit être de la race Carlovingienne pour pouvoir être élu ; mais que le droit de primogéniture pouvoit être détruit par l'élection.

L'abbé des *Thuileries* est mort à Paris en 1728.

THUILLERIE, (Jean Jouvenon de la) (*Hist. litt. mod.*) fils de comédien, comédien lui-même, mort en 1688. On a de lui deux comédies, *Crispin précepteur* & *Crispin bel-esprit*, &, sous son nom, deux tragédies, *Soliman* & *Hercule*, qui ont été attribuées à l'abbé Abeille ; ce qui a donné lieu à cette épitaphe burlesque qu'on fit à la *Thuillerie* :

> Cy gît un fiacre, nommé Jean ;
> Qui croyoit avoir fait *Hercule* & *Soliman*.

THUILLIER ou TUILLIER, (dom Vincent) (*Hist. litt. mod.*) ci-devant bénédictin de la congré-

gation de Saint-Maur, sous-prieur de l'abbaye de Saint-Germain-des-Prés, né à Coucy en 1685, mort à Paris en 1736, fut tour-à-tour grand adversaire & grand zélateur de la constitution *Unigenitus*, qui n'a plus aujourd'hui de zélateurs, & qui n'a presque plus même d'adversaires. Un des ouvrages de dom *Thuillier* a pour titre : *lettres d'un ancien professeur de théologie de la congrégation de Saint-Maur, qui a révoqué son appel de la constitution Unigenitus*. On a de lui aussi une *Histoire de la nouvelle édition de saint Augustin, donnée par les bénédictins de la congrégation de Saint-Maur* ; mais son plus grand ouvrage est la traduction de Polybe.

THUROT. (*Hist. de Fr.*) Le capitaine *Thurot*, fameux armateur François, né à Boulogne en Picardie, avoit commencé par être mousse, ayant été fait prisonnier par les Anglois dans la guerre de 1741, il se sauva d'Angleterre sur un petit navire mal gardé qu'il trouva sur la côte, & qu'il gouverna lui-même jusqu'à Calais. Le maréchal de belle-Isle, dans l'yacht duquel il s'étoit d'abord caché pour être ramené avec lui en France, instruit de la résolution que *Thurot* avoit montrée dans cette occasion, devint son protecteur. Dans la guerre de 1756, le capitaine *Thurot* se signala par plusieurs expéditions hardies. En 1760, il fit une descente en Irlande. Le capitaine Elliot l'ayant atteint dans ces parages avec une flotte Angloise, le combat s'engage, & le capitaine *Thurot* y fut tué d'un coup de canon à l'âge de trente-cinq ans.

TIBALANG, s. m. (*Hist. mod. superstit.*) nom que les anciens habitans idolâtres des Philippines donnoient à des fantômes qu'ils croyoient voir sur le sommet des arbres. Ils se les représentoient comme d'une taille gigantesque, avec de longs cheveux, de petits pieds, des ailes étendues, & le corps peint. Ils prétendoient connoître leur arrivée par l'odorat, & ils avoient l'imagination si forte, qu'ils assûroient les voir. Quoique ces insulaires reconnussent un Dieu suprême qu'ils nommoient *Barhala-may-capal*, ou *dieu fabricateur*, ils adoroient des animaux, des oiseaux, le soleil & la lune, des rochers, des rivières, &c. Ils avoient sur-tout une profonde vénération pour les vieux arbres ; c'étoit un sacrilége de les couper, parce qu'ils étoient le séjour ordinaire des *Tibalangs*. (*A. R.*)

TIBERE, (*Hist. Rom.*) Empereur Romain, successeur d'Auguste & choisi par lui, dit-on, comme l'homme le plus propre à le faire regretter. Ne nous étonnons pas que quelques écrivains, amoureux du paradoxe, aient entrepris l'apologie & le panégyrique de *Tibère*, son histoire en fournit le prétexte ; la profonde dissimulation lui a souvent donné l'apparence des vertus ; avec beaucoup d'esprit & de lumières, il sentoit l'intérêt d'affecter la justice, la sagesse, la modération qu'il n'avoit pas ; avec un cœur faux & dépravé, il étoit le plus souvent entraîné vers le vice & vers le crime, & il finit par s'y livrer entièrement avec le plus scandaleux excès,

Pendant le règne d'Auguste, il étoit possible que cet empereur, qui avoit une grande connoiffance des hommes, & qui voyoit de près Tibère, demêlât en lui le germe de fes vices, encore mal développé aux yeux des autres hommes, il paroit que Tibère n'avoit point alors mauvaife réputation. Si les éloges d'un poëte fignifioient quelque chofe, ce vers d'Horace :

Dignum laude domoque legentis honefta Neronis,

donneroit bonne opinion des occupations & des études du jeune prince; mais c'eft à lui-même qu'Horace parle dans cette épitre : il le loue encore en d'autres endroits :

Flore, bono claroque fidelis amice Neroni, &c.

Tibère avoit montré des talens & de la conduite à la guerre; il paroit cependant que la prédilection du public étoit pour Drufus, ou peut-être flattoit-on davantage celui-ci, parce qu'Auguste ayant époufé fa mère, lorfqu'elle étoit groffe de lui, on pouvoit préfumer qu'il étoit fon père ou qu'il croyoit l'être; auffi Horace, dans fa belle ode :

Qualem miniftrum fulminis alitem,

ne loüoit nommément que Drufus :

Vide-e Rhœtis bella fub Alpibus
Drufum gerentem Vindelici,

& ne comprenoit Tibère que tacitement dans l'éloge général des Nérons :

Augufti paternus
In pueros animus Nerones.

Auguste, qui connoiffoit le caractère jaloux de Tibère, avertit, dit-on, Horace que ce prince pourroit être bleffé de la préférence fi hautement donnée à fon frère. C'eft ce qui fit faire à Horace fon ode :

Quæ cura Patrum quæve Quiritium, &c.

où débutant comme dans l'autre par l'éloge de Drufus, il n'en dit qu'un mot pour n'y plus revenir.

Milite nam tuo
Drufus Genaunos, implacidum genus,
Brennofque veloces, & arces
Alpibus impofitas tremendis,
Dejecit acer plus vice fimplici.

Le refte de l'ode eft confacré à l'éloge de Tibère & à celui d'Auguste, & ces deux derniers éloges font fondus l'un dans l'autre, comme pour marquer davantage l'étroite union de ces deux princes qui rendoit tout commun entre eux.

Major Neronum mox grave præ'ium
Commifit, immanefque Rhætos,
Aufpiciis pepulit fecundis.
Spectandus in certamine martio
Devota morti pectora liberæ
Quantis fatigaret ruinis !
Indomitas propè qualis undas
Exercet Aufter, Pleiadum choro
Scindente nubes, impiger hoftium
Vexare turmas, & frementem
Mittere equum medios per ignes.
Sic Tauriformis volvitur Aufidus,
Qui regna Dauni præfluit Appuli
Cum fævit, horrendamque cultis
Diluviem meditatur agris.
Ut Barbarorum Claudius agmina
Ferrata vafto diruit impetu,
Primofque & extremos metendo
Stravit humum fine clade victor.
Te copias, te confilium & tuos
Præbente Divos.

C'eft à peu près ainfi que Racine célèbre la première campagne où commanda le fils de Louis XIV.

Tu lui donnes un fils prompt à le feconder,
Qui fait combattre, plaire, obéir, commander,
Un fils qui, comme lui, fuivi de la victoire,
Semble à gagner fon cœur borner toute fa gloire;
Un fils, à tous fes vœux avec amour foumis,
L'éternel défefpoir de tous fes ennemis.
Pareil à ces efprits que la juftice envoie,
Quand fon roi lui dit : pars, il s'élance avec joie,
Du tonnerre vengeur s'en va tout embrâfer,
Et fidèle, à fes pieds revient tout dépofer.

La retraite volontaire ou forcée de Tibère à Rhodes, toujours fous le règne d'Augufte, femble le montrer auffi dépourvu d'ambition, auffi content d'une condition privée & d'une vie obfcure, que le dauphin, fils de Louis XIV, a toujours paru l'être à Meudon.

Tibère, rappellé par les lettres de Livie, fa mère, de l'Illyrie, où il faifoit la guerre, à Nole où Augufte étoit mourant, fe mit d'abord, à la mort d'Augufte, en poffeffion de la fouveraine puiffance; il reftoit cependant un petit-fils d'Augufte, le jeune Agrippa pofthume, dont Tibère auroit eu toujours à redouter les droits. Les fautes d'Agrippa ou les intrigues de Livie, l'avoient fait exiler dans l'ifle de Planafie; le premier foin de Tibère fut de l'y envoyer tuer, & lorfque le miniftre dont il s'étoit fervi pour cette expédition, vint lui annoncer qu'il avoit exécuté fes ordres, je n'ai point donné d'ordres, dit Tibère d'un ton menaçant, & vous rendrez compte au Sénat de votre conduite. Ce ministre, (c'étoit Salluste, petit-fils de l'historien,) alla tout épouvanté implorer le secours de Livie, qui fit aisément sentir à son fils de quelle conséquence il seroit pour un tyran, de ne plus trouver personne qui osât se rendre le ministre ou l'exécuteur de ses crimes secrets. L'affaire en resta là, & le bruit se répandit qu'Auguste lui-même avoit donné l'ordre de faire tuer son petit-fils.

Tibère convoque le sénat, non comme empereur, car il vouloit feindre de refuser l'empire, mais, disoit-il, en vertu de la puissance tribunitienne, qui lui avoit été déférée sous Auguste ; il parut à l'assemblée, ainsi que Drusus, son fils, en robe noire, sans aucune marque de dignité. Une douleur à laquelle personne ne pouvoit croire, l'empêcha d'achever la lecture d'un discours à la louange d'Auguste : les larmes & les sanglots le suffoquoient ; Drusus, par son ordre, acheva cette lecture.

Tibère déclara ensuite que le fardeau de l'empire étoit trop pesant pour lui, qu'il avoit consulté ses forces & qu'il ne pouvoit absolument s'en charger ; cette déclaration ne fit que lui attirer, de la part des sénateurs, toutes les flateries & toutes les instances de garder l'empire, sur lesquelles il avoit compté. Il vouloit pouvoir dire que la république & le sénat l'avoient forcé d'accepter l'empire ; il vouloit du moins qu'on ne pût pas dire qu'il ne le devoit qu'à la foiblesse d'un vieillard obsédé par une femme artificieuse. Déjà ingrat envers sa mère, il n'aimoit pas à lui avoir tant d'obligation ; c'étoit d'ailleurs un piège qu'il tendoit aux sénateurs pour connoître ou deviner leurs dispositions à son égard ; il observoit leur air, leur ton, leurs mouvemens, leurs discours, leur silence, calculoit jusqu'aux moindres dégrés de leurs instances, & donnoit à tout l'interprétation la plus sinistre. Le pressoit-on foiblement ? On ne le vouloit pas pour empereur. Insistoit-on fortement ? On ne croyoit pas à la sincérité de ses refus, on l'avoit pénétré, & c'est un crime que l'hypocrisie ne pardonne jamais. Il est vrai qu'il étoit difficile de croire ces refus bien sincères quand on comparoit sa conduite à ses discours, & qu'à travers toute cette modestie apparente, on voyoit les actes de souveraineté qu'il exerçoit hautement dans tout l'empire. Quelques sénateurs perdirent patience, & on entendit des voix s'écrier : qu'il finisse, qu'il accepte, ou qu'il se désiste. Un sénateur osa lui dire en face : « d'autres » tardent à exécuter ce qu'ils ont promis ; pour vous, » vous tardez bien à promettre ce que vous avez » exécuté d'avance.

Tibère parut enfin vouloir entrer en composition, & se plaignant toujours de l'énormité du fardeau, il proposa de le partager, & convint que si on vouloit lui assigner un département particulier, il tâcheroit de s'en acquitter. C'étoit encore un nouveau piège qu'il tendoit, c'étoit le partage du Lion qu'il proposoit :

Ego primàm tollo, nominor quia leo ;
Secundam, quia sum fortis, tribuetis mihi ;
Tùm quia plus valeo, me sequetur tertia,
Malè afficietur, si quis quartam tetigerit.

» Je vous demande, César, lui dit Asinius Gallus, » quel est le département dont il vous sera le plus » agréable d'être chargé ? » Cette question imprévue & cependant bien naturelle, déconcerta Tibère, il se tut, &, après un moment de réflexion, ce seroit, dit-il, montrer peu de modestie que de m'empresser à choisir ma part, qui peut-être conviendroit beaucoup mieux à d'autres. Pour moi, ce qui me conviendroit le mieux, ce seroit d'être dispensé de tout. Asinius Gallus, remarquant de l'altération sur son visage & dans sa voix, sentit qu'il avoit eu le malheur de blesser sa délicatesse ombrageuse. « Ma » question, dit-il, ne tendoit pas à partager ce qui » est essentiellement indivisible, je ne voulois que » faire avouer à César lui-même, que la république » ne forme qu'un seul corps, qui ne doit avoir qu'un » chef & qu'une ame, & quel autre chef pour- » rions-nous lui désirer, que celui qui, formé au » commandement par Auguste, accoutumé à porter » avec lui le fardeau de l'empire, a illustré ce même » empire par ses victoires & ses triomphes, & a si » bien prouvé d'avance qu'il sauroit en soutenir le » poids & en augmenter l'éclat ? » il eut beau dire, le coup étoit porté, & il est rare que des explications ferment la plaie qui a été faite par un propos hazardé. On sent que vous voulez réparer, vous aviez donc blessé. Tibère le fit périr dans la suite de faim & de misere.

L. Arruntius ayant parlé à-peu-près de même, parut encore plus coupable à Tibère, parce qu'il avoit plus de mérite & de réputation.

Auguste, sans le savoir, les avoit condamnés tous deux à la mort, par un propos qu'il avoit cru sans conséquence. S'entretenant avec ses amis sur divers sujets, on vint à parler de ceux qui pourroient avoir des vues sur l'empire : « Je vois, dit Auguste, dans » Manius Lepidus, les talens nécessaires, mais plutôt » de l'éloignement que du goût pour la première » place. Asinius Gallus en est avide, mais incapable. » L. Arruntius ne manque assurément pas de talens, » & pourroit ne pas manquer d'ambition, s'il trou- » voit une occasion favorable ; quelques-uns, au lieu d'Arruntius, nomment Pison. Tibère les fit tous mourir, excepté Manius Lépidus.

Mamercus Scaürus, ayant observé, comme pour rassurer le sénat sur la crainte d'un refus persévérant de Tibère, qu'il y avoit lieu d'espérer qu'il se laisseroit fléchir, puisqu'il n'avoit point empêché, comme il le pouvoit par le droit de la puissance Tribunitienne dont il étoit revêtu, que les consuls ne missent l'affaire en délibération, Tibère, qui nourrissoit au fond du cœur contre ce sénateur une haine implacable, que ce discours envenimoit encore, ne répondit

répondit pas un seul mot ; Quintus Hatérius, lui ayant dit d'un ton affectueux : *jusqu'à quand, César, souffrirez-vous qu'il manque un chef à la République ?* il s'emporta contre lui avec une telle violence qu'Hatérius se crut perdu ; au sortir de l'assemblée il courut au palais pour lui faire des excuses & tâcher de l'appaiser ; *Tibère* étoit à la promenade, Hatérius se jetta d'abord à ses genoux, *Tibère* voulut s'éloigner, mais ses jambes s'étant embarrassées entre les bras d'Hatérius, il tomba, ce qui mit Hatérius dans le plus grand danger, les soldats de la garde étant accourus & ayant pensé le tuer sur le champ.

Tibère accepta enfin, pour un temps seulement, mais sans fixer de terme & jusqu'au moment, dit-il, où il pourra paroître juste d'accorder quelque repos à ma vieillesse. *Ad id tempus quo vobis æquum possit videri, dare vos aliquam senectuti meæ requiem.*

Il refusa, sous prétexte de modestie, la couronne civique dont on avoit coutume d'orner les portes du palais de l'empereur. Il n'avoit raison, il n'étoit pas assez citoyen ; il refusa le titre de *père de la patrie*, il se rendoit justice encore, il n'étoit point & il ne se proposoit point d'être le père de la Patrie.

Quant au titre de *seigneur* ou de *maître*, il le refusa plus sensément, en disant : *je suis le maître de mes esclaves, le général des soldats, & le chef des autres citoyens.*

Son principal motif, en refusant les divers titres d'honneur qu'on lui offroit, étoit d'acquérir le droit de refuser à l'ambition de Livie, sa mère, la multitude des titres que la flaterie des Romains s'empressoit déjà de lui prodiguer.

Leur prompte servitude a fatigué *Tibère*,

dit Racine ; mais c'étoit sur-tout lorsque cette servitude vouloit honorer sa mère, que *Tibère* en étoit fatigué. L'ennemi de la servitude auroit dû être l'ami de la liberté ; *Tibère* les détestoit l'une & l'autre ; mais sa haine pour l'adulation servile n'étoit que de l'humeur ; sa haine pour la liberté formoit le fond de sa politique. De ces deux haines contraires se formoit une tyrannie capricieuse avec laquelle on étoit toujours embarrassé de ses discours & de sa conduite ; *Angusta & lubrica oratio sub principe qui libertatem metuebat, adulationem oderat.* Tac.

Quelqu'un donnant aux occupations de l'empereur l'épithète de *sacrées* ou de *divines*, dites *laborieuses*, dit le prince. Un autre lui disant qu'il s'étoit présenté au sénat *par ses ordres*, dites *par mon conseil*, lui dit-il.

Ses démonstrations de politesse & de déférence à l'égard du sénat & de chacun des sénateurs, passoient quelquefois la mesure & tenoient tant de l'adulation, qu'elles pouvoient être suspectes d'ironie.

Un jour, ouvrant un avis contraire à celui d'Hatérius : je vous prie de me pardonner, lui dit-il, si je me déclare contre votre sentiment avec la

liberté d'un sénateur. Il disoit un jour dans le sénat, que le prince devoit être l'humble esclave du sénat & même de chaque citoyen en particulier, & il ajoutoit qu'il avoit toujours trouvé dans les sénateurs des maîtres pleins d'indulgence & de bonté ; c'est ainsi qu'il se permettoit l'adulation pourvu qu'il fût le maître, & qu'il la défendoit aux autres pourvu qu'ils fussent esclaves.

Tibère étant allé faire un voyage dans la Campanie pour sa santé ou pour son plaisir, on reçut en son absence la nouvelle de divers avantages remportés dans la Thrace, & de la défaite de Julius Sacrovir dans les Gaules ; un sénateur d'un nom illustre, Cornelius Dolabella, fit sérieusement la proposition ridicule de décerner à *Tibère* l'Ovation pour honorer son entrée dans Rome à son retour de la Campanie ; il reçut quelque temps après une lettre dans laquelle ce prince lui disoit : « vous parois-je » donc si dépourvu, si incapable & si avide de » gloire, qu'après avoir autrefois dompté des na- » tions très-belliqueuses, après avoir tantôt reçu, » tantôt dédaigné, toujours mérité tant de triomphes » dans ma jeunesse, je veuille à mon âge extorquer » un vain & frivole honneur pour une promenade » que ma santé m'a obligé de faire à la campagne ? »

A force d'esprit & de politique, il se conduisoit souvent très-bien ; il y avoit peu d'affaires sur lesquelles il ne prit la précaution de consulter le sénat, & même, pour l'expédition des affaires pressées ou qui n'étoient pas d'une assez grande importance pour être rapportées au sénat, il ne faisoit rien qu'avec un conseil composé de quelques sénateurs, sur-tout de ceux qui avoient commandé dans les provinces que ces affaires concernoient, & qui en avoient la plus de connoissance. Il avoit plus que des égards pour les consuls, il leur rendoit des respects, il se levoit à leur approche, leur cédoit le pas. Dans les cérémonies, il alloit les recevoir à la porte de son appartement, & les reconduisoit lorsqu'ils prenoient congé de lui. Des consulaires chargés du commandement des armées, lui ayant écrit pour lui rendre compte de leurs exploits, il leur fit des reproches de ce qu'ils ne s'étoient pas adressés au sénat ; selon l'ancien usage ; mais ces reproches étoient doux, & il auroit trouvé fort mauvais qu'ils ne les eussent pas mérités. Si d'autres fois les généraux le consultoient sur certains dons militaires dont ils croyoient devoir lui laisser la disposition : « vous ne connoissez pas, » leur dit-il, toute l'étendue de ces dons, & » vous êtes seuls arbitres de ces sortes de récompenses. » Il se rendoit souvent dans les tribunaux, il assistoit aux audiences pour surveiller les juges & maintenir l'exécution des loix ; il se mettoit hors de rang & n'ôtoit jamais au préteur la place de président ; mais s'il croyoit les juges prévenus ou mal disposés pour la justice, il les rappelloit à leur devoir par ses avis & ses exhortations ; si en cela, dit Tacite, il faisoit respecter les droits de la justice, n'affoiblissoit-il pas la liberté ? *Dum veritati consulitur, libertas corrumpe-*

　　　　　　　　　　　　　　T I B

kuteur. On peut répondre que , s'il fervoit véritablement la juſtice , il ne nuiſoit pas à la liberté , car
les juges n'ont beſoin d'être libres que pour être
juſtes.

Il défendoit quelquefois aſſez noblement les intérêts
des peuples contre ceux du fiſc ; un préfet d'Egypte ,
pour faire ſa cour , ayant envoyé au tréſor impérial
une ſomme plus forte que celle que la province avoit
coutume de fournir : Tibère lui écrivit : qu'il falloit
tondre les brebis & non pas les écorcher ; boni
paſtoris eſſe tondere pecus , non deglutere. Il étoit
libéral & plaçoit bien ſes libéralités ; c'étoit une de
ſes bonnes qualités , dit Tacite , & il conſerva cette
vertu lors même qu'il eut renoncé à toutes les autres.
Erogandæ per honeſta pecuniæ cupiens : quam virtutem
diù retinuit , cùm cæteras exueret.

Il affectoit quelquefois des manières populaires ,
mais c'étoit de mauvaiſe grace , elles répugnoient
trop à ſon caractère dur & fier ; il ſe ſouvenoit
d'Auguſte , dont la popularité avoit été ſi naturelle ,
ſi brillante & ſi aimable , & il craignoit le parallèle.
Un autre parallèle l'inquiétoit encore davantage ,
c'étoit celui de Germanicus , ſon neveu & ſon fils
adoptif , en qui la popularité avoit un caractère plus
touchant , parce qu'elle tenoit aux vertus plus encore
qu'au ſimple deſir de plaire.

Quant à celles dont Tibère montroit quelquefois
l'apparence , elle ne touchoient ni ne plaiſoient , elles
étoient toujours inſpirées par la politique , & ſouvent
démenties par le caractère. Un homme de lettres lui
appliqua à ce ſujet ce vers d'Horace :

　　　　Aſtuta ingenuum vulpes imitata leonem.

Il ne s'aſtreignit même à feindre des vertus que
pendant la vie de Germanicus , objet de ſa jalouſie
continuelle ; la prédilection des Romains pour cet
aimable prince le faiſoit toujours trembler ; c'eſt à
ſes inſtructions ſecrettes qu'on attribue la mort de
Germanicus , (voyez cet article qui eſt de M. TURPIN
dont le nom a été omis par inadvertence.) Voyez
auſſi les articles PISON & PLANCINE. Il paroit
que ces deux perſonnages étoient chargés de con-
trarier Germanicus & de le perſécuter dans ſon
commandement de l'Orient , & de lui procurer la
mort , s'ils le pouvoient , & ſi ſi ils y réuſſirent ;
Piſon fut depuis ſacrifié à la haine publique ; mais
Plancine , choſe étrange ! trouva toujours un ſûr
appui dans Livie , dans l'ayeule du prince , que , de
concert avec ſon mari , elle avoit empoiſonné ; on
s'égare dans ces ténèbres d'une politique ſombre &
criminelle ; il eſt vrai que Livie avoit toujours déteſté
Agrippine , veuve de Germanicus , qui accuſoit hautement Plancine , & que ne croyant peut-être pas Plancine
coupable , par la raiſon même qu'elle avoit commis
le crime le plus abandonné ſon mari , elle ſe fit
un plaiſir de la défendre contre Agrippine ; mais en
général il paroit que Livie & Tibère , qui étoient
bien éloignés d'être d'accord en tout , furent aſſez

d'intelligence dans le projet de perdre Germanicus
& d'humilier la fière & ſenſible Agrippine.

Une des premières & des plus indignes cruautés
de Tibère , fut de faire périr de faim la célèbre &
malheureuſe Julie , ſa femme , fille d'Auguſte. Son
père , dont elle déshonoroit la maiſon par ſa mauvaiſe
conduite , l'avoit exilée.

　　Pour ſes débordemens j'en ai chaſſé Julie.

De l'Iſle Pandataire , où elle étoit d'abord reléguée ;
& qu'il jugea un ſéjour trop triſte & trop ſolitaire ,
il l'avoit transférée à Rhège , où elle avoit la ville
pour priſon. Auguſte avoit ſenti qu'il devoit lui laiſſer
de quoi vivre puiſqu'il lui laiſſoit la vie , & ce n'étoit
pas lui faire grace ; car on a beau dire , les fautes
de ce genre , aſſez punies par la honte , ne doivent
en aucun cas entraîner des peines capitales.

　　　　　　　　Addit
　Regula peccatis quæ pœnas irroget æquas ;
　Ne ſcuticâ dignum horribili ſectere flagello.

Tibère , par l'hypocriſie qui préſidoit à toutes ſes actions , avoit alors intercédé pour elle auprès d'Auguſte ;
auſſitôt qu'il ſe vit le maître , il lui retrancha ſa penſion alimentaire , ſous le lâche prétexte qu'il n'en étoit
point parlé dans le teſtament d'Auguſte , comme ſi
Auguſte avoit pu prévoir que l'homme qui avoit
ſollicité auprès de lui pour Julie cette penſion , voudroit ceſſer de la payer , & deviendroit le bourreau
de celle à laquelle il devoit ſon principal , même
ſon unique titre à l'empire.

Tibère fit auſſi périr un des anciens amans de
Julie , Sempronius Gracchus , qui n'étoit plus à craindre
pour lui dans aucun ſens ; ce fut encore une cruauté
gratuite. Auguſte s'étoit contenté de le reléguer dans
l'iſle de Cercine , & c'étoit encore beaucoup pour
ſon crime. Quel homme refuſeroit les faveurs d'une
aimable & puiſſante princeſſe , ou ne les ſolliciteroit
pas s'il l'oſoit ? A la cruauté qui lui étoit naturelle ,
Tibère joignit un artifice qui lui étoit plus naturel
encore ; il n'envoya pas directement de Rome les
ſoldats chargés de tuer Sempronius Gracchus , il les
fit envoyer d'Afrique par L. Aſprenas , proconſul de
cette province , afin que celui-ci fût chargé de la mort
de Gracchus , & qu'il pût le déſavouer , comme il
avoit voulu déſavouer Salluſte après la mort d'Agrippa
Poſthume. C'eſt ainſi qu'il juſtifioit la définition qu'avoit
faite de lui un de ſes inſtituteurs , en diſant que
l'ame de Tibère étoit de la boue pétrie avec du
ſang.

Tibère , qui ne payoit point la penſion alimentaire
de ſa femme , parce qu'Auguſte n'en avoit pas parlé
dans ſon teſtament , ne ſe preſſoit pas non plus d'acquitter le legs qu'Auguſte avoit fait expreſſément
aux citoyens Romains de trois cent ſeſterces par
tête. C'étoit ſans doute oubli ou négligence , car
Tibère n'étoit ni avare ni avide , & lui-même il

ne recevoit point les legs que les Romains étoient dans l'usage de faire aux empereurs, pour assurer l'exécution de leurs testamens. Il n'en recevoit pas de ses vrais amis, qui lui en eussent fait s'il n'eût été que simple particulier, mais enfin *Tibère* étoit ici en retard. Un plaisant, qui pourroit bien avoir donné à la Fontaine, l'idée assez insipide de sa fable du *Rieur & des Poissons*, s'approcha d'un mort qu'il voyoit porter à travers la place, & parut lui parler à l'oreille; on voulut savoir ce qu'il lui avoit dit, il se vanta de l'avoir chargé d'avertir Auguste que le peuple n'avoit pas encore reçu la gratification portée dans son testament. A la place de *Tibère*, un honnête homme des plus ordinaires, se seroit contenté de dire: *voilà un mauvais plaisant, mais il m'avertit de mon devoir que je négligeois*; un honnête homme plus délicat ou seulement plus habile, auroit été jusqu'à donner au plaisant une gratification particulière pour l'avoir averti de ses torts: *Tibère* fit venir ce Rieur, lui conta ses trois cent sesterces & l'envoya au supplice, en lui disant d'aller s'acquitter lui-même de son message auprès d'Auguste; car, prendre un empereur pour objet d'une plaisanterie, étoit une irrévérence qui tenoit à ses yeux du crime de lèze-majesté, & *Tibère* commençoit à goûter cette accusation vague & inévitable, la plus monstrueux attentat que la tyrannie, soit monarchique, soit républicaine, se soit jamais permis contre la liberté & la sûreté des citoyens. Il s'y étoit d'abord montré contraire, & toujours par hypocrisie, il vouloit du moins que les discours en fussent exceptés, il répétoit souvent que dans une ville libre, les langues & les pensées devoient être libres: *in civitate liberi linguam mentemque liberas esse debere*. C'est pour le dire en passant, une maxime qui importe essentiellement à la liberté, que l'indiscrétion des discours ne soit jamais réputée un crime, & ne soit soumise à aucune peine, ne fût-ce que parce qu'ils sont si sujets à être mal entendus & mal répétés. Si quelqu'un, disoit *Tibère* en plein sénat, si quelqu'un censure ma conduite, je rendrai compte de mes principes; si, après avoir entendu ma justification, il continue à m'attaquer, eh bien! nous serons ennemis.

Quelques sénateurs, ou par adulation, ou peut-être de concert avec lui, ayant demandé que le sénat prît connoissance des actions & des paroles contraires au respect dû à la majesté du prince: « nous n'avons » pas, dit-il, assez de loisir pour nous engager dans » ce nouveau genre d'affaires. Si une fois vous ouvrez » la porte à ces délations, vous n'aurez plus que » ces matières à traiter. Quiconque aura un ennemi, prendra cette voie pour le perdre. *Non tantum otii habemus, ut implicare nos pluribus negotiis debeamus. Si hanc fenestram aperueritis, nihil aliud agi sinetis: omnium inimicitiæ hoc prætextu ad vos deferentur.*

Ce n'étoit donc pas faute d'avoir vu tous les maux que pouvoit produire l'abus des accusations de lèze-majesté, qu'il le laissa porter jusqu'à un excès risible-ment affreux:

Video meliora proboque,
Deteriora sequor.

Falanius & Rubrius furent accusés devant le sénat comme coupables d'irrévérence envers la divinité d'Auguste. Le premier, dans des fêtes instituées en l'honneur de ce prince, avoit admis au nombre des ministres de son culte, l'Histrion Cassius, homme d'une vie infame; en vendant des jardins où étoit une statue d'Auguste, il avoit vendu la statue avec les jardins, il avoit donc fait de la statue d'un Dieu un objet de commerce.

Le second avoit fait un faux serment en attestant le nom d'Auguste; il ne faut jamais faire de faux serment par quelque nom que l'on jure, mais ici le crime de lèze-majesté n'étoit pas le faux serment, c'étoit le manque de respect au nom du Dieu Auguste.

Il falloit, d'après les principes mêmes de *Tibère*, rejeter ces frivoles accusations, elles furent admises; mais on consulta l'empereur, il répondit encore très-raisonnablement, qu'en plaçant Auguste dans le ciel, on n'avoit pas voulu tendre un piège aux citoyens; que sa mère même employoit, comme Falanius, le Pantomime Cassius, aux jeux qu'elle faisoit célébrer en l'honneur d'Auguste; que les statues des Dieux comme celles des hommes, pouvoient, sans que la religion y fût intéressée, suivre le sort des maisons vendues & des jardins; qu'à l'égard du parjure, il falloit laisser aux dieux le soin de venger leurs injures: *Deorum injurias diis curæ*.

Granius Marcellus, gouverneur de Bithynie, fut accusé, par des délateurs de profession, métier devenu lucratif, d'avoir mal parlé de *Tibère*. L'énoncé même du mal qu'on l'accusoit d'avoir dit, sembloit porter conviction; car c'étoient toutes choses vraies, c'étoit ce que tout le monde pensoit de *Tibère*: dans le code des tyrans, le plus grand crime est d'oser nommer ce qu'ils osent faire. *Tibère* eut beaucoup à souffrir en entendant les détails fâcheux de cette accusation; il se contint. Mais Marcellus étant aussi accusé d'avoir ôté d'une statue la tête d'Auguste, pour y substituer celle de *Tibère*, celui-ci, heureux d'avoir une si belle occasion de paroître généreux, en se livrant à tout son ressentiment, éclata sans mesure contre Marcellus: préférer un empereur vivant à un empereur mort; quelle profanation!

Manger l'herbe d'autrui; quel crime abominable!

Il déclara, dans sa colère, qu'il prétendoit donner son suffrage dans cette cause, & venger son père adoptif, c'est-à-dire, se venger. » Il restoit encore, dit Tacite; des vestiges de la liberté mourante » *manebant etiam tum vestigia morientis libertatis.* Cnéius Pison osa lui demander en quel rang il prétendoit opiner; si vous opinez le premier, dit-il, » vous m'ôterez mon suffrage; si vous opinez le der-» nier, je craindrai toujours de me trouver, sans le

» vouloir, en contradiction avec vous ». *Tibère* réfléchit, rougt de son emportement, parut s'adoucir, & souffrit enfin que Marcellus fût déchargé de l'accusation de lèze majesté.

Apuleïa Varilia, petite nièce d'Auguste, fut aussi accusée de discours injurieux contre Auguste lui-même, contre *Tibère* & contre Livie. *Tibère* déclara, en son nom & au nom de sa mère, que personne ne devoit être puni pour les avoir attaqués par de simples paroles, & qu'il ne falloit faire attention qu'à ce qui concernoit Auguste, dont l'accusée étoit la petite nièce. Elle fut déclarée innocente sur l'accusation de lèze-majesté.

Quelque temps après, & dans une affaire à-peu-près semblable, *Tibère* s'expliqua & se comporta d'une manière un peu plus équivoque. Lépida, de la maison Emilia, arrière-petite-fille de Sylla & de Pompée, jeune encore, étoit accusée par un vieux mari de divers crimes, parmi lesquels on mêloit le crime de lèze-majesté; parce qu'elle avoit, dit-on, consulté des astrologues sur la maison & la fortune des Césars. *Tibère* n'avoit pas qu'on eût recours aux astrologues, parce qu'il y croyoit un peu. Il déclara bien toujours qu'il ne vouloit pas qu'il fût question dans ce procès du crime de lèze-majesté; mais cependant il invita les témoins à déclarer tout ce qu'ils savoient sur cet article, car il avoit à cœur de savoir ce que les astrologues avoient pu dire. Après l'instruction, il annonça qu'il résultoit des dépositions & des interrogatoires, que cette femme avoit voulu empoisonner son mari. Ce mari étoit un des amis particuliers de *Tibère*; il n'y avoit réellement de prouvé contr'elle que quelques désordres dans sa conduite: Lépida fut exilée.

Enfin *Tibère* leva le masque, & montra le tyran tout entier. On ne lui fit plus sa cour que par des délations. L'accusation de lèze-majesté devint l'accessoire & le complément de toutes les autres, le crime de tous ceux qui n'en avoient point: *quod tum omnium accusationum complementum erat, unicum crimen eorum qui crimine vacabant.* On épioit & on interprétoit un mot échappé dans l'ivresse ou dans la gaieté d'un repas: *excipiebatur ebriorum sermo, simplicitas jocantium.* Il étoit impossible de prévoir tous les cas dont l'interprétation des accusateurs, & les dispositions du maître, parviendroient à faire des crimes capitaux. C'en étoit d'avoir fait châtier un esclave ou d'avoir changé de vêtemens auprès d'une statue ou d'un tableau d'Auguste, de *Tibère*, ou de tel autre dieu mort ou vivant; d'avoir porté dans un lieu d'aisance une pièce de monnoie ou une pierre gravée, portant l'effigie du prince. Sénèque rapporte qu'un ancien Préteur, nommé Paulus, se trouvant dans un grand repas, eut un besoin qui l'obligea de passer dans une chambre voisine; un fameux jeune-homme, nommé Maro, avoit remarqué au doigt de Paulus une bague où étoit en relief une image de *Tibère*, & il n'avoit pas moins remarqué que Paulus, en sortant, n'avoit pas songé à ôter cette bague de son doigt. En conséquence, il

avoit déjà dressé le plan d'une accusation de lèze-majesté, & il commençoit à prendre à témoins tous ceux qui étoient présens, ce qui les embarrassoit beaucoup, lorsqu'un esclave de Paulus montrant dans sa main la bague de son maître, rendit confus l'accusateur, qui avoit déjà conçu des espérances de fortune. Cet esclave, à force de zèle & de fidélité, avoit pénétré la subtile & profonde malice du délateur; il avoit deviné le crime qu'on pourroit faire à Paulus de son oubli, dont il s'étoit apperçu. Il avoit tiré la bague du doigt de son maître avec tant d'adresse & de secret, que Paulus lui-même ne l'avoit pas senti.

Qu'ils me haïssent pourvu qu'ils me craignent, *oderint dum metuant*, étoit devenu la devise de *Tibère*. Un chevalier romain, nommé Lutorius Priscus, qui avoit du talent pour la poësie, ayant fait sur la mort de Germanicus une complainte qui réussit, reçut une gratification de l'empereur, oncle, & peut-être meurtrier de Germanicus. Drusus, fils de *Tibère*, étant aussi tombé malade, Lutorius, dans l'espoir d'une récompense plus forte encore, composa d'avance un semblable ouvrage, qu'il se proposoit de publier si le prince venoit à mourir. Le prince ne mourut point; mais Lutorius, content de son ouvrage, par une indiscrétion & une vanité de poëte, le lut dans quelques cercles de femmes. On fut qu'il avoit osé prévoir, comme possible, la mort d'un prince malade; ce fut encore un crime de lèze-majesté, pour lequel le sénat n'eut pas honte de le condamner à la mort, ni *Tibère* de le laisser exécuter.

Mais quelquefois des motifs particuliers & inconnus lui inspiroient une conduite différente. L. Ennius, chevalier Romain, avoit converti en vaisselle une représentation du prince en argent. *Tibère* rejeta l'accusation; un sénateur, grand jurisconsulte, (Ateius Capito) faisant servir à l'adulation les apparences même de la franchise & de la liberté, dit: » que » l'empereur pouvoit pousser la clémence à l'excès » pour la part qu'il avoit personnellement à cette » offense; mais que la république étoit outragée, & » qu'il ne pouvoit pas arrêter sa juste vengeance ». *Tibère* entendit ce langage, & persista dans son jugement: *intellexit hæc Tiberius ut erant magis quàm ut dicebantur, perstititque interdicere.* Capito fut déshonoré, mais il fit sa cour; ce qui ne lui fut pas fort utile, car il mourut l'année suivante.

Ce fut dans un mouvement d'indignation, que de si viles flatteries donnoient quelquefois à ce tyran, homme d'esprit & homme d'humeur, qu'il s'écria un jour en sortant du sénat: *ô homines ad servitutem paratos!* » ô les lâches, qui courent au-devant de » l'esclavage! »

Il manquoit à l'histoire des délations, l'exemple d'un père accusé par son fils: Vibius Serenus donna au sénat l'horreur de ce spectacle. Son père, nommé comme lui Vibius Serenus, avoit été relégué dans l'île d'Amorgos, une des Sporades, pour s'être mal conduit dans son gouvernement de la Bétique, ou pour avoir déplu à *Tibère*, auquel, dans un moment de mécontentement, il avoit écrit une de ces lettres plaintives & altières, que les tyrans ne pardonnent point. On amena ce malheureux chargé de chaînes, & dans l'état le plus déplorable. Son fils, qui ne l'accufoit pas de moins que d'une conjuration contre le prince, & de mefures prifes pour faire révolter les Gaules, comparut devant lui paré, brillant de jeuneffe & de gaieté, triomphant comme un favori fûr d'avoir fait fa cour. Il traça tout le plan de la prétendue conjuration; il y mêla un ancien Préteur, Cecilius Cornutus, qu'il accufa d'avoir fourni de l'argent à fon père pour l'exécution de fes projets. Cornutus voyant à quel fiècle il avoit été réfervé, voulant échapper à l'horreur d'une procédure criminelle, & à l'infamie d'une condamnation, quoique non méritée, fe donna la mort : c'étoit un préjugé contre l'accufé. Celui-ci cependant ne perdit point courage, & fe tournant vers fon fils, en fecouant fes chaînes, il invoqua contre lui les dieux vengeurs de l'impiété des fils; il les prioit de lui rendre fon exil, dont il n'avoit été tiré que pour être l'objet d'une pareille noirceur; il les prioit de fignaler leur juftice par le fupplice d'un fils calomniateur & dénaturé. » Mais qu'il nomme » donc, s'il l'ofe, mes autres complices; car je n'ai » pu feul, avec cet innocent & infortuné Cornutus, » du fond de mon exil, préparer le meurtre de l'em- » pereur & le foulevement d'une grande province ? » Alors l'accufateur, qui apparemment ne s'attendoit pas à cette interpellation, nomma au hazard Cneius Lentulus & Seius Tubero; l'un très-âgé, l'autre très-infirme, & tous deux intimes amis de Tibère. Lentulus accueillit cette accufation d'un grand éclat de rire; Tibère rougit de voir un accufateur fi impudent & fi mal-adroit : » je ne ferois pas digne de vivre, dit-il, » fi Lentulus lui-même fouhaitoit ma mort ». Mais comme il haïffoit l'accufé, il fit donner la queftion à fes efclaves, qui ne chargèrent point leur maître. La vertu du peuple fe fouleva; on menaça hautement l'accufateur du roc Tarpeïen, ou même du fupplice des parricides. Il s'enfuit; on courut après lui : on le joignit à Ravenne. Il fut ramené à Rome, & forcé de pourfuivre fon accufation.

Quelques fénateurs fachant feulement que Tibère haïffoit l'accufé, opinèrent contre lui à la mort; car la baffeffe ne connoiffoit plus de bornes. Tibère, qui fentit à quel point un tel jugement le rendroit odieux au peuple, déjà ému, arrêta lui-même ce zèle infâme; Vibius Serenus fut feulement ramené dans fon exil d'Amorgos, comme il l'avoit demandé aux dieux.

Mais quelques fénateurs ayant propofé, à l'occafion de la mort volontaire de Cornutus, que les délateurs fuffent privés des récompenfes promifes, lorfque les accufés de lèze-majefté préviendroient ainfi la condamnation, Tibère déclara que ce feroit anéantir les loix, dont il foutint que les délateurs étoient les défenfeurs & les gardiens.

Dans le même temps, toujours inexplicable & toujours différent de lui-même, il faifoit grace à C. Cominius, chevalier romain, convaincu d'avoir fait contre lui des vers fatyriques très-condamnables. Il fembloit quelquefois goûter les douceurs de la clémence; mais fon caractère le ramenoit toujours à la dureté.

Ce fut fur-tout après la difgrace de Séjan, & dans la pourfuite de fes prétendus complices, qu'il n'y eut plus aucunes bornes aux délations, aux accufations, aux fupplices, aux cruautés. Quiconque avoit, même malgré foi, adoré dans Séjan la faveur du maître, étoit coupable. Ce fut alors que fut pleinement accomplie la prédiction faite autrefois par Tibère lui-même : » que quiconque auroit un ennemi, prendroit » cette voie pour le perdre ».

C'étoit peu de récompenfer & de payer la délation; Tibère la voulut honorer; il proftitua aux délateurs jufqu'aux ftatues & aux ornemens du triomphe. Qu'arriva-t-il ? les délateurs n'en furent pas moins vils; mais les honneurs, fi recherchés autrefois, tombèrent dans un tel aviliffement, que des gens de mérite les refusèrent, de peur d'être confondus avec ceux qui les acquéroient par des moyens fi indignes.

La brutalité & la perverfité de Tibère éclatoient dans les moindres chofes, quand il n'avoit pas, ou la volonté ou le temps de fe contraindre. Lorfqu'il fe fut enfermé dans fa honteufe retraite de Caprées, pour fe livrer obfcurément aux plus infâmes débauches, & pour ne plus montrer en public fa tête chauve, fon vifage rongé d'ulcères & couvert d'emplâtres, les écueils qui rendoient cette île inacceffible, excepté par un feul endroit, que Tibère tenoit fermé, n'arrêtèrent pas le zèle intéreffé d'un pauvre pêcheur, qui ayant trouvé un magnifique furmulet, fe fit un plaifir & un devoir de le préfenter à l'empereur. Ayant franchi des rochers fort efcarpés, il fe préfenta inopinément devant Tibère, qui fut effrayé de voir qu'un homme eût pénétré dans fa folitude, qu'il croyoit abfolument inabordable : effrayer un tyran, même fans deffein, eft fans contredit un crime de lèze-majefté. Tibère fit frotter fortement le vifage du pêcheur avec fon poiffon; & celui-ci ayant dit, » qu'il » étoit bienheureux, dans fon malheur, de n'avoir pas » apporté une groffe écreviffe de mer, qu'il avoit auffi » pêchée, & qui lui auroit déchiré le vifage; » Tibère profita de l'avis, envoya chercher l'écreviffe, & la fubftituant au furmulet, fit mettre le vifage du pêcheur tout en fang.

Qui pourroit n'être pas faifi d'horreur en voyant ce brutal faire frapper au vifage, avec tant de violence, la refpectable Agrippine, veuve de Germanicus, (Voyez l'article AGRIPPINNE) qu'on lui fît fauter un œil de la tête en préfence du tyran ? Qui ne feroit indigné de voir cette femme, auffi fage que Julie fa mère avoit été libre dans fes mœurs, reléguée, comme elle, dans l'île Pandataire, & réduite à mourir de faim comme elle ? Qui le croiroit ? une mère, d'un âge fort avancé, fut mife à mort pour avoir pleuré un fils injuftement immolé à la vengeance de Tibère.

Ce n'étoit pas fans raifon qu'un poëte fatyrique avoit dit de *Tibère*, qui avoit été très-fujet aux excès du vin :

Faftidit vinum, quia jam fitit ifte cruorem,
Tam bibit hunc avidè quàm bibit antè merum.

Ce n'eft pas fans raifon qu'il lui dit :

Afper & immitis. Breviter vis omnia dicam ?
Difperem , fi te mater amare poteft.

Non, fans doûte, fa mère ne pouvoit l'aimer. (*Voyez* à l'article LIVIE, la conduite de *Tibère* à fon égard.) Augufte s'étoit plaint à elle de l'humeur dure & intraitable de fon fils, & un jour, dans une violente querelle qu'elle eut avec lui, & où il lui donnoit de nouvelles preuves de cette humeur, elle tira d'un porte-feuille fecret le billet d'Augufte, qui contenoit cette plainte. *Tibère* ne lui pardonna jamais d'avoir confervé fi long-temps un titre contre lui, & d'en avoir fait ufage dans ce moment d'aigreur. Ce fut, dit-on, en grande partie par l'effet de ce reffentiment, & pour ne plus voir fa mère, qu'il prit le parti de fe retirer dans l'île de Caprées.

On connoît ce mot affreux de *Tibère* à un de fes ennemis, qu'il accabloit de tourmens, & qui lui demandoit pour toute grace une prompte mort : *fommes-nous donc réconciliés ?*

Tibère s'anéantiffoit, fes forces l'abandonnoient, & la diffimulation lui reftoit encore, dit Tacite : *jam Tiberium corpus, jam vires, nondum diffimulatio deferebat.* Sa mort eut, dans plufieurs circonftances, de la conformité avec celle de nôtre mauvais roi Louis XI. Même diffimulation jufqu'au dernier foupir, même crainte de la mort, même inquiétude d'efprit, même défir de déguiser aux autres, & de fe déguifer à foi-même, des marques trop évidentes de décadence ; tous deux ombrageux & terribles jufqu'à la fin. Ce fut à Mifène que *Tibère* mourut ; fon inquiétude, un des fymptômes de fa maladie, lui ayant fait abandonner l'île de Caprées. Le 16 Mars de l'an de Rome 788, *Tibère* perdit connoif-fance : on le crut mort. Déjà Caïus fortoit avec un nombreux cortège pour aller, au milieu des applaudiffemens, prendre poffeffion de l'empire, lorfqu'on vint lui apprendre que *Tibère* avoit repris fes fens, & demandoit à manger. A cette nouvelle tout fe difperfa ; Caïus fe crut perdu. *Voyez* à l'article MACRON, comment ce coupable courtifan tira Caïus d'embarras, en accélérant la mort de *Tibère*.

Terminons l'hiftoire de cet empereur par un mot qui lui fait honneur. Le fénat, dans un de ces accès d'adulation, dont nous avons rapporté plus d'un exemple, voulut donner le nom de *Tibère* au mois de Novembre, comme on avoit déjà donné les noms de Jules-César & d'Augufte à deux autres mois. *Tibère*, que nous avons vu auffi quelquefois oppofé

à la flatterie, rejetta celle-ci, en difant aux fénateurs : » comment ferez-vous fi vous avez plus de douze Céfars ? »

Tibère mourut dans la foixante-dix-huitième année de fon âge, & dans la vingt-troifième de fon règne.

On a remarqué, mais plutôt comme une fingularité, que comme un fait dont il y ait aucune conféquence à tirer que ous les collégues de *Tibère* dans le confulat ont péri malheureufement, quoiqu'il n'y en ait que trois dont la mort puiffe lui être attribuée : il fut cinq fois conful. Varus, fon collégue, dans fon premier confulat, fut réduit, par le fuccès des Germains, à fe tuer lui-même. Pifon, fon fecond collégue, fe tua lui-même auffi, mais en prifon, & fe voyant abandonné par l'empereur dans le procès fur la mort de Germanicus : celui-ci fut le troifième. Il paroît que fa mort fut l'ouvrage de Pifon ; mais ordonnée par *Tibère*. Drufus, fils de cet empereur, & fon quatrième collégue, mourut empoifonné par Liville fa femme, à l'inftigation de Séjan. Quant à ce dernier, cinquième collégue de *Tibère*, tout le monde fait quel fut fon fort, & comme, après avoir été le favori de *Tibère*, il mourut fa victime.

2°. TIBÈRE II, empereur Romain, fucceffeur de Juftin II, & prédéceffeur de Maurice, étoit un foldat de fortune, Thrace de nation, dont la naiffance eft d'ailleurs inconnue. La nature lui avoit prodigué les plus grands avantages ; les talens, la figure, & fur-tout la vertu ; la plus rare valeur jointe à une bonté, à une fenfibilité, qui n'eft pas toujours la compagne la plus affidue. Il fut élevé dès fon enfance près de Juftin, qui, avec fort peu de mérite, eut cependant celui de prendre pour lui la plus grande affection. Après l'avoir éprouvé dans divers emplois du palais, & l'avoir fait paffer rapidement, mais à proportion de fes fervices, par les divers grades de la milice, il lui confia le foin de fa perfonne, & le fit commandant de la garde impériale. *Tibère* acquit l'eftime générale. Placé à la tête des armées, il foutint la gloire de l'empire, qui tomboit par-tout ailleurs. Il fut cependant défait en 573 par les Huns ou Abares, dont les cris effrayans & les vifages féroces mirent en fuite les nouvelles milices qui compofoient l'armée Romaine ; *Tibère* lui-même penfa être pris. Il répara cet échec par des négociations heureufes, & Sirmium, (Sirmick) qui étoit l'objet de la guerre, refta aux Romains. En 574, Juftin ayant encore eu le mérite & le bonheur de fentir de lui-même l'affoibliffement graduel de fon efprit, & le befoin qu'il avoit d'un appui pour foutenir le poids de l'empire, l'impératrice Sophie, fa femme, nièce de la fameufe Théodora, femme de Juftinien, plus fage, mais non moins ambitieufe que fa tante, & qui gouvernoit Juftin, comme Théodora autrefois avoit gouverné Juftinien, engagea Juftin à jetter les yeux fur *Tibère*. Elle n'étoit pas infenfible aux agrémens de ce général, à fon air noble, & qui fembloit fait pour commander aux hommes ; mais elle vouloit en général que le fucceffeur de Juftin, quel qu'il put être, lui eût obligation de l'empire, & que sa reconnoissance le partagât avec elle. Sophie étoit encore dans l'âge de plaire ; elle espéroit & désiroit conserver le pouvoir auquel elle s'étoit accoutumée. Il falloit pour cela épouser le successeur de Justin, & Tibère, qu'elle préféroit, & qui pénétroit ses projets, n'y mit point d'obstacle. Elle n'eut pas de peine à réussi ; Justin étoit par lui-même favorablement disposé pour Tibère. Celui-ci fut donc proclamé César, & chargé dès-lors de tous les soins du gouvernement. Alors l'empire reprit sa puissance & sa gloire ; il soutint vigoureusement la guerre contre Chosroës, roi de Perse. Tibère lui opposa deux des meilleurs généraux du temps ; Justinien, petit-neveu de l'empereur de ce nom, qui gagna la bataille de Mélitine ou Mélitène, & Maurice, que Tibère lui-même choisit depuis pour successeur. Pour lui, au milieu même de la guerre, il faisoit jouir ses sujets de toutes les douceurs de la paix ; » trouvant toutes ses ressources, dit » l'auteur du bas-empire, dans la noble simplicité de sa » table, de son cortège, de ses équipages, & dans le » retranchement de tout cet appareil de luxe, que la » vanité insinue à la grandeur, comme une décoration » nécessaire ».

Il régna quatre ans sous le simple titre de César. En 578, Justin se sentant près de sa fin, lui conféra le titre de César le 26 Septembre, & mourut le 5 Octobre suivant. Le p'us grand, le seul service peut être qu'il eût rendu à l'empire, étoit d'avoir choisi un empereur plus digne que lui de régner.

Le moment étoit arrivé où Sophie croyoit n'avoir qu'à recueillir le fruit de ce qu'elle avoit fait pour Tibère. Le peuple étoit au cirque ; le nouvel empereur y parut ceint du diadème, revêtu de la pourpre impériale, assis sur le trône. Mille voix s'écrièrent : vive l'empereur & l'impératrice ; montrez-nous l'impératrice, soit que ce fût une invitation de faire monter avec lui Sophie sur le trône, soit qu'on soupçonnât quelque mariage secret. A ces cris, on vit arriver dans le cirque une femme, nommée Anastasie, accompagnée de deux jeunes princesses, fruits de son mariage secret avec Tibère. Ce prince embrassa tendrement sa femme, lui mit la couronne sur la tête, la présenta au peuple. Ce coup de théâtre inattendu répandit la surprise & l'attendrissement dans toute l'assemblée, la confusion & la fureur dans l'ame de Sophie, qui se voyoit déchue de toutes les espérances de l'amour & de l'ambition. Elle ne pouvoit cependant reprocher à Tibère que de ne lui avoir pas révélé un secret, qui l'auroit empêchée de travailler à sa fortune. Elle n'avoit pas provoqué ce secret ; il avoit deviné ses projets, mais elle ne lui avoit pas révélé, & ils n'étoient pas de nature à l'être du vivant de Justin. Cependant cette confidence eût pu seule imposer à Tibère l'obligation de désabuser Sophie, & de se refuser à ses bienfaits. Tibère espéra qu'il pourroit l'appaiser à force d'honneurs & de respects ; il la traita & la fit traiter en tout comme sa mère ; il lui conserva tout l'appareil de la dignité impériale ; il lui fit construire un palais

superbe dans le plus beau quartier de Rome ; il chercha tous les moyens de faire éclater sa reconnoissance. Rien ne put la dédommager de la réalité du pouvoir, ni lui adoucir l'amertume d'avoir travaillé pour une rivale, en croyant travailler pour elle-même. Dans son implacable ressentiment, elle voulut détruire son ouvrage ; elle rassembla, elle irrita contre Tibère tous les envieux que son élévation lui avoit faits ; elle forma un complot pour élever Justinien sur le trône, & Justinien eut la foiblesse de s'y prêter. Ce complot fut découvert, & le généreux Tibère, disant que des ennemis connus n'étoient plus à craindre, voulut bien leur laisser le temps de se sauver. Il crut seulement devoir s'assurer de celle qui avoit été l'ame du complot, & qui pouvoit en former d'autres ; il s'attacha sur-tout à lui en ôter les moyens. Il la réduisit au simple nécessaire, lui ôta tous ses anciens domestiques, lui en donna de nouveaux, dont il étoit sûr. Justinien, qui aimoit & respectoit Tibère, & qui connoissoit sa vertu & sa bonté, mais que les charmes d'un empire avoient pu éblouir un moment, pénétré du repentir le plus sincère, & plein d'une confiance généreuse, vint trouver Tibère, & se prosternant devant lui fondant en larmes, il fut long-temps sans pouvoir proférer une parole. Plus attendri encore, mais encouragé par les regards pleins de douceur de Tibère : » sous tout » autre empereur, dit-il, j'aurois mérité la mort, & » je n'espérerois point de grace, sous les plus » cléments de tous les princes. J'ai mérité » au moins de perdre mes biens : les voilà ; je les » dépose à vos pieds ». En effet, il avoit fait apporter à sa suite tous ses trésors. Tibère, touché jusqu'au fond du cœur, le relève, l'embrasse, lui rend ses trésors, lui fait seulement un doux & tendre reproche sur son erreur : » la dépouille d'un ami, ajouta-t-il, ne me » consoleroit pas de la perte de son amitié ; & quand » il me rend son cœur, tout est expié, tout est » oublié ». Il n'eut point en effet, dans la suite, d'ami plus tendre ni plus fidèle que Justinien.

La guerre contre les Abares, Avares ou Huns, qui dura encore quelque temps sous ce règne, finit par la restitution qui fut faite à ces peuples de Sirmium, principal sujet de la guerre.

En Afrique, l'Exarque Gennadius fit une rude guerre aux Maures. Leur roi Gasmul, qui avoit battu, pris & fait périr trois généraux Romains, fut battu & pris à son tour ; & Gennadius lui fit trancher la tête.

En Italie même, les Lombards furent réprimés & contenus.

En Perse, Hormisdas avoit succédé à Chosroës son père, & la guerre s'étoit rallumée avec plus de fureur. Tibère envoya contre lui le général Maurice. Celui-ci, l'an 580, gagna contre les Perses la bataille de Callinique, & l'an 581 celle de Constantine. D'après ces succès, d'après les talens & les vertus de Maurice, Tibère jugea que c'étoit lui qu'il devoit choisir pour successeur. Il ne se permit point, comme autrefois Auguste & le premier *Tibère*, cette petite recherche d'un amour-propre Machiavelliste, de faire un mauvais choix pour être regretté davantage par la comparaison. Plus jaloux d'assurer le bonheur des Romains, que de s'assurer leurs regrets, il imita Justin ; & la première bonne action de cet empereur, fut la dernière de celles de *Tibère* II. Il nomma Maurice César le 5 Août 582, & lui fiança Constantine sa fille aînée. Huit jours après il le proclama empereur, & le couronna. Il déclara, dans le discours qu'il fit prononcer en son nom à cette occasion, n'ayant déjà plus la force de le prononcer lui-même, qu'il croyoit entendre chacun de ses sujets lui dire : *tu as pris soin de mon bonheur pendant ton règne ; c'est encore ton devoir de songer à me l'assurer quand tu ne seras plus.* Après ce discours, *Tibère*, alors mourant, rappellant ce qui lui restoit de forces, posa lui-même la couronne sur la tête de Maurice, & le revêtit de la pourpre impériale. Après la cérémonie, il se fit reporter dans son lit, où il mourut le 14 Août, lendemain de la cérémonie du couronnement de Maurice. Tous les Romains prirent le deuil ; ce qui étoit alors l'expression volontaire d'une douleur vraie, & non un simple usage de bienséance. Sanglots, éloges perpétuels de ce prince ; voilà tout ce qu'on entendit à ses funérailles : Rome avoit véritablement perdu un père.

TIBERGE, (Louis) (*Hist. litt. mod.*) les abbés *Tiberge* & Brisacier, supérieurs des séminaires des missions étrangères à Paris, se signalèrent dans l'affaire des Rits de la Chine, & ne furent point favorables aux Jésuites. *Tiberge* mourut en 1730.

TIBIR, s. m. *terme de relation* ; nom que l'on donne à la poudre d'or en plusieurs endroits des côtes d'Afrique. (*A. R.*)

TIBULLE, (*Hist. litt. Rom. & Fr.*) *Aulus Albius Tibullus*, chevalier romain, ami d'Ovide, qui a fait sur sa mort une très-belle élégie, & d'Horace qui lui adresse la 33e ode du 1er livre :

Albi, ne doleas plus nimio, memor
Immitis Glyceræ, &c.

Et la quatrième épître aussi du premier livre :

Albi, sermonum nostrorum candide judex, &c.

Il lui accorde les avantages de la figure :

Di tibi formam.

Ceux de la fortune & de la sagesse qui fait en jouir :

Di tibi divitias dederunt artemque fruendi.......
Quærentem quidquid dignum sapiente bonoque est.

Les avantages de la fortune ne lui restèrent pas,

Ses biens furent compris dans la distribution de terres faite par Auguste à ses soldats, ce qui est le sujet de la première églogue de Virgile :

Tityre, tu patulæ recubans sub tegmine fagi, &c.

Et de la neuvième :

Quò te, Mœri, pedes, an quò via ducit ? in urbem ? &c.

Et moins heureux ou moins adroit que Virgile, il n'obtint point la restitution de ces biens, parce qu'il négligea trop, dit-on, de faire sa cour à cet empereur, que Virgile & Horace se trouvèrent très-bien d'avoir encensé. *Tibulle* a mieux aimé célébrer son ami, son protecteur Messala Corvinus, qu'il suivit dans la guerre de l'Isle de Corcyre ; mais les fatigues de la guerre étant peu compatibles avec la foiblesse de son tempérament, ou ce qui est plus vraisemblable, avec son goût pour la mollesse & les plaisirs, il quitta bientôt la profession des armes, & revint à Rome goûter & chanter les douceurs & les peines de l'amour. Sa première inclination fut, dit-on, une affranchie, qu'il a célébrée sous le nom de Délie ; ainsi on put lui dire, comme Horace à Xanthias Phoceus :

Ne sit ancillæ tibi amor pudori.

Horace & *Tibulle* furent rivaux comme le furent parmi nous Voltaire & Génonville, c'est-à-dire, qu'ils ne s'en aimèrent pas moins, & que leur rivalité fut pour eux l'occasion d'un badinage aimable ; c'étoit apparemment Glycère qui étoit l'objet de cette rivalité.

Tibulle étoit chevalier romain ; il étoit né à Rome l'an 43 avant J. C. Il mourut peu de temps après Virgile, l'an 17 de J. C.

Entre ces trois célèbres poëtes érotiques, si souvent imprimés ensemble, Catulle, *Tibulle* & Properce, c'étoit autrefois Catulle qu'on mettoit au premier rang, il paroit qu'aujourd'hui la faveur des gens de lettres est pour *Tibulle*.

Plusieurs d'entre eux lui ont rendu l'hommage de le traduire en tout ou en partie, en prose ou en vers.

On ne peut guères faire l'honneur à l'abbé de Marolles, de le compter parmi les traducteurs de *Tibulle* ; ce n'est point un traducteur, c'est un parodiste ignoble. Il traduit :

Solito membra levare toro.

Par, delasser mes membres sur ma *paillasse* accoutumée.

Si *Tibulle* dit :

Nec facit hoc vitio, sed corpora fœda podagrâ,
Et senis amplexus culta puella fugit.

L'abbé

L'abbé de Marolles traduit :

« Ce n'est pas pourtant qu'il y ait du vice ; mais une belle dame, comme elle est, fuit comme la peste les gens gouteux. »

C'est avec cette bassesse que certains savans conçoivent & parodient la simplicité noble des ancies.

M. de la Harpe, dans un morceau plein de goût sur *Tibulle*, trouve ce poëte très-difficile à traduire, sur-tout en prose ; il fait de quelques endroits de la traduction de M. l'abbé de Longchamps, qui passoit pour la meilleure avant celle de M. de Pastoret, un examen, à son ordinaire juste & rigoureux, d'où il paroît résulter que, pour faire de *Tibulle* une bonne traduction en prose, on ne sauroit suivre de trop près les tournures du latin. C'est en général le principe le plus sûr en matière de traduction, & M. de Pastoret nous paroît y avoir été plus fidèle que M. de Longchamps.

M. de la Harpe fait aimer *Tibulle* : « c'est, dit-il, un des écrivains du siècle d'Auguste, qui a mis dans ses vers le plus d'élégance & de charme. Il est plein d'esprit, de délicatesse, de goût, ... de mollesse, de grace ..... Son expression est toujours celle du sentiment .... *Tibulle* est le poëte des amans. Il est dans la poësie tendre & galante, ce qu'est *Virgile* dans la poësie héroïque. »

M. l'abbé de Longchamps, quoique traducteur, lui trouve un défaut, c'est d'être monotone. Tant pis, dit M. de la Harpe, pour qui trouve *Tibulle* monotone. Il nous semble cependant qu'en lisant de suite les quatre livres d'élégies de *Tibulle*, on sent en effet cette monotonie. Elle n'est un vice *inhérent à la perfection*, comme le dit M. l'abbé de Longchamps, par un rafinement dont M. de la Harpe se moque, & qui rappelle ce qu'on a dit, en plaisantant, de Racine : *qu'il avoit la monotonie de la perfection*. La monotonie de *Tibulle* consiste dans le retour trop fréquent des mêmes objets, des mêmes idées, des mêmes images, des mêmes comparaisons, des mêmes allusions aux mêmes usages ; l'expression, à la vérité, est variée, & presque toujours heureuse ; mais enfin les objets sont les mêmes. C'est toujours la préférence donnée à l'amour sur la gloire & sur la fortune, à la paresse sur l'activité, à l'obscurité sur l'éclat, à la médiocrité sur la richesse ; toujours ou la peinture des voluptés, ou les larmes d'une amante au tombeau d'un amant.

Tous ceux qui goûtent la poësie & qui ont aimé, dit M. de la Harpe, savent par cœur les vers de *Tibulle*.

Disons, *savent par cœur des vers de Tibulle*, On cite principalement la première élégie, & dans cette première élégie, cette tirade si tendre & si passionnée :

Te spectem, suprema mihi cùm venerit hora, &c.

On ne cite guères des autres, dont plusieurs ont

l'inconvénient d'être une répétition de cette première, que des traits particuliers ; tels que celui-ci :

In solis tu mihi turba locis :

mot charmant, qui a sans doute fait faire par opposition, ce vers charmant de Racine :

Dans l'Orient désert quel devint mon ennui !

Seu mea, seu fallor, cara Neæra tamen.

Trait qui semble annoncer de loin cet autre trait plus joli :

Mais, puisqu'il faut être trompé, Je ne veux l'être que par elle.

Nous avons bien de la peine à croire que l'homme de lettres dont parle M. de la Harpe, qui s'est donné la peine & le plaisir de traduire *Tibulle* pour sa maîtresse, n'y ait pas fait quelques retranchemens pour sauver le défaut de la répétition & de la monotonie.

En un mot, (& cette comparaison marquera les bornes que nous mettons à ce reproche de monotonie) nous ne trouvons pas dans les élégies de *Tibulle* la même variété que dans les églogues de *Virgile* & dans les fables de la Fontaine. La première & la neuvième églogue de *Virgile* roulent sur le même sujet, la distribution des terres de Mantoue & de Crémone, faite aux soldats. La troisième & la septième se ressemblent par la forme ; c'est de part & d'autre un combat de chant entre deux bergers : cependant combien ces églogues correspondantes ne different-elles pas entre elles, & combien sur-tout ne different-elles pas des autres ? Si les élégies de *Tibulle* avoient dans le même degré le mérite de la variété, elles ne laisseroient rien à desirer, & tout ce qu'en dit M. de la Harpe est très-juste, quand on les considère une à une.

M. de la Harpe, pour montrer comment il conçoit qu'un traducteur en prose doit suivre pas à pas un modèle, tel que *Tibulle*, commence par traduire en prose ces six vers fameux :

Te spectem, suprema mihi cùm venerit hora,
Te teneam moriens deficiente manu.
Flebis & arsuro positum me, Delia, lecto,
Tristibus & lacrymis oscula mixta dabis.
Flebis ; non tua sunt duro præcordia ferro
Vincta ; nec in tenero stat tibi corde silex.

Voici sa traduction :

» Que je te regarde encore, ô ma Délie ! quand
» ma dernière heure sera venue, que je te presse,
» en mourant, de ma main défaillante ; tu pleureras
» sur le bûcher funèbre où je serai étendu ; tu mêleras
» des baisers aux larmes de la douleur ; tu pleureras

N n

» ton cœur n'eft pas dur comme la pierre, ni in-
» fiéxible comme l'acier.

Voici celle de M. l'abbé de Longchamps :

» *Mon bonheur à moi fera de contempler Délie*
» *à ma dernière heure, fatisfait, en expirant, de*
» *la ferrer encore de ma main défaillante ; tu répandras*
» *des larmes, & Tibulle* étendu fur le bûcher funèbre,
» *recueillera des baifers noyés dans les pleurs de fa*
» *Délie. Oui, tu t'ois en répandre, ton cœur m'en*
» *eft garant ;* ce tendre cœur n'eft point un *dur caillou,*
» *un acier inflexible.* »

Voici l'examen que M. de la Harpe fait de cette
verfion :

» Elle nuit également à l'original, & par ce qu'elle
» lui ôte, & par ce qu'elle lui donne. Le traducteur
» retranche d'abord la formule de fouhait, *te fpectem,*
» *te teneam,* que je te regarde, que je te preffe. Ce
» mouvement eft celui de l'amour. *Tibulle* ne dit
» point mon *bonheur* fera de *contempler* Délie. Il
» ne parle point d'un bonheur dont il n'eft pas fûr ;
» il exprime le vœu de fon cœur. *Contempler* n'eft
» pas le mot propre. On *regarde* en mourant ce
» qu'on aime, on ne le *contemple* pas. Ces nuances
» font légères ; mais c'eft de toutes ces nuances que
» fe compofe le ftyle, fur-tout dans les fujets délicats.
» *Tu répandras des larmes . . . . . oui, tu dois en ré-*
» *pandre.* Cela vaut-il les deux *flebis* fi tendrement
» répétés ? Etoit-il fi difficile de traduire : *tu pleu-*
» *reras,* & de fentir tout ce que cette répétition a
» de grace ? *ton cœur m'en eft garant,* n'eft point dans
» le latin, non plus que *fatisfait en expirant,* non
» plus que *Tibulle recueillera des baifers noyés dans*
» *les larmes.* Non feulement c'eft faire languir la
» phrafe par des inutilités traînantes, & détruire la
» précifion, un des principaux caractères de *Tibulle ;*
» mais encore c'eft défigurer par le mauvais goût
» les beautés de l'original. *Tibulle* peut-il recueillir des
» baifers quand il fera fur le bûcher ? Et qu'eft-ce
» que des baifers *noyés dans les larmes ?* Et pour-
» quoi mettre *Délie & Tibulle* au lieu de *toi & moi ?*
» Eft-ce la même chofe pour l'amour ? que de fautes
» dans fix vers !

Si cette critique eft févère, on ne peut nier au
moins qu'elle ne foit pleine d'efprit & de goût, &
qu'elle ne puiffe apprendre à mieux faire.

Sa traduction même en vers eft encore plus près
de l'original que la profe même de M. de
Longchamps :

Ah ! que ma paupière mourante
Se tourne encor vers toi dans mon dernier moment ;
Que par un dernier mouvement
Je preffe encor tes mains de ma main défaillante.
Tu pleureras fans doute auprès de mon bûcher.
Tes yeux, ces yeux fi pleins de charmes,
Répandront fur moi quelques larmes :
Tu n'as pas un cœur de rocher ;
Tu pleureras, Délie ; & l'amant jeune & tendre,

Et l'amante, objet de fes vœux,
Te verront honorer ma cend e
Et s'en retourneront les larmes dans les yeux.

Cette traduction comprend les deux vers de *Tibulle*
qui fuivent les fix que nous avons cités, & elle en
marque la liaifon avec ces fix premiers :

Illo non juvenis poterit de funere quifquam
Lumina, non virgo ficca referre domum.

M. Vieilh ne rend peut-être pas fi fenfible la
liaifon de ces deux vers avec les précédens ; mais il
les traduit en deux vers qui préfentent une image vraie
& touchante :

Le jeune homme attendri, la jeune fille émue,
Sur ma tombe en filence arrêteront leur vue.

Le même M. Vieilh a traduit tout ce morceau :

Ah ! que je puiffe encore à mon dernier moment
Te voir, te regarder, te nommer mon amante,
Et mourant, te preffer de ma main défaillante.
Tu pleureras alors : fur mon trifte bûcher
A tes derniers baifers tu mêleras des larmes ;
Du moins ma cendre heureufe en fentira les charmes.
Tu pleureras ; ton cœur n'eft point un dur rocher.

M. le chevalier de Parny a auffi imité ce même
morceau :

Un jour l'arrêt du fort
Viendra fermer ma paupière affoiblie.
Lorfque tes bras entourant ton ami,
Soulageront fa tête languiffante,
Et que fes yeux foulevés à demi,
Seront remplis d'une flamme mourante ;
Lorfque mes doigts tâcheront d'effuyer
Tes yeux fixés fur ma paifible couche,
Et que mon cœur s'échappant fur ma bouche,
De tes baifers recevra le dernier, &c.

Cette imitation eft éloignée, l'auteur n'étoit engagé
à rien ; il n'étoit pas traducteur. M. le chevalier de
Bertin traduit, avec autant de fidélité que d'aifance, les
vers fuivans :

Fortes adjuvat ipfa venus,
Illa docet furtim molli decedere lecto,
Illa pedem nullo ponere poffe fono.

Il faut ofer. Vénus feconde le courage.
Vénus inftruit l'amante, au milieu de la nuit ;
A defcendre en fecret de fa couche paifible ;
Vénus enfeigne encor l'art de pofer fans bruit
Sur des parquets mouvans un pied fûr & flexible.

M. Vieilh, M. le chevalier de Parny, M. le chevalier de Bertin, M. Guys, M. de Flins, M. le

chevalier de Cubières, M. de St. Ange, M. Léonard, &c. postérité nombreuse de poëtes érotiques formés par *Tibulle.*

Et nati natorum & qui nascentur ab illis,

ont tous traduit ou imité des morceaux choisis de ce poëte aimable , & tous les poëtes érotiques, leurs successeurs, en feront autant.

M. Racine le fils, qui n'est rien moins qu'un poëte érotique, quoique son père soit le premier & le plus tendre de ces poëtes, s'est permis à l'égard de *Tibulle* un genre de parodie bien singulier, qui consiste à employer dans le langage de la piété les expressions les plus affectueuses & les plus passionnées de *Tibulle.* On sait que l'église a sanctifié plusieurs usages payens en les conservant & en les adaptant à son culte religieux ; il semble que M. Racine ait prétendu faire la même chose ; mais l'autorité privée suffit-elle pour établir de la convenance entre des objets si disparates ? Malgré les rapprochemens les plus ingénieux , n'y a-t-il pas toujours un intervalle immense entre les objets de notre respect & ceux de nos passions ? Le souvenir de *Tibulle* & de ses amours, ne s'oppose-t-il pas à l'application qu'on veut faire de ses vers aux choses sacrées ? N'y a-t-il pas même à cela une sorte de profanation que le goût condamne aussi bien que la religion ?

Quoi qu'il en soit , M. Racine le fils avoit placé au bas de son crucifix ces deux vers de *Tibulle :*

Te spectem , suprema mihi cùm venerit hora ,
Te teneam moriens deficiente manu.

Il traduit dans le poëme de la religion, en s'adressant à Jesus-Christ , ces vers que *Tibulle* adressoit à sa maitresse :

Tu mihi sola places, nec jam te præter in urbe
Formosa est oculis ulla puella meis. . . . . . .
Nil opus invidiâ est : procul absit gloria vulgi ,
Qui sapit, in tacito gaudeat ille sinu.
Sic ego secretis possum benè vivere sylvis ,
Quà nulla humano sit via trita pede.
Tu mihi curarum requies, tu nocte vel atrâ
Lumen, & in solis tu mihi turba locis.
Nunc licet è cœlo mittatur amica Tibullo ,
Mittetur frustrà deficietque Venus. . . . .
Jam faciam quodcumque voles , tuus usque manebo,
Nec fugiam notæ servitium Dominæ.

Ma seule ambition est d'être tout à toi,
Mon plaisir, ma grandeur, ma richesse est ta loi ;
Je ne soupire point après la Renommée :
Qu'inconnu aux mortels, en toi seul enfermée,
Ma gloire n'ait jamais que tes yeux pour témoins.
C'est en toi que je trouve un repos dans mes soins.
Tu me tiens lieu de jour dans cette nuit profonde;
Au milieu des déserts tu me rends tout le monde :

Les hommes vainement m'offriroient tous leurs
biens ,
Les hommes ne pourroient me séparer des tiens,
Ceux qui ne t'aiment pas, ta loi leur fait entendre
Qu'aux malheurs les plus grands ils doivent tous
s'attendre.
O menace, grand Dieu ! qui ne peut m'alarmer ;
Le plus grand des malheurs est de ne point t'aimer.
Que ta croix dans mes mains soit à ma dernière
heure ,
Et que les yeux sur toi je t'embrasse & je meure !

Ces deux derniers vers font la traduction du *Te spectem* , &c. *Te teneam* , &c. dont nous avons tant parlé.

Le grand Racine n'avoit pas donné à son fils cet exemple de transporter le profane au sacré ; c'est dans les prophètes, c'est dans les livres saints , qu'il puisoit ces cantiques sublimes dont il remplissoit *Esther* & *Athalie* ; il réservoit pour *Bérénice* , les imitations de *Tibulle.*

TICHO ou TYCO-BRAHÉ , (*Hist. litt. mod.*) gentilhomme Danois , dont la maison étoit originaire de Suède , est célèbre par son *Système du monde* , aujourd'hui rejetté. Son inclination pour l'astronomie & les mathématiques s'annonça de bonne heure. Une éclipse de soleil qu'il vit , à l'âge de quatorze ans, arriver à l'heure précise qu'elle avoit été prédite, lui représenta l'astronomie comme une science divine, & décida de sa vocation. On l'envoya étudier le droit à Léipsick ; il y fit des observations astronomiques. A son retour en Danemarck , il se mésallia , grand crime aux yeux d'une maison Danoise du seizième siècle. Pour échapper aux reproches de ses parens , & aux témoignages de leur colère, il voyagea. Plusieurs grands princes voulurent le fixer chez eux par des emplois importans ; mais il se réserva pour les bienfaits de son prince. Frédéric II, roi de Danemarck, lui donna l'île de Wen, avec une grosse pension. Il bâtit à grands frais dans cette île le château d'Uranienbourg , *ville du Ciel*, & la tour de Stellebourg, où étoient rassemblés ses instrumens & ses machines, & où il faisoit ses observations. *Ticho-Brahé* dépensa plus de cent mille écus pour les progrès de l'astronomie. Des souverains venoient le voir dans sa retraite savante, & apprendre de lui à se familiariser avec les astres. Ses travaux astronomiques parurent admirables pour le temps, & produisirent beaucoup de découvertes, alors importantes. Il soumit au calcul les réfractions astronomiques, & forma des tables de réfraction pour différentes hauteurs. Il découvrit dans la lune trois mouvemens, qui servent à expliquer sa marche. Il fut aussi très-habile dans la chymie, & fit un usage très-heureux de cette science appliquée à la médecine. La poësie le délassoit des mathématiques. Il eut toutes les erreurs de l'astronomie judiciaire, des pressentimens, des présages, &c. Si en sortant le matin il rencontroit une vieille femme, si un lièvre traversoit son chemin, il rem troit promptement, la journée ne pouvoit être que funeste :

Rumpit & ferpens iter institutum,
Si per obliquum, fimilis fagittæ
Terruit mannos.

Plaignons les foibleffes des grands hommes, & ne prenons point plaifir à les confidérer. Celui-ci étoit trop grand pour n'être pas perfécuté, il le fut. Ses torts, ou l'adreffe de fes ennemis, lui attirèrent une difgrace, & firent fupprimer fes penfions. L'empereur Rodolphe II le fixa dans fes états à Prague, & le dédommagea magnifiquement de tout ce qu'il perdoit. *Ticho* mourut dans ce nouvel afyle, en 1601, d'une rétention d'urine, que le refpect ou la timidité lui fit gagner à la table d'un grand, d'où il n'ofa fe lever pour aller fatisfaire un befoin. Ses principaux ouvrages font : *Progymnafmata aftronomiæ inftauratæ ; De mundi æthetei recentioribus phenomenis ; Epiftolarum aftronomicarum liber.*

On a de Sophie *Brahé* fa fœur une épître eu vers latins ; & elle paffoit pour exceller dans la poëfie.

TIEN ou TYEN. f. m. (*Hift. mod. Relig.*) Ce mot fignifie en langue chinoife *le ciel.* Les lettrés Chinois défignent fous ce nom l'*Etre fuprème*, créateur & confervateur de l'univers. Les Chinois de la même fecte des lettrés, défignent encore la divinité fous le nom de *cham-ti* ou *chang-ti*, ce qui fignifie *fouverain* ou *empereur.* Ces dénominations donnèrent lieu à de grandes conteftations entre les miffionnaires jéfuites & les mandarins qui font de la fecte des lettrés. Les premiers ne voulurent jamais admettre le nom de *tien*, que les lettrés donnoient à la divinité, parce qu'ils les accufoient d'athéïfme, ou du moins de rendre un culte idolâtre au ciel matériel & vifible. Ils vouloient que l'on donnât à Dieu le nom de *tien-tchu*, feigneur du ciel. L'empereur Canghi, dans la vue de calmer les foupçons & les fcrupules des miffionnaires, qu'il aimoit, donna un édit ou déclaration folemnelle, qu'il fit publier dans tout fon empire, par laquelle il faifoit connoître que ce n'étoit point au ciel matériel que l'on offroit des facrifices, & à qui l'on adreffoit fes vœux ; que c'étoit uniquement au fouverain maître des cieux à qui l'on rendoit un culte d'adoration, & que par le nom de *chang-ti*, on ne prétendoit défigner que l'Etre fuprème. L'empereur, non content de cette déclaration, la fit foufcrire & confirmer par un grand nombre des mandarins les plus diftingués de l'empire, & par les plus habiles d'entre les lettrés. Ils furent très-furpris d'apprendre que les Européens les euffent foupçonnés d'adorer un être inanimé & matériel, tel que le ciel vifible ; ils déclarerent donc, de la manière la plus authentique, que par le mot *tyen*, ainfi que par celui de *chang-ti*, ils entendoient le Seigneur fuprème du ciel, le principe de toutes chofes, le difpenfateur de tous les biens, dont la providence, l'omnifcience, & la bonté, nous don-

nent tout ce que nous poffédons. Par une fatalité incompréhenfible, des déclarations fi formelles n'ont jamais pu raffurer les confciences timorées des miffionnaires ; ils crurent que l'empereur & les lettrés ne s'étoient expliqués de cette façon, que par une condefcendance & par une foibleffe à laquelle rien ne pouvoit pourtant les obliger : ils perfiftèrent à le foupçonner d'athéïfme & d'idolâtrie, quelqu'incompatible que la chofe paroiffe ; & ils refusèrent conftamment de fe fervir des mots de *tyen* & de *chang-ti*, pour défigner l'Etre fuprème, aimant mieux fe perfuader que les lettrés ne croyoient point intérieurement ce qu'ils profeffoient de bouche, & les accufant de quelques reftrictions mentales qui, comme on fait, ont été autorifées en Europe par quelques théologiens connus des miffionnaires. (*Voyez* l'hiftoire de la Chine du R. P. du Halde. (*A. R.*).

TIENSU ; f. f. (*terme de relation.*) idole des peuples du Tonquin, dont parle Tavernier. Ils révèrent la *Tienfu*, dit-il, comme la patrone des arts ; ils l'adorent, & lui font des facrifices, afin qu'elle donne de l'efprit, du jugement & de la mémoire à leurs enfans.

TIERS-ÉTAT, (*Hift. de Fr.*) troifième membre qui formoit, avec l'églife & la nobleffe, les états du royaume de France, nommés *Etats-Généraux*, dont les derniers fe tinrent à Paris en 1614. Le *Tiers-Etat* étoit compofé des bourgeois notables, députés des villes, pour repréfenter le peuple dans l'affemblée. (*Voyez* ETATS, *Hift. anc. & mod.*)

On a épuifé dans cet article tout ce qui concerne ce fujet ; j'ajouterai feulement que, quoiqu'on penfe que Philippe-le-Bel ait convoqué le premier une affemblée des trois états, par des lettres du 23 Mars 1301, cependant il y a une ordonnance de faint Louis, datée de Saint-Gilles en 1254, par laquelle il paroît que le *Tiers-Etat* étoit confulté, quand il étoit queftion de matières où le peuple avoit intérêt. (*D. J.*)

TIFERNAS ou TIPHERNAS. (*Hift. litt. mod.*) Vers la fin du règne de Charles VII, Lelio Gregorio, furnommé *Tiphernas* ou *Tifernas*, parce qu'il étoit de Tiferno en Italie, vint s'offrir au recteur de l'univerfité de Paris pour faire des leçons publiques de grec. Le recteur ne vit en lui qu'un étranger pauvre, qui cherchoit du pain ; à peine daigna-t-il parler de fes offres à l'univerfité. Il en parla cependant ; l'univerfité y fit attention. *Tifernas* donna des leçons, & l'univerfité lui donna des appointemens. Il avoit été difciple d'Emmanuel Chryfoloras. (*Voyez* l'article CHRYSOLORAS.) *Tifernas* enfeigna enfuite à Venife, & mourut dans cette dernière ville vers l'an 1469, empoifonné, dit-on, par d'indignes rivaux, envieux de fes fuccès ; il avoit cinquante ans. C'eft l'âge où, jouiffant de la plénitude de fes talens & de fa gloire, on excite le plus d'envie. On a de lui des poëfies latines, & la traduction des derniers livres de Strabon.

TIGELLIN ou TIGILLIN, (*Hift. Rom.*) (*Sophe-*

ius Tigellinus,) miniftre & des débauchés , & des cruautés de Néron , eut , fous cet empereur , un crédit formidable à tous les gens de bien : » ofez atta-» quer les vices d'un *Tigellin* , dit Juvenal , les » fupplices les plus affreux feront votre partage : »

Pone Tigellinum , *tædâ lucebis in illâ*
Quâ flantes ardent qui fixo gutture fumant.

Ce fut cet homme , vicieux & vil , qui remplaça le vertueux Burrhus , après fa mort , dans la faveur qu'il n'avoit déjà plus les dernières années de fa vie. Le févère Galba lui-même , gouverné par fes trois favoris , qui , à la vérité , n'étoient rien moins que févères , Titus Vinius Rufinus , Cornelius Laco , Mavianus Icelus , prit , dans un édit public , & contre le public , la défenfe de *Tigellin* , dont le peuple , à tous les fpectacles , demandoit hautement qu'on fît un exemple : » c'étoit , difoit Galba , une » cruauté envers un homme qui étoit fur le point de » mourir de maladie ». Peut-être *Tigellin* fuppofoit-il une maladie , pour exciter la pitié de Galba & du peuple. Ce fut le voluptueux Othon qui , à fon avé-nement , fit juftice de cet homme odieux , pour juftifier fon élection , & faire excufer le meurtre de Galba & de Difon. *Tigellin* mourut l'an de J. C. 69.

TIGNONVILLE. (*Hift. de Fr.*) Le prévôt de Paris, *Tignonville*, par fes perquifitions fur l'affaffinat du duc d'Orléans, frère de Charles VI, en 1467, découvrit que des affaffins s'étoient réfugiés à l'hôtel de Bourgogne , & demanda d'être autorifé à faire des recherches dans les palais des Princes ; ce qui força le duc de Bourgogne d'avouer fon crime au duc de Berri fon oncle. L'implacable duc de Bourgogne ne l'oublia jamais. *Tignonville* , dans une autre occa-fion, fut obligé , par le devoir de fa charge, de faire arrêter deux écoliers de l'univerfité , pour vols & affaffinats fur les grands chemins. Avant de commencer l'inftruction du procès , il offrit , dit-on , de remettre les coupables à l'univerfité , qui alors ré-pondit fagement , que *tels gens n'étoient point tenus pour leurs clercs* : le prévôt les envoya au gibet. Alors le duc de Bourgogne fouleva l'univerfité contre *Tignonville*, qui , malgré l'approbation du roi, & la protection des autres princes, fut deftitué. Il fut de plus obligé d'aller dépendre lui-même les corps des deux criminels, de les baifer à la bouche , & de les efcorter dans l'églife des Mathurins, à Paris , où ils furent tranfportés dans un chariot de deuil, que con-duifoit l'exécuteur, revêtu d'un furplis , pour furcroît de bizarrerie. On leur fit une épitaphe , qui fe lit encore dans l'églife des Mathurins. Dans cette épi-taphe , monument élevé à l'énorme puiffance de l'univerfité , on ne forme pas le moindre doute fur les crimes des deux écoliers. En effet, le crédit de l'univerfité éclatoit davantage à faire refpecter fes écoliers, quoique coupables. Ils font repréfentés fur une tombe en façon de pendus , c'eft-à-dire, la corde au col. Une lame de cuivre, pofée contre la mu-

raille , contient cette infcription : » Ci-deffous giffent » Léger Dumouffel & Olivier Bourgeois, jadis clercs » écoliers, étudians en l'univerfité de Paris , exé-» cutés à la juftice du roi, notre bon fire , par le » Prévôt de Paris, l'an 1407, le vingt-fixième jour » d'Octobre , pour certains cas à eux impofés » (imputés) lefquels , à la pourfuite de l'univerfité , » furent reftitués & amenés au parvis de Notre-Dame, » & rendus à l'évêque de Paris , comme clercs , & » aux députés de l'univerfité , comme fuppôts d'i-» celle , à très-grande folemnité ; & de-là , en ce » lieu-ci furent amenés , pour être mis en fépulture » l'an 1408, le dix-huitième jour de Mai. En furent » lefdits prévôt & fon lieutenant démis de leurs offices » à ladite pourfuite , comme plus à plein appert par » lettres-patentes & inftrumens fur ce cas : priez Dieu » qu'il leur pardonne leurs péchés. *Amen* ».

Nous ignorons fi Marguerite de *Tignonville*, qui , par fon mariage avec François de Prunelé, porta le nom & la terre de *Tignonville* dans cette maifon de Prunelé, étoit de la famille du prévôt de Paris. On croit que c'eft celle dont Henri IV fut fi éper-duement amoureux , & qui eut , comme Madame de Guercheville & Mademoifelle de Rohan , le mé-rite de lui réfifter conftamment. Il paroit que Made-moifelle de *Tignonville*, aimée de Henri IV, étoit petite-fille de Lancelot du Monceau , feigneur de *Tignonville*, premier maître-d'hôtel de la reine de Navarre, Jeanne d'Albret , mère de Henri IV, & qu'elle étoit fille de la baronne de *Tignonville*, gou-vernante de Catherine , princeffe de Navarre, fœur du même Henri IV. En 1576 le roi de Navarre, dit M. de Sully, alla en Béarn , fous prétexte de voir fa fœur, mais réellement pour fubjuguer la jeune *Tignon-ville*, qu'il ne fubjugua point, quoiqu'il y employât toutes les reffources d'un amant & d'un roi. Made-moifelle de *Tignonville* étoit d'une famille alliée à Henri IV par la maifon d'Alençon , dont étoit la femme de Lancelot du Monceau , feigneur de *Tignon-ville*, ci-deffus nommé.

TIGRANE. (*Hift. anc.*) C'eft le nom de divers rois d'Arménie & de quelques autres contrées adja-centes. Nous remarquerons feulement ici quelques-uns des principaux.

1°. On voit d'abord un *Tigrane*, fils aîné d'un roi d'Arménie , figurer avantageufement dans la *Cyro-pédie*. Le roi fon père avoit été en guerre avec Aftyage, roi des Mèdes , ayeul maternel de Cyrus ; vaincu dans cette guerre, il avoit été affujetti à un tribut. Voyant dans la fuite Cyaxare, roi des Mèdes , fils d'Aftyage & oncle de Cyrus , occupé chez lui par d'autres enne-mis , il crut le moment favorable pour fecouer le joug & s'affranchir du tribut. Cyrus le furprend , fous les apparences d'une grande chaffe qu'il dirige du côté de l'Arménie. Le roi eft pris avec fes femmes, fes enfans & tout ce qu'il avoit de plus précieux. Les détails de cette expédition , cet appareil de chaffe , qui cache fi aifément un appareil de guerre à un roi qui fe fentant dans fon tort , doit être fur fes gardes , la facilité avec laquelle ce roi eſt pris ainſi que toute ſa cour, tant de promptitude & de ſuccès de la part du vainqueur, tant de négligence & de malheur de la part du vaincu ; tout cela n'a pas le dégré de vrai-ſemblance qu'exigeroit la ſévérité de l'hiſtoire, & rien n'eſt plus propre à confirmer l'opinion de ceux qui regardent *la Cyropédie* comme un roman moral. Pour comble d'à propos romaneſque, *Tigrane*, fils aîné du roi d'Arménie, arrive au moment où ſon père venoit d'être fait priſonnier ; il revenoit d'un voyage, & n'avoit aucun ſoupçon d'une rupture entre l'Arménie & la Perſe ou la Médie : ce ſpectacle l'afflige autant qu'il l'étonne. Cyrus, pour le conſoler, lui dit avec une gaîté aſſez féroce : *Prince, vous arrivez à propos pour aſſiſter au procès de votre père.* En effet, il lui fait ſon procès en préſence des capitaines Perſes & Mèdes, en préſence même des grands d'Arménie ; & par une ſuite d'interrogatio s captieuſes & ſophiſtiques, il l'amène à convenir qu'il a mérité la mort, comme ſi un ſouverain pouvoit mériter la mort pour avoir voulu s'affranchir d'un tribut. On reconnoît ici dans Xénophon, auteur de *la Cyropédie*, un diſciple de Socrate, la manière dont Cyrus tire du roi d'Armé-nie un aveu dont celui-ci étoit d'abord bien éloigné, eſt parfaitement dans la manière de Socrate, & c'eſt bien moins l'art de faire accoucher les hommes de leurs penſées, comme le diſoit ce philoſophe, que l'art de les faire accoucher de la penſée de celui qui les interroge & qui dirige de loin leurs réponſes par ſes interrogations. *Tigrane*, de ſon côté, par une ſuite de raiſonnemens auſſi un peu ſophiſtiques, mais qui montrent une belle ame, prouve à Cyrus qu'il eſt de ſon intérêt de rendre à ſon père & la vie & ſes femmes, & ſes enfans & ſon royaume, parce qu'après une telle leçon ſuivie d'un tel acte de clé-mence, le roi d'Arménie redoutera toujours le prince invincible qui a pu ſi facilement le détrôner, & chérira toujours le prince généreux qui l'aura ſi no-blement rétabli. Cyrus goûta ces raiſonnemens & plus encore ces ſentimens, & il ſe mit à parler des rançons. Que me donneriez-vous, dit-il au roi d'Ar-ménie, pour la rançon de la reine votre femme ? — Tout ce que je poſſède — Et pour celle de vos enfans ? — La même choſe. Ici Cyrus ou Xénophon ne peut encore ſe refuſer une petite ſubtilité ſocra-tique. Vous voilà donc redevable envers moi, dit Cyrus, du double de ce que vous poſſédez. Et vous, prince, ajouta-t il, en s'adreſſant à *Tigrane*, de com-bien racheteriez vous la liberté de votre femme ? — De mille vies, ſi je les avois, s'écria-t-il avec tranſ-port, car il en étoit éperduement amoureux. Cette ſcène finit par un grand feſt n que donna Cyrus au roi d'Arménie, à toute ſa famille, & aux grands des trois royaumes. Au moment de la ſéparation, il les embraſſa tous pour marque d'une parfaite réconcilia-tion & d'une union ſincère, & les laiſſa pénétrés d'admiration & de reconnoiſſance. Le roi d'Arménie & ſa famille & ſa ſuite, en retournant chez eux, ne pouvoient parler que de lui, & ne ſe laſſoient pas de célébrer ſes louanges ; les uns vantoient ſa ſageſſe,

d'autres ſon courage, d'autres ſa grandeur d'ame ; d'autres ſa bonne mine, ſon air ſerein, ſon port majeſ-tueux. Que vous ſemble de ſa figure, demanda *Tigrane* à ſa jeune épouſe ? — Je n'y ai pas fait atten-tion, dit-elle. — Eh ! quel pouvoit donc être l'objet de votre attention ou de votre diſtraction, s'écria-t-il avec étonnement ? —— *Celui qui diſoit qu'il donneroit mille vies pour racheter ma liberté.* Cette charmante réponſe fut la récompenſe de *Tigrane*.

Tous ces faits peuvent n'être que romaneſques ; en voici un qui ſemble n'avoir pu être rapporté que par-ce qu'il étoit ou vrai ou au moins allégorique. Cyrus ne voyant plus auprès de *Tigrane* un gouverneur qu'il y avoit vu autrefois, & qui avoit mérité ſon eſtime, lui demanda ce qu'il étoit devenu ; *Tigrane* ſe troubla, & parut embarraſſé : il avoua enfin à Cyrus, en grand ſecret, que le roi ſon père voyant ſon attachement pour ce gouverneur, en avoit été jaloux, & l'avoit fait périr ; il ajouta que ce vertueux gouverneur lui avoit dit en expirant : » pardonnez ma mort à votre » père comme je la lui pardonne ; ſon injuſtice à » mon égard ne vient point de méchanceté, mais » d'une prévention aveugle dont il n'a pu ſe dé-» fendre. » Cyrus, attendri par ce récit, donna des larmes à la deſtinée du gouverneur, & dit à *Tigrane* : *n'oubliez jamais le dernier mot d'un tel ami.*

M. le comte de Treſville, cité par M. Rollin, croyoit ce fait allégorique ; il jugeoit que Xénophon avoit voulu peindre ici la mort de Socrate, que l'at-tachement & l'admiration de la jeuneſſe d'Athènes avoient rendu ſuſpect à l'état, & qui avoit ſubi ſon ſort non-ſeulement ſans ſe plaindre, mais en plaignant même ceux qui l'immoloient. L'idée eſt ingénieuſe ; mais avec de l'eſprit on n'expliquera-t-on pas par des allégories ? L'Arménie fut fidelle à l'alliance de Cyrus, & *Tigrane* commanda ſous lui les troupes Arméniennes.

2°. Le plus célèbre des *Tigranes* d'Arménie, eſt le gendre de Mithridate, qui fit avec lui la guerre aux Romains ; il étoit fils d'un autre *Tigrane*, auſſi roi d'Arménie. Il avoit été donné en ôtage aux Parthes pendant la vie de ſon père ; il fut relâché à ſa mort, arrivée l'an 395 avant J. C. & fit avec les Parthes un traité par lequel il l ur cédoit des places & des pays à leur bienſéance. Les Syriens, las des guerres ci-viles qu'excitoient continuellement chez eux les princes de la maiſon de Seleucus, offrirent leur couronne à *Tigrane*, qui l'accepta & qui la por a dix-huit ans ; il g uverna la Syrie pendant quatorze ans par un Viceroi.

Ce fut ce *Tigrane*, qui le premier réunit l'Arménie entière, partagée juſqu'alors entre divers princes ; il y joignit pluſieurs des pays voiſins ſoumis par ſes armes, & en forma celui puiſſant. Avant lui, l'Arménie avoit été toujours ou foible ou dépendante. Elle avoit d'abord appartenu aux Perſes, puis aux Macédoniens ; après la mort d'Alexandre, elle avoit fait partie du royaume de Syrie. Deux généraux d'Antiochus le Grand, apparemment gouverneurs d'Arménie ; Artaxius & Zadriadès, s'établirent dans cette province avec la permiſſion de ce prince, & la gouvernèrent avec une autorité preſque ſouveraine ; après la défaite d'Anticchus, ils s'attachèrent aux Romains, qui les reconnurent pour rois ; ils avoient partagé l'Arménie. Tigrane, deſcendu d'Artaxius, la réunit & l'aggrandit, comme nous venons de le dire. Le fameux Mithridate, roi de Pont, cherchant partout à ſuſciter aux Romains des ennemis puiſſans, lui donna en mariage Cléopatre, ſa fille, & ils partagèrent d'avance les conquêtes qu'ils ſe propoſoient de faire. Tigrane dépouilla de la Cappadoce, Ariobarzane, protégé des Romains, & y rétablit un fils de Mithridate, nommé Ariarathe. Ce fut Tigrane qui bâtit la ville nommée de ſon nom Tigranocerte, & qui en fit la capitale de ſon royaume. Cette ville étoit peu peuplée, & ſes états en général manquoient d'habitans ; auſſi dans ſon partage avec Mithridate ſe fit-il donner les hommes au lieu du butin ; il tranſplanta chez lui trois cents mille Cappadociens, & continua de peupler ſes états aux dépens des états conquis. Mithridate ayant été vaincu par Lucullus, ſe retira chez Tigrane ſon gendre, où Lucullus l'envoya redemander par Appius Clodius. Tigrane étoit alors au comble de la puiſſance & de la gloire, c'étoit le plus grand monarque de l'Aſie ; c'étoit à lui qu'avoit paſſé ce titre faſtueux de roi des rois ; il avoit conquis la Syrie & la Paleſtine, dompté les Parthes, ſoumis les Arabes, &c. Ce fut à l'audience de ce prince, qui voulut y paroître dans tout l'éclat de la majeſté royale & du luxe aſiatique, qu'Appius Clodius vint redemander Mithridate avec cette hauteur impérieuſe ſi ordinaire aux Romains : cette hauteur, que perſonne ne s'étoit jamais permiſe à ſon égard, lui parut bien étrange ; il eut même la fatuité d'être bleſſé de ce que Lucullus, dans la lettre qu'il lui avoit écrite, ne lui donnoit que le ſimple titre de roi, comme s'il n'eût été qu'un roi ordinaire, lui qui commandoit à des rois, & qui ſe faiſoit ſervir par eux comme par des eſclaves ; qui, dans les cérémonies publiques, en avoit toujours pluſieurs rangés en haye autour de ſon trône, prêts à recevoir ſes ordres & à lui rendre les ſervices les plus vils. Dans ſa réponſe au général Romain, il n'ajouta aucun titre à ce nom de Lucullus, qui en effet n'en avoit pas beſoin ; il refuſa, comme on peut le croire, de remettre Mithridate ; & ſur ce refus, l'ambaſſadeur Appius Clodius lui déclara la guerre. De ce moment, Tigrane rendit à ſon beau-père les honneurs qu'il lui devoit ; juſques-là il l'avoit traité avec mépris & arrogance, l'avoit tenu éloigné de lui, le faiſant garder comme un priſonnier d'état.

Pendant que les flateurs de Tigrane lui diſoient que Lucullus ſeroit bien téméraire s'il oſoit ſeulement l'attendre à Epheſe ; Lucullus ayant pris Sinope & Amiſus ſur le pont Euxin, traverſoit la Cappadoce, paſſoit l'Euphrate & le Tigre, & s'avançoit à grandes journées vers Tigranocerte. Le premier qui oſa donner avis à Tigrane de cette marche de Lucullus, apprit à ſes dépens ce que c'eſt que de dire la vérité à un

deſpote, il fut mis à mort : cependant Lucullus avançant toujours, & touchant déjà pour ainſi dire aux portés du palais, les courtiſans tremblans, engagèrent Mithrobarzane, un des favoris du prince, à prendre ſur lui d'annoncer cette nouvelle ; Tigrane, pour toute réponſe, lui donna ordre d'amener Lucullus priſonnier, comme il auroit ordonné d'arrêter le moindre de ſes ſujets ; Mithrobarzane, en eſſayant de remplir ſa dangereuſe & difficile commiſſion, fut taillé en pièces avec ce qu'il avoit pu raſſembler de troupes à la hâte.

Tigrane commença enfin à comprendre que l'affaire étoit ſérieuſe ; il ſortit de Tigranocerte, mit le Mont Taurus entre le vainqueur & lui, & raſſembla autour de lui ſes innombrables troupes. Lucullus, pour l'attirer au combat, aſſiégea Tigranocerte. Mithridate, qui ſavoit mieux que Tigrane, comment il falloit faire la guerre aux romains, envoyoit de ſon royaume de Pont où il étoit allé faire des levées, couriers ſur couriers à ſon gendre, pour lui recommander d'éviter la bataille, & de ſe ſervir ſeulement de ſa cavalerie pour couper les vivres à Lucullus ; les Courtiſans de Tigrane attribuèrent ce conſeil de Mithridate, à une ſecrette envie de la gloire dont Tigrane alloit ſe couvrir ; on ſe hâta donc de livrer bataille avant l'arrivée de Mithridate, pour le priver de la part qu'il auroit pu avoir ou prétendre à une victoire qu'on regardoit comme infaillible, même ſans ſon ſecours. L'armée de Tigrane étoit de près de trois cents mille hommes, Lucullus n'en avoit pas trente mille. Cette poignée de monde excita la riſée de Tigrane. Il n'y eut pas un de ſes courtiſans ou de ces rois, eſclaves attachés à ſa ſuite, qui ne demandât en grace d'être chargé ſeul d'aller châtier cette petite troupe d'inſolens & d'inſenſés. S'ils viennent comme ambaſſadeurs, dit agréablement Tigrane, ils ſont beaucoup ; ſi c'eſt comme ennemis, franchement ils ſont bien peu.

Et flatteurs d'applaudir.

Une rivière ſéparoit les deux armées. Lucullus étant ſorti de ſes retranchemens, parut vouloir s'éloigner & précipiter ſa marche ; il n'alloit que chercher un gué commode & qu'il avoit fait reconnoître. Tigrane ne doutant pas qu'il ne cherchât à lui échapper, appella Taxile, un des généraux de Mithridate, que ce prince lui avoit envoyé pour le détourner de livrer bataille, Taxile ne flattoit point Tigrane, ne décrioit point ces ennemis redoutables, & avoit ſouvent parlé avec eſtime des légions romaines ; venez, lui dit Tigrane, avec un ris moqueur, venez voir fuir ces invincibles légions romaines. » Je ſouhaite, reprit Taxile, que la fortune de » Votre Majeſté faſſe aujourd'hui ce miracle, mais ce » n'eſt point là la démarche de gens qui fuyent. En effet on vit bien-tôt les légions s'avancer en bon ordre & marcher à l'attaque. Quoi ! s'écria Tigrane, ne pouvant revenir de ſa ſurpriſe : Quoi ! ces gens là viennent à nous ! Lucullus monte ſur une éminence, jette un regard fur l'ordonnance des deux armées, & dit : *la victoire est à nous*. Cette victoire fut complette, *Tigrane* s'enfuit dès le commencement de l'action, & voyant fon fils accompagner fa fuite, il détacha en pleurant fon diadême & le lui remit, en l'exhortant à fe fauver comme il pourroit par un autre chemin. Quel étoit le fens & le but de cette action ? Remettoit-il d'avance à fon fils une couronne qui tomboit de fa tête, ou jugeoit-il qu'il valoit mieux expofer le fils du roi à être pris que le roi lui-même ? Le fils fentit le danger de cet ornement, & en chargea un de fes plus fidèles ferviteurs, qui fut à l'inftant pris & conduit à Lucullus.

La cavalerie Arménienne fut détruite, & il refta fur la place plus de cent mille hommes de l'infanterie de *Tigrane* ; de la part des Romains, il n'y eut, dit-on, que cinq morts & cent bleffés. Lucullus fe couvrit d'une gloire éternelle, on remarqua fur-tout en lui le talent fingulier de varier le genre de guerre fuivant l'ennemi qu'il avoit à combattre. L'actif & ardent *Mithridate*, il l'avoit confumé en temporifant, en traînant la guerre en longueur. L'indolent & négligent *Tigrane*, il l'avoit ruiné tout d'un coup, par une précipitation raifonnée, & en ne lui donnant pas le temps de fe reconnoître. Il avoit fu tirer parti également, & d'une lenteur active & d'une célérité fans imprudence.

Mithridate, qui n'avoit éprouvé que la lenteur, y fut trompé, il crut que Lucullus en uferoit avec *Tigrane* comme avec lui ; il ne fe preffa point de joindre fon gendre, il marchoit à petites journées, lorfqu'une troupe d'Arméniens, nuds & bleffés, fuyans de toutes parts avec effroi, lui apprit la déroute de *Tigrane*, il le trouva bien-tôt lui-même dans le plus trifte état d'abandon & de mifère. Loin d'infulter à fon malheur, comme *Tigrane* avoit précédemment infulté au fien par un accueil indigne, il lui témoigna toute la tendreffe d'un beau-père, & lui rendit tous les refpects dus au malheur, il pleura fur leurs communes difgraces, & lui fit envifager des reffources, il lui donna fa garde, le fit fervir par fes officiers, le confola, l'encouragea, releva fes efpérances, ils recherchèrent l'alliance du roi des Parthes, qui paroiffoit difpofé à la leur vendre & à leur fournir des fecours contre les Romains, moyennant la ceffion de la Méfopotamie. Lucullus prit & détruifit Tigranocerte, & menaça bien-tôt Artaxate ; mais on trouva qu'il n'avoit pas pourfuivi *Tigrane* avec affez d'ardeur, & il fut foupçonné d'avoir cherché à prolonger la guerre pour conferver fon commandement ; il remporta encore devant Artaxate une victoire fignalée fur Mithridate & *Tigrane* réunis, & il alloit terminer la guerre par la prife de cette place, & par la réduction de l'armée, lorfque l'efprit de révolte fe mit dans fon armée, & vint traverfer fes deffeins. Mithridate & *Tigrane* refpirèrent & fe réunirent. Le premier recouvra tout fon royaume, mais bien-tôt vaincu & chaffé par Pompée, fucceffeur de Lucullus ; défait & détruit entièrement dans ce combat nocturne, dont Mithridate fait la defcription dans la tragédie qui porte fon nom :

Je fuis vaincu. Pompée a faifi l'avantage
D'une nuit, qui laiffoit peu de place au courage.
Mes foldats prefque nuds, dans l'ombre intimidés,
Les rangs de toute part mal pris & mal gardés,
Le défordre par-tout redoublant les alarmes,
Nous-même contre nous tournant nos propres armes,
Les cris que les rochers renvoyoient plus affreux,
Enfin toute l'horreur d'un combat ténébreux ;
Que pouvoit la valeur en ce trouble funefte ?
Les uns font morts, la fuite a fauvé tout le refte.

Il fe vit réduit à demander de nouveau un afyle à *Tigrane*, fon gendre. On n'imagineroit jamais quelle fut la réponfe de *Tigrane* ; ce fut de mettre à prix la tête de fon beau-père, après avoir fait mettre fes ambaffadeurs en prifon. Cette conduite avoit un motif, & elle avoit un prétexte différent de ce motif.

Le roi d'Arménie avoit eu trois fils de la fille de Mithridate. Père auffi cruel & auffi dénaturé que Mithridate lui-même, il en avoit fait périr deux fans fujet, dit-on ; cependant :

Quel père de fon fang fe plaît à fe priver ?

Le dernier qui reftoit, nommé *Tigrane* comme lui, pour fe dérober à fa cruauté, fe retira chez Phraate, roi des Parthes, dont il avoit époufé la fille. Phraate le ramena en Arménie, à la tête d'une armée, & ils affiègèrent Artaxate ; *Tigrane* le père, battit & chaffa fon fils qui alloit fe retirer auprès de Mithridate, fon grand-père, lorfqu'il apprit qu'il étoit réduit lui-même à implorer la protection de fon gendre, *Tigrane* le jeune prit alors le parti de fe mettre fous celle de Pompée, qui la lui accorda, & alloit fe fervir de lui pour porter la guerre en Arménie. Le prétexte donc que prit *Tigrane* pour accabler ainfi Mithridate dans fa difgrace, fut que Mithridate appuyoit la révolte de *Tigrane* le jeune, ce qui étoit abfolument faux, mais fon véritable motif étoit le defir de défarmer Pompée dont il voyoit la puiffance abaiffer toutes les puiffances. Plein de ce deffein, il trouvoit que la funefte amitié de Mithridate, comme Mithridate le dit lui-même, pefoit à fes amis & à fes alliés. *Tigrane* entra dans le camp des romains, fans prendre aucune précaution, & remit & fa perfonne & fa couronne à la difcrétion de Pompée, l'affurant avec des flateries auffi baffes que celles dont on l'avoit lui-même enivré fi long-temps, que de quelque manière que Pompée décidât de fon fort, il feroit toujours content & foumis à fes volontés.

Mox ipfe fupplex & præfens, dit Velleius Paterculus, *fe regnumque ditioni ejus permifit, præfatus : neminem alium neque Romanum, neque alius gentis virum futurum fuiffe, cujus fe fidei commiffurus foret, quàm Cneium Pompeium. Proinde omnem fibi vel adverfam, vel fecundam, cujus auctor ille effet, fortunam tolerabilem futuram.*

futuram. Non esse turpe ab eo vinci, quem vincere isset nefas : neque ei inhoneste aliquem summitti, quem fortuna super omnes extulisset.

Arrivé à cheval près de l'enceinte du camp, on lui fit mettre pied en terre, en lui disant que jamais on n'avoit vu d'étranger passer à cheval dans un camp Romain. *Tigrane* obéit, & ôta même son épée qu'il remit aux Satellites de Pompée ; il voulut mettre son diadême aux pieds de ce général & lui embrasser les genoux ; car le plus fier despote est toujours prêt de devenir le plus vil esclave dans la mauvaise fortune. Pompée rougissant pour lui de tant d'abaissement, lui en épargna le plus qu'il put. Il s'établit juge entre le père & le fils pour les réconcilier, mais il fut d'abord choqué de ce que *Tigrane* le fils, n'avoit donné à son père aucune marque de respect pendant l'entrevue, & l'avoit traité en étranger & en inconnu. Il les pria tous deux à souper, le fils refusa de s'y trouver avec son père. Pompée, après avoir condamné *Tigrane* à payer tous les frais de la guerre qu'il avoit faite aux Romains avec Mithridate, & à leur céder toutes ses conquêtes en deçà de l'Euphrate, partagea l'Arménie entre le père & le fils ; le père fut content de son partage : le fils, plus difficile à satisfaire, essaya de s'échapper pour aller exciter de nouveaux troubles ; mais Pompée le fit garder à vue ; ensuite ayant découvert des intrigues de ce jeune prince, tendantes à soulever la noblesse d'Arménie contre le partage proposé, & à faire prendre les armes aux Parthes, il le réserva pour son triomphe.

Phraate envoya des ambassadeurs redemander son gendre, & représenter aux Romains que l'Euphrate devoit être la limite de leurs conquêtes ; Pompée répondit que le jeune *Tigrane* touchoit de plus près à son beau-père, & que les Romains ne prenoient la loi ni le conseil de personne sur l'étendue ou les bornes de leurs conquêtes. *Tigrane*, le père, obtint le titre d'ami & d'allié du peuple Romain, titre qu'il avoit bien acheté. Le jeune *Tigrane* fut mené en triomphe à Rome avec sa femme & sa fille, à la suite du char de Pompée, l'an 691 de la fondation de Rome. Clodius, ce tribun ennemi de Ciceron, de Pompée & de tous les gens de bien, essaya (soit par quel intérêt & s'il avoit d'autres vues que d'insulter Pompée) de donner à *Tigrane* les moyens de se sauver ; soupant un jour chez le préteur Lucius Flavius, à la garde duquel Pompée avoit confié ce prince, il le pria de le faire amener, il le fit mettre à table à côté de lui, s'en empara & refusa ensuite de le rendre & à Flavius & à Pompée lui-même, il le fit embarquer pour l'Asie, mais une tempête le força de relâcher à Antium. Flavius & quelques amis de Pompée armèrent pour le reprendre, il y eut à ce sujet entre eux & les brigands de Clodius, un combat sur la voie Appienne, où l'avantage fut pour Clodius. Cet événement arriva l'an 694 de Rome.

TILLADET, (Jean-Marie de la Marque de) *Histoire. Tome V.*

(*Hist. litt. mod.*) de l'académie des Inscriptions & Belles-Lettres, étoit fils de François de la Marque, & d'Angélique de Rivière ; il étoit né au château de *Tilladet* en Armagnac. Le nom de la Marque est le même que celui de Marca, c'est une des meilleures maisons du Bearn, & M. de Boze, secrétaire de l'académie des Inscriptions & Belles-Lettres, observe dans l'éloge de l'abbé de *Tilladet*, que rien n'est plus ordinaire dans la province de Bearn, (on pourroit ajouter : *& dans beaucoup d'autres provinces*) que cette diversité de noms ou de terminaisons des mêmes noms dans une même famille. La maison de Rivière dont étoit la mère de l'abbé de *Tilladet*, est aussi la même que celle de Ribeyra, dont il y a une branche considérable établie en Espagne.

L'abbé de *Tilladet* étoit né vers l'an 1650 ou 1651, & n'a jamais su lui-même plus précisément l'époque de sa naissance ; les registres de sa paroisse avoient été brûlés pendant les troubles, il avoit été orphelin de bonne heure, & étoit sorti de son pays à un âge où il ne savoit guères l'importance de cette époque pour tout le cours de la vie.

Quand il voulut prendre les ordres, il fallut suppléer à son extrait-baptistaire par des enquêtes juridiques.

Il avoit pris d'abord un état tout différent, il avoit servi, il avoit fait deux campagnes, l'une dans l'arrière-ban, l'autre à la tête d'une compagnie de cavalerie. A la paix de Nimègue, le dérangement de ses affaires domestiques, le força de quitter le service, il vendit la terre de *Tilladet*, mit à fond perdu ce qui lui resta, vint à Paris, entra dans l'oratoire, où se livrant tout entier à l'étude, il professa la philosophie & la théologie pendant quinze ans ; il se retira ensuite au séminaire des Bons Enfans, il prêcha, il fit toutes les fonctions du Sacerdoce.

Il entra, en 1701, dans l'académie des Inscriptions & Belles-Lettres. Il y donna plusieurs savans mémoires, parmi lesquels on distingue un *traité de l'éducation de la jeunesse à Sparte* ; des *réflexions sur l'ambassade du juif Philon à Caligula* ; des *réflexions sur le caractère de quelques historiens* ; divers *discours sur la majesté du sénat Romain* ; *sur les conditions requises par les loix, pour obtenir à Rome les honneurs du triomphe durant la république* ; *sur les allocutions ou harangues militaires des empereurs*, &c.

On donne les plus grands éloges au caractère moral de M. l'abbé de *Tilladet* ; on ne lui reproche, même dans les choses les plus indifférentes, que quelques distractions causées par ses profondes méditations, ou plutôt on ne les lui reproche pas, on observe seulement qu'il se les reprochoit comme une imperfection.

On croit que le travail abrégea ses jours ; que le nouveau système de l'action de Dieu sur les créatures, excita en lui une émulation funeste, qui, par un excès d'étude & de méditations dans ce genre métaphysique, objet de sa prédilection, le jeta dans un

C o

épuifement dont il ne put revenir. Il mourut à Verfailles, le 15 juillet 1715.

TILLEMONT , (voyez NAIN.) (le)

TILLET , (Hift. litt. mod.) les deux frères du
Tillet, tous deux nommés Jean , tous deux morts
en 1570, fe font diftingués principalement par leurs
connoiffances dans l'hiftoire de France. L'un, évêque
de Saint-Brieux , puis de Meaux , eft auteur d'une
chronique latine des rois de France, depuis Pharamond
jufqu'à la mort de François I en 1547 ; elle a été
traduite en François & continuée jufqu'en 1604. Il
eft auteur de divers autres ouvrages d'un genre différent , relatifs à fon état d'évêque, & moins connus.

L'autre , greffier en chef du parlement de Paris ,
charge qui a été long-temps dans fa famille , a écrit
fur différentes matières concernant notre hiftoire , &
a fait un affez grand ufage des régistres du parlement. Outre fon recueil des rois de France , qui
eft très-connu, on a de lui un difcours fur la féance
des rois de France en leurs cours de parlement ; un
traité pour la majorité du roi de France ; une inftitution
du prince chrétien ; un fommaire de l'hiftoire de la
guerre contre les Albigeois.

TILLET , (du) voyez TITON.)

TILLI , (Jean Tzerclaës, comte de)(Hift. d'Allem.)
un des grands capitaines de la guerre de trente ans,
avoit fervi en Hongrie contre les Turcs ; Il s'étoit
diftingué dans les guerres d'Allemagne , fur-tout à
la bataille de Prague en 1620. Il défit le fameux
Mansfeld , et le chaffa du haut Palatinat, l'an 1622.
Il le battit encore près de Darmftadt & le pouffa
entièrement hors de l'Allemagne. Il défit à Statlo
l'adminiftrateur d'Halberftad, remporta encore d'autres victoires, prit une multitude de places dans les
pays Bas & en Allemagne. En 1626, il défit l'armée
de Dannemarck , à la journée de Lutter dans le
Duché de Brunfwick. Le Pape Urbain VIII lui écrivit
pour le féliciter d'une victoire fi avantageufe à tout le
parti catholique , dont le comte de Tilli avoit toujours
été le défenfeur dans toutes ces guerres. En 1629,
il fut plénipotentiaire à Lubeck , pour la conclufion
de la paix avec le Danemarck.

Arbitre de la paix que la victoire amène.

En 1630 , il remplaça Valftein dans le-commande-
ment général des armées de l'Empire. Il fecourut
contre les Suédois Francfort fur l'Oder , il prit
d'affaut Brandebourg & Magdebourg. Il ravagea la
Thuringe , la Heffe, &c. accabla les chefs du parti
Proteftant. En 1631, il prit Leipfick. Tout reten-
tiffoit de fa gloire ; la guerre n'étoit pour lui qu'une
fuite de triomphes, fon nom étoit le plus grand
nom de l'Empire, il paffoit pour le premier capitaine
de l'Europe, il paroiffoit invincible, il étoit du
moins invaincu ; Guftave-Adolphe paroit en Allemagne & lui fait perdre ce titre ; Tilli eft vaincu
à la bataille de Leipfick , mais il n'eft pas défait,

& il a encore quelques avantages fur tout ce qui
n'eft pas Guftave. On peut lui appliquer ce que
M. de Voltaire a dit depuis des Anglois, après la
bataille de Fontenoi.

Ils feront fiers encore , ils n'ont cédé qu'à lui.

Il mourut de la mort des héros, ayant été bleffé
mortellement, en défendant le paffage du Lech, à
Ingolftad, le 30 avril 1632. Il aimoit fes foldats ,
& il en étoit aimé comme prefque tous les grands
capitaines. Il fit un legs de foixante mille Richfdales
(ou Rixdales) aux vieux régimens qui avoient fervi
fous lui. Il avoit été Jéfuite avant de porter les
armes. On a remarqué qu'il n'avoit jamais eu de
commerce avec les femmes , & qu'il n'avoit jamais
bu du vin.

TILLOTSON, (Jean) (Hift. litt. mod.) célèbre prédicateur Anglois. Ses fermons lui valurent
l'archevêché de Cantorbéri. Ils ont en Angleterre
la plus haute réputation. Barbeyrac & Beaufobre ,
qui les ont traduits en François , paffent généralement pour ne nous en avoir donné qu'une idée
imparfaite. Tillotfon étoit auffi un grand controverfifte. Son traité de la règle de la foi eft eftimé. Il
mourut à Lambeth, en 1694, à foixante cinq ans.

TIMAGORAS , (Hift. anc.) dans le temps où
Thèbes victorieufe & triomphante par les armes
d'Epaminondas & de Pélopidas, humilioit & faifoit
trembler Sparte, Athènes s'étant liguée avec quelques-
autres puiffances de la Grèce , en faveur de Sparte
contre Thèbes, envoya des ambaffadeurs à la cour
de Perfe, pour engager Artaxerxe à prendre le même
parti , tandis que Pélopidas venoit plaider à la cour
du même roi la caufe des Thébains , qu'il gagna.
Les deux ambaffadeurs d'Athènes, étoient Léon &
Timagoras ; il paroît que ce dernier s'éloigna de
l'efprit de fa commiffion pour faire fa cour au roi
de Perfe, qu'il voyoit être favorable aux Thébains,
& pour en obtenir de plus grands préfens. Ce fut
en effet de tous les ambaffadeurs celui qui mit le
plus à contribution la libéralité magnifique du grand
roi ; outre beaucoup d'or & d'argent, qu'il ne fe
fit aucun fcrupule de recevoir , il accepta un fi
magnifique & des efclaves pour le faire, les Grecs
ne lui paroiffant pas affez adroits pour ce miniftère ;
car quoique corrompue depuis long-temps, Athènes
ne pouffoit pas la molleffe & les délices auffi loin
qu'on le faifoit en Perfe. De plus, Timagoras ayant
ou feignant d'avoir befoin de prendre du lait pour
quelque maladie, Artaxerxe lui donna quatre-vingt
vaches, & encore des efclaves pour le foigner. Enfin
à fon départ, Timagoras, toujours alléguant fon indifpofition, fe fit porter en chaife jufqu'à la mer,
aux dépens du roi, qui donna quatre talens à fes
porteurs. Mais lorfqu'il fut de retour dans Athènes,
Léon, fon collègue, l'accufa de n'avoir rien communiqué
en rien avec lui, & de s'être joint à Pélopidas par
une prévarication formelle. Timagoras fut mis à mort,

TIMANDRE, (*Hift. anc.*) c'eft le nom d'une courtifane, dernière amie qui fût reftée à ce brillant Alcibiade, elle étoit feule avec lui dans une bourgade de la Phrygie, lorfque Pharnabafe, Satrape de cette province, le fit tuer pour complaire aux Lacédémoniens ; elle ramaffa fon corps, & lui rendit les derniers devoirs avec autant de décence & d'honneur, que les conjonctures pouvoient le permettre. On croit que la célèbre courtifane Laïs étoit fille de *Timandre.*

TIMANTHE ou **TIMANTE**, (*Hift. anc.*) peintre célèbre de l'antiquité, étoit, felon les uns, de Sicyone, felon les autres, de l'ifle de Cythnos, l'une des Cyclades. C'eft fur-tout par le mérite de l'invention qu'il s'eft diftingué : *Timanthi plurimùm adfuit ingenii,* dit Pline ; il ajoute que les ouvrages de ce peintre faifoient toujours concevoir au delà de ce qu'on voyoit, & que quoique l'art y fût porté au dégré de la perfection, le génie enchériffoit encore fur l'art. *In omnibus ejus operibus intelligitur, plus femper quàm pingitur ; & cùm ars fumma fit, ingenium tamen ultra artem eft.* Timanthe vivoit fous le règne de Philippe, père d'Aléxandre le Grand ; il étoit contemporain & rival de Zeuxis & de Parrhafius. Son tableau d'*Ajax Furieux* l'emporta même fur celui de Parrhafius, au fentiment des juges. (*Voyez* à l'article PARRHASIUS, le mot de ce peintre, fur la victoire de *Timanthe.*) Le tableau le plus célèbre de *Timanthe,* & où ce talent de faire concevoir au delà de ce qu'on voit, étoit fur-tout remarquable, c'eft celui du facrifice d'Iphigénie. L'expreffion de la douleur y étoit graduée avec tout l'art poffible fur les vifages des fpectateurs, d'après le dégré d'intérêt que chaque perfonnage devoit prendre au fort de la victime, & d'après les liens ou d'amitié ou de parenté qui l'uniffoient avec elle. Le prêtre Calchas étoit affligé d'avoir à remplir un rigoureux & trifte miniftère ; Ulyffe l'étoit davantage d'en être le témoin : tous les fignes poffibles de la plus profonde douleur écla oient dans les yeux de Ménélas, oncle d'Iphigénie. Que fera-ce donc du père ? Vous ne verrez point le vifage du père, & par-là vous ferez forcé de concevoir bien au delà de tout ce que vous avez vu : la douleur paternelle eft abandonnée à votre imagination, & c'eft ainfi que le génie de *Timanthe* favoit s'élever au deffus de l'art le plus parfait. Telle eft l'idée que Quintilien nous a donnée de ce fameux tableau :

Cùm in Iphigeniæ immolatione pinxiffet triftem Calchantem, triftiorem Ulyffem, addidiffet Menelao quem fummum poterat ars efficere mœrorem ; confumptis affectibus, non reperiens quo digné modo patris vultum poffet exprimere, velavit ejus caput, & fuo cuique animo dedit æftimandum.

M. Rollin obferve que l'Iphigénie d'Euripide peut avoir fourni à *Timanthe* l'idée qu'il a fi heureufement employée, & que c'eft même une chofe vraifemblable.

Lorfqu'Agamemnon vit fa fille qu'on menoit dans le bois pour y être facrifiée, dit Euripide, *il gémit, & détournant la tête, verfa des larmes, & fe couvrit les yeux de fa robe.*

Une imitation fi ingénieufe diminueroit bien peu dans *Timanthe* le mérite de l'invention.

Racine, dans *Iphigénie,* en fuivant Euripide, fon modèle, s'eft fans doute auffi fouvenu du tableau de Timanthe :

> Le trifte Agamemnon, qui n'ofe l'avouer,
> Pour détourner fes yeux des meurtres qu'il préfage,
> Ou pour cacher fes pleurs, s'eft voilé le vifage.

TIMAR, f m (*Hift. mod.*) diftrict ou portion de terre que le grand-feigneur accorde à une perfonne, à condition de le fervir pendant la guerre, en qualité de cavalier.

Quelques-uns difent que cette portion de terre s'accorde à un fpahi, ou autre perfonne en état de fervir à cheval, pour en avoir la jouiffance pendant fa vie.

Meninski en parle comme d'une récompenfe accordée aux vieux foldats qui ont bien fervi, & comme d'un revenu en fonds de terre, châteaux, bourgs, villages, dixmes, & autres émolumens ; auxquels revenus on ajoute quelquefois le gouvernement & la jurifdiction de ces terres & places.

Le *timar* eft une efpèce de fief, dont le vaffal jouit pendant fa vie.

Tout l'empire ottoman eft divifé en fangiackies ou banneries, & tous ceux qui poffedent des *timars,* & qu'on appelle *timariots,* font obligés de s'enroller eux-mêmes, dès qu'ils ont été fommés de fe préparer à une expédition militaire. *Voyez* TIMARIOTS.

Un *timar* fe rétigne comme un bénéfice, après en avoir obtenu l'agrément du béglierbey, ou gouverneur de la province ; mais fi le revenu du *timar* excède 20000 afpres, auquel cas il eft appellé *zaim,* il n'y a que le grand vifir qui puiffe donner l'agrément pour la réfignation. (*A. R.*)

TIMARIOTS, f. m. (*Hift. mod.*) nom que les Turcs donnent à ceux qui poffedent des terres, fur le pied & fuivant l'ufage des timars. *Voyez* TIMAR.

Les *timariots* font obligés de fervir en perfonne à la guerre, avec un nombre d'hommes & de chevaux proportionné au revenu du timar ; c'eft-à-dire que celui dont le timar eft eftimé à 2500 afpres par an, qui font environ fix livres fterlings, doit fournir un cavalier monté & armé fuivant la coutume : celui dont le timar vaut le double, en doit fournir deux, &c. ; ces cavaliers doivent fe tenir prêts à marcher, dès qu'ils en reçoivent l'ordre, & ce à peine de la vie, de forte que la maladie même ne peut pas leur fervir d'excufe.

Outre ce fervice, les *timariots* payent le dixième de leur revenu. Si en mourant ils laiffent des enfans en âge de porter les armes, & en état de fervir le grand seigneur, ou si, au défaut d'enfans, ils ont quelques parens, à quelque degré qu'ils soient, on a coutume d'en gratifier ceux-ci aux mêmes conditions; sinon on les confère à d'autres.

Si le revenu excède quinze mille aspres, ou trente-six livres sterlings, ceux qui en jouissent s'appellent *subassi*, ou *zaims*, & rendent la justice dans les lieux de leur dépendance, sous l'autorité du sangiac de la province.

Les *timariots* ont des appointemens depuis quatre ou cinq mille aspres, jusqu'à vingt mille, mais on ne les oblige jamais d'aller à la guerre, à moins que leur timar ne rapporte plus de huit mille aspres, & que le grand seigneur ne se rende à l'armée en personne : dans ce dernier cas on n'exempte personne.

L'origine des *timariots* est rapportée aux premiers sultans, qui étant les maîtres des fiefs ou terres de l'empire, les érigèrent en baronies ou commanderies, pour récompenser les services de leurs plus braves soldats, & sur-tout pour lever & tenir sur pied un grand nombre de troupes, sans être obligé de débourser de l'argent.

Mais ce fut Soliman II qui introduisit le premier l'ordre & la discipline parmi ces barons ou chevaliers de l'empire; & ce fut par son ordre qu'on régla le nombre de cavaliers que chaque seigneur eut à fournir à proportion de son revenu.

Ce corps a toujours été extrêmement puissant & illustre dans toutes les parties de l'empire; mais son avarice, défaut ordinaire des Orientaux, a causé depuis peu sa décadence & son avilissement.

Les vice-rois & gouverneurs de province savent si bien ménager leurs affaires à la cour du grand-seigneur, que les timars se donnent aujourd'hui à leurs domestiques, ou à ceux qui leur en offrent le plus d'argent, quand même ils ne sont pas situés dans l'étendue de leur gouvernement.

Il y a deux sortes de *timariots*; les uns appointés par la cour, & les autres par les gouverneurs des provinces; mais les revenus des uns & des autres, sont plus modiques que ceux des zaims, & leurs tentes & équipages sont aussi à proportion moins riches & moins nombreux.

Ceux qui ont des lettres-patentes de la cour, ont depuis 5 ou 6 mille, jusqu'à 19999 aspres de gages par an. Un aspre de plus, les met au rang des zaims; mais ceux qui tiennent leurs patentes des vicerois, ont depuis trois jusqu'à six mille aspres d'appointement.

Cette cavalerie est mieux disciplinée que celle des spahis, quoique cette dernière ait meilleure mine & plus de vivacité.

Les spahis ne se battent que par pelotons; au lieu que les zaims & les *timariots* font enrégimentés, & commandés par des colonels, sous les ordres des bachas. Le bacha d'Alep, quand il se trouve à l'armée, est le colonel général de cette cavalerie. (*A; R.*).

TIMÉE DE LOCRES, (*Hist. anc.*) philosophe célèbre, ainsi nommé, parce qu'il étoit de la ville de Locres en Italie, fut disciple de Pythagore. Ses idées sur l'ame du monde, qui s'insinue dans tous les êtres, & leur donne le sentiment, le mouvement & la vie, étoient assez conformes à celles de son maître, & ce sont celles que Virgile a mis en beaux vers dans le quatrième livre des Géorgiques :

Esse apibus partem divinæ mentis, & haustus
Æthereos dixere; Deum namque ire per omnes
Terrasque, tractusque maris, cœlumque profundum :
Hinc pecudes, armenta, viros, genus omne ferarum,
Quemque sibi tenues nascentem arcessere vitas,
Scilicet huc reddi deindè ac resoluta referri,
Omnia, nec morti esse locum.

Et dans le sixième livre de l'Enéide :

Principiò cœlum ac terram camposque liquentes,
Lucentemque globum lunæ, Titaniaque astra
Spiritus intùs alit, totamque infusa per artus
Mens agitat molem, & magno se corpore miscet;
Indè hominum pecudumque genus vitæque volantum,
Et quæ marmoreo fert monstra sub æquora pontús;
Igneus est ollis vigor, & cœlestis origo.
Seminibus.

On sait d'ailleurs très-peu de chose de *Timée de Locres* : on ignore le temps précis de sa mort. On sait seulement qu'il étoit antérieur à Socrate. Il avoit écrit la vie de Pythagore; Suidas en parle, mais elle est perdue. Il reste seulement de lui un petit Traité de la nature & de l'ame du Monde, qu'on trouve dans les Œuvres de Platon, auquel ce Traité a donné l'idée de son *Timée*. Le marquis d'Argens a traduit ce Traité en françois.

TIMÉE est aussi le nom d'un rhéteur Sicilien, chassé de son pays par Agathocle. Ses ouvrages sont perdus. Il avoit fait une histoire générale de la Sicile, & une histoire particulière de la guerre de Pyrrhus, que Diodore de Sicile loue à beaucoup d'égards. Il vivoit environ deux cents quatre-vingt-cinq ans avant J. C.

TIMÉE est encore le nom d'un sophiste, qui a laissé un *Lexicon vocum Platonicarum*, imprimé à Leyde en 1754, par les soins de David Ruhnkenius.

TIMÉE est aussi le nom de la femme d'Agis, roi de Sparte; elle conçut de l'amour pour Alcibiade pendant son séjour chez les Lacédémoniens; elle en eut un fils, nommé Léotychide, qu'Agis refusa de reconnoître pour son fils, & qui par cette raison fut exclus de la succession au trône de Lacédémone. *Timée*, en public, l'appelloit Léotychide & fils d'Agis; mais en particulier, au milieu de ses femmes & de ses amies, elle ne rougissoit pas de l'appeller Alcibiade, tant le père de cet enfant avoit su inspirer à cette Lacédémonienne le mépris des devoirs & l'oubli des bienséances !

TIMOCLEA, (*Hist. anc.*) dame Thebaine, distinguée par son courage & par sa vertu. A la prise de Thèbes par Alexandre-le-Grand, des Thraces qui servoient dans l'armée de ce conquérant, abbatirent la maison de Timoclea, pillèrent ses meubles & ses trésors. Leur capitaine, abusant des droits de la victoire, après lui avoir tout énlevé, & lui avoir fait les derniers outrages, lui demanda encore si elle n'avoit point d'argent caché. Elle lui répondit qu'elle en avoit; elle le mena dans son jardin, lui montra un puits, & lui avoua que quand elle avoit vu la ville forcée, elle avoit jetté dans ce puits tout ce qu'elle avoit de précieux, espérant pouvoir l'en retirer dans la suite. Charmé de cet aveu, le capitaine s'approche du puits, se baisse pour regarder dedans, & en examiner la profondeur; Timoclea le poussant de toute sa force, l'y fait tomber, & l'y assomme à coups de pierres. Les Thraces se jettent sur elle, la chargent de fers, & la mènent devant Alexandre, qui frappé d'abord de l'air de grandeur & de courage qu'elle conservoit dans la captivité, concevant d'ailleurs bonne opinion d'elle, d'après l'action même dont elle étoit accusée, lui demanda qui elle étoit. » Je suis, lui dit-elle, la sœur de ce Théagène qui combattit contre » Philippe ton père, pour la liberté de la Grèce, & » qui mourut pour elle à la bataille de Chéronée, où » il commandoit les Thébains. » Alexandre admirant cette généreuse réponse, la mit en liberté elle & ses enfans, & lui montra toute l'estime que lui inspiroit naturellement tout ce qui portoit un caractère de grandeur.

TIMOCRÉON, (Hist. anc.) Rhodien, poëte comique; vivoit vers l'an 476 avant J. C. On lui reprochoit de la gourmandise, & ce qui est plus grave, de la médisance. Il avoit fait des vers mordans contre les plus grands hommes & les plus beaux génies de son siècle, Thémistocle & Simonide. On n'a de Timocréon que quelques fragmens dans le corps des poètes Grecs. Ce que nous avons dit du caractère & des vices de ce poëte, est renfermé dans ces deux vers latins faits pour lui servir d'épitaphe :

Multa bibens & multa vorans, malè denique dicens.

Multis, hîc jaceo. Timocreon Rhodius.

TIMOLÉON. (Hist. anc.) Ce grand homme fut pour Corinthe sa patrie véritable, & pour Syracuse sa patrie adoptive, ce qu'Epaminondas & Pélopidas furent pour Thèbes. Il en fit la puissance & la gloire. Timoléon sembloit être né pour la ruine des tyrans. On sait que dans les siècles où la Grèce étoit partagée en une multitude d'états libres, ce nom de tyrans ne désignoit point de mauvais princes, mais en général tout citoyen qui s'élevoit à la suprême puissance, ce qui est en effet le plus grand crime dans les républiques. Timoléon étoit d'une des plus nobles familles de Corinthe; il avoit un frère ainé, nommé Timophane, qu'il aimoit tendrement, & pour lequel il avoit risqué sa vie dans un combat, où le voyant en danger, il l'avoit couvert de son corps. Timophane ne put résister à la tentation de se faire tyran de Corinthe. Timoléon

employa en vain les prières, les larmes, les menaces pour l'en détourner. Forcé enfin de prononcer entre son frère & sa patrie, son choix ne fut pas douteux; il fut citoyen avant tout, & crut devoir immoler ce frère si chéri. Après l'avoir averti plusieurs fois, il prit le parti de le faire assassiner en sa présence par deux de ses amis & de ses proches, croyant accorder assez à la nature en s'abstenant de tremper lui-même ses mains dans le sang fraternel.

A l'univers surpris, cette grande action
Fut un objet d'horreur & d'admiration.

Les suffrages se partagèrent sur ce grand crime commis à force de vertu. Les uns ne virent que l'effort sublime que Timoléon s'étoit fait pour étouffer la tendresse & la nature en faveur de la patrie & de la liberté. Timoléon immolant à de si grands intérêts un frère pour lequel il avoit voulu s'immoler, leur parut un citoyen aussi malheureux & aussi respectable, que l'avoit été un siècle & demi auparavant, à Rome, ce premier Brutus en condamnant ses fils: les autres ne voulurent voir en lui qu'un fanatique & un fratricide. La mère de Timoléon & de Timophane fut du nombre de ces derniers. Quand il vint pour la consoler, & lui rendre compte des motifs de son action, elle eut horreur du meurtrier de son fils, lui ferma sa porte, & prononça contre lui les malédictions d'une mère & les imprécations d'une ennemie. Timoléon auroit eu besoin lui-même de consolation; la douleur & les remords l'accabloient, il pouvoit dire :

Quoi ! j'ai servi l'état, & je sens des remords !

Il éprouvoit qu'on n'outrage pas la nature impunément, il prit la vie en haine & son action en horreur, il voulut périr, se refusa toute nourriture; & quand ses amis l'eurent enfin contraint de souffrir la vie, il se condamna du moins à passer le reste de ses jours dans la retraite & dans la douleur, loin des affaires, & pleurant toujours le frère dont il s'étoit privé. Il passa vingt ans dans cet état : quand il revint à Corinthe, il n'y vécut qu'en simple particulier, toujours retiré, toujours ne prenant aucune part au gouvernement, mais toujours s'intéressant tendrement à sa patrie.

Denys le jeune, tyran de Syracuse, remonté au bout de dix ans sur le trône, d'où il avoit été renversé par Dion, devint plus insupportable encore à ses sujets : ceux-ci s'étant révoltés de nouveau, appellèrent à leur secours, & choisirent pour leur général Icétas, roi ou tyran des Léontins, parce qu'ils n'avoient point alors d'autres ressources, & qu'Icétas étoit à leur porte. Dans le même temps les Carthaginois, ennemis ordinaires des Syracusains, abordoient en Sicile avec de grandes forces, à la sollicitation secrette d'Icétas, qui songeoit bien plus à se rendre maître de Syracuse qu'à mettre cette ville en liberté. Les Syracusains tiroient leur origine de Corinthe, & Corinthe s'étoit toujours hautement déclarée contre les tyrans ; ce fut à elle qu'ils eurent recours, leurs ambaſſadeurs y furent très-accueillis ; Corinthe embraſſa la défenſe de Syracuſe, & nomma pour ſon général *Timoléon*, dont elle avoit autrefois employé utilement la valeur & les talens, & qui dans un âge déjà un peu avancé, retrouva pour ſervir deux républiques & pour chaſſer des tyrans, toute l'ardeur & la vigueur active de ſa jeuneſſe. Son premier mouvement fut cependant de refuſer l'emploi que les Corinthiens lui offroient ; il fallut lui faire une ſorte de violence pour le faire rentrer dans les affaires publiques après l'eſſai funeſte qu'il en avoit fait, & le ſacrifice qu'elles lui avoient coûté : il fut déterminé par un diſcours que lui tint le magiſtrat de la république. » *Timoléon*, lui dit-il, ce moment va fixer nos idées ſur le meurtre » de Timophane : tu vas nous prouver ou par ton » acceptation, que tu as puni un tyran, ou par ton » refus, que tu as aſſaſſiné ton frère. » En effet, celui qui avoit aſſez aimé la république pour lui ſacrifier un frère chéri, devenu tyran, devoit l'aimer aſſez pour ſaiſir une occaſion de la ſervir contre un tyran.

Pendant que *Timoléon* aſſembloit ſes troupes, Icétas, autre tyran, qui s'étoit arrangé avec les Carthaginois, mandoit aux Corinthiens que leur armement devenoit inutile, que les Carthaginois les avoient prévenus, & avoient traité avec lui & avec les Syracuſains, qu'ils attendoient même la flotte de Corinthe au paſſage pour la traiter en ennemie. Cette lettre ne fit que hâter le départ de *Timoléon*, & que redoubler ſon ardeur. Il arrive ſur la côte d'Italie ; Icétas avoit battu Denys, & le tenoit aſſiégé dans la citadelle ; mais ce n'étoit qu'un tyran ſubſtitué à un tyran, il falloit les chaſſer l'un & l'autre : les Carthaginois, complices d'Icétas, s'étoient chargés de fermer le paſſage aux galères Corinthiennes. *Timoléon* endort la vigilance des Carthaginois, en leur propoſant une conférence, pendant laquelle neuf de ſes dix galères paſſent en Sicile ; les Carthaginois trompés par différentes circonſtances, croyant qu'elles retournoient à Corinthe, d'après des conventions arrêtées dans la conférence. *Timoléon* s'échappe de l'aſſemblée, & monté ſur ſa dixième galère, rejoint en diligence les neuf autres, ſans que les Carthaginois, toujours trompés, faſſent le moindre mouvement pour l'en empêcher. Il débarque en Sicile, n'ayant que mille hommes de troupes : les Carthaginois qui, tenant la mer avec cent cinquante vaiſſeaux longs, avoient cinquante mille hommes de troupes de débarquement, occupoient le port de Syracuſe, Icétas la ville, Denys la citadelle. *Timoléon* fut d'abord reçu dans la petite ville de Tauromenium ſur le bord de la mer, près de l'Etna, entre Meſſine & Catane ; c'étoit ne tenir à la Sicile que par un coin, mais c'étoit y tenir. Les habitans d'Adrane, autre petite ville, ſituée dans les terres, au pied de l'Etna, s'étoient partagés ; les uns avoient appellé Icétas & les Carthaginois, les autres *Timoléon*. Les deux partis ſe rencontrent aux portes d'Adrane : *Timoléon*, avec ſa petite troupe, charge la troupe d'Icétas qui étoit de cinq mille hommes, & la met en déroute ; Adrane & d'autres villes voiſines ouvrent leurs portes à *Timoléon*.

Denys, content de ſe venger d'Icétas, prend le parti de ſe rendre aux Corinthiens, & de leur remettre la citadelle ; ce qui ne pût s'exécuter encore qu'à force de ſtratagêmes, les Corinthiens s'étant gliſſés par pelotons, pendant la nuit & à travers mille difficultés, dans la citadelle, en échappant aux Carthaginois, qui étoient maîtres du port. Ils trouvèrent dans la citadelle une prodigieuſe quantité d'armes & de machines de guerre dont ils avoient grand beſoin, & la troupe de *Timoléon* fut groſſie de deux mille ſoldats que Denys lui remit. *Timoléon* le fit paſſer à Corinthe, où on ſait que ce tyran de Syracuſe & de preſque toute la Sicile, ſe fit maître d'école.

Icétas ſe mit à ſerrer de près la citadelle, & *Timoléon* qui étoit à Catane, avoit bien de la peine à introduire dans cette citadelle les convois néceſſaires. Icétas & les Carthaginois marchèrent contre Catane, pour couper toute communication entre *Timoléon* & la citadelle de Syracuſe. Ceux qui étoient reſtés pour continuer le ſiège ſe tenant mal ſur leurs gardes, Léon le Corinthien qui commandoit dans la citadelle, s'en apperçut, & fit pour eux une ſi furieuſe ſortie, qu'il les diſperſa, & ſe rendit maître de l'Achradine, le plus fort quartier de la ville, qu'il joignit à la citadelle par des ouvrages qui ſervoient de communication. *Timoléon*, de ſon côté, trouva le moyen de ſemer la diviſion & les défiances entre Icétas & les Carthaginois, au point que ces derniers ſe croyant trahis, firent voile vers l'Afrique, abandonnant honteuſement la conquête de la Sicile. *Timoléon* n'eut donc plus à combattre qu'Icétas ; quelques foibles ſecours arrivés de Corinthe, faiſant monter la troupe de *Timoléon* à quatre mille hommes, elle s'appella une armée ; alors il parut en bataille devant Syracuſe, il l'attaqua par trois endroits, battit par-tout les troupes d'Icétas, & par un bonheur preſque ſans exemple, emporta de vive force en un inſtant, une place réputée alors une des plus fortes du monde. Mais ce qui eſt encore plus ſans exemple, c'eſt qu'une nation prenne d'auſſi bonne foi, & d'une manière auſſi déſintéreſſée la défenſe d'une autre nation, ſans exiger d'autre prix de ſes ſervices, d'autre fruit de la victoire, que l'honneur de lui avoir rendu la liberté. *Timoléon* commença par faire publier à ſon de trompe, que tous les Syracuſains qui voudroient venir avec des outils, n'avoient qu'à démolir les fortereſſes des tyrans, la citadelle fut raſée & des tribunaux furent établis pour la défenſe de la liberté & de l'innocence dans ce même lieu, d'où ſous les tyrans partoient tant d'édits cruels & oppreſſifs.

Sous ces mêmes tyrans & pendant les guerres qu'il avoit fallu ſoutenir pour ſe délivrer d'eux, cette riche & ſuperbe Syracuſe étoit devenue un déſert, où l'herbe étoit ſi haute dans les rues que les chevaux y paiſſoient, il en étoit de même des autres villes de la Sicile. C'étoit peu de les avoir délivrées, il falloit encore les repeupler ; les Corinthiens firent publier par des hérauts dans tous les jeux ſacrés, dans toutes les aſſemblées publiques la Grèce, que Syracuſe étoit libre, que tous ceux que les tyrans avoient bannis, ou que la cruauté de la tyrannie avoient éloignés, pouvoient y revenir, & qu'on alloit y procéder à un partage égal des terres. Ils dépêchèrent des couriers en Afie & dans toutes les Iſles, pour faire la même proclamation, & inviter tous les Siciliens fugitifs à ſe rendre promptement à Corinthe, qui leur fourniroit à ſes frais des vaiſſeaux & une eſcorte ſûre pour les ramener dans leur patrie.

Corinthe fit plus encore : elle envoya une nouvelle colonie de ſes propres citoyens, pour groſſir le petit nombre des Syracuſains qui s'étoient rendus à Corinthe, & pour repeupler avec eux Syracuſe; le reſte de la Grèce imita ſon exemple, & fournit auſſi des habitans à la Sicile.

On vendit à l'encan à Syracuſe, les ſtatues de tous les tyrans qui l'avoient gouvernée; mais auparavant elles furent citées en jugement, & on leur fit leur procès; il n'y eut d'exceptée de cette rigueur que la ſtatue du vertueux Gélon, dont la mémoire étoit toujours chère !

Après Syracuſe, Timoléon voulut auſſi purger de tyrans la Sicile entière; il força Icétas de renoncer à l'alliance perfide & tyrannique des Carthaginois, & à vivre en ſimple particulier dans la ville des Léontins. Leptine, tyran d'Apollonie & de quelques autres villes, s'étant rendu à Timoléon, il l'envoya comme Denys, à Corinthe.

Ce qui reſtoit de tyrans en Sicile, Icétas à leur tête, unirent leurs efforts & formèrent une ligue puiſſante pour relever la tyrannie abattue; Timoléon ſe hâta de l'étouffer, il prit Icétas & ſon fils, qui alors furent punis de mort, comme tyrans obſtinés ou comme traitres; on eût pu ſe diſpenſer de punir auſſi de mort la femme & les filles d'Icétas, mais le peuple mêle toujours à ſes vengeances les plus juſtes, des injuſtices & des cruautés. Pour Icétas, il étoit bien coupable; il avoit fait profeſſion d'être ami de Dion, prédéceſſeur de Timoléon, dans le noble emploi d'affranchir Syracuſe, d'où il avoit la première fois chaſſé Denys le jeune; lorſque le traitre Calippe eut aſſaſſiné Dion, ce fut chez Icétas, qu'Ariſtomaque, ſœur de Dion, & Aréte, ſa femme, allèrent chercher un aſyle; il parut le leur accorder avec plaiſir, mais bientôt gagné par les ennemis de Dion, il les fit embarquer comme pour leur procurer un aſyle plus ſûr dans le Péloponéſe, & les fit jetter dans la mer.

Les Carthaginois n'avoient pas renoncé à la conquête de la Sicile; ils avoient vu avec peine & avec honte le puiſſant armement qu'ils avoient deſtiné à cette conquête, diſſipé par une poignée de Corinthiens; ils avoient mis en croix le corps de Magon, leur général, qui, pour prévenir le ſupplice qui l'attendoit à ſon retour, s'étoit donné la mort. On vit bientôt arriver à Lilybée ſur la côte occidentale de la Sicile une flotte Carthaginoiſe de deux cent vaiſſeaux de guerre, portant une armée de ſoixante & dix mille hommes, ſous la conduite d'Aſdrubal

& d'Amilcar. C'étoit toujours avec de très petites armées, que Timoléon exécutoit les plus grandes choſes; ce fut avec quatre ou cinq mille hommes d'infanterie ſeulement, & mille chevaux, qu'il alla au devant des Carthaginois, auxquels il livra bataille ſur les bords de la Crimiſe, & qu'il mit en déroute. Il y eut de leur côté plus de dix mille hommes de tués, & dans ce nombre trois mille citoyens de Carthage, ce qui remplit cette ville de deuil. Corinthe au contraire ayant reçu les plus belles armes trouvées parmi le butin, & que Timoléon avoit pris ſoin d'envoyer en tribut à ſa patrie, fit gloire d'être ornée, non comme la plûpart des villes de la Grèce, de dépouilles Grecques, encore teintes du ſang de la nation, mais de dépouilles des barbares, & de nobles inſcriptions qui, accompagnant ces trophées, annonçoient que les Corinthiens & Timoléon, leur général, après avoir affranchi du joug des Carthaginois les Grecs établis dans la Sicile, avoient appendu ces armes dans les temples, pour en rendre aux Dieux des actions de graces immortelles.

C'eſt ainſi qu'il eſt beau de faire la guerre, de combattre & de triompher.

Lorſque Timoléon marchoit aux Carthaginois, mille ſoldats étrangers qu'il avoit dans ſa petite armée, l'avoient abandonné en chemin; après la victoire, il les bannit de la Sicile, & les fit ſortir de Syracuſe avant le coucher du ſoleil, ſans en tirer d'autre vengeance que de les déclarer indignes de combattre pour la liberté.

La victoire de Crimiſe força les Carthaginois de demander la paix.

Ici finit la carrière militaire de Timoléon. Après avoir été le libérateur & le pacificateur de la Sicile, il fut encore le légiſlateur de Syracuſe; il ne donna point des loix avec autorité; c'eût été agir en tyran, lui qui les puniſſoit. Des légiſtes de Corinthe vinrent concerter avec les Syracuſains les loix de police les plus convenables à leur ſituation, & dont ils avoient le plus de beſoin.

La liberté a, comme toute autre choſe, ſes inconvéniens ainſi que ſes avantages. Deux envieux de la gloire de Timoléon, ſe rendirent ſes accuſateurs, l'appellèrent en jugement ſur de prétendues malverſations qu'ils lui imputoient dans l'exercice du généralat, & lui demandèrent des cautions; le peuple s'indigna & voulut diſpenſer un ſi grand homme de la rigueur des formalités ordinaires; « amis, dit Timoléon, que » faites-vous ? Tout citoyen n'a-t-il pas le droit de » m'accuſer, & n'eſt-ce pas à moi de me défendre ? » Songez que les formalités ſont la ſauvegarde des » loix comme les loix le ſont de la liberté. Pour » moi, je rends graces aux Dieux de voir enfin, » ſelon mes vœux, les Syracuſains jouir de la pleine » liberté de tout dire & de tout oſer. C'eſt le bien » fait que j'ai voulu vous procurer, & n'en jouiſſez- » pas. Examinez ſeulement, mais à loiſir & non dans » une affaire où j'aye intérêt, dans quelles juſtes bornes » il peut avoir beſoin d'être contenu.

Il acheva de se dépouiller volontairement du reste d'autorité que ses grandes actions & ses importans services pouvoient lui avoir conservé ; il se démit de tout, pour aller vivre dans la retraite. Les Syracusains, par reconnoissance, lui avoient donné la plus belle maison de leur ville, & une maison de campagne fort agréable, c'est celle-ci qu'il passoit presque toute l'année avec sa femme & ses enfans qu'il avoit fait venir de Corinthe, Syracuse, théâtre de sa gloire & de ses bienfaits, étant devenue sa patrie. Par cet éloignement, par ce goût de la retraite, il désarma l'envie ; il vécut en simple particulier, mais il jouit du bonheur public, qui étoit son ouvrage. Sa considération personnelle lui rendoit avec usure tout l'empire dont sa délicatesse & sa générosité faisoient disparoître jusqu'aux moindres marques. Il étoit l'oracle universel de la Sicile. On ne faisoit ni traité, ni loi, ni établissement, ni partage sans le consulter, sans le prier d'y mettre la main. Il devint aveugle long-temps avant sa mort ; ce fut alors sur-tout que Syracuse lui témoigna sa reconnoissance, son respect & sa tendresse. On alloit le voir tous les jours, on lui amenoit tous les étrangers qui passoient dans la ville, & la curiosité des voyageurs n'étoit point satisfaite, s'ils n'avoient vu le héros de Corinthe, le libérateur & le bienfaiteur de Syracuse.

Quand les Syracusains avoient à délibérer dans l'assemblée publique sur quelque objet important, ils l'appelloient à leur secours ; il arrivoit comme un autre Tirésias, aveugle comme lui, éclairé comme lui ; il traversoit la place sur un char à deux chevaux, aux acclamations de tout le peuple, disoit son avis, qui étoit toujours religieusement suivi, & étoit reconduit au bruit des mêmes acclamations.

Les larmes sincères qu'on répandit à sa mort, les honneurs qu'on rendit à sa mémoire, achèvent de l'immortaliser.

On lui éleva un monument superbe dans la place de Syracuse, & cette place porta son nom ; on institua des jeux publics anniversaires en son honneur, & on fit ce fameux décret ; que toutes les fois que la Sicile seroit en guerre avec les étrangers, elle prendroit un général à Corinthe.

Plutarque a sur Timoléon une idée fort ingénieuse : en comparant ce grand général avec les plus illustres capitaines de la Grèce, tels qu'Epaminondas & Agésilas, il apperçoit entre eux & lui la même différence qui se trouve entre des peintres & des poëtes, les uns excellens d'ailleurs, mais dont les ouvrages corrects & finis décèlent & pendant le travail & l'effort, les autres ne présentent que l'idée de l'aisance, de la facilité, de la grace, & semblent avoir été faits pour ainsi dire en jouant ; c'est à peu-près la différence que nous trouverions entre les vers soignés & travaillés de Boileau, & les vers aimables & faciles de Voltaire, à qui rien n'a jamais rien coûté. C'est cette aisance, cette facilité, cette grace, qui, selon Plutarque, caractérisent les exploits de Timoléon ; c'est pour ainsi dire en se jouant, qu'avec une poignée

de monde, il force Icétas dans Syracuse, & dissipe de formidables armées de Carthaginois ; c'est en se jouant, qu'avec dix galères, il passe à travers où à côté des flottes immenses des ennemis qu'il enchaîne & rend immobiles comme par une espèce de charme.

Le même Plutarque rapporte sur Timoléon un fait assez extraordinaire, & qui donna l'idée d'une providence attentive à veiller d'une manière particulière sur les jours de ce grand homme. Pendant qu'il offroit un sacrifice solemnel en mémoire d'une victoire signalée, deux assassins envoyés par les ennemis, trouvent le moyen de s'approcher de lui à la faveur d'un déguisement. Un d'eux levoit déjà le bras pour le frapper, lorsqu'il est lui-même renversé par un homme qui s'élance sur lui, le poignarde & s'enfuit. Le second assassin, effrayé de ce coup imprévu, embrasse l'autel, demande grace à Timoléon, & lui revèle tout le complot. Il sembloit que le meurtrier du premier assassin, voyant le bras levé sur Timoléon eût volé à sa défense, & se fût empressé de prévenir le coup, mais en ce cas pourquoi s'étoit-il enfui ? On court après lui, on l'arrête, on l'interroge. Cet homme n'avoit pas seulement songé à Timoléon, & n'avoit pas vu le danger que couroit ce héros ; mais il avoit reconnu l'assassin, sur lequel il avoit une vengeance personnelle à exercer, & il avoit saisi l'occasion de venger son père, assassiné autrefois dans la ville des Léontins par le scélérat qu'il venoit de frapper. Plusieurs des assistans reconnurent à l'instant le meurtrier, & confirmèrent la vérité de son récit. Ce fut par ce coup de théâtre, par ce concours fortuit d'événemens sans liaison entre eux, que Timoléon fut préservé. Ce fait dut fortifier l'opinion que Cornélius Népos lui attribue sur la providence : *Nihil enim rerum humanarum sine Deorum numine agi putabat.* Ce fut l'an 346, avant J. C., que Timoléon délivra Syracuse.

TIMON LE MISANTHROPE, (*Hist. anc.*) est plus célèbre que connu, on a plus parlé de lui qu'on n'a écrit son histoire ; la dureté, l'inflexibilité de son caractère l'avoient rendu l'objet des railleries de Platon & d'Aristophane ; mais nous n'avons pas les ouvrages où Platon parloit de lui, nous avons seulement quelques comédies d'Aristophane, où la misanthropie de ce Timon est rappellée. Il est aussi le sujet d'un dialogue de Lucien ; mais c'est par Diogène Laërce, par Suidas, sur-tout par Plutarque dans les vies d'Alcibiade & d'Antoine, que son nom, son caractère & les principaux traits de son histoire ont passé jusqu'à nous. Dans les derniers temps, l'abbé du Resnel a fait de Timon le misanthrope l'objet de ses recherches ; son mémoire est inséré parmi ceux de l'académie des Inscriptions & Belles-Lettres, tome 14, pag. 74 & suivantes.

Timon nâquit à Colythe, au pied du mont Hymette, près d'Athènes ; on le nomme souvent Timon l'Athénien, pour le distinguer d'un autre Timon, philosophe sceptique, & d'un autre Timon encore, ancien poëte Grec, connu par des parodies ; mais le titre

titre qui diſtingue le plus notre célèbre *Timon*, eſt celui de *miſanthrope*.

Timon vivoit au tems de la guerre du Pélopo-nèſe, environ 420 ans avant J. C. Son père ſe nom-moit Equécrate. Il paroît que la miſanthropie de *Timon* étoit celle d'un homme déſabuſé des hommes à ſes dépens. Il avoit été riche, & alors il étoit très-bienfaiſant; il partageoit ſes richeſſes avec tous ſes amis, il s'appauvrit en les enrichiſſant, & tomba réellement dans l'indigence à force de libéralité; alors il n'eut plus un ſeul ami; alors il devint l'ennemi & des dieux qui lui paroiſſoient injuſtes, & des hommes dont il connut enfin toute l'ingratitude; & ce fut en effet ſur le modèle de *Timon*, & d'après ſes aventures, que l'auteur du *Spectateur François* imagina ce philoſophe miſanthrope Hermocrate, chez lequel il fait arriver le fameux Scythe Anacharſis, qui dans le cours de ſes voyages vient lui demander l'hoſpitalité. » Entrez, dit-il à Anacharſis d'un ton ſévère; les hommes en général » ne méritent qu'on les oblige, mais ce ſeroit être » auſſi méchant qu'eux, que de les traiter comme ils » le méritent. Venez, *les vices de leur cœur m'ont » valu des exemples de vertu*. » Ce philoſophe raconte ſon hiſtoire. Une bonté qui ne ſe démentoit jamais, une douceur inaltérable, le rendoient le jouet & le mépris de ſes amis; il ſervoit tout le monde, & perſonne ne le ſervoit, parce qu'on ne craignoit jamais de le perdre, ni même de le refroidir. Aimé de tout le monde, il ſe trouva en concurrence avec un homme univerſellement haï; ce fut cet homme odieux qu'on s'empreſſa de ſervir, parce qu'on le craignoit; on ſacrifia Hermocrate qu'on ne faiſoit qu'aimer, & on ne lui diſſimula pas les motifs de cette perfide conduite. » Mais moi, dit-il, ſaiſi de » fureur à la vue de l'iniquité des hommes, je dis à » tous ces indignes de ſortir, ce qu'ils firent en ſe » moquant de moi. Le lendemain, le reſte » de mon bien; & m'éloignant de ma patrie auſſi-bien » que des hommes, qui m'étoient odieux, je fis bâtir » cette maiſon dans ce déſert, où je vis de ce que me » rapportent quelques arpens de terre que je cul-» tive.

Lucien nous repréſente de même, ou dans un état plus fâcheux encore, *Timon le miſanthrope, revêtu d'une méchante peliſſe, réduit à cultiver la terre pour quatre oboles par jour, & à philoſopher, une bêche à la main*; mais il paroît qu'il y a en cela de l'exagération ou de la fiction.

Quant à la haine dont il faiſoit profeſſion pour les hommes, elle le portoit moins encore à les fuir qu'à les inſulter, il avoit beſoin de leur dire qu'il les haïſſoit. Il avoit trouvé parmi ſes concitoyens un autre philoſophe, auquel il pardonnoit d'être homme, parce qu'il étoit auſſi miſanthrope, c'étoit Apemantus. Il avoit formé avec lui une eſpèce de liaiſon, mais ſujette à des orages & à des retours de miſanthropie fâcheux. Un jour qu'ils dînoient enſemble, un épanchement de bile contre le genre humain leur tenant lieu d'un épanchement de tendreſſe, ils ſentirent quelque

plaiſir dans cette liberté de converſation, & dans cette union de ſentimens. Ah! *Timon*, s'écria tout-à-coup Apemantus, par un mouvement naturel, *l'agréable repas que nous faiſons aujourd'hui*! Oui, ſi tu n'y étois pas, répondit *Timon*, rappellé tout-à-coup aux devoirs ſévères de la miſanthropie, par le propos obligeant de ſon convive. Cette réponſe de *Timon* eſt auſſi dans le *Miſanthrope* de Molière; mais ce n'eſt pas Alceſte qui la fait, c'eſt Celimène; ce n'eſt pas un trait de miſanthropie, mais de malignité; ce n'eſt point une injure, c'eſt un bon mot. On parle d'un homme qui ſe pique de faire bonne chère, & qui la fait.

Il prend ſoin d'y ſervir (*à ſa table*) des mets fort délicats.

Celimène répond:

Oui, mais je voudrois bien qu'il ne s'y ſervît pas;
C'eſt un fort méchant plat, que ſa ſotte perſonne,
Et qui gâte, à mon goût, tous les repas qu'il donne.

L'homme qui devoit le moins convenir au miſanthrope *Timon* étoit l'aimable & brillant Alcibiade, toujours ſi empreſſé à plaire, ſi prompt à ſe plier à tous les goûts, à tous les uſages, à toutes les mœurs, ſi avide de toute ſorte de gloire, & ayant pour tous les vices de ſon ſiècle une indulgence intéreſſée. *Timon* étonnoit tout le monde par l'amitié qu'il témoignoit à ce jeune homme, par l'air careſſant qu'il prenoit toujours avec lui ſeul. On lui en demanda la raiſon. *Oui*, dit-il, *j'aime ce jeune homme, je m'avance de tout le mal que je prévois qu'il fera un jour aux Athéniens.* Un jour Alcibiade ſortant de l'aſſemblée du peuple, content du peuple & de lui-même, ayant obtenu des honneurs qui augmentoient ſa puiſſance & flattoient ſon ambition, *Timon*, qu'on ne voyoit guères rechercher les gens heureux, ni paroître où étoit la foule, vint, comme les autres, féliciter Alcibiade: *courage, mon fils*, lui dit-il, *augmente ta puiſſance, tu n'en peux trop avoir pour la ſubverſion de ta patrie.*

Un jour on le voit monter à la tribune aux harangues; nouvel étonnement, grande attente; profond ſilence. « Athéniens, dit-il, j'ai dans ma demeure » un petit terrein où il y a un grand figuier. Plu-» ſieurs honnêtes citoyens s'y ſont déja pendus; » comme j'ai deſſein de bâtir ſur ce terrein & d'abattre » ce figuier, j'ai voulu vous en avertir publiquement, » afin que ſi quelqu'un de vous vouloit s'y pendre » auſſi, il pût profiter de la commodité, tandis que » l'arbre eſt encore ſur pied.

Propos qui paroît beaucoup plus être d'un bouffon que d'un miſanthrope, & d'un homme qui cherche à rire que d'un homme qui veut montrer ſa haine: Ariſtophane, contemporain de *Timon*, le repréſente dans ſes comédies, comme *un homme inacceſſible, environné d'épines, retranché dans de fortes paliſſades, & deſcendu des furies.* Il ajoute cependant qu'il n'avoit pas autant de haine pour les femmes que pour les hommes,

Timon tomba, dit-on, d'un poirier sauvage & se cassa la jambe ; il ne voulut pas recevoir les secours des chirurgiens parce que c'étoient des hommes, ou il ne voulut pas se les procurer, parce qu'enfin il n'étoit lui-même qu'un homme ; la gangrène se mit à sa plaie, il tomba en pourriture, & mourut martyr de la Misanthropie.

Il fut enterré sur le bord de la mer, & comme si le sort avoit voulu favoriser son goût pour la solitude, & le tenir éloigné des hommes après sa mort, comme il avoit cherché lui-même à s'en éloigner pendant sa vie, il arriva que la terre s'étant affaissée autour de son tombeau, les flots de la mer l'environnèrent de toutes parts, & l'enfermèrent dans une Isle. On connoît deux épitaphes de Timon ; l'une qu'il s'étoit, dit-on, faite à lui-même, & que voici :

Je repose sous cette tombe, passans, ne demandez point mon nom ; mais, qui que vous soyez, comme vous êtes des méchants, puissiez-vous aussi périr tous misérablement !

L'autre est du poëte Callimaque :

Moi, Timon le Misanthrope, j'habite cette demeure: passant, poursuis ton chemin, & charge moi de malédictions, si tel est ton plaisir, mais retire-toi promptement;

Le savant Tanneguy Lefèvre, père de madame Dacier, a fait l'apologie de *Timon*, & a soutenu en propres termes, que c'étoit *un fort honnête homme, d'un excellent caractère, & que jamais personne n'a eu plus d'humanité ni de bonté que lui* ; opinion que l'abbé du Resnel rejette & réfute.

TIMOPHANE, (*Hist. anc.*) frère de *Timoléon*, tué par lui, parce qu'il vouloit se rendre tyran de Corinthe, sa patrie. (*Voyez* l'article TIMOLÉON.) M. de la Harpe a fait sur ce sujet, une tragédie qui a de grandes beautés.

TIMOTHÉE, (*Hist. anc.*) général Athénien, fils de Conon. (*voyez* cet article) Il joignit aux talens militaires & politiques de son père, la gloire qui naît des talens de l'esprit, du goût pour les sciences, de l'éloquence. *Hic à Patre acceptam gloriam multis auxit virtutibus. Fuit enim disertus, impiger, laboriosus, rei militaris peritus, neque minus civitatis regendæ,* dit Cornélius Népos.

Timotheus, Cononis filius, cùm belli laude non inferior fuisset quàm pater, ad eam laudem doctrinæ & ingenii gloriam adjecit; dit Cicéron, de offic. lib. 1, n°. 116.

Nul n'éprouva moins que lui, du moins dans le commencement, l'inconstance ordinaire du sort des armes, tout lui réussissoit, il n'avoit qu'à tenter. Un si rare bonheur devoit exciter l'envie ; pour s'en venger, on le fit peindre dormant d'un profond sommeil, & ayant auprès de lui la fortune qui prenoit des villes dans des filets. *Timothée* se contenta de répondre : *si tout endormi je prends les villes,*

que ne ferai-je pas éveillé ? Il se montra très-éveillé dans une expédition dont il fut chargé l'an 377 avant J. C. Les Athéniens étoient alors ligués avec les Thébains, contre Lacédémone, il ravagea les côtes de la Laconie, il se rendit maître de l'Isle de Corcyre.

L'an 358 avant J. C., les alliés d'Athènes s'étant révoltés contre elle, les Athéniens, avec une flotte puissante, commandée par Charès, Iphicrate & *Timothée*, vinrent assiéger Byzance, les alliés accoururent pour la défendre. Les flottes étant en présence, Charès, homme vain, présomptueux, sans prudence, sans prévoyance, avide de gloire & fort envieux de la gloire d'autrui, vouloit que, malgré une violente tempête, on s'avançât contre les ennemis: les deux autres chefs, plus prudents & plus expérimentés, s'opposèrent à la bataille. Charès, indigné qu'on eût osé lui résister, écrivit contre eux à Athènes, les accusant de lâcheté, même de trahison : cette dernière accusation est presque toujours accueillie dans les états populaires ; le peuple Athénien, leger, soupçonneux, & trop naturellement jaloux de tout mérite éclatant, rappelle ces deux chefs, & leur fait leur procès. *Populus acer, suspicax, mobilis, adversarius, invidus etiam potentiæ, domum revocat,* dit Cornélius Népos. Par une suite de cette disposition, la faction de Charès l'emporta, & ce *Timothée* qui, toujours distingué par le plus noble désintéressement, avoit dans une occasion éclatante, remis à sa patrie du butin fait sur l'ennemi, douze cent talens que Charès auroit pris pour lui, & dont plusieurs généraux même plus scrupuleux se seroient réservé au moins une partie, se vit indignement condamné à une amende de cent talens, que son désintéressement même l'avoit mis absolument hors d'état de payer ; il se retira plein de douleur & d'indignation à Chalcis. Après sa mort, le peuple touché d'un juste repentir, mais ne réparant qu'en partie son iniquité, réduisit cette amende à dix talens, qu'il fit payer à Conon, son fils, comme une contribution pour le rétablissement d'une partie des murs, de ces mêmes murs que Conon, père de *Timothée*, avoit rebâtis des dépouilles des ennemis.

On a retenu un mot de *Timothée*, qui fait une juste distinction de devoirs du soldat & des devoirs du général ; Charès, se piquant de confondre ces divers devoirs, & d'être tel à la tête des armées qu'il avoit été avant de commander, montroit avec faste aux Athéniens, les blessures qu'il avoit reçues dans l'exercice du général ; il étaloit à leurs yeux son bouclier percé d'un grand coup de pique. *Et moi,* dit *Timothée, lorsque j'assiégeois Samos, un trait étant venu tomber assez près de moi, j'en fus bien honteux, comme m'étant exposé en jeune homme sans nécessité, & plus qu'il ne convenoit au chef d'une grande armée.*

2°. TIMOTHÉE, (*Hist. anc.*) Poëte & musicien célèbre, qui vivoit du temps d'Euripide, de Philippe, roi de Macédoine, & d'Alexandre le Grand, environ trois siècles & demi avant J. C., étoit né à

Milet, ville célèbre de l'Ionie. Il excelloit comme poëte, dans la poésie lyrique & dithyrambique; comme musicien, à manier la lyre. Ses premiers essais dans ce dernier genre ne réussirent pas, il fut sifflé, & trop docile pour les jugemens du théâtre, qui font rarement justes, parce qu'ils font essentiellement tumultueux, il alloit renoncer à un art pour lequel il ne se croyoit pas né; mais Euripide l'avoit entendu, & un jugement n'est véritablement celui du public, que quand le public a eu le temps d'être instruit par les connoisseurs.

Euripide apprit à *Timothée* qu'il avoit un grand talent, & qu'il étoit réservé à de grands succès; c'est ainsi que dans la suite l'acteur tragique Satyrus, consola Démosthène des dégoûts qu'il essuyoit du public dans ses premiers essais, & le rassura pour l'avenir. (*Voyez* l'article DÉMOSTHÈNE.) Ces exemples font fréquens dans l'histoire. *Timothée* devint en effet le plus habile joueur de Cithare ou de Lyre de son temps.

Therpandre, (*voyez* son article) avoit augmenté le nombre des cordes de la Lyre, & l'avoit porté jusqu'à sept, innovation qui avoit déplu aux sévères Lacédémoniens. Depuis Therpandre, ce nombre de cordes avoit été porté jusqu'à neuf; *Timothée* perfectionna encore cet instrument; il ajouta, selon Pausanias, quatre cordes, selon Suidas, deux seulement; & cette autre innovation déplut encore aux Lacédémoniens, qui la condamnèrent par un décret public, que Boëce nous a conservé. Ils reprochent à *Timothée* dans ce décret, d'avoir montré qu'il faisoit peu de cas de l'ancienne musique & de l'ancienne lyre; d'avoir multiplié les sons de l'une & les cordes de l'autre; ils déclarent que ces innovations ne pouvant qu'être préjudiciables aux mœurs, (car les Grecs attribuoient à la musique une grande influence sur la morale) ils ont réprimandé publiquement *Timothée*, qu'ils ont ordonné que sa lyre seroit réduite aux sept cordes anciennes, & que toutes les cordes nouvelles seroient retranchées. Cette histoire est rapportée dans Athénée, mais cet auteur nous apprend en même-temps que le décret des Lacédémoniens n'eut point exécution, parce qu'au moment où on alloit couper toutes ces nouvelles cordes, *Timothée* apperçut dans le lieu où le décret venoit d'être rendu, une petite statue d'Apollon, dont la lyre avoit autant de cordes que la sienne; il la montra aux juges, & fut renvoyé absous. Le décret contenoit cependant quelques autres reproches dont l'exemple de la lyre d'Apollon ne pouvoit pas le faire absoudre. Il y étoit réprimandé, non-seulement comme musicien, mais encore comme poëte; on l'accusoit d'avoir manqué à la décence dans son poëme sur l'enfantement de Sémélé.

La réputation de *Timothée* lui procura un grand nombre de disciples. On dit qu'il prenoit le double du prix ordinaire de ses leçons à ceux qui avoient déjà eu d'autres maîtres, parce qu'il y avoit, disoit-il, double peine à prendre; l'une de leur

faire oublier ce qu'ils avoient appris, l'autre de les instruire de nouveau.

3°. *Timothée* est encore le nom de deux lieutenans ou généraux du roi de Syrie, Antiochus-Epiphanes, tous deux vaincus par Judas Macchabée.

4°. C'est aussi le nom d'un fameux disciple de Saint-Paul, & auquel cet apôtre adresse deux épitres qui font partie du nouveau Testament. Il étoit de Lystres dans la Lycaonie, province de l'Asie Mineure, entre la Phrygie & la Cappadoce, né d'un père payen & d'une mère juive. Saint-Paul le fit chrétien, & lui confia le soin de l'église d'Ephèse, dont *Timothée* fut le premier évêque. On croit qu'il fut lapidé par les payens, vers l'an 97 de J. C.; parce que par zèle pour le christianisme, il vouloit empêcher la célébration d'une fête en l'honneur de Diane.

5°. On connoît encore dans l'histoire ecclésiastique deux *Timothées* patriarches, l'un d'Alexandrie, vers la fin du quatrième siècle; l'autre de Constantinople, au sixième siècle, tous deux auteurs de quelques écrits théologiques peu célèbres.

TIMURIDE, s. m. *terme d'Histoire*, nom que l'on donne à la famille des Tamerlans qui regnèrent dans la Transoxane jusqu'en l'année 900 de l'hégire, qui répond à l'an 1494 de Jesus-Christ. (*D. J.*)

TINAGOGO, s. m. *terme de relation*, nom d'une idole des Indiens, imaginée par Fernand Mendez Pinto; elle a, selon lui, un temple magnifique dans le royaume de Brama, près de la ville de Meydur.

Ce voyageur romanesque s'est amusé à décrire le temple de cette idole, ses prêtres, ses processions; la quantité de peuples qui s'y rendent chaque année, les milliers de personnes qui traînent avec des cordes le char de *Tinagogo*; les martyrs qui viennent se faire couper en deux sous les roues du char, les autres dévots à l'idole qui se taillent par morceaux, s'égorgent, se fendent le ventre sur la place, & autres contes semblables, qui forment peut-être l'article le plus long & le plus faux du dictionnaire de Trévoux.

Toutes les fictions du récit de Pinto sautent aux yeux; mais le lieu même de la scène est imaginaire. Les Géographes ne connoissent ni la ville de Meydur, ni le royaume de Brama; tout ce qu'on sait de cette partie de l'Asie où les Européens n'ont pas encore pénétré, c'est qu'aux extrémités des royaumes d'Ava & de Pégu, il y a un peuple nommé les *Bramas*, qui font doux, humains, ayant cependant quelques loix semblables à celles du Japon; c'est à-peu près tout ce que nous apprend de ce pays le voyage des pères Espagnac & Duchalz, jésuites. (*D. J.*)

TINDALL, (Mathieu) (*Hist. litt. mod.*) écrivain Anglois, né en 1656, mort en 1733, est auteur d'un ouvrage qui a été taxé d'impiété; il a pour titre: le *Christianisme aussi ancien que le monde, ou l'évangile, seconde publication de la religion de nature.* Il est auteur aussi de remarques sur l'histoire d'Angleterre par Rapin Thoiras, Pope l'a beaucoup maltraité dans sa Dunciade. *Tindall* avoit d'abord servi dans les troupes du roi Jacques II. Après le détrônement de ce prince, il écrivit en faveur du gouvernement contraire. Il flotta aussi entre les diverses religions, comme entre les différens gouvernemens.

TIRA, s. m. (*Hist. mod. Culte.*) C'est ainsi que l'on nomme au Japon, les temples consacrés aux idoles étrangères. Ces temples sont sans fenêtres, & ne tirent de jour que de leurs portiques, qui conduisent à une grande salle remplie de niches, dans lesquelles on place des idoles. Au milieu du temple est un autel isolé, qui est communément très-orné, & sur lequel on place une ou plusieurs idoles d'une figure monstrueuse. On place devant elles un grand chandelier à plusieurs branches, où l'on allume des bougies odoriférantes; le tout est ordinairement surmonté d'un dôme. Quelques-uns de ces temples sont d'une grandeur prodigieuse & qui excède de beaucoup nos plus grandes églises d'Europe. A côté des *tiras* l'on voit ordinairement des édifices somptueux, destinés à la demeure des bonzes ou des prêtres, qui ont toujours eu soin de choisir des emplacemens agréables. (*A. R.*)

TIRAQUEAU, (André)·(*Hist. litt. mod.*) savant magistrat, aimé & estimé du chancelier de l'Hôpital, étoit de Fontenai-le-Comte; il y fut d'abord lieutenant civil, il fut ensuite conseiller au parlement de Bordeaux, puis au parlement de Paris. François I. & Henri II. l'employèrent dans diverses affaires; il eut beaucoup d'enfans & fit beaucoup de livres, ce qui a fait jouer sur le mot *libros* & sur le mot *liberos*, dans l'épitaphe suivante, où l'on observe que cet auteur si fécond en divers genres, ne buvoit que de l'eau : *Hic jacet qui, aquam bibendo, viginti liberos suscepit, vigine libros tididit. Si merum bibisset, totum orbem implesset.* Ses livres concernent presque tous la jurisprudence. Ils ont été recueillis en cinq volumes in-folio.

TIRINANXES. s. m. (*Hist. mod.*) les Chingulais ou habitans de l'île de Ceylan ont trois sortes de prêtres, comme ils ont trois sortes de dieux & de temples. Les prêtres du premier ordre ou de la religion dominante, qui est celle des sectateurs de *Buddou*, s'appellent *Tirinanxes*; leurs temples se nomment *ochars*; on ne reçoit parmi eux que des personnes distinguées par la naissance & le savoir : on n'en compte que trois ou quatre qui sont les supérieurs de tous les autres prêtres subalternes que l'on nomme *gonnis*; tous ces prêtres sont vêtus de jaune; ils ont la tête rasée & ils portent un éventail pour se garantir du soleil; ils sont également respectés des rois & des peuples, & ils jouissent de revenus considérables : leur regle les oblige au célibat; ils ne peuvent manger de la viande qu'une fois par jour; mais ils ne doivent point ordonner la mort des animaux qu'ils mangent, ni, consentir qu'on les tue. Leur culte & leur regle sont les mêmes que ceux des Talapoins de Siam. Leur divinité est *Buddou* ou *Poutsa*, qui est la même chose que *Szakka*, que *Fohi*, ou que *Sommona-Kodom.*

Les prêtres des autres divinités de Ceylan s'appellent *koppus*; leur habillement, même dans leurs temples, ne les distingue point du peuple; leurs temples se nomment *deovels*; ils offrent du riz à leurs dieux; les *koppus* ne sont point exempts des charges de la société.

Le troisieme ordre de prêtres s'appelle celui des *jaddeses*, & leurs temples se nomment *cavels*; ils se consacrent au culte des esprits, & font des sacrifices au diable, que les habitans craignent sur-tout dans leurs maladies; ce sont des coqs qui servent alors de victimes; chaque particulier qui bâtit un temple peut en devenir le *jaddese* ou le prêtre : cet ordre est méprisé par les autres.

TIRON, (*Tullius-Tiro*) (*Hist. Rom.*) affranchi de Cicéron, qui avoit pour lui de l'estime & de l'amitié, comme il paroît par plusieurs de ses lettres. Il avoit écrit la vie de Cicéron, son maître & son bienfaiteur, & composé plusieurs autres ouvrages qui ne nous sont point parvenus. Ce fut lui qui inventa chez les Romains, la manière d'écrire en abrégé aussi vite que l'on parle, art auquel Martial fait allusion dans ces vers, dont nos écrivains de bureau ont quelquefois fait leur devise :

Currant verba licet, manus est velocior illis ; Nondum lingua, suum dextra peregit opus.

Les caractères qu'inventa *Tiron*, s'appelloient *notæ*; ceux qui les employoient, *notarii*, d'où nous vient le nom de *notaires*. L'abbé *Carpentier*, (*voyez* son article) nous a donné d'anciens monumens écrits suivant cette méthode, & il nous a donné l'alphabet Tironien. *Alphabetum Tironianum seu notas Tironis explicandi methodus : cùm pluribus notis ad historiam & jurisdictionem tùm ecclesiasticam, tùm civilem pertinentibus.*

TISSAPHERNE, (*Hist. anc.*) Satrape de Perse, fort puissant, gouverneur de la Lydie & de l'Ionie, & général des armées Persanes, sous les règnes de Darius Nothus & d'Artaxerxe Mnémon. L'an 414 avant Jesus-Christ, Pisuthne, alors gouverneur de Lydie, ayant voulu secouer le joug des Perses, & se rendre souverain dans sa province, tentation qui prenoit souvent à ces gouverneurs de l'Asie Mineure, éloignés des regards du gouvernement, *Tissapherne* fut envoyé contre lui, avec une armée puissante, dont il n'eut presque pas besoin. Pisuthne avoit mis dans ses intérêts les Grecs de l'Asie Mineure, & c'étoit sur eux qu'il comptoit principalement pour le succès de ses desseins. *Tissapherne*, grand artisan de fraudes & d'intrigues, détacha les Grecs du parti de Pisuthne, à force de présens & sur-tout de promesses, & non content de les enlever à Pisuthne, il les fit attirer à lui; Pisuthne, affoibli par cette désertion, se rendit à *Tissapherne*, dans l'espérance d'obtenir sa grace, & elle lui avoit été promise; mais la fidélité à tenir les promesses étoit la vertu dont on se piquoit le moins à la cour de Perse, le malheureux Pifuthne fut étouffé dans la cendre : Amorgas, fon fils, voulut le venger ; il fe maintint quelque temps contre *Tiffapherne*, & ravagea pendant deux ans les provinces maritimes de l'Afie Mineure, jufqu'à ce qu'enfin ayant été pris par les Grecs dans l'Ionie, il fut livré par eux à *Tiffapherne*, qui le fit mourir. *Tiffapherne* étoit intéreffé à cette expédition ; en l'y envoyant, on l'avoit nommé gouverneur de Lydie, à la place de celui qu'on le chargeoit de dépoffeder.

Les Perfes qui, fous Darius, fils d'Hyftafpes, & fous Xerxès, avoient vu leurs effroyables armemens échouer contre la valeur & l'amour de la liberté dont la Grèce étoit animée, bornoient alors leur politique à femer avec art la divifion entre les Grecs, à tenir en balance Athènes & Lacédémone, à protéger ouvertement ou à fecourir fecrétement l'une & l'autre, felon l'alternative des fuccès & des revers, à faire rechercher leur inutile & infidelle alliance par l'une & par l'autre, à fe faire redouter, non plus comme une puiffance conquérante & formidable, mais comme une puiffance arbitre & médiatrice, qu'il faut ménager de peur qu'elle n'aille groffir & fortifier le parti ennemi. Tel fut le rôle que joua conftamment la Perfe pendant la guerre du Péloponnèfe.

L'an 413 avant Jefus-Chrift, vers la dix-neuvième ou vingtième année de cette guerre, & toujours fous le règne de Darius Nothus, arrivèrent à Lacédémone des députés de la part de *Tiffapherne*, gouverneur de la Lydie & de l'Ionie, & de Pharnabafe, gouverneur de l'Hellefpont ; l'un & l'autre fe plaignoient que la flotte des Athéniens, croifant dans toute la mer Egée, les empêchât de lever chacun dans fon département, les contributions ordinaires qu'ils étoient obligés d'envoyer au roi chaque année ; ils preffoient les Lacédémoniens d'armer en diligence & de fe joindre à eux ; ils promettoient de fournir à la dépenfe de leurs troupes.

Alcibiade, banni d'Athènes, étoit alors à Sparte, il contribua beaucoup à la réfolution que prirent les Lacédémoniens de fatisfaire *Tiffapherne*. Celui-ci ayant joint fes troupes à celles de Lacédémone, prit la ville d'Iafe en Ionie, & eut quelques autres avantages. Ce fut alors que *Tiffapherne* fit avec Lacédémone, un traité dont un des principaux articles portoit que tout ce qui avoit appartenu au roi de Perfe ou à fes prédéceffeurs, refteroit à la Perfe. *Tiffapherne* avoit employé beaucoup d'art pour amener les Lacédémoniens à une convention fi contraire à leurs vues ; cette claufe n'alloit pas à moins qu'à faire rentrer fous la puiffance des Perfes la plus grande partie de la Grèce, de la Theffalie, de la Locride, de tout ce pays jufqu'à la Béotie, fans compter les Ifles ; les Lacédémoniens qui, même en combattant Athènes & fes alliés, ne renonçoient pas à l'honneur d'affurer la liberté de la Grèce, ouvrirent les yeux fur un traité qui tendoit à l'affervir. Il fallut changer cette claufe dans la fuite ; *Tiffapherne* eut bien de la peine à y confentir, cette claufe étoit le chef-d'œuvre de fon artificieufe politique.

Alcibiade, qui pendant long-temps avoit gouverné Lacédémone par fes confeils, s'étant perdu dans cette république févère, par fes galanteries & par la foupleffe même de fon caractère, fe jetta entre les bras de *Tiffapherne*, auprès duquel cette foupleffe de caractère étoit un titre puiffant. Ce Satrape, plein de fraude & de rufe, quoique d'ailleurs affez féroce, & quoiqu'il fût de tous les Perfes celui qui haïffoit le plus les Grecs, conçut pour Alcibiade & de l'admiration & de la tendreffe. Cet art de fe plier à tout fans baffeffe, de prendre fi naturellement toutes les mœurs, tous les ufages, tous les goûts ; ces manières prévenantes, cet air affable, cette fupériorité en affaires, étoient les objets continuels de fes éloges ; flatté par un grand homme, il prenoit plaifir à le flatter encore davantage ; il donna le nom d'Alcibiade à la plus belle de fes maifons, où éclatoit une magnificence royale, & qu'embelliffoient des jardins délicieux, fupérieurs à tout par l'abondance des eaux, la fraîcheur des bocages, les charmes du fite & les chefs-d'œuvre de l'art ajoutés à la plus riche nature. Alcibiade, devenu l'ennemi des Spartiates, éloigna d'eux *Tiffapherne* ; il lui fit aifément comprendre que la balance penchoit trop de leur côté, qu'il ne falloit pas leur laiffer opprimer Athènes. *Tiffapherne* qui ne fongeoit qu'à mettre les Grecs hors d'état d'attaquer les Perfes, entra aifément dans les vues d'Alcibiade, il fit tout ce qu'il falloit pour prévenir la ruine d'Athènes & l'agrandiffement de Sparte. Alcibiade profita de fa faveur pour négocier fon retour dans fa patrie, ce qui n'étoit peut-être pas fi conforme aux vues de *Tiffapherne*, qu'aux vues des Athéniens l'amitié de ce Satrape & même celle du roi de Perfe, s'ils confentoient d'abolir chez eux la démocratie, dont l'efprit lui avoit toujours été contraire. On écouta les propofitions ; le retour d'Alcibiade à Athènes, l'abolition de la démocratie dans cette république, & l'alliance de *Tiffapherne*, devinrent l'objet de négociations publiques & d'ambaffades réciproques. Les Athéniens ne trouvèrent pas *Tiffapherne* auffi bien difpofé qu'on le leur avoit fait efpérer. A mefure que les Athéniens faifoient des pas vers lui, il reculoit, il fe rendoit plus difficile ; il demandoit d'abord que les Athéniens lui abandonnaffent toute l'Ionie dont ils poffédoient une partie ; on l'accorda ; enfuite qu'ils y ajoutaffent les Ifles voifines ; on l'accorda encore. Alors il demanda contre la difpofition formelle du dernier traité conclu entre les Grecs & les Perfes, que ceux-ci euffent une flotte qui croifât librement dans les mers de la Grèce ; cette propofition fut rejettée avec colère, & les Athéniens, jugeant qu'Alcibiade les avoit joués, rompirent entièrement les négociations. *Tiffapherne* alors fe hâta de traiter avec les Lacédémoniens ; ce fut dans ce traité que cette claufe dont nous avons parlé plus haut, & qui ouvroit un champ fi vafte aux prétentions du roi de Perfe fur divers états de la Grèce, fut expreffément reftreinte aux provinces de l'Afie. Ce traité fut conclu la onzième année du règne de Darius Nothus, & la 20e. de la guerre du Péloponnèfe,

L'an 402 avant Jesus - Christ , sous le règne d'Artaxerxe Mnémon, s'alluma la guerre entre ce prince & Cyrus le jeune , son frère. Elle éclata d'abord contre *Tiffapherne*. Parysatis, mère des deux princes , & dont toute la prédilection étoit pour Cyrus le jeune , l'avoit déja réconcilié avec le roi , son frère , qui avoit même porté sa bienfaisance envers Cyrus , plus loin qu'une saine politique ne le permettoit peut être, Cyrus , s'armant des bienfaits d'Artaxerxe contre lui , gagna quelques-unes des villes du gouvernement de *Tiffapherne*, qui , fidèle à son roi , arma pour les réduire. Il ne fit par là que fournir à Cyrus un prétexte de faire de son côé ses armémens sans alarmer la cour. Cyrus envoya de grandes plaintes au roi contre ce gouverneur , demandant la permission de se défendre contre lui , demandant même du secours pour le contenir dans le respect. On le laissa donc faire tant qu'il voulut, des préparatifs qu'on croyoit destinés uniquement contre *Tiffapherne*, & que même dans ce cas il auroit fallu arrêter.

Tiffapherne , qui voyant ces préparatifs de plus près, étoit plus à portée d'en juger , partit en poste de Milet , pour en donner avis au roi. De ce moment , il eut pour ennemie irréconciliable Parysatis, protectrice déclarée de son cher Cyrus.

Ce fut principalement du secours des Grecs , que Cyrus se fortifia contre son frère , mais il fut obligé de les tromper & de se supposer un autre ennemi qu'il disoit être du côté de l'Euphrate ; lorsqu'ils se virent si avancés , ils eurent honte de reculer , & une augmentation de paye acheva de les déterminer.

La bataille se livra bientôt à Cunaxa , lieu éloigné d'environ vingt-cinq lieues de Babylone. *Tiffapherne* fut un des quatre généraux qui combattirent dans cette journée sous Artaxerxe , & se fut celui qui se distingua le plus. Il avoit en tête les Grecs , ceux-ci défirent l'aile gauche qu'il commandoit , mais ils ne purent l'empêcher de passer à travers leurs rangs & de pénétrer jusqu'au roi , qui ayant de son côté enfoncé l'aile des rebelles qu'il avoit en tête , & ne doutant plus de la victoire , sur-tout après avoir vu Cyrus abattu & tué à ses pieds , étoit occupé à piller le camp ennemi. *Tiffapherne* lui apprit que les Grecs étoient victorieux , & poursuivoient vivement son aile gauche ; le roi alors ralliant ses troupes , les ramena au combat avec *Tiffapherne* , mais ce fut pour être vaincu & mis en fuite. Les Grecs retournèrent ensuite dans leur camp , qu'ils furent bien étonnés de trouver abandonné & pillé ; ils furent plus étonnés encore de ne pas voir reparoître Cyrus ; ils l'attendirent long-temps , persuadés que la victoire l'avoit entraîné ou à la poursuite des ennemis , ou à l'attaque soudaine de quelque place importante ; ils ignoroient que la victoire n'avoit été que pour eux , & qu'ils avoient vengé le malheureux Cyrus en croyant le seconder.

Lorsqu'Artaxerxe sut que cette poignée de Grecs devant laquelle il avoit fui , n'étoit que de dix mille ,

il reprit courage & les envoya sommer de rendre les armes ; ils répondirent qu'on ne faisoit pas une pareille proposition à des vainqueurs ; que si le roi prétendoit avoir leurs armes , il vint les leur arracher ; que s'il vouloit les avoir pour alliés , il n'en auroit jamais de plus fidèles ; que s'il vouloit des esclaves , il en cherchoit ailleurs que chez les Grecs. Ils ajoutèrent qu'ils n'avoient ni pensé ni voulu faire la guerre au roi , que Cyrus leur avoit laissé ignorer contre quel ennemi il les conduisoit , jusqu'au moment où le voyant engagé dans le péril , ils avoient eu honte de l'abandonner ; mais qu'ils ne contestoient rien au roi , & qu'ils ne lui demandoient rien qu'un libre retour dans leur patrie. Les Grecs , en parlant ainsi , conservoient leur ordre de bataille ; il paroit qu'on cherchoit à le troubler , mais que leur fière contenance & le souvenir de leur victoire en imposèrent. *Tiffapherne* vint au bout de quelques jours , leur dire que beaucoup de personnes , ou par zèle pour le roi , ou par haine contre les Grecs , avoient représenté au roi , qu'il étoit de sa gloire & de son intérêt de ne pas laisser retourner tranquillement dans leur pays , des gens venus de si loin pour lui faire la guerre ; mais que lui , *Tiffapherne* , avoit saisi cette occasion d'interposer ses bons offices en faveur des Grecs , dont il étoit voisin dans son gouvernement ; qu'il avoit obtenu de les accompagner & de les escorter dans leur retour , en retournant lui-même dans son gouvernement ; que sur leur route on leur fourniroit des vivres , ou qu'on leur en laisseroit prendre en payant. On se mit donc en marche , en s'observant de part & d'autre avec assez d'inquiétude , & les défiances alloient toujours en augmentant, sur-tout de la part des Grecs. Quand on fut arrivé à de certains villages situés sur le Tigre , & qu'on appelloit les villages de Parysatis, *Parysatiais pagi* , parce que cette reine en possédoit les revenus , *Tiffapherne* , pour faire une insulte à Parysatis , & pour dissiper les soupçons des Grecs , leur abandonna le pillage de ce canton ; mais bientôt ces soupçons furent pleinement justifiés , lorsque *Tiffapherne* ayant invité , sous prétexte d'une conférence , les principaux chefs des Grecs , à venir tous ensemble dans sa tente , les fit tous arrêter & les envoya au roi qui leur fit trancher la tête. On crut que les Grecs , privés ainsi de leurs chefs , & ne sachant quel parti prendre , alloient se débander & abandonner leurs armes , ou les remettre aux Perses pour avoir la vie sauve. On se trompoit : cette indignité n'eut d'autre effet que de leur faire prendre la résolution la plus courageuse. Ce fut alors que sous la conduite de Xénophon & d'autres chefs qu'ils élurent en la place de ceux qu'on leur avoit enlevés , ils firent cette fameuse retraite depuis la Babylonie jusqu'à Trébisonde , dans un espace de cinq à six cent lieues , sans guides , sans vivres que ceux qu'ils furent se procurer , toujours en bataille , sans jamais rompre leurs rangs , toujours faisant face à *Tiffapherne* & aux Perses , qui ne cessoient de les suivre & de les harceler , sans jamais pouvoir les entamer, ni dans les défilés, ni au paffage des rivières. Nulle victoire n'eft comparable à une telle retraite, & c'eft peut-être la plus belle & la plus étonnante expédition que nous offre l'antiquité. Long-temps après, Antoine, pourfuivi par les Parthes à peu-près dans le même pays, & fe trouvant dans un danger à peu-près pareil, s'écria plein d'admiration pour un tel courage & une telle conduite : ô retraite *des dix mille !*

A peine remis des fatigues de cette longue & périlleufe courfe, les Grecs coururent à la vengeance, & ayant reçu quelques renforts, ils attaquèrent Tiffapherne, & Pharnabafe. Dercyllidas, qui commandoit les Grecs, fe laiffa pouffer dans un terrein fi défavantageux qu'il alloit, vraifemblablement y périr, fi les généraux Perfes, profitant de l'occafion, l'euffent chargé fans lui laiffer le temps de fe reconnoître ; c'étoit l'avis de Pharnabafe ; mais Tiffapherne qui avoit éprouvé la valeur des Grecs, avoit trop appris à la redouter : il propofa une entrevue & fit conclure une trève.

Vers l'an 396 avant Jefus-Chrift, les Lacédémoniens ayant entrepris de délivrer entièrement les Grecs d'Afie du joug des Perfes, envoyèrent dans l'Afie Mineure leur illuftre roi Agéfilas, (*voyez* fon article). Quand il fut arrivé à Ephèfe, Tiffapherne, qui n'avoit pas fait les préparatifs néceffaires pour la réfiftance, lui fit porter des paroles de paix, & l'affura qu'Artaxerxe laifferoit la liberté aux villes Grecques de l'Afie, pourvu qu'Agéfilas ne fît aucun acte d'hoftilité jufqu'au retour des courriers que Tiffapherne alloit envoyer au roi. Agéfilas y confentit & la trève fut jurée. Auffi-tôt que Tiffapherne eut reçu les fecours que le roi lui envoyoit & eut raffemblé fes forces, il envoya fommer Agéfilas de fortir de l'Afie, & ce ton impérieux joint à une grande puiffance, commençoit à ébranler les chefs de l'armée d'Agéfilas. Lui feul toujours tranquille & toujours ferein ; dites à Tiffapherne, votre maître, dit-il aux hérauts Perfes, que j'ai bien des graces à lui rendre de ce que par fon parjure il a rendu les Dieux ennemis des Perfes & propices aux Grecs.

Les rufes devroient être bannies de la politique, mais elles font au moins permifes à la guerre ; Agéfilas parut menacer la Carie, province où Tiffapherne faifoit fa réfidence, & lorfque le Satrape eut porté de ce côté là toutes fes forces, il fe jetta fur la Phrygie, qu'il trouva dénuée de fecours, & où il prit plufieurs places importantes, & fit un butin qui enrichit fon armée.

La campagne fuivante, il annonça hautement qu'il marchoit vers la Lydie, Tiffapherne, qui n'avoit pas oublié la première rufe d'Agéfilas, conclut que puifqu'il menaçoit la Lydie, c'étoit à la Carie qu'il en vouloit ; mais le vrai moyen de ne pas tromper, feroit de répéter la même tromperie. Pour cette fois, Agéfilas trompa Tiffapherne, en faifant exactement ce qu'il avoit annoncé. Il entra en Lydie & s'approcha de Sardes ; Tiffapherne accourut au fecours de

cette place. Agéfilas vient à fa rencontre, & remporte fur lui une victoire fignalée. Alors Parysatis, qui ne pardonna jamais à ceux qui avoient eu la moindre part à la mort de Cyrus, ayant d'ailleurs à venger le pillage de fes villages accordé par Tiffapherne aux dix mille Grecs, éleva fa voix contre ce général, l'accufa de trahifon, le perdit dans l'efprit du roi. Les rois de Perfe n'avoient qu'un pouvoir précaire & borné fur ces Satrapes éloignés de la cour. Artaxerxe n'ofant pas attaquer ouvertement Tiffapherne dans fon gouvernement, employa l'artifice. Un homme chargé de fes ordres fecrets, trouva le moyen d'attirer Tiffapherne à une conférence où l'on devoit, difoit-on, concerter les opérations de la campagne prochaine. La conférence dura plufieurs jours, Tiffapherne étoit fans défiance ; on choifit un moment où il étoit au bain fans armes & fans efcorte ; on l'arrête, on lui tranche la tête, elle eft envoyée en Perfe, & remife par Artaxerxe lui-même à Parysatis, qui jouit de ce fpectacle, & vit avec plaifir cette grande victime immolée aux Manes de Cyrus le jeune. Cet événement arriva l'an 395 avant Jefus-Chrift.

TITE, (*Hift. Eccléfiaftique*) difciple de Saint-Paul, & à qui cet apôtre qui l'avoit converti, adreffe l'épître qui fait partie de l'écriture Sainte.

TITE ou TITUS, (*Hift. Rom.*) Cet empereur furnommé *l'amour & les délices du genre humain*, étoit fils de Titus Vefpafien, dont il fut le fucceffeur à l'empire. Il fut élevé à la cour avec Britannicus, & leur éducation fut confiée aux mêmes maîtres. Leur amitié formée dès l'enfance n'éprouva aucune altération : ils étoient affis fur le même lit ; lorfque Britannicus fut empoifonné, Titus même goûta du fatal breuvage, dont il fe reffentit le refte de fa vie. La mort qui enleva ce jeune prince, fit mieux éclater la tendreffe reconnoiffante de Titus qui érigea à fon ami une ftatue d'or dans fon palais, & une autre d'ivoire qu'il plaça dans le cirque, où elle fut confervée pendant plufieurs fiècles. La nature l'avoit comblé de tous fes dons : fes graces touchantes tempéroient fa gravité naturelle. Sérieux fans être auftère, il infpiroit également l'amour & le refpect ; fort & vigoureux, il étoit infatigable dans tous les exercices du corps où il fignaloit fon adreffe. C'étoit en variant fon travail qu'il trouvoit du délaffement : il fit de grands progrès dans les langues grecque & latine, dont il pofféda l'atticifme & l'urbanité. La mufique fi propre à adoucir les mœurs, fit fes délices, & il excella fur-tout à pincer la harpe. Les poëmes qu'il compofa dans fes loifirs, auroient fait honneur à ceux dont la poëfie étoit l'unique occupation. Ce fut dans la Germanie & l'Angleterre qu'il fit fon apprentiffage d'armes en qualité de tribun. La multitude des monumens qu'on lui érigea dans ces provinces, & qu'il ne follicita point, fut un tribut de la reconnoiffance publique. La guerre étant terminée, il fe confacra aux fonctions du barreau où il fe diftingua par fes talens, & plus encore par fon intégrité. Il époufa Aricidie, fille d'un chevalier romain qui avoit commandé les gardes prétoriennes. Etant morte sans lui donner d'enfans il contracta un second mariage avec Maria Fulvia, aussi illustre par sa naissance que par sa modestie : il fit divorce avec elle après qu'il en eut eu une fille. Cette inconstance fit juger qu'il n'étoit point indifférent au plaisir de l'amour ; mais dans ces siècles corrompus, l'impudicité avoit tellement infecté tous les cœurs, qu'on ne la mettoit plus au nombre des vices. *Titus* accompagna son père en Judée, où il eut le commandement d'une légion ; les deux plus fortes villes de cette province furent subjuguées par ses armes. Il fut arrêté dans le cours triomphant de ses prospérités, pour aller à Rome féliciter Galba sur son avénement à l'empire. Etant abordé à Paphos, l'oracle de Vénus lui prédit sa grandeur future, & sur la foi de cette promesse, il n'osa continuer son voyage, dans la crainte que cette prédiction ne lui devînt funeste à Rome. Son père parvenu à l'empire, lui laissa la conduite de la guerre de Judée qu'il termina par la conquête de Jérusalem. Les légions témoins de son courage, le proclamèrent empereur. En vain il rejetta cet honneur, il n'en fut pas moins soupçonné d'avoir prétendu à l'empire d'Orient ; d'autant plus qu'en abordant en Egypte, il avoit ceint son front du diadême des rois, lejour où il fit la consécration du bœuf Apis dans la ville de Memphis. Ce fut pour dissiper ce soupçon injurieux à sa gloire qu'il s'embarqua furtivement sur un vaisseau marchand pour se rendre sans suite & sans escorte à Rome, où son père fut agréablement surpris de son arrivée imprévue. Depuis ce moment, il fut associé au gouvernement de l'empire ; il exerça conjointement avec Vespasien la charge de tribun, & il l'eut pour collègue dans ses sept consulats. Ce fut le seul tems de sa vie où il ne ménagea point assez les intérêts de sa gloire ; sévère jusqu'à la cruauté, il fit assassiner tous ceux dont la fidélité lui paroissoit suspecte. Aulus Cincinna, personnage consulaire, qu'il avoit invité à souper, fut massacré par ses ordres, en entrant dans la salle du festin. Tant de meurtres rendirent leur auteur l'exécration du public. *Titus* fumant du sang des principaux citoyens, fut élevé à l'empire dans ces odieuses circonstances. Rome tremblante crut qu'on alloit renouveller les mêmes horreurs qu'elle avoit éprouvées sous Caligula & Néron. Ces sinistres impressions furent bientôt effacées ; *Titus* devenu homme nouveau, se dépouilla de toutes ses actions vicieuses ; ses profusions modérées ne furent plus que des libéralités judicieuses & réfléchies ; ses soupers qu'il prolongeoit jusqu'au milieu de la nuit avec les plus insignes débauchés, n'offrirent plus que des exemples de frugalité & de tempérance ; maître de ses passions, il fit taire son amour pour Bérénice, qu'il renvoya dans ses états par délicatesse pour les Romains qui auroient murmuré d'obéir à une reine étrangère. Les impositions furent adoucies, & chacun jouit sans inquiétude de ses héritages. Sa magnificence éclata par un nouvel amphithéâtre qu'il fit élever, & par les dépenses des combats de

gladiateurs contre lesquels il fit lâcher cinq mille bêtes farouches, dont ils firent un horrible carnage ; il offrit encore le spectacle d'un combat naval. Les nouveaux césars avoient coutume de reprendre les biens que leurs prédécesseurs avoient cédés à leurs favoris ; il abolit cette avare coutume, & chacun resta possesseur tranquille des biens qu'il avoit obtenus. Jamais on ne l'aborda sans se retirer comblé de ses bienfaits ; il avoit coutume de dire qu'on ne devoit pas s'en aller triste, quand on avoit parlé à son prince. Un jour qu'il se souvint de n'avoir obligé personne, il s'écria : *mes amis, j'ai perdu la journée.* Les malheurs dont l'Italie fut frappée par l'embrasement du mont Vésuve, & l'incendie de Rome furent réparés par les largesses de ce prince. Il dépouilla ses maisons de plaisance des ornemens les plus précieux, pour embellir les temples & les bâtimens publics. Les ravages de la peste désolèrent Rome & l'Italie, il employa les secours de la religion & des hommes pour en arrêter le cours. Il fournit gratuitement aux malades tous les remèdes qui pouvoient les soulager. Les délateurs qui jusqu'alors avoient été accrédités, tombèrent dans l'infamie ; les uns furent battus de verges dans la place publique, les autres furent exilés dans des îles mal saines, afin de purger la terre de ceux qui en troubloient l'harmonie. Sa clémence ingénieuse lui fit rechercher la dignité de grand pontife qui défendoit de se souiller du sang humain : il ne prononça depuis aucun arrêt de mort, & quoiqu'il s'offrit plusieurs occasions de se défaire de ses ennemis, il protesta qu'il aimoit mieux périr que punir. Deux patriciens furent convaincus d'avoir aspiré à l'empire, il se contenta de les faire avertir de se désister de leur entreprise, en leur remontrant que c'étoient les dieux & les destins qui disposoient des empires. Dès qu'il fut instruit de leur repentir, il les invita à souper avec lui, & le lendemain il les mena au combat de gladiateurs, où les ayant fait asseoir à côté de lui, il leur remit les glaives des combattans pour essayer s'ils oseroient en faire usage contre lui. Tant de confiance lui gagna tous les cœurs ; il n'eut qu'un ennemi, ce fut Domitien son frère qui lui tendit plusieurs embûches, & qui sollicita les armées à la révolte. Au lieu de l'en punir, il le déclara son successeur & son collègue, & l'ayant entretenu en secret, il le conjura, les larmes aux yeux, d'avoir pour lui un retour fraternel. Il alloit pour prendre quelque délassement dans le pays des Sabins, lorsque sur sa route il fut attaqué d'une fièvre qui le mit au tombeau, dans le même village où son père étoit mort. Avant de rendre le dernier soupir, il lança ses regards vers le ciel en se plaignant des dieux qui l'enlevoient dans le midi de sa vie. Il fut pleuré comme un père par le peuple & le sénat ; il n'avoit que quarante-deux ans, dont il en avoit régné deux & près de trois mois. On l'accusa d'avoir eu commerce avec la femme de son frère, nommée *Domitia* ; mais elle jura qu'elle n'avoit jamais commis d'adultère avec lui : on crut

devoir

devoit l'en croire, fur fa parole, d'autant plus que cette femme effrontée aimoit à groffir la lifte de fes amans adultères. (*T— N.*)

TITE-LIVE , (*Hift. Rom.*) Hiftorien latin, très-grand peintre & très-éloquent orateur, étoit de Padoue, & Afinius Pollio lui a reproché, comme on fait, fa patavinité ; mais on ne fait ce que c'eft que cette patavinité, & probablement on ne le faura point ; les favants s'épuifent en vaines conjectures à cet égard. Il n'y a pas d'apparence que nous parvenions jamais dans la connoiffance d'une langue morte, à ce dégré de fineffe qui peut faire diftinguer un provincial d'un habitant de la Capitale, fur-tout au bout de dix-huit fiècles. Le reproche d'abonder en prodiges & de paroître y croire, eft plus à la portée de tout le monde, & on voit qu'il eft mérité. *Tite-Live* fut accueilli d'Augufte. Il partageoit fa vie comme Virgile, entre Rome & Naples, c'eft-à-dire, qu'il alloit travailler à Naples, & qu'il revenoit jouir à Rome de fa gloire & du fruit de fes travaux. Après la mort d'Augufte, il retourna dans le lieu de fa naiffance, & il y mourut la quatrième année de l'empire de Tibère, la vingt-unième de Jefus-Chrift, le jour des Calendes de Janvier, c'eft-à-dire, le premier Janvier. On crut, en 1413, avoir découvert à Padoue, le tombeau de *Tite-Live*, dans un jardin de l'abbaye de Sainte-Juftine, bâtie fur les ruines du temple de la Concorde ; une infcription trouvée dans le voifinage, & qui portoit le nom de *Tite-Live*, fembloit favorifer cette idée. Mais divers favans penfent que ce monument eft celui d'un affranchi d'une fille de *Tite-Live*. On connoit le travail des Sigonius, des Gronovius, père & fils, des Doujat, des Freinshemius, des Hearne, de le Clerc, des Crevier, &c. fur *Tite-Live*, foit pour en épurer le texte, foit pour l'éclaircir, foit pour en remplir les lacunes par des fupplémens. Ce travail fuffit aux favans & à tous ceux qui font en état de lire *Tite-Live* dans l'original. Mais un écrivain auffi éloquent, auffi néceffaire que *Tite-Live*, mérite d'être lu des femmes, des gens du monde, & de tous ceux qui ne peuvent connoître les anciens que par les traductions. Une verfion qui feroit paffer dans notre langue la majefté, l'énergie des grands tableaux, dont *Tite-Live* eft rempli, l'éloquence dont fes harangues font animées, feroit un ouvrage précieux & agréable à tous les ordres de lecteurs. La vieille traduction que Blaife de Vigénère fit de *Tite Live* au feizième fiècle, n'empêcha pas Durier, d'en faire paroître une nouvelle dans le fiècle fuivant. Celle-ci n'ayant pas plus que la première, un mérite qui l'empêchât de vieillir, tomba peu-à-peu dans le mépris & dans l'oubli, & l'on pouvoit regarder *Tite-Live* comme refté fans traduction, lorfque M. Guérin, ancien profeffeur d'éloquence dans l'Univerfité de Paris, entreprit de nous en donner une. Sa traduction, louée par M. Rollin, & par quelques favans, vivement critiquée par d'habiles cenfeurs, n'a pas empêché M. l'abbé Brunet d'en entreprendre une nouvelle qui jouit de quelque eftime ; mais nous n'en connoiffons que la première

décade, & nous ne croyons pas que cette traduction ait été achevée. M. Coffon, profeffeur au collège Mazarin, a redonné celle de M. Guérin, avec des corrections néceffaires. Il n'a point touché à la troifième décade, qui contient l'hiftoire de la feconde guerre punique, & qui eft la partie que M. Guérin avoit traduite avec le plus de foin ; c'étoit auffi la première qu'il eût traduite. Son talent fe refroidit dans la fuite, ou fon attention fe relâcha. La première décade, qui avoit été la feconde partie du travail de M. Guérin, a été revue & corrigée par M. Coffon. La feconde décade confifte dans les fupplémens de Freinshemius. Ici le travail de M. Coffon a été confidérable ; il a retranché des latinifmes & des expreffions vieillies ; il a rajeuni le ftyle, l'a rendu plus léger & plus rapide, il a rapproché des réflexions du tour fententieux & ferré du texte ; il a même rétabli le fens de quelques paffages, mal faifi par M. Guérin ; mais la quatrième décade eft prefque entièrement l'ouvrage de M. Coffon ; c'eft une traduct on nouvelle, où il ne refte prefque plus rien de M. Guérin.

La découverte faite, il y a environ une vingtaine d'années à Rome, dans la bibliothèque du Vatican, d'un fragment manufcrit de *Tite-Live*, fut une nouvelle importante pour les amateurs de l'antiquité ; ce qui la rend plus importante encore, c'eft l'efpérance qu'elle fait naître de recouvrer de même par quelque hafard heureux, ou par des recherches perfévérantes, tout ce qui manque de *Tite-Live*. On fait que fon hiftoire alloit jufqu'à la mort de Drufus en Germanie, & qu'elle contenoit cent quarante livres, dont nous n'avons plus que trente-cinq, encore ne font-ils pas complets. Ces trente-cinq livres ne font pas de fuite ; la feconde décade manque toute entière, elle a été fuppléée par Freinshémius. On n'a donc que les dix premiers livres, & depuis le vingtième jufqu'au quarante-cinquième incluivement. Le fragment trouvé à Rome, eft du dix-neuvième livre ; il y eft queftion de la guerre de Sertorius en Efpagne ; le fragment n'a ni commencement ni fin, & a d'ailleurs quelques lacunes ; on l'a publié fous deux formes différentes, d'abord imprimé & ponctué comme il doit l'être ; on a donné enfuite une copie figurée de ce même fragment, tel qu'il a été découvert. Une lettre adreffée au favant M. Keunicott, contient l'hiftoire de cette découverte, & une defcription détaillée du manufcrit où fe trouvoit le fragment, dont il s'agit. Ce fragment, par malheur, eft très-court, & ne tient que fept pages d'un caractère très-gros & très-écarté.

TITI, (Robert.) (*Hift. litt. mod.*) littérateur Tofcan, du feizième fiècle, fit une chofe fort édifiante pour ce fiècle. Il avoit compofé fur des paffages d'anciens auteurs, qui partagent les favans relativement au fens, un ouvrage intitulé : *locorum controverforum libri decem.* Jofeph Scaliger l'attaqua, & felon l'ufage, ne lui épargna pas les injures. *Titi* répondit, défendit fon opinion, & ne rendit pas une injure. Grand exemple bien rare alors, & que nous observons par cette raison.

TITON DU TILLET, (Evrard)(*Hist. litt. mod.*) auteur du *Parnasse François* si connu, élevé à la gloire de Louis XIV, & des poëtes & musiciens qui ont illustré son règne. On a aussi de M. *Titon du Tillet*, un ouvrage qui a du rapport avec son *Parnasse François*, c'est un *essai sur les honneurs accordés aux savans*. Le *Parnasse François*, imaginé en 1708, fut achevé en 1718. L'auteur en donna la description en 1727. Il étoit né à Paris, en 1677. Il mourut le 26 décembre 1762. Il avoit eu, à l'âge de quinze ans, une compagnie de fusiliers qui portoit son nom ; il fut ensuite capitaine de dragons. Ayant été réformé après la paix de Riswick, il fut maître d'hôtel de la duchesse de Bourgogne, mère de Louis XV.

TITRE, s. m. (*Hist. mod.*) inscription qui se met au-dessus de quelque chose pour la faire connoître.

Ce mot se dit plus particulièrement de l'inscription que l'on met à la première page d'un livre, qui en exprime le sujet, le nom de l'auteur, &c.

Ce qui embarrasse un grand nombre d'auteurs, c'est de trouver des *titres* spécieux pour mettre à la tête de leurs livres. Il faut que le *titre* soit simple & clair : ce sont là les deux caractères véritables de cette sorte de composition. Les *titres* fastueux & affectés forment des préjugés contre les auteurs. Les François donnent, plus que les autres nations, dans la fanfaronnade des *titres* ; témoin celui de M. le Pays : *Amitiés, Amours, Amourettes*, à l'imitation duquel on a fait cet autre, *Fleurs, Fleurons, Fleurettes*, &c.

TITRE est aussi un nom de dignité, de distinction ou de prééminence, qui se donne à ceux qui en sont décorés.

Loyseau observe que les *titres* de rang ou de dignité doivent toujours venir immédiatement après le nom de famille, & avant le titre de la charge.

Le roi d'Espagne emplit une page entière de *titres* pour faire l'énumération de plusieurs royaumes & seigneuries dont il est souverain. Le roi d'Angleterre prend le *titre* de *roi de la Grande-Bretagne, de France & d'Irlande* : le roi de France, celui de *roi de France & de Navarre* : le roi de Suède s'intitule *roi de Suède & des Goths*, celui de Danemarck, *roi de Danemarck & de Norwege* : celui de Sardaigne, entr'autres *titres*, prend celui de *roi de Chypre & de Jérusalem* : le duc de Lorraine porte le *titre de roi de Jérusalem, de Sicile*, &c. Les cardinaux prennent pour leurs *titres* les noms de quelques églises de Rome, comme de *Sainte-Cécile*, de *Sainte-Sabine*, &c. On les appelle *cardinaux, du titre de Ste. Cécile*, &c.

L'empereur peut conférer le *titre de prince* ou de

comte de l'empire ; mais le droit de suffrage dans les assemblées de l'Empire dépend du consentement des états.

Les Romains donnèrent aux Scipion les *titres d'Africain*, *d'Asiatique*, &c. à d'autres, ceux de *Macédoniens, Numidiens, Crétiens, Parthiens, Daciens*, &c. pour faire conserver le souvenir des victoires remportées sur ces peuples. Le roi d'Espagne imite cet exemple, en donnant des *titres* honorables aux villes de son royaume, en récompense de leurs services & de leur fidélité.

TITRE, est aussi une certaine qualité que l'on donne à certains princes, par forme de respect, &c.

Le pape porte le *titre de sainteté* : un cardinal prince du sang, celui *d'altesse royale*, ou *d'altesse sérénissime*, suivant qu'ils sont plus ou moins éloignés du trône : les autres cardinaux princes, celui *d'altesse éminentissime* : les simples cardinaux, celui *d'éminence* : un archevêque, celui de *grandeur*. [En Angleterre, celui de *grace* : & de *très-révérend* :] les évêques, celui de *fort révérend* : les abbés, prêtres, religieux, &c. celui de *révérend*.

Pour ce qui est des puissances séculières, on donne à l'empereur, le titre de *majesté impériale* : aux rois celui de *majesté* : au rois de France, celui de *majesté très chrétienne* : au roi d'Espagne, celui de *majesté catholique* : au roi d'Angleterre, celui de *défenseur de la foi* : au turc, celui de *grand-seigneur* & de *hautesse* : au prince de Galles, celui *d'altesse royale* : aux princes du sang de France, celui *d'altesse sérénissime* : aux électeurs, celui *d'altesse électorale* : au grand-duc, celui *d'altesse sérénissime* : aux autres princes d'Italie & d'Allemagne, celui *d'altesse* : au doge de Venise, celui de *sérénissime prince* : à la république & au sénat de Venise, celui de *seigneurie* : au grand-maître de malthe, celui *d'éminence* : aux nonces & aux ambassadeurs des têtes couronnées, celui *d'excellence*.

L'empereur de la Chine, parmi ses *titres*, prend celui de *tien-su*, c'est-à-dire, *fils du ciel*. On observe que les Orientaux aiment les *titres* à l'excès. Un simple gouverneur de Schiras, par exemple, après une pompeuse énumération de qualités, seigneuries, &c. ajoute les *titres de fleur de politesse, muscade de consolation & de délices*, &c.

Le grand-seigneur, dans ses patentes & dans les lettres qu'il envoie, soit aux princes étrangers, soit à ses bachas & autres officiers, prend les *titres* pompeux *d'agent* & *d'image de Dieu*. Tantôt il s'appelle *tuteur du monde, gardien de l'univers, empereur des empereurs, distributeur des couronnes, refuge & asyle des rois, princes, républiques & seigneuries affligées ; libérateur de ceux qui gémissent sous l'oppression des Infidèles ; unique favori du ciel, chéri & redouté par-tout*. Tantôt il se qualifie, *propriétaire des célestes cités de la Mecque & de Médine, gardien perpétuel de la sainte Jérusalem*. Souvent aussi il se dit, *possesseur des empires de Grèce & de Trébizonde, de soixante-dix royaumes,* d'un nombre infini de peuples, terres & pays conquis en Europe, en Afie & en Afrique par l'épée exterminante des Mufulmans ; & maître abfolu de plufieurs millions de guerriers victorieux des plus grands fleuves du monde, des mers Blanche, Noire & Rouge, des palus-méotides, &c. Ils en donnent auffi de finguliers aux princes chrétiens ; tels font ceux qui étoient à la lettre que Soliman Aga préfenta à Louis XIV, en 1669, de la part de Mahomet IV : Gloire des princes majeftueux de la croyance de Jefus-Chrift, choifi entre les grands lumineux dans la religion chrétienne, arbitre & pacificateur des affaires qui naiffent dans la communauté des Nazaréens, dépofitaire de la gravité, de l'éminence & de la douceur ; poffeffeur de la voie qui conduit à l'honneur & à la gloire ; l'empereur de France, notre ami, Louis, que la fin de fes deffeins foit couronnée de bonheur & de profpérité.

Parmi les Européens, les Efpagnols fur-tout, affectent d'étaler auffi des titres longs & faftueux. On fait que Charles-Quint ayant ainfi rempli de tous fes titres la première page d'une lettre qu'il adreffoit à François premier, ce prince ne crut pouvoir mieux en faire fentir le ridicule, qu'en fe qualifiant : François, par la grace de Dieu, bourgeois de Paris, feigneur de Vanves & de Gentilly, qui font deux petits villages au voifinage de Paris. (A. R.)

TIXIER, (Jean) (Hift. litt. mod.) plus connu fous le nom de Ravifius Textor, qui fignifie Tixier, feigneur de Ravifi, terre qu'il poffédoit dans le Nivernois, fut recteur de l'Univerfité, & mourut, dit-on, à l'hôpital en 1522. C'étoit ce qu'on appelle un bon humanifte. On a de lui des lettres, des dialogues, des épigrammes, le tout en latin. Il a donné auffi une édition des écrivains qui ont fait l'hiftoire ou l'éloge des femmes célèbres : opera fcriptorum de claris Mulieribus.

TLACHTLI, f. m. (Hift. mod) efpèce de jeu d'adreffe, affez femblable au jeu de la paume, qui étoit fort en ufage chez les Méxicains lorfque les Efpagnols en firent la conquête. Les balles ou pelottes dont ils fe fervoient pour ce jeu, étoient faites d'une efpèce de gomme qui fe durciffoit très-promptement (peut-être étoit-ce celle qui eft connue fous le nom de gomme élaftique) ; on pouffoit cette pelotte vers un mur, c'étoit l'affaire des adverfaires d'empêcher qu'elle n'y touchât. On ne pouffoit ou ne repouffoit la pelotte qu'avec les hanches ou avec les feffes, qui pour cet effet étoient garnies d'un cuir fortement tendu. Dans les murailles on affujettiffoit des pierres qui avoient la forme d'une meule, & qui étoient percées dans le milieu, d'un trou qui n'avoit que le diamètre pour recevoir la pelotte ; celui qui avoit l'adreffe de l'y faire entrer, gagnoit la partie & étoit le maître des habits de tous les autres joueurs. Ces tripots étoient auffi refpectés que des temples ; auffi y plaçoit-on deux idoles ou dieux tut... aux quels on étoit obligé de faire des of...

TOIRAS, (Hift. de Fr.) Jean du Caylar de S. Bonnet, marquis de) maréchal de France, né en 1585, étoit d'une ancienne maifon du Languedoc ; il fut d'abord page du troifième prince de Condé, il fervit avec grande diftinction fous Henri IV, & fous Louis XIII ; principalement aux fièges de Montauban & de Montpellier. (1621 & 1622) Pendant le fiège de la Rochelle, les Anglois defcendirent dans l'Ifle de Rhé, ils y inveftirent le fort de Saint-Martin, où les François, commandés par Toiras, firent une vigoureufe réfiftance ; l'eau douce vint à manquer aux affiégés ; la famine fe fit fentir dans le fort ; les paffages étroitement gardés, ôtoient à Toiras les moyens d'inftruire la cour de l'extrémité où il étoit réduit. Trois foldats du régiment de Champagne, offrent de paffer à la nâge le bras de mer de deux lieues d'étendue, qui fépare l'Ifle de Rhé du continent. Le premier fe noya, le fecond épuifé de fatigue, fe rendit aux Anglois, qui, après avoir été les témoins de fon courage, eurent la barbarie honteufe de le maffacrer ; le troifième, long-temps pourfuivi par une barque Angloife, expofé à un feu continuel, toutes les fois qu'il élevoit la tête au-deffus de l'eau pour refpirer, plus cruellement tourmenté par les morfures des poiffons, toutes les fois qu'il plongeoit pour échapper à la moufqueterie ; couvert de plaies & foutenu par fon feul courage, atteignit enfin la terre à travers tant de fatigues, de douleurs & de périls.

Auffi-tôt qu'on fut inftruit par fon récit de l'état où étoient les François, affiégés dans le fort de Saint-Martin ; César de Choifeul, qui fut depuis le maréchal du Pleffis-Praflin, (voyez l'article CHOISEUL,) s'empreffa de porter du fecours à Toiras, qui chaffa entièrement les Anglois de l'Ifle de Rhé, & les envoya fe faire battre encore par Praflin dans leur retraite. Il alla enfuite commander en Italie. Ce fut Toiras, qui en 1630, eut la gloire de défendre Cafal, contre le marquis Spinola, & d'en faire lever le fiège à ce grand général ; ce fut l'exploit de guerre le plus brillant de ce temps-là ; il valut à Toiras la dignité de maréchal de France, il lui valut les applaudiffemens de l'europe. Quatre ans après, ce même Toiras étant à Rome, le peuple, dès qu'il l'appercevoit, fe mettoit à crier : vive Toiras ! vive le libérateur de l'Italie ; mais le plus grand de fes admirateurs étoit Spinola lui-même : qu'on me donne, difoit-il, cinquante mille hommes formés & difciplinés par Toiras, & je promets de faire la conquête de l'Europe entière. On ne fut pas en France tirer parti de ces avantages ; on le priva des fervices de Toiras pour de vaines intrigues de cour. Ses frères étant entrés dans les querelles de Monfieur, contre le cardinal de Richelieu, Toiras devint fufpect ; non-feulement on ne l'employa point, mais on lui ôta fes penfions ; on le dépouilla de fon gouvernement de l'Ifle de Rhé, il fut en pleine difgrace. Les ennemis de la France cherchèrent à fe l'attacher ; il ne voulut point fervir contre fa patrie. Après avoir voyagé dans toute l'Italie, il prit le commandement des troupes de Savoye, & fut tué en 1636, devant la forteresse de Fontanette, dans le Milanès. Les foldats lui rendirent un hommage pareil à celui de ces grenadiers, qui, faisis d'enthousiasme, aiguisèrent leurs épées sur le tombeau du maréchal de Saxe ; les soldats de *Toiras* trempèrent leurs mouchoirs dans son sang, persuadés qu'avec ce gage de la victoire, dont ils ne vouloient jamais se féparer, ils feroient déformais invincibles. *Toiras* étoit auffi modefte que les foldats étoient fiers de fervir fous lui. Lorfqu'il rendoit compte des opérations de l'armée, ou il ne parloit point de lui, ou il employoit toujours une tournure indirecte par averfion pour l'égoïfme ; il difoit : *celui qui commandoit*, ou *le général donna tel ordre ou fit telle démarche*; jamais *j'ordonnai*, *je marchai*. Une pareille habitude eft eftimable, en ce qu'elle tient à un principe, & qu'elle peint un caractère. On ne reprochoit qu'un défaut au maréchal de *Toiras*, c'étoit d'être fujet à l'emportement. On a fa vie écrite par Michel Baudier, hiftoriographe de France fous Louis XIII. (*Voyez* l'article BAUDIER.)

Le maréchal de *Toiras* avoit été lieutenant de la Vénerie de Louis XIII, puis capitaine de fa volière ; c'étoit le chaffeur le plus favant & le plus exercé dans tout genre de chaffe, c'étoit fur-tout le tireur le plus adroit ; ce fut par ce talent qu'il se fit d'abord connoître à la cour, où il n'eft nullement méprifé. Ses emplois de chaffe l'occupant beaucoup, & le détournant du métier des armes, objet de fon étude & de fon inclination, il quitta tous fes emplois pour une compagnie aux Gardes, & courut faire la guerre.

Nous avons feulement entendu dire, & nous n'avons lu nulle part l'anecdote fuivante. Louis XIII étoit bègue, c'eft un fait connu. Un jour, à la chaffe du vol, il demanda en bégayant où étoit l'oifeau, *Toiras*, répond auffi en bégayant : *Sire, le voici* : le roi crut qu'il pouffoit le manque de refpect jufqu'à vouloir le contrefaire, & dans un mouvement d'indignation, il le frappa d'un gant qu'il tenoit à la main. Un courtifan, au lieu d'applaudir à la colère du roi, & d'accabler, felon l'ufage, un malheureux qui n'auroit pu fe défendre qu'en commençant par paroître plus coupable encore, eut l'honnêteté de dire au roi : V. M. ignore-t-elle que M. de *Toiras* a le malheur d'être bègue ? en ce cas, dit le roi, j'ai tort & très-grand tort, je dois le réparer. De ce moment, il fe piqua toujours de favorifer & d'avancer *Toiras*, & ce défagrément ne contribua pas médiocrement à fa fortune.

TOKKIVARI, f. m. (*Hift. mod.*) efpèce d'armoire à compartimens qui fait un des principaux meubles des Japonois, dans laquelle ils ont foin de placer le livre de la loi qu'ils ne montrent point aux étrangers, & qu'ils ne laiffent jamais traîner dans leurs chambres. (*A. R.*)

TOKKO, (*Hift. mod.*) c'eft le nom que les Japo-

nois donnent à un coffre ou meuble dont ils ornent leurs appartemens. Il n'a qu'un pied de haut fur deux de large ; on le place contre la muraille d'une chambre, & l'on étend deux tapis au-deffous ; c'eft-là que l'on fait affeoir les perfonnes à qui l'on veut faire honneur. (*A. R.*)

TOLAND (Jean) *Hift. litt. mod.*) Cet auteur Anglois célèbre, né en Irlande, élevé en Ecoffe & en Angleterre, dans une épitaphe qu'il s'eft faite à lui-même, & qui contient l'hiftoire de fa vie, fe donne pour un littérateur univerfel, pour un homme favant dans les langues, & fur-tout pour un grand défenfeur de la vérité & de la liberté.

H.   S.   E.

Joannes Tolandus ;
Qui in Hiberniâ propè Deriam natus,
In Scotiâ & Hiberniâ ftuduit,
Quod Oxonii quoque fecit adolefcens ;
Atque Germaniâ plus femel petitâ,
Virilem circà Londinum tranfegit ætatem.
Omnium litterarum excultor,
Et linguarum plus decem fciens.
Veritatis propugnator,
Libertatis affertor,
Nullius autem fectator aut cliens ;
Nec minis, nec malis eft inflexus,
Quin quam elegit viam perageret,
Utili honeftum anteferens.
Spiritus cum æthereo patre,
A quo prodiit olim, conjungitur.
Ipfe verò æternum eft refurrecturus ;
At idem futurus Tollandus nunquam.
Natus nov. 30.
Cætera ex fcriptis pete.

Il finit donc par nous renvoyer à fes ouvrages ; & c'eft là que les ennemis de fa mémoire trouvent la matière des plus grands reproches, fur-tout de celui d'impiété : il faut pourtant avouer qu'à la fin de cette épitaphe, il rend hautement témoignage à la fpiritualité, à l'immortalité de l'ame & à la réfurrection. Au refte, fon livre intitulé : *la Religion Chrétienne fans myftères*, fut condamné au feu en Irlande. *Le Nazaréen*, ou *le Chriftianifme Judaïque*, *Payen & Mahométan* ; le *Pantheifticon*, *feu formula celebrandæ focietatis Socraticæ* ; le livre qui a pour titre : *Adeifedemon*, *five Titus Livius à fuperftitione vindicatus* ; tous ces ouvrages ont été fort combattus par les Chrétiens zélés. *Toland*, élevé dans la religion catholique, fut fur-tout le plus grand ennemi de la religion catholique ; il écrivit & agit avec beaucoup d'animofité contre les François, les Catholiques & les Stuarts, & c'eft là ce qu'il appelle être *libertatis affertor*. *Toland* étoit né en 1670, & il mourut à Londres en 1722.

TOLEDE, (*Hift. d'Efpagne.*) grande maifon d'Efpagne, dont étoient les ducs d'Albe, parmi lefquels on diftingue fur - tout Ferdinand Alvarez de *Tolède*, duc d'Albe, l'un des plus grands capitaines du feizième fiècle. Il naquit en 1508, commença de fe fignaler à la bataille de Pavie; il étoit à l'expédition de Tunis en 1535, à celle de Provence en 1536, à celle d'Alger en 1538; & on affure qu'il avoit eu le mérite d'improuver d'avance celles de ces expéditions qui ne réuffirent pas. Il fervit avec éclat contre la France dans la Navarre & dans la Catalogne; mais ce fut fur-tout en Allemagne contre les princes Proteftans qu'il remporta les plus grands avantages: il gagna la bataille de Mulberg, & blâma encore l'expédition de Metz, qui ne réuffit pas. Il fit auffi la guerre en Italie contre les François avec des fuccès divers, fous le règne de notre Henri II. Les Efpagnols le louoient ou l'accufoient d'une févérité, que nous taxions avec raifon de cruauté.

Lorfque Philippe II, fils de Charles-Quint, en voulant introduire l'inquifition dans les Pays-Bas, donna lieu à la révolte d'une partie de ces provinces, il envoya le duc d'Albe les gouverner à la place de Marguerite d'Autriche, ducheffe de Parme, fa fœur naturelle, qu'il accufoit de trop d'indulgence. Il n'eut pas ce reproche à faire au duc d'Albe; celui-ci courut exécuter en Flandre les ordres fanguinaires qu'il avoit dictés au confeil d'Efpagne. Il commença par ordonner aux chefs de la nobleffe de venir fe ranger auprès de lui. Ce fut alors qu'il fit trancher la tête au comte d'Egmont & au comte de Horn, pour avoir écouté les plaintes des mécontens, & avoir paru s'y intéreffer. La guerre & les violences ne ceffèrent plus dans les Pays-Bas. Le duc d'Albe fe glorifioit d'avoir fait monter les confifcations à huit millions par an, & d'avoir fait paffer dix-huit mille hommes par les mains des bourreaux, fans compter ceux qui avoient péri dans les guerres. Philippe II. foupçonna enfin qu'il pouvoit y avoir un peu d'excès dans ces rigueurs; il rappella le duc d'Albe, mais pour l'employer dans d'autres affaires; un tel miniftre étoit trop felon fon cœur, pour qu'il confentît à s'en priver.

Quelques années auparavant en 1565, à l'entrevue de Bayonne, qui n'offroit que des apparences de fêtes & de plaifirs, le duc d'Albe, qui étoit venu à Bayonne chargé des ordres de Philippe II, avoit, avec Catherine de Médicis, des conférences nocturnes, ils tenoient enfemble des *confeils de fang*. Les troubles des Pays-Bas & leur foulèvement contre le joug de l'inquifition, commençoient dès lors à donner de l'inquiétude à l'Efpagne & au Pape. On crut que l'objet de cette entrevue & de ces conférences fecrètes, étoit de former une ligue entre les deux couronnes, pour l'extirpation de l'héréfie dans les états refpectifs; il paffa pour conftant qu'on avoit propofé les moyens les plus affreux, & que le projet du maffacre de la Saint-Barthélemy, qui ne fut exécuté que fept ans après, avoit été formé à Bayonne; le duc d'Albe vouloit, dit-on, que, fous prétexte d'une convocation des grands, on raffemblât & qu'on abattît d'un feul coup les têtes les plus élevées du parti; on rap-

portoit de lui cette phrafe: *la tête d'un faumon vaut mieux que toutes les grenouilles d'un marais*. Ces difcours, ces fentimens, ces projets étoient fort dans le caractère du duc d'Albe, & il étoit dans le caractère de Médicis de s'y prêter.

Dans cette même entrevue de Bayonne, le duc d'Albe avoit infpiré à la reine de France les plus fortes préventions contre le chancelier de l'Hôpital, le feul homme tolérant qu'il y eut à la cour.

Le duc d'Albe, malgré la conformité de fes principes avec ceux de Philippe II, n'avoit pas été à l'abri des foupçons de ce fombre politique. Philippe avoit pris ombrage de ce que le duc s'étoit fait ériger une ftatue à Anvers, & il la fit abattre du vivant même du duc. Des auteurs difent que ce furent les Hollandois qui l'abattirent. Quoi qu'il en foit, il éprouva diverfes difgraces à fa cour, & fut même emprifonné au château d'Uzeda, d'où il ne fortit que pour reprendre le commandement des armées, & aller faire la conquête du Portugal. Ce fut ainfi qu'il fe vengea de l'oppreffion qu'il avoit éprouvée. Il penfa l'éprouver de nouveau pour prix d'un fi grand fervice; il mourut pourtant dans une efpèce de faveur & dans les bras de fon roi, le 12 janvier 1582.

TOLET, (François) (*Hift. litt. mod.*) favant & habile Jéfuite Efpagnol, joua un grand rôle à Rome, fous les papes Pie V, Grégoire XIII, Grégoire XIV, Innocent IX, & Clément VIII. Tous ces papes l'employèrent dans des affaires importantes, le dernier le fit Cardinal, & il fut le premier cardinal qu'aient eu les Jéfuites. *Tolet*, quoiqu'Efpagnol, quoique Jéfuite, & quoique Cardinal, travailla fortement & avec ardeur à la réconciliation de Henri IV avec le Saint-Siège. Henri IV l'en aima toujours depuis, & faifit toutes les occafions de lui témoigner fa reconnoiffance. A fa mort, arrivée en 1596, il lui fit faire un fervice folemnel, à Paris & à Rouen. *Tolet*, à travers les grandes affaires dont il étoit chargé, trouvoit le temps de fe livrer à l'étude. On a de lui divers ouvrages, tous théologiques.

TOLLIUS, (Jacques, Corneille & Aléxandre) (*Hift. litt. mod.*) trois frères, favans Hollandois du dix-feptième fiècle; Jacques, mort en 1696, Aléxandre, en 1675. Jacques a donné des relations de voyages, fous le titre d'*Epiftolæ itinerariæ*, & de *Tollii infignia Itinerarii Italici*, il a donné auffi une édition de Longin.

Corneille, fecrétaire d'Ifaac Voffius, qui fut, dit-on, obligé de le chaffer, eft auteur d'un traité *de infelicitate litteratorum*.

Aléxandre a donné une édition d'Appien.

TOMBA *ou* TOMBO, (*Hift. mod.*) c'eft ainfi que l'on nomme en Afrique parmi les habitans idolâtres des royaumes d'Angola & de Metamba, des cérémonies cruelles & superstitieuses qui se pratiquent aux funérailles des rois & des grands du pays. Elles consistent à enterrer avec le mort plusieurs des officiers & des esclaves qui l'ont servi pendant sa vie, & à immoler sur son tombeau un certain nombre de victimes humaines, proportionné au rang que la personne décédée occupoit dans le monde; après que ces malheureux ont été égorgés, & ont arrosé la terre de leur sang, les assistans dévorent leur chair. Les missionnaires européens ont eu beaucoup de peine à déraciner cette coutume abominable dans les pays où ils ont prêché l'évangile. (*A. R.*)

TOMBEAU *de Pallas*. (*Hist. Rom.*) Nos lecteurs connoissent bien Pallas, affranchi de l'empereur Claude; il eut la plus grande autorité sous le règne de ce prince. Il avoit été d'abord esclave d'Antonia belle-sœur de Tibère; c'est lui qui porta la lettre où elle donnoit avis à l'empereur de la conspiration de Séjan. Il engagea Claude à épouser Agrippine sa nièce, à adopter Néron, & à le désigner son successeur. La haute fortune à laquelle il parvint, le rendit si insolent, qu'il ne parloit à ses esclaves que par signes. Agrippine acheta ses services, &, de concert avec elle, Claude mourut. Quoique Néron dût la couronne à Pallas, il se dégoûta de lui, le disgracia, & sept ans après le fit périr secretement pour hériter de ses biens; mais il laissa subsister le *tombeau* de cet orgueilleux affranchi.

Ce *tombeau* magnifique étoit sur le chemin de Tibur, à un mille de la ville, avec une inscription gravée dessus, & ordonnée par un décret du sénat, sous l'empire de Claude. Pline le jeune nous a conservé seul entre tant d'écrivains, cette inscription & ce décret, dans une de ses lettres, qui m'a paru trop intéressante à tous égards, pour n'en pas orner cet ouvrage. Voici ce qu'il écrit à Montanus, lettre 6. *l. VIII.*

L'inscription que j'ai remarquée sur le *tombeau* de Pallas, est conçue en ces termes:

« Pour récompenser son attachement & sa fidé- » lité envers ses patrons, le sénat lui a décerné les » marques de distinction dont jouissent les préteurs, » avec quinze millions de sesterces (quinze cent » mille livres de notre monnoie) & il s'est contenté » du seul honneur ». Cela me fit croire, continue Pline, que le décret même ne pouvoit qu'être curieux à voir. Je l'ai découvert. Il est si ample & si flatteur, que cette superbe & insolente épitaphe me parut modeste & humble.

Que nos plus illustres romains viennent, je ne dis pas ceux des siècles plus éloignés, les Africains, les Numantins, les Achaïques: mais ceux de ces derniers temps, les Marius, les Sylla, les Pompée, je ne veux pas descendre plus bas; qu'ils viennent aujourd'hui faire comparaison avec Pallas. Tous les éloges qu'on leur a donnés, se trouveront fort au-dessous de ceux qu'il a reçus. Appellerai-je *railleurs* ou *malheureux*

les auteurs d'un tel décret? Je les nommerois *railleurs*, si la plaisanterie convenoit à la gravité du sénat. Il faut donc les reconnoître malheureux.

Mais personne le peut-il être jamais, jusqu'au point d'être forcé à de pareilles indignités? C'étoit peut-être ambition & passion de s'avancer. Seroit-il possible qu'il y eût quelqu'un assez fou pour desirer de s'avancer aux dépens de son propre honneur, & de celui de la république, dans une ville où l'avantage de la première place, étoit de pouvoir donner les premières louanges à Pallas? Je ne dis rien de ce qu'on offre les honneurs, les prérogatives de la préture à Pallas; à un esclave; ce sont des esclaves qui les offrent. Je ne relève point qu'ils sont d'avis, que l'on ne doit pas seulement exhorter, mais même contraindre Pallas à porter les anneaux d'or. Il eût été contre la majesté du sénat, qu'un homme revêtu des ornemens de préteur eût porté des anneaux de fer. Ce ne sont-là que des bagatelles qui ne méritent pas qu'on s'y arrête.

Voici des faits bien plus dignes d'attention. « Le » sénat pour Pallas (& le palais où il s'assemble n'a » point été depuis purifié): pour Pallas, le sénat re- » mercie l'empereur de ce que ce prince a fait un » éloge magnifique de son affranchi, & a bien vou- » lu permettre au sénat de combler un tel homme » d'honneurs ». Que pouvoit-il arriver de plus glo- rieux au sénat, que de ne paroître pas ingrat en- vers Pallas? On ajoute dans ce décret; « qu'afin » que Pallas, à qui chacun en particulier reconnoît » avoir les dernières obligations, puisse recevoir les » justes récompenses de ses travaux, & de sa fi- » délité. »

Ne croiriez-vous pas qu'il a reculé les frontières de l'empire, ou sauvé les armées de l'état. On con- tinue... « Le sénat & le peuple romain ne pouvant » trouver une plus agréable occasion d'exercer leurs » libéralités, qu'en les répandant sur un si fidèle & » si désintéressé gardien des finances du prince. » Voilà où se bornoient alors tous les desirs du sénat; & toute la joie du peuple; voilà l'occasion la plus précieuse d'ouvrir le trésor public! Il faut l'épuiser pour enrichir Pallas!

Ce qui suit n'est guère moins remarquable: « que » le sénat ordonnoit qu'on tireroit de l'épargne 15 » millions de sesterces (quinze cent mille livres) » pour les donner à cet homme; & que plus il avoit » l'ame élevée au-dessus de la passion de s'enrichir, » plus il falloit redoubler les instances auprès du » père commun, pour en obtenir qu'il obligeât » Pallas de déférer au sénat. » Il ne manquoit plus, en effet que de traiter au nom du public avec Pallas, que de le supplier de céder aux empressemens du sé- nat, que d'interposer la médiation de l'empereur, pour surmonter cette insolente modération, & pour faire ensorte que Pallas ne dédaignât pas quinze mil- lions de sesterces! Il les dédaigna pourtant. C'étoit le seul parti qu'il pouvoit prendre par rapport à de si grandes sommes. Il y avoit bien plus d'orgueil à les refuser qu'à les accepter. Le sénat cependant semble se plaindre de ce refus, & le comble en même-temps d'éloges en ces termes :

» Mais l'empereur & le père commun ayant voulu, » à la prière de Pallas, que le sénat lui remit l'obli- » gation de satisfaire à cette partie du décret, qui » lui ordonnoit de prendre dans le tréfor public » quinze millions de sesterces, le sénat déclare, que » c'est avec beaucoup de plaisir & de justice, qu'en- » tre les honneurs qu'il avoit commencé de décer- » ner à Pallas, il avoit mêlé cette somme pour con- » noître son zèle & sa fidélité ; que cependant le sé- » nat, pour marquer sa soumission aux ordres de » l'empereur, à qui il ne croyoit pas permis de ré- » sister en rien, obéissoit ».

Imaginez-vous Pallas qui s'oppose à un décret du sénat, qui modère lui-même ses propres honneurs, qui refuse quinze millions de sesterces ? comme si c'é- toit trop, & qui accepte les marques de la dignité des préteurs, comme si c'étoit moins. Représentez- vous l'empereur, qui à la face du sénat, obéit aux prières, ou plutôt aux commandements de son affran- chi ; car un affranchi qui, dans le sénat, se donne la liberté de prier son patron, lui commande. Figurez- vous le sénat, qui, jusqu'à l'extrémité, déclare qu'il a commencé de faire autant de plaisir que de justice, de décerner cette somme, & de tels honneurs à Pallas, & qu'il persisteroit encore, s'il n'étoit obligé de se soumettre aux volontés du prince, qu'il n'est permis de contredire en aucune chose. Ainsi donc, pour ne point forcer Pallas de prendre quinze millions de sesterces dans le tréfor public, on a eu besoin de sa modération & de l'obéissance du sénat, qui n'auroit pas obéi, s'il lui eût été permis de résister en rien aux volontés de l'empereur.

Vous croyez être à la fin ; attendez, & écoutez le meilleur : « C'est pourquoi, comme il est très- » avantageux de mettre au jour les faveurs dont le » prince a honoré & récompensé ceux qui le méri- » toient : & particulièrement dans les lieux où l'on » peut engager à l'imitation les personnes chargées » du soin de ses affaires ; & que l'éclatante fidélité » & probité de Pallas, sont les modèles les plus pro- » pres à exciter une honnête émulation, il a été ré- » solu que le discours prononcé dans le sénat par » l'empereur le 28 Janvier dernier, & le décret du » sénat à ce sujet, seroient gravés sur une table d'ai- » rain, qui sera appliquée près de la statue qui repré- » sente Jules-César en habit de guerre.

On a compté pour peu que le sénat eût été témoin de ces honteuses bassesses. On a choisi le lieu le plus exposé pour les mettre devant les yeux des hom- mes de ce siècle, & des siècles futurs. On a pris soin de graver sur l'airain tous les honneurs d'un in- solent esclave, ceux même qu'il avoit refusés ; mais qu'autant qu'il dépendoit des auteurs du décret, il avoit possédés.

On a écrit dans les registres publics, pour en con-

server à jamais le souvenir, qu'on lui avoit déféré les marques de distinction que portent les préteurs, comme on y écrivoit autrefois les anciens traités d'alliance, les loix sacrées. Tant l'empereur, le sénat, Pallas lui-même, eut montré de... (je ne sais que dire), qu'ils semblent s'être empressés d'étaler à la vue de l'univers, Pallas son insolence, l'empereur sa foiblesse, le sénat sa misère.

Est-il possible que le sénat n'ait pas eu de honte de chercher des prétextes à son infamie ? La belle, l'ad- mirable raison que l'envie d'exciter une noble ému- lation dans les esprits, par l'exemple des grandes ré- compenses dont étoit comblé Pallas. Voyez par-là dans quel avilissement tomboient les honneurs, je dis ceux même que Pallas ne refusoit pas. On trouvoit pourtant des personnes de naissance qui désiroient, qui recherchoient avec ardeur, ce qu'ils voyoient être accordé à un affranchi, être promis à des escla- ves. Que j'ai de joie de n'être point né dans ces temps, qui me font rougir comme si j'y avois vécu !

Cette lettre de Pline nous offre tout à-la-fois un exemple des plus singuliers de la stupidité d'un prin- ce, de la bassesse d'un sénat, & de l'orgueil d'un esclave. Cette épitaphe nous apprend encore com- bien il y a de momerie & d'impertinence dans les inscriptions prostituées à des infames & à des mal- heureux, car il n'y a guère eu d'infame plus grand que ce Pallas. Il est vrai d'un autre côté que, quand le caprice de la fortune élève si haut de tels miséra- bles, elle ne fait que les exposer davantage à la risée publique. (D. J.)

TOMBEAUX des Péruviens, (Hist. du Pérou) La description des tombeaux qu'avoient les anciens habi- tans du Pérou, n'est pas moins curieuse que celle de la plûpart des autres peuples. Ces tombeaux bâtis sur le bord de la mer, étoient les uns ronds, les autres quarrés ; d'autres en quarrés longs. Les corps renfer- més dans ces tombeaux, étoient diversement posés : les uns debout appuyés contre les murailles, les autres assis vers le fond sur des pierres ; d'autres couchés de leur long sur des claies composées de roseaux. Dans quelques-uns on trouvoit des familles entiè- res, & des gens de tout âge ; & dans d'autres le seul mari & son épouse. Tous ces corps étoient revêtus de robes sans manches, d'une espèce de laine fine, rayées de différentes couleurs ; & les mains des morts étoient liées avec une espèce de courroie. Il y avoit dans quelques-uns de ces tombeaux de petits pots remplis d'une poudre rouge ; & d'autres étoient pleins de farine de maïs. Voilà ce qu'en rapporte le P. Feuillée.

Le P. Plumier étant dans la vallée de d'Ylo, y vit une vaste plaine remplie de tombeaux, creusés dans la terre, semblables aux sépulcres ; ma curiosité, dit-il, me porta à voir leur construction. J'entrai dans un, par un escalier de deux marches hautes & larges cha- cune de quatre pieds, & faisant un quarré long d'en- viron sept pieds. Le tombeau étoit bâti de pierre, sans ci.aux & fans fable , couvert de rofeaux fur lefquels on avoit mis de la terre. Son entrée étoit tournée vers l'orient; & les deux morts encore entiers, étoient affis au fond du *tombeau*, tournant leur face vers l'entrée. Cette feule attitude fait voir que ces peuples adoroient le foleil , & que ces morts étoient enfevelis avant la conquête du Pérou par les Efpagnols, puifque le foleil n'avoit été adoré dans ce vafte empire, que depuis le gouvernement des Incas. Les deux morts, ajoute-t-il , que je trouvai au fond du fépulcre, avoient encore leurs cheveux nattés à la façon de ces peuples; leurs habits d'une groffe étoffe d'un minime clair, n'avoient perdu que leur poil ; la corde paroiffoit, & marquoit que la laine dont les Indiens fe fervoient, étcit extrêmement fine. Ces morts avoient fur leur tête une calotte de la même étoffe , laquelle étoit encore toute entière; ils avoient auffi un petit fac pendu au col, dans lequel il y avoit des feuilles de cuca. (. *D. J.*

TOMYRIS , (*Hift. anc.*) il n'eft guères fait mention de cette reine des Scythes ou des Maffagetes , que dans un conte d'Hérodote affez fufpeét aux favans : Cyrus voulant ajouter le royaume des Maffagetes à fes autres états, demanda *Tomyris* en mariage, effuya un refus & lui fit la guerre, moins pour s'en venger , que parce qu'il ne lui reftoit pas d'autre moyen d'acquérir ce royaume. Par un ftratagème qui lui réuffit, il laiffa les Scythes lui enlever un de fes quartiers , ils y trouvèrent des vins dont ils burent avec excès ; Cyrus alors fondit fur eux & les tailla en pièces, ou les fit prifonniers dans l'état d'ivreffe où il les trouva. Spargapifes, fi's de *Tomyris*, honteux de fon ivreffe & de fa captivité, fe donna la mort. *Tomyris*, pour fe venger , ayant à fon tour dreffé des embûches aux Perfes, les défit entièrement, & Cyrus fut tué dans le combat ; elle lui fit couper la tête , la mit dans une outre pleine de fang, en lui difant, avec infulte : « raffafie-toi enfin du » fang dont tu as toujours été infatiable. » *Satia te , inquit, fanguine quem fitifti , cujufque infatiabilis femper fuifti.* Ce font les termes de Juftin , qui n'a écrit que d'après Hérodote.

TONNAGE & PONDAGE, (*Hift. mod. d'Anglet.*) impôt qui eft mis fur chaque tonneau de toutes les marchandifes qui entrent dans le royaume & qui en fortent. Cet impôt eft d'un fchelling par livre fterling. Le parlement accorde ordinairement au roi le produit de cette impofition fur l'entrée & fur la fortie des marchandifes, pour le mettre en état de bien garder la mer & de protéger le commerce. Charles I. voulut, après la mort du roi Jacques, lever ce droit, fans l'autorité d'un acte du parlement ; cette prétention nouvelle fut le fujet des plus grandes brouilleries, qui éclatèrent dans la fuite entre le parlement & ce monarque; & l'on fait combien elles lui furent funeftes. (*D. J.*)

TONO-SAMA, f. m. (*Hift. mod.*) c'eft le nom qu'on donne au Japon aux gouverneurs des villes impériales ; chaque ville a deux gouverneurs qui comman-

dent alternativement pendant une année ; celui qui eft en exercice ne peut fortir de fon gouvernement, l'autre eft obligé de réfider auprès de l'empereur. Lorfque quelqu'un eft nommé à un gouvernement, il part pour s'y rendre, mais il laiffe fa femme & fes enfans à la cour pour répondre de fa fidélité : pendant qu'il eft en place, il lui eft défendu, fous peine de mort, de recevoir aucune femme dans fon palais ; la punition la plus douce dans ce cas feroit un banniffement perpétuel, & la ruine de toute fa famille. La cour des *tono-famas* eft très-brillante ; & compofée d'un grand nombre d'officiers, que l'on nomme *jorikis*, qui doivent être nobles, & qui font nommés par l'empereur lui-même ; les gouverneurs exercent un pouvoir prefqu'abfolu dans leur gouvernement ; mais l'empereur tient dans chaque ville un agent qui éclaire la conduite des gouverneurs ; on l'appelle *dai-quen* : il eft lui-même obfervé par des efpions qui lui font inconnus. Les *tono-famas* ont fous eux des officiers ou magiftrats municipaux, qui les foulagent des détails de l'adminiftration ; on les nomme *te-ffii-jori.*

TONSTAL ou TUNSTAL , (Cutbert ou Cuttebert) (*Hift. du Luthéranifme*) évêque de Londres du temps de Henri VIII. Lorfque Luther paroître fa verfion du nouveau teftament, le cardinal d'Yorck (Volfey) & l'évêque de Rochefter (Jean-Fifcher) , donnèrent des ordres pour empêcher l'entrée de ce livre dans leur ifle. Cependant il en tomba un exemplaire entre les mains de l'évêque de Londres Cuttebert *Tunftal*, qui fe crut obligé d'annoncer en chaire, qu'il avoit trouvé plus de deux mille endroits falfifiés dans ce nouveau teftament , ce qui vraifemblablement ne rallentit guères la curiofité de fes auditeurs, auxquels il valo.t mieux peut-être laiffer ignorer l'exiftence d'un tel livre.

Ce même *Tunftal*, ami d'Erafme , ne contribua pas peu au parti que prit ce favant, de refufer les offres de François I , pour un établiffement en France. *Tunftal* étoit ambaffadeur d'Angleterre à Bruxelles ; Erafme l'aimoit, & n'avoit point à Bruxelles d'autre table que la fienne, il le confulta. *Tunftal* fe fouvint alors de fon caractère d'ambaffadeur pour le moins autant que de fon amitié pour Erafme, il fe rappella combien Henri VIII étoit jaloux de François I ; combien il défiroit, ainfi que le cardinal Volfey , d'attirer Erafme en Angleterre ; il efpéra l'arracher plus aifément à l'indifférence de Charles-Quint qu'au zèle paffionné de François I. pour les favans, il employa toutes les confidérations propres à le dégoûter de la France, il lui fit peur des Théologiens François, qu'il représenta comme les ennemis nés du favoir ; & il faut avouer qu'alors ils méritoient un peu ce reproche.

Tunftal, nommé à l'évêché de Londres en 1522, fut nommé à celui de Durham en 1530. Il écrivit d'abord en faveur du divorce , il s'en repentit enfuite, condamna fon ouvrage , & mourut en prifon pour la défenfe de la foi catholique en 1559 ; au

commencement

commencement du règne d'Elifabeth à l'âge de 84 ans, étant né en 1476. Il a écrit en faveur de l'eucharistie & de la prédeftination ; il a laiffé d'ailleurs un traité de l'art de compter, & un abrégé de la morale d'Ariftote.

TONTONG, f. m. (*Hift. mod.*) inftrument ufité chez les nègres qui habitent la côte du Sénégal. C'eft un tambour d'une grandeur démefurée, dont le bruit s'entend à plus de deux lieues. Chaque village en poffede un fur lequel on frappe à l'approche de l'ennemi, (*A. R.*)

TOPASSES, (*Hift. mod.*) c'eft ainfi que l'on nomme dans l'Indoftan des foldats mulâtres, provenus des mariages des Portugais avec des femmes indiennes. Ces troupes portent des chapeaux. (*A. R*)

TOPIGIS, f. m. (*Hift. mod.*) termes de relation, c'eft le nom que les Turcs donnent à leurs canonniers, & en général à tous ceux qui font occupés au fervice de l'artillerie. Leur chef fe nomme *topigi bachi*, charge qui, pour l'autorité, ne répond pas à celle de l'officier que nous appellons *grand maitre de l'artillerie*, parce que le capitan bacha a la principale autorité dans l'arfenal de Conftantinople. (*A. R.*)

TOPILZIN, f. m. (*Hift. mod. fuperftition*) c'eft le nom que les Mexicains donnoient à leur grand-prêtre ou chef des facrificateurs. Cette éminente dignité étoit héréditaire, & paffoit toujours au fils aîné. Sa robe étoit une tunique rouge, bordée de franges ou de flocons de coton ; il portoit fur fa tête une couronne de plumes vertes ou jaunes ; il avoit aux oreilles des anneaux d'or enrichis de pierres vertes ; & fur fes levres il portoit un tuyau de pierre d'un bleu d'azur. Son vifage étoit peint d'un noir très-épais.

Le *topilzin* avoit le privilège d'égorger les victimes humaines que les barbares Mexicains immoloient à leurs dieux ; il s'acquittoit de cette horrible cérémonie avec un couteau de caillou fort tranchant. Il étoit affifté dans cette odieufe fonction par cinq autres prêtres fubalternes, qui tenoient les malheureux que l'on facrifioit ; ces derniers étoient vêtus de tuniques blanches & noires; ils avoient une chevelure artificielle qui étoit retenue par des bandes de cuir.

Lorfque le *topilzin* avoit arraché le cœur de la victime, il l'offroit au foleil, & en frottoit le vifage de l'idole, avec des prières myftérieufes, & l'on précipitoit le corps du facrifié le long des dégrés de l'efcalier ; il étoit mangé par ceux qui l'avoient fait prifonnier à la guerre, & qui l'avoient livré à la cruauté des prêtres. Dans de certaines folemnités on immoloit jufqu'à vingt mille de ces victimes à Mexico.

Lorfque la paix duroit trop long-temps au gré des prêtres, le *topilzin* alloit trouver l'empereur, & lui difoit, *le dieu a faim* ; auffi-tôt toute la nation prenoit les armes, & l'on alloit faire des captifs pour affouvir la prétendue faim du dieu & la barbarie réelle de fes miniftres. (*A. R.*)

TOPTCHI, f. m. *terme de relation*, canonnier turc;

Hiftoire. Tome V.

le *toptchi-bachi* eft, en Perfe, le grand maître de l'artillerie, & la cinquième perfonne de l'état. (*D. J.*)

TOQUE, *terme de relation*, certain nombre de bouges ou cauris dont on fe fert comme de monnoie dans le royaume de Juda, & en quelques autres endroits de la côte d'Afrique, où les bouges ou cauris font reçus dans la traite des Nègres : une *toque* de bouges eft compofée de 40 de ces coquillages : cinq bouges font une galline. (*D. J.*)

TORCY, (*voyez* COLBERT.)

TORFÉE, (Tormond) *Hift. litt. mod.*) favant de Miffoie, connu par une *hiftoire des Orcades* & *une de Norvège.* Mort vers l'an 1720.

TORNADGI-BACHI, f. m. *terme de relation*, officier de chaffe dans la maifon du grand-feigneur. Il a l'intendance fur les gens qui ont foin des levriers de fa hauteffe. (*D. J.*)

TORNIEL, (Philippe) (*Hift. de Fr.*) Dans la première guerre entre Charles-Quint & François I. Montmorenci (Anne) faifoit, en 1522, fous le maréchal de Foix, le fiège de Novare. Le gouverneur de cette place étoit le comte Philippe *Torniel* ou *Torniello*, fameux par les cruautés qu'il exerçoit, dit-on, fur les François qui tomboient entre fes mains ; on prétend qu'après avoir jetté les prifonniers François dans des cachots, il leur ouvroit le ventre, leur dévoroit le cœur, & faifoit manger l'avoine à fes chevaux dans leurs entrailles fumantes. Novare fut prife & pillée. Plufieurs des habitans qui paffoient pour avoir des miniftres des cruautés de *Torniello*, furent pendus ; *Torniello* lui-même fut pris. On eut la généroſité de ne le pas faire fervir à fon tour de ratelier aux chevaux, on ne lui fit même aucun mal ; ce qui pourroit faire croire qu'il avoit été reconnu innocent des cruautés qu'on lui avoit attribuées. Dupleix paroit en effet ne pas croire à ces cruautés, mais du Bellai en accufe formellement le comte *Torniello*.

Torniel, eft auffi le nom d'un Barnabite, (Auguftin *Torniel*) né à Novare en 1543, mort en 1622, connu par fes *annales facri & profani.*

TORO, f. m. (*terme de relation*) c'eft le mets le plus délicieux des Illinois. Il fe fait du fruit du *palma prunifera*, lequel fruit eft gros comme une prune. Après l'avoir mis en monceau pour le laiffer mûrir, ils le concaffent dans un mortier de bois, l'arrofent d'eau chaude, le preffent, & en tirent une liqueur graffe dans laquelle ils font cuire leur poiffon avec du fel & du piment. (*D. J.*)

TORQUATO-TASSO, (*voyez* TASSE (le)

TORQUATUS, (*voyez* MANLIUS-TORQUATUS.)

TORQUEMADA, (Jean de) (*Hift. litt. mod.*) autrement de *turre cremata*, dominicain Efpagnol, affifta & fe diftingua aux conciles de Conftance & de Bâle, par fon zèle contre les hérétiques, & pour les prétentions ultramontaines. Le pape Eugène IV, le fit cardinal en 1439. Il s'oppofa au célèbre Gerfon

R r

qui vouloit faire cenfurer les révélations de Sainte-Brigitte. Il mourut à Rome en 1468. Il a laiffé des commentaires fur le décret de Gratien, un traité de l'églife & de l'autorité du pape, quelques écrits théologiques.

Un autre *Torquemada*, dominicain Espagnol, confeffeur de la reine Ifabelle, lui perfuada d'établir:

Ce fanglant tribunal,
Ce monument affreux du pouvoir monachal.
L'Inquifition.

TORRE, (Philippe de la) (*Hift. litt. mod.*) favant antiquaire, né à Ciudad de Frioul en 1657, nommé, en 1702, par le pape Clément XI, à l'évêché d'Adria, mort en 1717; eft auteur des ouvrages fuivants : *Monumenta veteris Antii. Taurobolium antiquum, lugduni 1704. repertum cum explicatione. De Annis imperii M. Antonii Aurelii Heliogabali.*

TORRENTIUS, (Lœvinus). (*Hift. litt. mod.*) connu auffi fous le nom de Vander-Beken, & de Torrentin, né à Gand, vers l'an 1520, fecond évêque d'Anvers, puis archevêque de Malines, eft auteur de vers latins, & de commentaires eftimés fur Horace & fur Suetone. Il fonda un collège à Louvain pour les Jéfuites, & leur légua fon cabinet & fa bibliothèque. Mort en 1595.

TORRICELLI, (Evangelifte) (*Hift. litt. mod.*) Mathématicien célèbre, difciple de Galilée, qui défira de fe l'attacher, ayant vu fon *traité du mouvement.* Torricelli enfeigna les mathématiques à Florence. C'eft lui qui a fait le premier des microfcopes, il a perfectionné les lunettes d'approche, il inventa les expériences du vif argent, avec le tuyau de verre dont on fe fert pour les faire, & qui porte fon nom. Né à Faenza en 1608, mort en 1647, par conféquent à trente-neuf ans, c'eft-à-dire, à l'âge de faire des expériences. On a, outre fon traité du mouvement, fes leçons académiques en Italien, & fes œuvres géométriques en latin.

TORYS, f. m. (*Hift. mod.*) faction ou parti qui s'eft formé en Angleterre, & qui eft oppofé à celui des *Whigs*.

Ces deux fameux partis qui ont divifé fi-long-temps l'Angleterre, joueront dans l'hiftoire de ce royaume un rôle qui, à plufieurs égards, ne fera pas moins intéreffant que celui des Guelfes & des Gibelins dans celle d'Italie.

Cette divifion a été pouffée au point que tout homme qui n'incline pas plus d'un côté que de l'autre, eft cenfé un homme fans principes & fans intérêt dans les affaires publiques, & ne fauroit paffer pour un véritable anglois: c'eft pourquoi tout ce que nous avons à dire fur cet article, nous l'empruntons de la bouche des étrangers, que l'on doit fuppofer plus impartiaux, & en particulier de M. de Cize,

officier françois qui a été quelque temps au fervice d'Angleterre; & qui a fait l'hiftoire des Whigs & des Torys, imprimée à Leipfic en 1717, & de M. Rapin de Thoiras, dont la differtation fur les Whigs & les Torys, imprimée la même année à la Haye; eft affez connue dans le monde.

Pendant la malheureufe guerre qui conduifit le roi Charles I. fur l'échafaut, les partifans de ce roi furent appellés d'abord *cavaliers*, & ceux du parlement *têtes rondes*; ces deux fobriquets furent changés dans la fuite en ceux de *torys* & de *whigs*; & ce fût à l'occafion d'une bande de voleurs qui fe tenoient dans les montagnes d'Irlande ou dans les îles formées par les vaftes marais de ce royaume, & que l'on appelloit, comme on les appelle encore, *Torys* ou *Rapparis*; les ennemis du roi accufant ce prince de favorifer la rébellion d'Irlande, qui éclata vers ce tems-là, ils donnèrent à fes partifans le nom de *Torys*; d'un autre côté, les royaliftes, pour rendre la pareille à leurs ennemis qui s'étoient liguées étroitement avec les Ecoffois, donnèrent aux parlementaires le nom de *Whigs*, qui en Ecoffe formoit auffi une efpèce de bandits ou plutôt de fanatiques.

Dans ce temps-là le but principal des *Cavaliers* ou *Torys* étoit de foutenir les intérêts du roi, de la couronne & de l'églife anglicane: & les Whigs ou têtes rondes s'attachoient principalement à maintenir les droits & les intérêts du peuple & de la caufe proteftante; les deux partis ont encore aujourd'hui les mêmes vues, quoiqu'ils ne portent plus les mêmes noms de *cavaliers* & de *têtes rondes*.

C'eft là l'opinion la plus commune fur l'origine des Whigs & des *Torys*; & cependant il eft certain que ces deux fobriquets furent à peine connus avant le milieu du règne de Charles II. M. de Cize dit que ce fut en 1678 que toute la nation fe divifa en whigs & *torys*, à l'occafion de la dépofition fameufe de Titus Oates qui accufa les Catholiques d'avoir confpiré contre le roi & contre l'état, & que le nom de *whig* fut donné à ceux qui croyoient la confpiration réelle, & celui de *torys* à ceux qui la traitoient de fable & de calomnie.

Notre plan demanderoit que nous ne parlaffions ici que des *Torys*; & que pour ce qui regarde le parti oppofé, nous renvoyaffions à l'article particulier des *Whigs*; mais comme en comparant & confrontant ces deux partis enfemble, on peut mieux caractérifer l'un & l'autre que fi on les dépeignoit féparément, nous aimons mieux prendre le parti de ne point les féparer, & d'inférer dans cet article ce que nous retrancherons dans celui des *Whigs*.

Les deux factions peuvent être confidérées relativement à l'état, ou relativement à la religion; & les *torys* politiques fe diftinguent en *torys* violens & en *torys* modérés; les premiers voudroient que le fouverain fût auffi abfolu en Angleterre que les autres fouverains le font dans les autres pays, & que fa volonté y fût regardée comme une loi irréfragable. Ce parti qui n'eſt pas extrêmement nombreux; ne laiſſe pas d'être formidable; 1°. par rapport à ſes chefs qui ſont des ſeigneurs du premier rang, & pour l'ordinaire les miniſtres & les favoris du roi; 2°. parce que ces chefs étant ainſi dans le miniſtère, ils engagent les torys eccléſiaſtiques à maintenir vigoureuſement la doctrine de l'obéiſſance paſſive; 3°. parce que pour l'ordinaire le roi ſe perſuade qu'il eſt de ſon intérêt de s'appuyer de ce parti.

Les torys modérés ne voudroient pas ſouffrir que le roi perdît aucune de ſes prérogatives; mais d'un autre côté ils ne voudroient pas ſacrifier non plus les intérêts du peuple. M. Rapin dit que ce ſont-là les vrais anglois qui ont ſouvent ſauvé l'état, & qui le ſauveront encore toutes les fois qu'il ſera menacé de ſa ruine de la part des torys violens ou des whigs républicains.

Les whigs politiques ſont auſſi ou républicains ou modérés: les premiers, ſelon le même auteur, ſont le reſte du parti de ce long parlement qui entreprit de changer la monarchie en république: ceux-ci ſont une ſi mince figure dans l'état, qu'ils ne ſervent qu'à groſſir le nombre des autres whigs. Les Torys voudroient perſuader que tous les Whigs ſont de l'eſpèce des républicains, comme les Whigs veulent faire accroire que tous les Torys ſont de l'eſpèce des torys violens.

Les whigs politiques modérés penſent à-peu-près comme les torys modérés, & s'efforcent de maintenir le gouvernement ſur le pied ancien. Toute la différence qu'il y a entr'eux, c'eſt que les torys modérés penchent un peu davantage du côté du roi, & les whigs modérés du côté du parlement & du peuple: ces derniers ſont dans un mouvement perpétuel pour empêcher que l'on ne donne atteinte aux droits du peuple; & pour cet effet ils prennent quelquefois des précautions qui donnent atteinte aux prérogatives de la couronne.

Avant de conſidérer les deux partis relativement à la religion, il faut obſerver que la réformation, ſuivant le degré de rigueur ou de modération auquel on l'a pouſſé, a diviſé les Anglois en épiſcopaux & en presbytériens ou puritains. Les premiers prétendent que la juriſdiction épiſcopale doit être continuée ſur le même pied, & l'égliſe gouvernée de la même manière qu'avant la réformation; mais les derniers ſoutiennent que tous les miniſtres ou prêtres ſont égaux en autorité, & que l'égliſe doit être gouvernée par les presbytères ou conſiſtoires compoſés de prêtres & d'anciens laïques.

Après de longues diſputes, les plus modérés de chaque parti relâchèrent un peu de leur première fermeté, & formèrent ainſi deux branches de whigs & de Torys, modérés relativement à la religion: mais le plus grand nombre continua de s'en tenir à ſes premiers principes avec une opiniâtreté inconcevable, & ceux-ci formèrent deux autres branches d'épiſcopaux & de presbytériens rigides qui ſubſiſtent juſqu'à ce jour, & que l'on comprend ſous le nom

général de Whigs & de Torys, parce que les Epiſcopaux ſe ſont joints aux Torys, & les Presbytériens aux whigs.

De tout ce qui a été dit ci-deſſus, nous pouvons conclure que les noms de Torys & de Whigs ſont équivoques, en tant qu'ils ont rapport à deux objets différens, & que par conſéquent on ne doit jamais les appliquer à l'un ni à l'autre parti, ſans exprimer en même-tems en quel ſens on le fait: car la même perſonne peut être whig & tory à différens égards; un presbytérien, par exemple, qui ſouhaite la ruine de l'égliſe anglicane, eſt certainement à cet égard du parti des Whigs; & cependant s'il s'oppoſe aux entrepriſes que forment quelques-uns de ſon parti contre l'autorité royale, on ne ſauroit nier qu'un tel presbytérien ne ſoit effectivement à cet égard du parti des Torys.

De même les Epiſcopaux doivent être regardés comme des Torys par rapport à l'égliſe, & cependant combien y en a-t-il parmi eux qui ſont des whigs véritables par rapport au gouvernement?

Au reſte, il paroît que les motifs généraux qui ont fait naître & qui fomentent encore les deux factions, ne ſont que des intérêts particuliers & perſonnels: ces intérêts ſont le premier mobile de leurs actions; car dès l'origine de ces factions, chacun ne s'eſt efforcé de remporter l'avantage, qu'autant que cet avantage pouvoit lui procurer des places, des honneurs & des avancemens, que le parti dominant ne manque jamais de prodiguer à ſes membres, à l'excluſion de ceux du parti contraire. A l'égard des caractères que l'on attribue communément aux uns & aux autres; les Torys, dit M. Rapin, paroiſſent fiers & hautains; ils traitent les whigs avec le dernier mépris & même avec dureté, quand ils ont l'avantage ſur eux. Ils ſont extrêmement vifs & emportés, & ils procèdent avec une rapidité qui n'eſt pas toujours l'effet de l'ardeur & du tranſport, mais qui ſe trouve fondée quelquefois ſur une bonne politique: ils ſont fort ſujets à changer de principes, ſuivant que leur parti triomphe ou ſuccombe.

Si les Presbytériens rigides pouvoient dominer dans le parti des whigs, ils ne ſeroient pas moins zélés & ardens que les Torys; mais nous avons déjà obſervé qu'ils n'ont pas là direction de leur parti, ce qui donne lieu à conclure que ceux qui ſont à la tête des whigs, ont beaucoup plus de modération que les chefs des Torys: à quoi l'on peut ajouter que les whigs ſe conduiſent ordinairement ſelon des principes fixes & invariables, qu'ils tendent à leurs fins par degrés, & qu'il n'y a pas moins de politique dans leur lenteur que dans la vivacité des Torys.

Ainſi, continue l'auteur, on peut dire à l'avantage des whigs modérés, qu'en général ils ſoutiennent une bonne cauſe, ſavoir la conſtitution du gouvernement, comme il eſt établi par les loix. (A. R.)

TOT, ou TOTT ou AUTANT, (Hiſt. mod.) terme

anglois ; une bonne dette active du roi se marque sur le registre par l'examinateur, ou autre officier de l'échiquier, qui met en marge le mot *tot*, c'est-à-dire *autant est dû au roi*, d'où est venu le terme de *totté*; la somme qui a été payée au roi, se marque de même sur le registre. (*A. R.*)

TOTILA, (*Hist. d'Italie*) roi des Goths d'Italie, successeur d'Evaric, vers l'an 541, eut à combattre les deux plus grands généraux de l'empereur Justinien, Bélisaire & Narsès., & ce furent eux qui mirent un terme à ses succès ; il avoit auparavant remporté deux victoires signalées sur les troupes de Justinien, il avoit conquis une grande partie de l'Italie & des isles qui l'avoisinent, telles que la Sicile, la Sardaigne, la Corse ; il prit Rome (en 546) & Naples ; son entrée dans cette dernière ville sur-tout, fut marquée par des traits de clémence, par des recherches même de bonté bien étonnantes dans un vainqueur barbare. Les assiégés avoient long-temps souffert de la faim, il comprit qu'ils alloient fondre sur les premiers vivres, avec un empressement qui pourroit leur être funeste : il mit d'abord des gardes aux portes, pour empêcher des malheureux habitants de sortir, il prit soin de leur faire distribuer des vivres avec la prudente économie que les conjonctures pouvoient exiger, & lorsqu'il eut pourvu à leur santé par ces sages précautions, continuées pendant tout le temps qu'il jugea nécessaire, il leva les gardes, & laissa aux habitans la liberté de se retirer où ils voudroient.

En sortant de Rome, qu'il n'avoit pas traitée avec autant de douceur, il fut battu par Bélisaire, mais après le rappel de ce général, il rentra dans Rome en 549, & y répara autant qu'il put les maux qu'avoit causés la guerre. En 552, Narsès l'ayant rencontré au pied de l'Apennin, lui livra bataille, *Totila* y reçut un coup de lance, dont il mourut peu de jours après. C'étoit un barbare plus humain que beaucoup de conquérans très-polis.

TOUCHE (Claude Guymond de la) (*Hist. litt. mod.*) né en 1719, fut d'abord Jésuite, mais son goût pour la poésie & le théâtre l'obligea de quitter cette société ; il fit à ce sujet la pièce qui a pour titre : *les Soupirs du Cloître, ou le Triomphe du Fanatisme*. On a de lui aussi une *Epître à l'Amitié*, dont on s'est occupé quelques momens ; mais c'est sur-tout par sa tragédie d'*Iphigénie en Tauride* qu'il est connu : il la donna en 1757, elle eut un succès exagéré : le jugement des lecteurs révoqua celui des spectateurs, mais elle est restée au théâtre.

On sut gré à l'auteur d'avoir pris pour modèle de son plan la simplicité d'Euripide, de n'avoir point mêlé de passion étrangère aux mouvemens de la nature & de l'amitié. Racine, qui s'étoit proposé de traiter ce sujet, y introduisoit un fils de Thoas amoureux d'Iphigénie ; c'étoit trop se livrer à son goût pour les intrigues amoureuses, il eût su sans doute tirer de ce défaut des beautés immortelles ; mais enfin c'étoit un défaut, & M. *de la Touche* l'a évité.

Dans l'opera d'*Iphigénie en Tauride*, Thoas & Pylade sont amoureux d'Electre, & cette rivalité répand sur la pièce un intérêt puissant, quoiqu'étranger. D'ailleurs, cette intrigue semble justifiée par la nature du spectacle.

Dans l'*Oreste & Pylade*, de la Grange, Thoas est aussi amoureux d'Iphigénie ; celle-ci & Pylade conçoivent l'un pour l'autre une passion subite, qui n'a ni toute la vraisemblance ni tout l'intérêt nécessaires.

M. *de la Touche* a suivi Euripide autant que la différence de l'un & l'autre théâtre a pu le permettre. Dans tous les deux poëmes, le commencement est rempli par les plaintes d'Iphigénie sur les horreurs de sa destinée, par ses répugnances pour les sacrifices affreux que son ministère exige d'elle :

Invitâ peragens tristia sacra manu ;

par des alarmes sur le sort d'Oreste, redoublées par un songe amené sans art dans l'une & l'autre pièce. Si la marche du reste de la pièce ne correspond pas aussi parfaitement dans les deux ouvrages, c'est que chez le poëte Grec le vuide de l'action est en quelque sorte rempli par les fréquens intermèdes, & que cette ressource manquant à l'auteur François, l'a obligé d'imaginer quelques incidens qui variassent la forme d'un intérêt toujours le même au fond. Voilà pourquoi, au commencement du second acte, Oreste séparé de Pylade, a sur le sort de cet ami des inquiétudes qui rendent leur réunion plus touchante : voilà pourquoi Iphigénie, après s'être flattée de sauver les deux étrangers, est forcée, au troisième acte, sur d'assez frivoles prétextes allégués par ses amis, d'en sacrifier un ; & si cet incident n'est pas ingénieusement amené, on lui doit du moins la belle scène du combat généreux entre les deux amis. C'est encore pour donner de la variété à l'intérêt, qu'au quatrième acte, Pylade en qui réside toute l'espérance d'Iphigénie, est annoncé comme mort dans un récit trop confus & trop peu vraisemblable, & qu'au cinquième, ce même Pylade ayant ménagé sourdement une révolution trop peu développée dans le cours de la pièce, arrive tout-à-coup comme un dieu qui descendroit du ciel, au moment du plus grand danger d'Oreste, l'arrache à la mort, en égorgeant Thoas, reconnoit Iphigénie, & l'enlève de la Tauride avec la statue de Diane. La plûpart de ces défauts, ni les beautés qu'ils amènent quelquefois, ne sont point imités d'Euripide.

L'auteur a cru que des spectateurs François, accoutumés à une action vive, pressée, rapide, féconde en incidens, trouveroient trop sèche, trop nue, trop stérile l'extrême simplicité du poëte Grec : il s'est contenté de le suivre dans les grandes scènes, telles que celle où Iphigénie interroge Oreste & Pylade, celle où ces deux amis se disputent l'honneur de mourir, celle où Pylade cédant en apparence aux raisons d'Oreste, se charge du malheur de vivre, & reçoit d'Iphigénie la lettre qu'elle écrit à ses parens ; celle enfin de la reconnoissance entre Oreste & Iphigénie

En détaillant les traits de reſſemblance & de différence entre chacune de ces ſcènes dans les deux poëtes, voici ce qu'on trouve :

Dans la ſcène où Iphigénie interroge les deux étrangers, elle éprouve le même trouble à leur aſpect ; elle ſent la même prédilection pour Oreſte, le même déſir de le ſauver ; elle fait les mêmes queſtions ſur toute la race des Pélopides, elle reçoit les mêmes réponſes ; toute la différence conſiſte dans une équivoque adroite d'Oreſte dans la nouvelle *Iphigénie*, lorſqu'il eſt interrogé ſur le ſort d'Oreſte même.

Il a cherché la mort, qu'il a trouvée enfin.

Oreſte veut parler du ſacrifice qu'on prépare, & Iphigénie croit apprendre qu'Oreſte étoit mort avant que ces étrangers euſſent quitté la Grèce. De-là le déſeſpoir d'Iphigénie & le redoublement de l'intérêt. Dans Euripide, l'étranger avoue qu'Oreſte eſt vivant ; & Iphigénie, conſolée par cette nouvelle, rit de l'impreſſion qu'un ſonge où elle avoit vu mourir Oreſte, avoit faite ſur ſon cœur. Elle eſt donc un peu moins malheureuſe, par conſéquent un peu moins intéreſſante chez Euripide que chez M. *de la Touche*.

La ſcène de la diſpute héroïque entre les deux amis, ſe trouve dans Euripide auſſi-bien que dans M. *de-la Touche*. En effet, elle eſt eſſentielle au ſujet d'Iphigénie en Tauride. Rien n'eſt ſi fameux dans toute l'antiquité que cette diſpute. Tout le monde connoît ſurtout ces vers d'Ovide, au 3e. livre *de Ponto*, épître 2de.

Ire jubet Pylades carum moriturus Oreſtem ;
   Hic negat, inque vicem pugnat uterque mori.
Extitit hoc unum quod non convenerit illis :
   Cætera pars concors & ſine lite fuit.
Dùm peragunt juvenes pulchri certamen Amoris, &c.

M. *de la Touche*, devoit donc rettacer ce dévouement généreux, comme il l'a fait ; on pourroit ſeulement trouver qu'il a pris peu de ſoin d'obſerver dans le ſtyle, les nuances délicates qui diſtinguent les différens ſentimens. Pylade retrouvant Oreſte, l'appelle :

O moitié de mon être !......

C'eſt rendre un peu trop fortement l'expreſſion d'Horace, peut-être un peu trop forte elle-même pour l'amitié.

Animæ dimidium meæ.

Oreſte, ravi de le revoir, s'écrie :

Je ſens mon ame errer ſur mes lèvres tremblantes.

Ces expreſſions trop animées, ces mouvemens impétueux, doivent être réſervés pour des paſſions

moins ſages & moins douces que l'amitié. Oreſte, dans *Andromaque*, retrouve auſſi Pylade, après des périls & des malheurs ; voit-on qu'il exprime ſa joie par ces expreſſions paſſionnées, par ce déſordre des ſens ?

Oui, puiſque je retrouve un ami ſi fidèle ;
Ma fortune va prendre une face nouvelle ;
Et déjà ſon courroux ſemble s'être adouci
Depuis qu'elle a pris ſoin de nous rejoindre ici.

Tel eſt le ton doux & meſuré qui convient à l'amitié. Racine, ce grand peintre des paſſions ne confondoit point les couleurs ; cependant, quoique Oreſte & Pylade, dans *Andromaque*, expriment leur tendreſſe avec moins d'impétuoſité, ils ne la ſignalent pas par des témoignages moins éclatans, & la belle réponſe de Pylade à Oreſte, qui le conjure de l'abandonner :

Allons, Seigneur, enlevons Hermione ;

ne le cède point peut-être au deſir de donner ſa vie pour ſon ami. Le Pylade d'*Andromaque* ſacrifice tous ſes devoirs à l'amitié ; le Pylade d'Iphigénie ne ſacrifie que ſa vie. Dans le genre héroïque, ce dernier effort eſt le moindre.

Cette même ſcène, & la ſcène correſpondante dans Euripide, ont deux différences eſſentielles. La première conſiſte en ce que le poëte Grec amène ſans incident la diſpute des deux amis, en ſuppoſant qu'une ſeule victime ſuffit à Diane, & que la prêtreſſe pouvoit prendre ſur elle de ſauver un des deux étrangers, au lieu que M. de la *Touche*, par des raiſons que nous avons indiquées, donne à Iphigénie le projet & l'eſpérance de les ſauver tous deux, & fait enſuite trahir cette eſpérance par les amis mêmes d'Iphigénie. La ſeconde différence eſt dans le ton que les deux pœtes font prendre à Oreſte. Euripide lui conſerve dans cette diſpute le caractère doux & tendre de l'amitié ; M. de la *Touche* s'attache à exprimer le caractère violent d'un homme livré aux furies. Peut-être cette différence eſt-elle à l'avantage de M. de la *Touche* ; il étoit peut-être néceſſaire que les moindres diſcours, que les raiſons mêmes d'Oreſte portaſſent l'empreinte de ſes fureurs. Cette tirade, à quelques vers près qui la déparent, a véritablement de l'éloquence.

Ai-je quitté pour toi le trône & ma patrie ?
L'horreur de tes forfaits, ta rage & tes remords
T'ont ils ici conduit à travers mille morts ?
Parricide vengeur du meurtre de ton père,
Ton bras dégoute-t-il du meurtre de ta mère ?....
Vois-tu fuir devant toi la terre épouvantée
Marcher à tes côtés ta mère enſanglantée ?
Vois-tu d'affreux ſerpens de ſon front s'élancer ,
Et de leurs longs replis te ceindre & te preſſer ?....
Tu m'aimes, & tu veux qu'en cet horrible état,
Qu'écraſé ſous le poids de mon noir attentat,

Fuyant le coup fatal que ma fureur implore ;
Je recherche le jour que je souille & j'abhorre ?
Proscrit, désespéré, sans asyle, sans Dieux,
Misérable par-tout & par-tout odieux ;
Tu m'aimes ! & tu veux, ô comble de l'outrage !
Tu veux, dans ton ardeur ou plutôt dans ta rage,
Que je me souille encor du plus noir des forfaits,
Pour racheter mes maux & payer tes bienfaits ?
Tu veux que redoublant l'excès de mes alarmes,
Afin de t'épargner quelques frivoles larmes,
Déjà de la nature exécrable bourreau,
Au sein de l'amitié je plonge le couteau !
Ah ! barbare ! peux-tu jusques-là méconnaître
L'ame de ton ami, le sang qui t'a fait naître ?
Avec quels traits affreux dans ton cœur me peins-tu ?
Pour être criminel me crois-tu sans vertu !

Il y a dans cette tirade une heureuse fécondité
d'idées & d'images fortes, entassées avec une chaleur rapide & entraînante. Ces deux vers :

Vois-tu d'affreux serpens de son front s'élancer,
Et de leurs longs replis te ceindre & te presser ?

Rendus avec une énergie vraiment pittoresque par
ce tragique le Kain, rappelloient les serpens de
Laocoon :

Corripiunt spirisque ligant ingentibus, & jam
Bis medium amplexi, bis collo squamea circùm
Terga dati, superant capite & cervicibus altis.

La résistance de Pylade que quelques-uns ont trouvée trop foible, est aussi forte & aussi longue qu'elle
devoit l'être : il ne se rend point aux raisons de
son ami ; il paroit seulement céder, lorsqu'Oreste
le menace avec serment d'aller publier lui-même son
parricide, & se diffamer dans cette terre étrangère
pour obtenir la mort qu'il souhaite. Alors Pylade
ayant à prononcer entre l'honneur & la vie de son
ami, choisit de lui sauver l'honneur par préférence ;
mais il ne consent point véritablement à la mort
d'Oreste, il paroit seulement y consentir ; il veut
bien se charger, aux yeux de la prêtresse, des apparences de ce défaut de générosité, pour mieux
couvrir son véritable projet d'arracher Oreste à la
mort, ou de périr avec lui. Il s'en faut bien que
dans Euripide, Pylade prenne tant de précautions
pour céder aux desirs d'Oreste. C'est très-sincère-
ment qu'il consent à conserver la vie, laissant aux
Dieux le soin de conserver, s'ils veulent, celle
d'Oreste.

La scène où Iphigénie remet à Pylade une lettre
pour sa famille, se confond dans Euripide avec la
scène de la reconnoissance, parce qu'Iphigénie craignant que sa lettre ne se perdît dans le voyage,
& ne voulant négliger aucun moyen de s'assurer que
ses parens seroient instruits de son sort, lit elle-même
cette lettre aux deux étrangers, afin qu'à tout événement, Pylade en sache au moins la substance. Cette

lettre est adressée à Oreste ; elle contient toute l'histoire d'Iphigénie, depuis le sacrifice d'Aulide, voilà
donc Iphigénie reconnue. Oreste se fait connoître à
son tour. Cette reconnoissance faite si facilement par
la lettre d'Iphigénie, sembleroit devoir être brusquée ;
cependant elle est filée avec une lenteur que l'impatience Françoise auroit peine à supporter, quoiqu'elle soit pleine d'art & d'intérêt. Euripide s'est
asservi à une loi, dont tous nos poëtes qui ont fait
des reconnoissances, soit entre Oreste & Electre,
soit entre Oreste & Iphigénie, se sont également
dispensés, c'est d'établir la reconnoissance sur des
preuves. Oreste chez eux dit : je suis Oreste, & sa
sœur l'en croit sur sa parole. Chez Euripide, Oreste
prouve qu'en effet il est Oreste ; il le prouve par des
circonstances particulières qui ne pouvoient être connues que de lui, & qui retraçant les malheurs des
Pélopides, répandent un nouvel intérêt sur la situation actuelle. Nous ne savons si les modernes ont
bien fait de s'écarter en ce point de l'exemple d'Euripide ; il semble sur-tout que l'Oreste de M. de la
Touche avoit un peu besoin de prouver à Iphigénie
qu'il étoit Oreste, puisqu'il venoit de lui dire qu'Oreste
avoit trouvé la mort, & que ces deux allégations
contraires dans la bouche d'un étranger, dont rien
n'attestoit la sincérité, pouvoient naturellement laisser
quelques doutes dans l'esprit d'Iphigénie.

M. de la *Touche* étoit à plaindre d'avoir une
reconnoissance à faire entre Oreste & Iphigénie, après
tant d'autres reconnoissances faites entre Electre &
Oreste, par les plus grands maîtres anciens & modernes, Sophocle, Euripide, Crébillon, Voltaire.
Il est vrai qu'il y a dans la reconnoissance d'Iphigénie
une circonstance qui doit la rendre plus vive & plus
intéressante que celle des Electres, c'est qu'Iphigénie
n'est pas plus connue d'Oreste qu'Oreste ne l'est
d'Iphigénie, au lieu que dans les reconnoissances
d'Electre, celle-ci est du moins connue d'Oreste,
la reconnoissance ne se fait que d'un côté, elle est
réciproque dans Iphigénie ; mais, malheureusement
pour M. de la *Touche*, Duché s'est emparé de ce
sujet avant lui, & sa reconnoissance est un chef-
d'œuvre : il a saisi le dégré précis de lenteur & de
rapidité qui convenoit à la marche de cette reconnoissance ; les pressentimens d'Oreste & d'Iphigénie,
leur penchant secret & réciproque vont exactement
jusqu'où ils doivent aller, & ne vont point au-delà ;
les questions, les réponses qui préparent la reconnoissance, seroient dictées par tout spectateur qui se
pénétreroit bien de la situation. Duché a enlevé à M.
de la *Touche* les traits les plus naturels, les plus simples,
les plus vrais, les plus faits pour attacher & pour
émouvoir. On a prétendu que la reconnoissance de
M. de la *Touche*, étoit une copie de celle de Duché,
parce que dans l'une & dans l'autre, la Prêtresse demande ce qu'on pense d'Iphigénie dans Argos. Ce
reproche ne nous paroit pas fondé ; nous croyons
au contraire appercevoir dans la reconnoissance de
M. de la *Touche*, les efforts d'un homme qui lutte
avec peine contre la honte du plagiat, & contre

la difficulté de dire des choses nouvelles où toutes les bonnes choses sont dites. M. de la *Touche* a voulu filer sa reconnoissance avec plus d'étendue, & il l'a rendue traînante, il a voulu dans quelques détails lui donner plus de rapidité, il n'a fait que lui donner l'air brusqué ; il a voulu remplacer la douceur touchante de son prédécesseur par des traits de feu ; il a fait un usage excessif des exclamations, des interruptions, des suspensions, des réticences. Il est vrai que le désordre de ces figures est le langage le plus naturel des grandes passions ; mais leur entassement & leur répétition trop fréquente sont des marques de stérilité. Peut-on, par exemple, soutenir long-temps la brusque & turbulente vivacité de tous ces demi-mots, qui terminent la reconnoissance de M. de la *Touche* ?

O R E S T E.

...... O destinée ! ô rigueur éternelle !
Elle ignore qu'ici ......

I P H I G É N I E.

Je vous vois fondre en pleurs !
Ah ! qui que vous soyez, ah ! parlez ou je meurs.

O R E S T E.

Mon trouble & mes sanglots ne font que trop
connoître...........

I P H I G É N I E.

Dans mon cœur éperdu quel soupçon fait-il naître ?
Sa Jeunesse.... ses traits...... un secret sentiment....
Se peut-il ?.... Achevez. Finissez mon tourment.

O R E S T E, *éperdu.*

Eh bien ! à ses malheurs reconnoissez Oreste.

I P H I G É N I E,

Tombant évanouie entre les bras d'Eumène.

Mon Frère !

O R E S T E.

Iphigénie ?.... oui, tout mon cœur m'atteste....
Avec transport.

Iphigénie ! ....

I P H I G É N I E, *revenant à elle.*

Oreste ...... ah ! tous mes sens charmés ......
Mon frère ! ...... ô nom si cher ! ....

O R E S T E.

Ma sœur ! quoi ! vous m'aimez.............
Vous n'avez point horreur...... je vois couler
vos larmes !.........
Ma chère Iphigénie !.......

I P H I G É N I E.

O moment plein de charmes !.........
Mon frère est dans mes bras........ & j'allois
l'égorger !..........

Ma sœur ! quoi ! vous m'aimez ! est un fort beau trait ; mais en général, il y a dans tout ce morceau un trop grand abus de l'interponctuation. Il semble que l'auteur ne s'interrompe ainsi à chaque mot, que pour se dispenser d'avoir des idées.

On apperçoit encore dans les fureurs que M. de la *Touche* a données à son Oreste, les mêmes efforts d'un homme qui glane stérilement dans un champ trop moissonné, qui recueille avec peine quelques fruits négligés par ses prédécesseurs. La multitude & l'excellence de ses modèles n'a fait que l'embarrasser, il a cherché à leur échapper ; il a vu qu'en général dans chaque auteur, les fureurs d'Oreste & les visions qui le troubloient, étoient assorties au sujet particulier de la pièce, que dans Andromaque, par exemple, les fureurs d'Oreste, lui retraçoient principalement le bonheur de son rival & les injustices d'Hermione ; que dans Duché, Oreste ayant immolé sa mère avec connoissance aux manes de son père, étoit poursuivi par cette mère irritée, & bien loin de la craindre, la menaçoit encore jusques dans les enfers.

C'est Clytemnestre, fuis dans la nuit éternelle ;
Spectre horrible, ombre criminelle,
Crains encor ma juste fureur !

Que dans l'Electre de M. Crébillon, Oreste, ayant tué sa mère malgré lui & sans le savoir, voit, dans les fureurs que son désespoir produit, la tête de Clytemnestre entre les bras d'Egysthe, & conjure cette mère malheureuse de pardonner le crime involontaire, dont le sort l'avoit rendu coupable envers elle. M. de la *Touche*, frappé de ces exemples, a voulu aussi puiser dans son sujet même les idées fantastiques dont il vouloit composer les fureurs d'Oreste ; & comme son sujet est le triomphe de l'amitié d'Oreste & de Pylade, il a imaginé de tourner les fureurs d'Oreste contre Pylade même, d'après ces vers d'Horace.

Non Piladen ferro violare ausus ve sororem
Electram, tantùm maledicit utrique, vocando
Hanc Furiam, hunc aliud jussit quod splendida bilis.

Mais les fureurs d'Oreste dans M. de la *Touche*,

outre qu'elles ont le défaut d'être inférieures du côté de l'éloquence, à presque toutes celles qu'on connoissoit, ont encore le défaut essentiel de n'être point amenées, & de pouvoir être, sans aucun inconvénient, placées dans tout autre endroit que dans celui où celles se trouvent ; il semble qu'Oreste n'ait des fureurs que parce qu'on se souvient qu'il est livré aux furies ; elles le saisissent tout-à-coup comme les accès d'une maladie. L'auteur eût dû considérer que dans *Andromaque*, Oreste devient furieux en apprenant qu'Hermione s'est tuée pour ne pas survivre à Pyrrhus ; que dans l'opéra *d'Iphigénie*, les fureurs saisissent Oreste, lorsqu'il apprend que Thoas demande la main d'Electre, & que ce tyran ne veut accorder la vie des Grecs captifs, qu'au prix de cet odieux hyménée ; qu'enfin dans *l'Electre* de M. de Crébillon, & dans *l'Oreste* de M. de Voltaire, ce sont les reproches d'une mère expirante sous ses yeux, & par ses coups, qui provoquent les fureurs d'Oreste. D'après ces exemples, il semble que M. de la *Touche* voulant tourner les fureurs d'Oreste contre Pylade, eût dû les placer au milieu de cette scène si véhémente, où Oreste s'indigne de l'obstination de Pylade à vouloir mourir pour lui. Peut-être qu'alors l'idée de mettre Pylade au nombre des objets qui tourmentent Oreste, eût été assez heureuse. Les fureurs d'Oreste dans Euripide ne sont qu'en récit ; chez la Grange, Oreste, en paroissant sur la scène, s'annonce par un violent accès de fureurs.

On blâme avec raison dans la nouvelle Iphigénie, la foiblesse du caractère de Thoas, & sa constante inaction au milieu des périls qu'il redoute. Il est vrai que Thoas n'est, ni plus décidé, ni plus actif dans Euripide, où il ne paroit qu'au cinquième acte ; mais c'étoit un défaut à corriger. On a eu raison encore de blâmer ou l'absence éternelle, ou l'inutilité de ce père d'Isménie dont on parle sans cesse, qu'on emploie à tout, & qui ne paroit jamais ; mais ce qu'il y a de plus blâmable, c'est le style. Que de vers prosaïques, forcés, mal construits, barbares !

> Vous, qui le jour, osez à peine en approcher !
> Est-ce le sang qui doit sous votre main couler ?
> Enfin je ne sais *trop* si c'est les offenser.
> Il voit de ses *longs jours* pâlir le noir flambeau.
> Aucun dans l'univers n'est né pour son tourment.
> Du fond de mon exil vous m'arrachez tremblant.
> Vous me nommez ces lieux qu'au crime on prostitue,
> Vous m'annoncez qu'il faut en ravir la statue,
> Et transporter ailleurs ses autels profanés.

De qui faut-il ravir la statue & transporter ailleurs les autels ? on sait que c'est de Diane, mais l'auteur ne le dit point en cet endroit :

> C'est donc en me rendant à ses arrêts contraire
> Qu'aux vengeances du ciel l'on prétend me soustraire ?
> Protecteur, dites-vous, des mo tels innocens,
> Peut-il nous demander leur trépas pour encens !
> Sans doute qu'il le peut, puisqu'il vous le demande :

Il nous semble que ce n'est là ni de la belle poësie, ni de la bonne logique.

> J'allois, pour tout tenter, vers mon vaisseau me rendre.
> Comment ! Argos a-t-il été votre berceau ?
> Osez-vous dans vos fers au trépas recourir ?
> D'où vient qu'à son aspect s'éclaircissoit la nuit
> Qu'autour de moi répand le malheur qui me suit ?
> Enfin de mes remords qui peut m'avoir distrait ?
> D'un invincible effroi tous en un mot surpris.
> Quel noir transport te fait de mon trépas un crime ?
> Que ta triste fureur cesse de t'imputer
> Ma mort, qu'en vain ici tu veux me disputer.
> Mais tu ne veux que suivre en furieux mes pas,
> Et me ravir, ingrat, le prix de mon trépas,
> A qui je dois ici de tes jours le bienfait
> Il n'a rien vu. Tous deux sont encore à se rendre,
> Et *le moment d'après* il pense voir de loin
> S'avancer à pas lents quelque indiscret témoin.
> Le faisant retirer *de crainte de surprise*,
> *Je cours voir* en effet si *son œil* abusé
> Pouvoit n'en avoir pas *l'un à l'autre* imposé.

Son œil en a imposé l'un à l'autre, n'est, ni en prose, ni en vers, une phrase correcte :

> Voulez-vous de vos sens *moins que jamais* Maîtresse ?
> Et me laissez frapper sans remords ma victime.
> Qu'au contraire rempli d'innocentes alarmes.
> Armez mon bras. Du votre il va faire l'office.
> *Et qu'êtes-vous ?* parlez, il y va de ma vie.
> L'on auroit su d'ailleurs trouver votre victime
> Parmi ces malheureux, connus par leur seul crime ;
> Que ma prudence au port vient de faire arrêter
> Sur le vaisseau caché qui dut la transporter.

Que de lenteur & de confusion dans cette période sans harmonie : en général il est rare que dans cette pièce six vers de suite marchent d'un pas à peu près égal, & ne présentent pas quelque chûte ; ce n'est pas dans ce sens que Boileau exige du poëte dramatique :

> Que tantôt il s'élève & tantôt s'humilie.

Il veut que l'harmonie soit soutenue, & la langue révérée,

> La plus noble pensée
> Ne peut plaire à l'esprit, quand l'oreille est blessée :
> Sans la langue, en un mot, l'auteur le plus divin
> Est toujours, quoiqu'il fasse, un méchant écrivain.

Que penseroit ce sage législateur du Parnasse, d'un poëme, où les règles les plus communes de la langue sont quelquefois violées, où souvent le terme est impropre & le tour vicieux, sans que l'oreille soit frappée d'un son mélodieux ? Il ne pourroit cependant s'empêcher de voir dans cet ouvrage des traces de génie, des traits de poësie.

M. Guymont de la *Touche*, mourut à la fleur de son âge, le 14 février 1760. Il préparoit une tragédie de Regulus.

TOUG

TOUG, f. m. *terme de relation*, c'est une espèce d'étendard qu'on porte devant le grand-visir, les bachas, & les sangiacs. Il est composé d'une demi-pique, au bout de laquelle est attachée une queue de cheval avec un bouton d'or ou doré qui brille au-dessus. On porte trois *tougs* devant le grand visir quand il va commander l'armée. *Ricaut.* (*D. J.*)

TOUQUOA, (*Hist. mod. Superst.*) c'est une divinité reconnue par les Hottentots, qu'ils regardent comme malfaisante, comme ennemie de leur nation, & comme la source de tous les maux qui arrivent dans ce monde : on lui offre des sacrifices pour l'appaiser. Quelques-uns de ces sauvages prétendent avoir vu ce démon sous la figure d'un monstre couvert de poil, vêtu de blanc, avec la tête & les pieds d'un cheval. (*A. R.*)

TOUR, f. f. (*Hist. mod.*) on donne quelquefois ce nom à une forteresse qui sert de prison d'état, telle que la *tour* de Londres.

Cette fameuse *tour* est non-seulement une citadelle qui défend & commande la ville, la Tamise, &c. mais c'est encore une maison royale où les rois d'Angleterre ont quelquefois tenu leur cour ; un arsenal royal qui renferme des armes & des munitions de guerre pour 60000 hommes ; un trésor où l'on garde les joyaux & les ornemens de la couronne ; une monnoie où l'on fabrique les espèces d'or & d'argent. Là sont aussi les grandes archives du royaume, où l'on conserve tous les anciens registres de la cour de westminster, & les rôles ou terriers de tout ce que les rois d'Angleterre possédoient autrefois en Normandie, en Guienne, & les fiefs de leur mouvance, &c. Enfin c'est la prison principale où l'on renferme les criminels d'état, ou comme on dit de *haute trahison*.

Au milieu est la grande *tour* blanche & quarrée, qui fut bâtie par Guillaume le conquérant. Dans l'enceinte de la *tour* est une église paroissiale exempte de toute jurisdiction de l'archevêque, & une chapelle royale où l'on ne fait plus de service.

Le principal officier de la *tour* est le connétable, qui a sous lui un lieutenant qui lui est entièrement subordonné, & n'agit que sur ses ordres, même en son absence. Différens rois d'Angleterre ont attribué au connétable le droit de prendre un flacon tenant deux gallons & une pinte de vin, sur chaque tonneau, & une certaine quantité d'écrevisses, d'huitres, & d'autres poissons à coquille, sur chaque bâtiment anglois chargé de ces marchandises ; & le double sur tout vaisseau étranger qui passe devant la *tour*. Il jouit aussi d'un honoraire de 200 livres pour chaque duc que l'on y constitue prisonnier, 100 livres pour chaque pair qui n'est pas duc, & 50 livres pour tout autre particulier de quelque qualité ou condition qu'il soit. *Voyez* CONNÉTABLE.

Sous cet officier, & en son absence sous le lieutenant, est un gentilhomme de la porte, avec plusieurs

Histoire Tome V.

gardes. Ce gentilhomme a la charge d'ouvrir & de fermer les portes, de remettre tous les soirs les clefs au connétable ou au lieutenant, de les aller prendre le matin chez l'un ou chez l'autre. Il commande les gardes qui sont en faction le jour ; & à l'entrée de chaque prisonnier, il a pour son honoraire le vêtement de dessus, ou un équivalent : lequel pour un pair du royaume, est ordinairement de 30 livres, & de 5 pour tout autre particulier.

Autrefois le roi accordoit à un duc ou marquis prisonnier à la *tour*, 12 livres sterlings par semaine, ce qui est aujourd'hui réduit à 4 livres ; à tous les autres pairs, 10 livres par semaine, qui sont réduites maintenant à 2 livres 4 schelins 5. deniers ; aux chevaliers & gentilhommes, 4 livres, réduites à 13 schelins 4 deniers ; & aux personnes du commun, il ne donne maintenant que 10 schelins par semaine.

Dans l'ancienne *franchise* qui joint la *tour*, on comprenoit aussi l'ancien *parc d'artillerie*, près de la place nommée *spittle-field*, comme aussi ce qu'on appelle *les petites minories*, où le gentilhomme de la porte exerce la même autorité que les shérifs dans leur ressort. (*A. R.*)

TOUR D'AUVERGNE, (de la) (*Hist. de Fr.*) ancienne & illustre maison d'*Auvergne*, d'où sont descendus les ducs de Bouillon. Justel & Baluze la font remonter au-delà du douzième siècle :

1°. Bernard I mourut le 29 décembre 1253, à la cinquième croisade, qui est la première de Saint-Louis.

2°. Bernard II, son fils, mourut le 14 août à Tunis, où il étoit avec Saint-Louis, à la sixième & dernière croisade.

3°. Madeleine de la *Tour d'Auvergne* & de Boulogne, porta les grands biens de la branche aînée de cette maison, dans la maison de Médicis, & fut mère de Catherine de Médicis. (*Voyez* l'article MÉDICIS, (Laurent II de.)

4°. Dans la branche des seigneurs d'Oliergues, vicomtes de Turenne, ducs de Bouillon, on distingue Agne III, tué à la bataille d'Azincourt.

5°. François III, de la *Tour*, blessé à la bataille de Saint-Quentin.

6°. Son fils fut le maréchal de Bouillon, Henri de la *Tour*, vicomte de *Turenne*, à qui Henri IV fit épouser l'héritière de Bouillon la Marck.

Turenne, qui depuis de la jeune Bouillon, &c.

Voyez l'article LA MARCK.

Le 14 octobre 1592, il défit les troupes du duc de Lorraine, près de Beaumont en Argonne, & y fut blessé de deux coups d'épée. Cette même année il fut fait maréchal de France. On ne peut pas dire qu'il ait été assez reconnoissant des bienfaits de

Henri IV; il cabala & conspira même quelquefois contre lui. Mort le 25 mars 1623.

7°. Il eut pour fils le duc de Bouillon Frederic Maurice de la *Tour*, qui, étant entré, ainsi que le grand Ecuyer Cinq-Mars, dans un traité que le duc d'Orléans Gaston faisoit avec l'Espagne, fut arrêté au milieu de l'armée qu'il commandoit en Italie. La duchesse de Bouillon, sa femme, lui sauva la vie, en menaçant de remettre la place de Sedan aux Espagnols, il en fut quitte pour la remettre au roi, & il en reçut, en 1651, un dédommagement considérable. Il eut en échange la Duché-Pairie d'Albret, la Duché-Pairie de Château-Thierry, le comté d'Auvergne, le comté d'Evreux, &c. le rang & toutes les prérogatives de princes étrangers assurés à sa maison par le contrat d'échange, mais elle n'en a point joui, & c'est un droit à faire valoir. C'est ce même duc de Bouillon, qui joua, ainsi que la duchesse, sa femme, un grand rôle dans les troubles de la Fronde, & chez qui cependant le cardinal Mazarin, obligé de quitter la cour pour la seconde fois, se retira en 1652. Mort le 9 août de la même année 1652.

8°. Il eut pour frère ce vicomte de Turenne, le plus grand homme de sa maison, le plus grand de la France peut-être, cet homme qui, selon l'expression de Montécuculli, son rival, *faisoit honneur à l'homme*.

> Turenne de Condé le généraux rival,
> Moins brillant, mais plus sage, & du moins son égal.

Il étoit né à Sedan en 1611, avoit fait ses premières campagnes en Hollande sous les princes d'Orange, ses oncles maternels. Il servit en Lorraine au siège de la Mothe en 1634, & fut fait maréchal de camp; il fut blessé en 1636 au siège de Saverne; il se distingua au siège de Brisack en 1638. En 1640, à peine guéri d'une blessure, il acquit beaucoup de gloire au siège de Turin, par l'habileté avec laquelle il fit entrer des convois dans le camp. En 1643, au siège de Trin, le vicomte de Turenne mérita le bâton de maréchal de France à trente-deux ans. Tout ce qu'il fit contre les ennemis de l'état, soit seul, soit réuni avec le grand Condé; tout ce qu'il fit contre le grand Condé lui-même, dans la guerre civile, forme le plus bel ornement du règne de Louis XIV, & est connu de tout le monde par tous les mémoires du temps auxquels il suffit de renvoyer.

Mais il a paru en 1782, une collection des lettres & mémoires trouvés dans les porte-feuilles du maréchal de Turenne, en deux volumes *in-folio*, qui contient des particularités moins connues, dont les unes confirment, les autres peuvent servir à modifier sur quelques articles, le récit des historiens.

Cette correspondance commence en 1627, &

finit en 1675, c'est-à-dire avec, la vie de M. de Turenne.

L'abbé Raguenet & M. de Ramsay, qui se sont dispensés (c'est l'éditeur qui parle, M. le comte de Grimoard) de mettre en ordre les mémoires du vicomte de Turenne, n'ont pu en consulter qu'une très-petite partie.

Il paroît donc qu'on a commencé par où on auroit dû finir, c'est-à-dire, par écrire l'histoire de M. de Turenne, avant d'en avoir assemblé & mis en ordre les matériaux; aussi, dit l'éditeur, les opérations militaires de M. de Turenne, sont à peine reconnoissables dans ces écrivains.

Après l'échec de Mariendal, on ne vit point M. de Turenne chercher ces excuses, ces prétextes, ces palliatifs que l'amour-propre suggère toujours aux généraux vaincus, pour tromper les autres, & se tromper eux-mêmes. M. de Turenne ne parle que de son malheur & de sa faute; il étoit honteux, il n'osoit écrire à ses plus chers parens jusqu'à ce qu'il eût pleinement réparé cet échec. Près de deux mois après, il mandoit à sa sœur : « je ne vous ai écrit » qu'une fois depuis le malheur qui m'est arrivé, ne » doutant point de votre amitié, je sais bien en quelle » peine vous avez été de moi. Depuis l'avantage » que les ennemis ont eu, ils n'ont fait nul progrès » que la prise d'une petite place, que l'on avoit » surprise depuis deux mois; cela ne me console » pas pour cela, n'étant pas si aisé à me satisfaire » moi-même...... S'il plaît à Dieu que l'on puisse » faire quelque chose d'importance, c'est la seule » chose qui me puisse ôter de l'esprit ce malheur » arrivé.

Cette lettre est du 17 juin, & l'affaire de Mariendal, du 5 mai.

Le 30 juin il écrivoit encore à sa sœur : « je vous » avoue qu'au commencement, je ne pouvois me » résoudre à vous rien écrire de mon malheur, » sachant à quel point cela vous toucheroit; car, » je vous peux jurer que j'ai toujours cru qu'il » vous seroit aussi sensible qu'à moi-même, & pour » vous tout dire, j'eusse bien désiré de pouvoir » marcher aussi avant que nous étions, avant que » vous sussiez de mes nouvelles...... je vous prie » de témoigner aux personnes qui ont de la bonté » pour moi dans ce malheur, à quel point je leur » suis obligé. »

Le 4 juillet : « J'étois aussi honteux du malheur » que j'avois eu à Mariendal, pour vous que pour » moi, & quoique ce soit une plaisante raison, je » vous jure que ne pouvois me résoudre de vous » l'écrire moi-même. Si après un malheur qui est » arrivé par compassion des troupes, qui étoient » fort fatiguées, & trop de complaisance pour les » officiers, on se peut consoler en quelque chose, » ce n'est que les ennemis n'ont profité en rien de » leur victoire......Je sais à quel point je suis » obligé à M. le cardinal Mazarin en cette rencontre; » on m'a dit aussi que M. le Tellier a témoigné » être fort de mes amis. »

On a dit que c'étoit contre l'avis de M. de Turenne, que le duc d'Enghien (le grand Condé) avoit attaqué le général Mercy à Nortlingue. On ne voit aucune trace de cette opposition de M. de Turenne, dans la lettre qu'il écrit à sa sœur, le surlendemain de cette bataille, ni dans aucune autre lettre de ce recueil. Tout annonce au contraire le plus parfait concert entre les deux généraux. « On donna, dit-il, » avant hier, près de Nortlinghen, la plus » grande bataille qui se soit vue depuis la guerre. » La cavalerie Françoise avoit l'aile droite, & moi » la gauche avec ma cavalerie (Allemande). La » droite a été entièrement défaite, comme aussi l'in- » fanterie Françoise ; nous avons eu, Dieu merci, » plus de bonheur à la gauche, & y avons gagné » le champ de bataille, pris presque tout le canon » de l'ennemi, & Gléen, qui commandoit l'aile » droite des Bavarois, y a été fait prisonnier. M. » le duc, par le plus grand bonheur du monde, après » avoir eu deux chevaux tués sous lui, un peu blessé » au bras, s'en vint du côté où j'étois, un peu de- » vant que le côté où il avoit résolu de tenir, fût » rompu : il témoigna être assez satisfait de ce que » j'ai fait en cette action........ Je suis bien as- » suré que l'on ne dira pas autrement à Paris, que » la cavalerie Allemande n'ait entièrement gagné la » bataille. M. le duc m'a fait là dessus plus de com- » plimens devant toute l'armée, que je ne vous sau- » rois dire, ni aussi exprimer ce qu'il a fait en cette » occasion de sa personne, & de cœur & de con- » duite. Mon neveu a eu deux chevaux tués sous » lui, & un peu de cheveux brûlés........ M. le » duc ne savoit assez se louer des Allemands, & en » effet, il leur a obligation de la vie & de la li- » berté. Il n'est pas croyable comme il me fait l'hon- » neur de bien vivre avec moi. Je vous supplie de » témoigner à madame la Princesse & à madame » de Longueville combien je lui en suis obligé. »

S'il n'y a point d'erreur, soit de manuscrit, soit d'imprimé, dans la date de cette lettre, elle doit servir à réformer la date que tous les auteurs donnent à cette bataille, qu'ils placent au 3 août 1645, & qui doit être du 6, car la lettre est du 8, & commence par ces mots : on donna avant hier.

On a cherché à répandre des nuages & des soupçons de vues humaines & intéressées sur l'abjuration de M. de Turenne, comme sur celle de Henri IV. M. le président Hénault a parlé de cet article avec plus de justice & de sagesse. « M. de » Turenne, dit-il, commençoit depuis long-temps » à entrevoir la vérité ; mais il tenoit encore à l'er- » reur par les préjugés de l'éducation & par l'at- » tachement qu'il portoit à madame de Turenne, » sa femme, fille du duc de la Force, calviniste » de bonne foi. Sa mort, arrivée en 1666, & les » instructions de M. de Meaux, achevèrent de dé- » cider M. de Turenne ; ce fut pour lui qu'il com- » posa son livre de l'exposition de la foi, ouvrage » raisonnable & solide que les protestans laissèrent » sans réplique, & qui justifie sur-tout l'église ro-

» maine des superstitions ridicules qu'on lui im- » pute. »

Ce que dit ici M. le président Hénault des dispositions de M. de Turenne sur la foi, nous paroit justifié par une lettre de M. de Turenne lui-même à sa femme, du 11 juin 1660 : « J'ai lu ce matin, lui dit-il, » un livre que je trouvai hier chez M. » Duplessis, secrétaire d'état ; c'est un recueil en » François, fait au Port Royal, de ce que les pères » des premiers siècles ont dit de l'Eucharistie ; il y » a les passages entiers avec les discours qui les pré- » cédent & ceux qui suivent, & rien de l'auteur » du livre ; si cela n'est pas vrai, on peut le con- » tredire ; mais je vous assure que ce n'est pas ce » que nous disons. Je pense que tous les discours que » je fais dans mes lettres, m'ont un peu attiré *ce que* » *vous me dites* ; mais je vous prie d'en faire la » différence.

Pour entendre cette dernière phrase, il faut supposer que madame la vicomtesse de Turenne, calviniste zélée, trouvoit que son mari inclinoit au catholicisme, & lui en faisoit de temps en temps la guerre. En effet, cette phrase nous paroit expliquée par quelques-unes qui précédent. « J'ai été quelque- » temps à entendre, dit M. de Turenne, ce que » vous voulez dire dans un trait que vous donnez ; » si c'est ce que je pense, cela n'est pas bon, & » certainement je ne le mérite pas ; & à des per- » sonnes qui vont si sincèrement au fond, les petites » égratignures n'y valent rien ; devant Dieu toutes » choses sont criminelles, mais devant les hommes, » je n'ai assurément rien à me reprocher. Je sais » bien que m'aimant comme vous faites, vous serez » extrêmement affligée de ce que je sens si fort » ce que vous me dites ; mais aussi n'étant question » de rien approchant de cela, & n'ayant, Dieu » merci, pas besoin de remontrances là dessus, j'aime » mieux m'en décharger un peu le cœur avec vous, » que de l'y garder trop. »

Cette lettre, comme nous l'avons dit, est de 1660 ; la mort de madame de Turenne est de 1666, & l'abjuration de M. de Turenne est du 23 octobre 1668. Il est difficile sans doute de connoitre les vrais motifs qui peuvent déterminer un homme à changer de religion. On a dit que M. de Turenne vouloit être connétable, parce que le duc de Lesdiguières avoit été fait connétable après avoir abjuré ; mais quoique M. de Turenne, depuis son abjuration, ait fait les plus grandes choses & rendu les services les plus importants, il ne paroit pas qu'il ait été question de renouveller pour lui une dignité que Louis XIV ne vouloit renouveller pour personne, & il n'est pas dans le caractère de M. de Turenne de faire un pareil éclat par des vues intéressées.

Observons qu'il étoit maréchal général dès le 6 avril 1660, & qu'ainsi le désir d'obtenir cet honneur n'a pu entrer pour rien dans les motifs de sa conversion. Il nous semble que les lettres mêmes de M. de Turenne, prouvent que M. Fléchier n'a rien dit que d'exact en parlant de cet événement.

» Il arriva ce moment heureux. . . . . . . Il entrevit
» des pièges & des précipices que sa prévention lui
» avoit jusqu'alors entièrement cachés. Il commença
» à marcher avec précaution & avec crainte dans
» ces routes égarées où il se trouvoit engagé. Certains
» rayons de grace & de lumière, lui firent ap-
» percevoir. . . . . . . une vérité simple & indivisible,
» qui ne se montre qu'à ceux qui la cherchent avec
» un cœur humble & une volonté désintéressée. Il
» n'étoit pas encore éclairé, mais il commençoit
» d'être docile. Combien de fois consulta-t il des
» amis savans & fidèles ! Combien de fois dit-il à
» Jesus-Christ, comme cet aveugle de l'évangile :
» *Seigneur, faites que je voie* ! Combien de fois essaya-
» t-il, d'une main impuissante, d'arracher le bandeau
» fatal qui fermoit ses yeux à la vérité ! Combien
» de fois remonta-t-il jusqu'à ces sources anciennes
» & pures ! . . . . . . Habitude, prétextes, engage-
» mens, honte de changer, plaisir d'être regardé
» comme le chef & le protecteur d'Israël, vaines
» & spécieuses raisons de la chair & du sang, vous
» ne pûtes le retenir ; Dieu rompit tous ses liens. »

On trouve aussi à chaque page dans ce recueil,
de nouvelles preuves de cette modestie dont on a
tant parlé, de cette attention délicate & obligeante
pour la réputation d'autrui, de cette noble indifférence
qu'il sembloit avoir pour la sienne ; sur tout cela,
M. Fléchier n'a pu aller trop loin, & le panégyriste
n'a été qu'Historien.

» Sa modestie ! . . . . . . à ce mot, je ne sais
» quel remords m'arrête ; je crains de publier ici
» des louanges qu'il a si souvent rejettées, & d'of-
» fenser après sa mort une vertu qu'il a tant aimée
» pendant sa vie ; mais accomplissons la justice &
» louons-le sans crainte, en un temps où nous ne
» pouvons être suspects de flatterie, ni lui susceptible
» de vanité. Qui fit jamais de si grandes choses ?
» Qui les dit avec plus de retenue ? Remportoit-
» il quelque avantage ? à l'entendre, ce n'étoit pas
» qu'il fût habile, mais l'ennemi s'étoit trompé. Ren-
» doit-il compte d'une bataille ? il n'oublioit rien,
» sinon que c'étoit lui qui l'avoit gagnée. Racontoit-
» il quelques-unes de ces actions qui l'avoient rendu
» si célèbre ? On eût dit qu'il n'en avoit été que le
» spectateur, & l'on doutoit si c'étoit lui qui se
» trompoit ou la Renommée. Revenoit-il de ces
» glorieuses campagnes qui rendront son nom im-
» mortel ? Il fuyoit les acclamations populaires, il
» rougissoit de ses victoires, il ne venoit recevoir des
» éloges comme on vient faire des apologies, &
» n'osoit presque aborder le Roi, parce qu'il étoit
» obligé, par respect, de souffrir patiemment les
» louanges dont Sa Majesté ne manquoit jamais de
» l'honorer. »

On peut dire qu'en général ce tableau de la modestie de M. de Turenne, est le résultat le plus
précis de deux mille dépêches contenues dans ce
recueil.

Ce même recueil nous met en état d'éclaircir un
autre point sur lequel il restoit quelques nuages ; il
s'agit du premier ravage du Palatinat en 1674.
Voici comment M. le Président Hénault s'étoit expliqué sur ce fait:

» Les vainqueurs portèrent par-tout le fer & la
» flamme, en représaille des cruautés qui avoient
» été exercées sur quelques-uns de nos soldats qui
» s'étoient écartés de l'armée. L'électeur Palatin, outré
» des malheurs de son pays, qu'il ne devoit imputer
» qu'à son infidélité, envoya un cartel à M.
» de Turenne ; ce général y répondit avec une mo-
» dération, qui fit honte à l'électeur, de cette bravade ;
» mais en même-temps il ne put s'empêcher de
» mander au roi : *que ces ravages refroidissoient bien*
» *plus ses alliés qu'ils ne les rechauffoient.* »

M. Colini, secrétaire intime & historiographe du
dernier électeur Palatin, a révoqué en doute l'histoire
du cartel ; & M. de Voltaire, dans l'édition du
siècle de Louis XIV, donnée en 1769, trouve les
raisons de M. Colini très-spécieuses ; il convient cependant qu'il a vu la maison de Bouillon persuadée
de cette anecdote ; que le grand-prieur de Vendôme
& l'amiral de Villars n'en doutoient pas ; que le
marquis de Beauvau, contemporain, l'affirme dans
ses mémoires ; mais, dit-il, on n'a jamais vu la
véritable lettre de l'électeur ni la réponse de M. de
Turenne.

Eh bien ! on va les voir, elles sont très-curieuses:

L'Electeur Palatin au vicomte de Turenne, 27
juillet 1674.

» L'embrâsement de mes bourgs & villages,
» qu'une lettre d'un de vos domestiques, aussi bien
» que d'autres avis, donnent sujet de croire avoir
» été fait par vos ordres, est une chose si extraor-
» dinaire & si indigne d'une personne de votre
» qualité, que je suis en peine d'en imaginer les
» raisons. Tout le monde s'étonne d'autant plus de
» cette manière d'agir, que vous n'en avez pas
» usé de même avant votre conversion, en diverses
» campagnes que vous avez faites en ce pays, contre
» des ennemis qui n'étoient pas vos parens. Pour
» moi, bien que je n'en dusse pas moins attendre,
» *après les désordres qui s'y commettoient par les troupes*
» *que vous commandiez l'année passée*, lorsque vous
» le traversâtes en qualité d'ami, je ne laisse pas
» d'être surpris d'un procédé si peu conforme aux
» loix de la guerre parmi les chrétiens, & aux
» assurances que vous m'avez tant de fois données
» de votre amitié. Il me semble qu'à toute rigueur
» on ne met le feu qu'aux lieux qui refusent des
» contributions, & vous savez que vous n'en avez
» point demandé à ceux que vous avez fait réduire
» en cendres. Plusieurs de vos prisonniers m'ont as-
» suré que vous le faisiez pour vous venger de mes
» paysans, qu'on disoit avoir mutilé les corps morts
» de vos soldats qu'on y a trouvés. Mais, comme
» on n'a pas oui dire que mes paysans eussent com-
» mis ci-devant de pareilles barbaries, il y a plus

» d'apparence qu'elles ont été faites par ceux que
» vous avez amenés des évêchés de Strasbourg &
» de Spire, qui, peut-être, ont été bien aises de
» vous fournir ce prétexte de vengeance ; mais,
» quand même ce seroit de mes sujets, je ne saurois
» croire que l'inhumanité de quelques particuliers,
» laquelle j'aurois sévèrement punie si j'en avois
» connu les auteurs, vous dût obliger à ruiner tant
» de familles innocentes, & à consumer jusqu'aux
» églises mêmes de votre religion. Des actes si con-
» traires à l'accroissement que vous prétendez avoir
» fait en la pratique du christianisme par votre con-
» version, me font croire que tout cela provient
» de quelque chagrin ou dépit que vous avez contre
» moi. Mais il vous eût été facile d'en tirer raison
» par des voies plus usitées entre des gens d'honneur.
» Je pense que pendant que vous n'attentez rien que
» contre des misérables, le roi très-chrétien vous
» permettra bien le loisir de vous satisfaire de vous
» à moi par un ressentiment plus généreux que celui
» de la ruine de mes pauvres sujets, & que vous
» ne refuserez pas de m'assigner par ce porteur le
» temps, le lieu & la manière dont nous nous ser-
» virons pour nous satisfaire. Ce n'est pas d'une
» humeur de roman, ni pour la vanité de pouvoir
» recevoir un refus que je vous fais cette demande,
» mais par un desir de vengeance que je dois à
» ma patrie ; puisque je ne peux à présent la faire
» à la tête d'une armée pareille à celle que vous
» avez, & qu'aucune autre vengeance du Ciel sur
» vous, ne me paroît pas si prête que celle que
» vous pourrez recevoir de ma main ; je me pro-
» mets en cette rencontre, que ce pays, qui a
» servi autrefois d'asyle à feu Monsieur votre père,
» mon grand oncle, en sa disgrace, & que vous
» avez si souvent ruiné, sera le témoin de votre
» repentir, comme il l'a été de votre dureté & de
» vos excès.

Le vicomte de Turenne à l'électeur Palatin, même jour.

» Monsieur, je peux assurer V. A. E., que le feu
» qui a été mis dans quelques-uns de ses villages,
» a été sans aucun ordre, & que les soldats, qui
» ont trouvé de leurs camarades tués d'une assez
» étrange façon, l'ont fait à des heures qu'on n'a
» pu l'empêcher. Je ne doute pas que V. A. E., ne
» me continue l'honneur de ses bonnes graces,
» n'ayant rien fait qui pût m'en éloigner.

On voit à présent que M. le P. Hénault étoit
très-bien instruit ; mais, ajoute M. de Voltaire, M.
Colini reproche à M. le P. Hénault, d'avoir dit que
M. de Turenne répondit à ce cartel, *avec une
modération qui fit honte à l'électeur, de cette bravade.*
» La honte, dit M. de Voltaire, étoit dans l'in-
» cendie, lorsqu'on n'étoit pas en guerre ouverte
» avec le Palatinat, & ce n'étoit point une bravade
» dans un prince justement irrité, de vouloir se battre
» contre l'auteur de ces cruels excès.

Nous n'avons rien à opposer à cette réflexion.

Nous voyons que l'électeur Palatin reproche à
l'armée Françoise, d'avoir commis de pareils excès
dès l'année précédente en effet voici une lettre du
marquis de Louvois au vicomte de Turenne, que
nous trouvons dans ce recueil, à la date du 10 novembre 1673.

» M. l'électeur Palatin ayant fait présenter un
» mémoire au roi, pour se plaindre de plusieurs
» pillages & violences qui ont été faits dans ses états
» par les troupes que vous commandez, Sa Majesté
» m'a ordonné de vous l'adresser, & je ne vous
» célerai point qu'elle a paru un peu surprise de voir
» ce qu'il contient.

On ne doit point être étonné de voir M. de
Louvois, à qui l'opinion publique attribue l'embrasement du Palatinat en 1674, prendre ainsi en 1673,
la défense de l'électeur Palatin : d'une année à l'autre
les intérêts étoient changés.

Voici la réponse de M. de Turenne, du 18 novembre :

» Quant au mémoire de M. l'électeur Palatin,
» j'ai fait toutes les perquisitions possibles des dé-
» sordres dont il s'est plaint ; ce qu'il dit en général
» s'est pu faire dans un village : on n'y loge dans
» aucun lieu fermé. »

L'amour fit faire à ce sage Turenne les deux
grandes fautes de sa vie ; la première, lorsqu'en 1650,
la duchesse de Longueville l'engagea dans le parti
des princes alors prisonniers, & le rendit rebelle ; la
seconde en 1670, lorsque l'intérêt de Madame de
Coëtquen le rendit indiscret, jusqu'à révéler le secret
de l'état.

On sait que M. de Turenne fut tué près Salsbac d'un
coup de canon, le 27 juillet 1675, jour vraiment
néfaste dans l'histoire de France d'après cet événement.

» 90. Quelle étoit sa joie, dit M. Fléchier, lors-
» qu'après avoir forcé des villes, il voyoit son illustre
» neveu, plus éclatant par ses vertus que par sa
» pourpre, ouvrir & réconcilier des églises sous les
» ordres d'un roi aussi pieux que puissant ! L'un
» faisoit prospérer les armes, l'autre étendoit la
» religion ; l'un abattoit des remparts, l'autre redres-
» soit des autels ; l'un ravageoit les terres des Phi-
» listins, l'autre portoit l'arche autour des pavillons
» d'Israël ; puis unissant ensemble leurs vœux,
» comme leurs cœurs étoient unis, le neveu avoit part
» aux services que l'oncle rendoit à l'état, & l'oncle
» avoit part à ceux que le neveu rendoit à l'église. »

Lorsque M. Fléchier parloit ainsi du cardinal de
Bouillon, neveu de M. de Turenne, ce prélat,
grand aumônier de France, & chargé de bénéfices,
vivoit dans la faveur & dans l'éclat que la gloire
de M. de Turenne avoit dû répandre sur sa maison.
Voyez à l'article le TELLIER-LOUVOIS, archevêque de Reims, comment l'abbé d'Albret ou de
Bouillon, avoit été fait cardinal dès sa jeunesse ;
il devint dans la suite doyen du sacré collège, mais

il tomba dans la difgrace de Louis XIV ; & ennuyé enfin d'un long exil, il prit le parti de fortir du royaume, & d'aller vivre à Rome en doyen du facré collége. On jugea en France qu'il avoit manqué d'obéiffance & de refpect au roi ; le parlement, par arrêt du 20 juin 1710, rendu fur les concluſions de M. d'Agueſſeau, alors procureur général, le décréta de priſe de corps, & faifit les revenus de ſes abbayes : mais, l'exil n'étant pas une peine légale comment un corps légal puniſſoit-il l'action de fe dérober à l'exil ? Et d'ailleurs, le neveu de M. de Turenne ne méritoit-il pas plus d'égards ? On a imprimé dans des recueils une apologie du cardinal de Bouillon, laquelle mérite confidération. Il mourut à Rome le 2 mars 1715.

10°. Louis de la *Tour*, prince de Turenne, neveu du cardinal de Bouillon, mourut le 5 août 1692, d'une bleſſure reçue à la bataille de Steinkerque; il s'étoit fignalé dans les guerres des Vénitiens contre les Turcs.

11°. Le duc de Bouillon actuel. (Godefroi-Charles-Henri de la *Tour*) né le 5 février 1728, colonel général de la cavalerie en 1740, grand chambellan en furvivance, & maréchal de camp en 1748, fit fa première campagne en 1744, fous le maréchal de Saxe, & aſſiſta fous lui aux batailles de Fontenoy, de Raucoux & de Lawffelt; il commanda la cavalerie en 1748 & 1757.

12°. Dans la branche des barons de Murat, Jean-Maurice de la *Tour* eut une jambe emportée au combat de Luzzara, le 15 août 1702.

13°. Louis-Claude-Maurice de la *Tour* d'Apchier, fon fils, mourut à l'armée à Mons, le 25 juillet 1747.

14°. Et Nicolas-Juſte-Xiſte, frère de ce dernier, fe diſtingua, & reçut une bleſſure confidérable à la bataille de Lawffelt.

La maifon de la *Tour*-Taxis où Taſſis, qui a produit des princes de l'Empire, généraux héréditaires des poſtes de l'Empire, & pluſieurs officiers généraux en Allemagne & en Italie, chevaliers de la Toifon d'or, &c. prétend defcendre de la maifon de la *Tour* d'Auvergne.

TOUR (Bertrand de la) (*Hiſt. lit. mod.*) de l'académie de Montauban, & doyen du chapitre de cette ville, a fondé le prix annuel de 250 liv. pour les fujets propofés par l'académie de Montauban. On a de lui des fermons, des réflexions fur le théâtre, des difcours & des differtations dans les mémoires de l'académie de Montauban. Mort à Montauban en 1781.

TOUR-DU-PIN. (*Hiſt. de Fr.*) C'eſt le nom d'un bourg de France dans le Dauphiné, à quelques lieues de Lyon. Il a vraifemblablement donné fon nom à la maifon de la *Tour - du - Pin*, de laquelle étoient les derniers dauphins de Viennois, dont le dernier (Humbert II) a cédé le Dauphiné à la

maifon de France. (*Voyez* l'article BEAUMONT, & l'article HUMBERT II.)

De cette même maifon étoit auſſi un prédicateur célèbre de ces derniers temps (Jacques-François-René de la *Tour-du-Pin*) dont nous avons les fermons. Mort en 1765.

TOUR DE PORCELAINE, (*Hiſt. de la Chine*) cette fameufe *tour* eſt de figure octogone, large d'environ quarante pieds, deforte que chaque face en a quinze. Elle eſt entourée par-dehors d'un mur de même figure, éloigné de deux toifes & demie; & portant à une médiocre hauteur un toit couvert de tuiles vernrſſées; ce toit paroît naître du corps de la *tour*, & forme au-deſſous une galerie aſſez propre.

La *tour* a neuf étages dont chacun eſt orné d'une corniche de trois pieds à la naiſſance des fenêtres, & diſtingué par des toits femblables à celui de la galerie, à cela près qu'ils ont beaucoup moins de faillie ; parce qu'ils ne font pas foutenus d'un fecond mur ; ils deviennent même beaucoup plus petits, à mefure que la tour s'élève & fe rétrécit.

Le mur a du moins fur le rez-de-chauſſée douze pieds d'épaiſſeur, & plus de huit & demi par le haut. Il eſt incruſté de porcelaines pofées de champ ; la pluie & la pouſſière en ont diminué la beauté ; cependant il en refte encore aſſez pour faire juger que c'eſt en effet de la porcelaine quoique groſſière ; car il y a apparence que la brique, depuis trois cent ans que cet ouvrage dure, n'auroit pas confervé le même éclat.

L'efcalier qu'on a pratiqué en dedans, eſt petit & incommode, parce que les degrés en font extrêmement hauts ; chaque étage eſt formé par de groſſes poutres mifes en travers, qui portent un plancher, & qui forment une chambre dont le lambris eſt enrichi de diverfes peintures, fi néanmoins les peintures de la Chine font capables d'enrichir un appartement.

Les murailles des étages fupérieurs font percées d'une infinité de petites niches qu'on a remplies d'idoles en bas-relief, ce qui fait une efpèce de marquetage très propre. Tout l'ouvrage eſt doré, & paroît de marbre ou de pierre cifelée ; mais je crois que ce n'eſt en effet qu'une brique moulée & pofée de champ ; car les Chinois ont une adreſſe merveilleufe pour imprimer toute forte d'ornemens dans leurs briques, dont la terre fine & bien faſſée eſt plus propre que la nôtre à prendre les figures du moule.

Le premier étage eſt le plus élevé, mais les autres font entr'eux d'une égale diſtance. On y compte cent quatre-vingt-dix marches prefque toutes de dix bons pouces ; ce qui fait cent cinquante-huit pieds ; fi l'on y joint la hauteur du maſſif, celle du neuvième étage qui n'a point de degré, & le couronnement, on trouvera que la *tour* eſt élevée fur le rez-de-chauſſée de plus de deux cent pieds.

Le comble n'eſt pas une des moindres beautés de cette *tour* : c'eſt un gros mât qui prend au plancher du huitième étage, & qui s'élève plus de trente pieds en dehors. Il paroît engagé dans une large bande de fer de la même hauteur, tournée en volute, & éloignée de plusieurs pieds, de l'arbre, desorte qu'elle forme en l'air une espèce de cône vuide & percé à jour, sur la pointe duquel on a posé un globe doré d'une grosseur extraordinaire. Voilà ce que les Chinois appellent la *tour de porcelaine*, & que quelques européens nommeroient peut-être la *tour de brique*. Quoi qu'il en soit de sa matière, c'est assurément l'ouvrage le mieux entendu, le plus solide, & le plus magnifique qui soit, dans l'orient, à ce que nous assurent les RR. PP. Jésuites. (*D. J.*)

TOURNEFORT (Joseph Pitton de) (*Hist. lit. mod.*) très-grand nom dans la botanique, & en général dans les sciences, naquit à Aix en Provence le 5 juin 1656, de Pierre Pitton, écuyer, seigneur de *Tournefort*, & d'Aimare de Fagone, d'une famille noble de Paris. » Dès qu'il vit des plantes, dit M. de Fontenelle, il se sentit botaniste; » il connut bientôt de lui-même, & sans maître, les plantes des environs de la ville d'Aix.

Il prit peu de goût pour la philosophie de l'école; mais ayant découvert dans le cabinet de son père la philosophie de Descartes, il la reconnut aussi-tôt pour celle qu'il cherchoit : il se livroit à cette lecture avec d'autant plus d'ardeur, qu'il n'en pouvoit jouir que par surprise & à la dérobée. » Ce père, qui s'oppo- » soit à une étude si utile, lui donnoit sans y pen- » ser (par cette contrainte même) une excellente » éducation ».

On le destinoit à l'église; on le fit étudier en théologie, on le mit dans un séminaire; mais il falloit qu'il vît des plantes; il alloit faire ses études chéries, ses seules véritables études, où dans un jardin d'un apothicaire d'Aix, ou dans la campagne, quelquefois sur la cime des rochers, s'introduisant par adresse ou par présens dans des lieux fermés, s'exposant aux plus grands dangers pour se satisfaire; un jour il pensa être accablé de pierres par des paysans qui le prenoient pour un voleur, méprise qui n'est point rare à l'égard des botanistes, des antiquaires, des voyageurs & en général de tous ceux qu'une curiosité peu commune attire dans des lieux où ils ne sont ni attendus, ni connus.

» Enfin, dit M. de Fontenelle, la physique & la » médecine le revendiquèrent avec tant de force sur » la théologie, qui s'en étoit mise injustement en » possession, qu'il fallut qu'elle le leur aban- » donnât ».

Il fut aidé par un exemple domestique, il avoit un oncle paternel, médecin habile, & la mort de son père le laissa maître (en 1677) de suivre son inclination.

En 1678, il commença son herbier dans les montagnes de la Savoye & du Dauphiné. Robuste, autant que laborieux, son corps aussi bien que son esprit avoit été fait pour la botanique.

En 1679, il partit pour Montpellier, où l'appelloit un jardin des plantes établi par Henri IV; bientôt il connut & fit connoître aux gens du pays tout ce que les environs de Montpellier produisoient de plantes ignorées à dix lieues à la ronde.

En 1681, il partit pour Barcelone & pour les montagnes de Catalogne, toujours se perfectionnant dans la botanique, & toujours l'enseignant aux autres. Les Pirénées étoient trop voisines pour ne le pas tenter; il s'y engagea, il y fut plusieurs fois dépouillé par les Miquelets Espagnols. Pour tromper leur rapacité, il imagina de cacher & d'enfermer son argent dans du pain si noir & si dur, que, quoiqu'ils le volassent fort exactement, & qu'ils ne fussent pas gens à rien, » dédaigner, ils le lui laissoient avec mépris ». Un jour il fut enseveli pendant deux heures & prêt à périr sous les ruines d'une cabane où il couchoit, & qui tomba tout à coup.

M. Fagon, alors premier médecin de la reine Marie-Thérèse d'Autriche, aimoit beaucoup la botanique, il entendit parler de M. de *Tournefort*, il voulut l'attirer à Paris; Madame de Venelle, sous-gouvernante des enfans de France, connoissoit toute la famille de M. de *Tournefort*; à la sollicitation de M. Fagon, elle engagea M. de *Tournefort* à venir à Paris en 1683, elle le présenta elle-même à M. Fagon, qui dès la même année lui procura la place de professeur en botanique, au jardin royal des plantes de Paris.

Cet emploi ne l'empêcha pas de faire encore de nouveaux voyages en Espagne, en Portugal, en Angleterre, en Hollande, pour voir des plantes & des Botanistes. M. Herman, célèbre Botaniste à Seyde, voulut lui résigner sa place, choisissant ainsi un successeur, non seulement étranger, mais d'une nation ennemie; il avoit raison, les savans ne forment qu'une seule nation, répandue dans toutes les contrées de l'univers, *humani nihil a se alienum putans*. L'amour de la patrie engagea M. de *Tournefort* à refuser des offres si flatteuses, & qui d'ailleurs n'étoient pas moins avantageuses.

En 1692, M. l'abbé Bignon, qui ne le connoissoit que de nom, ainsi que M. Homberg, les fit entrer tous deux à l'académie des sciences.

En 1694, parut le premier ouvrage de M. de *Tournefort*; il a pour titre : *Elémens de botanique, ou méthode pour connoître les plantes*; il fut imprimé au Louvre. « La nature, dit M. de Fontenelle, ayant » préféré une confusion magnifique, à la commodité » des physiciens, c'est à eux à mettre presque malgré » elle de l'arrangement & un système dans les plantes; » mais, puisque ce ne peut être qu'un ouvrage de » leur esprit, il est aisé de prévoir qu'ils se partage- » ront, & que même quelques-uns ne voudront point » de système ». M. de Fontenelle avoit fort bien prévu.

Le système de M. de *Tournefort* fut attaqué sur quelques points par M. Rai, célèbre Botaniste & Physicien anglois, auquel M. de *Tournefort* répondit en 1697, par une differtation latine, ad-effée à M. Sherard, autre Botanifte anglois, ce qui n'a pas empêché que, dans un ouvrage poftérieur à cette difpute, M. de *Tournefort* n'ait donné de grands & de juftes éloges à M. Rai, & même fur fon fyftême des plantes.

Vers ce même temps, M. de *Tournefort* fut reçu docteur en médecine de la faculté de Paris, car c'étoit principalement vers la médecine qu'il dirigeoit fes connoiffances en botanique.

En 1698, il publia fon *hiftoire des plantes qui naiffent aux environs de Paris, avec leur ufage dans la médecine.*

En 1699, un Anglois nommé Simon Warton, qui avoit étudié trois ans en botanique au jardin du roi, fous M. de *Tournefort*, fit imprimer à Amft rdam, un catalogue de plantes, hommage rendu à fon maître fous ce titre: *Schola botanica, five catalogus plantarum, quas ab aliquot annis in horto regio Parifienfi ftudiofis indigitavit vir clariffimus Jofephus Pitton de Tournefort, doctor médicus, ut & Pauli Hermanni Paradifi Batavi prodromus, &c.*

En 1700, M. de *Tournefort* donna en faveur des étrangers une traduction latine, & plus ample, de fes élémens de botanique, fous ce titre: *Infitutiones rei herbariæ*, en trois volumes in-4°. avec une grande préface ou *introduction à la botanique*, qui, outre les principes de fon fyftême, contient l'hiftoire de la botanique, & des Botaniftes.

» Son amour, dit M. de Fontenelle, n'étoit pas » fi fidèle aux plantes, qu'il ne fe portât prefque avec » la même ardeur à toutes les autres curiofités de » la phyfique, pierres figurées, marcaffites rares, » pétrifications & cryftallifations extraordinaires, » coquillages de toutes les efpèces ». Il avoit une opinion particulière fur les pierres; il croyoit que c'étoient des plantes qui végétoient & qui avoient des graines: il étoit même affez difpofé à étendre ce fyftême jufqu'aux métaux; il fembl qu'autant qu'il pouvoit, il transformoit tout en ce qu'il aimoit le mieux. Il ramaffoit auffi des habillemens, des armes, des inftrumens de nations éloignées; &c. De ces curiofités de toute efpèce, il s'étoit formé un cabinet fuperbe pour un particulier & fameux dans Paris, que les curieux eftimoient quarante-cinq ou cinquante mille livres.

Ce fut un bonheur pour les fciences, dit avec raifon M. de Fontenelle, que l'ordre que M. de *Tournefort* reçut du roi & de M. le comte de Pontchartrain en 1700, d'aller en Grèce, en Afie, & en Afrique, non feulement pour y reconnoître les plantes des anciens, mais encore pour y faire des obfervations fur toute l'hiftoire naturelle, fur la géographie ancienne & moderne, & même fur les mœurs, la religion & le commerce des peuples. Il étoit accompagné dans ce voyage de M. de Gundelsheimer, excellent médecin Allemand & de M. Aubriet, habile peintre. Tout le monde connoît la belle relation qu'il nous

a donnée de ce voyage, c'eft un des ouvrages de ce genre les plus inftructifs & les plus agréables. On peut juger des lumières & des talens de l'auteur dans les genres mêmes les plus étrangers à la phyfique, par la defcription pleine de philofophie & de gaieté comique qu'il fait des cérémonies fuperftitieufes obfervées au fujet d'un *Vroucolacos* ou *Broucolaque*. On fait que les *Broucolaques* ou *Vroucolaques* font en Grèce & ailleurs, ce que font dans plufieurs contrées de l'Allemagne & du Nord, les prétendus Vampires, c'eft-à-dire, des morts qu'on fuppofe engraiffés de la fubftance des vivans; crédulité déplorable & fource de fuperftitions. On peut juger que le fpectacle ordinaire de tant de gens qu'on voit mourir par degrés de la phtifie ou confomption; ils font vampirifés, dit-on, à la vue de tout le monde, & pour s'en venger, ils vampirifent les autres à leur tour après leur mort. Pour arrêter le cours du vampirifme, on a imaginé des efpèces de conjurations ou d'expiations afforties à l'efprit fuperftitieux qui a fait inventer ces chimères. On peut juger auffi du talent de l'auteur pour les defcriptions phyfiques, par celle des abimes de la grotte d'Antiparos, & par le plaifir mêlé d'horreur que caufe le récit de la defcente des voyageurs dans ces abymes. M. le comte de Choifeul-Gouffier, dans fon beau *voyage pittorefque de la Grèce*, infinue que la peur, la nouveauté de l'objet, ou le plaifir du danger vaincu, a entrainé M. de *Tournefort* dans quelques exagérations pardonnables peut-être à un voyageur qui décrit pour la première fois un lieu fi extraordinaire; pour lui, il diminue beaucoup l'idée de ce danger, mais il avoue auffi que l'idée un peu forte qu'il s'en étoit faite d'après la defcription de *Tournefort*, peut l'avoir difpofé à trouver ce danger moindre. Defcendu dans cette grotte, M. de *Tournefort* fut bien payé de fes peines, en y trouvant une confirmation apparente, mais peu conftante pourtant qu'apparente, de fonfyftême fur la végétation des pierres. M. de Fontenelle ne le contredit point fur cette idée chérie & paroit au contraire l'adopter. « M. de *Tournefort*, dit-il, eut la » fenfible joie d'y voir une nouvelle efpèce de » jardin, dont toutes les plantes étoient différentes » pièces de marbre, encore naiffantes ou jeunes, » & qui, felon toutes les circonftances dont leur » formation étoit accompagnée, n'avoient pu que » végéter. En vain, ajoute-t-il, la nature s'étoit ca- » chée dans des lieux fi profonds & fi inacceffibles, » pour travailler à la végétation des pierres; elle » fut pour ainfi dire prife fur le fait par des curieux » fi hardis.

Ce joli mot mériteroit d'avoir été appliqué à une découverte réelle; mais on fait aujourd'hui que la nature ne fut point prife fur le fait, & que ces ftalactites fe formoient par accumulation fucceffive & non par végétation.

M. de *Tournefort* avoit été jufqu'à la frontière de Perfe, toujours herborifant & toujours obfervant; il avoit mis à contribution l'Europe & l'Afie; l'A-
frique

frique étoit comprise auffi dans le deffein de fon voyage, mais lorqu'il alloit y paffer, la pefte, qui étoit en Egypte, & dont il ne tiendroit peut-être qu'à l'Egypte de fe délivrer, en prenant les précautions convenables, le fit revenir de Smyrne en France en 1702 ; il revint *chargé des dépouilles de l'Orient*, dit M. de Fontenelle, en lui appliquant ingénieufement ce vers de Virgile fur Jules Céfar.

*Hunc tu olim cœlo, fpoliis Orientis onuftum
Accipies fecura !*

Il fit de toutes les nouvelles efpèces de plantes qu'il avoit recueillies dans fon voyage, & qui venoient fe ranger naturellement fous les différentes claffes de fon fyftème de botanique, fon *corollarium inftitutionum rei herbariæ*, qui parût en 1703.

Il mourut le 28 décembre en 1708, des fuites d'un coup violent reçu par hafard dans la poitrine ; il laiffa par fon teftament fon cabinet de curiofités au roi, pour l'ufage des favans, & fes livres de botanique à M. l'abbé Bignon. M. de Fontenelle finit par louer dans le voyage du Levant, une grande connoiffance de l'hiftoire tant ancienne que moderne, & une vafte érudition, dont nous n'avons point parlé, dit-il, tant nos éloges font éloignés d'être flatteurs.

TOURNELLE, (la Marquife de la) Ducheffe de Château-Roux. (*voyez* MAILLY.)

TOURNELY, (Honoré) (*Hift. litt. mod.*) Profeffeur de théologie d'abord à Douay, enfuite en Sorbonne; eft très-connu par fon cours de théologie en latin, qui fert ou qui fervoit, du moins autrefois, d'élémens dans toutes les écoles de théologie qui n'étoient pas janféniftes. Dans le temps qu'il étoit à Douay, il voulut bien feconder les Jéfuites dans ce qu'on appelle l'intrigue du faux Arnauld, & qui étoit en effet une vilaine intrigue. Les Jéfuites voulant connoître les ennemis fecrets qu'ils pouvoient avoir dans l'Univerfité de Douay & les Janféniftes honteux qui pouvoient s'y cacher, imaginèrent de leur écrire fous le nom du fameux docteur Arnauld ; la plûpart croyant répondre au chef du parti Janfénifte, fe démafquèrent & offrirent à la perfécution jéfuitique, les victimes qu'elle cherchoit. *Tournely*, voulut bien prendre fur lui l'odieux de ce vil ftratagème ; les Jéfuites lui en furent gré, & firent fa fortune. Il fe montra zélateur ardent de la conftitution *unigenitus*. Son nom agréable aux Jéfuites & à leurs partifans, eft en horreur aux Janféniftes, qui l'ont trop décrié. Né à Antibes en 1658 ; il avoit gardé les pourceaux dans fon pays. Il mourut en 1729.

TOURNEMINE, (Réné-Jofeph de) (*Hift. litt. mod.*) favant Jéfuite, étoit de plus d'une très-ancienne maifon de Bretagne, & paffoit pour fe fouvenir un peu trop de ce dernier avantage, qui n'étoit plus d'aucun ufage chez les Jéfuites. Ce nom

de *Tournemine*, qui étoit véritablement celui de fa maifon, auroit pu lui être donné comme fobriquet, tant fon vifage étoit difforme ! Le P. Buffier, fon confrère, croyant avoir à fe plaindre de quelque refroidiffement de fa part, fit fur lui ces deux vers, où il joue fur fon nom, en lui faifant un petit reproche d'amitié :

*Quàm bene de facie verfá tibi nomen, amicis
Tàm citò qui faciem vertis, amice, tüis !*

Le P. *Tournemine* étoit bibliothécaire de la Maifon Profeffe des Jéfuites ; un des auteurs du journal de Trévoux, qui fut fur-tout célèbre de fon temps ; c'étoit un favant très-confulté par les favans, confulté même par les gens d'efprit. L'intérêt qu'il prit à la Mérope de M. de Voltaire, prouve que c'étoit un homme de goût : un Jéfuite, un favant, qui, en 1738, ofoit écrire que cette pièce, dont l'auteur étoit vivant alors à Paris, *pafferoit jufqu'à la poftérité, comme une de nos tragédies les plus parfaites, comme un modèle de tragédie*, n'étoit pas à coup sûr un homme ordinaire. On a de lui une bonne édition de Ménochius, une de l'hiftoire des Juifs de Prideaux. Le P. Hardouin voulut l'intéreffer à fes Paradoxes littéraires. Le P. de *Tournemine* étoit trop inftruit pour en être la dupe, il ne fit que s'en moquer. Né à Rennes en 1661, mort à Paris en 1739.

TOURNET, (Jean) (*Hift. litt. mod.*) avocat du dernier fiècle, auteur d'un recueil d'arrêts fur les matières bénéficiales, de notes fur la coutume de Paris, & d'autres ouvrages de jurifprudence.

TOURNEUX, (le) Nicolas) (*Hift. litt. mod.*) M. de Voltaire l'appelle : LE TOURNEUR.

> Vous avez, au lieu de Vigiles,
> Des foupers longs, gais & tranquilles ;
> Des vers aimables & faciles,
> Au lieu des fatras inutiles
> De Quefnel & de le Tourneur,
> Voltaire, au lieu d'un Directeur.

Ce que M. de Voltaire traite fi légèrement de fatras inutiles, eft bien loin de paroître tel aux dévots & fur-tout aux Janféniftes. M. le *Tourneux*, quoiqu'élevé aux Jéfuites, fut très-attaché à Meffieurs de Port-Royal. Il fe fit un nom dans la chaire, *voyez* à l'article BOILEAU ; ce que celui-ci dit de M. le *Tourneux* à Louis XIV. C'eft par fon *année chrétienne*, que M. le *Tourneux* eft fur-tout-connu. Ce livre eft du nombre des livres janféniftes célèbres, que les Jéfuites ont vainement tenté de faire oublier en les refaifant fur un plan oppofé. On dit que le *Tourneux* fourniffoit à Santeuil le canevas de fes hymnes. Il avoit remporté en 1675, un prix d'éloquence à l'académie Françoife. Il étoit né à Rouen en 1640 ; il mourut à Paris, en 1689. Il y a de lui, outre l'année chrétienne, une foule de livres de dévotion, bien moins connus que celui-là

TOURNON , (François de) (*Hift. de Fr.*) C'eft le fameux cardinal de *Tournon* , archevêque d'Embrun, d'Auch , de Bourges, de Lyon, abbé de Tournus , d'Ambournay , de la Chaife-Dieu, d'Ainay , de Saint-Germain-des-Prés , de Saint-Antoine , &c. car l'accumulation des bénéfices étoit pouffée alors à un excès qui fcandalife même notre fiècle. Le pape Clément VII lui donna la pourpre romaine en 1530 ; François I. le mit dans fon confeil. *Tournon*, fans avoir l'élévation des Suger & des Bernard, avoit paffé comme eux, du cloitre à la cour , & de l'obéiffance monaftique au gouvernement des états ; mais les dignités eccléfiaftiques l'avoient élevé par dégrés à ce comble de la puiffance. Il avoit fervi le roi dans des négociations importantes pendant fa prifon, il lui avoit rendu depuis des fervices prefque militaires. Pendant la guerre de 1536, il fut chargé de veiller à la sûreté de quelques provinces qui auroient pu être entamées du côté du Piémont & de la Savoie. Il gouverna les affaires avec un cœur droit, & des mains pures ; miniftre irréprochable dans fa médiocrité, s'il n'avoit eu cette piété impie & ce zèle perfécuteur, qui font haïr aux ames frivoles, la religion , feule confolatrice du genre humain. C'étoit le plus vertueux des intolérans , mais c'étoit un intolérant. Ce fut lui qui, en 1535, empêcha le voyage de Mélanchton en France. Le roi connoiffant la modération de ce fage Proteftant, efpéroit que ce voyage pourroit produire quelque conciliation ; *Tournon* prévoyoit qu'il en réfulteroit au moins un efprit de tolérance, qu'il croyoit contraire à la religion ; il fe préfenta un jour devant le roi un livre à la main, le roi ayant demandé ce que c'étoit que ce livre : ce, font les
» œuvres de Saint-Irénée, lui dit le cardinal, j'étois
» tombé fur un endroit où ce père rapporte que
» Saint-Jean étant entré dans un bain public, & y
» voyant l'hérétique Cérinthe, fortit fur le champ,
» ne voulant pas refter dans un lieu fouillé par la
» préfence de cet impie ; & vous, Sire, vous ap-
» pellez l'hérétique Mélanchton dans vos états, vous
» ne craignez point le venin de l'erreur qu'il diftille
» avec tant d'art, vous vous fentez apparemment plus
» éclairé, mieux armé contre la féduction , que
» l'apôtre chéri de Dieu. »

Il paroît que d'un côté, le roi fe rendit aux remontrances des évêques, & ceffa d'inviter Mélanchton, & que d'un autre côté, les proteftants zèlés, craignant l'impartialité, l'incertitude de Mélanchton, le firent retenir en Allemagne.

Le cardinal de *Tournon*, par une fuite de ce même efprit d'intolérance, fut un des plus ardens inftigateurs du maffacre de Cabrières & de Mérindol , & François I, qui principalement à fa follicitation, ordonna ou permit ce maffacre, n'en eut pas vraifemblablement tous les remords que quelques auteurs lui ont attribués, puifqu'en expirant, il crut devoir rendre un témoignage éclatant aux vertus du cardinal de *Tournon*, fans aucune reftriction fur l'article de

l'intolérance. Sous le règne de Henri II , le cardinal de *Tournon* fut éloigné des affaires , non pas à caufe de cette intolérance, mais plutôt parce qu'il avoit été miniftre de François I, & à caufe de l'éloge que ce prince en avoit fait : éclipfé fous les deux règnes fuivants , on le voit reparoître en 1562 , au colloque de Poiffy , entre les Catholiques & les Proteftans. Théodore de Beze fcandalifa fort les Catholiques, en difant que le corps de Jefus-Chrift eft auffi éloigné de l'Euchariftie que le Ciel l'eft de la terre. Les prélats frémirent , le cardinal de *Tournon* cria au blafphême, & demanda juftice à la reine mère, Catherine de Médicis. Mais, puifqu'on vouloit des colloques, il femble qu'on devoit y porter des oreilles plus aguerries. Quelque forte que fût l'expreffion de Théodore de Beze , on pouvoit y être préparé, elle ne contenoit que le fond d'une opinion bien connue pour être celle de toute fa fecte. Le cardinal de *Tournon* mourut cette même année , âgé de foixante & treize ans. Il aimoit les lettres , & il avoit toujours auprès de lui ou Muret ou Lambin, ou quelque autre favant.

TOURON, (Antoine) (*Hift. litt. mod.* favant Dominicain, auteur des vies de Saint-Thomas d'Aquin, de Saint Dominique & d'autres hommes illuftres du même ordre ; d'un ouvrage intitulé : *la vie & l'efprit de Saint-Charles Borromée*, d'une *hiftoire de l'Amérique*. Né dans le diocèfe de Caftres en 1686, mort à Paris en 1775. Il a écrit auffi contre les incrédules.

TOURREIL, (Jacques de) (*Hift. litt. mod.*) de l'académie françoife & de l'académie des infcriptions & belles-lettres, naquit à Touloufe, le 18 novembre 1656. Son père étoit procureur général du parlement de cette ville. Marguerite de Fieubet, fa mère, étoit fœur du premier préfident du même parlement, & tante de M. de Fieubet, confeiller d'état, qui mourut retiré aux Camaldules. Ce magiftrat tint lieu de père à M. de *Tourreil*, qui avoit perdu le fien.

Tourreil remporta deux prix d'éloquence à l'académie Françoife, en 1681 & en 1683. Ce goût pour l'éloquence l'attacha particulièrement à l'étude de Démofthène, & c'eft par la traduction de cet orateur, qu'il eft fur-tout connu.

Tourreil étoit de ces gens dont on dit qu'ils ont trop d'efprit, reproche toujours flatteur, quoi qu'on en dife. Il avoit tort cependant de vouloir orner Démofthène, dont le principal mérite eft dans la fimplicité ; on connoît cette exclamation de Racine, fur certains endroits où *Tourreil* dénaturoit Démofthène, en voulant l'embellir : *Ah ! le bourreau ! ne va-t-il pas donner de l'efprit à Démofthène ?* c'étoit en effet une efpèce de profanation.

On dit qu'il avoit mis prodigieufement d'efprit & de variété, dans une autre occafion où l'efprit étoit mieux placé. Reçu à l'académie Françoife en 1692, il fe trouva peu de temps après à la tête de cette compagnie , lorfqu'elle préfenta au roi , aux princes & aux miniftres, fon dictionnaire qui venoit d'être achevé. Il fit à cette occafion vingt-huit complimens différens, qui, dit-on, ne rentroient point trop les uns dans les autres, qui, tous étoient pleins d'esprit & de graces, qui furent très-applaudis, mais dont il ne voulut jamais donner de copie. Le souvenir de cet heureux tour de force se conserva long-temps dans l'académie. Il avoit été reçu, en 1691, à l'académie des inscriptions & belles-lettres, qui étoit encore alors la petite académie, & qui n'étoit composée que de huit membres. « Il pensoit & aimoit à s'exprimer » d'une façon peu commune, dit le secrétaire de cette académie; » il osoit heureusement en ce genre; il » amenoit si finement une pensée, il sauvoit si » adroitement une expression, qu'il venoit enfin à » bout de faire passer avec grace, les idées les plus » singulières & les plus hardies métaphores. Les » saillies, la promptitude & la force de ses reparties » ne lui donnoient pas seulement quelque supériorité, » elles alloient jusqu'à le rendre redoutable dans la » conversation »

On a retenu de lui des mots qu'on redit tous les jours, sans savoir de qui on les tient; c'est lui qui a dit le premier au sujet de Démosthène, qui avoit été une fois dans le même cas qu'Horace: *relictâ non bene parmulâ*; qu'après la bravoure il n'y avoit rien de plus brave que l'aveu de la poltronnerie. C'est lui qui a dit qu'*il n'y a de véritable roture que celle des actions.*

Il donna en 1701, une seconde édition de sa traduction de Démosthène très-corrigée & très-améliorée, à la tête de laquelle il mit une préface qui est un très-beau tableau historique de la Grèce. Il avoit publié en 1694, *des essais de jurisprudence*, où il avoit su faire de droit un ouvrage d'agrément. Il mourut le 11 octobre 1714.

TOURVILLE, (Anne-Hilarion de Constantin ou Costentin de) (*Hist. de Fr.*) l'un de nos plus grands marins, l'un des maréchaux de France, introduits dans la Marine par Louis XIV; d'abord chevalier de Malthe, il se distingua dans ses caravanes, il arma en course avec le chevalier d'Hocquincourt, ils firent des prises considérables sur les Corsaires de Barbarie. (auxquels seuls peut-être il faudroit que toute l'europe fît la guerre) avec un seul vaisseau, ils mirent en fuite six navires d'Alger, & une multitude de galères. Attaché à la Marine Royale, en qualité de capitaine de vaisseau, *Tourville* se signala sous le maréchal de Vivonne; chef d'escadre en 1677, il combattit sous Duquêne. Lieutenant général en 1681, il posta en plein jour la première galiotte pour bombarder Alger; c'étoit une nouveauté hardie, ces sortes d'opérations ne s'étoient encore faites que de nuit. C'est sur-tout dans la guerre de 1688, qu'on voit s'élever de plus en plus ces héros qui portent la Marine Françoise au comble de la puissance & de la gloire. En 1689, *Tourville*, avec une infériorité marquée d'hommes & de canons, force au salut l'Amiral d'Espagne. En 1690, le 10 juillet, joint avec Chateau Renaud, autre marin illustre du temps, il remporte près de Dieppe, une victoire signalée sur les flottes Angloise & Hollandoise.

Il étoit alors vice-amiral & général des armées Navales, avec la permission d'arborer le pavillon Amiral, & ce fut alors que les flottes Espagnoles, Angloises & Hollandoises, ou fuyoient ou se cachoient devant les flottes Françoises, & n'osoient paroître dans la Manche. Si, en 1692, au combat du 29 mai entre Cherbourg & la Hougue, les François, qui n'avoient que cinquante vaisseaux contre quatre-vingt-huit, se retirèrent à la nuit, après avoir combattu pendant la journée entière, & s'ils eurent treize vaisseaux brûlés, *Tourville*, qui avoit prévu ce malheur, qui avoit voulu éviter le combat, qui, forcé par des ordres supérieurs de le livrer, fit tout ce qu'il étoit possible de faire; & tout ce que lui seul peut-être pouvoit faire, *Tourville* prit sa revanche le 27 juin 1693, entre Lagos & Cadix, sur le Vice-Amiral Rook, qui eut quatre vaisseaux de guerre brûlés, & plus de quatre-vingt vaisseaux marchands de la flotte de Smyrne, qu'il escortoit, pris, brûlés ou coulés à fond, *Tourville* fut fait maréchal de France en 1701. Il jouit peu de cet honneur.

De quoi lui serviront ces grands titres de gloire,
Ce sceptre des guerriers, honneur de sa mémoire;
Ce rang, ces dignités, vanités des héros,
Que la mort avec eux précipite aux tombeaux?

Il mourut le 28 mai de la même année.

TOUSSAIN DE ST.-LUC, (*Hist. litt. mod.*) Carme Billette, de la province de Bretagne, mort en 1694, est auteur de *mémoires sur l'état du clergé & de la noblesse de Bretagne*, d'une histoire de Conan Mériadec, souverain de Bretagne; d'une histoire de l'ordre du Mont-Carmel & de Saint-Lazare, d'une vie de Jacques Cochois, dit Jasmin, ou le bon Laquais.

TOUSSAIN, (François-Vincent)(*Hist. litt. mod.*) son livre *des mœurs*, lui fit une réputation qui a toujours été en diminuant. Maltraité en France, il se retira d'abord à Bruxelles, puis à Berlin, il y publia la traduction des fables de Gellert; celle du *Petit Pompée*, & de quelques autres romans Anglois. Les articles de jurisprudence des deux premiers volumes de l'encyclopédie, sont de lui. On dit qu'il avoit commencé par faire des hymnes à la louange du Diacre Pâris; mort à Berlin en 1772.

TOUSSAIN, (Charles-François)(*Hist. litt. mod.*) Bénédictin de la Congrégation de Saint-Maur, très-savant dans les langues, auteur d'une nouvelle Diplomatique, continuée par dom Taffin, son confrère. Il a écrit aussi en faveur de la Constitution. Né en 1700, mort en 1754.

TOUTTÉE, (Dom Antoine-Augustin) (*Hist. litt. mod.*) Bénédictin de la Congrégation de Saint-Maur, né à Riom en Auvergne, en 1677; mort à Paris en 1718, avoit fait tout le travail d'une édition en grec & en latin, des œuvres de Saint-Cyrille de Jérusalem, mais il mourut avant l'impression, dont on fut redevable aux soins de dom Prudent Marans.

TOXCOALT, f. f. (*Hift. mod. fuperftition*) c'est une fête ou une espèce de jubilé, que les Méxicains célébroient tous les ans au printems, & qui duroit pendant neuf jours. Un prêtre jouant de la flûte, fortoit du temple, & se tournoit successivement vers les quatre parties du monde; ensuite il s'inclinoit devant l'idole, & prenant de la terre, il la mangeoit; le peuple suivoit son exemple, & demandoit au dieu la rémission de ses péchés, les guerriers demandoient la victoire; mais le principal objet de la fête étoit d'obtenir de l'eau. Le neuvième jour on promenoit l'idole par les rues; le peuple la suivoit en gémissant amérement, & en se donnant des coups de fouet sur les épaules. La cérémonie se terminoit par le sacrifice d'un captif qu'on immoloit pour se rendre le ciel propice.

TRAJAN (MARCUS ULPIUS) *Hift. Rom.* espagnol de naissance, fut le premier étranger qui monta sur le trône des Romains, l'an 98 de l'ére vulgaire. Quoique sa famille fût une des plus anciennes & des plus opulentes de Séville, son père fut le premier de ses ancêtres qui fut admis dans le sénat Romain. Ses exploits militaires lui méritèrent les honneurs du triomphe sous Vespasien, & sa capacité dans les affaires lui fit déférer le consulat. La sagesse de son administration ouvrit le chemin des honneurs à son fils qui fut l'héritier de ses talens & de ses vertus. Nerva, pour perpétuer le bonheur de l'empire, crut devoir l'adopter, & en mourant, il le désigna pour son successeur. *Trajan* fut proclamé empereur par les légions de la Germanie & de la Mœsie. Il revint à Rome pour y faire confirmer son élection par le sénat: il y fit son entrée à pied pour montrer qu'il étoit plus jaloux de mériter les distinctions que de les recevoir; les largesses qu'il fit au peuple lui en méritèrent l'amour. Le crime de leze-majesté avoit servi de prétexte à ses prédécesseurs pour immoler les plus vertueux citoyens; ce crime fut aboli, les délateurs ne furent plus écoutés, & après avoir infecté Rome, ils furent exilés dans des déserts. *Trajan* affable & populaire, ne voyoit dans le dernier de ses sujets qu'un frère ou un fils; le plus malheureux lui paroissoit le plus digne d'égards. Quelqu'un lui représenta que sa familiarité diminuoit le respect dû à son rang: « je veux, répondit-il, me » comporter envers les particuliers comme je voudrois que les empereurs en agissent avec moi, si » j'étois réduit à mener une vie privée ». Importuné de l'étiquette de la grandeur, il se consoloit des ennuis de son rang dans le commerce de quelques amis qu'il alloit visiter comme s'ils eussent été ses égaux. Les peuples charmés de la douceur de son administration, sollicitoient la permission de lui ériger des monumens de leur reconnoissance: rarement il consentit à leurs vœux. Il ne pouvoit comprendre quelle relation un prince avoit avec des statues de marbre, de bronze ou d'airain, ni quelle influence des arcs de triomphe pouvoient avoir sur son bonheur. Il alloit à pied & sans escorte dans les rues de Rome, & il aimoit à se voir confondu dans la foule qui, dans

ces embarras, lui donnoit de nouveaux témoignages de son amour; jouissance délicieuse pour un prince citoyen, & toujours ignorée des tyrans. Il n'étoit pas indifférent aux plaisirs de la table, mais le vin ne faisoit qu'égayer sa raison, son imagination alors s'allumoit &, la conversation vive & polie assaisonnoit tous les mets servis sur sa table. Il entretenoit sa vigueur naturelle par des exercices fréquens, sur-tout par le plaisir de la chasse ou de la rame dont il se faisoit un amusement. Rome fut embellie de plusieurs édifices somptueux; il fit rétablir à grands frais le cirque à qui il donna une plus vaste étendue, il y fit graver cette inscription: *c'est pour le rendre plus digne du peuple Romain.* Des villes nouvelles furent bâties dans des lieux où la commodité publique l'exigeoit: les grands chemins devinrent plus sûrs & plus faciles; on leva des chaussées pour faciliter les rapports de commerce: on applanit une montagne de cent quarante pieds de haut, pour en faire une place où l'on éleva la fameuse colonne Trajane qu'on admire encore aujourd'hui; sa construction fut confiée à l'architecte Appollidore qui a immortalisé son nom par ce monument. Rome, qui avoit essuyé les ravages des incendies & des tremblemens de terre, fut plus magnifique que dans les jours brillans de sa gloire; il fut défendu de donner plus de soixante pieds de hauteur aux édifices pour donner plus de clarté aux rues & pour éviter la dépense de la construction. Sa vigilance s'étendoit sur toutes les provinces de l'empire, & dès qu'il en eut réglé l'intérieur, il marcha contre Decebale, roi des Daces, qui depuis long-tems ravageoit les frontières. Ce roi barbare vaincu & dégradé, se donna la mort de désespoir. *Trajan* acheta sa victoire par l'effusion de beaucoup de sang; le carnage fut si grand, qu'on manqua de linge pour panser les blessés. La Dacie subjuguée devint province Romaine. *Trajan*, après avoir fait construire un pont de pierre sur le Danube, tourna ses armes contre les Parthes qui ne lui opposèrent qu'une foible résistance. Séleucie & Ctesiphon, capitale du royaume, furent obligées de lui ouvrir leurs portes. Cosroés, qui occupoit alors le trône, fut chercher un asyle chez les peuples voisins. *Trajan* donna aux Parthes un nouveau roi; plusieurs provinces situées au-delà du Tigre passèrent sous la domination des Romains qui poussèrent leurs conquêtes jusqu'aux Indes. L'Arménie & la Mésopotamie trop foibles pour résister à une armée triomphante, se soumirent sans tenter le sort de la guerre. *Trajan* envoya une flotte sur la mer Rouge, pour protéger les opérations de son armée de terre qui pénétroit dans l'Arabie, dont les peuples étoient plus faciles à vaincre qu'à subjuguer: ils furent souvent battus & jamais on n'en put faire des sujets. Les Juifs établis dans la Cyrénaïque exercèrent les plus horribles cruautés contre les Romains. Tous ceux qui tomboient en leur pouvoir étoient massacrés. Ces hommes barbares dévoroient la chair & les entrailles de leurs captifs; ils les faisoient écorcher pour se parer de leurs peaux. Tant d'atrocités ne restèrent point impunies: on put blia plusieurs édits pour les exterminer. Tous les Juifs que la tempête jettoit sur les côtes y étoient égorgés comme des bêtes féroces. *Trajan* n'ayant plus d'ennemis à combattre, s'occupa des moyens de faire renaître l'abondance : il parcourut les provinces, & n'eut plus de séjour que dans les pays qui avoient besoin de sa présence. Les exactions furent réprimées & punies, il se glorifioit d'être pauvre, pourvu que les peuples fussent riches : il disoit que le trésor royal ressembloit à la rate qui, à mesure qu'elle enfle, fait sécher les autres parties du corps. Ce prince épuisé par les fatigues de ses voyages, mourut à Sélinunte, d'où ses cendres furent portées à Rome : on les plaça sous la colonne Trajane. Il n'ambitionna d'autre titre que celui de *père de la patrie*. Il mourut en 117, à l'âge de soixante-deux ans, après un règne de vingt. Les peuples le révéroient comme une intelligence supérieure descendue sur la terre pour en régler les destinées. Il ne fut point exempt de foiblesses, mais il prit soin de les cacher. (T—N.)

TRAIN-BANDS ou **TRAINES-BANDS**, s. m. (*Hist. d'Angl.*) c'est le nom des milices du royaume d'Angleterre, & qu'on leur donne à cause des marches qu'on leur fait faire en les envoyant d'un lieu à un autre selon le besoin. La milice d'Angleterre monte à plus de vingt-mille hommes, infanterie & cavalerie ; mais elle peut être augmentée, suivant la volonté du roi. Il établit pour commander cette milice, des lords-lieutenans de chaque province, avec pouvoir d'armer & de former ses troupes en compagnies & régimens, pour les conduire où besoin est, en cas de rébellion & d'invasion : donner des commissions aux colonels & aux autres officiers ; mais personne ne peut obtenir d'emploi dans la cavalerie, à moins d'avoir cinq cent livr. sterlings de revenu, & dans l'infanterie, s'il ne possède cinquante livres sterlings de rente. (*D. J.*)

TRANSTAMARE, (voir Pierre le Cruel) & Henri II, roi de Léon & de Castille.)

TRASYBULE, THRASYBULE ou **THRASIBULE**, (*Hist. anc.*) est le nom de divers personnages célèbres de l'antiquité ; les uns tyrans, selon l'ancienne signification de ce mot, qui n'avoit rien d'odieux, les autres ennemis des tyrans :

1°. Vers l'an 619 avant Jesus-Christ, du temps qu'Alyate régnoit en Lydie, un *Trasybule* étoit tyran de Milet. Ce *Trasybule* avoit été six ans en guerre avec Sadyatte, père & prédécesseur d'Alyatte, & cette guerre continua sous ce dernier. Le siège de Milet, plus long que celui de Troye, dura douze ans sous ces deux princes, & finit par être levé. Ce fut l'effet d'un stratagème qui parut bien fin alors, puisqu'il fut efficace, mais qui a été si répété dans tous les sièges un peu longs, que depuis long-temps il ne trompe plus personne ; c'est celui de paroître vivre dans l'abondance, lorsqu'en effet on manque de tout. Alyatte, sur la réponse d'un oracle, dit-on, (mais qu'importe ici un oracle ?) envoya proposer une trève de quelques mois. *Trasybule* averti

de l'arrivée du héraut ou de l'ambassadeur, fit étaler sur son passage, dans la place publique, tout ce qu'il pouvoit y avoir de bled & d'autres provisions dans la ville ; il ordonna aux particuliers de se rassembler dans les rues, d'y tenir des tables dressées, d'y faire des banquets publics. Sur le récit que l'envoyé fit à son maître, de ce qu'il avoit vu dans la ville, on perdit l'espérance dont on s'étoit flatté de la prendre par famine, & le siège fut levé.

2°. Vers l'an 460 avant Jesus-Christ, régnoit à Syracuse *Trasybule*, frère & successeur de Gelon & d'Hiéron. Il ne contribua pas peu, par sa mauvaise conduite, à rendre odieuse la tyrannie, qui avoit paru douce sous Gélon, supportable sous Hiéron. Livré à des flateurs, & n'ayant pour conseillers que de jeunes insensés, il se permit les bannissemens, les confiscations, toutes ces iniquités absurdes, moyens infaillibles d'être détesté ; il le fut ; les Syracusains ne pouvant souffrir plus long-temps une si dure servitude, appellèrent à leur secours les villes voisines, qui, jouissant de la liberté, avoient intérêt d'en faire jouir leurs voisins, pour assurer davantage la leur. *Trasybule* se vit assiégé dans Syracuse, dont une partie même, celle qu'on appelloit le Tyque, étoit au pouvoir de ses ennemis, il ne possédoit que la partie nommée l'Achradine, & l'isle d'Ortygie ; c'étoit à la vérité la partie la mieux fortifiée, mais *Trasybule* ne sut pas la défendre : après une foible résistance, il capitula, quitta la ville, s'imposant un exil qui parût volontaire, quoique réellement forcé, il se retira chez les Locriens. C'étoit dans l'espace d'un an qu'il étoit parvenu à mériter d'être déshonoré & à l'être. Pour conserver à jamais la mémoire du jour de l'expulsion des tyrans & du retour de la liberté, Syracuse ordonna dans l'assemblée générale du peuple, qu'on érigeroit une statue colossale à Jupiter libérateur, que tous les ans, à pareil jour, on célébreroit la fête de la liberté restituée, & qu'on feroit aux Dieux, en action de graces, un sacrifice solemnel de quatre cent cinquante taureaux, qui serviroient aussi à donner au peuple un banquet public.

3°. L'Athénien *Trasybule* est celui qui a répandu le plus d'éclat sur ce nom. Celui-ci fut l'ennemi constant des tyrans, le défenseur & le restaurateur de la liberté.

Lorsque les amis d'Alcibiade, alors exilé & retiré en Perse, travailloient à le rappeler dans Athènes, & d'après ses instructions & ses insinuations, détruisoient dans cette ville le pouvoir démocratique, *Trasybule* fut mis à la tête de ceux qui s'opposoient à ce changement, & qui regrettoient le gouvernement populaire.

L'an 406 avant Jesus-Christ, *Trasybule*, servant dans l'armée Navale d'Athènes, qu'Alcibiade commandoit aux environs de Samos contre les Lacédémoniens, vit avec peine l'indiscipline & le désordre que causoit dans cette armée l'indulgence politique d'Alcibiade, qui, ne songeant qu'à plaire, sacrifioit tout à cet objet, & s'embarrassoit peu que la République fût servie, pourvu que les soldats & les matelots fuffent dévoués à fa perfonne; les deffeins d'Alcibiade lui étoient déjà fufpects depuis long-temps, il veilloit fur lui pour fauver de fon ambition les reftes de la liberté; il part du camp, vient à Athènes accufer Alcibiade, & parvient à le faire dépofer. Ce fut un bien pour les mœurs, fans doute, mais en fut-ce un pour la République en général, de la priver de ce héros, qui n'avoit jamais été vaincu dans tant de combats qu'il avoit livrés, & fur terre & fur mer? On nomma dix généraux pour le remplacer, comme à la mort de M. de Turenne, on créa huit maréchaux de France; c'étoit la monnoie d'Alcibiade.

Trasybule eut dans la fuite l'occafion de rendre à fa patrie, un fervice plus inconteftablement utile, lorfque Lyfandre eut établi ce Confeil de trente tyrans, qui réduifit Athènes à la plus dure fervitude, & qui en chaffa tous les bons citoyens; ils fe rallièrent tous autour de *Trasybule*. Les Lacédémoniens, pouffant jufqu'à la plus horrible barbarie l'abus de la victoire & de la puiffance, firent défenfes à toutes les villes de la Grèce, fous peine d'une forte amende, de donner afyle aux Athèniens fugitifs, & allèrent même jufqu'à enjoindre de les remettre aux trente tyrans. La terreur qu'infpiroient alors les Lacédémoniens, fit qu'on n'ofa pas défobéir à ce décret révoltant. Deux villes feulement s'honorèrent par leur oppofition; ce furent Mégare & Thèbes; celle-ci fur-tout, par un édit généreux, prononça des peines contre quiconque voyant un Athènien attaqué par fes ennemis, ne s'emprefferoit pas à le fecourir. Lyfias, ce fameux orateur de Syracufe, exilé par les trente, leva cinq cents foldats à fes dépens, & les envoya au fecours de la patrie commune de l'éloquence; *Quingentos milites, ftipendio fuo inftructos, in auxilium patriæ communis eloquentiæ mifit*, dit Juftin. *Trasybule* fentoit depuis long-temps avec une vive douleur, les maux de fa patrie; dès qu'il eût pu lui procurer des défenfeurs, il marcha vers le Pirée, les trente tyrans s'avancent avec leurs troupes, la bataille s'engage, les uns combattent pour la liberté, les autres pour la tyrannie; la victoire ne pouvoit être douteufe, *Trasybule* triomphe. Il voyoit fuir devant lui ceux des Athèniens, que l'intérêt ou la crainte avoit attachés au parti des tyrans : « eh! mes amis, leur crioit-il, pourquoi » fuyez-vous un vainqueur, quand vous pouvez » fuivre le vengeur de la liberté, vous ne voyez » ici que des concitoyens & des amis. Eft-ce donc » Athènes que nous fommes venus combattre, ce » font fes oppreffeurs dont nous venons la délivrer; » fecondez-nous & achevez notre ouvrage. Ce difcours prodifit fon effet, les trente tyrans furent chaffés, ils demandèrent du fecours à Lacédémone, & Lyfandre vouloit qu'ils fuffent rétablis, mais Paufanias favorifa fecrètement les Athèniens, & leur procura la paix. Les tyrans ayant fait de nouveaux efforts pour maintenir leur domination, furent tous égorgés; l'ancien gouvernement, les anciennes loix

reprirent leur vigueur; tous les exilés revinrent; ils pouvoient vouloir fe venger des maux qu'ils avoient foufferts; mais ce fut alors que *Trasybule*, vraiment digne de procurer la liberté à fa patrie, propofa cette célèbre amniftie, dont Cicéron, au commencement de la première philippique, fait l'éloge & recommande l'imitation. *In ædem Telluris convocati fumus, in quo templo, quantùm in me fuit, jeci fundamenta pacis, Athenienfiumque renovavi vetus exemplum, ... quod tùm in fedandis difcordiis ufurpaverat civitas illa ; atque omnem memoriam difcordiarum oblivione fempiternâ delendam cenfui.*

Au fujet de cette amniftie, le fage Rollin fait, d'après divers hommes d'état anciens & modernes, des réflexions dignes de fon bon cœur & de fon bon efprit, & importantes pour les temps de troubles. » Jamais, dit-il, tyrannie n'avoit été plus cruelle ni » plus fanglante que celle dont Athènes venoit de » fortir. Chaque maifon étoit en deuil, chaque famille » pleuroit la perte de quelque parent; c'avoit été » un brigandage public, où la licence & l'impunité » avoient fait régner tous les crimes. Les particuliers » fembloient avoir droit de demander le fang de tous » les complices d'une fi criante oppreffion, & l'in- » térêt même de l'état paroiffoit autorifer leurs defirs, » pour arrêter à jamais, par l'exemple d'une févère » punition, de pareils attentats. Mais *Trasybule*, s'éle- » vant au-deffus de tous ces fentimens par une fupé- » riorité d'efprit plus étendu, & par les vues d'une » politique plus éclairée & plus profonde, comprit » que de fonger à punir les coupables, ce feroit laiffer » des femences éternelles de divifion & de haine, » affoiblir par ces diffenfions domeftiques, les forces » de la République, qu'elle avoit intérêt de réunir » contre l'ennemi commun, & faire perdre à l'état » un grand nombre de citoyens qui pouvoient lui » rendre d'importans fervices, dans la vue même » de réparer leur première faute.

» Cette condition, après de grands troubles, a » toujours paru aux plus habiles politiques le moyen » le plus fûr & le plus prompt de rétablir la paix » & la tranquillité.

Ici M. Rollin cite l'exemple de Cicéron que nous venons de citer, & il ajoute un trait qui fait grand honneur aux lumières du cardinal Mazarin.

Ce miniftre, dit-il, faifoit remarquer à dom Louis de Haro, premier miniftre d'Efpagne, que, » c'étoit cette conduite de bonté & de douceur, qui » faifoit qu'en France, les troubles & les révoltes » n'avoient point de fuites funeftes, & *que jufques-là*, » *elles n'avoient pas encore fait perdre un pouce de* » *terre au roi*, au lieu que la févérité inflexible des » Efpagnols, *faifoit que les fujets qui avoient une* » *fois levé le mafque, ne retournoient jamais à l'obéif-* » *fance que par la force*, ainfi qu'il paroît affez, » dit-il, *par l'exemple des Hollandois, qui font pai-* » *fibles poffeffeurs de plufieurs provinces, qui étoient* » *le patrimoine du roi d'Efpagne*, il n'y a pas encore » *un fiècle.*

Trasybule continua d'affermir la liberté d'Athènes au-dedans & sa puissance en dehors, il battit plusieurs fois les Lacédémoniens dans la Thrace, dans l'île de Lesbos & ailleurs, il périt dans un combat contre eux, livré dans la Pamphylie, vers l'an 382 avant Jesus-Christ.

TREBATIUS-TESTA, (Caïus) (*Hist. Rom.*) savant Jurisconsulte, avec lequel Horace est censé converser dans la première satyre du second livre.

> *Trebatí,*
> *Quid faciam præscribe . . . . . .*
> *Nisi quid tu, docte Trebatí*
> *Dissentis.*

César l'avoit exilé pour avoir pris le parti de Pompée ; Cicéron obtint son rappel, & *Trebatius* devint le conseil & l'ami de César & d'Auguste. Le premier ne faisoit rien sans son avis. Le second, par son avis aussi, introduisit l'usage des Codiciles. Il est cité en divers endroits du Digeste.

TRÉBELLIEN, (*Hist. Rom.*) C'est le nom :

1°. D'un Romain, qui étant accusé du crime de lèze-majesté sous Tibère, se tua lui-même. Son nom étoit Rufus Trebellianus ; il n'y a de crimes de lèze-majesté ou autres semblables, que sous des tyrans ou dans des temps de trouble. C'est un des grands moyens d'oppression que le despotisme, ou monarc•que, ou aristocratique, ou démocratique, ou anarchique, ait jamais inventé.

2°. D'un de ces empereurs d'un jour qui s'élevèrent sous le règne du foible Gallien, & qui sont connus dans l'histoire Romaine sous la domination des trente tyrans ; non pas qu'ils ayent régné ensemble d'un commun accord, en formant un conseil aristocratique souverain, comme les trente tyrans d'Athènes, mais parce qu'ils se sont élevés à la fois au nombre de trente ou environ, des différentes provinces de l'empire. Caïus Annius Trebellianus, dont il s'agit ici, fameux Pirate de l'Isaurie dans l'Asie Mineure, prit ou reçut la pourpre impériale vers l'an 264 de Jesus-Christ. Ces prétendus tyrans n'étoient souvent que de malheureuses victimes du caprice des soldats mutinés, & ces proclamations séditieuses n'étoient souvent pour eux qu'un arrêt de mort, soit qu'ils s'y prêtassent, soit qu'ils s'y refusassent. Il fallut combattre Trébellien ; Gallien envoya contre lui un général Egyptien, nommé Causiloée. Trébellien lui livra bataille, la perdit & y périt. Son parti lui survécut, les Isauriens qui l'avoient nommé, se retirèrent dans leurs montagnes inaccessibles, où ils ne purent être forcés.

TREBELLIUS-POLLIO (*Hist. litt.*) Il est du nombre de ceux qu'on appelle *Historiæ Augustæ scriptores*. Il avoit composé la vie des Empereurs, le commencement de son ouvrage est perdu ; il ne reste que la fin du règne de Valérien, la vie des deux Galliens & des trente tyrans, c'est-a-dire, des usur-

pateurs de l'empire, depuis Philippe jusqu'à Quintille, frère & successeur de Claude II.

TRÉBUCHET, s. m. (*Hist. mod.*) cage ou selle dans laquelle on baignoit autrefois les femmes méchantes & querelleuses, par un ordre de la police d'Angleterre. (*A. R.*)

TRECK-SCHUYT, s. m. (*Hist. mod. Commerce*) c'est ainsi que l'on nomme en Hollande &, dans les autres provinces des Pays-Bas, des barques couvertes tirées par des chevaux, qui servent à conduire les voyageurs sur les canaux d'une ville à l'autre. Ces barques partent toujours à des heures marquées, chargées ou non ; elles sont composées d'une grande chambre destinée à recevoir indistinctement tous les passagers, & d'un cabinet appellé *roef* qui se loue aux personnes qui veulent voyager à part ; ces sortes de barques sont d'une grande propreté. Le mot hollandois *treck-schuyt* signifie *barque à tirer.* (*A. R.*)

TREMBLAY, (*voyez* JOSEPH) (le P.) capucin.

TREMOILLE ou TRIMOUILLE, (la) *Hist. de Fr.*) maison ancienne & illustre, tire son origine d'un seigneur de la *Tremoille* qui vivoit sous notre roi Henri I, vers l'an 1040.

On distingue dans cette maison :

1° Gui VI, surnommé *le vaillant*, garde de l'oriflamme, il étoit à la prise d'Ardres sur les Anglois en 1377 ; à la défense de Troye en 1380. Il suivit Charles VI dans son voyage contre les Flamands, & entra le premier dans les fossés de la ville de Bourbourg Il porta l'oriflamme au voyage de Charles VI, contre les Anglois, en 1383. Il accompagna Louis II, duc de Bourbon, au voyage d'Afrique contre les infidèles en 1390, & au voyage de Gênes. Il se signala dans plusieurs tournois & combats à la barrière ; il suivit Jean de Bourgogne à l'expédition de Hongrie contre les Turcs, il fut fait prisonnier à la bataille de Nicopolis. Il mourut à Rhodes en 1398.

2° Guillaume de la *Tremoille* son frère fut tué à cette même bataille de Nicopolis.

3° Georges de la *Tremoille*, fils de Gui VI, fut fait prisonnier à la bataille d'Azincourt. C'est lui qu'on voit dans la suite jouer un si grand rôle à la cour de Charles VII. *Voyez* l'article ARTUS de Bretagne, comte de Richemont, connétable de France, puis duc de Bretagne, & l'article GIAC. Il mourut le 6 mai 1646.

4° Louis I son fils, acquit, par son mariage avec l'héritière d'Amboise, la vicomté de Thouars & la Principauté de Talmond.

Nous avons dit à l'article de Bretagne, que Georges de la *Tremoille*, dans le temps de sa faveur auprès de Charles VII, avoit voulu marier Louis, son fils, avec Françoise, fille aînée de Louis d'Amboise, vicomte de Thouars ; que pour se venger des refus de Louis d'Amboise, il l'avoit fait arrêter, condamner sous prétexte d'une conjuration chimérique, & lui avoit à peine fait grace dela vie ; que Françoife d'Amboife, échappée à la tyrannie du favori, avoit époufé Pierre de France, qui depuis avoit été duc de Bretagne. Louis d'Amboife ne méritoit ni d'être arrêté, ni d'être condamné ; mais par les défordres de fa vie, il mérita d'être interdit, il le fut.

Louis de la *Tremoille*, après la difgrace de fon père, & l'interdiction de Louis d'Amboife, avoit époufé Marguerite d'Amboife, fœur puînée de la ducheffe de Bretagne. La ducheffe, devenue veuve, fans enfans, avoit renoncé au monde & à de fecondes nôces ; ainfi Louis de la *Tremoille*, qui n'avoit eu aucune part aux violentes de fon père, alloit être le feul héritier des grands biens de la maifon d'Amboife. Louis d'Amboife, qui haïffoit le fils, par le fouvenir des injuftices du père, cherchoit les moyens de le fruftrer de fa fucceffion ; il vouloit forcer la ducheffe de Bretagne, fa fille, à fe remarier. Louis XI, par un de ces caprices qui préfidoient fouvent à fa conduite, appuyoit le projet de Louis d'Amboife, & cherchoit à nuire à la maifon de la *Tremoille*. Sous prétexte d'un péle-rinage, il fait un voyage en Bretagne, & Louis d'Amboife le fuit. A leur follicitation, la ducheffe douai-rière de Bretagne eft retenue prifonnière à Nantes : elle paroît devant fon père & devant le roi ; mais le duc de Bretagne, François II, voulut être préfent à l'entrevue. La ducheffe perfifta dans fon vœu ; prières, menaces, rien ne put la fléchir. Sur fon refus, Louis d'Amboife entreprit de l'enlever ; Louis XI y confen-tit ; mais le duc de Bretagne la prit fous fa protection, & déclara qu'il ne fouffriroit pas qu'on fit dans fes états la moindre violence à la veuve d'un de fes pré-déceffeurs. Louis XI fit caffer l'interdiction de Louis d'Amboife ; & celui-ci, pour fe venger de la du-cheffe de Bretagne fa fille, & de Louis de la *Tre-moille* fon gendre, fit le roi fon héritier. Après la mort de Louis d'Amboife, Louis XI fe mit en poffeffion de fes biens. Louis de la *Tremoille* ofa les réclamer ; & l'évidence de fes droits étoit telle, qu'il gagna fa caufe contre le roi, dans des tribunaux dépendans du roi.

5°. Louis II, fon fils, eft le héros de la bataille de Saint-Aubin du Cormier ; il y fit prifonnier le duc d'Orléans, qui fut depuis le roi Louis XII. C'eft au fujet de Louis de la *Tremoille*, que ce prince, en montant fur le trône, dit ce mot divin, que tout le monde connoît : *le roi de France ne venge point les injures du duc d'Orléans*. Mais tout le monde ne fait pas à quel point la *Tremoille* l'avoit outragé, & fans cette connoiffance, le mot perd la valeur de fon prix : il ne feroit que jufte, fans être généreux, fi Louis n'avoit eu à pardonner que fa défaite & fa prifon ; mais la *Tremoille* avoit cruellement abufé de la vic-toire.

Le jour même de la bataille de Saint-Aubin du Cormier, ce général invite à fouper le duc d'Orléans, le prince d'Orange, qu'il avoit auffi fait prifonnier, & tous les capitaines qui avoient été pris avec eux. A la fin du repas, on le voit donner des ordres fecrets à un des officiers ; cet officier fort un

moment, & rentre dans la falle avec deux cordeliers. A cette vue, les princes pâlirent, & voulurent fe lever de table. *Princes*, leur dit la *Tremoille*, *raffurez-vous*, *il ne m'appartient pas de prononcer fur votre deftinée*, *cela eft réfervé au roi : mais vous*, dit-il à tous les autres capitaines, *vous qui avez été pris en combattant contre votre fouverain & votre patrie, & que le rang ne fouftrait pas de même à mon autorité, mettez ordre promptement à votre confcience.* Les princes voulurent vainement intercéder pour ces malheureux, la *Tre-moille* fut inexorable. Ce trait nous paroît injufte & barbare. De quel droit ce général ordonnoit-il cette exécution militaire, & difpofoit-il de la vie des ci-toyens hors du combat ? C'étoit à lui de les faire pri-fonniers ; c'étoit au roi à les faire juger felon les loix, & peut-être le roi leur eût-il fait grace. D'ailleurs, cette invitation, ce fouper, cet air de fête & d'amitié font autant de circonftances de perfidie, jointes à une violence atroce, & c'étoient autant d'infultes pour le duc d'Orléans & pour le prince d'Orange.

Voilà ce que Louis XII pardonna fans réferve & fans retour. Il en reçut la récompenfe ; c'en eft une pour un roi d'être fervi avec zèle par un grand homme. La *Trémoille* avoit vaincu à Saint-Aubin, il avoit été à Fornoue un des preux ou braves de Charles VIII. Sa gloire remplit auffi le règne de Louis XII, & une partie de celui de François I. Sa faveur fous ces deux rois égala, comme fous Charles VIII, fes talens & fes fervices : ce fut lui qui fit prifon-nier le duc de Milan Ludovic Sforce en 1500. Il re-tarda la ruine des François dans le royaume de Naples, après la bataille de Cérignoles, en 1503. Il contribua au gain de la bataille d'Aignadel en 1509. S'il perdit, en 1513, la bataille de Novare contre les Suiffes, il fauva Dijon attaqué par les mêmes Suiffes. Il fe diftin-gua, en 1515, à la bataille de Marignan, où il perdit Charles, prince de Talmond, fon fils & fon rival de gloire. Si François I eût fuivi fes confeils au paffage de l'Efcaut, en 1521, il eût eu cet honneur, qu'il défira tant toute fa vie, de vaincre Charles-Quint en per-fonne. En 1523, le même la *Trémoille* repouffa les Anglois & les Impériaux, qui avoient fait une def-cente en Picardie avec des forces capables de conqué-rir plufieurs provinces. Cette campagne de la *Tré-moille* fut une des plus favantes & des plus utiles qu'on eût encore vues ; c'eft un des plus beaux faits de guerre de ce fiècle guerrier.

En 1524, la *Trémoille* fit lever le fiège de Mar-feille au connétable de Bourbon & au marquis de Pefcaire. L'année fuivante, il fut tué à la bataille de Pavie, livrée contre fon avis. » Sage la *Trémoille*, » s'écrioit la ducheffe d'Angoulême, en apprenant le » défaftre du roi fon fils ; que n'en a-t-il cru fon » expérience ! il feroit libre, & vous feriez vivant. » Guichardin appelle ce Louis II de la *Trémoille*, *le plus grand capitaine du monde.*

6°. Charles fon fils fut tué, comme nous l'avons dit, à la bataille de Marignan, en 1515.

7°. François, fils de Charles, fut fait prifonnier à

la bataille de Pavie. Ce fut lui qui acquit des droits au royaume de Naples, par son mariage avec Anne de Laval, petite-fille de Frédéric, roi de Naples.

8°. C'est pour Louis III, fils de François, que le vicomté de Thouars fut érigé en Duché-Pairie par Henri IV, en 1595. Les lettres ne furent enregistrées qu'en 1599.

9°. Claude son fils, fut blessé & porté par terre, dans une rencontre entre les protestans, dont il suivoit le parti, & les Catholiques. Il se distingua en 1587 à la bataille de Coutras; en 1590, à celle d'Ivry; en 1595, au combat de Fontaine-Françoise.

10°. Frédéric, son fils, mourut à Venise en 1642, d'une blessure reçue dans un combat singulier.

11°. Henri, frère aîné de Frédéric, fit abjuration entre les mains du cardinal de Richelieu; se distingua au siège de la Rochelle, à l'attaque du Pas de Suze; fut blessé d'un coup de mousquet au genou, en allant reconnoître la ville de Carignan, qu'il prit avec le château.

12°. Charles-René Armand de la *Tremoille*, duc de Thouars, pair de France, Prince de Tarente, premier gentilhomme de la chambre, père de M. le duc de la *Tremoille* d'aujourd'hui, eut, le 18 décembre 1733, au siège du château de Milan, son chapeau déchiré par une balle de mousquet. Le 4 juin 1734, à la reprise du château de Colorno, il reçut une contusion à la cuisse; le 29 du même mois, à la bataille de Parme, il fut blessé légèrement; le 19 septembre suivant, à la bataille de Guastalla, il tomba dans un fossé, y fut foulé aux pieds, & ayant été relevé, il continua quelques temps de combattre, jusqu'à ce qu'enfin ses douleurs & l'état de foiblesse où il étoit réduit, l'obligèrent de se retirer. C'est à lui cependant que la satyre, obligée de reconnoître en lui beaucoup d'autres mérites, a osé dire:

Les Dieux t'auroient trop bien traité,
S'ils t'avoient donné le courage.

Trait qu'on peut oser citer, parce qu'il est fort connu, & que son injustice est universellement reconnue. M. le duc de la *Trémoille* étoit de l'académie Françoise, & méritoit d'en être. On a de lui des vers très-agréables; on en peut juger par ces deux jolies chansons:

Dans ces hameaux il est une Bergère
Qui soumet tout au pouvoir de ses loix;
Ses graces orneroient Cythère,
Le Rossignol est jaloux de sa voix.
J'ignore si son cœur est tendre;
Heureux qui pourroit l'enflammer!
Mais qui ne voudroit pas aimer,
Ne doit ni la voir ni l'entendre.

A U T R E.

Dans ces prés fleuris une abeille
Vole & vient s'enrichir d'un précieux butin;
Mais voit-on sur la fleur les traces du larcin?
Le baiser que j'ai pris sur ta bouche vermeille;
En me rendant heureux, te laisse ta beauté,
Rose aimable, je suis l'abeille,
Mon bonheur ne t'a rien coûté.

C'est dire avec délicatesse, ce qu'Ovide dit un peu trop cruement.

Gaudia nec cupidis vestra negate viris.
Ut jam decipiant quid perditis? omnia constant.
Mille licet sumant, deperit inde nihil.

M. le duc de la *Tremoille* fut reçu à l'académie Françoise le 6 mars 1738. Il avoit alors trente ans, & le marquis de Saint-Aulaire, à quatre-vingt quinze ans, fut chargé de le recevoir; il sut tirer parti de ce contraste: « je sens, dit-il à M. le duc de la » *Tremoille*, toute la reconnoissance que je vous » dois. L'hommage que vous venez de rendre à M. » le maréchal d'Estrées, votre prédécesseur, en ne » me laissant plus rien à dire, me soulage & me » console. Et comment une voix si affoiblie par les » années, auroit-elle pu célébrer dignement tant de » vertus & tant de gloire. Hélas! l'illustre nom » qu'il portoit vient de s'éteindre dans la nuit du » tombeau. Je sens que je m'attendris à cette triste » réflexion. Il ne me reste qu'à baigner de larmes la » respectable cendre que vous venez de couvrir de » fleurs. La différence des hommages que nous lui ren- » dons, est assortie à celle de nos âges. »

Il est beau de trouver dans son ame, à quatre-vingt quinze ans, assez de sensibilité pour produire un morceau si touchant. M. le duc de la *Tremoille* mourut trois ans après, le 23 mai 1741, de la petite vérole, qu'il gagna de madame la duchesse de la *Tremoille*, sa femme, avec laquelle il s'étoit enfermé pour lui persuader qu'elle n'avoit pas cette redoutable maladie qu'elle redoutoit beaucoup. M. de Saint-Aulaire vit périr le jeune confrère auquel il avoit si peu cru pouvoir survivre. Ce fut la fable *du vieillard & des trois jeunes hommes.*

Je puis enfin compter l'aurore
Plus d'une fois sur vos tombeaux......
Et pleurés du vieillard, il grava sur leur marbre
Ce que je viens de raconter.

13°. Dans la branche de Talmond, Frédéric-Guillaume de la *Trémoille*, prince de Talmond, d'abord ecclésiastique & chanoine de Strasbourg, ensuite militaire & lieutenant général, se signala dans diverses expéditions. Au siège de Landau, où il commandoit la tranchée le 17 juillet 1713, il reçut une contufion d'un gabion qui fut renverfé fur lui.

14°. Dans la branche des marquis & ducs de Noirmouftier, Louis de la *Tremoille*, fecond du nom, fervit à la bataille d'Avein, en 1635; aux fièges de Tirlemont, de Louvain, de Perpignan, de Rocweil, de la Motte, de Bethune, d'Armentières, de Menin, de Lillers, du Quefnoy, de Courtrai, de Mardick, de Dunkerque, fut fait prifonnier au combat de Dutlin, fut bleffé à Dixmude. Ce fut pour lui que Noirmouftier, déjà érigé en marquifat pour fon ayeul, François de la *Tremoille*, en 1584, fut érigé en duché en 1650; & le marquifat de Royan fut érigé en duché fous le nom de Noirmouftier en 1707, pour Antoine-François, fon fils.

15°. Henri, comte de Noirmouftier, autre fils de Louis, fut tué à la bataille de Senef.

16°. Dans la branche des comtes de Joigni, Guillaume de la *Tremoille* fe fignala & fut fait chevalier à la bataille de Rofebèque en 1382, & fut fait prifonnier à la bataille de Nicopolis.

17°. Philippe, fon fils, fut tué à cette dernière bataille.

18°. Jean, frère de Philippe, fut tué au combat de Tongres, contre les Liégeois, le 13 feptembre 1408.

La feconde femme du fecond prince de Condé Henri I, qui fut accufée de l'avoir empoifonné, mais qui fut jugée innocente, & la fameufe princeffe des Urfins, long-temps toute puiffante en Efpagne fous Philippe V, & qui mourut à Rome, le 5 décembre 1722, étoient de la maifon de la *Tremoille*.

TRENCHARD, (Jean) (*Hift. litt. mod.*) écrivain Anglois, politique, a difcuté des points relatifs à la conftitution de fon pays; il a voulu prouver *qu'une armée fuffiftante eft incompatible avec un gouvernement libre, & détruit abfolument la conftitution de la monarchie Angloife.* Il a fait une *Hiftoire des armées fubfiftantes en Angleterre*, & une fuite de lettres, fous le nom de *Caton*, à laquelle Thomas Gordon, fon ami, a eu part.

TRENTE. Le combat des *Trente*. (*Hift. de Bret.*) Ce fut la veille du dimanche *Lætare*, de l'an 1350, que trente chevaliers Bretons, & trente chevaliers Anglois fe trouvèrent entre Ploermel & Joffelin, pour décider, les armes à la main, laquelle des deux nations avoit le plus-d'honneur, & lequel des deux chefs *avoit la plus belle amie*. Ce fut ce fameux *combat des Trente*, tant célébré par les auteurs Bretons, & l'un des plus beaux exploits de chevalerie, dont la mémoire fe foit confervée. *Il appartient bien à vos Bretons de fe parangonner à nous!* avoit dit avec mépris l'orgueilleux Richard Brembro, chef des Anglois; & Beaumanoir, chef des François, ne répondit que par un défi. Brembro promit, fans balancer, la victoire à fon parti, car une prophétie de Merlin la lui promettoit. Cependant, arrivé au lieu indiqué, il commença par obferver qu'on auroit dû obtenir l'aveu

des princes pour ce combat. Les Bretons répondirent que la réflexion étoit un peu tardive. » Mais, dit » Brembro, ce combat ne décidera point la querelle » des princes!

» Il ne s'agit pas, lui répondit-on, de la querelle » des princes, il s'agit de l'honneur des deux nations. » Si nous périffons, ajouta Brembro, où retrouvera- » t-on des chevaliers tels que nous? Si nous périffons, répondirent modeftement les Bretons, » la Bretagne ne » manquera pas de défenfeurs auffi vaillans.

Brembro fe réfolut au combat, & il s'y comporta vaillamment. Jamais il n'y eut d'action plus vive ni plus opiniâtre. La chaleur, la fatigue, l'épuifement obligèrent plufieurs fois les combattans de s'arrêter pour reprendre haleine. Dans une de ces charges, Beaumanoir bleffé, & fuccombant à la foif, ayant demandé à boire, Geoffroy Dubois, un de fes compagnons, lui cria: *Beaumanoir, bois ton fang!* Ce mot eft devenu le cri de cette maifon. Brembro s'élança fur Beaumanoir; mais il fut prévenu par Alain de Kaerenrais, autre chevalier Breton, qui renverfa l'Anglois d'un coup de lance dans le vifage. Au même moment, Geoffroy Dubois perce le même Brembro de fon épée, & lui coupe la tête.

Le parti Anglois ne fut point découragé par la mort de fon chef; Croquart, foldat de fortune, prend fa place, harangue fa troupe: » Laiffons là, dit-il, les » prophéties de Merlin, qui ont trompé Brembro; » c'eft à notre valeur à nous répondre de la victoire. » Tous fe ferrent, fe foutiennent, & préfentent un rempart de fer, qu'on ne peut entamer. Ce fut alors que Guillaume de Montauban, par une manœuvre décifive, alla prendre les Anglois en flanc, & renverfa fept, & fit jour à fa troupe pour les rompre & les renverfer. Tous les Anglois furent tués ou pris; la victoire des Bretons ne fut pas douteufe. Mais on trouva dans les auteurs Bretons eux-mêmes une circonftance qui doit faire de la peine, c'eft que l'on combattoit à pied de part & d'autre; que Guillaume de Montauban eut feul le privilège de combattre à cheval, & que cet avantage décida de la victoire. D'un autre côté, il eft bien étonnant que les Anglois n'aient pas reproché aux Bretons d'avoir vaincu par ce moyen. C'eft ce qui a fait croire à M. Villaret qu'on avoit combattu à cheval; idée d'autant plus naturelle, que tel étoit alors l'ufage conftant des chevaliers.

Mais d'Argentré & D. Lobineau difent que dans cette affaire on fe battoit à armes inégales, & que chacun prenoit fes avantages comme il pouvoit; que Billefort ou Bellefort, un des Anglois, avoit pour arme un maillet pefant vingt-cinq livres; Hucheton, autre Anglois, un *fauchard* crochu & tranchant des deux côtés. Peftivian, un des chevaliers Bretons, fut bleffé d'un coup de marteau. Rouffelet & Bodegat, autres Bretons, furent renverfés à coups de mail.

Le prix de la valeur fut donné, parmi les chevaliers Bretons, au feigneur de Tinteniac; & parmi les Anglois ; à ce Croquart qui s'étoit fait leur chef après la mort de Brembro. Croquart fut fait prisonnier.

On compta parmi les Anglois quatre chevaliers Bretons ; ce qui scandalisa fort toute la Bretagne, parce qu'il s'agissoit dans ce combat de l'honneur de la nation, &non de la querelle des maisons de Montfort & de Blois-Penthievre, qui se disputoient alors le duché. Il y a de l'incertitude sur les noms de quelques-uns des chevaliers ou Bretons ou Anglois, ce qui ne doit pas étonner. Tite-Live avoue qu'on ne sait pas bien qui des Horaces ou des Curiaces, étoient les Romains ou les Albains.

Le combat des *Trente* commença & finit comme celui des Horaces & des Curiaces. Au premier choc, la fortune parut se déclarer pour les Anglois comme pour les Curiaces ; on vit tomber mort un chevalier Breton, deux autres furent blessés, deux furent pris ; & lorsque Montauban fit le mouvement qui assura la victoire, il s'éloigna comme le dernier des Horaces : on crut qu'il prenoit la fuite ; Beaumanoir y fut trompé : *Faux & mauvais chevalier*, lui cria-t-il, *où vas-tu ? Il te sera reproché à toi & à ta race à jamais.* — *Fais-bien ta besogne*, lui répondit Montauban ; *de mon côté, je ferai mon devoir.*

Mais il y a une différence bien considérable entre le combat des Horaces & des Curiaces, & le combat des *Trente*, & cette différence est toute entière à l'avantage du premier ; c'est que ce premier combat décida du sort de Rome & d'Albe ; & que le dernier ne décida de rien.

TRÈS-CHRÉTIEN, (*Hist. de France*). titre des rois de France. Le concile de Savonière, tenu en 859, qualifie Charles-le-chauve de *roi très-chrétien*. Le pape Etienne II. avoit déjà donné ce nom à Pepin l'an 755. Malgré ces faits tirés de l'histoire, on a dit assez communément jusqu'à ces derniers temps, que le titre de *très-chrétien* fut accordé pour la première fois par Paul II. à Louis XI.

Le père Mabillon qui a fait imprimer un extrait de l'ambassade de Guillaume de Monsterceet en 1469, où l'on voit que ce souverain pontife déclare qu'il donnera dans la suite ce titre à nos rois, remarque qu'en cela le pape ne faisoit que continuer un usage déjà établi. Pour le prouver il rapporte plusieurs exemples anciens, qui à la vérité ont été quelque fois interrompus ; mais il démontre que, du tems de Charles VII, cette dénomination étoit déjà constamment & héréditairement attachée à nos rois. Pie II. le dit expressément dans sa 38 lettre adressée à Charles VII. du 3 des ides d'Octobre 1457. *Nec immeritò ob christianum nomen à progenitoribus tuis defensum, nomen christianissimi ab illis hæreditarium habes.* Si ce savant religieux eût vu le prologue de Raoul de Presles à son livre de *la cité de Dieu*, il n'eût pas manqué de faire remonter l'usage de ce titre de *très-chrétien* jusqu'au temps de Charles V. ayeul de Charles VII ; les termes de Raoul de Presles sont assez précis: « Et à vous singulièrement en l'institu-» tion des lettres au *très-chrétien* des princes ». Ce

passage a échappé aux auteurs des dissertations insérées dans les Mercures de Janvier, Avril & Juin 1720, &c. où cette matière est discutée avec beaucoup de vivacité.

On trouve cependant, malgré ces autorités, que le concile de Bâle, tenu en 1432, ne donne au roi de France que le titre de *sérénissime* ; enfin celui de *très-chrétien* que Louis XI. obtint du pape en 1469, est devenu un titre permanent dans ses successeurs. Au reste on a remarqué que ce prince prit la qualité de *très-chrétien*, à-peu-près dans le temps que Ferdinand d'Aragon, illustre par des perfidies autant que par des conquêtes, prenoit le titre de *catholique*. (*D. J.*)

TRÉSORIER DE PROVINCE, (*Hist. d'Angleterre*) *treasurer of the county* ; c'est celui qui est le gardien des fonds de la comté, *of the county-stock*. Il y a deux *trésoriers* dans chaque comté, nommés aux sessions de pâques, à la pluralité des suffrages des juges de paix ; ils sont annuels, doivent avoir dix livres sterlings de revenus en terres, & rendre compte chaque année de leur régie, à leurs successeurs, aux sessions de pâques, ou au plus tard dix jours après.

Les fonds du comté dont cet officier est le gardien, se levent annuellement par une taxe de contribution sur chaque paroisse ; ce fonds doit être employé à des usages charitables, à soulager des soldats ou des matelots estropiés, comme aussi des prisonniers qui sont pour dettes dans les prisons du comté ; il sert encore à entretenir de pauvres maisons de charité, & à payer les salaires des gouverneurs des maisons de correction. Quelle est la charge de ces *trésoriers*, la manière de lever les fonds, & quel en doit être l'emploi ? c'est ce qu'on trouvera détaillé dans les *statuts* XLIII. d'Elisabeth, *c. vij.* Jacques I. *c. iv, xj, & xij.* de Guillaume III. *c. xviij.* de la reine Anne, *c. xxxij.* de George I. *c. xxiij.* (*D. J.*)

TRÉSORIER en sous-ordre, (*Hist. rom.*) les *trésoriers* en sous-ordre, ou les *sous-trésoriers*, selon Asconius & Varron, étoient certains particuliers d'entre le peuple qui levoient & portoient chez le questeur du proconsul, l'argent nécessaire pour la paie des troupes ; c'étoient des espèces de collecteurs de l'argent imposé sur chaque tribu pour les besoins de l'état. Leur établissement est de la plus haute antiquité, au rapport d'Aulu-gelle. La loi *aurélia* nous apprend combien cet ordre peu digne de considération devint acc.édité, puisque cette loi rendit commun aux *trésoriers* & aux chevaliers le droit de juger de certaines matières qui n'appartenoient auparavant qu'aux sénateurs ; il falloit au contraire les dépouiller de ce privilège, si quelque autre loi le leur avoit accordé. (*D. J.*)

TRESSAN. (*Voyez* VERGNE (de la)

TREVE ET PAIX, (*Hist. mod.*) nom que l'on donna vers l'an 1020, à un décret porté contre les violences qui se commettoient alors publiquement de particulier à particulier. Les loix étoient alors si peu respectées, & les magistrats si foibles, que chaque citoyen prétendoit avoir droit de se faire justice à soi-

V v 2

même par la voie des armes, sans épargner le fer ni le feu contre les maisons, les terres & les personnes mêmes de ses ennemis. Pour remédier à ces désordres, les évêques & les barons, premièrement en France, puis dans les autres royaumes, firent un décret par lequel on mettoit absolument à couvert de ces violences les églises, les clercs ou ecclésiastiques séculiers, les religieux & leurs monastères, les femmes, les marchands, les laboureurs & les moulins : ce qu'on comprit sous le nom de *paix.* A l'égard de toutes autres personnes, on défendit d'agir offensivement depuis le mercredi au soir jusqu'au lundi matin, par le respect particulier, disoit-on, qu'on devoit à ces jours que Jesus-Christ a consacrés par les derniers mystères de sa vie, & c'est ce qu'on appella *trève.* On déclara excommuniés les violateurs de l'un ou l'autre de ces décrets, & l'on arrêta ensuite qu'ils seroient bannis ou punis de mort, selon la qualité des violences qu'ils auroient commises. Divers conciles approuvèrent ces résolutions, & entr'autres celui de Clermont en Auvergne tenu en 1095; qui, aux quatre jours de la semaine afflictés à la *trève,* ajouta tout le temps de l'avent jusqu'après l'octave de l'épiphanie, celui qui est compris entre la septuagésime & l'octave de pâques, & celui qui commence aux rogations & finit à l'octave de la pentecôte ; ce qui joint aux autres jours prescrits pour la *treve* dans les autres saisons, faisoit plus de la moitié de l'année. Il est étonnant que les évêques qui avoient intimidé les peuples par le motif de la religion, pour les engager à suspendre leur vengeance pendant la moitié de chaque semaine & des intervalles assez considérables de l'année, ne pussent en obtenir la même chose ni pour la semaine ni pour l'année entière, & il ne l'est pas moins que les peuples crussent tolérée & même permise à certains jours, une vengeance qu'ils n'osoient prendre dans d'autres. Ce qu'il y a de certain, c'est que l'usage de ces petites guerres qui désoloient toutes les provinces du royaume, dura jusqu'au temps de Philippe-le-bel. (*A. R.*)

TREVIÉS, (Bernard de) *Bernardus de Tribus viis*) (*Hist. lit. mod.*) chanoine de Maguelone au douzième siècle, est l'auteur du roman de Pierre de Provence & de la belle Maguelone, imprimé près de trois siècles après, en 1490.

TRÉVILLE ou TROISVILLE. (Henri-Joseph de Peyre, comte de) (*Hist. mod.*) Le comte de *Tréville,* fils d'un Capitaine-Lieutenant des Mousquetaires, avoit été élevé avec Louis XIV, avoit servi cornette dans la première compagnie des Mousquetaires, puis colonel d'infanterie. Il avoit eu le gouvernement du comté de Foix : il avoit reçu deux coups de feu dans l'expédition de Candie en 1669. Frappé de la mort de la célèbre Madame Henriette-Anne d'Angleterre, à laquelle il étoit fort attaché, il quitta le monde, & s'ensevelit dans la retraite. Il fut l'ami de Port-Royal & de tous ces illustres Jansénistes du règne de Louis XIV. Il étoit leur disciple, leur conseil & leur juge. On lui reprochoit de parler trop bien. Mort en 1708.

TRÉVIRS, CAPITAUX, (*Hist. rom.*) *trium viri* ou *treviri capitales* ; étoient trois magistrats romains d'un bien moindre rang que les *trévirs* ou triumvirs monétaires. Ils étoient chargés de veiller à la garde des prisonniers, & de présider aux supplices capitaux. Ils jugeoient aussi des délits & crimes des esclaves fugitifs, & des gens sans aveu. Ils furent établis sous le consulat de Curius Dentatus, peu de tems après qu'il eut triomphé des Gaulois. Ils avoient sous leurs ordres huit licteurs qui faisoient les exécutions prescrites, comme il paroit par ce discours de Sosie dans l'Amphitrion. « Que deviendrai-je à présent ? les *trévirs* pourroient bien m'envoyer en prison, d'où je » ne serois tiré demain que pour être fustigé, sans » avoir même la liberté ni de plaider ma cause, ni » de réclamer la protection de mon maître. Il n'y au- » roit personne qui doutât que j'ai bien mérité cette » punition ; & que je serois assez malheureux pour » essuyer les coups de leurs estafiers, qui battroient » sur mon pauvre corps comme sur une enclume ». Ciceron fait allusion à ces sortes de lieutenans criminels de Rome, en badinant plaisamment sur le jeu de mots, dans une de ses lettres à Trébatius, qui suivoit alors César dans ses guerres contre les *Trévirs,* une des plus fières & des plus vaillantes nations de la Gaule » Je vous avertis, lui dit-il, de ne vous pas » trouver sur le chemin de ces *Trévirs,* car j'entens » dire qu'ils sont *capitaux;* & je désirerois fort qu'ils » fussent plutôt fabricateurs d'or & d'argent ». (*D. J.*)

TRÉVIRS, *monétaires,* (*Hist. Rom.*) les surintendans de la monnoie de la république & empire romain, étoient appelés trévirs, *treviri* ou *triumviri monetales,* parce qu'ils furent au nombre de trois jusqu'à Jules-César, qui en créa quatre. Ciceron fut un des quatre directeurs de la monnoie, car nous avons encore une médaille existante de ce grand homme, où il est nommé *iiij vir;* mais nous parlerons plus au long de ces magistrats préposés à la fabrication des monnoies, au mot TRIUMVIRS *monétaires.* (*D. J.*)

TREUVÉ (Simon-Michel) (*Hist. lit. mod.*) de la congrégation de la doctrine chrétienne, grand Janséniste, aumônier de la duchesse de Lesdiguières, appellé par M. Bossuet à Meaux, pour y être théologal, fut chassé de ce diocèse par le cardinal de Bissy, vraisemblablement parce qu'il étoit Janséniste : mais on en allégua, dans le temps, une autre raison, on prétendit avoir découvert qu'il étoit de la secte des Flagellans, & qu'il mettoit en pratique les principes de sa secte à l'égard des religieuses, ses pénitentes. Mort en 1730. On a de lui des livres concernant la direction, & une vie de M. Duhamel, curé de Saint-Merry.

TRIBONIEN, (*Hist. Rom.*) fameux jurisconsulte, fut employé par Justinien à mettre en ordre le droit Romain. Il vivoit vers le milieu du sixième siècle.

TRIBOULET, (*Hist. de Fr.*) fou célèbre du roi François I, qui mérita de n'avoir point de fous & de prendre des amusemens plus nobles. Le seul mot véritablement remarquable qu'on cite de *Triboulet*, eſt celui qu'il dit au ſujet du paſſage de Charles-Quint par la France en 1539. Il avoit des tablettes, qu'il appel-loit *le journal des foux*; il y avoit écrit le nom de l'empereur, plus fou que lui, diſoit-il, d'oſer paſſer par la France: *que diras-tu donc*, lui dit François I, *ſi je le laiſſe paſſer? Alors, ſire, j'effacerai ſon nom, & je mettrai le vôtre à la place*. Le mot eſt plaiſant & hardi: pour juger s'il eſt juſte, il faut examiner ſi François I pouvoit, ſans ſe déshonorer, ſans ſe perdre, ſans ſoulever contre lui toute l'Europe, & attirer ſur ſa tête la vengeance de tous les rois, arrêter dans ſes états un prince qui n'y paſſoit que ſur la foi des traités, qui en cela donnoit à ſon rival une marque de confiance aſſez noble, & qui n'avoit pour toute dé-fenſe que cette confiance même, l'état de foibleſſe où il ſe préſentoit en France, la géneroſité de François I, ou plutôt ſa juſtice & ſon intérêt bien entendu.

Dans les contes de Bonaventure des Perriers, la ſeconde nouvelle concerne trois foux de François I, nommés Caillette, *Triboulet* & Polite, & la 98e roule toute entière ſur *Triboulet*. Ces trois hommes, tels que des Perriers les repréſente, étoient plutôt des idiots que des foux. Des Perriers, valet de chambre de la reine de Navarre, étoit ſon amuſeur à gages, comme ces trois hommes l'étoient de François I. Peut-être envioit-il leurs ſuccès; car il dit que *Tri-boulet étoit plus heureux que ſage*: il finit par être plus fou qu'eux, puiſqu'il ſe tua dans un accès de phréné-ſie: mais s'il les a peints au naturel, quel amuſement ces malheureux pouvoient-ils procurer à François I?

L'auteur du mot ſur le paſſage de Charles-Quint par la France, peut-il être reconnu dans un imbécille qui condamne ſon cheval à aller à pied pour avoir peté devant le roi, qui vend ce cheval pour avoir du foin, & ce foin pour avoir une étrille; qui, ayant ſuivi le roi à vêpres à la Sainte-Chapelle, & voyant qu'à un ſilence général avoit ſuccédé un grand fracas de muſique, auſſitôt que le célébrant eut entonné: *Deus, in adjutorium*, &c. va charger de coups ce célébrant, *parce que*, diſoit-il, *c'étoit de lui qu'étoit venue toute la noiſe, & qu'avant qu'il eût lâché ces deux mots latins, tout le monde étoit tranquille.*

Triboulet avoit été fou de Louis XII avant de l'être de François I; c'étoit un effet de ſucceſſion: voici ſon portrait fait par Jean Marot, père de Clé-ment:

Triboulet fut un fou de la tête écorné:
Auſſi ſage à trente ans que le jour qu'il fut né.
Petit front & gros yeux, nez grand, taillé à vôte;
(voûte)
Eſtomach plat & long, haut dos à porter hotte;
Chacun contrefaiſoit, chanta, danſa, prêcha,
Et de tout ſi plaiſant, qu'onc homme ne fâcha.

TRIBUNAL SECRET DE WESTPHALIE, (*Hiſt. mod.*)

c'eſt le nom d'un *tribunal* aſſez ſemblable à celui de l'inquiſition, qui fut, dit-on, établi en Weſtpha-lie par l'empereur Charlemagne, & par le pape Léon III. pour forcer les Saxons payens à ſe convertir au chriſtianiſme. On a une deſcription de ce *tribunal* faite par pluſieurs auteurs & hiſtoriens, ainſi que l'or-dre & les ſtatuts des aſſeſſeurs de ce *tribunal*, appel-lés *vry graves, fry graves, comtes libres*, ou *échevins du ſaint, & ſecret tribunal de Weſtphalie*.

Une ſuperſtition cruelle, aidée d'une politique barbare, autoriſa pendant long-temps les jugemens clandeſtins de ces redoutables *tribunaux*, qui rem-pliſſoient l'Allemagne de délateurs, d'eſpions, d'af-ſeſſeurs & d'exécuteurs de leurs arrês ténébreux; les juges de Weſtphalie uſurpèrent une autorité ſemblable à celle que s'eſt arrogée depuis, le *tribunal* odieux que l'Eſpagne, l'Italie & le Portugal révèrent encore ſous le titre de *ſaint office*. Il paroît en effet que c'eſt ſur le modèle du *tribunal ſecret de Weſtphalie* que la cour de Rome a formé celui de l'inquiſition ſi favorable à ſes prétentions & à l'abrutiſſement des peuples, & ſi contraire aux maximes de la vraie re-ligion & de l'humanité.

Quoi qu'il en ſoit, ces deux *tribunaux* furent tou-jours également propres à anéantir la liberté des ci-toyens, en les mettant à la merci d'une autorité ſe-crette qui puniſſoit des crimes qu'il ſut toujours fa-cile d'imputer à tous ceux qu'on vouloit perdre. En effet, le *tribunal ſecret* connoiſſoit également de tous les crimes & même de tous les péchés, puiſqu'à la liſte des cas qui étoient ſpécialement de ſa compé-tence on joignoit toutes les tranſgreſſions du décalo-gue & des loix de l'Egliſe; la violation du carême, &c. Son autorité s'étendoit ſur tous les ordres de l'é-tat; les électeurs, même les princes, les évêques mêmes y furent ſoumis, & ne pouvoient en être exemptés que par le pape & l'empereur. Par la ſuite néanmoins les eccléſiaſtiques & les femmes furent ſouſtraits de ſa juriſdiction; cet établiſſement fut protégé par les em-pereurs, à qui il fut ſans doute utile pour perdre ceux qui avoient le malheur de leur déplaire. L'empe-reur Sigiſmond y préſida une fois, il fut alors garni de mille aſſeſſeurs ou échevins; Charles IV en fut tirer un très-grand parti, & les bourreaux du *tri-bunal ſecret* euſſent empêché la dépoſition de l'affreux Wenceſlas, s'il ne les eût indiſpoſés en divulguant leur ſecret. La ſuperſtition ne ſert les tyrans que lorſ-qu'ils conſentent à lui être fidèles.

Pour ſe faire une idée de ce *tribunal*, il ſuffit de voir ce qu'en a dit Æneas Sylvius en parlant de ceux qui le compoſoient de ſon temps, il dit qu'ils ont (*ſe-cretos ritus*) *& arcana quædam inſtituta, quibus male-factores judicent, & nondum repertus eſt qui vel pretio vel metu revelaverit, ipſorum quoque ſcabinorum major pars occulta eſt, qui per provincias diſcurrentes, crimi-noſos notant, & inſcientes judicio accuſant, probantque, ut eis mos eſt. Damnati libro inſcribuntur, & junioribus ſcabinis committitur executio.* « Ils ont des uſages » ſecrets & des formalités cachées pour juger les » malfaiteurs, & il ne s'eſt encore trouvé perſonne » à qui la crainte ou l'argent aient fait révéler le ſe-» cret; la plûpart des échevins de ce tribunal ſont » inconnus; en parcourant les provinces, ils pren-

» nent note des criminels, ils les déferent & les accusent devant le *tribunal*, & prouvent leur accusation à leur manière; ceux qui font condamnés font inscrits sur un livre, & les plus jeunes d'entre les échevins font chargés de l'exécution ». *Voyez* Æneas Sylv. *Europ. cap. xljx.*

Au mépris de toutes les formes judiciaires, on condamnoit souvent l'accusé fans le citer, fans l'entendre, fans le convaincre; un homme absent étoit légalement pendu ou assassiné fans qu'on sût le motif de fa mort, ni ceux qui en étoient les auteurs. Un *tribunal* si détestable, sujet à des abus si crians, & si contraire à toute raison & à toute justice, subsista pourtant pendant plusieurs siècles en Allemagne. Cependant il fut réformé à plusieurs reprises par quelques empereurs qui rougirent des horreurs qu'on commettoit en leur nom; & enfin il fut entièrement aboli par l'empereur Maximilien I. en 1512; & on l'appella depuis le *tribunal défendu de Westphalie*, & il n'en fut plus question dans l'empire. Il faut espérer que les progrès de la raison, qui tend toujours à rendre les hommes plus humains, feront abolir de même ces institutions odieuses & tyranniques, qui, sous le faux prétexte des intérêts de la divinité, permettent à quelques hommes d'exercer la tyrannie la plus cruelle sur les êtres qu'elle a créés à son image; quelles que soient leurs opinions, un chrétien doit de l'indulgence à ses semblables; s'ils font vraiment criminels, ils doivent être punis suivant les loix de la justice & de la raison. Ce *tribunal* se trouve désigné dans les historiens & dans les écrivains sur le droit public germanique, sous le nom de *Judicium occultum Westphalicum*, de *Vemium*, *Vemium* ou *Wehem Gericht* en allemand. Ce que quelques-uns dérivent du latin *vaemihi*; & d'autres du mot saxon *vehmen*, qui signifie *proscrire, bannir, condamner,* ou de *verfaymer*, diffamer, noter d'infamie, &c.

Ce *tribunal Westphalien*, comme on a dit, fut établi par Charlemagne de concert avec le pape Léon III. Quelques auteurs ont rapporté les circonstances suivantes de sa fondation; cependant il y a des auteurs qui le regardent comme fabuleuses. Quoi qu'il en soit, voici ce qui est dit à la page 624 du tome III. *scriptorum Brunsvic.* publié par M. Leibnitz. *Ut fertur, misit rex (Carolus M.) legatum Romam ad Leonem papam, pro concilio habendo de rebellibus istis (Saxonibus), quòs nullâ poterat diligentiâ ex toto compescere aut exterminare. Ast sanctus vir, auditâ legatione, nihil prorsus respondit; sed surgens ad hortulum ivit, & zizania cum tribulis colligens, supra patibulum quod de virgulis fecerat, suspendit. Rediens autem legatus hæc Carolo nunciavit, qui mox jus vetitum instituit, quod usque in præsens veniæ vel vemiæ vocatur.* « On dit que le roi Charlemagne envoya un ambassadeur à Rome vers le pape Léon, afin de prendre ses conseils sur ce qu'il devoit faire de ces rebelles Saxons, qu'il ne pouvoit ni dompter ni exterminer. Mais le saint homme, ayant entendu le sujet de l'ambassade, ne répondit rien; il se leva seulement & alla dans son jardin, où ayant ramassé des ronces & des mauvaises herbes, il les suspendit à un gibet qu'il avoit formé avec de petits bâtons. » L'ambassadeur, à son retour, rapporte à Charles ce qu'il avoit vu, & celui-ci institua le *tribunal* qui s'appelle jusqu'à ce jour *venia* ou *vemia* ». *Voyez* Pfeffinger, *in Vitriarium*, tome IV. p. 470. & suiv. (*A. R.*)

TRIBUN, (*Hist. Rom.*) *tribunus*; mot général qui signifioit *chef*, & le mot qu'on ajoutoit à celui-ci, désignoit la chose commise à la garde, aux soins, à l'inspection ou à l'administration de ce chef. Ainsi le *tribun* du peuple étoit-le chef, le défenseur du peuple. *Tribun militaire*, étoit un magistrat qui commandoit les armées. *Tribuns* des légions étoient des officiers qui commandoient tour-à-tour pendant deux mois à toute la légion. *Tribun* des céleres étoit le commandant de ce corps de cavalerie.

Le nom de *tribun* se donnoit encore à d'autres sortes d'officiers. Les *tribuns* de la marine, par exemple, *tribuni marinorum*, étoient des intendans des côtes & de la navigation des rivières. Les *tribuns* du trésor public, *tribuni ærarii*, étoient des trésoriers établis pour payer les milices, comme font aujourd'hui nos trésoriers des guerres. Les *tribuns* des fabriques, *tribuni fabricarum*, présidoient à la fabrique des armes. Les *tribuns* des notaires, *tribuni notariorum*, étoient les premiers sécrétaires des empereurs. Les *tribuns* des plaisirs, *tribuni voluptatum*, dans le code Théodosien, *l. XIII. de scenic.* avoient soin des jeux, des spectacles & autres divertissemens semblables du peuple. Enfin *tribun* désignoit chez les Romains, le chef d'une tribu. (*D. J.*)

TRIBUN DU PEUPLE, (*Hist. & gouvern. rom.*) magistrat romain, pris du peuple pour le garantir de l'oppression des grands, de la barbarie des usuriers, & pour défendre ses droits & sa liberté contre les entreprises des consuls & du sénat. En deux mots, *les tribuns du peuple* étoient censés ses chefs & ses protecteurs. Entrons dans les détails historiques qui concernent cette magistrature.

Le peuple ne pouvant cultiver ses terres à cause des querelles fréquentes que la république avoit à soutenir, il se trouva bientôt accablé de dettes, & se vit conduire impitoyablement en esclavage par ses créanciers, quand il ne pouvoit pas payer. Il s'adressa souvent au sénat pour trouver quelque soulagement, mais il ne put rien obtenir. Lassé des vaines promesses dont on l'amusoit depuis long-temps, il se retira un jour sur le mont Sacré, l'an de Rome 259, à l'instigation de Sicinius, homme de courage & de résolution; ensuite il ne voulut point rentrer dans la ville qu'on ne lui eût remis toutes ses dettes, & promis de délivrer ceux qui étoient esclaves pour ce sujet. Il fallut outre cela, lui permettre de créer des magistrats pour soutenir ses intérêts. On les nomma *tribuns*, parce que les premiers furent pris d'entre les *tribuns* militaires. Ainsi on en créa deux dans les comices par curies; & depuis la publication de la loi Publicola, l'an 283, on en nomma cinq dans les comices par tribus. Enfin l'an 297, on en élut dix, c'est-à-dire, deux de chaque classe. Cicéron dit cependant qu'on en créa deux la première année, & dix la seconde, dans les comices par centuries.

Les *tribuns du peuple* tiroient au sort pour présider à ces assemblées par tribus, & s'il arrivoit que l'assemblée fût finie avant que tous les dix fussent nommés, le reste l'étoit par le collège des *tribuns*; mais cela fut abrogé par la loi Trébonia, l'an 305. On prétend qu'il y en avoit une ancienne qui ordonnoit que les *tribuns* qui n'auroient pas créé leurs successeurs pour l'année suivante, seroient brûlés vifs. C'est Valere Maxime qui le dit; mais ce n'est pas un auteur de grande autorité.

Comme les premiers *tribuns* furent créés le quatrième des ides de décembre, dans la suite le même jour fut destiné pour l'élection de ces magistrats. Ces *tribuns* étoient toujours choisis d'entre le peuple. Aucun patricien ne pouvoit être revêtu de cette charge, à moins que l'adoption ne l'eût fait passer dans l'ordre plébéien. Un plébéien qui étoit sénateur, ne pouvoit pas même être *tribun*.

Ils n'avoient point entrée au sénat; ils demeuroient seulement assis sur les bancs vis-à-vis la porte du lieu où il étoit assemblé, d'où ils entendoient les résolutions qui s'y prenoient. Ils pouvoient cependant assembler le sénat quand il leur plaisoit. Dans la suite, par la loi Atinia (Atinius étoit *tribun* l'an 633, selon Pighius), il fut ordonné qu'aucun romain ne pourroit être élu *tribun du peuple*, s'il n'étoit sénateur plébéien.

Au commencement, l'unique devoir des *tribuns* étoit de protéger le peuple contre les patriciens; en sorte que leur pouvoir consistoit plutôt à empêcher qu'à agir. Ils ne passèrent pas d'abord pour magistrats; aussi ne portoient-ils point la robe prétexte: on les regardoit plutôt comme le frein de la magistrature. Cependant dans la suite on leur donna communément le nom de *magistrats*. Ils avoient le droit de délivrer un prisonnier, & de le soustraire à un jugement prêt à être rendu contre lui. Aussi pour signifier qu'ils faisoient profession de secourir tout le monde, leurs maisons devoient être ouvertes jour & nuit, & il ne leur étoit pas permis de coucher hors de la ville, ni même d'en sortir, si nous en croyons Appien. (*Civil. l. II. pag.* 736. *Edit. Tollii.*) D'ailleurs, hors de Rome, ils n'avoient aucune autorité, si ce n'est dans les fêtes latines, ou lorsqu'ils sortoient pour les affaires de la république.

Leur principal pouvoir consistoit à s'opposer aux arrêts du sénat, & à tous les actes des autres magistrats, par cette formule si célèbre: *veto*, *intercedo*, je m'oppose, j'interviens. La force de cette opposition étoit si grande, que quiconque n'y obéissoit pas, soit qu'il fût magistrat, soit qu'il fût particulier, on le faisoit aussi-tôt conduire en prison par celui qu'on nommoit *viator*; ou bien on le citoit devant le peuple comme rebelle à la puissance sacrée qu'ils représentoient. Delà vient que quiconque les offensoit de parole ou d'action, étoit regardé comme un sacrilége, & ses biens étoient confisqués.

Lorsque les *tribuns du peuple* ne s'opposoient point aux décrets du sénat, on mettoit au bas de l'acte la lettre T, pour marquer l'approbation. S'ils s'opposoient, le décret n'étoit point appellé *senatûs-consultum*, mais seulement *senatûs auctoritas*. Dans l'enregistrement, ce mot signifioit que tel avoit été l'avis du sénat. Un seul *tribun* pouvoit s'opposer à ce que faisoient ses collègues, & il l'annulloit par cette opposition. Le sénat, pour subjuguer le peuple, se servoit souvent de ce moyen, & tâchoit toujours de mettre de son côté quelqu'un des *tribuns*, pour rompre les mesures des autres.

Quoiqu'ils eussent déjà une très-grande autorité, elle devint dans la suite bien plus considérable. En vertu de la puissance sacrée dont ils étoient revêtus, non-seulement ils s'opposoient à tout ce qui leur déplaisoit, comme aux assemblées par tribus, & à la levée des soldats; mais encore ils assembloient le sénat & le peuple quand ils vouloient, & ils rompoient les assemblées de même. Tous les plébiscites ou décrets du peuple qu'ils publioient, n'obligeoient au commencement que le peuple seul: dans la suite ils obligèrent tous les trois ordres, & cela après la publication des loix *Horatia* & *Hortensia*, en 464 & 466. Enfin ils portoient si loin leur autorité, qu'ils donnoient ou ôtoient à qui bon leur sembloit, le maniment des deniers publics, la recette des impositions, les départemens, les magistratures, les commandemens d'armées, & toutes sortes de charges, &c. Par l'abus qu'ils firent de ce pouvoir immense, ils furent cause des plus grands troubles de la république, dont Cicéron se plaint amèrement, *de legib. lib. III. c. ix.*

Cette puissance illimitée ne subsista pas toujours. L. Sylla, attaché au parti des grands, s'étant rendu maître de la république à main armée, diminua beaucoup l'autorité des *tribuns*, & l'anéantit presque entièrement par une loi portée l'an 672, qui défendoit que celui qui avoit été *tribun* pût jamais parvenir à aucune autre charge. Il leur ôta par la même loi, le droit de haranguer le peuple, de faire des loix; & les appellations à leur tribunal furent abolies. Il leur laissa seulement le droit de s'opposer.

Cependant le consul Cotta, l'an 679, leur rendit le droit de parvenir aux charges de la république; & l'an 683, le grand Pompée les rétablit dans tous leurs anciens privilèges. Leur puissance subsista jusqu'à Jules-César. La 731e année de Rome, le sénat rendit un décret par lequel il transféroit à Auguste & à ses successeurs, toute l'autorité des *tribuns du peuple*, qu'on continua de créer pour la forme. Auguste s'étant ainsi rendu maître de la puissance tribunitienne, n'accorda aux *tribuns* que le seul privilège de ne pouvoir être cités en jugement avant que d'avoir quitté leur charge; & sous Tibère, ils eurent encore le droit fictif d'opposition. Enfin, du temps des empereurs Nerva & Trajan, la dignité de *tribun du peuple* n'étoit plus qu'un fantôme, un vain titre sans fonction & sans honneur. Ils restèrent dans cet état jusqu'à

Conftantin le grand ; depuis fon règne il n'eft plus fait mention de cette magiftrature.

Il ne me refte, pour en compléter l'hiftoire, qu'à en reprendre les principaux faits, déjà indiqués ou omis.

Après de grandes divifions entre les patriciens & les plébéiens, le fénat confentit, pour l'amour de la paix, à la création de nouveaux magiftrats, qui furent nommés *tribuns du peuple*, l'an de Rome 260.

Il en fut fait un fénatus-confulte, & on élut dans le camp même, pour les premiers *tribuns du peuple*, felon Denys d'Halicarnaffe, L. Junius Brutus, & C. Sicinius Bellutus, les chefs du parti, qui affocièrent en même temps à leur dignité C. & P. Licinius, & Sp. Icilius Ruga. Tite-Live prétend que C. Licinius & Lucius Albinus, furent les premiers tribuns qui fe donnerent trois collègues, parmi lefquels on compte Sicinius Bellutus ; cet hiftorien ajoute, qu'il y avoit des auteurs qui prétendoient qu'il n'y eut d'abord que deux *tribuns* élus dans cette affemblée, & c'eft l'opinion la plus commune.

Quoi qu'il en foit, on déclara, avant que de quitter le camp, la perfonne des *tribuns* facrée. Il en fut fait une loi, par laquelle il étoit défendu, fous peine de la vie, de faire aucune violence à un *tribun*, & tous les Romains furent obligés de jurer par les fermens les plus folemnels, l'obfervation de cette loi. Le peuple facrifia enfuite aux dieux fur la montagne même, qu'on appella depuis le *mont facré*, d'où il rentra dans Rome à la fuite de fes *tribuns* & des députés du fénat.

Rome, par l'établiffement du tribunat, changea une feconde fois la forme de fon gouvernement. Il étoit paffé de l'état monarchique à une efpèce d'ariftocra- ie, où toute l'autorité étoit entre les mains du fénat & des grands. Mais par la création des *tribuns*, on vit s'élever infenfiblement une nouvelle démocratie, dans laquelle le peuple, fous différens prétextes, s'empara par dégrés de la meilleure partie du gouvernement.

Ces nouveaux magiftrats n'avoient dans leur origine, ni la qualité de fénateur, ni tribunal particulier, ni jurifdiction fur leurs citoyens, ni le pouvoir de convoquer les affemblées du peuple. Habillés comme de fimples particuliers, & efcortés d'un feul domeftique appellé *viateur*, & qui étoit comme un valet de ville, ils demeuroient affis fur un banc au dehors du fénat ; ils n'y étoient admis que lorfque les confuls les faifoient appeller, pour avoir leur avis fur quelque affaire qui concernoit les intérêts du peuple ; toute leur fonction fe réduifoit à pouvoir s'oppofer aux ordonnances du fénat par le mot *veto*, qui veut dire *je l'empêche*, qu'ils mettoient au bas de fes décrets, quand ils les croyoient contraires à la liberté du peuple ; cette autorité étoit même renfermée dans les murailles de Rome, & tout au plus à un mille aux environs : & afin que le peuple eût toujours dans la ville des protecteurs prêts à prendre fa

défenfe, il n'étoit point permis aux *tribuns* de s'en éloigner un jour entier, excepté dans les féries latines. C'étoit par la même raifon qu'ils étoient obligés de tenir la porte de leurs maifons ouverte jour & nuit, pour recevoir les plaintes des citoyens, qui auroient recours à leur protection.

De femblables magiftrats fembloient n'avoir été inftitués que pour empêcher feulement l'oppreffion des malheureux ; mais ils ne fe continrent pas dans un état fi plein de modération. Il n'y eut rien dans la fuite de fi grand & de fi élevé, où ils ne portaffent leurs vues ambitieufes. Ils entrèrent bientôt en concurrence avec les premiers magiftrats de la république, &, fous prétexte d'affurer la liberté du peuple, ils eurent pour objet de ruiner infenfiblement l'autorité du fénat.

L'an de Rome 262, le peuple augmenta la puiffance de fes *tribuns*, par une loi qui défendoit à perfonne d'interrompre un *tribun* qui parle dans l'affemblée du peuple romain.

L'an 283, on publia une loi qui ordonnoit que l'élection des *tribuns* fe fit feulement dans une affemblée par tribus, & en conféquence on élut pour la première fois des *tribuns* de cette manière.

La paix ayant fuccédé aux guerres contre les Volfques, l'an 380, on vit renaître de nouvelles diffenfions. Quelques Plébéiens qui s'étoient diftingués dans ces guerres, afpirèrent au confulat, & au commandement des armées. Le petit peuple uniquement touché des incommodités de la vie, parut peu fenfible à des prétentions fi magnifiques. Les patriciens, d'un autre côté, s'y oppoférent long-temps, & avec beaucoup de courage & de fermeté. Ce fut pendant plufieurs années un fujet continuel de difputes entre le fénat & les *tribuns du peuple*. Enfin les larmes d'une femme emportèrent ce que l'éloquence, les brigues & les cabales des *tribuns* n'avoient pu obtenir : tant il eft vrai que ce fexe aimable & rufé n'eft jamais plus fort que quand il fait fervir fa propre foibleffe aux fuccès de fes deffeins. Voici le fait en peu de mots.

M. Fabius Ambuftus avoit trois fils qui fe diftinguèrent à la guerre des Gaulois, & deux filles, dont l'aînée étoit mariée à S. Sulpicius, patricien de naiffance, & qui étoit alors *tribun* militaire, & la cadette avoit époufé un riche plébéien, appellé C. Licinius Stolon. Un jour que la femme de ce plébéien fe trouva chez fa fœur, le licteur qui précédoit Sulpicius à fon retour du fénat, frappa à fa porte avec le bâton des faifceaux, pour annoncer que c'étoit le magiftrat qui alloit rentrer. Ce bruit extraordinaire fit peur à la femme de Licinius ; fa fœur ne la raffura que par un fouris fin, & qui lui fit fentir l'inégalité de leurs conditions. Sa vanité bleffée par une différence fi humiliante, la jetta dans une fombre mélancolie. Son père & fon mari lui en demandèrent plufieurs fois le fujet, fans pouvoir l'apprendre. Elle affectoit d'en couvrir la caufe par un filence opiniâtre. Ces deux romains, à qui elle étoi chère

chère, redoublèrent leurs empreſſemens, & n'ou-
blirèent rien pour lui arracher ſon ſecret. Enfin
après avoir réſiſté autant qu'elle crut le devoir faire
pour exciter ſa tendreſſe, elle feignit de ſe rendre,
elle leur avoua, les larmes aux yeux, & avec une
eſpèce de confuſion, que le chagrin la feroit mourir,
ſi étant ſortie du même ſang que ſa ſœur, ſon
mari ne pouvoit pas parvenir aux mêmes dignités
que ſon beau-frè.e.

Fabius & Licinius pour l'appaiſer, lui firent des
promeſſes ſolemnelles de n'épargner rien pour
mettre dans ſa maiſon les mêmes honneurs qu'elle
avoit vus dans celle de ſa ſœur : & ſans s'arrêter
à briguer le tribunal militaire, ils portèrent tout
d'un coup leurs vues juſques au conſulat.

Le beau-père quoique patricien, ſe joignit à
ſon gendre, ou par complaiſance pour ſa fille, ou
par reſſentiment de la mort de ſon fils, que le
ſénat avoit abandonné, il prit des intérêts oppoſés
à ceux de ſon ordre. Licinius & lui aſſocièrent
dans leur deſſein L. Sextius, d'une famille plébéienne, également eſtimé par ſa valeur & par
ſon éloquence, intrépide défenſeur des droits du
peuple, & auquel, de l'aveu même des patriciens,
il ne manquoit qu'une naiſſance plus illuſtre,
pour pouvoir remplir toutes les charges de la
république.

C. Licinius & L. Sextius convinrent d'abord
de briguer le tribunat plébéien, afin de s'en faire
comme un degré pour parvenir à la ſouveraine
magiſtrature : ils l'obtinrent aiſément. A peine
eurent ils fait ce premier pas, qu'ils réſolurent
de rendre le conſulat commun aux deux ordres
de la république, & ils y travaillèrent avec tant
de chaleur, que les citoyens étoient à la veille de
prendre les armes les uns contre les autres, quand
les patriciens pour éviter ce malheur, prirent le
parti de céder au peuple une des places du conſulat. Sextius fut le premier des plébéiens qui en
fut pourvu l'an de Rome 380, & Licinius lui ſuccéda peu de tems après.

Quoique les tribuns de Rome aient ſouvent cauſé
de grands troubles dans la ville par leur ambition,
& par l'abus qu'ils firent de leur pouvoir, Cicéron
n'a pu s'empêcher de reconnoître, que leur établiſſement fut le ſalut de la république; car, dit-il,
la force du peuple qui n'a point de chef, eſt plus
terrible, & commet toujours des déſordres extrêmes.
Un chef ſent que l'affaire roule ſur lui, il y penſe;
mais le peuple dans ſon impétuoſité, ne connoit
point le péril où il ſe jette. D'ailleurs dans une
république le peuple a beſoin d'un magiſtrat pour
le défendre contre les vexations des grands; cependant la puiſſance des tribuns de Rome étoit vicieuſe
en ce point particulier, qu'elle arrêtoit non-ſeulement la légiſlation, mais même l'exécution; or il
ne faut pas, dans un état modéré, que la puiſſance légiſlative ait la faculté d'arrêter la puiſſance

exécutrice, & réciproquement. (Le chevalier DE
JAUCOURT).

TRIBUN DU TRÉSOR, (antiq. rom.) tribunus
ærarii; eſpèce de tréſorier des fonds militaires.
Les tribuns du tréſor étoient des officiers tirés du
peuple, qui gardoient les fonds d'argent deſtinés à
la guerre, pour les diſtribuer dans le beſoin aux
queſturs des armées. On obſervoit de choiſir ces
tribuns les plus riches qu'on pouvoit, parce que
c'étoit un emploi où il avoit beaucoup d'argent
à manier; mais Claudius, du tems de Cicéron,
trouva le moyen d'en corrompre pluſieurs, qu'on
lui avoit nommés pour juges. (D. J.)

TRIBU ROMAINE (Hiſt. rom.) nom collectif
du partage de différens ordres de citoyens romains,
diviſés en pluſieurs claſſes & en quartiers. Le mot
tribu eſt un terme de partage & de diviſion, qui
avoit deux acceptions chez les Romains, & qui ſe
prenoit également pour une certaine partie du peuple, & pour une partie des terres qui lui appartenoient. C'eſt le plus ancien établiſſement dont il
ſoit fait mention dans l'hiſtoire romaine, & un
de ceux ſur leſquels les auteurs ſont le moins d'accord.

L'attention la plus néceſſaire dans ces ſortes de
recherches, eſt de bien diſtinguer les temps; car c'eſt
le nœud des plus grandes difficultés. Ainſi il faut bien
prendre garde de confondre l'état des tribus ſous les
rois, ſous les conſuls & ſous les empereurs; car elles
changèrent entièrement de formes & d'uſages ſous
ces trois ſortes de gouvernemens. On peut les conſidérer ſous les rois comme dans leur origine, ſous
les conſuls comme dans leur état de perfection, &
ſous les empereurs comme dans leur décadence,
du moins par rapport à leur crédit & à la part
qu'elles avoient au gouvernement : car tout le
monde ſait que les empereurs réunirent en leur
perſonne toute l'autorité de la république, & n'en
laiſſèrent plus que l'ombre au peuple & au ſénat.

L'état où ſe trouvèrent alors les tribus nous eſt
aſſez connu, parce que les meilleurs hiſtoriens que
nous ayons ſont de ce temps-là : nous ſavons auſſi
à peu-près quelle en étoit la forme ſous les conſuls, parce qu'une partie des mêmes hiſtoriens en
ont été témoins : mais nous n'avons preſque aucune connoiſſance de l'état où elles étoient ſous
les rois, parce que perſonne n'en avoit écrit dans
le temps, & que les monumens publics & particuliers qui auroient pu en conſerver la mémoire,
avoient été ruinés par les incendies.

Les anciens qui ont varié ſur l'époque, ſur le
nombre des tribus, & même ſur l'étymologie de
leur nom, ne ſont pas au fond ſi contraires qu'ils
le paroiſſent, les uns n'ayant fait attention qu'à
l'origine des tribus qui ſubſiſtoient de leur temps,
les autres qu'à celles des tribus inſtituées par Romulus & ſupprimées par Servius Tullius. Il y a

en deux fortes de *tribus*, inftituées par Romulus, les unes avant l'enlevement des fabines, les autres après qu'il eut reçu dans Rome les fabins & les Tofcans. Les trois nations ne firent alors qu'un même peuple fous le nom de Quirites, mais elles ne laifferent pas de faire trois différentes *tribus*; les Romains fous Romulus, d'où leur vint le nom de Ramnes; les Sabins fous Tatius, dont ils porterent le nom; & les tofcans appellés Luceres fous ces deux princes.

Pour fe mettre au fait de leur fituation, il faut confidérer Rome dans le temps de fa première enceinte, & dans le temps que cette enceinte eut été aggrandie après l'union des Romains, des Sabins, & des Tofcans. Dans le premier état, Rome ne comprenoit que le mont Palatin dont chaque *tribu* occupoit le tiers; dans le fecond, elle renfermoit la roche tarpeïenne; & la vallée qui féparoit ces deux monticules fut le partage des Tofcans, & l'on y joignit le mont Aventin & le Janicule: la montagne qu'on nomma depuis, le capitole, fut celui des Sabins, qui s'étendirent auffi dans la fuite fur le mont Cœlius.

Voilà quelle étoit la fituation des anciennes *tribus*, & quelle en fut l'étendue, tant qu'elles fubfifterent; car il ne leur arriva de ce côté-là aucun changement jufqu'au regne de Servius Tullius, c'eft-à-dire, jufqu'à leur entiere fuppreffion. Il eft vrai que Tarquinius Prifcus entreprit d'en augmenter le nombre, & qu'il fe propofoit même de donner fon nom à celles qu'il vouloit établir; mais la fermeté avec laquelle l'augure Nævius s'oppofa à fon deffein, & l'ufage qu'il fit alors du pouvoir de fon art, ou de la fuperftition des Romains, en empêcherent l'exécution. Les auteurs remarquent qu'une action fi hardie & fi extraordinaire lui fit élever une ftatue dans l'endroit même où la chofe fe paffa. Et Tite-Live ajoute que le prétendu miracle qu'il fit en cette occafion, donna tant de crédit aux arufpices en général & aux augures en particulier, que les Romains n'oferent plus rien entreprendre depuis fans leur aveu.

Tarquin ne laiffa pas néanmoins de rendre la cavalerie des *tribus* plus nombreufe; & l'on ne fauroit nier que de ce côté-là il ne leur foit arrivé divers changemens: car à mefure que la ville fe peuploit, comme fes nouveaux habitans étoient diftribués dans les *tribus*, il falloit néceffairement qu'elles devinffent de jour en jour plus nombreufes, & par confequent que leurs forces augmentaffent à-proportion. Auffi voyons-nous que dans les commencemens chaque *tribu* n'étoit compofée que de mille hommes d'infanterie, d'où vint le nom de *miles*, & d'une centaine de chevaux que les latins nommoit *centuria equitum*. Encore faut-il remarquer qu'il n'y avoit point alors de citoyen qui fût exempt de porter les armes. Mais lorfque les Romains eurent fait leur paix avec les fabins, & qu'ils les eurent reçus dans

leur ville avec les tofcans qui étoient venus à leur fecours; comme ces trois nations ne firent plus qu'un peuple, & que les romains ne firent plus qu'une *tribu*, les forces de chaque *tribu* durent être au moins de trois mille hommes d'infanterie & de trois cent chevaux, c'eft-à-dire, trois fois plus confidérables qu'auparavant.

Enfin quand le peuple Romain fut devenu beaucoup plus nombreux, & qu'on eut ajouté à la ville les trois nouvelles montagnes dont on a parlé, favoir le mont Cœlius pour les Albains, que Tullus Hoftilius fit transférer à Rome après la deftruction d'Albe, & le mont Aventin avec le Janicule pour les Latins qui vinrent s'y établir, lorfqu'Ancus Martius fe fut rendu maître de leur pays, les *tribus* fe trouvant alors confidérablement augmentées & en état de former une puiffante armée, fe contenterent néanmoins de doubler leur infanterie, qui étoit, comme nous venons de voir, de 9000 hommes. Ce fut alors que Tarquinius Prifcus entreprit de doubler auffi leur cavalerie, & qu'il la fit monter à 1800 chevaux, pour répondre aux dix-huit mille hommes dont leur infanterie étoit compofée.

Ce font-là tous les changemens qui arriverent aux *tribus* du côté des armes, & il ne refte plus qu'à les confidérer du côté du gouvernement.

Quoique les trois nations dont elles étoient compofées ne formaffent qu'un peuple, elles ne laifferent pas de vivre chacune fous les loix de leur prince naturel, jufqu'à la mort de T. Tatius: car nous voyons que ce roi ne perdit rien de fon pouvoir, quand il vint s'établir à Rome, & qu'il y régna conjointement, & même en affez bonne intelligence avec Romulus tant qu'il vécut. Mais après fa mort, les fabins ne firent point de difficulté d'obéir à Romulus, & fuivirent, en cela, l'exemple des tofcans qui l'avoit déja reconnu pour leur fouverain. Il eft vrai que lorfqu'il fut queftion de lui choifir un fucceffeur, les fabins prétendirent que c'étoit à leur tour à régner, & furent fi bien foutenir leurs droits contre les romains, qui ne vouloient pas de prince étranger, qu'après un an d'interregne, on fut enfin obligé de prendre un roi de leur nation. Mais comme il n'arriva par-là aucun changement au gouvernement, les *tribus* demeurerent toujours dans l'état où Romulus les avoit mifes, & conferverent leur ancienne forme tant qu'elles fubfifterent.

La première chofe que fit Romulus, lorfqu'il les eut réunies fous fa loi, fut de leur donner à chacun un chef de leur nation, capable de commander leurs troupes & d'être fes lieutenans dans la guerre. Ces chefs, que les auteurs nomment indifféremment *tribuni* & *præfecti tribuum*, étoient auffi chargés du gouvernement civil des *tribus*; & c'étoit fur eux que Romulus s'en repofoit pendant la paix. Mais comme ils étoient obligés de le fuivre lorfqu'il fe mettoit en campagne, & que la ville seroit demeurée par-là sans commandant , il avoit soin d'y laisser en sa place un gouverneur , qui avoit tout pouvoir en son absence, & dont les fonctions duroient jusqu'à son retour. Ce magistrat se nommoit *præfectus urbis* , nom que l'on donna depuis à celui que l'on créoit tous les ans pour tenir la place des consuls pendant les féries latines ; mais comme les fonctions du premier étoient beaucoup plus longues , les féries latines n'étant que de deux ou trois jours, son pouvoir étoit aussi beaucoup plus étendu ; car c'étoit pour lors une espèce de viceroi qui décidoit de tout au nom du prince, & qui avoit seul le droit d'assembler le peuple & le sénat en son absence.

Quoique l'état fût alors monarchique, le pouvoir des rois n'étoit pas si arbitraire, que le peuple n'eût beaucoup de part au gouvernement. Ses assemblées se nommoient en général *comices* , & se tenoient dans la grande place ou au champ de Mars. Elles furent partagées en différentes classes, les curies, les centuries, & les nouvelles *tribus*.

Il faut bien prendre garde au reste de confondre les premières assemblées du peuple sous les rois & du tems des anciennes *tribus*, avec ces comices des centuries, & encore plus avec ceux des nouvelles *tribus* ; car ces derniers n'eurent lieu que sous les consuls, & plus de soixante ans après ceux des centuries, & ceux-ci ne commencèrent même à être en usage, que depuis que Servius Tullius eut établi le cens, c'est-à-dire plus de deux cents ans après la fondation de Rome.

Les curies étoient en possession des auspices, dont le sceau étoit nécessaire dans toutes les affaires publiques ; & malgré les différentes révolutions arrivées dans la forme de leurs comices, elles se soutinrent jusqu'à la fin de la république. Il y avoit deux sortes de curies à Rome , du tems des anciennes *tribus* : les unes où se traitoient les affaires civiles , & où le sénat avoit coutume de s'assembler ; & les autres où se faisoient les sacrifices publics, & où se régloient toutes les affaires de la religion. Ces dernières étoient au nombre de trente , chaque *tribu* en ayant dix qui formoient dans son enceinte particulière, autant de quartiers & d'espèces de paroisses, car ces curies étoient des lieux destinés aux cérémonies de la religion, où les habitans de chaque quartier étoient obligés d'assister les jours solemnels , & qui étant consacrés à différentes divinités, avoient chacune leurs fêtes particulières, outre celles qui étoient communes à tout le peuple.

D'ailleurs, il y avoit dans ces quartiers d'autres temples communs à tous les romains , où chacun pouvoit à sa dévotion aller faire des vœux & des sacrifices, mais sans être pour cela dispensé d'assister à ceux de sa curie, & sur-tout aux repas solemnels que Romulus y avoit institués pour entretenir la paix & l'union, & qu'on appelloit *charistia*, ainsi que ceux qui se faisoient pour le même sujet dans toutes les familles.

Enfin, ces temples communs étoient desservis par différens collèges de prêtres, tels que pourroient être aujourd'hui les chapitres de nos églises collégiales, & chaque curie au contraire avoit un seul ministre qui avoit l'inspection sur tous ceux de son quartier, & qui ne relevoit que du grand *curion*, qui faisoit alors toutes les fonctions de souverain pontife : ces curions étoient originairement les arbitres de la religion, & même depuis qu'ils furent subordonnés aux pontifes, le peuple continua de les regarder comme les premiers de tous les prêtres après les augures, dont le sacerdoce étoit encore plus ancien, & qui furent d'abord créés au nombre de trois, afin que chaque *tribu* eût le sien. Voilà quel étoit l'état de la religion du tems des anciennes *tribus*, & quels en furent les principaux ministres tant qu'elles subsistèrent.

Le peuple étoit en droit de se choisir tous ceux qui devoient avoir sur lui quelque autorité dans les armes, dans le gouvernement civil & dans la religion : Servius Tullius fut le premier qui s'empara du trône sans son consentement, & qui changea la forme du gouvernement, pour faire passer toute l'autorité aux riches & aux patriciens, à qui il étoit redevable de son élévation. Il se garda bien néanmoins de toucher à la religion, se contentant de changer l'ordre civil & militaire. Il divisa la ville en quatre parties principales , & prit-de-là occasion de supprimer les trois anciennes *tribus*, que Romulus avoit instituées, & en établit quatre nouvelles, auxquelles il donna le nom de ces quatre principaux quartiers, & qu'on appella depuis les *tribus* de la ville, pour les distinguer de celles qu'il établit de même à la campagne.

Servius ayant ainsi changé la face de la ville, & confondu les trois principales nations, dont les anciennes *tribus* étoient composées, fit un dénombrement des citoyens & de leurs facultés. Il divisa tout le peuple en six classes subordonnées les unes aux autres, suivant leur fortune. Il les subdivisa ensuite en cent quatre-vingt-treize centuries, par le moyen desquelles il fit passer toute l'autorité aux riches, sans paroître leur donner plus de pouvoir qu'aux autres.

Cet établissement des classes & des centuries, en introduisant un nouvel ordre dans les assemblées du peuple, en introduisit un nouveau dans la répartition des impôts ; les romains commencèrent à en supporter le poids à proportion de leurs facultés, & la part qu'ils avoient au gouvernement. Chacun étoit obligé de servir à ses dépens pendant un nombre déterminé de campagnes, fixé à dix pour les chevaliers, & à vingt pour les plébéiens ; la classe de ceux qui n'en avoient pas le moyen fut exempte de service , jusqu'à ce qu'on eût assigné une paye aux troupes ; les centuries gardoient en campagne le même rang & les même marques de distinction qu'elles avoient dans la ville, & se rendoient en ordre militaire dans le champ de Mars pour y tenir leurs comices.

Ces comices ne commencèrent néanmoins à avoir lieu, qu'après l'établissement des nouvelles *tribus*, tant de la ville que de la campagne; mais comme ces *tribus* n'eurent aucune part au gouvernement sous les rois, qu'on fut même, dans la suite, obligé d'en augmenter le nombre à plusieurs reprises, & qu'enfin les comices de leur nom ne commencèrent à être en usage que sous la république, nous allons voir comment elles parvinrent à leur perfection sous les consuls.

Pour se former une idée plus exacte des diverses *tribus*, il est bon de considérer l'état où se trouvèrent les romains à mesure qu'ils les établirent, afin d'en examiner en même tems la situation, & de pouvoir même juger de leur étendue par la date de leur établissement. Pour cela, il faut bien distinguer les tems, & considérer les progrès des romains en Italie, sous trois points de vue différens; sur la fin de l'état monarchique, lorsque Servius Tullius établit les premières de ces *tribus*; vers le milieu de la république, lorsque les consuls en augmentèrent le nombre jusqu'à trente-cinq; & un peu avant les empereurs, lorsqu'on supprima les *tribus* surnuméraires qu'on avoit été obligé de créer pour les différens peuples d'Italie.

Au premier état leurs frontières ne s'étendoient pas au-delà de six milles, & c'est dans cette petite étendue qu'étoient renfermées les *tribus* que Servius Tullius établit, entre lesquelles celles de la ville tenoient le premier rang, non-seulement parce qu'elles avoient été établies les premières; mais encore parce qu'elles furent d'abord les plus honorables, quoiqu'elles soient depuis tombées dans le mépris.

Ces *tribus* étoient au nombre de quatre, & tiroient leur dénomination des quatre principaux quartiers de Rome. Varron, sans avoir égard à l'ancienneté des quartiers dont elles portoient le nom, nomme la *suburane* la première; l'*esquiline* la seconde; la *colline* la troisième, & la *palatine* la dernière: mais leur ordre est différemment rapporté par les historiens.

A l'égard des *tribus* que Servius Tullius établit à la campagne & qu'on nommoit *rustiques*, on ne sait pas au juste quel en fut d'abord le nombre, car les auteurs sont partagés sur ce sujet. Comme il est certain que des trente-une *tribus* rustiques dont le peuple romain étoit composé du tems de Denys d'Halicarnasse, il n'y en a que dix-sept dont on puisse rapporter l'établissement à Servius Tullius, on peut supposer que ce prince divisa d'abord le territoire de Rome en dix-sept parties, dont il fit autant de *tribus*, & que l'on appella

dans la suite les *tribus rustiques*, pour les distinguer de celles de la ville. Toutes ces *tribus* portèrent d'abord le nom des lieux où elles étoient situées; mais la plupart ayant pris depuis le nom des familles romaines, il n'y en a que cinq qui aient conservé leurs anciens noms, & dont on puisse par conséquent marquer au juste la situation: voici leurs noms.

La romulie, ainsi nommée, selon Varron, parce qu'elle étoit sous les murs de Rome, ou parce qu'elle étoit composée des premières terres que Romulus conquit dans la Toscane le long du Tibre & du côté de la mer.

La véientine, qui étoit aussi dans la Toscane, mais plus à l'occident, & qui s'étendoit du côté de Véies; car cette ville si fameuse depuis le long siège qu'elle soutint contre les Romains, n'étoit pas encore en leur pouvoir.

La lémonienne qui étoit diamétralement opposée à celle-ci, c'est à-dire, du côté de l'orient, & qui tiroit son nom d'un bourg qui étoit proche de la porte Capéne, & sur le grand chemin qui alloit au Latium.

La pupinienne, ainsi nommée du champ pupinien qui étoit aussi dans le Latium, mais plus au nord & du côté de Tusculum.

Enfin la crustumine qui étoit entièrement au nord, & qui tiroit son nom d'une ville des Sabins, qui étoit au-delà de l'Anio, à quatre ou cinq milles de Rome.

Des douze autres qui ne sont plus connues aujourd'hui que par le nom des familles, *Claudia*, *Æmilia*, *Cornelia*, *Fabia*, *Menenia*, *Pollia*, *Voltinia*, *Galeria*, *Horatia*, *Sergia*, *Veturia* & *Papiria*, il n'y a que la première & la dernière dont on sache la situation; encore n'est-ce que par deux passages, l'un de Tite-Live, qui nous apprend en général que lorsqu'Atta Clausus, qu'on appella depuis Appius Claudius, vint se réfugier à Rome avec sa famille & ses cliens, on lui donna des terres au-delà du Tévéron dans une des anciennes *tribus* à laquelle il donna son nom, & dans laquelle entrerent depuis tous ceux qui vinrent de son pays; l'autre passage est de Festus par lequel il paroit que la *tribu* papirienne étoit du côté de Tusculum, & tellement jointe à la pupinienne, qu'elles en vinrent quelquefois aux mains pour leurs limites.

Pour les dix autres *tribus*, tout ce qu'on en sait, c'est qu'elles étoient dans le champ romain, *in agro romano*; mais on ne sait d'aucune en particulier, si elle étoit du côté du Latium dans la Toscane ou chez les sabins. Il y a cependant bien de l'apparence qu'il y en avoit cinq dans la Toscane outre la romulie & la véientine, & cinq de l'autre côté du Tibre; c'est-à-dire, dans le Latium & chez les sabins, outre la papirienne; la claudienne, la lémonienne, la pupinienne & la cruftumine ; par conféquent que de ces dix-fept premières *tribus* ruftiques, il y en avoit d'x du côté du Tibre & fept de l'autre ; car Varron nous apprend que Servius Tullius divifa le champ romain en dix-fept cantons, dont il fit autant de *tribus* ; & tous les auteurs conviennent que la partie de la Tofcane qui étoit la plus proche de Rome, s'appelloit *Septempagium*. On pourroit même conjecturer que toutes ces *tribus* étoient fituées entre les grands chemins qui conduifoient aux principales villes des peuples voifins, de manière que chacun de ces chemins conduifoit à deux *tribus*, & que chaque *tribu* communiquoit à deux de ces chemins.

Il faut remarquer que ces dix-fept *tribus* ruftiques devinrent dans la fuite les moins confidérables de toutes les ruftiques, par l'impoffibilité où elles étoient de s'étendre, & par le grand nombre de nouveaux citoyens & d'étrangers dont on les furchargeoit. Les romains avoient coutume d'envoyer des colonies dans les principales villes du pays conquis & d'en transférer à Rome les anciens habitans. Leur politique les empêcha de rien précipiter ; d'abord ils ne refufoient l'alliance d'aucun peuple, & à l'égard de ceux qui leur déclaroient la guerre ou qui favorifoient fecrettement leurs ennemis, i's fe contentoient de leur retrancher quelque partie de leurs terres, permettoient au refte de fe gouverner fuivant fes loix, lui accordoient même dans la fuite tous les droits des citoyens romains, s'il étoit fidèle, mais ils le traitoient après cela à toute rigueur, s'il lui arrivoit de fe révolter. On comptoit alors dans l'Italie dix-huit fortes de villes différentes ; celles des alliés des Romains, celles des confédérés, qui ne jouiffoient que conditionnellement de leurs privileges, les colonies compofées de feuls romains & les colonies latines, les municipes dont les habitans perdoient leurs droits de citoyens romains, & les autres qui n'en étoient point privés, & les préfectures.

Ce ne fut qu'infenfiblement, & à mefure que les romains étend'rent leurs conquêtes, que furent établies les *tribus ftellatine, fabarine, tromentine*, & celle que quelques-uns ont nommée *arnienfis* ou *narnienfis*.

La ftellatine étoit anfi nommée, non de la vil'e de Ste late qui étoit dans la Campanie, ma's d'une autre ville de même nom qui étoit dans la Tofcane entre Capene, Falerie & Veïes, c'eft-à-dire, à cinq ou fix milles de Rome.

La fabatine étoit auffi dans la Tofcane, mais d'un côté de la mer, proche le lac appellé aujourd'hui *Brachiano*, & que les latins nommoient *Sabatinus*, de la ville de Sabate qui étoit fur fes bords.

La tromentine tiroit fon nom du champ tromentin dont on ne fait pas au jufte la fituation, mais qui étoit auffi dans la Tofcane, & felon toutes les ap-

parences entre les deux *tribus* dont nous venons de parler.

Enfin celle qui étoit nommée *arnienfis* dans quelques auteurs, comme nous l'avons dit, étoit la dernière & la plus éloignée de toutes les ruftiques.

Ces quatre *tribus* furent établies enfemble l'an 337 de Rome, & neuf ans après la prife de Veïes ; quand Camille eut défait les Volfques, on en établit deux nouvelles dans la partie du Latium qu'ils occupoient, & le fénat voyant toute l'Italie prête à fe foulever, confentit enfin en 397 de former du champ Pomptin deux *tribus*, la pomptine & la publilienne, auxquelles on ajouta fuccefivement la mœcienne, la fcaptienne, l'ufentine & la falerine.

La pomptine étoit ainfi nommée, felon Feftus, du champ Pomptin qui tiroit lui-même fon nom, ainfi que les marais dont il eft environné, de la ville de Pométie, que les Latins appelloient *Sueffa Pometia, Pometia,* & *Pontia.*

La publilienne étoit auffi chez les volfques, mais on n'en fait pas au jufte la fituation.

La mœcienne étoit fituée chez les latins, & tiroit fon nom d'un château qui étoit entre Lanuvium, Ardée & Pométie, & auprès duquel les volfques avoient été défaits par Camille.

L'autre étoit chez les Herniques, & portoit le nom d'une ville qui étoit fituée entre Tivoli, Préneste & Tufculum, à quinze milles de Rome.

L'ufentine étoit ainfi nommé du fleuve Ufens qui paffoit à Terracine à l'extrémité du Latium.

La falérine étoit dans la Campanie, & tiroit fon nom du territoire de Falerne fi renommé chez les anciens par fes excellens vins.

C'eft en fuivant le même ordre des temps, & après que la révolte des Tofcans eut contraint les romains occupés dans le Latium à tourner leurs armes victorieufes contre la Tofcane, qu'ils formerent de leurs nouvelles conquêtes la tarentine & celle qui eft nommée arnienfis.

La tarentine étoit fituée dans la Tofcane, mais on n'en fait au jufte ni la fituation ni l'étymologie.

L'arnienfis tiroit fon nom de l'Arne jufqu'où les romains avoient pour lors étendu leurs conquêtes.

Ce fut au refte l'an 453, que ces deux *tribus* furent établies.

Enfin c'eft chez les fabins qu'étoient fituées les deux dernières *tribus* que les confuls inftituerent, favoir la véline & la quirine, dont l'une tiroit fon nom du lac Velin, qui eft à cinquante milles de Rome, & l'autre de la ville de Cures, d'où les Romains tiroient auffi leur nom de Quirites, & ces *tribus* ne furent même établies que long-temps après que les Romains se furent rendus maîtres du pays où elles étoient situées.

Ces *tribus* au reste furent les deux dernières des quatorze que les consuls instituerent, & qui jointes aux quatre *tribus* de la ville & aux dix-sept rustiques que Servius Tullius avoit établies, acheverent le nombre de trente-cinq dont le peuple romain fut toujours depuis composé.

Voilà en quel temps & à quelle occasion chacune de ces *tribus* fut établie, & même quelle en étoit la situation. Ainsi il ne nous reste plus qu'à parler de leur étendue, ce qui est difficile à constater; car il n'en est pas de ces dernières *tribus*, comme de celles que Servius avoit formées.

En effet malgré les changemens qui arriverent aux *tribus* de la ville à mesure qu'on l'aggrandit, comme elles la partagerent toujours à-peu-près également, il est assez facile de s'imaginer quelle en fut l'étendue selon les temps. Pour les dix-sept *tribus* rustiques de Servius Tullius, comme elles étoient toutes renfermées dans le champ romain qui ne s'étendoit pas à plus de dix ou douze milles, il s'ensuit que ces *tribus* ne pouvoient guère avoir que cinq ou six milles, c'est-à-dire, environ deux lieues d'étendue chacune. Mais à l'égard des quatorze qui furent depuis établies par les consuls, comme elles étoient d'abord fort éloignées les unes des autres, & situées non-seulement en différentes provinces, mais encore séparées entr'elles par un grand nombre de colonies, de municipes & de préfectures qui n'étoient point de leur dépendance, il est impossible de savoir au juste quelle en fut d'abord l'étendue; tout ce qu'on en peut dire, c'est qu'elles étoient séparées en général par le Tibre, le Nar & l'Anio, & terminées par le Vulturne à l'orient, au midi par la mer, par l'Arne à l'occident, & au septentrion par l'Apennin; car elles ne passerent jamais ces limites.

Ainsi lorsqu'on voulut dans la suite leur donner plus d'étendue, on ne put les augmenter que du territoire des colonies & des municipes qui n'y étoient point comprises, & elles ne parvinrent même à remplir toute l'étendue du pays qui étoit entr'elles, que lorsqu'on eut accordé le droit de bourgeoisie à tous les peuples des provinces où elles étoient situées, ce qui n'arriva qu'au commencement de la guerre marsique, c'est-à-dire, dans les derniers temps de la république, encore ces peuples ne furent-ils pas d'abord reçus immédiatement dans ces trente-cinq *tribus*; car les Romains craignant qu'ils ne se rendissent les maîtres dans les comices, en créèrent exprès pour eux dix nouvelles, auxquelles ils ne donnerent point le droit de prérogative, & dont on ne prenoit par conséquent les suffrages, que lorsque les autres étoient partagées. Mais comme ces peuples se virent par-là privés de la part qu'ils espéroient avoir au gouvernement, ils en firent éclater leur ressentiment, & surent si bien se prévaloir du besoin que les romains avoient alors de leur secours, qu'on

fut peu de temps après obligé de supprimer ces nouvelles *tribus*, & d'en distribuer tous les citoyens dans les anciennes où ils donnerent toujours depuis leurs suffrages.

Appien nous apprend que ce fut sous le consulat de L. Julius César & de P. Rutilius Lupus, que ces nouvelles *tribus* furent instituées, c'est-à-dire, l'an 660, & que ce fut l'an 665, sous le quatrième consulat de L. Cinna, & pendant la censure de L. Marcus Philippus & de Marcus Perpenna, qu'elles furent supprimées.

Il y a bien de l'apparence au reste que les noms des dix ou douze *tribus* qu'on appelle ordinairement les surnuméraires, & dont il nous reste plusieurs inscriptions antiques, savoir, *Oericulana*, *Sapinia*, *Cluvia*, *Papia*, *Cluentia*, *Camilla*, *Dumia*, *Minucia*, *Julia*, *Flavia*, & *Ulpia*, étoient les noms mêmes de ces dix nouvelles *tribus* ou de quelques-unes des anciennes qui changerent de dénomination dans les premiers temps de la république, si l'on en excepte les trois dernières, *Julia*, *Flavia*, & *Ulpia*, qui ne commencerent à être en usage que sous les empereurs, & qui furent données par honneur aux *tribus* d'Auguste, de Vespasien & de Trajan.

Pour les autres, ce qui fait croire que ce pourroient être les noms des dix nouvelles *tribus* dont nous avons parlé, c'est qu'il y en a qui sont des noms de familles qui n'étoient point encore romaines lorsque les autres *tribus* furent établies, comme la papienne & la cluentienne, qui tiroient leur origine de deux chefs de la guerre marsique, dont Appien parle au premier livre de la guerre civile, savoir, Papius Mutilus, & L. Cluentius, auxquels on accorda pour lors le droit de bourgeoisie, & qui parvinrent depuis à tous les honneurs de la république. D'autres sont des noms de lieux qui ne conviennent ni aux dernières *tribus* établies par les consuls dont nous savons la situation, ni aux premières établies par Servius Tullius, qui étoient toutes renfermées dans le champ romain, comme l'oericulane, la sapinienne & la cluentienne, qui étoient situées dans l'Ombrie, sur le Nar, & chez les Samnites.

Quoi qu'il en soit, il est certain que comme les *tribus* de la ville étoient en général moins honorables que les rustiques à cause des affranchis dont elles étoient remplies, les premières rustiques établies par Servius Tullius l'étoient aussi beaucoup moins que les consulaires, non-seulement parce qu'elles avoient beaucoup moins d'étendue, mais encore parce que c'étoit dans ces *tribus* qu'étoient distribués tous les nouveaux citoyens & les différens peuples auxquels on accordoit le droit de suffrage, ainsi qu'on peut le faire voir en exposant la forme politique de ces *tribus*, leurs différens usages selon les temps & les mutations qui leur arriverent depuis leur institution jusqu'à leur décadence.

Mais auparavant il est bon de rappeller l'état des anciennes, afin d'en examiner de suite les changemens, & montrer que tout ce que les nouvelles entreprirent sous les consuls, ne tendoit qu'à recouvrer l'autorité que les anciennes avoient eue sous les cinq premiers rois, & à se tirer de la sujétion où Servius Tullius les avoit asservies, en établissant les comices des centuries.

Les anciennes *tribus* sous les rois étoient distinguées en général par leur situation & par les différentes nations dont elles étoient composées ; mais elles ne laissoient pas d'avoir les mêmes usages, & leur forme politique étoit précisément la même. Toutes les curies avoient également part aux honneurs civils & militaires. Servius Tullius supprima les anciennes *tribus*, & leur en substitua de nouvelles qu'il dépouilla de toute autorité ; elles ne servirent, jusqu'au jugement de Coriolan, qu'à partager le territoire de Rome, & à marquer le lieu de la ville & de la campagne où chaque citoyen demeuroit.

La condition du peuple romain ne devint pas meilleure par l'établissement des consuls, dont l'autorité ne fut pas suffisamment modérée par l'appel au peuple, ni par le pouvoir de les élire accordé aux centuries. L'abolition des dettes fut le premier coup d'éclat que le peuple frappa contre les patriciens. Il obtint ensuite ses tribuns par sa retraite sur le mont sacré. Les tribuns n'eurent d'abord d'autre fonction que celle de défendre le peuple contre l'oppression des grands ; mais ils se servirent du droit d'assembler le peuple sans la permission du sénat, pour établir les comices des *tribus*, pour faire accorder aux mêmes *tribus* le droit d'élire les magistrats du second ordre, pour arrêter les délibérations du sénat, pour renverser la forme du gouvernement, pour faire parvenir le peuple au consulat, pour s'emparer du sacerdoce, & pour opprimer les patriciens.

Comme les *tribus* ne commencèrent à avoir part au gouvernement que depuis l'établissement de leurs comices, & que c'est même du pouvoir qu'elles avoient dans ces assemblées, qu'elles tirèrent depuis tout leur crédit, il est certain-que c'est à ces comices qu'il en faut rapporter le principal usage ; mais comme il en est fait quelquefois mention dans les comices des centuries, tant pour l'élection des magistrats qu'au sujet de la guerre, on ne sauroit douter qu'elles ne fussent aussi de quelque usage dans cette autre sorte d'assemblée, & il ne s'agit plus que de savoir de quel usage elles y pouvoient être, & quand elles commencèrent d'y avoir part.

A l'égard de la première question, elle ne souffre point de difficulté ; & quoiqu'un passage de Lœlius-Félix cité par Aulu-Gelle, nous marque expressément que les comices des centuries ne pouvoient se tenir dans la ville, à cause que la forme en

étoit militaire, il est certain néanmoins qu'on passoit quelquefois sur la règle en faveur de la commodité ; & qu'alors, pour sauver les apparences, le peuple s'assembloit d'abord par *tribus*, & se partageoit ensuite par classes & par centuries pour donner ses suffrages.

A l'égard du tems où les *tribus* commencèrent à être en usage dans les comices des centuries ; c'est ce qu'il n'est pas aisé de déterminer, car on n'en trouve rien dans les anciens ; & les modernes qui en ont parlé, sont d'avis entièrement contraires. Les uns prétendent que ce ne fut que depuis que le nombre des trente-cinq *tribus* fut rempli ; les autres au contraire soutiennent que cet usage eut lieu dès l'établissement des centuries, & que leurs comices ne se tinrent jamais autrement ; mais leur conjecture n'est pas mieux fondée : car Denys-d'Halicarnasse qui nous en a laissé un détail fort exact & fort circonstancié, ne dit pas un mot des *tribus*, & il n'en est pas fait une seule fois mention dans toutes les comices dont Tite-Live parle avant le jugement de Coriolan.

Ainsi quoiqu'on ne puisse pas marquer précisément en quel tems les *tribus* commencèrent à avoir part aux comices des centuries, nous croyons néanmoins pouvoir assurer que ce ne fut que depuis l'établissement de leurs comices, & nous ne doutons pas même que ce ne soit des *tribus* que le droit de prérogatives passa aux centuries, car il est certain qu'originairement il n'étoit point en usage dans leurs comices.

Il y a bien de l'apparence au reste, que ce fut en faveur du peuple, pour rétablir en quelque manière l'égalité des suffrages dans les comices des centuries, & sur-tout afin de pouvoir les tenir dans la ville sans violer les loix, que cet usage s'établit, & qu'on leur donna cette nouvelle forme.

Il seroit inutile de citer tous les passages qui ont rapport à ce sujet ; nous en choisirons seulement deux ou trois qui puissent nous en apprendre des particularités différentes.

Le premier fait mention en général de toutes les *tribus* dans une occasion où il étoit question de décider de la guerre, & qui étoit par conséquent du ressort des centuries. *Tit. Liv. lib. VI. cap. xxj. Tunc ut bellum juberent latum ad populum est,* & *nequicquam dissuadentibus tribunis plebis omnes tribus bellum jusserunt.*

Dans le second, il s'agit de l'élection des tribuns militaires qui étoit encore du ressort des centuries, & cependant il y est parlé non-seulement de la *tribu* prérogative, c'est-à-dire, de celle qui donnoit sa voix la première, mais encore de toutes les autres qui étoient ensuite appellées dans leur ordre naturel, & qui se nommoient à cause de cela *jure vocatæ* : *Tit. Liv.*

lib. IV. cap. xviij. Haud invitis patribus, P. Licinium Calvum prærogativâ tribunum militum.... creant.... omnes que deinceps ex collegio ejusdem anni refici apparebat.... qui priusquam renuntiarentur jure vocatis tribubus, permissu interregis, P. Licinius Calvus ita verba fecit.

Enfin, le dernier passage regarde l'élection des consuls, & nous donnera lieu de faire encore quelques remarques sur ce sujet : *Tit. Liv. lib. XXV. cap. XXII. Fulvius Romam comitiorum causâ arcessitus, cùm comitia consulibus rogandis haberet, prærogativa Veturia juniorum declaravit T. Manlium Torquatum & T. Otacilium, Manlius qui præsens erat, gratulandi causâ cùm. turba coiret nec dubius esset consensus populi, magnâ circumfusus turbâ ad tribunal consulis venit, petitque ut pauca sua verba audiret, centuriamque quæ tulisset suffragium revocari juberet..... Tum centuria & autoritate mota viri & admirantiûm circa fremitu, petit à consule ut Veturiam seniorum citaret, velle sese cum majoribus-natu colloqui, & ex auctoritate eorum consules dicere. Citatis Veturiæ senioribus, datum secretò in ovili cum his colloquendi tempus...... ita de tribus consultatione datâ, senioribus dimissis, juniores suffragium-ineunt. M. Claudium Marcellum...... & M. Valerium absentes coss. dixerunt, auctoritatem prærogativæ omnes centuriæ secutæ sunt.*

On voit par ce passage, premièrement, que le suffrage de la prérogative ne demeuroit point secret, & qu'on avoit coutume de le publier avant que de prendre celui des autres *tribus*. Secondement, que son suffrage étoit d'un si grand poids, qu'il ne manquoit presque jamais d'être suivi, & qu'on en recevoit sur le champ les complimens, comme si l'élection eût déja été faite ; c'est ce qui a donné lieu à Cicéron de dire, que le présage en étoit infaillible : *Tanta est illis comitiis religio, ut adhuc semper omen valuerit prærogativum;* & que celui qui l'avoit eu le premier, n'avoit jamais manqué d'être élu : *Prærogativa tantùm habet auctoritatis, ut nemo unquam prior eam tulerit, quin renuntiatus sit.* Enfin ce passage nous apprend encore que celui qui tenoit ces comices, pouvoit reprendre le suffrage des *tribus*, & leur permettre même de consulter ensemble pour faire un nouveau choix. Mais en voila assez sur les comices des centuries, passons à la milice.

Quoique les levées se fussent faites d'abord par les centuries, ainsi que Servius Tullius l'avoit établi, il est sûr qu'elles se firent aussi dans la suite par les *tribus* : & la preuve s'en tire du lieu même où elles se faisoient ; car c'étoit ordinairement dans la grande place : mais le choix des soldats ne se faisoit pas toujours de la même manière ; c'étoit quelquefois uniquement le sort qui en décidoit, & surtout lorsque le peuple refusoit de prendre les armes.

Quelquefois au contraire, c'étoit en partie par le sort, & en partie par le choix des tribuns qu'ils se levoient ; par le sort pour l'ordre des *tribus*, & par le choix des tribuns pour les soldats qu'on en tiroit. Enfin Tite-Live nous apprend que lorsqu'on n'avoit pas besoin d'un si grand nombre de soldats, ce n'étoit pas de tout le peuple qu'ils se levoient, mais seulement d'une partie des *tribus* que l'on tiroit au sort.

A l'égard du cens, c'étoit une des occasions où les *tribus* étoient le plus d'usage, & cependant le principal sujet pour lequel les classes & les centuries avoient été instituées. Aussi ne cessoient-elles pas entièrement d'y avoir part, & elles y servoient du moins à distinguer l'âge & la fortune des citoyens d'une même *tribu* jusqu'en l'année 571 que les censeurs en changèrent entièrement l'ordre, & commencèrent à faire la description des *tribus* selon l'état & la condition des particuliers.

Pour le tems où l'on commença de faire le cens par *tribus*, comme les anciens ne nous en ont rien appris, c'est ce qu'on ne sauroit déterminer au juste : il y a bien de l'apparence cependant, que ce ne fut que depuis l'établissement des censeurs ; c'est-à-dire, depuis l'an 310, car il n'en est fait aucune mention auparavant, & l'on en trouve depuis une infinité d'exemples.

Quand les nouveaux citoyens étoient reçus dans les *tribus*, les censeurs ne les distribuoient pas indifféremment dans toutes, mais seulement dans celles de la ville, & dans quelques-unes des rustiques. Ce fut sans-doute ce qui rendit les autres *tribus* plus honorables ; & ce qui fit même qu'entre celles où ils étoient reçus, il y en avoit de plus ou moins méprisées selon les citoyens dont elles étoient remplies ; car il faut remarquer qu'il y avoit de trois sortes de nouveaux citoyens, les étrangers qui venoient s'établir à Rome ou qu'on y transféroit des pays conquis, les différens peuples d'Italie auxquels on accordoit le droit de suffrage, & les affranchis qui avoient le bien nécessaire pour être compris dans le cens.

A l'égard des peuples que l'on transféroit des pays conquis ; comme les romains ne manquoient pas d'y envoyer aussi-tôt des colonies, ils avoient coutume de distribuer ces nouveaux citoyens dans les *tribus* les plus proches de la ville, tant pour tenir la place des anciens citoyens qu'ils en avoient tirés, qu'afin de les avoir sous leurs yeux, & d'être par-là plus sûrs de leur fidélité.

C'étoit aussi dans ces premières *tribus* établies par Servius Tullius qu'étoient reçus les différens peuples d'Italie, auxquels on accordoit le droit de suffrage ; car l'usage n'étoit pas de les distribuer dans les *tribus* qui étoient sur leurs terres, comme on pourroit se l'imaginer, mais dans celles du camp

camp romain qui portoient des noms de famille, comme on le peut voir par une infinité d'exemples, & entr'autres par celui des fabins, des marfes, des pellyniens, & par celui des peuples de Fondi, de Formies & d'Arpinum, defquels Cicéron & Tite-Live font mention.

Pour les affranchis, ce fut prefque toujours dans les *tribus* de la ville qu'ils furent diftribués ; mais ils ne laifferent pas d'être quelquefois reçus dans les ruftiques, & l'ufage changea même plufieurs fois fur ce fujet. Il eft bon d'en connoître les variations fuivant l'ordre des tems.

Pour cela il faut premièrement remarquer qu'ils demeurèrent dans les *tribus* de la ville jufqu'en l'année 441, qu'Appius Claudius les reçut dans les ruftiques. Tite Live nous apprend même que cette action fut agréable à tous les citoyens, & que Fabius en reçut le furnom de *Maximus*, que toutes fes victoires n'avoient encore pu lui acquérir.

On ne voit point à quelle occafion, ni par quel moyen ils en étoient fortis peu de tems après, mais il falloit bien qu'ils s'en fuffent tirés du confentement ou par la négligence des cenfeurs. Ils en fortirent plufieurs fois en divers tems, & furent obligés d'y rentrer ; mais cela n'empêche pas que ce ne fût ordinairement dans les *tribus* de la ville qu'ils étoient diftribués, & ces *tribus* leur étoient tellement affectées, que c'étoit une efpèce d'affront que d'y être transféré.

C'étoit même la différence qu'il y avoit non-feulement entre les *tribus* de la ville & celles de la campagne, mais encore entre les premieres ruftiques établies par Servius Tullius, & celles que les confuls avoient établies depuis, qui donna lieu à l'ufage de mettre entre les différens noms qu'on portoit celui de fa *tribu*.

La raifon, au refte, pour laquelle les romains mettoient le nom de leurs tribus immédiatement après leurs noms de famille & avant leurs furnoms, c'eft que ces fortes de noms fe rapportoient à leurs familles, & non pas à leur perfonne ; & cela eft fi vrai, que lorfqu'ils paffoient d'une famille dans une autre qui n'étoit pas de la même *tribu*, ils avoient coutume d'ajouter au nom de leur première *tribu* le nom de celles où ils entroient par adoption, comme on le peut voir par une infinité d'exemples.

Il refte à parler de l'ufage des *tribus* par rapport à la religion ; car quoiqu'elles n'euffent aucune part aux aufpices, c'étoit d'elles cependant que dépendoit le choix des pontifes & des augures, & il y avoit même des cérémonies où leur préfence étoit abfolument néceffaire. Immédiatement après la dédicace du temple de Junon Monéta, c'eft-à-dire l'an 411, fous le troifième confulat de C. Martius Rutilus, un efprit de trouble & de

terreur s'étant répandu dans toute la ville fur le rapport de quelques prodiges, & la fuperftition n'ayant point trouvé d'autre reffource que de créer un dictateur pour établir des fêtes & des prières publiques, il fe fit à Rome pendant plufieurs jours des proceffions folemnelles, non-feulement de toutes les *tribus*, mais encore de tous les peuples circonvoifins.

A l'égard de l'élection des pontifes, il faut remarquer premièrement que jufqu'en l'année 850 il n'y avoit que le grand-pontife qui fût élu par les *tribus*, & que tous les autres prêtres étoient cooptés par les collèges : fecondement que ce fut Cn. Domitius, le trifayeul de Néron, qui leur ôta ce droit, & l'attribua au peuple pour fe venger de ce qu'ils n'avoient pas voulu le recevoir à la place de fon père : & troifièmement, que l'affemblée où fe faifoit l'élection des pontifes & des augures n'étoit compofée que de dix-fept *tribus*, c'eft-à-dire de la moindre partie du peuple, parce qu'il ne lui étoit pas permis en général de difpofer du facerdoce, comme on le peut voir par le paffage de Cicéron contre Rullus.

Encore faut-il obferver premièrement que le peuple ne les pouvoit choifir qu'entre ceux qui lui étoient préfentés par les collèges ; fecondement, que chaque prétendant ne pouvoit avoir plus de deux nominateurs, afin que les collèges fuffent obligés de préfenter plufieurs fujets, entre lefquels le peuple pût choifir ; troifièmement, que les nominateurs devoient répondre par ferment de la dignité du fujet qu'ils préfentoient ; & quatrièmement enfin, que tous les compétiteurs devoient être approuvés par les augures avant la préfentation, afin que le choix du peuple ne pût être éludé.

Mais quoique l'affemblée où fe faifoient ces élections ne fût compofée que de dix-fept *tribus*, & portât même en particulier le nom de *comitia calata* ; comme ces dix-fept *tribus* néanmoins fe tiroient au fort, & qu'il falloit pour cela que toutes les autres fe fuffent auparavant affemblées, il eft certain que c'étoit une dépendance de leurs comices, & même une des quatre principales raifons pour lefquelles ils s'affembloient, car ces comices fe tenoient encore pour trois autres fujets.

Premièrement, pour l'élection des magiftrats du fecond ordre, *minores magiftratus* ; les comices des *tribus* fe tenoient en fecond lieu pour l'établiffement des loix tribuniciennes, c'eft-à-dire des plébifcites, qui n'obligèrent d'abord que les plébéiens, & auxquels les patriciens ne commencèrent d'être tenus que l'an 462 par la loi Hortenfia, quoiqu'on eût entrepris de les y foumettre dès l'an 304 par la loi Horatia, & que cette loi eût été renouvellée l'an 417 par le dictateur Publilius. Enfin les *tribus* s'affembloient encore pour les jugemens qui avoient donné lieu à l'établiffement de leurs comices & qui procédoient, ou des ajournemens que les *tribus* décernoient contre les particuliers, ou de la liberté que les particuliers avoient d'appeller au peuple de tous les magistrats ordinaires: le peuple jouissoit de ce droit dès le tems des rois, & il lui fut depuis sous les consuls confirmé par trois différentes fois, & toujours par la même famille, c'est-à-dire par les trois loix Valeria; la première, de l'an 246, la seconde, de l'an 304, & la dernière, de l'an 422.

Il faut néanmoins remarquer qu'il n'y avoit que les centuries qui eussent droit de juger à mort, & que les *tribus* ne pouvoient condamner au plus qu'à l'exil; mais cela n'empêchoit pas que leurs comices ne fussent redoutables au sénat; premièrement, parce qu'ils se tenoient sans son autorité; secondement, parce que les patriciens n'y avoient point de part; & troisièmement, parce qu'ils n'étoient point sujets aux auspices; car c'étoit-là d'où ils tiroient tout leur pouvoir, & ce qui servoit en même tems à les distinguer des autres.

Ces comices, au reste, continuèrent de se tenir toujours régulièrement depuis leur institution, si on en excepte les deux années que le gouvernement fut entre les mains des décemvirs; & quoique Sylla eût entrepris, dans les derniers tems, d'en diminuer l'autorité, en ôtant aux tribuns du peuple le pouvoir de publier des loix, pour les punir d'avoir favorisé le parti de Marius; comme cette suspension de la puissance tribunicienne n'empêcha pas les *tribus* de s'assembler à l'ordinaire, & ne dura même que jusqu'au consulat de Pompée, les comices des *tribus* conservèrent toute leur liberté jusqu'au tems des empereurs; mais César ne fut pas plutôt dictateur qu'il s'empara d'une partie de leurs droits, afin de pouvoir disposer des charges, & d'être plus en état de changer la forme du gouvernement. L'histoire nous apprend à la vérité, qu'Auguste les rétablit dans tous leurs droits dès qu'il fut parvenu à l'empire, mais il est certain qu'ils ne s'en servirent que pour prévenir ses ordres ou pour les exécuter, & qu'enfin Tibere les supprima entièrement, & en attribua toute l'autorité au sénat, c'est-à-dire à lui-même.

Depuis ce tems, les *tribus* n'eurent plus de part au gouvernement, & le dessein qu'eut Caligula de rétablir leurs comices n'eut point d'exécution; mais elles ne laissèrent pas néanmoins de subsister jusqu'aux derniers tems de l'empire, & nous voyons même que leur territoire fut encore augmenté sous Trajan, de quelques terres publiques, par une souscription qu'elles firent élever en son honneur, & qu'on nous a conservée comme un monument de leur reconnoissance envers ce prince.

Telle est l'idée générale qu'on peut se former sur l'origine des *tribus* romaines, l'ordre de leurs établissemens, leur situation, leur étendue, leur

forme politique, & leurs différens usages selon les tems; M. Boindin, dont j'ai tiré ce détail, a épuisé la matière par trois belles & grandes dissertations insérées dans le recueil de l'académie des belles-lettres. (*Le chevalier* DE JAUCOURT)

TRIBUTAIRE, f. m. (*hist. mod.*) celui qui paie tribut à un autre, soit pour vivre en paix avec lui, soit pour jouir de sa protection.

La république de Raguse est *tributaire* du turc, aussi bien que le cham de la petite Tartarie, &c. (*A. R.*)

TRIBUTOS VACOS, (*hist. mod.*) c'est ainsi qu'on nomme en Espagne, un droit régalien, en vertu duquel le roi jouit de tous les revenus des charges ou offices qui dépendent de la cour, pendant tout le tems de leur vacance. (*A. R.*)

TRIENNAL, adj. (*hist. mod.*) épithete que l'on applique le plus ordinairement aux officiers alternatifs de trois en trois ans, ou aux charges & emplois que l'on quitte tous les trois ans.

C'est ainsi que l'on dit un gouvernement *triennal*, & il a lieu dans certaines charges politiques, & dans la plupart des monastères où les religieux élisent leurs supérieurs. Ceux-ci sont ordinairement *triennaux*, c'est-à-dire, que leur autorité leur est confiée pendant trois ans, après lesquels on la leur continue, ou on la leur ôte en procédant à une nouvelle élection.

En 1695, on fit en Angleterre un acte pour tenir des parlemens *triennaux*, c'est-à-dire, des parlemens qui devoient être dissous, & dont les membres devoient être élus de nouveau tous les trois ans.

Jusque-là le roi d'Angleterre avoit eu le pouvoir de proroger, ou de continuer son parlement tant qu'il le jugeoit à propos. Mais comme cet usage étoit une porte ouverte à la corruption & à mille autres abus qui tendoient à faire prédominer les intérêts de la cour, sur ceux de la nation & de la liberté publique; l'esprit du bill *triennal* fut d'y apporter remède.

Cependant d'autres vues ont fait abolir depuis ce bill *triennal*; les brigues qui se font ordinairement aux élections, la fermentation considérable qui dans ces occasions a coutume de régner parmi le peuple, la dépense excessive, & d'autres considérations, déterminèrent, en 1717, la puissance législative à changer ces parlemens *triennaux* en d'autres qui doivent durer sept ans; terme suffisant à la cour, pour s'acquérir les membres qui pourroient être opposés. (*A. R.*)

TRIGAN, (Charles) (*hist. litt. mod.*) curé de Digoville, près de Valogne, né près de Cherbourg, en 1694, mort le 12 février 1764; est auteur d'une histoire ecclésiastique de la province de Normandie, qui finit au 12ᵉ siècle.

TRIMICHI, f. m. (*hist. mod.*) nom ue les Anglo-Saxons donnoient au mois de mai, parce que dans ce mois ils trayoient leurs vaches trois fois par jour. (*A. R.*)

TRIMOUILLE, (la). *Voyez* TRÉMOILLE.

TRINIUMGELD, f. m. (*hist. mod.*) c'est une espèce de compensation qui fut en usage parmi les Anglo-Saxons, pour punir de grands crimes dont on ne pouvoit être abſous, qu'en payant trois fois une amende. (*D. J.*)

TRINITÉ (*maison de la*) (*hist. mod. d'Angl.*) *the trinity-house* ; c'est ainsi qu'on appelle en Angleterre, une célèbre confrairie, corporation, ou compagnie de gens de mer, à qui l'usage & la législature ont confié plusieurs articles de police, concernant la navigation des côtes & des rivières, & particulièrement ce qui regarde le lamanage & le lestage des navires.

Elle doit son origine à Henri VIII, qui, par des lettres-patentes du mois de mars de la quatrième année de son règne, incorpora les mariniers anglois, sous le nom *de maîtres gardiens, & assistans de la société de la très-glorieuse Trinité, Master Wardens, and assistans of the guild fraternity, or Brothers hood of the most glorious, and individual triniti* ; c'est le titre singulier qu'on lui donna.

Cette confrairie fut érigée dans la paroisse de Deptford Strand, au comté de Kent, où elle eut sa première maison, depuis elle en a élevé quelques autres en divers endroits, qui sont celles de Newcastle sur la Tine, dans le Northumberland, celle de Kingstone-sur-Hull, dans l'Yorckshire, & celle de cinq ports. La maison de Deptford-Strand, est comme le chef-lieu de la confrairie.

L'acte du parlement passé sous Elisabeth, attribue à la maison de la *Trinité*, le droit de placer sur les côtes d'Angleterre, les tonnes, les bouées, les balises & les fanaux qu'elle juge à propos, pour la sûreté de la navigation, & l'autorise à donner aux gens de mer, la permission d'exercer sur la Tamise, le métier de batelier, sans que qui que ce soit puisse leur apporter aucun empêchement.

La corporation de *la trinité* est composée d'anciens & de jeunes confrères. Il y a trente-un anciens, le nombre des jeunes n'est pas limité. Tout marinier peut prétendre d'y être admis. On tire les anciens du nombre des jeunes. Quand une fois ils ont été élus, ils conservent cette qualité toute leur vie, à moins que par quelque malversation,

ils ne se fassent casser. On choisit annuellement entr'eux un maître, quatre gardiens, & huit assesseurs. Le pouvoir accordé à la corporation par la couronne, s'exerce par le maître, les gardiens, les assesseurs, & les anciens.

On leur remet quelquefois des causes maritimes à juger, & l'on s'en tient à leur jugement. De plus, la cour de l'amirauté les charge d'instruire certains procès, & de les rapporter.

La corporation de la *trinité*, indépendamment de plusieurs franchises, jouit du privilège exclusif de fournir des pilotes, pour conduire les navires hors de la Tamise & du Medway, jusqu'aux dunes, & des dunes dans le Medway & dans la Tamise. Elle peut faire tel règlement qu'elle juge nécessaire pour le bon ordre, le soutien & l'augmentation de la navigation, & des mariniers. Elle a droit d'appeller devant-elle, tout maître, pilote, ou homme de mer employé dans un vaisseau sur la Tamise, & de condamner à une amende ceux qui refusent de comparoître. Quoique la police de la Tamise, depuis le pont de Londres jusqu'à la mer, soit particulièrement de son ressort, ses soins ne laissent pas de s'étendre encore au-delà ; mais la Tamise en est l'objet principal, à cause que le courant du commerce y est plus animé.

La corporation a deux hôpitaux en Deptford-Strand, & un à Mile-End, pour le secours des matelots. Elle doit ces trois édifices au chevalier Baronet Richard Brown de Sayes-Court, au capitaine Richard Maples, & au capitaine Henry Mudel ; les noms des bienfaiteurs de leur pays doivent passer à la postérité.

Indépendamment de ces trois fondations, la confrairie de la *Trinité* fait de petites pensions par mois à plus de deux mille matelots, ou à leurs veuves. Ces charités montent annuellement à cinq mille & quelquefois six mille livres sterlings. Non-seulement cette corporation aide les mariniers que la vieillesse ou les accidens mettent hors d'état de gagner leur vie, mais elle étend même ses aumônes sur tous les gens de mer qui languissent dans l'indigence, soit par défaut d'occupation, soit par quelqu'autre raison.

Le produit d'un grand nombre d'amendes, appliquées au profit de la corporation ; les droits qu'elle perçoit pour les fanaux, les bouées, les balises, le lestage ; les donations des confrairies & des personnes charitables, sont les sources d'où sortent les fonds qui la mettent en état de faire de pareilles libéralités. Enfin les services importans que cette société rend au public, lui ont mérité, que les Anglois ne prononcent point son nom, sans l'accompagner de l'épithete d'*éminente* & c'est une qualification des plus honorables. (*D.J.*)

TRIOMPHE, (*Hist. rom.* cérémonie & honneur extraordinaire accordé par le sénat de Rome

& quelquefois par le peuple, pour récompenser un général qui par ses actions & ses victoires avoit bien mérité de la patrie.

Romulus & ses successeurs furent presque toujours en guerre avec leurs voisins, pour avoir des citoyens, des femmes & des terres. Ils revenoient dans la ville avec les dépouilles des peuples vaincus : c'étoient des gerbes de blé & des troupeaux, objets d'une grande joie. Voilà l'origine des triomphes qui furent dans la suite la principale cause des grandeurs où parvint la ville de Rome.

Le mot *triomphe* tire son origine de Θρίαμβος qui est un des noms de Bacchus conquérant des Indes. Il fut le premier qui dans la Grèce, selon l'opinion commune, institua cette réception magnifique qu'on faisoit à ceux qui avoient remporté de grands avantages sur les ennemis. Les acclamations du soldat & du peuple qui crioient après le vainqueur : *io triumphe*, ont donné naissance au mot *triumphus*, & étoient imitées du *io triambe Bacche*, qu'on chantoit au triomphe de Bacchus.

Tant que l'ancienne discipline de la république subsista, aucun général ne pouvoit prétendre au *triomphe*, qu'il n'eût éloigné les limites de l'empire par ses conquêtes, & qu'il n'eût tué au moins cinq mille ennemis dans une bataille, sans aucune perte considérable de ses propres soldats ; cela étoit expressément porté par une ancienne loi, en confirmation de laquelle il fut encore établi par une seconde ordonnance qui décernoit une peine contre tout général qui prétendroit au *triomphe*, de donner une liste fausse du nombre des morts, tant dans l'armée ennemie, que dans la sienne propre.

Cette même loi les obligeoit avant que d'entrer dans Rome, de prêter serment devant les questeurs, que les listes qu'ils avoient envoyées au sénat, étoient véritables. Mais ces loix furent long-temps négligées, & traitées de vieillerie, & comme hors d'usage. Alors l'honneur du *triomphe* fut accordé à l'intrigue & à la faction de tout général de quelque crédit qui avoit obtenu quelque petit avantage contre des pirates ou des bandits, ou qui avoit repoussé les incursions de quelques barbares sauvages, qui s'étoient jettés sur les provinces éloignées de l'empire.

C'étoit une loi dans la république de Rome qu'un général victorieux & qui demandoit le *triomphe*, ne devoit point entrer dans la ville avant que de l'avoir obtenu.

Il falloit encore, pour obtenir le *triomphe*, que le général eût les auspices, c'est-à-dire, qu'il fût revêtu d'une charge qui donnoit droit d'auspices, & il falloit aussi que la guerre fût légitime & étrangére. On ne triomphoit jamais lorsqu'il s'agissoit d'une guerre civile.

Le général qui avoit battu les ennemis dans un combat naval, avoit les honneurs du *triomphe* naval. Ce fut C. Duillius qui les eut le premier l'an 449, après avoir défait les Carthaginois : car c'est à-peu-près dans ce tems-là que les Romains mirent une flotte en mer pour la première fois. L'honneur que l'on fit à Duillius fut d'élever à sa gloire une colonne rostrale, *rostrata*, parce qu'on y avoit attaché les proues des vaisseaux : on en voit encore aujourd'hui une inscription dans le capitole.

Comme pour triompher, il falloit être général en chef, lorsqu'il n'y eut plus d'autre général ou chef que l'empereur, les *triomphes* lui devoient être réservés. Cependant, comme le dit très-bien M. l'abbé de la Bletterie, Auguste en habile politique, accoutumé à tout attendre & à tout obtenir du tems, ne se hâta point de tirer cette conséquence. Au contraire il prodigua d'abord le *triomphe*, & le fit décerner à plus de trente personnes. Mais enfin l'an de Rome 740 Agrippa, soit par modestie, soit pour entrer dans les vues d'Auguste, qu'il seconda toujours d'aussi bonne foi que s'il eût approuvé la nouvelle forme de gouvernement ; Agrippa, dis-je, ayant remis sur le trône Polémon, roi de la Chersonnèse taurique, n'écrivit point au sénat, & refusa le *triomphe*.

L'exemple d'Agrippa, gendre d'Auguste, & son collegue dans la puissance tribunitienne, eut force de loi : on sentit que l'on faisoit sa cour au prince en s'excluant soi-même de cet honneur ; & les bonnes graces d'Auguste valoient mieux que les *triomphes*. Ceux qui commandoient les troupes, quelques victoires qu'ils eussent remportées, n'adresserent plus de lettres au sénat, & par-là sans exclusion formelle, le *triomphe* devint un privilège des empereurs & des princes de la maison impériale.

En privant les particuliers de la pompe du *triomphe*, on continua de leur accorder les distinctions qui de tout tems en avoient été la suite ; c'est-à-dire, le droit de porter la robe triomphale à certains jours & dans certaines cérémonies, une statue qui les représentoit avec cet habillement, & couronnés de lauriers, enfin quelques autres prérogatives moins connues qui sont renfermées dans ces paroles de Tacite : *Et quidquid pro* triompho *datur*.

Auguste, pour faire valoir & pour ennoblir cette espèce de dédommagement dont il étoit inventeur, voulut que Tibère, quoique devenu son gendre après la mort d'Agrippa, se contentât des ornemens triomphaux, au lieu du *triomphe* que le sénat lui avoit décerné : ce ne fut que long-tems depuis & pour d'autres victoires, qu'il lui permit de triompher.

Le dernier des citoyens qui soit entré dans Rome en *triomphe*, est Cornelius Balbus, proconsul d'Afrique, neveu de ce Cornelius Balbus connu dans l'histoire par ses liaisons avec Pompée, Cicéron & Jules-César. Balbus, le neveu, triompha l'an de

Rome 735, pour avoir vaincu les Garamantes, chez qui les armes romaines n'avoient point encore pénétré. Deux singularités caractérisent son *triomphe* : 1°. Balbus est le seul, qui, n'étant citoyen romain que par grace, & n'ayant pas même l'avantage d'être né dans l'Italie, ait obtenu le plus grand honneur auquel un romain ait pu aspirer. 2°. Nul particulier n'eut cet honneur depuis le jeune Balbus. On ne sauroit alléguer sérieusement contre cette proposition l'exemple de Bélisaire qui triompha six cent ans après à Constantinople sous le règne de Justinien.

Il arrivoit quelquefois, que, si le sénat refusoit d'accorder le *triomphe*, à cause du défaut de quelque condition nécessaire, alors le général triomphoit sur le mont Albain. Papirius Massa fut le premier qui triompha de cette manière l'an 522 de Rome.

Lorsque les avantages qu'on avoit remportés sur l'ennemi ne méritoient pas le grand *triomphe*, on accordoit au général le petit *triomphe*, nommé *ovation* : celui qui triomphoit ainsi, marchoit à pié ou à cheval, étoit couronné de myrthe, & immoloit une brebis. Il n'étoit pas même nécessaire d'être général d'armée, & d'avoir remporté quelque victoire pour obtenir ce *triomphe*; on le décernoit quelquefois à ceux qui n'étant chargés d'aucune magistrature ni d'aucun commandement en chef, rendoient à l'état des services signalés.

Aussi trouvons nous qu'un particulier obtint cet honneur l'an de Rome huit cent, quarante-septieme de J. C., plus de cinquante ans depuis l'établissement de la monarchie; je parle d'Aulus Plautius qui sous les auspices de Claude, avoit réduit en province la partie méridionale de la Grande-Bretagne. L'empereur lui fit décerner le petit *triomphe*, alla même au-devant de lui le jour qu'il entra dans Rome, l'accompagna pendant la cérémonie, & lui donna toujours la main. *Aulo Plautio etiam ovationem decrevit, ingressoque urbem obviam progressus, & in capitolium eunti, & inde rursus reverteñti latus texit*, dit Suétone. L'histoire ne fait mention d'aucune *ovation* qui soit postérieure à celle de Plautius.

Au reste, peu de personnes étoient curieuses d'obtenir ce *triomphe*, tandis que le grand *triomphe* étoit l'objet le plus flatteur de l'ambition de tous les Romains. Comme on jugeoit de la gloire d'un général par la quantité de l'or & de l'argent qu'on portoit à son *triomphe*, il ne laissoit rien à l'ennemi vaincu. Rome s'enrichissoit perpétuellement, & chaque guerre la mettoit en état d'en entreprendre une autre.

Lorsque le jour destiné pour le *triomphe* étoit arrivé, le général revêtu d'une robe triomphale, ayant une couronne de laurier sur la tête, monté sur un char magnifique attelé de quatre chevaux blancs, étoit conduit en pompe au capitole, à travers la ville. Il étoit précédé d'une foule immense de citoyens tous habillés de blanc. On portoit devant lui les dépouilles des ennemis, & des tableaux des villes qu'il avoit prises & des provinces qu'il avoit subjuguées. Devant son char marchoient les rois & les chefs ennemis qu'il avoit vaincus & faits prisonniers.

Le triomphateur montoit au capitole par la rue sacrée. Lorsqu'il étoit arrivé, il ordonnoit qu'on renfermât ses prisonniers, & quelquefois qu'on en fît mourir plusieurs. A la suite de ces prisonniers, étoient les victimes qu'on devoit immoler. Ceux qui suivoient le triomphateur de plus près, étoient ses parens & ses alliés. Ensuite marchoit l'armée avec toutes les marques d'honneur que chaque militaire avoit obtenues du général. Ses soldats couronnés de lauriers, crioient, *io triumphe*, qui étoit un cri de joie; ils chantoient aussi des vers libres, & souvent fort satyriques contre le général même.

On trouve dans les anciennes bacchanales quelques traces de cette licence. Elle régnoit dans les saturnales, dans les fêtes appellées-*matronales*, & presque dans tous les jeux. Ceux du cirque en particulier avoient leurs plaisans dans la marche solemnelle qui se faisoit depuis le capitole. Denys d'Halicarnasse dit que cette coutume bizarre ne venoit ni des ombriens, ni des lucaniens, ni des anciens peuples d'Italie, & que c'étoit une pure invention des grecs qu'il compare à l'ancienne comédie d'Athènes.

Quelle que soit l'origine de cet usage, il est certain qu'il avoit lieu dans les *triomphes*, comme on le voit par le récit des historiens. Tite-Live, *l. XXXIX.* parlant du *triomphe* de Cn. Manlius Volso, qui avoit dompté les gaulois d'Asie, dit que les soldats firent comprendre par leurs chansons, que ce général n'en étoit point aimé. Pline, *liv. XIX. c. viij.* observe que les soldats reprochèrent à Jules-César, son avarice, pendant la pompe d'un de ses *triomphes*, disant hautement qu'il ne les avoit nourris que de légumes sauvages, & lorsque ce même dictateur eut réduit les Gaules, parmi toutes les chansons qui se firent contre lui, pendant la marche du *triomphe*, il n'y en eut point de plus piquante que celle où on lui reprochoit son commerce avec Nicomède, roi de Bithynie. *Gallias Cæsar subegit, Nicomedes, Cæsarem. Ecce Cæsar nunc triumphat qui subegit Gallias. Nicomedes non triumphat, qui subegit Cæsarem.* On ne l'épargna pas non plus sur toutes ses autres galanteries, & c'étoit tout dire, que de crier devant lui; *Urbani, servate uxores, mœchum calvum adducimus.* Suétone & Dion Cassius, *liv. XLIII.* nous rapportent tous ces détails.

Lorsqu'il n'y avoit point de prise du côté des vertus, on se rabattoit sur la naissance, ou sur quelqu'autre défaut. Nous en avons un exemple remarquable dans le *triomphe* de Ventidius Bassus, homme de basse extraction, mais que César avoit élevé à la dignité de pontife & de conful. Ce général triomphant des parthes, felon le rapport d'Aulu-Gelle, *l. I. c. iv.* on chanta pendant la marche, cette chanfon : *concurrite omnes augures, aruspices, Portentum inufitatum conflatum eft recens : mulos qui fricabat, conful factus eft.*

Velleius Paterculus, raconte que Lépide ayant profcrit fon frère Paulus, ceux qui fuivoient le char de triomphe, mêlèrent parmi leurs fatyres ce bon mot, qui tombe fur une équivoque de la langue latine : *de Germanis, non de Gallis triumphant duo confules.* Martial, *l. I épigr.* 4. après avoir prié Domitien de fe dépouiller, pour lire fes ouvrages, de cette gravité qui féyoit à un empereur, ajoute que les *triomphes* même fouffrent les jeux, & que le vainqueur ne rougit pas de fervir de matière aux railleries :

Confuevere jocos veftri quoque ferre triumphi,
Materiam dictis nec pudet effe ducem.

Enfin, pour que le triomphateur ne s'enorgueillît pas de la pompe de fon *triomphe*, on faifoit monter fur le même char, un efclave prépofé pour le faire fouvenir de la condition humaine, fi fujette aux caprices de la fortune. Il avoit ordre de lui répéter de tems-en-tems ces paroles, *refpice poft te; hominem memento te;* cet efclave eft nommé ingénieufement par Pline, *carnifex gloriæ,* le bourreau de la gloire. Derriere le char pendoient un fouet & une fonnette.

Ce qu'il y a de plus étrange, c'eft que dans ce même jour où le triomphateur étoit revêtu de l'autorité fouveraine, il y avoit tel cas où les tribuns du peuple pouvoient le renverfer de fon char, & le faire conduire en prifon.

Valere Maxime nous rapporte que la faction de ces magiftrats plébéiens ayant formé cette entreprife violente contre Claudius, dans la marche de fon *triomphe,* fa fille Claudia, qui étoit une des veftales, voyant qu'un des tribuns avoit déja la main fur fon père, fe jetta avec précipitation dans le char, & fe mit entre le tribun & fon père, qu'elle accompagna jufqu'au capitole.

Cette action arrêta la violence du magiftrat, par cet extrême refpect qui étoit dû aux veftales, & qui à leur égard ne laiffoit qu'au pontife feul, la liberté des remontrances & des voies de fait.

Le général après avoir parcouru la ville jonchée de fleurs & remplie de parfums, arrivoit au capitole, où il facrifioit deux taureaux blancs; & mettoit une couronne de laurier fur la tête de Jupiter, ce qui s'obferva dans la fuite, quoiqu'on ne triomphât point. On faifoit après cela un feftin auquel on invitoit les confuls, mais feulement pour la forme; car on les prioit de n'y pas venir,

de peur que le jour même que le général avoit triomphé, il n'y eût dans le même repas quelqu'un au-deffus de lui.

Telle étoit la cérémonie du *triomphe*; mais pour mettre fous les yeux du lecteur la defcription de quelque *triomphe* fuperbe, nous choifirons celle qu'ont faite les hiftoriens du *triomphe* de Céfar après la prife d'Utique, & d'Augufte après la victoire d'Actium. Céfar brilla par quatre *triomphes* réunis, qui durèrent quatre jours.

Le premier deftiné au *triomphe* des Gaules, fit voir aux Romains dans plufieurs tableaux, les noms de trois cent nations, & de huit cent villes, conquifes par la mort d'un million d'ennemis qu'il avoit défaits en plufieurs batailles. Entre les prifonniers paroiffoit Vercingentorix, qui avoit foulevé toutes les Gaules contre la république.

Tous les foldats romains fuivoient leur général couronné de laurier, & en cet équipage il alla au capitole, dont il monta les dégrés à genoux; quarante éléphans rangés de côté & d'autre, portant des chandeliers magnifiques garnis de flambeaux. Ce fpectacle dura jufqu'à la nuit, à caufe que l'effieu du char de *triomphe* rompit, ce qui penfa faire tomber le vainqueur, lorfqu'il fe croyoit au plus haut point de fa gloire.

Le fecond *triomphe* fut de l'Egypte, où parurent les portraits de Ptolémée, de Photin & d'Achillas, qui réjouirent fort le peuple. Le troifième repréfentoit la défaite de Pharnace, & la fuite de ce roi, qui excita parmi le peuple de grands cris de joie, & plufieurs railleries contre le vaincu; c'eft-là que fut employée l'infcription *veni, vidi, vici*; mais au quatrième *triomphe,* la vue des tableaux de Scipion, de Pétréius, & de Caton qui étoit peint déchirant fes entrailles, fit foupirer les Romains. Le fils de Juba, encore fort jeune, étoit du nombre des prifonniers; Augufte lui rendit dans la fuite une partie du royaume de fon pere, & lui fit époufer la jeune Cléopatre, fille de Marc-Antoine.

Dans tous ces *triomphes,* on porta tant en argent qu'en vafes & ftatues d'orfévrerie pour foixante & cinq mille talens, qui font 12 millions 650 mille liv. fterlings, à 210 livres fterlings le talent; il y avoit mille huit cent vingt-deux couronnes d'or, qui pefoient vingt mille quatorze livres, & qui étoient des préfens qu'il avoit attachés des princes & des villes après fes victoires.

C'eft de cette fomme immenfe qu'il paya à chaque foldat, fuivant fes promeffes, cinq mille drachmes, environ cinq cent livres, le double au centurion; & le quadruple aux tribuns des foldats, ainfi qu'aux commandans de la cavalerie; & pour leur retraite après la guerre, il leur donna des héritages dans plufieurs endroits féparés de l'Italie.

Le peuple fe reffentit auffi de fa prodigalité;

il lui fit diftribuer par tête quatre cent deniers, dix boiffeaux de blé, & dix livres d'huile; enfuite il traita tout le peuple romain à vingt-deux mille tables.

Afin que rien ne manquât à la pompe de ces fêtes, il fit combattre jufqu'à deux mille gla diateurs, fous prétexte de célébrer les funérailles de fa fille Julie. Il fit repréfenter les jours fui vans, toutes forte de pièces de théâtre, où les enfans des princes de l'Afie danfèrent armés. Le cirque fut agrandi par fon ordre, & environné d'un foffé plein d'eau. Dans cet efpace, toute la jeune nobleffe de Rome repréfenta les jeux troyens, tant à cheval que fur des chars à deux & à quatre chevaux de front.

A ces divertiffemens fuccédèrent ceux de la chaffe des bêtes qui dura cinq jours. On fit pa roître enfuite deux armées campées dans le cirque, chacune de cinq cent foldats, vingt éléphans, & trois cent cavaliers, qui repréfentèrent un com bat. Les athletes à la lutte & au pugilat rempli rent deux jours entiers.

Enfin pour dernier fpectacle, fur un lac creufé exprès dans le champ de Mars, deux flottes de galères équipées de mille hommes, donnèrent au peuple le plaifir d'un combat naval. Ces fêtes atti rèrent tant de monde à Rome, que la plûpart furent obligés de camper dans les places publi ques; plufieurs perfonnes, & entr'autres deux fena teurs, furent étouffés dans la preffe.

Le triomphe d'Augufte, après fes victoires d'Ac tium & d'Alexandrie, ne fut guere moins fuperbe, quoique par une feinte modération, il crût devoir retrancher une partie des honneurs que le decret du fénat lui accordoit, n'ayant point voulu, par exemple, que les veftales abandonnaffent le foin de leur religion, pour honorer fon triomphe, & laiffant au peuple la liberté de fortir au-devant de lui, ou de fe tenir dans leurs maifons, fans contraindre perfonne. Au milieu de cette modé ration affectée, il fit fon entrée triomphante, l'an 725 de la fondation de Rome, s'étant fait donner le confulat pour la quatrième fois. Il borna fon triomphe à trois jours de fuite.

Le premier jour, il triompha des Pannoniens, des Dalmates, des Japides, & des peuples de la Gaule & de l'Allemagne, voifins de ceux-là; le fecond, de la guerre d'Actium; & le troifième, de celle d'Alexandrie.

Ce dernier triomphe furpaffa les deux autres en magnificence. On y admiroit un tableau; qui re préfentoit d'après nature la reine Cléopatre cou chée fur fon lit, où elle fe faifoit piquer le bras par un afpic. On voyoit à fes côtés le jeune Ale xandre & la jeune Cléopatre fes enfans, vêtus d'habits magnifiques. Le char de triomphe éclatant d'or & de pierreries, fuivoit celui du tableau;

Augufte y étoit affis, & paré de fa robe triom phale, toute de pourpre en broderie d'or, tel qu'on avoit vu autrefois le grand Pompée triomphant de l'Afie, de l'Afrique & de l'Europe, c'est-à dire, de toute la terre connue, faifant porter devant lui plus de quatorze cent millions en argent, & menant trois cent princes & rois captifs qui pré cédoient fon char. Augufte n'apportoit guere moins de richeffes à l'état que Pompée en avoit apporté, fi l'on en croit Dion, Plutarque & Suétone.

Après avoir fait diftribuer quatre cent fefterces par tête au peuple, ce qui montoit à plus de dix millions d'or, en comptant cinq cent mille hommes, il donna plus de cinquante millions à fon armée, & cependant il remit tant d'argent dans l'épargne, que l'intérêt fut réduit de 6 à 2 pour cent, & que le prix des fonds hauffa à proportion.

Il remplit les temples de Jupiter & de Minerve, ainfi que les grandes places de Rome, des plus riches monumens de l'Egypte & de l'Afie, & fit mettre dans le temple de Vénus une ftatue de Cléopatre qui étoit d'or maffif; de forte que cette reine après fa mort fe trouva tellement honorée par fes propres vainqueurs, qu'ils placèrent fes ftatues jufques dans leurs temples.

Il y avoit dans celui-ci une chapelle dédiée à Jules-Céfar, où étoit la ftatue de la victoire; c'eft autour de cette ftatue, qu'Octave fit attacher les plus riches dépouilles d'Alexandrie.

En politique habile, il demanda que fon col lègue au confulat, Apuleius, fût affis auprès de lui, & qu'il n'y eût point de diftinction dans la marche entre les fénateurs & les autres magiftrats de la république. Aux deux portières de fon char, marchoient à cheval Marcellus & Tibère, le pre mier à la droite, & Tibère à la gauche; ils en troient l'un & l'autre dans leur quatorzième année; mais Marcellus attiroit tous les regards de tout le monde par la nobleffe de fa figure, telle que Virgile l'a dépeint dans fon Enéide.

Egregium formâ juvenem & fulgentibus armis!
Qui ftrepitus circà comitum! quantum inftar in
ipfo eft!

D'ailleurs les Romains qui vénéroient fa famille, & qui honoroient la vertu d'Octavie, le regar doient avec plaifir, comme devant un jour fuccéder à l'Empire.

Cette fête fut fuivie des jeux troyens, où le jeune Marcellus furpaffa tous les autres, par fon adreffe & par fa bonne mine. Augufte donna enfuite des combats de gladiateurs qu'il tira d'entre les prifonniers faits par fes généraux fur les peuples barbares qui habitoient vers l'embouchure du Danube. Il eft inutile de parler des fpectacles, des jeux &

des feſtins qui furent prodigués dans Rome tant que dura la fête. Le peuple la termina en allant fermer le temple de Janus pour marque d'une paix univerſelle ; choſe ſi rare, que Rome ne l'avoit vu que deux fois depuis ſa fondation.

Depuis Auguſte, l'honneur du *triomphe* devint un apanage de la ſouveraineté. Ceux qui eurent quelque commandement, craignirent d'entreprendre de trop grandes choſes. Il fallut, dit M. de Monteſquieu, modérer ſa gloire, de façon qu'elle ne reveillât que l'attention, & non pas la jalouſie du prince. Il fallut ne point paroître devant lui avec un éclat, que ſes yeux ne pouvoient ſouffrir.

Quoi qu'il en ſoit, on peut juger par les deux exemples que nous venons de citer, quelle étoit la pompe du *triomphe* chez les Romains. Il ſemble que les guerres d'à-préſent ſoient faites dans l'obſcurité, en comparaiſon de toute cette gloire ancienne, & de tout cet honneur qui rejailliſſoit autrefois ſur les gens de guerre.

Nous n'avons pour exciter le courage que quelques ordres militaires, & qu'on a encore rendu communs à la robe & à l'épée, quelques marques ſur les armes, & quelques hôpitaux pour les ſoldats hors d'état de ſervir par leur âge ou par leurs bleſſures. Mais anciennement les trophées dreſſés ſur les champs de bataille, les oraiſons funèbres à la louange de ceux qui avoient été tués, les tombeaux manifiques qu'on leur élevoit, les largeſſes publiques, le nom d'empereur que les plus grands rois ont pris dans la ſuite, les *triomphes* des généraux victorieux, les libéralités que l'on faiſoit aux armées, avant que de les congédier ; toutes ces choſes enfin étoient ſi grandes, en ſi grand nombre & ſi brillantes, qu'elles ſuffiſoient pour donner du courage, & porter à la guerre les cœurs les plus timides. Pourquoi tous ces avantages n'ont ils point été tranſmis juſqu'à nous ? Pourquoi cet appareil de gloire n'eſt-il plus que dans l'hiſtoire ? C'eſt que les honneurs du *triomphe* ne conviennent qu'aux républiques qui vivent de la guerre ; & que cette oſtentation ſeroit dangereuſe dans une monarchie, où les rayons de la couronne royale, abſorbent tous les regards. (*Le chevalier* DE JAUCOURT.)

TRIPLE NÉCESSITÉ, (*hiſt. mod.*) Suivant les anciennes coutumes d'Angleterre, c'étoit une taxe dont aucune terre ne pouvoit être exempte, & qui avoit pour objet la milice ou la néceſſité de fournir des ſoldats, la réparation des ponts, & l'entretien des châteaux ou forts reſſes.

Quand les rois donnoient à l'égliſe des terres qu'ils exemptoient de toute charge & de tout ſervice ſéculier, ils faiſoient inſérer ces trois exceptions dans les lettres, après la clauſe de l'exemption. (*A. R.*)

TRISMÉGISTE, adj. (*hiſt. anc.*) ſurnom donné à l'un des deux Hermès ou Mercures, rois de Thebes en Egypte. On croit que c'eſt au ſecond, qui étoit contemporain de Moïſe, le premier ayant regné vers le tems du déluge ; cependant on les confondoit aſſez ſouvent eu égard à la ſcience ; car les Egyptiens ſe reconnoiſſent redevables à l'un & à l'autre de pluſieurs inventions utiles. Ce mot formé du grec τρις, *trois fois*, & μέγιϛος, *très-grand*, expiimoit que l'Hermès, ainſi ſurnommé, avoit été un grand philoſophe, un grand-prêtre & un grand roi, ou qu'il avoit également approfondi les ſecrets de la nature, les myſtères de la religion & les reſſorts de la politique.

TRISSINO, (Jean George) (*hiſt. litt. mod.*) célèbre poëte italien, auteur d'un poëme épique en vingt-ſept chants, dont le ſujet eſt l'Italie délivrée des goths, par Béliſaire, ſous l'empire de Juſtinien. « Il étoit avec raiſon, dit M. de Voltaire, » charmé des beautés d'Homère, & cependant » ſa grande faute eſt de l'avoir imité ; il en a tout » pris, hors le génie ; il s'appuie ſur Homère pour » marcher, & tombe en voulant le ſuivre, il » cueille les fleurs du poëte grec, mais elles ſe » flétriſſent dans les mains de l'imitateur » ; c'eſt ce que M. de Voltaire prouve par le morceau où le Triſſin imite l'endroit d'Homère, où Junon parée de la ceinture de Vénus, charme & ſéduit Jupiter. « Le Triſſin, ajoute-t-il, copie Homère » dans le détail des deſcriptions ; il eſt très-exact » à peindre les habillemens & les meubles de ſes » héros ; mais il ne dit pas un mot de leurs » caractères ».

» Cependant il mérite l'éloge d'avoir été le » premier moderne, en Europe, qui ait fait un » poëme épique régulier & ſenſé, quoique foible.... » De plus, il eſt le ſeul des poëtes italiens, dans » lequel il n'y ait ni jeux de mots, ni pointes, & » celui de tous, qui a le moins introduit d'en- » chanteurs & de héros enchantés, dans ſes ou- » vrages ; ce qui n'étoit pas un petit mérite ».

Il eſt auſſi l'auteur de la première tragédie régulière qu'on ait vue en Italie, *Sophoniſbe* ; le pape Léon X, la fit repréſenter à Rome. Il eſt l'inventeur des vers libres, *verſi ſciolte*, c'eſt-à-dire, affranchis du joug de la rime. *Triſſino* étoit d'ailleurs un homme d'état. Les papes Médicis (Léon X & Clément VII) l'employèrent en différentes affaires. Il fut envoyé en ambaſſade auprès des empereurs Maximilien, Charles Quint & Ferdinand, qui lui donnèrent le titre de comte. Il mourut en 1550.

TRISTAN, (*hiſt. de Fr.*) 1°. Sous Louis XI, le prévôt *Triſtan* étoit l'exécuteur des vengeances perſonnelles du Prince ; comme ſon maître, il ſe dévouoit à la haine publique, & n'avoit d'autre ambition que d'être craint. « La préſence de *Triſtan*, diſent les auteurs, étoit un arrêt de mort » ; on compte juſqu'à quatre mille victimes immolées ſecrétement, fecrétement, & fans procès, par ce miniftre du defpotifme.

2° François *Triftan*, furnommé l'*hermite*, (*hift. litt. mod.*) étoit de la même famille que le fameux Pierre l'*hermite* auquel nous avons dû la première croifade, & par conféquent toutes les autres. Quoique ce nom de l'*hermite*, ne fût pas un nom de famille, il paroît que tous ceux de la famille de Pierre fe piquoient de le porter en mémoire de cet homme célèbre, & pour perpétuer le fouvenir des croifades, long-tems cher à la multitude qui fe flattoit fouvent de les renouveller. *Triftan* paffa fa vie auprès des grands, & n'y fit pas fortune, fa pauvreté même eft célèbre. On fait qu'il eft le héros de la première fatyre de Boileau.

Damon, ce grand auteur, &c.

On ne peut pas dire que Boileau ait peint cette pauvreté, d'une manière noble & intéreffante, quoique Juvénal, qu'il imite dans cette fatyre, lui en eût donné l'exemple. Juvénal, d'un feul mot de regret, intéreffe bien plus pour fon ami obligé par fa pauvreté de quitter Rome, comme Damon, c'eft-à-dire *Triftan*, de quitter Paris.

Quamvis digreffu veteris confufus amici
Laudo tamen vacuis quòd fedem figere Cumis
Deftinet atque unum civem donare fybillæ.

Triftan, né en 1601, au château de Souliers, dans la Marche, fut d'abord placé auprès du marquis, depuis duc de Verneuil, fils de Henri IV. & d'Henriette de Balzac d'Entragues. Il tua en duel un garde du corps, & fut obligé de s'enfuir en Angleterre. Quand il revint en France, il eut befoin que le favant Scévole de Sainte-Marthe, qu'il connut en Poitou, lui donnât un afile chez lui; il lui rendit un autre fervice bien important, celui de lui infpirer le goût des lettres. Un feigneur de la maifon d'Humières, qui le vit à Bordeaux, lui obtint fa grace du roi Louis XIII. Gafton d'Orléans le prit pour fon gentilhomme ordinaire; alors il fe partagea entre la poéfie & les plaifirs. On regarde comme les mémoires de fa vie, fon roman intitulé: le *Page difgracié*. S'il ne réuffit pas auprès des grands, il réuffit trop auprès du public, au théâtre toutes fes pièces, aujourd'hui toutes oubliées, eurent de fon tems le plus éclatant fuccès, & firent la réputation du célèbre acteur Mondori; on ne connoît aujourd'hui, & on ne connoît que de nom, la *Marianne* de *Triftan*, parce que la jaloufie de Rouffeau a effayé de la refufciter en la rajeuniffant pour l'oppofer à celle de Voltaire, dont le fuccès l'affligeoit. La chaleur paffionnée avec laquelle Mondori jouoit, dans cette pièce, le rôle d'Hérode, eft reftée célèbre au théâtre, & coûta, dit-on, la vie à cet acteur. *Triftan* mourut en 1655, s'étant fait à lui-même cette épitaphe:

Eblouï de l'éclat de la fplendeur mondaine,
Je me flattai toujours d'une efpérance vaine;

Faifant le chien couchant auprès d'un grand feigneur.

Je me vis toujours pauvre, & tâchai de paroître,
Je vécus dans la peine, attendant le bonheur,
Et mourus fur un coffre en attendant mon maître.

(Voyez *dans les notes de Boileau*, une autre *épitaphe de* Triftan).

3°. *Triftan* eut un frère, Jean Baptifte *Triftan* l'hermite Souliers, gentilhomme de la chambre du roi, qui s'occupoit d'hiftoire & de généalogie. On a de lui: *l'hiftoire généalogique de la nobleffe de Touraine*, & l'hiftoire des italiens qui ont été le plus affectionnés à la France, en Tofcane, en Corfe, à Naples, fous ce titre: *Tofcane françoife*, *Corfe françoife*, *Naples françoife*.

4°. Un autre *Triftan*, nommé Jean, écuyer, fieur de Saint-Amand & du Puy-d'Amour, attaché comme *Triftan* l'hermite, à Gafton, duc d'Orléans, n'étoit vraifemblablement pas de la même famille. On a de lui un affez favant ouvrage, critiqué fur quelques endroits, par le P. Sirmond; c'eft un commentaire hiftorique fur la vie des empereurs. Ce *Triftan* vivoit en 1656.

TRITHÊME, (Jean), (*Hift. Litt. Mod.*). L'abbé *Trithême*, abbé de St. Jacques de Wertzbourg, né près de Trèves en 1462, mort en 1516, a laiffé des monumens de fon érudition; *Trithemi opera hiftorica*, *Annales hirfaugienfes*, un catalogue des écrivains eccléfiaftiques, contenant la vie & la lifte des œuvres de 870 auteurs; un autre catalogue des hommes illuftres d'Allemagne & un troifième de ceux de l'ordre de St. Benoît. Un traité de Stéganographie, c'eft-à-dire, des diverfes manières d'écrire en chiffre. *Trithême* a été accufé de magie. Ce traité de Stéganographie fuffifoit bien alors pour fonder une pareille accufation.

TRIVULCE, (*Hift. de France & d'Italie*), grande & illuftre maifon du Milanès a produit plufieurs hommes illuftres & plufieurs maréchaux de France. 1°. Jean-Jacques *Trivulce*, marquis de Vigevano, Guelphe paffionné, n'avoit pu échapper aux fureurs de Ludovic Sforce qu'en fe vouant au fervice de la France; il acquit beaucoup de gloire fous Charles VIII, Louis XII & François I; il avoit commandé avec le maréchal de Gié l'avant-garde de l'armée Françoife à la bataille de Fornoue. A la première conquête du milanès fous Louis XII, il fut fait gouverneur de ce duché, Louis XII crut que les milanois feroient touchés d'une fi noble récompenfe accordée à un de leurs compatriotes, & que cet exemple attacheroit la nobleffe du pays à fon fervice. Pour fortifier cette idée, il lui donna le bâton de maréchal de France, que *Trivulce* d'ailleurs avoit bien mérité. Mais le caractère dur & fier de *Trivulce*, la supériorité choquante qu'il affecta sur ses égaux, la protection imprudente qu'il accorda aux Guelphes & qu'il pouffa jusqu'à perfécuter les Gibelins, concoururent avec d'autres caufes à ébranler la nouvelle domination & à favorifer le rappel de Ludovic ; fes peuples qui le haïffoient moins que *Trivulce*, le reçurent avec joie. *Trivulce* fortit de Milan, furieux & humilié. Il reprit toute fa gloire à la bataille d'Aignadel en 1509. Il en reperdit une partie à la bataille de Novare (1513), à la perte de laquelle il contribua, dit-on, par fa mauvaife conduite ; mais il fe furpaffa lui-même fous François I en 1515, 1°. au paffage des Alpes, où avec des peines incroyables il parvint à faire guinder le canon par le haut des montagnes 2°. à la bataille de Marignan, cette même année ; nul autre général n'avoit eu fi fouvent les armes à la main & n'avoit vu tant de combats, il difoit que tous ces combats n'avoient été que des jeux d'enfans, mais que la bataille de Marignan étoit un combat de Géans. Il avoit vu paffer dans différentes mains le gouvernement du Milanès, il étoit en 1518 dans celles du maréchal de Lautrec ; le maréchal de *Trivulce* paroiffoit fe contenter de vivre à Milan en citoyen prefque indépendant ; mais ce rang de gouverneur qu'il avoit eu autrefois & qu'il regrettoit fans doute, cette magnificence royale qu'il fe plaifoit à étaler parmi fes concitoyens, fa confidération que fes fervices, fes talens, fes vertus lui avoient acquife & que fon luxe rendoit plus éclatante, bleffèrent les yeux inquiets de Lautrec. *Trivulce* étoit à la tête des Guelphes, & cette qualité de chef d'un parti encore affez puiffant, lui donnoit un crédit qui pouvoit quelquefois balancer l'autorité du gouverneur. Lautrec entreprit de détruire ce rival de puiffance qu'il ne falloit que laiffer mourir. Ses lettres le peignirent à la cour comme un chef de factieux, comme un fujet mal foumis dont la fière indépendance choquoit trop ouvertement l'autorité du roi. On lui fit un crime d'avoir accepté pour lui & pour toute fa famille un droit de bourgeoifie parmi les Suiffes. Il vouloit, difoit-on, fe fortifier contre fon prince de l'appui de cette nation. On s'en prit auffi à lui de ce que fon frère & fes neveux s'étoient engagés au fervice des Vénitiens. Tous ces chefs d'accufation groffis par la comteffe de Château-briant, fœur de Lautrec & maitreffe de François I, infpirèrent au roi contre *Trivulce* de fortes préventions.

Trivulce étoit prompt, fier & fenfible ; il apprend qu'on le noircit dans l'efprit de fon maitre, il part en pofte, il traverfe à quatre-vingt ans au milieu de l'hyver les glaces & les neiges des Alpes. Pendant fon abfence, Lautrec fait arrêter à Vigevano la veuve & les enfans du comte de Mufoço fon fils ; cependant *Trivulce* arrive à la cour pour fe juftifier, ne croyant pas qu'un re-

gard de la comteffe de Château-briant pût effacer quarante années de fervice. On refufe de le voir & de l'entendre. Ce malheureux & refpectable vieillard, outré de défefpoir, fe fait porter en chaife dans un endroit où le roi devoit paffer. Dès qu'il l'apperçut il s'écria : *fire, daignez accorder un moment d'audience à un homme qui s'eft trouvé en dix-huit batailles rangées pour le fervice de vos prédéceffeurs & pour le vôtre !* le roi furpris jette un coup-d'œil, reconnoît *Trivulce*, détourne la tête & paffe fans répondre. Ce trait de mépris perce le cœur de *Trivulce*, la fièvre le faifit, le dépit & la douleur le confument, il rentre chez lui & fe met au lit pour n'en plus relever.

Le roi n'étoit pas fait pour la cruauté, il ne tarda pas à fentir qu'un accueil fi dur n'avoit pas dû être le prix de tant de fervices ; il envoya vifiter *Trivulce* & lui fit faire quelques excufes : *Je fuis bien fenfible aux bontés du roi*, répondit *Trivulce*, *mais je l'ai trop été à fes rigueurs. Il n'y a plus de remède*. Il mourut laiffant à François I le regret éternel d'avoir caufé la mort d'un de fes meilleurs fujets. Il fut enterré au bourg de Châtres, (aujourd'hui Arpajon) fous Mont-lhéry, où il avoit trouvé la cour & où il étoit mort, on grava fur fa tombe une épitaphe qui exprimoit fon caractère actif.

Hic quiefcit qui nunquam quievit.

Ici repofe qui ne fe repofa jamais.

Cette aventure mit dans le cœur des milanois des difpofitions fâcheufes à l'égard du gouverneur, à l'égard du roi même & de la nation Françoife ; fur-tout lorfqu'on vit la mort du malheureux *Trivulce*, procurer le bâton de maréchal à Thomas de Foix, dit Lefcun, frère du maréchal de Lautrec.

Un tel caractère donne une grande idée de franchife. Louis XII au commencement de fon règne, l'ayant confulté fur fon projet de conquérir le Milanès, *Trivulce* ne lui donna qu'un avis en trois mots qui n'étoient que le même mot : *fire ! pour réuffir dans une telle entreprife, trois chofes font néceffaires : 1°. de l'argent, 2°. l'argent, 3°. de l'argent*. On a beaucoup décrit le fomptueux feftin que *Trivulce* donna en 1507 à Louis XII à Milan. Il s'y trouva 1200 dames, chacune avoit un écuyer tranchant pour la fervir. Cent foixante maitres d'hôtel ordonnoient le feftin, portant chacun à la main un bâton couvert de velours bleu, femé de fleurs de lys d'or. Le roi fut fervi en vaiffelle d'or, les autres convives en vaiffelle d'argent, toute neuve, toute aux armes du maréchal. La falle avoit été faite tout exprès pour ce feftin, qui fut précédé d'un grand bal. La preffe y fut fi grande, que la place manquant abfolument pour danfer, le roi impatient prit la hallebarde d'un de ses gardes, & fit lui même ranger tout le monde en frappant à droite & à gauche, ce qui ne convenoit guères, ce semble, ni à sa dignité ni au caractère du bon Louis XII.

2°. Théodore *Trivulce*, cousin germain de Jean-Jacques, remplaça l'Alviane dans le commandement des armées vénitiennes, & comme les vénitiens étoient alors nos alliés, il fit la guerre pour les intérêts communs de la France & de Venise. L'empereur Maximilien ayant fait en 1516 une irruption dans le Milanès, comme il n'avoit jamais d'argent, ses suisses menaçoient de l'abandonner & de prendre parti pour la France; à ces mots l'empereur frappé comme d'un coup de foudre, se rappele Ludovic Sforce, l'oncle de sa femme, livré aux françois par les suisses : il répond en tremblant qu'il ira le soir au quartier des suisses pour les payer, & il se réfugie dans le quartier de ses allemands. *Trivulce* augmente sa crainte par un stratagème, il écrit aux capitaines suisses de l'armée impériale une lettre qui annonçoit une fausse intelligence & un prétendu complot contre l'empereur. La lettre ayant été interceptée comme il le vouloit, Maximilien ne doute plus que sa perte ne soit jurée, il envoie aux suisses seize mille écus & leur en promet beaucoup davantage, seulement pour les amuser, en même tems il suppose qu'on doit lui payer dans la ville de Trente une lettre de change de quatre-vingt mille écus; il y court en poste, mais cette lettre de change n'étoit qu'un prétexte, & ce voyage n'étoit qu'une fuite; il ne revint point, les suisses se débandèrent, les allemands se retirèrent.

Avant de servir les vénitiens, *Trivulce* les avoit combattus dans la guerre que Louis XII leur avoit faite assez mal-à-propos en exécution de la ligue de Cambray; il s'étoit distingué à la bataille d'Aignadel en 1509 & à celle de Ravenne en 1512. Il fut fait maréchal de France le 23 mars 1526, à la place du maréchal de Chabanes. Lorsqu'en 1528 la défection d'André Doria fit perdre Gênes à la France, *Trivulce* se retira dans le château qu'il défendit vaillamment, & s'il eût pu recevoir trois mille hommes d'infanterie qu'il demandoit, il promettoit avec de secours de reprendre la place, mais tous les événemens étant contraires, il se vit forcé de rendre le château qui fut à l'instant rasé, car Gênes devenoit un état libre. Théodore *Trivulce* mourut en 1531 à Lyon, dont il étoit gouverneur.

3°. Alexandre *Trivulce*, neveu du maréchal (Jean Jacques), voyez sa mort à l'article *Guichardin*.

4°. La maison *Trivulce* a donné à l'église un grand nombre de cardinaux attachés les uns à la France, les autres à l'Espagne, tous personnages d'un mérite distingué.

TRIUMVIR DE LA RÉPUBLIQUE, (*hist. rom.*) l'un des trois chefs qui gouvernèrent absolument la république de Rome; ce n'étoit pas un magistrat, mais l'usurpateur d'une magistrature souveraine. Rome vit naître deux fois cette usurpation. César, Pompée & Crassus, furent les premiers *triumvirs* qui partagèrent entr'eux le gouvernement, & c'est ce qu'on appelle le premier *triumvirat*. Octavius, Antoine & Lépidus, furent les seconds *triumvirs*; & la république finit par dégénérer en monarchie; mais nous tâcherons de ne rien laisser à désirer sur ces deux grandes révolutions de Rome, au *mot* TRIUMVIRAT. (*D. J.*)

TRIUMVIRS des colonies, (*hist. rom.*) *triumviri coloniæ deducendæ*, magistrats préposés pour établir des colonies.

Ces sortes de magistrats se créoient dans une assemblée du peuple par tribus : toutes les fois que les romains envoyoient des colonies dans les pays qu'ils avoient soumis, pour maintenir les peuples dans l'obéissance & les empêcher de secouer le joug; on choisissoit des magistrats qu'on appelloit ou *duumvirs*, ou *triumvirs*, ou *decemvirs*, selon le nombre dont ils étoient composés. Quand par une ordonnance du peuple, ou par un décret du sénat, on avoit déterminé la colonie & fait le choix de ceux qui la devoient remplir, on chargeoit les *triumvirs* de la conduire : c'étoit à eux de l'établir, de faire le département des terres qui lui étoient adjugées, & d'assigner à chacun ce qu'on lui donnoit en propre à cultiver; après cela, ils traçoient avec une charrue les limites du terrein dont ils avoient fait le partage. On voit des monumens de cette institution sur les médailles, où l'établissement des colonies est marqué par une charrue attelée de bœufs. (*D. J.*)

TRIUMVIRS de nuit, (*hist. rom.*) *triumviri nocturni*; c'étoient de bas officiers préposés pour la police de la nuit. Auguste voulant s'affermir sur le trône, s'appliqua à rétablir l'ordre & la sûreté de la ville de Rome, où il y avoit eu autrefois des *triumvirs*, dont l'emploi étoit de maintenir le repos public pendant la nuit, & de veiller aux incendies; c'est par cette dernière raison qu'ils furent appelés *triumviri nocturni*; mais comme il étoit difficile que ces officiers pussent suffire à ces deux choses, Auguste créa sept cohortes, dont il en établit une pour veiller dans deux quartiers de Rome, & leur donna un chef qu'il appella *præfectus vigilum*, dignité mentionnée dans plusieurs inscriptions anciennes, qui ont été rapportées par Panvinius, *de civitate Romanâ*. (*D. J.*)

TRIUMVIRS MONÉTAIRES, *terme de monnoies des Romains*, officiers, directeurs ou surintendans, préposés chez les Romains à la fabrique des monnoies,

On fait que du tems de la république, l'intendance de la monnoie étoit commife à trois officiers ou magiftrats, qu'on nommoit *triumviri auro, argento, æri, flando, feriundo*. Jules-Céfar en ajouta un quatrième comme nous l'apprenons de plufieurs médailles qui portent l'image de ce prince; mais fous Augufte les chofes furent remifes fur l'ancien pied, & les *triumvirs monétaires* continuèrent de mettre leur nom fur les monnoies qu'ils faifoient frapper; c'eft un fait dont les médailles d'Augufte nous inftruifent.

Il n'eft pas vraifemblable qu'il y ait eu à Rome des *triumvirs monétaires* prépofés par l'empereur à la fabrication des efpèces d'or & d'argent, & d'autres *triumvirs* nommés par le fénat, pour avoir foin de la fabrication des efpèces de bronze; car les mêmes officiers ont pû avoir l'intendance de toute la monnoie qui fe frappoit à Rome, quoiqu'ils fuffent obligés de demander l'approbation de l'empereur pour le type des monnoies d'or & d'argent, & l'approbation du fénat pour le type de la monnoie de bronze.

Au refte, il n'eft guere poffible de douter que la difpofition de la monnoie n'ait appartenu aux empereurs, puifqu'on trouve fur une infinité de médailles, *moneta Aug. & moneta Augg.* De plus, Stace dans les vers qu'il a faits, pour confoler Hétrufcus de la mort de fon père, qui après avoir été affranchi par Tibère, étoit devenu intendant de l'empereur, *difpenfator Cæfaris* : Stace, dis-je, nous apprend qu'Hétrufcus avoit été chargé de la matière qui devoit être employée à frapper des monnoies au coin des empereurs.

Quæ divûm in vultus igni formanda liquefcat

Maffa, quid Antoniæ fcriptum crepet igne monetæ.

Il eft donc vrai que la monnoie d'or & d'argent appartenoit plus particulièrement à l'empereur; en effet, outre que la marque de l'autorité du fénat ne fe trouve que très-rarément fur ces deux métaux, une infcription découverte à Rome fur la fin du feizième fiècle & rapportée dans Gruter, prouve ce fait d'une manière évidente. Cette infcription qui eft du tems de Trajan commence ainfi : *Fortuna Aug. facrum officinatores monetæ aurariæ argentariæ Cæfaris.*

Il falloit donc que la monnoie d'or & d'argent dépendit plus particulièrement de l'empereur, puifque fans cela les monétaires en bronze auroient été joints aux monétaires des deux autres métaux. On peut tirer cette même conféquence de ce que Sévère Alexandre ayant réduit les impofitions à la trentième partie de ce qu'elles étoient fous Heliogabale, voulant faire auffi un changement dans le poids & dans le module de la monnoie, il eft dit qu'il fit frapper des demi-fols & des tiers de fols d'or, mais on n'ajoute pas qu'il ait entrepris de rien changer dans la monnoie de bronze, apparemment parce qu'il ne voulut pas être accufé d'empiéter fur les droits du fénat.

Remarquons qu'après Augufte on ne trouve plus fur les médailles le nom des *triumvirs monétaires*; mais il ne faut pas croire pour cela que ces emplois ayent été fupprimés; car parmi les titres donnés dans une ancienne infcription à un *Q Hedius Rufus Lollianus Gentianus*, qui vivoit du tems de Sévère & de Caracalle, on lit celui de *III. Vir. AA. A. FF.* & on trouve un *L. Antronius Vagonius Profper III. Vir. Monetalis*, dans une autre infcription rapportée par Reinefius, & que Sperlingius croit plus moderne que la précédente. Les ouvriers qui travailloient à la monnoie fous les ordres des *triumvirs*, étoient ou des affranchis ou des efclaves, c'eft pour cela que dans un ancien monument, ils font nommés *officinatores*, & *nummularii officinarum argentariæ familiæ monetariæ*; on les appelloit en général *monetarii officinatores monetæ*, & *nummularii officinatores monetæ*.

On les divifoit en plufieurs claffes; les uns, nommés *fignatores*, gravoient les coins; les autres, appellés *fuppoftores*, avoient foin de mettre la pièce de métal entre les quarrés; d'autres, appellés *malleatores*, la frappoient avec le marteau; il eft fait mention de ces trois fortes d'ouvriers conjointement dans une infcription de Gruter.

Il y avoit outre cela d'autres ouvriers chargés de la fonte & de la préparation des métaux qu'on apportoit en maffe ou en lingots aux hôtels des monnoies. Ceux-ci fe nommoient *flatores*, ou *flatuarii*, *auri & argenti monetarii*.

Quelques-uns étoient chargés de la vérification du titre & du poids des efpèces, on les appelloit *exactores auri, argenti, æris*, & c'eft pour cela qu'on lit *exagium folidi* fur certaines médailles d'Honorius & de Valentinien III, qui paroiffent avoir fervi d'une efpèce de pied-fort, pour vérifier les fols d'or qu'on frappoit du tems de ces empereurs, comme on peut le voir dans la differtation de M. du Cange fur les médailles du bas-âge : le chef de ces ouvriers eft appellé *optio* dans quelques infcriptions, du moins en cas qu'il y eût quelqu'un au-deffus de celui qui portoit ce nom, les anciens monumens ne nous en ont pas confervé le fouvenir.

Ce font là tous les noms qui foient parvenus jufqu'à nous, des perfonnes employées dans les monnoies des romains; car il faut bien fe garder de confondre, comme a fait Sperlingius, les monétaires avec ceux qui font appellés fur d'anciens marbres, *argentarius coactor*, *auri luftralis coactor*, *procurator*, *fubprocurator*, *defenfor aurariorum*. Les premiers étoient des receveurs chargés du recouvrement de l'or & de l'argent que les fujets de l'empire devoient payer au tréfor impérial ; les derniers étoient des officiers prépofés à la fouille des mines d'or qu'on découvroit fur les terres de l'empire.

Dans le Bas-Empire, il n'eft plus fait mention des *triumvirs monétaires*, & le S. C. ne fe trouve plus comme auparavant fur les monnoies de bronze. Cela fait juger que les empereurs, en attribuant à leur dignité le droit exclufif de faire battre monnoie, abolirent les trois charges de ceux qui préfidoient à cet emploi, & qui vraifemblablement n'étoient pas nommés fans l'approbation du fénat. Ce changement, felon les apparences, arriva fous Aurélien, contre qui les monétaires s'étoient révoltés.

Dans la fuite, il paroît par la notice des deux Empires que la monnoie fut dans le département du furintendant des finances, appellé *comes facrarum largitionum.* On établit pour lors dans chaque monnoie particulière un directeur, que la notice appelle *procurator moneta*, & Ammien Marcellin, *prapofitus moneta* : au deffus de celui-ci étoit le chef des monétaires, à qui on donnoit le nom de *primarius monetariorum*. Il eft vrai que la notice ne parle point des différentes monnoies établies dans l'empire d'Orient, & qu'elle n'en nomme que fix dans l'Occident, celle de Sifcia, d'Aquilée, de Rome, de Lyon, d'Arles & de Trèves. Cependant l'exergue des médailles du *Bas-Empire* nous prouve qu'il y en avoit un bien plus grand nombre. *Notice de M. le baron de la Baftie. (D. J.)*

TRIUMVIRAT, f. m. (*hift. rom.*) c'eft le nom latin que l'hiftoire a confacré à l'affociation faite par trois perfonnes, pour changer le gouvernement de la république, & s'en emparer contre les loix de l'état.

État de Rome fur la fin de la république. Rome montée au faîte de la grandeur, fe perdit par la corruption, par le luxe, par des profufions qui n'avoient point de bornes. Avec des défirs immodérés, on fut prêt à tous les attentats, &, comme dit Salluste, on vit une génération de gens qui ne pouvoient avoir de patrimoine, ni fouffrir que d'autres en euffent. Sylla, dans la fureur de fes entreprifes, avoit fait des chofes qui mirent Rome dans l'impoffibilité de conferver fa liberté. Il ruina dans fon expédition d'Afie toute la difcipline militaire ; il accoutuma fon armée aux rapines, & lui donna des befoins qu'elle n'avoit jamais eus ; il corrompit une fois des foldats qui devoient, dans la fuite, corrompre les capitaines.

Il entra à main armée dans Rome, & enfeigna aux généraux romains à violer l'afyle de la liberté. Il donna les terres des citoyens aux foldats, & il les rendit avides pour jamais ; car dès ce moment il n'y eut plus un homme de guerre qui n'attendît une occafion qui pût mettre les biens de fes concitoyens entre fes mains.

Dans cette pofition, la république devoit néceffairement périr ; il n'étoit plus queftion que de favoir comment & par qui elle feroit abbatue. Trois hommes également ambitieux effaçoient alors les autres citoyens de Rome, par leur naiffance, leur crédit, par leurs exploits, & par leurs richeffes, Cnéius Pompéius, Caius Julius Céfar, & Marcus Licinius Craffus.

Caractère de Craffus. Ce dernier de la maifon Licinia, & célèbre par fa mort chez les Parthes, étoit fils de Craffus le cenfeur. Ne pouvant vivre en fûreté à Rome, parce qu'il avoit été profcrit par Cinna & Marius, il fe fauva en Efpagne, où Vibius, un de fes amis, le tint caché pendant huit mois dans une caverne. De-là il fe rendit en Afrique auprès de Sylla, qui lui donna d'abord la commiffion d'aller dans le pays des Marfes, pour y faire de nouvelles levées ; mais comme il falloit paffer dans différens quartiers de l'armée ennemie, Craffus avoit befoin d'une efcorte, il la demanda à Sylla. Ce général, qu vouloit accoutumer fes officiers à des entreprifes hardies, lui répondit fièrement: » Je te donne pour » gardes ton père, ton frère, tes parens, & tes » amis qui ont été maffacrés par nos tirans, & » dont je veux venger la mort «. Craffus touché de ce difcours, & plein du défir de fe diftinguer, partit fans répliquer, paffa au-travers de différens corps de l'armée ennemie, leva un grand nombre de troupes par fon crédit, vint rejoindre Sylla, & partagea depuis avec lui tous les périls & toute la gloire de cette guerre.

Dans le même tems, le jeune Pompée n'ayant pas encore vingt-trois ans, tailla en pièces la cavalerie gauloife aux ordres de Brutus, joignit Sylla avec trois légions, & fe lia d'amitié & d'intérêt avec Craffus.

Sylla devenu dictateur perpétuel, ou, pour mieux dire, le maître abfolu de Rome, difpofa fouverainement des biens de fes concitoyens, qu'il regardoit comme faifant partie de fes conquêtes ; & Craffus dans cette confifcation, eut le choix de tout ce qui pouvoit flatter fon avarice : Sylla, auffi libéral envers fes amis, que dur & inéxorable envers fes ennemis, fe faifoit un plaifir de répandre à pleines mains les tréfors de la république fur ceux qui s'étoient attachés à fa fortune. Voilà la principale fource des richeffes de Craffus.

Elles n'amollirent point fa valeur. Il y avoit déja trois ans que la guerre civile duroit en Italie, avec autant de honte que de défavantage pour la république, lorfque le férat lui en donna la conduite. La fortune changea fous cet habile général ; il rétablit la difcipline militaire, défit les troupes de Spartacus, & remporta une victoire complette.

De retour à Rome l'an 683, sa faction se réunit à celle de Pompée; & comme il avoit passé par la charge de préteur, il fut élu *consul*. On déféra la même dignité à Pompée, quoiqu'il ne fût que simple chevalier, qu'il n'eût pas été seulement questeur & qu'à peine il eut trente-quatre ans: mais sa haute réputation & l'éclat de ses victoires couvrirent ces irrégularités; on ne crut pas qu'un citoyen qui avoit été honoré du triomphe avant l'âge de vingt-quatre ans & avant que d'avoir entrée au sénat, dût être assujetti aux règles ordinaires.

Il sembloit que Pompée & Crassus eussent renoncé au triomphe, étant entrés dans Rome pour demander le consulat; mais, après leur élection, on fut surpris qu'ils prétendissent encore au triomphe, comme s'ils étoient restés chacun à la tête de leurs armées. Ces deux hommes également ambitieux & puissans vouloient retenir leurs troupes moins pour la cérémonie du triomphe, que pour conserver plus de force & d'autorité l'un contre l'autre. Crassus, pour gagner l'affection du peuple, fit dresser mille tables où il traita toute la ville, & fit distribuer en même tems aux familles du petit peuple du blé pour les nourrir pendant trois mois. On ne sera pas surpris de cette libéralité, si l'on considère que Crassus regorgeoit de richesses, & possédoit la valeur de plus de sept mille talens de bien, c'est-à-dire plus de trente millions de notre monnoie; & c'étoit par ces sortes de dépenses publiques que les grands de Rome achetoient les suffrages de la multitude.

Pompée de son côté, pour renchérir sur les bienfaits de Crassus, & pour mettre dans ses intérêts les tribuns du peuple, fit recevoir des loix qui rendoient à ces magistrats toute l'autorité dont ils avoient été privés par celles de Sylla.

Enfin ces deux hommes ambitieux se réunirent, s'embrassèrent; & après avoir triomphé l'un & l'autre, ils licencièrent de concert leurs armées.

Caractère de Pompée. Mais Pompée attira sur lui, pour ainsi dire, les yeux de toute la terre. C'étoit, au rapport de Cicéron, un personnage né pour toutes les grandes choses & qui pouvoit atteindre à la suprême éloquence, s'il n'eût mieux aimé cultiver les vertus militaires, & si son ambition ne l'eût porté à des honneurs plus brillans. Il fut général avant d'être soldat, & sa vie n'offrit qu'une suite continuelle de victoires. Il fit la guerre dans les trois parties du monde, & en revint toujours victorieux. Il vainquit dans l'Italie Carina & Carbon du parti de Marius; Domitius, dans l'Afrique; Sertorius, ou pour mieux dire Perpenna, dans l'Espagne; les pirates de Cilicie sur la mer Méditerranée; & depuis la défaite de Catilina, il revint à Rome vainqueur de Mithridate & de Tigrane.

Par tant de victoires & de conquêtes, il acquit un plus grand nom que les Romains ne souhaitoient, & qu'il n'avoit osé lui-même espérer.

Dans ce haut dégré de gloire où la fortune le conduisit comme par la main, il crut qu'il étoit de sa dignité de se familiariser moins avec ses concitoyens. Il paroissoit rarement en public; & s'il sortoit de sa maison, on le voyoit toujours accompagné d'une foule de ses créatures, dont le cortège nombreux représentoit mieux la cour d'un grand prince, que la suite d'un citoyen de la république. Ce n'est pas qu'il abusât de son pouvoir; mais dans une ville libre on voyoit avec peine qu'il affectât des manières de souverain.

Accoutumé dès sa jeunesse au commandement des armées, il ne pouvoit se réduire à la simplicité d'une vie privée. Ses mœurs à la vérité étoient pures & sans tache: on le louoit même avec justice de sa tempérance; personne ne le soupçonna jamais d'avarice, & il recherchoit moins dans les dignités qu'il briguoit, la puissance, qui en est inséparable, que les honneurs & l'éclat dont elles étoient environnées.

Deux fois Pompée retournant à Rome, maître d'opprimer la république, eut la modération de congédier ses armées avant d'y entrer, pour s'assurer les éloges du sénat & du peuple; son ambition étoit plus lente & plus douce que celle de César; il aspiroit à la dictature par les suffrages de la république; il ne pouvoit consentir à usurper la puissance, mais il auroit désiré qu'on la lui remît entre les mains. Il vouloit des honneurs qui le distinguassent de tous les capitaines de son tems.

Modéré en tout le reste, il ne pouvoit souffrir sur sa gloire aucune comparaison. Toute égalité le blessoit, & il eût voulu ce semble, être le seul général de la république, quand il devoit se contenter d'être le premier. Cette jalousie du commandement lui attira un grand nombre d'ennemis, dont César, dans la suite, fut le plus dangereux & le plus redoutable; l'un ne voulut point d'égal, comme nous venons de le dire, & l'autre ne pouvoit souffrir de supérieur. Cette concurrence ambitieuse dans les deux premiers hommes de l'univers causa les révolutions, dont nous allons indiquer l'origine & les succès à la suite du portrait de César.

Caractère de César. Il étoit né de l'illustre famille des Jules, qui, comme toutes les grandes maisons, avoit sa chimère, en se vantant de tirer son origine d'Anchise & de Vénus. C'étoit l'homme de son tems le mieux fait, adroit à toutes sortes d'exercices, infatigable au travail, plein de valeur, & d'un courage élevé; vaste dans ses desseins, magnifique dans sa dépense, & libéral jusqu'à la profusion. La nature, qui sembloit l'avoir fait naître pour commander au reste des hommes, lui avoit donné un air d'empire, & de la dignité dans ses manières. Mais cet air de grandeur étoit tempéré par la douceur & la facilité de fes mœurs. Son éloquence infinuante & invincible étoit encore plus attachée aux charmes de fa perfonne, qu'à la force de fes raifons. Ceux qui étoient affez durs pour réfifter à l'impreffion que faifoient tant d'aimables qualités, n'échappoient point à fes bienfaits : il commença par gagner les cœurs, comme le fondement le plus folide de la domination à laquelle il afpiroit.

Né fimple citoyen d'une république, il forma, dans une condition privée, le projet d'affujettir fa patrie. La grandeur & les périls d'une pareille entreprife ne l'épouvantèrent point. Il ne trouva rien au-deffus de fon ambition, que l'étendue immenfe de fes vues. Les exemples récens de Marius & de Sylla lui firent comprendre, qu'il n'étoit pas impoffible de s'élever à la fouveraine puiffance : mais fage jufque dans fes defirs immodérés, il diftribua en différens tems l'exécution de fes deffeins. Doué d'un efprit toujours jufte, malgré fon étendue, il n'alla que par dégrés au projet de la domination ; & quelque éclatantes qu'ayent été depuis fes victoires, elles ne doivent paffer pour de grandes actions, que parce qu'elles furent toujours la fuite & l'effet de grands deffeins.

A peine Sylla fut-il mort, que Céfar fe jetta dans les affaires : il y porta toute fon ambition. Sa naiffance, une des plus illuftres de la république, devoit l'attacher au parti du fénat & de la nobleffe ; mais neveu de Marius & gendre de Cinna, il fe déclara pour leur faction, quoiqu'elle eût été comme diffipée depuis la dictature de Sylla. Il entreprit de relever ce parti qui étoit celui du peuple, & il fe flatta d'en devenir bientôt le chef, au lieu qu'il lui auroit fallu plier fous l'autorité de Pompée, qui étoit à la tête du fénat.

Sylla avoit fait abattre pendant fa dictature les trophées de Marius. Céfar n'étoit encore qu'édile, qu'il fit faire fecretement par d'excellens artiftes la ftatue de Marius, couronné par les mains de la victoire. Il y ajouta des infcriptions à fon honneur, qui faifoient mention de la défaite des Cimbres, & fit placer de nuit ces nouveaux trophées dans le capitole. Tout le peuple accourut en foule le matin pour voir ce nouveau fpectacle. Les partifans de Sylla fe récrièrent contre une entreprife fi hardie ; on ne douta point que Céfar n'en fût l'auteur. Ses ennemis publioient qu'il afpiroit à la tyrannie, & qu'on devoit punir un homme qui ofoit de fon autorité privée relever des trophées, qu'un fouverain magiftrat avoit fait abattre. Mais le peuple dont Marius s'étoit déclaré protecteur, donnoit de grandes louanges à Céfar, & difoit qu'il étoit le feul qui, par fon courage, méritât de fuccéder aux dignités de Marius. Auffi les principaux de chaque tribu ne furent pas long-tems fans lui donner des preuves de leur dévouement à fes intérêts.

Après la mort du grand pontife Métellus, il obtint cet emploi, paffa avec facilité à la préture, & en fortant de cette charge, le peuple lui défera le gouvernement de l'Efpagne.

Céfar en poffeffion de ce gouvernement, porta la guerre dans la Galice & dans la Lufitanie, qu'il foumit à l'empire Romain ; mais dans cette conquête il ne négligea pas fes intérêts particuliers. Il s'empara par des contributions violentes, de tout l'or & l'argent de ces provinces, & il revint à Rome chargé de richeffes, dont il fe fervit pour fe faire de nouvelles créatures, par des libéralités continuelles ; fa maifon leur étoit ouverte en tout tems ; rien ne leur étoit caché que fon cœur, toujours impénétrable même à fes plus chers amis.

On ne doutoit point qu'il ne fe fût mis à la tête de la conjuration de Catilina, fi elle eût réuffi ; & ce fameux rebelle qui croyoit ne travailler que pour fa propre grandeur, fe fût vu enlever le fruit de fon crime, par un homme plus autorifé que lui dans fon propre parti, & qui avoit eu l'adreffe de ne lui laiffer que le péril de l'exécution. Cependant le mauvais fuccès de cette entreprife, & le fouvenir de la mort des Gracques, affaffinés aux yeux de la multitude qui les adoroit, lui firent comprendre que la faveur feule du peuple ne fuffifoit pas pour le fuccès de fes affaires : & il jugea bien qu'il ne s'élèveroit jamais jufqu'à la fouveraine puiffance, fans le commandement des armées, & fans avoir un parti dans le fénat.

Formation du premier triumvirat. Ce corps fi augufte étoit alors partagé entre Pompée & Craffus, ennemis & rivaux dans le gouvernement, l'un le plus puiffant, l'autre le plus riche de Rome. La république tiroit au moins cet avantage de leur divifion, qu'en partageant le fénat, elle tenoit leur puiffance en équilibre, & maintenoit la liberté. Céfar réfolut de s'unir tantôt avec l'un, tantôt avec l'autre, & d'emprunter pour ainfi dire leur crédit de tems-en-tems, dans la vue de s'en fervir pour parvenir plus aifément au confulat & au commandement des armées. Mais comme il ne pouvoit ménager en même tems l'amitié de deux ennemis déclarés, il ne fongea d'abord qu'à les réconcilier. Il y réuffit ; & lui feul tira toute l'utilité d'une réconciliation fi pernicieufe à la liberté publique. Il fut perfuader à Pompée & à Craffus de lui confier, comme en dépôt, le confulat, qu'ils n'auroient pas vu fans jaloufie paffer entre les mains de leurs partifans. Il fut élu conful avec Calphurnius Bibulus, par le concours des deux factions. Il en gagna fecretement les principaux, dont il forma un troifième parti, qui opprima dans la fuite ceux mêmes qui avoient le plus contribué à fon élévation.

Rome fe vit alors en proie à l'ambition de trois

hommes qui, par le crédit de leurs factions réunies, diſposèrent ſouverainement des dignités & des emplois de la république. Craſſus toujours avare, & trop riche pour un particulier, ſongeoit moins à groſſir ſon parti, qu'à amaſſer de nouvelles richeſſes. Pompée content des marques extérieures de reſpect & de vénération que lui attiroit l'éclat de ſes victoires, jouiſſoit dans une oiſiveté dangereuſe, de ſon crédit & de ſa réputation. Mais Céſar plus habile & plus caché que tous les deux, jettoit ſourdement les fondemens de ſa propre grandeur, ſur le trop de ſécurité de l'un & de l'autre. Il n'oublioit rien pour entretenir leur confiance, pendant qu'à force de préſens il tâchoit de gagner les ſénateurs qui leur étoient les plus dévoués. Les amis de Pompée & de Craſſus, devinrent ſans s'en appercevoir les créatures de Céſar: pour être averti de tout ce qui ſe paſſoit dans leurs maiſons, il ſéduiſit juſqu'à leurs affranchis, qui ne purent réſiſter à ſes libéralités; il employa contre Pompée en particulier, les forces qu'il lui avoit données, & ſes artifices mêmes; il troubla la ville par ſes émiſſaires, & ſe rendit maître des élections; conſuls, préteurs, tribuns, furent achetés au prix qu'ils mirent eux-mêmes.

Etant conſul, il fit partager les terres de la Campanie, entre vingt mille familles romaines. Ce furent dans la ſuite autant de cliens, que leur intérêt engagea à maintenir tout ce qui s'étoit fait pendant ſon conſulat. Pour prévenir ce que les ſucceſſeurs dans cette dignité pourroient entreprendre contre la diſpoſition de cette loi, il en fit paſſer une ſeconde, qui obligeoit le ſénat entier, & tous ceux qui parviendroient à quelque magiſtrature, de faire ſerment de ne jamais rien propoſer au préjudice de ce qui avoit été arrêté dans les aſſemblées du peuple pendant ſon conſulat. Ce fut par cette habile précaution qu'il ſut rendre les fondemens de ſa fortune ſi ſûrs & ſi durables, que dix années d'abſence, les tentatives des bons citoyens, & tous les mauvais offices de ſes envieux & de ſes ennemis, ne la purent jamais ébranler.

Cimentation de triumvirat. Mais comme il craignoit toujours que Pompée ne lui échappât, & ne fût regagné par le parti des républicains zélés, il lui donna ſa fille Julie en mariage, comme un nouveau gage de leur union. Pompée donna la ſienne à Servilius, & Céſar épouſa Calpurnie, fille de Piſon, qu'il fit déſigner conſul pour l'année ſuivante. Il prit en même tems le gouvernement des Gaules avec celui de l'Illyrie, pour cinq ans. On décerna depuis celui de la Syrie à Craſſus qui le demandoit dans l'eſpérance d'y acquérir de nouvelles richeſſes, en quoi il réuſſit, car il doubla les trente millions qu'il poſſédoit. Pompée obtint l'une & l'autre Eſpagne, qu'il gouverna toujours par ſes lieutenans, pour ne pas quitter les délices de Rome.

Ils firent comprendre ces différentes diſpoſitions dans le même décret qui autoriſoit le partage des terres, afin d'en intéreſſer les propriétaires à la conſervation de leur propre autorité. Ces trois hommes partagèrent ainſi le monde entier. Voilà la ligue qu'on nomma *le premier triumvirat*, dont l'union, quoique momentanée, perdit la république. Rome ſe trouvoit en ce malheureux état, qu'elle étoit moins accablée par les guerres civiles que par la paix, qui réuniſſant les vues & les intérêts des principaux, ne faiſoit plus qu'une tyrannie.

L'uſage donnoit un gouvernement aux conſuls à l'iſſue du conſulat, & Céſar de concert avec Pompée & Craſſus, s'étoit fait déférer celui de la Gaule Cis - Alpine, qui n'étoit pas éloigné de Rome. Vatinius, tribun du peuple, & créature de Céſar, y fit ajouter celui de l'Illyrie, avec la Gaule Trans-Alpine; c'eſt-à-dire la Provence, une grande partie du Dauphiné & du Languedoc, que Céſar ſouhaitoit avec paſſion, pour pouvoir porter ſes armes plus loin, & que le ſénat même lui accorda, parce qu'il ne ſe ſentoit pas aſſez puiſſant pour le lui refuſer.

Il avoit choiſi le gouvernement de ces provinces comme un champ de bataille propre à lui faire un grand nom. Il enviſagea la conquête entière des Gaules, comme un objet digne de ſon courage & de ſa valeur, & il ſe flatta en même tems d'y amaſſer de grandes richeſſes, encore plus néceſſaires pour ſoutenir ſon crédit à Rome, que pour fournir aux frais de la guerre. Il partit pour la conquête des Gaules, à la tête de quatre légions, & Pompée lui en prêta depuis une autre, qu'il détacha de l'armée qui étoit ſous ſes ordres, en qualité de gouverneur de l'Eſpagne & de la Lybie.

Les guerres de Céſar, ſes combats, ſes victoires, ne ſont ignorés de perſonne. On ſait qu'en moins de dix ans, il triompha des helvétiens, & les força de ſe renfermer dans leurs montagnes qu'il attaqua, & qu'il vainquit Arioviſte, roi des germains, auquel il fit la guerre, quoique ce prince eût été reçu au nombre des alliés de l'état; qu'il ſoumit depuis les belges à ſes loix; qu'il conquit toutes les Gaules, & que les romains ſous ſa conduite, paſſèrent la mer, & arborèrent, pour la première fois, les aigles dans la Grande-Bretagne.

On prétend qu'il emporta de force, ou qu'il réduiſit par la terreur de ſes armes, huit cents villes; qu'il ſubjugua trois cents peuples ou nations; qu'il défit en différens combats, trois millions d'hommes, dont il y en eut un million tué dans les batailles, & un autre million fait priſonnier; détail qui nous paroîtroit exagéré, s'il n'étoit rapporté ſur la foi de Plutarque, & des autres hiſtoriens romains.

Ambition & conduite de Céſar. Il eſt certain que

que la république n'avoit point encore eu un plus grand capitaine, si on examine sa conduite dans le commandement des armées, sa rare valeur dans les combats, & sa modération dans la victoire. Mais ces qualités étoient obscurcies par une ambition démesurée, & par une avidité insatiable d'amasser de l'argent, qu'il regardoit comme l'instrument le plus sûr pour faire réussir ses grands desseins. Depuis son arrivée dans les Gaules, tout fut vénal dans son camp; charges, gouvernemens, guerres, alliance, il trafiquoit de tout. Il pilla les temples des dieux, & les terres des alliés. Tout ce qui servoit à augmenter sa puissance, lui paroissoit juste & honnête, & Cicéron rapporte qu'il avoit souvent dans la bouche, ces mots d'Euripide : « s'il faut violer le droit, il ne le faut » violer que pour régner ; mais dans des affaires » de moindre conséquence, on ne peut avoir trop » d'égard pour la justice ».

Le sénat attentif sur sa conduite, vouloit lui en faire rendre compte, & il envoya des commissaires jusques dans les Gaules, pour informer des plaintes des alliés. Caton, au retour des commissaires, proposa de le livrer à Arioviste, comme un désaveu que la république faisoit de l'injustice de ses armes, & pour détourner sur sa tête seule, la vengeance céleste de la foi violée. Mais l'éclat de ses victoires, l'affection du peuple, & l'argent qu'il savoit répandre dans le sénat, tournèrent insensiblement les plaintes en éloges. On attribua ses brigandages à des vues politiques ; on décerna des actions de graces aux dieux pour ses sacrilèges ; & de grands crimes couronnés de la réussite, passèrent pour de grandes vertus.

César devoit ses succès à sa rare valeur, & à la passion que ses soldats avoient pour lui. Il en étoit adoré, ils le suivoient dans les plus grands périls, avec une confiance bien honorable pour un général. Ceux qui sous d'autres capitaines n'auroient combattu que foiblement, montroient sous ses ordres un courage invincible, & devenoient par son exemple d'autres césars. Il les avoit attachés à sa personne & à sa fortune, par le soin infini qu'il prenoit de leur subsistance, & par des récompenses magnifiques. Il doubla leur solde, & le bled qu'on leur distribuoit que par rations réglées, leur fut donné sans mesure. Il assigna aux vétérans des terres & des possessions. Il sembloit qu'il ne fût que le dépositaire des richesses immenses qu'il accumuloit tous les jours, & qu'il ne les conservoit que pour en faire le prix de la valeur, & la récompense du mérite. Il payoit même les dettes de ses principaux officiers, & il laissoit entrevoir à ceux qui étoient engagés pour des sommes excessives, qu'ils n'auroient jamais rien à craindre de la poursuite de leurs créanciers, tant qu'ils combattroient sous ses enseignes. Soldats & officiers, chacun fondoit l'espérance de sa fortune, sur la libéralité & la protection du général.

Par-là les soldats de la république devinrent insensiblement les soldats de César.

Son attention n'étoit pas bornée à s'assurer seulement de son armée. Du fond des Gaules il portoit ses vues sur la disposition des affaires, & jusques dans les comices & les assemblées du peuple, il ne s'y passoit rien sans sa participation. Son crédit influoit jusques dans la plupart des délibérations du sénat. Il avoit dans l'un & l'autre corps des amis puissans, & des créatures dévouées à ses intérêts. Il leur fournissoit de l'argent en abondance, soit pour payer leurs dettes, ou pour s'élever aux principales charges de la république. C'étoit de cet argent qu'il achetoit leurs suffrages, & leur propre liberté. Emilius Paulus étant consul, en tira neuf cent mille écus, seulement pour ne s'opposer point à ses desseins pendant son consulat. Il en donna encore davantage à Scribonius Curion, tribun du peuple, homme factieux, habile, éloquent, qui lui avoit vendu sa foi, & qui pour le servir plus utilement, affectoit de n'agir que pour l'intérêt du peuple.

Rupture de Pompée avec César. Pompée ouvrit enfin les yeux, & résolut de ruiner la fortune de César. La jalousie du gouvernement, & une émulation réciproque de gloire, leur firent bientôt appercevoir qu'ils étoient ennemis, quoiqu'ils conservassent encore toutes les apparences de leur ancienne liaison. Mais Crassus qui, par son crédit & ses richesses immenses, balançoit l'autorité de l'un & de l'autre, ayant été tué dans la guerre des Parthes, ils se virent en liberté de faire éclater leurs sentimens. Enfin la mort de Julie, fille de César, qui arriva peu de tems après, acheva de rompre ce qui restoit de correspondance entre le beau-père & le gendre.

César demanda qu'on lui continuât son gouvernement, comme on avoit fait à Pompée, ou qu'il lui fût permis, sans être dans Rome, de poursuivre le consulat. Il ajouta dans la même lettre, que si Pompée prétendoit retenir le commandement, il sauroit bien se maintenir de son côté à la tête de son armée; & qu'en ce cas, il seroit dans peu de jours à Rome, pour y venger ses propres injures, & celles qu'on faisoit à la patrie. Ces dernières paroles remplies de menaces, parurent au sénat une vraie déclaration de guerre. Lucius Domitius fut nommé sur le champ pour son successeur, & on lui donna quatre mille hommes de troupes, pour aller prendre possession de son gouvernement; mais César dont les vues & l'activité étoient incomparables, avoit déjà prévenu ce décret, par la hardiesse & la promptitude de sa marche.

César usurpe la tyrannie par les armes. La même frayeur qu'Annibal porta dans Rome après la bataille de Cannes, César l'y répandit lorsqu'il passa le Rubicon. Pompée éperdu, ne vit dans les premiers momens de la guerre, de parti à prendre que celui qui reste dans les affaires désespérées: il ne fut que céder & que fuir: il sortit de Rome, y laissa le trésor public; il ne put nulle part retarder la marche du vainqueur, il abandonna une partie de ses troupes, toute l'Italie, & passa la mer.

César entra dans Rome en maître, & s'étant emparé du trésor public, où il trouva environ cinq millions de livres de notre monnoie, il se mit en état de poursuivre Pompée & ses partisans; mais ce général du sénat qui vouloit tirer la guerre en longueur, pour avoir le tems d'amasser de plus grandes forces, passa d'Italie en Epire, & après s'être embarqué à Brindes, il aborda dans le port de Dirrachium. César ne l'ayant pu joindre, se rendit maître de toute l'Italie, en moins de soixante jours.

Le détail & le succès de la guerre civile n'est point de mon sujet. On sait que l'empire ne coûta, pour ainsi dire, à César, qu'une heure de tems, & que la bataille de Pharsale en décida. La perte de Pompée, qui périt en Egypte, entraîna celle de son parti. L'activité de César, & la rapidité de ses conquêtes, ne donnèrent point le tems de traverser ses projets. La guerre le porta dans des climats différens. La victoire le suivit presque partout, & la gloire ne l'abandonna jamais.

On parle beaucoup de la fortune de César; mais cet homme extraordinaire avoit tant de grandes qualités, sans aucun défaut, quoiqu'il eût bien des vices, qu'il eût été difficile, que quelqu'armée qu'il eût commandée, il n'eût été vainqueur, & qu'en quelque république qu'il fût né, il ne l'eût gouvernée.

Tout plie sous sa puissance. Tout plia sous sa puissance, & deux ans après le passage du Rubicon, l'an 696, on le vit rentrer dans Rome, maître de l'univers. Il pardonna à tout le monde; mais la modération que l'on montre après qu'on a tout usurpé, ne mérite pas de grandes louanges.

Le sénat à son retour, lui décerna des honneurs extraordinaires, & une autorité sans bornes, qui ne laissoit plus à la république qu'une ombre de liberté. On le nomma consul pour dix ans, & dictateur perpétuel. On lui donna le nom d'*empereur*, & le titre auguste de *père de la patrie*. On déclara sa personne sacrée & inviolable. C'étoit réunir & perpétuer en lui, la puissance & les priviléges annuels de toutes les dignités de l'état. On ajouta à cette profusion d'honneurs, le droit d'assister à tous les jeux, dans une chaire dorée, & une couronne d'or sur la tête; & il fut ordonné par le décret, que même après sa mort, on placeroit toujours cette chaire & cette couronne dans tous les spectacles, pour immortaliser sa mémoire.

Mais la plupart des sénateurs ne lui avoient décerné tous ces honneurs extraordinaires dont nous venons de parler, que pour le rendre plus odieux, & pour le pouvoir perdre plus sûrement. Les grands sur-tout qui avoient suivi la fortune de Pompée, & qui ne pouvoient pardonner à César, la vie qu'il leur avoit donnée dans les plaines de Pharsale, se reprochoient secrètement ses bienfaits, comme le prix de la liberté publique; & ceux qu'il croyoit ses meilleurs amis, ne recevoient ses graces que pour approcher plus près de sa personne, & pour le faire périr plus sûrement.

Il en abuse & périt. Il essaya pour ainsi dire le diadême; mais voyant que le peuple cessoit ses acclamations, il n'osa hazarder d'affermir la couronne sur sa tête; cependant il cassa les tribuns du peuple, & fit encore d'autres tentatives pour le conduire à la royauté: mais on ne peut comprendre qu'il pût imaginer que les romains pour le souffrir tyran, aimassent pour cela la tyrannie.

Il commit beaucoup d'autres fautes, en témoignant le peu d'égards qu'il avoit pour le sénat, & en choquant les cérémonies & les usages de ce corps. Il porta son mépris jusqu'à faire lui-même les sénatus-consultes, & à les souscrire du nom des premiers sénateurs qui lui venoient dans l'esprit. « J'apprens quelquefois, dit Cicéron (*lettres* » *famil. l. IX.*), qu'un sénatus-consulte, passé à » mon avis, a été porté en Syrie & en Arménie, » avant que j'aie su qu'il ait été fait; & plusieurs » princes m'ont écrit des lettres de remerciemens, » sur ce que j'avois été d'avis qu'on leur don- » nât le titre de roi, que non-seulement je ne sa- » vois pas être roi, mais même qu'ils fussent au » monde ».

En un mot, il étoit d'autant plus difficile que César pût défendre sa vie, qu'il y avoit un certain droit des gens, une opinion établie dans toutes les républiques de Grèce & d'Italie, qui faisoit regarder comme un homme vertueux, l'assassin de celui qui avoit usurpé la souveraine puissance. A Rome sur-tout, depuis l'expulsion des rois, la loi étoit précise, les exemples reçus; la république armoit le bras de chaque citoyen, le faisoit magistrat pour le moment, & l'avouoit pour sa défense. Brutus osa bien dire à ses amis, que quand son père reviendroit sur la terre, il le tueroit tout de même s'il aspiroit à la tyrannie. En effet, le crime de César qui vivoit dans un gouvernement libre, n'étoit-il pas hors d'état d'être puni autrement que par un assassinat? Et demander pourquoi on ne l'avoit pas poursuivi par la force ouverte, ou par des loix, n'étoit-ce pas demander raison de ses crimes?

Il est vrai que les conjurés finirent presque tous malheureusement leur vie; il falloit bien que des gens à la tête d'un parti abattu tant de fois, dans des guerres où l'on ne se faisoit aucun quartier, périssent de morte violente. De-là cependant on tira la conséquence d'une vengeance céleste, qui punissoit les meurtriers de César & proscrivoit leur cause.

Conduite du sénat & d'Antoine après la mort de César. Après la mort de ce tyran, les conjurés ne firent rien pour se soutenir ; ils se retirerent seulement au capitole, sans savoir encore ce qu'ils avoient à espérer ou à craindre de ce grand événement ; mais ils virent bientôt avec amertume, que la mort d'un usurpateur alloit causer de nouvelles calamités dans la république.

Le lendemain Lépidus se saisit de la place romaine avec un corps de troupes, qu'il fit avancer par ordre d'Antoine, alors premier consul. Les soldats vétérans qui craignoient qu'on ne répétât les dons immenses qu'ils avoient reçus, entrèrent dans Rome. Le sénat s'assembla, & comme il étoit question de décider si César avoit été un tyran, ou un magistrat légitime, & si ceux qui l'avoient tué méritoient des peines ou des récompenses ; jamais cet auguste conseil ne s'étoit tenu pour une matière si importante & si délicate. Après plusieurs avis differens, on prit un tempérament pour contenter les deux partis. On convint qu'on ne poursuivroit point la mort de César ; mais on arrêta pour concilier les extrêmes, que toutes ses ordonnances seroient ratifiées : ce qui produisit une fausse paix.

Antoine dissimulant ses sentimens, souscrivit au décret du sénat. Les provinces furent distribuées en même tems ; Brutus eut le gouvernement de l'île de Crete ; Cassius de l'Afrique ; Trébonius de l'Asie ; Cimber de la Bithynie, & on confirma à Décimus Brutus, celui de la Gaule cisalpine, que César lui avoit donné. Antoine consentit même à voir Brutus & Cassius. Il se fit une espèce de réconciliation entre ces chefs de parti : réunion apparente qui ne trompa personne.

Comme le sénat avoit approuvé tous les actes de César sans restriction, & que l'exécution en fut donnée aux consuls, Antoine qui l'étoit, se saisit du livre de raison de César, gagna son secrétaire, & fit écrire tout ce qu'il voulut : de manière que le dictateur régnoit plus impérieusement que pendant sa vie ; car ce qu'il n'auroit jamais fait, Antoine le faisoit ; l'argent qu'il n'auroit jamais donné, Antoine le donnoit ; & tout homme qui avoit de mauvaises intentions contre la république, trouvoit soudain une récompense dans les prétendus livres de César.

Par un nouveau malheur, César avoit amassé pour son expédition, des sommes immenses, qu'il avoit mises dans le temple d'Ops ; Antoine avec son livre, en disposa à sa fantaisie.

Les conjurés avoient d'abord résolu de jetter le corps de César dans le Tibre : ils n'y auroient trouvé nul obstacle ; car dans ces momens d'étonnement qui suivent une action inopinée, il est facile de faire tout ce qu'on peut oser : cela ne fut point exécuté, & voici ce qui en arriva.

Le sénat se crut obligé de permettre les obsèques de César ; & effectivement dès qu'il ne l'avoit pas déclaré tyran, il ne pouvoit lui refuser la sépulture. Or c'étoit une coutume des Romains, si vantée par Polybe, de porter dans les funérailles les images des ancêtres, & de faire ensuite l'oraison funebre du défunt. Antoine qui la fit, montra au peuple la robe ensanglantée de César, lui lut son testament, où il lui prodiguoit de grandes largesses, & l'agita au point qu'il mit le feu aux maisons des conjurés.

S'ils furent offensés des discours artificieux d'Antoine, le sénat n'en fut guère moins piqué, & sans se déclarer ouvertement, il ne laissa pas de favoriser secrétement leurs entreprises, persuadé que la conservation du gouvernement républicain dépendoit des avantages de ce parti, cependant Antoine s'acheminoit à la souveraine puissance, lorsqu'on vit arriver le jeune Octavius, petit-neveu de César, qui se présenta pour recueillir sa succession.

Arrivée du jeune Octavius à Rome. Il étoit fils d'un sénateur appellé *Caius Octavius*, qui avoit exercé la préture, & d'Atie, fille de Julie, sœur de César, qui avoit été mariée en premières nôces à Accius Balbus, & ensuite à Marcus Philippus. Comme Octavius n'avoit pas encore dix-huit ans, César l'avoit envoyé à Apollonie, ville sur les côtes d'Epire, pour y achever ses études & ses exercices. Il n'y avoit que six mois qu'il étoit dans cette ville lorsqu'il apprit que son grand-oncle avoit été assassiné dans le sénat. Ses parens & ses amis voulant opposer son nom à la puissance d'Antoine, lui mandèrent de venir à Rome pour y jouir du privilège de son adoption, & la faire autoriser par le préteur.

Au bruit de sa marche, les soldats vétérans auxquels César, après la fin des guerres civiles, avoit donné des terres dans l'Italie, accoururent lui offrir leurs services ; on lui apportoit de l'argent de tous les côtés, & quand il approcha de Rome, la plûpart des magistrats, les officiers de guerre, toutes les créatures du dictateur, & le peuple en foule sortirent au-devant de lui.

Ce jeune Octavius prit le nom de César, vendit son patrimoine, paya une partie des legs portés par le testament de son grand-oncle, & jetta avec un silence profond, les fondemens de la perte d'Antoine. Il se voyoit soutenu du grand nom de César, qui seul lui donneroit bientôt des légions & des armées à ses ordres ; d'un autre côté, Cicéron pour perdre Antoine son ennemi particulier, prit le mauvais parti de travailler à l'élévation d'Octavius, & au lieu de faire oublier au peuple César, il le lui remit devant les yeux. Octavius se conduisit avec Cicéron en homme habile ; il le flatta, le consulta, le loua, & employa tous les artifices dont la vanité ne se défie jamais. Prenant en même tems son intérêt pour règle de sa conduite, tantôt il ménagea politiquement Antoine, & tantôt le sénat, attendant toujours à se déterminer d'après les conjonctures favorables.

Il est certain qu'Antoine ne craignoit pas moins Octavius, que Brutus & Cassius ; mais il fut obligé de dissimuler, & de garder beaucoup de mesures avec le premier, à cause de l'attachement que lui portoient le peuple, les officiers, & les soldats qui avoient servi dans les armées du dictateur ; delà toutes les réunions apparentes qu'ils eurent l'un avec l'autre, n'étoient pour ainsi dire qu'une matière d'infidélités nouvelles : tous deux ne chercherent long-tems qu'à se détruire, chacun aspirant à demeurer seul à la tête du parti opposé à celui des conjurés.

Antoine tenant assiégé Decimus Brutus dans Modène, & refusant de lever le siege, le sénat irrité de sa rébellion, ordonna à Hirtius & à Pansa, consuls, ainsi qu'à Octavius, de marcher au secours de Decimus. Le combat fut long ; Antoine fut défait, & les consuls y périrent ; cependant le sénat songeant à abaisser Octave, fier du grand nom dont il avoit hérité & du consulat qu'il avoit obtenu, mit Decimus Brutus à la tête des troupes de la république.

Union d'Octave, d'Antoine, & de Lépidus. Ce fut alors qu'Octave, extrêmement piqué de cette injure qui bridoit son ambition, songea sérieusement à se réconcilier avec Antoine quand l'occasion s'en présenteroit ; mais il attendit politiquement à se déterminer qu'il fût sûr du parti qu'embrasseroient Lépidus & Plancus. Antoine gagna les soldats de Lépidus, qui le reçurent la nuit dans leur camp & le reconnurent pour leur général. Plancus toujours esclave des événemens se déclara contre le sénat & contre Decimus Brutus. Antoine repassa les Alpes à la tête de dix sept légions, arrêta Brutus dans les défilés des montagnes voisines d'Aquilée, & lui fit couper la tête.

Cette mort fut le motif, ou plutôt le prétexte de la réunion entre Octave & Antoine ; ils s'y trouvent enfin également disposés l'un & l'autre. Antoine venoit d'éprouver devant Modène ce que pouvoit encore le nom de la république ; & comme il désespéroit alors de s'emparer seul de la souveraine puissance, il résolut de la partager avec son rival. Octave de son côté craignoit que s'il différoit plus long-tems à se raccommoder avec Antoine, ce chef de parti ne se joignît à la fin aux conjurés, comme il l'en avoit menacé, & que leurs forces réunies ne rétablissent l'autorité de la république ; ainsi la paix fut aisée à faire entre deux ennemis qui trouvoient un intérêt égal à se rapprocher. Des amis communs les firent convenir d'une entrevue ; la conférence se tint dans une petite île déserte, que forme, proche de Modène, la rivière du Panaro.

Formation du second triumvirat. Les deux armées camperent sur ses bords, chacune de son côté, & on avoit fait des ponts de communication qui y aboutissoient, & sur lesquels on avoit mis des corps-de-gardes. Lépidus étant dans l'armée d'Antoine, se trouva naturellement à cette entrevue ; & quoiqu'il n'eût plus que le nom de général & les apparences du commandement, Antoine & Octave, toujours en garde l'un contre l'autre, n'étoient pas fâchés qu'un tiers, qui leur pouvoit être suspect, intervînt dans les différends qui pourroient naître entr'eux.

Ainsi Lépidus entra le premier dans l'île, pour reconnoître s'ils y pouvoient passer en sûreté. Telle étoit la malheureuse condition de ces hommes ambitieux, qui dans leur réunion même, conservoient encore une défiance réciproque. Lépidus leur ayant fait le signal dont on étoit convenu, les deux généraux passèrent dans l'île, chacun de son côté. Ils s'embrassèrent d'abord, & sans entrer dans aucune explication sur le passé, ils s'avancèrent pour conférer, vers l'endroit le plus élevé de l'île, & d'où ils pouvoient être également vus par leurs gardes, & même par les deux armées.

Ils s'affirent eux trois seuls. Octave en qualité de consul, prit la place la plus honorable, & se mit au milieu des deux autres. Ils examinèrent quelle forme de gouvernement ils donneroient à la république, sous quel titre ils pourroient partager l'autorité souveraine, & retenir leurs armées, pour maintenir leur puissance. La conférence dura trois jours ; on ne sait point le détail de ce qui s'y passa : il parut seulement par la suite, qu'ils étoient convenus qu'Octave abdiqueroit le consulat, & le remettroit pour le reste de l'année à Ventidius, un des lieutenans d'Antoine ; mais qu'Octave, Antoine, & Lépidus, sous le titre de Triumvirs, s'empareroient de l'autorité souveraine pour cinq ans ; ils bornerent leur autorité à ce peu d'années, pour ne pas se déclarer d'abord trop ouvertement les tyrans de leur patrie.

Partage de l'empire entre les triumvirs. Ces triumvirs partagèrent ensuite entr'eux les provinces, les légions, & l'argent même de la république ; & ils firent, dit Plutarque, ce partage de tout l'empire, comme si c'eût été leur patrimoine.

Antoine retint pour lui les Gaules, à l'exception de la province qui confine aux Pyrénées, & qui fut cédée à Lépidus avec les Espagnes. Octave eut pour sa part l'Afrique, la Sicile, la Sardaigne, & les autres îles. L'Asie occupée par les conjurés n'entra point dans ce partage ; mais Octave & Antoine convinrent qu'ils joindroient inceffamment leurs forces pour les en chaffer ; qu'ils fe mettroient chacun à la tête de vingt légions, & que Lépidus, avec trois autres, refteroit en Italie & dans Rome, pour y maintenir leur autorité. Ces deux collegues ne lui donnerent point de part dans la guerre qu'ils alloient entreprendre, parce qu'ils connoiſſoient fon peu de valeur & de capacité. Ils ne l'aſſocierent au *triumvirat*, que pour lui laiſſer en leur abſence, comme en dépôt, l'autorité fouveraine, bien perfuadés qu'ils fe déféroient plus aiſément de lui que d'un autre général, s'il leur devenoit infidèle ou inutile.

Ils dreſſerent un rôle de proſcrits & de récompenſes. Leur ambition étoit fatisfaite par ce partage ; mais ils laiſſoient à Rome & dans le fénat des ennemis cachés, & des républicains toujours zélés pour la liberté ; ils réfolurent avant que de quitter l'Italie, d'immoler à leur fûreté, & de proſcrire les plus riches & les plus précieux citoyens ; ils en dreſſerent un rôle. Chaque triumvir y compit fes ennemis particuliers, & les ennemis de fes créatures : ils pouſſerent leur inhumanité exécrable jufqu'à s'abandonner l'un à l'autre leurs propres parens, & même les plus proches. Lépidus facrifia d'abord fans peine fon frère à fes deux collegues ; Antoine de fon côté abandonna à Octavius le propre frère de fa mère ; & celui-ci conſentit qu'Antoine fit mourir Cicéron, quoique ce grand homme l'eût foutenu de fon crédit contre Antoine même. On mit dans ce rôle funefte Thoranius, tuteur d'Octave, celui-là même qui l'avoit élevé avec tant de foin. Plotius défigné conful, frère de Plancus, un des lieutenans d'Antoine, & Quintus fon collegue au confulat, furent couchés fur la lifte, quoique ce dernier fût beau-père d'Afinius Pollio, partiſan zélé du *triumvirat* ; ainſi tous les droits les plus facrés de la nature & de la reconnoiſſance furent violés par ces trois fcélérats.

On difpofa des récompenſes, & cet article étoit important pour retenir les troupes dans leur devoir. Il fut donc arrêté qu'on abandonneroit aux foldats en propriété les terres & les maiſons de dix-huit des meilleures villes de l'Italie, qui furent choifies par les triumvirs, felon qu'ils avoient des fujets d'averſion contre ces miférables cités ; les plus grandes étoient Capoue, Reggium, Venouze, Benevent, Nocere, Rimini, & Vibone : tout cela fut réglé fans conteſtation.

Ils imitent Marius & Sylla dans leur proſcription. Pour exécuter leurs vengeances avec éclat, ils imiterent la manière dont Marius & Sylla en avoient ufé. Elle confiſtoit à écrire en groſſes lettres fur un tableau les noms des condamnés, & on affichoit ce tableau dans la place publique ; c'eſt ce qu'on appella *proſcription*. De ce nombre chacun

pouvoit tuer les proſcrits ; & comme leur tête étoit à fort haut prix, il étoit bien difficile qu'ils puſſent échapper à des foldats animés par l'intérêt. Ces terribles articles étant fignés, Octave fortit pour les déclarer aux troupes qui en témoignerent une extrême joie, & alors les foldats des trois armées fe mêlerent, & fe traiterent réciproquement.

Ainſi fut conclu cet exécrable *triumvirat*, dont les fuites furent fi funeſtes ; & pour en faire paſſer la mémoire jufqu'à la poftérité, ils firent battre de la monnoie, où on voyoit d'un côté l'image d'Antoine ; *Marc Antoine, empereur auguſte, triumvir*, & au revers trois mains qui fe tenoient, les haches des confuls, & pour devife, *le falut du genre humain*.

Les triumvirs ayant ainſi établi leur autorité, dreſſerent le rôle des autres perſonnes qui devoient périr par leurs ordres ; & bien que la haine y eût grande part, l'intérêt y trouva auſſi fa place. Ils avoient befoin de beaucoup d'argent pour foutenir la guerre contre Brutus & Caſſius, qui trouvoient de puiſſantes reſſources dans les richeſſes de l'Afie, & dans l'aſſiſtance des princes d'Orient ; au lieu que ceux-ci n'avoient que l'Europe pour eux, fur-tout l'Italie épuiſée par la longueur des guerres civiles. Ils établirent de grands impôts fur le fel, & fur les autres marchandiſes ; mais comme cela ne fuffiſoit pas, ils proſcrivirent, ainſi que je l'ai dit, pluſieurs des plus riches de Rome, afin de profiter de leur confifcation.

Décret de cette proſcription. Le décret de la proſcription commençoit en ces termes : « Marcus Lepidus, Marcus Antonius & Octavius Céfar, » élus pour la réformation de la république. Si » la généroſité de Jules-Céfar ne l'avoit obligé » à pardonner à des perfides, & à leur accorder, » outre la vie dont ils étoient indignes, des hon-» neurs & des charges qu'ils ne méritoient pas, » après avoir été pris les armes à la main contre » fa perſonne, il n'auroit pas péri fi cruellement » par leur trahiſon, & nous ne ferions pas for-» cés d'ufer de voies de rigueur contre ceux qui » nous ont déclarés ennemis de la patrie. Mais » les entrepriſes déteſtables qu'ils ont machinées » contre nous, la perfidie horrible dont ils ont » ufé à l'égard de Céfar, & la connoiſſance que » nous avons de leur méchanceté & de leur obf-» tination dans des fentimens fi odieux, nous obli-» gent à prévenir les maux qui nous en pourroient » arriver.

Le refte contenoit une juſtification du procédé des triumvirs, fondée fur les avantages que Jules-Céfar avoit acquis aux Romains par fes victoires, l'ingratitude de fes bienfaits, en un mot la néceſſité de punir des ennemis, qui pourroient par leurs artifices rejetter la ville de Rome dans les malheurs de la diviſion, durant qu'Octave & Antoine feroient occupés contre Brutus & Caſſius :

en appuyoit cette juſtification par l'exemple de
S) lla.

Après avoir imploré l'aſſiſtance des dieux, ils
concluoient ainſi : « que perſonne ne ſoit aſſez
» hardi pour recevoir, receler ou faire ſauver au-
» cun des proſcrits, ſous quelque prétexte que
» ce ſoit, ni lui donner argent ou autre ſecours,
» ni avoir aucune intelligence avec eux, ſous
» peine d'être mis en leur rang, ſans eſpérance
» d'aucune grace. Quiconque apportera la tête
» d'un proſcrit, aura deux mille écus, ſi c'eſt
» un homme libre; & s'il eſt eſclave, il aura la
» liberté & mille écus. L'eſclave qui tuera ſon
» propre maître, aura outre cela le droit de bour-
» geoiſie. On donnera la même récompenſe à ceux
» qui nous déclareront le lieu où un proſcrit ſe
» ſera retiré; & le nom du dénonciateur ne ſera
» couché ſur aucun regiſtre ni autre mémoire,
» afin que perſonne n'en ait connoiſſance. ».

Quantité de leurs ſoldats arriverent à Rome
avant la publication du décret, & tuerent d'abord
quatre des proſcrits, les uns dans leurs logis, &
les autres dans la rue. Ils ſe mirent enſuite à courir
par les maiſons & par les temples : ce qui cauſa
une frayeur générale. On n'entendoit que des cris,
des pleurs; & comme le décret n'étoit pas encore publié, chacun ſe perſuadoit être du nombre
des condamnés. Quelques-uns même tomberent
dans un ſi grand déſeſpoir, qu'ils vouloient envelopper la ville entière dans leur perte, en mettant le feu par-tout. Pédius, pour empêcher ce
malheur, fit publier qu'on ne cherchoit qu'un fort
petit nombre des ennemis des triumvirs, & que
tous les autres n'avoient rien à craindre. Le lendemain il fit afficher les noms des dix-ſept condamnés; mais il s'échauffa ſi fort à courir de tous
côtés pour raſſurer les eſprits, qu'il en mourut.

Les triumvirs firent enſuite leur entrée dans la
ville en trois différens jours. Octave entra le premier, Antoine le ſecond, & Lepidus le troiſième;
chacun d'eux menoit une légion pour ſa garde.
La loi par laquelle ils s'attribuoient la même autorité que les conſuls pour l'eſpace de cinq ans,
& ſe déclaroient réformateurs de la république,
fut publiée par Titius, tribun du peuple; & la nuit
ſuivante, ils firent ajouter les noms de cent trente
perſonnes à ceux qu'ils avoient déjà proſcrits.

Peu de tems après on en publia encore cent
cinquante, ſous prétexte qu'on les avoit oubliés.
Ainſi le nombre des malheureuſes victimes s'accrut juſqu'à trois cents ſénateurs, & plus de deux
mille chevaliers. Perſonne n'oſoit refuſer l'entrée
de ſa maiſon aux ſoldats qui cherchoient dans les
lieux les plus ſecrets; & la face de Rome reſſembloit alors à celle d'une ville priſe d'aſſaut, ex-
poſée au meurtre & au pillage. Pluſieurs furent
tués dans ce déſordre ſans être condamnés. On

les reconnoiſſoit à ce qu'ils n'avoient pas la tête
coupée.

Peinture de ces horreurs. Salvius tribun du peuple
fut tué le premier ſur la table où il traitoit ſes
amis, pour avoir abandonné trop légérement les
intérêts d'Antoine, qu'il avoit d'abord ſoutenu
contre Cicéron. Le préteur Minutius périt par l'imprudence de ceux qui l'accompagnoient par honneur,
& qui le firent découvrir. Cæpion ſe fit tuer les
armes à la main après une vigoureuſe réſiſtance,
& Veratinus raſſembla pluſieurs autres proſcrits
comme lui, avec leſquels il tua grand nombre
de ſoldats, & ſe ſauva en Sicile.

Statius proſcrit à l'âge de quatre-vingt ans, à
cauſe de ſes grands biens, les abandonna au pillage, & mit le feu dans ſa maiſon, où il ſe
brûla. Emilius voyant des gens armés qui couroient
après un miſérable, demanda qui étoit ce proſcrit;
un ſoldat qui le reconnut, répondit : c'eſt toi-
même, & le tua ſur l'heure. Cilius & Decius ayant
lû leurs noms écrits dans le tableau, ſe mirent à
fuir étourdiment, & attirerent après eux des ſoldats qui les tuerent. Julius ſe joignit à des gens
qui portoient un corps mort dans la ville, mais
il fut reconnu & tué par les gardes de la porte,
qui trouverent un porteur de plus qu'il n'y en
avoit d'ordinaire.

Largus épargné par quelques ſoldats de ſa connoiſſance, en rencontra d'autres qui le pourſui-
virent; il ſe jetta dans les bras de ceux qui l'a-
voient ſauvé, afin qu'ils gagnaſſent le prix qui
leur appartenoit. Les gens les plus illuſtres ſe cachoient, pour ſauver leur vie, dans les grottes, dans
les aqueducs & les ſouterrains. On ne trouvoit que
ſénateurs, tribuns & autres magiſtrats fugitifs, cherchant des aſyles de toutes parts.

On porta à Antoine la tête de Rufus proſcrit,
pour avoir refuſé quelque tems auparavant de lui
vendre une maiſon voiſine de celle de Fulvie;
il dit que ce préſent appartenoit à ſa femme,
& le lui envoya; d'un autre côté, la femme de
Coponius qui étoit fort belle, n'obtint d'Antoine
la grace de ſon mari que par la dernière faveur.

Cicéron fut pourſuivi dans ſes terres par un certain Herennius, & par un tribun militaire nommé
Popilius Lena, auquel il avoit ſauvé la vie en plai-
dant pour lui; ils le tuerent dans ſa litière à l'âge
de 64 ans. Ainſi fut cimenté le *triumvirat* par le
ſang d'un des plus grands hommes de la république.

En un mot tout ce que la vengeance, la haine
ou l'intérêt peuvent produire de plus tragique,
parut dans les divers incidens de cette affreuſe
proſcription. On vit des amis livrer leurs amis à
l'aſſaſſinat; des parens leurs parens; & des eſclaves
leurs maîtres. On vit

Le méchant par le prix au crime encouragé;
Le mari dans ſon lit par ſa femme égorgé;

Le fils tout dégoutant du meurtre de son père,
Et, sa tête à la main, demandant son salaire.

Salassus fut trahi par sa femme ; Annalis & Thaurannius, tous deux préteurs, furent vendus par leurs propres fils, & Fulvius fut livré par une esclave qu'il entretenoit.

Peinture de belles actions dans ce tragique événement. Mais aussi, tout ce que l'attachement, l'amour & la fidélité peuvent inspirer de plus généreux, parut au milieu de tant d'horreurs. On vit des soldats compatissans respecter le mérite ; on vit des esclaves se dévouer pour leurs maîtres, & des ennemis assez généreux risquer tout pour sauver la vie à leurs ennemis. On vit des femmes porter par les campagnes leurs maris sur leurs épaules, & s'aller cacher avec eux dans le fond des forêts. On vit des enfans s'exposer au glaive pour leurs pères, & des pères pour leurs enfans. Enfin, on vit de si grands traits d'héroïsme, qu'il sembloit que la vertu dans cette occasion vouloit triompher sur le crime.

Les femmes de Lentulus, d'Apuleius, d'Antichus, se cachèrent dans les lieux déserts avec leurs maris, sans vouloir jamais les abandonner.

Comme Reginus sortoit de la ville déguisé en charbonnier, sa femme le suivant en litière, un soldat arrête la voiture ; Reginus revint sur ses pas pour prier cet homme de respecter cette dame. Le soldat qui avoit servi sous lui, le reconnut : » Sauvez-vous, lui dit-il, mon général, je vous » appellerai toujours ainsi, & je vous respecterai » toujours, dans quelque misérable état que je vous » voye ».

Ligarius se noya, désespéré de n'avoir pu secourir son frère qu'il vit tuer devant ses yeux ; & la tendresse de son frère fut funeste à Blavus, qui revint se faire massacrer pour tâcher de sauver son fils.

Arianus & Metellus échappèrent au fer des assassins par le soin & le courage de leurs enfans. Oppius, qui avoit sauvé son père infirme, en le portant de lieu en lieu sur ses épaules, en fut récompensé : le peuple qui le nomma *édile* : & comme il n'avoit pas assez de bien pour fournir à la dépense des jeux, non-seulement tous les ouvriers lui donnèrent généreusement leurs peines & leur salaire ; mais la plupart de ceux qui assistèrent à ses spectacles, lui firent tant de présens, qu'ils l'enrichirent.

Junius dut son salut aux services de ses esclaves qui combattirent pour le défendre. Un affranchi poignarda le commandant de ceux qui venoient d'égorger son maître, & se tua du même poignard.

L'avanture de Restius ou de Restio est surprenante. Il avoit autrefois fait marquer d'un fer chaud le front d'un de ses esclaves pour s'être enfui.

Cet esclave découvrit sans peine le lieu où il étoit caché, & vint l'y trouver. Restius crut être perdu, mais l'esclave le rassura : » crois-tu, dit-il, mon » maître, que ces caractères dont tu as marqué » mon front, aient fait plus d'impression sur mon » ame que les bienfaits que j'ai reçus de toi depuis » ce tems-là » ? Il le conduisit dans un autre lieu plus secret, & l'y nourrit soigneusement, en veillant sans cesse à sa conservation ; cependant comme des soldats vinrent à passer plusieurs fois près de cet endroit, leurs allées & venues causèrent mille frayeurs à l'esclave. Il suivit un jour ces soldats, & prit si bien son tems qu'il tua à leur vue un laboureur : les soldats coururent à lui comme à un assassin ; mais il leur dit, sans se déconcerter, que c'étoit son maître Restius proscrit par les loix, qu'il venoit heureusement de tuer ; moins encore pour le récompensé, que pour se venger des marques infâmes qu'ils voyoient sur son front. Ainsi l'esprit, le crime & l'héroïsme se réunirent dans un simple esclave, & son maître fut sauvé.

Mais la grandeur d'ame des esclaves d'Appion & de Ménénius fut sans tache : ils se dévouèrent généreusement, & se firent tuer tous les deux, l'un dans une litière, & l'autre sur un lit, avec les habits de leurs maîtres.

L'imagination féconde inventa toutes sortes de moyens pour échapper à la mort. Pomponius revêtit l'habit de préteur, habilla ses esclaves en licteurs, contrefit le seing des *triumvirs*, & prit un vaisseau pour passer en Cilicie. Un autre sénateur se fit raser, changea de nom, leva une petite école, & y enseigna publiquement tant que dura la proscription, sans que personne vînt à soupçonner qu'un maître d'école fût un illustre proscrit.

L'aimable & belle Octavie saisissoit de son côté toutes les occasions possibles d'arracher quelques victimes à la barbarie du *triumvirat.* La femme de Vinius compris dans la proscription, après avoir examiné les moyens de le sauver, l'enferma dans un coffre qu'elle put porter à la maison d'un de ses affranchis, & répandit si bien le bruit qu'il étoit mort, que tout le monde en fut persuadé. Mais comme cette ressource ne calmoit point ses allarmes, elle saisit l'occasion qu'un de ses parens devoit donner des jeux au peuple, & ayant mis Octavie dans ses intérêts, elle le pria d'obtenir de son frère, qu'il se trouvât seul des *triumvirs* au spectacle. Les choses ainsi disposées, cette dame vint sur le théâtre, se jette aux pieds d'Octavius, lui déclare son artifice & fait porter en sa présence le coffre même, d'où son mari sortit en tremblant. Tandis que tous les deux imploroient la clémence du *triumvir,* Octavie donna des louanges à cette action avec tant de graces & d'adresse, que son frère applaudissant à l'amour héroïque de cette dame, accorda la vie à son mari. Octavie n'en demeura pas-là , elle loua fi fort le courage de l'affranchi qui , recevant ce dépôt avoit couru rifque de périr lui-même , qu'elle engagea fon frère à le récompenfer , en le mettant au rang des chevaliers romains.

Triomphe de Lépidus. Sur la fin des exécutions du *triumvirat* , Lépidus s'avifa de vouloir triompher de quelques peuples que fes lieutenans avoient foumis en Efpagne. La publication de ce triomphe portoit ces paroles remarquables : » à tous ceux » qui honoreront notre triomphe par des facrifices , » des feftins publics , & autres démonftrations de » joie , falut & bonne fortune. A ceux qui fe » conduiront autrement, malheur & profcription ». On peut s'imaginer que la joie fut univerfelle , tant la terreur étoit grande ! la cérémonie de ce triomphe fut honorée par plus de facrifices & de feftins , qu'il n'en avoit encore paru dans aucune occafion femblable , ni même dans toutes réunies enfemble.

Taxe exorbitante fur les hommes. Après la mort ou la fuite des profcrits, on mit en vente les biens de ces malheureux , c'eft-à-dire *leurs immeubles* ; car les meubles avoient été pillés ; mais outre qu'il y eut peu de gens affez bas pour ruiner des familles défolées , perfonne ne vouloit paroître riche en acquérant dans un tems fi dangereux ; cependant les *triumvirs* infatiables projettèrent de lever pour la guerre d'Afie & de Sicile , la fomme de deux cent mille talens , environ quarante-deux millions fterlings ; & pour y parvenir ils tournèrent la profcription en une taxe exorbitante, fur plus de deux cent mille hommes , tant romains qu'étrangers.

Taxes fur les dames romaines. Ils comprirent dans cette taxe , quatorze cent des plus riches dames de Rome , meres , filles , parentes , ou alliées de leurs ennemis , & les alliances étoient tirées de fort loin. La plûpart de ces dames accablées par cette nouvelle injuftice, vinrent en repréfenter les conféquences à la mère & aux fœurs d'Octave, qui les écoutèrent favorablement. La mère d'Antoine en ufa de même , Fulvie feule rejetta leur requête. Elles prirent le parti de fe rendre au palais des *triumvirs* , où d'abord elles furent repouffées par les gardes : mais elles infiftèrent avec tant de fermeté , & le peuple les foutint fi hautement , que les *triumvirs* fe virent contraints de leur accorder une audience publique. Alors Hortenfia , fille du célèbre Hortenfius , le rival de Cicéron en éloquence , prit la parole au nom de toutes.

» Les dames, dit-elle , que vous voyez ici , » feigneurs , pour implorer votre juftice & vos » bontés , n'y paroiffent qu'après avoir fuivi les » voies qui leur étoient marquées par la bienféance. » Nous avons recherché la protection de vos mères, » de vos femmes ; mais nos refpects n'ont pas été » agréables à Fulvie. C'eft ce qui nous a obligées » de faire éclater nos plaintes en public contre » les règles qui font preferites à notre fexe , & » que nous avons jufqu'ici obfervées rigoureufe- » ment. Vous nous avez privées de nos pères & » de nos enfans , de nos frères , & de nos maris. » Vous prétendiez en avoir été outragés ; ce font » des fujets qu'il ne nous appartient pas d'appro- » fondir. Mais quelle injure avez-vous reçue des » femmes , pour leur ôter leurs biens ? Il faut auffi » les profcrire , fi on les croit coupables. Cepen- » dant aucune de notre fexe ne vous a déclarées » ennemies de la patrie Nou n'avons ni pillé vos » fortunes , ni fuborné vos foldats. Nous n'avons » point affemblé de troupes contre les vôtres , ni » formé d'oppofitions aux honneurs , & aux charges » que vous prétendiez obtenir. Et puifque les » femmes n'ont point eu part à ces actions qui » vous offenfent , l'équité ne veut pas qu'elles en » ayent à la peine que vous leur impofez. L'em- » pire , les dignités , les honneurs , ne font pas » faits pour elles. Aucune ne prétend à gouverner » la république , & notre ambition ne lui attire » point les maux dont elle eft accablée. Quelle » raifon pourroit donc vous obliger à donner nos » biens pour des entreprifes où nous n'avons point » d'intérêt ?

» La guerre , continua-t elle , à élevé cette ville » au point de gloire où nous la voyons ; cependant » il n'y a point d'exemple que les femmes y ayent » jamais contribué. C'eft un privilège accordé à » notre fexe , par la nature même , qui nous exempte » de cette profeffion. Il eft vrai que durant la » guerre de Carthage , nos mères affiftèrent la » république qui étoit alors dans le dernier péril. » Cependant ni leurs maifons , ni leurs terres , ni » leurs meubles , ne furent vendus pour ce fujet. » Quelques bagues & quelques pierreries fourni- » rent ce fecours , & ce ne fut point la contrainte, » les peines , ni la violence, qui les y obligèrent, » mais un pur mouvement de générofité. Que crai- » gnez vous à préfent pour Rome, qui eft notre » commune patrie ? Quel danger preffant la me- » nace ? Si les Gaulois ou les Parthes l'attaquent , » nous n'avons pas moins de zèle pour fes inté- » rêts que nos mères ; mais nous ne devons pas nous » mêler des guerres civiles. César ni Pompée ne » nous y ont jamais obligées ; Marius & Cinna » ne l'ont jamais propofé , ni Sylla même , qui » le premier établit la tyrannie ».

Ce difcours plein d'éloquence & de vérité confondit les *triumvirs* , & les obligea de congédier les dames romaines , en leur promettant d'avoir égard à leur requête. Le bruit des battemens de mains qu'ils entendirent de toutes parts fut fi grand, que craignant une émeute générale s'ils ne tenoient parole , ils modérèrent leur lifte à quatre cent dames , du nombre de celles dont ils avoient le moins à redouter le crédit. Mais leurs foldats exercèrent

cèrent la levée des autres taxes avec tant de violences, qu'un des *triumvirs* même eut bien de la peine à réprimer leurs désordres.

Défaites de Brutus & de Caffius. Enfin le *triumvirat* enrichi par ses horribles vexations, diminua le nombre & la puissance des gens de bien. La république ne subsistoit plus que dans le camp de Brutus & de Caffius, & en Sicile auprès de Sextus, le dernier des fils du grand Pompée.

Octave & Marc-Antoine ne craignant plus rien de Rome, suivirent leurs projets, & passèrent en Asie, où ils trouvèrent leurs ennemis dans ces lieux où l'on combattit trois fois pour l'empire du monde. Les deux armées étoient campées proche de la ville de Philippes, située sur les confins de la Macédoine & de la Thrace. Après différentes escarmouches & de petits combats, le jour parut qui devoit décider de la fortune & de la destinée des Romains.

Je n'entrerai point dans le détail d'une action qui a été décrite par divers historiens; en voici l'événement. La liberté fut ensevelie dans les plaines de Philippes avec Brutus & Cassius, les chefs de leur parti; Brutus défit, à la vérité, les troupes d'Octave; mais Antoine triompha du corps que commandoit Cassius. Ce général croyant son collègue aussi malheureux que lui, obligea un de ses affranchis de le tuer; & Brutus ayant voulu tenter une seconde fois le sort des armes, perdit la bataille, & se tua lui-même, pour ne pas tomber vif entre les mains de ses ennemis.

Il est certain que Brutus & Cassius se tuèrent avec une précipitation qui n'est pas excusable, & l'on ne peut lire cet endroit de leur vie, sans avoir pitié de la république, qui fut ainsi abandonnée. Caton s'étoit donné la mort à la fin de la tragédie; ceux-ci la commencèrent en quelque façon par leur mort.

Après le décès de ces deux grands hommes, les *triumvirs* établirent leur empire sur les ruines de la république. Mais dans de si grands succès, Octave n'avoit contribué à la cause commune que par des projets, dont encore il cacha toujours à ses deux collègues les motifs les plus secrets. Il n'eut point de honte la veille du combat d'abandonner le corps qu'il commandoit, & déserteur de sa propre armée, il alla se cacher dans le bagage, pendant qu'on étoit aux mains. Peut-être qu'il se flattoit que les périls ordinaires dans les batailles, & le courage d'Antoine le déferoient d'un collègue ambitieux, ensorte que sans s'exposer, il recueilleroit le fruit de la victoire. Mais c'est faire trop d'honneur à son esprit aux dépens de sa lâcheté. Ce qui prouve qu'il n'agit en cette occasion que par la vive impression de la peur, c'est qu'on fait toutes les railleries qu'il eut depuis à essuyer de la part d'Antoine.

Défaite de Sextus Pompée. Il ne restoit des débris de la république, que le jeune Pompée, qui s'étoit emparé de l'île de Sicile, d'où il faisoit des incursions sur les côtes d'Italie. Il étoit question de le déposséder d'une retraite qui en servoit encore à plusieurs illustres proscrits, dont le but étoit de relever le parti de la liberté. Mæcene réussit à tirer d'Antoine les vaisseaux qu'il possédoit, quoique ce *triumvir* eût un grand intérêt à maintenir le jeune Pompée, dans une île qui lui servoit comme de barrière contre l'ambition toujours redoutable de son rival. Sa flotte étant formée & confiée au commandement d'Agrippa, cet habile capitaine se met en mer, va chercher l'ennemi, bat les lieutenans de Pompée, le défait lui-même en plusieurs occasions, & le chasse enfin de cette île.

Octave dépouille Lépidus de l'autorité. Octave alors victorieux de tous les républicains par l'épée & la bravoure d'un soldat de fortune qui lui étoit dévoué, crut qu'il étoit temps de rompre avec ses collègues, pour régner seul. Il les attaqua l'un après l'autre. La perte de Lépidus ne lui couta que quelques intrigues. Ce *triumvir* peu estimé de ses soldats, s'en vit abandonner au milieu de son camp. Octave s'en empara par ses négociations secretes, & sous différens prétextes, il dépouilla son collègue de l'autorité souveraine. On vit depuis ce *triumvir* réduit à mener une vie privée & malheureuse.

Il défait ensuite Antoine à Actium, & reste seul maître de l'Empire. Antoine adoré de ses soldats, maître de la meilleure partie de l'Asie & de l'Egypte entière, & qui avoit de puissans rois dans son parti & dans son alliance, donna beaucoup de peine à Octave. Mais sa perte vint de ce qui devoit faire sa principale ressource. Ce grand capitaine enivré d'une passion violente pour Cléopâtre reine d'Egypte, imagina qu'il trouveroit en Orient autant de forces contre son collègue, en cas de rupture, qu'il rencontreroit des charmes dans le commerce qu'il entretenoit avec cette princesse. Cet excès de confiance lui fit négliger le soin de Rome & de l'Italie, le centre de l'empire; son rival s'en prévalut & y établit son autorité.

La jalousie du gouvernement, si naturelle entre des puissances égales en dignité, les brouilla souvent; tantôt Octavie, femme d'Antoine & sœur d'Octave, & tantôt des amis communs les réconcilièrent: mais à la fin ils prirent les armes l'un contre l'autre: on en vint aux mains; & la bataille navale qui se donna près d'Actium décida de l'empire du monde entre ces deux célèbres rivaux. Octave victorieux poursuivit Antoine jusques dans l'Egypte, & le réduisit à se tuer lui-même. Par sa mort, & l'abdication forcée de Lépidus, qui avoit précédé de six ans la bataille d'Actium, Octave se vit au comble de ses desirs, seul maître & seul souverain. Il établit une nouvelle monarchie sur les ruines de la liberté, & vint à bout de la rendre supportable à d'anciens républicains. Les historiens qui ont écrit presque tous du tems & sous l'empire de ce prince, l'ont comblé de louanges & d'adulations ; mais c'est sur les faits, c'est sur les actions de sa vie qu'il faut le juger.

Caractère d'Auguste. Auguste (puisque la flatterie a consacré ce nom à Octave) étoit d'une naissance médiocre par rapport à la grandeur où il est parvenu ; son père étoit à peine chevalier romain ; mais sa mère Accie, étant fille de Julie, sœur de Jules-César, lui acquit l'adoption de ce dictateur.

Sa taille étoit au-dessous de la médiocre, & pour réparer ce défaut naturel, il portoit des souliers fort hauts. Il avoit d'ailleurs la figure agréable, les sourcils joints, les dents peu serrées & rouillées, les yeux vifs & difficiles à soutenir, quoiqu'il affectât dans ses regards une douceur concertée.

Il étoit incommodé d'une foiblesse à la cuisse gauche, qui le faisoit tant soit-peu boiter de ce côté-là. Il pâlissoit & rougissoit aisément, changeant à la volonté de couleur & de maintien; ce qui l'a fait comparer ingénieusement par un de ses successeurs (l'empereur Julien) au caméléon, qui se rend propres toutes les couleurs qui lui sont présentées.

Son génie étoit audacieux, capable des plus grandes entreprises, & porté à les conduire avec beaucoup d'adresse & d'application. Pénétrant, toujours attentif aux affaires, on voit dans ses desseins un esprit de suite, & qui savoit distribuer dans des tems convenables l'exécution de ses projets. Fin politique, il crut dès sa jeunesse, que c'étoit beaucoup gagner, que de savoir perdre à-propos. Tantôt ami d'Antoine, & tantôt son ennemi, son intérêt fut constamment la règle de sa conduite, attendant toujours à se déterminer d'après les conjonctures favorables. Il tâchoit de couvrir ses vices & ses défauts, par l'art infini qu'il avoit de se donner les vertus qui lui manquoient.

Profond dans la connoissance de sa nation, il eut assez de souplesse dans l'esprit, de manège dans toutes ses démarches, & de modération feinte dans le caractère pour subjuguer les Romains. Il y réussit en leur persuadant qu'ils étoient libres, ou du moins à la veille de l'être. Il fit semblant de vouloir se démettre de l'empire, demanda tous les dix ans qu'on le déchargeât de ce poids, & le porta toujours. C'est par ces sortes de finesses qu'il se faisoit encore donner ce qu'il ne croyoit pas assez avoir acquis. Tous ses règlemens visoient à l'établissement de la monarchie, & tous ceux de Sylla au milieu de ses violences, tendoient à une certaine forme de république. Sylla, homme emporté, menoit violemment les Romains à la liberté ; Auguste, rusé tyran, les conduisoit doucement à la servitude.

Cependant la crainte qu'il avoit eue avec raison d'être regardé pour tel, l'empêcha de faire appeller Romulus, & soigneux d'éviter qu'on pensât qu'il usurpoit la puissance d'un roi, il n'en affecta point le faste.

Il choisit pour successeur, je ne sais par quel motif, un des plus méchans hommes du monde ; mais se regardant comme un magistrat qui feint d'être en place malgré lui-même, il ne commanda point, il pria la nation, il postula, qu'au moins on lui donnât pour collegue, supposé qu'il le méritât, un fils capable de soulager sa vieillesse, un fils qui faisoit toute sa consolation. Travaillant toujours à faire respecter les loix dont il étoit le maître, il voulut que l'élection de Tibère fût l'ouvrage du peuple & du sénat, comme la sienne, disoit-il, l'avoit été. Tibère lui fut donc associé l'an de Rome 766 & de J. C. la douzieme.

Il donna plusieurs loix bonnes, mauvaises, dures, injustes. Il opposa les loix civiles aux cérémonies impures de la religion. Il fut le premier qui, par des raisons particulières, autorisa les fidéicommis. Il attacha aux libelles la peine du crime de lèse-majesté. Il établit que les esclaves de ceux qui auroient conspiré, seroient vendus au public, afin qu'ils pussent déposer contre leurs maîtres. Vous voyez par-là, les soins attentifs qu'il prend pour lui-même.

Il fut remettre l'abondance dans la capitale, & tâcha de gagner la populace par des jeux, des spectacles & des largesses, souvent médiocres, mais bien ménagées. Apprenant que certaines loix qu'il avoit donné effarouchoient le peuple, il ne les cassa pas, mais pour en détourner les réflexions, il rappella Pylade, que les factions avoient chassé.

Il fit passer sans succès Ælius Gallus d'Egypte en Arabie pour s'emparer du pays; mais les marches, le climat, la faim, la soif, les maladies, perdirent l'armée; on négocia avec les arabes, comme les autres peuples avoient fait, & le temple de Janus fut fermé de nouveau.

Mécénas son favori, content d'une vie délicieuse, & desirant faire goûter le gouvernement d'Auguste, s'attacha tous ceux qui pouvoient servir à sa gloire ; poëtes, orateurs, historiens; il les combloit de caresses & de bienfaits, & les produisoit à son maître ; on exaltoit chez lui, les louanges du prince; Horace & Virgile les répandoient par les charmes de la poësie.

D'un autre côté, Auguste disposant de tous les revenus de l'état, bâtit des temples dans Rome, & l'embellit de beautés si magnifiques, qu'il méritoit par-là d'en être l'édile. Mais c'est le maître du monde que je dois ici caractériser.

Lorsque les troupes avoient les armes à la

main, il craignoit leur révolte, & les ménageoit. Lorsqu'il étoit en paix, il craignoit les conjurations, & toutes les entreprises lui parurent suspectes. Ayant toujours devant les yeux le destin de César, il s'éloigna de sa conduite pour éviter son sort, il refusa le nom de dictateur, ne parla que de la dignité du sénat, & de son respect pour la républi-que; mais en même tems il portoit une cuirasse sous sa robe, & ne permettoit à aucun sénateur de s'approcher de lui que seul, & après avoir été fouillé.

Incapable de soutenir de sang-froid la vue du moindre péril, il ne montra du courage que dans les conseils, & par-tout où il ne falloit point payer de sa personne.

Toutes les victoires qui l'élevèrent à l'empire du monde, furent l'ouvrage d'autrui. Celle de Philippes est dûe au seul Antoine. Celle d'Actium, aussi-bien que la défaite de Sextus Pompée, sont l'ouvrage d'Agrippa. Auguste se servit de cet officier, parce qu'il étoit incapable de lui donner de l'ombrage, & de se faire chef de parti.

Pendant un combat naval, il n'osa jamais voir les flottes en bataille. Couché dans son vaisseau, & les yeux tournés vers le ciel, comme un homme éperdu, il ne monta sur le tillac, qu'après qu'on lui eût annoncé que les ennemis avoient pris la fuite.

Je crois, dit M. de Montesquieu, qu'Auguste est le seul de tous les capitaines romains qui ait gagné l'affection des soldats, en leur donnant sans cesse des marques d'une lâcheté naturelle. Dans ce tems-là, les soldats faisoient plus de cas de la libéralité de leur général, que de son courage. Peut-être même que ce fut un bonheur pour lui, de n'avoir point eu cette valeur qui peut donner l'empire, & que cela même l'y porta: on le craignit moins. Il n'est pas impossible que les choses qui le déshonorèrent le plus, aient été celles qui le servirent le mieux. S'il avoit d'abord montré une grande ame, tout le monde se seroit méfié de lui; & s'il eût eû de la hardiesse, il n'auroit pas donné à Antoine, le tems de faire toutes les extravagances qui le perdirent.

Les gens lâches sont ordinairement cruels, c'étoit aussi le caractère d'Auguste. Sans parler des horreurs de la proscription où il eut la plus grande part, & dont même il prolongea le cours, je trouve dans l'histoire, qu'il exerça seul cent actions plus cruelles les unes que les autres, & qui ne peuvent être excusées par la nécessité des tems, ou par l'exemple de ses collègues.

Après la bataille de Philippes, dans laquelle il ne paya pas de sa personne, il mit en usage des horreurs bien étranges envers de malheureux prisonniers qui lui furent présentés. L'un deux qui ne requéroit de lui que la sépulture, en reçut cette réponse consolante: « que les oiseaux le mettroient bientôt en état de n'en avoir pas besoin ».

Il fit égorger un père & un fils, sur ce qu'ils refusoient de combattre ensemble, & dans le tems qu'ils lui demandoient la grace l'un de l'autre de la manière du monde la plus touchante. Aussi quand on conduisit les autres prisonniers enchaînés devant Antoine & lui, ils saluèrent tous Antoine, lui marquèrent leur estime, & l'appelèrent *empereur*; au lieu qu'ils chargèrent Auguste de reproches, d'injures & de railleries amères.

Le saccagement de Péruge prise sur Lucius Antonius, fait frémir l'humanité. Auguste abandonna à ses soldats le pillage de cette ville, quoiqu'elle eût capitulé: les violences y furent si grandes, que les historiens les plus flatteurs ne pouvant les déguiser, en ont rejetté la faute sur la fureur des soldats victorieux; mais au moins ne sont-ils pas coupables des la mort des trois cents qui composoient le sénat de cette ville, & qu'Auguste fit égorger de sang froid. Comme ils lui eurent été présentés enchaînés, ils lui demandèrent leur grace pour être restés dans le parti d'un homme auquel ils avoient les plus grandes obligations, & qui d'ailleurs avoit été long-tems son ami & son allié; il leur répondit, *vous mourrez tous*: immédiatement après cette réponse, aussi barbare que laconique, ils furent exécutés.

On dit qu'après le décès d'Antoine, il fit tuer son fils Antyllus, qui s'étoit réfugié dans le mausolée que Cléopatre avoit élevé à son père.

Dans les premières années de son règne, Murena, Egnatius Rufus, M. Lépidus fils de son ancien collègue, & tant d'autres, furent du nombre de ses victimes. Il fit exécuter Procillus son affranchi, qui avoit été très-avant dans ses secrets, sous le prétexte de ses liaisons avec des femmes de qualité. En un mot, on comptoit peu de jours qui ne fussent marqués par l'ordre de ce monstre, de la mort de quelque personne considérable. Comme les conspirations renaissoient sans cesse, qu'on me permette le terme, du sang & de la cendre de ceux qu'il immoloit, il pouvoit bien se tenir à lui-même, le discours que Corneille met dans sa bouche:

Rentre en toi-même, Octave.....
Quoi tu veux qu'on t'épargne, & n'as rien épargné!
Songe aux fleuves de sang où ton bras s'est baigné!
De combien ont rougi les champs de Macédoine?
Combien en a versé la défaite d'Antoine?
Combien celle des Sexte? & revois tout d'un tems
Péruge au sien noyée, & tous ses habitans.
Remets dans ton esprit après tant de carnages,
De tes proscriptions les sanglantes images,

Où toi-même des tiens devenu le bourreau ,
Au sein de ton tuteur, enfonças le couteau.

Cinna , act. IV. scen. iij.

Il est vrai que ce prince après tant d'exécutions,
prit le parti de pardonner à Cinna, mais ce fut
par les conseils de Livie ; & peut-être craignit-il
dans Cinna le nom de son ayeul maternel , le
grand Pompée ; dont les partisans cachés dans Rome
étoient nombreux & puissans.

Je cherche des vertus dans Auguste, & je ne
lui trouve que des crimes, des défauts , des vices,
des ruses, des bassesses. Ne croyons pas cependant les accusations d'Antoine, qui lui reprocha
que son adoption avoit été la récompense de ses
impudicités. Je n'ajoute pas plus de foi à l'é-
pitre *ad Octavium* , qu'on attribue à Cicéron ,
où il est dit que la servitude de Rome est le
prix d'une prostitution. *Audiet C. Marius impu-*
dico domino parere nos , qui non militem voluit
nisi pudicum : audiet Brutus eum populum, quem
ipse primo , postquam progenies ejus à regibus
liberavit, pro turpe stupro datum in servitutem, &c.
Mais ce qui semble plus fort, est le témoignage
de Suétone , qui rapporte que depuis César , il
avoit servi de ganimède à Hirtius , le même qui
fut consul avec Pansa ; c'est pourquoi le peuple
romain entendit avec tant de plaisir ce vers récité
sur le théâtre :

Videsne ut Cynœdus orbem digito temperet ?

On doit mettre au rang de ses artifices les propositions d'accommodement qu'il fit faire à Cléopatre pour la trahir & la mener à Rome en triomphe. Dangereux pour toutes sortes de commerces,
& en même tems capable des plus bas artifices,
il faisoit l'amoureux des femmes des sénateurs,
dans le dessein d'arracher d'elles le secret de leurs
maris.

Plein d'une vanité désordonnée , il se fit décerner les honneurs divins. Il vouloit passer pour
fils & pour favori d'Apollon, se faisant peindre
sous la figure de ce dieu ; & dans ses festins , comme dans ses statues, il en prenoit l'habit & tout
l'équipage ; c'est ce que les romains nommoient
les mensonges impies d'Auguste , *impia Augusti*
mendacia. Quelqu'un dit là-dessus, que s'il étoit
Apollon, c'étoit l'Apollon qu'on adoroit dans un
quartier de la ville , sous le nom de *Tortor,* le
bourreau.

Cet Apollon romain étoit superstitieux à l'excès. Il ajoutoit foi aux songes, & aux présages
les plus ridicules. Il craignoit si fort le tonnerre
qu'il éleva un temple à Jupiter tonnant , près du
capitole ; & comme ce temple ne le rassuroit pas
encore, il s'alloit cacher sous des voûtes à la moindre tempête ; & par surcroît de précaution, il por-

toit sur lui une peau de veau marin, pour se garantir
dès effets de la foudre.

Il mourut à Nole en Campanie , l'an de Rome
767. Le jour de sa mort il se démasqua lui-même en
demandant à ses amis , s'il avoit bien joué son rôle
dans le monde : *Ecquid iis videretur , mimum vitæ*
commodè transegisse ? On lui répondit sans doute par
des témoignages d'admiration & de douleur ; mais il
auroit dû savoir que la poésie dramatique met sur la
scène des personnages de son ordre , comme on
mettroit un bourreau carthaginois dans un tableau
qui représenteroit la mort de Régulus. Passons au
caractère du second triumvir, j'entends de Marc-
Antoine.

Caractère d'Antoine. Il étoit fils de Marc-Antoine le crétique , & de Julie, de la maison des Jules ; sa famille , quoique plébéienne , tenoit un rang
distingué parmi les meilleures de Rome. Son ayeul
étoit le fameux Marc-Antoine l'orateur, qui fut la
victime des vengeances de Marius. La mère d'Antoine épousa en secondes noces Cornelius Lentulus,
homme de grande qualité, que Cicéron fit mourir
parce qu'il étoit un des chefs de la conjuration de
Catilina. Cette mort tragique alluma dans le cœur
de sa femme une haine mortelle contre Cicéron, &
lui inspira des sentimens de vengeance, auxquels
elle fit participer Antoine ; c'est là sans doute une
des premières causes de l'inimitié cruelle qui dura
toujours entre ces deux hommes, & qui fut si fatale à Cicéron.

Marc-Antoine avoit une figure agréable, la taille
belle, le front large, le nez aquilin, beaucoup de
barbe & de force de tempérament, exprimée sur
tous les traits de sa figure.

Plein de valeur & de courage, il se fit connoître
de bonne heure par son génie & par ses exploits militaires. Etant encore jeune , il commanda un corps
de cavalerie dans l'armée de Gabinius contre les
juifs, & Josephe nous apprend que dans celle contre Alexandre, fils d'Aristobule, il effaça tous ceux
qui combattoient avec lui. Ce fut dans ce pays-là
qu'il forma son style sur le goût asiatique , qui avoit
beaucoup de conformité avec sa vie bruyante.

Il étaloit un faste immense dans ses dépenses,
une folle vanité dans ses discours, du caprice dans
son ambition démesurée, & de la brutalité dans ses
débauches. Plus guerrier que politique , familier
avec le soldat, habile à s'en faire aimer, prodigue
de ses richesses pour ses plaisirs, ardent à s'emparer
de celles d'autrui , aussi prompt à récompenser qu'à
punir, aussi gai quand on le railloit, que quand il
railloit les autres.

Fécond en ressources militaires, il réussit dans
la plus grande détresse où il se soit trouvé, à gagner les chefs de l'armée de Lépidus ; il entra dans
son camp, se saisit de lui, l'appella son père, &
lui laissa le titre de général.

Il favoit fouffrir plus que perfonne, la faim, la foif, & les incommodités des faifons; il devenoit fupérieur à lui-même dans l'adverfité, & les malheurs le rendirent femblable à l'homme de bien.

Lorfqu'il eut répudié fa feconde femme, il s'attacha à la comédienne Cythéris, affranchie de Volumnius, qu'il menoit publiquement dans une litiere ouverte, & la faifoit voyager avec lui dans un char traîné par des lions. C'étoit la mode de fon fiècle, quoiqu'il ait plû à Cicéron d'enrichir de ce tableau particulier, la plus belle de fes Philippiques. *Vehebatur in effedo tribunus plebis, lictores Laureati antecedebant, inter quos apertâ lecticâ, mima portabatur; quam ex oppidis municipales, homines honefti, obviam neceffariò prodeuntes, non noto illo mimico nomine, fed Volumniam confalutabant: fequebatur rheda cum lenonibus: comites nequiffimi; rejectâ mater amicam impuri filii, tanquam nurum fequebatur. Philipp. 11.*

Mais laiffant à part l'attachement paffager d'Antoine pour Cythéris, pour peu qu'on examine fa vie, on avouera que c'étoit un homme fans délicateffe, fans principes & fans mœurs, également livré au luxe & à la débauche, abîmé de dettes & rongé d'ambition; il s'attacha politiquement à Céfar qui le reçut très-bien; le connoiffant pour un excellent officier, il lui confia les poftes les plus importans; & ne ceffa pas même de l'employer, quoiqu'il fût affez mauvaife opinion de fon ame, & qu'il fût que fes débordemens en tout genre étoient exceffifs. Il eft vrai qu'il fe vît une fois obligé de lui donner un grand fujet de mortification, en permettant qu'on l'affignât, & qu'on faifît fes biens pour le payement du palais de Pompée, dont il s'étoit rendu adjudicataire fans vouloir en payer un denier.

Antoine fut fi piqué du jugement de Céfar, qu'étant à Narbonne, il forma avec Trebonius le deffein de le tuer. On ignore ce qui les empêcha d'exécuter ce projet, ni fi Céfar en eut connoiffance; ce qu'il y a de certain, c'eft qu'Antoine rentra dans fes bonnes graces, qu'il fut fon collegue dans fon cinquième confulat; & qu'alors il fervit de tout fon pouvoir, dans la fête des Lupercales, le defir fecret qu'avoit le dictateur d'être déclaré roi; cependant vers le tems de la confpiration, on ne doutoit guère qu'il ne fût prêt à le facrifier, dans l'efpérance de remplir fa place, au lieu que les conjurés en tuant ce tyran, vouloient abolir la tyrannie. Ils crurent même qu'il falloit immoler Antoine avec Céfar; mais Brutus s'y oppofa par principe de juftice, car il n'avoit jamais eu pour lui la moindre eftime, comme il paroît dans cet endroit d'une de fes lettres à Atticus, où il lui dit : *Quamvis vir fit bonus, ut fcribis, Antonius, quod numquam exiftimavi.*

Sextus Pompée, fils du grand Pompée, avoit des raifons perfonnelles pour penfer comme Brutus, de

la probité d'Antoine. On raconte que dans une treve qu'il fit avec lui & avec Octave, ils fe donnèrent tous trois confécutivement à manger : quand le tour de Pompée vint, Antoine, toujours railleur, lui demanda dans quel endroit il les recevroit; dans mes carines, répondit Sextus, *in carinis meis;* ce mot équivoque fignifioit fon vaiffeau, & les carines de Rome, où étoit bâtie la maifon de fon père, dont Antoine avoit été dépoffédé après s'en être indignement emparé.

Transportons-nous avec lui en Orient, où il s'avifa de difposer en defpote fuivant la fougue de fes caprices, des états & de la vie des rois, dépouillant les uns, nommant d'autres en leur place; & pour donner des marques de fa puiffance monftrueufe, il mit aux fers Artabafe, roi d'Arménie, qu'il avoit vaincu par furprife, le conduifit en triomphe dans Alexandrie, & fit décapiter publiquement Antigone, roi des juifs.

Dans la fureur de fa paffion pour Cléopatre, il lui donna la Phénicie, la baffe Syrie, l'île de Cypre, une partie de la Cilicie, l'Arabie heureufe, en un mot, provinces fur provinces, & royaumes fur royaumes, fans s'embarraffer des volontés du fénat & du peuple romain.

Les profufions extravagantes de fes fêtes, épuifoient les revenus de l'empire, le mettoient hors d'état d'entretenir les armées, & l'obligeoient de vexer par de nouveaux impôts, les peuples foumis à fon gouvernement.

Cléopatre fut fi bien enchaîner fa valeur féroce, qu'elle tint tous fes talens militaires affujettis à l'amour qu'elle lui infpira. Un feul de fes regards impofteurs, un feul accent de fa voix enchantereffe, fuffifoit pour l'abattre à fes pieds. Cependant elle n'étoit plus dans fa première jeuneffe; mais elle avoit trouvé le fecret de conferver fa beauté. Sa magnificence extraordinaire plaifoit aux yeux d'Antoine, & fon efprit fouple fe portoit à toutes fortes de caractères avec tant de facilité, qu'elle ne manquoit jamais de féduire quand elle l'entreprenoit. Elle avoit déjà autrefois fubjugué Céfar, & l'on dit encore que le fils aîné du grand Pompée foupira long-tems pour fes appas.

Elle ne craignit qu'un moment la jeuneffe, les charmes & le mérite d'Octavie, dans fon voyage d'Egypte; & c'eft alors qu'elle crut n'avoir rien de trop, pour faire de fon amant un mari infidèle. Elle prodigua fes richeffes, ou en préfens pour les amis d'Antoine, & pour ceux qui avoient quelque pouvoir fur fon efprit, ou en efpions pour découvrir les fentimens de fon cœur, & fes démarches les plus cachées. Enfin, les délices d'Egypte l'emportèrent fur Rome, & les preftiges de fon art triomphèrent de la vertu d'Octavie.

Après fon départ, l'amour d'Antoine pour Cléopatre prit de nouvelles forces, & il fe perfuada

qu'elle avoit pour lui les mêmes fentimens. Il ignoroit le commerce fecret qu'elle entretenoit avec
Dellius. Les foupçons, peut-être bien fondés, qu'il
avoit conçus dans le féjour qu'ils firent à Samos,
s'évanouirent, & l'adreffe de Cléopatre effaça de
fon efprit toutes ces idées importunes. Il ne jugea
plus de fes fentimens que par les plaifirs qu'elle lui
faifoit goûter, & de fa reconnoiffance, que par les
tendreffes qu'elle lui marquoit.

Cet amour aveugle rendit fon nom & fa valeur
inutiles. Il fut le prétexte de la guerre d'Octave,
qui arracha à Antoine plufieurs de fes plus illuftres partifans, parce qu'on étoit perfuadé à Rome,
que s'il devenoit le maître, il transporteroit en
Egypte le fiége de l'empire, & tout le monde conclut à le dépouiller de fes dignités.

Les troupes d'Octave s'embarquent, & s'avancent en diligence. Cléopatre équipe une armée navale, pompeufe s'il en fut jamais, qu'elle unit à
celle d'Antoine pour foutenir cette guerre, dont
elle eft, dit-elle, la feule caufe. Elle étale tous
les tréfors qu'elle poffede, & les deftine à l'entretien des troupes. La bataille d'Actium fe donne;
il y avoit fur les rivages plus de deux cent mille
hommes, les armes à la main, attentifs à cette
tragédie.

On combattoit fur le golfe de Larta avec chaleur de part & d'autre, quand on vit 60 bâtimens
de la reine d'Egypte équippés avec magnificence,
cingler à toutes voiles vers le Péloponnèfe. Elle
fuit, & entraîne Antoine avec elle. Il eft du moins
certain que dans la fuite elle le trahit. Peut-être
que par cet efprit de coquetterie inconcevable des
femmes, elle avoit formé le deffein de mettre à
fes pieds un troifième maître du monde.

Antoine abandonné, trahi, défefpéré, réfolut,
à l'exemple de Timon, de fe féqueftrer de tout
commerce avec les hommes. L'île d'Anthirrodos,
fituée en face du pont d'Alexandrie, lui parut favorable à ce deffein; il y fit élever une jettée qui
avançoit confidérablement dans la mer. Sur cette
jettée il bâtit un palais qu'il nommoit fon *Timo-
nium*; le rapport qu'il trouvoit entre l'ingratitude
qu'il avoit éprouvée de la part de fes amis, & celle
que cet athénien en avoit auffi foufferte, lui avoit,
difoit-il, donné de l'inclination pour fa perfonne,
& du goût pour le genre de vie qu'il avoit mené.
Il ne l'imita cependant que pendant peu de rems, il
fortit de cette retraite avec autant de légéreté qu'il
y étoit entré, & alla rejoindre fa Cléopatre à
Alexandrie, réfolu de faire de nouveaux efforts,
pour balancer encore la fortune d'Octave; tel fut
fon aveuglement, qu'il vit perdre fes dernières
efpérances, fans pouvoir haïr le principe de fon
malheur.

Tant de capitaines, & tant de rois qu'il avoit
agrandis ou faits, lui manquèrent; & comme fi la
générofité avoit été liée à la fervitude, une troupe
de gladiateurs & deux affranchis, Eros & Lucilius, lui conferverent une fidélité héroïque. Dans
ce trifte état on lui fait un faux rapport de la mort
de Cléopatre; il le croit, perd tout courage, fe
trouble, & conjure Eros de le tuer. Cet affranchi
poffédé d'une funefte douleur, fe poignarde lui-
même, & jette en mourant le poignard à fon maître, qui s'en faifit, s'en frappe, & tombe à fon
tour. Un de fes gens arrive, dans l'inftant de cette
cataftrophe, bande fa plaie, & lui apprend que
Cléopatre vivoit encore.

Il fe fait porter aux pieds de la tour où elle
étoit enfermée. Ce fut un fpectacle touchant de
voir le maître de tant de nations, un des premiers
capitaines de fon fiècle, illuftre par fes faits d'armes & par fes victoires, expirant, porté par des
gladiateurs, & élevé dans un panier au haut de
la tour où Cléopatre lui tendoit les bras, à la
vue de toute la ville d'Alexandrie, dont les cris
& les larmes exprimoient la douleur & l'étonnement.

Cléopatre en fe réfugiant dans cette tour, avoit
fait femer d'avance le bruit de fa mort, bien réfolue de fe tuer, foit qu'elle fe reprochât d'avoir
perdu un homme qui lui avoit, pendant dix ans,
facrifié l'empire du monde, ou qu'elle vît fes nouveaux projets démentis. Quoi qu'il en foit, le
trifte état d'Antoine lui fit verfer un torrent de
larmes. « Ne pleurez point, madame, lui dit-il,
» je meurs content entre les bras de l'unique per-
» fonne que j'adore ». Tel fut, à l'âge de 53 ans,
la fin d'un homme ambitieux, qui avoit défolé
la terre, & que perdirent les égaremens de l'a-
mour. J'ai peu de chofe à dire du troifième
triumvir.

Caractère de Lépidus. Lépidus (Marcus Æmilius),
fortoit de la maifon Æmilia, la plus illuftre entre
les patriciennes; c'eft celle qu'on citoit ordinairement pour la fplendeur, & pour la quantité de
triomphes & de dignités. Ainfi Lépide portoit un
grand nom, confidéré dans le fénat, & très-ho-
noré dans la république, mais il le ternit honteufement par fes vices & par fes crimes.

C'étoit un efprit borné, ambitieux, fans-cou-
rage, un homme vain, fourbe, avare, & qui ne
poffédoit aucune vertu, *nullam virtutibus tam lon-
gam fortunæ indulgentiam meritus.* La fortune l'é-
leva, & le foutint quelque tems dans le haut
pofte de triumvir, fans aucun mérite de fa part;
mais auffi cette même fortune lui fit éprouver fes
revers, & le remit dans l'état d'opprobre où il
paffa les dernières années de fa vie. Il avoit été
trois fois conful, favoir l'an 708, 709 & 713 de
Rome.

Dès qu'il fut revêtu de cette énorme puiffance
que lui donna le rang fuperbe de triumvir, qu'il

avoit joint à la charge de grand pontife, tant de pouvoir & de dignités l'étourdirent. Cet étourdissement s'accrut encore lorsque les deux autres triumvirs le fixèrent à Rome pour y commander à toute l'Italie, au peuple, & au sénat qui distribuoit ses ordres dans les provinces : cependant il auroit dû comprendre qu'on ne le laissoit à Rome que par son peu de capacité pour la guerre.

Aussi quand les deux autres triumvirs, après la bataille de Philippes, se partagèrent de nouveau le monde, ils ne lui donnèrent que très-peu de part à l'autorité; & tandis qu'Antoine prit l'orient, Octave l'Italie & le reste de l'empire, Lépidus fut obligé de se contenter de son gouvernement des Espagnes; & comme toutes les troupes étoient dévouées à ses deux collègues, il fallut qu'il partît seulement avec quelques légions, destinées pour sa province.

Bientôt après, Octave ayant sur les bras en Sicile les restes du parti de Pompée, Lépidus le tira de peine avec plusieurs légions qu'il lui amena, & qui décidèrent de la victoire. Le succès tourna la tête de cet homme vain, il montra peu d'égards pour son collègue, & lui fit dire de se retirer de Sicile où il n'avoit plus rien à faire. Octave qui trouvoit toujours des ressources dans ses ruses, dissimula cette injure, & gagna par tant de récompenses & de promesses plusieurs chefs de l'armée de Lépide, qu'ils abandonnèrent leur général, & le livrèrent entre ses mains.

Conduit à la tente d'Auguste, il oublia son nom, sa naissance & son rang. Il lui demanda lâchement la vie avec la conservation de ses biens. Auguste n'osa pas lui refuser sa prière, de peur d'irriter toute une armée dont il avoit besoin de gagner les cœurs. Mais quand il eut assuré son autorité, il dépouilla Lépidus du pontificat. Le reste de la vie de ce triumvir se passa dans l'obscurité; & sans-doute bien tristement, puisqu'il se voyoit le malheureux objet de l'indulgence hautaine d'un ancien collègue. Cependant on est bien aise de l'humiliation d'un homme qui avoit été un des plus méchans citoyens de la république, sans honneur & sans ame, toujours le premier à commencer les troubles, & formant sans cesse des projets où il étoit obligé d'associer de plus habiles gens que lui.

Conclusion. Voilà le portrait des trois hommes par lesquels la république fut abattue, & personne ne la rétablit. Malheureusement Brutus, à la journée de Philippes, se crut trop-tôt sans ressource pour relever la liberté de la patrie. Il se considéra cet état, comme n'ayant plus d'appui pour sa seule vertu, dont la pratique lui devenoit si funeste : « Vertu, s'écria-t-il, que j'ai toujours suivie, & » pour laquelle j'ai tout quitté, parens, amis, » biens, plaisirs & dignités, tu n'es qu'un vain

fantôme sans force & sans pouvoir. Le crime » a l'avantage sur toi, & désormais est-il quelque » mortel qui doive s'attacher à ton inutile puis- » sance»! En disant ces mots il se jetta sur la pointe de son épée, & se perça le cœur.

Vitaque cum gemitu fugit indignata sub umbras.

L'article *triumvirat* qu'on vient de lire, & que j'ai tiré de plusieurs excellens ouvrages, pourroit être beaucoup plus court; mais je me flatte qu'il ne paroîtra pas trop long à ceux qui daigneront considérer que c'est le morceau le plus intéressant de l'histoire romaine. Aussi les anciens l'ont-ils traité avec amour & prédilection. (*Le chevalier DE JAUCOURT*).

TROGUE POMPÉE, (*Hist. rom.*). Historien latin dont l'abregé de Justin nous a fait perdre l'ouvrage, l'auteur vivoit du temps d'Auguste, toute l'antiquité a témoigné beaucoup d'estime pour son ouvrage; son père avoit été secrétaire & garde-du-sceau de César.

TROIS CHAPITRES. Sur la dispute des trois chapitres, consultez les articles *Ibas*, *Théodore de Mopsueste* & *Théodoret*.

TROMP, (*Hist. de Hollande*). C'est le nom de deux célèbres amiraux hollandois, père & fils.

1°. Martin Happertz, connu sous le nom de Martin *Tromp*, natif de la Brille s'étant embarqué à huit ans pour les Indes, fit un rude apprentissage de son métier sous des pirates anglois & barbaresques entre les mains desquels il tomba successivement. Dans la suite il se fit connoître avantage à la journée de Gibraltar en 1607. Ayant mérité d'être élevé à la place d'amiral de Hollande, il défit en 1639 une énorme flotte espagnole; il gagna trente-deux autres batailles navales. Sa gloire précéda celle de Ruyter, qui ne devint véritablement Ruyter, qu'après la mort de *Tromp*, qui fut tué sur son tillac, dans un combat contre les anglois, le 10 août 1653. Ses compatriotes lui rendirent tous les honneurs dus à sa mémoire. Il fut enterré dans le temple de Delft, parmi les héros de la république, qui en compte peu en effet d'aussi distingués, on frappa des médailles en son honneur. De son vivant il ne prit jamais que la qualité de *bourgeois*, mais il étoit flatté qu'on l'appellât *le père des matelots*. 2°. Corneille *Tromp* son fils, apparemment moins modeste, s'appelloit le comte de *Tromp*, lieutenant-amiral-général des Provinces Unies, il fut digne de son père, & ajouta encore à la gloire de son nom. C'est lui sur-tout qu'il faut regarder comme le rival de Ruyter. == Ils étoient de partis différens, Ruyter étoit attaché aux de Witt, républicains zélés, *Tromp* au prince d'Orange qui tendoit à la monarchie; Corneille *Tromp*, né à

Rotterdam le 9 feptembre 1629 mourut le 21 mai 1691. Sa vie fut publiée à la Haye en 1694.

TRONCHIN, (*Théodore*), (*Hift. Litt. Mod.*). Médecin célèbre, citoyen de Genève, difciple de Boerhave. On dit que Boerhave, voyant venir à fes leçons ce jeune homme beau, orné d'une belle chevelure arrangée avec foin, lui dit qu'il prenoit une peine inutile, que la fcience du médecin s'acquéroit par l'étude & non par le foin d'arranger fa chevelure :

Nequicquam veneris præfidio ferox
Pectes cæfariem.

Le jeune Tronchin ne lui demanda que peu de temps pour lui prouver qu'il étoit digne des leçons d'un tel maître : deux jours après il parut à ces mêmes leçons avec la perruque la plus fimple; cette belle chevelure avoit été facrifiée au defir d'être avoué fon difciple par Boerhave ; celui-ci admira le courage du jeune homme, & fentit qu'un tel facrifice n'étoit pas d'un homme ordinaire. C'eft à fes pairs, c'eft aux maîtres de l'art à le juger comme médecin, fon livre *de Colicâ Pictonum* eut peu de fuccès, il éprouva du moins de redoutables critiques. M. *Tronchin* a fourni à l'Encyclopédie quelques articles de médecine. On ne peut lui réfufer l'honneur d'avoir fait époque & révolution à beaucoup d'égards dans la médecine. Il a répandu l'ufage de l'inoculation encore combattu de fon temps ; il a introduit un nouveau fyftême de traitement pour la petite vérole, tel que le régime rafraîchiffant, l'air rendu aux malades; il a enfeigné aux femmes les vrais moyens de guérir les vapeurs & même de les prévenir, l'exercice & la fobriété ; il fit par fes ordonnances ce que J. J. Rouffeau fit par fon éloquence,

Il rendit aux enfans la tendreffe des mères.

C'eft-à-dire, qu'il apprit à celles-ci, à remplir tout le devoir de mères, en nourriffant elles-mêmes leurs enfans. C'eft avoir fourni fans doute une affez belle carrière que d'avoir produit tous ces changemens. Il s'établit à Paris en 1756. Ce fut alors qu'il inocula M. le duc de Chartres, aujourd'hui M. le duc d'Orléans. Il mourut à Paris en 1781, il étoit des académies de Londres, de Berlin, de Stockholm, d'Edimbourg, &c.

TRONSON, (*Louis*), (*Hift. Eccl.*) fupérieur du féminaire de Saint Sulpice en 1676, eft connu pour avoir affifté en 1694 avec l'évêque de Meaux, (Boffuet) & l'évêque de Châlons, (Noailles,) depuis archevêque de Paris & cardinal aux conférences d'Iffy, où les livres de madame Guyon & ceux de l'abbé de Fénélon fur le quiétifme, furent examinés. On a de M. l'abbé *Tronfon* deux ouvrages, intitulés, l'un *examens particuliers*, l'autre : *Forma Cleri*. Il eft mort en 1700.

TRONÇON, (*Hift. mod.*) mot dérivé du latin *truncus* ; c'eft une efpèce de bâton fort court, que portent les rois, les généraux, les grands officiers militaires, comme la marque de leur autorité. (*A. R.*)

TROPHONIUS, *oracle de*, (*Hift. des oracles*) oracle fameux dans la Béotie, lequel fe rendoit avec plus de cérémonie que ceux d'aucun dieu, & fubfifta même affez longtems après que tous ceux de la Grece eurent ceffé.

Trophonius dont l'oracle portoit le nom, n'étoit cependant qu'un héros, & même fuivant quelques auteurs, un brigand & un fcélérat. Il étoit fils ainfi qu'Agamede, d'Erginus roi des Orchoméniens : ces deux frères devinrent de grands architectes. Ce furent eux qui bâtirent le temple d'Apollon à Delphes, & un édifice pour les tréfors d'Hyriéus. En conftruifant ce dernier bâtiment, ils avoient pratiqué un fecret ; dont eux feuls avoient connoiffance : une pierre qu'ils favoient ôter & remettre fans qu'il y parût, leur donnoit moyen de voler chaque nuit l'argent d'Hyriéus, lequel le voyant diminuer fans qu'on eût ouvert les portes, s'avifa de tendre un piège autour des vafes qui renfermoient fon tréfor, & Agamede y fut pris. *Trophonius* ne fachant comment le dégager, & craignant que s'il étoit mis le lendemain à la queftion, il ne découvrit le myftère, lui coupa la tête.

Sans entrer dans la critique de cette hiftoire, qui femble être une copie de celle qu'Hérodote raconte au long d'un roi d'Egypte, & de deux freres qui lui voloient fon tréfor par un femblable ftratagême, je dois obferver que Paufanias ne nous apprend rien de la vie de *Trophonius*, & qu'il dit feulement que la terre s'étant entr'ouverte fous fes pieds, il fut englouti tout vivant dans cette foffe, que l'on nomma *d'Agamede*, & qui fe voyoit dans un bois facré de Lébadée, avec une colonne que l'on avoit élevée au-deffus.

Son tombeau demeura quelque tems dans l'oubli, lorfqu'une grande féchereffe affligeant la Béotie, on eut recours à l'oracle de Delphes ; mais Apollon qui vouloit reconnoître le fervice que lui avoit rendu *Trophonius* en bâtiffant fon temple, répondit par fa Pythie que c'étoit à *Trophonius* qu'il falloit avoir recours, & l'aller chercher à Lébadée. Les députés s'y rendirent en effet, & en obtinrent une réponfe qui indiqua les moyens de faire ceffer la ftérilité. Depuis ce tems on confacra à *Trophonius* le bois dans lequel il étoit enterré, & au milieu de ce bois on lui éleva un temple où il recevoit des facrifices, & rendoit des oracles. Paufanias qui avoit été lui-même confulter l'oracle de *Trophonius*, nous en a laiffé une defcription fort ample, dont voici l'abrégé.

Lébadée, dit cet hiftorien, eft une ville de
Béotie

Béotie au-dessus de Delphes, & aussi ornée qu'il y en ait dans toute la Grece : le bois sacré de *Trophonius* n'en est que fort peu eloigné, & c'est dans ce bois qu'est le temple de *Trophonius*, avec sa statue de la main de Praxitele.

Lorsqu'on vient consulter son oracle, il faut pratiquer certaines cérémonies. Avant que de descendre dans l'antre où l'on reçoit la réponse, il faut passer quelque jours dans une chapelle dédiée au bon génie & à la fortune. Ce tems est employé à se purifier par l'abstinence de toutes les choses illicites, & à faire usage du bain froid, car les bains chauds sont défendus ; ainsi on ne peut se laver que dans l'eau du fleuve Hercine. On sacrifie à *Trophonius* & à toute sa famille, à Jupiter surnommé roi, à Saturne, à une Cérès Europe, qu'on croyoit avoir été nourrice de *Trophonius* ; & on ne vit que des chairs sacrifiées.

Il falloit encore consulter les entrailles de toutes les victimes, pour savoir si *Trophonius* trouvoit bon qu'on descendît dans son antre ; surtout celles du bélier, qu'on immoloit en dernier lieu. Si les auspices étoient favorables, on menoit le consultant la nuit au fleuve Hercine, où deux enfans de douze ou treize ans lui frottoient tout le corps d'huile. Ensuite on le conduisoit jusqu'à la source du fleuve, & on l'y faisoit boire de deux sortes d'eau, celle de Léthé qui effaçoit de l'esprit toutes les pensées profanes, & celle de Mnémosyne qui avoit la vertu de faire retenir tout ce qu'on devoit voir dans l'antre sacré. Après tous ces préparatifs, on faisoit voir la statue de *Trophonius*, à qui il falloit adresser une priere : on étoit revêtu d'une tunique de lin, ornée de bandelettes sacrées ; ensuite de quoi on étoit conduit à l'oracle.

Cet oracle étoit sur une montagne, dans une enceinte de pierres blanches, sur laquelle s'élevoient des obélisques d'airain. Dans cette enceinte étoit une caverne d'un four, taillée de main d'homme. Là s'ouvroit un trou assez étroit, où l'on ne descendoit point par des dégrés, mais avec de petites échelles. Lorsqu'on y étoit descendu, ou trouvoit encore une petite caverne, dont l'entrée étoit assez étroite : on se couchoit à terre ; on prenoit dans chaque main certaines compositions de miel, qu'il falloit nécessairement porter : on passoit les pieds dans l'ouverture de cette seconde caverne, & aussi-tôt on se sentoit entraîné au-dedans avec beaucoup de force & de vîtesse.

C'étoit-là que l'avenir se déclaroit ; mais non pas à tous de la même manière ; les uns voyoient, les autres entendoient. On sortoit de l'antre couché à terre, comme on y étoit entré, & les pieds les premiers. Aussi tôt on étoit mis dans la chaise de Mnémosyne, où l'on demandoit au consultant ce qu'il avoit vu ou entendu : de-là on le ramenoit encore tout étourdi, dans la chapelle du bon génie, & on lui laissoit le tems de reprendre ses sens ;

enfin il étoit obligé d'écrire sur un tableau, tout ce qu'il avoit vu ou entendu, ce que les prêtres apparemment interprétoient à leur manière.

Ce pauvre malheureux ne pouvoit sortir de l'antre qu'après avoir été extrêmement effrayé ; aussi les anciens tiroient de la caverne de *Trophonius*, la comparaison d'une extrême frayeur, comme il paroît par plusieurs passages des poëtes, & entr'autres d'Aristophane. Ce qui augmentoit encore l'horreur de la caverne, c'est qu'il y avoit peine de mort pour ceux qui osoient interroger le dieu sans les préparatifs nécessaires.

Cependant Pausanias assure qu'il n'y avoit jamais eu qu'un homme qui fût entré dans l'antre de *Trophonius* & qui n'en fût pas sorti. C'étoit un espion que Démétrius y avoit envoyé, pour voir s'il n'y avoit pas dans ce lieu saint quelque chose qui fût bon à piller. Son corps fut trouvé loin de-là, & il y a apparence que son dessein étant découvert, les prêtres le massacrèrent dans l'antre même, & le firent sortir par quelque issue, par laquelle ils entroient eux-mêmes dans la caverne sans qu'on s'en apperçût. Pausanias ajoute à la fin : » ce que j'écris ici, n'est pas fondé sur un ouï-» dire ; je rapporte ce que j'ai vu arriver aux autres, » & ce qui m'est arrivé à moi-même ; car pour » m'assurer de la vérité, j'ai voulu descendre dans » l'antre, & consulter l'oracle ».

Il faut terminer ce récit par les réflexions dont M. de Fontenelle l'accompagne dans son *Histoire des oracles*. Quel loisir, dit-il, n'avoient pas les prêtres pendant tous ces différens sacrifices qu'ils faisoient faire, d'examiner si on étoit propre à être envoyé dans l'antre ? Car assurément *Trophonius* choisissoit ses gens, & ne recevoit pas tout le monde. Combien toutes ces ablutions, ces expiations, ces voyages nocturnes, & ces passages dans des cavernes étroites & obscures, remplissoient-elles l'esprit de superstition, de frayeur & de crainte ? Combien de machines pouvoient jouer dans ces ténèbres ? L'histoire de l'espion de Démétrius nous apprend qu'il n'y avoit pas de sûreté dans l'antre, pour ceux qui n'y apportoient pas de bonnes intentions, & de plus, qu'outre l'ouverture sacrée, qui étoit connue de tout le monde, l'antre en avoit une secrette qui n'étoit connue que des prêtres. Quand on s'y sentoit entraîné par les pieds, on étoit sans doute tiré par des cordes, & on n'avoit garde de s'en appercevoir en y portant les mains, puisqu'elles étoient embarrassées de ces compositions de miel qu'il ne falloit pas lâcher. Ces cavernes pouvoient être pleines de parfums & d'odeurs qui troubloient le cerveau ; ces eaux de Léthé & de Mnémosyne pouvoient aussi être préparées pour le même effet. Je ne dis rien des spectacles & des bruits dont on pouvoit être épouvanté ; & quand on sortoit de-là tout hors de soi, on disoit ce qu'on avoit vu ou enrendu à des gens qui profitant de ce défordre, le recueilloient comme il leur plaifoit, y changeoient ce qu'ils vouloient, ou enfin en étoient toujours les interprêtes. (*le chevalier DE JAUCOURT.*)

TRUAUMONT. (La), voyez à l'article *Rohan*, ce qui concerne le chevalier de Rohan décapité en 1674.

TRUBLET, (Nicolas-Charles-Jofeph), (*Hift. Litt. Mod.*). Chanoine & archidiacre de Saint Malo, né à Saint Malo en 1697, étoit d'une famille très-ancienne dans la bourgeoifie de Saint Malo: *Auffi fou qu'un Trublet* eft, dit-on, un vieux proverbe dans cette ville, & on en fait remonter l'origine jufqu'à un vieux miracle du fixième fiècle que M. d'Alembert expofe ainfi à la rifée publique.

» On affure que depuis qu'un gourmand nommé » *Trublet*, qui *floriffoit* dans le fixième fiècle, eut » l'impiété de manger un excellent poiffon def- » tiné pour la table délicate d'un faint évêque » de cette ville, il y a toujours eu dans cette » famille, par un jufte & terrible jugement de » Dieu, un fou en titre & comme de fondation; » le fort, ajoute-t-il, n'étoit pas tombé fur » l'abbé *Trublet*, pour fubir la malédiction de folie » attachée à fa famille. » En effet l'abbé *Trublet* étoit un homme doux, fage, fans humeur, fans fiel, jufte dans fes jugemens, admirateur fincère du mérite & plein de zèle pour la gloire des gens de lettres diftingués; celle de la Motte & de Fontenelle l'avoit fur-tout frappé, l'honneur qu'il eut d'en être accueilli, l'attacha encore à eux, il fe fit leur difciple, *additus jurare in verba magiftrorum*; il adopta toutes leurs opinions, fur-tout celle qui eft défavorable à la poéfie, & particulièrement à la poéfie françoife; pour prouver que les plus beaux vers françois ne pouvoient être lus de fuite fans dégoût, il crut faire honneur à M. de Voltaire en citant la Henriade. Cette difcuffion étoit délicate & demandoit à être traitée délicatement : l'abbé *Trublet* appliqua plus naturellement dans fon fens que judicieufement quant au fond & quant aux circonftances, ce vers de Boileau fur la Pucelle de Chapelain, au poëme immortel de la Henriade.

Et je ne fais pourquoi je baille en la lifant.

M. de Voltaire fe fâcha, c'étoit un contre fens, l'abbé Trublet lui avoit rendu hommage, en le choififfant comme le plus parfait modèle de la poéfie françoife pour appuyer le reproche qu'il faifoit non à lui, mais à la poéfie; mais l'amour propre fait quelquefois de ces contre-fens là, *genus irritabile vatum*, M. de Voltaire fe vengea par une pièce malheureufement charmante, dit M. d'Alembert, & l'abbé *Trublet* fut livré au ridicule. Cette pièce, comme on fait, eft le *pau-*

vre diable. Quoique l'auteur y diftribue avec profufion l'opprobre & le ridicule à fes ennemis ou à ceux qu'il regarde comme tels, l'abbé *Trublet* eft pour ainfi dire devenu le héros de la pièce par le fuccès particulier qu'eurent dans fon portrait certains coups de pinceau qui étoient véritablement des traits de maître.

L'abbé *Trublet* avoit alors la rage
D'être à Paris, un petit perfonnage;
Au peu d'efprit que le bon homme avoit
L'efprit d'autrui par fuplément fervoit......
Il compiloit, compiloit, compiloit,
On le voyoit fans ceffe écrire, écrire
Ce qu'il avoit jadis entendu dire.

Quoique l'abbé *Trublet* qui ne faifoit point de livres d'érudition n'eût rien de commun avec ce qu'on entend ordinairement par des compilateurs, c'étoit une efpèce de compilateur de bel efprit; comme il racontoit beaucoup, comme il citoit fouvent & ce qu'il avoit entendu dire & ceux aufquels il l'avoit entendu dire, ces traits paroiffoient le peindre avec beaucoup de vérité : une certaine activité qu'il mettoit dans fes écrits, qu'il avoit dans fous fes mouvemens & jufques dans l'habitude du corps, étoit fur-tout exprimée avec goût par cette répétition du même mot. Ce malheureux vers,

Il compiloit, compiloit, compiloit,

étoit devenu, dit M. d'Alembert, comme fa devife involontaire. Il en parloit lui-même volontiers & prenoit plaifir à en faire fentir tout le mérite. Un fot, difoit-il, auroit bien pu trouver ce vers, mais il ne l'auroit pas laiffé. Après le mérite d'avoir fait le vers, dit M. d'Alembert, le plus grand fans doute eft de le louer avec tant de juftefle & de fineffe, fur-tout lorfqu'on a le malheur d'en être l'objet, le contre fens que faifoit M. de Voltaire en prenant un hommage de l'abbé *Trublet* pour une injure, il le faifoit à bon efcient, il confidéroit moins l'intention de l'auteur que l'effet qui pouvoit réfulter d'un jugement mal fonnant & de mauvais exemple. En effet depuis ce tems j'ai fouvent entendu des fots répéter qu'il y avoit de beaux vers dans la *Henriade*, mais qu'on ne pouvoit la lire de fuite fans dégoût & fans ennui; ce qu'aucun d'eux n'avoit jamais ofé ni dire ni penfer auparavant. Quand une fottife a une fois été dite, fur-tout par quelqu'un ayant autorité, on peut être fûr qu'elle fera répétée & qu'elle profpérera. C'eft ce que M. de Voltaire vouloit empêcher ou du moins affoiblir en rendant l'abbé *Trublet* ridicule. Il étoit d'ailleurs bleffé d'un jugement trop favorable à Crébillon & qui fembloit accorder à ce dernier une forte de fupériorité fur lui dans la tragédie, jugement injufte, mais qui a été long-tems général.

L'admission de l'abbé *Trublet* à l'académie françoise fut un événement dans cette compagnie;
qui ne s'y attendoit guères & qui s'en étonna.
Ce fut le prix de la persévérance. Il y avoit vingt-
cinq ans que l'abbé *Trublet* frappoit à la porte de
l'académie & toujours en vain; il s'étoit mis sur
les rangs dès 1736 & il ne fut reçu qu'en 1761.
La reine, les puissances eurent pitié de lui & s'intéressèrent à l'accomplissement d'un désir aussi ardent & aussi constant. On saisit un moment d'inattention & de sécurité de la part des philosophes,
& on se procura la pluralité d'une seule voix. On
ne sait pas trop pourquoi les philosophes vouloient être ennemis de l'abbé *Trublet*, qui n'é-
toit ennemi de personne & qui n'étoit point du
tout le leur; ils lui reprochoient d'avoir travaillé
au *Journal chrétien*, où ils étoient, quelquefois
maltraités, mais par d'autres que par lui. Ils lui
reprochoient d'y avoir lui-même mis un mot contre le livre de l'*Esprit*, mot mesuré, mot qu'un
prêtre journaliste n'avoit pu se dispenser de dire;
les philosophes permettoient tous les jours à des
ecclésiastiques de leurs amis de déclamer contre
eux en chaire pour la forme, cela s'appelloit entr'eux le couplet des procureurs, c'est-à-dire, une
plaisanterie d'usage & sans conséquence, leur véritable raison pour être opposés à l'abbé *Trublet*,
étoit que M. de Voltaire avoit rendu l'abbé *Trublet* ridicule & que le mérite de celui-ci n'étoit
pas assez transcendant pour effacer l'impression
terrible du ridicule; mais supposons un homme
d'un mérite supérieur à qui la satire fut parvenue
à donner un ridicule ineffaçable, ce qui n'est pas
absolument impossible, ce seroit alors à l'académie, à ceux dont le devoir & le talent est de
juger, ce seroit à eux d'apprendre à ceux qui ne
jugent point & qui ne font que répéter, que le
sort d'un homme ne doit pas dépendre du bonheur de l'à-propos, de l'agrément d'un trait
lancé contre lui par un ennemi, & que le mérite doit toujours avoir sa récompense. L'abbé
Trublet pouvoit indifféremment être ou n'être pas
de l'académie sans qu'on eût aucun reproche d'injustice à faire à cette compagnie. Mais après la
manière dont il avoit été traité par M. de Voltaire, il falloit qu'il fût élu; cette compensation
devenoit presque de droit. Pendant ses vingt-cinq
ans de postulation, l'abbé *Trublet* obtint souvent
des suffrages faits pour le consoler de la longueur
de son noviciat. M. de Fontenelle lui donnoit
constamment sa voix à toutes les élections; M. de
Montesquieu dans une élection, rédigea ainsi son
billet. *Je donne ma voix à M. l'abbé Trublet, aimé
& estimé de M. de Fontenelle*, comme Cicéron
dit à César dans *Rome sauvée*:

Méritez que Caton vous aime & vous admire.

M. de Maupertuis si célèbre, puis si décrié par
M. de Voltaire, a dédié à M. l'abbé *Trublet* le
quatrième volume du recueil de ses ouvrages.

L'abbé *Trublet* devenu vieux & infirme se retira dans sa patrie, c'est par-là qu'on devroit
toujours finir, il édifia ses compatriotes par son
assiduité à tous les devoirs de religion. On a cependant écrit de St. Malo que dans sa dernière
maladie, il avoit demandé, pour tout remède, à
son médecin la fin de ses souffrances; on a voulu
tirer de ce fait des inductions contre sa foi. Il
mourut le 14 mars 1770.

Ses ouvrages sont : des *réflexions* insérées dans
le Mercure *sur le Télémaque* qui venoit de paroître. L'abbé *Trublet* n'avoit alors que vingt ans.
messieurs de la Motte & de Fontenelle commencèrent dès-lors à l'aimer & à l'estimer.

Ex illo Coridon, Coridon est tempore nobis.

2°. Ses *Essais de Morale & de Littérature*. C'est
par-là qu'il est principalement connu, c'est en
effet le meilleur de ses ouvrages, on l'a très bien
évalué, en disant que c'est dans son genre *un bon
livre du second ordre*.

3°. On a de lui deux volumes de *Panégyriques des Saints* avec des réflexions sur l'éloquence,
& principalement sur l'éloquence de la chaire. Ce
n'étoit pas-là son genre. Pureté, finesse, élégance;
voilà où se bornoit son mérite, et, c'en est un.

4°. Ses *Mémoires pour servir à l'histoire de
M. Fontenelle* sont justement accusés de descendre
quelquefois dans des détails minutieux, mais ils
sont pleins d'anecdotes intéressantes & qu'on retient; ils font connoître un vrai philosophe, un
sage aimable, ils font vivre en société avec lui
& avec son historien & son disciple.

TRUCHEMENT, (*Hist. mod.*) en latin *in-
terpres*. Quoique presque tous les Romains en-
tendissent & parlassent grec, cependant les gouverneurs de province avoient toujours avec eux
un *truchement*, même dans les provinces où on
parloit grec, comme dans la Sicile, dans l'Asie
mineure, dans la Macédoine, parce qu'il leur étoit
défendu de parler une autre langue que la latine,
lorsqu'ils étoient en fonction. On peut citer pour
preuve Cicéron, à qui l'on reprocha d'avoir parlé
grec dans le sénat de Syracuse, pendant qu'il étoit
questeur en Sicile. La république entretenoit aussi
des *truchemens* dans les villes de commerce, &
sur-tout dans les ports de mer, pour la commodité des étrangers de différentes nations qui y abordoient. (*D. J.*)

TRUCHEMENT, (*Hist. mod.*) dans les contrées
du levant signifie un *interprète*; ce sont ordinairement
des Grecs & des Arméniens qui remplissent cette
fonction à la cour du grand-seigneur. (*A. R.*)

TRUCHET, (Jean), (voyez *Sébastien*).

TRUCHSES, (*Hist. mod.*) nom d'une des quatre anciennes & principales charges de l'empire de Constantinople, & de celui d'Allemagne. On appelloit autrefois celui qui en étoit revêtu, *præpositus mensæ regia* : on l'a nommé ensuite *archidapifer*. La fonction de l'archi-*truchses* en Allemagne, au couronnement de l'empereur, consiste aujourd'hui à porter sur la table de ce prince, entre deux plats d'argent, une pièce du bœuf qu'on rôtit tout entier à cette solemnité. Autrefois les empereurs donnoient cet emploi, selon leur choix, à quelque prince de l'empire, jusqu'à ce que cette charge fût attachée à la maison Palatine, qui la perdit ainsi que l'électorat en 1623; mais elle lui fut rendue en 1708, & depuis elle repassa à la maison de Bavière en 1714. La charge de *truchses* héréditaire de l'empire sous l'archi-*truchses*, appartient aux comtes de Waldebourg. *Voyez* Codin, *de offic. aulæ Constantinopol.* Fauchet, *de l'orig. des dignités. Supplém. de Moreri, tome II.*

TRYPHIODORE (*Hist. Litt. Mod.*). Poëte Grec du sixième siècle, un de ces auteurs au sujet desquels on a dit :

    Stultum est, difficiles habere nugas.

avoit composé une Odyssée en vingt-quatre livres, sans *Alpha* dans le premier, sans *Beta* dans le second, & ainsi des autres. Un Nestor qui vivoit sous l'Empire de Septime Sévère, en avoit fait autant pour l'Iliade. C'étoit bien la peine d'écrire après Homère, pour faire de ces facéties !

TRYPHON (*Hist. Sacr.*). Général Tyrien, on trouve l'histoire de ses trahisons dans le premier livre des Machabées. Chapitres 11. 12. 13. 14. 15.

TSAR, (*Hist. de Russie*) ce mot signifie *roi* dans toute la bible en langue esclavone, & les étrangers lui ont substitué le mot *czar*, qui est une corruption de celui de *tsar*. Dans la bible esclavone traduite du grec, il y a sept cent ans, longtems avant que les ducs de Russie prissent le titre de *tzar*, les rois Pharaon, Saül, David, &c. sont appellés *tzar*; il n'y a point dans cette langue de différence entre roi & empereur.

Le premier qui prit le titre de *tzar*, fut Iwan Wasilewitz, ayeul d'Ivan Basilowitz, qui reprit le titre qu'avoit porté son grand-pere, se qualifiant *czar* de Casan, d'Astracan & de Sibérie, comme aussi *powelitel* & *samoderschetz* de toutes les Russies. Le premier de ces deux derniers mots signifie *imperator* ou *général*, & le dernier veut dire *souverain*. Ces titres ont été donnés à tous les suc-

cesseurs de Basilowitz jusqu'en l'année 1721, que l'archevêque de Novogrod persuada au czar Pierre I. de changer le titre russien de *powelitel* en latin, & de se qualifier *empereur* ; & quoique toutes les puissances lui eussent toujours donné ce titre en langue russienne, il causa dès le moment qu'il fut latinisé, de grandes contestations en Europe ; mais le vainqueur de Charles XII. les fit cesser par sa puissance. (*D. J.*)

TSCHIRNAUS, (Ernfroi Walter de) (*Hist. Litt. Mod.*) de l'académie des sciences, naquit le 10 avril 1651 dans la Lusace supérieure, d'un père & d'une mère, tous deux de la plus haute noblesse. Sa maison étoit originaire de Moravie & de Bohême, & il y avoit plus de quatre cents ans qu'elle possédoit la terre où naquit M. de *Tschirnaus*. Il eut pour les sciences tous les maîtres qu'on donne aux gens de sa condition & de sa fortune. Dès qu'il fut qu'il y avoit au monde une géométrie, il la saisit avec ardeur ainsi que les autres parties des mathématiques. A l'âge de dix-sept ans, il vint achever ses études à Leyde, il eut bientôt une grande réputation parmi les savans de Hollande. Dans la guerre de 1672 il entra au service des Etats-généraux, en qualité de volontaire ; après avoir servi dix-huit mois, il retourna dans son pays, puis il voyagea en Angleterre, en France, en Italie, en Sicile, à Malte, étudiant par-tout & les sciences & les savans, observant & les curiosités naturelles, & les chefs-d'œuvre de l'art & les manufactures remarquables ou par leur utilité ou par leur singularité. Il retourna en Allemagne & alla passer quelque tems à la cour de l'empereur Léopold. Il vint à Paris pour la troisième fois, en 1682 ; il y apporta des découvertes qu'il vouloit proposer à l'académie des sciences, & qui l'y firent admettre lui-même à l'âge de trente & un ans. C'étoient les fameuses caustiques qui ont retenu son nom ; car dit M. de Fontenelle, on dit ordinairement les caustiques de M. de *Tschirnaus*, comme la spirale d'Archimède, la conchoïde de Nicomède, la cissoïde de Dioclès, les développées de M. Huyguens : « un géomètre ne doit pas être moins glorieux d'avoir donné son nom à une courbe, ou à une espèce entière de courbes, qu'un prince d'avoir donné le sien à une ville. Les rectifications des courbes étoient fort peu communes alors, & cette découverte eut le mérite d'avoir précédé l'invention du calcul de l'infini, qui l'auroit rendu plus facile. »

M. de *Tschirnaus* avoit commencé à composer dès l'âge de dix-huit ans ; il avoit depuis revu ses ouvrages avec un œil sévère & s'étoit imposé la loi de ne rien faire imprimer avant trente ans ; il arriva delà qu'il ne fit jamais imprimer qu'un seul ouvrage, ce fut un traité *de medicinâ mentis & corporis*, ouvrage dont il semble qu'Horace ait donné l'idée, & montré la nécessité dans ces vers de l'épître du premier livre :

Si quæret quid agam, dic multa & pulchra minantem,
Vivere nec recté, nec suaviter; haud quia grando
Contuderit vites, oléamque momorderit æstus;
Nec quia longinquis armentum ægrotet in arvis:
Sed quia mente minùs validus quàm corpore toto,
Nil audire velim nil discere, quod levet ægrum,
Fidis offendar medicis, irascar amicis,
Cur me funesto properent arcere veterno;
Quæ nocuere sequar, fugiam quæ profore credam!
Romæ tibur amem ventosus, tibure romam.

Il paroît que M. *Tschirnaus* mettoit dans l'arrangement de sa vie, de ses occupations, de ses études, une méthode un peu minutieuse, & qui n'étoit pas sans superstition ; il avoit des travaux différens, & un régime divers pour les différentes saisons ; il se couchoit à neuf heures, & se faisoit éveiller à deux heures après minuit, ce qui pouvoit paroître moins extraordinaire alors qu'à présent ; il travailloit dans le silence & le repos de la nuit, ce qui paroîtroit peut-être, moins extraordinaire aujourd'hui ; il se rendormoit à six heures, mais seulement jusqu'à sept, ce qui doit paroître assez extraordinaire dans tous les tems.

Si l'on en croit M. de Fontenelle, M. *Tschirnaus* avoit pour les sciences, cet amour pur & désintéressé qui, appliqué à la théologie, excita vers le même tems, tant d'orages. Il a dit lui-même à ses amis, que dès l'âge de vingt-quatre ans, il croyoit s'être affranchi de l'amour des plaisirs, des richesses & de la gloire ; il n'aspiroit donc point par toutes ses veilles, à cette immortalité qui nous touche tant & qui nous appartient si peu ; ce seroit encore une singularité bien remarquable dans le caractère de M. *Tschirnaus*, car enfin, dit encore M. de Fontenelle, il n'y a point de grands travaux sans grands motifs, & les savans font des ambitieux de cabinet.

Le régime de M. *Tschirnaus*, offre encore quelques bizarreries apparentes, réelles peut-être, mais elles étoient toujours raisonnées. On apprend de lui-même, qu'étant dans l'obligation de manger beaucoup, il mangeoit alternativement des choses fort opposées, chaudes & froides, salées & douces, acides & amères, & que ce mélange servoit à corriger les excès des qualités les uns par les autres. Ceci n'est pas si conforme à la doctrine d'Horace sur la frugalité:

nam variæ res
Ut noceant stomacho, credas, memor illius escæ,
Quæ simplex olim tibi sederit. At simul assis
Miscueris elixa, simul conchylia turdis ;
Dulcia se in bilem vertent, stomachoque tumultum
Lenta feret pituita.

M. de *Tschirnaus* fit diverses découvertes de dioptrique & de physique, que M. de Fontenelle annonce comme presque miraculeuses. Il en fit aussi d'admirables en chimie, il parvint à faire de la porcelaine toute pareille à celle de la Chine, & il en donna le secret à M. Homberg, en échange de quelques autres secrets de chimie. Ce secret de la porcelaine dût paroître alors d'autant plus étonnant qu'on avoit regardé jusques-là, cette production comme un don particulier dont la nature avoit gratifié les chinois, en leur donnant une terre particulière qui ne se trouve que dans leur pays. On sait aujourd'hui que c'est un mélange de quelques terres qui se trouvent par-tout, mais qu'il faut savoir mêler dans l'ordre & dans le degré convenables.

M. de *Tschirnaus*, sur la fin de sa vie, fut éprouvé par des chagrins domestiques, à l'impression desquels il sut résister, pendant cinq ans, à force de résignation philosophique & religieuse ; sa santé y succomba enfin, peut-être, dit M. de Fontenelle, parce qu'on ne peut vaincre si long-tems le chagrin, sans en être fort affoibli. Il croyoit avoir des remèdes sûrs contre la fièvre, la phtisie, l'hydropisie, la goutte, il ne craignoit que la pierre qu'il ne se flattoit pas de pouvoir ou prévenir, ou guérir, du moins aussi aisément, car il avoit trouvé une préparation de petit lait, à laquelle il croyoit quelque vertu, même contre cette maladie. Au mois de septembre 1708, il eut de grandes douleurs de gravelle, suivies d'une suppression d'urine, les médecins l'abandonnèrent bien-tôt, parce qu'il s'étoit fait médecin lui-même, il continua de se traiter selon sa méthode & ses principes, & mourut le 11 octobre suivant. Ses derniers mots furent: triomphe, victoire, qui paroissent faire allusion au bonheur de se sentir délivrer de toutes les misères de la vie humaine.

Il avoit donné une partie considérable de son patrimoine, aux lettres. Dans son ouvrage, qui par sa nature est susceptible d'embrasser une multitude d'objets, il propose le plan d'une société de gens riches & amateurs des sciences, qui fourniroient à des savans plus appliqués, plus voués au travail, tout ce qui leur seroit nécessaire, & pour les sciences, & pour eux-mêmes, & il portoit avec plaisir, plus de sa part des charges d'une pareille communauté, même sans l'avoir formée. Il fit traduire en allemand, & imprimer à ses dépends, le cours de chimie, de Lémery, & il en usa de même à l'égard de plusieurs livres d'autrui, dont il espéroit quelque utilité pour le public. C'étoit un bel & utile exemple qu'il donnoit aux grands & aux riches, & qui n'a pas été assez suivi ; ce seroit une manière d'être bienfaiteur du genre humain que les associeroit aux travaux & au mérite des bons écrivains. M. de Fontenelle termine l'éloge de M. de *Tschirnaus*, par ce trait vraiment philosophique : « Il n'étoit point philosophe par des connoissances rares, &

homme vulgaire par ses passions & par ses foiblesses ; la vraie philosophie avoit pénétré jusqu'à son cœur, & y avoit établi cette délicieuse tranquillité, qui est le plus grand & le moins recherché de tous les biens.

TSIN-SE, (*Hist. mod.*) c'est ainsi que l'on nomme à la Chine les lettrés du troisième ordre ; grade qui répond au docteur de nos universités ; on n'y parvient qu'après un examen qui se fait à Pékin, dans le palais de l'empereur, qui préside en personne à l'assemblée, & qui donne souvent lui-même le sujet sur lequel les candidats doivent composer. Cet examen ne se fait que tous les trois ans, & l'on n'admet au doctorat qu'un petit nombre de *kiu-gins*, ou lettrés du second ordre. La réception se fait avec une pompe extraordinaire ; chacun de ceux qui ont été reçus docteurs, reçoit de l'empereur une coupe d'argent, un parasol de soie bleue, & une chaise très-ornée pour se faire porter. Les noms des nouveaux docteurs sont inscrits sur de grands tableaux qu'on expose dans la place publique. Dès qu'ils sont admis, on s'empresse d'aller instruire leurs familles de l'honneur qu'elles ont reçu ; ces couriers sont très-bien récompensés ; les villes où les docteurs sont nés, prennent part à la gloire de leurs citoyens, & célèbrent cet événement par de très-grandes réjouissances. Les noms des docteurs s'inscrivent dans un registre particulier, & c'est parmi eux que l'on choisit les personnes qui doivent occuper les premières charges de l'empire ; il n'est point surprenant qu'un état administré par des hommes qui ont consacré le tems à l'étude de la morale, des loix & de la philosophie, surpasse tous les autres par la sagesse de son gouvernement. (*A. R.*)

TSONG-TU, (*Hist. mod.*) ce mot est chinois, on le donne aux vice-rois qui commandent à deux ou trois provinces, au lieu que les vice-rois ordinaires, qui n'ont qu'une seule province dans leur district, se nomment *Tu yen*. Les Européens disent *som-tout*, ou *som-tock* par corruption. (*A.R.*)

TUBERON (*Hist. rom.*). Quintus Ælius *Tuberon*, gendre de Paul Emile & consul romain, fut recommandable, ainsi que toute sa famille par sa noble & vertueuse pauvreté. Diverses branches de cette respectable famille Ælia, s'étoient réunies au nombre de seize chefs de branches particulières, qui vivoient tous ensemble avec leurs femmes & leurs enfans, n'ayant pour tous qu'une petite maison à la ville & un petit bien de campagne qu'ils faisoient valoir par leur industrie commune. Ce fut cette union dans la pauvreté qui engagea Paul Emile à choisir *Tuberon* pour son gendre. Emilie qu'il lui donna en mariage, pensa en tout comme son mari & comme son père, elle respecta toujours, & fit toujours respecter dans le premier son honorable indigence. Fille d'un père, deux fois consul & deux fois triomphateur, femme d'un consul, elle prit avec plaisir, au milieu d'un siècle déjà corrompu, les mœurs de la vertu & de la pauvreté antique. Paul Emile, après avoir vaincu Persée & réduit la Macédoine en province, distribuant les prix de la valeur à ceux qui s'étoient le plus signalés dans cette guerre, donna une coupe du poids de cinq livres à *Tuberon*, son gendre ; ce fut la première pièce de vaisselle d'argent qui entra dans la famille Ælia ; encore, dit M. Rollin, » fallut-il que ce fussent la vertu & l'honneur qui » l'introduisissent dans cette petite & pauvre mai- » son, digne véritablement d'être appellée le pa- » lais & le temple de la pauvreté. »

Cette pièce de vaisselle fut la seule que posséda jamais *Tuberon* devenu consul, il mangeoit dans de la vaisselle de terre. Des ambassadeurs d'Italie, témoins de cette extrême simplicité, lui ayant offert de l'argenterie, il la refusa comme autrefois Curius avoit refusé l'or des Samnites.

Le fils de ce *Tuberon*, nommé comme lui Quintius Ælius *Tuberon*, eut comme lui cet amour de la pauvreté, ce saint respect pour l'économie ; mais il faut de la mesure dans la vertu même.

Insani sapiens nomen ferat, æquus iniqui,
Ultra quàm satis est, virtutem si petat ipsam.

Et Cicéron, qui se connoissoit en vertus, puisqu'il connoissoit si bien les vrais devoirs, n'approuve pas un trait de ce second *Tuberon*, qui parut d'une économie sordide, parce qu'elle étoit déplacée. Quintus Fabius Maximus, neveu du second Scipion l'africain, & qui fit son oraison funèbre, donnant selon la coutume, aux obsèques de son oncle, un repas au peuple, pria Quintus Ælius *Tuberon*, qui étoit aussi neveu de Scipion l'africain, de se charger d'une table, il s'en chargea. Mais ne distinguant pas assez ce qui peut convenir à la simplicité domestique & ce qu'exige la décence publique,

Privatus illis census erat brevis,
Commune magnum.

il sembla vouloir faire parade de cette pauvreté qui honoroit particuliérement sa maison, il se contenta des lits de table les plus simples & les plus grossiers, qu'il couvrit de peaux de boucs, & au lieu de vaisselle d'argent, devenue nécessaire au moins dans les cérémonies publiques, il fit servir dans des plats de terre ; ces peaux de boucs & ces plats de terre lui furent bien reprochés dans la suite, & malgré son mérite personnel & l'éclat de sa naissance & de ses alliances, lui attirèrent un refus, lorsqu'il demanda la préture. *Itaque,* dit Cicéron, *homo integerrimus, civis optimus, cùm esset Lucii Pauli nepos, Publii africani sororis filius, his hœdinis pelliculis prœturâ dejectus est. Odit populus romanus privatam luxuriam, publicam magnificentiam diligit. Non amat profusas epulas, sordes & inhumanitatem multò minus. Distinguit rationem officiorum ac temporum.*

De cette même maison étoit sans doute un *Tuberon*, qui dans les guerres civiles entre Pompée & César, parut constamment attaché au parti du sénat & de la république. Le sénat lui donna même le département de l'afrique, mais lorsqu'il alloit en prendre possession, s'attendant de n'y trouver à combattre que le parti de César, à la tête duquel étoit Curion, il y trouva d'abord un autre ennemi sur lequel il n'avoit pas compté, qui étoit comme lui du parti du sénat, mais qui, comme dans les guerres civiles tous les droits sont confondus, brava en cette occasion l'autorité de ce grand corps. C'étoit Attius Varus, qui ayant précédemment gouverné pendant quelque tems l'Afrique en qualité de propréteur, s'étoit enfui dans cette province dès les premiers mouvemens de guerre, & y trouvant les esprits disposés à recevoir les ordres d'un homme accoutumé à leur en donner, prit sur lui de rendre à la cause de la liberté des services qu'on ne lui demandoit pas & qui ne furent point heureux. Il ne réussit en effet que contre *Tuberon*, qu'il ne voulut jamais laisser aborder en Afrique où cet Attius Varus étoit maître des côtes de la mer. Le fils de *Tuberon* étoit malade; le père pria du moins Attius Varus comme un particulier, comme un romain engagé dans la même cause, de permettre à son fils, malade de prendre terre & de se remettre des fatigues de la mer; il ne put jamais l'obtenir. Les *Tuberons* père & fils furent obligés de repartir dans le même vaisseau qui les avoit amenés, & allerent se rendre auprès de Pompée.

On est assez étonné de voir dans la suite *Tubéron* devenir l'accusateur de Ligarius, dont le crime étoit d'avoir comme lui suivi le parti de Pompée contre César! *Tubéron* imputoit principalement à Ligarius sa réjection de l'Afrique & le traitement qu'il avoit reçu d'Attius Varus, mais ce desir d'aller en Afrique combattre César, ne pouvoit être ni un titre pour *Tubéron* auprès de César, ni un droit d'accuser Ligarius, qui n'avoit fait que ce que *Tubéron* lui-même avoit voulu faire! On sait avec quelle éloquence Cicéron défendit Ligarius & rendit sensible cette vérité utile au genre humain, que la clémence est presque toujours la meilleure politique.

TUCCA (Plautius), (*Hist. Litt. Rom.*) Poëte, ami d'Horace & de Virgile, il est du petit nombre de ceux dont Horace dit qu'il ambitionne le suffrage, il revit l'Énéide avec Varius, par ordre d'Auguste.

TUDESQUE (LANGUE), (*Hist. des langues mod.*) langue que l'on parloit à la cour après l'établissement des Francs dans les Gaules. Elle se nommoit aussi *Franctheuch*, *Théotiste*, *Théotique* ou *Thivil*. Mais quoiqu'elle fût en règne sous les deux premières races, elle prennoit de jour en jour quelque chose du latin & du roman, en leur communiquant aussi de son côté quelques tours ou expressions. Ces changemens même firent sentir aux Francs la rudesse & la disette de leur langue; leurs rois entreprirent de la polir, ils l'enrichirent de termes nouveaux; ils s'apperçurent aussi qu'ils manquoient de caractères pour écrire leur langue naturelle, & pour rendre les sons nouveaux qui s'y introduisoient. Grégoire de Tours & Aimoin parlent de plusieurs ordonnances de Chilperic, touchant la langue. Ce prince fit ajouter à l'alphabet les quatre lettres grecques O. Φ. Z. N. c'est ainsi qu'on les trouve dans Grégoire de Tours. Aimoin dit que c'étoient Θ, Φ, Χ, Ω, & Fauchet prétend sur la foi de Pithou, & sur celle d'un manuscrit qui avoit alors plus de cinq cens ans, que les caractères qui furent ajoutés à l'alphabet, étoient l'Ω des Grecs, le ꝑ, le ꝡ, & le ꝝ des Hébreux, c'est ce qui pourroit faire penser que ces caractères furent introduits dans le *Franctheuch* pour des sons qui lui étoient particuliers, & non pas pour le latin à qui ses caractères suffisoient. Il ne seroit pas étonnant que Chilpéric eût emprunté des caractères hébreux, si l'on fait attention qu'il y avoit beaucoup de Juifs à sa cour, & entr'autres un nommé Prisc qui jouissoit de la plus grande faveur auprès de ce prince.

En effet, il étoit nécessaire que les Francs en enrichissant leur langue de termes & de sons nouveaux, empruntassent aussi les caractères qui en étoient les signes, ou qui manquoient à leur langue propre, dans quelque alphabet qu'ils se trouvassent. Il seroit à désirer aujourd'hui que notre langue est étudiée par tous les étrangers qui recherchent nos livres, que nous eussions enrichi notre alphabet des caractères qui nous manquent, sur-tout lorsque nous en conservons de superflus, ce qui fait que notre alphabet pèche à la fois par les deux contraires, la disette & la surabondance; ce seroit peut-être l'unique moyen de remédier aux défauts & aux bisarreries de notre orthographe, si chaque son avoit son caractère propre & particulier, & qu'il ne fût jamais possible de l'employer pour exprimer un autre son que celui auquel il auroit été destiné.

Les guerres continuelles dans lesquelles les rois furent engagés, suspendirent les soins qu'ils auroient pû donner aux lettres, & à polir la langue. D'ailleurs les Francs ayant trouvé les loix, & tous les actes publics écrits en latin, & que les mystères de la religion se célébroient dans cette langue, ils la conservèrent pour les mêmes usages, sans l'étendre à celui de la vie commune ; elle perdoit au contraire tous les jours, & les ecclésiastiques furent bientôt les seuls qui l'entendirent ; les langues romane & *tudesque*, tout imparfaites qu'elles étoient, l'emportèrent, & furent les seules en usage jusqu'au regne de Charlemagne. La langue *tudesque* subsista même encore plus long-tems à la cour, puisque nous voyons que cent ans après, en 948, les lettres d'Artaldus, archevêque de Rheims, ayant été lues au concile d'Ingelheim, on fut obligé de les traduire en théotisque, afin qu'elles fussent entendues par Othon roi de Germanie, & par Louis d'Outremer, roi de France, qui se trouvèrent à ce concile. Mais enfin la langue romane qui sembloit d'abord devoir céder à la *tudesque*, l'emporta insensiblement, & sous la troisième race elle fut bientôt la seule & donna naissance à la langue françoise. *Mémoires des Inscriptions*, tom. XV. (D. J.)

TUDOR (*Hist. d'Anglet.*), nom de la Dynastie Angloise qui succéda dans la personne du roi Henri VII à celle des Plantagenets, (*voyez* Henri VII & Richard III.)

Il est dit à l'article Henri VII, que ce roi étoit de la maison de Lancastre, c'est-à-dire qu'Henri VII tiroit, de la maison de Lancastre dont il descendoit par Marguerite de Sommerset, sa mère, son droit à la couronne d'Angleterre ; mais il étoit de la maison *Tudor*, & il commence la nouvelle race parmi les rois d'Angleterre ; tout ce qu'on sait de son origine, c'est que Catherine de France, fille de notre roi Charles VI, veuve de Henri V, & mère de Henri VI, avoit épousé en secondes noces, un gallois nommé Owen *Tudor*, dont la noblesse étoit assez douteuse. De ce mariage étoit né Edmond, comte de Richemont, celui-ci avoit épousé Marguerite de Sommerset, de la maison de Lancastre. Le fils d'Edmond & de Marguerite, fut Henri, comte de Richemont, issu de la maison royale d'Angleterre, par sa nièce ; mais on voit qu'avec cet avantage il étoit possible que le roi Henri VII ne fût pas gentilhomme. Quelques écrivains ont regardé cette singularité comme un des inconvéniens qu'entraîne la succession par les femmes ; plut à Dieu qu'elle n'en entraînât point d'autres : un bon roi seroit toujours assez noble.

Selon des auteurs, Owen *Tudor* étoit un brasseur, selon d'autres, c'étoit un tailleur qui, en habillant la reine Catherine, étoit parvenu à lui plaire. Quand son petit fils fut parvenu au trône, Owen *Tudor* fut non seulement un gentilhomme gallois, mais un descendant des anciens princes de Galles & des anciens rois bretons.

TUILERIES, (*Hist. mod.*) le jardin du Louvre porte le nom de *jardin des Tuileries*, parce que c'étoit autrefois une place où l'on faisoit des tuiles,

Cependant sous le nom de *Tuileries* on n'entend pas seulement ce jardin, mais aussi un palais superbe dont la façade répond à toute la largeur du jardin. Ainsi l'on a dit pendant la minorité du roi régnant, que sa majesté logeoit aux *Tuileries*.

Le palais des *Tuileries* est joint au Louvre par une longue & large galerie qui regne le long du bord septentrional de la Seine, & qui a vûe sur cette rivière.

Ce magnifique édifice fut commencé en 1564, par Catherine de Médicis veuve d'Henri II. & du tems de sa régence pendant la minorité de Charles IX. Il fut fini par Henri IV. & orné par Louis XIV. Louis XIII. avoit aussi beaucoup embelli le jardin des *Tuileries* ; mais ce fut sous Louis XIV. que le fameux le Nôtre en dirigea les nouvelles plantations, & qu'on y plaça la plûpart des grouppes & des statues qu'on y voit aujourd'hui. (A. R)

TUILLIER, (Adrien) (*hist. litt. mod.*) de l'académie des sciences, étoit fils de M. Tuillier, docteur-régent de la faculté de médecine de Paris. Il lui arriva précisément le contraire de ce qui arrive à tant d'enfans, que leurs parens destinent ordinairement à leur profession, & que la nature appelle à une autre. Fils de médecin, il fut destiné au barreau ; il y entra, il s'y distingua même à l'âge de vingt-deux ans ; mais un goût dominant le rappella impérieusement à la profession de son père, il se fit médecin.

Il étoit né le 10 janvier 1675 ; il entra dans l'académie des sciences, en 1699. En 1702 étant médecin de l'hôpital de Keyservert, pendant le siége qu'y soutint le marquis de Blainville, il y mourut le 2 juin, d'une maladie, suite des fatigues qu'entraînoient les soins qu'il ne cessoit de donner aux malades & aux blessés.

TULBENTOGLAN, *terme de relation*, nom que porte celui d'entre les pages du grand-seigneur qui a soin de son turban ; cet honneur appartient au cinquième page de la cinquième chambre. Du Loir. (A. R.)

TULLIE (*Hist. rom.*). Deux *Tullies* bien différentes l'une de l'autre jouent un grand rôle dans l'histoire romaine.

1°. *Tullie*, fille de Servius Tullius & femme de Tarquin le superbe, a mérité de servir de modèle à tous les enfans dénaturés ; nul n'a jamais foulé aux pieds la nature avec tant d'insolence & d'indignité. (*Voyez* à l'article *Tarquin*), l'histoire de ses deux mariages avec les deux fils ou petits fils de Tarquin l'ancien, voyez aussi l'article Servius Tullius : si l'on en croit Tite-Live, ce fut *Tullie* elle même qui unie par le crime avec Tarquin le superbe, ne cessa de l'animer par les dis-

cours

cours les plus violens à détrôner & à tuer fon père, (Servius Tullius), crime qu'il balançoit encore à commettre long-tems après l'avoir réfolu ; ce fut elle qui lui en infpira l'abominable courage. Quand tout fut prêt pour l'éxécution de fon deffein, il paroît dans la place publique avec une troupe de fatellites, convoque le fénat, vient s'y affeoir fur le trône de Servius Tullius qu'il dit être à lui ; il harangue le fénat déjà gagné en grande partie par fes intrigues & celles de *Tullie*, il réclame hautement ce qu'il appelle fes droits. Servius furvient, & lui demande de quel droit, lui vivant, il ofe convoquer le fénat & occuper le trône de fon beau père ; du droit, répondit-il arrogamment, du droit que la naiffance me donne & qu'elle refufe à un efclave tel que toi ; en effet Servius, comme fon nom l'annonçoit, étoit né dans l'efclavage, (voyez fon article), la querelle s'échauffe, le fénat, & le peuple fe partagent. Tarquin, alors dans toute la vigueur de la jeuneffe, faifit, d'un bras robufte, fon beau père tremblant fous le poids de l'âge & fous celui de la colère, il le tranfporte hors de l'affemblée & le renverfe fur les dégrés, qui donnoient dans la place, puis il retourne dans le fénat ; le vieillard bleffé, froiffé, à demi mort ne fonge plus qu'à retourner dans fa maifon à l'aide du peu d'officiers que la crainte n'avoit pas mis en fuite ; des affaffins que Tarquin prit foin d'envoyer après lui, & à ce qu'on croit par le confeil de *Tullie*, l'atteignirent & le tuèrent.

Il paroît certain du moins que bravant les mœurs & les ufages du tems, comme les fentimens de la nature, elle traverfa fur fon char la place publique où le peuple étoit affemblé, entra au fénat, en fit fortir fon mari, & fut la première à le proclamer roi dans l'affemblée du peuple. Tarquin, foit par un refte de pudeur qu'elle fouloit aux pieds, foit par la crainte des dangers où elle pouvoit être expofée dans un pareil tumulte, lui ordonna de fe retirer. En retournant à la maifon, elle rencontra le corps tout fanglant de fon malheureux père ; le cocher faifi d'horreur à ce fpectacle, s'arrêta & voulut fe détourner. Elle le força, dit-on, de paffer fur le corps de fon père, & après cette action, rentra, comme en triomphe, dans fa maifon. On pourroit foupçonner ici les hiftoriens d'un merveilleux moral, qui ne leur eft pas moins cher quelquefois que le merveilleux phyfique, mais il y a une efpèce de monument de cette indigne action. La rue fouillée de ce crime, s'appelloit alors la rue *Cyprienne*, & fe nomma depuis la rue fcélérate, *via fcelarata* ou *vicus fceleratus*. *Tullie* fut chaffée de Rome avec fon mari dans le tems de l'aventure de Lucrèce, & mourut en exil auprès de lui, privée du moins de l'objet de fon ambition & du fruit de fes crimes. L'action de *Tullie* eft de l'an 533 avant J. C. ; 220 de la fondation de Rome.

Hiftoire Tome V.

2°. *Tullie*, fille de Cicéron & de Terentia. Elevée par fon père, elle fut digne de lui, pleine d'inftruction & de vertus. Elle fut mariée trois fois ; la première à Caïus Pifon, homme diftingué par fon efprit, par fon éloquence, par fon attachement à fa femme & à fon beau-père, la feconde à Furius Craffipes dont elle fut obligée de fe féparer ; la troifième à Publius Cornelius Dolabella, jeune Patricien, d'une naiffance illuftre, de la maifon Cornelia ; ce dernier mariage, conclu par Terentia dans l'abfence de Cicéron, qui avoit d'autres vues & fans attendre fon confentement, ne fut point heureux. Dolabella jeune fut efclave des plaifirs, dans un âge plus avancé il le fut de l'ambition, & il finit par en être la victime. *Tullie*, la dernière des femmes illuftres de la république romaine, mourut l'an 709 de la fondation de Rome, 44 avant J. C. deux ans avant Cicéron. La douleur de ce grand homme eft prouvée par fon traité de la confolation ; elle eft d'ailleurs célèbre dans l'hiftoire. On a ofé profaner la tendreffe & la douleur d'un père vertueux par des foupçons criminels, car la public exige les fentimens de la nature, & il les calomnie. Cicéron parut inconfolable, il s'enferma & fembla fe féparer du monde pour fe livrer tout entier au fouvenir de fa fille ; une mélancolie profonde, s'empara de fon ame & de fes fens ; il fit à fa chère *Tullie* une efpèce d'Apothéofe, il voulut lui élever un temple. Sous le pontificat de Paul III, on prétendit avoir trouvé dans la voie Appienne un ancien tombeau avec cette infcription : *Tulliola filia mea*. Ce tombeau renfermoit, difoit-on, le corps d'une femme, qui tomba en poudre à la première impreffion de l'air ; une lampe y brûloit encore depuis environ feize cens ans & s'éteignit au moment de l'ouverture du tombeau. On voulut que ce fût le tombeau de *Tullie* & le monument de la douleur de Cicéron ; mais il eft bien reconnu que ce n'étoit qu'une fable ; Octave Ferrari la réfutée dans fon traité *de lucernis fepulchralibus*. On ignore l'année de la naiffance de *Tullie*.

TULLIUS (*Marcus Tullius Cicero*), (*Hift. rom.*). Cet illuftre orateur, naquit le 3 janvier de l'an 646 de Rome dans Arpinum, ville municipale du pays des Volsques, aujourd'hui Arpino fur les confins de la campagne de Rome & de la terre de Labour. De fiers patriciens lui ont trop reproché l'obfcurité de fa naiffance. Il étoit d'une famille honnête, fes ancêtres étoient depuis long-tems chevaliers romains de père en fils, mais aucun n'avoit poffédé dans Rome de charge curule. Le furnom de Cicéron qui fignifie *pois chiche*, ne lui étoit point perfonnel, il le tenoit de fes pères. Pline le naturalifte, tire de l'hiftoire naturelle tous ces fobriquets, de *Cicéron*, de *Fabius*, de *Lentulus*, qui, felon lui, défignent la préférence que divers cultivateurs donnoient à différens genres de culture, pois, fèves, lentilles. Les amis de Cicéron lui confeillèrent dans la fuite de quit-

D d d

ter ce furnom qui leur paroiſſoit avoir quelque
choſe d'ignoble. C'eſt à moi, répondit Cicéron,
de le rendre auſſi noble que ceux de *Catulus* &
de *Scaurus* ; en effet ces derniers furnoms, enno-
blis par la gloire de ceux qui les avoient portés, n'étoient auſſi que des ſobriquets, dont l'un
ſignifie *petit chien*, & l'autre *boiteux*.

Dès ſes premieres études Cicéron fut un objet
d'admiration pour ſes maîtres & pour ſes compagnons. Les pères de ceux-ci, avertis par leurs
enfans, venoient contempler & ſouvent envier ce
prodige naiſſant ; il embraſſa tout, même la philoſophie ; le droit & l'éloquence l'occupèrent plus
particuliérement ; ſon goût pour la philoſophie ſur-
tout fut une véritable paſſion. Il ſe livra tout entier
aux leçons de l'académicien Philon, que les troubles
de la Grèce, à l'approche de Mithridate, avoient
forcé de quitter Athènes, & de ſe retirer à Rome.
Totum Philoni me tradidi. Il ſaiſit d'abord tous
les rapports qu'ont entre elles la dialectique &
l'éloquence, les ſtoiciens étoient ceux des philoſophes
qui cultivoient le plus la dialectique ; il prit parmi
eux un maître, nommé Diodote, avec lequel il paſſa
ſa vie, & qui mourut dans ſa maiſon.

Ses maîtres pour le droit furent les deux Scé-
vola, l'augure & le pontife, les plus ſavans ju-
riſconſultes & les hommes les plus vertueux de
la république. Il s'exerçoit à l'éloquence ſur toute
ſorte de ſujets, il compoſoit en latin, en grec,
ſuivoit tous les grands orateurs de ſon tems, faiſoit une ample proviſion & de connoiſſances &
d'études, bien réſolu d'arriver au barreau, orateur
tout formé, pourvû de toutes les reſſources du talent & du travail, & non d'y venir bégayer comme
tant de commençans, qui n'apprennent leur métier qu'au barreau même, & n'étant jamais inſtruits que par l'uſage, le ſont toujours trop tard
& trop imparfaitement. *Non ut in foro diſceremus,
quod plerique fecerunt, ſed ut, quantùm nos
efficere potuiſſemus, docti in forum veniremus.*

Ce plan lui réuſſit, & ce fut avec le plus grand
éclat qu'il plaida ſa première cauſe conſidérable ;
c'eſt celle de Roſcius d'Amérie, (*voyez* cet
article).

Un autre Roſcius, le comédien célèbre, [*voyez*
auſſi ſon article & les articles *Roſcius Othon*, *Ra-
birius*, &c,] lui révéla tous les ſecrets de ce grand
art de l'action ou de la déclamation dans lequel
Démoſthène faiſoit conſiſter toute l'éloquence. Cicéron & Roſcius s'exerçoient à l'envi à rendre
une même penſée, un même ſentiment, l'un par
les divers tours de phraſe qu'il pouvoit imaginer,
l'autre par la plus grande variété poſſible de geſ-
tes & de mouvemens.

L'ardeur avec laquelle Cicéron ſe livroit à tous
les tranſports de l'éloquence, parut d'abord me-

nacer ſa foible ſanté. Les médecins l'avertirent
de ſe modérer, ſes amis l'y exhortèrent, mais dût-
il périr, comment renoncer à cette gloire qui le
couvroit déjà de ſes premiers rayons, & qui lui
préſentoit dans l'avenir la plus riante perſpective ?
*Itaque cùm me & amici l'y medici hortarentur, ut
cauſas agere deſiſterem, quodvis potius periculum
mihi adeundum, quàm a ſperatâ dicendi gloriâ
recedendum putavi.* Il ne prit donc des conſeils de
ſes amis & des ordonnances des médecins que
ce que le goût même lui en fit adopter, c'eſt-à-
dire, qu'il mit dans ſon débit moins d'impétuoſité, un feu moins continu, avec plus d'art, mieux
meſuré ſoit ſur ſes forces, ſoit ſur les beſoins
de la cauſe. Ainſi des intérêts même de ſa ſanté
il tira de nouvelles perfections pour ſon art. Il
fit encore pour les intérêts de ſa ſanté un voyage
dans l'Aſie Mineure, dans la Grèce & à Athènes,
voyage qu'il tourna encore au profit de l'éloquence ; il y vit les philoſophes, les orateurs,
les rhéteurs les plus célèbres du pays ; celui auquel il s'attacha principalement fut Apollonius
Molon, rhodien, dont il avoit déjà pris des leçons à Rome. Il lut un jour devant lui & devant
des auditeurs choiſis un fort beau diſcours qu'il avoit
compoſé en grec. Tout le monde applaudit, mais
celui dont il ambitionnoit ſur-tout le ſuffrage, avoit
paru rêveur pendant tout le diſcours, & gardoit
un ſilence inquiétant à travers lequel on démê-
loit des apparences d'un chagrin ſecret. Cicéron
lui en demanda la cauſe par intérêt pour Apollonius & pour lui-même. Ah Cicéron, répondit
Apollonius avec un ſoupir, le ſilence dont vous
vous plaignez, vous loue & vous admire encore
plus que leurs applaudiſſemens ; mais je l'avoue,
au milieu du plaiſir que vous me faiſiez, l'amour
de la patrie eſt venu me préſenter un ſouvenir
affligeant. Je plains le ſort de la Grèce, elle a
tout perdu, il ne lui reſtoit plus que la gloire de
l'éloquence ; vous allez lui ravir ce dernier &
unique avantage, je vous vois déjà le tranſporter
tout entier aux Romains. Cette manière d'applaudir
en valoit bien une autre.

Cicéron reconnoiſſoit avoir eu les plus grandes
obligations à ce maître, c'eſt de lui qu'il apprit
à réprimer ſévèrement les ſaillies les plus heureuſes de ſon génie, à ne ſe rien permettre d'é-
tranger à ſa cauſe, ni de ſur-abondant, à ſe renfermer dans les bornes de ſon ſujet comme un
fleuve bienfaiſant dans ſes rives. *Is dedit operam,
ſi modò id conſequi potuit, ut nimis redundantes
nos & ſuperfluentes juvenili quâdam impunitate &
licentiâ dicendi reprimeret & quaſi extrà ripas dif-
fluentes coerceret.* Cette ſur-abondance, cette ardeur de jeuneſſe ne furent pas moins réprimées dans
ſon débit que dans ſa compoſition ; & quand il
revint à Rome au bout de deux ans, ſon ton de
voix étoit adouci, ſon ſtyle plus ſage, ſon action
plus modérée & juſte avec plus de fineſſe.

Il fut nommé à la questure l'an de Rome 696, & il l'exerça l'année suivante en Sicile. Cette île avoit toujours eu deux questeurs, l'un résidoit à Syracuse, l'autre à Lilybée ; ce dernier département fut celui de Cicéron ; il en remplit les fonctions, non-seulement avec une exactitude religieuse, mais encore avec une distinction qui lui concilia dans l'île l'estime générale, & dont il ne doutoit pas que le bruit ne fût venu jusqu'à Rome, & n'eût rempli toute l'Italie. Il raconte lui-même à ce sujet un petit fait qui rentre dans la moralité générale du néant de la gloire. En retournant à Rome, & en passant par Pouzzole dans la saison où l'on y prenoit les eaux, ce qui rassembloit beaucoup de monde, il crut qu'il n'alloit être question que de sa questure & de la manière dont il l'avoit remplie. Le premier homme de connoissance qu'il rencontra lui demanda, quand il étoit parti de Rome & ce qu'on y disoit. *Je ne viens point de Rome*, répondit-il assez mécontent d'un tel début, *mais de la province où j'exerçois la questure.* — Oh ! oui, répliqua le questionneur, *n'est-ce pas de l'Afrique ? Non c'est de la Sicile. Sans doute*, dit un troisième qui voulut paroître plus instruit & faire rougir le premier de son ignorance, *ne savez vous donc pas que Cicéron étoit questeur à Syracuse ? — Eh non, c'est à Lilybée.* De cette ignorance générale, effet de l'indifférence des romains sur-tout ce qui se passoit loin de leurs yeux & dont ils n'entendoient seulement parler, il conclut qu'il falloit rester sous leurs yeux, s'y produire & s'y reproduire tous les jours ; & les occuper de soi sans cesse. Il pensa comme fit depuis Horace, que c'étoit les yeux qu'il falloit frapper plutôt que les oreilles.

Segniùs irritant animos demissa per aurem
Quàm quæ sunt oculis subjecta fidelibus, & quæ
Ipse sibi tradit spectator.

Cicéron avoit dit de même, *populum romanum aures hebetiores, oculos acres atque acutos habere.*

Il se fixa donc pour toujours à Rome & s'attacha au barreau.

Ce fut pendant sa questure de Sicile, qu'il fit la découverte du tombeau d'Archimède.

On vit dans une occasion éclatante combien Cicéron avoit acquis la confiance publique dans cette île ; ce fut à lui que les Siciliens, opprimés par Verrès, eurent recours pour obtenir justice ; ils se transporta lui-même sur les lieux, y rassembla toutes les instructions & toutes les preuves dont il avoit besoin, & défendit ses cliens avec autant de courage que d'éloquence ; il fit plus, il sacrifia cette éloquence à l'intérêt de leur cause. Verrès étoit sauvé, si le jugement de son affaire pouvoit être différé

jusqu'à l'année suivante. (de Rome 683.) il auroit eu pour lui alors les deux consuls, dont l'un, le célèbre Hortensius étoit son défenseur, l'autre Quintus-Cæcilius Métellus, étoit son ami & lui avoit obligation de plusieurs suffrages que Verrès lui avoit achetés, Verrès auroit eu encore pour lui, le préteur de l'année, Marcus Métellus, frère de celui qui étoit nommé consul ; il ne cherchoit donc qu'à différer, & il comptoit que Cicéron lui-même l'y aideroit par l'éclat & l'étendue que sa vanité voudroit donner à une cause si importante ; mais c'étoit dans les preuves que Cicéron avoit mis sa confiance ; il se contenta d'un court exorde pour expliquer les faits, & passer tout d'un coup aux dépositions des témoins & aux preuves, à la force desquelles il fut impossible de résister. Ces belles harangues contre Verrès, chef-d'œuvre de l'éloquence romaine, ont été faites après coup, Cicéron ayant cru devoir faire quelque chose pour sa gloire après avoir satisfait à ce qu'exigeoit l'intérêt de ses cliens. Quoiqu'ami de son rival Hortensius, il le fit rougir d'avoir pu prendre la défense d'un scélérat, tel que Verrès ; il lui cita l'exemple des grands orateurs, leurs prédécesseurs & leurs modèles, qui ne se chargeoient jamais que de causes qu'ils jugeoient justes ; Hortensius avoit poussé la foiblesse jusqu'à recevoir des présens de Verrès, ce qu'on regardoit alors comme contraire à la noblesse de la profession du barreau. On parloit d'un sphinx d'ivoire, ouvrage de prix, que Verrès avoit donné à Hortensius, & qui faisoit partie de tant monumens des arts en tout genre que Verrès avoit volés aux Siciliens, Cicéron dans un endroit de son plaidoyer, attaquoit indirectement Hortensius avec beaucoup de finesse, celui-ci feignant de ne pas l'entendre, répondit qu'il n'avoit point l'art d'expliquer les énigmes. J'en suis surpris, répliqua Cicéron, car vous avez chez vous le sphinx. *Atqui debes, cùm sphingem domi habeas.*

La diversité des intérêts dans les affaires, soit publiques, soit particulières, put en quelques rencontres, répandre ainsi de légers nuages sur leur amitié, mais cette amitié eut le pouvoir de les dissiper & la gloire de triompher de la jalousie qu'ils pouvoient s'inspirer l'un à l'autre, en quoi il faut avouer que le plus grand mérite paroît être du côté d'Hortensius, qui ayant précédé Cicéron au barreau, se vit promptement & entièrement effacé par lui. Cicéron parle honorablement de ce rival en toute occasion, & après la mort d'Hortensius, il rendit un noble témoignage à la noble amitié qui les avoit unis.

» J'ai perdu, dit-il, non point un rival jaloux de ma gloire, comme quelques-uns se l'imaginoient, mais un compagnon fidèle dans des travaux utiles & glorieux. Dans la carrière

---

» que nous courions enfemble, je n'ai jamais » cherché à lui faire obftacle, jamais je n'en ai non » plus éprouvé de fa part ; au contraire, nous » nous faifions une loi de nous aider mutuelle- » ment par nos confeils ;... nous regardions » notre gloire & nos fuccès comme un bien com- » mun entre nous, ... nous déférant l'un à l'au- » tre la palme & le premier rang. »

Dolebam, quòd non, ut plerique putabant, adverfarium, aut obtrectatorem laudum mearum, fed focium potiùs & confortem gloriofi laboris ami- feram..... Cùm præfertim non modò nunquam fit aut illius à me curfus impeditus, aut ab illo meus, fed contrà femper alter ab altero adjutus & communicando, & monendo & favendo.

Duodecim poft meum confulatum annos in maxi- mis caufis, cùm ego mihi illum, fibi me ille ante- ferret, conjunctiffime verfati fumus.

Catilina & Cicéron furent en concurrence pour le confulat ; c'étoit avoir à choifir entre le vice & la vertu, Catilina, déja plus d'une fois accufé, avoit toujours été renvoyé abfous, fans qu'on l'eût cru jamais innocent. Dans une de ces accufations, il pria Cicéron lui même d'être fon défenfeur ; on ne fait pas fi en effet Cicéron fe chargea de fa dé- fenfe, mais on voit par fes lettres à Atticus, qu'il ne s'en éloignoit pas, & qu'il faifoit ce raifonne- ment : ou j'obtiendrai qu'il foit renvoyé abfous, & dans ce cas, je pourrai me concerter avec lui pour la demande du confulat, & vraifemblablement il me cedera, ou il fera condamné, & je m'en conlolerai.

Tout en briguant le confulat, Catilina méditoit la perte de Rome. Sa confpiration, la vigilance, l'adreffe, la fermeté que Cicéron déploya dans cette occafion, forment une des époques les plus intéreffantes de l'hiftoire romaine. Son éloquence, quoique naturellement fublime dans fes catilinaires, fut alors fon moindre mérite, Catilina fuccomba, Cicéron eut la gloire de fauver Rome.

Roma patrem patriæ Ciceronem libera dixit.

Ce titre de père de la patrie, prodigué depuis aux empereurs, par la baffeffe, fut donné alors à Cicéron, par la voix libre de la reconnoiffance, le peuple le lui donna, & les fages le lui con- firmèrent. Caton en haranguant le peuple, Catulus en opinant dans le fénat, joignirent ce titre à l'éloge qu'ils firent du fauveur de l'état. Lucius Gellius, qui avoit été cenfeur, propofa de lui donner la couronne civique. « Je vous falue, s'écrie, long-tems après la mort de Cicéron, Pline l'ancien, faifi d'un faint refpect & d'un vertueux enthoufiafme au fouvenir de l'énumération des grandes chofes que Cicéron avoit faites pendant fon confulat ; je vous falue, ô vous qui le premier de tous, avez été appellé père de la patrie, qu

le premier avez mérité, fans quitter l'habit de paix, le laurier de triomphateur. *Salve, primus omnium parens patriæ appellate, primus in togâ triumphum linguaque lauream merite.*

Cicéron éleva & agrandit la puiffance de l'ordre des chevaliers ; c'eft depuis fon confulat, qu'ils com- mencèrent, felon Pline, à former un troifième corps dans la république, au lieu qu'auparavant on n'y comptoit que le fénat & le peuple, *fenatus populufque romanus.*

Cicéron fauveur de Rome, étoit l'objet de l'admiration & de l'amour de tous les bons citoyens. Quelle va être fa récompenfe ? des perfécutions. On voulut d'abord marquer par une humiliation, fa fortie du confulat. La grande loi, *falus populi fuprema lex efto*, avoit forcé d'exécuter militai- rément, quoique d'après un décret du fénat, divers conjurés trop convaincus, mais à qui les conjonc- tures n'avoient pas permis de faire leur procès dans toute la lenteur des formes ordinaires. Des tri- buns jaloux, dans leurs harangues féditieufes au peuple, commencèrent à murmurer contre un con- ful qui, difoient-ils, avoit fait mourir des citoyens fans forme de procès, & comme ils redoutoient fon éloquence, ils voulurent l'empêcher de haran- guer le peuple en lui rendant compte, felon l'ufage, de fa geftion, le dernier jour de décembre, jour où l'on quittoit le confulat. Le tribun Métellus Népos prit fur lui de défendre à Cicéron toute harangue ; il lui ordonna impérieufement & par le droit de fa charge, de fe renfermer dans le ferment ordinaire de n'avoir rien fait contre les loix. Cicéron forcé d'obéir à la défenfe, même injufte, du tribun, ne fe déconcerta point, & jura que la république & la ville de Rome lui devoient leur falut ; cette préfence d'efprit charma le peuple, il applaudit, & d'un cri unanime, jura que rien n'étoit plus vrai que ce que le conful venoit d'affirmer. Ainfi l'entreprife des tribuns ne fit que tourner à fa gloire. Le même Métellus Népos fe difpofoit cependant à l'accufer, & à le citer de- vant le peuple ; mais la caufe de Cicéron, étoit celle du fénat, & le fénat ratifia tout ce qui s'é- toit fait fous le confulat de Cicéron, & déclara ennemi de la patrie quiconque entreprendroit d'y porter atteinte.

A Métellus Népos fuccéda bientôt un ennemi plus odieux & plus à craindre, *Clodius* (*Voyez* fon article, & celui de Pompeïa), Cicéron avoit dépofé contre lui dans cette affaire, où Clodius juftement accufé d'un de fes moindres crimes, celui d'avoir profané les myftères de la bonne déeffe, fut fcandaleufement abfous par des juges bien payés. Ces juges, avant que Craffus eut traité avec eux de l'abfolution de Clodius, avoient paru difpofés à faire leur devoir, & comme Clodius étoit un homme de qui on avoit tout à craindre, ils avoient demandé au fénat, une garde qui leur fut ac- cordée. Cette précaution étoit fage, mais l'événement la rendit bien ridicule , & Catulus dit aux juges : *pourquoi donc nous demandiez-vous une garde , étoit-ce pour empêcher qu'on ne vous enlevât l'argent que vous aviez reçu de l'accusé ?* Ce jugement consterna tous les gens de bien, Cicéron ranima leur courage; il s'éleva au milieu du fénat, en préfence de Clodius même, contre la corruption des juges qui l'avoient abfous : c'eft une plaie, dit-il, que la république a reçue , nous ne devons ni la diffimuler ni la craindre ; la diffimuler feroit manquer de fentiment , la craindre feroit manquer de courage. *Vulnus effe ejufmodi , quod nec diffimulandum , nec pertimefcendum videretur , ne aut metuendo ignaviffimi , aut ignorando ftultiffimi judicaremur.* Il apoftrophe Clodius : « ne crois pas, lui dit-il , être échappé au péril , tes juges t'ont réfervé pour la prifon & le fupplice, ils t'ont privé du bénéfice de l'exil, leur prévarication , cependant , afflige les honnêtes gens, mais n'affoiblit point leur vertu. La ligue naturelle des gens de bien contre les méchans, fubfifte ; il ne nous eft furvenu aucun mal nouveau , mais le mal caché s'eft découvert, L'abfolution d'un coupable a fait connoître fes femblables. *Erras , Clodi : non te judices urbi , fed carceri refervarunt , neque te retinere in civitate, fed exilio privare voluerunt.....Manet illa in republicâ bonorum confenfio : dolor accеffit bonis viris , virtus non eft imminuta. Nihil eft damni factum novi ; fed quod erat inventum eft. In unius hominis perditi judicio plures fimiles reperti funt ».*

Il falloit pour le venger, que Clodius fût homme public, & c'eft à quoi il travailla ; il voulut être tribun du peuple , mais il étoit de race patricienne, & les feuls plébéiens pouvoient être tribuns du peuple ; il entreprit de fe faire plébéien : un Fonteïus, plébéien , confent de l'adopter, mais c'étoit une adoption illufoire , Fonteïus étoit marié, il étoit plus jeune que celui qu'il adoptoit : cependant il acquéroit fur lui tous les droits de la puiffance paternelle, mais il s'en dépouilla fur le champ & l'émancipa : en général il y avoit trop de fictions de droit, dans le droit romain. Clodius fut réputé plébéien , & devint éligible pour la charge de tribun du peuple ; les gens de ce caractère , quand ils ont fû fe rendre éligibles, favent qu'ils feront élus, Clodius le fut.

L'an 694 de Rome, le confulat de Lucius Calpurnius Pifon & d'Aulus Gabinius, démentit pleinement la maxime par laquelle Catulus raffuroit Cicéron fur les inquiétudes que lui donnoient les intrigues de fes ennemis. Rarement, difoit Catulus, eft il arrivé que la république ait eu un conful méchant; mais jamais il n'eft arrivé qu'elle en ait eu deux méchans à la fois (il exceptoit feulement les tems de la tyrannie de Catilina) d'après cette obfervation, Catulus promettoit toujours à Cicéron un des confuls au moins pour défenfeur. Gabinius , ancien ami de Catilina , & Pifon , ennemi

des gens de bien, s'accordèrent pour vendre Cicéron à la vengeance de Clodius. Le premier triumvirat étoit formé ; les triumvirs étoient ennemis ou déclarés ou fecrets de Cicéron, Craffus le haïffoit à découvert : Céfar & Pompée avoient voulu fe l'attacher, c'eft-à-dire fe l'affervir, & Cicéron, quoiqu'il aimât Pompée, ayant voulu n'être attaché qu'à la république, ils l'abandonnèrent & appuyèrent Clodius ; celui-ci pour préparer fes attaques, propofa d'abord quelques loix indifférentes, ou qui ne menaçoient Cicéron que de trop loin pour que fes amis cruffent devoir s'y oppofer ; Clodius avoit promis folemnellement de ne rien entreprendre contre Cicéron, pourvu qu'il ne mît point d'oppofition à fes loix ; enfin il leva le mafque , & propofa une loi pour condamner à l'exil, quiconque feroit ou auroit fait mourir un citoyen fans forme de procès, l'hoftilité étoit manifefte , Cicéron alors fe regarda comme accufé , & felon l'ufage des accufés, il prit le deuil. Prefque tous les chevaliers romains le prirent avec lui. Vingt mille jeunes gens , la fleur de la nobleffe romaine, accompagnoient par-tout Cicéron , follicitant le peuple en fa faveur ; tous les ordres de la république, toutes les villes d'Italie s'alarmèrent de fon danger. Le fénat fomma les confuls de prendre la défenfe de l'accufé, & par une délibération publique, cette compagnie prit auffi le deuil, comme accufée elle même dans la perfonne de Cicéron , qui n'avoit rien fait que par les ordres du fénat. Clodius arma les efclaves & les gens de la lie du peuple, & fit infulter, par eux dans les rues, Cicéron & fes défenfeurs. Les moyens s'affortiffent naturellement à la fin. Les factieux qui foulèvent la populace , qui arment les affaffins , ne peuvent avoir que des vues criminelles ; les confuls loin d'obéir au fénat , ordonnèrent au fénat de quitter le deuil ; ils fe déclarèrent hautement pour Clodius & pour fes affaffins ; un d'eux avoua même à Cicéron que fon collègue , & apparemment lui-même, attendoient de Clodius, des graces & des emplois que ni Cicéron , ni le fénat même ne pouvoient plus leur procurer; car , felon eux, le fénat n'étoit plus rien ; en effet, la violence décida de tout , & Cicéron fut exilé , c'eft-à-dire , il s'exila lui-même pour ne point exciter une guerre civile que fes amis étoient réfolus de foutenir, & il put fe vanter , & il fe vanta en effet d'avoir deux fois fauvé la république , l'une par fa gloire , l'autre par le généreux facrifice de fa perfonne & de fes intérêts. *Unus rempublicam bis fervavi, femel gloriâ, iterum ærumnâ meâ.* Mais Clodius voulut qu'il eût la honte d'une condamnation , il fit rendre contre lui, par le peuple, une loi qui , pour avoir fait mourir des citoyens romains (c'eft-à-dire des conjurés) fans procès , mais en vertu d'un décret du fénat , rendu d'après l'évidence du crime) pour avoir porté fur les regiftres publics , un faux fénatufconfulte (ce qui étoit abfolument faux) le prive de l'ufage de l'eau & du feu, défend à toute perfonne de le recevoir & de lui donner afyle, jufqu'à la diftance de cinq cents milles de Rome, & s'il eft trouvé dans cet efpace, permet de le tuer, lui & ceux qui l'auront reçu chez eux; défend à tout magiftrat & à tout fénateur, de propofer jamais & de favorifer fon rappel, de délibérer, de conclure, d'opiner, en quelque façon que ce puiffe être, qui tende à ce but; enfin, de prendre aucune part à aucun décret qui eût pour objet de lui permettre de revenir dans la ville. La méchanceté, en accumulant ainfi fes perfides précautions, croit affurer le mal qu'elle a fait, & elle ne fent pas que par cet acharnement même elle en accélère la réparation. Clodius jouiffant de fon indigne triomphe, fait vendre à l'encan les biens de Cicéron. Aucun honnête homme ne fe préfenta pour en acheter la moindre partie, la troupe des brigans dont difpofoit Clodius, partagea cet indigne butin; les confuls prirent pour eux les maifons de campagne, Clodius, la maifon de la ville, il y dédia un portique à la déeffe de la liberté, *dont Cicéron étoit l'oppreffeur, & Clodius le vengeur*; & la ftatue de cette déeffe qu'il y fit mettre, étoit celle d'une courtifanne connue.

Cicéron, malgré le plébifcite que Clodius avoit fait rendre, trouva fur fa route de dignes amis qui remplirent envers lui, avec courage, tous les droits de l'hofpitalité, il en trouva auffi d'ingrats qui détournèrent les yeux, & de foibles qui craignirent le danger. Il auroit voulu s'établir en Sicile, le préteur C. Virgilius n'ofa l'y recevoir; il paffa en Grèce, & Cn. Plancus plus hardi le reçut à Theffalonique, où il étoit quefteur; il alla même le chercher jufqu'à Dyrrachium.

L'exil de Cicéron, forti de Rome au commencement d'avril 694, dura en tout feize mois. Après être refté environ huit mois à Theffalonique, il revint à Dyrrachium pour être plus à portée des nouvelles, il y arriva le 25 novembre & il y refta encore huit mois.

On lui a reproché trop d'abattement pendant fon exil, on l'a trouvé en défaut du côté de la philofophie, il s'eft défendu par la fenfibilité.

Cependant tout fermentoit à Rome contre Clodius & en faveur de Cicéron; l'imprudence qu'eut Clodius d'infulter Pompée & de s'en faire un ennemi, rappella enfin à ce triumvir la tendreffe que Cicéron avoit toujours eue pour lui & qu'il avoit fi mal reconnue. Céfar ne defiroit point le retour d'un auffi bon citoyen, d'un auffi rigide partifan de la vertu & de la liberté que Cicéron; c'étoit après Caton l'homme qui répugnoit le plus à fes mœurs & qui pouvoit s'oppofer le plus à fon ambition, mais Pompée ayant réfolu le rappel de Cicéron, Céfar qui alors ne favoit rien refufer à Pompée, devint favorable à Cicéron. Le jeune Craffus, zélé partifan de Cicéron, étoit parvenu à fléchir fon père en faveur de

cet illuftre profcrit. Le fénat étoit pour lui; les confuls de l'année 695, lui furent plus favorables que ceux de l'année 694. Lentulus Spinther, l'un de ces deux nouveaux confuls, demanda hautement le rappel de Cicéron & Métellus Nepos, l'autre conful, jufqu'alors ennemi de Cicéron & ami de Clodius, attendri par un difcours pathétique de P. Servilius Ifauricus, vieillard vénérable, ancien conful, ancien cenfeur décoré du triomphe, qui lui rappella l'exil & le retour de Métellus Numidicus, perfécuté autrefois par les méchans comme Cicéron, Métellus ne put retenir fes larmes & s'unit de bonne foi avec Lentulus fon collègue, pour faire rappeller Cicéron; tous les préteurs, excepté un frère de Clodius, huit tribuns du peuple appuyoient la même caufe, le fénat envoya des lettres circulaires dans toute l'Italie, pour inviter tous ceux qui aimoient l'état à venir concourir par leurs fuffrages ou leurs vœux au rétabliffement de Cicéron; démarche fans exemple, non feulement pour les intérêts d'un particulier, mais même dans les périls communs de toute la république. La nouvelle de ce fénatusconfulte portée fur le champ à un fpectacle de gladiateurs, y fut reçue avec tranfport, chaque fénateur, qui venoit à ce fpectacle au fortir du fénat, y fut applaudi. Quand le conful Lentulus, qui donnoit ces jeux, y fut arrivé, & eut pris fa place, tous les fénateurs fe levèrent, & tendant les bras vers lui, témoignèrent leur joie & leur reconnoiffance par des larmes de tendreffe, qui montroient combien Cicéron étoit cher à tous les gens de bien.

Sur l'invitation du conful & du fénat, tous les peuples de l'Italie fe déclarèrent pour Cicéron & unirent leurs efforts en fa faveur.

Enfin la loi du rappel fut portée à Rome, dans l'affemblée du peuple, & n'y trouva qu'un feul contradicteur, Clodius.

Cicéron partit de Dyrrachium, le 4 août 695; il aborda le lendemain à Brindes, où il trouva fa chère fille Tullie. Son retour à Rome, fut une marche triomphale. » Toute ma route, dit-il, » depuis Brindes jufqu'à Rome, étoit bordée d'une » file continuelle des peuples de toute l'Italie.... » Mais le jour fur-tout où je rentrai dans Rome, » ce feul jour me vaut une immortalité. » *Unus* » *dies mihi quidem immortalitatis inftar fuit.* J'y » vis le fénat & le peuple entier fortir hors des » portes pour me recevoir: & Rome elle-même s'é-» branloit prefque de deffus fes fondemens, fembloit » s'avancer pour embraffer fon confervateur. On » eut dit que non feulement les hommes & les » femmes de tout âge, de tout ordre, de toute » condition, mais les murailles elles-mêmes, les » maifons & les temples, entroient, à ma vue, » dans des tranfports de joie ». *Cùm fenatum egreſſum vidi populumque Romanum univerſum; cùm mihi ipſa Roma propè convulſa ſedibus ſuis ad complectendum conſervatorem ſuum procedere viſa eſt; quæ me ita accepit, ut non modò generum, ætatum, ordinum, omnes viri ac mulieres, omnis fortuna ac loci, ſed etiam mænia ipſa viderentur, ac teiéta urbis & templa lætari.*

Lorſque Cicéron arriva à la porte Capène, les dégrés des temples voiſins étoient remplis d'un peuple immenſe, qui, avec des applaudiſſemens & des cris de joie l'accompagna au capitole, & de-là dans la maiſon qui lui avoit été préparée. Enfin l'éclat de ce retour fut tel, que Cicéron en ſe le rappellant, dit qu'à ne conſidérer que les intérêts de ſa gloire, il auroit dû au lieu de réſiſter aux violences de Clodius, les rechercher & les acheter, *ut tua mihi conſcelerata illa vis non modò non propulſanda, ſed etiam emenda fuiſſe videatur.*

Au milieu des charmes & de la pompe de ce triomphe, on ne peut ſe défendre d'une réflexion bien naturelle ſur l'inconſtance du peuple & ſur la facilité que trouve un ſcélérat ou habile ou impétueux, tel que Clodius, à en diſpoſer, à le tourner & l'entraîner à ſon gré, à en faire l'inſtrument de ſes vengeances contre les gens de bien. Ce peuple qui ramené dans les ſentiers de la juſtice & de la vertu, rappelle aujourd'hui Cicéron avec tant de reſpect & d'amour, eſt le même qui, ſeize mois auparavant l'avoit chaſſé de Rome & de l'Italie & l'avoit déclaré ennemi public, à la voix d'un Clodius. Et ce même peuple qui banniſſoit Cicéron pour avoir fait punir des conjurés, ſavoit bien que par leur ſupplice il avoit ſauvé l'état, il le ſavoit, il avoit applaudi au témoignage public, que Cicéron, en ſortant de charge, s'étoit rendu à ce ſujet.

Ses maiſons de ville & de campagne furent rétablies aux dépens de la république. Clodius arma ſes aſſaſſins & voulut, à force ouverte, empêcher ces reconſtructions; il y eut à ce ſujet pluſieurs combats, où Milon, ce zélé défenſeur de Cicéron, défendu par lui dans la ſuite avec beaucoup d'éloquence, mais ſans ſuccès, s'oppoſa conſtamment à Clodius, ce qui amena enfin ce fatal combat où Clodius périt victime de tant d'atrocités; nous diſons fatal en ce qu'il cauſa l'exil de Milon, & que Cicéron eut la douleur de ne pouvoir ſauver ſon vengeur.

La liaiſon plus intime encore qu'auparavant, entre Cicéron & Pompée, attira encore au premier, des déſagrémens qui lui furent ſenſibles; Pompée abuſant de ſa reconnoiſſance & de ſon amitié, le força de proſtituer ſon éloquence à la défenſe d'un Gabinius, d'un Vatinius, ſes ennemis perſonnels & les objets de ſon mépris, mais qui étoient devenus des protégés de Pompée. O Caton! s'écrioit Cicéron, que vous êtes heureux, vous à qui perſonne n'oſe rien demander de contraire à l'honneur! *O te felicem*

M. Porci, à quo rem improbam nemo petere audet! C'étoit s'accuſer bien naïvement d'une foibleſſe inconnue à Caton.

Mais il ſuivit ſon cœur, lorſque l'an 698 de Rome, il défendit contre un de ſes amis, dans une accuſation de brigue, ce même Plancius qui, pendant ſa diſgrace, l'avoit été chercher à Dyrrachium, pour le mettre en ſûreté à Theſſalonique, ſous ſa protection; c'eſt le cœur de Cicéron qui lui a dicté, ce tendre & ſublime éloge de la reconnoiſſance, le plus bel ornement de ce diſcours.

Il fut, l'an de Rome 702, proconſul de Cilicie, & ſon proconſulat eſt un modèle de juſtice, de douceur, de déſintéreſſement, de bienfaiſance, de fermeté même dans les occaſions qui en demanderent; jamais magiſtrat romain n'a montré plus de vertu, & une vertu plus aimable dans l'exercice de ſa magiſtrature; mais jamais magiſtrat n'a déſiré avec tant d'impatience, la fin de ſon emploi. « Je regrette, diſoit-il, le grand jour de la » capitale, la place publique, la ville, ma maiſon, » la ſociété de mes amis. *Denique hæc non deſidero:* » *lucem, forum, urbem, domum, vos deſidero* ». A peine étoit-il de retour à Rome, que la guerre civile éclata entre Céſar & Pompée.

Les beaux jours de la gloire de Cicéron ſont paſſés, la conjuration de Catilina ſi habilement découverte, ſi éloquemment prouvée, ſi vigoureuſément diſſipée, l'exil de Cicéron, honte paſſagère de Rome, ſon retour triomphant; voilà les vrais momens de ſa grandeur; nous l'allons voir de plus en plus ſemblable au portrait qu'on en fait dans *la mort de Céſar.*

> Cicéron qui d'un traître a puni l'inſolence,
> Ne ſert la liberté que par ſon éloquence,
> Hardi dans le ſénat, foible dans le danger,
> Fait pour haranguer Rome, & non pour la venger.

Nous l'allons voir dans les diſcordes civiles, flottant entre les divers partis, ſervant mal celui qu'il embraſſe, tout prêt à ſe livrer au parti contraire, prévoyant tout, craignant tout, parlant toujours bien, agiſſant toujours foiblement.

Il prit le parti du ſénat & de Pompée, comme le moins mauvais, mais ſans ardeur, ſans véritable affection, avec ce chagrin profond; cette terreur, cet eſprit de critique & d'improbation qui annonce & qui communique le découragement; il étoit déplacé dans un camp: d'ailleurs, malade & mélancolique, blâmant tout & ne remédiant à rien.

Quand il arriva au camp, quelqu'un lui dit qu'il venoit bien tard; comment tard, répondit il, *je ne vois rien de prêt.*

Pompée ayant promis le droit de bourgeoisie romaine à des déserteurs allobroges, qu'il vouloit attacher au parti de la république, cet homme, dit-il, promet aux gaulois une patrie étrangère, & il ne peut nous rendre la nôtre. *Gallis civitatem promittit alienam, nobis nostram non potest reddere.*

Le même Pompée demandant à Cicéron, pour l'embarrasser, où étoit Dolabella, son gendre? (celui-ci avoit pris le parti de César.) *Il est avec votre beau-père*, répondit Cicéron; & c'étoit bien le vrai mot qu'il avoit à répondre, puisque la question de Pompée, dans l'intention de ce général, renfermoit un reproche. Cicéron, en effet, ne disposoit pas plus de Dolabella, son gendre, que Pompée de César, son beau-père.

Pompée blessé de tous ces mots, ou chagrins ou piquans, les rendit tous à Cicéron, par ce seul mot, qui l'accusoit d'insolence & de poltronnerie: Je voudrois qu'il passât dans le parti ennemi, pour apprendre à nous craindre. *Cupio ad hostes Cicero transeat; ut nos timeat.*

Cicéron resta malade ou indisposé, à Dyrrachium, pendant que Pompée perdoit la bataille de Pharsale & alloit trouver la mort sur le rivage de l'Egypte. Après cette défaite, les chefs du parti vaincu se trouvant réunis à Dyrrachium, quelques-uns proposoient de renouveller la guerre, Cicéron se trouvant le seul consulaire & étant encore revêtu du titre & du pouvoir de proconsul, on voulut lui donner le commandement de la flotte & des troupes qui restoient; il déclara que son avis étoit qu'il ne suffisoit pas de mettre bas les armes, qu'il falloit les jetter par terre; *cùm ego*, dit-il lui-même dans l'oraison pour le roi Déjotarus, *post Pharsalicum prælium, suasor fuissem armorum non deponendorum, sed abjiciendorum.*

Le jeune Pompée indigné de ce conseil timide, traita Cicéron de déserteur & de traître, & alloit le percer, si Caton ne l'eût retenu. Cicéron alla tristement à Brindes, attendre le retour & les ordres de César; il les attendit long-tems, & cet état d'humiliation, d'incertitude & de dépendance, fut l'époque la plus fâcheuse de sa vie. A peine arrivoit-il à Brindes, que Marc Antoine, lieutenant de César, y aborda aussi avec les légions victorieuses; il pouvoit d'après ses ordres & ses pouvoirs, tuer Cicéron qui étoit revenu en Italie, sans une permission par écrit, de César; or, César ne souffroit pas qu'aucun de ceux qui avoient porté les armes contre lui, rentrât dans l'Italie; Antoine qui n'étoit ni ami, ni ennemi de Cicéron, ne voulut, ou n'osa pas pour lors souiller ses mains d'un sang si respecté; pour consommer ce crime dans la suite, il eut besoin de toute la haine qui s'éleva entre lui & Cicéron, & de toute la puissance que lui donna

le triumvirat. A Brindes il épargna Cicéron, contre lequel il étoit armé de tout le droit de la guerre, s'il y a un droit de la guerre; dans les démêlés qu'il eut depuis avec cet orateur, il lui fit beaucoup valoir l'indulgence dont il avoit usé envers lui à Brindes: il est vrai, lui dit Cicéron, que je vous ai la même obligation qu'ont les voyageurs aux voleurs de grand chemin, qui veulent bien leur laisser la vie.

Antoine vouloit du moins forcer Cicéron à sortir de l'Italie; mais Cicéron produisit une lettre de Dolabella, écrite par l'ordre de César, & qui lui permettoit d'aller attendre à Brindes, ce qu'il decideroit sur son sort; Antoine publia une ordonnance qui, interdisant l'entrée de l'Italie aux vaincus, contenoit une exception formelle en faveur de Cicéron, qu'il annonçoit par-là publiquement, comme soumis au vainqueur, pendant que tous ses amis ou défendoient encore la république, ou faisoient leur paix sécrettement & sans éclat; c'étoit déshonorer Cicéron, en n'osant ni le tuer ni le chasser.

Tous les chagrins étrangers & domestiques se réunissoient pour l'accabler; sa fortune étoit renversée, sa femme vivoit sans économie; sa fille, Tullie, l'objet de toute sa tendresse, séparée de Dolabella, son mari, n'avoit pas de quoi soutenir son rang. Quintus Cicéron, son frère, qui avoit autrefois servi dans les Gaules, sous César, étoit accusé de l'avoir entraîné dans le parti de Pompée, & César qui en étoit persuadé, vouloit le proscrire; il fallut que Cicéron écrivît pour le justifier, tandis qu'il avoit lui-même besoin de justification auprès de César, & Quintus, dans cette affaire le paya d'ingratitude; car ce fut en chargeant Cicéron, que lui & son fils se justifièrent.

Cicéron attendoit toujours à Brindes, quel seroit son sort, & il s'y consumoit de crainte & de douleur. Il arriva enfin une lettre de César qui le réintégroit dans tous les honneurs du consulat, & lui permettoit de conserver les licteurs & les faisceaux; enfin, César arrivant lui-même, acheva de rendre le calme à son ame, par toutes les graces & toute la franchise qu'il mit dans son accueil.

Quelle différence la foiblesse peut mettre entre deux hommes vertueux? l'intrépide Caton résolu de mourir avec la liberté, ne s'écarte jamais du sentier de la justice, & ne fait rien d'indigne de la noble cause à laquelle il s'est dévoué.

Vir bonus & sapiens audebit dicere, Pentheu,
Rector thebarum, quid me perferre patique
Indignum coges:—Adimam bona? nempe pecus, rem,
Lectos, argentum, tollas licet.— in manicis &
Compedibus sævo te sub custode tenebo.—
Ipse Deus, simul atque volam me solvet.

Cicéron

Cicéron auffi vertueux, auffi ami du bien & qui favoit conferver à la vertu tous fes charmes, flotte fans ceffe entre les divers partis, flatte & careffe la tyrannie puiffante, infulte à la tyrannie abattue, varie & fe dément parce qu'il a peur. Sa maxime étoit que le fage s'accommode au tems. Mais avec cette maxime, fur quelle vertu peut-on compter? Plaignons les foibles au refte, & ne haiffons que les pervers. Cicéron va donc être le flatteur de Céfar, mais il faura le flatter en homme vertueux, il louera en lui des vertus réelles, des vertus utiles au monde, la clémence, la bienfaifance, la générofité, & par fes louanges mêmes il les affermira dans le cœur de l'homme puiffant. Il faut rendre une juftice entière à Cicéron. Il fe renferma long-tems dans ce trifte filence où la vertu condamne l'homme de bien, fous un gouvernement qu'il ne peut approuver. Il n'éleva la voix qu'après que Céfar eut pardonné à Marcellus; ce jour lui parut le premier beau jour qui eût lui fur la république depuis les malheurs des guerres civiles, & il ranima pour le célébrer fa vertueufe éloquence. *Ita mihi pulcher hic dies vifus eft, ut fpeciem aliquam viderer videre quafi revivifcentis reipublicæ.* Ce ne font point des monumens d'adulation & d'efclavage que les harangues pour Marcellus & pour Ligarius. C'eft le pur éloge de la vertu, tel qu'il s'élance d'un cœur qu'elle enflamme & qu'elle pénètre, & qui a befoin de lui rendre hommage par-tout où il la trouve. Cependant ces mêmes harangues ont fervi de prétexte aux ennemis de Cicéron pour infifter fur ce reproche de fluctuation & de mobilité qu'il a mérité d'ailleurs. Nous avons rapporté à l'article *Labérius*, un mot fanglant que dit à Cicéron ce chevalier romain, fur fes variations. Il faut pourtant encore rendre juftice à Cicéron, s'il n'eut pas le courage d'imiter Caton jufqu'au bout, il eut celui d'honorer la mémoire d'un éloge public fous la tyrannie même de Céfar. Céfar y répondit par deux écrits intitulés: *les Anti-Catons*, où Caton eft affez maltraité, mais où Cicéron eft ménagé & comparé à Périclès & à Théramène. Il refta fans crédit auprès du dictateur, éloigné des affaires, pleurant la république qu'il n'avoit pas fu défendre, la pleurant, dit-il lui même, comme une mère pleure fon fils unique. *Patriam eluxi jam & gravius & diutius quam ulla mater unicum filium.* Livré aux lettres qui faifoient fa feule confolation, & fans lefquelles il n'auroit pu vivre: *an poffem vivere nifi in litteris viverem?* Ce fut alors qu'il compofa les livres de la rhétorique & fes ouvrages philofophiques & moraux; ne pouvant plus fervir la patrie dans le fénat & dans la place publique, il voulut au moins la fervir par des ouvrages propres à former les mœurs. *Si minus in curia atque in foro, at in litteris & libris juvare rempublicam.* Il fe comparoit à Denis le tyran, qui chaffé de Syracufe avoit ouvert une école à Co-

rinthe. Il s'étoit retiré à Naples, & comme s'il eût toujours été à Rome & en plein fénat, quand Céfar croyoit avoir befoin de fon nom, il l'employoit pour autorifer fes actes de pouvoir arbitraire qu'il prenoit foin de revêtir d'une forme légale & républicaine. Ainfi Cicéron apprenoit à Naples qu'un fénatusconfulte, formé, difoit-on fur fon avis, le fénat où il n'étoit pas, avoit été porté en Arménie & en Syrie; il recevoit des lettres de rois, dont l'exiftence lui étoit inconnue, & qui le remercioient d'avoir opiné pour les faire reconnoître amis & alliés de l'empire romain. Il en rioit avec fes amis & s'applaudiffoit de fon repos. Toute cette conduite n'étoit pas d'un flatteur de la tyrannie, & ceux qui oferent plus que Cicéron pour la liberté, ne firent que prolonger les maux de la patrie, fans pouvoir la fauver. Son inaction politique ne paroiffant que de la foibleffe aux zélateurs qui vouloient tout tenter, on ne le fit point entrer dans la conjuration contre Céfar, & par là on lui épargna fans doute bien de l'embarras & de l'incertitude: les conjurés penferent en effet comme on les fait parler dans *la mort de Céfar*:

Laiffons à l'orateur qui charme fa patrie,
Le foin de nous louer quand nous l'aurons fervie.

Cicéron lui-même fe connoiffoit & fe rendoit juftice fur ce point. Quintus *Tullius*, fon neveu & fon ennemi, effayoit de le rendre fufpect aux amis de Céfar & confeilloit de prendre des précautions contre lui. » Je craindrois ces difcours, dit Cicéron, mais le roi ou le tyran me connoît, il fait trop bien que je manque de l'efpèce de courage propre à ces fortes d'entreprifes.

Cicéron ne fut donc point complice de l'affaffinat de Céfar, mais il en fut l'approbateur le plus déclaré. Il fut le partifan de Brutus & de Caffius. Ce fut à lui perfonnellement que Brutus adreffa la parole, lorfqu'après le meurtre de Céfar, élevant en l'air fon poignard tout fanglant, il voulut haranguer le fénat; mais les fénateurs effrayés coururent aux portes & s'enfuirent. Brutus & fes amis s'emparèrent du capitole, & Cicéron vouloit que les préteurs y convoquaffent le fénat. Il eft vraifemblable que cette compagnie revenue de fon effroi, fe feroit vengée fur la mémoire de Céfar, de l'aviliffement où il l'avoit tenue & auroit été favorable à fes meurtriers. Les conjurés ayant perdu cet avantage, fe mirent à négocier avec Antoine. Cicéron qui le connoiffoit, les avertit de ne prendre aucune confiance dans les promeffes que la crainte pourroit arracher dans ce moment à cet ambitieux, mais qu'il violeroit auffi-tôt que le danger feroit paffé. Lorfqu'Antoine fe fut rendu maître des affaires & qu'on le vit difpofer de tout au nom de Céfar, en alléguant ou fes ordonnances ou de fimples projets qu'on difoit avoir trouvés dans fes papiers,

Cicéron indigné s'écrioit. ».—O Dieux! le tyran eſt » mort & nous ne ſommes pas libres, & la ty- » rannie vit encore; nos héros, (car il n'appel- » loit jamais autrement les conjurés.) ont tout » fait pour leur gloire & rien pour la patrie ». *O Dii boni! vivit tyrannis, tyrannus occidit! cui ſervire ipſi non potuimus, ejus libellis pare- mus..... Interfecto rege liberi non ſumus: Noſtri heroes quod per ipſos confici potuit gloriſioſſimè & magnificentiſſimè confecerunt..... Illi quoquomodo beati, civitas miſera.* Il appelle les conjurés, des hommes pour le courage, mais des enfans pour le conſeil; *acta illa res eſt animo virili, conſilio puerili.* Il regarde comme une faute inexcuſable qu'on ait laiſſé vivre Antoine en tuant Céſar. Que n'ai-je été invité, dit-il, à ce repas exquis des Ides de Mars! il ne ſeroit rien reſté. *Quàm vellem ad illas pulcherrimas epulas me Idibus martiis invitaſſes! reliquiarum nihil haberemus.* Ici Cicéron ſemble croire que la liberté n'avoit rien à craindre que de Céſar & d'Antoine, il ſe trompoit, l'heure étoit venue où la liberté devoit céder la place au gouvernement monarchique, & ce n'étoit pas Antoine qui devoit porter le dernier coup à la liberté expirante. On a remarqué que le coup d'eſſai du jeune Octave ou Octavien, fut de tromper un homme d'état auſſi conſommé que Cicéron. On ſait que Céſar dont il étoit le neveu, l'avoit nommé ſon héritier & lui avoit donné ſon nom. Il ſe faiſoit nommer en conſéquence *Caïus Julius Cefar Octavianus;* c'étoit annoncer ſes prétentions, mais perſonne ne ſe défioit d'un jeune homme de dix-neuf ans; il flatta Cicéron, & il le ſéduiſit.

Ce grand homme ou plutôt ce grand génie, voyant les ſuccès d'Antoine, & comme il marchoit à pas de géant vers le pouvoir ſuprême, étoit retombé dans toutes ſes perplexités, & s'étoit de nouveau retiré à la campagne; c'étoit ſon aſile ordinaire contre la tyrannie. Il étoit alors dans le voiſinage de Cumes; Octave vint dans le canton chez Martius Philippus, ſa mère avoit épouſé en ſecondes noces, il fit à Cicéron des prévenances & des proteſtations d'attachement & de reſpect auxquelles cet orateur ne fut point inſenſible; Octave ſe fit préſenter à lui par Philippus ſon beau-père. Dans cette entrevue, qui ſe paſſa toute en civilités réciproques, Cicéron remarqua que ceux qui étoient de la ſuite d'Octave, l'appelloient Céſar, mais que ſon beau-père ne lui donnoit pas ce nom, il s'abſtint auſſi de le lui donner, ne croyant pas diſoit-il, qu'aucun bon citoyen pût ſe permettre une autre conduite. *Nobiſcum hic perhonorificè & amicè Octavius: quem quidem ſui Cæſarem ſalutabant, Philippus non: itaque ne nos quidem; quod nego poſſe bonum civem.* Octave, obligé de partir pour Rome, parut fort empreſſé à cultiver par lettres ce commencement de liaiſon, il combloit Cicéron de témoignages d'admiration & de reſpect, il l'appelloit ſon père, il le conjuroit de vouloir bien lui en ſervir, il juroit de ſe conduire en tout par ſes conſeils. Le deſſein & l'eſpoir d'oppoſer Octave à Antoine, aveuglèrent Cicéron au point de lui perſuader qu'un neveu de Céſar, adopté par lui, deſtiné par lui à l'empire, pourroit être amené à prendre la défenſe des meurtriers mêmes de Céſar. Il eſt évident que la politique naturelle d'Octave étoit de perdre les uns par les autres & Brutus & Antoine, & les aſſaſſins de Céſar & ceux qui ſe déclaroient les vengeurs que pour lui ſuccéder au préjudice d'Octave. Celui-ci avoit beſoin de s'appuyer du crédit que Cicéron conſervoit encore dans le ſénat. Tel étoit le motif de ſes déférences, & Cicéron négligé par Céſar & maltraité par Antoine, fut la dupe des premiers égards qu'on voulut bien recommencer à lui témoigner; il ſe livra entièrement à Octave, éclata contre Antoine, & c'eſt alors qu'il fit ces fameuſes Philippiques, où à ſoixante & trois ans il a ſu mettre tout le feu qui l'avoit diſtingué dans ſa jeuneſſe avec la ſolidité, la force de raiſonnement, & la maturité d'éloquence propres à ſon âge. Octave eut la bonne politique d'offrir au ſénat ſes ſervices contre Antoine, Cicéron les fit accepter avec reconnoiſſance. Il ſe confirma dans l'eſpérance qu'Octave ſeroit ami de Brutus & des autres meurtriers de Céſar, par la facilité avec laquelle Octave, pour achever de le gagner, conſentit à ſa ſollicitation, que Caſca, un des conjurés, & qui avoit donné le premier coup à Céſar, prît poſſeſſion de la charge de tribun du peuple. Cicéron n'eut plus alors le moindre doute ſur les diſpoſitions républicaines d'Octave, il ne vit plus en lui que l'ennemi d'Antoine & l'ami de Brutus, il ſe rendit ſon garant & ſa caution envers le ſénat; je promets, dit-il: » j'aſſure, je garantis » que *Céſar*, (car alors il l'appelloit ainſi & ne » croyoit plus que ce fût un crime,) ſera tou- » jours comme il l'eſt aujourd'hui, un excellent » citoyen ». *Promitto; recipio, ſpondeo, P. C. C. Cæſarem talem ſemper fore civem, qualis hodie ſit, qualemque cum maximè eſſe velle & optare debemus.* En conſéquence il demande pour lui le titre de propréteur, le rang de ſénateur, & l'admiſſion aux charges avant l'âge preſcrit par les loix. Tout lui eſt accordé; mais la condeſcendance du ſénat s'arrêta ici. Octave ayant eu quelques ſuccès contre Antoine, Cicéron demanda pour lui l'ovation & ne fut point écouté. L'ambition d'être conſul à vingt ans, vint ſaiſir Octave, & celle de l'être pour la ſeconde fois dans un âge avancé, fut ſuggérée par lui à Cicéron; il fit entendre qu'il ne vouloit du conſulat que le titre & l'honneur, ſingulier à ſon âge, qu'il laiſſeroit l'autorité toute entière à ſon collègue, pourvu que ce collègue fût Cicéron. Celui-ci donna dans le piège & en général il étoit aiſé de le faire tomber dans tous ceux qu'on tendoit à ſon amour, propre. Il étoit inattaquable du côté de la probité, mais il étoit vaincu dès qu'on l'attaquoit du côté de la vanité. Il proposa donc au sénat de donner le consulat à Octave, mais en lui donnant à lui-même sous le titre de collègue, une espèce de gouverneur qui dirigeât ce jeune homme, par les conseils; on comprit quel étoit le vieux gouverneur qu'il vouloit donner au jeune homme, & sa proposition fut rejettée, même avec quelque dérision. Mais la jonction de Lépide avec Antoine, & quelques négociations entamées entre le même Antoine & Octave, qui voyoit que le sénat cherchoit à l'humilier ou du moins qu'il craignoit de l'élever, répandirent de nouveau dans cette compagnie une terreur dont Octave profita pour renouveller la demande du consulat; le sénat persista dans son refus; alors le Centurion Cornélius, chef de la députation envoyée par Octave au sénat, mettant la main sur la garde de son épée, dit aux sénateurs : *si vous ne voulez pas donner le consulat à mon général, voici qui le lui donnera*; alors Cicéron, qui aimoit à tourner en plaisanterie les choses les plus sérieuses, dit au Centurion : » si c'est ainsi que vous demandez le consulat pour votre général, vous l'obtiendrez infailliblement ». Cicéron vit alors qu'il s'étoit trop avancé en répondant du patriotisme d'Octave, il resta religieusement attaché au sénat, tandis qu'Octave, comme autrefois César, s'avançoit à la tête d'une armée pour exiger les honneurs qu'il sollicitoit, & envahir la puissance où il aspiroit; alors le sénat sans défense subit la loi du plus fort; tous allèrent faire leurs soumissions au nouveau tyran, Cicéron y alla comme les autres & fut mal accueilli; » Vous êtes le dernier, lui dit séchement Octave, à venir faire » compliment à vos amis. Cependant sur un faux bruit qui courut dans Rome, & qui fut peut-être semé par Octave lui-même, que plusieurs légions se détachoient de son armée & embrassoient la cause de la liberté, le sénat s'assemble pendant la nuit; Cicéron, pour expier son erreur, animoit tous les sénateurs à la défense de la patrie, on envoya faire des levées de troupes, on s'encourageoit, on s'excitoit réciproquement, lorsque quelqu'un imagina de demander quelle étoit la source, quel étoit le fondement du bruit qui couroit, on ne put en découvrir aucun auteur certain; alors la terreur s'empara plus que jamais des esprits, on se dispersa, Cicéron s'enfuit en litière hors de la ville, Octave fut consul, & qui plus est, il fut le maître à vingt ans. Alors se forma cet abominable triumvirat d'Octave, d'Antoine & de Lépide, qui produisit des proscriptions plus nombreuses & plus cruelles que celles de Marius & de Sylla. La plus grande difficulté qui arrêta les triumvirs pendant trois jours que durèrent les conférences, roula sur le choix des victimes. Comme Antoine & Octave s'étoient fait la guerre avec beaucoup d'animosité, plusieurs des amis de l'un étoient

les ennemis de l'autre, & chacun voulant assouvir sa vengeance trouvoit un obstacle à ce désir dans la protection que l'autre accordoit à ceux qui l'avoient servi. Ils disputèrent pendant trois jours sur ce qui concernoit Cicéron; Octave ne se rendit qu'au troisième jour, Antoine ayant déclaré qu'il ne pouvoit y avoir ni réconciliation ni paix, si on ne lui abandonnoit un homme qui l'avoit si cruellement outragé, & Lépide ayant appuyé cet avis; chacun d'eux fit le sacrifice d'un parent, pour obtenir celui-là. Par un horrible échange, Antoine livra pour la tête de Cicéron, celle de L. César son oncle, & Lépide, celle de Paulus son frère. Cicéron fut proscrit, avec son fils, son frère, son neveu, tous ceux qui avoient avec lui quelque liaison de parenté ou simplement d'amitié. Il étoit sorti de Rome à l'approche des triumvirs, dans le dessein de passer la mer avec son frère & de se retirer en Macédoine, dans le camp de Brutus, mais comme leur départ précipité les laissoit manquer des choses les plus nécessaires, Quintus retourna sur ses pas pour faire de plus amples provisions. Cicéron continua sa route vers Gaëte, où n'ayant point eu de nouvelles de son frère, il s'embarqua. Tantôt les vents contraires, tantôt les fatigues de la mer l'obligèrent de relâcher. C'étoit la seconde fois qu'il s'embarquoit pour fuir la violence d'Antoine, & la seconde fois que les vents le repoussoient. L'année précédente 708 de Rome, il avoit voulu partir pour Athènes, où son fils âgé alors de vingt & un ans, suivoit les leçons du philosophe Cratippe, embarqué à Syracuse, il avoit été jusqu'à deux fois repoussé par les vents sur la côte de l'Italie, près de Rhège; des nouvelles un peu plus consolantes qu'il avoit reçues en cet endroit l'avoient ramené à Rome, & il avoit cru avoir obligation aux vents étésiens qui, disoit-il, comme de bons citoyens, avoient refusé de lui tenir compagnie, lorsqu'il abandonnoit la république. *Iratus temporibus, in Græciam desperatâ libertate, rapiebar : cùm me etesia, quasi boni cives, relinquentem rempublicam prosequi noluerunt.* En 709 il eut moins d'obligation aux vents qui le repoussoient vers l'Italie; l'ennui le prit de fuir & de vivre; il se retira dans une maison de campagne, qu'il avoit aux environs à un mille de la mer. Je veux, dit-il, mourir dans ma patrie que j'ai plus d'une fois sauvée : *moriar in patriâ sæpe servatâ.*

A l'approche du péril, on le tira comme par force de cette maison pour tâcher de le mettre en sûreté; on n'en eut pas le temps, il fut atteint par les assassins qui le cherchoient & qui avoient à leur tête un tribun militaire, nommé Popillius, que Cicéron avoit autrefois défendu dans une cause assez douteuse, & qui avoit brigué la commission de tuer son bien-faiteur, car dans les discordes civiles, soit par fanatisme ou par lâcheté, on se pique affez ordinairement de ces monftrueufes marques de zèle. Cicéron, foible & timide dans tout le cours de fa vie & de fes malheurs, retrouva tout fon courage pour mourir noblement. Ses efclaves vouloient le défendre, il fit arrêter fa litière, leur fit fentir avec l'autorité d'un maître & la douceur d'un père, que fon heure étoit venue, qu'il falloit céder au fort & fouffrir ce qu'il n é oit pas en leur pouvoir d'empêcher ; enfuite regardant fixement les affaffins, il tendit la tête hors de la portière & la tint ferme & immobile; le centurion Hérennius la lui coupa, tandis que fes foldats eux-mêmes touchés & du malheur & de la conftance de cet homme refpectable, baiffoient les yeux & fe voiloient le vifage. Le centurion lui coupa auffi les mains parce qu'elles avoient écrit contre Antoine; il alla porter cette tête & ces deux mains à Antoine qui outragea ces triftes reftes par le plaifir avec lequel il les reçut, par l'attention avide avec laquelle il les confidéra, par les éclats de rire indécens qu'il fe permit à cet afpect, il les fit expofer à la tribune aux harangues, c'eft-à-dire dans le théâtre même de la gloire de cet orateur, & dit que puifqu'il avoit vû la tête de fon ennemi mort, il étoit content, & que la profcription, quant à lui, étoit déformais finie. Si Antoine avoit cru ne fe pas déshonorer affez par la mort d'un tel homme, il mettoit le comble à fon opprobre par cet étalage de fa lâche vengeance. Une réflexion affoiblit cependant aux yeux de Tite-Live l'indigné du traitement fait à Cicéron, c'eft qu'il deftinoit lui-même un traitement pareil à Antoine, fi ce triumvir étoit tombé entre fes mains.

La vengeance de Fulvie fut plus atroce encore que celle d'Antoine; cette femme qui avoit époufé fucceffivement les deux plus cruels ennemis de Cicéron, Clodius & Antoine, dont elle avoit partagé la haine contre cet orateur, étoit exceffivement irritée de quelques traits que Cicéron avoit lancés contre elle. Avant que la tête fût portée à la place publique, elle exerça fur cette tête inanimée toutes les horreurs, toutes les barbaries, tous les outrages dont elle auroit voulu l'accabler vivant; elle vomit contre lui toutes les injures que la colère d'une Furie put inventer, elle lui cracha au vifage, elle lui perça la langue avec fon aiguille de tête.

La poftérité a vengé Cicéron, & Pline a eu raifon de dire que ce n'étoit point Antoine qui avoit profcrit Cicéron, que c'étoit Cicéron qui avoit à jamais profcrit & diffamé Antoine dans la mémoire des hommes. Velléius Paterculus, en rapportant la mort de Cicéron, interrompt fon récit, apoftrophe Antoine, fe livre à toute fon indignation contre lui & le dévoue à la haine éternelle des fiècles. Martial dit qu'Antoine n'a rien à reprocher à Pothin, affaffin de Pompée, & il le trouve plus coupable par le feul meurtre de Cicéron que par le carnage de tous les autres profcrits:

Antont Phario nihil objectare Pothino,
Et levius tabulâ, quâm Cicerone nocens.

Tite-Live dit qu'il faudroit à Cicéron pour panégyrifte un autre Cicéron.

On a épargné à Octave les reproches qu'on auroit pu lui faire fur la mort de cet homme illuftre, car c'eft l'avoir tué que de l'avoir abandonné, & il étoit plus obligé de le défendre qu'Antoine ne l'étoit de le ménager. Dupe ou non, Cicéron l'avoit bien fervi & il lui devoit de la reconnoiffance. On a fu gré à Octave d'avoir difputé pendant deux jours contre Antoine pour le fauver; il lui devoit davantage. On prétend qu'un mot équivoque hazardé par Cicéron dans le temps où il commençoit à fe défabufer fur le compte d'Octave & à s'allarmer de fon ambition, a pu contribuer à fa perte, en étouffant tout fentiment de reconnoiffance dans l'ame d'Octave. Il avoit dit qu'il falloit louer ce jeune homme, le décorer, & il avoit ajouté un troifième terme dont le fens eft équivoque, & qui peut fignifier également *l'élever ou s'en défaire*, laudandum adolefcentem, ornandum, *tollendum*. Octave fe promit bien de prendre fes mefures pour n'être pas élevé de la manière dont l'orateur avoit pu l'entendre; *fe non commiffurum ut tolli poffit.*

Cicéron fut tué le 7 décembre de l'an de Rome 709, avant J. C. 43. Il étoit dans le douzième mois de fa foixante-quatrième année. Plutarque rapporte que bien des années après fa mort & dans un temps où Octave régnoit en paix & avec gloire fous le nom d'Augufte, il entra un jour fubitement dans la chambre d'un de fes petits-fils qui, dans ce moment, avoit entre fes mains un traité de Cicéron. L'idée que fon aïeul avoit abandonné l'auteur à la profcription, fit qu'il cacha fon livre fous fa robe; mais ce mouvement ayant été apperçu par Augufte, il prit le livre & fe mit à en lire une grande partie: mon fils, lui dit-il enfuite, vous choififfez très-bien vos lectures, l'auteur étoit un bien beau génie & il aimoit véritablement la patrie.

Brutus reçut avec toute la rigueur ftoïque la nouvelle de la mort de Cicéron; il déclara qu'il étoit plus humilié pour lui de la caufe qu'affligé du malheur; il entendoit par cette caufe la confiance aveugle & imprudente que Cicéron avoit eue dans Octave & la condefcendance dont il avoit toujours ufé envers la tyrannie, quand il en avoit été bien traité. Cicéron dans un temps où il avoit encore un refte de crédit fur l'efprit d'Octave, avoit fait auprès de lui, en faveur de Brutus, de Caffius & des autres meurtriers de Céfar, une démarche dont il avoit été hautement défavoué par Brutus. Il avoit dit à Octave: il y a une chofe que » l'on demande & que l'on attend de vous, c'eft » que vous confentiez de conferver à la république » des perfonnes qui ont l'eftime des gens de bien

» & de tout le peuple romain ». Brutus rend grace à Cicéron de l'estime & de la bonne volonté qu'il lui témoigne par ce discours, mais il s'indigne de la prière ; il trouve que c'est & s'avilir & avilir ses amis, les vengeurs de Rome, les libérateurs de l'univers, que de demander grace pour eux, au lieu d'inviter Octave à entrer dans leur alliance & à mériter leur amitié. Quoi donc, dit-il, pour que nous soyons conservés à la république, il faut que cet enfant superbe y consente. Eh ! pourquoi donc son consentement seroit-il nécessaire à la conservation même du moindre citoyen ? Qui est-il, pour que notre sort dépende de lui ? Est-il maître ? S'il l'est, ce ne peut-être qu'à titre de tyran, & alors imitateur comme héritier de César, il doit être traité de même. Pour nous, nous aimons mieux périr que d'être conservés par lui ; non, je n'accorderai jamais à l'héritier de celui que j'ai tué ce que je n'ai pu souffrir dans son auteur, & je ne consentirois pas même que mon père, s'il pouvoit revenir au monde, fût plus puissant que les loix & que le sénat.

M. de Voltaire a fait usage de quelques traits de cette lettre de Brutus, dans *la mort de César*, Brutus y dit à César, à-peu-près ce qu'il dit ici d'Octave.

> César, aucun de nous n'apprendra qu'à mourir,
> Nul ne m'en désavoue, & nul en Thessalie,
> N'abaissa son courage à demander la vie.
> Tu nous laissas le jour, mais pour nous avilir
> Et nous le détestons s'il te faut obéir.
> César, qu'à ta colère aucun de nous n'échappe ;
> Commence ici par moi, si tu veux régner, frappe.

Il est certain que Brutus dans cette lettre, paroît bien supérieur à Cicéron par le caractère & que cette humble supplique de Cicéron à César en faveur de ses amis & de ses héros, est étonnante dans un républicain & dans un homme qui, autrefois, auroit cru se déshonorer en donnant à Octave le nom de César.

On ne peut guère séparer dans Cicéron l'orateur de l'homme d'état ; c'est sur-tout l'homme d'état qui étoit éloquent dans Cicéron : les catilinaires, les philippiques, plusieurs de ses plaidoyers, tous ces chefs-d'œuvre d'éloquence avoient pour objet les plus grandes affaires de l'état.

Tous ses écrits politiques, philosophiques, moraux, didactiques, polémiques &c, sont pleins de raison, de lumière, d'éloquence ou d'élégance, de sensibilité, de vertu. Des écrivains très-penseurs l'ont accusé d'être diffus & dissertateur. Si on le compare à Tacite qui a toujours plus de sens que de mots, il est diffus sans doute ; mais il a plus d'harmonie & son style est plus musical, il donne quelque chose à l'oreille, mais il donne beaucoup aussi à la philosophie & il donne tout à la vertu. *Ille*

se multùm profeciffe fciat cui Cicero valdè placebit.

C'est avoir profité, que de savoir s'y plaire.

Cicéron a fait des vers, mais il n'est rien comme poète ; Juvénal, sous ce rapport, ne lui donne que du ridicule, il cite ce vers si orgueilleusement mauvais.

O fortunatam, natam me confule romam !

Nous savons si peu, dit-il, ce que nous devons souhaiter, qu'il auroit bien mieux valu pour Cicéron n'être ainsi qu'un mauvais poète & n'être pas si grand orateur. Antoine eût été moins à craindre pour lui :

Antoni gladios potuit contemnere, si sic
Omnia dixiffet ; ridenda poëmata mala.
Quàm te conspicuæ divina philippica famæ
Volveris à primâ quæ proxima.

M. de Voltaire, dans la préface de *Rome sauvée*, cite, à ce qu'il nous semble, avec un peu trop d'éloge, un tableau d'un combat d'un aigle & d'un serpent qui se trouve dans des vers de Cicéron.

Sic Jovis altisoni subitò pennata satelles
Arboris è trunco serpentis saucia morsu
Subjugat ipsa feris transfigens unguibus anguem
Semianimum & varià graviter cervice micantem ;
Quem se intorquentem lanias rostroque cruentans,
Jam satiata animos, jam diros ulta dolores ;
Abjicit efflantem & moribundum affligit in undâ.

M. de Voltaire a honoré ce tableau, d'une traduction que nous trouvons bien supérieure à l'original.

> Tel on voit cet oiseau qui porte le tonnerre,
> Blessé par un serpent élancé de la terre :
> Il s'envole, il entraîne au séjour azuré,
> L'ennemi tortueux dont il est entouré.
> Le sang tombe des airs, il déchire, il dévore
> Le reptile acharné qui le combat encore ;
> Il le perce, il le tient sous ses ongles vainqueurs,
> Par cent coups redoublés il venge ses douleurs.
> Le monstre en expirant se débat, se replie,
> Il exhale en poison les restes de sa vie ;
> Et l'aigle tout sanglant, fier & victorieux,
> Le rejette en fureur & plane au haut des cieux.

Mais c'est dans Virgile, & dans un livre de l'Enéïde où l'on ne va guères chercher de grandes beautés (le onzième) qu'on trouve ce tableau tracé véritablement de la main d'un grand peintre.

Utque volans altè raptum, cùm fulva draconem
Fert aquila implicuitque pedes atque unguibus hæfit

Saucius at serpens sinuosa volumina versat,
Arreclisque horret squamis & sibilat ore
Arduus insurgens; illa haud minùs urget adunco
Luctantem rostio, simul æthera verberat alis.

Quelles images! quelle énergie, & quel bonheur d'expressions! *Implicuitque pedes atque unguibus hæsit;* vous voyez l'aigle enfoncer tranquillement & fortement ses ongles dans le corps du serpent pour le tenir assujetti, *sinuosa volumina versat, arrectis horret squamis.* Il est impossible de peindre plus énergiquement les efforts inutiles & la colère impuissante du serpent. A ce trait qui termine le tableau, *simul æthera verberat alis,* vous croyez entendre le battement des ailes, & voir leur mouvement. C'est bien véritablement

L'aigle fier & rapide, aux ailes étendues.

Cicéron pouvoit passer pour guerrier comme pour poëte, c'est-à-dire au même titre. S'il avoit fait quelques bons vers, il avoit porté les armes, & même avec quelque sorte de succès, il avoit servi dans la guerre sociale sous Pompeius Strabon; l'an 702 de Rome, proconsul de Cilicie, il arrêta & repoussa les parthes prêts à entrer dans sa province, il attaqua un peuple de brigans qui, descendant du mont Amanus, faisoient des courses dans le plat pays; non content de les réprimer, il leur prit plusieurs places, & pour ces succès, il fut proclamé, par ses soldats, *imperator,* c'est-à-dire général vainqueur. Il demanda même, & obtint, mais contre l'avis de Caton, l'honneur des supplications publiques, c'est-à-dire qu'on ordonnât de rendre de solemnelles actions de graces aux dieux, pour les avantages qu'il avoit remportés, & dans le fond de son cœur il espéroit d'arriver jusqu'aux honneurs du triomphe; car son ambition, tantôt plus éclatante, tantôt plus sourde, selon les objets, ne renonçoit jamais à rien. La vérité est cependant que la nature ne lui avoit donné de véritables dispositions, ni pour la guerre, ni pour la poésie. Il plaisante lui-même d'assez bon goût avec son ami Atticus, sur ses exploits guerriers & sur ce qu'il a occupé un camp d'Alexandre, auprès d'Issus. *Castra habuimus ea ipsa quæ contra Darium habuerat apud Issum Alexander, imperator haud paulò melior, quàm aut tu aut ego.*

Les éditions & les traductions de Cicéron ont été innombrables; la meilleure édition paroît être celle de l'abbé d'Olivet. Quant aux traductions, nous n'en avons point de complettes, Duryer est celui qui a traduit la plus grande partie des œuvres de Cicéron, mais qu'est-ce que des traductions de Duryer? des traités & des ouvrages particuliers ont été bien traduits. On estime beaucoup sur-tout la traduction des lettres à Atticus par l'abbé Mongault; on fait cas aussi de la traduction des offices, & des traités de la vieillesse & de l'amitié, & des lettres de Cicéron à ses amis, *epistolæ ad*

familiares, nommées vulgairement & par corruption ses *épîtres familières,* par M. Dubois; des lettres à Brutus, par l'abbé Prévôt; de la traduction des oraisons par M. de Villefort; de celle des Tusculanes, du traité de la nature des Dieux & des Catilinaires par l'abbé d'Olivet; du traité des vrais biens & des vrais maux, & du traité de la divination par l'abbé Regnier Desmarais; du traité des loix par M. Morabin, on a aussi de ce dernier traducteur une vie de Cicéron; on en a une autre traduite de l'Anglois de Midleton par l'abbé Prévôt. On a entrepris depuis un certain nombre d'années une traduction complette des œuvres de Cicéron; trois différens traducteurs y ont déjà travaillé, nous ignorons où l'on en est actuellement de cette entreprise; comme elle est immense, peut-être auroit-on dû commencer, par nous faire jouir des morceaux qui n'ont pas encore été traduits ou qui l'ont été mal.

Quant au parallèle qu'on ne manque jamais de faire de l'éloquence de Cicéron & de celle de Démosthène, voyez l'article *Démosthène.* Nous dirons seulement ici qu'on a remarqué ingénieusement & avec assez de justesse que Démosthène, dont le style est véhément & le goût pur jusqu'à l'austérité, auroit encore mieux réussi auprès des romains naturellement sérieux & séveres, & que Cicéron qui égayoit & ornoit son éloquence, qui répandoit des fleurs & qui se permettoit des plaisanteries, auroit été encore plus du goût des Athéniens, peuple léger & porté au rire.

Le parallèle de Cicéron & de Caton dans M. de Montesquieu n'est pas à l'avantage du premier. » L'accessoire chez Cicéron, dit-il, c'étoit la vertu; » chez Caton c'étoit la gloire. Cicéron se voyoit » toujours le premier, Caton s'oublioit toujours. » Celui-ci vouloit sauver la république par elle-» même, celui-là pour s'en vanter. Quand Caton » prévoyoit, Cicéron craignoit : là où Caton es-» péroit, Cicéron se confioit. Le premier voyoit » toujours les choses de sang froid, l'autre au » travers de cent petites passions. »

Quintus *Tullius* Cicéron, frère de l'orateur, fut préteur l'an de Rome 691; il eut ensuite le département de l'Asie, & nous avons la lettre pleine de tendresse & de raison que Cicéron lui écrivit sur ses fonctions & sur ses devoirs, ouvrage où les plus importantes leçons sont déguisées sous la forme de l'éloge. Quintus fut ensuite lieutenant de César dans les Gaules; mais dans la guerre civile il prit, comme nous l'avons dit, le parti de Pompée & de la république, & pendant que Cicéron l'excusoit auprès de César, nous avons vû que Quintus son fils, usant d'ingratitude envers ce même Cicéron, cherchoient à le rendre suspect à César & vouloient rentrer en grace à ses dépens. Il paroît que ce défaut de naturel & de reconnoissance doit plutôt être attribué au fils qu'au pere ; ce fils en effet donna beau- coup de mécontentement & de chagrin à fa fa- mille; mais il imita fon oncle en un point, c'eft que fon dernier moment fut le plus beau de fa vie : profcrit avec fon pere & fon oncle, il tomba le premier entre les mains des bourreaux, ayant été trahi par fes efclaves ; il avoit caché avec foin fon pere, on lui fit fouffrir les plus affreux tourmens pour lui arracher fon fecret ; on ne put le vaincre; mais Quintus ne put fouffrir que fon fils fût fi cruellement traité à caufe de lui, il fortit de fa retraite & vint de lui-même s'offrir aux affaffins, demandant feulement à mourir le premier ; ils furent tous deux égorgés en même temps.

Le fils de Cicéron (*Marcus Tullius*) échappa feul à la profcription. Il étoit en Macédoine au- près de Brutus où fon pere & fon oncle avoient voulu fe rendre. Il étoit à la bataille de Phi- ippes, & il s'y comporta en homme qui avoit fon pere & fa famille à venger ; après la perte de la bataille, il fe retira fur la flotte qui recueillit les débris de l'armée républicaine fous le comman- dement des amiraux Murcus & Domitius Œno- barbus; Murcus en mena une partie en Sicile à Sextus Pompée, & Cicéron fut de ce détache- ment. Les traités de pacification le ramenèrent à Rome, où Octave, devenu le maître, parut vou- loir expier à l'égard du fils la funefte condefcen- dance qu'il avoit eue à l'égard du pere. Marcus Cicéron fut fait augure, il fut même dans la fuite élevé au confulat, il exerça cette magiftra- ture depuis le 13 feptembre de l'an de Rome 712 jufqu'au premier novembre de la même année. Etant à ce titre préfident du fénat, il vengea fon pere fur la mémoire d'Antoine qu'il fit flétrir par un décret folemnel de cette compagnie. Les ftatues du Triumvir furent renverfées, le jour de fa naiffance fut mis au rang des jours malheureux, le prénom de Marcus fut interdit à toute la fa- mille Antonia.

Il paroît que Marcus Cicéron n'eut rien des talens de fon pere, malgré l'éloge que Brutus en avoit fait autrefois à ce pere illuftre & qui eft le feul titre qu'on puiffe citer en faveur du fils. *Ci- cero tuus*, mandoit-il au grand Cicéron, *fic mihi fe probat induftriâ, patientiâ, labore, animi ma- gnitudine, omni denique officio ut prorfus nun- quam dimittere videatur cogitationem, cujus fit filius..... tibi perfuadeas, non fore illi abutendum gloriâ tuâ, ut adipifcatur honores paternos.* Ce n'étoient là fans doute que de ces complimens qu'on croit devoir faire à un pere, en lui par- lant de fon fils ; cependant, c'étoit Brutus qui parloit. Si le fils de Cicéron avoit montré dans fa jeuneffe quelques heureufes difpofitions, elles n'a- boutirent à rien ; fa vie fut obfcure & crapuleufe, il fut de bonne heure abruti par le vin, auquel il étoit trop adonné.

TUNDES, (*Hift. mod. fuperft.*) les Japonois défignent fous ce nom des prêtres revêtus d'une dignité eccléfiaftique de la religion de Budsdo, qui répond à celle de nos évêques. Ils tiennent leurs pouvoirs & leur confécration du fouverain pontife de leur religion appellé *fiaka* ; c'eft l'empereur féculier du Japon qui nomme les *tundes*, le *fiaka* confirme fon choix, & leur accorde le droit de difpenfer dans les cas ordinaires, & d'ap- pliquer aux vivans & aux morts les mérites des dieux & des faints.

Les *tundes* ne communiquent point fans reftric- tions, un pouvoir fi étendu aux prêtres ordinaires. Ils ont communément la direction de quelque riche monaftère de bonzes, qui leur fourniffent les moyens de foutenir avec fplendeur la dignité de leur état. (*A. R.*)

TURBAN, (*Hift. mod.*) c'eft la coëffure de la plupart des orientaux & des nations mahomé- tanes. Il confifte en deux parties, favoir le bonnet & le bourlet ou la bande qui eft de linge fin ou de coton, ou de taffetas artiftement plié & en- tortillé autour de la partie inférieure du bonnet.

Ce mot vient de l'arabe *dar* ou *dur, dal* ou *dul*, qui fignifie entourer, & de *bond* ou *bend*, qui veut dire *bande, bourlet*, ou écharpe ; de forte que *durband* ou *turband* ou *tulbend*, ne fignifie autre chofe qu'une *écharpe*, ou *bande liée en rond*, & c'eft ce bourlet qui donne la dénomination à tout le *turban*.

Le bonnet eft rouge ou verd, fans bord, tout uni, & plat par-deffus, mais arrondi par les côtés, & piqué ou fourré de coton, mais il ne couvre point les oreilles, une longue piece de linge ou de coton très-fin l'enveloppe depuis le milieu de fa hauteur jufqu'à fa naiffance fur le front, & forme une infinité de plis fur le bourlet.

Il y a beaucoup d'art à donner bon air au *turban*, & parmi les orientaux c'eft un commerce ou une profeffion particulière, comme eft parmi nous la fabrique des chapeaux, ou plutôt le métier des coëffeufes.

Les émirs qui fe prétendent de la race de Ma- homet, portent leurs *turbans* tout-à-fait verds, & eux feuls parmi les turcs ont le privilège de l'avoir entièrement de cette couleur, qui eft celle du prophète. Ceux des autres turcs font ordinai- rement rouges avec un bourlet blanc. Les gens de qualité, & ceux qui aiment la propreté font ob- ligés de changer fouvent de *turban*.

M. de Tournefort remarque que le *turban* eft à tous égards une coëffure très commode, elle eft même plus avantageufe à la guerre que nos cha- peaux, parce qu'elle tombe moins facilement & peut plus aifément parer un coup de tranchant.

Le *turban* du grand-seigneur est aussi gros qu'un boisseau, & les Turcs l'ont en si grande vénération qu'à peine osent-ils y toucher. Il est orné de trois aigrettes, enrichi de diamans & de pierres précieuses. Il y a un officier appellé *tulbent-oglan*, chargé expressément de le garder & d'en avoir soin. Le *turban* du grand vizir n'a que deux aigrettes, aussi bien que ceux de plusieurs officiers qui les portent plus petits les uns que les autres. Quelques-uns ne portent qu'une aigrette, d'autres n'en ont point du tout.

Le *turban* des officiers du divan est d'une forme particulière, & on l'appelle *mugenezek*. Nous avons observé que le bourlet du *turban* des Turcs est de toile blanche, celui des Persans est de laine rouge & de taffetas blanc rayé de rouge, & ce sont-là les marques distinctives de la religion différente entre ces deux peuples.

Sophi roi de Perse, qui étoit de la secte d'Ali, fut le premier qui adopta cette couleur, pour se distinguer des turcs qui sont de la secte d'Omar, & que les Persans regardent comme des hérétiques. (*A. R.*)

TURBE, (*Hist. mod.* c'est ainsi que les Turcs nomment une espèce de tour ou de colonne qu'ils élèvent sur les tombeaux. On les laisse communément ouverts par le haut; cette ouverture sert à recevoir la pluie qui arrose les fleurs & les plantes odoriférantes dont ces tombeaux sont ornés, & l'on y met une grille de fer ou de cuivre pour empêcher les oiseaux d'y faire leurs nids ou de s'y loger. *Voyez* Cantemir, *Hist. ottomane.* (*A. R.*)

TURGOT (*Hist. de Fr.*), famille distinguée, qui a produit des gens de mérite & d'excellens citoyens. MM. Turgot sont originaires de Bretagne, d'où ils se sont établis depuis en Normandie. Leur nom paroît dès l'an 1272, dans un rôle des gentilshommes de cette dernière province qui devoient service au roi. On le retrouve dans plusieurs monumens du même âge. Vers le milieu du quatorzième-siècle, commence une filiation, prouvée par titres, depuis cette époque jusqu'à présent. La branche principale a pris anciennement & conserve encore le nom des Touailles, terre qu'elle acquit en 1445, par un mariage avec l'héritière de cette maison. Jacques Turgot de Saint-Clair, trisayeul du ministre, dernier mort, est le premier qui ait fixé son séjour à Paris. Après avoir, à l'exemple de ses ancêtres, suivi le parti des armes, il entra dans la robe, remplit plusieurs intendances, & est mort conseiller d'état. C'est lui que M. Huet mit au rang des hommes illustres de la ville de Caën; il fut ami de Bochart, qui lui a dédié son *Phaleg.*

Les deux hommes les plus célèbres de cette famille, sont le prévôt des marchands & son fils, le ministre des finances.

1°. Michel-Etienne Turgot, marquis de Sousmons (c'est le prévôt des marchands), naquit à Paris le 9 juin 1690, de Jacques-Etienne Turgot, maître des requêtes, & de Marie-Claude le Peletier, fille de M. le Peletier de Souzy. Il comptoit avec complaisance, parmi ses ayeux maternels, le savant Pierre Pithou; M. le Peletier de Souzy, son ayeul maternel, prit soin de son éducation; & dès son enfance, M. Turgot voyoit & entendoit chez lui Despréaux, Massieu, Tourreil, M. Mde. Dacier.

En 1711, il fut reçu conseiller au parlement, & six ans après, président.

En 1729, il fut nommé prévôt des marchands à la place de M. Lambert. C'est dans cette place qu'on le vit, selon l'expression de M. de Bougainville, déployer le goût de Périclès & l'ame de Publicola.

« Tous nos livres économiques », dit ce panégyriste, « s'élèvent d'une voix unanime contre » l'énorme ascendant que la capitale usurpe de » jour en jour sur les provinces. Nous gémissons » de voir ce gouffre destructeur attirer sans cesse, » & absorber sans retour tous les talens, tous » les arts, toutes les richesses, tous les hommes » de la nation, & tromper les yeux par le fan- » tôme d'une opulence & d'une population dont il » tarit insensiblement les sources. Le chef-d'œuvre » d'un ministère éclairé sera peut-être de retenir » ailleurs, & d'occuper cette multitude immense, » inutile, souvent dangereuse; mais le devoir » d'un prévôt des marchands est de la nourrir, » & de la nourrir au plus bas prix possible ».

La récolte des bleds fut très-foible dans les dernières années de la prévôté de M. Turgot. Depuis 1738, jusqu'au moment où il sortit de place, les ports de la ville ont fourni presque seuls à la subsistance de Paris. Dans ces temps malheureux, M. Turgot rassembloit toutes les forces de son génie, & le succès a toujours couronné ses efforts. Tel fut l'effet de ses mesures, qu'il attira dans la capitale, & qu'il y soutint, en 1740, l'affluence des bleds, au point de faire juger superflus, par le peuple même, les secours extraordinaires que sa prévoyance avoit préparés; il vouloit que les murmures fussent non-seulement injustes, mais impossibles.

Parmi les autres objets de consommation, il en est un qui devient de jour en jour plus important & plus digne de l'attention des magistrats & du ministère; c'est celui du bois. M. Turgot voyant d'un œil inquiet notre luxe toujours croissant, épuiser d'une manière déjà sensible par une consommation effrénée les forêts immenses du Morvan & du Nivernois, avoit formé, en 1739, le projet d'ouvrir aux bords de la Lorraine une route jusqu'à Paris, en établissant une communication

entre

entre la Meuse & l'Oife, par la rivière d'Aine, que quelques canaux euffent jointe à la Meuse. Ce projet, en mettant en valeur plufieurs de nos provinces, eût à jamais raffuré Paris contre la difette des bois, & il feroit temps de l'exécuter.

Lorfque M. Turgot eut rétabli l'ordre dans toutes les parties de l'adminiftration de la ville, il déploya, comme Périclès, pour l'avantage & l'ornement de la capitale, toutes les richeffes des arts.

Ce canal conftruit pour l'écoulement des eaux & des immondices qu'elles entraînent, ouvrage digne des Romains; ce quai dont la hardieffe étonne les connoiffeurs, & pendant la conftruction duquel on voyoit M. Turgot fans ceffe à la tête des travailleurs, les animer & les diriger; la fontaine de Grenelle, monument qu'on eût admiré dans Athènes, voilà ce qu'il a exécuté. Prolonger le quai de l'Horloge jufqu'à la pointe de l'Ifle Notre-Dame; rapprocher l'Ifle Saint-l ouis du centre de la ville, en bâtiffant un pont de pierre à la place du pont rouge; conftruire au-deffus de la porte Saint-Bernard une machine qui auroit élevé l'eau jufqu'au fommet de la montagne Sainte-Geneviève, d'où elle eût été conduite dans tous les quartiers de Paris; découvrir le portail de Saint-Gervais, achever le Louvre; voilà ce qu'il avoit projetté.

On fe fouvient encore de la magnificence, du goût, de l'ordre qui régnoient dans les fêtes publiques fous fa prévôté. Il feroit célèbre même à ce feul titre; & au milieu de toutes ces dépenfes, les revenus de la ville étoient prefque doublés en 1740. Le fait, dit M. de Bougainville, n'eft pas vraifemblable, mais il eft vrai. Parmi les fléaux qui peuvent ravager Paris, l'incendie eft un des plus redoutables & des plus communs. M. Turgot n'a rien oublié pour le prévenir: de-là ces pompes diftribuées dans tous les quartiers; ces regards placés de diftance en diftance, pour ouvrir les grands tuyaux des fontaines, & porter en un inftant dans le lieu de l'incendie cette maffe d'eau que la pompe du pont Notre-Dame élève inceffamment de la rivière, & que tant de ruiffeaux fouterrains font circuler dans Paris. Au premier bruit d'un embrâfement il y voloit, il expofoit fa vie pour fauver fes concitoyens. L'embrâfement de l'Hôtel-Dieu & celui de la Chambre des Comptes, arrivés coup fur coup en 1737, développèrent la fenfibilité de fon ame & l'activité de fon courage. A celui de l'Hôtel-Dieu, un peuple d'infortunés attendoient dans leurs lits une mort cruelle & inévitable. M. Turgot apprend leurs périls, & vient les partager ou les en garantir; il les fait tranfporter fous fes yeux dans l'Eglife de Notre-Dame; en moins de fix heures les malades eurent le bouillon, la nourriture, les médicamens & les fecours ordinaires. Qu'on oppofe, dit M. de Bougainville, qu'on oppofe à ce fpectacle

Hiftoire, Tome V.

attendriffant l'image d'un champ de bataille, & qu'on nous dife de quel côté eft la véritable gloire.

Dès ce moment, M. Turgot conçut le projet, bien aggrandi depuis, de tranfporter l'Hôtel-Dieu dans l'Ifle des Cygnes.

Peu de magiftrats ont été auffi chéris que M. Turgot. Sa préfence infpiroit au peuple le refpect & la joie, maintenoit la police, arrêtoit le tumulte; l'autorité de fa vertu le difpenfoit de recourir à l'autorité de fa place, il rempliffoit entièrement l'idée du *virum quem* de Virgile. Au mois de janvier 1736, il y eut au port-Saint-Nicolas un démêlé fanglant entre les deux régimens des gardes au fujet de la décharge d'un batteau. Les François vinrent attaquer les Suiffes, & la querelle s'échauffoit; M. Turgot, qui favoit toujours fe trouver par-tout où il pouvoit faire du bien & empêcher du mal, M. Turgot parut & rétablit le calme. Mais quelques heures après, les Suiffes s'étant rangés en bataille dans la place du Carroufel, marchèrent le fabre à la main vers le port. Dans ce moment, quatre compagnies des gardes Françoifes, revenant de Verfailles, & paffant fur le pont-neuf mettent la bayonnette au bout du fufil, & s'avancent contre les Suiffes. M. Turgot, que fa prévoyance ramenoit alors vers le port Saint-Nicolas, fe précipite au fort de la mêlée, faifit le bras d'un foldat furieux dans l'inftant qu'il le levoit pour frapper; il crie qu'on mette bas les armes, & il eft obéi. Peut-être, dit M. de Bougainville, rifquoit-il moins qu'on ne penfe. Un magiftrat eft armé par le refpect qu'imprime fa dignité; mais cette confiance, dans une pareille occafion, fuppofe toujours bien du courage.

M. Turgot avoit été fait confeiller d'état dès l'année 1737. En 1741, il fut fait premier préfident du grand-confeil. Sa prévôté avoit duré onze ans. Il étoit depuis long-temps fujet à de fréquens accès de goutte, maladie funefte à toute cette famille, qu'elle a moiffonnée prefque toute entière avant le temps: elle emporfonna le refte de fa vie; il fe vit condamné à des infirmités douloureufes & perpétuelles. Une humeur d'abord vague, mais qui, en 1742, s'étoit fixée fur fes yeux, & lui caufoit des maux de tête violents, avoit paru fe diffiper au bout de fix mois. Il retomba, au mois de janvier 1745, dans un état continuel de douleur & d'accablement, où il paffa fix ans entiers, n'ayant obtenu la mort que le premier février 1751.

Il avoit été reçu, en 1743, honoraire de l'académie *des Infcriptions & Belles-lettres.*

Le dix-huitième fiècle a vu peu d'hommes auffi vertueux que M. Turgot. Son fils le fut autant & avec plus de lumières encore, s'il eft poffible, furtout avec des connoiffances plus variées & plus étendues dans tous les genres.

2°. Ce fils (Anne-Robert-Jacques Turgot, mar-

Ff f

quis de l'Aulne), avoit reçu de la nature, comme
son père & comme un frère aîné, préfident à mortier au parlement de Paris, un avantage qu'el'e ne
prodigue pas, celui d'une phifionomie qui infpiroit
d'abord le refpect & la confiance, & qui frappoit
par ce double caractère de beauté que donnoit d'une
part l'agrément & la régularité des traits; de l'autre,
l'expreffion aimable & fenfible de la vertu. Il pouvoit avoir pour devife, *pulchrior intùs*, ou bien,

Gratior & pulchro veniens in corpore virtus.

Il étoit né à Paris le 10 mai 1727. Deftiné par
fes parens à l'état eccléfiaftique, il ne prit de cet
état que le recueillement & l'étude qui femblent
devoir en être l'appanage : il ne borna point fon
amour pour l'étude aux fciences regardées comme
propres à l'églife ; perfonne ne faifit plus prompt-
ment & plus utilement que lui la chaîne qui lie
toutes les connoiffances humaines, & ne pouffa
plus loin l'ambition de favoir. L'énumération de tout
ce qu'il appit & de tout ce qu'il voulut apprendre,
n'auroit point de bornes, il fuffit de dire, qu'inité
aux plus fecrets & aux plus profonds myftères de
toutes les fciences, il n'y en eut qu'une feule fur
laquelle il fut obligé de fe contenter des notions
générales, & que ce fut dans fa fenfibilité qu'il
trouva un obftacle invincible à des progrès ulté-
rieurs ; cette fcience, c'eft l'anatomie.

Le célèbre Rouelle lui apprit la chymie, & n'a
pas fait de meilleur écolier, ou plutôt cet écolier
fut un grand maître. Aftronome & obfervateur, il
découvrit une comète dans la conftellation d'Orion,
en janvier 1760 ; il en avertit M. l'abbé de la Caille,
qui l'obferva le 8 & le 16 du même mois.

Que n'a-t-il pas fait & que n'avoit-il pas projetté dans tous les genres ? Le fecrétaire de l'académie des Infcriptions & Belles-lettres, dans fon
éloge, donne une lifte des principaux ouvrages
qu'il a ou compofés entièrement, ou ébauchés,
ou fimplement commencés, mais dont on a ou des
fragmens, ou de fimples plans : ces plans & ces
fragmens donnent l'idée des connoiffances les plus
vaftes & les plus fûres ; on conçoit à peine qu'ils
foient le fruit des loifirs d'un homme occupé d'objets plus importans, & qui n'a pu être favant &
homme de lettres, que par intervalles, & pour
ainfi dire par délaffement.

Ses connoiffances littéraires étoient auffi variées
& auffi étendues que fes notions dans les fciences.
Grand métaphyficien, il a fourni à l'Encyclopédie
l'article: *Exiftence*; grammairien & philologue, il y
a fourni l'article *Etymologie*; phyficien, l'article
Expanfibilité; jurifconfulte & politique, les articles *Foire* & *Fondation*.

Il avoit traduit de l'hébreu la plus grande partie
du Cantique des Cantiques : du grec, le commencement de l'Iliade : du latin, une multitude de

fragmens de Cicéron, de Céfar, d'Ovide, de
Sénèque, les fept premiers chapitres des Annales de
Tacite, plufieurs Odes d'Horace en vers françois;
une partie du premier livre des Georgiques avec le
commencement du quatrième, & les Eglogues de
de Virgile, le tout en vers françois métriques,
c'eft-à-dire, en grands vers non rimés, dont les
pieds font formés de fyllabes longues & brèves,
comme dans la poéfie des Grecs & de Romains,
tentative faite plufieurs fois en françois, & à laquelle il faut renoncer peut-être, puifque M. Turgot n'a pu y réuffir, & que M. de Voltaire ne l'a
point approuvée.

M. Turgot, outre les langues favantes que nous
venons de nommer, favoit l'anglois, l'italien,
l'allemand, l'efpagnol. C'eft à lui que nous devons
la connoiffance des poéfies Erfes ; c'eft lui qui a
traduit, d'après M. Macpherfon, les premiers poëmes
d'Offian que nous ayons connus ; il les a publiés dans
le journal étranger avec des réflexions pleines de
fens, de goût & de favoir fur la poéfie des peuples
fauvages. Il a traduit encore plufieurs morceaux
d'Addiffon dans le Spectateur, un volume prefque
entier de l'hiftoire des Stuarts, de David Hume,
diverfes Differtations politiques du même auteur,
les Confidérations de Jofias Tucka, fur les guerres
entreprifes pour favorifer, étendre, ou affurer le
commerce, quelques morceaux de Johnfon, quelques-uns de Shakefpear, la prière univerfelle de
Pope, & le commencement de l'effai fur l'homme.

Il a auffi traduit la plus grande partie du premier
chant de la Meffiade de Klopftock, des morceaux
choifis de la mort d'Abel de Geffner, le premier
livre entier de fes idylles, imprimé avec les autres pièces du même auteur, traduit par M. Huber,
& publiées avec une préface générale, qui eft de
M. Turgot.

Il réfuta le fyftème du docteur Berkeley, évêque
de Cloyne, fur l'exiftence des corps; celui de M. de
Maupertuis fur les langues, dont ce favant prétendoit foumettre la formation à des procédés géométriques.

Un Traité de géographie politique, & une fuite
de difcours fur l'hiftoire univerfelle, devoient
par leur union fe prêter un fecours mutuel ; il n'en
refte que le plan & quelques fragmens.

Ayant perdu fon père en 1751, il quitta l'habit
eccléfiaftique ; fut, en 1752, fubftitut de M. le
procureur général, & la même année confeiller au
parlement, & peu de temps après, maître des
requêtes. Alors les objets de jurifprudence & d'adminiftration, d'économie-politique, furent ceux qui
l'occupèrent, finon tout entier, du moins principalement. Il étudia la doctrine de Quefnay, & la
plus tendre amitié l'unit avec M. de Gournay. En
1755 & 1756, il accompagna ce dernier dans les
tournées qu'il faifoit, en qualité d'intendant du

commerce dans plufieurs provinces du royaume. Ses regrets ont honoré la cendre de cet ami, qui, comme lui, aimoit le bien public, & comme lui favoit le faire. Pour fe confoler de fa perte, en pratiquant fes leçons, en fuivant fes exemples, il voyagea dans la Suiffe, dans le pays de Vaud, dans l'Alface, obfervant en naturalifte & plus encore en homme d'état, fit des notes & des mémoires fur l'agriculture, les productions, le commerce & les fabriques des lieux qu'il avoit parcourus. Nommé à l'intendance de Limoges, en 1761, c'eft ici que commence fa gloire, nous n'avons vû jufques-là que fes amufemens. Il fut aimé, quoiqu'intendant, & cet éloge pourroit fuffire, mais il fut aimé, parce qu'il fut tout ce que devoit être un intendant. Son nom fera béni à jamais dans cette province qu'il a entièrement révivifiée, qu'il a délivrée du fardeau des impofitions arbitraires, du fardeau de la corvée, autre impofition arbitraire, enfin qu'il a enrichie & traverfée de plus de cent cinquante lieues d'excellentes routes dans le pays le plus montagneux, avec la dépenfe la plus modique & la plus également fupportée.

On s'attache à fes bienfaits, on aime ceux à qui on a fait du bien, parce qu'on fe fent aimé d'eux. M. *Turgot* refufa les intendances de Rouen, de Lyon & de Bordeaux, pour continuer de rendre heureux les Limofins, ou de les foulager dans les maux & les befoins dont i's furent la proie pendant quelques années malheureufes. Des travaux de charité, la culture des pommes de terre, des fecours abondans fournis par lui-même fur fa fortune, quand le gouvernement n'étoit pas en état ou dans la difpofition d'en fournir, pourvûrent à tout.

Souvent confulté par les miniftres, qui n'étoient ni affez vertueux pour fuivre en tout fes avis, ni affez dépourvus de fens pour négliger de les prendre, ces mêmes avis étoient toujours des traités approfondis de chaque matière ; delà tant d'excellens mémoires fur tant d'objets divers, fur l'adminiftration des mines & des carrières, fur les forges & l'impôt de la marque du fer, fur l'intérêt de l'argent, fur la grande & petite culture, fur le labour des bœufs ou des chevaux, fur la formation & la diftribution des richeffes.

» Tous les fujets de prix propofés par la fo-
» ciété d'agriculture de Limoges fous la préfidence
» de M. *Turgot*, tendoient à éclairer ou les opé-
» rations du gouvernement ou celles du peuple. Il
» s'agiffoit ou d'affigner les effets des impôts in-
» directs fur les revenus des biens-fonds, ou d'in-
» diquer la meilleure manière d'eftimer le revenu
» de ces biens, ou celle de fabriquer les eaux
» de vie, ou de donner les moyens les plus efficaces
» de détruire le charançon & les autres infectes
» nuifibles ».

La confervation & l'engrais des beftiaux furent le principal objet de fes foins & de fes inftructions;

il introduifit dans les plaines, l'ufage des prairies artificielles en trefle, en luzerne, en fain-foin.

M. *Turgot* fut nommé fecrétaire d'état de la marine, le 20 juillet 1774, & contrôleur général, le 24 août fuivant ; il remplaçoit dans ce dernier emploi M. l'abbé Terray, comme il fut remplacé lui-même par M. de Clugny. Alors M. *Turgot* fit pour le royaume entier ce qu'il avoit fait pour la généralité de Limoges, chaque jour fut marqué par quelque nouveau bienfait du roi envers fes fujets, & le roi dans tous fes édits prenoit le ton aimable & tendre d'un bon père, qui aime à expofer à fes enfans ce qu'il a cru devoir faire pour leur bonheur. Le pauvre étoit foulagé, le peuple efpéroit tout, le courtifan craignoit tout.

Un des fyftêmes les plus chers à M. *Turgot*, étoit celui de la liberté indéfinie du commerce, contre lequel la dernière cherté, provoquée par une exportation imprudente & exceffive, femble avoir dépofé hautement. Il faut que ce problême de la liberté, ou indéfinie ou furveillée & modifié felon les circonftances, foit d'une difficulté infoluble, puifque depuis tant de fiècles & chez toutes les nations, le plus grand intérêt poffible, celui de la fubfiftance, n'a pas pu nous éclairer affez pour nous fixer à un parti conftant, & que nous avons toujours varié au gré des événemens, allant & revenant fans ceffe de la prohibition à la liberté & de la liberté à la prohibition.

Ajoutons que deux adminiftrateurs, tels que M. *Turgot* & M. Necker ont été divifés fur cette queftion, & ont cru l'un & l'autre avoir pour eux l'évidence.

On ne doutoit point que M. *Turgot* ne s'empreffât de faire triompher fon fyftême favori. Ici M. *Turgot* nous paroît mériter un éloge de modération & de retenue, qui ne lui a point été affez donné. Quoique pleinement perfuadé, quoiqu'aucun doute n'entrât dans fon ame, il s'arrêta, il attendit, il n'établit la liberté que dans l'intérieur du royaume, l'exportation refta interdite pendant tout fon miniftère.

Ce n'étoit point par foibleffe qu'il en ufoit ainfi, jamais miniftre ne déploya un caractère plus ferme, c'étoit le *juftum & tenacem propofiti virum*, il alloit toujours directement au bien fans être rebuté par les obftacles, il faifoit l'honneur aux hommes de croire que ce qui étoit bon, ne pouvoit jamais être, du moins efficacement combattu ; il comptoit fur fa confcience, fur la droiture de fes intentions, fur fes fervices, il comptoit fur le roi & ne craignoit rien ; il fut défabufé, il apprit à fes dépens & aux nôtres, qu'un vieux courtifan a plus de talens pour perdre un miniftre utile, qu'un homme d'état pour fe maintenir en place.

Il faut rendre juftice à la cour, elle n'affecta

point une douleur hypocrite ou une fausse retenue, elle laissa éclater en liberté sa criminelle joie, tandis que la patrie étoit en deuil.

M. *Turgot* rentra dans la condition privée, & ses talens & ses vertus ne furent plus utiles qu'à lui, les lettres qu'il n'avoit jamais abandonnées furent sa ressource & sa consolation, elles suffirent à son bonheur, il continua de s'exercer & de s'amuser dans tous les genres, & on a trouvé dans ses papiers les brouillons, corrigés de sa main, des pièces de vers, que l'opinion publique avoit attribuées à M. de Voltaire.

Quelques-unes de ces pièces, pour tout dire, étoient satiriques; mais la satire n'y étoit ni injuste, ni outrée, elle n'attaquoit d'ailleurs que des ennemis déclarés de la liberté, de la raison & du bien public.

Nous ne serions que panégyristes & nous violerions les devoirs d'historiens, si nous négligions d'avouer que M. *Turgot* donnoit prise sur lui à ses ennemis en un point; c'étoit le mépris profond & séchement exprimé, qu'il montroit pour tout ce qui lui paroissoit contraire à la raison & à la justice. Il y avoit alors dans le ministère, un digne coopérateur, un digne ami de M. *Turgot*, qui avec moins de fermeté peut-être, moins de roideur du moins, mais avec autant de vertus & plus de connoissances & de lumières encore, auroit pu lui servir de modèle pour cette indulgence aimable, qui ne dédaigne rien, qui ménage & pardonne tout.

M. *Turgot* mourut environné d'amis sincères, le 8 mars 1781.

Il avoit vécu dans le Célibat. Si quelque femme fut digne de l'aimer comme il méritoit d'être aimé, ce dont on ne peut guères raisonnablement douter, elle a pu dire comme Aricie:

Non que par les yeux seuls lâchement enchantée,
J'aime en lui sa beauté, sa grace tant vantée,
Présens dont la nature a voulu l'honorer,
Qu'il dédaigne lui-même, & qu'il semble ignorer;
J'aime, je prise en lui de plus nobles richesses,
Les vertus de son père.

Et ses vertus propres, & ses talens, & ses connoissances & ses lumières & cet amour du bien public dont il fut tourmenté, & dévoré toute sa vie.

Il avoit été reçu honoraire à l'académie des inscriptions & belles lettres, à la place de M. le duc de Saint-Aignan son beau-frère, en 1775.

TURNEBE. (Adrien (*hist. litt. mod.*) Célèbre professeur royal en langue grecque, avoit eu quelque temps la direction de l'imprimerie Royale, sur-tout pour les ouvrages grecs. C'étoit un savant aimable par la douceur de ses traits comme par celle de ses mœurs. Henri Etienne a dit de lui:

Hic placuit cunctis, quòd sibi non placuit.

Il étoit né en 1512 à Andeli, près de Rouen, il mourut à Paris en 1565. Ces savans du seizième siècle concevoient si peu qu'on pût vivre sans travailler, que le jour même de ses noces, Turnèbe passa plusieurs heures dans son cabinet. On a de lui un recueil important intitulé : *Adversaria* ; des poésies grecques & latines ; des notes sur Platon, sur Thucydide, sur Cicéron, sur Varron; des traductions de Platon, d'Aristote, de Théophraste, de Plutarque. Il a écrit contre le célèbre Ramus.

Turnèbe eut un fils, nommé Odet, premier président de la cour des monnoies, mort à vingt huit ans, en 1581. On a de lui une comédie intitulée : *les Contens.*

TURPIN. (*hist. de Fr.*) Le roman publié sous le nom de Turpin, archevêque de Rheims, & qui, comme tout le monde le sait aujourd'hui, n'est point de ce prélat, est le premier & le père de tous les romans de chevalerie. Il est vrai qu'il y avoit du temps de Pepin le Bref & de Charlemagne, un archevêque Turpin, célèbre pour avoir gouverné l'église de Rheims pendant plus de quarante ans, & pour avoir mis en 786, des bénédictins dans l'église de Saint-Remi, au lieu des chanoines qui y étoient ; mais nous n'avons de lui aucun ouvrage. C'est le nom & le titre de ce prélat qu'a jugé à propos de prendre le faussaire qui, selon l'opinion la plus commune parmi les savans, ne composa le roman de Charlemagne, connu sous le nom de Chronique de l'archevêque Turpin, que sur la fin du onzième siècle, un peu moins de trois siècles après la mort de Charlemagne & de Turpin. On croit qu'un moine, nommé Robert, est auteur de cette fabuleuse Chronique, moitié légende, moitié roman ; & qu'elle fut fabriquée pendant le concile de Clermont, tenu en 1095 & où la première croisade fut résolue. Les uns croient que cet auteur étoit espagnol, parce que sa chronique semble avoir pour objet d'exalter l'Espagne, d'autres conjecturent qu'il étoit moine de Saint-Denis, parce qu'il se complait à rapporter & à exagérer les concessions faites à cette abbaye par Charlemagne.

L'archevêque Turpin suivoit, dit-on, Charlemagne dans toutes ses conquêtes, il le suivit sur-tout à celle d'Espagne, & on montre encore à Roncevaux d'énormes pantoufles qu'on assure avoir été les siennes, quoique tout ait été gigantesque du temps de Charlemagne.

TURQUET. *voyez* MAYERNE.

TURRETIN. (*hist. du Calvin.*) Nom d'une ancienne famille de Luques qui, ayant embrassé les opinions de Calvin, alla s'établir à Genève, où elle a produit plusieurs savans.

1°. Benoît Turretin, dont le père s'étoit retiré à Genève, y naquit en 1588 & y fut pasteur & professeur en théologie ; on a de lui une défense des versions de Genève contre le père Cotton, & des sermons en françois sur *l'utilité des châtimens*, mort en 1631.

2°. François, fils de Benoît, né en 1623, aussi professeur en théologie à Genève, fut député en 1661 en Hollande, où il obtint des hollandais la somme de 75000 florins, qui servirent à la construction du bastion de la ville de Genève, qu'on appelle encore aujourd'hui le *Bastion de Hollande* ; on a de lui des sermons & des ouvrages de théologie ; mort en 1687.

3°. Jean-Alphonse, fils de François, né 1671, mort en 1737, est célèbre par son *abrégé de l'histoire ecclésiastique*. Il a d'ailleurs laissé comme son père & son aïeul des sermons & d'autres ouvrages théologiques.

4°. Michel, parent des précédens, pasteur & professeur en langues orientales à Genève, a laissé aussi des sermons. Né en 1646, mort en 1721.

5°. Samuel, fils de Michel, aussi professeur en hébreu à Genève, né en 1688, mort en 1727, a donné des thèses sur lesquelles a été composé le traité intitulé : *préservatif contre le fanatisme & les prétendus inspirés du dernier siècle*.

TURSELIN. (Horace), (*hist. litt. mod.*) Jésuite romain mort à Rome en 1599 ; on a de lui une vie latine de Saint-François Xavier. *Historia lauretana*, mais sur-tout un traité des particules de la langue latine & un abrégé en latin de l'histoire universelle, depuis le commencement du monde jusqu'en 1598, continué jusqu'en 1666, par le père Philippe Briet & traduit en françois par M. l'abbé Lagneau.

TUSIN (l'ordre de) (*hist. des ordres*) ordre d'Allemagne, dont l'abbé Justiniani attribue la fondation aux archiducs d'Autriche, vers l'an 1562 ; il dit que ces chevaliers faisoient vœu de chasteté & d'obéissance au saint siège & à leur souverain. Ce qu'il y a de plus vrai, c'est que cet ordre n'a pas fait grande figure ; car non-seulement on ignore son origine & celle de son nom, mais même si un tel ordre a jamais existé. (*D. J.*)

TUTIA. (*hist. rom.*) C'est le nom de la vestale de qui on a conté que pour prouver son innocence, elle avoit porté du Tibre au temple de vertu, de l'eau dans un crible sans la répandre.

TYRANNION (*hist. rom.*) est le nom ou plutôt le surnom de deux grammairiens, l'un du royaume de Pont, l'autre de Phénicie qui tenoient école à Rome. Le premier qui se nommoit Théophraste & à qui Cicéron, dont il avoit arrangé la biblio-

thèque & instruit le neveu & vraisemblablement le fils, permit de tenir son école dans sa propre maison, fut nommé *Tyrannion*, parce qu'il étoit un petit tyran assez dur à l'égard de ses disciples, le second qui se nommoit Dioclès eut le même surnom de *Tyrannion*, parce qu'il avoit été disciple du premier. C'est à ce premier qui aimoit & connoissoit les livres & qui en faisoit lui-même de bons, (mais qui sont perdus) qu'on attribue principalement la conservation des ouvrages d'Aristote. On a perdu les ouvrages du second Tyrannion, comme ceux du premier.

TYRCONEL, (*Voyez* TALBOT.)

TYRTHÉE (*hist. anc.*) Un de ces poëtes utiles qui relevoient les courages abbattus & qui ranimant l'amour de la patrie & l'ardeur guerrière fournissoient de grandes ressources dans le malheur & rendoient la victoire aux vaincus.

Tyrtæusque mares animos in martia bella
Versibus exacuit.

HOR. *art poétique.*

Le fond de son histoire est vrai, mais elle nous ramène aux oracles & aux fables. Les spartiates, dans la seconde guerre de Messène, affoiblis par plusieurs échecs, au lieu de consulter leur courage consultèrent l'oracle de Delphes, qui leur dit de demander aux athéniens l'homme dont ils avoient besoin, c'étoit le renvoyer à leurs ennemis & à leurs envieux ; les athéniens leur envoyèrent un poëte boiteux. La confiance des lacédémoniens dans les oracles fut mise à une forte épreuve ; ils furent encore battus trois fois depuis l'arrivée de Tyrthée, & les rois de sparte découragés vouloient retourner dans cette ville & y ramener les troupes, bornant désormais toute leur espérance à la défendre. Tyrthée s'opposa fortement à cette résolution ; il chanta aux soldats ses vers qui faisoient braver la mort & chercher les dangers ; les soldats transportés, élevés au-dessus d'eux mêmes demandent qu'on les mène à l'ennemi ; la bataille fut sanglante & la victoire disputée, mais elle se déclara pour les spartiates d'une manière si pleine & si entière que la guerre de Messène fut censée terminée par cette affaire, les messéniens s'étant retirés les uns dans les montagnes où ils se défendirent encore quelques années avec peine, les autres en Sicile, où il s'établirent à Zancle qui dans la suite fut appellé du nom de leur pays, Messane ou Messine. Cette seconde guerre des messéniens fut terminée l'an 670 avant J. C. Les lacédémoniens accordèrent à Tyrthée le droit de bourgeoisie, honneur qu'ils ne prodiguoient pas. Les fragmens qui restent de Tyrthée dans le recueil des poëtes grecs de Plantin, justifient en partie ce que les anciens ont dit du caractère de sa poésie, pleine de feu, de force

& de nobleſſe. Ils ont été traduits en vers françois par M. Poinſinet de Sivry.

TZETZES. (*hiſt. litt. mod.*) Jean & Iſaac frères,
littérateurs grecs, vivoient vers la fin du douzième
ſiècle ; Iſaac n'eſt connu que par des commentaires
ſur Lycophron, qui ſont même attribués à Jean
ſon frère, lequel voulut bien, dit-on, les donner
à Iſaac, ſe trouvant apparemment aſſez riche d'ailleurs. Jean Tzetzes étoit poëte, on a de lui des
hiſtoires mêlées en vers libres, diſtribuées en treize
livres ſous le nom de Chiliades ; des épigrammes
& d'autres poéſies grecques. On a de lui encore
dans un autre genre des allégories ſur Homère,
dédiées à Irène femme de l'empereur Manuel Comnène, des ſcholies ſur Héſiode & d'autres ouvrages de Grammaire & de critique. Jean Tzetzes
ſavoit, dit-on, par cœur, l'écriture ſainte toute
entière, il dit lui-même que Dieu n'avoit pas
créé un ſeul homme doué d'une mémoire telle
que la ſienne.

U

UGO

UBALDIS (Balde de) *voyez* **BALDE**.

UBIQUISTE, f. m. dans l'université de Paris, signifie un docteur en théologie, qui n'est attaché à aucune maison particuliere ; c'est-à-dire, qui n'est ni de la maison de Sorbonne, ni de celle de Navarre. On appèlle simplement les *ubiquistes*, docteurs en théologie, ou docteurs de Sorbonne, au-lieu que les autres se nomment *docteurs de la maison & société de Sorbonne*, *docteurs de la maison & société royale de Navarre*. (*A. R.*)

UDALRIC ou **ULRIC** (*histoire mod.*) Saint *Udalric* ou *Ulric* évêque d'Ausbourg, mort en 973, fut canonisé en 993, par le pape Jean XV, & c'est le premier exemple de canonisation faite par l'autorité des papes. Jusques-là, toutes les églises & tous les évêques canonisoient leurs saints particuliers. Le pape Alexandre III dans le douzième siècle, fit de la canonisation des saints une des causes majeures réservées au saint Siége, & Urbain VIII au dix-septième, défendit de rendre aucun culte à ceux qu'on prétendoit être morts en odeur de sainteté, avant qu'ils eussent été canonisés ou au moins béatifiés par l'église de Rome.

Un autre *Udalric* ou *Ulric*, moine de Cluni, né à Ratisbone vers l'an 1018, mort au monastère de la Celle en 1093, a donné un recueil des *anciennes coutumes de Cluni*, qu'on trouve dans le Spicilège de Dom Luc d'Achéri, & qui fait connoître quelques ouvrages anciens.

UGHELLI, (Ferd'nand) (*Hist. litt. mod.*) abbé de Trois-Fontaines, à Rome, né à Florence en 1595, mort à Rome en 1670, est auteur de l'*Italia sacra*, ouvrage qui répond à notre *Gallia Christiana.*

UGONIUS, (Matthias) (*Hist. litt. mod.*) évêque de Famagouste, en Chypre, au commencement du seizième siècle, est auteur d'un *traité de la dignité patriarchale* & d'un *traité des conciles*, *Synoda Ugonia*, approuvé par un bref de Paul III, du 16 décembre 1553, mais qui fut, dit-on, supprimé depuis secretement par la cour de Rome, parce qu'elle crut y trouver des passages favorables aux libertés de l'église Gallicane. On juge bien que cette suppression n'a pas anéanti l'ouvrage.

ULF

UKCOUMA, f. m. (*Hist. mod. Culte*) c'est le nom sous lequel les Esquimaux, qui habitent les pays voisins de la baie de Hudson, désignent l'être suprême, en qui ils reconnoissent une bonté infinie. Ce nom, en leur langue, veut dire *grand chef*. Ils le regardent comme l'auteur de tous les biens dont ils jouissent. Ils lui rendent un culte; ils chantent ses louanges dans des hymnes que M. Ellis trouva graves & majestueuses. Mais leurs opinions sont si confuses sur la nature de cet être, que l'on a bien de la peine à comprendre les idées qu'ils en ont. Ces sauvages reconnoissent encore un autre être qu'ils appellent *Ouittikka*, qu'ils regardent comme la source de tous leurs maux; on ne sait s'ils lui rendent des hommages pour l'appaiser. (*A. R.*)

ULACIDE, f. m. (*Hist. mod.*) courier à cheval chez les Turcs. Ils prennent en chemin les chevaux de tous ceux qu'ils rencontrent, & leur donnent le leur qui est las. Ils ne courent pas autrement. (*A. R.*)

ULADISLAS, (*Voyez* LADISLAS.) C'est le même mot.

ULEMA, f. m. (*Hist. mod.*) c'est le nom que les Turcs donnent à leur clergé, à la tête duquel se trouve le mufti, qui a sous lui des scheiks ou prélats. Ce corps, ainsi qu'ailleurs, a su souvent se rendre redoutable aux sultans, qui cependant ont plusieurs fois reprimé son insolence, en faisant étrangler ses chefs; unique voie pour se procurer la sûreté dans un pays où il n'y a d'autre loi que celle de la force, que le clergé turc fait trouver très-légitime au peuple, lorsqu'il n'en est pas lui-même la victime. (*A. R.*)

ULFELD ou **ULEFELD**, (cornifix ou corfits, comte d') (*Hist. de Danem.*) Cet homme eut une destinée brillante & malheureuse; il étoit d'une des premières maisons du Danemark, & le dixième fils du grand chancelier du royaume, Christiern IV, le fit grand-maître de sa maison, vice-roi de Norvége, il le fit même son gendre, car il lui donna sa fille naturelle en mariage. Plus il avoit été en faveur sous Christiern IV, plus il fut en disgrace sous Frédéric III, fils & successeur de Christiern; il ne sçut pas supporter sa disgrace, il sortit secretement du Danemarck, & alla offrir ses services à la reine de Suède, Christine : il furent agréés, Christine l'employa dans plusieurs négociations importantes, mais après l'abdication de Christine, il retomba dans la disgrace, il fut même emprisonné, il s'échappa & retourna en Danemarck. Frédéric qui ne lui avoit point pardonné sa fuite de ce pays-là, le fit arrêter & l'envoya dans l'île de Bornholm. Quelque tems après, il lui permit d'en sortir & de voyager ; mais à peine étoit-il parti, qu'on prétendit avoir découvert une conspiration qu'il avoit faite, pour détrôner le roi de Danemarck, & faire passer sa couronne à l'électeur de Brandebourg, Ulfeld fut condamné par arrêt du 24 juillet 1663, à être écartelé, & l'arrêt fut exécuté en effigie. Il en reçut la nouvelle à Bruges, & partit pour Bâle, où il changea de nom & vécut ignoré avec quatre enfans, une fille & trois fils. Une querelle survenue entre un de ses fils & un bourgeois de la ville, le fit reconnoître, obligé de quitter cet asile, il s'embarqua sur le Rhin avec la fièvre, le froid le saisit, il mourut dans son bateau en 1664, & fut enterré au pied d'un arbre.

ULOLA, (de Tauro, Louis d') (Hist. litt. mod.) Poëte espagnol, célèbre sous le règne de Philippe IV. Il paroît que son talent étoit une espèce de comique burlesque. On a ses ouvrages in-4°. imprimés en Espagne.

ᵴ ULOLA, (dom. Antonio de) Hist. litt. mod.) capitaine de frégate, fut choisi avec dom. George Juan, aussi espagnol, chevalier de Malthe, commandeur d'Aliaga, mort à Madrid en 1773, pour accompagner les académiciens françois envoyés en 1735, au Pérou. A leur retour Juan & Ulola, publièrent des observations astronomiques, dans un grand ouvrage, dont la partie historique, rédigée par Antonio de Ulola, a paru traduite en françois, en deux volumes in-4°. Ce dernier fut de l'académie des sciences de Paris en 1745, & de celle de Berlin en 1750. On a de lui des ouvrages sur la marine, en espagnol.

ULPHILAS ou GULPHILAS, (Hist. litt.) évêque des Goths qui habitoient la Mœsie, partie de la Dacie, vivoit vers l'an 370, sous l'empire de Valens. Il obtint de cet empereur, en faveur des Goths, la permission d'habiter la Thrace, & pour l'obtenir, il se fit Arien comme Valens. On le croit l'inventeur des lettres Gothiques, il a du moins le premier traduit la bible dans la langue des Goths : le codex argenteus, d'Ulphilas, ainsi nommé, parce qu'il est écrit en lettres d'or & d'argent, manuscrit précieux, conservé dans la bibliothèque du roi de Suède, ne contient que les évangiles. Le célèbre Junius, oncle d'Isaac Vossius, (Voyez l'article Junius,) (François N°. 3.) en a donné une édition en caractères pareils à ceux de ce manuscrit.

ULPIEN, (Domitius Ulpianus) (Hist. rom.) jurisconsulte célèbre, d'abord auteur, puis secrétaire & ministre de l'empereur, Alexandre Sévère, fut enfin préfet du prétoire, il persécuta les chrétiens, ce qui n'étoit guère digne de la sagesse d'un grand jurisconsulte ; il fut tué l'an 226, par les soldats du prétoire. Il reste de lui vingt-neuf titres de fragmens recueillis par An'en.

ULRIQUE-ÉLÉONORE, (Hist. de Suède.) fille de Charles XI, roi de Suède, & sœur de Charles XII. Charles XII, dans les derniers tems de sa captivité en Turquie & pendant son séjour à Demotica, passa sa vie dans son lit, sans donner de ses nouvelles à personne, l'Europe le croyoit mort : le conseil de régence qu'il avoit établi à Stockolm, quand il en étoit parti pour ses brillantes & funestes expéditions, n'avoit pas entendu parler de lui depuis onze mois, le sénat vint en corps supplier la princesse Ulrique Éléonore, de se charger de la régence, elle y consentit : mais quand elle vit que le sénat vouloit l'obliger à faire une paix véritablement nécessaire avec la Russie & le Danemarck, qui attaquoient la Suède de tous côtés, elle comprit que jamais son inflexible & opiniâtre frère ne ratifieroit cette paix, que jamais il ne lui pardonneroit de l'avoir conclue, & que le danger éminent de la ruine totale de la Suède, ne seroit pas à ses yeux une excuse valable ; elle se démit de la régence, & envoya en Turquie une relation fidèle de ce qui s'étoit passé à cet égard avec l'exposition de l'état des affaires.

Ce fut à cette occasion que le despotique Charles XII, manda au sénat qu'il lui enverroit une de ses bottes pour le représenter & que ce seroit d'elle qu'on prendroit les ordres.

Charles XII, mis enfin en liberté, maria sa sœur au prince Frédéric de Hesse-Cassel.

Les états de Suède rentrés à leur tour dans leur liberté par la mort de Charles XII, élurent librement pour leur reine la princesse Ulrique-Éléonore, mais ils l'obligèrent à renoncer formellement à tout droit héréditaire sur la couronne, pour la tenir seulement des suffrages de la nation ; elle promit avec serment de ne jamais tenter de rétablir le pouvoir arbitraire. La facilité avec laquelle elle s'étoit démise de la régence, prouvoit assez qu'elle étoit son ambition, elle en donna bientôt une nouvelle preuve, elle sacrifia, dit M. de Voltaire, la jalousie de la royauté à la tendresse conjugale, en cédant la couronne à son mari, elle engagea les états à élire ce prince, qui monta sur le trône aux mêmes conditions qu'elle. (Voyez l'article Frédéric I, roi de Suède.) Ulrique-Éléonore mourut le 6 décembre 1741, adorée de ses sujets, étoit née en 1688, & avoit été proclamée reine en 1719.

ULTRAMONTAIN

ULTRAMONTAIN, adj. & subst. (*Hist. mod.*) ce qui est au-delà des monts.

On se sert ordinairement de cette expression relativement à la France & à l'Italie, qui sont séparées l'une de l'autre par des montagnes qu'on appelle les *Alpes*.

Les opinions des *ultramontains*, c'est-à-dire, des théologiens & des canonistes italiens, tels que Bellarmin, Panorme, & d'autres qui prétendent que le pape est supérieur au concile général, que son jugement est infaillible sans l'acceptation des autres églises, &c. ne sont point reçues en France.

Les peintres, & sur-tout ceux d'Italie, appellent *ultramontains* tous ceux qui ne sont point de leur pays. Le Poussin est le seul des peintres *ultramontains* dont ceux d'Italie paroissent envier le mérite (*A. R.*)

ULUG-BEIG, (*Hist. litt.*) prince persan, qui régna environ quarante ans à Samarcande, & fut tué en 1449, par son propre fils, se distingua par ses connoissances en astronomie. Son catalogue des étoiles fixes, rectifié pour l'année 1434, fut publié par Thomas Hyde à Oxford en 1665. On attribue aussi à *Ulug-Beig*, un ouvrage sur la chronologie, intitulé dans la traduction latine, publiée à Londres en 1650, par Jean Greaves avec l'original arabe : *epochæ celebriores chataïorum syro-græcorum, arabum, persarum & chara-suniorum.*

UMBARES, s. m. pl. (*Hist. mod.*) c'est le nom qu'on donne en Ethiopie & en Abyssinie aux juges ou magistrats civils qui rendent la justice aux particuliers ; ils jugent les procès partout où ils se trouvent, même sur les grands chemins, où ils s'asseient & écoutent ce que chacune des parties veut alléguer ; après qu'ils prennent l'avis des assistans, & décident la question. Mais on appelle des décisions des *Umbares* à des tribunaux supérieurs. (*A. R.*)

UNIGENITUS, CONSTITUTION, (*Hist. du jansénisme*) constitution en forme de bulle, donnée à Rome en 1713, par le pape Clément XI, portant condamnation du livre intitulé : *Réflexions morales sur le nouveau testament*, par le P. Quesnel. Cette bulle commence par le mot *Unigenitus*, d'où lui vient son nom, mais c'est son histoire qui nous intéresse, la voici d'après l'historien du siècle de Louis XIV.

Le P. Quesnel, prêtre de l'oratoire, ami du célèbre Arnauld, & qui fut compagnon de sa retraite jusqu'au dernier moment, avoit dès l'an 1671, composé un livre de réflexions pieuses sur le texte du nouveau testament. Ce livre contient quelques maximes qui pourroient paroître favorables au jansénisme ; mais elles sont confondues dans une si grande foule de maximes saintes & pleines de cette onction qui gagne le cœur, que l'ouvrage fut reçu

avec un applaudissement universel. Le bien s'y montre de tous côtés ; & le mal il faut le chercher. Plusieurs évêques lui donnerent les plus grands éloges dans sa naissance, & le confirmerent quand le livre eut reçu par l'auteur sa dernière perfection. L'abbé Renaudot, l'un des plus savans hommes de France, étant à Rome la première année du pontificat de Clément XI, allant un jour chez ce pape qui aimoit les savans, & qui l'étoit lui-même, le trouva lisant le livre du pere Quesnel. Voilà, lui dit le pape, un livre excellent, nous n'avons personne à Rome qui soit capable d'écrire ainsi ; je voudrois attirer l'auteur auprès de moi. C'est cependant le même pape qui depuis condamna le livre.

Un des prélats qui avoit donné en France l'approbation la plus sincère au livre de Quesnel, étoit le cardinal de Noailles, archevêque de Paris. Il s'en étoit déclaré le protecteur, lorsqu'il étoit évêque de Châlons, & le livre lui étoit dédié. Ce cardinal plein de vertus & de science, le plus doux des hommes, le plus ami de la paix, protégeoit quelques jansénistes sans l'être, & aimoit peu les jésuites, sans leur nuire & sans les craindre.

Ces peres commençoient à jouir d'un grand crédit depuis que le pere de la Chaise, gouvernant la conscience de Louis XIV étoit en effet à la tête de l'église Gallicane. Le pere Quesnel qui les craignoit, étoit retiré à Bruxelles avec le savant bénédictin Gerberon, un prêtre nommé Brigode, & plusieurs autres du même parti. Il en étoit devenu le chef après la mort du fameux Arnauld, & jouissoit comme lui de cette gloire flatteuse de s'établir un empire secret indépendant des souverains, de régner sur les consciences, & d'être l'ame d'une faction composée d'esprits éclairés.

Les jésuites plus répandus que sa faction, & plus puissans, déterrerent bientôt Quesnel dans sa solitude. Ils le persécuterent auprès de Philippe V. qui étoit encore maître des Pays-Bas, comme ils avoient poursuivi Arnauld son maître auprès de Louis XIV. Ils obtinrent un ordre du roi d'Espagne de faire arrêter ces solitaires. Quesnel fut mis dans les prisons de l'archevêché de Malines. Un gentil-homme, qui crut que le parti janséniste feroit sa fortune s'il délivroit le chef, perça les murs, & fit évader Quesnel, qui se retira à Amsterdam, où il est mort en 1719 dans une extrême vieillesse, après avoir contribué à former en Hollande quelques églises jansénistes ; troupeau foible, qui dépérit tous les jours. Lorsqu'on l'arrêta, on saisit tous ses papiers ; & comme on y trouva tout ce qui caractérise un parti formé, on fit aisément croire à Louis XIV qu'il étoit dangereux.

Il n'étoit pas assez instruit pour savoir que de vaines opinions de spéculation tomberoient d'elles-mêmes, si on les abandonnoit à leur inutilité. C'étoit leur donner un poids qu'elles n'avoient point, que d'en faire des matières d'état. Il ne fut pas difficile de faire regarder le livre du pere Quesnel comme coupable, après que l'auteur eut été traité en séditieux. Les jésuites engagerent le roi lui-même à faire demander à Rome la condamnation du livre. C'étoit en effet faire condamner le cardinal de Noailles qui en avoit été le protecteur le plus zélé. On se flattoit avec raison que le pape Clément XI mortifieroit l'archevêque de Paris. Il faut savoir que quand Clément XI étoit le cardinal Albani, il avoit fait imprimer un livre tout moliniste, de son ami le cardinal de Sfondrate, & que M. de Noailles avoit été le dénonciateur de ce livre. Il étoit naturel de penser qu'Albani devenu pape, feroit au moins contre les approbations données à Quesnel, ce qu'on avoit fait contre les approbations données à Sfondrate.

On ne se trompa pas, le pape Clément XI donna, vers l'an 1708, un décret contre le livre de Quesnel ; mais alors les affaires temporelles empêcherent que cette affaire spirituelle qu'on avoit sollicitée, ne réussît. La cour étoit mécontente de Clément XI qui avoit reconnu l'archiduc Charles pour roi d'Espagne, après avoir reconnu Philippe V. On trouva des nullités dans son décret, il ne fut point reçu en France, & les querelles furent assoupies jusqu'à la mort du pere de la Chaise, confesseur du roi, homme doux, avec qui les voies de conciliation étoient toujours ouvertes, & qui ménageoit dans le cardinal de Noailles, l'allié de madame de Maintenon.

Les jésuites étoient en possession de donner un confesseur au roi, comme à presque tous les princes catholiques. Cette prérogative est le fruit de leur institut, par lequel ils renoncent aux dignités ecclésiastiques : ce que leur fondateur établit par humilité, est devenu un principe de grandeur. Plus Louis XIV vieillissoit, plus la place de confesseur devenoit un ministere considérable. Ce poste fut donné au pere le Tellier, fils d'un procureur de Vire en basse Normandie, homme sombre, ardent, inflexible, cachant ses violences sous un flegme apparent : il fit tout le mal qu'il pouvoit faire dans cette place, où il est trop aisé d'inspirer ce qu'on veut, & de perdre qui l'on haît : il avoit à venger ses injures particulieres. Les janjénistes avoient fait condamner à Rome un de ses livres sur les cérémonies chinoises. Il étoit mal personnellement avec le cardinal de Noailles, & il ne savoit rien ménager. Il remua toute l'église de France ; il dressa en 1711 des lettres & des mandemens, que des évêques devoient signer : il leur envoyoit des accusations contre le cardinal de Noailles, au bas desquelles ils n'avoient plus qu'à mettre leur nom. De telles manœuvres dans des affaires profanes sont punies ; elles furent découvertes & n'en réussirent pas moins.

La conscience du roi étoit allarmée par son confesseur, autant que son autorité étoit blessée par l'idée d'un parti rebelle. Envain le cardinal de Noailles lui demanda justice de ces mysteres d'iniquité. Le confesseur persuada qu'il s'étoit servi des voies humaines, pour faire réussir les choses divines ; & comme en effet il défendoit l'autorité du pape, & celle de l'unité de l'église, tout le fond de l'affaire lui étoit favorable. Le cardinal s'adressa au dauphin, duc de Bourgogne ; mais il le trouva prévenu par les lettres & les amis de l'archevêque de Cambrai. Le cardinal n'obtint pas davantage du crédit de madame de Maintenon, qui n'avoir guere de sentimens à elle, & qui n'étoit occupée que de se conformer à ceux du roi.

Le cardinal archevêque, opprimé par un jésuite, ôta les pouvoirs de prêcher & de confesser à tous les jésuites, excepté à quelques-uns des plus sages & des plus modérés. Sa place lui donnoit le droit dangereux d'empêcher le Tellier de confesser le roi. Mais il n'osa pas irriter à ce point son souverain ; & il le laissa avec respect entre les mains de son ennemi. » Je crains, écrivit-il à madame » de Maintenon, de marquer au roi trop de sou- » mission en donnant les pouvoirs à celui qui » les mérite le moins. Je prie Dieu de lui faire » connoître le péril qu'il court, en confiant son » ame à un homme de ce caractere. »

Quand les esprits sont aigris, les deux partis ne font plus que des démarches funestes. Des partisans du pere le Tellier, des évêques qui espéroient le chapeau, employerent l'autorité royale pour enflammer d'étincelles qu'on pouvoit éteindre. Au-lieu d'imiter Rome, qui avoit plusieurs fois imposé silence aux deux partis ; au-lieu de réprimer un religieux, & d'éconduire le cardinal ; au-lieu de défendre ces combats comme les duels, & de réduire tous ces prêtres, comme tous les seigneurs, à être utiles sans être dangereux ; au-lieu d'accabler enfin les deux partis sous le poids de la puissance suprême, soutenue par la raison & par tous les magistrats : Louis XIV crut bien faire de solliciter lui-même la fameuse constitution, qui remplit le reste de sa vie d'amertume.

Le pere le Tellier & son parti envoyerent à Rome cent trois propositions à condamner. Le saint office en proscrivit cent & une. La bulle fut donnée au mois de septembre 1713. Elle vint & souleva contr'elle presque toute la France. Le roi l'avoit demandée pour prévenir un schisme ; & elle fut prête d'en causer un. La clameur fut générale, parce que parmi ces cent & une propositions, il y en avoit, qui paroissoient à tout le monde contenir le sens le plus innocent, & la plus pure morale. Une nombreuse assemblée d'évêques fut convoquée à Paris. Quarante accepterent la bulle pour le bien de la paix ; mais ils en donnerent en même temps des explications, pour calmer les scrupules du public.

L'acceptation pure & simple fut envoyée au pape; & les modifications furent pour les peuples. Ils prétendoient par-là satisfaire à la fois le pontife, le roi, & la multitude. Mais le cardinal de Noailles, & sept autres évêques de l'assemblée qui se joignirent à lui, ne voulurent ni de la bulle, ni de ses correctifs, ils écrivirent au pape pour demander des correctifs même à sa sainteté. C'étoit un affront qu'ils lui faisoient respectueusement. Le roi ne le souffrit pas : il empêcha que la lettre ne parût, renvoya les évêques dans leurs diocèses, & défendit au cardinal de paroître à la cour.

La persécution donna à cet archevêque une nouvelle considération dans le public. C'étoit une véritable division dans l'épiscopat, dans tout le clergé, dans les ordres religieux. Tout le monde avouoit, qu'il ne s'agissoit pas des points fondamentaux de la religion; cependant il y avoit une guerre civile dans les esprits, comme s'il eût été question du renversement du christianisme; & on fit agir des deux côtés tous les ressorts de la politique, comme dans l'affaire la plus profane.

Ces ressorts furent employés pour faire accepter la constitution par la Sorbonne. Là pluralité des suffrages ne fut pas pour elle; & cependant elle y fut enrégistrée. Le ministere avoit peine à suffire aux lettres de cachet, qui envoyoient en prison ou en exil les opposans.

Cette bulle avoit été enrégistrée au parlement, avec la reserve des droits ordinaires de la couronne, des libertés de l'église gallicane, du pouvoir & de la jurisdiction des évêques; mais le cri public perçoit toujours à travers l'obéissance. Le cardinal de Bissi, l'un des plus ardens défenseurs de la bulle, avoua dans une de ses lettres, qu'elle n'auroit pas été reçue avec plus d'indignité à Genève qu'à Paris.

Les esprits étoient sur-tout révoltés contre le jésuite le Tellier. Rien ne nous irrite plus qu'un religieux devenu puissant. Son pouvoir nous paroît une violation de ses vœux; mais s'il abuse de ce pouvoir, il est en horreur. Le Tellier osa présumer de son crédit jusqu'à proposer de faire déposer le cardinal de Noailles, dans un concile national. Ainsi un religieux faisoit servir à sa vengeance son roi, son pénitent & sa religion; & avec tout cela, j'ai de très-fortes raisons de croire qu'il étoit dans la bonne foi : tant les hommes s'aveuglent dans leurs sentimens & dans leur zèle!

Pour préparer ce concile, dans lequel il s'agissoit de déposer un homme devenu l'idole de Paris & de la France, par la pureté de ses mœurs, par la douceur de son caractere, & plus encore par la persécution; on détermina Louis XIV à faire enrégistrer au parlement une déclaration par laquelle tout évêque, qui n'auroit pas reçu la bulle purement & simplement, seroit tenu d'y souscrire, ou qu'il seroit poursuivi à la requête du procureur-général, comme rebelle.

Le chancelier Voisin, secrétaire d'état de la guerre, dur & despotique, avoit dressé cet édit. Le procureur-général d'Aguesseau, plus versé que le chancelier Voisin dans les loix du royaume, & ayant alors ce courage d'esprit que donne la jeunesse, refusa absolument de se charger d'une telle piece. Le premier président de Mesmes en remontra au roi les conséquences. On traîna l'affaire en longueur. Le roi étoit mourant; ces malheureuses disputes troublèrent ses derniers momens. Son impitoyable confesseur fatiguoit sa foiblesse par des exhortations continuelles à consommer un ouvrage, qui ne devoit pas faire chérir sa mémoire. Les domestiques du roi indignés lui refusèrent deux fois l'entrée de la chambre; & enfin ils le conjurèrent de ne point parler au roi *de la constitution*. Ce prince mourut & tout changea.

Le duc d'Orléans, régent du royaume, ayant renversé d'abord toute la forme du gouvernement de Louis XIV, & ayant substitué des conseils aux bureaux des secrétaires d'état, composa un conseil de conscience, dont le cardinal de Noailles fut le président. On exila le père le Tellier, chargé de la haine publique & peu aimé de ses confières.

Les évêques opposés à la bulle, appellèrent à un futur concile, dût-il ne se tenir jamais. La Sorbonne, les curés du diocèse de Paris, des corps entiers de religieux, firent le même appel, & enfin le cardinal de Noailles fit le sien en 1717, mais il ne voulut pas d'abord le rendre public, on l'imprima malgré lui. L'église de France resta divisée en deux factions, les acceptans & les refusans. Les acceptans étoient les cent évêques qui avoient adhéré sous Louis XIV avec les jésuites & les capucins. Les refusans étoient quinze évêques & toute la nation. Les acceptans se prévaloient de Rome; les autres des Universités, des parlemens & du peuple. On imprimoit volume sur volume, lettre sur lettre; on se traitoit réciproquement de schismatique & d'hérétique.

Un archevêque de Rheims du nom de Mailly, grand & heureux partisan de Rome, avoit mis son nom au bas de deux écrits que le parlement fit brûler par le bourreau. L'archevêque l'ayant sçu, fit chanter un *Te Deum*, pour remercier Dieu d'avoir été outragé par des schismatiques. Dieu le récompensa; il fut cardinal. Un évêque de Soissons ayant essuyé le même traitement du parlement, & ayant signifié à ce corps que ce n'étoit pas à lui de le juger, même pour un crime de lèse-majesté, il fut condamné à dix mille livres d'amende; mais le régent ne voulut pas qu'il les payât, de peur, dit-il, qu'il ne devînt cardinal aussi.

Rome éclatoit en reproches : on se consumoit en négociations ; on appelloit, on réappelloit ; & tout cela pour quelques passages aujourd'hui oubliés du livre d'un prêtre octogénaire, qui vivoit d'aumônes à Amsterdam.

La folie du système des finances contribua, plus qu'on ne croit, à rendre la paix à l'église. Le public se jetta avec tant de fureur dans le commerce des actions ; la cupidité des hommes, excitée par cette amorce, fut si générale, que ceux qui parlèrent encore de jansénisme & de bulle, ne trouvèrent personne qui les écoutât. Paris n'y pensoit pas plus qu'à la guerre, qui se faisoit sur les frontières d'Espagne. Les fortunes rapides & incroyables qu'on faisoit alors, le luxe, & la volupté portés aux derniers excès, imposèrent silence aux disputes ecclésiastiques ; & le plaisir fit ce que Louis XIV n'avoit pu faire.

Le duc d'Orléans saisit ces conjonctures, pour réunir l'église de France. Sa politique y étoit intéressée. Il craignoit des temps où il auroit eu contre lui Rome, l'Espagne, & cent évêques.

Il falloit engager le cardinal de Noailles non-seulement à recevoir cette *constitution*, qu'il regardoit comme scandaleuse, mais à rétracter son appel, qu'il regardoit comme légitime. Il falloit obtenir de lui plus que Louis XIV son bienfaiteur ne lui avoit envain demandé. Le duc d'Orléans devoit trouver les plus grandes oppositions dans le parlement qu'il avoit exilé à Pontoise ; cependant il vint à bout de tout. On composa un corps de doctrine, qui contenta presque les deux partis. On tira parole du cardinal qu'enfin il accepteroit. Le duc d'Orléans alla lui-même au grand conseil, avec les princes & les pairs, faire enregistrer un édit, qui ordonnoit l'acceptation de la bulle, la suppression des appels, l'unanimité & la paix.

Le parlement qu'on avoit mortifié en portant au grand conseil des déclarations qu'il étoit en possession de recevoir, menacé d'ailleurs d'être transféré de Pontoise à Blois, enregistra ce que le grand conseil avoit enregistré ; mais toujours avec les réserves d'usage ; c'est-à-dire, le maintien des libertés de l'église gallicane, & des loix du royaume.

Le cardinal archevêque, qui avoit promis de se rétracter quand le parlement obéiroit, se vit enfin obligé de tenir parole ; & on afficha son mandement de rétractation le 20 août 1720.

Depuis ce temps, tout ce qu'on appelloit en France *jansénisme*, *quietisme*, *bulles*, *querelles théologiques*, baissa sensiblement. Quelques évêques appellans restèrent seuls opiniâtrement attachés à leur sentimens.

Sous le ministère du cardinal de Fleury, on voulut extirper les restes du parti, en déposant un des prélats des plus obstinés. On choisit, pour faire un exemple, le vieux Soanen, évêque de la petite ville de Sénès, homme également pieux & inflexible, d'ailleurs sans parens, sans crédit.

Il fut condamné par le concile provincial d'Embrun en 1728, suspendu de ses fonctions d'évêque & de prêtre, & exilé par la cour en Auvergne à l'âge de plus de 80 ans. Cette rigueur excita quelques vaines plaintes.

Un reste de fanatisme subsista seulement dans une petite partie du peuple de Paris, sur le tombeau du diacre Paris, & les jésuites eux-mêmes semblèrent entraînés dans la chûte du jansénisme. Leurs armes émoussées n'ayant plus d'adversaires à combattre, ils perdirent à la cour le crédit-dont le Tellier avoit abusé. Les évêques sur lesquels ils avoient dominé, les confondirent avec les autres religieux ; & ceux-ci ayant été abaissés par eux, les rabaissèrent à leur tour. Les parlemens leur firent sentir plus d'une fois ce qu'ils pensoient d'eux, en condamnant quelques-uns de leurs écrits qu'on auroit pu oublier. L'université qui commençoit alors à faire de bonnes études dans la littérature, & à donner une excellente éducation, leur enleva une grande partie de la jeunesse ; & ils attendirent pour reprendre leur ascendant, que le temps leur fournît des hommes de génie, & des conjonctures favorables.

Il seroit très-utile à ceux qui sont entêtés de toutes ces disputes, de jetter les yeux sur l'histoire générale du monde ; car en observant tant de nations, tant de mœurs, tant de religions différentes, on voit le peu de figure que font sur la terre un moliniste & un janséniste. On rougit alors de sa frénésie pour un parti qui se perd dans la foule & dans l'immensité des choses (*D. J.*).

UNION *de l'Ecosse avec l'Angleterre*, (*Hist. mod.*) traité fameux par lequel ces deux royaumes sont réunis en un seul, & compris sous le nom de *royaume de la grande Bretagne.*

Depuis que la famille royale d'Ecosse étoit montée sur le thrône d'Angleterre, par l'avénement de Jacques I. à la couronne, après la mort d'Elisabeth, les rois d'Angleterre n'avoient rien négligé pour procurer cette *union* salutaire ; mais ni ce prince, ni son successeur Charles I, ni les rois qui vinrent ensuite, jusqu'à la reine Anne, n'ont eu cette satisfaction ; des intérêts politiques d'une part, de l'autre des que elles de religion y ayant mis de grands obstacles. La nation écossoise, jalouse de sa liberté, accoutumée à se gouverner par ses loix, à tenir son parlement, comme la nation angloise a le sien, craignoit de se trouver moins unie que confondue avec celle-ci ; & peut-être encore davantage d'en devenir sujette. La forme du gouvernement ecclésiastique établi en Angleterre par les loix, étoit encore moins du goût des écossois chez qui le presbytérauisme étoit la religion dominante.

Cependant cette *union* si salutaire, si souvent projettée & toujours manquée, réussit en 1707, du consentement unanime de la reine Anne, & des états des deux royaumes.

Le traité de cette *union* contient vingt cinq articles, qui furent examinés, approuvés & signés le 3 Août 1706, par onze commissaires anglois, & par un pareil nombre de commissaires écossois.

Le parlement d'Ecosse ratifia ce traité le 4 février 1707, & le parlement d'Angleterre le 9 mars de la même année. Le 17 du même mois, la reine se rendit au parlement, où elle ratifia *l'union*. Depuis ce temps-là, il n'y a qu'un seul conseil privé & un seul parlement pour les deux royaumes. Le parlement d'Ecosse a été supprimé, ou pour mieux dire réuni à celui d'Angleterre ; desorte que les deux n'en font qu'un, sous le titre de *parlement de la grande Bretagne*.

Les membres du parlement que les écossois peuvent envoyer à la chambre des communes, suivant les articles de *l'union*, sont au nombre de quarante-cinq, & ils représentent les communes d'Ecosse ; & les pairs qu'ils y envoyent, pour représenter les pairs d'Ecosse, sont au nombre de seize.

Avant *l'union*, les grands officiers de la couronne d'Ecosse étoient le grand chancelier, le grand trésorier, le garde du sceau privé & le lord greffier ou secrétaire d'état. Les officiers subalternes de l'état étoient le lord greffier, le lord avocat, le lord trésorier député, & le lord juge clerc.

Les quatre premières charges ont été supprimées par *l'union*, & l'on a créé de nouveaux officiers qui servent pour les deux royaumes, sous les titres de *lord grand chancelier de la grande Bretagne*, &c. & aux deux secrétaires d'état qu'il y avoit auparavant en Angleterre, on en a ajouté un troisième, à cause de l'augmentation de travail que procurent les affaires d'Ecosse.

Les quatre dernières charges subsistent encore aujourd'hui. (*A. R.*)

UNIVERSAUX, s. m. pl. (*Hist. mod. politique.*) c'est ainsi que l'on nomme en Pologne les lettres que le roi adresse aux seigneurs & aux états du royaume pour la convocation de la diète, ou pour les inviter à quelque assemblée relative aux intérêts de la république.

Lorsque le trône est vacant, le primat de Pologne a aussi le droit d'adresser des *univerſaux* ou lettres de convocation aux différens palatinats,

pour assembler la diète qui doit procéder à l'élection d'un nouveau roi. (*A. R.*)

UNTERTHANEN, s. m. (*Hist. d'Allemagne*) c'est ainsi qu'on appelle en Allemagne les hommes de condition servile ; ces hommes, par rapport à leur personne, sont libres, & peuvent contracter & disposer de leurs actions & de leurs biens ; mais eux & leurs enfans sont attachés à certaines terres de leurs seigneurs qu'il sont tenus de cultiver, & qu'ils ne peuvent abandonner sans leur consentement ; c'est pour cela que les filles mêmes ne peuvent se marier hors des terres dans lesquelles elles sont obligées de demeurer & de servir.

Un seigneur acquiert ce droit injuste de propriété 1°. par la naissance, car, selon ses prétentions, les enfans qui naissent de ses serfs doivent être de condition servile, comme leurs pères & mères ; & 2°. par voie de convention, lorsqu'un homme libre & misérable se donne volontairement à un seigneur en qualité de serf. C'est par ces raisons qu'un seigneur s'attribue un droit réel sur ses sujets de condition servile, & il en peut intenter la revendication contre tout possesseur du serf qui lui appartient.

Un long usage a introduit en Allemagne & dans quelques autres pays cette sorte de servitude, qui, sans changer l'état de la personne, affecte cependant d'une manière essentielle la personne & sa condition. Ces malheureux hommes sont ce qu'on appelle en allemand *eigenbehorige* ou *unterthanen*, en latin *homines propriæ glebæ adscripti*, & c'est à peu-près ce que les François appellent des *morts-taillables*.

Il est honteux que cette espèce d'esclavage subsiste encore en Europe, & qu'il faille prouver qu'un tel est de condition servile, comme s'il pouvoit l'être actvement, comme si la nature, la raison & la religion le permettoient. (*D. J.*)

UPTON, (Nicolas) (*Hist. litt. mod.*) Anglois, d'abord guerrier, étoit en 1428, au siège d'Orléans. Il fut depuis chanoine & précepteur de Sarisbery. Il vivoit encore en 1453. Edouard Bissæus, publia un traité de cet auteur *de studio militari*.

URBAIN, (*Hist. ecclés.*) c'est le nom de huit papes.

1°. Le premier souffrit le martyre, le 25 mai 230, sous l'empire d'Alexandre Sévère.

2°. *Urbain* II se nommoit Otton ou Odon, il avoit été religieux de Cluni ; il fut élu le 12 mars 1088, après la mort du pape Victor III. Ce fut lui qui tint en 1095, le concile de Clermont où fut résolue la première croisade. Il mourut à Rome, le 29 juillet 1099. On a de lui lettres dans les conciles du P. Labbe. Dom. Ruinart a écrit sa vie en latin. On la trouve parmi les œuvres posthumes de dom Mabillon.

3°. Urbain III, (Hubert Crivelli) n'a de memorable que la circonstance de sa mort, arrivée à Ferrare, le 19 octobre 1187, & qui fut accélérée, dit-on, par la nouvelle de la prise de Jérusalem par Saladin.

4°. *Urbain* IV, (Jacques Pantaléon dit de Court-Palais,) fils d'un savetier de Troyes en Champagne, élu pape le 29 août 1261, publia une croisade contre Mainfroi, usurpateur de la Sicile en 1263, & institua la fête du saint sacrément qu'il célébra la première fois le jeudi d'après l'octave de la pentecôte 1294. Il fit composer l'office de cette fête par saint Thomas d'Aquin, c'est le même qu'on récite aujourd'hui. Urbain IV mourut cette même année 1264. On a de lui 61 lettres dans le trésor des anecdotes de dom Martène.

5°. *Urbain* V, (Guillaume de Grimoald ou Grimoard,) fils du baron du Roure & d'Emphelise de Sabran, élu en 1362, transféra le saint siége d'Avignon où il étoit alors depuis 1304 à Rome en 1367. Il le reporta en 1470 à Avignon, où il mourut le 19 décembre. Il avoit fondé à Montpellier un collège pour douze étudians en médecine.

6°. *Urbain* VI, après soixante & douze ans ou du moins 69. (*Voyez* l'article précédent, *Urbain* V.) de séjour dans Avignon, les papes étoient retournés à Rome, pour s'y fixer. Ce fut Grégoire XI, qui, en 1377, reporta le saint siége dans cette capitale de la chrétienté ; les François virent ce changement avec indifférence, les romains le virent avec des transports de joie. La cour pontificale ramenoit chez ces derniers l'abondance, dont ils étoient privés depuis si long-tems. Mais la mort de Grégoire arrivée en 1379, excita leurs allarmes, ils craignoient sous un pape nouveau une translation nouvelle ; le conclave étoit rempli de cardinaux françois, dont le nombre avoit été considérablement augmenté par le long séjour des papes en France. Le peuple investit le conclave, & menaça d'y mettre le feu, si l'on nommoit un étranger pour pape. On n'entendoit que ce cri séditieux. *Romano lo volemo. Nous voulons un romain.* On ne leur donna pas un romain, mais du moins ce fut un Italien, Barthélemi Prignano, archevêque de Bari. Quand le schisme fut formé, on prétendit que les cardinaux effrayés des menaces du peuple, & cédant à la violence, n'avoient fait qu'une feinte élection, qu'ils étoient convenus que dans un tems & dans un lieu plus libres, ils procéderoient à une élection plus régulière.

Quoi qu'il en soit, il paroît que Barthélemi se

crut légitimement élu, il prit le nom d'*Urbain* VI; il ignoroit le prétendu secret des cardinaux, qui pendant trois mois parurent toujours le reconnoître. Peut-être fut-ce le caractère farouche & cruel d'*Urbain* qui les fit souvent d'exécuter leur projet. Ce pape outragea imprudemment en plein consistoire le cardinal de la Grange, principal ministre de France & chef de la brigue françoise dans le sacré collège ; celui-ci donna un démenti au pape, & lui disant : *adieu archevêque de Bari*, monta sur le champ à cheval & sortit de l'état ecclésiastique. Il fut suivi des autres cardinaux françois ; las du joug déjà insupportable d'*Urbain*, ils se retirèrent dans le royaume de Naples, où ils élurent le cardinal de Genève, qui prit le nom de Clément VII, & vint siéger à Avignon. Alors toute l'Europe se partagea en deux obédiences, celle d'*Urbain* VI resta la plus forte, & la succession de Rome a prévalu.

Mézerai dit, qu'il y auroit de la témérité à traiter d'anti-papes ceux de la succession d'Avignon, il y en auroit davantage à élever des doutes sur la légitimité d'*Urbain* & de ses successeurs, puisque l'église les a reconnus ; mais la France se déclara d'abord pour Clément. Les deux concurrens joignirent pour soutenir leurs droits, les armes temporelles aux armes spirituelles. Ils intéressèrent dans leur querelle presque toutes les puissances. *Urbain* publia en Angleterre une croisade contre la France, digne emploi d'un père des fidèles, de les armer les uns contre les autres pour ses intérêts personnels ! A la tête de cette croisade & de l'armée croisée, étoit un prélat anglois, Spenser, évêque de Norwick ; (*Voyez* l'article SPENSER.)

Urbain étoit si violent & si cruel que dans son parti même on se révoltoit ou l'on conspiroit contre lui. Il fit mettre six de ses cardinaux à la question, & les fit mourir comme coupables de trahison, il ne fit grace qu'à un cardinal évêque de Londres en faveur du roi d'Angleterre qui étoit urbaniste. Insensiblement la crainte & la haine détachèrent du parti d'*Urbain*, jusqu'à ses meilleurs amis : sa cour devint un désert, il n'en fut que plus heureux & plus cruel. Sa mort arrivée en 1389, fut une fête pour la chrétienté.

Ce fut lui qui institua la fête de la visitation de la Vierge.

7°. *Urbain* VII, (Jean-Baptiste Castagna) fut élu après la mort de Sixte-Quint, le 15 septembre 1590. Ce pape l'avoit désigné pour son successeur par ce calembourg qu'il fit un jour aux cardinaux : *les poires sont pourries, il vous faut des châtaignes*, allusion aux poires qu'il portoit pour armes, & aux châtaignes qui étoient celles de la famille de Castagna. Les châtaignes ne dévoient pas durer beaucoup plus que les poires ; *Urbain*

VII mourut douze jours après son élection, le 27 du même mois : Dieu, dit-il en mourant, se hâte de rompre des liens qui m'auroient été funestes.

8e. *Urbain VIII*, à ce que nous avons dit de ce pape à *l'article* BARBERIN, il faut ajouter ici, qu'il fut élu le 6 août 1723, après la mort de Grégoire XV ; qu'il se nommoit Maffeo Barberino, qu'il réunit au saint-siège le duché d'*Urbin* ; qu'il renouvella & confirma la bulle de Pie V contre Baïus ; qu'on l'appelloit *l'abeille attique*, parce qu'il passoit pour savoir & aimer le grec ; le rapport de ce mot *abeille* aux armes de Barberin (*Voyez* l'article BARBERIN.) contribue à réduire à sa juste valeur ce titre d'*abeille attique*, qui sembleroit désigner un orateur ou un poëte grec & qui ne désigne tout au plus qu'un amateur. On a du moins du pape *Urbain VIII*, des poésies latines, imprimées à Paris au louvre, in-folio; *Maffei Barberini poëmata*. On a aussi de lui des poésies Italiennes. Il corrigea les hymnes de l'église qui ont eu besoin encore d'être corrigées & refaites depuis.

URBANITÉ ROMAINE, (*Hist. rom.*) ce mot désignoit la politesse de langage, de l'esprit & des manières, attachée singulièrement à la ville de Rome.

Il paroît d'abord étrange que le mot *urbanité* ait eu tant de peine à s'établir dans nôtre langue; car quoique d'excellens écrivains s'en soient servis,& que le dictionnaire de l'Académie Françoise l'autorise; on ne peut pas dire qu'il soit fort en usage, même aujourd'hui. En examinant quelle pourroit en être la raison, il est vraisemblable que les françois qui examinent rarement les choses à fond, n'ont pas jugé ce mot fort nécessaire; ils ont cru que leurs termes *politesse* & *galanterie* renfermoient tout ce que l'on entend par *urbanité*; en quoi ils se sont fort trompés, le terme d'*urbanité* désignant non-seulement beaucoup plus, mais quelquefois autre chose. D'ailleurs *urbanitas* chez les romains étoit un mot propre qui signifioit, comme nous l'avons dit, cette *politesse* d'esprit, de langage & de manières, attachée spécialement à la ville de Rome; & parmi nous, la politesse n'est le privilège d'aucune ville en particulier, pas même de la capitale, mais uniquement de la cour. Enfin, l'idée que le mot *urbanité* présente à l'esprit, n'étant pas bien nette, c'est une raison de son peu d'usage.

Cicéron faisoit consister *l'urbanité romaine* dans la pureté du langage, jointe à la douceur & à l'agrément de la prononciation; Domitius Marsus donne à l'*urbanité* beaucoup plus d'étendue, & lui assigne pour objet non-seulement les mots comme fait Cicéron, mais encore les personnes & les choses. Quintilien & Horace en donnent l'idée juste,

lorsqu'ils la définissent un goût délicat pris dans le commerce des gens de lettres, & qui n'a rien dans le geste, dans la prononciation, dans les termes de choquant, d'affecté, de bas & de provincial. Ainsi le mot *urbanité* qui d'abord n'étoit affecté qu'au langage poli; a passé au caractère de politesse qui se fait remarquer dans l'esprit, dans l'air, & dans toutes les manières d'une personne, & il a répondu à ce que les grecs appelloient ήθη, *mores*.

Homère, Pindare, Euripide & Sophocle, ont mis tant de graces & de mœurs dans leurs ouvrages, que l'on peut dire que *l'urbanité* leur étoit naturelle; on peut sur-tout donner cette loüange au poëte Anacréon. Nous ne la refuserons certainement pas à Isocrate, encore moins à Démosthene, après le témoignage que Quintilien lui rend, *Demosthenem urbanum fuisse dicunt, dicacem negant*; mais il faut avouer que cette qualité se fait particulièrement remarquer dans Platon. Jamais homme n'a si bien manié l'ironie, qui n'a rien d'aimable, jusques-là qu'au sentiment de Cicéron, il s'est immortalisé pour avoir transmis à la postérité le caractère de Socrate, qui en cachant la vertu la plus constante sous les apparences d'une vie commune, & un esprit orné de toutes sortes de connoissances sous les dehors de la plus grande simplicité, a joué en effet, un rôle singulier & digne d'admiration.

Les auteurs latins étant plus connus, il ne seroit presque pas besoin d'en parler : car qui ne sait, par exemple, que Térence est si rempli d'*urbanité*; que de son temps ses pièces étoient attribuées à Scipion & à Lœlius, les deux plus honnêtes hommes & les plus polis qu'il y eût à Rome? & qui ne sent que la beauté des poésies de Virgile, la finesse d'esprit & d'expression d'Horace, la tendresse de Tibulle, la merveilleuse éloquence de Cicéron, la douce abondance de Tite-Live, l'heureuse briéveté de Salluste, l'élégante simplicité de Phèdre, le prodigieux savoir de Pline le naturaliste, le grand sens de Quintilien, la profonde politique de Tacite : qui ne sent, dis-je, que ces qualités qui sont répandues dans ces différens auteurs, & qui font le caractère particulier de chacun d'eux, sont toutes assaisonnées de *l'urbanité romaine*?

Il en est de cette urbanité comme de toutes les autres qualités; pour être éminentes, elles veulent du naturel & de l'acquit. Cette qualité prise dans le sens de politesse & de mœurs, d'esprit & de manières, ne peut, de même que celle du langage, être inspirée que par une bonne éducation, & dans le soin qui y succède. Horace la reçut de son éducation, il la cultiva par l'étude & par les voyages. Enhardi par d'heureux talens, il fréquenta les grands & sut leur plaire. D'un côté, admis à la familiarité de Pollion, de

Meſſala, de Lollius, de Mécénas, d'Auguſte même: de l'autre, lié d'amitié avec Virgile, avec Varius, avec Tibulle, avec Plotius, avec Valgius, en un mot, avec tout ce que Rome avoit d'eſprits fins & délicats, il n'eſt pas étonnant qu'il eût pris dans le commerce de ces hommes aimables, cette politeſſe, ce goût fin & délicat qui ſe fait ſentir dans ſes écrits. Voilà ce qu'on peut appeller *une culture ſuivie*, & telle qu'il la faut pour acquérir le caractère d'*urbanité*. Quelque bonne éducation que l'on ait eue, pour peu que l'on ceſſe de cultiver ſon eſprit & ſes mœurs par des réflexions & par le commerce des honnêtes gens de la ville & de la cour, on retombe bientôt dans la groſſiéreté.

Il y a une eſpèce d'*urbanité* qui eſt affectée à la raillerie ; elle n'eſt guère ſuſceptible de préceptes : c'eſt un talent qui naît avec nous, & il faut y être formé par la nature même. Parmi les romains on ne cite qu'un Craſſus, qui avec un talent ſingulier pour la fine plaiſanterie ait ſu garder toutes les bienſéances qui doivent l'accompagner.

L'*urbanité*, outre les perfections dont on a parlé, demande encore un fond d'honnêteté qui ne ſe trouve que dans les perſonnes heureuſement nées. Entre les défauts qui lui ſont oppoſés, le principal eſt une envie marquée de faire paroître ce caractère d'*urbanité*, parce que cette affectation même la détruit.

Pour me recueillir en peu de paroles, je crois que la bonne éducation perfectionnée par l'uſage du grand monde, un goût fin, une érudition fleurie, le commerce des ſavans, l'étude des lettres, la pureté du langage, une prononciation délicate, un raiſonnement exact, des manières nobles, un air honnête, & un geſte propre conſtituoient tous les caractères de l'*urbanité romaine*. (*D. J.*)

URCEUS CODRUS (Antoine) (*Hiſt. mod.*) ſavant ou plutôt homme d'eſprit du quinzième ſiècle. On dit que ce ſurnom de Codrus lui vint d'une réponſe qu'il fit au prince de Forly, qui ſe recommandoit à lui, en ſe ſervant de ces expreſſions là. *Les affaires vont bien*, répondit Urceus, *voilà Jupiter qui ſe recommande à Codrus*. Il paroît que le Codrus auquel il faiſoit alluſion, étoit ce Codrus, poëte latin dont parle Juvénal :

Nil habuit Codrus ; quis enim negat ? & tamen illud
Perdidit infelix forum nihil.

Sa pauvreté étoit paſſée en proverbe : *Codro pauperior*. (*Voyez* l'article CODRUS.) On dit que depuis cette réponſe au prince de Forly, Urceus garda toujours le nom de Codrus. Il étoit né en 1446 à Rubiera, ville du territoire de Reggio ;

il enſeigna les belles lettres à Forli, puis à Bologne. On l'accuſoit d'un mélange d'irréligion & de ſuperſtition qui n'eſt que trop ordinaire. On a de lui 1°. des harangues. 2°. Un recueil de poéſies latines, ſylves, églogues, ſatires, épigrammes. Il mourut à Bologne en 1500. On mit ſur ſon tombeau pour toute épitaphe, ces deux mots : *Codrus eram*.

URÉE, (Olivier) en latin *Uredius*, hiſtorien & juriſconſulte des Pays-Bas, mort en 1642, eſt auteur des ouvrages ſuivans : la généalogie des comtes de Flandre, les ſceaux des comtes de Flandre, hiſtoire de Flandre.

URFÉ, (d') (*Hſt. de Fr. & hiſt. litt. mod.*) ancienne & illuſtre maiſon du Forez. On y diſtingue,

1°. Guichard, ſeigneur d'*Urfé*, bailli de Forez, ſénéchal de Quercy, qui ſe diſtingua au ſiège de Bourbourg en 1383, & fut aſſaſſiné l'an 1418, par ſes domeſtiques dans ſon château d'*Urfé*, avec preſque toute ſa famille, nommément avec Jean d'*Urfé* ſon petit fils, & la femme de ce dernier.

2°. Pierre d'*Urfé*, ſecond du nom, fut diſgracié de Louis XI, parce qu'il étoit attaché au roi Charles VII ſon père, il alla ſervir chez les Turcs ſous Selim II, & revenu en France, il s'attacha au parti des ducs de Guyenne, de Bourgogne & de Brétagne. Après la mort de Louis XI, il fut rappellé à la cour par Charles VIII, qui le fit grand écuyer. Il mourut le 10 octobre 1508.

3°. Claude ſon fils fut ambaſſadeur de France au concile de Trente & à Rome, & gouverneur du dauphin & des enfans de France.

4°. Thomas d'*Urfé*, ſeigneur d'Entragues, eut encore le malheur d'être aſſaſſiné dans ſon château d'Entragues.

5°. Les deux hommes les plus célèbres de ce nom, ſont les deux frères, qui tous deux épouſèrent Diane de Château-Morand. L'aîné nommé Anne, & le ſecond beaucoup plus connu encore, Honoré d'*Urfé*, auteur de l'*aſtrée*. On a beaucoup dit & beaucoup crû que l'*aſtrée* eſt un monument de l'amour d'Honoré d'*Urfé* pour la belle Château-Morand, que c'eſt elle qui eſt *Aſtrée* & qu'Honoré d'*Urfé* eſt Céladon ; mais cette idée fondée ſur le témoignage de M. Huet & de quelques autres ſavans, eſt entièrement détruite dans un article qui ſe trouve au commencement du cinquième volume des nouveaux mémoires d'hiſtoire, de critique & de littérature de M. l'abbé d'Artigny ; il en réſulte que c'étoit Anne d'*Urfé* qui avoit été amoureux de mademoiſelle de Château-Morand, & qui avoit compoſé pour elle dans un voyage qu'il avoit fait en Italie avant ſon mariage, la *Diane* en 140 ſonnets. Son mariage

riage que l'on croit être de l'année 1574 est bien certainement antérieur à l'année 1577. Or Honoré d'*Urfé* né le 11 février 1567 n'avoit que 10 ans en 1577, & n'en auroit eu que sept en 1574. Il ne pouvoit donc guères avoir été, comme le suppose M. Huet, amoureux & aimé de mademoiselle de Château-Morand, avant le mariage de celle-ci avec Anne d'*Urfé*, frère aîné d'Honoré. Anne d*Urfé* & mademoiselle de Château Morand habitèrent ensemble 22 ans, & leur mariage fut cassé pour cause d'impuissance en 1596. Anne embrassa l'état ecclésiastique ; mais il se passa encore trois ou quatre ans entre cette séparation & le mariage de mademoiselle de Château-Morand ; ce qui ne prouve pas un grand empressement pour cette union. Aussi tient on, d'Honoré d'*Urfé* lui-même, que l'inclination n'eut aucune part à son mariage, & qu'il n'eut pour motif que le désir d'assurer à la maison d'*Urfé* les biens de la maison de Château-Morand. Il l'avoit dit lui-même à M. Huet qui avoit mieux aimé en croire une tradition romanesque, fondée peut-être sur ce qu'on avoit confondu la *Diane* d'Anne d'*Urfé*, faite véritablement en l'honneur de Diane de Château-Morand avec l'*Astrée* d'Honoré. L'union d'Honoré & de Diane fut pleine de dégoûts & de désagrémens. Honoré désiroit des enfans, Diane accouchoit ou 15 ans de moins informes. La mal-propreté de Diane, toujours environnée de grands chiens qui causoient dans sa chambre & même dans son lit une infection & une saleté insupportables, éloigna & dégoûta Honoré. Il se retira en Piémont, s'y établit & mourut à Ville-franche en 1625. M. d'*Urfé* n'avoit fait imprimer que les trois premières parties de l'*Astrée*. Baro qui avoit été son secrétaire & son confident intime, & qui fut de l'académie françoise, fit imprimer après la mort de d'*Urfé*, la quatrième partie, & en ajouta une cinquième, composée d'après les mémoires d'Honoré. Outre l'*Astrée*, on a encore de d'*Urfé*, la *Sylvanire*, fable boccagère de M. Honoré d'*Urfé*. Il avoit aussi entrepris le poème de la *Savoysiade*, ou histoire de Savoie en vers héroïques françois, dont quelques-uns ont été imprimées dans des recueils. Des terres de la maison impériale de Lascaris, sont échues par succession à la maison d'*Urfé*, sous la condition qu'il y auroit toujours quelqu'un de cette maison qui porteroit le nom de Lascaris. Nous ignorons si Diane de Château Morand dans tout l'éclat de sa jeunesse & de sa beauté, à jamais pu être plus belle que la dernière d'*Urfé*, qui a porté ce nom de Lascaris & pour qui M. de Fontenelle, âgé de près de cent ans, a composé ce madrigal, sous la forme d'une espèce d'énigme.

Mon nom est grec, non pas tiré du grec par force,
  Par le secours d'une savante entorse ;
Mais grec, purement grec, & tel que Casaubon,
  Les deux Scaligers & Saumaise

Histoire, Tome V.

Epris d'amour pour moi, se seroient pâmés d'aise,
  En soupirant pour ce beau nom.
S'il m'eût manqué, réduit à me fournir en France,
J'en avois sous ma main un autre assez heureux,
Qui des siècles naissans retraçoit l'innocence,
Les plus tendres liens, les plus aimables jeux,
Charmes qui de nos jours s'en vont en décadence.
Au défaut des deux noms, il me seroit resté
  Une figure si parfaite,
  Que je pouvois en toute sûreté,
  Etre Mathurine ou Colette,

URIE (*hist. sacr.*). *Voyez* BETHSABÉE.

URNA, (*Mesure romaine*) mesure de capacité chez les romains, qui contenoit la moitié de l'amphore ; Columelle parle de vignobles dont le *jugerum* donnoit six cents urnes de ce vin qui reviendroit en mesure sèche à environ cinquante boisseaux par arpent. (*D. J.*).

URSEREN-THAL., (*Hist. mod.*) en françois le val d'*Ulseren* ; vallée de Suisse, au canton d'Uri. C'est un petit pays de trois lieues de longueur, & d'une lieue de large, sans aucun arbre. Il y a dans cette vallée trois grandes routes ; savoir, celle d'Italie par le mont S. Gothard, celle du Vallais par le mont de la Fourche, & celle des Grisons par le mont de Tavesch. Les habitans de ce val, sont les descendans des anciens Lépontens, qui étoient comptés entre les peuples de la Rhétie, c'est-à-dire, des Grisons. L'évêque de Coire a la jurisdiction spirituelle de la vallée d'*Urseren* ; quant au temporel, les habitans de cette ville sont regardés comme membres de la ligue grise, & comme faisant partie des justiciables de l'Abbé de Disentis. (*D. J.*).

On trouve dans Gruter une ancienne inscription avec le nom de cette ville : *Resp. Ursonensium*. Natalis, qualifié *presbyter de civitate Ursonensium*, souscrit au premier concile d'Arles. Le nom moderne de cette ville est *Ossuna Mariana*, *l. III. hist. c. ij.* (*D. J.*).

URCISIN ou URSIN, (*Hist. ecclés.*) anti-pape, élu par sa faction en 384, fut le concurrent du pape Damase.

URSINS, (des) (Jouvenel ou Juvenal) (*Hist. de Fr.*) famille qui a produit de grands hommes, entre autres Jean Jouvenel ; conseiller au châtelet en 1380, prévôt des marchands en 1388 ; dans cette place il rendit à la ville des services dont elle ne crut pouvoir s'acquitter envers lui qu'en lui donnant l'hôtel des *Ursins*. On dit que de là vient aux Jouvenel ce nom des *Ursins*. On dit même qu'à cette occasion ils prirent les armes de la maison des *Ursins*. Jean Jouvenel fut avocat du roi au parlement en 1404, chancelier de Louis, dauphin, duc d'Aquitaine en 1413, Charles VII le fit président au parlement alors féaut à Poitiers. Il y mourut le premier avril 1481. C'eſt par ſa prévôté qu'il eſt ſurtout célèbre.

Dans le tems qu'il étoit avocat-général ou comme on diſoit alors, avocat du roi au parlement, il étoit le ſeul homme que notre malheureux roi Charles VI, dans ſes accès de démence parut reconnoître. Quand il paroiſſoit devant lui, le roi le regardoit fixement, & lui diſoit : *Juvénal, regardez bien que nous ne perdions rien de notre tems* ; comme on diſoit à Rome dans les tems difficiles : *viderint conſules ne quid reſpublica detrimenti capiat. Que les conſuls veillent à ce que la république n'éprouve aucun dommage.* Il y avoit dans ce propos d'un bon & malheureux prince un triſte ſentiment de ſon état & un ſouvenir confus de l'idée principale qui l'occupoit dans ſes intervalles de raiſon ; il y avoit auſſi une grande eſtime pour la vertu de Jean Juvénal.

Dans les troubles dont la fin du règne de Charles VI fut agitée par les violences des deux factions des Armagnacs & des Bourguignons, Jean Juvénal fut mis dans la priſon du châtelet par la faction de Bourgogne alors triomphante.

Jean Jouvenel eut ſeize enfans dont deux, Jean & Jacques, furent archevêques de Rheims. Le premier a écrit l'hiſtoire de ſon tems. Guillaume Jouvenel des *Urſins*, un de leurs frères, né le 15 mars 1400, fut fait conſeiller au parlement l'an 1423, & chancelier de France le 16 juin 1445. Au commencement du règne de Louis XI en 1461, il fut diſgracié ; en 1464 il fut même arrêté & retenu quelque tems priſonnier à Moulins, vraiſemblablement pour quelque ſoupçon d'avoir favoriſé la ligue du bien public ; mais ſoit que ſon innocence ait été reconnue, ſoit que la ligue n'ait pu être diſſipée qu'à ce prix, il fut rétabli le 9 novembre 1465 dans la charge qu'il exerça juſqu'à ſa mort, arrivée le 23 juin 1472.

URSINS, (Marie-Félicité des) femme du duc de Montmorenci, décapité à Touloufe en 1632. (*Voyez* MONTMORENCI.)

URSINS, (Anne Marie de la Trémoille) (*Voyez* TRÉMOILLE,) (la) (*Voyez* auſſi l'article ALBÉRONI,) avoit épouſé en premières noces Adrien-Blaiſe de Taleyran, prince de Chalais, & en ſecondes Flavio des *Urſins*, duc de Bracciano. Née pour l'intrigue & pour le commandement, elle joua un rôle à Rome ; elle contribua beaucoup à la diſgrace du cardinal de Bouillon. Devenue veuve une ſeconde fois, elle fut nommée *caméra-mayor* ou dame d'honneur de la jeune reine d'Eſpagne, Marie-Louiſe Gabrielle de Savoie, mariée le 11 ſeptembre 1701 au roi Philippe V & ſœur de la ducheſſe de Bourgogne. Cette reine avoit un courage au-deſſus de ſon ſexe & un eſprit au-deſſus de ſon âge, mais elle n'avoit que

douze ans ; la princeſſe des *Urſins* la gouvernoit & gouvernoit par elle Philippe V, prince de dix-huit ans, qui ſelon l'expreſſion du marquis de Louville, chef de ſa maiſon françoiſe, avoit reçu de la nature *un eſprit ſubjugué*. Tout étoit en combuſtion dans cette jeune cour ; le chaos des intérêts & des intrigues ſubalternes étoit preſque impoſſible à débrouiller. Les haines nationales que la ſageſſe du marquis d'Harcourt ſembloit avoir éteintes, ſe ranimoient avec plus de fureur ; la lenteur eſpagnole, la légèreté françoiſe étoient toujours en contraſte : le choc du parti d'Autriche & du parti de Bourbon devenoit toujours plus fort ; les françois même étoient diviſés entre eux. L'ambaſſadeur de France en Eſpagne étoit le miniſtre naturel de Philippe V : cependant aucun ambaſſadeur ne vouloit ou ne pouvoit reſter en Eſpagne, par-la difficulté de s'accorder, ſoit avec les grands du royaume, ſoit ſur-tout avec la princeſſe des *Urſins*. En moins de quatre ans, depuis 1701 juſqu'en 1705, le marquis, alors duc & depuis maréchal d'Harcourt, le comte, depuis maréchal de Marſin, le cardinal d'Étrées, l'abbé d'Étrées ſon neveu, le duc de Grammont, enfin Amelot de Gournay furent ſucceſſivement ambaſſadeurs de France en Eſpagne ; le dernier fut le ſeul qui ſut plaire au roi & à la reine, c'eſt à-dire à la princeſſe des *Urſins*. Ainſi au lieu de ſuivre un plan fixe pour la reſtauration de l'Eſpagne, on tournoit ſans ceſſe dans un cercle de projets & de ſyſtêmes contradictoires. Louis XIV & ſon miniſtre Torci ne recevoient, au lieu de mémoires inſtructifs, que des libelles réciproques. La princeſſe des *Urſins* s'en procuroit d'avance la communication par un moyen bien coupable, mais bien commun chez ceux-mêmes qui le condamnent hautement, elle ouvroit les lettres qui partoient pour la France ; elle trouva dans une de ces lettres qu'on l'accuſoit d'un commerce ſecret avec un jeune homme ; on ajoutoit pour ſa juſtification qu'on les croyoit mariés ; elle écrivit au bas de ſa main : *pour mariés, non* ; avouant ainſi hautement & la violation du dépôt des lettres, & le commerce qu'on lui imputoit. Louis XIV fut indigné, la princeſſe des *Urſins* fut rappellée ; on la renvoyoit d'abord à Rome d'où on l'avoit tirée. On ne vouloit pas même entendre ſa juſtification : la reine d'Eſpagne obtint qu'elle fut entendue, elle vint à Verſailles, & on s'empreſſa de la renvoyer triomphante en Eſpagne où elle fut plus puiſſante que jamais. Le roi & la reine d'Eſpagne, à ſa ſollicitation s'occupèrent long-tems du projet d'ériger en ſouveraineté pour elle un territoire particulier qu'on auroit réſervé dans les Pays-Bas. Les événemens firent évanouir cette ambitieuſe chimère. Elle en eut une autre qui lui échappa de même. La reine d'Eſpagne étant morte, elle eſſaya de prendre ſa place, mais un propos très-négatif du roi lui ayant fait voir qu'il étoit prévenu ſur cet article, & lui ayant fait juger que les obſtacles fero'ent trop forts & de la part de l'Efpagne & de la part de la France, elle abandonna fon projet & fe contenta de chercher à mettre fur le trône d'Efpagne quelque enfant bien docile qu'elle pût s'aſſûrer de gouverner, ainſi qu'elle avoit gouverné la précédente r ine. (*Voyez* à l'article ALBÉRONI,) la diſgrace de la princeſſe des *Urſins*; *voyez* ſa mort à la fin de l'article TRÉMOILLE. (la)

URSINUS, (*Voyez* FULVIUS.)

URSINUS eſt auſſi le nom de divers ſavans Luthériens, connus particulièrement dans leur ſecte. Tels que, 1°. Zacharie *Urſinus*, mort en 1583, grand ami de Mélanchton.

2°. George *Urſinus*, théologien danois, auteur des *antiquités hébraïques*.

3°. Jean-Henri, ſur-intendant des égliſes de Ratisbonne, mort le 14 mai 1667, auteur du livre intitulé: *exercitationes de Zoroaſtre, hermete ſanchoniatone.*

4°. George-Henri, fils du précédent, mort le 10 ſeptembre 1707, auteur des ouvrages ſuivans. *Diatribe de taprobaná cerne & Ogyride veterum. Diſputatio de locuſtis. Obſervationes philologicæ de variis vocum etymologiis & ſignificationibus. De primo & proprio aoriſtorum uſu. Grammatica græca. Dionyſii terræ orbis deſcriptio cum notis.* Notes ſur les églogues de Virgile & ſur la Troade de Sénèque le tragique.

USPERG, (Conrad, abbé d') (*Hiſt. litt. mod.*)

mort vers l'an 1240, a laiſſé une chronique qui finit à l'an 1229. Elle a depuis été continuée par un écrivain anonyme & pouſſée depuis le règne de l'empereur Frédéric II, juſqu'à celui de Charles-Quint.

USSERIUS (Jacques) (*Hiſt. litt. mod.*) en

anglois, Usher, né à Dublin en 1580, neveu d'un archevêque d'Armach, fut fait archevêque d'Armach lui-même en 1626, par le roi Jacques I. Il reſta fidèlement & tendrement attaché au malheureux Charles I. Il s'évanouit en voyant l'appareil du ſupplice de ce prince. Il perdit tous ſes biens dans les guerres civiles qui amenèrent cette affreuſe exécution. Le cardinal de Richelieu, l'univerſité de Leyde lui offrirent des aſyles avantageux, il reſta en Angleterre & ne ceſſa de travailler au milieu des troubles qui agitoient ſa patrie. On ſait que c'eſt ſurtout par ſes travaux ſur la chronologie qu'il eſt célèbre. Tout le monde n'adopte pas ſes calculs, mais tout le monde reſpecte ſon autorité. Il mourut en 1655. Richard Parr a placé ſa vie à la tête de ſes lettres.

USUARD, (*Hiſt. litt. mod.*) bénédictin du

neuvième ſiècle, auteur d'un martyrologe célèbre qu'il dédia au roi Charles le Chauve, & dont nous avons diverſes éditions eſtimées. On ignore les particularités de la vie d'*Uſuard.*

UXELLES ou HUXELLES, (Nicolas Châlon

du-Blé, marquis d') (*Hiſt. de Fr.*). maréchal de France, *homme de plaiſir, fin courtiſan, médiocrement bon citoyen*, dit l'abbé de S. Pierre, en rapportant ſa promotion à l'année 1703; il avoit d'abord embraſſé l'état eccléſiaſtique; ce ne fut qu'après la mort de ſon frère aîné, arrivée en 1669 qu'il prit le parti des armes, & ce fut principalement dans la guerre de 1688, qu'il ſe fit connoître avantageuſement. En 1688, il prit Neuſtat. En 1689, il défendit Mayence, & ne rendit cette place au duc de Lorraine qu'après cinquante-ſix jours de tranchée ouverte. » Le » marquis d'*Uxelles*, dit M. le préſident Hé- » nault, eût tenu encore plus long-tems, ſi la » ville avoit été mieux approviſionnée; mais » comme cela regardoit M. de Louvois, il eut » la prudence de ne s'en point plaindre, & ce » miniſtre lui en ſut gré.

C'eſt au moyen de cette prudence qu'on fait ſa fortune particulière & que la fortune publique ſe perd, & c'eſt là ce que l'abbé de Saint-Pierre, moins indulgent que M. le préſident Hénault, appelle être fin courtiſan & médiocrement bon citoyen. On dit que le public, trompé par la diſcrétion du marquis d'*Uxelles*, n'imputa qu'à lui la priſe de Mayence & que le peuple lui cria *Mayence* en plein théâtre de la part d'un juſte eſtimateur c'eût été un cri d'applaudiſſement, car cette défenſe de Mayence fut réellement un des exploits de cette guerre, mais dans l'intention du parterre trompé, c'étoit un cri d'animadverſion & un outrage, & c'étoit de cet outrage, de ces torts de l'opinion publique que le marquis d'*Uxelles* ſe trouvoit dédommagé par la faveur du marquis de Louvois. Ce fut à lui que Louis XIV dit au ſujet de cette défenſe de Mayence: » vous » avez défendu la place en homme de cœur, & » vous avez capitulé en homme d'eſprit ».

Ce prince jugea le maréchal d'*Uxelles* propre aux négociations comme à la guerre. Il l'envoya en 1710 avec l'abbé de Polignac au triſte congrès de Gertruydemberg, & en 1712 avec le même abbé de Polignac & Ménager au congrès plus heureux d'Utrech en 1718; il fut du conſeil de régence, & il n'y donna jamais que de bons avis. Il mourut en 1730, ſans avoir été marié.

UZEDA, (le duc d') (*Voyez* LERME.)

428

V

VAC

VAALI , f. m. (*Hift. mod.*) ce font des princes fortis des maifons royales dont les rois de Perfe ont conquis les états. Ils font demeurés vicerois, gouverneurs , ou rois tributaires des états de leurs ancêtres.

VACQUERIE ou VAQUERIE, (Jean de la) (*Hift. de Fr.*) magiftrat qui a laiffé une mémoire refpectée. Il étoit premier préfident du parlement de Paris , dans des temps difficiles , fous Louis XI. On a beaucoup cité ce trait de courage qui triompha de tout le defpotifme d'un tel prince. Louis XI avoit , felon l'ufage, envoyé au parlement des édits oppreffifs , & fur quelque réfiftance qu'ils avoient déjà éprouvée , il s'étoit emporté à des menaces effrayantes ; une députation du parlement , à la tête de laquelle étoit le premier préfident arrive fans être attendue , le roi s'étonne , demande avec quelque inquiétude ce qu'on lui veut dire , répond la *Vacquerie* , nous vous apportons la démiffion de nos charges , nos têtes même s'il le faut , & voilà vos édits que le devoir nous défend d'enregiftrer.

Quand le maître au fujet prefcrit des attentats,
Ou préfente la tête , & l'on n'obéit pas.

Louis XI , fur qui ce qui étoit grand produifoit quelquefois fon effet , fut frappé de ce trait de vertu , retira fes édits , remercia les députés de lui en avoir montré les inconvéniens & parut leur rendre fes bonnes graces.

Au commencement du règne fuivant , les princes & les grands ayant tenté de cabaler au parlement relativement à la régence , le même la *Vacquerie* qui pouvoit profiter de cette occafion d'augmenter l'importance de fa compagnie & la fienne , fit voir que la vertu eft une & ne fe dément point. » Le parlement , dit-il , eft » fait pour rendre la juftice au nom du roi & » à fa décharge , & non pour entrer dans les in- » trigues de la cour ni dans les vues ambitieufes » des grands.

La *Vacquerie* vécut & mourut pauvre ; le chancelier de l'Hôpital , auquel il appartenoit d'affigner les rangs parmi les magiftrats & les miniftres , dit que le premier préfident de la *Vacquerie* étoit plus recommandable par fa pauvreté que Rolin , chancelier du duc de Bourgogne , par fes richeffes. La *Vacquerie* mourut en 1497.

VAI

VADÉ , (Jean-Jofeph) (*Hift. litt. mod.*) né en 1720 à Ham dans la Picardie , mort le lundi 4 juillet 1757 , à trente fept ans. C'étoit le La Fontaine des guinguettes & des tavernes. Il avoit dans les mœurs & dans la conduite cette facilité , cet abandon , cette incurie de la Fontaine ; il avoit auffi quelque talent , mais il l'appliquoit mal. On a voulu le regarder comme le créateur d'un genre , auquel on a donné le nom de *genre poiffard* , parce qu'il y peignoit des poiffardes , des bateliers , des racolleurs yvres , &c. Il mettoit beaucoup de vérité dans cette imitation , mais c'étoit du talent perdu ; qui cette vérité pouvoit-elle intéreffer ? Quand Molière peignoit les ridicules & les travers de fon fiècle , il fe propofoit de les corriger ; mais en peignant la groffièreté des poiffardes & des bateliers , avoiton eu l'efpérance ou le defir ou le moyen de les corriger d'un ton qui tient à leur défaut d'éducation ? En avoit-on feulement l'idée ? On ne faifoit qu'arrêter les regards du public fur un ridicule qui n'eft bon ni à peindre ni à connoître ; on ne faifoit qu'égarer & avilir fon goût en lui perfuadant que c'étoit là un plaifir.

VADIARE DUELLUM, (*Hift. mod*). efpèce de cartel ou de défi pour s'engager dans un combat , qui devoit fe donner à jour nommé , c'eft-àdire , lorfqu'une perfonne provoquoit quelqu'un pour décider une difpute par un combat ou duel , & qu'il jettoit à bas fon gantelet , ou faifoit quelque figne femblable de défi ; fi alors l'autre ramaffoit le gantelet ou acceptoit la provocation , on appelloit cette action *vadiare duellum* , donner & prendre un gage mutuel du combat.

Dans l'affaire des Templiers , le grand maître Jacques de Molai ayant comparu devant l'archevêque de Narbonne & autres commiffaires eccléfiaftiques , leur dit que s'il avoit affaire à des juges laïcs , les chofes ne fe pafferoient pas comme on les traitoit , donnant à entendre qu'il provoqueroit au combat & les accufateurs & les juges , pour foutenir fon innocence & celle de fes chevaliers. L'archevêque lui répondit : *Nous ne fommes pas gens à recevoir un gage de bataille.* Et en effet les eccléfiaftiques étoient difpenfés de cette forte d'épreuve. (*A. R.*)

VAILLANT DE GUELLIS , en latin *Germa-*

xus Valens Guellius, furnommé *Pimpontius*, parce qu'il étoit abbé de Pimpont, (*Hist. litt. mod.*) fut évêque d'Orléans, & cette ville étoit sa patrie. Il mourut à Meun-sur-Loire, maison de campagne des évêques d'Orléans. Son goût pour les lettres lui avoit mérité la protection de François I. On trouve dans le recueil intitulé : *Deliciæ poëtarum gallorum*, un poëme où il prédit l'assassinat de Henri III, & les troubles & les malheurs qu'entraîna ce crime.

VAILLANT, (Jean Foy & Jean-François Foy, père & fils) tous deux de l'académie des inscriptions & belles lettres, savans & illustres antiquaires, se sont distingués par leurs grandes connoissances des médailles.

1°. Le père naquit à Beauvais le 24 mai 1632 ; destiné d'abord à la jurisprudence, il la quitta pour la médecine ; mais c'étoient les antiquités & les médailles qui dévoient l'occuper entièrement. Un fermier des environs de Beauvais ayant trouvé en labourant là terre une grande quantité de médailles antiques, il les porte d'abord à M. *Vaillant* comme à l'homme le plus instruit du pays, & M. *Vaillant* qui jusques-là ne s'étoit point occupé de Médailles, devint tout-à-coup antiquaire comme le premier Sforce (*Attendulo*) devint soldat en voyant pour la première fois des soldats passer par son village. De ce moment la vie entière de M. *Vaillant* fut consacrée aux médailles & à des voyages savans, qui tous avoient pour objet l'étude & la découverte des antiquités & l'enrichissement du cabinet du roi dans ce genre. Il fit dans cette vue douze voyages à Rome & dans diverses parties de l'Italie, deux dans le Levant, autant en Angleterre & en Hollande, & revint toujours chargé de trésors littéraires.

Ces voyages ne se firent pas sans périls & sans infortunes. Étant parti de Paris au mois d'octobre 1674, pour se trouver à Rome à l'ouverture du grand jubilé de l'année sainte, une barque de Livourne sur laquelle il s'étoit embarqué à Marseille, fut prise par un corsaire d'Alger ; quoique les françois ne fussent point en guerre avec les Algériens, on ne laissa pas que de les dépouiller comme les autres, en leur disant : *bona pace francesi*, & arrivés à Alger, on les traita tous en esclaves ; le consul de la nation les réclama inutilement, le dey d'Alger les retint en représailles de huit Algériens qui étoient, disoit-il, aux galères en France, & dont il n'avoit pû obtenir la liberté. Enfin après quatre mois & demi de captivité, il fut permis à M. *Vaillant* de revenir en France. On lui rendit une vingtaine de médailles d'or qu'on lui avoit prises. Dans ce passage un bâtiment de Salé qui avançoit à pleines voiles sur la barque, fit craindre de nouveau les aventures du voyage précédent. Dans cette crainte M. *Vaillant* prit le parti d'a-

valer les médailles. Au moment même un coup de vent sépare la barque du corsaire ; elle est prête à échouer sur les côtes de Catalogne, puis dans les bancs de sable des embouchures du Rhône ; enfin M. *Vaillant* s'étant jetté dans un esquif, aborde lui cinquième au rivage le plus prochain.

» Cependant les médailles qu'il avoit avalées » & qui pouvoient peser cinq à six onces, l'in-» commodoient extrêmement. Il consulta deux mé-» decins sur ce qu'il avoit à faire..... ils ne » demeurèrent pas d'accord du r.mède, & dans » l'incertitude M. *Vaillant* ne fit rien. La na-» ture le soulagea d'elle-même de tems à autre, » & il avoit recouvré plus de la moitié de son » trésor lorsqu'il arriva à Lyon. Il y alla voir un » curieux de ses amis à qui il conta ses aven-» tures & n'oublia pas l'article des médailles. » Il lui montra celles qui lui étoient déja re-» venues, & lui fit la description de celles qu'il at-» tendoit encore. Parmi ces dernières étoit un Othon » qui fit tant d'envie à son ami, qu'il lui pro-» posa de l'en accommoder pour un certain prix. » M. *Vaillant* y consentit pour la rareté du fait, » & heureusement il se trouva le jour même en-» état de tenir son marché ».

D'excellens ouvrages furent les fruits de tant de recherches & de travaux. Il publia pour l'usage & à la sollicitation des savans, un catalogue des médailles rares en deux volumes in-4°. sous ce titre : *Numismata imperatorum romanorum præstantiora, à Julio Cæsare ad Postumum & Tyrannos*.

On en fit deux éditions à Paris & une troisième en Hollande.

En 1681, il publia l'histoire des rois de Syrie, par leurs médailles, *Seleucidarum imperium, sive historia regum Syriæ ad fidem numismatum accommodata*.

En 1698, il donna son recueil des médailles grecques frappées en l'honneur des empereurs romains : *Numismata imperatorum Augustorum & Cæsarum à populis romanæ ditionis græcè loquentibus, ex omni modulo percussa*. Il en fit en 1700 une nouvelle édition à Amsterdam.

Il publia en 1701, l'histoire des rois d'Egypte par médailles ; qu'il avoit comme promise en donnant celle des rois de Syrie.

En 1703, il donna une explication de toutes les médailles des familles romaines. *Nummi antiqui familiarum romanarum perpetuis interpretationibus illustrati*.

Tels sont ses principaux, mais non pas tous ses ouvrages.

Il entra dans l'académie des inscriptions & belles-lettres en 1701, fut pensionnaire en 1702, mourut le 23 octobre 1706. Il avoit épousé suc-

V A I

cessivement deux sœurs par dispense du pape. Il eut plusieurs enfans, entre autres:

2°. Jean-François Foy, qu'il fit entrer en 1702, en qualité d'élève à l'académie des inscriptions & belles-lettres. Celui-ci étoit né à Rome le 17 février 1665, dans le cours des voyages littéraires de son père. Le fils formé par lui, fut comme lui médecin & antiquaire. Il avoit composé un traité de la nature & de l'usage du caffé, dont le manuscrit se perdit entre les mains de ses amis. On a de lui divers mémoires, la plupart sur les médailles, dans le recueil de l'académie. Il mourut le 17 novembre 1708.

Un autre *Vaillant* (Sébastien) fut de l'académie des sciences. Né à Vigny près Pontoise, en 1669, d'abord organiste chez les hospitalieres de Pontoise, puis chirurgien, il fut enfin secrétaire de M. Fagon, & cette dernière place étoit celle où l'appelloit le goût de la botanique qui s'étoit déclaré en lui dès sa plus tendre jeunesse; M. Fagon cultiva & perfectionna ce goût, lui donna entrée dans tous les jardins botaniques de la France & lui obtint la direction du jardin royal, & les places de professeur & de sous-démonstrateur des plantes de ce jardin, & de garde des drogues du cabinet du roi. Le Czar Pierre pendant son séjour en France, ayant eu la curiosité de voir ce cabinet, *Vaillant* fut chargé de le lui montrer & de répondre aux questions de ce monarque si empressé de s'instruire. Il fut reçu à l'académie des sciences en 1716. Ses principaux ouvrages sont des remarques sur les institutions de botanique de Tournefort ; un discours sur la structure des fleurs & sur l'usage de leurs différentes parties. Un livre qui fut imprimé à Leyde par les soins de l'illustre Boerhaave en 1727, sous le titre de *botanicon Parisiense, ou dénombrement par ordre alphabétique, des plantes qui se trouvent aux environs de Paris*. Mort en 1722.

VAIR, (Guillaume du) (*Hist. de Fr.*) garde des sceaux & évêque de Lisieux, naquit à Paris en 1556. Il étoit fils de Jean du *Vair*, procureur-général de la reine Catherine de Médicis. Il fut successivement conseiller au parlement de Paris, maître des requêtes, premier président du parlement de Provence, enfin il fut fait garde des sceaux en 1616, puis évêque de Lisieux en 1618. Il eut de son tems de la réputation & comme magistrat & comme ministre, & comme évêque & comme homme de lettres. Il parut d'abord avoir quelque fermeté dans le caractère, il résista au maréchal d'Ancre, qui le fit disgracier ; sa disgrace lui fit honneur dans le public, mais il montra plus de complaisance & de souplesse, lorsque le connétable de Luynes ayant renversé le maréchal d'Ancre, fit rentrer du *Vair* dans sa place, & lui fit, dit-on, espérer le chapeau de cardinal qu'il n'eut point; ce magistrat perdit alors

de sa considération. Il mourut à Tonneins en Agenois où il étoit à la suite du roi pendant le siège de Clerac en 1621. On a recueilli ses œuvres en un gros volume in-folio. Il passoit pour un des esprits les plus cultivés & un des hommes les plus éloquens de son siècle. On auroit peine à retrouver cette éloquence dans les harangues qui forment une partie du recueil de ses œuvres ; mais enfin ces œuvres, cette réputation de doctrine & d'éloquence, cette vertu austère par laquelle il s'étoit d'abord fait connoître & dont il conserva tout ce qu'on en peut conserver à la cour, ont fait trouver quelque ressemblance entre ce magistrat & le chancelier d'Aguesseau.

VAISSETTE, (dom Joseph) (*Hist. litt. mod.*) bénédictin de la congrégation de Saint-Maur, bien connu par son *histoire du Languedoc*, à laquelle il travailla d'abord avec dom Claude de Vio, son confrère. Le premier volume parut, en 1730. Dom de Vio étant mort en 1734, dom *Vaissette* resta seul chargé de cet ouvrage & il publia seul les quatre volumes suivans. Il en préparoit même un sixième que dom Bourotte son confrère étoit chargé d'achever après la mort de dom *Vaissette*. Celui-ci composa aussi un abrégé de son histoire de Languedoc en six volumes in-12, & une géographie universel. Dom *Vaissette* étoit né à Gaillac en Agenois eu 1685, s'étoit fait bénédictin à Toulouse en 1711, étoit venu à Paris en 1713, y mourut à l'abbaye de Saint-Germin-des-Prés en 1756.

VAIVODE, s. m. (*Hist. mod.*). est proprement un titre qu'on donne aux gouverneurs des principales places de l'empire de Russie. Les palatins ou gouverneurs des provinces de Pologne prennent aussi la qualité de *vaivodes*. (*A. R.*)

VALBONNAIS, (Bourchenu ou Bouchenu de) (Jean-Pierre) (*Hist. litt. mod.*) fils d'un conseiller au parlement de Grenoble, fut aussi conseiller au même parlement, puis premier président de la chambre des comptes de Grenoble & conseiller d'état. Il étoit né en 1651. Dans sa jeunesse il voyagea beaucoup en Italie, en Hollande, en Angleterre. Dans le cours de ces voyages il se trouva le 6 juin 1672 au terrible combat de Soulsbaye que la flotte angloise, commandée par le duc d'Yorck, (depuis Jacques II,) & jointe à la flotte françoise, commandée par le comte d'Estrées, (depuis maréchal de France,) livroit au fameux Ruyter. *Valbonnais* étoit apparemment comme simple passager, sur la flotte angloise. Ce spectacle le dégouta pour jamais & des batailles navales & des voyages ; il revint s'attacher pour le reste de sa vie aux travaux paisibles des lettres & de la magistrature. Il eut le malheur de devenir aveugle de bonne heure, & il l'étoit lorsil donna & même compofa fon hiftoire du auphiné, 2 vol. in-folio, par laquelle il eft lèbre. Il laffa en manufcrit un nobiliaire auffi i Dauphiné. On a de lui d'ailleurs divers mé-oires ou differtations répandus dans des journaux, ort en 1730.

VALDO, (Pierre) (*Hift. ecclef.*) marchand e Lyon, donna fon nom à la fecte des Vau-ois formée en 1160. Cet homme étant dans une af-fmblée de riches marchands, un d'entr'eux iourut fubitement à fes yeux. Ce coup le frappa, afques-là il ne s'étoit pas beaucoup occupé de la eligion, il fe mit à étudier l'évangile, il y vit ar-tout l'éloge de la pauvreté, il jugea que la ie apoftolique avoit difparu de la terre, il vou'ut a renouveller. Il vendit tout fon bien, le donna ux pauvres, fe fit pauvre lui-même & prit des andales; plufieurs Lyonnois s'unirent à lui & prirent des fandales, d'où ils furent nommés *in-fabbatés*, on les nomma auffi *les pauvres de Lyon*. Les apôtres n'étoient pas feulement pauvres, ils étoient encore prédicateurs, les Vaudois vou-lurent l'être. Le pape Luce III les condamna; on les voit pourtant en 1172 foumis au faint fiège, folliciter l'approbation d'Innocent III. Ce fut, dit on, pour oppofer à ces pauvres orgueilleux des pénitens vraiment pauvres & humbles de cœur qu'Innocent III approuva en 1215 au concile de Latran, l'inftitut des frères mineurs ou cordeliers.

Ce fut auffi apparemment pour oppofer à ces prédicateurs fans miffion des prédicateurs envoyés qu'l approuva au même concile l'ordre des frères prêcheurs ou dominicains. Ces deux ordres rivaux remplirent les chaires, préfidèrent aux tribunaux d'inquifition, dirigèrent les confciences des rois, troublè ent le monde dans des fiècles d'ignorance par leur fauffe fcience, par leurs ridicules qué-relles foit entr'eux, foit d'ordre à ordre, fur l'union hypoftatique du fang de Jefus-Chrift verfé dans fa paffion, fur l'immaculée conception, fur le propre, fur l'étoffe & la forme de leurs habits & de leurs capuchons, toutes queftions qui ont coûté du fang, caufé des fupplices & prefque ébranlé les empires, tandis que les Vaudois tou-jours ignorans, toujours ignorés dans leurs erreurs paifibles, cachés au fond des vallées, couverts de l'ombre des bois, pauvres & laborieux, pafteurs & laboureurs, défrichant, fertilifant les terres abandonnées, & lifant quelquefois l'évangile, s'éloignoient d'un monde livré à toutes ces dif-putes. Leur fecte eft remarquable entre toutes les autres par cette obfcurité même, qui attefte leur douceur tranquille, comme la célébrité de tant d'autres accufe leur turbulence. Il faut favoir gré à une fecte religieufe de ne pas ravager la terre, il faut favoir gré à celle-ci de l'avoir cultivée avec fuccès; leurs feigneurs qu'ils enrichiffoient en pre-nant leurs landes à cens; les rois auxquels ils

procuroient par leur travail de nouveaux impôts bien payés, n'avoient garde de fe plaindre d'eux, mais les prêtres dont ils s'éloignoient un peu, murmuroient & les inquiétoient.

La doctrine des Vaudois à peine connue d'eux-mêmes, étoit ou devint une efpèce de dona-ifme qui faifoit dépendre l'effet des facremens de la vertu des miniftres. Un mauvais prêtre ne pou-voit ni abfoudre ni confacrer, un mauvais prêtre, n'étoit point un prêtre. En revanche tout laïc vertueux étoit prêtre effentiellement, mais pour être vertueux il falloit être pauvre, tout prêtre qui confervoit quelque propriété, étoit déchu du facerdoce; auffi quoique les Vaudois paruffent fou-mis à l'églife, ils aimoient mieux fe faire abfoudre par leurs Barbes, (c'étoient leurs miniftres laïcs) que par leurs miniftres eccléfiaftiques. Ils avoient encore une autre erreur qu'il n'appartient pas à tout le monde d'avoir; ils ne croyoient pas qu'il fût permis de punir de mort les criminels; ils ne fondoient cette idée fur aucun motif philofo-phique ni politique, mais fur l'évangile. Dieu a dit: *je ne veux point la mort du pécheur*; il fal-loit donc le laiffer vivre: *la vengeance m'appar-tient*, il falloit donc la lui réferver: *laiffez croître l'ivraie jufqu'à la moiffon*, il ne falloit donc pas prévenir ce tems. Le refte de leurs erreurs, fou-vent mêlé avec les erreurs de chaque fiècle, & qui le furent nommément avec celle de Luther & de Calvin, eft refté affez obfcur, leur fchifme ne fut jamais formel. Pour éviter la perfécution, ils recevoient les facremens de la main des prêtres, mais leurs miniftres leur faifoient demander par-don à Dieu de cette foibleffe.

Ce fut contre ces paifibles & utiles Vaudois, qu'après beaucoup de perfécutions plus ou moins rigoureufes, on en vint en 1545, à cette hor-rible exécution de Cabrières & Mérindol, au-deffus de laquelle il n'y a que celle de la faint Bar-thélemi.

VALDRADE, (*Voyez* LOTHAIRE.)

VALENÇAI, (*Voyez* ESTAMPES.)

VALENS, (*Hift. rom.*) (Flavius) mau-vais empereur, Arien jufqu'à la perfécution, étoit fils puîné de Gratien furnommé le *cordier* & frère de Valentinien I, qui l'affocia en 364 à l'empire & lui donna l'orient à gouverner en 365. Valens étoit né en Pannonie vers l'an 328. Il eut pour concurrent à l'empire Procope. (*Voyez* cet article.) Valens fit principalement la guerre à l'églife & aux goths; il vainquit ceux-ci & leur donna la paix en 370, à condition que le Danube feroit pour eux une barrière qu'ils ne franchiroient jamais. Plus indulgent & trop in-dulgent dans la fuite, il leur permit de s'éta-blir dans la Thrace; infenfiblement ils en vinrent à ravager les pays voisins ; il fallut reprendre les armes ; un général romain, (Lupicin) envoyé contre eux fut battu. *Valens* alors marcha en personne, perdit contre eux une bataille près d'Andrinople en 378, ses soldats le portèrent dans une maison où on croyoit qu'il seroit en sûreté ; les goths vainqueurs survinrent, y mirent le feu & *Valens* y fut misérablement brûlé tout vivant. S'il éprouva un sort cruel, il avoit été cruel lui-même & l'avoit été sur-tout par superstition. Un prétendu magicien lui avoit prédit que son successeur ou un de ses successeurs, seroit un homme dont le nom commenceroit par *Théod*, vraisemblablement parce que tout le monde s'attendoit à voir passer l'empire entre les mains du comte Théodose qui avoit acquis beaucoup de gloire à la guerre & qui paroissoit le plus digne du rang suprême par ses talents & ses vertus ; en conséquence, *Valens* fit périr tous ceux dont le nom commençoit par ces lettres & fit trancher la tête nommément au comte Théodose, à Carthage en 373, ce qui n'empêcha pas Théodose son fils de parvenir à l'empire.

Un autre VALENS, nommé *Valerius*, est au nombre des tyrans, c'est-à-dire qu'il fut proclamé empereur, & tué par ses soldats au bout de six semaines, l'an 261.

VALENTIN, (Grégoire) *Hist. litt. mod.*) jésuite espagnol, disputa contre Lemos sur la grace. Il est aujourd'hui oublié de tout le monde, quoique ses œuvres en cinq volumes *in-folio* se trouvent dans toutes les bibliothèques de théologie. Mort à Naples en 1603.

VALENTIN, c'est le nom :

1°. D'un pape, mort le 21 septembre 827, quarante jours après son élection.

2°. D'un hérésiarque du second siècle, un peu plus absurde que les autres & qui en conséquence eut un peu plus de disciples.

3°. D'un chymiste & alchimiste du seizième siècle, Basile *Valentin* est du moins le nom qu'il prit. Ses ouvrages écrits en haut-allemand, ont été traduits en latin & en françois : c'est *l'azoth des philosophes*, avec les *douze clefs de la philosophie* ; c'est la *révolution des mystères*, des *teintures essentielles des sept métaux & de leurs vertus médicinales* ; c'est le *testament de Basile Valentin*. On prétend que ce chymiste, quel qu'il soit, dut au hasard la connoissance des propriétés de l'antimoine. Des cochons ayant mangé un peu d'antimoine qu'il avoit jetté hors de son laboratoire, il s'apperçut qu'il en furent violemment purgés ; il essaya ce purgatif sur le corps humain, & ses expériences ayant réussi, il fit l'ouvrage intitulé : *currus triumphalis antimonii*.

4°. D'un Botaniste, (Michel-Bernard) professeur en médecine a Giessen, & qui étoit de l'académie des curieux de la nature. On a de lui *historia simplicium reformata & amphitheatrum zootomicum*.

Quant à Jean *Valentin Gentilis*, (*Voyez* GENTILIS.)

VALENTINE de Milan, (*Voyez* VISCONTI.)

VALENTINIEN, (*Hist. rom.*) Il y a eu trois empereurs romains de ce nom. *Valentinien* I. successeur de Jovien, étoit né l'an 321, à Cibales, bourgade de la Pannonie. Son père se nommoit Gratien, & ce fut aussi le nom du fils & du successeur de *Valentinien*. Gratien surnommé le Cordier, père de *Valentinien* & de *Valens*, (*Voyez* cet article,) fut distingué par un courage intrépide & une force de corps extraordinaire. Il passa par tous les dégrés de la milice, devint comte d'Afrique, (car il y avoit alors des comtes d'Afrique & des ducs d'Égypte.) Il commanda les armées romaines dans l'Angleterre, nommée alors la Bretagne. Il tomba dans la disgrace de l'empereur Constance, pour avoir reçu dans son département le tyran ou usurpateur Magnence, compétiteur de Constance.

Valentinien son fils avoit embrassé de bonne heure la profession des armes & s'y étoit distingué comme Gratien. Le règne de Constance étoit celui des ministres, des favoris, des soupçons & des délations. Sur de faux rapports de courtisans & d'envieux, *Valentinien* qui commandoit en qualité de tribun un corps de cavalerie dans les Gaules, fut cassé & renvoyé du service en 357. Il fut rétabli sous Julien, réparateur de la plupart des torts de Constance, & qui fit *Valentinien* tribun de ses gardes ; mais pour plaire à Julien il falloit être payen ; c'étoit là le foible de cet empereur d'ailleurs si grand, & *Valentinien* chrétien zélé se mit en danger par ce zèle même, poussé peut-être un peu plus loin qu'il n'étoit nécessaire. *Valentinien* obligé par le devoir de sa charge, de suivre par-tout l'empereur, l'accompagnoit un jour malgré lui au temple de la fortune ; un prêtre qui faisoit une aspersion d'eau lustrale, en jetta quelques goutes sur l'habit de *Valentinien* ; celui-ci donna un soufflet au prêtre, en lui disant : pourquoi oses-tu me souiller de cette eau impure ? & il déchira l'endroit de son mante où l'eau étoit tombée. Il étoit impossible que l'empereur laissât impunie une telle insulte, faite en sa présence dans de telles conjonctures au ministre de la religion qu'il professoit & qu'il rétablissoit, & l'action de *Valentinien* n'a pas eu l'approbation de tous les chrétiens. L'empereur pour le punir de la manière qu'il jugea devoir lui-être la plus sensible, lui ordonna de sacrifier à l'instant aux dieux s'il ne vouloit perdre sa charge ; sur son refus il l'exila.

l'exila. Caffé par Conftance il avoit été rétabli par Julien ; exilé par l'idolâtre Julien, il fut rappellé par le chrétien Jovien. Lucilien, beau-père de Jovien, mena *Valentinien* avec lui dans les Gaules où il commandoit ; il s'éleva une violente fédition à Rome, Lucilien y périt, *Valentinien* penfa y périr, & s'en étant fauvé avec peine, alla fe ranger en Orient auprès de l'empereur, qui, pour le dédommager & le récompenfer, lui donna la feconde compagnie de fes gardes. A la mort de Jovien, (364) il fut élu empereur, mais on voulut le forcer de fe nommer fur le champ un collègue.

» Romains, dit-il du ton d'un homme vraiment digne du fang augufte où il venoit d'être élevé, » eft-ce donc pour me parler en maîtres que » vous m'avez fait empereur ? Vous pouviez ne » me pas choifir, mais votre choix a été libre, » je le défendrai ; c'eft-à-vous d'obéir, c'eft à » moi feul à commander : ne me forcez pas de ne » voir que des féditieux & des rebelles dans les » braves foldats qui viennent de m'honorer de leurs » fuffrages. Le choix que vous me propofez de » faire, demande du tems & de la réflexion ; je » le ferai, quand je le jugerai à propos, quand les » befoins de l'empire me paroîtront l'exiger ; » attendez-en le temps avec foumiffion & avec » refpect, repofez-vous fur moi du foin de l'état, » & venez recevoir les préfens que je vous ai » deftinés, moins pour fatisfaire à l'ufage, que » pour vous témoigner mon affection ». Ceci fe paffoit le 24 février (364). Le 28 mars fuivant il fit fon choix & ce choix n'étoit pas difficile. Auffi quand il mit l'affaire en délibération dans le confeil, le général Dagalaïfe lui dit-il : qu'eft-il befoin de délibérer ? Si vous aimez votre famille, vous avez un frère, fi vous aimez l'état, nommez le plus digne. Il aima fa famille & choifit Valens fon frère (*Voyez* fon article,) Mais loin de favoir mauvais gré à Dagalaïfe de fa franchife, il l'éleva peu de tems après au confulat.

Les deux empereurs travaillèrent d'abord en commun avec beaucoup de zèle & d'intelligence ; ils firent plufieurs loix utiles à l'empire & fur-tout favorables au chriftianifme ; mais bientôt ils fuivirent l'exemple qui leur avoit été donné par Dioclétien & Maximien, & leurs Céfars, & depuis encore par Conftantin dans les arrangemens qu'il avoit faits entre fes trois fils ; ils partagèrent l'empire pour être plus en état de le défendre, car il étoit depuis longtems attaqué de tous côtés par les barbares ; Valens eut l'Orient, *Valentinien* l'Occident ; celui-ci fe réferva fur fon frère une forte de fupériorité que fon âge & fes bienfaits fembloient lui affurer d'ailleurs.

Valentinien eut principalement à combattre dans les provinces de fon partage les Allemands, les Saxons, les Quades ; mais en général il fit

plus la guerre par fes lieutenans que par lui-même ; cependant il marcha quelquefois en perfonne contre eux, & vers l'an 371, pour être plus à portée de veiller fur tous leurs mouvemens, il vint établir fa cour à Trèves, qui par-là devint comme la capitale de l'empire d'Occident. Le tyran Maximien s'y étoit déjà établi en 384. La guerre de *Valentinien* contre les Quades fut injufte & foutenue par des moyens coupables. *Valentinien* avoit montré fans doute de la fageffe & de la prudence en garniffant de forts toute la barrière du Rhin pour contenir les peuplades barbares de la Germanie, & mettre l'empire romain à l'abri de leurs incurfions ; il devint injufte & ufurpateur lorfqu'il voulut étendre cette précaution jufqu'au Danube, & faire conftruire des forts & mettre des garnifons dans le pays des Quades qui depuis le règne de Marc-Aurele, vivoient paifibles, fans jamais fortir de leurs limites, ni attaquer ni infulter leurs voifins ; ils firent de juftes repréfentations fur cette infraction du droit des gens ; Maximien, préfet des Gaules, homme cruel & entreprenant & qui avoit brigué la commiffion de faire exécuter les ordres de l'empereur, entra en conférence avec Gabinius, roi des Quades. » Nous ne vous demandons point grace, lui difoit » Gabinius, nous demandons juftice ; laiffez vivre » en paix ceux qui ne troublent point la paix » d'autrui, nous avons renoncé aux conquêtes & » aux courfes, mais non pas à la libre pof-» feffion de notre pays ». Maximien prolongea les conférences, parut accueillir Gabinius & fentir fes raifons, & quand il crut avoir infpiré affez de confiance aux Quades, il invita les principaux d'entre eux avec leur roi à un fouper où ils furent tous affaffinés ; on dit que Gabinius périt de la propre main de Maximien.

Les Quades indignés paffèrent le Danube & fe jettèrent fur les terres de l'empire où ils firent beaucoup de ravage. Peu de tems après on apprit que l'empereur venoit en perfonne dans le pays. On efpéra d'abord qu'il venoit faire juftice du crime de Maximien & des vexations que fes gouverneurs exerçoient depuis long tems dans ces contrées. On s'en flattoit en vain, il venoit fe venger des Quades & ne fe propofoit pas moins de les exterminer. Effrayés à la vue des aigles romaines & d'un empereur defcendant en perfonne dans leur pays le fer & la flamme à la main, ils fe fauvèrent dans leurs montagnes, où ils regardoient en pleurant leurs maifons réduites en cendres & l'horrible dévaftation de leurs villes ; ils cherchèrent tous les moyens d'appaifer la colère de l'empereur, & ils obtinrent avec peine la faveur d'une audience ; leurs ambaffadeurs fuppliants & tremblans fe profternèrent aux pieds de *Valentinien* ; ils reffembloient en tout à ce payfan du Danube, que notre la Fontaine rend fi intéreffant dans fa difformité fauvage & dans fa mâle

I i i

& ruſtique éloquence. Leur extérieur négligé bleſſa des yeux accoutumés à l'agrément des cours & au luxe des cités opulentes. *Valentinien* entra dans une ſingulière erreur, il crut que c'étoit par dériſion qu'on lui envoyoit des payſans pour ambaſſadeurs ; il les accabla de reproches & d'inſultes, & s'irritant toujours de plus en plus par leurs excuſes & leurs ſoumiſſions, il parvint enfin, à un tel excès d'emportement, maladie à laquelle il avoit le malheur d'être ſujet, qu'il ſe rompit une veine & eut un vomiſſement de ſang, dont il mourut quelques heures après dans des convulſions violentes, le 17 novembre 375.

Les écrivains qui ne lui ſont pas favorables, obſervent qu'il eſt le ſeul empereur qui n'eût ſigné aucune grace pendant ſon règne. Ce n'étoit rien moins qu'un bon maître, diſent-ils, & s'il avoit quelque juſtice, c'étoit celle d'un juge ſévère & impitoyable ; il ſembloit même punir par humeur ou par goût plus que par un eſprit d'équité. Ceux qui lui ſont moins contraires, lui donnent l'éloge d'avoir aimé ſes peuples, & diſent que ſi ces peuples ont été foulés par des tyrans ſubalternes, par des miniſtres, c'eſt parce que les plaintes des opprimés ne parvenoient pas juſqu'à ſon trône ; mais cela même eſt un tort dans un ſouverain, qui doit ouvrir aux plaintes des opprimés toutes les avenues du trône.

Valentinien, particulier, s'étoit annoncé comme un chrétien zélé juſqu'à l'intolérance ; il ne fut fut cet article qu'un empereur prudent & modéré ; il ne fut point Arien comme Valens ſon frère ; mais s'il ne perſécuta pas comme lui les catholiques, il ne perſécuta pas davantage les ariens ni même les idolâtres. Il fut tolérant, on lui en a fait un crime, on devoit lui en faire un mérite.

Valentinien II étoit fils de *Valentinien I*, & frère puîné de l'empereur Gratien, que *Valentinien I* avoit nommé dès l'an 367 ſon collègue & ſon ſucceſſeur. Gratien avoit dix ſept ans à la mort de ſon père, *Valentinien II* n'avoit que quatre à cinq ans. On n'en fut que plus empreſſé à le faire proclamer empereur par l'eſpérance de régner plus longtems ſous ſon nom. On agita pour lors dans l'empire romain la queſtion frivole qui s'étoit élevée deux fois chez les Perſes, à la mort de Darius, fils d'Hyſtaſpes & à celle de Darius Nothus & qui avoit été décidée de deux manières contraires. A la naiſſance de Gratien, *Valentinien* n'étoit qu'homme privé, il étoit empereur à la naiſſance de *Valentinien II*. Celui qui étoit né fils d'empereur ne devoit il pas l'emporter ſur celui qui n'étoit né que fils d'un homme privé ? Queſtion frivole, diſons-nous, car comme elle ne s'élève qu'au moment de la mort, tous deux alors ſont fils de ſouverain, & le droit de primogéniture doit évidemment l'emporter. Mais ce qui trancha

toute difficulté, ce fut que Gratien prenant pour ſon jeune frère les ſentimens d'un père, approuva ſon élection & conſentit de partager avec lui l'empire d'occident. Il garda l'Eſpagne, les Gaules, la Bretagne, c'eſt à-dire l'Angleterre. *Valentinien II* eut l'Ilyrie, l'Italie & l'Afrique. Valens vivoit toujours & poſſédoit l'orient. Après la mort de Valens, Gratien étendant à tout l'empire ce ſentiment paternel & voyant combien il avoit beſoin de puiſſans défenſeurs, aſſocia encore à la couronne impériale le grand Théodoſe. (*Voyez* ſon article,) & le chargea de veiller ſur les provinces éloignées, que ni Gratien, à cauſe de cet éloignement même, ni *Valentinien II*, à cauſe de ſon bas âge, n'étoient à portée ou en état de défendre. (*Voyez* auſſi à l'article Théodoſe comment ce grand empereur vengea Gratien de ſon aſſaſſin Maxime & rétablit *Valentinien II* ou le jeune, dans ſes états envahis par cet uſurpateur.) *Voyez* encore dans ce même article, THÉODOSE, la fin tragique & l'éloge de ce jeune *Valentinien II*, & comment il fut vengé par Théodoſe ; nous avons parlé dans le même article, des magnifiques obſèques que S. Ambroiſe fit à ce prince aimable, pendant que Théodoſe étoit occupé à le venger, nous avons parlé de la douleur des peuples à ſa mort, il nous reſte à parler de celle de ſes ſœurs. Le corps étant reſté expoſé à Milan pendant deux mois qui furent employés aux préparatifs des obſèques, ſes ſœurs tout éplorées venoient tous les jours aſſiéger ſon cercueil ; on ne pouvoit pas toujours empêcher qu'elles n'en approchaſſent ; alors l'inondant de leurs larmes & faiſant retentir l'air de leurs gémiſſemens, elles le tenoient ſi étroitement embraſſé, qu'il n'étoit plus poſſible de les en arracher, que quand elles étoient évanouies ; ce qui n'arrivoit que trop ſouvent.

Nec minùs Heliades fletus & inania morti
Munera dant lacrymas, & tunſæ pectora palmis,
Non auditurum miſeras Phaëtonta querelas
Noëte dieque vocant aſternunturque ſepulchro.

Valentinien III étoit petit fils du grand Théodoſe par Placidie ſa mère, (*Voyez* ſon article,) ſœur des empereurs Arcadius & Honorius. Il n'avoit que quatre ou cinq ans, lorſque Théodoſe II ſon couſin germain, fils d'Arcadius, lui donna le titre d'empereur, & celui d'Auguſte à Placidie ſa mère, ſous la régence de laquelle il regna. (Ce fut en 424.) *Valentinien* épouſa la ſeconde ou la troiſième Eudoxie, fille de Théodoſe II, & de cette célèbre Athénaïs, que Pulchérie, ſœur de Théodoſe avoit fait épouſer à celui-ci ; (*Voyez* THÉODOSE II.) & qui au baptême avoit changé le nom d'Athénaïs en celui d'Euxodie. Une autre Eudoxie encore avoit été femme d'Arcadius, oncle de *Valentinien II*. C'étoit le tems où l'empire attaqué par Attila toit défendu par Aëtius ; mais *Valentinien*, plongé dans les voluptés, prenoit peu de part aux affaires publiques & accéléroit par son indolence la chûte de l'empire. Il avoit fait enfermer pour quelques mécontentemens Honoria sa sœur, elle invita le roi des Huns à venir la délivrer, lui proposant de l'époufer & de lui porter en dot la moitié de l'empire qu'elle difoit lui appartenir de droit. Attila n'avoit pas befoin de ce prétexte pour envahir l'empire, mais enfin c'étoit un prétexte, il prenoit tout & s'arma des droits qu'on lui offroit. Il mourut fubitement d'une hémorragie au moment où il fe rendoit le plus redoutable, & Valentinien, qui n'avoit jamais fû lui réfifter au moins par lui-même, délivré d'un ennemi fi puiffant, fe replongea plus que jamais dans les voluptés. Le fénateur Maxime, petit-fils de ce tyran Maxime qui avoit fait périr l'empereur Gratien & ufurpé pendant quelque tems les états de Valentinien II, avoit une femme auffi fage que belle, dont Valentinien III devint éperdument amoureux. N'ayant pu la féduire, il fongeoit à lui faire violence. Maxime lui en fournit l'occafion en perdant contre lui au jeu une fomme fi forte, que n'ayant pas dequoi la payer toute entière fur le champ, il remit à Valentinien fon anneau pour gage de ce qui reftoit à payer. Muni de cet anneau l'empereur envoye un officier du palais prier la femme de Maxime de la part de fon mari, de venir en diligence faire fa cour à l'impératrice Eudoxie, & pour prouver que l'invitation venoit de Maxime, l'officier montra l'anneau. Valentinien qui épioit le moment de l'arrivée de cette femme, la fit conduire dans un appartement écarté, où, malgré fes cris & fes larmes, il confomma fon crime.... En fe plaignant à fon mari de cet outrage, elle fe plaignit fur-tout de lui, l'anneau lui ayant perfuadé que Maxime avoit confenti à fa honte. Il la détrompa aifément par la fureur où il fe mit ce récit & par le vif reffentiment qu'il fit éclater. Ce reffentiment alla jufqu'aux projets de vengeance les plus finiftres, mais Aëtius, qui veilloit fur l'empire & fur l'empereur, étoit un obftacle à l'exécution de pareils deffeins. Maxime commença à écarter l'ordre de l'obftacle. Valentinien voyoit d'un œil jaloux un général fi célèbre & qui l'avoit trop bien fervi. Maxime s'attacha en toute occafion à le rendre de plus en plus fufpect à fon maître, jufqu'à ce qu'enfin l'infenfé Valentinien, dans fon aveuglement déplorable fit affaffiner le feul homme qui pouvoit encore le défendre & contre les ennemis étrangers & contre les ennemis domeftiques. (Voyez à l'article Aetius, le mot que dit Valentinien III lui-même fur cet affaffinat à un de fes courtifans.)

Aëtius mort, Maxime eut la principale part dans la confiance de Valentinien. Il fit aifément entrer au nombre des gardes de ce prince, deux foldats d'Aëtius, qui brûloient de le venger, & dont il redoubla le zèle par fes exhortations, les

trompant par le zèle qu'il affectoit lui-même pour fa mémoire & la vengeance de ce grand général. Ils trouvèrent le moment qu'ils cherchoient & Valentinien mourut fous leurs coups l'an 455. En lui périt la race fi dégénérée de Théodofe. Nous ne parlons que de la race mafculine, qui fut toujours trop indigne de ce grand empereur. L'efprit, les talens, les grandes qualités ne fe trouvèrent plus que chez les femmes. Les Pulchéries, les Placidies, les Eudoxies illuftrèrent feules la maifon de Théodofe.

VALENTINOIS, (pour le duc de) (*Voyez* BORGIA.)

Pour la ducheffe de (*Voyez* POITIERS,)

VALERE - MAXIME, (Valerius - Maximus) *Hift. litt. mod.*) hiftorien latin ; il étoit des maifons Valéria ou Fabia. Il vivoit fous Tibère, & il lui dédia fon ouvrage fi connu : dans fa jeuneffe, il avoit porté les armes fous le jeune Pompée (SEXTUS) Nous avons une traduction françoife de *Valère - Maxime*. Plufieurs croyent que fon ouvrage tel qu'il eft, n'eft que l'abrégé de fon véritable ouvrage, abrégé compofé par Nepotien d'Afrique.

VALÉRIEN, (*Publius-Lucinius-Valerianus*) (*Hift. rom.*) fur le traitement que Sapor fit à cet empereur & à Mariniana fa femme, (*voyez* une réflexion à l'article BAJAZET.)

On fait quelle avoit été dans les tems de la république la puiffance redoutable des cenfeurs ; elle avoit paru trop grande pour un particulier fous le gouvernement monarchique ou defpotique des empereurs & ces princes avoient cru ne la devoir confier qu'à eux-mêmes. L'empereur Dèce ou Décius penfa plus noblement & rendit au fénat le pouvoir d'élire un cenfeur. Son choix tomba fur *Valérien*, avec l'agrément de l'empereur Dèce qui dit que *Valérien* étoit cenfeur né, fa vie étant une cenfure continuelle. *Valérien* étant abfent lorfqu'il fut élu cenfeur, & cette circonftance n'ayant pas empêché de fonger à lui, paroît confirmer le jugement que l'empereur Dèce portoit de lui.

Après la mort de l'empereur Dèce, arrivée en 251. Emilien & Gallus fe difputèrent l'empire. Gallus fut tué avec fon fils Volufien dans une bataille livrée à fon compétiteur. Emilien fe crut empereur, mais l'armée des Alpes, de concert avec Rome, proclama empereur *Valérien*, alors fon général, & la fupériorité de ce choix glaça le zèle des partifans d'Emilien, qui le facrifièrent pour faire ceffer la concurrence. *Valérien* fut élu en 253 étant âgé d'environ foixante & dix ans ; il fe hâta de nommer Céfar Gallien fon fils. Il juſtifia l'augure favorable qu'on avoit conçu de fon règne, il rétablit l'ordre, donna tous les emplois aux plus dignes, fut aimé du peuple ; favorable d'abord aux chrétiens, il les perſécuta dans la fuite, & cette perſécution des chrétiens eſt comptée pour la huitième. Il combattit avec courage & avec fuccès les Goths & les Scythes ; moins heureux contre les Perſes, il eut en 260 le malheur d'être pris & réduit en eſclavage par Sapor, qui le traita, dit-on, avec la dernière indignité, (*Voyez* l'article BAJAZET,) le menant par-tout en triomphe, chargé de chaînes & revêtu de la pourpre & des autres ornemens impériaux, & s'en ſervant comme d'un marche-pied, quand il montoit à cheval ou fur fon char. Agathias dit même que Sapor lui fit arracher les yeux, le fit écorcher vif & frotter de fel ; une pareille ſa conre un malheureux prince, un malheureux vieillard, dont il auroit pû éprouver le fort, n'eſt pas concevable, Lactance dit que *Valérien* fut écorché feulement après fa mort ; eh ! pourquoi cette indignité exercée fur un cadavre ? *Valérien* avoit foixante & ſeize ans, quand il en ra dans cette dure captivité. On croit qu'il y languit fept ans & qu'il ne mourut qu'à quatre-vingt-trois ans, toujours louteu par l'eſpéra ce de voir Gallien fon fils venir le délivrer & le venger.

VALÉRIEN, (hift. lit. mod.) Le P. *Valérien*, capucin, connu principalement par la quinzième des *lettres provinciales* de Paſcal, & par ſes démêlés avec les jéſuites, & fon *Mentiris impudentiffimè* qu'il oppoſoit à toutes eurs calomnies, le nommoit *Magni*, & étoit, felon Paſcal, de la maifon des comtes de Magni. Il étoit né à Milan, en 1587. Le pape Urbain VIII le fit chef des miffions du nord ; il convertit le landgrave de Heffe-Rhinfeld, & Paſcal infinue que ce fut ce qui fouleva contre lui les jéſuites, qui n'aimant pas qu'on s'ingérât de convertir les princes ſans leur miniſtère, accuſè ent le P. *Valérien*, d'héréſie, parce qu'il avoit fait abjurer l'héréſie au landgrave ; ce fut à cette occaſion que le P. *Valérien* mit en œuvres avec avantage ſon terrible *mentiris impudentiffimè*, dont l'énergie plaît fi fort à Paſcal qu'il emploie auffi contre les mêmes ennemis, la même défenfe. Le P. *Valérien* avoit auffi écrit contre la morale relâchée des jéſuites, & il avoit fait abolir, en 1631, l'ordre des jéfuiteffes, nous ignorons juſqu'à quel point les jéſuites pouvoient s'intéreffer à cet ordre. Le P. *Valérien* acquit tant de réputation dans le fien, qu'on voulut l'en tirer ; le roi de Pologne Ladiſlas Sigifmond, demanda pour lui le chapeau de cardinal, mais les jéſuites parèrent le coup & empêchèrent l'effet de la bonne volonté du roi de Pologne. Tout puiſſans fous le pape Alexandre VII, ils firent défendre au P. *Valérien*, d'écrire davantage, & le P. *Valérien* malgré cette

défenfe ayant écrit fon *apologie*, ils parvinrent à le faire mettre en priſon à Vienne ; il en fortit par la faveur de Ferdinand III, & alla mourir à Saltzbourg en 1661. On n'a guè es de lui que des livres de controverfe. Il écrivit comme Arnauld, & contre les jéſuites & contre les proteſtans. Il étoit grand zélateur de la philoſophie de Defcartes, & c'étoit alors un mérite.

VALERIO ou VALLERIO, (Auguſtin)(*Hiſt. Litt. mod.*) ſavant Vénitien, né en 1531. Profeſſeur de morale à Véniſe en 1558. Fait évêque de Vérone en 1565. Mort en 1606. Grégoire XIII, l'avoit fait cardinal ; S. Charles Borromée étoit fon ami. Ce fut dit on, par l'avis & fur le plan tracé par S. Charles Borromée, qu'il compoſa fa rhétorique du prédicateur ; elle eſt en latin ; elle a été traduite en françois par M. l'abbé Dinouart. On a encore du cardinal *Valerio* un traité *de cautione adhibendâ in edendis libris.*

VALERIUS-PUBLICOLA, (Publius) (*Hiſt. rom.*) La première fois que l'hiſtoire romaine parle de *Valerius*, fi célèbre depuis par le furnom fi bien mérité de *Publicola*, c'eſt à la mort de Lucrèce dont il fut témoin, ayant accompagné chez elle Spurius-Lucretius fon père qu'elle avoit fait prier de s'y rendre pour recueillir fes derniers ſoupirs & les derniers vœux de fon cœur outragé. *Valerius* qui étoit, après Brutus, celui qui avoit le plus contribué à l'exp ulfion des Tarquins & à l'établiſſement de la liberté,

Valeri genus, undè fuperbus
Tarquinius regno pulfus fugit,

eſpéroit, défiroit être le premier conſul, nommé avec Brutus ; on lui préféra Tarquin Collatin, uniquement parce qu'étant le mari de Lucrèce & ayant été perfonnellement outragé par Sextus-Tarquin, on jugea qu'il devoit être le plus irréconciliable ennemi des Tarquins. *Valerius* qui devoit fentir que lui avoit été le vrai motif de la préférence accordée fur lui à un autre & que ſe motif n'avoit rien de défobligeant pour lui, eut la foibleffe d'être mécontent, il quitta le fénat, il s'éloigna des affaires ; on craignit qu'il ne fe reconciliât avec les Tarquins ; il montra bientôt qu'il en étoit incapable ; Brutus ayant cru devoir exiger un nouveau ferment contre les rois & la royauté, *Valerius* jura le premier une guerre immortelle aux Tarquins. Il eut bientôt d'ailleurs une fatisfaction entière, car comme dans les révolutions les efprits font toujours portés à la défiance, Collatin étant devenu fuſpect parce qu'il avoit opiné pour la reſtitution des biens des Tarquins, & parce qu'après cette conjuration en faveur des rois, que Brutus punit fur fes propres enfans, il s'étoit porté avec affez de molleffe à la punition des conjurés, il abdiqua le conſulat, quitta la ville, & joignit au service d'en avoir chassé les tyrans de son nom, celui de délivrer Rome du nom même de Tarquin, devenu pour jamais ou odieux ou suspect. Ce fut alors *Valerius* qui fut fait consul & collègue de Brutus. Après la mort de Brutus il eut pour collègue Spurius-Lucrétius, père de Lucrèce. Dans l'intervalle de la mort de Brutus, à la nomination de Lucrétius, *Valerius*, seul consul, présentoit au peuple les apparences de la royauté, on le soupçonna d'y aspirer, & comme le peuple ne sait pas mettre de différence entre l'apparence & la réalité, en se le soupçon le plus frivole & la conviction complette, tout fut bientôt suspect de la part de *Valerius*; on remarqua que sa maison, bâtie sur la croupe de Vélia, qui étoit la partie la plus élevée du Mont-Palatin, ressembloit à un palais royal, & par cette situation qui dominoit la ville & par une sorte de magnificence pour le tems; il instruit des discours qui se tenoient dans le public à ce sujet, il convoqua l'assemblée du peuple, & après s'être plaint de ce qu'on rendoit si peu de justice à ses sentimens connus & prouvés dans t u es les occasions, de ce qu'on soupçonnoit l'ennemi déclaré des rois, d'aspirer à la royauté, de ce qu'on regardoit où il demeuroit, & qu'on oublioit qu'il l'étoit; rassurez vous, dit il, la maison de *Valerius* ne vous causera plus d'inquiétude, elle n'allarmera plus votre liberté.

Inque futurum
Pone metus, inquit, nunquam tibi causa doloris
Hæc erit.

La nuit même, il fit démolir sa maison jusqu'à la dernière pierre; puis il s'en fit construire u e aux pieds même de la montagne & dans une telle situation, qu'au lieu qu'auparavant il avoit vue sur toute la ville, toute la ville alors avoit vue sur lui. Le peuple apprit à connoître *Valerius*, & fut honteux de l'avoir soupçonné.

Valerius, avant même qu'on lui eut donné un collègue, fit & fit seul les loix les plus populaires : lorsqu'il alloit aux assemblées & qu'il paroit dans la place publique, il faisoit abaisser les faisceaux devant tout le peuple comme devant son souverain; prenant plaisir à lui rendre hommage & à reconnoître que l'autorité de ce peuple étoit supérieure à la dignité consulaire. *Gratum id multitudini spectaculum fuit*, dit Tite-Live, *summissa sibi esse imperii insignia, confessionemque factam populi quàm consulis majestatem vimque majorem esse.*

Il ordonna qu'on ne porteroit les haches devant les consuls que hors des murs, & que dans la ville les faisceaux seroient sans hache.

Il voulut qu'il y eût appel au peuple des jugemens de tous les magistrats,

Q'on ne pût entrer dans aucune magistrature sans le consentement du peuple.

Que le trésor public fût à la disposition & les trésoriers à la nomination du peuple.

Qu'il fût permis à tout citoyen de tuer sans aucune forme de justice quiconque voudroit se faire roi, pourvu seulement que l'auteur du meurtre donnât des preuves de l'attentat qu'il auroit puni; loi dangereuse en ce que l'homme accusé ou soupçonné de tyrannie n'est point en état de se défendre, puisqu'on n'examine les preuves qu'après sa mort; & cependant un homme contre lequel il peut s'élever des apparences très-fortes, les auroit peut-être détruites d'un seul mot, s'il avoit été dans le cas de s'expliquer.

Au reste ce n'étoit pas l'esprit républicain qui manquoit à toutes ces loix bonnes ou mauvaises, & c'est à juste titre qu'elles firent donner à *Valerius* le surnom de *Publicola.*

Il fut consul pour la seconde fois l'année suivante (246 de la fondation de Rome,) pour la troisième fois l'an 247; pour la quatrième, l'an 250. Il mourut l'an 251. Il avoit remporté deux victoires signalées, l'une sur les Etrusques, l'autre sur les Sabins, il avoit reçu deux fois les honneurs du triomphe. Le nom de Brutus donne l'idée d'une vertu austère & d'un zèle républicain qui n'étoit pas sans fanatisme; celui de *Valerius-Publicola* rappelle des vertus plus douces, moins exaltées & une popularité qui ne se dément jamais : ces deux caractères sont parfaitement nuancés & soutenus dans la tragédie de *Brutus.* Des historiens ne balancent point à nommer *Valerius-Publicola* le plus grand homme de son siècle & le plus parfait. Il meurt, dit Tite-Live, dénué de biens, riche en vertus & en gloire, ne laissant pas dequoi faire ses funérailles; on lui en fit de magnifiques aux dépens du public, & les dames romaines portèrent son deuil pendant un an. *Moritur, gloriâ ingenti, copiis familiaribus adeò exiguis, ut funeri sumptus deesset : de publico est elatus.*

7e. Marcus *Valerius*, frère de Publicola, ne dégénéroit point des sentimens populaires qui avoient procuré à Publius ce surnom de PUBLICOLA. Dans les troubles qui s'élevèrent à Rome, l'an 256, entre les riches & les pauvres au sujet des dettes, il signala son zèle pour le peuple & plaida sa cause avec zèle & avec éloquence. A la bataille de Régille en 258. il apperçut parmi les ennemis, Tarquin à la tête des exilés, & voulant acquérir à sa famille l'honneur de tuer les tyrans comme elle avoit déjà celui de les avoir chassé; il court à lui la lance baissée, Tarquin recule & cherche à éviter le choc, sa troupe l'environne, *Valerius* le suit avec ardeur au milieu de cette troupe & étoit prêt de l'atteindre, lorsqu'il tombe de cheval, percé d'un javelot & blessé à mort. Il se livre alors un violent combat autour de son corps, à la manière des tems héroïques. Publius & Marcus *Valérius*, tous deux fils de Publicola, parviennent à enlever des mains de l'ennemi le corps de leur oncle, & le font porter au camp par leurs écuyers, puis se rejettant dans la mêlée, ils y périssent eux-mêmes percés de traits. Ce Marcus *Valérius*, frère de Publicola, avoit été consul l'an de Rome 249.

4°. Un autre frère de Publicola, Manius *Valérius*, fut fait dictateur l'an de Rome 260, & l'histoire remarque qu'il en fut principalement redevable à son caractère doux & modéré, qui parut être le contrepoids & le remède naturel à l'autorité impérieuse & absolue qu'on lui confioit. *Cura fuit consulibus & senioribus patrum, ut imperium, suo vehemens, mansueto permitteretur ingenio.* Il vainquit les Sabins & en triompha. On lui accorda, outre les honneurs ordinaires du triomphe, une place distinguée dans les spectacles du cirque, pour lui & pour ses descendans avec la chaire curule.

Ce fut encore par sa conduite un troisième Publicola. Il fit entrer dans l'ordre des chevaliers quatre cent des principaux personnages pris parmi le peuple, ce qui déplut beaucoup au sénat; il proposa de nouveau en plein sénat la question des dettes & proposa, comme Marcus son frère, de donner satisfaction sur cet objet au peuple & aux pauvres, la faction des jeunes & des riches fit rejetter sa proposition, & s'emporta jusqu'à lui reprocher de trahir les intérêts du sénat pour faire sa cour au peuple : » je vous donne, leur » dit *Valérius*, des conseils de paix & de con- » corde, vous les rejettez; un jour viendra où » vous desirerez au peuple des défenseurs aussi impar- « tiaux & aussi modérés que moi; vous voulez pousser » ce peuple à la révolte, vous n'y réussirez que trop ». bien; j'aime mieux voir ces maux, simple par- » ticulier que dictateur ». Il sort à l'instant du sénat, convoque l'assemblée du peuple, y paroit avec toutes les marques de sa dignité. » On me ». traite publiquement, dit-il, d'ennemi du sénat, » on me fait un crime de mes vûes pacifiques & » bienfaisantes, on méprise un vieillard plus que » septuagénaire; je ne puis parvenir à faire ren- », dre justice au peuple romain; je dépose ici une » dignité, qui me devient à charge, puisqu'elle » vous est inutile ». Le peuple le reconduisit dans sa maison avec des acclamations & un concert de louanges, & se retira mécontent sur le mont-sacré.

Lorsque trois ans après, le même *Valérius* vit éclater la fameuse querelle des tribuns contre Coriolan, fruit de la contestation entre les riches & les pauvres, entre les patriciens & les plébéiens, touché des malheurs dont il voyoit l'état menacé,

il fit dans le sénat le discours le plus pathétique & le plus touchant, il proposa toutes les voies possibles de conciliation, il demanda tous les sacrifices réciproques que la conjoncture rendoit convenables, tous les balancemens de pouvoirs propres à entretenir l'harmonie de l'état, il dit tout ce que l'amour de la patrie & de la paix pouvoit inspirer à un vrai citoyen, à un homme de bien; il pressa, il pleura, il invoqua les dieux domestiques, les dieux protecteurs de Rome, il piqua d'honneur Coriolan lui-même, il le combla d'éloges, il le conjura de joindre à tant de vertus, à tant de talens, un peu plus de douceur, & de condescendance, de faire plier la fierté patricienne, sous la fatalité des conjonctures, de consentir enfin à être jugé par le peuple, en prenant d'ailleurs toutes les précautions nécessaires & qu'il indiqua, contre l'iniquité que la passion & la prévention pourroient mettre dans le jugement; il parvint enfin à persuader & le sénat & Coriolan.

4°. Lucius & Publius *Valérius* furent deux fois consuls : le premier l'an de Rome 271 & l'an 284, le second l'an de Rome 279 & l'an 294.

Le premier consulat de Lucius fut troublé par des orages; il falloit faire la guerre aux Véiens & aux Volsques, & le peuple refusoit de s'enroller jusqu'à ce qu'on lui eût donné satisfaction sur une demande qu'il avoit formée pour la répartition des terres & qu'un tribun appuyoit de toute l'autorité de sa charge. Les consuls imaginèrent alors un expédient qui paroit n'avoir été employé que cette fois & qui peut-être en effet ne pouvoit réussir qu'une fois; la jurisdiction des tribuns ne s'étendoit point hors des murs de la ville; les consuls pour y échapper, transportèrent leur tribunal dans la campagne; ils y-citèrent les citoyens pour être enrollés, on n'obéit pas, les consuls prononcèrent des amendes contre les réfractaires, démolirent leurs fermes, enlevèrent leurs troupeaux & leurs charrues.

Cette exécution militaire produisit son effet. Le peuple rentra dans le devoir.

Les contestations sur la loi agraire remplirent aussi le second consulat de Lucius *Valérius*, mais sans troubles & sans révoltes.

5°. Le premier consulat de Publius *Valérius*, fut assez tranquille; le second fut très-orageux. Le Sabin Herdonius s'étoit emparé du capitole à la tête d'une troupe d'exilés & d'esclaves; durant de cette forteresse il jettoit dans la ville des billets pour attirer à lui les esclaves & les mécontens, & il appelloit à son secours tous les ennemis de Rome, tant ceux du dedans que ceux du dehors; cependant des tribuns séditieux empêchoient le peuple de s'armer pour la défense de Rome, & publioient que l'expédition d'Herdonius n'étoit qu'un artifice des patriciens pour faire diversion, & pour éluder

la demande des tribuns & du peuple au sujet de
la loi agraire. *Valérius* indigné de cette mauvaise
foi ou affligé de cet aveuglement, laisse son collègue dans le sénat, se transporte dans l'assemblée du
peuple, parle au peuple, parle aux tribuns, leur demande s'ils sont devenus complices d'Herdonius,
s'ils ont résolu de livrer à des esclaves le boulevard de Rome & la demeure des dieux ? Jupiter,
Junon, Minerve, tous les dieux, toutes les déesses,
tous les objets de votre culte & de votre vénération, sont la proie de brigands & d'esclaves,
prêts à ouvrir toutes les portes de Rome aux Sabins,
aux Veïens, aux Eques, aux Volsques, vos éternels
ennemis, & vous posez les armes, & vous quittez
vos postes, & vous tenez des assemblées & vous
méditez des loix sinistres contre vos citoyens !
que vos tribuns qui vous empêchent de prendre
les armes contre Herdonius, vous les fassent prendre contre votre consul, contre *Valérius*, contre
l'héritier de ce titre de *Publicola*, qui devroit être
ici le gage de votre confiance. Oui, peuple aveugle & trompé ! je vous deffendrai contre vos préjugés & vos erreurs, contre vos tribuns, contre
vous même, & ce que mes ancêtres ont osé contre
les rois, je l'oserai contre des tribuns coupables
qui vous perdent, quand leur devoir est de vous
défendre & de vous sauver. Il pose par-tout des
sentinelles, la garde des portes est confiée à son
collègue, *Valérius* marche vers le capitole, y
entraîne le peuple malgré l'opposition des tribuns,
la crainte & le désordre commençoient à se mettre
parmi les assiégés, lorsque *Valérius* combattant
vaillamment à la tête de ses troupes, & leur
donnant l'exemple, est tué ; Volumnius, personnage consulaire, qui le voit tomber, fait couvrir
son corps, cache sa mort, prend sa place, le
capitole est forcé, Herdonius est tué, Rome délivrée, le peuple apprend alors que son vaillant
libérateur a été enseveli dans son triomphe & n'a
joui que des présages & des commencemens de la
victoire ; il s'acquitte envers lui comme il peut,
par de magnifiques obsèques.

6°. Lucius *Valérius* Potitus, descendu de *Va-
lérius-Publicola* & Marcus Horatius Barbatus,
petit-fils de Marcus Horatius, qui l'an 245 de
Rome avoit été consul avec *Publicola*, firent
contre la tyrannie des décemvirs, l'an 305, ce
que leurs aïeux avoient fait contre celle des rois.
Ils furent les premiers qui osèrent attaquer de
front cette énorme puissance sous laquelle Rome
gémissoit, sans oser encore s'en plaindre.

Les décemvirs s'étant vus forcés d'assembler le
sénat, pour y proposer la guerre contre les Sabins
& les Eques, que ce que la mauvaise conduite des
décemvirs avoit attirés aux romains, à peine Appius,
le premier des décemvirs, avoit commencé sa proposition, que, sans lui donner le tems d'achever,
Valérius se leva pour parler hors de rang. Vous
répondrez à votre tour, lui dit Appius. Il s'a-

git bien de vous répondre ! répliqua *Valérius*,
j'ai à dévoiler vos manœuvres, vos cabales, vos
attentats contre la liberté de Rome. Les Sabins
& les Eques sont nos moindres ennemis, les
vrais ennemis de Rome sont dans ses murs, &
ce sont eux que j'attaque. Qu'ils se souviennent
que je m'appelle *Valérius*. Il s'adressa ensuite à
Quintus Fabius Vibulanus, le seul des décemvirs
auquel on croyoit encore des sentimens de citoyen ;
& qui avoit été trois fois consul ; il l'exhorta au
nom de ses sentimens, au nom de ces trois consulats & de l'estime de Rome, de répondre à
cette estime, d'embrasser la cause du peuple &
de se séparer de ses collègues. Ceux-ci l'environnèrent pour prévenir sa réponse & empêcher qu'il
ne se laissât entraîner. *Valérius* fut fortement appuyé par Horatius Barbatus. Ceci se passoit avant
l'attentat d'Appius contre Virginie.

Appius, après la mort de sa déplorable victime,
ayant eu l'imprudence de convoquer l'assemblée
du peuple, *Valérius* & Horatius l'y suivirent &
eurent soin de faire placer le corps de Virginie
dans un lieu élevé d'où il pouvoit être vû de tout
le monde. Ce spectacle remplit le peuple de compassion pour Virginie, pour son père, pour cet
Icilius qui alloit être son mari, & d'horreur pour
Appius & les décemvirs, *Valérius* & ses partisans
firent à l'instant abolir le décemvirat. Les décemvirs
eux-mêmes furent obligés de se démettre, & demandèrent seulement qu'on les dérobât à la fureur du
peuple ; ils représentèrent au sénat que c'étoit
l'intérêt commun de ce grand corps, de ne pas
laisser le peuple s'accoutumer par le supplice des
décemvirs à répandre le sang des sénateurs : mais
il falloit négocier avec l'armée & le peuple qui
s'étoient retirés sur le mont-sacré ; jusqu'à ce qu'on
les eût satisfaits sur tous leurs griefs & toutes
leurs demandes ; on leur envoya *Valérius* &
Horatius qu'ils avoient demandés & qui avoient
principalement leur confiance ; ils trouvèrent les
soldats & le peuple très-échauffés, demandant que
les décemvirs leur fussent livrés & se proposant
de les brûler vifs. » Prenez garde, dirent les sages
députés, que vous voilà devenus cruels en haine
de la cruauté & prêts à tomber dans le crime
que vous voulez punir. Cette réflexion les frappa, ils
furent disposés à transiger à des conditions plus
raisonnables ; on leur accorda de nouveaux tribuns, ils revinrent & le calme se rétablit.

Valérius & Horatius furent nommés consuls pour
l'année suivante (306 de Rome,) ces deux magistrats, populaires par leur nature & par le souvenir de leurs ancêtres, & regardant la popularité comme un titre & un devoir dans leurs familles, se piquèrent de distinguer leur consulat
par des loix favorables au peuple : ils renouvellèrent toutes celles qui avoient été portées en sa
faveur par *Valerius Publicola* & dont l'inexécution avoit causé beaucoup de troubles, ils s'atta-

chèrent à leur donner plus de force & à les mettre autant qu'il seroit possible, hors d'atteinte pour l'avenir, surtout celles qui concernoient l'appel de tout jugement au peuple, l'inviolabilité de la personne des tribuns & la puissance des loix tribuniciennes.

Les Eques, les Volsques, & les Sabins avoient presque toujours été victorieux contre les décemvirs; ils trouverent dans les deux consuls, destructeurs des décemvirs, des généraux plus redoutables, parce qu'ils étoient plus aimés de leurs soldats, Valerius battit les Eques & les Volsques, Horatius, les Sabins; tous deux arriverent presque ensemble à Rome pour faire part au sénat de leur victoire & demander les honneurs du triomphe; le sénat en haine de leur popularité, eut l'injustice de les refuser: les consuls s'adresserent au peuple qui d'un consentement unanime leur accorda ces honneurs. Ce fut le premier exemple d'un triomphe déféré par ordonnance du peuple & sans le consentement du sénat, & c'est ainsi que l'injustice fait presque toujours perdre quelque chose à l'autorité.

7°. L'an 406 de Rome, dans le cours de la guerre contre les Gaulois, un Gaulois d'une taille énorme, vint défier à un combat singulier les braves de l'armée romaine. Marcus Valerius, jeune officier romain, ayant pris les ordres de Camille son général, accepta le défi & tua le Gaulois. Voilà ce qu'il y a d'historique dans cet événement. Voici le merveilleux qu'on y a mis. Un corbeau prit parti dans ce combat, & se perchant sur le casque de Valerius, combattit pour lui contre le Gaulois qu'il aveugla de son bec & de ses griffes. Nous ignorons si le fait peut être vrai, & si quelque cause inconnue ou mal apperçue, mais dont la physique pourroit rendre compte, animoit ainsi ce corbeau contre le Gaulois, ce qu'il y a de certain, c'est que Marcus Valerius avoit le surnom de Corvus ou Corvinus, & qu'il le prit, dit-on, d'après ce combat.

Quand Valerius voulut désarmer & dépouiller l'ennemi qu'il avoit vaincu, les Gaulois se mirent en mouvement pour l'en empêcher & les romains pour défendre Valerius. Camille alors exhortant ses troupes animées déjà par la victoire de Valerius; allez, soldats, leur dit-il, allez achever l'ouvrage de ce brave tribun. La bataille s'engagea, la victoire fut complette, & Valerius eut encore l'honneur d'y contribuer.

Auguste consacra, près de quatre siècles après, une statue dans une place de Rome, à la mémoire du combat de Marcus Valerius, contre le Gaulois, & le corbeau n'y fut pas oublié; il sembloit voltiger sur le casque de Valerius.

Ce combat avoit fait une si grande impression sur les esprits, que Valérius-Corvus, quoiqu'absent & quoiqu'âgé seulement de vingt-trois ans, fut élu consul pour l'année suivante 407; il le fut pour la seconde fois l'an 409, & pour la troisième l'an 412. Cette même année il eut la gloire de vaincre le plus redoutable ennemi que Rome eût encore eu à combattre, les Samnites. C'est cette jeunesse Samnite qu'Horace nous représente comme accoutumée de bonne heure aux plus dures fatigues & à la plus souple obéissance, & qu'il oppose à la mollesse des romains dans les siècles corrompus.

Non his juventus orta parentibus
Infecit æquor sanguine punico,
   Pyrrhumque & ingentem cecidit
     Antiochum Annibalemque dirum.
Sed rusticorum mascula militum
Proles, sabellis docta ligonibus
   Versare glebas, & severæ
     Matris ad arbitrium recisos
Portare fustes.

Valérius-Corvus se piquoit de la même popularité que ses ancêtres, il la déployoit dans les camps & parmi les soldats comme dans les assemblées du peuple L'an 388 de Rome, le peuple avoit obtenu qu'un des deux consuls pût être pris parmi les Plébéiens, & cette concession forcée déplaisoit beaucoup au sénat & aux patriciens. Valérius en tiroit vanité. » Soldat comme vous, disoit-il, c'est à ma valeur seule que j'ai dû mes trois consulats. On ne m'a point vu cabaler parmi les nobles pour parvenir à ces honneurs. Il fut un tems où l'on auroit pu dire: il n'est pas étonnant, que les consulats s'accumulent sur la tête d'un Valérius, le consulat est entré dans sa maison dès qu'il a commencé d'exister, c'est un patricien, il descend des premiers libérateurs de la patrie. Aujourd'hui on ne considère plus les ancêtres, mais les services, patricien, plébéien, tout est égal, tout citoyen, tout soldat peut aspirer au consulat, c'est à lui de le mériter, le champ lui est ouvert, le prix l'attend. Je ne dois rien à mes ayeux, mais leur mémoire ne m'en est pas moins chère, ils m'ont donné l'exemple de rechercher & de mériter la faveur populaire, je leur dois ce titre de Publicola, la plus belle portion de leur héritage, titre qui ne m'est pas moins cher que le surnom de Corvus, monument de ma valeur & de mon bonheur personnel, & que vous m'avez donné comme par l'ordre des dieux-mêmes. Ce titre de Publicola, j'ose ici vous attester, m'a tracé tous mes devoirs, a été la règle de ma conduite. En paix, en guerre, simple particulier, élevé aux premières places de la république, soldat, général,

Seu me tranquilla senectus

Expectat,

Expectat, feu moæs atris circumvolat alis,
Dives, inops, Romæ, feu fors ita jufferit, exul,

j'ai toujours été attaché au peuple, je le ferai toujours.

C'eſt avec de tels difcours qu'il menoit les romains, combattre & vaincre les Samnites.

Tite - Live lui rend le témoignage que jamais géréral ne fut plus familier avec ſes ſoldats ; qu'il partageoit avec eux les fonctions militaires les plus pénibles ; que dans les jeux guerriers où l'on difputoit le prix de la force de corps & de la légèreté, il étoit toujours prêt à entrer en lice avec le premier qui s'offroit, & que vaincu ou vainqueur il confervoit toujours cette férénité, cette affabilité populaire de *Valerius* ; qu'également attentif à refpecter la liberté dans les autres & à foutenir fa propre dignité, nul ne fut jamais mieux l'art de defcendre fans s'avilir, & ce qui eſt partout extrêmement rare, qu'il confervoit toujours dans l'exercice des magiſtratures, les vertus qui les avoient méritées. *Non alius militi dux familiarior fuit, omnia inter infirmos militum haud gravatè munia obeundo. In ludo præterèa militari, cùm velocitatis viriumque inter ſe æquales certamina ineunt, comiter facilis, vincere ac vinci vultu eodem, nec quemquam afpernari parem, qui ſe offeret...... haud minus libertatis alienæ quam ſuæ dignitatis memor : & quo nihil popularius eſt, quibus artibus petierat magiſtratus, iifdem gerebat.*

Dans cette bataille contre les Samnites, voyant que ſa cavalerie ne pouvoit entamer un gros bataillon, qui préfentoit par tout un front hériffé de lances, il la fait replier fur les deux ailes, & ſe mettant à la tête de ſon infanterie : » Suivez-moi, dit-il, je vais vous ouvrir une route à travers cette forêt de lances ; il ſe jette au milieu du bataillon des Samnites, tue de ſa main le premier Samnite qu'il rencontre, & après des efforts extraordinaires de courage & de conſtance, & dans l'attaque, & dans la défenſe, il parvient enfin à enfoncer le bataillon. Il termine la campagne par une nouvelle victoire, non moins complette remportée fur les mêmes Samnites & revient triompher à Rome.

L'année fuivante (413) les ſoldats de l'armée qu'avoit commandée *Corvus*, étant en garnifon à Capoue, lieu déjà funeſte à la difcipline militaire & favorable à la corruption par la moleffe & les délices, *jam tùm minimè ſalubris militari difciplina Capuâ*, dit Tite-Live, formèrent le complot d'en égorger les habitans & de s'y établir à leur place. La confpiration ayant été découverte ſe changea en une révolte manifeſte contre la république, & les ſoldats de Capoue marchèrent droit à Rome en corps d'armée. Ils avoient pris la précaution de mettre à leur tête un perfonnage impofant par

ſa naiffance ſes vertus & ſes ſervices paffés, Titus-Quintius qui s'étoit retiré à la campagne, où il vivoit paiſible & fans ambition, regrettant feulement de ne pouvoir plus fervir la patrie & plus incapable encore de fervir contre elle. Les rebelles fachant bien qu'il ne ſe réfoudroit jamais à les commander, ne laiffèrent point la choſe à ſon choix, il allèrent l'enlever pendant la nuit & le mirent à leur tête malgré lui. Rome dans ce preſſant danger élut dictateur *Valerius-Corvus*, & il s'avança juſqu'à quelques milles de Rome, avec une armée nouvelle, contre cette même armée avec laquelle l'année précédente il avoit vaincu les Samnites ; ce fut alors qu'on vit pour la première fois, comme dit Lucain,

Infeſtis obvia ſignis
Signa, pares aquilas, & pila minantia pilis.

Mais le démon des difcordes civiles n'avoit pas encore verfé ſon poifon juſqu'au fond des ames, le citoyen refpectoit le ſang du citoyen, *nondum erant tam fortes ad ſanguinem civilem*, dit Tite-Live. A l'afpect des armes & des aigles romaines, les difpofitions des rebelles étoient déjà moins finiſtres ; mais quand ils reconnurent quel étoit le dictateur, qui s'avançoit pour le châtier, l'audace & la fureur eurent bientôt fait place à l'attendriffement & au refpect. » Compagnons, leur dit *Valerius* avec ſa férénité touchante, en partant de Rome, j'ai demandé aux dieux immortels, aux dieux de la patrie, vos dieux & les miens, non pas la gloire de vaincre ceux avec qui j'ai vaincu les Samnites, mais celle de les ramener à la paix & à la concorde ; c'eſt à vous à exaucer ce vœu de mon cœur. Regardez où vous êtes & où vous allez ; ce n'eſt point ici le pays des Samnites ou des Volſques, reconnoiſſez le territoire de Rome, reconnoiſſez les collines de la patrie ; reconnoiſſez dans cette armée qui me ſuit, vos parens, vos alliés, vos concitoyens ; reconnoiſſez dans ce dictateur, que vous avez rendu néceſſaire, le conful fous lequel vous aimiez à marcher, votre général, votre ami ; vous le trouverez toujours le même, c'eſt toujours l'héritier & l'imitateur de *Publicola*. Avez vous à lui reprocher quelque loi ou quelque ſénatus-confulte contraire aux intérêts & aux droits du peuple & des ſoldats ? A-t-il dégénéré de la popularité des *Valerius* ? Voyez vous en lui un juge inflexible, un ennemi implacable ? Non je ne commencerai point cette guerre impie & facrilège ; non, les fons de la trompette qui donneront le fignal de la difcorde & de la fureur ne partiront point de nos paifibles rangs : ces citoyens fidèles qui m'accompagnent, s'ils ſont attaqués, je les défendrai fans doute juſqu'à la dernière goute de mon ſang, mais je n'attaquerai point mes compagnons égarés, je ne me fouillerai pas volontairement d'un ſang qui m'eſt toujours ſacré ; c'eſt à vous, mes enfans, à voir ſi vous avez réſsolu de prendre votre père pour première victime, afin d'égorger librement vos frères.

Puis s'adreſſant à Titus-Quintius, & vous ſage vieillard, quelle que ſoit la fatalité qui vous place à la tête d'un corps qu'une malheureuſe erreur arme contre la patrie, ſi cette fatalité cruelle condamne aujourd'hui les romains à verſer le ſang des romains, allez-vous cacher aux derniers rangs ; vous êtes le dernier ennemi que Rome veuille immoler ; mais paroiſſez aux premiers rangs avec tout l'éclat qui vous convient, avec toute l'autorité d'un ſage médiateur, ſi nos frères égarés revenus de leur égarement, vous chargent de nous porter des paroles de paix, de conſolation & de repentir.

Alors Quintius, les yeux baignés de larmes, s'adreſſant à ſa troupe ; compagnons, dit-il, peut-il vous reſter encore la moindre inquiétude ſur les intentions pacifiques du ſénat, lorſque c'eſt *Valerius* qu'il vous envoye ? Quel autre auriez-vous voulu choiſir pour défenſeur de vos intérêts, pour réparateur des torts dont vous croyez avoir à vous plaindre ? Vous m'avez forcé de devenir coupable, rendez-moi mon innocence ; que je n'aye été arraché à mes paiſibles foyers que pour être ici témoin d'une reconciliation ſi deſirée ; rendez la joie au cœur de *Valerius*, rendez à la patrie la paix & le bonheur.

Ces diſpoſitions étoient inſenſiblement devenues celles de toute l'armée, on négocia, la confiance étoit parfaite, tout s'arrangea, & tel étoit l'aſcendant de *Valerius* ſur les eſprits, qu'il demanda & qu'il obtint que jamais aucun romain, ſoit directement ou indirectement, ſoit ſérieuſement ou ſous prétexte de plaiſanterie, ne parlât de cette ſédition à aucun de ceux qui s'en étoient rendus coupables. Grace à *Valerius*, ce ne fut que l'erreur d'un moment, & une erreur parfaitement oubliée. La politique, qui oublie ſi aiſément les bienfaits, feroit mieux d'oublier plus ſouvent les torts & les injures.

Valerius Corvus fut fait conſul pour la quatrième fois l'an de Rome 420, pour la cinquième fois l'an de Rome 452, pour la ſixième, l'an 453 ; & Marius ſeul l'emporta ſur lui pour le nombre des conſulats. Il fut fait dictateur pour la ſeconde fois l'an de Rome 451, & vainquit les Marſes & les Etruſques, ſi pourtant cette dictature & le cinquième conſulat n'appartiennent point à un autre *Valerius* nommé Marcus *Valerius* Maximus, car je trouve ſur ce point de la confuſion dans l'hiſtoire.

Mais c'eſt ſans difficulté *Valerius Corvus*, qui l'an 452 de Rome, renouvella la loi ſur l'appel de tout jugement au peuple, loi juſtement nommée *Valeria*; parce qu'elle eſt l'ouvrage non pas ſeulement d'un *Valerius*, mais pour ainſi dire

de toute cette maiſon Valéria. Elle avoit été portée d'abord par *Valerius-Publicola*, confirmée enſuite par *Valerius* Potitus, renouvellée par *Valerius Corvus*. Souvent violée, elle ne fut miſe enfin hors de toute atteinte que par la loi Porcia, portée longtems après, qui prononça des peines contre les tranſgreſſeurs. La loi Valéria portée dans les tems de la plus grande ſimplicité des mœurs, défendoit de frapper de verges, ou de faire mourir quiconque appelleroit au peuple, & elle ajoutoit ſimplement, que celui qui agiroit d'une autre manière, agiroit mal. Heureux ſiècle, s'écrie à ce ſujet Tite-Live, où une telle formule étoit un lien aſſez fort pour empêcher de tranſgreſſer la loi ? La trouveroit-on aujourd'hui ſuffiſante pour une ſimple menace ? *Valeria lex cùm eum qui provocaſſet, virgis cædi ſecurique necari vetuiſſet, ſi quis adverſus ea feciſſet, nihil ultrà quàm improbè factum adjecit. Id (qui tùm pudor hominum erat !) viſum, credo, vinculum ſatis validum legis. Nunc vix ſeriò ità minetur quiſquam.*

8°. Publius *Valerius* Lœvinus, *Lævinum*, *Valeri* genus, conſul l'an de Rome 471, fit la guerre contre Pyrrhus & les tarentins. Pyrrhus n'étoit d'abord qu'auxiliaire de ceux-ci, il envoya propoſer aux romains de le prendre pour arbitre & pour juge de leurs différens avec les tarentins, la réponſe de Levinus fut que les *romains ne prenoient point Pyrrhus pour arbitre & ne le craignoient point pour ennemi.*

Les grecs d'un côté, les romains de l'autre, traitoient de barbare tout ce qui n'étoit point eux ; lorſque Pyrrhus eût vû l'aſſiette du camp romain & l'ordonnance de l'armée de Levinus : *Mégaclés*, dit-il à un de ſes capitaines, *l'ordonnance de ces barbares n'eſt nullement barbare.*

Ce Mégaclés, dans la bataille, prit le caſque & les armes de Pyrrhus, & fut pris pour lui : un cavalier qui le renverſa & le bleſſa, porta ce caſque & ces armes au conſul, en ſe vantant d'avoir tué Pyrrhus, comme Hector ayant tué Patrocle, revêtu des armes d'Achille, crut avoir tué Achille de qui deſcendoit Pyrrhus.

Pyrrhus vainquit au moyen de ſes éléphans, monſtres inconnus juſqu'alors aux romains, mais il dit à ceux qui le félicitoient de ſa victoire : *je ſuis perdu, ſi j'ai le malheur d'en remporter encore une pareille*, & le lendemain conſidérant le champ de bataille, & le voyant couvert de quinze mille romains, tous chargés de bleſſures glorieuſes, tous tournés contre l'ennemi : *avec de tels ſoldats*, dit-il, *j'aurois fait la conquête du monde.*

Les romains étoient peu accoutumés à des défaites, celle-ci les étonna ſans abbattre leur courage. Fabricius dit en plein ſénat qu'il *ne comptoit pas que les romains euſſent été vaincus par les épirotes, mais ſeulement Levinus par Pyrrhus.*

C'étoit une injustice envers le conful ; ni Levinus n'avoit été vaincu par Pyrrhus, ni les épirotes par les romains ; le fpectacle, inattendu des éléphans, & le ravage qu'ils avoient fait dans l'armée romaine, avoient déconcerté les romains ; ce fut l'effet naturel d'une première furprife, & Levinus ayant reçu des renforts, s'apprêtoit à prendre fa revanche : Pyrrhus ne jugea pas à propos de fe commettre avec un ennemi dont il avoit éprouvé l'habileté dans toutes les opérations de cette campagne, il reprit le chemin de Tarente.

Pyrrhus avant la bataille, avoit envoyé des efpions examiner en détail les difpofitions des romains ; ces efpions ayant été furpris, Levinus voulut qu'ils examinaffent fon camp à loifir ; que rien ne leur fût ni caché ni déguifé, & qu'ils fuffent en état de faire à Pyrrhus le rapport le plus exact ; c'eft à cette noble confiance du conful Levinus, que l'auteur de *Brutus* fait allufion, lorfqu'il fait dire à ce premier conful :

Arons vient voir ici Rome encore chancelante,
Découvrir les refforts de fa grandeur naiffante,
Epier fon génie, obferver fon pouvoir :
Romains, c'eft pour cela qu'il le faut recevoir ;
L'ambaffadeur tofcan connoîtra qui nous fommes,
Et l'efclave d'un roi va voir enfin des hommes !....

Ce foir, à Porfenna reportez ma réponfe,
Reportez lui la guerre, & dites à Tarquin
Ce que vous avez vu dans le fénat romain.

9°. L'an de Rome 489, Marcus *Valerius* Maximus conful & Marcus Otacilius Craffus fon collègue, pafsèrent en Sicile, où ils firent la guerre avec le plus grand fuccès aux carthaginois & aux fyracufains ; ils forcèrent Hiéron, roi ou tyran de Syracufe de faire fon accommodement avec les romains. Les principales ville de Sicile fe foumirent auffi aux romains. *Valerius* fe diftingua d'une manière particulière dans cette expédition, & reçut les honneurs du triomphe. Ce fut lui qui le premier de la maifon Valeria porta le furnom de *Meffana*, dont on a fait par corruption *Meffala*, & qui lui venoit d'avoir fecouru Meffine, *Meffana*. Sénèque dit qu'il lui venoit de l'avoir prife. *Primus ex familiâ Valeriorum urbis Meffana captâ in translato nomine Meffana appellatus eft, paulatimque vulgo permutante lituras, Meffala dictus eft.* Senec. de brevit. vit.

Ce fut *Valerius* Meffala, qui apporta de Catane à Rome la première horloge ou le premier cadran folaire : il la plaça près de la tribune aux harangues. Il fut auffi le premier qui fit peindre un de fes exploits, c'étoit un combat contre Hiéron & les carthaginois, & qui en fit placer le tableau dans un lieu public.

10°. L'an 510 de Rome, Quintus *Valerius* Falto, fut un des deux préteurs que l'on commença cette année même à créer, car il n'y en avoit eu qu'un jufqu'alors & il étoit chargé feulement de l'adminiftration de la juftice.

Valerius eut ordre d'accompagner en Sicile le conful Caius Lutatius Catulus, & de partager avec lui, fous fes ordres, les foins de la guerre. Le conful fut bleffé au fiège de Drepane, ce qui ne l'empêcha pas de livrer aux carthaginois, près des Isles Egates, un grand combat naval, qui termina la première guerre punique, & dans laquelle il fut bien fecondé par la valeur & la capacité de *Valerius* ; en conféquence le triomphe ayant été décerné à Lutatius, *Valerius* demanda d'en partager les honneurs comme il avoit partagé les foins & les dangers de la bataille. *Valerius* ajoutoit même que la bleffure de Lutatius, dont ce conful n'étoit pas encore bien guéri, ne lui ayant pas permis de remplir les fonctions du commandement, elles avoient principalement roulé fur lui (*Valerius*,) qui avoit été proprement le général romain dans cette journée. Il paroiffoit contre l'ufage & contre les loix d'égaler dans la diftribution des honneurs deux puiffances dont l'une étoit inférieure & fubordonnée à l'autre, & Atilius Calatinus, nommé pour arbitre par les parties, prononça contre *Valerius*, ce qui n'empêcha pas qu'après l'influence connue que *Valerius* avoit eue fur la victoire, l'honneur du triomphe ne lui fût auffi déféré.

11°. L'an de Rome 538, le préteur Marcus *Valerius* Lévinus, ayant pour lieutenant Titus *Valerius*, battit à la hauteur d'Appollonie en Epire fur le fleuve Aoüs & prefqu'à fon embouchure, Philippe, roi de Macédoine. L'an 541. il conclut un traité entre les romains & les étoliens contre Philippe & les macédoniens, en conféquence de ce traité il affiège par terre & par mer & prend Anticyre dans le golfe de Lépante, célèbre par l'éllebore que produifoit fon territoire ; il la remit aux étoliens. Il y apprit qu'on venoit de le nommer en fon abfence conful pour l'année fuivante, 542. On étoit alors au fort de la feconde guerre punique, le tréfor public étoit épuifé, on manquoit d'hommes & d'argent pour rémonter les flottes, de matelots & de rameurs ; les confuls ordonnèrent, comme cela s'étoit pratiqué plufieurs fois dans les détreffes publiques, que les particuliers, felon leur rang & leur revenu, fourniroient un certain nombre de rameurs, dont ils payeroient la folde, & qu'ils fourniroient des vivres pour trente jours du moment de l'embarquement. Cette ordonnance excita un mécontentement général, prêt à dégénérer en foulevement, s'il s'étoit préfenté un chef. Le conful Levinus, fe fouvenant toujours de la popularité de fes ancêtres. » Le peuple, dit-il en plein fénat : » n'a pas entièrement tort de murmurer. Mais je » fais un moyen infaillible de l'appaifer : que les

K k k 2

» magistrats donnent au sénat, le sénat aux che-
» valiers, les chevaliers au peuple, l'exemple des
» grands sacrifices; portons au trésor public, volon-
» tairement & sans décret qui l'ordonne, tout
» notre or & tout notre argent; non-seulement le
» peuple ne murmurera plus, mais soyez sûrs qu'une
» généreuse émulation de concourir à la défense
» publique va s'emparer de tous les ordres de
» l'état & déployer toutes les ressources de Rome.
» On ne se refuse aux charges publiques, que par
» l'idée de la contrainte, par des défiances sur l'éga-
» lité proportionnelle de la contribution, par le
» soupçon que les grands & les puissans trouvent le
» moyen de s'y soustraire; que tout soit volon-
» taire & que les premières personnes de l'état
» donnent l'exemple, voilà les deux points prin-
» cipaux ». *Magistratus senatui & senatum populo,
sicut honore præstent, ità ad omnia quæ dura atque
aspera essent subeunda duces debere esse. Si quid injun-
gere inferiori velis, id priùs in te ac tuos si ipse
juris statueris, facilius omnes obedientes habeas. Nec
impensa gravis est, cùm ex eâ plus quam pro
virili parte sibi quemque capere principum vident. Liv.*

L'expédient de Levinus fut adopté, il eut tout
l'effet qu'on s'en étoit promis, chacun portoit au
trésor, son or, son argent, son cuivre monnoyé,
avec une telle émulation, qu'on se disputoit l'honneur d'être inscrit le premier sur les registres; que
les triumvirs, officiers préposés à cette perception,
ne pouvoient suffire à recevoir ce qu'on leur présentoit, ni les greffiers à faire l'enregistrement. On
eut des flottes, des matelots, des vivres, de
l'argent, & la république fut florissante. Comme
nous ne pouvons guères que nous traîner sur les
traces des anciens, & que répéter ce qu'ils ont
fait, sans examiner les rapports & les convenances,
nous avons quelquefois essayé dans des états corrompus de suivre ces mouvemens énergiques des
républiques vertueuses, nous avons cru pouvoir
remplacer l'efficacité des motifs purs & des grands
intérêts, par l'honneur, mais qui n'étoit plus
que de la vanité, par l'envie de faire sa cour,
par la crainte des reproches, par des vues ou
vicieuses ou petites: nous nous sommes trompés,
ces ressources ont été mesquines, comme leur
principe, & comment des secours volontaires seroient-
ils abondans, tant qu'il reste des défiances sur l'emploi de ces secours? ces défiances, ne les im-
putez point aux particuliers, toute défiance est
forcée, toute défiance accuse ou la nature ou les
vices du gouvernement.

La même année Lévinus passe en Sicile, soumet Agrigente, chasse entièrement de l'île les
carthaginois, y rappelle tous les naturels du pays,
que la violence en avoit bannis, ou que la crainte
en avoit écartés; & y fait succéder le calme & la
paix à une guerre qui avoit duré cinquante-cinq
ans.

12°. Pendant cette expédition, la flotte de
Sicile étoit commandée par Marcus *Valerius* Messala; celui-ci passa en Afrique, en ravagea les
côtes, & rendit compte au consul Lœvinus des
préparatifs immenses qui se faisoient en Afrique
contre les romains; ces préparatifs allarmèrent
assez le sénat pour qu'il crût nécessaire de nommer
un dictateur, & Lœvinus qui étoit en ce moment
à Rome annonça qu'aussi-tôt qu'il seroit retourné
dans la Sicile, il nommeroit pour dictateur ce
Messala qui commandoit alors la flotte de Sicile
& d'Afrique. Sur cela il s'éleva une contestation,
le sénat prétendit que le dictateur ne pouvoit être
nommé que sur les terres appellées romaines, c'est-
à-dire qu'en Italie où la Sicile n'étoit pas comprise, & le peuple de concert avec le sénat, désigna pour dictateur Quintus Fulvius Flaccus,
mais c'étoit au consul à le nommer; le consul
prévint le jour marqué pour l'assemblée où la
nomination devoit être faite, & partit secrètement
la nuit précédente pour la Sicile, le sénat écrivit
au consul Marcellus pour le prier de venir au
secours de la république abandonnée par Lœvinus
son collègue & de nommer le dictateur désigné
par le peuple, en effet Marcellus nomma Quintus
Fulvius Flaccus.

L'an de Rome 544, ce même Marcus *Valerius* Messala qui commandoit la flotte de Sicile,
& qui avoit manqué la dictature, battit auprès
de Clupée, en Afrique, la flotte des carthaginois,
leur prit dix-huit vaisseaux, mit le reste en fuite,
& revint en Sicile avec beaucoup de butin.

La même flotte romaine, commandée, l'année
suivante, par Marcus *Valerius* Lœvinus, alors
proconsul, ravagea le territoire de Carthage &
d'Utique, battit une seconde flotte carthaginoise,
prit dix-sept galères, en coula quatre à fond &
mit le reste en déroute. Ces mers étant devenues
libres par cette victoire, Rome reçut de la Sicile
des convois de bled considérables.

13°. Vers l'an 543 de Rome, vivoit Caïus *Valerius* Flaccus, qui dans sa jeunesse avoit affligé sa
respectable famille, & paru flétrir son grand nom
par le déréglement de ses mœurs; le grand pontife, Publius Licinius, ami vraisemblablement de
sa maison, imagina un moyen de réhabiliter ce
jeune homme dans l'esprit des romains, & d'effacer
les désordres de sa vie, il lui conseilla de se
consacrer au sacerdoce de Jupiter, ce qui étonneroit d'abord, mais d'en remplir les fonctions
avec tant de sagesse & de pureté, que sa conduite parût une expiation continuelle de ses premières fautes & un témoignage authentique de son
repentir; le jeune homme le crut, & parvint à
un degré de considération rare dans sa famille
même.

14°. Vers le même tems, vivoit un autre *Valerius* Flaccus (Lucius). Ce fut lui qui ayant des

terres contigues à la petite métairie de Caton le censeur, & instruit de la vie laborieuse, frugale & utile que Caton, jeune alors, menoit à la campagne, lui conseilla & lui persuada de venir à Rome & d'entrer dans les affaires publiques. Il fut fait consul avec lui, l'an de Rome 557. Censeur avec lui, l'an de 568, & Caton le nomma prince du sénat. Ce Caton, si célèbre par sa censure, disoit que le tems des palliatifs & des remèdes doux étoit passé, que les vices de Rome demandoient des censeurs austères & inflexibles, & qu'il ne connoissoit que deux hommes dignes de l'être : lui-même parmi les hommes nouveaux, & *Valerius* Flaccus parmi les patriciens. Après leur consulat (l'an 561) ils avoient servi tous deux sous le consul Acilius, & avoient beaucoup contribué à la victoire illustre remportée par ce consul sur Antiochus, roi de Syrie, près du pas des Thermopyles.

15°. L'an 557 de Rome, un autre Lucius *Valerius*, tribun du peuple, se rendit agréable aux dames romaines, par la harangue qu'il fit contre Caton, pour l'abrogation de la loi Oppia qui bornoit le luxe des femmes dans leurs habits, dans leur parure, dans leurs voitures; ce n'est pas que la harangue peu galante de Caton, ne fût plus adaptée aux mœurs d'une république, que la harangue obséquieuse de *Valerius*, mais celle-ci l'emporta, & la loi Oppia fut abrogée.

16°. Nous trouvons dans les tems de Marius & de Sylla, deux Lucius *Valerius* Flaccus peu dignes du nom de *Valerius*. L'un étoit dans le parti de Marius, l'autre dans le parti de Sylla.

Le premier, moins collègue qu'esclave de Marius dans le sixième consulat de celui-ci, l'an de Rome 652, lui fut substitué après sa mort dans son septième consulat, l'an 666. Il alla cette même année en Grèce avec une armée, sous prétexte de faire la guerre à Mithridate, mais en effet pour faire la guerre à Sylla qui trouva moyen de faire tête à la fois à ces deux ennemis. *Valerius* Flaccus étoit & sans talens & sans vertus, une avarice sordide qui alloit jusqu'à s'approprier une partie de la paye du soldat, un commandement dur & fantasque le faisoient également haïr & mépriser. La mésintelligence se mit aisément entre lui & Fimbria, son lieutenant. (*Voyez* l'article SYLLA) Fimbria souleva les soldats de Flaccus contre leur général, Flaccus voulut casser Fimbria, la révolte éclata, Flaccus réduit à la fuite, fut poursuivi par Fimbria, de Bysance à Chalcédoine, de Chalcédoine à Nicomédie, où il fut trouvé caché dans un puits, Fimbria l'en fit tirer pour être égorgé (l'an 667). Velleius Paterculus regarde cette destinée de *Valerius* Flaccus, comme la juste peine de la loi qu'il avoit portée un an auparavant dans son consulat, loi

de banqueroute & d'infamie par laquelle toutes les créances avoient été réduites au quart.

17°. Le second, Lucius *Valerius* Flaccus, esclave de Sylla, comme le premier l'avoit été de Marius, fut nommé prince du sénat, l'an de Rome 666. Sylla, vainqueur de Mithridate, s'avançant vers Rome en 667, *Valerius* Flaccus engagea le sénat à lui envoyer une députation, & à lui porter des paroles de paix. Lorsqu'en 670, Sylla voulut se faire donner la dictature perpétuelle, il commença par faire nommer un interroi, *interrex*, & cet interroi fut *Valerius* Flaccus. Sylla se servit de lui alors pour déclarer en son nom & de sa part, qu'il jugeoit nécessaire de nommer un dictateur, non pas à tems comme autrefois, mais sans bornes dans sa puissance & sans sa durée ; il ne laissoit pas plus d'incertitude sur la personne que ce choix devoit regarder, il avouoit naïvement que si on vouloit le charger de ce fardeau, il consentiroit à rendre encore ce service à la république. Alors *Valerius* Flaccus, en qualité d'interroi, porta une loi que Cicéron appelle la plus inique de toutes les loix, & la plus indigne de ce nom de loi, par laquelle non seulement ce qu'avoit fait Sylla par le passé, étoit ratifié, mais pour l'avenir il avoit plein pouvoir de faire tout ce qu'il voudroit, de priver de la vie les citoyens, de confisquer leurs biens, de bâtir ou de détruire des villes, de donner ou d'ôter les royaumes à son gré, sans être responsable de rien à la république. *Omnium legum iniquissimam dissimillimamque legis esse arbitror eam quam Lucius Flaccus interrex de Syllâ tulit, ut omnia quaecumque ille fecisset, essent rata.* Il étoit doublement honteux pour un homme qui portoit le nom de *Valerius*, de se rendre ainsi l'organe des volontés despotiques d'un tyran & de l'oppression de sa république. Sylla, pour récompenser sa bassesse, le nomma son maître de la cavalerie, ce qui mit le comble à l'opprobre de *Valerius*.

VALERIUS-SORANUS, (*hist. litt. rom.*) (*Quintus*) Pompée qui ne fut jamais cruel pour lui-même, fut accusé de l'avoir été pour les intérêts de Sylla, & de s'être abaissé jusqu'à se rendre l'exécuteur des vengeances de ce tyran; *Valerius* Soranus fut une des victimes immolées, dit-on, par Pompée à Sylla. Nous ignorons s'il étoit de la famille des précédens *Valerius* mais il étoit d'une naissance distinguée, & il avoit été préteur. Il passoit pour le plus savant des romains, sur-tout en ce qui concernoit & la religion & la philosophie. On dit que Pompée l'ayant beaucoup questionné en se promenant avec lui avec toutes les marques de la confiance & de l'amitié, abusa contre lui des confidences qu'il lui avoit arrachées, & s'en servit pour l'envoyer au supplice, l'an de Rome 672. On observe qu'une pareille trahison est peu dans les mœurs de Pompée, & que ce fait peu croyable a pour garant C. Oppius, ami de César, & qui à ce titre peut être suspect en parlant de Pompée. Nous ignorons si ce *Valerius* Soranus est le même qu'un poète de ce nom, contemporain aussi de César & de Pompée, & qui fut aussi mis à mort. Varron cite de lui ces deux vers sur la nature de Dieu:

Jupiter, omnipotens, regum rex ipse, Deusque,
Progenitor genitrixque, Deûm Deus, unus & omnis.

On trouve encore un Lucius *Valerius* Flaccus, préteur, l'an de Rome 189. L'année du consulat Cicéron, & de la conjuration de Catilina. Ce fut lui qui, par ordre de Cicéron, arrêta au pont Malvius; les députés des allobroges, qui servirent à la conviction des conjurés.

VALERIUS - FLACCUS, (*Caïus Valerius Flaccus Setinus Balbus*) (*hist. litt. rom.*) poète latin, auteur d'un poëme héroïque dont le sujet est le voyage des Argonautes. Il est adressé à Vespasien, sous l'empire duquel vivoit *Valerius-Flaccus*.

VALÉSIO, (François) (*hist. litt. mod.*) Philippe II, roi d'Espagne, étoit sujet à la goutte, ainsi que Charles-Quint, son père. *Valésio* lui conseilla de mettre les pieds dans l'eau tiède, Philippe II fut soulagé, *Valésio*, en conséquence, devint son médecin. On a de lui un traité *de methodo medendi*.

VALESIUS, (*hist. eccl.*) arabe, hérésiarque du troisième siècle, chef des valésiens. Les arabes sont portés à l'amour; ces hérétiques jugeant que c'étoit un grand obstacle au salut, se mettoient hors d'état d'aimer. Nulle politique ne pouvant s'accommoder d'un pareil système, les valésiens furent chassés de l'église & de l'état; ils se retirèrent dans un canton de l'Arabie, où ils se mutiloient à leur gré, sans qu'on pût les en empêcher, & comme l'ardeur du prosélytisme, fort grande dans toute secte, l'est sur-tout en proportion de l'absurdité de la secte, malheur aux voyageurs que leurs affaires appelloient dans ce canton, ils se mutiloient sans miséricorde, ou plutôt par miséricorde pour assurer leur salut.

VALETTE-PARISOT (Jean de la) (*Hist. de Malte,*) (ou Parisot de la Valette,) nommé grand-maître de Malte en 1557, se rendit la terreur des turcs, du tems même de Soliman II, la terreur des chrétiens. Celui-ci, qui en 1522, avoit déjà chassé de Rhodes les chevaliers de Saint-Jean de Jérusalem, voulut encore en 1565, les chasser de Malte; il envoya une armée de plus de quatre-vingt mille hommes en faire le siège; ce siège dura quatre mois, au bout desquels les turcs furent obligés de le lever, après y avoir

perdu plus de vingt mille hommes. On avoit tiré sur Malte, soixante & dix mille coups de canon, la cité étoit entièrement ruinée, la Valette bâtit une cité nouvelle qui fut appellée de son nom. Il mourut en 1568 au milieu de ces travaux.

Après la levée du siège de Malte, le grand-maître, à qui plusieurs seigneurs françois avoient été porter du secours, envoya en France le chevalier de la Roche faire part de cette nouvelle au roi Charles IX & à la reine mère Catherine de Médicis, le chancelier de l'Hôpital fit à cette occasion remarquer à la reine, que, dans les trois sièges importans soutenus par les chevaliers de Saint Jean de Jérusalem, c'étoient trois françois qui étoient grands-maîtres : d'Aubusson, qui défendit Rhodes en 1480. (*Voyez* son article). Villiers de L'île-Adam qui n'en sortit en 1522, qu'après la plus vigoureuse & la plus opiniâtre défense, où il périt jusqu'à cent quatre-vingt mille turcs. (*Voyez* son article à VILLIERS.) & enfin *Parisot* de la Valette qui venoit de sauver Malte.

On pourroit observer encore qu'il semble être dans la destinée de Rhodes de s'illustrer par les sièges mémorables qu'elle a eus à soutenir dans tous les tems. On ne trouve pas dans toute l'antiquité, un plus bel exploit de guerre que le siège de Rhodes par Démétrius Poliorcetès l'an 384 avant J. C. C'est un chef-d'œuvre & d'attaque & de défense, & on en peut dire presque autant des deux sièges de 1480 & de 1522.

VALETTE, (Nogaret de la) (*Hist. de Fr.*) famille distinguée en France, car il ne faut pas croire ce que dit Busbeq du duc d'Epernon, l'homme le plus célèbre de cette famille : *patrem habuit bello egregium, avum tabellionem sive notarium.*

Il ne faut peut être pas croire non plus avec dom Vaissette, qu'il descendit de Guillaume de Nogaret, ambassadeur de Philippe le Bel auprès du pape Boniface, & connu par ses démélés personnels avec ce pontife. Il paroit qu'il descendoit de Capitouls de Toulouse qui l'étoient vers la fin du quatorzième siècle.

1°. Jean de Nogaret leur arrière petit-fils, fut tué dans un combat contre les impériaux en 1545.

2°. Pierre son frère fut tué la même année au siège de Bologne en Italie.

3°. Un autre Jean de Nogaret leur frère, mestre-de-camp de la cavalerie légère, se distingua aux batailles de Dreux, de Jarnac & de Montcontour; il fut père du duc d'Epernon, dont nous venons de parler, & dont nous parlerons encore, & de Bernard, son frère aîné.

4°. Celui-ci par son mérite & par le crédit de son frère, fut amiral de France & mestre-de-camp de la cavalerie légère ; il fe diftingua en Picardie , en Piémont , en Dauphiné , où avec le maréchal d'Ornano , il battit au paffage de l'Ifère un corps confidérable d'ennemis ; en Provence, dont il fut fait gouverneur, il remit en 1588 plufieurs places fous l'obéiffance du roi ; il fit enfuite lever le fiège de Barcelonette au duc de Savoye ; joint avec le fameux Lefdiguières depuis connétable , il battit le même duc au combat d'Efparon , le 15 avril 1591 , puis au combat de Vinon. Ayant mis le fiège devant Roquebrune en Provence , il y reçut à la tête un coup de moufquet, dont il mourut le 11 février 1592 , dans fa trente neuvième année.

5°. Jean Louis de Nogaret de La Valette , frère de Bernard. C'eft le fameux duc d'Epernon ; il fut d'abord avec le duc de Joyeufe & enfuite après lui le dernier des mignons auxquels refta la faveur de Henri III. Lorfque le duc d'Epernon fit fon entrée à Rouen , comme gouverneur de Normandie , la ville de Rouen lui fit un préfent, qui étoit une allufion ingénieufe à fa faveur. C'étoit un groupe d'argent doré repréfentant la Fortune qui tenoit Epernon embraffé. Au deffous étoient ces mots italiens : e per non lafciar ti. Le roi étoit difpofé à partager le royaume entre Joyeufe & d'Epernon fes favoris & le duc de Guife à l'envahir tout entier du vivant même du roi. Par la mort du duc de Joyeufe tué à Coutras en 1587 , le duc d'Epernon réuniffoit toute la dépouille de ce favori , toute la faveur de fon maitre & toute la haîne du duc de Guife. Ce fut pour lui que le duc de Guife fit inférer parmi les conventions fecrettes de la ligue , que le roi feroit fupplié d'éloigner de fa perfonne & de dépouiller des places & des gouvernemens les ennemis publics & les fauteurs de l'héréfie qui lui feroient nommés par la ligue. Lorfqu'en 1576 , Henri de Bourbon alors roi de Navarre vint à la Roche le où on lui rendit tous les honneurs poffibles, les rochellois refuferent l'entrée de leur ville à ceux des catholiques de fa fuite & de fon parti (car il y en avoit quelques-uns) qui furent convaincus d'avoir trempé leurs mains dans le fang proteftant la nuit de la Saint-Barthélemi, & le duc d'Epernon fut du nombre. Ce même duc donna le confeil à Henri III , de faire affaffiner dans le Louvre le jour des barricades , le duc de Guife qu'il ne falloit affaffiner ni ce jour-là ni un autre jour. A la mort de Henri III , le duc d'Epernon abandonna Henri IV , & emmena un corps de troupes confidérable ; l'auteur de fa vie fait de vains efforts pour excufer cette défection. Il haïffoit Henri IV , qui le lui reprocha un jour avec la colère d'un bon cœur : « fire , lui répondit avec fermeté le duc d'Epernon , votre majefté n'a » point de plus fidèle ferviteur que moi dans » le royaume , j'aimerois mieux mourir que de » manquer à la moindre partie de mon devoir.

» mais , Sire , pour ce qui eft de l'amitié , votre » majefté fait bien qu'elle ne s'acquiert que par » l'amitié ». La réponfe eft noble & fière , & quand il s'agiffoit de fierté , le duc d'Epernon ne le cédoit à perfonne ; mais il falloit avoir le droit de faire une pareille réponfe , il falloit en effet être un fujet fidèle , un homme attaché à fes devoirs , & le duc d'Epernon fe livroit à des cabales criminelles ; fes intelligences avec l'Efpagne font prouvées par plufieurs des lettres du cardinal d'Offat. M. de Sully dit que Henri III lui-même, défabufé à la fin de cet infidèle favori & commençant à le craindre , l'avoit difgracié & avoit même voulu le faire arrêter à Angoulême. Autant Bernard fon frère avoit bien fervi Henri IV en Provence, autant le duc d'Epernon l'y deffervit. Il fut un des premiers à donner l'exemple d'exclure ce prince de la couronne de France. On lui oppofa en Provence le fils du duc de Guife, nouvellement réconcilié avec le Roi. Cette diverfion réuffit , & d'Epernon fut forcé d'humilier fon orgueil aux pieds de fon roi en 1596. Il eft vrai qu'il en couta au roi , c'eft-à-dire à l'état , quatre cent quatre-vingt feize mille livres , & que le roi fut obligé d'acheter l'obéiffance de tous ces fujets rebelles & puiffans. L'énumération de ces prix mis à la fidélité eft fcandaleufe dans les mémoires de Sully. Le duc de Sully ayant fait rendre un arrêt pour garantir les peuples de l'oppreffion & mettre un frein à l'avidité des grands , le duc d'Epernon eut avec lui en plein confeil chez le chancelier , le lundi 29 octobre 1598 , une querelle très-vive , où tous les deux portèrent la main fur la garde de leurs épées ; on eut peine à les féparer , c'eft à cette occafion que le roi approuvant la conduite du duc de Sully , lui manda qu'il lui ferviroit de fecond , & obligea le duc d'Epernon de faire des excufes à Sully. Il s'en vengea par mille contradictions qu'il fit effuyer à Sully dans la campagne de Savoye en 1600. Il paroît que l'amitié de d'Epernon pour le maréchal de Biron , le fit foupçonner d'avoir eu part à fa conjuration , mais fon hiftorien le juftifie & Sully ne l'accufe point. Le premier rapporte que le roi jouant à la paume avec le comte de Soiffons contre d'Epernon & Biron , peu de tems avant la détention de ce dernier , d'Epernon dit à Biron , foit à deffein ou par hafard : « vous jouez bien , mais » vous faites mal vos parties ». D'Epernon ignora longtems qu'en cette occafion Sully s'étoit rendu garant de fon innocence & avoit empêché qu'on ne l'arrêtât , le roi le lui apprit un jour que d'Epernon fe plaignoit de Sully devant le roi , comme d'un ennemi autrefois déclaré & qui étoit refté fon ennemi couvert. D'Epernon fut étonné : « M'affurez-vous , fire , dit lui d'Epernon , que M. » de Sully m'ait rendu ce bon office » ? Le roi l'en affura. D'Epernon part de Fontainebleau , rencontre Sully près d'Effone , s'arrête , le prie d'arrêter , lui dit ce qu'il vient d'apprendre du roi, lui fait les plus tendres remerciemens, lui jure une amitié éternelle. En effet leur liaison devint affez intime pour que les ennemis de Sully crûffent pouvoir en tirer avantage contre lui, en rendant Sully fufpect de favorifer & de partager l'ambition connue de d'Epernon.

En 1604, le duc d'Epernon étant en Guyenne, fit une chûte où il fe rompit la cuiffe & le pouce & fe bleffa encore à l'épaule & au coude, ce qui l'obligea de refter quarante jours au lit, couché fur le dos. L'amitié de d'Epernon & de Sully ne put prévaloir fur l'incompatibilité de leurs caractères & de leurs principes. Ils fe brouillèrent de nouveau, mais leur nouvelle inimitié n'eut point d'éclat.

Le duc d'Epernon obtint en 1607 la permiffion d'entrer en caroffe dans les cours des maifons royales, fous prétexte que la goutte ne lui permettoit pas de faire à pied un trajet un peu long, & fous ce même prétexte il fe faifoit porter par fes eftafiers jufques dans la chambre de la reine. L'auteur de fa vie dit qu'il jouit feul du vivant d'Henri IV, de la prérogative d'entrer en caroffe dans la cour du Louvre. Il fe trompe, M. de Sully en jouiffoit auffi. Le roi, dit-il, accorda cette diftinction à mes incommodités qui me rendoient le ferein redoutable, au befoin qu'il avoit prefque continuellement de ma préfence, & je crois encore à fon amitié pour moi. Il ajoute que deux autres ducs, dont apparemment le duc d'Epernon étoit un, jouiffoit du même privilège. On ignore qui étoit l'autre. Marie de Médicis pendant fa régence étendit ce privilège à tous les ducs & pairs & grands officiers de la couronne.

Le duc d'Epernon étoit dans le caroffe du roi, lorfque ce prince fut affaffiné. Il eft au nombre de ceux qui furent foupçonnés d'avoir part au complot, un mot le juftifie; il empêcha que dans le premier mouvement de l'indignation & de la fureur on ne maffacrât Ravaillac comme on avoit maffacré Jacques Clément. Cette précaution ne peut pas être d'un coupable.

Dans cette importante occafion, il envoya faire des offres de fervice au duc de Sully. Marie de Médicis l'admit à fes confeils fecrets, & il y porta des principes de politique, contraires à ceux de Henri IV & de Sully & favorables à l'alliance d'Efpagne. Il fut tantôt ami, tantôt ennemi du maréchal d'Ancre.

En 1619, il rendit à Marie de Médicis un important fervice en l'aidant à fe fauver de Blois, & en lui donnant un afile à Angoulême; il ne fléchit jamais fous le cardinal de Richelieu. On dit que dans un temps où fon vieux crédit alloit toujours en baiffant & celui du cardinal en s'élevant, ils fe rencontrèrent fur l'efcalier de Fontainebleau que le cardinal montoit & que d'Epernon defcendoit.

Le cardinal fit au duc la queftion ordinaire des politiques: *Qu'y a t'il de nouveau? Rien*, répond d'Epernon, *finon que vous montez & que je defcends.* En effet Richelieu s'eleva au faîte du pouvoir & d'Epernon defcendit, mais fans s'abaiffer. (Sur fa querelle avec Sourdis, *voyez* l'article SOURDIS). Il mourut en 1642 à quatre vingt huit ans; il étoit le plus ancien duc & pair, le plus ancien officier de la couronne, le plus ancien général d'armée, le plus ancien gouverneur de province, le plus ancien chevalier de l'ordre, le plus ancien confeiller d'état & prefque le plus ancien gentil homme de fon temps. On l'appelloit la garde robe du roi, à caufe du grand nombre de charges qu'il avoit dans la maifon de ce prince.

Il laiffa trois fils qui furent tous trois diverfement célèbres & diverfement traités par le cardinal de Richelieu.

6°. Henri de Nogaret de la Valette, dit de Foix, comte de Candale, l'aîné de ces fils, mena une vie errante & agitée, voyagea beaucoup dans différentes contrées de l'Europe & même en Afie, dans cette partie de la Natolie, qu'on appelle la Caramanie; il fervit avec gloire chez les étrangers, fur tout chez les vénitiens, qui le firent généraliffime de leurs armées; il revint plufieurs plufieurs fois en France & en reffortit autant de fois, felon que la haine du cardinal de Richelieu ou l'y fouffroit ou l'en chaffoit. Enfin le cardinal de la Valette fon frère, ayant conclu entre lui & Richelieu une paix plus folide, il vint fervir & commander en Flandre, puis en Italie, avec le cardinal fon frère & mourut du moins au fervice de fa patrie, le 11 février 1639 à la fleur de fon âge & avec la réputation d'un grand capitaine. C'étoit lui qui avoit d'abord époufé l'héritière d'Halluin, (*voyez* l'article SCHOMBERG) (Charles).

7°. Bernard de Nogaret de la Valette, fecond fils du duc d'Epernon, fut l'objet de fa prédilection & de tous les foins que prenoit ce père ambitieux pour l'aggrandiffement de fa maifon. Il eft connu dans l'hiftoire fous le titre de duc de la Valette; c'eft celui des fils du duc d'Epernon qui a été le plus maltraité par le cardinal de Richelieu; il avoit très-bien fervi aux fièges de Saint-Jean d'Angely & de Rouen, à l'attaque du pas de Suze, au fiège de Corbie; il avoit chaffé de la Guyenne les efpagnols & y avoit foumis les rebelles; mais où il étoit entré dans la conjuration de Corbie, ou il n'avoit pas pris en cette occafion avec affez de zèle la défenfe du cardinal de Richelieu; celui ci devint fon ennemi mortel, & le prince de Condé ayant été obligé de lever le fiège de Fontarabie le 7 feptembre 1638, le cardinal de Richelieu affecta de s'en prendre au duc de la Valette qui commandoit

mandoit fous le prince, & la Valette s'étant retiré en Angleterre pour échapper à fa vengeance, il lui donna des commiffaires, qui le condamnèrent à avoir la tête tranchée en effigie. Pour donner plus d'éclat à ce procès, Richelieu voulut que le roi y affiftât & y opinât en perfonne.

» Lorfque Louis XIII, dit l'auteur de l'efprit des loix, voulut être juge dans le procès du duc de la Valette, & qu'il appella pour cela dans fon cabinet quelques officiers du parlement & quelques confeillers d'état, le roi les ayant forcés d'opiner fur le décret de prife de corps, le préfident de Bellièvre dit « : Qu'il voyoit dans cette » affaire une chofe étrange, un prince opiner au » procès d'un de fes fujets ; que les rois ne s'étoient » réfervé que les graces & qu'ils renvoyoient les » condamnations vers leurs officiers. Et votre ma- » jefté voudroit bien voir fur la fellette un » homme devant elle, qui, par fon jugement, » iroit dans une heure à la mort ? Que la face » du prince qui porte les graces, ne p ut fou- » tenir cela, que fa feule vue levoit les interdits » des églifes, qu'on ne devoit fortir que content » de devant le prince. Lorfqu'on jugea le fond, » le même préfident dit dans fon avis : cela eft » un jugement fans exemple, voire contre tous » les exemples du paffé jufqu'à huy, qu'un roi de » France ait condamné en qualité de juge, par » fon avis, un gentil-homme à mort.

M. de Montefquieu ajoute : les jugemens rendus par le prince feroient une fource intariffable d'injuftices & d'abus ; fes courtifans extorqueroient par leur importunité, fes jugemens. Quelques empereurs romains eurent la fureur de juger ; nuls règnes n'étonnèrent plus l'univers par leurs injuftices.

L'arrêt du duc de la Valette fut annullé après la mort du cardinal de Richelieu, le 16 juillet 1643 & le duc fut rétabli dans fes biens, emplois & honneurs. Il mourut le 25 juillet 1661.

8°. Le cardinal de la Valette (Louis de Nogaret) frère des deux précédens, archevêque de Touloufe, que le duc d'Epernon fon père appeloit le cardinal Valet, parce qu'il s'étoit attaché à la fortune du cardinal de Richelieu, fut l'ami le plus utile de ce miniftre perfécuteur de fa maifon. Ce fut par fon confeil que Richelieu fuivit Louis XIII à Verfailles & confondit tous fes ennemis à la journée des dupes. Ce cardinal étoit guerrier & n'étoit pas fans quelque talent pour le commandement militaire, il commanda en Allemagne avec le duc de Saxe Weimar, en Franche-Comté contre le général Galas, en Picardie, en Italie, & fouvent avec affez de fuccès. Il mourut à Rivoli, près de Turin, le 28 feptembre 1639 à 47 ans.

9°. Le duc d'Epernon laiffa un fils naturel, *Hiftoire, Tome V.*

Jean-Louis, dit le chevalier de la Valette, qui fut lieutenant général de l'armée navale des Vénitiens en 1645 & qui eut pour fils :

10°. Louis Félix, marquis de la Valette, lieutenant général des armées du roi, qui fe diftingua au fiège de Luxembourg, à la bataille de Fleurus, & à celle de Nerwinde où il fut bleffé.

VALI, f. m. (Hift. mod.), c'eft le titre que l'on donnoit en Perfe avant les dernières révolutions, à des vice-rois ou gouverneurs établis par la cour d'Ifpahan, pour gouverner en fon nom des pays dont les ancêtres étoient les fouverains avant que d'être foumis aux perfans. La Géorgie étoit dans ce cas, ainfi qu'une partie de l'Arabie ; les vice-rois de ces pays s'appeloient vali de Géorgie, vali d'Arabie &c. (A. R.)

VALIDÉ, (Hift. mod.) nom que l'on donne chez les turcs à la fultane mère de l'empereur qui eft fur le trône. La fultane validé eft toujours très-refpectée par fon fils, & prend part aux affaires de l'état, fuivant le plus ou le moins d'afcendant qu'elle fait prendre fur fon efprit. Elle jouit d'une liberté beaucoup plus grande que les autres fultanes qui font dans le férail, & peuvent y changer & y introduire ce que la fantaifie leur fuggère. La loi veut que le fultan obtienne le confentement de fa mère pour coucher avec quelqu'une des femmes qui y font renfermées ; ainfi la validé lui amène une fille choifie pour attirer fes regards ; elle trouveroit très-mauvais & fe croiroit déshonorée, fi fon fils ne s'en rapportoit à fon choix. Son médecin nommé hekifis effendi, lorfqu'elle tombe malade, eft introduit dans fon appartement, mais il ne lui parle qu'au travers d'un voile dont fon lit eft environné ; & ne lui tâte le pouls qu'au travers d'un linge fin, qu'on met fur le bras de la fultane Validé. Elle a un revenu particulier, que l'on nomme Paschmalyk ; il eft de mille bourfes ou d'environ quinze cent mille francs, dont elle difpofe à fa volonté.

VALIN, (René-Jofué) (Hift. lit. mod.) procureur du roi de l'amirauté & de l'hôtel de ville de la Rochelle fa patrie, & membre de l'académie de cette ville, eft auteur d'un commentaire fur la coutume de la Rochelle, d'un autre fur l'ordonnance de la marine de 1681, & d'un traité des prifes. Mort en 1765.

VALINCOUR, (Jean-Baptifte-Henri du Trouffet de) (Hift. lit. mod.) fecrétaire des commandemens de M. le comte de Touloufe, amiral de France & fecrétaire général de la marine, fut de l'académie françoife & honoraire de l'académie des fciences. Il étoit né le premier mars 1650, de Henri du Trouffet & de Marie Dupré. Les du Trouffet de Valincour & d'Héricourt font d'une

L l l

famille noble , originaire de Saint- Quentin en Picardie ; M. *de Valincour* , ayant de bonne heure perdu son père , dut sa première éducation aux soins de sa mère , femme d'un mérite distingué.

Il ne brilla point dans ses classes & fit ce qu'on appelle de mauvaises humanités , mais se trouvant un jour seul , à la campagne avec un Térence pour tout amusement , il le lut , d'abord avec assez d'indifférence , & ensuite avec un goût qui lui fit bien sentir , dit M. de Fontenelle , ce que c'étoit que les belles-lettres.

Il fit quelques vers , fruits ordinaires de la jeunesse de l'esprit , qui est alors en sa fleur ; s'il en doit avoir une ; mais cet amusement n'eut pour confidens que ses amis.

La Princesse de Clèves parut , ouvrage , dit le même Fontenelle , d'une espèce qui ne peut naître qu'en France , & ne peut y naître que rarement , (ajoutons , & qui ne peut plus y naître de longtems.) M. *de Valincour* en donna une critique en 1678 , non pour s'opposer à la juste admiration du public , mais pour lui apprendre à ne pas admirer jusqu'aux défauts ; c'est en effet ce qu'on a toujours le plus de peine à lui apprendre , le public & même , que dis-je , & surtout le public savant ne sait pas , ne conçoit pas qu'il y ait des défauts dans les auteurs consacrés , dans Homère & dans Virgile , par exemple. Si M. *de Valincour* relevoit des défauts , il faisoit aussi valoir les beautés , mais il eut tort , puisqu'il alla quelquefois jusqu'à un ton d'ironie , moins respectueux pour un livre d'un si rare mérite , que le ton d'une critique sérieuse & bien placée. « On répond avec autant d'ai-
» greur & d'amertume , que si on avoit eu à dé-
» fendre une mauvaise cause. M. *de Valincour* ne
» répliqua point ; les honnêtes gens n'aiment point
» à s'engager dans ces sortes de combats trop
» désavantageux pour ceux qui ont les mains liées
» par de bonnes mœurs ». Que ceux qui ont la foiblesse d'aimer & d'accueillir la satire , pèsent bien , s'ils le peuvent , ce mot d'un sage ; qu'ils apprennent , s'ils le peuvent , à mépriser les satires & à respecter ceux qui non-seulement ne s'en sont jamais permis , mais qui se sont toujours interdit d'y répondre. Et ne soyons point les dupes de cette distinction , si chère aux satyriques , entre la satire personnelle & la critique purement littéraire ; cette distinction est réelle sans doute , mais la différence est dans le ton & dans l'intention évidente du critique. Toutes les fois que l'injustice est trop manifeste pour n'être pas volontaire , toutes les fois que le critique laisse percer le désir & le dessein de nuire à l'auteur ou de lui donner du ridicule , c'est une satire personnelle , quoiqu'il ne s'agisse que d'objets littéraires.

M. *de Valincour* donna en 1681 , la vie de François de Lorraine , duc de Guise , héros dont on a dit tant de bien & tant de mal & dont il y a en effet tant de bien & tant de mal à dire , pour lui rendre complettement justice.

M. Bossuet fit entrer en 1685 , M. *de Valincour* chez M. le comte de Toulouse , amiral de France , qui bientôt après le fit secrétaire de ses commandemens & secrétaire-général de la marine. Quand ce prince eut le gouvernement de Bretagne , ce fut encore un redoublement de travail pour le secrétaire.

A la bataille de Malaga en 1704 , où la flotte françoise , commandée par M. le comte de Toulouse , eut à combattre les flottes angloise & hollandoise réunies , M. *de Valincour* , quoique étranger au service militaire de la marine , fut toujours aux côtés du prince , & fut blessé à la jambe , d'un coup de canon qui tua un page.

Il fut reçu à l'académie françoise en 1699 , & fut fait honoraire de l'académie des sciences en 1721.

Il avoit travaillé toute sa vie à se faire dans une maison de campagne qu'il avoit à Saint-Cloud une bibliothèque choisie. Elle fut entièrement consumée à sa vue par le feu , & avec elle périrent des recueils , fruits de toutes ses lectures , des mémoires importans sur la marine , des ouvrages ébauchés ou faits. Son courage ne se démentit point dans cette douloureuse conjoncture ; ce fut lui qui dit à cette occasion : *je n'aurois guères profité de mes livres , si je ne savois pas les perdre* , mot digne de l'antiquité , mais la philosophie même lui permettoit de sentir vivement la perte d'un tel trésor amassé par elle-même & où elle se complaisoit.

C'est dans cet incendie qu'a péri , dit-on , ce que Racine & Boileau avoient écrit de l'histoire de Louis XIV , & qui étoit resté comme travail commun entre les mains de M. *de Valincour* , successeur de Racine & associé de Boileau dans ce travail.

Dans la fameuse querelle sur les anciens & les modernes , M. *de Valincour* , partisan des anciens , ne se brouilla point avec les modernes , il essaya même plusieurs fois de rapprocher les différens partis , il négocia des réconciliations & donna du moins de grands exemples de modération.

Il mourut le 4 janvier 1730. Il étoit secrétaire du cabinet. Il avoit succédé dans l'académie françoise à son ami Racine , & en qualité de chancelier , il reçut dans cette compagnie l'abbé d'Estrées , depuis archevêque de Cambray , qui succédoit à son autre ami Boileau.

» Ami dès mon enfance , dit-il , & ami intime
» de deux des plus grands personnages qui jamais
» aient été parmi vous , je les ai perdus tous les deux
» dans un petit nombre d'années. Vos suffrages
» m'ont élevé à la place du premier , que j'aurois
» voulu ne voir jamais vacante. Par quelle fa-

» talité faut-il que je fois encore deftiné à rece-
» voir aujourd'hui en votre nom l'homme illuftre
» qui va remplir la place de l'autre, & que dans
» deux occafions où ma douleur ne demandoit
» que le filence & la folitude pour pleurer des
» amis d'un fi rare mérite, je me fois trouvé en-
» gagé à paroître devant vous pour faire leur
» éloge.? »

Ce titre d'ami particulier de Racine & de Boileau, paroît avoir conftitué principalement l'exiftence littéra're de M. de Valincour; il eft plus
connu par ce titre que par fes ouvrages; le trop
plein de la gloire de fes amis s'eft répandu fur lui
& lui a formé comme une gloire particulière. Il
leur étoit tellement dévoué, qu'il adopoit, finon
leurs paffions, du moins leurs opinions. « Sa liaifon
» avec le grand fatirique, dit M. de Fontenelle,
» lui fit adopter quelques-uns de fes jugemens,
» tels que celui qu'il portoit contre le premier de
» nos poëtes lyriques, jugement infoutenable fur
» le parnaffe, & recevable feulement dans un tri-
» bunal plus refpectable, où le fatyrique lui-même
» n'eût pas d'ailleurs trouvé fon compte. »

Pour entendre quel eft ce tribunal plus refpectable, il faut favoir ce que M. de Valincour dit
de Quinault, en effayant de juftifier le jugement
de fon ami qui n'eft point juftifiable.

» Quoi! difoit Defpréaux à fes amis, des ma-
» ximes qui feroient horreur dans le langage or-
» dinaire, fe produifent impunément dès qu'elles
» font mifes en vers! Elles montent fur le théâ-
» tre à la faveur de la mufique, & y parlent
» plus haut que nos loix. C'eft peu d'y étaler
» ces exemples qui inftruifent à pécher, & qui ont
» été déteftés par les payens mêmes, on en fait au-
» jourd'hui des confeils & même des préceptes,
» & loin de fonger à rendre utiles les divertiffemens
» publics, on affecte de les rendre criminels....
» Enfin c'eft un genre de poëfie où la religion lui
» paroiffoit particulièrement offenfée ».

Ainfi la religion étoit particulièrement offenfée
& les divertiffemens étoient criminels, parce que
dans Roland, par exemple, une troupe de bergers & de bergères alloit chantant:

    Quand on vient dans ce bocage
    Peut-on s'empêcher d'aimer?
    Que l'amour fous cet ombrage,
    Sait bien-tôt nous défarmer! &c.

Quelle pitié! & ce font les amis de Racine qui
fe déchaînoient ainfi contre l'amour; quelle inconféquence!

VALLA (Georges) (hift. lit. mod.) médecin
de Venife, mort vers l'an 1460, auteur d'un
livre intitulé: De expetendis & fugiendis rebus.

Laurentius Valla ou Laurent Valle, beaucoup
plus connu que ce premier Valla, fut un de ceux
qui contribuèrent le plus au renouvellement des
lettres, fur-tout des lettrés latines en Italie. Le
roi de Naples, Alphonfe, apprit de lui le latin à
cinquante ans. Il eut avec le Pogge, (voyez cet
article) de ces querelles de favans, qui au quinzième fiècle où ils vivoient & dont ils étoient la
lumière, étoient fi violentes & fi atroces; ils
étoient fi acharnés l'un contre l'autre, qu'ils ne
doivent être crus qu'avec reftriction dans ce qu'ils
racontent l'un de l'autre. Si l'on en croit le Pogge,
Laurent Valle fe faifoit des affaires en tout pays
par fa caufticité ou par fes dogmes, il s'étoit fait
chaffer de Rome; à Naples, il fe fit mettre à
l'inquifition, il y fut condamné à être brûlé vif,
mais le roi Alphonfe ayant montré l'intérêt qu'il
prenoit à lui, les Jacobins inquifiteurs fe contentèrent de le fouetter à tous les coins de leur
cloître. Cependant il revint à Rome où le pape
Nicolas V, lui permit d'enfeigner publiquement
& lui accorda des récompenfes qu'il n'eût point
prodiguées à un héritique condamné, c'eft un motif
de révoquer en doute le fait de l'inquifition de
Naples. Valla étoit né à Plaifance en 1415. Il
mourut à Rome en 1465. On a de lui des ouvrages de divers genres, un traité du faux & du
vrai, facéties imprimées avec celles du Pogge; des
fables qui ont été traduites en françois; des traductions d'Hérodote, de Thucydide, d'Homère;
un traité contre la fauffe donation de Conftantin
au faint fiège, ouvrage qui pouvoit fuffire alors
pour exciter le zèle de l'inquifition; une hiftoire
du règne de Ferdinand, roi d'Arragon; mais
l'ouvrage par lequel il eft le plus avantageufement
connu, eft celui des élégances de la langue latine; mais il a été accufé (fauffement à ce qu'on
croit) de l'avoir volé.

VALLAIRE, adj. (Hift. nat.) nom que donnoient les romains à la couronne que l'état ou
le général décernoit à tout officier ou foldat qui
dans l'attaque d'un camp, avoit le premier franchi
les palilfades & pénétré dans les lignes ou retranchemens des ennemis. Ce mot eft dérivé de vallum,
pieu garni de quelques branches qu'on plantoit
fur la crête du retranchement, pour former l'enceinte du camp que les anciens nommoient lorica.
Ils donnoient aufli à cette couronne le nom de
caftrenfis, du mot caftra, camp.

Aulugelle affure que cette couronne étoit d'or,
& néanmoins, au rapport de Pline, l. XXII. c. iij.
elle n'étoit pas tant eftimée que la couronne ob-
fidionale qui n'étoit que d'herbe ou de gazon.
Les romains penfoient & avec raifon qu'il étoit
plus glorieux & plus utile, à l'état de délivrer &
de conferver des citoyens, que de vaincre des
ennemis. (A. R.)

VALLE, (Pierre della) (hift. lit. mod.)

gentilhomme romain, grand voyageur, habile dans les langues orientales & ayant beaucoup vécu dans l'orient. Nous avons ses voyages en quatre volumes in-4°. Ils ont été traduits par un P. Carneau, célestin.

VALLÉE, (Geoffroi) (*hist. de Fr.*) brûlé en place de grève à Paris, pour avoir publié un livre, oublié malgré cette avanture, lequel avoit pour titre : *la béatitude des chrétiens, ou le fléau de la foi.* Le P. Garasse lui dit beaucoup d'injures & peu s'en faut qu'il ne lui fasse un crime d'avoir eu autant de chemises qu'il y a de jours en l'année, & d'avoir été dans l'usage de les envoyer laver en Flandre à une fontaine renommée pour la beauté de ses eaux & pour la parfaite blancheur qu'elle donnoit au linge, c'est que Garasse trouve que cette conduite s'alloit avec la doctrine de Geoffroy *Vallée*, qui faisoit, dit-on, consister toute sa religion à tenir son corps exempt de souillure, & qui dogmatisoit beaucoup sur ce qu'il appelloit *la pureté.* Garasse ajoute agréablement *que le feu purifia les puretés prétendues de cette impure créature.* Pureté ou impureté, on ne voit pas trop dans tout cela de quoi brûler un homme. On dit que celui-ci étoit athée ; & on a remarqué qu'il étoit grand oncle de Desbarreaux. Il n'y a guères plus d'athées que de sorciers ; c'est pourquoi il ne faut guères plus les brûler que les sorciers qu'on a tant brûlés autrefois, avant qu'on eût découvert qu'il n'y en avoit point.

VALLEMONT, (Pierre le Lorrain de) (*hist. lit. mod.*) prêtre, auteur d'élémens d'histoire très-connus. Il y a de lui quelques ouvrages de controverse & quelques autres de physique beaucoup plus oubliés ; parmi ces derniers, est un traité de la baguette divinatoire que le P. Lebrun a réfuté. L'abbé *de Vallemont*, né à Pont-Audemer, en 1649, y mourut en 1721.

VALLIER, (Cochet de Saint) *voyez* COCHET.)

VALLIER, (de Poitiers de Saint) (*voyez* POITIERS.)

VALLIERE, (Jean Florent & Joseph Florent de) (*hist. de Fr.*) père & fils, tous deux de l'académie des sciences, tous deux illustres par leurs connoissances & leurs talens dans l'artillerie ; le père, né à Paris le 7 septembre 1667 ; mort en 1759 à 92 ans ; le fils mort en 1776 à 59 ans, tous deux ayant joui de la plus grande considération & ayant laissé les plus grands regrets.

VALLISNIERI, (Antoine) (*hist. lit. mod.*) docteur en médecine, très-célèbre à Padoue, des académies d'Italie & de la société royale de Londres. Le duc de Modène le créa de son propre

mouvement chevalier, ainsi que les aînés de ses descendans à perpétuité ; l'empereur Charles VI, auquel il dédia son histoire de la génération de l'homme & des animaux, lui donna un collier d'or & une patente de son médecin honoraire. Il mourut en 1730. Ses œuvres ont été recueillies par son fils, en trois volumes in-folio. Il a beaucoup écrit sur la génération en général sur la génération des vers dans le corps humain en particulier, & sur l'origine de plusieurs insectes, sur l'origine des fontaines, sur les corps marins qui se trouvent dans les montagnes, &c.

VALOIS, (Henri & Adrien de) (*hist. lit. mod.*) deux frères, tous deux savans, tous deux historiographes de France. On a de Henri des éditions en grec & en latin, avec des notes, des histoires ecclésiastiques d'Eusèbe, de Socrate, de Sozomène, de Théodoret, d'Evagre le scholastique, une édition d'Ammien Marcellin, des remarques sur Harpocration ; *Emendationum libri quinque.* Il mourut en 1676 : le P. Nicéron lui attribue beaucoup de petits défauts de caractère dont nous n'avons que faire ici, puisqu'ils n'ont rien produit. Adrien *de Valois* est avantageusement connu par sa *Notitia Galliarum* & ses *gesta Francorum.* Aussi judicieux critique qu'habile historien, cet écrivain supérieur encore à la grande réputation, & trop peu connu du commun des lecteurs, embellit l'érudition la plus profonde & la mieux digérée de cette éloquence décente qui donne à l'histoire une majesté si imposante. Plus on connoit les sources, & plus l'on est étonné du discernement avec lequel il a su y puiser, & de l'art avec lequel tous les auteurs originaux sont fondus dans une narration nette, rapide, intéressante, qui contient tout, & qui ne languit jamais.

Adrien *de Valois* a fait l'honneur à Mariana de le réfuter sur la prétendue justification de Brunehaut ; (*voyez* l'article BOCACE.) sa réponse quoique générale, est si forte & si lumineuse que M. de Cordemoi qui a pris aussi comme Bocace & Mariana, la défense de Brunehaut, qui avoit contre Adrien *de Valois* tous les avantages qu'en a quand on réplique, & qui a tout discuté dans le plus grand détail, n'a pu parvenir à l'ébranler.

Adrien *de Valois* mourut en 1692. C'est son fils qui a publié le *Valesiana.*

Louis le *Valois* est le nom d'un jésuite qui fut confesseur des princes petits-fils de Louis XIV. Né à Melun en 1639, mort à Paris en 1700. On a de lui *des œuvres spirituelles.*

VALOUVERS, s. m. (*Hist. mod.*) c'est ainsi que l'on nomme les idolâtres de l'Indostan, les prêtres de la dernière des tribus, appellée *parreas* ou *poulias*, qui est l'objet du mépris du peuple.

Il y a parmi eux une famille sacerdotale, appelée des *valouvers*, qui prétendent avoir occupé anciennement dans les Indes un rang aussi distingué que les bramines ou prêtres actuels. Les *valouvers* s'appliquent à l'astronomie & à l'astrologie; ils ont des livres qui contiennent des préceptes de morale très estimés. On dit qu'ils portent un filet de pêcheur autour du col lorsqu'ils font leurs sacrifices. (*A. R.*)

VALVERDE, (moine Espagnol) (*hist. litt. mod.*) missionnaire, dont le zèle fougueux & barbare fut ce qui contribua le plus à la mort du malheureux Atabalipa, roi du Pérou, arrivée en 1533. (*voyez* les articles ATABALIPA & PIZARRO.) Dans une audience que le roi du Pérou donnoit à Pizarro, qu'il avoit consenti à recevoir en qualité d'ambassadeur d'Espagne, le moine *Valverde*, qui accompagnoit Pizarro, somma le monarque Péruvien d'embrasser le christianisme, de reconnoître l'autorité sacrée du pape & de faire hommage de sa couronne à Charles-Quint. Quant à ce dernier article, la force étoit une raison assez décisive. Quant à la religion, *Valverde* se mit à la lui expliquer; le roi demanda des preuves, le moine présenta la bible; le roi qui n'étoit pas aussi obligé que le moine, de l'entendre & de la respecter, ne connoissant rien à tout ce qu'on lui montroit, jetta le livre par terre avec mépris ou le laissa tomber par mégarde. Le moine regardant & faisant regarder cette action comme une profanation, cria aux armes, & ces armes étoient des armes à feu, d'autant plus terribles pour les Péruviens qu'ils n'en connoissoient point l'usage, Pizarro exécuta fidèlement & rigoureusement les ordres du moine, Atabalipa tomba dans ses fers. Peu après on saisit un prétexte pour le faire périr. On n'eut pas de honte de le condamner, apparemment comme profanateur, à être brûlé vif. On voulut bien ensuite par une pieuse transaction lui accorder la grace de l'étrangler avant de le jetter dans les flammes ou après qu'il les auroit un peu senties, mais à condition qu'il seroit baptisé par ce moine *Valverde* qui l'avoit si bien catéchisé.

VAN-CEULEN, (Ludolphe) (*hist. lit. mod.*) fameux mathématicien Hollandois, du dix-septième siècle, fit de grands travaux pour déterminer le rapport du cercle à la circonférence; les chiffres par lesquels il exprimoit ce rapport, furent gravés sur sa tombe, qu'on voit à Leyde dans l'église de Saint-Pierre. On a de lui d'ailleurs *Fundamenta Geometriæ*, ouvrage traduit du Hollandois en latin par Snellius, & un traité *de circulo & adscriptis*.

VANDALE, (Antoine) (*hist. lit. mod.*) médecin de l'hôpital de Harlem, mais beaucoup plus connu par ses dissertations sur les oracles des payens, dont M. de Fontenelle a fait son histoire des oracles, ouvrage qui a paru hardi dans le tems, & qui ne

le paroît plus assez. On a de lui un traité de l'origine & des progrès de l'idolatrie & des dissertations sur divers sujets d'érudition. Né en 1638. Mort en 1708.

VANDER-MONDE, (Charles-Augustin) (*hist. lit. mod.* né à Macao dans la Chine, mort à Paris en 1762, étoit médecin, censeur royal & académicien de l'institut de Bologne. On a de lui des *observations de médecine & de chirurgie*, ouvrage périodique, qui a donné naissance au journal de médecine; un essai sur la manière de perfectionner l'espèce humaine; un dictionnaire portatif de santé, livre d'un grand usage & qui eut beaucoup de succès.

VANDRILLE, (Saint) (*Vandregesilus*) (*hist. de Fr.*) il étoit cousin germain de Pépin de Héristal, fils d'une sœur d'Anchise, père de ce Pépin, laquelle avoit pour père aussi qu'Anchise, saint-Arnoul, le premier auteur connu de la race Carlovingienne. Le père de saint *Vandrille* étoit un duc ou gouverneur de Province. *Saint Vandrille*, est principalement connu pour s'être retiré dans le désert de Fontenelle à six lieues de Rouen & y avoir bâti le monastère de Fontenelle ou de *Saint-Vandrille*, où il mourut vers l'an 688 à 96 ans.

VAN-EFFEN, (Juste) (*hist. lit. mod.*) né à Utrecht, a traduit en françois *Robinson Crusoé*; le *Mentor moderne*; le *Conte du tonneau du docteur Swift*, les *pensées libres de Mandeville*; il est auteur du *Misanthrope*, ouvrage fait sur le modèle du *Spectateur Anglois*. On lui attribue aussi un parallèle d'Homère & de Chapelain, qui a été attribué à M. de Fontenelle, & qui se trouve à la fin du *chef-d'œuvre d'un inconnu*. Mort en 1735.

VAN-ESPEN, (Zeger-Bernard) (*hist. litt. mod.*) docteur de Louvain, né dans cette ville en 1646, reçu docteur en droit en 1675, est un des plus savans canonistes de ces derniers siècles; il fut quelques années aveugle, & n'en fut ni moins gai ni moins studieux. C'étoit un homme simple & vertueux comme presque tous ceux qui ne vivent guères qu'avec les livres, car c'est la société qui corrompt, les livres ne corrompent pas. Mais comme il n'étoit pas favorable au formulaire ni à la constitution, comme il étoit ce qu'on appelle janséniste, il fut persécuté, & fut obligé de se retirer à Maestricht, puis à Amersfort, où il mourut en 1728. Son *jus ecclesiasticum universum* étoit depuis long-tems l'oracle des jurisconsultes. On a donné en 1753, une édition complette de tous les ouvrages de *Van-Espen*, en 4 vol. in-folio. & depuis une autre encore plus complette en 5 volumes.

VANG, s. m. (*Hist. mod.*) ce mot signifie *petit roi* ou *roitelet*: l'empereur de la Chine le confere aux chefs ou kans des tartares mongouls, qui sont soumis à son obéissance, & à qui il ne permet point de prendre le titre de kan, qu'il fe réferve; ces *vangs* ont fous eux des *peit-fe* & des *kong*, dont les titres répondent à ceux de ducs & de comtes parmi nous. (*A. R.*)

VAN-HELMONT, (Jean-Baptifte & François Mercure fon fils) (*hift. lit. mod.*) gentilhommes de Bruxelles, font du nombre des philofophes hermétiques. Jean Baptifte avoit un remède univerfel, & il n'y a point de remède univerfel. L'inquifition de fon tems & de fon pays, qui apparemment ne croyoit point au remède univerfel, mais qui en récompenfe croyoit à la magie, le fit renfermer dans fes prifons comme forcier, & il eut le bonheur d'en fortir, parce qu'on jugea qu'il n'étoit que fou. Il fut affez fage du moins pour vouloir être libre & à l'abri de l'inquifition, il fe retira en Hollande où il mourut en 1644. Il étoit né en 1588. Il avoit précédé nos modernes illuminés dans la doctrine du magnétifme. Il y a de lui un ouvrage *De magneticâ corporum curatione*. Il a d'ailleurs écrit fur la phyfique & la médecine. *Febrium doctrina inaudita. Hortus medicinæ. Paradoxa de aquis fpadanis*. Ce n'étoit pas en général l'efprit paradoxal qui lui manquoit, non plus qu'à François Mercure fon fils. Celui-ci fut foupçonné d'avoir trouvé la pier e philofophale, il croyoit d'ailleurs à la métempfycofe. Il a écrit fur la genèfe & fur des matières théologiques. On a de lui auffi un livre intitulé: *alphabeti vère naturalis hebraïci delineatio*. La bifarrerie de fes opinions, la fingularité de fes paradoxes, fa conduite même à beaucoup d'égards pourroient auffi donner de lui l'idée d'un fou; mais il a eu l'eftime du grand Leibnitz, qui lui a fait une épitaphe honorable. Il étoit né en 1618. Dans fa jeuneffe il s'étoit enrôlé parmi des Bohémiens avec lefquels il avoit parcouru diverfes provinces. Il mourut à Cologne en 1699.

Il y avoit encore un baron de *Vanhelmont*, grand illuminé, qui finit par fe faire Quaker, vers le même tems; il étoit vraifemblablement de la même famille.

VANIERE, (Jacques) (*hift. lit. mod.*) Jéfuite, un de nos meilleurs poëtes latins modernes, tous ceux qui aiment les beaux vers & la campagne, aiment fon *Prædium Rufticum*. On a de lui encore un recueil de poéfies latines, églogues, épîtres, épigrammes, hymnes, &c. Il a donné auffi un dictionnaire poétique latin. Né en 1664 dans le diocèfe de Béziers, il mourut à Touloufe en 1739.

VANINA. (*Voyez* ORNANO.)

VANINI, (Lucilio) (*hift. mod.*) malheureux brûlé à Touloufe en 1619 à trente-quatre ans, comme athée, après avoir eu la langue coupée.

Quand Boileau dit:

A la fin tous ces jeux que l'athéifme élève,
Conduifent triftement le plaifant à la grève.

il a trop l'air d'approuver cette cruauté. Un athée eft un aveugle qu'il faut plaindre, mais il ne faut pas le brûler. Voilà ce que Boileau auroit dû dire au lieu de faire une raillerie dévote & amère fur le malheureux qu'on brûle & qui dèslors ne doit plus être qu'un objet de pitié. L'athée le plus coupable n'eft toujours qu'un hérétique, dont l'erreur la vérité porte fur la bafe de toute religion, & détruit tout efprit religieux, mais puifque l'Etre fuprême, dont il attaque la majefté, le laiffe vivre, & ne juge pas à propos de fe venger, refpecter fes deffeins & imiter fa clémence, voilà notre devoir. La religion réprouve toutes ces rigueurs qui ferviroient qu'à la faire haïr. De plus les preuves de ces fortes de crimes qui ne troublent point directement l'ordre de la fociété humaine, font fouvent affez équivoques; beaucoup de gens ont le tort & le ridicule de fe croire athées ou de tâcher de le devenir. On pourroit leur dire:

Vous pourriez être
Bien plus honnêtes gens que vous ne le penfez.

Les écrits fur ce point ne font pas toujours d'une clarté qui ne laiffe aucune excufe à l'auteur & les favans ne font pas encore aujourd'hui d'accord fur l'athéifme de *Vanini*. On cite des morceaux de fes ouvrages, où bien loin d'attaquer l'exiftence de Dieu, il paroît l'enfeigner & reconnoître fa providence; des auteurs rapportent que lorfqu'à fon premier interrogatoire on lui demanda s'il croyoit l'exiftence d'un Dieu, il fe baiffa, leva de terre un brin de paille, & dit: je n'ai befoin que de ce fétu pour me prouver à moi-même & pour prouver aux autres une vérité fi fenfible, & qu'il fit un grand difcours fur la providence; le préfident de Gramond qui parle de ce difcours, dit qu'il le prononça plutôt par crainte que par perfuafion; cela peut être, mais ni le préfident de Gramond ni perfonne n'en fait rien, & avec cette manière de fcruter les cœurs, il n'y aura jamais d'innocent. » Je le vis dans le tombereau, » lorfqu'on le menoit au fupplice, ajoute cet hiftorien, je le vis fe moquant du Cordelier qu'on » lui avoit donné pour l'exhorter à la repentance, » & infultant à notre fauveur par ces paroles » impies: *il fua de crainte & de foibleffe, & moi » je meurs intrépide*. » Voici bien autre chofe, le voilà qui croit non-feulement à Dieu, mais à J. C. & à l'évangile, & tout en y croyant, il y infulte; il blafphème, il fe met au deffus de J. C. Il étoit donc fou; & peut-être falloit-il l'enfermer; mais pourquoi des cruautés? Comment croyons-nous honorer Dieu par des facrifices humains, & lui plaire en détruifant fon ouvrage;

qui fommes nous pour vouloir le venger, *nos homunciones?*

Et quel befoin, fon bras, a-t-il de nos fecours ?
Que peuvent contre lui tous les rois de la terre ?
En vain ils s'uniroient pour lui faire la guerre,
Pour diffiper leur ligue il n'a qu'à fe montrer,
Il parle, & dans la poudre il les fait tous rentrer.
Au feul fon de fa voix la mer fuit, le ciel tremble :
Il voit comme un néant tout l'univers enfemble,
Et les foibles mortels, vains jouets du trépas,
Sont tous devant fes yeux comme s'ils n'étoient pas,
Des plus fermes états, la chûte épouventable,
Quand il veut n'eft qu'un jeu de fa main redoutable.

Ce malheureux *Vanini* étoit né en 1585 à Taurozano dans la terre d'Otrante. Il fut prêtre, il prêcha, mais fans fuccès, il cultiva les fciences de fon tems parmi lefquelles on peut croire qu'il ne négligea pas l'aftrologie judiciaire. Si l'on ne favoit pas que les hommes ont un talent prodigieux pour réunir la fuperftition & l'incrédulité, on pourroit imaginer qu'un homme qui croyoit même à l'aftrologie, ne pouvoit pas fe refufer à croire des chofes infiniment plus croyables. Le P. Merfenne lui impute le projet d'aller prêcher l'athéifme dans le monde avec douze compagnons ou apôtres, le P. Merfenne étoit lui-même un peu crédule ; mais enfin tout cela ne mène toujours qu'à prendre *Vanini* pour un fou. Il erra beaucoup de pays en pays, paffa fouvent d'Italie en France & de France en Italie, caractère inquiet & inconftant, on dit qu'il fe fit moine, mais on ne fait pas dans quel ordre, quoiqu'on s'imagine favoir que le déreglement de fes mœurs l'en fit chaffer. Il fut aumônier du maréchal de Baffom pierre & il lui dédia fes dialogues *de admirandis naturæ arcanis*, ouvrage inintelligible que la forbonne cenfura cependant. Il s'arrêta quelque tems à Touloufe, & il y prit des écoliers pour la médecine, la philofophie & la théologie ; car il favoit ou du moins il enfeignoit tout cela ; le premier préfident du parlement de Touloufe le chargea même de donner quelques leçons à fes enfans.

On dit que lorfqu'après fa condamnation il lui fut ordonné de demander pardon à Dieu, au roi & à la juftice, ce qui s'appelle faire amende honorable, il répondit qu'il ne croyoit point à Dieu, qu'il n'avoit jamais offenfé le roi, qu'il donnoit la juftice au diable. Si, après avoir parlé fi fenfément dans fon premier interrogatoire, il tint au fupplice les propos de fou & de défefpéré qu'on lui attribue, la barbare rigueur de fon fort pourroit bien en être la caufe, & ces cruautés ne font propres qu'à produire de tels effets.

On a encore de *Vanini* un ouvrage intitulé :

amphitheatrum æternæ providentiæ & dirigé principalement contre Cardan.

Un auteur, nommé Durand, a écrit fa vie.

VANSWIETEN, (Gérard) (*hift. lit. mod.*) médecin célèbre, né à Leyde de parens catholiques, fut élève de Boerhave & un de fes plus illuftres élèves, il a donné de favans commentaires fur fes aphorifmes. L'impératrice reine, l'appella en 1745 à Vienne, où il devint fon premier médecin, fon bibliothécaire & directeur général des études, cenfeur général & unique des livres, ce qu'un feul homme ne doit jamais être ; aufli déplut-il à bien des gens dans l'exercice de cet emploi ; les mécontens ne l'épargnèrent pas, on le traita de *tyran des efprits & d'affaffin des corps*. On affure qu'indépendamment même de fes travaux fur la médecine & la chirurgie, il a été très-utile à la police de ces arts par l'ordre qu'il y a établis, par les abus qu'il a réformés, par l'exclufion des fujets ou mauvais ou médiocres, par le choix des bons & des meilleurs, par l'emploi qu'il fit toujours de fon crédit en faveur des favans & des fciences. En 1770, il guérit l'impératrice reine de la petite vérole. Différentes parties de fon grand commentaire fur les aphorifmes de Boerhave, ont été traduites en François. M. Paul a traduit ce qui concerne les fièvres intermittentes, les maladies des enfans & la pleuréfie ; M. Louis a traduit les aphorifmes de chirurgie. *Van-Swieten* a donné aufli un *traité de la médecine des armées.* Né en 1700, mort en 1772. Il a laiffé deux fils, l'un employé dans les ambaffades, l'autre auditeur des comptes à Bruxelles.

VAN-VIAN, (François & Matthieu) (*hift. lit. mod.*) frères, docteurs de Louvain & docteurs janféniftes. Le premier a fait des livres de théologie & de controverfe, tous deux ont fait condamner des propofitions de morale rélâchée, le fecond a fait condamner Caramuel par l'archevêque de Malines, & il eft l'auteur d'un ouvrage intitulé : *juris naturalis ignorantiæ notitia*, qui a été traduit en françois par Nicole, avec une préface & des notes.

VARCHI, (Bénoît) (*Hift. litt. mod.*) profeffeur de morale à Padoue, & un des principaux membres de l'académie des *inflammati* de cette ville, parloit & écrivoit fi bien en italien qu'on difoit que fi Jupiter vouloit parler italien, il emprunteroit le langage de *Varchi*. On a de lui une *hiftoire des chofes les plus remarquables arrivées de fon tems, principalement en Italie & à Florence* ; il entreprit cet ouvrage par l'ordre de Côme de Médicis fon fouverain, & il ne fe fervit de la protection de ce prince que pour écrire avec plus de liberté fans ménager même la maifon de Médicis. On a de lui aufli des poéfies, appellées ca-

pitoli, imprimées avec celles du Berni, du Mauro & qui furent supprimées comme obfcènes. Les fonnets du *Varchi* font fort eftimés. Mort à Florence en 1566. Il étoit né à Fiefole vers l'an 1503.

VARENIUS, (*Hift. litt. mod.*) Il y a deux favans de ce nom :

1°. Augufte Allemand, né dans le duché de Lunebourg en 1620, mort en 1624, luthérien, grand hébraïfant, & regardé en Allemagne comme celui de tous les proteftans, qui, après les *Buxtorffs*, (*voyez* leur article) a pouffé le plus loin la fcience de l'hébreu.

2°. Bernard Hollandois, auteur d'une defcription du Japon & du royaume de Siam, & d'un ouvrage intitulé : *geographia univerfalis, in quâ affectiones generales telluris explicantur* ; cette géographie générale phyfique, a été jugée digne par Newton d'être traduite en anglois, il l'a même enrichie de notes aufli bien que Jurin. Nous en avons une traduction françoife, faite par M. de Puifieux fur la traduction angloife. Bernard *Varenius* vivoit dans le dernier fiècle.

VARENNE, (Guillaume Fouquet de la) (*hift. de Fr.*) avoit été cuifinier chez madame, fœur d'Henri IV ; il avoit rendu au roi des fervices différens que madame fait affez connoître par le mot qu'elle lui dit un jour : « La *Varenne*, » tu as plus gagné à porter les poulets de mon » frère qu'à piquer les miens. » Il le faifoit affez connoître lui-même par ce mot, qu'il dit au chancelier de Belliévre qui lui faifoit quelque difficulté au fujet d'une grace que la *Varenne* avoit obtenue ou extorquée du roi : « Monfieur, dit il au chan» celier, ne vous en faites point tant accroire ; » je veux bien que vous fachiez que fi mon maître » avoit vingt cinq ans de moins, je ne donne» rois point mon emploi pour le votre. » Fouquet fut fait portemanteau de ce prince, enfuite confeiller d'état & contrôleur général des poftes ; le roi lui donna des lettres de nobleffe, il acheta le marquifat de la *Varenne* en Anjou dont il prit le nom ; fon orgueil croiffant avec fa fortune, il mit un gentilhomme auprès de fon fils, fur quoi Henri IV lui dit : *Que tu donnes ton fils à un gentilhomme, je comprends cela, mais donner un gentilhomme à ton fils* ! Il fut chargé, mais fans caractère public & apparent, d'une négociation fecrette en Espagne qu'il gâta, felon M. de Sully, par la vanité qu'il eut de faire parade de fa commiffion, & de trancher de l'ambaffadeur. Cayet en parle différemment. Ce fut lui qui manda au roi & à M. de Sully, la mort tragique de la ducheffe de Beaufort, Gabrielle d'Eftrées, que le roi avoit confiée à fes foins en fe féparant d'elle pour le tems pafchal. Il étoit grand protecteur des jéfuites, & M. de Sully nous en dit la raifon,

c'étoit afin qu'un jour ils puffent être les fiens, & payer fon zèle par l'élévation de fes enfans, pour lefquels il convoitoit déjà les plus brillantes & les plus éminentes dignités dans l'église ; il contribua beaucoup au rappel des jéfuites, il entra dans quelques-unes des intrigues des ennemis du duc de Sully contre lui, mais toujours avec réfeve & difcrétion, & en obfervant de ne pas déplaire à fon maître. Il eut toujours foin de fe maintenir dans la faveur, il fut chevalier de S. Michel, lieutenant-général de l'Anjou, gouverneur de la Fléche.

Guillaume Fouquet de la *Varenne* fon fils aîné, fut d'abord confeiller au parlement de Paris, puis maître des requêtes. Il éprouva l'effet de la bienveillance des jéfuites, que fon père lui avoit ménagée ; il vit les bénéfices accumulés fur fa tête ; il eut les abbayes d'Ainai près de Lyon, de S. Bénôit-fur-Loire, de S. Nicolas d'Angers, de S. Loup de Troyes, le prieuré de Levière près d'Angers, enfin l'évêché même d'Angers en 1616 ; au moyen de tous ces bénéfices il ceda tous fes droits d'aîneffe au marquis de Sainte-Suzanne fon frère. Il mourut à trente-cinq ans le 6 janvier 1621.

VARENNES, (Jacques-Philippe de) (*hift. lit. mod.*) chapelain du roi, auteur d'un livre intitulé : *les hommes*, qui eut dans fon tems plufieurs éditions.

VARET, (Aléxandre & François) (*hift. lit. mod.*) écrivains janféniftes, étoient frères. Aléxandre fut grand vicaire de M. de Gondrin, archevêque de Sens, & après la mort de ce prélat, fe retira dans la folitude de Port-Royal-des-champs, où il mourut en 1676. Il étoit né en 1631. On a de lui divers écrits polémiques, principalement contre les jéfuites & leur morale, des lettres fpirituelles & un *traité de la première éducation des enfans*. On doit à François une traduction françoife du catéchifme du concile de Trente.

VARGAS, (François) (*hift. d'Efp.*) jurifconfulte efpagnol. On a de lui des lettres & des mémoires que le Vaffor a traduits en François, & qui concernent le concile de Trente, où il étoit ambaffadeur de Charles-Quint. Il avoit été envoyé en 1548 à Bologne, où le pape avoit d'abord transféré le concile, & il y avoit protefté au nom de l'empereur contre cette translation. *Vargas* alla enfuite réfider à Rome à fon retour il fut fait confeiller d'état, il avoit auparavant exercé diverfes charges de judicature. Il finit par fe dégouter & de la cour & des affaires, il fe retira dans un monaftère près de Tolède. Outre fes lettres & mémoires, il a laiffé un traité en latin de la jurifdiction du pape & des évêques. Il mourut vers l'an 1560.

Il y avoit eu au quatorzième siècle un autre *Vargas* nommé Alphonse, aussi espagnol, moine augustin, né à Tolède, docteur à Paris, devenu ensuite en Espagne évêque d'Osma, puis de Badajox, & enfin archevêque de Séville. Il avoit fait selon l'usage du tems des commentaires sur le maître des sentences. Mort en 1366.

VARIGNON, (Pierre) (*hist. lit. mod.*) de l'académie des sciences, naquit en 1654 à Caen, d'un père architecte, il vit de bonne heure tracer des cadrans, & ne le vit pas indifféremment ; un Euclide lui tomba entre les mains, il en fut charmé, il l'emporta chez lui & ce fut pour son ame géométrique une source de jouissances délicieules. Il connut en philosophie l'abbé de S. Pierre & ils s'aimèrent. « Ils avoient besoin l'un
» de l'autre, dit M. de Fontenelle, pour appro-
» fondir, pour s'assurer que tout étoit vû dans un
» sujet. Leurs caractères différens faisoient un as-
» sortiment complet & heureux ; l'un (c'étoit M.
» de *Varignon*) par une certaine vigueur d'idées,
» par une vivacité féconde & par une fougue de
» raison, l'autre par une analyse subtile, par une
» précision scrupuleuse, par une sage & ingé-
» nieuse lenteur à discuter tout.

M. *Varignon* n'avoit rien, l'abbé de Saint Pierre, cadet de Normandie, n'avoit que dix-huit cent livres de rente, il en détacha trois cent qu'il donna par contrat à M. *Varignon*.

C'est une chose vraiment intéressante que le tableau que trace M. de Fontenelle, de la liaison qu'il avoit formée dans sa jeunesse avec ses studieux amis & dans laquelle un autre compatriote fut encore admis.

L'abbé de Saint Pierre alla s'établir avec M. *Varignon* en 1686 dans une petite maison au fauxbourg S. Jacques. « J'étois leur compatriote, &
« allois les voir assez souvent, & quelquefois passer
» deux ou trois jours avec eux ; il y avoit encore
» de la place pour un survenant, & même pour
» un second sorti de la même province, aujour-
» d'hui l'un des principaux membres de l'acadé-
» mie des belles-lettres, & fameux par les his-
» toires qui ont paru de lui. Nous nous rassem-
» blions avec un extrême plaisir : jeunes, pleins
» de la première ardeur de savoir, fort unis, &
» que nous ne comptions peut-être pas alors pour
» un assez grand bien, peu connus. Nous parlions
» à nous quatre une bonne partie des différentes
» langues de l'empire des lettres, & tous les su-
» jets de cette petite société se sont dispersés de-
» là dans toutes les académies ».

Il y avoit sans doute plus de charme encore, mais moins de pureté, moins de tranquillité dans cette amitié amoureuse & jalouse dont M. de *Voltaire* fait un tableau plein de sentiment & de vie ; il n'en retrace que les douceurs, mais elle devoit

avoir des orages, puisque l'amour y entroit pour quelque chose.

Il te souvient du tems où l'aimable Egérie
    Dans les beaux jours de notre vie,
  Ecoutoit nos chansons, partageoit nos ardeurs.
  Nous nous aimions tous trois. La raison, la folie,
  L'amour, l'enchantement des plus tendres erreurs,
    Tout réunissoit nos trois cœurs.
  Que nous étions heureux ! même cette indigence,
    Triste compagne des beaux jours,
  Ne put de notre joie empoisonner le cours.
  Jeunes, gais, satisfaits, sans soins, sans prévoyance,
  Aux douceurs du présent bornant tous nos desirs,
  Quel besoin avions nous d'une vaine abondance ?
  Nous possédions bien mieux, nous avions les plaisirs.
  L'amour s'est envolé sur l'aile du bel âge ;
  Mais jamais l'amitié ne fuit du cœur du sage.
  Nous chantons quelquefois, tes vers & les miens,
  De ton aimable esprit nous célébrons les charmes ;
  Ton nom se mêle encore à tous nos entretiens,
  Nous lisons tes écrits, nous les baignons de larmes.

M. *Varignon* passoit les journées entières au travail, nul divertissement, nulle récréation. « Je
» lui ai ouï dire que travaillant après souper, selon
» sa coutume, il étoit souvent surpris par des
» cloches qui lui annonçoient deux heures après
» minuit, & qu'il étoit ravi de se pouvoir dire
» à lui-même que ce n'étoit pas la peine de se
» coucher pour se relever à quatre heures.....
» Il sortoit de là gai & vif, encore plein des
» plaisirs qu'il avoit pris, impatient de recom-
» mencer. Il rioit volontiers en parlant de la géo-
» métrie & à le voir on eût cru qu'il la falloit
» étudier pour se bien divertir..... Sa vie étoit
» une possession perpétuelle & parfaitement pai-
» sible de ce qu'il aimoit uniquement. Cependant
» si l'on eût eu à chercher un homme heureux,
» on l'eût été chercher bien loin de lui, & bien
» plus haut ; mais on ne l'y eût pas trouvé ».

De sa solitude du fauxbourg S. Jacques, il entretenoit commerce avec plusieurs savans illustres, tels que MM. du Hamel, du Verney, de la Hire, &c.

En 1687, il se fit connoître par son *projet d'une nouvelle méchanique* dédié à l'académie des sciences & qui l'y fit recevoir en 1688. Le même ouvrage lui procura la chaire de professeur de mathématiques au collège Mazarin, il fut le premier qui la remplit. Il fut aussi professeur de mathématiques au collège royal.

En 1690, il publia ses *nouvelles conjectures sur la pésanteur...* Il fut un des plus grands zélateurs & des plus ardens défenseurs de la géométrie des infiniment petits. Les volumes de l'académie imprimés de son tems parlent sans cesse de lui & de ses travaux. « Ce ne sont presque » jamais des morceaux détachés les uns des autres ; » mais de grandes théories complettes sur les loix » du mouvement , sur les forces centrales , sur » la résistance des milieux au mouvement &c. »

En 1705, l'assiduité & la contention du travail lui causèrent une grande maladie. Il fut six mois en danger & trois ans dans une langueur, suite de l'épuisement des esprits. Dans des accès de fièvre il se croyoit au milieu d'une forêt, où il voyoit toutes les feuilles des arbres couvertes de calculs algébriques. Condamné à se priver de tout travail, il ne laissoit pas , dès qu'il étoit seul dans sa chambre, de prendre un livre de mathématiques qu'il cachoit bien vîte, s'il entendoit venir quelqu'un.

Revenu de sa maladie, il ne profita point du passé , & recommença de se livrer avec excès au travail. Malgré un grand amour pour la paix, il se trouva engagé dans quelques disputes géométriques, & ce fut même par là qu'il termina sa carrière. Après avoir fait sa classe au collège Mazarin, le 22 décembre 1722, il mourut subitement la nuit suivante. Il ne connoissoit point la jalousie, il possédoit la vertu de la reconnoissance au plus haut dégré ; il ne croyoit jamais quitte envers un bienfaiteur ; je n'ai jamais vu , dit M. de Fontenelle, personne qui eût plus de ce qu'on appelle conscience. Il légua ses papiers à M. de Fontenelle , qui en a rendu bon compte.

Dans les dernières années de sa vie, les fréquentes visites des curieux, soit nationaux, soit étrangers, les ouvrages qu'on soumettoit à son examen , un commerce de lettres avec tous les savans de l'univers, lui laissoient peu de tems pour ses travaux particuliers ; c'est ainsi, comme l'observe M. de Fontenelle, qu'on devient célèbre , parce qu'on a été maître de disposer d'un grand loisir , & qu'on perd ce loisir précieux, parce qu'on est devenu célèbre.

VARILLAS, (Antoine) (hist. litt. mod.) historien , dit M. le président Hénault , dont il ne faut pas toujours rejetter le témoignage. Il a raison , & c'est là le mot qu'il falloit dire sur Varillas; car il est si décrié pour l'infidélité, qu'on pousse peut être un peu trop loin la défiance à son égard. Il est vrai qu'il l'a méritée en se permettant de citer quelquefois des mémoires & des manuscrits qui n'existoient pas, & en sacrifiant trop souvent la vérité au plaisir de surprendre ou d'attacher le lecteur. Il est certain que Varillas n'est pas une autorité suffisante pour les faits dont il est le seul garant, sur-tout quand ces faits tiennent un peu du merveilleux ; il est sûr que la fausseté de plusieurs de ses histoires a été démontrée , nommément celle de la mort tragique & romanesque de la comtesse de Château-Briant ; mais les faits sur

lesquels on a d'autres autorités que la sienne, sont communément mieux exposés, mieux liés, mieux circonstanciés, mieux développés dans son récit que dans celui des autres historiens, ils y sont plus d'effet & se gravent mieux dans la mémoire, mérite important ; il a même passé long-tems pour un conteur très-agréable : aujourd'hui un historien qui n'écriroit pas mieux que lui, ne seroit pas mis au rang des bons écrivains. Une chose assez remarquable , c'est que Bayle, critique distingué, cite presque par-tout Varillas comme une autorité, sans montrer le moindre doute sur la valeur de cette autorité , & comme il cite M. de Thou. Varillas a écrit l'histoire de nos rois, depuis Louis XI , jusques & compris Henri III , & l'histoire des révolutions arrivées en Europe, en matière de religion. On a encore de lui la pratique de l'éducation des princes, ou l'histoire de Guillaume de Crouy , c'est le tableau de l'éducation de Charles-Quint ; la politique de Ferdinand le catholique, la politique de la maison d'Autriche, les anecdotes de Florence. Varillas étoit né à Guéret, dans la Marche , en 1624. Il fut historiographe du duc d'Orléans, Gaston. Il avoit une pension du clergé qui jugeoit apparemment utile, son ouvrage sur les hérésies. Il mourut en 1696. Un de ses legs pieux a servi à fonder le collège des Barnabites à Guéret. On dit qu'il déshérita un de ses neveux, parce qu'il ne savoit pas l'orthographe. Ses lectures lui avoient fort affoibli la vue ; aussi fermoit-il ses livres dès que le soleil baissoit , & alors il se livroit au travail de la composition, qui lui reposoit les yeux. Il disoit que sur dix choses qu'il savoit, il en avoit appris neuf par la conversation, bien différent de tant de personnes qui , ne pouvant s'astreindre à écouter, ne peuvent rien apprendre que par les livres. On a remarqué cependant que Varillas vivoit assez solitaire, il se vantoit d'avoir été trente-quatre ans sans manger une seule fois hors de chez lui.

VARIUS , (hist. litt. mod.) célèbre poëte romain, ami de Virgile & d'Horace.

forte epos acer
Ut nemo Varius ducit ,

dit Horace, dans un tems où l'Enéide n'avoit point encore paru. C'est à Varius, rival d'Homère, qu'il renvoye l'éloge d'Agrippa qu'il craindroit d'affoiblir.

Scriberis vario fortis & hostium
Victor , Mæonii carminis alite.

Varius avoit fait aussi des tragédies, mais ni épopée, ni tragédies, rien n'est parvenu jusqu'à nous, il ne nous reste que quelques fragmens de Varius dans le *corpus poëtarum* de Maittaire.

C'eft à *Varius*, après Virgile, qu'Horace reconnoît avoir eu l'obligation d'être connu de Mécène:

Virgilius , poft hunc Varius *, dixere quid effem.*

Il appelle Virgile & *Varius*

     animæ quales neque candidiores
Roma tulit , neque queis me fit devinctior alter.
O qui complexus & gaudia quanta fuerunt !
Nil ego contulerim jucundo fanus amico.

La féparation d'avec *Varius*, afflige & *Varius*, & les autres voyageurs.

   Flentibus hinc Varius *difcedit mæftus amicis.*

Sur la diftinction des Varus & des *Varius*, (voyez l'article ALFENUS-VARUS).

VAROLI, (Conftance) (*hift. des arts*) médecin & chirurgien habile de Bologne , mort à trente-deux ans, s'eft immortalifé par la découverte des nerfs optiques. Il vivoit vers le milieu du feizième fiècle.

VARRON, (*hift. rom.*) *Caïus Terentius Varro.* C'eft ce conful fi malheureufement célèbre par fa préfomption, & par la perte de la bataille de Cannes, qui en fut la fuite. C'étoit l'idole des plébéiens, qui le préféroient à tous, uniquement parce qu'il étoit de baffe naiffance, & qu'on étoit alors au fort de la querelle des patriciens & des plébéiens. Varron étoit fils d'un boucher, & avoit lui-même exercé cette profeffion, fous fon père ; fe trouvant dans la fuite un bien affez confidérable, ou gagné dans cet état ou venu d'ailleurs, il voulut s'élever, il eut l'ambition des places ; il s'attacha au barreau & aux affemblées du peuple ; il plaida un grand nombre de caufes dans le choix & la défenfe defquelles il parut peu fuivre d'avance le confeil qu'Horace donne, fous le nom de Tiréfias, dans la fatire cinquième du fecond livre . c'eft-à-dire, le confeil d'y mettre peu de délicateffe.

   Magna minorve foro fi res certabitur olim,
   Vivet uter locuples fine natis , improbus ultrò
   Qui meliorem audax vocet in jus , illius efto
   Defenfor ; caufâ civem famâque priorem
   Sperne, domi fi natus erit fecundâve conjux.

L'objet de *Varron* n'étoit pas de capter des hérédités & d'être mis dans des teftamens ; mais il fuivoit par goût & par principe, cette partie du confeil de Tiréfias :

     caufâ civem famâque priorem
   Sperne.

C'étoit toujours des plus méprifables citoyens qu'il embraffoit la défenfe , c'étoit toujours des

premiers de la république qu'il attaquoit la fortune & la réputation, & toujours pour profiter de l'animofité du peuple contre les patriciens. Ce fut par cette route qu'il voulut parvenir, & qu'il parvint aux charges de la république, à la queſture, aux deux édilités & à la préture. Rome eut à lui reprocher un changement bien contraire à la difcipline & aux bonnes mœurs militaires. Minucius Rufus étoit à l'égard du fage & prudent Fabius , ce que *Varron* fut depuis à l'égard de Paul Emile , c'eft-à-dire un homme préfomptueux & fans talens, voulant tout commettre au hafard & ne concevant que du mépris pour la prudente lenteur de ceux qui, fachant l'art de la guerre & connoiffant les rufes d'Annibal , croyoient devoir prendre, avec cet habile capitaine, des précautions particulières , & fur-tout éviter les batailles.

Ce Minucius étoit maître de la cavalerie, fous le dictateur Fabius , & détracteur perpétuel de fon fyftème de guerre , il ne fongeoit qu'à s'élever fur fes ruines. Tout ce que Rome avoit de capitaines fages & expérimentés , étoit favorable à Fabius , mais les forfanteries de Minucius féduifoient la jeuneffe , & fur tout le peuple qui n'afpiroit qu'au moment d'être délivré d'Annibal , & qui croyoit l'être par une bataille. C'étoit cette précipitation qui avoit fait perdre, l'année précédente (534 de Rome) les batailles du Téfin , de Trébie , du lac de Thrafimène . Un tribun infolent & factieux (& il ne s'en trouvoit que trop de ce caractère) propofa, ou d'ôter la dictature à Fabius , ou, fi on n'ofoit aller jufques là , de partager également l'autorité entre le dictateur & le maître de la cavalerie ; *Varron* appuya fortement ce dernier avis qui, par malheur fut fuivi ; Minucius, devenu indépendant de Fabius, ne mit plus de bornes à fa préfomption, crut qu'il alloit chaffer Annibal de l'Italie , tomba dans tous les piéges que ce général ne ceffa de lui tendre, jufqu'à lui laiffer remporter quelques légers avantages pour l'aveugler entièrement; enfin Minucius s'étant engagé témérairement dans un péril qu'il n'avoit pas prévu, fut trop heureux que ce Fabius dont il avoit bravé l'autorité & méconnu la fageffe, vînt le délivrer, & Annibal dit dans cette occafion : j'ai vaincu Minucius , mais Fabius m'a vaincu. Minucius fe fit du moins la feule gloire que fa faute lui laiffât à recueillir, celle de reconnoître fa faute, de s'humilier devant fon général & fon libérateur, de rendre un hommage éclatant & public à cette prudente & favante lenteur que fon ignorance avoit ofé décrier :

     tu Maximus ille es
  Unus qui nobis cunctando reftituis rem.

Cependant Annibal étoit toujours en Italie , le peuple s'impatientoit toujours , & comme le malheur rend défiant, & que la défiance égare l'imagination, ils allèrent jusqu'à supposer (& un des tribuns, parent de *Varron*, eut l'audace de dire publiquement) que c'étoient les nobles qui, pour se rendre importans & nécessaires, avoient provoqué cette seconde guerre punique, & appellé Annibal en Italie; que c'étoient eux qui, par le même motif, entretenoient & prolongeoient cette guerre par une lenteur affectée & systématique, colorée d'un vain prétexte de prudence; que le seul moyen de déconcerter cette prudence perfide, étoit de nommer pour un des consuls de l'année 536, puisqu'on en avoit le droit, un véritable plébéien, un homme véritablement nouveau, contraire & par intérêt, & par principe à la tyrannie patricienne, en un mot *Varron*; ce fut ainsi que cet homme parvint au consulat pour le malheur de Rome; tout ce que les patriciens purent faire pour balancer ce malheur, ce fut d'associer & d'opposer à *Varron*, le vaillant Paul Emile. *Varron* ne parloit que de bataille & n'attendoit, disoit-il, pour terminer la guerre, que le moment de voir l'ennemi; l'exemple de Minucius étoit entièrement perdu pour lui. Paul Emile au contraire, joignant à la valeur d'un soldat, les vues d'un général, admiroit qu'on prétendît savoir de si loin ce qu'il conviendroit de faire, & marquer d'avance le jour où on livreroit bataille. Il avouoit que c'étoit aux circonstances des tems & des lieux à déterminer les résolutions des hommes; non aux hommes à prétendre régler par leurs résolutions, ces circonstances, non-seulement indépendantes de leur volonté, mais absolument impérieuses. Se, quæ consilia magis res dent hominibus, quàm homines rebus, ea antè tempus immatura nec præcepturum. Liv. Le peuple étoit peu en état d'apprécier & même d'entendre ces sages propos, il goûtoit bien mieux la brillante jactance de *Varron*. Le sénat lui-même, sans doute pour démentir le reproche fait aux patriciens de traîner la guerre en longueur, exhorta Paul Emile à livrer au plutôt une bataille décisive qui délivrât l'Italie d'Annibal & des carthaginois. Ce ne fut point l'avis de Fabius; ce grand homme voyant Paul Emile prêt à partir, voulut avoir avec lui un entretien particulier sur les affaires de la république & sur le plan de la campagne qui alloit s'ouvrir : « Vous avez, lui dit-il, deux ennemis à combattre, & de ces deux ennemis, Annibal est le moins redoutable, le plus à craindre c'est *Varron* : si son plan s'exécute, ou je ne connois ni *Varron*, ni Annibal, ou il y aura bientôt dans l'Italie, un lieu plus fameux par la défaite des romains, que le lac même de Trasymène. C'est en vous seul que Rome espère

In te omnis domus inclinata recumbit.

« Mais vous avez besoin de courage, & je ne parle point de ce courage guerrier dont je recevrois de vous l'exemple & qu'Annibal va éprouver, je parle de ce courage politique qu'il faut opposer

aux romains eux-mêmes, aux vœux d'un peuple insensé, aux vœux même du sénat intimidé; ils demandent tous la bataille, & en cela ils ne font que trop d'accord avec Annibal & les carthaginois.

Hoc ithacus velit & magno mercentur Atridæ.

« Je ne vous proposerai pas ici l'événement pour règle, il n'est la règle & la loi que des esprits peu sensés; mais j'oserai vous proposer avec mon exemple fondé sur la raison, juge irrécusable, sur la nature des choses, sur les vrais principes de la guerre, l'exemple des derniers consuls Atilius, & Servilius, qui en se tenant sur la défensive ont éludé tous les efforts d'Annibal. Osons persévérer encore quelque tems dans ce plan si sage, osons combatre Annibal par la patience & il est vaincu. L'inaction seule va chasser cet étranger d'un pays ennemi qui ne lui fournira plus de subsistances. Mais encore un coup ayons le courage d'attendre la gloire sans la rechercher, de braver les faux jugemens, de ne point envier à *Varron* les funestes applaudissemens que sa témérité lui attire. Ce n'est pas le suffrage des romains qu'il faut rechercher ici, c'est celui d'Annibal, voyez comme il méprise, comme il encourage la vaine audace des Minucius & des *Varron*, voyez quel éloge sa crainte donne à ceux qui, ne mettant rien au hazard, le laissent se consumer dans son camp ». Nec eventus modò hoc docet, (stultorum iste magister est) sed eadem ratio quæ fuit, futuraque donec eædem res manebunt, immutabilis est....... Duobus ducibus unus resistas oportet. Resistes autem adversùs famam rumoresque hominum si satis firmus steteris : te neque collega vana gloria, neque falsa tua infamia moverit. Veritatem laborare nimìs sæpè aiunt, extingui nunquam. Gloriam qui spreverit veram habebit. Sine timidum pro cauto, tardum pro considerato, imbellem pro perito belli vocent. Malo te sapiens hostis metuat, quàm stulti cives laudent. Omnia audentem contemnet Annibal; nil timerè agentem metuet.

Plein de ces leçons conformes à ses propres principes, Paul Emile, fidèle à la circonspection fabienne, se laissoit accuser de lâcheté par son impatient collègue, qui, toujours aiguillonné par quelque nouvelle insulte de la part d'Annibal, prenoit les dieux & les hommes à témoins du tort qu'on lui faisoit, & qu'on faisoit à Rome, par cette inaction; il s'indignoit qu'Annibal fût encore en Italie; il sembloit, disoit-il, qu'on voulût laisser acquérir à l'ennemi une sorte de droit sur cette contrée par une longue & paisible possession, qu'on paroissoit prendre plaisir à respecter; il ajoutoit que les soldats partageant son ardeur & ne demandant qu'à combattre, frémissoient de colère, en voyant qu'on s'obstinoit à enchaîner leur valeur.

arma
Militibus fine cæde , dixit
Dlrepta vidi.

HORAT.

Les deux confuls avoient chacun leur jour pour commander ; *Varron* profitant de l'avantage du jour où il avoit le commandement, fait avancer fes troupes, & engage le combat ; on aimoit alors la patrie, & l'on ne connoiffoit point cet art perfide, fi bien connu depuis, de laiffer dans le péril, l'imprudent qui s'y eft mis, & de triompher de fa faute & de fa défaite. Paul Emile courut au fe-cours de fon collègue, & chercha tous les moyens de réparer une témérité dont il gémiffoit. C'eft ainfi que s'engagea cette fameufe bataille de Cannes, dont la ruine entière de Rome fembloit devoir être l'effet naturel. Paul Emile ne put foutenir le fpectacle du nouveau triomphe de Carthage, il fe fit tuer.

animæque magnæ
Prodigum Paulum, fuperante pœno.

HORAT.

Et Pauli flare ingentem miraberis umbram.

SIL. ITALIC.

L'imprudence de *Varron* eft à jamais carac-térifée par ces trois vers de Rouffeau, qui font proverbe :

L'inexpérience indocile
Du compagnon de Paul Emile,
Fit tout le fuccès d'Annibal.

Le croiroit-on ? l'auteur de ce grand défaftre, à fon retour à Rome, fut félicité & remercié folemnellement par tous les ordres de l'état : ajou-tons qu'il le méritoit un peu, & que ce beau mouvement eft la gloire de Rome. *Varron*, après la bataille de Cannes, avoit raffemblé à Canoufe les débris de l'armée romaine, il avoit recueilli jufqu'à dix mille hommes ; il avoit confervé une ombre d'armée confulaire qui pouvoit encore arrêter les carthaginois, ou du moins retarder leur courfe, & dans le compte qu'il rendoit à Rome, du déplo-rable état des affaires, il jugeoit affez noblement, affez fièrement même, fon redoutable vainqueur, qu'on craignoit à tout moment de voir arriver aux portes de Rome, & qui s'amufoit à ramaffer des dépouilles fur le champ de bataille, & à marchander la rançon des prifonniers, ce que *Varron*, avec quelque raifon peut-être, jugeoit n'être digne ni d'un grand général, ni d'un vain queur. *Panum federe ad Cannas , in captivorum pretiis prædâque aliâ, nec victoris animo , nec magni ducis more nundinantem.* En un mot, *Varron*

n'avoit point défefpéré du falut de Rome, & c'eft de ce fentiment de confiance qu'il fut remercié par les romains. Florus à ce fujet caractérife en deux mots fort expreffifs, la conduite diverfe des deux confuls, & femble donner la préférence à *Varron* : Paul, dit-il, eut honte de furvivre à la perte de Rome, *Varron* ofa ne pas défefpérer du falut des romains. *Paulum puduit, Varro non defperavit.* Rome ne défefpéra point de *Varron* & lui prorogea le commandement pour un an. On jugea cepen-dant qu'il n'avoit pas montré plus de talent pour les négociations dans fa conduite avec les campa-niens, que de capacité à l'armée dans la bataille de Cannes. Les campaniens étoient alliés des romains, mais c'étoient des alliés jaloux qui, dans le fond du cœur, n'étoient pas fâchés de l'humiliation & de l'affoibliffement de Rome : cepen-dant des confidérations particulières les ayant engagés à envoyer des députés au conful pour lui témoigner leur fauffe fenfibilité fur le malheur arrivé aux romains, & pour lui faire des offres peu fincères de fecours, *Varron* augmenta maladroitement leur mauvaife difpofition, par la peinture qu'il leur fit de l'état où Rome étoit réduite. Ce conful qui dans fes lettres au fénat eut le mérite de ne pas défefpérer de la république, eut dans fon difcours au campaniens, le grand tort de paroître en défefpérer. Son objet étoit d'engager les campa-niens à de plus grands efforts en faveur de Rome, mais le moyen étoit mal choifi & produifit préci-fément l'effet contraire. Il alla jufqu'à dire que ce n'étoient pas fimplement des fecours, que Rome attendoit en cette occafion du zèle des campaniens ; que c'étoient eux feuls déformais que regardoit la guerre avec les carthaginois, Rome n'étant plus en état de tenter le moindre effort pour elle-même. *Nihil, ne quod fupleremus quidem, nobis reliquit fortuna. Legiones, equitatus, arma, figna, equi virique, pecunia, commeatus aut in acie, aut binis poftero die amiffis caftris, perierunt. Itaque non juveris nos in bello oportet , fed pene bellum pro nobis fufcipiatis.* Déterminés par cet aveu, qu'ils ne foupçonnèrent pas même d'exagération, les campa-niens conclurent qu'en faifant alliance avec Annibal, à des conditions dont ils feroient les maîtres, le tems étoit venu pour eux, non feulement de recouvrer des terres qu'ils prétendoient leur avoir été injuf-tement enlevées par les romains, mais encore d'acquérir l'empire de l'Italie, dont ils efpéroient qu'Annibal les laifferoit en poffeffion, lorfque vainqueur par leur fecours, il retourneroit en Afrique avec fon armée, & ils firent alliance avec Annibal. Telle fut l'iffue de l'aveu maladroit ou dans fa fidélité, ou dans fon exagération, que *Varron* crut devoir faire aux campaniens.

Voilà tout ce que l'hiftoire nous apprend de remarquable fur le conful *Varron*.

2°. *Marcus Terentius Varro.* C'eft ce docte *Varron*, réputé en effet le plus favant des romains ;

il étoit vraisemblablement de la même famille que le consul, comme l'indique la réunion des noms de Terentius & de Varro. Il étoit né l'an 636 de la fondation de Rome, précisément l'année séculaire du consulat de Varron & de la bataille de Cannes. Sa carrière fut longue, il vécut jusqu'à l'an 726, & mourut âgé de quatre-vingt-dix ans, quelques-uns disent de cent ans, ayant eu le malheur de voir près d'un siècle de guerres civiles, depuis le commencement de Marius, jusqu'à la réunion de l'empire romain sous Auguste. C'est au milieu de ces troubles que Varron cultiva paisiblement les lettres, & devint le plus grand des philologues; il nous apprend lui-même qu'il avoit composé près de cinq cens volumes sur différentes matières. Il nous en reste deux: le traité de la langue latine, adressé à Cicéron, & le traité de la vie rustique, *de re rusticâ*. Ce dernier a été traduit en françois, par M. Saboureux de la Bonneterie, &c. fait le second volume de son *économie rurale*. C'est par Cicéron & par saint Augustin, que nous connoissons le plus, le le savoir immense de Varron. Il paroît que son plus grand ouvrage étoit celui des *antiquités romaines* en quarante & un livres. Saint Augustin nous en a conservé le plan. Le même saint Augustin célèbre la science de Varron, en divers endroits de ses ouvrages, sur-tout dans sa *cité de Dieu*, savant ouvrage aussi, digne de Varron, & qui faisoit les délices de Charlemagne. « Varron, dit-il, a tant lu, qu'on ne conçoit pas qu'il ait pû trouver le tems d'écrire, & il a tant écrit, qu'on ne conçoit pas qu'il ait pu trouver le tems de lire ». *Varro tam multa legit, ut aliquid ei scribere vacasse miremur; tam multa scripsit, quàm multa vix quemquam legere potuisse credamus*. De civit. Dei, lib. 6. cap. 2. C'est qu'il a beaucoup vécu & qu'il a toujours travaillé, & que dans les tems malheureux, ce travail continuel est encore la plus douce consolation, comme l'occupation la plus vertueuse d'un citoyen.

Cicéron, en s'adressant à Varron lui-même, fait un bel éloge de ses *antiquités romaines*. Nous étions, lui dit-il, comme étrangers, comme égarés dans notre propre ville; vous nous avez, pour ainsi dire, ramenés chez nous, vous nous avez appris qui nous étions, & où nous étions. *Nos in nostrâ urbe peregrinantes errantesque tanquam hospites, tui libri quasi domum reduxerunt, ut possemus aliquandò qui & ubi essemus agnoscere*. Academ. quest. lib. 1. n. 9. Ce beau mot: *tui libri quasi domum reduxerunt*, rappelle un autre mot plus beau encore, & un plus bel éloge d'un grand homme par un autre grand homme, de Montesquieu, par Voltaire. *Le genre humain avoit perdu ses titres, Montesquieu les a retrouvés*. Puissent tant d'ingrats écoliers de ces deux grands hommes, profiter assez dans leur école pour s'appercevoir que le disciple n'est pas au-dessus du maître!

Saint Augustin remarque avec goût, que Cicéron en louant dans Varron un esprit pénétrant & un savoir profond, n'y loue pas de même l'élégance, l'éloquence & le talent d'écrire; il avoue que ces derniers talens ne sont pas chez Varron, au même degré que les premiers; en un mot, que Varron est un savant, & qu'il faut borner-là son éloge. *Cum Marco Varrone, homine, inquit, omnium facilè acutissimo, & sine ullâ dubitatione doctissimo; non ait, eloquentissimo vel facundissimo; quoniam reverà in hâc facultate multum impar est*.

Mais ce qui doit encore redoubler l'étonnement que tant de productions de Varron peuvent inspirer, c'est que l'auteur n'a point été comme nos savans modernes, un homme entièrement renfermé dans son cabinet; tout romain étoit homme public. Varron fut guerrier, citoyen, homme d'état, il prit une assez grande part aux affaires publiques, & sous ce point de vue il mérite encore d'être connu. On dit qu'il renouvella un projet que Pyrrhus avoit eu autrefois, projet qui a de la grandeur, & qui en a trop sans doute, celui d'unir par un pont l'Epire avec l'Italie, vis-à-vis l'ancienne *Hydruntum*, Otrante. Il servit sous Pompée, dans la guerre des pirates, & servit avec grande distinct on sans doute, puisqu'il reçut de Pompée, la couronne navale, honneur très-rare chez les romains.

Le même Varron, édile curule avec Caïus Murena, vers l'an de Rome 692, fit transporter de Lacédémone à Rome, un morceau précieux de peinture à fresque; on fut également surpris à Rome où ce morceau devint la plus bel ornement de la place publique, & de la beauté de cette peinture & de ce qu'elle avoit pu être transportée saine & entière. Il avoit fallu pour cela prendre les plus grandes précautions, assujettir dans des châssis de bois, le mur sur lequel étoit cette peinture, &c.

L'an 703 de Rome, dans le cours de la guerre civile entre César & Pompée, celui-ci avoit pour lieutenant-général, en Espagne, outre Asianius & Petreius, un Marcus Varron, qui pourroit être le savant Varron, lequel avoit déjà servi sous lui dans la guerre des pirates. Le commandement particulier de Marcus Varron étoit dans la Lusitanie. Lorsque César parut dans cette province d'Espagne où il avoit exercé la questure, qu'il avoit depuis gouvernée en qualité de propréteur, & qui en conséquence lui étoit affectionnée depuis long-tems, tout le pays se déclara pour lui; une des deux légions que Varron commandoit, & qui avoit été levée dans cette même province, quitta Varron pour se retirer à Hispalis (Séville) place qui tenoit pour César, Varron se voyant hors d'état de lui résister, prit son parti, il remit aux lieutenans de César la légion qui lui restoit encore; il alla ensuite trouver César lui-même à

Cordoue, lui remit ce qu'il avoit d'argent entre les mains, avec ses vaisseaux & leurs provisions.

L'an de Rome 709, dans le tems des proscriptions du second triumvirat, le savant *Varron* fut proscrit comme ayant été ami de Pompée. D'ailleurs Antoine s'étoit déjà emparé d'une partie de ses biens du vivant même de César, il eût fallu les lui rendre, on trouva plus simple de le proscrire. *Varron* avoit beaucoup d'amis; d'ailleurs il avoit sa gloire, & si la gloire fait beaucoup d'ennemis secrets, elle fait quelquefois des amis publics; on se disputa l'honneur de donner un asyle à un homme tel que *Varron*, il donna la préférence à Fusius Calenus, & ne craignit point de confier son sort à un ami constant de César & d'Antoine. Calenus fut fidèle aux droits de l'hospitalité comme à ceux de l'amitié & sentit tout le prix de la confiance de *Varron*, il le reçut & le cacha dans une maison de campagne, où ce savant homme s'occupant de ses travaux dans une sécurité parfaite, voyoit souvent Calenus arriver avec Antoine son ami, qui étoit bien éloigné de penser qu'un proscrit de ce nom & de cette importance fût si près de lui logé sous un même toit. Quand le danger fut passé il reparut, sa bibliothèque avoit été pillée, ce fut le seul dommage qu'il eût à souffrir de cette proscription. Il est vrai que la perte d'une bibliothèque est irréparable pour un homme de lettres. Pollion, cet ami des lettres, si dignement chanté par Virgile & par Horace, & qui eut la gloire d'avoir le premier consacré aux lettres une bibliothèque publique, Pollion plaça dans ce monument les statues des plus savans personnages de l'antiquité. *Varron* fut le seul contemporain, le seul homme vivant auquel il fit cet honneur, comme dans la suite le maréchal de Villars fut le seul héros vivant, chanté dans la *Henriade*, & M. de Fontenelle le seul homme de lettres vivant, célébré dans le *siècle de Louis XIV*.

3. *Varron*, dit le *gaulois* (Terentius Varro) qui paroît encore avoir été de la même famille étoit un poëte latin, vivant du tems de Jules-César, par conséquent pendant une partie de la longue vie du savant *Varron*. On l'appelloit le *gaulois*, parce qu'il étoit né dans les Gaules, à Atace sur la rivière d'Aude, dans la province de Narbonne. Il est auteur d'un poëme *de bello sequanico*, & il avoit traduit en vers latins le poëme des *Argonautes*, d'Apollonius de Rhodes. Il reste de lui quelques fragmens dans le *corpus poëtarum*.

VARTIAS, s. m. (*Hist. mod.*) ce sont des bramines ou prêtres indiens, qui ont embrassé la vie monastique ou cénobitique. Ils vivent en communauté sous un général, un provincial & sous d'autres supérieurs choisis d'entr'eux.

Ils font vœu de pauvreté, de chasteté & d'obéissance; & ils l'observent avec la dernière ri-

gueur. Ils ne vivent que d'aumônes qu'ils envoient recueillir par les plus jeunes d'entr'eux, & ne mangent qu'une fois par jour. Ils changent de couvent tous les trois mois. Ils passent par un noviciat plus ou moins long, suivant la volonté des supérieurs. Leur regle leur interdit la vengeance; & ils poussent la patience jusqu'à se laisser battre sans marquer de ressentiment. Il ne leur est point permis d'envisager une femme. Ils n'ont d'autre habillement qu'un morceau d'étoffe qui couvre les parties naturelles, & qu'ils font revenir par-dessus la tête; ils ne peuvent réserver pour le lendemain les aumônes qu'on leur donne. Ils ne font point de feu dans leurs couvens, de peur de détruire quelqu'insecte. Ils couchent à terre tous ensemble dans un même lieu. Il ne leur est point permis de quitter leur ordre après qu'ils ont fait leurs vœux: mais on les en chasse lorsqu'ils ont violé celui de chasteté. Les *vartias*, suivant Thevenot, ont plus de dix mille couvens dans l'Indostan, dont quelques-uns surpassent les autres en austérités. Quelques-uns de ces cénobites ne rendent aucun hommage aux idoles; ils croient qu'il suffit d'adorer l'être suprême en esprit, & ils sont exempts de toutes les superstitions indiennes.

Il y a aussi des religieuses dans les Indes, qui ne le cèdent point aux *vartias* pour les austérités. *Voyez* Thevenot, *Voyage des Indes.* (*A. R.*)

VARUS (Quintilius) (*hist. rom.*) *voyez* l'article Quintilius & l'article Alfenus Varus.

VASCONCELLOS, (Michel) (*hist. de Portugal*) portugais, créature du comte duc d'Olivarès, premier ministre de Philippe IV, roi d'Espagne. Les rois d'Espagne, depuis l'usurpation de Philippe II, régnoient paisiblement en Portugal, ils y avoient des vicerois. Cet état étoit censé gouverné alors par la vice reine Marguerite de Savoie, duchesse de Mantoue; *Vasconcellos* étoit son secrétaire d'état, mais c'étoit lui qui avoit le secret du gouvernement espagnol, & qui recevoit directement les ordres du ministre Olivarès; on n'avoit nulle confiance dans la vice reine, parce qu'elle méritoit toute confiance, par les avis pleins d'humanité, de justice & de bonne politique qu'elle donnoit, de ménager le peuple portugais, pour qu'il regrettât moins ses maîtres légitimes; *Vasconcellos*, qui, en bon esclave ne donnoit que des conseils de tyran, avoit sur lui toute la confiance; ce fut aussi sur lui que tomba toute la colère des conjurés qui secouèrent le joug de l'Espagne & qui mirent la maison de Bragance sur le trône de Portugal le 1 décembre 1640. Ils s'emparèrent du palais, entrèrent dans la chambre de *Vasconcellos*, qu'ils eurent d'abord de la peine à trouver, le malheureux avoit pris pour asile une armoire pratiquée dans l'épaisseur d'un mur, où il s'étoit couvert & enveloppé de papier. On le perça de plusieurs coups d'épée, & on le jetta par la fenêtre, en criant : *le tyran est mort, vive la liberté, & Dom Juan, roi de Portugal.* Voyez dans les révolutions de Portugal, le portrait que l'abbé de Vertot fait de *Vasconcellos.*

VASCOSAN, (Michel de) célèbre imprimeur de Paris, natif d'Amiens. Robert Etienne & *Vascosan* avoient époufé deux filles de Badius. (Voyez BADIUS) *Vascosan* est au nombre des premiers maîtres de son art.

VASQUEZ DE GAMA. (Voyez GAMA).

VASQUEZ, (Gabriel) (*hist. litt. mod.*) jésuite & théologien espagnol, mort à Alcala en 1604. Ses ouvrages ont été recueillis en dix volumes in-folio. Ses confrères l'appellent le saint Auguftin de l'Efpagne ; mais les fectateurs du faint Auguftin d'Afrique reprochent à *Vasquez*, toutes les opinions ultramontaines fur l'indépendance du clergé relativement aux rois, & fur la dépendance des rois relativement au pape. Pafcal ne l'a point épargné.

VASSOR, (Michel le) (*hist. litt. mod.*) Cet écrivain diffus, mais inftructif, du règne de Louis XIII. eft d'autant plus odieux aux catholiques, qu'il avoit été catholique lui-même, & oratorien, avant d'être proteftant. Il quitta, en 1690, la congrégation de l'Oratoire, fe retira en Hollande, l'an 1695, enfuite en Angleterre, où il embraffa la communion anglicane, & où le célèbre Burnet, évêque de Salisbury, auteur de l'hiftoire de la réformation, lui procura une penfion. L'hiftoire de Louis XIII, de le *Vaffor*, qui ne paffe guères aujourd'hui pour hardie, que par tradition, & que d'après fon ancienne réputation, parut tellement cynique, dans un tems où on étoit peu familiarifé avec les vérités hiftoriques, que les amis & les protecteurs de le *Vaffor* en furent fcandalifés, quoique zélés proteftans eux-mêmes. Milord Portland, qui lui donnoit afile, le chaffa de fa maifon pour cet ouvrage ; Jacques Bafnage, confident de le *Vaffor*, lui avoit confeillé de condamner cet ouvrage à l'oubli, & crut devoir fe brouiller avec lui, lorfque l'ouvrage fut publié. Etant catholique, le *Vaffor* avoit écrit fur la religion & fur l'écriture fainte. Il a auffi traduit en françois, les lettres & mémoires de Vargas, de Malvenda & de quelques évêques d'Efpagne, concernant le concile de Trente. Il mourut, en 1728, âgé de foixante & dix ans.

VASSOULT, (Jean Baptifte) (*hist. litt. mod.*) né à Bagnolet, mort, en 1743, à Verfailles, aumônier de madame la dauphine, a traduit l'apologétique de Tertullien.

VASTELLUM, f. m. (*Hist. rom.*). grande coupe ou gobelet d'argent ou de bois, dans laquelle

les anciens Saxons avoient coutume de boire à la fanté dans leurs feftins. Mathieu Paris, dans la vie des Abbés de St. Alban, dit : *Abbas folus prendebat fupremus in refectorio habens vaftellum.* » Il avoit auprès de lui la coupe de la charité » pour boire à la fanté de fes frères.

C'eft ce qu'on appelle en Allemagne le *vidricum* ou *willekom*, qui fignifie le *bien-venu*, vafe d'une capacité quelquefois très-énorme qu'il faut vuider à l'exemple des allemands pour en être bien venu.

On croit que c'eft de-là que vient la coutume qui règne encore dans le comté de Suffex, & dans quelques autres endroits, *d'aller*, comme ils difent à *Wuffeling* au feftin où l'on boit copieufement. (*A. R*)

VATABLE, (*hist. litt. mod.*) François Ouatblé ou Watblé, ou Gâte-bled, connu fous le nom de *Vatable*, étoit né à Gamaches, bourg du diocèfe d'Amiens, d'une famille obfcure qu'il illuftra, il étoit prêtre & fut curé de Bramet ou Brumetz dans le Valois ; mais il avoit befoin de Paris, & Paris avoit befoin de lui. Dès le règne de Louis XII, on l'y voit fe perfectionner dans l'étude de l'hébreu & du grec, fous ces maîtres, qui, de la Grèce & de l'Italie, refluoient en France ; on le voit partager leurs travaux & furpaffer leur gloire. François I le nomma profeffeur en langue hébraïque au collège royal, vers l'an 1532. Le grand nom que *Vatable* conferve encore aujourd'hui, eft prefque uniquement fondé fur le talent qu'il eut pour enfeigner, fur l'érudition immenfe bien digérée, & d'une communication facile, qu'il fit paroître dans fes leçons, & que les juifs même, devenus fes difciples, ont admirée ; car d'ailleurs il n'a guères écrit. Il eut peu de part à la fameufe bible imprimée fous fon nom, & qui excita des orages ; elle contient feulement des notes fur l'écriture, qui avoient été recueillies par fes écoliers & dont ils crurent devoir lui faire honneur ; elles furent condamnées après fa mort par la faculté de théologie, parce que c'étoit le calvinifte Robert - Etienne qui les avoit imprimées & peut-être les avoit-il altérées. Les docteurs de Salamanque furent plus favorables à cette bible & la firent imprimer en Efpagne avec approbation. François I, outre une chaire d'hébreu, avoit donné à *Vatable*, l'abbaye de Bellozane, qu'Amyot eut après lui. *Vatable* mourut quinze jours avant le roi fon bienfaiteur, le 16 mars 1547. Il avoit traduit en latin quelques livres d'Ariftote. Ce fut, dit-on, par fon confeil & avec fon fecours que Marot traduifit les pfeaumes en vers françois. *Vatable* vécut & mourut bon catholique, quoique les catholiques ayent voulu le perfécuter, & que les proteftans ayent voulu l'attirer à eux.

VATACE, (Jean.) (Voyez DUCAS).

VATTEVILLE ;

VATTEVILLE ou **BATTEVILLE**, (*hift. mod.*) eft le nom de l'ambaffadeur d'Efpagne qui difputa la préféance au comte d'Eftrade, à Londres. (*Voyez* l'article ESTRADE).

VATTEVILLE, (Antoine Mont - Chrétien de) (*hift. litt. mod.*) poëte françois, aventurier, qui n'eft cependant guères connu, ni par fes poéfies, ni même par fes aventures, quoique plus remarquables. Quant à fes poéfies, ce font des tragédies ignorées, un poëme fur la chafte Sufanne, des fonnets, &c. Il y a auffi de lui un traité de l'économie. Quant aux aventures, il en eut de toute efpèce, fur-tout des querelles fuivies de combats. Il fut d'abord affaffiné, à la fuite de quelques démêlés, par un baron de Gourville affifté de fon beau-frère; & d'un foldat, il fe défendit courageufement, mais il fuccomba fous le nombre, & fut laiffé pour mort. Il en revint, il guérit, & attaqua en juftice fes affaffins qui fe hâtèrent d'étouffer l'affaire avec de l'argent. *Vatteville* fe hâta de le dépenfer, & fe fit enfuite folliciteur de procès. Il plut à une femme dont il faifoit les affaires, & l'époufa; mais bien-tôt après, accufé d'un meurtre, il fut obligé de fe fauver en Angleterre, où il eut le bonheur de plaire au roi Jacques I, qui lui obtint fa grâce; il revint en France, & fe fit marchand de lunettes, de couteaux & de canifs. Il fe mêloit de plus d'un commerce, & il étoit foupçonné d'être faux monnoyeur. Lorfque les guerres de religion recommencèrent, en 1621, il fe chargea de lever des régimens en Normandie, pour les proteftans; il étoit de cette province, fils d'un apothicaire de Falaife, il fut reconnu dans une hôtellerie, au village de Tourailles, à cinq lieues de Falaife. Le feigneur du lieu, catholique royalifte, fachant fans doute quelle étoit la commiffion de *Vatteville*, vint l'affiéger dans l'hôtellerie. *Vatteville* fe défendit en défefpéré, tua de fa main deux gentils-hommes & un foldat, mais il tomba bien-tôt fous les coups redoublés de piftolets & de pertuifanes. Son corps fut porté à Domfront, où par zèle de religion, les juges s'acharnant fur les reftes de ce malheureux, le condamnèrent à avoir les membres rompus & à être jetté au feu.

On traîne, on va donner en fpectacle funefte

De fon corps tout fanglant le miférable refte.

Cette exécution fe fit le 21 octobre 1621. On ne peut guère l'imputer à la feule juftice.

VATTIER, (Pierre) (*hift. litt. mod.*) né à Lifieux, dans le dernier fiècle, il fut confeiller de Gafton, duc d'Orléans; il cultiva la langue arabe; on lui doit une traduction françoife du *Timur*, & celle des *califes mahométans*, d'El-macin.

VAVASSEUR, (François) (*hift. litt. mod.*) jéfuite, grand littérateur, poëte latin. Le P. Lucas, fon confrère, publia fes poéfies, qui font pour la plupart des pièces faintes, ou des épigrammes, *in genere laudativo*. Ses autres ouvrages font, un traité *de ludicrâ dictione*, c'eft-à-dire du ftyle burlefque, où il prouve qu'aucun auteur grec, ni latin n'a employé ce ftyle; un traité de l'épigramme; une critique de la poétique du P. Rapin. Le doux Rollin ne peut fe défendre d'une petite fatisfaction janfénifte, en obfervant que le P. *Vavaffeur* reproche au P. Rapin, fon confrère & fon ami, une faute fi groffière qu'elle paroît à peine croyable. Le P. Rapin raconte, d'après Euftathe, que le peintre Euphranor ayant entendu un profeffeur lire à fes écoliers, la belle defcription qu'Homère fait de Jupiter, retourna chez lui plein de cette idée, & fit un portrait de Jupiter qui fit l'admiration de fon fiècle, *comme l'écrit Apion le grammairien*. C'eft dans ces derniers mots, qui ne font point dans Euftathe, que confifte l'énorme bévue du P. Rapin, qui a été corrigée depuis. Euftathe dit qu'Euphrator étant forti de chez le profeffeur, traça fur le champ l'image de Jupiter, ϰ απιων ἔγεαψε; & egreffus pinxit. Le P. Rapin a transformé le participe απιων, egreffus, dans le nom propre d'Apion le grammairien, & le fair, qu'Euphranor à peine forti, fe mit à peindre, eft une citation d'un prétendu paffage de cet Apion, qui n'eft pour rien dans tout ce récit; mais encore un coup, cette faute a été corrigée dans une édition poftérieure.

On trouve encore parmi les ouvrages du P. *Vavaffeur*, une differtation fur la beauté de J. C. où il conclud que J. C. n'étoit ni beau ni laid. N'eût-il pas mieux fait de conclure qu'il n'en favoit rien?

Santeuil en défavouant des vers qu'on l'accufoit d'avoir faits contre les jéfuites, fe repréfente quelle eût été contre lui l'indignation des jéfuites, fes maîtres, s'il eût été coupable d'une pareille ingratitude.

Coffarti è tumulo veneranda refurgeret umbra....

Nunc me torva tuens contractâ fronte Vavaffor

Expueret malè nata & egentia carmina limâ.

Voyez l'article COSSART.

Le P. *Vavaffeur* étoit né en 1605, dans le diocèfe d'Autun; il mourut au collège des jéfuites à Paris, en 1681.

VAUBAN (*hift. de Fr.*). L'artifte qui éleva dans Londres l'églife de faint Paul, ce temple réputé pour la magnificence le fecond de la chrétienté, repofe dans l'enceinte de cet édifice, ouvrage de fes mains. « Cherchez-vous, dit une fort belle infcription, cherchez-vous un monument qui

» confacre fa gloire ? Ouvrez les yeux & regardez
» autour de vous ».

On pourroit dire de même à la gloire du maréchal de *Vauban*, & dans un fens plus vafte & plus noble : « Guerriers , parcourez nos frontières ; voyez de toutes parts ces grands monumens , ces gages de fûreté , de protection , de confervation, à l'ombre defquels les peuples heureux jouiffent au milieu de la guerre , de toutes les douceurs de la paix ; voyez ces innombrables & puiffantes barrières oppofées à l'ambition , à la haine , à la jaloufie , défendant le citoyen , menaçant l'étranger, repouffant l'ennemi , fe prêtant des fecours mutuels ; une intelligence bienfaifante en a combiné les rapports , en a varié le plan & la forme d'après les différences du fite , la nature diverfe du terrein, le voifinage des mers ou des fleuves , l'inégalité des montagnes , l'uniformité des plaines. Breft , Rochefort , Toulon , rendent notre marine floriffante ; Dunkerque devient la terreur de la marine angloife, Dunkerque le chef-d'œuvre de *Vauban*, dit M. Fontenelle, & par conféquent celui de fon art.

Le feul fyftême de *Vauban*, eft de n'en point avoir, & de plier les principes généraux aux befoins particuliers.

Un fouverain , ennemi de la France, obfervant la frontière de ce royaume , pour y chercher un endroit foible & n'en trouvant point , s'écrioit , faifi malgré lui d'admiration & de refpect : *fe peut-il qu'un feul roi, avec le fecours d'un feul homme, ait exécuté tant d'étonnans travaux !*

Vauban, confervateur du genre humain , vouloit rendre les guerres plus rares en les rendant plus difficiles ; mais quelles barrières peuvent arrêter l'ambition ? Les obftacles en la gênant , l'irritent encore, & nos guerres font devenues plus longues fans ceffer d'être auffi communes. Cependant ces obftacles préfervent au moins des conquêtes, & ménagent des reffources. Les irruptions foudaines ne font plus à craindre, la correfpondance des différentes places couperoit les vivres , fermeroit le retour à l'ennemi imprudent qui fe feroit engagé fur nos terres , fans avoir affuré fa retraite.

Ces monumens qu'on pouvoit croire fuperflus dans les beaux jours de notre grandeur & de notre gloire, devoient être notre dernière reffource dans ces tems malheureux , marqués pour terme à la puiffance de Louis XIV. *Vauban* n'étoit plus , mais Lille, qu'il avoit fortifiée, arrêta pendant quatre mois, Eugène & Malborough, & après mille difgraces, Landrecies, foible & dernier refte de tant de barrières dont *Vauban* nous avoit entourés, prépara par fa réfiftance la victoire de Denain.

Cet homme, dont les talens pour la fortification des places devoit porter fi loin fon influence dans l'avenir, étoit encore plus heureufement né, s'il eft poffible, pour l'attaque ; il n'eft pas refté

entièrement fans atteinte fut le premier point. Quelques voix , folitaires à la vérité, fe font élevées contre fon art fortificateur ; la voix publique a pris foin de leur répondre , mais elle n'a pas même eu à répondre fur l'article des fièges. La gloire des batailles , fous Louis XIV, fe partage entre les Turenne, les Luxembourg, les Catinat, &c. celle des fièges eft propre à *Vauban*. On ne place aucun nom dans ce genre à côté du fien, on n'en cite pas même au-deffous, comme fi on craignoit de préfenter jufqu'à l'ombre d'un parallèle. Nul fiège fous *Vauban* fans un fuccès certain, & prefque aucun fiège fameux, fous Louis XIV, fans *Vauban*.

Vauban dont le feul nom fait tomber les murailles, eût été fa devife la plus naturelle.

Cohorn qu'on a nommé *le* Vauban *hollandois*, défendoit lui-même , à Namur, les fortifications qu'il avoit conftruites ; fon redoutable fort Guillaume nourriffoit en lui de grandes idées de gloire & d'orgueilleufes efpérances ; mais la communication du fort avec les autres ouvrages de la place n'étoit pas affez fûre : elle fut coupée, & le fort Guillaume obligé de fe rendre quinze jours plutôt que Cohorn ne l'avoit cru même poffible. Cohorn fortant de Namur & paffant devant fon vainqueur, qui s'empreffoit de l'accueillir, détourna fes regards, & parut humilié , quoiqu'il pût être fier encore, n'ayant cédé qu'à *Vauban*.

Louis XIV à qui *Vauban* avoit foumis tant de villes , voulut que fon fils & fon petit fils appriffent de *Vauban*, l'art de prendre des villes. M. le Dauphin prit Philisbourg : *vous aviez du canon, une armée &* Vauban, écrivoit à ce feul le feul homme qui ne flatta jamais, & devant qui on ne flatta jamais impunément à la cour de Louis XIV.

Dans la guerre de 1701, *Vauban* eut à reprendre des places qu'il avoit fortifiées dans le tems où elles appartenoient à la France ; Brifach étoit du nombre, le duc de Bourgogne l'affiégeoit en faifant, fous *Vauban*, fon apprentiffage. Le Prince lui fit une de ces plaifanteries qu'on ne fait qu'à ceux dont la gloire y a répondu d'avance : « il faut néceffairement lui dit-il, que vous perdiez votre honneur devant cette place , ou nous la prendrons, & l'on dira que vous l'aviez mal fortifiée ; ou nous échouerons, & l'on dira que vous m'avez mal fecondé ». — « Monfeigneur, répond *Vauban*, on fait comment j'ai fortifié Brifach ; on ignore fi vous favez prendre les villes que j'ai fortifiées, c'eft de quoi j'efpere que vous convaincrez bien-tôt le public ». Il eft inutile de dire que Brifach fe rendit, après avoir dit que *Vauban* en dirigeroit le fiège.

C'eft toujours avec la moindre perte poffible que *Vauban* obtient tous les fuccès. Dans l'attaque même , c'eft fur-tout ce caractère de confervateur des hommes, qui le diftingue des autres guerriers. Souvent devant les places les mieux défendues, il eft parvenu à ne pas perdre plus de monde que les affiégés, quelquefois à en perdre moins, & c'étoit alors feulement qu'il croyoit avoir vaincu. Ennemi de toute attaque brufquée, de tout combat hazardé, de toute expédition fanglante, n'eftimant que les fuccès dus au travail & à la combinaifon, il voyoit avec horreur ces facrifices coupables que tant de généraux font fans fcrupule à leur gloire perfonnelle. Au fiège de Cambray, on propofe de brufquer l'attaque d'un fort, il s'y oppofe; *vous perdrez peut-être tel homme*, dit-il, *qui vaut mieux que la place;* l'avis brillant eft préféré, on perd près de cinq cents hommes; le fort eft pris, mais reperdu à l'inftant: *Vauban* opère felon fes principes, il ne perd que trois hommes, reprend le fort & le conferve. Le roi préfent à cette expédition, connut alors *Vauban* tout entier : *une autre fois*, dit-il, *nous vous laifferons faire.*

Mais fidèle au principe de varier fes principes felon les tems, les lieux & les circonftances, *Vauban* juge-t-il un coup d'éclat néceffaire ? Il s'empreffe de le propofer. A Valenciennes il veut qu'on livre l'affaut, il veut qu'on le livre en plein jour ; *pour mieux furprendre l'ennemi*, dit-il, *& parce que la nuit produit la confufion, & favorife la timidité, au lieu qu'au grand jour l'œil du maître infpire la valeur.*

Pour lui, toujours dans les tranchées, à la fappe, à la mine, la mort affrontée fous tant de formes, & dans tant d'occafions, des rivières paffées à la nage fous le feu des ennemis, les bleffures glorieufes dont il étoit couvert, montrent affez que ce n'eft pas pour lui qu'il redoute le péril.

On a regretté que ce grand confervateur n'ait jamais eu à défendre les places qu'il avoit fortifiées. On eft étonné en effet de ne pas voir fon nom à la tête des du Fay, des Calvo, des Montal, des Chamilly, de ces noms fameux par la défenfe des places : *Meffieurs*, difoit aux ingénieurs de Maftrict, le brave Calvo, *je n'entends rien à la défenfe des places, tout ce que je fais, c'est que je ne veux pas me rendre.* A la même réfolution, *Vauban* eût joint toutes les connoiffances, toutes les reffources, toutes les rufes de l'art, cette défenfe eût fait époque dans l'hiftoire militaire, & ferviroit aujourd'hui de modèle aux guerriers.

Il y a eu un moment où on fe flatta de recevoir de lui cette grande leçon. Les ennemis, en 1689, menaçoient à la fois Dunkerque, Bergues & Ypres, *Vauban* eut ordre de s'enfermer dans celle de ces trois places qui feroit affiégée ; aucune ne le fut, & M. de Fontenelle nous en dit la raifon : *fon nom les en préferva.* Nous voyons par des lettres de M. de Louvois, combien on employoit de ftratagèmes pour tromper l'ennemi fur la marche de *Vauban*, pour leur faire craindre fa préfence où il n'étoit pas, & efpérer fon abfence où il avoit réfolu de fe rendre. Ses inftructions étoient toujours en fubftance :

Que les romains preffés de l'un à l'autre bout,
Doutent où vous ferez, & vous trouvent par-tout.

Mais s'il ne s'eft point enfermé dans des murs, il a défendu fouvent des provinces entières. En 1706 il fauva encore la Flandre, dont l'échec de Ramillies alloit caufer la perte.

M. de Fontenelle nous a donné cette lifte des exploits de *Vauban* : « Il a fait travailler à 300 places anciennes & en a fait 33 neuves ; il a conduit 53 fièges, dont 30 ont été faits fous les ordres du roi en perfonne, ou de monfieur ou de monfeigneur le duc de Bourgogne; & les 23 autres fous différens généraux ; il s'eft trouvé à 140 actions de vigueur. »

Tel étoit dans *Vauban* l'ingénieur & le guerrier. Arrêtons-nous un moment à confidérer le citoyen.

Otez à *Vauban* fes talens, fes travaux, fes fortifications, fes fièges, fes bleffures, fes victoires, il lui reftera fes vertus ; dépouillez-le de fa gloire, il faudra encore lui donner le prix de la bonté. Jamais on n'a fi conftamment mis en pratique la maxime plus citée que fuivie : *Je fuis homme, rien d'humain ne m'eft étranger.* Voilà en un feul mot l'hiftoire de toute fa vie & l'emploi de tous fes momens.

Ses foins s'étendent à tous les objets, & portent fur tous le mérite des grandes vues joint à la fcience des détails ; ports, arfenaux, canaux navigables, commerce intérieur & extérieur, finances ; tous les moyens d'enrichir l'état, tous les moyens de rendre heureux fes fujets, *Vauban* fuffit à tout. Que de chofes utiles en tout genre, achevées depuis ou feulement tentées, ou qui reftent entièrement à faire, ont leur fource dans fes écrits ! Ce que la fageffe du gouvernement vient d'exécuter en faveur des non-catholiques, *Vauban* l'avoit propofé ; ce port qu'elle fait conftruire dans la Manche, *Vauban* l'avoit projeté. Ses écrits font fimples & fans art : *je ne fuis point lettré*, dit-il lui-même, mais eft-ce une raifon pour ne pas propofer ce qu'on croit utile ? Ils font fimples, mais ils peignent une grande ame.

Eft-il quelqu'un qui, en propofant le bien, ne veuille avoir le mérite de l'avoir propofé ? La gloire n'eft-elle pas la récompenfe naturelle du bien qu'on fait ou qu'on projette ? Eh bien ! la gloire n'eft pas un motif affez pur pour la vertu de *Vauban* ; il croiroit profaner l'amour du bien public par le moindre mélange de l'intérêt particulier, même le plus noble. Aucun de fes ouvrages, dont quelques uns ont été publiés depuis, n'avoit été deſtiné à l'impreſſion. Pour aſſurer le bien, M. de Vauban s'adreſſe à celui qui peut le faire, c'eſt pour l'inſtruction du roi qu'il écrit ; il confie à ſa ſeule bonté, l'intérêt de l'état ; il croit qu'avoir montré le bien à ſon monarque, c'eſt l'avoir fait. C'eſt toujours en ſujet reſpectueux & zélé qu'il eſt citoyen, il veut que le bien ſe faſſe, & il veut ſur-tout que ſon maître en ait l'honneur, il ne met pas même entre ſon peuple, & lui, cette opinion publique aujourd'hui ſi puiſſante, & qui ne l'eſt pas encore aſſez. Admirons Vauban ſans condamner ceux qui, remplis des mêmes vues, reſteroient au deſſous de tant de délicateſſe & de modeſtie.

« Vauban devenoit, dit M. de Fontenelle, le débiteur particulier de quiconque avoit obligé le public. Tout homme utile à l'état trouvoit en lui un appui ſûr & un ardent ſolliciteur ; il épuiſoit pour les autres, ce droit de demander qu'il n'exerçoit jamais pour lui-même, & c'eſt à lui ſur-tout que Louis XIV auroit pu dire ce qu'il a dit à Bon-Temps : Demanderez-vous toujours pour les autres ? La grace que vous ſollicitez, je la refuſe à votre protégé, & je la donne à votre fils.

Il avoit mille moyens ingénieux & délicats de partager ſa fortune avec les militaires ruinés au ſervice, ou maltraités d'ailleurs par le ſort : N'eſt-il pas juſte, diſoit-il, que je leur reſtitue ce que je reçois de trop de la bonté du roi.

Vauban ne connoiſſant de grandeur & de dignité que de ſervir & d'être utile, refuſa long-tems d'être élevé aux honneurs ſuprêmes de la guerre : Sire, diſoit-il à Louis XIV, ſi j'ai mérité quelque choſe, ne m'ôtez pas ma recompenſe ; laiſſez-moi vous ſervir. Il prévoyoit que par une de ces contradictions qui gouvernent le monde, un grade de plus, c'eſt-à-dire une obligation de plus d'employer tous ſes talens au ſervice de la patrie, condamneroit ſes talens à l'inaction, & qu'il y auroit des ſervices & des ſuccès qu'on trouveroit au-deſſous de ſa dignité. Il n'eut pas la ſatisfaction de s'être trompé ; après qu'il eut enfin conſenti d'être fait maréchal de France, il demanda de ſervir comme ingénieur ſous la Feuillade au ſiège de Turin : je laiſſerai, dit-il, le bâton de maréchal à la porte, & je le reprendrai quand nous ſerons dans la place. C'eſt ainſi que Scipion, vainqueur d'Annibal, avoit voulu ſervir ſous ſon frère encore ſans gloire & ſans expérience ; c'eſt ainſi que Boufflers, plus généreux encore, combattit à Malplaquet, ſous Villars ſon cadet dans le commandement. Chamillart, beau-père de la Feuillade, fit rejetter l'offre de Vauban, pour que ſon gendre eût ſeul l'honneur de la priſe de Turin, qu'on croyoit avoir aſſurée à force de dépenſes, & pour laquelle on avoit eſpéré pouvoir ſe paſſer de talens. L'événement répondit à de telles vues ; des ordres de Verſailles,

enchaînant la valeur des françois dans leur camp devant Turin, ce camp fut forcé, Turin délivré, & les françois chaſſés de l'Italie.

Tous les courtiſans ſe vantoient d'aimer Louis XIV, Vauban ne ſe vantoit de rien, mais il l'aimoit véritablement. Son reſpect & ſon amour pour ce grand roi alloient juſqu'à ne ſoupçonner aucune injuſtice dans aucune de ſes guerres, il les attribuoit toujours à la jalouſie, aux mauvaiſes intentions des ennemis. Horace deſiroit que les illuſions de l'amour s'étendiſſent juſqu'à l'amitié, qu'une heureuſe erreur nous fermât les yeux ſur les défauts d'un ami, comme ſur ceux d'une maîtreſſe, & que cette erreur s'appellât vertu. On pourroit étendre ce vœu juſqu'à l'amour de la patrie & du prince. Plût à Dieu que dans les monarchies, un bandeau patriotique pût nous dérober ainſi les torts & les défauts des ſouverains, & ne nous laiſſer voir que leurs vertus & leurs bienfaits.

La foule des courtiſans ſe partage entre Colbert & Louvois, & les amis de l'un ſont les ennemis de l'autre ; Vauban n'eſt ni leur ami ni leur ennemi, il reſpecte en eux, deux grands miniſtres, & tâche de les réunir pour le bien public ; il ne voit point les cabales, les intrigues, le choc des petits intérêts, il ne voit que le bien public, & marche droit vers ce but à travers tous les obſtacles ; une conſidération univerſelle eſt le prix de cette conduite ; Colbert ne fait rien ſans conſulter Vauban. Louvois qui traverſoit Turenne, qui protégeoit mais qui humilioit Catinat, qui opprimoit Luxembourg, honore Vauban & défère à ſes avis.

Les plus intimes amis de Vauban étoient Catinat & Fénélon, ces trois hommes admirables uniſſoient leurs talens & leurs lumières pour l'inſtruction des maîtres du monde, & le bonheur de la ſociété. Ils formoie comme un triumvirat de gloire & de bienfaiſance, digne d'expier ces triumvirats de ſang & de fureur qui ſouillent l'hiſtoire romaine & l'hiſtoire de France.

Un citoyen moins connu, mais occupé comme eux du bien public, Bois-guillebert mérita auſſi l'amitié de Vauban ; cette liaiſon & des ouvrages du même genre lui ont fait attribuer le livre de la dime-royale, c'eſt une erreur ; cet ouvrage eſt véritablement de M. de Vauban ſous le nom duquel il a été imprimé ; on en trouva dans les papiers de M. de Vauban, pluſieurs copies corrigées de ſa main. On a prétendu que le projet étoit impraticable ; mais qui pourra ſe rendre le témoignage d'avoir plus médité que Vauban ſur le bien qu'on peut faire ?

On citoit le ſuffrage de M. de Vauban, comme un titre à l'eſtime publique.

De ſa vertu, Vauban même fait cas, dit Rouſſeau.

Un dernier trait particulier de son caractère, c'est un genre de courage qui manquoit à presque tous les héros de son tems, celui de dire la vérité ; *Vauban* étoit courageux à Versailles comme dans les camps : « il avoit pour la vérité, dit Fontenelle, une passion presque imprudente & incapable de ménagement. » Ce noble devoir de dire la vérité aux rois sembleroit être le droit & la récompense naturelle de ceux qui ont bien servi l'état ; mais tel a prodigué son sang dans les combats, qui jamais à la Cour n'a osé risquer de déplaire.

Vauban né le 1 mai 1633, d'une bonne famille du Nivernois, qui possédoit depuis plus de 250 ans, la seigneurie de *Vauban*, mourut le 30 mars 1707.

VAUCANSON, (*hist. des sciences & des arts*) machiniste si connu par ses phénomènes de méchanique, dont il suffit de rappeller ici les principaux, tels que le flûteur automate, le canard mangeant & digérant, le joueur de tambourin jouant une vingtaine d'airs ; des moulins pour la soie, des tours à la tirer, &c. Quelques-unes de ses inventions économiques furent rejettées, soit par esprit de routine, soit par la crainte de rendre inutiles une foule de bras. Cet homme singulier étoit né à Lyon, vers le commencement de ce siècle ; il mourut en 1783. Il étoit de l'académie des sciences.

Le hardi Vaucanson, rival de Promethée,

Sembloit, de la nature imitant les ressorts,

Prendre le feu des Cieux pour animer les corps.

VOLTAIRE.

VAUCEL, (Louis Paul du) (*hist. litt. mod.*) Auteur janséniste, qui servoit de sécrétaire au célèbre évêque d'Aleth, Pavillon ; il étoit d'ailleurs chanoine & théologal de la cathédrale d'Aleth. La part qu'il prit sur par ses écrits à l'affaire de la régale, le fit exiler à Saint-Pourçain en Auvergne. En 1681 il passa en Hollande, auprès de M. Arnauld, & celui-ci l'envoya faire les affaires des jansénistes à Rome, où se trouvoit de tems en tems des papes qui leur étoient favorables. L'abbé du *Vaucel* mourut à Maestricht en 1715.

Outre ceux de ces ouvrages qui ont paru sous le nom de l'évêque d'Aleth ; on a de lui un traité de la régale, qu'on a traduit en italien & en latin, & des considérations sur la doctrine de Molinos ; c'est-à-dire sur le quiétisme.

VAUDEMONT, (*voyez* LORRAINE).

VAUGELAS, (Claude) (*hist. litt. mod.*) Son nom de famille étoit Favre ; en latin *Faber*. Son père Antoine Fabre, né à Bourg en Bresse, en 1557, mort en 1624, étoit aussi un homme distingué par son mérite, c'étoit un jurisconsulte

très-savant, comme le prouvent dix volumes in-folio de ses œuvres. Il avoit été successivement juge-mage de Bresse, président du génévois pour M. le duc de Nemours, premier président du sénat de Chambéry, & gouverneur de Savoie. Il refusa, par attachement pour le duc de Savoie, la première présidence du parlement de Toulouse, que Louis XIII lui offrit. Ce fut lui qui négocia le mariage de madame Christine de France, sœur de ce prince, avec le prince de Piémont, Victor-Amédée. Outre ses ouvrages de droit, on a de lui une tragédie, intitulée : les *Gordiens* ou l'*ambition*.

Claude, seigneur de *Vaugelas*, son fils, étoit né aussi à Bourg en Bresse. Il vint de bonne heure à la cour de France, où il fut gentilhomme ordinaire, & depuis chambellan de Gaston duc d'Orléans, au service duquel il se ruina, l'ayant suivi à ses dépens dans toutes ses courses hors du royaume. Louis XIII lui avoit donné, en 1619, une pension de deux mille livres, cette pension qui avoit cessé d'être payée à cause du malheur des tems, elle fut rétablie par le cardinal de Richelieu qui comptoit principalement sur *Vaugelas*, pour le travail du dictionnaire de l'académie françoise ; ce fut à cette occasion que le cardinal dit à *Vaugelas* : vous n'oublierez pas, du moins, dans le dictionnaire, le mot de pension, & que *Vaugelas* répondit, non, Monseigneur, & encore moins celui de reconnoissance. Il étudia toute sa vie la langue françoise, & il en étoit devenu l'arbitre, son autorité faisoit loi.

Elle a, d'une insolence à nulle autre pareille,

Après trente leçons, insulté mon oreille

Par l'impropriété d'un mot sauvage & bas,

Qu'en termes décisifs condamne Vaugelas....

Il est vrai que l'on sue à souffrir ses discours,

Elle y met Vaugelas en pièces tous les jours....

Qu'importe qu'elle manque aux loix de Vaugelas,

Pourvu qu'à la cuisine elle ne manque pas !....

Vaugelas n'apprend point à bien faire un potage..

Et voilà qu'on la chasse avec un grand fracas

A cause qu'elle manque à parler Vaugelas.

Il travailla trente ans à la traduction de Quinte-Curce, qui parut en 1647, & qui passe pour le premier livre françois écrit correctement : on remarque qu'elle contient peu d'expressions & de tours qui aient vieilli. Elle fut long-tems le désespoir de tous les écrivains ; Balzac disoit que l'Alexandre de Quinte-Curce étoit *invincible*, & que celui de Vaugelas étoit *inimitable*. On pourroit aujourd'hui, sans témérité, refaire cette traduction, & quelques écrivains modernes l'ont tenté. Il en est de même des *remarques sur la langue françoise* du même *Vaugelas*, auxquelles on a joint d'autres remarques ou confirmatives, ou contraires de Thomas Corneille, & de quelques autres. Ce livre de *Vaugelas* ne contenoit autrefois que des oracles ; on trouve aujourd'hui beaucoup d'erreurs, & dans les remarques de *Vaugelas*, & dans les corrections. *Vaugelas* mourut pauvre, en 1650, à quatre-vingt-quinze ans. C'étoit un des hommes les plus aimables de son siècle : il joignoit à l'esprit & aux connoissances, tous les agrémens extérieurs.

VAUMORIERE, (Pierre Dortigue, sieur de) (*hist. nat. mod.*) gentilhomme d'Apt en Provence, bel esprit du dix-septième siècle, ami des Scuderis, & de l'abbé d'Aubignac. On a de lui un traité de *l'art de plaire dans la conversation*, & si l'on en croit mademoiselle Scuderi, personne n'étoit plus en état que lui d'écrire sur un pareil sujet : « Sa seule présence, dit-elle, avoit l'art de réveiller une conversation assoupie...... Il portoit la joie & le plaisir avec lui...., Enjoué & galant dans les ruelles, modeste avec les gens d'esprit, réjouissant & solide avec les jeunes gens..... Il brilloit par-tout, & indépendamment des qualités de l'esprit, il avoit le cœur au-dessous de son pouvoir & de son état.... Ne connoissant d'autre intérêt que celui de ses amis, & d'autre plaisir que celui d'en faire, Il n'avoit rien à lui.... Il disoit toujours que *l'argent & le cœur ne sont bons que quand on les donne* ; il disoit encore que c'étoit un moindre mal d'être dupe, que de craindre toujours d'être dupé.

Il est auteur de beaucoup de romans ; les cinq derniers volumes de *Pharamond* sont de lui. Le *grand Scipion*, *Diane de France*, *Adélaïde de Champagne* sont encore de lui, ainsi qu'*Agiatis* & deux volumes sur la galanterie des anciens & plusieurs autres ouvrages ; car il eut la fécondité des Scudéris, ses amis. Il vouloit mettre l'histoire de France en dialogue, où chaque personnage eût parlé, selon son caractère. C'est le projet qu'ont exécuté en partie le président Hénault, pour le règne de François II, & de M. Mercier pour celui de Louis XI, & avant eux & en leur donnant l'exemple, Shakespeare, pour une grande partie de l'histoire d'Angleterre. *Vaumorière* mourut pauvre en 1693.

VAUQUELIN (de la Fresnaye & des Ivetaux) (*hist. litt. mod.*). Jean *Vauquelin* de la Fresnaye, père du fameux des Ivetaux fut aussi un homme connu dans son tems. C'est le premier poète françois qui ait fait des satyres, ou dont les satyres soient restées, si l'on peut dire qu'elles le soient. On a de lui aussi un art poëtique, un poëme intitulé : *pour la monarchie de ce royaume*, contre la division ; des idylles, des épigrammes, des épitaphes, des sonnets. Il fut d'abord avocat du roi, puis lieutenant-général & président du présidial à Caen. Mort en 1616.

Nicolas *Vauquelin*, seigneur des Ivetaux, son fils, fut donné par Henri IV, pour précepteur au dauphin, qui fut dans la suite Louis XIII. On trouve sur lui des particularités assez curieuses dans les dépêches du comte de Brèves, ambassadeur à Rome sur la fin du règne de Henri IV, & au commencement du règne de Louis XIII. (*Voyez* l'article SAVARY). On voit dans une lettre de ce ministre, du 22 juillet 1610, que lui de Brèves assurant que le pape Paul V, Borghèse, pontife dévot, du soin que la reine-mère prenoit de faire élever le jeune roi son fils dans la piété, ou pour employer les termes de la lettre, « dans la dévotion que les rois ses prédécesseurs ont toujours eue pour la grandeur du saint-siége, & en la révérence & observance du feu roi envers sa sainteté, il reconnut à la réponse du pape, qu'il avoit été advisé que près de la personne du roi il y avoit quelqu'un duquel il est mal édifié, m'ayant répété deux ou trois fois que c'étoit des choses à quoi votre majesté devoit soigneusement penser, que de tenir près du roi, pour son éducation, gens de vie exemplaire & de grande probité ; je lui ai reparti que le défunt roi, avant son trépas, y avoit bien pris garde, & qu'il étoit difficile de faire une meilleure élection que celle que feu sa majesté avoit faite ».

De Brèves ne nomme personne en cet endroit, mais la suite fait voir que c'est du fameux *Vauquelin* des Ivetaux qu'il s'agit. C'étoit un homme d'esprit & réputé, de son tems bon poëte, mais sa réputation d'épicurisme lui fit ôter, en 1611, la place de précepteur du roi. Dans la suite même, le cardinal de Richelieu lui trouvant des mœurs trop peu ecc'ésiastiques, l'obligea de se démettre de quelques bénéfices qu'il avoit. N'ayant plus alors aucune raison de se contraindre, il se livra sans remords à tous ses goûts, & mena la vie la plus voluptueuse qu'il pût imaginer. Il aimoit surtout la vie champêtre & pastorale ; il s'habilloit en berger, & prenant pour modèle la bergerie du roi Réné & de la reine Jeanne de Laval, sa femme, qui s'amusoit à garder leurs moutons dans les plaines de la Provence, il feignoit de mener assi des moutons dans les allées du jardin de sa maison au fauxbourg saint Germain à Paris ; cette fiction pastorale l'amusoit ; il avoit pour maîtresse une joueuse de harpe qui l'accompagnoit par-tout en jouant de cet instrument, sur lequel venoient se reposer & se pâmer des rossignols élevés dans une volière & dressés à ce manège. Il inventoit tous les jours quelque plaisir, quelque rafinement nouveau ; mais il y avoit toujours beaucoup de bizarrerie dans ses goûts. Il survécut au roi son élève, & ne mourut qu'en 1649, à quatre-vingt-dix ans, Henri IV l'avoit beaucoup aimé, & le mettoit de presque toutes ses parties de plaisir. Cet épicurien parut presque un stoïcien dans son livre qui a pour titre : *institution d'un prince*.

Dans une lettre du 4 septembre 1611, le comte de Brèves écrit à la reine : « Je ne saurois assez représenter à votre majesté, le contentement que sa sainteté a eu du changement du sieur des Ivetaux, & que le sieur le Fevre eût été mis en sa place. L'on lui a écrit d'étranges choses dudit sieur des Ivetaux, jusques à ces termes, qu'un jour le roi lui demandant s'il n'y avoit point de sainte Louise, il lui répondit: Sire, toutes les dames qui coucheront avec votre majesté, d'ici à quatre ou cinq ans, s'appelleront *saintes Louises* & une infinité d'autres choses qu'il m'a dites, que je laisserai pour n'être trop prolixe ».

VAUVENARGUES, (le marquis de) (*hist. litt. mod.*) d'une famille noble de Provence, capitaine au régiment du Roi, auteur du livre intitulé : *Introduction à la connoissance de l'esprit humain.* Toute son histoire est dans ce livre & dans ce morceau de l'éloge funèbre des officiers morts dans la guerre de 1741.

» Tu n'es plus, ô douce espérance du reste de mes jours ? ô ami tendre ! élevé dans cet invincible régiment du Roi toujours conduit par des héros; qui s'est tant signalé dans les tranchées de Prague, dans la bataille de Fontenoy, dans celle de Lawff lt où il a décidé la victoire. La retraite de Prague, pendant trente lieues de glaces, jetta dans ton sein les semences de la mort, que mes tristes yeux ont vu depuis se développer ; familiarisé avec le trépas, tu le sentis approcher avec cette indifférence que les philosophes s'efforçoient jadis d'acquérir ou de montrer : accablé de souffrances au dedans & au dehors, privé de la vue, perdant chaque jour une partie de toi-même, ce n'étoit que par un excès de vertus, que tu n'étois point malheureux, & cette vertu ne te coutoit point d'efforts. Je t'ai vu toujours le plus infortuné des hommes, & le plus tranquille.... Mais par quel prodige avois-tu, à l'âge de vingt-cinq ans, la vraie philosophie & la vraie éloquence, sans autre étude que le secours de quelques bons livres ? comment avois-tu pris un essor si haut dans le siècle des petitesses ? & comment la simplicité d'un enfant timide couvroit-elle cette profondeur & cette force de génie ! Je sentirai longtems avec amertume, le prix de ton amitié, à peine en ai-je goûté les charmes »....

M. de *Vauvenargues* mourut vers l'an 1747, ou 1748. On trouvera dans la seconde édition de son livre, dit encore M. de Voltaire, plus de cent pensées, qui caractérisent la plus belle ame, la plus profondément philosophe, la plus dégagée de tout esprit de parti.

Que ceux qui pensent méditent les maximes suivantes :

La raison nous trompe plus souvent que la nature.

Si les passions font plus de fautes que le juge-

ment, c'est par la même raison que ceux qui gouvernent font plus de fautes que les hommes privés.

Les grandes pensées viennent du cœur.

La conscience des mourans calomnie leur vie.

La fermeté ou la foiblesse à la mort dépend de la dernière maladie.

La pensée de la mort nous trompe ; car elle nous fait oublier de vivre.

La plus fausse des philosophies est celle qui, sous prétexte d'affranchir les hommes des embarras des passions, leur conseille l'oisiveté.

Nous devons peut-être aux passions, les plus grands avantages de l'esprit.

Ce qui n'offense pas la société, n'est pas du ressort de la justice.

Quiconque est plus sévère que les loix, est un tyran.

VAUX-CERNAY, (Pierre de) (*hist. nat. mod.*) religieux de l'ordre de Citeaux, dans l'abbaye de *Vaux-Cernay*, près de Chevreuse, dont il a tiré son nom, écrivit, vers l'an 1216, l'histoire des Albigeois. Nicolas Camusat, chanoine de Troyes, en a donné une bonne édition, en 1615.

VAYER, (*Voyez* LA MOTHE-LÈ-VAYER).

VAYVODES, ou WOYWODES, s. m. pl. (*hist. mod.*), c'est le nom qu'on donne en langue sclavone aux gouverneurs des provinces de Valachie & de Moldavie. *Woyna* dans cette langue signifie *guerre*, *woda* conducteur, *dux bellicus*. Les polonois désignent aussi sous le nom de *woywodes* ou *vayvodes* les gouverneurs des provinces appelés plus communément *palatins*. Ce titre est pareillement connu dans l'empire russien ; on le donne aux gouverneurs des provinces dont le pouvoir est très-étendu. La Porte ottomane n'accorde que le titre de *vayvodes* ou de *gouverneurs* aux souverains chrétiens de Moldavie, de Valachie qui sont établis par elle, qui sont ses tributaires, & qu'elle dépose à volonté. (*A. R.*)

VECCHIADOS, *terme de relation*, c'est ainsi que les Grecs d'Athènes moderne, nomment les vingt-quatre vieillards qu'ils choisissent dans les meilleures familles chrétiennes, pour régler les affaires qui surviennent de chrétien à chrétien. (*A. R.*)

VECCUS, (Jean) (*hist. eccl.*) dit *Cartophilax*, c'est-à-dire, garde du trésor des chartes de Sainte Sophie, fut envoyé, en 1274, au concile de Lyon, par l'empereur grec, Michel Paléologue ; pour la réunion de l'église grecque & de l'église romaine. Il fut toujours très-zélé pour cette réunion & ce zèle le fissent élever, l'année suivante, sur le siège patriarchal de Constantinople, après la mort du patriarche Joseph, grand partisan du schisme. En 1279 il donna sa démission, & se retira dans un monastère ; mais Michel le rappella. Audronic, successeur de Michel, aussi contraire à la réunion que Michel y avoit été favorable, persécuta Cartophilax, le fit déposer & enfermer dans une prison où il mourut de misère, 1298. Il avoit écrit en faveur de la réunion & conformément à la loi de l'église romaine, sur les articles controversés.

VEDAM, s. m. (*Hist. superst.*) c'est un livre pour qui les Brames ou nations idolâtres de l'Indostan ont la plus grande vénération, dans la persuasion où ils sont que Brama, leur législateur, l'a reçu des mains de Dieu même. Cet ouvrage est divisé en quatre parties à qui l'on donne des noms différens. La première que l'on nomme *rogo, roukou* ou *ouroukou Vedam*, traite de la première cause & de la matière première, des anges, de l'ame, des récompenses destinées aux bons, des peines réservées aux méchans ; de la production des êtres & de leur destruction, des péchés, & de ce qu'il faut faire pour en obtenir le pardon, &c. La seconde partie se nomme *jadara* ou *issurevedam*, c'est un traité du gouvernement ou du pouvoir des souverains. La troisième partie se nomme *sama-vedam*, c'est un traité de morale fait pour inspirer l'amour de la vertu & la haine du vice. Enfin la quatrième partie appellée *addera-vedam, brama vedam*, ou *latharvana-vedam* a pour objet le culte extérieur, les sacrifices, les cérémonies qui doivent s'observer dans les temples, les fêtes qu'il faut célébrer, &c. On assure que cette dernière partie s'est perdue depuis long-tems, au grand regret des bramines ou prêtres, qui se plaignent d'avoir perdu par-là une grande partie de leur considération, vu que, si elle existoit, ils auroient plus de pouvoir que les rois mêmes ; peut-être font-ce de ces derniers qui, jaloux de leur autorité, ont eu soin de soustraire les titres sacrés sur lesquels celle des prêtres pouvoit être établie aux dépens de la leur.

On voit par-là que le *vedam* est le fondement de la théologie des Brames, le recueil de leurs opinions sur Dieu, l'ame & le monde ; on ajoute qu'il contient les pratiques superstitieuses des anciens pénitens & anachoretes de l'Inde. Quoi qu'il en soit, la lecture du *vedam* n'est permise qu'aux bramines ou prêtres, aux rajahs ou nobles ; le peuple ne peut pas même le nommer ni faire usage des prières qui y sont contenues, non-seulement parce que ce livre contient des mystères incompréhensibles pour le vulgaire, mais encore parce qu'il est écrit dans une langue qui n'est entendue que des prêtres ; on prétend même que tous ne

l'entendent point, & que c'est tout ce que peuvent faire les plus habiles docteurs d'entr'eux. En effet, on assure que le *vedam* est écrit dans une langue beaucoup plus ancienne que le *sanskrit* qui est la langue savante connue des bramines. Le mot *vedam* signifie *science*. Les indiens idolâtres ont encore d'autres livres sur qui la religion est fondée, tels sont le *shaster* & le *pouran*. Le respect que les bramines ont pour le *vedam* est cause qu'ils n'en veulent communiquer de copies à personne ; malgré ces obstacles, les jésuites missionnaires sont parvenus à obtenir une copie du *vedam*, par le moyen d'un bramine converti ; le célèbre dom Calmet en a enrichi la bibliothèque du roi, en 1733. *Voyez l'histoire universelle d'une société de savans d'Angleterre, hist. mod. tom. VI. in-8° (A. R.)*

VEGA, (Lopez de) (*hist. litt. mod.*) poëte comique espagnol, très-célèbre & très-fécond, né à Madrid en 1562, a servi de modèle à quelques-uns de nos premiers auteurs dramatiques. On dit qu'il avoit fait jusqu'à 1800 pièces toutes en vers. Il en reste 300 en vingt-cinq volumes contenant chacun douze pièces. Il étoit né à Madrid en 1562, d'une famille noble. Il fut secrétaire de plusieurs grands seigneurs. Après s'être marié deux fois, il embrassa l'état ecclésiastique, fut prêtre & chevalier de Malthe. Mort en 1635.

VEGA, (Garcilasso de la) *Voyez* GARCILASSO.

VEGECE, (*Flavius-Vegetius-Renatus*) (*hist. litt. mod.*) écrivain du quatrième siècle, connu par ses *institutions militaires* dédiées à l'empereur Valentinien, traduites en françois par M. de Sigrais, de l'académie des inscriptions & belles-lettres. On a aussi de *Vegèce* un art vétérinaire, dans le recueil intitulé : *Rei rusticæ scriptores* ; ce traité forme le sixième volume de l'œconomie rurale de M. Saboureux de la Bonnetrie.

VELLEIUS-PATERCULUS, (*hist. litt. anc.*) historien romain, auteur de l'abrégé de l'histoire grecque & romaine, que M. le président Hénault, qui l'avoit choisi pour son modèle, appelle le modèle inimitable des abrégés ; cependant *Velleius-Paterculus* n'a pas réuni tous les suffrages ; l'esprit d'adulation qui règne dans quelques endroits de son ouvrage, sur-tout dans les éloges prodigués jusqu'à la prostitution à Tibère & à Séjan, lui a fait tort auprès des amateurs de la vérité ; mais ses talens lui assurent un rang distingué parmi les écrivains.

Il naquit vers l'an de Rome 735, d'une famille équestre, originaire de Naples. Il fut tribun des soldats, comme l'avoit été *Publius-Velleius*, son père, il commanda ensuite la cavalerie, sous Tibère, qu'il suivit dans neuf campagnes, avant

que

que ce prince parvînt à l'empire ; le plus connu de ses exploits est celui qui, par la levée du blocus de Philippopolis, pacifia la Thrace & affermit Rhémétalcès sur le trône. *Paterculus* ne fut pas revêtu d'emplois militaires seulement. Devenu successivement questeur, tribun du peuple, préteur, il n'avoit plus qu'un pas à faire pour arriver au consulat ; quelques-uns prétendent même qu'il y parvint, mais son nom ne se trouve point dans les fastes consulaires.

Son abrégé nous fait connoître avantageusement plusieurs de ses parens, tels que Decius Magius, son quatrième ayeul, Minatius Magius, son bisayeul, Caïus *Velleïus*, son ayeul, Magius-Celer-Velleïanus, son frère, le sénateur Capiton, son oncle ; pour lui, les éloges outrés qu'il prodigue à Séjan, ont fait conjecturer qu'il fut enveloppé dans la disgrace de ce ministre, & qu'il périt avec lui. En tout, on sait très-peu de choses de la vie de *Paterculus*, il n'est guères connu que par son ouvrage, & selon M. l'abbé Paul, son traducteur, le consul M. Vicinius, à qui Tibère fit épouser Julie, fille de Germanicus, tire pourtant son plus grand lustre de la dédicace que *Paterculus* lui a faite de son livre.

Les critiques se sont partagés sur *Velleïus-Paterculus* ; Beatus Rhenatus ne lui préfère aucun des historiens latins : *Nulli secundus est* Velleïus *inter latinos*. Vossius dit qu'il respire l'urbanité romaine. *Dictio ejus planè urbana*. Bodin ne connoît rien de plus pur ni de plus doux que sa latinité : *quo nihil purius ac suavius fluere potest* ; il exalte sur-tout la manière courte & lumineuse dont *Paterculus* expose les antiquités romaines, *antiquitates romanorum tantâ brevitate ac perspicuitate comprehendit*. La Mothe-le-Vayer remarque qu'il emploie l'épiphonême avec une grace qui lui est particulière. Aldemanuce & le P. Pusseyin lui donnent l'éloge d'être à la fois concis, clair & coulant, *pressus, delucidus, fluens*. Le P. Rouillé le loue beaucoup ; le P. Cerutti dit qu'il agrandit sa pensée à mesure qu'il resserre son style. Le Philante du P. Bouhours lui trouve quelque chose de plus piquant qu'à Tite-Live ; observons cependant que dans l'intention du P. Bouhours, Philante est l'avocat du mauvais goût. MM. de Tillemont, Rollin, le chevalier Temple, sont encore au nombre des panégyristes de *Paterculus*. M. le président Hénault les a tous surpassés.

« Je viens, dit-il, au modèle inimitable des abrégés, c'est *Velleïus-Paterculus*, cet écrivain trop peu vanté par des raisons étrangères à son talent ; cet écrivain, que je ne me lasse point de lire, que par pressentiment j'ai admiré toute ma vie, qui réunit tous les genres, qui est historien quoique abbréviateur, qui, dans le plus petit espace, nous a conservé un grand nombre d'anecdotes qu'on ne trouve point ailleurs, *quædam habet*, dit Vossius,

Histoire. Tome V.

quæ haud alibi invenias ; qui défend son lecteur de l'ennui d'un abrégé, par des réflexions courtes, qui sont comme le corollaire de chaque événement, dont les portraits, nécessaires pour l'intelligence des faits, sont tous en ornement, enfin l'écrivain le plus agréable qu'on puisse lire, &, pour tout dire, le grand admirateur d'Homère, mais surtout de Cicéron, quoique Cicéron fût républicain, & que *Velleïus* fût passionné pour le parti monarchique ».

L'excuse générale des flatteries de *Paterculus*, est qu'il écrivoit sous Tibère, (*Voyez* l'article CORDUS) (CREMUTIUS) une excuse plus honnête ; c'est qu'il devoit sa fortune à Tibère & à Séjan.

Le grand talent de *Paterculus* est de peindre, mais ses portraits sont quelquefois trop uniformes ; & comment supporter qu'il n'ait qu'un seul coup de pinceau pour Caton & pour Livie, qu'il dise également de l'un & de l'autre : *per omnia ingenio Diis quam hominibus propior* ? A ne considérer que le goût, quel mérite y a-t-il à se répéter ainsi dans un même ouvrage d'une si petite étendue ?

Paterculus, comme Tacite, échappe de temps en temps à la pénétration de ses lecteurs ; mais l'obscurité de Tacite vient de sa profondeur, celle de *Paterculus* de rafinement ; Tacite pense, *Paterculus* affecte un peu trop de vouloir penser. Mais M. l'abbé Paul, traducteur de ce dernier, ne pardonne point à Sigonius d'avoir qualifié *Paterculus, tenuis verbis, neque satis accuratus* ; il relève la contradiction de Juste-Lipse, qui après avoir dit : *compendium Velleii judicio & ordine scriptum*, approuve le silence offensant que Quintilien observe à son égard.

Personne ne saisit plus heureusement que *Paterculus* les traits caractéristiques, quand il veut s'en donner la peine. Tout le monde a pu dire & a dit de Cicéron, *omnia incrementa sua sibi debuit .... ut vitâ clarus, ità ingenio maximus* ; mais *Paterculus* seul a su ajouter : *qui effecit, ut quorum arma viceramus, eorum ingenio vinceremur*. Nul n'a si bien peint dans Mécène le mélange de vigilance, d'activé & de mollesse. *Vir, ubi res vigiliam exigeret, sanè exsomnis, providens atque agendi sciens, simul verò aliquid ex negotio remitti posset, otio ac mollitiis, penè ultra fæminam fluens*.

Quel éloge que ce mot sur Paul Emile ! *virum in tantùm laudandum, in quantùm intelligi virtus potest*. Homme qui remplit toute l'idée qu'on peut se faire de la vertu.

Et cet autre mot sur Scipion Emilien, qui n'a jamais rien fait ni dit que de bien, *qui nihil in vitâ nisi laudandum, aut fecit, aut dixit, ac sensit*, & ce trait sur l'usage que ce même Scipion savoit faire de ses momens de loisir, si rares & si courts. *Neque enim quisquam hoc Scipione elegantiùs intervalla negotiorum otio dispunxit.*

Ooo

Qant aux traducteurs de *Velleïus-Paterculus*, la traduction que Jean Baudouin publia en 1616, peut être comptée pour rien; M. l'abbé Paul, qu'on regardera déformais comme le seul traducteur de *Velleïus Paterculus*, s'étonne que celle de Doujat ait paru excellente à M. le président Hénault, & lui ait fait tomber la plume des mains; il convient qu'elle est fidelle pour le sens; mais il soutient que la précision, l'élégance; la finesse de l'original, y disparoissent entièrement.

Paterculus est plein de lacunes, il commence par une lacune, & ensuite il y en a une immense depuis l'enlèvement des Sabines sous Romulus, jusqu'à la guerre contre Persée. M. Doujat a rempli cette lacune en françois, M. l'abbé Paul en latin & en françois.

VELLY, (Paul-François) (*Hist. litt. mod.*) le premier des trois éditeurs de la nouvelle histoire de France, plus simple, plus naturel que le second, dans son style sans force & sans couleur, mais moins bien instruit que le troisième; il ne l'étoit même point du tout, & il n'écrivit l'histoire que pour l'apprendre. Son plan n'étoit pas à lui; ce furent les libraires Desaint & Saillant qui le lui proposèrent, en le choisissant pour écrire l'histoire de France, comme ils l'auroient choisi pour écrire toute autre chose. Ils ne se trompèrent pas beaucoup. L'abbé *Velly* est en général un esprit raisonnable & un assez bon écrivain; mais sa réponse à quelques objections qui lui avoient été faites par les journalistes de Trévoux, & par quelques autres censeurs, est un exemple des excès où peut jetter l'ardeur polémique. Dans cette réponse, placée, en forme de préface, à la tête du troisieme volume *in 12* de la nouvelle histoire de France, l'auteur, sur une feinte modération, sous une politesse ironique, cache fort mal un persifflage sanglant, une fureur d'amour-propre d'autant plus gratuitement ridicule, qu'il ne s'agit là ni d'esprit, ni de talent, mais de faits & d'érudition, & qu'il n'y a qu'à examiner & vérifier. Ce morceau peut passer pour un chef-d'œuvre de mauvais ton & de mauvais goût; mais il n'y a rien de semblable dans tout l'ouvrage.

L'abbé *Velly* étoit né près de Fismes en Champagne; il avoit été onze ans chez les jésuites, & l'humeur qu'il met dans ses réponses aux observations critiques faites par les jésuites, dans le journal de Trévoux, tient peut-être aux motifs qu'il avoit eu pour se séparer d'eux. L'abbé *Velly* mourut d'un coup de sang, le 14 septembre 1759. Il avoit autrefois traduit en françois la satyre du docteur Swift, intitulé: John-bul, ou *le procès sans fin*, & qui roule sur la guerre de la succession d'Espagne, guerre terminée par le traité d'Utrecht.

VEMIUM ou *WEHEMIUM*, Tribunal secret de Westphalie; c'est un brigandage, semblable à celui de l'Inquisition, qui subsista long-temps en Allemagne, dans des temps de superstition & de barbarie. (*A. R.*)

VÉNALITÉ DES CHARGES. (*hist. de France.*) Il y a trois sortes de charges en France, des charges militaires, des charges de finance, & des charges ou offices de judicature, tout cela est *vénal* dans ce royaume. On ne dispute point sur la *vénalité des charges* militaires & de finance; mais il n'en est pas de même de celles de judicature; les uns mettent cette époque plutôt, & d'autres plus tard. Mézérai, Varillas, le P. Daniel décident qu'elle fut établie par François I, à l'occasion de la guerre d'Italie; enfin le président Hénault a discuté cette question dans son *abrégé de l'histoire de France*; & comme c'est un morceau également court, précis & judicieux, je crois devoir l'insérer ici pour l'instruction des lecteurs.

Il commence par rapporter à ce sujet ce qu'a écrit Loyseau dans son chapitre de la *vénalité* des offices. Loyseau est mort en 1628; le témoignage de ce jurisconsulte en pareille matière a plus de poids que celui des historiens, qui se sont copiés les uns les autres. Louis XI, dit-il, rendit les offices perpétuels par son ordonnance de 1467; donc auparavant on ne les achetoit pas. Charles VIII, par son ordonnance de 1493, défendit de vendre les offices de judicature; cette loi s'étoit si bien maintenue avant ces deux rois, que Pasquier rapporte deux arrêts de la chambre des comptes de 1373 & de 1404, par lesquels des officiers, qui avoient payé pour leurs offices, furent destituts.

Louis XII commença à mettre en vente les offices, mais ce ne fut que ceux de finance. Nicole Gilles & Gaguin disent à ce sujet: «Que ce fut pour s'acquitter des grandes dettes faites par Charles VIII, son prédécesseur, pour le recouvrement du duché de Milan, & ne voulant pas surcharger son peuple, qu'il prit de l'argent des offices, *dont il tira grandes pécunes*, Loyseau, *tome III*, chap. I, n°. 86. D'ailleurs il défendit, par un édit de 1508, la vente des offices de judicature; mais comme en France une ouverture pour tirer de l'argent, étant une fois commencée, s'accroît toujours, le roi François I étendit la vente des offices de finance à ceux de judicature».

Ce n'est pas que long-temps auparavant il n'y eût une manière indirecte de mettre les offices à prix d'argent, comme il paroît par la chronique de Flandre, t. xxxiij, où il est dit que le roi Philippe-le-Bel, «poursuivant la canonisation de saint Louis, en fut refusé par le pape Boniface VIII, parce qu'il fut trouvé qu'il avoit mis ses bailliages & prévôtés en fermes». C'est qu'on se servoit alors du prétexte d'affermer les droits domaniaux, & on bailloit quant & quant à ferme l'office de prévôt, vicomte, &c., parce qu'ils adminiſtroient tout-à-la-fois la ferme & la juſtice; mais ce n'étoit point vendre les offices, comme on le fit depuis, & l'on pouvoit dire que ce n'étoit que la terre que l'on affermoit.

Ainſi donc le règne de François I eſt l'époque qui paroît la plus vraiſemblable de la *vénalité des charges*, parce qu'alors il y en eut de vendues en plus grand nombre; mais y a-t-il une loi qui fixe cette époque? & comment peut-on expliquer ce qu'on fit par-tout d'offices, même de judicature, qui furent vendus long-temps avant ce règne, & de la défenſe qui en fut faite depuis?

Pour répondre d'abord aux exemples de la vente de quelques offices de judicature, antérieurs au règne de François I, il paroît certain à M. le préſident Hénault que la *vénalité* de ces ſortes d'offices n'étoit pas même tolérée; les ordonnances de Charles VII, de Charles VIII, & de Louis XII, en fourniſſent la preuve; cette preuve ſe trouve encore antérieurement. *Voyez* le dialogue des avocats intitulé *Paſquier*. *Voyez* le *vol.* VII du recueil des ordonnances; on y lit dans les lettres du 19 novembre 1393, concernant les procureurs du châtelet de Paris, *pour cauſe de ladite ordonnance, ledit office de procuration, étoit accoutumé d'être expoſé en vente, & par titres d'achat, aucuns y avoient été ou étoient pourvus.* On voit dans les plaintes des états-généraux à Louis XI dans le recueil de Quénet, ſur ce que l'on avoit vendu des charges de judicature; Philippe de Comines rapporte la même choſe.

Les exemples de ces ventes ſont en grand nombre, mais ces exemples nous fourniſſent en même temps la preuve que ces ventes n'étoient point autoriſées, par les plaintes que l'on en portoit au ſouverain; cela n'empêchoit pas que ce trafic ne continuât par les grands ou les gens en place, qui vendoient ſur crédit ſans que le roi en fût informé, ou ſans qu'il parût s'en appercevoir; c'eſt dans ce ſens qu'il ſemble que l'on doit entendre tous les paſſages qui diſpoſent de la *vénalité des charges*; c'étoient des abus, & par conſéquent ce ne ſont ni des autorités, ni des époques.

Nous reſtons toujours au règne de François I, ſans que ce prince ait cependant donné des loix au ſujet de la *vénalité*; loin de-là, pour ſauver le ſerment que l'on étoit obligé de faire au parlement, de n'avoir point acheté ſon office, ce trafic étoit coloré du titre de prêt pour les beſoins de l'état, & par conſéquent n'étoit pas une vente: à la vérité Henri II le contraignit moins; on lit dans un édit de 1554, qui règle la forme ſuivant laquelle on devoit procéder aux parties caſuelles pour la taxe & la vente des offices, que ce prince ne fait aucune diſtinction des offices de judicature à ceux de finance, & qu'il ordonne que tous ceux qui voudroient ſe faire pourvoir d'office, ſoit par vacation, réſignation, ou création nouvelle, feroient enregiſtrer leurs noms chaque ſemaine, & que le contrôleur-général feroit des notes contenant les noms & qualités des offices qui ſeroient à taxer, &c.

Le peuple qui croyoit que la *vénalité des charges* entraînoit celle de la juſtice, ne voyoit pas ſans murmurer ce ſyſtème s'accréditer; les grands d'ailleurs n'y trouvoient pas leur compte, puiſqu'ils ne pouvoient mettre en place des hommes qui leur fuſſent dévoués; ce fut par cette double raiſon que Catherine de Médicis, lors de l'avénement de François II à la couronne, voulut faire revivre l'ancienne forme des élections.

Ce n'eſt pas que les élections n'euſſent leur inconvénient; car où n'y en a t-il pas? Elles étoient accompagnées de tant de brigues, que dans l'édit donné par François II, il fut dit que le parlement préſenteroit au roi trois ſujets, entre leſquels le roi choiſiroit: les choſes n'en allèrent pas mieux; tous les offices vacans furent remplis de gens dévoués: tantôt au connétable, tantôt aux Guiſes; tantôt au prince de Condé, & rarement au roi, en ſorte que l'eſprit de parti devint le mobile de tous les corps bien plus que l'amour du bien public, & vraiſemblablement une des cauſes des guerres civiles.

Sous le règne de Charles IX le ſyſtème de la *vénalité* reprit le deſſus, & peut-être eſt-ce là la véritable époque de celle des offices de judicature; ce ne fut pas toutefois en prononçant directement que les offices de judicature ſeroient déſormais en vente, mais cela y reſſembloit beaucoup. Le roi permit à tous les poſſeſſeurs de charges qui, ſans être *vénales* de leur nature, étoient réputées telles à cauſe des finances payées pour les obtenir, de les réſigner en payant le tiers denier; les charges de judicature, qui étoient dans ce cas, entrèrent comme les autres aux parties caſuelles; le commerce entre les particuliers en devint public, ce qui ne s'étoit point vû juſqu'alors; & quand elles vinrent à tomber aux parties caſuelles, faute par les réſignans d'avoir ſurvécu quarante jours à leur réſignation, on les taxa comme les autres, & on donna des quittances de finance dans la forme ordinaire.

On comprend que ce commerce une fois autoriſé, les élections tombèrent d'elles-mêmes, & qu'il n'étoit pas beſoin d'une loi pour les anéantir.

Ainſi on peut regarder les édits de Charles IX, à ce ſujet, qui ſont des années 1567 & 1568, comme les deſtructeurs de cet ancien uſage de l'élection, qui n'a pas reparu depuis, malgré l'ordonnance de Blois de 1579, qui à cet égard n'a point eu d'exécution. Les diſpoſitions de ces édits furent renouvellées en différentes fois par Charles IX lui-même, & enſuite par Henri III. Enfin l'édit de

1604, qui a rendu héréditaires tous les offices sans distinction, même ceux des cours souveraines, a rendu à cet égard les offices de judicature de même nature que tous les autres, & depuis il n'a plus été question de charges non *vénales.*

On pourroit conclure avec raison de ce qui vient d'être dit, que le règne de François I ne doit pas être l'époque de la *vénalité des charges* : ce n'en est pas en effet l'époque, si j'ose dire judiciaire ; mais c'en est la cause véritable, puisque ce fut sous son règne qu'une grande partie de ces charges s'obtint pour de l'argent.

Il résulte donc de ce détail que Charles IX a établi positivement par ses édits la *vénalité* des offices de judicature ; celle des charges de finance l'avoit été par Louis XII, & nous lisons dans les mémoires de Duplessis Mornay, *tom. I, p.* 456, que ce furent les Guises qui mirent les premiers en vente les charges militaires sous le règne d'Henri III.

Telles sont les époques de la *vénalité* de toutes les charges dans ce royaume. Cette *vénalité* a-t-elle des inconvéniens plus grands que son utilité ? c'est une question déjà traitée dans cet ouvrage, (*Voyez* CHARGES, OFFICES, &c.

Nous nous contenterons d'ajouter ici qu'en regardant la *vénalité* & l'hérédité des charges de finance & de judicature comme utiles, ainsi que le prétend le testament politique du cardinal de Richelieu, on conviendra sans peine qu'il seroit encore plus avantageux d'en restreindre le nombre effréné. Quant aux charges militaires, comme elles sont le prix destiné à la noblesse, au courage, aux belles actions, la suppression de toute *vénalité* en ce genre ne sauroit trop tôt avoir lieu. (*D. J.*)

VENANCE. (*Voyez* FORTUNAT.)

VENCESLAS, (*hist. mod.*) empereur du quatorzième siècle, intempérant, fou & cruel, fait sur le modèle des Caligula & des Héliogabale, & qui eut à peu près leur sort ; il fut fils & frère d'empereurs, & d'empereurs assez célèbres. Charles IV, son père, est l'auteur de la bulle d'or ; c'est sous l'autorité de Sigismond, son frère & son successeur, que s'est tenu le concile de Constance. Charles IV qui, par la bulle d'or, avoit fixé l'âge avant lequel on ne pouvoit être élu roi des romains, commença par violer sa loi en faveur de *Venceslas,* son fils aîné, qui devint empereur en 1378, à la mort de Charles IV. Ce *Venceslas* étoit roi de Bohème, ainsi que son père & son ayeul ; il prit, contre les bohémiens, la défense des juifs qu'il ne falloit ni laisser voler, ni chasser, comme on usoit dans tous les pays, les bohémiens se révoltèrent, & ayant d'ailleurs des actions de violence & de fureur à reprocher à *Venceslas,* nommément d'avoir

fait jetter dans la Moldaw saint Jean Népomucène, parce qu'il avoit refusé de lui révéler la confession de la reine, sa femme, & d'avoir quelquefois marché dans les rues, suivi d'un bourreau, pour faire exécuter sur le champ ceux qui lui déplaisoient ; ils le traitèrent comme un fou, & l'enfermèrent en 1394. Il se sauva de sa prison, & voulut se faire un parti. Les habitans de Prague le chassèrent de leur ville, & donnèrent à régence à Sigismond son frère, roi de Hongrie, qui le fit enfermer de nouveau dans une tour à Vienne en Autriche ; il s'échappa encore de cette nouvelle prison, & de nouvelles folies annoncè qu'il étoit libre. Les électeurs de l'empire rougissant d'un pareil chef, & usant & abusant peut-être contre lui des droits que Charles IV, son père, leur avoit confirmés par la bulle d'or, le déposèrent en 1400. Insensible à la honte de sa déposition, mais craignant de perdre les bons vins d'Allemagne, auxquels il attachoit un grand prix, il écrivit aux villes impériales, qu'il n'exigeoit pour toute preuve de leur fidélité que quelques tonneaux de leur meilleur vin. Il consentit à sa déposition & fit son abdication de la couronne impériale en 1410 ; mais il mourut en 1419, avec le titre de roi de Bohème.

VENDICATIONS. (LA COUR DES) (*Hist. d'Angl.*) La cour des *vendications* ou *prétentions,* est un tribunal particulier qui n'a lieu qu'une seule fois sous chaque règne à l'occasion du couronnement. Les *prétentions* des personnes qui doivent faire alors quelque service, se fondent sur une ancienne possession, & sont portées à ce tribunal particulier pour y être fait droit ; on a soin de tenir un registre des décisions de cette cour à chaque règne, qu'on nomme *registre de la cour des vendications,* au couronnement de tel & tel roi. Cette cour n'est au fond qu'une pure formalité ; les décisions en sont toujours à-peu-près les mêmes.

On peut voir à ce sujet, dans l'histoire d'Angleterre de Rapin, un extrait détaillé des registres de la *cour des vendications,* au couronnement du roi Jacques II & de la reine Marie son épouse. En voici quelques articles pour exemples.

I. Le lord grand-chambellan *vendiqua,* c'est-à-dire réclama au susdit couronnement, le droit d'aller porter ce jour-là la chemise & les habits au roi, & d'habiller sa majesté ; d'avoir quarante verges de velours cramoisi pour une robe, comme aussi le lit du roi & ce qui en dépend ; la garniture de la chambre où il avoit couché la nuit précédente, avec les habits qu'il portoit la veille, & sa robe-de-chambre ; de présenter de l'eau à sa majesté avant & après dîner, & d'avoir les bassins, les essuie-mains, & la coupe d'essai. *Accordé,* à la réserve de la coupe d'essai. Il reçut les quarante verges de velours, & le reste des profits fut estimé à deux cents livres sterling.

II. Le comte de Derby contrevendiqua l'office du lord grand-chambellan, avec les avantages, &c, *Refusé.*

III. Le champion du roi revendiqua son office, en qualité de seigneur de Scrivelbi, fief du comté de Lincoln, de s'acquitter des devoirs de sa charge, & d'avoir une coupe & le couvert d'or, avec le cheval que monte sa majesté, la selle, les armes, les harnois, & vingt verges de satin cramoisi. *Accordé,* à la réserve du satin.

IV. Le même office fut contrevendiqué par une autre branche de la même famille. *Refusé.*

V. Le lord feudataire de Lyston, en Essex, vendiqua le droit de faire des gaufres pour le roi & pour la reine, & de leur servir à table; d'avoir tous les instrumens d'argent & d'autres métaux qui servoient à cet usage, avec le linge, & les livrées pour lui & pour deux valets. *Accordé,* mais le service se fit, avec son agrément, par les officiers du roi, & les profits furent évalués à 30 livres sterling.

VI. Le lord maire, avec les citoyens de Londres, vendiqua le droit de servir du vin au roi après le dîner dans une coupe d'or, & de garder la coupe & le couvercle pour la peine, & douze autres citoyens qu'ils avoient choisis d'entr'eux, d'assister le grand sommelier d'Angleterre dans son office, & d'avoir une table à main gauche de la salle. *Refusé,* sous le règne du roi Jacques, parce que ce prince s'étoit emparé alors des libertés de la cité. Malgré cela ils firent l'office par grace; ils dînèrent dans la salle, & ils eurent la coupe pour leur peine.

VII. Le même lord maire & les citoyens de Londres vendiquèrent le droit de servir la reine de la même manière. *Refusé* dans ce tems-là par la même raison.

VIII. Le maire & les bourgeois d'Oxford vendiquèrent, en vertu d'une patente, le droit de servir le roi dans l'office de sommelerie, conjointement avec les citoyens de Londres, avec tous les profits qui en dépendent; entr'autres trois coupes d'érable pour leur salaire; comme aussi, par la grace du roi, une grande jatte dorée, avec son couvercle. *Accordé.*

IX. Le seigneur feudataire de Bardol d'Addington, en Surrey, vendiqua le privilège de trouver un homme qui fît un mets de gruau dans la cuisine du roi, & pour cela demanda que le chef de cuisine de sa majesté en fît l'office. *Accordé,* & le susdit seigneur feudataire l'apporta sur la table du roi, &c.

La cour des *vendications* s'établit par proclamation avant chaque couronnement, décide les différentes prétentions, & fait insérer dans les registres les *vendications* qu'elle a accordées ou refusées. *(D. J.)*

VENDOSME. (*Hist. de France.*) Le Vendômois a porté autrefois le titre de comté; il a eu ses comtes particuliers; Catherine de *Vendôme*, fille de Jean V, un de ces comtes, épousa par contrat du 28 septembre 1364, Jean de Bourbon I, comte de la Marche; elle devint héritière des comtes de *Vendôme*, par la mort de Bouchard VII, son frère, arrivée vers l'an 1373, & le comté de *Vendôme* passa dans la maison de Bourbon.

Louis de Bourbon, second fils de Jean de Bourbon, comte de la Marche, & de Catherine de *Vendôme*, forma la branche de *Vendôme* dans la maison de Bourbon.

Le roi François I érigea le comté de *Vendôme* en duché-pairie, par des lettres du mois de février 1514, vieux style, c'est-à-dire 1515, en faveur de Charles de Bourbon, arrière-petit-fils de Louis & ayeul du roi Henri IV. Henri IV donna, en 1598, le duché de *Vendôme* à César, son fils naturel, né au mois de juin 1594, de Gabrielle d'Estrées, duchesse de Beaufort, légitimé au mois de janvier 1595, qui a fondé la dernière maison de *Vendôme*. Il épousa l'héritière de la branche de Mercœur-Lorraine; ce fut une des conditions de l'accommodement du duc de Mercœur, ce ligueur opiniâtre, avec Henri IV. Henri, qui avoit beaucoup aimé la mère de César, ne négligea rien pour l'aggrandissement & l'élévation de ce fils; en érigeant Beaufort en duché-pairie en 1597, il voulut qu'elle eût rang immédiatement après celle de Montmorenci, en lui donnant la duché-pairie de *Vendôme*, il la fit remonter à la date de la première érection en 1515. Enfin en 1610 il donna rang à César Monsieur (on l'appelloit ainsi) immédiatement après les princes du sang, exemple suivi depuis par Louis XIV; mais tous ces avantages furent contestés, & même enlevés aux *Vendômes*, après la mort de Henri IV; ils leur furent rendus toutefois, par la déclaration du 5 mai 1694, Louis XIV donna au duc du Maine & au comte de Toulouse la préséance sur tous les pairs. En 1614, les princes de *Vendôme* entrèrent dans la ligue des princes & seigneurs mécontents qui, ayant à leur tête le prince de Condé, se retirèrent de la cour. En 1626, à l'occasion des intrigues pour le mariage de Gaston & de la malheureuse affaire du comte de Chalais, ils furent arrêtés à Blois le 3 juin, & César dépouillé du gouvernement de Bretagne, que le duc de Mercœur, son beau-père, lui avoit cédé; en 1630 seulement il fut mis en liberté, & alla porter les armes au service des hollandois, ce qui étoit alors une manière indirecte de servir la France. En 1643, au commencement de la régence d'Anne d'Autriche, messieurs de *Vendôme* se mirent à la tête d'un parti nommé *les importans*, opposé au duc d'Orléans & au prince de Condé, ils furent exilés; en 1650 il rentrèrent en faveur. César, duc de *Vendôme*, eut la charge de surintendant des mers, que la reine avoit prife pour elle, afin de ne la pas donner au duc d'Enghien, à la mort de l'amiral de Brézé, beau-frère de ce prince; la reine s'en démit en faveur du duc de *Vendôme*, & en donna la furvivance au duc de Beaufort, fecond fils de Céfar. La cour, alors ennemie des princes, s'étoit tournée du côté des frondeurs, à la tête defquels étoient meffieurs de *Vendôme*, nommément le duc de Beaufort. Céfar fervit fort bien la cour en Guyenne, pendant la guerre moitié civile, moitié étrangère. En 1653 il prit Bourg, il foumit Bordeaux en fermant le port de cette ville aux fecours qu'elle attendoit de l'Efpagne. En 1654, il repréfenta le duc de Normandie au facre de Louis XIV. En 1655, le 29 feptembre, il mit en fuite la flotte d'Efpagne devant Barcelone. Il mourut à Paris le 22 octobre 1665; il laiffa deux fils.

1°. Louis duc de *Vendôme* & de Mercœur, qui époufa Laure Mancini, nièce du cardinal Mazarin, dont il eut le fameux duc de *Vendôme*, généraliffime des armées de France & d'Efpagne, & le grand-prieur.

2°. Le duc de Beaufort, *voyez* BEAUFORT.

Louis-Jofeph, duc de *Vendôme* & de Mercœur, fils aîné de Louis, eft celui qui a donné le plus d'éclat au nom de *Vendôme*. Il fut un des feuls généraux qui foutinrent encore la gloire & la fortune de la France, au milieu des défaftres de cette longue guerre de la fucceffion d'Efpagne. Il avoit fait les premières campagnes dans la guerre de 1672; il avoit fuivi le roi cette même année à la conquête de la Hollande, en qualité de volontaire; il le fuivit de même dans toutes les autres campagnes de cette guerre. Il fe diftingua aux fiéges de Luxembourg en 1684, de Mons en 1691, de Namur en 1692, & aux batailles de Steinkerque en 1692, & de la Marfaille en 1693; il commanda en 1695, d'abord en Provence, enfuite en Catalogne. En 1697, il prit Barcelone, battit le viceroi de Catalogne Velafco, & fut fait lui-même viceroi de Catalogne pour la France. Dans la guerre de la fucceffion, commandant en Italie, il combattit le prince Eugène avec toute l'émulation de la rivalité, & lui livra plufieurs batailles où l'on s'attribua de part & d'autre la victoire; mais il étoit beau de pouvoir dire d'un ennemi tel que le prince Eugène:

Si quæritis hujus

Fortunam pugna, non fum fuperatus ab illo.

Le principal avantage de ces affaires paroît même avoir été du côté du duc de *Vendôme*. Le fruit de la bataille de Luzara, livrée par ce prince au prince Eugène le 15 août 1702, fut la prife de Luzara & de Guaftalla; & avant cette bataille le duc de *Vendôme* avoit fait lever le blocus de Mantoue au prince Eugène, le 1 août

le 26 juillet il avoit défait le général Vifconti à Santa-Vittoria.

Le 16 août 1705, il livra encore au prince Eugène, en Italie, la bataille de Caffano; le prince Eugène y fut bleffé, le duc de *Vendôme* y eut un cheval tué fous lui; les fruits de ce combat furent la prife de Verue, de Soncino, de Montmélian.

Le 10 décembre 1710, il livra, en Efpagne au comte de Staremberg, la bataille de Villaviciofa, qui fit époque & révolution. Le roi d'Efpagne, Philippe V, qui s'étoit déjà trouvé en perfonne avec M. de *Vendôme*, à la bataille de Luzara, fe trouva encore à celle de Vil'aviciofa. On fait que Philippe V, abandonné par Louis XIV, fon ayeul, lui avoit demandé pour dernière grace un homme, un feul homme, c'étoit le duc de *Vendôme*; ce général n'avoit point alors de commandement, il étoit affez négligé en France; Philippe V, qui en 1702 avoit fait la guerre avec lui en Lombardie, le jugeoit feul capable de rétablir fes affaires; en quoi il jugeoit bien différemment, & bien plus fainement du duc de *Vendôme*, que le duc de Bourgogne, qui ne le trouvoit *nullement général*, ce font les termes d'une lettre écrite par le duc de Bourgogne à madame de Maintenon, après le combat d'Oudenarde, en 1708. Il faut pourtant avouer que les nouveaux mémoires de Noailles font appercevoir fenfiblement beaucoup de fautes & de négligences du duc de *Vendôme*, même dans cette dernière expédition d'Efpagne.

Quelques hiftoriens modernes, en convenant des excellentes qualités naturelles & acquifes du duc de *Vendôme*, de fon amour févère pour l'ordre & la juftice, de fon amour tendre pour le peuple, de fon affabilité généreufe à l'égard des foldats, de fon application aux affaires, de fon exactitude fcrupuleufe à remplir fes devoirs, enfin de la perfection morale où il étoit parvenu en tout genre, ont paru douter de fes talens militaires. Ce doute a pour excufe naturelle la néceffité de prononcer entre le duc de Bourgogne & le duc de *Vendôme*, dans la campagne de 1708, & d'en attribuer les défaftres à l'un ou à l'autre. La réputation de M. de *Vendôme*, fes fuccès, la manière dont il rétablit dans la fuite les affaires défefpérées de Philippe V, en Efpagne, une forte de faveur populaire que fon oppofition même au duc de Bourgogne & au parti de la cour lui avoit valu, la jeuneffe du prince, fon inexpérience préfumée, tout concouroit à faire donner la préférence à M. de *Vendôme*, & à faire rejetter fur le prince les fautes & les malheurs de cette campagne. Nous avons déjà dit que les mémoires de Noailles avoient répandu quelques ombres fur la gloire de M. de *Vendôme*; les mémoires du maréchal de Berwick, qui ont auffi paru depuis quelques années, nous ont encore difpofés à remettre la chofe en queftion; & à concevoir que l'inapplication, la négligence & la paresse connues de M. de *Vendôme*, dans les détails du commandement, pouvoient être une compensation funeste des traits de génie & des coups de maître dont il devenoit capable dans l'occasion. D'après les succès du duc de Bourgogne dans d'autres expéditions, d'après l'autorité du maréchal de Berwick, d'après beaucoup de circonstances, on peut douter que les malheurs de la campagne de 1708 devoient être imputés au duc de Bourgogne plutôt qu'au duc de *Vendôme*. Ceux qui ont raconté qu'un courtisan du duc de Bourgogne, le Marquis d'O, dit un jour au duc de *Vendôme*: *voilà ce que c'est que de n'aller jamais à la messe; aussi vous voyez quelles sont nos disgraces*, & que *Vendôme* répondit: *croyez-vous que Marlborough y aille plus souvent que moi?* n'ont peut-être voulu que jetter du ridicule sur la dévotion qui régnoit alors à la cour de Louis XIV, & dans les camps du duc de Bourgogne.

Il paroît par les mémoires du maréchal de Berwick, que M. de *Vendôme* ne put se défendre de quelque jalousie à son égard, & que ce sentiment, indigne d'un si grand-homme, en le rendant contraire aux vues de M. de Berwick, influa trop sur ses déterminations & sur ses opérations de cette malheureuse campagne de 1708. On peut voir sur cette mésintelligence des deux généraux, & sur les suites qu'elle entraîna, la correspondance de M. de Berwick avec M. le duc de Bourgogne, & de M. de *Vendôme* avec le roi & M. de Chamillart, sous le n°. 1 des notes du second volume des mémoires de Berwick.

Nous apprenons, par ces mêmes mémoires, que Philippe V ne demanda, en 1710, au roi son ayeul, M. de *Vendôme*, qu'après avoir demandé M. de Berwick, & que sur le refus qu'on avoit fait de lui envoyer, parce qu'on avoit besoin, en Dauphiné & ailleurs, des talens & des services de ce général. Plusieurs historiens françois avoient donné à M. de *Vendôme* tout l'avantage de la bataille de Villaviciosa; la veille, H. de *Vendôme* avoit pris d'assaut Brihuega; & comme c'étoit pour faire lever le siége de cette ville que M. de Staremberg s'étoit avancé, il parut avoir perdu la bataille, puisqu'il en avoit perdu l'objet. La vérité est qu'on put s'attribuer & qu'on s'attribua de part & d'autre la victoire. Cependant l'auteur de la rivalité de la France & de l'Angleterre, ayant mis cette bataille au rang des affaires indécises, plusieurs gens de lettres lui en témoignèrent leur étonnement; ils n'avoient pas le moindre doute sur la pleine victoire de M. de *Vendôme*. M. de Berwick va plus loin que l'auteur de la *rivalité*; il dit formellement que le comte de Staremberg eut l'avantage à la journée de Villaviciosa. Cette opinion contraire à diverses rélations, & même à l'opinion générale, est appuyée par une lettre du roi d'Espagne lui-même, écrite le 11 décembre 1710, c'est-à-dire le lendemain de l'affaire, & rapportée dans ces mémoires de Berwick, sous le n°. 3 des notes du second volume.

Au reste, il n'y a de doute que sur le succès de la journée même; car les suites furent entièrement à l'avantage du roi d'Espagne & de monsieur de *Vendôme*.

Nul n'a mieux jugé, ni mieux peint le duc de *Vendôme* & le grand prieur, son frère, que l'auteur du siècle de Louis XIV, qui avoit vécu avec le dernier.

« Le duc de *Vendôme*, dit-il, petit-fils de Henri IV, étoit intrépide comme lui, doux, bienfaisant, sans faste, ne connoissant ni la haine, ni l'envie, ni la vengeance. Il n'étoit fier qu'avec des princes, il se rendoit l'égal de tout le reste. C'étoit le seul général sous lequel le devoir du service & cet instinct de fureur purement animal & méchanique, qui obéit à la voix des officiers, ne menacent point les soldats au combat; ils combattoient pour le duc de *Vendôme*; ils auroient donné leur vie pour le tirer d'un mauvais pas, où la précipitation de son génie l'entraînoit quelquefois. Il ne passoit pas pour méditer ses desseins avec la même profondeur que le prince Eugène, & pour entendre, comme lui, l'art de faire subsister les armées. Il négligeoit trop les détails; il laissoit périr la discipline militaire; la table & le sommeil lui déroboient trop de temps, aussi bien qu'à son frère. Cette mollesse le mit plus d'une fois en danger d'être enlevé; mais un jour d'action il réparoit tout par une présence d'esprit, & par ces lumières que le péril rendoit plus vives, & ces jours d'actions il les cherchoit toujours; moins fait, à ce qu'on disoit, pour une guerre défensive, & aussi propre à l'offensive que le prince Eugène ».

» Ces désordres & cette négligence qu'il portoit dans les armées, il l'avoit à un excès surprenant dans sa maison, & même sur sa personne. A force de haïr le faste, il en vint à une malpropreté cynique dont il n'y a point d'exemple; & son désintéressement, la plus noble des vertus, devint en lui un défaut qui lui fit perdre, par son dérangement, beaucoup plus qu'il n'eût dépensé en bienfaits; on l'a vu manquer souvent du nécessaire. Son frère, le grand prieur, qui commandoit sous lui en Italie, avoit tous ces mêmes défauts, qu'il poussoit encore plus loin, & qu'il ne rachetoit que par la même valeur. Il étoit étonnant de voir deux généraux ne sortir souvent de leur lit qu'à quatre heures après midi, & deux princes, petits-fils de Henri IV, plongés dans une négligence de leurs personnes, dont les plus vils des hommes auroient eu honte »)

Le duc de *Vendôme* mourut à Vinaros en Espagne, le 11 juin 1712, âgé de cinquante-huit ans; il est enterré au monaftère de l'Efcurial, dans le tombeau des infants d'Efpagne.

Philippe, fon frère, né le 23 août 1655, mort à Paris le 24 janvier 1727, avoit en effet montré de la valeur en fervant en Italie, fous fon frère. En 1704 il prit Rovere le 10 avril, & Senfano le 25 novembre; en 1705, il enleva, le 2 février, des quartiers ennemis; mais dans la même campagne, s'étant brouillé avec fon frère, il quitta l'armée & ne fervit plus, mais il forma la fociété du Temple; fa cour fut compofée des Chaulieu, de la Fare, des Rouffeau, des Voltaire.

VENDÔME, (Geoffo, abbé de) (hift. eccléf.) nommé à cette abbaye en 1093, & au cardinalat en 1094, mourut vers l'an 1130. Louis-le-Gros, dont il étoit fujet, étant né à Angers, l'employa, ainfi que les papes de fon temps, dans des affaires importantes. On a de lui quelques écrits publiés en 1610 par le P. Sirmond, C'eft dans une de fes lettres qu'il eft parlé de la familiarité de Robert d'Arbriffel avec les femmes. Voyez l'article ARBRISSEL. (ROBERT D')

Matthieu de Vendôme, abbé de S. Denis, étoit nommé Vendôme, du lieu fa naiffance. Il fut régent du royaume de France, pendant la feconde croifade de faint Louis, & principal miniftre fous Philippe-le-Hardi. Il mourut en 1286, fous le règne de Philippe le-Bel, laiffant la réputation d'un bon & fage miniftre.

Il fut auffi homme de lettres. On lui attribue une hiftoire de Tobie en vers élégiaques, imprimée à Lyon en 1505, in-4°.

VENEL, (Madeleine de Gaillard de) (hift. de Fr.) madame de Venel étoit de l'ancienne famille des Gaillard de Provence, fœur de M. Gaillard de Lonjumeau, évêque d'Apt; elle étoit née à Marfeille, le 24 janvier 1610. M. de Venel, fon mari, étoit confeiller d'état, & avoit été confeiller au parlement de Provence; elle eut la confiance de la reine Anne d'Autriche, & contribua beaucoup, felon l'intention de cette princeffe, à la féparation de Louis XIV & de mademoifelle de Mancini; elle conduifit celle-ci à Rome, au connétable Colonne, fon mari. Elle devint enfuite une des dames de la reine & fut fous-gouvernante des enfans de France, fils de M. le dauphin. Elle mourut au château de Verfailles, le 24 novembre 1687.

VENEL, (Gabriel-François) (hift. litt. mod.) médecin de Montpellier, membre de la fociété royale de cette ville, fut chargé, en 1753, de l'examen de toutes les eaux minérales du royaume. Il a fourni à l'encyclopédie un grand nombre d'articles de médecine. Né à Pezenas en 1723, mort en 1776.

VENERONI, (Jean) (hift. litt. mod.) c'eft-à-dire Vigneron, fe difoit de Florence, & étoit de Verdun; le but de cette petite fraude étoit d'infpirer plus de confiance à fes écoliers, dans fes leçons d'italien; au refte, il ne les trompoit pas; car il favoit & enfeignoit très-bien cette langue, & il eft un des auteurs qui ont le plus contribué à répandre en France le goût de la littérature italienne. Ses ouvrages font: une méthode pour apprendre l'italien, un dictionnaire italien-françois & françois-italien, la traduction des lettres de Loredano, & des lettres du cardinal Bentivoglio.

VENETTE, (Nicolas) (hift. litt. mod.) docteur en médecine, difciple de Gui-Patin, mort en 1698 à la Rochelle, où il étoit né. On a de lui un traité du fcorbut, un traité des pierres qui s'engendrent dans le corps humain; mais c'eft furtout par le tableau de l'amour conjugal qu'il eft connu.

Un autre Venette plus ancien, eft l'objet d'un mémoire de M. de la Curne de Sainte-Palaye, inféré dans le recueil de l'académie des infcriptions & belles-lettres, tome XIII, pages 520 & fuiv. Ce Venette eft un des continuateurs de Guillaume de Nangis, & M. de Sainte-Palaye en avoit déjà parlé dans un mémoire fur la vie & les ouvrages de Guillaume de Nangis & de fes continuateurs, inféré au huitième volume, page 560 & fuivantes.

VENIERO, (hift. litt. mod.) c'eft le nom de plufieurs gobles vénitiens de la même famille, qui fe font tous fait connoître par des ouvrages, foit en profe, foit en vers. Dominique, Jérôme, François & Louis étoient frères; de ces quatre, les deux plus célèbres font Dominique & Louis; Dominique, mort en 1581, eft au nombre des bons poëtes de fon temps; fes poéfies ont été imprimées dans les recueils de Dolce & de Rufcelli. Louis, mort en 1550, fe permit deux poëmes dont l'obfcénité s'annonce jufques dans le titre, & qui ont mérité d'être attribués à l'Aretin par quelques bibliographes. Louis eut deux fils, Louis & Maffée Veniero, tous deux connus auffi par des ouvrages, un éditeur proteftant qui fit imprimer à Lucerne, en 1551, les deux poëmes obfcènes dont nous venons de parler, a fans doute trouvé plaifant de les attribuer à Maffée, parce qu'il étoit archevêque de Corfou; mais il n'étoit pas né lorfque fon père les publia, en 1531.

VENTADOUR, (Hift. de Fr.) La maifon de Ventador eft une branche de la maifon de Comborn, regardée comme la plus ancienne du Limofin. Le chef-lieu de la vicomté de Comborn, dont cette maifon porte le nom, eft fitué dans le Limofin, entre Limoges, Tulle, Turenne & Uferche. Ventadour eft à quelques lieues au nord-eft de Tulle. Les vicomtes de Comborn exerçoient le droit de régale

régale fur certaines châtellenies dépendantes de l'évêché de Limoges, pendant la vacance du fiége, & ils furent maintenus dans ce droit dès l'an 1278, par un arrêt rendu au parlement de la Touffaints, contre les officiers du roi Philippe-le-Hardi.

Archambaud, furnommé *jambe pourrie*, eft le premier que l'on trouve qualifié de vicomte de Comborn. Il vivoit & on le voit faire des donations à l'églife de faint Martin de Tulles, vers l'an 984. Le grand carnage qu'il faifoit de fes ennemis, dans les combats, le fit, dit-on, furnommer *le boucher*; le furnom de *jambe pourrie*, lui vient de ce qu'étant près d'entrer de force dans le château de Turenne, on lui en ferma les portes avec violence & qu'il reçut au pied, en cette occafion, une bleffure dont il refta eftropié.

Archambaud II, fon petit-fils, tua Robert fon frère, & chaffé par fon père, il prit la fuite. Long-tems après il tua un chevalier, par qui le père d'Archambaud avoit été autrefois bleffé dans un combat. Cette action fut agréable à fon père, & le remit en grace auprès de lui. Archambaud II fut tué d'un coup d'épée, fous le règne de Henri I.

Il fut père d'Archambaud III qui continua la maifon de Comborn,

Et d'Ebles qui forma celle de *Ventadour*, dont il s'agit ici.

Bernard I, l'un de fes defcendans, qui fe maria le 17 mai 1338, fut le premier comte de *Ventadour*.

Charles, comte de *Ventadour*, chevalier, chambellan du roi, arrière-petit-fils de Bernard I, fut fait prifonnier à la bataille d'Azincourt.

Blanche, fa petite-fille, héritière de fa maifon, porta le comté de *Ventadour* dans la maifon de Lévis, par fon mariage avec Louis de Lévis, feigneur de la Voûte, dont le contrat eft du 12 juillet 1472.

C'eft pour Gilbert de Lévis, troifième du nom, arrière-petit fils de Louis de Lévis & de Blanche de *Ventadour*, que le comté de *Ventadour* fut érigé en duché-pairie, en 1578.

Louis-Charles de Lévis, duc de *Ventadour*, arrière-petit-fils de Gilbert III & Charlotte-Eléonore-Madéleine de la Mothe Houdancourt, fa femme, gouvernante de Louis XV & des enfans de France, n'ont eu qu'une fille, Anne-Geneviève de Lévis, qui a porté le duché de *Ventadour* dans la maifon de Rohan, par fon mariage avec le prince de Rohan, Hercule-Mériadec de Rohan, duc de Rohan-Rohan. L'époque de ce mariage eft le 15 février 1694.

Depuis ce tems, le nom de *Ventadour* eft un des noms de la maifon de Rohan, & le cardinal de Soubife, petit-fils d'Hercule-Mériadec de Rohan,

Hiftoire, Tome V.

& d'Anne-Geneviève de Lévis, s'étoit appellé, dans fa jeuneffe, abbé de *Ventadour*.

VENTIDIUS-BASSUS, (*hift. rom.*) homme de baffe extraction, qui ayant été mu'etier, fe diftingua fous Jules-Céfar & Marc-Antoine, devint tribun du peuple, préteur, pontife, conful, & triompha des Parthes, vaincus par lui dans trois grandes batailles, l'an 38 avant J. C. Il fut enterré aux dépens du public.

VÊPRES SICILIENNES, (*Hift. mod.*) époque fameufe dans l'hiftoire de France; c'eft le nom qu'on a donné au maffacre cruel qui fe fit en Sicile de tous les François, en l'année 1282, le jour de Pâques, & dont le fignal fut le premier coup de cloche qui fonna les *vêpres*.

Quelques-uns prétendent que cet événement tragique arriva la veille de Pâques; d'autres le jour de l'Annonciation; mais la plupart des auteurs le mettent le jour même de Pâquer. On attribue ce foulèvement à un nommé *Prochyte*, cordelier, dans le tems que Charles d'Anjou, premier de ce nom, comte de Provence, & frère de S. Louis, régnoit fur Naples & la Sicile. Le maffacre fut fi général, qu'on n'épargna pas même les femmes ficiliennes enceintes du fait des François.

On a donné, à-peu-près dans le même fens, le nom de *matines françoifes* au maffacre de la S. Barthélemi en 1572; & celui de *matines de Mofcou* au carnage que firent les Mofcovites, de Démétrius & de tous les Polonois fes adhérens qui étoient à Mofcou, le 17 mai 1600, à fix heures du matin, fous la conduite de leur duc Choutski. (*A. R.*)

VERDIER, (Antoine du) (*hift. litt. mod.*) Seigneur de Vauprivas, hiftoriographe de France & gentil-homme ordinaire du roi, né en 1544 à Montbrifon en Forez, mort en 1600, eft auteur d'une *bibliothèque des auteurs françois*, dont M. Rigolei de Juvigny a donné une nouvelle édition, ainfi que de la bibliothèque de la Croix du Maine.

VERDIER, (Céfar) (*hift. litt. mod.*) chirurgien & démonftrateur royal à faint Côme, auteur d'un abrégé d'anatomie, & de plufieurs mémoires inférés dans le recueil de l'académie de chirurgie; mort à Paris en 1759.

VERDUC, (Laurent, Jean-Baptifte, fon fils & Laurent, frère de Jean-Baptifte) (*hift. litt. mod.*) trois chirurgiens célèbres. On a du premier *la manière de guérir, par le moyen des bandages, les fractures & les luxations qui arrivent au corps humain*; du fecond, l'ouvrage intitulé; *les opérations de chirurgie avec une pathologie*. Son traité de l'*ufage des parties du corps humain* a été achevé & publié en 1696 par fon frère Laurent, mort en

1703 , & de qui on a encore *le maître en chirurgie*, ou la Chirurgie de Gui de Chauliac.

VERGER DE HAURANNE , (Jean du) (*hist. litt. mod.*) abbé de saint Cyran, un des apôtres du janfénifme, ami de Janfénius, & dont les plus grands hommes de Port Royal, les Arnauld, les Nicole, les Pafcal, faifoient gloire de fe dire les difciples. Les jéfuites & les docteurs molinistes lui ont attribué beaucoup d'erreurs, & ont voulu le faire paffer pour hérétique. Le P. Bouhours, qui n'étoit pas théologien & qui ne s'occupeit guère que des erreurs relatives à la grammaire & au goût, l'a auffi attaqué avec les armes qui lui étoient propres ; il a voulu le faire paffer pour un mauvais écrivain. Dans fa *manière de bien-penfer fur les ouvrages d'efprit*, il cite des fragmens des lettres fpirituelles de l'abbé de faint Cyran comme des modèles de mauvais ftyle, de gal mathias, d'enflure, d'obfcurité. Ces morceaux, ainfi détachés, paroiffent, à la vérité, fort ridicules, mais fans compter ce qu'ils peuvent perdre à être ainfi tirés de leur place & féparés de ce qui précède & de ce qui fuit, fans compter que des lettres laiffent fuppofer dans ceux qui les reçoivent des moyens d'intelligence qui leur font particuliers, il y a bien peu de délicateffe & de bienféance à prendre ainfi chez fes ennemis les exemples du mal, comme chez fes amis les exemples du bien, fur-tout dans un livre d'inftruction, où les préceptes & les exemples doivent être au-deffus de toute contradiction & de tout foupçon, & par conféquent, n'être choifis ni par l'amitié, ni par la haine : c'eft décréditer fes oracles que de leur donner ainfi un motif fufpect : c'eft aller contre fon but. Le *Petrus Aurélius* de l'abbé de faint Cyran, qui fut imprimé fous la protection du clergé de France & fupprimé pour un tems par les jéfuites, fit beaucoup de bruit dans le tems, ainfi que les autres écrits polémiques de l'abbé de faint Cyran contre le P. Garaffe & beaucoup d'autres ; perfonne aujourd'hui ne les lit, pas même les janféniftes les plus zélés. Il n'y a qu'un fecret pour être lu toujours ou du moins long-tems, c'eft d'écrire des chofes toujours utiles. Le cardinal de Richelieu, moitié pour des raifons de janfénifme, moitié parce que l'abbé de faint Cyran n'avoit pas voulu fe déclarer pour la nullité du mariage de Gafton d'Orléans avec Marguerite de Lorraine, exerça fur lui fa tyrannie & le fit enfermer en 1638 ; il ne fortit de fa prifon qu'après la mort du cardinal, & ne jouit que long-tems de fa liberté, car il mourut à Paris en 1643, l'année même où il l'avoit obtenue. Il étoit né en 1581 à Bayonne, d'une famille noble.

VERGER ou VERGERIO, (Pierre-Paul, évêque de Capo d'Iftria, & Jean-Baptifte, fon frère, évêque de Pola dans l'Iftrie) (*hift. du Luthéran.*) Sous le pontificat de Clément VII & de Paul III, le luthéranifme faifoit des progrès rapides dans toute l'Eu-

rope ; l'Italie même n'avoit pu s'en garantir ; les allemands y avoient porté à plufieurs reprifes l'erreur avec la guerre ; Clément VII, par un bref exprès, échauffa le zèle des inquifiteurs contre ces hérétiques d'Italie. Paul III donna un bref pareil à l'occafion du progrès de l'héréfie dans Mantoue. Rien n'irrita tant ce Pape que la défection du nonce *Verger*, évêque de Capo d'Iftria ; cet homme employé en différentes nonciatures dans l'Allemagne, avoit conféré avec Luther & n'étoit point devenu luthérien ; on lui avoit refufé le chapeau de cardinal, & il n'étoit pas encore devenu luthérien ; mais attribuant ce refus à quelques foupçons répandus fur fa foi, il voulut les diffiper en écrivant contre Luther ; il fe mit à étudier la controverfe, & le fruit de cette étude fut de juger que Luther avoit raifon, du moins fi l'on en croit les proteftans, qui ne veulent pas devoir ce profélyte au feul dépit d'avoir manqué le chapeau ; *Verger* fit part de fa découverte à l'évêque de Pola, fon frère, qui s'en moqua d'abord & qui finit par penfer comme lui ; ce qui acheva de les attacher à ce nouveau parti, ce fut la violence de l'inquifiteur Annibal, Grifon, qu'on envoya ravager leurs diocèfes. « Malheureux, crioit aux peuples ce fanatique » tous les fléaux du ciel vous accablent ou vous » menacent. Vous tremblez pour vos beftiaux, » pour vos moiffons, pour vos vignes, pour vos » oliviers, & vous ne lapidez pas vos évêques » hérétiques avec leurs fectateurs ! vous ne détour- » nez point la malédiction par ce jufte facrifice ! »

Verger, pour échapper à fa fureur, alla fe faire miniftre chez les Grifons, dans la Valteline en Allemagne. Il mourut à Tubingue en 1565. Un de fes parens, nommé comme lui Pierre-Paul *Verger* ou *Vergerio*, né à Capo d'Iftria, mort vers l'an 1431, eft auteur d'une *hiftoire des princes de la maifon de Carrari*, publiée par Muratori, tome XVI. de fa grande collection des écrivains de l'hiftoire d'Italie. Il eft auteur auffi d'un traité *de ingenuis moribus & liberalibus adolefcentiæ ftudiis*.

Dans les lettres du mois de mars 1545, enregiftrées au parlement le 22 du même mois, par lefquelles François I donne aux profeffeurs royaux le droit de *committimus*, il eft parlé d'un Angelo *Vergerio* ou *Vergecio*, qui a le titre d'*écrivain en grec*. C'étoit un grec né dans l'ifle de Candie, & qui étoit venu vers l'an 1540 à Paris, où fon écriture grecque fut trouvée fi belle, qu'elle fervit d'original à ceux qui gravèrent les caractères de cette langue pour les impreffions royales fous François I. Chevillier parle de ces belles lettres qui furent fondues dans les matrices que François I avoit fait frapper. Nous apprenons de Jacques de Bréul, dans les antiquités de Paris, que ce *Verger* ou Vergèce, qu'il appelle *écrivain du roi en lettres grecques*, avoit quatre cents-cinquante livres tournois de gages affignés à l'épargne. C'étoient les mêmes appointemens que ceux des lecteurs & professeurs royaux.

VERGI, (hist. de Fr.) c'est le nom d'une des plus illustres & des plus anciennes maisons de la Bourgogne ; le titre de Sénéchal de Bourgogne étoit héréditaire dans la branche aînée de cette maison ; elle tiroit son nom du château de *Vergi* qui fut ruiné en 1609.

1°. On voit dès le milieu du XII°. siècle les papes Eugène III & Anastase IV mettre l'abbaye de Vezelai sous la protection de Gui, seigneur de *Vergi*, qui vivoit encore en 1204.

2°. Hugues, seigneur de *Vergi*, son fils, fit la guerre en 1184 au duc de Bourgogne, Hugues III. Il accompagna Philippe-Auguste à la croisade & se distingua au siège d'Acre ou Ptolémaïde en 1191. Il étoit mort en 1202.

3°. Jean de *Vergi*, III°. du nom, dit *le-Grand*, fut envoyé en Turquie, après la bataille de Nicopolis, pour négocier la liberté de Jean, comte de Nevers, qui fut dans la suite le cruel Jean, duc de Bourgogne ; il se signala l'an 1408 dans un combat contre les Liégeois & mourut le 25 mai 1418.

A cette même bataille de Nicopolis, livrée en 1396, périrent deux frères de la maison de *Vergi*, savoir :

4°. Guillaume de *Vergi*,

5°. & Jacques de *Vergi*, seigneur de la Fauche, tous deux fils de Jean III.

6°. Jean de *Vergi*, IV°. du nom, fils de Guillaume, fut un des seigneurs Bourguignons qui accompagnèrent ce même duc de Bourgogne, Jean le cruel, mentionné dans l'article 3, à cette fatale entrevue du pont de Montereau-Faut-Yonne où il fut tué.

7°. Antoine de *Vergi*, comte de Dammartin, maréchal de France, étoit oncle de Jean IV & frère de Guillaume & de Jacques. Il étoit chambellan du duc de Bourgogne Jean ; il lui rendit beaucoup de services dans la fatale querelle des armagnacs & des bourguignons ; il l'accompagna aussi au pont de Montereau le 10 septembre 1410, & il fut blessé & fait prisonnier en voulant défendre ce prince. En 1420, il fut nommé maréchal de France par le roi d'Angleterre Henri V, alors véritable roi de France sous le titre de régent ; qui lui avoit été conféré par le traité de Troyes. Ce fut le maréchal de *Vergi* qui gagna, en 1423, contre Charles VII, la bataille de Crevant près d'Auxerre. Le duc de Bourgogne, Philippe le Bon, fils de Jean, allié des Anglois, ayant pris parti pour Antoine de Vaudemont contre le roi René, dans la querelle pour la succession de la Lorraine, le maréchal de *Vergi* assista, en 1431,

à la bataille de Bullegneville, où René fut vaincu & fait prisonnier. Il mourut le 29 octobre 1439.

8°. Dans la branche des seigneurs d'Autrei, Jean de *Vergi*. Celui-ci servit aussi le duc de Bourgogne Jean, dans la querelle des armagnacs & des bourguignons ; il le suivit en 1417 à l'entreprise sur Paris ; il fut un des seigneurs bourguignons qui jurèrent l'observation du traité conclu entre le dauphin & le duc de Bourgogne le 11 juin 1419. Il suivit aussi le duc de Bourgogne à l'entrevue de Montereau, & il fut, dit-on, tué avec lui par les amis du dauphin ; ce qui est contraire au récit de la plupart des historiens qui disent qu'il n'y eut que Noailles tué à Montereau avec le duc.

9°. Dans la branche des seigneurs de Champuant, Guillaume de *Vergi*, quatrième du nom, sénéchal & maréchal de Bourgogne, suivit & servit avec zèle Charles-le-Téméraire à la bataille de Morat le 22 juin 1476. Après la bataille de Nancy, où Charles fut tué & d'où Guillaume de *Vergi* ramena cinq cents hommes de cavalerie, échappés avec peine au désastre de cette journée, il s'empressa d'offrir ce secours & ses services à Marie de Bourgogne, fille de Charles-le-Téméraire. Arras se défendoit contre les François, commandés par du Lude, & demandoit du secours à toutes les villes voisines, principalement à Douay ; *Vergi* s'offrit avec beaucoup d'ardeur à conduire son détachement de Douay, où il étoit alors, dans Arras ; mais joignant la prudence au zèle & au courage, il proposa d'attendre la nuit pour y entrer avec sûreté. La bourgeoisie de Douay, impétueuse dans son zèle, ignorant la guerre & bravant de loin des périls qu'elle ne devoit point partager, l'obligea de partir à l'instant même, à midi. *Vergi* fut forcé d'obéir, & cette imprudence eut le succès qu'il avoit prévu. Du Lude, averti de sa marche, vint à sa rencontre avec des forces supérieures, tailla en pièces son détachement, & le fit lui-même prisonnier.

Louis XI, sensible au mérite & sur-tout ardent à recueillir le double avantage d'en priver ses ennemis & de l'acquérir pour lui-même, essaya d'entraîner *Vergi* sur les traces des Comines & des Desquerdes qu'il avoit déjà séduits ; mais *Vergi* joignoit à des qualités héroïques un grand attachement à ses devoirs. Il refusa les offres les plus avantageuses. Louis admira & punit sa probité. Voyant que l'intrigue étoit inutile, il employa la tyrannie. *Vergi* fut resserré dans une étroite prison, & même on poussa l'indignité jusqu'à lui mettre les fers aux pieds. On ne réussit pas mieux. *Vergi* avoit été incorruptible : il fut inébranlable. Un an d'outrages & de tourmens n'avoit fait qu'affermir sa constance. Enfin, on essaya un artifice plus puissant. Sa mère eut la liberté de le voir, de pleurer à ses yeux, de l'attendrir sur son sort, de lui peindre les malheurs de sa maison, dont il étoit la feule efpérance, le feul appui. *Vergi* avoit foutenu les fers, bravé la mort, rejetté les féduifantes faveurs de la fortune : il ne put réfifter aux larmes de fa mère,

nox & tua teftis
Dextera, quòd nequeam lacrymas perferre parentis.

il fe rendit, & il fut le feul en qui la défection devint prefque une vertu. Vaincu par la nature, comme Coriolan, il fut plus grand que le héros romain, en ce qu'il ne fallut pas moins que les larmes d'une mère pour faire rentrer Coriolan dans fon devoir, & qu'il ne fallut pas moins pour en faire fortir *Vergi*.

Il fut fidèle à fes nouveaux engagemens, fous Louis XI & fous Charles VIII fon fils ; mais la couro ne ayant paffé dans une ligne collatérale, avec laquelle il n'avoit point traité, il fe hâta de retourner à fes maîtres légitimes. Marie de Bourgogne étoit morte, mais l'empereur Maximilien d'Autriche fon mari vivoit ; Maximilien le fit maréchal de Bourgogne en 1498, & Philippe-le-Beau, fon fils, lui donna, en 1504, le gouvernement des pays de Gueldres & de Zutphen ; il fut fait chevalier de l'ordre de l'Annonciade en 1519 & mourut en 1520.

10°. Guillaume de *Vergi*, cinquième du nom, petit-fils de Guillaume IV, chambellan de l'archiduc Charles d'Autriche, fils de Philippe-le-Beau, & qui fut depuis l'empereur Charles-Quint, l'accompagna, en 1516, en Efpagne. A la bataille de Pavie, en 1525, il commandoit dans l'armée impériale la cavalerie de la Franche-Comté. Il mourut à Bruxelles le 26 janvier 1531.

11°. François de *Vergi*, fils du précédent, avoit été élevé, comme enfant d'honneur, auprès du même Charles-Quint. Il porta la cornette impériale à la bataille de Mulberg, où Charles-Quint accabla les proteftans en 1547. Il fervit encore avec éclat aux fièges de Metz en 1553, de Dourlens, de Saint-Quentin, de Ham ; à la bataille de Saint-Quentin en 1557, de Gravelines en 1558. Philippe II le nomma gouverneur de Bourgogne, érigea fa terre de Champlite en comté, le fit chevalier de la toifon d'or en 1584. Il mourut le 5 décembre 1591.

12°. Fernand de *Vergi*, feigneur de Flagei, fils de François, capitaine d'infanterie, fut tué par mégarde d'un coup d'arquebufe à une revue de fa compagnie.

VERGIER, (Jacques) (*hift. litt. mod.*) né à Lyon en 1657, fut fait, en 1690, commiffaire ordonnateur de la marine, & fut enfuite préfident du confeil de commerce à Dunkerque. Il quitta tout pour vivre à Paris en homme de plaifir & en bel efprit. Ses poéfies font faciles & négligées.

Jean-Baptifte Rouffeau l'appelle l'Anacréon françois pour fes chanfons de table, dont aucune n'eft reftée. M. de Voltaire le loue avec plus de mefure & le juge plus équitablement, lorfqu'il dit, en parlant de fes contes : « *Vergier* eft, à l'égard de la » Fontaine, ce que Campiftron eft à Racine, imita» teur foible, mais naturel ». Ces contes font libres ; celui du tonnerre eft voluptueux, celui de l'abfcès eft naïf & plaifant, mais fale & groffier.

La mort de *Vergier* a donné lieu à des calomnies contre un grand prince. Il fut affaffiné le 23 août 1720 d'un coup de piftolet, dans la rue du Bout-du-Monde, vers minuit, en revenant de fouper chez un de fes amis. C'étoit à-peu-près le tems où paroiffoient les Philippiques. On fuppofa qu'il avoit été foupçonné d'y avoir eu part, ou d'avoir fait quelque autre fatyre contre le prince, & que le prince, au lieu de le faire punir, l'avoit fait affaffiner ; on nommoit même l'exécuteur de fa vengeance, & on ofoit dire qu'il avoit eu la croix de Saint Louis pour prix de cette violence. La vérité eft que le doux & voluptueux *Vergier* étoit bien incapable d'une fatyre, & que le généreux Philippe, qui pardonna les Philippiques mêmes à Lagrange, étoit bien plus incapable encore d'un affaffinat. On fait très-bien le nom du véritable affaffin de *Vergier*, ou du moins le nom qu'il prenoit ; il étoit connu fous celui du chevalier-le-Craqueur : c'étoit un voleur de profeffion, & fon objet étoit de voler l'inconnu qu'il affaffina ; mais un carroffe qui vint à paffer l'obligea de prendre la fuite. Le Craqueur é oit un des compagnons & des affociés de Cartouche ; il fut rompu à Paris le 10 juin 1722. Il avoua ce meurtre parmi plufieurs autres.

VERGNE (de la) (*hift. de Fr.*). La maifon de Treffan de la *Vergne* eft ancienne dans la province du Languedoc. De cette maifon étoit la célèbre Madame de la Fayette (*voyez* l'article LA FAYETTE). Elle étoit fille d'Aymar de la *Vergne*, maréchal de camp, gouverneur du Havre de Grace.

Un homme de cette maifon, Pierre de Treffan de la *Vergne*, fe rendit utile & célèbre dans un genre qui n'eft pas celui de tout le monde, dans les miffions ; élevé dans la religion proteftante, qu'il abjura depuis à l'âge de vingt ans, il paffa d'abord quelques années à la cour, mais ayant conferré de fon ancien proteftantifme ce qu'il en falloit pour être au moins janféuifte, il fe retira auprès de M. Pavillon, évêque d'Aleth. De concert avec ce faint prélat, il fit un voyage dans la Paleftine. A fon retour, les miffions & la direction des ames l'occupèrent tout entier. La perfécution alla le chercher au milieu de ces occupations chrétiennes ; il fut exilé pour avoir eu quelque part à quelques productions janféniftes. Remis en liberté, il eut le malheur de fe noyer près du château de Térague, le 5 avril 1684, en revenant à Paris. Il a laissé sous le nom du sieur de Saint Germain un ouvrage relatif à la direction, sous ce titre : *Examen général de tous les états & conditions ; & des péchés qu'on y peut commettre.*

Mais l'homme le plus célèbre de cette maison de la *qergne* de Treslan, est feu M. le comte de Treslan, lieutenant-général des armées du roi, de l'académie françoise, de l'académie des sciences, & d'une multitude d'autres académies, tant nationales qu'étrangères. Personne ne pourroit mieux le faire connoître qu'il ne l'a fait lui-même dans un ouvrage intitulé : *Réflexions sommaires sur l'esprit.* L'esprit y est considéré dans toutes les différentes acceptions qu'il peut recevoir, dans toutes les opérations qu'il peut produire, & relativement à tous les objets auxquels il peut s'appliquer. Le sujet vaste & indéterminé que ce titre annonce, sert de prétexte à l'auteur pour exposer ses connoissances en tout genre, parcourir & juger les différentes opinions, relever les erreurs, distinguer & annoncer les vérités utiles. Son principal objet est d'inspirer à ses enfans le goût de l'étude & l'amour des sciences, qu'il leur représente comme faisant le charme de sa vie. Cet ouvrage est proprement un cours d'études à leur usage ; il les entretient paternellement de ses jouissances, de ses voluptés littéraires, de ce plaisir inexprimable attaché aux méditations savantes, de ce bonheur pur de penser & de connoître, de la considération que les lumières & l'esprit cultivé donnent dans le monde même le plus frivole, du mépris qui suit par-tout l'ignorance & la frivolité : on croit entendre Perse prononcer contre ceux qui négligent de s'instruire ; cet arrêt formidable :

Effluis amens,
Contemnere.

On croit aussi entendre le sage Nestor instruire les jeunes grecs, par ses récits & par ses exemples : « Elevé dès l'enfance, dit l'auteur, dans la cour du régent du royaume, admis à celle de mon maître qui n'avoit alors que dix ans, j'ai vu le plus grand nombre de ceux qui composoient celle de Louis-le-Grand, pendant les vingt dernières années de son règne, & je m'en souviens avec admiration ».

« Le ton de la cour du Palais-Royal étoit moins contraint, moins réservé ; mais il conservoit la plus grande dignité au milieu des plaisirs. Jamais on n'a rassemblé plus d'esprit, de connoissances, de goût, de noblesse & de gaîté que M. le régent. Il se faisoit obéir en badinant ; il employa souvent même l'art de jetter un ridicule sur les punitions qu'on le forçoit à prononcer ».

Mais si ces punitions étoient nécessaires, pour-

quoi y jetter du ridicule ? si elles étoient ridicules, ou inutiles, pourquoi avoir la foiblesse & la rigueur de les infliger ?

« Souvenez-vous, mes enfans, apprenez-le aux vôtres, que depuis plus de cent ans notre race fut au service & comblée des bienfaits des princes de l'auguste sang d'Orléans ».

« A Rouen, la sympathie la plus forte m'unit avec M. le Cat..... Je travaillai avec lui à toutes les parties de la physique..... »

« A Parme, les riches collections de la maison Farnèse ; les statues, les médailles antiques, les tableaux de Raphaël, & sur-tout ceux de Corrège & du Parmesan m'occupoient délicieusement. Cependant je me rapprochois toujours du docteur Buocore, premier médecin de l'infant, homme supérieur dans tout ce qui tient à la chimie & à l'économie animale ; il daignoit se plaire avec moi ; il connoissoit mieux que moi-même la pensée secrette qui m'entraînoit vers la science..... »

« A Rome, les bontés & l'amitié de M. le cardinal Quirini m'ouvrirent la bibliothèque du Vatican ».

« A Paris, je fis deux cours d'anatomie sous M. Hunault ».

« A la Fère, je suivis les écoles savantes de l'artillerie ; j'étudiai le grand Vauban ; je me liai avec M. de Buffon. Il est bien naturel de prendre les passions de ceux qu'on estime, qu'on admire & qu'on aime...... Celle de l'histoire naturelle en est devenue une violente pour moi...... »

« J'ai vécu long-tems dans la société de madame de Tencin. Jamais femme n'a réuni comme elle le don supérieur d'éclairer & de plaire ; jamais un moyen de se rendre utile à ses amis ne lui est échappé : elle imaginoit mieux qu'eux-mêmes les moyens d'y réussir ; je ne l'ai jamais vu montrer plus d'esprit que ceux qui causoient avec elle. Egalement au ton de MM. de Fontenelle & de Réaumur, ses amis intimes, & de la jolie femme occupée de sa parure & de son amant. Un des plus savans hommes de l'Europe s'étoit rendu le premier tyran de cette société ; un ton magistral d'ancien professeur, une voix de stentor, un esprit sans goût, une ame sans aménité nous le faisoit voir toujours une férule à la main. Il faisoit taire M. de Fontenelle ; il brusquoit la maîtresse de la maison, les aimables neveux & ses pauvres bêtes ; il ravageoit notre société, comme un ouragan ravage une prairie. Nous avions encore une autre espèce de tyran dans un demi-cinique..... Il arrivoit crotté comme un barbet, marchant sur la juppe des femmes qui lui déplaisoient, parlant aux jolies comme un moine libertin ; criant, crachant encore avec plus d'éclat que notre pédant ; contrariant tout le monde avec aigreur, décidant de tout avec empire, cabaleur avec injuftice ; du refte, mangeant fort, buvant de même ; & toujours obfcène quand il vouloit être gaillard. O ! charmes d'une fociété délicieufe que je regretterai toute ma vie ! Vous nous les avez fait fupporter tous les deux, aimable & eftimable Saurin ; pardonnez-moi ce moment d'humeur contre ceux qui m'ont privé fi fouvent de la douceur & du plaifir de vous entendre ! »

C'eft ainfi qu'en s'intéreffant à tout, M. de Tref-fan intéreffe toujours fes lecteurs.

Dans l'idée qu'il donne du génie, il ne fait point entrer le talent de l'invention, du moins dans le fens qu'on attache ordinairement à ce mot, qui eft le fens de *création*. Il obferve que le mot *invention* vient du latin, où il a un fens plus pofitif & plus vrai que celui que nous lui donnons dans notre langue ; inventer, *invenire*, fignifie *trouver*, & trouver fuppofe du travail & des recherches ; dans ce fens, l'invention eft effentielle au génie ; mais nous n'inventons rien dans le fens ordinaire de ce mot, la nature feule invente, nous ne pouvons qu'imiter & perfectionner ; mais chaque combinaifon nouvelle eft une découverte & un trait de génie, & plus cette combinaifon nouvelle eft fine & profonde, plus nous tirons des chofes connues, de réfultats & de produits inconnus, plus, enfin, une découverte nous facilite d'autres découvertes, foit prochaines, foit éloignées, & plus nous montrons de génie.

Dans un autre difcours, M. le comte de Treffan entreprend de prouver que jamais fiècle ne fut plus fécond que le dix-huitième, en découvertes utiles & en obfervations conftatées par l'aveu de l'univers. Tout fon difcours eft une énumération & un tableau hiftorique de ces découvertes & de ces obfervations.

Grace à M. de Réaumur, dit-il, les infectes font fuivis dans les détails les plus intimes de leur méchanifme, de leur économie, & dans l'acte myftérieux de leur génération ; le fer & l'acier font amollis & affujetis aux formes qu'exigent les befoins ; l'art de faire éclore & d'élever les poulets, comme en Egypte, nous eft connu ; la pourpre de Tyr eft encore à notre ufage. M. de Réaumur a retrouvé fur les côtes du Poitou & de la Bretagne, les coquillages dont les anciens fe fervoient pour la teinture de la pourpre ; il a découvert que la liqueur propre à la teinture réfide dans deux veines blanches qu'on apperçoit dans ce poiffon, après avoir caffé le coquillage avec précaution. Le même M. de Réaumur a perfectionné les thermomètres & les baromètres ; il les a plus exactement gradués ; il les a rendus plus fenfibles & plus portatifs.

M. de Mairan a expliqué les phénomènes de la glace & des aurores boréales.

Qui ne connoît les obfervations faites au cercle polaire & fous l'équateur ?

M. Bradley a, le premier, obfervé l'aberration des étoiles fixes, & l'a expliquée. Ce grand aftronome a perfectionné la règle de Roemer, fur le tems que la lumière du foleil & des étoiles fixes eft à venir jufqu'au globe de la terre.

MM. de Maupertuis, Fontaine, Clairault, d'Alembert, ont trouvé divers principes généraux qui développent la doctrine de Newton & qui fervent de clef pour la folution d'un grand nombre de problèmes, tels que ceux qui concernent les loix de la réfraction de la lumière, & le principe de la moindre quantité d'action ; principe dont les loix du mouvement & du repos font déduites.

Tout perfectionnement eft une découverte, fuivant le principe établi par M. le comte de Treffan ; en conféquence, il fait entrer dans fon énumération les élémens de géométrie de M. Clairault, qui fimplifient l'étude de cette fcience, & le traité de dynamique de M. d'Alembert, qui donne, par les plus petits nombres, les véritables loix de l'équilibre.

Nous approchons, avec plus de précifion que jamais, des points fixes qui peuvent déterminer les longitudes. M. le Monnier, le cadet, partit, en 1748, pour aller obferver en Ecoffe une éclipfe de foleil qui devoit y être annulaire. Milord Morton, de l'illuftre maifon de Douglas, fit les obfervations avec lui. Le télefcope qu'ils avoient réduit à ne groffir que fix cens fois les objets, peut les groffir jufqu'à mille ; mais alors les objets paroiffent moins nets, & leur circonfcription eft moins régulière. Ce télefcope eft un ouvrage de M. Short ; il a fait auffi celui de Londres, qui groffit douze cens fois l'objet. Les télefcopes de cette efpèce font de l'invention de M. Grégory.

Si les obfervations aftronomiques & les tables fe perfectionnent tous les jours, nous en fommes redevables en partie à la précifion des inftrumens du plus habile artifte que la Grande-Bretagne ait produit, M. Graham.

Quelles recherches favantes & utiles, quelles découvertes heureufes n'a-t-on pas faites fur toutes les différentes parties de l'hydrographie aftro-nautique ? Que de corrections importantes dans nos cartes marines, & dans la méthode pour faire l'eftimation de la route d'un vaiffeau !

M. de la Condamine a parcouru la rivière des Amazones dans tout fon cours ; il a paffé le Pungo, efpèce de cataracte de cette rivière qui defcend des Cordillères ; il a donné de ce voyage une relation auffi inftructive qu'agréable. Le féjour des obfervateurs françois dans l'Amérique, les voyages de plufieurs navigateurs efpagnols & portugais, fur-tout ceux du célèbre Halley, & de l'amiral

Anfon, nous ont donné la connoiſſance la plus étendue & la plus préciſe de cette partie du monde. Elle eſt, après l'Europe, celle que nous connoiſſons le mieux, & dont tous les points géographiques ſont le mieux déterminés.

M. de Buffon a renouvellé parmi nous les effets du miroir d'Archimède, & ſon hiſtoire naturelle n'eſt pas un des moindres titres de la ſupériorité de ce ſiècle ſur les précédens.

Les automates de M. de Vaucanſon, les métiers qu'il avoit inventés pour la fabrication des étoffes de ſoie ; l'invention des barres magnétiques & des aïmans artificiels ; par M. Kinght ; les mémoires de M. Duhamel pour la conſervation des grains ; les ventilateurs de M. Hales, & ſon traité de la ſtatique des végétaux ; tout ce que les ſciences doivent à MM. Bernoulli & Grégory ; le traité des excavations paraboliques des mines, par M. de Valière, le père ; les écrits de Boerhawe & de M. de Sénac ; les injections de Ruyſch & des Hunaults, tant d'inſtrumens nouveaux, inventés par MM. Morand, Cheſelden, le Cat & le Dran ; le traité de la chimie hydraulique du comte de la Garaïe ; toutes les nouvelles expériences faites ſur l'électricité, & une multitude d'autres découvertes, ſont autant d'avantages inconteſtables de ce ſiècle trop décrié, même de ceux qui contribuent à ſa gloire.

Les poéſies de M. le comte de Treſſan ſont riantes, faciles & d'une galanterie aimable. On y diſtingue ſur-tout ſes chanſons. Nous ne parlons pas de ſes chanſons ſatyriques, vraiment originales & pleines de goût dans leur méchanceté, où un trait malin & inattendu termine perfidement un couplet juſques-là obligeant & plein de graces ; il a d'autres chanſons qui plaiſent encore ſans ce condamnable mérite ; telle eſt celle - ci, par exemple.

Le printems ne fait point éclore
De fleurs plus brillantes que vous ;
Les oiſeaux, chantant dès l'aurore,
N'ont point des accens auſſi doux ;
Sans ceſſe une grace nouvelle
Se dévoile, & vient vous parer :
Heureux qui, vous voyant ſi belle,
Ne fera que vous admirer.

Plus heureux qui pourra vous plaire,
Qu'il ſoit digne d'un ſort ſi doux !
Que rien ne puiſſe l'en diſtraire,
Qu'il ſoit ſans ceſſe à vos genoux !
Qu'il vous diſe...... Je vous adore.....
Mais d'un ton ſi vif, ſi touchant,
Qu'il puiſſe l'être plus encore
Que vos regards & votre chant.

Aux vers de M. de Treſſan, on a joint, dans un recueil, des réponſes de nos meilleurs poëtes. On en trouve pluſieurs de M. de Voltaire ; elles ſont connues ; en voici une de M. Greſſet, qui mérite de l'être. :

« Monſieur, je ſuis perſuadé que vous ne doutez point de l'empreſſement que j'ai de répondre à votre lettre charmante. :

Mais comment écrire à Paris ?
Toujours le dieu des vers aima la ſolitude.
Dans cet enchaînement d'amuſemens ſuivis,
De choſes & de riens unis,
Où trouver le ſilence, où fuir la multitude ?
Comment être ſeul à Paris ?
Pour cueillir les lauriers & les fruits de l'étude
Aux premiers rayons du ſoleil,
Je veux, dès ſon coucher, me livrer au ſommeil ;
Je me dis chaque jour que la naiſſante aurore
Ne retrouvera pas mes yeux appeſantis.
Dix fois je me le ſuis promis,
Je promettrai dix fois encore :
Comment ſe coucher à Paris ?
On veut pourtant que je réponde
Au badinage heureux d'une muſe féconde ;
On croit que les vers ſont des jeux,
Et qu'on parle, en courant, le langage des dieux,
Comme on perſiffle ce bas monde.
Par les graces, dit-on, ſi vos jours ſont remplis,
Par les muſes, du moins, commencez vos journées ;
Oui, fort bien, mais eſt il encor des matinées ?
Comment ſe lever à Paris ?
Des yeux fermés trop tard par le peſant Morphée,
Sont-ils ſi promptement ouverts ?
De l'antre du ſommeil paſſe-t-on chez Orphée ?
Et du néant de l'ame à l'eſſor des beaux vers ?
N'importe cependant ; malgré l'ombre profonde
Qui couvre mes yeux obſcurcis,
Dès que je me réveille, à peine encore au monde,
Je m'arrange, je m'établis ;
Dans le ſilence & le myſtère,
Au coin d'un foyer ſolitaire
Je me vois librement aſſis.
Le ciel s'ouvre : volons, muſe, oublions la terre ;
Je vais puiſer au ſein de l'immortalité,
Ces vers faits par l'amour, ces préſens du génie,
Et dignes d'enchanter, par leur douce harmonie,
Les dieux de l'univers, l'eſprit & la beauté.
Enflamé d'une ardeur nouvelle,
Déja je me crois dans les cieux ;
Déja.... Mais quel profane à l'inſtant me rappelle
Aux mépriſables ſoins de ces terreſtres lieux ?
Quel inſecte mortel vient m'arracher la rime ?....
Bientôt mon cabinet eſt rempli de fâcheux ;

Les brochures du jour, & mille autres pancartes,
Des vers, des lettres & des cartes......
Il faut y répondre à la fois :
Bientôt il faut sortir, l'heure est évanouie.
Muses, remportez vos crayons.
Dans l'histoire d'un jour voilà toute la vie ;......
Jusqu'en nos changemens tout est monotonie :
Comment donc rimer à Paris ?

M. le comte de Tressan donna en 1782, en 4 volumes in-12, un corps d'extrait de romans de chevalerie. Ces extraits sont, à quelques changemens près, ceux qu'on avoit déja lus avec beaucoup de plaisir dans la *bibliothèque des romans*, & qui avoient le plus contribué au succès de cette bibliothèque ; ils joignent à l'agrément d'un livre amusant, le mérite solide d'un livre utile ; en effet, ils peignent avec fidélité les mœurs & les coutumes de la chevalerie, & par-là, ils rentrent dans l'histoire de nos antiquités, dont l'auteur se montre fort instruit. Il ne perd pas une occasion d'ajouter l'instruction au plaisir de ses lecteurs, soit dans des discours préliminaires, tels que celui qu'on trouve à la tête du premier volume, & qui roule sur les romans françois, & un autre placé à la tête du quatrième volume, sous ce titre : *Recherches sur l'origine des romans inventés avant l'ère chrétienne, & avant que l'Europe fût policée* ; soit dans les préambules des divers extraits, soit enfin dans les notes qui les accompagnent quelquefois.

Chacun de ces extraits a son agrément particulier, indépendamment de l'utilité générale. Un des plus piquant est *le petit Jéhan de Saintré* ; on se souvient encore de tout le plaisir qu'ont fait & dans *la bibliothèque des romans* & dans ce corps d'extraits, *la dame des belles cousines* & *Damp-Abbé*. L'*Amadis* fut aussi fort célèbre.

Il y a dans le quatrième volume de ce recueil un ouvrage assez considérable & entièrement nouveau, qui a pour titre : *Zélie ou l'ingénue*, & qui est justement dédié à madame la comtesse de Genlis-Sillery. Plusieurs contes ingénieux, tels qu'*Aline*, & ceux de M. de Marmontel, plusieurs romans avoient fourni des sujets de comédies ; il étoit réservé à la comédie de *Zélie*, de madame de Genlis, de faire faire un roman. La comédie de *Zélie* suppose des événemens antérieurs à l'action de la pièce ; événemens qui ne sont qu'indiqués, & que l'imagination supplée d'une manière vague & suffisante seulement pour l'intelligence de la pièce. Ce sont ces événemens que M. le comte de Tressan supplée d'une manière plus précise, en entrant dans l'esprit de la pièce & en y assortissant, autant qu'il est possible, les faits & les couleurs. Ces événemens antérieurs forment la première partie du roman de M. de Tressan. La seconde est composée des scènes mêmes de *Zélie*, liées seulement par le récit.

On a aussi de M. de Tressan une traduction nouvelle de l'Arioste. La plupart de ses ouvrages qui ont le mieux réussi, ont été faits dans sa vieillesse ; il ne fut reçu que très-âgé à l'académie françoise, le 15 janvier 1781. Le poëte brillant & aimable qui le recevoit (l'abbé de Lille) lui disoit alors, dans une prose aussi aimable que ses vers :

« Le talent le plus jeune vous envieroit la fécondité de votre plume élégante, & ce que vous appellez votre vieillesse (car ce mot semble ne devoir jamais être fait pour vous) ressemble à ces beaux jours d'hiver si brillans, mais si rares, dont les plus belles saisons seroient jalouses ».

M. le comte de Tressan mourut en 1783. Ce fut M. Bailly qui le remplaça dans l'académie françoise. « L'amour dont M. de Tressan traça la peinture, dit-il, tenoit encore aux mœurs antiques ; c'étoit l'amour associé à la gloire, annobli par elle, & réunissant les deux cultes de l'honneur & de la beauté..... M. de Tressan joignoit les moyens de plaire des cours de Louis XIV & de Stanislas, aux agrémens d'un esprit formé par les leçons de Voltaire & de Fontenelle ».

« M. le comte de Tressan, dit M. le marquis de Condorcet qui recevoit M. Bailly à l'académie françoise, unissoit comme vous les sciences & les lettres ; il eut le courage de les cultiver au milieu de toutes les illusions de la jeunesse, de l'agitation de la cour, de la dissipation du monde, du tourbillon des plaisirs. Tandis qu'il immortalisoit dans ses vers, les charmes de l'actrice célèbre, à qui les ennemis d'un grand homme ont osé attribuer une partie du succès de Zaïre, il écrivoit à Voltaire, à Fontenelle, à Haller, à Bonnet, aux Bernoulli, au vainqueur de Molwitz, au philosophe qui a chanté les saisons ; il méditoit les ouvrages des savans ; il jettoit, sur la nature, un regard observateur. Chaque jour, quelques heures enlevées au plaisir, étoient consacrées à l'étude, & il en a reçu la récompense ; les lettres ont été la consolation de sa vieillesse ».

VERHEYEN (Philippe) (*hist. litt. mod.*), célèbre médecin flamand, auteur d'un traité de *corporis humani anatomiâ*, & d'un traité *de febribus*. Fils d'un laboureur, il avoit travaillé à la terre jusqu'à vingt-deux ans ; alors son curé lui trouvant de l'esprit, avoit commencé à lui apprendre ce qu'il savoit de latin ; & le disciple devint un savant. Il étoit né en 1648. Il mourut à Louvain en 1710. Son épitaphe porte une protestation solemnelle contre l'abus d'enterrer dans les églises. Il voulut être enterré dans les cimetière ; *ne templum dehonestaret, aut nocivis halitibus inficeret.*

VERI DE MIGLIAU. (*Hist. mod.*) Lorsqu'en 1527, le pape Clément VII étoit retenu prisonnier à Rome par l'armée impériale , & que Lautrec , à la tête d'une armée françoise , s'avançoit pour le délivrer , l'empereur , voulant se donner tout l'honneur de cette délivrance , envoya en Italie le général de l'ordre de Saint-François , & un autre négociateur nommé Veri de Migliau , avec des ordres , des instructions & des pouvoirs adressés au vice-roi de Naples , Hugues de Moncade. Le général & Migliau ayant conféré avec le vice-roi , partirent pour Rome. Le général des cordeliers , qui vouloit être cardinal , se montra très-favorable au pape. Migliau , qui n'avoit point d'intérêt personnel , qui n'envisageoit que celui de son maître , qui se défioit de la vertu des traités , en voyant sur-tout l'inexécution du traité de Madrid , & qui craignoit la vengeance que le pape voudroit peut-être tirer de sa captivité lorsqu'il seroit libre , inclinoit assez à rendre cette captivité éternelle. Cependant il étoit temps que l'empereur relâchât le pape , s'il ne vouloit pas qu'il lui fût arraché. Lautrec avançoit toujours sans obstacle. L'empereur envoya de nouveaux ordres pour faire mettre le pape en liberté , aux conditions , disoit-il , les plus agréables à ce pontife. Migliau , voyant que le traité alloit être conclu , & le jugeant contraire aux intérêts de l'empereur , ne voulut point y prendre part , & crut devoir se retirer à Naples. Il fut tué l'année suivante (1528) dans une des escarmouches qui se livrèrent près de Naples. Moncade (voyez son article) fut tué aussi dans un combat naval livré devant cette ville , & la superstition remarqua que des trois négociateurs qui avoient traité avec le pape (car Moncade en étoit un aussi) , les deux qui s'étoient opposés à sa délivrance , Migliau & Moncade , périrent à ce siége de Naples.

VERIN (Hugolin & Michel) (Hist. litt. mod.) père & fils , poëtes florentins. Le père , auteur , entre autres ouvrages , d'un poëme sur les expéditions de Charlemagne , & d'un autre à la louange de Florence , sa patrie. Le fils , connu par ses Distiques moraux , qui ont été traduits en françois , en prose & en vers. Le père né en 1442 , mort vers l'an 1505 ; le fils mort avant son père , à dix-neuf ans , en 1487.

VÉRINE (Ælia Verina) (Hist. rom. du Bas-empire) femme de l'empereur Léon. Après la mort de Léon , elle fit élire empereur en 474 , Zénon , son gendre. Jusques-là elle avoit fort bien rempli ses devoirs de femme & de mère. L'amour & l'ambition s'emparèrent d'elle ensuite , & sa vie ne fut plus qu'un tissu d'intrigues. Elle ne régnoit pas assez à son gré sous son gendre , elle voulut régner avec le patrice Léon , son amant. Elle réussit à détrôner Zénon , mais non pas à couronner Léon. Ce fut Basilisque , frère de Vérine , qui fut élu , & il fit périr Léon , son concurrent. Vérine intrigua de nouveau pour détrôner son frère & rétablir son gendre , sous lequel du moins elle avoit eu quelque part au gouvernement ; cette intrigue réussit. La reconnoissance de Zénon laissa encore quelque temps

Histoire , Tome V.

le pouvoir entre les mains de Vérine ; mais l'ayant surprise à cabaler de nouveau , il l'exila dans la Thrace , où elle mourut en 485 , non sans avoir tenté de former quelques nouvelles cabales du fond de son exil.

VERMANDOIS (hist. de Fr.). Depuis la mort de Charles-le-gros ou le gras , empereur & roi de France , qui , à quelques démembremens près , avoit réuni toute la monarchie , & mourut dépouillé de tout , qui fut le dernier prince légitime de la race Carlovingienne qui ait possédé l'empire , la maison Carlovingienne sembloit réduite à deux seuls princes : Arnoul , bâtard de Carloman le germanique ; & Charles-le-simple , fils posthume de Louis-le-bègue , que plusieurs affectoient de regarder aussi comme bâtard. Cette race , disons-nous , sembloit réduite à ces deux princes ; mais elle ne l'étoit pas , & nous ne concevons pas comment , tandis que le bâtard Arnoul jouoit le rôle principal parmi les princes de cette maison , Hébert ou Herbert , comte de Vermandois , & Pepin , comte de Senlis , qui descendoient de mâle en mâle de Charlemagne par Bernard , roi d'Italie , dont la bâtardise est pour le moins très-équivoque , n'étoient pas au moins réputés princes du sang , eux dont les branches avoient le droit d'aînesse sur toutes les branches issues de Louis-le-débonnaire. Mécontens du gouvernement du roi Eudes , descendu de Charlemagne par femmes seulement , ou plutôt mécontens de sa fermeté à maintenir les droits de l'autorité souveraine qu'il avoit usurpée , les grands du royaume , nommément Hébert & Pepin , placèrent sur le trône le jeune Charles (le simple) , & le firent sacrer par l'archevêque de Rheims ; mais ils lui vendirent bien cher la couronne qu'ils lui rendoient. Ils partagèrent entr'eux la souveraineté ; & de concessions en concessions , d'usurpations en usurpations , d'inféodations en inféodations , se forma ce fameux régime féodal qui laissa aux rois Capétiens l'autorité entière à conquérir lentement & par degrés.

Eudes & Robert son frère étant morts , Charles-le-simple , qui leur avoit disputé la couronne , eut à la disputer à Raoul qui leur avoit succédé. Hébert , comte de Vermandois , alla offrir ses services au malheureux Charles. Il lui prodigua les respects ; il frappa son fils , parce que celui-ci recevoit debout le baiser du prince ; & quand il eut gagné sa confiance par ces démonstrations de zèle , il le retint prisonnier , & alla trafiquer de son crime & de sa proie à la cour de Raoul. Raoul ne lui ayant pas d'abord payé le prix qu'il désiroit , il remit , pour s'en venger , son prisonnier sur le trône ; puis Raoul s'étant empressé de satisfaire un homme qu'il étoit si dangereux de mécontenter , Hébert remit son fantôme de roi du trône dans les fers où le malheureux Charles-le-simple mourut au bout de quelques années (le 7 octobre 929).

Ogine , sa veuve , sœur d'Adelstan , roi d'Angle-

Q q q

terre, emmena Louis son fils dans cette isle, & montra d'abord un grand courage & beaucoup de zèle pour son mari & pour son fils. Plus digne de régner qu'eux, elle vengea le premier, affermit le second sur le trône, & pacifia les troubles de la France. Elle conduisit elle même au combat ses braves anglais, mêlés avec des français fidèles. Sa carrière jusqu'à soixante ans, avoit été illustre ; mais dans la suite, afin qu'il ne manquât aucun genre d'humiliation ni d'abandon aux princes Carlovingiens, elle devint amoureuse du comte de Troyes, fils de cet Hébert, l'oppresseur de Charles-le-simple, & elle l'épousa, se rendant ainsi après coup, complice de la mort de son premier mari. Elle fut méprisée du second, & satisfit, par les malheurs de ses dernières années, aux mânes de son mari, outragés par cette alliance. Sa gloire & sa honte sont également célèbres.

De la branche aînée de ces comtes de *Vermandois*, descendus de mâle en mâle de Charlemagne, étoit Eudes de *Vermandois*, dit *l'insensé*, comme et Childéric III qui en avoit fini la race mérovingienne de nos rois. Eudes de *Vermandois* fut déshérité par le conseil des barons de France, parce qu'il *étoit de petit entendement & sans gouvernement*, disent Du Thillet, Sainte-Marthe, Dubouchet, &c. Il vivoit en 1085.

Sa femme étoit de l'ancienne maison de Saint-Simon, qui tiroit son nom du bourg de Saint-Simon, situé dans le *Vermandois*, sur le bord de la Somme, entre Ham & Saint-Quentin, & qui a depuis été érigé en duché. Jean I, leur petit-fils, quitta le nom de *Vermandois* pour celui de Saint-Simon, & céda ses prétentions sur le *Vermandois* & le Valois au roi Philippe-Auguste. Il accompagna ce monarque à la Terre-Sainte en 1088, servit au siége d'Acre en 1171, & vivoit en 1195.

Jean II, seigneur de Saint-Simon, son fils, servit aussi sous le même roi à la bataille de Bouvines, en 1214.

Sa petite fille Marguerite, dame de Saint-Simon, épousa ; vers l'an 1332, Matthieu de Rouvrois, dit *le Borgne*, chevalier, seigneur du Plessier sur Saint-Just, &c. C'est d'eux que descend la maison actuelle de Saint-Simon, & l'on voit qu'elle descend, par les femmes, de Charlemagne, par cette maison des premiers comtes de *Vermandois*.

Cette maison de Rouvroi-Saint-Simon a produit plusieurs personnages distingués.

1°. Ce Matthieu de Rouvroi servit au siége de Lille en 1339 : il fut fait prisonnier par les Anglois en 1340. Il servoit encore en 1358, & vivoit encore vers 1370.

2°. Matthieu, second du nom, son petit-fils, dit aussi *le Borgne*, fut tué à la bataille d'Azincourt en 1415.

3°. Ainsi que Guillaume de Rouvroi, son frère, dit *le Gullois*.

4°. Gaucher de Rouvroi, fils de Matthieu second, après avoir servi Charles VI dans ses guerres contre les anglais, prit le parti de la maison de Bourgogne, à laquelle il étoit attaché ; il se signala dans ce parti à un combat de Mons en 1421.

5°. Jean II du nom, fils de Gaucher, seigneur de Saint Simon, ainsi que les précédens, suivit le parti du roi Louis XI à la bataille de Montlhéri, le 15 juillet 1465 : il défendit en 1471 la ville d'Amiens contre le duc de Bourgogne, Charles le téméraire, & mourut, aussi à Amiens, le 6 novembre 1492.

6°. Louis, seigneur de Saint-Simon, fils de Jean II, suivit le roi Charles VIII dans l'expédition d'Italie, & se signala le 6 juillet 1495, à la bataille de Fornoue.

7°. François, fils de Louis, commanda, en 1543, une partie des troupes françoises, & secourut la ville de Landrécies, assiégée par Charles-Quint. Mort en 1544.

8°. Titus, fils de François, chevalier de Saint-Michel, & gentilhomme de la chambre de Charles IX, étoit le 17 mai 1589, à la bataille de Senlis, & servit Henri IV dans toutes ses guerres. Mort en 1609.

9°. Isaac, fils de Titus, servit au siége d'Amiens, en 1597, sous Henri IV. Il servit aussi sous Louis XIII contre les protestans en 1622, & dans la guerre de la Valteline en 1625.

10°. Dans la branche des seigneurs de Montbleru, Charles de Saint-Simon se distingua, en 1636, au siége de Corbie, & fut tué à la bataille de Thionville le 7 juin 1639, à la tête du régiment de Navarre.

11°. Dans la branche des Marquis de Sandricourt, Louis-François, lieutenant-aux-gardes, fut tué au combat de Sénef, le 11 août 1674.

12°. Un autre Loui-François, servit avec distinction en Espagne en 1708, au débarquement des ennemis au port de Cette le 29 juillet 1710 ; au siége de la forteresse de Gera d'Adda en Italie. Mort lieutenant-général des armées du roi.

13°. Dans la branche des ducs de Saint-Simon, Gilles de Saint-Simon, élevé auprès du roi Charles VII, le servit avec zèle & avec gloire aux batailles de Baugé en Anjou, de Verneuil au Perche, de Fourmigny en Normandie ; aux siéges de Montereau, de Meaux, de Creil, de Pontoise, de Lille, au recouvrement des places de Normandie. Il fut bailli de Senlis ; ainsi qu'un grand nombre de ses descendans.

14°. Guillaume, son fils, se distingua aussi à la bataille de Marignan.

15°. François, arrière petit-fils de Guillaume, fut blessé au siége de Rouen en 1562 : il le fut encore à la bataille de Saint-Denis en 1567, & se trouva enfuite à celles de Jarnac & de Montcontour & à l'expédition de Saint-Denys en 1591. Mort le 17 octobre 1720.

16°. Louis, fon fils, fervit Henri IV dans toutes fes guerres, il étoit à la bataille d'Ivry & au fiège de Paris en 1590, à celui de Rouen en 1592, à celui d'Amiens en 1597. Mort en 1643, gouverneur & bailli de Senlis.

17°. Claude, fils de Louis, fut le favori de Louis XIII, & le premier duc de Saint-Simon, cette terre ayant été érigée pour lui en duché-pairie en 1725.

18°. Louis, fils de Claude, eſt le duc de Saint-Simon dont nous avons les mémoires, qu'on lit avec plaiſir, mais qu'il faut lire avec précaution.

Comme c'eſt l'article *Vermandois* qui nous occupe, n'oublions pas de remonter à Eudes, dit *l'Infenſé*, pour obferver qu'un autre Eudes, dit *Pied-de-loup*, oncle paternel d'Eudes *l'Infenſé*, fut la tige d'une branche cadette de cette maifon de *Vermandois*; branche diftinguée par le nom de Ham, & qui s'eſt éteinte vers la fin du quatorzième fiècle.

Les *Saint-Simon*, poftérité d'Eudes *l'Infenſé*, ayant renoncé au *Vermandois* pour s'en tenir au nom & aux biens de l'ancienne maifon de Saint-Simon, portés depuis dans la maifon de Rouvroi-Saint-Simon, le *Vermandois* paſſa, par une fœur d'Eudes *l'Infenſé*, nommée Alix, dans une branche de la maifon de France, qui forma la feconde maifon de *Vermandois*.

Cette Alix, nommée par quelques-uns Adélaïde ou Adèle, époufa en 1069 Hugues de France, troifième fils de notre roi Henri I. Ce Hugues fut un des héros de la première Croifade; il fut furnommé le grand, pour la valeur qu'il fignala en 1097, à la prife de Nicée & d'Antioche. Il fut le chef d'une ambaſſade que les princes chrétiens envoyèrent à l'empereur de Conſtantinople pour lui demander des fecours contre les infidèles. En 1101, les chrétiens moins heureux, éprouvèrent des revers. Le comte Hugues, bleſſé de pluſieurs coups dans un grand combat, eut peine à fe fauver, & alla mourir de fes bleſſures, à Tarfe en Cilicie, le 18 octobre 1102. Hugues fut la tige de la feconde maifon de *Vermandois*, qui ne paſſa pas la feconde génération.

Raoul, fon fils, furnommé *le vaillant*, fervit avec éclat les rois Louis-le-Gros & Louis-le-Jeune, contre les rebelles de leur royaume. Il fut fait régent de ce même royaume avec l'abbé Suger, pendant la croifade de 1147, du roi Louis-le-Jeune dont il étoit beau-frère, ayant époufé Alix d'Aquitaine, fœur d'Eléonore d'Aquitaine. Il mourut en 1152; il avoit eu pour première femme Aliénor, ou Eléonor de Champagne; il en eut un fils nommé Hugues, né le 9 avril 1127, mort le 4 novembre 1212, qui, élève de faint-Bernard, re-

nonça de bonne heure au monde, & s'étant aſſocié au bienheureux Jean de Matha, fonda l'ordre des Mathurins, pour la rédemption des captifs. Il voulut par humilité faire oublier fa naiſſance & fon nom, & tout ce qui pouvoit rappeller les grandeurs temporelles auxquelles il avoit renoncé, il changea fon nom de Hugues en celui de Felix. Il a été canonifé en 1677, par le pape Innocent XI, fous le nom de faint Felix de Valois. Cette hiſtoire n'eſt cependant pas fans quelque difficulté, & M. Baillet croit que ce faint Félix, canonifé en 1677, étoit un fimple particulier qui portoit le nom de Valois, parce qu'il étoit né dans cette province.

Quoi qu'il en foit, ce prince Hugues n'hérita point de fon père, & le *Vermandois* & le Valois paſſèrent à Raoul II, fils du fecond lit, dit *le jeune* & *le lépreux*, qui mourut fans enfans, en 1273.

Il avoit eu deux fœurs. L'aînée, Eliſabeth, avoit époufé, en 1156, Philippe d'Alface, comte de Flandre, elle n'en eut point d'enfans, & mourut en 1182, ayant hérité du *Vermandois* depuis 1163.

Le comte de Flandre voulut retenir le comté de *Vermandois*, qui devoit revenir à la comteſſe Aliénor, fœur puinée d'Eliſabeth, laquelle mourut auſſi fans enfans.

Philippe-Auguſte intervint dans cette querelle, & par un traité conclu en 1184, & par d'autres traités poſtérieurs, ayant acquis le droit des diverfes perſonnes intéreſſées, il réunit le *Vermandois* à la couronne, après la mort de la comteſſe Aliénor, & après celle du comte de Flandre, qu'il laiſſa jouir pendant toute fa vie, des villes de Péronne & de Saint-Quentin.

VERMIGLI, (*voyez* PIERRE-MARTYR) à martyr.

VERNEUIL, (*hiſt. de Fr.*) (*Voyez* BALZAC D'ENTRAGUES) c'étoit le nom de la marquife de *Verneuil*, maitreſſe de Henri IV, qui lui fit oublier trop promptement la ducheſſe de Beaufort (Gabrielle d'Etrées) mais qui ne le dédommagea point de fa perte, car elle ne lui donna prefque que des chagrins.

Elle eut de lui un fils qui fut duc de *Verneuil*; il fut auſſi évêque de Metz, quoique laïc, car au fortir des guerres de religion il y avoit peu de régularité dans le clergé de France. Il vécut obfcurément en bon & fimple gentilhomme, dans fon château de *Verneuil* fur Oife, aujourd'hui détruit jufques dans fes reſtes précieux qui étoient encore un objet de curiofité pour les voyageurs, & qui, indépendamment des beautés qu'ils offroient à leurs régards, intéreſſoient comme monument des amours de Henri IV.

Le duc de *Verneuil* est mort en 1682, & a été long-tems le dernier fils de Henri IV, auquel il survécut soixante & douze ans.

VERNEY, (Guichard Joseph du) de l'académie des sciences.

Homberg peut seul évoquer le chymiste,
Et du *Verney* citer l'anatomiste.

Ce vers seul suffit pour prouver que M. du *Verney* étoit au premier rang parmi les anatomistes. On peut mettre à un autre rang, dit M. de Fontenelle, celui qui n'est pas à un rang fort haut, mais on n'ose pas mettre au premier rang, celui qui n'y est pas.

M. du *Verney* étoit né à Feurs en Forez, le 5 août 1648. Jacques du *Verney*, son père, étoit médecin dans cette ville. Le fils après avoir étudié cinq ans en médecine, à Avignon, vint à Paris en 1667. Il fit chez l'abbé Bourdelot, où s'assembloient des savans de toute espèce, une anatomie du cerveau; il en fit d'autres chez un médecin nommé Denys, où des savans s'assembloient aussi. Il démontroit ce qui a été découvert par Stenon, Swammerdam, Graaf & les autres grands anatomistes; il se fit bientôt une réputation distinguée, sur-tout par l'éloquence avec laquelle il parloit sur ces matières.

« Cette éloquence n'étoit pas seulement de la clarté, de la justesse, de l'ordre, toutes les perfections froides que demandent les sujets dogmatiques; c'étoit un feu dans les expressions, dans les tours, & jusques dans la prononciation, qui auroit presque suffi à un orateur. Il n'eût pas pu annoncer indifféremment la découverte d'un vaisseau, ou un nouvel usage d'une partie, ses yeux en brilloient de joie, & toute sa personne s'animoit...... » Ajoutez qu'il étoit jeune & d'une figure agréable; les dames mêmes furent curieuses de l'entendre; il mit l'anatomie à la mode. On voyoit, & M. de Fontenelle dit positivement qu'il a vu des gens du monde, porter sur eux des pièces sèches préparées par M. du *Verney*, pour avoir le plaisir de les montrer dans la société, sur-tout celles qui appartenoient aux sujets les plus intéressans.

M. du *Verney* entra dans l'académie des sciences en 1676. Quand ceux qui étoient chargés de l'éducation du dauphin, fils de Louis XIV, songèrent à lui donner des connoissances en physique, ils s'adressèrent à cette académie, & M. du *Verney* fut chargé d'enseigner, au prince, l'anatomie. Il préparoit les parties à Paris, & les transportoit à Saint-Germain ou à Versailles; là il trouvoit un auditoire redoutable, le dauphin environné de M. le duc de Montausier, de M. l'évêque de Meaux, de M. Huet, depuis évêque d'Avranches, de M. de

Cordemoy, tous fort savans & fort capables de juger, même ce qui leur eût été nouveau. Les démonstrations d'anatomie réussirent si bien auprès du jeune prince, qu'il offrit quelquefois de ne point aller à la chasse, si on les lui pouvoit continuer après son dîner.

Ce qui avoit été fait chez M. le dauphin, se recommençoit chez l'évêque de Meaux, avec plus d'étendue & de détail; là se trouvoit un auditoire non moins redoutable, M. le duc de Chevreuse, le P. de la Chaise, M. Dodard, tous ceux qui se sentoient dignes d'y paroître. M. du *Verney* fut l'anatomiste de la cour.

En 1679 il fut nommé professeur d'anatomie, au jardin du roi; il alla en basse-Bretagne, & sur la côte de Bayonne, pour faire des dissections de poissons. Il mit les exercices anatomiques du jardin du roi sur un pied où ils n'avoient jamais été; il y attira une foule d'écoliers étrangers, qui devinrent eux-mêmes, par ses leçons, des maîtres illustres, & qui pleins de vénération & d'admiration pour leur maître, portèrent sa gloire dans toutes les contrées de l'Europe. Un savant anglois lui écrivoit, en 1712 : *Très-illustre du Verney, je te rends graces des discours divins que j'ai entendus de toi, à Paris, il y a trente ans*. Et ce même savant anglois qui eût pu parfaitement instruire dans l'anatomie, un frère qu'il avoit, envoyoit ce frère à Paris, pour qu'il pût apprendre cette science sous celui qu'il regardoit comme le plus grand maître.

M. du *Verney* publia en 1683, son *traité de l'organe de l'ouïe*, dont la traduction latine a été insérée dans la bibliothèque anatomique de Manger. Il faisoit d'une partie qu'il examinoit, toutes les coupes différentes qu'il pouvoit imaginer pour la voir de tous les sens, il employoit toutes les injections, il excelloit dans l'anatomie comparée; il a le premier enseigné au jardin du roi, l'ostéologie, & fait connoître la maladie des os.

Il avoit entrepris dans sa vieillesse, un ouvrage sur les insectes, & malgré les ménagemens que demandoit son grand âge, il passoit des nuits dans les endroits les plus humides du jardin, couché sur le ventre, pour découvrir les allures, la conduite des limaçons, qui semblent en vouloir faire un secret impénétrable. Sa santé en souffroit; mais il auroit encore plus souffert de rien négliger. Il mourut à quatre-vingt-deux ans, le 10 septembre 1730. Les plus grands anatomistes de son tems, Malpighi, Ruysch, Pitcarne, Bidloo, Boerhaave, étoient en commerce de lettres avec lui, & rendoient hommage à sa supériorité.

M. du *Verney* a légué, par son testament, à l'académie des sciences, toutes ses préparations anatomiques.

Il étoit si pieux, & il avoit une telle idée de

la perfection chrétienne, qu'il se faisoit un reproche de ce qui lui attiroit les éloges de tout le monde; il craignoit que la religion ne réprouvât ce violent attachement qu'il avoit pour sa profession & pour ses travaux, & il ne se trouvoit pas suffisamment justifié par leur utilité.

VERNULÆUS, (Nicolas) (*hist. litt. mod.*) savant flamand, auteur d'une histoire latine de l'université de Louvain, d'une histoire d'Autriche, d'institutions politiques, de tragédies latines. Né dans le duché de Luxembourg en 1570; mort à Louvain, vers 1649.

VÉRONIQUE, (*vera icon*, véritable image). M. de Tillemont a détruit la fable de *Véronique* soit sainte, soit image. Selon une tradition populaire, une femme juive appellée Bérénice, & qu'on appella depuis sainte *Véronique*, voyant J. C. monter au Calvaire, chargé de sa croix, lui jetta par pitié ou par piété, un mouchoir sur le visage, pour essuyer le sang & la sueur dont il étoit couvert. L'impression des traits du Sauveur resta sur ce mouchoir, c'est ce qu'on appelle la sainte face. M. de Tillemont fait voir que cette fable, inconnue à toute l'antiquité, ne remonte pas plus haut que le onzième siècle; que Marianus Scotus, qui vivoit alors, l'a rapportée le premier sur la foi d'un homme fort peu connu, nommé Méthodius; ce n'est que dans les derniers tems qu'on a fait de *Véronique* une sainte dont on a placé la fête au 4 février; mais on ne la trouve point dans les anciens martyrologes.

VERRÈS, (C. Licinius) (*hist. Rom.*) préteur en Sicile, si connu par les belles harangues de Cicéron contre lui, qui mettent dans un si grand jour ses déprédations & ses violences.

Ma voix que craint l'audace & que le foible implore,
Dans le rang des *Verrès* ne vous mit pas encore,

dit Cicéron à Catilina dans *Rome sauvée*. *Verrès* s'exila lui même, & prévint le jugement. Il conserva une grande partie des richesses qu'il avoit acquises par tant de crimes.

VERSORIS ou VERSOIS, (Jourdain ou Jean Faure, dit) (*hist. de Fr.*) Charles, frère de Louis XI, n'avoit d'abord que le Berry pour apanage; la ligue du bien public força Louis XI de lui donner la Normandie, qu'il reprit à la première occasion : forcé encore de lui promettre la Champagne & la Brie; il gagna les domestiques & les favoris de Charles, qui lui persuadèrent de se contenter de la Guyenne.

On avoit proposé le mariage de Charles avec Marie de Bourgogne, fille unique de Charles-le-Téméraire. Louis XI, au lieu de voir dans ce projet l'établissement avantageux d'un frère, & la succession de la Bourgogne rapprochée de la couronne, n'y voulut voir que l'aggrandissement d'un rival de puissance. Le duc de Guyenne mourut empoisonné; en 1472, avec la dame de Montsoreau, sa maitresse, par une pêche qu'ils avoient partagée; la voix publique accusa Louis XI, de ce crime; Brantôme raconte que le fou du roi l'entendit s'accuser lui même dans ses prières : ce conte est un peu suspect; mais on voit par une lettre du roi, qu'il entretenoit, vers le tems de la mort du duc de Guyenne, un commerce particulier avec le moine bénédictin Jourdain Faure de *Versois* ou *Versoris*, abbé de Saint-Jean d'Angely, qui avoit donné le poison, & qui étant poursuivi pour ce crime, fut trouvé étranglé dans la prison la veille du jugement.

Lescun, favori du duc de Guyenne, voyant depuis long-tems son maître languir & mourir par degrés, avoit fait arrêter, à Bordeaux, encore du vivant du prince, ce *Versoris*, abbé de Saint-Jean d'Angely, aumônier du duc de Guyenne, & Henri de la Roche, écuyer de la cuisine de ce même prince, accusés par la voix publique d'avoir été les instrumens du crime. Leur procès fut commencé à Bordeaux; mais le duc de Guyenne étant mort, & par cette mort le duc retournant au roi, Lescun, soit qu'il crût ou non Louis XI d'intelligence avec les accusés, les tira des prisons de Bordeaux, les emmena en Bretagne, les présenta lui-même au duc qui avoit presque toujours été l'allié de Charles, duc de Guyenne, & l'ennemi de Louis XI, & lui demanda vengeance de la mort de son maître, pendant que le duc de Bourgogne, Charles-le-Téméraire, également allié du duc de Guyenne, & plus ennemi encore de Louis XI, publioit un manifeste dans lequel il accusoit, à la face de l'univers, Louis XI d'empoisonnement & fratricide. Louis XI n'opposa d'abord que le silence & ses intrigues ordinaires à tout cet emportement; ce ne fut qu'au bout de dix-huit mois, que montrant ou affectant lui-même le plus grand zèle pour la vengeance de son frère, il nomma (le 22 novembre 1473) des commissaires avec des instructions pour aller faire le procès aux accusés, avec les officiers du duc de Bretagne. Si ces instructions (qui faisoient partie de la collection de l'abbé le Grand, & qui sont imprimées dans le troisième volume de l'édition de 1747, des mémoires de Philippe de Comines, depuis la page 279, jusqu'à la page 293) n'ont pas été modifiées ou contrariées par des instructions plus secrettes, il semble qu'elles n'ont pu être données que par un prince qui se sentoit innocent du crime qu'il s'agissoit de punir; cette question de l'innocence ou de la complicité de Louis XI, dans cette affaire, est examinée à charge & à décharge, dans l'histoire de ce prince par M. Duclos, & sur-tout & plus à fond encore dans la première des observations critiques & hiftoriques du P. Griffet, fur le règne de Louis XI, du P. Daniel, laquelle a pour titre : *De Charles de France, duc de Guyenne, frère du roi*, enfin dans la nouvelle hiftoire de France ; ces écrivains n'ont rien décidé, & ils ont eu raifon.

Nous avons dit que le procès des accufés avoit été commencé à Bordeaux, & effectivement c'étoit à Bordeaux qu'il auroit dû être fait ; c'étoit à Bordeaux que le crime avoit été commis ; c'étoit à Bordeaux que les accufés avoient d'abord été arrêtés ; ils étoient même l'un & l'autre nés fujets & jufticiables de la France : il y avoit quelque irrégularité à faire inftruire & juger ce procès par les juges d'un fouverain réputé étranger. Louis XI favoit bien, & il le dit dans plufieurs de fes lettres qu'il pouvoit réclamer les accufés comme fes jufticiables ; & ne commettre qu'à lui le foin de la vengeance de fon frère ; mais il favoit auffi que fes ennemis n'auroient pas manqué de publier, & peut-être de perfuader qu'il ne vouloit qu'étouffer cette affaire, & que dérober la vérité à tous les yeux ; il confentoit donc que l'affaire fût jugée en Bretagne, foit qu'il comptât fur les négociations fecrettes qu'il entamoit alors avec le duc, & qui en effet amenèrent la paix entr'eux, foit qu'il fût raffuré par fa feule innocence ; il nomma donc des commiffaires pour travailler au procès avec les juges du duc, & comme ce procès paroiffoit demander qu'il y eût des juges eccléfiaftiques, joints aux juges féculiers, parce qu'un des accufés étoit eccléfiaftique & religieux, & par d'autres raifons encore qui feront expliquées dans la fuite. Le roi mettoit à la tête de fes commiffaires, tous magiftrats & gens de loi, l'archevêque de Tours, métropolitain des lieux où les accufés étoient alors gardés, & l'évêque de Lombez, de même qu'à Bordeaux le procès avoit d'abord été inftruit devant l'archevêque de ce lieu, pour l'églife, & Jean de Chaffaignes, préfident du pailement, pour la magiftrature. Or comme l'archevêque de Bordeaux étoit d'abord faifi de l'affaire, & qu'il étoit le juge naturel, le roi lui écrit pour le prier de déléguer en fa place l'archevêque de Tours & l'évêque de Lombez, & de leur donner commiffion expreffe de fuivre & de juger ce procès ; il le pria auffi de leur envoyer des doubles de toutes les procédures faites à Bordeaux. Le roi écrit en même tems au préfident de Chaffaignes pour le prier & lui enjoindre de fournir aux commiffaires, toutes les inftructions qu'il a pu acquérir lorfqu'il avoit été d'abord chargé de ce procès, & fi les commiffaires jugent à propos de l'interroger, il lui recommande de dire bien fimplement & bien exactement la vérité fans rien diffimuler ni cacher, parce qu'il veut fur-tout que le fond de ce myftère foit éclairci.

M. Duclos qui a connu ces lettres & ces actes à manufcrit, dans le recueil de l'abbé le Grand,

avant l'impreffion de ces mêmes lettres & actes, a fait ici une fingulière faute.

« Le roi, dit-il, vouloit que tout fe fît avec éclat, que Jean de Chaffaignes, préfident de Bordeaux, qui avoit commencé le procès, *& le vicaire de l'archevêque* fuffent entendus ».

On cherche d'abord quel eft ce vicaire de l'archevêque qui femble jouer un rôle dans cette affaire. On le cherche en vain dans les inftructions, dans toutes les lettres écrites à ce fujet par Louis XI à fes commiffaires, au duc de Bretagne, à fon chancelier, à fes officiers, &c. On le cherche en vain dans M. Duclos lui-même, & dans toute l'hiftoire, & dans la lettre écrite à l'archevêque de Bordeaux ; mais voici ce qu'on trouve dans cette lettre :

« Attendu que vous avez autrefois befogné audit procès, a été advifé être néceffaire d'avoir fur ce commiffion *& vicariat* de vous audit archevêque de Tours & évêque de Lombez, & à chacun d'eux *voftre vicariat*, à tout plaine puiffance & telle que vous l'avez touchant la dite matière ».

Et dans l'inftruction donnée aux commiffaires, voici encore ce qu'on trouve :

« Pour plus folemnellement befogner audit procès, que l'on envoye incontinent quérir *le vicariat* de M. de Bourdeaulx ».

C'eft ce mot *vicariat*, qui fignifie ici procuration, délégation, pouvoir, tranfmiffion d'autorité, qui étant peut-être mal figuré dans le manufcrit que M. Duclos avoit fous fes yeux, a été transformé par lui en un vicaire de l'archevêque de Bordeaux, duquel on attendoit des éclairciffemens particuliers.

Ces mêmes actes donnent lieu à une autre obfervation qui fait connoître les opinions & les ufages de ce tems-là ; & qui n'a pas été affez développée par les hiftoriens.

Le roi dit dans fa lettre à l'archevêque de Bordeaux, qu'indépendamment de ce que l'un des deux prifonniers eft eccléfiaftique & religieux, *auffi le crime eft partie eccléfiaftique*. Il dit la même chofe dans les inftructions, & il ajoute :

« Et pour que cette matière touche aucunement le fait de la foi, & que maître Roland de Cofie ou Cofic, qui eft un notable maître en théologie & inquifiteur de la foi, & au vivant de mon dit feigneur de Guyenne eftoit fon confeffeur, a autrefois befogné audit procès, durant que lefdits prifonniers eftoient à Bordeaux, entre les mains de feu mondit feigneur de Guyenne ; le roi........ entend que le dit inquifiteur foit appelé & préfent au dit procès, ainfi que par raifon faire fe doit ».

On cherche d'abord comment l'empoifonnement peut être un crime eccléfiaftique, en quoi il peut intéreffer la foi, & on trouve que c'eft parce que dans les idées du tems, il étoit toujours mêlé de magie. En général, dans les siècles d'ignorance, tout effet funeste dont la cause n'étoit pas évidente ou parfaitement connue, étoit attribué à la magie. Un homme mouroit d'un poison lent, on le voyoit languir & dépérir sans aucune cause apparente, il y avoit là de la magie; on avoit usé, à son égard, de sortilège & de maléfice; on lui avoit jetté un sort, comme le peuple le dit encore quelquefois; en effet, Louis XI dans toutes ses lettres, ne parle que *du maléfice fait & commis en la personne du duc de Guyenne.* Il ne prononce pas même le mot d'empoisonnement. Le duc de Bourgogne le prononce dans son manifeste contre Louis XI, & il y joint l'accusation ordinaire de magie. Selon lui, le duc de Guyenne a perdu la vie *par poisons, maléfices, sortilèges & invocations diaboliques.* Le poison ne suffisoit que trop pour tout expliquer, & il rendoit la magie inutile; mais on ne raisonnoit pas ainsi alors, on joignoit toujours ces deux idées; il paroît même que cette union & cette confusion d'idées avoit lieu chez les anciens.

Miscueruntque herbas & non innoxia verba.

Si on employoit les herbes, ce qui dans notre vieux langage s'appelloit *enherber,* qu'étoit-il besoin de paroles malfaisantes & criminelles? mais on croyoit que c'étoit ces paroles qui donnoient aux herbes leur vertu vénéneuse. De-là même mot pour exprimer le poison & des opérations magiques.

Herbasque quas Iolcos atque Iberia

Mittit venenorum ferax.

Has herbas atque hæc Ponto mihi lecta venena.

Voilà le poison: encore dans ce dernier exemple, le mot *venena* présente-t-il l'idée de magie, puisque Virgile ajoute:

His ego sæpè lupum fieri & se condere sylvis

Mœrin, sæpè animas imis excire sepulcris,

Atque satas alio vidi traducere messes.

Ce n'est pas avec de simples poisons qu'on se transforme en loup, qu'on évoque les mânes du fond des tombeaux, & qu'on transporte les moissons d'un champ dans un autre.

Quid accidit? cur dira barbara minùs

Venena Medeæ valent? ....

Venenà magnum fas nefasque non valent

Convertere humanam vicem.

Quantùm carminibus quæ versant atque venenis

Humanos animos.

Voilà les opérations magiques.

De-là aussi le mot *carmina,* qui signifie vers, chanson, a signifié enchantement, maléfices, parce que les prétendues paroles magiques étoient en vers, & se chantoient.

Ducite ab urbe domum, mea carmina, ducite Daphnim.

Carmina vel cœlo possunt deducere lunam,

Carminibus Circe socios mutavit Ulyssei;

Frigidus in pratis cantando rumpitur anguis.

Hæc se carminibus promittit solvere mentes

Quas velit, ast aliis auras immittere curas.

Pour appliquer ceci à l'Abbé de saint Jean d'Angely, on étoit si persuadé de sa magie, qu'au rapport de d'Argentré, dans son histoire de Bretagne, & de du Bouchet, dans ses annales d'Aquitaine, le geolier de la grosse tour de Nantes où étoit renfermé l'abbé, déclara qu'on entendoit toutes les nuits, dans cette tour, des bruits horribles; ils disent aussi qu'une nuit le tonnerre étant tombé sur la tour, l'abbé fut trouvé mort le lendemain, « étendu dans la place où il cou-» choit, la tête & le visage enflés, noir comme » un charbon, & la langue hors de la bouche » d'un demi pied de long.

Mais le plus grand nombre des auteurs s'accorde à dire qu'il s'étrangla ou qu'on l'étrangla dans sa prison. L'on n'a point su ce que la Roche étoit devenu, mais le procès ne fut pas jugé.

VERT, (Dom Claude de) (*hist. litt. mod.*) religieux, de l'ordre de Cluni, connu principalement par son *explication simple, littérale & historique des cérémonies de l'église,* & par ses débats avec Jurieu sur cet article. Ce fut lui qui, avec son confrère Dom Paul Rabusson, réforma le bréviaire de son ordre, qui parut en 1686, & qui, malgré la critique qu'en fit le docteur Thiers (*voyez son article*) a servi de modèle pour en réformer plusieurs autres. Né à Paris en 1645, mort en 1708.

VERT ou VERTH, (Jean de) *voyez* WERT.

VERTOT D'AUBŒUF, (René Aubert de) (*hist. litt. mod.*) de l'académie des belles lettres, historien célèbre, étoit d'une famille noble de la haute Normandie, allié aux meilleures familles de la province, telles que les Mallet de Grayille, les Houdetot, les Pellevé, les de Prie Marie de Manneville, sa tante maternelle, avoit épousé un homme de la maison de Clermont-Tonnerre. Un frère aîné de l'Abbé de *Vertot* étoit chambellan de Monsieur, frère de Louis XIV.

L'abbé naquit au château de Bennetot, dans le pays de Caux, le 25 novembre 1655. En sortant du séminaire il disparut, ses parens ignorèrent long-tems ce qu'il étoit devenu ; ce ne fut enfin qu'après six mois de recherches qu'on parvint à découvrir qu'il étoit allé se jetter dans un couvent de capucins à Argentan. Son père y accourut & fit tous ses efforts pour le ramener dans la maison paternelle, le novice persista & fit ses vœux. Un mal considérable qu'il avoit eu autrefois à une jambe, s'envenima par les austérités de son état & sur-tout par l'usage & le frottement continuel de cette robe de laine rude & grossière sans cesse appliquée sur sa jambe nue. Le mal fit de tels progrès qu'il fut jugé incurable. La famille espéra cependant contre toute espérance. D'après les rapports des chirurgiens, les consultations des médecins & des docteurs de Sorbonne, elle obtint des brefs du pape, le consentement des supérieurs & celui du jeune profès, le plus difficile de tous, (dit l'auteur de son éloge dans le recueil de l'académie des belles-lettres) pour le faire passer sous une règle plus douce. Il entra dans l'ordre de Prémontré. L'abbé Colbert, qui en étoit général, connut son mérite & voulut l'employer ; mais cette translation d'un ordre plus auster dans un ordre plus doux, ayant pour cause ou pour prétexte la foiblesse de la santé, rendoit incapable de posséder des bénéfices ou des dignités dans l'ordre où on étoit transféré. Un nouveau bref de Rome le rétablit dans tous ses droits, & il fut prieur de Joyenval. Il se démit de cet emploi, & se réduisit à une cure dépendante de l'ordre, il eut celle de Croisy-la-Garenne, près la machine de Marly ; ce fut là qu'il composa son premier & son meilleur ouvrage peut-être, son *histoire de la conjuration où révolution de Portugal*, qui parut en 1689. Il eut ensuite une autre cure dans le pays de Caux, puis une troisième aux portes de Rouen, celle-ci étoit purement séculière, il eut encore besoin de dispenses pour la posséder ; elle étoit d'un revenu assez considérable, & contribua beaucoup à son bonheur, en le replaçant dans son pays, en le rapprochant de sa famille, en le mettant à portée des secours littéraires que Rouen pouvoit lui fournir, & sur-tout en lui procurant les moyens d'acheter des livres ; il en eut beaucoup & en fit un digne usage. Il écrivit l'*histoire des révolutions de Suède*, qu'il publia en 1696, & qui eut un prodigieux succès ; elle fut traduite en diverses langues, & on en fut si content à Stockholm, qu'un envoyé de Suède fut chargé de l'engager par un présent de deux mille écus à entreprendre une histoire générale de Suède. Cet envoyé croyoit le trouver à Paris, répandu dans la plus brillante société ; quand il sut que c'étoit un prêtre normand ; un simple curé de campagne, le compte qu'il rendit de sa commission fit échouer le projet ; on crut apparemment s'être trompé en Suède sur le mérite de son ouvrage.

Le P. Bouhours étoit plus sûr de son jugement

& y tenoit davantage, il ne voyoit en rien dans notre langue, disoit-il, qui fut au-dessus des révolutions de Portugal & de Suède. M. Bossuet disoit un jour au Cardinal de Bouillon, que c'étoit une plume taillée pour la vie de M. de Turenne ; & en effet, malgré les travaux de Ramsay & de quelques autres, puisque l'abbé de *Vertot* n'a point écrit cette vie ; elle est encore à écrire.

Dans le temps du réglement de 1701, le roi nomma l'abbé de *Vertot* à l'académie des inscriptions & belles-lettres, honneur qui le jetta dans un grand embarras. Tous les brefs, toutes les dispenses qu'il avoit obtenues ou qu'on avoit obtenues pour lui ne lui rendoient pas son patrimoine auquel il avoit renoncé en entrant dans le cloître. Sa cure, qui lui valoit trois mille livres de rente, étoit son seul revenu, & il lui manquoit encore deux ans pour pouvoir résigner en se réservant une pension. Il demanda qu'on voulût bien le laisser encore pendant deux ans dans sa cure, pour acquérir le droit de la quitter avec une pension, & promir de remplir, en attendant, tous les autres devoirs d'académicien, le seul devoir de la résidence excepté, jusqu'au terme indiqué seulement. Ce terme arrivé, il remplit ses engagemens, quitta sa cure, vint à Paris, se livra entièrement & uniquement à l'histoire. Son traité de la mouvance de la Bretagne parut en 1710, & il entraîna, dix ans après, le traité de l'établissement des bretons dans les Gaules.

L'histoire des révolutions de la république romaine parut au commencement de l'année 1719.

L'histoire de Malte est le dernier des ouvrages de M. l'abbé de *Vertot* dans l'ordre des tems, & même aussi, selon quelques-uns, dans l'ordre du mérite ; ce qui n'empêche pas qu'il ne soit extrêmement lu, & avec plus de fruit qu'aucun autre ouvrage sur la même matière ; c'est par ce livre seul que les gens du monde connoissent l'histoire de Malthe.

Cet ouvrage valut à M. l'abbé de *Vertot* un bref du grand-maître, plein de marques flatteuses d'estime & de reconnoissance avec la croix de l'ordre & la commanderie de Santeny, que le grand-prieur de France lui conféra.

M. le duc d'Orléans, fils du régent, s'attacha l'abbé de *Vertot*, il lui donna dans sa maison une place d'interprète, il le logea au palais royal, & immédiatement après son mariage il le nomma secrétaire des commandemens de Madame la duchesse d'Orléans.

L'abbé de *Vertot* a été l'éditeur ou plutôt l'auteur des ambassades de Messieurs de Noailles, Antoine, François & Gilles, comme l'abbé Millot a été depuis le rédacteur des nouveaux mémoires de Noailles. Les ambassades de Noailles ont été composées sur les mémoires originaux confiés

confiés à l'auteur par cette maison à laquelle il étoit fort attaché.

L'abbé de *Vertot* avoit encore d'autres plans d'ouvrages, il vouloit faire des révolutions de Carthage & une histoire de Pologne, il a rempli le recueil de l'académie des Inscriptions & Belles-Lettres de mémoires précieux sur l'histoire, principalement sur l'histoire de France, dont il étoit, dit le secrétaire de cette académie, également instruit & jaloux. Les hommes sont étranges avec leur intolérance & leurs prétentions exclusives. L'abbé de *Vertot* avoit tellement accaparé l'histoire de France, il en avoit tellement fait son domaine & sa propriété, qu'il ne pouvoit pas souffrir que, même dans l'académie des Inscriptions & Belles-Lettres, ses confrères voulussent s'en occuper, & c'est ce que le secrétaire veut faire entendre à mots couverts, en disant que l'abbé de *Vertot* étoit *également instruit & jaloux* de l'histoire de France. On dit même que pour gêner & traverser les travaux de ses concurrens, pour rendre leurs opinions ou suspectes ou odieuses, il se permettoit d'employer quelquefois l'autorité & d'exercer quelques tyrannies. M. d'Anvile n'alloit pas jusques-là ; mais il n'étoit pas permis de parler de géographie devant lui, même incidemment à un autre sujet, & il ne vouloit pas que ceux qui avoient vu les lieux & qui les avoient observés, les connussent mieux ou aussi bien que lui qui ne les connoissoit que par les livres.

L'abbé de *Vertot* mourut au palais royal le 15 juin 1735, âgé de près de 85 ans. Depuis 1726, des attaques réitérées d'apoplexie & de paralysie le retenoient chez lui & le privoient du bonheur de travailler. Il passa les neuf dernières années de sa vie dans une grande langueur & de corps & d'esprit.

VERTUS, (Philippe, comte de) (*Hist. de Fr.*) étoit le second de trois fils du duc d'Orléans, frère de Charles VI. Il mourut sans laisser de postérité légitime.

VERTUS (Jean de) est aussi le nom d'un secrétaire du roi Charles V, c'est un de ceux à qui on attribue le *Jonge du Vergier*.

VERVINS, (*voyez* COUCI).

VERULAM, (BACON),

VERUS (Lucius Ceïonius Commodus) (*Hist. rom.*). Marcus Annius *Verus*, consul pour la seconde fois, l'an de Rome 172, & pour la troisième l'an 177, fut l'ayeul paternel de Marc-Aurèle.

Lucius Ceïonius Commodus, plus connu par le surnom de *Verus*, étoit d'une autre famille. Adrien l'adopta, & fit un mauvais choix qu'il répara depuis par celui de Tite-Antonin. Le père de *Verus* avoit été préteur ; son ayeul, son bisayeul & plusieurs de

Histoire, Tome V.

ses ancêtres du côté maternel avoient été consuls. *Verus* fut César, mais ses mœurs le rendoient indigne du rang suprême, & sa santé l'en rendoit incapable. Il étoit beau, bien fait, & tellement livré à la mollesse & aux voluptés, qu'on crut qu'Adrien, dont les mœurs étoient aussi fort déréglées, ne l'avoit adopté que comme il auroit pu adopter Antinoüs. Peu d'hommes paroissent avoir mené une vie aussi efféminée ; il n'est presque connu que par des recherches & des inventions dans ce genre. C'étoit un véritable Sybarite, il fut l'inventeur d'un lit d'une forme particulière, où sa mollesse reposoit plus voluptueusement, d'un ragoût qui fut fort vanté par tous les gourmands de son temps ; il se piquoit de goût en tout, parce qu'il raffinoit sur tout. Ses jeunes esclaves étoient des amours, ses coureurs étoient des vents : ils portoient des ailes ; l'un étoit Borée, l'autre Zéphyre, & comme le luxe est inhumain, il abrégeoit leurs jours par des courses excessives & des fatigues continuelles. Il abrégea les siens par la volupté ; par l'usage immodéré des plaisirs les plus destructeurs ; parvenu au comble de la faveur & de la puissance, il ne fit que languir & mourir. « Je ne me suis pas donné un fils, dit à ce sujet Adrien, je n'ai fait que donner à l'olympe un nouveau dieu, *ego mihi divum adoptavi, non filium* ». Dans une autre occasion, il dit sur le même sujet moins pompeusement : « Nous nous sommes appuyés sur un mur qui s'écrouloit, *in caducum parietem incubuimus* ». Il l'avoit fait préteur & deux fois consul, il avoit fait plus pour lui, puisqu'il l'avoit nommé César ; il l'avoit envoyé commander dans la Pannonie, où l'on ne peut dire que *Verus* n'ait eu de César que la mollesse, car il montra quelque talent pour la guerre ; mais sa foiblesse & les plaisirs firent bientôt évanouir cette ombre de talent. On croit qu'Adrien, convaincu enfin de l'indignité de son choix, songeoit à le révoquer, & que la mort de *Verus* ne fit que prévenir sa destitution. Il avoit été adopté vers l'an de J. C. 135 ; il mourut l'an 138.

Il eut un mérite, il aima les lettres, il avoit l'esprit orné, il écrivoit bien en prose & en vers.

Adrien, en adoptant à sa place Tite-Antonin, voulut que celui-ci adoptât le fils de *Verus* (ce fils avoit alors sept ans,) & Marcus Annius, petit-fils du premier *Verus* dont nous avons parlé, & qui fut dans la suite l'empereur Marc-Aurèle. Adrien disoit que le nom de *Verus* exprimoit encore foiblement le caractère vrai & vertueux de celui-ci, il l'appeloit *Verissimus*. Le fils de *Verus* mort César, s'appella d'abord *Commodus*, qui avoit aussi été le surnom de son père. Tite-Antonin, dont toute la prédilection fut toujours pour Marc-Aurèle, qui s'appella alors *Verus*, surnom de son père & de son ayeul, laissa Commodus dans la condition privée, il le trouvoit trop dissipé, trop livré aux plaisirs, trop semblable, en un mot, à son père.

R r r *

Marc-Aurèle, par une bonté & une générosité qui lui étoient propres, voulut associer à l'empire son frère adoptif, & lui donna le nom de *Vérus*, qu'avoient également porté le père de Commodus & celui de Marc-Aurèle ; celui-ci prit ce nom d'Aurèle parce que c'étoit le nom de famille de Tite-Antonin, par lequel il avoit été adopté. Ainsi les deux frères adoptifs régnèrent ensemble, l'un sous le nom de L. *Vérus*, c'est le fils de Comodus *Vérus*, adopté par Adrien ; l'autre sous celui de Marc-Aurèle, c'est *Marcus Annius* Verus, nommé par Adrien Verissimus, & qui sous ce nom de Marc-Aurèle est encore & sera toujours un objet de vénération & d'amour pour l'univers. Dans l'article MARC-AURÈLE, (*Voyez* cet article) qui est de M. Turpin, on trouve quelques erreurs qu'il est nécessaire de relever ici. « Marc-Aurèle, dit M. Turpin, partagea le pouvoir souverain avec son » frère *Verus*, gendre d'Antonin le pieux ».

1°. *Son frère Verus*, ces mots sont exacts, mais dans le langage romain seulement ; ils étoient frères adoptifs, d'ailleurs, quoique tous deux nommés *Verus*, ils étoient de deux familles différentes.

2°. Verus n'étoit pas gendre d'Antonin, c'étoit Marc-Aurèle qui l'étoit. A la vérité Adrien avoit réglé que *Verus* épouseroit la fille d'Antonin, & Marc-Aurèle la sœur de *Verus* ; mais Antonin, parvenu à l'empire, avoit changé ses dispositions, & avoit pris pour gendre Marc-Aurèle, qu'il avoit seul nommé pour son successeur ; la générosité de Marc-Aurèle en décida autrement, il partagea l'empire avec *Verus*, & il en fit son gendre.

M. Turpin continue :

« Le partage de l'autorité qui fomente les haines, » ne fit que resserrer les nœuds de leur amitié » fraternelle. Il sembloit qu'ils n'avoient qu'une » ame, tant il y avoit de conformité dans leurs » actions.

3°. Ceci est démenti par la vie entière & de *Verus* & de Marc-Aurèle. Jamais deux ames ne furent plus différentes, jamais actions ne furent moins conformes. Marc-Aurèle fut sans cesse occupé à réparer les fautes & les torts de *Verus*, c'est tout ce qu'ils eurent de commun, l'évènement prouva que la sagesse d'Antonin avoit mieux pourvu au salut public, que la bonté de Marc-Aurèle. *Verus* fut la copie & même exagérée de son père. Si la reconnoissance le força d'abord à quelques égards, à quelque docilité pour les avis de Marc-Aurèle, il ne tarda pas à secouer le joug & à se plonger dans la mollesse. Marc-Aurèle, pour l'y arracher ou pour l'empêcher du moins de donner ses désordres en spectacle à la capitale, parvint à lui inspirer le désir d'aller faire la guerre aux Parthes. A peine étoit-il parti, qu'une maladie, fruit de son intempérance & de son incontinence, le retint à Canouse ; Marc-Aurèle y courut & lui rendit tous les soins de l'amitié. *Verus* guérit, mais il ne se corrigea point. Pendant qu'on recevoit de l'Orient les nouvelles les plus fâcheuses & qui devoient le plus accélérer la marche de l'armée de *Verus*, cet indolent général s'amusoit à la chasse dans les forêts de l'Apulie ; pressé enfin par le cri public, il s'embarqua, mais il séjourna sur sa route à Corinthe, dans Athènes, dans les villes maritimes de la Lycie, de la Pamphilie, de toute l'Asie mineure, comme s'il eût fait un voyage de simple curiosité ; par-tout on lui donnoit des fêtes, partout il se livroit aux plaisirs. Il arriva enfin à Antioche & s'y fixa au sein des voluptés dont cette ville abonde, il y passa les quatre années que dura la guerre, qu'il laissa faire à ses lieutenans, & il revint triompher à Rome avec Marc-Aurèle. Il y rapporta de l'Orient une peste qui ravagea tout l'empire, des vices fortifiés & raffinés par son séjour à Antioche, & des troupes de comédiens & de musiciens, auxquels il prodiguoit, ainsi qu'à de vils affranchis, sa faveur & sa confiance, s'éloignant toujours de plus en plus & de la vertu & des conseils de Marc-Aurèle. Pendant qu'il ruinoit sa santé par ses débauches, il ruinoit l'état par ses profusions ; Capitolin nous a conservé des détails sur un festin que donna *Verus*, & où, indépendamment de la somptuosité des mets & des vins, il fit présent à chaque convive d'un jeune écha son qui leur avoit servi à boire, d'un maître d'hôtel avec un service de vaisselle complet ; il leur donna de plus à tous, les mêmes animaux vivans qui avoient été servis morts sur la table, soit quadrupedes, soit oiseaux ; tous les vases à boire furent pareillement donnés à ceux qui s'en servoient, & on en changeoit chaque fois qu'on buvoit, ils étoient tous précieux par la matière du vase & par les ornemens, or, argent, cristaux, pierreries. Des vases d'or, remplis des parfums les plus exquis, furent pareillement donnés aux convives ; ils avoient tous sur la tête des couronnes de fleurs qui n'étoient point de la saison avec des pendans tissus d'or, toujours aux dépens de *Verus* & qui leur restèrent. Il leur donna enfin, pour les reconduire, des litières brillantes d'argent avec les mulets & le muletier. Les flateurs applaudirent à cette monstreuse magnificence ; Marc-Aurèle en gémit & l'état en souffrit.

Verus prit insensiblement presque tous les vices de Néron, il couroit comme lui les rues & les tavernes pendant la nuit, prenoit querelle avec des gens du peuple, & remportoit souvent au palais des marques honteuses de ces vils combats ; il prenoit parti avec fureur dans les courses de chariots & les jeux du cirque, ce qui lui attiroit souvent des huées, des reproches & des injures de la part de la faction contre laquelle il se déclaroit. Il aimoit les combats de gladiateurs au point d'y paroître quelquefois comme acteur.

Marc-Aurèle qui cessoit de lui donner des confeils devenus trop inutiles, lui donnoit au moins de grands exemples ; il faifit l'occafion de les lui donner d'une maniere plus directe, *Verus* avoit dans l'Etrurie (la Tofcane) une maifon de plaifance, ou plutôt de débauche, où il vivoit dans la diffolution avec des affranchis & des amis encore plus vils ; il crut ne pouvoir fe difpenfer d'inviter Marc-Aurèle à l'y venir voir, Marc-Aurèle accepta la propofition qu'on avoit cru peut-être qu'il refuferoit, il y vint paffer cinq jours pour montrer à cet indigne empereur comment un empereur devoit vivre, même à la campagne, même dans le tems & dans le féjour deftiné au repos ; on l'y vit toujours occupé d'affaires, tenant confeil, rendant la juftice, pendant que *Verus* fe livroit à fes excès & à fes défordres accoutumés ; voilà toute la conformité qui fe trouvoit dans les actions de ces deux princes, voilà comment ils ne faifoient qu'une ame.

Aux folies de Néron, *Verus* joignoit celles de Caligula fans la cruauté de l'un & de l'autre à la vérité, du moins le penchant qu'il pouvoit avoir à la cruauté, fut toujours réprimé par Marc-Aurèle. Il avoit, comme Caligula, une affection extravagante pour un cheval qu'il nommoit *l'oifeau*, & dont il donna auffi le nom à un énorme vafe à boire réfervé pour les jours de débauche les plus folemnels. Il nourriffoit fon cheval de raifins fecs & de piftaches, il fe le faifoit amener dans fon palais, couvert d'une houffe de pourpre ; il récompenfoit fon agilité à la courfe par des boiffeaux de pièces d'or & par des marques d'honneur, comme Caligula en avoit ufé envers fon cheval. C'étoient là les modèles que prenoit *Verus* pendant qu'il avoit fous les yeux l'exemple de Marc-Aurèle.

Après la manière dont *Verus* s'étoit comporté dans la guerre contre les Parthes, Marc-Aurèle ne voulut point le laiffer aller feul contre les Marcomans, encore moins le laiffer dans Rome où il eût cabalé contre fon bienfaiteur, ils partirent enfemble pour cette guerre au grand mécontentement de *Verus*, l'an 166 de J. C. *Verus*, à fon ordinaire, n'y fit rien & s'ennuya de tout, regrettant fans ceffe les plaifirs de Rome & tournant tous fes vœux de ce côté. Il fut impoffible enfin de le retenir, & d'Aquilée, où les deux empereurs paffoient l'hiver pour être à portée d'entrer au printems dans la Pannonie, il voulut abfolument retourner à Rome, ce qui obligea Marc-Aurèle de partir avec lui (en 169), ils voyageoient enfemble & dans la même voiture, lorfque tout-à-coup *Verus* fut frappé d'une apoplexie violente ; on le faigna fur-le-champ, & il fut tranfporté dans la ville d'Altinum auprès de laquelle on fe trouvoit. Il n'y vécut que trois jours, & mourut fans avoir recouvré la parole. Il n'étoit âgé que de trente neuf ans. Il avoit regné environ neuf ans avec Marc-Aurèle. Si ces politiques machiavelliftes, plus prompts encore à foupçonner le crime qu'à le

commettre, prenoient un plaifir malin à obferver que cette mort arriva bien à-propos pour Marc-Aurèle & pour l'empire, fi, bien moins pour menager une excufe à Marc-Aurèle que pour rendre un crime vraifemblable de fa part, ils difent que l'amour même du genre humain pouvoit engager à facrifier une telle victime au bien public, il fuffit de répondre avec Capitolin que c'eft un facrilège d'ofer outrager d'un foupçon la vertu de Marc-Aurèle, *hoc nefas eft de Marco putari* ; mais il y a fur cette mort d'autres conjectures, qui ne font peut-être pas mieux fondées. Nous avons dit que, felon les arrangemens faits par Adrien & changés par Antonin, Fauftine, fille d'Antonin, devoit époufer *Verus*, & Fabia, fœur de *Verus*, devoit époufer Marc-Aurèle ; Antonin aima mieux prendre pour gendre Marc-Aurèle, & *Verus* époufa Lucille, fille de Marc-Aurèle & de cette Fauftine qu'il avoit dû époufer ; mais *Verus* avoit, dit-on, confervé d'autres liaifons avec Fauftine, femme plus digne de lui que de Marc-Aurèle, elle avoit eu pour lui des complaifances, criminelles, dont il n'avoit point fait myftère, & c'étoit, difoit-on, pour le punit de cette infâme indifcrétion, qu'elle l'avoit empoifonné. D'autres lui donnent du moins un motif plus honnête, ils difent, que *Verus* entretenoit avec Fabia, fa propre fœur, un commerce inceftueux, & qu'ils avoient formé enfemble le complot de faire périr ce même Marc-Aurèle qu'elle avoit dû époufer & que fon ambition regrettoit fans doute ; ils ajoutent que Fauftine, inftruite de ce projet, en prévint l'exécution par la mort de *Verus*.

Mais il eft rare que l'effet du poifon foit de donner une attaque d'apoplexie, & d'ailleurs qu'eft-il befoin de recourir à tous ces moyens odieux d'expliquer comment un prince, livré dès l'enfance aux excès & aux diffolutions de tout genre, meurt à trente-neuf ans d'apopléxie ou d'indigeftion.

Marc-Aurèle fit porter le corps de *Verus* au Maufolée d'Adrien, & lui fit décerner les honneurs divins, mais dans un difcours qu'il prononça au fénat à cette occafion, il parla de lui affez franchement &, s'applaudit en quelque forte d'être délivré d'un collegue dont la négligence, pour ne rien dire de plus, nuifoit aux affaires.

Nous trouvons fous le même règne (de Marc-Aurèle) un Martius *Verus*, général diftingué, que cet empereur charge de faire la guerre au rebelle Avidius Caffius, qui s'étoit fait proclamer empereur.

VESAL, (André) (*hift. lit. mod.*) médecin célèbre de Charles-Quint & de Philippe II. Son père, fon ayeul, fon bifayeul, fon trifayeul, s'étoient illuftrés par l'étude de la médécine & furent tous effacés par lui. *Vefal* étoit né à Bruxelles, mais fa famille étoit originaire de Vefel dans le duché de Cleves, & vraifemblablement elle en tiroit fon nom. *Vefal*, grand anatomifte pour le tems, ayant fait l'ouverture du corps d'un gentilhomme efpagnol, qu'on croyoit mort & qui fe trouva vivant, les parens le déférèrent à l'inquifition, Philippe II, roi très-inquifiteur, fentit cependant qu'un homme, tel que *Vefal*, n'étoit pas fait pour être abandonné à l'inquifition, qu'il n'avoit befoin ni des rois ni des inquifiteurs, & que les rois & les inquifiteurs pouvoient avoir befoin de lui, il le prit fous fa protection, mais il ne put ou ne voulut pas le difpenfer de toute peine, celle qu'il lui infligea fut, felon l'ufage des fiècles précédens, de faire un voyage à la terre-fainte. Le fénat de Venife le rappella pour lui donner la chaire de medécine que Fallope avoit remplie à Padoue : mais à fon retour, fon vaiffeau fit naufrage, il fut jetté dans l'ifle de Zante, & il y mourut de faim & de mifère en 1564. On a de lui un cours d'anatomie fous le titre de *corporis humani fabrica*, dont Boerhaave a donné une édition.

VESPASIEN, (*hift. rom.*) (Titus Flavius Vefpafianus) feul empereur depuis Augufte qui ait pû réconcilier les Romains avec la monarchie. Né dans l'obfcurité, n'ayant jamais eu la foibleffe d'en rougir, il fut d'abord protégé par Narciffe, car dans les tems où il vivoit, les gens du plus grand mérite avoient befoin de l'appui des affranchis, il parvint au confulat par le crédit de ce favori. Il accompagna Néron dans le voyage que cet empereur fit en Grèce, mais ayant eu le malheur de s'endormir à la lecture des vers de Néron, il fut difgracié & chaffé de la cour. Néron lui pardonna pourtant dans la fuite, parce qu'il crut avoir befoin de lui pour la guerre des Juifs, dont il lui confia la conduite. *Vefpafien* y acquit beaucoup de gloire ; il entra l'an 67 de J. C. dans la Galilée, province alors remplie de villes fortes qui couvroient Jérufalem ; c'étoit Jofephe, ce fameux hiftorien de fa patrie, qui commandoit pour les Juifs dans la Galilée (voyez l'article JOSEPHE), il prit Gadara, il fit enfuite le fiège de Jotapate, dont Jofephe a fait une longue & intéreffante relation. Ce fut après la prife de cette ville que Jofephe fe rendit à *Vefpafien* avec un feul de fes compagnons, après avoir vu tous les autres s'entretuer dans une caverne où il s'étoit retiré avec eux. *Vefpafien* devint fon protecteur, & pourfuivant le cours de fes conquêtes, il prit Japha, tailla en pieces les Samaritains fur le mont Garizim, prit & rafa Joppé, Tibériade lui ouvrit fes portes, il foumit Tarichée, ou plutôt ce fut Titus fon fils qui l'emporta d'affaut, *Vefpafien* fit conftruire à la hâte une petite flotte avec laquelle il battit une troupe nombreufe de Juifs qui s'étoient retirés dans des barques fur le lac de Tibériade, où ils oferent attendre les vainqueurs & accepter la bataille. Titus, fuivant les mouvemens de la clémence qui lui étoit na-

turelle, avoit accordé un généreux pardon aux habitans de Tarichée ; mais on crut devoir excepter de cette grace quarante mille féditieux, qu'on ne pouvoit ni laiffer dans la ville, dont ils auroient troublé la tranquillité, ni renvoyer libres, parce qu'ils auroient porté ailleurs l'efprit de révolte dont ils étoient animés, & le brigandage auquel ils étoient accoutumés. On délibera fur ce qu'on devoit en faire, & dans un confeil de guerre, on prit le parti le plus contraire à l'humanité, mais qui fut eftimé le plus fûr. On les fit fortir tous par la porte qui conduifoit de Tarichée à Tibériade, là, on les affembla dans le ftade, lieu deftiné à la courfe & aux combats des Athlètes ; on égorgea les vieillards & ceux que leurs infirmités mettoient hors d'état de rendre aucun fervice & que par cette raifon là même, il femble qu'on pouvoit impunément laiffer aller, d'autant plus que c'étoit de beaucoup le plus petit nombre. On choifit fix mille hommes des plus vigoureux & des plus capables de fupporter la fatigue, qui furent envoyés à Néron dans l'Achaïe, pour être employés aux travaux qu'il faifoit faire, pour couper l'Ifthme de Corinthe. Le refte qui montoit encore à plus de trente mille, fut vendu comme efclave. Ce traitement n'étoit pas propre à rallentir le feu de la révolte, il n'engageoit pas les Juifs à fe foumettre aux Romains. *Vefpafien* agiffoit en cette occafion contre fon caractère, fes principes & fon intérêt. Il emporta enfuite de force Gamale, place fituée vis-à-vis de Tarichée de l'autre côté du Lac de Tibériade ou de Généfareth ; battit les Juifs fur le mont Thabor, & Titus entra fans obftacle dans Gifcale, après que Jean de Gifcale, le plus factieux de tous les Juifs, eût quitté cette place qui ne pouvoit plus tenir, & eût été porter fes fureurs dans Jérufalem. Il y augmenta le trouble & la folle ardeur pour la guerre. Il parut prendre le parti du peuple contre ces furieux, fanatiques à la fois & perfides, connus fous le nom de Zélateurs, il étoit d'intelligence avec eux, & il trahiffoit le peuple. Les Zélateurs appellèrent les Iduméens à leur fecours, puis fe brouillèrent avec ces étrangers, & Jérufalem fe remplit de factions & de carnage. *Vefpafien* fe contentoit de prendre des villes autour de Jérufalem & fe repofoit fur les habitans infenfés de cette capitale du foin de s'entredétruire ; il foumit Jamnia & Azot. Quelques-uns des principaux chefs de fon armée l'exhortoient à profiter des divifions des Juifs pour faire & preffer le fiège de Jérufalem, *Vefpafien* ne fut pas de cet avis. « Nous ne ferions, dit-il, que réunir contre nous tous les partis ; laiffons-en toute liberté cette rage de s'exterminer qui les poffède actuellement, laiffons-les s'affoiblir au moins, vaincre à force ouverte eft un trifte avantage, quand on peut efpérer de vaincre fans tirer l'épée. » Il fuivit conftamment ce plan, & l'année fuivante, 68e de J. C. & qui fut la dernière de l'empire de Néron, il ouvrit la campagne par une expédition dans la contrée qu'on nomme la Pérée, au-delà du Jourdain, il prit Gadara, qui en est la capitale, & soumit tout le pays. Il alla ensuite s'établir à Césarée, d'où il veilloit sur-la conduite générale de la guerre. Ce fut à Césarée qu'il apprit le soulèvement de Vindex contre Néron, & tandis que l'occident se brouilloit, il crut devoir se hâter de pacifier l'orient pour que Rome n'eût pas une guerre étrangère à soutenir au milieu des désordres de la guerre civile, il se détermina pour lors à former & même à brusquer le siège de Jérusalem, il partit de Césarée avec toutes ses troupes & pénétra jusqu'à Jérusalem, il prit sur sa route Antipatris, Lydda, Thamna & la contrée qui en dépend, & vint dresser un camp à Emmaüs pour bloquer la capitale du côté du Nord; il l'investit ensuite au midi du côté de l'Idumée, puis de tous les autres côtés, & il se préparoit à l'assiéger en règle, lorsque les nouvelles, qui lui arrivoient de toutes parts, vinrent lui donner d'autres idées & d'autres soins. Les premiers successeurs de Néron, Galba, Othon, Vitellius, n'avoient servi qu'à faire desirer un empereur plus digne de regner ; le vœu le plus général & le plus raisonnable étoit pour Vespasien lui-même. Bientôt proclamé par ses légions & par celles de Syrie & d'Egypte, il se vit obligé d'abandonner à son fils la conduite de la guerre contre les Juifs, il quitta la Judée & partit pour Alexandrie, chargeant Titus, qu'il laissoit à la tête d'une puissante armée, d'achever son ouvrage & de poursuivre ce siège de Jérusalem, qu'il avoit à peine pu commencer; avant de partir, il brisa les fers de Josephe, qui devint l'ami & à beaucoup d'égards le conseil de Titus.

Maître d'Alexandrie, qui l'avoit d'abord reconnu pour empereur, Vespasien étoit en état de faire en quelque sorte la loi à Rome & à l'Italie, qui ne subsistoit que par les bleds étrangers. Les rapides succès de ses Lieutenans Mucien & Antonius primus (voyez l'article VITELLIUS), & la mort de Vitellius, arrivée peu de temps après, le dispensèrent de recourir au moyen sûr peut-être, mais dur & odieux, de réduire Rome en l'affamant; Rome soumise, & il parut en être le libérateur, en faisant partir promptement du port d'Alexandrie un grand nombre de vaisseaux, chargés des meilleurs bleds de l'Egypte. Le secours vint à temps, mais il ne pouvoit arriver plus à-propos, Rome n'avoit plus de vivres que pour dix jours.

Vespasien reçut à Alexandrie des Ambassadeurs de Vologèse, roi des Parthes, qui venoient lui offrir de sa part quarante mille hommes de cavalerie. C'étoit, dit un historien, une belle & glorieuse situation que de se voir prévenu par des offres si magnifiques, & de n'en avoir pas besoin.

La conduite ambitieuse & déréglée de Domitien, son second fils, mêloit seule quelque amertume à tant de prospérités. Ce jeune prince, qui avoit formé ses idées sur l'empire d'après le règne de Néron, ou d'après son propre cœur, regardoit comme le privilège du fils d'un empereur de se livrer à toutes ses passions, de pouvoir tout ce qu'il vouloit, d'enlever à leurs maris toutes les femmes qui lui plaisoient. Il étoit à Rome où il avoit couru même un assez grand danger dans l'incendie du temple de Jupiter Capitolin (voyez l'article VITELLIUS), il s'en dédommageoit par l'exercice d'une autorité précaire qu'il usurpoit en attendant l'arrivée de son père à Rome. Il disposoit de tout arbitrairement ; en un seul jour il distribua plus de vingt emplois tant de la ville que des provinces. Vespasien lui écrivit : « Je vous remercie de ne m'avoir point encore envoyé de successeur, & de vouloir bien me laisser jouir de l'empire. Titus au contraire signaloit dès lors sa bonté, en tâchant d'excuser son frère & d'appaiser Vespasien.

Les Alexandrins aimoient le faste & la magnificence, ils n'estimèrent pas autant qu'ils le dévoient un prince, tel que Vespasien, qui avoit un goût décidé pour la simplicité antique, ils attendoient d'ailleurs une gratification, comme ayant les premiers reconnu ce prince pour empereur, mais nous avons dit que Tibère avoit tous les vices, excepté l'avarice, Vespasien au contraire avoit toutes les vertus, excepté l'indifférence pour l'argent: les Alexandrins ne furent pas contens de lui. Nous ne disons rien des prétendus miracles qu'il opéra publiquement dans Alexandrie, ils ne furent vrais que de son tems, & ils ne le furent jamais pour lui.

Son premier soin fut d'ordonner le rétablissement du capitole & d'y faire travailler sans délai avant même qu'il pût arriver à Rome. On donna plus d'élévation à cet édifice, ce fut le seul changement qu'on se permit, & c'étoit le seul mérite qui avoit manqué à la magnificence de l'ancien temple. Vespasien attendoit, pour se rendre à Rome, les vents réglés qui soufflent au commencement de la belle saison.

Entre les princes parvenus à l'empire sans y être appelés par le droit de la naissance, il n'en est aucun dont l'avénement ait été plus heureux & plus honorable à tous égards que celui de Vespasien. Il fut porté sur le trône sans effort de sa part, sans intrigue de la part de personne, par le vœu général auquel il n'eut que la peine de consentir. Il eut à la vérité des ennemis à vaincre, mais il en triompha sans être obligé de tirer lui-même l'épée. Des chefs & des armées qui le connoissoient à peine, combattirent pour sa querelle avec zèle & avec succès. Tous les obstacles étant applanis, il vint tranquillement prendre possession de Rome, où il étoit attendu par tous les ordres de l'état comme le restaurateur & le sauveur de l'empire.

Quand on sut qu'il étoit près d'arriver à Brindes, il y eut sur le rivage un concours vraiment flatteur de personnes de toute condition, de tout sexe &

de tout âge, que la flatterie ou le devoir feul n'auroit pas conduites jufques là, & dont les cœurs,
déjà fi bien difpofés pour lui, mais à l'attente defquels il falloit répondre, achevèrent d'être gagnés
par fon abord facile, fes manières douces & aimables, où la fimplicité d'un particulier, la franchife d'un vieux guerrier fe joignoient à la férénité d'un empereur, venant après cinquante-fix
ans de tyrannie rendre heureux des fujets long-
tems fes égaux. Toute la route depuis Brindes
jufqu'à Rome étoit bordée d'une foule de peuple,
les acclamations le fuivoient par-tout. Domitien,
qui vint au-devant de lui jufqu'à Bénévent, le
cœur encore plein de projets ambitieux & contraires à fon devoir, fut le feul que Vefpafien diftingua par un accueil févère.

Il faifit d'une main fage les rênes de l'empire
& fe livra tout entier aux foins du gouvernement.
Laborieux & appliqué, tous les jours éveillé de
grand matin, & dès fon réveil occupé d'affaires,
il parvint à rétablir & révivifier toutes les parties
de l'état, ébranlées & altérées par les convulfions
de la guerre civile. Jufte, mais ferme à l'égard
des guerriers, il les foumit à la plus exacte difcipline, & ce qu'il avoit toujours fait étant général,
il le fit avec plus d'autorité encore étant empereur.
Il rendit au fénat & à l'ordre des chevaliers leur
ancien luftre, en les purgeant des fujets qui en
étoient l'opprobre, & qui furent remplacés par
les plus honnêtes gens de l'Italie & des provinces.
A peine avoit-il trouvé deux cent familles fénato-
riales, il en augmenta le nombre jufqu'à mille,
& créa aufli de nouveaux patriciens. Il eut en
même tems la plus grande attention à renfermer
leurs privilèges dans les bornes légitimes & à maintenir contre eux les droits naturels des moindres
citoyens. Les tribunaux étoient chargés d'une multitude de procès, il les fit tous juger en très peu
de tems, & en jugea lui-même une grande partie;
il parvint à réformer le luxe des tables, mais
comme le prince doit réformer le luxe, par fon
exemple. Il renouvella d'anciennes loix ou il en
fit de nouvelles pour le maintien ou le rétabliffement des mœurs. Les femmes libres qui fe prof-
tituoient à des efclaves furent condamnées à la fervitude; vous l'avez choifie, leur difoit-on; les ufu-
riers qui prêtoient aux fils de famille, & entretenoient par-là leurs défordres, furent privés de
toute efpérance de payement, même pour le tems
où les débiteurs feroient devenus maitres de leur
perfonne & de leurs biens.

Ennemi mortel de la molleffe, qu'il regardoit
comme le figne & la caufe de la décadence des
empires, Vefpafien vouloit fur-tout la bannir des
armées. Un jeune homme étant venu parfumé des
effences les plus exquifes, lui faire fes remercî-
mens pour un emploi militaire où il venoit d'être
nommé, j'aimerois mieux, lui dit Vefpafien, que
vous fentiffiez l'ail, & il lui ôta l'emploi. Toujours

fimple & amateur de la fimplicité, né de parens
pauvres dans la petite ville de Riéti, il conferva
toute fa vie une petite maifon de campagne qu'il
tenoit de fon ayeule, & il la conferva dans l'état
où cette ayeule l'avoit laiffée: Attaché à d'anciens
meubles de famille, il ne les changea jamais. Il
ne laiffoit ignorer à perfonne l'obfcurité de fon
origine; quand il fut parvenu à l'empire, des flatteurs ne manquèrent pas de lui fabriquer une
fuperbe généalogie, où ils le faifoient defcendre
d'un des compagnons d'Hercule, fondateur de
Riéti, Vefpafien fe moqua & de la généalogie &
des généalogiftes, & s'en tint à fes parens connus.

Il triompha des Juifs, & il l'avoit bien mérité,
mais comme il avoit naturellement de l'averfion
pour le fafte & l'éclat, la cérémonie l'ennuya &
il s'en expliqua franchement. « Je fuis puni comme
je le mérite, dit-il, il me fied bien à mon âge
d'avoir defiré le triomphe, comme fi cet honneur
étoit dû à mes ancêtres, ou que j'euffe jamais été
dans le cas de l'efpérer. » Meritò fe plecti qui triumphum quafi aut debitum majoribus fuis, aut fpera-
tum unquam fibi, tam ineptè fenex concupiffet.
Ici, je l'avoue, Vefpafien me paroit trop modefte,
ou Suetone l'eft trop pour lui. Pourquoi donc Vefpafien, général diftingué, qui avoit fait la guerre
avec gloire & avec fuccès, n'auroit-il jamais été
dans le cas d'efpérer les honneurs du triomphe,
s'il n'avoit pas été élevé à l'empire? Je conçois
que le triomphe l'ait ennuyé, mais il n'a pas pû
s'en croire indigne.

Vologèfe, fuivant l'étiquette parthique & perfane,
lui ayant écrit avec cette fufcription: Arface, roi
des rois, à Flavius Vefpafien, l'empereur fuivit
dans fa réponfe la même étiquette: Flavius Vefpafien, à Arface, roi des rois. C'étoit affurément
la plus forte critique de cette étiquette altière de
l'Orient. On dit que Philippe II, roi d'Efpagne,
dans une lettre qu'il écrivoit à Henri IV, avoit
joint à fon titre de roi, l'énumération de tous fes
royaumes, c'eft-à-dire de toutes les provinces
d'Efpagne, & que Henri IV, dans fa réponfe,
s'intitula: bourgeois de Paris & feigneur de Gonesse,
en répétant d'ailleurs par contrafte, l'énumération
de tous les royaumes de Philippe, le trait eft plus
plaifant, mais la dérifion eft plus marquée.

Vefpafien vivoit familièrement avec les fénateurs,
alloit manger chez eux comme ils venoient chez
lui; toujours fimple citoyen dans fes manières,
& empereur feulement par fon dévouement au
bien public; il ne difoit pas:

Suis-je leur empereur feulement pour leur plaire?

Il croyoit ne l'être que pour les rendre heureux.

Il n'y avoit point d'honneur qu'il ne prodiguât
au fénat en corps. Affidu à toutes fes affemblées,

il le confultoit fur toutes les affaires ; il fe concertoit avec lui fur toutes fes démarches, & quand la fatigue ou quelque indifpofition l'empêchoit de traiter en perfonne, avec cette compagnie, c'étoient fes fils qui lui fervoient d'interprètes.

Lorfque Titus eut pris Jérufalem, il paffa en Egypte, il y fit la cérémonie de la confécration du bœuf Apis, où il porta le diadême, pour fe conformer au rit ancien. Il fut que cette circonftance avoit été empoifonnée, qu'on l'accufoit de chercher à fe faire, dans l'Orient, un établiffement indépendant, & qu'on avoit effayé de faire entrer quelques foupçons dans l'efprit de fon père ; il accourut auffi-tôt à Rome, vient fe ranger auprès de lui, & fe foumettre à fes ordres. Vefpafien fentit toute la franchife de ce procédé ; il partagea l'honneur du triomphe avec lui ; car fi Vefpafien avoit foumis la Judée, Titus avoit pris Jérufalem ; il affocia Titus à la cenfure, à la puiffance tribunitienne, à tout ; il le prit pour collègue dans fept confulats ; il le fit, à tous égards, fon premier miniftre, & confiant à fon fucceffeur le foin de fa fûreté perfonnelle & de fa vie, il le fit même préfet du prétoire & commandant-général de fa garde.

Plein de confiance dans fes fujets, comme fes fujets étoient pleins de confiance dans fes vues fupérieures & dans fes bontés paternelles, il abolit même pendant que la guerre civile duroit encore, la honteufe coutume de vifiter & de fouiller ceux qui vouloient aborder l'empereur.

Je vois avec mépris ces maximes terribles
Qui font de tant de rois des tyrans invifibles.

Les portes de fon palais étoient toujours ouvertes, & Dion dit pofitivement qu'elles n'étoient point gardées.

Le foupçon entroit difficilement dans fon ame, la fuperftition en étoit à jamais bannie. Des aftrologues de fes amis l'avertirent de fe défier de Metius Pompofianus, parce qu'il étoit né, difoient ils, fous une conjonction des aftres qui lui promettoit l'empire ; Vefpafien le fit conful : vous voyez, dit-il à ces aftrologues, que je ne néglige pas vos avis, s'il devient empereur, il fe fouviendra que je lui ai fait du bien.

Plein de refpect & d'amour pour l'humanité, les fpectacles cruels, les combats de gladiateurs le révoltoient, les fupplices même les plus juftes lui arrachoient des larmes ; fi l'on en vit quelques-uns, même d'injuftes, fous ce règne, comme celui de Sabinus & d'Eponine, (voyez l'article SABINUS) comme la mort du dur, mais vertueux Helvidius Prifcus, l'hiftoire en a rejetté la haine

fur le vicieux Mucien qui lui avoit, difoit-il, donné l'empire qu'il auroit pu retenir pour lui-même, & à qui fa reconnoiffance laiffa long-tems une grande partie de l'autorité fuprême.

Le reffentiment & la vengeance éto'ent des mouvemens étrangers à l'ame de Vefpafien ; il maria & dota la fille de Vitellius, fon concurrent. (Voyez l'article VITELLIUS) Lorfque Vefpafien avoit été difgracié, fous Néron, pour n'avoir pas affez goûté fes vers, et pour avoir encore moins goûté l'ufage fi cher à Néron, de jouer publiquement fur le théâtre, comme acteur & comme muficien, ce qui lui paruiffoit indigne de la majefté de l'empire, un miférable affranchi de Néron qui rempliffoit l'office d'huffier de la chambre, avoit infulté à fa difgrace de la manière la plus brutale ; Vefpafien demandoit à cet homme ou devant lui, en quel lieu il falloit qu'il fe retirât, ad furcas, répondit Phebus (c'étoit fon nom) avec toute l'infolence d'un valet de cour, qui parle à un homme chaffé de la cour. Quand Phebus vit ce profcrit devenu empereur, l'effroi le faifit & lui infpira l'audace de fe préfenter devant lui pour lui faire fa cour, & lui demander pardon. Du plus loin que Vefpafien l'apperçut, ad furcas, lui dit-il avec un fourire qui atteftoit à la fois & fon fouvenir & fa clémence.

Le ftoïcifme étoit devenu trop républicain pour être toléré dans un gouvernement monarchique, il dégénéroit abfolument en cynifme ; les crimes des Caligula & des Néron avoient diffamé aux yeux de la philofophie, l'autorité abfolue ; c'étoit l'effet naturel de tant d'horreurs dont on venoit d'être témoin & dont l'imagination étoit encore toute effrayée ; les philofophes de ce temps, qui peut-être ne l'étoient pas affez, au lieu d'attribuer ces horreurs au caractère particulier de tel ou tel empereur, en accufaient la conftitution et propofoient de la changer ; mais les efprits n'étoient pas difpofés alors à un tel changement ; on avoit éprouvé fucceffivement les abus des divers régimes & on en étoit prefque également frappé, on crut donc pour lors devoir s'en tenir au régime établi, le perfectionner, le reftreindre, le modifier, mais en conferver l'effence. Le gouvernement monarchique étoit, difoit-on, le feul qui convînt alors à Rome ; on croyoit s'en être affuré par de profondes méditations appuyées des exemples que fourniffoit l'hiftoire. D'ailleurs on efpéroit tout de Vefpafien, les philofophes ftoïciens, difoit-on, ne vouloient pas voir combien ce prince était différent de fes prédéceffeurs, combien fon adminiftration étoit paternelle ; ils ne confidéroient pas ce qu'il étoit, mais ce qu'avoient été les autres ; en conféquence, les leçons publiques de ces philofophes étoient devenues des déclamations féditieufes contre le pouvoir d'un feul ; la douceur même du gouvernement de Vefpafien, la tolérance qui en formoit le caractère principal, ne faifoit que les enhardir par l'impunité ; la licence étoit forte & demandoit un puissant remède. Mucien, qui avoit plus d'une raison de haïr les philosophes, & dont tous les motifs n'étoient pas aussi purs que ceux de *Vespasien*, eut bien de la peine à le faire consentir à l'expulsion de ces docteurs de sédition & de révolte, comme il les appelloit ; ils furent cependant bannis de Rome par une ordonnance. Musonius fut seul excepté, soit à cause de son rang de chevalier romain, soit comme il y a lieu de le croire, parce que sa conduite plus sage avoit mérité cette exception. (*Voyez* l'article MUSONIUS.)

Deux de ces philosophes, plus fougueux & plus coupables que les autres, furent envoyés dans des îles qui devoient leur servir de prison. L'un nommé Hostilius, lorsqu'il reçut son arrêt, fut trouvé déclamant contre la monarchie, & irrité par cet incident, continua son invective avec plus de violence. L'autre, Démétrius le cynique, prit le parti de désobéir, affecta de se montrer devant *Vespasien*, sans se lever en sa présence, sans le saluer, sans lui donner aucune marque de respect. « Mon ami, lui dit tranquillement *Vespasien*, tu voudrois bien que je t'ôtasse la vie, tu fais tout ce que tu peux pour cela, tu n'en viendras pas à bout, je ne tue pas un chien parce qu'il aboye »,

Un de ces chiens, nommé Diogène, comme le chef de la secte cynique, aboya cependant trop fort, il fut battu de verges, il étoit rentré furtivement dans Rome, au mépris des défenses les plus formelles ; il étoit venu au théâtre, où il avoit invectivé de la manière la plus outrageante, contre Titus, au sujet de son amour pour Bérénice. Son compagnon, nommé Eras, revenu avec lui pour le même sujet, ayant, malgré le châtiment de Diogène, dont il avoit été le témoin, poursuivi les mêmes déclamations avec la même fureur, fut jugé plus coupable, en ce qu'il s'étoit montré incorrigible, il eut la tête tranchée.

Helvidius Priscus avoit pris les procédés sauvages de ces maîtres violens, il avoit manqué plusieurs fois à *Vespasien* ; en plein sénat, la haine de Mucien fit le reste & décida sa perte.

Vespasien répara les ruines de Rome qui se ressentoit encore de l'embrasement allumé par Néron ; il l'embellit de plusieurs édifices publics, d'un temple de la paix, d'un temple en l'honneur de l'empereur Claude, premier auteur de sa fortune, d'un vaste & magnifique amphithéâtre qui subsiste encore aujourd'hui, en partie, sous le nom de *Colisée*, & qui fut achevé & dédié par Titus.

Il protégea les lettres & les arts ; il est le premier qui ait assigné des pensions sur le fisc, aux professeurs d'éloquence, tant grecque que latine ; il donna aussi des gratifications considérables aux grands poëtes de son temps ; en général les gens

de lettres ne s'apperçurent point de cette avarice qui lui a peut-être été trop reprochée, & qui n'étoit peut-être qu'une économie nécessaire dans l'état des affaires. On a beaucoup parlé de l'impôt sur les latrines, & de son mot à Titus : *cet argent sent-il mauvais ?* Il falloit des impôts, & si celui-là étoit moins onéreux que d'autres, il valoit mieux.

Mais il ne dissimuloit pas lui-même son goût pour l'argent, & c'étoit pour lui une matière de plaisanterie.

Des députés d'une ville ou d'un peuple, étant venus lui annoncer que par délibération publique on avoit destiné une somme considérable à lui dresser une statue colossale : « Placez-la ici sans perdre de temps, leur dit-il, en leur présentant le creux de sa main, voici la base toute prête à la recevoir ». Cette plaisanterie étoit pleine de sens ; c'étoit leur faire sentir l'inutilité & le peu de convenance d'une telle dépense tandis que l'état avoit des besoins.

Un de ses officiers lui demandoit un emploi pour quelqu'un, qu'il disoit être son frère ; l'empereur qui connoissoit le solliciteur, conjectura d'après l'ardeur même de la sollicitation, qu'il y avoit quelque marché dans cette affaire, il manda secrettement l'homme pour lequel on lui parloit, se fit donner par lui la somme qu'il avoit en effet promise au solliciteur, & lorsque celui-ci, ne sachant pas ce qui s'étoit passé, vint redoubler ses sollicitations : « Je te conseille, lui dit *Vespasien*, de te pourvoir d'un autre frère, car il se trouve que celui que tu as cru ton frère est le mien ». La plaisanterie est très-bonne encore, & si la place étoit de telle nature qu'il n'y eût pas d'inconvénient à la vendre, il étoit juste que celui qui vouloit l'acheter, payât la somme promise, & il valoit mieux que ce profit fût pour l'état que pour un particulier.

On sait que le proverbe de *ferrer la mule*, vient de *Vespasien*. Dans un voyage qu'il faisoit en litière, son muletier s'arrêta sous prétexte de ferrer ou de faire ferrer ses mules ; un plaideur profita de l'occasion pour présenter à l'empereur une requête. *Vespasien* soupçonnant de la connivence : *Combien as-tu gagné à ferrer la mule ?* dit-il au muletier ; & il se fit donner la moitié de cette somme.

Malgré ces traits & quelques autres semblables, l'excellent usage que faisoit *Vespasien* des deniers publics, doit seul l'absoudre de ce reproche un peu hazardé, d'avarice. Nul n'exerça de plus grandes ni de plus nobles libéralités envers ceux qui les méritoient ; mais c'étoit-là son principe & sa mesure. A la vérité il ne donnoit point aux courtisans, ce qui a dû contribuer beaucoup à lui faire faite, une réputation d'avarice ; mais il ne négligea aucun des travaux qui pouvoient être de quelque utilité publique ; il ne chercha jamais dans les besoins pressans du pauvre, des moyens d'obtenir son travail à vil prix ; il n'aimoit pas même à substituer les procédés des arts à la main d'œuvre. Un ingénieur ayant trouvé un moyen de transporter à peu de frais, au capitole, des colonnes d'une grandeur énorme, il loua l'invention, donna une gratification à l'inventeur, mais il ne voulut point qu'on ôtât aux journaliers ce moyen de gagner leur vie. S'il vendoit quelquefois des charges aux candidats, & la grace aux coupables, ou l'absolution aux accusés ; si Cénis, sa maitresse, faisoit des affaires, & s'il en partageoit le produit ; s'il faisoit le négoce, & achetoit des marchandises pour les revendre plus cher ; si un vieil esclave auquel il vouloit vendre la liberté & qui vouloit l'avoir pour rien, a pu lui dire impunément que *le renard changeoit de poil, mais non pas de caractère* ; ces divers moyens d'attirer de l'argent étoient peu nobles peut-être, & quelques-uns étoient peu légitimes ; mais comme l'emperuer ne thésaurisoit pas, & ne faisoitpas de dépenses qui ne tournassent au profit de la république, ces exactions particulières, garantissoient les peuples d'une surcharge d'impôts que les conjonctures auroient pû rendre nécessaire.

Vespasien vécut près de soixante & dix ans, sans autre incommodité que quelques attaques de goutte, sans autre remède ni autre régime, que la diète qu'il observoit régulièrement une fois par mois. Sa gaieté étoit la cause & l'effet de sa bonne santé ; il plaisantoit sur tout & ne s'inquiétoit de rien ; les présages, affaire si importante à Rome, & qui effrayoient les autres, même sur son compte, n'étoient pour lui qu'un sujet de plaisanterie. On s'allarmoit principalement de ce que le mausolée des Cesars s'étoit, disoit-on, ouvert tout-à-coup : « Vous voyez-bien, dit-il, que cela ne me regarde » pas, je ne suis pas de la famille des Césars ». Il parut au ciel une comète chevelue, autre sujet d'effroi : « Pour celle-ci, dit-il, ce n'est pas à ma » tête chauve qu'elle en veut, mais je ne vou- » drois pas avoir la belle chevelure du roi des » Parthes ». Il plaisanta jusqu'à la mort, & de la mort même. Voyant qu'il s'affoiblissoit de jour en jour : *je sens*, dit-il, *que je deviens dieu*, à cause de l'apothéose qui devoit suivre sa mort. Se sentant entièrement défaillir, il fit un effort pour se lever, en disant : *il faut qu'un empereur meure debout, decet imperatorem stantem mori*, & il mourut entre les bras de ceux qui le soutenoient, le 24 juin 79.

Il y eut sous son règne deux grandes guerres, celle des juifs, terminée par Titus, son fils, & celle de Civilis, Tutor & Classicus, dans les Gaules, terminée dans le même tems, par Cerialis, c'est-à-dire l'an de J. C. 70.

Histoire Tome V.

VESPUCE. (Améric) (*hist. mod.*) La gloire de la découverte de l'Amérique se partage entre Christophe Colomb & Améric *Vespuce* ; le premier découvrit les isles, le second le continent, & il lui donna son nom. Ce furent les succès de Colomb qui animèrent *Vespuce*, ainsi Colomb aura, si l'on veut, la gloire de l'invention. Améric *Vespuce* ne partit que quelques années après lui, en 1497, avec quatre vaisseaux que lui avoit fournis Ferdinand le catholique, roi d'Espagne. Il eut moins de contradictions à essuyer que Colomb, parce qu'on commençoit à s'accoutumer aux découvertes & à naviger avec plus d'espoir. Améric *Vespuce* fit plusieurs voyages au nouveau monde ; il nous a laissé la relation de quatre de ces voyages, tous suivis des plus grands succès ; il mourut en 1516, aux isles Tercères, dans le cours de sa navigation ; il étoit né en 1451. Colomb né en 1442, devoit naturellement le précéder dans ses courses & dans ses découvertes. Emmanuel-le-grand, roi de Portugal, & Ferdinand le-catholique, roi d'Espagne, se disputèrent & s'enlevèrent tour-à-tour, Améric *Vespuce*. Le roi de Portugal fit suspendre, dans l'église métropolitaine de Lisbonne, les restes du vaisseau qu'avoit monté Améric *Vespuce*, dans des expéditions qu'il avoit faites pour le Portugal, & ce vaisseau s'appelloit *la victoire* ; ce qui rappelle un mot de Louis XIV au célèbre du Gué-Trouin qui rendoit compte à ce prince, d'une expédition dans laquelle un de ses vaisseaux se nommoit *la gloire*. J'ordonnai, disoit du Gué-Trouin, *à la GLOIRE de me suivre. Elle vous obéit & vous fut fidèle*, répondit Louis XIV.

L'abbé Bandini publia, en 1745, à Florence, la vie d'Améric *Vespuce*. Ce navigateur étoit florentin.

VESTALE, s. f. (*Hist. rom.*) *vestalis ; perpetuos servans ignes, & cana colens penetralia Vestæ* ; fille vierge romaine, qui, chez les romains, étoit consacrée toute jeune au service de Vesta, & à l'entretien perpétuel du feu de son temple.

Celui de tous les législateurs qui donna le plus d'éclat à la religion dont il jetta les fondemens, & qui jugea que le sacerduce étoit inséparable de la royauté, fut Numa Pompilius. Il tint d'une main ferme le sceptre & l'encensoir, porta l'un dans le palais des rois, & posa l'autre dans le temple des dieux. Mais entre ces établissemens religieux, le plus digne de nos regards, est sans doute celui de l'ordre des *vestales*. Il m'est aisé d'en tracer l'histoire, au moins d'après l'abbé Nadal, & de contenter sur ce sujet la curiosité d'un grand nombre de lecteurs.

L'ordre des *vestales* venoit originairement d'Albe, & n'étoit point étranger au fondateur de Rome. Amulius, après avoir dépouillé son frère Numitor de ses états, crut, à la manière des tyrans, que pour jouir en liberté de son usurpation, il n'avoit pas d'autre parti à prendre que de sacrifier toute sa race. Il commença par Egeste, le fils de ce malheureux roi, qu'il fit assassiner dans une partie de chasse, où il pensa qu'il lui seroit facile de couvrir son crime. Il se contenta cependant de mettre Rhéa Sylvia, ou Ilie, sa niece, au nombre des *vestales*, ce qu'il entreprit de faire d'autant plus volontiers, que non-seulement il étoit à cette princesse, les moyens de contracter aucune alliance dont il pût craindre les suites, mais que d'ailleurs sur le pied que l'ordre des *vestales* se trouvoit à Albe, c'étoit placer d'une manière convenable une princesse même de son sang.

Cette distinction que l'ordre des *vestales* avoit eue dans son origine, le rendit encore plus vénérable aux romains, dont les yeux se portoient avec un respect tout particulier sur l'établissement d'un culte, qui avoit long-tems subsisté chez leurs voisins avec une grande dignité.

Il ne faut donc pas envisager l'ordre des *vestales* romaines, comme un établissement ordinaire qui n'a eu que de ces foibles commencemens, que la piété hazarde quelquefois, & qui ne doivent leur succès qu'aux caprices des hommes, & aux progrès de la religion. Il ne se montra à Rome qu'avec un appareil auguste. Numa-Pompilius, s'il en faut croire quelques auteurs, recueillit & logea les *vestales* dans son palais. Quoi qu'il en soit, il dota cet ordre des deniers publics, & le rendit extrêmement respectable au peuple, par les cérémonies dont il chargea les *vestales*, & par le vœu de virginité qu'il exigea d'elles. Il fit plus, il leur confia la garde du palladium, & l'entretien du feu sacré qui devoit toujours brûler dans le temple de *Vesta*, & étoit le symbole de la conservation de l'empire.

Il crut, selon Plutarque, ne pouvoir déposer la substance du feu qui est pure & incorruptible, qu'entre les mains de personnes extrêmement chastes, & que cet élément, qui est stérile par sa nature, n'avoit point d'image plus sensible que la virginité. Cicéron a dit, que le culte de Vesta ne convenoit qu'à des filles dégagées des passions & des embarras du monde. Numa défendit qu'on reçût aucune *vestale* au-dessous de six ans, ni au-dessus de dix, afin que les prenant dans un âge si tendre, l'innocence n'en pût être soupçonnée, ni le sacrifice équivoque.

Quelque distinction qui fût attachée à cet ordre, on auroit peut-être eu de la peine à trouver des sujets pour le remplir, si l'on n'eût pas été appuyé de l'autorité & de la loi. La démarche devenoit délicate pour les parens, & outre qu'il pouvoit y entrer de la tendresse ou de la compassion, le supplice d'une *vestale*, qui violoit ses engagemens, deshonoroit toute une famille. Lors donc qu'il s'agissoit

d'en remplacer quelqu'une, tout Rome étoit en émotion, & l'on tâchoit de détourner un choix où étoient attachés de si étranges inconvéniens.

On ne voit rien dans les anciens monumens, dit Aulugelle, touchant la manière de les choisir, & sur les cérémonies qui s'observoient à leur élection, si ce n'est que la première *vestale* fut enlevée par Numa. Nous lisons que la loi *papia* ordonnoit au grand pontife, au défaut de *vestales* volontaires, de choisir vingt jeunes filles romaines, telles que bon lui sembleroit, de les faire toutes tirer au sort en pleine assemblée, & de saisir celle sur qui le sort tomberoit. Le pontife la prenoit ordinairement des mains de son père, de l'autorité duquel il l'affranchissoit, & l'emmenoit alors comme prise de bonne guerre, *veluti bello abducitur*.

Numa avoit d'abord fait les premières cérémonies de la réception des *vestales*, & en avoit laissé ses successeurs en possession; mais après l'expulsion des rois, cela passa naturellement aux pontifes. Les choses changèrent dans la suite: le pontife recevoit des *vestales* sur la présentation des parens sans autre cérémonie, pourvu que les statuts de la religion n'y fussent point blessés. Voici la formule dont usoit le grand pontife à leur réception, conservée par Aulugelle, qui l'avoit tirée des annales de Fabius Pictor: *Sacerdotem. vestalem. quæ. sacra. faciat. quæ. Jous. siet. sacerdotem. vestalem. facere. pro. populo. Romano. quiritum. ut. ei. sit. ci. quæ. optima. lege. fovit. ita. te. Amata. capio*. Le pontife se servoit de cette expression *amata*, à l'égard de toutes celles qu'il recevoit, parce que, selon Aulugelle, celle qui avoit été la première enlevée à sa famille, portoit ce nom.

Sitôt qu'on avoit reçu une *vestale*, on lui coupoit les cheveux, & on attachoit sa chevelure à cette plante si renommée par les fictions d'Homere appellée *lotos*, ce qui dans une cérémonie religieuse où tout devoit être mystérieux, étoit regardé comme une marque d'affranchissement & de liberté.

Numa Pompilius n'institua que quatre *vestales*. Servius Tullius en ajouta deux, selon Plutarque. Denys d'Halicarnasse & Valère Maxime, prétendent que ce fut Tarquinius Priscus qui fit cette augmentation. Ce nombre ne s'accrut, ni ne diminua pendant toute la durée de l'empire. Plutarque qui vivoit sous Trajan, ne compte que six *vestales*. Sur les médailles de Faustine la jeune, & de Julie, femme de Severe, on n'en représente que six. Ainsi le témoignage de S. Ambroise, qui fait mention de sept *vestales*, ne doit point prescrire contre les preuves contraires à son récit.

Les prêtresses de Vesta, établies à Albe, faisoient vœu de garder leur virginité pendant toute leur vie. Amulius, dit Tite-Live, sous prétexte d'honorer sa niece, la consacra à la déesse Vesta, & lui ôta toute espérance de postérité par les engagemens d'une virginité perpétuelle. Numa n'exigea au contraire des *vestales* qu'une continence de trente années, dont elles passeroient les dix premieres à apprendre leurs obligations, les dix suivantes à les pratiquer, & le reste à instruire les autres, après quoi elles avoient liberté de se marier ; & quelques-unes prirent ce parti.

Au bout de trente années de réception, les *vestales* pouvoient encore rester dans l'ordre, & elles y jouissoient des privileges & de la considération qui y étoient attachés ; mais elles n'avoient plus la même part au ministere. Le culte de Vesta avoit ses bienséances aussi bien que ses loix ; une vieille *vestale* séoit mal dans les fonctions du sacerdoce ; la glace des années n'avoit nulle des convenances requises avec le feu sacré ; il falloit proprement de jeunes vierges, & même capables de toute la vivacité des passions, qui pussent faire honneur aux mysteres.

Tandem virgineam fastidit Vesta senectam.

On s'attacha à chercher aux *vestales* des dédommagemens de leur continence ; on leur abandonna une infinité d'honneurs, de graces & de plaisirs, dans le dessein d'adoucir leur état & d'illustrer leur profession ; on se reposa pour leur chasteté sur la crainte des châtimens, qui, quelqu'effrayans qu'ils soient, ne sont pas toujours le plus sûr remede contre l'emportement des passions. Elles vivoient dans le luxe & dans la mollesse ; elles se trouvoient aux spectacles dans les théâtres & dans le cirque ; les hommes avoient la liberté d'entrer le jour chez elles, & les femmes à toute heure ; elles alloient souvent manger dans leur famille. Une *vestale* fut violée, en rentrant le soir dans sa maison, par de jeunes libertins qui ignoroient, ou prétendirent ignorer qui elle étoit. De-là vint la coutume de faire marcher devant elles un licteur avec des faisceaux pour les distinguer par cette dignité, & pouvoir prévenir de semblables désordres.

Sous prétexte de travailler à la réconciliation des familles, elles entroient sans distinction dans toutes les affaires ; c'étoit la plus sûre & la derniere ressource des malheureux. Toute l'autorité de Narcisse ne pût écarter la *vestale* Vibidia, ni l'empêcher d'obtenir de Claude que sa femme fût ouie dans ses défenses ; ni les débauches de l'impératrice, ni son mariage avec Silius, du vivant même de César, n'empêcherent point la *vestale* de prendre fait & cause pour elle ; en un mot, une prêtresse de Vesta ne craignit point de parler pour Messaline.

Leur habillement n'avoit rien de triste, ni qui pût voiler leurs attraits, tel au moins que nous le voyons sur quelques médailles. Elles portoient une coëffe ou espece de turban, qui ne descendoit pas plus bas que l'oreille, & qui leur couvroit le visage ; elles

y attachoient des rubans que quelques-unes nouoient par dessous la gorge ; leurs cheveux que l'on coupoit d'abord, & que l'on consacroit aux dieux, se laisserent croître dans la suite, & recurent toutes les façons & tous les ornemens que purent inventer l'art & l'envie de plaire.

Elles avoient sur leur habit un rochet de toile fine & d'une extrême blancheur, & par dessus une manie de pourpre ample & longue, qui ne portant ordinairement que sur une épaule, leur laissoit un bras libre retroussé fort haut.

Elles avoient quelques ornemens particuliers les jours de fête & de sacrifices, qui pouvoient donner à leur habit plus de dignité, sans lui ôter son agrément. Il ne manquoit pas de *vestales* qui n'étoient occupées que de leur parure, & qui se piquoient de goût, de propreté & de magnificence. Minutia donna lieu à d'étranges soupçons par ses airs, & par ses ajustemens profanes. On reprochoit à d'autres l'enjouement & l'indiscretion des discours. Quelques-unes s'oublioient jusqu'à composer des vers tendres & passionnés.

Sans toutes ces vanités & ces dissipations, il étoit difficile que des filles, à qui l'espérance de se marier n'étoit pas interdite, & que les loix favorisoient en tant de manieres, qui malgré les engagemens de leur état recueilloient quelquefois toute la fortune de leur maison, prissent le goût de la retraite, qui seul étoit capable de les maintenir dans le genre de vie qu'elles avoient embrassé sans le connoître. Tout cela cependant n'empêchoit pas que leurs fautes ne tirassent à d'extrêmes conséquences.

La négligence du feu sacré devenoit un présage funeste pour les affaires de l'empire ; d'éclatans & de malheureux événemens ayant pour la fortune avoir placés à-peu-près dans le tems que le feu s'étoit éteint, établirent sur cela une superstition qui surprit les plus sages. Dans ces cas, elles étoient exposées à l'espece de châtiment dont parle Tite-Live, *casa flagro est vestalis*, par les mains mêmes du souverain pontife. On les conduisoit donc pour les punir dans un lieu secret où elles se dépouilloient nues. Les pontifes à la vérité prenoient toutes les précautions pour les soustraire dans cet état à tous autres regards qu'aux leurs.

Après la punition de la *vestale*, on songeoit à rallumer le feu ; mais il n'étoit pas permis de se servir pour cela d'un feu matériel, comme si ce feu nouveau ne pouvoit être qu'un présent du ciel ; ou du moins, selon Plutarque, n'étoit-il permis de le tirer que des rayons mêmes du soleil à l'aide d'un vase d'airain, au centre duquel les rayons venant à se réunir, subtilisoient si fort l'air qu'ils l'enflammoient, & que par le moyen de la réverbération, la matiere seche & aride, dont on se servoit, s'allumoit aussi-tôt.

Le soin principal des *vestales* étoit de garder le feu

sacré jour & nuit ; d'où il paroît que toutes les heures étoient distribuées , & que les *vestales* se relevoient les unes après les autres. Chez les grecs le feu sacré se conservoit dans des lampes où on ne mettoit de l'huile qu'une fois l'an ; mais les *vestales* se servoient de foyers & de réchaux ou vases de terre , qui étoient placés sur l'autel de Vesta.

Outre la garde du feu sacré , les *vestales* étoient obligées à quelques prières , & à quelques sacrifices particuliers , même pendant la nuit. Elles étoient chargées des vœux de tout l'empire , & leurs prières étoient la ressource publique.

Elles avoient leurs jours solemnels. Le jour de la fête de Vesta , le temple étoit ouvert extraordinairement , & on pouvoit pénétrer jusqu'au lieu même où reposoient les choses sacrées , que les *vestales* n'exposoient qu'après les avoir voilées , c'est-à-dire , ces gages ou symboles de la durée & de la félicité de l'empire romain , sur lesquels les auteurs se sont expliqués si diversement. Quelques-uns veulent que ce soit l'image des grands dieux. D'autres croyent que ce pouvoit être Castor & Pollux , & d'autres Apollon & Neptune. Pline parle d'un dieu particulièrement révéré des *vestales* , qui étoit le gardien des enfans & des généraux d'armées. Plusieurs , selon Plutarque , affectant de paroître plus instruits des choses de la religion que le commun du peuple , estimoient que les *vestales* conservoient dans l'intérieur du temple , deux petits tonneaux , dont l'un étoit vuide & ouvert , l'autre fermé & plein , & qu'il n'y avoit qu'elles seules à qui il étoit permis de les voir : ce qui a quelque rapport avec ceux dont parle Homère , qui étoient à l'entrée du palais de Jupiter , dont l'un étoit plein de maux , & l'autre de biens. Disons mieux que tout cela , c'étoit le palladium même que les *vestales* avoient sous leur garde.

Il suffisoit pour être reçue *vestale* , que d'un côté ni d'un autre , on ne fût point sorti de condition servile , ou de parens qui eussent fait une profession basse. Mais quoique la loi se fût relâchée jusque là , il y a toujours lieu de penser que le pontife avoit plus en vue les filles d'une certaine naissance , comme sujets plus susceptibles de tous les honneurs attachés à un ordre qui étoit , pour ainsi dire , à la tête de la religion. Une fille patricienne , qui joignoit à son caractère de *vestale* la considération de sa famille , devenoit plus propre pour une société de filles , chargées non-seulement des sacrifices de Vesta , mais qui jouoient le plus grand rôle dans les affaires de l'état.

Elles jouissoient de la plus haute considération. Auguste lui-même jura que si quelqu'une de ses nieces étoit d'un âge convenable , il la présenteroit volontiers pour être reçue *vestale*. Il faut regarder comme un effet de l'estime des romains pour la condition de *vestale* , l'ordonnance dont nous parle

Capitolinus , qui en excluoit toute autre qu'une romaine.

Dès que le choix de la *vestale* étoit fait , qu'elle avoit mis le pied dans le parvis du temple , & étoit livrée aux pontifes , elle entroit dès lors dans tous les avantages de sa condition , & sans autre forme d'émancipation ou changement d'état , elle acquéroit le droit de tester , & n'étoit plus liée à la puissance paternelle.

Rien de plus nouveau dans la société , que la condition d'une fille qui pouvoit tester à l'âge de six ans ; rien de plus étrange qu'une pleine majorité du vivant même du père , & avant le nombre d'années que les loix donnent à la raison. Elle étoit habile à la succession au sortir des *vestales* , où elle portoit une dot dont elle disposoit selon sa volonté. Leur bien restoit à la maison , si elles mouroient sans testament : elles perdoient à la vérité le droit d'hériter *ab intestat*. Une *vestale* disposoit même de son bien sans l'entremise d'un curateur : ce qu'il y avoit de bisarre en cela , c'est que cette prérogative , dont on vouloit bien gratifier des vierges si pures , avoit été jusques-là le privilège des femmes qui avoient eu au moins trois enfans.

Il y a apparence que dans les premiers tems le respect des peuples leur tint lieu d'une infinité de privilèges , & que les vertus des *vestales* suppléoient à tous ces honneurs d'établissement , qui leur furent accordés dans la suite , selon le besoin & le zèle du peuple romain.

Ce fut dans ces tems si purs que la pitié d'Albinus se signala à leur égard. Les Gaulois étoient aux portes de Rome , & tout le peuple dans la consternation ; les uns se jettent dans le capitole pour y défendre , selon Tite-Live , les dieux & les hommes ; ceux d'entre les vieillards qui avoient obtenu les honneurs du triomphe & du consulat , s'enfermoient dans la ville , pour soutenir par leur exemple le commun du peuple.

Les *vestales* , dans ce désordre général , après avoir délibéré sur la conduite qu'elles avoient à tenir à l'égard des dieux & des dépouilles du temple , en cachèrent une partie dans la terre près de la maison du sacrificateur , qui devint un lieu plus saint , & qui fut honoré dans la suite jusqu'à la superstition ; elles chargèrent le reste sur leurs épaules , & s'en alloient , dit Tite-Live , le long de la rue qui va du pont de bois au janicule.

Cet Albinus , homme plébéien , fuyoit par le même chemin avec sa famille , qu'il emmenoit sur un chariot. Il fut touché d'un saint respect à la vue des *vestales* ; il crut que c'étoit blesser la religion que de laisser des prêtresses , & , pour ainsi dire , des dieux même à pied ; il fit descendre sa femme & ses enfans , & mit à la place non-seulement les *vestales* , mais ce qui se trouva de pontifes avec elles : il se détourna de son chemin , dit Valere

Maxime, & les conduisit jusqu'à la ville de Céré, où elles furent reçues avec autant de respect, que si l'état de la république avoit été aussi florissant qu'à l'ordinaire. La mémoire d'une si sainte hospitalité, ajoute l'historien, s'est conservée jusqu'à nous : c'est de-là que les sacrifices ont été appellés *cérémonies*, du nom même de la ville ; & cet équipage vil & rustique, où il ramassa si à-propos les *vestales*, a égalé ou passé la gloire du char de triomphe le plus riche & le plus brillant.

On a lieu de croire que dans cet effroi des *vestales* le service du feu sacré souffrit quelque interruption. Elles se chargèrent de porter par-tout le culte de Vesta, & d'en continuer les solemnités tant qu'il y en auroit quelqu'une qui survivroit à la ruine de Rome ; mais il ne paroît point que dans la conjoncture présente elles eussent pourvu au foyer de Vesta, ni que cette flamme fatale ait été compagne de leur fuite. Peut-être eût-il été plus digne d'elles d'attendre tout événement dans l'intérieur de leur temple, & au milieu des fonctions du sacerdoce. La vue d'une troupe de prêtresses autour d'un brasier sacré, dans un lieu jusque-là inaccessible, recueillies ainsi au milieu de la désolation publique, n'eût pas été moins digne de respect & d'admiration, que l'aspect de tous ces sénateurs qui attendoient la fin de leurs destinées, assis à leur porte avec une gravité morne, & revêtus de tous les ornemens de leur dignité. Peut-être aussi eurent-elles raison de craindre l'insolence des barbares, & des inconvéniens plus grands que l'extinction même du feu sacré.

Quoi qu'il en soit, l'action d'Albinus devint à la postérité une preuve éclatante & du respect avec lequel on regardoit les *vestales*, & de la simplicité de leurs mœurs ; elles ignoroient encore l'usage de ces marques extérieures de grandeur qui se multiplièrent si fort dans la suite : ce ne fut que sous les triumvirs qu'elles commencèrent à ne plus paroître en public qu'accompagnées d'un licteur. Les faisceaux, que l'on porta devant elles, imposèrent au peuple, & l'écartèrent sur leur route. Il manquoit à la vérité à cette distinction une cause plus honorable ; l'honneur eût été entier s'il n'eût pas été en même tems une précaution contre l'emportement des libertins, & si, au rapport de Dion Cassius, ce nouveau respect n'eût pas été déterminé par le violement d'une *vestale*.

Ce fut apparemment dans ce tems-là que les préséances furent réglées entre les *vestales* & les magistrats. Si les consuls ou les préteurs se trouvoient sur leur chemin, ils étoient obligés de prendre une autre route ; ou si l'embarras étoit tel, qu'ils ne pussent éviter leur rencontre, ils faisoient baisser leurs haches & leurs faisceaux devant elles, comme si dans ce moment ils eussent remis entre leurs mains l'autorité dont ils étoient revêtus, & que toute cette puissance consulaire se fût dissipée devant ces filles, qui avoient été chargées des plus grands mystères de la religion par la préférence même des dieux, & qui tenoient, pour ainsi dire, de la première main, les ressources & la destinée de l'empire.

On les regardoit donc comme personnes sacrées, & à l'abri de toute violence, du moins publique. Ce fut par-là que l'entreprise des tribuns contre Claudius fut rompue. Comme il triomphoit malgré leur opposition, ils entreprirent de le renverser de son char au milieu même de la marche de son triomphe. La *vestale* Claudia sa fille avoit suivi tous leurs mouvemens. Elle se montra à-propos, & se jetta dans le char, au moment même que le tribun alloit renverser Claudius : elle se mit entre son père & lui, & arrêta par ce moyen la violence du tribun, retenu alors malgré sa fureur par cet extrême respect qui étoit dû aux *vestales*, & qui ne laissoit à leur égard qu'aux pontifes seuls la liberté des remontrances, & des voies de fait : ainsi, l'un alla en triomphe au capitole, & l'autre au temple de Vesta ; & on ne put dire à qui on devoit le plus d'acclamations, ou à la victoire du père, ou à la piété de la fille.

Le peuple étoit sur le caractère des *vestales* dans une prévention religieuse, dont rien n'eût pu le dépouiller. Ce n'étoit pas seulement le dépôt qui leur étoit confié qui avoit établi cette prévention, mais une infinité de marques extérieures d'autorité & de puissance.

Quelle impression ne devoit point faire sur lui cette prérogative si singulière, de pouvoir sauver la vie à un criminel qu'elles rencontroient sur leur chemin, lorsqu'on le menoit au supplice ! La seule vue de la *vestale* étoit la grace du coupable. A la vérité elles étoient obligées de faire serment qu'elles se trouvoient là sans dessein, & que le hazard seul avoit part à cette rencontre.

Elles étoient de tout tems appellées en témoignage & entendues en justice ; mais elles n'y pouvoient être contraintes. Pour faire plus d'honneur à la religion, elles étoient bien aises qu'on les crût sur une déposition toute simple, sans être obligées de jurer par la déesse Vesta, qui étoit la seule divinité qu'elles pouvoient attester ; ce qui arrivoit en effet très-rarement, parce que par-là on écartoit tous les autres témoignages, & qu'il ne se trouvoit personne qui voulût aller contre le rapport & le serment des *vestales*.

Il y avoit une loi qui punissoit de mort sans rémission quiconque se jetteroit sur leur char, ou sur leur litière, lorsqu'elles iroient par la ville ; elles assistoient aux spectacles, où Auguste leur donna une place séparée vis-à-vis celle du préteur. La grande *vestale*, *vestalis maxima*, portoit une bulle d'or.

Numa Pompilius qui, dans leur institution, les

avoit dotées de deniers, comme nous l'avons déja
obfervé, affigna des terres particulières, felon quelques auteurs, fur lefquelles il leur attribua des droits
& des revenus. Dans la fuite des tems, elles eurent
quantité de fondations & de legs teftamenraires, en
quoi la piété des particuliers étoit d'autant plus excitée, que le bien des *veftales* étoit une reffource
affurée dans les néceffités publiques.

Augufte qui s'appliqua particulièrement à augmenter la majefté de la religion, crut que rien ne con-
tribueroit davantage au deffein qu'il avoit, que d'accroître en même tems la dignité & le revenu des
veftales. Mais outre les donations communes à
tout l'ordre, on faifoit encore des dons particuliers
aux *veftales.* Quelquefois c'étoit des fommes d'argent confidérables. Cornelia, felon Tacite, ayant
été mife à la place de la *veftale* Scatia, reçut un don
de deux mille grands fefterces, environ deux cent
mille livres, par un arrêt qui fut rendu à l'occafion
d'une élection nouvelle d'un prêtre de Jupiter. Il y
en avoit de plus opulentes les unes que les autres,
& qui par conféquent étoient en état de fe diftinguer
par un plus grand nombre d'efclaves, & de fe montrer en public avec plus de fafte, & de mieux foutenir au-dehors la dignité de l'ordre.

A certains jours de l'année, elles alloient trouver
le roi des facrifices, qui étoit la feconde perfonne de
la religion; elles l'exhortoient à s'acquitter fcrupuleufement de fes devoirs, c'eft-à-dire, à ne pas négliger les facrifices, à fe maintenir dans cet efprit
de modération que demandoit de lui la loi de fon
facerdoce, à fe tenir fans ceffe fur fes gardes, & à
veiller toujours fur le fervice des dieux.

Elles interpofoient leur médiation pour les réconciliations les plus importantes & les plus délicates,
& elles entroient dans une infinité d'affaires indépendantes de la religion.

La condition des *veftales* étoit trop brillante,
pour ne pas engager quelques grands par goût &
par vanité à tenter quelque avanture dans le temple de Vefta. Catilina & Néron, hommes dévoués
à toutes les actions hardies & criminelles, ne furent
pas les feuls qui entreprirent de les corrompre.
Parmi celles que la vivacité des paffions, le commerce des hommes, ou leurs recherches trop pref-
fantes, jettèrent dans l'incontinence, il y en a eu
quelques-unes de trop indifcretes, & qui ne fe
ménageant point affez à l'extérieur, donnèrent lieu
de les foupçonner, & d'approfondir leur conduite:
quelques autres fe conduifirent avec tant de précaution & de myftère, que leur galanterie, pour
nous fervir des termes de Minucius-Felix, fut ignorée même de la déeffe Vefta.

Les pontifes étoient leurs juges naturels; la loi
foumettoit leur conduite à leurs perquifitions feules;
c'étoit le fouverain pontife qui prononçoit l'arrêt
de condamnation. Il ordonnoit à l'affemblée du

confeil; il avoit droit d'y préfider, mais fon autorité n'avoit point lieu fans une convocation folemnelle du collège des pontifes.

On ne s'en tint pas toujours cependant aux
jugemens qui avoient été rendus par le confeil
fouverain des pontifes; le tribun du peuple avoit
droit de faire les repréfentations, & le peuple de
fon autorité, caffoit les arrêts où il foupçonnoit que
les ordonnances pouvoient avoir été bleffées, & où
la brigue & la cabale lui paroiffoient avoir part.

On gardoit dans la procédure une infinité de formalités: on fuivoit tous les indices, on écoutoit
les délateurs, on les confrontoit avec les accufées,
on les entendoit elles-mêmes plufieurs fois; &
lorfque l'arrêt de mort étoit rendu, on ne le leur
fignifioit point d'abord; on commençoit à leur interdire tout facrifice & toute participation aux myftères: on leur défendoit de faire aucune difpofition
à l'égard de leurs efclaves, & de fonger à leur
affranchiffement, parce qu'on vouloit les mettre
à la queftion pour en tirer quelques éclairciffemens & quelques lumières: car les efclaves devenus
libres par leur affranchiffement, ne pouvoient plus
être appliqués à la torture. Quelques-unes furent
admifes à des preuves fingulières de leur innocence, & placèrent leur dernière reffource dans la
protection de leur déeffe.

« C'eft une chofe memorable, dit Denys d'Hali-
» carnaffe, « que les marques de protection que la
» déeffe a quelquefois données à des *veftales*
» fauffement accufées; chofe à la vérité qui pa-
» roit incroyable, mais qui a été honorée de la
» foi des romains, & appuyée par les témoignages
» des auteurs les plus graves..... Le feu s'étant
» éteint par l'imprudence d'Emilia, qui s'étoit re-
» pofée du foin de l'entretenir fur une jeune vef-
» tale qui n'étoit point encore faite à cette extrême
» attention que requéroit le miniftère, toute la ville
» en fut dans le trouble & dans la confternation;
» le zèle des pontifes s'alluma; on crut qu'une
» veftale impure avoit approché du foyer facré;
» Emilie, fur qui le foupçon tomboit, & qui en
» effet étoit refponfable de la négligence de la
» jeune veftale, ne trouvant plus de confeil ni de
» reffource dans fon innocence, s'avança en pré-
» fence des prêtres & du refte des vierges, & s'écria
» en tenant l'autel embraffé, O Vefta gardienne
» de Rome, fi pendant trente années j'ai rempli
» dignement mes devoirs, fi j'ai traité tes myftères
» facrés avec un efprit pur, & un corps chafte,
» fecoure-moi maintenant, & n'abandonne point
» ta prêtreffe fur le point de périr d'une manière
» cruelle; fi au contraire je fuis coupable, dé-
» tourne & expie par mon fupplice, le défaftre
» dont Rome eft menacée. Elle arrache en même-
» tems un morceau du voile qui la couvroit; à
» peine l'avoit-elle jetté fur l'autel, que les cen-
» dres froides fe réchauffent, & que le voile fut

» tout enflammé, &c. » Ce ne fut pas là le feul miracle dont l'ordre des *veftales* s'eft prévalu pour la juftification de fes vierges.

Numa qui avoit tiré d'Albe les myftères & les cérémonies des *veftales*, y avoit pris auffi les ordonnances & les loix qui pouvoient regarder cet ordre religieux, ou du moins en avoit confervé l'efprit. Une *veftale* tombée dans le défordre, y devoit expirer fous les verges. Numa déclara également dignes de mort celles qui auroient violé leur pudicité, mais il preferivit une peine différente ; il fe contenta de les faire lapider fans aucune forme ni appareil de fupplice. Sénèque, dans fes controverfes, nous parle d'une *veftale* qui, pour avoir fouillé fa pureté, fut précipitée d'un rocher. Cette *veftale*, felon lui, fur le point d'être précipitée, invoqua la déeffe, & tomba même fans fe bleffer, quelque affreux que fût le précipice, ou plutôt elle ne tomba point, elle en defcendit, & fe retrouva prefque dans le temple.

Malgré cet événement, où la protection de Vefta étoit fi marquée, on ne laiffa pas de la vouloir ramener fur le rocher, & de lui vouloir faire fubir une feconde fois la peine qui avoit été portée contre elle : on traita fon invocation de facrilège : on ne crut pas qu'une *veftale* punie pour le fait d'incontinence, pût nommer la déeffe fans crime : on envifagea cette action comme un fecond incefte ; le feu facré ne parut pas moins violé fur le rocher, qu'il l'avoit été entre les au els : on regarda comme un furcroît de punition qu'elle n'eût pu mourir ; la providence des dieux, en la fauvant, la réfervoit à un fupplice plus cruel ; c'eft en vain qu'elle s'écrie que puifque fa caufe n'a pu la garantir du fupplice, le fupplice du moins doit la défendre contre fa propre caufe. Quelle apparence que le ciel l'eût fecourue fi tard, fi elle eût été innocente ? on veut enfin qu'elle ait violé le facerdoce, fans quoi il feroit permis de dire que les dieux auroient eux-même violé leur prêtreffe.

Parmi les différens avis que Sénèque avoit ramaffés à cette occafion, il n'y en eut que très-peu de favorables à la *veftale*. Mais fi cet exemple de châtiment, dans la bouche d'un déclamateur, ne tire point à conféquence pour établir les efpèces de fupplices qui fervoient à la punition des *veftales*, du moins nous découvre-t-il dans quel efprit, & avec quelle prévention les romains regardoient en elles le crime d'incontinence, & jufqu'où ils pouffoient la févérité à cet égard. Domitien châtie diverfement quelques-unes de ces malheureufes filles ; il laiffa à deux fœurs de la maifon des Océllates, la liberté de choifir leur genre de mort.

C'eft à Tarquin, qui avoit déjà fait quelques changemens dans l'ordre des *veftales*, que l'on rapporte l'inftitution du fupplice dont on les puniffoit ordinairement, & qui confiftoit à les enterrer vives. La terre & Vefta n'étoient qu'une même divinité ;

celle qui a violé la terre, difoit-on, doit être enterrée toute vivante fous la terre.

Quam violavit, in illâ
Conditur, & Tellus Veftaque numem idem eft.

Le jour de l'exécution étant venu, toutes les affaires tant publiques que particulières étoient interrompues, tout la ville étoit dans l'appréhenfion & dans le mouvement ; toutes les femmes étoient éperdues, le peuple s'amaffoit de tous côtés & fe trouvoit entre la crainte & l'efpérance fur les affaires de l'empire, dont il attachoit le bon & le mauvais fuccès au fupplice de la *veftale*, felon qu'elle étoit bien ou mal jugée. Le grand prêtre, fuivi des autres pontifes, fe rendoit au temple de Vefta ; là, il dépouilloit la *veftale* coupable de fes ornemens facrés, qu'il lui ôtoit l'un après l'autre fans cérémonie religieufe, & il lui en préfentoit quelques-uns qu'elle baifoit.

Ultima virgineis tum flens dedit ofcula vittis.

C'eft alors que fa douleur, fes larmes, fouvent fa jeuneffe & fa beauté, l'approche du fupplice, l'efpèce du crime peut-être, excitoient des fentimens de compaffion, qui pouvoient balancer dans quelques-uns les intérêts de l'état & de la religion. Quoi qu'il en foit, on l'étendoit dans une efpèce de bière, où elle étoit liée & enveloppée de façon que fes cris auroient eu de la peine à fe faire entendre, & on la conduifoit dans cet état depuis la maifon de Vefta, jufqu'à la porte Colline, auprès de laquelle, en dedans de la ville, étoit une butte ou éminence qui s'étendoit en long, & qui étoit deftinée à ces fortes d'exécutions ; on l'appelloit à cet effet, le champ exécrable, *agger & fceleratus campus* : il faifoit partie de cette levée qui avoit été conftruite par Tarquin, & que Pline traite d'ouvrage merveilleux, mais dont le terrein, par une bifarrerie de la fortune, fervoit à la plupart des jeux & des fpectacles populaires, auffi-bien qu'à la cruelle inhumation de ces vierges impures.

Le chemin du temple de Vefta à la porte Colline, étoit affez long ; la *veftale* devoit paffer par plufieurs rues, & par la grande place. Le peuple, felon Plutarque, accouroit de tous côtés à ce trifte fpectacle, & cependant il en craignoit la rencontre & fe détournoit du chemin ; les uns fuivoient de loin, & tous gardoient un filence morne & profond. Denys d'Halicarnaffe admet à ce convoi funefte les parens & les amis de la *veftale* ; ils la fuivoient, dit-il, avec larmes, & lorfqu'elle étoit arrivée au lieu du fupplice, l'exécuteur ouvroit la bière, & délioit la *veftale*. Le pontife, felon Plutarque, levoit les mains vers le ciel, adreffoit aux dieux une prière fecrète, qui apparemment regardoit l'honneur de l'empire qui venoit d'être expofé par l'incontinence de la *veftale* ; enfuite il la tiroit lui-même, cachée fous des voiles ; & la menoit jufqu'à l'échelle qui defcendoit dans la foffe où elle devoit être enterrée vive. Alors il la livroit à l'exécuteur, après quoi il lui tournoit le dos, & fe retiroit brufquement avec les autres pontifes.

Cette foffe formoit une efpèce de caveau ou de chambre creufée affez avant dans la terre : on y mettoit du pain, de l'eau, du lait, & de l'huile : on y allumoit une lampe, on y dreffoit une efpèce de lit au fond. Ces commodités & ces provifions étoient myftérieufes, on cherchoit à fauver l'honneur de la religion jufque dans la punition de la *veftale*, & on croyoit par-là fe mettre à portée de pouvoir dire qu'elle fe laiffoit mourir elle-même. Sitôt qu'elle étoit defcendue, on retiroit l'échelle, & alors avec précipitation, & à force de terre, on combloit l'ouverture de la foffe au niveau du refte de la levée.

Sangine adhuc vivo terram fubitura facerdos.

Etoit-elle debout, affife, ou couchée fur l'efpèce de lit dont nous venons de parler ; c'eft ce qui ne fe décide pas clairement. Jufte Lipfe, fur ces paroles, *lectulo pofito*, femble décider pour cette dernière pofition.

Tel étoit le fupplice des *veftales*. Leur mort devenoit un événement confidérable par toutes les circonftances dont elle étoit accompagnée ; elle fe trouvoit liée par la fuperftition à une infinité de grands événemens, qui en étoient regardés comme la fuite. Sous le confulat de Pinarius & de Furius, le peuple, dit Denys d'Halicarnaffe, fut frappé d'une infinité de prodiges que les devins rejettèrent fur les difpofitions criminelles avec lefquelles s'exerçoit le miniftère des autels. Les femmes fe trouvèrent affligées d'une maladie contagieufe, & furtout les femmes groffes ; elles accouchoient d'enfans morts, & périffoient avec leur fruit ; les prières, les facrifices, les expiations, rien n'appaifoit la colère du ciel ; dans cette extrémité, un efclave accufa la *veftale* Urbinia de facrifier aux dieux pour le peuple, avec un corps impur. On l'arracha des autels, & ayant été mife en jugement, elle fut convaincue & punie du dernier fupplice.

Il paroît qu'en recueillant les noms de ces malheureufes filles, qui fe trouvent répandus en différens auteurs, quelque modique que paroiffe ce nombre, on peut s'y réduire avec confiance, & arrêter là fes recherches. Ce n'eft pas qu'on veuille affurer que le nombre des libertines n'ait été plus grand, mais à quelques efclaves près, les délateurs étoient rares, & le caractère des *veftales* trouvoit de la protection.

Voici les noms des *veftales* qui furent condamnées, & que l'hiftoire nous a confervés : Pinaria, Popilia, Oppia, Minutia, Sextilia, Opimia, Floronia, Caparonia, Urbinia, Cornelia, Marcia, Licinia, Emilia, Mucia, Veronilla, & deux fœurs de la maifon des Oceilates. Quelques-unes d'entre-elles eurent le choix de leur fupplice, d'autres le prévinrent, & trouvèrent le moyen de s'évader ou de fe donner la mort. Caparonia fe pendit, au rapport d'Eutrope ; Floronia fe tua cruellement. Ce dernier parti fut pris par quelques uns de ceux qui les avoient débauchées. L'amant d'Urbinia, felon Denys d'Halicarnaffe, n'attendit pas les pourfuites du pontife ; il fe hâta de s'ôter lui-même la vie.

Depuis l'établiffement de l'ordre des *veftales*, jufqu'à fa décadence ; c'eft-à-dire, depuis Numa Pompilius jufqu'à Théodofe, il s'eft paffé, au rapport des chronologiftes, environ mille ans. L'efprit embraffe facilement ce long efpace de tems, & le même coup d'œil venant à fe porter fur tous les fupplices des *veftales*, & à les rapprocher en quelque forte les uns des autres, en fe forme une image effrayante de la févérité des romains à cet égard ; mais en examinant les faits plus exactement, & en les plaçant chacun dans leur tems, peut-être étoit-ce beaucoup fi chaque fiècle fe trouvoit chargé d'un événement fi terrible, dont l'exemple ne fe renouvella vraifemblablement que pour fauver encore aux yeux du peuple, l'honneur des loix & de la religion.

L'ordre des *veftales* étoit monté du tems des empereurs au plus haut point de confidération où il pût parvenir ; il n'y avoit plus pour elles qu'à en defcendre par ce droit éternel des révolutions qui entraînent les empires & les religions.

Le chriftianifme qui avoit long-tems gémi fous les empereurs attachés au culte des dieux, devint triomphant à fon tour. La religion monta, pour ainfi dire, fur le trône avec les fouverains, & le zèle qu'elle leur infpira, fuccéda à celui qui avoit animé contre elle leurs prédéceffeurs : on fe porta par degrés à la deftruction de l'idolatrie : on ne renverfa d'abord que certains temples : on interrompit enfuite les facrifices, l'auguration, les dédicaces, & enfin on mutila les idoles qui avoient été les plus refpectées.

L'honneur du paganifme n'étoit plus qu'entre les mains des *veftales* ; un préjugé antique fondé fur une infinité de circonftances fingulières, continuoit à en impofer de leur part ; le refpect des dieux s'affoibliffoit, & la vénération pour la perfonne des *veftales* fubfiftoit encore : on n'ofoit les attaquer dans l'exercice de leurs myftères ; le fénat ne fe fût pas rendu volontiers aux intentions du prince, il fallut le tâter long-tems, & les préparer par quelque entreprife d'éclat.

Sous l'empire de Gratien, les *veftales* n'attendirent plus de ménagement de la part des chrétiens, quand elles virent que ce prince avoit démoli l'autel de la victoire, qu'il fe fut faifi des revenus deftinés à l'entretien des facrifices, & qu'il eut aboli

les

les privilèges & les immunités qui étoient attachés à cet autel ; elles crure t bien qu'il n'en demeure- roit pas là. L'événement justifia leur crainte, Gra- tien cassa leurs privilèges ; il ordonna que le fisc se saisiroit dès terres qui leur é oient léguées par les testamens des particuliers. La rigueur de ces ordon na ces leur étoit commune avec tous les autr s ministres de l'ancienne religion: Ceux des sénateurs qui étoi nt encore attachés au paganisme , en mur- murèrent pu liquement ; ils voulurent porter leurs plaintes u nom du sénat: Symmaque fut député vers l'empereur , mais on lui refusa l'audience ; il fut obligé de s'en ten r à une requête très-bien dres- sée, dont S. Ambroise empêcha le succès.

A peine les ordonnances de Gratien contre les prêtresses de Vesta, avoient-elles été exécutées, que Rome se trouva affligée de la famine. On ne manqua pas de l'attribuer à l'abolition des privilèges des vestales ; les pères s'appliquèrent à combattre les raisonnemens qu'on fit à cet ég rd , & vinrent à bo t d'éluder les remontrances de Symmaque. Il esa noblement représento aux empereurs qu'il y auroit plus de décence pour eux à prendre sur le fisc , que les dépouilles de e nemis ; que sur la sub sistance des vestales ; mais toutes ces représentations ne servirent qu'à montrer une fermeté dangereuse dans un homme tel que lui. Il sentoit bien qu'on vouloit perdre les vestales ; elles étoient prêtes à se rédui e au titre seul de leurs privilèg s, & à accepter les plus dures conditio s , pourvu qu'on les laissât libres dans leurs mystères.

L'opposition des nouveaux établissemens qui pa- roissoient ne vouloir se maintenir que par la singu- larité des vertus, entraînoit insensiblement le goût du peuple , & le détachoit de toute autre considé- ration. L'am ition , & peut-être encore auri sacra fames , achevèrent les progrès de la religion chré- tienne. Les dépouilles des ministres de l'ancienne religion, étoient devenues des objets très-considé- rables , de sorte qu'au rapport d'Ammien Marcel- lin , le luxe des nouveaux pontifes égala bie tô l'opulence des rois.

Sous le régne de Théodose & sous celui de ses enfan , on porta le dernier coup au sacerdoce payen par la confiscation des re e us. La disposition qui en fut faite , est clairement énoncée dans u e des consti- titutions impérial s , où Théodose & Honorius joignent à leur domaine tous les fonds destinés à l'entretien des sacrifices , confirment les particuliers dans les dons qui leur ont été faits , tant par eux- mêm s , que par leurs prédécesseurs , & assurent a l'église chrétienne la possession des biens qui lui avoi nt été accordés par des arrêts.

Les vestales traînèrent encore quelque tems dans l'indigence & dans la douleur , les débris de leur considération.

L'ordre s'en étoit établi dès la fondation de Rome ;
Histoire Tome V.

l'accroissement de ses honneurs avoit suivi le progrès de la puissance romaine ; il s'étoit maintenu pen- dant long-tems avec dignité, sa chû e même eut quelque chose d'illu re. Elle fut le prélude de la ruine & de la disperfion de la plus célèbre nation du monde , comme si les destinées eussent réglé le cours de l'un par la durée de l'autre , & que le feu sacré de Vesta eût dû être reg rdé comme l'ame de l'empire romain.

Il est vrai que nous avons dans le christianisme plusieurs fil es vierges nommées *religieuses* , & qui sont conf crées au service de Dieu ; mais aucun de leurs ordres ne répond à celui des *vestales* : la diffé- re ce à tous égards est bien démontrée.

Nos religieuses, détenues dans des couvens , for- ment u e classe de vierges des plus nombr uses ; elles sont pauvres , recluses , ne vont point dans le mo de , ne sont point dotées, n'héritent, ne dispo- sent d'aucun bien , ne jouissent d'aucune distinction personnelle , & ne peuve t enfin ni se marier , ni changer d'état.

L'ordre des *vestales* de t ut l'empire romain n'é- toit composé que de six vierges. Le souverain pon- tife se montr it fort difficile dans leur réception ; & comme il falloit qu'elles n'eussent point de dé- faut naturel , le choix t mboit conséquemment sur les jeunes filles douées de quelque beauté. Riche- ment dotées des deniers publics , elles étoient encore maj ures avant l'âge ordinaire , habiles à succéder , & pouvoient rest de la dot qu'elles avoient appor- tées à la maison.

Elles sortoient nécessairement de l'ordre avant l'âge de 40 ans , & avoient alors la liberté de se ma- rier. Pendant leur tat de *vestale* , elles n'avoient d'autres s ins que de garder jour-à-tour le feu de Vest ; & cette g rde ne les génoit guère. Leurs fêtes étoient aut nt de jours de triomphe. Elles vivoient d'ailleurs dans le grand monde avec magni- ficence. Elles é oient placées avec la première dis- tinction , à toutes les espèces de jeux publics , & le sénat cru honorer Liv e de lui d nner rang dans le banc des *vestales* , toutes les fois qu'elle assisteroit aux spectacles.

Aucune d'elles ne montoit au capitole qu'en une litière , au nombreux cortège de leurs femmes & de leurs esclaves. Rien ne toucha davantage Agrippine que la permission qu'elle obtint de Né- ron , de jouir de la même grace. En un mot, nos religieuses n'ont aucun des honneurs mondains dont les *vestales* étoient comblées. Continuons de le prouver par de nouveaux faits qui couronnent cet article.

Une statue fut déférée à la *vestale* S iffétia ; pour un champ dont elle gratifia le peuple , avec cette circonstance , que la statue seroit mise dans le lieu qu'elle choisiroit elle - même : prérogative qui ne fut accordée à aucune autre femme.

T t t

Les *vestales* étoient employées dans les médiations les plus délicates de Rome, & l'on déposoit entre leurs mains les choses les plus saintes. Leur seule entremise reconcilia Sylla à César; ce qu'il avoit refusé à ses meilleurs amis, il l'accorda à la prière des *vestales*. Leur sollicitation l'emporta sur ses craintes, & sur ses pressentimens mêmes. « Sylla, dit Suétone, soit par inspiration, soit par conjecture, après avoir pardonné à César, s'écria devant tout le monde, qu'on pouvoit s'applaudir de la grace qu'on venoit de lui arracher, mais que l'on sût au moins que celui dont on avoit si fort souhaité la liberté, ruineroit le parti des plus puissans de Rome, de ceux mêmes qui s'étoient joints avec les *vestales* pour parler en sa faveur; & qu'enfin dans la personne de César, il s'élevoit plusieurs Marius ».

Une si grande déférence pour les *vestales* dans un homme tel que Sylla, & dans un tems de troubles, où les droits les plus saints n'étoient point à l'abri de la violence, renchérissoit en quelque sorte sur cet extrême respect des magistrats pour les *vestales*, devant lesquelles, comme je l'ai remarqué, ils avoient accoutumé de baisser les faisceaux. Cet esprit d'injustice & de cruauté qui régna dans les proscriptions, respecta toujours les *vestales*; le génie de Marius & de Sylla, trembloit devant ce petit nombre de filles.

Elles étoient dépositaires des testamens & des actes les plus secrets; c'est dans leurs mains que César & Auguste remirent leurs dernières volontés. Rien n'est égal au respect religieux qui s'étoit généralement établi pour elles. On les associoit, pour ainsi dire, à toutes les distinctions faites pour honorer la vertu. Elles étoient enterrées dans le dedans de la ville, honneur rarement accordé aux plus grands hommes, & qui avoit produit la principale illustration des familles Valeria & Fabricia.

Cet honneur passa même jusqu'à ces malheureuses filles qui avoient été condamnées au dernier supplice. Elles furent traitées en cela comme ceux qui avoient mérité l'honneur du triomphe. Soit que l'intention du législateur eût été telle, soit que le concours des circonstances eût favorisé cet événement, on crut avoir trouvé dans le genre de leur mort, le moyen de concilier le respect dû à leur caractère, & le châtiment que méritoit leur infidélité. Ainsi, la vénération qu'on leur portoit, survivoit en quelque sorte à leur supplice. En effet, il étoit suivi d'une crainte superstitieuse, laquelle donna lieu aux prières publiques qui se faisoient tous les ans, sur leurs tombeaux, pour en appaiser les ombres irritées. (*Le chevalier* DE JAUCOURT.)

VESTRY, (*Hist. mod. d'Angl.*) c'est le nom qu'on donne à l'assemblée des marguilliers & autres principaux paroissiens qui s'assemblent dans la sacristie, pour y décider, & y régler tout ce qui concerne les ornemens, les réparations & les changemens qu'il convient de faire dans les églises dont ils sont membres. (*D. J.*).

VÉTÉRAN, (*Art milit. des Romains.*) soldat qui avoit fini son tems de service : ce tems marqué par les loix romaines, étoit depuis dix-sept ans jusqu'à quarante-six, & chez les Athéniens jusqu'à quarante ans; un soldat *vétéran* est appelé dans les auteurs latins *miles veteranus*.

L'usage de ce mot ne s'est introduit que vers la fin de la république; mais son origine doit être rapportée à la première distribution que Servius Tullius fit du peuple romain en classes & en centuries, & où il distingua les centuries des vieillards, de celles des jeunes gens; il appella les compagnies qu'il forma des uns, *centuriæ juniorum*, & celles qu'il forma des autres, *centuriæ seniorum*. Ceux-ci, qui étoient de vieux soldats, furent destinés à la garde de la ville; au lieu que le partage des autres étoit d'aller chercher l'ennemi, & de lui porter la guerre dans son propre pays : cette disposition subsista fort long-tems.

Après que les Romains eurent reculé leurs frontières, les vieux soldats qui, dans les commencemen défendoient les murs & les environs de Rome, furent employés à la garde du camp, pendant que la jeunesse combattoit en pleine campagne; ou s'il s'agissoit d'une action générale, ils étoient à la troisième ligne sous le nom de *triarii*.

Le peuple romain s'étant fort multiplié, & réussissant toujours dans les guerres qu'il portoit au-dehors, l'amour de la patrie & la gloire du service militaire, fournissoient des hommes au-delà du besoin; & il n'y avoit rien qui s'accordât plus aisément par les magistrats, que la dispense d'aller à la guerre, & le congé d'en revenir.

Alors les soldats qui avoient servi quelques années, étoient appelés *veteres*, anciens, non pour avoir fait un certain nombre de campagnes, mais pour n'être pas confondus avec ceux qui ne faisoient que d'entrer dans le service, & qui étoient appellés par les Latins, *novitii*, *tirones*. Quand les historiens, long-tems après même, parlent des vieilles troupes, ils le font encore dans les mêmes termes, & confondent *veteres*, & *veterani*. Le nom de *vétéran* n'emportoit alors ni dispense bien marquée, ni avantage bien considérable.

Dans la suite tous les Romains furent obligés de servir pendant un nombre déterminé de campagnes, après lesquelles ils étoient décorés *vétérans*, & ne pouvoient être contraints à reprendre les armes que dans les plus pressans besoins de la république.

Mais l'amour du butin, les liaisons d'amitié, les relations de dépendance ou de clientelle, les espérances de protection, la reconnoissance des bienfaits, les follicitations des commandans, rappelloient fouvent les *vétérans* du fein de leur retraite aux armées, & leur faifoient entreprendre encore plufieurs campagnes de furérogation. Ces *vétérans* qui reprenoient ainfi le métier de la guerre, font appellés par les écrivains du bon fiècle, *avocati*; ils avoient leurs étendarts & leurs commandans particuliers.

Les récompenfes des *vétérans* étoient peu de chofe dans les premiers tems de la république romaine: ce n'étoit que quelques arpens de terre dans un pays étranger, qui fous le nom de *colonie*, éloignoient un homme pour toujours de la vue de fa patrie, de fa famille, & de fes amis. Auffi étoit-ce un préfent qui ne fe faifoit pas moins à ceux qui n'étoient jamais fortis de Rome, & qui n'avoient jamais ceint le baudrier, qu'à ceux qui avoient dévoué toute leur jeuneffe à la défenfe ou à la gloire de l'état; mais enfin, les récompenfes des *vétérans* devinrent immenfes. Tibérius Gracchus, leur fit diftribuer les tréfors d'Attale, qui avoit nommé le peuple romain fon héritier. Augufte voulut fe les concilier, fit un réglement pour affurer leur fortune par des récompenfes pécuniaires; & prefque tous fes fucceffeurs augmentèrent leurs privilèges. (*D. J.*)

On donne encore aujourd'hui en France le nom de *vétérans* aux officiers qui ont rempli un pofte pendant vingt ans, & qui jouiffent des honneurs & des privilèges attachés à leur charge, même après qu'ils s'en font démis.

Un confeiller *vétéran* ou honoraire a voix ou féance aux audiences; mais non pas dans les procès par écrit. Un fecrétaire du roi acquéroit par la vétérance le droit de nobleffe pour lui & fes enfans. Quand au bout de vingt ans de poffeffi d'une charge, on veut en conferver les privilèges, i faut obtenir des lettres de vétérance. (*Art. reflé.*)

VETO, (*Hift. rom.*) formule célèbre conçue en ce feul mot, & qu'employoit tout tribun du peuple, lorfqu'il s'oppofoit aux arrêts du fénat, & à tout acte des autres magiftrats.

C'étoit un obftacle invincible à toute propofition, que l'oppofition d'un feul tribun, dont le pouvoir & le privilège à cet égard confiftoit en ce feul mot latin veto, je l'empêche; terme fi puiffant dans la bouche de ces magiftrats plébéïens, que fans être obligés de dire les raifons de leur oppofition, il fuffifoit pour arrêter également les réfolutions du fénat, & les propofitions des autres tribuns.

La force de cette oppofition étoit fi grande, que quiconque n'y obéiffoit pas, fût il même conful, pouvoit être conduit en prifon; ou fi le tribun n'en avoit pas la force, il le citoit devant le peuple comme rébelle à la puiffance facrée; & cette rébellion paffoit pour un grand crime. (*Voyez* TRIBUN *du peuple.*) (*Gouvern. rom.*) (*D. J.*)

VÉTRANION, (*hift. rom.*) général des armées romaines, fous l'empire de Conftance, fils de Conftantin, forte aimé des foldats, fut revêtu, par fon armée, de la pourpre impériale, à Sirmium ou Sirmick, dans la Pannonie, le premier mai de l'an 350 de J. C. Conftance marcha contre lui; les armées étant en préfence & prêtes à s'attaque, les deux concurrens, d'un commun accord, remirent la décifion de cette affaire au jugement de leurs foldats. Conftance & *Vétranion* montèrent fur le même trône, & s'affirent à côté l'un de l'autre, revêtus des ornemens impériaux & fans armes; leurs foldats rangés autour d'eux, tenant l'épée nue à la main, écoutoient attentivement. Conftance parla, dit-on, avec tant de force & de dignité, que les troupes, entraînées par fon éloquence, le proclamèrent feul empereur, & obligèrent, *Vétranion* de defcendre du trône, de dépouiller la pourpre, & de la remettre à Conftance. Il paroît qu'il confentit fans peine à fon abdication, & que l'ambition avoit peu d'empire fur fon ame. On lui donna des grands biens avec lefquels il vécut heureux, fans regretter le rang fuprême. Il avoit régné fix mois; il vécut fix ans paifible dans fa retraite à Prufe en Bithynie. Il entendoit la guerre, à l'avoir faite toute fa vie; d'ailleurs fon éducation avoit été fi negligée, que pour pouvoir figner fon nom, lorfqu'il fut élevé à l'empire, il fut obligé d'apprendre à écrire.

VETURIE, (*hift. rom.*) *Voyez* CORIOLAN.)

VEXILLUM, (*Art milit. des Romains.*) les Romains fe fervoient indifféremment des mots *fignum* & *vexillum*, pour défigner toutes fortes d'enfeignes, néanmoins le mot *vexillum* dénotoit 1°. d'une manière expreff, les enfeignes des troupes de cavalerie, que nous nommons dans notre langue *étendarts*, *guidons*, *cornettes*; 2°. il défignoit encore les enfeignes des troupes fournies par les alliés de Rome; 3°. il fe trouve quelquefois employé pour exprimer les enfeignes de l'infanterie romaine. (*D. J.*)

VEZINS. (*hift. de Fr.*) Il faut donner des éloges à la générofité de ce farouche Vefins ou *Vezins*, lieutenant de roi du Quercy, qui fe trouvant à Paris dans le tems de la faint Barthélemy, &, voyant le proteftant Viguières, fon ennemi, expofé, dans cette capitale, au fer des affaffins, va le prendre chez lui à main armée, le mène avec un filence effrayant jufqu'au fond du Quercy, l'y laiffe étonné de fe trouver dans fa propre maifon, en liberté, en fûreté; rejette les témoignages de fon admiration, de fa reconnoiffance, & le quitte en lui difant: « j'ai fait » ce que j'ai dû, fais ce que tu voudras: tu peux

» à ton choix rester mon ennemi ou devenir mon » ami »; le choix n'étoit plus libre, Viguières étoit désarmé. Cette action de Vesins, même avec les manières dures qui la déparent, forme le contraste le plus parfait avec la conduite de Catherine de Médicis, qui poignardoit en caressant.

VIAUD, (*Voyez* THÉOPHILE.)

VIBIUS SEQUESTER, (*hist. litt. anc.*) ancien auteur, adresse à Virgilien, son fils, son dictionnaire géographique, qu'on trouve imprimé avec Pomponius Mela, & dont il y a aussi des éditions séparées.

VIC. (Dominique de & Méri de) (*hist de Fr.*) Dominique de *Vic* fut le plus tendre ami de Henri IV, & ce sentiment seul suffiroit pour le rendre recommandable, indépendamment même des preuves singulières qu'il lui en donna, preuves telles que les meilleurs rois ne peuvent les attendre des plus fidèles sujets, & qu'Henri IV seul peut-être sembloit pouvoir les obtenir. Dominique avoit eu, en 1586, le gras de la jambe emporté d'un coup de fauconneau. Sa blessure le mettant hors d'état de monter à cheval sans des douleurs insupportables, il quitta malgré lui le service, & se retira dans ses terres en Guyenne, comptant avoir payé la dette à son pays. L'amitié vint lui montrer d'autres devoirs à remplir. Au bout de trois ans il apprend la mort de Henri III, l'embarras où se trouve Henri IV, le besoin qu'il a de tous ses bons serviteurs, de tous ses vrais amis; il prend son parti, se fait couper la jambe, & vient, avec une jambe de bois, offrir à Henri IV ses généreux services. Il le servit très-utilement; ce fut lui qui, en 1591, fit manquer l'entreprise que le chevalier d'Aumale avoit formée sur Saint-Denis, il le repoussa vigoureusement, & le chevalier d'Aumale fut tué dans cette occasion. De *Vic* eut la douleur de survivre à Henri IV; mais il ne pouvoit lui survivre long-tems, passant deux jours après l'assassinat de ce prince, à la vue de la Féronnerie, la vue du lieu où l'attentat s'étoit commis, le pénétra tellement d'horreur & de douleur, qu'il tomba comme mort sur la place, & qu'il mouru en effet le surlendemain 14 août 1610. Il étoit gouverneur d'Amiens & de Calais, & vice-amiral; il avoit dans ses gouvernemens une étiquette qui n'étoit pas celle de tout le monde, mais qui convient peut-être à une homme public. Il mettoit le talent & la probité sur la même ligne que le rang & la qualité; il s'informoit avec soin des marchands & des artisans qui se distinguoient dans leur profession; il alloit leur rendre visite & les admettoit à sa table.

Méri de Vic d'Ermenonville, frère de Dominique, fut fait garde-des-sceaux à la mort du connétable de Luynes qui avoit réuni les sceaux à tous ses

autres emplois. De *Vic* ne les garda pas long-tems; il mourut en 1622.

Dominique & Méri de *Vic* étoient seigneurs de ce château d'Ermenonville, dont les jardins, devenus depuis un des chefs-d'œuvres du genre irrégulier en France, renferment le tombeau de cet illustre & malheureux Rousseau, qui haïssoit tant les hommes, qui aimoit tant les femmes, & qui se défioit de l'univers entier. Il finit par préférer à tout, ce séjour solitaire, intéressant, favorable à la mélancolie, que des déserts semblent séparer du reste du monde; il y a passé ses derniers jours, il y est mort, & il semble y respirer encore dans ces nombreuses inscriptions dont il est ou l'auteur ou l'objet. Il pouvoit dire comme Horace :

age, jam meorum
Finis amorum.
Ille terrarum mihi præter omnes
Angulus ridet..........

         ibi tu calentem
Debitâ spargens lacrimâ favillam
Vatis amici.

VIC, (Dom Claude de) (*hist. litt. mod.*) bénédictin de la congrégation de Saint-Maur, fut associé à dom Vaissette, dans la composition de l'histoire du Languedoc, il eut part au premier volume, le seul qui fût imprimé lorsqu'il mourut à Paris, en 1734. On a de lui une traduction latine de la vie de dom Mabillon, composée par dom Ruinart.

VICAIRES DES ELECTEURS. (*Voyez* ci-après à la fin de l'article des *vicaires* de l'empire.

VICAIRES DE L'EMPIRE, sont des princes qui représentent l'empereur d'Allemagne, & qui exercent ses fonctions en cas d'absence ou autres empêchemens, ou après sa mort en cas d'interrègne.

Anciennement les empereurs & les rois des romains nommoient ces *vicaires*, dont la fonction n'étoit qu'à vie, & quelquefois même limitée à un certain tems & à une certaine étendue de pays.

Mais par succession de tems, cette dignité & fonctions sont devenues héréditaires.

La fonction des *vicaires de l'empire* n'a lieu que quand il n'y a pas de roi des romains; en effet, le roi des romains, lorsqu'il y en a un, est le *vicaire* général & perpétuel de l'empire.

Il y a trois autres princes qui, au défaut du roi des romains, exercent les fonctions de *vicaire* de l'empire, favoir l'électeur Palatin, l'électeur de Bavicre, & l'électeur de Saxe ; mais les deux premiers n'ont entr'eux deux qu'un même vicariat qu'ils font convenus d'exercer alternativement.

Le vicariat de Baviere ou du Palatin s'étend dans la Souabe, la Francenie, la Baviere & tous les pays où passe le Rhin, & dans les provinces d'Italie & autres qui font foumifes à l'empire.

Le vicariat de Saxe comprend les provinces où le droit faxon est obfervé ; les duchés de Brunfwick & de Lunebourg, de Poméanie & de Meckelbourg & de Brême, & tous les autres pays fitués dans les cercles de la haute & baffe Saxe, quoique le droit commun y foit en ufage.

Les vicaires de l'empire exercent leur pouvoir chacun féparément dans les provices de leur diftrict, fi ce n'est dans la chambre impériale de Wetzlar où l'on met dans les actes les noms de deux vicaires enfemble, à caufe que la juftice y eft adminiftrée au nom de tous les états de l'empire.

Les vicaires de l'empire font la fonction des anciens comtes palatins qui adminiftroient la juftice dans l'empire au nom de l'empereur ; favoir le comte palatin du Rhin, & le comte palatin de Saxe.

Leurs principales fonctions confiftent à nommer aux bénéfices, dont la nomination appartient à l'empereur, préfenter aux chapitres des églifes cathédrales ou collégiales, & aux abbayes, des perfonnes capables pour remplir la première chanoinerie ou dignité vacante, ce qu'on appelle en Allemagne droit de premières prières, & qui revient à-peu-près à ce qu'on appelle en France, droit de joyeux avénement.

Ce font eux aufli qui adminiftrent les revenus de l'empire, & qui en difpofent pour les affaires publiques, ils reçoivent les foi & hommage des vaffaux de l'empire, donnent l'inveftiture des fiefs, excepté des principautés & autres grands états dont l'inveftiture eft réfervée à l'empereur feul, lequel à fon avénement confirme tout ce que les vicaires ont fait pendant l'interregne ; néanmoins ceux qui ont fait la foi & hommage à un des vicaires de l'empire, font obligés de la renouveller à l'empereur.

Le roi de Bohème, l'électeur de Baviere, ceux de Saxe, de Brandebourg & le comte Palatin, ont aufli chacun des vicaires héréditaires pour les grandes charges de la couronne impériale, qui font attachées à leur électorat. Ces vicaires font les fonctions en la place de ceux qu'ils repréfentent à l'exclufion de leurs ambaffadeurs ; ils

font inveftis de ces vicairies par l'empereur. Voyez Heifl. hift. de l'empire, Ducange, glofl. lat. la Martiniere. (A. R.)

VICE, (hift. mod.) eft un terme qui entre dans la compofition de plufieurs mots, pour marquer le rapport de quelque chofe ou de quelque perfonne qui en remplace une autre.

En ce fens, vice eft un mot originairement latin, dérivé de vices que les romains joignoient avec le verbe gerere, pour exprimer agir au lieu ou à la place d'un autre.

VICE-AMIRAL, eft en Angleterre un des trois principaux officiers des armées navales du roi, lequel commande la feconde efcadre, & qui arbore fon pavillon fur le devant de fon vaiffeau, qui porte aufli le nom de vice-amiral. Nous avons en France deux vice-amiraux, l'un du ponant, & l'autre du levant ; le premier commande fur l'Océan, & l'autre fur la Méditerranée. Ils font fupérieurs à tous les autres officiers généraux de la marine, & fubordonnés à l'amiral.

VICE-CHAMBELLAN, nommé aufli fous-chambellan dans les anciennes ordonnances, eft un officier de la cour immédiatement au-deffous du lord chambellan, en l'abfence duquel il commande aux officiers de la partie de la maifon du roi qu'on appelle la chambre au premier.

VICE-CHANCELIER d'une univerfité, eft un membre diftingué qu'on élit tous les ans pour gouverner les affaires en l'abfence du chancelier, dans les univerfités d'Angleterre. On l'appelle dans celle de Paris, fous-chancelier, & fa fonction eft de donner le bonnet aux docteurs & aux maîtres-ès-arts, en l'abfence du chancelier.

VICE-DOGE, eft un confeiller ou fénateur, noble vénitien, qui repréfente le doge, lorfque celui-ci eft malade ou abfent ; & qu'on choifit afin que la république ne demeure jamais fans chef. Mais ce vice-doge n'occupe jamais le fiège ducal, ne porte point la couronne, & n'eft point traité de férénifftme. Cependant des miniftres étrangers en haranguant le corps des fénateurs, donnent au vice doge le titre de prince férénifftme. Il fait toutes les fonctions du doge, & répond aux ambaffadeurs en demeurant couvert, comme le chef de la république.

VICE-GÉRENT, eft un vicaire, un député, un lieutenant. En France nous avons des vices-gérents dans les officialités ; ce font des eccléfiaftiques choifis par l'évêq & pour servir à la place de l'official en cas d'abfence ou de maladie.

VICE-ROI eft le gouverneur d'un royaume, qui

y commande au nom du roi avec une autorité souveraine. Dans le tems que Naples & la Sicile étoient soumises à l'Espagne, elle y envoyoit des *vice-rois*. La cour de Vienne, lorsqu'elle étoit en possession de ces pays, les gouvernoit aussi par des *vice-rois*. Le gouverneur général d'Irlande a le titre de *vice roi*; & l'Espagne la donne aussi à ceux qui gouvernent en son nom le Mexique & le Pérou.

VICE-SEIGNEUR est un vicomte, un shérif, ou un vidame.

VICENTE, (Gilles) (*Hist. litt. mod.*) poëte comique portugais, du onzième siècle. On le regarde comme le Plaute du Portugal. Il a servi de modèle à Lopez de Véga & à Quevedo. On dit qu'Érasme apprit le portugais tout exprès pour lire les ouvrages de *Vicente*. Ses fils, qui étoient aussi poëtes, publièrent ses ouvrages en 1562.

VICOMERCATO, (*Hist. litt. mod.*) professeur en philosophie grecque & latine, au collège royal, & le seul professeur en ce genre, qu'offre le règne de François I. Du Boulay, dans l'histoire de l'université; Duval, dans l'histoire du collège royal; Piganiol de la Force, dans la description de Paris; disent qu'il ne fut nommé que par Henri II, ce qui prouve qu'ils n'ont pas connoissance des lettres du mois de mars 1545, par lesquelles François I donne aux professeurs royaux, le droit de *Committimus*. Ces lettres contiennent les noms de tous les professeurs qui composoient alors le collège royal, & *Vicomercato* y est expressément nommé. Ils n'ont point eu non plus connoissance des remerciemens que fait *Vicomercato* lui-même, à Du Chatel, le 7 mars 1543, d'avoir engagé François I à instituer, pour lui, la chaire qu'il occupe. *Vicomercato* étoit né à Milan; il avoit professé la philosophie à Pavie & à Padoue. C'étoit un grand péripatéticien, aussi fut-il peu favorable à Ramus dans son procès contre Aristote. Presque tous les ouvrages de *Vicomercato* sont des commentaires sur ce philosophe.

VICOMTE, (*Histoire ancienne & moderne*) *vice-comes*, signifie en général celui qui tient la place de comte, *quasi vice comitis, seu vicem comitis gerens*.

Quoique le titre de comte fût usité chez les romains, & que quelques auteurs comparent les *vicomtes* à ces commissaires ou députés que chez les romains on appelloit *legati proconsulum*, il est certain néanmoins que l'on ne connoissoit point chez eux le titre de *vicomte*, lequel n'a commencé à être usité qu'en France.

Les comtes des provinces avoient sous eux les comtes des villes: par exemple, le comte de Champagne avoit pour pairs les comtes de Joigny,

Rethel, Brienne, Portien, Grandpré, Roucy, & Braine; quelques-uns y ajoutent Vertus.

Ces comtes des villes n'étoient point qualifiés de *vicomtes*.

Il y avoit cependant certaines provinces où le comte avoit sous lui, soit dans la ville capitale, soit dans les principales villes de son gouvernement, des *vicomtes*, au lieu de comtes particuliers, comme le comte de Poitiers; ce comté étant composé de quatre *vicomtés*, qui sont Châtelleraut, Thouars, Rochechouart, & Brasse.

Il y a encore beaucoup de seigneuries qui ont le titre de *vicomtés*, & principalement en Languedoc, en Guyenne, & ailleurs.

Les comtes qui avoient le gouvernement des villes, étant chargés tout-à-la-fois du commandement des armées & de l'administration de la justice, & étant par leur état beaucoup plus versés dans l'art militaire que dans la connoissance des lettres & des loix, se déchargeoient des menues affaires de la justice sur des vicaires ou lieutenans que l'on appelloit *vicomtes* ou *viguiers*, *quasi vicarii*; & aussi *châtelains*, selon l'usage de chaque province.

Il y a apparence que l'on donna le titre de *vicomte* singulièrement à ceux qui tenoient dans les villes la place du comte, soit que ces villes n'eussent point de comte particulier, soit que les comtes de ces villes n'y fissent pas leur demeure ordinaire, ou enfin pour suppléer en l'absence & au défaut du comte; aussi ces sortes de *vicomtes* tenoient-ils à-peu-près le même rang que les comtes, & étoient beaucoup plus que les autres vicaires ou lieutenans des comtes que l'on appelloit *viguiers*, *prévôts*, ou *châtelains*.

De ces *vicomtes*, les uns étoient mis dans les villes par le roi même, comme gardiens des comtés, soit en attendant qu'il y eût un comte, soit pour y veiller indéfiniment en l'absence & au défaut du comte qui n'y résidoit pas; les autres étoient mis dans les villes par les ducs ou comtes de la province, comme dans toutes les villes de Normandie, où il y eut des *vicomtes* établis par les ducs.

L'institution des *vicomtes* remonte jusqu'au tems de la première race; il en est fait mention dans le chap. xxxvj. de la loi des allemands, laquelle fut, comme l'on sait, publiée pour la première fois, par Thierry ou Théodoric, fils de Clovis, & roi de Metz & de Thuringe; ils y sont nommés *missi comitum*, parce que c'étoient des commissaires nommés par les comtes pour gouverner en leur place, soit en leur absence, soit dans les lieux où ils ne résidoient pas: on les surnommoit *missi, comitum*, pour les distinguer des commissaires envoyés directement par le roi dans les provinces &

grandes villes que l'on appelloit *missi dominici*. Dans la loi des Lombards ils sont nommés *ministri comitum* ; ils tenoient la place des comtes dans les plaids ordinaires & aux grandes assises ou plaids généraux, appellés *mallum publicum*.

Dans les capitulaires de Charlemagne, ces mêmes officiers sont nommés *vicarii comitum*, comme qui diroit *lieutenans de comtes* ; ils étoient au-dessus des centeniers.

On les appella aussi *vice comites*, d'où l'on a fait en françois le titre de *vicomtes*.

Ils étoient d'abord élus par les comtes mêmes, le comte de chaque ville étoit obligé d'avoir son *vicomte* ou lieutenant, & comme le pouvoir du comte s'étendoit non-seulement dans la ville, mais aussi dans tout le canton ou territoire dépendant de cette ville, le pouvoir que le *vicomte* avoit en cette qualité s'étendoit aussi dans la ville & dans tout son territoire.

Cependant en général la compétence des comtes étoit distincte de celle de leurs *vicomtes* ou lieutenans : les premiers connoissoient des causes majeures, les *vicomtes* jugeoient en personne les affaires légères ; de-là vient sans doute qu'encore en plusieurs lieux, la justice vicomtière ne s'entend que de la moyenne justice, & qu'en Normandie les juges appellés *vicomtes*, qui tiennent la place des prévôts, ne connoissoient pas des matieres criminelles.

Mais en l'absence ou autre empêchement du comte, le *vicomte* tenoit les plaids ordinaires du comte, & même présidoit aux plaids généraux.

La fonction du comte embrassant le gouvernement & le commandement militaire aussi bien que l'administration de la justice, celle du *vicomte* s'étendoit aussi à tous les mêmes objets au défaut du comte.

Vers la fin de la seconde race, & au commencement de la troisième, les ducs & comtes s'étant rendus propriétaires de leurs gouvernemens, qui n'étoient auparavant que de simples commissions, les *vicomtes* à leur exemple firent la même chose.

Les offices de *vicomtes* furent inféodés, de même que les offices de ducs, de comtes, & autres ; les uns furent inféodés par le roi directement, les autres sous-inféodés par les comtes.

Les comtes de Paris qui avoient sous eux un prévôt pour rendre la justice, avoient aussi un *vicomte* ; mais pour un objet différent ; ils sous-inféoderent une partie de leur comté à d'autres seigneurs qu'on appella *vicomtes*, & leur abandonnèrent le ressort sur les justices enclavées dans la *vicomté*, & qui ressortissoient auparavant à la prévôté. Une des fonctions de ces *vicomtes*, étoit de commander les gens de guerre dans le vicomté, droit dont

le prévôt de Paris jouit encore en partie, lorsqu'il commande la noblesse de l'arrière-ban.

Le *vicomté* de Paris avoit aussi son prévôt pour rendre la justice dans le vicomté ; mais on croit que s'il exerçoit la justice, c'étoit militairement, c'est-à-dire, sur le champ, & par rapport à des délits qui se commettoient en sa présence ; dans la suite la vicomté fut réunie à la prévôté.

Présentement en France, les *vicomtes* sont des seigneurs dont les terres sont érigées sous le titre de *vicomté*.

En Normandie les *vicomtes* sont des juges subordonnés aux baillifs, & qui tiennent communément la place des prévôts. Loiseau prétend que ces *vicomtes* sont les juges primitifs des villes ; mais Basnage fait voir qu'en Normandie, comme ailleurs, les comtes furent les premiers juges, qu'ils avoient leurs *vicomtes* ou lieutenans, & que quand les comtes cesserent de faire la fonction de juges, les ducs de Normandie établirent à leur place des baillifs, auxquels les *vicomtes* se trouvèrent subordonnés de même qu'ils l'étoient aux comtes ; il croit pourtant que les *vicomtes* furent ainsi appelés *tanquam vicorum comites*, comme étant les juges des villes.

En quelques villes de Normandie, l'office de maire est réuni à celui de *vicomte*, comme à Falaise & à Bayeux.

En quelques autres il y a des prévôts avec les *vicomtes*, comme dans le bailliage de Gisors.

La coutume de Normandie, *tit. de jurisdict. art.* 5. porte qu'au *vicomte* ou son lieutenant, appartient la connoissance des clameurs de haro civilement intentées, de clameur de plège pour chose roturière, de vente & dégagement de bien, d'intérêts entre roturiers, d'arrêts, d'exécutions, de matière de namps, & des oppositions qui se mettent pour iceux namps, de dation de tutele & curatele de mineurs, de faire faire les inventaires de leurs biens, d'ouïr les comptes de leurs tuteurs & administrateurs, de *vendue* des biens desdits mineurs, de partage de succession, & des autres actions personnelles, réelles, & mixtes, en possessoire & propriété, ensemble de toute matière de simple defrene entre roturiers, & des choses roturières, encore que esdites matières échée vue & enquête. *Voyez* Brodeau *sur Paris* ; Loiseau, *des seigneuries* ; Basnage, & les autres commentateurs de la coutume de Normandie, *sur l'article* 5. *du tit. de jurisdict.* & le mot COMTE, COMTÉ ; & ci-après le mot VICOMTÉ. (*A.*)

VICOMTE DES AIDES. Il est parlé des *vicomtes des aides* dans une ordonnance de Charles VI, du premier mars 1388, qui porte que les trésoriers ne pourront voir les états des greneriers &

receveurs & *vicomtes des aides*, avant la rendue de leurs comptes.

M. Secouffe croit qu'il y a faute en cet endroit, & qu'il faut lire *grenetiers & receveurs des aides & vicomtes*, parce que, dit-il, les *vicomtes* qui recevoient les revenus ordinaires du roi, ne fe mêloient point de la levée des aides.

Cependant il n'eft pas étonnant que l'on ait appellé *vicomtes des aides* ceux qui faifoient la recette des aides, de même qu'on appelloit *vicomtes du domaine* ceux qui faifoient la recette du domain : il eft parlé de ces *vicomtes des aides* dans Monftrelet *vol. I. chap. xcix. Voyez* auffi le gloffaire de monfieur Lauriere, au mot *vicomte*.

VICOMTE DU DOMAINE, étoit celui qui faifoit au lieu du comte, la recette du domaine, de même que les *vicomtes des aides* faifoient la recette des aides. *Voyez* Monftrelet *chap. xcix.* du premier volume, Lauriere au mot *vicomte*, & le mot VICOMTE DES AIDES.

VICOMTE DE L'EAU, eft un juge établi en la ville de Rouen, lequel fe qualifie confeiller du roi, *vicomte de l'eau* à Rouen, juge politique, civil & criminel par la riviere de Seine, & garde des étalons, poids, & mefures de la ville.

Sa jurifdiction s'étend tant en matière civile que criminelle, fur les rivieres de Seine & d'Eure, chemins & quais le long defdites rivieres, depuis la pierre du poirier au deffous de Caudebec, jufqu'au porteau de Blaru, au-deffus de Vernon, faifant la féparation de la Normandie d'avec le pays de France. *Voyez l'hiftoire de la ville de Rouen, édit. de 1738, le coutumier général* des anciens droits dûs au roi, qui fe percevoient au bureau de la vicomté de Rouen, & le *recueil d'arrêts du parlement de Normandie*, de M. Froland.

VICOMTE EXTRAORDINAIRE, étoit celui qui étoit commis extraordinairement pour la recette du domaine, ou bien pour la recette des aides, lefquelles ne fe levoient autrefois qu'extraordinairement; il en eft parlé dans une ordonnance de Charles VI, du 3 avril 1386. *Voyez* VICOMTE DES AIDES & VICOMTE ORDINAIRE.

VICOMTE FERMIER, étoit celui qui tenoit à ferme la recette de quelque vicomté : il eft parlé des *vicomtes fermiers* du vicomté d'Abbeville, dans des lettres de Charles V, du 9 mai 1376. *Voyez le recueil des ordonnances de la troifieme race.*

VICOMTE ORDINAIRE, étoit celui qui étoit chargé de la recette du domaine, ou bien on les appelloit *ordinaires*; parce que la recette du do-

maine étoit ordinaire, à la différence de celle des aides, qui ne fe tenoit qu'extraordinairement. *Voyez* l'ordonnance de Charles VI, du 3 avril avant pâques 1388.

VICOMTE RECEVEUR. Dans la plupart des anciennes ordonnances, les *vicomtes* font appelés *vicomtes* ou *receveurs*, ou bien *vicomtes & receveurs*, parce qu'ils étoient alors chargés de faire la recette du domaine, dans l'étendue de leur vicomté. *Voyez* VICOMTES DES AIDES & DU DOMAINE.

VICOMTE, (fous) eft le nom que l'on donne en quelques endroits au lieutenant du *vicomte* comme chez les anglois. *Voyez* Cowel, Speiman.

VICTOIRE. (*Hiftoire ancienne*) Les grecs perfonnifierent la *Victoire*, & en firent une divinité qu'ils nommerent Nixi; Varron la donne pour fille de ciel & de la terre; mais Héfiode avoit eu une idée plus ingénieufe, en la faifant file du Styx & de Pallante. Tous les peuples lui confacrerent des temples, des ftatues & des autels.

Les athéniens érigerent dans leur capitale un temple à la *Victoire*, & y placèrent fa ftatue fans ailes, afin qu'elle ne pût s'envoler hors de leurs murs; ainfi que le lacédémoniens avoient peint Mars enchaîné, afin, dit Paufanias, qu'il demeurât toujours avec eux. A ce même propos, on lit dans l'anthologie deux vers qui font écris fur une ftatue de la *Victoire*, dont les ailes furent brûlées par un coup de foudre. Voici le fens de ces vers. « Rome, reine du monde, ta gloire ne, fauroit périr, puifque la *Victoire* n'ayant plus d'ailes, ne peut plus te quitter. »

Les romains lui bâtirent le premier temple durant la guerre des Samnites, fous le confulat de L. Pofthumius, & de M. Attilius Régulus. Ils lui dédièrent encore, felon Tite-Live, un temple de Jupiter très-bon, après la déroute de Cannes, pour fe la rendre propice; enfin dans ce fuccès de leurs armes contre les carthaginois & les autres peuples, ils multiplierent dans Rome, & dans toute l'Italie le nombre des autels à fa gloire. Sylla victorieux, établit des jeux publics en l'honneur de cette divinité.

On la repréfentoit ordinairement comme une jeune déeffe avec des ailes, tenant d'une main une couronne de laurier, & de l'autre une palme; quelquefois elle eft montée fur une gloire, pour apprendre qu'elle domine fur toute la terre. Domitien la fit repréfenter avec une corne d'abondance. Les égyptiens la figuroient fous l'emblème d'un aigle, oifeau toujours victorieux dans les combats qu'il livre aux autres oifeaux.

Nous avons encore un affez grand nombre de ftatues de la *Victoire*, dans les divers cabinets d'antiquités

tiquités ; ce font en petit des copies , dont les originaux embellissoient les temples & les places de Rome. On en trouvera quelques représentations dans M. de la Chausse , le P. Montfaucon , & autres antiquaires. On n'offroit en sacrifice à cette divinité , que les fruits de la terre , c'est qu'elle les confomme. Une *Victoire* posée sur une proue de navire , désigne une *victoire* navale. Ce font de nos jours celles qui font les plus glorieuses & les plus utiles. C'est à l'Angleterre qu'appartiennent ces fortes de triomphes. (*D. J.*)

VICTOIRE ACTIAQUE , (*hist. rom.*) *actiaca victoria* ; victoire qu'Auguste , ou pour mieux dire fon général , remporta fur Marc-Antoine auprès du cap de la ville d'Actium. Ce prince , pour rendre recommandable à la postérité la mémoire de cet événement , fit bâtir la ville de Nicopolis. Il agrandit le vieux temple d'Apollon , où il confacra les roftres des navires ennemis ; enfin il y augmenta la magnificence des jeux folemnels nommés *actiaques* , qui fe donnoient de cinq ans en cinq ans à la manière des jeux olympiques.

VICTOIRE , jeux de la (*hist. grecq. & rom.*) on appelloit *jeux de la victoire* , les jeux publics célébrés aux réjouissances faites à l'occasion d'une *victoire*. Les auteurs grecs les nomment ἐπινίκιοι ἀγῶνες , les *jeux de la victoire* , ou ἐπινίκιος ἑορτή , fête de la *victoire* , & les inscriptions latines *ludos victoriæ*. Les romains , à l'imitation des grecs , célébrèrent les fêtes & les *jeux de la victoire* , qui fe faisoient d'abord après les jeux capitolins , Auguste après la bataille d'Actium , Septime Severe après la défaite de Pescennius Niger. La ville de Tarfe fit frapper à cette occasion des médailles fur lesquels on voit les fymboles des jeux publics , & l'inscription grecque qui fignifioit *jeux de la victoire* , célébrés en l'honneur de Septime Severe , fur le modele des jeux olympiques de la Grece.

L'an 166 , Lucius Vérus revint à Rome de fon expédition contre les Parthes , le fénat lui décerna , & à Marc-Aurèle , les honneurs du triomphe ; les deux empereurs firent leur entrée triomphante dans Rome , vers le commencement du mois d'août de la même année ; la cérémonie fut fuivie de jeux & de fpectacles magnifiques , du nombre desquels furent les *jeux de la victoire* ἐπινίκια , mentionnés fur le marbre de Cyzique. On éleva dans Rome plufieurs monumens , en mémoire des victoires des armées romaines fur les Parthes. Les médailles nous en ont confervé la plupart des defsins , je n'en rappelle qu'un feul gravé au revers d'un beau médaillon de bronze , de Lucius Vérus ; ce prince y eft reprefenté offrant la *victoire* à Jupiter Capitolin , & couronné par la ville de Rome. La célébration des jeux fut de la dernière magnificence ; un pancratiafte Corus y combattit , & y gagna un prix en or. La ville de Thessalonique fit

graver fur fes monnoies les fymboles des *jeux de la victoire* , qui furent célébrés en réjouissance des *victoires* que Gordien Pie remporta fur les perfes. Nous avons un marbre de Cyzique qui nous apprend qu'on célébra à Rome des *jeux de la victoire* , fous le règne de Marc-Aurèle. (*D. J.*)

VICTOR. (*Voyez* AURELIUS VICTOR.)

VICTOR , (faint) (*hist. ecclef.*) il étoit d'une famille illuftre de Marfeille , & fervit avec diftinction dans les armées romaines , jufqu'en l'an 303 , qu'il eut la tête tranchée pour la foi. Les abbayes de faint-*Victor* de Marfeille & de Paris , font fous fon invocation.

Il y a eu trois papes du nom de *Victor*.

Le premier fut élu le 1er. juin 193. Ce fut lui qui , après de longs débats fur le jour de la célébration de la pâque , fixa ce jour au dimanche d'après le 14e jour de la lune de mars. Il fouffrit le martyre fous l'empire de Severe , le 28 juillet 202. Il étoit africain.

Le fecond , nommé Gébéhard , évêque d'Eichftadt en Allemagne , élu le 13 avril 1055 , mourut à Florence , en 1057. Il avoit échappé , dit-on , à un grand attentat ; fon zèle pour la difcipline lui ayant fait beaucoup d'ennemis fecrets , un fous-diacre empoifonna le calice dont le pape devoit fe fervir à la messe : le crime fut découvert à tems.

Le troifième , nommé Didier , abbé du Mont-Caffin , élu le 14 mai 1086 , mort au Mont-Caffin , le 16 feptembre 1087. Il eut à combattre l'anti-pape Guibert.

Il y a un quatrième *Victor* , mais il eft au rang des antipapes ; c'eft lui qui , en 1138 , continua le fchifme d'Anaclet.

Victor de Vire ou d'Utique , évêque de Vite en Afrique , a écrit l'histoire de la perfécution allumée contre les catholiques , par Hunneric , roi des Vandales , prince Arien. Le P. Chifflet & dom Ruinart ont donné des éditions de cet ouvrage composé vers l'an 487.

Victor de Capoue , ainsi nommé , parce qu'il étoit évêque de cette ville , compofa vers l'an 545 un Cycle Pafchal , dont le vénérable Bede nous a confervé quelques fragmens.

Victor , évêque de Tunones en Afrique , mort en 566 , a laissé une chronique utile pour l'histoire des cinquième & fixième fiècles de l'église , furtout dans l'affaire dite *des trois chapitres* , où il joua un rôle. On trouve cette chronique dans le *thefaurus temporum* de Scaliger , & dans Canifius.

VICTOR-AMÉDÉE , deuxième du nom , duc de Savoye , & premier roi de Sardaigne , étoit petit-fils d'un autre *Victor-Amédée* , duc de Savoye , qui avoit donné en diverfes occasions des marques de courage. N'étant encore que prince de Piémont en 1625, il défendit Verue contre le duc de Féria, & fut bleffé à ce fiége, qu'il eut l'honneur de faire lever aux Efpagnols; il fuccéda en 1630, dans le duché de Savoye, à Charles-Emmanuel fon père. Il commanda des armées de France en Italie; il fut capitaine général de la Ligue conclue à Rivoli, le 11 juillet 1635, entre la France, la Savoie & le duc de Parme. Joint au maréchal de Créquy, il battit, le 23 juin 1636, le marquis de Léganés, au combat du Tefin. Il mourut le 7 octobre 1637. Il étoit beau-frère de notre roi Louis XIII, ayant époufé Chriftine de France fa fœur, fille de Henri IV. Il eut avec le fecond Victor-Amédée fon petit-fils, un trait de conformité qui les diftingue l'un & l'autre parmi les ducs de Savoye, c'eft qu'ils portèrent tous deux le titre de roi. Victor-Amédée fut le premier duc de Savoye qui, en 1633, prit le titre de roi de Chypre acquis depuis long-tems à fa maison. Richard cœur-de-Lyon, roi d'Angleterre, en allant à la Croifade, avoit pris en paffant l'ifle de Chypre fur Ifaac Comnéne, & en avoit cédé la fouveraineté à Guy de Lufignan, pour le dédommager de la perte du royaume de Jérufalem; la poftérité de Guy de Lufignan poffeda cette ifle jufqu'en 1458. Jean III, qui en fut le dernier poffeffeur, laiffa une fille légitime nommée Charlotte, & un fils bâtard nommé Jacques. Celui-ci époufa Catherine Cornaro Vénitienne, & qui mit les Vénitiens en poffeffion de cette ifle. Selim II, empereur des Turcs, la leur enleva en 1571.

Charlotte avoit époufé Louis de Savoye, frère d'Amédée IX, & oncle de Charles, duc de Savoye. N'en ayant point d'enfans, elle fit donation de fon royaume de Chypre, ou du moins ceffion de fes droits au duc de Savoye Charles, neveu de fon mari. Après l'extinction de la branche de Charles, ces droits paffèrent en collatérale dans la branche, dont étoit Victor-Amédée, qui le premier prit ce titre, peut-être dans l'intention de le réalifer un jour.

VICTOR-AMÉDÉE II, qu'on appelle communément le roi Victor, parce qu'il fut le premier duc de Savoye qui joignit à fon duché un royaume réel, naquit le 14 mai 1666, il fuccéda en 1675, à Charles-Emmanuel II, fon père, fous la tutèle de fa mère Marie-Jeanne-Baptifte de Savoye-Nemours. On avoit eu pour lui de bonne-heure des vûes d'aggrandiffement; fa mère avoit voulu lui faire époufer l'infante de Portugal fa nièce, fille du prince alors régent, don Pédro, (qui fut depuis le roi Pierre II), pour tâcher de lui procurer la couronne de Portugal. Les loix fondamentales faites à Lamégo en 1145, étoient contraires à ce projet; elles défendoient de marier hors du royaume les princeffes héréditaires, & de leur donner pour maris des étrangers; fous peine pour elles d'être privées de la fucceffion; le but

de ces loix étoit de fe rapprocher de l'efprit de notre loi falique, par l'exclufion des étrangers, fans cependant donner l'exclufion aux femmes. On négocia, & les états confentirent à l'union propofée; ils crurent remplir l'objet de leurs loix, en ftipulant que le prince de Savoye viendroit s'établir en Portugal, & deviendroit Portugais; les articles furent fignés le 14 mai 1679, proclamés à Lisbonne le 5 feptembre fuivant; le pape accorda les difpenfes pour caufe de parenté; les fiançailles fe firent à Lisbonne par procureur, le 25 mars 1681. L'année fuivante une flotte Portugaife vint à Nice pour prendre le duc & l'emmener en Portugal; mais on ne fe détermine pas aifément à quitter des états qu'on poffède, pour des états qu'on doit poffeder un jour; on ufa de délais, de prétextes, de raifons de fanté; les Portugais entendirent ce langage, & le projet de mariage fut abandonné. Le duc de Savoye époufa le 8 mai 1684, Anne-Marie, fille de monfieur, frère de Louis XIV, & dont la fœur aînée avoit époufé Charles II, roi d'Efpagne. Ce duc de Savoye fut pour nous un ennemi redoutable, un allié dangereux & infidèle. Il commença par être notre allié en 1686. Avec le fecours des françois commandés par M. de Catinat, il chaffa les Vaudois des vallées de Luzerne, d'Angrogne, &c. où il auroit beaucoup mieux fait de les laiffer. En 1687, il devint notre ennemi; il alla paffer le carnaval à Venife, où fe rendirent aufli l'electeur de Bavière & plufieurs autres princes avec lefquels il s'engagea dans la ligue d'Ausbourg. Il fe flatta long-tems de tenir cet engagement fecret, & il fe difpofoit à nous furprendre; mais Louis XIV, inftruit de fes liaifons, lui déclara la guerre le 13 juin 1690. M. de Catinat entra dans le Piémont, remporta le 18 août une victoire complette à Stafarde, prit Saluces & Suze, pendant qu'un autre général, M. de Saint-Ruth, réduifoit la Savoie.

En 1691, M. de Catinat pourfuit le cours de fes fuccès, prend Ville-franche le 21 mars, Nice le 2 avril, Veillane le 30 mai, Carmagnole le 9 juin. M. de Feuquieres rend le chemin des vallées libre depuis Pignerol jufqu'à Briançon; mais Bulonde leva le fiége de Coni fur la feule nouvelle qu'il eut que le prince Eugène de Savoie, fi célèbre dans la fuite, marchoit au fecours de cette place; il fut envoyé prifonnier dans la citadelle de Pignerol. Le duc de Savoie reprit aufli Carmagnole. En 1692, il eut encore mieux fa revanche; on prenoit fes places; il prit les nôtres, il vengea fes alliés, & ravagea le Dauphiné, comme on avoit ravagé le palatinat; il prit Embrun & Gap, & tomba malade à la fin de la campagne, conjoncture qui nous fut favorable.

En 1693, ce fut M. de Catinat qui reprit fa revanche. Le duc de Savoie au commencement de la campagne, avoit pris Sainte-Brigitte, avoit affiégé & bombardé Pignerol, avoit fait le blocus de Cafal; M. de Catinat lui fit lever ces fiéges & ces blocus, par la fameufe victoire de Marfaille, remportée le 4 octobre. Le duc de Savoie ne put garder aucune des places qu'il avoit foumifes; on brûla fon pays en repréfailles, difoit on, des ravages du Dauphiné, qui n'étoient eux-mêmes que des repréfailles du ravage du palatinat; car de repréfailles en repréfailles, & de cruautés en cruautés on va bien loin dans la route de la barbarie. Toute la campagne de Turin fut défolée.

En 1695, M. de Crénan rendit Cafal au duc de Savoie, le 11 juillet; mais cette place fut rafée & reftituée au duc de Mantoue.

Le duc de Savoie fut celui qui s'ennuya le premier de cette guerre de la Ligue d'Ausbourg. Il tira un bien plus grand parti de la paix que de la guerre; il conclut, le 4 juillet 1696, fous le nom de neutralité d'Italie, fon traité particulier avec la France. On lui rendit tout ce qu'on lui avoit pris, même Pignerol, & l'on convint du mariage de la princeffe Marie-Adélaïde, fa fille aînée, avec le duc de Bourgogne, petit-fils de Louis XIV. La paix avec la Savoie fut publiée à Paris le 10 feptembre; le contrat de mariage fut figné le 15. Le duc de Savoie promit à fes alliés fes bons offices pour leur procurer la paix ou la neutralité; & pour les y engager de leur côté, il joignit fes troupes à celles de M. de Catinat, & entreprit avec lui le 24 feptembre le fiége de Valence.

Au commencement de la grande guerre de la fucceffion d'Espagne, le duc de Savoie s'unit avec la France, par de nouveaux liens. Il donna le 11 feptembre 1701 fa feconde fille en mariage au duc d'Anjou, nouveau roi d'Espagne. On crut pouvoir compter fur l'attachement & la fidélité d'un prince qui tenoit à la France & à l'Espagne, par les intérêts du fang; Mais Victor-Amédée ne connoiffoit que les intérêts politiques; il ofoit avouer qu'il aimoit mieux mettre deux provinces de plus dans fes états, que d'affurer le bonheur de fes filles. On ne le connut pas d'abord, on crut pouvoir lui confier la défenfe de deux royaumes dans lesquels fes enfans régnoient ou étoient deftinés à régner; en conféquence il fut nommé généraliffime des deux armées de France & d'Espagne, commandées, l'une par M. de Catinat, l'autre par le prince de Vaudemont.

Cependant le prince Eugène entre en Italie, gagne le combat de Carpy le 9 juillet, fe rend maître de tout le pays fitué entre l'Adige & l'Adda; M. de Catinat défend avec défavantages, l'entrée du Mantouan & du Milanès; il eft obligé de fe retirer à travers des échecs continuels derrière l'Oglio & l'Adda. Il foupçonna le duc de Savoie d'intelligence avec le prince Eugène, il ofa le mander à la cour de France, où les grâces & les careffes de madame la ducheffe de Bour-

gogne fubjuguoient déjà la vieilleffe de madame de Maintenon, & par conféquent de Louis XIV; on envoya le maréchal de Villeroy remplacer Catinat. Villeroy fe fentant plus en faveur, fe crut aifément plus habile, & fe flatta d'être plus heureux; le combat de Chiari ne tarda pas à le détromper. Catinat contre l'avis duquel il fut livré, & qui n'avoit pas encore quitté l'armée, y fit des prodiges de valeur; mais le duc de Savoie affecta de s'y expofer avec un courage voifin de la témérité, peut-être pour démentir ces foupçons d'intelligence avec l'ennemi qu'il avoit mérités, & qu'il ne tarda pas à juftifier.

En 1702, il fallut ôter au duc de Savoie le commandement des armées qu'il trahiffoit, & le maréchal de Catinat étant revenu en France, & le maréchal de Villeroy ayant été fait prifonnier à Crémone, M. de Vendôme alla commander à leur place en Italie.

En 1703, le duc de Savoie levant entièrement le mafque, conclut le 5 janvier, une ligue avec l'empereur contre la France & contre fes deux gendres, pour détrôner l'un des deux. Cette défection fut une des principales caufes des malheurs de la France dans cette guerre. M. de Vendôme fit arrêter & défarmer environ trois mille hommes qui reftoient au duc de Savoie, dans l'armée Françoife; il battit le général Visconti, qui menoit à ce prince un fecours de cavalerie; en même-tems on s'emparoit de nouveau de la Savoie, on bloquoit Montmélian. En 1704 on prit au duc de Savoie le Piémont, Suze, Pignerol, Verceil, Ivrée, &c. En 1705 les conquêtes des François dans les états du duc continuèrent; on lui prit Villefranche, Nice, Vérue, Chivas, Soncino, Montmélian. Le prince Eugène voulant paffer l'Adda pour porter du fecours au duc de Savoie, attaqua le 16 août le pont de Caffano, de-là la bataille de ce nom où il fut bleffé, & où le duc de Vendôme eut un cheval tué fous lui. Les ennemis fe retirèrent, & le duc de Savoie ne fut pas fecouru.

En 1706 les mêmes fuccès continuent encore. Le maréchal de Berwick prend le 4 janvier le château de Nice qui reftoit à prendre; le 19 avril le duc de Vendôme défait le comte de Reventlau à la bataille de Calcinato; Vendôme eft appellé en Flandre, il eft remplacé par le duc d'Orléans, dont la cour gêne les opérations. La Feuillade, gendre de Chamillard, inveftit Turin le 13 mai, ouvre la tranchée la nuit du 2 au 3 juin. Ici tout change, le fruit de tant de travaux périt en un moment, la bataille de Turin eft perdue, le duc d'Orléans bleffé, le maréchal de Marfin tué, le fiège de Turin levé, on fe retira jufqu'à Pignerol, & en moins de quatre heures on reperdit le Modenois, le Mantouan, le Milanès, le Piémont, le royaume de Naples, dont on étoit en poffeffion,

V v v

& le duc de Savoye rentra en vainqueur dans ses états.

En 1707 le duc de Savoye & le prince Eugène levent à leur tour le siège de Toulon ; que le marquis de Goësbriant défendit vaillamment contre eux.

En 1708 le duc de Villars, commandant du côté de la Savoye, força le 11 août la ville de Sezane à la vue du duc. Celui-ci prit le fort d'Exile, celui de la Pérouse, celui de Feneſtrelle. L'empereur donne au duc de Savoye l'inveſtiture du Montferrat, & dépouillé de tout deux ans auparavant, voilà ſes états accrus d'un duché important.

En 1709, & les années ſuivantes, les hoſtilités furent peu animées du côté de la Savoye. Le duc s'occupoit plus alors de négociations que de guerre ; il cherchoit à faire comprendre le Vigevanaſque dans la conceſſion que l'empereur lui avoit faite du Montferrat & de ſes dépendances. L'empereur Joſeph fit traîner cette négociation juſqu'à ſa mort, qui arriva le 17 avril 1711, & qui changea tout le ſyſtème de l'Europe. Toutes les vûes ſe tournèrent vers la paix, qui fut conclue en 1713 à Utrecht. Par le traité entre la France & la Savoye les alpes ſervirent de limites aux deux états, & le duc de Savoye gagna le titre réel de roi, objet de tous ſes vœux, l'Eſpagne lui céda la Sicile, & la France reconnut & confirma cette ceſſion, ainſi que toutes les autres qui lui avoient été faites ou auxquelles il prétendoit. Il alla prendre poſſeſſion de ſon nouveau royaume à Palerme, il y fut proclamé roi le 11 octobre, & couronné avec la reine de Sicile ſa femme le 24 décembre.

En 1718 l'empereur Charles VI fit avec lui l'échange de ce royaume de Sicile contre celui de Sardaigne qu'il lui donna ; Victor en fut mis en poſſeſſion le 8 août 1720. Satisfait dans ſa gloire & dans ſon ambition, il crut être déſabuſé de tout ; naturellement inquiet & actif, il crut aimer le repos, il abdiqua le 8 ſeptembre 1730 & royaume & duché ; mais dans la ſuite la comteſſe de Saint-Sébaſtien, ou la marquiſe de Spigno ſa femme, qui le gouvernoit & qui auroit voulu gouverner avec lui l'état, voulut, dit-on, l'engager à remonter ſur le trône, il n'étoit plus tems ; on s'étoit accoutumé au gouvernement de Charles Emmanuel Victor ſon fils ; la prétention du père fut regardée comme un projet d'uſurpation ; le conſeil de Charles Emmanuel Victor ſe crut réduit à la cruelle néceſſité d'attenter à la liberté du roi Victor ſous le nom & ſous l'autorité de ſon fils. Cet acte pour le moins rigoureux fut mêlé de circonſtances affreuſes ; il fallut arracher le vieux roi, non ſans beaucoup de violence, des bras de ſa femme, avec laquelle il étoit couché, & dont on croyoit ſur-tout avoir intérêt de le ſéparer. Le miniſtre qui conſeilla ce dangereux & triſte coup

d'état, peut-être pour conſerver l'autorité qu'il riſquoit de perdre, ſi Victor eût de nouveau gouverné, le comte d'Orméa, fut diſgracié dans la ſuite, & il eſt à croire que le repentir de Charles Emmanuel Victor, qui fut d'ailleurs un bon & grand roi, n'eut pas une part médiocre à cette diſgrace. Le prélat qui prononça en France l'oraiſon funebre de Charles Emmanuel Victor, oncle de notre roi Louis XV, déſigne ainſi, plutôt qu'il ne rapporte le fatal évènement de la détention du roi *Victor*.

« A la ſuite de ce brillant ſpectacle (l'abdication ſolemnelle de *Victor-Amédée*) quelle triſte révolution vient ſe préſenter à nos eſprits ! Non, je ne troublerai point la cendre auguſte de *Victor-Amédée* ; je reſpecterai la mémoire d'un grand homme, à qui cinquante années de travaux & d'exploits ont acquis le droit d'impoſer ſilence à la poſtérité ſur un inſtant d'erreur ; je reſpecterai l'ayeul de mon roi, le père de mon héros : & j'entends Charles Emmanuel lui-même qui, de la région des morts, me crie : je te défends de faire un reproche à la mémoire ſacrée de mon père. »

Mais n'eût-il pas fallu plutôt entendre *Victor-Amédée* lui-même crier à l'orateur : « *Je te défends de faire un reproche à la mémoire de mon fils* ? Le fils en effet paroît ici bien plus encore dans le cas du reproche que le père ; mais ſuivons l'orateur, qui fait parler le père : « garde-toi même de rappeller, ni les conſeils qui forcèrent ma réſiſtance, ni les vœux d'un peuple effrayé, auxquels je me crus obligé de déférer : dis quel fut toujours mon reſpect pour l'auteur de mes jours, pour ſes volontés, pour ſes principes, pour toute ſon adminiſtration : parle, *ſi tu veux*, de ma douleur qui dura autant que ma vie ; mais ne la réveille pas après ma mort. Je vous obéis, grand prince ! je me tais ſur l'intariſſable ſujet de vos larmes, &c. »

Si cette douleur de Charles Emmanuel fut en effet auſſi vraie qu'elle auroit dû l'être, il ſemble que l'orateur n'auroit pas dû lui faire dire : « parle, *ſi tu veux*, mais, *parle, je te l'ordonne*, de ma douleur &c. »

Ce fut le 8 octobre 1731 qu'arriva cette triſte aventure ; ce fut au château de Rivoles, puis à celui de Montcallier que *Victor-Amédée* fut retenu priſonnier par ſon fils, & ce fut là qu'il mourut toujours priſonnier de ſon fils, le 10 novembre 1732.

VICTORIN, (*Marcus Piauvonius Victorinus*) (*hiſt. Rom.*) tyran, c'eſt-à-dire un de ces empereurs à qui l'empire n'eſt pas reſté, fut aſſocié à l'empire, l'an 265, par Poſthume, tyran des Gaules. Un greffier nommé Atticius, dont il avoit enlevé la femme, le fit aſſaſſiner à Cologne, en 278.

Le jeune *Victorin*, son fils, qu'il avoit aussi associé à l'empire, fut assassiné peu de tems après.

Ils périrent tous deux du vivant de *Victorina* (Aurelia) mère de l'une, ayeule de l'autre, plus célébre que tous deux, même comme guerriere, & que les soldats appelloient *la mère des armées*. L'empereur Gallien n'eut point d'ennemi plus redoutable.

Après la mort de son fils & de son petit-fils, il sembloit qu'elle fût sans intérêt pour nuire à Gallien, elle eut celui de continuer à faire des empereurs; elle fit donner la pourpre à Marius, puis au sénateur Tétricus. Elle survécut peu à la nomination de ce prince, ce qui a répandu sur lui un soupçon d'ingratitude, que tous les historiens ne confirment pas.

VICTORIUS, (Pierre) (*hist. litt. mod.*) en italien Vettori, un des restaurateurs des lettres en Italie, professeur en morale & en éloquence à Florence, nommé par Côme de Médicis, qui de plus l'employa dans plusieurs ambassades. Il vécut comblé de biens & d'honneurs, jusqu'à 87 ans, & mourut en 1585. On a de lui des commentaires & des notes critiques sur Aristote, Cicéron, Caton, Varron, Columelle; sur le traité de l'élocution, de Démétrius de Phalère. Il est aussi l'auteur d'un traité de la culture des oliviers, écrit en toscan, & qu'on trouve avec l'ouvrage de Davanzati, sur la vigne.

VICTORIUS ou de VICTORIIS, est aussi le nom de deux savans médecins italiens, morts dans le seizième siècle, & dont on a quelques ouvrages de médecine.

VIDA, (Marc-Jérôme) (*hist. litt. mod.*) évêque d'Albe, sur le Tanaro, grand poëte latin des quinzième & seizième siècles, fut protégé par les papes Médicis, Léon X & Clément VII. Sa poétique est sur-tout célèbre. M. l'abbé Batteux l'a jointe à celle d'Aristote, d'Horace & de Boileau, sous le titre *des quatre poétiques*. On a de lui d'autres poëmes, sur les vers à soie, sur le jeu des échecs, une christiade, & d'autres ouvrages en prose. Né à Crémone, en 1470, mort en 1566, à 96 ans.

VIDAME, s. m. (*Hist. mod.*) *vice dominus seu vice domnus*, est celui qui représente & tient la place de l'évêque; il a été ainsi appelé, parce que l'évêque étoit appelé par excellence *dominus*, ou par contraction *domnus*, & qu'en vieux françois *dame* ou *dome* signifioit aussi *monsieur*.

La fonction des *vidames* étoit d'exercer la justice temporelle des évêques, de sorte que les *vidames* étoient à leur égard à-peu-près ce que les vicomtes étoient à l'égard des comtes, avec cette différence néanmoins que sous un même comte il y avoit plusieurs vicomtes, & que ceux-ci n'avoient pas la plénitude de l'administration de la justice, au lieu que dans chaque évêché il n'y a qu'un seul *vidame*, lequel tient en fief la justice temporelle de l'évêque, & qu'il a la haute, moyenne & basse justice.

Mais comme les vicomtes, de simples officiers qu'ils étoient, se firent seigneurs, les *vidames* changèrent aussi leur office en fief relevant de leur évêque.

En effet on ne connoît point de *vidame* en France qui ne relève de quelque évêque, ou qui ne soit annexé & réuni au temporel d'un évêché, comme le *vidame* de Beauvais appellé présentement le *vidame de Gerberoy*, qui a été réuni à l'évêché de Beauvais.

Il est même à remarquer que la plûpart des *vidames* ont pris leur nom des villes épiscopales, quoique leurs seigneuries en soient souvent fort éloignées, tels que les *vidames* de Rheims, d'Amiens, du Mans, de Chartres, & autres. *Voyez* Ducange au mot *advocati*, les *recherches* de Pasquier, Loyseau *des seigneuries*. (A.)

VIDEL, (Louis) (*hist. litt. mod.*) secrétaire du duc de Lesdiguières, puis du duc de Créquy, puis du maréchal de l'Hôpital; né à Briançon, en 1698, mort en 1675, est auteur d'une histoire du duc de Lesdiguières, d'une histoire du chevalier Bayard, & d'un roman intitulé: *Mélantes*.

VIDOMNE, s. m. (*hist. de Genève*) titre & dignité que possédoit un seigneur dans la ville de Genève; ses fonctions répondoient à celles des vidames de France. Les *vidomnes* de Genève avoient été institués pour défendre les biens temporels de l'église & de l'évêque. Les comtes de Savoie, après avoir tenté sans succès toutes sortes de moyens pour se rendre souverains du Genevois, prirent le parti d'acheter le *vidomnat* de la république. Amédée V en traita avec Guillaume de Conflans qui en étoit évêque, & il fit exercer cette jurisdiction par un lieutenant qui se nommoit *vidomne*. Enfin les Genevois, tyrannisés par les ducs de Savoie & par leur propre évêque Pierre de la Beaume, formèrent des conseils dans leur ville à l'imitation des cantons de Berne & de Fribourg, avec lesquels ils avoient fait alliance le 7 novembre 1529. L'un de ces conseils, qui étoit celui des deux-cens, résolut d'établir à perpétuité une nouvelle cour de justice; il la composa d'un lieutenant & de quatre assesseurs, qu'on a depuis nommé *auditeurs*, pour que ce tribunal tînt lieu de celui de *vidomne*, dont le nom & l'office seroit aboli pour toujours. Ce projet a été si bien exécuté, que depuis ce tems-là on n'a plus entendu parler de *vidomne* à Genève. (D. J.)

VIDUS-VIDIUS, (*hift. litt. mod.*) eft le feul profeffeur en médecine & en chirurgie, que le collége royal ait eu, fous le régne de François I. C'étoit un florentin à qui l'exercice de ces deux arts avoit acquis, dans fa patrie, une haute réputation. François I le fit fon médecin, & il remplaça, auprès de ce grand roi, le fameux Guillaume Cop. (*Voyez* l'article Cop). Cet honneur, & la chaire qu'on créa pour lui, vers 1542, ne furent pas les feuls bienfaits qu'il obtint de la magnificence de fon maître ; il ne s'attacha qu'à lui, en France. Après la mort de François I, le grand duc de Tofcane, Côme I, rappella *Vidius* dans fa patrie, & le chargea de faire des leçons publiques de médecine, à Pife ; mais la faculté de Paris n'a point oublié l'ardeur avec laquelle il ranima, dans cette ville, toutes les études qui ont la fanté pour objet ; fon nom y eft refté célèbre. Il avoit, dit-on, de grandes connoiffances dans l'anatomie, dans la botanique, dans toutes les parties de la médecine ; il enfeignoit, il exerçoit également bien ; il avoit la main auffi adroite que l'efprit éclairé ; en un mot, il guériffoit, fi l'on en croit le pruffien Knobelfdorf qui, dans fa defcription de Paris, l'appelle un Podalire & un Apollon, & dit qu'il force les parques à filer, & l'avare Achéron à relâcher fa proie.

Vidius Aufoniis afcitus Vidus ab oris,

    Lanificas cogit neãere fila Deas,

Ille par eft Phœbo, Podalirius alter habetur ;

   Quos cupit è Stygio retrahit ille lacu.

Il favoit d'ailleurs très-bien le grec & le latin, & il avoit bien étudié les anciens ; il mourut âgé, en 1567. L'évêque d'Aft, François Panigarole, lui fit deux épitaphes qui roulent à peu près fur la même idée, & dont le fens général eft qu'en enlevant les autres à la mort, il s'y eft dérobé lui-même ; que vivant il triomphoit du trépas, que mort il en triomphe encore.

I.

Quâ primâ eripuit multos, hâc arte, fecundâ
    Se rapuit morti Vidius hîcque jacet.

I I.

Non tibi fat fuerat vivendi vincere mortem,
    Hanc nifi defunãum vincere poffe probes.

Les ouvrages de *Vidius* furent recueillis long-tems après fa mort, en trois volumes *in-folio*, par fon neveu, nommé comme lui *Vidus-Vidius*, qui les dédia au grand duc Côme II ; ils embraffent les objets les plus importans de la médecine & de la chirurgie.

VIE *privée des romains*, (*hift. romaine*) nous entendons par ce mot la *vie* commune que les particuliers au-deffus du peuple menoient à Rome pendant le cours de la journée. La *vie privée* de ce peuple a été un point un peu négligé par les compilateurs des antiquités romaines, tandis qu'ils ont beaucoup écrit fur tous les autres fujets.

Les mœurs des romains ont changé avec leur fortune. Ils vivoient au commencement dans une grande fimplicité. L'envie de dominer dans les patriciens, l'amour de l'indépendance dans les plébéiens occupa les romains de grands objets fous la république ; mais dans les intervalles de tranquillité, ils fe donnoient tout entiers à l'agriculture. Les illuftres familles ont tiré leurs furnoms de la partie de la *vie ruftique* qu'ils ont cultivée avec le plus de fuccès, & la coutume de faire fon principal féjour à la campagne prit fi fort le deffus, qu'on inftitua des officiers fubalternes nommés *viateurs*, dont l'unique emploi étoit d'aller annoncer aux fénateurs les jours d'affemblée extraordinaire. La plupart des citoyens ne venoient à la ville que pour leurs befoins & les affaires du gouvernement.

Leur commerce avec les afiatiques corrompit dans la fuite leurs mœurs, introduifit le luxe dans Rome, & les affujettit aux vices d'un peuple qu'ils venoient d'affujettir à leur empire. Quand la digue fut une fois rompue, on tomba dans des excès qui ne firent qu'augmenter avec le tems ; les efclaves furent chargés de tout ce qu'il y avoit de pénible au-dedans & au-dehors. On diftingua les efclaves de ville des efclaves de la campagne : ceux-ci étoient pour la néceffité, ceux-là pour le luxe ; & on eut recours à des concuffions pour fournir à des profufions immenfes.

Les romains ont été 450 ans fans connoître dans la journée d'autre diftinction que le matin, le midi & le foir. Ils fe conformèrent dans la fuite aux cadrans introduits par Papirius Curfor & par Martius Philippus, pour la diftinction des heures, que Scipion Nafica marqua le premier par l'écoulement de l'eau. Ils avoient communément des efclaves, dont l'unique emploi étoit d'obferver les heures. Il y en avoit douze au jour, tantôt plus longues, tantôt plus courtes, felon la diverfité des faifons. Les fix premières étoient depuis le lever du foleil jufqu'à midi : les fix dernières depuis midi jufqu'à la nuit.

La première heure étoit confacrée aux devoirs de la religion.

Les temples étoient ouverts à tout le monde, & fouvent même avant le jour pour les plus matineux, qui y trouvoient des flambeaux allumés. Ceux qui ne pouvoient pas aller au temple, fuppléoient à ce devoir dans leur oratoire domeftique, où les riches faifoient des offrandes, pendant que les pauvres s'acquittoient par de fimples falutations.

Au furplus, on ne doit point s'étonner de ce que leurs prieres étant fi courtes, il leur falloit cependant pour cela une heure, & quelquefois plus. Le grand nombre de befoins réels ou imaginaires, la multiplicité des dieux auxquels il falloit s'adreffer féparément pour chaque befoin, les obligeoit à bien des pélérinages, dont ceux qui favoient adorer en efprit & en vérité, étoient affranchis.

Mais cette premiere heure n'éto't pas toujours pour les dieux feuls. Souvent la cupidité & l'ambition y avoient meilleure part que la piété. Elle étoit employée, ainfi que la feconde heure, à faire des vifites aux gens de qui on efpéroit des graces ou des bienfaits.

Pour la troifième heure, qui répondoit à nos neuf heures du matin, elle étoit toujours employée aux affaires du barreau, excepté dans les jours que la religion avoit confacrés, ou qui étoient deftinés à des chofes plus importantes que les jugemens, telles que les comices. Cette occupation rempliffoit les heures fuivantes jufqu'à midi ou la fixième heure, fuivant leur maniere de compter.

Ceux qui ne fe trouvoient point aux plaidoyeries comme juges, comme parties, comme avocats ou comme folliciteurs, y affiftoient comme fpectateurs & auditeurs, & pendant la république, comme juges des juges mêmes. En effet, dans les procès particuliers, comme ils fe plaidoient dans les temples, il n'y avoit guère que les amis de ces particuliers qui s'y trouvaffent; mais quand c'étoit une affaire où le public étoit intéreffé, par exemple, quand un homme au fortir de fa magiftrature, étoit accufé d'avoir mal gouverné fa province, ou mal adminiftré les deniers publics, d'avoir pillé les alliés, ou donné quelque atteinte à la liberté de fes concitoyens, alors la grande place, où les caufes fe plaidoient, étoit trop petite pour contenir tous ceux que la curiofité ou l'efprit de patriotifme y attiroit.

Si ces grandes caufes manquoient (ce qui arrivoit rarement depuis que les romains furent en poffeffion de la Sicile, de la Sardaigne, de la Grece, de la Macédoine, de l'Afrique, de l'Afie, de l'Efpagne & de la Gaule), on n'en paffoit pas moins la troifième, la quatrième & la cinquième heure du jour dans les places, & malheur alors aux magiftrats dont la conduite n'étoit pas irréprochable; la recherche les épargnoit d'autant moins, qu'il n'y avoit aucune loi qui les en mit à couvert.

Quand les nouvelles de la ville étoient épuifées, on paffoit à celles des provinces, autre genre de curiofité qui n'étoit pas indifférente, puifque les romains regardoient les provinces du même

œil qu'un fils de famille regarde les terres de fon père; & d'ailleurs elles étoient la demeure fixe d'une infinité de chevaliers romains qui y faifoient un commerce auffi avantageux au public, que lucratif pour eux particuliers.

Quoique tous les citoyens, généralement parlant, donnaffent ces trois heures à la place & à ce qui fe paffoit, il y en avoit cependant de bien plus affidus que les autres. Horace les appelle *forenfes*, Plaute & Prifcien *fubbafilicani*, & M. Cœlius écrivant à Ciceron, *fubroftrani* ou *fubroftrarii*. Les autres moins oififs s'occupoient fuivant leur condition, leur dignité & leurs deffeins. Les chevaliers faifoient la banque, tenoient regiftres des traités & des contrats. Les prétendans aux charges & aux honneurs mendioient les fuffrages. Ceux qui avoient avec eux quelque liaifon de fang, d'amitié, de patrie ou de tribu, les fénateurs mêmes de la plus haute confidération, par affection ou par complaifance pour ces candidats, les accompagnoient dans les rues, dans les places, dans les temples, & les recommandoient à tous ceux qu'ils rencontroient; comme c'étoit une politeffe chez les romains d'appeler les gens par leur nom & par leur furnom, & qu'il étoit impoffible qu'un candidat fe fût mis tant de différens noms dans la tête, ils avoient à leur gauche des nomenclateurs qui leur fuggéroient tous les noms des paffans.

Si dans ce tems-là quelque magiftrat de diftinction revenoit de la province, on fortoit en foule de la ville pour aller au-devant de lui, & on l'accompagnoit jufques dans fa maifon, dont on avoit pris foin d'orner les avenues, de verdure & de feftons. De même, fi un ami partoit pour un pays étranger, on l'efcortoit le plus loin qu'on pouvoit, on le mettoit dans fon chemin, & l'on faifoit en fa préfence des prieres & des vœux pour le fuccès de fon voyage, & pour fon heureux retour.

Tout ce qu'on vient de dire, s'obfervoit auffi bien pendant la république que fous les Céfars. Mais dans ces derniers tems il s'introduifit chez les grands feigneurs, une efpèce de manie dont on n'avoit point encore vu d'exemple. On ne fe croyoit point affez magnifique, fi l'on ne fe donnoit en fpectacle dans tous les quartiers de la ville, avec un nombreux cortège de litières, précédées & fuivies d'efclaves leftement vêtus. Cette vanité coûtoit cher; & Juvenal qui a en fait une fi belle defcription, affure qu'il y avoit des gens de qualité & des magiftrats que l'avarice engageoit à groffir la troupe de ces indignes courtifans.

Enfin venoit la fixième heure du jour, c'eft-à-dire midi; à cette heure chacun fongeoit à fe retirer chez foi, dînoit légèrement, & faifoit la méridienne.

Le perfonnage que les romains jouoient après dîner, étoit aussi naturel que celui qu'ils jouoient le matin étoit composé. C'étoit chez eux une coutume presque générale de ne rien prendre sur l'après midi pour les affaires, comme de ne rien donner de la matinée aux plaisirs. La paume ou le ballon, la danse, la promenade à pied ou en char remplissoient leur après midi. Ils avoient des promenoirs particuliers, & ils en avoient de publics, dans lesquels les uns passoient quelques heures en des conversations graves ou agréables, tandis que les autres s'y donnoient en spectacle au peuple avec de nombreux cortèges, & que les jeunes gens s'exerçoient dans le champ de mars à tout ce qui pouvoit les rendre les plus propres au métier de la guerre.

Vers les trois heures après midi, chacun se rendait en diligence aux bains publics ou particuliers. Les poëtes trouvoient là tous les jours un auditoire à leur gré, pour y débiter les fruits de leurs muses. La disposition même du lieu étoit favorable à la déclamation. Tout citoyen quel qu'il fût, manquoit rarement aux bains. On ne s'en abstenoit guères que par paresse & par nonchalance, si l'on n'étoit obligé de s'en abstenir par le deuil public ou particulier.

Horace qui fait une peinture si naïve de la manière dont il passoit sa journée, se donne à lui-même cet air d'homme dérangé qu'il blâme dans les autres poëtes, & marque assez qu'il se soucioit peu du bain.

Secreta petit loca, balnea vitat.

La mode ni les bienséances ne me gênent point, dit-il, je vais tout seul où il me prend envie d'aller; je passe quelquefois par la halle, & je m'informe de ce que coûtent le bled & les légumes. Je me promène vers le soir dans le cirque & dans la grande place, & je m'arrête à écouter un diseur de bonne aventure, qui débite ses visions aux curieux de l'avenir. De-là je viens chez moi, je fais un souper frugal, après lequel je me couche & dors sans aucune inquiétude du lendemain. Je demeure au lit jusqu'à la quatrième heure du jour, c'est-à-dire jusqu'à dix heures, &c.

Vers les quatre heures après midi, que les romains nommoient *la dixieme heure du jour*, on alloit souper. Ce repas laissoit du tems pour se promener & pour vaquer à des soins domestiques. Le maître passoit sa famille & ses affaires en revue, & finalement alloit se coucher. Ainsi finissoit la journée romaine. (*D. J.*)

VIES, (*histoire*) on appelle *vies*, des histoires qui se bornent à la *vie* d'un seul homme, & dans lesquelles on s'arrête autant sur les détails de sa conduite particulière, que sur le maniement des affaires publiques, s'il s'agit d'un prince ou d'un homme d'état.

Les anciens avoient un goût particulier pour écrire des *vies*. Pleins de respect & de reconnoissance pour les hommes illustres, & considérant d'ailleurs que le souvenir honorable que les morts laissent après eux, est le seul bien qui leur reste sur la terre qu'ils ont quittée, ils se faisoient un plaisir & un devoir de leur assurer ce foible avantage. Je prendrois les armes, disoit Cicéron, pour défendre la gloire des morts illustres, comme ils les ont prises pour défendre la *vie* des citoyens. Ce sont des leçons immortelles, des exemples de vertu consacrés au genre humain. Les portraits & les statues qui représentent les traits corporels des grands hommes, sont renfermés dans les maisons de leurs enfans, & exposés aux yeux d'un petit nombre d'amis; les éloges tracés par des plumes habiles représentent l'ame même & les sentimens vertueux. Ils se multiplient sans peine; ils passent dans toutes les langues, volent dans tous les lieux, & servent de maîtres dans tous les tems.

Cornelius Nepos, Suétone & Plutarque ont préféré ce genre de récit aux histoires de longue haleine. Ils peignent leurs héros dans tous les détails de la *vie*, & attachent sur-tout l'esprit de ceux qui cherchent à connoître l'homme. Plutarque en particulier a pris un plan également étendu & intéressant. Il met en parallele les hommes qui ont brillé dans le même genre. Chez lui Cicéron figure à côté de Démosthène, Annibal à côté de Scipion. Il me peint tour-à-tour les mortels les plus éminens de la Grece & de Rome; il m'instruit par ses réflexions, m'étonne par son grand sens, m'enchante par sa philosophie vertueuse, & me charme par ses citations poétiques, qui, comme autant de fleurs, émaillent ses écrits d'une agréable variété.

« Il me fait converser délicieusement dans ma retraite gaie, saine & solitaire, avec ces morts illustres, ces sages de l'antiquité révérés comme des dieux, bienfaisans comme eux; héros donnés à l'humanité pour le bonheur des arts, & la paix & de la civilisation. Concentré dans ces pensées motrices de l'inspiration, le volume antique me tombe des mains; & méditant profondément, je crois voir s'élever lentement, & passer devant mes yeux surpris ces ombres sacrées, objets de ma vénération. »

« Socrate d'abord, demeure seul vertueux dans un état corrompu; seul firme & invincible, il brava la rage des tyrans, sans craindre pour la *vie* ni pour la mort, & ne connoissant d'autres maîtres que les saintes loix d'une raison calme, cette voix de Dieu qui retentit intérieurement à la conscience attentive. »

Solon,

« Solon, le grand oracle de la morale, établit sa république sur la vaste base de l'équité ; il sut par des loix douces réprimer un peuple fougueux, lui conserver tout son courage & ce feu vif par lequel il devint si supérieur dans le champ glorieux des lauriers, des beaux arts & de la noble liberté, & qui le rendit enfin l'admiration de la Grèce & du genre humain. »

« Lycurgue, cette espèce de demi-dieu, sévèrement sage, qui plia toutes les passions sous le joug de la discipline, ôta par son génie la pudeur à la chasteté, choqua tous les usages, confondit toutes les vertus, & mena Sparte au plus haut degré de grandeur & de gloire. »

« Après lui s'offre à mon esprit Léonidas, ce chef intrépide, qui, s'étant dévoué pour la patrie, tomba glorieusement aux Thermopiles, & pratiqua ce que l'autre n'avoit qu'enseigné. »

« Aristide leve son front où brille la candeur, cœur vraiment pur, à qui la voix sincère de la liberté, donna le grand nom de juste : respecté dans sa pauvreté sainte & majestueuse ; il soumit au bien de sa patrie, jusqu'à sa propre gloire, & accrut la réputation de Thémistocle, son rival orgueilleux. »

« J'apperçois Cimon son disciple couronné d'un rayon plus doux ; son génie s'élevant avec force ; repoussa au loin la molle volupté : au-dehors il fut le fléau de l'orgueil des Perses ; au-dedans il étoit l'ami du mérite & des arts ; modeste & simple au milieu de la pompe & de la richesse. »

« Périclès, tyran désarmé, rival de Cimon, subjugua sa patrie par son éloquence, l'embellit de cent merveilles ; & après un gouvernement heureux, finit ses jours de triomphe, en se consolant de n'avoir fait prendre le manteau noir à aucun citoyen. »

« Je vois ensuite paroître & marcher pensifs, les derniers hommes de la Grèce sur son déclin, héros appellés trop tard à la gloire, & venus dans des tems malheureux : Timoléon, l'honneur de Corinthe, homme heureusement né, également doux & ferme, & dont la haute générosité pleure son frère dans le tyran qu'il immole. »

« Pélopidas & Epaminondas, ces deux thébains égaux aux meilleurs, dont l'héroïsme combiné éleva leur pays à la liberté, à l'empire, & à la renommée. »

« Le grand Phocion, dans le tombeau duquel l'honneur des Athéniens fut enseveli ; sévère comme l'homme public, inexorable au vice, inébranlable dans la vertu ; mais sous son toit illustre, quoique bas, la paix & la sagesse heureuse adoucissoient son front ; l'amitié ne pouvoit être plus douce, ni l'amour plus tendre. »

Histoire. Tom. V.

« Agis, le dernier des fils du vieux Lycurgue, fut la généreuse victime de l'entreprise, toujours vaine, de sauver un état corrompu ; il vit Sparte même perdue dans l'avarice servile. »

« Les deux frères achaïens fermèrent la scène : Aratus qui ranima quelque tems dans la Grece la liberté expirante. »

« Et l'aimable Philopœmen, le favori & le dernier espoir de son pays, qui ne pouvant en bannir le luxe & la pompe, fut le tourner du côté des armes ; simple & laborieux à la campagne, chef habile & hardi aux champs de Mars. »

« Un peuple puissant, race de héros, paroît dans le même paysage pour m'offrir des pièces de comparaison, & me mettre en état de juger le mérite entre les deux premières nations du monde. »

« Il me semble que le front plus sévère de ce dernier peuple, n'a d'autre tache qu'un amour excessif de la patrie, passion trop ardente & trop partiale. Numa, la lumière de Rome, fut son premier & son meilleur fondateur, puisqu'il fut celui des mœurs. Le roi Servius posa la base solide sur laquelle s'éleva la vaste république qui domina l'univers. Viennent ensuite les grands & véritables consuls. »

« Junius Brutus, dans qui le père public du haut de son redoutable tribunal, fit taire le père privé. »

« Camille, que son pays ingrat ne put perdre, & qui ne sut venger que les injures de sa patrie. »

« Fabricius, qui foule aux pieds l'or séducteur. »

« Cincinnatus, redoutable à l'instant où il quitta sa charrue. »

« Coriolan, fils soumis, mari sensible, coupable seulement d'avoir pris le parti des Volsques contre les romains. »

« Le magnanime Paul Emile rend la liberté à toutes les villes de Macédoine. »

« Marcellus défait les Gaulois, & s'empare de Syracuse en pleurant la mort d'Archimede. »

« Et toi sur-tout Régulus, victime volontaire de Carthage, impétueux à vaincre la nature, tu t'arraches aux larmes de ta famille pour garder ta foi, & pour obéir à la voix de l'honneur. »

Les *vies* du philosophe de Chéronée, offrent encore à mes réflexions, « Marius fuyant, & se cachant dans les marais de Minturne ; Sylla son successeur, dont l'abdication noble, hardie, sensée, vertueuse, rendit son nom célèbre dans Rome jusqu'à la fin de sa vie. »

« Les Gracques doués du talent de la parole, sont pleins de feu, & d'un esprit d'autorité des

X x x

tribuns qui leur fut fatal ; efprit toujours turbulent, toujours amb tieux, toujours propre à produire des tyrans populaires. »

« Lucullus eſt malheureux de n'être pas mort
dans le tems de ſes victoires. »

« Scipion, ce chef également brave & humain,
parcourt rapidement tous les différens degrés de
gloire ſans tache ; ardent dans la jeuneſſe, il ſut
enfuite goûter les douceurs de la retraite avec les
muſes, l'amitié, & la philoſophie. »

« Sertorius, le premier capitaine de ſon tems,
tout fugitif qu'il étoit, & chef de barbares en
terre étrangère, tint tête à toutes les forces de la
république, & périt par l'aſſaſſinat d'une de ſes
créatures. »

« Cicéron, ta puiſſante éloquence arrêta quelque tems le rapide deſtin de la chûte de Rome ! »

« Caton, tu es la vertu même, dans les plus
grands dangers ! »

« Et toi, malheureux Brutus, héros bienfaiſant, ton bras tranquille, pouſſé par l'amour de
la liberté, plongea l'épée romaine dans le ſein de
ton ami ! Voilà les hommes dont Plutarque a fait
le tableau ! (D. J.)

VIEIL DE LA MONTAGNE, terme de relation ; quelques-uns diſent vieux de la montagne,
& d'autres, vieillard de la montagne ; nom du
prince ou ſultan des Iſmaéliens de l'Iraque perſienne, que les muſulmans appellent Molahedah,
impies & ſchiſmatiques, dont les ſujets ſe dé-
vouoient, pour aſſaſſiner ceux que leur prince
tenoit pour ſes ennemis.

Le premier vieil de la montagne fut Haſſan-
Sabah, qui environ l'an de l'hégire 493, qui eſt
l'an de J. C. 1099, fonda la ſeconde branche
des Iſmaéliens de Perſe, que nos hiſtoriens ont
nommés les aſſaſſins, par corruption du mot arſa-
cides ; les chefs de ces cantons de la Syrie ſe
vantant d'être deſcendus de l'illuſtre Arſace, qui
fonda l'empire des Parthes, environ 245 ans avant
J. C. Cependant les ſujets de ce prince iſmaélien
cantonnés dans les montagnes de la Syrie, ne ſont
connus dans l'hiſtoire de nos croiſades que ſous le
nom d'aſſaſſins.

Guillaume de Neubourg raconte un fait particulier d'un des princes de ces montagnards de l'Iraque
perſienne. Conrard, marquis de Montferrat, fut
aſſaſſiné en 1191, lorſqu'il ſe promenoit dans la
place publique de la ville de Tyr, les uns accu-
ſèrent le prince de Torône de cet aſſaſſinat, les
autres l'imputèrent à Richard, roi d'Angleterre :
mais le vieil de la montagne ayant ſuſſ l'injuſte ſoupçon
que l'on avoit contre ces deux princes, écrivit
une lettre pour la juſtification de l'un & de l'autre,

déclarant qu'ayant été offenſé par le marquis de
Montferrat, il l'avoit averti de lui faire la ſatisfaction qui lui étoit dûe, mais que ce ſeigneur
ayant négligé cet avertiſſement, il avoit envoyé
quelques-uns de ſes ſatellites, qui, en lui ôtant la
vie, s'étoient rendus dignes de récompenſe. On
peut juger par cette lettre de la barbarie du vieil
de la montagne ; mais on jugera de ſa politeſſe par
le préſent qu'il fit au roi ſaint Louis, lorſqu'il
étoit dans Acre. Voyez à ce ſujet Joinville, &
les obſervations de du Cange ſur cet hiſtorien.
(D. J.)

VIEILLEVILLE. (François de Scepeaux,
ſeigneur de) (hiſt. de Fr.) A la mort du comte
de Château-Briant, dont il étoit parent, le roi
voulut lui donner la compagnie de gendarmerie
du comte ; Vieilleville la refuſa : « Je ne l'ai point
» encore mérité, dit-il, je veux que vous me la
» donniez le jour d'une bataille, après m'avoir vû
» dans l'action : aujourd'hui ce choix n'honoreroit ni
» vous ni moi ; vous auriez fait une grace au parent
» de Château-Briant ; je veux que vos bienfaits
» rendent juſtice à Vieilleville ». C'étoit s'annoncer
en véritable chevalier & en homme qui ſe ſent
fait pour parvenir aux honneurs ſuprêmes de la
guerre. Vieilleville fit ſes premières armes dans
les guerres d'Italie, ſous François I, & ſe ſignala
ſur-tout à la bataille de Ceriſoles ; il eut grande
part à la priſe de Thionville, en 1558, ſous le
règne de Henri II. Il avoit été fait, en 1553, gouverneur des Trois-Evêchés ; il avoit auſſi été nommé
au gouvernement de Bretagne ; des convenances
particulières ayant forcé de lui préférer le duc
de Montpenſier, prince du ſang, Vieilleville rendit
ſon brevet ſans murmurer ; ſi l'on en croit les
mémoires de ſa vie, le roi l'obligea d'en recevoir
le dédommagement en argent ; Vieilleville réſiſta
long-tems, & ne ſe rendit enfin que ſur une lettre
de la propre main du roi, qui portoit en termes
exprès, que s'il perſévéroit dans ſon refus, le roi
ne vouloit plus le voir de ſa vie. Il paroît que
le roi craignoit que dans ce refus le mécontentement ne ſe cachât ſous les apparences du déſintéreſſement. Vieilleville fut fait maréchal de France
ſous le règne de Charles IX. Henri II l'avoit
employé en diverſes ambaſſades en Angleterre, en
Allemagne, en Suiſſe. Il mourut dans ſon château
de Durtal, en Anjou, le 30 novembre 1570. Les
mémoires de ſa vie, publiés à Paris en 1757, en
5 volumes in-8°. par le P. Griffet, étoient reſtés
manuſcrits, dans les archives de ce château ; ils
avoient été compoſés par Vincent Carloix, ſecrétaire de Vieilleville, & vraiſemblablement ſous
ſes yeux. Ils contiennent beaucoup de particularités
importantes pour l'hiſtoire de ce tems.

VIENNE, (de) (hiſt. de Fr.) c'eſt le nom
d'une maiſon de la province de Bourgogne, recommandable par ſon antiquité, ainſi que par pluſieurs

grands hommes qu'elle a produits. Nous remarquerons parmi eux :

1°. Jacques de *Vienne*, seigneur de Longwi, qui se distingua dans plusieurs siéges & plusieurs batailles, & qui fut fait prisonnier au funeste combat de Brignais, en 1361, où il combattoit ces brigands dont trente ans de guerre avoient infesté la France, & dont le seul du Guesclin parvint à la purger.

2°. Jacques II, son fils, qui, après avoir rendu à la France, de grands services dans les guerres contre les anglois & contre les flamands, fut tué à la bataille de Nicopolis, en 1396, avec l'amiral son parent.

3°. Dans la branche des seigneurs de Saint-Georges & de Sainte-Croix, Hugues de *Vienne* accompagna ce même amiral de *Vienne*, son parent, & l'homme le plus illustre de cette maison, au voyage qu'il fit en Ecosse, en 1385.

4°. Guillaume de *Vienne*, fils du précédent, & surnommé *le sage*, fut long-tems attaché au duc de Bourgogne, Jean, si justement diffamé dans nos histoires ; ce prince l'ayant chargé de garder les frontières de Picardie, il fut blessé, en 1406, dans une rencontre, près du château d'Ardres. Il accompagnoit le duc de Bourgogne à l'entrevue du pont de Montereau, & il y resta prisonnier ; il continua ses services au duc de Bourgogne, Philippe, & fut le premier chevalier de l'ordre de la toison d'or, dans le tems de l'institution qu'en fit ce prince, en 1429. Il fut comblé de biens & d'honneurs ; il avoit été gouverneur d'un des dauphins prédécesseurs de Charles VII, c'étoit vraisemblablement du dauphin Louis, mort en 1415, & qui avoit épousé Marguerite de Bourgogne, fille du duc Jean, & sœur du duc Philippe.

5°. Le fils du précédent, nommé comme lui Guillaume, fut fait prisonnier à la journée d'Anthon, en 1430.

6°. Dans la branche des seigneurs de Pagny & de Saillenay, Jean de *Vienne*, oncle de l'amiral, aussi nommé Jean de *Vienne*, & son maître dans l'art de la guerre. Ce premier Jean de *Vienne* se signala par les plus utiles services, sous le règne de Philippe de Valois ; c'est ce fameux gouverneur de Calais, qui par sa belle défense, avoit le premier appris à Edouard III, ce que lui couteroit la conquête de la France, s'il s'obstinoit à la tenter ; ce fut pendant ce siége que la France eut ses Codrus & ses Décius dans ces bourgeois de Calais dont un auteur citoyen a dignement célébré la gloire. Il mourut le 4 août 1351.

7°. L'amiral Jean de *Vienne*, son neveu. Il fit ses premières armes sous le gouverneur de Calais, & rendit les plus signalés services aux rois Charles V & Charles VI. Le premier de ces rois qui savoit

connoître les hommes & les employer, qui n'eut guères à se reprocher de mauvais choix ni de choix indifférens, fit du Guesclin connétable, & de *Vienne* amiral. Celui-ci avoit servi en Flandre, en 1370, avec succès, & avoit été donné en ôtage au roi de Navarre, Charles-le-mauvais, danger supérieur à tous ceux de la guerre. Il fut nommé amiral le 27 décembre 1373 ; il rétablit la marine françoise, poursuit les anglois sur les mers, & jusques dans leurs ports, prend Saint-Sauveur-le-vicomte en Côtentin, délivre ou secourt sur terre plusieurs provinces françoises, entre victorieux dans la ville de Sens, en 1367, avec six chevaliers, après être entré de même à Nogent-sur-Seine, en 1365, avec deux chevaliers seulement. Ce fut de *Vienne* qui remplaça du Guesclin dans cette expédition de Bretagne, où la qualité de breton & les obligations féodales ne permettoient pas à ce dernier de prendre part.

Après la révolte de Rouen, connue sous le nom de *la harelle*, de *Vienne* accompagna Charles VI & les princes ses oncles, dans cette ville à peine soumise, & tandis que les princes ne respirent que la vengeance, il ne parle que de clémence, & il obtient du moins qu'on diminue le nombre & la rigueur des supplices.

Dans l'expédition de Flandre, en 1382, il prit Gravelines par un de ces coups brillans & hardis que le vulgaire est tenté d'attribuer uniquement à la fortune, parce que le talent du général a su dérober à tous les yeux les préparatifs qui en ont assuré le succès. A la journée de Rosebeque, il contribua beaucoup, par ses avis, à la victoire du connétable de Clisson.

Il fut ensuite chargé de diverses ambassades en Espagne & en Savoye.

Quand la guerre se ralluma entre les françois & les anglois, l'amiral de *Vienne* proposa un nouveau système de guerre auquel personne n'avoit encore osé penser ; il remarqua que depuis la grande querelle d'Edouard III & des Valois, pour la succession à la couronne de France, ce malheureux royaume avoit constamment été le théâtre de la guerre & des ravages ; que borné au soin de se défendre (& encore avec quel malheureux succès sous Philippe de Valois & sous le roi Jean !) on ne concevoit pas seulement l'idée d'attaquer, de *Vienne* ose présenter cette idée ; c'est par l'attaque qu'il prépare la défense ; c'est en portant l'effroi à Londres, qu'il veut rassurer Paris. Il dit comme Scipion disoit de Carthage & Mithridate de Rome :

Marchons, & dans son sein rejettons cette guerre
Que sa fureur envoie aux deux bouts de la terre ;
Attaquons dans leurs murs ces conquérans si fiers,
Qu'ils tremblent à leur tour pour leurs propres foyers.

L'Ecosse, étoit opprimée par l'Angleterre, de *Vienne* propose de renouveller les anciennes alliances avec l'Ecosse, alliances auxquelles des intérêts communs invitoient assez, & il propose de rendre ces alliances plus utiles, en pénétrant en Angleterre par l'Ecosse. Après avoir entraîné le conseil par son zèle & par son éloquence, il part pour Edimbourg; la tempête qui le repousse deux fois vers les côtes de France, le découragement de sa flotte, rien ne l'arrête, il arrive, il porte des secours aux écossois, & en les défendant, il entame l'Angleterre. Chevalier, il défie tous les braves; il envoye des cartels & des cartels injurieux qu'on n'ose accepter, il offre au roi d'Angleterre le combat de dix françois contre trente Anglois, ou de cent contre trois cents; général, il fatigue les armées ennemies, il dérobe des marches, il surprend des places; ses fuites simulées amènent des retours inattendus; il embrase l'Angleterre quand on croit le poursuivre en Ecosse.

> Le Bosphore m'a vu par de nouveaux apprêts,
> : Ramener la terreur au fond de ses marais;
> En chassant les romains de l'Asie étonnée,
> ' Renverser en un jour l'ouvrage d'une année.

Les jalousies, les défiances sont le poison secret de toute association; elles vinrent troubler l'union de la France & de l'Ecosse; l'orgueil farouche & sauvage des écossois de ce tems, ne put sympathiser avec la liberté françoise, ni voir de près, sans jalousie, ce noble éclat, cette générosité brillante de la chevalerie. Froissart, Jean Juvenal des Ursins, le Labourer, tous les historiens parlent des défiances & de l'ingratitude des écossois à l'égard des françois, dans cette expédition. La galanterie acheva de désunir les deux peuples; Jean de *Vienne* fut aimé d'une parente du roi d'Ecosse, on crut qu'il l'avoit séduite, les esprits s'aigrirent, l'Ecosse répond aux services mêmes par des outrages, de *Vienne* répond aux outrages par de nouveaux services; il s'obstine à ne quitter l'Ecosse qu'après l'avoir mise, presque malgré elle, à l'abri de toute insulte de la part des anglois.

Le succès de son expédition fut assez grand pour inspirer le projet d'une autre descente en Angleterre, Charles VI s'y disposa avec toute l'ardeur d'un jeune roi à qui les idées de conquête ne déplaisoient point alors; l'usage bien connu dans les cours, de faire manquer les entreprises dont on n'est pas l'auteur, fit manquer celle-ci comme tant d'autres; mais on ne put empêcher Jean de *Vienne* de faire, en Afrique, une expédition utile & glorieuse; de faire redouter & respecter le pavillon françois sur toutes les mers, de protéger le commerce des génois alors nos alliés, de purger la Méditerranée des corsaires africains, de les poursuivre, de les assiéger, de les punir jusques chez

eux; de rendre la France l'objet du respect des nations, dans le tems même qu'elle étoit déchirée & foulée aux pieds par ses propres enfans.

Lorsque la démence de Charles VI eut plongé ce beau royaume dans l'anarchie, de *Vienne* saisit l'occasion de servir la patrie en s'éloignant du spectacle de ses misères, il suivit le comte de Nevers (Jean de Bourgogne) en Bulgarie, contre l'empereur des turcs, Bajazet. Après bien des malheurs, tous causés par des fautes, tous prédits par de *Vienne*, & souvent réparés par lui, quand on le laissoit agir, on s'attache, pour dernière imprudence, au siège de Nicopolis, & la bataille s'engage; de *Vienne* seul oppose des mesures à des mesures, & un général à un général; il tient d'une main le grand étendart autour duquel il rallie les chevaliers chrétiens, de l'autre une épée toujours teinte du sang des turcs, sa valeur tourne contre lui leurs principaux efforts, il est tué; il meurt, dit Froissart, *l'étendart entre les poings* (26 septembre 1396).

8°. Dans la branche des seigneurs de Clervaut, Claude Antoine de *Vienne*, baron de Copet, colonel de Reitres, fut un des chefs des protestans en France, dans le cours de nos guerres civiles & de religion.

9°. Gédéon, Baron de Clervaut, son fils, fut tué à l'attaque des fauxbourgs de Paris, en 1589, étant dans le même parti que son père, & au service de Henri IV.

10°. Alexandre, frère de Gédéon, fut aussi tué.

11°. Dans la branche des seigneurs de Vauvilliers, comtes de Château-Vieux, Nicolas de *Vienne*, capitaine de cent lances au service du duc de Savoye, mourut le 23 mai 1569, à Châtelleraut; pendant le siège de Poitiers, que le duc de Guise, Henri, fit lever à l'amiral de Coligny.

VIERG, s. m. (*Hist. d'Autun*) nom dont on qualifie le premier magistrat de la ville d'Autun; cette magistrature répond à celle de maire, qu'on appelle *viguier*, en Languedoc; César parle honorablement de cette dignité au premier & au septième livre de la guerre des Gaules, & il donne au magistrat nommé *vierg*, le nom de *vergobretus*, d'où est venu celui de *vierg*, & peut-être celui de *viguier*. Paradin tire l'étymologie de *vergobretus*, des deux mots celtiques, *verg* & *bret*, qui désignent le haut exécuteur. D'autres la tirent d'un ancien mot gaulois, qui signifie la *pourpre*, parce que le premier magistrat d'Autun en étoit revêtu, comme le sont encore aujourd'hui les six consuls du Puy-en-Vélay. Quoi qu'il en soit, il est constant que du tems de César, le *vierg*, ou souverain magistrat d'Autun, avoit une puissance absolue de vie

& de mort fur tous les citoyens ; ce magiſtrat étoit annuel. A préſent on l'élit pour deux ans, & il a encore de grands privilèges ; il eſt toujours le premier des maires aux états de Bourgogne ; & ſi celui de Dijon le préſide, ce n'eſt que par la prééminence de la ville & du lieu. (*D. J.*)

VIETE (François) (*Hiſt. litt. mod.*), mathématicien célèbre, le premier qui ait employé dans l'algèbre les lettres de l'alphabet. Il eſt connu par beaucoup d'autres découvertes en mathématiques. Il pouſſa auſſi fort loin l'art de déchiffrer, & il découcerta, pendant la ligue, les projets des Eſpagnols, en découvrant leur grand chiffre, compoſé de plus de cinq cents caractères différens. Il étoit d'une application ſi conſtante au travail, & tellement abſorbé dans ſes méditations, qu'il lui eſt arrivé pluſieurs fois de reſter trois jours entiers dans ſon cabinet ſans manger ni dormir, & qu'il falloit enfin qu'on le contraignît à prendre de la nourriture ; il ne quittoit pour cela, ni ſon bureau, ni ſon fauteuil. Prendre un repas, n'étoit pour lui ni un plaiſir, ni un délaſſement ; c'étoit une corvée dont il ne cherchoit qu'à ſe débarraſſer. Il a donné le traité de géométrie d'Apollonius de Perge, & ſes commentaires ſur cet ouvrage ſont ſous le nom d'Apollonius-Gallus. François Schooten a raſſemblé toutes les œuvres de *Viète* en un volume in-folio. *Viète* étoit né à Fontenai en Poitou, l'an 1540. Il fut maître des requêtes de la reine Marguerite de Valois, première femme de Henri IV. Il mourut en 1603.

VIEUSSENS (Raymond de) (*Hiſt. litt. mod.*), médecin du roi, reçu à la ſociété royale de Londres en 1685, & à l'académie des ſciences en 1688. On a de lui beaucoup d'ouvrages, un traité du cœur, un traité de l'oreille, un traité des liqueurs, un traité des maladies internes, des expériences ſur les viſcères, une diſſertation ſur l'extraction du ſel acide du ſang. *Neurographia univerſalis. Novum vaſorum corporis humani ſyſtema. De mixti principiis & de naturâ fermentationis.* Mort en 1715, à Montpellier, où il s'étoit retiré.

VIEUVILLE (la) (*Hiſt. de France*), maiſon de Bretagne connue, ſon nom eſt Coskaër ou Koskaer. 1°. Le premier Koskaer, gentilhomme breton, qui prit le nom de la *Vieuville*, vivoit en 1470.

2°. Sébaſtien de la *Vieuville*, ſon fils, vint s'établir à la cour de France, à la ſuite de ſa ſouveraine, la reine Anne de Bretagne, lorſque cette princeſſe épouſa Charles VIII.

3°. Pierre de la *Vieuville*, fils de Sébaſtien, fut chevalier de l'ordre du roi.

4°. Ce fut pour Robert, fils de Pierre, que la terre de Sy fut érigée en marquiſat, ſous le nom de la *Vieuville* : Robert fut d'ailleurs grand-fauconnier

de France, ambaſſadeur en Allemagne, chevalier des ordres du roi.

5°. Charles, fils de Robert, fut le premier duc de la *Vieuville*. Il ſuccéda, ſous le règne de Louis XIII, au maréchal de Schomberg dans la ſur-intendance des finances. Il fut remplacé par Marillac ; depuis garde-des-ſceaux ; & ſa diſgrace, dont on ne ſait pas bien la cauſe, ne ſe borna pas à un ſimple renvoi. Il fut mis en priſon au château d'Amboiſe, d'où il parvint à ſe ſauver, & ſous la minorité de Louis XIV, il fut une ſeconde fois ſur-intendant des finances. Il mourut le 2 janvier 1653.

6°. Charles II, duc de la *Vieuville*, fils de Charles I, fut gouverneur du duc d'Orléans, Philippe, depuis régent de France. Il fut auſſi chevalier d'honneur de la reine. Il ſervit avec diſtinction aux ſiéges de Bourbourg & de Béthune en 1645, de Dunkerque en 1646. Il fut bleſſé à la bataille de Sens en 1648. Il mourut le 2 février 1689.

7°. Vincent, marquis de la *Vieuville*, frère aîné de Charles II, mourut en 1646, en défendant Charles I, roi d'Angleterre, contre ſes ſujets rebelles.

8°. André, chevalier de la *Vieuville*, frère puîné de Vincent & de Charles II, mourut en 1652, d'une bleſſure qu'il avoit reçue au ſiége d'Etampes.

VIGENERE (Blaiſe de) (*Hiſt. litt. mod.*), ſecrétaire du duc de Nevers, puis du roi Henri III ; traducteur autrefois célèbre. Il a traduit Céſar, Tite-Live, &c. mais ſes traductions les plus connues, ſont celles de Chalcondyle & de la vie d'Apollonius de Thyane, de Philoſtrate. Il a fait auſſi un traité des chiffres ou manière ſecrette d'écrire, un autre des comètes, un autre du feu & du ſel, &c. Né en 1522, à Saint-Pourçain, ſur les confins du Bourbonnois & de l'Auvergne, mort à Paris en 1596.

VIGIER (*Hiſt. litt. mod.*), eſt le nom de quelques gens de lettres.

1°. De François *Vigier*, jéſuite de Rouen, mort en 1647, dont on a une traduction latine eſtimée, de la préparation & de la démonſtration évangélique d'Euſèbe ; & un traité *de idiotiſmis præcipuis linguâ græca.*

2°. De Jean *Vigier*, mort vers l'an 1648, auteur d'un commentaire ſur les coutumes d'Angoumois, du pays d'Aunis & du gouvernement de la Rochelle, augmenté par Jacques & François *Vigier* ſes fils & petit-fils.

VIGILANCE, (*Vigilantius*) (*Hiſt. Eccléſiaſt.*) Gaulois, né près de Comminges, hérétique du quatrième & du cinquième ſiècles, que Saint-Paulin, ſéduit par ſon eſprit, avoit recommandé à Saint-

Jérôme, & contre lequel Saint-Jérôme écrivit avec beaucoup de feu, quand il eut découvert les erreurs.

VIGILE, (*Hist. Ecclés.*) pape qu'on accuse d'avoir varié dans l'affaire des trois chapitres. Il avoit remplacé le pape Saint-Silvère, du vivant même de ce pape alors exilé (en 537). Il fut exilé lui-même ; car Justinien & Theodora qui règnoient dans ce temps, s'occupoient sans cesse des querelles théologiques & y donnnoient de l'importance, en exilant tous ceux qui ne pensoient pas comme eux pour le moment. Le pape *Vigile* mourut l'an 555.

VIGILE, (*hist. ecclés.*) évêque de Tapse en Afrique, vivoit vers la fin du cinquième siècle. Il a écrit contre les Ariens ; mais il mettoit ses ouvrages, pour les mieux accréditer, sous le nom des pères les plus célèbres, tels que Saint-Augustin, Saint-Athanase, &c. & il a fallu de la critique dans la suite pour distinguer ses ouvrages d'avec ceux qui étoient véritablement de ces pères.

VIGINTIVIRAT, (le) (*Hist. rom.*) on comprenoit sous ce nom les emplois de vingt officiers chargés respectivement de la monnoie, du soin des prisons, de l'exécution des criminels, de la police des rues, & du jugement de quelques affaires civiles. Personne ne pouvoit être exempt de ces emplois, sans une dispense du sénat. Quand Auguste monta sur le trône, il voulut aussi qu'avant que d'obtenir la questure qui étoit le premier pas dans la carrière des honneurs, on eût rempli les fonctions du *vigintivirat* ; mais on fut bien plus curieux de se trouver dans l'antichambre de l'empereur, que d'exercer la questure ; & le *vigintivirat* devint l'office de gens de la lie du peuple. (*D. J.*)

VIGINTIVIRS, (collége des) (*Hist. rom.*) ce collége étoit composé des magistrats inférieurs ordinaires, nommés les *triumvirs monétaires*, les *triumvirs capitaux*, les *quatuorvirs nocturnes* & les *décemvirs*. Tous ces officiers avoient chacun leurs fonctions particulieres. (*D. J.*)

VIGNE (André de la) (*Hist. litt. mod.*), secrétaire d'Anne de Bretagne, composa en société avec Jaligni, une histoire de Charles VIII, qui a été imprimée au Louvre, in-folio, par les soins & avec les remarques de Denis Godefroi. La *Vigne* est aussi auteur du *Vergier d'honneur* ; c'est une histoire de l'expédition de Naples de Charles VIII. Il vivoit à la fin du quinzième siècle.

Anne de la *Vigne*, femme-bel-esprit du règne de Louis XIV, morte à Paris en 1684, étoit fille d'un médecin de Vernon-sur-Seine. Elle est connue par des odes & par d'autres poésies. Parmi ses odes, il

y en a une intitulée : *Monseigneur le dauphin au roi*. Quand cette ode eut paru, un inconnu lui envoya une boîte de coco où étoit une lyre d'or émaillée, avec des vers à la louange de l'auteur de l'ode. Il ne paroît pas que l'auteur ait jamais su de qui lui venoit cette galanterie. Mademoiselle de la *Vigne* étoit de l'académie des *Ricovrati* de Padoue. Elle avoit un frère de peu d'esprit, & le père disoit d'eux : *Quand j'ai fait ma fille, je pensois faire mon fils ; & quand j'ai fait mon fils, j'ai pensé faire ma fille* ; mot qui rappelle ce distique sur la reine Élisabeth & le roi Jacques son successeur :

Rex fuit Elisabeth, sed nunc regina Jacobus,
Error naturæ sic in utroque fuit.

Quant à la fausse mademoiselle de Malcrais de la *Vigne* (Mériadec de Querfic), *voyez* l'article DESFORGES, MAILLARD.

VIGNES, (Pierre des) (*Hist. de l'Emp.*) homme dont la destinée fut brillante & malheureuse. On ignore qui fut son père ; sa mère mendioit & pour elle & pour lui. Le hasard l'ayant fait connoître à l'empereur Frédéric II, il lui plut par son esprit, il lui fut utile par ses services, & s'éleva auprès de lui de dégré en dégré jusqu'à la dignité de chancelier. Il alla en 1245, au concile de Lyon pour y défendre ce prince qu'on y déposa. Il l'avoit servi avec zèle dans ses longs démêlés contre les papes Grégoire IX & Innocent IV. On n'est pas bien instruit des causes qui préparèrent son éclatante disgrace ; fut-il seulement la victime d'une intrigue de cour ? fut-il justement puni de quelque complot criminel ? On a dit qu'il avoit voulu faire empoisonner l'empereur par son médecin ; ce qui n'est guères vraisemblable de la part du chancelier de l'empereur, & ce qu'il n'est guères naturel de proposer au médecin de l'empereur, qui ne peut guères espérer de meilleure fortune. Quoi qu'il en soit, Frédéric II fit crever les yeux à Pierre des *Vignes*, & le tint enfermé dans une dure prison avec si peu d'espérance d'en sortir, que le malheureux se tua en 1249, en se brisant la tête contre une colonne à laquelle il étoit attaché. On a de lui un recueil de lettres, un traité *de Potestate imperiali*, un autre *de consolatione* dont il auroit dû profiter mieux. On a attribué à Frédéric II & à son chancelier Pierre des *Vignes*, le livre imaginaire *de tribus impostoribus*. On a prétendu qu'il y en avoit eu une ancienne édition sans date, mais personne ne l'a vue, & Straubius a fait imprimer ce livre pour la première fois à Vienne en Autriche en 1753.

VIGNEUL DE MARVILLE. (*Voyez* ARGONNE.)

VIGNIER (Nicolas, Nicolas son fils & Jérôme son petit-fils) (*Hist. litt. mod.*). Le père né, en 1530, à Troyes en Champagne, étoit médecin, mais il est plus connu comme historien; il étoit historiographe de France. On ne le lit pas, mais on le consulte encore quelquefois. On a de lui les ouvrages suivans : traité de l'origine & demeure des anciens françois, *rerum Burgundionum chronicon*; préséance entre la France & l'Espagne; fastes des anciens hébreux, grecs & romains ; bibliothèque historiale ; recueil de l'histoire de l'église.

On a du fils, ministre protestant à Blois, & qui depuis se fit catholique, ainsi que son père, quelques ouvrages de controverse.

Le petit-fils abjura aussi, se fit oratorien, fut supérieur de plusieurs maisons de l'oratoire, & mourut en 1661 à la maison de Saint-Magloire à Paris. On a de lui les ouvrages suivans : la véritable origine de la maison d'Alsace, de Lorraine, d'Autriche, &c. *stemma Austriacum*; l'origine des rois de Bourgogne; la généalogie des comtes de Champagne; deux volumes de l'histoire ecclésiastique gallicane, & quelques autres ouvrages moins considérables, sacrés ou profanes, en prose ou en vers. Il trouva dans les manuscrits de Clairvaux; de quoi fournir un supplément aux œuvres de S. Augustin.

VIGNOLE (Jacques Barozzio) (*Hist. litt. mod.*), savant architecte surnommé *Vignole*, parce qu'il étoit né à *Vignole*, dans le duché de Modène. Il vint en France sous le règne de François I. On croit que le château de Chambord fut construit sur ses desseins; il aida Primatice à jetter en bronze les antiques qui sont à Fontainebleau. C'est aux artistes à juger les ouvrages de son art qui nous restent de lui, tant en Italie qu'en France. Nous ne parlons de lui que pour observer qu'il a laissé un traité des cinq ordres d'architecture, qui a été traduit & commenté par Daviller, & un autre traité de la perspective pratique qui a été commenté par le Dantí. Vignole mourut à Rome en 1573, il étoit né en 1507.

VIGNOLES (Etienne de) (*Hist. de France*), plus connu sous le nom de la Hire. Il étoit de l'ancienne maison des barons de *Vignoles*. C'est un de ceux qui ont le plus justifié le surnom donné à Charles VII de *roi bien servi*. Il est un des principaux auteurs des merveilles de ce règne dont on a dit que Charles VII lui-même n'avoit été que spectateur: il contribua beaucoup à reporter Charles VII sur le trône; ce fut lui qui, avec le comte de Dunois, arrêta enfin le duc de Bedford devant Montargis, & le força d'en lever le siège, premier échec qui commença la décadence des anglais en France. La Hire faisoit plus peut-être que de servir son maître, il lui disoit la vérité. Ce fut lui qui, voyant Charles VII donner des fêtes pendant que les conquêtes des anglais le réduisoient à n'être plus que roi de Bourges, lui dit : *On ne peut perdre*

plus gaîment son royaume. Voilà les gens vraiment nécessaires aux rois, & voilà ceux qu'ils aiment le moins. La Hire mourut à Montauban en 1447.

Un autre *Vignoles* (Alphonse de), d'une famille ancienne, fils d'un maréchal-de-camp, naquit en 1649 au château d'Aubais en Languedoc. Il porta quelque temps les armes, & fut ensuite ministre protestant en France, jusqu'à la révocation de l'édit de Nantes; depuis cette révocation, il se retira dans le Brandebourg, où il fut d'abord de l'académie de Berlin, & en devint même, en 1727, directeur perpétuel. Il étoit fort ami de Leibnitz. Sa *chronologie de l'histoire Sainte & des histoires étrangères qui la concernent, depuis la sortie d'Egypte jusqu'à la captivité de Babylone*, est connue des savans : il a réfuté les rêveries du P. Hardouin, dans son *epistola Chronologica adversus Harduinum*; il a rempli d'ailleurs les mémoires de l'académie de Berlin & les journaux germaniques, de morceaux d'érudition. Mort en 1744, à quatre vingt quinze ans.

VIGOR, (Simon) (*Hist. du Calvin.*) archevêque de Narbonne, fameux au seizième siècle par la prédication, & dont on a les sermons imprimés en 1584. C'est lui qui, avec Claude de Saintes, eut en 1566 avec les ministres de l'Espine & Sureau, cette conférence dont les actes parurent en 1568; & où, comme dans toute conférence, on s'attribua de part & d'autre la victoire. C'est lui, dit-on, qui convertit le savant Pierre Pithou. Il mourut à Carcassonne en 1575.

Il eut un neveu conseiller au grand conseil, nommé comme lui *Simon Vigor*, grand zélateur de nos libertés, grand défenseur du syndic Richer (*voyez cet article*), & auquel on attribue l'ouvrage intitulé : *Historia eorum quæ acta sunt inter Philippum Pulchrum, regem christianissimum & Bonifacium VIII.* Mort en 1624.

VILLAGE, (*hist. mod.*) assemblage de maisons situées à la campagne, qui pour la plupart sont occupées par des fermiers & paysans, & où se trouve ordinairement une paroisse, & point de marché.

Le mot est françois, & dérivé de vil, *vilis*, bas, chétif, méprisable; ou plutôt du latin *villa*, ferme ou métairie.

La privation d'un marché distingue un *village* d'un bourg, comme la privation d'une église paroissiale distingue un hameau d'un *village*.

Village, chez les Anglo-Saxons signifioit la même chose que *villa* chez les Romains, c'est-à-dire une ferme ou métairie avec les bâtimens qui en dépendent, pour ferrer les grains & les fruits. Dans la fuite il commença à fignifier un *manoir*; enfuite une partie de la paroiffe, & enfin la paroiffe même.

Delà vient que dans plufieurs anciens livres de droit, les mots de *village* & de *paroiffe* font employés indiftinctement, & c'eft en conféquence que Forte-fene, *de laudibus leg. ang.* dit que les limites des *villages* ne font point marquées par des maifons, rues, ni murailles, mais par un grand circuit de terre dans lequel il peut fe trouver divers hameaux, étangs, bois, terres labourables, bruières, vignes, &c.

Le Fleta met cette différence entre une maifon ou habitation, un *village*, un manoir, que l'habitation peut confifter dans une ou plufieurs maifons; mais il faut qu'il n'y ait qu'un feul domicile, & qu'il n'y en ait point d'autres dans le voifinage; car lorfqu'il y a d'autres maifons contiguës à ce domicile, on doit l'appeller *village*; & qu'un manoir peut confifter en un ou plufieurs *villages*.

Afin que les *villages* fuffent mieux gouvernés, on a permis aux feigneurs fonciers de tenir toutes les trois femaines, une affife, de tenir une cour foncière. (*A. R.*)

VILLAIN, (*Hift. d'Anglet.*) fous le regne des Anglo-Saxons, il y avoit en Angleterre deux fortes de *villains*; les uns qu'on nommoit *villains en gros*, étoient immédiatement affujettis à la perfonne de leur feigneur, & de fes héritiers; les autres étoient les *villains du manoir feigneurial*, c'eft-à-dire, appartenans & étant annexés à un manoir. Il n'y a préfentement aucun *villain* dans la grande-Bretagne, quoique la loi qui les regarde n'ait point été révoquée. Les fucceffeurs des *villains*, font les vaffaux (*copy-holders*), ou plutôt (*copy-hobders*), qui malgré le tems qui les a favorifés à tant d'autres égards, retiennent encore une marque de leur première fervitude: la voici. Comme les *villains* n'étoient point reputés membres de la communauté, mais portion & acceffoire des biens du propriétaire, ils étoient par-là exclus de tout droit dans le pouvoir légiflatif; or il eft arrivé que leurs fucceffeurs font encore privés du droit de fuffrage dans les élections, en vertu de leur vaffelage. (*D. J.*)

VILLANI (Jean, Matthieu & Philippe) (*Hift. lit. mod.*), écrivains florentins du quatorzième fiècle. Les deux premiers étoient deux frères, le dernier étoit fils de Matthieu. On a de Jean une chronique en Italien, depuis le commencement du monde, ou du moins depuis la confufion des langues; & depuis la féparation des peuples jufqu'en 1348. Matthieu la continua jufqu'en 1364; Philippe augmenta & corrigea cette continuation: le tout fut imprimé chez les Juntes, à Venife, au

feizième fiècle, & réimprimé à Milan au dix-huitième. Cette chronique eft confultée pour les événemens des treizième & quatorzième fiècles.

VILLARET (Guillaume & Foulques de) (*Hift. de Malthe*). Les chevaliers hofpitaliers de Saint-Jean, avant d'être établis à Malthe, avoient été transportés, par la viciffitude des événemens, de Jérufalem à Acre, d'Acre à Limiffo dans l'ifle de Cypre, de Limiffo, dans l'ifle de Rhodes dont ils firent la conquête le 15 août 1310. Leur grand-maître Guillaume de *Villaret*, avoit formé ce projet; Foulques, fon frère & fon fucceffeur, l'exécuta. A peine en étoient-ils en poffeffion, qu'Othman I, chef de la race des Ottomans, voulut la leur enlever, en 1315; il fut repouffé avec perte par le même grand-maître. Malgré deux fi grands fervices & deux époques fi brillantes, il fut obligé de fe démettre en 1319, entre les mains du pape, pour éviter la honte d'une dépofition. On lui reprochoit du defpotifme, un luxe exceffif, plus d'attachement à fes intérêts qu'à ceux de l'ordre. Il vint en France & mourut l'an 1327, dans le Languedoc, chez une fœur qu'il avoit dans cette province.

VILLARET, (Claude) (*Hift. litt. mod.*) né à Paris en 1715. Il fit d'abord feul un mauvais roman, *la belle Allemande.*: puis en fociété une pièce de théâtre qui ne réuffit pas davantage. Il fut enfuite comédien, fous le nom de Dorval, & on dit qu'il ne manquoit pas de talent pour cette profeffion; l'effai qu'il en fit nous a valu de fa part des confidérations fur l'art du théâtre: il le quitta & fe confacra aux lettres. Il fut nommé premier commis de la chambre des comptes, & mit de l'ordre dans le dépôt des titres de cette cour. L'abbé Velly (*voyez fon article*) étant mort en 1759, M. de *Villaret* fut fon continuateur. On le nomma prefque en même tems fecrétaire de la pairie & des pairs. Sa continuation de l'hiftoire de France commence au huitième volume in-12, par le règne de Philippe de Valois, & finit à la page 348 du dix-feptième volume, hiftoire de Louis XI. Aujourd'hui qu'on ne lui doit plus que la vérité, il faut avouer que c'eft un mauvais hiftorien & un mauvais écrivain. Quant au fond, il a beaucoup d'inexactitudes, d'inadvertances, d'erreurs, il a même beaucoup de partialité; il défère trop à l'efprit du temps ou plutôt du moment, à des circonftances éphémères: il ne parle de certains corps qu'avec engoûment, de quelques autres qu'avec dérifion & irrévérence. Quant à la forme, elle eft encore plus vicieufe: ftyle toujours bourfoufflé, furchargé d'épithètes oifeufes, fans naturel, fans facilité; affectation continuelle de philofophie, d'énergie, de fenfibilité, mauvaife comédie mal jouée. Quand il a des révolutions fanglantes à décrire, des tableaux tragiques à préfenter, c'eft-à-dire des occafions d'être éloquent

&

& intéreſſant, il s'en afflige, il en demande pardon au lecteur :

Pardon, Meſſieurs, j'imite trop Tacite.

Il ne rapporte jamais un fait ſans faire convenir le lecteur qu'il n'a pu ſe diſpenſer de le rapporter, & que ſon devoir d'hiſtorien eſt bien rempli ; enſorte que ſon hiſtoire, n'eſt qu'une longue & ennuyeuſe apologie de ſon hiſtoire même : c'eſt un mémoire juſtificatif dont il eſt toujours l'unique objet. Au lieu d'être entraîné par les grands intérêts de l'hiſtoire, il eſt toujours occupé des petits intérêts de ſa petite gloire. Le meilleur des trois auteurs de la nouvelle hiſtoire de France eſt, ſans contredit, le continuateur actuel ; ſes recherches ſont ſolides, & ſon ſtyle eſt naturel.

On attribue encore à M. *Villaret* l'opuſcule intitulé : *L'eſprit de Voltaire.* Il mourut en 1766.

VILLARS-BRANCAS. (*Voyez* BRANCAS.)

VILLARS (*hiſt. de France*) La famille de *Villars*, originaire de Lyon, a donné cinq archevêques de ſuite à l'égliſe de Vienne, des perſonnages diſtingués dans la robe, & un grand homme dans l'épée ; ce grand homme c'eſt le maréchal duc de *Villars*.

Nous avons déjà des *mémoires du duc de Villars*, imprimés à Londres en 1739, en trois volumes in-12, mais qui n'étoient de lui qu'en partie. M. le maréchal de Caſtries, & feu M. le marquis de Vogué (petit neveu du maréchal de *Villars*), ont déſiré avec raiſon que ſa vie fût refaite ; & elle l'a été par M. Anquetil le génovéfain, ſous ce titre : *Vie du maréchal de Villars écrite par lui-même*, parce que ſes lettres en forment la plus grande partie, & que les autres mémoires & matériaux paroiſſent être ſon ouvrage.

Louis-Hector de *Villars* naquit au mois de mai 1651, à Turin, ſelon l'opinion commune ; mais elle eſt démentie par un diſcours de M. Pallières, procureur du roi au bureau des finances de Moulins, lequel, en haranguant le maréchal de *Villars*, réclama, pour la ville de Moulins, l'honneur de lui avoir donné la naiſſance. Pierre de *Villars* ſon père, employé en différentes ambaſſades, conſeiller d'état, d'épée, gouverneur de Damvilliers & de Beſançon, homme d'un mérite diſtingué, étoit recommandable même à l'extérieur par ſa bonne mine & ſa taille avantageuſe, qui, à la cour, le faiſoient nommer Orondate. Marie de Bellefonds, mère du maréchal, étoit une femme de beaucoup d'eſprit. On a d'elle, ſur l'Eſpagne, des mémoires agréables, où ce pays n'eſt pas peint agréablement.

Le marquis, depuis maréchal de *Villars*, fit ſes *Hiſtoire Tome V.*

premières armes en 1672. Il ſe trouva au paſſage du Rhin, aux ſièges d'Orſoy, de Doësbourg, de Zutphen. Cornette des chevau-légers, il ſe mêle parmi les grenadiers dans la tranchée de Maëſtricht en 1673, & court riſque de la vie. Le roi, témoin de ſon danger, le fait appeller, & lui dit d'un ton ſévère : *Ne ſavez-vous pas que j'ai défendu, même aux volontaires, d'aller aux attaques ſans permiſſion, à plus forte raiſon aux officiers de cavalerie, qui ne doivent pas quitter leur troupe.* —*J'ai cru, Sire,* répond le jeune Villars ſans ſe déconcerter, *que Votre Majeſté me pardonneroit de vouloir apprendre le métier de l'infanterie, ſurtout quand la cavalerie n'a rien à faire.*

Au même ſiège, il y eut une eſcarmouche aſſez vive, où une poignée de gendarmes repouſſa les ennemis. *Qui commande ces gendarmes ?* demanda le roi. On lui répond : Villars. *Il ſemble,* dit-il, *dès que l'on tire en quelque endroit, que ce petit garçon ſorte de terre pour s'y trouver.*

Villars mérita plus d'une fois les éloges de Turenne & ceux du grand Condé. A la bataille de Sénef, en 1674, Condé regardoit défiler l'armée ennemie dont il vouloit attaquer l'arrière-garde. Quelques-uns des officiers qui l'environnoient voyant du mouvement dans ces troupes, dirent : *Elles s'ébranlent pour fuir.* —Non, dit Villars, *elles changent ſeulement d'ordre.* — *Et à quoi le connoiſſez-vous,* dit le prince ? *C'eſt,* répondit-il, *qu'à meſure que quelques eſcadrons paroiſſent ſe retirer, d'autres rentrent dans les intervalles, & que vous les trouvez en bataille quand vous paſſerez le ruiſſeau.*—*Jeune homme,* reprit Condé, *qui vous en a tant appris?* —*Ce jeune homme-là voit clair,* ajouta-t-il, en s'adreſſant à ceux qui avoient parlé les premiers. En même tems il fit ſonner la charge, & mit l'épée à la main. *Ah voilà ce que j'avois toujours déſiré,* s'écria Villars, *de voir le grand Condé l'épée à la main !* A la première charge, le marquis reçut un coup d'épée qui s'arrêta dans l'os de la cuiſſe. Fourilles mourant & Condé vainqueur, le recommandèrent à Louis XIV, & il eut un régiment de cavalerie. En 1675 il ſervit ſous M. de Luxembourg, qui rendit compte auſſi au roi de pluſieurs belles actions du marquis. En 1676 il ſervit ſous le maréchal de Schomberg, qui fit lever le ſiège de Maëſtricht au prince d'Orange. Villars vouloit qu'on donnât ſur l'arrière-garde des ennemis : *Quand une place comme Maëſtricht,* lui répondit le maréchal, *eſt ſecourue ſans bataille, le général doit être content ; & pour ſatisfaire un jeune colonel avide de gloire, il faut lui donner un parti de cent cinquante chevaux. Faites-les commander, prenez les officiers que vous voudrez ; ſuivez l'armée ennemie trois ou quatre jours, voyez ce qu'elle deviendra, & ce que vous pourrez faire ſans vous commettre.* Villars revint dès le lendemain, ramenant autant de priſonniers qu'il avoit de ſoldats.

Yyy

Il étoit en 1677, à la bataille de Caffel en Flandre, fous *Monfieur* & fous le maréchal de Luxembourg, puis à la retraite de Cokesberg en Alface, fous le maréchal de Créquy ; dans cette dernière affaire, il eut deux chevaux tués fous lui. On lui préfenta fa cuiraffe, il la refufa : *Je ne tiens pas ma vie plus précieufe que celle de ces braves gens*, dit-il, en mortrant fes cavaliers. En rentrant au camp, il apprit qu'un de fes cavaliers mortellement bleffé, le demandoit, il y courut. *Etes-vous content de nous, mon colonel,* lui dit le foldat ? *je ne voulois que la confolation de vous voir avant de mourir.*

En 1678, il fervit encore en Allemagne fous le même maréchal de Créquy, qui, le voyant le premier fur la brèche du fort de Kell qu'il affiégeoit, s'écria : *Jeune homme, fi Dieu te laiffe vivre, tu auras ma place piutôt que perfonne.* Ce mot n'eft pas affez clair. De quelle place parloit-il ? De celle qu'il occupoit dans l'Europe parmi les grands capitaines, ou de celle du général d'une armée françoife ? Ou vouloit-il dire feulement : *Jeune homme, qui t'expofes ainfi, fi tu n'es pas tué dans ce moment, tu auras l'honneur d'entrer le premier dans la place que nous affiégeons.*

Pendant la paix qui fuivit le traité de Nimègue, il alla négocier à Vienne & à Munich où il travailla fortement à détacher l'électeur de Bavière Maximilien, beau-frère du Dauphin, des intérêts de l'empereur. *Je vous avois toujours connu pour un fort brave homme,* lui dit Louis XIV à fon retour, *mais je ne vous croyois pas auffi grand négociateur que vous l'êtes.*

En 1688, il fut fait commiffaire général de la cavalerie ; en 1689 maréchal-de-camp ; & la guerre étant alors commencée, il commanda cette année la cavalerie de Flandre, fous le maréchal d'Humières. En 1690, il fit contribuer la Flandre. En 1691 il eut un commandement ; on lui donna une armée de quinze mille hommes, deftinée à défendre les lignes établies pour couvrir la frontière, depuis l'Efcaut jufqu'à Bergues. Ayant rejoint le maréchal de Luxembourg, il fe trouva au combat de Leuze, & retourna enfuite à fes lignes. Il fut fait lieutenant-général dans cette guerre.

Il étoit ambaffadeur à Vienne dans le tems des négociations pour les traités de partage & du renouvellement de la guerre. Promptement rappellé ; il courut en Italie chercher la gloire & les périls ; les foldats, qui avoient toujours aimé fon audace, s'écrioient : *C'eft notre général que Dieu nous a envoyé.* Le maréchal de Villeroy, qui commandoit alors l'armée, lui fit compliment fur la confiance que les foldats lui montroient ; il répondit par ces deux vers de *Bajazet.*

Je crois qu'ils me verroient encore avec plaifir,

Et qu'ils reconnoîtroient la voix de leur vifir.

Dans l'hiver de 1701 à 1702, il époufa mademoifelle de Varangeville.

En 1702 il commanda une armée en Allemagne ; le grand objet de cette campagne & de la fuivante, étoit la jonction de l'armée françoife avec celle de l'électeur de Bavière, qui, dans cette guerre, s'étoit hautement déclaré pour la France. Le 14 octobre 1702, *Villars* gagna la bataille de Fridelingue ; en conféquence de cette victoire, il fut fait maréchal de France. Madame la princeffe de Conty lui écrivit à ce fujet, ces deux vers du *Cid* :

Vos pareils à deux fois ne fe font point connoître,

Et pour leurs coups d'effai veulent des coups de maître.

En 1703, il enleva des quartiers du prince de Bade qu'il avoit en tête, emporta de nouveau le fort de Kell, entra dans les montagnes, prit la ville & le château d'Hornbec, fit fa jonction avec l'électeur de Bavière ; & malgré toutes les contradictions que lui fufcitoient les irréfolutions & les incertitudes perpétuelles de cet électeur, dont le confeil étoit, à ce qu'on croit, vendu à l'empereur, il gagna contre le comte de Stirum, général des troupes de l'Empire, la première bataille d'Hochftet. Mais & cette victoire d'Hochftet & celle de Fridelingue, & cette jonction tant defirée ne produifirent pas de grands effets, par la réfiftance que l'électeur de Bavière apporta toujours à l'exécution de tous les projets propofés par le maréchal de *Villars* : il fallut les féparer. *Quand vous vous repoferiez après deux auffi belles campagnes*, lui dit le maréchal de Villeroy, *c'eft demeurer fur la bonne bouche.* Que ce fût ironie ou compliment, dit le maréchal de *Villars*, je lui répondis fur le même ton : « *Je ne fais fi le roi me laiffera fans commandement ; fi cela arrive, j'aurai quelque ennemi à la cour qui s'en réjouira ; mais les ennemis du roi s'en réjouiront encore davantage.* » Ajoutons que Villeroy n'avoit pas le droit d'employer l'ironie à l'égard de *Villars*.

En 1704, le maréchal de *Villars* alla pacifier les troubles des Cévennes, de concert avec M. de Bâville, intendant de Languedoc, auquel il rend ce témoignage qui les honore tous deux.

« Il voit plus clair que perfonne dans les fentimens de cette province. Vingt années qu'il y a paffées, la folidité de fon efprit & fon extrême application au bien du fervice, le mettent plus en état que perfonne du monde de ne fe pas tromper ; auffi n'ai-je pas héfité à fuivre fes fentimens, qui m'ont paru auffi zélés que remplis de vérité & de bon fens. Ces mêmes qualités lui ont fait beaucoup d'ennemis dans la province. Cependant le général qui commanderoit fans fon fecours, feroit embarraffé..... Quand je penfe qu'une infinité de gens me preffoient de commencer par fupplier votre majesté de vouloir bien nommer un autre intendant, ils connoissoient bien peu ce qui convient au service de votre majesté ; & pour moi, Sire, j'étois bien persuadé que ses lumières me seroient d'un grand secours, & je dois me louer infiniment de la manière dont il a bien voulu me les donner. . . .). Je reçus une infinité de lettres anonymes contre lui. Il n'y a rien qu'on ne fît pour nous brouiller ; mais je lui montrois tout ce qu'on m'écrivoit ; & je lui dois cette justice, que personne dans ces troubles, n'a servi le roi plus utilement. »

\ En 1705, M. le maréchal de *Villars* fut fait chevalier des ordres du roi. Cette campagne de 1705, est une des plus belles de ce général. Ce fut alors qu'il occupa ce fameux camp de Sirk, au moyen duquel il couvroit Thionville & Saarlouis, & empêchoit les ennemis de pénétrer dans la Champagne. Marlborough voulut l'attaquer ; mais, ou la bonté du poste qu'occupoit *Villars*, ou le défaut de concert entre Marlborough & le prince Louis de Bade, empêcha le premier de rien entreprendre; il se plaig t beaucoup du prince Louis de Bade, & il fit parler au maréchal de *Villars* comme à un bon juge & à un homme du métier, pour s'excuser de ne l'avoir pas attaqué, tant ces grands généraux étoient jaloux d'obtenir le suffrage les uns des autres !

Le 3 juillet, le maréchal força les lignes de Veissembourg, & eût fait des entreprises beaucoup plus considérables, si l'on n'eût pas extrêmement affoibli son armée pour en renforcer d'autres.

Cette même année, la terre de Vaux-le-Villars, qui avoit appartenu autrefois au sur-intendant Fouquet, fut érigée en duché pour le maréchal de *Villars*.

En 1706, il commanda encore vers le Rhin, dégagea le Fort Louis ; prit Lauterbourg, Drusenheim, Haguenau, l'Isle du marquisat.

En 1707, il força les lignes de Stolhoffen, & s'avança dans l'Allemagne. *Mes amis*, dit-il à ses *soldats, j'ai traversé l'Empire il y a trois ans ; votre sagesse & votre bonne discipline permettoient aux paysans d'apporter tout ce qui vous étoit nécessaire ; nous rentrons dans ce même empire, nous ne pouvons plus compter sur nos magasins : si vous brûlez, si vous faites fuir les peuples, vous mourrez de faim. Je vous ordonne donc, pour votre propre intérêt & pour celui du roi, d'être sages, & vous voyez bien vous-mêmes combien il vous importe de l'être. . . Je dois commencer par vous instruire ; mais, si ces raisons ne vous contiennent pas, la plus grande sévérité sera employée, & je ne me lasserai pas de punir ceux qui s'écarteront de leur devoir.*

Il n'eut guères à punir ; il savoit l'art d'entre-

tenir une exacte discipline, sans châtiment & sans rigueur : il étoit obéi, parce qu'il étoit aimé & respecté. Le trait suivant est une preuve & un effet de cette discipline : « Le marquis de Nangis, détaché de l'armée du maréchal pour se porter en avant, entrant dans un village avec huit cents grenadiers, trouva le curé & les habitans faisant la procession de la Fête-Dieu. Le curé s'arrêta pour donner sa bénédiction. Les grenadiers se mirent à genoux, & la bénédiction reçue, on marcha aux ennemis, sans que le curé ni la procession parussent allarmés.

On leva de fortes contributions. *La maréchal de Villars fait bien ses affaires*, dit à ce sujet, au roi, un courtisan. *Il fait bien aussi les miennes*, répondit le roi.

En 1708, le Maréchal de *Villars*, à qui, comme il s'en plaint dans une lettre au roi, on donnoit toujours à rétablir les frontières les plus délabrées, & qu'on en retiroit lorsqu'il les avoit rétablies, & dans le tems où il auroit pu avoir des avantages décisifs, fut envoyé des bords du Rhin dans la Savoie faire une guerre de montagnes : il força le 11 août, les deux villes de Seranne à la vue du duc de Savoie ; mais ce prince se rendit maître de quelques postes, par la lâcheté ou la trahison de ceux qui étoient chargés de les défendre, & qui furent punis comme ils le méritoient.

La désastreuse année 1709 vit le maréchal de *Villars*, commandant sur la frontière de Flandre, entamée & ouverte, une armée foible & manquant de pain, contre une armée immense parfaitement approvisionnée, & pour laquelle on avoit formé de toutes parts, à grands frais, des magasins proportionnés à tous ses besoins. Voici le compte que le maréchal rendoit de son état : « Je suis obligé de vous représenter l'extrême misère des officiers subalternes. Le prêt suffit à peine, puisque ces pauvres malheureux n'ont presque rien eu depuis long-tems : ils ont vendu jusqu'à leur dernière chemise pour vivre. Le chevalier de Luxembourg me marque ce que je ne vois que trop souvent sous mes yeux, que plusieurs des soldats qu'il a rassemblés à Tournay, ont vendu leurs armes & leur justeau-corps pour avoir du pain. Je parle à ceux que je trouve dans les endroits que je visite ; j'écoute leurs plaintes, j'y compâtis, je les encourage, je tâche de les piquer d'honneur, je leur donne des espérances; mais enfin, il faut autre chose pour les mettre en état d'entrer en campagne.... Imaginez-vous l'horreur de voir une armée manquer de pain : il n'a été délivré aujourd'hui que le soir & fort tard, hier, pour donner du pain aux brigades que je faisois marcher, j'ai fait jeûner celles qui restoient. Dans ces occasions, je passe dans les rangs, je caresse le soldat, je lui parle de manière à lui faire prendre patience, & j'ai eu la consolation d'en entendre plusieurs dire : *M. le maréchal a raison il faut souffrir quelquefois....* Tous les officiers de la garnison de Saint-Venant m'ont demandé en grâce de leur faire donner du pain, & cela avec modestie, disant : nous vous demandons du pain, parce qu'il en faut pour vivre : nous nous passerons d'habits & de chemises. »

« Nous les avons vus, dit le même maréchal dans son discours de reception à l'académie Française prononcé le 23 juin 1714, pendant une campagne entière, souffrir, sans murmurer, le manque d'argent & de pain, jetter même le pain dont ils avoient manqué pendant deux jours, pour courir plus légèrement au combat, & leur seule valeur leur tenir lieu de force & de nourriture. »

Des ignorans demandoient où M. le président Hénault avoit pris ce fait qu'il rapporte, en parlant de la bataille de Malplaquet, du 11 septembre de cette année 1709.

A cette bataille le maréchal de *Villars* eut le genou cassé d'un coup de fusil; ceux qui commandoient sous lui les principales divisions, furent tués ou mis hors de combat. La bataille fut censée perdue, puisqu'on fut obligé d'abandonner le champ de bataille. « Il est certain, écrivoit le maréchal de *Villars* au roi, que la perte des ennemis est quatre fois plus grande que la nôtre ; qu'ils ne nous ont fait aucun prisonnier ou très-peu ; mais ils ont été repoussés jusqu'à cinq & six fois. Il n'y a personne qui ne convienne que, s'ils ont gagné le terrein que nous occupions, nous n'ayons remporté la victoire par le très-grand nombre d'hommes tués & blessés de leur part. Jusqu'à présent, je ne sache pas qu'ils nous aient pris plus de trois ou quatre drapeaux, & j'en vois déja dans ma chambre plus de trente des leurs, & on m'en apporte encore à tous momens...... Si Dieu nous fait encore la grâce de perdre encore une pareille bataille, votre majesté peut compter que ses ennemis sont détruits. »

Le maréchal de *Villars* applique ici aux ennemis, ce que Pyrrhus disoit de lui-même après la fatale victoire qu'il avoit eu le malheur de remporter sur les Romains.

Le 20 septembre, le maréchal fut fait pair de France.

En 1710, ce fut assez d'arrêter, de retarder les progrès des ennemis. Le maréchal de *Villars* malade, demanda pour successeur le maréchal de Berwick.

En 1711, *Villars* surprit & batit un détachement considérable des ennemis, près du château d'Arleux, poste dont il s'empara. Mais les ennemis, supérieurs en force, faisoient toujours des progrès.

Ce fut au commencement de 1712 que le roi,

au milieu de la douleur dont l'accabloient la perte de ses enfans, les malheurs du royaume, les succès de ses ennemis; fit part au maréchal de *Villars* de la résolution qu'il avoit prise de périr avec lui, ou de sauver l'état, si le maréchal essuyoit un échec, & de s'avancer au devant des ennemis jusqu'à Péronne ou à Saint-Quentin, avec ce qui pourroit lui rester de troupes, plutôt que de les laisser approcher de la capitale, & de se retirer à Blois comme on le lui conseilloit; au lieu de l'échec prévu & redouté, le maréchal de *Villars*, devenu par la défection des Anglois moins inégal en forces au prince Eugène, remporta le 24 juillet l'importante victoire de Denain, fit lever le siége de Landrecies, prit Marchienne où étoient tous les magasins des ennemis, Saint-Amand, Douay, le Quesnoy, Bouchain; sauva la France en détruisant ces lignes de communication de Marchienne à Denain, que les confédérés appelloient *le grand chemin de Paris*, & qui pouvoient le devenir, & accéléra la paix dont toutes les puissances avoient tant de besoin.

Sur le chemin de Paris à Valenciennes, à l'endroit où aboutit le chemin de Denain, est élevée une pyramide de trente pieds. Sur la base on lit ces mots : *Denain 24 juillet 1712*, & ces deux vers de la Henriade :

Regardez dans Denain l'audacieux *Villars*

Disputant le tonnerre à l'aigle des Césars.

Ce monument a été placé en 1781, par les soins de M. Senac de Meilhan, intendant de la province du Hainault.

Le maréchal de *Villars* eut le gouvernement de Provence, vacant par la mort du duc de Vendôme, arrivée le 11 juin.

En 1713, fut conclue la paix d'Utrecht; mais la guerre continua contre l'empereur. Le maréchal de *Villars* prend Landau, Spire, Worms, Keiserlauter, &c. défait le 20 septembre le général Vaubonne, & termine la campagne par la prise de la ville & des châteaux de Fribourg. A ce siége, il reçut à la hanche un coup de pierre si violent, que ses habits en furent percés; & le duc, depuis maréchal de Richelieu, alors son aide-de-camp, dont il vante par-tout la valeur, l'esprit & les talens, fut blessé à la tête.

En 1714, le maréchal de *Villars* couronne une guerre si glorieuse pour lui, par une paix glorieuse, qu'il eut l'honneur de conclure, en qualité de plénipotentiaire de la France, avec le prince Eugène plénipotentiaire de l'empereur. Ces deux généraux, ces deux hommes d'état, dignes de se combattre & de traiter ensemble, étoient pleins d'estime & même d'amitié l'un pour l'autre : *Mes ennemis sont à Versailles & les vôtres à Vienne*, disoit le maréchal-duc de *Villars* au prince Eugène.

La paix fut fignée par eux à Raftad, le 6 mars; on prit pour bafe le traité de Rifwick, fur quoi le maréchal de *Villars*, ou fon hiftorien, fait cette réflexion importante, qui montre fi bien la trifte inutilité d.s guerres.

« Ainfi, après une guerre de quatorze ans, pendant laquelle l'empereur & le roi de France avoient été près de quitter leurs capitales ; l'Efpagne avoit vu deux rois rivaux dans Madrid ; prefque tous les états d'Italie avoient changé de fouverains ; une guerre, dont toute l'Europe, excepté la Suiffe & quelques lieux dans les autres parties du monde, avoit reffenti les horreurs, nous nous remettions précifément au point d'où nous étions partis en commençant.

Lorfque le maréchal de *Villars* parut à Verfailles, après la pacification générale : « *Voilà donc, Monfieur le maréchal,* lui dit le roi, *le rameau d'olivier que vous m'apportez, il couronne tous vos lauriers.*

En lui donnant à Verfailles un appartement confidérable que M. le Dauphin avoit occupé autrefois, il lui dit : *les gens de guerre feront bien-aifes de voir leur général bien logé, & d'avoir de grandes pièces pour fe retirer chez lui.*

Un jour, le roi à la chaffe avoit manqué plufieurs coups ; le maréchal le joignit, & le roi tira quatre coups tout de fuite qui portèrent. *M. le maréchal,* dit-il, *vous m'avez porté bonheur, vous êtes accoutumé à rendre mes armes heureufes.*

Le roi d'Efpagne, de fon côté, avoit envoyé, en 1713, la toifon d'or au maréchal ; & pour qu'il ne manquât à celui-ci aucune efpèce d'honneurs, il fut, comme nous l'avons dit, reçu, en 1714, à l'académie françoife, à la place de M. de Chamillart, évêque de Senlis. Il vouloit parler dans fon difcours de la réfolution courageufe que le roi avoit prife, en 1712, de fe mettre à la tête de fes dernières troupes, & de périr avec elles plutôt que de laiffer l'ennemi pénétrer dans le royaume, en fe retirant à Blois, il en demanda la permiffion au roi, qui rêva un moment, & lui dit : « *on ne croira jamais que, fans m'en avoir demandé la permiffion, vous parliez de ce qui s'eft paffé entre vous & moi. Vous le permettre & vous l'ordonner feroit la même chofe, & je ne veux pas qu'on puiffe penfer ni l'un ni l'autre.* »

Voici comment le maréchal de *Villars* rapporte les dernières paroles de Louis XIV. Les grands de fa cour étoient affemblés autour de fon lit, il leur dit : « *Je vous recommande le jeune roi, il n'a pas cinq ans. Quel befoin n'aura-t-il pas de votre zèle & de votre fidélité ! Je vous demande pour lui, les mêmes fentimens que vous m'avez montrés en tant d'occafions. Je vous recommande d'éviter les guer-*

res ; *j'en ai trop fait ; elles m'ont forcé de charger mon peuple, & j'en demande pardon à Dieu* ».

Le jeune dauphin étoit préfent. Il entendit ces mots mémorables, dont Louis XIV mourant voulut faire la leçon éternelle de fes fucceffeurs.

Lorfque, fous la régence, les confeils furent établis, le maréchal de *Villars* fut un des membres du confeil de régence, il avoit même été nommé par le teftament de Louis XIV pour en être ; il fut auffi nommé préfident du confeil de guerre, & il eût été difficile de donner cette place à quelqu'un qui pût y avoir plus de droits. Pendant tout le cours de la régence, on voit le maréchal de *Villars* toujours confidéré, fouvent confulté ; mais fes confeils étoient rarement fuivis, car ils tendoient tous à l'économie, au retranchement des dépenfes de la cour, au rétabliffement des finances. Il éprouva quelquefois des dégoûts, des défagrémens, des momens de difgrace ; il penfa être enveloppé dans celle du duc & de la ducheffe du Maine, d'après des foupçons mal-fondés, & dont on reconnut affez tôt l'injuftice, pour ne pas commettre celle de priver de la liberté le libérateur de la patrie. Dans la petite guerre contre l'Efpagne, guerre qu'il n'approuvoit pas, la trouvant trop contraire aux vues & aux fentimens de Louis XIV, dont la mémoire lui fut toujours facrée, ce ne fut point à lui qu'on s'adreffa, ce fut au maréchal de Berwick.

Le maréchal de *Villars* eut part à l'accommodement du cardinal de Noailles fur la conftitution ; & le régent, qui prenoit intérêt à cette affaire, parce que l'archevêque de Cambrai, Dubois, attendoit le chapeau pour prix de la fatisfaction qu'il procureroit au pape fur cet article, en témoigna fa reconnoiffance au maréchal. « *Vous êtes,* lui dit-il, *un bon négociateur, & je fais d'aujourd'hui que je le fais. Je vous fuis très-obligé de la manière dont vous avez conduit toute cette affaire.* » Il paroît que le maréchal avoit fur ces querelles eccléfiaftiques, fi importantes alors, aujourd'hui prefque oubliées, les fentimens d'un honnête homme & d'un homme éclairé.

En 1721 le marquis, depuis duc de *Villars*, fils unique du maréchal, époufa la feconde fille du duc de Noailles. Le maréchal de *Villars* ne perdoit pas une occafion d'inftruire le jeune roi, qui lui montroit beaucoup d'égards. Le maréchal trouvoit l'éducation de ce prince trop négligée. « *Il ne pouvoit,* dit-il, *fe réfoudre à dire une feule parole à ceux qui n'étoient pas dans fa familiarité. Jamais de réponfes aux ambaffadeurs ; & même aux députations des provinces, que difoient mot à mot par le maréchal de Villeroy. Pour infpirer au roi quelque honte de fon filence, je lui dis à fon coucher, comment j'avois vu élever l'empereur*

Joféph ; que je l'avois entendu fouvent réciter des harangues en italien, en latin, en françois, & parler en public, ce qui étoit indifpenfable à un roi. »

Les fêtes de Villers-Cotterets, dans le tems du facre du roi, furent de la plus grande magnificence. « Je ne pus m'empêcher, dit le maréchal de *Villars*, de dire à fon alteffe royale & au premier miniftre, que c'étoit dépenfer prodigieufement pour donner une très-mauvaife leçon au jeune roi, auquel on devoit craindre d'infpirer le goût du luxe en l'excitant par des exemples. »

Le maréchal fit les fonctions de connétable au facre du roi ; il avoit toujours ambitionné cette dignité, & on voit dans plufieurs endroits de fes mémoires, des regrets de ne l'avoir pas obtenue, « J'eus, dit-il, la fatisfaction d'entendre qu'une grande partie de la cour, toutes les troupes & le peuple, me fouhaitoient la réalité de la place que je rempliffois ce jour-là. » Il étoit alors chancelier de l'académie françoife, & à ce titre il harangua le roi fur fon facre. *Me voilà donc*, difoit-il à ce fujet, *en quinze jours connétable de France & chancelier de l'académie. Il eft fâcheux que la dernière charge foit la plus folide.* Elle dure trois mois.

La même année 1722, le maréchal fit défendre les jeux publics, même dans les maifons royales à Paris, où il y en avoit trois qui rendoient plus de cinquante mille écus par an. « Un pareil réglement, dit-il, m'attira l'indignation de ceux qui avoient ces jeux ; mais le bien public étoit avant tout dans mon cœur. »

Le cardinal Dubois, pendant fon court miniftère, parut vouloir donner beaucoup de confiance au maréchal de *Villars* ; il lui fit du moins beaucoup d'avances. Les confeils de départemens n'exiftoient plus. Le maréchal fut mis à la tête d'une commiffion établie pour examiner les finances de la guerre. Mais il ne tarda pas à s'en retirer. Cette même année il fut fait grand d'Efpagne de la première claffe, *pour lui & pour toute fa maifon.*

Il eut, à-peu-près, fous le miniftère de M. le duc le même dégré de crédit qu'il avoit eu fous M. le duc d'Orléans. M. le duc commença par le faire miniftre, c'eft à-dire, par lui donner l'entrée au confeil d'état. Le roi lui ordonna enfuite d'entrer dans tous fes confeils, excepté dans le confeil de confcience dont il ne voulut pas être. Ces confeils étoient celui des finances & celui des dépêches, c'eft-à-dire, ceux qui ont continué d'exifter fous les règnes de Louis XV & de Louis XVI, & qui n'ont rien de commun avec les confeils de départemens, établis au commencement de la Régence. » En difant mon avis au confeil (des finances), dit le maréchal, j'ai fupplié le roi d'ordonner une économie univerfelle, & lui ai

repréfenté que, nonobftant fes revenus immenfes, les peuples étoient trop chargés. *Et dans quel tems?* lui ai-je dit, *lorfqu'on jouit d'une paix qui dure depuis dix ans, & qui auroit dû procurer du foulagement.* »

On voit que le maréchal de *Villars* doit être auffi cher à la nation, comme miniftre, qu'il eft illuftre comme guerrier & général.

Les intrigues d'Efpagne, pour engager Philippe V à reprendre la couronne après la mort du roi Louis fon fils, & les contre-intrigues pour l'en empêcher, font décrites avec intérêt dans les mémoires du maréchal de *Villars*. Le jéfuite Bermudès, confeffeur de Philippe V, étoit dans des intérêts oppofés à ceux de Philippe, & vouloit qu'il s'en tînt à fon abdication. La reine d'Efpagne lui dit, en préfence du roi, « qu'il étoit un traitre, un Judas, que, fi elle étoit en péril de mort, elle aimeroit mieux mourir fans facremens, que de les recevoir par le miniftère d'un fi méchant homme.... La nourrice de la reine, la Señora Louifia, dit au roi, qu'il étoit honteux à lui, de fe laiffer gouverner par un fripon.... elle parloit avec tant de violence, que la reine, s'appercevant que le roi pâliffoit, lui dit : *nourrice, taifez-vous, vous ferez mourir le roi de chagrin.* La courageufe nourrice répondit : *qu'il meure, ce n'eft qu'un homme de perdu, au lieu que, s'il abandonne le gouvernement, fes peuples, fes enfans, fon royaume font perdus.* » C'étoit peut-être flatter avec bien de la brutalité. Philippe V reprit la couronne, &, ce qui eft affez étonnant, garda fon confeffeur.

Il paroît que le maréchal de *Villars* approuva le renvoi de l'infante en Efpagne & le mariage de Louis XV avec Marie Leczinska ; mais fidèle à fes principes d'économie, il n'approuva pas qu'on fît à la reine une maifon particulière. Voici comment il s'en explique : « Je m'étois fort oppofé à ce qu'on formât une maifon à la reine, au moins jufqu'à ce que les finances épuifées fuffent un peu rétablies. Je repréfentai au confeil, que du temps du feu roi j'avois empêché, pendant deux ans, qu'on ne fît la maifon de Monfieur & Madame de Berry, remontrant que l'impératrice n'avoit d'autres pages, écuyers, caroffes, valets de pied, officiers & cuifiniers que ceux de l'empereur. Mes repréfentations furent inutiles, & l'avidité de la cour, pour profiter de toutes les charges, entraîna M. le duc, malgré mes raifons, dont il reconnoiffoit la folidité. »

Encore un coup, on ne peut trop eftimer un pareil miniftre.

Dans la même année, 1725, on établit l'impôt du cinquantième, ce qui fournit au zèle patriotique du maréchal de *Villars* une nouvelle occafion d'éclater. En opinant dans le confeil, il dit :

puifqu'on est obligé de mettre des impositions, il faudroit les faire précéder de diminutions considérables dans les dépenses de la maison du roi (dont M. le duc étoit grand-maître). Il n'y avoit sûrement point de réplique à ce mot. Il y a une dépense, reprit le duc d'Antin, qui vous a bien déplu; c'est ce mail de Versailles. Ce courtisan croyoit sans doute par-là donner du ridicule à la parcimonie du maréchal. Il est vrai, répondit Villars, quarante mille écus pour faire jouer le roi au mail un seul jour dans l'année m'a fait beaucoup de peine. Mais, répliqua M. le duc un peu piqué, si le roi m'avoit ordonné de prendre deux années du gouvernement de Provence pour faire ce mail? — Je n'en aurois pas murmuré, répondit Villars, quoique ce gouvernement de Provence ait été bien gagné. J'en ai été pour mes vérités, ajoute le maréchal.

Ajoutons que le roi, qui auroit pu en donner l'ordre, étoit un enfant, & que le ministre, qui se feroit fait donner un pareil ordre, auroit été un tyran. M. le duc étoit bien incapable d'en user ainsi, mais il auroit dû aussi être incapable de le dire & de s'irriter contre un ministre fidèle qui parloit d'économie dans un état ruiné.

Le maréchal ne perdoit pas une occasion d'inspirer à la nouvelle reine les mêmes principes d'économie. Madame, lui disoit-il, tout ce qui connoît les grandes qualités qui sont en vous, desire que vous preniez empire sur l'esprit du roi. Vous augmenterez l'admiration & l'attachement du peuple, si vous voulez bien laisser entendre que la générosité & la libéralité, que vous exercez avec joie, n'est troublée que quand vous songez que tout ce que vous donnez aux françois, vient des françois, & que vous tirez les biens que vous repandez d'une nation que vous voudriez bien qui fût plus opulente.

Le maréchal ne se contentoit point de jetter, pour ainsi dire, ces discours au hazard, il y mettoit de la suite, & tout devenoit pour lui une occasion d'y revenir. La reine lui ayant montré une lettre du roi de Pologne son père, pleine de traits obligeans pour le maréchal : Madame, lui dit-il, les bontés du roi votre père me donnent un courage que je n'ai pas naturellement; car votre majesté trouvera pour l'ordinaire, que je suis mauvais courtisan & fort timide; mais ce qu'elle m'a fait l'honneur de me lire de sa lettre, me fait prendre la liberté de lui donner une marque de mon attachement, que je me flatte qu'elle daignera approuver. J'ose donc lui représenter ce que je lui ai dit, il y a quelques jours, sur le mérite de l'esprit d'économie si nécessaire dans nos maîtres. Votre majesté rendra cette qualité bien respectable, si elle veut bien faire entendre qu'elle en est sérieusement occupée, par la nécessité indispensable de soulager l'état.

Au conseil des dépêches du 13 avril 1725

Monceaux fut déclaré capitainerie royale. Villars dit au roi à ce sujet : Cette capitainerie est inutile à vos plaisirs, puisque vous n'y allez jamais; il vous en coûte plus de trente mille francs en gages d'officiers; c'est une dépense que vous faites pour qu'un homme soit en droit de tyranniser une foule de seigneurs particuliers. Il est de la bonté, & j'ose dire de la justice de votre majesté, de détruire ces capitaineries inutiles à vos plaisirs; mais, ajoute le maréchal, ce qui a été vraiment inutile, ce sont mes représentations.

Cette même année 1726, au mois de septembre, le maréchal de Villars obtint des lettres patentes pour l'établissement d'une académie à Marseille. Il en fut nommé protecteur; il la fit affilier à l'académie françoise, & y fonda un prix annuel.

Au conseil des finances du 19 novembre de la même année, où l'on ordonna une réduction de rentes, le maréchal de Villars opina ainsi, en s'adressant au roi :

« Je supplie votre majesté de vouloir bien se souvenir que, depuis que j'ai l'honneur d'être admis à ses conseils, je n'ai cessé de représenter qu'une économie générale est indispensablement nécessaire, puisque ce seroit tomber dans l'abîme que d'augmenter les dettes au point d'être forcé à une banqueroute générale. C'est la commencer, sire, que de retrancher plusieurs rentes très-légitimes...... Ce qui seroit infiniment juste & aisé, seroit de diminuer la dépense de la maison de votre majesté. Avant que l'on fît la maison de la reine, j'en ai représenté l'inutilité, alléguant au conseil, que l'impératrice n'avoit à elle qu'un seul domestique, qui est son grand-maître, dont les appointemens ne sont que de mille florins; que c'étoient les pages de l'empereur qui portoient la robe de l'impératrice & des archiduchesses, & que l'empereur n'en avoit que quinze en tout, que moi-même j'avois vu l'entrée de la reine des romains, & que son carosse de parade étoit fait il y avoit quarante ans. C'est par de telles économies que l'empereur, qui n'a pas le quart des revenus de votre majesté, lève des troupes aussi considérables; & cette économie universelle, si elle étoit pratiquée, rendroit à votre couronne, sire, cet ancien éclat, cette gloire, cette autorité qui la faisoit respecter de toute la terre, & engageoit les princes les plus éloignés à venir demander l'amitié de la France. »

Sous le ministère du cardinal de Fleuri, on voit enfin le peuple soulagé, quelques impôts supprimés, l'ordre rétabli dans les finances à plusieurs égards.

En 1733 la guerre se rallume. Le 19 octobre de cette année, le maréchal de Villars est fait maréchal-général des camps & armées du roi, ce qui lui donnoit le commandement sur tous les maréchaux de France, même plus ancien. On l'envoya commander en Italie. Joint au roi de Sardaigne, il fit rapidement la conquête du Milanez. Mais les fatigues de la guerre étoient trop fortes pour son âge. Il étoit dans sa quatre-vingt-quatrième année; cependant, il savoit retrouver encore, dans l'occasion, tout le feu de la jeunesse. Il s'étoit avancé hors de la vûe de l'armée avec le roi de Sardaigne, escorté seulement de quatre-vingt grenadiers & de ses gardes. Tout-à-coup ils se trouvèrent en tête quatre cents hommes qui firent feu sur eux. Le maréchal dit au roi de Sardaigne : *il ne faut songer qu'à sortir de ce pas. La vraie valeur ne trouve rien d'impossible. Il faut, par notre exemple donner du courage à ceux qui en pourroient manquer.* Aussitôt il charge avec tant d'ardeur qu'il ébranle les ennemis. . . . . ils fuyent & la sfient sur le champ de bataille cinquante morts & trente prisonniers. M. le maréchal, lui dit le roi de Sardaigne après l'action, *je n'ai pas été surpris de votre valeur, mais de votre vigueur & de votre activité. Sire*, répondit *Villars, ce sont les dernières étincelles de ma vie; car je crois que c'est ici la dernière opération de guerre où je me trouverai; &*

C'est ainsi qu'en partant je lui fais mes adieux.

Au siège de Pizzighitone, un officier lui représenta qu'il s'exposoit trop : *vous auriez raison*, lui répondit-il, *si j'étois à votre âge ; mais ayant si peu de jours à vivre, je ne dois pas les ménager ni négliger les occasons qui pourroient me procurer une mort glorieuse, que doit ambitionner un vieux général d'armée.* Dans le tems qu'il assiégeoit Milan, quelqu'un lui demandant son âge, il répondit : *dans trois jours j'aurai Milan.*

Il mourut dans son lit à Turin, au mois de juin 1734. On dit, pages 351 & 352 du quatrième volume des nouveaux mémoires de *Villars*, que ce fut le 17; page 360, que ce fut le 19. Cette date n'est nullement indifférente, car l'auteur rapporte ce qu'on a toujours dit, que le maréchal de *Villars*, apprenant que le maréchal de Berwick venoit d'être tué d'un coup de canon au siège de Philisbourg, s'écria : *cet homme a toujours été heureux.* Or, le maréchal de Berwick fut tué le 12 juin. Il faut que la nouvelle de sa mort ait eu le tems d'arriver à Turin, ce qui est assez difficile, si le maréchal de *Villars* est mort le 17, & cependant cette date paroît être la vraie.

L'abbé Seguy a fait son oraison funèbre, qui eut dans le tems quelque célébrité, aussi bien que celle du P. Fellard; mais le plus bel éloge qu'on ait pu faire de ce héros est celui qu'en fit un soldat, dont le maréchal admiroit la taille avantageuse, la bonne mine & l'air guerrier. *Mon ami*, lui dit le maréchal, *je voudrois bien que le roi eût deux cents mille hommes faits comme toi, & moi,*

Monsieur le maréchal, qu'il eût deux hommes faits comme vous. On fit ce vers latin, pour mettre au bas du portrait du maréchal, qui, comme on fait, se nommoit Hector :

Hic novus Hector adest, quem contrà nullus Achilles.

Le maréchal de *Villars* eut un frère digne de lui, Armand, dit le *comte de Villars*, qui se distingua en 1703 à la première bataille d'Hochstet, fut fait lieutenant-général des armées du roi en 1708, gouverneur de Gravelines en 1710, & qui mourut au camp devant Douay le 20 août 1712.

Le maréchal de *Villars* eut un fils, Honoré-Amand, qui hérita de ses places & de ses dignités, qui fut pourvu en survivance à l'âge de 11 ans & demi du gouvernement de Provence, qui servit en Italie en 1733 auprès du maréchal son père, & apporta au roi le 4 janvier 1734 la nouvelle de la réduction du château de Milan. L'académie françoise voulut bien déroger en sa faveur & par respect pour la mémoire de son illustre père, à l'espèce de loi qu'elle s'est imposée de ne point donner aux fils la place des pères, pour éviter toute apparence de succession héréditaire. M. le duc de *Villars* s'est montré digne de cet honneur par son amour pour les lettres & par son goût éclairé. Il avoit dans son degré véritablement distingué un talent qui tient de près aux lettres, le talent de la déclamation théâtrale. Mort en 1770.

VILLARS, (l'abbé de Mon faucon de) (*hist. litt. mod.*) parent du P. de Montfaucon, bénédictin. L'abbé de *Villars* est fort connu par son *comte de Gabalis*. On a de lui encore un *Traité de la Délicatesse*, en faveur du P. Bouhours, & un roman intitulé : *Amour sans foiblesse.* L'abbé de *Villars* fut tué d'un coup de pistolet, par un de ses parens, sur le chemin de Paris à Lyon, en 1675. Il avoit environ trente-cinq ans.

VILLE, (de) (*hist. mod.*) C'est le nom de divers personnages connus.

1°. D'Antoine de *Ville*, ingénieur célèbre avant M. de Vauban. On a de lui un livre de fortifications, une relation du siège de Corbie en 1636, & du siège de Hesdin en 1639. Il étoit né à Toulouse en 1596.

2°. De Jérôme-François, marquis de *Ville*, Piémontois, qui servit le duc de Savoie, la France, & sur-tout la république de Venise, dont il commandoit les armées en Candie contre les Turcs. On trouve dans ses mémoires un journal intéressant du fameux siège de Candie.

3°. D'un autre marquis de *Ville*, (Jean-Baptiste-Manzo) qui, après avoir servi quelque temps la Savoie & l'Espagne, se retira dans sa patrie, à Naples, pour y cultiver les lettres, & fut un des principaux fondateurs.

fondateurs de l'académie *Degli Oʒiofi*. On a de lui les productions fuivantes : *Dell' amore dialoghi*, Milan, 1608 ; *Vita del Taſſo*, imprimée en 1634 ; *Rime*, imprimées en 1635. Il mourut en 1645, âgé de 84 ans.

4°. D'Arnold de *Ville*, Liégeois, machiniſte fameux. La gloire de l'invention & de la conſtruction de la machine de Marly, gloire qui fut grande dans le temps, ſe partage entre lui & Rannequin, ſon compatriote. (*Voyeʒ* l'article RANNEQUIN. Ce dernier, mort en 1708, eſt qualifié ſeul inventeur de la machine de Marly, dans ſon épitaphe, qui ſe voit en l'égliſe de Bougival, près de la machine de Marly.

VILLE, (l'abbé de la) (*hiſt. de Fr.*) Tout ce qu'on ſait de M. l'abbé de la *Ville*, ſe réduit à ce qu'en a dit M. Suard, ſon ſucceſſeur à l'académie Françaiſe, dans ſon diſcours de réception, du jeudi 4 août 1774.

« M. l'abbé de la *Ville* fit ſes premières études chez les Jéſuites ; ſes heureuſes diſpoſitions n'é-chappèrent pas à l'œil de ſes maîtres, qui n'oublièrent rien pour l'atrirer à eux, & qui furent y parvenir. »

« Il entra donc dans cette ſociété, dont le ſort fut toujours d'eſſuyer ou de ſuſciter des orages. Il aimoit le travail & les lettres, peut-être même l'eſprit dominant du corps dont il étoit membre, n'étoit-il pas tout-à-fait étranger à ſon caractère ; mais il ſentit que le ſacrifice de la liberté n'eſt raiſonnable, & ne peut même avoir un véritable prix, qu'autant qu'il ſe fait toujours librement. Il ne voulut point lier le ſyſtème de ſa vie à la volonté d'un moment ; il ſortit de là ſociété des Jéſuit s, pénétré des ſentimens d'attachement & d'eſtime qu'il leur conſerva juſqu'au dernier inſtant. »

« Peu de temps après, ayant accompagné M. de Fénelon, ambaſſadeur en Hollande, il fut employé avec le caractère de miniſtre dans des négociations également importantes & délicates : obligé de traiter avec les miniſtres des nations ennemies, il fut forcer leur eſtime par ſon caractère, & mériter de ſ'en faire craindre par ſes talens. En traitant avec les Hollandois, qu'il falloit diſpoſer à la paix, il ne tarda pas à s'appercevoir qu'ils obéiſſoient à la vieille & profonde haine qui les animoit contre la France, plus qu'ils n'écoutoient les conſeils d'une politique ſage & éclairée ; & s'il ne parvint pas à empêcher les effets de leurs diſpoſitions, il en changea du moins le principe, en affoibliſſant leur animoſité. »

« M. l'abbé de la *Ville* auroit pu eſpérer les plus grands ſuccès dans la carrière des négociations, lorſqu'il ſe vit appelé à un emploi (celui de premier commis des affaires étrangères) où l'on ne doit guères s'attendre à être récompenſé de ſes travaux par les honneurs, ni dédommagé de ſes ſacrifices par la gloire. Il ſe livra avec ʒèle aux fonctions

Hiſtoire, Tome V.

d'une place moins brillante, parce qu'il eſpéra qu'il pourroit y être plus utile. »

« Le mérite d'un homme toujours chargé des ſecrets de l'état, eſt lui-même un ſecret qui rarement ſe révèle. Condamné par ſon devoir à enſe-velir dans les ténèbres les preuves de ſes talens, l'honneur le forçoit à renoncer à là gloire ; mais ſon mérite devint bientôt éclatant, par les marques ſingulières d'eſtime & de conſidération que s'em-preſſèrent de lui accorder les différens miniſtres dont il exécuta les ordres, & dont peut-être il dirigea quelquefois les vues & les projets. »

« Il avoit fait une étude approfondie de notre langue ; le ſtyle de ſes dépêches étoit noble, ſimple & correct, tel, en un mot, qu'il doit être lorſqu'on fait parler des hommes d'état, qui, toujours occupés de grands objets, ne doivent avoir que de grandes idées. »

« N'ayant jamais à traiter qu'avec des étrangers, il devoit être diſcret, mais il étoit diſpenſé d'être faux ; il lui ſuffiſoit d'obſerver un profond ſilence & ſa fidélité ſur ce point ne ſe trahit jamais, je ne dirai point par la parole, mais par aucun ſigne, aucun mouvement extérieur ; jamais perſonne dans les affaires ne fut plus acceſſible, jamais auſſi perſonne ne fut plus impénétrable : on pourroit lui appliquer ce qu'un ancien diſoit d'un politique de ſon temps : *Que ſa porte étoit toujours ouverte & ſon viſage toujours fermé*. Sa converſation étoit aſſaiſonnée de mots & de réflexions qui ſuppoſoient une grande connoiſſance des affaires, & la con-noiſſance plus rare & plus néceſſaire encore des hommes par qui les grandes affaires ſont conduites. Près de quarante années de ſervices utiles, parurent mériter une diſtinction : le titre de directeur des affaires étrangères fut créé pour lui ; & preſqu'en même temps on l'éleva aux honneurs de l'épiſcopat. Comme il avoit apporté dans ſa place un mérite nouveau, on crut devoir lui décerner une récom-penſe extraordinaire. »

Il fut fait évêque de Tricomie, *in partibus*. Il mourut en 1774, dans un âge aſſez avancé.

VILLEBÉON, (Pierre de) (*hiſt. de Fr.*) D'Au-teuil, dans ſon hiſtoire des miniſtres d'état, voulant à toute force que Saint-Louis ait eu un premier miniſtre, l'a trouvé dans Pierre de *Villebéon*, cham-bellan de ce prince, parce que Joinville a dit que *c'étoit l'homme du monde en qui le roi croyoit plus*, fondement bien léger pour une pareille opinion. Au reſte, ce Pierre de Villebéon avoit ſuivi Saint-Louis dans ſes deux croiſades & s'y étoit fort diſtingué. Au ſiége de Carthage, avec trente chevaux, il défit un eſcadron entier de l'armée ennemie. Saint-Louis le nomma l'un de ſes exécuteurs teſtamentaires ; mais *Villebéon* ne lui ſurvécut pas long-temps ; il mourut comme lui à Tunis en 1670, & de la même ma-ladie qui ravageoit alors l'armée des croiſés.

Z z z

Ce fut du temps de Gautier de *Villebéon* fon aïeul, dit *le Jeune*, que la charge de chambellan devint une des plus confidérables de France, & cette charge fut comme héréditaire dans fa famille. Ce Gautier fut fait prifonnier en 1219, à la terre Sainte. La branche aînée de cette même famille poffeda long-temps la feigneurie de Nemours, qu'elle vendit au roi Philippe Augufte.

VILLEDIEU, (Marie-Catherine des Jardins) (*hift. litt. mod.*) plus connue fous le nom de *Villedieu*, qui étoit celui de fon amant, devenu fon mari, naquit à Alençon vers l'an 1640. Elle devint bientôt veuve, s'enferma dans un couvent, en fortit pour époufer un fecond mari, & après celui-là un troifième qu'elle perdit auffi. Elle renonça pour lors au ma-riage fans, dit-on, renoncer à l'amour; elle s'en occupa au moins dans tous fes ouvrages, qui com-pofent douze volumes in-12 : ce font *les Défordres de l'amour*, *le Portrait des foibleffes humaines*, *Cléonice*, *Carmente*, *les Galanteries grenadines*, *les Amours des grands Hommes*, *Lyfandre*, *les Mémoires du Serrail*, *les nouvelles Africaines*, *les Exilés de la cour d'Augufte*, *les Annales galantes*, petits romans qui ont, dit-on, dégoûté pour un temps des grands romans dont on commencoit à fe laffer. *Les Exilés de la cour d'Augufte* font de tous ces opufcules celui qui a le plus réfifté au temps; on le lit quelquefois encore.

VILLEFORE, (Jofeph-François Bourgoin de) né en 1652, fut reçu en 1706 à l'académie des Inf-criptions & Belles-Lettres; il s'en retira de lui-même en 1708. Il avoit un goût dominant pour la liberté, pour la retraite, pour l'obfcurité; les académies avoient trop d'éclat pour lui, & impofoient trop de devoirs. Il a beaucoup écrit, & plufieurs de fes ouvrages font connus. On a de lui une vie de Saint-Bernard, il a d'ailleurs traduit des lettres & des fermons choifis de ce pere; il a traduit auffi plufieurs ouvrages de Saint-Auguftin, & plufieurs de Cicéron; il a donné une vie de fainte Thérèfe, & a traduit auffi des lettres choifies de cette fainte; quoique janfénifte, il ofa refaire un ouvrage fait avec fuccès par un janfénifte célèbre, *les vies des pères des deferts*, par M. Arnauld d'Andilly, & il ne l'ef-faça point, il donna feulement une forme parti-culière à fon ouvrage, il a féparé les péres des déferts de l'orient de ceux de l'occident; il en forma deux ouvrages différens, chacun de trois volumes in-12. Il a écrit la vie d'une fainte du parti janfénifte, qui n'avoit pas été toujours fainte, de la fameufe ducheffe de Longueville, en 2 volumes in-8°. elle a eu plufieurs éditions; c'eft lui enfin, qui, à la follicitation du cardinal de Noailles, a publié les *anecdotes*, ou *mémoires fecrets fur la conftitution* unigenitus, en trois vol. in-12°. Le confeil alors très-attentif à tous ces grands objets, aujourd'hui fi négligés, fupprima cet ouvrage, & pour montrer de l'impartialité,

il fupprima en même tems la réfutation qui en avoit été faite par le jéfuite Laffitau, évêque de Sifteron. M. de *Villeforé* mourut en 1737.

VILLEGAGNON. (Nicolas Durand de) (*hift. de France*) Calvin avoit formé le projet d'établir, au Bréfil, une colonie de fa fecte, c'étoit fur la fin du règne de Henri II. L'amiral de Coligny, encore catholique à l'extérieur, mais déjà calvinifte dans l'ame, feconda ce projet, & fit partir quelques vaiffeaux fous la conduite de Nicolas Durand de *Villegagnon*, chevalier de Malthe, vice-amiral de Bretagne, nouveau calvi-nifte.

Les miniftres difputèrent tant, & fur mer, & fur terre, qu'ils fcandaliferent la colonie qui fe fit catholique, auffi-bien que *Villegagnon*. Ce capitaine s'étoit déjà diftingué dans plufieurs expé-ditions célèbres, nommément dans celle d'Alger, en 1541. Il fe diftingua encore dans la fuite à la défenfe de Malthe, fous le grand-maître de la Valette-Parifot, en 1565. Il mourut en 1571.

VILLEHARDOUIN, (Geofroy de) (*hift. de France*) maréchal de Champagne, chevalier & homme de lettres. Au commencement du treizième fiècle, il écrivit l'hiftoire de la prife de Conf-tantinople, en 1204, par les françois & les vénitiens. C'eft le premier hiftorien qui ait écrit en fran-çois. Du Cange a donné une édition de cette hiftoire.

VILLENAGE, (droit de) (*hift. mod.*) c'étoit un droit que les feigneurs s'étoient arrogé dans les fiècles de barbarie, de vendre les uns aux autres leurs *vilains* ou payfans, qu'ils regardoient comme une efpèce d'efclaves. Ce droit regnoit en Alle-magne, en France, en Angleterre, en Ecoffe, & ailleurs. Nous lifons qu'en Angleterre dans l'année 1102, fous le regne d'Henri I, le concile natio-nal fulmina, par le xixe canon, des anathèmes contre cet ufage, qui ne laiffa pas de fe main-tenir encore long-tems. Il en refte encore des traces dans quelques coutumes de France. (*D. J.*)

VILLENEUVE, (*hift. de France*) nom d'une des plus anciennes & des plus illuftres maifons de Provence. On croit, mais fans preuves fuffi-fantes, qu'elle doit fon origine à un cadet de la maifon des comtes de Barcelone, rois d'Arragon; elle eft du moins connue, en Provence, depuis Raimond de *Villeneuve*, général des troupes du comte de Barcelone, en 1114, & qui eft qualifié gouverneur de Provence.

Romée de *Villeneuve*, petit-fils de Raimond, fut baron de Vence, connétable, grand-fénéchal & gouverneur de Provence, régent & tuteur de la princesse de Béatrix de Provence, qui épousa Charles d'Anjou, frère de Saint-Louis, & depuis roi de Sicile; Romée de *Villeneuve*, contribua beaucoup à faire conclure ce mariage. Il paroît que ce nom de *Romée* ou *Romieu*, désignoit un pélerin qui avoit fait le voyage de Rome, & nous croyons que ce Romée de *Villeneuve* qui paroît avoir été tout puissant en Provence, sous le comte Raimond Bérenger V, père de Béatrix, est le même sur lequel M. de Fontenelle avoit fait son histoire, véritable ou romanesque, du *Romieu*, dont nous n'avons que le commencement.

Cette maison se partagea, dans la suite, en deux branches principales, dont celle de Trans surtout a joué un grand rôle; c'est elle qui a produit Elion de *Villeneuve*, vingt-cinquième grand-maître de l'ordre de Saint-Jean-de-Jérusalem, alors établi à Rhodes; il succéda, en 1323, à Foulques de Villaret. Son administration est célèbre par les changemens & améliorations qu'il fit dans l'ordre. Il mourut en 1346.

De cette même branche de Trans, étoit Louis de *Villeneuve* qui, à la conquête de Naples faite par Charles VIII, commandoit l'armée navale de France, & qui depuis, sous le règne de Louis XII, fut envoyé deux fois en ambassade à Rome. Ce fut pour lui que Louis XII, en 1505, érigea la baronnie de Trans en marquisat.

Il y eut, au seizième siècle, une femme de cette maison, célèbre par son courage & par sa fidélité pour ses rois; elle se nommoit Suzane de *Villeneuve*, & étoit fille de Gaspard de *Villeneuve*, baron des Arcs, chevalier de l'ordre du roi, & gouverneur de Fréjus. Elle épousa, en 1575, Pompée de Grasse, baron de Moans & de Bormes, zélé partisan du roi, & qui mourut, en 1588, victime de son zèle; des assassins liguers le massacrèrent avec son frère, saccagèrent son château, en chassèrent sa femme & ses filles. Ces infortunées, privées de toute ressource, sans argent, sans habits, furent obligées de gagner, à pied, la ville d'Hières située à trois grandes lieues de leur château; elle se retirèrent ensuite dans une autre de leurs terres, la baronnie de Moans, à trois quarts de lieue de Grasse. Grasse étoit aussi dans le parti de la ligue, & Suzane étoit encore plus attachée au parti des rois, depuis que son mari & son beau-frère avoient péri pour cette cause. En 1592, le duc de Savoye, Charles Emmanuel, de concert avec les ligueurs de la ville de Grasse, vint mettre le siége devant le château de Moans, ce siége fut soutenu avec intrépidité par Suzane, elle capitula enfin, & se rendit sous la condition expresse que son château ne seroit point rasé, le duc de Savoye le promit; mais sur les instances des habitans de Grasse, il viola sa promesse & fit démolir le château. Sur les

plaintes de Suzane, dont il sentoit toute la justice, il convint de lui accorder une indemnité; il ne la paya point. L'intrépide Suzane se présente devant ce prince qui marchoit à la tête de son armée, & qui détournant les yeux avec confusion, feignit de ne la pas voir & de ne la pas entendre: elle saisit la bride de son cheval: « vous m'écouterez, prince, dit-elle, « Dieu qui est plus grand que » vous, reçoit nos prières, & les exauce quand » elles sont justes; vous pouvez me manquer de » parole, je ne suis qu'une femme, & je n'ai » point d'armée; mais considérez s'il est de votre » grandeur & de votre intérêt bien entendu d'abuser » à ce point du droit du plus fort ». Le duc sentit la force de ses raisons, & lui fit donner à l'instant l'indemnité promise.

Lorsque Henri IV fut bien affermi sur le trône, Suzane vint à Paris, lui demander justice contre les assassins de son mari & de son beau-frère. Les habitans de la ville de Bormes, une des baronnies de Pompée de Grasse, étoient à la tête de ces assassins; elle obtint un arrêt qui condamna les consuls de Bormes à faire amende honorable dans le château, en présence du seigneur, chaque année, au jour où l'assassinat de Pompée de Grasse avoit été commis. La reine Marguerite prit cette héroïne pour sa dame d'honneur. On ignore l'année de sa mort.

Elle avoit deux frères, tous deux connus dans notre histoire, & célèbres par leur esprit. L'un, Arnauld de *Villeneuve*, connu encore pour avoir été le gentilhomme, de Provence, le mieux fait, étoit un des gentilshommes ordinaires de Henri III, capitaine de cinquante hommes d'armes, gouverneur de Draguignan, viguier de Marseille. Il servit les rois contre la ligue, avec le même zèle que sa sœur & son beau-frère. Ce fut en sa faveur qu'en 1612, Louis XIII érigea en marquisat sa terre des Arcs, dans le diocèse de Fréjus. Il mourut le 14 décembre 1614, à Paris, pendant la tenue des états-généraux où il étoit député de Provence.

Son frère puîné, seigneur de la Garde de Freinet & de la Motte, au diocèse de Fréjus, passoit pour un des plus savans gentilshommes de son tems. Il est auteur d'une *histoire sainte* qui ne paroît pas avoir été imprimée; mais qui est fort vantée dans une ode que Malherbe adresse, en 1628, à l'auteur. Cette ode n'a rien de remarquable que de fournir dans une seule strophe, plusieurs exemples de toutes les irrégularités qu'on se permettoit encore alors dans la versification, telles que des *hiatus*, des diphtongues partagées en deux syllabes, plusieurs syllabes réduites en une, au mépris de toute euphonie, &c.

Il ne doit pas quitter ce lieu

Ordonné par la loi de Dieu;

Car l'ame qui *lui* est transmise,

Zzz

Félonne ne doit pas *fuir*

Pour fa damn*ation* encourir,

Et être en l'érèbe remife.

L'ode finit par cet éloge de M. de la Garde :

La Garde, vous m'en croirez donc,

Que fi gentilhomme fut onc

Digne d'éternelle mémoire,

Par vos vertus vous le ferez,

Ès votre loz rehaufferez

Par votre docte & *fainte hiftoire.*

Malherbe parle ailleurs d'un autre ouvrage du même gentilhomme, qu'il appelle *le carnaval des honnêtes gens*, foit que ce fût le titre de l'ouvrage, foit que ce ne foit qu'une qualification. Il ne paroît pas non plus que cet autre ouvrage ait été imprimé. On a feulement quelques vers du feigneur de la Garde, & d'Arnauld de *Villeneuve*, fon frère, dans les *théorêmes fpirituels* de Jean de la Cépède, premier préfident de la chambre des comptes de Provence. Ceux d'Arnauld de *Villeneuve* font dans la première partie, ceux de fon frère dans la feconde.

VILLENEUVE, (Huon de) (*hift. litt. mod.*) eft auffi le nom d'un poëte ou troubadour qui vivoit vers le tems de Philippe Augufte, & à qui on attribue les romans de *Renaud de Montauban*, *Doon de Nanteuil*, *Aïe d'Avignon.* Il en eft parlé dans le préfident Fauchet, & dans la bibliothèque françoife de la Croix-du-Maine & de du Verdier Vau-privas.

Gabrielle Sufane Barbot, femme de Jean Baptifte de Gaallon de *Villeneuve*, lieutenant colonel d'infanterie, eft auteur d'une multitude de romans, dont le plus connu eft *la jardinière de Vincennes.* Morte en 1755.

VILLEROI, (le gendre de Neufville de) (*hift. de Fr.*) famille élevée par le miniftère, devenue ducale & féconde en perfonnages diftingués.

1°. Nicolas de Neufville, Ier du nom, fécretaire du roi en 1507, puis fécretaire des finances & de la chambre du roi François I, acquit la maifon des Thuilleries à Paris, ou plutôt, alors près Paris ; il l'échangea enfuite, en 1518, avec le roi François I pour la terre de Chantelou, & la maifon des Thuilleries devint dans la fuite le palais de nos rois. Dans cette même année 1518 *Villeroi* eut beaucoup de part au traité fi avantageux à la France, conclu avec l'Angleterre pour la reftitution de Tournay.

2°. Nicolas de Neufville réfigna en 1539 fa charge de fécretaire des finances, à Nicolas de Neufville, fcond du nom, feigneur de *Villeroi*, d'Alincourt, &c. qui, après la mort de fon père, arrivée vers l'an 1553, prit le nom & les armes de le Gendre, en vertu du teftament de Pierre le Gendre, chevalier, feigneur de *Villeroi*, d'Alincourt, &c. fon grand oncle maternel, qui lui tranfmit de grands biens. Nicolas, fecond de Neufville-*Villeroi*, eût depuis une multitude d'emplois importans de divers genres : il fut tréforier de l'ordinaire des guerres, lieutenant-général au gouvernement de l'ifle de France ; il fut fait prévôt des marchands de la ville de Paris en 1568, tréforier de l'ordre de faint Michel ; & mourut fort âgé en 1594.

3°. Nicolas de Neufville, IIIe. du nom, feigneur de *Villeroi*, d'Alincourt, &c. tréforier des ordres du roi, fécretaire & miniftre d'état très-célèbre. Il fervit l'état pendant cinquante fix ans fous les rois Charles IX, Henri III, Henri IV & Louis XIII, & obtint la réputation d'un fage miniftre & d'un très-habile politique. Il tenoit de tous côtés au miniftère : fils & petit-fils de fecrétaires des finances, il fut lui-même fecrétaire d'état, & il époufa, le 17 juin 1559, Madeléine de l'Aubefpine, fille de Claude de l'Aubefpine, feigneur de Châteauneuf fur Cher, fécretaire d'état, miniftre diftingué fous les règnes de François I, Henri II, François II & Charles IX. Ce fage vieillard le choifit pour gendre fur les preuves prématurées de fageffe & de prudence qu'il donnoit, fur fon peu d'empreffement à parler, fur fon attention à écouter, fur fon ardeur à s'inftruire, fur l'ufage qu'une intelligence prompte & fine faifoit chez lui de l'inftruction. Des motifs femblables l'avoient lui-même fait choifir pour gendre par Guillaume Bochetel, miniftre célèbre fous François I & fous Henri II, & lui-même fils de miniftre. Claude de l'Aubefpine, beau-père de *Villeroi*, eut pour fils un autre miniftre, Claude de l'Aubefpine de hauterive, & pour petit-fils le garde des fceaux de Châteauneuf. L'alliance de l'Aubefpine & le mérite perfonnel de *Villeroi*, le firent connoître avantageufement de Catherine de Médicis, par laquelle il fut employé dès l'âge le plus tendre dans les plus grandes affaires ; il alla en Efpagne procurer l'exécution de divers articles du traité de Cateau-Cambrefis ; il alla auffi à Rome faire reconnoître folemnellement par le pape la préféance de la France fur les autres couronnes, nommément fur l'Efpagne. Nous apprenons par fes mémoires qu'il étoit fort attaché au garde des fceaux, Jean de Morvilliers, évêque d'Orléans, dont il étoit allié & qu'il fe gouvernoit principalement par fes confeils. En 1569 il fut envoyé en Allemagne pour regler les conventions du mariage du roi Charles IX avec Elifabeth d'Autriche, fille de l'empereur Maximilien II. Charles IX fe fervoit de lui dans toutes les négociations difficiles ; il l'appelloit *fon fecrétaire* par excellence ; il l'appelloit auffi *fon père*. C'eft depuis Charles IX & *Villeroi* que les fecrétaires d'état ont figné pour le roi. *Villeroi* ayant plufieurs fois préfenté des dépêches à figner à Charles IX dans le tems où ce prince impatient vouloit aller jouer à la paume, il lui dit un jour : *fignez mon père, fignez pour moi*. Eh bien ! mon *maître*, répondit *Villeroi*, *puifque vous me le commandez, je fignerai*. Ce fait eft rapporté par-tout, mais perfonne n'a dit que *Villeroi* eût penfé à fe procurer cet avantage dont un miniftre ambitieux & mal-intentionné eût pu tirer parti pour l'aggrandiffement & l'indépendance de fon autorité perfonnelle ; on n'a point dit qu'il eût eu la petite adreffe courtifane de choifir les momens où il prévoyoit que l'impatience de ce prince pourroit remettre dans fes mains ce dépôt dangereux.

Charles IX en mourant fit recommander *Villeroi* au prince qui alloit être fon fucceffeur. En effet Henri III lui donna d'abord toute fa confiance ; il lui communiquoit fes deffeins ; il prit fes confeils pour l'inftitution de l'ordre du faint efprit, il le chargea d'en dreffer les ftatuts conjointement avec le chancelier, & il lui donna la charge de grand tréforier à la première promotion. En 1576 il avoit été employé auffi à négocier avec le roi de Navarre (Henri IV) & le duc d'Anjou-Alençon, pour les ramener à la cour qu'ils avoient quittée dans des intentions hoftiles. Sous Henri III les favoris l'emportoient fur les miniftres ; le duc d'Espernon abufant de fa faveur comme il abufa depuis de la puiffance qu'elle lui avoit procurée, traita *Villeroi* en plein confeil avec hauteur & arrogance. En 1588 Henri III engagé dans les états de Blois, renvoya du confeil & de la cour le chancelier de Chiverny, le fur-intendant Pompone de Bellièvre, qui fut depuis chancelier fous Henri IV, & le miniftre des affaires étrangères *Villeroi*. Le motif de ce renvoi les honore ; on croit communément qu'Henri III ayant pris la réfolution de faire affaffiner les Guifes, voulut écarter des miniftres clairvoyans & vertueux qui auroient combattu fon projet, s'il leur en eût fait confidence, ou qui, s'il le leur eût caché, l'auroient pénétré fûrement & en auroient averti la reine-mère, feule capable d'en empêcher l'effet. *Villeroi* vint fe jetter dans Paris, d'où, quoique engagé dans le parti de la ligue, il rendit les plus grands fervices à l'état ; en confondant les pernicieux projets des efpagnols & en travaillant à faire reconnoître Henri IV, après la mort de Henri III.

Le vertueux Potier, le prudent Villeroi,
Parmi vos ennemis, vous ont gardé leur foi.

La conférence de Surène, & l'abjuration du roi en 1593, l'entrée du roi dans Paris en 1594, furent des événemens préparés par les négociations fecrettes de *Villeroi*, il rentra dans le miniftère, & fervit enfin un maître plus digne de lui.

Après avoir concouru à diffiper les troubles intérieurs du royaume, il s'occupa de la pacification extérieure & générale, il prépara par fes travaux ce traité de Vervins dont l'Europe avoit tant de befoin. Il traita en 1600 avec le duc de Savoye pour la reftitution du marquifat de Saluces. En 1606 il négocia l'accommodement du maréchal de Bouillon avec le roi.

Tout homme qui traite avec un parti, tandis qu'il fait profeffion publiquement d'être attaché au parti contraire, donne lieu à des foupçons & à des jugemens divers ; *Villeroi* étoit dans le parti de la ligue par un attachement fincère & qui ne fe démentit jamais pour la religion catholique, mais il étoit fage, modéré, ami des loix & de la monarchie, & par cette raifon il étoit fufpect & odieux aux ligueurs fanatiques ; il l'étoit encore plus aux proteftans par fon attachement même à la foi catholique. Il eft vrai que par une fuite de cet attachement & de la confufion qu'on fit long-tems, même en politique, des intérêts temporels avec les intérêts de la religion, il eut toujours de l'oppofition pour l'alliance de l'Angleterre & des pays-bas, & qu'il croyoit que la France n'auroit dû s'allier qu'avec des puiffances catholiques, nommément avec l'Efpagne & la Savoye, alors fes ennemies naturelles. Il faut convenir que ces principes de politique, contraires aux inclinations de fon maître & peut-être aux vrais intérêts de l'état, n'étoient pas un médiocre inconvénient dans un miniftre des affaires étrangères ; mais le remède à cette oppofition de fentimens étoit dans la fidélité inviolable de *Villeroi* qui le reduifoit à de fimples vœux pour les alliances catholiques, pendant qu'il fuivoit exactement les intentions de fon maître & qu'il rempliffoit religieufement les engagemens de l'état envers les alliés proteftans. S'il y eut une occafion où la fidélité de *Villeroi* put être fufpecte, ce fut dans l'affaire de Nicolas l'Hôte fon commis, qui faifoit difparoître des dépêches importantes & qui vendoit à l'Efpagne les fecrets de la France ; nous voyons cependant par le récit de Sully lui-même qui n'aimoit pas *Villeroi* & qui le repréfente prefque par-tout comme fon ennemi, nous voyons que Henri IV fe crut obligé de confoler *Villeroi* dans cette occafion, & qu'après quelques legers foupçons, dont il ne put d'abord fe défendre & dont il reconnut enfuite l'injuftice, il finit par lui rendre toute fa confiance. (*Voyez* l'article de HÔTE (Nicolas l')) Voici le jugement que portoit de *Villeroi* ce grand prince, & c'eft Sully lui-même qui le rapporte dans fes mémoires :

« *Villeroi* a une grande routine dans les affaires & une connoiffance entière de celles qui fe font faites de son tems : il a été employé dès sa première jeuneise plus que les deux autres (Sillery & Sully) : il tient un grand ordre dans l'administration de sa charge , & dans la distribution des expéditions qui ont à passer par ses mains : il a le cœur généreux ; n'est nullement adonné à l'avarice , & fait paroître son habileté dans son silence & sa grande retenue à parler en public. Cependant il ne peut souffrir qu'on contredise ses opinions , croyant qu'elles doivent tenir lieu de raison : il les réduit à temporiser, à patienter & à s'attendre aux fautes d'autrui : de quoi je me suis pourtant quelquefois assez bien trouvé. »

Après la mort de Henri IV , Marie de Médicis parut d'abord disposée à donner sa principale confiance à ce vieux & fidèle ministre ; mais bientôt elle le sacrifia au crédit toujours croissant du maréchal d'Ancre. *Villeroi* se retira donc en 1614 à sa maison de Conflans. Bientôt il fut rappellé avec honneur sur les réprésentations des états-généraux mêmes ; & ce fut lui qui en 1616 conclut le traité de Loudun entre la reine & le prince de Condé , chef des mécontens. Le maréchal d'Ancre , à qui ce traité n'étoit pas favorable , réprit bientôt tout son ascendant & fit de nouveau disgracier *Villeroi* ; mais lorsqu'il fut détruit lui-même en 1617 , le roi Louis XIII rappella au Louvre M. de *Villeroi* , qu'il remit à la tête des affaires & qu'il mena ensuite avec lui en Normandie pour l'assemblée des notables, qui alloit se tenir à Rouen. *Villeroi* y mourut le 12 novembre de cette même année 1617, âgé de soixante & quatorze ans.

4°. Le ministre *Villeroi* eut pour fils Charles de Neufville, Marquis d'Alincourt, seigneur de *Villeroi* , &c. chevalier des ordres du roi , gouverneur de la ville de Lyon & du Lyonnois &c. ambassadeur à Rome , grand-maréchal des logis de la maison du roi, mort le 18 janvier 1642. Il avoit secondé avec beaucoup de zèle les efforts de son père pour le rétablissement d'Henri IV. Il lui avoit remis la ville de Pontoise en 1594, & par là il avoit accéléré la réduction de Paris, qui se fit le 22 mars de cette même année 1594. Aidé des instructions de son père, il soutint noblement à Rome, pendant tout le cours de son ambassade , les droits de Henri IV & de sa couronne. La famille de *Villeroi* continue de s'allier avec toutes les familles du ministre. Charles de Neufville eut deux femmes. La première , Marguerite de Mandelot, dame de Pacy, étoit petite-fille de Florimond Robertet, & tenoit à tous ces Robertet , ministres sous les rois Charles VIII, Louis XII, François I, Henri II, François II & Charles IX. Le premier de ces ministres fut aussi le premier qui commença de donner à la charge de secrétaire des finances l'éclat & l'autorité qu'elle a eu depuis.

La seconde femme de Charles de Neufville fut

Jaqueline de Harlay, fille du fameux Nicolas de Harlay, seigneur de Sancy, sur-intendant des finances sous Henri IV.

Sa fille aînée , Marguerite, épousa Pierre Brûlart, marquis de Sillery & de Puysieux , secrétaire d'état.

Un de ses fils , Henri , comte de Bury , mort en 1628 au retour du siège de la Rochelle, avoit épousé Françoise Phelypeaux, fille de Raymond, seigneur d'Herbault , sécrétaire d'état.

Parmi les autres enfans de Charles de Neufville, marquis d'Alincourt , nous distinguerons :

5°. Lyon François, chevalier de Malthe, commandeur de saint Jean de l'isle, mestre de camp du régiment de Lyonnois, tué au siège de Turin en 1639.

6°. Camille, né à Rome le 22 août 1606 pendant l'ambassade de son père ; il fut archevêque de Lyon, lieutenant-général au gouvernement de Lyon & du Lyonnois, commandeur des ordres du roi. C'est de lui qu'on raconte qu'ayant voulu être chanoine & comte de Lyon, & le chapitre ayant montré un peu de froideur sur cette proposition, parce qu'il ne le trouvoit pas d'assez bonne maison, il fut nommé archevêque de Lyon par le crédit de sa famille, par la faveur de Louis XIV & peut-être aussi par son mérite, & qu'en prenant possession de son siège, il fit à son avanture l'application d'un passage du pseaume 117 verset 21, cité dans saint Matthieu chap. 21 vers. 42. *Lapidem quem reprobaverunt ædificantes, hic factus est in caput anguli. La pierre, que les architectes avoient rejettée, est devenue la principale pierre de l'Angle.* A quoi le doyen du chapitre répondit par le verset suivant : *A domino factum est illud, & est mirabile in oculis nostris. C'est l'ouvrage du seigneur, & c'est à nos yeux un objet d'admiration* (ou d'étonnement.)

L'archevêque de Lyon mourut âgé de quatre-vingt-douze ans, le 3 juin 1698, soixante & dix ans après Lyon François, mentionné dans l'article précédent, lequel étoit son frère puiné ; & n'étoit pas mort dans l'enfance, puisqu'il étoit colonel & commandeur, & qu'il faisoit la guerre.

7°. Ferdinand, chevalier de Malthe, évêque de saint Malo, puis de Chartres, conseiller d'état d'église, mort à Paris le 2 janvier 1690, à quatre-vingt-deux ans, 61 ans après Lyon François.

8°. Mais le plus célèbre de tous les enfans de Charles de Neufville, marquis d'Alincourt, est le premier maréchal-duc de *Villeroi*, gouverneur de Louis XIV ; Nicolas de Neufville, IVe du nom. Il étoit né dans les dernières années du seizième siècle, sous le règne de Henri IV ; avoit été élevé enfant d'honneur auprès de Louis XIII ; il fut reçu en survivance gouverneur de Lyon en

1615. Il fuivit en 1617 le maréchal de Lefdi-guières en Italie, où il affifta fous fes ordres à différens fièges. De retour en France, il affifta en 1621 au fiège de Saint-Jean-d'Angely contre les Huguenots; il commanda un régiment d'infanterie au fiège de Montauban, un corps de fix mille hommes au fiège de Montpellier. Il fervit dans la guerre de Mantoue, fe trouva au combat de Cafignan, eut divers commandemens au pas de Sufe, à Pignerol, à Cafal; il étoit en 1636 au fiège de Dôle; commandoit un corps d'armée au fiège de Turin en 1640. En 1644 il fervit en Catalogne fous le maréchal de la Mothe. En 1646 il fut nommé gouverneur de Louis XIV, & ce prince le fit maréchal de France le 20 octobre de la même année. Les graces & les dignités s'accumulèrent fur fa tête. Il fut fait chef du confeil royal des finances en 1661, chevalier du faint-efprit en 1662, duc & pair le 15 décembre 1663. Le miniftre *Villeroi* Nicolas III avoit obtenu en 1610 des lettres patentes, portant création de fa feigneurie de *Villeroi* en châtellenie; fon fils Charles, marquis d'Alincourt, en avoit obtenu en 1615 pour la faire ériger en marquifat. Le maréchal de *Villeroi* fut fait duc & pair par des lettres patentes, données au mois de feptembre 1651, mais qui ne furent enregiftrées qu'en 1663 à l'époque qui vient d'être indiquée. Il mourut le 28 novembre 1685 dans fa quatre-vingt-huitième année. Il vivoit encore lorfque dans cette même année 1685, les princes de Conty, le prince de Turenne & plufieurs autres jeunes gens de la cour de France partirent pour la guerre de Hongrie fans permiffion du roi. Le mécontentement, l'averfion pour les mœurs d'une cour qui devenoit pédante & dévote, étoient les principaux motifs de ce voyage. On intercepta leurs lettres fuivant un ufage qu'on ne peut quelquefois s'empêcher de condamner, mais, comme dit M. de Voltaire, tout le monde fait que cet ufage ne fubfifte plus. Ces lettres étoient remplies, les unes de fortes impiétés en dérifion de la dévotion de la cour, les autres de plaifanteries fanglantes, foit contre Madame de Maintenon, foit contre Louis XIV lui-même. Le marquis d'Alincourt, petit-fils du vieux maréchal, fe trouva du nombre de ceux, qui s'étoient permis que des impiétés, le maréchal le fut, & il dit: *du moins mon petit-fils n'a médit que de Dieu, & celui-là pardonne.*

Le maréchal de *Villeroi* avoit été créé, en 1666, chef du confeil d'où fortirent tant de réglemens & d'ordonnances célèbres concernant la juftice, le commerce, la marine, la police, telles que l'ordonnance civile de 1667, l'ordonnance criminelle de 1670, &c.

9°. Le fecond maréchal de *Villeroi*, gouverneur de Louis XV, comme le premier l'avoit été de Louis XIV, étoit fils du premier & fut encore plus célèbre que lui, mais d'une célébrité mêlée de fautes & de difgraces autant que de valeur, d'honneur & de probité. Il fe nommoit François de Neufville; il eut toutes les dignités & tous les emplois de fon père, & fut de plus capitaine des gardes du corps en 1695, à la mort du maréchal de Luxembourg; emploi qui n'a pas ceffé depuis d'être dans fa famille. Il paroit qu'il fit fes premières armes contre les turcs au combat de Raab en Hongrie en 1664. En 1668 il fuivit Louis XIV à la conquête de la Franche-Comté & fe fignala au fiège de Dole, comme avoit fait fon père au fiège de la même ville en 1636. Dans la guerre de Hollande il fervit quelque tems dans l'armée de l'évêque de Munfter. Il fut fait chevalier des ordres en 1688, maréchal de France en 1693. Il prit Charleroi le 11 octobre de la même année, mais M. de Vauban conduifoit les attaques & M. de Luxembourg couvroit le fiège. En 1695 il commanda dans les Pays-bas; M. de Vaudemont fit devant lui le 14 juillet une retraite fort eftimée, & le maréchal de *Villeroi* n'ofa ou ne put l'attaquer. Il s'en dédommagea en bombardant Bruxelles les 13, 14 & 15 août; le prince d'Orange (le roi Guillaume) prit Namur le 4 août & le château du même Namur le 2 feptembre, fans que le maréchal de *Villeroi*, qui s'étoit avancé fur les bords de la Mehaigne, pût rien entreprendre, & on put alors rendre aux françois les farcafmes & les bravades dont trois ans auparavant Boileau avoit accablé les ennemis dans fa mauvaife ode fur la prife de Namur; pour leur dire en les excitant de même par forfanterie à faire lever le fiège de Namur & en les raillant groffièrement de ne l'avoir pas pris.

> Courage, vers la Méhaigne
> Voilà vos drapeaux flottans.

En effet on n'épargna ni les chanfons ni les fatyres au maréchal de *Villeroi*, & il eft de tous les généraux de Louis XIV celui, contre lequel on a le plus fait de ces chanfons militaires & grivoifes, attribuées aux foldats. Nous n'en rappellerons qu'une, à laquelle le ton niais & nonchalant d'un air connu, & l'heureufe application du mot *Guillaume*, qui étoit dès lors un refrein, auffi très-connu, donnent un affez grand mérite dans le genre fatyrique-chanfonnier.

> Villeroi
> Villeroi
> A fort bien fervi le roi
> *Guillaume*
> *Guillaume.*

En 1697 le maréchal de *Villeroi* commanda encore en Flandre; il couvrit le fiège d'Ath, que faifoit le maréchal de Catinat; Ath fut pris le 5, juin. Le maréchal de *Villeroi* avoit dans cette même campagne un projet sur Bruxelles, le roi Guillaume le fit avorter.

Dans la guerre de la succession d'Espagne, le maréchal de *Villeroi* alla en 1701 relever le maréchal de Catinat qu'on rappelloit d'Italie; on fait trop avec quel dedain superbe & quel ton de supériorité, il osa parler à cet homme modeste, qui, dans cette qualité d'homme modeste & plus encore en qualité de général, lui étoit infiniment supérieur. Le combat de Chiari, où *Villeroi* fut repoussé avec perte le 1 septembre, conformément aux pronostics de M. de Catinat, rabaissa un peu l'orgueil du premier.

Le 2 février 1702 nouvelle humiliation. Le prince Eugène surprend Crémone & dans Crémone le maréchal de *Villeroi*. Eugène fut chassé sur-le-champ par la valeur des françois & des irlandois, mais il emmena le maréchal de *Villeroi* prisonnier.

Laissez y donc Villeroi.

Lui disoit-on encore dans une chanson grivoise,

Traitez-le bien, faites-lui bonne chère,

Ce général peut-être est votre père;

Car

Il a mené votre mère plus d'une fois à l'écart.

Il fut conduit à Grats, où il resta jusqu'au mois d'octobre suivant.

En 1703 il alla commander dans les Pays-bas, où il prit Tongres le 10 mai & eut quelques autres avantages.

Il fit de grandes pertes en 1704 en Allemagne par une mortalité qui se mit dans son armée. En 1705 dans les Pays-bas, des lignes trop étendues qu'il défendoit du côté de Vignamont, furent forcées le 18 juillet; cette campagne lui fit cependant honneur, parce que, malgré cet échec, il couvrit si bien les principales villes de Flandre, qu'il empêcha les ennemis de prendre des quartiers d'hyver dans ce pays.

En 1706 le 23 mai, jour de la pentecôte, il essuya le terrible échec de Ramillies, qui entraîna la perte de presque toute la Flandre. Le roi se crut obligé de lui ôter le commandement des armées, mais toujours prévenu en sa faveur par l'amitié, il attribua tous ses revers au malheur, il crut qu'on exagéroit ses fautes & son incapacité; *on se déchaine contre lui*, dit-il, *parce qu'il est mon favori*, mot, dit M. de Voltaire, qui fut d'autant plus remarqué que c'est la seule fois que Louis XIV s'en soit servi à l'égard même de ceux qu'il a le plus aimés. Quand il le revit après ses défaites, il se contenta de lui dire avec bonté:

M. le maréchal, à notre âge on n'est plus heureux, & connoissant son zèle & ses vertus, il chercha le moyen d'employer ses services dans un autre genre, il le nomma en 1714 ministre d'état & chef du conseil royal des finances, il le nomma aussi par son testament gouverneur de Louis XV.

La Baumelle, en parlant du maréchal de *Villeroi* dans les mémoires de madame de Maintenon, l'appelle: *Villeroi le fastueux, qui amusoit les femmes avec tant de légéreté, & qui disoit à ses gens avec tant d'arrogance*, A-T-ON MIS DE L'OR DANS MES POCHES? Ces traits à quelque personnage qu'ils appartiennent, sont vraiment caractéristiques & peignent de manière à faire à jamais reconnoitre celui qu'ils désignent; mais sont-ils justes dans l'application au maréchal de *Villeroi*? ce n'est pas l'avis de M. de Voltaire; comment, dit-il, la Baumelle peut-il attribuer, je ne dis pas à un grand seigneur, mais à un homme bien élevé, ces paroles qu'on attribuoit autrefois à un financier ridicule? Il est même difficile de croire que, même dans le tems du plus grand crédit de la finance, un financier ait osé tenir un pareil propos & attirer si imprudemment sur lui & sur ses semblables l'indignation publique.

Quant à M. de Voltaire, voici le portrait qu'il fait du maréchal de *Villeroi*, avec lequel il avoit vécu dans sa jeunesse: « Le maréchal-duc de *Villeroi*, fils du gouverneur du roi, (Louis XIV) élevé avec lui, avoit eu toujours sa faveur: il avoit été de toutes ses campagnes & de tous ses plaisirs: c'étoit un homme d'une figure agréable & imposante, très-brave, très-honnête homme, bon ami, vrai dans la société, magnifique en tout. Mais ses ennemis disoient qu'il étoit plus occupé, étant général d'armée, de l'honneur & du plaisir de commander que des desseins d'un grand capitaine. Ils lui reprochoient un attachement à ses opinions, qui ne déféroit aux avis de personne. »

La disgrace du maréchal de *Villeroi*, arrivée en 1722, fut un grand événement à la cour. Le maréchal n'étoit ami ni du régent, ni du cardinal Dubois; il avoit sur-tout pour ce dernier le mépris que Dubois devoit naturellement inspirer à une ame fière & franche comme celle de *Villeroi*. Dubois, dans le projet qu'il avoit conçu de se faire nommer premier ministre, voulut gagner *Villeroi*, pour qu'au moins il ne s'opposât pas trop hautement à sa nomination, & qu'il ne le desservît pas auprès du jeune roi. Le cardinal de Bissy fut chargé de cette négociation, & réussit d'abord si bien qu'il amena le maréchal chez Dubois, qui offroit de se transporter chez lui. *Villeroi* crut qu'il ne s'agissoit que d'un rapprochement & d'une réconciliation en général, sans aucun objet déterminé. Dubois, charmé de voir chez lui le maréchal, s'enferme avec lui & le cardinal de Bissy.

Le

La conversation commence par ces complimens & ces protestations d'amitié, qui ne font pas même une fausseté entre courtisans, puisqu'elles ne trompent personne ; mais le maréchal a dit lui-même depuis, que, quand Dubois parla d'être premier ministre, & le pressa de faire gouter ce projet au roi, & même de le présenter à ce jeune prince, il ne put tenir à une pareille proposition, la patience lui échappa ; il s'emporta, & accabla le cardinal Dubois de reproches & d'injures. Le négociateur Billy, pour le moins aussi déconcerté que Dubois, essaye de calmer le maréchal, d'adoucir ses expressions, de les interpréter le plus favorablement, de lui rappeler qu'il est venu dans un esprit de paix & d'amitié, que s'il ne croit pas devoir servir le cardinal, il ne doit pas au moins l'injurier ; que sans doute ce n'est point son intention, mais que ses mouvemens ont trop d'impétuosité, & ses expressions trop d'aigreur. Plus on veut l'appaiser, plus il s'échauffe & s'irrite ; il passe enfin toute mesure, double la scène la plus éclatante, & s'en applaudissant, finit par dire au cardinal Dubois : *à présent que je vous ai montré toute mon ame, que nous ne pouvons plus nous pardonner l'un à l'autre, je vous déclare que vous n'avez qu'un moyen de m'empêcher de vous nuire en toute occasion, c'est de me faire arrêter, si vous l'osez & si vous croyez en avoir le pouvoir.* Le cardinal de Billy voyant le triste fruit de ses soins, ouvre la porte, prend le maréchal par le bras, le pousse dehors ; on essaye un moment de se composer devant les spectateurs, l'altération du maréchal, l'embarras de Billy, la confusion de Dubois n'échappèrent à personne ; & bien-tôt toute la cour fut instruite de la scène qui venoit de se passer. Dubois de son côté court chez le régent, & lui déclare qu'il va quitter les affaires & la cour, si le maréchal ne lui est sacrifié. Le régent eût pu mépriser cette menace, mais il sentit qu'en manquant au cardinal, dépositaire de son autorité, le maréchal lui avoit manqué à lui-même ; il avoit d'ailleurs beaucoup d'autres sujets d'être mécontent de *Villeroi.* Le gouverneur, par des précautions injurieuses, affectoit, en toute occasion, d'accréditer les bruits qui avoient couru autrefois contre le duc d'Orléans, sur la mort des enfans de Louis XIV. Jamais le régent n'approchoit du jeune monarque, qu'aussi-tôt le gouverneur ne se mît entre deux. Il ne vouloit point souffrir que le régent entretint seul, le roi, & si quelquefois ce prince vouloit dire un mot à l'oreille de Louis XV, le gouverneur avançoit la tête entr'eux, pour entendre. Il ne dissimuloit point que ces précautions lui paroissoient nécessaires à la sûreté de son élève ; il étoit applaudi & encouragé dans cette conduite par tous les ennemis du régent. Ce prince la souffrit long-tems avec beaucoup de patience, pour le bien de la paix, mais ayant à venger Dubois, & ne voulant pas cependant paroître immoler à un tel homme, une telle victime, il se ressouvint de ses propres

injures & s'en procura même à dessein une nouvelle, pour avoir occasion d'éclater. Après son travail ordinaire avec le roi, travail où le maréchal de *Villeroi* assistoit toujours, & où l'évêque de Fréjus, Fleuri, assistoit aussi quelquefois, le régent supplie le roi de vouloir passer avec lui dans un arrière-cabinet, où il a quelque chose de secret à lui communiquer. Le gouverneur, comme on l'avoit prévu, s'y oppose. Le roi avoit alors douze ans & demi ; M. le duc d'Orléans insiste, & représente, avec politesse & douceur, à M. de *Villeroi,* que le roi approche de sa majorité, époque où il sera censé gouverner par lui-même, qu'il est tems de lui rendre compte de choses qu'il est actuellement en état d'entendre, & qui ne doivent être dites qu'à lui seul. Le maréchal réplique, avec vivacité, qu'il sait le respect qu'il doit à son altesse royale, mais qu'il connoit aussi les devoirs de sa charge, qu'elle ne lui permet pas de laisser parler au roi en particulier, sans savoir ce qu'on veut lui dire, encore moins de le laisser emmener dans un cabinet hors de la vue, parce que dans tous les momens il répond de sa personne.

Le régent regardant fixement le maréchal : « vous » vous oubliez, monsieur, lui dit-il, & vous » oubliez à qui vous parlez, je veux croire que » vous ne sentez pas la force de vos termes. Le » respect que j'ai pour sa majesté, m'empêche de » vous répondre & de pousser plus loin cette con- » versation ». En même tems il fait au roi une révérence profonde, & se retire.

Villeroi, quoique parmi ses amis, ennemis du régent, se vantât de la fermeté qu'il avoit montrée dans cette occasion, avoit été frappé du ton d'autorité avec lequel le prince lui avoit parlé, il sentit qu'il lui devoit des excuses, & ses amis furent de cet avis, il alla donc le lendemain 10 août 1722, chez M. le régent ; c'étoit où on l'attendoit, tout étoit prévu, toutes les mesures étoient prises, le nouveau gouverneur étoit déjà choisi. *Villeroi* demande à parler à M. le régent ; on lui répond que le prince est enfermé & qu'il travaille, il s'approche de la porte du cabinet, & veut entrer. La Fare, capitaine des gardes du duc d'Orléans, paroît & demande à *Villeroi* son épée, celui-ci s'apprête à faire résistance ; il est investi, serré de près, jetté dans une chaise qu'on ferme sur lui, emporté rapidement à travers les jardins de Versailles, placé dans un carrosse environné de mousquetaires, qui part à l'instant, & le mène, en peu d'heures, dans son château de *Villeroi.*

Quand le régent annonça au roi cette nouvelle, l'enfant royal rougit, se cacha le visage, ne proféra pas une parole, ne voulut ni sortir, ni jouer, ni presque manger, pleura beaucoup, & ne dormit pas de la nuit. Le lendemain, nouvel embarras pour la cour, & nouvelle douleur pour le roi, l'évêque de Fréjus avoit difparu, on envoya des couriers de tous côtés pour le chercher, on apprit enfin qu'il s'étoit retiré dans un château appartenant à M. le préfident de Lamoignon, frère aîné de celui que nous avons vu chancelier. Le roi & le régent lui écrivirent; il revint reprendre fes fonctions auprès de fon élève, qui avoit pour nouveau gouverneur le duc de Charoft, & le calme fut rétabli.

La douleur du jeune roi parut, à cette occafion, tenir moins à fon attachement pour fes maîtres, qu'à une forte prévention qu'il ne devoit la confervation de fa vie qu'à la furveillance de ces deux perfonnages; & cette prévention fi injurieufe au régent, toute la conduite du maréchal de *Villeroi* avoit dû l'infpirer à Louis XV.

Le maréchal de *Villeroi* & l'évêque de Fréjus s'étoient promis que fi l'un des deux étoit renvoyé, l'autre fe retireroit; c'étoit pour remplir en quelque forte cet engagement que Fleuri avoit pris la fuite auffitôt qu'il avoit fu la détention de *Villeroi*, & celui-ci trouva mauvais que Fleuri eft fi aifément repris fa place; mais ce traité fecret entre les deux inftituteurs étoit-il bien légitime? n'étoit-ce pas vouloir fe rendre trop néceffaires en cherchant à fortifier l'idée que la vie du roi n'étoit en fûreté qu'entre leurs mains? Quoi qu'il en foit, le maréchal fe vit, contre fon attente, abandonné dans fon château de *Villeroi*; mais comme il ne l'étoit pas encore affez au gré du cardinal Dubois contre lequel il fe permettoit les déclamations les plus fortes & les plus juftes; on l'envoya dans fon gouvernement à Lyon. Il ne revint à Paris qu'après la mort du cardinal Dubois & du régent, le 25 juin 1724, & le 27 il fut préfenté au roi, à Verfailles, par le duc de Bourbon, alors premier miniftre. Il mourut à Paris, le 8 juillet 1730, dans fa quatre-vingt-feptième année. M. le duc de *Villeroi* actuel eft fon arrière petit-fils.

9°. Un de fes fils (François-Catherine) chevalier de Malthe, fut noyé fur les galères de Malthe, en 1700. L'aîné fut lieutenant-général, un autre archevêque de Lyon, & cette ville de Lyon, tant au temporel qu'au fpirituel, parut pendant long-tems être comme un empire particulièrement affecté à cette maifon de *Villeroi*.

VILLES ANSÉATIQUES d'Allemagne ou de la anfe Teutonique, font des *villes* impériales libres & d'autres municipales d'Allemagne, alliées enfemble pour le commerce.

VILLE D'ARRET, font celles dont les bourgeois & habitans jouiffent du privilège de faire arrêt fur la perfonne & les biens de leurs débiteurs

forains, fans obligation, ni condamnation. Paris, par exemple, eft *ville d'arrêt*, fuivant l'*article* 173 *de la coutume*.

VILLE baptice, baftiche, bateiche ou batiché, baftelereche, batelerefche, bateilleche, c'étoit une ville qui n'avoit point de commune ni de murailles de pierre, & qui n'étoit défendue que par des tours ou châteaux de bois qu'on appelloit baldrefcha & baftrecha, en françois bretefche, breteque. Quelques-uns croient que ce nom de *villes* baftiches vient de *baftite*, baftide ou baftille, qui fignifioit autrefois une *tour quarrée* flanquée aux angles de tourelles, le tout en bois; d'autres que *ville bateilleche* étoit celle qui étoit en état de bataille, c'eft-à-dire de fe défendre au moyen des fortifications dont elle étoit revêtue. *Voyez* la *coutume* de Guife de l'an 1279, le *gloffaire* de Taumaffière, à la fuite des *coutumes* de Beauvaifis, & le mot BRETECHE.

VILLES, (bonnes) c'étoient celles qui avoient une commune & des magiftrats jurés, & aufquelles le roi avoit accordé le droit de bourgeoifie, avec affranchiffement de taille & autres impofitions. *Voyez* Bruffelle, *ufages des fiefs*. On trouve des exemples de cette qualification donnée à plufieurs *villes*, dès l'an 1314. Le roi la donne encore à toutes les grandes *villes* dans fes ordonnances, édits, déclarations, lettres-patentes.

VILLE CAPITALE, eft la première & principale *ville* d'un état ou d'une province ou pays. Paris eft la capitale du royaume, Lyon la capitale du Lyonnois, &c.

VILLE CHARTRÉE, eft celle qui a une charte de commune & affranchiffement.

VILLE DE COMMERCE, *voyez ci-après*.

VILLE DE COMMUNE, eft celle qui a droit de commune, c'eft-à-dire de s'affembler. *Voyez* VILLE DE LOI.

VILLE ÉPISCOPALE, c'eft celle où fe trouve le fiège d'un évêché.

VILLES FORESTIÈRES, on a donné ce nom à quatre *villes* d'Allemagne, à caufe de leur fituation vers l'entrée de la forêt-noire, favoir Rhinfeld, Seckingen, Lauffenbourg & Waldshut.

VILLES IMPÉRIALES, font celles qui dépendent de l'Empire.

VILLE JURÉE, quelques-uns penfent que l'on donnoit ce nom aux *villes* qui avoient leurs magiftrats propres élus par les bourgeois, & qui avoient enfuite prêté ferment au roi ; en effet en plufieurs endroits ces officiers s'appellent jurats, *jurati*, à caufe du ferment qu'ils prêtent.

D'autres tiennent que *ville jurée* eft celle où il y a maîtrife ou jurande pour les arts & métiers, parce qu'anciennement en France il n'y avoit que certaines bonnes *villes* où il y eût certains métiers jurés, c'eft-à-dire ayant droit de corps & communauté, en laquelle on entroit par ferment, lefquelles *villes*, à cette occafion, étoient appellées *villes jurées* ; mais par édit d'Henri III. de l'an 1581, confirmé & renouvellé par un autre édit d'Henri IV. 1597, toutes les *villes* du royaume font devenues *villes jurées. Voyez* Loyfeau en fon *traité des offices, l. V. ch. vij. n. 77.*

VILLE DE LOI, eft celle qui a droit de commune, & fes libertés & franchifes. Dans une confirmation des privileges de la *ville* de Lille en Flandre, du mois de Janvier 1392, on voit que le procureur des échevins, bourgeois & habitans de cette *ville*, obferva que cette *ville* étoit *ville de loi*, & qu'ils avoient corps & commune, cloche, feel, ferme (ou authentique), loix, coutumes, libertés & franchifes anciennes appartenans à corps & commune de bonne *ville. Voyez* le *tome VII. des ordonn. de la troifieme race.*

Quelquefois par *ville de loi*, on entend une *ville* où il y a maîtrife pour le commerce, & les arts & métiers ; ce qui fuppofe toujours une *ville de commune.*

VILLE MARCHANDE, *villa mercatoria, nundinaria,* n'eft pas fimplement celle où le commerce eft floriffant, mais celle qui jouit du droit de foire & de marché. *Voyez* FLETA.

VILLE DE COMMERCE, *ville marchande,* c'eft une *ville* où il fe fait un grand trafic & négoce de marchandifes & denrées, foit par mer, foit par terre, foit par des marchands qui y font établis, foit par ceux qui y viennent de dehors. On donne auffi le même nom aux *villes* où il fe fait des remifes d'argent & des affaires confidérables par la banque & le change, Paris, Lyon, Rouen, Bordeaux, Orléans, S. Malo, Nantes, la Rochelle, Marfeille, font des *villes* les plus marchandes de France. Londres d'Angleterre, Amfterdam & Rotterdam de Hollande, Cadix d'Efpagne, Lisbonne de Portugal, Dantzick de la Pologne, Archangel de la Ruffie, Smyrne & le Caire du Levant, &c.

VILLE D'ENTREPÔT, c'eft une *ville* dans laquelle arrivent des marchandifes pour y être déchargées, mais non pour être vendues, & d'où elles paffent fans être déballées aux lieux de leur deftination,

en les chargeant fur d'autres voitures par eau ou par terre.

VILLE FRANCHE, fe dit en général d'une *ville* libre & déchargée de toutes fortes d'impôts ; mais par rapport au commerce, il s'entend d'une *ville* aux portes, ou fur les ports de laquelle toutes les marchandifes, ou feulement quelques-unes, ne payent aucun droit d'entrée ou de fortie ; ou n'y font fujettes feulement qu'en entrant ou feulement qu'en fortant.

VILLE, fignifie quelquefois non tous les habitans, mais feulement les magiftrats municipaux qui compofent ce qu'on appelle le corps de *ville*, & qui veillent à la police, à la tranquillité & au commerce des bourgeois, comme les bourg-meftres en Hollande, en Flandre & dans prefque toute l'Allemagne, les maires & aldermans en Angleterre, les jurats & capitouls en quelques *villes* de France, les prévôts des marchands & échevins à Paris & à Lyon.

VILLES LIBRES ou VILLES IMPÉRIALES, (*hift. mod.*) en Allemagne, ce font des *villes* qui ne font foumifes à aucun prince particulier, mais qui fe gouvernent, comme les républiques, par leurs propres magiftrats.

Il y avoit des *villes* libres, *libera civitates,* même fous l'ancien empire romain : telles étoient les *villes* auxquelles l'empereur, de l'avis ou du confentement du fénat, donnoit le privilège de nommer leurs propres magiftrats, & de fe gouverner par leurs propres loix.

VILLE SACRÉE, (*Littérat.*) les princes ou les peuples confacroient à une divinité un pays, une *ville*, ou quelqu'autre lieu. Cette confacration, αφιερωσις, fe faifoit par un décret folemnel : une *ville* ainfi facrée étoit regardée comme facrée, ιερα, & on ne pouvoit fans crime en violer la confacration.

Souvent une partie du territoire d'une *ville* étoit deftinée à l'entretien du temple de la divinité & de fes miniftres, & ce territoire étoit facré, χωρα ιερα.

Les princes ou les peuples, pour augmenter l'honneur & le culte de la divinité, déclaroient que la *ville* étoit non-feulement facrée, ιερα, mais encore qu'elle étoit inviolable, αουλος. Ils obtenoient des nations étrangeres que ce droit ou privilège, αουλια, feroit exactement obfervé. Le roi Seleucus Callinicus écrivit aux rois, aux princes, aux *villes* & aux nations, & leur demanda de reconnoître le temple de Vénus Stratonicide à Smyrne comme inviolable, & la ville de Smyrne comme facrée & inviolable.

Les monumens de la *ville* de Téos en Ionie, publiés par Chishull, dans ses *antiquités afiatiques*, nous donnent des détails intéreffans fur la manière dont ce privilège, *aovλia*, étoit reconnu par les étrangers. La *ville* de Téos rendoit un culte particulier à Bacchus, & l'a fait repréfenter fur un grand nombre de fes médailles. Les Teïens, vers l'an 559 de Rome, 195 avant Jefus-Chrift, déclarèrent par un décret folemnel que leur *ville*, avec fon territoire, étoit *facrée* & inviolable. Ils firent confirmer leur décret par les romains, par les Etoliens & par plufieurs *villes* de l'île de Crete. On rapporte, d'après les infcriptions, les decrets de confirmation donnés par ces différens peuples.

Semblablement Démétrius Soter, roi de Syrie, dans fa lettre au grand-prêtre Jonathas & à la nation des juifs déclara la *ville* de Jérufalem, avec fon territoire, *facrée*, inviolable & exempte de tributs. Vaillant a donné la lifte des *villes facrées* de l'antiquité, on peut le confulter. (*D. J.*)

VILLE MÉTROPOLITAINE, chez les romains, c'étoit la capitale d'une province ; parmi nous, c'eft une *ville* où eft le fiège d'une métropole ou églife archiépifcopale.

VILLES MUNICIPALES, *municipia*, étoient chez les romains, des *villes* originairement libres, qui, par leurs capitulations, s'étoient rendues & adjointes volontairement à la république romaine, quant à la fouveraineté feulement, gardant néanmoins leur liberté, en ce que les fonds de ces *villes* n'appartenoient point à la république, & qu'elles avoient leurs magiftrats & leurs loix propres. *Voyez* Aulugelle, & Loyfeau, *des feign.*

Parmi nous, on entend par *ville municipale* celle qui a fes magiftrats & fes loix propres.

VILLE MURÉE, on entend par ce terme une *ville* qui eft fermée de murailles, ou du moins qui l'a été autrefois : ces *villes* font à certains égards diftinguées des autres ; par exemple, pour poffeder une cure dans une *ville murée*, il faut être gradué. Dans les *villes* & bourgs fermés, on ne peut employer aux teftamens que des témoins qui fachent figner. *Ordonnance des teftamens.*

VILLE DE PAIX, c'étoit celle où il n'étoit pas permis aux fujets d'ufer du droit de guerre, ni de fe venger de leur adverfaire. Paris jouiffoit de ce privilège, & étoit une des *villes de paix*, comme il paroît par une commiffion du 26 mai 1344. *Voyez* le gloffaire de M. de Lauriere.

VILLE DE RÉFUGE, eft celle où le criminel trouve un afyle. Dieu avoit établi fix *villes de ré-*

fuge parmi les ifraélites. Thèbes, Athènes & Rome jouiffoient auffi du droit d'afyle. Il y a encore des *villes* en Allemagne qui ont confervé ce droit.

VILLE ROYALE, eft celle dont la feigneurie & juftice appartiennent au roi, & dans laquelle il y a juftice royale ordinaire.

VILLE SEIGNEURIALE, eft celle dont la feigneurie & juftice ordinaire appartiennent à un feigneur particulier ; quand même il y auroit quelque jurifdiction royale d'attribution, comme une élection, un grenier à fel. (*A. R.*)

VILLIERS DE L'ISLE-ADAM, (*hift. de Fr.*) maifon confidérable dont étoient :

1°. Pietre I, qui acquit en 1364 la terre de *l'Ifle-Adam*, qui fut porte-oriflamme de France & qui fe rendit recommandable fous les regnes des rois Jean, Charles V & Charles VI par les grands emplois qui lui furent confiés, & par la manière dont il s'en acquitta.

2°. Son petit-fils, Jean de *Villiers*, feigneur de *l'Ifle-Adam* & de *Villiers*-le-Bel, eft le trop fameux maréchal de *l'Ifle-Adam*, attaché au parti du cruel Jean, duc de Bourgogne, dont il étoit le lieutenant & l'un des plus vaillans capitaines ; fa mémoire doit être à jamais en horreur pour les cruautés qu'il exerça dans Paris, lorfqu'il y entra par furprife à la tête du parti Bourguignon, la nuit du 28 mai 1418. Le fils d'un quartenier, nommé le Clerc, déroba les clefs fous le chevet du lit de fon père & alla ouvrir les portes. L'Ifle-Adam entra d'abord fans bruit ; puis, quand le peuple fe fut joint à lui, & quand il fe fut rendu maître de la perfonne du roi Charles VI, toute la ville retentit de ce cri : *la paix & Bourgogne.* Le vigilant Tanneguy du Chatel n'eut que le tems d'aller prendre le dauphin dans fon lit, & de fe fauver avec lui à la baftille, puis à Melun ; le connétable d'Armagnac, déguifé en mendiant, fe cacha chez un maçon ; mais fur une défenfe qui fut publiée de donner afyle à aucun Armagnac fous peine de mort, le maçon le livra. Alors commença un des plus horribles maffacres dont l'hiftoire ait confervé le fouvenir. Le connétable, le chancelier de Marle, les évêques de Senlis, de Coutances, de Bayeux, d'Evreux, de Saintes, &c. furent égorgés & outragés après leur mort ; leurs corps furent traînés pendant trois jours dans les rues ; on avoit pris plaifir à couper en lanières la peau du connétable, & on lui avoit fait une écharpe de fa chair ; le fang ruiffeloit dans les rues ; on éventroit les mères, on écrafoit les enfans ; les affaffins rioient en contemplant leur ouvrage : *regardez ces petits chiens*, difoient-ils, *ils remuent encore !* Les chefs du parti Bourguignon les approuvoient & les encourageoient : *mes enfans*, crioient-ils, *vous faites bien*.

Les Armagnacs n'avoient pas eu plus d'humanité. Le journal du règne de Charles VI accuse les gendarmes du connétable d'avoir fait rôtir des hommes & des enfans dont ils ne pouvoient pas tirer de rançon, & le connétable avoit aussi formé le projet d'un massacre général des Bourguignons, qu'il alloit exécuter lorsque ceux-ci surprirent Paris. Le duc de Bourgogne y fit son entrée un mois après l'*Isle-Adam*, & le carnage recommença. L'*Isle-Adam* fut fait maréchal de France le 27 juillet 1418, & confirmé dans cette dignité le 26 août suivant par la faction de Bourgogne, unie avec les anglois vainqueurs & devenus maîtres en France. Henri V, roi d'Angleterre, prince aimable, mais fier, gardoit pour les anglois son affabilité, il ne vouloit être pour les françois qu'un conquérant ; une froideur sèche & dure, un orgueil capricieux, des manières impérieuses, annonçoient un vainqueur & un despote. La liberté françoise n'osoit prendre l'essor avec ce maître superbe, qui n'étoit flatté du respect qu'autant qu'il ressembloit à la crainte. Le maréchal de l'*Isle-Adam* s'étant un jour présenté devant lui, *vêtu d'une robe de blanc-gris*, l'*Isle-Adam*, lui dit sévèrement : *Henri, est-ce-là la robe d'un maréchal de France ? Très-cher seigneur*, répondit le maréchal, *je l'ai fait faire pour venir depuis Sens jusqu'ici*. L'*Isle-Adam* regardoit le roi en parlant. *Comment*, dit le prince en fronçant le sourcil, *osez-vous regarder un prince au visage ? Très-redouté seigneur*, repartit l'*Isle-Adam*, *c'est la guise de France : & si aucun n'ose regarder celui à qui il parle*, on *le tient pour mouvais homme & traître, & pour dieu, ne vous en déplaise. Ce n'est pas notre guise*, répliqua froidement le roi d'Angleterre. Peu de tems après, l'*Isle-Adam* fut mis à la bastille sur une fausse accusation d'avoir voulu livrer Paris au dauphin, & sans le crédit du duc de Bourgogne, Philippe le-Bon, allié assez nécessaire aux Anglois, la vie du maréchal de l'*Isle-Adam* étoit en danger. Remis en liberté en 1422, il continua de servir le duc de Bourgogne, qui le fit gouverneur de Paris en 1429, & chevalier de la toison d'or en 1430. Il prit Gournai, servit au siège de Lagni en 1432, se rendit maître de Saint-Denis en 1435. Le duc de Bourgogne, ayant fait sa paix cette même année avec Charles VII, l'*Isle-Adam* ne servit plus que son maître légitime, & ne combattit plus que les anglois, il leur enleva Pontoise, & facilita la réduction de Paris, qui rentra en 1436 sous l'obéissance de Charles VII. Le maréchal de l'*Isle-Adam* fut tué à Bruges dans une émotion populaire le 22 mai 1437.

3°. Philippe de *Villiers* l'*Isle-Adam*, petit-fils du maréchal, a expié par une gloire pure & sans

tache les cruautés qui avoient terni les exploits d'ailleurs brillans du maréchal ; il a répandu sur son nom & sur sa maison un grand & respectable intérêt. Philippe de *Villiers* l'*Isle-Adam* est ce fameux grand-maître de l'ordre Saint Jean de Jérusalem, qui fut la quarante-troisième grand-maître de cet ordre & qui fut nommé en 1521. Les chevaliers de Saint Jean occupoient encore alors l'isle de Rhodes. La défense de cette place, si souvent l'écueil de la puissance ottomane, est un des plus beaux modèles qu'on puisse proposer aux cœurs passionnés pour la gloire. Ces généreux chevaliers y signalèrent une valeur, une constance, une patience, supérieures aux forces ordinaires de l'humanité, & que peut-être la religion seule peut inspirer dans un pareil degré. Le grand-maître *Villiers de l'Isle-Adam* fit tout ce qu'on pouvoit attendre d'un héros chrétien. Son courage, sa prudence, son zèle, son activité, sa piété forment le tableau le plus sublime & le plus touchant. Toujours sur les remparts ou au pied des autels, soldat, général & religieux, il bravoit tous les dangers, il essuyoit toutes les fatigues, il repoussoit tous les assauts, il animoit les frères par ses exhortations, par ses exemples, il se produisoit par-tout, il se multiplioit ; ses prières appelloient le secours de Dieu, ses négociations le secours des hommes, mais Dieu vouloit l'éprouver, les hommes l'abandonnèrent ; il ne s'abandonna pas lui-même, il n'abandonna pas ses frères, un désespoir héroïque ranima ses efforts ; on le vit, oubliant son âge & sa dignité, passer trente-quatre jours & trente-quatre nuits dans les retranchemens, ne se permettant qu'à peine quelques instans de sommeil sur un matelas qu'on lui jettoit au pied des retranchemens, il auroit rebuté toutes les forces de l'empire ottoman rassemblées devant Rhodes, si elles n'eussent pas eu Soliman second à leur tête ; il succomba enfin, il se rendit au bout de cinq mois, mais dans quelles circonstances ! De cent cinquante mille combattans qui formoient originairement l'armée des turcs, plus de quarante mille avoient été tués dans les sorties & dans les différentes attaques ; les fatigues & les maladies, suite d'un long siège, en avoient emporté un pareil nombre. La place avoit été battue de plus de cent vingt mille coups de canon, elle n'étoit plus qu'un monceau de cendres ou qu'un amas de ruines ; tout ce qui avoit résisté aux canons, avoit été renversé par le jeu terrible des mines. Les assiégés n'avoient plus ni poudre, ni vivres, ni pionniers, ni défenseurs. Presque tous les chevaliers étoient ou morts, ou mourans, ou du moins mis hors de combat. Une cause si noble & si noblement défendue ; méritoit d'être triomphante, elle méritoit du moins de n'être pas abandonnée par tout le reste de la chrétienté. Que l'*Isle-Adam* étoit alors supérieur à Charles-Quint & à François I, & quels hommes ces princes ambitieux laissoient exterminer pour ne pas suspendre un moment leurs in-

utiles & funeftes querelles ! Cet ordre détruit portoit de mer en mer fes refpectables débris, l'admiration & la douleur publique illuftroient leur fuite
glorieufe, ils débarquèrent à Civita Vecchia, ils
obtinrent du pape la ville de Viterbe pour leur
réfidence, en attendant qu'ils euffent trouvé quelque autre afyle plus conforme à leur inftitution &
à leurs projets. Enfin, en 1530, Charles-Quint,
par des vûes d'intérêt, fe fit l'honneur de les recueillir dans l'ifle de Malthe, dont ils portent
aujourd'hui le nom; il la leur donna, ainfi que
l'ifle de Goze & la petite ifle du Cuming, afin
qu'ils réprimaffent les brigandages des corfaires
de barbarie, & qu'ils miffent à couvert de leurs
incurfions toutes les ifles voifines de la Sicile,
la Sicile elle-même & les côtes du royaume de
Naples. Les lettres de Donation de l'ifle de Malthe
aux chevaliers de Saint-Jean de Jérufalem, font du
10 janvier 1529, vieux ftyle, c'eft-à-dire, 1530.
Le grand-maître *Villiers de l'Ifle-Adam* eut la
confolation de voir fon ordre folidement établi
dans ce nouvel afyle. Il mourut le 21 août 1534,
âgé de foixante & dix ans.

VILLIERS, (Georges) *(hift. d'Anglet.)* favori
de Jacques I & de Charles I, fut créé duc de
Buckingham pendant le voyage qu'il fit à Madrid
avec Charles, alors prince de Galles. Charles alloit
faire fa cour à l'infante & mériter par fes foins la
main de cette princeffe. Ce mariage étoit devenu
la grande affaire & l'objet de tous les vœux de
Jacques I, qui croyoit, par l'entremife de l'Efpagne, faire rétablir l'électeur Palatin, fon gendre,
dans fes états, dont il avoit été dépouillé par l'empereur. La nation angloife voyoit d'affez mauvais
œil l'alliance d'un prince anglois & proteftant avec
une princeffe catholique, & fur-tout efpagnole;
la galanterie romanefque de Charles réuffit fort
bien à la cour d'Efpagne & parut affez ridicule
au refte de l'Europe; mais ce qui eft véritablement
ridicule, c'eft la terreur pufillanime dont le prince
de Galles & le duc de Buckingham parurent fubitement faifis & qu'ils communiquèrent aifément à
Jacques I. Ils prirent ombrage de tout ce qui devoit
leur infpirer la confiance, plus on les accueilloit
à Madrid, plus ils crurent qu'on avoit réfolu de
les y retenir malgré eux; Jacques, au départ de
fon fils, qu'il aimoit avec une tendreffe exceffive,
avoit pleuré amèrement & avoit montré beaucoup
d'inquiétude fur ce voyage; Buckingham lui manda
qu'il reconnoiffoit trop tard que les preffentimens
des rois & des pères font des avis du ciel; le prince
de Galles lui écrivit d'un ton encore plus finiftre
qu'il n'avoit plus de fils, qu'il falloit qu'il regardât
déformais l'électrice Palatine comme fa feule héritière. Jacques épouvanté envoya précipitamment des
vaiffeaux pour ramener fon fils: le duc de Buckingham n'eut qu'un mot à dire à Philippe IV, & tous
les ports de l'Efpagne furent ouverts pour le retour.
On prit feulement les dernières mefures pour ter-

miner l'affaire du mariage auffitôt que les difpenfes
feroient arrivées: les difpenfes arrivèrent & le
mariage ne fe fit point; les efpagnols en accufèrent les anglois, & les anglois les efpagnols; il
paroît que l'orgueil du duc de Buckingham n'avoit
pu s'accorder avec l'orgueil du comte duc d'Olivarès, miniftre d'Efpagne, & que Buckingham,
qui gouvernoit Jacques I & fon fils, avoit infpiré
au jeune prince de l'éloignement pour cette
alliance, & parvint même à en dégoûter le roi
Jacques. Cette crainte chimérique d'être retenus
prifonniers en Efpagne, n'étoit peut-être qu'un des
refforts de cette intrigue.

Quoi qu'il en foit, cette rupture avec l'Efpagne
acquit à Buckingham la confiance & la faveur de
fa nation; le parlement le regardoit comme le
fauveur de la religion & de l'état. Il montra bientôt
qu'il ne méritoit pas ces titres dans le fens où on
les lui donnoit, car il alla en France demander la
princeffe Henriette pour le prince de Galles, & il
fit réuffir ce mariage d'une princeffe catholique
& d'un prince proteftant; mais il ne s'accorda
pas mieux avec le cardinal de Richelieu qu'il ne
s'étoit accordé avec le duc d'Olivarès; il s'éleva
entre le cardinal & lui une double rivalité de politique & d'amour. Il devint amoureux en France
de la reine Anne d'Autriche, Richelieu l'avoit prévenu, mais n'ayant pas fû plaire, il s'en vengeoit
en perdant la reine dans l'efprit du roi fon mari;
Buckingham fut, dit-on, plus heureux. (*voyez*
l'article ANNE D'AUTRICHE). De retour à Londres,
il brouilla l'Angleterre avec la France. Richelieu
efpéra du moins que fon rival ne verroit plus la
reine; mais il avoit affaire à un ennemi entreprenant. Buckingham revint fecrètement en France
& ofa fe préfenter chez la reine: il voulut y rentrer depuis en ennemi, en vainqueur, pour dépofer enfuite fes lauriers aux pieds de la fouveraine
de fon ame. Cette entreprife ne réuffit pas, les
anglois, obligés de tenter une defcente dans l'ifle
de Rhé, furent repouffés avec une perte confidérable; & le duc de Buckingham par cette expédition mal concertée & mal exécutée perdit l'eftime & la faveur de fa nation. Le parlement
d'Angleterre le traita en ennemi public & le pourfuivit comme auteur de toutes les injuftices que
les anglois aimoient alors à reprocher au gouvernement. Pour toute réponfe, le duc de Buckingham
fe difpofoit à aller prendre fa revanche en France,
en portant aux Rochelois le fecours dont ils avoient
befoin & qu'ils réclamoient alors; après l'avoir
refufé d'abord; Buckingham étoit à Portfmouth,
où il préparoit le nouvel armement; à une conférence qu'il eut avec Soubife & quelques gentils-
hommes françois proteftans qui preffoient ce fecours, les fpectateurs qui ne les entendoient pas,
crurent appercevoir, qu'on mettoit de part & d'autre un peu de chaleur dans la difpute; & que les
françois fur-tout gefticuloient encore plus qu'à

l'ordinaire. Le duc les quitte ; lorsqu'il paſſoit dans une chambre voiſine, un homme, qui ſe cachoit le viſage, lui donne un coup de couteau & laiſſe le couteau dans la playe, le duc l'arrache & le jette, en s'écriant : *le vilain m'a tué*, il tombe mort ſur le plancher ; on crut d'abord que ce funeſte accident étoit une ſuite de la conférence qu'il venoit d'avoir avec les françois ; mais on trouva par terre un chapeau dans lequel étoient écrits, comme des termes ſacramentels, quelques mots d'une remontrance du parlement, qui déclaroient Buckingham ennemi public ; un homme que ſon maintien ſuſpect fit arrêter, reconnut le chapeau pour être le ſien & le coup pour être de lui ; c'étoit un gentilhomme anglois, nommé Félton, homme atrabilaire & enflammé de ce fanatiſme parlementaire, qui devenoit alors la maladie angloiſe.

On accuſa le cardinal de Richelieu de la mort de Buckingham, parce qu'ils avoient été rivaux, & parce qu'on attribuoit à Richelieu tous les crimes politiques qui ſe commettoient dans l'Europe, & même ceux qui ne ſe commettoient pas.

Malgré la mort de Buckingham, l'armement partit pour la Rochelle, mais il trouva le port fermé par cette fameuſe digue que Richelieu avoit fait conſtruire & qui força enfin la Rochelle de ſe rendre à la vûe des anglois en 1628. Buckingham avoit été tué le 2 ſeptembre de la même année.

Ceux qui aiment le merveilleux, peuvent voir dans le préſident Hénault ce qu'il rapporte d'après Clarendon, de la viſion d'un officier anglois, à qui *Villiers*, père du duc de Buckingham & mort depuis pluſieurs années, apparut à pluſieurs repriſes, lui recommandant d'avertir ſon fils que, s'il ne ſe corrigeoit, il ne tarderoit pas à périr miſérablement.

VILLIERS, (Pierre de) (*hiſt. litt. mod.*) l'abbé de *Villiers*, né à Cope ſur la Charente en 1648, entra chez les jéſuites en 1666, en ſortit en 1689, entra pour lors dans l'ordre de Cluni, & fut prieur de Saint-Taurin, dans le diocèſe d'Amiens ; Boileau l'appelloit le *Matamore de Cluni*, ce qui avoit plus de rapport à ſon air & à ſon ton qu'à ſes écrits, où l'on ne trouve rien qui ſente le Matamore. Ses ſermons & ſes ouvrages moraux, en proſe, ſont abſolument oubliés. Il n'étoit pas bon poëte, mais c'eſt encore poëte qu'il eſt le plus connu. On a ſouvent cité des vers de ſon art de prêcher, moins comme de bons vers, que comme des vers contenant de bons préceptes, & propres à prévenir ou à corriger de certains défauts. On a de lui auſſi un poëme ſur l'amitié, & ſur l'éducation des rois, on a encore des épitres & des pièces diverſes. Il y a de l'eſprit & quelquefois de la ſenſibilité dans la plupart de ſes ouvrages. L'abbé de *Villiers* mourut à Paris, en 1718.

VILLON. (François Corbueil, dit) (*hiſt. lit. mod.*) On ne peut oublier *Villon* parmi les poëtes du quinzième ſiècle, il a laiſſé une aſſez grande réputation, & de poëte, & de malhonnête homme. On ſait par lui-même qu'il fut, peut-être, pendu.

Je ſuis françois, dont ce me poiſe,

Nommé Corbueil en mon ſurnom,

Natif d'Auvers, emprès Pontoiſe,

Et du commun nommé Villon ;

Or d'une corde d'une toiſe,

Sauroit mon col que mon cul poiſe,

Si ne fût un joli appel.

Ce jeu ne me ſembloit point bel.

On ignore quel fut le ſuccès de l'appel ; les uns diſent que Louis XI lui donna ſa grace, les autres, que la ſentence qui le condamnoit à être pendu fut caſſée, & que le parlement ne fit que le bannir ; on ignore le reſte de ſon hiſtoire. Si l'on en croit Rabelais, il ſe retira en Angleterre, ſous la protection d'Edouard IV, dont il obtint la faveur.

On ſait le témoignage que Boileau lui a rendu.

Villon fut le premier, dans ces ſiècles groſſiers,

Débrouiller l'art confus de nos vieux romanciers.

François I, qui faiſoit cas de ce poëte, chargea Marot d'en donner une édition correcte ; c'eſt ſur cette édition que fut faite celle de Couſtelier, in 8°. en 1723.

VILLOUNA, ſ. m. (*hiſt. mod. culte*) c'eſt le nom que les péruviens, avant la conquête des eſpagnols, donnoient au chef des prêtres ou ſouverain pontife du ſoleil ; il étoit du ſang royal, ainſi que tous les prêtres qui lui étoient ſubordonnés ; ſon habillement étoit le même que celui des grands du royaume. (A. R.)

VINCENT. C'eſt le nom de pluſieurs perſonnages connus, tels que :

1°. Saint *Vincent*, diacre de Sarragoſſe, qui ſouffrit le martyre à Valence, en 305.

2°. *Vincent* de Lerins, religieux du monaſtère de ce nom, compoſa, en 434, ſon *commonitorium* contre l'héréſie de Neſtorius, & qui peut ſervir contre toutes les héréſies. Baluze l'a donnée avec Salvien, dans une même édition, en 1684. Le *commonitorium* a auſſi été traduit en françois.

3°. *Vincent* de Beauvais, ainſi nommé parce qu'il étoit de Beauvais, eut l'eſtime de Saint-Louis qui le fit ſon lecteur, & lui donna une inſpection générale ſur les études des princes ſes fils. Il eſt l'auteur des quatre *miroirs* ; *miroir* de la nature, *miroir* des ſciences, *miroir* de l'hiſtoire, *miroir* de la morale. Ce dernier *miroir* n'eſt pas dit-on, de *Vincent* de Beauvais. Le tout eſt intitulé : *ſpeculum majus*, le grand *miroir*, pour diſtinguer cet ouvrage d'un autre *miroir* ou *image du monde*, par un auteur françois ou anglois, nommé Honorius. Tout étoit *miroir* dans ces ſiècles ſans goût, tous les titres de livres étoient métaphoriques & ridicules, on ne ſavoit pas être ſimple. Mort en 1264.

4°. Saint *Vincent* Ferrier, dominicain eſpagnol, grand miſſionnaire. Il fut quelque tems confeſſeur de l'anti-pape Benoît XII ou XIII ; mais voyant ſa perſévérance dans le ſchiſme, il l'abandonna, & adhéra au concile de Conſtance. Mort à Vienne en 1419. Il eſt l'auteur de pluſieurs ouvrages aſcétiques & myſtiques.

5°. Saint *Vincent* de Paul. Cet homme peut être regardé comme le héros de la charité ; il fit des découvertes & des conquêtes dans ce genre ; nul ne ſut mieux rendre les riches utiles aux pauvres, nul ne ſut mieux tirer parti & de ſa propre ſenſibilité, & de celle des autres ; rien ne montre plus ſenſiblement à quel point la théologie ſcholaſtique & l'eſprit de ſecte deſſèchent l'ame, que de voir tant de froids panégyriques de *Vincent* de Paul dégénérer en ſatires contre l'abbé de Saint Cyran avec lequel il avoit eu des liaiſons que la différence d'opinions avoit fait ceſſer ; comme ſi ſon éloignement pour le janſéniſme méritoit ſeulement d'être remarqué dans la vie d'un tel homme. Ce qui prouve encore mieux à quels excès porte ce même eſprit de parti, c'eſt de voir dans le libelle janſéniſte qui a pour titre : l'*avocat du diable*, cet excellent homme traité *d'infâme délateur*, *d'exécrable boutefeu*, toujours parce qu'il s'étoit brouillé avec l'abbé de Saint Cyran.

Vincent de Paul étoit né en 1576, à Poy dans le dioceſe d'Acqs ; ſa première occupation fut de garder les petits troupeaux de ſes pauvres parens. Ceux-ci lui trouvant des diſpoſitions pour un état plus relevé, firent un effort, & l'envoyèrent étudier à Toulouſe. Il fut fait prêtre en 1600. Une modique ſucceſſion qui lui étoit échue l'aya t appellé à Marſeille, à ſon retour il voulut faire, par mer, le trajet de Marſeille à Narbonne ; le bâtiment qui le portoit fut pris par les corſaires barbareſques, & *Vincent* fut eſclave à Tunis, ſous trois maîtres différens, le dernier étoit un renégat ſavoyard, *Vincent* parvint à le ramener à ſa première religion, & à lui inſpirer le deſir de revenir en Europe ; ils ſe ſauvèrent enſemble ſur un eſquif, & abordèrent heureuſement près d'Aigues-Mortes, en 1607.

Le vice-légat d'Avignon, Pierre Montorio, ayant connu *Vincent*, ſe fit un plaiſir de le mener à Rome ; le miniſtre de France en cette cour,

le chargea auprès de Henri IV, d'une négociation importante ; en 1608, Louis XIII lui donna pour récompenſe l'abbaye de Saint-Léonard de Chaume en Brie. Il fut aumônier de la reine Marguerite de Valois. L'abbé de Bérulle, depuis cardinal, l'ayant fait entrer en qualité de précepteur dans la maiſon d'Emmanuel de Gondi, général des galères, il fut fait, en 1619, aumônier général des galères de France ; ce fut alors qu'ayant vu à Marſeille, en exerçant les fonctions de charité attachées à ſon emploi, un malheureux forçat accablé de douleur parce qu'il laiſſoit dans la plus horrible miſère, ſa femme & ſes enfans dont il étoit la ſeule reſſource, *Vincent* offrit de prendre ſa place, & ce qui eſt encore plus étonnant, il trouva dans ceux de qui cette étrange grace dépendoit, des hommes aſſez ennemis de la vertu, ou aſſez inſenſibles à ſes charmes, pour accepter l'échange ; il fut donc enchaîné avec les autres galériens, & ſes pieds, dit ſon hiſtorien, reſtèrent enflés pendant toute ſa vie, du poids des fers honorables dont il avoit été chargé. Saint-François de Sales, qui diſoit-il, *ne connoiſſoit pas dans l'égliſe de plus digne prêtre que lui*, le fit, en 1620, ſupérieur de ſes filles de la viſitation. Il fut principal du collège des bons-enfans ; mais il eſt ſur-tout connu comme fondateur de la congrégation des prêtres de la miſſion. Leur objet n'étoit d'abord que d'aller dans les campagnes inſtruire & ſoulager les pauvres, bien-tôt leur zèle les emporta non-ſeulement dans toutes les parties du royaume, mais en Italie, en Ecoſſe, en Barbarie, à Madagaſcar, &c. Ce fut dans ces ſaintes occupations que *Vincent* de Paul donna un libre eſſor à ſon amour pour l'humanité, à cette fervente charité que rien ne rebuta jamais ; une autre fondation plus utile encore, & qui doit l'illuſtrer à jamais, eſt celle des filles de la charité pour le ſervice des pauvres malades. On ſait ſi ces ſaintes & généreuſes filles ſont fidèles à l'eſprit de leur inſtitution.

Voici ce qu'en a dit une femme éloquente, dans un ouvrage célèbre :

« Combien on devroit être ſurpris qu'un ſexe foible & délicat pût avoir la force de ſurmonter des dégoûts qui ſemblent invincibles, de ſupporter la vue d'objets qui révoltent les ſens, de triompher de la compaſſion même qui les conduit & les anime, ou pour mieux dire de n'éprouver ce ſentiment qu'avec une mâle énergie, ſans aucun mélange de crainte ou de foibleſſe, & de ne connoître enfin de la pitié que ce qu'elle peut inſpirer d'utile & de ſublime. Cependant on voit ſans admiration les ſœurs de la charité exercer continuellement parmi nous ces fonctions ſacrées ; on les voit chercher, recueillir, ſecourir, veiller l'infortuné, panſer les plaies du pauvre, le conſoler, le ſoigner avec une adreſſe ingénieuſe, un courage héroïque, une douceur, une patience

que

que rien ne rebute. Errantes, actives, infatiguables, elles n'ont point d'habitation fixe ; elles vont où l'humanité les appelle ; elles font où la maladie & la douleur implorent leurs fecours ; tantôt dans les prifons & les hôpitaux ; tantôt fous les toits couverts de chaume ; fouvent elles font appellées dans les palais. Vouées volontairement à la pauvreté, elles méprifent les richeffes, mais elles donnent au riche fouffrant des foins purs & défintéreffés ; elles fe refufent à tous les témoignages de la reconnoiffance qu'elles infpirent : leur offrir le plus léger falaire, feroit à leurs yeux un outrage. Telle eft la charité chrétienne, tels font les travaux auxquels elles fe confacrent fans ceffe dans le féjour même du luxe & de la corruption ».

M. de Voltaire a auffi parlé avec la même admiration & la même fenfibilité, de ces héroïnes charitables.

Les hôpitaux de bicêtre, de la falpétrière, de la pitié ; ceux de Marfeille, pour les forçats, de fainte Reine, pour les pèlerins, du faint nom de Jéfus, pour les vieillards, lui doivent la plus grande partie de ce qu'ils font. Ses correfpondances de charité s'étendoient par-tout & fuffifoient à tout ; on l'a vu dans des tems de difette, envoyer en Lorraine jufqu'à deux millions en argent & en effets. Il n'étoit pas en lui de voir ou de connoître un befoin réel, fans fe mettre en mouvement pour le foulager ou le faire foulager. Les grands, les riches, les princes étoient fouvent avertis, par lui, de leur devoir à cet égard : « Si je tombois dans la mifère, difoit une perfonne d'efprit qui avoit trop bonne opinion de la nature humaine, « je ne demanderois point l'au- » mône comme une grace, mais comme un droit; » j'irois trouver les riches, je leur expoferois mon » état avec la plus grande vérité, & je leur dirois : » vous voilà inftruits, faites votre devoir ». C'eft précifément le perfonnage dont faint *Vincent* de Paul fe chargeoit, non pas pour lui, mais pour les pauvres. Un jour après avoir mis plufieurs fois à contribution la charité de la reine Anne d'Autriche, en faveur de quelques indigens, ou de quelque établiffement utile & pauvre, il la follicitoit de nouveau, la reine lui dit : vos follicitations n'ont point de termes, mais la fortune même des rois en a ; vous m'avez arraché tous les facrifices que je pouvois faire, je n'ai plus rien à donner. Eh ? madame, reprit *Vincent* de Paul, en voyant, comme dit Voltaire :

    Ces deux luftres de diamans

    Qui pendoient à fes deux oreilles.

Eh ! madame, que fait-on de cela, quand on eft reine ? Il eft des mots auxquels on ne réfifte pas, la reine donna fes diamans.

Mais le chef-d'œuvre de l'éloquence chrétienne,

de la bienfaifance & de la charité, dans faint *Vincent* de Paul, c'eft ce qu'il a fait pour les enfans-trouvés ; c'eft à lui en effet que cet établiffement eft dû. Avant lui, les enfans expofés étoient vendus à vingt fols par tête dans la rue Saint-Landry, à des femmes malades qui s'en fervoient pour fe délivrer d'un lait corrompu, caufe & aliment de leur maladie ; ainfi ces malheureux enfans fuçant la mort avec le lait, comme les autres y fuçent la vie, étoient prefque autant de victimes précipitées du berceau dans le tombeau.

   Quos dulcis vita exfortes & ab ubere raptos.
   Abftulit atra dies & funere merfit acerbo.

Vincent de Paul ne put fouffrir ce grand outrage fait à l'humanité ; il lutta feul d'abord, & avec des forces inégales, contre un tel fléau ; il fournit des fonds pour nourrir douze de ces enfans : c'étoit peu de chofe, dira-t-on ; non, c'étoit beaucoup, c'étoit avoir donné l'exemple.

   Dimidium facti qui cœpit, habet, fapere aude,
   Incipe.

Il avoit commencé, il pourfuivit, bien-tôt il ne laiffa fans foulagement aucun des enfans qu'on trouva expofés aux portes des églifes ; mais les fecours ayant été enfin épuifés, il convoqua une affemblée extraordinaire de dames charitables. Il fit placer dans l'églife un grand nombre de ces enfans, on s'attendrit fur eux ; ce fpectacle, joint à une exhortation courte & pathétique, produifit tout fon effet, il arracha des larmes, & l'impreffion fut telle, que le même jour, au même inftant, dans la même églife, l'hôpital des enfans-trouvés fut fondé & doté. Par un difcours de fix lignes, dit un auteur, il procura 40000 liv. de rente à cet établiffement. Quel triomphe du talent pourroit être comparé à ce triomphe de la vertu ?

Que pendant dix ans qu'il fut à la tête du confeil de confcience, fous la reine Anne d'Autriche, il n'ait fait donner aucun bénéfice aux janféniftes, peut-être eut-il raifon, peut-être eut-il tort; mais jugerons nous fur de pareils traits, un homme dont les bienfaits ont changé le fort de l'humanité ?

Qu'eft il befoin de dire que les réformes de plufieurs ordres religieux, & l'établiffement des grands féminaires, furent en grande partie fon ouvrage. La maifon de faint Lazare devint le chef-lieu de fa congrégation ; il y règne peut-être un peu d'ignorance & une dévotion un peu minutieufe; mais l'efprit de charité dont l'anima fon pieux fondateur, & qui s'y eft confervé, eft préférable à tout. *Vincent* de Paul termina, le 27 fept. 1660, une carrière pleine d'années & de bonnes œuvres. Il avoit près de 85 ans. Le pape Benoît XIII

B b b b

le béatifia le 13 août 1729. Clément XII le canonisa le 16 juin 1737. M. Collet, prêtre de sa congrégation, a écrit sa vie en 2 volumes in-4°. Son éloge défiguré par tant d'auteurs polémiques, a été réhabilité par l'abbé Maury qui a répandu un nouvel éclat, & ce qui vaut mieux, un nouvel intérêt sur sa mémoire.

VINDEX. (*Hist. rom.*) C. Julius *Vindex*, gaulois & aquitain de naissance, issu d'anciens rois du pays, capitaine actif, intelligent, courageux, expérimenté, joignant à ces avantages ceux de la bonne mine, d'un air héroïque & martial, avoit un commandement dans les Gaules. Il fut le premier que les crimes & les honteuses folies de Néron soulevèrent contre lui. Dans son projet de révolte il n'agissoit pas pour lui-même; il commença par s'adresser secrettement à Galba, qui étoit alors gouverneur de la province Tarragonoise en Espagne, & qui par sa naissance, par la réputation, par son âge, paroissoit plus fait que personne pour occuper le trône d'où l'on vouloit renverser Néron. La fidélité de Galba, celle de tout l'empire tenoit à peu de chose, & les propositions de *Vindex* avoient de quoi tenter Galba. Cependant par un effet de la prudente timidité de son caractère & de son âge, il ne répondit rien aux premières lettres de *Vindex*, mais il lui garda le secret; *Vindex* entendit ce silence, & continua d'agir pour Galba, comme s'ils eussent été d'accord; il se vit bien-tôt à la tête de cent mille gaulois, & il écrivit de nouveau à Galba; celui-ci assembla ses amis pour délibérer sur les offres de *Vindex* : « elles sont acceptées, lui dit » *Vinius* (voyez son article) délibérer si nous » resterons fidels à Néron, c'est déjà lui avoir » manqué de fidélité: *qui deliberant desciverunt* ». Cet avis détermina Galba. Néron apprit avec assez d'indifférence la révolte de *Vindex*, mais quand il sut que Galba s'étoit déclaré, il se crut perdu. Cependant Virginius Rufus, commandant des légions du haut Rhin, marcha contre *Vindex*, non qu'il voulût défendre Néron, mais il lui paroissoit contre la dignité de l'empire, que les gaulois, vaincus par les romains, entreprissent de donner un empereur à Rome & fissent la destinée de l'empire. Il vint mettre le siège devant Besançon qui tenoit pour le parti de *Vindex* & de Galba. *Vindex* marcha au secours de la place; mais partant toujours du principe que personne ne pouvoit s'intéresser sincèrement pour Néron, ni le servir volontairement, il commença par négocier avec Virginius. Ces deux généraux eurent une entrevue dans laquelle ils s'accordèrent ni contre Néron; mais *Vindex*, de concert avec Virginius, ayant voulu entrer dans Besançon, les légions romaines qui ne savoient pas le résultat de l'entrevue, ni les conditions du traité, crurent que les gaulois venoient les attaquer, & voulant les prévenir, elles fondirent sur eux avec une impétuosité que rien ne put retenir,

la victoire fut cependant disputée, mais elle se déclara pour les légions, vingt mille gaulois restèrent sur la place, & *Vindex* se tua de désespoir (l'an de J. C. 68.)

VINDEX est aussi le nom d'un préfet du prétoire de l'empereur Marc-Aurèle, sur lequel les Marcomans remportèrent une grande victoire dans la Pannonie, l'an de Rome 920 ou 921.

VINDICIUS (*hist. rom.*) est le nom de l'esclave qui découvrit la conspiration des fils de Brutus & de quelques autres romains, en faveur des Tarquins. Cet important service lui valut la liberté & d'autres récompenses.

VINET, (Elie) (*hist. litt. mod.*) principal du collège de Bordeaux, né près de Barbézieux en Saintonge, mort à Bordeaux en 1687, a donné les antiquités de Bordeaux & de Bourg, de Saintes & de Barbézieux, un traité de *l'arpenterie* ou arpentage; un de la manière de faire des cadrans, des traductions françoises de la sphère de Proclus, & de la vie de Charlemagne écrite par Eginard; de bonnes éditions de Théognis, de Sidonius Apollinaris, du livre de Suétone sur les grammairiens & les rhéteurs, de Perse, d'Eutrope, d'Ausone, de Florus, &c.

VINIUS. (*Hist. rom.*) T. *Vinius* Rufinus, un de ces trois mauvais ministres de Galba, dont Corneille a dit dans Othon :

Je les voyois tous trois se hâter sous un maître

Qui chargé d'un long âge a peu de tems à l'être,

Et tous trois à l'envi s'empresser ardemment

A qui dévoreroit ce règne d'un moment.

Vinius étoit le pire des trois, & Tacite l'appelle expressément *deterrimus mortalium*. Il s'étoit signalé dans sa jeunesse par ses dérèglemens & par des vices plus honteux encore. Pendant le règne de Caligula, servant sous Calvisius Sabinus, il corrompit la femme de son général, qui, pour voir son amant, osa entrer en habit de soldat dans le camp de son mari. Caligula pour punir cette audace, fit charger de chaînes *Vinius*; celui-ci sortit de prison à la mort de Caligula; mais sous l'empire de Claude, il eut une autre affaire plus fâcheuse, & dont l'éclat infamant devoit le perdre pour toujours, il fut soupçonné de la bassesse, encore audacieuse cependant, d'avoir volé un vase d'or à la table de l'empereur, en mangeant avec lui, & l'empereur l'ayant invité pour le lendemain, le fit servir seul en vaisselle de terre. On peut se former une idée de ses intrigues & si l'on veut, de ses talens, par la facilité avec laquelle il se releva d'un tel opprobre; il parcourut la carrière des honneurs jusqu'à la préture, & parvint à se faire une réputation d'intégrité & de sévérité dans le gouvernement de la Gaule narbonnoise ; car il pouvoit paroître tout ce qu'il vouloit , & être tout ce qu'il falloit , *prout animum intendisset pravus aut industrius eâdem vi.* La faveur de Galba l'éleva au comble de la fortune , & alors il ne fut plus que vicieux ; il usa de ses richesses avec faste & infolence ; il fit contracter à Galba même les vices les plus opposés à son caractère ; ce prince aimoit naturellement la simplicité antique , & succédant à Néron, qu'un luxe effréné avoit plongé dans tous les genres de corruption , il étoit d'une politique sage de se déclarer ennemi de ce luxe ; Vinius lui persuada que la simplicité ne convenoit qu'aux particuliers , que les maîtres du monde , & leurs ministres , étoient *condamnés à la magnificence.* En conséquence il prit tous les officiers de Néron qu'il avoit d'abord refusés & se régla sur son exemple pour sa maison, ses équipages, sa table , & Vinius suivit l'exemple qu'il avoit fait suivre à son maître. Il vendoit tout & recevoit de toute main. L'infâme Tigellin, qui avoit formé Néron à la tyrannie, fut dérobé pour quelque tems à la vengeance du peuple , & hautement protégé par Vinius ; ces fortes de personnages ont besoin les uns des autres , & Tigellin payoit chèrement Vinius.

Celui-ci fut consul avec Galba, l'an de J. C. 69. Lorsque Galba résolut de se désigner un successeur par la voie de l'adoption, chacun de ses trois ministres voulut avoir la plus grande influence sur ce choix. Vinius proposoit Othon dont les mœurs n'avoient rien de discordant avec les siennes , ni avec celles de Néron. Lacon & Marcian (c'étoient les deux autres ministres) ne laissèrent pas ignorer à Galba, l'intérêt que Vinius prenoit à Othon, qu'il lui avoit destiné sa fille , & que c'étoit un gendre qu'il vouloit couronner en lui; Galba se décida pour le vertueux & infortuné Pison. Othon prit le parti de disputer l'empire à Galba & à Pison à la fois. Son parti d'abord foible & en apparence aisé à dissiper, prit en un moment de si forts accroissemens , que le danger devint extrême. Galba délibérant avec ses ministres s'il devoit se renfermer dans son palais, ou aller audevant des séditieux, Vinius fut du premier avis , & par cette raison là même, les deux autres ministres furent du second. « Attendez , lui disoit Vinius, » donnez aux méchans le tems de se repentir , » aux bons celui de se concerter ; si les conjonc- » tures demandent que vous vous montriez, vous » en serez toujours le maître, sorti une fois, le » retour ne sera peut-être plus en votre pouvoir ». » L'activité seule, disoient les autres , peut dé- » concerter les projets d'Othon ; attendrons-nous » qu'il s'empare à main armée de la place publique, » & qu'il monte à nos yeux au capitole ? Le parti » le moins honorable est en même tems le moins

» sûr; *intuta quæ indecora* ». Galba le crut ainsi, il marcha contre les rebelles , & il périt.

Dans cette délibération , la querelle s'étoit tellement échauffé entre Vinius & Laco, que ce dernier s'emporta jusqu'à menacer l'autre , & qu'il avoit résolu de le tuer dans le tumulte du combat, sans en parler à l'empereur. Peut-être parvint-il à le rendre suspect à cause de ses liaisons avec Othon , & de l'intérêt qu'il devoit prendre à ses succès; cet intérêt devoit cependant être assez médiocre, si la harangue qu'Othon fait à ses soldats , dans Tacite, a quelque vérité, au moins pour le fond des faits, les reproches d'avarice & de licence qu'il lui prodigue, sa maison dont il propose le pillage aux soldats pour leur tenir lieu d'une gratification qu'on leur devoit depuis long tems , qu'on ne leur donnoit pas , & qu'on leur reprochoit sans cesse , disoit-il , *minore avaritiâ ac licentiâ grassatus esset T. Vinius, si ipse imperasset. Nunc & subjectos nos habuit, tanquam suos & viles ut alienos. Una illa domus sufficit donativo: quod vobis nunquam datur, & quotidie exprobatur.* Tout cela n'est pas d'un ami de Vinius ni d'un homme qui se proposoit de devenir son gendre ; & ce qui achève de prouver le défaut d'intelligence entr'eux , c'est que Vinius fut tué par les partisans d'Othon. Les uns disent que dans ce moment la peur lui étouffant la voix, il reçut le coup mortel sans proférer un seul mot ; d'autres rapportent qu'on l'entendit crier à ses assassins, que sûrement Othon n'avoit point ordonné sa mort, & ils citent ce mot comme un aveu de ses intelligences avec Othon; mais ce mot même pourroit ne pas prouver de complicité ; il suffisoit du dessein qu'avoit eu Vinius de donner sa fille à Othon, & du service éclatant qu'il lui avoit rendu en le proposant à Galba pour successeur ; il pouvoit bien d'après ces faits, sans aucune intelligence avec Othon, sûr son entreprise, dire qu'Othon ne pouvoit pas être assez ingrat pour avoir ordonné la mort de son bienfaiteur. Vinius mourut, ainsi que Galba, dans l'année de son consulat.

VINNIUS, (Arnold) (*hist. litt. mod.*) professeur de droit à Leyde, mort en 1657; auteur d'un commentaire latin, très-connu, sur les instituts de Justinien , & d'un autre commentaire sur les anciens jurisconsultes.

VINOT , (Modeste) (*hist. litt. mod.*) prêtre de l'oratoire, & chanoine de Saint-Gatien de Tours, mort à Tours , en 1731. Auteur d'une traduction en vers latins, des fables de la Fontaine ; il eut pour adjoint, dans ce travail, le P. Tissard, son confrère. On a de lui encore d'autres poésies latines.

VINTIMILLE, (*Hist. de Fr.*) nulle maison ni en France, ni même en Europe n'a donné lieu à autant de fables, preuves de la plus haute antiquité. Les uns veulent que le fameux hermite saint Antoine, fût par Guite sa mère, de la maison des comtes de *Vintimille*. Cette tradition, quoique regardée comme fausse par les savans, n'en passe pas moins pour constante dans toute la Ligurie, dans les provinces voisines & sur-tout à Saint-Antoine en Viennois. C'est en conséquence & à l'appui de cette tradition que le jour de l'ascension, avant une procession, où l'on porte en triomphe les reliques de ce saint, on proclame solemnellement les comtes de *Vintimille* comme parens, immédiatement après le roi, proclamé comme duc de Milan, & avant les barons de Bressieu & de Châteauneuf qu'on proclame comme fondateurs. D'autres généalogistes font descendre la maison de *Vintimille* d'un prétendu fils naturel de Clovis, qu'ils disent avoir été la tige de la maison de Lascaris. Mais c'est sur-tout de Charlemagne ou de ses parens qu'on a aimé à faire descendre la maison de *Vintimille*. D'autres encore la font descendre d'anciens seigneurs normands, d'autres de la maison de Saxe. L'opinion qui paroît la plus généralement adoptée est celle qui tire l'origine des *Vintimille* des marquis d'Ivrée, rois d'Italie. Selon Sigonius, Luitprand & quelques autres auteurs, Bérenger, marquis d'Ivrée, fils d'Albert & petit-fils d'Anscaire, tous deux aussi souverains du même état d'Ivrée, prit le titre d'empereur en 949. Il avoit quatre fils : Adalbert, Othon, Gui & Conrad. Il déclara roi d'Italie son fils aîné Adalbert, donna le marquisat d'Ivrée à Othon, son second fils, des terres aux environs de Modène & de Bologne à Gui & à Conrad. Mais l'empire échappoit à l'Italie & passoit à la Germanie ; Othon, roi de Germanie ou d'Allemagne, fit la guerre à Bérenger ; celui-ci vaincu & pris dans une bataille en 964 fut relégué à Bamberg & y mourut. Ses fils ayant voulu rentrer dans ses dignités, furent vaincus aussi, & Gui, le troisième d'entre eux, fut tué dans le combat de la main même de Burchard, duc de Suabe, général des armées de l'empereur Othon I. Adalbert, l'aîné des fils de Bérenger, ne put jamais se rétablir. Othon, second fils, conserva le marquisat d'Ivrée. Conrad, dépouillé par l'empereur des terres qu'il possédoit aux environs de Modène & de Bologne, alla s'établir dans la Ligurie. C'est ce Conrad qui fut la tige des comtes souverains de *Vintimille*.

1°. Raimond I, comte souverain de *Vintimille*, dont Conrad étoit le trisayeul, fit la guerre avec le comte Philippe, son frère, aux génois ses voisins, qui assiégèrent par terre & par mer la ville de *Vintimille*.

2°. Gui, premier du nom, fils de Raimond, eut pour sa valeur le nom de *Guerra*, il fut employé par l'empereur Frédéric Barberousse en différentes affaires.

3°. Gui II, fils de Gui *Guerra*, alla en Espagne faire la guerre aux Maures ou Sarrasins & fut tué à la bataille de Muradal en 1214. On croit que trois fils qu'il avoit & qu'on ne voit plus paroître dans l'histoire, eurent le même sort.

4°. La guerre continuoit presque toujours entre les comtes de *Vintimille* & les génois ; ceux-ci assiégèrent encore *Vintimille* en 1219 du tems de Guillaume I & la prirent.

5°. Guillaume II, fils de Guillaume I, quitta la Ligurie, vint s'établir en Provence & céda au comte d'Anjou Charles, comte de Provence, frère de saint Louis, ses droits sur le comté de *Vintimille*, pour des terres & des fiefs qui lui furent cédés en Provence. De cette cession naquirent des guerres, dont le résultat fut que les comtes de *Vintimille* rentrèrent dans leur comté de *Vintimille*. Une branche des comtes de *Vintimille* prit le nom de Lascaris, dont elle descendoit par femmes.

6°. Honoré de Lascaris, comte de *Vintimille* & de Tende, vers l'an 1455, fut surnommé *le Grand*, à cause de sa valeur.

7°. Dans la branche des comtes de *Vintimille*, barons d'Olioles, Bertrand III rendit de grands services à la reine Jeanne de Naples & acquit une grande réputation de valeur.

8°. Gaspard I eut vingt quatre enfans, dont cinq chevaliers de Malthe.

9°. Un autre *Vintimille*, de la branche de Lascaris, nommé Jean Paul Lascaris, des comtes de *Vintimille*, fut vingt-deux ans grand-maître de l'ordre de Malthe & mourut le 14 août 1657.

10°. Honoré des comtes de *Vintimille*, de la même branche des barons d'Olioles, mentionnée au n°. 7. ci-dessus, fut tué dans un combat naval, livré en 1570 contre les turcs. Cette branche d'Olioles portoit le nom de Marseille, parce que Bertrand I, tige de cette branche, avoit hérité des biens de Bertrand de Marseille, frère de Sybille de Marseille son ayeul, sous la condition de porter le nom & les armes de Marseille.

11°. Bertrand VI, de la même branche d'Olioles, ayeul de Gaspard I, mentionné au n°. 8., eut aussi trois fils chevaliers de S. Jean de Jérusalem (depuis Malthe), dont deux, Honoré & Emmanuel I, furent tués au siège de Rhodes en 1522.

12°. Marc Antoine de *Vintimille*, de la même branche d'Olioles, neveu d'Honoré, mentionné au n°. 10. fut tué au siège de Namur en 1695.

13°. François de Marseille, chevalier de Malthe, commandeur de Montpellier, de Trinquetaille, &c. frère de Marc-Antoine, fut deux ans esclave en Barbarie.

14°. Magdelon de *Vintimille*, frère aîné des précédens, fut le premier qui s'intitula ainſi : *de Vintimille, des comtes de Marſeille.*

15°. Magdelon de *Vintimille*, petit-fils du précédent Magdelon & chevalier de Malthe, fut noyé en 1700 ſur une des galères de la religion.

16°. Dans la branche des comtes de *Vintimille*, marquis du Luc, François I, tige de cette branche, fut fort célèbre ſous le nom de baron de Tourves. Il rendit de grands ſervices à nos rois dans le tems des guerres civiles. Il épouſa Françoiſe d'Albert, fille d'Antoine d'Albert, Seigneur de Réguſſe, & veuve de Timothée du Mas, de Caſtellane, Seigneur du Luc, laquelle lui apporta en mariage la terre du Luc qu'elle avoit eue après la mort de ſon premier mari en compenſation de ſa dot.

17°. Henri, Seigneur de Gonfaron, un des petit-fils de François I, fut tué au ſiège de Beaucaire.

18°. Gaſpard, frère de Henri, chevalier de Malthe & lieutenant aux Gardes, après s'être ſignalé au ſiège de Courtrai & dans pluſieurs autres occaſions, fut tué en 1648 à la bataille de Lens, où, bleſſé de ſept coups de mouſquet, il ne ceſſa point de combattre juſqu'à ce qu'il eût perdu tout ſon ſang.

19°. Jean, frère des deux précédens, évêque de Digne & de Toulon, prélat dont la mémoire eſt en grande vénération.

20°. Louis Magdelon, Seigneur de Gonfaron, couſin germain des trois précédens, fut tué à dix-huit ans, à la deſcente de Gigeri en Afrique, le 24 juillet 1664.

21°. Louis Joſeph, frère du précédent, page de la grande écurie du roi, fut tué de deux coups de mouſquet au ſiège de Lille en 1667.

22°. Charles Gaſpard Guillaume de *Vintimille*, des comtes de Marſeille du Luc, commandeur de l'ordre du Saint-Eſprit, frère des deux précédens, fut évêque de Marſeille, puis archevêque d'Aix & enfin archevêque de Paris, où il ſuccéda, en 1729, au cardinal de Noailles. Il mourut le 13 mars 1746 dans ſa 91e. année.

23°. Un autre frère des trois précédens, François Charles, comte du Luc, lieutenant de roi en Provence, chevalier des ordres du roi, ſervant dans la première compagnie des mouſquetaires, commandée par le bailli de Forbin, ſon oncle, reçut à la bataille de Caſſel un coup de mouſquet dans e bras droit qu'il fallut lui couper : ce qui ne l'empêcha de ſervir ni ſur terre, ni ſur mer, ni de le diſtinguer dans toutes les occaſions, à Gênes, ſux ſièges de Roſes & de Barcelone &c. Il ne ſervit

pas moins utilement dans différentes ambaſſades, en Suiſſe en 1708, à Vienne auprès de l'empereur Charles VI en 1715. Il fut fait conſeiller d'état d'épée & chevalier des ordres du roi en 1724. Il mourut le 19 juillet 1740. C'eſt à lui que Rouſſeau adreſſe cette belle ode :

Tel que le vieux paſteur des troupeaux de Neptune. &c.

VIO, (Thomas de) (ou le cardinal CAJETAN.) (*Hiſt. du luthéran.*) Le pape Léon X, ſur la récommandation de l'électeur de Saxe & de l'univerſité de Vittemberg, délégua un juge en Allemagne pour décider la querelle que les premiers écrits de Luther ſur les indulgences avoient fait naître entre les Auguſtins & les Jacobins ; ce juge étoit le cardinal Cajetan (Thomas de *Vio*) légat à Augsbourg. C'étoit, diſoit-on, un homme de beaucoup de mérite, & le P. Maimbourg l'appelle un *grand homme* ; mais ce choix n'étoit pas ſans irrégularité ; ce cardinal avoit été Jacobin, & Luther prétendit lui en avoir trouvé tous les ſentimens. Il paroit certain que les inſtructions du légat étoient de l'obliger à ſe rétracter ou de le faire arrêter. Eraſme, Sadolet, Sponde, & Florimond de Rémond lui-même, tout zélé catholique qu'il eſt, ont trouvé un peu trop de précipitation & de hauteur dans la conduite de Léon X & du cardinal Cajetan à l'égard de Luther. Thomas Hayne (vie de Luther) & Durand (hiſtoire du ſeizième ſiècle) auteurs proteſtans, rapportent une converſation entre Luther & un ſecrétaire du légat, où tout l'avantage eſt du côté du premier. Le ſecrétaire venoit preſſer Luther de ſe rendre chez le légat, Luther n'avoit point encore de ſauf-conduit.

LUTHER.

« Je n'irai point que je n'aye obtenu un ſauf-conduit de l'empereur. »

LE SECRÉTAIRE.

« Un ſauf-conduit ! eh ! qu'en voulez-vous faire ? Quand vous l'auriez obtenu, & qu'on n'y auroit eu aucun égard, penſez-vous donc que le prince Frédéric (de Saxe) voulut prendre les armes pour l'amour de vous ? «

LUTHER.

« J'en ſerois bien fâché. »

LE SECRÉTAIRE.

« Et où vous cacheriez-vous donc ſi l'on vouloit vous arrêter ? »

LUTHER.

« Je me cacherois ſous la voute des cieux. »

Le Secrétaire.

« Et vous, si vous aviez le pape & tous les cardinaux en votre puissance, qu'en feriez-vous ? »

Luther (souriant.)

« Je tâcherois de leur rendre toute sorte d'honneurs & de respects. »

Luther s'enfuit secrétement d'Augsbourg à Vittemberg, feignant de craindre ou craignant réellement qu'on ne l'arrêtât ; le légat écrivit à l'électeur de Saxe pour le prier d'abandonner un hérétique que les foudres de l'église alloient frapper ; l'électeur répond qu'il ne priveroit point son université de Vittemberg d'un tel ornement.

Thomas de *Vio* étoit né à Gaëte dans le royaume de Naples en 1469. Il étoit entré chez les dominicains en 1484, & il en avoit été nommé général en 1508. Léon X l'avoit fait cardinal en 1517 & légat en Allemagne en 1518, puis en Hongrie en 1523. Il avoit été nommé à l'évêché de Gaëte en 1519. Il mourut à Rome en 1534. Il a travaillé sur l'écriture sainte & sur la somme de S. Thomas.

VIRET, (Pierre) (*Hist. du Calvin.*) fameux ministre du calvinisme-naissant, il exerça le ministère à Lausanne & ailleurs, & mourut à Pau en 1571. Il est auteur de divers opuscules de parti.

VIRGILE, (Publius Virgilius Maro) (*Hist. litt. de Rome*) est surnommé le prince des poëtes latins, & jamais titre ne fut plus mérité, jamais on ne fit de plus beaux vers & on ne répandit plus d'intérêt sur tous les détails du style ; expression toujours heureuse, harmonie toujours brillante, pompeuse & naturelle, sensibilité profonde, sentiment exquis du beau & du juste en tout, goût fin & sûr. Jamais rien, mesure exacte de ce qui plaît & qui intéresse & qui ne fatigue jamais. Tous l'ont imité, aucun n'a su comme lui se renfermer dans les bornes précises de la perfection. Qui ne sait par cœur & les églogues de Virgile & les épisodes ou passionnés ou touchans de cet excellent poëme des georgiques ? Quiconque aime la campagne, aime à en voir la peinture ; presque tous les poëtes, presque tous les hommes sensibles l'ont aimée, c'est le goût le plus naturel. Horace, qui l'aimoit tant, va jusqu'à contester aux plus grands amateurs de la ville, leur prétendu dégoût pour la campagne, il leur prouve qu'ils l'aiment plus qu'ils ne croient ; qu'éloignés d'elle par leurs passions & leurs erreurs, ils en recherchent du moins l'image ; qu'ils combattent

la nature, mais que la nature triomphe de leurs vains efforts :

> *Nempè inter varias nutritur sylva columnas,*
> *Laudaturque domus longos quæ prospicit agros.*
> *Naturam expelles furcâ, tamen usque recurret,*
> *Et mala perrumpet furtim fastidia victrix.*

Mais personne n'a plus aimé & n'a plus fait aimer la belle nature & la campagne que Virgile.

> *Nobis placeant antè omnia sylvæ........*
> *Rura mihi & rigui placeant in vallibus amnes,*
> *Flumina amem sylvasque inglorius. O ubi campi,*
> *Sperchiusque & Virginibus bacchata Lacænis*
> *Taygeta, ô qui me gelidis in vallibus hæmi*
> *Sistat, & ingenti ramorum protegat umbrâ !*

Le tendre Fénélon prononçoit toutes les malédictions de la littérature contre ceux qui pouvoient n'être pas attendris jusqu'aux larmes par le charme de ces vers :

> *Fortunate senex, hîc inter flumina nota,*
> *Et fontes sacros, frigus captabis opacum.*

Il envioit avec *Virgile* le bonheur des habitans de la campagne :

> *O fortunatos nimiùm, suâ si bona nôrint*
> *Agricolas !*

Il desiroit, tantôt comme Gallus, d'être transporté parmi les bergers de l'Arcadie :

> *O mihi tum quam molliter ossa quiescant*
> *Vestra meos olim si fistula dicat amores !*
> *Atque utinam ex vobis unus vestrique fuissem*
> *Aut custos gregis, aut maturæ vinitor uvæ !*

Tantôt de partager sur les bords du Galesus les occupations champêtres, les douces jouissances de l'heureux vieillard du quatrième livre des Géorgiques :

> *Cui pauca relicti*
> *Jugera ruris erant ; nec fertilis illa juvencis,*
> *Nec pecori opportuna seges, nec commoda Baccho.*
> *Hic rarum tamen in dumis olus albaque circùm*
> *Lilia, verbenasque premens, vescumque papaver*
> *Regum æquabat opes animis, seràque revertens*
> *Nocte domum, dapibus mensas onerabat inemptis.*
> *Primus vere rosam atque autumno carpere poma, &c.*

Il se transportoit en imagination dans tous les paysages que *Virgile* décrit :

Sive sub incertas Zephiris motantibus umbras ,
Sive antro potius succedimus ; aspice ut antrum
Silvestris raris sparsit labrusca racemis.

Hic viridis tenerâ prætexit arundine ripas
Mincius ,eque sacrâ resonant examina quercu ;
Muscosi fontes & somno mollior herba ,
Et quæ vos rarâ viridis tegit arbutus umbrâ.

Hic ver purpureum , varios hic flumina circum
Fundit humus flores ; hîc candida populus antro
Imminet , & lentæ texunt umbracula vites.

Hic gelidi fontes : hic mollia prata, Licori ;
Hic nemus ; hic ipso tecum conn merer ævo.

De telles descriptions produisent à la fois un desir ardent de voir ces lieux , & l'illusion qui fait qu'on croit les voir. Qui n'admireroit ce trait d'une naïveté si fine & si voluptueuse !

Malo me Galatea petit lasciva puella :
Et fugit ad salices & se cupit ante videri.

Et ce petit tableau d'une naïveté si passionnée :

Sæpibus in nostris parvam te oscida mala
(Dux ego vester eram) vidi cum matre legentem.
Alter ab undecimo jam me tum ceperat annus,
Jam fragiles poteram à terrâ contingere ramos ;
Ut vidi, ut perii , ut me malus abstulit error !

« Quel homme de goût n'est pas en état de se rendre compte du plaisir que lui font ces images, toujours si agréables ou si touchantes, les fleurs & les ruisseaux , les bois & leurs ombrages , les soins des troupeaux & les biens qu'ils donnent à l'homme ; tous ces objets qu'on ne se lasse pas plus de revoir dans les vers que dans les champs , vers lesquels l'imagination des vrais poëtes se retourne si souvent, dans les sujets mêmes qui les en éloignent, qu'Homère & le Tasse retracent au milieu des combats & du carnage , & Lucrèce au milieu des systêmes abstraits d'une fausse philosophie. » Ainsi s'exprime l'éloquent & heureux panégyriste de Fontenelle ; le chantre des jardins a dit aussi :

Non , je ne puis quitter le spectacle des champs.
Eh ! qui dédaigneroit ce sujet de mes chants ?
Il inspiroit Virgile ; il séduisoit Homère.

Homère , qui d'Achille a chanté la colère ;

Qui nous peint la terreur attelant ses coursiers ,
Le vol sifflant des dards , le choc des boucliers ,
Le trident de Neptune ébranlant les murailles ;
Se plaît à rappeller, au milieu des batailles ,
Les bois , les prés , les champs , & de ces frais tableaux
Les riantes couleurs délassent ses pinceaux,
Et lorsque pour Achille il prépare des armes ,
S'il y grave d'abord les siéges , les allarmes ,
Le vainqueur tout poudreux , le vaincu tout sanglant ,
Sa main trace bien-tôt, d'un burin consolant,
La vigne , les troupeaux , les bois , les pâturages ,
Le héros se revêt de ces douces images,
Part , & porte à travers les affreux bataillons
L'innocente vendange , & les riches moissons.

» N'entend-on point , ajoute le panégyriste de Fontenelle , les douleurs les plus plaintives de l'amour & ses prières , les plus ardentes dans cette églogue de *Virgile* , où un berger, tandis que la nature entière repose , accablée sous le poids des chaleurs , erre à travers les campagnes sans chercher même l'objet qu'il adore , & dans des discours remplis de tout le désordre de sa passion, lui adresse , comme s'il étoit présent, des supplications qui ne sont écoutées que des forêts & des montagnes ? Quel tableau que celui de Gallus succombant sous les maux de l'amour ; entouré de troupeaux attentifs à sa douleur, interrogé tour à tour par tous les bergers & par tous les dieux des champs ; montrant , avant qu'il ait dit un mot, la nature entière émue & troublée de sa passion , & quand il sort de ce silence, ne prononçant pas un vers qui ne soit digne des grands mouvemens que l'amour & la douleur d'un berger ont excités dans les cieux & sur la terre. »

Voilà comme il faut voir & sentir ces objets :

Virgile & plusieurs autres auteurs bucoliques ont employé la magie dans leurs pastorales. « Je ne puis, dit à ce sujet l'auteur aimable de *Galatée* & d'*Estelle* , je ne puis m'intéresser à des amans qui se font aimer par des philtres , ou cessent d'aimer par des breuvages. »

La critique est juste , aussi ne sont-ce pas les opérations magiques qui plaisent dans la huitième églogue de *Virgile* ; c'est le couplet :

Talis amor Daphnim, &c.
Talis amor teneat : nec sit mihi cura mederi.

C'est ce violent amour que la bergère veut inspirer à Daphnis pour le dédaigner & qui prouve la violence du sien ; c'est après ce couplet si passionné, cet autre couplet fi tendre qui fuit immédiatement :

Has olim exuvia mihi perfidus ille reliquit,
Pignora cara fui:

Morceau qui rappelle ce moment touchant du quatrième livre de l'Enéide :

Hìc, poftquàm Iliacas veftes notumque cubile,
Confpexit, paulùm lacrymis & mente morata,
Incubuitque toro, dixitque noviffima verba:
Dulces exuviæ dùm fata deufque finebant,
Accipite hanc animam meque his exolvite curis.

C'eft enfin ce joli vers :

Credimus, an qui amant, ipfi fibi fomnia fingunt?

Que M. de Fontenelle a rendu ainfi dans *la ftatue de l'amour* :

Il vit, où les amans fe trompent quelquefois,
Il vit fourire la ftatue.

Exemple qui prouve, pour le dire en paffant, que Fontenelle n'a pas entièrement mérité le reproche que lui ont fait les uns, l'éloge que lui ont donné les autres, de n'avoir pas emprunté un feul vers, un feul trait à *Virgile*.

Quant à l'Enéide, les premier, fecond, quatrième & fixième livres font tout ce que l'on connoit de plus beau dans aucune langue ; il faut choifir dans les autres livres ; dans le troifième, l'épifode de Polidore, l'entrevue & les adieux d'Enée, d'Helenus & d'Andromaque, fur-tout les adieux particuliers d'Andromaque au petit Afcagne, adieux que le fouvenir du jeune Aftyanax fon fils rend fi touchans ; la defcription de l'Etna, de l'ifle des cyclopes, de l'antre de Polyphème ; dans le cinquième la courfe des chars, la defcription des jeux au tombeau d'Anchife, le combat de Darès & d'Entellus ; dans le huitième l'épifode terrible de Cacus ; les adieux d'Evandre à Pallas ; la defcription des armes d'Enée, forgées par Vulcain & préfentées par Vénus, & les époques principales de l'hiftoire romaine mifes en beaux vers comme dans le fixième livre dont elles font un des plus riches ornemens ; dans le neuvième, l'épifode entier de Nifus & d'Euryale, les regrets fi pénétrans, fi profondément affligeans de la mère d'Euryale qui attendriffent l'armée & ralentiffent l'ardeur pour les combats, & le contrafte de cet attendriffement & de ces larmes avec la nouvelle ar-

deur que rallument dans les ames les fons de la trompette guerrière.

At tuba terribilem fonitum procul ære canoro
Increpuit; fequitur clamor, cœlumque remugit.

Dans le dixième, le combat de Pallas contre Turnus, de Laufus & de Mézence contre Enée ; dans le onzième, la pompe funèbre de Pallas & la douleur d'Evandre. Quand ce choix eft fait, on ne peut qu'adopter la critique que M. de Voltaire a faite du refte du plan de l'Enéide dans les fix derniers livres ; cet intérêt qui eft à contrefens, puifqu'il porte fur Turnus, tandis qu'il doit porter fur Enée, comme l'intérêt de l'Iliade eft pour Hector contre Achille & contre les grecs ; cette guerre commencée par des payfans à l'occafion d'un cerf bleffé, l'inaction & l'indolence du roi latin, font des imperfections qu'il a rendues très fenfibles ; ajoutons y de petites fictions fans objet & fans intérêt, comme les vaiffeaux d'Enée changés en Nymphes de la mer, les tables que la faim doit obliger Enée & fes compagnons de dévorer & cette terrible prédiction de la Harpie Celeno qui s'accomplit parce qu'ils mangent des gâteaux dont ils fe fervoient au lieu d'affiettes ou de tables ; ajoutons encore la monotonie des batailles comme dans l'Iliade ; & un inutile & ennuyeux Drancès, ennemi de Turnus, qui ne paroit qu'au onzième livre, & qu'on ne revoit plus. On pourroit pouffer encore plus loin cette critique & obferver que *Virgile*, & en général les anciens, n'étoient pas auffi attentifs que nous à ne rien mettre dans les détails que de conforme à l'efprit général de l'ouvrage, & à l'idée totale, à ne démentir par aucune action, par aucun trait, le trait principal d'un caractère, à n'en point affoiblir l'effet, à n'en point diminuer l'intérêt. Peut-être ne falloit-il point, par exemple, qu'Enée, qui eft le perfonnage intéreffant, tuât le jeune & vertueux Laufus combattant pour fauver fon père ; il eft vrai que le prompt repentir qui fuit ce coup malheureux & le moment où, gémiffant de compaffion & de regret, il tend la main à ce jeune homme mourant, eft du plus grand intérêt.

At verò ut vultum vidit morientis & ora,
Ora modìs Anchifiades pallentia miris
Ingemuit, miferans graviter, dextramque tetendit.

Mais le motif de confolation qu'il lui donne :

Hoc tamen infelix miferam folabere mortem;
Ænea magni dextra cadis.

Et que Lucain a outré, lorfque Brutus dit à Caton :

Quis nollet in ifto
Enfe mori?

Ce

eſt bien frivole pour Lauſus & bien vain pour Enée lui-même, & c'eſt encore une convenance que les anciens négligeoient & que nous obſervons, de ne pas ſouffrir que nos héros ſe louent eux-mêmes, à moins qu'ils n'y ſoient forcés par le beſoin d'une apologie ; encore l'éloge doit-il même alors conſerver une forme modeſte : chez les anciens, les héros ſe donnent à eux-mêmes les épithètes les plus honorables, le grand, le pieux, l'illuſtre, &c.

Ænea magni dextra cadis.

Sum pius Æneas raptos qui ex hoſte penates
Claſſe veho mecum, famâ ſuper æthera notus.

& c'eſt un homme modeſte qui parle ainſi de lui-même. Je reviens de ſes diſcours à ſes actions, & je voudrois encore qu'il ne tuât point Mézence, après avoir tué Lauſus ſon fils. On nous a donné ce Mézence pour un affreux tyran des vivans & des morts, pour un *contempteur* ſuperbe des dieux & des hommes,

Contemptor Divûm Mexentius.

Mais Enée finit par le rendre intéreſſant en ceſſant de l'être ; d'ailleurs le déſeſpoir de ce Mézence à la mort de ſon fils, la franchiſe généreuſe avec laquelle il s'accuſe de ſes crimes, ont déjà réconcilié le lecteur avec lui, quand il va pour combattre Enée.

Idem ego, nate, tuum violavi crimine nomen,
Pulſus ob invidiam ſolio ſceptriſque paternis.
Debueram patriæ pœnas odiiſque meorum
Omnes per mortes animam ſontem ipſe dediſſe.

Ces traits même qui embelliſſent le portrait de Mézence, nous paroiſſent autant de petites fautes, quand vous donnez à un monſtre les ſentimens de la nature, il ceſſe d'être un monſtre.

Servetur ad imum
Qualis ab incepto proceſſerit, & ſibi conſtet.

Voici en petit une autre faute du même genre & beaucoup moindre, mais elle fera ſentir ce que je veux dire. Dans le troiſième livre, *Virgile* peint l'affreux Polyphême privé de ſon œil :

Monſtrum horrendum, informe, ingens, cui lumen
ademptum ;

après ces horribles épithètes, on trouve ces vers doux & aimables :

Lanigeræ comitantur oves ; ea ſola voluptas,
Solamenque mali.

Hiſtoire. Tom. V.

Cette conſolation, ce plaiſir ne ſont plus d'un monſtre, je le hais déjà moins & je me ſens porté à le plaindre ; or ce n'eſt pas là le ſentiment que *Virgile* avoit à exciter dans le moment dont il s'agit.

Au reſte dans les livres mêmes, qu'on abandonne le plus volontiers à la critique, il y a preſque toujours des beautés de poëſie & d'expreſſion, c'eſt le fond qui eſt vicieux, la forme eſt toujours d'un grand poëte, elle eſt toujours de *Virgile*.

Quant à ſon hiſtoire, M. de Voltaire, d'après tous les critiques, dédaigne celle qui a été fauſſement attribuée à Donat, grammairien romain du quatrième ſiècle, un des maîtres de ſaint Jérôme ; il ſe moque avec raiſon & de la ſagacité avec laquelle on veut que *Virgile* ait deviné qu'un poulain, envoyé à Auguſte, étoit né d'une jument malade, & de la plaiſanterie qu'on veut auſſi qu'il ait faite à Auguſte, en lui diſant qu'il falloit qu'il fût fils d'un boulanger, parce qu'il l'avoit toujours récompenſé en rations de pain.

On peut mettre avec tous ces contes la fameuſe hiſtoire du poëte Bathylle, qui s'étoit attribué les deux vers de *Virgile* ſur Auguſte :

Noſte pluit totâ, redeunt ſpectacula manè ;
Diviſum imperium cum Jove Cæſar habet.

& qui fut reconnu pour plagiaire, parce qu'il ne put remplir les *ſic vos non vobis*, propoſés par *Virgile*, véritable auteur du diſtique. Mais, 1°. s'il ne s'agiſſoit que de remplir d'une manière quelconque les pentamètres commencés, pourquoi Bathylle n'auroit-il pas pû en venir à bout comme un autre ? 2°. S'il falloit les remplir ſuivant l'idée de celui qui les propoſoit & qui s'en étoit réſervé le ſecret, le problème étoit plus difficile, mais comment de ce problème ou réſolu ou reſté ſans ſolution pouvoit-il réſulter la preuve que Bathylle fût ou ne fût pas l'auteur des premiers vers ? Toute cette hiſtoire eſt ou mal imaginée ou mal contée.

Le même écrivain, quel qu'il ſoit, de la vie de *Virgile*, ſuivant la méthode ordinaire des biographes, qui veulent toujours que leurs héros ayent eu part à tous les faits célèbres, prétend que *Virgile* fut conſulté par Auguſte, ainſi qu'Agrippa & Mécène, ſur ſon projet réel ou feint d'abdiquer l'empire, & que ce fut par ſon conſeil qu'Auguſte le conſerva. Ce récit n'a point été adopté par les hiſtoriens ni par les critiques.

Voici tout ce qu'on ſait de certain de *Virgile* : il naquit l'an de Rome 684 au bourg ou village nommé *Andès*, à trois mille de Mantoue ; il naquit le jour des Ides d'octobre, c'est-à-dire, le 15 octobre, & sa naissance, dit Martial, a consacré ce jour.

Octobris Maro consecravit Idus.

Le plus grand événement de sa vie paroît avoir été celui qui fait le sujet de sa première églogue, où c'est lui qui est Tityre, quoique ce Tityre soit réprésenté comme un vieillard, *fortunate senex*, & que *Virgile* n'eut alors que vingt-neuf ans, car c'étoit l'an 713 de Rome. Octave ou Auguste avoit distribué aux soldats vétérans, pour prix de leurs services, les champs de Crémone & de Mantoue, c'est-à-dire, que les services qu'ils n'a-voient rendus qu'à lui, avoient été payés aux dépens des possesseurs & des propriétaires de ces champs, *Virgile* avoit perdu le sien par cette distribution, mais ses talens lui avoient déjà procuré d'illustres protecteurs, Pollion, qu'il a tant célébré dans ses églogues, l'avoit recommandé à Mécène, Mécène à Auguste, ainsi son champ lui fut rendu.

Hic illum vidi juvenem, Meliboee, quotannis
Bis senos cui nostra dies altaria fumant;
Hic mihi responsum primus dedit ille petenti:
Pascite, ut antè, boves, pueri, submittite tauros...

O Meliboee, Deus nobis hæc otia fecit,
Namque erit ille mihi semper Deus, illius aram
Sæpe tener nostris ab ovilibus imbuet agnus;
Ille meas errare boves, ut cernis, & ipsum
Ludere quæ vellem calamo permisit agresti......

Antè leves ergò pascentur in æthere cervi,
Et freta destituent nudos in littore pisces;
Antè, pererratis amborum finibus exul,
Aut Ararim Parthus bibet, aut Germania Tigrim,
Quàm nostro illius labatur pectore vultus.

Toute cette églogue est donc l'expression de sa joie, ainsi que de sa reconnoissance envers Auguste; mais il éprouva de nouveaux troubles dans la possession, & c'est le sujet de sa neuvième églogue, intitulée: *Mœris.* Un des soldats qui étoient restés en possession des champs voisins du sien, voulut étendre ses droits & le chasser de son patrimoine, *Virgile*, pour échapper à ses violences, fut obligé de passer le Mincio à la nage; il partit pour Rome afin d'y faire confirmer la grace qui lui avoit été faite, ou plutôt la justice qui lui avoit été rendue, il laissa dans son champ un fermier, nommé Mœris, qu'il chargea d'adoucir par toute sorte de ménage-mens & de présens le fâcheux voisin, contre lequel il alloit plaider sa cause à Rome, afin qu'il ne fît pas de nouvelles entreprises jusqu'à son retour.

C'est *Virgile* lui-même qui sous le nom de Ménal-cas est si bien traité dans cette églogue.

O Lycida, vivi pervenimus, advena nostri,
Quod nunquam veriti sumus, ut possessor agelli
Diceret: hæc mea sunt; veteres migrate coloni!
Nunc victi, tristes, quoniam sors omnia versat,
Hos illi, quod nec benè vertat, mittimus hædos.

       L Y C I D A S.

Certè equidem audieram, quà se subducere colles
Incipiunt, mollique jugum demittere clivo,
Usque ad aquam, & veteris jam fracta cacumina
       fagi,
Omnia carminibus vestrum servasse Menalcan.

       M Œ R I S.

Audieras & fama fuit; sed carmina tantùm
Nostra valent, Lycida, tela inter martia, quantùm
Chaonias dicunt Aquilâ veniente columbas.
Quòd nisi me quàcumque novas incidere lites
Antè sinistra cavâ monuisset ab ilice cornix,
Nec tuus hic Mœris, nec viveret ipse Menalcas.

       L Y C I D A S.

Heu, cadit in quemquam tantum scelus! heu!
       tua nobis
Penè simul tecum solatia rapta, Menalca! &c.

C'est à une de ces distributions de champs faite aux soldats dans les guerres civiles qu'Horace fait allusion dans la sixième satyre du second livre.

    Quid; militibus promissa Triquetrâ
Prædia Cæsar an est Italâ tellure daturus?

Virgile, acquérant toujours plus de faveur à mesure qu'on le connoissoit davantage, fut admis dans la familiarité d'Auguste & de Mécène & y fit admettre d'autres gens de lettres; il fut l'introducteur d'Horace auprès de Mécène:

       Optimus olim
Virgilius, post hunc Varius, dixere quid essem.

Il paroît qu'il régnoit entre ces deux grands poëtes une grande amitié, ils n'étoient point rivaux, ils ne brilloient pas dans le même genre. L'ode au vaisseau qui transportoit *Virgile* à Athènes:

    Sic te Diva potens Cypri,
    Sic fratres Helenæ, lucida sidera,
    Ventorumque regat pater,

Obstrictis aliis, præter Iapyga,

   Navis, quæ tibi creditum

Debes Virgilium ; finibus Atticis

   Reddas incolumem precor,

Et serves animæ dimidium meæ.

L'ode sur la mort de Quintilius, leur ami, quel que fut ce Quintilius :

   Quis desiderio sit pudor aut modus ? &c.

L'ode :

   Jam veris comites quæ maré temperant, &c.

font des monumens de cette amitié de *Virgile* & d'Horace & de dignes éloges de *Virgile*. Comme *Virgile* passoit sa vie dans la meilleure compagnie de la cour d'Auguste, Horace l'appelle :

   Juvenum nobilium cliens.

Cette amitié de deux grands poëtes éclate plus encore dans la satyre cinquième du premier livre qui contient la relation d'un voyage de Rome à Brindes :

   Postera lux oritur multo gratissima : namque

   Plotius & Varius sinuessæ Virgiliusque

   Occurrunt : animæ quales neque candidiores

   Terra tulit neque queis me sit devinctior alter.

   O qui complexus & gaudia quanta fuerunt !

   Nil ego contulerim jucundo sanus amico.

On croit que c'est *Virgile* qui est désigné dans un endroit de la troisième satyre du premier livre. Horace, qui s'accuse plus d'une fois dans ses ouvrages d'avoir été sujet à la colère, en accuse aussi celui dont il parle, il l'accuse encore d'un excès de simplicité qui pouvoit quelquefois le rendre le jouet de jeunes gens de la cour d'Auguste, mais il lui donne en même tems les meilleures & les plus grandes qualités :

   Iracundior est paulò, minus aptus acutis

   Naribus horum hominum : rideri possit eò quod

   Rusticius tonso toga defluit & malè laxus

   In pede calceus hæret : at est bonus, ut melior vir

   Non alius quisquam : at tibi amicus, at ingenium

     ingens

   Inculto latet hoc sub corpore.

Virgile avoit en effet cette candeur, cette modes-

tie, cette simplicité, la plus belle parure du génie, qui semble, dit M. de Voltaire, être donnée aux véritablement grands hommes pour adoucir l'envie, & que cependant on ne peut pas dire que M. de Voltaire ait eue. *Virgile* se déroboit à sa gloire, il se cachoit dans la foule qui s'empressoit autour de lui. Un jour il parut au théâtre où l'on venoit de réciter quelques-uns de ses vers, tout le peuple se leva sur le champ avec des acclamations, honneur qu'on ne rendoit alors qu'à l'empereur & qui embarassa beaucoup *Virgile* ; mais on aime à être embarassé ainsi.

Le lecteur pourroit être étonné de voir qu'Horace dans l'endroit où il nomme tous les poëtes de son tems qui peuvent servir de modèle dans chaque genre, ne cite que Varius pour l'épopée, & ne cite *Virgile* que pour le poëme pastoral.

   Argutâ meretrice potes Davoque Chremeta

   Eludente senem, comis garrire libellos,

   Unus vivorum, Fundani. Pollio regum

   Facta canit pede ter percusso : Forte epos acer

   Ut nemo, Varius ducit. Molle atque facetum

   Virgilio annuerunt gaudentes rure camœnæ.

   Hoc erat experto frustrà Varrone Atacino,

   Atque quibusdam aliis, melius quod scribere possem

   Inventore minor.

La raison de ce silence sur l'Enéide, est que ce poëme n'étoit pas encore connu dans le tems où Horace écrivoit ce morceau, & qu'il ne l'a été que long tems après la mort de *Virgile* ; aussi-tôt que ce poëme parut, Properce & tous les gens de goût s'écrièrent :

   Nescio quid majus nascitur Iliade.

Auguste retournant de l'Orient à Rome, passa par Athènes où il trouva *Virgile* qu'il pressa de profiter de l'occasion pour revenir avec lui à Rome, *Virgile* y consentit & s'embarqua quoique malade, les fatigues de la navigation augmentèrent sa maladie, & débarqué à Brindes il y mourut l'an de Rome 735 le 22 septembre. On dit que se sentant mourir il se fit l'épitaphe suivante. Pour l'entendre, il faut savoir que mourant à Brindes, il avoit ordonné que ses restes fussent portés à Naples :

   Mantua me genuit, Calabri rapuere, tenet nunc

   Parthenope ; cecini pascua, rura, duces.

Nous avons vraisemblablement son poëme de l'Enéide moins défectueux qu'il ne l'avoit laissé, & les défauts de cet ouvrage le frappoient sûrement bien plus qu'ils ne nous frappent ; il n'avoit jamais voulu en lire à Auguste que le second, le quatrième & le fixième livres. On fait combien l'épi-fode de Marcellus arracha de larmes à Auguste & fur-tout à Octavie, mère du jeune Marcellus. Virgile, beaucoup trop févère pour fon ouvrage, ordonna par fon teftament qu'il fût brûlé, n'ayant pu obtenir pendant fa maladie qu'on lui donnât fon manufcrit pour le brûler lui-même comme il le vouloit. Augufte qui connoiffoit les trois livres dont nous avons parlé & qui fentoit que ces trois feuls livres demandoient grace pour tout le refte de l'ouvrage quelque défectueux qu'il pût être, ne voulut pas que le teftament fut exécuté en ce point. On a même de lui fur ce fujet des vers pleins de fentiment où il accufe l'injuftice de l'au-teur à-peu-près dans les mêmes termes qu'Enée dans Virgile combat la propofition que lui fait Anchife de le laiffer mourir à Troye & de partir fans lui :

> *Mene efferre pedem, genitor, te poffe relicto*
> *Sperafti, tantumque nefas patrio excidit ore ?*

Augufte dit de même :

> *Ergòne fupremis potuit vox improba verbis*
> *Tam dirum mandare nefas ? Ergò ibit in ignes*
> *Magnaque doctiloqui morietur Mufa Maronis ?*

Il fe fait l'objection du refpect que les loix mêmes exigent pour la dernière volonté des morts. Cette raifon ne l'arrête point.

> *Sed legum fervanda fides : fuprema voluntas*
> *Quod mandat fierique jubet, parere neceffe eft.*
> *Frangatur potius legum veneranda poteftas,*
> *Quam tot conjectos noctefque diefque labore....*

Ou :

> *Noctuque dieque labores*
> *Hauferit una dies.*

Augufte voulut feulement que Plotius Tucca & Varius, dans lefquels il favoit que Virgile avoit toujours eu la plus grande confiance & qui en étoient très-dignes, reviffent ce poëme, en retran-chaffent avec referve ce qu'il leur fembleroit que Virgile n'y auroit pas pu laiffer ; mais qu'ils n'ajoutaffent rien & qu'ils n'achevaffent pas même les vers qui n'étoient que commencés, & c'eft dans cet état que nous l'avons.

Virgile né fans fortune, mourut affez riche pour laiffer par fon teftament des fommes confidérables à Tucca, à Varius, à Mécène, à l'empereur même, qui aimoit que fes amis lui

donnaffent cette dernière marque d'attachement. Nous avons obfervé que Virgile & Horace étoient amis & que la jaloufie ne pouvoit troubler leur amitié, parce qu'ils étoient tous deux poëtes, mais fans être rivaux. Obfervons avec plus de plaifir que Varius & Virgile couroient la même carrière & ne s'en aimoient pas moins.

VIRGILE (Polydore), voyez POLYDORE.

VIRGINIE, (hift. rom.) voyez CLAUDIUS APPIUS.

VIROTTE, (la) (Louis Anne) (hift. litt. mod.) jeune homme d'affez grande efpérance, mais qui a trop peu vécu pour remplir les efpé-rances qu'il avoit fait naître. On ne peut pas dire que ce fût un homme de génie, mais il avoit pour fon âge des connoiffances très-étendues & très-variées ; il avoit l'efprit facile & prompt à conce-voir, & une prodigieufe activité qui lui donnoit du tems pour tout ; il s'attachoit toujours à la fuite des hommes les plus célèbres en tout genre, & devenoit d'abord leur ami. Sa profeffion principale étoit d'être médecin, & il le fut des armées dans la guerre de 1756 ; mais il donnoit à cette profeffion toute l'étendue qu'elle avoit eue autrefois, c'eft-à-dire, qu'il étoit phyficien & obfervateur habile ; il étoit auffi homme de lettres ; il étoit entré prefque dès l'enfance dans la fociété du journal des favans où il s'étoit rendu très-utile. En méde-cine il avoit peu de ce qu'on appelle pratique, & M. d'Alembert l'appelloit, par plaifanterie, le médecin Apraxin, du nom d'un général ruffe, qui commandoit alors les armées ; mais il avoit une grande théorie, & le tems & fon activité auroient amené la pratique. Il a traduit de l'anglois plufieurs ouvrages utiles, des obfervations fur les crifes par le pouls, de Nihell ; des differtations fur la tranf-piration & fur la chaleur ; les découvertes philofo-phiques de Newton, par Maclaurin ; une méthode pour pomper le mauvais air des vaiffeaux. Les obfervations microfcopiques, de Needham. Il a donné de lui-même des obfervations fur une hydro-phobie fpontanée fuivie de la rage ; & c'eft par lui qu'on fait qu'un excès de fatigue, de chaleur & d'épuifement peut, à un certain dégré, caufer cette horrible maladie fans la morfure d'aucun animal enragé. La Virotte étoit né à Nolay, dans le dic-cèfe d'Autun ; il mourut à trente trois ans le 2 mars 1759. L'abbé de la Palme, fon confrère au jour-nal des favans, fon ami & fon panégyrifte, & qui le fuivit de près, étant mort le 11 novembre de la même année, loue avec raifon en lui « un efprit naturel, net & facile, une pénétration vive & exercée, une mémoire heureufe, un goût fimple, & plus frappé des ornemens qu'avide de les cher-cher pour lui-même ; un caractère vrai, égal, fans appareil, officieux pour tout le monde, prévenant pour fes amis. »

VISCLEDE, (Antoine Louis Chalamont de la) (*hist. litt. mod.*) né à Tarascon en Provence en 1692, mort à Marseille en 1760 ; secretaire perpétuel de l'académie de Marseille, à la fondation de laquelle il n'avoit pas peu contribué. Il avoit remporté tant à l'académie françoise, que dans plusieurs autres académies, une multitude de prix, & on disoit qu'il auroit pu en former un médailler. Ses œuvres diverses, prose & vers, ont été publiées en 1727 en deux volumes *in-*12.

VISCONTI, (*hist. d'Italie*) Les *Visconti*, famille puissante de Milan, avoient sû profiter des troubles que les factions des Guelphes & des Gibelins excitoient au quatorzième siècle dans toute l'Italie. Chefs du parti Gibelin, ils avoient chassé les Guelphes de Milan, & s'étoient insensiblement élevés à la souveraineté sous les titres de vicaires de l'empire, de fils de l'empire &c.

Le roi de France Jean, pour payer aux anglois sa rançon, fut forcé de vendre Isabelle sa fille à Jean Galeas *Visconti*, qui, dans la suite, maria Valentine sa fille à Louis, duc d'Orléans, frère unique de Charles VI.

L'éclat & le crédit que ces deux alliances, avec la maison de France, donnèrent aux *Visconti*, leur firent obtenir de l'empereur Venceslas les titres de ducs de Milan & de ducs de Lombardie ; car tous ces petits souverains, qui s'élevoient alors en Italie, lorsqu'ils vouloient joindre les titres à l'autorité, s'adressoient toujours ou au pape, ou à l'empereur, suivant qu'ils étoient ou Guelphes ou Gibelins.

On avoit stipulé dans le contrat de mariage de Valentine de Milan, qu'au défaut d'enfans mâles, issus de Jean Galéas, père de Valentine, le duché de Milan appartiendroit à Valentine & à sa postérité.

Jean Galéas eut deux fils qui se succédèrent l'un à l'autre, & moururent sans enfans.

Mais il restoit d'autres *Viscontis*, qui n'étoient point de la branche Ducale, & qui n'avoient ni droits ni prétentions au duché. On voit plusieurs de leurs descendans figurer en subalternes & en sujets dans les troubles du Milanès sous François I, lequel exerçoit sur le duché de Milan les droits de la maison d'Orléans, tant de son chef comme issu de la branche d'Angoulême, cadette de celle d'Orléans ; que du chef de la reine Claude sa femme, fille de Louis XII, petit-fils du duc d'Orléans & de Valentine. On voit en 1521 des *Viscontis* bannis de Milan par les françois & parmi ces *Viscontis* un évêque d'Alexandrie, former sur Milan une entreprise qui ne réussit pas. Monsignorino *Visconti*, frère de l'évêque d'Alexandrie, fut assassiné en 1523 à Milan par ordre du duc François

Sforce & de Jerôme Moron, chancelier du Milanès (*voyez* les articles MORON & SFORCE). Quelques mois après, Boniface *Visconti*, parent de Monsignorino, assassina le duc Sforce, le manqua, & se sauva. Dans le même tems un Galeas & un Barnabé *Visconti* servoient dans l'armée françoise qui travailloit à reconquérir le Milanès sur François Sforce, à qui Charles-Quint l'avoit donné l'année précédente, après l'avoir conquis sur la France ; ainsi on voyoit des *Viscontis* dans les deux partis opposés, celui de la France & celui de Charles-Quint & des Sforces. Barnabé *Visconti* fut fait prisonnier avec François I à la bataille de Pavie.

Dans la guerre de la succession d'Espagne en 1702 & 1703, nous voyons un général *Visconti* commander les troupes de l'empereur ; il fut battu par M. de Vendôme à Santa Vittoria le 26 juillet 1702, & encore par le même général le 26 octobre 1703.

VISDELOU, (Claude de) (*hist. litt. mod.*) jésuite Breton, missionnaire à la Chine, où il se rendit promptement très-habile dans la langue chinoise, il paroît qu'il se sépara de ses confrères sur la question des Rites Chinois, & qu'il s'attacha au cardinal de Tournon leur adversaire, qui le nomma en 1708 vicaire apostolique, puis évêque de Claudiopolis. Les jésuites obtinrent une lettre de cachet pour le tirer de Pondicheri, où le cardinal de Tournon l'avoit placé ; il crut qu'il étoit de son devoir de ne pas obéir à cet acte d'autorité, surpris par la vengeance ; après la mort de Louis XIV il se justifia de cette désobéissance auprès du régent, auquel il fit approuver ses raisons. Il mourut à Pondichéri en 1737, laissant des manuscrits curieux sur la Chine & sur le Japon.

VISÉ, (Jean Donneau, sieur de) (*hist. litt. mod.*) auteur de l'ouvrage périodique intitulé : *le mercure galant*, qu'il fit depuis 1672 jusqu'au mois de mai 1710 ; auteur aussi de plusieurs comédies ; on conte qu'à la première représentation d'une de ces comédies, intitulée : *le gentilhomme Guespin ou le campagnard*, le théâtre, alors chargé de spectateurs, & le parterre furent également divisés, le théâtre, plein d'amis de l'auteur, rioit & applaudissoit, le parterre siffloit, un des spectateurs du théâtre s'avança sur le devant de la scène & dit au parterre : *Messieurs, si vous n'êtes pas contens, on vous rendra votre argent à la porte ; mais ne nous empêchez point d'entendre des choses qui nous font plaisir.* Quoique ce harangueur, ami ou non de l'auteur, eût complettement raison, car de quel droit trouble-t-on le plaisir d'autrui, parce qu'on n'en a pas où qu'on croit n'en pas avoir, le parterre ne goûta point ses représentations, & comme il étoit en gaîté & qu'on jouoit alors avec succès l'*Andronic* de Campistron, deux plaisans

firent une application affez heureufe de deux vers
de cette tragédie ; l'un s'adreffant au harangueur ,
lui dit :

Prince, n'avez-vous rien à nous dire autre chofe ?

L'autre répondit pour lui :

Non, d'en avoir tant dit il eſt même confus.

On a encore du ſieur de *Viſé* des mémoires ſur
le regne de Louis XIV depuis 1638 juſqu'en 1688.
Ce ſont des extraits de ſon *Mercure.*

De *Viſé*, né à Paris en 1640 , mourut en
1710 après avoir été quatre ans aveugle.
Dans ſa jeuneſſe il avoit beaucoup & bien mal
écrit pour & contre Molière. Il dit que le *Cocu
imaginaire* « eſt à ſon ſentiment & à celui de
beaucoup d'autres , la meilleure de toutes ſes
pièces & la mieux écrite ; que les vers de *l'école
des maris* ſont moins bons que ceux du *Cocu
imaginaire* ; l'école des femmes ne lui plait nullement, tout le monde, dit-il, l'a trouvée méchante,
& tout le monde y a couru, elle a réuſſi ſans avoir
plu, & elle a plu à pluſieurs qui ne l'ont pas trouvée bonne. Pour vous en dire mon ſentiment ,
c'eſt le ſujet le plus mal conduit qui fut jamais,
& je ſuis prêt de ſoutenir qu'il n'y a point de ſcène
où l'on ne puiſſe faire voir une infinité des fautes.

Mais ce qui eſt vraiment curieux, c'eſt ce que
dit de *Viſé* au ſujet des marquis joués par Molière.

« Ces marquis, dit-il, ſe vengent aſſez par leur
prudent ſilence, & font voir qu'ils ont beaucoup
d'eſprit en ne l'eſtimant pas aſſez pour ſe ſoucier
de ce qu'il dit contre eux. Ce n'eſt pas que la
gloire de l'état ne les dût obliger à ſe plaindre ,
puiſque c'eſt tourner le royaume en ridicule, railler
toute la nobleſſe , & rendre mépriſables non ſeulement à tous les françois , mais encore à tous les
étrangers des noms éclatans , pour qui l'on devroit
avoir du reſpect...... Lorſqu'il joue toute la
cour.... il ne s'apperçoit pas que notre incomparable monarque eſt toujours accompagné des
gens qu'il veut rendre ridicules ; que ce ſont eux
qui forment ſa cour ; que c'eſt avec eux qu'il ſe
divertit ; que c'eſt avec eux qu'il s'entretient ; &
que c'eſt avec eux qu'il donne de la terreur à ſes
ennemis ; c'eſt pourquoi Molière devroit plutôt
travailler à nous faire voir qu'ils ſont tous des
héros, puiſque le prince eſt toujours au milieu
d'eux, & qu'il en eſt comme le chef, que de nous
en faire voir des portraits ridicules. »

« Il ne ſuffit pas de garder le reſpect que nous
devons au demi-dieu qui nous gouverne, il faut
épargner ceux qui ont le glorieux avantage de
l'approcher, & ne pas jouer ceux qui l'honore d'une
eſtime particulière.... Quoi! traiter ſi mal l'appui
& l'ornement de l'état ! avoir tant de mépris pour

des perſonnes qui ont tant de fois & ſi généreuſe-
ment expoſé leur vie pour la gloire de leur prince !
& tout cela pour ce que leur qualité demande qu'ils
ſoient plus ajuſtés que les autres , & qu'ils y ſont
obligés pour maintenir l'éclat de la plus brillante
cour du monde , & pour faire honneur à leur ſouverain. Je vous avoue que, quand je conſidère le
mérite de toutes ces illuſtres perſonnes, & que je
ſonge à la témérité de Molière, j'ai peine à croire
tout ce que mes yeux ont vu dans pluſieurs de ſes
pièces , & ce que mes oreilles y ont ouï. » La
réponſe à toutes ces ſottiſes, ſi elles pouvoient en
mériter une, ſeroit que Louis XIV lui-même prenoit ſoin d'indiquer à Molière les ridicules qu'il
devoit jouer pour corriger ſa cour. Quant aux
perſonnalités, Molière lui-même a pris la peine
de s'en juſtifier bien ou mal dans *l'inpromptu de
Verſailles* & ailleurs.

« Il y a au parnaſſe, dit encore de *Viſé*, mille
places de vuides entre le divin Corneille & le
comique Molière.... Le premier eſt plus qu'un
dieu , le ſecond eſt auprès de lui moins qu'un
homme. »

Ceci n'exprime que la différence, &, ſi l'on
veut, l'oppoſition des genres, car d'ailleurs Molière
eſt plus parfait dans le ſien que Corneille dans la
tragédie. De *Viſé* ſe jette enſuite dans la queſtion
oiſeuſe de la préférence des genres & de la plus
grande ou de la moindre difficulté de l'un ou de
l'autre. « Il eſt plus glorieux, dit-il, de ſe faire
admirer par des ouvrages ſolides, que de faire rire
par des grimaces, des turlupinades, de grandes perruques & de grands canons. Ainſi Molière dans
Tartuffe, dans *le Miſanthrope*, dans *les femmes ſavantes*, dans *l'école des femmes*, &c. ne faiſoit rire
que par des grimaces & des turlupinades. Quelle
miſère ! au reſte de *Viſé* ſe piquoit d'être noble,
& à coup ſûr il portoit de grands canons, car il y
prend trop d'intérêt.

« Lorſque Molière, dit-il encore, dit qu'il peint
ſes originaux d'après nature , il confeſſe qu'il n'y
met rien du ſien, ce qui ne le doit pas tant faire
admirer qu'il s'imagine. »

Mais ſi Corneille ne peignoit pas ſes héros d'a-
près nature, même dans ce qu'il y mettoit du ſien,
il avoit tort, & ce qu'il mettoit du ſien étoit de
trop. A-t-on jamais imaginé de faire un crime
à un peintre de peindre d'après nature ? où ſont-ils
ces bienheureux coupables auxquels on peut faire
un tel reproche ? Molière en étoit un.

VISIR, (grand) (*hiſt. turq.*) premier miniſtre
de la Porte ottomane ; voici ce qu'en dit Tournefort :

Le ſultan met à la tête de ſes miniſtres d'état
le *grand-viſir*, qui eſt comme ſon lieutenant-géné-

ral, avec lequel il partage, ou plutôt, à qui il laisse toute l'administration de l'empire. Non-seulement le *grand-visir* est chargé des finances, des affaires étrangères & du soin de rendre la justice pour les affaires civiles & criminelles, mais il a encore le département de la guerre & le commandement des armées. Un homme capable de soutenir dignement un si grand fardeau, est bien rare & bien extraordinaire. Cependant il s'en est trouvé qui ont rempli cette charge avec tant d'éclat, qu'ils ont fait l'admiration de leur siècle. Les Cuperlis ou Coproglis père & fils, ont triomphé dans la paix & dans la guerre, & par une politique presque inconnue jusqu'alors, ils sont morts tranquillement dans leurs lits.

Quand le sultan nomme un *grand-visir*, il lui met entre les mains le sceau de l'empire, sur lequel est gravé son nom : c'est la marque qui caractérise le premier ministre; aussi le porte-t-il toujours dans son sein. Il expédie avec ce sceau tous ses ordres, sans consulter & sans rendre compte à personne. Son pouvoir est sans bornes, si ce n'est à l'égard des troupes, qu'il ne sauroit faire punir sans la participation de leurs chefs. A cela près, il faut s'adresser à lui pour toutes sortes d'affaires, & en passer par son jugement. Il dispose de tous les honneurs & de toutes les charges de l'empire, excepté de celles de judicature. L'entrée de son palais est libre à tout le monde, & il donne audience jusqu'au dernier des pauvres. Si quelqu'un pourtant croit qu'on lui ait fait quelque injustice criante, il peut se présenter devant le grandseigneur du feu sur la tête, ou mettre sa requête au haut d'un roseau, & porter ses plaintes à sa hautesse.

Le *grand-visir* soutient l'éclat de sa charge avec beaucoup de magnificence; il a plus de deux mille officiers ou domestiques dans son palais, & ne se montre en public qu'avec un turban garni de deux aigrettes chargées de diamans & de pierreries; le harnois de son cheval est semé de rubis & de turquoises, la housse brodée d'or & de perles. Sa garde est composée d'environ quatre cent bosniens ou albanois, qui ont de paie depuis 12 jusqu'à 15 aspres par jour; quelques-uns de ses soldats l'accompagnent à pied. quand il va au divan; mais quand il marche en campagne, ils sont bien montés, & portent une lance, une épée, une hache & des pistolets. On les appelle *délis*, c'està-dire, *fous*, à cause de leurs fanfaronades & de leur habit qui est ridicule; car ils ont un capot, comme les matelots.

La marche du *grand-visir* est précédée par trois queues de cheval, terminées chacune par une pomme dorée : c'est le signe militaire des ottomans qu'ils appellent *thou* ou *thouy*. On dit qu'un général de cette nation ne sachant comment rallier ses troupes, qui avoient perdu leurs étendards, s'avisa de couper la queue d'un cheval, & de l'attacher au bout d'une lance ; les soldats coururent à ce nouveau signal, & remportèrent la victoire.

Quand le sultan honore le *grand-visir* du commandement d'une de ses armées, il détache à la tête des troupes une des aigrettes de son turban, & la lui donne pour placer sur le sien ; ce n'est qu'après cette marque de distinction que l'armée le reconnoit pour général; & il a le pouvoir de conférer toutes les charges vacantes, même les vice-royautés & les gouvernemens, aux officiers qui servent sous lui. Pendant la paix, quoique le sultan dispose des premiers emplois, le *grand-visir* ne laisse pas de contribuer beaucoup à les faire donner à qui il veut ; car il écrit au grand-seigneur, & reçoit sa réponse sur le champ ; c'est de cette manière qu'il avance ses créatures, ou qu'il se venge de ses ennemis ; il peut faire étrangler ceux-ci, sur la simple relation qu'il fait à l'empereur de leur mauvaise conduite. Il va quelquefois dans la nuit visiter les prisons, & mène toujours avec lui un bourreau pour faire mourir ceux qu'il juge coupables.

Quoique les appointemens de la charge de *grand-visir* ne soient que de quarante mille écus (monnoie de nos jours), il ne laisse pas de jouir d'un revenu immense. Il n'y a point d'officier dans ce vaste empire qui ne lui fasse des présens considérables pour obtenir un emploi, ou pour se conserver dans sa charge : c'est une espèce de tribut indispensable.

Les plus grands ennemis du *grand-visir* sont ceux qui commandent dans le serrail après le sultan, comme la sultane mère, le chef des eunuques noirs & la sultane favorite ; car ces personnes ayant toujours en vue de vendre les premières charges, & celle du *grand-visir* étant la première de toutes, elles sont observer jusqu'à ses moindres gestes ; c'est ainsi qu'avec tout son crédit il est environné d'espions ; & les puissances qui lui sont opposées, soulevent quelquefois les gens de guerre, qui, sous prétexte de quelque mécontentement, demandent la tête ou la déposition du premier ministre ; le sultan pour lors retire son cachet, & l'envoie à celui qu'il honore de cette charge.

Ce premier ministre est donc à son tour obligé de faire de riches présens pour se conserver dans son poste. Le grand-seigneur le suce continuellement, soit en l'honorant de quelques-unes de ses visites qu'il lui fait payer cher, soit en lui envoyant demander de tems-en-tems des sommes considérables. Aussi le *visir* met tout à l'enchere pour pouvoir fournir à tant de dépenses.

Son palais est le marché où toutes les graces se

vendent. Mais il y a de grandes mesures à garder dans ce commerce ; car la Turquie est le pays du monde où la justice est souvent la mieux observée parmi les injustices.

Si le *grand-visir* a le génie belliqueux, il y trouve mieux son compte que dans la paix. Quoique le commandement des armées l'éloigne de la cour, il a ses pensionnaires qui agissent pour lui en son absence ; & la guerre avec les étrangers, pourvu qu'elle ne soit pas trop allumée, lui est plus favorable qu'une paix qui causeroit des troubles intérieurs. La milice s'occupe pour lors sur les frontières de l'empire, & la guerre ne lui permet pas de penser à des soulevemens ; car les esprits les plus ambitieux cherchant à se distinguer par de grandes actions, meurent souvent dans le champ de Mars ; d'ailleurs le ministre ne sauroit mieux s'attirer l'estime des peuples qu'en combattant contre les infidèles.

Après le *premier visir*, il y en a six autres qu'on nomme simplement *visirs*, *visirs du banc* ou *du conseil*, & *pachas à trois queues*, parce qu'on porte trois queues de cheval quand ils marchent, au lieu qu'on n'en porte qu'une devant les pachas ordinaires. Ces *visirs* sont des personnes sages, éclairées, savantes dans la loi, qui assistent au divan ; mais ils ne disent leurs sentimens sur les affaires qu'on y traite, que lorsqu'ils en sont requis par le *grand-visir*, qui appelle souvent aussi dans le conseil secret, le moufti & les cadilesquiers ou intendans de justice. Les appointemens de ces *visirs* sont de deux mille écus par an. Le *grand-visir* leur renvoie ordinairement les affaires de peu de conséquence, de même qu'aux juges ordinaires ; car comme il est l'interprète de la loi dans les choses qui ne regardent pas la religion, il ne suit le plus souvent que son sentiment, soit par vanité, soit pour faire sentir son crédit. (*D. J.*)

VISTNOU, ou VISTNUM, s. m. (*hist. mod. mythol.*) c'est le nom que l'on donne dans la théologie des bramines, à l'un des trois grands dieux de la première classe, qui sont l'objet du culte des habitans de l'Indostan. Ces trois dieux sont *Brama, Vistnou* & *Ruddiren*. Suivant le védam, c'est-à-dire la bible des indiens idolâtres, ces trois dieux ont été créés par le grand Dieu, ou par l'être suprême, pour être ses ministres dans la nature. Brama a été chargé de la création des êtres ; *Vistnou* est chargé de la conservation, & Ruddiren de la destruction. Malgré cela, il y a des sectes qui donnent à *Vistnou* la préférence sur ses deux confrères, & ils prétendent que Brama lui-même lui doit son existence & a été créé par lui. Ils disent que *Vistnou* a divisé les hommes en trois classes, les riches, les pauvres, & ceux qui sont dans un état moyen ; & que d'ailleurs il a créé plusieurs mondes, qu'il a rempli d'esprits, dont la

fonction est de conserver les êtres. Ils affirment que le védam, ou livre de la loi, n'a point été donné à Brama, comme prétendent les autres indiens, mais que c'est *Vistnou* qui l'a trouvé dans une coquille. Toutes ces importantes disputes ont occasionné des guerres fréquentes & cruelles, entre les différentes sectes des indiens, qui ne sont pas plus disposées que d'autres à se passer leurs opinions théologiques.

Les indiens donnent un grand nombre de femmes à leur dieu *Vistnou*, sans compter mille concubines. Ses femmes les plus chéries sont *Lechisni*, qui est la Vénus indienne, & la déesse de la fortune, dont la fonction est de gratter la tête de son époux. La seconde est *Siri pagoda*, appellée aussi *pumi divi*, la déesse du ciel, sur les genoux de qui *Vistnou* met ses pieds, qu'elle s'occupe à frotter avec ses mains. On nous apprend que ce dieu a eu trois fils, *Kachen, Laven*, & *Varen* ; ce dernier est provenu du sang qui sortit d'un doigt que *Vistnou* s'est une fois coupé.

Ce dieu est sur-tout fameux dans l'Indostan, par ses incarnations qui sont au nombre de dix, qui renferment, dit-on, les principaux mystères de la théologie des bramines, & qu'ils ne communiquent ni au peuple ni aux étrangers. Ils disent que ce dieu s'est transformé 1°. en chien de mer ; 2°. en tortue ; 3°. en cochon ; 4°. en monstre moitié homme & moitié lion ; 5°. en mendiant ; 6°. en un très-beau garçon appelé *Prassaram ou parecha Rama* ; 7°. il prit la figure de Ram qui déconfit un géant ; 8°. sous la figure de Kisna, ou Krisna ; dans cet état il opéra des exploits merveilleux contre un grand nombre de géans, il détrôna des tyrans, rétablit de bons rois détrônés, & secourut les opprimés ; après quoi il remonta au ciel avec ses 16000 femmes. Les indiens disent que si toute sa terre étoit de papier, elle ne pourroit contenir toute l'histoire des grandes actions de *Vistnou*, sous la figure de Kisna ; 9°. il prit la forme de Bodha, qui, suivant les Banians, n'a ni père ni mère, & qui se rend invisible ; lorsqu'il se montre il a quatre bras : on croit que c'est ce dieu qui est adoré sous le nom de *Fo*, dans la Chine, & dans une grande partie de l'Asie ; 10°. la dernière transformation de *Vistnou*, sera sous la forme d'un cheval ailé, appellé *Kalinkin*, elle n'est point encore arrivée, & n'aura lieu qu'à la fin du monde.

Le dieu *Vistnou* est le plus respecté dans le royaume de Carnate ; au lieu que Rame ou Brama est mis fort au-dessus de lui, par les bramines de l'empire du Mogol, & Ruddiren est le premier des trois dieux, pour les Malabares.

Ceux qui voudront approfondir les mystères de

la religion indienne, & connoître à fond l'histoire de *Vistnou*, n'auront qu'à consulter *l'histoire universelle d'une société de savans anglois*, tom. VI. in-4°. (A. R.)

VISTNOUVA, (hist. mod.) on a vu dans l'article qui précède, que les bramines, ou prêtres, sont divisés en plusieurs sectes, suivant les dieux à qui ils donnent le premier rang. Ceux qui regardent le dieu *Wistnou* comme la divinité suprême, s'appellent *Vistnouvas*; leur secte se soudivise en deux, les uns se nomment *tadvadis*, disputeurs, ou bien *madva-vistnouva*, du nom de leur fondateur. Ils se font une marque blanche qui va du né au front, sur les tempes, & sur les omoplates; c'est, selon eux, le signe de *Vistnou*, & ils sont convaincus, que tant qu'ils le porteront, ni le diable, ni le juge des enfers n'auront aucun pouvoir sur eux. Ces *tadvadis* ont un chef ou patriarche, qui réside près de Paliacate sur la côte de Coromandel, qui est obligé de garder le célibat sous peine de quitter son ordre. (A. R.)

La seconde secte de *vistnouvas* s'appelle *romanouva vistnouva*; ceux-ci se mettent la marque de l'Y grec sur le front, faite avec de la craye; & ils se font une brûlure sur les omoplates; ils sont persuadés que *Vistnou* ne les punira d'aucun péché. Ces sectaires, comme de raison, se croient infiniment plus parfaits que les *Talvadis*; leur chef réside à Carnate. Il n'est point permis à ces prêtres ni de faire le commerce, ni d'entrer dans des lieux de débauche, comme aux autres. (A. R).

VITAKER ou WHITAKER, (Guillaume) (hist. litt. mod.) professeur en théologie dans l'université de Cambridge. Ses œuvres ont été recueillies en deux volumes in-fol. Il a réfuté Bellarmin, & l'écrit du père Campian, jésuite, intitulé : les dix raisons. Cet écrit étoit en faveur de l'église romaine & le P. Campian étoit en Angleterre, où l'on ne vouloit point absolument admettre de jésuites; il falloit l'en chasser, & on pouvoit, comme fit *Vitaker*, réfuter son écrit, mais il ne falloit pas pendre l'auteur, & on le pendit. *Vitaker* mourut à Cambridge en 1595.

VITAL, (voyez ORDERIC.)

VITALIEN, est le nom d'un général redoutable aux empereurs de son tems, & le nom d'un pape.

Le premier, scythe de nation, étoit petit-fils du général *Aspar*, dont M. de Fontenelle a fait le sujet d'une tragédie, jouée sans succès, & condamnée par M. de Fontenelle lui-même. On connoît l'épigramme de Racine;

C'est à l'*Aspar* du sieur de Fontenelle.

Vitalien étoit maître de la milice sous l'empe-

Histoire, Tome V.

reur *Anastase*. Cet empereur favorisoit les eutychiens, rejettoit le concile de Chalcédoine, qui les avoit condamnés, & persécutoit les orthodoxes; *Vitalien* prit la défense de ceux-ci, la prit les armes à la main, se rendit maître de plusieurs provinces de l'empire, parut aux portes de Constantinople à la tête d'une armée formidable. On négocia, les évêques orthodoxes furent rappellés de l'exil, la persécution cessa. *Vitalien* eut d'abord un grand crédit à la cour de Justin; successeur d'Anastase; mais Justinien, qui vouloit succéder à Justin son oncle, regardoit la gloire & la puissance de *Vitalien* comme un grand obstacle à ce dessein; il lui fut aisé de rendre suspect à l'empereur un homme qui avoit toute la faveur des troupes & qui disposoit d'elles à son gré. Justin résolut de le perdre, mais avec prudence, c'est-à-dire, avec perfidie, de peur de se perdre lui-même en attaquant ouvertement un général si cher à tous les guerriers. *Vitalien*, soit défiance, soit amour du repos, s'étoit retiré dans la Thrace; Justin l'appelle à la cour, sous prétexte de lui donner des instructions sur une grande affaire dont il vouloit lui confier la conduite; il le désigna consul pour l'année suivante, mais *Vitalien* mourut assassiné le septième mois de son consulat, (juillet 520). L'empereur ne désavoua point ce meurtre, & publia que *Vitalien* étoit un ambitieux & un hypocrite, toujours tout prêt à se déclarer tour-à-tour pour les orthodoxes & pour les eutychiens, & à entrer dans toutes les cabales contraires à l'autorité.

Le second, c'est-à-dire, le pape saint *Vitalien*, élu le 30 juillet 657, mourut le 27 janvier 672. On a de lui quelques épitres. C'est de son tems que commença dans les églises d'Italie, l'usage des orgues, qui ne fut connu en France que bien avant dans le huitième siècle, sous Pepin-le-Bref & sous Charlemagne.

VITELLIUS, (Aulus & Lucius frères (Hist. rom.) Galba, Othon, *Vitellius*, Vespasien, proclamés tous empereurs presque en même-tems dans divers lieux, se disputerent tous à la fois le trône de Néron l'an 819 & 820 de Rome; une sédition ayant élevé Othon sur les ruines de Galba & de Pison que Galba venoit d'adopter, ce fut principalement *Vitellius* qu'Othon eut à combattre. *Vitellius* n'avoit rien dans sa naissance qui dût le porter à l'empire, ni qui dût non plus l'en éloigner. Son ayeul P. *Vitellius* étoit chevalier romain, Lucius *Vitellius* son père fut trois fois consul, une fois entre autres avec l'empereur Claude, & de plus censeur; il dut ses dignités à la souplesse & à l'adulation plus qu'au mérite; Publius *Vitellius*, frère de celui-ci & oncle de l'empereur, eut le mérite d'être ami de Germanicus, même après la mort de ce prince. Dans le tems de la république naissante, il y avoit eu deux *Vitellius* punis comme complices de la conjuration des Tarquins, mais on ne croit pas qu'ils fussent de la même famille que l'empereur.

Celui-ci, nommé Aulus, naquit la seconde année du regne de Tibère; il passa sa jeunesse auprès de cet empereur dans la retraite de Caprée; ce qui contribua, dit-on, à la fortune & à l'élévation de son père, & ce qui suffit pour donner une idée des mœurs de tous les deux. Débauche, gourmandise, embonpoint excessif, suite de cette gourmandise, voilà les qualités qui le distinguoient; il ne quittoit point la table, & il avoit pris l'infame usage de s'exciter à vomir après ses repas pour pouvoir se remettre à manger. Nous avons dit comment il avoit plu à Tibère, il plut à Caligula comme excellent cocher, à l'empereur Claude comme grand joueur, à Néron en flattant & secondant le goût qu'il avoit pour se produire sur le théâtre & y faire entendre sa voix. Néron n'étant plus retenu que par un reste de pudeur auquel il desiroit qu'on fit violence, & se voyant pressé par les cris du peuple qui le prioit de chanter, averti que c'étoit faire sa cour; Néron parut vouloir se dérober à cette demande indiscrete & quitta le spectacle; un courtisan médiocre eut été la dupe de cette démarche, *Vitellius* se fit députer par le peuple pour faire de nouvelles instances à Néron, qui enfin se laissa vaincre, & dès ce moment *Vitellius* fut au nombre de ses favoris les plus intimes. Galba étant empereur envoya par mépris *Vitellius* prendre le commandement des légions de la Germanie inférieure, à la tête desquelles il auroit craint alors de mettre un homme de mérite. Il l'envoyoit, disoit-il, remplir son ventre dans un pays de bonne chère; il apprit que ces légions avoient proclamé *Vitellius* empereur, il s'y attendoit, & n'en fit que rire, mais un concurrent qui pouvoit n'être que ridicule pour le vieux & austère Galba, pouvoit être redoutable pour Othon qui n'avoit que des vices à opposer aux vices de *Vitellius*, & qui ayant passé toute sa vie dans la mollesse & dans les voluptés, ne se montra un homme & un grand homme qu'au moment de sa mort. *Vitellius* se prêta aux empressemens de ses légions, sans renoncer un moment aux plaisirs de la table; il ne fit rien & laissa faire ses deux lieutenans Valens & Cécina, tous deux mécontens de Galba, le premier parce qu'à son gré Galba n'avoit pas assez récompensé ses services, le second parce qu'ayant détourné à son profit des deniers publics, Galba, inexorable sur cet article, le fit poursuivre comme coupable de péculat. Quand on vint annoncer à *Vitellius* qu'il venoit d'être proclamé empereur, on le trouva d'abord à table; quand on alla le prendre dans son appartement pour le montrer aux soldats & au peuple, on le trouva encore à table; aussi-tôt après la cérémonie il se remit à table, mais il fut obligé d'en sortir, le feu ayant pris à la salle à manger. Il faisoit

régulièrement quatre énormes repas par jour, il mettoit à contribution toutes les terres & toutes les mers & les épuisoit de gibier & de poisson. Les pays par où il passoit étoient ravagés, il ruinoit ceux lesquels il alloit manger, quoiqu'il partageât entre eux la dépense d'une seule journée, allant dîner chez l'un & souper chez l'autre. On ne pouvoit lui donner de repas qui ne coûtât au moins cinquante mille francs. Ses convives succomboient sous le poids de la bonne chère; l'un d'eux, Vibius Crispus, disoit: *j'étois mort, si je ne fusse tombé malade;* parce qu'une maladie, causée par cet excès d'intempérance, l'avoit dispensé d'assister plus long-tems à ces festins meurtriers. Lucius *Vitellius*, frère de l'empereur, lui donna un repas où furent servis deux mille poissons & sept mille oiseaux rares. L'empereur dédia solemnellement un plat d'argent qu'il nommoit, à cause de sa grandeur immense *le bouclier de Minerve*; il le remplit uniquement de foyes d'un poisson exquis, de cervelles de paons & de faisans, de laitances de murènes, de langues d'oiseaux à plumage rouge que les anciens appelloient *Phœnicopteri.*

*   Non in caro nidore voluptas*
Summa, sed in te ipso est. Tu pulmentaria quœre
Sudando; pinguem vitiis albumque nec ostrea
Nec scarus, aut poterit peregrina juvare Lagois.
Vix tamen eripiam posito pavone, velis quin
Hoc potiùs, quàm gallinâ tergere palatum,
Corruptus vanis rerum, quia veneat auro
Rara avis, & pictâ pandat spectacula caudâ:
Tanquam ad rem attineat quicquam, num vesceris istâ
Quam laudas plumâ, cocto num adest honor idem?.

Jejunus rarò stomachus vulgaria temnit;
Porrectum magno magnum spectare catino,
Vellem, ait harpyiis gula digna rapacibus; at vos
Præsentes austri coquite horum obsonia, quamvis
Putet aper rhombusque recens, mala nausea quàndò
Ægrum sollicitat stomachum........

Si Horace n'avoit pas vécu si long-tems avant *Vitellius*, on croiroit que c'est ce vorace empereur & sa monstrueuse gloutonnerie qu'il a voulu peindre dans ces vers. Dion & Tacite évaluent à environ cent cinquante millions ce que la table de *Vitellius* put coûter à l'empire pendant les seuls huit mois que dura son regne. Cependant cet avantage de trouver tout bon qu'Horace regarde comme ne pouvant être que le fruit de la tempérance & de l'exercice, & qu'il n'accorde qu'aux estomacs à jeun, l'indolent, le gros & lourd *Vitellius* en étoit toujours doué. Sortant de table & assistant à des facrifices, il enlevoit prefque de deffus les charbons, les chairs de victimes & les gateaux facrés. Si, en paffant dans les rues, il voyoit étalés des reftes de viandes cuites, il y portoit à l'inftant la main & en mangeoit tout en marchant. Manger plus, fut le feul avantage que l'empire put lui procurer.

Pendant que Valens & Cécina s'avançoient vers l'Italie, l'un par les Gaules & les Alpes Cottiennes, (le mont Cenis) l'autre par le pays des Helvétiens (la Suiffe) & les Alpes Pennines, (vers le grand S. Bernard) Othon & *Vitellius* s'écrivoient des lettres, d'abord pleines de témoignages d'amitié & d'offres réciproques de toute forte d'honneurs & d'avantages pour celui qui voudroit bien céder l'empire à l'autre, ils finirent par fe faire réciproquement les reproches les plus fanglans & fe mieux mérités & par envoyer l'un contre l'autre des affaffins. Cécina & Valens, après avoir éprouvé contre l'ennemi des fortunes diverfes & dans leur propre armée des féditions violentes, après avoir tantôt agi féparément, tantôt uni leurs forces & les avoir affoiblies par leur jaloufie, gagnèrent enfin la bataille de Bedriac, près de Crémone; ce fut alors qu'Othon, qui pouvoit encore fe défendre, s'il eût confenti plus long-tems d'expofer fa vie & la fortune des citoyens qui lui étoient attachés, prit le parti généreux de ne facrifier que lui. Tout fe foumit alors à *Vitellius*. Il faut lui rendre juftice, il n'étoit pas porté naturellement à la cruauté, il voulut d'abord ufer de clémence envers les vaincus, mais on ne l'en laiffa pas le maître: les confeils de fon frère & les leçons de tyrannie des courtifans lui arrachèrent des vengeances cruelles; il n'étoit que méprifable, ils le rendirent odieux. Il voulut quarante jours après la bataille de Bédriac, aller voir le champ de bataille couvert de morts à demi pourris: *fœdum aque atrox fpectaculum*, dit Tacite, *intrà quadragefimum pugnæ diem, lacera corpora, trunci artus, putres virorum equorumque formæ, infecta tabo humus, protidis arboribus atque frugibus, dira vaftitas.* Ce fut là qu'il montra l'indifférence la plus inhumaine, ou plutôt, qu'il ofa étaler la joie la plus barbare, & qu'un de fes courtifans n'ayant pû s'empêcher de dire que ces cadavres répandoient une odeur infecte, il y répondit, comme fit depuis Charles IX en parlant du corps de l'amiral de Coligny, que le corps d'un ennemi mort fentoit toujours bon. Suétone, voulant rendre ce propos plus atroce, paroît le rendre bien moins vraisemblable, lorfqu'il fait dire à cet indigne empereur: *optimè olere occifum hoftem, ET MELIUS CIVEM.* Que la perverfité de la nature humaine, que la fureur des paffions aille jufqu'à faire trouver un plaifir affreux à contempler fon ennemi mort; on peut à toute force le concevoir, mais qu'on aime encore mieux que cet ennemi mort foit un concitoyen qu'un étranger, c'est ce qui n'eft pas dans

la nature, auffi corrompue qu'on voudra l'imaginer: il eft vrai qu'on hait plus encore fes ennemis concitoyens que fes ennemis étrangers, & c'eft ce que Suétone a voulu dire; mais il n'y a guères d'apparence que *Vitellius* l'a dit; c'eft une réflexion philofophique de l'auteur, non un mouvement naturel de l'homme. *Vitellius* porta fur le trône toute la baffeffe & toute la perverfité de fes goûts; il honora publiquement la mémoire de ce Néron qu'il avoit fi baffement flatté vivant; il fit fa fociété intime & particulière de farceurs, de bouffons, de cochers; il les admettoit à fes plaifirs & à fa familiarité, il leur prodiguoit les marques de confiance & les témoignages d'amitié; *quibus ille amicitiarum dehoneftamentis mirè gaudebat.* Il prenoit parti dans les factions du cirque, comme firent depuis tous ces derniers empereurs imbécilles de Conftantinople, il bâtiffoit à grands frais des écuries pour les chevaux du cirque, fur-tout pour ceux de la faction qu'il favorifoit & il puniffoit comme des crimes d'état les cris que des fpectateurs de factions contraires pouffoient quelquefois contre cette faction favorite; il en coûta la vie à plufieurs citoyens pour un pareil fujet. Telles étoient les affaires qui occupoient *Vitellius*; Valens & Cécina, qui avoient vaincu pour lui, fe chargèrent auffi de régner pour lui; mais ils entendoient mieux la guerre que l'art de gouverner; ils regnèrent mal & leur méfintelligence fut fatale à l'état, ils firent commettre à *Vitellius* beaucoup de cruautés où fon caractère ne l'eût pas porté naturellement. Ce fut envers fes créanciers qu'il fut toujours le plus injufte & le plus cruel. Ses exceffives dépenfes l'avoient fouvent expofé autrefois à leurs pourfuites. Devenu empereur, il n'épargna aucun de ceux qui l'avoient pourfuivi avec quelque rigueur. Un d'entre ces créanciers croyant n'avoir eu aucun tort à fon égard, fe préfenta pour lui faire fa cour, *Vitellius* l'ayant apperçu, l'envoya auffitôt au fupplice; tout-à-coup il le rappelle comme fe repentant de fa réfolution, & déja on applaudiffoit à ce retour de clémence, il le fit poignarder à l'inftant, difant qu'il vouloit repaître fes yeux du fang de fon ennemi, c'eft toujours le même efprit & le même mot que fur le champ de bataille de Bédriac. Mais voici une plus grande horreur, deux fils lui demandant la grace de leur père, il les fit périr avec lui. Un chevalier romain qu'il envoyoit arbitrairement au fupplice, lui cria qu'il l'avoit nommé fon héritier, *Vitellius* voulut voir fon teftament, & peut-être lui auroit-il fait grace, fi le teftateur l'avoit nommé feul héritier, mais voyant qu'il lui donnoit un cohéritier dans la perfonne de fon affranchi, il les fit égorger l'un & l'autre. Il étoit tems que Vefpafien vînt arrêter le cours de tant de crimes, cet homme vraiment digne du trône, après avoir quelque tems réfifté à fon élévation, fe voyant proclamé par les légions d'Egypte, de Judée, de Syrie, & reconnu dans tout l'Orient, confentit de fuivre jufqu'au bout fa fortune, Mucien & Antonius Primus, fes lieutenans, furent fous lui ce que Cécina & Valens avoient été pour *Vitellius*, avec cette différence que celui-ci ne fecondoit pas même fes lieutenans, & que Vefpafien dirigeoit les fiens. Quand *Vitellius* vit qu'il falloit fonger férieufement à fa défenfe, il fe contenta d'oppofer à fes nouveaux ennemis ces mêmes Valens & Cécina, fans trop examiner s'il avoit lieu de compter beaucoup fur eux. Cécina le trahit, ménagea Primus qu'il pouvoit écrafer & effaya de lui livrer les légions qu'il commandoit, elles fe foulevèrent contre lui & le mirent dans les fers ; mais elles furent défaites par Primus à la bataille de Crémone, où l'on vit un père & un fils, engagés dans les deux partis contraires, combattre l'un contre l'autre fans fe connoître, le fils tuer fon père & le reconnoître au moment où il expiroit ; Valens fervant *Vitellius* avec plus de fidelité que Cécina, mais avec quelque lenteur, fut fait prifonnier & tué à Urbin par ordre du vainqueur. Dans cette guerre on vit un foldat demander une récompenfe pour avoir tué fon frère,

Et fa tête à la main, demander fon falaire.

Vitellius voyant le péril approcher, offrit d'abdiquer & convint des conditions de fon abdication avec Flavius Sabinus, frère aîné de Vefpafien & préfet de Rome. Il ne vouloit que dérober au courroux du vainqueur une femme, digne d'un autre mari que *Vitellius*, & des enfans innocens ; il venoit de perdre une mère refpectable par fes vertus & pour qui l'élévation d'un tel fils ne fut qu'une fource de deuil & de bonne renommée, *nihil principatu filii affecuta, nifi luctum & bonam famam*. Il fortit du palais en habit de deuil, fuivi de toute fa maifon plongée dans la douleur & l'accablement, le peuple le flattoit encore, les foldats gardoient un filence farouche ; il prononça comme il put, en fondant en larmes & à travers mille fanglots, l'acte de fon abdication ; il préfentoit au peuple fon frère, fa femme, fes enfans, lui demandant fa pitié pour ces infortunés ; le peuple s'émut en fa faveur, il eut honte de fouffrir ce grand abaiffement de fon empereur, on l'entoura, on lui ferma tout autre chemin que celui du palais, on le força d'y retourner & de reprendre l'empire ; les droits du malheur l'emportèrent ici fur le reffentiment dû à tant de vices & de crimes. On prend les armes contre Sabinus ; il eft battu, il fe retire au capitole, il y eft affiégé, & le temple de Jupiter Capitolin eft brûlé, *luctuofiffimum foediffimumque facinus*, dit Tacite, Sabinus chargé de chaines eft mené devant *Vitellius* qui voulut le fauver, mais le peuple en fureur fe jette fur Sabinus, le met en pièces, lui coupe la tête, jette fon corps aux Gémonies. Dans le même tems Lucius *Vitellius* furprit & ravagea Terracine ; ce retour de fortune dura peu, Primus force la ville de Rome, au milieu de la fête des Saturnales ; ce contrafte de joies

folles d'un côté, de cris de rage de l'autre, de débauches & de carnage, de voluptés & de cruautés, cette ville qui femble être à la fois dans un accès de fureur & dans l'ivreffe du plaifir, forme dans Tacite un tableau digne d'un tel peintre.

Seva ac deformis urbe totâ facies. Alibi prælia & vulnera, alibi balnea popinæque : fimul cruor & ftrues corporum ; juxtà fcorta & fcortis fimiles : quantum in luxuriofo otio libidinum, quidquid in acerbiffimâ captivitate fcelerum : prorfus ut eamdem civitatem & furere crederes & lafcivire.

Vitellius, pendant que les prétoriens fe faifoient encore égorger pour lui, fort du palais par une porte fecrète, fuivi feulement d'un cuifinier & d'un boulanger, il fe fait porter en chaife à la maifon de fa femme fur le mont Aventin, dans l'intention de fe fauver la nuit à Terracine pour fe mettre fous la protection des cohortes commandées par fon frère : l'inconftance ou la crainte le ramènent au palais, la folitude & le filence qu'il y trouve l'effrayent encore plus,

Horror ubique animos fimul ipfa filentia terrent.

Tout avoit difparu jufqu'aux deux compagnons de fa fuite, il cherche par-tout un afyle bien caché, aucun ne lui paroît affez fûr ; enfin il va s'enfermer dans la loge du portier qu'il bouche en dehors du mieux qu'il put, pour n'être pas apperçu. Cependant on entre dans le palais ouvert & abandonné, on ne voit rien, on n'entend rien, mais une recherche plus exacte fait découvrir le malheureux *Vitellius*, il eft arraché de fa honteufe retraite par Julius Placidus, tribun d'une cohorte ; on lui lie les mains derrière le dos, on lui met une corde au cou, on déchire fes habits, on le traîne vers les Gémonies, le peuple lui jettoit du fumier & de la boue, lui reprochoit fa gourmandife & fon yvrognerie dont les marques éclatoient fur fon vifage, dans fa taille & dans fon maintien ; on ne le pignoit plus, l'ignominie de fa lâcheté étouffoit toute compaffion. *Vincta poft tergum manus ; laniatâ vefte foedum fpectaculum ducebatur, multis increpantibus, nullo illacrymante : deformitas exitûs mifericordiâ abftulerat.* On lui reprochoit fur-tout l'embrafement du Capitole & la fuperftition qui ferme le cœur à toute pitié, entroit pour beaucoup dans ce reproche. On fut bien plus cruel à fon égard qu'il n'avoit eu la foibleffe de le devenir à l'égard de fes ennemis ; on prit un plaifir barbare à lui déchiqueter tous les membres, à lui faire fentir toutes les horreurs d'une mort lente. On fit à fon cadavre les mêmes outrages qu'on lui avoit faits de fon vivant, c'eft le plaifir du peuple de tous les pays & de tous les tems, il fut traîné avec un croc dans le Tibre, fa tête fut portée par toute la ville au bout d'une lance. Il reçut cependant les honneurs de la fépulture par les foins de Galeria, fa vertueufe veuve : cette femme ne s'étoit jamais laiffée éblouir par les fauffes grandeurs de fon mari, & lorfque *Vitellius* ofa donner à fon fils le nom de *Germanicus*, ces grands noms, dit-elle modeftement, ne nous conviennent point, je fais bien que je n'ai mis au monde que *Vitellius*. Elle eut la douleur de voir immoler cet enfant innocent, *Vitellius* avoit épargné la famille d'O-thon & avoit voulu fauver le frère de Vefpafien. La mort du fils de *Vitellius* fut l'ouvrage de Mu-cien, homme plein de talens, mais de vices, il laiffa vivre cependant la fille de *Vitellius*, & Vef-pafien plus humain prit foin de la matier conve-nablement & lui donna une riche dot.

Lucius *Vitellius* ne tenta aucune réfiftance, il fe remit avec fes cohortes à la difcrétion du vain-queur, il n'en fut pas moins mis à mort ; il n'y eut de traces de grandeur que dans ces foldats de Lucius *Vitellius*, qui, menés comme en triomphe dans les rues de Rome, fouffrirent avec un fier mépris & les infultes d'un peuple infenfé que quelques-uns même réprimèrent au prix de leur vie, & les horreurs d'une indigne prifon & celles d'une plus indigne mort. Tacite fait refpecter dans leur malheur ces braves & fideles foldats, & leurs ennemis mêmes admirèrent leur courage.

Et miles infelicia arma, haud minus irâ quàm metu abjecit. Longus deditorum ordo, feptus armatis per urbem inceffit. Nemo fupplici vultu, fed triftes & truces, & adverfum plaufus ac lafciviam inful-tantis vulgi immobiles. Paucos erumpere aufos circumjecti preffere : ceteri in cuftodiam conditi : nihil quifquam locutus indignum, & quanquam inter adverfa, falvâ virtutis famâ.

VITERBE, (voyez ANNIUS de & GODEFROI de) aux articles *Annius* & *Godefroy*, Gilles de *Viterbe* étoit, comme eux, un favant, qui avoit pris ce nom de *Viterbe* du lieu de fa naiffance. Il étoit de l'ordre des hermites de faint Auguftin, il en fut fait général en 1507, puis cardinal. Il fit l'ouver-ture du concile de Latran en 1512 fous le pape Jules II. Il fut employé par Léon X en beaucoup d'affaires confidérables. Il mourut à Rome en 1531, laiffant des ouvrages & facrés & profanes, & en vers & en profe. Don Martène, dans fa grande collection d'anciens monumens, a donné plufieurs lettres de Gilles de *Viterbe*, qui font de quelque importance pour l'hiftoire de fon tems.

VITIGÈS, roi Goth d'Italie, vaincu par Belifaire au fixième fiècle.

VITIKIND, (voyez WITIKIND.)

VITIZA, roi des Vifigoths d'Espagne, regna, & regna mal pendant neuf ans, depuis 701 jufqu'en 710. Il avoit regné cinq autres années avec Egica fon père.

VITRÉ, (Antoine) (Hift. litt. mod.) impri-meur célèbre à Paris. C'eft lui qui a imprimé la polyglotte de le Jay. On lui a reproché d'avoir détruit les beaux caractères des langues orientales qui avoient fervi à l'impreffion de cette bible, pour ôter les moyens d'imprimer à Paris, après fa mort, aucun livre en ces langues. Chevillier le dit formellement dans fon origine de l'imprimerie, & il cite un libraire de Paris qui dans une hiftoire de l'imprimerie & de la librairie, rapporte le fait avec autant d'affurance que s'il en avoit été le témoin. M. de Guignes a pleinement vengé la mémoire de *Vitré*, il a retrouvé à l'imprimerie royale ces poinçons & ces matrices qu'on accufoit cet imprimeur d'avoir détruits. Sa juftification ne pouvoit être plus complette. On peut la voir dans l'effai hiftorique fur l'origine des caractères orien-taux de l'imprimerie royale, &c. par M. de Guignes, placé à la tête du premier volume des notices des manufcrits de la bibliothèque du roi, pages 34 & fuivantes. On eftime beaucoup encore le corps de droit, & la bible latine de *Vitré*. Son défaut eft de ne pas diftinguer la confonne d'avec la voyelle dans les lettres *J* & *V*. Il mourut en 1674 imprimeur du clergé.

VITRUVE, (M. Vitruvius Pollio) (Hift. litt. rom.) fi célèbre par fon traité d'architecture, dédié à Augufte, n'eft connu que par cet ouvrage; on fait feulement qu'il étoit né à Formies. Perrault a traduit en françois ce traité, dont il y a auffi une verfion italienne avec les commentaires du marquis Galliani.

VITRY, (voyez HÔPITAL.)

VITTEMENT, (Jean) (Hift. litt. mod.) étoit d'une famille obfcure de Dormans en Champagne, il naquit en 1655, fit fes études au collège de Beauvais à Paris, où il remplit bientôt une chaire de philofophie. Ami de Meffieurs Rollin & Coffin & célèbre par eux, il mérita franchit les limites de l'univerfité, il fut choifi pour enfeigner la phi-lofophie à l'abbé de Louvois, fils de ce grand & puiffant miniftre dont la mémoire infpire plus de refpect que d'amour. Etant recteur de l'univerfité, il complimenta Louis XIV fur la paix de Rifwick, & foit qu'il eût des avantages extérieurs remar-quables, foit qu'en effet fa harangue fut d'un mérite diftingué, on affure que Louis XIV dit : *jamais harangue ni orateur ne m'ont fait tant de plaifir.* Il prouva en effet dès la même année 1697 qu'il avoit été fenfible au mérite de l'abbé *Vittement*, il le nomma fous-précepteur des ducs d'Anjou & de Berry, fes petits-fils ; il eft même étonnant que le collège de Beauvais, l'amitié des janféniftes & par conféquent la haine des jéfuites, ne l'ayent pas arrêté fur ce choix ; il avoit fans doute été préparé par l'influence des le Tellier-Louvois. Le duc d'Anjou étant devenu roi d'Efpagne, l'abbé *Vittement* l'accompagna, lorsqu'il alla prendre possession de son royaume. Le roi d'Espagne voulant le fixer en Espagne, lui offroit une pension de huit mille ducats & l'archevêché de Burgos, il refusa tout & revint en France. Le duc d'Orléans le nomma sous-précepteur de Louis XV, mais il ne put jamais le faire consentir à recevoir aucun bénéfice, il avoit fait vœu de n'accepter aucun bien d'église, tant qu'il auroit d'ailleurs de quoi vivre ; il ne voulut pas même solliciter une place à l'académie françoise, place qu'on s'accoutume trop aisément à regarder comme due aux instituteurs des rois. Si elle étoit due, elle cesseroit d'être desirable ; il faut, pour être flatteuse, qu'elle soit une grace, ou plutôt une justice personnelle. L'abbé *Vittement* quitta la cour en 1722 & mourut dans sa patrie en 1731. Il est auteur de plusieurs ouvrages théologiques & polémiques, dont aucun n'a eu d'éclat. Il a réfuté Spinosa. M. Coffin lui a fait une épitaphe qui est peut-être son titre le plus flatteur, & qui mérite de trouver place ici :

EPICEDIUM M. JOANNIS VITTEMENT,

PROPRÆCEPTORIS REGII.

HIC JACET

Vir omni virtutum ac doctrinæ genere excellens
Joannes VITTEMENT presbyter Suessionensis.
Dormani obscuro loco natus
Generis humilitatem ingenti splendore illustravit.
Translatus statim à puero Parisios,
In collegio Dormano - Bellovaco
Alteram quasi patriam nactus est.
Ibi inter Bursarios adscriptus,
Industriâ duce, magistrâ paupertate,
Studiis quàm acriter tàm feliciter incubuit.
Mox ibidem philosophiam docuit
Magnâ cum celebritate.
Evectus ad supremum universitatis regimen,
Sub finem rectoratûs
A magnifico meritorum æstimatore
Ludovico magno,
Regiorum nepotum institutioni lector adjunctus est :
Quò toto tempore,
Quamvis in ipsâ aulâ lucem fugitaret,
Regi tamen, principibus, omnibus aulicis
In amore & pretio fuit.
Secutus in Hispaniam alumnum Regem
Philippum quintum,

Eodem posteà, quanquam invito concedente,
Privatos apud Lutetiam lares lætus repetiit.
Inde post aliquot annos revocatus in palatium,
Instituendæ Ludovici XV infantiæ
Admotus est propræceptor.
Perfunctus augusto munere
In desideratam diù solitudinem revolavit,
Uni Deo vacare certus.
Oblata non semel opima beneficia
Constanter recusavit,
Opum splendidè contemptor
Nisi quas in pauperes erogaret.
Diuturnos morbi & senectutis angores
Legendo, precando, meditando leniit ;
Ictus desiderio revisendæ patriæ,
Dormani in graviorem morbum incidit ;
Itáque partitus egenis ac præsertim popularibus suis
Quæ supererant opes
In amata sinu paupertatis, quod optabat, ipse
Conquievit

Die 31 Augusti, an. 1731, Ætatis 77.

VITZILIPUTZLI, s. m. (*hist. mod. superstit.*) C'étoit le nom que les mexicains donnoient à leur principale idole, ou au seigneur tout-puissant de l'univers : c'étoit le dieu de la guerre. On le représentoit sous une figure humaine assise sur une boule d'azur, posée sur un brancard, de chaque coin duquel sortoit un serpent de bois. Ce dieu avoit le front peint en bleu ; une bande de la même couleur lui passoit par-dessus le nez, & alloit d'une oreille à l'autre. Sa tête étoit couverte d'une couronne de plumes élevées dont la pointe étoit dorée ; il portoit dans sa main gauche une rondache sur laquelle étoient cinq pommes de pin & quatre flèches que les mexicains croyoient avoir été envoyées du ciel. Dans la main droite il tenoit un serpent bleu. Les premiers espagnols appelloient ce dieu *Huchilobos*, faute de pouvoir prononcer son nom. Les mexicains appelloient son temple *teutcalli* ; ce qui signifie la *maison de dieu*. Ce temple étoit d'une richesse extraordinaire ; on y montoit par cent quatorze degrés, qui conduisoient à une plate-forme, au-dessus de laquelle étoient deux chapelles : l'une dédiée à *Vitziliputzli*, & l'autre au dieu *Tlaloch*, qui partageoit avec lui les hommages & les sacrifices. Devant ces chapelles étoit une pierre verte haute de cinq pieds, taillée en dos-d'âne, sur laquelle on plaçoit les victimes humaines, pour leur fendre l'estomac & leur arracher le cœur, que l'on offroit tout fumant à ces dieux sanguinaires ; cette pierre s'appelloit *quatixicali*. On célébroit plusieurs fêtes en l'honneur de ce dieu YPAÏNA. (*A. R*)

VIVE-DIEU, (*hist. de Fr.*) ce fut le cri de guerre dans la fameuse bataille d'Ivry, gagnée par Henri IV. Voici comme Etienne Pasquier le raconte dans sa lettre écrite à M. de Sainte-Marthe, *tom. II. pag.* 667. « Le roi voyant lors ses affaires en mauvais termes, commença en peu de paroles à exhorter les siens ; & quelques-uns faisant contenance de fuir : tournez visage (leur dit-il), afin que si ne voulez combattre, pour le moins me voyez mourir. Sur cette parole lui & les siens ayant un *vive-Dieu* en la bouche pour le mot du guet, il broche son cheval des éperons, & entre dans la mêlée avec telle générosité, que ses ennemis ne firent plus que conniller. » (*D. J.*)

VIVÈS, (*Hist. mod.*) c'est le nom d'un page du roi de Navarre, Henri d'Albret, lequel donna une grande marque d'attachement & de zèle à ce roi. Henri d'Albret avoit été fait prisonnier à la bataille de Pavie, ainsi que François I. Pescaire, qui l'avoit pris, le tenoit enfermé dans le château de Pavie ; & refusa, dit-on, cent mille écus que Henri lui offroit pour sa rançon. La fidélité de Pescaire menaçoit le roi de Navarre d'un sinistre avenir. La raison d'état, source d'injustices & de cruautés, sembloit défendre à l'empereur de mettre en liberté un prince dont son ayeul avoit usurpé la couronne. Le roi de Navarre prit d'autres mesures pour sortir de captivité, il corrompit deux de ses gardes qui favorisèrent un stratagème, concerté entre lui & *Vivès* son page. Celui-ci entra le matin dans la chambre du roi de Navarre pour l'habiller ; le roi prit les habits de *Vivès*, qui se mit au lit à sa place. Le roi, ainsi déguisé, passa au travers du corps de garde sans être reconnu, il trouva des chevaux hors du château & prit précipitamment la route de Piémont. *Vivès*, pour donner plus de tems à son maître, feignit d'abord de dormir quand on entra dans la chambre, puis il prétexta une maladie & tint toujours ses rideaux fermés jusqu'au soir. Enfin l'inquiétude fit violence au respect ; le capitaine de la garde entra, ouvrit les rideaux & reconnut *Vivès*. On lui fit grace, car après tout il avoit fait son devoir, & il y auroit eu de la lâcheté à le punir.

Le P. Daniel dit, d'après la préface de la vie du maréchal de Gassion, que ce fut Jean de Gassion, Bisayeul du maréchal, qui procura la liberté au roi de Navarre ; le fait paroit même constant par le témoignage de du Bellai. Il paroit que Jean de Gassion fut choisi par les états de Béarn, pour traiter de la rançon du roi de Navarre, & que, n'ayant pû convenir de rien avec les généraux ou les ministres de l'empereur, il employa son argent & celui des états à corrompre les gardes, qui facilitèrent l'évasion du roi de Navarre. Mais les deux récits se concilient, Gassion aura tout disposé par son argent & ses intrigues ; & le stratagème de *Vivès* aura servi au moment de l'exécution.

VIVÈS, (Jean Louis) (*hist. litt. mod.*) né à Valence en Espagne en 1492, enseigna les belles-lettres à Louvain. Il passa en Angleterre & enseigna le latin à la princesse Marie, fille de Henri VIII, & qui fut depuis la reine Marie. Henri & sa première femme Catherine d'Arragon prenoient eux-mêmes tant de goût à ses leçons, qu'ils quittoient leur cour & alloient exprès jusqu'à Oxford pour les entendre. Tout changea dans la suite, Catherine & sa fille tombèrent dans la disgrace, Henri n'eut plus d'amis ou d'ennemis que ceux qui approuvoient ou qui improuvoient son divorce avec Catherine ; *Vivès* fut de ces derniers, il parla, il écrivit contre le divorce ; il fut mis en prison, il y resta six mois, dès qu'il eut recouvré sa liberté, il retourna en Espagne, s'y maria, vécut tranquille au sein des lettres, & mourut à Bruges en 1540. Il étoit ami d'Erasme & de Budée, & quoique inférieur à l'un en talent, à l'autre en érudition, on le mettoit à-peu-près sur la même ligne. On a de lui sur la cité de Dieu de saint Augustin, des commentaires, dont quelques endroits furent censurés par les docteurs de Louvain, un traité de la décadence des arts & des sciences, un traité de la religion. Ses œuvres ont été recueillies en deux volumes *in-folio*.

VIVIANI, (Vincent, Vincenzio) (*Hist. litt. mod.*) de l'académie des sciences de Paris, gentilhomme Florentin, disciple de Galilée & fidèle toute la vie à ce titre par reconnoissance & par vanité peut-être, naquit à Florence le 5 avril 1622. Galilée qui, dans sa vieillesse, avoit perdu, selon sa propre expression, *ces yeux qui avoient découvert un nouveau ciel*, prenoit plaisir à former ces jeunes gens qui lui tenoient lieu de ces yeux qu'il avoit perdus ; il prit chez lui, en 1639, & adopta en quelque sorte M. *Viviani*. Celui-ci avoit alors dix-sept ans, il passa trois ans avec son maître, depuis dix-sept jusqu'à vingt, que la mort de Galilée les sépara.

Non-seulement M. *Viviani* profita beaucoup sous un tel maître, mais il prit pour lui une tendresse vive & une espèce de passion. Par-tout il se nomme le disciple & le dernier disciple de Galilée ; jamais il ne met son nom à un ouvrage sans l'accompagner de ce titre ; jamais il ne manque une occasion de parler de Galilée, jamais il ne le nomme sans lui rendre un hommage. Les grands ouvrages qui, avec de fréquentes & de longues interruptions occupèrent toute la vie de M. *Viviani*, sont ses divinations sur Aristée & sur Apollonius de Perge en Pamphilie, anciens géomètres, dont le premier vivoit environ trois cent ans avant

J. C., le fecond à-peu près deux cent cinquante ans. Ariftée avoit fait cinq livres *des lieux folides*, c'est-à-dire, des fections coniques ; ces cinq livres font entièrement perdus.

Apollonius de Perge ou de Perga, *Pergæus*, avoit ramaffé fur les fections coniques tout ce qu'avoient écrit avant lui Ariftée & les autres anciens géométres ; il est le premier qui ait donné aux trois fections coniques les noms de parabole, d'hyperbole & d'ellipfe ; de huit livres, qu'il avo t compofés, les quatre derniers avoient péri. Les divinations de M. *Viviani* confiftoient à reftituer ce qui manquoit de ces deux auteurs, c'eft-à-dire, la totalité de l'un & la moitié de l'autre, à deviner ce qu'ils avoient dit, ou ce qu'ils avoient dû dire. Il paroît par plufieurs géométres anciens, mais poftérieurs à cet Apollonius de Perge, que le cinquième livre de fes coniques, traitoit des plus grandes & des plus petites lignes droites, qui fe terminaffent aux circonférences des fections coniques, c'eft ce qu'on a depuis appellé les queftions *de maximis & minimis*.

M. *Viviani* laiffant pour quelque tems Ariftée, fur lequel il s'étoit exercé d'abord, reftitua le cinquième livre d'Apollonius.

Tandis qu'il étoit occupé de ce travail, en 1658, le fameux Jean Alphonse Borelli, auteur de l'excellent livre *de motu animalium*, paffant par Florence, trouva dans la bibliothèque de Médicis un manufcrit arabe portant cette infcription latine : *Apollonii Pergai conicorum libri octo*. Malgré l'énoncé de l'infcription, il manquoit au manufcrit le huitième livre tout entier d'Apollonius, mais enfin le cinquième livre y étoit, & le moment étoit arrivé à M. *Viviani* d'avoit deviné jufte. Borelli ne favoit point l'arabe, le grand duc lui permit de porter le manufcrit à Rome, pour le faire traduire par le maronite Abraham Ecchellenfis, profeffeur en langues orientales, (*voyez* l'article ECCHELLENSIS.)

M. *Viviani*, de fon côté, ne voulant pas perdre le fruit de fon travail fur le cinquième livre d'Apollonius, prit toutes les mefures néceffaires pour bien établir qu'il n'avoit fait que deviner. Il fe fit donner des atteftations authentiques qu'il n'entendoit point l'arabe, il obtint du prince de Tofcane Léopold, frère du grand duc Ferdinand II, qu'il paraphât de fa main les papiers de M. *Viviani* dans l'état où ils étoient alors, il ne voulut point que M. Borelli lui mandât jamais rien de ce qu'Ecchellenfis auroit pû découvrir en traduifant ; il fe hâta d'achever fa divination, il imprima & publia fon ouvrage, en 1659 fous ce titre : *De maximis & minimis geometrica divinatio in quintum conicorum Apollonii Pergæi adhuc defideratum*.

Pendant ce tems, Abraham Ecchellenfis, qui ne

favoit point de géométrie, aidé par Borelli, qui, comme nous l'avons dit, ne favoit point l'arabe, travailloit à fa traduction, il donna en 1661 le cinquième, le fixième & le feptième livre traduits à la fois. On put alors comparer la divination de M. *Viviani* avec la vérité, & l'on trouva, dit M. de Fontenelle, qu'il avoit plus que deviné, c'eft-à-dire, qu'il avoit été beaucoup plus loin qu'Apollonius fur la même matière. On n'eut pas l'occafion d'une femblable épreuve fur la divination d'Ariftée.

M. *Viviani* fut bientôt engagé dans une occupation toute différente, où cependant, felon la remarque de M. de Fontenelle, fa deftinée voulut qu'il fut encore queftion de continuer les travaux des anciens.

Après un débordement du Tibre, qui avoit fait du ravage fous Tibère, on s'occupa du foin de détourner les rivières & les lacs qui tombent dans le Tibre. La rivière la plus aifée à détourner, étoit le Clanis ou la Chiana ; entre les montagnes de la Tofcane il fe forme, dans une longue plaine, un grand lac que la Chiana traverfe, & où fes eaux, en équilibre, n'ont pas plus de pente pour couler du côté de l'Orient dans le Tibre que du côté du Couchant dans l'Arno qui paffe à Florence, de forte qu'elle coule & de l'un & de l'autre côté, & contribue aux inondations tant du Tibre que de l'Arno, tant de Rome que de Florence ; on pouvoit fauver l'une de ces deux villes, mais ce ne pouvoit être qu'aux dépens de l'autre. Les romains fe determinèrent alors à laiffer les chofes comme elles étoient, mais dans la fuite ils bâtirent une groffe muraille, qui ferme d'une montagne à l'autre la vallée, par où paffe la Chiana pour fe jetter dans le Tibre, & ils laiffèrent au milieu une ouverture pour regler la quantité d'eau qu'ils vouloient bien recevoir.

Les conteftations fur le cours de la Chiana fe renouvellèrent entre Rome & Florence fous le pontificat d'Alexandre VII. Le pape nomma pour commiffaires le cardinal Carpegne & M. Caffini ; le grand duc nomma le fénateur Michelozzi & M. *Viviani*. M. de Fontenelle ne perd pas l'occafion de remarquer que la politique eut alors un befoin indifpenfable du fecours de la géométrie. Les commiffaires reglèrent, en 1664 & en 1665, ce qu'il y avoit à faire de part & d'autre, & la manière dont le tout devoit être exécuté. « Mais comme il arrive affez fouvent dans ce qui ne regarde que le public, on n'alla pas plus loin que le projet. »

MM. Caffini & *Viviani* profitèrent de l'occafion de ce voyage pour faire des obfervations fur les infectes qui fe trouvent dans les Galles & dans les nœuds des chênes, fur des coquillages de mer en partie pétrifiés, qu'ils déterrèrent dans les montagnes

tagnes du pays, fur des antiquités même, urnes fépulchrales, inferiptions étrufques, &c. M. Caffini fit voir en ce même lieu à M. *Viviani* les éclipfes de fol il dans Jupiter, caufées par les fatellites, il en dreffa des tables & des éphémérides. Le difciple de Gal lée eut le plaifir d'être témoin des progrès qu'on faifo.t en fuivant les pas de fon maître.

En 1664 il reçut une penfion de Louis XIV, dont il n'étoit po nt fujet & auquel il étoit inut.le. De cette penfion qu'il recevoit du ro , il acheta dans la fuite à Florence une maifon qu'il fit rebâtir avec goût & même avec une forte de magnificence, & fur le frontifpice de laquelle il grava ces mots : *Ædes à Deo datæ*, allufion heureufe, dit M. de Fontenelle, & au premier nom qu'on a donné au roi & à la manière dont cette maifon avoit été acquife; ajoutons, & à ces vers de Virgile :

> *Deus nobis hæc otia fecit,*
> *Namque erit illi mihi femper Deus.*

Galilée n'a pas été oublié dans le plan de cette maifon. Son bufte eu fur la porte, l'hiftoire de fa vie dans des places ménagées exprès, & des eftampes m fes à la fin de la d vination fur Ariftée, ont multiplié ce monument érigé à la gloire de Galilée.

En 1666 le grand duc de Tofcane, Ferdinand II, nomma M. *Viviani* fon prem er mathématicien, titre d'autant plus flatteur pour lui, que Galilée l'avoit porté.

On avoit trouvé quelques écrits pofthumes de Galilée, principalem nt le traité des proportions pour éclai cir le cinquième l vre d'Eucl de. M. *Viviani* fit imprimer en 1674 un petit in-4° fous ce titre : *Quanto libro degli elementi d'Euclide overo feienza univerfale delle proporzioni, fpiegata colla dottrina del Galileo.*

En 1676 parurent dans un journal trois problèmes, propofés par M. de Comiers, prévôt de l'églife collégiale de Ternant. Les deux premiers avoient rapport à la trifection de l'angle, problème fameux chez les anciens & qui les a beaucoup exercés. Tous les ouvrages de M. *Viviani* devenoient pour lui une occafion de remplir quelque devoir de reconnoiffance ou d'amitié : il avoit eu des obligations à notre trop fameux Chapelain, dont le nom aujourd'hui ne réveilleroit plus que l'idée du ridicule, s'il n'eût été le rédacteur des fentimens de l'académie françoife fur le Cid, mais qui de fon tems jouiffoit de la plus hau e confidéra ion; M. *Viviani* avoit promis autrefois de lui dédier quelque ouvrage ; quoique Chapelain fût mort depuis, M. *Viviani* ne le croyoit point dég gé de fa promeffe. Il réfolut les problèmes de M. de Cormiers pour en dédier la folution à la

Hiftoire, Tome V.

mémoire de fon ami, fous ce titre : *Enodatio problematum univerfis geometris propofitorum à Cl. Claudio Comiers*, 1677.

En 1692 il propofa lui-même dans les actes de Leipfick un problème qui confiftoit à *trouver l'art de percer une voûte hémifphérique de quatre fenêtres, telles que le refte de la voûte fût abfolument quarrable.* Le problème étoit propofé *A. D. Pio Lifci pufillo geomerrâ* ; c'étoit l'anagramme de ces mots : *poftremo Galilæi difcipulo, dernier difciple de Galilée,* car il avoit furvécu à Torricelli, autre difciple de ce grand maître.

Ce problème de la voûte quarrable, dont Leibnitz, Bernoulli de Bafle & le marquis de l'Hôpital donnèrent aifément une foule de folutions par la méthode du calcul différentiel, à peine connu alors de réputation en Italie ; ce problème faifoit partie d'un ouvrage que *Viviani* donna la même année 1692 fous ce tit e : *La ftrutura e quadratura efatta dell'intero, e de le parti d'un nuovo cielo ammirabile, el uno degli antichi delle volte regolari degli architetti.* Il y traite tant en géomètre qu'en architecte, des voûtes anciennes des roma ns, & d'une voûte nouvelle qu'il avoit inventée, & qu'il nommoit *Florentine.*

En 1699 il fut nommé un des huit affociés étrangers de l'académie des fciences.

En 1701 il publia trois livres de fa divination fur Ariftée ; il les dédia au roi Louis XIV fon bienfaiteur, par une infcription en ftyle lapidaire. Il feroit à fouhai er, dit M. de Fontenelle, pour l'honneur de *Viviani* & de fon ouvrage qu'Ariftée pût reffufciter comme fit Apollonius. Cette d vination fur Ariftée fut le dernier ouvrage publié par M. *Viviani.* La préface de ce livre eft pleine des éloges des grands géomètres de fon tems, parmi lefquels il diftingue fur-tout le fameux Leibnitz, dont il exalte les découvertes prefque divines, & qu'il appelle *le phœnix des efprits, & pour tout dire un fecond Galilée.*

M. *Viviani* mourut le 22 feptembre 1703, âgé de plus de 81 ans. » Les italiens, dit M. de Fontenelle, co fervent le fouvenir des bienfaits, & pour tout dire, auffi celui des offenfes plus profondément que d'autres peuples.... mais la reconno ffance que M. *Viviani* a fa t éclater en toute occafion pour tous fes bienfaiteurs, a été regardée comme extraordinaire, & s'eft attiré de l'admiration même en Italie.

VIVIERS (des romains). (*hift. rom.*) Aucun peuple n'a été auffi curieux de beaux, de grands & de nombreux *viviers*, que le furent les romains, dès qu'ils eurent fait du poiffon la principale partie du luxe de leu s tables. Les hiftoriens & les poëtes ne parlent que de la magn ficence des *vivie s* qu'on voyoit dans toutes les maifons de campagne des riches citoyens , de Lucullus , de Craſſus , d'Hortenſius , de Philippus , & autres conſulaires. ». Croyez-vous , dit Cicéron , qu'aujourd'hui que nos grands mettent tout leur bonheur & toute leur gloire à avoir de vieux barbeaux qui viennent manger dans la main , croyez - vous que les affaires de l'état ſoient celles dont on ſe ſoucie ? » (*D. J.*)

VIVONNE , (*voyez* ROCHECHOUART.)

VIZIR DU BANC (*terme de relation*). On appelle *vizirs du banc* en Turquie , les *vizirs* qui ont ſéance avec le grand *vizir* dans le divan , lorſqu'on examine les procès. Ils n'ont que voix conſultative , & ſeulement lorſqu'ils ſont mandés. Quelquefois néanmoins lorſqu'il s'agit de délibérations importantes , ils ſont admis dans le conſeil du cabinet avec le grand-*vizir* , le mufti & les cadileskers. Ce ſont eux qui écrivent ordinairement le nom du grand-ſeigneur au haut de ſes ordonnances , & le ſultan , pour les autoriſer , fait appoſer ſon ſceau au-deſſous de ſon nom. *Voyez* VISIR. (*D. J.*)

VIZIR-KAN , ſ. m. (*terme de relation*) On appelle de ce nom à Conſtantinople un grand bâtiment quarré à deux étages , rempli haut & bas de boutiques & d'atteliers , où l'on travaille à peindre les toiles de coton ; c'eſt auſſi le lieu où l'on en fait le commerce. (*D. J.*)

VOET , (Gilbert) VOETIUS , (*Hiſt. litt. mod.*) ennemi de Deſcartes , pédant hollandois , qui a fait ſecte parmi les pédans , car il y a ou du moins il y eut des Voëtiens. Ce *Voëtius* eſt fameux , comme Eroſtate , par le mal qu'il a fait. Gomariſte fougueux , il s'étoit ſignalé au ſynode de Dordrecht ; ſa fanatique éloquence avoit contribué à la condamnation des arméniens & à la mort de ce vénérable Barnavelt , victime d'un zèle vertueux pour les loix de ſon pays. *Voëtius* étaloit cet indigne triomphe , il exgeoit les reſpects & les hommages dûs à un défenſeur heureux de la vérité ; il ſe nommoit , il ſe faiſoit nommer *la gloire & l'ornement des égliſes belgiques* ; ſon impudent orgueil ne rougiſſoit pas de prendre ce titre dans des écrits publics. Un maintien grave , l'air du recueillement & de la mortification , une négligence étudiée dans ſon extérieur , une morale auſtère , des déclamations cyniques contre les grands , un emportement qu'on croyoit ſaint contre tous les vices de la moleſſe , tandis qu'il ſe permettoit tous ceux de la dureté , un enthouſiaſme analogue à l'eſprit de la réforme , des mœurs pures & ſauvages , du zèle , de l'exactitude à remplir des devoirs qu'il aimoit , parce qu'il croyoit y trouver l'occaſion de paroître avec avantage ; voilà ce qui lui avoit attiré la faveur & l'eſtime du peuple. La diſcorde étoit par - tout ſur ſes pas ;

il avoit beſoin de combattre , de haïr , comme une ame honnête & tendre a beſoin d'aimer & d'obliger ; il falloit qu'il pourſuivît un ennemi , qu'il s'acharnât ſur une proye. Il conſuma une carrière de quatre-vingt-ſept ans , dans les pénibles hoſtilités d'une argumentation barbare ; ſuperficiel dans ſon érudition , incohérent & ſouvent abſurde dans ſes raiſonnemens , bas dans ſes idées , violent dans ſon ſtyle , atroce dans ſes calomnies , quelquefois ſouple dans ſes intrigues , ennemi né des talens , des graces , des vertus , de la gloire : tel fut l'ennemi de Deſcartes.

Il le devint pour l'avoir entendu louer , & ſans l'avoir jamais vû ; comme ce payſan de l'Attique condamnoit Ariſtide à l'oſtraciſme , ſur ſa ſeule réputation de vertu & d'équité.

Ce tyran des eſprits , miniſtre & profeſſeur en théologie à Utrecht , repouſſa d'abord avec ſa violence naturelle la lumière du cartéſianiſme qui commençoit à y pénétrer ; car ce n'étoient point les erreurs de Deſcartes qui excitoient ſon zèle & ſa colère , c'étoient au contraire ces principes ſi philoſophiques , ſi lumineux , auxquels Deſcartes lui-même ne fut pas aſſez fidèle ; *Voëtius* perſécuta les profeſſeurs favorables à cette nouvelle doctrine ; il fit & fit faire des livres , des recueils de calomnie contre Deſcartes , il le décria dans des thèſes publiques , il l'attaqua dans des tribunaux. L'univerſité étoit en feu ; les magiſtrats s'allarmoient ; *Voëtius* leur perſuada aiſément que tous les troubles , dont il étoit le ſeul auteur , étoient l'effet des nouveautés dangereuſes que Deſcartes avoit inventées ou qu'on enſeignoit ſous ſon nom. *Voëtius* étoit né à Heuſden en 1589. Il avoit été fait profeſſeur en théologie à Utrecht en 1634 ; il mourut en 1677. (*Voyez* l'article COCCEIUS.)

VŒUX ſolemnels des romains. (*Hiſt. rom.*) Au tems de la république , les romains offroient ſouvent des *vœux* & des ſacrifices ſolemnels pour le ſalut de l'état. Depuis que la puiſſance ſouveraine eut été déférée aux empereurs , on offroit en différentes occaſions des ſacrifices pour la conſervation du prince , pour le ſalut , la tranquillité & la proſpérité de l'empire ; de-là ces inſcriptions de la flatterie ſi ordinaire aux monumens : *Vota publica. Salus Auguſta. Salus generis humani. Securitas publica* , &c. Le jour de la naiſſance des princes étoit encore célébré avec magnificence par des *vœux* & des ſacrifices ; c'étoit un jour de fête qui a été quelquefois marqué dans les anciens calendrier. On ſolemniſoit ainſi le 23 du mois de ſeptembre , *viiij. kal. octob.* le jour de la naiſſance d'Auguſte.

VOGLERUS , (Valentin Henri) (*Hiſt. litt. mod.*) ſavant allemand , profeſſeur en médecine à Helmſtad , eſt auteur d'une notice en latin des bons écrivains en tout genre ; ſon ouvrage étoit resté imparfait ; mais Meibomius a donné une édition à laquelle ses remarques & ses additions ont procuré une partie de l'utilité dont un pareil ouvrage seroit susceptible. Ce seroit en effet un ouvrage bien utile & à ceux qui veulent se former une bibliothèque & à ceux qui veulent en faire usage, qu'une notice faite avec choix & avec goût, des meilleurs livres en tout genre. *Voglerus*, né à Helmstadt en 1622, y mourut en 1677.

VOIGT, (Godefroi) (*Hist. litt. mod.*) théologien luthérien, recteur de l'école de Hambourg, mort en 1682, est auteur d'un savant traité *des autels des anciens chrétiens*, & de quelques autres ouvrages latins.

VOISENON, (Claude Henri de Fusée de) (*Hist. litt. mod.*) d'une famille ancienne, naquit au château de *Voisenon* près de Melun le 8 juillet 1708. Il fut toujours d'une complexion très-foible, & il disoit que la nature l'avoit formé dans un moment de distraction. Il commença & finit sa carrière par faire des pièces de théâtre ; dans l'intervalle il fut grand-vicaire de M. Henriot son parent, évêque de Boulogne ; il faisoit des mandemens dont le style épigrammatique fut censuré dans un libelle avec tant d'amertume, que le magistrat crut devoir faire mettre en prison l'auteur du libelle ; aussi-tôt que l'abbé de *Voisenon* en fut informé, il alla solliciter la délivrance du prisonnier & il l'obtint. Celui-ci courut lui faire ses remerciemens ; c'est moi qui vous en dois, lui répondit l'Abbé de *Voisenon* en présence de l'évêque, pour m'avoir averti que les vérités de l'évangile exigent de ceux qui les annoncent, un style plus simple, un ton plus noble & plus grave. Je n'aurois pas dû l'oublier, & je vous promets de faire usage de vos conseils.

Dans un précis historique de la vie de M. l'Abbé de *Voisenon*, placé à la tête de ses ouvrages, on raconte de lui plusieurs traits semblables. On dit, par exemple, que l'auteur d'une satyre violente, faite contre lui, eut l'effronterie de venir lui lire son ouvrage & de lui en demander son avis. Votre ouvrage, lui répondit l'abbé de *Voisenon*, a besoin d'être retouché ; puis, se mettant à son bureau, il y fit lui-même les changemens qu'il avoit jugés nécessaires, & lui remettant tranquillement sa pièce, je la crois très bien à présent, lui dit-il, vous pouvez la faire courir, elle me fera du tort. — Je serois trop coupable de vouloir encore vous en faire, lui dit le satyrique désarmé par ce trait de modération, il lui demanda son amitié, l'assurant qu'il venoit de l'en rendre digne ; il la mérita en effet par la constante amitié de la sienne, & l'on ajoute que c'est dans ses bras que l'abbé de *Voisenon* a rendu les derniers soupirs. Il avoit lui-même du penchant à la raillerie, & il auroit été très-satyrique, s'il avoit pû se le permettre ; une

aventure de sa jeunesse l'en corrigea pour toujours, & ne contribua pas peu à lui faire embrasser l'état ecclésiastique. Un mot imprudent & malin lui avoit attiré une affaire de la part d'un militaire qui en étoit l'objet, ils se battirent, & pour réparation l'auteur du mot blessa le militaire. M. de *Voisenon* épouvanté d'avoir été exposé à tuer un homme qu'il avoit offensé, alla se jetter dans un séminaire & se consacrer à l'église.

A la mort de M. Henriot, la ville & le clergé de Boulogne, députèrent au cardinal de Fleury & lui demandèrent l'abbé de *Voisenon* pour évêque ; celui-ci, effrayé du projet, part de nuit pour Versailles, & supplie le cardinal de n'en rien faire. Comment, lui dit-il, gouvernerois-je un diocèse ? j'ai tant de peine à me gouverner moi-même.

Moi régner, moi ranger un état sous la loi,
Quand ma foible raison ne règne pas sur moi!

Un ecclésiastique sollicitant contre lui-même parut un objet nouveau à la cour, tout le monde voulut le voir & le connoître. Le cardinal qui sentit le prix d'une telle franchise, accorda au jeune ecclésiastique de n'être point évêque, mais il lui donna l'abbaye du Jard.

Messieurs de Choiseul, ses amis, lui ouvrirent le dépôt des affaires étrangères, pour qu'il y puisât des matériaux utiles à l'histoire. Ses travaux dans ce genre n'ont produit que quelques fragmens. Ils lui firent accorder diverses graces & le firent nommer ministre plénipotentiaire du prince évêque de Spire à la cour de France ; ils facilitèrent son admission à l'académie françoise, où le poëte des graces, dit l'auteur de sa vie ou de son panégyrique, succéda en 1763 au plus terrible de nos poëtes tragiques.

Il partit le 15 septembre 1775 pour le château de *Voisenon*, afin, disoit-il, de se trouver de plain-pied avec la sépulture de ses pères, il y mourut en effet le 22 novembre 1775.

On lit au bas de son portrait dans l'édition de ses œuvres ces quatre vers de M. Gosson qui confirment ce que nous avons dit de la facilité qu'il auroit trouvée à être satyrique, s'il l'avoit voulu :

Dans le feu de ses yeux la saillie étincelle,
Sur ses lèvres on voit le ris fin & moqueur ;
Mais sa bouche retient l'épigramme cruelle ;
Le trait, en s'échappant, feroit saigner son cœur.

Parmi les différens mots de M. l'Abbé de *Voisenon*, rapportés dans le précis de sa vie, nous remarquerons celui-ci : » Il rendit des devoirs assidus » à une dame recommandable par ses mœurs. Madame de . . . . en fit des reproches (ou des » plaisanteries) à cette dame en présence de l'abbé

E e e e 2

» de *Voisenon* : Madame , lui dit-il , ma vertu est
» de l'aimer , la sienne est de le souffrir. »

On avoit imprimé en 1752 quelques-unes des
pièces de M. l'abbé de *Voisenon*. L'édition qu'on
a donnée de ses œuvres en 5 volumes in-8°. en
1781, & la seule qui soit complette , outre ses comédies , qui s'y trouvent en beaucoup plus grand
nombre que dans l'édition de 1752 , & dont plusieurs, comme *l'heureuse ressemblance & la tante
supposée* n'étoient connues que dans des sociétés
particulières , elle contient plusieurs ouvrages lyriques , sacrés & profanes ; des œuvres mêlées en
prose & en vers ; des discours académiques ; des
fragmens historiques ; des romans & des contes.
Il y a dans tout cela au moins de l'esprit & de la
gaîté. Dans les anecdotes littéraires , des jugemens
libres , superficiels & un peu hazardés sur la personne , & les ouvrages des auteurs ou vivans ou
morts depuis peu , ont pu , en contribuant au débit
de ce recueil , mettre dans l'esprit de plusieurs
lecteurs des dispositions peu favorables à l'auteur ;
mais il faut être juste & convenir que si cet écrivain
n'a pas fait un seul chef-d'œuvre , il a fait une
multitude d'ouvrages agréables , qu'il répand les
fleurs à pleines mains ; qu'il étincele d'esprit ; qu'il
a une manière piquante & qui est à lui. La plus
célèbre de toutes ses comédies est *la coquette fixée* ;
c'étoit avant *le méchant* , une des comédies modernes du meilleur ton dans un genre dont *le méchant* a été regardé comme le plus parfait modèle.
Il y a même dans cette pièce plus d'intérêt & de
situations piquantes que dans *le méchant*. Il y a de
plus & dans cette pièce & dans d'autres du même
auteur, une foule de jolis vers, tels que ceux-ci :

Coquette qui querelle est sur le point d'aimer....
Des services qu'on rend on jouit le premier........
L'himen n'est que le droit d'avouer son amant....
L'amour me fit sentir que malgré le malheur,.
L'homme possède tout, quand il jouit d'un cœur.

Il y a même des tirades de fort bon goût ;

Depuis que dans ces lieux vous êtes introduit,
Le raisonnement gagne & le plaisir s'enfuit.
D'amoureux & de sots , la maison étoit pleine ,
Nous savions les bercer d'une espérance vaine ,
On rioit avec eux d'abord qu'ils se flattoient ,
On s'en divertissoit quand ils se rebutoient ;
Sans avoir rien à dire on rompoit le silence ,
L'ennui disparoissoit devant l'extravagance.

Un peintre en parlant à un amant de sa maîtresse
qu'il doit peindre, lui demande si elle a de l'esprit ?

DORANTE.

Beaucoup.

CARMIN.

Tant pis.

DORANTE.

Comment ?

CARMIN.

C'est là ce qui m'arrête ;
J'aurois bien désiré qu'elle fût un peu bête,
Vous l'en aimeriez moins, mais je la peindrois mieux..
On ne rend jamais bien la physionomie ;
L'esprit à chaque instant la change & la varie,
Et le peintre étonné , saisissant le pinceau ,
Retrouve à chaque trait un visage nouveau.
Parlez-moi d'un objet , modèle d'indolence ,
De qui l'ame & les yeux sont sans correspondance....
Si l'objet de vos vœux étoit de cette espèce,
Il est vrai , vous seriez assez mal en maîtresse,
Mais aussi vous seriez tout au mieux en portrait,
Et c'est pour un amant un bonheur bien parfait.

Le défaut le plus connu de l'esprit est d'être
recherché. M. l'abbé de *Voisenon* n'est point à
l'abri de ce reproche , lorsqu'il appelle de jolies
mains & qu'on aime à baiser , *des flèches de velours.*

Si l'on veut juger d'un talent de M. l'abbé de
Voisenon pour les poésies légères , on peut voir
une pièce de lui qui est à la page 393 du troisième
volume , & qui débute par ces vers :

Vous commencez votre carrière ,
Lorsque je penche vers ma fin, &c.

Et le comparer avec une pièce toute semblable
de M. de Voltaire à M. Desmahis :

Vos jeunes mains cueillent des fleurs
Dont je n'ai plus que les épines, &c.

L'auteur y fait bien des efforts pour suivre &
pour éviter M. de Voltaire.

La poésie a ses licences , mais M. l'abbé de
Voisenon s'en permet quelquefois d'un peu étranges,
que parmi ses vers on trouve celui-ci :

Jouer une coquette *est une chose très louable.*

On conçoit d'abord que c'est une faute d'impression , & qu'il faut lire :

est chose très louable.

Mais comment excuser ce vers ?

Voyent comme étranger ce qui n'est point amour.

Et celui-ci :

Qui vous ? vous m'auriez peinte.

Oui

Sans que je l'aie fû ?

Et cet autre :

Futiles répertoirs des fottises courantes.

M. l'abbé de *Voisenon* auroit-il voulu fe défigner & juger fes comédies par ces deux vers qu'il met dans la bouche d'un de fes perfonnages :

Que je n'ai jamais fait une pièce, il eft vrai ;
Mais quatre volumes de fcènes !

L'amitié a donné pour éditeur à M. l'abbé de *Voisenon* une dame qui ne fe défigne que par ces lettres L. C. D. T., & à qui M. de Voltaire écrivoit :

« La véritable gloire appartient au petit nombre d'hommes qui ont reffemblé à Monfieur votre père. » On apprend par une note de cet éditeur, que la romance de *Cominges*, attribuée à M. le duc de la Valière, auteur de celle *de Raoul de Coucy*, eft de M. l'abbé de *Voisenon*. On trouve auffi dans ce recueil ce joli couplet, attribué à Panard & imprimé parmi fes œuvres :

Sans dépenfes
C'eft envain qu'on efpère
De s'avancer
Au pays de Cythère,
Femme en courroux,
Mari jaloux,
Grilles, verroux
Tombent fur vous ;
Le chien vous pourfuit comme loups :
Le temps n'y peut rien faire ;
Mais fi Plutus entre dans le myftère,
Grilles, reffort
Tombent d'abord
Le chien s'endort,
Le mari fort ;
Femme & foubrette font d'accord,
Un jour finit l'affaire.

Ce couplet, le chef-d'œuvre des couplets & qui eft notoirement de M. Panard, beaucoup plus exercé dans ce genre que M. l'abbé de *Voisenon*, fe fera trouvé à caufe de fa perfection même parmi les papiers de ce dernier, & l'éditeur, toujours favorable à fon ami, l'aura cru ou aura voulu le croire de lui.

C'eft avec beaucop d'étonnement qu'on trouve ce titre à la tête d'une des pièces du recueil : *A madame de . . . . qui me marquait que MADAME DE POMPADOUR me favoit gré d'avoir accompagné M. le duc de Praflin dans fon exil.* Il y a auffi dans la pièce ce vers :

Je fais que *Pompadour* m'en a fait un mérite.

Cependant Madame de Pompadour eft morte en 1764, & l'exil de M. le duc de Praflin eft des derniers jours de l'année 1770. Les époques indiquent le nom qu'il faut fubftituer à celui de Pompadour.

A l'article de Madame la marquife de Lambert on lit ces mots, » Elle fit paroître dès fon jeune âge, » cette délicateffe d'efprit *qui ne fe trouve point dans* » *fon fexe* ». On voit bien que c'eft encore une faute d'impreffion, & qu'il faut lire apparamment : *qui ne fe trouve que dans fon fexe.*

Parmi les jugemens purement littéraires de M. l'abbé de *Voisenon*, on ne remarquera que trop comme injuftes & indignes de lui, le mépris qu'il montre pour *Adélaïde du Guefclin*, & l'applaudiffement qu'il paroît donner au mot de Piron, *vous voudriez bien que je l'euffe fait*, mot auffi avantageux que défobligeant & injufte, mot que M. Piron n'a jamais pû en aucun fens avoir le droit de dire à M. de Voltaire.

VOISIN, (Jofeph de,) (*Hift. litt. mod.*) né à Bordeaux d'une famille noble & diftinguée dans la robe, fut lui-même confeiller au parlement de cette ville. Ayant enfuite embraffé l'état eccléfiaftique il fut prédicateur & aumônier du prince de Conti Armand de Bourbon. Ce prince dévot au point d'avoir voulu être cardinal & même jéfuite, ayant fait un traité contre la comédie, l'abbé d'Aubignac, qui faifoit des tragédies, & qui avoit fait la pratique du théâtre, réfuta l'ouvrage du prince, & l'abbé de *Voisin* fe crut obligé de réfuter l'abbé d'Aubignac. On a de plus de lui une théologie des juifs, un traité de la loi divine, un traité du jubilé felon les juifs ; ces ouvrages font en latin ; il eft encore auteur de favantes notes fur le *pugio fidei* de Raymond Martin. Il donna en 1660 une traduction françoife du Miffel romain en 4 volumes in-12. Elle fut condamnée par l'affemblée du clergé & profcrite par un arrêt du confeil. Elle ne contenoit cependant rien que d'édifiant, mais on foupçonna finement que l'intention fecrette du traducteur pouvoit avoir été de faire dire la meffe en françois. L'abbé de *Voisin* mourut en 1685 avec la réputation d'un homme d'un profond favoir & d'une grande piété. Il avoit une vafte connoiffance des langues.

VOISIN, (Daniel François) (*Hift. de Fr.*) C'eft le chancelier *Voisin*, d'abord confeiller au parlement, puis maître des requêtes en 1684, intendant des armées de Flandre en 1688, confeiller d'état en 1694, miniftre & fecrétaire d'état de la guerre en 1709, enfin chancelier & garde des fceaux en 1714, mort fubitement la nuit du 1er. au 2 février 1717. Ce fut Madame *Voifin*, Mademoifelle Trudaine, qui fut l'artifan de toute fa fortune, elle avoit plu à Madame de Maintenon. M. de Torcy rapporte dans fes mémoires que *Voifin* refufa formellement la commiffion qui lui fut proposée & qui fut remplie à fon refus par le préfident Rouillé, d'aller traiter fecrétement en Hollande pour la paix en 1709 avec des pouvoirs & toute la confiance de Louis XIV; cette commiffion paroiffoit alors affez défagréable pour qu'on craignît d'en être honoré. *Voifin*, fi l'on en croit Torcy, répondit avec humeur qu'il étoit bien las de s'entendre nommer dans le public à toutes les places & de ne parvenir à aucune; il parvint bientôt aux plus grandes, quoique ce refus ne dût pas naturellement l'y conduire. M. le duc de Saint-Simon rapporte que, quand M. de *Voifin* fut fait miniftre de la guerre, à fon premier travail avec le roi il parut s'excufer de toute la peine qu'il donnoit à fa Majefté, en lui rapportant pour cette première fois feulement toutes les affaires de ce département encore nouveau pour lui & prenant fes ordres fur tout, & qu'il infinua que dans la fuite il épargneroit au roi une grande partie de ce travail, en prenant fur lui la décifion de beaucoup de chofes. Le roi, furpris de ce propos, lui dit: « je ne vous prends que pour faire tous les jours » ce que vous vous excufez d'avoir fait aujourd'hui; » ayez grand foin de prendre toujours mes ordres » fur toute chofe, » car il croyoit véritablement ordonner de tout, & il ne favoit pas qu'il ne faifoit prefque jamais que confirmer les ordres de fes miniftres.

Sic iterat voces & verba cadentia tollit
Ut puerum fævo credas dictata magiftro
Reddere, vel partes mimum tractare fecundas.

L'imprudence de *Voifin* penfa lui révéler ce fecret des miniftres.

VOITURE, (Vincent) (*Hift. litt. mod.*) eut de fon tems l'empire de la littérature, & fa réputation lui a furvécu près d'un fiècle. Boileau, qui a flétri la gloire de l'hôtel de Rambouillet, dont *Voiture* étoit l'oracle, a refpecté celle de *Voiture*. Il fait dire à un campagnard ridicule qui trouve Corneille joli quelquefois:

Mais je ne trouve rien de beau dans ce *Voiture*.

Il met de lui-même *Voiture* fur la même ligne qu'Horace:

Et qu'à moins d'être au rang d'Horace ou de *Voiture*,
On rampe dans la fange avec l'abbé de Pure.

Rouffeau eft plein auffi d'éloges de *Voiture*, & il met cet auteur fur la même ligne que la Fontaine:

Apprends de moi, fourcilleux écolier,
Que ce qu'on paffe, encore qu'avec peine,
Dans un Voiture ou dans un la Fontaine,
Ne peut paffer, malgré tes beaux difcours,
Dans les effais d'un rimeur de deux jours.

L'afféterie de *Voiture* paffoit de fon tems pour de la délicateffe, & elle n'en eft pas toujours dépourvue; on le regardoit comme le meilleur modèle du ftyle épiftolaire, avant que Madame de Sévigné eût montré combien un naturel heureux, un abandon aimable eft préférable à la recherche & à l'affectation de *Voiture*, à qui chacune de fes lettres coûtoit quinze jours de travail. Il en étoit de même de Balzac, & c'eft ce qui fait qu'on ne les lit plus guères. *Voiture* étoit auffi de fon tems avec Benférade, un des meilleurs modèles de ce ton léger, galant, aimable, aifé, noblement familier, plaifant avec mefure & avec refpect, flatteur fans baffeffe, qui plaît aux grands & qui met leur vanité à fon aife, en paroiffant fe mettre à l'aife avec elle. On n'avoit point encore Voltaire. C'eft lui qui a détruit la réputation de *Voiture*. il l'a détruite de deux manières: 1°. en l'attaquant par une critique directe & motivée dans le Temple du goût. 2°. En fourniffant enfin un modèle vraiment parfait de ce genre, que *Voiture* avoit cherché & qu'il n'avoit pas trouvé. Mais c'étoit déjà quelque chofe que de le chercher, il ne faut pas croire que *Voiture* ne fût qu'ufurpateur de la renommée; il lui en étoit dû beaucoup, au moins par comparaifon; il avoit de la grace, &, comme nous l'avons dit, de la délicateffe, il y en a certainement dans ce portrait:

Enfin elle avoir une grace,
Un je ne fais quoi qui furpaffe
De l'amour les plus doux appas;
Un ris qui ne fe peut décrire,
Un air que les autres n'ont pas,
Que l'on fent & qu'on ne peut dire.

Ces tournures ont été fouvent employées depuis, mais elles font originales dans *Voiture*.

Cet auteur étoit fils d'un marchand de vin, & comme il fe piquoit de vivre en bonne compagnie & d'y vivre avec agrément, il avoit la foibleffe de rougir de fa naiffance, ce qui faifoit qu'on lui rappeloit fouvent. Madame Defloges lui dit un jour en jouant aux proverbes: *celui-ci ne vaut rien, percez-nous en d'un autre.* Il ne buvoit que de l'eau, ce qui étoit peut-être encore chez lui un air de bonne compagnie; on fit une chanson où on lui disoit :

> Tu ne vaudras jamais ton père,
> Tu ne vends du vin ni n'en bois.

Despréaux citoit l'exemple de Balzac & de *Voiture* pour prouver qu'il ne faut pas toujours juger du caractère des auteurs par leurs écrits : « La société de Balzac, disoit-il, loin d'être épineuse & guindée comme ses lettres, étoit remplie de douceur & d'agrémens. *Voiture* au contraire, dont les lettres annoncent une société si aimable, faisoit le *petit souverain* avec ses égaux, & ne se contraignoit qu'avec les grands. Il aimoit à parler des Altesses qu'il fréquentoit, il se vantoit d'avoir promené ses amours & ses galanteries *depuis le sceptre jusqu'à la houlette*. »

> *Modò Reges atque tetrarchas*
> *Omnia magna loquens.*

S'il lui arrivoit quelquefois de blesser quelqu'un par un trait piquant & de s'attirer par-là quelques affaires, il s'en tiroit par un trait d'esprit. Un homme de la cour, mécontent de quelque mot qui lui étoit échapé, voulut lui faire mettre l'épée à la main : « Monsieur, lui dit *Voiture*, la partie » n'est pas égale, vous êtes grand, je suis petit ; » vous êtes brave, je suis poltron, vous voulez » me tuer ; eh bien! je me tiens pour mort. Il fit rire son adversaire & il l'appaisa. »

On cite de lui quelques traits fort nobles ; Balzac lui envoya demander, avec la confiance de l'amitié, quatre cents écus à emprunter ; le porteur de la demande l'étoit aussi d'un billet de Balzac portant reconnoissance d'avoir reçu cette somme & promesse de la rendre. *Voiture* fournit la somme & remet le billet, après avoir écrit au bas : « Je reconnois devoir à M. Balzac la somme de huit cens écus pour le plaisir qu'il m'a fait de m'en emprunter quatre cens. »

Voiture étoit attaché à Gaston d'Orléans, frère de Louis XIII, en qualité d'introducteur des ambassadeurs & de maître des cérémonies. Il fut envoyé en Espagne pour différentes affaires; il fit à la cour de Madrid des vers espagnols qui furent attribués à Lopès de Véga. Il passa d'Espagne en Afrique par la seule curiosité de connoître les mœurs de cette partie du monde. Il alla aussi à Rome où il fut fort accueilli; car il excelloit aussi dans la poësie italienne. A son retour de ses voyages, il fut fait maître d'hôtel du roi & obtint beaucoup de pensions. Il étoit né à Amiens en 1598. Il fut admis dans l'académie françoise au tems de son institution. Son goût pour le jeu l'empêcha de s'enrichir, son goût pour les femmes l'empêcha de vieillir. Il mourut à cinquante ans en 1648. Il

appartient à peine, ou plutôt, il n'appartient point au beau regne littéraire de Louis XIV, mais il a rempli avec éclat le regne de Louis XIII.

VOLATERRAN, (Raphaël Maffée, dit) en latin VOLATERRANUS (*Hist. litt. mod.*) ou de Volterre, étoit ainsi nommé de la ville de Volterre en Toscane, où il étoit né en 1450, & où il mourut vers l'an 1521. On distingue parmi ses ouvrages ses *commentaria urbana*. On lui doit diverses traductions latines d'ouvrages grecs, tels que l'œconomique de Xénophon, l'histoire de la guerre des Perses & celle des Vandales par Procope de Césarée, quelques oraisons de saint Basile, &c.

VOLCKAMER, (*Hist. litt. mod.*) c'est le nom de deux savans physiciens ou botanistes de Nuremberg.

L'un, Jean-George, de l'académie des curieux de la nature, mort en 1693, est auteur de deux ouvrages, l'un intitulé : *Opobalsami examen*, l'autre *Flora Noribergensis*.

L'autre, Jean Christophe, l'est d'un ouvrage intitulé dans la traduction latine : *Nuremburgenses hesperides*; cet ouvrage avoit été publié en allemand en 1708. La traduction parut en 1713 en deux volumes *in-folio* avec figures. L'auteur est mort en 1720.

VOLDER, (Burchel de) (*Hist. litt. mod.*) né à Amsterdam le 26 juillet 1643, mort en 1709, est le premier qui ait introduit la philosophie de Descartes dans l'université de Leyde, où il enseignoit les mathématiques. On a de lui des harangues & des dissertations.

VOLKELIUS, (Jean) (*Hist. litt. mod.*) ministre socinien, né à Grimma dans la Misnie, ami, disciple & apôtre de Socin. Son traité *de verâ religione* renferme le système complet de la doctrine socinienne. Cet ouvrage a obtenu les honneurs du bucher, même à Amsterdam. L'auteur est mort vers 1630.

VOLSEY, (Thomas) (*Hist. d'Anglet.*) Sous le regne de Henri VIII en Angleterre, la guerre & la paix dépendoient d'un ministre avide & ambitieux, toujours prêt à vendre l'une & l'autre à celui qui lui offriroit le plus d'argent & d'honneurs, c'étoit l'orgueilleux *Volsey*. Il gouvernoit despotiquement l'Angleterre. Il disoit : *le roi et moi nous voulons*. Cet homme, auquel beaucoup d'historiens ne donnent que des vices & refusent toute espèce de mérite (ce qui est sûrement exagéré), étoit fils d'un boucher d'Ipswick, dans le duché de Suffolck; il avoit été professeur de grammaire dans l'université d'Oxford; devenu successivement chapelain, puis aumônier du roi, archevêque d'Yorck, grand-chancelier du royaume, cardinal, il ne voyoit plus au-deſſus de lui que la tiare, à laquelle il aſpiroit, & c'étoit principalement en flattant cette eſpérance ambitieuſe, qu'on pouvoit compter ſur lui.

Les françois voyoient avec chagrin depuis 1513 la ville de Tournay entre les mains des anglois. Les anglois de leur côté étoient aſſez embarraſſés de cette place. Sa ſituation au milieu d'un pays étranger & ennemi, loin des places qu'ils poſſédoient ſur la côte maritime de la Picardie, les obligeoit à entretenir une garniſon conſidérable, & les avoit engagés dans de grandes dépenſes pour la conſtruction d'une citadelle; mais ce n'étoit pas une raiſon pour reſtituer cette place, plus utile encore aux françois qu'elle n'étoit diſpendieuſe aux anglois. Volſey, en cette occaſion, préféra l'argent de la France à l'avantage de l'Angleterre. On conclut, en 1518, le mariage du Dauphin avec la princeſſe Marie, alors fille unique du roi d'Angleterre, convention importante, & qui pouvoit ranger un jour l'Angleterre ſous les loix de la maiſon de France. Ce qui rendoit le cardinal Volſey ſi facile ſur cet article, étoit peut-être d'un côté l'eſpérance légitime que le roi d'Angleterre auroit des fils qui exclueroient Marie du trône; de l'autre, la facilité de rompre dans la ſuite un engagement dont l'exécution étoit renvoyée à un tems très-éloigné, puiſqu'alors la princeſſe d'Angleterre n'avoit pas quatre ans, & que le dauphin avoit à peine un an. Les anglois auroient bien voulu que Tournay eût ſervi de dot à Marie. C'eût été différer la reſtitution de cette place juſqu'au temps du mariage; les françois indifférens pour qu'elle ſe fît à l'inſtant, moyennant une ſomme qu'on fixeroit, & ils l'obtinrent; Volſey étoit gagné. Avec Tournay on remettoit les Français en poſſeſſion de Mortagne, de Saint-Amand & de leurs territoires, malgré les efforts que fit alors l'empereur Maximilien, pour empêcher cette reſtitution, comme on le voit dans une lettre de ce prince au cardinal Volſey du 25 octobre 1518.

Pendant que les Français avoient la fortune pour eux, ils voulurent en profiter & avancer leurs affaires dans ce pays-là. Ils avoient rétabli Théronenne, que les anglois & les impériaux avoient brûlé en 1513; ils entamoient déjà une négociation pour la reſtitution de Calais. Le roi d'Eſpagne (Charles-Quint) s'alarma de ces projets d'aggrandiſſement du côté des Pays-bas, il ſe hâta de gagner Volſey, que François I venoit de bleſſer par le refus de l'évêché de Tournay, évêché ſur lequel il avoit compté.

En 1521, moment où la guerre s'allumoit de toutes parts entre Charles-Quint & François I, Henri VIII vouloit être l'arbitre de leur querelle, il menaçoit celle des deux puiſſances, qui réſiſteroit à ſes déciſions, de le déclarer contre elle. Volſey, dépoſitaire de ſon autorité, ne ſe bornoit

plus à l'exercer ſur des ſujets, dans l'intérieur de l'Angleterre, il jugeoit à Calais les empereurs & les rois, il s'étoit rendu dans cette ville, ſuivi d'une cour nombreuſe & de preſque tout le conſeil d'Angleterre. Charles & François y avoient envoyé des plénipotentiaires, à la tête deſquels étoient les chanceliers de France & d'Eſpagne, qui diſcutoient les plus grandes queſtions de droit public & traitoient des plus grands intérêts au tribunal de Volſey. Mais le juge étoit prévenu, Volſey donnoit à tout moment des marques de la plus forte partialité. Charles-Quint lui avoit, dit-on, promis d'employer tout ſon crédit pour le faire élire pape à la première vacance; d'ailleurs Volſey n'aimoit point le chancelier Duprat, dont il craignoit le génie tranſcendant. On avoit propoſé une ſuſpenſion d'armes pendant les conférences de Calais; au mépris de cette propoſition, l'empereur commettoit toute ſorte d'hoſtilités & excitoit ſous main des troubles dans les Maanes & ailleurs; quand les ambaſſadeurs de France s'en plaignoient, Volſey répondoit en ſouriant; *Il eſt piqué des pertes qu'il a faites il cherche à s'en venger, mais ſes intentions ſont bonnes & ne tendent qu'à la paix.*

Pendant ces mêmes conférences, on eut lieu de ſoupçonner les impériaux d'avoir formé une entrepriſe ſur Ardres; Duprat en parla au cardinal, qui répondit; *ils n'ont garde d'y toucher.* Cependant l'entrepriſe éclata; les impériaux vinrent pour ſurprendre la ville pendant la nuit, ils furent repouſſés avec honte & avec perte. Duprat ſe plaignit au cardinal de cette infidélité; le cardinal ſe contenta de répondre froidement, *ils n'y retourneront plus.* Ils y retournèrent quelques jours après. Ardres fut pris & raſé par les impériaux, beaucoup d'Anglois eurent part à cette expédition. Théroüenne penſa auſſi être ſurpris, ſans que tant d'infractions de la trève propoſée parulſent émouvoir Volſey.

Quelquefois les anglois laiſſeient éclater des défiances injurieuſes pour les français. Un jour le cardinal Volſey dit aux plénipotentiaires français de l'air d'un homme qui annonce une nouvelle conſidérable: » on a cru devoir arrêter un homme qu'on a trouvé ſur les quais, muni d'un plomb & d'une corde, avec leſquels il les nivelloit & les meſuroit. Il ſeroit affreux que, tandis que nous ſommes ici occupés à défendre vos intérêts, à concilier vos différends, vous euſſiez l'ingratitude de former des entrepriſes contre une place qui appartient au roi d'Angleterre: je n'ai garde de vous en croire coupables, mais enfin l'homme qu'on a arrêté eſt un domeſtique de M. de la Baſtie. »

La Baſtie étoit l'embaſſadeur de France en Angleterre, qui avoit ſuivi le cardinal Volſey à Calais. Il répondit avec la plus grande agilité;

il *

« Il est vrai, cet homme est à moi; mais il n'y a que depuis huit jours, je ne le connois point, je sais seulement qu'il est irlandois & qu'il m'a été donné par un gentilhomme du roi d'Angleterre; mais puisqu'il est entre vos mains, je ne le réclame point; je vous prie au contraire de le faire mettre à la question, pour qu'on sache si c'est moi qui lui ai ordonné de mesurer vos murailles. »

Cependant les têtes angloises s'échauffoient, le bruit se répandoit dans toute la ville que les françois avoient voulu surprendre Calais; enfin quand on eut bien approfondi l'affaire, on trouva que cet homme s'amusoit par désœuvrement à pêcher à la ligne, & qu'il avoit mis un petit morceau de plomb au bout de sa ficelle pour faire entrer l'hameçon dans l'eau.

Le cardinal *Volsey* proposa divers plans d'accommodement dont aucun ne put être adopté, les conférences n'aboutirent à rien, & la guerre embrasa l'Europe. Les anglois se déclarèrent contre la France, en prenant pour prétexte le refus que François I avoit fait de souscrire à la paix proposée par le cardinal *Volsey*. L'empereur, Charles-Quint, voyant que Henri VIII & *Volsey* lui étoient favorables, passa en Angleterre pour tirer parti de leurs dispositions, & alors fut conclu, en 1521, le traité de Vindsor, par lequel Henri VIII entroit dans la ligue contre la France, & l'empereur promettoit à Henri VIII de lui payer les sommes que François I lui devoit, afin que cette ligue ne lui fît rien perdre; & il assuroit à *Volsey*, qui ne vouloit rien perdre non plus, les douze mille livres de pension que François I lui avoit données sur cet évêché de Tournay qu'il lui avoit refusé.

Le pape Léon X mourut le 2 décembre 1521. Le cardinal *Volsey* n'avoit favorisé le parti de l'empereur que dans l'espérance d'être appuyé de la bigue impériale à la première vacance. Léon X d'un autre côté avoit fait des dispositions pour assurer le pontificat, après sa mort, au cardinal de Medicis son cousin; le cardinal *Volsey* eut contre lui la faction même de l'empereur, sur laquelle il avoit tant compté. Il n'avoit pas manqué, aussi-tôt après la mort de Léon, d'écrire à l'empereur pour lui rappeller ses promesses. Richard Pacé, le grand négociateur de l'Angleterre, avoit en même tems, par son ordre, quitté Venise où il se servoit que son maître, pour aller à Rome servir ce cardinal ambitieux; mais la faction impériale trompa la pénétration de ce ministre; elle ne voulut nommer ni le cardinal de Medicis ni le cardinal *Volsey*, mais Adrien Florent, qui avoit été précepteur de Charles-Quint, & qui avoit gouverné l'Espagne en son absence; elle embrassa hautement le parti du cardinal *Volsey*, tandis qu'elle caballoit secretement & efficacement pour Adrien. On alloit tous les jours au scrutin sans rien conclure;

Medicis & *Volsey* avoient tour-à-tour l'avantage; il ne s'élivoit pas une voix en faveur d'Adrien; mais aucun des compétiteurs ne l'emportoit irrévocablement; enfin lorsque la brigue d'Adrien crut avoir acquis toutes les forces dont elle avoit besoin, un cardinal le nomma tout à coup avec un air d'inspiration affecté; il fut appuyé à l'instant par vingt-cinq autres cardinaux, tous du parti de l'empereur, les autres voyant la pluralité des voix si décidée, y joignirent les leurs, de sorte que l'élection du pape, qui prétendoit le moins à la tiare, & qui sembloit devoir le moins y prétendre, se fit d'un consentement unanime. A la mort d'Adrien, arrivée en 1523, le cardinal de Medicis fut élu, & il ne paroît pas qu'il ait été question alors du cardinal *Volsey*; ce fut un nouvel affront qu'il essuya, & ce grand désir & cette grande espérance de la papauté n'eurent d'autre effet que de faire accuser *Volsey* d'avoir fait empoisonner Léon X & Adrien VI.

Après la bataille de Pavie, l'empereur croyant avoir encore moins besoin du cardinal *Volsey*, flatta moins son orgueil. Il lui avoit jusqu'alors écrit de sa main, & avoit toujours signé: *votre fils & cousin Charles*. Depuis la bataille de Pavie, il se contenta de lui faire écrire par un secrétaire & signer simplement *Charles*. *Volsey*, qui eut dû mépriser ce ridicule effet de la prospérité, s'en indigna, & pour se venger, il engagea son maître à recevoir favorablement les ambassadeurs que la régente, Madame d'Angoulême, envoya en Angleterre pour traiter de la paix. Henri VIII s'engagea par le traité de Moor du 30 août 1525 à procurer la liberté de François I à des conditions raisonnables. La duchesse d'Angoulême, traitant pour son fils prisonnier, s'obligea de payer au roi d'Angleterre une pension annuelle de cinquante mille écus, elle eut soin de promettre aussi une bonne gratification au cardinal *Volsey*.

La disgrace de *Volsey* ne pouvoit plus être que l'ouvrage de l'amour. Il travailla au divorce de Henri VIII avec Catherine d'Arragon, qui avoit épousé ce prince son beau-frère après la mort d'Arthur son frère aîné; mais les vues du cardinal étoient bien différentes de celles du roi d'Angleterre. *Volsey* n'étoit point assez bas pour servir en courtisan les amours de son maître, il n'étoit d'assez petit pour ne pouvoir pardonner à l'empereur le retranchement de quelques égards dont ce prince avoit flatté sa vanité, quand il avoit cru avoir besoin de lui. *Volsey* vouloit se venger de Charles-Quint, & c'étoit déjà lui faire un assez grand affront que de faire répudier sa tante; mais *Volsey* ne bornoit point là sa vengeance, il vouloit faire épouser à Henri VIII ou la duchesse d'Alençon, sœur de François I, ou la princesse Renée, sa belle-sœur, afin d'unir par ce lien Henri VIII & François I dans une haine commune contre l'empereur. Il fit part sans doute

F f f f

de fon projet à Henri ; mais Henri conduit dans cette affaire par Anne de Boulen, qui étoit l'objet de ce divorce, prit fon miniftre pour dupe. L'ambaffadeur de France, Grammont, évêque de Tarbes, étant arrivé en Angleterre fur ces entrefaites, *Volfey* le pria de propofer, comme de lui même, au roi d'Angleterre, le mariage de la princeffe Françoife, en lui faifant voir l'illégitimité du premier. L'évêque de Tarbes fit la propofition. Henri parut étonné, fcandalifé, puis il examina, il eut des fcrupules, il confulta, il demanda aux docteurs en droit canon avec un effroi religieux, s'il étoit vrai qu'il eût le malheur de vivre depuis dix-huit ans dans l'incefte, & il le fit prier de répondre que cela étoit vrai. Les préfens de Henri VIII & ceux de François, qui le feconda bien dans cette affaire, lui procurèrent des confultations favorables des univerfités les plus célèbres de France & d'Italie. On décida que la difpenfe donnée par le pape Jules II à Catherine d'Arragon, pour époufer fucceffivement les deux frères, étoit nulle & contraire à la loi de Dieu ; mais ce n'étoit encore qu'une décifion de jurifconfultes, il falloit un jugement ; la reine fe défendit, & il étoit aifé de juger qu'avec de l'argent, elle auroit eu pour le moins autant de confultations en fa faveur que Henri VIII. Le pape (Clément VII) délégua des juges pour inftruire l'affaire fur les lieux : c'étoient le cardinal *Volfey* & le cardinal Campége. Il prévoyoit aifément que le choix même de ces juges feroit naître des incidens & des longueurs ; que la reine ne manqueroit pas de récufer *Volfey* comme un juge prévenu & trop attaché à Henri VIII. (*Voyez* l'article CLEMENT VII.) Cependant *Volfey*, dont la reine fe défioit le plus, fut celui qui la fervit le mieux. Lorfqu'il eut découvert le vrai motif qui faifoit agir le roi, lorfqu'il fut qu'en favorifant le divorce, il travailloit pour fa plus redoutable rivale d'autorité, il changea de conduite ; il avertit fecretement le pape qu'Anne de Boulen fuivoit les opinions de Luther, & qu'il étoit à craindre qu'elle ne les infpirât au roi, à qui elle avoit fu infpirer un defir fi effréné de l'époufer. Le pape, foit fur les avis de *Volfey*, foit par d'autres raifons, évoqua l'affaire au tribunal de la Rote, après avoir donné ordre au cardinal Campége de brûler la bulle de divorce, ce qui fut exécuté. Henri, furieux de voir cette affaire fortir de l'Angleterre, où il lui étoit aifé de la faire juger en fa faveur, s'en prit à *Volfey*, & ce cardinal fi puiffant, ce miniftre fi abfolu, ce tyran de fon maître, ce juge des empereurs & des rois, ce Séjan de l'Angleterre, dont il fembloit que rien ne pût renverfer la fortune, fut détruit d'un coup d'œil. Le roi, paffant tout-à-coup d'une déférence aveugle à une haine implacable, le dépouilla de fa dignité de chancelier, d'une grande partie de fes biens, & le relégua dans fon archevêché. Alors mille cris, que la crainte avoit étouffés, s'élevèrent de toutes parts contre le miniftre opprimé. Le roi avoit l'oreille ouverte à toutes les plaintes qu'on vouloit hazarder ; il ordonna qu'on lui fît fon procès, il le fit arrêter ; mais tandis qu'on le traînoit en criminel d'Yorck à Londres, exemple éclatant de l'inconftance de la fortune & des revolutions des cours, la douleur & la dyffenterie, plus promptes que la rage des envieux, terminèrent fa vie le 30 novembre 1530.

La réputation de *Volfey* fut trop grande pour n'avoir pas été fondée fur quelques talens, mais l'orgueil & l'avarice les ont flétris. Il faut avouer au refte que le temps, où il a régné, a été le plus beau tems de la vie de Henri VIII & celui où l'Angleterre a tenu la balance avec le plus de grandeur. Tant qu'il vécut, le fougueux Henri n'ofa s'abandonner à toute l'impétuofité de fes paffions ; le principal éloge de ce miniftre fe tire de tout ce que Henri VIII ne fit point pendant fa vie, & de tout ce qu'il fit après fa mort.

Le roi d'Angleterre, fous prétexte de malverfations, confifqua la meilleure partie de fes biens, fur-tout fa belle maifon d'Hamptoncourt. Gregorio Leti rapporte qu'un jour, qu'Anne de Boulen y étoit avec le roi, peu de tems après fon mariage, elle lui dit : « Qu'il m'eft doux, Sire, de me » voir avec vous dans ce palais, dans ces jardins » que mon ennemi femble n'avoir embellis que » pour moi, quoiqu'il y ait fi fouvent médité ma » perte ! » Sentiment naturel, mais indigne, qui étale le vil triomphe de la vengeance & de l'ufurpation.

L'hiftoire a quelques reproches graves à faire à *Volfey*. Le duc de Buckingham, de la maifon de Staford, connétable d'Angleterre, defcendoit par les femmes, du duc de Gloceftre, dernier des fils d'Edouard III ; par conféquent il ne pouvoit avoir de droit au trône qu'après les maifons d'Yorck & de Lancaftre, qui defcendoient des freres aînés du duc de Gloceftre ; on l'accufa d'avoir tenu des difcours indifcrets qui annonçoient des vues ; d'avoir confulté fur l'avenir & fur la fucceffion future un chartreux qui paffoit pour prophète ; fur ce fondement, fur la dépofition d'un de fes domeftiques & fur celle du Chartreux, il fut facrifié aux inquiétudes jaloufes de Henri VIII, ou plutôt à la vengeance de *Volfey* qu'il haïffoit & qu'il avoit menacé. Cette cruauté rendit *Volfey* odieux, & fit dire que le fils d'un boucher devoit aimer le fang ; mais Henri VIII l'aima bien davantage, après la mort de *Volfey*.

Ce fupplice de Buckingham fut le plus grand crime de *Volfey*, qui en général étoit plus enclin à l'avarice qu'à la cruauté, & qui préluda par des extorfions aux grandes violences de Henri ; les rois d'Angleterre avoient quelquefois obtenu de leurs peuples, à titre de *bienveillance*, des fecours que le parlement n'avoit pas voulu accorder ; mais ces bienveillances étoient libres comme autrefois nos dons gratuits ; par succession de tems, elles étoient devenues un impôt déguisé, l'autorité avoit abusé de cette ressource. Volsey ayant voulu recourir à cet expédient, essuya un refus ; il cita Edouard IV qui avoit employé ce même expédient avec un grand succès. On lui répondit que c'étoit un abus, & qu'il avoit été réformé par Richard III. Oh ! dit Volsey, ne parlez point de Richard III, c'étoit un tyran. Sans doute Richard III étoit un tyran, mais son exemple n'en avoit que plus de force contre un abus que lui-même avoit jugé tyrannique ; 'e sophisme de Volsey n'étoit qu'une dérision, & c'étoit lui qui étoit le tyran. Au reste, l'usage des bienveillances remontoit jusqu'au tems de Richard II.

Quels qu'ayent été les torts de Volsey, sa mort en est un plus grand de la part de son maître. Henri, en lui présentant des alternatives équivoques de faveur & de disgrace, sembla prendre plaisir à lui faire sentir sa chûte, & à le faire mourir d'inquiétude, d'agitation & de douleur. L'acharnement avec lequel Volsey fut poursuivi, excite la pitié, c'est un des traits les plus marqués d'ingratitude & de cruauté dans Henri VIII. Ce ministre ne l'avoit que trop bien servi, d'ailleurs il fut trop évidemment sacrifié à l'amour.

Parmi des chefs d'accusation, tous assez vagues & assez foibles, portés contre ce malheureux Volsey, on trouve celui-ci : « qu'il avoit exposé la santé du roi, en lui parlant à l'oreille & respirant près de son visage, dans un tems où il se savoit infecté de la maladie vénérienne. » Par ce grief, on peut juger des autres.

Volsey, près de mourir, rendit témoignage au caractère de son maître. « Prenez garde aux conseils que vous lui donnerez, dit-il à ceux qui lui succédoient dans la faveur, je suis quelquefois resté pendant trois heures à ses genoux pour lui faire révoquer des résolutions injustes, & n'ai jamais pu rien obtenir. Il perdroit la moitié de son royaume, plutôt que d'abandonner un de ses projets ».

Le cardinal Volsey avoit fondé une chaire de grec dans le collège du Christ à Oxford, ce qui partagea l'université d'Oxford en grecs & en troyens ; (ce dernier nom fut celui que prirent les ennemis du grec) ce parti, avec le tems, eut en effet le sort des troyens, il succomba, & l'émulation fit pénétrer le grec dans l'université de Cambridge.

VOLTAIRE, (François-Marie Arouet de) (hist. litt. mod.) Deux excellens écrivains, M. le marquis de Condorcet & M. de la Harpe, ont écrit, l'un la vie, l'autre l'éloge de cet homme illustre. Nous tirerons principalement de ces deux ouvrages, les matériaux de son article. Nous laisserons à ces deux écrivains leurs opinions sans les

rejetter, sans les adopter, sans les discuter ; nous les énoncerons quelquefois, mais nous ne les jugerons pas. Nous ne jugerons pas non plus M. de Voltaire ; il a eu tous les ennemis, tous les envieux, tous les admirateurs, tous les détracteurs que donne le génie, qui tantôt se fait aimer, & tantôt se fait craindre. Nul n'a plus fait rire, & nul n'a plus fait pleurer dans tous les sens possibles ; nul n'a eu sur son siècle une influence plus sensible, nul n'a exercé un plus grand empire sur les esprits. Le voilà seul avec ses œuvres sous les yeux & sous la main de la postérité, c'est el e qui va le juger. Tous les intérêts d'amour ou de haine, de vanité, de rivalité, de parti, qui pouvoient s'élever entre sa gloire & la justice & la vérité, Nous pouvoient corrompre les jugemens qu'on portoit sur lui, vont toujours de plus en plus s'affoiblir & disparoître. Il sera jugé sur l'impression totale qui restera de la lecture de ses nombreux ouvrages, & sur quelques grandes & bonnes actions dont les motifs ne seront plus empoisonnés par des conjectures malignes.

François-Marie Arouet qui a rendu le nom de Voltaire si célèbre, naquit à Chatenay, le 22 février 1694, & fut baptisé à Paris en l'église de saint André des Arcs, le 22 novembre de la même année ; de là est venu l'erreur de plusieurs personnes qui ont placé au 21 novembre, l'époque de sa naissance. La raison qui fit retarder ainsi la cérémonie du baptême fut par l'excessive foiblesse de l'enfant. La même raison avoit aussi fait baptiser ou ondoyer Fontenelle dans la maison paternelle. « Il est assez singulier que les deux hommes célèbres de ce siècle, dont la carrière a été la plus longue, & dont l'esprit s'est conservé tout entier le plus long-tems, soient nés tous deux dans un état de foiblesse & de langueur ».

Le père de M. de Voltaire étoit trésorier de la chambre des comptes ; sa mère, Marguerite d'Aumart, étoit d'une famille noble du Poitou. La fortune dont ils jouissoient, procura deux grands avantages à leur fils : celui d'une éducation soignée & de l'indépendance. « Jamais M. de Voltaire n'éprouva le malheur d'être obligé, ni de renoncer à sa liberté pour assurer sa subsistance, ni de soumettre son génie à un travail commandé par la nécessité de vivre, ni de ménager les préjugés ou les passions d'un protecteur. Ainsi son esprit ne fut point enchaîné par cette habitude de la crainte qui, non-seulement empêche de produire, mais imprime à toutes les productions un caractère d'incertitude & de foiblesse. Sa jeunesse à l'abri des inquiétudes de la pauvreté, ne l'exposa point à contracter, ou cette timidité servile que fait naître dans une ame foible le besoin habituel des autres hommes, ou cette âpreté & cette inquiète & soupçonneuse irritabilité, suite infaillible, pour les ames fortes, de l'opposition entre la dépendance à laquelle la nécessité les soumet ;

& la liberté que demandent les grandes penfées qui les occupent ».

Le jeune Arouet fut mis au collège des jéfuites; il fit la rhétorique fous le P. Porée, & fous le P. le Jay, le premier voyoit en lui le germe d'un grand homme; le fecond lui prédifoit qu'il feroit en France, le Coriphée du déifme. L'une & l'autre prédiction a été accomplie.

L'abbé de Châteauneuf, fon parrain, ancien ami de fa mère, fe fit un plaifir de préfenter à la célèbre Ninon de l'Enclos, Voltaire encore enfant, « mais déjà poëte, défolant déjà par de » petites épigramm.s, fon janfénifte de frère, » & récitant avec complaifance la Moïfade de Rouffeau ».

Ce ne fera pas violer la promeffe de ne pas juger M. de Voltaire, que de ne pas applaudir à ces efpiégleries de fa malignité naiffante qui ne fe borna p t à défoler fon janfénifte de frère, qu'il eût auffi-bien fait d'épargner. On put lui dire dès lors.

Je prévois que tes coups iront jufqu'à ta mère.

Il pouffa en effet la légèreté de principes juf-qu'à faire auffi contre elle des épigrammes qui répandent des nuages fur la conduite de cette femme refpectable, au moins pour lui. M. d'Uffé avoit fait à la louange du jeune Voltaire, des vers dans lefquels il difoit que cet enfant étoit le meffie que la littérature attendoit. M. de Voltaire lui répond:

Dans tes vers, d'Uffé, je te prie,
Ne compare point au meffie
Un pauvre diable comme moi,
Je n'ai de lui que fa mifère,
Et fuis bien éloigné ma foi,
D'avoir une vierge pour mère.

Il y auroit fans doute de la pédanterie à juger à la rigueur ces traits de gaîté, ces débauches de plaifanterie, où l'efprit eft entraîné par le feul plaifir de faifir des rapports finguliers & plaifans, mais qui ne fuppofent ni l'irrévérence ni l'immoralité dont elles offrent l'apparence. Cependant cette épigramme n'auroit pas été faite à Sparte; & elle ne fe feroit point chez ces nations fages où le refpect de la religion & le refpect des parens forment les mœurs publiques. C'est propre-ment de la légèreté & de l'étourderie françoife. Auffi plufieurs perfonnes ont-elles jugé que M. de Voltaire avoit plutôt fortifié l'efprit françois, qu'il ne l'avoit formé; c'eft par cet efprit françois, difoient ces perfonnes, qu'il a été formé lui même, il y a feulement ajouté un nouveau degré de légèreté, de vivacité, de grace; il a été plus loin que les autres

dans la route qu'il a trouvée frayée; mais il n'a point ouvert de routes nouvelles; en un mot, il n'a point fait de révolution; c'eft ce que M. de Mon-tefquieu exprimoit, dit-on, en difant: *M. de Voltaire eft l'homme qui a le plus de l'efprit que tout le monde a.* Au contraire Rouffeau en péné-trant les ames de fes chagrins éloquens & vertueux, de fa haine républicaine contre l s grands & les riches, & contre tous les vices du luxe, a, dit-on, apporté de notables changemens dans les mœurs de la monarchie & dans l'efprit françois; on pourroit prédire au moins que fi la monarchie confervera ou reprendra fon afcendant, M. de Vol-taire gagnera de plus en plus, de jour en jour; que par-tout où prédominera l'efprit républicain, ce fera Rouffeau qui l'emportera; ce n'eft pas que M. de Voltaire n'ait auffi défendu les droits des peuples, que fa philofophie humaine n'ait fourni des armes & des argumens à la liberté, à l'efprit d'égalité, dans toutes les chofes où l'égalité, fans ceffe con-trariée par la nature elle-même, peut avoir lieu; car l'imagination mobile & fenfible de M. Vol-taire s'eft tout-à-tour enflammée ou attendrie fur tous les objets, & a été agitée dans tous les fens par tout ce qui peut émouvoir les hommes.

Homo fum, humani nihil à me alienum puto.

Mais on voit que fon goût dominant eft pour l'éclat de la monarchie, les plaifirs du luxe, les progrès des arts, & la douceur des mœurs, & quand il dit:

J'aime le luxe & même la moleffe,
Tous les plaifirs, les arts de toute efpèce,
La propreté, le goût, les ornemens:
Tout honnête homme a de tels fentimens........
Ce tems profane eft tout fait pour mes mœurs;
Il eft bien doux pour mon cœur très-immonde,
De voir ici l'abondance à la ronde,
Mère des arts & des heureux travaux,
Nous apporter de fa fource féconde,
Et des befoins, & des plaifirs nouveaux.

Ce font fes véritables fentimens qu'il exprime en feignant de plaifanter. Revenons à fa brillante enfance; elle plut à Ninon fi bon juge de l'efprit, des graces & même du génie dont elle avoit vû de fi beaux modèles en tout genre pendant ce beau règne de Louis XIV. Elle légua deux mille francs à M. de Voltaire pour acheter des livres.

L'abbé de Chateauneuf introduifit Voltaire dans les fociétés les plus brillantes de Paris, particu-lièrement dans celle du duc de Sully, du marquis de la Fare, de l'abbé Servien, de l'abbé de Chaulieu, de l'abbé Courtin. Le prince de Conti, le Grand-

Prieur de Vendôme , s'y joignoient fouvent. Là , par averfion pour la févérité de Verfailles , & pour l'hypocrifie qui en étoit l'effet naturel , on affectoit de porter jufqu'à la licence le goût du plaifir & de la liberté.

M. Arouet crut fon fils perdu en apprenant qu'il faifoit des vers & qu'il voyoit bonne compagnie. Dans fes vues étroites , il avoit difpofé de fon fils comme tous les pères vulgaires d'après des convenances de fortune , il le deftinoit à la magiftrature , & M. de *Voltaire* faifoit des vers & méditoit des tragédies.

Au fortir du berceau , j'ai bégayé des vers.

M. de *Voltaire* s'amufoit , dit-on , quelquefois à raconter que fon père , pour lui en impofer , ayant imaginé de le faire réprimander par un grave & vénérable perfonnage , pria M. de Nicolaï , premier préfident de la chambre des comptes , de vouloir bien fe charger de lui donner une leçon capable de lui faire impreffion. M. de *Voltaire* , comme autrefois Boileau , demeuroit chez fon père dans la cour du palais. *Qu'eft-ce donc , jeune homme* , lui dit M. de Nicolaï , en redoublant de gravité pour l'intimider , *j'apprends que vous fcandalifez toute la cour du palais : on dit que vous rentrez à des neuf heures du foir.* On peut juger combien le légataire de Ninon , le jeune ami des Sully , des La Fare , des Chaulieu , attacha d'importance à de pareils reproches.

» Cette querelle de famille , dit M. le marquis de Condorcet , finit par faire envoyer le jeune *Voltaire* chez le marquis de Chateauneuf ambaffadeur de France en Hollande. » Il y trouva cette madame du Noyer (*voyez* fon article) connue par fes lettres galantes , répertoire d'hiftoriettes & d'anecdotes , dont la vérité ne fait pas le principal mérite. Elle avoit avec elle fes deux filles , de l'une defquelles M. de *Voltaire* devint amoureux ; c'eft celle qui époufa dans la fuite le baron de Vinterfeld. » La mère trouvant que le feul parti qu'elle pût tirer de cette paffion étoit d'en faire du bruit , fe plaignit à l'ambaffadeur qui défendit au jeune *Voltaire* de conferver des liaifons avec mademoifelle du Noyer. L'ambaffadeur en cela paffoit un peu fes pouvoirs. M. de *Voltaire* lui répondit en fubftance :

J'y cours de ce pas même , & vous m'enhardiffez,
C'eft l'effet que fur moi fit toujours la menace.

L'ambaffadeur le renvoya dans fa famille pour fa défobéiffance & fon indocilité.

» Madame du Noyer fit imprimer cette aventure avec les lettres du jeune Arouet à fa fille , efpérant que ce nom , déjà très-connu , feroit mieux

vendre le livre ; & elle eut foin de vanter fa févérité maternelle & fa délicateffe , dans le libelle même où elle déshonoroit fa fille. » Arrivé à Paris , dit le même auteur , M. de *Voltaire* n'oublia rien de ce qui étoit en fon pouvoir pour enlever une jeune perfonne eftimable & née pour la vertu , à une mère intrigante & corrompue. « Des évêques & des jéfuites s'unirent à lui dans ce projet , qui échoua ; mais M. de *Voltaire* eut dans la fuite le bonheur d'être uni à mademoifelle du Noyer ; & nous avons vu madame la baronne Vinterfeld dans fa vieilleffe , toute glorieufe encore d'avoir eu les prémices de cœur de M. de *Voltaire* , & ne le laiffant ignorer à perfonne.

Cependant fon père le voyant toujours obftiné à faire des vers & à vivre dans le grand monde , l'avoit chaffé de fa maifon pour qu'il ne fcandalifât plus la cour du palais. Les lettres les plus foumifes ne le touchoient point : fon fils lui demandoit même la permiffion de paffer en Amérique & celle d'embraffer fes genoux avant fon départ. Il fallut fe réfoudre , non à partir pour l'Amérique , mais à entrer chez un procureur.

M. de Caumartin , touché des erreurs du père dont il étoit ami , & du fort du fils dont les talens naiffans l'avoient frappé & qu'il voyoit fi peu à fa place , demanda la permiffion de mener celui-ci à Saint-Ange , où il réfléchiroit à loifir fur le choix d'un état , loin de ces fociétés brillantes & réputées dangereufes qui avoient alarmé la tendreffe paternelle.

Tour n'eft pas Caumartin.

M. de *Voltaire* trouva dans cette heureufe retraite celui que Boileau avoit immortalifé par cet hémiftiche , le vieux Caumartin , vieillard refpectable , paffionné pour la mémoire de Henri IV & de Sully. Il avoit été lié avec les hommes les plus inftruits & les plus aimables du règne de Louis XIV , favoit les anecdotes les plus fecrettes & fe plaifoit à les raconter. *Voltaire* revint de Saint-Ange , occupé d'un poëme épique dont Henri IV devoit être le héros , & plein d'ardeur pour l'étude de l'hiftoire de France. C'eft à ce voyage que nous devons *la Henriade & le fiècle de Louis XIV.*

Après la mort de Louis XIV , la mode fut pendant un tems de prodiguer les fatires à fa mémoire comme on lui avoit prodigué les panégyriques pendant fa vie. On en fit une à l'imitation des *j'ai vu* de l'abbé Regnier-Defmarais , & qui étoit auffi intitulée : *les j'ai vu* , elle contenoit l'énumération des maux arrivés dans les dernières années du règne de Louis XIV , & finiffoit par ce vers :

J'ai vu ces maux , & je n'ai pas vingt ans.

Cette pièce parut en 1716. M. de *Voltaire* avoit alors un peu plus de vingt-deux ans, on la lui attribua, & la police, dit M. de Condorcet, regarda cette espèce de conformité d'âge comme une preuve suffisante pour le priver de la liberté. Il fut mis à la bastille.

On ne voit pas trop quel droit avoit le régent de s'ériger ainsi en vengeur d'un roi dont il décrioit le gouvernement dans tous ses discours, comme il le contrarioit dans toute sa conduite, excepté dans l'excès des dissipations & des largesses ruineuses, c'est-à-dire excepté dans ce qui perdoit l'état. De plus, s'il croyoit devoir cette vengeance à la dignité du trône, il falloit s'assurer du moins de ne faire tomber la punition que sur les coupables; or on croit généralement que la pièce qui formoit le corps de délit, n'étoit pas de M. de *Voltaire*; en effet malgré quelques vers énergiques, elle n'en paroît pas trop digne, elle ne contient guères que des déclamations vagues & des opinions & des sentimens qui sont plutôt d'un janséniste que d'un philosophe.

On semble s'être étudié dans la nouvelle édition des œuvres de M. de *Voltaire*, tome 70. & dernier, pages 255—6, à rendre cette Pièce plus indigne encore de ce grand poëte, en la défigurant par des fautes d'impression sans nombre, en la remplissant de vers sans mesure tels que ceux-ci:

Sacrifier son dieu, sa religion, son ame .....

Remuer & tourmenter les mânes ......

J'ai vu un homme épouvantable,

J'ai vu, c'est tout dire le jésuite adoré.

L'auteur des *philippiques* que M. de *Voltaire* appelle avec raison *des archives d'horreurs*, semble insinuer que M. de *Voltaire* fut soupçonné comme beaucoup d'autres, d'y avoir eu part & que ce fut la cause de sa détention: il représente le régent prenant, égarant ses soupçons sur diverses personnes innocentes, & il ajoute:

De cette crainte imaginaire,

Arouet ressent les effets.

On punit les vers qu'il peut faire,

Plutôt que les vers qu'il a faits.

Observons en passant combien il y a d'imperfection & d'impropriété de style dans ces vers si vantés autrefois, parce qu'ils étoient hardis & méchans, ou plutôt calomnieux & impudent.

De cette crainte imaginaire

Il s'agit moins là de crainte, puisque le mal étoit fait, que de soupçons sur l'auteur; d'ailleurs cette crainte ou ces soupçons n'avoient rien d'imaginaire; ils étoient très-réels & leurs effets très-sensibles; le crime n'étoit pas non plus *imaginaire*, le corps de délit étoit constant, seulement on se trompoit sur la personne de l'auteur & les soupçons étoient souvent injustes, mais non pas imaginaires.

On punit les vers qu'il peut faire,

Plutôt que les vers qu'il a faits.

Ceci peut avoir deux sens; 1°. *on punit les vers qu'il peut faire & non pas des vers qu'il ait réellement faits; & il paroit que tel est le sens de l'auteur.* 2°. *Quoiqu'il ait fait des vers réputés punissables, on punit encore plus ceux qu'il est capable de faire, que ceux qu'il a faits; & la peine est trop forte pour la faute.* Il ne faut point laisser de ces équivoques & de ces doubles sens.

Enfin il y a une autre tradition sur la cause de la détention de M. de *Voltaire*, & cette tradition peut se concilier avec les prétendus soupçons au sujet des philippiques. M. de *Voltaire* étoit soupçonné d'une comparaison du régent & des princesses ses filles, avec Loth & ses filles, & d'une prédiction sur la naissance d'Ammon & de Moab. M. le duc de Brancas, un des favoris du régent, alla, dit on, voir M. de *Voltaire* à la bastille, lui fit des offres de service, lui dit que le régent n'étoit nullement implacable, & lui conseilla ou de se justifier ou de demander grâce en vers, selon qu'il se sentiroit innocent ou coupable. M. de *Voltaire* fit cette épigramme:

Non, monseigneur, en vérité,

Ma muse n'a jamais chanté

Ammonites ni Moabites;

Brancas vous répondra de moi;

Un rimeur sorti des jésuites

Des peuples de l'ancienne loi,

Ne connoit que les sod.....

Il y a de M. de *Voltaire* une pièce extrêmement gaie & d'un bien meilleur goût, sur son séjour à la bastille. Il y plaisante un peu sur *Marc-René*, c'est-à-dire sur le fameux lieutenant de police d'Argenson, mais sans le moindre fiel & la moindre humeur.

Son innocence ayant été reconnue, on lui rendit la liberté, le régent lui donna même une gratification comme par forme de dédommagement. *Monseigneur*, lui dit M. de *Voltaire*, *je remercie votre altesse royale de vouloir bien continuer à se charger de ma nourriture, mais je la prie de ne plus se charger de mon logement.*

D'autres, sans prononcer sur l'innocence & sans parler de gratification, disent que quand M. de

Voltaire parut devant le régent, ce prince lui dit : *soyez sage & j'aurai soin de vous*, & que *Voltaire* répondit : *Je suis infiniment obligé à votre altesse, mais je la supplie de ne plus se charger de mon logement ni de ma nourriture.*

Il avoit trouvé de grandes ressources dans le travail, contre l'ennui de la prison. Ce fut à la bastille qu'il ébaucha son poëme de *la ligue*; il y fit, dit-on, le second chant tout entier, c'est celui qui contient la description de la Saint-Barthelemy, & c'est le seul des chants de *la Henriade*, où il n'ait point fait depuis de changemens.

Il corrigea aussi à la bastille, sa tragédie d'*Œdipe*.

On a remarqué que le premier ouvrage en vers sérieux, publié par M. de *Voltaire*, fut un ouvrage de dévotion. Ce fut une ode sur la décoration de l'autel de Notre-Dame de Paris; vœu de Louis XIII. accompli par Louis XIV. C'étoit un sujet de prix proposé par l'académie françoise. Ce fut l'abbé du Jarry qui remporta le prix, & M. de *Voltaire* n'en a jamais remporté, soit qu'il n'ait concouru que cette seule fois, ou qu'il ait concouru plusieurs autres.

Il avoit fait plus anciennement & étant encore au collége, un autre ouvrage de dévotion, une ode en l'honneur de Sainte-Geneviève, où il étoit difficile même d'entrevoir ce que devoit un jour être *Voltaire*.

M. Thomas s'étonnoit qu'à la mort de ce grand poëte il ne fût pas venu à l'esprit de quelque libraire de faire un choix de ses œuvres sous ce titre : *œuvres de dévotion de M. de Voltaire*. Le titre eût été piquant & le recueil très-recherché.

La tragédie d'*Œdipe* fut jouée en 1718. L'auteur avoit alors vingt-quatre ans, mais il y avoit long-tems que la pièce étoit composée. Ce dut être pour les connoisseurs contemporains une nouveauté bien intéressante & une surprise bien agréable que ce style ferme, harmonieux, éloquent, énergique, ce langage de la douleur, ce ton soutenu de la tragédie qu'on n'avoit plus entendu au théâtre depuis Racine; mais ce qu'on ne peut trop admirer dans un jeune homme, c'est ce goût pur & indépendant de l'usage & de l'exemple, qui lui avoit fait sentir qu'un sujet tel que celui d'*Œdipe*, ne pouvoit s'allier avec une intrigue amoureuse, & il est curieux de se représenter l'orgueilleux Dufresne, qui, ne se reconnoissant plus dans ce nouveau tragique, parce qu'il n'y retrouvoit plus les rapsodies d'amour, auxquelles son siècle étoit accoutumé, propose sérieusement de retrancher la scène des confidences entre Œdipe & Jocaste, & s'écrie sur le refus de l'auteur : *nous devrions bien, pour punir l'indocilité du jeune homme, jouer la pièce avec cette grande scène, traduite de Sophocle*. Nos grands décisionnaires, qui sont toujours si éloignés de soupçonner une erreur dans

les idées de leur siècle, devroient bien faire quelque attention à cet exemple, mais ils en sont incapables. La grande vilaine scène fit le succès de la pièce au grand étonnement de Dufresne & des autres acteurs. La Motte, plus éclairé qu'eux, la Motte, alors le premier homme de la littérature, la Motte, qui fit cependant depuis un *Œdipe* en prose, & même un *Œdipe* en vers, eut l'honorable équité de dire dans l'approbation de l'*Œdipe* de M. de *Voltaire*, que cette pièce promettoit un digne successeur de Corneille & de Racine.

C'est ainsi qu'un grand cœur fait juger un grand homme.

On raconte qu'à une représentation d'*Œdipe*, M. de *Voltaire* parut sur le théâtre portant la queue du grand-prêtre. La Maréchale de Villars, présente à cette représentation, demanda qui étoit ce jeune homme qui vouloit faire tomber la pièce, & il est vrai que cette étourderie, dont on ne voit pas trop quel étoit l'objet, paroissoit propre à produire cet effet; on lui dit que c'étoit l'auteur lui-même; cette singularité lui inspira le désir de le connoître. *Voltaire*, admis dans sa société, conçut pour elle une passion, la première & la plus sérieuse qu'il ait éprouvée. Elle ne fut pas heureuse, & elle l'enleva pour un tems à l'étude. Il n'en parloit depuis, dit M. de Condorcet, qu'avec le sentiment du regret & presque du remords. Il en parle cependant d'un tout autre ton à Madame la maréchale de Villars, en lui envoyant *la Henriade*. Sa plainte est fine, galante & tendre :

> Quand vous m'aimiez, mes vers étoient aimables,
> Je chantois dignement les talens, les vertus,
> Mon ouvrage naquit dans ces tems favorables,
> Il eût été parfait; mais vous ne m'aimez plus.

Le public qui avoit été juste pour *Œdipe*, fut au moins sévère pour *Artémire*, qui le suivit d'assez près. M. de *Voltaire* ne parut point réclamer contre ce jugement, & même dans *le temple du goût*, il se faisoit dire par le dieu du goût :

> Donnez plus d'intrigue à Brutus,
> Plus de vraisemblance à Zaïre,
> Et, croyez-moi, n'oubliez plus
> Que vous avez fait *Artémire*.

Des liaisons de M. de *Voltaire* avec des ennemis du régent, & avec quelques intrigans fameux tant françois qu'étrangers, le firent encore disgracier sous la régence, il fut exilé, mais bientôt après rappellé.

En 1722 il accompagna Madame de Rupelmonde en Hollande; il passa jusqu'à Bruxelles, & y vit Rousseau, ils se communiquèrent réciproquement leurs ouvrages & se quittèrent ennemis. *Voltaire* montra *l'épitre à Uranie* à l'auteur de la *moyfade*, & l'auteur de la moyfade & de tant d'épigrammes licentieufes contre les moines & les gens d'églife, donna féricufement pour caufe de fa haine contre *Voltaire* fa contenance évaporée pendant la meffe, & *l'épitre d Uranie*. La vraie raifon de cette haine n'étoit-elle pas plutôt le mot que *Voltaire* eut la franchife de dire à Rouffeau fur fon *ode à la poftérité*, qu'elle n'iroit pas à fon adreffe. Rouffeau, dit M. de Condorcet, fe déchaina contre *Voltaire*, qui ne répondit qu'après quinze ans de patience. S'il eft ainfi, on peut dire qu'il fe dédommagea bien de ce long filence, & que dès la première fois il lui paya toutes fes dettes. Détournons nos regards de ces foibleffes de grands hommes.

En 1724 parut *Mariamne*. C'étoit le fujet d'*Artémire* fous des noms nouveaux, & M. de *Voltaire* paroît s'être toujours fait un point d'honneur de reproduire ainfi fous d'autres noms & fous des formes nouvelles, celles de fes pièces qui, foit par l'effet d'une cabale, foit par d'autres caufes, n'avoient pas été dignement accueillies : car plufieurs de fes tragédies, même du meilleur tems, font tombées ; mais aucune de celles qui ont été données jufques & compris 1760 n'a mérité de tomber. *Adelaïde du Guefclin*, qu'une fotte plaifanterie avoit fait tomber dans l'origine, déguifée depuis fous le nom du *duc de Foix*, a été un peu mieux accueillie, & redonnée enfuite fous fon premier titre, a fixé tous les fuffrages & s'eft remife en poffeffion de toute l'eftime qui lui eft due ; *Eriphile* a produit *Semiramis*, qui, froidement accueilli d'abord, eft devenue dans l'opinion publique l'*Atholie* de ce nouveau Racine. *Orefte*, combattu autrefois comme *Sémiramis* & *Rome fauvée* par la cabale de Crébillon, plait aujourd'hui à tous les connoiffeurs par cette fimplicité grecque qu'elle retrace. *Mariamne*, qui a donné lieu à cette énumeration & qui étoit *Artémire* corrigée, tomba d'abord, comme *Adélaïde*, par une bouffonnerie du parterre, mais elle fe releva & eut quarante répréfentations de fuite.

La Henriade avoit paru en 1723 fous le titre de *poëme de la ligue*, & la France avoit enfin un poëme épique. Plus la raifon fera de progrès parmi les hommes, plus cet ouvrage aura d'admirateurs ; c'eft de tous les poëmes épiques le feul qui ait véritablement & fenfiblement un but moral, celui d'infpirer l'horreur du fanatifme & de la révolte. Il en eft de même des ouvrages de M. de *Voltaire* dans d'autres genres. Peu de tragédies, foit chez les anciens, foit chez les modernes, ont auffi diftinctement un but moral & philofophique, que certaines tragédies de M. de *Voltaire*, telles que *Mahomet*, *Alzire*, *l'Orphelin de la Chine*.

La gloire de M. de *Voltaire* croiffoit tous les jours, & on pouvoit déjà dire de lui :

De qui dans l'univers peut-il être jaloux ?.....

Des rivaux ! dès long-tems Mahomet n'en a plus,

lorfqu'un événement fatal vint troubler fa vie. « Il avoit répondu par des paroles piquantes au » mépris que lui avoit témoigné un homme de la » cour, qui s'en vengea en le faifant infulter par » fes gens.... Ce fut à la porte de l'hôtel de » Sully, où il dinoit, qu'il reçut cet outrage.... » Les loix furent muettes,.... Le parlement garda » le filence. »

« *Voltaire*, pourfuit fon hiftorien, voulut prendre » les moyens de venger l'honneur outragé, moyens » autorifés par les mœurs des nations modernes » & profcrits par leurs loix : la Baftille, & au bout » de fix mois l'ordre de quitter Paris fûrent la puni-» tion de fes premières démarches. Le cardinal de » Fleuri n'eut pas même la petite politique de don-» ner à l'aggreffeur la plus légère marque de » mécontentement. »

Voltaire fit encore à Paris un voyage fecret & inutile, il vit trop combien il feroit aifé à fon adverfaire de l'éviter & de le perdre, il s'enfevelit dans la retraite, l'Angleterre fut fon afyle. C'eft à ce féjour en Angleterre que nous fommes redevables des tragédies de *Brutus* & de *la mort de Céfar*, des lettres philofophiques & de tant d'efforts que M. de *Voltaire* n'a ceffé de faire pour détruire les préjugés de toute efpèce, au nombre defquels les uns voient avec douleur, les autres avec une joie autrefois fecrette, aujourd'hui plus avouée, qu'il ait mis la religion même.

C'eft à ce projet utile & dangereux, la deftruction des préjugés, que M. de *Voltaire* fe eft appellé, c'eft à l'exécution de ce projet qu'il confacra tous fes travaux, tous fes talens, & le raifonnement, & la plaifanterie, & le charme des vers, & les effets du théatre ; il s'y livra tout entier, & c'eft là proprement l'hiftoire de fa vie.

Il avoit donné, en 1730, la tragédie de *Brutus* ; Fontenelle en avoit fait une en focieté avec Mademoifelle Bernard. Ce *Brutus* étoit froid & foible, celui de M. de *Voltaire* eft le plus fortement penfé, le plus fortement écrit de fes ouvrages. Ce fut après l'avoir vu que M. Fontenelle dit à M. de *Voltaire*, qu'*il ne le croyoit point propre à la tragédie, que fon ftyle étoit trop fort, trop pompeux, trop brillant..... Je vais donc lire vos paftorales*, lui répondit *Voltaire*.

Que l'abus & la fauffe application des principes les plus raifonnables font malheureufement faciles ! fans doute le ftyle de la tragédie ne doit pas être trop fort, trop pompeux, trop brillant ; il ne doit pas tenir de l'Epopée ni de l'Ode, il feroit trop peu touchant ; *Phèdre* feroit très-défectueufe fi elle étoit

étoit écrite par-tout comme le récit de la mort d'Hippolyte.

> Telephus & Peleus, cùm pauper & exul uterque
> Projicit ampullas & sesquipedalia verba ,
> Si curat cor spectantis tetigisse querelâ !

Mais *Brutus* ne devoit-il donc pas être écrit avec cette énergie républicaine. & romaine qui le distingue , & l'art d'écrire n'est-il donc pas celui de varier son style & de l'adapter à la nature de chaque sujet, & comment le neveu de Corneille étoit-il insensible à cette foule de traits du genre & du mérite de ceux qui avoient immortalisé son oncle ? tels que ceux-ci :

> Non, non, le consulat n'est pas fait pour son âge,
> J'ai moi-même à mon fils refusé mon suffrage......
> Le prix de la vertu seroit héréditaire ,
> Bien-tôt l'indigne fils du plus vertueux père
> Trop assûré d'un rang d'autant moins mérité ,
> L'attendroit dans l'opprobre & dans l'oisiveté...,..
> Vous avez sauvé Ro e, & n'êtes pas content !...
> Mon fils au consulat a-t-il osé prétendre
> Avant l'âge où les loix permettent de l'attendre ?....
> Nous sommes de leur gloire un instrument servile,
> Rejetté par mépris, s'il devient inutile ,
> Et brisé sans pitié s'il devient dangereux.......
> Vous êtes père , enfin.--Je suis consul de Rome....
> Vous connoissez Brutus , & l'osez consoler !

M. de Condorcet nous apprend que l'élégie sur la mort de Mademoiselle le Couvreur fut pour M. de *Voltaire* le sujet d'une persécution sérieuse, qui l'obligea de quitter la capitale. La liberté de penser, qui éclate dans cette pièce, & à laquelle l'indignation & la douleur sembloient servir de prétexte , étoit toujours suspecte au cardinal de Fleuri , & les éloges donnés aux anglois sur cette liberté de penser si gênée en France , lui étoient extrêmement désagréables. Il étoit fort choqué de ces vers :

> Quoi ! n'est-ce donc qu'en Angleterre
> Que les mortels osent penser !
> Exemple de l'Europe , ô Londre ! heureuse terre !
> Ainsi que des tyrans vous avez sû chasser
> Les préjugés honteux qui nous livrent la guerre.

L'essai sur la poësie épique fut fait en Angleterre & composé d'abord en anglois. M. de *Voltaire* fit, ou par hazard ou à-dessein, à *la Henriade* un changement qui perpétua la mémoire (qu'il auroit fallu étouffer peut-être) de l'affront impuni qu'il avoit reçu à la porte de l'hôtel de

Histoire Tome V.

Sully. Le duc de Sully , qui pouvoit se regarder comme personnellement outragé par le choix du lieu & du moment où l'outrage avoit été fait , n'en témoigna aucun ressentiment & refusa d'embrasser la querelle de M. de *Voltaire*. Quand on vit à la suite de cette querelle le personnage du fameux duc de Sully Rosny , ôté de la Henriade & remplacé par du Plessis-Mornay , on attribua ce changement à un esprit de vengeance , & cette vengeance ne parut ni juste ni noble. En effet si du Plessis - Mornay avoit cédé la place à Sully , les raisons de ce changement frapperoient tout le monde , mais le changement contraire ne paroit pas avoir d'autres motifs que ceux qu'on a soupçonnés : ce n'est pas que du Plessis-Mornay , sujet fidèle & vertueux , personnage d'un grand mérite & d'un grand savoir , n'ait eu à la confiance de Henri IV une part distinguée ; mais il n'a pas eu, comme Sully , toute sa confiance , il n'a pas été son principal ministre , il n'a pas été sous ce prince le restaurateur des finances & le sauveur de l'état, il n'a pas été son ami particulier , le confident de ses projets & même de ses foiblesses ; sa vie entière n'a pas été , comme celle de Sully , consacrée ou au service ou au souvenir de Henri IV. Le nom de Sully est devenu inséparable de celui du roi son ami, celui de Mornay s'en sépare, & quand Mornay joue le premier rôle dans la Henriade parmi les sujets du roi, & que Sully n'y paroit que caché dans la foule, sur-tout après y avoir paru au premier rang , c'est une singularité qui ne peut guères s'expliquer que par des intérêts secrets & que par des passions particulières.

En 1732 parut *Zaïre* , la tendre *Zaïre* , la pièce la plus touchante qui soit au théâtre , la plus touchante au moins de celles dont l'intérêt roule sur l'amour. Il n'y a pas de jeune personne sensible qui ne la sache par cœur & qui ne la porte pour ainsi dire gravée dans son cœur, plutôt que dans sa mémoire. Quand on voit M. de *Voltaire* se vanter & ses amis le vanter d'avoir fait cette pièce en dix-huit jours, on se rappelle d'abord que Boileau se vantoit au contraire d'avoir appris à Racine à faire difficilement des vers ; on se rappelle ce mot du misantrope :

> Voyons , Monsieur , le tems ne fait rien à l'affaire.

Il faut avouer cependant que cette facilité plus que prodigieuse, cet heureux talent de saisir d'abord & comme par un premier mouvement dans la nature, ce qu'elle a de plus vrai , de plus exquis , de plus touchant, est un don du ciel dont on peut tirer quelque gloire, & qui peut distinguer avantageusement, même parmi les gens de génie. Si c'est déjà un si grand mérite de bien faire, faire aussi bien dans un tems donné, doit être un mérite encore plus grand.

Les accompagnemens de Zaïre sont aimables

comme Zaïre même. Cette épitre fi délicieufe, fi anacréontique à la jeune & charmante actrice qui avoit joué le rôle de Zaïre, ne pouvoit être faite que par M. de *Voltaire*, & que pour made- moifelle Gauffin.

Le temple du goût fcandalifa & révolta; il cho- quoit plufieurs opinions établies; mais il fit dif- paroître ces opinions, & confacra toutes celles qu'il établiffoit. Ce fut une grande victoire rem- portée fur les préjugés en matière de goût. M. de *Voltaire* fut perfécuté pour fes lettres philofophiques, c'eft à dire pour fes lettres fur les Anglois; elles furent fupprimées par un arrêt du confeil, brulées par un arrêt du parlement, & des informations furent ordonnées contre l'auteur. Il fut perfécuté encore pour l'*épitre à Uranie*. Il le fut pour quelques fragmens de *la Pucelle* qui furent connus par l'in- difcrétion de quelques amis, car il eft inconce- vable combien on fe porte facilement à expofer fes meilleurs amis par la petite vanité de montrer qu'on fait ce que tout le monde ne fait pas, & qu'on eft dans la confidence d'un homme illuftre ou de fes entours. Le garde des fceaux (c'étoit M. Chauvelin alors) menaça M. de *Voltaire* d'un cul de baffe-foffe, fi jamais il paroiffoit rien de cet ouvrage.

M. de *Voltaire* vouloit tout dire & tout ofer, & cependant échapper à la perfécution. Pour être indépendant il voulut être riche, il plaça une partie de fa fortune dans les pays étrangers.

Un lieu vous déplaît-il? vous paffez dans un autre.

Une liaifon qui fit long-tems la douceur de fa vie le fixa cependant en France, mais le tint affez éloigné de Paris dans une retraite qu'il fe plut à embellir, & où il cultiva long tems en paix les lettres & les fciences. Cette liaifon étoit celle de l'illuftre marquife du Châtelet (*voyez* fon ar- ticle), & cette retraite étoit *Cirey*. M. de *Voltaire* s'élança pendant quelque tems avec fa fublime amie dans les profondeurs de la philofophie de Newton; il mit en beaux vers les principaux objets de cette philofophie. Bientôt fon génie également ardent & facile, embraffa tout, s'éleva aux plus hautes fpé- culations, defcendit aux amufemens en apparence les plus frivoles rendus toujours importans & utiles par la philofophie, il s'exerça dans tous les genres.

Tous les goûts à la fois font entrés dans mon ame,

Tout art a mon hommage, & tout plaifir m'enflamme.

Dit-il lui même.

Ce fut pour madame la marquife du Châtelet, qui n'aimoit pas l'hiftoire, (parce qu'en général il y a peu d'hiftoires philofophiques & bien écrites) mais qui vouloit cependant la connoître, qu'il com- pofa fon *effai fur l'hiftoire générale*. Cet ouvrage,

l'*hiftoire de Charles XII, & du Czar Pierre I, le fiècle de Louis XIV*, font, malgré quelques inad- vertances & quelques inexactitudes, (corrigées pour la plûpart actuellement), les ouvrages hiftoriques les plus utiles pour la connoiffance des hommes, & qui contiennent le plus de vérités importantes. On ne peut qu'être indigné de l'indécence avec laquelle a parlé de M. de *Voltaire* fous ce rapport, un écrivain plein d'humeur & de caprice, & dont la grande réputation pofthume n'eft elle-même, à quelques égards, qu'un caprice du public.

Dans les contes philofophiques, que peut-on comparer à *Zadig*, à *Memnon*, à *Babouc*, & dans un genre non moins philofophique & plus libre, à *Candide*, à *l'Ingénu*, à *Scarmentado*, &c.

A travers toutes ces diftractions, il étoit toujours fidèle à la fcène françoife, fur-tout à la tragédie; il y revenoit toujours; il en foutenoit l'éclat & la gloire. *Alzire, Mahomet, Zulime, Mérope, Sé- miramis, Orefte, Rome fauvée, l'Orphelin de la Chine; Tancrède* enfin, lorfque le théâtre débar- raffé de fpectateurs, permit d'y expofer de grands fpectacles & d'y développer de grands mouvemens; voilà quelles furent, depuis 1732 jufqu'en 1760, les grandes productions dramatiques de M. de *Vol- taire*. Ici commence l'époque de la décadence de ce grand homme qui eut comme Corneille fes *Agéfilas* & fes *Attila*. *Oëympie* qui fuivit *Tancrède* a encore de grandes beautés, les *Scythes* mêmes ont un intérêt affez attachant. Le refte ne fait plus fouvenir de M. de *Voltaire* que de tems en tems & de loin en loin.

Invenias etiam disjecti membra poëtæ.

Il y a cependant jufques dans cette *Irène* qu'il fit jouer à Paris en 1778 à quatre-vingt quatre ans, deux ou trois traits qui n'auroient pas pu être mieux dans fon meilleur tems.

On a jugé que M. de *Voltaire* avoit moins réuffi dans la comédie. La comédie chez lui eft d'un genre mixte, c'eft-à-dire qu'elle réunit le genre touchant & pathétique, & le comique proprement dit. Le pathétique étoit l'apanage particulier de M. de *Voltaire*, & la partie touchante de fes comédies eft toujours excellente. Rien de plus beau que les rôles des deux Euphémons & de Life dans l'*En- fant prodigue*. Rondon & Croupillac font les cari- catures groffières. Le comique de *Nanine* eft fouvent meilleur, parce qu'il naît de la fituation, mais il n'eft pas comparable en mérite aux rôles du comte d'Olban & de Nanine. M. de *Voltaire* fi bon plaifant, fi fûr d'exciter le rire & d'impri- mer un ridicule ineffaçable aux perfonnes & aux chofes quand c'étoit lui qui parloit, n'étoit plus le même & fortoit de la vérité quand il faifoit parler les perfonnages ridicules. Il trouvoit dans le pathétique de fon ame de quoi fe mettre parfaitement à la place des héros tragiques & des personnages nobles & intéressans de la comédie, & il savoit les faire parler convenablement ; mais il n'avoit pas en lui dequoi faire agir & parler conformément à leurs travers, les personnages bas & comiques ; il savoit donner des ridicules & il ne savoit pas les peindre. Le philosophe nuisoit en lui au peintre fanatique, il jugeoit & n'imitoit pas, il traduisoit en langage philosophique l'expression des travers & des vices ; il faisoit dire à ses personnages ce que les autres disoient ou pouvoient dire d'eux, & ce que personne ne dit jamais de soi. C'est encore un défaut contre la vérité que de mettre dans la bouche des personnages de certaines idées ridicules, qui sont bien dans le fond de leur ame, mais qu'elles ne s'avouent pas ; par exemple, lorsque dans *Nanine*, la baronne, femme altière, regardant tous les avantages humains comme l'appanage de la naissance, s'indigne de voir Nanine si belle, s'écrie :

Où la beauté va-t'elle se loger ?

& ajoute :

C'est un affront fait à la qualité.

Il est clair que ce dernier trait ne doit pas naturellement échapper à la baronne, qu'il ne convient qu'à un philosophe qui l'observe, ou qu'à une soubrette fine & maligne qui lit dans son ame & qui va y saisir un sentiment ridicule, que la baronne n'apperçoit pas elle même, ou du moins n'avoue pas. Il en est de même à peu près de cet autre mot :

Que je la hais ! quoi ! belle & de l'esprit !

On sourit à ces traits, parce qu'ils expriment le sentiment de la personne qui parle, & qu'ils ont par là une sorte de vérité, mais le rire est bientôt arrêté par la réflexion que le personnage ne doit point parler ainsi.

Ce tort de faire dire aux personnages ce que les autres disent d'eux, M. de *Voltaire* ne l'a pas toujours borné à la comédie ; c'est une forme que la philosophie lui fait prendre trop souvent. Il introduit Rousseau dans le temple du goût avec toutes ses passions & tout son orgueil, & cependant il lui fait dire :

Le dieu qui rime, est le seul dieu qui m'aime.

Voilà ce que les ennemis de Rousseau, ou ses juges sévères, ou si l'on veut tout le monde pouvoit dire, excepté le seul Rousseau.

Dans une épitre qui est un tableau des usages de Paris, M. de *Voltaire* peint une jeune femme qui, bien parée, va par désœuvrement faire une visite à une autre femme pareillement désœuvrée.

Elle entre, & baille, & puis lui dit : „ Madame, „ J'apporte ici tout l'ennui de mon ame ;

„ Joignez un peu votre inutilité „ A ce fardeau de mon oisiveté.

Voilà ce qui est ; mais voilà ce qu'on ne dit point.

Concluons que M. de *Voltaire* n'a pas mis la même vérité d'imitation dans la comédie que dans la tragédie, & qu'il a mieux su peindre les passions que les ridicules. Il fit *Mahomet*, il n'auroit vraisemblablement pas fait *Tartuffe*.

Ces deux pièces avoient le même but moral, elles éprouvèrent les mêmes contradictions. Il s'agissoit dans l'une & dans l'autre de démasquer l'hypocrisie, de décrier le fanatisme & la superstition. Les mêmes ennemis s'élevèrent contre ces deux ouvrages, & les sentimens & les opinions connues de M. de *Voltaire* fournirent encore plus de prétextes contre *Mahomet* & firent plus aisément soupçonner des allégories dangereuses. *Mahomet* fut joué à Lille en 1741. M. de *Crébillon*, censeur de la police, ne voulut jamais donner son approbation alors nécessaire, pour qu'on jouât à Paris une pièce, « qui en prouvant, dit M. de Condorcet, qu'on pourroit porter la terreur tragique à son comble, sans sacrifier l'intérêt & sans révolter par des horreurs dégoûtantes, étoit la satire du genre dont il avoit l'orgueil de se croire le créateur & le modèle. »

Mahomet n'étoit point la satire de ce genre, puisqu'il en étoit le plus parfait modèle, mais on entend bien que l'auteur veut dire que cette pièce étoit la satire de celles de *Crébillon*. Il y auroit bien des choses à dire sur cette critique inutile & sévère des pièces de Crébillon, nous nous contenterons d'observer que nul motif de rivalité n'influa vraisemblablement sur ce refus d'approuver *Mahomet*, & qu'il n'y avoit alors aucun censeur qui eût osé l'approuver, à cause des allégories réelles ou imaginaires dont on a parlé ; & lorsqu'en 1751 M. le comte d'Argenson nomma extraordinairement & pour ainsi extrajudiciairement, pour examiner cet ouvrage, un homme de lettres qui n'étoit pas censeur, & qui étoit ami de l'auteur, c'est que le parti étoit pris à la cour de permettre la représentation de cette excellente tragédie. Quand la pièce avoit été défendue à Paris, M. de *Voltaire* avoit eu la bonne politique de la mettre sous la protection du pape Benoît XIV, Prosper Lambertini, pontife tolérant & homme d'esprit, auquel il envoya deux vers latins pour son portrait (*voyez* l'article Benoît XIV). Benoît prit très bien la plaisanterie, fit à M. de *Voltaire* les complimens d'usage en pareil cas, & lui envoya des médailles.

« *Mérope*, dit M. de Condorcet, est jusqu'ici la seule tragédie où des larmes abondantes & douces ne coulant po nt fur les malheurs de l'amour. »

Hoc legite, aufteri; crimen amoris abeft.

eft l'épigraphe de cette pièce. Nulle autre pièce de M. de *Voltaire* n'eut un fuccès d'enthoufiafme égal à celui-là ; « on força M. de *Voltaire* qui étoit caché dans un coin du fpectacle de venir fe montrer aux fpectateurs : il parut dans la loge de la maréchale de Villars : on cria à la jeune duchefse de Villars d'embrafser l'auteur de *Mérope*; elle fut obligée de céder à l'impérieufe volonté du public , ivre d'admiration & de plaifir. »

C'eft la première fois que le parterre ait demandé l'auteur d'une pièce , mais ajoute M. de Condorcet, « ce qui fut alors un hommage rendu au génie, a dégénéré depuis en une cérémonie ridicule & humiliante , à laquelle les auteurs qui fe refpectent, refufent de fe foumettre. »

Si M. de Fontenelle a eu le malheur de dire que les repréfentations de *Mérope*, avoient fait beaucoup d'honneur à M. de *Voltaire* & que l'impreffion de cette pièce en avoit fait beaucoup à mademoifelle Dumenil, plaignons ce fage vieillard d'avoir été fi injufte, & convenons que cette pièce a juftement immortalifé & l'auteur & l'actrice.

L'admiffion de M. de *Voltaire* à l'académie fut une affaire d'état & une des plus difficiles. Certainement il n'y fut point reçu à fon rang, mais ce feroit diffimuler volontairement la vérité , que de ne pas obferver , que dans la furabondance de fes titres il y avoit , felon les idées du tems, des titres d'exclufion qu'il falloit ou effacer ou expier , ou laifser oublier. Les académiciens d'alors penfoient ainfi. L'eftimable , mais médiocre M. de Boze alloit plus loin & décidoit que *Voltaire* ne feroit jamais un perfonnage académique. Il n'étoit pas le feul qui penfât ainfi, alors ; M. de *Voltaire* s'étoit préfenté après la tragédie de *Brutus*, & n'avoit pas même eu l'honneur de balancer les fuffrages. Il fe préfenta de nouveau après *Mérope*. Il raconte lui même dans des mémoires particuliers fur fa vie ce qui arriva dans cette occafion. Madame de Chât auroux gouvernoit alors Louis XV & étoit gouvernée par le duc de Richelieu, ami de M. de *Voltaire* dès l'enfance. M. de Richelieu avoit difpofé favorablement madame de Châteauroux pour M. de *Voltaire*. C'étoit au cardinal de Fleuri qu'il s'agifsoit de fuccéder. On demanda au fouper du roi qui feroit l'éloge du cardinal à l'académie françoife ? Le roi répondit que ce feroit *Voltaire*. Mais M. de Maurepas , alors dans le cours de fon premier miniftère ne le voulut pas. « Il avoit, dit M. de *Voltaire*, la manie de fe brouiller avec toutes les maitreffes de fon maître , & il s'en eft trouvé mal. »

L'ancien théatin , l'ancien évêque de Mirepoix Boyer, croit par-tout que ce feroit offenfer Dieu de donner la place d'un cardinal à un profane

comme M. de *Voltaire*. C'étoit M. de Maurepas qui le faifoit agir. M. de *Voltaire* alla trouver ce miniftre & lui dit : « Une place à l'académie n'eft pas une dignité bien importante, mais après avoir été nommé, il eft trifte d'être exclus. Vous êtes brouillé avec madame de Châteauroux & avec M. le duc de Richelieu, quel rapport y a-t-il , je vous prie, de vos brouilleries avec une pauvre place à l'académie françoife ? Je vous conjure de me répondre franchement : en cas que madame de Châteauroux l'emporte fur l'évêque de Mirepoix, vous y oppoferez vous ? » Il fe recueillit un moment, ajoute M. de *Voltaire*, & me dit : oui , & je vous écraferai.

L'évêque qui fuivoit ardemment fon objet l'emporta fur la maîtreffe qui avoit bien d'autres affaires, & M. de *Voltaire* manqua encore cette place.

Si l'on en croit M. de Condorcet, au défir de bleffer madame de Châteauroux, M. de Maurepas joignoit celui de défobliger M. de *Voltaire*; & il rapporte une raifon qui n'eft que trop plaufible de l'éloignement de ce miniftre pour M. de *Voltaire*. Celui-ci, déjà fi fupérieur par fes talens , l'étoit encore par l'efprit qu'il montroit dans la converfation ; il y portoit tout ce qui rend aimables les g ns d'un efprit frivole , & il y mêloit les traits du génie. Né avec le talent de la plaifanterie, fes mots étoient fouvent répétés. M. de Maurepas, qui mettoit de la vanité à montrer plus d'efprit qu'un autre dans un fouper, ne pardonnoit pas à M. de *Voltaire* de lui ôter trop évidemment cet avantage, dont il n'étoit pas trop ridicule alors qu'un homme en place pût s'être flatté.

Voilà ce que dit M. de Condorcet, & il ne paroit pas avoir le moindre doute fur ce mot fi franc & fi dur du miniftre à *Voltaire* : je vous écraferai.

Mais voici la note de l'éditeur qui fe trouve en cet endroit de la vie de *Voltaire* :

« Dans le deffein conftant d'être juftes envers tout le monde , nous devons dire ici que depuis la mort de *Voltaire*, ayant parlé de cette anecdote à M. le comte de Maurepas , au caractère duquel ce mot nous parût étrange , il nous répondit, en riant, que c'étoit le roi lui même qui n'avoit pas voulu que *Voltaire* fuccédât au cardinal de Fleuri dans fa place d'académicien, fa majefté trouvant qu'il y avoit une diffemblance trop marquée entre ces deux hommes , pour mettre l'éloge de l'un dans la bouche de l'autre , & donner à rire au public par un rapprochement femblable.

M. de Maurepas nous a même ajouté qu'il favoit depuis très-long-tems que *Voltaire* avoit dit & écrit à fes amis le mot : je vous écraferai. Mais que cette légère injuftice d'un homme auffi célèbre ne l'avoit pas empêché de folliciter le roi régnant

& d'en obtenir que celui qui avoit tant honoré fon fiècle & fa nation, vînt jouir de fa gloire au milieu d'elle, à la fin de fa carrière. »

Il y auroit bien des chofes à dire fur tout ce'a.

1°. Si M. de Maurepas, en mettant ainfi le roi en fa place, n'a pu s'empêcher de rire, c'eft plutôt un aveu qu'une dénégation.

2°. Le roi aura dit tout ce qu'on voudra, on fent bien qu'ayant fini dans cette occafion par éconduire M. de Voltaire, il aura dit quelque chofe qui ne lui aura pas été favorable; mais quand l'a-t-il dit, & à l'inftigation de qui ? voilà la queftion.

3°. Quant à la générofité dont M. de Maurepas fe vante envers M. de Voltaire, on fent bien que cet illuftre vieillard defirant ou confentant de revenir dans fa patrie, M. de Maurepas avoit trop d'efprit pour ne pas confeiller au roi d'y confentir. La conduite contraire eût été un acte de defpotifme capable de déshonorer le trône même. Mais on ne fit pas à M. de Voltaire la grace toute entière, il avoit la foibleffe, fi l'on veut, de defirer d'aller à la cour & d'y être accueilli, ce point fut refufé, & M. de Voltaire, le jour de fon apothéofe à la comédie françoife, eut l'air de triompher de la cour, laquelle fut jugée n'avoir pas rendu ce qu'elle devoit à un homme qui avoit tant honoré fon fiècle & fa nation.

Madame de Châteauroux renvoyée de Metz avec éclat pendant la maladie du roi, rappellée à la cour, auffi avec éclat & par le miniftère même de M. de Maurepas après le rétabliffement du roi, mourut fi promptement & fi peu de tems après ce triomphe vers la fin de l'année 1744, qu'on ne manqua pas de foupçonner dans cette mort quelque crime politique. La place de maîtreffe du roi étoit fous Louis XV, comme elle l'avoit été fous Louis XIV, une dignité qui ne reftoit guères vacante. Madame de Châteauroux fut remplacée en 1745 par madame d'Etioles qui fut depuis madame de Pompadour. Ce fut elle qui eut la gloire de faire recevoir M. de Voltaire à l'académie françoife en 1746 : elle lui procura une charge de gentilhomme ordinaire & le titre d'hiftoriographe de France; elle le chargea de faire une pièce pour le premier mariage du dauphin, & il fit la Princeffe de Navarre, ouvrage qui fut jugé févèrement, ainfi que le Temple de la Gloire, mais qui fervit de prétexte au bien que madame de Pompadour, qu'il avoit connue autrefois, voulut lui faire, comme s'il eut fallu un prétexte pour répandre les faveurs du gouvernement fur M. de Voltaire, & comme fi la cour n'eut dû récompenfer que les ouvrages faits pour fon amufement; auffi M. de Voltaire fut il le premier à obferver qu'il

n'avoit été récompenfé à la cour, que quand il l'avoit le moins mérité.

> Mon Henri quatre & ma Zaïre,
> Et mon américaine Alzire,
> Ne m'ont valu jamais un feul regard du roi,
> J'eus beaucoup d'ennemis avec très-peu de gloire ;
> Les honneurs & les biens pleuvent enfin fur moi,
> Pour une farce de la foire.

Pour pouvoir entrer à l'académie, le feul poëte épique françois, l'auteur d'un théâtre déjà pour le moins égal au théâtre de Racine, foit pour le nombre des pièces, foit pour la variété de leurs divers mérites, l'hiftorien de Charles XII, le plus parfait modèle des pièces fugitives, de la poéfie badine & légère, fut obligé d'écrire à un jéfuite, au P. de Latour, une lettre où il protefloit avec la fincérité la plus adroite & la plus ménagée dans fes expreffions, de fon refpect pour la religion & fur-tout de fon attachement aux jéfuites.

Son difcours de réception à l'académie françoife fit époque par l'ufage qu'il introduifit de traiter un fujet de littérature & de goût, & de donner à ces difcours une utilité qu'ils n'avoient point eue encore.

L'entrée de M. de Voltaire à l'académie donna lieu pendant un tems à un déchaînement prefque univerfel contre lui, & à un débordement affreux de libelles qu'il n'eut pas la force de méprifer, & qu'un violon du fameux l'opéra nommé Travenol accufa de colporter. Travenol fut arrêté, il y eut à ce fujet entre M. de Voltaire & lui un procès qui répandit fur M. de Voltaire dans le public une défaveur que nous avons vû durer jufqu'à fa fortie du royaume en 1750, & qui étoit telle qu'on avoit befoin de courage pour rendre juftice même à fes talens. Voilà ce que ne peuvent fe perfuader ceux qui n'ont vu que les dernières années de M. de Voltaire, qui ont vu ce vieillard devenu pour ainfi dire l'objet d'un culte univerfel, attirant à Ferney par fon grand nom & les nationaux & les étrangers, ayant furvécu à fes perfécuteurs, à fes prétendus rivaux, à fes envieux, bleffant plus de trop près fes amis mêmes par un éclat trop éblouiffant, par une fupériorité trop accablante, par les inégalités de fon humeur, par le mouvement & la turbulence de fes paffions, écrafant d'un mot les ennemis qui lui reftoient & fe dévouant à la haine ou au mépris, pouvant tout hazarder impunément, toujours fûr d'amufer, d'intéreffer, de difpofer de l'opinion, d'impofer filence à la critique même la plus jufte. Il n'en étoit pas ainfi lorfque fes anciens & fes contemporains, en poffeffion de toute leur gloire, s'oppofoient, chacun dans fon tourbillon, aux progrès de la fienne; on raifonnoit alors d'autre forte. Voltaire, difoit-on, n'a jamais le ton propre de chaque genre, il n'a que le fien qu'il applique à tout. Il veut tout embraffer, mais il a dans chaque genre des maîtres & des fupérieurs. De fon aveu même Crébillon eft fon maître dans la tragédie, c'eft un génie original, c'eft l'Efchyle de la France. *Voltaire* reffemble à tout, parce qu'il n'a point de caractère décidé. Dans la comédie Deftouches & Piron l'emportent fur *Voltaire*, & la Chauffée l'efface dans la comédie touchante. L'abbé de Saint-Réal & l'abbé de Vertot ont bien plus que lui le ftyle de l'hiftoire, & même dans l'hiftoire il n'eft qu'un romancier, & dans l'épopée, il n'eft qu'un hiftorien en vers, il n'a point de plan, point de fictions, c'eft le Lucain François. L'abbé de Chaulieu eft fon modèle pour la poéfie philofophique, & Rouffeau a bien plus de poéfie que lui. Tout cela n'étoit point vrai, mais il falloit bien le punir de fon univerfalité. C'étoit Charles-Quint ou Louis XIV qui affectoit la monarchie univerfelle, & contre lequel l'Europe fe réuniffoit. Ces difcours, que l'envie avoit répandus dans le public de bonne-foi, peut-être, & en fe faifant illufion, les Desfontaines & les Fréron, qui, à l'égard de M. de *Voltaire*, étoient fort au-deffous de l'envie, en les répétant de mauvaife foi dans leurs journaux, les avoient inculqués dans toutes les têtes non penfantes & dans toutes les ames fans fenfibilité. Ils s'étoient chargés de juger toujours mal pour ceux qui ne jugeoient point, & de tromper conftamment tous ceux qui vouloient bien les honorer d'une confiance aveugle.

Parmi les nobles & glorieux fuffrages faits pour dédommager avantageufement M. de *Voltaire* de ces baffes injuftices, on ne peut oublier le dernier roi de Pruffe, dont la diverfe conduite à l'égard de M. de *Voltaire* eut une fi grande influence fur la deftinée de cet homme illuftre. Charles Fréderic étant prince royal de Pruffe, fans crédit, & même en danger à la cour du roi fon père, qui avoit fait trancher la tête à fes amis, & qui avoit voulu la lui faire trancher à lui-même, parce qu'il avoit formé le deffein de voyager pour s'inftruire, Charles Fréderic, dans la folitude de Rémusberg, où il fut enfuite relégué, fe confoloit, & attendoit en paix les événemens en lifant les œuvres de M. de *Voltaire*, & en entretenant avec lui une correfpondance, monument précieux de l'amour d'un grand prince pour les lettres. Monté fur le trône en 1740, il fit tout ce qu'il put pour attirer & pour fixer M. de *Voltaire* à fa cour. Tant que madame du Châtelet vécut, il n'obtint que quelques vifites de M. de *Voltaire*, retenu alors en France par l'amitié, plus puiffante fur lui que la faveur même des rois. Dans le tems précifément où il étoit exclu de l'académie françoife par l'évêque de Mirepoix Boyer, le gouvernement crut avoir befoin de fon crédit auprès du roi de Pruffe, qu'il s'agiffoit d'attirer ou de retenir dans l'alliance de la France; on prit pour prétexte de fon voyage en Pruffe, le mécontentement même

qu'on fuppofoit qu'il devoit avoir des perfécutions de l'évêque de Mirepoix & de leur fuccès, de forte que ce voyage, qui étoit une marque & un principe de faveur, fut regardé comme l'effet d'une difgrace qui réjouit beaucoup les ennemis de M. de *Voltaire*, & fur laquelle Piron fit des épigrammes & des chanfons. Comme le roi de Pruffe haïffoit les dévots & la dévotion, & qu'il méprifoit en particulier l'évêque de Mirepoix, M. de *Voltaire*, mécontent de ce prélat, le livroit fans peine aux farcafmes de Fréderic, & y aidoit fans doute, l'évêque alla fe plaindre à Louis XV que M. de *Voltaire* le faifoit *paffer pour un fot* dans les cours étrangères, Louis XV lui répondit que *c'étoit une chofe convenue*. A la fuite de ce voyage, le roi de Pruffe fe déclara de nouveau, comme on le defiroit en France, contre la reine de Hongrie, & fit une diverfion utile qui le força de retirer fes troupes de l'Alface. En paffant à la Haye à fon retour, M. de *Voltaire* pénétra les difpofitions des Hollandois, encore incertaines en apparence, & en inftruifit la cour. Le marquis d'Argenfon, miniftre des affaires étrangères, l'employa plus d'une fois à écrire des manifeftes, des déclarations, des dépêches importantes.

M. de *Voltaire* retourna dans la folitude de Cirey, d'où il fut appelé, avec madame du Châtelet, à la cour de Lunéville, par le roi de Pologne Staniflas, dont il avoit écrit l'hiftoire en partie dans celle de Charles XII. Pendant qu'il écrivoit de Lunéville :

> Je coule ici mes heureux jours
>
> Dans la plus tranquille des cours,
>
> Sans intrigue, fans jaloufie,
>
> Auprès d'un roi fans courtifans,
>
> Près de Boufflers & d'Emilie,
>
> Je les vois & je les entends,
>
> Il faut bien que je faffe envie.

Il y perdit madame du Châtelet, qui mourut en couche en 1749. Le roi de Pologne vint confoler *Voltaire* dans fa chambre, & pleurer avec lui. Les vrais confolateurs de M. de *Voltaire* furent le travail & la gloire. Madame Denis, fa nièce, vint prendre la conduite de fa maifon, & lui procure les douceurs de la vie privée; M. de *Voltaire* alla quelque tems enrichir de fes productions & animer de fon génie la cour brillante & ingénieufe de madame la ducheffe du Maine à Sceaux : il y fit *Sémiramis*, *Orefte* & *Rome Sauvée*. Ce fut cette princeffe elle-même qui excita *Voltaire* à faire cette dernière pièce pour venger Cicéron des outrages que lui avoit faits Crébillon dans fon *Catilina*, le plus mauvais ouvrage peut-être qui foit forti des mains d'un homme de quelque talent.

M. de *Voltaire* étoit las enfin de fe voir préférer Crébillon par des gens fans goût ou fans vérité, il étoit las des injuftices de la cour & des faux jugemens de Paris ; il voyoit avec un secret dépit que ses ennemis eussent prévalu auprès de madame de Pompadour, & l'eussent engagée à donner des préférences marquées à Crébillon. Il eût pu dire comme le comte de Gormas à dom Diègue :

> Parlons-en mieux, le roi fait honneur à votre âge.

Le roi, élevé par le cardinal de Fleuri, ennemi déclaré de toute supériorité personnelle, avoit de l'éloignement pour M. de *Voltaire*, & ne lui savoit aucun gré de ses flatteries ; car l'habitude rend les rois insensibles à la flatterie publique, & ils ne sont séduits que par la flatterie privée, qui choisit ses momens & ses objets. M. de *Voltaire*, dans *le Temple de la Gloire*, ayant prétendu représenter Louis XV sous l'emblême de Trajan, vainqueur & pacificateur, s'approcha du roi après la représentation, & lui dit : *Trajan est-il content ?* Le roi, moins flatté du parallèle que blessé de la familiarité, témoigna son mécontentement par son silence.

Divers chagrins se joignant à ces dégoûts, le roi de Prusse en profita ; M. de *Voltaire* céda enfin à ses instances, il accepta le titre de chambellan, la grande croix de l'ordre du mérite, une pension de vingt mille livres, & il partit pour Berlin en 1750, conservant le desir & l'espérance d'y attirer, après lui, sa nièce. « Astolphe, dit M. de *Voltaire*, ne » fut pas mieux reçu dans le palais d'Alcine. Etre » logé dans l'appartement qu'avoit eu le maréchal » de Saxe, avoir à ma disposition les cuisiniers » du roi quand je voulois manger chez moi, & » les cochers quand je voulois me promener, c'é- » toient les moindres faveurs qu'on me faisoit ; les » soupers étoient très-agréables. Je ne sais si je me » trompe, il me semble qu'il y avoit bien de l'es- » prit ; le roi en avoit & en faisoit avoir ; & ce » qu'il y avoit de plus extraordinaire, c'est que » je n'ai jamais fait de repas si libres…. Je n'avois » nulle cour à faire, nulle visite à rendre, nul » devoir à remplir. Je m'étois fait une vie libre, & » je ne concevois rien de plus agréable que cet » état….. La dernière séduction fut une lettre que » voici :

Comment pourrois-je jamais causer l'infortune d'un homme que j'estime, que j'aime, & qui me sacrifie sa patrie & tout ce que l'humanité a de plus cher ?… Je vous respecte comme mon maître en éloquence ; je vous aime comme un ami vertueux. Quel esclavage, quel malheur, quel changement y a-t-il à craindre dans un pays où l'on vous estime autant que dans votre patrie, & chez un ami qui a un cœur reconnoissant ? J'ai respecté l'amitié qui vous lioit à madame du Châtelet, mais après elle j'étois un de vos plus anciens amis. Je vous promets que vous serez heureux ici autant que je vivrai.

La manie du roi de Prusse, ou sa sagesse, mais enfin sa passion dominante, étoit de faire des vers françois. A force d'esprit naturel & d'imitations de M. de *Voltaire*, & de leçons données par ce grand maître, & de corrections faites par lui, il parvint à en faire d'assez passables pour un roi & pour un étranger. *La fureur de faire des vers le possédoit comme Denis de Syracuse*, dit M. de *Voltaire* ; *il falloit que je rabotasse continuellement.* Tout poëte François qui pouvoit donner au roi de Prusse des leçons & des exemples de versification & de poësie, & le rendre poëte François lui-même, lui étoit infiniment précieux. M. d'Arnaud, que nous avions vu auparavant, & que nous avons vû sur-tout depuis publier tant d'ouvrages estimables dans un genre triste & touchant, M d'Arnaud avoit eu en Prusse une faveur presque égale à celle de M. de *Voltaire*, le roi de Prusse avoit fait pour lui des vers où il l'appeloit l'*Ovide François*, & où le comparant à M. de *Voltaire*, qui balançoit encore à recevoir les offres & à s'expatrier, il appelle M. d'Arnaud le soleil levant, & M. de *Voltaire* le soleil couchant, affectant, à ce qu'on croit, de paroître détaché de lui pour l'engager plus sûrement. On raconte que quand ces vers furent apportés à M. de *Voltaire*, qui étoit alors dans son lit, où il avoit l'usage de rester long-tems, & de travailler beaucoup, il se leva transporté de fureur, se promena dans sa chambre, nud en chemise, avec agitation, en s'écriant : *De quoi se mêle-t-il de juger les talens & d'assigner les rangs ? qu'il se mêle de régner s'il en est capable.* Mais l'artifice du roi de Prusse réussit, M. de *Voltaire* partit peu de tems après pour Berlin, & la disgrace de M. d'Arnaud suivit de près l'arrivée de M. de *Voltaire* en Prusse.

Pendant que M. de *Voltaire* s'enivroit de sa faveur, la Mettrie, médecin connu par son libelle contre les médecins de Paris & par son athéisme, dit au roi de Prusse, dont il étoit lecteur, & auquel il étoit en possession de tout dire, qu'on étoit bien jaloux à Berlin de la faveur & de la fortune de M. de *Voltaire*. *Laissez faire*, lui dit le roi, *on presse l'orange, & on la jette quand on a avalé le jus.* La Mettrie rendit cet apophtegme à M. de *Voltaire*, qui reconnut encore Denis de Syracuse. Je résolus-dès-lors, dit-il, de mettre en sûreté les pelures de l'orange. De ce moment en effet il prépara de loin son départ de la Prusse.

M. de *Voltaire* en avoit assez de sa supériorité pour acquérir par-tout des ennemis, il y joignoit des vivacités, des traits d'humeur, de la causticité, de l'indifférence.

Le célèbre Maupertuis qui devoit en partie à M. de *Voltaire* son établissement en Prusse & la présidence de l'académie de Berlin, le vit avec chagrin, & avec inquiétude se fixer auprès du roi de Prusse ; c'étoit la première place & être renvoyé à la seconde ; dès ce moment, il devint l'ennemi de M. de *Voltaire*, d'abord secret, puis déclaré.

Une autre manie du roi de Prusse étoit l'irréligion, poussée jusqu'à l'athéïsme le plus formel. M. de Voltaire ne le suivoit pas jusques-là, & même, dans la plûpart de *ses écrits, il paroît zélateur* de l'existence de Dieu au point d'avoir entraîné, dans cette opinion, quelques uns de ses disciples, qui ne pensoient que d'après lui, & qui avoient adopté toutes ses hardiesses.

M. de Maupertuis, dit M. de Voltaire, prit son tems pour répandre le bruit que j'avois dit que la charge d'athée du roi étoit vacante. Cette calomnie ne réussit pas ; mais il ajouta ensuite que je trouvois les vers du roi mauvais, & cela réussit. »

M. de Voltaire ne dit pas que cette seconde imputation fût calomnieuse, & les autres ne l'étoient peut-être pas davantage ; on croira sans peine qu'il pouvoit échapper à une imagination aussi vive que celle de M. de Voltaire, de ces étourderies & de ces indiscrétions, que ni les rois, ni les particuliers, ne pardonnent ; mais ceux qui prenoient le soin de les rapporter si fidèlement au roi, n'étoient vraisemblablement les amis, ni du roi, ni de M. de Voltaire.

Le roi sut que le général Manstein, pressant M. de Voltaire de revoir & de corriger ses mémoires, Voltaire avoit répondu : *Voilà le roi qui m'envoie son linge sale à blanchir, il faut que le vôtre attende.*

Une autre fois en montrant un paquet de vers du roi, il avoit dit avec humeur : *Cet homme-là, c'est César & l'abbé Cotin*, rapprochement qui est bien dans le goût de M. de Voltaire, & dans lequel il espéroit peut être que *César* obtiendroit grace pour *Cotin* ; mais en pareil cas l'amour-propre blessé se souvient de *Cotin*, & l'amour-propre flatté oublie *César*.

On sait avec quelle hauteur M. de Maupertuis déploya dans l'académie de Berlin tout son despotisme contre Kœnig, membre de cette académie, sur une question, où il s'agissoit de savoir si Leibnitz avoit pensé comme Maupertuis sur un principe de physique ; M. de Voltaire ami de Kœnig, mais surtout devenu ennemi de Maupertuis, prit parti pour le premier contre le second ; le roi de Prusse qui, dit-on, ne se soucioit guères de Maupertuis, se laissa persuader que son honneur étoit intéressé à défendre le président de son académie ; il fit brûler par le bourreau *la diatribe du docteur Akakia*, plaisanterie de M. de Voltaire, qui avoit fait rire Paris & Berlin & le roi lui-même aux dépens de Maupertuis : M. de Voltaire ne pouvant se dissimuler l'intention que le roi avoit eue de l'humilier, lui renvoya sa clef, sa croix & le brevet de sa pension, avec ces quatre vers, qui n'étoient pas encore d'un ennemi :

　　　Je les reçus avec tendresse,

Je les renvoie avec douleur,
Comme un amant, dans sa jalouse ardeur,
　　Rend le portrait de sa maitresse.

Après quelques feintes réconciliations qui n'étoient que des palliatifs, M. de Voltaire obtint la permission plusieurs fois refusée d'aller prendre les eaux de Plombières qu'il assuroit être nécessaires à sa santé, mais il n'obtint cette permission que sous la promesse de revenir, promesse faite par un particulier expatrié à un roi despote, qui faisoit garder les frontières de ses États par cent cinquante mille hommes.

Arrivé à Francfort, hors des Etats du roi de Prusse, il y tomba malade ; madame Denis, sa nièce, qui étoit restée jusqu'alors en France, accourt sur le bruit de sa maladie pour lui rendre des soins ; elle le trouve prisonnier ; elle craint que quelque indiscrétion ne lui ait attiré ce traitement, la chose s'explique, un président du roi de Prusse à Francfort, nommé Freitag, déclare qu'il a ordre de retenir M. de Voltaire jusqu'à ce qu'il ait rendu des effets précieux qu'il emportoit au roi de Prusse ; M. de Voltaire demande quels sont ces effets précieux ? Freitag répond dans son baragoin : C'être, *monsir, l'œuvre de POESHIE du roi mon gracieux maître* ; Voltaire l'eût rendu sur le champ, mais il étoit resté à Leipsick, parmi d'autres paquets ; Freitag lui signa le billet suivant :

« Monsir, sitôt le gros ballot de Leipsick sera ici, où est l'œuvre de *Poëshie* du roi mon maître, que sa majesté demande, & l'œuvre de Poëshie rendu à moi, vous pourrez partir où il vous paroîtra bon. A Francfort, premier de juin 1758, signé *Freitag*, président du roi mon maître. »

M. de Voltaire écrivit au bas du billet : *bon pour l'œuvre de POESHIE du roi votre maître*, de quoi, dit-il, le président fut fort satisfait.

Le 17 juin le ballot arriva, fut remis au président, & M. de Voltaire croyoit n'avoir qu'à partir ; on l'arrête avec éclat, ainsi que sa nièce, son secrétaire & tous ses domestiques, on les mène dans une espèce d'hôtellerie, à la porte de laquelle furent postés douze soldats ; « on en mit quatre autres » dans ma chambre, dit M. de Voltaire, quatre » dans un grenier où l'on avoit conduit ma nièce, » quatre dans un galetas ouvert à tous les vents, » où l'on fit coucher mon secrétaire sur la paille. » Ma nièce avoit à la vérité un petit lit ; mais ses » quatre soldats avec la bayonnette au bout du » fusil, lui tenoient lieux de rideaux & de femmes-» de-chambre. »

Madame Denis avoit cependant un passeport du roi de France ; aucun des autres prisonniers n'étoit sujet du roi de Prusse, & d'ailleurs on n'étoit point dans les Etats de ce prince. Cette détention n'avoit plus ni cause ni prétexte ; c'étoit seulement une insulte que le roi de Prusse avoit voulu faire à cet homme qu'il avoit tant aimé, & qui s'en souvenant encore, répétoit à tous ses amis : *Il a cent fois baisé cette main qu'il vient d'enchaîner.* M. de *Voltaire* après avoir erré de ville en ville & de cour en cour, & avoir marqué chacun de ses séjours par quelque production importante, fixa enfin sa demeure avec madame Denis, sa nièce, dans deux séjours qu'il habitoit alternativement : savoir, d'abord Tourney, puis Ferney en France, & les Délices aux portes de Genève.

Si l'obligation imposée à l'historien de dire tout ce qui peut servir à peindre ou les hommes en général, ou tel homme en particulier, emporte l'obligation de révéler jusqu'aux moindres foiblesses d'un grand homme ; nous dirons ce que nous n'avons pas vu, mais ce qui nous a été attesté par des gens vraiment dignes de foi, c'est qu'on a vu pendant quelque-temps des lettres de M. de *Voltaire*, signées : *le comte de Tourney* ; ce plaisir nouveau pour lui d'avoir une terre titrée, lui faisoit préférer ce titre de comte, au nom même qu'il avoit élevé au-dessus de tous les noms ; du moins M. de Buffon associa depuis son titre de comte, au nom même qu'il avoit illustré.

Ferney & les Délices furent le port où M. de *Voltaire* respira enfin après tant d'orages ; il obtint du roi de France, pour sa terre de Ferney, des privilèges, & flatteurs & avantageux, & il put dire avec vérité dans plus d'un sens : *Après avoir vécu chez des rois, je me suis fait roi chez moi.*

C'est une nouvelle vie qui commence ici pour M. de *Volaire*. De ce moment il devient l'être le plus libre qui soit sur la terre, & celui qui a le plus usé de sa liberté. Il avoit alors près de soixante ans, & ses grands talens pour la poësie en général, & pour la tragédie en particulier, devoient suivre la loi commune, c'est-à-dire, décliner. Cependant, & *l'Orphelin de la Chine* & *Tancrède*, tragédies, qui seules feroient la réputation d'un poëte tragique, & la comédie *hostile* de l'*Ecossaise*, où le rôle de Fréeport au moins est original ; & où tout le reste est intéressant, sont des productions de cette heureuse retraite, & si ce sont-là les commencemens de sa décadence, heureux qui peut déchoir ainsi ! Quant aux ouvrages philosophiques, dont un si grand nombre est sorti de *Ferney* & des *Délices*, on pourroit demander s'ils ont gagné ou perdu en général à cet accroissement de liberté que M. de *Voltaire* a trouvé dans sa retraite ; ils ont gagné sans doute du côté de la hardiesse, mais peut-être ont-ils perdu quelque chose du côté du goût. Peut-être quand M. de *Voltaire* étoit obligé de prendre des tournures, de laisser sous-entendre ce qu'il disoit

pas formellement, de se respecter enfin & de respecter le public, peut-être avec plus de décence avoit-il plus d'agrément, plus de perfection, un goût plus pur. Il est plus utile qu'on ne pense d'avoir quelque chose à respecter. Si la liberté est favorable au génie, la décence, les ménagemens, le desir & le besoin de plaire sont très-favorables au goût.

M. de *Voltaire* ne perdit jamais le souvenir de l'affront sanglant qui lui avoit été fait à Francfort, mais il s'en souvint sans amertume, & sans qu'un si juste ressentiment lui fermât les yeux sur les qualités aimables & brillantes de ce roi, son bienfaiteur & son persécuteur, le premier des guerriers, le premier peut-être des souverains de son temps. Il regrettoit que la philosophie qui avoit dicté à Frédéric *l'anti-Machiavel*, n'eût pas purgé sa grande ame de ce vieux levain de machiavelisme ; il regrettoit que ce prince, dont il avoit espéré de faire le plus humain des rois, eût versé tant de sang, & eût tant aimé la guerre. Il écrivoit un jour à un historien, qui a sur-tout écrit pour décrier la guerre & pour en montrer l'inutilité autant que l'atrocité : « Je vous avertis qu'il y a dans l'Europe un grand » roi qui ne goûte point du tout nos déclamations » éternelles contre la guerre ; mais c'est un chagrin » qu'il faut lui donner. »

Le roi de Prusse, au comble de la puissance & de la gloire, sentit que M. de *Voltaire* n'étoit pas un homme avec qui les rois pussent impunément avoir tort ; il avoit désavoué Freitag, mais il ne l'avoit pas puni, ce qui étoit un aveu & du moins un reste de pudeur.

La guerre embrasa de nouveau l'Europe ou plutôt le monde, & comme toute grande guerre, elle fut désastreuse pour toutes les puissances. Le roi de Prusse qui avoit tiré parti de notre alliance dans la guerre de 1741, étoit notre ennemi dans celle de 1756. Cette nouvelle partie de jeu avoit été arrangée sur des principes nouveaux & réglés, dit-on, par de petits intérêts de bel esprit & de vanité ; les maisons de France & d'Autriche-Lorraine, si acharnées l'une contre l'autre dans la guerre précédente & dans tant d'autres guerres, étoient alors alliées & amies, & se montroient beaucoup moins puissantes dans leur réunion, qu'elles n'avoient paru l'être l'une contre l'autre. Ce fut alors sur-tout qu'on vit toute la vérité de ce que M. de *Voltaire* avoit dit dans une autre occasion :

Par des nœuds étonnans, l'altière Germanie,

A l'empire françois malgré soi réunie,

Fait de l'Europe entière un objet de pitié

Et leur longue querelle

Fut cent fois moins cruelle

Que leur triste amitié.

H h h h

Il y eut cependant en 1757, un moment où les autrichiens étoient près d'achever la conquête de la Siléfie, où une armée françoife alloit envahir le Brandebourg, où les Ruffes, déja maîtres de la Pruffe, menaçoient la Poméranie ; car ces trois femmes, la Czarine, l'Impératrice-Reine, & celle qui régnoit en France fous le nom de Pompadour, s'étoient réunies contre le roi de Pruffe, & parurent d'abord prêtes à réuffir ; la monarchie Pruffienne fembloit toucher à fon terme, Frédéric n'avoit plus d'autre reffource apparente que de s'enterrer fous fes ruines, & de fauver fa gloire en périffant au milieu d'une victoire. La margrave de Bareith aimoit tendrement fon frère, & M. de *Voltaire* l'avoit toujours aimée : ce fut à celui-ci qu'elle s'adreffa pour faire des propofitions de paix qu'on eût acceptées avec joie fans les petits intérêts dont nous avons parlé, & fans le petit orgueil qu'infpiroit aux trois reines la profpérité du moment.

Nefcia mens hominum fati fortifque futuræ
Et fervare modum rebus fublata fecundis.

M. de *Voltaire* de fon côté s'adreffa au cardinal de Tencin, qui, retiré alors du miniftère, confervoit avec le roi une correfpondance particulière. La réponfe fut un ordre du miniftre des affaires étrangères, de fe refufer à la négociation, & on envoya même au cardinal un modèle de la lettre de refus qu'on exigeoit de lui. Cela s'appella un dégoût & un chagrin politique, & le cardinal en mourut, dit-on, quelques jours plutôt qu'il n'auroit fait.

M. de *Voltaire* qui ne mouroit pas de chagrin pour avoir parlé de paix, quand des miniftres ou des maîtreffes vouloient la guerre, entama une autre négociation : ce fut par le maréchal de Richelieu ; puis une troifième avec le duc de Choifeul ; toutes échouèrent par la difpofition des efprits ; mais les amis de la paix doivent favoir gré à M. de *Voltaire* de ce défir d'être pacificateur, quand même ils l'imputeroient à quelques vues fecrettes d'ambition, & les évènemens prouvèrent combien il eût été avantageux à la France d'en croire M. de *Voltaire*. Ce n'eft pas la première fois que les gens de lettres & les philofophes ont donné aux politiques des confeils de paix & de douceur, que les politiques ont rejettés, & qu'ils fe font repentis de n'avoir pas fuivis. Mais toute la politique vulgaire roule fur cette fuppofition : *Nous ferons toujours puiffans, toujours fages, toujours heureux.*

Madame de la Vallière dans fa faveur étoit fi tendre & fi modefte, que c'étoit prefque être déja dévote, elle le devint de bonne-foi & fans effort, quand fon fuperbe amant l'eut quittée. L'altière Montefpan étoit dévote, même en vivant avec le roi dans un double adultère, & elle difoit à ceux qui s'étonnoient de cette difparate : *Faut-il donc violer tous fes devoirs, parce qu'on a le malheur d'en violer un ?* Madame de Maintenon fonda fon empire fur la dévotion & fixa Louis XIV. De tout cela, dit M. de Condorcet, de faire de M. de *Voltaire*, un des acteurs de cette comédie. Il venoit de donner *Candide* ; M. le duc de la Vallière, alléguant vraifemblablement l'exemple de Rouffeau, lui propofa de mettre en vers les pfeaumes & les livres fapientiaux. L'édition auroit été faite au Louvre, & M. de *Voltaire*, à titre de poëte, pieux & chrétien, feroit rentré en pompe à Paris, fous la protection de la dévote favorite, qui auroit eu la gloire de le convertir. On ignore jufqu'à quel point M. de *Voltaire* entra dans ce complot d'hypocrifie ; il n'étoit pas naturellement hypocrite, & quand il fe croyoit obligé de le paroître ; il l'étoit d'une manière plaifante & piquante, qui démentoit l'hypocrifie en l'avouant ; le voile étoit toujours pour le moins très-transparent. M. de Condorcet infinue qu'on fit entrevoir à M. de *Voltaire*, l'efpérance d'être un jour cardinal ; car quoi il demande qu'on fe repréfente Luther & Calvin, cardinaux, comme ils auroient pu l'être, s'ils avoient voulu entrer en compofition avec la cour de Rome, & comme le célèbre docteur Arnauld l'auroit été, s'il eût confenti à n'écrire que contre les proteftans ; le cardinal *Voltaire* auroit été bien autre chofe. On fe feroit fait incrédule pour devenir prince de l'églife. Il faut convenir, au refte, que cette efpèce de politique qui va directement contre fon objet, étoit affez familière alors à la cour de France. Dès qu'il y avoit dans le parlement quelque jeune confeiller qui fe diftinguoit par des avis un peu fermes & des déclamations un peu fortes contre la cour, la cour achetoit fon filence & dénaturoit fes talens en le mettant dans le confeil ; ce qui rempliffoit le parlement de fujets éloquens & turbulens. Quoiqu'il en foit de cette politique & du projet de la cour, M. de *Voltaire* traduifit en effet, en vers françois, l'eccléfiafte & le cantique des cantiques, & quoiqu'il fe fût étudié à mettre dans cette traduction de la décence & de la pureté, quelques notes un peu gaies, un peu légères le trahirent, & fon premier effai pour être fait cardinal, fut brûlé par arrêt du parlement ; il n'eft pas démontré, à la vérité, que ce ne fût pas un contre-fens, mais ce contre-fens étoit pardonnable, & les dévots pouvoient dire à l'auteur de *Candide* & de *la Pucelle*, travaillant férieufement fur l'écriture-fainte :

Quidque tibi lafcive fenex, cum fortibus armis ?
. . . . . . *ifta decent humeros geftamina noftros.*

Ce n'eft pas que M. de *Voltaire* ne parlât beaucoup mieux qu'eux tous de religion quand il le vouloit, mais enfin il étoit fufpect fur l'article.

C'eſt dans ſa retraite de Ferney que M. de *Vol-*
taire a fait le plus noble & le plus digne uſage &
de ſes richeſſes & de ſon aſcendant ſur les eſprits;
c'eſt-là qu'il a ſi noblement adopté, élevé, marié,
doté la petite nièce du grand Corneille, & que portant même la délicateſſe juſqu'à ne pas ſouffrir que
l'établiſſement de ſon intéreſſante pupille parût un
de ſes bienfaits, il voulut qu'elle le dût aux ouvrages de ſon oncle ; c'eſt-là qu'il a défendu avec
tant de courage, d'éloquence & de ſuite les Calas,
les Sirven, les Montbaillis, les La Barre, les d'E-
tallonde, les Bing, les Lally, toutes ces mlheu-
reuſes & honorables victimes du fanatiſme, de l'erreur ou de la politique.

« Le rapporteur de M. de Lally, dit M. de
Condorcet, accuſé d'avoir contribué à la mort du
Chevalier de La Barre, forcé de reconnoître ce pouvoir indépendant des places, que la nature a donné
au génie pour la conſolation & la défenſe de l'humanité, écrivit une lettre, où partagé entre la honte &
l'orgueil, il s'excuſoit en laiſſant échapper des menaces : *Voltaire* répondit par ce trait de l'hiſtoire
chinoiſe : *Je vous défends,* diſoit un empereur au
chef du tribunal de l'hiſtoire, *de parler davantage*
de moi. Que faites-vous
donc ? dit l'empereur. — *J'écris l'ordre que votre*
majeſté vient de me donner ».

Ce fut dans cette même ſolitude de Ferney, embellie, enrichie par ſes ſoins & par ſes bienfaits, qu'au
moment même où la banqueroute de l'abbé Terray
venoit de lui enlever une partie de ſa fortune, il auroit eu l'honneur d'être en quelque ſorte le fondateur d'une ville parfaitement libre dans ſon induſtrie
& dans ſon commerce, ſi le gouvernement françois,
en ouvrant à Verſoy un aſyle aux familles fugitives
de Genève, eoit adopté ſon plan de tolérance & de
liberté dans toute ſon étendue.

Ce fut toujours dans cette ſolitude, ce fut du pied
du mont Jura qu'il éleva ſa voix en faveur des ſerfs
de Saint-Claude, & qu'il prépara cette abolition de
la ſervitude, l'une des loix qui ont le plus honoré
le règne de Louis XVI, & le premier miniſtère de
M. Necker.

C'eſt-là qu'il a véritablement acquis le droit de
pouvoir dire de lui-même :

J'ai fait un peu de bien ; c'eſt mon meilleur ouvrage.

Il paroiſſoit ſentir vivement tous les avantages
de ſa ſituation, & recueillir avec volupté tous les
fruits de ſa bienfaiſance ; ſes lettres rendent par-
tout témoignage à ſon bonheur ; il paroiſſoit ſur-
tout aſſez détaché de Paris, & n'avoit plus qu'un
petit nombre d'amis à regretter ; mais il lui reſtoit
une expérience à faire, celle de l'accueil que Paris
lui feroit après trente-huit ans d'abſence & ſoixante

ans de gloire ; il y arriva ſans être attendu ; le ſecret
avoit été parfaitement gardé ; perſonne n'avoit ſeulement entendu dire qu'il ſongeât à ce voyage qui
avoit été pluſieurs fois annoncé dans d'autres temps.
Son grand âge (de quatre-vingt-quatre ans) ſembloit avoir mis une barrière éternelle entre Paris &
lui, & on lui appliquoit ces vers de Luſignan :

Mais à revoir Paris je ne dois plus prétendre ;
Vous voyez qu'au tombeau je ſuis prêt à deſcendre.

Lorſqu'un des jours du printems de 1778, on entendit dire tout-à-coup : M. de Voltaire eſt arrivé,
M. de Voltaire eſt à Paris. Tout le monde accourût
pour le voir & pour l'entendre ; la ſurpriſe augmenta
ſans doute l'enthouſiaſme, & cet enthuſiaſme fut
au comble. L'envie ſe tut devant ſa gloire, devant
ſon âge & ſur-tout devant le bien qu'il avoit fait.
Le peuple même s'arrêtoit devant ſes fenêtres, y
paſſoit des heures entières dans l'eſpérance de le
voir un moment ; ſa voiture forcée d'aller au pas,
éoit entourée d'une foule nombreuſe qui le bé-
niſſoit & célébroit ſes ouvrages. Un jour que le
public l'entouroit ainſi ſur le pont Royal, une femme
du peuple à qui on demanda qui étoit cet homme
qui traînoit la foule après lui, répondit : Ne ſavez-
vous pas que c'eſt le ſauveur des Calas ? Il fut cette
réponſe, & au milieu de toutes les marques d'admiration qui lui furent prodiguées, ce fut ce qui le
toucha le plus.

« L'académie françoiſe, qui ne l'avoit adopté qu'à
cinquante-deux ans, lui prodigua les honneurs, &
le reçut moins comme un égal que comme le ſouverain de l'empire des lettres. Les enfans de ces
courtiſans orgueilleux qui l'avoient vu avec indignation vivre dans leur ſociété ſans baſſeſſe, & qui
ſe plaiſoient à humilier en lui la ſupériorité de
l'eſprit & des talens, briguoient l'honneur de lui
être préſentés & de pouvoir ſe vanter de l'avoir
vu ».

C'étoit au théâtre qu'il devoit attendre les plus
grands honneurs. Il vint à la troiſième repréſentation d'*Irène,* pièce où les rides de l'âge laiſſoient
voir encore l'empreinte ſacrée du génie. Son buſte
fut couronné ſolemnellement ſur le théâtre au milieu des applaudiſſemens, des cris & des larmes de
joie & de tendreſſe. Plus heureux que le Taſſe, à
qui la mort enleva les honneurs du triomphe, plus
heureux même que Pétrarque qui avoit reçu ces
honneurs dans la capitale du monde chrétien, ce
fut dans ſa patrie même que *Voltaire* triompha,
dans cette patrie ingrate & légère, qui l'avoit
abandonné long-tems à la haine jalouſe, aux in-
vectives, aux ſarcaſmes de ſes ennemis, & qui
l'avoit réduit à ſe jetter entre les bras d'un ſouverain étranger ; mais cette patrie n'étoit plus la
même, *Voltaire* l'avoit changée, il jouiſſoit de ſon
ouvrage. Hélas ! ce triomphe n'étoit en effet qu'une

apothéofe très-peu anticipée. *On veut me faire mou-rir de plaifir*, s'écrioit-il au milieu des hommages dont on l'enivroit, & il alloit en effet en mourir. Les tranfports de la joie, les efforts du travail l'ayant privé du fommeil, il prit de l'opium & fe trompa fur les dofes; elles le plongèrent dans une efpèce de létha-gie dont il ne fortit plus que par intervalles. Ce fut pendant un de ces intervalles qu'il écrivit au jeune comte de Lally-Tolendal ces lignes, les dernieres que fa main ait tracées, où il applaudiffoit à l'autorité royale qui venoit de caffer l'arrêt de mort du comte de Lally, père de M. de Tolendal : *Je meurs content*, difoit Voltaire, *je vois que le roi aime la juftice*. Il mourut le 30 mai 1778.

Le curé de Saint-Sulpice lui refufa la fépulture. La moindre réclamation de la part de la famille auroit mis le parlement dans l'alternative, ou de punir cette vengeance exercée fur les reftes d'un grand homme, ou de fe déshonorer en la confa-crant & en démentant fes propres principes fur l'excommunication & fur fes effets; elle préféra de négocier avec le minifire; il fut convenu que le corps feroit tranfporté à Scellières, monaftère dont M. l'abbé Mignot, neveu de M. de Voltaire, étoit abbé; ce projet fut exécuté. « Cependant, dit M. » de Condorcet, deux grandes dames, très-dé-» votes, écrivirent à l'évêque de Troyes, pour » l'engager à défendre l'inhumation, en qualité » d'évêque diocéfain. Les lettres arrivèrent trop » tard ».

Il s'eft depuis répandu des bruits vrais ou faux d'une exhumation nocturne dont on ignore l'objet, les uns l'attribuant à la vengeance du clergé, les autres aux amis de M. de Voltaire, qui deftinoient à fa cendre des honneurs plus marqués & plus dignes de lui. Peut-être n'y a-t-il rien de vrai ni dans le fait, ni par conféquent dans le motif. L'hiftorien de M. de Voltaire n'en parle point; des évènemens pofté-rieurs paroiffent démentir cette idée. Le roi de Pruffe fit faire à M. de Voltaire un fervice folemnel dans l'église catholique de Berlin. L'académie de Pruffe y fut invitée de fa part; & dans ce camp même, où ce grand roi, à la tête de cent cinquante mille hommes, défendoit les droits des princes de l'em-pire, & impofoit à la puiffance autrichienne, « il » écrivit l'éloge de l'homme illuftre dont il avoit » été le difciple & l'ami, à qui peut-être il n'avoit » jamais pardonné l'indigne & honteufe violence » exercée contre lui à Francfort par fes ordres, mais » vers lequel un fentiment d'admiration & un goût » naturel le ramenoient fans ceffe, même malgré » lui ».

S'il faut tout dire, cet éloge royal de Voltaire n'eft pas un bon ouvrage, mais c'eft un grand exem-ple, & cet exemple eût été véritablement héroïque, fi le roi de Pruffe eût faifi cette occafion de faire un

noble aveu, d'exprimer un noble regret de fes torts envers un ami, & de faire pour ainfi dire amende honorable à fes mânes.

Depuis la réconciliation fincère ou feinte de Vol-taire avec le roi de Pruffe, Voltaire avoit paru tan-tôt reprendre fon ancienne amitié, tantôt ne con-ferver que la mémoire de Francfort. Il immorta ifa par une ode pleine d'une fenfibilité touchante, la margrave de Bareith, à laquelle il avoit tranfporté tout l'attachement qu'il avoit eu d'abord pour le roi fon frère.

M. le marquis de Condorcet effaie de juftifier M. de Voltaire de prefque tous les reproches qui lui ont été faits; c'eft fur ce point fur-tout que nous nous abftiendrons de juger & M. de Voltaire & fon hiftorien, & leurs opinions ou leurs préjugés peut-être; car qui n'en a pas ? M. de Condorcet dit, comme l'ont toujours dit les amis de M. de Voltaire, que fi M. de Voltaire eut de nombreufes querelles, il n'a jamais été l'agreffeur dans au-cune. Quelle offenfe lui avoit donc faite le doux & fage Greffet, qui n'a jamais écrit contre per-fonne, qui lui avoit rendu hommage dans fes vers fur Alzire, & qui ne répondit pas même à fes farcafmes ? Mais il s'étoit fait dévot pour être fous-gouverneur des enfans de France ? Eh bien ! qu'im-portoit à M. de Voltaire que Greffet fût dévot ou qu'il fût fous-gouverneur ? Mais nous ne pouvons refufer nos éloges à la diftinction fine & jufte que fait M. de Condorcet entre les flatteries prodi-guées, dit-on, par M. de Voltaire à tant de per-fonnes, fur-tout aux gens en place, (flatteries qui méritent plutôt le nom de jeux d'efprit, de graces de ftyle, de politeffes d'un homme de bonne compagnie) & ces éloges partant du fond du cœur, qu'il réfervoit pour le mérite & la vertu. M. Turgot n'étoit plus en place depuis long-temps; fes vertus privées le faifoient encore haïr des courti-fans qui n'avoient plus à craindre de fes vertus publiques, il n'étoit plus rien, il étoit tout en-core, c'étoit M. Turgot, *tu Marcellus eris*. « J'ai vu » Voltaire, dit fon hiftorien, je l'ai vu fe préci-» piter fur les mains de M. Turgot, les arrofer de » fes larmes, les baifer malgré fes efforts; en s'é-» criant d'une voix entrecoupée de fanglots : *Laif-* » *fez-moi baifer cette main qui a figné le falut du* » *peuple* ».

Lorfqu'on avoit reçu, trois ans auparavant, à Fer-ney la nouvelle de la difgrace de M. Turgot, ou plutôt du peuple, M. de Voltaire dit à M. l'abbé de Lille, qui étoit alors à Ferney :

Multis ille bonis flebilis occidit,
Nulli flebilior quàm tibi, Virgili !

Nous ne ferons que tranfcrire ici les réflexions de M. de Condorcet fur le caractère & les principes de M. de Voltaire.

» La nécessité de mentir pour désavouer un ouvrage, est une extrémité qui répugne également à la conscience & à la noblesse du caractère ; mais le crime est pour les hommes injustes qui tendent ce désaveu nécessaire à la sûreté de celui qu'ils y forcent. Si vous avez érigé en crime ce qui n'en est pas un, si vous avez porté atteinte par des loix absurdes ou par des loix arbitraires, au droit naturel qu'ont tous les hommes, non-seulement d'avoir une opinion, mais de la rendre publique, alors vous méritez de perdre celui qu'a chaque homme d'entendre la vérité de la bouche d'un autre, droit qui fonde seul l'obligation rigoureuse de ne pas mentir. S'il n'est pas permis de tromper, c'est parce que, tromper quelqu'un, c'est lui faire un tort, ou s'exposer à lui en faire un ; mais le tort suppose un droit, & personne n'a celui de chercher à s'assurer les moyens de commettre une injustice.....

Voltaire, implacable ennemi des parlemens, préféroit un seul maître à plusieurs ; un souverain dont on ne peut craindre que les préjugés, à une troupe de despotes dont les préjugés sont encore plus dangereux, mais dont on doit craindre de plus les intérêts & les petites passions, & qui, plus redoutables aux hommes ordinaires, le sont sur-tout à ceux dont les lumières les effrayent & dont la gloire les irrite. Il disoit : *J'ai les reins peu flexibles, je consens à faire une révérence, mais cent de suite me fatiguent.....*

» Il faut chercher à inspirer ces vertus douces qui consolent, qui conduisent à la raison, qui sont à la portée de tous les hommes, qui conviennent à tous les âges de l'humanité, & dont l'hypocrisie même fait encore quelque bien. Il faut sur-tout les préférer à ces vertus austères, qui dans les ames ordinaires ne subsistent guères sans un mélange de dureté, dont l'hypocrisie est à-la-fois si facile & si dangereuse, qui souvent effrayent des tyrans, mais qui rarement consolent des hommes ... C'est en les éclairant, c'est en les adoucissant qu'on peut espérer de les conduire à la liberté par un chemin sûr & facile. Mais on ne peut espérer ni de répandre les lumières, ni d'adoucir les mœurs, si des guerres fréquentes accoutument à verser le sang....... & si les hommes mesurent leur vertu par le mal qu'ils ont pu faire.....

» De quelle liberté ont joui les nations qui l'ont recouvré par la violence des armes, & non par la force de la raison? D'une liberté passagère & tellement troublée par des orages, qu'on peut presque douter qu'elle ait été pour elles un véritable avantage. Presque toutes n'ont-elles pas confondu les formes républicaines avec la jouissance de leurs droits, & la tyrannie de plusieurs avec la liberté?.....

» Profitons de cette expérience funeste & sachons attendre des progrès des lumières une liberté plus réelle, plus durable & plus paisible. Pourquoi acheter par des torrens de sang, par des bouleversemens inévitables, & livrer au hasard ce que le tems doit amener sûrement & sans sacrifice? C'est pour être plus libre, c'est pour l'être toujours qu'il faut attendre le moment où les hommes, affranchis de leurs préjugés, guidés par la raison, seront enfin dignes de l'être, parce qu'ils connoîtront les véritables droits de la liberté......;

» Au lieu de déclarer la guerre au despotisme, avant que la raison ait rassemblé assez de force, & d'appeler à la liberté, des peuples qui ne savent encore ni la connoître ni l'aimer, dénonçons aux nations & à leurs chefs, toutes ces oppressions de détail, communes à toutes les constitutions, & que dans toutes, ceux qui commandent comme ceux qui obéissent ont également intérêt de détruire. »

Cherchons, dit encore M. de Condorcet, la définition » d'un état libre dans nos cœurs & dans » notre raison & non, comme le pédant Mably, » dans les exemples des anarchies tyranniques de » l'Italie & de la Grèce. »

Telle étoit la philosophie de M. de *Voltaire*, si l'on s'en rapporte à l'auteur de sa vie ; encore un coup, nous ne la jugerons pas ; nous n'examinerons pas même si ces principes étoient à tous égards ceux de M. de *Voltaire*, & si son historien n'a pas saisi cette occasion de produire ses propres idées en les appuyant de l'autorité d'un si grand nom, comme on dit qu'il en avoit usé à l'égard de M. *Turgot*, dans l'éloge de ce ministre.

M. de la Harpe, dans son *Éloge de Voltaire*, où il a eu l'art de dire encore des choses neuves & piquantes sur un sujet qu'il sembloit avoir contribué lui-même à épuiser, fait des efforts ingénieux, mais renfermés avec goût dans de justes bornes, pour excuser la foiblesse qu'eut M. de *Voltaire* de répondre, & même avec amertume, aux critiques : on peut dire de cet usage ce que M. Bossuet disoit de la fréquentation des spectacles, qu'*il y a de grandes raisons contre, & de grands exemples pour*. Quant à nous, si nous détestons les guerres entre les souverains, parce qu'elles font le malheur des nations, & parce qu'elles ne remplissent jamais l'objet politique, nous ne méprisons pas moins les guerres littéraires, parce qu'elles sont l'opprobre de la littérature, & qu'elles vont aussi directement contre leur objet. Quand un homme tel que M. de *Voltaire*, daigne descendre du haut de sa gloire, & s'abaisser jusqu'à souiller sa plume divine par des injures, peut-être méritées, mais souvent grossières & quelquefois atroces, que fait-il autre chose que de combler les vœux des ennemis des lettres?

Hoc Ithacus velit, & magno mercentur Atridæ.

Montrer cet excès de sensibilité à la critique, n'est-ce pas dire aux envieux & aux méchans : Voilà mon cœur, c'est-là que ta main doit frapper.

N'eft-ce pas d'ailleurs juftifier en quelque forte leurs attaques & les autorifer à des hoftilités nouvelles? C'eft ainfi que dans les lettres comme dans la politique, la guerre naît toujours de la guerre, & que le mal qu'on dit ou qu'on fait, ne produit que du mal. Si la critique joint quelque utilité à fon amertume, profitez-en; fi elle n'eft que l'aveugle ouvrage de l'envie, répondez à l'envie par de nouveaux fuccès, & ne lui donnez pas le plaifir de vous avoir affligé; qu'elle ne puiffe pas dire :

Comme je le voulois, tu reffens ton malheur.

Un des plus beaux morceaux de ce bel éloge, eft le parallèle de Racine & de *Voltaire,* dont le réfultat eft, « que Racine lu par les connoif » feurs, fera regardé comme le poëte le plus par- » f.it qui ait écrit, & que *Voltaire,* aux yeux des » hommes raffemblés au théâtre, fera le génie le » plus tragique qui ait régné fur la fcène.

On a dit de Racine qu'*il a la monotonie de la perfection,* ce n'eft qu'un mot plaifant. Un reproche plus férieux, eft celui que lui fait fon plus digne admirateur, M. de *Voltaire,* dans ces vers du *Temple du Goût.*

 Racine obferve les portraits
 De Bajazet, de Xipharès,
 De Britannicus, d'Hippolite,
 A peine il diftingue leurs traits;
 Ils ont tous le même mérite,
 Tendres, galans, doux & difcrets;
 Et l'amour qui marche à leur fuite
 Les croit des courtifans françois.

On a reproché à Racine d'employer quelquefois des moyens trop petits, comme quand Néron fe cache pour entendre Junie; quand Mithridate promet Xipharès à Monime pour furprendre le fecret de fon amour. Cette objection, jufte ou non, eft au moins très-affoiblie par les effets que ces moyens produifent; mais enfin on n'a rien de femblable à objecter à M. de *Voltaire;* jamais fes caractères, même odieux, ne s'aviliffent par de trop petits moyens.

Nous nous défions beaucoup de l'obfervation que nous allons hazarder, parce que nous ne nous rappellons de l'avoir lue nulle part, & que tout doit avoir été dit fur Racine. Ainfi ce fera bien moins une critique qu'une queftion propofée aux gens de goût. Racine ne manque-t-il pas un peu de variété dans la forme de fes dénouemens? Ne ramène-t-il pas trop fouvent une même forme, dont même il n'eft pas l'inventeur? Car elle paroît imitée de Corneille dans les *Horaces,* où elle n'eft pas placée dans le dénouement.

Julie, qui n'a vu qu'une partie du combat des Horaces & des Curiaces, trompe le vieil Horace par un récit incomplet, qui amène ce fublime *qu'il mourût.* La colère du vieil Horace dure du troifième au quatrième acte; il difpute long-temps contre Valère fans l'entendre & fans en être entendu, jufqu'à ce qu'enfin Valère, parlant de l'avantage de Rome, donne lieu à cet autre mot fi beau & fi romain :

 Quoi ! Rome donc triomphe ?

Valère reconnoît alors que le vieil Horace eft dans l'erreur, & il le défabufe.

 Apprenez, apprenez
La valeur de ce fils qu'à tort vous condamnez.

Racine qui, comme le remarque M. de la Harpe, & comme d'autres l'avaient déjà obfervé, imita Corneille dans fes deux premières tragédies, fait de cet incident des *Horaces,* le dénouement de fes *Frères ennemis.* Olympe trompe de même Antigone par un récit imparfait du combat d'Etéocle & de Polinice, dont elle ne fe donne pas le temps d'apprendre toutes les circonftances. Elle fait feulement que Polinice eft vainqueur & qu'il a tué fon frère. Encore ne conçoit-on pas comment elle ignore qu'Etéocle, avant de fuccomber, a tué lui-même Hémon, incident du combat qui eft le plus intéreffant pour Antigone, amante d'Hémon. Créon mieux inftruit, arrive. Antigone lui dit :

. . . . . Vous avez peut-être à pleurer comme nous.

  C R É O N.

Madame, je l'avoue, & les deftins contraires
Me font pleurer deux fils, fi vous pleurez deux frères.

  A N T I G O N E.

Mes frères & vos fils ! Dieux ! que veut ce difcours !
Quelqu'autre qu'Etéocle a-t-il fini fes jours ?

  C R É O N.

Mais ne favez-vous pas cette fanglante hiftoire ?

  A N T I G O N E.

J'ai fu que Polinice a gagné la victoire,
Et qu'Hémon a voulu les féparer envain.

  C R É O N.

Madame, ce combat eft bien plus inhumain.
Vous ignorez encor mes pertes & les vôtres;
Mais, hélas ! aprenez les unes & les autres.

On voit que Créon, comme Valère, croit parler à une personne instruite, qu'un mot qui lui échappe dans cette persuasion; comme à Valère, donne lieu à Antigone, comme au vieil Horace, de faire une question qui amène un éclaircissement. Toute la différence est dans l'effet de cet éclaircissement, qui comble le vieil Horace de joie, & Antigone de douleur.

Le dénouement d'*Alexandre* est à-peu-près semblable. Porus comparoît devant son vainqueur, qui lui dit :

Vivez; mais consentez au bonheur de Taxile.

PORUS.

Taxile!

ALEXANDRE.

Oui.

PORUS.

Tu fais bien, & j'approuve tes soins,
Ce qu'il a fait pour toi ne mérite pas moins;
C'est lui qui m'a des mains arraché la victoire.
Il t'a donné sa sœur; il t'a vendu sa gloire;
Il t'a livré Porus. Que feras-tu jamais
Qui te puisse acquitter d'un seul de ses bienfaits?
Mais j'ai su prévenir le soin qui te travaille;
Va le voir expirer sur le champ de bataille.

ALEXANDRE.

Quoi Taxile?

CLÉOFILE.

Qu'entens-je!

EPHESTION.

Oui, seigneur, il est mort.

Et il fait le récit de cet événement.

Cette catastrophe est distinguée par un coup de théâtre étranger au point que nous examinons; ce coup de théâtre consiste en ce qu'Alexandre & Cléofile apprennent la mort de Taxile, par l'auteur même de cette mort, qui les brave, en se vantant du coup qu'il a porté; mais enfin il y a dans *Alexandre*, comme dans *les Frères ennemis* & dans *les Horaces*, une erreur qui s'annonce par un mot, & qui est dissipée par un récit.

Même forme dans le dénouement d'*Andromaque*. Pilade vient pour emmener Oreste.

Il faut partir, seigneur, sortons de ce palais......

ORESTE.

Non, non, c'est Hermione, amis, que je veux suivre.....

PILADE.

Hermione, seigneur? il la faut oublier.......
Cherchez-vous chez les morts quelque nouvel outrage?
Et parce qu'elle meurt, faut-il que vous mouriez?

ORESTE.

Elle meurt? Dieux! qu'entens-je?

PILADE.

Hé quoi? vous l'ignoriez?

Même forme encore dans la catastrophe de *Bajazet*. Atalide apprend par Zaïre, sa confidente, que Roxane vient d'être tuée; elle croit que Bajazet vit encore; Osmin, qui a tout vu, confirme la nouvelle de Zaïre en ce qui concerne Roxane, & commence un récit qu'il termine par dire qu'il a contribué à venger la mort de Bajazet.

ATALIDE.

Bajazet?

ACOMAT.

Que dis tu?

OSMIN.

Bajazet est sans vie,
L'ignoriez-vous?

Il y a d'autres dénouemens de Racine, qui ne consistent pas comme ceux-ci à tirer d'erreur les personnages intéressés dans l'action, mais qui se font toujours en deux parties, soit que l'une de ces deux parties soit contraire à l'autre & la détruise, comme dans *Mithridate*, où Arbate par un contre-ordre de ce prince, renverse le poison qu'Arcas étoit venu apporter à Monime de la part du même prince; & dans *Iphigénie*, où un rayon d'espérance qu'Arcas étoit venu donner à Clytemnestre, est dissipé par l'arrivée soudaine d'Ulysse qui dissipe lui-même à l'instant par un récit heureux la crainte mortelle que sa présence avoit fait naître; soit qu'une des deux parties ne soit que le complément de l'autre, comme dans *Phèdre*, où l'aveu & la mort de cette princesse consomment la justification d'Hippolyte, déjà commencée par Aricie, par Théramène & par la mort d'Œnone; & dans *Britannicus*, où le récit d'Albine ajoute au récit de Burrhus sans le combattre. Observons seulement que l'incident de la mort de Phèdre & de son aveu, a moins d'intérêt que le récit de la mort d'Hippolyte, & que de même dans *Britan-*

nicus, l'incident de la mort de Narciſſe & de l'entrée de Junie parmi les Veſtales, a moins d'intérêt que le récit fait par Burrhus, de la mort de Britannicus ; ce qui paroît contraire à la loi très-raiſonnable de la gradation continuelle de l'intérêt.

Si ces obſervations ſont juſtes, il en réſulte que Racine a un peu trop d'uniformité dans ſes dénouemens ; qu'il y employe trop ſouvent la même forme, & une forme empruntée de Corneille ; qu'on peut faire encore à ſes autres dénouemens quelques légers reproches, dont il nous ſemble que M. de _Voltaire_ eſt entièrement exempt. Nul auteur dramatique n'a mis autant de variété dans le choix de ſes ſujets, dans la manière de les traiter, dans ſes nœuds, dans ſes dénouemens, dans ſon ſtyle.

A la mort de M. de _Voltaire_, le premier mouvement a dû être de louer un ſi grand homme, & ce ſera toujours le mouvement le plus naturel comme le premier devoir de la juſtice ; il faudra toujours, & il falloit ſur-tout dans ce moment ſatal, obéir à ſon cœur & ſe ſoulager par des éloges ; mais il reſteroit peut-être un livre plus utile à faire, ce ſeroit un examen impartial, un examen à charge & à décharge des ouvrages de M. de _Voltaire_ relativement & au goût & à la morale ; ouvrage dans lequel on apprécieroit & les bons & les mauvais effets de l'influence qu'il a eue ſur les opinions & ſur les mœurs de ſon ſiècle ; on ſent qu'un tel examen ſe réſoudroit le plus ſouvent en témoignages d'admiration, en expreſſions de plaiſir, de tendreſſe & de reconnoiſſance ; cependant ſi ce livre étoit fait, comme il doit l'être, avec impartialité, avec courage, il étonneroit peut-être également & certains admirateurs & certains cenſeurs de M. de _Voltaire_. Tout homme de bon goût & de bonne-foi eſt ſans doute admirateur né de cet homme unique. Il eſt pourtant vrai que ſa mémoire a quelques zélateurs fanatiques & intoléráns qui ne veulent pas que M. de _Voltaire_ puiſſe être l'objet de la moindre critique ; ce ſont de pareils zélateurs qui ont fait tort à Homère & à la belle antiquité dans l'eſprit des gens du monde & des ignorans ; ce ſont eux que Tacite ſemble avoir déſignés par ce mot : _Peſſimum inimicorum genus laudantes_, & c'eſt à eux qu'on peut appliquer ces deux vers de la Fontaine :

    Rien n'eſt ſi dangereux qu'un indiſcret ami ;
      Mieux vaudroit un ſage ennemi.

VOLUMNIUS (_Hiſt. rom._) C'eſt le nom de pluſieurs romains que l'hiſtoire a diſtingués. 1°. L. _Volumnius_, ſurnommé _Flamma violens_, fut deux fois conſul, l'an de Rome 446 & l'an 456, & toutes deux fois il eut pour collègue Appius Claudius, dont il n'eut pas toujours à ſe louer. A ſon premier conſulat, il fut envoyé contre les ſalentins, nouveaux ennemis de Rome, que leur éloignement avoit tenus juſqu'alors hors de la portée des armes romaines, mais dont les romains, de conquête en conquête, étoient devenus les voiſins &, par conſéquent les ennemis ; ce qui auroit bien dû avertir toutes les nations de ſe réunir contre Rome comme contre un ennemi commun. _Volumnius_ acquit de la réputation dans cette guerre, eut des ſuccès, gagna des batailles, prit des villes ; il ſe concilia ſur-tout la faveur des ſoldats par une popularité aimable, jointe à une grande libéralité ; il employoit toujours ces qualités à l'avantage de la république ; il étoit parvenu, dit Tite-Live, à rendre le ſoldat avide & de périls & de travaux. _Prædæ erat largitor, & benignitatem per ſe gratam comitate adjuvabat, militemque iis artibus fecerat & periculi & laboris avidum._

Pendant ſon ſecond conſulat, c'étoit aux ſamnites & aux étruſques que Rome avoit principalement affaire. _Volumnius_ partit pour le Samnium, ſon collègue pour l'Etrurie. Quelque tems après leur départ, Appius Claudius voit arriver dans l'Etrurie _Volumnius_ avec toute ſon armée. Tous deux ſont également étonnés, l'un de cette arrivée ſubite de _Volumnius_, l'autre de l'étonnement même de Claudius : celui-ci demande avec aigreur & d'un ton d'inſulte à _Volumnius_, pourquoi, ſuffiſant à peine aux affaires de ſa province, il s'ingère de porter ſi officieuſement à ſon collègue des ſecours que celui-ci ne lui demandoit pas ? — Je vous porte, répondit _Volumnius_, les ſecours que vous m'avez demandés, je ne viens que d'après la lettre que vous m'avez vous-même écrite — Je ne vous ai point écrit — Eh bien ! ſoit que la lettre ſoit fauſſe, ſoit que vous repentant de l'avoir écrite, il vous plaiſe en ce moment de la déſavouer, je retourne ſur-le-champ dans le Samnium, bien plus content d'avoir fait un voyage inutile, que ſi vous aviez réellement beſoin de mon ſervice, comme la lettre m'avoit donné lieu de le penſer. Il alloit partir en effet, lorſque les principaux officiers de l'armée d'Appius, dont la lettre étoit vraiſemblablement l'ouvrage, entourent les deux généraux, ſupplient Appius de ne pas rejetter un ſecours que la fortune lui préſentoit, dont il avoit véritablement beſoin & qu'il auroit dû demander lui-même ; d'autres conjurent _Volumnius_ de reſter, de ne pas s'offenſer de la jalouſie d'Appius & de ne pas trahir les intérêts de la république, par trop de ſenſibilité au mauvais accueil qu'il recevoit de ſon collègue ; ils lui répréſentent que ſi l'armée d'Etrurie éprouve des malheurs, ils lui ſeront tous imputés ; qu'on ne demandera pas quels auront été les diſcours d'Appius, mais quel étoit & l'état & le beſoin de l'armée ; que ſi Appius le renvoyoit, la république & l'armée le retenoient. Cette cauſe fut plaidée devant l'armée entière ; _Volumnius_, brave ſoldat,

ſage

lage. général , ne s'étoit pas piqué jufques-là d'éloquence ; cependant il expofa très-nettement le fujet de la difpute , & on remarqua qu'il parloit fort bien ; le jaloux Appius en fut encore bleffé ; il s'étoit acquis une grande. réputation d'éloquence. » On me doit cependant quelque reconnoiffance, dit il avec une ironie amère ; voilà que *Volumnius* , toujours muet jufqu'alors , eft devenu tout-à-coup difert & prefque éloquent pour me combattre. » J'apprendrai toujours d'Appius avec plaifir l'art de parler éloquemment, répondit *Volumnius*, mais Appius pourroit quelquefois apprendre de moi l'art d'agir avec vigueur , chacun a fon talent , & la république a moment a plus befoin d'actions courageufes que de belles harangues. *Volumnius* demanda enfin que les foldats manifeftaffent leur defir d'une manière qui ne laiffât point de doute , & le vœu général fut que *Volumnius* reftât & que les deux confuls , avec leurs forces réunies, fiffent la guerre en Etrurie, où les Samnites s'étoient joints aux Etrufques ou Tofcans. Appius fut obligé de confentir à cette réunion des deux confuls & des deux armées, de peur que tous fes foldats ne fe rangeaffent fous les drapeaux de fon rival ; ils livrèrent enfemble une bataille aux etrufques & aux famnites & remportèrent une victoire fignalée, à laquelle *Volumnius* eut beaucoup plus de part qu'Appius ne l'auroit defiré , mais Appius y contribua auffi par fa bonne conduite. Après cette victoire *Volumnius* retourna dans le Samnium où il en remporta une nouvelle contre les famnites , auxquels il enleva tout le butin qu'ils venoient de faire dans la campagne. Ils avoient fait auffi une multitude de prifonniers ; ceux-ci dans le tumulte de l'action fe mirent en liberté & les premiers qui rompirent leurs fers , délièrent leurs compagnons , tous enfemble prirent les armes qu'ils trouvèrent parmi le bagage, & les tournèrent contre les famnites. Puis ayant apperçu leur général Staïus Minacius, qui parcouroit les rangs pour exhorter fes foldats , ils coururent à lui , le firent prifonnier à fon tour & le menèrent au conful. *Volumnius* eut dans cette occafion une double gloire. Les affaires d'Etrurie , depuis fon départ, s'étoient brouillées de nouveau ; les etrufques & les famnites avoient repris les armes , d'autres peuples paroiffoient difpofés à fe joindre à eux , & les romains en avoient conçu beaucoup d'alarmes , lorfque les nouvelles venues du Samnium , annonçant les fuccès foutenus de *Volumnius* , arrivèrent à Rome , & y firent renaître le calme & la fécurité, *Volumnius* , rappellé à Rome pour préfider à l'élection des nouveaux magiftrats , déclara que, s'il fe tenoit affuré que le peuple romain alloit élire l'homme généralement connu pour le plus grand capitaine, il l'auroit nommé dictateur par le droit de fa place, tout le monde comprit qu'il défignoit le fameux cunctateur Q. Fabius Maximus, il eut en effet tous les fuffrages & on fongeoit à lui donner *Volumnius* pour collègue ; mais Fabius lui-même demanda Décius , & *Volumnius* , fans montrer le moindre reffentiment de l'efpèce d'exclufion que lui donnoit le général, auquel il venoit de rendre un hommage fi flatteur, applaudit à fon choix & combla Décius de louanges. Enfin toute fa conduite eft celle d'un excellent citoyen & d'un général véritablement utile.

VOLUMNIUS, (Titus) (*Hift. rom.*) héros & martyr de la patrie & de l'amitié, avoit fuivi le parti de Brutus & de Caffius contre Octavien & Antoine , & avoit entraîné dans ce même parti Marcus Lucullus fon ami ; celui-ci étant tombé entre les mains des vainqueurs, Antoine le fit périr. *Volumnius* qui pouvoit fe dérober au même fort par la fuite, ne voulut jamais abandonner fon ami ; il donna tant d'éclat à fes regrets & à fes plaintes fur la mort de Lucullus , qu'il fut traîné, comme il le defiroit, aux pieds d'Antoine. « C'eft » moi , lui dit-il , qui ai caufé la mort à mon » ami, c'eft moi qui l'ai forcé d'embraffer le parti » qui feroit réputé le plus jufte s'il avoit triom- » phé. Vengez- vous & puniffez le vrai coupable. » En me livrant moi-même , j'ai droit à quelque » grace , je n'en demande qu'une, celle d'être » conduit fur-le-champ vers le lieu où le corps de » mon ami eft encore renverfé par terre & d'y être » égorgé auprès de lui. » Antoine , tyran cruel, mais qui n'étoit pas toujours incapable de générofité , en manqua cette fois , ce que *Volumnius* avoit demandé fut exécuté à la lettre , on le conduifit à l'endroit qui alloit être pour la feconde fois le lieu de fon fupplice, il prit la main de Lucullus & la baifa , il ramaffa la tête fanglante de fon ami & la preffa contre fon fein , puis il préfenta fa propre tête au bourreau , montrant jufqu'au dernier moment l'empreffement le plus vif & le plus ferme à être réuni au malheureux Lucullus.

3°. Un autre *Volumnius* (Publius) avoit donné un afyle dans fa maifon au célèbre Atticus , qui , quoique ami d'Antoine, quoique aimé & refpecté dans tous les partis, avoit été mis au nombre des profcrits, cet afyle le fauva, on fentit qu'on n'avoit pas dû profcrire Atticus , & il fut rayé de la lifte des victimes.

VOLUSIEN, (Caïus Vibius Volufianus) (*Hift. rom.*) fils de l'empereur Gallus , qui avoit fuccédé à l'empereur Dèce l'an 251 de J. C. Dèce avoit laiffé un fils, nommé Hoftilien. Gallus , qui avoit fait périr Dèce par une horrible trahifon, en le faifant tomber entre les mains des goths, parut adopter *Volufien* , & lui conféra le titre d'Augufte ; il paroit fur être victime pour l'égorger. Une, pefte qui ravagea l'empire romain pendant douze ans , depuis l'an 250 jufqu'en 262 , lui fournir les moyens d'exécuter fon projet, Hoftilien mourut en 252 & Gallus publia qu'il étoit mort de la pefte ; mais l'hiſtoire publie que ce fut Gallus qui l'empoiſonna ; on ne ſait ſi ce fut alors ſeulement & comme pour remplacer Hoſtilien, qu'il fit Céſar, puis Auguſte *Voluſien* ſon fils, ou s'il lui avoit conféré ces titres dès le moment où il avoit été lui-même nommé empereur ; ſuivant une conjecture aſſez vraiſemblable, c'étoit Hoſtilien qu'il avoit d'abord fait déclarer Auguſte, parceque c'étoit vers lui comme vers le fils du dernier empereur, que les vœux des romains ſe tournoient naturellement ; le bas âge de ce prince lui avoit fait donner pour tuteur Gallus, un des capitaines les plus diſtingués de l'armée où Déce avoit péri ; on ignoroit encore alors la trahiſon de Gallus ; en qualité de tuteur il ſe fit revêtir de tous les titres de la puiſſance ſouveraine, & ayant fait périr *Voluſien* l'année ſuivante, il prit pour lui & pour ſon fils toute la réalité du pouvoir. Ils prirent enſemble le conſulat pour l'an 253. Les goths, avec leſquels Gallus avoit conclu un traité aſſez honteux après leur avoir livré l'empereur Déce, firent de nouvelles incurſions dans quelques provinces de l'empire ; Emilien, qui commandoit dans ces provinces, battit & chaſſa les goths, & paroiſſant alors plus digne de l'empire qu'un traître tel que Gallus, & qu'un enfant tel que *Voluſien* il fut proclamé empereur par ſon armée victorieuſe ; Gallus & *Voluſien* marchèrent contre lui ; les deux armées ſe rencontrèrent près d'Interramna (Terni) en Ombrie ; mais celle de Gallus ſe trouvant trop inférieure & étant trop peu attachée à un chef trop peu eſtimable, prit le parti de terminer la querelle, en tuant elle même Gallus & *Voluſien*, & en reconnoiſſant Emilien pour empereur.

VONDEL, (Juſte ou Joſſe du) (*hiſt. litt. mod.*) poëte hollandois & marchand de bas à Amſterdam, commerce qu'il abandonnoit à ſa femme pour ſe livrer tout entier à la poéſie. Il fit ſur-tout des tragédies & fut le Shakeſpeare de la Hollande. Une de ces tragédies entre autres, eut un prodigieux ſuccès & lui attira une violente perſécution. C'eſt celle qui a pour titre : *Palamède* ou *l'Innocence opprimée*. C'étoit l'hiſtoire du vénérable & infortuné Barneveld, & c'étoit le prince Maurice qui étoit Ulyſſe, accuſateur & calomniateur de Palamède. L'allégorie ne pouvoit être plus juſte à tous égards d'après ces vers de Virgile :

Belidæ nomen Palamedis, & inclyta famâ
Gloria : quem falſâ ſub proditione Pelaſgi
Inſontem, infando indicio, quia bella vetabat,
Demiſere neci : nunc caſſum lumine lugent :
. . . Invidiâ poſtquam pellacis Ulyſſei
. . . Superis conceſſit ab oris.

Et du Vondel pouvoit dire comme Sinon :

Nec tacui demens. . . .

Promiſi ultorem & verbis odia aſpera movi.
Hinc mihi prima mali labes : hinc ſemper Ulyſſes
Criminibus terrere novis : hinc ſpargere voces
In vulgum ambiguas & quærere conſcius arma.
Nec requievit enim.

Le prince Maurice ne parvint à le faire condamner qu'à une amende de trois cens livres, mais il vouloit lui faire éprouver le ſort de Barneveld.

On a de du Vondel pluſieurs autres pièces de théâtre & d'autres poéſies qui ont toutes été recueillies en neuf volumes *in-4°*. Il étoit né en 1587 de parens anabaptiſtes ; il ſe fit catholique & catholique ſi zélé, qu'il y a de lui un poëme en faveur de la religion catholique ſous ce titre : *les Myſtères* ou *les Secrets de l'Autel* ; & ſur-tout de violentes ſatyres contre les miniſtres de la religion prétendue réformée. Long-temps abandonné à toute l'irrégularité d'un génie brut & ſauvage, il ſe mit à trente ans à apprendre le latin & à étudier les bons modèles, ſoit des romains, ſoit des françois. Il mourut à quatre-vingt-onze ans en 1679.

VOPISCUS, (Flavius) (*hiſt. litt. rom.*) l'un des écrivains de l'Hiſtoire-Auguſte, & l'un des moins mauvais de ces écrivains ſans être bon, car il reſte encore bien des places entre ces auteurs & un bon hiſtorien. *Vopiſcus* étoit né à Syracuſe ſous l'empire de Dioclétien ; il vint à Rome vers l'an 304. Il a écrit les vies des empereurs romains depuis Aurélien juſqu'à Dioclétien. Il obtient quelquefois l'honneur d'être cité.

VORAGINE, (Jacques de) *voyez à* JACQUES, dernier article. Nous ajouterons ſeulement ici que la Sorbonne fit au ſeizième ſiècle une querelle un peu gratuite au fameux Claude d'Eſpence (*voyez* ESPENCE,) en l'accuſant de mépriſer les ſaints, parce qu'il avoit donné à *la Légende dorée* de Jacques de *Voragine* le nom de *Légende ferrée*. Vers le même temps Melchior Canus, (*voy.* CANUS,) évêque des Canaries, faiſoit la même plaiſanterie, ſans qu'on ſoupçonnât ſa foi.

VORSTIUS. (*hiſt. litt. mod.*) C'eſt le nom de pluſieurs ſavans d'Allemagne & des Pays-Bas.

1°. Conrad *Vorſtius*, né à Cologne en 1569, ſucceſſeur d'Arminius en 1610, dans l'univerſité de Leyde. Les Gomariſtes le perſécutèrent ; le ſynode de Dordrecht le déclara incapable d'enſeigner la théologie. Il fut obligé de ſe cacher comme un malfaiteur ; il avoit demeuré depuis 1612 juſqu'en 1619, à Goude ou Tergow ville de la Hollande méridionale ; enfin après avoir erré de ville en ville, ſans pouvoir échapper à la perſécution dans un pays libre, il alla en 1622 chercher un aſyle dans le Holſtein ; il n'en jouit pas long-temps, il y mourut le 29 septembre de la même année. On a de lui une multitude d'ouvrages presque tous polémiques. Le roi Jacques I fit brûler par la main du bourreau son traité *de Deo*.

2°. Guillaume *Vorstius*, son fils, a traduit plusieurs ouvrages des Rabbins, entre autres le livre *des Fondemens de la Foi* de Maimonides.

3°. Nous ignorons si Œlius-Everhard *Vorstius*, né à Ruremonde en 1565, mort en 1624 à Leyde, où il professoit la médecine, étoit parent des précédens. On a de lui un voyage historique & physique de la grande Grèce, un traité des poissons de la Hollande, des remarques sur le fameux livre de Celse *de re Medicâ*.

4°. Adolphe *Vorstius*, son fils, aussi professeur en médecine à Leyde, a donné un catalogue des plantes du jardin botanique de Leyde & de celles qui naissent aux environs de cette ville. Mort en 1663.

5°. Un autre *Vorstius*, (Jean) né dans le Dithmarsen, contrée du Holstein sur la mer Baltique, fut bibliothécaire de l'électeur de Brandebourg. Il mourut en 1676. Ses nombreux ouvrages qui roulent pour la plupart sur l'écriture-sainte, prouvent une vaste érudition tant sacrée que profane, une grande connoissance des langues, surtout de l'hébreu.

VOSSIUS. (*Hist. litt. mod.*) Nom illustré par plusieurs savans d'une même famille.

1°. Gérard *Vossius*. Ce nom de *Vossius* n'étoit originairement que celui de *Vos*, que l'usage savant de rapporter tout jusqu'aux noms, à la littérature ou grecque ou latine, a transformé en *Vossius* par une terminaison latine. Cette famille des *Vos* ou *Vossius* étoit considérable dans les Pays-Bas & s'est devenu dans la littérature. Gérard étoit prévôt de Tongres. Son goût pour la littérature ancienne l'ayant conduit à Rome, s'y augmenta considérablement. Il visita & connut à fond les principales bibliothèques de l'Italie. Il y découvrit plusieurs anciens ouvrages inconnus, des pères Grecs, il les fit connoître, il les traduisit le premier en latin. C'est à lui que nous devons la traduction des œuvres de saint Grégoire Thaumaturge & de saint Ephrem. Mort à Liége sa patrie, en 1609.

2°. Gérard-Jean *Vossius*, parent du précédent, fut plus savant encore & fut père d'une multitude de savans. Belles-lettres, histoire, antiquité sacrée & profane, tout ce qui constitue un savant, lui fut familier. Il eut successivement la direction du collège de Dordrecht, une chaire d'éloquence & de chronologie à Leyde, une chaire de professeur en histoire à Amsterdam. C'est un des plus grands

philologues qui ayent existé. Il a écrit sur les historiens & les poëtes tant grecs que latins; sur les mathématiques, la théologie, la chronologie, la grammaire, la rhétorique, la poëtique, les vices du discours, les étymologies de la langue latine; il a écrit l'histoire Pélagienne. Son traité de l'origine de l'idolatrie, est peut-être le plus connu & le plus estimé de ses ouvrages. Ils sont tous en latin. Ils ont été recueillis à Amsterdam, en six volumes *in-folio*. Gérard-Jean *Vossius* étoit né en 1577, dans le Palatinat, auprès d'Heidelberg. Il mourut en 1649, ayant eu cinq fils savans comme lui, dont un seul lui a survécu.

3°. Denys *Vossius*, fils aîné de Gérard-Jean, mourut à vingt-deux ans en 1633, regardé déjà comme un prodige d'érudition. On peut le regarder aussi comme ayant été la victime de ce savoir précoce & du travail opiniâtre qui le lui avoit procuré. On a de lui de savantes notes sur le livre de l'idolatrie du rabbin Moyse-Ben-Maimon, elles sont insérées dans le traité de l'idolâtrie de Gérard-Jean, son père.

4°. François *Vossius*, mort en 1645, après avoir célébré dans un poëme une victoire navale remportée par l'amiral Tromp.

5°. Gérard, mort en 1640, presque aussi jeune que Denys, & ayant cependant mérité la réputation d'un des plus savans critiques du dix-septième siècle, a donné une édition de Velleïus-Paterculus, avec des notes.

6°. On a de Matthieu, frère des trois précédens, mort en 1646, une bonne chronique de Hollande & de Zélande.

Voilà les quatre fils, dignes de lui, que Gérard-Jean *Vossius* eut le malheur de voir périr avant lui. Il pouvoit dire :

J'ai perdu, dans la fleur de leur jeune saison,

Quatre fils; quel espoir d'une illustre maison!

7°. Il ne lui en resta qu'un, le dernier de tous, mais c'étoit Isaac *Vossius*, cet Isaac *Vossius* à qui Colbert écrivit au nom de Louis XIV, ce billet si glorieux à tous les trois, que rapporte le président Hénault:

» Quoique le roi ne soit pas votre souverain, il veut néanmoins être votre bienfaiteur, & m'a commandé de vous envoyer la lettre de change ci-jointe comme une marque de son estime & un gage de sa protection : chacun sait que vous suivez dignement l'exemple du fameux *Vossius* votre pere, & qu'ayant reçu de lui un nom qu'il avoit rendu illustre par ses écrits, vous en conservez la gloire par les vôtres : ces choses étant connues de sa majesté, elle se porte avec plaisir à gratifier votre

mérite, & j'ai d'autant plus de joie qu'elle m'ait
donné ordre de vous le faire favoir, que je puis
me fervir de cette occafion pour vous affurer que
je fuis, monfieur, votre très - humble & très-
affectionné ferviteur, Colbert. A Paris, ce 21
juin 1663.

Ifaac *Voffius*, né à Leyde en 1618, avoit paffé
en Angleterre, où il étoit devenu chanoine de
Windfor. Il étoit fort zélé pour la chronologie des
feptante, & il avoit entrepris une édition nouvelle
de leur fameufe verfion. Il aimoit le merveilleux,
& il étoit naturellement enclin à y croire; mais il
n'avoit pas la même docilité pour les objets de la
foi. Le roi d'Angleterre, Charles II, difoit avec
étonnement : *Ce théologien croit à tout, excepté à
la bible.* Quand on y a regardé de plus près, on
a trouvé les exemples de cette inconféquence fi
fréquens, que ce n'eft plus même matière à étonnement.

On a d'Ifaac *Voffius* des notes fur Scylax &
Pomponius Mela, des commentaires fur Catulle,
dans lefquels il a fait entrer une partie du traité
de fon ami Beverland *de proftibulis veterum*; (*Voy.*
l'article BEVERLAND), des obfervations fur l'origine du Nil & d'autres fleuves ; un traité fur les
oracles des Sibylles & les autres oracles qui ont
précédé la naiffance du chrift ; un traité du chant
des poëmes & de la vertu du rythme ; des obfervations diverfes, des differtations philologiques &
philofophiques de toute efpèce & fur toute forte de
fujets. C'étoit la même variété, la même abondance que chez fon père. Il y a auffi de lui des
ouvrages polémiques contre Richard Simon, qui
écrivoit contre tout le monde & contre lequel tout
le monde écrivoit. (*Voyez* l'article SIMON ,
(Richard.) Ifaac *Voffius* mourut en 1689 ; on
lui doit encore une édition des lettres de St. Ignace,
martyr. On n'a pas befoin de dire que tous les ouvrages d'Ifaac *Voffius* font en latin, ainfi que ceux
de fon père & de fes frères.

VOULTÉ (*hift. litt. mod.*) poëte latin de
Reims au feizième fiècle, qui ne pouvoit manquer
de fe nommer *Vulteïus*, puifque ce nom eft latin
& qu'il eft dans Horace, a célébré l'établiffement
du collège royal. François I, une de la première main à cet établiffement. L'inftruction étoit
ce qui preffoit le plus; il s'empreffa d'abord de
nommer des profeffeurs & de leur affurer des appointemens, fe propofant d'exécuter à loifir le
refte du plan.

Ce plan étoit digne de François I, le plus magnifique des rois de France avant Louis XIV, il
devoit faire conftruire fur le terrein de l'hôtel de
Nefle, c'eft-à-dire à l'endroit où depuis on a bâti
le collège Mazarin, un édifice qui pût contenir
un très-grand nombre de maîtres, non-feulement
pour les langues, mais encore pour toutes les fcien-

ces, & fix cent jeunes écoliers dont le cours d'é-
tude fous tous les profeffeurs auroit été en tout de
quatorze ans; le roi devoit affigner pour l'entretien
de ce collège cinquante mille écus de rente, fomme
énorme pour le temps & proportionnée à de fi
grandes charges; il devoit conftruire une chapelle
dont la magnificence eût répondu à celle des autres
bâtimens, & fonder quatre chanoines & quatre
chapelains pour le fervice de cette chapelle. Dès
le 22 Janvier 1521, le roi avoit envoyé à la chambre des comptes, Guillaume Petit fon confeffeur,
pour faire part de fon projet à cette compagnie,
& la charger d'indiquer quelques chapelles de fondation royale tombées en ruine dont il pût réunir
les revenus à la chapelle de fon collège. Le 19 Décembre 1539 le roi adreffe, de Villers-Cotterets,
a Guillaume Prud'homme, tréforier de l'épargne,
des lettres qui contiennent tous les arrangemens
néceffaires pour la conftruction du collège *des trois
langues*, à l'hôtel de Nefle. D'après ces lettres où
tout eft prévu & ordonné, il femble qu'il n'y
avoit plus qu'à jetter les fondemens du collège,
cependant François I eft mort huit ans après, fans
que l'exécution de ce projet fût même commencée.
Il en faut fans doute accufer la guerre & le défaut d'argent. Galland en accufe beaucoup plus
encore la malignité du chancelier Poyet & fa baffe
envie contre les gens de lettres; il foutient que
ce magiftrat ne ceffa de mettre des obftacles à la
bonne volonté du roi.

Voulté, au contraire en célébrant François I,
& les profeffeurs du collège royal, s'exprime dans
des termes qui pourroient faire croire que le grand
projet de ce prince pour le bâtiment de l'hôtel de
Nefle, auroit été exécuté.

Nobile Gymnafium extruxit Francifcus, Athenis
Majus. . . . .
Stant vivi lapides operis ftruâæque columnæ
Regis Francifci munere crefcit opus.

Ces vers, comme on voit, parlent de collège
bâti, de pierres pofées, de colonnes élevées; mais
tous ces termes ou font relatifs au fimple projet,
que le poëte envifage déjà comme exécuté, ou font
purement métaphoriques & n'expriment que la nomination des profeffeurs.

Ce n'eft pas non plus du mot propre que *Voulté*
fe fert, lorfqu'il dit de François I.

Quo nil mitius orbis habet.

L'univers n'a rien de plus doux.

On reconnoit moins à ce petit éloge un roi tel
que François I, qu'un enfant tel que Charles VIII,
dont Philippe de Comines a dit : *il ne fut jamais
que petit homme de corps & peu entendu, mais il*

étoit si bon qu'il n'est point possible de voir meilleure créature.

Mais c'étoit du cœur du poëte & de celui de tous les gens de lettres que partoit ce cri naturel :

O nos felices tali sub rege coortos?
Quàm bene consultum est, doda Minerva, tibi!

« Quel bonheur d'être né sous un tel roi ! Docte
» Minerve ! à qui vos intérêts pouvoient-ils être
» mieux confiés ?

VOUTES, (*hist. d'Allemagne*) on appelle voûtes
en Allemagne, des endroits particuliers où se font
les dépôts publics. Il y a communément deux *voûtes* :
dans la première, on dépose les pièces des affaires
qui n'ont pas été portées par appel à la chancellerie
de la chambre de Spire, mais qui lui sont dévolues
par d'autres voies. Tels sont les actes du fisc, ceux
qui constatent ou qui renferment les mandats, les
infractions de la paix, les violences, &c. La deuxième
voûte contient les actes des causes pendantes par appel, des attentats contre l'appel, des défauts, des
compulsoires, des défenses. (*D. J.*)

VOYANS-FRÈRES, (*quinze-vingts*) dans la
communauté des quinze-vingts, on appelle *frères
voyans*, ceux de cette communauté qui voient
clair, & qui sont mariés à une femme aveugle ;
& *femmes voyantes*, les femmes qui voient clair
& qui sont mariées à des aveugles. (*D. J.*)

VOYER de Paulmy d'Argenson (voyez AR-
GENSON) (d').

VRYGRAVES, ou FREYGRAVES, (*hist. mod.
& droit politique*) mots allemands qui signifient *comtes libres* ; c'est ainsi que l'on nommoit les assesseurs,
échevins ou les juges qui composoient le *tribunal
secret de Westphalie*. Dans les tems d'ignorance &
de superstition, les plus grands seigneurs d'Allemagne se faisoient un honneur d'être aggrégés à ce
tribunal infâme. Semblables aux *familiers* de l'inquisition d'Espagne ou de Portugal, ils croyoient
se faire un mérite devant Dieu, en se rendant les
délateurs, les espions & les accusateurs, & souvent
en devenant les assassins & les bourreaux secrets de
ceux de leurs concitoyens, accusés ou coupables
d'avoir violé les commandemens de Dieu & de l'Eglise. Leurs fonctions sublimes furent abolies en
1512, par l'empereur Maximilien I, ainsi que le
tribunal affreux auquel ils ne rougissoient pas de
prêter leur ministère. (*A. R.*)

VULCANIUS, (Bonaventure) (*hist. litt. mod.*)
luthérien, né à Bruges, professeur de grec à Leyde,
a traduit Callimaque, Bion et Moschus, a donné
une édition d'Arrien, corrigée depuis & augmentée
par d'autres & qui est devenue l'édition connue
sous le titre de *variorum*. On a encore de *Vulcanius* une édition d'Agathias. Ce savant mourut à
Leyde en 1614, à 77 ans.

VULSON. (*Voyez* COLOMBIÈRE (Marc Vulson, sieur de la).

W

W A D

WACE ou WAICE, (Robert) (*hist. litt. mod.*) ancien poëte françois, & l'un des plus anciens qui ayent écrit en vers françois. C'est l'auteur du fameux roman de *Rou*, lequel est écrit ainsi. Cet ouvrage est plus célèbre que connu, il suffiroit de son ancienneté pour le rendre célèbre. Il devient par-là un monument de la langue & des usages du temps, & une source pour l'histoire. Il est en manuscrit à la bibliothèque du roi de France, sous le titre de *roman de Rhou & des ducs de Normandie* ; il est aussi en manuscrit dans la bibliothèque des rois d'Angleterre sous le titre de *roman des rois d'Angleterre*. Comme ces rois d'Angleterre étoient les mêmes que les ducs de Normandie, cette différence de titres n'est qu'apparente & n'a rien de réel. L'auteur vivoit vers le milieu du douzième siècle ; il étoit né dans l'isle de Gersey. Il fut clerc de la chapelle de Henri II, roi d'Angleterre & chanoine de Bayeux.

WADAS ou OUADAS, s. m. (*Hist. mod.*) peuple sauvage qui habite l'île de Ceylan, & qui descend des anciens possesseurs du pays, avant qu'il fût conquis par les habitans du continent ; ils ne reconnoissent point de maitre, vivent de la chasse, n'habitent que les forêts & les bords des rivieres ; ils sont noirs. Quelques-uns cependant d'entr'eux payent tribut aux rois. (*A. R.*)

WADD, s. m. (*Hist. anc.*) nom d'une divinité adorée par quelques tribus d'arabes idolâtres ; elle avoit la figure d'un homme, & étoit le symbole du ciel. (*A. R.*)

WADING. (*Hist. litt. mod.*) C'est le nom de deux religieux, l'un jésuite, l'autre cordelier, qui tous deux furent savans. Le jésuite (Pierre *Wading*) étoit né à Waterford en Irlande en 1586, s'étoit fait jésuite à Tournay en 1601, avoit enseigné la théologie à Prague & à Louvain, & mourut à Gratz en Stirie en 1644, laissant des ouvrages en latin assez peu connus.

Le cordelier qui étoit pareillement irlandois, (Luc de *Wading*) mort à Rome en 1655, a donné les annales de son ordre en dix sept volumes *in-folio* seulement. Un autre cordelier, nommé le père François Harold, qui pourroit bien avoir aussi été irlandois, donna aussi un abrégé de cet ou-

W A K

vrage en deux volumes aussi *in-folio*, & un récollet, en quatre ; car les moines & les savans ne savent guères abréger que par *in-folio*.

Vos abrégés sont longs au dernier point.

Le père *Wading* a encore donné un petit *in-folio* de la bibliothèque des écrivains cordeliers.

WAGENSEIL, (Jean-Christophe) (*Hist. litt. mod.*) né à Nuremberg en 1633 ; voyagea en France, en Espagne, dans les Pays-Bas, en Angleterre & dans les diverses contrées de l'Allemagne avec de jeunes gentils-hommes, dont l'éducation lui avoit été confiée. Il reçut par-tout des marques d'estime. Au retour de ses voyages, il fut fait professeur en histoire, en droit & en langues orientales à Altorf, & bibliothécaire de l'université de cette ville. Il a mérité que sa vie fût écrite, même dans son pays. Il a aussi cherché à illustrer ce pays dans un traité plein de recherches *de urbe noribergâ*. Il a fait aussi un cours d'étude utile à l'usage des enfans, intitulé : *Pera librorum juvenilium*. On a encore de lui un recueil des ouvrages des juifs contre le christianisme, qu'il a intitulé avec plus de zèle polémique que de goût, *Tela ignea Satanæ*. On peut juger d'après ce titre même, qu'il n'avoit rassemblé *ces traits de Satan* que pour les briser. Son objet est une réfutation des objections des juifs, & cet ouvrage jouit de quelque estime parmi les savans. L'auteur mourut en 1705.

WAGTASSE, (Thomas) (*Hist. litt. mod.*) médecin anglois, estimé, ainsi que quelques ouvrages qu'il a composés sur son art, né en 1645, mort en 1712.

WAKE, (Guillaume) (*hist. litt. mod.*) archevêque de Cantorbéri, s'est signalé dans son pays & dans sa communion, par des ouvrages de controverse contre Bossuet : c'étoit un si redoutable adversaire que ce Bossuet, qu'il étoit même glorieux d'oser entrer en lice avec lui :

Aut spoliis ego jam captis laudabor opimis
Aut letho insigni, sorti pater æquus utrique est.

On a aussi de *Wake* divers sermons. Né en 1657, mort à Lambeth en 1737.

WALÆUS, (Antoine) (*hist. litt. mod.*) né à Gand en 1573, pasteur en divers lieux en Hollande, professeur de théologie à Leyde, est l'auteur de la plus grande partie de la version flamande de la bible, entreprise par ordre des Etats, & qui parut pour la premiere fois en 1637. La traduction de presque tout le nouveau testament est de *Walæus*. On a encore de lui un abrégé de la morale d'Aristote, *Compendium Ethica aristotelica*, mort en 1639.

WALDEMAR. (*Voyez* Marguerite DE VALDEMAR.)

WALDENSIS, (Thomas) (*hist. litt. mod.*) *Netter* étoit son vrai nom ; il est plus connu parmi les savans sous celui de Thomas *Waldensis*, qui exprime le lieu de sa naissance ; il étoit né dans un village de l'Angleterre, nommé Walden, il se fit carme ; & fut un théologien habile au quatorzième & au quinzième siècle ; il se trouva au concile de Constance, où il disputa beaucoup contre les Hussites & les Wiclesites. Il mourut en 1430. On a de lui un ouvrage théologique, intitulé : *Doctrinale antiquitatum Fidei ecclesiæ catholicæ*, & quelques autres ouvrages qui lui assurent un rang parmi les savans du siècle où il a vécu.

WALEMBOURG, WALEMBURCH ou VALEMBOURG. (*Hist. litt. mod.*) (Adrien & Pierre de) C'est le nom de deux frères recommandables par leur savoir & leur piété, & distingués parmi les frères & parmi les savans par leur union ; l'un suffragant de Cologne, sous le titre d'évêque d'Andrinople ; l'autre suffragant de Mayence, sous le titre d'évêque de Mysie, nés à Rotterdam, de parens catholiques. Ils sont auteurs d'un ouvrage important sur les controverses. *Les deux volumes de leurs controverses*, dit le célèbre Arnauld, qui se connoissoit en controverses, *sont dignes d'être entre les mains de tous ceux qui étudient la théologie.* Adrien mourut à Cologne, le 11 septembre 1669, après avoir mis en ordre le premier volume. Pierre en acheva l'édition, qui parut en 1670. Il mourut le 21 décembre 1675. On a aussi un bon abrégé de leur ouvrage fait par eux-mêmes en un volume *in-12*. Ils fondèrent six bourses à Cologne pour de jeunes hollandois qui annonceroient du goût pour l'étude de la controverse & de la théologie. On croyoit alors la controverse utile.

WALLAFRIDE STRABON, (*Hist. litt. mod.*) étoit un savant bénédictin du neuvième siècle, élevé dans le monastère de Fulde, sous la discipline du célèbre Hincmar. Il fut ensuite abbé de Richenoue, dans le diocèse de Constance. Sa science avoit sur-tout pour objet l'ancienne discipline de l'église, & un de ses ouvrages intitulé : *De officiis divinis, seu de exordiis & incrementis rerum ecclesiasticarum*, sert encore aujourd'hui à la faire connoître. On le trouve dans la bibliothèque des pères & dans d'autres recueils. On a de lui aussi des poëmes latins, imprimés & dans le Canisius de l'édition de Basnage, & séparément ; enfin un grand ouvrage sur l'écriture-sainte, imprimé en 6 & 7 volumes *in-folio*, intitulé : *Glossa ordinaria in sacram scripturam. Wallafride Strabon* mourut vers le milieu du neuvième siècle sous le règne de Charles-le-Chauve & de l'empereur Lothaire.

WALLER. (Edmond) (*Hist. litt. mod.*) » On a beaucoup entendu parler du célèbre *Waller* en France, dit M. de Voltaire. La Fontaine, saint Evremont & Bayle ont fait son éloge ; mais on ne connoît de lui que son nom. Il eut à-peu-près à Londres la même réputation que Voiture eut à Paris, & je crois qu'il la méritoit mieux. *Waller*, meilleur que Voiture, n'étoit pas encore parfait. Ses ouvrages galans respirent la grace ; mais la négligence les fait languir, & souvent les pensées fausses les défigurent. Les anglois n'étoient pas encore parvenus de son temps à écrire avec correction. Ses ouvrages sérieux sont pleins d'une vigueur qu'on n'attendroit pas de la mollesse de ses autres pièces. Il a fait un éloge funèbre de Cromwel, qui, avec ses défauts passe pour un chef-d'œuvre. Pour entendre cet ouvrage, il faut savoir que Cromwel mourut le jour d'une tempête extraordinaire. La pièce commence ainsi :

Il n'est plus, c'en est fait, soumettons-nous au sort,
Le ciel a signalé ce jour par des tempêtes,
Et la voix du tonnerre, éclatant sur nos têtes,
　　　Vient d'annoncer sa mort.

Par ses derniers soupirs il ébranle cette isle,
Cette isle, que son bras fit trembler tant de fois,
　　　Quand, dans le cours de ses exploits,
　　　Il brisoit la tête des rois,
Et soumettoit un peuple à son joug seul docile.
Mer, tu t'en es troublée ; ô mer ! tes flots émus
Semblent dire, en grondant, aux plus lointains rivages
Que l'effroi de la terre & ton maître n'est plus.
Tel au ciel autrefois s'envola Romulus ;
Tel il quitta la terre au milieu des orages,
Tel d'un peuple guerrier il reçut les hommages.
Obéi dans sa vie, à sa mort adoré,
Son palais fut un temple, &c.

» C'est à propos de cet éloge de Cromwel, poursuit M. de Voltaire, que *Waller* fit au roi Charles II cette réponse qu'on trouve dans le dictionnaire de Bayle. Le roi, à qui *Waller* venoit, selon l'usage des rois & des poëtes, de présenter une pièce farcie de louanges, lui reprocha qu'il avoit fait mieux pour Cromwel. *Waller* répondit : *Sire, nous autres* poëtes, *nous réunissons mieux dans les fictions que dans les vérités.* »

C'étoit se tirer avec esprit d'un reproche assez grave, & en mériter encore mieux un autre qu'on lui a fait aussi en rapprochant ses divers auvrages, c'est qu'ayant vécu sous un grand nombre de différens princes, il les a tous flattés plus qu'aucun poëte n'a jamais flatté les souverains, & qu'il a toujours flatté le souverain vivant aux dépens des prédécesseurs. Dans ses œuvres, Jacques I est le plus grand des rois, *Waller* n'en avoit pas vu d'autres; mais à peine Charles I, lui succède qu'il l'efface, Cromwel est encore plus grand qu'aucun d'eux, & en cela, quoi qu'en ait dit *Waller* à Charles II, il y avoit de la vérité. A peine ce Charles II, est-il rétabli sur le trône, que le voilà qui éclipse le protecteur, & c'est encore le sens du mot de *waller*, enfin Charles II est lui-même éclipsé par Jacques II, son frère, qui assurément n'éclipsa personne. Cette versatilité obséquieuse est une petite tache, & peut-être une tache non petite à la réputation de probité dont *waller* a joui, d'ailleurs, dans un dégré distingué; elle diminue le mérite du zèle avec lequel il avoit embrassé d'abord la cause de Charles I, au pouvoir duquel il voulut réduire en 1645, la ville & la tour de Londres. Ce projet ayant été découvert & prévenu, ce sujet fidèle fut traité en coupable, mis en prison, condamné à une grosse amende. Dès qu'il eut obtenu sa liberté, il passa en France où il vécut long-temps heureux & tranquille, loin des orages, au sein des lettres. Il revint cependant en Angleterre pendant le protectorat, & comme on l'a vu, il flatta le protecteur, qui voulut bien l'accueillir, & flatta encore plus, après la révolution, Charles II qui l'accueillit encore mieux, & qui avoit plus de goût pour l'esprit & les talens. Il vécut beaucoup dans la société de Saint-Évremont & de la duchesse de Mazarin, & de tout ce qu'il y avoit de poli & d'aimable à cette cour de Charles II, la plus spirituelle, & la plus favorable aux sciences & aux beaux arts qu'il ait y eu en Angleterre.

La plupart des ouvrages de *waller* roulent principalement sur l'amour & le plaisir, aussi l'a-t-on appellé l'Anacréon Anglois. Dans sa vieillesse, il fit quelques poésies pieuses, entre autres un poëme sur l'amour divin. Sans être dévot, il ne goutoit pas cette licence des opinions qu'il voyoit établie à la cour de Charles II. Au milieu de cette cour incrédule, il s'éleva contre le duc de Buckingham qui se piquoit de prêcher l'athéisme. *Milord*, lui dit-il un jour, je suis beaucoup plus âgé que vous, j'ai entendu plus que vous « tous les argumens qu'on croit favo- » rables à l'athéisme; j'ai eu plus que vous le temps » & les moyens de reconnoître que ces argumens ne » prouvent rien, & je puis vous répondre qu'avec » le temps vous penserez comme moi, qu'il n'est » pas aussi aisé d'être Athée qu'on le pense, & que » certaines gens le voudroient ».

Ce mot fait souvenir de ces gens dont parle Montagne, qui tâchent d'être pires qu'ils ne peuvent.

Waller étoit né en 1605, d'une famille riche; M. de Voltaire remarque encore à sa louange, que né à la cour avec soixante mille livres de rente, il n'eut jamais ni « le sot orgueil, ni la nonchalance d'abandonner son talent ».

Il ne pensoit pas, comme le disoit Horace, qui ne le pensoit pas non plus:

Quod non desit habentem
Quæ poterunt unquam satis expurgare cicutæ
Ni melius dormire putem, quàm scribere versus ?

waller mourut en 1687.

WALLIS (Jean) (*hist. litt. mod.*) célèbre mathématicien Anglois, l'un des premiers membres de la société royale de Londres & qui contribua beaucoup à l'établissement de cette compagnie. Né en 1616, à Ashfort dans la province de Kent, il fut d'abord ministre de quelques églises; mais c'étoit aux mathématiques à le fixer & à décider de son état, il eut en 1649, la chaire de professeur de géométrie à Oxford. Il résolut les problêmes de la cycloïde proposés par Pascal; il se signala par diverses découvertes, les unes de simple spéculation, les autres d'une utilité pratique & sensible; il est au nombre de ceux qui ont inventé des méthodes pour faire entendre & parler les sourds & muets. Il est auteur d'un traité général d'arithmétique, d'un traité particulier de l'arithmétique appliquée aux enfans, ouvrage qui a conduit aux plus curieuses découvertes en géométrie; d'un traité des sections coniques; il a donné des éditions d'Archimède, du traité de l'harmonie de Ptolémée; des commentaires de Porphire sur l'harmonie; du traité de la distance du soleil & de la lune par Aristarque de Samos. Ce grand mathématicien, sans jamais être infidèle aux mathématiques, se permit quelques incursions dans des genres différens. Il excelloit dans l'art du déchiffrement; ce n'étoit presque pas sortir de son genre, les chiffres sont une espèce d'algèbre. Il rendit par ce talent de déchiffrer, de grands services à l'électeur de Brandebourg, qui en 1693, lui envoya par reconnoissance, une chaine d'or avec une médaille. On a encore de *Wallis* une grammaire Angloise; divers écrits polémiques contre le fameux Hobbes; & quelques traités de théologie. Il poussa loin sa carrière, il vit presque tout son siècle & il entama le siècle suivant. Il mourut à Oxford, en 1703, à quatre-vingt sept ans, ayant joui de la vieillesse la plus saine & la plus heureuse.

WALLIS (le comte de) (*hist. mod.*) étoit un des généraux de l'empereur Charles VI. Ce prince qui sortoit peu de sa cour & qui connoissoit peu ses généraux, étoit sujet à prendre contre eux des préventions sur la foi de ses ministres; on lui en inspira de justes ou d'injustes contre le comte de *wallis*, il le fit

fit mettre en prison, ainsi que le général Neuperg ou Neiperg & le général Seckendorff; ils y étoient à la mort de l'empereur Charles VI; l'impératrice reine sa fille les mit tous en liberté. M. de Voltaire parle de ce comte de *wallis* dans son ode sur la mort de l'empereur Charles VI, ode très-belle, quoi qu'on en dise, pleine d'une Philosophie très-saine & d'une harmonie imposante dans le genre de Malherbe.

Qu'Eugène ensanglanta de ses mains triomphantes,
Conduit de ses germains les nombreux armemens,
Et rafermi l'empire
De qui la gloire expire
Sous les fiers ottomans!
S'il n'avoit pas langui dans sa ville allarmée,
Redoutable en sa cour aux chefs de son armée,
Punissant ses guerriers par lui - même avilis ;
S'il eût été terrible
Au sultan invincible,
Et non pas à Wallis.

WALLIUS (Jacques) (*hist. litt. mod.*) jésuite flamand, né à Courtrai en 1599, mort vers l'an 1680, est connu des savans & même assez distingué parmi les poëtes latins modernes.

WALON, s. m. (*Hist. mod*) espèce d'ancien langage gaulois que parloient les Wallons ou les habitans d'une partie considérable des Pays bas françois & autrichiens, savoir ceux des provinces d'Artois, de Hainaut, de Namur, de Luxembourg & d'une partie de la Flandre & du Brabant.

On croit que le *walon* a été le langage des anciens gaulois & celtes.

Les romains ayant subjugué plusieurs provinces de la Gaule, ils y établirent des préteurs, des proconsuls & d'autres officiers politiques, lesquels administroient la justice en langue latine : ce qui donna occasion aux naturels du pays de s'appliquer à la langue de leurs vainqueurs, & de mêler ainsi avec leur propre langue un grand nombre de mots & de phrases latines; de sorte que de ce mélange de gaulois & de latin, il se forma un langage nouveau que l'on appella *roman*, par opposition au vieux gaulois qu'on parloit dans sa pureté primitive, & qu'on appelloit *walon*. Cette distinction s'est transmise jusqu'à nous; car les habitans de certaines provinces des Pays-bas disent qu'en France on parle *roman*, & que pour eux ils parlent *walon*, lequel approche davantage de la naïveté des anciens gaulois. (*A. R.*)

WALPOLE, (Robert) (*hist. litt. d'Anglet.*) Il faut bénir la mémoire des ministres pacifiques &
Histoire, Tome V.

regretter à jamais ce temps où il y avoit entre Robert *walpole*, & le cardinal de Fleury, une sainte conspiration pour maintenir en paix la France & l'Angleterre, & par elles l'Europe presqu'entière. *walpole* fut pendant vingt ans ministre principal d'Angleterre, sous les rois George I & George II. C'étoit sur le commerce & non sur la guerre qu'il vouloit fonder la puissance de sa nation, & jamais ministre ne l'avoit rendue si heureuse ni si florissante. Nous ne dirons pas qu'il l'a rendu vertueux, car on l'accusoit de la corrompre, c'est-à-dire d'acheter les suffrages du parlement; il ne s'en cachoit même point. Il y a, disoit-il en style plus que simple, *il y a une drogue avec laquelle on adoucit toutes les mauvaises humeurs ; elle ne se vend ici que dans ma boutique.* Il est fâcheux qu'il faille tromper & corrompre les hommes pour les amener à être sages & heureux ; mais si on y parvient, même par cette voie, la fin semble demander grace pour les moyens. Au reste *walpole*, même avec sa drogue, ne croyoit pouvoir gouverner les Anglois qu'en temps de paix. *Je répond*, disoit-il, *d'un parlement en temps de paix, je n'en répondrois pas en temps de guerre.* On dit, ou plutôt on disoit en Angleterre que cet amour de la paix & cette horreur de la guerre donnoient sur lui un grand avantage au cardinal de Fleury, & que le ministre françois conserva toujours la supériorité dans les négociations. On disoit en France, au contraire, que le cardinal avoit encore plus peur de la guerre que *walpole*, & qu'il achetoit la paix en payant des subsides à diverses puissances. Ainsi *Walpole* donnoit à sa nation l'argent de sa nation pour l'engager à vivre en paix & à prospérer, le cardinal de Fleury donnoit l'argent de la France aux nations étrangères, pour n'être pas forcé d'en dépenser davantage en s'engageant dans une guerre. Entre ces deux divers moyens de remplir le même objet, c'est-à-dire d'entretenir la paix & d'écarter la guerre, il nous semble que l'avantage est du côté de *walpole.*

Lorsqu'à l'occasion de la mort de l'empereur Charles VI, l'Europe ennuyée de son bonheur, voulut rentrer en guerre, malgré Fleury & *walpole*, en France on arma l'amour contre la vieillesse du cardinal de Fleury, contre le respect & la reconnoissance du roi pour son précepteur & son ministre, & la guerre se fit, parce que madame de Châteauroux le voulut & qu'on le lui fit vouloir. En Angleterre Robert *walpole* vit bien que son règne étoit passé, que l'esprit de guerre avoit saisi ses compatriotes; le roi le fit pair d'Angleterre, sous le titre de comte d'Oxford, & trois jours après il se démit de tous les emplois. On le poursuivit alors juridiquement; on lui demanda compte de sommes dépensées pendant dix ans, pour ce qu'on appelle le *service secret*, dans lesquelles entroient, disoit-on, des sommes très-fortes données à des gazetiers & à d'autres écrivains vendus au ministère, & voués à l'éloge du ministère. Des politiques sévères demandent s'il faut qu'il y ait un service secret : si ce n'est pas ou-

K k k k

vrit la porte à toutes les déprédations & à tous les abus; si dans les finances publiques, l'emploi de tous les deniers ne doit pas être public & prouvé par des pièces authentiques, si c'est sur des éloges de gazetiers & d'auteurs vendus qu'un ministre doit fonder sa réputation; si les deniers publics doivent être employés à faire flatter la vanité particulière,

D'éloges on regorge, à la tête on les jette,
Et mon valet de chambre est mis dans la gazette.

dit le misantrope; c'est du moins pour un grand ministre, pour un grand homme une raison de dédaigner ces moyens de se procurer une fausse gloire & un faux crédit. Les partisans des dépenses secrètes disent qu'il y a dans tous les gouvernemens des ressorts qui doivent rester cachés, mais qu'un homme d'état est quelquefois obligé de faire mouvoir pour le maintien même de l'ordre & de la tranquilité publique, qu'il ne faut pas se priver de ces moyens, ni prétendre tout mettre au grand jour; que cette manifestation de tous les ressorts du gouvernement est une idée spéculative & philosophique de quelqu'un qui n'a pas gouverné, & qui ne sait pas comment on gouverne. Tout ce que nous croyons pouvoir dire, c'est qu'en général le secret a beaucoup de danger, que pour une occasion où il peut servir, il y en a mille où il peut nuire, qu'en finances sur-tout il entraîne trop d'inconvéniens & paroît trop tendre à l'arbitraire; que s'il faut des dépenses secrètes, il faut qu'elles soient très-bornées & très-rigoureusement circonscrites; que ces voiles & ces nuages, dont le gouvernement a tant aimé à s'envelopper, ne servent le plus souvent qu'à faire naître & à entretenir des défiances & des soupçons.

Le roi d'Angleterre regarda comme une insulte qu'on lui faisoit à lui-même cette discussion rigoureuse des dépenses secrètes; pour l'éluder il prorogea le parlement, c'est-à-dire qu'il suspendit ses séances, ce qui mit *Walpole* à l'abri de l'orage, il passa en paix les derniers temps de sa vie, jouissant d'une considération méritée, & laissa en mourant des regrets sincères à beaucoup d'amis. On a écrit long-temps après sa mort l'histoire de son ministère.

WALSH, (Guillaume) (*hist. litt. mod.*) poëte anglois, dont on vante la grace & la douceur, & qui eut le célèbre Pope pour disciple dans l'art de la versification. L'abbé Yart, dans son idée de la poésie angloise, nous a donné deux odes de *Walsh*, traduites en françois. Ce poëte mourut en 1708, à quarante-neuf ans.

WALSINGHAM. (*Hist. d'Anglet.*) C'est le nom.

1°. D'un théologien anglois du quatorzième siècle, (Jean) mort à Avignon en 1330, auteur d'un traité en latin *de la puissance Ecclésiastique*,

compofé par l'ordre du pape Jean XXII, & dirigé contre Ockam, qui étoit l'écrivain de l'empereur Louis de Bavière, ennemi de Jean XXII.

2°. De Thomas *Walsingham*, historiographe du roi d'Angleterre, connu par son histoire de Henri VI, & par quelques autres ouvrages historiques, qui annoncent de la connoissance des antiquités de son pays. *Walsingham* étoit un bénédictin anglois du monastère de saint Albans. Il écrivoit vers l'an 1440.

3°. Mais l'homme le plus célèbre de ce nom est François *Walsingham*, ministre & secrétaire d'état sous la reine Elisabeth, que quelqu'un a nommé le cardinal de Richelieu de cette reine; il avoit en effet une partie & de la dureté & des talens de ce fameux cardinal; il avoit beaucoup voyagé & connoissoit bien l'Europe; il avoit, comme le cardinal de Richelieu, une multitude d'agens & d'espions dans les cours étrangères, & il en étoit bien servi. Il avertit Elisabeth des préparatifs & de la destination de la *Flotte invincible*, deux ans avant que cette entreprise éclatât; il avoit trouvé moyen par ses espions, de tirer du cabinet du pape la copie de la lettre par laquelle Philippe II faisoit part à ce pontife de ses desseins sur l'Angleterre. Il ne contribua pas peu à faire naître & à entretenir la guerre des Pays-Bas contre l'Espagne, & servit beaucoup à l'affermissement & au triomphe de la religion protestante. Deux fois ambassadeur en France, il y avoit été, à sa première ambassade, témoin du massacre de la Saint Barthélemi, & il avoit pensé y être enveloppé. Un pareil spectacle & un pareil danger peuvent également & assez naturellement produire deux effets absolument contraires, l'un de faire renoncer pour jamais à l'esprit de persécution; l'autre d'irriter contre les auteurs d'un tel attentat, & de tourner la persécution contre eux; ce fut ce dernier effet que la Saint Barthélemi produisit sur l'ame de *Walsingham*; il jura une haîne éternelle aux catholiques, & les persécuta en toute occasion; il fut l'instrument le plus actif de la jalousie & de la fureur de la reine Elisabeth contre l'innocente Marie Stuart, car l'innocence de cette malheureuse princesse n'est plus aujourd'hui un problème. Amyas Pawlet, puritain rigide, homme brutal & féroce, qui la gardoit au château de Fotheringai, l'ayant mise dans le cas d'écrire à Elisabeth pour se plaindre des traitemens rigoureux qu'il lui faisoit essuyer, cette plainte fut un titre de recommandation pour Pawlet auprès d'Elisabeth & de *Walsingham*. La première lui écrivit la lettre la plus flatteuse pour le remercier du zèle avec lequel il s'acquittoit de son pénible emploi; elle ne reconnoissoit point de récompense proportionnée à une telle fidélité; elle se regardroit comme coupable de la plus horrible ingratitude, si par d'immenses libéralités elle ne s'acquittoit pas envers lui autant qu'il étoit en elle. Pawlet, qui n'avoit fait que suivre naturellement la

brutalité de son caractère & l'insolence du purita-
nisme, ne concevoit pas en quoi il avoit si bien
mérité de sa souveraine ; le ministre *Walsingham*
fut chargé de le lui expliquer ; c'étoit bien moins
de ses services passés qu'on lui promettoit la récompense, que du service plus important qu'on attendoit de lui. Elisabeth vouloit que sa rivale pérît ;
mais, toujours occupée de sa renommée, seul frein
qui l'arrêtoit sur bien des crimes, elle eût voulu
s'épargner la honte de celui-ci ; elle cherchoit donc
un bourreau officieux qui se chargeât du crime d'une
exécution secrette qu'elle pût désavouer : d'après
les plaintes de Marie, elle crut l'avoir trouvé
dans Pawlet. Voici ce que *Walsingham* écrivit de
sa part à cet homme :

» Dans un entretien que j'ai eu dernièrement
avec sa majesté, elle m'a donné à entendre qu'elle
n'avoit point encore reçu de vous les preuves de
zèle pour son service qu'elle attendoit... Vous n'avez
pas trouvé de vous-même, & sans le conseil de personne, le moyen d'abréger la vie de la reine
d'Ecosse, sachant à quels dangers votre souveraine
sera exposée aussi long-tems que Marie Stuart exis-
tera... Je vous prie de brûler ma lettre & celle de
la reine. »

Peu de tems après, il r'écrit encore pour presser
Pawlet de brûler ces deux lettres.

Elisabeth & *Walsingham* s'étoient trompés sur le
caractère de Pawlet ; il étoit féroce, mais honnête.
D'ailleurs un homme encore moins fin eût senti
aisément un tel piège. Ordonner un meurtre, &
quel meurtre ! & exiger l'anéantissement du seul
titre qui pût servir à la justification du meurtrier,
c'étoit annoncer hautement à celui-ci le désaveu
de son crime & le sacrifice de sa personne. Voici
la réponse de Pawlet :

» Je vous réponds..... avec l'amertume dans le
cœur. Faut-il que j'aie été assez malheureux pour
compter au nombre de mes jours celui où ma souveraine m'ordonne de commettre une action défendue
par les loix divines & humaines ? Ma vie & ma
fortune sont à sa majesté, & je suis prêt à les lui
sacrifier dès demain, si ce sacrifice peut lui être
agréable ; mais Dieu me garde de répandre le sang
innocent, de souiller mon ame par un pareil for-
fait, & d'imprimer à mes descendans une tache
éternelle. »

Il fallut recourir à d'autres moyens pour perdre
Marie, & ce fut alors qu'on l'accusa d'avoir trempé
dans la conjuration de Savage & de Babington, la
dernière de celles qui éclatèrent contre Elisabeth
pendant la vie de Marie. *Walsingham*, dont les
précautions dans cette affaire paroissent prises de
bien loin, avoit tellement entouré d'espions les
conjurés, qu'il les suivoit dans toutes les démarches, assistoit à tous leurs conseils, & bien sûr

qu'ils ne pourroient lui échapper, les laissoit agir
& conférer tant qu'ils vouloient.

Après l'exécution des conjurés, convaincus ou
non, l'on prétendit que Marie étoit leur complice ;
ses deux secrétaires, Nau & Curle, furent arrêtés.
Le grand chef d'accusation contre elle, étoit qu'elle
avoit su & approuvé le dessein formé par Babington
d'assassiner la reine d'Angleterre. Marie nia constamment toute correspondance de sa part avec cet
homme, & déclara qu'il lui étoit entièrement inconnu. On produisit les lettres que Babington lui
avoit écrites, & celles qu'il avoit reçues d'elle,
lesquelles étoient toutes en chiffres, & contenoient,
outre l'approbation la plus formelle de l'assassinat,
des détails & des instructions sur le reste du complot. On y joignoit l'aveu qu'avoit fait Babington
d'avoir écrit les unes & reçu les autres, la déclaration qu'avoient faite Nau & Curle, secrétaires
de Marie, qu'elle avoit reçu ces lettres de Babington,
& qu'ils avoient écrit ces réponses par son ordre.

Marie répondit qu'elle n'avoit point reçu les lettres de Babington, que conséquemment elle n'avoit
point fait écrire les réponses, que l'aveu de Babington pouvoit avoir été arraché par les tortures,
(ce qui étoit vrai) qu'il pouvoit en être de même
de la déposition de ses secrétaires, (ce que les juges
nioient, & qui n'en étoit peut-être pas moins vrai)
ou qu'ils avoient peut-être été gagnés à prix d'argent, ou enfin qu'ils avoient été déterminés, soit
par promesses, soit par menaces, à faire une déposition si contraire à la vérité. En effet, Camden
rapporte que Curle demanda dans la suite à *Wal-*
singham la récompense qui lui avoit été promise,
& que *Walsingham*, qui n'avoit plus besoin de lui,
la refusa, sous prétexte que sa déposition n'avoit
rien appris qu'on ne sçût d'ailleurs. Marie ajouta qu'il
étoit facile de contrefaire le chiffre d'un autre,
qu'en avoit souvent contrefait le sien, ainsi que
son écriture ; qu'elle craignoit que cet artifice ne
fût assez familier à *Walsingham*, qu'elle avoit même
entendu dire qu'il l'avoit déjà employé contre elle
& contre son fils. *Walsingham* qui étoit du nombre
des commissaires, & qui n'auroit pas dû en être,
tant parce qu'il étoit ministre d'Elisabeth, que
parce qu'il avoit poussé la fureur contre Marie
jusqu'à vouloir la faire périr dans sa prison, *Wal-*
singham prit la parole pour se justifier ; il convint
cependant que son zèle pour sa souveraine ne lui
permettroit jamais de négliger aucun des moyens
possibles de découvrir ou de prévenir les complots
qui pourroient être formés contre elle. Marie parut
contente de la réponse & persuadée de l'innocence
de *Walsingham*. « Je ne parlois, dit-elle avec
» douceur, que d'après des oui-dire ; je souhaite
» seulement que vous n'ajoutiez pas plus de foi aux
» calomnies dont on s'efforce de me noircir, que
» je ne crois moi-même à celles qu'on peut répandre
» contre vous ».

M. Hume, qui croit Marie Stuart coupable, observe que pour qu'il fût possible de rejetter les lettres attribuées à Marie Stuart, dans cette affaire, il faudroit supposer de trois choses l'une, ou que ses secrétaires, par un zéle indiscret, auroient conduit seuls toute la négociation, sans lui en faire part, afin de lui ménager la surprise de l'événement, ou que ces mêmes secrétaires étoient des traitres vendus à *Walsingham*; ou enfin que ces lettres n'étoient ni de la reine d'Ecosse, ni de ses secrétaires; mais que *Walsingham* ayant intercepté & déchiffré la première lettre de Babington, se servir du même chiffre pour faire fabriquer les réponses dans ses bureaux, & qu'alors la déposition des secrétaires aura été arrachée ou par les tortures ou par la crainte des tortures. M. Hume remarque que les partisans de Marie Stuart n'ont point fait de choix entre ces trois suppositions; il demande laquelle ils préféreroient & quelles raisons plausibles de cette préférence, ils pourroient alléguer.

Je réponds qu'ils n'en préférent aucune & qu'ils les adoptent toutes; ils ne sont point forcés de choisir, il leur suffit qu'il y ait trois différens cas qui puissent concilier l'existence de ces lettres avec la dénégation constante de Marie Stuart, jointe aux autres circonstances de l'affaire.

M. Hume discute en détail chacune des trois suppositions. Dans la première, dit-il, les secrétaires s'exposoient au plus grand danger, si la conjuration étoit découverte.

Sans doute, mais c'étoit pour leur reine; le zéle a souvent été jusques là, & *Walsingham* lui-même uniquement pour servir la haine d'Elisabeth, s'exposoit à une diffamation éternelle dans la postérité, en écrivant à Pawlet la lettre qu'on a vue plus haut. Si quelqu'un par ses vertus & ses malheurs a pû inspirer un grand zéle à ses sujets & à ses domestiques, c'est certainement Marie Stuart.

Mais ses secrétaires s'exposoient à sa disgrace, même en cas de succès.

Marie eût sans doute blâmé un zéle poussé jusqu'au régicide; mais elle n'eût pu s'empêcher de savoir gré à ses libérateurs, & elle eût jugé que la reine d'Angleterre n'avoit pas plus de droit sur la liberté de la reine d'Ecosse, que celle-ci n'en avoit sur la vie d'Elisabeth. Nau & Curle pouvoient du moins se flatter qu'elle penseroit ainsi.

Quant à la seconde supposition, M. Hume, au lieu de la réfuter, la fortifie, en rapportant, d'après Camden, la demande faite par ce ministre.

Sur la troisième, il répond qu'un gouvernement capable de commettre un faux pour donner la mort à une reine innocente, seroit un gouvernement monstrueux.

Il a trop raison, sans doute; mais il suffit de le renvoyer à ce qui précède & à ce qui suit, de lui rappeller les dissimulations perfides d'Elisabeth, dans toute cette affaire & la justification même de *Walsingham*, qui n'exclut aucun moyen de servir la reine; la partialité injuste de cette reine dans le grand procès de Marie Stuart contre le triumvirat d'Ecosse au sujet de la mort de Darnley (*Voyez* les articles LESLEY, MORTON & MURRAI). Nous demanderons si les fausses lettres adressées au nom de Marie Stuart, soit à Bothwel, pour la charger du meurtre de son mari, soit aux catholiques d'Angleterre, pour trouver, & même créer des coupables, ne sont pas du même genre. Voilà pour ce qui précède, & quant à ce qui suit, ce qu'il y eut de plus honteux dans la conduite d'Elisabeth, c'est que par une hypocrisie détestable, elle voulut avoir à la fois le plaisir de la vengeance & le mérite de la générosité; elle ne cessoit de plaindre Marie, de répéter tendrement le nom de *cousine* & de *sœur*; jamais elle ne souscriroit à la perte *de sa chère, de son aimable parente*, la main se refuseroit à la confirmation de l'arrêt; elle prenoit la défense de Marie contre *Walsingham* & ses autres ministres; elle leur prouvoit la nécessité de laisser vivre cette princesse; elle s'irritoit de leurs remontrances; mais ceux qui, comme *Walsingham*, osoient s'irriter à leur tour de *sa foiblesse*, *de sa funeste générosité*; qui lui reprochoient de sacrifier la religion & l'état à une parente coupable, n'étoient pas ceux qui lui faisoient le plus mal leur cour.

Cependant elle paroissoit balancer encore; elle auroit voulu éviter l'éclat d'une exécution publique, elle chargea Davison, nouveau secrétaire d'état, de sonder encore Drury & Pawlet, à qui la garde de Marie Stuart étoit confiée, pour savoir si Marie étant condamnée, ils ne consentiroient pas à la faire périr en secret. Sur leur refus, Elisabeth saisie de la plus violente colère, les appella traîtres & parjures; les accusa de violer leur serment d'obéissance. Tantôt elle paroissoit avoir pris son parti; *d'autres*, disoit-elle, *seront moins scrupuleux*; tantôt elle en revenoit à dire; « Voilà des gens » bien incommodes avec leur probité ». Enfin elle dit à Davison d'expédier secrètement l'ordre pour l'exécution de Marie, elle le signa gaîment, & lui dit de le faire sceller. « Allez, lui dit-elle, » apprendre ceci à *Walsingham* qui est malade. » Je crains cependant, ajouta-t-elle en souriant, » que cette nouvelle ne le fasse mourir de chagrin ». Plaisanterie abominable par laquelle elle applaudissoit à l'acharnement connu de *Walsingham* contre Marie.

Elisabeth redoubla d'hypocrisie après l'exécution; elle parut frappée comme d'un coup de foudre en recevant la nouvelle de la mort de Marie ; elle ne se montra plus que vêtue de deuil, & baignée de larmes; elle accusa hautement ses ministres & ses conseillers de l'avoir trahie, elle les chassa. de sa présence ; elle écrivoit au roi d'Ecosse, Jacques VI, fils de Marie : « Je voudrois que vous » pussiez connoître & ne pas sentir la douleur dont » je suis pénétrée » ; elle osa prendre Dieu à témoin, que tout s'étoit fait sans sa participation, & sans qu'elle en eût eu connoissance, & faisant servir à sa justification tout ce qui la condamnoit : » Je ne suis, dit-elle, ni assez foible, ni assez » lâche pour désavouer un ordre que j'aurois donné; » ma cour peut attester que je n'ai jamais donné » celui-ci, & ma douleur l'atteste plus fortement » encore ».

Pour donner quelque vraisemblance à cette étrange apologie, elle fit arrêter Davison, & lui fit faire son procès, il préféra une soumission politique à une apologie dangereuse, s'avoua coupable, demanda grace & ne put l'obtenir; il fut condamné à une amende qui le réduisoit à l'indigence. Elisabeth voulut qu'il la payât; elle lui envoya seulement de tems en tems quelques légers secours pour l'empêcher de périr de misère, ou plutôt pour prévenir les effets de son désespoir. Davison ne pouvant se justifier publiquement, envoya du moins à Walsingham, son ami, une apologie secrette qui contient tous ces détails.

Jacques refusa l'ambassadeur d'Elisabeth, & rappella les siens d'Angleterre; il jura de venger sa mère; la nation, & surtout la noblesse, partagea son indignation; le jour que la cour d'Ecosse prit le deuil, le lord Sainclair parut en armes chez le roi : « voilà, dit-il, le deuil qu'il » faut prendre pour la reine ». Cependant Walsingham ayant écrit comme de lui-même, au lord Thirstone, secrétaire d'état d'Ecosse, pour lui représenter l'impuissance où étoit ce dernier royaume de se venger par ses propres forces, & le danger d'appeller des secours étrangers, Jacques, soit qu'il cédât à ces raisons ou aux dernieres volontés de sa mère qui, en mourant, l'avoit exhorté à la paix, soit plutôt qu'il suivit son aversion naturelle pour la guerre & son amour du repos, cessa de parler de vengeance, & pour succéder un jour à Elisabeth en Angleterre, il crut qu'il devoit continuer de paroître vivre en bonne intelligence avec elle.

Walsingham affermit en Angleterre la religion protestante, & engagea la reine à prendre part aux guerres des Pays-Bas contre l'Espagne.

Les services les plus criminels que les ministres ont occasion de rendre à leur maître, sont toujours ceux sur lesquels ils fondent l'espérance de la plus solide faveur; après ceux que Walsingham avoit rendus à Elisabeth dans l'affaire de Marie Stuart, il se croyoit au-dessus de toutes les vicissitudes du sort; il se trompa, il tomba dans la disgrace & fut obligé de quitter le ministère, &, soit qu'il eût eu le mérite de ne point profiter de sa faveur pour s'enrichir, soit qu'il eût eu la folie de dissiper sa fortune, il fut réduit à une telle pauvreté, qu'à sa mort, arrivée en 1590, tout son bien suffit à peine aux frais de ses funérailles; il ne lui restoit pour toute fortune que sa bibliothèque.

On a de lui plusieurs ouvrages, dont le principal a été traduit en françois, sous le titre de *Mémoires & instructions pour les ambassadeurs*. Le traducteur se nomme Bonlesteis de la Contie. Cet ouvrage qui n'a été connu par cette traduction qu'en 1725, a fait regarder *Walsingham* comme le d'Ossat de l'Angleterre. On a traduit aussi son livre intitulé : *Maximes politiques ou secret des cours*.

WALSTEIN (Albert) (*hist. d'Allem.*) l'un des héros de la guerre de trente ans en Allemagne, étoit un gentilhomme de Bohême, né en 1584, qui avoit été dans son enfance, page chez le marquis de Burgau, fils de l'archiduc Ferdinand d'Inspruck. Il voyagea en Italie, en France, en Espagne, en Angleterre; lorsque l'empereur Mathias se fut laissé engager par le roi d'Espagne Philippe II, l'aîné de sa maison, à préférer à son propre frère Albert d'Autriche, son cousin Ferdinand, archiduc de Gratz & à réunir toutes les couronnes sur cette tête éloignée, la Hongrie, la Bohême, les états même d'Allemagne prétendirent que leurs privilèges avoient été violés dans l'élection ou dans le couronnement de Ferdinand; les états d'Allemagne vouloient retirer le sceptre impérial des mains de la maison d'Autriche, où il étoit, disoient-ils, resté trop long-temps. La Hongrie voulut opposer à Ferdinand Betlem-Gabor, & la Bohême l'électeur Palatin Frédéric; les divisions du parti catholique, à la tête duquel étoit la maison d'Autriche, & du parti protestant, à la tête duquel se mit le comte de Mansfeld Ernest (voyez *Mansfeld*) éclatèrent de nouveau & la guerre de trente ans commença. *Walstein*, que son mérite avoit rapidement élevé aux premiers grades de la milice, forma une petite armée, comme les condottièri d'Italie, & comme faisoient alors dans le parti contraire, le comte de Mansfeld & un prince de Brunswick, administrateur d'Halberstat, & vint offrir ses services à l'empereur Ferdinand II, & à la maison d'Autriche. Les turcs & les vénitiens, si long-temps divisés d'intérêt & de parti, & avant cette guerre & encore depuis, réunis alors sous la même bannière, secondoient Betlem Gabor dans le projet d'enlever la Hongrie à la maison d'Autriche; *Walstein*, malgré les efforts de la Porte & de Venise, força Gabor d'évacuer la Hongrie, Il revient aussi-tôt défendre la Bohême, où le comte de Mansfeld soutenoit avec assez de peine le parti déja très affoibli de Frédéric, il trouva dans Mansfeld un ennemi digne de son courage, & qui avoit répandu la terreur dans toute l'Allemagne, où on ne l'appelloit que l'Attila de la chrétienté ; il le reſſerre, l'attaque, le pouſſe de rivière en rivière, & prélude par une multitude de petites rencontres toujours heureuſes pour le parti catholique, à la fameuſe victoire de Deſſau, en 1626, qui força Mansfeld à quitter l'Allemagne, & à laquelle ce général ne ſurvécut pas long-temps. Délivré de cet ennemi, walſtein marche contre l'adminiſtrateur d'Halberſtat ; il prend d'abord d'aſſaut cette ville, & ſubjugue tout le diocèſe avec l'évêché de Hall ; il ravage les terres de Magdebourg, & la principauté d'Anhalt ; puis ayant recouvré toute la Siléſie, il revient vers le Nord, chaſſe le duc de Meckelbourg ou Meklembourg de ſes états, dont Ferdinand lui donne l'inveſtiture ; il s'empare de toute la Poméranie, & en chaſſe le roi de Danemarck, qui étoit entré dans la ligue proteſtante. walſtein ayant auſſi battu tous les ennemis de l'empereur, & parmi eux pluſieurs princes de l'Empire, diſoit hautement que le temps étoit venu de réduire ces princes, & les électeurs mêmes à la condition des ducs & pairs de France, & les évêques à la qualité de Chapelains de l'empereur ; mais s'il vouloit aſſervir ainſi ſes ſupérieurs, c'étoit pour s'élever ſur eux & pour profiter de leurs dépouilles. Trois campagnes ſuffirent pour ſoumettre toute cette vaſte étendue de pays, ſituée au Nord de l'Allemagne, entre la mer qui porte le nom de cette contrée, la mer Baltique, le Véſer & l'Oder. L'empereur, qui du fond de ſon cabinet, étoit par-tout triomphant par les armes de walſtein, tandis que le roi de Danemarck, toujours à la tête de ſes troupes, étoit toujours battu, voulut uſer de ſa victoire, en impoſant aux proteſtans vaincus, la loi de mettre les catholiques & les eccléſiaſtiques en poſſeſſion des bénéfices qu'ils leur avoient enlevés ; walſtein mettoit beaucoup de zèle & d'ardeur à procurer l'exécution de cette loi ; les proteſtans pouſſés à bout, appellèrent à leur ſecours le roi de Suède, Guſtave-Adolphe. La France & Rome même prirent parti contre l'empereur, moins touchées de l'intérêt de la religion, qu'allarmées des ſuccès de walſtein, & de l'accroiſſement de puiſſance de Ferdinand II, & de la maiſon d'Autriche. Ferdinand II, n'avoit pas ſu connoître Guſtave, il avoit oſé témoigner du mépris pour ce grand homme, il avoit fourni contre lui des ſecours à ſon implacable ennemi Sigiſmond, roi de Pologne ; la France ſut mettre à profit ces diſpoſitions de Guſtave, & ce n'eſt pas la ſeule fois que de grandes puiſſances ont été affoiblies ou détruites par des puiſſances, ou des talens auxquels elles n'avoient pas ſu rendre juſtice. Ferdinand crut que le roi de Suède, ne lui donneroit pas plus de peine que le roi de Danemarck ne lui en avoit donné, & que walſtein triompheroit auſſi aiſément de l'un qu'il avoit triomphé de l'autre. Ce général aſſiégeoit alors Stralſund à l'extrémité ſeptentrionale de la Poméranie, Guſtave l'oblige d'en lever le ſiège, & pour premier exploit lui fait perdre le titre d'invincible.

Il ſe déclare alors le libérateur de l'Empire, il ſomme l'empereur de remettre les princes en poſſeſſion de tous leurs biens & de tous leurs droits, & de rendre à l'Empire tous ſes priviléges, c'eſt-à-dire de ſacrifier le parti catholique à la jalouſie & à la vengeance du parti proteſtant. Quand Ferdinand, ſous qui l'année précédente walſtein faiſoit tout trembler, ſe vit ainſi attaqué & menacé, il eut peur à ſon tour, & conſidérant que walſtein, par la hauteur avec laquelle il s'étoit déclaré contre les princes de l'empire, leur étoit devenu particulièrement odieux, il crut devoir ſe priver de ſes ſervices, il crut par-là rallentir leur fureur, & les diſpoſer à ſéparer leurs intérêts de ceux de l'étranger qu'ils avoient appellé ; il parut auſſi tenir la balance plus égale entre les catholiques & les proteſtans, mais ces marques de condeſcendance furent priſes pour des preuves de foibleſſe ; le parti proteſtant n'en devint que plus exigeant & plus fier. L'empereur, en ôtant le commandement de ſes armées à walſtein, le laiſſoit encore à un grand-général, le comte de Tilly, mais ſa vigueur, refroidie par l'âge, ne put arrêter l'impétuoſité du jeune Guſtave, quoiqu'il déployât contre lui toutes les reſſources de ſa longue expérience ; il eſt tué au paſſage du Leck ; l'électeur Palatin, Frédéric, le duc de Mecklenbourg, l'électeur de Saxe ſe mettent ſous la protection de Guſtave, & triomphent avec lui. Ferdinand eſt réduit à implorer la généroſité, ou du moins à ſolliciter l'ambition du grand général qu'il a ſacrifié, il conjure walſtein de reprendre le commandement de ſes armées, walſtein ne put ſe refuſer à de nouvelles occaſions de gloire, au plaiſir de partager entre lui & ce rival illuſtre que la fortune lui avoit ſuſcité, les regards incertains de l'Europe, aux eſpérances que lui donnoient ſes victoires paſſées, à la brillante perſpective de retenir la chûte de l'Empire ſur le bord du précipice, d'arrêter les ſuccès du jeune vainqueur qu'il alloit combattre, & de reprendre cet aſcendant, ce rang unique & ſuprême qu'il avoit eu parmi les héros de ſon temps. Il eſſaie d'abord ſes troupes, relève leur courage par de légers combats où elles ont toujours l'avantage ; il chaſſe de la Weſtphalie & de la Bohême, les ſuédois & leurs partiſans ; il marche contre Guſtave & le force à la retraite, il le pouſſe juſques ſous le canon de Neubourg, il lui préſente la bataille, mais ne peut le forcer à l'accepter, juſqu'à ce que Guſtave ait reçu tous les renforts qu'il attendoit, & qui lui donnèrent enfin la ſupériorité. Ce fut alors (16 novembre 1632) que ſe livra entre les deux plus grands généraux du temps, la célèbre bataille de Lutzen, où Guſtave fut vainqueur, mais où il fut tué ; l'électeur Palatin, ſe croyant abſolument ſans reſſource par la mort de ſon protecteur, mourut de douleur peu de jours après la bataille. walſtein ſe retira dans la Bohême. On a cru, on croit encore, mais ce n'eſt qu'une opinion reçue & non un fait avéré, qu'il voulut s'y rendre indépendant & s'y former un royaume particulier. Ce qui paroît certain, c'eſt

que fes troupes, par l'attachement qu'il favoit leur infpirer, étoient plus à lui qu'à l'empereur ; c'eft ce
qui arrive fouvent aux grands généraux, quand
ils joignent à leurs talens le defir & l'art de plaire,
& c'eft ce qui devroit bien dégoûter les rois de la
guerre ; car s'ils la font par eux-mêmes, & qu'ils
n'ayent pas les talens d'un général, ils jouent à
l'armée un rôle humiliant, & voient toute la réalité
du pouvoir paffer à celui qui fous eux fait conduire & commander l'armée. S'ils font la guerre de
leur cabinet & par leurs généraux, ils font toujours
inquiets & jaloux de cette grande autorité que donne
aux généraux le commandement des armées, ils
craignent fans ceffe quelque entreprife de leur part.
Ferdinand II vivoit ainfi au milieu de frayeurs
continuelles que lui infpiroient également, &
fes ennemis & fes défenfeurs : il crut avoir des
avis certains des projets ambitieux de walftein ;
il voulut pour la feconde fois le dépouiller du commandement de fes armées, & il nomma Galas pour
le remplacer. A cette nouvelle, walftein voulant
s'affurer de fes troupes, fe fit prêter par leurs officiers,
un ferment folemnel de fidélité à Pilfen, entre Egra
& Prague, le 12 janvier 1634. Ils s'engagèrent tous
à défendre fa perfonne & à fuivre fa fortune ; ainfi
fon armée fut à lui & non à l'empereur. Ce prince,
en remettant walftein à la tête de fes armées, lui
avoit donné des pouvoirs fi amples qu'ils avoient
pu fervir de prétexte au ferment que walftein
avoit exigé & qu'on lui avoit prêté ; mais on ne donne
point de pouvoirs contre foi-même, & il étoit naturel que la démarche du 12 janvier allarmât le
confeil de Vienne. Elle l'allarma tellement que
l'empereur ne fe croyant plus affez d'autorité pour
faire exécuter le décret, par lequel il dépofoit
walftein & lui fubftituoit Galas, prit le parti de
faire affaffiner walftein. On gagna trois étrangers
auxquels ce général avoit accordé trop de confiance ;
l'un étoit un irlandois, nommé Butler, à qui walftein avoit donné un régiment de dragons ; l'autre,
un écoffois, nommé Lafcy, qu'il avoit fait capitaine
de fes gardes ; le troifième étoit un autre écoffois,
nommé Gordon. Walftein étant à Egra, où il donnoit
à fouper à fes amis particuliers & aux principaux
officiers de fon armée, ces trois hommes qui avoient
pris leurs mefures, firent affaffiner d'abord à table,
quatre de ces officiers que rien n'auroit pu empêcher
de défendre walftein ; ils montèrent enfuite à l'appartement de ce général qui s'y étoit retiré, &
le tuèrent à coups de pertuifane, le 15 février 1634.
Le meurtre de ce héros ne fit qu'augmenter les troubles de l'Allemagne, & que feconder les fuccès des
fuédois ; le duc de Saxe-Veimar, les généraux Ba-
nier, Torftenfon, Vrangel, tous ces capitaines
formés par Guftave, & avec lefquels walftein fe
feroit mefuré s'il eût vécu, furent fes vengeurs, &
continuèrent d'ébranler le trône de Ferdinand II,
& de fon fils Ferdinand III.

Sarafin a écrit l'histoire de la prétendue confpira-

tion de walftein, où il nous apprend diverfes particularités du caractère & de la conduite de ce général.
L'habitude de méditer profondément fes projets &
fes plans, & le befoin d'être à l'abri de toute diftrac-
tion dans fes méditations & dans fes travaux, lui
avoient infpiré tant d'horreur pour le bruit, qu'il faifoit monter la garde autour de fon château, jufqu'à
une grande diftance & hors de la portée de tout bruit,
pour écarter les voitures & impofer filence aux paffans.

M. de voltaire dans une de fes plus jolies épitres
au roi de Pruffe, datée de Bruxelles, le 2 Septembre 1742, lui dit :

- Hier je fus en préfence

De deux yeux mouillés de pleurs,

Qui m'expliquoient leurs douleurs

Avec beaucoup d'éloquence:

Ces yeux qui donnent des lois

Aux ames les plus rebelles,

Font briller leurs étincelles

Sur le plus friand minois

Qui foit aux murs de Bruxelles.

« Ces yeux, fire, & ce très-joli vifage, appar-
» tiennent à madame walftein, ou Wallenftein,
» l'une des petites nièces de ce fameux duc de walf-
» tein, que l'empereur Ferdinand fit fi proprement
» tuer au faut du lit par quatre honnêtes irlandois,
» ce qu'il n'eût pas fait affurément, s'il avoit pu voir
» fa petite nièce.

Je lui demandai pourquoi

Ses beaux yeux verfoient des larmes ?

- Elle, d'un ton plein de charmes,

Dit : c'eft la faute du roi.

« Les rois font de ces fautes-là quelquefois, ré-
» pondis-je, ils ont fait pleurer de beaux yeux, fans
» compter le grand nombre des autres qui ne pré-
» tendent pas à la beauté.

Leur tendreffe, leur inconftance,

Leur ambition, leurs fureurs

On fait fouvent verfer des pleurs

Eu Allemagne comme en France.

« Enfin j'appris que la caufe de fa douleur, vient
» de ce que le comte de.... eft pour fix mois les
» bras croifés par l'ordre de votre majefté, dans le
» château de Vézel. Elle me demanda ce qu'il falloit

» qu'elle fît pour le tirer de-là. Je lui dis qu'il y
» avoit deux manières ; la première , d'avoir une
» armée de cent mil le hommes & d'affiéger Wézel ;
» la feconde , de fe préfenter à votre majefté , &
» que cette façon-là étoit incomparablement la plus
» fûre ».

Alors j'apperçus dans les airs

Ce premier roi de l'univers ,

L'amour , qui de Walftein vous portait la demande ,

Et qui difoit ces mots que l'on doit retenir :

Alors qu'une belle commande ,

Les autres fouverains doivent tous obéir,

WALTHER, (*hift. litt. mod.*) nom porté par
plufieurs favans allemands , parens ou non.

1°. Par un célèbre mathématicien de Nuremberg,
ami & compagnon de travail & d'obfervations de
Régiomontan , auquel il a long-temps furvécu ; car
Régiomontan étoit mort en 1476, & *walther* vivoit
encore au commencement du feizième fiècle. Ce *walther* n'étoit d'abord qu'un bourgeois , riche, fimple
amateur des mathématiques & de l'aftronomie.
L'exemple de Régiomontan lui infpira une émulation
utile, il voulut s'affocier à fes travaux , & lorfque
Régiomontan eut quitté l'Allemagne pour
Rome , il fut en état de continuer fes obfervations
pendant plus de trente ans. Ses foins & fon affiduité au
travail lui valurent l'honneur d'une découverte
par laquelle fon nom s'eft confervé jufqu'à nous ,
c'eft ce qu'on appelle la *réfraction aftronomique* , ou
la réfraction de la lumière & des aftres à travers l'at-
hmofphère. Deux mathématiciens avoient déjà
écrit fur cet écart de la lumière ; mais *walther* ne
connoiffoit point leurs ouvrages , & par conféquent
il a l'honneur & le mérite de l'invention. On d t que
fon émulation à l'égard de Régiomontan , alla jufqu'à
la jaloufie ; à fa mort , il avoit acheté fes papiers &
fes inftrumens. On s'attendoit qu'un ami fi fidèle &
fi zélé s'empreifferoit de donner une édition de fes
œuvres , on croyoit qu'il n'avoit acheté fes papiers
que pour cela ; non feulement il ne les publia point,
mais il en étoit fi jaloux qu'il ne voulut jamais les
laiffer voir à perfonne , & ils n'ont été imprimés
qu'après fa mort.

2°. Par Michel *walther* , prédicateur de la Ducheffe douairière de Brunfwick Lunebourg , puis du
comte d'Ooftfrife. Il étoit auffi de Nuremberg, il y
étoit né en 1596 : nous ignorons s'il étoit parent du
précédent. Il mourut en 1662 ; il a beaucoup écrit
fur la bible pour en éclaircir & en réfoudre les difficultés , & en général fur la théologie. Son *harmonia
biblica* avoit été imprimée fept fois de fon vivant.

3°. Par un autre Michel *walther* , fils du précédent,
profeffeur de mathématiques & de théologie ; il

a écrit fur les matières qu'il enfeignoit. Il étoit né le
3 mars 1638.

4°. Par George Chriftophe *walther* , né à Rofem-
bourg en 1601 , mort en 1656 directeur de la chancellerie du lieu où il étoit né , auteur d'une méthode
latine pour apprendre le droit , & de quelques autres
ouvrages.

5°. Par Chriftophe Théodofe *walther* , né à
Schildberg en 1699, vingt ans miffionnaire dans le
Tranquebar fur la côte de Coromandel , depuis
1720 , jufqu'en 1740. On a de lui un ouvrage
intitulé : Doctrina *temporum indica* , imprimé en
1738, dans l'*hiftoria regni bactriani* de Bayer. *walther* fit auffi imprimer à Tranquebar même une hiftoire facrée en langue Malabare. Il mourut peu de
temps après fon retour en Europe , en 1741 , à
Dresde.

WALTON (Briand) (*hift. litt. mod.*) évêque
de Chefter en Angleterre , favant connu par la
Polyglotte d'Angleterre , qui porte en tête fon nom
& fon portrait , & à laquelle il a eu la plus grande
part. Il y a fur toutes les bibles raffemblées dans ce
vafte recueil , des differtations qu'on appelle les *Prolégomènes de walton*. Il mourut en 1661 , avec la réputation d'un homme fage , d'un prélat modefte &
d'un favant éclairé.

WAMBA (*hift. d'Efpagne*) roi des vifigoths en
Efpagne , fucceffeur de Recefwind ou Recefuinte,
monta fur le trône en 672 ; il montra de la valeur
& des vertus. Se fentant dans la fuite affoibli ou par
des infirmités naturelles, ou felon les idées du temps,
par un poifon lent qu'on lui avoit donné , il abdiqua
la couronne , défigna Ervige pour fon fucceffeur ,
& fe retira dans un monaftère , où il mourut
en 683.

WAMÈLE (Jean) (*hift. mod.*) jurifconfulte
de Liège , enfeigna le droit à Louvain avec quelque
réputation. Ses remarques fur divers titres de l'un
& de l'autre droit , en ont eu auffi. Dom Juan
d'Autriche voulut lui procurer une place dans le
confeil d'état , il préféra fa chaire & fon cabinet.
Mort en 1590.

WANBROUCK ou **WANBRUGH**. (*Hift. Litt.
Mod.*) Poëte comique anglois , mort en 1705 , &
dont les œuvres ont été imprimées à Londres en
1730. « Un chevalier *Wanbrugh* , dit M. de Voltaire , a fait des comédies encore plus plaifantes
» (que celles de M. Wicherley) mais moins ingé-
» nieufes. Ce chevalier étoit un homme de plaifir,
» & par-deffus cela poëte & architecte. On prétend
» qu'il écrivoit avec autant de délicateffe & d'élé-
» gance qu'il bâtiffoit groffièrement. C'eft lui qui
» a bâti le fameux château de Blenheim péfant &
« durable

» durable monument de notre malheureuse bataille
» d'Hochſtet. Si les appartemens étoient ſeulement
» auſſi larges, que les murailles ſont épaiſſes, ce
» château ſeroit aſſez commode.

» On a mis dans l'épitaphe de *Wanbrugh*, qu'on
» ſouhaitoit que la terre ne lui fût point légère,
» attendu que de ſon vivant il l'avoit ſi inhumai-
» nement chargée.

» Ce chevalier ayant fait un tour en France avant
» la belle guerre de 1701, fut mis à la baſtille, &
» y reſta quelque tems ſans avoir jamais pu ſavoir
» ce qui lui avoit attiré cette diſtinction de la part
» de notre miniſtère. Il fit une comédie à la baſ-
» tille; & ce qui eſt à mon ſens fort étrange, c'eſt
» qu'il n'y a dans cette pièce aucun trait contre le
» pays dans lequel il eſſuya cette violence ».

Dans la comparaiſon générale des comédies de
Congrève, de *Wanbrugh* & de Wicherley, M. de
Voltaire juge que celles de Congrève ſont les
plus ſpirituelles & les plus exactes; celles de *Wanbrugh*, les plus gaies, celle de Wicherley, les plus
fortes.

WANDELBERT. (*Hiſt. Litt. Mod.*) Diacre
& moine de l'abbaye de Prum, au neuvième ſiècle,
ſous l'empire de Lothaire, fils de Louis le Débonnaire. Il eſt auteur d'un martyrologe en vers héroïques, imprimé avec celui d'Uſuard ſon contemporain. (*Voyez* l'article USUARD.)

WANLEY, (Humfroi) *Hiſt. Litt. Mod.*) Savant
anglois né à Coventry, paſſa toute ſa vie à parcourir les différentes bibliothèques de l'Angleterre
pour y chercher les livres écrits dans les anciennes
langues ſeptentrionales, & le fruit de ſes recherches
a été un catalogue de ces livres qu'il a donné dans
le recueil intitulé : *Antiqua litteratura ſeptentrio-
nalis.*

WANSLEB. (Jean Michel) *Hiſt. Litt. Mod.*
Né à Erfort en Thuringe, de parens luthériens,
apprit de Ludolphe ou Ludolf (voyez cet article)
la langue éthiopienne & s'y rendit fort habile. Dans
le temps où M. Arnauld faiſoit la guerre aux calviniſtes & travailloit à ſon grand ouvrage de la perpétuité de la foi de l'égliſe ſur l'euchariſtie, on regarda
comme fort important de ſavoir quels étoient ſur ce
point les dogmes & les rits des différentes égliſes de
l'Orient; mais le réſultat des recherches à cet
égard, étoit ordinairement conforme au deſir & à
la foi de celui qui les faiſoit. M. de Pomponne,
alors miniſtre des affaires étrangères, pour ſervir
ſon oncle, en fit faire par tous les miniſtres de
France, à Conſtantinople & dans l'Orient; les
proteſtans en firent faire auſſi par des ſavans de leur
profeſſion; le duc de Saxe Gotha, ſur les inſtances
des luthériens, envoya *wanſleb* en Egypte & en

Ethiopie pour le même objet; mais ſoit qu'il fût
déjà ébranlé dans ſa foi luthérienne ſur l'euchariſtie,
ſoit que ne portant dans cet examen que de la bonne
foi, il trouvât en effet les dogmes de ces égliſes
conformes à ceux de l'égliſe romaine, au lieu de
retourner chez ceux qui l'avoient envoyé & dont il
ne pouvoit que fruſtrer les eſpérances, il alla en
1665, à Rome, y fit ſon abjuration, & ſe fit Dominicain. Il avoit pris goût aux voyages, & il continua de s'y livrer. Ce goût l'ayant amené à Paris,
en 1670. M. Colbert crut qu'il pouvoit tirer parti
d'un tel homme; il le renvoya en Egypte, pour y
chercher des manuſcrits orientaux. Ce voyage ne
fut point infructueux, *wanſleb* enrichit la bibliothèque du roi, de trois cent trente-quatre manuſcrits, tant arabes, que turcs & perſans Il étoit peu
d'emplois ou littéraires, ou eccléſiaſtiques auxquels
un tel ſervice ne lui donnât droit de prétendre, mais
wanſleb mit toujours obſtacle à ſon avancement par
ſa mauvaiſe conduite, & il ſe vit réduit à être vicaire d'une paroiſſe près de Fontainebleau, où il
mourut en 1679. On a de lui une hiſtoire de l'égliſe
d'Alexandrie, une relation de l'état où il avoit
trouvé l'Egypte à ſon premier voyage; enfin une
relation de ſon ſecond voyage. Ces productions ſont
eſtimées.

WARAGES, LES, (*Hiſt. de Ruſſie.*) c'eſt le nom
collectif d'hommes célèbres, qui donnèrent des ſouverains à la Ruſſie. M. Bayer, dans une diſſertation
inſérée dans les mémoires de Petersbourg, ſoutient
que les *Warages* étoient des guerriers Suédois, Nor-
végiens & Danois, qui commencèrent par s'engager
au ſervice des Ruſſes, & qui exercèrent quelquefois chez eux des charges civiles, & ſur-tout des
emplois militaires. L'auteur prouve ſon opinion par
les noms *Warages* qui ſe trouvent dans les annales
de Ruſſie, depuis Ruric, un des trois frères *Warages*, qui devinrent ſouverains en Ruſſie, au neuvième
ſiècle : ces noms ſont tous des noms danois, ſuédois,
ou norwégiens; mais ce qu'il y a de plus curieux
dans le mémoire de M. Bayer, c'eſt qu'il prétend y
prouver que les Baranges, ou Warages ſi célèbres dans
l'hiſtoire byſantine, ne ſont autres que les *Warages*.
(*D. J.*)

WARD, (Seth) (*hiſt. litt. mod.*) mathématicien anglois célèbre, qui eut beaucoup de part à
l'établiſſement de la ſociété royale de Londres,
étoit né en 1617, à Buntington dans le Héreford-
ſhire; il fut évêque d'Exceſter, puis tranféré en
1667, à l'évêché de Salisbuti. Il mourut à Londres
en 1689. Comme mathématicien, on a de lui une
trigonométrie & un traité des comètes; comme évêque il a publié des ſermons, & il a écrit contre
Hobbes.

WARÉ, (Jacques) (*hiſt. litt. mod.*) irlandois,
chevalier de la Jarretière, mort en 1667, à Dublin où il étoit né, a beaucoup écrit pour ſon

pays. On a de lui un traité des écrivains d'Irlande; des annales d'Irlande, sous les règnes de Henri VIII, d'Edouard VI, & de Marie, une histoire des évêques d'Irlande, &c.

WARHAM, (Guillaume) (*hist. du schisme d'Anglet.*) natif d'Oakley dans le Hampshire, professeur en droit à Oxford, envoyé en ambassade par Henri VII, roi d'Angleterre, auprès de Philippe le Beau, archiduc d'Autriche, souverain des Pays-Bas, nommé à son retour évêque de Londres, puis chancelier d'Angleterre & archevêque de Cantorberi, mourut de douleur en 1532, d'avoir vu l'amour renverser dans son pays la religion catholique.

WARIN, (Jean) (*hist. mod.*) sculpteur & graveur célèbre, garde des monnoies de France, artiste d'une grande réputation. Ses médailles, ses monnoies, ses ouvrages de sculpture sont très estimés; nous en renvoyons l'éloge ou le jugement au dictionnaire des arts. Il paroît avoir été moins recommandable par le caractère que par les talens; on lui reproche une avarice sordide; c'est par un effet de cette avarice qu'il eut la cruauté de forcer sa fille à épouser un homme bossu, boiteux, malade des écrouelles, mais fort riche; la malheureuse ne put soutenir l'horreur de son sort, elle s'empoisonna en 1651, avec du sublimé qu'elle avala dans un œuf. Plus le nom de *warin* est célèbre, plus il donnera de force à cet horrible exemple, & de poids à la leçon qui en résulte, de ne jamais forcer l'inclination des enfans. On dit que *warin* périt aussi par le poison, qui lui fut, dit-on, donné par des scélérats auxquels il avoit refusé des poinçons de monnoie; peut-être a-t-on cherché ce rapport de sa mort avec celle de sa fille, par le desir de justifier sensiblement la providence aux yeux des hommes, car les hommes font toujours Dieu à leur image, ils veulent toujours qu'il soit juste à leur manière, & soumettent ses décrets aux petites vues de la justice & de la sagesse humaine. *warin* étoit né à Liège en 1604, & mourut à Paris, en 1672.

WARNEFRIDE (*voyez* PAUL, diacre.)

WARTHON, (*hist. litt. mod.*) c'est le nom de deux savans anglois.

1°. Thomas, professeur en médecine au collège de Gresham, connu des médecins par son *Adenographia* ou description des glandes maxillaires. Né en Yorkshire en 1610. Mort à Londres en 1673.

2°. Henri, curé de Minster, né vers l'an 1664, dans le comté de Norfolck, mort en 1694, savant fort instruit de l'histoire ecclésiastique de son pays. On a de lui un grand ouvrage, intitulé : *Anglia sacra*. C'est une savante histoire des archevêques d'Angleterre, jusqu'en l'année 1540, *historia de*

Episcopis & Decanis Londinensibus; & Assavensibus, ad annum 1540. Deux traités en anglois, l'un en faveur du mariage des prêtres, l'autre en faveur de la pluralité des bénéfices; il a aussi écrit la vie de ce fameux Guillaume Laud, archevêque de Cantorbéri, victime de son attachement à la cause de Charles I. (*Voyez* l'article LAUD.)

WARWICK, (*hist. d'Anglet.*) comté d'Angleterre, dont plusieurs personnages célèbres ont porté le nom :

1°. Le comte de Warwick, de la maison de Beauchamp, l'une des plus anciennes, des plus illustres & des plus riches de l'Angleterre, général distingué dans les guerres des anglois, contre les françois, sous Charles VI & Charles VII; c'étoit l'émule des Arondel & des Talbot. Avant le siège d'Orléans, il avoit formé celui de Montargis. Le premier exploit du fameux bâtard d'Orléans, qui fut depuis le comte de Dunois, & le premier succès un peu décisif des françois, sous le règne de Charles VII, après les désastres de Crévant & de Verneuil, fut de faire lever au comte de Warwick, ce siège de Montargis; & ce fut pour effacer cet échec par l'éclat d'une grande expédition, que les anglois ayant reçu des renforts considérables, entreprirent le siège d'Orléans. Pour un brave capitaine, il partagea trop la colère aveugle & féroce des anglois, contre la Pucelle d'Orléans. Il eut la curiosité un peu lâche d'aller la voir dans sa prison, où un héros anglois, n'auroit dû paroître que pour la délivrer ou du moins pour l'admirer, il y alloit pour insulter à son malheur; & la Pucelle ayant tenu des propos qui menaçoient les anglois de la décadence entière de leurs affaires en France, le comte de Warwick eut du moins le léger mérite de retenir le comte de Staford, qui vouloit tuer la Pucelle, & qui avoit tiré l'épée contre elle. Ce n'étoit pas pour la sauver que Warwick l'arrachoit des mains de ce barbare, c'étoit pour la réserver au supplice, & cette infortunée étant tombée malade en prison, Warwick, ainsi que cardinal de Wincestre, montra une grande crainte qu'elle ne mourût de sa maladie, & que le roi d'Angleterre ne fût privé de la satisfaction de la faire brûler. Lorsque les inquisiteurs eurent condamné Jeanne, suivant le style de l'inquisition, à une prison perpétuelle, *au pain de douleur & à l'eau d'angoisse*, le comte de Warwick reprocha aux juges la douceur de ce jugement, & il approuva, du moins par son silence, l'indigne artifice par lequel Pierre Cauchon livra aux anglois leur victime, en la faisant condamner comme relapse, parce qu'ayant signé la promesse de quitter pour jamais l'habit d'homme, la pudeur l'avoit obligée de prendre le seul vêtement qu'on eut laissé à sa disposition & c'étoit un habit d'homme.

Henri V, roi d'Angleterre, avoit confié en mourant l'éducation de son fils, Henri VI, au comte de

Warwick; cette difposition ne fut point fuivie, & le parlement choifit au lieu de Warwick, le cardinal de Winceftre, grand oncle du jeune roi, mais beaucoup moins digne que Warwick de ce noble emploi. Warwick mourut pendant le cours des guerres entre les deux nations.

2°. Mais celui qui a le plus illuftré ce nom de Warwick, eft le fameux Richard Névil, qui dans la querelle des deux Rofes, mérita le furnom de *King-Maker, faifeur de rois*.

Il étoit devenu comte de Warwick par fon mariage avec la fille du précédent.

Il fut avec le comte de Salisbury fon père, le confident & le fauteur des premiers deffeins du duc d'Yorck fur la couronne. Par une fuite de paffions & d'intrigues, le duc d'Yorck, d'abord emprifonné & menacé de la mort, fut enfuite introduit dans le confeil de Henri VI, & de Marguerite d'Anjou, avec fes deux amis, Salisbury & Warwick. Dès qu'ils y furent entrés, ils devinrent les maîtres, au point qu'ils oferent faire arrêter le favori Sommerfet, jufques dans la chambre de la reine.

Le gouvernement de Calais, feule place qui reftât en France aux anglois, étoit un grand objet d'ambition & de rivalité à la cour de Henri VI. Le duc d'Yorck l'avoit enlevé au duc de Sommerfet, qui, étant devenu libre, le réclama. Henri, pour ne point aigrir l'un des deux rivaux, par une préférence marquée, fe nomma lui-même gouverneur de Calais, comme dans la fuite en France, la reine Anne fe fit *fur-intendante des mers*, pour refufer cette dignité au grand Condé. Le duc d'Yorck prit ce refus pour un outrage, il arma de nouveau avec fes deux amis, Salisbury & Warwick, & livra en 1455, la bataille de Saint-Albans, où le roi bleffé d'un coup de flèche à la gorge, fut fait prifonnier, & où le duc de Sommerfet fut tué. Le duc d'Yorck, après fa victoire, fut déclaré par Henri VI lui-même, protecteur du royaume, il fut dépouillé de ce titre par Marguerite; après diverfes négociations, fans bonne foi, & toujours fuivies de ruptures, parce que tout traité n'étoit qu'un piège, il reprit les armes pour ne les plus quitter.

Le comte de Salisbury battit l'armée royale à Bloreheath en 1459; Marguerite répara cet échec en diffipant fans combat l'armée d'Yorck, en intimidant par des menaces une partie de cette armée, en féduifant l'autre par des promeffes; le duc & fes amis furent réduits à la fuite. Mais bientôt le comte de la Marche, fils aîné du duc d'Yorck, entra en triomphe dans Londres à la tête d'une nouvelle armée avec Salisbury & Warwick; la reine fut battue en 1460, à Northampton où elle faifoit toutes les fonctions de général; Henri alors fut gouverné par fes vainqueurs, comme il l'avoit été par fa femme. Le duc d'Yorck fit ordonner par Henri VI, à Mar-

guerite d'Anjou de revenir à Londres, bien fûr qu'elle défobéiroit, & bien réfolu fur cette défobéiffance, de la faire traiter en ennemie de l'état. Marguerite apporte elle même fa réponfe à la tête de dix-huit mille hommes, elle défait, toujours en 1460, le duc d'Yorck & le comte de Rutland, fon fecond fils, à la bataille de Wakfeild, où ils périrent tous les deux. Le comte de Salisbury, père du comte de Warwick, y fut bleffé & pris, elle lui fit trancher la tête. Elle eut encore la gloire & le bonheur de vaincre Warwick à la bataille de Barnet, ou feconde bataille de Saint-Albans en 1461.

Le comte de la Marche, fils aîné du duc d'Yorck, cherchant à joindre Warwick, débuta par une victoire; il battit, à la croix de Mortemer, dans le comté d'Héreford, les troupes de Lancaftre, il marche vers Londres, Warwick le préfente au peuple, il eft proclamé fous le nom d'Edouard IV.

Secondé de Warwick, il abbat le parti de Lancaftre à la bataille de Towton en 1461. Dans cette bataille, Marguerite avec une armée fupérieure, fut mife en déroute.

La bataille de Towton eft une des plus fanglantes & des plus acharnées que la querelle des deux rofes ait produites; elle dura deux jours. La perte fut grande des deux côtés; on la fait monter en tout à trente-fix mille hommes; les hiftoriens ne parlent que de rivières & de ruiffeaux teints de fang, que *de ponts de cadavres* fur lefquels on les traverfe.

Edouard IV, voulant faire alliance avec Louis XI, demanda en mariage Bonne de Savoye, fœur de la reine de France; Warwick négocioit cette affaire à la cour de Louis, il réuffit, & les articles furent arrêtés; mais pendant que la politique formoit ces nœuds en France, les paffions en ordonnoient autrement en Angleterre. Edouard devint amoureux d'Elifabeth Woodville ou Videville, une de fes fujettes & l'époufa. Louis XI put être bleffé de ce manque de foi, de la part d'un prince qui avoit traité avec lui: mais quel tyrannique orgueil pouvoit perfuader au comte de Warwick, que fes fervices tout importans qu'ils étoient lui euffent donné le droit de forcer les inclinations de fon maître, & qu'Edouard ne pût fatisfaire fon cœur fans l'aveu d'un fujet. Warwick éclata, menaça, offenfa, fut humilié, prépara fa vengeance. Il vit tout fon crédit paffer à la maifon des Videville. Edouard IV, tant que Warwick l'avoit conduit, avoit paru un héros, il ne fut qu'un roi foible fous les nouveaux favoris qui le gouvernoient. Warwick lutta long-temps contre la difgrace, tantôt comblé de faveurs équivoques, tantôt en butte à des traits de colère promptement fuivis de réconciliations trompeufes. Warwick enfin fe déclara ouvertement pour Marguerite, il effaya d'irriter contre Edouard le reffentiment de Louis XI; il porta fur-tout un coup funefte à Edouard, en

foulevant contre lui fon propre frère, le duc de Clarence, auquel il donna fa fille aînée, qu'Edouard
avoit tenté de féduire, parce qu'elle étoit belle, &
parce qu'elle étoit fille de Warwick.

Il reſtoit une fille au comte de Warwick, il la
donna au prince de Galles, fils de Marguerite. De
ce mariage & de celui du duc de Clarence, il réſulta
une grande complication d'intérêts. Warwick réuniſſoit les deux Roſes dans ſa famille; beau père à la
fois du prince de Galles & du duc de Clarence, il
avoit un égal intérêt aux ſuccès de la maiſon de
Lancaſtre, & à ceux de la maiſon d'Yorck, il n'a-
voit d'ennemi que le ſeul Edouard. Le duc de Clarence, en quittant le roi ſon frère pour le comte de
Warwick, avoit eſpéré le trône; mais quand il vit
que la réconciliation de Warwick avec Marguerite,
avoit pour but le rétabliſſement de la maiſon de
Lancaſtre, il devint très froid ſur les projets du
comte, & le roi, ſon frère, qui le faiſoit obſerver,
profitant de ſon mécontentement, le ramena peu-à-
peu à ſon parti, mais ce fut long-temps un ſecret
entre eux. Cinq cents payſans du parti de Warwick,
gagnent la bataille de Bambury en 1469; ils ſur-
prennent à Grafton le père & le frère de la nouvelle
reine, & leur fort trancher la tête. Warwick de ſon
côté ſurprend Edouard & le fait priſonnier; les deux
rois ſont en ſa puiſſance; mais Edouard trouve le
moyen d'échapper à ſes gardes, bientôt il ſe retrouve
à la tête d'une armée; on ménage entre Edouard,
Warwick & Clarence qui n'avoit pas encore quitté
le parti de Warwick, une conférence, qui ſe paſſe
en reproches & ne fait qu'aigrir les eſprits. Warwick & Clarence courent raſſembler leurs amis, &
cependant ils font marcher une armée ſous la conduite de Robert de Wèles. Edouard ſe ſaiſit du baron
de Wèles, père de Robert, l'oblige d'écrire à ſon fils
pour l'engager à poſer les armes, & ſur le refus de
Robert, il fait trancher la tête au vieux de Wèles;
Robert battu près de Stafford, eſt auſſi décapité.
Warwick & Clarence, reſtés ſans armée, retournent chercher des ſecours en France; mais lorſqu'ils
croient débarquer à Calais, Vaucher à qui Warwick
avoit confié la garde de cette place en ſon abſence,
fait tirer le canon ſur eux; pour comble d'embarras,
la Ducheſſe de Clarence fut ſurpriſe, dans ce moment
là même, des douleurs de l'enfantement. Elle accoucha ſur mer d'un fils, qui porta dans la ſuite,
comme ſon ayeul maternel, le nom de comte de
Warwick, & dont l'article ſuivra celui ci. On eut
peine à obtenir que l'enfant fût porté à la ville pour y
recevoir le baptême, & qu'on en fît venir les ſecours
dont la mère avoit beſoin. Cependant Vaucher fit
faire ſous main, & peut être à tout évènement, des
excuſes au comte de Warwick, ſur ſa conduite,
dont il promit de lui dire les raiſons dans un temps
plus favorable. Warwick aborda en Normandie, il
trouva Louis XI, aſſez zélé pour la cauſe de Lancaſtre, depuis que le nouveau duc de Bourgogne, Charles le Téméraire, ayant épouſé la ſœur

d'Edouard IV, étoit devenu le défenſeur de la cauſe
d'Yorck. Charles le Téméraire étoit comme le comte
de Warwick, & comme quelques autres, allié aux
deux maiſons rivales; il deſcendoit par ſa mère, de
la maiſon de Lancaſtre, & avoit épouſé une Yorck,
ſœur d'Edouard IV, Ce dernier titre étoit le plus
puiſſant ſur ſon ame, & il ſervoit la cauſe d'Yorck;
en conſéquence Louis XI combloit d'égards &
d'honneurs Marguerite d'Anjou & ſon fils, il avoit
voulu que le jeune prince de Galles fût un des pa-
rains de Charles VIII, qui venoit de naître. Le comte
de Warwick obtient de Louis quelques ſecours, il s'em-
barque & trouve le paſſage fermé par une flotte conſidérable que le duc de Bourgogne tenoit en mer pour
l'enlever. Cette flotte ſe diſſipe à ſa vue, ſoit ſaiſie
d'une terreur panique, ſoit pouſſée par les vents
contraires; Warwick reparoît en Angleterre, le Lord
Montaigu ſon frère (voyez l'article MONTAIGU) lui
livre l'armée royale, dont Edouard lui avoit avec
beaucoup d'imprudence confié le commandement.
Edouard s'enfuit dans les Pays-Bas à travers mille dangers, ſa femme va chercher ſa ſûreté dans l'aſile de
Weſtminſter, où elle accoucha de ſon fils aîné, qui
fut dans la ſuite Edouard V, Henri VI, remonte
ſur le trône, Edouard erra quelque temps dans les
états de ſon beau-frère le duc de Bourgogne, qui
trop occupé alors contre Louis XI, & ayant beſoin
de toutes ſes forces, ne conſentit à ſecourir Edouard
que foiblement, & que le plus ſecrètement qu'il fût
poſſible.

Edouard rentre en Angleterre, le duc de Clarence ſon frère étoit encore uni avec Warwick; ce
fut alors qu'Edouard parvint à traiter efficacement
avec Clarence, qui trahit Warwick, comme Montaigu avoit trahi Edouard, Ce monarque heureux &
chéri eſt introduit dans Londres par ſes amis, ſes
créanciers & ſes maîtreſſes; Warwick eſt défait &
tué avec le Lord Montaigu, ſon frère, à la bataille
de Barnet, livrée le 14 avril 1471; l'archevêque
d'Yorck, leur frère, mourut de douleur après avoir
langui dans les fers; la comteſſe d'Oxford, leur
ſœur fut réduite à vivre du travail de ſes mains; ſon
mari, enfermé dans une citadelle, y reſta douze
ans. Henri fut de nouveau précipité du trône &
pour jamais, le prince de Galles, ſon fils, pris à
la bataille de Tewkerbury, auſſi en 1471, fut
amené devant Edouard & ſes frères, qui le maſſa-
crèrent, Marguerite d'Anjou retourna en France,
où elle paſſa le reſte de ſa déplorable vie à regretter le
trône & à pleurer ſon fils.

3°. On ſait par quel tiſſu de crimes, le duc de
Gloceſtre, ſecond frère d'Edouard IV, après avoir
exterminé les Lancaſtres, fit auſſi périr preſque tous
ceux des Yorcks qui le précédoient dans l'ordre de
la ſucceſſion, & s'ouvrit le chemin du trône. A ſon
inſtigation & ſur ſes perfides inſinuations, Edouard
IV avoit fait noyer le duc de Clarence ſon frère,
dans un tonneau de Malvoiſie, Edouard étoit mort

peu de temps après, laissant deux fils que le duc de Gloceste fit disparoître, il prit la couronne; c'est le roi Richard III, le plus décrié de tous les rois d'Angleterre. Il avoit épousé Anne, l'une des filles du comte de Warwick; c'étoit elle que son père avoit donnée en mariage au prince de Galles, fils de Henri VI & de Marguerite d'Anjou, si indignement massacré après Richard lui-même après la bataille de Tewkesbury : elle alla se jetter dans les bras du meurtrier de son premier mari ; elle fut malheureuse & le méritoit bien; on ne daigna pas même la plaindre.

Nous avons dit que sa sœur aînée avoit épousé le duc de Clarence, & qu'elle en avoit eu un fils, qui se nommoit le comte de Warwick, du nom de son ayeul maternel; c'étoit qui lui étoit né sur la mer, à la vue de Calais, pendant, que le canon du port tiroit sur le vaisseau qui portoit ses parens. Richard III, se contenta de le tenir enfermé; il est étonnant, d'après son caractère défiant & cruel, qu'il laissât vivre un prince dont les droits au trône précédoient les siens. La destinée du comte de Warwick fut déplorable; Henri VII, vainqueur & successeur de Richard III, tint quelque temps aussi Warwick enfermé. Cet infortuné, privé de l'air & de la lumière, étoit élevé dans une telle ignorance, qu'il ne savoit pas même le nom des animaux domestiques de l'usage le plus commun; Henri VII étoit haï, du moins il avoit assez d'ennemis pour que les conjonctures parussent favorables aux aventuriers pour tenter fortune, en prenant le nom de quelque prince chéri & malheureux. Le bruit courut qu'une victime étoit échappée au cruel Richard III; que le jeune duc d'Yorck, second fils d'Edouard IV, vivoit caché dans un coin de l'Angleterre. Un prêtre d'Oxford, nommé Simon, imagina de présenter sous le nom du duc d'Yorck, un jeune écolier qu'il élevoit & qui se nommoit Lambert Simnel, fils d'un menuisier ou d'un boulanger. Vers le même temps un autre faux bruit se répandit que le comte de Warwick, fils du duc de Clarence, s'étoit échappé de la tour de Londres où il étoit enfermé; Simon alors changea de fable, & son élève fut le comte de Warwick, imposture encore plus aisée à détruire que l'autre. Warwick avoit vécu quelque temps à la cour d'Edouard IV, bien des gens le connoissoient; il étoit difficile d'ailleurs que Simnel ressemblât également aux deux princes dont il jouoit le rôle tour à tour, & sur-tout il étoit mal-adroit & dangereux de le faire passer pour un prince qui pouvoit paroître à tout moment, soit qu'il fût en prison, soit qu'il fût libre. Tous ces obstacles n'arrêtèrent point Simon ; il fit embarquer Simnel pour l'Irlande, où il séduisit sans peine des ennemis du gouvernement qui vouloient être séduits ; il fut couronné à Dublin ; les yorckistes anglois commencèrent même à se déclarer pour lui. Henri VII crut que pour détruire le parti de Simnel, il suffisoit de montrer Warwick au peuple; mais ce fut sûr Henri qu'on rejetta l'imposture ; on vit War-

wick, & l'on nia que ce fût lui, on avoit résolu de croire à Simnel, il fallut en venir aux mains; Henri VII fut vainqueur à la bataille de Stoke, près de Newarck, en 1487. Simnel tomba entre ses mains ; le roi le fit servir d'abord dans sa cuisine comme marmiton, ensuite dans ses chasses, en qualité de fauconnier.

Bientôt un nouvel aventurier vint réclamer la couronne. Celui-ci prétendoit être le duc d'Yorck, second fils d'Edouard IV; il se nommoit Perkin Warbeck ; il étoit réputé fils d'un juif nommé Osbeck. (Voyez l'article WARBECK). Après divers succès il fut pris ; on le mit à la tour de Londres, & il paroît qu'on se servit de lui pour perdre le comte de Warwick. Ferdinand & Isabelle qui négocioient alors le mariage de Catherine d'Arragon leur fille avec le prince Arthur, frère aîné de Henri VIII, montrèrent, dit-on, quelques doutes sur la déclaration par laquelle Perkin s'avouoit pour imposteur, déclaration qu'on avoit exigée de lui, pour prix de la vie qu'on lui laissoit. Cette déclaration fut imprimée & publiée, mais elle étoit superflue pour ceux qui ne le croyoient pas le duc d'Yorck, & selon l'usage, elle parut insuffisante aux autres. Les doutes que ces gens-là conçurent, ou qu'affectèrent Ferdinand & Isabelle, ou qu'on leur imputa, furent mortels, & à Warbeck, & au comte de Warwick. L'existence de celui-ci parut sur-tout les inquiéter. Ils vouloient bien donner leur fille au prince Arthur, mais ils vouloient que les droits de ce prince à la couronne fussent à l'abri de toute contestation, & ils n'osoient s'en flatter, tant qu'il resteroit un rejetton mâle (ou réel ou supposé) de la maison d'Yorck, Henri VII ne chercha qu'un prétexte pour les satisfaire, peut-être même ne fit-il que supposer les prétendues inquiétudes de Ferdinand & d'Isabelle, pour avoir une occasion de se délivrer des siennes. Quoi qu'il en soit, on commença à donner à Perkin Warbeck plus de liberté, dans l'espérance qu'il en abuseroit ; on lui permit de voir le comte de Warwick, dans l'espérance qu'ils conspireroient ensemble. Perkin fut pour premier maître, il l'instruisit du droit général que tout homme avoit à la liberté, & des droits particuliers que lui, Warwick, avoit au trône. Il fut aisé à Perkin d'entraîner Warwick, son ignorance aidoit à le séduire.

Sous prétexte de commisération pour les deux prisonniers, on leur permettoit de longues conversations avec les domestiques du lord Digby, lieutenant de la tour, & cette permission étoit un nouveau piége. Quelques uns de ces domestiques parurent se laisser gagner, ils devoient tuer leur maître, s'emparer des clefs, & s'enfuir avec les deux prisonniers ; ils furent arrêtés au moment de l'exécution, & sur leur déposition Perkin fut pendu, Warwick fut décapité, deux domestiques du lord Digby furent aussi exécutés comme complices.

Pendant que cette trame s'ourdissoit, on avoit pris soin de la justifier. On avoit voulu montrer un danger imminent, & faire sentir la nécessité d'éteindre jusqu'au nom de *Warwick*; on avoit produit sous ce nom un nouvel aventurier, connu sous le nom de Wilford, fils d'un cordonnier. Un moine augustin, nommé Patrick, avoit prêché publiquement pour lui; le moine & son pupille furent pris; Wilford fut pendu, on fit grace au moine, dont on pouvoit encore employer l'éloquence à de pareils usages. Tel est du moins le récit des historiens contraires à Henri VII, il faut avouer qu'il suppose bien des crimes. On aura rendu Perkin & *Warwick* coupables, pour les punir, on aura sacrifié deux domestiques innocens du lord Digby, ou, si l'on veut qu'ils se soient réellement laissés séduire, on les aura du moins mis dans le cas, en leur ordonnant de feindre d'abord qu'ils étoient séduits. Enfin on aura sacrifié Wilford non moins inhumainement.

D'autres auteurs plus favorables à Henri VII, en convenant cependant qu'il peut avoir desiré de perdre Warbeck & *Warwick* pour dissiper les inquiétudes de Ferdinand & d'Isabelle, ou les siennes, ne voient d'ailleurs aucune liaison entre l'affaire de Wilford & celle de *Warwick*; ils regardent Wilford comme un imposteur que Henri crut devoir envoyer au supplice, parce que ces tentatives, devenues trop fréquentes, avoient besoin d'être réprimées par un exemple; il pardonna, disent-ils, au moine Patrick, parce qu'étant naturellement porté à la clémence, il ne se déterminoit pour la rigueur, que dans le cas d'une nécessité indispensable. Il est affreux, disent ces auteurs, de tourner contre lui sa bonté en preuve de perfidie. Quant aux deux domestiques envoyés au supplice, pourquoi voudroit-on les croire innocens, pendant que ce supplice même prouve qu'ils étoient coupables? Pourquoi supposer qu'ils avoient été apostés pour attirer les deux prisonniers dans le piége, au hasard d'y tomber eux-mêmes? Où sont les preuves de ces horreurs?

Warbeck, disent les mêmes auteurs, étoit très-coupable, la grace qu'on lui avoit accordée, étoit conditionnelle & relative à sa déclaration; on avoit supposé qu'il n'exciteroit plus de troubles; il avoit déja essayé d'en exciter dans une autre occasion, il s'étoit sauvé de sa prison, & prêt à être repris, il s'étoit réfugié dans le monastère de Shyne. Le prieur, homme respecté, lui avoit obtenu encore une fois sa grace; le roi s'étoit contenté d'exiger qu'il confirmât sa déclaration. Après tant d'indulgence, il forme de nouveaux complots, il y entraine le simple *Warwick*, il gagne des domestiques étrangers, qui doivent forcer sa prison, en assassinant leur maître; il méritoit le supplice.

Celui du comte de *Warwick* n'est pas si aisé à justifier. Le traducteur de M. Smollett, écrivain juste & sage, mais qu'un esprit conciliateur porte un peu trop à l'apologie, dit: *Qu'il est bien peu de princes qui, en pareille occasion, ne sacrifiassent leur concurrent, le pouvant faire avec justice. Mais quelle justice*

y a-t-il à faire périr son concurrent, parce qu'il a des droits & qu'on le tient en sa puissance? Quelle justice y avoit-il à imputer au malheureux *Warwick* la crédulité à laquelle on l'avoit disposé par l'ignorance? Henri, sur ce point, est inexcusable: qu'importe ce que d'autres machiavelistes auroient fait en sa place? Si l'on vouloit justifier les crimes des princes par l'exemple, il n'y a rien qui ne devînt légitime; appellons crime ce qui est crime, la politique se chargera trop de le commettre, ne nous chargeons jamais de l'excuser.

Le comte de *Warwick* fut la dernière victime royale immolée pour la querelle des deux Roses. Par sa mort cette postérité masculine d'Edouard, si nombreuse dans l'origine, fut entièrement éteinte, & les races de Lancastre & d'Yorck ne subsistèrent plus que dans des branches féminines, telles que la maison de Tudor, pour Lancastre, & de la Poole-Suffolck, pour Yorck; & ces deux Roses indirectes s'entre-déchirèrent encore. Il y avoit aussi diverses maisons étrangères, issues des maisons de Lancastre & d'Yorck.

WASER, (Gaspard) (*Hist. Litt. Mod.*) antiquaire allemand, mort en 1625, auteur de plusieurs ouvrages, dont le moins inconnu a pour titre: *De Antiquis numeris hebræorum, chaldæorum & syrorum, quorum sancta Biblia & Rabbinorum scripta meminerunt.*

WASSEBOURG, (Richard) (*Hist. Litt. Mod.*) historiographe françois du 16e. siècle, avoit fait une étude profonde de notre histoire, & en avoit recherché tous les monumens, non seulement dans les différentes provinces du royaume qu'il avoit parcourues avec la plus grande attention, mais encore dans tous les pays circonvoisins; le résultat & le fruit de ses voyages se trouvent dans les *antiquités de la Gaule Belgique*, ouvrage imprimé à Paris en 1549.

WAST, (Saint) *Vedastus* (*Hist. Ecclés.*) évêque d'Arras, natif de Toul, eut part, avec Saint-Remi, à l'instruction & à la conversion de Clovis, après la bataille de Tolbiac. Il mourut en l'an 540, sans doute âgé, car la bataille de Tolbiac est de l'an 496.

WATERLAND, (Daniel *Hist. Litt. Mod.*) Chanoine de Saint-Paul, archidiacre du comté de Middlesex, chapelain ordinaire du roi d'Angleterre, grand défenseur de la consubstantialité du verbe, auteur de divers écrits polémiques sur cette matière, entr'autres d'une *Défense de l'écriture* contre le *Christianisme de Tyndal.* Mort en 1742.

WATTEAU, (Antoine) (*Hist. Mod.*) peintre célèbre dans son genre. Nous le renvoyons, pour ce qui concerne ses talens & les progrès de son art, au dictionnaire des arts. Nous observerons seulement que cet artiste, dont presque tous les tableaux présentent des ſcènes ſi gaies , étoit miſanthope & mélancolique. Ce contraſte n'eſt pas d'ailleurs ſans exemple. Le plus plaiſant de tous les écrivains , Molère, étoit ſérieux & réfléchi, il paroît toujours raiſon. Dans le monde il avoit la gravité attentive d'un obſervateur philoſophe , & ne rioit point de ſes tableaux, qui faiſoient & qui font rire tout le monde. On raconte qu'un homme en proie à des vapeurs noires qui l'accabloient de triſteſſe, alla conſulter un grand médecin, qui lui indiqua tous les remèdes convenables à ſon mal, il les avoit tous faits ſans en éprouver de ſoulagement ; enfin le médecin ne ſachant plus que lui ordonner, lui dit: «diſſipez-vous, allez à la comédie italienne, » voyez beaucoup arlequin, c'eſt le ſeul médecin » qui puiſſe vous guérir. » Ah ! reprit triſtement le malade , ſi je n'ai pas d'autre reſſource , je ſuis un homme mort, c'eſt moi qui ſuis arlequin.

Watteau étoit né à Valenciennes en 1684. Il avoit pris l'habitude dans ſa jeuneſſe d'aller deſſiner ſur la place les ſpectacles que les charlatans donnent au peuple, & que le peuple par ſa curioſité avide & ſa crédulité incurable, donne aux gens d'eſprit & aux ſages :

     Spectaret populum ludis, attentiùs ipſis.

Il fut reçu à l'académie de peinture, ſous le titre de peintre des fêtes galantes. M. de Voltaire, dans *le Temple du Goût* , fait parler un curieux ſans goût, qui dit :

     Sur ma parole achetez ce tableau ,

     C'eſt Dieu le père, en ſa gloire éternelle,

     Peint galamment dans le goût de Wateau.

Ce peintre paſſoit pour réuſſir très-bien dans les petites figures , mais il n'a jamais rien fait de grand. Il fut accueilli en Angleterre & négligé en France, où ſe trouvant ſans occupation, ſa reſſource fut de peindre pour le ſieur Gerſaint, ſon ami, marchand ſur le pont Notre-Dame, le plafond de ſa boutique. Il mourut au village de Nogent, près Paris, en 1721. Ses tableaux ont été recherchés après ſa mort.

WATS. (*Hiſt. litt. mod.*) C'eſt le nom de deux ſavans anglois.

1°. Guillaume eſt principalement connu par la belle édition qu'il a donnée en 1640 à Londres, en deux volumes *in-fol.*, de l'hiſtoire de Mathieu Paris , avec une continuation des variantes & un gloſſaire, pour fixer la ſignification des mots barbares employés par Mathieu Paris. Il a laiſſé auſſi quelques ouvrages de philologie, bien moins célèbres. Tout ce qu'on ſait de Guillaume *Wats*, eſt qu'il vivoit dans le 17e ſiècle.

2°. Iſaac, paſteur ordinaire dans l'égliſe preſbytérienne de Béryſtreet à Londres, auteur de can-

tiques & d'hymnes, dont l'uſage a été introduit dans l'office public de pluſieurs égliſes (presbytériennes. Ses œuvres ont été publiées en ſix volumes *in-4°.*, qui contiennent des traités de morale, de grammaire, de géographie, d'aſtronomie, de logique, de métaphyſique, mais il eſt principalement connu en France par un ouvrage qui a pour titre : *La culture de l'eſprit*, & qui a été traduit en françois en 1762, mais l'ouvrage eſt incomplet, la mort n'ayant pas permis à l'auteur d'achever la ſeconde partie. Il avoit publié la première en 1741.

WAUVERMANS, (Philippe, Pierre & Jean) (*Hiſt. mod.*) peintres, trois frères qui travailloient dans le même genre, celui des payſages. Le plus célèbre & le modèle des autres eſt Philippe. On lui reproche trop de fini. Renvoyé pour le jugement au dictionnaire des arts. Il étoit né à Harlem en 1610; il mourut dans la même ville en 1668, laiſſant une grande réputation & bien peu de fortune. Il ne voulut jamais que ſon fils s'attachât à la peinture, il aima mieux en faire un moine; nous ignorons ſi ce fut par le même motif qu'avouoit ſi naïvement un autre peintre célèbre. « C'eſt que ſi mon fils étoit » indigne de moi, j'en ſerois humilié, & que s'il » m'effaçoit, j'en ſerois bien plus humilié encore ». Nous ignorons auſſi par quel motif, ſoit de dégoût pour ſon art, ſoit d'humilité chrétienne & de rénonciation volontaire à la gloire, ſoit peut-être au contraire de ſoin recherché de cette même gloire, & de crainte d'y nuire par des productions trop imparfaites , & comme Virgile vouloit qu'on brûlât l'Enéide , il fit brûler en ſa préſence , au lit de la mort, une caſſette remplie de ſes études & de ſes deſſins. On a beaucoup gravé d'après *Wauvermans*, & il a auſſi lui-même gravé à l'eau-forte.

WECHEL, (Chrétien & André) (*Hiſt. typograph.*) père & fils, célèbres imprimeurs de Paris & de Francfort. La ſeule ſuſcription *Typis Vechelianis*, eſt un titre de recommandation & un certificat d'exactitude & de correction ; ils avoient pour correcteur de leur imprimerie le ſavant Frédéric Sylburg, & ce fut à lui principalement qu'ils durent la perfection de leur art. Chrétien vivoit encore en 1552, André ſon fils mourut en 1581. On a imprimé à Francfort, en 1590, le catalogue des livres ſortis de leurs preſſes.

WEDEL, (George-Wolfgang) (*Hiſt. litt. mod.*) ſavant médecin allemand, né à Goltzen dans la Luſace en 1645, fut profeſſeur en médecine à Jene en 1672, puis premier médecin des ducs de Saxe. Il fut de l'académie de Berlin & de celle des curieux de la nature. Il a beaucoup écrit ſur ſon art. Ses principaux ouvrages ont pour titres : *De ſale volatili plantarum. Theoremata medica. Theoria ſaporum medica. De morbis infantum. Opiologia. Exercitationum medicophilologicarum decades 20. Phyſiologia reformata. Pharmacia in artis formam redacta. De medicamen-*

torum compositione extemporaneâ. De medicamentorum facultatibus cognoscendis & applicandis. Physiologia medica. Mort en 1721.

WEHLER ou WHELER, (George) (*Hist. litt. mod.*) savant anglois du 17e siècle, avantageusement connu par son *voyage de Dalmatie, de Grèce & du Levant,* imprimé, soit séparément, soit conjointement, avec celui de Spon.

WEIMAR. (Bernard, duc de Saxe.) (*Hist. mod.*) *Voyez* l'article SAXE.

WEISS, (Pierre) (*Hist. litt. mod.*) poëte & historien allemand du 16e siècle. Ce nom de *Weiss* signifie *blanc* en allemand, en conséquence *Weiss* prit le nom latin d'Albinus. Né à Snéeberg dans la Misnie, il fut professeur de poésie & de mathématiques dans l'université de Wittemberg, puis secrétaire de l'électeur de Saxe. Il est auteur d'une chronique de Misnie & de quelques autres ouvrages historiques estimés des allemands. Voilà l'historien; quant au poëte, on a de lui un recueil de poésies latines.

WEISSENBORN, (Isaïe-Frédéric) (*Hist. litt. mod.*) savant allemand, théologien luthérien, né à Smalkalde en 1673, professeur en théologie à Jene, mort en 1750 aussi à Jene. On a de lui des sermons en allemand, & les ouvrages suivans en latin : *Musæum philosophiæ. Paradoxorum logicorum decades. Character veræ religionis in doctrinâ de fide in christum justificante.*

WEITZIUS, (Jean) (*Hist. litt. mod.*) autre savant allemand, connu des savans par des commentaires sur Térence, sur Ovide, sur Prudence, &c. Mort en 1642.

WELLER. (*Hist. litt. mod.*) C'est le nom de deux savans théologiens allemands.

1o. Jérôme, né à Freyberg en Misnie l'an 1449, fut disciple de Luther, & devint ensuite professeur de théologie luthérienne dans son pays, où il mourut en 1572. On a de lui des commentaires sur Samuël, sur les livres des rois, sur les épîtres aux Ephésiens, & un ouvrage intitulé : *Consilium de studio theologiæ rectè instituendo.*

2o. Jacques né à Neukirk dans le Voïtgland en 1602, professeur de théologie & de langues orientales à Vittemberg, puis prédicateur de l'électeur de Saxe. On a de lui une bonne grammaire grecque, & un ouvrage intitulé : *Spicilegium quæstionum hebræosyrarum.* Mort en 1664.

WELS, (Edmond) (*Hist. litt. mod.*) littérateur anglois, savant dans la langue grecque qu'il professoit à Oxford, mort vers l'an 1730, est connu principalement des savans par une bonne édition de

Xénophon, qu'il a donné à Oxfort, avec des cartes géographiques & chronologiques.

WELSER, (Marc) (*Hist. litt. mod.*) né à Ausbourg en 1558, d'une famille noble, fut disciple à Rome du fameux Muret; de retour dans sa patrie, il y parut avec éclat au barreau, fut préteur & sénateur d'Ausbourg. Il est célèbre par ses ouvrages. On lui attribue autant & plus qu'au marquis de Kedmar Alphonse de la Cueva, l'ouvrage contre Venise, lequel a pour titre : *Squittinio della libertà veneta.* Il est incontestablement l'auteur de deux grands ouvrages historiques, l'un intitulé : *Rerum Augusto—vindelicarum, libri 8,* & *Rerum boïarum, libri 5.* Mort en 1614.

WENCESLAS. (*Voyez* VINCESLAS.)

WENDELIN, (Godefroi) (*Hist. litt. mod.*) né dans le Brabant en 1580, professa la philosophie à Digne, & mourut à Tournai en 1660. Il étoit chanoine de cette dernière ville. Il étoit philosophe & jurisconsulte; il est connu des savans par une édition des loix saliques enrichie de savantes notes & d'un glossaire très-utile pour l'intelligence de ces loix.

WEPPE, (Jean-Jacques) (*Hist. litt. mod.*) médecin du duc de Virtemberg, du marquis de Dourlac & de l'électeur Palatin. On a de lui : *Historia apoplecticorum. Cicutæ aquaticæ historia. Observationes.* Mort en 1695.

WERELADA, s. f. (*Hist. mod.*) ce mot chez les Anglo-Saxons signifioit le serment par lequel on se justifioit d'une accusation d'homicide pour se dispenser de payer l'amende infligée, comme peine de ce crime, & qu'on nommoit *Were.* (A. R.)

Quand un homme en avoit tué un autre, il étoit obligé de payer au roi & aux parens du mort, l'estimation qu'on faisoit de celui-ci, & elle étoit plus ou moins forte, suivant sa qualité. Car du tems des Saxons, l'homicide n'étoit pas puni de mort, mais simplement d'une amende pécuniaire. Les saxons avoient pris cette coutume, des anciens germains & des francs, chez lesquels on payoit 14 liv. pour un homicide; savoir, 3 liv. pour le droit du roi, appellé *bannum dominicum* ou *fredum,* du teutonique *frid,* qui veut dire, *paix* ou *réconciliation,* & 11 livres pour la réparation du meurtre. Cette derniere somme qui se payoit au plus proche parent se nommoit *Wergelta,* terme composé de deux mots germains *gelt,* argent, & *weren* se défendre: souvent cette composition & ces amendes enrichissoient la famille de celui qui avoit été tué. *Vous m'avez beaucoup d'obligation,* disoit dans une débauche un certain Sichaire à Craninide, ainsi que le rapporte Grégoire de Tours liv. IX. ch. xix. *de ce que j'ai tué vos parens;* ces différens

rens meurtres ont fait entrer dans votre maison beaucoup de richesses qui ont bien rétabli le désordre.

Mais lorsque le cas étoit douteux & que l'accusé nioit le fait , il étoit obligé de se purger par le serment de plusieurs personnes , suivant son rang & sa qualité. Si l'amende n'étoit fixée qu'à 4 liv. , il étoit tenu d'avoir dix-huit personnes du côté de son père, & quatre du côté de sa mère, pour prêter serment avec lui , & l'on appelloit ces personnes *juratores* ou *conjuratores*. Mais si l'amende alloit jusqu'à 14 liv., alors il falloit soixante témoins ou jureurs, & c'est ce qu'on appelloit *werelada , homicidium werâ solvatur aut werelada negetur.* Telle étoit la disposition de la loi. (*A. R.*)

WERENFELS. (*Hist. litt. mod.*) C'est le nom de trois savans suisses, père , fils & petit-fils.

1°. Jean-Jacques né à Bâle & pasteur de cette ville, mort en 1655. On a de lui des sermons en allemand & des homélies en latin sur l'ecclésiaste.

2°. Pierre né à Liéchtal près de Bâle en 1627 , fut archidiacre de Bâle & professeur en théologie. On a de lui des dissertations , des sermons, quelques ouvrages d'étudition ; mais ce qui lui fait le plus d'honneur , c'est le zèle & le courage qu'il montra pendant une peste dont sa patrie fut ravagée pendant les années 1667 & 1668.

3°. Samuel né à Bâle en 1657 , professeur de différentes sciences en cette ville , voyagea en Hollande , en Allemagne , en France , & eut à Paris des liaisons avec le P. Mallebranche , avec dom Montfaucon, avec M. de Varignon, Il revint à Bâle en 1702 ; en 1703 , il eut la chaire de théologie de son père. C'est des trois *Werenfels* celui qui eut le plus de réputation & les correspondances les plus étendues. Il fut aggrégé en 1706 , à la société angloise de la propagation de la foi, & en 1708 à la société royale des sciences de Berlin. Il mourut à Bâle en 1740. Ses ouvrages ont été recueillis en deux volumes in-4°. Le plus connu de ces ouvrages a pour titre *de logomachiis eruditorum*, des disputes de mots entre savans ; on a de lui aussi des poésies & des sermons ; pour lui , il n'aimoit ni les disputes de mots , ni es disputes de choses ; il étoit du caractère le plus doux & le plus modéré ; il s'attachoit à inspirer à tous ses élèves la tolérance & la vertu, dont il leur donnoit l'exemple.

WERE, (Adrien Vander) (*Hist. mod.*) peintre hollandois très fameux, né à Rotterdam en 1659, y mourut en 1727. Nous renvoyons au dictionnaire des arts ce qui concerne ses talens & ses défauts dans les deux genres auxquels il s'attachoit principalement, le portrait & l'histoire. Nous ne parlerons que des honneurs que lui rendit l'électeur Palatin ;

Histoire, Tome V.

il le créa chevalier , lui & tous ses descendans ; il lui permit d'ajouter à ses armes une partie des armes électorales, & lui fit présent de son portrait enrichi de diamans. Ses principaux ouvrages font partie de la riche collection de l'électeur Palatin à Dusseldorp.

WERNERUSON ou GUARNERUS est le même nom qu'IRNERIUS. (Voyez à ce dernier nom l'article de ce jurisconsulte, que les uns ont cru allemand & les autres milanois. C'est par une erreur typographique qu'on lit dans cet article qu'il mourut avant l'an 1130 ; c'est avant l'an 1150 qu'il faut lire.)

WERST , (*mes. itiner.*) nom d'une mesure de distance dont on se sert en Moscovie. Le *werst* , suivant la supputation du capitaine Perry , contient 3504 piés d'Angleterre ; ce qui fait environ deux tiers du mille anglois. Une lieue de France contient quatre *wersts*. Un degré a quatre-vingt *wersts* , ou soixante milles d'Angleterre. (*D. J.*)

WERST, (*Arpent.*) mesure itinéraire de Russie , de 547 toises , qui s'est conservée depuis les grecs, chez qui il y avoit des milles de 86 au degré, ou de 663 toises ; il y en a encore dans l'Archipel. M. d'Anville observe que dans une carte de la Russie , faite en 1614 , les *wersts* font évalués sur le pied de 87 ; mais, par un réglement particulier, on a réduit cette mesure à 500 sazen , le sazen composé de 3 arfzins ou archines, égales à 7 pieds anglois, d'où il résulte que le *werst* est de 104 au degré ou de 547 toises. *Traité des mesures itinéraires*, par M. d'Anville. (*A. R.*)

WESEMBEC, (Mathieu) (*Hist. litt. mod.*) fameux jurisconsulte, né à Anvers en 1531, fut reçu docteur en droit à Louvain à dix-neuf ans , honneur que personne n'avoit eu à cet âge. Il enseigna la jurisprudence avec succès à Jène & à Vittemberg. Il mourut dans cette dernière ville en 1586. Il avoit embrassé la religion protestante. Il a beaucoup écrit sur le droit ; on fait cas sur tout de ses *Observations sur les Pandectes & le Code* , & de ses *Paratitles*.

WESSELUS, (Jean) (*Hist. litt. mod.*) savant hollandois , né à Groningue vers l'an 1419, fit ses études à Cologne , & comme il étoit dès-lors fort empressé de s'instruire , il traversoit souvent le Rhin pour aller dans le monastère de Duits ou Deutsch, lire les ouvrages de l'abbé Rupert , lesquels étoient en manuscrit dans ce monastère, & n'avoient pas encore été imprimés ; ils ne le furent pour la première fois qu'en 1638. Attiré à Paris par ce même desir de s'instruire , *Wesselus* trouva qu'on y tournoit le dos à la science, en se plongeant dans les ridicules querelles des nominaux & des réalistes, *logomachia eruditorum*. Sixte IV qui l'avoit connu avant de parvenir à la tiare , lui fit de grandes offres de services. *Wesselus* lui demanda en conséquence un

M m m m *

exemplaire de la bible en hébreu & en grec. Le pape s'étonna qu'il ne lui eût pas plutôt demandé un évêché ou quelque autre grace de ce genre. — C'est, répondit *Weſſelus*, que je n'en ai pas befoin, mais je ne peux me paſſer d'une bible hébraïque & grecque. *Weſſelus* mourut dans fa patrie en 1489. Les épithètes des favans étoient encore pompeufes alors ; on l'appelloit *Weſſelus*, *lumière du monde*. Il avoit eu des idées de réforme qui l'ont fait regarder comme le précurfeur de Luther ; en conféquence la plupart de fes ouvrages furent livrés aux flammes, il n'en eſt reſté que quelques traités, fous le titre de *Farrago rerum theologicarum*.

WESTPHALE, (Joachim) (*Hiſt. litter. mod.*) théologien luthérien célèbre, dont Calvin difoit que l'école étoit *une puante étable à pourceaux* ; car M. Boſſuet a remarqué que les adverfaires de Calvin ne font jamais, felon Calvin, que *des fripons*, *des foux*, *des méchans*, *des ivrognes*, *des furieux*, *des enragés*, *des taureaux*, *des ânes*, *des chiens*, *des pourceaux*, & cependant les écrits polémiques de Calvin, comparés à ceux de Luther, paſſent pour avoir de la grace & de la douceur. Il eſt certain du moins que cette violence fi familière à Luther, eſt infiniment plus rare chez Calvin, mais perfonne ne favoit alors l'éviter en difputant. *Weſtphale* écrivit beaucoup contre Calvin & contre Théodore de Bèze, les deux patriarches d'une des branches de la réforme ; mais cette branche étoit voifine de celle que Luther avoit formée, plus elle en étoit ennemie, c'eſt l'ufage. On a de *Weſtphale* un ouvrage ou recueil qui a pour titre : *Epiſtolæ de religionis perniciofis mutationibus* ; mais ce titre très-fenfé a plus de force encore contre Luther que contre fes difciples diffidens, dont il femble avoir excufé d'avance les changemens par ceux dont il leur a donné l'exemple. Il falloit s'attendre que les difciples de Luther voudroient auſſi à leur tour être chefs de fecte, parce que, comme dit Tertullien, ce qui a été permis à Valentin l'eſt auſſi aux valentiniens, & les marcionites ont le même droit que Marcion. *Weſtphale* étoit né à Hambourg en 1510, & mourut dans la même ville en 1574.

WETSTEIN (*Hiſt. litt. mod.*) eſt le nom de trois favans fuiſſes, tous trois parens, & dont deux étoient frères.

1°. Jean-Rodolphe né à Bâle en 1647, y mourut en 1711. Son père étoit profeſſeur en grec, & le fut enfuite en théologie dans cette ville, & Jean-Rodolphe lui fuccéda dans ces deux chaires. On a de Jean-Rodolphe quelques ouvrages de littérature. Il publia en 1673 le dialogue d'Origène contre les marcionites.

2°. Jean-Henri, frère de Jean-Rodolphe, très-favant auſſi dans les langues grecque & latine, alla s'établir en Hollande, où il devint un imprimeur célèbre. Il y mourut en 1726.

3°. Jean-Jacques né à Bâle en 1693, étoit de la même famille que les précédens. Il voyagea beaucoup & toujours relativement à fes travaux littéraires & théologiques, il parcourut la Suiſſe, l'Allemagne, la France & l'Angleterre, recherchant & examinant par-tout avec le plus grand foin les divers manufcrits du nouveau teſtament grec, pour en donner une nouvelle édition avec les variantes. Revenu à Bâle, il fut fait diacre de l'églife de Saint-Léonard. Il publia en 1730 les prolégomènes de l'édition du nouveau teſtament qu'il préparoit. Cet eſſai excita contre lui un orage ; on le dénonça au confeil de Bâle comme un focinien, comme un novateur ; la théologie a cela de commode pour les ennemis & pour les envieux, qu'elle leur fournit toujours de quoi perdre l'objet de leur haine ou de leur envie ; *Weſtein* fut dépofé par l'aſſemblée eccléfiaſtique, & forcé de fe retirer en Hollande. Les arminiens ou remontrans, les plus toléraus des théologiens, & ce n'eſt pas beaucoup dire, lui firent un accueil favorable ; ils le nommèrent à la chaire de philofophie qu'avoit occupée à Amſterdam leur fameux Leclerc, mais ils exigèrent qu'il fe juſtifiât. Sa juſtification fut complette, car ayant paſſé à Bâle, & y ayant apparemment trouvé les conjonctures changées, il y obtint la caſſation du décret que fes ennemis avoient fait porter contre lui, & revint victorieux à Amſterdam prendre poſſeſſion de fa chaire qu'il remplit avec diſtinction, & qu'il conferva juſqu'à fa mort, arrivée en 1754. Son édition du nouveau teſtament grec, avec les variantes & des remarques critiques, avoit paru en 1751 & en 1752, fans exciter de nouveaux orages. Il y a inféré deux épitres de faint-Clément qui n'avoient pas encore paru, & dont il prétend démontrer l'authenticité. Elles font en fyriaque avec une verfion latine ; elles ont été traduites en françois par M. de Prémagny, de l'académie de Rouen, & imprimées en 1753.

WEYMAR. (*Voyez* l'article SAXE.) Bernard, duc de Saxe-Veimar ou *Weymar*, compagnon & fucceſſeur de Guſtave-Adolphe dans la ligue avec la France contre la maifon d'Autriche, étoit de la branche aînée de la maifon de Saxe, à laquelle Charles-Quint avoit enlevé l'électorat pour en inveſtir la branche cadette, qui en eſt encore en poſſeſſion. Bernard, voulant fe venger de la maifon d'Autriche, s'étoit attaché au roi de Suède, dont il devint le principal général.

Après la bataille de Lutzen, où Guſtave-Adolphe fut tué, le duc de Saxe-*Weymar* perfévéra dans l'alliance de la France. Il perdit, le 6 feptembre 1634, la bataille de Nortlingue, mais il fe releva bientôt de cette défaite. Malgré la difette où étoit fon armée ; malgré l'abbattement des troupes, les impériaux eurent à fe repentir de l'avoir atteint dans fa retraite, il leur tailla en pièces cinq mille hommes à Vaudrevange fur la Sarre. Pluſieurs princes alliés de la France, & même plufieurs princes de a maiſon de Saxe, avoient été regagnés par l'empereur depuis la bataille de Nortlingue ; le ſeul duc de Saxe Weimar ſe lia plus étroitement avec la France par un traité qu'il conclut avec Louis XIII, à Saint-Germain, le 26 octobre 1635. Ce fut pendant ce voyage en France que le fameux père Joſeph, capucin, toujours occupé de guerre & de politique, lui montrant ſur la carte toutes les places qu'il falloit qu'il prît l'année ſuivante, & lui traçant ſa route & ſon plan de campagne, le duc de Weimar, qui n'étoit pas accoutumé, comme les courtiſans françois, à reſpecter & craindre dans ce capucin le favori du cardinal de Richelieu, lui dit avec mépris : *Père, on ne prend pas les places avec le bout du doigt ſur une carte ; laiſſez faire les gens du métier.* Il prit, le 14 juillet 1636, Saverne, place qui fut très-bien défendue, & au ſiège de laquelle le vicomte de Turenne fut bleſſé. Cette même année, les impériaux, commandés par le duc de Lorraine & le général Galas, étant entrés en Bourgogne, Weimar, joint au cardinal de la Valette, les chaſſa de la France, les pouſſa juſqu'au Rhin, leur tua près de huit mille hommes.

En 1637, Weimar battit les lorrains en deux rencontres.

En 1638, il livra les deux batailles de Rheinfeld. A la première, qui eſt du 28 février, il fut battu par jean de Wert, & le fameux duc de Rohan, qui ſervoit ſous Weimar, y fut bleſſé à mort. A la ſeconde, qui eſt du 3 mars, il remporta la victoire la plus complette & la plus décidée, ou au moins la plus décidée ; l'armée impériale fut preſque entièrement détruite ; jean de Wert fait priſonnier avec trois autres généraux de l'empereur, & fut mené en triomphe à Paris. Le duc de Weimar prit Fribourg, Rhinfeld, Briſſac & pluſieurs autres places.

La même année il gagna encore, le 9 août, la bataille de Virteneval contre Gœutz & Savelli, & le 15 octobre celle de Thanes contre le duc de Lorraine.

En 1639, il entra en Franche-Comté, y défit encore les troupes du duc de Lorraine, prit Pontarlier le 24 janvier, la ville & le château de Noſerai le 4 février, le fort de Joux le 14, & mourut au comble de la gloire, à Neubourg ſur le Rhin, le 18 juillet, à trente-ſix ans. Il déshérita ſes frères dans le cas où ils abandonneroient l'alliance de la France ; cependant il fut ſoupçonné d'avoir voulu ſe rendre indépendant de cette puiſſance, en formant de Briſac & de ſes autres conquêtes une principauté particulière ; & ce ſoupçon, qu'on forme aiſément ſur les grands généraux & les conquérans heureux, & qui cauſa la perte de Walſtein (Voyez ſon article), a fait naître un autre ſoupçon fort ordinaire encore, c'eſt que le poiſon

avoit eu part à la mort du duc de Saxe Weimar. Ce ſoupçon tomba ſur le cardinal de Richelieu, qu'on accuſoit alors de tous les crimes politiques, & auquel on avoit auſſi imputé la mort de Guſtave-Adolphe, comme ſi ce prince intrépide, & qui s'expoſoit à tous les périls, n'avoit pu être tué dans une bataille que par des amis perfides & non par les ennemis.

WHARTON. (Voyez WARTHON.)

WHEAR, (Degoreus) (Hiſt. litt. mod.) ſavant anglois ; né à Jacobſtow, dans la province de Cornouailles, & mort en 1647, a le premier occupé la chaire d'hiſtoire, fondée à Oxford par le célèbre Cambden. On a de Whéar un ouvrage pluſieurs fois réimprimé ſous ce titre : *Relectiones hyemales de modo legendi hiſtorias civiles & eccleſiaſticas.*

WHICHCOT, (Benjamin) (Hiſt. litt. mod.) ſavant anglois, très-tolérant, très-favorable à la liberté de conſcience. Né dans le Shropshire en 1609, il fut préfet du collège du roi à Cambridge, & s'y diſtingua par l'utile talent d'élever la jeuneſſe. Il ſe fit auſſi un nom à Londres par le talent de la prédication, qui lui valut la cure de Mitthon. On a de lui des ſermons & d'autres diſcours. Il mourut en 1683, laiſſant la réputation d'un excellent eſprit & d'une très-belle ame.

WHISTON, (Guillaume) (Hiſt. litt. mod.) C'eſt ce même M. Whiſton, à qui M. de Buffon a fait l'honneur d'expoſer & de réfuter ſon ſyſtême ſur la théorie de la terre. Il faut diſtinguer en lui le mathématicien & le théologien. Le mathématicien ſe fit beaucoup de réputation, le théologien éprouva beaucoup de contradictions.

Comme mathématicien, ſa théorie de la terre plut à Newton, dont il avoit adopté les principes, & qui l'adopta pour ſon diſciple. Il le fit même recevoir pour ſon ſucceſſeur dans ſa chaire de mathématiques à Cambridge ; alors Whiſton, comme ſi un bienfait de Newton eût dû ſeul décider de ſon ſort & ſuffire à tous ſes deſirs, ſe démit géné euſement d'un bénéfice dont il étoit pourvu, & ſe conſacra tout entier aux ſciences. Il publia en 1707, ſes *lettres aſtronomiques*, & trois ans après, ſes *leçons physico-mathématiques*, où il ſe montra toujours de plus en plus digne de l'école & de l'amitié de Newton.

Comme théologien, il publia en 1792 une concordance des quatre évangiles. En 1707, il fut choiſi pour prêcher les ſermons de la fondation du fameux Robert Boyle ; (Voyez ſon article) il choiſit pour ſon ſujet l'accompliſſement des prophéties. En 1708, ayant eu des doutes ſur le dogme de la trinité & ſur la conſubſtantialité du père & du fils, il voulut approfondir cette matière, il ſe mit à étudier les pères ; & il crut s'être aſſuré que l'aria-

M m m m 2

nifme avoit été l'ancienne doctrine de l'église. De ce moment il résolut d'être ou le restaurateur ou le martir de cette doctrine. Il donna la plus grande publicité à son opinion. Il écrivit aux archevêques de Cantorbéri & d'Yorck, comme aux chefs de l'église anglicane, qu'il croyoit devoir s'éloigner de cette église sur le dogme de la trinité, & il ne cessa de publier des livres anciens ; il s'écarta aussi de la doctrine reçue sur l'éternité des peines, sur le baptême des enfans ; il adopta ce qu'on appelle *l'hérésie des millenaires* ; il fixa d'abord au 14 mars 1714 bien précisément, l'époque du retour des juifs, du rétablissement du temple & du commencement du règne de mille ans. La prédiction n'ayant pas été accomplie, il voulut bien convenir qu'il s'étoit trompé, il refit les calculs, qui lui indiquèrent l'année 1736, & l'année 1736 n'ayant encore ramené ni les juifs, ni le temple, ni le règne de mille ans, *Whiston* ne se rebuta point, il calcula de nouveau, & il calcula fort bien, qu'é ant né en 1667, il y avoit peu d'apparence qu'il pût voir l'année 1766 quoique la chose ne fût pas absolument impossible ; en conséquence il fixa irrévocablement à cette année la grande révolution, sûr que si on se moquoit de lui alors, on ne s'en moqueroit pas long-temps lui vivant. On prit le parti de s'en moquer d'avance ; mais auparavant, & sur l'article de l'arianisme, on ne s'étoit pas contenté de s'en moquer, on l'avoit persécuté, en quoi on avoit en beaucoup plus de tort que lui. On lui ôta sa chaire, car, dès qu'un homme se trompe, il ne doit plus avoir de quoi vivre, c'est le premier principe de l'inquisition ; on le chassa de l'université, on le poursuivit devant la cour ecclésiastique, on condamna ses livres ; passe pour la condamnation des livres, ce n'est qu'une déclaration qu'ils ne sont pas conformes à l'opinion établie ; mais on ne parloit que de le punir d'une manière exemplaire. Punir de quoi ? de ce qu'il se trompoit ? de ce qu'il croyoit le père plus grand que le fils. Non, disoit-on, mais de ce qu'il le publioit. Cependant, entre un hérétique qui cache son opinion, & un hérétique qui la publie, le second a sur le premier quelque avantage de franchise & de courage. Mais dit-on, il avoit la fureur de faire des prosélites ! Eh bien ! opposez à cette fureur un souverain mépris, & vous verrez qu'il ne fera point de prosélites, ou qu'il perdra ceux qu'il aura pu faire. Mais le principe de la persécution religieuse étoit gravé depuis si long-temps dans les têtes qu'on ne pouvoit l'en effacer. D'ailleurs la tolérance n'étoit qu'un dogme, la persécution est une passion, elle change de main, elle change de forme, mais elle subsiste toujours, & les hommes ne savent pas être libres, parce qu'ils ne savent pas respecter la liberté des autres. Dans quel temps, dans quel pays a-t-on plus persécuté pour la religion qu'en Angleterre, & dans le dix-septième siècle ? c'est-là & c'est alors que la religion mal entendue & le fanatisme ont tant influé sur le sort de Charles I ; c'est-là & pour le même sujet, qu'en conservant la royauté, ils ont chassé un autre roi & proscrit toute sa race. A la vérité, ce roi chassé étoit aussi un persécuteur, il falloit lui enlever par les loix tout moyen de persécuter, sans condamner avec lui sa postérité innocente, puisqu'encore un coup, on conservoit la royauté.

Des amis de *Whiston*, car il en conservoit malgré sa folie, obtinrent, après cinq ans de procédures & de véxations contre lui, qu'on laisseroit tomber son affaire ; mais il n'avoua ni ses amis de leurs soins, ni les juges de leur indulgence, & il ne cessa de s'exposer au martyre autant qu'il étoit en lui, en publiant tous les jours des écrits ariens. Il avoit le zèle, & il désiroit le sort de ce Gentilis décapité à Berne en 1566 pour la même cause, & qui disoit en montant à l'échafaud : *Les autres martyrs ont donné leur vie pour le fils, j'aurai l'honneur d'être le premier qui la perdrai pour le père.*

Dans le même temps où il combattoit pour l'arianisme, avec cet acharnement & cette folie, il publioit sans interruption une multitude d'ouvrages très-sensés de philosophie & de critique. Il a publié lui-même, en 1749, des mémoires de sa vie & de ses écrits. On y trouve des particularités curieuses sur plusieurs grands hommes qu'il avoit connus ; *Whiston* joignoit de grandes vertus à ses talens & à ses erreurs. Il mourut dans la pauvreté en 1755.

WITAKER. (*Voyez* VITAKER.)

WHITBY, (Daniel) (*Hist. litt. mod.*) savant anglois, né à Rusden, dans le Northampton, en 1638, avoit une partie de la maladie du célèbre Whiston, dont l'article précède immédiatement ; il fut, comme lui, grand arien & zélé pour cette doctrine. Il se rétracta comme saint Augustin, mais en sens contraire, c'est-à-dire, en adoptant des opinions rejettées par l'église, même par la sienne, après les avoir combattues lui même. Il avoit d'abord écrit contre les sociniens, qui avoient renouvellé l'arianisme ; ce furent ces écrits opposés à l'arianisme qu'il rétracta dans un ouvrage intitulé : *Dernières pensée de Whitby, contenant différentes corrections de divers endroits des commentaires sur le nouveau testament.* Mais il n'a rien rétracté de ce qu'il avoit écrit contre l'église romaine, & il ne cessa presque jamais d'écrire contre elle avec acharnement & avec fureur. On a de lui une dissertation *de s. scripturarum interpretatione secundum patrum commentarios*, où, par le choix qu'il a fait des passages des pères, il paroit n'avoir eu pour objet que de leur donner du ridicule. Il a aussi des sermons où il s'est efforcé de prouver que la raison doit être notre guide dans le choix d'une religion, & qu'on ne doit rien admettre comme article de foi, qui répugne aux principes communs de la raison, opinion qui a fourni des armes à l'incrédulité. Cet écrivain, au reste, n'étoit point à dédaigner, & c'est par cette raison qu'il mérite qu'on parle de ses erreurs ; il a bien servi la religion dans quelques-uns de ſes ouvrages, par exemple, dans le *traité de la certitude de la religion chrétienne en général, & de la réſurrection de J. C.* en particulier ; dans un *diſcours ſur la vérité & la certitude de la foy chrétienne* ; dans un autre *diſcours de la néceſſité & de l'utilité de la révélation chrétienne.* Tous ces ouvrages ſont en anglois. L'auteur mourut en 1726.

WHITELOKE, (Bulſtrode) (*Hiſt. litt. mod.*) né à Londres en 1605, garde de la bibliothèque & des médailles du roi d'Angleterre en 1649, ambaſſadeur en Suède en 1650, préſident du conſeil d'état en 1659, mort en 1676, eſt auteur de mémoires ſur les affaires d'Angleterre & de quelques autres ouvrages moins connus.

WHITGIST, (Jean) (*Hiſt. litt. mod.*) né en 1530, fut un des plus zélés proteſtans d'Angleterre ſous le règne d'Eliſabeth, & ce zèle lui fut utile. Il devint ſucceſſivement principal du collège de Pembrock & de celui de la trinité, profeſſeur royal en théologie, prébendaire d'Ely, doyen de Lincoln, évêque de Vorceſter, & enfin archevêque de Cantorbéri en 1583. Il étoit également ennemi & des catholiques & des puritains, il les combattit tous deux, & ſa vie ne fut qu'une guerre, ſes écrits ne ſont que polémiques.

WICELIUS, (Georges) (*Hiſt. litt. mod.*) c'eſt le nom de deux écrivains allemands du ſeizième ſiècle, père & fils.

1°. Le père, qu'on diſtingue, à cauſe de la conformité de nom, par le titre de *Major* ou de *Senior,* naquit à Fulde en 1501 ; il ſe fit moine fort jeu ; à trente ans il en ſentit l'abus, & ſe fit luthérien pour rompre ſes fers, ou rompit ſes fers parce qu'il s'étoit fait luthérien. Il rentra enſuite dans la communion romaine, fut curé, devint conſeiller des empereurs Ferdinand I & Maximilien II. Cet homme n'avoit point l'eſprit de diſcorde trop ordinaire aux ſectaires ; il ſembla n'avoir eſſayé des différens partis que pour étudier les moyens de les réunir ; il ne ceſſa de propoſer cette réunion & d'y travailler ; mais il ne trouva pas dans les autres les mêmes diſpoſitions à la paix qui étoient en lui. Une longue vie fut du moins la récompenſe, & peut-être le fruit de cet eſprit de paix. Il mourut à Mayence en 1593, à 92 ans. On a de lui pluſieurs ouvrages, les uns en allemand, les autres en latin, parmi leſquels on diſtingue ceux qui ont pour titre : *Via regia* & *methodus concordiæ.* La plûpart des autres tendoien toujours au même objet.

2°. Il y a auſſi quelques ouvrages du fils, entre autres l'hiſtoire de ſaint Boniface en vers latins.

WICKAM, (Guillaume) (*Hiſt. d'Anglet.*) prélat célèbre du quatorzième ſiècle, ainſi nommé parce qu'il étoit né au village de Wickam, dans le comté de Southampton. Le roi Edouard III ſe l'attacha, & lui donna l'intendance de ſes bâtimens ; il ſe montra, par ſes talens, véritablement digne de cet emploi ; ce fut lui qui dirigea la conſtruction du palais de Windſor. Il avoit encore bien d'autres talens d'un ordre plus reſpectable, & plus néceſſaire à un homme d'état, & ce fut pour employer & pour récompenſer ces autres talens qu'il fut fait ſecrétaire d'état, évêque de Wincheſter ou Wincheſtre, grand-chancelier, préſident du conſeil-privé. Evêque ami de la règle, magiſtrat ami de l'ordre, ſa ſévérité lui fit des ennemis & ſon crédit des jaloux. Les courtiſans, ſecondés par le duc de Lancaſtre, parvinrent à le perdre dans l'eſprit d'Edouard III ; il fut diſgracié, & quoique ce fût par Edouard III, ſa diſgrace lui fit honneur. Il fut rappellé à la cour en 1389, ſous le règne de Richard II ; mais ce prince, qui faiſoit le bien par caprice & le mal par foibleſſe, fut bientôt entraîné par de nouvelles tracaſſeries des courtiſans, & abandonna *Wickam,* à qui cette ſeconde diſgrace fit encore plus d'honneur que la première. Retiré dans ſon diocèſe, il y vécut à l'abri des orages qui agitèrent le règne malheureux de Richard II, & qui préparèrent l'uſurpation des Lancaſtres ; il n'eut aucune part à ces triſtes révolutions. En faiſant du bien dans ſon diocèſe, il ſe conſola de n'en pouvoir plus faire dans tout le royaume ; il s'occupa des moyens de perfectionner deux collèges qu'il avoit fondés, l'un à Oxford, l'autre à Wincheſter ; & ſe reſſouvenant toujours de ſon premier métier d'intendant & d'ordonnateur de bâtimens, il fit élever à grands frais, à Wincheſter, une cathédrale qui eſt encore aujourd'hui la plus ſuperbe de l'Angleterre, après celle de Saint-Paul de Londres ; & appliquant toujours ſon art de bâtir aux monumens les plus reſpectables & les plus utiles, il conſtruiſit des hôpitaux pour les pauvres & pour les orphelins. Tandis qu'il étoit occupé des ces ſoins vertueux, & qu'il ne ſongeoit qu'à ſervir l'humanité, les courtiſans craignant que ſes talens & ſes vertus ne le fiſſent rappeler une troiſième fois à la cour, lui ſuſcitèrent une accuſation publique en plein parlement, l'an 1397, lui ſuppoſant je ne ſais quel crime d'état dont il lui fut très-aiſé de ſe laver. Il mourut en 1404, au ſein de la paix, & dans l'exercice des œuvres d'humanité & de charité. Il montra peut-être un peu trop de zèle contre Wiclef, qu'il fit chaſſer de l'univerſité d'Oxford, & dont il falloit peut-être ménager la perſonne, en ſe contentant de condamner ſes écrits. On a publié à Oxford, en 1690, la vie de Guillaume *Wickam.*

WICLEF ou WICLIF, (Jean de) (*Hiſt. écc.*) Le règne de Henri de Lancaſtre, ou Henri IV en Angleterre, ſert d'époque à une nouveauté funeſte, bien importante dans l'hiſtoire de la religion & de l'humanité. Ce fut alors qu'on vit en Angleterre le premier exemple d'un hérétique brûlé en vertu des loix. l'Angleterre, long-tems préſervée du fléau des héréſies & des querelles théo-

logiques, non par une raison & des lumières qu
n'étoient alors à l'usage d'aucune nation, mais par
une ignorance profonde, | bien moins à craindre
que les demi-connoissances & les fausses lueurs,
l'Angleterre fut au quatorzième siècle le berceau
de *Wiclef*, ce fameux précurseur des réformateurs
du seizième siècle. Il naquit vers l'an 1324, à
Wiclif ou Wiclef, dans la province d'Yorck, &
son nom, comme on voit, est celui du lieu de
sa naissance. Les motifs qui le rendirent ennemi
de la cour de Rome & de l'église catholique, sont
à-peu-près les mêmes qui inspirèrent dans la suite
les mêmes sentimens à Luther, ce fut une querelle contre les moines ; on avoit ôté à ceux-ci
je ne sais quelle petite place dans l'université d'Oxford pour la donner à *Wiclef*, qui se distinguoit
dans cette université, comme Luther se distingua
depuis dans celle de Wittemberg. Sur la réclamation des moines on ôta la place à *Wiclef* pour
la leur rendre ; *Wiclef* appella au pape, qui décida
contre lui, comme dans la suite Léon X décida
contre Luther ; de-là le déchaînement de *Wiclef*
contre Rome, lequel a servi de modèle & d'autorité à celui de Luther. Les innovations de *Wiclef* furent à peu près les mêmes que celles qui
ont été renouvellées depuis, soit par les luthériens, soit par les calvinistes ; il portait les mêmes
atteintes au sacrement de l'eucharistie, à la messe
& à la confession. Les papes (car il y en avoit deux
alors, Urbain VI & Clément VII, & on étoit au
fort du grand schisme d'Occident), les papes étoient
des antéchrists ; mais cet hérétique n'avoit pas
tort en tout ; il n'avoit pas tort quand, à l'occasion de la croisade publiée en Angleterre par Urbain VI, contre la France, il s'indignoit de voir
la croix de J. C., monument de paix, de miséricorde & de charité, servir d'étendart & de signal
de guerre à des chrétiens, pour les intérêts de
deux prêtres ambitieux ; il n'avoit pas tort, lorsqu'il
disoit qu'au lieu d'accorder des indulgences à des
chrétiens pour se battre & pour s'entre-détruire, il
faudroit ne leur en accorder qu'à condition de vivre
en paix, & de remplir à l'égard les uns des autres
tous les devoirs de la charité ; il eut tort sans doute
sur beaucoup d'autres points, sur-tout lorsque devenu contraire à ses principes de paix & de concorde
il anima les pauvres contre les riches, lorsqu'il
excita en 1379 & 1380 un soulévement général des
paysans d'Angleterre qui, à son instigation, prirent
les armes au nombre de plus de cent mille & commirent les plus grands désordres. Le mal ne se borna point
à cette isle ni à ce temps. Les livres de *Wiclef* portés
en Allemagne & en Bohême, se reproduisirent dans
la doctrine de Jean Hus, & le supplice de celui-ci
donna lieu à un grand soulèvement des peuples contre
l'empereur, roi de Bohême, & contre le clergé, &
cette même doctrine renouvellée depuis par Luther
& par ses disciples, ou dociles ou dissidens, produisit
ces différentes sectes d'anabaptistes qui désolèrent
l'Allemagne sous l'empire de Charles-Quint, & qui

finirent par un massacre affreux des paysans révoltés
& par le supplice des prédicans fanatiques qui les
soulevoient.

Le germe de tous ces maux étoit dans la
doctrine de *Wiclef*, & sur-tout par l'importance
qu'on donna imprudemment à cette doctrine, au
lieu de la laisser se perdre dans la foule des erreurs ;
Wiclef commença de la répandre en Angleterre vers
la fin du règne d'Edouard III. Quelques persécutions
qu'il éprouva sous Richard II, l'ayant rendu intéressant & considérable, la secte des wiclésites ou
Lollards, (ainsi nommés du nom d'un autre de
leurs chefs), fit des progrès sensibles ; *Wiclef*
trouva un zélé défenseur dans le duc de Lancastre,
père de Henri IV.

A l'ombre de cette protection, *Wiclef*, malgré
la haine du clergé, dont il attaquoit les possessions
autant que l'autorité, mourut paisible dans son
rectorat de Lutterworth, au comté de Leicester
en 1384.

Henri IV, avant de monter sur le trône, avoit
partagé les sentimens de son père, & on s'attendoit à le voir d'autant plus favorable aux Lollards
qu'ils avoient été persécutés sous Richard II, qui
avoit été détrôné, puis immolé par Henri IV ; la
politique en décida autrement.

Henri IV jugea qu'il devoit mettre le clergé
dans ses intérêts, il fit passer en loi au parlement,
que les hérétiques seroient livrés au bras séculier
par l'évêque, & au feu par le magistrat, ce qui ne tarda
pas à être exécuté dans la personne de William Sautre
recteur de Saint-Osithes, à Londres. On croira
aisément que l'on en fit desprogrès plus rapides.
On s'en apperçut dans le parlement qui se tint la sixième
année du règne de Henri IV. La chambre basse, à
qui le roi demandoit un subside, lui proposa sans
détour de prendre tout le temporel de l'église, &
d'en former un fond perpétuel & sacré, réservé pour
les besoins de l'état.

L'archevêque de Cantorbéri voulut défendre
le clergé, & faire compter pour quelque chose
dans l'ordre politique l'occupation de prier dieu
pour la prospérité de l'état ; l'orateur de la
chambre basse, répondit par un sourire, qui réduisoit à une très-petite valeur les prières de
l'église.

Le roi prit le parti du clergé, la chambre
rejetta le bill des communes, comme contraire
au droit de propriété & aux loix sur lesquelles
ce droit fond fondé. La chambre basse cependant ne
perdit point courage ; le *Wiclefisme* continua ses
progrès. Cinq ans après le roi insistant pour obtenir
un subside, la chambre basse insista pour que le

clergé fût dépouillé. Elle produisit un calcul des revenus ecclésiastiques, qu'elle portoit à cent quatre-vingt-cinq mille marcs par an ; on pouvoit, disoit-elle ; faire remplir beaucoup mieux qu'auparavant les fonctions cléricales par quinze mille prêtres habitués, à sept marcs d'appointement chacun ; c'étoit en tout cinq cent mille marcs ; le roi pouvoit prélever vingt mille marcs par an pour son propre usage. Les soixante mille marcs restans pouvoient, selon le même calcul, entretenir quinze comtes, quinze cent chevaliers, six mille écuyers, & cent hôpitaux. A cette requête la chambre basse en joignoit une autre par laquelle elle demandoit qu'on adoucît les loix pénales, portées contre les Lollards. Le roi répondit durement aux communes, & pour donner satisfaction au clergé, il fit brûler un Lollart avant la dissolution du parlement : c'étoit trop peu d'un, si cette rigueur envers les Lollards étoit juste ; c'étoit beaucoup trop, si elle n'étoit que barbare.

La France étoit dans l'usage de brûler les hérétiques quatre siècles avant l'Angleterre. La France précédoit presque toujours sa rivale dans les connoissances & les erreurs par lesquelles l'esprit humain doit passer. Il faut déjà des demi connoissances pour amener des hérésies & des persécutions. Si depuis Pélage jusqu'à Wiclef l'Angleterre n'avoit presque pas vu naître une seule secte dans son sein, c'étoit comme nous l'avons dit, l'effet, non de ses lumières, mais au contraire de l'ignorance où elle étoit ensevelie, qui ne lui permettoit pas encore de s'occuper des objets sur lesquels on se trompoit déjà en France ; on peut croire que cette ignorance avoit d'ailleurs beaucoup d'inconvéniens ; les demi connoissances en ont beaucoup aussi ; c'étoit à des lumières plus étendues & plus sûres qu'il appartenoit, d'un côté, de rendre les hérésies plus rares, en découvrant quel est l'abus des nouvautés dans une science essentiellement immuable, de l'autre, de diminuer les persécutions, en inspirant pour l'erreur l'indulgence de la charité, & en faisant saisir ce juste milieu où la tolérance civile vient s'unir à l'intolérance ecclésiastique.

Comme l'administration de Henri IV fut un mélange de souplesse & de fermeté, la conduite de la chambre des communes à son égard, fut un mélange d'audace & de condescendance. On l'a vue quelquefois étendre sa vigilance inquiète & jalouse jusques sur l'intérieur de la maison du prince ; on le força de renvoyer quatre officiers de sa maison, dont un étoit son confesseur. Ce dernier article pouvoit avoir rapport à la persécution qu'éprouvoient les Lollards. Sous le règne précédent, les communes avoient défendu au confesseur du roi de paroître à la cour, excepté aux quatre grandes fêtes de l'année. Tous ces réglemens se sentoient de l'esprit de Wiclef. C'est lui qui a le mérite ou le tort de l'invention dans son genre, c'est lui qui a porté le premier coup à l'église romaine. Les hussites, les luthériens, les calvinistes ne sont que ses disciples & n'ont presque été que ses échos. Les erreurs de Wiclef furent condamnées au concile de Constance avec celles de Jean Hus & de Jérôme de Prague, qu'elles avoient fait naître.

VICQUEFORT, (Abraham) (*hist. litt. mod.*) écrivain hollandois, assez connu, vécut dans différentes cours, où il se rendit nécessaire, & où il éprouva divers orages qu'il s'étoit vraisemblablement attirés ; attaché d'abord à l'électeur de Brandebourg, il fut pendant trente-deux ans, son résident à la cour de France. Le cardinal Mazarin, à force de le voir, s'accoutuma sans doute à le regarder comme sujet de la France, & le fit mettre à la bastille en 1658, soit à cause de son attachement à la maison de Condé que le cardinal n'aimoit pas, soit à cause de quelques anecdotes de la cour de France, qu'on l'accusoit d'avoir répandues en Hollande ; aucune de ces deux causes n'étoit suffisante pour faire renfermer le résident d'une puissance étrangère, mais le timide Mazarin n'osa que trop en ce genre, & même en rendant à Wiquefort sa liberté, il exigea que ce résident sortît du royaume. Trois mois après, ayant changé d'opinion sur son compte, ou plutôt ayant besoin de lui ; car les intrigans ont toujours ou peur, ou besoin les uns des autres, il le rappella, & le traitant véritablement en sujet, & en sujet utile, il lui donna une pension de mille écus. La guerre de 1672 l'obligea de quitter la France, & de se retirer dans la Hollande, sa patrie, en 1675, il y devint suspect d'intelligence avec les ennemis de l'état, & il fut condamné à une prison perpétuelle ; le prince d'Orange, Guillaume, qui fut depuis le roi d'Angleterre, Guillaume III, eut beaucoup de part à sa condamnation. Wicquefort se vengea de lui, & trompa l'ennui de sa prison, en composant l'histoire des provinces unies, où il maltraita beaucoup le prince d'Orange. Sa prison ne fut point perpétuelle, grace à la piété hardie d'une de ses filles, qui le délivra en 1679, en changeant d'habits avec lui. Ce fut à la cour du duc de Zell qu'il se réfugia pour lors, & il y resta jusqu'en 1681, que l'amour de la patrie le ramena encore en Hollande, où il fut content de vivre libre & sans emploi, après y avoir rempli autrefois celui de secrétaire interprète des états généraux. Outre son histoire des provinces unies, dont il n'a paru qu'un premier volume en 1719, on a de lui l'ouvrage assez connu, intitulé : *l'ambassadeur & ses fonctions* ; & des traductions françoises de divers voyages, tels que le *voyage de Moscovie & de Perse*, écrit en allemand par Adam Oléarius ; *la relation du voyage de Jean-Aubert de Mandeslo, aux Indes Orientales*, écrite aussi en allemand ; elle forme la suite & le second volume de l'ouvrage précédent ; enfin le voyage de Perse & des Indes Orientales, par Thomas Herbert. Il a traduit aussi la relation de l'ambassade de Dom Garcias de Silva-Figueroa en Perse.

Un autre *Wicquefort*, (Joachim de) chevalier de l'ordre de Saint-Michel, réfident du landgrave de Hesle auprès des états généraux des Provinces-Unies, eft connu par fa correspondance avec Gafpar Barlée, publiée à Amfterdam en 1696.

WIER, (Jean) dit *Piscinarius* (*hift. litt. mod.*) médecin du duc de Clèves, né en 1515, à Grave fur la meufe, dans le duché de Brabant, voyagea en divers pays, nommément en Afrique. Il eut le mérite, au feizième fiècle, de ne pas croire aux forciers & aux fortilèges, & de configner fa croyance fur ce point dans un traité exprès *de præftigiis & incantationibus* ; mais comme il falloit payer un tribut aux erreurs du temps, il n'a pas la même incrédulité fur d'autres articles qui ne font pas plus dignes de foi. On dit qu'il étoit d'un tempérament fi robufte, qu'il lui arrivoit fouvent, fans en être feulement incommodé, de paffer trois ou quatre jours fans boire ni manger. Mort fubitement en 1558, à Teklembourg.

WIGGERS, (Jean) (*Hift. litt. mod.*) profeffeur de philofophie & de théologie à Louvain, à Liège, à Arras, eft auteur de commentaires latins, en 4 vol. in-fol. fur la fomme de faint Thomas. Ces théologiens à commentaires & à in-folio ne font plus guères lus, & nous n'en parlons quelquefois que parce qu'ils ont eu dans leur temps quelque célébrité, & que pour marquer les révolutions arrivées dans la littérature. Né à Dieft en 1571, mort en 1639.

WIGHS, (*Hift. mod.*) nom donné en Angleterre au parti oppofé à celui des Torrys.

L'origine du nom des *Wighs* & des *Torys*, quoique peu ancienne, eft très-obfcure : fi dans la naiffance d'un parti on a fait peu d'attention à quelque aventure commune, ou à quelque circonftance frivole, qui a fervi à les nommer, envain ce parti devenu fameux par les fuites, exciterat-il la curiofité des favans, pour trouver la véritable raifon du nom qu'on lui a donné ; ils formeront mille conjectures & fe tourmenteront fans fuccès pour en découvrir l'étimologie, au moins pourront-ils rarement fe flatter de l'avoir faifie au jufte. C'eft ainfi qu'on appelle en France les calviniftee *huguenots*, fans qu'on puiffe décider fûrement d'où vient ce nom.

wigh eft un mot écoffois, & felon quelques-uns, il eft auffi en ufage en Irlande, pour fignifier *du petit-lait*. *Tory* eft un autre mot irlandois qui veut dire *brigand & voleur de grand chemin*.

Pendant que le duc d'Yorck, frère du roi Charles II, s'étoit réfugié en Ecoffe, ce pays fut agité par deux partis, dont l'un tenoit pour le duc, & l'au-

tre pour le roi. Les partifans du duc, étant les plus forts, perfécutoient leurs adverfaires, & les obligeoient fouvent à fe retirer dans les montagnes & dans les forêts, où il ne vivoient que de lait, ce qui fut caufe que les premiers les appellent par dérifion, *Wigh* ou *mangeurs de lait*. Ces fugitifs donnèrent à leurs perfécuteurs, le nom de *torys* ou de *brigands*. Suivant cette conjecture, les noms de *torys* & de *wighs*, feroient venus d'Ecoffe avec le duc d'Yorck.

D'autres en donnent une étymologie qui remonte plus haut. Ils difent que durant les troubles qui caufèrent la mort tragique du roi Charles, les partifans de ce prince étoient nommés *cavaliers*, & ceux du parlement *rounds-heads*, têtes rondes ; parce qu'ils portoient les cheveux extrêmement courts. Or, comme les ennemis du roi l'accufèrent de favorifer la rébellion d'Irlande, qui éclata dans ce temps-là, les parlementaires changèrent le nom de *cavaliers* en celui de *torys*, qu'on avoit donné aux brigands d'Irlande. Et réciproquement les *cavaliers* ou partifans du roi, donnèrent aux parlementaires, parce qu'ils étoient ligués avec les écoffois, le nom de *wighs*, qui eft celui d'une efpèce de fanatiques d'Ecoffe, qui vivent en pleine campagne, & qui ne fe nourriffent communément que de lait. *Differt. de Rapin Thoiras, fur les wighs & les torys*, imprimée à la Haye en 1717.

M. Burnet prétend que le nom de *wigh*, eft dérivé du mot écoffois *wiggham*, qui en foi même ne fignifie rien, & n'eft qu'un cri dont les charretiers écoffois fe fervent pour animer leurs chevaux ; que ce nom fut donné pour la première fois aux presbytériens d'écoffe en 1648, lorfque le roi Charles I, étant déjà prifonnier entre les mains du parlement, ils prirent les armes, attaquèrent les royaliftes, & s'emparèrent enfin du pouvoir fuprême ; que le parti du roi donna alors le nom de *wighs* aux presbytériens écoffois, parce que la plupart n'étoient que des payfans & des charretiers ; que dans la fuite, ce nom devint commun à tout le parti, & que l'ufage s'en établit auffi en Angleterre.

A ce que nous avons déjà dit des *wighs*, fous le mot *torys*, nous ajouterons que les principes des *wighs* font : que les fujets doivent toute forte de refpect & d'obéiffance à leurs fupérieurs, tant que ceux-ci obfervent les conditions tacites ou expreffes fous lefquelles on leur a remis la fouveraine autorité. Que fi un prince prétendoit gouverner defpotiquement la confcience, la vie & les biens de fes fujets, & qu'il violât pour cet effet des loix fondamentales, il feroit du devoir des fujets, tant pour leur propre confervation, que pour celle de leurs defcendans, de refufer l'obéiffance que l'on exige d'eux, & de prendre les mefures les plus convenables pour faire qu'à l'avenir ils ne puffent être gouvernés que felon leurs loix. Il n'eft n'est pas difficile de sentir que ces principes inter- prêtés suivant les circonstances, par ceux qui les soutiennent, anéantiroient le pouvoir du roi d'An- gleterre, & que ce sont ceux qui ont conduit sur l'échafaud l'infortuné Charles I.

Quoique les Wighs soient extrêmement opposés au parti de la cour, cependant, soit ménagement, soit autre vue de politique, la cour ne laisse pas que de les employer, & de les mettre souvent dans les plus hautes places. Sous Guillaume III, & les premières années de la reine Anne, le minis- tère étoit Wigh, il devint tout-à-coup tory sur la fin du règne de cette princesse; mais dès que Georges I, fut monté sur le trône, les Wighs repri- rent l'avantage. (A. R.)

WIGNEROD, ou VIGNEROD, ou VIGNE- ROT. (Hist. de Fr.) Les Wignerod sont d'origine britannique; ils sont venus s'établir en France sous le règne de Charles VII. Voici ce que Fléchier, de l'aveu de cette famille, & sur des mémoires fournis par elle, dit de son origine dans l'oraison funèbre de la duchesse d'Aiguillon:

« Vous savez, messieurs, & c'est assez, que la noble maison de Wignerod, originaire d'Angleterre, établie en France sous le règne de Charles VII, s'est élevée au rang qu'elle y tient par une longue succession de vertus, & a mérité, par de signalées victoires remportées sur terre & sur mer, de perpé- tuels accroissemens d'honneur & de gloire. »

Jean de Wignerod, seigneur de Pont-Courlay, mort avant 1506, est le premier qu'on voit figurer en France dans leur généalogie.

Le plus célèbre que l'on rencontre ensuite, est René de Wignerod, seigneur de Pont-Courlai, gentilhomme ordinaire de la chambre du roi, mort en 1625. Il avoit épousé, par contrat du 28 août 1603, Françoise Duplessis, sœur du cardinal de Richelieu, veuve de Jean - Baptiste de Beauvau, marquis de Pimpean & des Roches, & fille aînée de François, seigneur de Richelieu, chevalier des or- dres du roi, grand prévôt de l'hôtel, & capitaine des gardes-du-corps. René de Wignerod étoit petit- fils de Jean.

Il eut pour fils François de Wignerod, marquis de Pont-Courlay, gouverneur du Havre-de-Grace, créé en 1633 chevalier du saint-esprit; il se distingua en 1634 au siège de la Mothe en Lorraine; il fut fait, en 1635, général des galères; il remporta une victoire célèbre sur la flotte d'Espagne, près de Gênes, le premier septembre 1638, & mit en fuite quinze galères espagnoles. Il mourut à Paris le 25 janvier 1646, âgé de 37 ans.

Il eut pour sœur Marie - Madeleine Wignerod; c'est la fameuse duchesse d'Aiguillon, si puissante *Histoire, Tome V.*

sur l'esprit du cardinal de Richelieu son oncle. Elle étoit dame d'atours de la reine. Le cardinal, alors évêque de Luçon, en faisant le traité d'Angers, en 1620, entre Louis XIII & Marie de Médicis, sa mère, stipula pour article secret le mariage de sa nièce avec Antoine du Roure, seigneur de Com- balet, neveu du favori (de Luynes). Elle perdit en 1630 les places & sa faveur à la cour de la reine, par une suite de la disgrace où tomba le cardinal auprès de cette princesse, ou, si l'on veut, de la disgrace où tomba cette princesse auprès du cardinal. Celui-ci fut toujours occupé du soin d'élever sa nièce; il voulut la marier au comte de Soissons, lorsqu'elle fut restée veuve, sans enfans, de Com- balet. Le comte de Soissons, toujours fier & tou- jours ennemi du ministre, rejetta cette alliance avec beaucoup de hauteur. Richelieu tenta pour lors de la marier dans la maison de Lorraine. Tous ces projets ayant manqué, il voulut qu'elle fût honorée & puissante par elle-même, & qu'elle ne dût qu'à lui seul son élévation. Il fit ériger en sa faveur, en 1638, Aiguillon en duché-pairie, avec cette clause singulière : *pour en jouir par ladite dame, ses héri- tiers & successeurs, tant mâles que femelles, tant qu'elle voudra choisir.* Elle exerça ce droit singulier dans toute son étendue. Par son testament fait en 1674, elle appela d'abord au duché d'Aiguillon Marie-Thérèse de Wignerod, sa nièce, fille de ce François de Wignerod, général des galères, dont il vient d'être parlé. Celle ci mourut religieuse en 1704. La première duchesse d'Aiguillon, Marie- Madeleine, avoit en même-temps substitué à Marie- Thérèse son petit-neveu Louis, marquis de Riche- lieu, dont le fils, le comte d'Agenois, a été dé- claré duc d'Aiguillon par arrêt du parlement de 1731, contradictoirement avec tous les pairs de France. C'est le père du feu duc d'Aiguillon, père de celui d'au- jourd'hui.

La première duchesse d'Aiguillon mourut le 17 avril 1675. Depuis la mort du cardinal de Richelieu, elle s'étoit insensiblement détachée de toute idée d'ambition; elle avoit fini par se mettre sous la di- rection du bienheureux Vincent de Paul; elle se- conda les pieux & utiles établissemens de ce saint homme, elle y engagea sa fortune, elle n'épargna rien, ni pour soulager l'humanité souffrante, ni pour ramener au sein de l'église romaine les protestans & leurs ministres. Fondations d'hôpitaux, rachats d'es- claves, missions entretenues, soit en France, soit dans les pays étrangers, voilà quelle fut l'occupation du reste de sa vie & l'emploi de ses richesses.

Le frère de la seconde duchesse d'Aiguillon (Marie-Thérèse) nommé Armand-Jean, fut subs- titué par le cardinal de Richelieu, son grand oncle, au nom & armes du Plessis-Richelieu; il a formé la branche des ducs de Richelieu, branche aînée de la famille des Wignerod. Il fut l'aïeul du feu maré- chal de Richelieu.

N n n n

Il eut un frère, (Emmanuel-Joseph), comte de Richelieu, qui se trouva au combat de Saint-Gothard en Hongrie, le 5 août 1664, & mourut au retour à Venise, le 9 janvier 1665, dans sa vingt-sixième année. Il avoit les abbayes de Marmoutier & de Saint-Ouen de Rouen, & le prieuré de Saint-Martin des-Champs à Paris.

L'homme le plus célèbre de toute cette race, est le maréchal de Richelieu, Louis-François-Armand, petit fils d'Armand-Jean, & qui, comme lui, & en vertu de la même substitution, portoit le nom & les armes pleines des du Plessis-Richelieu. Ce fut un des hommes les plus brillans du dix-huitième siècle, & celui de tous les seigneurs françois qui a le plus donné son esprit & son ton à ce siècle. Le directeur de l'académie françoise, qui reçut le 26 février 1789, dans cette compagnie, M. le duc de Harcourt, successeur de M. le maréchal de Richelieu, peint dans celui-ci un des vainqueurs de Fontenoi, un des libérateurs de Gênes, le conquérant de Mahon, le débellateur de Closter-Séven, le général vraiment françois, & fait pour guider les françois, qui obtenoit tout du soldat, « en le menaçant seulement d'être privé de l'honneur de monter à l'assaut ou de servir à la tranchée ; l'homme aimable qui conquéroit les cœurs comme les états, qui savoit plaire comme il savoit vaincre, qui forçoit l'envie à lui pardonner ses talens & ses succès de tout genre en faveur de ses graces ; le négociateur habile, l'homme de cour fin & délié, sous les traits de l'audace & de la vivacité chevaléresques ; le héros brillant, célébré par nos muses les plus brillantes, enfin l'Alcibiade de Voltaire. »

Il le compare à ce Thésée, dont Théramène retrace à Hippolyte, tantôt la valeur *intrépide, consolant les mortels de l'absence d'Alcide,* tantôt les amours volages, *la foi par-tout offerte & reçue en cent lieux.* Les Hélènes, les Péribées, les Arianes, *tant d'autres, dont les noms lui font même échappés,* » éblouies de sa gloire, charmées de ses graces, » briguent sa conquête, déplorent son inconstance ; » toutes le préfèrent, toutes sont préférées,

Toutes les femmes l'adoroient,
Toutes avoient la préférence.

a dit Voltaire. « La galanterie françoise rapproche » avec complaisance les deux brillantes *moitiés d'une* » *si belle histoire,* qu'on voit ensuite avec respect se » terminer, aussi noblement qu'heureusement, dans » le sein de la confiance, de la tendresse & de la » vertu.

» Ici la scène change ; le héros prend un caractère » plus imposant & plus vénérable ; c'est le Nestor » dont nous avons admiré la vigoureuse vieillesse, » le Nestor des guerriers, le Nestor de l'académie; » qui a vu cette compagnie se renouveler tant de

» fois ; qui, plus long-temps académicien, plus » long-temps doyen de l'académie que Fontenelle » lui même, a paru fortifier cette erreur populaire : » que l'académie a toujours un Richelieu à sa tête ou » dans son sein ; le Nestor, enfin, dont la carrière, » & si vaste & si pleine, embrasse par ses fortunes » diverses, par ses exploits, par ses mariages, les » trois plus longs règnes de la monarchie. » On sait qu'en effet il a été marié trois fois, sous trois règnes différens ; que sous le règne de Louis XIV, il épousa, le 12 février 1711, Anne-Catherine de Noailles, morte le 7 novembre 1716 ; que sous le règne de Louis XV, il se maria, le 7 avril 1734, avec mademoiselle de Guise, laquelle fut mère du duc de Richelieu qui vient de mourir, & de madame la comtesse d'Egmond, & qui mourut le 2 août 1740 ; qu'enfin, sous le règne de Louis XVI, il a épousé madame la maréchale de Richelieu, aujourd'hui sa veuve.

M. le duc d'Harcourt retrace en militaire & en homme d'état toute la carrière militaire & politique de M. le maréchal de Richelieu.

Né en 1696, M. de Richelieu fit ses premières armes, en 1712, dans les mousquetaires, & se trouva au fameux combat de Denain. Il servit au siège de Landau ; il fut blessé à celui de Fribourg ; il porta au roi la nouvelle de la prise des châteaux de Fribourg ; le compte qu'il en rendit plut à Louis XIV, qui présagea dès-lors la gloire future de ce jeune guerrier.

Après la paix de Rastad, il alla servir en Espagne, dans la campagne de 1719, & se distingua dans les différens sièges qu'entreprit le maréchal de Berwick.

En 1720, à vingt-quatre ans il fut reçu à l'académie françoise.

En 1725, il fut envoyé en ambassade à Vienne, & il y conclut un traité de pacification très important le 31 mai 1727.

Il fut créé chevalier de l'ordre du saint-esprit le premier janvier 1728.

En 1733, il servit encore sous le maréchal de Berwick au siège de Kell, & en 1734 à celui de Philisbourg. Il fut fait brigadier d'armée en 1733 & maréchal de camp en 1736.

En 1742, il fut employé dans l'armée d'observation du maréchal de Noailles.

En 1743, il combattit à Dettingen.

Lieutenant-général en 1744, il servit en Flandre, aux sièges de Menin, d'Ypres, de Furne, & passa en Alsace avec le roi.

En 1745, on sait quelle part il eut à la vic-

toire de Fontenoi. La même année il revint à la cour concerter l'expédition du prétendant contre l'Angleterre.

En 1746, après avoir servi en Flandre, comme aide-de-camp du roi, il fut envoyé à Dresde pour faire la demande de la princesse de Saxe, seconde femme de M. le dauphin, & mère du roi régnant.

En 1747, il servit encore en Flandre, & se trouva le 2 juillet à la bataille de Lawffelt. La même année il fut envoyé à Gênes après la mort du duc de Boufflers, qui venoit de délivrer cette ville ; il consomma sa délivrance, il assura sa liberté, ajouta des ouvrages à la défense de ses murs, chassa les autrichiens de la rivière, & du ponent & du levant, emporta le poste de Varagio, & ses avantages, & ses succès ne furent interrompus que par la paix signée en 1748 à Aix-la-Chapelle.

Gênes entièrement délivrée, donne à son libérateur le titre de noble génois :

Roma patrem patriæ Ciceronem libera dixit.

Elle lui érigea une statue dans le sénat :

Je la verrai cette statue
Que Gêne élève justement
Au héros qui l'a défendue.
Votre grand oncle, moins brillant
Vit sa gloire moins étendue ;
Il seroit jaloux à la vue
De cet unique monument.

s'écrie à ce sujet M. de Voltaire.

En 1756, M. de Richelieu s'immortalise par la prise de Minorque, M. de Voltaire célèbre encore ce grand événement :

Jadis les amans, les époux
Trembloient en vous voyant paroître.
Près des belles & près du maître,
Vous avez fait plus d'un jaloux,
Enfin c'est aux héros à l'être.
C'est rarement que dans Paris
Parmi les festins & les ris,
On démêle un grand caractère......
Le grand homme échape au vulgaire ;
Mais lorsqu'aux champs de Fontenoi
Il sert sa patrie & son roi ;
Quand sa main, des peuples de Gênes,
Défend les jours & rompt les chaînes,
Lorsqu'aussi prompt que les éclairs
Il chasse les tyrans des mers

Des murs de Minorque opprimée,
Alors ceux qui l'ont méconnu
En parlent comme son armée.......
Homme aimable, illustre guerrier,
En tout temps l'honneur de la France,
Triomphez de l'anglois altier,
De l'envie & de l'ignorance.......
Vous allez graver votre nom
Sur les débris de l'Angleterre......
De deux Richelieu sur la terre
Les exploits seront admirés :
Déjà tous deux sont comparés,
Et l'on ne sait qui l'on préfère.

Le cardinal affermissoit
Et partageoit le rang suprême
D'un maître qui le haïssoit ;
Vous vengez un roi qui vous aime.
Le cardinal fut plus puissant,
Et même un peu trop redoutable ;
Vous me paroissiez bien plus grand,
Puisque vous êtes plus aimable.

En 1757, pendant que le maréchal d'Estrées gagnoit la bataille d'Hastembeck, l'impatience du ministère lui nommoit un successeur, mais du moins ce successeur étoit le conquérant de Mahon ; ce fut alors que se fit cette fameuse capitulation de Closter-Séven, à l'occasion de laquelle le feu roi de Prusse lui écrivit cette lettre que M. le duc de Harcourt rapporte, & qui est en effet un grand titre de gloire pour celui à qui elle est adressée par un tel monarque & un tel général.

« Je sens, monsieur le duc, que l'on ne vous a pas mis dans le poste où vous êtes pour négocier. Je suis cependant très-persuadé que le neveu du grand cardinal de Richelieu est fait pour signer des traités comme pour gagner des batailles. Je m'adresse à vous par un effet de l'estime que vous inspirez à ceux qui ne vous connoissent pas même particulièrement. Il s'agit d'une bagatelle, de faire la paix, si on le veut bien (ou *si l'on veut le bien*). J'ignore quelles sont vos instructions ; mais dans la supposition, qu'assuré de la rapidité de vos progrès, le roi votre maître vous aura mis en état de travailler à la pacification de l'Allemagne, je vous adresse M. Delchezel, dans lequel vous pouvez prendre une confiance entière. *Quoique* les événemens de cette année *ne devroient pas* me faire espérer que votre cour conservât encore quelques dispositions favorables pour mes intérêts, je ne puis cependant me persuader qu'une liaison qui a duré seize années, n'ait pas laissé quelques traces dans les esprits. Peut-être je juge des autres par moi-même. Quoi qu'il

Nnnn

en foit enfin, *je préfère de confier mes intérêts au roi votre maître, qu'à tout autre, si vous n'avez, monsieur, aucunes instructions relatives aux propositions que je vous fais, je vous prie d'en demander, & de m'informer de leur teneur. Celui qui a mérité des statues à Gênes, celui qui a conquis l'île de Minorque, malgré des obstacles immenses, celui qui est sur le point de subjuguer la Basse-Saxe, ne peut rien faire de plus glorieux que de procurer la paix à l'Europe; ce sera sans contredit le plus beau de vos lauriers: travaillez-y, monsieur, avec cette activité qui vous fait faire des progrès si rapides, & soyez persuadé, que personne ne vous en aura, monsieur le duc, plus de reconnoissance que votre fidèle ami.»*

Les exploits militaires du maréchal de Richelieu se terminent à cette campagne. Il est rare, dit M. le duc de Harcourt, qu'un état se prive d'un chef que trois expéditions éclatantes paroissoient destiner à commander plus long-temps.

Le maréchal de Richelieu avoit eu d'abord une jeunesse orageuse. « A quinze ans, déjà follement présomptueux, il fut mis à la Bastille, sur la demande d'un père rigide, & y traduisit Virgile. Louis XIV lui demanda ce qu'il y avoit appris: A n'y plus retourner, sire; & il y retourna deux fois depuis. »

Cette présomption folle, dont parle M. le duc de Harcourt, avoit, dit-on, pour objet madame la duchesse de Bourgogne; elle étoit du genre de celle qui avoit autrefois coûté la vie, en Écosse, au jeune Chatelard. (Voyez son article.) & dont l'objet étoit Marie Stuart. Il retourna encore à la Bastille pour d'autres galanteries, pour le moins audacieuses. Il y fut mis aussi pour des affaires d'état, pour des intrigues politiques dans le temps de ce qu'on appela la conjuration du prince de Cellamare.

WILDEUS, (Jean.) (Hist. mod.) peintre célèbre, & grand paysagiste. Nous ne le jugerons pas; nous dirons seulement qu'il étoit né à Anvers, en 1600, qu'il mourut vers l'an 1644; qu'il a représenté les douze mois de l'année d'une manière qu'on a jugée ingénieuse pour le dessin, élégante pour l'exécution: c'est son ouvrage le plus connu, il a été gravé par plusieurs artistes.

WILKINS, (Hist. litt. mod.) c'est le nom de deux hommes de lettres anglois.

1.º Jean, mathématicien & théologien, né à Fausley dans le Northampton, en 1614, fils d'un orfèvre d'Oxford, devint évêque de Chester & beau-frère de Cromwel, dont il épousa la sœur. Il étoit de la société royale de Londres; il a écrit sur les devoirs & les principes de la religion naturelle, & sur le langage philosophique; il s'occupa beaucoup de ce dernier objet; il étoit très-jaloux de former une langue universelle, au moyen de laquelle les savans de toutes les nations pussent s'en-

tendre: ce projet a depuis occupé beaucoup d'autres savans qui n'étoient pas des visionnaires. On a de lui encore un livre intitulé: *La lune habitable*, & un recueil de sermons. Tous ces ouvrages sont en anglois. Mort en 1672.

2.º David, chanoine de Cantorbéri & archidiacre de Suffolck, savant dans les antiquités, tant sacrées que profanes. Il est auteur de deux collections estimées; l'une est celle des conciles de la Grande-Bretagne, l'autre des loix anglo-saxonnes.

WILLIAMS. (Filtz.) (Hist. d'Anglet.) Cet homme est connu par un trait de reconnoissance & de courage qui lui fait honneur. Créature du cardinal Volsey, il le combla d'honneurs & de témoignages de respect dans sa disgrace, lorsque tout le monde l'abandonnoit ou l'accabloit. Il osa le défendre en public contre ses détracteurs, louer ses talens & son administration, contre laquelle il s'élevoit alors tant de plaintes; il le reçut dans sa maison de campagne avec un éclat qui parvint jusqu'au terrible Henri VIII. Ce prince fit venir *Williams*, & lui demanda du ton d'un souverain irrité, pourquoi il avoit l'audace de recevoir chez lui un criminel d'état. Non, sire, répondit *Williams* sans s'émouvoir, ce n'est point un criminel d'état que j'ai reçu chez moi, c'est mon bienfaiteur, c'est mon protecteur, c'est l'homme à qui je dois tout; vous me mépriseriez, sire, si j'en avois usé autrement. Henri VIII n'avoit pas perdu tout sentiment de la vraie grandeur: *Puisque vous savez ainsi reconnoître les bienfaits*, dit-il à *Williams*, *je veux aussi devenir votre bienfaiteur*: il le fit sur-le-champ chevalier, & le nomma peu de temps après son conseiller privé.

Je ne puis le blâmer de sa reconnoissance;
Oui, les bienfaits, Séide, ont des droits sur un cœur.
Ciel! pourquoi Mahomet fut-il son bienfaiteur?

WILLIS, (Thomas) (Hist. litt. mod.) médecin anglois, l'un des premiers membres de la société royale de Londres, au temps de son institution. Il étoit né en 1622, à Great-Bedwin, dans le Comté de Wilt; il étudioit à Oxford dans le temps de la guerre parlementaire contre Charles I; il prit les armes pour ce prince avec plusieurs autres écoliers de cette université; il se livra tout entier ensuite à l'étude & à la pratique de la médecine. Lorsque Charles II fut rétabli en 1660, il se ressouvint des services que *Willis* avoit rendus ou voulu rendre au roi son père: il lui procura la chaire de philosophie naturelle fondée par Guillaume Sedley. *Willis* mourut à Londres en 1675, ayant eu beaucoup à souffrir de ses ennemis & de ses envieux, dont les tracasseries empoisonnèrent sa vie & abrégèrent ses jours. On a de lui un traité anglois, qui doit être d'un grand prix s'il remplit bien tout son titre: *Moyen sûr & facile pour préserver & guérir de* la peste & de toute maladie contagieuse. Cet ouvrage n'a paru qu'après sa mort, en 1692, & quoique composé en 1666, on ne le trouve pas dans le recueil de ses œuvres imprimées à Amsterdam, en 1682, en deux volumes in-4°. Les œuvres de ce recueil sont en latin, les médecins en font cas.

WILLUGHBEI ou WILLUGBY, (François) (Hist. litt. mod.) savant naturaliste anglois du dix-septième siècle, souvent cité par M. de Buffon, est connu par deux bons ouvrages d'histoire naturelle, qui ont été publiés, revus & corrigés par Ray, autre célèbre naturaliste anglois. Ces deux traités sont: Ornithologiæ libri tres, Londres 1676, in-folio; De historiâ piscium libri quatuor, Oxford, 1686, aussi in-folio.

WILLOUGHBY est aussi le nom d'un capitaine anglois, distingué dans les guerres de sa nation, en France, sous Charles VI & sous Charles VII, & qui, pendant les sept mois que dura le siège d'Orléans, ne cessa de se mesurer, ainsi que les Arondel, les Warwick, les Talbot, avec les braves du parti de Charles VII, les Dunois, les la Hire, les Saintrailles, les Culant, les Gaucourt. Dans la décadence générale des anglois en France, il fut défait à Saint-Célerin sur la Sarte. Il défendit quelque temps Paris, & en fut enfin chassé. Rien ne pouvoit tenir, dit M. Hume, contre l'inclination vive qui entraînoit tous les françois à rentrer sous l'obéissance de leur souverain légitime; mais Willoughby acquit de la gloire, même dans ses disgraces.

WILMOT. (Voyez ROCHESTER.)

WIMPHELINGE, (Jacques) (Hist. litt. mod.) savant théologien & bel-esprit allemand, né à Schelestat en 1450, prêchoit à Spire, en 1494, avec succès; il s'attacha ensuite à instruire de jeunes clercs à Heidelberg. Ennemi des préjugés, autant qu'on pouvoit l'être en Allemagne au quinzième siècle, il essuya des contradictions de la part des théologiens ses confrères. Les augustins trouvèrent mauvais qu'il eût dit que saint Augustin n'avoit jamais été moine ou frère mendiant: la proposition étoit évidemment vraie, mais elle annonçoit peu de respect & de bienveillance pour les augustins & pour le mendianisme. Ce ridicule procès fut porté à Rome; mais le pape qui siégeoit alors (c'étoit Jules II) étoit occupé d'autres intérêts que ceux des moines & des mendians, il assoupit prudemment l'affaire. Wimphelinge mourut à Schelestat, sa patrie, en 1528. Ses ouvrages ecclésiastiques sont, un catalogue des évêques de Strasbourg, un traité sur les hymnes, un traité de la pureté, de integritate, fort estimé. Ses ouvrages profanes sont, des poésies latines, un traité de l'éducation de la jeunesse, libellus grammaticalis, rhetorica, &c.

WIMPINA ou WYMPNA, (Conrad) (Hist. litt. mod.) chanoine de la cathédrale de Brande-

bourg, fut le premier professeur de théologie dans la chaire fondée à Francfort, sur l'Oder, en 1506, par l'électeur de Brandebourg; il vit naître l'hérésie de Luther, & fut choisi pour la combattre. On a de lui différens traités théologiques, de sectis, erroribus, ac schismatibus, en trois volumes in-folio, car la théologie polémique est prolixe; de divinatione, aussi in-folio. Il a laissé de plus des ouvrages de bel-esprit, des harangues, des poésies, des épîtres. Mort en 1532.

WINCHELSEA, (Anne, comtesse de) (Hist. litt. mod.) dame d'honneur de la duchesse d'Yorck, depuis reine d'Angleterre, Marie d'Est, princesse de Modène, seconde femme de Jacques II. On a de cette comtesse de Winchelsea, morte en 1720, un recueil de poésies, publié de son vivant à Londres, en 1713, où l'on distingue un poëme sur la rate.

WINCHESTER ou WINCHESTRE, ou WINCESTRE (Henri de Beaufort, cardinal de) (Hist. d'Anglet.) étoit fils légitime de Jean de Gaunt, duc de Lancastre, par conséquent il éto t frère du roi Henri IV, oncle du roi Henri V, & grand oncle du roi Henri VI. Henri V en mourant à trente-quatre ans, au sein de ses prospérités, donna la régence de la France au duc de Bedfort, l'aîné de ses frères, & celle d'Angleterre au duc de Glocestre, un autre de ses frères; le cardinal de Winchestre, leur oncle, resté en Angleterre, y disputoit l'autorité au duc de Glocestre son neveu, & le duc & le cardinal étoient opposés l'un à l'autre sur tous les objets du gouvernement.

Zisca (voyez son article) & les Hussites remplissoient alors la Bohême de troubles & d'erreurs. Le pape Martin V, publioit contre eux une croisade; il la publia sur-tout en Angleterre. On a cru que ce pape, étant dans les intérêts de la France, n'avoit voulu que détourner vers un objet étranger l'argent & les troupes de l'Angleterre, pour favoriser par cette diversion le parti de Charles VII. Le duc de Glocestre & son oncle se divisèrent sur ce article comme sur le reste: le cardinal fut pour la croisade, c'étoit assez pour que le duc de Glocestre y fût contraire; il jugeoit d'ailleurs que dans les conjonctures où l'on se trouvoit alors, les affaires de France dévoient seules occuper la nation angloise. Cependant le pape & le cardinal de Winchestre l'emportèrent pour la croisade, le parlement y donna son consentement; mais ce fut le duc de Glocestre qui finit par l'emporter; car le duc de Bedfort changea la destination des troupes levées pour la croisade; au lieu d'aller en Bohême, elles vinrent en France.

Le cardinal de Winchestre y vint aussi, il y étoit dans le tems du procès de Jeanne d'Arc, & il y prit beaucoup de part. Cette illustre infortunée, succombant à l'horreur de sa situation, & étant tombée dangereusement malade, le cardinal de Winchestre & le comte de Warwick lui donnèrent deux médecins, auxquels ils recommandèrent inſtammènt d'employer toutes les reſſources de leur art pour em- pêcher qu'elle ne mourût de ſa maladie, diſant que le roi d'Angleterre l'avoit acheté trop cher pour n'avoir pas la ſatisfaction de la voir brûler. (*Voyez* l'article ARC, (Jeanne d') dite *la Pucelle d'Orléans*.) Après l'exécution le même cardinal de *Wincheſtre* prit ſoin de faire jetter ſes cendres dans la Seine, de peur qu'elles ne devinſſent un objet de vénération pour le peuple.

Quand les anglois virent le duc de Bourgogne, leur allié, diſpoſé à les quitter & à faire ſa paix avec Charles VII, ils uſèrent d'un ſtratagême, ſoit pour le retenir par les démonſtrations d'une fauſſe con- fiance, ſoit pour avoir un reproche à lui faire ſur ſa defection qu'ils prévoyoient. Ils lui donnèrent des pouvoirs pour traiter en leur nom, comme s'ils euſſent remis leurs intérêts entre ſes mains, mais c'étoit le cardinal de *Wincheſtre*, chef des plénipo- tentiaires anglois, qui avoit ſeul le ſecret de la négociation.

Cependant en Angleterre la maiſon d'Yorck étoit dans l'attente d'une révolution favorable pour elle; tout paroiſſoit y tendre, & les diviſions de la maiſon de Lancaſtre y préparoient depuis long tems. Le duc de Gloceſtre & le cardinal de *Wincheſtre*, ſon oncle, n'avoient ceſſé de troubler par leurs que- relles le conſeil de régence établi en Angleterre; ils s'étoient plus d'une fois accuſés l'un l'autre de tra- hiſon dans divers parlemens, & quoique ces accu- ſations euſſent toujours été jugées frivoles, le car- dinal avoit plus d'une fois pris la précaution de ſe faire accorder par le roi Henri VI, alors enfant, & qui fut ſuperſtitieux toute ſa vie, un pardon indé- fini de toutes les atteintes qu'il pouvoit avoir portées aux loix; il ſemble qu'un miniſtre auroit pû être condamné ſur un pareil pardon. Ce même cardinal n'ayant pû, par les eſpions dont il entouroit le duc de Gloceſtre, acquérir contre ce prince la moindre preuve d'un crime d'état, voulut le pouſſer à bout, en couvrant d'opprobre la ducheſſe ſa femme; elle aimoit la magie & conſultoit des négro- manciens; on l'accuſa d'avoir envoûté le roi, folie qui, pour être ridicule, n'en eût pas été moins cri- minelle; la ducheſſe expliqua toutes ſes relations avec les magiciens, par le deſir de trouver des philtres pour ranimer la tendreſſe de ſon mari; con- damnée par un tribunal très-ſuſpect de partialité, elle ſubit toute l'humiliation de la pénitence pu- blique, & toute la rigueur d'une priſon perpétuelle, après avoir été pendant trois jours traînée nuds pieds & tête nue, une torche à la main, dans les rues de Londres, à la vue de tout le peuple, depuis la pri- ſon, juſqu'à l'égliſe de Saint-Paul. Telle fut la deſ- tinée de la tante du roi.

Les ennemis du duc de Gloceſtre s'étoient flattés que le reſſentiment d'un tel outrage le jetteroit dans la révolte; il ſut triompher de lui-même pour triom- pher d'eux, ſa fidélité reſta inviolable.

Ces diviſions avoient l'influence la plus ſenſible ſur les affaires du continent. Le cardinal & le duc ſe partageoient ſur les intérêts généraux de la na- tion, comme ſur ceux de leur ambition particulière. Le duc de Gloceſtre ne reſpiroit que la guerre, & ce qu'il appeloit la gloire du nom anglois; le car- dinal de *Wincheſtre* étoit pour la France & pour la paix. Le duc avoit voulu marier Henri VI avec une fille du comte d'Armagnac; le cardinal avoit fait conclure le mariage du roi avec Marguerite d'An- jou, & en faveur de ce mariage l'Angleterre, au lieu d'exiger une dot, avoit cédé la province du Maine à Charles d'Anjou, oncle de la princeſſe. L'implacable Marguerite d'Anjou ne pardonna jamais au duc de Gloceſtre l'oppoſition qu'il avoit miſe à ſon mariage; elle arriva en Angleterre, ennemie du parti de Gloceſtre & protectrice de celui de *Wincheſtre*. Le jeune Suffolck, de qui le cardinal s'étoit ſervi pour négocier ce mariage, devint le fa- vori de la reine.

Voyez à l'article ANJOU (Marguerite d') la mort de ce malheureux duc de Gloceſtre, qui paroît avoir été l'ouvrage de cette reine, de ſon favori, & ſur-tout de leur inſtigateur, le cardinal de *Wincheſtre*. Le peuple qui aimoit le duc de Gloceſtre, & qui ne l'appeloit que le bon duc Humfroi, le plaignit, voulut le venger, & depuis ce moment la paix n'ha- bita plus en Angleterre. Le cardinal de *Wincheſtre* ſuivit de près ſon ennemi au tombeau; il mourut tourmenté de ces terreurs, juſte châtiment des ames criminelles. Shakeſpéare, dans ſa tragédie hiſtorique de Henri VI, donne au cardinal mourant des remords dont l'expreſſion forme un tableau éner- gique & terrible. Il mourut à Wincheſtre en 1447: c'étoit lui qui avoit couronné Henri VI, roi de France, dans l'égliſe de Notre-Dame de Paris. Il étoit grand chancelier d'Angleterre.

WINCKELMANN. (*Hiſt. litt. mod.*) C'eſt le nom de deux écrivains, dont l'un ſur-tout eſt très- célèbre.

Le premier (Jean *Winckelmann*) né à Hambourg dans la Heſſe, eſt auteur de commentaires ſur l'écriture ſainte, & d'ouvrages polémiques qu'on ne lit plus. Mort en 1626.

Le ſecond, nommé auſſi Jean, eſt le fameux abbé *Winckelmann*, ſavant antiquaire, amateur ſen- ſible des arts. Son *Hiſtoire de l'art chez les anciens*, qui a été traduite de l'allemand en françois, & publié en 1766, en deux volumes in-8°. avec figures, eſt un des meilleurs ouvrages qui aient été faits ſur les arts du deſſin, elle eut le plus grand ſuccès en Alle- magne, en Angleterre, en Hollande. Par tout *Winckelmann* venoit de jouir de ſa gloire; l'em- pereur & l'impératrice-reine lui avoient fait à Vienne l'accueil le plus diftingué, lorfqu'il fut affaffiné à Triefte en 1767, par un voleur qui fe donnoit pour connoifleur en médailles & en antiquités, & auquel *Winckelmann*, homme plein de confiance & de franchife, avoit imprudemment laiffé voir une grande quantité de médailles d'or & d'argent. Il étoit alors occupé à revoir fon ouvrage, pour en donner une nouvelle édition, l'affaffin le furprit pendant qu'il y travailloit, & fon manufcrit fut teint de fon fang. C'eft fur ce manufcrit, laiffé dans cet état par l'auteur, qu'on a donné en 1776, à Vienne, in-4°., une édition très-augmentée de cet ouvrage. L'abbé *Winckelmann* étoit préfident des antiquités à Rome, il étoit de la fociété royale de Londres, de l'académie de peinture de Saint-Luc à Rome, de l'académie Etrufque de Cortone.

WINSLOW, (Jacques-Bénigne) (*Hift. litt. mod.*) célèbre anatomifte, & l'un des plus honnêtes & des meilleurs hommes du monde, étoit danois, & petit-neveu du fameux Sténon, qui étant né comme lui luthérien, fut comme lui converti par M. Bossuet, & qui étant devenu très zélé pour la religion qu'il avoit embraffée, fut fait évêque *in partibus* par le pape Innocent XII, & fon vicaire apoftolique dans tout le nord. Sténon étoit aussi comme fon neveu *Winslow* un très-habile anatomifte, & on a de lui un excellent *Difcours fur l'anatomie du cerveau.*

M. *Winslow* étoit né en 1669, à Odenzée dans la Fionie; il étoit fils d'un miniftre luthérien. Tous les talens étrangers viennent fe perfectionner à Paris. M. *Winslow*, déjà formé par Sténon dans l'anatomie, prit à Paris les leçons de M. Duverney, & devint M. *Winslow* tout entier. Sa réputation fut bientôt égale à celle de fes maîtres. Ayant abjuré la religion luthérienne, il fe fixa parmi nous, & fut une des plus illuftres conquêtes que Boffuet eût faites à la foi catholique. La faculté de médecine de Paris, l'académie des fciences s'empreffèrent de l'adopter; il fut démonftrateur d'anatomie au jardin du roi, interprête de la langue teutonique à la bibliothèque du roi. On a de lui plufieurs favans mémoires dans le recueil de l'académie des fciences, & de plus un *cours d'anatomie*, une *expofition anatomique du corps humain*; une differtation fur l'incertitude des fignes de la mort, matière effrayante, & digne de l'attention de tous les gouvernemens; une lettre fur la maladie des os, des remarques fur la machoire.

M. *Winslow*, après avoir joui long-tems d'une gloire paifible & peu enviée, parce que fa modeftie & fa douceur défarmoient l'envie, mourut en 1660, à 91 ans.

WINTER, (George-Simon) (*Hift. litt. mod.*) écuyer allemand, très-habile dans fon art, eft auteur de deux ouvrages eftimés fur l'équitation, dont l'un a pour titre: *Tractatio nova de re equariâ*; l'autre:

Eques peritus & hippiator expertus. Il vivoit & travailloit dans le 17e fiècle.

WION, (Arnould) (*Hift. litt. mod.*) bénédictin du mont Caffin, né à Douai en 1554, favant vifionnaire, ne cherchant point dans les livres l'inftruction, mais la preuve de fes opinions & de fes paradoxes, moyen le plus fûr de tourner le dos à la fcience. Il eft l'auteur de la généalogie des Anicius, famille romaine, dont il lui plaifoit de faire defcendre d'un côté Saint Benoît, de l'autre la maifon d'Autriche. Il a été réfuté, plus qu'il ne méritoit de l'être, par Richard Strein, *Strinius*, baron de Schwarzenow en Autriche, bibliothécaire & furintendant des finances de l'empereur. Le même *Wion* a compofé fous le titre de *Lignum vitæ*, une hiftoire des hommes illuftres de fon ordre, & c'eft là que fe trouvent & qu'ont paru pour la première fois en 1595, ces fameufes prédictions fur les élections des papes futurs, prédictions attribuées à Saint Malachie, archevêque d'Armagh en Irlande, au 12e fiècle. Ces prédictions, comme on fait, confiftent à caractérifer par un trait tous les papes qui doivent être élus dans la fucceffion des fiècles. Ces traits font juftes & frappans, à partir du tems de Saint Malachie, jufqu'à l'époque de 1595. Ils font faux, ou vagues ou inexplicables depuis cette même époque, à la réferve d'un ou deux, où le hafard a fait rencontrer quelques rapports affez finguliers.

WIRSUNGUS ou WIRSUNGIUS, (Jean-George) (*Hift. litt. mod.*) bavarois, profeffeur d'anatomie à Padoue, découvrit, en 1642, le *conduit pancréatique*. Un italien qu'on croit avoir été l'inftrument des envieux que le mérite de cet anatomifte lui fufcitoit, le tua d'un coup de piftolet dans fon cabinet, pendant qu'il étoit livré entièrement à l'étude. Il n'avoit pas encore eu le tems de publier aucun de fes ouvrages, & c'étoit peut-être cette publication que l'envie vouloit prévenir: quoi qu'il en foit, il n'en a pas moins eu l'honneur de fa découverte, mais il en a peu joui perfonnellement.

WISCHER ou WISSCHER. (*Hift. mod.*) (Corneille & Jean fon frère, & Lambert & Nicolas *Wifcher*, de la même famille, deffinateurs & graveurs hollandois au 17e fiècle, ont gravé d'après Berghem & Wauwermans, & d'autres peintres flamands. Corneille *Wifcher* eft le plus célèbre d'entre eux.

WISSOWATIUS (André) *Hift. litt. mod.*) Né en 1608 à Philippovie dans la Lithuanie, étoit petfils, par fa mère, de l'héréfiarque Faufte Socin. Héritier des opinions théologiques de fon aïeul, il les répandit avec zèle dans le cours de fes voyages en France, en Hollande, en Angleterre. De retour en Pologne, il s'attacha plus que jamais à y étendre le focinianifme. Chaffé de Pologne par l'arrêt qui profcrivoit en 1658 les unitaires ou fociniens, il fe retira en Hollande, pays des sectes & de la liberté; il y travailla paisiblement à l'édition de la *Bibliothèque des frères polonois*, qu'il publia en 9 volumes *in-folio*. On a encore de lui, parmi beaucoup d'autres ouvrages théologiques & polémiques, un traité intitulé : *Religio rationalis seu de rationis judicio in controversiis etiam theologicis ac religiosis adhibendo, tractatus.* Ce titre annonce une question délicate & importante, sur laquelle tous les partis semblent être d'accord & sur laquelle tous les partis diffèrent. Tous conviennent que la raison doit être employée dans l'examen des difficultés théologiques; mais quel est le point où elle doit s'arrêter & céder sa place à l'autorité? C'est ici que tous se divisent & accordent plus ou moins, soit à l'une, soit à l'autre. *Wissowatius* mourut en Hollande en 1668.

WIT ou WITT, (Jean & Corneille de) (*Hist. de Hollande.*) martyrs illustres de la liberté de leur pays, étoient fils de Jacob de *Witt*, bourgmestre de Dordrecht. Jean de *Witt* qui, après s'être livré à l'étude des plus importantes sciences, & avoir beaucoup voyagé pour s'y perfectionner, s'étoit élevé de grade en grade, jusqu'à l'emploi de pensionnaire de Hollande, fut pour le prince d'Orange, Guillaume III, ce que le vertueux Barnevelt avoit été pour le prince Maurice. Il avoit en quelque sorte présidé à son éducation, & avoit pris un soin particulier de le faire instruire dans la politique, croyant, dit Burnet, que l'intérêt public demandoit qu'on rendît ce prince propre à gouverner; mais en le rendant propre à gouverner, ne lui inspiroit on pas le desir de gouverner, & l'étude de la politique n'est-elle pas aussi l'école de l'ambition? Il y avoit alors deux partis dans la république; celui de la monarchie, favorable à la maison d'Orange, & celui de la liberté, contraire aux vues ambitieuses de cette maison; les de *Witt* étoient à la tête du parti de la liberté, & Jean de *Witt*, en cultivant dans le prince d'Orange les talens propres au gouvernement, ne desiroit pas sans doute qu'il pût un jour en faire usage; mais, prévoyant tous les cas, & en particulier celui où ce qu'il regardoit comme le malheur de la république, mettroit le prince d'Orange à la tête des affaires, comme ses prédécesseurs, il vouloit qu'alors le prince d'Orange, par un gouvernement sage & doux, pût consoler la république de la perte de sa liberté. C'étoit dans cette vue seulement qu'il le faisoit instruire avec tant de soin; il en reçut ce Guillaume III la même récompense que Barnevelt avoit reçue des soins qu'il s'étoit donnés pour l'éducation de Maurice, c'est-à-dire que Maurice & Guillaume firent périr leurs bienfaiteurs. Le parti d'Orange se donnoit de grands mouvemens pour élever au stathoudérat le prince d'Orange, encore dans l'enfance; le parti républicain avoit fait abroger solemnellement le stathoudérat, avec défenses de le rétablir jamais; en conséquence les de *Witt* s'opposoient à tout leur pouvoir au rétablissement de cette dignité. Le parti contraire employa contre les de *Witt* jus-

qu'à l'assassinat. Le grand pensionnaire se vit tout à coup attaqué par quatre assassins, dont un seulement fut pris & puni. Jean de *Witt*, pour n'être plus exposé à de pareilles fureurs, demanda sa retraite, & l'obtint. La guerre que la France fit à la Hollande en 1672, servit les desseins des partisans de la maison d'Orange; on demanda plus hautement que jamais un stathouder; le rétablissement de cette dignité parut alors la seule ressource qui restât à cette république, accablée par les armes de Louis XIV; Guillaume fut élu, & ce même parti d'Orange qui avoit fait assassiner Jean de *Witt*, accusa Corneille de *Witt*, son frère, d'avoir voulu faire assassiner le prince d'Orange; Corneille fut emprisonné à la Haye, on lui fit son procès, on ne put le convaincre de rien, on le condamna cependant au bannissement; mais ceux qui avoient assassiné Jean de *Witt*, & qui vraisemblablement calomnioient alors Corneille, avoient à leur disposition toutes les ressources du crime; ils connoissoient & savoient manier les ressorts secrets qui font mouvoir la populace aveugle & effrénée; celle-ci se jetta sur les deux frères de *Witt*, au moment où l'on faisoit sortir Corneille de prison pour exécuter la sentence de bannissement, elle les massacra, & exerça sur leurs corps déchirés tous ces outrages, toutes ces horreurs qui lui ont été familières dans tous les tems, dans tous les pays.

Jean de *Witt* avoit gouverné l'état pendant dix-neuf ans avec sagesse & avec vertu; Corneille avoit servi avec valeur & avec fidélité. Le grand pensionnaire, magistrat vraiment populaire, vivoit de la manière la plus conforme à la frugalité, à la modestie de sa nation. Pourquoi, en effet, dans une république, qui doit prendre les mœurs de la pauvreté, le magistrat affecteroit-il un faste royal? Sa représentation est dans son autorité, non dans son luxe, & la plupart des républiques devant leur établissement à la haine du luxe des monarchies & des désordres que ce luxe entraîne, c'est une grande inconséquence d'environner de faste & de luxe un magistrat populaire, & de lui permettre ou de lui prescrire ce que l'on condamnoit dans les ministres des rois;

C'est agir en tyrans, nous qui les punissons.

Jean de *Witt* n'avoit qu'un laquais & une servante; il marchoit à pied dans les rues de la Haye, mais il faisoit respecter & craindre sa nation, & dans les négociations de l'Europe, son nom étoit compté parmi ceux des plus puissans rois. Homme infatigable dans le travail, plein d'ordre, de sagesse, d'industrie dans les affaires; excellent citoyen, grand politique, sur-tout grand ami de la paix, & c'est ce qui le perdit, lorsque le prince d'Orange, qui vouloit s'illustrer par la guerre, l'eut emporté sur lui.

Ce même de *Witt*, quand la guerre avoit été, ou lui avoit paru nécessaire, l'avoit soutenue avec courage

rage & activité. Sa promptitude à réparer des flottes ruinées dans les combats, avoit souvent été admirée, & ne redoutant pas plus les dangers que les travaux, on l'avoit vu plusieurs fois, sur ces mêmes flottes, s'exposer aux coups, donner l'exemple aux chefs & aux soldats, & les animer à la défense de la république.

C'étoit d'ailleurs le plus grand calculateur de son temps. « Personne, dit Burnet, n'employa jamais » mieux que lui l'algèbre à toutes les affaires du » commerce. Ignorant dans l'histoire moderne & » dans le cérémonial des cours, il faisoit des fautes » dans ce genre, mais il n'en faisoit guères que de » ce genre. » Les secrets & les projets de tous les princes, disoit il, me sont révélés, car leurs intérêts me sont connus. Cette règle n'est cependant pas infaillible, car les princes peuvent ignorer ou méconnoître leurs vrais intérêts, & la république de Venise pensa être perdue, en 1509, pour avoir trop bien raisonné, & pour n'avoir pas voulu croire à la ligue de Cambray, parce qu'elle étoit absolument contraire aux intérêts de toutes les puissances qui l'avoient formée.

On a de Jean de Witt, des négociations & des mémoires. Sa vie, en deux volumes in-12, a été publiée à Utrecht en 1709.

WITASSE, (Charles) (Hist. litt. mod.) né à Chauny dans le diocèse de Noyon en 1660, fut professeur royal en théologie à Paris, & passa pour un théologien distingué. Il remplissoit sa chaire avec honneur & avec un grand concours de disciples, depuis l'année 1696, lorsque la bulle unigenitus vint allumer la guerre dans l'université, sur-tout dans la faculté de théologie; son opposition à cette bulle le fit exiler à Noyon, il prit la fuite, & ne reparut qu'après la mort de Louis XIV. Ce ne fut pas pour long-temps, il mourut d'apoplexie en 1716, peu après son retour. Il avoit la confiance du cardinal de Noailles, & on croit qu'il ne contribua pas peu à la résistance que ce prélat opposa longtemps à la bulle unigenitus, qui, dans l'origine & dans l'intention de ses ennemis, étoit un acte d'hostilité contre lui. C'est au même witasse qu'est dû l'établissement de la maison ou hospice des prêtres de Saint-François de Sales, où les pauvres curés & les prêtres invalides, sur-tout du diocèse de Paris, trouvent une retraite & une subsistance honnête. Le cardinal de Noailles entra dans ces vues charitables avec tout le zèle qu'elles devoient naturellement inspirer à ce vertueux prélat. Lorsqu'il demanda les lettres-patentes pour cette fondation à Louis XIV, qui avoit fait alors ce noble établissement des invalides, « il est bien juste, dit ce prince, « que mes soldats ayant une retraite, ceux » de Jésus-Christ n'en manquent pas ».

Une partie des traités théologiques que Witasse avoit dictés en sorbonne, a été imprimée, & ces

traités sont estimés comme de bons ouvrages de théologie scholastique. On a de lui encore plusieurs lettres sur la pâque, & il fit, à la sollicitation du parlement de Paris, un examen critique de l'édition des conciles du père Hardouin.

WITIKIND, (Hist. d'Allem.) digne rival de Charlemagne par les talens, par la valeur, par les vertus, & plus intéressant que lui, puisqu'il combattoit pour la liberté, & qu'il fut malheureux. Cet homme, aussi éloquent que brave, ne cessoit d'animer les saxons, ses compatriotes, à la défense de leur pays; ses discours, toujours animés du feu de la liberté, échauffoient & transportoient aisément des cœurs nés pour elle; il avoit pour les françois, parce que ceux-ci étoient conquérans, parce qu'ils vouloient être maîtres, la haine qu'Annibal avoit autrefois vouée aux romains. Non content d'errer dans toutes les peuplades des saxons pour les remplir de son esprit, sa politique s'étendoit jusqu'aux puissances étrangères, chose peu commune alors : il cherchoit par-tout à susciter des ennemis à la France, Charlemagne ayant forcé les saxons à se faire baptiser, affectoit de regarder la réunion des deux peuples comme consommée par l'unité de foi & de culte; en conséquence les saxons furent appelés aux délibérations communes, ils furent invités à l'assemblée du champ de Mai, de 777, qui devoit se tenir pour cette raison à Paderborn, dans leur propre pays; on espéroit peu qu'ils s'y trouvassent, & ce fut pour les françois une surprise agréable d'y voir arriver les différentes peuplades des saxons, conduites par leurs chefs, à la réserve d'un seul; mais ce seul chef étoit tout, c'étoit witikind. Incapable de toute feinte & de toute foiblesse, incapable de mentir à Dieu & aux hommes, il ne vouloit ni être ni paroître chrétien & françois. Tandis que Charlemagne, à l'assemblée de Paderborn, imposoit des loix à la Saxe, & faisoit donner le baptême à ceux des saxons qui ne l'avoient pas encore reçu, witikind alla porter sa haine & sa douleur à la cour de Sigéfroi son ami, roi des danois ou normands, démarche qui fut la première époque d'une grande révolution dans l'Europe : car ce fut cette alliance de Witikind avec Sigéfroi, ce furent ses continuelles instigations qui attirèrent sur les côtes de la France, ces normands qui, pendant plus d'un siècle, la fatiguèrent par tant de ravages, qui se firent céder la plus belle & la plus riche de ses provinces, à laquelle bientôt ils en ajoutèrent d'autres; qui conquirent l'Angleterre sous Guillaume le bâtard, leur duc, & qui, depuis ce temps, sous le nom d'anglois, n'ont cessé que par intervalle d'être nos ennemis & nos rivaux.

En 778, pendant que Charlemagne étoit occupé en Espagne à rétablir Ibinalarabi sur le trône de Saragosse, pendant qu'il essuyoit à Roncevaux le seul échec qu'il ait jamais reçu en personne, pendant qu'il s'en vengeoit glorieusement par la défaite du duc de Gascogne , & honteusement par son sup-plice , *Witikind* revient du Danemark, il parle à ses compatriotes , & bientôt toute la Saxe est en armes ; ils adoptent sa haîne , ils respirent la vengeance , ils rougissent de leur esclavage & de leur christianisme forcé , ils relèvent leurs idoles, ils renversent les forts mal défendus & trop peu nombreux que Charlemagne avoit crus suffisans pour les contenir ; ils reprennent tout le pays situé entre le Veser & le Rhin.

Les saxons ne songeoient plus qu'à terminer la campagne , ils passoient à gué la petite rivière , nommée l'Eder , près d'un village nommé Lihési, près des confins de la Hesse, lorsque les françois, qu'ils croyoient fort éloignés, parurent & les at-taquèrent au milieu même de la rivière. Une partie des saxons fut noyée , le reste taillé en pièces ou mis en fuite. L'année suivante, Charlemagne en per-sonne gagna contre *Witikind* une grande bataille, dans un lieu appellé Bucholt, sur les bords de la Lippe ; *Witikind* fut obligé de retourner dans son asyle auprès de son ami Sigéfroi, & les saxons eurent recours de nouveau à la clémence du vain-queur ; cette clémence fut de les obliger, sous peine de mort, à recevoir le baptême.

Après avoir passé dans leur pays toute l'année 779 , & une partie de l'année 780 , à consommer l'ouvrage de ce qu'il appeloit leur conversion, Charlemagne s'éloigna & *Witikind* revint. *Witikind* gouvernoit les saxons par l'éloquence & par l'a-mour, Charlemagne par la force & par la terreur.

En 782 , la Saxe se révolta de nouveau ; Char-lemagne occupé ailleurs, y envoya deux armées qui devoient se concerter dans leurs opérations & qui ne se concertèrent point, parce que les chefs étoient divisés. *Witikind* reconnut d'abord, & à une attaque faite mal à propos & la manière dont elle fut faite, qu'il avoit affaire à des hommes imprudens : profitant habilement de leurs fautes, & déployant contre eux ce génie qui n'étoit ter-rassé que par celui de Charlemagne, il remporta la victoire la plus complette ; les françois furent mis en déroute & taillés en pièces , après avoir perdu tous leurs plus braves capitaines. Cette ba-taille mémorable , & où *Witikind* acquit tant de gloire , se livra au pied du Mont-Sintal , près du Veser.

Charlemagne ne voulut confier qu'à lui-même le soin de sa vengeance ; il accourt dans la Saxe : à sa vue, les saxons oublièrent leur victoire, ils se sentirent vaincus & demandèrent grace ; *Witikind* prit la fuite, & les saxons, parce qu'il étoit ab-sent, n'accusèrent que lui de leur révolte ; mais Charlemagne irrité vouloit des victimes présentes ; il se fit remettre quatre mille cinq cents des princi-paux d'entre eux, & de ceux qu'il jugea les plus coupables, & il les fit tous décapiter. Les saxons

désarmés entouroient l'échafaud, & étoient entourés eux-mêmes par les françois en armes. Leurs regards furent souillés de cet affreux spectacle , qui réu-nissoit l'appareil d'un supplice , & l'horreur d'un massacre public ; ils furent obligés de renfermer dans le fond de leur cœur la rage & la douleur dont ils étoient pénétrés.

Aveuglé par les préjugés du temps , Charlemagne, tandis qu'il flétrissoit par cette infâme cruauté, la gloire déjà si équivoque de ses conquêtes , ne dou-toit pas que cette horrible exécution ne lui ré-pondît pour toujours de la fidélité des saxons ; il ne tint qu'à lui de reconnoître toute l'inefficacité de la violence. Jamais les saxons n'avoient été si turbulens, si ennemis du christianisme & de la France, si dévoués à *Witikind*. Ce chef infor-tuné du parti le meilleur , revint en 783 , leur demander comment ils avoient pu soutenir la vue du supplice de leurs compatriotes, de leurs frères, de leurs complices, s'ils étoient coupables ; comment ils n'avoient pas renversé l'échafaud, égorgé les bourreaux, & si la vie étoit un si grand bien qu'elle méritât d'être rachetée par un tel opptobre ? Leur réponse fut de le suivre , & de se précipiter de nouveau avec lui dans le péril & dans la mort. Albion, un des principaux chefs des saxons, digne lieutenant de *Witikind*, comme lui plein de talens, de valeur & de ressources, comme lui ennemi des françois & de la servitude, associa son nom au grand nom de ce généreux défenseur de la liberté ; ils succombèrent tous deux sous Charlemagne, & ils furent plus grands que lui. En 784 & 785, les saxons perdirent contre ce prince deux grandes batailles, mais chaque fois ils disputèrent la vic-toire, & leur désespoir enfanta aussi-tôt des ar-mées nouvelles ; ils en perdirent contre Charles, l'aîné des fils légitimes de Charlemagne, âgé alors de douze ans , une troisième , après laquelle ils ne reparurent plus en bataille rangée.

Mais ils ne se soumirent point. A la guerre de plaine, ils substituèrent une guerre de montagnes ; ils se dispersoient par pelotons, que *Witikind* & Albion rassembloient quelquefois , & qui tenoient continuellement les françois en allarme. Charle-magne employa plusieurs années à les poursuivre, à les poursuivre dans leurs retraites inaccessibles, à courir par-tout sur leurs traces, à jetter parmi eux des semences de discorde, à profiter de la jalousie, que la gloire de *Witikind* & d'Albion inspiroit aux autres chefs pour attirer ceux-ci dans son parti ; mais enfin n'écoutant plus que la générosité qui lui étoit naturelle , & qui donne toujours de meil-leurs conseils que la politique, il s'adressa direc-tement à ses illustres ennemis , *Witikind* & Albion ; il entreprit de changer leurs cœurs & de désarmer leur haine par des procédés nobles , de traiter avec eux comme un grand homme traite avec de braves gens qu'il a eu la gloire de vaincre ; il leur prodigua ces égards & ces honneurs qui peuvent seuls flatter les grandes ames ; il leur fit sentir les douceurs de la vie civile , les charmes de la paix , la sainteté du christianisme qui tend à faire de tous les hommes un peuple de frères ; enfin *Witikind* & Albion sentirent qu'ils devoient se confier à Charlemagne , & ce prince ayant été rappelé en France par quelques affaires , ils vinrent , en 786 , le trouver au milieu de ses états à Attigny-sur-Aisne , où ils reçurent le baptême , ainsi qu'une foule de saxons qu'ils menoient à leur suite : ils donnèrent à tous l'exemple d'embrasser sincèrement le christianisme , & d'y rester constamment attachés. Divers auteurs mettent *Witikind* au rang des saints. On raconte que ce prince , après sa conversion , étant retourné en Saxe , encore imparfaitement instruit de nos mystères , mais plein d'un desir ardent de s'en instruire mieux , il lui vint dans l'esprit , comme par inspiration , de se déguiser en mendiant pour venir inconnu à la cour de Charlemagne , & y examiner à son aise les cérémonies de l'église pendant la semaine sainte , & la semaine de pâques ; il fut reconnu & conduit au roi , qui , surpris de ce travestissement , lui en demanda la raison ; *Witikind* la lui dit : le roi alors l'interrogea sur les observations qu'il avoit faites à la faveur de son déguisement. *Witikind* , après avoir paru très-édifié du pieux recueillement de Charlemagne , & de la manière dont il l'avoit vu entrer dans l'esprit des différens mystères , ajouta : « Mais ce qui m'a le plus étonné , a été » de voir que tous ceux qui approchoient d'une » certaine place placée au milieu du temple , rece- » voient dans la bouche , des mains du prêtre , un » bel enfant , que j'ai vu distinctement sourire aux » uns avec tendresse , & s'approcher des autres avec » une répugnance marquée. Expliquez-moi ce que » c'est que cet enfant. Charlemagne , plein d'ad- » miration , s'écria : que vous êtes heureux d'a- » voir vu ce que ni moi ni nos prêtres même » n'avons encore mérité de voir ».

Qu'Albert Crantz , à la fin du quinzième siècle ou au commencement du seizième , ait rapporté ce trait dans sa *métropole saxonne* , ou histoire ecclésiastique de la Saxe , d'après quelque légende du temps ou quelque vieille tradition saxonne , il n'y a rien là d'étonnant ; mais on peut être surpris de voir les auteurs de l'histoire de l'église gallicane , qui se piquent de critique , redire la même chose sur sa parole , au milieu du dix-huitième siècle , sans témoigner le moindre doute , quoique la réponse même de Charlemagne soit propre à en faire naître.

Witikind & Albion se piquèrent toujours dans la suite de seconder les soins de Charlemagne pour la conversion des saxons. *Witikind* fut tué vers l'an 790 , par Gérold , duc de Suabe. Quelques généalogistes font descendre de *Witikind* la troisième race de nos rois.

WITIKIND, WITUKIND ou **WITEKINDE** , est aussi le nom d'un bénédictin de l'abbaye de Co bie sur le Veser , qui vivoit au dixième siècle , des ouvrages duquel il ne nous reste que l'histoire des Othons , publiée par Meibonius , sous ce titre : *annales de gestis Othonum* , dans le recueil des historiens d'Allemagne.

WITSEN , (Nicolas) (*Hist. litt. mod.*) savant hollandois du dix-septième siècle , s'enrichit par le commerce , se distingua dans la magistrature d'Amsterdam , & se fit un nom dans les lettres par un savant traité sur *l'architecture navale des anciens.*

WITSIUS , (Herman) (*Hist. litt. mod.*) savant protestant , né à Enckuysen dans la Nort-Hollande en 1626 , professeur de théologie à Franeker , à Utrecht , à Leyde , mourut dans cette dernière ville en 1708. Il est auteur des ouvrages suivans : *Historia hierosolymitana, Egyptiaca & Decaphylon, cúm Diatribá de Legione fulminatrice Christianorum.* Il réfute dans cet ouvrage Spencer & Marsham , en ce qu'ils ont prétendu que les juifs ont emprunté des égyptiens leurs loix & leurs cérémonies. On a encore de *Witsius, Miscellaneorum sacrorum libri duo. Maletemata Leydensia* , tous ouvrages savans.

WITTÉNAGÉMOT , s. m. (*Hist. d'Angl.*) c'étoit le parlement des anciens saxons , selon Guillaume de Malmesbury , & le savant Cambden. Le *Witténa-gémot* étoit l'assemblée générale du sénat & du peuple. Le chevalier Spelman l'appelle le conseil général du clergé & du peuple , *commune concilium tàm cleri quàm populi.* C'étoit dans cette assemblée que résidoit la souveraine autorité de faire , d'abroger , d'interpréter les loix , & généralement de régler tout ce qui avoit rapport à la sureté & au bien de l'état. Dans le *witténa-gémot* qui se tint à Calcuth , il fut ordonné par l'archevêque , les évêques , les abbés , les ducs du pays & *populo terræ* , que les rois seroient élus par les prêtres & les anciens du peuple : *ut reges à sacerdotibus , & senioribus populi eligantur* ; ce fut par eux , que Offa , Ina , & autres furent déclarés rois. Alfred reconnoît dans son testament , qu'il tient d'eux la couronne ; *quam* , dit-il , *Deus & principes cum senioribus populi , misericorditer & benignè dederant.* Edgar fut élu par le peuple , ensuite déposé , & finalement rétabli dans l'assemblée générale de toute la nation , qu'on nommoit le *witténa-gémot.* (*D. J.*)

WITTICHIUS , (Christophe) (*Hist. litt. mod.*) savant allemand , professeur de mathématiques , puis de théologie à Herborn , à Duisbourg , à Nimègue , à Leyde , a écrit contre Spinosa , il a cherché à concilier les principes philosophiques de Descartes avec la théologie , dans un ouvrage intitulé : *consensus veritatis.* Il étoit conciliateur

& ami de la paix , & l'on a de lui un livre intitulé : *théologia pacifica* , qualité essentielle à donner à la théologie , qui a été jusqu'à présent plus polémique que pacifique. *Wittichius* est un des théologiens protestans les plus modérés que sa secte ait produits. Né à Brieg dans la Basse-Siléfie en 1625. Mort à Leyde en 1687.

WODEN, (*Idolat. saxonne*) l'un des dieux des anciens saxons ; il étoit regardé comme le dieu de la guerre ; parce que sous sa conduite , les premiers saxons firent de grandes conquêtes. Le quatrième jour de la semaine que nous nommons mercredi , lui étoit consacré , comme il appert du mot saxon *Wodensdeag, ou Wodnesdeag*, qui a passé dans les langues angloise & flamande , sous le mot de *Wednesday* dans la première , & sous celui de *Woensdag* dans l'autre. F iga, femme de Woden , fut aussi révérée comme une déesse par les mêmes saxons : le sixième jour de la semaine , le vendredi , lui étoit dédié , car il portoit le nom de *Frigedeag*, en anglois *Friday*, & en flamand *Vridog*. (D. J.)

WOLDIKE, (Marc) (*Hist. litt. mod.*) savant Danois , professeur de théologie à Copenhague , a traduit en latin des traités de Moyse Maimonides sur les viandes défendues, & divers chapitres du Talmud de Jérusalem , & du Talmud de Babylone. Il est auteur aussi de quelques traités de controverse. Né en 1699 , à Sommersted en Danemarck, mort en 1750, à Copenhague.

WOLFF , (*Hist. litt. mod*) c'est le nom d'un savant philosophe & d'un littérateur. Le premier sur-tout est célèbre.

1°. J. Christiern de *wolff*, (Wolfius) né à Breslau en 1679 , étoit fils d'un brasseur, homme de lettres , qui lui donna & lui procura une bonne éducation. Il se distingua dans différentes universités , d'abord par ses études, ensuite par le talent d'enseigner, il s'annonça en 1703 , à Leipsick par une dissertation sur la manière d'enseigner la philosophie , ouvrage où il modifioit la méthode de Descartes par des idées qui lui étoient particulières & qui étoient d'un penseur. Il fut fait en 1707 , professeur de mathématiques dans l'université de Hall. On y goûta beaucoup , & ses enseignemens & sa manière d'enseigner. Ses succès , quelques graces qu'il reçut de la cour de Berlin , des distinctions glorieuses dont plusieurs souverains l'honorèrent , avertirent l'envie & lui attirerent des persécutions. Les théologiens de Hall s'élevèrent contre lui au sujet d'un discours sur la morale des Chinois que *Wolff* prononça en 1721 , & où il discuta les dogmes de Confucius. La faculté de théologie de Hall , en prit occasion d'examiner tous les écrits de *Wolff* dans un esprit critique , & avec le dessein formé de le constituer hérétique. *Wolff* ne s'aban-

donna pas , mais il se défendit trop en théologie , & avec des armes qu'il eût fallu laisser aux intrigans ; il porta ses plaintes contre ses adversaires au conseil académique , & sans doute à la cour. Il en résulta un ordre de laisser *Wolff* en paix , & une défense à qui que ce fût de rien écrire contre lui. C'étoit aller beaucoup trop loin , & nuire à celui qu'on vouloit protéger. Cette défense avoit quelque chose de tyrannique , & celui qu'on devoit naturellement soupçonner de l'avoir sollicitée avoit trop l'air de craindre la discussion ; aussi ses ennemis écrivirent contre lui , & même à la cour. Les théologiens redoublèrent leurs écrits & se firent entendre , la cour passa par toutes ses tergiversations qui lui sont ordinaires , toutes les fois qu'elle veut se mêler des querelles des théologiens.

Et nugis addere pondus.

Après avoir eu le mérite de protéger un philosophe persécuté , la cour eut la foiblesse de le persécuter elle-même ; le 15 novembre 1723 , elle envoya ordre à *Wolff* de sortir de Hall & des états du roi de Prusse dans l'espace de 24 heures , sous les peines les plus rigoureuses. Le roi qui régnoit alors en Prusse , étoit le père de ce Charles-Frédéric si célèbre par ses talens pour la guerre & pour le gouvernement, par son goût pour les lettres & par ses liaisons avec M. de Voltaire. Il étoit alors prince royal de Prusse. Son esprit naissant & prompt à se développer , étoit dès lors très-suspect à son père. Il fut indigné de la persécution que des théologiens scholastiques suscitoient à un philosophe , parce que celui-ci étoit moins scolastique qu'eux. Il s'en plaint amèrement à M. de Voltaire dans les commencemens de leur correspondance , & il semble mettre la philosophie de *Wolff* sous la protection du génie de Voltaire. *Wolff* dans l'oppression en fut plus intéressant & en par ut plus grand ; ce fut alors sur tout que les souverains qui aimoient ou qui feignoient d'aimer les lettres , s'empressèrent de lui prodiguer des marques d'estime ; le Landgrave de Hesse-Cassel lui donna une forte pension avec le titre de son conseiller aulique ; le roi de Suède le nomma aussi conseiller de régence. En 1725 , il fut déclaré professeur honoraire de l'académie des sciences de Pétersbourg , dont on lui offrit aussi la présidence qu'il refusa pour se fixer à Marpourg où l'attachoient les bienfaits du Landgrave de Hesse ; en 1733 , il fut associé à l'académie des sciences de Paris ; dans cette même année , le roi de Prusse , guéri de ses préventions contre lui , soit par le prince royal son fils , soit par ceux que ce prince crut plus propres que lui à persuader le roi, & qu'il eut l'adresse de mettre à sa place dans cette négociation , le roi de Prusse voulut réparer ses torts , & rendre à son université de Hall l'ornement dont il l'avoit privée , *Wolff* fut inflexible , il ne voulut plus commettre sa philosophie avec la haine théologique & les préventions royales , il dit comme Clitandre dans *les femmes savantes* :

Je me suis cherché, lassé de tant de peines ,
Des vainqueurs plus humains & des plus douces chaînes. .
Il n'est plus tems, Seigneur, un autre a pris la place,
Et par un tel retour j'aurois mauvaise grace
De maltraiter l'asile , & blesser les bontés ,
Où je me suis sauvé de toutes vos fiertés.

Le même roi de Prusse fit une seconde tentative en 1739 , avec aussi peu de succès ; mais lorsque le prince royal de Prusse , bienfaiteur , disciple & ami de *Wolff* , & sinon philosophe , du moins ami de la philosophie , fut parvenu au trône, le 31 mai 1740 , *Wolff* rappelle par ce prince à Hall en 1741 , avec les titres de conseiller privé, de vice-chancelier , de professeur du droit de la nature & des gens , & avec l'assurance d'une protection qui seroit respectée des théologiens , *Wolff* se rendit aux bontés d'un roi que la nature sembloit avoir formé tout exprès pour lui , & ne lui opposa point cette phrase un peu fière avec laquelle il repoussa les offres d'un plus d'un souverain : *je n'ai besoin de rien*. Le nouveau roi de Prusse, ajoutant toujours à ses bienfaits, le fit peu de tems après Chancelier de l'université.

L'électeur de Bavière étant vicaire de l'Empire après la mort de Charles VI , avant d'être lui-même élu empereur, se fit un plaisir de créer *Wolff* baron de l'empire , & de le surprendre par cette graceabsolument inattendue.Le baron de *Wolff* jouissoit de sa gloire & du fruit de ses travaux , il étoit illustre & heureux. De fréquentes attaques de goutte , grand obstacle au bonheur , le conduisirent par degrés au marasme & à la mort. Il mourut le 9 avril 1754 , ayant vu son roi acquérir une gloire plus éclatante , mais moins pure que la sienne.

Wolff n'étoit pas un simple professeur de philosophie , c'étoit un philosophe ou plutôt un sage. La paisible douceur de son ame ne fut jamais altérée ni par l'adversité ni même par la prospérité; il vit d'un œil presque égal les honneurs , les disgraces , la santé, la maladie. Sa conduite à l'égard de ses ennemis & de ses persécuteurs fut presque toujours modérée , quelquefois même généreuse. Ses mœurs étoient simples & modestes ; il étoit content de tout , vivoit sobrement, mangeoit peu , ne buvoit jamais de vin , & sembloit n'avoir guères mérité la goutte qui le tua.

On ne peut pas dire qu'il ait fait de grandes révolutions dans la philosophie ni dans la manière de philosopher , mais il a tiré un grand parti de celle qu'il a trouvée établie ; & si son nom est au-dessous de celui de Leibnitz , il est presque à côté. Il a étendu à la pratique de la philosophie la méthode que Descartes avoit bornée aux spécula-

tions, il a en quelque sorte continué Descartes en partant du point où ce philosophe s'étoit arrêté ; il a systématisé les connoissances philosophiques ; il en a formé un tout , un ensemble où l'on procède de principes en conséquences , & où toutes les propositions s'enchaînent & se déduisent les unes des autres comme dans la géométrie. Le grand défaut de *Wolff* est la prolixité; il a fallu & il faudroit encore abréger ses ouvrages pour les rendre utiles, car les savans devroient bien se persuader que ce qui n'est point lu ne sert à rien.

On a fait de sa logique *in-4°* , un abrégé *in-8°*, traduit par M. Deschamps & plusieurs fois imprimé sous le titre de *pensées sur les forces de l'entendement humain*. Il a lui-même abrégé son *jus natur&* & son *jus gentium ;* il a fait de ces deux ouvrages ses *institutiones juris natur& gentium ;* & M. Formey, auteur encore trop prolixe en a donné en 1758 , un autre abrégé , en françois, sous ce titre : *principes du droit de la nature & des gens* , en 3 volumes *in-12.* Son cours de mathématiques , ouvrage le plus complet qu'on ait en ce genre , a aussi été abrégé par un bénédictin de la congrégation de Saint-Maur. Cette énorme prolixité , n'est pas le seul défaut des ouvrages de *Wolff* ; il écrivoit très-mal en latin , on prétend qu'il écrivoit mieux en allemand.

2°. Jérôme *Wolff* , né d'une bonne famille du pays des grisons , contrarié par son père sur l'inclination naturelle qu'il avoit pour l'étude , quitta la maison paternelle & s'enfuit à Tubinge où , pour pouvoir étudier, il se mit au service des écoliers de l'université, comme faisoit vers le même temps parmi nous le célèbre Amyot. Il devint savant dans les langues grecque & latine , il fut bibliothécaire & principal du collège d'Ausbourg , il y mourut en 1581 , après avoir donné des traductions latines de Démosthènes , d'Isocrate , &c. , un traité *de expedità utriusque lingua discenda ratione ,* un autre *de vero & licito astrologiæ usu* , & deux volumes *in-folio ,* d'un ouvrage ou espèce de recueil intitulé : *lectiones memorabiles.*

WOLKELIUS, (Jean.) (*Hist. litt. mod.*) ami & disciple de Socin , auteur d'un traité *de verâ religione ;* car tout séctaire appelle sa religion la seule véritable. Celle qu'enseigne *Wolkelius* dans ce livre qui fut brûlé à Amsterdam , est le pur socinianisme. On a encore de lui quelques ouvrages de controverse. Il étoit né à Grimma dans la Misnie ; il mourut vers l'an 1630.

WOLLASTON, (Guillaume) (*Hist. litt. mod.*) prêtre anglican , connu par un traité de la religion naturelle , qui a été traduit en françois & imprimé en 1726. Il avoit composé d'autres ouvrages , mais la sévérité de son goût lui en fit faire le sacrifice, il les jetta tous au feu peu de temps avant sa mort. Sa fortune eut des vicissitudes. Issu d'une ancienne famille, il fe vit réduit à prendre des places de fous-maître dans l'école publique de Birmingham. Une riche fucceffion qu'il recueillit en 1688, redoubla en lui le defir de foulager les malheureux, en lui en fourniffant les moyens.

Vous fouvenant, mon fils, que caché fous ce lin,

Comme eux vous futes pauvre & comme eux orphelin.

Il tira encore de fa richeffe un autre avantage, celui de pouvoir confacrer à l'étude, & à fa propre inftruction le temps qu'il étoit auparavant obligé d'employer à l'inftruction des autres, & comme l'étude a befoin de la retraite & du filence,

Scriptorum chorus omnis amat nemus & fugit urbes.

Quoique fa fortune eût pu lui permettre une vie diffipée, il s'éloigna du monde & chercha la folitude, qu'il égayoit par le commerce de quelques amis choifis. On vante en lui des vertus douces & aimables, & une grande attention à les perfectionner. Il étoit né en 1659, à Caton-Clanford, dans le Staffordshire. Il mourut en 1724.

WOLMAR, [*Melchior*] [*Hift. litt. mod.*] fes amis l'appelloient *Melior*, au lieu de *Melchior*, à caufe de fa probité reconnue & de fon excellent caractère. Ce fut lui qui enfeigna la langue grecque à Calvin & à Théodore de Bèze. La préface qu'il mit à la tête de la grammaire grecque de Démétrius Chalcondyle, a eu long-temps une grande réputation. Il eft auffi auteur de commentaires fur les deux premiers livres de l'Iliade. Son nom eft célèbre parmi les favans du feizième fiècle, & parmi les réformateurs. Il étoit né à Rotweil en Suiffe. Ulric duc de Wittemberg, l'attira dans fes états, & le fit profeffeur de droit à Tubinge. Il remit cet emploi après l'avoir rempli avec diftinction, & choifit pour fa retraite Eifenach, où il mourut d'apoplexie en 1561.

WOLSEY, *voyez* VOLSEY.

WOLZOGUE ou WOLZOGEN [Louis de] [*Hift. litt. mod.*] né à Amersford en 1632, de parens nobles, originaires d'Autriche, élevé par un père mathématicien habile, vint en France pour s'y perfectionner dans la connoiffance de notre langue, & voyagea dans diverfes autres contrées de l'Europe, toujours pour acquérir des connoiffances. A fon retour dans fa patrie, il fut miniftre de l'églife Wallonne à Groningue, puis à Middelbourg en Zélande, à Utrecht, à Amfterdam; il fut auffi profeffeur d'hiftoire eccléfiaftique dans cette dernière ville, & il y mourut en 1690. Il eut de vives querelles avec le fanatique Labadie. [*voyez* fon article] On lui doit une traduction françoife du dictionnaire hébreu de Leigh, divers ouvrages théologiques & polémiques, & un traité intitulé :

Orator facer, five de ratione concionandi. On a imprimé en 1692 à Amfterdam des lettres fur la vie & la mort de Wolzogue. Ce miniftre étoit focinien.

Il y a un autre Wolzogue plus focinien encore dont les ouvrages forment deux volumes de ce qu'on appelle *la bibliothèque des frères polonois*, c'eft-à dire la bibliothèque focinienne.

WOOD, (Antoine de). (*Hift. litt. mod.*) célèbre antiquaire anglois, né à Oxford en 1632, étudia en paix les antiquités de fa patrie, pendant que l'enthoufiafme & le fanatifme défoloient l'Angleterre. On a de lui deux ouvrages très-eftimés ; l'un a pour titre : *Hiftoria & antiquitates univerfitatis Oxonienfis* ; l'autre, *Athenæ Oxonienfes.* Le premier eft un ouvrage plein de recherches & d'érudition, compofé d'abord en anglois, l'univerfité d'Oxford le fit traduire & imprimer en latin. Le fecond eft une excellente hiftoire littéraire d'Angleterre, qui a été très-utile aux bibliographes. *Wood* n'y oublie aucune des perfonnes iluftres forties de l'univerfité d'Oxford depuis l'an 1500 jufqu'à l'année 1690, temps où il écrit. Il avoit montré quelque difpofition à embraffer la religion catholique ; cependant il mourut anglican zélé en 1695.

WOODWARD, WODWARD, (Jean) (*Hift. litt. mod.*) naturalifte anglois célèbre, fouvent cité par M. de Buffon, eft auteur d'un *effai fur l'hiftoire naturelle de la terre.* Cet ouvrage a été traduit du latin en françois, par M. Noguez, fous le titre de *géographie phyfique ou effai*, &c., comme il vient d'être dit, & il jouit de l'eftime des favans. *Woodward* ne fe bornoit point à l'hiftoire naturelle ; il étoit, d'ailleurs, médecin habile & favant anatomifte. Il fut nommé, en 1692, profeffeur en médecine dans le collège de Gresham, & il fut dans cette place le fucceffeur du docteur Stillingfleet. Il fonda, dans l'univerfité de Cambridge, une place pour un étudiant. Il étoit né en 1665.

WOOLSTON, (Thomas) [*Hift. litt. mod.*] auteur connu par fes *difcours fur les miracles de J. C.*, dans lefquels il pouffe un peu loin la liberté de penfer, & qui lui ont fait de zélés partifans & d'ardens adverfaires. Il regarde ces miracles & la vie entière de J. C., telle qu'on la trouve dans les quatre évangéliftes, comme purement allégoriques; il n'y voit abfolument rien de littéral, rien d'hiftorique. Ses ennemis l'ont accufé d'avoir même cherché à répandre du ridicule fur les miracles de Jéfus-Chrift & fur fa perfonne facrée. La cour du ban du roi le condamna, en 1729, à payer vingt-cinq livres fterlings d'amende pour chacun de fes difcours, qui font au nombre de fix, à fubir une année de prifon & à donner caution de plus de retenue pour l'avenir. Paffe pour de l'argent, cela vaut mieux que de brûler, comme on l'a fait long-temps en France; & comme on le fait encore dans beaucoup d'autres états catholiques. Mais il peut encore paroître singulier qu'il faille donner de l'argent pour avoir eu telle ou telle opinion; il est peut-être un peu dur aussi d'emprisonner pour une opinion mystique qu'il suffit de condamner, ou de rejetter, ou de mépriser; & quant à la caution, comment peut-on se rendre caution qu'un homme n'écrira rien qui paroisse répréhensible? *Woolston* n'ayant point trouvé, ou de caution ou d'argent pour satisfaire à la sentence, resta quelque temps en prison. Il fit imprimer, en 1730, une apologie de ses discours sur les miracles de Jésus-Christ contre les évêques de Londres & de Saint-David, qu'il regardoit comme les plus ardens de ses adversaires. Parmi les réfutations qu'on a faites de ses livres réputés impies, on distingue sur-tout celle qui a été traduite en françois sous ce titre : *Les témoins de la résurrection de Jésus-Christ examinés & jugés selon les règles du barreau.* On a encore de *Woolston*, entre autres ouvrages, celui qui a pour titre : *Apologie ancienne pour la vérité de la religion chrétienne, renouvelée contre les juifs & les gentils.* Un des amis de *Woolston* a écrit sa vie, où, si l'on en croit ses ennemis, il est très-flatté; on y exalte beaucoup ses mœurs, sa sobriété, son désintéressement, sa douceur, sa patience. Il mourut à Londres en 1733; il étoit né à Northampton en 1660.

WORMIUS. [*Hist. litt. mod.*] C'est le nom d'une famille de savans danois, père, fils & petits-fils.

1°. Olaüs *Wormius*, médecin du roi de Danemarck Christiern V, étoit né, en 1588, à Arhus en Jutland. Il avoit voyagé en Allemagne, en Suisse, en Italie, en Angleterre, étudiant la nature & s'instruisant avec les savans. Revenu en Danemarck, il succéda en 1624, dans la chaire de médecine de Copenhague, à Gaspard Bartholin; il fit des découvertes en anatomie. Ses principaux ouvrages sont dans le genre historique; ils sont tous en latin, ce sont les fastes & les monumens du Danemarck; c'est l'histoire de Norvège, c'est l'ouvrage intitulé : *Danica litteratura antiquissima, sive gothica.* Olaüs *Wormius* mourut recteur de l'académie de Copenhague en 1654. Il s'étoit marié trois fois, & avoit eu dix-huit enfans.

2°. L'aîné de ces enfans, Guillaume *Wormius*, né à Copenhague en 1633, fut aussi un médecin & un savant célèbre. Il fut comblé d'honneurs, de places & de titres; il fut fait professeur de physique expérimentale, historiographe & bibliothécaire du roi, président du tribunal suprême de justice, conseiller d'état, &c. Il mourut en 1722. Il avoit publié une description des curiosités du cabinet de son père, sous le titre de *musæum Wormianum.*

3°. Olaüs *Wormius*, fils aîné de Guillaume, fut

aussi professeur en éloquence, en histoire & en médecine à Copenhague. Mort en 1708, à quarante-un ans. Il est l'auteur des ouvrages suivans : *De renum officio in re venered; de usu flagrorum; de glossopetris; de viribus medicamentorum specificis, &c.*

4°. Son frère, Christian *Wormius*, second fils de Guillaume, embrassa l'état ecclésiastique; il fut docteur & professeur en théologie, puis évêque de Séelande & de Copenhague. Il est auteur de plusieurs savans ouvrages relatifs à son état, & qui intéressent la religion; les principaux sont : 1°. *De corruptis antiquitatum hebraïcarum vestigiis apud Tacitum & Martialem.* Il est curieux, en effet, de rechercher dans des écrivains tels que Tacite & Martial les traces altérées des antiquités hébraïques, d'examiner jusqu'à quel point & pourquoi ils se sont éloignés à cet égard des idées reçues, s'ils ont connu les véritables sources où ils devoient puiser, & pourquoi, dans ce cas, ils les ont abandonnées.

2°. *Dissertationes quatuor de veris causis cur delectatos hominis carnibus & promiscuo concubitu christianos calumniati sint Ethnici.* Il s'agit du reproche si souvent fait aux chrétiens par les payens, de s'assembler pour manger de la chair humaine, & pour se livrer à toute la promiscuité de la débauche, après ou sans avoir éteint les lumières. Si ce reproche ridicule, & toujours calomnieux, n'avoit été fait aux chrétiens que par les payens, on pourroit croire que ces payens, étrangers à nos dogmes & à nos mystères, auroient été trompés sur le premier point par quelque fausse interprétation de notre mystère de l'eucharistie & de la manducation réelle du corps de Jésus-Christ; & quant à l'autre absurdité, elle pourroit de même avoir pour origine quelque notion altérée ou quelque fausse interprétation; mais cette accusation a été mille fois renouvelée par les catholiques même contre presque toutes les sectes d'hérétiques, en sorte qu'elle paroît n'avoir pour principe qu'une haine aveugle, qui ne songe qu'à décrier ses ennemis & à les rendre odieux, sans s'embarrasser du choix des moyens ni de la vraisemblance de l'accusation; & ce qu'il est important de considérer pour l'histoire de l'espèce humaine, c'est que ces reproches, qui se réfutent d'eux-mêmes, sont toujours accueillis toutes les fois qu'il plaît à la haine de les renouveler, ce qui la dispense d'en chercher de plus vraisemblables.

Christian *Wormius* est aussi l'auteur d'une histoire du sabellianisme. Mort en 1737.

WOTTON [*Hist. litt. mod.*] est le nom de plusieurs savans anglois.

1°. Edouard *Wotton*, naturaliste distingué, médecin d'Oxford, mort à Londres en 1555, à soixante-trois ans, est auteur d'un ouvrage fameux, écrit en latin, & imprimé à Paris, chez Vascosan, en 1552, qui traite de la différence des animaux. Il avoit aussi commencé le *theatrum insectorum*, qui a depuis été donné à Londres en 1734, *in-folio*, avec figures par Moufet.

2°. Antoine *Wotton*, théologien anglois, né à Londres, mort en 1626, avoit été nommé, en 1596, professeur de théologie au collège de Gresham, & il est le premier qui ait rempli cette chaire. Il fut obligé de la quitter parce qu'il se maria, ce qui étoit contraire aux réglemens de la fondation. Il est auteur de quelques ouvrages de controverse.

3°. Henri *Wotton*, secrétaire du fameux comte d'Essex, fut enveloppé dans sa disgrace, & obligé de se réfugier à Florence. Le grand duc de Toscane ayant eu connoissance d'une conspiration formée contre la vie du roi d'Ecosse Jacques VI, qui fut depuis Jacques I, en Angleterre, envoya secrètement en Ecosse Henri *Wotton* pour avertir Jacques de son danger. Lorsque ce prince fut monté sur le trône d'Angleterre, après la mort d'Elisabeth, il se souvint du service que Henri *Wotton* lui avoit rendu, il l'appela auprès de lui, le créa chevalier, lui donna sa confiance, & le chargea de négociations importantes en différentes cours. Il mourut en 1639, prévôt d'Exton : il étoit né en 1568, à Bockton-Hall, dans le comté de Kent. Il avoit un goût marqué pour l'anatomie, & le desir de se perfectionner dans cette science avoit eu beaucoup de part aux voyages qu'il avoit faits en France, en Allemagne, en Italie. Les conjonctures le jettèrent dans une carrière toute différente; & ce que ses occupations principales lui laissèrent de loisir pour écrire fut employé aux objets mêmes de ces occupations. On a de lui, en anglois, un *état de la chrétienté*, & quelques autres ouvrages à-peu-près du même genre. On a aussi de lui un recueil de divers ouvrages latins, intitulé: *Reliquiæ Wottonianæ*.

4°. Guillaume *Wotton* avoit formé le projet de traduire l'oraison dominicale dans toutes les langues connues, projet qu'il auroit dû exécuter pour prouver que, comme on le prétend, il en étoit capable. On a de lui plusieurs ouvrages savans: *les loix civiles & ecclésiastiques du pays de Galles*; une histoire romaine, depuis la mort d'Antonin le pieux jusqu'à la mort d'Alexandre Sévère. Ces deux ouvrages sont en anglois. Dans son histoire romaine l'auteur fixe par l'autorité des médailles l'époque des événemens considérables. On a de lui encore des *discours sur les traditions & les usages des scribes & des pharisiens*; cet ouvrage est en latin. Né dans le comté de Suffolck en 1666; mort en 1726.

WOWER, [Jean] [*Hist. litt. mod.*] savant allemand, auteur d'un docte recueil, intitulé: *Polymathia*; de notes sur Julius Firmicus, sur Apulée, sur Sidoine Apollinaire, sur Minutius Felix; d'une

bonne édition de Petrone; d'un recueil de lettres contenant des jugemens sur divers ouvrages & des remarques sur divers objets de littérature. On trouve sur-tout dans ces lettres des traces de l'emportement & de l'irascibilité qui faisoient, dit-on, son caractère. Il étoit aussi fort amoureux de la gloire, ce qui, dans un homme qui n'étoit que savant, signifie seulement qu'il étoit glorieux. Il laissa soixante écus pour faire son oraison funèbre. Il joignit l'étude de la politique à celle de la littérature; il étoit gouverneur de Gottorp, & il y mourut en 1612, à trente-huit ans : il étoit né à Hambourg. En religion, il étoit protestant; en littérature, il se piquoit d'être grand imitateur des anciens.

Un autre Jean *Wower*, son parent, ami de Juste-Lipse, mort à Anvers en 1635, à 66 ans, est aussi auteur de quelques ouvrages.

WRANGEL ou VRANGEL, [*Hist. mod.*] [Charles-Gustave] maréchal-général, & connétable de Suède, grand & illustre capitaine qui continue la liste des successeurs de Gustave-Adolphe dans le commandement des armées suédoises, si redoutables à l'empire & aux empereurs Ferdinand II & Ferdinand III pendant la guerre de trente ans : il servit & commanda également & sur terre & sur mer. En 1644, dans une guerre entre la Suède & le Danemarck, comman'ant une escadre suédoise, il brûla les vaisseaux de l'amiral danois. Ayant remplacé en 1647, le général Torstenson dans le commandement de l'armée d'Allemagne, & joint avec le comte de Konigsmarck aux françois commandés par M. de Turenne, il battit, le 17 mai 1748, à Summerhausen, près Ausbourg, le général Mélander & le fameux comte de Montécuculli. Le fruit de cette victoire fut que le duc de Bavière, auquel on reprochoit d'avoir été infidèle à la neutralité qu'il avoit promise, fut obligé, à soixante-dix-huit ans, de s'enfuir de ses états, qui furent saccagés; l'Allemagne & la Bohême furent presqu'entièrement ouvertes aux vainqueurs, Prague & son château furent pillés le 26 juillet; on y fit un butin immense.

En 1658, dans une autre guerre & dans l'armée navale des hollandois au passage du Sund. Ce fut le terme de ses exploits : on le cite comme un exemple des généraux qui n'ayant pas su se retirer à propos, ont survécu à leur gloire & l'ont ternie. Il prétendit lutter contre la goutte & contre l'âge; il fut mal-habile & malheureux. Il servit mal le roi de Suède, Charles XI, dans la guerre où ce prince s'engagea en 1675, pour les intérêts de la France, contre les Danois, les Hollandois & les Espagnols; il perdit la Poméranie, mais Louis XIV la fit rendre à la Suède par le traité de Nimègue. Les fautes des grands hommes ne sont pas perdues pour les grands hommes; le prince de Condé fut frappé de l'exemple de Vrangel, & attaqué de la goutte comme lui

& menacé d'une décadence prochaine, il ne voulut pas comme lui :

Montrer aux nations Mithridate détruit.

Après avoir réparé en 1675 le désordre presque irréparable causé par la mort imprévue de M. de Turenne, il refusa, en 1676, le commandement de l'armée, alléguant cet exemple de Vrangel, à qui la goutte & la gravelle avoient fait perdre sa gloire & les affaires de la Suède, il dit au roi que tout général prudent devoit en craindre autant pour lui-même.

Charles-Gustave Vrangel mourut en 1676.

WREN, (*Hist. d'Anglet.*) [père & fils, tous deux nommés Christophe ; le père est le plus célèbre. C'est ce grand architecte dont Saint-Paul de Londres est le chef-d'œuvre. L'incendie de 1666 ayant consumé la cathédrale de Londres, *Wren* donna le plan de la nouvelle cathédrale, & l'exécuta. Cet édifice, commencé en 1675, achevé en 1710, est le plus vaste temple qui existe après Saint-Pierre de Rome, sur le modèle duquel il a été construit en partie. Le chevalier *Wren*, mort en 1723, âgé de 91 ans, ayant vu le règne de Charles I, le protectorat des deux Cromwels, Olivier & Richard, les règnes de Charles II, de Jacques II, de Guillaume III & de Marie, de la reine Anne, de Georges I, est enterré dans l'église qu'il a bâtie ; on connoit ce trait sublime qui termine son épitaphe :

Lector, si monumentum requiris, circumspice.

Saint-Paul n'est pas le seul monument dont la capitale de l'Angleterre soit redevable au chevalier *Wren*. Saint-Etienne de Londres, le palais de Hamptoncourt, le collège de Chelsea, l'hôpital de Greenwich, le théâtre d'Oxfort, sont encore autant de monumens qui l'immortalisent. L'architecture n'étoit qu'un de ses talens & qu'une de ses connoissances ; il avoit fait des découvertes importantes dans l'astronomie, dans la gnomonique, dans la statique & dans les méchaniques. Il fut professeur d'astronomie au collège de Gresham à Londres, il le fut aussi à Oxfort. En 1668, il fut fait architecte du roi. En 1680 il fut fait président de la société royale de Londres, & il y a plusieurs pièces de lui dans les mémoires de cette compagnie.

Christophe *Wren*, son fils, mort en 1747, âgé de soixante & douze ans, fut un homme de lettres & un antiquaire. Il avoit publié en 1708 un ouvrage plein de recherches, intitulé : *Numismatum antiquorum sylloge*.

WURTCHAFFT, [*Hist. mod. d'Allemagne*] c'est le nom allemand qu'on donne à Vienne à l'ancienne fête de l'*hôte* ou de l'*hôtesse*. L'empe-

reur Léopold renouvella pour Pierre le grand cette fête qui n'avoit point été en usage pendant son règne. L'auteur de l'histoire de l'empire de Russie, sous Pierre le grand, n'a point dédaigné de décrire la manière dont le *Wurtchafft* se célèbre.

« L'empereur est l'hôtelier, l'impératrice l'hôtelière, le roi des romains, les archiducs, les archiduchesses sont d'ordinaire les aides, & reçoivent dans l'hôtellerie toutes les nations vêtues à la plus ancienne mode de leur pays : ceux qui sont appelés à la fête, tirent au sort des billets. Sur chacun de ces billets est écrit le nom de la nation, & de la condition qu'on doit représenter. L'un a un billet de mandarin chinois, l'autre de mirza tartare, de satrape persan, ou de sénateur romain ; une princesse tire un billet de jardinière ou de laitière ; un prince est paysan ou soldat. On forme des danses convenables à tous ces caractères. L'hôte & l'hôtesse & sa famille servent à table. »

« Telle est l'ancienne institution, mais dans cette occasion le roi des romains Joseph & la comtesse de Traun représentèrent les anciens Egyptiens : l'archiduc Charles & la comtesse de Walstein figuroient les flamands du tems de Charles-Quint. L'archiduchesse Marie-Elisabeth & le comte de Traun étoient en tartares ; l'archiduchesse Josephine avec le comte de Vorkla étoient à la persaue ; l'archiduchesse Marie-Anne & le prince Maximilien de Hanovre en paysans de la Nord-Hollande. Pierre s'habilla en paysan de Frise, & on ne lui adressa la parole qu'en cette qualité, en lui parlant toujours du grand czar de Russie. Ce sont de très petites particularités ; mais, dit M. de Voltaire, ce qui rappelle les anciennes mœurs, peut à quelques égards mériter qu'on en parle dans l'histoire. (*D. J.*)

WYCHERLEY, VICHERLEY ou **VYCHERLEY**, (Guillaume) (*Hist. litt. mod.*) poëte comique anglois né en 1640 à Clives en Angleterre, passa plusieurs années en France dans sa jeunesse ; son goût dominant le porta naturellement à étudier l'art de Molière & à enrichir le théâtre anglois de quelques-unes des pièces de cet excellent modèle. Il est auteur d'une pièce intitulée : *le Misanthrope ou l'homme au franc procédé* ; c'est, dit M. de Voltaire, une des bonnes comédies qu'on ait à Londres. *Wycherley* étoit un homme de très-bonne compagnie, il vivoit à la cour ingénieuse, polie & licencieuse de Charles II. Il étoit l'amant déclaré de la duchesse de Cleveland, maîtresse du roi. Les traits du misanthrope de *Wycherley*, continue M. de Voltaire, sont plus hardis que ceux de Molière, mais aussi ils ont moins de « finesse & » de bienséance. L'auteur anglois a corrigé le seul » défaut qui soit dans la pièce de Molière ; ce » défaut est le manque d'intrigue & d'intérêt. La

P p p p

» pièce angloise est intéressante, l'intrigue en est
» ingénieuse, mais trop hardie pour nos mœurs ».
M. de Voltaire a essayé pourtant de nous la faire
connoître davantage par une imitation libre qu'il
nous en a donnée. C'est *sa prude* ou *sa gardeuse
de cassette*; il faut avouer que ce n'est pas une
des meilleures comédies de M. de Voltaire.

« *Wycherley* a encore tiré de Molière une pièce
non moins singulière & non moins hardie, c'est une
espèce d'*École des femmes*, pièce qui de l'aveu
de M. de Voltaire, n'est pas l'école des bonnes
mœurs, mais en vérité, ajoute-t-il, c'est l'école
de l'esprit & du bon comique.

L'auteur passa deux ou trois fois du protestan-
tisme au catholicisme, & finit par n'avoir aucune
religion. Sa fortune varia comme sa foi. Il plut
à la comtesse de Drogheda, qui l'épousa & lui donna
tout son bien, mais après la mort de cette femme,
il eut à essuyer pour le bien qu'elle lui avoit laissé
des procès qui le ruinèrent; il fut poursuivi par

ses créanciers, qui le retinrent sept ans en prison;
la générosité du roi Jacques II, l'en tira, il paya ses
dettes, il lui fit une pension de deux cent livres
sterling, mais qui ayant bientôt cessé au temps
de la révolution, le laissa dans toute la pauvreté
où il étoit avant les bienfaits de Jacques II. En 1715,
âgé de près de quatre-vingts ans, il se remaria
onze jours avant sa mort; il n'y a pas d'apparence
que ce second mariage eût fait sa fortune.

Outre les deux pièces de *Wycherley*, imitées
de Molière & dont nous avons parlé, il y en a
deux autres intitulées : *l'Amour dans un bois*, &
le gentilhomme maître à danser. Ses œuvres ont
été imprimées à Londres en 1728, long-temps après
sa mort.

WYNANTS, [Jean] [*Hist. litt. mod.*] peintre
hollandois, né à Harlem en 1660, distingué parmi les
paysagistes. On l'accuse d'avoir nui aux progrès
de ses talens par le jeu & par la débauche. On
ignore le tems de sa mort.

X

XAN

XAN

XACA. (*Hist. mod.*) nom d'un dieu japonois. (*A. R.*)

XACCA, (*Hist. du Japon.*) philosophe indien, est regardé comme le législateur des japonois, Nous n'aurions à en rapporter que des fables; son ame avoit passé jusqu'à quatre - vingt mille fois, par la métempsycose, dans les corps d'animaux d'espèce différente. On peut croire qu'il enseigna aux japonois la métempsycose. Il est difficile de fixer le tems où il a vécu.

XAMABUGIS. (*Hist. mod. superstition.*) Ce sont des espèces de bonzes ou de moines japonois, qui suivent le budsdoïsme, ou la religion de Siaka. Ils servent de guides aux dévots pélerins qui vont visiter les temples de leurs fausses divinités. Ils leur font faire le voyage pieds nuds, les obligent d'observer une abstinence très-sévère, & ils abandonnent sans pitié les infortunés qui sont hors d'état de suivre la caravanne, & qui périssent faute de secours dans les déserts que l'on est forcé de traverser. Ensuite ces moines barbares remettent leurs pélerins sous la conduite des genguis, bonzes encore plus inhumains, qui les traitent avec une dureté que le fanatisme le plus outré auroit peine à justifier. (*A. R.*)

XAMDELLILHA, *terme de relation*, prière d'action de graces que font les pauvres arabes après leur repas. Les grands seigneurs arabes invitent souvent des gens du petit peuple, & même des pauvres à manger avec eux; ces sortes de conviés se lèvent toujours d'abord qu'ils ont fini de manger, & pour lors ils ne manquent jamais de dire à haute voix *xamdellilha*; mot qui signifie *dieu soit loué*. Ce discours est très-noble, & ne s'adresse point au maître de la maison; mais à Dieu seul qui est l'auteur de tous les biens. (*D. J.*)

XAN, (*Hist. mod.*) on nomme ainsi en quelques endroits de la domination du grand-seigneur, ce qu'on nomme communément kan, chan & *caravanserai*. *Diction. de commerce.* (*A. R.*)

XANTIPPE ou XANTHIPPE, (*Hist. anc.*) femme de Socrate, célèbre dans l'antiquité par son humeur bizarre, par ses emportemens, par la vio-

lence, par les rudes épreuves qu'elle fit souffrir à la vertu de Socrate. Nous l'avons assez fait connoître à l'article de ce philosophe, & nous ne pouvons qu'y renvoyer.

Ce nom est aussi celui de plusieurs hommes qui jouent un personnage dans l'histoire ancienne, c'est celui :

1°. D'un citoyen d'Athènes qui, soit par envie, soit par zèle patriotique, accusa Miltiade d'avoir reçu de l'argent du roi de Perse, pour lever le siège de la principale ville de l'isle de Paros, accusation peu vraisemblable, mais qui fut accueillie, & qui prévalut sur l'innocence & sur la gloire du vainqueur de Marathon.

2°. Du père de Périclès, duquel on rapporte le trait suivant. Il étoit à Athènes lorsqu'à l'approche de Xerxès, les athéniens prirent la résolution courageuse d'abandonner leur ville & de se retirer à Salamine, en se séparant de leurs parens, de leurs femmes, de leurs enfans, de leurs esclaves, que chacun envoyoit en différens asyles. Le moment de l'embarquement & de la séparation mit à une terrible épreuve le courage des athéniens. Parmi les circonstances douloureuses dont ce moment étoit accompagné, l'histoire n'a pas dédaigné de remarquer la part que les animaux domestiques parurent prendre au deuil public. On voyoit sur-tout ces fidèles compagnons, ces tendres amis de l'homme, courir avec des hurlemens affreux après leurs maîtres qui s'embarquoient & qui ne pouvoient les emmener. Le chien de *Xantippe* se distingua parmi tous les autres par un trait de courage & d'attachement tout-à-fait héroïque, il se jetta dans la mer, nagea toujours le plus près qu'il lui fut possible du vaisseau qui portoit son maître, & parvint ainsi jusqu'au rivage de Salamine, où il mourut en abordant, par l'épuisement total de ses forces; on admira & on pleura ce fidèle animal, il fut enterré sur le rivage, on montroit encore du tems de Plutarque, sur ce rivage de Salamine, le lieu où l'on disoit qu'il étoit déposé. Ce lieu s'appelloit *la sépulture du chien.*

3°. Du fils aîné de Périclès. Ce fils par ses dissipations & ses folies lui donna quelques chagrins. Périclès aussi économe dans sa maison qu'il étoit magnifique dans les dépenses publiques, dans la protection qu'il accordoit aux arts, dans tout ce qui tendoit à l'embellissement d'Athènes, & au maintien de la splendeur de l'état, Périclès ne se piquoit point de fournir à tous les caprices & à toutes les prodigalités de *Xantippe* & de sa jeune femme plus fastueuse encore que lui. *Xantippe* fit des emprunts sous le nom son père qui ne les avoua point, & qui non-seulement refusa de payer les sommes prêtées, mais appella même en justice le préteur, comme ayant secondé par ces prêts funestes les désordres de la conduite de *Xantippe*. Celui-ci outré de colère, s'emporta contre son père, lui manqua de respect, tourna en ridicule la philosophie de Périclès, & les assemblées de philosophes ou de sophistes qu'il tenoit chez lui, de sorte que Périclès eut également à se plaindre, & de ses actions & de ses discours.

Ce fils mourut de la peste qui ravageoit Athènes & qui enleva vers ce temps à Périclès tous ses enfans légitimes, sa sœur & plusieurs autres de ses parens.

4°. *Xantippe*, général athénien, commandoit avec Léotychide, roi de Lacédémone, la flotte des grecs, au combat de Mycale, qui fut livré le même jour que la bataille de Platée, & qui acheva de détruire ces innombrables & monstrueuses forces de Xerxès, & les réduisit à une fuite honteuse.

5°. *Xantippe*, général lacédémonien, est celui qui remporta la victoire en Afrique dans ce fameux combat décrit par Polybe avec tant de détail, & où Regulus fut fait prisonnier. (*voyez* l'article *Regulus*) Les carthaginois commandés par Hannon & Amilcar venoient de perdre la bataille navale d'Ecnome en Sicile, contre les romains commandés par les consuls Marcus Attilius Regulus & L. Manlius. Les vaincus se voyoient réduits à la plus fâcheuse extrémité, lorsqu'il leur arriva de Sparte des troupes auxiliaires commandées par ce *Xantippe*, grand homme de guerre, élevé dans la discipline de Sparte, & qui avoit plus profité que personne dans cette excellente école. Il se fit rendre un compte exact de toutes les circonstances de la bataille d'Ecnome; il fit voir aux carthaginois que c'étoit uniquement par la faute de leurs chefs qu'ils avoient perdu cette bataille; il parla si bien & montra une si profonde connoissance de l'art militaire, qu'on le pria, qu'on le força d'accepter le commandement de l'armée; on ne pouvoit le remettre dans des mains plus habiles. *Xantippe* raisonna sa victoire comme il avoit raisonné la défaite des carthaginois, & avant de mener ceux-ci au combat, il leur avoit prouvé démonstrativement qu'il les menoit à un avantage certain. Il est beau de faire de telles prédictions & de tenir parole. Après sa victoire, *Xantippe* prit le parti de se retirer & de disparoître pour ne point trop exciter l'envie. Cette prudente modestie ne put le sauver, si l'on en croit Appien. Cet historien rapporte que les carthaginois jaloux des talens & des succès de *Xantippe*, & honteux de devoir

leur salut à une puissance étrangère, prirent le prétexte de reconduire par honneur *Xantippe* dans sa patrie avec une nombreuse escorte de vaisseaux, & qu'ils donnèrent un ordre secret à ceux qui conduisoient ces vaisseaux, de faire périr en chemin ce général avec les lacédémoniens qui l'accompagnoient. Ce n'est pas la seule fois que la politique a récompensé ainsi des services dont elle ne pouvoit s'acquitter.

XANTHUS est le nom du philosophe dont Esope fut l'esclave. M. Rollin eût pu se dispenser de répéter l'histoire des langues qui sont & la meilleure, & la pire chose qui soit au monde, & il auroit pu se dispenser sur-tout de faire honneur de cette insipide plaisanterie à l'esprit & à la vivacité d'Esope. Il faudroit plutôt si on admettoit le fait, louer la patience & l'indulgence de *Xanthus*, qui auroit souffert de son esclave une pareille plaisanterie.

XAVIER, (Saint-François) (*Hist. ecclés.*) surnommé *l'apôtre des Indes*, fut un des six premiers compagnons de Saint-Ignace de Loyola dans sa société naissante; il avoit les mêmes avantages qu'Ignace du côté de la naissance, & avoit eu d'abord la même indifférence pour son salut; la grace le changea comme elle avoit changé Ignace, qui fut l'heureux instrument de la conversion de son ami. François-*Xavier* étoit né en 1506, au château de *Xavier* situé au pied des Pyrénées, ce fut à Paris qu'il fit la connoissance d'Ignace, *Xavier* enseignoit alors la philosophie au collège de Beauvais. Ils firent leurs vœux à Montmartre en 1534, le jour de l'assomption; comme un de ces vœux étoit de travailler à la conversion des infidèles, *Xavier* s'étant embarqué à Lisbonne en 1541, passa d'abord à Goa & prêcha l'évangile dans diverses parties de l'Inde, à Malaca, dans les îles Moluques, au Japon même. Il avoit sur-tout l'ambition de convertir la Chine, mais il ne vit ce vaste empire que comme Moyse avoit vu la terre promise du haut du Mont Abarim. *Xavier* mourut en 1552, dans une île à la vue du continent de la Chine. Grégoire XV, le canonisa en 1622. Il y a de lui quelques ouvrages; mais ce n'est pas par-là qu'il est connu.

XENETAS. (*Hist. anc.*) Les commencemens du regne d'Antiochus, dit le grand, roi de Syrie, furent troublés par des révoltes & des cabales. Molon & Alexandre, deux frères, au premier desquels il avoit donné le gouvernement de la Médie, & au second celui de la Perse, se rendirent souverains, chacun dans sa province. Les mécontentemens que leur avoit donnés Hermias, ministre dur, insolent & injuste, qui gouvernoit entièrement le jeune roi, étoient la cause principale de leur révolte. Un général plein de zèle & de talens, Epigène, voulut faire marcher le roi contre eux, Hermias redoutant l'ascendant d'Epigène, combattit son avis avec aigreur, infinuant que c'étoit livrer le roi entre les mains des rebelles, & ajoutant qu'il ne convenoit au roi de marcher que contre des rois. Il fit nommer, pour aller combattre Molon & Alexandre, *Xénétas* homme fans talens & fans ufage du commandement, mais courtifan fouple & voué à la faveur. Le fuccès répondit, & à la qualité du choix & au motif qui l'avoit fait faire. *Xénétas* paffant le Tigre pour marcher aux rebelles, donna dans la première embufcade où l'ennemi voulut l'attirer, & y périt avec toute fon armée. Cette feule victoire rendit les rebelles maîtres de la Babylonie & de la Méfopotamie. Telle fut la fuite d'un mauvais choix.

XENOCRATE (*Hift. anc.*) un des plus célèbres philofophes de l'antiquité, difciple de Platon, étoit de Calcédoine. Il étudia la philofophie fous Platon avec Ariftote. En comparant enfemble, Ariftote & *Xénocrate*, on difoit d'eux ce qu'Ifocrate difoit auffi de Théopompe & d'Ephore, que l'un, (c'étoit *Xénocrate*) avoit befoin d'éperons, & l'autre (Ariftote) de frein. Platon en jugeoit ainfi, & difoit qu'en voulant faire marcher de front Ariftote & *Xénocrate*, il apparoit un cheval avec un âne. Mais que ne peut l'émulation ! *Xénocrate* ne fe rebuta jamais d'une étude toujours pénible & fouvent ingrate ; il ne perdit point courage. Il voulut être un digne difciple de Platon, & il le fut.

Dignum præftabo me etiam pro laude merentis.

Plutarque encouragé par l'exemple de *Xénocrate* & par celui de Cléanthe, (il pouvoit y ajouter celui de Démofthènes) ceux à qui la nature paroît avoir donné moins de difpofitions que de bonne volonté. Cette *bonne volonté* même eft la plus grande & la meilleure des difpofitions ; on parvient à dompter une nature rebelle.

Labor omnia vincit

Improbus.

Ariftote fut toujours fupérieur à *Xénocrate* pour les connoiffances, les lumières & les talens, mais *Xénocrate* le furpaffa dans la philofophie pratique, but où doit tendre la philofophie fpéculative ; il eut fur lui l'avantage de la pureté des mœurs.

Il avoit l'humeur dure & auftère, & porté à la mélancolie ; c'étoit lui que Platon favoit des graces, exhortoit fouvent à *facrifier aux graces* ; il ne lui épargnoit ni les leçons ni les reproches fur les défauts qui pourroient un jour ôter à fes inftructions une partie de leur agrément, & à fes exemples une partie de leur vertu. *Xénocrate* doux & docile pour fon maître feulement, prenoit en bonne part tout ce que lui difoit Platon, & quelques-uns de fes condifciples, par une amitié indifcrète ou par des motifs moins purs, cherchant à l'indifpofer contre ce philofophe, & l'exhortant à repouffer avec vivacité

des leçons qu'ils lui peignoient comme défobligeantes, il leur impofa filence par ce mot qui peint une ame reconnoiffante : *c'eft pour mon bien qu'il me traite ainfi.*

Ob hunc nunc

Laus illi debetur & à me gratia major.

Il fut le fucceffeur de Platon dans fon école.

Philippe, roi de Macédoine, pour devenir le tyran de la Grèce, en étoit alors le corrupteur, il prodiguoit fes perfides largeffes à ceux qui s'élevoient au-deffus des autres par les talens ou par le crédit.

Diffidit urbium

Portas vir Macedo, & fubruit æmulos

Reges muneribus.

Xénocrate étoit inacceffible à ce genre de féduction & à tout autre. Ni les honneurs ni les louanges, quoiqu'il y fût plus fenfible, & que Philippe fût préparer ce poifon, n'avoient aucune vertu pour le détourner de fon devoir. Il fut député avec quelques autres Athéniens vers le roi de Macédoine, qui averti par la renommée, du mérite d'un tel ambaffadeur, n'oublia rien pour le gagner, mais voyant toutes fes tentatives inutiles, il prit le parti de le traiter en ennemi ou plutôt d'affecter pour fa perfonne un faux mépris. *Xénocrate* étoit exclus des conférences où étoient admis fes collègues qui s'étoient laiffés corrompre par les libéralités de Philippe, & par les fêtes qu'il leur donnoit. *Xénocrate* ne fe prit point à ce nouveau piège, il ne parut point s'appercevoir du changement de conduite de Philippe à fon égard ; pour lui, fa conduite fut toujours la même, exclus de tout, il parut content de tout, ne fe plaignit de rien, foutint feul la dignité de la république & celle de la philofophie. Au retour de l'ambaffade, les autres ambaffadeurs firent beaucoup valoir les avantages que leur dextérité avoit procurés à la république, ils eurent l'imprudence de blâmer la conduite de *Xénocrate*, & de le mettre dans la néceffité de faire fon apologie. Selon eux, ce philofophe avoit été entièrement inutile dans cette ambaffade, il ne les avoit fecondés en rien, le peuple prevenu par leurs plaintes, étoit déjà prêt à condamner *Xénocrate* à l'amende comme un mauvais citoyen & un mandataire infidèle. *Xénocrate* alors rompit le filence, expofa tout ce qui s'étoit paffé à la cour de Philippe, & plus inftruit de la conduite de fes collègues que ceux-ci ne le penfoient, il dévoila le vil principe de leurs perfides complaifances pour Philippe, & les couvrit de confufion à la face de la république.

Alexandre le Grand, fils de Philippe, tenta auffi de gagner *Xénocrate* & crut y réuffir mieux que fon père. Des ambaffadeurs qu'il avoit envoyés à Athènes pour quelque négociation, vinrent offrir de fa part à *Xénocrate* une fomme d'argent confidérable ; *Xé-*

nocrate fourit & les invita pour le lendemain à fouper. Les ambaſſadeurs ſe flattèrent d'avoir trouvé le taux de la vertu de *Xénocrate*, ils arrivèrent chez lui pleins d'eſpérance. *Xénocrate* leur donna le repas le plus frugal & le plus philoſophique, & eux pour ménager, à ce qu'ils croyoient, ſa pudeur expirante, ne lui parlèrent de rien ce jour-là. Cependant il fallut s'expliquer, le lendemain ils lui demandèrent naturellement dans quelles mains il vouloit qu'ils remiſſent l'argent qu'ils étoient chargés de lui donner. *Je croyois*, leur répondit-il ſans s'émouvoir, *cette affaire terminée par le ſouper d'hier. Comment l'extrême frugalité de ce repas ne vous a-t-elle pas prouvé que Xénocrate ne peut avoir beſoin d'argent?* Alors les voyant affligés & humiliés de ſon refus, ne croyez pas, leur dit-il, que j'aye le fol orgueil de dédaigner les préſens d'un ſi grand roi, mais cette ſomme qui par ſon énormité deviendroit une inſulte, qu'elle ſoit réduite à une ſimple marque d'eſtime, & je l'accepte avec reſpect, & avec reconnoiſſance; en effet il en prit une très-légère partie, uniquement parce qu'elle venoit d'Alexandre, & comme un hommage qu'il aimoit à rendre au héros du ſiècle. Il nous ſemble que ce n'eſt pas là de la philoſophie affichée, & qu'il y a dans toute cette conduite beaucoup de meſure & de convenance. Cicéron qui rapporte ce fait paroît en juger de même. *Cùm poſtridie rogarent eum cui numerari juberet: QUID? VOS HESTERNA, INQUIT, CŒNULA NON INTELLEXISTIS ME PECUNIA NON EGERE? Quos cùm triſtiores vidiſſet, triginta minas accepit, ne aſpernari regis liberalitatem videretur.* Ainſi, dit Valère Maxime, un roi, (& quel roi?) voulut acheter l'amitié d'un philoſophe; & un philoſophe ne voulut point vendre ſon amitié au roi. *Ità rex philoſophi amicitiam emere voluit, philoſophus regi ſuam vendere noluit.*

Le déſintéreſſement de *Xénocrate* étoit d'autant plus méritoire qu'il étoit accompagné de toute la pauvreté, qui auroit pu ſervir d'excuſe à une conduite moins pure & moins délicate. Il ſe vit réduit à ne pouvoir payer une eſpèce de capitation impoſée ſur les étrangers, & Plutarque raconte que l'orateur Lycurgue le voyant conduire en priſon pour n'avoir pu ſatisfaire à ce payement, acquitta ſa dette & le tira des mains des fermiers. *Xénocrate* moins humilié d'avoir eu beſoin d'un tel ſervice, que flatté d'en avoir l'obligation à un homme de mérite, tel que l'orateur Lycurgue, rencontrant quelques jours après le fils de ſon libérateur, lui dit: je paie avec uſure à votre père le plaiſir qu'il m'a fait, car je ſuis cauſe qu'il eſt loué de tout le monde. Diogène Laërce rapporte au ſujet de *Xénocrate* un fait qui paroît être le même que celui qui vient d'être raconté d'après Plutarque, quoique les circonſtances en ſoient différentes. Il s'agiſſoit du même impôt que ce philoſophe ne pouvoit payer; en conſéquence les athéniens le vendirent comme eſclave. Démétrius de Phalère l'acheta pour le re-

mettre en liberté. M. Rollin doute que les Athéniens euſſent traité ſi rudement un philoſophe de la réputation de *Xénocrate*, & ce doute eſt raiſonnable; cependant ſi telle étoit la loi du pays! d'ailleurs ces mêmes athéniens avoient traité Socrate avec plus de rigueur encore.

Il eſt vrai qu'Athènes révéroit la probité de *Xénocrate*, & qu'un jour qu'il comparoiſſoit devant les juges pour rendre témoignage dans une affaire, au moment où il approchoit de l'autel pour jurer, tous les juges ſe levèrent, l'empêchèrent de jurer, & déclarèrent que la ſimple parole d'un homme tel que *Xénocrate* leur tenoit lieu de ſerment. L'hommage eſt noble, mais l'action eſt irrégulière, la loi eſt pour tout le monde, & les juges n'en doivent diſpenſer perſonne. C'eſt pourtant cette irrégularité même qui fait tout le prix de l'hommage.

Ce reſpect des athéniens pour la vertu de *Xénocrate* ne prouve point la fauſſeté de l'hiſtoire de Diogène Laërce. L'oracle & la voix publique avoient déclaré Socrate le plus ſage des mortels, & les athéniens le firent périr.

Quelqu'un demandant à *Xénocrate* raiſon d'un ſilence qui pouvoit être d'improbation à l'égard d'un entretien où la médiſance avoit eu grande part, *je me ſuis ſouvent repenti*, dit-il, *d'avoir parlé, jamais de m'être tu.* Le mot eſt d'un grand ſens, mais il n'eſt pas toujours vrai, un ſilence d'improbation fait autant & plus d'ennemis que la médiſance même, & c'eſt ce qui fait le danger de la ſociété, même pour les gens diſcrets.

Xénocrate avoit d'excellens principes ſur l'éducation des enfants, ſur les diſcours ſages & vertueux qu'il vouloit qu'on leur fit entendre de bonne heure, afin que ces diſcours s'emparaſſent pour ainſi dire de leurs oreilles & de leur ame, comme d'une place encore vacante, & dont le vice s'emparoit, ſi la vertu ne le prévenoit. C'eſt en ſubſtance le fameux précepte que Juvénal a depuis exprimé ainſi:

Maxima debetur puero reverentia, ſi quid
Turpe paras, ne tu pueri comtempſeris annos.

Xénocrate ne reconnoiſſoit pour véritables philoſophes que ceux qui font de leur propre mouvement & de leur plein gré ce que le peuple ne fait que par la crainte des loix & du châtiment.

Oderunt peccare boni virtutis amore,
Tu nihil admittes in te formidine pœnæ,
Sit ſpes fallendi, miſcebis ſacra profanis.

On croit qu'il fit à la ſollicitation d'Alexandre, un traité ſur l'art de régner: Il n'aimoit que la retraite, paſſoit ſa vie dans ſon cabinet; on le royoit à peine dans les rues, mais quand il y paroissoit, la jeunesse débauchée & mal moriginée n'osoit soutenir sa rencontre, & lui rendoit l'hommage de se détourner avec confusion ; ce fut lui qui convertit à la vertu le débauché Polémon, venu dans son école pour le braver & l'insulter. (*Voyez* l'article POLÉMON).

Xénocrate mourut âgé de quatre-vingt-deux ans, la première année de la cent seizième Olympiade, qui tombe à l'année 516, avant J. C.

Un autre *Xénocrate*, étoit médecin du temps de Néron. Galien en parle, & n'en donne pas une idée très-avantageuse, il dit que ses remèdes étoient impraticables, & que, quoiqu'il eût écrit sur les médicamens, on ne pouvoit presque tirer aucun profit de ses ouvrages. Il donnoit dans la médecine mystique & superstitieuse, dans les amulettes, dans les enchantemens, dans les recettes pour faire aimer, pour faire hair, pour envoyer des songes, &c. Quant aux sentimens qu'on prétend inspirer par ces recettes, il faut s'en tenir au précepte d'Ovide : *pour être aimé, soyez aimable.*

Fallitur Hæmonias si quis decurrit ad artes,

    Datque quod à teneri fronte revellet equi;

Non faciet ut vivat amor Medeides herba,

    Mixtaque cum magicis nænia Marsa sonis :

Phasias Œsoniden, Circe tenuisset Ulyssem,

    Si modò servari carmine posset amor.

Nec data profuerint pallentia philtra puellis ;

    Philtra nocent animis, vimque furoris habent.

Sit procul omne nefas, ut ameris, amabilis esto,

    Ingenii dotes corporis adde bonis.

Xénocrate avoit cependant fait quelques découvertes en médecine, il avoit trouvé une thériaque & quelques autres compositions utiles. Il nous reste un petit ouvrage qui porte le nom de *Xénocrate*, il traite *de la nourriture des animaux aquatiques.* Il a été imprimé en 1559, à Zurick avec des notes de Gesner. *Xénocrate* étoit né en Cilicie.

XÉNOPHANE, (*Hist. anc.*) philosophe grec, paroît n'avoir admis d'autre Dieu que ce monde matériel auquel il attribue une intelligence. Il dit que Dieu est *une substance éternelle & de figure ronde.*

A travers ces erreurs que diverses circonstances pouvoient excuser, & qui paroissent avoir du rapport avec la doctrine attribuée depuis à Spinosa, il avoit d'ailleurs des idées plus saines sur la divinité qu'on n'en avoit généralement de son temps, l'idolâtrie & le polythéisme étoient pour lui des objets de mépris. *Il n'est pas moins absurde*, disoit-il, *de prétendre que les Dieux naissent que de soutenir qu'ils meurent. S'ils sont Dieux, ils ont dû exister toujours & ils ne cesseront jamais d'exister.* Étant en Egypte, & assistant à une de ces fêtes lugubres dans lesquelles les Egyptiens faisoient de grandes lamentations sur la perte de quelqu'un de leurs Dieux fantastiques : *Si les objets de votre culte*, leur dit-il, *sont des Dieux, ne les pleurez pas ; s'ils sont des hommes ou des animaux, ne leur offrez pas de sacrifices.* Ces propos trop sensés, bien plus que les erreurs dans lesquelles il pouvoit être tombé, lui attirèrent quelques persécutions ; on trouva qu'il parloit trop librement des Dieux, & il fut banni pour cette raison de Colophon sa patrie. Il se retira en Sicile, où il demeuroit tantôt à Zancle, aujourd'hui Messine, tantôt à Catane. Il fut le fondateur de la secte éléatique. On dit qu'un jour qu'il se plaignoit de sa pauvreté à Hiéron, roi de Syracuse, & qu'il lui disoit : *je n'ai pas même le moyen d'entretenir deux serviteurs*, Hiéron lui répliqua : *tu devrois donc respecter davantage Homère, qui tout mort qu'il est, fait vivre encore plus de dix mille hommes.* Mais il paroît que *Xénophane* n'attaquoit que la théologie d'Homère ; & en cela, on ne peut pas dire qu'il eût tort.

Xénophane étoit disciple d'Archelaüs, on croit qu'il vivoit du temps de Socrate. Il avoit plusieurs opinions philosophiques, aujourd'hui communes, mais c'étoit alors un mérite de les avoir. Il croyoit la lune, & par conséquent les autres planètes habitées ; il regardoit les prédictions comme impossibles, & dans ce temps de prédictions & d'oracles, c'étoit une idée hardie ; il jugeoit que le bien surpasse le mal dans le monde, & c'est l'idée d'un esprit observateur & d'une ame reconnoissante. Le commun des hommes ne sait que se plaindre, & semble n'être averti de son existence que par le mal. On oublie toutes les sensations agréables que la nature nous a ménagées, tout le plaisir qu'elle a sagement attaché à satisfaire tous les vrais besoins ; notre ingratitude, ou notre inattention calomnie la providence. *Xénophane* vécut près de cent ans, & il en eut peut-être en partie l'obligation à sa philosophie.

Xénophane est aussi le nom du chef d'une ambassade que Philippe, roi de Macédoine, envoyoit aux carthaginois & à leur général victorieux Annibal, après qu'il eut battu les romains dans trois grandes batailles. Ces ambassadeurs macédoniens furent pris par les romains, & furent conduits vers le préteur Valerius Levinus. On ignoroit encore pour qui Philippe se déclareroit ; *Xénophane* prit son parti en profitant de cette incertitude ; il dit que Philippe, son maître, l'avoit envoyé vers les romains pour faire alliance & amitié avec eux.

    Le sage dit, selon les gens,

    Vive le roi, vive la ligue.

dit la Fontaine ; c'est précisément ce que fit *Xénophane* en cette occasion. Levinus charmé de voir qu'au milieu de la décadence des affaires de Rome

& de la défection des alliés, un roi auſſi puiſſant que Philippe, ſongeât à faire alliance avec les romains, rendit toutes ſortes d'honneurs aux ambaſſadeurs, & leur donna une puiſſante eſcorte pour les conduire à Rome. Sur la route, ils s'échappèrent, & ſe rendirent au camp d'Annibal, avec lequel ils conclurent leur traité. A leur retour, Annibal envoya des ambaſſadeurs carthaginois avec eux pour rapporter la ratification que Philippe devoit faire du traité. Il ne leur donna pas apparemment une aſſez puiſſante eſcorte pour aſſurer leur marche; ils tombèrent tous enſemble entre les mains des romains. On reconnut les carthaginois à leur habillement & à leur langage; on les trouva chargés de lettres d'Annibal pour Philippe, & d'une copie du traité; ils furent envoyés à Rome, & tellement ſurveillés, qu'ils ne purent pas s'échapper, non plus que les ambaſſadeurs de Philippe; & ſi Rome apprit par-là qu'elle avoit un nouvel ennemi, elle fut avertie auſſi, & avertie à tems, de prendre les meſures néceſſaires pour ſoutenir cette ſeconde guerre.

XENOPHILE (*Xenophilus.*) (*Hiſt. anc.*) eſt le nom d'un muſicien de l'antiquité, dont parle Valère Maxime, qui eut le bonheur ſingulier de vivre cent ſix ans ſans ſe connoître ni la maladie ni la douleur: *Omnis humani incommodi expers*, dit Valère Maxime, *in ſummo perfectiſſimæ ſplendore doctrinæ extinctus eſt.*

XÉNOPHON. (*Hiſt. anc.*) L'antiquité nous offre pluſieurs grands perſonnages de ce nom. Le plus célèbre eſt l'hiſtorien philoſophe dont nous avons les ouvrages, & qui fut auſſi un capitaine très-diſtingué.

Xénophon étoit fils de Gryllus, il naquit à Athènes l'an 450 avant Jéſus-Chriſt. Lorſque le jeune Cyrus ſe révolta contre ſon frère Artaxerxe Mnémon, & marcha contre lui pour le détrôner, Xénophon s'engagea dans les troupes du jeune Cyrus, ce qui fit exiler Xénophon par les athéniens, ſes compatriotes, alors amis d'Artaxerxe. Un homme, dont la famille étoit amie de celle de Xénophon, le préſenta, encore jeune, au jeune Cyrus, qui l'accueillit, & lui donna de l'emploi dans ſon armée. Il étoit à la bataille de Cunaxa, où périt Cyrus, & il s'y diſtingua. Il a décrit cette expédition de Cyrus le jeune; il donne à ce prince les qualités les plus brillantes & les plus aimables, ſans aucun mélange de défauts ni de vices. C'étoit cependant un grand vice que cette ambition qui le portoit à ſe révolter contre ſon frère & à vouloir le détrôner. Mais, d'ailleurs, il falloit en effet que ce prince fût ſi non aimable pour être auſſi aimé qu'il l'étoit; le dévouement des grands de ſa cour, qui ſe firent tous tuer auprès de ſon corps; le zèle fidèle & affectionné de tous ſes ſoldats, même étrangers; le déſeſpoir de Paryſatis, ſa mère, & les fureurs de ſa

vengeance à l'égard de tous ceux qu'elle ſoupçonna d'avoir eu part à la mort de ſon fils; l'éloge enfin qu'en fait Xénophon, tout ſemble dépoſer en faveur de ce prince.

Ce fut après cette bataille de Cunaxa que ſe fit cette retraite ſi vantée de dix mille grecs, depuis la province de Babylonie juſqu'à Trébiſonde, que conſeilla Xénophon, & à laquelle il préſida, ayant ranimé par des diſcours éloquens & encourageans les eſprits abattus de ces malheureux, qui, privés de leurs chefs, & ſe trouvant à cinq ou ſix cents lieues de la Grèce, enfermés par de grands fleuves, environnés de nations ennemies, ſans gardes, ſans vivres, ne voyoient plus de reſſource que la mort. Xénophon a encore décrit avec beaucoup d'intérêt cette marche périlleuſe & difficile. Le lecteur, qui a partagé les dangers, les fatigues, les douleurs & la détreſſe de l'armée, partage la joie des ſoldats, lorſque parvenus, à travers des déſerts affreux & des défilés preſque impénétrables, ſur le haut d'une montagne très-élevée, nommée Tecque, ils apperçurent pour la première fois, dans le lointain, la mer, où ils eſpéroient s'embarquer. Les premiers qui la virent ſe mirent à crier avec tranſport: *mer, mer.* Xénophon, qui étoit à l'arrière-garde, comme au poſte de l'honneur & du danger dans une retraite, crut d'abord que l'avant-garde étoit attaquée; mais bientôt ce cri de mer, mer devint général à meſure que les ſoldats s'élevoient au haut de la montagne; alors la joie ſe répandit dans tous les rangs de l'armée, on s'embraſſoit en pleurant, & en criant: mer, mer. On dreſſa un trophée ſur la montagne: on avoit cependant encore bien des malheurs & des fatigues à eſſuyer avant l'embarquement. Ces malheurs étoient ſouvent l'effet des diviſions qui ſe mettoient dans cette petite armée. Les grecs du Péloponèſe voyant avec peine un athénien, Xénophon, à leur tête, ce général eut beſoin de toute ſa prudence pour contenir l'armée dans le devoir, & pour réprimer à-la-fois les ennemis étrangers & les ennemis domeſtiques.

Xénophon avoit une affaire à régler avec un prince de Thrace, nommé Seuthe. Ce prince lui avoit précédemment demandé des ſecours pour ſe rétablir dans les états de ſon père, dont il étoit dépouillé. Il avoit fait à Xénophon les plus magnifiques promeſſes, tant pour lui que pour ſes troupes. Quand il en eut tiré le ſervice dont il avoit beſoin, il ne ſe mit pas en peine de tenir ſa parole. Un miniſtre perfide & avare, grec de nation, nommé Héraclide, qui pilloit & ſon maître & les ſujets de ce maître, lui conſeilla ce manque de foi, & prit ſur lui l'événement. Xénophon, à ſon retour de l'exécution de Perſe, alla s'expliquer avec Seuthe & lui demander l'exécution de ſes promeſſes. Pendant cet éclairciſſement, qui n'étoit pas ſans orage, il arriva des ambaſſadeurs de Lacédémone qui annoncèrent que leur république avoit déclaré la guerre à Tissapherne & à Pharnabaze, deux satrapes du roi de Perse ; que Thimbron, qui alloit prendre le commandement de l'armée lacédémonienne, faisoit des offres avantageuses à ceux qui voudroient s'engager au service de la république. Xénophon prit le parti d'accepter ces offres pour lui & pour sa petite armée, qui étoit alors réduite à environ six mille hommes ; il tira de Seuthe, par l'entremise des ambassadeurs lacédémoniens, une partie de la somme qui lui étoit due ; & ayant rencontré près de Parthénie, qui fut le terme de l'expédition des grecs, un grand seigneur perse qui retournoit dans son pays, avec sa femme, ses enfans, & des richesses considérables, il les enleva, & se vit en état de dédommager avantageusement ses soldats de toutes les pertes qu'ils avoient faites & de tous les maux qu'ils avoient soufferts.

Xénophon compte, depuis Ephèse, d'où partit l'armée de Cyrus le jeune pour l'expédition de Perse, jusqu'à son arrivée à Cunaxa, lieu de la bataille, cinq cent trente-cinq parasanges ou lieues, & quatre-vingt-treize jours de marche. Il compte pour le retour, depuis ce même lieu de la bataille jusqu'à Calpore, sur le bord du Pont-Euxin ou mer Noire, six cent vingt parasanges ou lieues, & cent vingt-deux jours de marche. Total de l'expédition, en y comprenant la retraite des dix mille, qui en fait une partie si importante, onze cent cinquante-cinq parasanges ou lieues, & deux cent quinze jours de marche, & en y comprenant les séjours, quinze mois pour la durée totale de l'expédition.

Cette armée lacédémonienne, à laquelle Xénophon joignit la sienne pour la guerre contre les perses, changea plusieurs fois de général, & se trouva enfin sous la conduite d'Agésilas dans les plaines de Coronée, en Béotie, où se livra, selon Xénophon, la plus furieuse de toutes les batailles qui eussent été données de son tems : Xénophon y étoit, & y combattit auprès d'Agésilas, qui, selon son jugement, y montra, dans certaines occasions, plus de valeur que de prudence. Agésilas eut toujours pour Xénophon une considération particulière. Trop grand pour en être jaloux, il sut lui rendre pleinement justice. Rappelé par l'ordre des éphores au secours de sa patrie, contre laquelle Thèbes, Argos & Corinthe s'étoient liguées, il mena Xénophon avec lui. Après divers événemens, Xénophon se retira enfin avec ses deux fils à Corinthe, & il y passa le reste de sa vie. La guerre s'étant allumée entre les thébains & les lacédémoniens, les athéniens se déclarèrent pour ces derniers ; Xénophon, qui n'étoit plus alors en état de servir, envoya ses deux fils servir à-la-fois, & les athéniens, ses compatriotes, & les lacédémoniens, ses amis. Gryllus, l'un de ses fils, se distingua d'une manière particulière à la bataille de Mantinée ; on prétend que ce fut lui qui blessa, dans cette bataille, Epaminondas,

ce fameux général thébain, qui mourut de cette blessure, mais qui mourut vainqueur. Gryllus fut tué dans cette bataille. Lorsque Xénophon reçut la nouvelle de sa mort, il étoit occupé à offrir aux dieux un sacrifice ; il ôta de dessus sa tête la couronne qu'il portoit dans cette solennité, mais le courier ayant ajouté que Gryllus étoit mort glorieusement, les armes à la main, après s'être mesuré avec Epaminondas, il remit sa couronne, continua son sacrifice sans verser une seule larme, & en disant : Je savois bien que je n'avois mis au monde qu'un mortel.

Xénophon mourut âgé de plus de quatre-vingt-dix ans, l'an 360 avant Jésus-Christ.

Il fut le premier qui mit par écrit, & qui publia les discours de Socrate, mais tels que ce philosophe les avoit tenus, & sans y rien ajouter du sien, comme fit Platon. Aulugelle rapporte que Platon & Xénophon, ces deux fameux disciples de Socrate, passoient pour être jaloux l'un de l'autre, ce qu'il ne peut pas croire, & ce qui n'est pourtant pas dépourvu de vraisemblance.

Les lacédémoniens avoient donné à Xénophon une terre située près de la ville d'Elis ; ce fut là que, dans un intervalle de paix, dans un loisir studieux, il composa ses ouvrages, par lesquels il est encore plus connu que par ses exploits guerriers. La cyropédie, beau tableau de l'éducation & des vertus d'un grand prince. Est-ce une véritable histoire ? est-ce un roman allégorique ? Dans le doute, il y a beaucoup à parier pour le roman. L'histoire du jeune Cyrus & de la retraite des dix mille, morceau précieux d'histoire, écrit par un guerrier, par un général qui pouvoit dire : Et quorum pars magna fui. L'histoire grecque, qui commence où Thucydide avoit fini la sienne, & qui contient un espace d'environ quarante-huit ans, depuis le retour d'Alcibiade dans l'Attique, jusqu'à la bataille de Mantinée. Il y a encore de Xénophon des traités particuliers sur des sujets historiques : l'éloge d'Agésilas, l'apologie de Socrate ; Hiéron, ou le tyran, dialogue entre Hiéron & Simonide ; un petit traité des produits de l'Attique. Il a écrit aussi sur l'équitation & sur la chasse. L'économique & le banquet des philosophes sont encore deux excellens ouvrages de Xénophon. C'est lui qui a publié l'histoire de Thucydide, son prédécesseur, & qui a fait connoître Socrate, comme nous l'avons dit, en publiant ses dits mémorables.

Au jugement de Cicéron, conforme à celui de toute l'antiquité, les muses paroissent avoir parlé par la bouche de Xénophon, Xenophontis voce musæ quasi locutas ferunt. Quintilien dit que la déesse de la persuasion résidoit sur les lèvres de ce philosophe, comme on l'avoit dit de Périclès, & quod de Pericle veteris comedia testimonium est, in hunc transferri justissimè possit in labris ejus sedisse quandam persuadendi Deam. Il loue en lui une douceur charmante, éloignée de toute affectation, & dont aucune affectation ne peut approcher: *Xenophontis jucunditatem illam inaffectatam, fed quam nulla poffit affectatio confequi, ut ipfa finxiffe fermonem gratia videantur.*

Sa *cyropédie*, mal traduite autrefois par Charpentier, l'a été beaucoup mieux depuis par M. Dacier, actuellement secrétaire-perpétuel de l'académie des inscriptions & belles-lettres.

D'Ablancourt, M. Larcher & M. le comte de la Luzerne, ont traduit l'histoire de l'expédition de Cyrus le jeune & de la retraite des dix mille. D'Ablancourt a aussi traduit l'histoire grecque. On a imprimé en 1745, en deux volumes *in-12*, divers ouvrages de *Xénophon*, traduits en françois; savoir: *La retraite des dix mille, les dits mémorables, la vie de Socrate, Hiéron,* &c. Un frère de feu M. le préfident du Paty avoit traduit l'ouvrage sur l'équitation. Scipion l'Africain & Lucullus lisoient sans cesse les ouvrages de *Xénophon*, & avouoient qu'ils avoient dû à cette lecture une grande partie de leurs succès à la guerre.

Xénophon le jeune, beaucoup moins connu que l'ancien *Xénophon*, étoit d'Ephèse; il est auteur des *Ephéfiaques*, roman grec, en cinq livres, qui contient les *amours d'Abrocôme & d'Anthia*. On croit qu'il vivoit avant Héliodore, vers le commencement du quatrième siècle. Son roman, long-tems inconnu, & découvert affez tard chez les bénédictins de Florence, a été imprimé en grec & en latin, à Londres, en 1726; & M. Jourdan de Marseille en a donné une traduction françoise en 1748.

3°. *Xénophon* est aussi le nom d'un médecin de l'empereur Claude, qui se trouva mal, dit-on, de l'avoir eu pour médecin: on croit que ce *Xénophon* se laissa corrompre par Agrippine pour hâter la mort de son mari; & que, sous prétexte de le faire vomir, il lui passa dans le gosier une plume enduite d'un poison très-actif & très-prompt, qui l'emporta dans un moment. *Mille bruits en courent à ma honte,* dit Agrippine dans *Britannicus*.

Xénophon étoit de l'île de Cos, &, en sa faveur, l'empereur Claude, qu'il gouvernoit, exempta de tout impôt les habitans de cette île. Ce trait est plus à la louange de *Xénophon*, il le constitue bienfaiteur de ses compatriotes.

XENXUS. (*Hift. mod. fuperftit.*) Ce sont des moines du Japon qui professent la religion de Buddo. Le P. Charlevoix, jésuite, nous apprend que pour se rendre agréables aux grands, ils ont cherché à rendre la morale facile, & à débarrasser la religion de ce qu'elle peut avoir de gênant; ce sont des casuistes relâchés qui décident toujours en faveur des passions.

Ils nient l'immortalité de l'ame, & l'existence de l'enfer & du paradis; ils enseignent que toutes les espérances des hommes doivent se borner aux avantages de la vie présente, & ils prétendent appuyer leurs opinions sur la doctrine intérieure de Siaka, qu'ils accommodent à leur morale corrompue. (*A. R.*)

XERCÈS ou XERXÈS. (*hift. anc.*) C'est le nom de deux rois de Perse, dont le premier sur-tout, qui est le plus célèbre, est un exemple mémorable de la fragilité des grandeurs fondées sur la richesse & non sur la vertu. Nous avons dit aux articles *Artabane* & *Artabazane*, comment & pourquoi *Xerxès* fut préféré pour la succession au trône à son frère Artabazane; c'étoit déjà une affez grande faveur de la fortune. Darius leur père, avoit commencé la guerre contre les grecs, & ses généraux avoient été battus à Marathon par Miltiade. Ce fut le commencement de cette gloire si brillante que la Grèce acquit dans la guerre. *Xerxès* se crut obligé de continuer cette guerre, & de réparer l'échec de Marathon. Il monta sur le trône l'an 485 avant Jésus-Christ. Il commença par soumettre l'Egypte que Cambyse fils de Cyrus avoit conquise, & qui, restée depuis sous la domination des rois de Perse, se ressouvenoit quelquefois de son ancienne indépendance, & essayoit de secouer le joug. Fier du succès qu'il avoit eu contre les égyptiens, il fit ses préparatifs contre la Grèce. Nous avons rapporté à l'article *Artabane* l'opposition que ce sage prince mit aux projets ambitieux de *Xerxès* & les raisons sur lesquelles il l'appuya: la guerre n'en fut pas moins résolue. *Xerxès* pour la rendre plus facile & plus heureuse, fit un traité avec les carthaginois, la nation la plus puissante qu'il y eût alors dans l'occident, & qui devoit un jour, ainsi que la Grèce victorieuse des perses, tomber sous cette puissance romaine, à laquelle seule il fut donné de tout subjuguer. Les carthaginois se chargèrent d'attaquer les nations grecques établies dans la Sicile, & dans cette partie de l'Italie qu'on appelle la grande Grèce, pendant que *Xerxès* fondroit avec ses perses sur la Grèce proprement dite & sur ses Isles. Amilcar, général des carthaginois, leva une armée composée, non-seulement d'africains, mais de soldats tirés de l'Espagne, des Gaules, de l'Italie, au nombre de trois cens mille; il avoit des vaisseaux à proportion. Les forces des perses étoient bien plus considérables encore; ainsi tout l'occident d'un côté sous la conduite d'Amilcar, tout l'orient de l'autre sous celle de *Xerxès*, marchoient à-la-fois contre ce petit pays de la Grèce. L'histoire ne fait mention d'aucune autre armée aussi nombreuse que l'étoit en cette occasion celle des perses. La seule armée de terre étoit en tout de deux millions cent mille hommes; l'armée navale étoit de trois cents un mille six cens dix hommes; ce nombre augmenta encore dans la suite, & quand *Xerxès* arriva aux Thermopyles, ses forces de terre & de mer formoient ensemble le nombre de deux millions fix cens quaran'e-un mille fix cens dix hommes, fans compter les valets, les ennuques, les femmes, les vivandiers, tous les gens fuivant l'armée, qui mon:oient à un nombre égal, de forte que le total des perfonnes qui fuivirent *Xerxès* dans cette expédition, étoit de cinq millions deux cens quatre-vingt-trois mille deux cens vingt perfonnes. Tel eft du moins le calcul d'Hérodote, fuivi par Socrate & par Plutarque. On obferve que Diodore de Sicile, Pline, Elien & quelques autres diminuent beaucoup ce nombre; & il faut convenir que plus on le diminue, plus fe rapproche de la vraifemblance. Cependant, les critiques, regardent Hérodote comme le plus croyable, parcequ'il vivoit dans le tems de l'expédition de *Xerxès*, & que l'infcription qu'il rapporte comme ayant été mife par ordre des amphictyons fur le tombeau des grecs tués aux Thermopyles, marque qu'ils avoient combattu contre trois millions d'hommes. Ce qu'il y a de plus difficile à comprendre, c'eft comment on pouvoit trouver affez de vivres pour nourrir une telle armée, & tout ce qu'elle traînoit à fa fuite de bouches inutiles. Mais Hérodote lève en partie la difficulté, en difant que *Xerxès* avoit employé quatre années à faire les préparatifs de cette guerre, & fur-tout en donnant le dénombrement des vaiffeaux de tranfport qui fuivoient toujours de près l'armée de terre, & qui fe renouvellant fans ceffe, entretenoient l'abondance dans le camp. Parmi tant de combattans, nul n'étoit comparable à *Xerxès* pour la bonne mine & la haute ftature, mais Juftin dit un mot qui explique le peu d'effet & le mauvais fuccès de tant de forces; c'eft que cette innombrable armée étoit fans chef, *huic tanto agmini dux defuit*. En effet, fafte, orgueil, préfomption prefque toujours punie, voilà l'hiftoire entière de la conduite de *Xerxès* dans cette guerre & pendant tout fon règne, en forte qu'on peut dire que, fi fon armée manquoit de chef, fes vaftes états manquoient de roi, car du fafte n'eft pas de la puiffance, & commander n'eft pas toujours régner.

Une de fes folies étoit de commander aux élémens. Il avoit donné ordre qu'on perçât le mont Athos pour que les vaiffeaux puffent paffer au travers, & éviter le circuit qu'il falloit faire autour de cette montagne, dans une mer orageufe & féconde en naufrages, travail plus fâtueux que néceffaire, felon Hérodote, car ce prince auroit pû, à moins de frais, faire tranfporter fes vaiffeaux, felon l'ufage du tems, par deffus l'Ifthme, qui joignoit le mont Athos au continent de la Macédoine; mais il étoit, comme Tacite le dit de Néron, amateur de l'extraordinaire & du difficile, *erat incredibilium cupitor*; & comme Sallufte le dit auffi de Catilina: *vaftus animus, immoderata, incredibilia, nimis alta femper cupiebat.* La foffe qu'il fit creufer à travers le mont Athos étoit affez large pour que deux vaiffeaux à trois rangs de rames puffent y paffer de front. Quand cette entreprife auroit été fage au

fond, la forme dans laquelle il procédoit ne l'étoit guères, fi ce qu'on en raconte eft vrai, car il faut convenir qu'on peut raifonnablement en douter. Il écrivit, dit-on, au mont Athos pour lui intimer fes ordres: « Superbe Athos, lui difoit-il, toi qui » portes ta tête jufqu'au ciel, ne fois pas affez hardi » pour oppofer à mes travailleurs des pierres & » des roches qu'ils ne puiffent couper, autrement » je te couperai toi-même tout entier, & te préci- » piterai dans la mer. »

On ajoute que c'étoit à coups de fouet qu'il preffoit les travailleurs, tant cet ouvrage, par fes difficultés & fon inutilité, rebutoit ces mêmes travailleurs!

Il faut obferver que le voyageur Bellon, qui vivoit du tems de François I, & qui a compofé un livre des faits finguliers, doute de celui-ci, & attefte qu'en paffant auprès du mont Athos, il n'y a vu aucunes traces de ce travail. Les voyageurs fubféquens, & qui font en grand nombre, n'en ont pas vu davantage, & Juvénal paroît avoir eu la même doute que Bellon, quatorze fiècles avant lui, lorfqu'il dit:

Creditur olim
Velificatus Athos & quidquid Græcia mendax
Audet in hiftoriâ.

Il pourroit en être de même d'une autre folie attribuée à *Xerxès* par Hérodote. Lorfque *Xerxès* entreprit de conftruire un pont de bateaux fur l'Hellefpont pour faire paffer fes troupes d'Afie en Europe, une violente tempête rompit ce pont; *Xerxès*, tranfporté de colère à cet affront, & indigné de l'infolence de la mer, fit d'abord jetter dedans, comme pour la mettre aux fers, deux paires de chaînes, que la mer eut encore l'infolence d'engloutir; puis il commanda qu'on lui donnât trois cents coups de fouet pour la faire rentrer dans le devoir; & pendant cette opération, il l'apoftrophoit ainfi: *Perfide élément, reçois le châtiment de l'outrage que tu as ofé faire à ton maître; Xerxès fçaura bien paffer malgré toi à travers tes flots.*

Seroit-il bien poffible que l'habitude du defpotifme & l'ufage malheureux de n'être jamais contredit portaffent à de telles extravagances? On ajoute, pour completter celle-ci, que, rendant les entrepreneurs refponfables des fureurs de la mer & du foulèvement des flots, il avoit fait couper la tête à tous ceux qui avoient eu la conduite de l'ouvrage.

Il nous eft bien difficile encore de ne pas foupçonner quelque exagération dans l'hiftoire fuivante, rapportée par Hérodote, & après lui par Sénèque.

Un feigneur lydien, nommé Pythis ou Pythius

dont *Xerxès* n'avoit qu'à se louer, qui avoit offert à ce prince des sommes considérables pour son expédition de Grèce, qui avoit reçu magnifiquement *Xerxès* & son armée à Célène, près des bords du Méandre, où ce Pythius faisoit sa résidence, avoit cinq fils dans l'armée de *Xerxès*; il supplia ce prince, qui paroissoit content de lui & de ses procédés, de vouloir bien lui laisser l'aîné de ses fils pour être l'appui & la consolation de sa vieillesse. Quelle imagine-t-on que fut la réponse de *Xerxès* à une demande si naturelle? un refus de cette grace? Non. Il fit égorger ce fils aîné à la vue de son père, fit couper le corps en deux parts, qui furent placées, l'une à droite, l'autre à gauche, & il fit passer entre ces deux parts, ainsi disposées, toute son armée, comme pour l'expier par un tel sacrifice. Ce seroit assurément bien le cas d'appliquer à *Xerxès* le mot de Tacite, *vi dominationis convulsus*; mais il est plus naturel de révoquer cette histoire en doute, d'autant plus que le même Hérodote & le même Sénèque en racontent une toute pareille de Darius, père de *Xerxès*, & que ni Darius ni *Xerxès* n'ont passé pour des princes cruels.

Xerxès n'étoit pas même dépourvu de sensibilité & d'humanité. On sait qu'étant arrivé au bord de l'Hellespont, il voulut avoir le plaisir de contempler tout à-la-fois l'appareil formidable de toutes ses forces & de terre & de mer. On lui éleva un trône sur une montagne. De-là voyant la mer chargée de ses vaisseaux & la terre couverte de ses troupes, son premier sentiment fut un mouvement d'orgueil, en mesurant, pour ainsi dire, des yeux sa grandeur & sa puissance; mais bientôt une idée plus humaine, & qui lui faisoit plus d'honneur, vint se présenter à lui & l'attendrir au milieu de sa gloire; il songea que de tant de milliers d'hommes qui frappoient ses regards & qui obéissoient à ses volontés, dans cent ans, dans cinquante ans peut-être, il n'en existeroit aucun. A ce souvenir du peu de durée de l'homme, & de la fragilité des choses humaines, il versa des larmes, qui étoient bien plus d'un esprit philosophe & d'un cœur sensible que d'une ame abrutie par le despotisme. Et voilà peut-être le plus beau moment de sa vie; mais ce ne fut qu'un moment: il continue de menacer & d'attaquer la Grèce, & de courir à sa ruine. On peut lui compter pour autant de défaites, toutes les occasions où ses innombrables troupes se commirent avec des poignées de grecs; l'affaire des Thermopyles, où trois cents spartiates arrêtèrent cette immense armée, & périrent sur les corps de plusieurs milliers de perses qu'ils avoient immolés; Artémise, où se livrèrent plusieurs combats peu décisifs, mais tous favorables aux grecs, & qui affoiblissoient toujours les perses; Salamine, Platée, Mycale, grandes & illustres victoires des grecs, qui ont rendu immortels les noms de Thémistocle, d'Aristide, de Pausanias, & célèbres ceux de Léotychide & de Xantippe. Humilié enfin, & découragé par tant de

défaites, *Xerxès* s'enfuit avec la plus honteuse précipitation, n'ayant tiré d'autre fruit de son effroyable armement, que d'avoir pillé & brûlé Athènes, d'avoir de même brûlé & démoli tous les temples des villes grecques d'Asie, ce qui ne contribua pas peu à détacher toutes ces villes de son obéissance. Il n'épargna que le temple de Diane, à Ephèse. Instruit à fond de la religion des mages, adorateurs du feu, ennemis déclarés des temples & des simulachres, il étoit zélateur ardent du magisme; & s'il ne put satisfaire son ambition, il satisfit du moins son zèle pour sa religion particulière. Ostane, chef des mages & patriarche de cette secte, accompagnoit *Xerxès* dans cette expédition de la Grèce, & l'animoit à cette destruction des temples. Un autre motif pouvoit encore l'y engager, celui de se dédommager, par le pillage de ces temples, des frais immenses que lui avoit coûtés cette malheureuse expédition contre la Grèce. Dégoûté par ce mauvais succès, & corrigé de l'abus des conquêtes & des entreprises guerrières, il alla se briser contre l'écueil contraire, plus dangereux encore; celui de la mollesse; il se livra entièrement aux voluptés.

La mollesse est douce, & sa suite est cruelle,

dit Orosmane; personne ne l'éprouva plus que *Xerxès*. Un Artabane, bien différent de cet oncle de *Xerxès*, dont nous avons parlé, (*Voyez* l'article ARTABANE.) entreprit de monter sur ce trône que *Xerxès* occupoit si mal. Cet Artabane étoit un hircanien de naissance, devenu capitaine des gardes de *Xerxès*, & l'un de ses principaux favoris. Les faux calculs sont familiers à l'ambition; puisque Artabane vouloit régner, il n'avoit qu'à laisser dormir son maître sur le trône & jouir de la faveur; mais à la réalité de la puissance, les ambitieux en préferent souvent la titre, semblables aux chiens qui abandonnent la proie pour l'ombre. Artabane voulut se défaire de *Xerxès*; & quoique ce prince eût trois fils, & peut-être davantage, pour lui succéder, il crut que ce premier crime lui faciliteroit les autres crimes nécessaires. On ajoute qu'il avoit un autre motif moins coupable pour s'y déterminer.

Xerxès mécontent de Darius, son fils aîné, ou prévenu contre lui, avoit donné à cet Artabane l'ordre affreux de le défaire de ce fils. Artabane ne se persuadant pas aisément qu'un père voulût faire périr son fils, & considérant que cet ordre lui avoit été donné dans la chaleur d'un festin & dans un moment où le roi pouvoit ne pas jouir de toute sa raison, ne se pressa point de l'exécuter. Artabane avoit trop bien raisonné, il s'étoit trompé; le roi se plaignit avec colère & avec menaces de l'inexécution de son ordre; Artabane crut avoir à craindre pour lui-même, & se hâta de prévenir un despote irrité; il engagea dans son complot un des eunuques du palais, grand-chambellan du roi, nommé Mithridate; celui-ci l'introduisit dans la chambre de *Xerxès*, & Artabane le tue pendant qu'il dormoit. Il alla ensuite trouver Artaxerxe, le troisième des fils de *Xerxès*, & lui persuada que Darius, par l'impatience de régner, avoit porté ses mains sacrilèges & dénaturées sur le roi son père. Artaxerxe, dans sa colère, court avec Artabane & les gardes de *Xerxès* dans l'appartement de Darius, & il égorge son frère en croyant venger son père. Hystaspe, second fils de *Xerxès*, à qui la mort de Darius déféroit la couronne, étoit alors dans la Bactriane, dont il étoit gouverneur. Artabane se hâta de mettre Artaxerxe sur le trône pour s'en faire d'abord un appui contre Hystaspe, & les détruire l'un par l'autre. Cette catastrophe de l'assassinat de *Xerxès* & du crime d'Artabane fait le sujet d'une fort belle pièce de Métastase, intitulée: *Artaxerxe*, & où le fils vertueux du coupable Artabane, seul dépositaire du fatal secret de son père, & trouvé saisi de l'épée sanglante dont *Xerxès* a été percé, paroît seul coupable de ce régicide aux yeux de son ami & de sa maîtresse, & se laisse condamner pour ne pas accuser son père. Parmi nous, M. le Mierre s'est aussi exercé sur le même sujet. (*Voyez* l'article ARTAXERXE.) Telle fut la destinée de *Xerxès*, elle est d'une grande moralité dans l'histoire, & les guerriers & les hommes d'état ne peuvent méditer trop profondément ce mot de Sénèque, dont *Xerxès* lui même reconnut trop tard la vérité, ce mot sur la facilité avec laquelle fut dissipée cette armée qu'on croyoit formidable, parce qu'elle étoit nombreuse, *stratus per totam passim Græciam* Xerxès *intellexit, quantum ab exercitu turba distaret.* Si *Xerxès* ne fut qu'ambitieux, foible & voluptueux, il faut le plaindre; si l'orgueil lui a fait commettre les extravagances qu'on lui a reprochées, il faut le plaindre plus encore; s'il a ordonné la mort de son fils, s'il a égorgé le fils de Pythius, s'il a fait périr les entrepreneurs du pont de l'Hellespont pour un accident dont ils ne pouvoient pas être responsables, il faut détester sa mémoire. Il mourut l'an 473 avant J. C.

Un écrivain moderne, dans un discours oratoire, couronné à l'académie françoise en 1766, s'exprime ainsi sur *Xerxès*, au sujet des larmes que la vue de son armée lui fit répandre, & du peu d'effet dont cet attendrissement fut suivi :

« L'impétueux *Xerxès* roule au sein de la Grèce le torrent de l'Asie en armes : il s'arrête; il contemple du haut d'une montagne ces guerriers amoncelés comme les flots, une grande pensée vient saisir son ame : *Encore un peu de lustres, & le tems aura dévoré cette multitude.* Il s'attendrit, des larmes coulent de ses yeux..... Arrête, la nature te parle, tu l'entends, & tu fais la guerre! L'humanité désavoue tes larmes, tu n'es pas digne de pleurer sur elle. Poursuis ta course. Avec l'infâme desir de nuire, tu n'en auras pas même le méprisable pouvoir. Va superbe enfant, étale à des enfans l'orgueilleuse

petitesse de tes grandeurs & l'effrayante fragilité de ta puissance; va dans tes jeux insolens châtier l'Hellespont, qui, dans ses jeux terribles, a englouti ta flotte; frappe l'élément aveugle & insensible; fuis devant les hommes, & va tomber sous les coups d'un esclave! Ainsi puissent périr tous les ennemis de la paix! »

Voyez sur cet article XERXÈS, les articles AMESTRIS, ARISTIDE, ARTABANE, ARTABAZANE, DÉMARATE, PAUSANIAS, THÉMISTOCLE.

2°. *Xerxès* II, son petit-fils, seul fils qu'Artaxerxe Longuemain eût eu de la reine sa femme, ne régna que quarante-cinq jours. Sogdien, son frère, (*Voyez* cet article.) un des dix-sept fils qu'Artaxerxe avoit eus de ses nombreuses concubines, l'assassina dans sa chambre, où *Xerxès*, qui s'étoit laissé prendre de vin, s'étoit retiré pour dérober sa honte aux yeux des courtisans. (L'an 424 avant Jésus Christ.)

XIMÉNÈS. (*Hist. d'Esp.*) C'est le nom de trois personnages célèbres en Espagne, l'un homme de lettres, l'autre homme d'état, le troisième jurisconsulte.

L'homme de lettres, (Roderic) navarrois, archevêque de Tolède, est auteur d'une histoire d'Espagne, imprimée dans le recueil des historiens de ce royaume, avec des remarques du père André Schott. Ce fut lui qui, au concile de Lyon, en 1247, fit assurer définitivement à l'archevêché de Tolède la primatie, qui lui étoit disputée par l'archevêque de Compostelle, en vertu de l'avantage qu'a son siège de posséder le corps de St. Jacques, apôtre des Espagnes. *Ximénès* mourut peu de tems après avoir remporté cette victoire.

L'homme d'état (François) est le fameux cardinal *Ximénès*, prélat vertueux, ministre habile, mais fier & sans pitié, qui gouvernoit l'Espagne sous Ferdinand & Isabelle, & pendant les premières années de Charles-Quint. On ne sait pourquoi, dans sa jeunesse, un archevêque de Tolède le fit mettre en prison dans la tour d'Uzeda. Devenu libre, il se fit cordelier, fut confesseur de la reine Isabelle, qui le fit à son tour archevêque de Tolède en 1495, & le chargea de réformer les ordres religieux, commission importante & délicate en Espagne, & au quinzième siècle. Il s'en acquitta si bien, c'est-à-dire, avec tant de sévérité, que son ordre même, soulevé contre lui, voulut, dit-on, le faire assassiner par son propre frère. Le général des cordeliers vint exprès de Rome en Espagne pour perdre *Ximénès* dans l'esprit d'Isabelle : il s'y perdit lui-même par l'emportement avec lequel il parla, sans égard pour la protection dont la reine espagnole devoit honorer son confesseur. *Savez-vous,* lui dit la reine offensée, *à qui vous parlez ?* Le moine, sans se déconcerter, appelant au secours de son insolence un langage autorisé par la religion, fit une réponse aussi belle qu'elle pouvoit l'être : *Je fais*, dit-il, *que je parle à Isabelle, qui n'est, comme moi, que poussière & que cendre.* La réforme eut lieu, & Ximénès n'en fut pas moins cardinal en 1507. Cet homme avoit de la grandeur dans le caractère ; il voulut étendre jusques dans l'Afrique les conquêtes que l'Espagne faisoit sur les mahométans ; il entreprit, & entreprit à ses dépens, le siége d'Oran. D'abord on refuse de s'embarquer sous un général moine & cardinal ; une partie de l'armée se révolte pour quelque solde retardée, Ximénès court aux rebelles, &, par de sages exhortations, veut les faire rentrer dans le devoir ; une voix s'élève : *De l'argent, point de harangue.* Ximénès démêle dans la foule le soldat qui a parlé, le fait arrêter & pendre sur-le-champ ; & cette violence hardie, qui ne réussiroit pas à tout le monde, ni en tout tems, lui réussit ; la sédition cesse, il sort du port de Carthagène le 16 mai 1509, avec une flotte de 80 vaisseaux, débarque en Afrique ; il marche en habits pontificaux ; des prêtres & des moines armés forment son cortège ; un cordelier, l'épée au côté, porte devant lui la croix archiépiscopale ; il forme le siége d'Oran. Pendant une bataille qui se livra sous les murs de la place, comme un autre Moyse, il laisse combattre Josué, & s'enferme avec son clergé dans une chapelle, où il reste prosterné pendant tout le tems de l'action. Cette conduite moins vigoureuse lui réussit encore ; la bataille est gagnée ; Oran est forcé, tout y est passé au fil de l'épée. Après cette expédition glorieuse & barbare, il rentre triomphant en Espagne, Ferdinand le catholique vint à sa rencontre jusqu'à quatre lieues de Séville, & mit pied à terre pour l'embrasser ; mais pendant l'expédition, il avoit écrit à Pierre de Navarre, qui commandoit sous Ximénès, & qui apparemment avoit la confiance de Ferdinand : *Empêchez le bonhomme de repasser sitôt en Espagne ; il faut user autant qu'on le pourra sa personne & son argent.* On voit par-là que Ferdinand le catholique, comme depuis notre Louis XIII, haïssoit son ministre, dont il ne pouvoit d'ailleurs se passer. Ferdinand laissa en mourant à Ximénès l'administration de l'Espagne. Ce Ximénès n'étoit un *bonhomme* en aucun sens. Dans différentes tentatives que la maison d'Albret avoit faites pour rentrer dans la Navarre, dont Ferdinand l'avoit dépouillée, on avoit vu que les navarrois étoient toujours attachés à leurs anciens maîtres, on voulut effrayer leur amour par un châtiment terrible. Le cardinal Ximénès donna ordre au général Vilalva de raser les châteaux, de démanteler les places, de ruiner les bourgades. Vilalva, qui avoit sollicité cet ordre barbare, prit plaisir à l'exécuter avec barbarie ; plus de deux mille bourgs & villages furent réduits en cendre ; de Pampelune à Sarragosse, tout le pays ne fut plus qu'une vaste & effrayante solitude ; cependant les navarrois, plus irrités qu'épouvantés de ce ravage,

écrivoient encore à Henri d'Albret : *Sire, paroissez seulement ; aussi-tôt vous verrez jusqu'aux pierres, aux montagnes & aux arbres s'armer pour votre service.*

Le cardinal Ximénès paroît avoir été presque en tout le modèle du cardinal de Richelieu ; comme ce dernier il avoit régné par la terreur & la violence, erreur funeste en politique ; comme Richelieu il avoit voulu abaisser l'orgueil des grands ; il se vantoit de les ranger à leur devoir avec son cordon, & d'écraser toute leur fierté sous ses sandales.

A la mort de Ferdinand, on se crut délivré du joug de Ximénès, & on vit avec peine son empire prolongé par le testament de Ferdinand ; mais celui-ci n'étoit roi qu'en Arragon, & ne gouvernoit la Castille, royaume d'Isabelle, sa femme, que comme administrateur du bien de Charles-Quint, & de Ferdinand, ses petits-fils. Les grands de Castille se soulevèrent contre Ximénès, & lui demandèrent de quel droit il prétendoit gouverner ? Il allégua le testament de Ferdinand le catholique ; on lui répondit qu'un simple administrateur ne pouvoit pas disposer ainsi de l'autorité ; il montra des canons, *ratio ultima regum.* Eh bien ! leur dit-il, *voilà le titre en vertu duquel je gouverne & je gouvernerai.* Charles-Quint étoit encore dans les Pays-Bas, les grands lui firent une députation pour se plaindre de Ximénès ; celui-ci, sans daigner se justifier, lui en fit une pour demander des pleins pouvoirs, & il les obtint. Son autorité alors fut à l'abri de toute contradiction ; il faut avouer d'ailleurs qu'il gouverna bien ; que s'il fut sévère, il fut juste, qu'il fit régner l'économie, qu'il fit rendre gorge aux financiers, qu'il acquitta les dettes de l'état, exemple que Richelieu ne suivit pas. Il donna un autre exemple que Richelieu suivit, celui de protéger les lettres ; il fonda l'université d'Alcala, il fit imprimer dans cette ville une bible polyglotte qui a servi de modèle aux autres ; il en fit lui-même la dépense ; il acquit beaucoup de manuscrits de différentes langues ; il donna aussi à Louis XIV l'exemple de la fondation de Saint-Cyr, par une semblable qu'il fit à Tolède ; il donna de plus au cardinal Mazarin l'exemple de cette indifférence & de cette indulgence que le ministre italien eut toujours pour les discours des mécontens. Il eut encore un dernier trait de conformité avec Richelieu, ce fut une mélancolie profonde qui s'allie naturellement avec l'ambition, & fut tout avec la sévérité. Mazarin étoit plus gai, parce qu'il étoit plus doux. On a rapporté des causes physiques de la mélancolie de Ximénès, & on sait quelle est l'influence réciproque du physique & du moral l'un sur l'autre.

Ximénès mourut en 1517, à quatre-vingt-un ans. Ce grand âge n'empêcha pas qu'on n'accusât les ministres flamands de l'avoir empoisonné. O a désigne même le mets , c'étoit un pâté de truite. Fléchier & Marsolier ont écrit sa vie.

Le jurisconsulte , (Sébastien *Ximénès*) mort en 1600 , est auteur d'un livre estimé, qui a pour titre : *Concordantia utriusque juris*.

XIPHARÈS. (*Voyez* MITHRIDATE.)

XODOXINS. (*Hist. mod. superstit.*) Ce sont des bonzes ou moines japonois de la secte de Budsdo ou de Siaka , qui suivent littéralement les préceptes de Siaka , & qui ont en horreur la morale relâchée des Xenxus ; ils rendent un culte particulier au dieu Amida. (*A. R.*)

XUTHUS. (*Hist. anc.*) Hellen , fils de Deucalion , eut trois fils , Eolus , Dorus & *Xuthus*. Ce dernier , contraint par ses frères de quitter la Thessalie , se retira dans l'Attique , où il épousa la fille d'Erechtée , roi des athéniens , si tous ces faits & tous ces personnages n'appartiennent pas plus à la fable qu'à l'histoire.

XYCHUS. (*Hist. anc.*) C'est le nom de l'homme qui découvrit au dernier Philippe , roi de Macédoine , l'innocence de Démétrius , son fils , qu'il avoit sacrifié sur les accusations & les plaintes de Persée , frère de Démétrius. Ce *Xychus* avoit été secrétaire d'ambassade sous Apelle & Philocle , ambassadeurs macédoniens , envoyés par Philippe à Rome , pour savoir quels discours Démétrius avoit pu y tenir dans le tems qu'il y étoit en ôtage , relativement à la succession au trône , qu'on l'accusoit de vouloir envahir à la mort de Philippe , au préjudice de Persée , son frère aîné. Les deux ambassadeurs & le secrétaire d'ambassade étoient vendus à Persée ; ils fabriquèrent une prétendue lettre de Quintius Flaminius à Philippe , dans laquelle ce romain demandoit grace pour Démétrius , qu'il

avouoit avoir tenu des discours imprudens sur l'objet en question , mais il répondoit pour Démétrius qu'il auroit une conduite plus mesurée & plus sage à l'avenir. Les faussaires contrefirent le sceau de Quintius , & ce fut sur cette fausse lettre que Démétrius fut condamné. Cependant Philippe regretteit trop tard ce fils immolé , & craignoit quelquefois de l'avoir sacrifié à d'injustes soupçons. Un courtisan , qui recueilloit en secret les soupirs paternels , fit arrêter *Xychus* , & dit à Philippe , voulez-vous savoir la vérité ? voulez-vous pénétrer dans le fond de cet affreux mystère ? L'homme qui seul peut vous en instruire est ici. On interrogea *Xychus* , il parut vouloir nier ; on le menaca de la question ; il avoua tout. Apelle ayant appris que *Xychus* avoit tout avoué , s'enfuit en Italie. Philocle , confronté à *Xychus* , ne put , selon les uns , soutenir sa présence ; selon d'autres , il souffrit la torture avec constance & sans rien avouer. Philippe voulut déshériter Persée , & lui substituer un Antigone , neveu d'un autre Antigone , qui , en qualité de tuteur de Philippe , avoit gouverné la Macédoine avec gloire ; mais à la mort de Philippe , Persée s'empara de la couronne. (L'an 179 avant J. C.)

XYLANDER , (Guillaume) (*Hist. litt. mod.*) né à Ausbourg en 1532 , professeur en grec à Heidelberg , a traduit en latin Dion-Cassius , Marc-Aurèle , & d'autres auteurs grecs ; mort à Heidelberg en 1576.

XYPHILIN ou XIPHILIN. (*Hist. litt. mod.*) Il y a eu deux hommes de ce nom , connus par leur savoir ; ils étoient oncle & neveu. L'oncle (Jean) étoit de Trébisonde ; son savoir même le fit élever au patriarchat de Constantinople en 1064 ; mais on n'a de lui qu'un sermon dans la bibliothèque des pères. Il mourut en 1075. On a de son neveu un abrégé de l'histoire de Dion-Cassius , qui a été traduit en françois par le président Cousin.

Y

Y AO, (*hist. chinoise*) empereur de la Chine, est regardé par les chinois comme leur légiflateur, & comme le modèle de leurs princes. C'eft depuis *Yao* que l'hiftoire de la Chine commence, dit-on, à être certaine. Il monta, dit-on encore, fur le trône l'an 2357 avant J. C. La chronologie chinoife eft en général fort fujette à conteftation. Les écrits & les monumens chinois ne remontent pas au-delà de l'an 800 avant J. C.

YASSA, f. f. (*Hift. mod. Jurifprud.*) c'eft ainfi qu'on nomme chez les tartares, un corps de loix, dont le fameux conquérant Gengis-Kan paffe pour être l'auteur. Timur-Beg ou Tamerlan les fit obferver dans fes vaftes états, & elles font encore en vigueur aujourd'hui chez les tartares de Crimée, & dans plufieurs autres parties de l'Afie, où ces loix font appellées *Yaffa J'engif-kani.* Quelques orientaux, amis du merveilleux, prétendent que Gengis Kan n'en eft point l'auteur, mais qu'elles font dûes à Turk qui, fuivant les traditions orientales, étoit fils de Japhet, & petit fils de Noé, fondateur de la nation tartare. M. de la Croix a donné, dans la vie de Gengis-Kan, un extrait de ces loix, en vingt-un articles.

1°. Il eft ordonné de ne croire qu'un feul Dieu, créateur du ciel & de la terre, qui donne la vie & la mort, les richeffes & la pauvreté; qui accorde & qui refufe ce qu'il veut, & qu'il a un pouvoir abfolu fur toutes chofes.

2°. Les prêtres de chaque fecte, & tous les hommes attachés aux cultes, les médecins, ceux qui lavent les corps des morts, feront exempts de tout fervice public.

3°. Nul prince ne pourra prendre le titre de grand-kan, fans avoir été élu légitimement par les autres kans généraux & feigneurs moguls affemblés en diete.

4°. Il eft défendu aux chefs des tribus de prendre des titres pompeux, à l'exemple des fouverains mahométans,

5°. Il eft ordonné de ne jamais faire la paix avec aucun fouverain ou peuple, avant qu'ils foient entièrement fubjugués.

6°. De partager toujours les troupes en dixaines, centaines, milliers, dix milliers, &c. parce que ces nombres font plus commodes.

7°. Les foldats, en fe mettant en campagne, recevront des armes des officiers qui les commandent, & ils les leur remettront à la fin de l'expédition; les foldats tiendront ces armes bien nettes, & les montreront à leur chef, lorfqu'ils fe prépareront à donner bataille.

8°. Il eft défendu, fous peine de mort, de piller l'ennemi, avant que le général en ait donné la permiffion. Chaque foldat demeurera maître du butin qu'il aura fait, en donnant au receveur du grand-kan les droits prefcrits par les loix.

9°. Depuis le mois qui répond au mois de mars, jufqu'à celui d'octobre, perfonne ne prendra de cerfs, de daims, de lièvres, d'ânes fauvages, ni d'oifeaux d'une certaine efpèce, afin que la cour & les armées trouvent affez de gibiers pour les grandes chaffes d'hiver.

10° Il eft défendu, en tuant les bêtes, de leur couper la gorge; mais il eft ordonné de leur ouvrir le ventre.

11°. Il eft permis de manger le fang & les inteftins des animaux,

12. On règle les privilèges & les immunités des *tarkani*, c'eft-à-dire, de ceux qui font exemptés de toute taxe pour les fervices qu'ils ont rendus.

13°. Il eft enjoint à tout homme de fervir la fociété d'une manière ou d'une autre; ceux qui ne vont point à la guerre, font obligés de travailler un certain nombre de jours aux ouvrages publics, & de travailler un jour de la femaine pour le grand-kan.

14°. Le vol d'un bœuf ou de quelqu'autre chofe du même prix, fe puniffoit en ouvrant le ventre du coupable. Les autres vols moins confidérables étoient punis par fept, dix-fept, vingt-fept, trente-fept, & ainfi de fuite jufqu'à 700 coups de bâton, en raifon de la valeur de la chofe volée. Mais on pouvoit fe racheter de cette punition en payant neuf fois la valeur de ce qu'on avoit volé.

15°.

15°. Il étoit défendu aux tartares de prendre à leur service des gens de leur nation : ils ne pouvoient se faire servir que par ceux qu'ils faisoient prisonniers de guerre.

16°. Il étoit défendu de donner retraite à l'esclave d'un autre, sous peine de mort.

17°. En se mariant, un homme étoit obligé d'acheter sa femme. La poligamie étoit permise. Les mariages étoient défendus entre les parens du premier & du second degré, mais on pouvoit épouser les deux sœurs. On pouvoit user des femmes esclaves.

18°. L'adultère étoit puni de mort, & il étoit permis au mari de tuer sa femme prise sur le fait. Les habitans de Kandu furent, à leur sollicitation, exemptés de cette loi, parce qu'ils étoient dans l'usage d'offrir leurs femmes & leurs filles aux étrangers. Mais Gengis-Kan, en leur accordant cette exemption, déclara qu'il les regardoit comme infâmes.

19°. Il étoit permis pour l'union des familles, de faire contracter des mariages entre les enfans, quoique morts, & l'on faisoit la cérémonie en leur nom. Par-là les familles étoient réputées alliées.

20°. Il étoit défendu, sous des peines rigoureuses, de se baigner, ou de laver ses habits dans des eaux courantes dans le tems où il tonnoit; les tartares craignant extraordinairement le tonnerre.

21°. Les espions, les faux témoins, les sodomites, les sorciers étoient punis de mort.

22°. Les gouverneurs & magistrats qui commandent dans les provinces éloignées, étoient punis de mort, lorsqu'ils étoient convaincus de malversation ou d'oppression. Si la faute étoit légère, ils étoient obligés de venir se justifier auprès du grand-kan.

Gengis-Kan publia un grand nombre d'autres loix, mais celles qui précèdent sont les principales; elles furent en vigueur sous le règne de ce conquérant & de ses successeurs. Par la première de ces loix, on voit que les tartares monguls étoient théistes dans l'origine, ce qui n'empêcha pas presque tous les princes de la maison de Gengis-Kan, de tolérer & de favoriser les sectaires de toutes les religions dans leurs états; ce sont même les seuls souverains dont l'histoire fasse mention, qui ayent été assez sensés pour accorder à tous leurs sujets une tolérance entière. (A. R.)

YASSI. (Géog. mod.) Les françois écrivent mal Iassi, & peut-être ai-je moi-même commis cette faute. C'est une grande ville de la Moldavie, sur la petite rivière de Scita, qui se rend peu après dans

Histoire Tome V.

le Pruth, au nord-est de Soczowa. *Long.* 44. 56. *latit.* 47.

Yassy, riche par son commerce avec l'Asie, est toute ouverte, sans portes & sans murailles; mais on y voit une douzaine de vastes châteaux flanqués de tours terrassées. Tous ont du canon & des magasins d'armes pour se défendre. Ce sont autant de monastères où des moines grecs font leur salut sous la protection du turc. Le christianisme n'a point de moines aussi anciens. S. Basile fut leur patriarche au quatrieme siecle; mais il y avoit long-tems que les perses & les indiens au sein de l'idolâtrie, avoient des moines. L'occident s'est livré plus tard à l'inaction de la vie contemplative. C'est dans ces forteresses basiliennes que le peuple cherche un asyle, lorsque les Tartares viennent à passer. On ne voit peut-être nulle part autant de moines rassemblés; car le même spectacle se montre sur un côteau en face de la ville.

Cette grande quantité d'hommes qui consomment & ne produisent rien, diminue les richesses de *Yassy*, & les richesses de l'hospodar. L'ignorance où ils vivent doit moins s'attribuer à leur paresse, ou aux bornes de leur esprit, qu'à l'esclavage, & on s'apperçoit en général, qu'on tireroit un grand parti des Moldaves du côté des armes, des arts & des sciences, si on les mettoit en liberté. Comme le prince qui les gouverne, achete cette souveraineté, c'est ensuite au peuple à rembourser l'acquéreur.

Jean Sobieski s'approchant de cette place en 1586, n'eut pas la douleur de donner bataille pour s'en rendre maître; l'évêque, le clergé, les premiers de la ville & le peuple, lui en apporterent les clés. Il y entra en ami, & ménagea *Yassy* comme son bien propre. Les boutiques resterent ouvertes, les marchés libres, & tout fut payé par le vainqueur comme par les bourgeois. Les soldats dispersés dans les monasteres, n'en troublerent point l'ordre; & les femmes moldaves aussi piquantes que par l'ajustement que par les graces, furent respectées. *L'abbé Coyer.* (D. J.)

YEMAN, (*Hist. mod.*) nom de ceux qui en Angleterre sont les premiers après les gentils-hommes, dans les communes.

Les *yemans* sont proprement ceux qui ont des francs-fiefs, qui ont des terres en propre. Le mot anglois *yeoman* vient du saxon *geman*, qui veut dire *commun*. Le mot *youngman* est employé au-lieu de *yeoman*, dans le 33 *stat.* *Henr. VIII.* & dans les vieux actes on le trouve quelquefois écrit *geman*, qui en allemand signifie un *gaidant*.

Suivant le chevalier Thomas Smith, un *yeman* est en Angleterre un homme libre, qui peut tirer de son revenu annuel la somme de quarante shelings sterling.

R r r r

Les *yemans* d'Angleterre peuvent posséder des terres en propre jusqu'à une certaine valeur, & peuvent remplir certaines fonctions, comme de commissaires, de marguilliers, de jurés; ils ont voix dans les élections du parlement, & peuvent être employés dans les troupes.

Les *yemans* étoient autrefois fameux par leur valeur à la guerre, ils étoient sur-tout distingués par leur adresse à manier l'arc, & l'infanterie étoit en grande partie tirée du corps des *yemans*.

Dans plusieurs occasions, les lois sont plus favorables aux *yemans* qu'aux gens de métier.

Par le réglement d'Henri IV, il est porté qu'aucun *yeman* ne portera la livrée, sous peine de prison & d'amende, à la volonté du roi.

Yeman est aussi le titre d'une petite charge chez le roi, moyenne entre l'usher & le groom. Tels sont les *yemans* ou valets de garde-robe, &c.

Les *yemans* de la garde, appelés proprement *yemans* de la garde du corps, étoient anciennement deux cent cinquante hommes choisis parmi tout ce qu'il y avoit de mieux après les gentilshommes. Chaque *yeman* de la garde devoit avoir six piés.

Il n'y a à-présent que cent *yemans* de service, environ soixante & dix surnuméraires. Si un des cent vient à mourir, la place est remplie par quelqu'un des soixante dix. Ils doivent être habillés suivant qu'on l'étoit du tems d'Henri VIII. Ils avoient la nourriture outre leurs gages, lorsqu'ils étoient de service, avant le règne de la reine Anne. Leurs fonctions sont de garder la personne du roi, tant au-dedans du palais qu'au-dehors; ils ont une chambre particulière, qu'on appelle en anglois *guard chamber*.

Les officiers des *yemans* sont à la disposition du capitaine, & le capitaine est à la nomination du roi. (*A. R.*)

YOKOLA, (*Hist. mod. économie.*) nourriture ordinaire des habitans du Kamtschatka & des peuples sauvages qui demeurent à l'orient de la Sibérie, vers les bords de l'Océan oriental.

Le *yokola* se prépare avec toutes sortes de poissons, & l'on s'en sert comme nous faisons du pain. Tout le poisson que ces habitans prennent, se divise en six parts. Ils font sécher les côtés & la queue en les suspendant en l'air; ils préparent séparément le dos & la partie la plus mince du ventre, qu'ils fument & font sécher sur le feu; ils amassent les têtes dans des troncs, où elles fermentent, ils les mangent malgré leur odeur infecte; les côtes & la chair

qui y reste attachée se sèchent & se pulvérisent pour l'usage; on sèche de même les os les plus gros, ils servent à nourrir les chiens. (*A. R.*)

YONG-CHING-FU; (*Hist. mod.*) c'est ainsi qu'on nomme à la Chine un tribunal suprême, dont la jurisdiction s'étend sur tout le militaire qui est à la cour de l'empereur. Le président de ce tribunal est un des seigneurs les plus distingués de l'état, il a sous lui un mandarin & deux inspecteurs, qui sont chargés de veiller sur sa conduite, & de borner son pouvoir, en cas qu'il fût tenté d'en abuser.

YOUNG, (Edouard) (*Hist. litt. mod.*) poëte anglois; c'est le célèbre auteur des *Nuits*, ouvrage plus assorti au génie anglois qu'au caractère françois & qu'on aime plus ou moins, selon qu'on est plus ou moins porté à la mélancolie. Cet ouvrage a cependant beaucoup réussi en France dans la traduction de M. le Tourneur. M. Colardeau en a imité en vers françois quelques morceaux. Ce furent ses malheurs domestiques qui lui inspirerent cette sombre mélancolie, cette douleur énergique & profonde qui pouvoit seule produire le poëme des *Nuits*. Il avoit épousé en 1731 la fille du comte de Lichtfield, veuve du colonel Lée; elle mourut vers l'an 1741, ainsi que deux enfans qu'il avoit eus d'elle. On a encore d'*Young* d'autres productions, trois drames: *Busiris*, la *Vengeance* & les *freres* (*Démétrius & Persée*), des satires, des poésies morales que M. le Tourneur a encore traduites sous le titre d'*œuvres diverses du docteur Young*. Ce poëte étoit curé, ou ministre de Wettwin dans le Herford-hire. Il étoit né en 1684 à Up-ham dans le comté de Hampt où son pere étoit recteur. Il mourut en 1765 dans sa maison presbytérale de Wetwin. Il étoit d'une dévotion que sa mélancolie fortifioit & qui la fortifioit à son tour.

YRIARTE, (Don Jean d') *Hist. litt. mod.*) né en 1702 à l'isle Ténériffe. Il étudia en France à Paris & à Rouen, s'établit ensuite à Madrid où il fut bibliothécaire du roi d'Espagne & membre de l'Académie royale de la langue espagnole. On a de lui le catalogue des manuscrits grecs de la bibliotheque royale d'Espagne; le catalogue des manuscrits arabes de l'Escurial; une paléographie grecque, des œuvres diverses en espagnol, parmi lesquelles se trouvent quelques poésies latines. Mort en 1771.

YSE, (Alexandre de) *hist. litt. mod.*) professeur protestant de théologie à Die en Dauphiné, perdit sa chaire pour avoir paru pencher vers la religion romaine dans un discours dont l'objet étoit la réunion des protestans & des catholiques; il se retira dans le Piémont où il mourut. Il étoit de Grenoble. Son zèle très-estimable pour la réunion lui a fait attribuer un ouvrage intitulé: *Proposition pour la réunion des deux religions en France*, qui a paru en 1677.

YVAN BERUDA, (Don Martin) *hiſt. d'Eſp.*) grand maître d'Alcantara, ſur la fin du 14e. ſiecle, ſe laiſſa perſuader vers l'an 1394, par les viſions d'un hermite, nommé Jean Sago, que Dieu l'avoit deſtiné de toute éternité à faire la conquête du royaume de Grenade ſur les Maures. Il perſuada la même choſe à une foule de gentils-hommes Eſpagnols & Portugais qui le ſuivirent dans cette expédition où il périt avec eux. Les Maures permirent que ſon corps fût porté à Alcantara, ou, conformément à ſes dernieres volontés, on grava ſur ſon tombeau cette épitaphe qu'il s'étoit faite lui-même : *Ci gît Yvan dont le cœur ne connut jamais la crainte au milieu des plus grands dangers.* C'est à ce ſujet que Charles-Quint, à qui on racontoit ſon hiſtoire, & à qui on récitoit cette épitaphe, où il ne vit qu'une fanfaronade ridicule, dit ce mot qui a été tant cité & tant attribué à tous les princes aſſez braves pour avoir le droit de faire les honneurs de la bravoure : *Cet homme n'a donc jamais éteint une chandelle avec ſes doigts, il auroit craint de ſe brûler.*

YVES, (ſaint) *hiſt. eccléſ.*) official de Rennes, puis de Tréguier, fut chargé de diverſes cures. Il étoit né en 1253 à Kermartin près Tréguier, d'une famille noble. Il mourut en 1303, & fut canoniſé, par le pape Clément VI en 1347. On doute qu'il ait exercé la profeſſion d'avocat, malgré le dicton latin :

Sanctus Yvo erat britto

Advocatus & non latro.

YVES de Chartres, *voyez* IVES.

YVES de Paris, (*hiſt. mod.*) capucin prophete, dont on a pluſieurs écrits extravagans qui firent du bruit dans le temps, grace à la manie qu'on a tou-

jours eue de faire remarquer & de recommander au public par l'éclat d'une condamnation, les livres ou qu'on croyoit dangereux, ou qu'on auroit voulu pouvoir anéantir, ou qui ſeroient tombés d'eux-mêmes dans l'oubli par leur inſipidité & par le défaut de l.eurs. Du nombre de ces derniers étoit l'ouvrage du P. *Yves* de Paris, intitulé : *Heureux ſuccès de la piété, & triomphe de la vie religieuſe.* Le P. *Yves* qui n'eſtimoit que les moines, & parmi les moines que les capucins, avoit exalté ceux-ci aux dépens des eccléſiaſtiques ſéculiers qui n'étoient à ſes yeux que des mondains, & ceux-ci qui auroient pu ne pas daigner s'en appercevoir, firent l'honneur à cet ouvrage de le faire cenſurer.

Il fit auſſi un livre d'aſtrologie où il prédiſoit à l'Angleterre une grande déſolation pour l'année 1756. Cette prédiction ſe trouve dans la premiere édition, & ne ſe trouve point dans les ſuivantes, parce qu'on y fit des corrections & des retranchemens ſur les plaintes des puiſſances maltraitées dans cet ouvrage. Il faut avouer que la politique de ces grands Princes étoit ou bien déſœuvrée alors, ou bien ſuſceptible, pour s'abaiſſer juſqu'à ſe plaindre des prédictions d'un capucin aſtrologue & fanatique. *Yves* de Paris mourut en 1678.

YVETEAUX, (des) *voyez* VAUQUELIN DES YVETEAUX.

YVON, (Pierre) (*Hiſt. mod.*) de Montauban en Languedoc, s'attacha au viſionnaire Labadie (*voyez* l'article LABADIE) qui avoit été miniſtre de l'égliſe réformée à Montauban ; il le ſuivit en Hollande, & après la mort de Labadie, il fut chef des Labadiſtes. Il a laiſſé des ouvrages fanatiques, alors à l'uſage de ſon parti. On ignore l'année de ſa mort.

ZABANN ou ZABANUS, (Isaac & Jean) (*Hist. litt. mod.*) Ces deux savans hongrois, père & fils, sont célébrés dans le *specimen hungariæ litteratæ* de Czuittingeri.

1°. Isaac passoit pour un philosophe, & sur tout pour un controversiste habile dans un tems & dans un pays où la philosophie se réduisoit en grande partie à la controverse.

Né hongrois, il enseignoit, avec assez de réputation, vers l'an 1670, la philosophie & la théologie au collége d'Epéries, ville de la Haute-Hongrie, capitale du comté de Saros. Le tems où il vivoit, ainsi que celui où vivoit son fils, étoit un tems de troubles & de guerres intestines. Vivre dans de tels tems est le malheur le plus grand qui puisse arriver aux gens-de-lettres, dont la paisible profession a besoin de calme & de silence, & surtout du silence des armes.

La ville d'Epéries ayant été prise par un parti qui n'étoit pas celui de *Zabann*, ce savant se retira dans la ville d'Hermanstad, capitale de la Transylvanie ; il fut fait professeur, puis recteur du collége de cette ville ; il devint ensuite inspecteur, ou, comme on dit dans le pays, premier *antiste* de l'université. Il disputa beaucoup, & verbalement, & par écrit, c'est la principale fonction d'un controversiste ; une grande facilité à parler & à s'enflammer lui donnoit sur-tout un avantage remarquable dans la dispute verbale, où tant de choses étrangères à la raison peuvent procurer la victoire ou l'apparence de la victoire ; il parut toujours sortir vainqueur de toutes les conférences, & les jésuits sur-tout n'eurent point d'adversaire plus redoutable. Il a fait imprimer quelques-unes de ses disputes ou apologies. Parmi ses dissertations, il y en a une où il examine si un professeur déposé par une force majeure peut exercer le négoce *sans blesser sa conscience.* C'étoit peut-être le cas où il s'étoit trouvé dans les révolutions de son pays ; mais il est bien question ici de conscience ! il s'agit tout au plus d'examiner si les usages ou les préjugés du pays, si les bienséances locales permettent tel ou tel état à telle ou telle personne, & l'on trouvera que même en tout pays les bienséances locales & les opinions vulgaires se taisent devant l'extrême besoin & la force majeure. L'accueil qu'Isaac reçut à Hermanstad, & les dédommagemens

qu'il y trouva, le mirent sans doute hors d'intérêt sur la question qu'il avoit discutée. Il mourut en 1699, en possession de tous ses emplois.

2°. Jean *Zabann*, son fils, doit être mis au rang des enfans célèbres & des savans précoces ; il n'avoit que six ans lorsqu'on le vit, avec le plus grand étonnement, haranguer, en latin, un envoyé de l'empereur. Il fit ses études à Tubinge, &, devenu bientôt maître, il y enseigna la philosophie, qu'il étoit venu y apprendre. De retour dans son pays, il ne se livra pas peut-être assez entièrement à la littérature. Au malheur qu'il eut, comme son père, de se trouver dans des tems difficiles, il joignit l'imprudence de vouloir entrer dans les affaires ; c'est le foible de quelques beaux-esprits ou savans, qui, de littérateurs estimables, deviennent par-là des administrateurs médiocres ou funestes. Jean *Zabann* brigua ou obtint du moins des emplois publics ; il fut fait prot. notaire provincial de Transylvanie, puis sénateur d'Hermanstad. En cette dernière qualité, il joua, comme négociateur, un rôle assez considérable au milieu des guerres entre l'Empire & la Turquie, dans la Hongrie & dans la Transylvanie ; il fut envoyé plusieurs fois auprès de l'empereur Léopold, qui le goûta d'abord, l'ennoblit & le fit chevalier ; il lui confia même des emplois assez importans, dont *Zabann* parut s'acquitter à la satisfaction de l'empereur & du public. Mais la faveur des rois est inconstante & celle du public encore plus ; l'amour des affaires emporta peut-être *Zabann* un peu trop loin, il devint suspect, &, soit sur de simples soupçons, soit sur la conviction d'avoir eu des liaisons criminelles avec des séditieux, & d'être entré dans quelques conspirations, il fut dépouillé de ses emplois ; & l'empereur lui fit trancher la tête.

ZABARELLA, (*Hist. litt. mod.*) ou DE ZABARELLIS. Trois hommes de ce nom & de la même famille ont joué un rôle ou dans l'église, ou dans la littérature, ou dans l'une & l'autre à la fois.

Le premier est François, plus connu & très-connu sous le nom du *cardinal de Florence.* Le pape Jean 23 le fit archevêque de cette ville & cardinal. Il fut un des plus ardens promoteurs du concile de Constance ; le même pape l'envoya en 1413 auprès de l'empereur Sigismond, pour convenir avec lui d'arrangemens relatifs à ce concile. Le cardinal de Florence y parut avec tant d'éclat qu'il étoit généralement désigné dans l'opinion publique pour remplir le S. siege à la première occasion; mais il mourut en 1417, pen'ant la tenue du concile, à soixante & dix-huit ans, un mois & demi avant l'élection de Martin V. Il étoit de Padoue, & lorsque les Vénitiens en 1406 avoient assiégé cette ville, ses compatriotes l'avoient envoyé en France demander du secours; mais la France avoit alors bien d'autres affaires. On rendit à Constance les plus grands honneurs à sa mémoire; l'empereur & tout le concile assistèrent à ses funérailles, & le Pogge prononça son oraison funèbre.

Zabarella étoit grand jurisconsulte; on a de lui des commentaires sur les décrétales & sur les clémentines, des conseils; varia legum repetitiones. Il travailla sur toutes sortes de matières. Il composa un traité de horis canonicis, un de felicitate, un de naturâ rerum diversarum; opuscula de artibus liberalibus; commentarii in naturalem & moralem philosophiam. Il fut même historien & historien utile; on lui doit les actes des conciles de Pise & de Constance; il a donné une histoire de son tems. On a de lui enfin un traité du schisme dont le succès a été fort grand, surtout dans le siècle suivant. Les protestans l'ont souvent fait imprimer pour s'appuyer de l'autorité de Zabarella; & montrer par le témoignage d'un écrivain non suspect combien la réforme étoit nécessaire. Il y parle en effet avec beaucoup de liberté des papes & de la cour de Rome; il étoit de ces catholiques de bonne foi, qui, par zèle pour la religion proposoient depuis si long-tems de réformer l'église dans le chef & dans les membres, mais sans rien changer au dogme. Les éloges des protestans produisirent l'effet de le rendre odieux à la cour de Rome, & cet ouvrage très-orthodoxe d'un cardinal qui avoit pensé être pape, eut l'honneur d'être mis à l'index.

2°. Barthelemi Zabarella, neveu du précédent, fut comme lui grand jurisconsulte, comme lui professeur de droit canon, & comme lui archevêque de Florence. Il mourut en 1442. Avant d'être Archevêque, il avoit été marié; il avoit eu pour fils:

3°. Jacques Zabarella, né à Padoue en 1533, professeur de philosophie dans sa patrie, grand scrutateur & grand commentateur d'Aristote, auteur d'un petit traité de inventione æterni motoris, titre qui rappelle ce vers fameux:

Si Dieu n'existoit pas il faudroit l'inventer.

Jacques Zabarella donnoit beaucoup dans l'astrologie & dans les horoscopes. Son excuse est qu'il étoit du seizième siècle.

ZABATHAI-SCEVI, (voyez SABATEI-SEVI.)

ZABDAS, ZABAS ou SABAS (Hist. rom.) étoit un des meilleurs généraux de la fameuse Zénobie, reine de Palmyre, dont l'article est ci-après à son rang. Il fut employé dans la plupart des expéditions qui ont rendu si célèbre le nom de cette princesse. Ce fut lui qui, pendant que l'empereur Claude II étoit occupé contre les goths, fit pour Zénobie la conquête de l'Egypte, à la tête d'une armée de soixante & dix mille hommes, tant palmyréniens que syriens, une seule bataille dans laquelle il défit les égyptiens le rendit maître de toute l'Egypte; mais il ne suffit pas de faire des conquêtes, il faut savoir les conserver.

Nec minor est virtus quàm quærere parta tueri.

La facilité avec laquelle Zabdas avoit soumis l'Egypte, lui persuada qu'il n'avoit pas besoin de beaucoup de forces pour la maintenir dans l'obéissance, il se contenta d'y laisser cinq mille hommes, & il mena le reste de ses troupes à d'autres expéditions. Ce mépris auroit pu n'être ni injuste ni imprudent, s'il n'avoit été question que des égyptiens; ces peuples ne combattoient point pour être libres, il ne s'agissoit pour eux que de savoir s'ils obéiroient ou à la reine de Palmyre ou à l'empereur romain. Subjuguer les égyptiens, ce n'étoit presque rien faire, c'étoit des romains qu'il falloit triompher; on avoit aisément conquis l'Egypte pendant leur absence; mais c'étoit trop compter sur l'inaction d'un prince aussi actif & aussi vigilant que Claude II, de confier à cinq mille hommes seulement la garde d'un pays de cette étendue; Claude profita de cette imprudente sécurité; il envoya en Egypte un général romain, nommé Probus ou Probatus, qui, secondé par les naturels du pays, pliés par l'habitude au joug des romains, & croyant supporter impatiemment celui d'une femme, chassa aisément les cinq mille palmyréniens laissés par Zabdas. L'Egypte se crut victorieuse & libre parce qu'elle redevenoit romaine. Ce ne fut pas pour long-tems; le général romain s'étant engagé dans un pays de montagnes à la poursuite des palmyréniens, il fut surpris, battu, fait prisonnier, & se tua de désespoir; l'Egypte redevint palmyrénienne, & Zénobie régna paisiblement dans ce pays; elle s'étendit ensuite dans l'Asie Mineure, soumit la Bithynie & la Cappadoce; Claude mourut.

Mais Zénobie & Zabdas eurent bientôt à combattre un ennemi plus redoutable encore dans l'empereur Aurélien, successeur de Claude II. Il part de Rome, il parcourt en conquérant l'Illyrie, la Dalmatie, la Thrace, passe le détroit à Byzance, entre en Asie, enlève à Zénobie la Bithynie & la Cappadoce; Zabdas, au lieu de s'avancer assez au-devant de lui pour défendre ces provinces, se contenta de l'attendre aux environs d'Antioche; ce fut là que se livra d'abord, près d'Inimœ, bourg de la Syrie, sur les bords de l'Oronte, entre ces deux généraux, dignes de se mesurer ensemble, un grand combat de cavalerie, où ils usèrent chacun de leur côté de divers stratagêmes qui leur réussirent à l'un & à l'autre. Celui d'Aurélien ne fut pas le plus ingénieux ni le plus nouveau, mais il lui valut la victoire; ce prince redoutant la cavalerie pesamment armée des orientaux, feignit de fuir devant elle pour l'attirer sur ses traces & l'attaquer ensuite avec avantage lorsque l'ardeur d'une longue & inutile poursuite l'auroit fatiguée jusqu'à l'épuisement & l'auroit mise en désordre. Tout arriva comme Aurélien l'avoit prévu, lorsque les romains, sans avoir perdu leurs rangs, se retournèrent tout-à-coup, & déployèrent un front redoutable, ils eurent bon marché des palmyréniens surpris, demi-vaincus, accablés de lassitude, de chaleur; & pouvant à peine soutenir le poids de leurs armes; ils les renversèrent & les foulèrent aux pieds de leurs chevaux; il fallut que les palmyréniens songeassent à la retraite: c'est ici que le stratagême de Zabdas le servit bien; il étoit placé entre l'armée romaine & Antioche, où il devoit naturellement se retirer; il avoit lieu de craindre, d'après les dispositions de cette ville, qu'elle ne fermât ses portes au vaincu; mais heureusement elle ne pouvoit guères apprendre que par lui des nouvelles de la bataille. Zabdas prend son parti, il publie que non seulement il a remporté la victoire, mais encore qu'il a fait l'empereur prisonnier: on voyoit en effet marcher au milieu de ses troupes un captif revêtu des ornemens impériaux, & qui, par l'âge, la taille & tout l'extérieur, paroissoit ressembler à Aurélien; Zabdas entre dans Antioche, où il est reçu en vainqueur; il y trouve Zénobie, qu'il désabuse en particulier, & avec laquelle il sort, pendant la nuit, d'Antioche, & se retire à Emèse, suivi des troupes palmyréniennes.

Toute cette marche, ou plutôt cette fuite, fut habilement dérobée à l'ennemi. Le lendemain Aurélien, non content de ce succès d'un combat de cavalerie, sort de son camp pour engager une affaire générale; il est étonné de ne point voir l'armée ennemie, il se met à sa poursuite, il arrive aux portes d'Antioche, il entre sans obstacle dans la ville, & la trouve déserte; on avoit seulement laissé, sur une hauteur qui commandoit le faubourg de Daphné, un corps de troupes chargé d'arrêter la poursuite du vainqueur, & de donner le tems aux palmyréniens de réparer leurs pertes. Cet effet fut produit en partie. Les romains furent obligés de livrer un combat difficile & pénible pour déloger les ennemis du poste avantageux qu'ils occupoient; & la victoire fut encore disputée dans cet endroit; Aurélien avance & prend sur sa route Apamée & quelques autres places situées entre Emèse & Antioche. Arrivé près d'Emèse, il retrouve enfin l'armée palmyrénienne qui l'attendoit sous les murs de cette place, & il la retrouve forte de soixante & dix mille hommes. C'étoit toujours Zabdas qui la commandoit; il se surpassa

par les efforts qu'il fit dans cette journée, d'où devoit dépendre le sort de Zénobie & de son empire. La cavalerie palmyrénienne eut un avantage décidé sur celle des romains; celle-ci, moins nombreuse, voulut présenter un front aussi étendu & rendit ses rangs trop foibles; ils furent aisément rompus, la cavalerie romaine s'enfuit, & ce ne fut pas une feinte, mais la cavalerie palmyrénienne fit encore la faute de poursuivre les romains trop loin & trop long-tems, & de laisser son infanterie dégarnie & sans appui; ce fut alors que l'infanterie romaine, presque toujours invincible & bien supérieure à l'infanterie orientale, fondit sur celle-ci, & eut sur elle l'avantage que la cavalerie palmyrénienne avoit eu sur la romaine; celle-ci voyant le combat rétabli, se rallie & revient à la charge; alors la victoire se déclara entièrement pour Aurélien, les débris de l'armée palmyrénienne se retirèrent dans Emèse, où ils furent recueillis par Zénobie; mais cette princesse, comptant peu sur l'affection des habitans de cette place, toute romaine d'inclination, ne crut pas devoir y soutenir un siège, & ce fut sa forte & fidèle ville de Palmyre qu'elle choisit pour dernier asyle. On ignore ce que devint Zabdas; de ce moment l'histoire ne parle plus de lui; on ne sait s'il fut du nombre des ministres, des conseillers, des généraux palmyréniens mis à mort par l'ordre d'Aurélien après la prise de Palmyre & de Zénobie, & sur lesquels cette princesse, pour s'excuser, eut, dit-on, la foiblesse de rejetter tout le blâme de la guerre qu'elle avoit entreprise avec tant d'audace, & soutenue d'abord avec tant de courage. La bataille d'Immœ & celle d'Emèse sont de l'an 272 de J. C.

ZABDIEL, (*Hist. de Syrie & hist. sainte.*) c'est le nom du prince ou roi des arabes, chez lequel Alexandre Velez, ou Balés, ou Balas, ou Bala, roi de Syrie, fils réel ou supposé d'Antiochus Epiphanès (l'écriture sainte dit qu'il étoit son fils, *Alexander Antiochi filius*) ala chercher un asyle dans sa disgrace, lorsqu'il eût été défait par Ptolémée ou Ptolémée; le barbare Zabdiel, violant indignement tous les droits de l'hospitalité, fit trancher la tête au malheureux Alexandre, & l'envoya lâchement à Ptolémée.

Voyez l'article ALEXANDRE Balès, de M. Turpin. *Voyez* aussi le premier livre des Machabées, chapitre XI, versets 16 & 17, dont voici les termes:

Et fugit Alexander in arabiam, ut ibi protegeretur: rex autem Ptolemæus exaltatus est.

Et abstulit Zabdiel arabs caput Alexandri, & misit Ptolemæo.

» Alexandre s'enfuit en Arabie pour y trouver quelque protection, & le roi Ptolémée fut élevé en grande gloire ».

» Mais *Zabdiel*, prince des arabes, fit couper la tête à Alexandre, & l'envoya à Ptolémée. »

ZABULON, (*Hift. facr.*) un des fils de Jacob & de Lia. Sa part dans la bénédiction ⟨⟩ Jacob eft énoncée dans la génèfe, chap. 49, verf. 13. Il eft encore parlé de lui au commencement de l'exode, dans les deux premiers chapitres du livre des nombres, & au premier livre des paralipomènes, chap. 2, 6.

Le partage de la Tribu de *Zabulon* s'étendoit depuis la mer de Galilée à l'orient jufqu'à la mer méditerranée à l'occident, felon la bénédiction de Jacob mourant, qui porte que *Zabulon* habitera fur le bord de la mer & dans le port des vaiffeaux, & qu'il s'étendra jufqu'à Sidon.

ZACAGNI (Laurent-Alexandre) *Hift. litt. mod.*) critique & littérateur italien, garde de la bibliothèque vaticane, a publié à Rome en 1698, un recueil de monumens eccléfiaftiques fous ce titre : *collectanea monumentorum veterum eccléfiæ græcæ & latinæ.* Mort à Rome vers 1720.

ZACAT. (*Hift. mod.*) L'alcoran de Mahomet impofe à fes fectateurs deux efpèces d'aumônes ; l'une eft légale, & l'autre eft volontaire. La première s'appelle *zacat*, & la feconde *fadakat*. Rien n'eft plus expreffément enjoint aux mahométans que la néceffité de faire l'aumône. Le calife Omar Ebn Abdalaziz difoit que *la prière fait faire la moitié du chemin vers Dieu, que le jeûne conduit à la porte du palais, & que c'eft l'aumône qui en procure l'entrée.* Suivant l'alcoran, l'aumône doit être faite fur les troupeaux, fur l'argent, fur le blé, fur les fruits & fur les marchandifes. A la fin du ramadan, c'eft à-dire, du mois de jeûne, chaque mufulman eft obligé de faire l'aumône pour lui-même & pour chaque perfonne de fa famille ; en un mot, le précepte de l'aumône eft un des plus indifpenfables de la religion mahométane. (*A. R.*)

ZACCHIAS, (Paul) (*Hift. litt. mod.*) médecin du pape Innocent X, cultiva toutes les belles connoiffances, mais il donna la préférence à fon art ; on a de lui: *quæftiones medico-legales*, ouvrage où la médecine & le droit canonique s'éclairent l'un par l'autre, & qui paffe pour être également utile aux médecins & aux cafuiftes ; un autre ouvrage du même auteur qui a pour titre : *la vie quadragéfimale*, a auffi le même objet à peu-près ; il roule fur les difpenfes des abftinences du carême, & en difcute la légitimité. *Zacchias* a encore écrit fur les maladies hypocondriaques. Mort à Rome fa patrie en 1659.

ZACHARIE, (*Hift. facr.*) L'écriture fainte nous offre quatre perfonnages célèbres de ce nom.

1°, Un roi d'Ifraël, fils de Jeroboam II, & dont le regne à Samarie ne fut que de fix mois ; il fut tué par Sellum, fils de Jabès, & celui-ci regna en fa place. L'hiftoire de ce *Zacharie* fe trouve au 4e. livre des Rois, chap. 15.

2°. Le fils de Joad & de Jofabeth, le grand-prêtre *Zacharie* ; c'eft de lui que Joad dit dans fon enthoufiafme prophétique :

Quel eft, dans le lieu faint, ce pontife égorgé ?
Pleure Jérufalem, pleure cité perfide,
Des prophètes divins malheureufe homicide.

Ce fut ce Joas, fauvé des fureurs d'Athalie par Joad & par Jofabeth, qui fit lapider *Zacharie*. (*Voyez* le fecond livre des paralipomènes, chap. 24, verf. 20, 21, 22.)

3°. Le onzième des douze petits prophètes. Sa prophétie a quatorze chapitres. On y remarque furtout la prophétie contenue dans le chap. 9, verf. 9 : « Filles de Sion, voici votre roi qui vient à vous, » ce roi jufte qui eft le Sauveur ; il eft plein de dou » ceur, & il eft monté fur une âneffe & fur le poulain » de l'âneffe. » Cette prophétie eft rappellée dans l'évangile de S. Jean, chap. 12, verf. 15.

4°. ZACHARIE, mari de fainte Elifabeth, coufine de la fainte Vierge & père de faint Jean-Baptifte. Son hiftoire, ainfi que fon cantique : *Benedictus dominus deus Ifraël, quia vifitavit & fecit redemptionem plebis fuæ,* fe trouve dans l'évangile de faint Luc, chapitre premier. Il compofa & prononça ce cantique, lorfqu'après avoir été muet en punition de l'incrédulité qu'il avoit montrée fur la prophétie qui lui avoit été faite qu'il auroit un fils, fa langue fe délia tout-à-coup à la naiffance de ce fils. Il y rend témoignage à la miffion des prophètes & à l'accompliffement des prophéties : *ficut locutus eft per os fanctorum qui à fæculo funt prophetarum ejus,* & il prophétife lui-même que l'enfant qui vient de naître fera le prophète du très-haut & le précurfeur du Meffie : *Et tu puer, pr pheta altiffimi vocaberis, præibis enim ante faciem domini parare vias ejus.*

5°. Le pape *Zacharie* que quelques - uns appellent *faint Zacharie* ; grec de naiffance, fucceffeur de Gregoire III, élu en 741, mort le 4 Mars 752. Il fut aumônier & charitable ; il établit des diftributions régulières d'aumônes en faveur des pauvres & des malades ; il racheta beaucoup d'efclaves que des marchands vénitiens alloient vendre en Afrique, où ces malheureux auroient eu tout à craindre pour leur religion & pour leurs mœurs. Il s'occupa du foin de rétablir & de maintenir la difcipline eccléfiaftique ; auffi courageux que pieux & bienfaifant, il expofa plufieurs fois fa vie pour la défenfe du clergé & du peuple de Rome dans les troubles qui agitoient alors l'Italie, ravagée à la fois par les empereurs grecs, ou par leurs exarques, & par les Lombards. Ce fut le pape *Zacharie* qui jetta les premiers fondemens de cette bibliothèque vaticane devenue depuis si célèbre. On a de lui des epitres & quelques décrets. Il traduisit en grec les dialogues latins de S. Gregoire pape, dit le grand. Canisius en a donné une bonne édition avec des notes.

C'est un problème historique de savoir s'il est vrai que le pape *Zacharie* ait été consulté sur la déposition de Childeric & le couronnement de Pepin le Bref, & que sa décision ait déterminé les suffrages des François.

La plupart des anciennes chroniques disent expressément que Burchard, évêque de Wurtsbourg, & Fulrad, abbé de S. Denis, furent envoyés à Rome pour proposer au pape cette question : *Lequel devoit être roi, ou celui qui en avoit le nom sans en faire les fonctions, ou celui qui en remplissoit les fonctions sans en avoir le nom.* Proposer une semblable question, dit un auteur, c'est la résoudre. Le pape répondit que le nom devoit suivre la chose. Sur cette décision Pepin fut élu, & reçut l'onction sacrée des mains d'un légat du saint siège ; c'étoit Winfride, prêtre anglois, bien plus connu sous le nom de S. Boniface, archevêque de Mayence & apôtre de la Germanie.

Des critiques observent que plusieurs de nos plus anciennes annales gardent le silence sur le fait de la question proposée au pape *Zacharie*, qu'il n'en est parlé ni dans la vie de ce pape, écrite par Anastase le bibliothécaire, ni dans celle de S. Boniface, par Villibade son disciple, evêque d'Aichstat, que le pape *Zacharie* n'en dit rien, ni dans ses lettres à Pepin, ni dans ses lettres à S. Boniface ; qu'enfin il seroit bien étrange, que sur un fait de cette importance, le pape n'eût fait qu'une réponse verbale, & qu'on s'en fût contenté.

On pourroit répondre à cette dernière objection, que la démarche faite auprès du pape n'étant qu'un hommage dont on ne croyoit pas alors pouvoir se dispenser à son égard, & la réponse étant toute dictée par la question, on pouvoit s'être contenté de la réponse qu'il avoit voulu faire, sans exiger de lui une réponse par écrit sur une matiere si délicate, que d'ailleurs il avoit peut-être fait une réponse par écrit qui ne subsiste plus.

Quant au silence de quelques auteurs, on peut observer qu'il ne sauroit avoir la vertu de détruire des témoignages positifs, qu'on n'a aucune autre raison de récuser.

Il y a une troisième opinion, c'est celle de ceux qui regardent la consultation & l'ambassade comme chimériques, mais qui disent que quand le pape Etienne III, successeur de *Zacharie* après Etienne II, vint dans la suite en France, Pepin lui fit part des scrupules qui lui restoient, des remords même qu'il sentoit d'avoir détrôné son souverain légitime, auquel il avoit lui-même prêté serment de

fidélité ; & que le pape, pour calmer sa conscience, le releva de ce serment. Ce dernier fait paroît constant, mais il ne détruit pas le premier. Etienne III peut n'avoir fait qu'achever & confirmer l'ouvrage de Zacharie.

Enfin il y a une quatrième opinion qui absout Pepin d'usurpation, le pape de connivence avec un usurpateur, & les François d'infidélité envers la race de Clovis ; cette opinion est que Childeric abdiqua volontairement pour se retirer dans un cloître ; ce qui ayant fait rentrer les François dans le droit d'élire un roi, ils firent certainement le choix le plus convenable.

Cette opinion nous paroît susceptible de trois difficultés.

L'une est que Childeric avoit un fils.

L'autre, qu'il restoit d'autres princes de la race de Clovis.

La troisième, que l'abdication de Childéric, d'après les circonstances, pouvoit difficilement paroître volontaire.

Il n'est pas nécessaire que ces diverses questions soient résolues, il suffit qu'on sache qu'elles ne le sont pas, & qu'on peut choisir entre les quatre opinions, ou prendre le parti de n'en adopter aucune, & de rester dans le doute.

6°. ZACHARIE, dit de Lizieux, soit qu'il fût de cette ville, soit qu'il y eût fait profession, capucin du dix-septieme siècle, a publié différens ouvrages, moitié satyriques, moitié moraux, mais presque tous sous des noms d'emprunt nommément le *saeculi genius* & le *Gyges gallus*, sous le nom de *Petrus Firmianus*. Ces deux ouvrages ont été plusieurs fois imprimés, & ont reçu de quelques éditeurs des éloges qui paroîtroient aujourd'hui bien excessifs. C'est encore sous un faux nom, sous celui de Louis Fontaines, que *Zacharie* de Lizieux a publié sa *relation du pays de Jansénie*, plaisanterie molin ste de mauvais goût, où il est dit que dans le pays de Jansénie, il ne croit point de poires de bon-chrétien, & que le pays de Jansénie *tient au levant à orgueil, au midi à libertinage, & au couchant à désespérie*. Mort en 1661.

Il y a encore d'autres *Zacharies* connus, soit dans l'histoire ecclésiastique, soit dans les lettres.

ZACHARIE, fils de Baruc ou Barachie. (*Hist. des juifs.*)

On sait quelles injustices & quelles violences exerçoient les zélateurs pendant le trop mémorable siège de Jérusalem par Titus. M. de Tillemont, son historien de la ruine des juifs, a trop bien rapporté, d'après l'historien Josephe, ce qui concerne le martyre de ce vertueux *Zacharie*, pour que nous employions ici d'autres expressions que les siennes :

« Les zélateurs s'étant enfin lassés de massacrer indifféremment

indifféremment tout ce qui tomboit entre leurs mains; ils voulurent en tuer d'autres en cérémonie, & avec quelque forme de jugement. Ayant donc résolu de faire mourir *Zacharie*, fils de Baruc, parce qu'outre que son illustre naissance, sa vertu, son autorité, son amour pour les gens de bien, & sa haine pour les méchans le leur rendoient redoutable, ses richesses étoient une grande amorce pour leur avarice. Ils choisirent soixante & dix des plus notables du peuple, qu'ils établirent en apparence pour être ses juges, mais sans leur donner en effet aucun pouvoir de juger. Ils l'accusèrent devant eux d'avoir voulu livrer la ville aux romains, & d'avoir envoyé pour ce sujet vers Vespasien. On ne pouvoit trouver ni preuve, ni seulement le moindre indice de ce prétendu crime, mais les zélateurs soutenoient qu'ils en étoient bien assurés, & vouloient que le témoignage qu'ils en rendoient suffît pour convaincre l'accusé.

» *Zacharie* n'eut pas de peine à connoître que ce jugement n'étoit qu'une feinte, qui se termineroit à la prison & de la prison à la mort; mais quoiqu'il ne vît pour lui aucune espérance de salut, il ne rabattit rien de la fermeté de son courage. Il se moqua de la prétention qu'avoient ses accusateurs de vouloir faire passer leur témoignage pour une preuve; & après avoir détruit en peu de mots les crimes qu'ils lui objectoient, il déduisit l'un après l'autre ceux dont ses accusateurs même étoient véritablement coupables, & finit en déplorant l'état malheureux où sa patrie se trouvoit réduite.

» Un discours si généreux alluma une telle rage dans le cœur des zélateurs, qu'ils eussent massacré *Zacharie* à l'heure même, sans la fantaisie qu'ils avoient de continuer jusques à la fin à ce jugement quelque apparence de justice, & de reconnoître si ceux qu'ils avoient choisis pour ce sujet auroient assez de cœur pour ne point craindre de la rendre dans un tems où ils ne le pouvoient faire sans courir fortune de la vie. Ainsi ils permirent à ces soixante & dix juges de prononcer; & ne s'en étant pas trouvé un seul qui n'aimât mieux s'exposer à la mort qu'au reproche d'avoir condamné un homme de bien par la plus grande de toutes les injustices, il fut déclaré absous tout d'une voix.

» La prononciation de ce jugement fit jeter un cri de fureur aux zélateurs. Leur rage ne put souffrir de voir que ces juges n'avoient pas voulu comprendre que le pouvoir qu'ils leur avoient donné n'étoit qu'un pouvoir imaginaire dont ils ne prétendoient pas qu'ils osassent faire aucun usage, & deux des plus scélérats de ces méchans se jetèrent sur *Zacharie*, le tuèrent au milieu du temple, & lui insultant encore après sa mort, disoient par la plus cruelle de toutes les railleries: « Reçois cette » absolution, que nous te donnons, & qui est » beaucoup plus assurée que n'étoit l'autre ». Ils

Histoire, Tome V.

jettèrent ensuite son corps dans la vallée qui étoit au-dessous du temple.

» Quant à ces soixante & dix juges, ils se contentèrent de les chasser indignement à coups de plat d'épée hors de la clôture du temple; non que quelque sentiment d'humanité les empêchât de tremper aussi leurs mains dans leur sang, mais afin qu'étant répandus dans toute la ville, ils fussent comme autant de témoins dont la déposition ne pourroit plus permettre à personne de douter que cette capitale d'un royaume autrefois si florissant, ne fût réduite en servitude ».

Selon la conjecture de Jansenius, de M. de Tillemont & de quelques autres savans, c'est de ce *Zacharie* que parle Jésus-Christ dans S. Matthieu, chapitre 23, versets 34 & 35, lorsqu'il dit aux scribes & aux pharisiens.

» Je m'en vais vous envoyer des prophètes, des sages & des scribes, & vous tuerez les uns, vous crucifierez les autres; vous en fouetterez d'autres dans vos synagogues, & vous les persécuterez de ville en ville.

» Afin que tout le sang innocent qui a été répandu sur la terre, retombe sur vous depuis le sang d'Abel le juste *jusqu'au sang de Zacharie, fils de Barachie, que vous avez tué entre le temple & l'autel*».

Les savans dont nous parlons observent que Baruc & Barachie ne sont qu'un seul & même nom, & qu'il n'y a point d'autre *Zacharie* auquel les paroles du sauveur puissent convenir.

La première objection qui se présente à l'esprit contre ce système, est que le meurtre de *Zacharie*, fils de Baruc ou de Barachie, est postérieur d'un grand nombre d'années à la mort même du messie.

On répond que le christ parloit par un esprit de prophétie, & comme un dieu aux yeux duquel l'avenir & le passé ne sont qu'un.

On pourroit cependant insister & dire que les scribes & les pharisiens devoient lui demander quel étoit ce *Zacharie*, fils de Barachie, qu'ils avoient tué entre le temple & l'autel; au lieu que par leur silence ils semblent avouer le fait, dont ils ne devoient cependant avoir aucune idée.

Il seroit très-naturel de penser que Jésus-Christ parle du grand-prêtre *Zacharie* que les juifs avoient lapidé dans le vestibule du temple par l'ordre de Joas. (Voir le second livre des Paralipomènes, chapitre 24, versets 20, 21, 22.) C'étoit bien là le *Zacharie* tué entre le temple & l'autel; c'est à lui que Joad, saisi de l'esprit de prophétie, fait allusion dans *Athalie*, lorsqu'il s'écrie:

Quel est dans le lieu saint ce pontife égorgé?

S f f f *

C'est à lui encore qu'il fait allusion d'une manière plus fine, lorsque voyant Joas & *Zacharie* encore enfans s'embrasser avec tendresse, il dit:

Enfans, ainsi toujours puissiez-vous être unis!

Zacharie, en expirant par l'ordre de l'ingrat Joas, dit:

« Dieu voit le traitement que vous me faites, & il vengera ma mort.»

Tout semble donc convenir au grand-prêtre *Zacharie* dans le reproche que J. C. fait aux juifs; mais le grand-prêtre *Zacharie* étoit fils du grand-prêtre Joad ou Joïada, & non pas de Barachie.

Il y a une foule d'autres *Zacharie* moins célèbres que les précédens, tels sont:

Le rhéteur ZACHARIE, auteur d'une histoire ecclésiastique non publiée, dont parle du Verdier-Van-Privas dans le supplément de sa bibliothèque.

ZACHARIE, dit le *scholastique*, évêque de Mytilène, dans l'isle de Lesbos, condisciple du philosophe Ammonius, & auteur d'un dialogue traduit du grec en latin, par Genebrard, sur la création du monde, contre les anciens philosophes qui croyoient le monde éternel. Il y a de lui encore une dissertation contre les deux principes ou le manichéisme. Mort en 560.

ZACHARIE, patriarche de Jérusalem, lorsqu'en 614, Chosroès, roi de Perse, enleva de Jérusalem, & la vraie croix & le patriarche, qui languit dans la captivité jusqu'en 628, que l'empereur Héraclius, faisant la paix avec la Perse, se fit restituer la vraie croix, qu'il reporta lui-même à Jérusalem, & fit rendre la liberté au patriarche, qu'il rétablit dans son siège.

ZACHARIE, évêque de Hiérocésarée, en Lydie, se distingua au second concile de Nicée, tenu en 787, où l'on établit le culte des images & où l'on en fixa les principes. Il mourut peu de tems après. Dans un dialogue écrit en grec, il avoit expliqué tous les mystères du songe de Nabuchodonosor, rapporté au second chapitre de Daniel, & de la statue colossale, à la tête d'or, aux bras d'argent, aux cuisses d'airain, aux pieds partie de fer, partie de terre.

ZACHARIE, évêque de Chrysopolis au douzième siècle, auteur d'une concorde évangélique.

ZACHARIE, prophète espagnol du treizième siècle, composa en 1285 un livre de prophéties qu'il eut soin d'envoyer à tous les juifs d'Espagne. Il falloit l'apprendre par cœur, & la récompense étoit de voir l'avènement du messie.

ZACHARIE, évêque de la Garde, dans le Gröenland, vers le commencement du seizième siècle, est auteur d'hymnes qui furent approuvées par le pape Clément VII, & publiées en 1549 par Louis de Vicence, dont *Zacharie* étoit compatriote, étant né aussi à Vicence dans l'état de Venise.

Vers le même tems, un autre ZACHARIE de Vicence, chanoine régulier, & géographe alors fameux, donna une méthode de géographie, avec onze cartes imprimées à Venise en 1502.

ZACHARIE Lipelloo, allemand, chartreux à Juliers, auteur de vies des saints, imprimées à Cologne en 1595, mourut en 1597, dans son église, aux chartreux de Juliers, en chantant matines.

ZACHARIE, juif italien, riche marchand, mort à Florence en 1671, fut un bienfaiteur solide de sa nation & de sa religion. Il laissa par son testament, aux pauvres juifs, vingt-quatre mille piastres, dont six mille devoient être employées au rachat des captifs, & les dix huit mille autres à doter de pauvres filles. Il laissa sa bibliothèque hébraïque à l'école romaine, qui, par reconnaissance, fit graver sur les murailles du collège une inscription honorable à sa mémoire, & ordonna que tous les ans on feroit, dans la synagogue, un discours à sa louange. On imprima en 1675, quatre ans après sa mort, un livre de lui, où il parle de tous les auteurs qui ont éclairci les histoires ou fables talmudiques.

ZACHE, (Jean) (*Hist. litt. mod.*) savant polonois, docteur en philosophie & en théologie dans l'université de Lipsick, dont il étoit recteur en 1415, fut un grand théologien scholastique, mérite aujourd'hui peu estimé, mais qui l'étoit alors. On a de lui un traité *super veteri arte cursus*, sujet qui n'est pas sans utilité; il a écrit sur Aristote, sur l'ame, &c.; il y a de lui encore des thèses, des disputes, des harangues, &c.

ZACHÉE, (*Hist. sacr.*) chef des publicains de la ville de Jéricho, chez qui Jesus-Christ déclara publiquement qu'il vouloit aller loger; ce qui scandalisa un peu ceux qui ne pouvoient pas lire comme lui dans l'ame de *Zachée*, & que le titre seul de publicain prévenoit contre lui. *Zachée* offrit à Jesus-Christ de donner aux pauvres la moitié de son bien, & de rendre le quadruple à ceux auxquels il pouvoit avoir fait tort. C'étoit exécuter les loix romaines dans toute leur rigueur; c'étoit s'exécuter soi même avec beaucoup de sincérité; & un publicain ne pouvoit donner une plus forte preuve de conversion. Son histoire se trouve dans S. Luc, chap. 19.

Il y a un autre ZACHÉE, moine hérétique du quatrième siècle, qui apparemment avoit fait de

ZAC

profélytes, car l'histoire des hérésies fait mention d'une secte des zachéens. La principale erreur de ce Zachée paroît avoir concerné les prières, qu'il ne vouloit pas qu'on fît en commun ni dans les églises, & qui n'avoient de mérite & d'efficacité, selon lui, qu'autant qu'elles étoient individuelles & faites dans la solitude, loin de la contagion du monde; aussi cet hérétique vivoit-il en solitaire sur une montagne près de Jérusalem.

ZACHT-LÉEVEN, (Herman) *Hist. mod.*) peintre hollandois, paysagiste très-estimé, dont on vante sur-tout le coloris & le goût dans le choix des sites. Ses desseins au crayon noir sont très-recherchés. Né à Roterdam en 1609, mort à Utrecht en 1685.

Corneille *Zacht-Léeven* son frere, mort à Roterdam, étoit son élève.

ZACOSTA, (Raimond) (*Hist. de Malthe.*) trente-septième grand-maître de l'ordre de Saint-Jean de Jérusalem, entre Jacques de Milly & Jean-Baptiste des Ursins. L'ordre résidoit pour lors dans l'île de Rhodes. Zacosta en étoit absent lorsqu'il fut élu; il étoit espagnol, de la langue d'Arragon, & ce fut sous lui qu'on érigea une huitième langue, sous le nom de Castille, Léon & Portugal; il fut aussi le premier grand-maître qui eut le titre d'*excellentissime*, lequel fit place dans la suite à celui d'*éminence*, que les grands-maîtres de l'ordre de Saint-Jean de Jérusalem partagèrent avec les cardinaux & les électeurs ecclésiastiques. Dans un voyage que Zacosta fit à Rome en 1462, le pape Pie II lui conféra le premier titre. L'objet de ce voyage étoit d'échauffer le zèle du pape sur le péril que couroit l'île de Rhodes, toujours menacée par les turcs, & sur le préjudice que la perte de cette île apporteroit à toute la chrétienté. Cette perte fut au moins différée jusques dans le siècle suivant; mais en 1466, l'ordre déclara solennellement la guerre au turc, en présence même de son ambassadeur, qui faisoit des propositions inadmissibles. Pendant qu'on travailloit aux préparatifs, Zacosta fit un second voyage à Rome, dans le cours duquel il mourut, le 21 février 1467. Il fut enterré en grande pompe dans l'église de Saint Pierre où il a un tombeau remarquable.

ZACUTUS, (*Hist. litt. mod.*) médecin portugais ou hollandois, car il étoit né à Lisbonne, & par cette raison il prenoit le nom de *Lusitanus*; mais ce fut à Amsterdam & à la Haye qu'il exerça particulièrement sa profession. Il étoit juif de religion; & la nation juive ayant été chassée de Portugal en 1614, selon le plan de persécution qu'on a si long-tems & si généralement suivi contre les juifs dans presque toute la chrétienté, Zacutus s'étoit retiré en Hollande. On a de lui des ouvrages de médecine en deux volumes in-fol. Né en 1575, mort en 1642.

ZAG

691

ZAENUS, (*Hist. des Maures.*) dernier roi des maures de Valence, au treizième siècle. Les maures de Valence avoient presque toujours été en guerre avec tous leurs voisins. C'étoient les maures qui avoient fondé ce royaume. Le fameux Cid leur en enleva la capitale vers la fin du onzième siècle; ils la reprirent dans la suite, jusqu'à ce qu'en 1238 ou 1239, Jacques I, roi d'Arragon, les chassa entièrement de ce royaume, & obligea *Zaenus* d'en sortir avec cinquante mille maures, après lui avoir remis lui-même sa ville de Valence.

ZAGA-CHRIST. (*Hist. d'Ethiop.*) Il est resté incertain si cet homme étoit un aventurier, ou, comme il le disoit, & comme on le disoit, un prince d'Ethiopie. Quoi qu'il en soit, voici son histoire réelle ou controuvée : Il étoit fils de ce roi des abyssins ou d'Ethiopie, désigné communément par le nom de *Prête-Jean*. Le nom propre de son père étoit Hasse-Jacob. Les chrétiens catholiques répandus dans les états du *Prête-Jean* étoient le sujet de grandes divisions dans l'empire. Jacob, chrétien, mais non catholique, les haïssoit & vouloit les exterminer; un de ses parens, nommé Susnéos, qui lui disputoit la couronne, les prenoit sous sa protection, & s'en faisoit un prétexte de guerre de plus contre Jacob. Celui-ci mourut, en 1618, de blessures qu'il avoit reçues dans une bataille contre Susnéos. Le sort des armes étant favorable à ce dernier, Nazaréna, veuve de Jacob, ne songea plus qu'aux moyens de sauver les enfans qui lui restoient de Jacob. Ils étoient deux, Côme, âgé de dix-huit ans, & *Zaga-Christ* de seize; elle les charge d'or & de pierreries, & les engage à se retirer chez quelques princes africains, amis de leur père. Côme & *Zaga-Christ* se séparent; le premier s'avance dans la partie méridionale, vers le cap de Bonne-Espérance; *Zaga-Christ* tourne du côté du nord, & gagne le royaume de Fungi, dans la Nubie, sur les bords du Nil. Là régnoit un roi payen, nommé Orbat, tributaire du *Prête-Jean*. *Zaga-Christ* n'y fut d'abord que trop bien reçu; Orbat lui rendit toutes sortes d'honneurs, & lui offrit sa fille en mariage; elle étoit payenne, *Zaga* étoit chrétien, & fort attaché à la religion chrétienne; ce n'étoit pas une trop bonne raison, peut-être, de refuser la princesse de Fungi : *Zaga* crut devoir ce refus à sa religion, & il eut Orbat pour ennemi; ce roi le retient prisonnier, & envoye un courier à Susnéos, pour l'avertir que *Zaga-Christ* est entre ses mains, & pour offrir de le lui livrer. Susnéos fait marcher une compagnie de ses gardes pour recevoir *Zaga* & le lui amener. Celui qui commandoit le détachement des gardes étoit un gentilhomme vénitien, qui se donnoit pour renégat, mais qui, dans le fond du cœur, étoit toujours favorable au christianisme, & qui, touché des malheurs de *Zaga*, & trouvant quelque chose de noble dans les motifs de son refus, résolut de le sauver; il le fit avertir secrètement de son danger par un

Ssss 2

chrétien Cophte, qui facilita son évasion. *Zaga-Christ* passe la mer Rouge, & s'engage dans les déserts de l'Arabie, où, de cinq cents hommes qui l'avoient d'abord accompagné quand il avoit quitté l'Abyssinie, cinquante seulement consentirent à le suivre, & de ces cinquante, plusieurs périrent dans cette pénible route. *Zaga-Christ*, mal escorté, mal défendu, fut volé par un prince arabe, qui ne lui laissa qu'une foible partie de son bagage ; il rentra en Afrique par l'Isthme de Suès, & vint au Caire, où les cophtes, & même le bassa d'Egypte, lui firent un accueil distingué ; mais sa caravane alloit toujours en diminuant. Lorsqu'après s'être reposé en Egypte des fatigues de sa pénible route, il se remit en marche pour aller visiter les lieux saints, il n'y eut plus que quinze hommes de sa suite, avec huit récollets, missionnaires en Egypte, qui purent ou qui voulurent l'accompagner. Il arriva enfin à Jérusalem, au commencement du carême de l'an 1632. Il se logea chez les religieux abyssins, & se trouva là au sein de la religion de son pays ; mais quelques supercheries pieuses dont il fut averti, ou qu'il démêla dans les cérémonies & les rites des cophtes & des abyssins, lui donnèrent de l'éloignement pour eux, & le déterminèrent à se faire catholique romain. Il alla ensuite à Nazareth, où, pendant quelques mois de séjour, il apprit l'italien & un peu de françois, ayant vraisemblablement dès-lors le projet d'aller jouir à Rome & en France de l'accueil que son changement de religion lui promettoit. En effet, aussi-tôt que le pape Urbain VIII sut que *Zaga-Christ* avoit embrassé la religion romaine, prompt à s'applaudir d'une telle conquête, il écrivit au gardien des cordeliers du couvent de Jérusalem d'engager ce prince à faire le voyage de Rome : *Zaga* partit pour cette capitale du monde chrétien ; il y fut reçu avec tous les honneurs & toutes les distinctions qu'il avoit pu espérer ; le pape lui donna un palais pour logement, & fournit à son entretien & à celui de toute sa suite pendant deux ans que *Zaga-Christ* passa dans Rome. Il vint en France en 1635 ; il y passa trois ans, & mourut à Ruel, dans la maison du cardinal de Richelieu, n'étant âgé que de 27 à 28 ans.

ZAHN, (Jean) *Hist. litt. mod.*) prémontré, prévôt de la Celle près Wurtzbourg, s'occupa d'expériences physiques. On a de lui : *Opuscula notabilium ac mirabilium scientiarum. Oculus teledioptricus.* Quoique l'effet naturel des expériences soit de procurer des notions nouvelles, ce physicien étoit fort attaché aux vieux systêmes & aux idées antiques, même au dix-huitième siècle il n'en étoit point encore au systême de Copernic, & il se tenoit à celui de Ptolémée. Il mourut en 1707.

ZAHURIS ou ZAHORIES, (les) (*Hist. d'Esp.*) On appelle ainsi, en Espagne, des gens qu'on suppose doués de la faculté de voir dans le sein de

la terre, & d'y découvrir les veines d'eau, les métaux, les trésors & les cadavres. Cette subtilité de vue s'annonce, dit-on, chez eux par un signe manifeste, ils ont tous les yeux rouges ; ainsi l'on peut croire qu'au jugement du peuple, quiconque a les yeux rouges, est soupçonné & presque convaincu d'être *zahuri*, & que ceux qui ont besoin d'eau, ou qui convoitent des trésors, s'adressent à tous les yeux rouges, & imputent à mauvaise volonté l'impuissance de satisfaire à leurs désirs ou à leur cupidité. Martin-Antoine Delrio, dans ses disquisitions magiques, où il discute ce qui concerne les *zahuris*, est assez embarrassé entre la superstition qui le domine & la philosophie dont il se pique. Dans l'explication qu'il donne des faits merveilleux qu'il rapporte, il fait un partage à-peu-près égal entre la physique & la magie ; il croit pouvoir expliquer par la physique la découverte des eaux & des métaux. Des vapeurs, dit-il, annoncent aux *zahuris* la présence de l'eau ; eh ! pourquoi ne l'annoncent-elles pas aux autres ? On connoit les mines par la nature des herbes qui croissent en certains lieux ; pourquoi tous les gens instruits, tous les naturalistes ne les connoissent-ils pas par ce moyen ? Quant aux trésors & aux cadavres, Delrio croit la physique impuissante à en expliquer la découverte, il a recours à la magie, c'est le démon qui les indique avec une précision qui n'appartient qu'à lui, car ces *zahuris* marquent exactement quels sont les trésors & les cadavres qu'ils voient, & ; ce qui est sur-tout bien remarquable, ils n'ont cette puissance que les mardis & les vendredis. Il ne vient point dans l'esprit à Delrio de douter d'aucun de ces faits. Gutierrius, médecin espagnol, fait plus que d'en douter, il s'en moque, & il nous apprend encore une autre merveille superstitieuse, dont les dévots aux *zahuris* chargeoient leur croyance à cet égard, c'est qu'ils prétendoient que, pour être *zahuri* & pour en avoir les priviléges, il falloit être né le vendredi saint. Ces sortes de merveilles se renouvellent de tems en tems dans tous les pays, avec des circonstances particulières, & toujours avec succès. Il y a quelques années qu'on nous produisit en France un petit paysan hydroscope, c'est-à-dire, qui voyoit ou sentoit l'eau à travers la terre ; faute de folies plus tristes & plus funestes, & par cela même plus entraînantes, on s'amusa pour lors par ce petit prodige, ainsi que par ceux du mesmérisme, notre active & inquiète oisiveté :

Strenua nos exercet inertia.

ZAIM, (*Milice turque.*) ce sont les chevaliers à qui le grand seigneur donne à vie des commanderies, à condition qu'ils entretiendront un certain nombre de cavaliers pour son service. Ces chevaliers ressemblent assez aux timariots, dont ils ne different guère que par le revenu.

Les *zaims* ont les plus fortes commanderies, &

leurs revenus font depuis vingt mille jufqu'à quatre-vingt-dix-neuf mille neuf cent quatre-vingt-dix-neuf afpres. S'il y avoit un afpre de plus, ce feroit le revenu d'un pacha; ainfi, lorfqu'un commandeur vient à mourir, l'on partage la commanderie, fuppofé qu'elle ait augmenté de revenu fous le défunt, comme cela arrive ordinairement, car on les augmente plûtôt que de les laiffer dépérir. Les zaïms doivent entretenir pour le moins quatre cavaliers, à raifon de cinq mille afpres de rente pour la dépenfe de chacun.

Les zaïms doivent marcher en perfonne à l'armée, comme les timariots : leur fervice militaire eft tout-à-fait femblable. (A. R.)

ZALLA (*Hift. de l'Arianifme.*) Cet homme dont il eft parlé dans les dialogues attribués au pape faint Grégoire le grand, étoit un goth arien, violent perfécuteur des eccléfiaftiques & des religieux, il ne traitoit pas beaucoup mieux les laïcs : il fit fouffrir de cruels tourmens à un malheureux payfan qu'il croyoit riche, pour l'obliger à lui donner tout fon bien, le payfan lui dit qu'il l'avoit mis entre les mains de faint Benoît. Zalla tenant le payfan lié par les bras, fe fit conduire par lui vers Benoît, à qui Zalla redeman la d'un ton impérieux le bien du payfan; Benoît jetta fur eux un regard, & par le feul effet de ce coup-d'œil miraculeux, les liens du payfan fe détachèrent & tombèrent, ce qui étonna tellement Zalla qu'il finit par fe recommander aux prières du faint. Les premiers fiècles furtout, de l'hiftoire eccléfiaftique font féconds en miracles.

ZALEUCUS, (*Hift. anc.*) Ces anciens légiflateurs de la partie de l'Italie, connue fous le nom de la grande Grèce, Charondas, Zaleucus étoient des fages difciples de Pythagore. Il ne nous refte des loix de Zaleucus que le préambule, & il donne une idée favorable de ces loix; il y parle noblement de la divinité, infpire pour elle le plus grand refpect; il exclud avec foin du culte qu'il exige pour elle toute idée de fuperftition; il établit pour principe qu'une conduite fage & des mœurs pures font plus agréables à l'être fuprême que les offrandes & les facrifices. La divinité, dit-il, eft le parfait modèle auquel on doit chercher à fe conformer; elle eft la fource primitive des loix; elle eft la principale autorité qui en prefcrit l'obfervation, elle eft le plus puiffant motif d'y être fidèle.

A la fuite des devoirs des hommes envers la divinité, viennent les devoirs des hommes envers les hommes, objet plus précis des loix. A la différence de ce philofophe qui avoit la cruauté d'avertir les hommes que leurs plus intimes amis pouvoient un jour devenir leurs ennemis, Zaleucus exhortoit les hommes à en ufer toujours avec leurs ennemis mêmes comme devant bientôt les avoir pour amis.

M. le premier Préfident de Lamoignon, difoit, en parlant de fes fonctions de juge : *Ma vie & ma fanté font au public & non à moi.* Toujours acceffible & patient à l'égard des plaideurs, même les plus indifcrets & les plus importuns : *Laiffons-leur,* difoit-il, *la liberté de dire les chofes néceffaires & la confolation d'en dire de fuperflues. N'ajoutons pas au malheur qu'ils ont d'avoir des procès, celui d'être mal reçus de leurs juges. Nous fommes établis pour examiner leur droit, & non pas pour éprouver leur patience, & il leur laiffoit éprouver la fienne.*

M. de Lamoignon ne devoit fans doute cette indulgence aimable qu'à fon heureux caractère; mais nourri comme il l'étoit de l'antiquité, il pouvoit en avoir trouvé le principe dans le préambule des loix de Zaleucus, où cette indulgence eft expreffément recommandée aux juges & aux magiftrats.

La loi fomptuaire par laquelle Henri IV défendoit le luxe & l'ufage des étoffes riches & précieufes aux hommes & aux femmes, excepté aux filles publiques, eft une imitation de Zaleucus, qui avoit fait la même loi avec la même exception : *More inter veteres recepto,* dit Tacite, *qui fatis pœnarum adversùs impudicas in ipfâ profeffione flagitii credebant.* Il ne fe trouva perfonne qui eût affez renoncé à toute pudeur pour vouloir porter aux yeux de toute la ville les marques de fa honte. En général, le principe de Zaleucus étoit de conduire les hommes plutôt par l'honneur que par la crainte, par des moyens volontaires, plutôt que par des voies coactives.

Une de fes loix, jufte, fans doute, mais peut-être un peu févère, condamnoit à avoir les yeux crevés pour adultère. La loi retomba fur le légiflateur; fon fils fut furpris en adultère. Le peuple qui aimoit Zaleucus & qui lui devoit des loix utiles, voulut faire grace à fon fils; Zaleucus s'oppofa lui-même à cette indulgence qui, par une première exception, alloit énerver l'empire de la loi; mais généreux père autant que fage légiflateur, il prit fur lui la moitié de la peine; fon fils n'eut qu'un œil crevé, Zaleucus donna un de fes yeux pour lui.

Quem plus ille oculis fuis amabat.

Ce grand exemple de juftice & d'amour que l'afpect feul de Zaleucus retraçoit fans ceffe, fit un effet qui dut confoler le légiflateur d'un tel facrifice; on n'entendit plus parler d'adultère pendant tout fon règne.

Le peu de traits par lefquels on connoît Zaleucus, le repréfentent comme un homme précieux & vraiment refpectable. Quelques auteurs lui attribuent ce que le plus grand nombre raconte de Charondas, que jaloux de l'exécution de fes loix, il ordonna qu'on ne pourroit y propofer aucun changement, qu'en fe préfentant dans l'affemblée du peuple, la corde au col, pour être étranglé fur le champ, fi le changement n'étoit point admis, difposition bien indigne d'un fage légiflateur, qui, en affurant l'exécution des loix tant qu'elles fubfiftent, doit toujours laiffer toutes les portes ouvertes à l'amélioration & & à l'amendement. Le premier qui fe préfenta, dit-on, attaqua, & même avec fuccès, la loi qui paroît la plus jufte, la loi du Talion. Il avoit crevé un œil à fon ennemi qui en avoit deux; pour lui il étoit borgne, il repréfenta que la loi du Talion, en le rendant aveugle, le mettroit dans une fituation bien plus fâcheufe que celle où il avoit mis fon adverfaire. La loi, dit-on, fut abrogée. Ce rapport d'œil crevé qui rappelle le dévouement de *Zaleucus* n'auroit-il pas fait équivoque ici, & ne feroit-il pas la caufe qui a fait attribuer à *Zaleucus* ce qui ne convient qu'à *Charondas* ?

Ces deux légiflateurs vivoient environ cinq fiecles avant J. C.

ZALUSKI, (André-Chryfoftôme) *Hift. de Pologne*) d'abord chanoine à Cracovie, puis évêque de Plockho, enfuite de Varmie & grand-chancelier de Pologne, avoit voyagé dans les Pays-Bas, dans la France, dans l'Italie, avoit été ambaffadeur en Portugal & en Efpagne. On a de lui des lettres latines intéreffantes, non-feulement pour l'hiftoire de Pologne, mais encore pour celle de toute l'Europe. Mort en 1711.

ZAMA (*Hift. anc. & mod.*) eft le nom:

1°. Du lieu où fe livra entre les deux plus grands généraux du monde, peut-être, Annibal & Scipion, la bataille la plus décifive & qui régla en effet le fort de Rome & de Carthage, mais elle ne régla peut-être pas les rangs entre les deux généraux; Annibal vaincu n'y fut pas inférieur à Scipion vainqueur, & il obtint les fuffrages de fon illuftre rival. Ce lieu fe nomme aujourd'hui Zamora, il fait partie de la province de Bugie en Barbarie dans l'état d'Alger.

2°. D'une fontaine d'Afrique fituée dans le voifinage de *Zama* ou *Zamora*, & à laquelle Pline attribue la vertu d'éclaircir la voix de ceux qui boivent de fon eau.

3°. D'un gouverneur farrazin d'Efpagne, célèbre par fes conquêtes dans la Septimanie ou Languedoc, & par la bataille de Toulouse où il périt. Ce fut en l'an 718 que *Zama* prit poffeffion du gouvernement de l'Efpagne, fous les califes Omar II & Yézid: occupé de grands projets de conquête, il s'avança vers les Pyrénées à la fin de l'an 719, il paffa ces montagnes du côté du Rouffillon ou diocèfe d'Elbe, & fe répandit comme un torrent dans les contrées voifines; en 720, il affiéga & prit Narbonne, dont il fit paffer au fil de l'épée tous les défenfeurs, & d'où il emmena captifs en Efpagne

les femmes & les enfans. Narbonne & le refte de la Septimanie ou Gothie, fervoient alors d'afile aux goths, que la dureté des gouverneurs farrazins ou arabes obligeoient de fuir de l'Efpagne. Les rapides fuccès de cette nation conquérante effrayoient l'univers, elle avoit fubjugué une grande partie de l'Afie & de l'Afrique; elle tournoit alors fes principaux efforts contre l'Europe; l'Efpagne étoit déjà fous fa puiffance; la France même étoit entamée; les farrafins en poffédoient la partie qui avoit été de la domination des goths, c'eft-à-dire, la Septimanie ou le Languedoc & quelques provinces adjacentes; le foin d'arrêter le cours de ce fléau alloit bientôt demander toute la puiffance, tout le bonheur & toute la capacité de Charles-Martel. Cependant, le duc d'Aquitaine Eudes, prince puiffant & généreux, arrêta quelque tems les farrafins à la barrière, & préluda par une grande bataille, gagnée fur eux en 721 contre le général *Zama* fous les murs de Toulouse, à la victoire plus importante & plus mémorable encore que Charles-Martel remporta en 732 fur Abdérame aux environs de Poitiers; victoire qui préferva la France & le refte de la chrétienté du joug des mahométans. *Zama* périt à la bataille de Toulouse, comme Abdérame, onze ans après, à celle de Poitiers.

ZAMACSCHARI (*Hift. litt. des arab.*) favant arabe, naquit l'an de l'hégire 467; de J. C. 1074 à Zamacfchar, dont il prit fon nom. C'étoit un grand Théologien fcholaftique mahométan, & les arabes lui prodiguoient les titres d'honneur & les témoignages d'eftime. Il eft ou il a été principalement célèbre par un commentaire fur l'alcoran, intitulé: *Alkefchaf* ou découverte; plufieurs favans arabes en ont donné des abrégés, d'autres l'ont critiqué, ce qui a donné lieu à une réponfe de *Zamacfchari*, intitulée: *Rabiol Abrar*. Ce *Zamacfchari* a été le Tournély de l'alcoran; on a de lui une théologie fcholaftique élémentaire eftimée. Il a été utile à la langue arabe par divers autres ouvrages, par un dictionnaire purement arabe, par un dictionnaire arabe & turc, par une explication des proverbes arabes. Il paroît qu'il cultivoit prefque tous les genres de littérature; on a de lui un traité de *duodecim generibus litterarum elegantiorum*; il étoit poëte auffi & commentateur de poëtes; il a laiffé un grand commentaire fur les poëtes Nawabeg, & Abulfeda dans fa géographie parle d'un poëme de *Zamacfchari*. Mort à Corcang, l'an de l'hégyre 538, de J. C. 1143.

ZAMARIS. (*Hift. des juifs*). Le chapitre fecond du livre 17 des antiquités judaïques de Jofephe a pour titre: *d'un juif nommé Zamaris qui étoit un homme d'une grande vertu*. Hérode le grand, roi de Judée, ne trouvant pas la Traconite ou Iturée affez à l'abri des courfes des arabes par la chaîne du Liban qu'on appelle le mont Hermon & le mont Galaad, & appliquant tous fes foins à garantir cette frontière, apprit qu'un Juif nommé *Zamaris* étoit venu de Babylone avec une troupe choifie, & qu'il s'étoit plu à former, de cinq cens cavaliers, prefque tous fes parens, armés de carquois & de flèches, & qu'il s'étoit établi avec la permiffion de Saturnin. Gouverneur de Syrie, dans un château voifin d'Antioche; Hérode le fit venir, lui donna des terres dans le territoire de Bathanéa, fur la frontière de la Traconite; il l'exempa de toutes impofitions, & le chargea feulement de la garde & de la défenfe de la frontière où il l'établiffoit. *Zamaris* accepta fes offres & fut fidèle à fes engagemens; il bâtit fur le terrein dont la garde lui avoit été confiée, tous les châteaux néceffaires à la défenfe du pays & un bourg qu'il nomma Batyra; il procura la fureté de la Traconite, & fous la garde de fa brave & vigilante troupe, les juifs qui venoient en foule de Babylone à Jérufalem pour offrir des facrifices, n'avoient rien à redouter des courfes des brigands. Ce fut un des grands avantages qu'Hérode le grand fut affurer à fon pays.

Ces fortes de conceffions de territoires faites à des peuplades étrangères, à la charge de garantir les frontières, ou fous la condition du fervice militaire, à la première réquifition ou fommation, font très-communes dans l'hiftoire.

Les immunités accordées par Hérode à *Zamaris* & à fa troupe, & dont il jouit pendant toute la durée de fon règne, firent profpérer ce pays; la population y devint extrêmement abondante. Les fucceffeurs d'Hérode levèrent d'abord avec précaution, enfuite avec moins de modération, & enfin avec excès des contributions fur ce pays. A tout autre égard ils en refpectèrent la liberté. La poftérité de *Zamaris* fut toujours fidelle aux rois de Judée. Jacim, fils de *Zamaris* eut toute la valeur & toute la vertu de fon père. Il accompagnoit toujours les rois avec fa troupe fidelle qui devint leur garde la plus affurée. Il mourut dans une extrème vieilleffe, & Philippe fon fils, au moins égal en mérite à Jacim & à *Zamaris*, fut général d'armée du roi Aggripa.

ZAMBALLAT ou GIAPALAT, (*Hift. d'E-gypt.*): un des foudans mamelucs d'Egypte, avoit été porté fur le trône en partie par le crédit & les fervices d'un homme puiffant, nommé Tomonbey; il gouverna mal & mal adroitement, mécontenta les mamelues, indifpofa contre lui les plus grands feigneurs de fa cour, & Tomonbey lui même, qui fe mit à leur tête, affiégea Zamballat dans fon palais, le prit, l'enferma, le fit étrangler dans fa prifon & monta fur le trône à fa place.

ZAMBERT, (Barthélemi) (*Hift. litt. mod.*) vénitien, traducteur d'Euclide, favoit affez bien le grec pour reconnoître qu'une verfion latine qu'on

avoit de cet auteur, & qui avoit été faite, non d'après le grec, mais d'après l'arabe, étoit extrêmement défectueufe; il en entreprit une traduction d'après le texte grec; mais pour bien traduire Euclide, il ne fuffit pas de favoir le grec, il faut encore favoir les mathématiques; *Zambert* n'étoit point mathématicien, ce qui lui a fait faire une multitude de fautes qui lui ont été reprochées par les mathématiciens & par Voffius d'après eux. *Zambert* vivoit vers les commencemens du feizième fiècle.

ZAMBICARI, (François) (*Hift. litt. mod.*) favant italien du quinzième fiècle, né à Bologne, traducteur des lettres du fameux Sophifte Libanius. Ces lettres font au nombre d'un peu plus de quatre cens, diftribuées en trois livres, fous ce titre: *Libanii græci declamatoris difertiffimi, beati Joannis Chryfoftomi præceptoris epiftola; cum adjectis Joanis Sommefeldt argumentis, & emendatione, & caftigatione clariffimis.* Cette édition donnée par Sommerfeldt eft du 21 mars 1504. *Zambicari* étoit mort vraifemblablement alors. Il avoit fait un féjour de cinq ans dans la Grèce pour y recueillir ces lettres de Libanius; on dit qu'il étoit parvenu à en raffembler plus de quinze cens; on ignore ce que font devenues toutes celles qu'il n'a pas traduites. L'édition de Sommerfeldt paffe pour très-fautive.

ZAMBRI. (*Hift. facr.*) L'ancien teftament parle de deux *Zambri*; l'un eft *Zambri*, fils de Salu, chef d'une des familles de la tribu de Siméon. Lorfque les filles de Moab & de Madian étant entrées dans le camp des ifraélites, les entraînèrent dans la fornication & dans l'idolâtrie, ce *Zambri* ayant mené dans fa tente, publiquement, en plein jour, à la vue de Moyfe & de tout le peuple, une femme madianite, nommée Cozbi, fille de Sur, chef d'une tribu des madianites, Phinées, fils du grand-prêtre Eléazar, & petit-fils d'Aaron, entra dans la tente où étoient *Zambri* & Cozbi, &, dans fon indignation, il les perça l'un & l'autre, *& la plaie dont les enfans d'Ifraël avoient été frappés* en punition de leur commerce impie avec ces étrangères, ceffa auffi-tôt. Cette hiftoire de *Zambri*, de Cozbi & de Phinées eft rapportée au livre des nombres, chap. 25.

L'autre *Zambri* eut un fort plus funefte encore que le premier, & l'avoit encore plus mérité. Dans le tems qu'Afa étoit roi de Juda, Ela, fils de Baaza régnoit fur Ifraël, à Therfa; *Zambri*, fon ferviteur *& qui commandoit la moitié de fa cavalerie*, l'affaffina, *pendant qu'Ela buvoit à Therfa, & qu'il étoit ivre dans la maifon d'Arfa, gouverneur de Therfa.* *Zambri* régna à fa place, mais fon règne ne fut que de fept jours, & il n'eut que le tems d'exterminer toute la maifon de Baafa. L'armée d'Ifraël, qui faifoit alors la guerre aux philiftins, ayant appris la mort d'Ela, nomma pour roi Amri, & suspendant les hostilités contre les philistins, vint assiéger Zambri dans Thersa; la ville ayant été prise, Zambri s'enferma dans son palais, y mit le feu, & y fut brûlé avec toute sa famille. Son histoire est rapportée au IIIe. livre des rois, chap. 16.

ZAMDAS, (Hist. ecclés.) évêque de Jérusalem au troisième siècle, mort vers l'an 298. Ce fut lui, dit-on, qui convertit à la foi chrétienne la légion thébaine, qui étoit en quartier d'hiver dans la Palestine.

ZAMET, (Sébastien) (Hist. de Fr.) riche financier, riche partisan du tems de Henri III & de Henri IV, étoit de Luques en Italie. On prétend qu'il avoit été cordonnier de Henri III. Dès l'an 1585, il avoit, par la faveur de ce prince, un intérêt de soixante-dix mille écus dans la gabelle. Il s'attacha quelque tems au duc de Mayenne; car les gens de cet état ont besoin de s'attacher au parti qui paroit le plus puissant. Quand il vit, ou quand il prévit que ce seroit Henri IV qui triompheroit, il s'attacha sincèrement à Henri IV, auquel il plut beaucoup par une gaîté originale qui le distinguoit. Le roi le crut même propre à autre chose qu'à l'amuser, & nous le voyons employé, en sous-ordre à la vérité, dans une multitude d'affaires pendant tout ce règne. Henri l'honoroit de sa confiance, & l'admettoit à sa familiarité; & comme Zamet étoit plus riche que lui, & faisoit vraisemblablement meilleure chère, il alloit souvent diner chez Zamet. En 1592, Zamet avoit été un des premiers ligueurs qui firent des propositions à Henri IV pour le placer sur le trône. On reconnoissoit, dit M. de Sully, la sincérité de leurs offres à la dureté des conditions, mais il excepte nommément Zamet & quelques autres, qui, dans les démarches qu'ils faisoient auprès du roi, mettoient du désintéressement & de la pureté. Ce fut à Zamet que Henri IV confia Gabrielle d'Estrées, sa maîtresse, en 1599, lorsque les approches du tems paschal l'obligèrent de se séparer d'elle. Il ne devoit plus la revoir. La violence avec laquelle elle fut frappée, les convulsions qui lui avoient tourné la bouche jusques sur le derrière du cou, & qui ne laissoient, pour ainsi dire, rien d'humain dans cette figure, peu de momens auparavant si charmante, donnoient naturellement l'idée de poison; il paroit que Gabrielle crut avoir été empoisonnée; elle voulut qu'on la tirât de la maison de Zamet, & qu'on la transportât dans le cloître de Saint-Germain, chez la dame de Sourdis, sa tante. Nous ne voyons pas que Henri IV ait eu, à cet égard, le moindre soupçon contre Zamet. Celui-ci continua d'être dans la plus haute faveur, il eut une fortune prodigieuse, il se qualifioit lui-même seigneur de dix-sept cents mille écus, mot dont Destouches a fait usage dans le Glorieux. M. de Sully, quoiqu'il fit cas de Zamet,

se plaint en plus d'un endroit de ses mémoires, des sommes un peu trop fortes qu'il falloit un peu trop souvent payer à Zamet. Nous le voyons toujours mêlé dans toutes les affaires, non-seulement de finances, mais de cour & de politique. Le roi lui donnoit un petit nom d'amitié, il l'appeloit Bastien, diminutif de son nom de baptême Sébastien. Après avoir pris d'abord modestement ou orgueilleusement un titre de finance, Zamet finit par prendre des titres plus usités dans le monde & plus flatteurs pour la vanité vulgaire. Il se qualifioit baron de Murat & de Billy, conseiller du roi en tous ses conseils, gouverneur de Fontainebleau & surintendant de la reine. Sa faveur continua encore sous la régence de cette reine, Marie de Médicis. Cette princesse dînoit aussi chez Zamet, & ce fut chez lui que Sully eut avec la reine, après la mort de Henri IV, un entretien particulier où elle lui parla comme ne pouvant se passer de lui, & comme disposée à s'en servir & à lui conserver tous ses emplois.

Sébastien Zamet s'étoit fait naturaliser en 1581 avec ses deux frères Horace & Jean-Antoine. Il eut de Madeleine Leclerc du Tremblay deux fils : l'un, nommé Jean, fut maréchal-de-camp; les huguenots qu'il persécutoit, l'appeloient, on ne sait pourquoi, le grand Mahomet; il mourut en combattant contr'eux; il fut tué d'un coup de canon au siège de Montpellier, le 8 septembre 1621. Il avoit voyagé, vers 1609, en Italie & en Espagne, & avoit donné à Henri IV de bons avis sur les complots que l'Espagne tramoit contre lui. L'autre nommé Sébastien, comme son père, mourut le 2 février 1655, évêque duc de Langres & premier aumônier de la reine. Le père étoit mort à Paris, le 14 Juillet 1614.

ZAMOLXIS, (hist. anc.) gète de nation, avoit été esclave de Pythagore, & avoit accompagné son maître en Egypte. Plusieurs philosophes, tant anciens que modernes, ont fait de leurs esclaves ou de leurs domestiques, autant de disciples plus ou moins zélés, plus ou moins habiles. Presque tous ceux qui ont servi Descartes sont devenus des philosophes distingués qui ont servi à étendre la gloire & la doctrine de leur maître. Tels furent Etienne de Villebressieux, médecin à Grenoble, fameux par ses machines & ses expériences; Gérard Gutschowen, professeur de mathématiques dans l'université de Louvain; Gillot le jeune, qui enseigna aussi les mathématiques avec éclat; tel fut surtout le sensible, le tendre Schluter, le dernier valet de chambre de Descartes, son plus sincère ami & le plus fidèle témoin de ses vertus secrètes.

Zamolxis fit la même chose à l'égard de Pythagore. Retourné dans son pays, il civilisa les gètes & les thraces; il répandit parmi eux les maximes

de

de la philosophie de Pythagore les plus utiles & les plus à leur portée ; il paroît que, toujours pour imiter Pythagore & pour rester à la portée de ceux qu'il vouloit instruire, mais qu'il vouloit gouverner, il se permit quelques merveilles. Il disparut à leurs yeux pendant trois ans ; il passa ce temps dans une maison souterraine qu'il avoit fait construire secrettement pour cet usage ; on le croyoit mort, il reparut la quatrième année, & leur laissa croire qu'il étoit ressuscité ; cette opinion leur inspiroit plus de respect pour lui, & les rendoit plus dociles à ses leçons. Au reste l'histoire de ce philosophe n'est point assez éclaircie ri assez dégagée de fables pour que nous nous y arrêtions davantage ; les auteurs ne s'accordent ni sur les évènemens de sa vie, ni sur le temps où il a vécu.

Il n'est pas même certain à beaucoup près qu'il ait été esclave ou disciple de Pythagore ; Hérodote le fait bien plus ancien que ce philosophe. M. d'Anville, dans un mémoire sur la nation des gètes, & sur le pontife adoré chez cette nation, c'est-à-dire sur Zamolxis, confirme l'idée d'Hérodote, & semble insinuer que les grecs pourroient bien l'avoir fait disciple de Pythagore pour revendiquer le dogme de la métempsycose, qu'il paroît certain que Zamolxis avoit enseignée aux gètes. Ce mémoire de M. d'Anville est dans le recueil de l'académie des inscriptions & belles-lettres, tome XXV, pag. 34 & suivantes des mémoires.

ZAMORA. (*Hist. litt. mod.*) C'est le nom de divers docteurs espagnols.

1°. D'Alexis ou Alexius Zamora salamanca, religieux espagnol de l'ordre de saint François, auteur de dialogues *de Christi Republicâ*, imprimés à Lyon en 1558.

2°. De François Zamora, aussi franciscain espagnol, & général de son ordre, mort en 1565, auteur d'homélies sur le pseaume 50. Il a été l'éditeur des opuscules de saint Bonaventure, imprimés à Venise en 1564.

3°. D'Antoine de Zamora, docteur en médecine dans l'université de Salamanque, sa patrie ; doyen du collège des médecins, & mort dans un âge très-avancé au commencement du dix-septième siècle. Il a professé long-temps avec un succès distingué la médecine & les mathématiques. Il a écrit sur les comètes en latin, & on a de lui un ouvrage latin, intitulé : *Repetitiones duæ super capita 1 & 3 Galeni, de differentiis symptomatum.* Il a écrit en espagnol sur une éclipse de soleil & sur une de lune, en 1600.

Ses deux fils, Joseph & François Nannez Zamora furent d'habiles professeurs en droit & des littérateurs instruits.

ZAMORIN. (*Hist. de l'Inde.*) C'est le nom ou le titre que les indiens donnent au roi de Calicut, dans la presqu'île de l'Inde sur la côte de Malabar. Son empire, dans l'origine, s'étendoit sur toute la côte de Malabar, depuis Goa jusqu'au cap Comorin. Un roi du pays, nommé Satami Perymal, ayant embrassé la religion mahométane, & voulant se retirer à Médine pour y finir ses jours dans la solitude & dans la méditation, fit un partage de ses états entre ses amis & en forma les quatre royaumes de Cananor, de Calicut, de Cochin & de Coulan, conservant seulement au roi de Calicut, avec le titre de *Zamorin*, la souveraineté sur les trois autres. Les Portugais, lorsqu'ils s'établirent dans l'Inde, changèrent cet arrangement ; depuis ce temps, la puissance du *Zamorin* a été tellement affoiblie, que le roi de Cochin est beaucoup plus puissant que lui.

ZAMOSKI. (Jean) (*Hist. de Pologne.*) Peu de particuliers ont joué un rôle plus important. Ce polonois étoit fils du Castellan de la ville de Chelme, dans cette partie de la Pologne qu'on appelle la Russie rouge. Son père ne négligea rien pour son éducation, & l'envoya étudier les belles-lettres à Paris, & le droit à Padoue. Il parut dans cette dernière ville avec tant d'avantage, qu'on s'empressa de l'élire recteur de l'université ; ce fut-là qu'il composa en latin deux livres estimés, intitulés : *Du sénat romain & le sénateur parfait.* Etant retourné en Pologne, il y parvint promptement aux premiers emplois de la république ; il fut en 1573 un des ambassadeurs qui vinrent porter au duc d'Anjou (depuis Henri III) la nouvelle de sa nomination à la couronne de Pologne. Etienne Battori, prince de Transylvanie (*voyez l'article* BATTORI) étant monté sur le trône de Pologne, après le retour d'Henri III en France, donna sa nièce en mariage à Zamoski, & le fit à la fois grand chancelier du royaume & général de ses armées. Il s'acquitta parfaitement bien de ces deux emplois ; il acquit une gloire utile dans les armes comme dans les lettres, réprima les entreprises de Basilide, czar de Moscovie, qui se rendoit redoutable à ses voisins ; il lui arracha la Polésie, la Volésie, la Livonie, porta la guerre au sein de la Moscovie, où il fit le siège de Pleskow au fort de l'hyver le plus rigoureux. Sa réputation étoit telle qu'à la mort de Battori, arrivée en 1586, on voulut lui déférer la couronne. Soit modestie, soit zèle éclairé pour les intérêts de sa patrie, il crut devoir se refuser à cet honneur, & fit déférer la couronne à Sigismond, prince de Suède. Sans avoir les embarras du trône, il fit tout ce qu'un grand prince pouvoit faire pour la patrie & pour les lettres ; aussi fut-il honoré des titres de *défenseur de la patrie & de protecteur des sciences*, titres qui paroissent trop grands pour un sujet, mais qu'il sut remplir dans toute leur étendue. Trop de princes ont été destructeurs de villes ; Zamoski fut fondateur ; il bâtit une ville qui porte son nom, il y établit une uni-

Histoire, Tome V.   T t t t *

verité, il attira en Pologne par des pensions & des bienfaits les savans étrangers ; il fonda en divers lieux divers colléges. Que son nom trop peu connu s'élève donc au dessus du nom de ces conquérans, uniquement fameux par la destruction & par les ravages. Il mourut en 1605.

ZAMPI, (dom Joseph Marie) (*Hist. litt. mod.*) mantouan, étoit théatin & préfet des théatins missionnaires dans la Colchide ou Mingrélie. C'est par le fameux voyageur Chardin qu'il est principalement connu. Chardin, dans le cours de ses voyages, passant par la Mingrélie, rencontra dans ce pays le P. Zampi qui lui donna une description historique qu'il avoit faite de la Mingrélie, de ses habitans & de leur religion. Chardin traduisit cette relation en françois & la publia dans le premier volume de ses voyages; elle mérite d'autant plus de confiance que le P. *Zampi*, lorsqu'il la commença, étoit déjà depuis vingt-trois ans dans la Mingrélie où il travailloit avec beaucoup de zèle à la propagation de la foi. *Zampi* vivoit dans le dix-septième siècle.

ZAMPIERI. (Dominico) (*Hist. mod.*) C'est le Dominicain, ce peintre célèbre de l'école d'Italie, natif de Bologne, élève des Carraches; ce nom de Dominicain ou Dominichin, lui venoit de son nom de baptême dont on lui faisoit un diminutif dans son enfance; on l'appelloit *Dominichino*, & ce nom lui resta. Comme il soignoit extrêmement ses ouvrages, ses envieux les disoient *labourés à la charrue*. Antoine Carrache même qui l'aimoit, & qui sentoit son mérite, l'appeloit *le bœuf*; ce *bœuf*, répondoit Annibal Carrache, *fertilisera le champ qu'il cultive*. Mais son plus grand admirateur étoit le Poussin; *je ne connois point*, disoit-il, *d'autre peintre que le Dominiquin pour l'expression*. Le même Poussin disoit que les trois plus beaux tableaux qui fussent à Rome étoient, la transfiguration de Raphaël, la descente de croix de Daniel de Volterre, & le saint Jérôme du Dominiquin. *Zampieri* exerçoit aussi l'architecture & fut architecte du palais apostolique, sous le pape Grégoire XV, (Ludovisio). Le Dominiquin étoit un de ces caractères doux & modestes que les fureurs de l'envie effrayent; pour y échapper, il s'étoit imposé la plus grande réserve dans la conversation, & vivoit beaucoup dans la retraite; mais l'envie l'y poursuivoit; elle ne laisse point d'asile au mérite. Le Dominiquin mourut le 25 avril 1641. C'est aux artistes à nous dire les progrès que son art lui doit.

ZAMPINI. (Matthieu) (*Hist. litt. mod.*) jurisconsulte italien, établi en France, dédia au roi Henri III, en 1581, un traité *de origine & atavis Hugonis Capeti; des aïeux de Hugues Capet*, où il fait descendre les trois races en ligne masculine les unes des autres. Beaucoup de savans ont fait beaucoup d'efforts inutiles & se sont épuisés en

conjectures pour faire descendre, même par mâles, la troisième race des deux premières, ou pour donner aux races postérieures une origine plus ancienne encore & plus illustre qu'à la première ; la vérité est qu'on ne sait rien des auteurs de la race carlovingienne, au-delà de Saint-Arnoul, ni de ceux de la race capétienne au-delà de Robert-le-Fort; mais ce Robert-le-Fort, outre qu'il étoit un héros, étoit déjà un très-grand seigneur, très-riche & très-puissant; Robert & Eudes ses fils, furent rois. Hugues-le-Grand, son petit-fils, dédaigna trois fois la couronne; mais il fut fils de roi, neveu de roi, père de roi & tige d'une suite de rois, non-seulement en France où ils règnent depuis huit siècles, mais en Portugal, à Naples, en Hongrie, en Espagne, &c, suite telle qu'aucune autre race en aucun temps, en aucun pays, n'a pu se glorifier d'en avoir produit une semblable, soit en nombre de rois, soit en étendue de royaumes, soit en durée de succession, & nous parlons ici d'une succession de mâle en mâle non interrompue en remontant jusqu'à Robert-le-Fort; en sorte que la maison de France pourroit être appelée par excellence, comme le Laboureur l'appele, *la maison royale de l'Europe*, où même son empire ne se borne pas à beaucoup près.

ZANARDI, (Michel) (*Hist. litt. mod.*) écrivain de l'ordre des frères prêcheurs ou dominicains, professeur de philosophie & de théologie, en divers lieux de l'état de Venise & du Milanès, est l'auteur d'ouvrages philosophiques, au moins par le titre, d'un commentaire sur une partie de saint Thomas, d'un *Directorium Theologorum & Confessorum*. Né le 18 Juillet 1570, à Urgnano, dans le territoire de Bergame; mort à Milan en 1641.

ZANCHIAS ou ZANCUS. (*Hist. litt. mod.*) C'est le nom de deux savans italiens du seizième siècle, Basile & Jérôme; on ne sait s'ils étoient parens.

Le premier étoit de Bergame; chanoine régulier, garde de la bibliothèque du Vatican; on a de lui des poésies latines qui se trouvent dans le recueil intitulé : *Deliciæ poëtarum italorum*, un dictionnaire poétique, des questions sur la bible; mort à Rome en 1560.

Le second, né en 1516, à Alzano en Italie, fut aussi chanoine régulier; mais son confrère & son ami Pierre martyr, l'ayant attiré à la réforme, il alla enseigner l'écriture sainte & exercer le ministère à Strasbourg, à Chiavenne, chez les grisons, à Heidelberg; il trouva la guerre chez les protestans comme chez les catholiques, & il détestoit la guerre. Il parle toujours dans les écrits de l'église romaine comme de la mère dans le sein de laquelle il est prêt à rentrer aussi-tôt qu'elle aura réformé les abus qu'il lui reproche. On a ses œuvres en huit volumes in-fol, elles sont presque toutes théologiques. Il mourut le 19 Novembre 1590 à Heidelberg.

ZANFLIET, (Corneille) (hiſt. litt. mod.) moine de Saint Jacques de Liège, au quinzième ſiècle, auteur d'une chronique qui s'étend depuis le commencement du monde juſqu'à l'an 1461, & qu'on trouve en partie dans le cinquième tome de la collectio ampliſſima des pères Dom Martène & Durand, paſſe en général pour un hiſtorien aſſez exact, ce qui n'empêche pas qu'il ne faille le lire avec précaution, & même l'abandonner tout-à-fait quand il dit, par exemple, que le roi Charles V demanda au pape Urbain V, la permiſ-ſion de répudier, pour cauſe de ſtérilité, Jeanne de Bourbon ſa femme, que dans la vérité il aima toujours avec la plus grande tendreſſe, dont il fut toujours tendrement aimé, de laquelle il eut neuf enfans, deſquels trois étoient nés avant que le pape Urbain V fût élevé ſur le trône pontifical. Voilà les hiſtoriens exacts du quinzième ſiècle.

ZANNICHELLI, (Jean-Jérôme) (Hiſt. litt. mod.) médecin botaniſte, né à Modène vers l'an 1670, exerçant ſon art à Veniſe où il mourut vers l'an 1729. On a de lui un catalogue des plantes qui croiſſent dans les états de Terre-Ferme de cette république. Son fils, médecin-botaniſte comme lui, après avoir beaucoup ajouté à ce catalogue, le fit imprimer à Veniſe en 1736, ſous le titre de Muſæum Zannichellianum.

ZANNONI, (Jacques) Hiſt. litt. mod.) fut comme les perſonnages mentionnés dans l'article précédent, un médecin-botaniſte célèbre. Il compara & accorda enſemble, ſur beaucoup de points, les botaniſtes anciens & les modernes, en faiſant voir que leur oppoſition apparente venoit ſouvent de ce qu'ils avoient décrit les mêmes plantes ſous des noms différens. On a de lui : Hiſtoria botanica. Rariorum ſtirpium hiſtoria. Mort en 1682.

ZAPATA, (Hiſt. litt. mod.) c'eſt le nom de quelques ſavans eſpagnols aſſez obſcurs du moins à ce titre, tels que :

1°. Le cardinal Antoine Zapata, miniſtre d'Eſpagne, fait cardinal en 1604, mort le 23 avril 1638, âgé d'environ quatre-vingt-quatre ans, auteur d'un traité de obligatione conſcientia.

2°. Un autre Antoine Zapata, bénédictin du dix-ſeptième ſiècle, auteur de divers ouvrages, entre autres de notes ſur le Chronicon Huberti Hiſpalenſis.

ZAPFIUS, (Nicolas) (hiſt. litt. mod.) théologien proteſtant, profeſſeur de théologie & de langues orientales à Wittemberg, puis prédicateur de la cour de Saxe à Weymar, a travaillé à l'édi-

tion de la grande bible imprimée à Weymar. On a de lui encore d'autres ouvrages tels que Dubia phyſica ; un Opuſculum theologicum ſans autre indication de ſujet ; catena aurea articulorum fidei, chaîne dont il ne faut pas trop multiplier les anneaux; hodogeticum philoſophiæ pratica. Philoſophia univerſalis. Né en 1601 à Miewitz dans le comté de Schwartzbourg, mort le 29 août 1672.

ZAPOL ou ZAPOLSKI, (Jean) (Hiſt. de Hongrie.) (Voyez les articles FERDINAND I, Empereur & MARTINUSIUS.) Louis, roi de Hongrie & de Bohème, de la maiſon de Jagellon, avoit contracté une double alliance avec Ferdinand, frère de Charles - Quint, il avoit épouſé Marie d'Autriche, ſœur de ces deux princes, & Ferdinand avoit épouſé Anne Jagellon, ſœur de Louis.

En 1526, Soliman II, empereur des turcs, étant entré en Hongrie à la tête de cent-cinquante mille hommes, Louis lui livra bataille dans les plaines de Mohacs près des bords du Danube, la perdit & fut ſubmergé dans des marais. Le trône de Hongrie étoit électif; mais dans tous les états électifs on avoit égard au titre le plus apparent. Ferdinand étoit doublement beau-frère du dernier roi, il ſe fit élire par une partie des hongrois; mais une autre brigue nomma au trône de Hongrie, Jean de Zapols, vaivode de Tranſylvanie & comte de Scepus. Celui-ci trop foible pour ſoutenir ſes droits contre la puiſſance de la maiſon d'Autriche, trop courageux pour les abandonner, oſa implorer l'appui des turcs contre des chrétiens ; il ſe rendit tributaire du Sultan, qui, en 1529 & 1530, conquit toute la baſſe-Hongrie, en garda pour lui les principales places, comme Cinq-Egliſes, Bude, Albe-Royale, Strigonie, Altembourg, & pourſuivant ſes conquêtes le long du Danube, alla mettre le ſiège devant Vienne, mais il fut obligé de le lever avec perte de ſoixante mille hommes. Il jura en partant de revenir bientôt avec un appareil plus formidable, & il effectua cette menace en 1532.

L'empereur & Ferdinand ſe perſuadoient ou eſſayoient de perſuader à l'Europe que c'étoit François I leur ennemi, autrefois déclaré, alors ſecret, qui provoquoit ces irruptions des turcs dans la Hongrie & dans l'Autriche. François I déſavouoit alors ces intelligences & l'alliance des turcs ; devenu plus hardi dans la ſuite, il ſe livra publiquement à cette alliance que les intérêts politiques exigeoient alors. Vers 1532, il reçut une ambaſſade du Vaivode de Tranſylvanie qui lui demandoit une épouſe & de l'argent. Le vaivode vouloit s'allier à François I. & demandoit une princeſſe du ſang de France. Le roi lui deſtina Iſabelle d'Albret, ſœur du roi de Navarre ; ce n'étoit pas une princeſſe du ſang, mais ſon frère étoit beau-frère du roi. Quant à l'argent le roi conſentit de lui en fournir, mais fous deux conditions qui prouvent, l'une fon refpect pour les traités, l'autre l'éloignement qu'il avoit encore alors pour l'all'ance des turcs. La première fut que cet argent ne feroit point employé à faire la guerre à Ferdinand, parce qu'il étoit nommément compris dans le traité de Cambrai, conclu en 1529, & qui n'étoit pas encore rompu, mais feulement à réparer les ravages qu'avoit caufé le paffage des turcs. La feconde fut que le vaivode renonceroit à employer les fecours des turcs.

Macaut, valet-de-chambre du roi, fut chargé de porter l'argent au vaivode; mais chofe fingulière, & conduite vraiment refpectable, conduite fupérieure à la politique, ou plutôt conforme à la véritable politique qui ne fe fépare jamais de la morale! Le vaivode n'ayant pas voulu fe foumettre aux conditions que le Roi lui impofoit, eut la bonne foi de ne point accepter l'argent, & Macaut le rapporta en France. Quelle leçon ce petit protégé des turcs ofoit donner à de grands princes chrétiens à qui, en pareil cas, les plus fauffes promeffes n'auroient rien coûté! les différends entre Zapols & Ferdinand furent terminés ou fufpendus par un traité conclu en 1536. Zapols mourut en 1540.

ZAPPI, (Jean-Baptifte Fél'x) (*Hift. litt. mod.*) jurifconfult & poëte italien, dont on trouve les vers dans divers recueils, époufa Fauftine, fille du fameux peintre Carle-Maratte, parce qu'il décrivit ou crut découvrir en elle un talent marqué pour la poëfie. Il eft un des fondateurs de l'académie de *gli Arcadi*, des Arcades. Né à Imola en 1667, mort à Rome en 1719.

ZARA (*hift. fuinte*) eft le nom d'un des deux enfans jumeaux que le patriarche Juda, l'un des douze enfans de Jacob eut de Thamar fa belle-fille. « Lorfque ces enfans étoient prêts de fortir, » l'un des deux paffa fa main, à laquelle la fage-» femme lia un ruban d'écarlate, en difant: celui-» ci fortira le premier. Cet enfant ayant retiré fa main, l'autre fortit. Alors la fage femme » dit: pourquoi avez-vous ainfi rompu le mur qui » vous divifoit? C'eft pourquoi il fut nommé Pharès. » Son frère qui avoit le ruban d'écarlate à la main » fortit enfuite; & on le nomma *Zara*. Genèfe, » chap. 38, verf. 27, 28, 29, 30.

ZARA, (*hift. eccléf.*) roi d'Ethiopie, au quinzième fiècle, avoit, dit-on, réfolu d'envoyer des ambaffadeurs au concile de Florence en 1439; ce qui fournit au pape Eugène IV l'occasion ou le prétexte de transférer le concile à Rome, afin que le lieu même où il fe célébreroit, augmentât fon autorité. Ce concile étoit originairement celui de Bâle, que le pape Eugène IV, brouillé avec les pères de Bâle, avoit transféré à Ferrare, puis à Florence.

ZARABANDAL, (*Hift. mod.*) c'eft le nom que l'on donne à un gouverneur ou viceroi, qui rend la juftice au nom des rois mahométans de Mindanao, l'une des îles Philippines: c'eft la première dignité de la cour. (*A. R.*)

ZARATE, (Auguftin de) (*Hift. litt. mod.*) auteur d'une *hiftoire de la découverte & de la conquête du Pérou*, en efpagnol; elle eft traduite en françois. *Zarate* avoit été envoyé au Pérou en 1543, en qualité de tréforier-général des Indes.

ZARBIEN, (*hift. anc.*) roi des gordiens, peuples d'Arménie, étoit tributaire de Tigrane, roi d'Arménie, gendre de Mithridate; lorfque les romains armoient contre Mithridate & contre Tigrane, *Zarbien*, comme en ufent en pareil cas tous les rois tributaires, faifit cette occafion de s'affranchir du tribut. Il fit un traité fecret avec Lucullus qui marchoit alors contre Tigrane. Celui-ci eut connoiffance du traité avant que les romains fuffent entrés en Arménie. Il fit affaffiner *Zarbien* avec toute fa famille, & Lucullus vainqueur ne put que faire de magnifiques funérailles & dreffer un tombeau fuperbe à l'allié des romains.

ZARINE & STRYANGÉE. (*Hift. anc.*) On trouve dans les mémoires de littérature, c'eft-à-dire, dans le recueil de l'académie des infcriptions & belles-lettres, tome fecond, pages 63 & fuivantes, une *hiftoire de Zarine & de Stryangée*, par M. Boivin l'aîné, ouvrage d'un bien mauvais goût, s'il eft permis de le dire, d'une recherche ridicule & groffière de bel-efprit & d'un ton romanefque, & qui n'auroit pas dû trouver place parmi tant d'ouvrages férieux & importans; non pas que l'hiftoire de ces deux perfonnages intéreffans, rapportée par des auteurs graves de l'antiquité, ne mérite fort d'être connue; non pas que cette hiftoire n'ait naturellement & par elle-même l'intérêt qui attache dans les romans, & en tout un caractère véritablement romanefque, mais M. Boivin l'aîné, qui n'avoit pas, comme fon frère, le talent de rendre l'érudition agréable, gâte tout par les petites beautés fades & ridicules dont il cherche à orner fon récit.

L'hiftoire de *Zarine & Stryangée* eft tirée du premier livre des hiftoires de Nicolas de Damas, & fe trouve dans les extraits de l'empereur Conftantin Porphyrogénète.

Elle fe trouve auffi, mais fort en abrégé, dans le traité de l'élocution de Dénis d'Halicarnaffe.

Zarine étoit reine des faces, vers l'an 608 avant l'ère chrétienne. Les faces font des fcythes nomades, réputés les peuples les plus braves de la Scythie, les perses donnent le nom de saces à tous les scythes, mais les saces, dans une signification plus restreinte de ce mot, passent pour être les mêmes que les massagètes; on croit même que Tomyris, reine des massagètes, qui, selon Hérodote & Justin, tua Cyrus, l'an 529 avant Jésus-Christ, descendoit de Zarine.

Celle-ci étoit d'une grande beauté & d'une grande valeur, elle excelloit dans l'art de la guerre. Les femmes saces ou sacides étoient toujours à cheval, & partageoient avec les hommes toutes les fatigues & tous les dangers de la guerre : Zarine commandoit toujours en personne ses armées.

Cyaxare, roi des mèdes, père d'Astyage, qui fut son successeur à l'empire des mèdes, & l'aïeul maternel de Cyrus, étoit en guerre avec les saces, & ses armées étoient commandées par Stryangée, son gendre, jeune homme vaillant, aimable & sensible. Zarine & Stryangée, en se combattant l'un l'autre, eurent de fréquentes occasions d'admirer leur valeur réciproque dans les batailles, & leur générosité hors des batailles, ce qui mit dans leur ame une grande disposition à s'aimer.

Le moment décisif arriva, &, dans un dernier combat, Stryangée, qui jusqu'alors n'avoit eu sur Zarine aucun avantage, la renversa de son cheval, & se vit maître de sa vie. Voici comment il a plu à M. Boivin d'exprimer ce qui se passa dans l'ame de Stryangée en cette occasion :

« Il eut plus de peur de mourir qu'elle, & plus de honte d'être vainqueur *que la vaincue*. Il lui *sauva la vie en la lui demandant lui-même des yeux; & bien loin de lui arracher le cœur*, il acheva de lui donner le sien ».

Il lui offrit la paix, elle fut acceptée; l'alliance fut jurée entre les mèdes & les saces, Zarine donna une fête à Stryangée dans Roxanace, sa capitale, & Stryangée s'enflamma pour elle.

» *L'aimable mède*, dit M. Boivin, auroit mille fois souhaité n'être point le gendre de son empereur, afin de pouvoir offrir à cette illustre reine un cœur libre. Elle ne faisoit pas moins de vœux en secret de pouvoir donner sa couronne à un si doux ennemi.... *Son feu modeste ne se pouvoit cacher autrement, qu'en éblouissant tous les yeux de sa propre lumière* ».

Cette belle phrase, qu'assurément on n'entend point, signifie que la reconnoissance qu'elle devoit au prince qui lui avoit sauvé la vie & donné la paix, servoit de prétexte aux témoignages de bienveillance & de tendresse que l'amour lui suggéroit.

Hoc prætexit nomine culpam.

Stryangée, après beaucoup d'inutiles efforts pour étouffer sa passion, & ensuite pour la cacher à celle qui en étoit l'objet, prit enfin le parti de la déclarer, ce que M. Boivin exprime ainsi avec ses petites graces savantes :

» Il se rendit donc auprès d'elle qu'il venoit de quitter; & d'abord *il lui fit voir ce qu'il ne lui pouvoit dire*. Plus sa langue étoit muette, & plus son silence étoit éloquent. Il soupira, il changea de couleur, il s'enhardit enfin, & parla. Cette héroïne qui voyoit bien qu'il n'étoit plus le maître de sa passion, le refusa de la manière du monde la plus tendre & la plus polie ».

En effet, elle lui avoua qu'elle l'aimoit aussi, & que s'il eût été libre, elle n'auroit pas balancé à l'épouser; mais elle lui rappella ce qu'il devoit à la princesse Rhétée sa femme, fille de Cyaxare, elle lui rappella qu'ils devoient l'un & l'autre à l'honneur & à la vertu; elle le plaignit, elle se plaignit, mais elle fut inébranlable dans son refus. Le prince qui l'avoit abordée *avec un doux baiser à la joue*, la quitta de même; c'étoit apparemment l'usage des saces & des mèdes. Quand il fut rentré dans son appartement, il lui écrivit un billet qui disoit en substance : *Vous m'avez donné la mort, je vous avois sauvé la vie, puissiez-vous la conserver long-tems & être toujours heureuse !* il se tue, après après avoir chargé un eunuque de porter ce billet à Zarine.

M. Boivin a jugé à propos de faire précéder la mort de Stryangée de beaucoup de beaux combats de l'amour & de la raison.

» Tantôt, dit-il, Stryangée étoit tenté de triompher de son amour par une noble émulation, & se sentoit jaloux de la gloire & de la vertu de Zarine; tantôt il se croyoit méprisé & trahi par cette artificieuse beauté, & *toute son ambition s'entendoit avec sa flamme pour lui faire perdre l'esprit*. Il cédoit la palme à sa belle rivale, & *avoit honte de n'être pas mort de honte*. A la fin il se livra tout entier *aux reproches & à la rage*, & prit la généreuse résolution de mourir par un tendre désespoir. »

Une lacune qui se trouve dans le texte de Constantin Porphyrogénète nous a laissé ignorer l'effet que le billet de Stryangée fit sur Zarine; nous savons seulement, par le récit de plusieurs historiens, qu'elle ne suivit point son amant au tombeau, qu'elle régna long-tems avec gloire, & que cette gloire la consola vraisemblablement des malheurs de l'amour. Elle vainquit & soumit tous les peuples barbares dont elle étoit environnée; elle fonda plusieurs villes, enrichit ses états, poliça les états voisins qui se mirent sous sa protection, encouragea & anima les arts & les sciences, gagna tous les cœurs par la douceur de son gouvernement, fut le modèle des grands rois & l'héroïne de son siècle.

Ce qu'il y a de singulier, c'est que Ctésias, dans

l'abrégé que nous en a laiffé Diodore, & où il fait un grand & long éloge de Zarine, ne dit pas un mot de Stryangée, & que même il ne le nomme pas.

ZARLINO, (Joseph) (Hift. litt. mod.) écrivain italien de Chioggia, dans l'état de Venife. On a fes œuvres imprimées à Venife, en quatre volumes in-folio. Il avoit, fur-tout pour fon tems, une grande connoiffance de la mufique, & il a beaucoup écrit fur cet art. Le P. Merfenne & d'autres favans l'ont cité comme l'auteur jufques-là le plus inftruit qui eût écrit fur la mufique ; mais comme l'obferve l'auteur du nouveau dictionnaire hiftorique, nous n'avions alors ni Rameau ni Rouffeau. Zarlino mourut en Venife en 1599.

ZARMANOCHEGAS, (hift. de l'Inde) indien, renouvella l'extravagance des Calanus & des Pérégrins (voyez ces deux articles). Il fe brûla folemnellement à Athènes dans le temps où Augufte y étoit, comme Calanus s'étoit brûlé devant toute l'armée d'Alexandre rangée en bataille autour du bûcher, & comme Pérégrin avoit donné le même fpectacle au milieu de la folemnité des jeux olympiques. Il paroît que ces forcenés aimoient à choifir, pour ces repréfentations tragiques, les occafions les plus éclatantes, le moment & le lieu de la préfence des plus grands & des plus puiffans princes. On mit fur le tombeau de Zarmanochegas une infcription qui difoit : Ici gît Zarmanochegas qui s'eft fait mourir felon la coutume de fon pays.

ZATUS (hift. eccl.) étoit duc ou chef & général des Lazes, peuplade de la Perfe, ou plutôt il étoit roi des Lazes, & la Lazique étoit l'ancienne Colchide, aujourd'hui la Mingrélie, qui avoit autrefois appartenu aux perfes. Les lazes étoient devenus depuis vaffaux de l'empire ; ils ne payoient aucun tribut, & la feule marque de leur dépendance étoit qu'à la mort de chaque roi, l'empereur envoyoit au fucceffeur, par forme d'inveftiture, les ornemens de la royauté. Les lazes d'ailleurs étoient chargés de garder les paffages du Mont Caucafe contre les huns qui cherchoient à pénétrer de ce côté dans les provinces de l'Afie. Cabade, roi des perfes (voyez fon article) qui fit affez conftamment la guerre aux empereurs Anaftafe, Juftin & Juftinien & qui leur conteftoit tout, réclama contr'eux cette efpèce de fuzeraineté de la Lazique foible refte de l'ancienne autorité que les rois de Perfe avoient eue fur cette province. Il fit avec les lazes un traité par lequel fe fubftituant à leur égard aux empereurs, il enlevoit à ceux-ci l'inveftiture des rois lazes, & vouloit que ces rois vinffent recevoir la couronne en Perfe. Anaftafe & Juftin fermèrent quelque temps les yeux fur cette ufurpation qu'ils étoient fans doute hors d'état d'empêcher. Damnazès, père de Zatus ou Zathius, fut ainfi couronné par Cabade, & cette inaugura-

tion étoit accompagnée de cérémonies conformes à la religion des perfes. Vers l'an 520 ou 521 cette innovation ceffa, & la religion eut part à ce changement. Zatus fils & fucceffeur de Damnazès voulut fe faire chrétien, & crut ne pouvoir plus prendre part à des cérémonies payennes, en recevant la couronne des mains du roi de perfe ; il vint donc à Conftantinople prier l'empereur Juftin de lui faire donner le baptême & de le couronner fuivant l'ancien ufage. Juftin ne demandoit pas mieux, non-feulement il y confentit, mais il combla Zatus de préfens, & prit tous les moyens de l'attacher de plus en plus aux intérêts de l'empire. Cabade irrité de la défection de Zatus & de l'avantage qu'en tiroit l'empereur Juftin, au préjudice de la perfe, renouvella contre l'empire la guerre alors fufpendue.

ZAUCARIUS ou de ZARIIS (Albert) (hift. litt. mod.) médecin de Bologne en Italie, avoit de la réputation au quatorzième fiècle ; on n'a point de lui d'ouvrage imprimé, mais divers auteurs l'ont cité avec éloge, & les curieux recherchent & gardent avec foin dans leur bibliothèque des ouvrages manufcrits de ce favant, fur-tout fes gloffa fuper tractatum Avicennæ de curá lepra, &c.

ZAZIUS, (Hulric) (Hift. litt. mod.) favant jurifconfulte allemand, né à Conftance en 1461, profeffoit à Fribourg & y mourut en 1539. On a de lui des ouvrages de droit recueillis à Francfort en 1590, en fix volumes in-folio.

On a auffi quelques ouvrages de jurifprudence de Jean-Hulric Zazius, fon fils, profeffeur à Bâle, mort en 1565.

ZEB, (Hift. facr.) prince des màdianites, ayant été vaincu par Gédéon, prit la fuite & fe cacha dans un preffoir ; on l'y découvrit, les éphraïmites lui coupèrent la tête & la portèrent en triomphe au vainqueur. Cette hiftoire eft rapportée au livre des Juges, chap. 7, verf. 25.

ZEBINE (hift. ecclef.) C'eft le nom d'un évêque d'Antioche, qui le fut depuis l'an 229, jufqu'en l'an 241, & d'un folitaire dont Théodoret parle avec de grands éloges dans fon hiftoire religieufe. Il regrette fort de ne l'avoir pas connu, mais un autre folitaire, nommé Polychrone, qui avoit été difciple de Zebine, en avoit fouvent entretenu Théodoret.

ZÉBUL, (hift. fainte) gouverneur de la ville de Sichem, alors révoltée contre Abimelech, étoit d'intelligence avec celui-ci, & l'aida, par fes avis, à remporter une grande victoire fur les Sichimites. (voyez le livre des Juges, chap. 9.)

ZECHIO (Jean) (hift. litt. mod.) médecin

ZEL

ZEL 703

italien célèbre du seizième siécle & né à Bologne, étoit appelé dans toutes les maladies désespérées & rappela plus d'une fois les malades des portes de la mort. Les médecins de Rome & ceux de Naples, étant divisés sur la manière de traiter la fièvre, le pape Clément VIII appela *Zéchio* à Rome pour décider la question; ce qu'il fit d'une manière si satisfaisante & si lumineuse, que les médecins de Naples contre lesquels il prononça, ne purent rien opposer à la force de ses raisons.

Jean-Baptiste Orio, médecin habile de Rimini, a fait imprimer la décision que rendit *Zéchio* sur cette dispute. Le pape Clément VIII prit en conséquence *Zéphio* pour son médecin. On a de lui plusieurs ouvrages de médecine en latin, *De aquarum porrectanarum usu & praestantiâ; de urinis brevis methodus; consultationes medicinales; in primam Hyppocratis aphorismorum sectionem lectiones* : avec quatre traités : *de purgatione, de sanguinis missione, de criticis diebus, de morbo gallico.* Cet ouvrage est proprement d'un de ses disciples, Scipion Mercure ou Mercurio, qui n'a fait que publier ce qu'il avoit retenu des leçons de Jean *Zéchio.* Celui-ci mourut à Rome le 2 Décembre 1601, à soixante-huit ans.

ZEGÉDIN, (Etienne) (*hist. de la réformat.*) disciple de Luther & de Mélanchton, avoit pris leurs leçons à Wittemberg, & fut l'apôtre du luthéranisme en Hongrie. Il étoit né à Zegédin ou Segédin sur la Teisse en basse Hongrie, & c'est de-là qu'il tiroit son nom, celui de sa famille étoit *Kis.* Il fut pris par les turcs, qui le retinrent long-temps prisonnier, & auxquels il reprochoit d'avoir usé d'inhumanité à son égard. Pour se désennuyer dans sa prison, il y fit des livres de théologie. Devenu libre enfin, il rentra en Hongrie, & fut ministre protestant à Bude & à Pest. Il mourut à Kevin en 1571 ou 1572, âgé de soixante-sept ans. On a de lui des lieux communs de théologie, c'est le titre de son ouvrage : un traité latin de la Trinité : une analyse latine des pseaumes, des prophètes Isaïe, Jérémie, Ezéchiel, Daniel, nommés les quatre grands prophètes; & du nouveau testament; les tableaux des papes; les tables analytiques, &c.

ZÉGERS, (Tacite-Nicolas) (*Hist. litt. mod.*) cordelier de Bruxelles, compilateur & critique, mort à Louvain en 1559, a donné des corrections sur la *vulgate*, des notes ou scholies sur les endroits les plus difficiles du *nouveau-testament*, une concordance du *nouveau-testament.*

ZÉIDUN ou ABDALLAH ZÉIDIUS, (*hist. litt. des Arabes.*) est un poëte arabe estimé. On le trouve désigné, tantôt par le surnom d'Hadraméen, parce qu'il étoit originaire de la province arabe d'Hadramot, tantôt par ceux d'Andaloufien & de

Cordouan, parce qu'il étoit né à Cordoue. Il fut visir du roi de Séville, Motadheb-ebn-Abad, & mourut l'an de l'hégire 463, qui répond à l'an 1070 de Jésus-Christ. Il paroit que le goût ou de son pays ou de son temps, il recherchoit dans ses compositions toutes ces difficultés de commande qu'il y a beaucoup moins de gloire à vaincre, que de sagesse à éviter, & dont on a dit :

Stultum est difficiles habere nugas.

On a de lui un poëme intitulé *Alnunia* dont tous les vers finissent par une *n*, & un autre où ils finissent par une *l.*

ZEILLER. (Martin) (*hist. litt. mod.*) inspecteur des écoles d'Allemagne, savant dans la géographie. On a de lui l'Itinéraire de l'Allemagne; la topographie de Bavière, de Suabe, d'Alsace, des états de Brunswick, du pays de Hambourg; on a rassemblé ces divers ouvrages dans la topographie de Mérian, qui est en trente-un volumes in-folio. *Zeiller* né en Styrie, mourut à Ulin, en 1661. Le malheur de n'avoir qu'un œil & le danger de perdre l'autre ne purent diminuer son ardeur pour le travail.

ZÉLATEURS, (*hist. des Juifs*) secte de fanatiques qui devint bientôt une troupe d'assassins & de scélérats. C'étoit dans l'origine parmi les Juifs une quatrième secte religieuse & théologique, entièrement séparée pour des pharisiens, des sadducéens & des esséens. C'étoit la loi de Moyse, la loi de Dieu qu'ils appelloient à l'appui de leurs principes politiques; c'étoit sur la dignité de peuple de Dieu, c'étoit sur les privilèges de la théocratie qu'ils fondoient l'indépendance qu'ils affectoient à l'égard des Romains leurs vainqueurs. Le peuple que Dieu avoit choisi & qu'il s'étoit réservé, ne devoit d'impôts à aucun souverain, ni de tributs à aucun vainqueur, ni de respects & d'égards à personne; le peuple de Dieu ne devoit reconnoître que Dieu pour maître & pour seigneur; il falloit souffrir & laisser souffrir, & même voir souffrir à tout ce qu'on avoit de plus cher au monde les supplices les plus cruels, plutôt que d'avoir la bassesse de donner à quelque homme ce que ce pût être ce titre de *seigneur.*

Et tu ne prétends pas qu'il m'abatte le cœur,

Jusqu'à te rendre hommage & te nommer *seigneur.*

Mais les Romains, ce peuple roi, ce peuple victorieux,

Populum latè regem belloque superbum.

pouvoient répondre avec avantage :

Si vous n'avez su vaincre, apprenez à servir.

Le zèle dont ces nouveaux docteurs Juifs se piquoient pour leur religion & pour l'honneur du peuple de Dieu, fut ce qui leur fit prendre & ce qui leur fit donner le nom de *Zélateurs.* Josèphe, & après lui

M. de Tillemont, les fait remonter jufqu'à l'an 7 de Jefus-Chrift, & leur donne pour premier auteur Judas, dit le galiléen, qui s'affocia un pharifien nommé Sadoc. Vers ce même temps Quirinus, gouverneur pour les romains, de la Syrie & de la Judée, crut devoir ordonner une eftimation des biens, pour régler les tributs que chacun devoit payer aux romains. Judas & Sadoc formèrent une faction pour s'y oppofer. Cette eftimation, difoient-ils, étoit une véritable fervitude, & en elle-même, & dans fon objet; il ne falloit point d'eftimation, puifqu'il ne falloit point de tributs, & nul n'avoit droit de rien ordonner, puifqu'on ne devoit obéir qu'à Dieu. Ce langage n'étoit que trop féduifant pour le peuple & excitoit en divers lieux des foulèvemens. Cependant Judas le galiléen fuccomba & périt, & fes partifans furent diffipés, au moins pour quelque temps. C'eft cependant à lui & à fa doctrine que Jofephe attribue tous les maux qui fondirent enfuite fur la Judée, & qui ne finirent que par la ruine entière du peuple juif.

Judas le galiléen laiffa une poftérité digne de lui. Jacques & Simon fes fils furent crucifiés fous le règne de l'empereur Claude, pour avoir renouvellé des troubles qui, après un certain intervalle, recommencèrent encore fous Néron, & furent entretenus par Manaïm, autre fils de Judas le galiléen; ces derniers troubles n'eurent plus d'autre terme que la prife de Jérufalem par Titus; Eléazar petit-fils de Judas le galiléen, y périt le dernier.

Manaïm s'étoit fait chef de voleurs & d'affaffins, & ces affaffins étoient les Zélateurs; ils s'emparent d'un château qui avoit fervi d'arfenal à Hérode, ils en prennent toutes les armes, ils entrent en triomphe dans Jérufalem, & l'apôtre de l'égalité, Manaïm, fe préfente dans le temple en habit royal, les féditieux le proclament roi; cependant il fe forme divers partis qui prennent les armes les uns contre les autres; Manaïm eft mis en fuite, fait prifonnier & maffacré; Eléazar fon neveu lui fuccède.

Pendant la guerre que Vefpafien commença contre les juifs, & que Titus acheva, les Zélateurs & tous les voleurs leurs affociés accoururent en foule dans Jérufalem, fous prétexte de défendre cette ville contre les romains, mais en effet pour la tyrannifer & pour la piller. On balançoit encore entre la paix & la guerre; les vieillards & les gens fages ofoient propofer la paix; une jeuneffe brillante & audacieufe ne demandoit qu'à fe précipiter dans tous les hafards de la guerre. Les Zélateurs qui mettoient dans le trouble feul toutes leurs efpérances, firent rejetter comme honteux tous les confeils prudens; la guerre fut réfolue; alors, difent Jofephe & Tillemont, tous fe mirent à piller & à voler, chacun dans fon canton, ils exerçoient ouvertement leurs brigandages dans toute la cam-

pagne, & ne faifoient pas moins de mal que les armées romaines.

Les Zélateurs, entrés dans la ville, y continuèrent les mêmes brigandages, & comme on ne s'oppofoit point à eux, n'y ayant point de magiftrat qui eût affez d'autorité pour les réprimer, l'impunité augmenta leur nombre & leur infolence. Ils fe mirent à piller les maifons, & parce qu'on le fouffrit, ils en vinrent jufqu'à tuer publiquement en plein jour les perfonnes les plus illuftres. Ils commencèrent par Antipas, Levias & Sophas, tous trois du fang royal & fort puiffans, qu'ils accufoient de vouloir livrer la ville aux romains. Ils fe faifirent d'eux & les traînèrent par le milieu de la ville à la prifon. Tout le monde fut faifi d'effroi à ce fpectacle; mais perfonne n'ofa les défendre, chacun ne penfant qu'à fe fauver pour périr un peu plus tard. Ainfi la lâcheté du peuple augmentant la hardieffe des Zélateurs, ils tuèrent ces princes dans la prifon, fans fe mettre en peine de vérifier les deffeins dont ils les prétendoient coupables. »

Ils avoient eu foin de femer par toute forte d'artifices les foupçons & la défiance entre les citoyens qui pouvoient avoir quelque autorité ou quelque puiffance, & d'empêcher par-là leur réunion contre les brigands & les auteurs du défordre.

» Enfin voyant que le peuple commençoit à fe foulever contre eux à la perfuafion du pontife Ananus, ils fe retirèrent dans le temple pour porter leur fureur contre Dieu même, & pour faire de ce lieu de fainteté une citadelle & une retraite de voleurs. Ce lieu ne fut plus, depuis ce temps-là jufqu'à fa deftruction, qu'un théâtre de guerre & un lieu de carnage & de meurtres, où l'on répandoit le fang, non des victimes offertes à Dieu, mais des hommes immolés à l'ambition, à la vengeance & à la cruauté des plus fcélérats. ...

» A cette abomination les Zélateurs en joignirent une autre, qui fut de faire un pontife par le fort, fous prétexte qu'on l'avoit fait autrefois. ... Le fort tomba fur un Phannias, homme tout-à-fait indigne de cette place, qui ne favoit pas même ce que c'étoit que le pontificat & qui ne connoiffoit que la campagne où il avoit toujours vécu. ... Ils firent venir ce Phannias malgré lui, le revêtirent de la robe facrée, & lui apprirent à faire fes fonctions plutôt comme un acteur de théâtre que comme un véritable pontife. Cette impiété étoit pour eux un jeu & un divertiffement, & pour les autres prêtres un fujet de gémiffemens & de larmes.

Cependant le vrai pontife Ananus harangue le peuple & le foulève contre ces ennemis de Dieu, il y eut entre le peuple & ces Zélateurs divers combats. Ceux-ci ne fe fentant pas les plus forts, appelèrent les Iduméens, & leur ouvrirent les portes.

Alors

alors la ville fut remplie de carnage & d'horreurs, on fit du peuple une affreufe boucherie. » Mais pour les perfonnes de qualité & les jeunes gens propres à porter les armes, les *Zélateurs* les mettoient en prifon dans l'efpérance de les forcer à entrer dans leur faction. Jofephe affure néanmoins qu'il n'y en eut pas un feul qui n'aimât mieux fouffrir la mort que de s'unir avec ces méchans pour la ruine de leur patrie. »

Les *Zélateurs* & les iduméens, pour fe venger de leur fermeté, ne fe contentèrent pas de leur ôter la vie comme aux autres : » ces tigres leur faifoient fouffrir auparavant tous les tourmens imaginables, & ne leur accordoient la grace de finir leur vie que lorfque leurs corps accablés fous le poids de leurs douleurs, étoient incapables d'en plus reffentir. Ils tuoient la nuit ceux qu'ils avoient pris durant le jour, & jettoient dehors les corps des morts pour vuider les prifons & y faire place à d'autres.

» La frayeur du peuple étoit fi grande, que perfonne n'ofoit ouvertement ni pleurer ni enterrer fes proches & fes amis. Pour répandre des larmes & pouffer quelques foupirs, il falloit s'enfermer dans les maifons & regarder auparavant de tous côtés fi l'on n'étoit vu, & entendu de perfonne, parce que la compaffion paffoit pour un crime capital dans l'efprit de ces monftres en cruauté, & l'on ne pouvoit pleurer les morts fans perdre la vie. Tout ce que l'on pouvoit faire horreur de couvrir d'un peu de terre ces corps fi inhumainement maffacrés. Ofer y en jetter en plein jour paffoit pour une action de courage tout extraordinaire. C'eft ainfi que douze mille hommes d'une naiffance noble, & qui étoient encore dans la vigueur de leur âge, périrent miférablement par la cruauté de ces furieux. »

Ce fut vers ce temps que les *Zélateurs* voulurent faire juger, c'eft-à-dire condamner Zacharie, fils de Baruc, & que n'ayant pu y réuffir, ils le maffacrèrent comme nous l'avons rapporté à fon article. Les iduméens eux-mêmes eurent horreur de tant de crimes, & quittèrent les *Zélateurs* qui n'en furent que plus libres de fe livrer à toutes leurs fureurs.

» Il fembloit, dit encore M. de Tillemont, que les *Zélateurs* euffent entrepris de renverfer toutes les loix de Dieu & de la nature. il ne leur reftoit dans le cœur aucune trace de quelque bien que ce fût ; mais l'humanité & la compaffion en étoient encore plus bannies que tout le refte. »

Les *Zélateurs* reftés feuls fe divifèrent, c'eft ce qui arrive prefque toujours & prefque néceffairement aux méchans & aux factieux. Les mêmes paffions qui les pouffent à la révolte, les empêchent de s'accorder entr'eux & de vivre en paix.

Jean de Gifcala, Simon, fils de Gioras, Eléazar, petit-fils de Judas le galiléen, furent à la tête de trois partis différens toujours armés les uns contre les autres, & tous trois fe difputant de cruauté comme d'ardeur pour le pillage.

Tel étoit l'état de la Judée & de Jérufalem lorfque les romains vinrent en faire la conquête & en confommer la ruine. « Au milieu de tant d'ennemis, le peuple de Jérufalem étoit comme une proie que plufieurs bêtes déchirent chacune de leur côté. Les vieillards & les femmes faifoient des vœux pour les romains, & fouhaitoient d'être délivrés par une guerre étrangère, des mifères que cette guerre domeftique leur faifoit fouffrir..... Ils ne voyoient rien qu'ils puffent ni faire ni efpérer pour être délivrés de tant de maux. Ils n'avoient pas feulement le moyen de s'enfuir, parce que tous les paffages étoient gardés, les chefs de factions fi oppofés dans tout le refte, confpirant à traiter comme ennemis tous ceux qu'ils foupçonnoient de fe vouloir rendre aux romains. ... comme on n'avoit plus d'efpérance, on n'avoit plus auffi ni courage ni foin de quoi que ce fût.

Titus, après avoir remporté fur les juifs divers avantages, leur donna quelques jours de relâche pendant lefquels il leur offrit le fpectacle d'une revue générale de fon armée ; » elle leur parut fi belle & en même temps fi terrible que les féditieux mêmes, à ce que croit Jofephe, fe feroient alors portés à fe rendre, s'ils euffent pu efpérer le pardon de tant de maux qu'ils avoient faits à leurs concitoyens ; mais ils aimoient mieux périr les armes à la main, que par l'épée d'un bourreau.

On prit donc le parti de perféverer dans une réfiftance opiniâtre & bientôt la famine étala toutes les mifères. Les malheureux juifs étoient réduits à aller chercher jufques dans les égouts, « & à ramaffer pour fe nourrir, de vieille fiente de bœuf, ou d'autres ordures dont la feule vue fait horreur. Car leur faim enragée les contraignoit de tout prendre, même ce que les plus fales animaux fouleroient aux pieds. Ils mangeoient jufqu'au cuir de leurs ceintures, de leurs fouliers, de leurs boucliers, des reftes de vieux foin, des herbes pourries. ... S'il fe trouvoit la moindre chofe à manger dans une maifon, c'étoit une guerre effroyable, & les plus grands amis fe jettoient les uns fur les autres pour fe l'arracher.

» La famine dévoroit des familles entières. Les maifons étoient pleines des corps morts des femmes & des enfans, & les rues, des corps des vieillards. Les jeunes, tout enflés & tout languiffans, alloient en chancelant à chaque pas dans les places publiques. On les auroit plutôt pris pour des fpectres que pour des perfonnes vivantes, & ils tomboient bientôt morts partout où les forces leur manquoient.

Cum deficeret parvulus & lactens in plateis oppidi,
matribus suis dixerunt : ubi est triticum & vinum ?
Cum deficerent quasi vulnerati in plateis civitatis,
cùm exhalarent animas suas in sinu matrum suarum.

Lament. Jérém. proph.

» Au milieu d'une si affreuse misère on ne
voyoit point de pleurs, on n'entendoit point de
gémissemens, parce que cette horrible faim dont
l'ame étoit entièrement occupée, étouffoit tous
les autres sentimens. Ceux qui vivoient encore,
regardoient les morts avec des yeux secs, se consolant par l'espérance de les aller bientôt retrouver. »

Que faisoient les *Zélateurs* pendant cette horrible famine ? Ils combloient la misère du peuple,
ils violoient l'asyle des maisons, ils pénétroient
dans les réduits les plus secrets pour rechercher
les derniers restes des plus vils alimens & les enlever à leurs possesseurs ; s'ils ne trouvoient rien
ils tourmentoient les malheureux pour les forcer
de montrer les alimens qu'ils n'avoient pas & qu'ils
les accusoient de cacher. Un événement imprévu,
autant qu'horrible, désarma enfin leur fureur, une
mère mangea son fils : voici comment Josèphe,
& d'après lui, M. de Tillemont, rapportent ce
fait.

« Une dame d'au-delà du Jourdain, nommée
» Marie, d'une naissance illustre & fort riche,
» ayant été obligée de quitter son pays avec les
» autres juifs des quartiers là pour fuir les mal-
» heurs de la guerre, se trouva dans Jérusalem
» lorsqu'elle fut assiégée, ayant avec elle un fils
» qu'elle nourrissoit de son lait. Les tyrans lui ra-
» virent d'abord ce qu'elle avoit apporté de plus
» précieux, & leurs soldats ensuite venoient tous
» les jours lui enlever ce qui lui restoit de meubles
» & ce qu'elle pouvoit avoir de vivres. La dou-
» leur de se voir traiter de la sorte la mit dans
» un tel désespoir, qu'après avoir fait mille im-
» précations contre'eux, il n'y eut point de paroles
» outrageuses qu'elle n'employât pour les irriter,
» afin de les porter à la tuer ; mais il ne se trouva
» pas un seul de ces tigres qui, par ressentiment
» de tant d'injures ou par compassion pour elle,
» voulût lui faire cette grace.

» Lorsqu'elle se trouva ainsi réduite à cette der-
» nière extrémité de ne pouvoir plus, de quel-
» que côté qu'elle se tournât, espérer aucun se-
» cours, la faim qui la dévoroit, & encore plus
» le feu que la colère avoit allumé dans son cœur,
» lui inspirèrent une résolution qui fait horreur
» à la nature. Elle arracha son fils de sa ma-
» melle, & lui tint ce langage : Enfant infor-
» tuné, & dont on ne peut trop déplorer le mal-
» heur d'être né au milieu de la guerre, de la
» famine & des diverses factions qui conspirent à

» l'envi à la ruine de notre patrie, pour qui te con-
» serverois-je ? Seroit-ce pour être esclave des ro-
» mains, quand même ils voudroient nous sauver
» la vie ? mais la faim ne nous l'ôteroit-elle pas
» avant que nous pussions tomber entre leurs
» mains ? Et ces tyrans qui nous mettent le pied
» sur la gorge, ne sont-ils pas encore plus redou-
» tables & plus cruels que les romains & que la
» faim ? Ne vaut-il donc pas mieux que tu meures
» pour me servir de nourriture & pour étonner
» les factieux & la postérité par une action si tra-
» gique, puisqu'il ne manque que cela seul pour
» combler la mesure des maux qui rendent au-
» jourdhi les juifs le plus malheureux peuple qui
» soit sur la terre ? » Après avoir parlé de la sorte,
elle tua son fils, le fit cuire, en mangea une partie
& cacha l'autre.

» Ces impies, qui ne vivoient que de rapines, entrèrent aussi-tôt après dans la maison de cette dame,
& ayant senti l'odeur de cette viande abominable,
ils la menacèrent de la tuer si elle ne leur montroit ce qu'elle avoit préparé pour manger. Elle
leur répondit qu'il lui en restoit encore une partie,
& leur montra ensuite les pitoyables restes du
corps de son fils. Quoiqu'ils eussent des cœurs de
bronze, une telle vue leur donna tant d'horreur
qu'ils sembloient être hors d'eux-mêmes. Mais
elle, dans le transport où la mettoit sa fureur,
leur dit avec un visage assuré : « Oui, c'est mon
» propre fils que vous voyez, & c'est moi-même
» qui ai trempé mes mains dans son sang ; vous
» pouvez bien en manger, puisque j'en ai mangé
» la première. Etes-vous moins hardis qu'une
» femme, & avez-vous plus de compassion
» qu'une mère ? Que si votre pitié ne vous permet
» pas d'accepter cette viande que je vous offre,
» j'acheverai de la manger.

» Ces gens, qui n'avoient jamais su jusqu'alors
ce que c'étoit que l'humanité, s'en allèrent tout
tremblans, & quelque grande que fût leur avidité
de trouver de quoi se nourrir, ils laissèrent le
reste de cette détestable viande à cette malheureuse
mère. »

Paris eut aussi ses *Zélateurs* du temps de la
ligue. Une mère s'y nourrit aussi de la chair de
son fils pendant le siège de cette ville en 1590.
Il est remarquable que cette monstrueuse aventure
soit arrivée deux fois sous deux des meilleurs princes
qui jamais aient régné, Titus & Henri IV, &
qu'ils en aient été la cause, très-innocente à la
vérité.

On voit que l'auteur de la Henriade avoit sous
les yeux l'historien Josèphe, & Jérusalem, & les
Zélateurs, lorsqu'il peignoit ainsi les horreurs du
siège de Paris,

D'un ramas d'étrangers la ville étoit remplie,
Tigres que nos aïeux nourrissoient dans leur sein,

Plus cruels que la mort, & la guerre, & la faim...
De ces nouveaux tyrans les avides cohortes
Assiègent les maisons, en enfoncent les portes,
Aux hôtes effrayés présentent mille morts,
Non pour leur arracher d'inutiles trésors,
Non pour aller ravir, d'une main adultère,
Une fille éplorée à sa tremblante mère,
De la cruelle faim le besoin consumant,
Fait expirer en eux tout autre sentiment,
Et d'un peu d'aliment la découverte heureuse
Etoit l'unique but de leur recherche affreuse.
Il n'est point de tourment, de supplice & d'horreur
Que pour en découvrir n'inventât leur fureur.

Une femme, (Grand Dieu! faut-il à la mémoire
Conserver le récit de cette horrible histoire!)
Une femme avoit vu, par ces cœurs inhumains,
Un reste d'aliment arraché de ses mains.
Des biens que lui ravit la fortune cruelle,
Un enfant lui restoit, prêt à périr comme elle;
Furieuse, elle approche, avec un coutelas,
De ce fils innocent qui lui tendoit les bras:
Son enfance, sa voix, sa misère & ses charmes
A sa mère en fureur arrachent mille larmes;
Elle tourne sur lui son visage effrayé,
Plein d'amour, de regret, de rage, de pitié;
Trois fois le fer échappe à sa main défaillante.
La rage enfin l'emporte; &, d'une main tremblante,
Détestant son hymen & sa fécondité.
Cher & malheureux fils que mes flancs ont porté,
Dit-elle, c'est en vain que tu reçus la vie,
Les tyrans ou la faim l'auroient bientôt ravie:
Et pourquoi vivrois-tu? Pour aller dans Paris,
Errant & malheureux, pleurer sur ses débris!
Meurs avant de sentir tes maux & ta misère;
Rends-moi le jour, le sang que t'a donné ta mère;
Que mon sein malheureux te serve de tombeau,
Et que Paris du moins voie un crime nouveau.
En achevant ces mots, furieuse, égarée,
Dans les flancs de son fils sa main désespérée
Enfonce en frémissant le parricide acier,
Porte le corps sanglant auprès de son foyer,
Et, d'un bras que poussoit sa faim impitoyable,
Prépare avidement ce repas effroyable.

Attirés par la faim, les farouches soldats
Dans ces coupables lieux reviennent sur leurs pas.
Leur transport est semblable à la cruelle joie

Des ours & des lions qui fondent sur leur proie;
A l'envi l'un de l'autre ils courent en fureur,
Ils enfoncent la porte..... O surprise! ô terreur!
Près d'un corps tout sanglant à leurs yeux se présente
Une femme égarée & de sang dégoûtante.

Oui, c'est mon propre fils, oui, monstres inhumains,
C'est vous qui dans son sang avez trempé mes mains;
Que la mère & le fils vous servent de pâture;
Craignez-vous plus que moi d'outrager la nature?
Quelle horreur à mes yeux semble vous glacer tous!
Tigres, de tels festins sont préparés pour vous!
Ce discours insensé, que sa rage prononce,
Est suivi d'un poignard qu'en son cœur elle enfonce.
De crainte à ce spectacle, & d'horreur agités,
Ces monstres confondus courent épouvantés;
Ils n'osent regarder cette maison funeste;
Ils pensent voir sur eux tomber le feu céleste;
Et le peuple effrayé de l'horreur de son sort,
Levoit les mains au ciel, & demandoit la mort.

L'histoire & la poësie ne peuvent trop rettracer à l'envi de semblables malheurs, pour nous en préserver à l'avenir, s'il est possible.

ZELPHA, (*hist. sacr.*) servante de Lia qui lui avoit été donnée par Laban son père dans le temps de son mariage avec Jacob. Lia voyant qu'elle avoit cessé d'avoir des enfans de ce patriarche, & croyant qu'elle n'en auroit plus, donna cette servante à son mari, qui en eut deux fils, Gad & Aser, lesquels furent chefs de deux tribus d'Israël. Genèse, chap. 29 & 30.

ZELTNER, (*hist. litt. mod.*) est le nom de divers savans allemands de Nuremberg, ministres, les uns dans cette ville, les autres dans le voisinage, tous vraisemblablement de la même famille. Les plus connus sont Jean Conrad & Gustave George; nous ignorons s'ils étoient frères.

1°. Jean Conrad étoit fils d'André Zeltner, ministre à Nuremberg. Il se distingua dans le cours de ses études par trois exercices publics qui firent du bruit; l'un sur les femmes savantes de la nation juive; l'autre, sur la prophétesse Débora; le troisième sur cette proposition, qu'il n'y a aucun précepte de Dieu qui ne soit bon. Il est auteur d'une histoire latine de cent personnages célèbres par leur érudition, qui ont été correcteurs d'imprimerie. *Theatrum virorum eruditorum, qui speciatim typographis laudabilem operam præstiterunt.* Il s'est occupé encore d'autres ouvrages concernant l'invention & les progrès de cet art & le mérite de ceux qui l'ont cultivé. Il mourut à trente-trois ans, la nu't du 6 au 7 avril 1719. Il étoit né le 4 octobre 1687.

2°. Gustave-George fut profeſſeur en théologie & en langues orientales ; il fut auſſi miniſtre. Il écrivit, ainſi que Jean Conrad, ſur les femmes ſavantes de la nation juive, & ſur les imprimeries & les imprimeurs célèbres. Il eſt auteur de remarques ſur la bible allemande de Luther qui produiſirent dans la ſuite l'ouvrage intitulé : *Guſtavi-Georg ii Zeltner diſſertatio theologica de novis, bibliorum verſionibus germanicis non temerè vulgandis, d'une hiſtoire du ſocinianiſme caché qui s'étoit, ſelon lui, gliſſé dans la ville & dans l'univerſité d'Altorf, hiſtoria crypto ſocinianiſmi ; des vies des théologiens d'Altorf ; de celles des premiers paſteurs de Nuremberg, du livre intitulé : Adoleſcentia reipublicæ iſraelitarum ſeu exercitatio de judicum temporibus hiſque proximis, in 1 reg. 6 1, & act. 13. 20. Enfin de l'ouvrage qui a pour titre : De corruptelis & medelis theologia diſſertatio gemina, quarum priori de conſanguinitate theologia myſtica ac metaphyſica, poſteriori de genuina & ſpuriis theologiam docendi methodis ; acceſſere ſchediaſma de ſcriptoribus piorum deſideriorum epitaphium item metaphyſica & idem theologia faderalis, brevi tabella adumbrata.*

Guſtave-George Zeltner mourut à Nuremberg, le 2 juillet 1738. Il étoit né en 1672.

ZEMIDAR ou JEMIDAR, (*Hiſt. mod.*) nom que l'on donne dans l'Indoſtan ou dans l'empire du grand mogol ; aux officiers de cavalerie ou d'infanterie, & quelquefois à des perſonnes diſtinguées qui s'attachent aux miniſtres & aux grands de l'état. (*A. R.*)

ZENDICISME, (*Hiſt. mod.*) c'eſt le nom d'une ſecte, qui, du tems de Mahomet, avoit des partiſans en Arabie, & ſur-tout dans la tribu des Koreishités, qui s'oppoſa le plus fortement aux progrès de la religion mahométane. On croit que les opinions de cette ſecte avoient beaucoup de reſſemblance avec celles des ſaducéens parmi les juifs ; les arabes qui profeſſoient le *zendiciſme* étoient des eſpèces de déiſtes, qui nioient la réſurrection, la vie à venir, & qui croyoient que la providence ne ſe mêloit point des affaires des hommes. M. Sale, auteur d'une excellente traduction angloiſe de l'alcoran, dit de ces arabes, qu'ils adoroient un ſeul Dieu ſans ſe livrer à aucune eſpèce d'idolâtrie & de ſuperſtition, & ſans adopter aucune des religions que ſuivoient leurs compatriotes. On prétend que ces ſectaires admettoient, ainſi que les diſciples de Zoroaſtre & de Manès, un bon & un mauvais principe, qui ſe faiſoient continuellement la guerre. (*A. R.*)

ZENIAL, (*hiſt. de Perſe*) fils d'Uſum-Caſſan, roi de Perſe, & général de ſon armée, ce qui n'arrive pas toujours aux fils de rois, fut envoyé par ſon père, en 1473, pour attaquer Trébizonde ſur

la mer noire. Il battit juſqu'à deux fois, dans la Cappadoce, les lieutenans de Mahomet II, cet empereur turc ſi funeſte à l'empire grec. Les ſuccès de ce jeune prince lui ayant enflé le courage, il crut pouvoir ſe meſurer avec Mahomet lui-même. Mais il fallut céder à l'aſcendant d'un ſi redoutable vainqueur. L'armée perſane fut taillée en pièces, & *Zenial* lui-même fut tué dans le combat, mais ce ne fut pas ſans avoir diſputé la victoire & affoibli l'armée victorieuſe.

ZENICETE, (*hiſt. rom.*) pirate célèbre, lequel ayant bâti une fortereſſe ſur une montagne élevée qui lui ſervoit de retraite, infeſtoit par ſes courſes continuelles les côtes de l'Aſie mineure, & ſe rendoit redoutable aux navigateurs ; il fut défait environ un demi-ſiècle avant Jéſus-Chriſt, par P. Servilius, dit l'Iſaurique. Bientôt il fut forcé dans ſa retraite, & ſe voyant ſur le point d'être pris, il mit le feu à ſa maiſon, & ſe brûla lui-même avec tout ce qui étoit à lui.

ZENO, (*Hiſt. de Veniſe.*) eſt le nom :

1°. D'un célèbre général, (Charles Carlo) qui commandoit ſur mer les armées vénitiennes au quatorzième ſiècle, & que la difficulté de le remplacer à la tête de ces armées empêcha ſeule d'être élu doge. Il éprouva des contradictions & des perſécutions ; on l'accuſa d'avoir violé les loix de la république qui défendent aux véniciens de recevoir ni penſion ni gratification d'aucun prince étranger. Il reſta en priſon pendant deux ans ; ſon innocence & le cri public l'en firent enfin ſortir, & il continua de ſervir avec le même zèle. Il conſacra ſes dernières années au repos, & à la culture des lettres. Il mourut en 1418, à quatre-vingt-quatre ans. Léonard Juſtiniani, orateur de la république, prononça ſon éloge funèbre.

2°. D'un poète dramatique italien, dont le nom ne cède qu'au grand nom de Métaſtaſe. (Apoſtolo Zéno) : M. *Zéno* eſt un des poètes auxquels le théâtre lyrico dramatique des Italiens a le plus d'obligation. Cet auteur a beaucoup contribué à lui aſſurer cette régularité d'action, dont les chefs-d'œuvre dramatiques des anciens fourniſſoient l'exemple, dont on s'étoit trop écarté en Italie depuis la renaiſſance de la tragédie juſqu'au tems de M. *Zéno*. Une grande fécondité unie à de grands talens, une longue ſuite de ſuccès diſtingués faiſoient regarder M. *Zéno* comme le poète qui avoit le plus enrichi la ſcène lyrique en Italie, lorſque le célèbre abbé Métaſtaſio ou Métaſtaſe vint briller à ſon tour ſur cette ſcène & partager les applaudiſſemens qu'on prodiguoit à M. *Zéno*. La réputation de celui-ci bientôt balancée, ne parut effacée même par celle de ſon rival. « L'élégance & » la douceur qui règnent dans la poéſie de ce dernier, dit le traducteur françois de M. *Zéno*,

» enlevèrent avec rapidité les suffrages d'une nation » extrèmement sensible à l'harmonie des vers, dé- » licate sur le choix des expressions & la pureté du » style. Dans le parallèle qu'elle fit de ces deux » poëtes, elle sembla donner la préférence à » M. l'abbé Metastase ».

Le traducteur de M. Zéno souscrit à ce jugement pour ce qui concerne le langage & la versification, il convient qu'il appartient aux italiens seuls de prononcer sur ces articles, mais il réclame en faveur de son original des avantages dont toutes les nations peuvent juger, & qu'une traduction n'affoiblit point ; il prétend que M. Zéno a plus d'invention que son rival, que les sujets de ses pièces sont plus variés, qu'il y règne un dialogue plus vif & plus serré, qu'il entend mieux la marche du théâtre.

On compte jusqu'à soixante-trois pièces dramatiques de M. Zéno, la première est de l'année 1695, la dernière est de 1737. De ces différens poëmes, les uns sont dans le genre tragique, les autres dans le genre comique, quelques-uns dans le genre pastoral, quelques autres dans le genre de la comédie héroïque, genre, dit le traducteur, qui « pouvoit » enrichir notre théâtre, & que nous avons laissé » perdre ».

Les œuvres dramatiques de M. Zéno furent imprimées en 1744, à Venise en dix volumes in-8°. par les soins de M. le Comte de Gozzi ami de l'auteur, & qui tenoit ses œuvres de lui-même.

M. Zéno étoit d'une de ces familles patriciennes que la république de Venise avoit autrefois envoyées dans l'isle de Candie pour y former une colonie ; la perte que les vénitiens firent de cette isle en 1669, entraîna la ruine de ces mêmes familles ; les parens de M. Zéno ayant négligé de se faire inscrire sur le livre d'or, dans le terme fatal prescrit par les loix, cette omission lui fit perdre la noblesse. M. Zéno privé ainsi à-la-fois des avantages de la naissance & de la fortune, chercha dans ses talens les moyens de se procurer un établissement solide. Quelques refus, quelques désagrémens qu'il essuya dans sa patrie le déterminèrent à la quitter ; il passa en Allemagne & alla se fixer à Vienne. Sa réputation l'y avoit précédé, toute la cour de Charles VI s'empressa de lui prodiguer les distinctions les plus flatteuses ; la place de poëte & d'historiographe de sa majesté impériale étant venue à vaquer, fut donnée aussi-tôt à M. Zéno. Ce poëte consacrant aux muses la fortune qu'il leur devoit, employa tous ses soins & tout son bien à se former une des belles bibliothèques qu'un simple particulier pût posséder, & un cabinet de médailles qui devint l'objet de l'admiration des curieux ; on le vit cultiver avec beaucoup d'ardeur cette partie de l'histoire qui est appuyée sur les monumens publics ;

& il ne se rendit pas moins célèbre par la connoissance de l'antiquité que par les talens lyriques. Parvenu à un âge avancé, il renonça aux honneurs littéraires, à la société du grand monde ; il quitta la cour de Vienne, qui lui conserva cependant la moitié de sa pension de poëte & d'historiographe. Le desir d'une vie tranquille & l'amour si naturel de la patrie le ramenèrent en Italie, où il partagea son savant loisir entre ses livres & quelques amis jusqu'à sa mort dont on ignore l'époque. Il laissa par son testament sa belle bibliothèque à la maison des Jésuites de Vénise.

M. Zéno s'exerça dans plus d'un genre ; en général ses premiers essais ne furent pas heureux ; il se laissa trop éblouir d'abord par les Concetti ; il voyoit lui-même avec pitié dans la maturité de son goût un poëme qu'il avoit fait autrefois sur la prise de Modon par les vénitiens dans la conquête que ils firent de la Morée, sous la conduite de Francesco Morosini vers la fin du dernier siècle. Le tems & l'étude de la nature ayant dans la suite formé son style, il donna lui-même l'exemple aux écrivains de sa nation de secouer entièrement le joug des Concetti. Outre ses œuvres dramatiques, on a de lui les vies des historiens & des orateurs de la république de Venise ; il a donné lui seul vingt volumes du journal des savans d'Italie, continué par le P. Piétro Catterin Zéno son frère. Il s'amusa dans sa retraite à revoir le traité de monsigner Fontanini sur l'éloquence italienne, il en donna une édition nouvelle avec des corrections ; il refondit aussi toutes les dissertations qu'il avoit d'abord données par forme d'observations sur Vossius. L'Albrizzi, imprimeur à Venise, les a rassemblées & publiées séparément en un volume in-4°. On a encore de M. Zéno un grand nombre de lettres publiées en trois volumes par M. l'abbé Forcenilli. Nous ne devons point oublier ici parmi ses titres littéraires, qu'il est regardé comme le fondateur de l'académie de Glianimosi.

Dans les œuvres dramatiques de M. Zéno, principal fondement de sa gloire, on trouve quelques-uns de ces drames sacrés que les italiens nomment Oratorio, ce sont des poëmes dialogués, dont le sujet est tiré de l'écriture sainte ou de l'histoire ecclésiastique, & que, suivant un usage établi depuis long-tems en Italie, & suivi aussi à la cour de Vienne, on chante dans les églises aux grandes fêtes.

» Ce genre, dit le traducteur, pourroit s'introduire avec succès dans notre langue & à notre concert spirituel. Ce seroit le vrai moyen de bannir en partie de ce concert la langueur qui y règne, & la musique vocale qu'on y exécute, ne seroit plus alors un vain bruit pour tous ceux qui n'entendent pas la langue des pseaumes ».

On a essayé plusieurs fois d'introduire en partie

ce genre à notre concert spirituel ; mais peut-être seroit-il à desirer que ces essais fussent poussés plus loin , & qu'au lieu de se borner à des scènes détachées, on présentât une action entière, régulière , susceptible d'intérêt. Telle est la forme que M. *Zéno* a fait prendre aux *Oratorio*, qui, avant lui, n'avoient ni régularité ni action.

Dans ces *Oratorio*, principalement dans *Joseph* & dans *Jonathas*, l'écriture est suivie avec la plus grande exactitude, non-seulement pour l'ordre des faits & de leurs moindres circonstances, mais encore pour l'expression; l'auteur s'aide quelquefois des interprétations des pères. Les idées accessoires dont il enrichit les différentes scènes , soit pour ménager les liaisons dramatiques , soit pour completter l'action , s'assortissent presque toujours au sujet , & ne sont qu'une paraphrase naturelle du texte de l'écriture. Elles achèvent de rendre ces poëmes également édifians & intéressans. *Joseph* sur-tout , est plein de l'intérêt le plus touchant : le lecteur partage l'attendrissement généreux qui pénètre le cœur de ce patriarche, lorsqu'il voit ses frères humiliés devant lui, lorsqu'il entend leurs plaintes , lorsqu'il jouit de leurs remords.

Les grandes pièces ont plus d'intérêt encore ; il y en a une dont le titre & le sujet est *Mérope*. Cette Mérope d'Apostolo *Zéno* a des différences essentielles avec les autres *Méropes* italiennes & françoises qui ont paru soit sous ce titre , soit sous des titres différens. Elle a d'abord une ressemblance avec le sujet d'*Œdipe*. Un monstre dont le sphinx a évidemment fourni l'idée , ravage les campagnes de Messène en vangeance du meurtre de Cresfonte. Ce monstre est tué par un jeune inconnu qui arrive d'Etolie , c'est Epitide , fils de Cresfonte & de Mérope.

Mérope , chez M. *Zéno* , est beaucoup plus malheureuse que dans toutes les autres *Méropes* connues, elle est fortement soupçonnée d'avoir armé l'assassin de son mari. Poliphonte, scélérat beaucoup plus habile , tyran plus odieux que tous ceux qu'on a introduits jusqu'à présent dans ce sujet, s'est servi pour tuer Cresfonte , de la main d'Anaxandre, un des esclaves de la reine : cet esclave a disparu, Poliphonte l'a caché dans son palais , le réservant à d'autres crimes. Il fait retirer sa garde , il ouvre une porte secrette , & Anaxandre à sa voix sort d'un cabinet ignoré ; Poliphonte l'engage par l'espérance de partager avec lui la couronne , à se mettre dans les fers pour accuser Mérope devant tous les Messéniens. Tandis que ce complot affreux se prépare, un ambassadeur du roi d'Etolie , à la cour duquel Epitide avoit été élevé , vient annoncer qu'Epitide est mort, qu'on a trouvé son corps massacré en Phocide , dans l'endroit où le chemin de Daulis & celui de Delphes se séparent ; l'ambassadeur réclame en même tems Argie, princesse d'Etolie , que Poli-

phonte avoit enlevée , & qu'il gardoit comme ôtage. Cette princesse , sous le règne de Cresfonte, avoit été promise à Epitide son fils. Cependant, Epitide vainqueur du monstre, paroît devant Poliphonte, devant Mérope & devant l'ambassadeur d'Etolie , qui n'avoit annoncé sa mort que pour l'aider à cacher sa naissance & ses projets. Epitide qui se connoît & qui agit de concert avec l'ambassadeur, imagine une fable pour confirmer la mort d'Epitide, il dit à Mérope , en présence de Poliphonte, qu'il a trouvé dans le lieu & dans le tems indiqués par l'ambassadeur d'Etolie , un jeune homme que des brigands avoient percé de coups , & qui près d'expirer, l'avoient chargé de porter à Mérope une ceinture , & une bague , que cette reine reconnoît pour avoir appartenu à son fils ; Mérope ne pouvant plus douter de sa mort , tourne tous ses soupçons contre Cléon lui-même , c'est le nom qu'Epitide avoit pris ; elle presse Poliphonte de le livrer à sa vengeance, Poliphonte la refuse en alléguant le service important que ce jeune homme vient de rendre à Messène en la délivrant du monstre ; mais en effet c'est le meurtrier d'Epitide qu'il protège en lui ; pour le récompenser, il lui propose l'hymen d'Argie, qu'Epitide accepte avec transport ; il aimoit cette princesse & il en étoit aimé. Pendant tous ces mouvemens , Anaxandre se cache de manière à être vu ; il est pris , enchaîné, amené Mérope , qu'il a l'insolence d'accuser de la mort de Cresfonte : Poliphonte, sur cette accusation, s'érige en juge de Mérope , & veut qu'elle périsse. Epitide, témoin de toutes ces horreurs , laisse éclater sa tendresse pour Mérope , & insulte Poliphonte. L'œil subtil de ce tyran pénètre le mystère qu'on lui cache , & découvre Epitide dans Cléon. Diverses circonstances habilement combinées le mènent à cette découverte. La haine que Cléon lui a témoignée , l'amour qu'il a la sté éclater pour Mérope, le refus qu'Argie avoit fait d'épouser Cléon lorsqu'il lui avoit été proposé sous ce nom , la facilité avec laquelle elle avoit rétracté ce refus , après avoir vû Cléon , voilà ses preuves. Il s'en explique avec Argie , il tire avec une adresse fatale cet aveu de sa bouche , il surprend , à force d'étaler de fausses vertus , toute la confiance de cette indiscrète amante , il lui peint Mérope comme une épouse impie, comme une mère dénaturée, souillée du sang de son mari & de ses fils, avide encore du sang du dernier fils qui lui reste ; il avertit Argie de cacher avec soin à Mérope qu'Epitide est à Messène , & d'affecter de le meconnoître si elle le voit devant Mérope ; son dessein est que Mérope elle-même fasse périr Epitide, en croyant punir l'assassin de son fils ; il envoie Epitide à Mérope , Epitide lui déclare qu'il est son fils; Mérope voulant s'assurer de la vérité, fait venir Argie , qui , malgré tous les discours d'Epitide , se souvient de ce que lui a dit Poliphonte, & persiste à méconnoître son amant. Mérope, que Poliphonte avoit fait prévenir qu'il alloit lui envoyer l'assassin de son fils, avoir donné ses ordres pour qu'en fortant de fon appartement, Cléon reçût la mort. Mérope, après l'entrevue d'Epitide avec Argie, eft convaincue que ce jeune homme eft un impofteur & que c'eft l'affaffin d'Epitide, elle le renvoie avec indignation, & reftant avec Argie, elle lui dit les ordres qu'elle a donnés. Alors Argie, faifie d'effroi, révèle fon fecret; Mérope, non moins épouvantée, ouvre précipitamment, & court révoquer fes ordres s'il en eft tems encore; au lieu d'Epitide, elle trouve Poliphonte qui l'accable de nouveaux reproches fur la mort qu'elle vient de donner au dernier de fes fils, & qui la chargeant à-la-fois de la mort de tous les autres & de celle de fon mari, lui annonce que les plus affreux fupplices vont expier tant de forfaits. On ne peut rien ajouter à l'horreur de la fituation de Mérope, ni à l'atrocité des crimes de Poliphonte; mais le moment que les dieux ont choifi pour manifefter l'innocence de Mérope, & pour entraîner Poliphonte dans l'abîme qu'il avoit creufé lui-même, eft enfin arrivé, ce monftre, plus cruel que celui qu'Epitide avoit abattu, veut offrir à Mérope le fpectacle horrible de fon fils égorgé, il fait tirer un rideau qui doit couvrir le corps de ce prince; on voit Epitide, mais Epitide vivant & accompagné d'Anaxandre; ce coup de théâtre s'explique naturellement. L'ambaffadeur d'Etolie n'avoit ceffé de veiller fur le prince & d'obferver tous fes pas; il avoit arrêté les bras levés fur lui, au moment où il fortoit de la chambre de la reine. D'un autre côté, Poliphonte n'ayant plus befoin d'Anaxandre, avoit voulu brifer ce dangereux inftrument de tous fes crimes, il l'avoit fait attacher à un arbre dans l'intérieur de fon palais, & après avoir ordonné à des foldats de le percer de flèches, il s'étoit retiré; l'ambaffadeur d'Etolie étoit arrivé dans ce moment, il avoit fait fufpendre le fupplice d'Anaxandre, en fe plaignant de ce qu'un crime public ne s'expioit pas publiquement; Anaxandre n'ayant plus rien à ménager & connoiffant mieux encore quel homme il avoit fervi, révèle tout à l'ambaffadeur, & crie aux foldats, qu'avant qu'il meure, l'intérêt de l'état exige qu'il publie un fecret important à la face de Meffène entière; l'ambaffadeur ayant enfuite fauvé Epitide, avoit fait venir Anaxandre devant lui. Ainfi, Epitide, de victime de Poliphonte, étant devenu fon maître & fon juge, envoie ce fcélérat au fupplice & ne condamne Anaxandre qu'à l'exil.

Nitocris, qui donne fon nom à une des pièces d'Apoftolo Zéno, eft une reine d'Egypte, dont les hiftoriens grecs ont célébré la vertu & la beauté. C'eft la première femme qui a't régné en Egypte. Elle fit conftruire hors des murs de Memphis, une de ces fameufes pyramides, mifes au nombre des merveilles de l'Univers, avec un vafte fouterrain. Le roi Aménophis, fon frère, ayant été affaffiné, elle vengea fa mort & lui fuccéda. Voilà tout ce que l'hiftoire a fourni à M. Zéno. C'eft fur ces

fondemens qu'il a conftruit fa fable, à laquelle il a donné des traits de reffemblance marqués avec celle de notre comte d'Effex. Mirtée, par une fuite de circonftances expofées dans la pièce, eft coupable en apparence & innocent en effet; la reine qui l'aime, & à laquelle il préfère une rivale, veut le fauver, & eft obligée de le condamner. Mirtée a la fermeté du comte d'Effex avec plus de douceur. Ratefès, prince iffu des anciens rois d'Egypte, & Manétès fon gendre, reffemblent à Cécil; c'eft Ratefès qui eft lui-même coupable de tous les crimes qu'il fait imputer à Mirtée; Manétès, qui paroît fervir fes fureurs, fert en effet la reine & l'état; mais ce trait de fon caractère ne fe développe qu'à la fin, & il reffemble encore à l'Exupère d'Héraclius, en ce qu'il produit un heureux dénouement, par un coup qu'on n'attendoit pas de lui.

Dans le fujet de Papirius, tiré du huitième livre de la première décade de Tite-Live, l'auteur a fu retracer avec énergie les vertus vigoureufes des ames romaines dans les plus beaux tems de la république; il a fur-tout réuffi à peindre avec des couleurs fortes & nobles, l'héroïque inflexibilité de Papirius, dans le maintien de la difcipline militaire & des droits de la dictature.

L'Andromaque de M. Zéno reffemble à-la-fois à l'Andromaque d'Euripide, aux Troyennes du même poète, à la Troade de Sénèque, à l'Andromaque de Racine, à l'Héraclius de Corneille.

1°. A l'Andromaque d'Euripide. Dans la pièce moderne, comme dans la pièce ancienne, Andromaque, livrée par l'abfence de Pyrrhus aux fureurs jaloufes d'Hermione, fe réfugie au pied d'un autel qu'elle embraffe, afile facré qui feul peut défendre fes jours; en même tems elle envoie avertir Pyrrhus du danger qui la menace; Hermione & ceux qui fervent fa haine emploient d'abord l'artifice pour la tirer de fon afile: la prudence d'Andromaque rend inutile cet artifice; ils veulent employer la violence; Pélée chez Euripide, Hélénus chez M. Zéno, arrive avec la garde de Pyrrhus pour fauver Andromaque.

2°. Aux Troyennes d'Euripide, en ce qui concerne le péril d'Aftianax, l'ardeur des grecs à pourfuivre fa mort, la douleur d'Andromaque, lorfque ce fils fi cher eft arraché de fes bras.

3°. A la Troade de Sénèque. M. Zéno a rendu avec beaucoup de force une fcène terrible & admirable de la Troade de Sénèque. Andromaque, pour dérober fon fils à la fureur des grecs & aux artifices d'Ulyffe, le cache dans le tombeau d'Hector. Ulyffe vient & interroge d'un ton cruel cette mère tremblante fur le fort d'Aftyanax, elle répond par une équivoque adroite qu'il habite le féjour de la mort ; cette réponse eût pû tromper tout autre qu'Ulysse ; mais cet habile prince démêle sur le visage & dans les discours d'Andromaque, plus d'inquiétude, plus de crainte que de douleur ; il félicite cette mère malheureuse d'avoir perdu un fils destiné à un supplice dont il lui peint énergiquement l'effrayante rigueur ; il s'apperçoit que cette description redouble la terreur d'Andromaque. « Attaquons-la, dit-il, de ce côté. » Volez, soldats, cherchez Astyanax de » toutes parts, & quand vous l'aurez trouvé, saisissez-» le aux cheveux, & traînez-le jusqu'à mes pieds. » Visitez toutes ces ruines, les antres, les tombeaux. Tu détournes les yeux & tu trembles ! » De quoi trembles tu ? Ton Astyanax est mort ». Andromaque se trouble de plus en plus. Ulysse s'apperçoit qu'elle ne cesse de regarder le tombeau d'Hector. « Soldats, s'écrie-t-il, abattez ce tom-» beau, jettez au vent ces cendres odieuses, qu'elles » soient éparses sur la terre ».

Andromaque s'écrie en vain avec toutes les marques du désespoir, que les tombeaux sont encore plus sacrés que les temples. Ulysse n'en est que plus ardent à presser l'exécution de son ordre : « Laissez, » dit-il, cette femme pousser d'inutiles cris. Frap-» pez, détruisez, renversez...... ». Enfin, Andromaque accablée de tant de coups inatendus, & déja presque trahie par ses frayeurs & par ses larmes, est forcée de faire sortir son fils du tombeau, de peur qu'il ne soit écrasé sous ses ruines.

4°. L'Andromaque de M. Zéno ressemble à celle de Racine. Elle est aimée de Pyrrhus & n'aime que la mémoire de son époux ; Oreste aime Hermione, qui veut le faire l'instrument de sa rage contre Pyrrhus dont elle est méprisée. Mais M. Zéno n'a point réuni dans la personne d'Oreste le contraste du caractère d'ambassadeur, chargé de presser l'union de sa maîtresse & de son rival, avec le caractère d'amant & de vengeur de cette maîtresse, c'est Ulysse qui est l'ambassadeur de la Grèce, & qui dit à Pyrrhus les mêmes choses à-peu-près que lui dit Oreste dans l'Andromaque françoise, il en reçoit aussi à-peu-près les mêmes réponses; il y a encore dans le cours de la pièce plusieurs autres détails où M. Zéno n'a fait que traduire le poëte français.

5°. Enfin l'Andromaque italienne ressemble à l'Héraclius de Corneille. C'est peut-être ici l'imitation la plus brillante dont on trouve l'exemple dans M. Zéno, elle répand un grand intérêt sur la pièce, & prépare le dénouement, qui, suivant la loi que M. Zéno paroît s'être imposée, doit toujours être heureux dans ces drames lyriques. Malheureusement cette imitation ne porte pas sur des faits assez vraisemblables ; M. Zéno feint qu'Andromaque a su dérober à la vigilance du fidèle Eumée, le fils d'Ulysse, même dans sa plus tendre enfance, qu'elle a élevé Télémaque avec Astia-

nax, qu'elle seule sait le secret de leur naissance, qu'elle les cache tous deux dans le tombeau d'Hector, que quand elle y est forcée par les violences d'Ulysse, elle les en tire tous deux; qu'elle apprend à Ulysse qu'un de ces deux enfans est Télémaque, & qu'elle enchaîne ainsi sa cruauté; mais Eumée reconnoît Télémaque à une marque particulière, & Astianax est porté au haut de la tour d'où il doit être précipité; Ulysse va donner le signal de sa mort, lorsqu'il voit tout-à-coup arriver Pyrrhus avec Télémaque, qui, pour sauver la vie à celui qu'il avoit jusqu'alors cru son frère, avoit eu la générosité d'aller se remettre entre les mains de Pyrrhus pour lui répondre de la vie d'Astianax. Ulysse, après un long combat qui entretient les terreurs d'Andromaque, se détermine enfin à sauver Astianax pour sauver Télémaque. Pyrrhus se fait l'effort d'épouser Hermione, & cède à Andromaque & à Hélénus la partie de l'Epire, nommée Molossie.

M. Zeno a aussi un Mithridate ; mais il ne ressemble au Mithridate françois que par sa haine contre Rome : cette haine qui n'est qu'un trait subalterne, & pour ainsi dire accidentel de son caractère, est même soutenue par de petits moyens ; mais la situation principale de cette pièce est celle d'Inès de Castro. Laodice, veuve de Tigranne I, roi d'Arménie, mère de Tigrane II, & belle-mère de Pharnace, fils de Mithridate, a une fille nommée Apamée, dont les intérêts politiques du Pont & de l'Arménie, exigent l'union avec Pharnace ; ce prince résiste à cette alliance, parce qu'il est marié secrétement à une fille dont la naissance & la destinée sont inconnues ; elle se nomme Aristie. Mithridate fait exactement le rôle d'Alphonse le Justicier, Laodice celui de la reine, épouse d'Alphonse, Pharnace de Dom Pèdre, Apamée de Constance, Aristie d'Inès. Pour que le dénouement soit heureux, Aristie est reconnue dans la suite pour une seconde fille de Laodice dont cette reine pleuroit la perte depuis long-tems. On voit que M. Zéno, ainsi que M. Métastase peut-être, s'est plus piqué d'imiter heureusement de grands modèles que d'imaginer lui-même ; mais s'il n'est pas toujours créateur des situations les plus frappantes ni de l'intérêt principal qui règne dans ses pièces, il est toujours original dans la manière d'employer, de fondre, de lier, de rapprocher des traits épars, des situations étrangères, & d'en tirer des résultats nouveaux.

ZENOBE (Saint) ZENOBIUS, (hist. ecclés) évêque de Florence, du temps des ariens & ensuite du temps de Julien, signala son zèle contre les erreurs de cet empereur & de ces hérétiques. Au reste son nom est plus connu que son histoire. Les savans ne s'accordent pas sur ce qui le concerne. C'est Paulin qui a parlé le premier de lui dans la vie de Saint Ambroise ; il vivoit encore dans les commencemens du cinquième siècle.

ZÉNOBIE

ZÉNOBIE. (*Hift. rom.*) Il y a deux femmes de ce nom, célèbres dans l'hiftoire romaine, car c'eft à l'hiftoire romaine que vient fe rapporter l'hiftoire de tous les peuples contemporains des romains, & qui ont été connus d'eux. Il n'y a d'hiftoire ancienne que par les grecs & les romains, & tout ce que des auteurs de ces deux nations ont écrit, eft cenfé appartenir à leur hiftoire.

1°. La première *Zénobie* eft la femme de Rhadamifte, c'eft la *Zénobie* de Crébillon. Les principaux faits rapportés dans l'expofition de la pièce font conformes à l'hiftoire, telle que Tacite l'a écrite au douzième livre des annales, depuis le chapître 44 jufques & compris le 51°. Rhadamifte, fils de Pharafmane, roi d'Ibérie, époufe *Zénobie*, fille de Mithridate, roi d'Arménie, & frère de Pharafmane. Il dépouille Mithridate, fon oncle & fon beau-père, de fes états, & le fait périr. Il eft chaffé lui-même de l'Arménie par un foulèvement général des peuples, & il ne dut fon falut, dans cette occafion, qu'à la viteffe de fes chevaux. Il emmenoit avec lui *Zénobie*, fa femme, dont il étoit éperduement amoureux & jaloux, quoiqu'il eût fait périr fon père, & dont, malgré ce même parricide, il étoit tendrement aimé. Elle étoit groffe, & malgré la foibleffe & la langueur, fuites de cet état, la crainte des rebelles & fa tendreffe pour fon mari, femblèrent d'abord lui donner des forces pour foutenir les fatigues de cette fuite précipitée ; mais elle fentit bientôt de triftes effets de cette courfe forcée, *ubi quati uterus & vifcera vibrantur.* elle fentit qu'elle ne pouvoit aller plus loin, & pria fon mari de la délivrer des dangers & des outrages de la captivité dont elle étoit menacée : *orare ut morte honeftâ contumeliis captivitatis eximeretur ;* on fait combien ce fentiment étoit puiffant chez les anciens. Rhadamifte l'embraffe, la confole, tâche de la ranimer, admire fon courage & fa vertu ; mais voyant fes forces épuifées, voyant qu'elle va tomber dans les mains des ennemis, il lui accorde la funefte grace qu'elle imploroit, il la frappe, la bleffe & la jette dans l'Araxe. Tacite avoue que pour frapper ce coup terrible, il eut befoin & de la violence de l'amour jaloux qui le tranfportoit, & de l'habitude qu'il avoit prife du crime ; *modò timore ager, ne quis relictâ potiretur ; poftremò, violentiâ amoris, & facinorum non rudis, deftringit acinacem.* M. de Crébillon, qui vouloit, avec raifon, que Rhadamifte fût coupable, mais qu'il eût des remords & qu'il ne fût pas odieux, a fuppofé que, dans cette horrible extrémité, il voulut fe tuer lui-même :

Peins-toi mon défefpoir dans ce fatal moment ;
Je voulus m'immoler ; mais Zénobie en larmes,
Arrofant de fes pleurs mes parricides armes,
Vingt fois pour me fléchir, embraffant més genoux,
Me dit ce que l'amour infpire de plus doux

Hiéron, quel objet pour mon ame éperdue !
Jamais rien de fi beau ne s'offrit à ma vue.
Tant d'attraits cependant, loin d'attendrir mon cœur,
Ne firent qu'augmenter ma jaloufe fureur.
Quoi ! dis-je en frémiffant, la mort que je m'apprête
Va donc à Tiridate affurer fa conquête !
Les pleurs de Zénobie irritant ce tranfport,
Pour prix de tant d'amour je lui donnai la mort,
Et n'écoutant plus rien que ma fureur extrême,
Dans l'Araxe auffi-tôt je la traînai moi-même.

Ces fentimens ne font que trop naturels dans un caractère violent & un peu féroce, tel que celui de Rhadamifte, & ce récit a du pathétique ; mais il femble que, dans le projet d'ôter à l'action de Rhadamifte une partie de ce qu'elle a d'odieux, M. de Crébillon auroit dû faire dire, au moins à *Zénobie*, dont la généroſité tend toujours à excufer fon mari, qu'il n'avoit fait que céder à fes inftances & que lui accorder la grace qu'elle imploroit à genoux. Il auroit pu auffi employer tous les traits d'amour que Tacite lui fourniffoit, & par lefquels il adoucit ce que l'action de Rhadamifte a de cruel : *Ille primò amplecti, adlevare, adhortari, modò virtutem admirans, modò timore ager, &c.*

Des bergers trouvent *Zénobie* refpirante encore, ils la fecourent, ils bandent fes plaies, arrêtent fon fang, employent efficacement des fimples & des médicamens, ils la rendent à la vie, &, inftruits de fon nom & de fes malheurs, ils la mènent à Artaxate, d'où elle fut conduite à Tiridate, qui la traita en reine, & lui rendit toutes fortes d'honneurs dans les états qu'il lui avoit enlevés. Cette aventure arriva fous le règne de Néron, vers l'an 54 de J. C.

2°. La feconde *Zénobie* eft l'illuftre femme d'Odénat, l'illuftre rivale de l'empereur Aurélien, *Zénobie*, reine de Palmyre. Dans le tems que, fous le foible Gallien, il s'élevoit de toutes parts des tyrans qui déchiroient l'empire, Odénat, (*voyez* fon article) fidèle à Gallien, fut élevé à la dignité d'Augufte, & eut le commandement général des troupes romaines dans l'Orient. *Zénobie* n'étoit qu'une feconde femme d'Odénat. Il avoit eu d'une première femme un fils nommé Hérode, objet de toute fa prédilection, & *Zénobie* voyoit avec peine la préférence que donnoit Odénat à ce fils aîné fur les enfans qu'il avoit eus d'elle. Dans cette difpofition des efprits, il arriva qu'un neveu d'Odénat, nommé Meonius, manqua fenfiblement de refpect à fon oncle dans diverfes parties de chaffe, qui, en Orient, ne font pas réputées de fimples jeux : malgré la défenfe expreffe d'Odénat, plufieurs fois réitérée, il affecta de tirer toujours le premier fur la bête. Odenat, irrité, lui fit ôter fon cheval, affront fanglant chez ces nations ; Méonius

X x x x

s'emporta jufqu'à menacer Odénat, qui le fit mettre dans les fers. Méonius ne fongea plus qu'à la vengeance ; mais comme pour favoir fe venger il faut favoir fouffrir & diffimuler, il s'humilia, il implora le fecours d'Hérode pour obtenir fa grace. Auffi-tôt qu'il fe vit en liberté, il confpira contre fon oncle, qui la lui avoit rendue, & contre Hérode qui la lui avoit procurée, & il les affaffina tous les deux dans un feftin, vers l'an de J. C. 267. Il fe fit enfuite proclamer empereur, mais fa vie molle & voluptueufe le faifant méprifer, les foldats mêmes qui l'avoient élu ne tardèrent pas à le tuer. Ce fut *Zénobie* qui recueillit le fruit du crime de Méonius par la mort d'Hérode, ce qui la fit foupçonner d'avoir eu part à l'attentat qui avoit fait périr fon mari & fon beau-fils. Si ce foupçon eft fondé, elle ne peut obtenir de place que parmi les Sémiramis, les Jeanne de Naples, &c., qui ont acheté par un grand crime le droit d'acquérir de la gloire & de mettre leurs talens en activité : mais quel chemin que le crime pour parvenir à la gloire ! *Zénobie*, après la mort d'Odénat, d'Hérode & de Méonius, fe mit en poffeffion de la fouveraine puiffance dans l'Orient. Gallien, qui avoit cru devoir conférer le titre d'Augufte à fon mari, crut ne rien devoir à la veuve, & ne voulut point reconnoître la fouveraineté d'une femme. Cette femme lui prouva bientôt que fon alliance méritoit d'être recherchée. Héraclien, à qui Gallien confia le foin des affaires de l'Orient, ayant cru devoir attaquer *Zénobie*, fut complettement vaincu, & put à peine fauver les débris de fon armée. Pendant le règne heureux, mais court, de Claude II; pendant qu'Aurélien, fon illuftre fucceffeur, repouffoit les goths, qui, malgré le carnage horrible que Claude en avoit fait, avoient paffé le Danube, pendant qu'il remportoit auffi de grands avantages fur divers peuples germains, *Zénobie* continuoit de troubler l'Orient & d'accroître fa puiffance. Cette reine altière, qui fe vantoit d'être iffue des rois d'Egypte, avoit ajouté cet état à ceux qu'Odénat, fon mari, avoit poffédés; fes armées fe répandoient déjà dans la Cappadoce & dans la Cilicie; fa vafte ambition ne fe propofoit pas un moindre objet que la réunion de toutes les parties de l'empire romain fous fes loix. Aurélien fe hâta d'arrêter ce torrent qui fembloit devoir tout inonder; il vola en Cappadoce, où les obftacles que la ville de Tyane lui oppofa enflammèrent fa colère à tel point, qu'il jura de n'y pas laiffer un chien vivant, ce furent fes termes; mais la modération revint avec la victoire, & Tyane lui ayant été livrée par un de fes citoyens, il donna un exemple fingulier de juftice en faifant périr ce traître; fes foldats, avides de pillage, lui rappelèrent le ferment qui lui étoit échappé, il l'éluda par une plaifanterie: « Tuez tous les chiens, dit-il, je vous les abandonne, mais refpectez le fang humain. » Vopifcus n'a pas manqué d'attribuer l'indulgence d'Aurélien à une apparition de l'ombre d'Apollonius de Tyane,

qui, du fein de la gloire, protégeant fes concitoyens, avertit Aurélien de les épargner, & lui promit la victoire à ce prix. Cependant *Zénobie*, vaincue dans deux grands combats, & dépouillée de prefque toutes fes conquêtes, n'avoit encore rien perdu de fon courage ni de fa fierté, elle s'enferma dans fa ville de Palmyre, fondée par Salomon, & fi célèbre jufques dans fes ruines. On connoît la réponfe noble & hardie que *Zénobie* fit à Aurélien, qui lui offroit la vie & une retraite fi elle vouloit fe rendre. Boileau l'a traduite dans la préface du traité du fublime.

Zénobie, reine de l'Orient, à l'empereur Aurélian:

» Perfonne, jufques ici, n'a fait une demande » pareille à la tienne. C'eft la vertu, Aurélian, qui » doit tout faire dans la guerre. Tu me commandes » de me remettre entre tes mains, comme fi tu ne » favois pas que Cléopatre aima mieux mourir avec » le titre de reine, que de vivre dans toute autre » dignité. Nous attendons le fecours des perfes; » les farrafins arment pour nous; les arméniens fe » font déclarés en notre faveur; une troupe de » voleurs dans la Syrie a défait ton armée. Juge » ce que tu dois attendre, quand toutes ces forces » feront jointes. Tu rabattras de cet orgueil avec » lequel, comme maître abfolu de toutes chofes, » tu m'ordonnes de me rendre. »

Le fiège de Palmyre dura très-long tems, & la difette des vivres put feule laffer la réfiftance de la reine. Réduite enfin à la dernière extrémité, mais incapable de fe foumettre volontairement au vainqueur, elle réfolut de s'enfuir chez les perfes, & d'implorer leur fecours; mais Aurélien, averti de fa fuite, envoya fur fes traces quelques cavaliers, qui l'atteignirent au paffage de l'Euphrate. Elle parut devant Aurélien, à qui elle fit un compliment fier & flatteur :

» Je vous reconnois, lui dit-elle, pour empereur; » puifque vous favez vaincre. Gallien & fes fem- » blables m'ont toujours paru indignes de ce nom ». Aurélien fouilla fa victoire par le fang de l'illuftre Longin, fecrétaire & confident de *Zénobie*: le crime dont il le punit fut d'avoir écrit la lettre qu'on vient de voir. (*Voyez* l'article LONGIN.)

Cette mort fut déshonorante auffi pour *Zénobie*, car, fi l'on en croit l'hiftorien Zofime dans un paffage traduit encore par Boileau, *Zénobie* fe voyant arrêtée, rejetta toute fa faute fur fes miniftres, ce qui avoient, dit-elle, abufé de la foi- » bleffe de fon efprit. Elle nomma entr'autres Lon- » gin, celui dont nous avons encore plufieurs écrits » fi utiles. Aurélien ordonna qu'on l'envoyât au » fupplice. Ce grand perfonnage fouffrit la mort » avec une conftance admirable, jufques à con-

» foler en mourant ceux que fon malheur touchoit
» de pitié & d'indignation. »

Les foldats demandoient auffi la mort de *Zénobie*,
tant la guerre rend féroce! Aurélien la réferva pour
fon triomphe, peine doublement humiliante pour
une reine qui avoit cité Cléopâtre, & qui prétendoit être de fa race. Si ce triomphe fut honteux pour
elle, il ne fut pas glorieux pour le vainqueur, qui
fut blâmé d'avoir triomphé d'une femme avec tant
de fafte. Il répara ce tort par la conduite pleine
de douceur & d'humanité qu'il tint dans la fuite
à fon égard. Il lui donna l'afile qu'il lui avoit promis; ce fut une terre magnifique, voifine de Rome,
& dans les environs de Tivoli. *Zénobie* y vécut honorée, chérie & heureufe. On lui reprocha cependant du fafte, du penchant à la cruauté, & un
vice dégoûtant dans une femme, la paffion pour le
vin. Quelques auteurs ont dit qu'elle avoit embraffé
le judaïfme; Baronius même qu'elle embraffa
le chriftianifme; & les erreurs du fameux héréfiarque
Paul de Samofate, avec lequel elle eut plufieurs
entretiens fur la religion, eurent pour origine le
defir qu'il eut de l'attirer à la religion chrétienne,
& la condefcendance qu'il eut pour fes préjugés
& pour fes répugnances. (*Voyez* l'article PAUL DE
SAMOSATE.) Il a paru en 1758 une hiftoire de
Zénobie par M. Euvoi de Hauteville; on y joint à
fon titre de reine de Palmyre celui d'impératrice.

ZÉNODORE, (*Hift. rom.*) fculpteur du tems
de Néron, fit une ftatue coloffale de Mercure &
une de Néron, qui fans doute étoit en regard avec
celle du Dieu. C'eft une des flatteries ordinaires
aux artiftes; la ftatue de Néron étoit d'environ cent
dix pieds de hauteur; elle étoit confacrée au foleil; ainfi Néron étoit le foleil, il étoit Apollon,
il étoit tout ce qu'on vouloit; il étoit fur-tout
le rival de Mercure: *c'étoient deux puiffans Dieux.*
Vefpafien fit dans la fuite ôter la tête de Néron,
& mettre à la place celle d'Apollon, ornée de
fept rayons.

ZÉNON. (*Hift. anc.*) L'antiquité nous offre,
fous ce nom, trois philofophes de différentes fectes:

1°. *Zénon* d'Elée, difciple de Parménide, qui
l'avoit été de Xénophane, fut, dit-on, adopté
pour fils par ce même Parménide. *Zénon* paffe pour
l'inventeur de cette dialectique fophiftique, qui
enfeigne à difcourir fur toutes fortes de matières,
& à défendre indiffér.mment toutes fortes d'opinions;
l'invention n'eft pas heureufe, & n'a pas fait de
bien au monde. Ce fut lui qui propofa contre
l'exiftence du mouvement les fophifmes embar-
raffans, que Diogène réfolut, en marchant devant
lui: c'eft ainfi qu'il faut réfuter les raifonneurs,
quand on eft bien fûr d'avoir raifon. Des critiques
obfervent que cette conteftation ne peut pas avoir

eu lieu entre ce *Zénon* & le fameux Diogène,
parce que le premier vivoit long-tems avant le
fecond. Le Diogène dont il s'agit n'étoit peut-être
pas le cynique; il importe peu que ce fût Diogène,
ou tout autre philofophe, ce qui importe, c'eft
que la fubtilité fophiftique, d'où naquit depuis
la fubtilité fcolaftique, ait été confondue par l'action la plus fimple & par un argument fans réplique.

Zénon, quoique philofophe, étoit fujet à l'emportement, & des injures qu'on croyoit qu'il auroit
dû méprifer, trouvoient en lui beaucoup de fenfibilité: *fi j'étois infenfible aux injures*, difoit-il, *je
le ferois auffi aux louanges.* Comment veut-on en
effet que ceux qui recherchent la gloire & l'eftime
publique ne foient pas défagréablement affectés de
tout témoignage de haîne ou de mépris? Mais fi
Zénon eut le tort d'être un fophifte, & la foibleffe,
fi l'on veut, d'être un peu irafcible, il montra un
grand caractère & un courage héroïque dans toutes
les circonftances de fa mort. Un tyran, nommé
Néarque, opprimant fa patrie après l'avoir afferviе,
Zénon entreprit de la remettre en liberté; fon
projet ayant été découvert, & *Zénon* livré à la
torture en préfence du tyran, il fe coupa la langue
avec les dents, & la cracha au vifage de Néarque,
de-peur que la violence des tourmens ne lui arra-
chât les noms de fes complices. On dit qu'il fut
pilé vif dans un mortier. On en dit autant d'Anaxarque, & on ajoute que pendant qu'on piloit ce
dernier, il s'écrioit, en bravant les bourreaux:
*Pilez l'étui d'Anaxarque, vous ne pouvez rien fur
fon ame.* *Zénon* d'Elée vivoit environ cinq fiècles
avant Jéfus-Chrift.

2°. Le plus illuftre des perfonnages du nom
de *Zénon*, eft le chef de la fecte ftoïcienne. Celui-
ci étoit de Cittie ou de Citrie, dans l'île de Cypre.
Il s'appliqua d'abord au commerce, & fit naufrage
au port Pyrée, en revenant d'acheter de la pourpre
de Phénicie, fur laquelle il avoit efpéré de faire
un gain honnête. Au milieu de la douleur que lui
caufoit la perte de fes efpérances, retiré dans
Athènes, il entre chez un libraire, tombe fur un
ouvrage de Xénophon, & voit avec la fatisfaction
la plus pure qu'il eft encore fufceptible, non-feulement de confolation, mais d'un plaifir vif, & que
c'eft la philofophie qui lui procure ce plaifir. Il
demande où l'on trouve ces philofophes dont parle
Xénophon: dans ce moment même on vit paffer
le philofophe cynique Cratès; (*Voyez* fon article)
Zénon s'attache à lui, devient fon difciple, fuit
fes leçons pendant dix ans: il étoit âgé de trente
ans lorfqu'il avoit commencé à le fuivre. Cette
nouvelle carrière fe trouva être celle pour laquelle
il étoit né. Il comprit qu'il lui feroit bien plus
doux & bien plus aifé de méprifer les richeffes que
de les acquérir; ce mépris des richeffes lui plut
beaucoup dans la philofophie cynique; mais comme
c'étoit un efprit fage & ennemi des excès, il ne

put jamais goûter l'impudence & l'effronterie qui défiguroient cette secte.

Il ne se lassoit point de s'instruire ; après avoir étudié dix ans sous Cratès, il étudia dix autres années sous Stilpon de Mégare, Xénocrate & Polémon. Des leçons de ces différens maîtres, modifiées & corrigées les unes par les autres, & auxquelles il ajouta ses propres réflexions, il se fit une philosophie particulière, & fut le fondateur d'une secte nouvelle, qui devint bientôt, & même de son tems, la plus célèbre de toutes ; ce fut celle des Catons & des Brutus, ce fut celle des plus vertueux personnages d'Athènes & de Rome. Horace s'est souvent moqué des stoïciens, Cicéron les respecte. On a reproché à cette secte quelques erreurs, sur-tout celle de n'admettre aucune distinction de qualité ni de degré entre les différentes fautes, les divers défauts, les différens vices, & de regarder comme également coupable tout ce qui s'écarte un peu ou beaucoup de ce point central & unique dans lequel seul les stoïciens font consister la vertu. Cette confusion de principes, d'objets, de degrés, qui exclud toute idée de justice distributive & de proportion entre les peines & les fautes, & qui prive de mérite toutes les approximations qui n'arrivent pas jusqu'au but précis, cette philosophie bizarre, n'est ni utile au monde ni encourageante, & Horace a raison sur ce point contre les stoïciens :

> Cur non
> Ponderibus modulisque suis ratio utitur, ac res
> Ut quæque est, ita suppliciis delicta coërcet ?
> Si quis eum servum, patinam qui tollere jussus,
> Semesos pisces tepidumque ligurierit jus,
> In cruce suffigat, Labeone insanior inter
> Sanos dicatur. Quantò hoc furiosius, atque
> Majus peccatum est ; paulùm deliquit amicus,
> Quod nisi concedas, habeare insuavis, acerbus ;
> Odisti & fugis.....
> Comminxit lectum potus, mensâve catillum
> Evandri manibus tritum dejecit, ob hanc rem,
> Aut positum antè meâ quia pullum in parte Catini
> Sustulit esuriens, minùs hoc jucundus amicus
> Sit mihi ? Quid faciam si furtum fecerit, aut si
> Prodiderit commissa fide, sponsumve negarit ?
> Queis paria esse ferè placuit peccata, laborant,
> Cùm ventum ad verum est, sensus moresque repugnant,
> Atque ipsa utilitas justi propè mater & æqui.....
> Nec vincet ratio hoc, tantumdem ut peccet, idemque
> Qui teneros caules alieni fregerit horti ;

> Et qui nocturnus Divûm sacra legerit ; adsit
> Regula, peccatis quæ pænas irroget æquas,
> Ne scuticâ dignum horribili sectere flagello.
> Nam ut ferulâ cædas meritum majora subire
> Verbera, non vereor ; cùm dicas esse pares res
> Furta latrociniis, & magnis parva mineris
> Falce recisurum simili te, si tibi regnum
> Permittant homines.

Qu'on dise aux hommes : Avancez toujours dans le chemin de la vertu, sans jamais regarder en arrière ; ne soyez pas contens que vous n'ayez atteint ce degré de perfection où la nature humaine peut s'élever ; croyez n'avoir rien fait, s'il vous reste quelque chose à faire :

> Nil actum reputans, si quid superesset agendum.

Cette doctrine a un but moral ; mais qu'on égale en tout une erreur, un ridicule, une légèreté, une foiblesse, aux horreurs de l'assassinat & de l'empoisonnement, il n'y a rien là de moral, ni de juste, ni de sensé.

Au reste, ces rafinemens & ces subtilités ont été ajoutés après coup par des stoïciens, qui ont altéré & sophistiqué la doctrine de leur maître.

Zénon s'appliqua, pendant soixante-huit ans entiers sans interruption, à la philosophie, soit pour l'étudier, soit pour l'enseigner aux autres. Il enseigna pendant quarante-huit ans, il en vécut quatre-vingt-dix-huit sans aucune incommodité. A cet âge il se fit une chûte qui dérangea sa santé. Ce fut, dit-on, pour lui un avertissement de quitter volontairement la vie, que sans doute il n'eût pas conservée long-tems, & dont les restes lui auroient été pénibles.

Zénon donnoit ses instructions dans une galerie ou portique, en grec σροα, d'où vient le nom de stoïciens. Ce portique étoit vaste, & l'on pouvoit s'y promener à couvert.

En général, les anciens philosophes grecs prenoient pour philosopher le tems de la promenade, & pour écoles des lieux propres à cet exercice. Platon donnoit ses leçons dans l'académie, c'est-à-dire, dans un champ couvert d'arbres, sur les bords du fleuve Ilissus ; ce champ ou cette forêt avoit appartenu autrefois à un particulier nommé Académus, & retint ce nom d'académie :

> Atque inter sylvas academi quærere verum.

Aristote enseignoit dans le lycée, lieu pareillement spatieux & couvert d'ombre, & ses disciples furent nommés péripatéticiens, parce qu'ils philosophoient en se promenant.

Epicure philofophoit dans des jardins.

Un philofophe anglois obferve qu'il y a autour d'Oxford un grand nombre de jardins charmans, favorables aux études & aux exercices de l'univerfité de cette ville.

L'afpect du ciel, l'ombre, l'eau, d'agréables allées, un air pur, un exercice doux & modéré, la liberté toujours plus grande en plein air & dans le mouvement de la promenade, que dans un endroit enfermé, mettent l'efprit dans la fituation la plus propre à concevoir & à recevoir des idées, & le difpofent à connoître, à fentir, à goûter les plaifirs purs de l'intelligence & de la vérité.

On a retenu de *Zénon* des mots & des maximes. C'eft lui qui a dit le premier qu'un véritable ami eft un autre foi-même : *Zeno cittieus interrogatus quid reverà effet amicus, refpondit: ALTER EGO.*

Il obfervoit que la nature, en nous donnant deux oreilles & une feule bouche, fembloit avoir voulu nous avertir qu'il falloit beaucoup plus écouter que parler. Peu de chofe, difoit-il, donne la perfection aux ouvrages, quoique la perfection ne foit pas peu de chofe.

Il comparoit ceux qui parlent bien & qui vivent mal

Qui curios fimulant & bacchanalia vivunt,

à la monnoie d'Alexandrie, belle & brillante, mais d'un faux métal.

Zénon eft l'auteur de ce grand principe des ftoïciens, qui mériteroit d'être vrai, *qu'avec la vertu on peut toujours être heureux, malgré toutes les infortunes & au milieu même des tourmens.* C'eft trop dire; il a été donné aux méchans de faire beaucoup fouffrir les bons, qui ne fe permettent pas de le leur rendre; or, l'être qui fouffre n'eft point heureux; mais la vertu fournit des confolations & des douceurs fecrettes dont les méchans n'ont point d'idée.

Zénon, beaucoup plus fage que ne l'ont été fes difciples dans la fuite, n'étoit point du tout d'avis que le fage ne dût jamais aimer. Quoi donc! difoit-il, le partage de la beauté, l'image la plus naturelle de la vertu, & celui de la vertu, plus belle encore que fon image, feroit donc de n'être aimées que des fots & des infenfés! Non, l'hommage du fage leur eft dû, & c'eft le feul qui puiffe les flatter.

La maxime qu'une partie de la fcience confifte à ignorer les chofes qui ne doivent pas être fues,

Nefcire quædam magna pars fapientiæ.

eft originairement de *Zénon*.

Vivre conformément à la nature, à la raifon, à la vertu, étoit fon principe dominant, & formoit comme le fond de fa doctrine. Il ne reconnoiffoit qu'un Dieu, & il le regardoit comme l'ame du monde. C'étoit l'opinion de prefque tous les philofophes, & les poëtes philofophes l'ont adoptée :

Deum namque ire per omnes
Terrafque, tractufque maris, cœlumque profundum.

Il admit le fatalifme, c'eft-à-dire, une deftinée inévitable, & ce fut la doctrine de tout le portique; mais on a beau adopter cette doctrine dans la théorie, on l'abandonne toujours dans la pratique. Un efclave fripon & raifonneur vola *Zénon*, qui le prit fur le fait & le battit; l'efclave lui oppofa fon fyftême: *J'étois*, lui dit-il, *deftiné à commettre ce vol.* Oui, répliqua *Zénon*, & tu l'étois auffi à être bien châtié.

Pendant qu'un philofophe affure
Que toujours par leurs fens les hommes font dupés,
Un autre philofophe jure
Qu'ils ne nous ont jamais trompés.

dit la Fontaine. En effet, Arcéfilas & l'académie, tant ancienne que moderne, déféroient fort peu au rapport des fens. *Zénon* leur étoit plus favorable, il admettoit leur témoignage comme certain, comme évident, pourvu que les organes foient fains & en bon état; & que rien n'en empêche l'action. *Ità tamen maxima eft in fenfibus veritas, fi & fani funt & valentes, & omnia removentur quæ obftant & impediunt.*

Epicure alloit bien plus loin, il regardoit les fens comme infaillibles. *Epicurus omnes fenfus veri nuntios dixit effe,* dit Cicéron; de nat. Deor.

Zénon accordoit auffi le caractère de la certitude à de certaines idées métaphyfiques fur la morale. » L'homme de bien, dit-il, eft déterminé à tout » fouffrir & à fe laiffer déchirer par les plus cruels » tourmens, plutôt que de manquer à fon devoir, » & que de trahir la fidélité qu'il doit à fa patrie. » Je demande pourquoi il s'impofe à lui-même une » loi fi dure & fi contraire, en apparence, à fes » intérêts, & s'il eft poffible qu'il prenne une » telle réfolution, à moins d'avoir dans l'efprit une » idée claire & diftincte de la juftice & de la fidé- » lité, qui lui montre évidemment qu'il doit s'ex- » pofer à tous les fupplices, plutôt que de rien » faire qui foit contraire à la juftice & à la fi- » délité. »

Quæro etiam, ille vir bonus, qui ftatuit omnem cruciatum perferre, intolerabili dolore lacerari potiùs quàm aut officium prodat aut fidem, cur has fibi tam graves leges impofuerit, cùm, quamobrem ità oporteret, nihil haberet comprehenſi, percepti, cogniti, conſtituti ? Nullo igitur modo fieri poteſt ut quiſquam tanti aſtimet aquitatem & fidem, ut ejus conſervanda cauſa nullum ſupplicium recuſet, niſi iis rebus aſſenſus ſit, qua falſa eſſe non poſſunt, Cic. academ. quæſt.

Il y a dans ce diſcours un ſentiment de vertu très-louable, mais je ne me fierois pas à cette manière de raiſonner, & il n'y a pas moyen de paſſer en bonne logique le *qua falſa eſſe non poſſunt.* Quoi donc! ne ſe fait-on jamais une fauſſe conſcience? ne s'impoſe-t-on jamais de faux devoirs? n'arrive-t-il jamais qu'on immole & les autres & ſoi-même à ces faux devoirs? La veuve malabare qui ſe brûle dans le bûcher de ſon mari, ne voit-elle pas évidemment qu'elle remplit un devoir ſacré dont l'honneur ne lui permet pas de ſe diſpenſer? Eſt-ce pour ſon plaiſir qu'elle va ſe brûler vive? ſe brûleroit-elle ſi l'idée de devoir ne l'y forçoit?

L'époque de la mort de ᴢénon tombe vers l'an 264 avant J. C. Il mourut dans la ville d'Athènes, dont il étoit un des principaux ornemens. Les athéniens lui érigèrent un tombeau dans le céramique, lui décernèrent une couronne d'or, lui rendirent des honneurs extraordinaires, *afin,* dit le décret, *que tout le monde ſache que les athéniens ſont ſoin d'honorer les gens de mérite, & pendant leur vie & après leur mort.* Dans ce même décret où ils ſe rendent ce noble témoignage, ils rendent à Zénon celui d'avoir toujours excité à la vertu les jeunes gens qui fréquentoient ſon école, & d'avoir toujours mené une vie conforme à ſes préceptes.

3°. Zénon, philoſophe épicurien de la ville de Sidon, enſeigna la philoſophie à Cicéron & à Pomponius Atticus. Jamais aucun maître ne fut ſi heureux en écoliers. Cicéron, au moins dans la théorie, fut le plus grand philoſophe de Rome, & Atticus le fut au même degré dans la pratique. On reproche à Zénon de l'orgueil & une grande affectation de mépris pour ſes adverſaires & ſes rivaux.

ZÉNON l'Iſaurien, empereur. (*Hiſt. rom.*)

ZÉNONIDE, femme de l'empereur Baſiliſque. (*Hiſt. rom.*)

Nous joignons enſemble ces deux articles, parce que l'hiſtoire & les intérêts de ces deux perſonnages ſont mêlés, & ſe réuniſſent dans un même point hiſtorique & chronologique.

L'empereur Léon, ſucceſſeur de Marcien, régnoit à Conſtantinople depuis l'an 457; il avoit pour femme Vérine, ſœur de Baſiliſque; celui-ci étoit le général des armées de Léon, emploi dont il s'acquittoit fort mal. Léon crut avoir intérêt de s'attacher la nation des iſaures, brigands d'abord

cantonnés dans les montagnes d'une province de l'Aſie mineure, nommée, de leur nom, l'Iſaurie, mais devenus depuis redoutables par leurs ravages. Un barbare, mal fait de corps & d'eſprit, ſans talens, ſans mœurs, ſans courage, remarquable ſeulement par ſa difformité, nommé par les auteurs, tantôt Traſcaliſſée, tantôt Taraſiſcodiſſée, tantôt Aricmèſe, avoit, par ſa naiſſance, quelque crédit parmi les iſaures; Léon attira cet homme incapable à ſa cour, le fit patrice, le fit capitaine de ſes gardes, & lui donna en mariage Ariadne, ſa fille, en 458. Cet Iſaure changea ſon nom barbare en celui de Zénon, alors célèbre & de bon augure, ſur-tout pour les iſaures, par la grande puiſſance à laquelle s'étoit élevé, environ vingt ans auparavant, un autre Zénon de la même nation des iſaures, ſous l'empereur Théodoſe le jeune. Il ſe nomma donc comme le premier *Zénon l'Iſaurien,* mais il n'avoit pas la valeur & les talens du premier. Le nouveau Zénon fut fait, en 469, général des troupes de l'Orient, comme l'avoit été le premier; ſes ſoldats formèrent un complot contre lui, & il alloit périr, lorſque Zénon, averti à tems, s'enfuit à Sardique.

Ariadne eſpéroit & déſiroit ſur-tout de régner avec Zénon ſon mari; elle avoit diſpoſé ſon père à déſigner Zénon pour ſon ſucceſſeur; mais le peuple de Conſtantinople avoit tant d'averſion pour les iſaures & pour Zénon, qu'il ſe ſouleva dans les jeux du cirque, & fit un grand maſſacre des iſaures. Léon n'oſa réſiſter à ce torrent, & nomma Auguſte, ſon petit-fils, nommé Léon comme lui, fils de Zénon & d'Ariadne, & qui étoit encore dans l'enfance.

L'empereur Léon mourut en 474; Ariadne plaça le jeune Léon, ſon fils, ſur un trône dans l'Hippodrome, pour le montrer au peuple. Zénon, ſon père, s'approcha de lui comme pour rendre le premier ſon hommage au nouvel empereur; le prince lui mit le diadème ſur la tête, & le déclara ſon collègue en le nommant Auguſte. Le jeune Léon ne vécut pas long-tems après; on ſoupçonna ſon père de l'avoir empoiſonné. Quelques auteurs ont écrit que Zénon ayant voulu poignarder ſon fils, Ariadne eut l'adreſſe de ſubſtituer une autre victime, & qu'ayant tenu ſon enfant caché, elle le fit enſuite entrer dans l'état eccléſiaſtique, & qu'il vécut juſqu'au règne de Juſtinien. Zénon régna ſeul, & tous les vices régnèrent avec lui, ceux de ſa baſſeſſe originaire, & ceux de ſa puiſſance acquiſe, l'avarice & la prodigalité, la barbarie & la molleſſe. Perſuadé que ſa difformité nuiſoit au reſpect qu'il vouloit inſpirer, il ſe faiſoit peindre les ſourcils, les cheveux & la barbe, croyant par là corriger la nature.

Il avoit eu d'une première femme, nommée Arcadie, un fils qu'il nomma Zénon, & qu'il deſtinoit à l'empire, quoiqu'il n'y eût aucun droit. Ce fils, monstre d'orgueil & d'arrogance, & qui déjà s'accoutumoit à ne voir dans tous les hommes que des esclaves, mourut presque dans l'enfance.

Zénon avoit aussi deux frères, Conon & Longin, l'un monstre de cruauté, l'autre de dissolution, auxquels il donna une grande part au gouvernement, & qui en acquirent bientôt une plus grande à la haine des peuples.

Vérine, belle-mère de Zénon, & qui, de concert avec Ariadne, sa fille, l'avoit placé sur le trône, jugeoit qu'il n'étoit pas assez reconnoissant de ses bienfaits; elle entreprit de détruire son ouvrage & de placer sur le trône, ou un de ses officiers, nommé Patrice, qui étoit son amant, ou Basilisque son frère; elle n'avoua que ce second projet, & parut agir de concert avec Basilisque & avec Zénonide sa femme. Celle-ci avoit pour amant un homme aimable & efféminé, nommé Harmace, qui se croyoit guerrier. Illus qui l'étoit, & qui, compatriote de Zénon, avoit d'abord été son ami, mais qui, révolté par ses vices, s'étoit détaché de lui, entra aussi dans le complot. Vérine connoissoit la timidité pusillanime de Zénon; elle alla elle-même l'avertir du danger qui le menaçoit, & qu'elle lui exagéra pour lui montrer plus d'intérêt. Zénon, sur ce premier avis, s'enfuit d'abord à Chalcédoine. Là, il apprit que Vérine & Basilisque étoient à la tête des conjurés. Saisi d'effroi à cette nouvelle il s'enfuit de nuit en Isaurie avec tout ce qu'il pût emporter d'argent. Ariadne, sa femme, parvint aussi à s'enfuir; elle passa le Bosphore par une tempête, & joignit Zénon en chemin, non par attachement pour lui, mais pour ne pas voir passer à ses yeux sur la tête de Zénonide, & pour ne pas tomber entre ses mains. Basilisque monta en effet sur le trône; Vérine lui mit elle-même la couronne sur la tête, & le peuple de Constantinople signala sa haine contre les isaures par un nouveau massacre; Zénonide fut déclarée Auguste, & Marc, son fils & fils de Basilisque, fut déclaré César. Basilisque régna aussi mal que Zénon; il fit assassiner Patrice, l'amant de Vérine, soit qu'il eût découvert ou qu'il soupçonnât seulement quelque complot de Vérine en sa faveur; il commit d'autres cruautés; il eut de plus l'imprudence de se déclarer pour l'hérésie d'Eutychès & de persécuter les catholiques; il eut celle de se montrer ingrat envers Illus, aux armes duquel il devoit en grande partie son succès.

Cependant Zénon avoit trouvé dans les isaures tout le courage dont il manquoit lui-même; ces peuples voulurent se venger & le rétablir. Vérine détacha Illus du parti de Basilisque, le rendit à Zénon. Basilisque mit Harmace, l'amant de Zénonide, sa femme, à la tête de son armée; il y eut

près de Nicée une rencontre où les troupes de Zénon ayant été maltraitées, ce prince, sans courage, étoit déja prêt à s'enfuir de nouveau en Isaurie, s'il n'eût été retenu par Illus, qui lui fournit l'expédient de gagner Harmace, auquel Zénon promit solennellement pour lui-même une place importante & inamovible à la cour, & pour son fils, qui se nommoit Basilisque, comme le rival de Zénon, le titre de César & l'assurance de la succession à l'empire. A ces conditions, Harmace trahit Zénonide, sa maîtresse; Zénon rentra dans Constantinople avec Ariadne, sa femme, à la tête de son armée; il y trouva Vérine, qui avoit disposé tous les esprits en sa faveur, & que Basilisque, son frère, qui soupçonnoit son changement, auroit fait périr, si Harmace n'avoit caché cette princesse dans sa maison pour la dérober aux fureurs de Basilisque.

Celui-ci, abandonné de tout le monde, se réfugia dans l'église de Sainte-Irène avec Zénonide, sa femme, & ses enfans; Harmace, aidé du patriarche de Constantinople, vint le tirer de cet asile à force de sermens qu'il ne seroit point attenté à leur vie. Zénonide crut pouvoir se fier à la parole d'un homme qui l'avoit aimée. Quand ils furent en la puissance de Zénon, celui-ci consulta le sénat & les évêques sur le traitement qu'il devoit faire à l'oncle de sa femme, dans lequel il ne voyoit plus qu'un rebelle vaincu. Basilisque fut relégué avec Zénonide & leurs enfans innocens dans un château en Cappadoce. On eut la cruauté de les y jetter nuds dans une citerne sèche, qui fut ensuite murée & gardée par des soldats, afin qu'on ne pût, ni les en enlever ni leur y porter aucune nourriture. On les trouva, quelque tems après, morts de faim & de froid, & se tenant embrassés les uns les autres. Le barbare Zénon n'ayant employé contre ces infortunés ni le poison ni le fer, pensoit être à l'abri du parjure; car les tyrans superstitieux s'imaginoient toujours que le ciel étoit dupe de leurs subtilités, parce que les hommes l'étoient quelquefois.

Zénon bâtit des églises, & se crut un saint; on lui érigea des statues, parce qu'il étoit vainqueur & puissant, & il se crut aimé. Il avoit trop promis à Harmace pour lui tenir parole; il lui donna la place qu'il lui avoit assurée, mais il le fit assassiner; il nomma le fils César, le fit assister aux jeux du Cirque, sur un trône à côté de lui, & voulut qu'il partageât avec lui l'honneur de couronner les cochers victorieux. Ce fut le seul essai qu'il lui permit de faire du rang suprême; il voulut l'immoler avec Harmace. Ariadne prit pitié de son enfance, & obtint de Zénon qu'il le laissât vivre, en le dépouillant du titre de César, & en l'engageant dans les ordres. Il fut dans la suite évêque de Cyzique, & vécut plus heureux qu'il n'eût jamais pu l'être au milieu des périlleuses grandeurs dont fon enfance avoit été environnée. L'hiftoire a remarqué que dans la deftinée d'Harmae, tout porte le caractère de la perfidie & de l'ingratitude. Il avoit trahi *Zénonide* fa maîtreffe, & Bafilifque fon ami; Illus l'avoit engagé à trahir Bafilifque, Illus donna le confeil de le faire périr, il fut tué par l'ordre de Zénon, qui lui devoit fa couronne, & par la main d'un barbare du pays de Thuringe, nommé Onulphe, qui lui devoit fa fortune.

Affermi fur le trône, Zénon eut, comme plufieurs de fes prédéceffeurs & de fes fucceffeurs, la foibleffe de fe mêler des querelles théologiques de fon tems; tantôt il profcrivit, tantôt il favorifa l'eutychianifme. Il donna, en 482, ce fameux *hénoticon* ou édit d'union, qui ne réunit perfonne, & qui fembla même porter quelque atteinte au concile de Chalédoine.

Il reftoit encore à Zénon une grande victime à immoler; c'étoit Illus, auquel il devoit fa couronne. Vérine, qu'Illus vouloit faire chaffer de la cour comme une intriguante dangereufe, voulut faire affaffiner Illus; l'affaffin manqua fon coup, & en remontant à la fource du complot, on y trouva Vérine; Zénon abandonna fa belle-mère, qu'il n'aimoit pas, au reffentiment d'Illus. Celui-ci la fit enfermer dans un château fort. Ariadne alla demander à Illus la grace & la liberté de fa mère; Illus accueillit mal fa demande, & s'emportant jufqu'à outrager l'impératrice, qu'il n'aimoit pas mieux que Vérine, il lui dit qu'il y avoit long-tems qu'il favoit qu'elle s'ennuyoit de voir la couronne fur la tête de fon mari. Ariadne, outrée de colère, alla dire à Zénon qu'il falloit qu'Illus fortît du palais, ou qu'elle en fortît. Zénon avoit trop d'obligations à Illus pour ne le pas haïr; mais il le craignoit & n'ofoit fe déclarer contre lui. Il permit à l'impératrice de fe venger, pourvu qu'il ne parût avoir aucune part au complot. Le reproche fait à l'impératrice par Illus l'avoit d'autant plus choqué, qu'il n'étoit pas fans quelque fondement. Ariadne avoit été foupçonnée d'une intrigue pour mettre fur le trône Anaftafe, qu'apparemment elle auroit époufé; Illus avoit averti Zénon de ce complot; & Zénon avoit donné l'ordre de tuer Ariadne pendant la nuit. Le lendemain, ne doutant pas que l'ordre ne fût exécuté, il fe tenoit renfermé dans fon palais comme accablé de douleur de la mort de fa femme, qu'il fe propofoit d'attribuer à un accident ou à une maladie, lorfqu'il voit entrer dans fon appartement Acace, patriarche de Conftantinople, qui lui repréfente l'énormité de fon crime & l'affure de l'innocence d'Ariadne. Cette princeffe avoit été avertie à tems, & s'étoit réfugiée fecrètement chez le patriarche. Celui ci ménagea une réconciliation entre le mari & la femme: Zénon ayant facrifié à fon tour Illus à l'impératrice, celleci prit fes mefures pour fe défaire d'Illus, mais le coup manqua encore; l'affaffin prenant le tems

qu'Illus montoit l'efcalier du cirque, lui donna un coup d'épée, qui, détourné en partie par un des gardes d'Illus, ne fit qu'abattre l'oreille droite à ce général; Zénon fit mourir l'affaffin, & jura de n'avoir rien fu du complot. Illus demanda & obtint la permiffion de paffer en Orient pour être déformais à l'abri de pareils attentats; il raffembla les forces de ces contrées, & pouvant fe faire nommer empereur, il aima mieux donner la couronne au fénateur Léonce; ils allèrent tirer Vérine de fa prifon, l'attirèrent à leur parti, & cette princeffe mit elle même, en préfence de toute l'armée, la couronne impériale fur la tête de Léonce. Ce nouvel empereur & fon protecteur eurent d'abord d'heureux fuccès; ils remportèrent une grande victoire fur Longin, frère de Zénon. Longin fut pris dans fa fute & enfermé dans une foreereffe. Mais dans une autre bataille, livrée près de Seleucie, en 485, Léonce & Illus furent entièrement défaits; ils fe retirèrent dans un château, où ils fe défendirent pendant trois ans; ils s'apperçurent qu'un faux ami les trahiffoit, ils lui firent trancher la tête; il en vint un plus faux dont ils ne fe défièrent pas, parce qu'il avoit, comme eux, des outrages à venger; celui-ci les vendit à leurs ennemis. Illus & Léonce furent décapités, leurs têtes portées & expofées à Conftantinople.

Zénon ayant ainfi opprimé tous fes bienfaiteurs, devenus fes ennemis, fouilla le trône par fes cruautés, verfant fur-tout par préférence le fang des gens de bien. Il mourut enfin le 9 av il 491, d'une dyffenterie, felon les uns, mais d'une manière bien plus cruelle felon les autres. Il étoit, difent ceuxci, fujet à l'épilepfie, & fon intempérance, qui alloit jufqu'à la plus infâme ivrognerie, rendoit les attaques de fon mal plus fréquentes & plus violentes. Dans un de ces accès, dont il fut faifi pendant la nuit, la fyncope fut fi longue & fi forte, que fes chambellans le crurent mort, le dépouillèrent & le laiffèrent étendu fur une planche. Ariadne le fit porter promptement & fans pompe au tombeau des empereurs, qui fut fermé d'une groffe pierre. Elle y mit des gardes, avec défenfe, fur peine de la vie, de laiffer approcher perfonne, & d'ouvrir euxmêmes le tombeau, quelque chofe qui pût arriver & quelque bruit qu'ils puffent entendre. Mais comment ofe-t-on donner un pareil ordre, qui, au premier cri que pouvoit jetter Zénon, s'il n'étoit pas mort, devenoit un arrêt de mort infaillible pour la femme meurtrière qui l'avoit donné? On entendit en effet au bout de quelques heures les cris lamentables que pouffoit Zénon, mais l'ordre avoit été trop exprès, on n'ofa ouvrir. Tout cela eft inconcevable. Le tombeau ayant été ouvert plufieurs jours après, lorfqu'enfin la défenfe fut levée, on trouva que ce malheureux prince étoit mort dans des convulfions de rage, en fe déchirant les bras avec les dents. Quelle deftinée! Mais on obferve que ce récit ne fe trouve que dans des auteurs grecs

grecs très-postérieurs au tems dont il s'agit , & que les anci ns n'ont rien dit de ce terrible événement. S'il étoit vrai, ce seroit une juste punition de la cruauté dont il avoit usé envers Basilique & Zénonide , & sur-tout envers leurs enfans innocens, qu'il avo t tous enfermés ainsi vivans dans leur tombeau.

ZENOTHEMIS , (hist. litt. anc.) auteur grec , est cité par les anciens , sur tout par les naturalistes , tels qu'Élien & Pline , comme ayant écrit sur les monstres & les monstruosités.

ZENTGRAVE, (Jean - Joachim) (Hist. litt. mod.) théologien de la confession d'Ausbourg , professeur en théologie à Strasbourg sa patrie , est auteur des ouvrages suivans : De republicâ hebraorum; jus naturale & gentium , summa juris divini; commentarius in epistolas ad Philippenses & ad Titum ; de lapsu Tertulliani, ad Montanistas ; de electione, defectione & confutatione syncretismi, &c. né en 1643. Mort en 1707.

ZÉPHIRIN , (Saint) (Hist. ecclés.) pape, successeur de Victor I, fut élu le 8 août 202 , & mourut le 20 décembre 218. Son pontificat sert d'époque au commencement de la cinquième persécution , c'est-à-dire de la persécution de l'empereur Macrin. Il y a , sous le nom du pape Zéphirin , deux épîtres qui ont été fabriquées long-tems après lui.

ZEPPER , (Hist. litt. mod.) deux savans allemands de ce nom , contemporains , (Guillaume & Philippe) ont travaillé, dans le dix-septième siècle , sur les loix de Moyse. On a du premier : Legum mosaïcarum forensium explicatio : le second a comparé les loix civiles de Moyse avec les loix romaines.

ZERBUS, (Gabriel) (hist. litt. mod.) médecin de Vérone, a écrit sur la métaphysique d'Aristote, sur l'anatomie , a fait un traité du soin qu'exigent les vieillards , & un autre , des précautions que doivent prendre les médecins dans l'exercice de leur art. On ignore en quel tems vivoit ce Zerbus.

ZERMEGH , (Jean) (hist. litt. mod.) savant du seizième siècle , né en Esclavonie , est auteur d'un livre intitulé : Rerum gestarum inter Ferdinandum I. & Joannem , Hungariæ reges , commentarius. C'est l'histoire des démêlés entre l'empereur Ferdinand I, frère & successeur de Charles Quint, à l'empire , & Jean Zapol , vaivode de Transylvanie , relativement à la Hongrie. Ce Zermegh avoit à la cour de l'empereur Maximilien II , ou dans un des tribunaux impériaux, une place qu'il perdit par des discours & des vers satyriques contre ce prince & contre quelques-uns de ses principaux officiers.

ZERTUSCHI-BEYRAM, (hist. litt. persane) savant & prêtre persan , auteur d'un ouvrage qui

a pour titre : Zertuschi-Name , c'est l'histoire de Zertuschi ou Zerdust , c'est-à-dire du fameux Zoroastre , composée en vers persans. On en trouve le précis dans l'ouvrage de M. Hyde, intitulé : Religio persarum.

ZETHUS , (hist. anc.) philosophe , disciple & ami de Plotin, qui se retira chez lui à la campagne dans les environs de Minturnes ; il est beaucoup parlé de Zethus dans la vie de Plotin, écrite par le philosophe Porphyre qui avoit aussi été disciple de Plotin. Plotin & ses disciples vivoient dans le troisième siècle de l'Ere chrétienne.

ZEVECOTIUS , (Jacques) (hist. litt. mod.) poëte latin moderne assez estimé , & qui prend le titre de Poëte-couronné, parent des savans Heinsius & de quelques autres personnages distingués , naquit à Gand , voyagea en Italie & en France, & né catholique , il finit par se faire protestant & par s'établir en Hollande à Harderwick. Ses poësies font foi de ses opinions & fournissent à quelques égards des mémoires pour son histoire. On y voit, par exemple , qu'il s'étoit marié en Hollande , & dans l'élégie vingt-deuxième du troisième livre il pleure la mort d'une de ses filles née à Harderwick , au mois d'octobre 1630 , morte dans la même ville au mois d'août 1635. Il y mourut aussi le 17 Mars 1642 , à 46 ans On a de lui des élégies , des sylves , des épigrammes , des tragédies même , telles que le Siège de Leyde , tragédie en vers flamands ; Maria græca & Rosmunda , tragédies latines ; Esther , tragi-comédie ; des emblêmes en langue flamande, observata politica ad C. Suetonii Julium-Cæsarem. Cet ouvrage passe pour être rempli de traits satyriques contre le roi d'Espagne & la maison d'Autriche. C'est les tirer d'un peu loin ; observationes maximè publicæ in L. Florum. On dit la même chose de celui-ci.

ZEUXIDAME , (hist. anc.) lacédémonien & roi de Lacédémone , fils de Léotychilde , & père d'Archidame, régnoit avec gloire vers l'an 400 avant Jésus-Christ. Plutarque en parle au commencement de la vie d'Agésilas.

ZEUXIS , (Hist. anc.) peintre illustre de l'antiquité , rival de Parrhasius & de Timanthe , (Voyez leurs articles) avoit été disciple d'Apollodore. Pline dit que Zeuxis trouva la porte de la peinture ouverte par les soins & par l'industrie de cet Apollodore , & qu'y étant entré sans peine sur ses traces , il y faisit d'une main plus hardie le pinceau qui commençoit dès-lors à s'enhardir , & le fit parvenir à une grande gloire. Ab hoc (Apollodoro) fores apertas Zeuxis heracleotes intravit.... Audentemque jam aliquid penicillum ad magnam gloriam perduxit. Apollodore s'étoit sur tout distingué par l'entente des couleurs & par l'intelligence du clair-obscur, parties négligées ou plutôt ignorées jusqu'à lui. Il eut l'honneur d'y faire plusieurs découvertes heureuses, & ayant révélé à *Zeuxis* tous les secrets de son art, il eut le désagrément de voir son disciple aller beaucoup plus loin que lui dans cette même carrière, & perfectionner ce qu'il n'avoit fait qu'inventer; il en conçut beaucoup de dépit, il ne put s'en taire, & il crut se bien venger de *Zeuxis* en faisant contre lui une satire, où il le traitoit de voleur & d'ingrat, l'accusoit de lui avoir dérobé son art & de se parer effrontément de ses vols dans le public, au lieu d'en rougir & de s'en cacher. *Zeuxis*, bien sûr que ces prétendus vols faisoient sa gloire, & qu'il n'appartenoit pas à tout le monde de voler ainsi, ne fit que rire de la jalouse colère d'un maître qu'il effaçoit, & s'empressa de lui préparer de nouveaux chagrins en se surpassant lui-même tous les jours. Il acquit à-la-fois, par ses talens & la plus grande réputation & d'immenses richesses, qu'il prit plaisir à étaler avec la plus fastueuse ostentation, sur-tout dans les occasions éclatantes, comme la solennité des jeux olympiques, où il se faisoit voir à toute la Grèce, revêtu d'une robe de pourpre sur laquelle on lisoit son nom écrit en lettres d'or.

Parvenu à une grande fortune, il n'en cultiva pas avec moins d'ardeur l'art auquel il la devoit, & il eut alors la noblesse de donner libéralement ses ouvrages sans en tirer aucune récompense; il ne s'en payoit du moins qu'en vanité: je ne vends point mes ouvrages, disoit il, parce qu'ils sont hors de prix. *Posteà donare opera sua instituit, quòd ea nullo satis digno pretio permutari posse diceret.* Il regardoit son tableau de l'athlète comme son chef-d'œuvre & comme le chef-d'œuvre de l'art; il écrivit au bas de ce tableau un vers grec dont le sens général est: *L'envie pourra le critiquer, nul talent ne pourra l'imiter;* ou en deux mots: *Plutôt critiquable qu'imitable.* On raconte de son *Hélène* à peu près la même chose que de la Vénus d'Apelle, c'est-à-dire, qu'il la forma des traits & des charmes réunis des plus belles personnes de son tems & de son pays, traits qu'il fondit habilement de manière à en former un ensemble parfait. On ne la faisoit voir d'abord que difficilement & pour de l'argent, ce qui la fit appeler *Hélène la courtisane.* Nicomaque ne pouvoit se lasser de l'admirer. Il passoit régulièrement chaque jour une heure ou deux à la considérer & à l'étudier. Un homme froid exerçoit son esprit à faire quelques objections plausibles contre des détails de ce tableau: *laissez vos censures,* lui dit un connoisseur, *n'ayez que des yeux, & vous verrez que c'est une divinité.* Nous avons rapporté à l'article *Parrhasius* comment *Zeuxis* lui-même s'avoua vaincu par ce grand peintre, qui le fut à son tour par Timanthe, mais sans l'avouer.

Zeuxis avoit fait deux tableaux de *raisins,* l'un qui fut vaincu par le rideau de Parrhasius, l'autre qui représentoit un jeune homme portant une corbeille de raisins; les oiseaux venoient les becqueter, comme ils avoient fait les autres raisins; *Zeuxis* ne

fut pas content, il ne trouvoit pas l'illusion parfaite: si les raisins étoient bien faits, disoit-il, il falloit que la figure du porteur fût manquée, puisqu'elle n'écartoit pas les oiseaux.

Quintilien nous apprend que la physionomie & le caractère que *Zeuxis* avoit donnés dans ses tableaux aux héros & aux dieux, étoient devenus un modèle & une règle dont les autres peintres n'osoient s'écarter, & à laquelle ils s'étoient volontairement assujettis par le sentiment de la perfection, ce qui fit nommer *Zeuxis* le législateur de la peinture. *Ille verò ità circumscripsit omnia, ut eum legum latorem vocent quià deorum & heroum effigies, quales ab eo sunt traditæ, cæteri, tanquam ità ne cesse sit, sequantur.* Quintil. lib. 12. cap. I.

On dit que son talent lui fut fatal à force de lui être agréable. Son dernier tableau fut celui d'une vieille ridicule; il ne pouvoit la regarder sans rire aux éclats, il la regardoit souvent, & il en rit tant qu'on prétend qu'à la lettre il mourut de rire. Festus, qui rapporte ce fait, cite Verrius-Flaccus. *Zeuxis* vivoit, comme Parrhasius, environ quatre siècles & demi avant J. C. Sa vie, ainsi que celle de quelques autres peintres grecs, a été écrite par Carlo Datti, & imprimée à Florence, in-4°, en 1664.

Zeuxis étoit d'Héraclée, c'est pourquoi Pline le nomme *Héracleotes;* mais il y avoit alors un grand nombre de villes de ce nom, toutes consacrées à Hercule. On ignore laquelle de ces villes a donné naissance à *Zeuxis*. Des savans ont conjecturé que c'étoit, ou Héraclée de Macédoine, ou Héraclée, près de Crotone, en Italie.

ZEZELAZE, (*hist. d'Ethiop.*) grand général & sujet factieux, est regardé comme un des principaux capitaines de l'empire d'Ethiopie dans les seizième & dix-septième siècles. De simple soldat, il parvint aux premières dignités civiles & militaires par ses talens & par les bienfaits de l'empereur Malac-Céged, qui lui donna en mariage une de ses cousines-germaines, & le fit gouverneur des deux meilleures provinces de l'empire. Les intrigues de ces cours avec lesquelles nous avons peu de liaison, ne nous sont pas assez connues pour que nous puissions asseoir un jugement sur les motifs & sur le caractère des personnages que nous voyons figurer dans ces troubles. *Zezelaze* n'étoit-il qu'un ingrat, ou l'empereur lui avoit-il fourni de justes sujets de plainte, c'est de quoi nous ne pouvons guère espérer d'être instruits. Nous voyons seulement *Zezelaze* se révolter en 1607 contre son bienfaiteur & son souverain, & se joindre à Eras-Athanathée qui disputoit la couronne à Malac-Céged. Les Portugais étoient alors la nation de l'Europe à qui les missions & le commerce donnoient le plus de relations avec l'Ethiopie; ils étoient en grand nombre dans ce pays & y formoient une puiſſance. Le père Paëz, jéſuite miſſionnaire portugais, jouoit un grand rôle parmi eux. Les conjurés avoient tenté de ſurprendre l'empereur & de ſe ſaiſir de ſa perſonne. L'empereur informé du complot, leur échappa, mais il fut obligé de ſe ſauver à Nanina où étoient le père Paëz & les portugais qui ſecondoient le zéle de ce jéſuite pour la propagation de la foi dans ce pays-là. Ce fut une circonſtance dont *Zezelaze* ſut tirer parti contre l'empereur. Il répandit le bruit que l'empereur vouloit quitter la religion du pays pour celle des portugais & de Rome, & que c'étoit le père Paëz qui lui avoit inſpiré ce deſſein : le peuple s'enflamma de cette fureur aveugle & effrénée qu'il eſt toujours prêt à porter ſur tous les objets où il n'entend rien, & qui ne met jamais de différence entre la plus foible apparence, le plus léger ſoupçon & la conviction pleine & entière. L'empereur alloit donc abjurer ; c'étoit l'ouvrage du père Paëz & celui de tous les portugais, il falloit donc exterminer tous les portugais ; le deſſein en fut formé ; les portugais n'eurent plus d'autre eſpérance de ſalut que d'aller groſſir l'armée de l'empereur ; ils y accoururent de toutes parts. Bientôt on fut en préſence des rebelles, & la bataille s'engagea. L'armée impériale paroiſſoit avoir quelqu'avantage, lorſqu'au fort de la mêlée, un grand ſeigneur éthiopien, nommé Anabel, qui s'étoit joint aux rebelles, aborde l'empereur, & lui dit : *Je viens combattre pour vous*. L'empereur, auquel il étoit plus que ſuſpect, ne vit dans ce diſcours qu'un piège maladroit : *Tu es un traitre*, lui dit-il, en le tuant d'un coup d'épée ; auſſi-tôt le fils d'Anabel, qui ſuivoit ſon père, accourt pour le venger ; il attaque l'empereur, il lui porte un coup de lance au viſage, & un ſarraſin, qui ſervoit dans l'armée des rebelles, acheva de tuer ce prince. Eras & *Zezelaze*, profitant de la mort de l'empereur, ramènent la victoire à leur parti. Les portugais ſe défendirent en déſeſpérés, mais ils ſuccombèrent, ils furent preſque tous tués, bleſſés ou faits priſonniers. Le corps de l'empereur reſta trois jours ſur le champ de bataille, livré à tous les outrages qu'une ſoldateſque inſolente & barbare ſe plut à lui prodiguer. Mais bientôt les vainqueurs ſe diviſèrent. Eras & *Zezelaze* furent chacun à la tête d'un parti. L'empire ſe remplit de factions & de troubles. Vraiſemblablement Eras & *Zezelaze* vouloient tous deux régner & eſpéroient chacun en ſec & parvenir au trône ; tous deux, dans cette intention, ne négligeoient rien pour mettre dans leurs intérêts le père Paëz, & ce qui reſtoit de portugais dans l'empire ; mais les eſprits ne leur paroiſſant pas encore diſpoſés aſſez favorablement pour eux, ils paroiſſoient agir pour les intérêts de deux autres contendans dont les droits étoient ſans doute plus apparens. *Zezelaze* vouloit, diſoit-il, placer ſur le trône un empereur Jacob, qui avoit été nommé ſept ans auparavant en concurrence de Malac-

Céged, & que celui-ci avoit toujours depuis ce tems, détenu priſonnier à Naréa où il étoit encore. Eras prétendoit agir pour Socinos, couſin de l'empereur Malac-Céged. Enfin *Zezelaze* crut avoir acquis aſſez d'autorité dans ſon armée pour en aſſembler les principaux chefs & leur propoſer d'élire un empereur, ne doutant pas que le choix ne dût tomber ſur lui-même.

C'eſt pour toi-même, Aman, que tu vas prononcer ;
Et quel autre que toi peut-on récompenſer ?

Il ſe trompa comme Aman ; l'armée nomma tout d'une voix Socinos ; ce Socinos étoit un digne rival de *Zezelaze* pour la valeur & les talens militaires.

Zezelaze parut ſe ſoumettre, mais ce fut comme en traitant de couronne à couronne. Il envoya une eſpèce d'ambaſſade à Socinos pour le reconnoître & lui prêter de ſa part ſerment de fidélité. Mais ayant appris que l'empereur Jacob avoit recouvré ſa liberté, qu'il avoit quitté Naréa, qu'il s'avançoit avec des troupes, il alla le joindre & commander ſous lui, ſans attendre le retour de ſes envoyés & la réponſe de Socinos. Cependant on ſe rangeoit en foule ſous les drapeaux de Jacob. Socinos ne perdit point courage ; il raſſembla ce qu'il put de troupes & marcha au-devant de Jacob. Celui-ci avoit une puiſſante armée, & *Zezelaze* pour la commander ; l'armée de Socinos étoit plus foible, mais le courage de cet empereur lui valoit une armée. On en vint aux mains le 10 mars, 1607, Socinos fut vainqueur ; Jacob diſparut, & on ne le revit plus ; *Zezelaze* prit la fuite, mais, pourſuivi d'aſyle en aſyle, il périt de miſère, & l'empire enfin connut la paix ſous la domination bien affermie de Socinos.

ZIAMET & TIMAR. (*Hiſt. milit. des turcs.*) On entend par ces deux mots *ziamet* & *timar*, de certains fonds de terre, dont les conquérans turcs ont dépouillé le clergé, la nobleſſe & les particuliers du pays, qu'ils ont pris ſur les chrétiens. Ces ſortes de terre ayant été confiſquées au profit du grand-ſeigneur, il les a deſtinées à la ſubſiſtance d'un cavalier de la milice, appelé *zaïm* ou *timariot* ; car *zaïm* ou *timariot* eſt le nom de la perſonne, & *ziamet* ou *timar* le nom de la terre.

Le *ziamet* ne diffère du *timar* que parce qu'il eſt d'un plus grand revenu, car il n'y a point de *ziamet* qui vaille moins de 20 mille aſpres de rente ; ce qui eſt au-deſſous n'a que le titre de *timar*. Le ſieur Beſguier juge que le mot *ziamet* vient de l'arabe ; car, dit-il, *zaïm* ſignifie en arabe, un ſeigneur, un commandant, qui conduit un certain nombre d'hommes dont il eſt le maître. Quant au mot *timar*, il le dérive du grec τιμή, qui ſignifie *honneur*, parce que ces récompenſes ſe donnoient pour honorer la vertu des ſoldats. Les grecs appeloient ces marques d'honneur *τιμαρια*, & appeloient ceux qui en étoient honorés *τιμαριοται*. Les turcs ont emprunté ces mots des grecs, & se les ont appropriés avec peu de changement : car au lieu de *timariot*, ils disent *timar*, en retranchant la terminaison grecque.

Il y a deux sortes de gens qui composent la milice des turcs. La première sorte est entretenue du revenu de certaines terres que le grand-seigneur leur donne : la seconde est payée en argent. La principale force de l'empire consiste dans la première, qui est encore divisée en deux parties, car c'est celle qui est composée de zaïms, qui sont comme des gentils-hommes en certains pays, & de timariots, qui peuvent être comparés à ceux que les romains appelloient *decumani*.

Les uns & les autres, savoir les zaïms & les timariots, ont cependant été établis pour la même fin. Toute la différence que l'on peut mettre entr'eux, consiste dans leurs lettres-patentes, qui règlent le revenu des terres qu'ils tiennent du grand-seigneur. La rente d'un zaïm est depuis 20,000 aspres, jusqu'à 99,999 & rien plus : s'il y avoit encore un aspre, ce seroit le revenu d'un sangiac-bec, qu'on appelle un *bacha*, qui est de 100,000 aspres jusqu'à 199,999 aspres, car si on ajoutoit un aspre davantage, ce seroit le revenu d'un beglerberg.

Il y a deux sortes de timariots : les premiers reçoivent les provisions de leurs terres de la cour du grand-seigneur. Ce nom leur a été donné, parce que teskereli signifie un *billet* ; de même la syllabe *lu* s'ajoute par les turcs aux noms substantifs, pour en former des adjectifs, teskereh-lu est celui qui est en possession d'un *timar* par un billet ou par un ordre du grand-seigneur. Leur revenu est depuis 5 ou 6000 aspres, jusqu'à 19,999, car si on y ajoutoit encore un aspre, ce seroit le revenu d'un zaïm. Les autres s'appellent teskeretis, qui obtiennent leurs provisions du beglerbeg de leur pays : leur revenu est depuis 3000 aspres jusqu'à 6000.

Les zaïms sont obligés de servir dans toutes les expéditions de guerre avec leurs tentes, où il doit y avoir des cuisines, d'autres appartemens proportionnés à leurs biens, à leur qualité : & pour chaque somme de 5000 aspres de revenu qu'ils reçoivent du grand-seigneur, ils sont obligés de mener avec eux à l'armée un cavalier, qui se nomme *gebelu*, c'est-à-dire, *porteur de cuirasse* : ainsi, un zaïm qui a 30,000 aspres de revenu, doit être accompagné de 6 cavaliers. Un zaïm qui en a 90,000 doit être accompagné de 18 cavaliers, & de même les autres à proportion de leur revenu. Chaque zaïm prend le titre de *kilitich*, c'est-à-dire *épée*. C'est pourquoi, lorsque les turcs font le compte des forces que les beglerbegs peuvent mener à l'armée pour le service de leur prince, ils ne s'arrêtent qu'aux zaïms &

aux timariots seuls, qu'ils appellent autant d'épées, sans compter ceux qui les doivent accompagner.

Les timariots sont obligés de servir avec des tentes plus petites que les zaïms, fournies de trois ou quatre corbeilles, pour en donner une à chaque homme qui les accompagne ; parce qu'outre qu'ils doivent combattre aussi-bien que les zaïms, il faut encore qu'ils portent de la terre & des pierres pour faire des batteries & des tranchées. Les timariots doivent en outre mener un cavalier pour chaque somme de 3000 aspres de revenu qu'ils ont ; de même que les zaïms pour chaque somme de 5000 aspres.

Les zaïms & les timariots sont disposés par régimens, dont les colonels sont appelés *alai-begler*, du mot arabe *alai*, qui signifie celui qui est au-dessus des autres, & du mot turc *beg*, qui veut dire *seigneur* : de sorte que les alai-begiers sont les chefs ou les supérieurs des zaïms & des timariots, c'est-à-dire, leurs colonels. Ces colonels sont soumis à un bacha ou à un sangiag-beg, & ce ui-là à un begler-beg ; lorsque toutes ces troupes sont rassemblées en un corps, elles se trouvent au rendez-vous qui est marqué par le général, que les turcs appellent *serasker*. Lorsque les zaïms & les timariots marchent, ils ont des drapeaux appelés *alem*, & des tymbales nommées *tabl*.

Ces deux ordres militaires ne sont pas seulement destinés à servir sur terre, mais on les oblige quelquefois à servir dans l'armée navale, où on les appelle *deria-kaleminde*, & où ils sont sous le commandement d'un capitan-bacha ou amiral. Il est vrai que les zaïms sont souvent dispensés de servir sur mer en personne, moyennant la somme à laquelle ils sont taxés sur les livres, & de cet argent on lève d'autres soldats, qui sont enrôlés dans les registres de l'arsenal ; mais les timariots ne peuvent s'exempter de servir en personne, avec toute la suite que le revenu de leurs terres les oblige de mener avec eux.

Pour ce qui est du service sur terre, ni les zaïms, ni les timariots ne s'en peuvent jamais dispenser, & il n'y a point d'excuse qui puisse passer pour légitime à cet égard. S'il y en a de malades, il faut qu'ils se fassent porter en litière & en brancard. S'ils sont encore enfans, on les porte dans des paniers : on les accoutume ainsi, dès le berceau, à la fatigue, au péril & à la discipline militaire. Ce détail suffit pour faire connoître quelle est la nature des zaïms & des timariots qui sont compris sous le nom général de *spahis*, & qui sont la meilleure partie de l'armée des turcs.

Il n'est pas possible de faire un calcul précis du nombre des cavaliers que doivent mener avec eux les zaïms & les timariots de l'empire du grand-seigneur; mais un zaïm ne peut mener avec lui moins de quatre cavaliers, & c'est le plus grand nombre qu'un timariot soit obligé de mener. Le moindre timariot doit mener un homme à la guerre, & le plus considérable zaïm en doit mener 19. La difficulté de faire un compte plus exact seroit d'autant plus grande, que les commissaires qui sont envoyés par la Porte, pour faire les montres & les rôles, ne savent pas moins faire valoir leur métier que les officiers les plus rafinés chez les chrétiens. Peut-être aussi que la politique du grand-seigneur tolère cet abus, afin de faire croire que le nombre de ses troupes est plus grand qu'il n'est effectivement.

La vaste étendue de terrein que leurs pavillons occupent, le grand attirail de leurs bagages, & le nombre prodigieux de valets qui suivent l'armée, font que le peuple s'imagine que les troupes sont composées d'une multitude infinie de soldats. Ce qui sert encore à augmenter l'idée de ce nombre, mais qui le diminue en effet, c'est l'usage des passe-volans dont les zaïms se servent aux jours de montre.

Enfin, une chose cause encore plus de changement dans le nombre des soldats, c'est la mort des zaïms & des timariots, dont quelques-uns n'ont leur revenu qu'à vie seulement, & les autres meurent sans enfans; car en ce cas leurs terres retournent à la couronne. Comme ceux qui les possédoient les avoient cultivées & en avoient augmenté la valeur par leur soin & par leur travail, le grand-seigneur les donne à d'autres, & non pas sur le pied qu'elles avoient été données aux premiers, mais sur le pied du revenu qu'elles se trouvent rapporter, qui est quelquefois le double de la première valeur. Par ce moyen le sultan augmente le nombre de ces soldats.

On compte 1075 ziamets & 8194 timars. On prétend en général que le nombre des zaïms monte à plus de dix mille, & celui des timariots à soixante-douze mille; mais ces sortes de calculs sont extrêmement fautifs.

Parmi les troupes qui se tirent de ces ziamets & de ces timars, on mêle en tems de guerre de certains volontaires ou avanturiers, que les turcs appellent gionullu. Les zaïms & les timariots peuvent, lorsqu'ils sont âgés ou impotens, se défaire de leur ziamet & de leur timar en faveur d'un de leurs enfans. Ricaut, Bespier & la Guilletière. (D. J.).

ZIANI, (hist. de Venise) trente-neuvième doge de Venise vers le milieu & la fin du douzième siècle. Les vénitiens étoient presque toujours ennemis des empereurs d'Allemagne, & cette disposition les rendoit favorables aux papes dans les démêlés que ceux-ci eurent avec les empereurs. Les vénitiens prirent parti pour le pape Alexandre III. contre

l'empereur Frédéric Barberousse. Ils secoururent en vain contre lui la ville de Milan, & Frédéric, de son côté, leur opposa sans succès les efforts réunis de toutes les autres villes de Lombardie. Lorsque l'empereur se fut rendu maître de Rome en 1167, ils osèrent donner un asyle chez eux au pape, & envoyer à l'empereur une ambassade pour le conjurer de rendre la paix à l'église, & de cesser ses persécutions contre le légitime pontife. L'empereur répondit aux Ambassadeurs avec colère : « Dites à votre prince & à votre sénat que Frédéric, » empereur des romains, leur redemande un fugi- » tif qui est son ennemi, que s'ils ne me le renvoient » pas au plutôt sous bonne garde, je me vengerai » de l'insulte qu'ils m'auront faite, & que j'irai » planter mes aigles victorieuses devant le portail » de Saint-Marc ». Cette réponse, portée à Venise, fit trembler Alexandre. Le doge Ziani le rassura & prépara tout pour le défendre. Frédéric tint parole, il envoya Othon son fils avec soixante-quinze galères dans le Golphe adriatique pour faire le siège de Venise. Ziani ayant appris que la flotte impériale avoit paru sur les côtes d'Istrie, se disposa pour aller à sa rencontre; avant son départ, il voulut assister à une messe solemnelle célébrée par le pape lui-même, & à la fin de laquelle le pape lui ceignit l'épée, en lui souhaitant & lui prédisant la victoire. Ziani rencontra la flotte impériale à la hauteur de Pirano, l'attaqua, la battit, en brula ou en coula une partie à fond, prit l'autre, ramena dans Venise trente galères ennemies, du nombre desquelles étoit la Capitane, montée par le prince Othon lui-même. La nouvelle de cette victoire remplit Venise d'étonnement & de joie. Au premier retour du signal de la flotte victorieuse, tout le peuple courut au-devant d'elle sur le rivage. Le pape s'y rendit à la tête du sénat & du clergé : il embrassa tendrement Ziani, & pour lui donner un témoignage éclatant de sa reconnoissance, il lui présenta un anneau d'or, en lui disant : « Recevez cet » anneau, servez vous en comme d'une chaîne pour » tenir la mer assujettie à l'empire vénitien : épou- » sez la mer avec cet anneau, & que désormais » tous les ans à pareil jour, la célébration de ce » mariage soit renouvellée par vous & vos succes- » seurs, afin que toute la postérité sache que les » armes vénitiennes ont acquis l'empire des flots, » & que la mer vous a été soumise comme l'épouse » l'est à son époux ». Telle est l'origine de l'usage établi à Venise, que le doge épouse la mer tous les ans le jour de l'ascension.

Le prince Othon fut traité à Venise avec tous les égards dus à son rang & à son malheur; il eut avec le pape & le doge divers entretiens, dans lesquels il se convainquit de l'injustice de la cause que son père avoit soutenue avec tant d'opiniâtreté, il ne désespéra point de le fléchir, & de mettre fin au schisme qui divisoit l'église. Il demanda qu'on lui permît d'aller négocier la paix auprès de

Frédéric, & donna sa parole de revenir se constituer prisonier à Venise, si la négociation restoit sans succès ; on accepta ses offres, il persuada l'empereur, il le fit consentir à une entrevue avec le pape. Venise même fut choisie pour cette entrevue. Elle eut le plaisir si flatteur de jouir du spectacle de la réconciliation de l'empereur & du pape, & la gloire plus flatteuse encore de l'avoir procurée.

A l'occasion de cette entrevue, l'auteur françois de l'histoire de Venise, M. l'abbé Laugier, réfute ce qui a été rapporté par plusieurs écrivains, que le pape y mit le pied sur le cou de l'empereur, en récitant ce verset du pseaume 90 : *Super aspidem & basiliscum ambulabis & conculcabis leonem & draconem ;* que l'empereur humilié borna tout le témoignage de son indignation à cette réponse : *non tibi, sed Petro,* & que le pape, toujours plus orgueilleux, répliqua : *& mihi & Petro.* M. l'abbé Laugier soutient que toute l'entrevue se passa en témoignages d'un repentir respectueux & sincère de la part de l'empereur, & d'une joie tendre & affectueuse de la part du pape.

ZIBELMIUS, (*Hist. anc.*). roi des Canes en Thrace, fils & successeur de Diégulis, vivoit encore un siécle & demi avant J. C. La Thrace étoit partagée alors en diverses souverainetés, les Canes formoient celle de Diégulis & de Zibelmius. Ces deux princes ne sont connus que par leurs cruautés. Prusias, roi de Bythinie, avoit épousé la fille de Diégulis ; tous étoient ennemis d'Atale, roi de Pergame. Diégulis, animé par sa fille, & voulant aggrandir ses états aux dépens d'Attale, assiéga Lisimachie, la prit & en traita les habitans avec une inhumanité plus que barbare ; il fit couper la tête, les pieds & les mains des enfans, & voulut qu'on les attachât au col de leurs pères & de leurs mères ; Diodore de Sicile donne à ce tyran le prix de la cruauté sur les Phalaris & leurs semblables.

Zibelmius fut plus cruel encore : Diodore de Sicile & Valere Maxime rapportent que ce monstre faisoit scier par le milieu du corps ceux des Canes qui étoient tombés dans sa disgrace, & qu'il forçoit les pères à se nourrir de la chair de leurs enfans. Quel fruit tira-t-il de ces horreurs ? Ses sujets se révoltèrent & le firent expirer dans des supplices pareils à ceux qu'il avoit ordonnés lui-même.

ZIÉGENBALG, (Barthélemy) (*Hist. litt. mod.*) né à Pulsnitz ou Pilnitz dans la haute Lusace, le 24 Juin 1683 ; s'est fait un nom par ses missions & ses travaux apostoliques & littéraires dans l'Inde. La plupart des missions chrétiennes dans les pays réputés idolâtres sont catholiques, celle-ci fut protestante. *Ziégenbalg*, protestant, après avoir étudié, puis enseigné dans plusieurs villes d'Allemagne &

s'être rendu habile non-seulement dans la théologie, mais encore dans la connoissance des langues grecque & hébraïque, s'engagea dans cette mission, que le roi de Dannemarck envoya en 1705 ; pour travailler à la conversion des indiens idolâtres de la ville de Tranquebar, sur la côte de Coromandel, où le Dannemarck avoit un établissement depuis l'an 1621. Après avoir été prendre ses instructions à Copenhague, M. *Ziégenbalg* partit le 29 novembre 1705, avec un autre savant nommé Henri Plutschau, qui lui fut associé. Ils arrivèrent à Tranquebar le 9 juillet 1706. Leur premier soin fut de bien apprendre & la langue portugaise & même la langue malabare ; *Ziégenbalg* sur-tout se rendit très-habile dans cette dernière ; ils commencèrent à prêcher & à cathéchiser, ils partagèrent entr'eux les travaux de l'apostolat, suivant les degrés de connoissance qu'ils avoient acquis dans l'une & l'autre langue ; tout ce qui pouvoit se faire par la seule langue portugaise fut le par age de Plutschau ; ce qui demandoit ces communications plus intimes que donne l'usage de la langue du pays fut confié à *Ziégenbalg.* Le souverain du pays trouva très-mauvais qu'on eût donné à un étranger la connoissance de la langue malabare, & il maltraita fort celui qui la lui avoit enseignée Il voyoit en effet depuis ce tems les conversions devenir plus fréquentes par la facilité de descendre plus avant dans l'ame des prosélytes. Dès le 5 mai 1707, ils baptisèrent plusieurs cathécumènes ; bientôt la mission fit de tels progrès, qu'ils furent obligés de former un catéchiste malabare de nation, qu'ils associèrent à leurs travaux & qui étoit devenu nécessaire pour les soulager. Le 14 juin de la même année 1707, ils jetèrent les fondemens d'une nouvelle église pour leurs néophytes, & l'appelère t *la nouvelle Jérusalem.* En 1708, *Ziégenbalg* fit divers voyages le long de la côte, cherchant par-tout des ames à convertir ; au mois de juillet 1709, il arriva de Dannemarck trois nouveaux missionnaires qui venoient partager les travaux des deux premiers, & qui leur apportoient l'argent nécessaire pour soutenir leurs écoles alors extrêmement multipliées. Au commencement de la même année 1709, son zèle ne pouvant se borner à la côte de Coromandel, il voulut s'engager dans le continent de la presqu'île, & sur les terres du roi de Tanjaor : c'étoit ce prince qui avoit témoigné tant de ressentiment de savoir un étranger admis aux mystères de la langue & des rites malabares. *Ziégenbalg* ne fit que trois lieues dans ces terres, & sur les avis qui lui vinrent de toute part du danger où il s'exposoit & où il exposoit avec lui la religion chrétienne, il regagna la côte, & se dédommagea en la parcourant toute entière. Le 9 juillet 1711, il visita Madras, & ensuite tous les établissemens des européens sur cette même côte ; il vit sur-tout Méliapour ou le mont de Saint-Thomas ou Saint-Thomé, mais il rencontra là de nouvelles difficultés & de nouveaux ennemis ; les catholiques romains y avoient quelque églifes ; ils virent de mauvais œil , & même avec fcandale , un miffionnaire qui venoit chez eux prêcher le pur luthéranifme , & qui ne faifoit , felon eux , que faire changer d'erreur à ces peuples. La fociété de la *propagande*, en Angleterre, vint à fon fecours , & lui envoya de l'argent & des livres en 1711 : trois imprimeurs d'Allemagne arrivèrent à Tranquebar au mois de décembre. 1712 , avec des caractères malabares , dont *Ziégenbalg* fut faire un très-bon ufage. Voici les principaux fruits de cette imprimerie malabare ; c'eft une verfion de la bible , en cette langue, fous les deux titres fuivans :

Biblia damulica, feu biblia facra, Damulicè ; feu veteris teftamenti pars prima, in quâ mofis libri quinque, Jofuæ liber unus, atque liber unus judicum, ftudio & operâ Bartholomæi Ziegenbalgii, miffionarii ad Indos Orientales, in linguam damulicam verfi, continentur. Tranquebariæ, in littore Coromandelino. Typis & fumptibus miffionis Danicæ, in-4°. 1723.

Novum teftamentum, ex originali textu in linguam Damulicam verfum, operâ & ftudio Bartholomæi Ziegenbalgii & Joannis Ernefti Grundleri. Editio fecunda, acceffione fummariorum cujufvis capitis auctior ; Tranquebariæ in littore Coromandelino, typis & fumptibus miffionis Danicæ, 1722, in 8°.

Tels font , dans le catalogue de la bibliothèque du roi, les titres des deux verfions de l'ancien & du nouveau teftament en langue malabare par *Ziégenbalg*. Le nouveau teftament avoit été imprimé pour la première fois en 1714 , fous les yeux de l'auteur de la verfion ; il avoit travaillé auffi à la feconde édition , mais il ne l'avoit pas vu finir ; ce Jean Erneft Grandler, qui acheva l'édition, eft un des trois nouveaux miffionnaires danois arrivés en 1709. *Ziégenbalg* eft de plus auteur d'un dictionnaire & d'une grammaire malabare, fans compter une multitude de petits ouvrages, tous en langue malabare, compofés pour l'inftruction de fes néophytes, dont les principaux font une *lettre aux malabares*, un traité intitulé : *Le chemin du falut* ; & un autre, *le paganifme condamnable*.

En 1714, il fit un voyage en Europe, toujours pour les intérêts de fa miffion chérie ; il ne perdit pas fon temps dans le vaiffeau , il y continua fa verfion de l'ancien teftament , & y compofa fa grammaire malabare; il arriva le premier juin 1715 à Berghem, en Norwège, d'où il fe rendit toujours par mer à Hambourg. Le roi de Danemarck, qu'il vouloit joindre, étant occupé alors au fiège de Stralfund, il y alla, fut très-bien reçu du roi, & le fit haranguer par un néophyte indien, fon difciple, auquel il avoit appris l'allemand, & qui le parloit très-bien. Il féjourna enfuite quelque tems à Hall, où il fit imprimer en 1716 fa grammaire allemande, & où il époufa Marie-Dorothée Saltzman, dont on

vante le mérite. Il paffa enfuite en Angleterre, d'où il partit avec fa femme le 4 mars 1716, pour retourner à Tranquebar, où il mourut confumé des travaux, des peines , des fatigues de l'apoftolat, le 23 février 1719. Diverfes relations lui attribuent une traduction entière de la bible , en langue malabare, car on a vu, dans le premier des titres latins, que la traduction de l'ancien teftament étoit bien éloignée d'être complete ; on lui attribue encore des *entretiens* avec les principaux favans malabares ; & deux livres de lettres qu'on annonce comme fort curieufes & fort inftructives.

ZIEGLER. (*Hift. litt. mod.*) Nom de trois favans allemands des feizième & dix-feptième fiècles, parens ou non parens.

1.° *Bernard*, théologien luthérien , ami de Luther & de Mélanchton , auteur de divers ouvrages de controverfe oubliés. Né en Mifnie en 1496, mort en 1556.

2°. *Jacques*, auteur d'une defcription de la terre fainte, d'un traité *de conftructione folida fpheræ*, d'un commentaire fur le fecond livre de Pline, qui ont joui de quelque eftime. Mort en 1549.

3°. *Gafpard*, auteur de traités favans *de Milite epifcopo ; de Diaconis & de Diaconiffis ; de Clero renitente ; de Epifcopis* ; auteur auffi de notes critiques fur le traité de Grotius , *du droit de la guerre & de la paix*. Né à Leipfick en 1621 , mort à Wittemberg en 1690.

ZIÉROLD, (Jean-Guillaume) (*Hift. litt. mod.*) théologien luthérien, né le 14 mai 1669, à Neuftadt, mort le 15 août 1731, eft auteur de beaucoup d'écrits polémiques & théologiques, dont un des plus confidérables a pour titre: *Theologia verè evangelica libri tres , de naturâ integrâ , de naturâ lapfâ, de naturâ reparatâ.* Outre divers écrits latins, il en a auffi plufieurs d'allemands.

ZIL, (*Hift. turq.*) inftrument de mufique militaire , dont on fe fert dans les armées des turcs ; ce font deux baffins de cuivre que l'on frappe l'un contre l'autre. (*A. R.*)

ZIMBI ; (*Hift. mod. commerce*) efpèce de petites coquilles qui fervent de monnoie courante au royaume de Congo, & dans un grand nombre d'autres pays de l'Afrique, fur les côtes de laquelle ce coquillage fe trouve. On en rencontre fur-tout une grande quantité près d'une île qui eft vis-à-vis de la ville de Loanda S. Paolo ; ce font les plus eftimées. Ces coquilles font une mine d'or pour les portugais, qui ont feuls le droit de les pêcher, & qui s'en fervent pour acheter des africains leurs marchandifes les plus précieufes. (*A. R.*)

ZIMISCÈS. (Jean) (Hiſt. de l'empire Grec.)
Jean Zimiſcès, empereur de Conſtantinople, poignarda ſon prédéceſſeur Nicéphore Phocas, en 969,
& fut, dit-on, empoiſonné par Baſile ſon ſucceſſeur.
L'hiſtoire de l'empire grec n'offre ainſi à de certaines
époques qu'une ſuite d'uſurpateurs. Jean Zimiſcès
étoit un des officiers des légions d'Orient ; il étoit
d'une famille illuſtre, mais qui ne lui donnoit aucun
droit à la couronne. Son règne fut glorieux, ſelon
les idées du tems, c'eſt-à-dire qu'il fit beaucoup la
guerre & avec ſuccès ; il remporta de grandes victoires ſur les ſarrazins, les bulgares, les ruſſes. En
paſſant par la Cilicie pour aller faire la guerre en
Syrie & ſoumettre Damas, une multitude de maiſons magnifiques & nouvellement bâties, attira ſes
regards : étonné de ce luxe inattendu, il voulut
ſavoir à qui ces maiſons appartenoient ; on lui dit
que c'étoit l'eunuque Baſile ſon grand chambellan
qui les avoit fait conſtruire : il ſe tut un moment,
pouſſa un ſoupir, & dit : Il eſt bien triſte que les
travaux des grecs ne ſervent qu'à enrichir un eunuque !..... Eunuque ou non, il étoit triſte en effet
qu'un particulier pût s'enrichir ainſi aux dépens des
peuples ; mais ſi Zimiſcès avoit ce mépris pour les
eunuques, pourquoi des eunuques, & pourquoi les
laiſſoit-il s'enrichir ? La réflexion de Zimiſcès ayant
fait craindre à Baſile qu'on ne l'inquiétât ſur ſes richeſſes, & qu'on n'en recherchât la ſource, il mit,
dit-on, dans ſes intérêts un échanſon de l'empereur,
qui conſentit d'empoiſonner ſon maître. Baſile, à
qui ſes richeſſes avoient ſans doute procuré un
grand parti, règna, & fut Baſile II. Zimiſcès mourut le 10 janvier 976. Il avoit fait graver ſur ſa monnoie l'image de J. C. avec cette inſcription : Jéſus-
Chriſt, roi des rois.

ZIMMERMAN, (Hiſt. litt. mod.) c'eſt le nom
de divers ſavans allemands ou hongrois.

1º. Mathias, hongrois, né à Eperies le 21 ſeptembre 1625, d'un ſénateur de cette ville, enſeigna
en diverſes villes de Hongrie & d'Allemagne, &
mourut d'apoplexie le 29 novembre 1689. Il a beaucoup écrit, & ſur beaucoup de matières différentes,
tantôt ſous le nom de Théodore Althuſius, tantôt
ſous celui de Dorotheus aſcianus. Voici les titres
de ſes principales productions :

Hiſtoria eutychiana, ortum, progreſſum, propa-
gationem, errorum enarrationem & refutationem, cum
confectario Lutheranos non eſſe eutychianos, exhibens.

Montes pietatis romanenſes hiſtoricè, canonicè,
theologicè delecti ; præmittitur juſtus tractatus de
nervis rerum gerendarum romanæ eccleſiæ : ſubjungitur
biga ſcriptorum pontificiorum, Nicolai Bariani,
Auguſtiniani, montes impietatis, Michaëlis papæ
ſavæ, deciſio contra montes pietatis.

Analecta miſcella menſtrua eruditionis ſacræ & pro-

fana, theologica, liturgica, philologica, moralis,
ſymbolica, ritualis, curioſa, ex optimis & rario-
ribus autoribus collecta, menſes 12.

De presbyteriſſis veteris eccleſiæ, commentariolus.

Amænitates hiſtoriæ eccleſiaſticæ hactenus ad bonam
partem ordine hoc intacta.

Florilegium philologico-hiſtoricum aliquot myria-
dum titulorum, cum optimis auctoribus qui de quâ-
vis materiâ ſcripſerunt, quarum, præcipua curioſè
& ex profeſſo tractantur : adhibitâ re nummariâ &
gemmariâ. Præmittitur diatriba de eruditione eleganti
comparandâ.

Diſſertatio de acceptilatione ſocinianâ, imprimis
injuriâ in meritum & ſatisfactionem Jeſu-Chriſti.

2º. Jean-Jacques Zimmerman, plus connu encore comme fanatique que comme homme de lettres.
Il n'avoit preſque de liaiſons qu'avec des fanatiques
tels que lui. Perſonne ne ſait aujourd'hui qu'il ait
exiſté un Jacques Bôme, & qu'il y ait eu des bômiſtes, diſciples & zélateurs de cet inconnu ; Jean-
Jacques Zimmerman fut le plus ardent de ces zélateurs, il préféroit hautement Jacques Bôme aux
apôtres ; en conſéquence de ces ſentimens, il compoſa en 1685 un écrit contre l'égliſe luthérienne,
qu'il traitoit de Babel nouvelle. Cet écrit, qu'il falloit laiſſer dans ſon obſcurité, eut aſſez d'éclat,
& fit aſſez de bruit pour le faire dépoſer d'une
place de profeſſeur de mathématiques & pour le
faire bannir ; il erra long-tems en divers lieux,
prenant le nom de Jean-Mathieu, content de ſouffrir pour le nom de Jacques Bôme, & prenant
par-tout la défenſe de ce maître révéré. Il publia
un livre ſous ce titre : Orthodoxia bohmana. Il
raſſembla quelques familles de bômiſtes, avec leſquelles il voulut aller s'établir en Penſylvanie : il
obtint, en 1696, d'un riche quakre, un vaiſſeau
ſur lequel il devoit s'embarquer avec ſa femme,
ſes enfans & ces familles, au nombre de ſeize ; il
alla dans cette vue à Rotterdam, mais il mourut
avant l'époque fixée pour l'embarquement. Le vaiſſeau n'en tranſporta pas moins en Amérique ſa famille & les autres. On a de ce même Zimmerman
l'écrit intitulé : Scriptura ſacra copernizans, & une
traduction allemande de la Theoria telluris ſacræ
de Thomas Burnet.

3e. Un autre Jean-Jacques Zimmerman, poſtérieur
au précédent & bien différent, eſt auteur de pluſieurs diſſertations ſavantes qui ſe trouvent dans les
amænitates litterariæ de M. Scelhorn.

ZINCKGRÆF (Laurent) Hiſt. Litt. Mod.)
ſavant allemand, né en 1539, à Simmeren dans
le Palatinat, étudia en 1556, à Straſbourg, ſous
Jean Sturius, enſeigna la théologie à Wittemberg
& l'aſtronomie à Paris ; il s'appliqua auſſi à l'étude
de

du droit. Il a publié les apophtegmes des allemands; mort en 1610. Il avoit été un des conseillers de l'électeur Palatin Frédéric III, & en 1574, il avoit accompagné en qualité de conseiller de guerre Christophe comte palatin, qui menoit au prince d'Orange des troupes auxiliaires d'Allemagne.

ZINGHA, (*Hist. d'Afrique*). reine d'Angola, princesse fière & ambitieuse, & d'un caractère qui mérite d'être remarqué. Elle étoit sœur de Gola-Bendi, souverain de ce royaume d'Angola au dix-septième siècle. Ce prince eut de longues guerres à soutenir contre les portugais qui ont des établissemens voisins du royaume d'Angola, il eut presque toujours du désavantage dans ces guerres. Réduit à demander la paix, ce fu Zingha, sa sœur, qu'il chargea des négociations néceffaires auprès du viceroi portugais. Celui-ci lui donna audience dans la forme usitée, à l'égard des souverains du pays & dont l'orgueil de ceux-ci peut avoir droit de se plaindre; le viceroi étoit assis sur une espèce de trône, unique siège qu'il y eût dans toute la falle. La princesse d'Angola n'avoit pour s'asseoir, ou plutôt pour se coucher par terre, qu'un coussin, jetté sur le tapis qui couvroit le parquet; elle voulut un siège plus élevé, elle sut s'en procurer un sans entrer dans aucune contestation sur l'étiquette portugaise : elle donna ordre à une de ses femmes, peut être d'après quelque usage du pays, de se poser sur ses genoux & sur les mains, & elle s'assit sur le dos de cette femme. Elle apporta d'ailleurs au traité tout l'esprit de conciliation propre à le faire réussir; elle montra ou feignit beaucoup d'inclination pour le christianisme, & pousfa ce zèle outre feinte jusqu'à se faire baptiser. Cependant, si le royaume d'Angola étoit abbattu & humilié au-dehors par les armes des portugais, il étoit encore plus déchiré au-dedans par les divisions & les crimes politiques. Gola-Bendi, suivant un usage trop commun dans les états despotiques & barbares de l'Afie & de l'Afrique, avoit immolé à fes défiances tous les mâles de fa famille; entr'autres un fils de Zingha; cette mauvaise politique eut le succès qu'elle devoit avoir; Gola-Bendi, ou s'empoifonna lui-même de désespoir des pertes continuelles qu'il faisoit dans les guerres contre le Portugal, ou fut empoisonné par une femme, en haine des précautions barbares qu'il avoit prifes contre les hommes; on croit que ce fut Zingha fa sœur qui le fit périr, & on le croit fur-tout parce qu'elle lui succéda, & que pour s'affermir fur le trône elle poignarda fon neveu, fils de Bendi, héritier naturel. Elle fut punie à fon tour de ses crimes. Détrônée par les portugais avec lesquels le royaume d'Angola étoit toujours en guerre, elle fut obligée de fuir, & elle s'enfonça feule dans des déferts horribles. Un fi déplorable & fi universel abandon étoit la jufte peine des attentats que l'ambition lui avoit fait commettre; ce fut fur-tout dans cette fuite périlleuse & dans ce long exil qu'elle eût befoin & qu'elle paroît avoir

Histoire. Tome V.

usé de toutes les ressources d'une ame forte & de tout l'ascendant du génie. Elle perça ces déferts, elle pénétra jusques dans l'intérieur de l'Afrique méridionale chez une nation féroce & antropophage, nommée les *Giacques* ou *Jagas*; elle porta chez eux de grands projets d'ambition & de vengeance; elle voulut régner sur eux & se fervir d'eux pour remonter fur le trône d'Angola, il fallut acheter leurs fervices à un prix bien horrible; il fallut fe plier à leurs mœurs cruelles, fe dépouiller, comme eux de tout fentiment d'humanité, fe nourrir de la chair de fes fujets, égorger elle même de fa main, fans aucune répugnance apparente, les victimes humaines qu'ils offroient religieufement à leurs idoles. Elle fe gouverna pendant trente ans avec cette condefcendance forcée pour leurs ufages, dans l'efpérance & dans le deffein de parvenir un jour à les abolir. Elle fit infenfiblement de profondes réflexions fur la doctrine & la morale de ce chriftianifme qu'elle avoit embraffé autrefois par politique, elle fe remplit de fon efprit, renonça au trône d'Angola & à fa vengeance, pardonna fincèrement à fes vainqueurs, & leur fit le facrifice de tous fes droits fur le royaume qu'ils lui avoient enlevé; elle ne leur demanda en dédommagement que de l'inftruction & des fecours fpirituels. Le viceroi portugais de Loando lui envoya des missionnaires qui fecondèrent fes vues & travaillèrent efficacement avec elle à civiliser les Jagas; elle fut les amener au point d'entendre tranquillement publier des édits pour l'abolition des facrifices humains, de toutes les fuperftitions & de tous les ufages barbares; elle s'attacha conftamment au projet d'établir & d'étendre le Chriftianifme dans fes états, mais elle n'eut pas le temps de confommer fon ouvrage, elle l'avoit commencé trop tard. Elle mourut dans de grands fentimens de Religion & de pénitence à quatre vingt-deux ans, le 17 décembre 1664. M. Caftillon a traduit en partie de l'anglais, & publié en 1769, un ouvrage moitié hiftorique, moitié romanefque fous ce titre : *Zingha, reine d'Angola, nouvelle africaine*. Les faits principaux qui compofent cette hiftoire font tirés de mémoires qu'a laiffés un capucin nommé Antoine de Gaïette, miffionnaire que le viceroi portugais avoit envoyé à Zingha, & qui avoit eu le plus de part aux changemens avantageux opérés par elle chez les Jagas.

ZINI. (Pierre François & Vincent) *Hist. Lit. Mod.*)

1°. Pierre - François, favant eccléfiaftique de Vérone, eft connu par plufieurs ouvrages; fur-tout par des traductions. Il a traduit divers écrits de Saint Grégoire de Nazianze, de faint Grégoire de Nyffe, de faint Grégoire Thaumaturge, de faint Ephrem, de faint Jean Damafcène, de Théodoret & de plufieurs autres écrivains eccléfiaftiques grecs; toutes fes traductions font en latin. Alde Manuce, le néveu, lui dédia *fes élégances tofcanes; le père* Lequien, dominicain, parlant de lui dans fon édition des œuvres de faint Jean-Damafcène, le qualifie *vir utriufque lingua latina & Græca callentiffimus*, c'eſt ce qu'il faut pour un traducteur; M. le marquis Scipion Maffei, dans fa *Verona illuſtrata*, fait de *Zini*. une mention honorable; à l'évêque de Vérone, Jean-Mathieu Gibert, dont *Zini* a raffemblé les conſtitutions dans le livre intitulé : *Conſtitutiones edita à Joanne, Mathæo Giberto, Epiſcopo Veronenſi, ex fanctorum patrum dictis & canonicis inſtitutis collecta & in unum redacta curâ Petri Franciſci Zini*. L'évêque de Verone parle de fon éditeur comme d'un homme plein de vertus, & qui faifoit un faint ufage des biens qu'il tenoit de l'églife. On a encore de *Zini* l'ouvrage fuivant : *Tabula græcarum inſtitutionum ad ufum feminarii Veronenſis*. Pierre François *Zini* vivoit dans le feizième fiècle; il avoit été profeſſeur de morale à Padoue, & il étoit digne d'enfeigner la morale. M. Maffei dit que l'on conferve encore manufcrite la harangue que *Zini* avoit prononcée en prenant poſſeſſion de cette chaire en 1547.

2°. Vincent *Zini*, poëte latin, vivoit auſſi dans le feizième fiècle; il étoit de Breſſe en Italie, on l'apprend de lui-même :

Si patriam quæris, Brixia mi patria.

Hercule d'Eſt, duc de Ferrare, gendre de notre roi Louis XII, & beau frère de François I, étoit le protecteur de *Zini*; c'eſt, dit celui ci, l'Hercule fous le bras puiſſant duquel je n'ai rien à craindre de l'envie; il célèbre dans fes vers les favans qui fréquentoient & illuſtroient alors la cour du duc de Ferrare & de la princeſſe Renée de France, fa femme, & on compte parmi eux de grands noms en littérature, tels qu'Arioſte & Guarini. Le recueil de fes poéfies eſt dédié à Philippe Contarini, jeune alors, & dans l'épitre dédicatoire, il lui parle avec intérêt & avec éloge de Pierre-François *Zini*, fon parent, dont Contarini avoit été le difciple : c'eſt celui dont nous venons de parler fous le n°. 1.

ZION, (Tesfa) (*Hiſt. litt. mod.*) favant éthiopien, dont le nom fignifie *l'eſpérance de Sion*, fuivant l'ufage aſſez généralement établi en Ethiopie, ainſi que dans quelques autres pays, que les noms foient fignificatifs. *Zion* vint à Rome avec deux autres favans éthiopiens, fes aſſociés : ils y étoient vers l'an 1548, & ils y donnèrent la première édition du nouveau teſtament en langue éthiopique : elle étoit fautive, mais ce nouveau teſtament éthiopien a reparu avec les corrections néceſſaires dans la polyglotte d'Angleterre.

ZIRIC-ZÉE, (Amand de) (*Hiſt. litt. mod.*) favant zélandois, ainſi nommé du lieu de fa naiſſance, ville forte de la Zélande, bâtie en 834, par l'em-

pereur Lothaire, à l'embouchure de l'Efcaut, dans l'île de Schowen, dont elle eſt la capitale. Amand de *Ziric-zée* fe fit cordelier, & fut profeſſeur en théologie à Louvain, où il mourut le 8 juin 1534. Il paſſoit pour favoir bien le grec, l'hébreu, le chaldéen. Il eſt auteur d'une chronique, depuis le commencement du monde juſqu'en 1534, fous ce titre, d'un goût digne d'un fiècle encore plus reculé, quoiqu'il ait le mérite d'annoncer les recherches qu'exige la vérité : *Scratinium, feu venatio veritatis hiſtoricæ*. Il a d'ailleurs commenté pluſieurs livres de l'écriture fainte; on a encore de lui les ouvrages fuivans : *Spiritualis militiæ* 12 *horæ : de* 40 *manſionibus : de S. Anna conjugio : de Sophi, rege Perfarum, hoſte Turcarum, &c.*

ZISKA, (Jean) (*Hiſt. de Bohême.*) gentilhomme bohémien, élevé à la cour de Wenceſlas, roi de Bohême & empereur, (*Voyez* fon article) fut le plus redoutable ennemi de l'empereur Sigifmond, frère & fucceſſeur de Wenceſlas. L'hiſtoire n'eſt pas toujours dans fes réfultats auſſi morale qu'on pourroit le defirer, c'eſt-à-dire, qu'elle ne nous montre pas toujours le crime puni, du moins fenſiblement : mais l'impunité des crimes n'eſt pas non plus auſſi commune ni auſſi entière que les machiavelliſtes aiment à fe le figurer. Il eſt même dans la nature des chofes, que le crime & la mauvaife foi, révoltant les efprits, les difpofent à la haine & à la vengeance: Sigifmond l'éprouva, lorfque, malgré la foi donnée, il eût fait brûler Jean Hus & Jérôme de Prague au concile de Conſtance, d'après cet axiôme impie & injurieux à la religion, que *la foi n'eſt pas due aux hérétiques*; les huſſites coururent à la vengeance, & Jean *Ziska*, qui avoit de la vertu fans doute, puifqu'il s'indignoit de l'injuſtice & de l'atrocité, fe mit à leur tête; on rejetta du trône de Bohême un incendiaire & un violateur de fa parole. *Ziska* avoit déjà perdu un œil dans un combat, ce qui lui avoit fait donner le nom de *Ziska*, qui fignifie borgne; il eut l'autre œil percé d'un coup de flèche en aſſiégeant la ville de Rabi. Il n'en continua pas moins la guerre. C'eſt ainſi qu'on avoit vu le roi de Bohême, Jean, aïeul de Wenceſlas & de Sigifmond, combattre, quoiqu'aveugle, pour la France, & périr à la bataille de Crécy : mais il ne combattoit qu'en foldat, & en chevalier, en faifant attacher fon cheval aux chevaux de quatre de fes plus intrépides chevaliers, qui l'entraînoient au milieu de la mêlée & des périls. *Ziska* étoit un général; il étoit même créateur dans ce genre, il avoit levé une armée de payfans, & les avoit fi bien exercés, qu'en peu de temps il en avoit fait des troupes auſſi difciplinées que courageufes, avec lefquelles il exécuta les plus grandes chofes. Devenu aveugle, il ne ceſſa pas de commander; il voyoit par le rapport des autres, il ordonnoit par lui-même, & fes foldats s'empreſſoient d'exécuter fes ordres. La fureur dont ils étoient animés contre les catholiques les réuniſſoit dans un même esprit & mettoit du concert dans leurs démarches. Il remporta une victoire décisive dans un grand combat devant Auffig fur l'Elbe; neuf mille catholiques y reftèrent fur la place, & le général aveugle demeura maître de la Bohème; il prit & réduifit en cendres toutes les fortereffes qui voulurent encore réfifter, & la cruauté de Sigifmond l'ayant rendu cruel, il chaffa tous les catholiques, ruina tous les monaftères, brûla plufieurs prêtres, abufa enfin de la victoire en toutes manières.

Eh! qui peut arrêter l'abus de la victoire!

Sigifmond, allarmé, envoya des ambaffadeurs à Ziska, & lui promit la première place fous lui dans le royaume, s'il vouloit le ramener fous fon obéiffance. A peine ces négociations étoient-elles entamées, que Ziska fut attaqué de la pefte: il en mourut en 1424. On a dit qu'il avoit ordonné en mourant qu'on fît de fa peau un tambour pour animer les huffites à la guerre contre les catholiques. Un écrivain très-poftérieur parle de l'épitaphe qu'on lifoit, dit-il, de fon temps fur le tombeau de Jean Ziska. Ce brave aventurier y parloit luimême; il fe comparoit, pour le confeil, au célèbre Appius Claudius l'aveugle, & pour la valeur, à Marcus Furius Camillus. « Tout aveugle que » j'étois, dit-il, j'ai toujours bien vu les occa- » fions d'agir; je n'ai jamais manqué à la fortune, » & elle ne m'a jamais manqué. » Il s'attribue jufqu'à onze victoires en bataille rangée; il fe félicite d'avoir été l'appui & le vengeur des foibles & des opprimés contre les prêtres fanguinaires & des tyrans infidèles; « & malgré le pape enfin, dit-il, » mes os repofent ici dans un afyle facré. »

ZITTARD, (Matthias) (Hift. litt. mod.) favant dominicain, natif d'Aix-la-Chapelle, tiroit fon nom de Zittard, dans le duché de Juliers, dont il étoit originaire. Il fe fit un nom par la prédication, & fut eftimé à la cour de Charles Quint; mais il eft plus connu des favans pour être entré en lice contre Luther, dans fon livre intitulé: Affertio catholica religionis. Il y a de lui d'ailleurs des homélies en allemand & des prières catholiques, accommodées aux évangiles de toute l'année, auffi en allemand. Quelques auteurs lui donnent les titres de prédicateur & de confeiller des empereurs Ferdinand I & Maximilien II. On croit qu'il mourut vers l'année 1570.

ZIZIM. (Hift. ottomane.) Le prince Zizim eft célèbre dans l'hiftoire ottomane par fes démêlés avec Bajazet II, fon frère, relativement à l'empire. Cette conteftation étoit la même qui s'étoit élevée autrefois chez les perfes, à la mort de Darius, fils d'Hyftape, entre Artabazane, né lorfque Darius fon père n'étoit encore qu'homme privé, & Xerxès, né depuis que Darius étoit roi. La même conteftation s'étoit élevée encore à la mort de Darius Ochus, entre Artaxerxès Mnémon & le jeune Cyrus fon frère, & dans ces deux cas elle avoit été jugée diverfement. Bajazet & Zizim étoient fils du conquérant Mahomet II. Ce prince eut, à l'égard de fes enfans, toutes les inquiétudes que la politique donne à ceux qui s'écartent de la nature; il craignit également, & leur réunion contre lui, & leur divifion entre eux. Il crut remédier à tout en les tenant toujours tellement éloignés l'un de l'autre, qu'à fa mort ils ne s'étoient vus qu'une feule fois; il les avoit envoyés gouverner, l'un la Lycaonie, l'autre la Paphlagonie. Il arrivoit de là, que s'ils ne fe haïffoient pas, ils ne s'aimoient pas. Zizim difputa l'empire à Bajazet par les raifons ou fous les prétextes qu'on vient d'alléguer; il fut battu & fe retira fucceffivement en Egypte, en Cilicie, en Lycie, enfin à Rhodes, où il fut reçu en 1484. Mahomet étoit mort en 1481. Les chevaliers de Rhodes regardèrent comme un grand avantage d'avoir ce moyen d'inquiéter l'empereur des turcs, leur éternel ennemi, & d'allumer une guerre civile dans l'empire Ottoman; mais ils craignirent auffi d'attirer dans leur île toutes les forces de cet empire; ils prirent donc le parti d'envoyer Zizim en France, où ils le firent garder avec foin dans une commanderie de leur ordre. En 1489, les chevaliers de Rhodes, de concert avec la France, le remirent aux députés du pape Innocent VIII, qui defiroit ardemment de l'avoir à Rome & de l'attirer à la religion chrétienne. Alexandre VI, qui lui fuccéda en 1492, avoit ce prince entre fes mains. Charles VIII, lorfqu'il commença de régner plus particulièrement par lui-même, fe livrer aux vaftes idées de conquête que lui donnoient fes droits fur Naples, fe repentit d'avoir laiffé remettre en d'autres mains ce prince Zizim, dont il prétendoit fe fervir utilement contre les turcs; il envoya en 1493 une ambaffade au pape pour lui recommander de bien garder Zizim, & de ne le remettre qu'à lui-même lorfqu'il iroit le chercher à Rome. Pendant ce temps, Bajazet avoit mis à prix la tête de Zizim; ce prince, qui étoit de trois cents mille ducats, tenta, dit-on, Alexandre VI, qui, obligé de remettre Zizim au roi en 1495, prit la précaution de ne le lui remettre qu'empoifonné, conformément à un traité fecret fait avec Bajazet. En effet, il ne fit que languir depuis ce moment, & mourut peu de temps après.

Il laiffa un fils, nommé Amurat, qui avoit luimême deux fils & deux filles. Rhodes fervit encore d'afyle à ces infortunés; mais lorfque Soliman II, petit-fils de Bajazet II, eut pris cette île en 1522, Amurat & fes enfans tombèrent entre les mains de ce vainqueur impitoyable, qui fit étrangler le père & les deux fils en préfence de toute fon armée, & enferma les deux filles dans le ferrail de Conftantinople.

ZIZIME (Hift. ecclés.) eft le nom d'un antipape.

élu en 824, & qui fut le concurrent d'Eugène II, vrai pape, après Paschal I.

ZNOIMA, (Stanislas) (*Histoire ecclés. & litt.*) professeur en théologie à Prague, eut Jean Hus pour disciple ; il avoit long-temps vécu dans une assez grande liaison avec lui & avec les sectateurs, & se piquoit d'être un des admirateurs de Wiclef; mais dans la suite, voyant Rome déclarée contre ces hérétiques, il fut, ou ébranlé par son autorité, ou effrayé par ses menaces ; il changea de langage & de conduite, il alla jusqu'a écrire. & même avec chaleur, contre ceux dont il avoit d'abord paru partager les sentimens : du moins ce que nous disons ici lui fut reproché par Jean Hus, dans un livre d'où on a tiré divers articles qui furent condamnés en 1415 au concile de Constance. Jean Hus y accuse *Znoïma*, qu'il reconnoît d'ailleurs pour son maître, d'une variation honteuse, & dont les motifs n'avoient rien que de méprisable.

ZOBÉIR, (*Hist. des califes.*) nom auquel d'Herbelot, dans sa bibliothèque orientale, ajoute les noms d'Aboubekr Abd'llah ben *Zobéir* ben Avam, étoit celui du premier musulman qui naquit à Médine, entre ceux qu'on appelle *les fuyards de la Mecque.* Il fut proclamé calife à la Mecque, après la mort de Mohavia ou Moïhavie, fils d'Iézid, l'an 63 de l'hégyre, 682 de J. C., mais il ne fut reconnu par tous les musulmans que pendant l'espace de cent-vingt-huit jours, au bout desquels on se partagea, & Marvan, fils de Hakem, fut proclamé calife à Damas; *Zobéir* resta cependant assez tranquille à la Mecque jusqu'en l'an 71 de l'hégyre, 690 de J. C. ; alors assiégé par Hégiag, général du calife Abdalmalek, successeur de Marvan, il fut tué en combattant vaillamment à l'âge de soixante & douze ans. Sa tête fut envoyée à Médine, & son corps fut pendu à un gibet.

Plusieurs historiens ne comptent point ce calife, parce qu'il n'étoit pas de la race des Ommiades. Sa famille fut de tout temps ennemie de celle d'Ali. Le chef de cette famille fut père du calife Abda la, un des principaux compagnons de Mahomet, tué à la bataille du Chameau, qu'Ali gagna contre Aïska.

L'auteur du Nighiaristan rapporte un entretien qu'eut Hégiag, vainqueur de *Zobéir*, avec un arabe du désert, auquel il étoit arrivé de dire du mal d'Hégiag, en lui parlant à lui même sans le connoître. *Excusez-moi*, dit l'arabe pour réparer sa faute, je *suis de la famille de* Zobéir. Jusques là l'excuse étoit assez noble ; mais il ajouta : on fait que les parens de ce malheureux *Zobéir* sont fous pendant trois jours de l'année, & je suis dans un de ces mauvais jours.

Pour donner une idée de l'application de *Zobéir*

à la prière, on raconte que, pendant cette action, il restoit debout & immobile à tel point, qu'un pigeon vint se percher sur sa tête, croyant se reposer sur un morceau de bois.

ZOBEL, (Melchior de) (*Hist. litt. mod.*) jurisconsulte allemand du seizième siècle, a traduit en allemand l'ancien droit saxon, en marquant avec soin les différences qui se trouvent entre ce droit saxon & le droit romain. On a encore de *Zobel* un autre ouvrage, intitulé : *Differentiæ juris civilis & saxonici.*

ZOÉ. (*Hist. du Bas-Empire.*) Deux femmes de ce nom sont connues dans l'histoire du Bas-Empire ; l'une, distinguée par le nom de *Carbonopsine*, femme de l'empereur Léon VI, & mère de Constantin Porphyrogénète, sut régner avec gloire pendant la minorité de son fils, né en 905, & monté sur le trône en 912. Ce fils, pour récompense, l'exila de la cour, & elle mourut dans la retraite.

L'autre eut plus de vices que la première n'avoit de vertus & de talens. Née en 978, fille de l'empereur Constantin VIII, elle épousa Romain Argyre, à qui elle sembla porter l'empire en dot, & qui succéda en effet à son beau-père en 1028. Zoé s'en dégoûta, le fit étrangler en 1034 pour épouser un orfèvre, nommé Michel le Paphlagonien, qu'elle fit aussi empereur ; celui-ci abandonna le soin du gouvernement à Jean, son frère, qui la détrôna & l'enferma, ainsi que Zoé. Mais en 1042, une autre révolution tira Zoé de sa retraite pour la replacer sur le trône avec Théodora, sa sœur. Elle épousa encore alors, à soixante-quatre ans, un de ses anciens amans, Constantin Monomaque, homme digne d'elle par ses vices, & qui travailla de concert avec elle à ruiner l'empire & à l'avilir.

ZOECH, (Denys) (*Hist. de Hongrie,*) hongrois de nation, archevêque de Strigonie, nommé cardinal en 1439. Ce fut l'homme du monde qui mit le plus en pratique cette morale assez immorale de la Fontaine :

Le sage dit, selon les gens,
Vive le roi, vive la ligue.

Il embrassa tour-à-tour tous les différens partis qui divisèrent la Hongrie relativement à la succession au trône, après la mort de l'empereur Albert d'Autriche, roi de Hongrie, arrivée en 1439. Il se déclara d'abord pour Ladislas d'Autriche, fils posthume de cet empereur, & le couronna.

Un autre Ladislas, roi de Pologne, compétiteur de Ladislas d'Autriche à la couronne de Hongrie, étant entré à main armée dans ce royaume, l'archevêque de Strigonie alla le trouver à Bude, & le sacra & le couronna aussi à son tour.

ZOÉ

ZOI 733

Plufieurs feigneurs hongrois s'étant ligués contre ce nouveau Ladiflas, en faveur du premier, Zoech ne fut pas des derniers à entrer dans la ligue.

Mais cette ligue n'ayant pas réuffi, il fut des premiers à faire fon accommodement avec le roi de Pologne.

Mais celui-ci étant mort en 1444, Zoech fe rangea auffi-tôt auprès du jeune Ladiflas d'Autriche, proteftant qu'il l'avoit toujours regardé comme le feul roi légitime de Hongrie, & qu'il ne s'étoit foumis au roi de Pologne que malgré lui & pour s'accommoder au temps.

Ce prélat, plus rempli de dextérité que de droiture, mourut vers l'an 1464, & fa mémoire n'eft point défagréable à fon églife, à laquelle il légua une fomme confidérable.

ZOÉE (Sainte) (Hift. eccléf.) fouffrit, dit-on, le martyre à Rome vers l'an 286. On la trouva priant Dieu au tombeau de faint Pierre ; on l'arrêta, & fur fon refus de facrifier aux idoles, elle fut mife en prifon, puis fix jours après pendue à un arbre, fous lequel on alluma de la paille pourrie. On célèbre fa fête le 5 juillet ; mais fon hiftoire n'eft fondée que fur les actes de faint Sébaftien, qui font fans autorité.

ZOES. (Hift. litt. mod.) C'eft le nom de divers écrivains des feizième & dix-feptième fiècles, tous de la ville d'Amersfort en Hollande, & tous vraifemblablement parens.

1°. Thomas, docteur en droit, auteur d'un commentaire latin fur le code, prit fes degrés à Louvain en 1570 ; eut, en 1578, une place diftinguée à Utrecht, d'où, chaffé par des troubles civils, il alla profeffer le droit à Leyde. Il mourut à Wurtzbourg vers l'an 1598.

2°. Nicolas, né le 5 août 1564, fut auffi un jurifconfulte habile ; il accompagna, en qualité de fecrétaire, à Rome, Jean de Vendeville, évêque de Tournay, qui l'avoit fait chanoine & officil de cette ville, & dont il a écrit la vie en latin. Il fut auffi évêque à fon tour le 10 mai 1615 ; il le fut de Bolleduc. Mort à Louvain le 12 août 1625.

3°. Henri fut encore un affez grand jurifconfulte. Chargé d'abord de l'éducation d'un jeune homme de qualité, il fit avec lui le voyage d'Efpagne, où il époufa Barbe d'Ayala, fille de Balthafar d'Ayala, jurifconfulte efpagnol. A fon retour, il enfeigna le droit à Louvain ; on a de lui un grand nombre de commentaires fur le droit des fiefs, fur les pandectes, fur les inftitutes du droit civil, fur le droit canon, fur les décrétales de Grégoire IX. Mort le 16 février 1627.

4°. Gérard Zoes, en latin, Soufius, né en 1579, fe fit jéfuite à Tournai en 1598, & jamais jéfuite, ni écrivain, ni traducteur, ne fut plus fécond. La plupart de fes ouvrages font de petits livres de dévotion, comme la pratique de la pure & droite intention : pieux exercices de l'ame dévote, à l'ufage de la compagnie de Jéfus. Ses livres même hiftoriques font encore des livres de dévotion ; tels font : l'abrégé de la vie de François de Villareal & de Jean Ximenès, coadjuteurs de la compagnie de Jéfus. La vie du P. Thomas Sanchez, & celle de Marguerite Middelton. Relation des martyrs de l'Inde Orientale. Relation de la mort de quelques religieux & autres chrétiens tués dans une fédition aux Indes Orientales. Abrégé de la vie de faint Ignace de Loyola. Hiftoire de la vie & de la mort de Marguerite d'Autriche, femme de Philippe III. Cette dernière hiftoire eft traduite de celle d'un P. Guzman ; & en général, le plus grand nombre des ouvrages de Gérard Zoes eft imité ou traduit ; c'eft ainfi que fa manière de bien faire une confeffion générale, & fon traité de la préfence de Dieu avec des confidérations fur la chafteté, font tirés de François Arias ; le combat fpirituel du bénédictin Jean Caftaniza ; la voie de la vie éternelle d'Antoine Sucquet ; le traité de la dévotion envers la fainte Vierge, de Pierre-Antoine Spinelli ; l'abrégé des méditations fur la vie & la paffion de Jéfus-Chrift, de Vincent Lebrun ; le paradis des délices céleftes révélées à fainte Gertrude, du P. Antoine de Balinghem ; le cœur dévoué à Dieu, du P. Etienne Luzvick. Le P. Gérard Zoes mourut à Malines le 21 feptembre 1628.

ZOILE (Hift. anc.) Ce nom d'un ancien & trop fameux critique eft aujourd'hui une injure pour les fameux critiques fes fucceffeurs ; il fe faifoit appeler le fléau d'Ifocrate, & fur-tout d'Homère. Quoique l'on n'ait pas fes ouvrages, & qu'un refpect fuperftitieux pour Homère ait pu fuffire pour décrier fon cenfeur, il y a cependant apparence que fes critiques étoient injuftes, au lieu que celles d'Ariftarque n'étoient que févères ; car ce nom d'Ariftarque fe prend en bonne part & celui de Zoïle toujours en mauvaife (Voyez ARISTARQUE.) Ce Zoïle, natif d'Amphipolis en Thrace, étoit un rhéteur de profeffion ; il vint à Alexandrie vers l'an 270 avant Jéfus-Chrift, & préfenta au roi Ptolemée-Philadelphe fes cenfures de l'Iliade, comme un trifte aux bienfaits de ce prince. Celui-ci, dit-on, le fit mettre en croix ; d'autres difent que Zoïle fut lapidé, d'autres qu'il fut brûlé vif à Smyrne. Si c'eft pour fes critiques, quelque injuftes qu'elles puffent être, le châtiment eft rigoureux. Il ne faut affurément ni crucifier, ni lapider, ni brûler les fuccesseurs, quoique leurs jugemens foient beaucoup plus fufpects de baffeffe & d'envie que ceux de Zoïle fur un poëte mort depuis mille ans. Mais fi on pouvoit du moins apprendre à les eftimer leur jufte valeur. M. d'Alembert (éloge de de Perrault) rapporte, d'après Boileau, un paſſage de Vitruve, traduit par un frère de M. Perrault lui-même. Vitruve y approuve la ſévérité cruelle qu'il attribue à Ptolémée-Philadelphie à l'égard de Zoïle. Il eſt certain, dit Vitruve, que Zoïle a bien mérité cette punition, puiſqu'on ne peut pas la mé- riter pour un crime plus odieux que celui de repren- dre un écrivain qui n'eſt pas en état de rendre rai- ſon de ce qu'il a écrit.

Voici, ſur ce jugement bizarre, les réflexions de M. d'Alembert :

« Indépendamment de l'abſurdité de cette ma-
» xime, Vitruve, comme le remarquoit très-bien
» Charles Perrault, ne faiſoit pas attention qu'en
» parlant ainſi, il condamnoit la ſévérité cruelle
» dont il accabloit lui-même, en ce moment, le
» malheureux Zoïle, que la mort avoit mis depuis
» long-temps hors d'état de ſe défendre. Quoi
» qu'il en ſoit, on eſt bien tenté de croire que
» le ſatirique inexorable qui a tranſcrit ce paſſage
» ſi ſérieuſement & avec une ſorte d'approbation,
» auroit fait un mauvais parti à Charles Perrault,
» s'il eût été chargé de lui infliger quelque peine
» pour ſes blaſphêmes contre le prince des poëtes ;
» tant l'intolérance & le fanatiſme paroiſſent inſé-
» parables de toute eſpèce de culte ſuperſtitieux ! »

ZOÏLE, (Hiſt. eccléſ.) patriarche d'Alexandrie au ſixième ſiècle, fut dépoſé vers l'an 537 par la faction des ariens pour ſon orthodoxie & ſon atta- chement aux déciſions du concile de Calcédoine.

ZOLKIEWSKI, (Staniſlas) (Hiſt. de Polog.) général polonois, grand chancelier & grand gé- néral de Pologne, aïeul du fameux Jean Sobieski, roi de Pologne. En 1610 il remporta une grande victoire ſur les ruſſes, il prit Moſcou & le czar Baſile ; mais l'exploit par lequel il eſt le plus célè- bre, eſt celui où il ſuccomba, c'eſt ſa belle re- traite dans la vallée de Lopuczna, que l'on com- pare, en Pologne, à la fameuſe retraite des dix mille, comme on y a comparé, en France, la retraite de Prague. Quoi qu'il en ſoit de ces com- paraiſons & de ces jugemens, Zolkiewski étant re- tourné ſur ſes pas pour retirer un régiment qui avoit été oublié dans un poſte où on l'avoit placé, fut rencontré par une troupe de tartares qui l'at- taquèrent avant que ſes polonois euſſent pu le joindre ; il ſe défendit avec le plus grand cou- rage, & tomba percé de coups ſur les corps de trois ou quatre des plus hardis d'entre les ennemis qu'il avoit tués de ſa main.

Je meurs environné d'ennemis que j'immole.

Ces faits ſont conſignés dans une inſcription la- tine gravée ſur ſon tombeau dans l'égliſe de Zol- kief ou Zolkiew, & qui finit par ce vers de Vir- gile :

Expriare aliquis noſtris ex oſſibus ultor.

Cette petite ville de Zolkiew fut brûlée par acci- dent en 1718. Il n'en reſte que l'égliſe & quelques maiſons.

ZOMEREN, (Corneille & Jean de) (Hiſt. litt. mod.) père & fils, ſavans de la ville de Dor- drecht.

Le père, né dans cette ville le 28 ſeptembre 1593, exerça d'une manière diſtinguée, & la mé- decine & les emplois les plus honorables. On a de lui les ouvrages ſuivans : Oratio funebris in obitum DD. Cornelii filii ; epiſtola reſponſoria de vitæ termino : de unitate liber ſingularis ad ſenatum populumque dordracenſem : tractatus de variolis & morbillis : epiſtola de renum veſicæ calculo : epiſ- tola reſponſoria de curatione iterati abortûs. On a trouvé dans ſes papiers un recueil d'avis & d'ob- ſervations, tant ſur la médecine que ſur la chi- rurgie.

Le fils, qui fut auſſi honoré des plus nobles emplois dans ſon pays, cultiva particulièrement les belles-lettres & la poëſie ; il fit des vers en latin, en hollandois & en françois ; il avoit beau- coup étudié la langue françoiſe, ainſi que la langue grecque. On a de lui des tragédies françoiſes, ſa- voir : Jules-Céſar, Cléopatre, Mithridate. Il a écrit auſſi ſur le droit & ſur les antiquités. Né à Dor- drecht le 3 juillet 1622 : mort dans la même ville le 22 décembre 1676.

ZONARE, (Jean) (Hiſt. litt. mod.) l'un des hiſtoriens de la Byſantine, & comme tel honoré d'une édition faite au Louvre, & qui a paru en 1686 & 1687. Ses annales vont juſqu'à la mort d'Alexis Comnène, arrivée en 1118. Il eſt de quelque utilité pour ce qui concerne l'hiſtoire de ſon tems. Sur tout ce qui précède il copie Dion. Le préſident Couſin a traduit en françois, du grec de Zonare, ce qui concerne l'hiſtoire romaine. Cet auteur avoit exercé des emplois conſidérables à la cour de Conſtantinople, & par conſéquent il mérite quelque confiance ſur les faits arrivés de ſon tems ; & qu'il a été à portée de connoître. S'étant enſuite dégoûté du monde, il ſe fit reli- gieux de l'ordre de Saint Baſile. Il mourut avant le milieu du douzième ſiècle. On a encore de lui des commentaires ſur les canons des apôtres et des conciles, & quelques traités dont on ne parle plus.

ZONCA, (Victor) (Hiſt. litt. mod.) mathé- maticien italien du dix-ſeptième ſiècle, réuſſit principalement dans la mecanique & dans l'archi- tecture ; il avoit du talent pour l'invention des ma- chines ; il a publié ſes inventions dans un ou- vrage intitulé : Novo teatro di machini & edificii.

ZOONUS, (Guillaume) (Hiſt. litt. mod.)

favant anglois, profeffeur royal à Cambridge, quitta l'Angleterre quand il vit la religion proteftante y prévaloir ; il enfeigna le droit à Louvain, à Cologne, en Italie. Mort vers l'an 1571. Un volume de lettres qu'il a laiffé a fuffi à Pitfeus pour le mettre au rang des écrivains illuftres de l'Angleterre.

ZOPPIO, (Jérôme & Melchior) (*Hift. litt. mod.*) en latin *Zoppius*, père & fils, favans d'Italie, ont vécu, l'un dans le feizième fiècle, l'autre dans le dix-feptième, tous les deux nés à Bologne ; ils ont été l'un & l'autre fondateurs d'académies. Le père établit à Macérata, où il profeffoit les humanités, l'académie des Catenati, le fils établit à Bologne, où il enfeignoit la philofophie, l'académie des Gelati, à laquelle il laiffa, par teftament, la falle de fa maifon pour s'affembler. Le père, mort en 1591, écrivoit principalement en italien. Ss ouvrages font un recueil intitulé : *Rime e profe di Girolamo Zoppio : I primi quattro libri dell' Eneide tradotti da Girolamo Zoppio con alcune annotazioni nel fine di ciafchedun libro : Raggionamenti in difefa di Dante, e del Petrarca : Rifpofta di Girolamo Zoppio, alle oppofizioni fanefi fatte a fuoi raggionamenti in difefa di Dante : Poetica fopra Dante : Difcorfo di Girolamo Zoppio, interno ad alcune oppofizioni di Lodovico Caftelvetro, alla Canzone di Gigli d'oro compofta da Annibal Caro in lode della Real Cafa di Francia.*

Le fils, mort en 1634, à plus de quatre-vingts ans, écrivoit le plus ordinairement en latin. Ses ouvrages font :

Tractatus tres facri piorum affectum : De fermonibus analyticis. De fenfu & fenfibili. Lufus poëtici.

Il a auffi des ouvrages italiens : *La filofofia intera. Parafrafi di Ariftotele.*

Et on lui attribue une comédie intitulée : *Il Diogene accufato, comedia del Caliginofo academico Gelato.*

ZOPYRE. (*Hift. anc.*) *Voyez* DARIUS, fils d'Hyftafpe.)

ZOPYRE ou ZOPIRE, eft auffi le nom de plufieurs Médecins célèbres dans l'antiquité, dont l'un inventa & communiqua, dit-on, au grand Mithridate, roi de Pont, un antidote fouverain contre toute forte de poifons ; un autre (fi pourtant il eft bien certain que ce ne foit pas le même) compofa un autre antidote (fi pourtant ce n'eft pas le même auffi avec quelques combinaifons différentes) pour un des Ptolémées, rois d'Egypte ; ce fecond antidote s'appeloit *Ambrofia*, foit qu'il fût d'un goût agréable comme l'ambrofie ou ambroifie, foit qu'il égalât en quelque forte les hommes aux dieux en prolongeant leurs jours & les mettant à l'abri des dangers. Celfe parle de ce médecin & de fon

antidote, & Plutarque parle d'un troifieme médecin du nom de *Zopire*, qui vivoit de fon tems.

ZOPYRE, eft encore dans l'antiquité, le nom du gouverneur que Périclès avoit donné au jeune Alcibiade qui étoit fous fa tutèle. C'étoit un thrace de nation, efclave de Périclès, & de tous fes efclaves peut-être le moins propre, & par fon âge & par fon caractère, à former l'enfance d'un élève tel qu'Alcibiade ; auffi négligea-t il fort fon éducation.

Diogène Laërce rapporte qu'un *Zopyre*, phyfionomifte de profeffion, & qui attribuoit une grande certitude à fon art, voyant paffer un homme, déclara que cet homme, qu'il ne connoiffoit pas, devoit être fort débauché : cet homme étoit Socrate ; on fe moqua du phyfionomifte. Ne vous preffez point tant de le condamner, dit Socrate, il n'eft pas auffi éloigné de la vérité que vous le penfez, & le philofophe avoua que fes inclinations l'auroient porté à la débauche ; s'il ne s'étoit étudié toute fa vie à les réprimer, & s'il n'eût mis toute fon attention à fe fortifier contre elles du fecours de la philofophie.

ZOPYRION. (*Hift. litt. anc.*) C'eft le nom d'un grammairien, auteur d'un dictionnaire grec ou plutôt d'un commencement de dictionnaire, depuis *alpha* jufqu'à *delta* inclufivement, qu'on voit au commencement du lexicon de Suidas.

ZOROASTRE. (*Hift. anc.*) Les recherches & les travaux de M. Anquetil du Perron, de l'académie des infcriptions & belles-lettres, fur Zoroaftre & fur fes ouvrages font connus de tout le monde. « Eft-il rien d'inacceffible aux paffions fortes, dit M. de Bréquigny, dans fon difcours de réception à l'académie françoife ? Un favant, fans autre motif que l'ardeur de s'inftruire, fans autres reffources que fon courage, furmonta des obftacles qui paroiffoient invincibles ; il revint chargé des plus curieux manufcrits de l'Inde, & la bibliothèque du roi en fut bientôt enrichie... On vit avec une forte de refpect parmi ces précieufes dépouilles, les livres fi vantés & fi peu connus, attribués à ce fameux Zoroaftre qui donnoit des loix aux perfes à peu près dans le même tems que Confucius dictoit fa morale aux chinois, que les fept fages illuftroient la Grèce, que Numa ébauchoit le premier fyftême politique de Rome naiffante, & que la plupart des régions de l'Europe qui s'énorgueilliffent aujourd'hui de la gloire & de la puiffance de leurs fouverains, n'étoient encore que des forêts habitées par des fauvages. » Zoroaftre eft regardé comme le chef & l'inftituteur de la fecte des mages dans l'Orient. On ne fait pas d'une manière bien certaine dans quel tems il a vécu ; il y a fur ce point un affez grand partage d'opinions entre les favans. Pline, *hift. nat. L.*

30. &c. I. dit qu'il y eut deux Zoroastres, qui ont vécu à près de dix siècles l'un de l'autre. Le premier environ dix ou onze siècles avant J. C. Le second, un peu plus de cinq siècles aussi avant J. C. C'est par-là qu'on cherche à concilier les diverses opinions sur le tems où Zoroastre a vécu & sur les diverses actions qu'on lui attribue, & qui, à raison de la diversité des tems, ne paroissent pas pouvoir appartenir à un même personnage. Le premier Zoroastre aura été, dit-on, l'instituteur de la secte des mages ; le second qu'on fait avoir vécu entre le commencement du règne de Cyrus & la fin de Darius, fils d'Hystaspe, aura été le réformateur de cette même secte.

Tout l'Orient étoit partagé en deux sectes principales, les sabéens, adorateurs des simulachres & des images, & les mages adorateurs du feu. Ceux-ci avoient en horreur les images, les statues, les temples, les autels ; ils offroient leurs sacrifices en plein air, sur des montagnes & sur les hauts lieux. C'étoit, disoient-ils, faire injure à la divinité, que de la renfermer dans l'enceinte des murailles, elle à qui tout étoit ouvert, & dont l'univers entier devoit être regardé comme la demeure & le temple. Ce fut par une suite de cette aversion pour les temples, que les mages engagèrent Xercès à détruire tous les temples de la Grèce. (Voyez XERCES) Auctoribus Magis Xerces inflammasse templa Graeciae dicitur, quod privatis includeret deos quibus omnia deberent, esseque patentia ac libera, quorumque hic mundus omnis templum esset & domus. Cic. lib. 2 de leg. n. 26.

Cette idée que c'étoit une espèce de profanation de prétendre renfermer la divinité dans l'enceinte des temples, fut aussi un des dogmes des Druides. Les anciens germains, des anciens gaulois n'avoient point de temples. Les Chrétiens qui ont adopté les temples, ont cru que la divinité, en même tems qu'elle remplissoit l'univers de son immensité, daignoit se resserrer dans l'enceinte des temples, où la piété de ses vrais adorateurs consacroit d'une manière particulière à son culte.

Qualis ara, quanta sedes,
Ipsius capax Dei !
Quem nec universa terra
Omne nec coelum capit,
Orbe parvo se coarctans,
Hic latere sustinet.

Les Mages étoient en Perse ce que les gymnosophistes ou les brachmanes étoient dans l'Inde, ce que les Druides furent dans la Germanie & dans la Gaule ; c'étoient des sages ; les savans, les philosophes de la Perse. Pythagore se forma dans leur école aussi bien que dans celle des égyptiens, &

il emprunta d'eux plusieurs des dogmes qu'il rendit célèbres en les adoptant. Les Mages étoient tous d'une même tribu, nul autre que le fils d'un mage ne pouvoit être élevé au rang de mage. Tout ce qui se rapporte à la religion étoit un secret qu'ils se réservoient ; de-là vient que le nom de magie fut donné aux sciences occultes ou prétendues telles. Ni le peuple ni le prince ne pouvoient offrir aucun sacrifice qu'en leur présence, que par leur ministère, & qu'après avoir appris d'eux à quels dieux, quels jours & de quelle manière ces sacrifices devoient être offerts. Ils étoient les précepteurs nés des rois, nul ne pouvoit monter sur le trône sans avoir été instruit dans leur école, de l'art de régner & de l'art d'honorer dignement les dieux. Nec quisquam rex Persarum potest esse, qui non ante magorum disciplinam scientiamque perceperit. Cic. de divin. lib. 1. n. 91. Pline les appelle les maîtres des rois des rois. In tantum fastigii adolevit (auctoritas magorum), ut hodieque etiam in magnâ parte gentium praevaleat, & in Oriente regum regibus imperet.

L'avanture du mage Smerdis & de son frère Patisithe, & le massacre des mages qui en fut la suite, ayant décrédité le magisme, il paroît que le second Zoroastre crut devoir y faire quelques changemens, que les conjonctures du tems & la disposition des esprits pouvoient rendre nécessaires. Un de ces changemens fut de bâtir des temples, où l'on conservoit avec grand soin le feu sacré qu'il disoit avoir apporté lui-même du ciel ; & à sa garde duquel les prêtres veilloient nuit & jour comme les vestales à Rome. Ce feu apporté du ciel à du rapport aussi avec la fable de Prométhée.

M. de Pastoret, dans le parallèle qu'il a fait de Zoroastre, de Confucius & de Mahomet, observe que la première question qui se présente sur Zoroastre, c'est, a-t-il existé ? La seconde : Y a-t-il eu plusieurs Zoroastres ? L'opinion à laquelle il lui paroît qu'il faut s'en tenir, est qu'il n'y a eu qu'un seul Zoroastre, qu'il étoit persan, & qu'il vivoit sous le règne de Darius, fils d'Hystaspe. On croit qu'il dans sa jeunesse esclave d'un prophète israélite ; mais on ignore quel fut ce prophète, car on les nomme presque tous ; on trouve du rapport entre les loix de Zoroastre & celles de Moïse ; avant de les publier, il s'étoit enseveli dans la retraite au milieu des montagnes pour les méditer & peut-être pour en préparer le succès à la faveur de prétendues inspirations ou révélations ; aussi cette retraite est-elle nommée par ses disciples le voyage de Zoroastre vers le trône d'Ormusd. Il vécut 77 ans, & cette vie a paru longue, puisque selon une formule usitée dans la célébration du mariage, le prêtre souhaite aux mariés de vivre autant que Zoroastre.

Quant aux dogmes de Zoroastre, ce qui les
distingue

distingue le plus particulièrement, dit toujours le même auteur, est la vénération pour le feu. Le feu, suivant *Zoroastre*, est l'enfant d'Ormusd, c'est le principe universel du mouvement & de la vie ; il ne fait point partie des peines de l'enfer, tel que *Zoroastre* l'a conçu. Employer l'eau pour éteindre le feu seroit une profanation punie de mort ; les perses ne remédient aux incendies qu'en étouffant le feu avec de la terre, des pierres, des tuiles. Souffler le feu avec la bouche est encore une autre profanation ; c'est même manquer de respect au feu que de diminuer son éclat en l'exposant au soleil ; les autres élémens ont part aussi à ce respect & reçoivent quelques hommages.

Dans tous les banquets de religion qui étoient fréquens & nombreux, les riches étoient obligés par les lois de *Zoroastre* d'envoyer aux pauvres des mets & de l'argent pour prendre part à la fête.

La souillure de l'impureté se contractoit facilement ; ainsi les purifications étoient d'un grand usage. Les prêtres avoient des droits pécuniaires pour cette cérémonie ; & lorsqu'ils étoient malades, les médecins qui les traitoient n'avoient pour tout honoraire que leurs prières.

Les loix de *Zoroastre* invitoient puissamment au mariage. C'est un crime énorme de la part d'un père, d'un frère, d'un tuteur, de refuser un époux à la fille nubile qui le demande. Elle-même devient coupable si elle parvient à l'âge de dix-huit ans sans être mariée ; & si elle meurt vierge, l'enfer l'attend. Pour éviter ce malheur, les fiançailles se font dès l'enfance : aujourd'hui même encore on les fait à deux ou trois ans dans le Guzarat, & aussi-tôt que la nubilité se déclare, le mariage est célébré.

La parenté ne rendoit pas le mariage incestueux, ce fut au contraire une raison pour l'autoriser. La loi y invita sur-tout entre cousins-germains. Les perses crurent, comme les juifs, qu'une veuve pouvoit épouser le frère de son mari mort ; mais les juifs l'exigeoient, les perses se contentèrent de le permettre.

Par une suite de ces principes, l'impuissance étoit flétrie parmi les perses ; ils la regardoient comme la punition honteuse de quelque crime secret infligée par la divinité. Comme tout se rapportoit à l'encouragement de la population, il étoit défendu aux femmes de se marier lorsqu'elles ne pouvoient plus avoir d'enfans, & les rois de perse faisoient des présens chaque année à ceux de leurs sujets qui avoient le plus d'enfans.

Remplir le devoir conjugal une fois au moins tous les neuf jours, est une des principales obligations imposées au mari.

Histoire, Tome V.

Zoroastre prononce la peine de mort contre un enfant qui répond trois fois à son père ou à sa mère ou qui manque trois fois de leur obéir.

Les pères & mères ne doivent point apprendre à leurs enfans, avant l'âge de cinq ans, ce que c'est que le bien & le mal.

M. de Pastoret, en rapportant les loix morales de *Zoroastre*, observe que les législateurs anciens s'étoient plus attachés que les modernes à veiller sur les mœurs des citoyens.

» Ne remettez jamais une bonne action au lendemain.

» Ce n'est pas assez de faire le bien, il faut le faire avec soin & avec intelligence.

» Celui qui sème des grains est aussi grand devant Ormusd, que s'il avoit donné l'être à cent créatures.

» Le meilleur des rois est celui qui rend la campagne fertile.

Telles sont les maximes morales les plus remarquables de *Zoroastre*.

Dans les loix criminelles ce législateur paroît s'être attaché à rendre la punition du coupable, profitable aux honnêtes gens. Par exemple, un des moyens d'expier un crime est de donner une jeune vierge en mariage à un sectateur pieux de *Zoroastre*, ou de céder à un homme juste un terrein fertile, ou de fournir à des laboureurs, des instrumens ou les animaux propres au labourage ; cependant la confiscation n'avoit point lieu.

Les animaux sont aussi sous la protection des loix ; il est défendu, sous des peines expresses, de tuer ceux qui sont jeunes & qui peuvent encore être utiles, un agneau, un chevreau, un coq, une poule, un bœuf, un cheval ; il est défendu même de frapper les bestiaux, de leur faire aucun mal ; il est enjoint de leur fournir les choses dont ils ont besoin, de les garantir des rigueurs de la saison, & la négligence en pareil cas est réputée un délit.

Au sujet de l'infanticide, M. de Pastoret observe que la rigueur excessive avec laquelle on punissoit une fille qui avoit eu le malheur de se laisser séduire, la forçoit de recourir à ce crime qui outrage la nature dans la plus douce de ses affections.

Sur la comparaison de *Zoroastre*, de Confucius & de Mahomet, soit comme fondateurs de religions, soit comme législateurs, soit comme moralistes, voyez l'article : MAHOMET *le prophète*.

ZOROBABEL, (*Hist. sacr.*) fils de Salathiel. Son histoire est rapportée au premier livre d'Esdras.

Il fut le chef des premiers Juifs qui, après la captivité de Babylone, retournèrent dans leur pays en vertu de l'édit de Cyrus. Ils commencèrent à rebâtir le temple, mais les Samaritains, par leurs oppositions, leurs plaintes & leurs intrigues à la cour de Perse, parvinrent à faire interrompre cet ouvrage. Il resta suspendu pendant quatorze ans; *Zorobabel* le fit reprendre avec beaucoup d'ardeur, & il fut enfin achevé l'an 515 avant Jésus-Christ; les premiers fondemens en avoient été posés dès l'an 535 aussi avant J. C. La dédicace s'en fit solemnellement l'année même où il fut terminé.

ZOSIME. (*Hist. ecclés.*) C'est dans l'histoire ecclésiastique le nom d'un saint pape & celui d'un saint abbé, à peu près contemporains.

Le pape saint *Zosime* étoit grec de naissance; il fut élu pape le 18 Mars 417, & remplaça Innocent I. Il fut séduit pendant quelque tems par Célestius, disciple de Pélage; mais ayant été averti de son erreur par les évêques d'Afrique, il confirma le jugement prononcé par son prédécesseur & contre Pélage & contre Célestius; il poussa même un peu trop loin le zéle contre les pélagiens, comme pour les punir de lui avoir fait d'abord illusion; il sollicita & obtint de l'empereur un rescrit pour chasser de Rome les pélagiens qu'il ne falloit chasser ni de Rome ni d'aucun autre endroit, & dont il falloit tolérer la personne en rejettant leurs erreurs. Il prononça sur la contestation qui s'étoit élevée entre les églises d'Arles & de Vienne au sujet du droit de la métropole sur les provinces viennoise & narbonnoise. Il jugea en faveur d'Arles. On a de saint *Zosime* seize épîtres dans le recueil de Dom Constant, *epistola romanorum pontificum*. Son pontificat fut court; il mourut le 26 décembre 418.

L'abbé *Zosime* étoit supérieur & abbé d'un monastère situé dans la Palestine sur les bords du Jourdain. Ce fut lui qui porta l'eucharistie dans le désert à sainte Marie égyptienne. Il vivoit vers l'an 437.

ZOSIME, (*Hist. litt. mod.*) auteur d'une histoire des empereurs depuis Auguste jusqu'au cinquième siècle, qui étoit celui où il vivoit. Cet ouvrage étoit en six livres, dont il ne nous reste que cinq avec le commencement du sixième. L'historien *Zosime* est assez estimé; il y en a eu plusieurs éditions dont la plus belle est celle d'Oxford; Leunclavius l'a traduite en latin, le président Cousin en françois. *Zosime* étoit un payen zélé; il maltraite fort les chrétiens, & n'est nullement favorable à Constantin; il étoit comte, & avocat du fisc sous l'empereur Théodose le jeune, au commencement du cinquième siècle.

ZOTICUS, (*Hist. litt.*) disciple du philosophe Plotin, étoit critique & poëte. Porphyre nous apprend que ce *Zoticus* avoit mis en très-beaux vers la fable de l'île Atlantide. Il mourut peu de tems avant Plotin, dont la mort tombe à l'an 269 ou 270 de J. C.

ZOTIQUE. (*Hist. ecclés.*) C'est le nom de deux évêques, l'un de Comane en Pamphylie, l'autre d'Otre en Phrygie. Tous deux combattirent à l'envi les hérétiques montanistes. Le premier passe pour avoir souffert le martyre dans la persécution de l'empereur Sévère, & sa fête se célèbre le 21 juillet. Tous deux vivoient dans le second siècle de l'ère chrétienne, & peut-être au commencement du troisième.

ZOTMONDE, (*Hist. de Hongr.*) hongrois, se distingua par un exploit hardi & heureux. Pierre, dit l'Allemand, roi de Hongrie, avoit été détrôné en 1046, par André I, son concurrent, qui lui avoit fait crever les yeux. L'empereur Henri III, pour venger Pierre, ou sous prétexte de le venger, vint mettre le siège devant Presbourg; ses batteaux sur le Danube portoient toutes les munitions de guerre & de bouche dont son armée avoit besoin pour ce siège. *Zotmonde* entreprit de lui enlever cette ressource; il parvient, pendant la nuit, à la nage, jusqu'aux batteaux, les perce en-dessous avec un villebrequin, & rentre dans la place sans avoir été apperçu. Le lendemain au matin on vit les batteaux qui commençoient de couler à fond; il n'étoit déjà plus temps de remédier au mal, il fallut lever le siège.

ZOUCH, (Richard) (*Hist. litt. mod.*) savant anglois, né dans le Wiltshire, docteur & Professeur en droit, auteur de divers ouvrages plus doctes que connus. Mort en 1660.

ZUCCHARO, (*Hist. mod.*) Taddée & Frédéric, deux peintres, deux frères, le second fut élève du premier. Taddée *Zuccharo* l'aîné, naquit dans le duché d'Urbin, en 1529, & mourut à trente-sept ans en 1566, consumé par les travaux & sur-tout par les débauches. Concitoyen de Raphaël, il l'avoit pris pour modèle, il l'avoit étudié à fond, & s'en étoit très-bien trouvé. Le cardinal Farnèse l'employa beaucoup & le récompensa magnifiquement; il lui avoit procuré plus que de l'aisance; & cette trop grande aisance fut peut-être ce qui perdit *Zuccharo*; cet artiste continua de travailler parce qu'il aimoit la gloire, & de s'excéder parce qu'il aimoit le plaisir.

Frédéric *Zuccharo* son frère & son élève, né comme lui dans le duché d'Urbin, en 1543, mourut à Ancone en 1609. Son frère, non-seulement avoit formé ses talens, mais encore lui avoit fourni les occasions de les exercer & de se faire connoître. Frédéric répondit aux soins de Taddée; il eut bientôt une grande réputation. Le pape Grégoire XIII fixa Frédéric à Rome par ſes bienfaits. Il paroît que cet artiſte ne poſſédoit pas les qualités ſociales dans le même dégré que les talens; il eut des querelles avec pluſieurs officiers du pape ſon bienfaiteur; & tirant de ſon art des moyens particuliers de vengeance, il fit un tableau de *la calomnie* dont tous les perſonnages étoient ſes ennemis repréſentés au naturel & très-reſſemblans, avec des oreilles d'ane; il alla expoſer comme un tableau innocent cette peinture ſur le portail de l'égliſe de ſaint Luc, le jour de la fête de ce patron des peintres, de ſorte que tout le monde reconnoiſſoit & nommoit les perſonnages du tableau. Le pape ſentit tout ce que cette plaiſanterie avoit d'inſultant, & cette vengeance de coupable, il chaſſa Frédéric de Rome. Cet artiſte voyagea en Eſpagne, en France, en Hollande, en Angleterre; il revint en Italie & fit dans la ſalle du grand conſeil à Veniſe des ouvrages conſidérables pour leſquels il fut créé chevalier par le ſénat. Il revint même à Rome où il entreprit d'établir une académie de peinture dont il fut élu chef ſous le titre de prince. Frédéric a compoſé des livres ſur la peinture, & quant à ſes tableaux, on juge qu'il y montroit beaucoup d'invention; il paſſoit auſſi pour excellent coloriſte. On fait quelque reproche à ſes deſſeins.

ZUENTIBOLD, (*Hiſt. de Fr. & de German.*) c'eſt le nom:

1°. D'un intrigant, ſujet aſſez factieux de Louis le Germanique, ſecond fils de Louis le Débonnaire. Ce *Zuentibold* étoit neveu de Raſtix, duc des margiens, dans l'Eſclavonie, province du partage de Louis le Germanique. Raſtix ſe révolta contre Louis le Germanique, & *Zuentibold* trahit Raſtix; il livra ſon oncle à Carloman, fils de Louis le Germanique, qui ne lui rendit la liberté qu'après lui avoir crevé les yeux. Il fut ſoupçonné dans la ſuite de trahir auſſi Louis le Germanique & Carloman; mais plus heureux que Raſtix ſon oncle, il fut relâché ſans qu'il lui en coutât la vue: il excita de nouveaux troubles, prit ou reprit les armes, ſe ſoumit & demanda la paix en 869, & mourut vers le même tems.

2°. D'un bâtard de bâtard de la race de Charlemagne, qui, dans la décadence de cette race, & parmi toutes les irrégularités, ſuite de cette décadence, hérita, malgré ſa double illégitimité, d'une portion, à la vérité bien foible, de l'empire de ce grand prince. L'empereur Arnoul, ſon père, étoit fils naturel de Carloman le Germanique, fils de Louis le Germanique, & petit-fils de Louis le Débonnaire. Le vice de la naiſſance d'Arnoul ne l'avoit pas empêché de recueillir, avec l'empire une grande partie de la ſucceſſion de Charlemagne, quoique chacun voulût entrer en partage avec lui. Dans une aſſemblée ou parlement tenu à Worms en 895, Arnoul fit recevoir roi de Lorraine ſon fils naturel *Zuentibold*; le père & le fils s'unirent avec Charles le Simple contre le roi Eudes; *Zuentibold* fit le ſiège de Laon, qu'il leva promptement à la première nouvelle qu'Eudes revenoit d'Aquitaine à la tête d'une armée. En 898, les intérêts, ou peut-être ſimplement la manière de les voir, ayant changé, Charles le Simple tenta d'envahir la Lorraine, de concert avec un duc Reynier, qui ayant été favori de *Zuentibold*, étoit depuis tombé dans ſa diſgrace & avoit été chaſſé de la Lorraine. *Zuentibold*, ſurpris par l'irruption ſubite de Charles, eut d'abord recours à la fuite; mais ayant enſuite raſſemblé ſes forces, il pourſuivit Charles à ſon tour, & alloit peut-être le combattre avec avantage, lorſque les ſeigneurs des deux partis ménagèrent un accommodement entre ces deux princes. Arnoul mourut en 899. *Zuentibold* gouverna mal ſon petit état, ſuivit de mauvais conſeils, ſe livra aux voluptés; les principaux ſeigneurs de Lorraine, juſtement mécontens, l'abandonnèrent, & appelèrent en ſa place le jeune Louis, fils légitime d'Arnoul, mais encore en bas âge: ils le couronnèrent à Thionville. *Zuentibold* arma pour ſoutenir ſes droits; il y eut, le 3 août 900, entre les deux partis, une bataille dans laquelle *Zuentibold* fut tué.

ZUINGLE, (Ulric) (*Hiſt. de la réform.*) Paſteur de Zurich & réformateur de la Suiſſe. Jaloux de Luther, il lui diſputoit la gloire d'avoir été le premier réformateur; il prétendoit l'avoir précédé d'un an, & s'être élevé dès 1516 contre les indulgences; mais la priorité de Luther eſt généralement reconnue. Zuingle n'avoit ceſſé de dogmatiſer à-peu-près ſur les mêmes objets que Luther, moitié comme ſon diſciple, moitié comme chef d'une ſecte à part. Il étoit devenu l'apôtre d'une partie de la Suiſſe, ce fut là ſon empire où il ſe rendit indépendant de Luther. Acre & dur comme ce réformateur, mais plus modéré en apparence, il avoit la paix dans la bouche, la haine dans le cœur. Son activité ſourde, ſon opiniâreté froide, fatiguoient, déconcertoient preſque la turbulente audace de Luther; Luther ne vouloit point d'égal, Zuingle au moins ne vouloit pas de ſupérieur.

Pour ne céder en rien à Luther, il prit comme lui une femme; il avoit comme lui des viſions; un eſprit venoit pendant la nuit fournir les paſſages dont il avoit beſoin pour ſoutenir ſon opinion.

On avoit grande foi alors aux conférences, malgré le mauvais ſuccès de toutes celles qu'on ne ceſſoit de tenir. Le Landgrave de Heſſe crut bien faire d'aſſembler à Marbourg, dans ſes états, les docteurs les plus renommés des deux ſectes luthérienne & ſacramentaire. Cette dernière étoit celle de *Zuingle*.

Luther & *Zuingle* étant en préſence, leurs lieux

tenans se turent par respect. La dispute dura pendant trois jours; ils se traitèrent de *furieux*, *d'enragés*, *d'esclaves de Satan*, plus ennemis de J. C. que le pape même.

Zuingle plus ignorant & moins véhément que Luther, fut obligé de céder sur beaucoup d'articles; il ne conserva son opiniâtreté que sur la présence réelle, qu'il ne voulut jamais accorder. On se convainquit réciproquement de ne disputer que pour une figure de rhétorique. En effet, aucun de ces deux partis n'entendoit dans le sens littéral ces mots : *ceci est mon corps*; ils signifioient selon les Luthériens: *ceci contient mon corps*, *ceci est uni à mon corps*, c'étoit donc la figure appelée *synecdoche* qui met le contenant pour le contenu ou la partie pour le tout. Les mêmes mots selon les Zuingliens signifioient: *ceci est la figure de mon corps*, c'étoit donc le trope appelé *métonymie*, qui met le signe pour la chose signifiée. Pendant long-tems il ne fut question parmi les protestans que de la *Synecdoche* de Luther & de la *métonymie* de Zuingle; c'étoit pour cette *métonymie* que les sacramentaires avoient été proscrits dans la seconde diète de Spire tenue en 1529.

A Marbourg, *Zuingle* se montra le plus ami de la paix, il s'humilia devant son ancien maître, il s'attendrit jusqu'aux larmes. » Ne m'ôtez point, lui dit-il, votre tendresse paternelle; conservons l'unité; daignez nous admettre à votre communion jusqu'à ce qu'il ait plu à Dieu d'éclairer davantage l'église réformée sur cet article de la cène. Eh quelle communion, répondit fièrement Luther, peut-il rester entre les fils de Bélial & les enfans de Dieu? Quelle fraternité me demandez-vous si vous persistez dans une opinion que je condamne? Vous doutez donc de votre foi, puisque vous voulez être frères de ceux qui la rejettent. »

L'accommodement n'ayant pu se faire par voie de communion, l'on proposa d'en faire un par voie de charité fraternelle. Luther y consentit, en interprétant cette charité de celle qu'on doit à des ennemis même, & non de celle qu'on doit aux gens de sa communion.

On convint de ne plus écrire les uns contre les autres; Luther y consentit encore, mais seulement pour donner aux Zuingliens le tems de se reconnoître; il ne voyoit que de l'artifice dans leurs soumissions : *Satan*, disoit-il, *régnoit tellement en eux, qu'il n'étoit plus en leur pouvoir de dire autre chose que des mensonges.*

Parloient-ils de paix? *Maudite éternellement*, s'écrioit Luther, *la paix qui se fait au préjudice de la vérité. Il n'y a point de milieu, ils sont des ministres de Satan ou nous en sommes.*

Puis s'enflammant par la dispute & par le succès,

& son orgueil s'applaudissant d'avoir à combattre tant d'ennemis : *J'ai le pape en tête*, disoit-il, *j'ai à dos les sacramentaires & les anabaptistes; je marcherai moi seul contre tous, je les défierai au combat, je les foulerai aux pieds. . . . Je dirai sans vanité que depuis mille ans l'écriture n'a jamais été ni si repurgée, ni si bien expliquée qu'elle l'est maintenant par moi. . . . Les papistes eux mêmes sont forcés de me donner cette louange.*

Tel fut le résultat de l'assemblée de Marbourg; on s'attribua de part & d'autre la victoire; le silence promis ne fut point observé, on continua d'écrire & avec plus d'aigreur qu'auparavant. Luther demanda hautement raison à toute l'église réformée de l'insolence de ce *Zuingle* qui osoit lui disputer la gloire d'avoir le premier prêché J. C. Il ne cessa de combattre, de haïr, d'excommunier *Zuingle* & ses sectateurs. Ceux-ci, en reprochant à Luther ses emportemens, s'étoient servis du mot de *malheureux*. On peut juger si Luther relève ce mot & s'il en triomphe. *Ils m'ont fait plaisir*, dit-il; *moi donc le plus malheureux de tous les hommes, je m'estime heureux d'une seule chose, & ne veux que cette béatitude du psalmiste :* HEUREUX L'HOMME QUI N'A POINT ÉTÉ DANS LE CONSEIL DES SACRAMENTAIRES, ET QUI NE S'EST POINT ASSIS DANS LA CHAIRE DE CEUX DE ZURICH.

Si les Zuingliens se plaignoient aux luthériens modérés des violences & des sarcasmes de Luther, ceux-ci répondoient que *leur maître, lorsqu'il étoit échauffé, disoit plus qu'il ne vouloit dire, & que c'étoit un mal sans remède.*

Cependant les sacramentaires ou zuingliens sentoient la nécessité de se réunir avec les luthériens, & d'avoir pour eux le nom de Luther. Il y eut entre les deux sectes un projet de transaction sur l'article de la cène; on y exige des zuingliens certaines expressions en faveur desquelles on promet de leur en accorder d'autres; en effet leurs idées & leurs mots étoient leur bien, ils pouvoient en disposer à leur gré. Accordez-nous, disoit Luther, que J. C. est vraiment présent, & nous vous accorderons qu'il n'y a que le pain qui soit mangé. Un moment après Luther se rétracte: *Il vaut mieux*, dit-il, *laisser les deux opinions comme elles sont*, & il se borne à demander qu'on soit réputé de part & d'autre *agir de bonne foi*; puis il finit par s'en tenir à la *charité fraternelle*.

Cette *charité fraternelle* ayant un peu plus éloigné les esprits qu'on avoit voulu rapprocher, les protestans ne portèrent que des forces divisées à la diète d'Ausbourg tenue en 1530, époque mémorable dans l'histoire de la réforme. Ce fut là que les luthériens présentèrent à l'empereur, le 25 Juin, cette fameuse confession d'Ausbourg, ouvrage de Mélanchton, adopté par Luther. *Zuingle* ne la reçut point. Il envoya au nom de la Suisse dont il étoit l'apôtre, une confession particulière. Les zuingliens appeloient la confession luthérienne, *la boëte de Pandore, la pomme de Discorde, une chauffure à tout pieds, un grand & vaste manteau où Satan se pouvoit cacher aussi bien que J. C.*

Martin Bucer dressa aussi une confession particulière pour les quatre villes de Strasbourg, Memingue, Landau & Constance dont il étoit l'apôtre particulier.

Les deux confessions de *Zuingle* & de Bucer ne différoient bien essentiellement de celle des luthériens que sur l'article de la cène ; les luthériens admettoient la présence réelle, quoique sans *transsubstantiation ; Zuingle* la proscrivoit nettement & sans détour ; Bucer biaisoit & ne vouloit choquer ni l'une ni l'autre de ces deux opinions. Cependant les quatre villes protestantes, dont il étoit l'organe, n'admettoient point la présence réelle, elles étoient sacramentaires, aussi bien que les suisses.

L'empereur ayant, par un décret du 22 août 1530, réprouvé la confession d'Ausbourg, & formé avec les princes catholiques, la ligue d'Ausbourg pour la défense de la foi, les princes protestans d'Allemagne de concert avec François I. conclurent la ligue de Smalcalde, & résolurent la guerre, au moins pour leur défense. Alors on sentit plus que jamais la nécessité de terminer la querelle sacramentaire, & de réunir les zuingliens avec les luthériens pour fortifier le parti protestant. Martin Bucer entreprit cet ouvrage. Cet homme né avec plus de goût pour l'intrigue que pour la domination, aimoit mieux négocier que dogmatiser. Organe des quatre villes à la diète d'Ausbourg, il s'étoit moins piqué d'être fidèle que d'être conciliant, & quoique ces villes fussent sacramentaires, il avoit tourné leur profession de foi de manière qu'il se rapprochoit de la présence réelle de Luther sans trop s'éloigner de la présence par la foi de *Zuingle.* Après s'être ainsi rapproché de tous deux, il s'agissoit de les rapprocher l'un de l'autre. Bucer, secondé de Capiton son collègue, aussi fourbe que lui, alla négocier à Zurich, après avoir conféré avec Luther.

Il falloit combler tout l'intervalle qui séparoit la présence réelle de la présence par la foi. *Le corps & le sang sont réellement & substantiellement reçus*, disoient les luthériens. *Ils sont reçus par la foi seulement*, disoient les sacramentaires. Bucer, prétendu sacramentaire, parloit avec les suisses de cette dernière proposition : *Le corps & le sang sont reçus par la foi.* Mais cependant, disoit-il, c'est le vrai corps, c'est le vrai sang qui sont reçus ; & on lui accordoit cela, car J. C. n'avoit pas deux corps, l'un vrai & l'autre faux. Voilà donc le vrai corps de J. C. reçu dans la cène. Eh bien ! au lieu du vrai corps mettons *la propre substance du corps.* L'ex-

pression est à-peu-près synonyme, & puisqu'on reçoit la propre substance du corps, voilà donc le corps substantiellement présent.

Présent, si vous voulez, lui disoit-on, mais par la foi seulement.

Sans doute, répliquoit Bucer, mais est-il bien nécessaire d'exprimer ce mot ; ne suffit-il pas de le sous-entendre ? Ainsi Bucer parvint à dire comme Luther, que le corps & le sang de J. C. étoient réellement & substantiellement présens & reçus dans la cène, & il sousentendoit seulement que c'étoit par la foi.

Mais les suisses opiniâtres dans leur simplicité ne voulurent jamais sous-entendre, & il fallut que Bucer se bornât à traiter pour les quatre villes de sa communion.

Les suisses n'avoient plus cependant *Zuingle* pour les guider & les animer ; mais ils étoient fidèles à sa doctrine & à sa mémoire ; quand Martin Bucer étoit parti pour Zurich, il avoit compté y trouver *Zuingle* & traiter avec lui ; mais *Zuingle* toujours jaloux de prévenir Luther, faisoit déjà la guerre lorsque Luther, qui l'avoit long-tems défendue à ses disciples, commençoit à la leur permettre. *Zuingle* avoit soulevé les cantons protestans contre les cantons catholiques, & non moins brave soldat que fanatique docteur, il fut tué dans une bataille livrée le 11 octobre 1531. Les ennemis brûlèrent son corps, & selon M. de Thou 1. 1. le cœur ne put jamais être brûlé, ce que les zurickois regardèrent comme un miracle ; mais M. de Thou prétend qu'il y a quelquefois des parties du corps humain qui résistent aux flammes, & il rapporte un trait à-peu-près semblable de Pyrrhus, roi d'Epire. Il reste à savoir si la physique est bien d'accord avec toutes ces merveilles.

Zuingle étoit né en Suisse dans un lieu nommé Vildehausen, le 1er Janvier 1487. Il avoit commencé ses études à Berne, & les avoit continuées à Rome, à Vienne, à Bâle. Il avoit été curé à Glaris, puis dans un gros bourg nommé Notre Dame des Hermites. Il étoit un lieu de dévotion & de pélerinage, & les abus, les erreurs, les fausses croyances qu'il vit naître de ces pratiques dévotes excitèrent en lui le même zèle pour la réforme, que Luther signaloit vers le même tems contre l'abus des indulgences, à peu-près le même motif & le même intérêt que Luther. Leon X les faisoit prêcher en Suisse par un Cordelier milanois, auquel *Zuingle* avoit cru devoir être préféré.

Ce rival de Luther, quelquefois intolérant dans sa conduite, étoit d'une tolérance bien singulière dans ses écrits. Il adressa à François I. une *claire exposition de la foi chrétienne.* Là, en expliquant l'article de la vie éternelle : *Vous devez*, lui dit-il, *espérer de voir l'assemblée de tout ce qu'il y a eu d'hommes saints, courageux, fidèles & vertueux dès le commencement du monde. Là, vous verrez les deux Adam, le racheté & le rédempteur ; vous y verrez un Abel, un Enoch, un Noë, un Abraham, un Isaac, un Jacob, un Judas, un Joseph, un Moyse, un Josué, un Gédéon, un Samuel, un Phinées, un Elisée, un Isaïe avec la vierge mère de Dieu qu'il a annoncée ; un David, un Ezéchias, un Josias, un Jean-Baptiste, un saint Pierre, un saint Paul. Vous y verrez Hercule, Thésée, Socrate, Aristide, Antigonus, Numa, Camille, les Catons, les Scipions. Vous y verrez vos prédécesseurs & tous vos ancêtres qui sont sortis de ce monde dans la foi. Enfin il n'y aura aucun homme de bien, aucun esprit saint, aucune ame fidèle que vous ne voyez-là avec Dieu.*

Ce mélange de personnages qui ne paroissent pas tous faits pour se trouver ensemble, donna une belle matière aux reproches de Luther ; & comme cet ouvrage est le dernier de *Zuingle*, & (selon l'expression de Bullinger son successeur) *le dernier chant de ce cygne mélodieux*, Luther a la consolation de désespérer du salut de son ennemi devenu payen, dit-il, en plaçant des payens dans le ciel ; mais lui-même il y avoit mis Abimelech, Naaman, Nabuchodonosor, & en général le choix de ses saints est si bizarre, & quelquefois si contradictoire, qu'il n'a sur ce point aucun reproche à faire à *Zuingle*.

Ce fut Bullinger qui recueillit cette succession théologique, & qui devint le chef des zuingliens. Les ouvrages de *Zuingle* furent recueillis à Zurich en 1581, en un vol. *in-folio*.

ZUMBO, (Gaston-Jean) (*Hist. mod.*) fameux sculpteur du dernier siècle, né à Syracuse en 1656, mort à Paris en 1701, travailla long-temps avec succès à Rome, à Florence, à Gênes. Une *nativité du Sauveur & une descente de croix* qu'il fit dans cette dernière ville, passent pour les chefs-d'œuvre, & pour des chefs-d'œuvre de son art. Il travailla en France à plusieurs pièces d'anatomie ; le duc d'Orléans, qui fut dans la suite régent du royaume, & en qui le goût des arts étoit, pour ainsi dire, inné, honora plusieurs fois cet artiste de ses visites. *Zumbo* s'exerçoit souvent sur des sujets tristes, & y réussissoit parfaitement. Un de ses sujets les plus renommés pour l'exécution, est connu sous ce titre : *La corruzione*. Ce sont cinq figures coloriées au naturel, qui représentent différens degrés de la corruption ; la première représente un *homme mourant* ; la seconde un *corps mort* ; la troisième un *corps qui commence à se corrompre* ; la quatrième un *corps déjà corrompu* ; la cinquième un *cadavre plein de pourriture & mangé des vers*. On vante beaucoup la parfaite & horrible vérité de toutes ces figures ; mais quel choix de sujet ! Cependant, comme l'a dit Boileau,

Il n'est point de serpent, ni de monstre odieux,
Qui, par l'art imité, ne puisse plaire aux yeux.

Mais tout égal d'ailleurs, pour le mérite de l'imitation, il sera toujours plus sûr de choisir des sujets qui puissent plaire par eux-mêmes.

ZUMEL, (François) (*Hist. litt. mod.*) de Palencia en Espagne, professeur de théologie à Salamanque, général de l'ordre de la Merci, fut attaqué dans sa doctrine par un homme dont la doctrine n'a pas été sans reproche, par le fameux Molina ; il composa contre lui plusieurs écrits apologétiques. Mort en 1607.

ZUNCHIN, (*Hist. Chin.*) empereur de la Chine, frère & successeur de Tienki, monta sur le trône vers l'an 1628, & en descendit d'une manière bien tragique, mais qui annonce un grand caractère. Il avoit cru appaiser des troubles nés sous l'empire de son frère en sacrifiant & faisant mourir un eunuque trop puissant. Il se trompa, les troubles augmentèrent ; les eunuques se soulevèrent, plusieurs mandarins embrassèrent leur querelle, le parti des rebelles devint formidable, leur chef, nommé Licungz, se rendit maître de Pekin, & l'empereur étoit au moment de se voir forcé dans son palais. Jugeant qu'il ne lui restoit plus aucun moyen de défense, il écrivit de son sang une lettre à Licungz pour le prier d'avoir pitié de son peuple, & ne lui demanda point d'autre grace, il fut pourvoir au reste. Il avoit une fille nubile, il craignit que le vainqueur ne la déshonorât, il lui coupa la tête lui-même ; il descendit ensuite dans son jardin, & se pendit à un arbre avec ses jarretières. L'impératrice sa femme, & quelques grands de sa cour restés fidèles, montrèrent, en suivant son exemple, qu'ils ne le désapprouvoient pas. Ce fut en 1644 qu'arriva cette terrible catastrophe. Cet empereur étoit le dernier de la race de Thamin.

ZUNIGA. (*Hist. d'Esp.*) C'est le nom d'une des plus anciennes & des plus illustres maisons de Castille, qu'on croit descendue de l'ancienne maison royale de Navarre.

Inigo-Ortitz VII, seigneur de *Zuniga*, quitta la Navarre en 1274 pour s'établir dans la Castille.

Alphonse-Fernandez VIII, seigneur de *Zuniga*, son fils, mourut au siège de Gibraltar en 1350.

Ainsi que Diègue de *Zuniga*, fils d'Alphonse-Fernandez.

De cette même maison étoit Jean XI de *Zuniga*, tué à l'armée en 1385.

Thérèse de *Zuniga*, morte le 25 novembre 1565, fut héritière de sa maison, & en porta les biens, avec le nom de *Zuniga*, dans la maison de Sotomaior, qui, depuis ce tems, réunit les deux noms.

De cette maison étoient :

François, mort dans les guerres de Hollande.

Emanuel-Diègue Lopez, tué en 1686, au siège de Bude en Hongrie.

Dans la branche des marquis d'Ayamonté :

Louis-Fernandez, dit de Cordoue, chevalier de l'ordre d'Alcantara, général des galères des Indes, où il périt.

L'ancienne maison de *Zuniga* n'étoit pas éteinte dans la personne de Thérèse de *Zuniga*, dame de Sotomaior, c'étoit seulement la branche aînée dont elle étoit héritière ; la maison subsistoit toujours dans des branches cadettes.

D'une de ces branches (de celle des comtes de Niéva) descendoit Hélène de *Zuniga*, mariée au fameux Garcilasso de la Véga, nommé *le prince des poëtes d'Espagne.*

Dans une autre de ces branches, (celle des comtes de Monterey) Thérèse de *Zuniga*, unique héritière, porta ce nom de *Zuniga* dans la maison de Azévédo.

De cette branche d'Azévédo-*Zuniga* étoit Balthasar de *Zuniga*, gouverneur du roi d'Espagne Philippe IV, ambassadeur à Rome, & vers l'empereur, &c.

De la branche des marquis d'Aguila-Fuente, sortie de la vraie & première maison de *Zuniga*, étoient :

Pierre de *Zuniga*, mort dans une expédition en Angleterre.

Jean, chevalier de l'ordre de Saint-Jacques, & gouverneur de Gibraltar, où il mourut.

Philippe, capitaine de cavalerie, mort à Naples.

De la branche aînée de cette même première maison de *Zuniga*, sortoit le cardinal de *Zuniga*, (Jacques) prélat d'un mérite distingué. Il avoit été reçu chevalier, & bientôt après élu grandmaître de l'ordre d'Alcantara. Il y avoit signalé son courage aux sièges de Malaga, de Baéca & de quelques autres places du royaume de Grenade, occupé alors par les maures. Il contribua beaucoup à la conquête de ce royaume. Ce fut lui qui remit sa charge de grand-maître d'Alcantara entre les mains de Ferdinand le Catholique, pour qu'elle fût réunie à la couronne d'Espagne. Il se retira quelque tems dans un couvent solitaire qu'il avoit fait bâtir, & où il vivoit avec quelques autres chevaliers, sous la règle de saint Benoît, qui étoit originairement celle de l'ordre d'Alcantara. Ferdinand lui donna l'archevêché de Séville, & le pape Jules II le fit cardinal en 1503. Il ne le fut pas long-tems, il mourut le 25 juillet 1504. Ce fut

par ses soins & sous sa protection qu'Antoine de Lébrixa chassa de l'Espagne la barbarie, y enseigna la langue latine, & y fit fleurir les lettres. Il y a eu encore d'autres cardinaux de *Zuniga*, mais moins célèbres que celui-ci.

ZUNIGA ou STUNICA. (*Hist. litt. mod.*) C'est le nom de quelques gens de lettres qui vraisemblablement n'étoient point de la maison de *Zuniga* dont il vient d'être parlé.

1°. Diègue de *Zuniga*, nommé par quelques-uns *Didacus à Stunica*, théologien espagnol, de l'ordre des hermites de saint Augustin, professeur en théologie à Ossone, a fait des commentaires sur Job & sur le prophète Zacharie. On a encore de lui : *Philosophiæ pars prima*, & *de verâ religione libri tres.* Il vivoit vers la fin du seizième siècle.

2°. Jacques Lopez de *Zuniga* ou Stunica, théologien espagnol, savant dans les langues latine & grecque, & dans l'histoire ecclésiastique, docteur dans l'université d'Alcala, a écrit en latin contre Erasme & Jacques le Fèvre d'Etaples. Il mourut à Naples en 1530.

ZURITA, (Jérôme) (*Hist. litt. mod.*) espagnol renommé par son savoir, étoit d'une famille noble de Sarragosse. Voulant écrire l'histoire d'Espagne en Espagne, & l'écrire avec quelque vérité, il prit par précaution, & pour sa sûreté personnelle, une place qu'on ne prend guères ordinairement que par fanatisme, celle de secrétaire de l'inquisition. Ce n'est pas la seule fois peut-être que, dans des pays difficiles, des gens éclairés & amis du vrai, pour se mettre à l'abri du soupçon, pour être interprêtés en tout favorablement, & pour faire des apparences un passeport à des vérités hardies, se sont ainsi déguisés sous des formes, & cachés, pour ainsi dire, dans des emplois répugnans à leur caractère & à leurs principes. Le grand ouvrage par lequel *Zurita* est principalement connu, est l'*histoire d'Arragon*, poussée jusqu'à la mort de Ferdinand le catholique, en sept volumes *in-folio.* Les savans applaudirent à la liberté décente qui règne dans cet ouvrage, & Vossius loue le jugement & le savoir de cet historien ; mais le conseil d'Espagne s'alarma de cette liberté, qui assurément n'en paroîtroit pas une aujourd'hui. On trouva mauvais qu'un historien osât juger & quelquefois condamner des rois plusieurs siècles après leur mort, comme si ce n'étoit pas son droit, précisément parce que c'est son devoir. On a encore du même *Zurita* des notes sur l'itinéraire d'Antonin, sur César, & sur Claudien.

ZURLAUBEN. (*Histoire de France & hist. de Suisse.*) Les barons de *Zurlauben* sont issus de l'ancienne maison de la Tour-Châtillon dans le Valais ; ils rendirent les plus signalés services, & à la

Suisse, leur véritable patrie, & à la France, leur patrie adoptive, & persistèrent toujours dans la religion catholique.

1°. Oswald de *Zurlauben*, capitaine de trois cens suisses au service de Jules II, ce pontife belliqueux, & de son successeur Léon X, ce pontife politique, puis de Maximilien Sforce, duc de Milan : il se trouva & se distingua aux batailles de Novare, de Ravenne, de Bellinzone. Après la bataille de Marignan, il s'engagea au service de François I. Il étoit major-général des troupes du canton de Zug, à la bataille de Cappel, où Zuingle fut tué, (*V.* l'article ZUINGLE.) & il eut beaucoup de part à la victoire remportée sur ce parti par les catholiques.

2°. Antoine de *Zurlauben*, fils d'Oswald, attaché, comme son père, au service de la France, se signala dans nos malheureuses guerres civiles & de religion, sous Charles IX, toujours en faveur des catholiques contre les protestans. Il reçut trois blessures à la bataille de Dreux ; il fut un des plus intrépides défenseurs de Charles IX à cette fameuse retraite de Meaux, où la valeur & la fidélité hardie des suisses ramenèrent Charles IX de Meaux à Paris, à la vue d'une armée formidable. Le roi se ressouvint toute sa vie de cette retraite, & se souvenir ne contribua pas peu à le rendre implacable envers les protestans. La cour étoit à Monceaux, le prince de Condé y vint pour traiter avec le roi les armes à la main. La cour, pour plus de sûreté, s'étant retirée à Meaux, le prince l'y suivit dans l'intention d'enlever le roi sur la route. Le roi dut son salut, dans cette occasion, à la fière contenance des suisses qui lui servoient d'escorte. Le prince de Condé tenta plusieurs fois de les charger ; chaque fois ces hommes vaillans & fidèles, faisant au roi un rempart de leurs corps & de leurs piques, montrèrent une résolution inébranlable de mourir pour le défendre ; on craignit leur désespoir, & ils ne furent point attaqués. Le prince se contenta de poursuivre le roi jusqu'à Paris, épiant toujours un moment de désordre ou de négligence qu'il ne put trouver. Le même Antoine de *Zurlauben* se trouva aux batailles de Saint-Denis, de Jarnac & de Montcontour. Il mourut en 1586, à Zug, ayant rempli avec distinction les premières charges de son canton. Il avoit 84 ans.

3°. Conrad de *Zurlauben*, d'une branche collatérale, relativement aux deux personnages précédens, étoit chef de son canton de Zug, capitaine au régiment des Gardes-Suisses en France, chevalier de Saint-Michel. Il servit & sa patrie & la France, & comme guerrier & comme négociateur, & même comme controversiste. Plus zélé encore que ses pères pour la propagation de la foi catholique, il écrivit pour prouver qu'il falloit établir la seule religion romaine dans tous les cantons indistinctement, & que de là dépendoit la tranquillité de la Suisse. Son ouvrage est imprimé sous ce titre : *De concordiâ fidei.* Il mourut à Zug en 1629, âgé de 57 ans.

4°. Béat de *Zurlauben*, fils de Conrad, fut, comme lui, le chef de son canton de Zug, comme lui capitaine au régiment des Gardes-Suisses ; il servit comme lui & sa patrie & la France, en qualité de guerrier & de négociateur. Il fut un des trois ambassadeurs catholiques envoyés en 1634 à Louis XIII. Le canton de Lucerne, auquel il avoit rendu de grands services, les reconnut en lui accordant, tant pour lui que pour sa postérité, le droit perpétuel de bourgeoisie à Lucerne. Aussi zélé pour la religion romaine que tous ses prédécesseurs, tous les cantons catholiques lui conférèrent les titres de *père de la Patrie & de colonne de la religion.* Il mourut à Zug en 1663, à 66 ans. On a ses négociations pendant l'espace de trente ans, depuis 1629 jusqu'en 1659.

5°. Béat Jacques de *Zurlauben*, fils aîné de Béat, chef du canton de Zug, capitaine-général de la province libre de l'Argew, occupa les principaux emplois de son pays, & servit aussi avec distinction en France, en 1653 ; il contribua beaucoup à soumettre les paysans du canton de Lucerne qui s'étoient révoltés. En 1656, il eut aussi beaucoup de part à la victoire de Vilmergen, remportée sur les bernois par ce même canton de Lucerne & ses confédérés. Il prit lui-même aux bernois deux drapeaux & trois pièces de canon. Mort à Zug en 1690 à soixante & quatorze ans.

6°. Un autre Béat Jacques de *Zurlauben*, neveu du précédent, acquit encore plus de gloire que tous les capitaines célèbres de son nom ; il s'éleva jusqu'au grade de lieutenant-général des armées du roi de France ; il servit avec la plus grande distinction en Catalogne, en Irlande, en Flandre, en Italie. Il contribua beaucoup à la victoire de Nerwinde. Il aida le comte de Tessé à faire lever le blocus de Mantoue au prince Eugène en 1702 le 1er août. A la bataille de Hochstet, en 1704, il fut le seul des officiers généraux de l'armée françaoise qui repoussa les ennemis, & l'on peut dire que de son côté la bataille fut gagnée ; mais cet avantage qui lui étoit personnel au milieu du désastre public, finit par lui être funeste, il reçut dans cette malheureuse affaire jusqu'à sept blessures dont il mourut peu de tems après à Ulm dans la Suabe (le 21 septembre) âgé de quarante-huit ans.

7°. Conrad, baron de *Zurlauben*, fut inspecteur général de l'infanterie dans le département de la Catalogne & du Roussillon.

8°. Placide de *Zurlauben*, élu abbé de Muri, monastère de l'ordre de S. Benoît en Suisse l'an 1683, est regardé comme le second fondateur de cette abbaye, qu'il rebâtit avec magnificence,

&

ZUS

ZUT 745

& dont il accrut confidérablement les revenus. Il obtint en 1701, de l'empereur Léopold, pour lui & pour ses successeurs, le rang & le titre de prince de l'Empire. Mort à Sandegg dans un de ses châteaux en 1723. Il étoit homme de lettres, & il a composé quelques ouvrages relatifs à son état d'ecclésiastique & de religieux, tels que ceux ci : *Spiritus duplex humilitatis & obedientiæ. Conciones panegyrico-morales.* Il étoit cousin-germain de Béat Jacques, mentionné sous le n°. 6.

Cette maison de la Tour-*Zurlauben* a produit beaucoup d'autres personnages distingués, & dans l'église, & dans l'état, & dans les lettres. M. le baron de *Zurlauben*, actuellement lieutenant-général des armées du roi, & de l'académie des inscriptions & belles-lettres, joint, comme plusieurs de ses ancêtres, aux services militaires l'amour des lettres & l'érudition. Il a écrit l'histoire de son pays, & le recueil de l'académie contient plusieurs de ses mémoires, tous très-savans & pleins de recherches.

ZUSKI, (Basile) (*Hist. de Russie.*) czar ou grand-duc de Russie entre les deux premiers czars connus sous le nom de faux Démétrius. Basile *Zuski* étoit un Knez ou seigneur de la cour de Moscovie, qui ayant reconnu que le premier des faux Démétrius n'étoit en effet qu'un imposteur nommé Griska, forma une conspiration, avec d'autres seigneurs moscovites, pour le faire périr. Le complot ayant été découvert, *Zuski* fut condamné à la mort; mais au moment de l'exécution, le faux Démétrius, affermi sur le trône, & croyant s'y affermir davantage par la réputation de clémence, lui envoya sa grace. *Zuski* ne put souffrir qu'un imposteur eût cette autorité sur lui; il assembla de nouveau les knez & les boyards, & les souleva contre Griska. Cette seconde conspiration réussit mieux que la première. Griska se marioit, on prit le tems de ses nôces, on fondit sur le palais à minuit, lorsque les excès de table où ces sortes de fêtes entrainent, sur-tout en Russie, mettoient le prince & ses compagnons de débauche hors d'état de faire résistance. Le faux Démétrius avoit une garde polonoise, qui, ayant pris part à la fête, n'étoit pas elle-même trop en état de défense, elle fut aisément taillée en pièces; on enfonce les portes, on entre dans la chambre de Griska, qui ne trouva d'autre moyen de se sauver que de se jetter par la fenêtre, & moyen même ne le sauva pas, il fut pris, & *Zuski* le fit tuer d'un coup de pistolet. La première conspiration avoit conduit *Zuski* à l'échafaud, la seconde le mit sur le trône. Il fut élu grand-duc & couronné le premier juin 1606. Mais la race des faux Démétrius n'étoit pas prête à s'éteindre, il s'en présenta deux nouveaux à-la-fois, tous deux s'appuyant du même mensonge, tous deux disant qu'on n'avoit tué qu'un faux Démétrius, que le véritable s'étoit échappé,

Histoire, Tome V.

& que c'étoit celui qui paroît. Les polonois appuyoient cette double imposture pour venger leurs compatriotes égorgés dans l'expédition de *Zuski*. La guerre s'alluma entre les deux nations & entre les différens partis. Les polonois & le parti du second Démétrius eurent l'avantage; les vainqueurs forcèrent la veuve du premier à reconnoître le second pour son mari. Les moscovites voyant les événemens de la guerre tourner contre eux, les interprétèrent comme un jugement du Ciel qui condamnoit leur conduite & qui réprouvoit *Zuski.* Se livrant donc à toute leur superstition naturelle, ils déposèrent *Zuski*, le rasèrent & l'enfermèrent dans un cloître; mais ne voulant plus s'embarrasser dans cette question du vrai ou du faux Démétrius, ils élurent grand-duc Ladislas ou Uladislas, fils aîné de Sigismond, roi de Pologne, qui, pour première condition de son acceptation, exigea que *Zuski* fût livré; mais lorsque l'on conduisoit ce malheureux sur les confins de la Pologne, il mourut à Smolensko en 1611.

ZUSTRUS, (Lambert) (*Hist. mod.*) peintre flamand. Les époques principales de sa vie ne sont pas connues. On sait seulement qu'il vivoit du tems du Titien, & qu'il reçut de lui des leçons de son art. On sait aussi qu'il étoit élève de Christophe Schowaits, peintre du duc de Bavière. Il étoit peintre, & d'histoire & de paysage. On admire, au palais-royal, son *enlèvement de Proserpine.*

ZUTPHEN, (Gérard de) (*Hist. litt. mod.*) écrivain ecclésiastique célèbre par l'abbé Trithème. Il est auteur de quelques livres de dévotion estimés, qu'il composa principalement pour ceux que l'on appeloit, *les frères de la vie commune.* C'étoit une société pieuse, composée de pauvres écoliers que Gérard Groot ou le Grand, natif de Deventer, dans les Pays-Bas Hollandois, docteur de Paris & chanoine d'Utrecht, avoit rassemblés. Ces écoliers, en faisant leurs études, transcrivoient des livres & mettoient en commun ce qu'ils gagnoient. Après Gérard Groot, Gérard de *Zutphen* eut la direction de cet établissement, & lui consacra ses travaux & ses écrits. Thomas à Kempis a écrit sa vie; & comme ce nom réveille le souvenir du livre de l'imitation, soit qu'à Kempis en soit l'auteur ou non, il y a des juges d'écrivains ascétiques qui mettent à côté de cette inimitable livre de l'imitation un ouvrage mystique de Gérard de *Zutphen*, divisé en deux livres, dont le premier traite des vices de l'ame & de la réformation intérieure; le second, des élévations spirituelles. Gérard de *Zutphen* mourut en 1398. Après sa mort, *les frères de la vie commune,* dont l'établissement prenoit des accroissemens sensibles par les libéralités des fidèles, furent inquiétés par les moines, qui leur reprochoient de ne point faire de vœux monastiques. Un dominicain saxon, nommé Mathieu Grabon, présenta au pape, vers

B b b b b

l'an 1418, un écrit, pour prouver que les communautés religieuses qui vivent & mettent leurs biens en commun, sans avoir fait de vœux monastiques, sont illégitimes & criminelles. Le célèbre Gerson, chargé par le concile de Constance d'examiner cet écrit, lui rendit le témoignage qu'il l'avoit trouvé extravagant : Grabon fut obligé de se rétracter.

ZUYLICHEM. (Constantin Huyghens, seigneur de) (*Hist. litt. mod.*) *Voyez* l'article HUYGHENS. C'est le père du célèbre mathématicien Chrétien Huyghens, de l'académie des sciences. Zuylichem mourut en 1686.

ZUZZERI, (Jean-Luc) (*Hist. litt. mod.*) jésuite de Rome, célèbre antiquaire, mort en 1717, à la fleur de son âge. On a de lui deux dissertations en italien, l'une sur une médaille d'Attale Philadelphe, l'autre sur une médaille d'Annia Faustina, femme d'Elagabale ou Héliogabale.

ZWAENS ou SWAENS, (Arnoul) en latin *Arnoldus olorinus* ou *Cycnæus*, (*Hist. litt. mod.*) étoit un hollandois savant & zélé catholique, qui à ce titre éprouva plus d'une persécution. Il étoit né dans un village du Brabant Hollandois, près de Bois-le-Duc ; il fut doyen & pasteur de Gertruydenberg ; il fonda un hôpital à Oosterwick, & fit dans le Brabant plusieurs autres fondations utiles. Il avoit, dit-on, beaucoup de talent pour instruire les ignorans, & leur rendre intelligibles des choses même au-dessus de leur portée ordinaire. Il a écrit & en latin & en flamand. Ses ouvrages flamands sont :

Doctrine consolante contre les scrupules & la pusillanimité, titre qui peut annoncer un ouvrage utile. *Démonstration de la foi chrétienne & véritable. Explication de la cène & de la passion du sauveur.*

Ses ouvrages latins ont pour titres : *Thesaurus salutaris sapientiæ. Explicatio missæ & canonis. De arte concionandi. Salutares doctrinæ, ac phrases mentem linguamque ornantes. Summa virtutum & vitiorum.*

Ce pieux ecclésiastique écrivoit dans le dix-septième siècle, vers les commencemens, c'est-à-dire, depuis 1610 jusqu'en 1622.

ZWEINITZ, (David de) (*Hist. litt. mod.*) étoit né au château de ses pères, nommé Sefersdorf en Silésie ; il fut attaché aux ducs de Lignitz. Lignitz est une ville d'Allemagne, dans la Silésie, qui appartenoit autrefois à des ducs héréditaires & souverains, lesquels portoient le nom de cette ville & possédoient un beau château. Cette souveraineté n'existe plus que confondue dans une plus grande qui l'absorbe. Le dernier duc de Lignitz étant mort en 1675, sans laisser d'héritiers, ce duché est revenu au roi de Bohême, c'est-à-dire, à l'empereur, qui étoit alors Léopold I. Zweinitz fut négociateur & général au service de ces ducs. En 1627, il étoit plénipotentiaire à la diète de Breslau ; il alla ensuite en ambassade auprès du roi de Pologne & des électeurs de Brandebourg. La ruine de sa terre de Sefersdorf, & l'état de désolation où fut, pendant quelque tems, la Silésie, l'obligèrent de chercher un asyle en Pologne & en Prusse jusqu'en 1650, que les ducs de Lignitz, plus tranquilles dans leur état, le rappelèrent dans leur conseil. En 1651 il fut fait juge de la cour ; à la mort du duc Georges Rodolphe il eut l'administration des duchés de Lignitz & de Wolaw, jusqu'à ce que les trois princes, frères du duc mort, eussent fait leurs partages. En 1654, le duc Louis, qui eut Lignitz dans son lot, lui assura tous les titres & tous les emplois qui lui avoient été conférés par ses prédécesseurs ; & en 1657 il y ajouta la dignité de capitaine général du duché. Ses occupations ne l'empêchèrent pas de composer divers ouvrages, tant en latin qu'en allemand. Ses soliloques sur l'examen de conscience sont en latin, tous les autres sont en allemand. Ces autres sont : *Le bouclier contre la mélancolie.* Des cantiques spirituels ; des prières tirées des pseaumes de David. Cent méditations évangéliques sur la mort, qui ne sont pas apparemment *le bouclier contre la mélancolie* ; un abrégé de la bible, où il donne toujours en quatre vers le sommaire historique de chaque chapitre. Mort le 27 mars 1667.

ZWICKER, (Daniel) (*Hist. lit. mod.*) socinien ou arminien, ou l'un ou l'autre, soit à-la-fois, soit successivement ; mais ce qu'on ne peut trop estimer, docteur tolérant, ame douce & indulgente ; il employa tous ses soins, il consuma tous ses efforts à concilier, à réunir toutes les sectes chrétiennes. Le point de réunion qu'il leur proposoit, étoit la raison, l'écriture sainte & la tradition ; mais les différens partis ne s'accordent ni sur l'usage de la raison, ni sur l'intelligence de l'écriture sainte, ni sur l'autorité de la tradition, & c'est comme s'il on disoit : prenez pour règle ici les objets même sur lesquels vous disputez. Aussi Zwicker ne fut-il point écouté & perdit-il toutes ses peines ; mais il ne se rebuta jamais, & s'il ne réussit pas, il se crut toujours bien sûr d'avoir raison, & on a toujours raison en effet de porter les hommes à la concorde & à la paix. Zwicker proposa son système de réunion dans un ouvrage qu'il publia en 1658, sous le titre : *Irenicon Irenicorum.* Ce livre produisit en effet une réunion, ce fut celle de toutes les sectes protestantes contre le théologien tolérant qui leur proposoit de se réunir, comme il est arrivé plus d'une fois que des ennemis bien déterminés à se battre & à s'entretuer, ont commencé par tuer le médiateur qui s'obstinoit à vouloir les séparer ; divers théologiens, tels que Coménius, Hoornebeck, &c. écrivirent contre son système. Il répliqua par un second ouvrage publié en 1661 sous cet autre titre : *Irenicomastia victus & constrictus*, contre lequel on écrivit encore ; il composa encore sur la même matière un autre ouvrage, par lequel il se flattoit de réduire entièrement ses ennemis au silence ; aussi l'intitula-t-il : *Ireconimastia victus & constrictus imò obmutescens*, & soit qu'on s'ennuyât de cette contestation, soit qu'en effet la force de ses raisons embarrassât ses adversaires, ils ne répliquèrent plus. Ce dernier ouvrage parut en 1677. Ces trois ouvrages passent pour contenir toute la théorie des conciliations possibles ou impossibles entre les diverses communions protestantes, & ils forment rassemblés deux volumes *in-8°*.

ZWINGER. (*Hist. litt. mod.*) C'est le nom d'une famille de savans de la ville de Bâle, qui se succèdent pendant l'espace d'un siècle & demi au moins.

1°. Théodore, savant médecin, né à Bâle, neveu, par sa mère, de Jean Oporin, fameux imprimeur, enseigna dans sa patrie le grec, la morale, la politique, & sur-tout la médecine. Il est le principal auteur d'une vaste compilation en huit volumes *in fol.*, intitulée : *Le théâtre de la vie humaine* qui avoit été commencée par Conrad Lycosthène son beau-père. Théodore *Zwinger* mourut en 1588.

2°. Jacques, son fils, augmenta la compilation commencée par Lycosthène & continuée par Théodore. Il mourut en 1610.

3°. Théodore, deuxième fils de Jacques, né en 1597, se partagea entre la théologie & la médecine, & nommé en 1627 pasteur de Saint Théodore, il eut occasion de joindre ses fonctions de médecin à celles de pasteur, lorsqu'en 1629 la ville de Bâle fut ravagée par la peste. On a de lui quelques ouvrages de controverse aujourd'hui peu connus. Mort en 1651.

4°. Jean, fils de Théodore second, fut professeur en grec & bibliothécaire de Bâle, ce fut aussi un savant estimé. Il mourut en 1696.

5°. Théodore III, fils de Jean, professeur d'éloquence, de physique & de médecine à Bâle ; naturaliste distingué, est auteur d'un assez grand nombre d'ouvrages, soit en allemand, soit en latin ; d'un dictionnaire latin & allemand, d'un théâtre de botanique en allemand, d'un théâtre de la pratique médicinale, d'un abrégé de la médecine d'Etmuller, d'un traité des maladies des enfans, d'une physique expérimentale, de deux recueils intitulés, l'un : *Fasciculus dissertationum* ; l'autre : *Triga dissertationum*. Mort en 1724.

6°. Jean Rodolphe, frère de Théodore III,

fut professeur en théologie ; il étoit très-versé dans la connoissance de l'histoire. On a de lui des thèses, des sermons, & un traité en allemand, intitulé : *L'espoir d'Israël*. Né à Bâle en 1660 ; il mourut en 1708.

ZYAD, (*Hist. des califes.*) sarrasin illustre du septième siècle, fils naturel d'Abou-Sofian, & frère, aussi naturel, de Moavie ou Mohavia, quatrième successeur de Mahomet, étoit né la première année de l'hégyre. Abou-Sofian, son père, craignant la sévérité du calife Omar, n'osa pas reconnoître Ziad pour son fils, & comme au moyen de ce mystère on ignoroit qu'il fût de l'illustre tribu des Koraïchites, dont étoient Abou-Sofian & Moavie, il arriva qu'un jour que Ziad, encore dans la première jeunesse, se faisoit remarquer avantageusement par son esprit & par son éloquence au milieu d'une assemblée des compagnons de Mahomet, sous le califat d'Omar, Amrou, saisi d'admiration, s'écria : que ce jeune homme auroit un jour commandé aux arabes, s'il eût été de la famille ou tribu des Koraïchites. Il fut fait cadi ou juge dès le tems d'Omar ; sous le règne d'Ali il fut gouverneur de la Perse, emploi dont il s'acquitter avec beaucoup de gloire pour lui & d'avantage pour les peuples. Lorsque Hassan, fils d'Ali, se démit du califat en faveur de Moavie celui-ci, pour mettre dans ses intérêts un homme aussi accrédité dans le public que Zyad, & peut-être pour se vanter d'un tel frère, n'eut rien de plus pressé que de le reconnoître publiquement, en rapportant les preuves du commerce qu'Abou-Sofian, son père, avoit eu avec la mère de Zyad. Par-là Zyad fut reconnu de tout le monde pour être véritablement de race arabe & du noble sang des Koraïchites, avantage qui élevoit même un fils illégitime au-dessus de toutes les autres familles. Moavie ayant ainsi attaché à ses intérêts celui que les auteurs appellent le plus grand homme de son siècle, augmenta de beaucoup l'étendue de son gouvernement, & Zyad augmenta encore la gloire dont il étoit déjà comblé. Son nom étoit par-tout :

L'espérance du juste & l'effroi du coupable.

Il sut toujours récompenser & punir à propos, se faire aimer, obéir, craindre & respecter ; toujours absolu, toujours ferme, toujours juste. Il soumit l'Irac à sa domination ou à celle de son frère. Lorsqu'il étoit près d'entrer de l'Irac dans l'Arabie, il fut attaqué de la peste ; il en mourut l'an 53, & de l'hégire & de son âge, & 671 de l'ère chrétienne.

ZYLIUS, (Othon) (*Hist. litt. mod.*) né à Utrecht le 30 août 1588, se fit jésuite & professoit en 1606 la rhétorique à Ruremonde ; il fut depuis recteur du collège de Bois-le-Duc & de celui de Gan. On a de lui : *Ruremonde illustrée* ; *Cambrai délivrée* ; *Traité des trois états de Mardochée*, ouvrage reflé imparfait. On trouve dans le recueil de Bollandus, la vie & les miracles de plufieurs faints & faintes, qui font des traductions du grec en latin faites par *Zylius*. Il a donné aufli de fon chef l'hiftoire des miracles opérés par une image de la Vierge, honorée d'abord à Bofleduc ou Bois-le-Duc, & transférée depuis à Bruxelles, après la prife de cette première ville. Tous les écrits de *Zylius* font en latin; il paffoit pour favoir affez bien le grec & l'hébreu. Mort le 12 août 1656.

ZYPŒUS ou VANDEN-ZYPE. (Henri & François) (*Hift. litt. mod.*). Deux frères, deux favans, nés l'un & l'autre à Malines; Henri en 1577, François en 1580. Henri fe fit bénédictin dans le monaftere de Saint-Jean à Ypre, & fut fait, en 1616, abbé de Saint-André, près de Bruges. Ayant été bénédictin, il voulut que le pape faint Grégoire le Grand l'eût été, foit pour relever d'autant l'ordre de Saint-Benoît, foit pour

fe donner à lui-même l'agréable perfpective d'être pape un jour comme faint Grégoire, après avoir été bénédictin. Il fit en conféquence un ouvrage intitulé : *Sanctus Gregorius magnus, ecclefiæ doctor, primus ejus nominis pontifex Romanus, ex nobiliffimâ & antiquiffimâ in ecclefiâ Dei familiâ benedictâ oriundus.* L'objet principal de ce livre eft de combattre Baronius, dont l'opinion n'eft pas favorable à ce monachifme de faint Grégoire, fait d'ailleurs très-indifférent. *Zypæus* mourut en 1659.

François, fon frère, fut chanoine, official & archidiacre de la cathédrale d'Anvers, & fecrétaire particulier de Jean le Mire, évêque de cette ville. Il étoit très-verfé dans la connoiffance du droit, tant civil que canonique. On a de lui, fur ces matières, plufieurs ouvrages latins eftimés, qui ont été recueillis en deux volumes *in-folio*, à Anvers, en 1675, vingt-cinq ans après la mort de *Zypæus*, arrivée en 1650.

F I N.

www.ingramcontent.com/pod-product-compliance
Lightning Source LLC
Chambersburg PA
CBHW060540280326
41932CB00011B/1348